徐杰舜 主编

徐杰舜文集

第一卷

中国社会科学出版社

图书在版编目(CIP)数据

徐杰舜文集：1~5卷 / 徐杰舜主编. —北京：中国社会科学出版社，
2021.12
ISBN 978-7-5203-9053-8

Ⅰ.①徐…　Ⅱ.①徐…　Ⅲ.①社会科学—文集　Ⅳ.①C53

中国版本图书馆 CIP 数据核字（2021）第 188473 号

出 版 人	赵剑英
责任编辑	王莎莎
责任校对	周　昊
责任印制	戴　宽

出　　版	中国社会科学出版社
社　　址	北京鼓楼西大街甲 158 号
邮　　编	100720
网　　址	http://www.csspw.cn
发 行 部	010-84083685
门 市 部	010-84029450
经　　销	新华书店及其他书店
印刷装订	北京君升印刷有限公司
版　　次	2021 年 12 月第 1 版
印　　次	2021 年 12 月第 1 次印刷
开　　本	710×1000　1/16
印　　张	100
字　　数	1670 千字
定　　价	1288.00 元（全五卷）

凡购买中国社会科学出版社图书,如有质量问题请与本社营销中心联系调换
电话:010-84083683

2010年在悉尼猎人谷酒庄

（徐桂兰 摄）

主编简介

徐杰舜，1943年生于永州零陵，祖籍浙江余姚。广西民族大学民族学与社会学学院二级教授、博士生导师，汉民族研究中心主任；人类学高级论坛创建人、学术委员会荣誉主席；广西文史馆研究馆员。

1995—2007年主编《广西民族大学学报（哲学社会科学版）》12年。

《汉族风俗史》（5卷本）《汉民族史记》（9卷本）获广西社会科学研究优秀成果一等奖。

1993年被广西壮族自治区人民政府授予"广西有突出贡献科技人员"。2021年上海人类学会"人类学终身成就奖"获得者。

学术合作：人类学中国化的学者探索（代前言）

——以徐杰舜教授为例*

一　缘起

人类学自从在 20 世纪初进入中国后，如何实现其中国化与本土化就一直是吴文藻、费孝通、李亦园、乔健等老一辈学者们所关注的，并一直延续到当下，成为了学者探讨的热点，具体聚焦在：人类学中国化有何意义？什么是人类学中国化？如何中国化？

人类学中国化的目的是：发挥中国人的创造力和保持自己自尊、自信的独立性①；在西方人类学理论与方法中添加中国经验，从中华文化中提炼出适合全人类不同文化、不同民族的理论②。人类学中国化的衡量标准有：用人类学的理论与方法研究中国社会与文化；通过这种研究得出的理论和方法，能科学地解释中国社会和文化，并能检验、修改、补充人类学理论方法，丰富国际人类学知识体系③；培养出能研究中国国情的独立的学科人才④。实现人类学中国化的路径有：加强与国际学术交流，注意国外学者思考和研究角度与中国学者的差异⑤；要发展"有中国特色的"学

---

* 杨丽娟，女，四川成都人，博士，四川师范大学历史文化与旅游学院教授，四川省学术和技术带头人后备人选。

① 何星亮：《论人类学的本土化与国际化》，《广西民族学院学报》（哲学社会科学版），2000 年 01 月，第 16 - 26 页。

② 章立明：《社会文化人类学的中国化反思》，《世界民族》，2014 年 01 月，第 1 - 10 页。

③ 张有隽：《对人类学本土化在中国的几点看法》，《广西民族学院学报》（哲学社会科学版），2000 年 01 月，第 14 - 15 页。

④ 黄淑娉：《人类学中国化的理论、实践和人才》，《广西民族学院学报》（哲学社会科学版），1999 年 04 月，第 17 - 20 页。

⑤ 王建民：《中国人类学发展史中的几个问题》，《思想战线》，1997 年 03 月，第 54 - 61 页。

科体系：古人类学、考古学和民族学①；贴近于自身所处的社会场域摆脱泛文化的认识论支配并提出替代性的解释模式，在传统文化中去挖掘理性的力量②；加强田野调查，从田野调查和研究中不断总结、归纳③；通过对人类学研究中国社会的民族志方法、市场体系理论、民间宗教等范式的反思，结合人类学对中国社会的应用性，提出新的视角④。

在上述探讨中，无论学者们的视角与描述有何差异，但都汇聚到共性的表述：中国学者要研究出符合中国国情的人类学理论与方法，解决"食洋不化"，并将中国经验提供给世界参考。因为中国民族的类型众多，族际互动历史悠久，加之中国现在的经济高速发展和社会转型交织进行的格局，面临着非常纷繁复杂的问题，这是人类学的机遇也是挑战。而对于如何实施人类学中国化，学者们给出了差异对比、挖掘经典与传承田野等路径建议，但是如何能快速且准确找到符合中国思维与认同的"中国经验"，推动"本土化创新"还不太明朗。纵观国内外的学科发展以及"众人拾柴火焰高"的古训，学术合作是此种路径。学术合作已广泛存在于各个领域⑤，它可以对现有研究的知识谱系进行验证、推演、话语共建；可以进行跨学科联合，实现知识分享与重组，发现新的知识或理论；可以降低研究风险，可以加快研究速度。这对人类学中国化具有重要意义。目前在中国的人类学者中，进行学术合作比较广泛的一位代表就是徐杰舜教授。

徐杰舜从20世纪60年代开始学术研究，至今已有50余年，发表论文300余篇，出版专著30余本，研究领域为人类学、民族学、民俗学等。他是广西民族大学民族学与社会学学院二级教授、博士生导师，汉民族研究中心主任，以及10余家学会秘书长、理事等，有着扎实的学术历程，丰富的

---

① ［美］顾定国：《一位美国人类学家眼里的"人类学中国化"》，胡鸿保、周燕译《广西民族学院学报》（哲学社会科学版），1999年04月，第10－16页。

② 徐冶、徐新建、彭兆荣、纳日碧力戈、郭净：《研究中国，建设中国——人类学本土化五人谈》，载荣仕星、徐杰舜主编《人类学本土化在中国》，广西民族出版社1998年版，第135－138、142页。

③ 杨筑慧：《中国民族学（人类学）的本土化与边缘化》，《中央民族大学学报》，2000年02月，第17－19页。

④ 王铭铭：《范式与超越：人类学中国社会研究》，《广西民族学院学报》（哲学社会科学版），2006年04月，第67－74页。

⑤ Wuchty S., Jones B. F., Uzzi B., The Increasing Domi－nance of Teams in Production of Knowledge, *Science*, 2007, 316 (5827): 1036－1039

人生阅历。更为关键的是：其一，在众多学者研究各个少数民族时，他另辟蹊径，挑起汉民族研究这一熟悉却又陌生的重任，30 余年持续不断地"深挖一口井"，出版了《汉民族历史和文化新探》《汉民族发展史》《雪球——汉民族的人类学分析》《汉族风俗史》（1—5 卷）、《中国汉族通史》《中国汉族》等。他对汉族的研究得到了国内外的广泛认同，同时他的研究也使得在民族划分中人数最多的汉族有了自己系统的研究，为中国"多元一体"格局提供了有力的支撑。他汉民族的研究历程就是自我在多学科知识中不断跨越与合作的结晶。其二，当学者们都在呼喊着人类学中国化时，他开始了从纸上到实践的研究历程：开研修班、办学术会、出专刊、带学生等一系列有利于知识共同体的实际联系和沟通，并在其中广泛开展了与学者们的学术合作。

二　徐杰舜学术研究现状

关于对徐杰舜的学术研究，目前共有 43 篇①，研究形式分为两类：其一是对其出版专著的学术探讨：如李立纲②、钱宗范③、王雄杰④、赵旭东⑤、杨圣敏⑥、刘冰清⑦等集中探讨了他的汉族研究成果；严昌洪⑧、郭岚⑨等

①　通过中国知网（cnki），在篇名中输入"徐杰舜"，截止到 2015 年 2 月 20 日

②　李立纲：《汉族与中国文化——读徐杰舜《汉民族历史和文化新探》的思考》，《学术论坛》，1987 年 05 月，第 56－59 页。

③　钱宗范：《汉民族研究的一块基石——徐杰舜著《汉民族发展史》简评》，《广西社会科学科学》，1993 年 06 月，第 114－115 页。

④　王雄杰：《汉族史研究的新进展——徐杰舜《汉民族发展史》一书评析》，《浙江社会科学》，1994 年 05 月，第 118　119 页。

⑤　赵旭东：《汉民族领域研究的真正开拓者——《徐杰舜与汉民族研究》序》，《青海民族研究》，2013 年 04 月，第 182－184 页。

⑥　杨圣敏：《努力实践汉民族研究理论体系的构建——《徐杰舜学术年谱》序》，《青海民族研究》，2013 年 04 月，第 180－181 页。

⑦　刘冰清：《徐杰舜汉民族研究的三级跳》，《青海民族研究》，2014 年 03 月，第 88－90 页。

⑧　严昌洪：《评徐杰舜的《中国民族史新编》》，《中南民族学院学报（哲学社会科学版）》，1990 年 06 月。

⑨　郭岚．吴晓萍、徐杰舜主编的《中华民族认同与认同中华民族》出版，《广西民族大学学报》（哲学社会科学版），2010 年 04 月，第 100 页。

探讨了他的民族研究成果；杨青青①、郑向春②分别探讨了武义、福村的现代化转型；刘珩③、龙晔生、李陶红④探讨了他的乡村人类学知识和对人类学者做的口述史。其二是对其进行的学术访谈：如孟凡夏⑤、海力波⑥、计亚男⑦等对其做的学术思想访谈。

现有研究重点考察了徐杰舜的学术思想，其学术脉络是以汉民族研究为核心，然后沿着"多元一体"的学术指导，再关注其他少数民族，最后进入民族团结、共同发展的思考中；此外关于新农村建设也是研究焦点，出版了一系列对农村现代化发展和转型的思考。可见徐杰舜的研究是紧密联系中国实际，并根据发展中出现的问题做动态追踪研究；他多以马克思主义民族观为指导，采用历史人类学研究方法，这深受其师岑家梧先生的思想影响。

现有对徐杰舜的研究多是以单体式聚焦，以单体书本为载体关注他的学术思想和发展，遮蔽了他研究的另一个鲜明特色：学术合作。关注徐杰舜的学术合作网络，可以发现以其为节点带动的学术共同体的互动，从而探究他们对人类学中国化的推演与研究规律。

三　学术合作与人类学的中国化

以中国知网（CNKI）为检索数据库，"作者"栏中输入"徐杰舜"，

① 杨青青：《踏破铁鞋无觅处，柳暗花明又一村——读徐杰舜〈新乡土中国——新农村建设武义模式〉》，《中国农业大学学报》（社会科学版），2007年02月，第182-183页。

② 郑向春：《人类学者于田野中的行动尺度——评徐杰舜〈福村迟来的转身：一个山村在景区开发中现代转型纪实之一〉》，《湖北民族学院学报》（哲学社会科学版），2011年03月，第157-160页。

③ 刘珩：《人类学非西方理论范式构建的尝试——评徐杰舜《乡村人类学》》，《百色学院学报》，2013年05月，第80-87页。

④ 龙晔生、李陶红：《第二种人类学史——以徐杰舜教授"中国人类学者访谈录"为研究对象》，《民族论坛》，2015年02月，第5-11页。

⑤ 孟凡夏：《汉民族研究是一座学术宝库——徐杰舜教授访谈录》，《广西民族学院学报》（哲学社会科学版），1999年01月，第7-16页。

⑥ 海力波：《我的人类学情怀——访中央民族大学博士生导师徐杰舜教授》，《西南民族大学学报》（人文社科版），2004年03月，第5-9页。

⑦ 计亚男：《草原文化与农业文化互补互促——广西民族大学教授徐杰舜》，《光明日报》，2009年09月12日，第007版

截至 2014 年 12 月，共有 493 篇文章发表，除去报纸上的，保留期刊与会议共有 479 篇，合作共 219 篇。

1. 学术合作概况

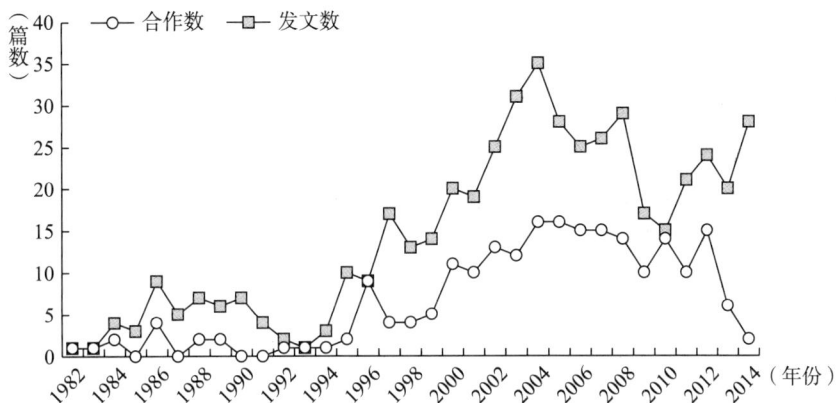

图1　徐杰舜学术合作数与发文数年份统计图①

徐杰舜教授是一位高产学者，从数据库可查的 1982 年开始至 2014 年，在 33 年的时间里他从来没有松懈对学术的追求，每年都有论文公开发表。同时他也是一位开放的、善于学术合作的学者。最早的 1982 年的文章就是与人合作的，并且在 1982 年、1983 年、1993 年、1996 年的合作数量占该年发文总量的 100%，2010 年也有 93.3% 的比例。从年代上看，徐杰舜的学术合作程度是越往后比例越高，21 世纪的头 10 年，合作数比例高达 52.5%，每两篇文章既有 1 篇为合作作品。仔细分析其学术合作的方式，有三种类型：论文、访谈、会议。20 世纪 80 年代至 90 年代中期，几乎以论文合作的方式为主，90 年代末至今，访谈、会议的合作数量逐渐上升，形成三大类型并存的合作格局。

2. 学术合作类型与人类学的中国化

论文合作是常见的学术合作类型，徐杰舜的论文合作主要集中在汉民族研究、民族政策、民族风俗、学术思想评价等领域。其学术成就中比较瞩目的是对汉民族的人类学研究，不仅填补了族群研究中中国人口最多的汉族的研究通史、专史的空白，还对汉族的形成有了全新的、客观的探

---

① 数据来源：通过中国知网（cnki）检索出以"徐杰舜"为作者的所有文章（1982—2014），再进数据整理，归类成"合作数""发文数"。

讨。其汉族研究成果《汉民族发展史》《雪球——汉民族的人类学分析》《汉族风俗史》所代表的三阶段被誉为"三跳"①，而后两跳则不是徐杰舜单独完成的，是由陈华文、徐华龙、周耀明、柏桂喜、韦东超、彭清深、鲁刚、高有鹏、陈顺宣等共同完成。在学术建构方面，不仅突破了已有的民族理论，还对汉族风俗做了全程性的文献田野和实地田野考察，取得丰富的一手资料。2008 年 4 月，徐杰舜在美国斯坦福大学举办"汉民族研究反思国际学术研讨会"上，作了"汉民族研究的雪球理论"的主题讲演，受到广泛好评，开启了汉族研究的国际对话。

　　访谈是以对话的方式进行学术探讨，较为自由、灵活、深入，不拘泥于论文的格式限制，较易形成学术灵感；并且多口语，易于理解和推广。其在 1999 年发表的第一篇访谈就②，正式将学术合作作为主题进行探讨，并在《广西民族大学学报（哲学社会科学版）》开辟专栏连续刊登，以此聚焦和传播。公开发表的访谈一共有 87 篇，随着访谈数量的增多，最后专门集辑出版了《人类学世纪坦言》与《人类学世纪真言》两本著作，共访问了 56 位学者，涉及民族人类学、旅游人类学、生物人类学、教育人类学、医学人类学、文学人类学、历史人类学、经济人类学、分子人类学、城市人类学等 10 余门人类学的分支学科，关联老、中、青三代学术梯队，访谈时最大的学者 70 余岁，最小的 20 余岁。徐杰舜的访谈以"口述历史"的方式被誉为"中国人类学者的族谱"，谈到访谈意义时，李亦园先生评价到"一、记录了中国学者进入人类学领域的转折过程与经历。二、显示了学者们对人类学学科建设的思考与努力。三、说明了中国人类学理论与方法的探索与建构的情况。四、展示出人类学本土化与中国化的努力。五、阐述了人类学与其他学科互动的态势。六、显示了中国人类学在不同地区发展的趋向。七、凸显了中国人类学者与国际人类学交流的状况。八、展现了中国人类学学者对全体人类未来的关怀。"③ 在这些学术访谈中，徐杰舜以访谈对象的学术史为切入点，探究其学术史形成路径，并将个体的学术史与中国的社会发展相关联，发现了其中人类学中国化与国

---

① 刘冰清：《徐杰舜汉族研究的三级跳》，《青海民族研究》，2014 年 03 月，第 88 - 90 页。

② 徐杰舜、黄泽：《打破门户之见 实施学科大联合——人类学学者访谈录之一》，《广西民族学院学报》（哲学社会科学版），1996 年 02 月，第 18 - 20 页。

③ 李亦园：《序》，徐杰舜主编：《人类学的世纪坦言》，黑龙江人民出版社 2004 年版。

情的耦合关系；还将个体的学术史置于国际学术话语体系中，由此关照出人类学中国化的普遍性与特殊性，从而更好地推进人类学本土化的历程。水滴石穿，再加之每位学者的倾囊相授，才使得人类学在中国的发展有了整体样态，也才让访谈具有了知识共同体的学术意义。

学术会议更是聚焦大规模学者举行专题探讨与合作的方式，而选题往往集中在中国事象，其本土化功效更强。其中，以徐杰舜为核心之一的"人类学高级论坛"肩负着这一使命，以期将人类学中国化的推进实施在更高层次、更广阔空间和更深远影响，在 2001 年 3 月 1 日共 22 个学术机构①联合发出了《关于设立"人类学高级论坛"的倡议书》。

"人类学高级论坛"以徐杰舜、周大鸣、彭兆荣、徐新建为核心团队，负责主题与举办地选择。这一民间学术团体自从举办之初，就一直以旺盛的生命力从未间断地持续生存下来，这与中国目前对人类学的紧迫需要密切相关。该论坛在推进人类学中国化的功效有三：第一，重视西部。与东部相比，西部地区历来就处于学术"边缘"地位，而在从 2002 至 2014 年一共 13 次会议中，有 10 次在西部的高校和研究机构举办，其中贵州有 2次，大力推进了人类学在中国西部扎根的进程：西部地区在研究范式上实现人类学转型与深化，使人类学学科群及专业课程的科学配置、文化遗产的活态保护与传承都有了思想的指导。为族群资源丰富的地区提供了适宜的分析理念和方法，从而为西部找到"多元一体"、和谐共存、共谋发展之路。第二，聚焦地方性。主题的设定与关联举办地的特质高度契合，以举办地的地方性知识作为探讨对象设计展开互动话题，既呈现了不同的地方文化，又对举办地贡献了学术指导。如江西的族群迁徙现象，内蒙古的游牧文化与农耕文化的对话，宁夏的人类生存与生态环境。第三，搭建对话桥梁。关注传统与现代，关注本土与海外，对文化的时空流变以代内和代际对话的方式进行探索，以期打通族群内部与族际之间的理解和认同。

---

① 这 22 个学术机构分别是：中国社科院民族研究所、东华大学原住民民族学院、香港中文大学人类学系、宜兰佛光大学人类学系、香港科技大学华南研究中心、中山大学人类学系、澳门大学人文社会及人文科学学院、中山大学历史人类学研究中心、北京大学社会学人类学研究所、云南大学人类学系、中央民族大学民族学社会学学院、云南省民族研究所、中国人民大学社会学理论与方法研究中心、湖北大学中国文化研究所、厦门大学人类学研究所、嘉应大学客家研究所、上海大学文学院、贵州民族学院学报编辑部、四川大学文学与人类学研究所、广西民族学院民族学人类学研究所、中南民族大学民族研究所、广西民族学院学报编辑部。

每一次的论坛结束后其学术成果通过三个渠道进行传播：主题论文、会议综述在期刊发表；会议论文结集出版；学者文库著作出版，让论坛的思想尽可能多维度传播。

3. 学术合作社会网络与人类学的中国化

社会网络是学术合作客观研究的一种方法，它通过对学术合作中呈现的共现作者的互动关系为基础，探讨学术合作在知识共同体所聚焦的领域而带来的知识创新特征。

在479篇所有文献中，合作共219篇，共涉及116位作者。

从合作的地理空间来看，与广西、北京、四川、台湾学者合作较多，体现了学者合作的就近性、引领性特征。就近性，研究团队易于形成与交流，加之由于文化圈的影响，就近合作是空间特征的明显表现，因此每个圈层都与本地合作。引领性，在话题表述、理论追踪与方法更新的前沿上，北京、上海此类政治、经济、文化的中心城市，自然也占领了学术引领的制高点，因此与此地学者的合作能碰撞出新的想法和技术。此外，在全球化加剧的时代，与海外进行学术对话，成为更好塑造本土特色的认知起点。

徐杰舜的学术合作社会网络除了具有空间特征，话语特征在三个圈层也有明显差异。从其合作研究的聚焦内容看：第一，关注的内容丰富，合作者来源分布广泛、跨学科类型众多，常探讨边疆认同、原生态真伪、游牧文明、海外民族志、四重证据、饮食仪礼、中国话语等，合作者中还有被誉为文学人类学的"三驾马车"：叶舒宪、彭兆荣、徐新建，因此比较注重从人类学的视角挖掘中国传统文化智慧与力量，擅长激发传统学科新的生命力，属于文化人类学范畴。第二，关注田野方法、民族政策、民族经济、汉族族群（如客家等）、瑶族等，比较集中在民族视角下的探讨，属于族群人类学。第三，关注内容非常集中，关注生物基因，以分子结构演变研究族群遗传特征，从而确定族群起源与传播，在中国属于比较罕见的分子人类学，且合作者集中于上海的金力与李辉。三个圈层从不同的角度回答了人类学的关怀主旨："我是谁""我从哪里来""我到哪里去"，可见已经搭建起了比较完整的人类学体系，并且已经开始了中国研究特色，在与世界对话中已经占领了一席之地。

四　结语

以徐杰舜为代表的学术合作形式从论文到访谈再到论坛；合作规模从个体到共同体；合作学科从单个领域到跨学科联合；合作意义从思想碰撞到学科建设再到区域问题指导。可以看出期间学术合作对于人类学中国化有着重要价值：第一，开启学术跨界：可以从更多学科角度发现新问题、采用新方法，更多维度揭示事象规律；第二，重振学术凝聚：打破了孤立的中国学术机构和团体，实现知识共同体的"多元一体"；第三，学术指导用于实践：学术不仅"顶天"，还更加"立地"。在学术成果转化中脚踏实地地解决中国实际问题，从而在研究中国对象中发现中国理论、中国方法，形成中国经验。中国人类学与民族学研究会副会长黄忠彩强调人类学在中国如果要想探索到中国经验，要想成为一级学科需要更多更好的学术合作①。"中国人类学发展的未来走向是中国人类学者将走向联合，应用人类学将得到发展，人类学知识的普及和人类学的中国化或本土化将使现代人类学受到一次洗礼而更具有国际性。"② 当然，目前的学术合作还较多地依赖于学者个体的兴趣推动、人脉铺设和经费积累，期冀着更多平台搭建、更多学者参与、更多学科对话、更多议题进入与更多成果出现，人类学的中国化即可开启新的征程。

---

① 引自黄忠彩在"人类学与中国研究"学术研讨会上的发言，2015.03.14.
② 徐杰舜：《中国人类学的现状及未来走向》，《广西民族学院学院学报（哲学社会科学版）》，1997 年第 4 期。

第一卷说明

《徐杰舜文集》第一卷收入徐杰舜的《汉民族历史和文化新探》《从多元走向一体：中华民族论》两本著作。

《汉民族历史和文化新探》一书于1985年12月由广西人民出版社出版。此书是徐杰舜的第一部以论文集形式结集出版的著作。此书的出版与费孝通先生有一段"学缘"。

1986年1月6日，徐杰舜到北京参加中国文化书院举办的第二届"中外比较文化讲习班"时，经中央民族学院（现为中央民族大学）贾敬颜教授的引荐，由历史系严英俊老师带领，到中央民族学院住宿区教授楼见费孝通先生。

费先生亲切地询问了徐杰舜的一些情况，徐杰舜将自己刚出版的《汉民族历史和文化新探》一书送给了费先生，并向费先生简单地叙述了自己是怎样从浙江调到广西去的经过，以及对汉民族研究的经历。费先生一边听一边说："这本书很有意思，有开拓意义！"鼓励徐杰舜坚持下去。两年后，1988年5月的一天，徐杰舜接到中央民族学院陈连开教授的来信，信中说：费孝通先生最近在研究中想用《汉民族历史和文化新探》一书，但一时找不到了。问徐杰舜可不可以再送一本给他。见信后，徐杰舜马上从邮局寄了一本给陈连开教授。

当时徐杰舜不知道费先生要看《汉民族历史和文化新探》，具体有什么用处，1989年7月，费先生《中华民族多元一体格局》一书由中央民族学院出版社出版后，徐杰舜读了费先生1988年8月22日在香港中文大学做Tanner讲演的《中华民族多元一体格局》一文，才发现费先生在写此文时，参考了《汉民族历史和文化新探》一书，文章的参考文献中第三本就是徐杰舜的《汉民族历史和文化新探》。

与此同时，《汉民族历史和文化新探》一书的学术价值和意义很快得到了学术界的认同。1989年《中国社会科学》第2期发表孟宪范的《中国民族学十年发展述评》一文评论说:"徐杰舜的《汉民族历史和文化新探》的发表,标志着这一课题研究在中国的真正开始。"可见《汉民族历史和文化新探》一书实际上是徐杰舜学术生涯的一个重大转折。

这个转折为徐杰舜此后的学术研究打开了通道。

《从多元走向一体:中华民族论》一书2008年10月由广西师范大学出版社出版。这本书是徐杰舜关于中华民族研究的开端。对于这个从汉民族研究到中华民族研究的转折,徐杰舜是十分看重的。他在这本书的《后记》中说:

"从1961年进入中央民族学院分院(现为中南民族大学)师从岑家梧老师学习以来,先后学习和从事民族研究近48年,特别是自1979年年底开始进行汉民族研究以来,积30多年汉民族的研究成果,我提出了关于汉民族研究的雪球理论;又自2000年获国家社科基金立项,开展'中国民族团结研究'以来,在全国5个自治区、2个民族省(云南、青海)、一个非民族省(湖南)、两个大城市(上海、深圳)10个田野点进行全面考察的基础上,把中国共产党提出的'民族团结'的口号理论化、实证化了,在该项目的最终成果——《磐石——中国民族团结研究报告》中,提出了关于中国民族团结的磐石理论。这两个研究项目的交汇和互动,使我逐渐把学术思路集中到了中华民族身上,

为什么会把学术思路集中到了中华民族身上呢?主要来自两个方面的学术感悟。

一是汉民族这个雪球在滚动中形成,在滚动中发展。那么,这个雪球滚动的最终目标是什么呢?长期思考的结果,汉民族这个雪球的滚动形成和发展实际,是从多元走向一体的一个过程,而且是一个很长的历史过程。汉民族就是民族与民族之间分分合合、合合分分形成的民族融合阶段性成果。从汉民族的案例中,可以窥见中华民族的未来将如何在发展中实现'多元一体'。

二是中国民族团结的这块"磐石"在冲突、磨合和整合中凝结而成。那么,这块磐石的最终用途是什么呢?在一次学术顿悟中,我感到其是中华民族'大厦'的奠基石。中国民族团结的最终结果,应该是中国各民族从多元走向一体对中华民族的认同。

　　这两个学术感悟的交汇和互动，终于在 2007 年 12 月初一次与好友中央民族大学关凯老师的学术对话中，撞出了火花，撞出了灵感，汇成了一个关键词：从多元走向一体。这样才有了《从多元走向一体：中华民族论》这本书。"

　　《汉民族历史和文化新探》和《从多元走向一体：中华民族论》，是徐杰舜汉民族研究和中华民族研究两个阶段的开端。而从《汉民族历史和文化新探》到《从多元走向一体：中华民族论》，则是徐杰舜学术视野扩大，学术研究深化，学术成果创新的文本呈现。

徐杰舜文集
（第一卷）

《汉民族历史和文化新探》

徐杰舜　著

《从多元走向一体：中华民族论》

徐杰舜　著

目　录

《汉民族历史和文化新探》

《从多元走向一体：中华民族论》

《汉民族历史和文化新探》

汉民族研究刍议

——代自序

汉民族拥有近十亿人口，又有上下几千年的历史。但是，我国学术界对于这个世界上最大民族的研究现状，说来令人难以相信：全国数以百计的各种社会科学研究机构中，唯独没有专门研究汉民族的机构；中国社会科学院有研究世界民族的任务，也有研究我国少数民族的任务，唯独没有研究汉民族的任务；研究少数民族的专门刊物虽然不多，但是总算还有几家，唯独没有专门研究汉民族的刊物。这种情况，与汉民族在世界民族中的地位和作用是极不相称的。

有一些同志认为搞汉民族研究没有学术价值，因而不愿去从事这项工作。事实上，汉民族的研究是大有可为的。例如，汉民族自西汉形成以后，在两千多年的历史中，历经内忧外患，不管是五胡十六国的混战、南北朝的分裂，还是辽、西夏、金的割据，元和清的统治，汉民族都没有被同化或被分裂，反而从小到大，逐渐发展起来，表现出惊人的同化力和凝聚力。研究汉民族的发展，特别是其同化力和凝聚力形成的规律和表现，有重大的学术价值。又如，汉民族乡土观念的形成与共同地域的关系，汉民族复杂的方言与共同语言的关系，汉民族"以农为本"的传统与共同经济生活的关系，汉民族丰富多彩的风俗习惯与共同心理素质的关系等，都是内容极其丰富的研究课题。总之，对汉民族这个人们共同体的形成、发展和特征等问题进行具体、深入、系统的研究，既有重要的学术价值，又是进行爱国主义教育和社会主义精神文明建设的需要。

原载《光明日报》一九八五年四月二十二日

汉民族研究再议

当今世界，民族林立。环球之中，汉民族最大，历史最悠久，研究民族是绝对不可将汉民族等闲视之的。但是，事实上在民族研究中却存在对汉民族视而不见的怪现象。小作《汉民族研究刍议》在《光明日报》（1985年4月22日）发表后，不少学界同好表示有此同感，希望笔者再进一步谈谈汉民族研究的现状与汉民族在世界民族中的地位和作用极不相称的原因，故写此再议，向学术界作进一步的呼吁。

汉民族研究大有可为，对此我在《汉民族研究刍议》中已有论及。其实稍为熟悉学术史的同志都知道，汉民族研究之所以被视而不见，其中一个重要原因就是长期以来，一些同志习惯在中国通史与汉民族史之间画等号，似乎研究中国通史就是研究了汉民族史。这种看法混淆了作为政治实体的国家与作为社会实体的民族之间的区别和界限。诚然，国家和民族都是历史上发生的东西，都属于历史的范畴，它们之间有着一定的联系。但是，正如列宁所说："国家是阶级统治的机关，是一个阶级压迫另一个阶级的机关。"① 因此，国家作为一个政治实体，是经济上占统治地位的阶级为了维护本阶级的利益，而对被统治阶级实行专政的工具或机器，主要由军队、警察、法庭、监狱等组成。而民族则不同，作为一个社会实体，却是在特定的社会历史条件下，形成的一个具有共同语言、共同地域、共同经济生活、共同心理素质的稳定的人们共同体。两者之间有着本质的区别和明显的界限。显而易见，中国通史研究的对象是中国这个国家形成和发展的历史，汉民族史研究的对象则应该是汉民族形成和发展的历史。在中国通史与汉民族史之间画等号，无论在理论上还是在实践上都是站不住脚的。

---

① 《列宁选集》第三卷，第176页。

　　究其根源，形成这种习惯看法的一个重要原因，毋庸讳言，恐怕还是"大汉族主义"的影响。在历史上，由于封建正统思想在中国史学界一直占统治地位，汉族即中国，中国即汉族的传统观点，在封建史家中几乎可以说是根深蒂固的。解放后，虽然批判过封建正统的史学观，但"大汉族主义"的影响犹存，至今仍然有人抱着"汉族即中国，中国即汉族"的观点不放，把汉族以外的一些少数民族视为"外族"，把少数民族建立的地方割据政权视为"外国"。而在中国通史与汉族史之间画等号的看法则又是一个突出的例证。于是在实际研究工作中，就出现了用国史研究代替民族史研究的现象，其结果不是加强了对汉民族的研究，而是与其相反，即放松了对汉民族的研究，出现了世界上最大的民族没有专门研究人员的怪现象，汉民族研究几乎成为民族历史研究的一个空白，这是应该引起学术界注意的一个问题。

　　另外，汉民族虽然是世界上最大的民族，但有一些同志却对其熟视无睹，不以为然，甚至认为没有什么学术价值，也就放松了研究。其实不然，汉民族研究一直是国际学术界注目的一个问题。在近代，关于汉民族是外来还是土著的问题，就曾经是各国汉学家争论的焦点。这次争论的结果，不仅使汉民族的由来问题得到澄清，说明了汉民族是在中国土地上土生土长的历史悠久的民族，而且还粉碎了为帝国主义侵华政策服务的"汉族外来说"。到了现代，20世纪50年代开始的关于汉民族形成问题的讨论，就是由苏联学者引起的。通过讨论，不仅对汉民族的形成提出了独特的见解，而且还引起了人们对马克思主义关于民族形成理论的深入研究，因而也引起了国际学术界的重视。回顾汉民族研究的历史，可见汉民族研究没有学术价值的看法是毫无道理的，放松对汉民族的研究也是毫无根据的。

　　事实上，汉民族研究内容丰富，学术价值很高。仅拿汉民族的形成来说，据我所见：西汉时形成的汉民族是从华夏民族发展、转化而来的；华夏民族又是春秋时夏、商、周三个民族以及部分蛮、夷、戎、狄融合，经秦始皇的统一而形成的；夏、商、周三族又分别是夏部落、商部落、周部落发展而形成的。汉民族这个复杂多阶段的形成过程，在世界民族形成史上是极其特殊的，弄清楚汉民族形成的具体过程，以及在这个过程中的有关规律问题，这对丰富和发展马克思主义关于民族形成理论的价值是不言而喻的。

　　近年来国际上已有过"敦煌在中国，敦煌学在外国"的议论，这是我们中国学者于心不安的。同样，在美国、日本以及其他一些国家加强了对汉民族研究的时候，我们绝不能再让"汉民族在中国，汉民族研究在外国"的议论出现。因此加强对汉民族的研究，已经成为我国学术界刻不容缓的任务，为此，特提出以下五点建议：

　　一、把汉民族的研究列入中国社会科学院民族研究所的研究对象，设置汉民族研究室，使之成为汉民族研究的中心。

　　二、积极培养汉民族研究的专门人才，有条件的专家、教授应招收汉民族史研究生；有条件的大专院校的历史系应开设汉民族史专业，全国起码应有一所大学开设这个专业。

　　三、在一定时机成立汉民族研究会，把全国汉民族研究的队伍组织起来。

　　四、创办《汉民族研究》杂志，专门刊登有关汉民族研究的论文、资料、动态等方面的文章，为汉民族研究提供阵地。

　　五、组织编写、出版《汉民族史》《汉民族志》和《汉民族研究资料汇编》，以及向群众普及的《汉族简史》《汉族简志》等通俗读物。可以组织力量集体编写，也可以发动个人著书立说。与此同时，翻译和出版国外关于汉民族研究方面的文章和专著，扩大学术交流。

　　总之，只要我们提高对汉民族研究重要性的认识，从各方面切实加强对汉民族的研究，可以肯定，在党中央作出学术自由这个大决策的今天，我国汉民族研究一定会出现百花齐放，硕果累累的繁荣景象，一定会给学术界增添光彩。

一九八五年五月于广西靖西

第一章　汉民族形成历史新探

一　试论华夏始祖
——夏民族的形成

最初的民族由部落发展而形成的这条马克思主义民族理论的基本原理，已成为我国学术界在民族形成理论研究工作中的一个基本指导思想。

从汉民族形成的历史中，我们可以知道：汉民族是西汉时，由华夏民族发展、转化而形成的；而华夏民族又是春秋战国时，由夏、商、周三族及其他蛮、夷、戎、狄融合而形成的。由于夏民族曾经建立了我国历史上的第一个奴隶制国家，所以我们要研究和了解我国古代从部落发展而形成为民族的情况，要研究和了解汉民族形成的情况，首先必须弄清楚华夏民族的始祖——夏民族的形成过程。

（一）夏民族确实是存在于我国历史上的一个古代奴隶社会的民族

夏民族是否存在于我国古代历史？这个问题与夏王朝是否存在的问题一样，由于时代的遥远，加上关于夏民族及其所建立的夏王朝的早期历史材料，不仅支离破碎，相互矛盾，十分简略，而且大多处在神话传说的迷雾之中，所以一直有人怀疑他们的存在。春秋时的孔子就认为夏之社会不可考，他说："夏礼，吾能言之，杞不足徵也；……文献不足故也。足，则吾能徵之矣。"① 战国时的屈原在《楚辞·天问》中，对渺渺茫茫的夏王朝历史，一口气提出了二十多个问题，夏王朝的历史在他的心目中似乎是

---

① 《论语·八佾》。

若明若暗，恍恍惚惚，迷惑难解。以后，有的人干脆否定夏朝的存在，认为这个王朝完全是虚造出来的，这样夏民族的形成也就无从谈起了，所以至今仍然有人认为夏民族是不存在的。

到了现代，特别是新中国成立以后，我国学术界以马克思主义为指导思想，运用唯物辩证法和历史唯物论，去伪存真，剔除了夏王朝传说中的神话外衣，肯定了夏王朝的存在。尤其令人欣喜的是经过考古工作者的努力，夏文化终于找到了脉络，一个是河南龙山文化晚期，重要的有王湾遗址（位于洛阳西郊涧河右岸的台地上）和煤山遗址（位于河南临汝县境汝河北岸的台地上）；另一个是二里头文化，重要的遗址有河南偃师二里头、洛阳东干沟、郑州上街、偃师灰嘴等。无论从地域分布上，还是从地层关系、时代范围以及文化性质上进行分析，二者都属于夏文化。前者很可能是夏王朝早期的文化遗存，后者很可能是夏王朝后期的一种文化遗存。

近年来，河南登封王城岗夏代遗址的发掘，更是一个突破性的成果。据报道，在登封县告成镇西面约半公里处，当地群众习惯叫"王城岗"的地方，发掘出来了两座距今四千多年历史的古城遗址。两座古城东西相连，城墙是用土分层夯筑而成的。古城内残存有用夯土筑成的房屋基础和储藏东西的地窖。在房屋夯土基础内，发现了埋有作为建房"奠基"的许多大人和小孩的牺牲者，并出土了大量当时人们使用过的陶器、石器生产工具和石箭头、骨箭头、蚌箭头等武器，以及特别引人注意的一件青铜器残片。不少考古工作者认为，登封王城岗的古城遗址，很可能就是夏王朝初期的"阳城"遗址①。

这样，在考古发掘材料的可靠基础上，结合古代文献，我们完全可以肯定我国第一个奴隶制国家——夏王朝的存在，当然也就可以完全肯定夏民族也确实是存在于我国历史上的一个古代奴隶社会的民族。

（二）夏民族从部落发展成民族的历史过程

在考古发掘与古代文献可以互相印证的基础上，根据马克思主义关于最初的民族是从部落发展而形成的理论，我们可以大体勾画出夏民族从部落发展成民族的历史过程。

---

① 参阅安金槐《近年来河南夏商文化考古的新收获》，《文物》1983 年第 3 期。

公元前 23 世纪至前 22 世纪，传说为有熊氏黄帝后裔的陶唐氏、有虞氏①、夏后氏等部落进入了黄河中游的河、洛流域的黄土地带。这就是传说中的尧、舜、禹时代，也就是我国原始社会末期，氏族公社制度崩溃，阶级、国家和民族产生的一个伟大时代。

相传夏后氏在进入河洛流域以前，仍然处于原始社会末期的氏族部落时代，血缘关系仍然是维系人们的主要纽带。人们生活在氏族、部落的狭小世界里，个人的思想、感情和行动同氏族制度紧密地联系在一起，完全受血缘关系的支配。据司马迁在《史记·夏本纪》中说，传说中为黄帝后裔的夏后氏，姒姓，共十二个氏族，有夏后氏、有扈氏、有男氏、斟寻氏、彤城氏、褒氏、费氏、杞氏、缯氏、辛氏、冥氏、斟戈（灌）氏。这些氏族组成为一个以夏后氏为核心的原始血缘的大部落。

马克思说："社会生产关系，是随着物质生产资料、生产力的变化和发展而变化和发展的。"② 我国原始社会末期，特别是到了大禹时期，青铜工具的出现和使用，是生产力发生质变的主要标志③。正如《越绝书》卷十一所记："禹穴之时，以铜为兵，以凿伊阙，通龙门，决江导河，东注于海。"故《史记·封禅书》云："禹以九牧之金铸九鼎"，《墨子·耕柱》亦云启派蜚廉铸鼎于昆吾。昆吾在今河南濮阳西南，是古代非常有名的一个产铜中心。更引人注目的是与历史文献中记载的夏王朝所在的中心地区大致相符的二里头文化遗址的分布地区，出土了形制和器种比较复杂的青铜器，其中有作工具用的铜凿、铜锛、铜椎等，有作兵器用的戚、戈，还有作酒器用的爵以及小件铜器如铃、箭头、鱼钩等。在二里头还发现有铸

---

① 有虞氏的首领是舜，《孟子·离娄》称："舜生于诸冯，迁于负夏，卒于鸣条，东夷之人也。"而《帝王世纪》亦云：舜都蒲坂（今山西永济县西蒲州）。为何东夷之人建都于晋南？看来矛盾很大，其实不然。据郭沫若《中国史稿》第一册（人民出版社 1976 年版）研究：在众多的夷人部落中，最先与黄帝部落融合的有阜陶、伯益、颛顼和帝喾四个夷人部落。帝喾名俊，即传说中的舜，其后裔有虞氏，已活动在河南虞城县一带，故有些传说就把帝喾这个夷人部落也作为黄帝的后裔。例如战国时代的《陈侯因齐敦》，是齐威王因齐所作，其铭文中有"高祖黄帝"之称。田齐王室是妫姓，陈国的后裔，可见帝喾一支当时已被列为黄帝之后。（此器见郭沫若《两周金文辞大系图录》，第 260 页，《考释》，第 219 页）这种现象，正好反映了部落之间分化、瓦解、联合以及融合的情况。另梁启超认为尧、舜、禹之移居山西高原地带，"其唯一理由，恐是洪水泛滥之结果"。"去湿就燥，不过一时现象；水土既平之后，施复故也。"（《梁任公近著》下册，商务印书馆 1924 年版，第 50—51 页）也是有一定道理的。

② 《马克思恩格斯选集》第一卷，第 363 页。

③ 参阅唐兰《中国青铜器的起源和发展》，《故宫博物院院刊》1979 年第 1 期。

铜手工业作坊的遗址，有冶铜时留下的铜渣、坩埚碎片，以及铸铜用的陶范残片。而登封王城岗古城遗址内四期的一个灰坑内发掘出土的一件无可置疑的青铜器残片，确切地表明，相当于夏王朝早期的河南龙山文化中晚期已经使用青铜器了。这些文献资料和考古发掘都证明：历史已进入了青铜时代。对于夏民族的形成有意义的是：青铜工具的出现和使用，促使"以铜为兵"的灌溉农业经济类型的形成，反映了大禹时期生产力有了极大的变化和发展，也反映了夏民族共同经济生活基础的形成。

这时，另外特别有意义的是水井的发明。据《经典释文》引《周书》云："黄帝作井。"《史记·五帝本纪》亦云："舜穿井。"《世本·作篇》也云："化益作井"，宋衷注说："化益，伯益也，尧臣。"可见水井的发明大约在禹治水以前。对此，河南龙山文化晚期和二里头文化的考古遗址又提供了可靠的物证。在洛阳矬李遗址发现水井一眼，"形制竖穴，平面为椭圆形，四米以下为圆形，直径1.7米，深6米多"①。在河南偃师二里头也发现水井②，在偃师灰嘴又发现一种长方形水井③。很明显，水井的发明和使用，可以使人们摈弃江河为日用水源，向纵深开阔的地方聚落定居生产、生活，这在一定的条件和程度上，必然促进夏部落在一定的地域范围内稳固地定居下来，也必然促进农业生产向精耕细作发展。这不仅对生产力的发展有实际的意义，对夏部落在向夏民族的过渡中形成稳定的共同地域也有特殊的意义。

生产力的这种发展和社会分工的进一步扩大，使交换和贸易成为可能。在二里头的一个土坑内一次就出土了十二枚贝，在另一些二里头的遗址中还发现了仿海贝式样制成的小巧耐用的骨贝和石贝。很明显，在二里头出土的贝，以及玉和绿松石等，都不是当地的产品，而是通过贸易和交换等方式从外地引进的。对照古代文献，汉朝的《盐铁论·错币》中就记载："夏后以玄贝，周人以紫石，后世或金钱、刀布。"由此可见，夏王朝使用的以贝为主的货币，是中国历史上最早的货币。它反映了夏部落在走向崩溃的历史进程中，商业经济的发展，以及对民族形成特别有意义的内部经济联系性的加强。

---

① 《洛阳矬李遗址发掘简报》，《考古》1978年第1期。此遗址属河南龙山文化晚期。
② 《河南偃师二里头遗址发掘简报》，《考古》1965年第5期。
③ 《河南偃师灰嘴遗址试掘简报》，《文物》1959年第10期。此遗址属二里头文化。

生产力的极大发展，带来了私有财产的产生，这就使剥削成为可能，氏族公社里出现了贫富分化，从而导致阶级的产生。例如，在有关夏王朝发动战争的誓词中，就决定对不愿为奴隶主去打仗的人处以"孥戮"①。"孥"通"帑"，指子女或妻子。"孥戮"即或以为奴，或加以刑戮。这些可以处以"孥戮"的人就是奴隶。但是，本氏族、部落的人沦为奴隶，数量总是有限的。因此，在战争变为正常职业的"英雄时代"，黄帝的后裔们对南方的三苗部落进行了长期的战争，史载"尧战于丹水之浦，以服南蛮"②。舜在与共工和鲧交战的时候，也不放松对三苗的控制，《韩非子·五蠹》即说："当舜之时，有苗不服，禹将伐之。舜曰：'不可。上德不厚而行武，非道也。'乃修教三年，执干戚舞，有苗乃服。"禹时更是大举进攻三苗，他在出兵誓师的大会上说："济济有众，咸听朕言，非唯小子，敢行称乱，蠢兹有苗，用天之罚。若予既率尔群对（封）诸群（君），以征有苗。"③ 在一次战斗中，禹射中了三苗的军事首领，于是"苗师大乱，后乃遂畿"④，致使"子孙为隶，不夷于民"⑤。三苗部落的人大多数被俘成了奴隶。

对此，河南龙山文化晚期和二里头文化的墓葬又可以成为当时社会阶级产生和对立的历史见证。例如，在临汝煤山遗址的一个单身竖穴墓里，有彩绘的高足盘和杯等十余件随葬品，在二里头的一座墓葬中，竟发现有觚、爵、盉等专用酒器和贝、玉、绿松石等二十一件随葬品。但是，在另外一些墓葬中，仅有一两件简陋的陶器，在矬李遗址的同期文化层的一座墓葬中甚至找不到一件随葬品。这些差别巨大的墓葬，在一定程度上反映了夏朝奴隶与奴隶主阶级的对立。又如，在二里头遗址中还发现有被捆着双手活埋的墓葬，有没有头骨或下肢骨的墓葬，甚至在灰坑中还发现了跪伏的一具人骨架，这些无疑都是被当作会说话的工具的人——奴隶。同样，近年来在登封王城岗古城遗址的城堡内发掘的几个筑有坚硬夯土的坑中，发现了包括男女性成年、青少年和儿童的结构完整而姿态很不自然的骨架，一个坑内少者二具，多者七具。据考古工作者研究，这些埋有人骨

---

① 《尚书·甘誓》。

② 《吕氏春秋·召类》。

③ 《墨子·兼爱下》引《禹誓》。

④ 《墨子·非攻下》。

⑤ "畿"即衰亡之意。《国语·周语下》。

架的夯土坑可能是大型夯土房基的"奠基坑"。无疑坑内死者的身份,也都是被当作会说话的工具的人——奴隶。在这里,属于夏王朝早期文化的登封王城岗古城遗址坑内"奠基坑"中人骨架的发现,对于夏王朝的建立和夏民族的形成有着更为重要的意义。

这样,已经成了奴隶主阶级的氏族贵族为了维护和扩大自己已经取得的权力和利益,把氏族部落的管理机构变成了国家机关。登封王城岗古城遗址的发现就是最好的证明。社会发展史告诉我们:在原始社会末期,城堡是奴隶主与奴隶两个对立阶级的矛盾发展到不可调和时的产物,也是奴隶主阶级内部争夺统治权力的重要设施。《孟子·万章上》就说:"禹避舜之子于阳城。"《史记·夏本纪》也说:"禹辞辟舜之子商均于阳城。"前已提及,登封王城岗古城遗址很可能就是夏王朝初期的"阳城"。这样王城岗遗址的发现就说明河南龙山文化的中晚期,也就是在大禹时代,社会已经进入奴隶制时代了。所以古本《竹书纪年》云:"夏后氏,禹居阳城。"《世本》则云:"禹都阳城。"表明这时氏族、部落的管理机关已变成了国家机关。而在二里头遗址里发掘出来每边长约一百米、总面积达一万平方米的宫殿遗址,也进一步证明夏国家政权的存在。于是,"大同"之世变成了"小康"时代。禹传位于儿子启,"世袭王权和世袭贵族的基础奠定下来了"[1],我国历史上第一个奴隶制国家——夏王朝,宣告诞生。

恩格斯说:"建立国家的最初企图,就在于破坏氏族的联系。"[2] 在夏国家建立的过程中,夏部落与夷人部落、羌人部落以及居住在河、洛流域的其他氏族、部落逐渐杂居起来。在长期的战争中,这些氏族、部落原有的血缘关系渐渐丧失了自己的意义,他们之间不断相互影响,相互融合,在杂居一代比一代厉害的情况下,进行着新的组合。尊黄帝为始祖的夏部落,与分别尊颛顼、帝喾、伯益、皋陶为始祖的夷人部落,以四岳为宗神的羌人部落结成新的部落联盟(以共工为祖的部落和驩兜部落也曾一度参加过这个部落联盟)。也就是在征服三苗部落的过程中,以夏后氏为核心的部落联盟逐渐团结而为"永久的联盟",由此"朝民族[Nation]的形成跨出了第一步"。[3]

---

[1] 《马克思恩格斯选集》第四卷,第 161 页。

[2] 《马克思恩格斯选集》第四卷,第 107 页。

[3] 《马克思恩格斯选集》第四卷,第 89 页。

军事上的胜利，奴隶的不断增多，氏族公社制从被私有制打破缺口，到阶级和国家产生的整个历史进程中，本氏族部落人员的流动迁徙，被征服氏族部落的强迫迁移，都不断地打破和瓦解了氏族公社的纽带——血缘关系，血缘关系开始逐渐向地域关系转化。而且杂居得越厉害，不同始祖的各氏族、部落越融合，"亲属性质的联系就愈让位于地区性质的联系"①。例如，早在舜时，这个部落联盟就发生过"流四凶族，浑敦、穷奇、梼杌、饕餮，投诸四裔"② 的事，说明氏族部落的分化和血缘关系的破坏早在进行之中。舜在对周围的氏族部落进行征服战争的过程中，还"流共工于幽陵，以变北狄；放驩兜于崇山，以变南蛮；迁三苗于三危，以变西戎；殛鲧于羽山，以变东夷"③，对不同血缘的共工、驩兜、三苗、鲧等部落也进行分化瓦解，变其风俗。这样，各氏族、部落之间不断地相互融合，因此，到禹时，《左传》中所说的"禹会诸侯于涂山，执玉帛者万国"④ 时的夏部落联盟，已不是以血缘关系为纽带的人们共同体了。正如恩格斯在论述古罗马民族形成时所指出的：这时"有决定意义的已不是血族团体的族籍，而只是经常居住的地区了；现在要加以划分的，不是人民，而是地区了；住民在政治上已变为地区的简单的附属物了"。⑤ "万国"就不是氏族、部落的籍别，而是地域的区分了。

面对这种新的历史局面，禹在治理水患后，"开九州，通九道，陂九泽，度九山"⑥，把全国划分为冀、兖、青、徐、扬、荆、豫、梁、雍九州⑦，就是水到渠成的事了。《尚书·禹贡》即云："九州攸同，四隩既宅。"这就是说九州统一了，四方可居之地都奠定了。故《左传》襄公四年说：夏统治者曾把其所统治的广大地区"画为九州，经启九道"。所以禹划九州，从一定的意义上来说，标志着血缘关系向地域关系转化的完成。这时，也只有在这时，"相邻的各部落的单纯的联盟，已经由这些部

---

① 《马克思恩格斯选集》第四卷，第 148 页。
② 《左传》文公十八年。
③ 《史记·五帝本纪》。
④ 《左传》哀公七年。
⑤ 《马克思恩格斯选集》第四卷，第 113 页。
⑥ 《史记·夏本纪》。
⑦ 见《尚书·禹贡》。

落融合为统一的民族［VOLK］所代替了。"① 我国历史上第一个奴隶社会民族——夏民族，即华夏民族的始祖，随着阶级和国家的产生，随着血缘关系向地域关系转化的完成，基本形成了。

（三）夏民族的稳定及民族特征的具体表现

夏民族从基本形成到稳定，还经历了一个相当长的历史时期。启以后，发生了太康失国之事，即传说中的东方夷族后羿，便乘机西进，"因夏民以代夏政"②，征服了夏民族。不久，后羿又被其亲信伯明氏的寒浞所取代。只是到了少康时代，又经过许多氏族、部落的大混杂和融合，在夏遗臣靡的支持和配合下，在斟灌氏、斟寻氏余众的拥护下，少康攻灭寒浞，杀其二子，重建夏朝，夏民族从此稳定下来。其间，经过大约了一百多年的时间。

夏民族从基本形成到逐步稳定，其民族特征也越来越鲜明，越来越稳定。

夏民族的共同地域，在黄河中游的河、洛流域的黄土地带，即西起今河南西部和山西南部，沿黄河东至河南、河北、山东三省结合部，南接湖北，北入河北。其居住的中心则是在今河南西部的河、洛流域。不少考古学家认为，河南龙山文化晚期和二里头文化遗址的分布，与上述夏民族活动的中心地带大致相符，最近公布的登封王城岗古城遗址发掘报告更具体地证明了这一点。而夏王朝把全国划分为冀、兖、青、徐、扬、荆、豫、梁、雍九州，不仅是夏民族形成的标志，也是夏民族共同地域的一个重要表现。正因为如此，所以"九州"后来又成了"中国"的一个代名词。

夏民族的共同语言就是"夏言"。《论语·述而》说："子所雅言，《诗》、《书》、执礼，皆雅言也。"所谓"雅"，荀子曾说过："譬之越人安越，楚人安楚，君子安雅。"③ 他又说过："居楚而楚，居越而越，居夏而夏，是非天性也，积靡使然也。"④ 由此看来，"雅"就是"夏"，而"雅言"就是"夏言"⑤。在二里头遗址出土陶器的口沿上，刻画着的二十多种

① 《马克思恩格斯选集》第四卷，第106页。
② 《左传》襄公四年。
③ 《荀子·荣辱》。
④ 《荀子·儒效》。
⑤ 参阅朱骏声《说文通训定声》"雅"字条。

符号，是否就是表现夏民族共同语言的共同文字，这当然还有待于更多的考古材料来证明。但是，按照王力先生在《汉语史稿》中所说："殷墟甲骨文距离现代三千多年，但是，依照甲骨文字的体系相当完备的情况看来，如果说五千年前我们的祖先就创造了文字，还算是谨慎的估计。"① 那么，这种符号则很可能是夏民族的文字。

夏民族的共同经济生活主要表现在"以铜为兵"的灌溉农业经济上。如前所述，青铜工具的出现和使用，是夏王朝生产力发展的重要标志，登封王城岗古城遗址内一件青铜残片的出土，就是有力的证明。大禹以治水开国的大量传说又证明夏朝对水利灌溉是实行统一的治理和管理的。《大戴礼·夏小正》说：正月"农率均田"。为什么要在正月"农率均田"？就是由于洪水泛滥的影响，每年必须定期在洪水过后，春耕以前把份地重新分配一次，以确定疆界划分，这也就是孟子所说的"经界"②。又为了统一管理水利灌溉系统的方便，实行水利灌溉的平原地区的"经界"就划分得十分整齐划一，形成外有封疆，内有阡陌的所谓"井田"。吕振羽同志曾肯定地说："《周礼》《论语》《孟子》等儒家的作品中，所说关于'夏代'的'井田制度'……必有其历史的一点根源，断不是他们所能凭空捏造，这似乎是可以肯定的。"③ 因此，孟子所说的"夏后氏五十而贡"④，就很可能是夏民族表现为"以铜为兵"的灌溉农业经济基础上的早期的"井田制度"。

夏民族的共同心理素质，最突出的表现就是祖先崇拜。众所周知的夏铸"九鼎"，一个重要的目的就是表示对祖先的崇拜，《左传》宣公三年说："铸鼎象物"；哀公元年又说："祀夏配天，不失旧物。"在鼎这样的国家重器上刻绘象征图腾的"物"，就是表示不忘祖宗。所以，从某种意义上来说，"九鼎"不仅是夏工朝的国家象征，也是夏民族的民族象征。不仅如此，《论语·泰伯》还说：禹"菲饮食而致孝乎鬼神，恶衣服而致美乎黻冕"。这就是说禹自己吃得很差，却把祭祖宗的祭品办得很丰盛；穿得很坏，却把祭服做得极华美。由于祖先崇拜是鬼神崇拜的产物，是鬼神

---

① 《汉语史稿》下册，中华书局 1980 年版，第 596 页。
② 《孟子·滕文公上》。
③ 《史前期中国社会研究》，生活·读书·新知三联书店 1961 年版，第 119 页。
④ 《孟子·滕文公上》。

崇拜的一种形式，所以这里所称的"孝乎鬼神"，大约就是对祖宗先世的崇拜。因此，《礼记·祭法》中就说："夏后氏亦禘黄帝而郊鲧，祖颛顼而宗禹。"

此外，《礼记·表记》中所说的夏民族"先禄而后威，先赏而后罚，亲而不尊。其民之敝，蠢而愚，乔而野，朴而不文"，则反映了夏民族纯朴、厚淳的民族性格。

正因为夏民族确实是一个具备了民族全部特征的民族，所以她表现出了极大的稳定性。约公元前17世纪汤灭桀后，夏王朝虽然灭亡了，但夏民族作为一个民族仍然存在于商王朝。历经商王朝约六百年的漫长历史，一直到约公元前11世纪，武王伐纣，建立西周王朝，进行分封时，仍将唐叔"封于夏墟""启以夏政"[1]，夏民族仍然是西周这个多民族国家的一个成员。直到春秋时期，她与商、周二族以及部分蛮、夷、戎、狄融合而成为华夏民族之时，才在历史上消失。但从其于约公元前二十一世纪形成为民族时开始，一直到公元前七世纪左右融合于华夏民族为止，大约经历了一千三百年左右的历史，这在世界民族发展史上仍然不愧为一个历史悠久的古代奴隶社会民族。又由于夏民族是我国历史上形成的最早的一个民族，后来又成为华夏民族的一个组成部分，所以称其为华夏民族的始祖是当之无愧的。

一九七九年十一月初稿
一九八〇年四月二稿
一九八三年八月定稿

二 试论古代商民族的形成及特征

在中国民族发展史上，古代商民族的形成，是从部落发展到民族的又一个实例。

---

[1] 《左传》定公四年。

（一） 商民族的原始社会形态

商民族最早居住在今山东半岛，属传说中的东夷集团。自认是玄鸟所生，所谓"天命玄鸟，降而生商"①。证明远古时商可能是奉鸟为图腾的一个氏族部落。

相传商的始祖契，为帝喾的次妃简狄吞玄鸟卵而生，即《史记·殷本纪》所说："殷契，母曰简狄，有娀氏之女，为帝喾次妃。三人行浴，见玄鸟堕其卵，简狄取吞之，因孕，生契。"这个卵生的神话传说表明当时还是只知其母，不知其父的母系氏族公社时期。

据历史记载，帝喾即舜，契因佐禹治水有功，而为舜的"司徒"，封于商，赐姓子氏②，故商尊舜为远祖。《礼记·祭法》即云："殷人禘喾"；《国语·鲁语》亦云："商人禘舜。"甲骨文中商民族的先世也叙至"夋"。"夋"就是喾或舜。商与舜的这种关系，表明契时正是我国原始社会的尧、舜、禹时代。

但是，由于商部落这时还是以畜牧为主的游牧部落，所以商部落"无定处"③"不常厥邑"④的流动生活，见于记载的迁徙就有十三次，特别是从契至相土，不过三世，前后五迁，即契居蕃，昭明迁砥石，又迁商，相土再迁泰山下，又迁回商丘⑤。相土时，由于农业生产的发展，商部落逐步安定下来。故相土后至汤建商王朝，虽经十三世，但仅迁徙三次，即帝芒三十三年，由商迁于亳，孔甲九年，殷侯由殷又迁归商丘，汤再由商丘迁于亳⑥。这时商部落的农业和畜牧业都有了很大的发展。《世本》载"王亥作服牛，相土作乘马"，这就是驯养牛马作畜力用于农业生产和交通运输。故《管子·轻重戊》说："殷朝的先王……用牛马驾车，有利民众，天下都学他们的制作。"这表明商部落生产工具的改进。要发展农业，必须重视治理水患，兴建水利。史载冥治水而死，成就了商部落的禹，而为

---

① 《诗经·商颂·玄鸟》，玄鸟即燕。

② 《史记·殷本纪》。

③ 《史记·殷本纪》。

④ 《商书·盘庚上》。

⑤ 参阅王国维《观堂集林》第十二卷，第1页。

⑥ 参阅《竹书纪年》。

后世隆重祭祀①，正是这种情况的具体反映。从王亥子上甲微以后，商的祖先都以日干为名号，说明他们已有比较精确的历法，反映商部落的农业已发展到一定的水平了。与此同时，商部落又"立皂牢，服牛马，以为民利"②。"皂"是牲口槽；"牢"是牲口圈。"立皂牢"即表明商部落的畜牧业从游牧发展到定居放牧了。在原始社会的生产力水平下，这些情况都说明男子在氏族公社的生产中占了主导地位，表明商部落大约在相土时已从母系公社过渡到了父系氏族公社时期。

农、牧结合的经济结构，使得商部落很快地强大起来。相土时，就乘夏王朝太康失位之机，迅速扩大了自己在东方的势力，控制了黄河下游以泰山为中心的广大地区。"相土烈烈，海外有截"③的记载，不仅反映了商部落地域的扩大和商民族后裔对相土功绩的追颂，更重要的是表现了氏族、部落首领在战争中的英勇气概，反映了战争正在"变为一种正常的营生"④。这样，奴隶就会出现，阶级就会产生，氏族公社制度的末日快来到了，商部落开始走向崩溃的历史进程中，迎来了商国家和商民族的诞生。

（二）商民族在原始社会的崩溃中形成

就是在"相土烈烈，海外有截"，战争"变为一种正常的营生"的历史背景条件下，商部落在两个方面发生了重大的变革。

一方面是氏族首领的选举制度变成了世袭制（父子世袭或兄弟相继），促使了国家的诞生。历史上记载的冥的儿子王亥在进行贸易时，被北方有易氏部落杀死，并夺取了王亥的牛群。而王亥的儿子上甲微借助于河伯的武力，杀了有易氏的首领绵臣，灭了有易氏，上甲微世袭了商部落的首领。在甲骨卜辞中不仅上甲微受到隆重的祭礼，而且王亥也被尊称为商祖亥。从上甲微到汤的七代中，商部落的首领逐渐具有了国王的权力，使商部落的氏族公社组织逐步转变为国家机构。

在这里，首先是商部落的氏族贵族们转化为"侯"。"侯"最初只是所谓"射侯"之意。因为"侯"是古代行射礼时用兽皮或布做成的靶子。

---

① 《管子·轻重戊》。
② 《国语·鲁语》。
③ 《诗经·商颂·长发》。
④ 《马克思恩格斯选集》第四卷，第104页。

《周礼·天官·司裘》就有"王大射，则共虎侯、熊侯、豹侯，设其鹄；诸侯则共熊侯、豹侯，卿大夫则共麋侯，皆设其鹄"的记载，所以《韩非子·八说》说："狸首射侯，不当强弩趋发。"而在原始公社末期，射箭是贵族最重要的本领，商部落首领选派射箭本领最好的人建国畿外，守卫边疆，名为"侯"。这种"侯"在甲骨文中有的还被称为男、子、伯、公等。拿男来说，从甲骨文的字形看从田从耒，表示其是氏族公社内善于组织和管理农业生产的氏族贵族。这都是商部落氏族公社组织逐步转变为国家机构的一个重要表现。

其次，是商部落的巫史转化为宗教官。原始社会的巫史，懂得一些天文气象以及医药知识，会占卜符咒，在氏族公社组织中，充当神与人之间的中介人。后来，随着商部落首领权力的不断扩大，这些巫史利用占卜符咒，假借天意，骗取信任，遂成为正在形成中的商王的宗教官，甲骨卜辞中称之为"御史""卿事""夷""尹"等。掌握神权的这种宗教官，同时掌握着文化知识，地位很高，权力很大。例如，辅佐汤灭夏桀的重要人物伊尹，就是出身于掌王祭祀之事的小臣。由此可见，巫史向宗教官的转化，是商部落氏族公社组织逐步转变为国家机构的又一个重要表现。

在这个转变中，汤对商国家的最后形成起了重大的作用。《史记·殷本纪》记载："汤征诸侯。葛伯不祀，汤始伐之。"汤灭了葛国后，连续灭了夏王朝在黄河下游的重要支柱韦、顾、昆吾等国，军威大振，正是"十一征而无敌于天下"[1]。最后与夏会战于鸣条，夏王桀败逃而死，夏朝亡，一个新的奴隶制国家——商王朝兴起。

另一方面是商部落从血缘关系向地域关系的转化，促使了商民族的形成。首先是商部落内部氏族矛盾和阶级矛盾的一步步扩大，使得原来氏族赖以维系的血缘纽带逐步废弛。有些氏族成员纷纷离开氏族原来的土地，或者到新井垦的地区去，或者同没有血缘关系的氏族部落杂居。其具体情况现在虽然已很难考释清楚，但郑樵的《通志略·氏族略》关于夏商时代共有六十二国的记载，使我们可以想见个大概。在原始社会末期，氏族分化、瓦解之时，国与氏族几乎为同一的东西，一国即等于一氏族，一氏族即等于一国，这六十二国虽然未必就是夏商以前实际存在氏族的全体，但却是一个起码的数目。对这六十二个氏族，我们可以断定：除一部分是商

---

① 《孟子·滕文公下》。

部落分化出来的氏族外，其余大部分是与商部落不同血缘的氏族，例如有扈氏、冥氏、斟氏、戈氏、褒氏，据《史记·夏本纪》记载就是属于夏民族的一部分。另外，我们知道，在商部落的发展中，从契至汤曾经八次迁徙。在这频繁的迁徙过程中，臣属于夏王朝的商部落又必然会与夏民族以及其他血缘的氏族部落逐渐杂居起来，"亥宾于有易"①，即是一例。

在商部落与不同血缘的氏族部落的杂居越来越厉害的同时，由于手工业的发展和商业的兴起，商人和手工工匠的来往奔走，混杂于各氏族部落之中，使商业交换的市肆迅速发展起来。又由于战争的需要，为了保卫氏族贵族的私有财产和生命的安全，于是有围墙的城垣纷纷建立。这种市肆和城垣，商部落称为"邑"。这样，氏族部落的完整性受到破坏，氏族成员之间的血缘联系逐渐消逝，而"邑"则成为不同血缘的氏族部落成员杂居的古代都市。杂居的结果，必然是使氏族部落的血缘关系逐渐丧失其本来的意义，丧失其维系氏族纽带的作用，血缘关系开始向地缘关系转化，在与夏王朝对抗以及征服葛、韦、顾、昆吾等"国"的过程中，商部落与其他氏族部落间的杂居更加厉害起来。因此，到汤时，支持汤灭夏的"万邦"②"万方"③，就都是按地域划分的人了。由于与汤一起去伐夏桀的并不都是本氏族部落的人，所以，汤在动员时说："尔尚辅予一人，致天之罚，予其大赉汝。尔无不信，朕不食言。尔不从誓言，予则孥戮汝，罔有攸赦。"④ 这就是说只要积极与他一起伐夏桀，不管你是哪一个氏族部落的人，都可以受到酬劳。反之，则要受到处罚。故后来司马迁说：商人"其后分封，以国为姓"⑤，就不是以氏族部落的籍别为根据了。于是商王朝这种"国家基层单位已经不是血缘团体，而是地区团体了"⑥。

至此，商部落基本上完成了从部落到民族的过渡。但是，由于商王朝王室内部连续发生王位的纷争：太甲前大权旁落伊尹之手，中丁后又出现"废嫡而更立诸弟子，弟子或争相代立"⑦ 的混战局面，再加上从汤至盘庚

① 《山海经·大荒东经》注引《竹书纪年》。
② 《尚书·商书·仲虺之诰》。
③ 《墨子·兼爱下》。
④ 《尚书·汤誓》。
⑤ 《史记·殷本纪》。
⑥ 《马克思恩格斯选集》第四卷，第2页。
⑦ 《史记·殷本纪》。

迁都五次，"荡析离居，罔有定极"①，所以，直到盘庚都殷时，商民族才稳定下来，其从部落发展到民族的过程才最后宣告完成。

恩格斯在《自然辩证法》中曾经精辟地说：在原始社会，由于"劳动本身一代一代地变得更加不同、更加完善和更加多方面。除打猎和畜牧外，又有了农业，农业以后又有了纺纱、织布、冶金、制陶器和航行。与商业和手工业一起，最后出现了艺术科学；从部落发展成了民族和国家。"商部落也就是这样，在原始社会崩溃的过程中，发展成了商王朝和商民族。

（三）商民族的基本特征

商民族是一个一切特征统统具备了的古代奴隶社会民族。

商民族有共同语言。由于历史条件的限制，商民族共同语言的读音已不可考，但是，因为文字是记录语言的符号，字既是书写的单位，又是读音的单位，所以商民族所创造的甲骨文应该是其共同语言的具体表现。据统计，已出土的甲骨卜辞和器物铭文中出现的字，已达三千五百个左右。从文字结构上看，除象形外，指事、会意、形声、假借等方法已普遍应用，字体已由单体趋向合体，并有了大量的形声字。至于甲骨文的文法结构，据研究也已初步具备了汉语语法的基本形式，句子的组成，主要是主语—谓语—宾语。从甲骨文体系相当完备的情况以及作为汉字目前已知的最早的源流来看，商民族不仅有共同语言，而且共同语言十分稳定。

商民族有共同地域。在商民族共同地域形成和发展的过程中，汤起了决定性的作用。汤建商王朝后，不仅从黄河下游发展到了黄河中游，而且势力还达到了黄河上游。对此商民族的后裔在追颂汤时说："昔有成汤，自彼氐羌，莫敢不来享，莫敢不来王，曰商是常。"② 盘庚迁殷以后，商民族完全抛弃了"不常厥邑"的习惯，其共同地域最后稳定了下来。

商朝把全国地域（包括属国）划分为"五方"，即中商（或简称商）、

---

① 《尚书·盘庚下》。
② 《诗经·商颂·殷武》。

北土、南土、东土、西土①。甲骨卜辞中就有"己巳，王卜贞。……东土受年；南土受年；西土受年；北土受年"②的记载，卜问全国年岁是否丰盛。

中商，又称商，大邑商或天邑商。甲骨卜辞中有"中商"和"大邑商"的记载③，《周书·多士》亦云："肆予敢求尔于天邑商。"王国维说：商人"始以地名为国号，继以为有天下之号，其后，虽不常厥居，而王都所在，仍称大邑商，迄于失天下而不改"。④因此，中商就是殷虚，是商王活动的中心地带。

东土，就是指今山东中、西部以及江苏北部。属国有肃国、兒国、攸国、蒙国、𢆡国⑤。都邑有劦、雇、来、漏、齐、良、鸡、旧、虞、栗、又、芒诸地。

南土，就是指今安阳以南的河南、安徽以及浙江西部，属国有杞国、𢽬国。都邑有相、沫、温、登、桼、滴、潢、霍、潜诸地。

西土，就是指今河南西部，陕西中部、南部，四川北部，山西南部。属国有戊、戈、猒、雀、弜、缶、犬、吴、皋、易、峀、沚、卑、召、噩、湔、光等国。都邑有向、衣、渑、臺、官诸地。

北土，就是指今山西中部、南部，河北中部、南部。属国有㘲国、牧国、井国、冀国、盂国。都邑有稷、邕佳、耿诸地。

此外，商周边一些比较大的方国。土方、苦方、人方、鬼方、周方、羌方、蜀方、曹方等，有的为殷境之大敌，如鬼方、土方、苦方、人方等；有的则时服时叛，如羌方、周方、蜀方、曹方等。而商在北方分封的孤竹等国也有强大的势力；在南方湘赣的某些地方又发现了商代遗址（如江西清江吴城的商代遗址），这大约正如《诗经·商颂》所说的："宅殷土

---

①　商朝地名，若从古籍方面考证，因资料不足，很难准确无误；若从甲骨文方面考证，又因卜辞过于简略，且多有不识之字，更是十分困难。吴泽同志曾就此问题对王国维、罗振玉、郭沫若、董作宾、孙海波等甲骨学家的有关考据著作作过整理。本书所引商朝五方之土的材料均参阅吴泽《中国历史大系古代史：殷代奴隶制社会史》，棠棣出版社1953年5月修订版，第二章第一节"政治地理"。

②　《殷契粹编》，第907片。

③　参阅《殷虚书契前编》八、十、三和三、二、〇二五九。

④　《殷虚卜辞中所见地名考》，载《王静安先生遗书·观堂别集补遗》。

⑤　《殷虚书契前编》四、四四："贞：今□从蒙侯虎伐𢆡方，受𡴀𢦟"。𢆡字不识，𢆡蒙两地相邻。

芒芒""邦畿千里，惟民所止，肇域彼四海。"可见商王朝的五方之土非常辽阔，大致据有今河南、山东、河北、辽宁、山西、陕西、安徽以及湖北、浙江和四川的一部分，可能还有江西、湖南以及内蒙古的某些地方。由此可见，商民族的共同地域不仅广大，而且稳定。

商民族有共同经济生活。在商民族形成的过程中，其从一个以畜牧业为主的部落，逐步发展，形成了以灌溉农业为主、农牧相结合的经济类型。商民族农业发展的水平，从甲骨文上可以得到证明，从农作物来看，甲骨文有农、禾、麦、黍、米等字，从土地名称上看，甲骨文有田、畺、井、囿、圃、疆等字①。表明农作物品种已比较齐全，不同地形的土地被大量开垦出来。同时，"犁"字，甲骨文的字形象牛拉犁的样子，而且"畴"字，甲骨文的字形象牲畜犁地拐弯的犁纹，联系到夏王朝时就有"服牛乘马"②的传说，说明商民族很可能已开始有了牛耕。另外，卜辞中有大量商王向上帝、祖先和河神祈问天象、年成的记录，这种对农业生产丰歉特别的关心，反映了农业在商民族经济生活中的重要地位。还有，从历法上看，商民族"行夏之时"③，因袭了夏民族用六十甲子记日的方法，并进一步完善历法，采用了每年分为春、秋，大月三十天，小月二十九天，并设置了闰月的阴阳合历。又有，商民族的奴隶主贵族大量酿酒，放肆酗酒，突出反映了商民族粮食生产的高水平。

由于有了高度发展的农业，在畜牧业上，栏养和放牧相结合的方法被广泛采用。这时，不仅家畜种类比较齐全，牲畜的名称，在甲骨卜辞中名目繁多，后来汉民族所谓的"六畜"：牛、羊、豕、犬、马、鸡，这时都有了。而且由于战争、祭祀和殉葬的惊人需要，商王和贵族们每次祭祀，用牲的数目动辄几十、几百。如《殷虚书契后编》记载："丁亥卜、口贞：昔日乙酉，菔武御于大丁，大甲，祖乙，百邑，百羌卯三百牛。"④用百羊加三百牛来祭祖实在是一个惊人的数字。所以郭沫若说："由此祭牲一项破天荒的滥用，已可断定商代是牧畜最蕃盛的时代。"⑤这样，商民族逐步发展成为一个以农业为主、农牧结合的先进民族。

---

① 为印刷方便，此文甲骨文字例均从略。

② 《周易·系辞下》。

③ 《殷虚书契后编》上28·3。

④ 《殷虚书契后编》上28·3。

⑤ 《中国古代社会研究》，新文艺出版社1952年7月新第二版，第46页。

更重要的是商民族的共同经济生活还表现在其内部的经济联系性上。其表现之一是商业都市的繁盛。首先殷虚不仅是商王朝的政治中心，而且也是当时最大的商业都市。从安阳殷虚发掘报告中我们可以看到，殷虚内到处分布着炼铜工场遗址，又广泛分布着石工作坊、骨器作坊、兵器作坊、铜器作坊的遗址。手工业的发达，必然引起商人的云集，因此《尚书·商书·盘庚篇》中称殷虚为"邑"、为"肆"，或"邑肆"①。"肆"即"市"，就是交易买卖的场所。"邑"就是商王朝的京城，《诗经·商颂·殷武》中就说："商邑翼翼，四方之极。"这说明殷虚已成商王朝最大的商业交换的都市。所以甲骨卜辞中称殷虚为"大邑商"②。此外，如前已提及的曾作过商都邑的商、亳、蕃等也都是比较大的商业都市。同时东土的雇、漏、来、齐、芒、良、鸡、共、高等；南土的官、滴、潢、霍、潜等；北土的盂、雍；西土的衣、向、温、召等；中商四周的并、奴、㞢、沚、肃、兒、杞、亚等属国诸侯的邑地，也都是市肆繁盛的商业都市。

表现之二是商业交通的发达。众所周知商民族创造了辉煌灿烂的青铜文化，殷虚出土了大量铜锡合金的青铜彝器。可是，商民族活动的中心地带——黄河流域产铜不多，锡根本就没有。这样商王朝制造青铜彝器所需要的大量的铜、锡原料要从长江流域、华南、西南以及东北一带运来。此外，在殷虚的出土文物中，有大量的货贝、朱砂、鲸骨、绿松石等滨海物产。这种情况，正如孟世杰所说："殷代之时，珣玕琪产于西方，竹产于广南，犀象产于南方，金石产于西南，珠玉产于西方，璆琳琅玕产于西北，筋角产于北方，毛皮产于东北，五谷鱼盐产于中央。物产充盈，贸迁便利，内国交通发达可知！"③

表现之三是货币经济的发展。根据殷虚发掘报告，殷虚出土了很多海贝。这种海贝的背已磨平并钻有孔，以便贯串作货币。后商业发展、货币的需求量越来越大，海贝供不应求，遂用骨头或玉类磨琢成贝状，供商业交换使用，称为"骨贝""玉贝"。罗振玉在《殷虚古物图录》中记载说："往岁在磁州得骨制之贝，染以绿色或褐色，状与真贝不异；面有两穿或

---

① 分别见《商书·盘庚上》《商书·盘庚下》。
② 《殷虚书契前编》三、二、○二五九。
③ 孟世杰：《先秦文化史》第190—191页。转引自吴泽《中国历史大系古代史：殷代奴隶制社会史》，棠棣出版社1953年5月5版（修订本），第267页注14。

一穿，以便贯系。最后又得一真贝，磨平其背，与骨制贝状毕肖。"① 在商王朝后期还出现了铜贝②。贝在当时是具有充分的货币职能的。甲骨文的"买"字字形从网从贝，《说文解字》也说："买，市也，从网从贝。孟子曰：登垄断而网市利。"所以网贝，就是获得市利之义。在商品流通中，可以充作买卖的媒介，支付手段和价值尺度。同时，由于贝本身具有交换价值，所以其又作为财富的蓄积的形态而被积蓄，或作为财富的赏赐，或作为财富的代表形态而充作借贷。所以甲骨文卜辞中许多有关财富的字，基本上是贝字演化而成的，如买、卖、资、货、财、贮、贷、宝等，均从贝。由此可见商民族货币经济的发展程度是很高的。

商民族有共同的心理素质。特点之一是创造了光辉灿烂的青铜彝器文化（或称青铜文化）。青铜彝器就是礼器，是奴隶主贵族所专有的，代表着奴隶主贵族的身份和等级，是奴隶社会中国家权力的象征。但是，它又是广大奴隶，特别是青铜工匠奴隶们高度智慧的珍贵成果。例如，举世闻名的司母戊大方鼎，重八百七十五公斤，通耳高一百三十三厘米，长一百一十厘米，宽七十八厘米，这样形制雄伟的巨型铜器，据专家研究，需要两三百人的密切协作才能制成。又如，一九八二年七月在商城东南角外约五十米处，发掘了一个商代的青铜器窖藏，出土大方鼎、大圆鼎、扁足浅腹圆鼎、卣、尊、罍、瓠、盘和带柱盂等十三件精妙绝伦的王室珍贵的青铜器，反映了商民族青铜工艺的高度技术水平。所以，从某种意义上来说，我们可以认为青铜文化是商民族共同心理素质的一个集中表现。

特点之二是对祖宗一元神的崇拜。据古代文献和甲骨文的大量记载，商民族的奴隶主贵族特别迷信鬼神，他们认为鬼神世界有一个至高无上的神，被称为"帝"或"上帝"，商王宣称自己是"帝"的代表，这就是《尚书·盘庚上》所说的："先工有服，恪谨天命……今不承于古，罔知天之断命。"也就是甲骨卜辞所说的："我其祀宾，作帝降若，我勿祀宾，作帝降不若。"③ 同时，他们又自称是神的后裔，以帝俊为高祖，依靠先公先王的庇佑而发达兴旺，因此对祖先的祭祀极为重视，事无大小，均用占

---

① 转引自吴泽《中国历史大系古代史：殷代奴隶制社会史》，棠棣出版社 1953 年 5 月 5 版（修订 4），第 260 页。

② 郭沫若：《中国史稿》第一册，人民出版社 1976 年 7 月版，第 199 页。

③ 《殷虚书契前编》7、38、1。

卜，求告于祖先。把占卜当作沟通人神的工具，视占卜的吉凶为体现神和祖先的意旨。这就是《礼记·表记》所说的："殷人尊神，率民以事神，先鬼而后礼。"由此可见，在商民族的思想上认为，"上帝"统治着两重世界，一是"王"统治的人的世界，二是"先王"统治的鬼的世界。而人间世界的"王"，又是代表"天"或"上帝"来行使统治的，他不仅是"神意"的传达者，而且是"神意"与"人意"的联络者。一直以十天干的日为名，并具有祖先崇祀意义的商王名字，到商末两王直接称为"帝乙"和帝辛"（纣）"，就把这种传达和联络的作用点明了。可见，对祖宗一元神的崇拜，成了商民族共同心理素质在思想意识方面的一个突出特点。

另外，商民族"尚白，大事敛用日中，戎事乘翰，牲用白"[1] 的风俗习惯；交领、右衽、短衣、短裙的服装[2]；"君子无故，玉不去身"[3] 的重玉心理；以安阳武官村大墓出土的纹饰瑰丽，音响清越的瞪目张牙虎形大石磬为代表的商民族音乐；规模宏大，有一定布局结构的商王朝都邑以及在台基上面安放柱础，竖立木柱，然后置梁架，盖屋顶，装门窗的木骨架结构的建筑方法[4]，凡此等等，也都是商民族共同心理素质的表现和反映。

一九八三年八月初稿于武义
一九八五年八月定稿于南宁

三　试论古代周民族的形成

西周是中国古代历史上疆域空前广大的一个奴隶制国家。由于中国的奴隶制度在西周发展到了顶峰，其后便进入了奴隶制度崩溃和瓦解的春秋时期，所以自古以来，人们都认为西周在中国古代历史上占有重要的地位，学术界对此有不少论述。但是对于创造西周历史的周民族，却很少有

---

① 《礼记·檀弓上》。

② 参阅沈从文《中国古代服饰研究》，河南安阳出土的商代玉人；胡厚定：《中央研究院殷坡出土展品参观记》，《中国艺术论丛》，商务印书馆 1936 年版，第 157 页。

③ 《礼记·玉藻》。

④ 《湖北省黄陂县盘龙城商代中期的宫殿复原图》，参阅《中国青年报》1981 年 6 月 14 日。

人加以专门研究，本文想以马克思主义关于"从部落发展成了民族"① 的理论作指导，对周民族的形成作些探讨。

（一）

周民族是一个具有悠久历史的古代民族。自称"夏"或"有夏"②，大概其远祖是古代夏族的一支。传说始祖名弃，母叫姜嫄，"厥初生民，时维姜嫄"③，这是关于周民族始祖的最早记载。而"姜""羌"古为一字，"羌"字甲骨文作"𦍋"或"𦍋"，从羊，从人，《说文解字》云："羌，西戎牧羊人也。"④ 意指牧羊之人群。周民族以羌人为其始祖母，最初活动的地域在渭水上游自然条件比较优良的漆水、沮水之间。其兴起于夏、商之际，传说弃做过夏的"农师"⑤。早年是商的一个属部，殷武丁时，他们还参加过商攻伐鬼方的战争，卜辞中常称其为"周"或"周侯"⑥。

周民族是在"克商"的过程中形成和崛起的。它的形成大体可分为两个阶段：自公刘到古公亶父为第一阶段，是周民族开始形成时期；自季历到武王为第二阶段，是周民族正式形成时期。

在第一阶段，公刘前，周部落已从母系氏族公社过渡到了父系氏族公社。公刘时，周部落开始定居于豳。《诗经·公刘》中详细描述了公刘率领族人满装干粮，携带弓矢干戈，一路察看地形，探找水源，以及盖房、修桥、造工具，在豳定居下来的情景，生动地反映了周部落生产力日益增长，社会分工日益扩大，阶级分化的历史背景。更重要的是，在这次迁徙过程中，周部落与其他一些氏族部落杂居起来。《史记·周本纪》说："公刘虽在戎狄之间，复修后稷之业，务耕种，行地宜，自漆沮度渭取材用，行者有资，居者有畜积，民赖其庆。百姓怀之，多徙而保归焉。"在这里

---

① 《马克思恩格斯选集》第三卷，第 515 页。关于民族形成的理论问题，学术界有着种种不同的看法。笔者对此问题的探讨意见请参阅《试论从部落到民族发展的历史过程》（《江汉学报》1963 年第 5 期）、《如何区别中国历史上的民族与部族》（云南《学术研究》1964 年第 6 期）、《部族的形成及特点浅探》（《云南社会科学》1983 年第 2 期）、《民族形成上限问题管见——与牙含章、杜玉亭两同志商榷》（《云南社会科学》1984 年第 1 期）。

② 《尚书·周书·君奭》。

③ 《诗经·大雅·生民》。

④ 《说文解字》，中华书局 1963 年版，第 78 页。

⑤ 《史记·周本纪》。

⑥ 《殷虚书契前编》5·7 及 6·30；《殷虚书契后编》下 37；《新获卜辞》第 277 片。

"百姓怀之，多徙而保归焉"表明周部落与其他氏族部落在豳开始杂居，血缘关系开始向地缘关系转化。当然这仅仅只是一个开始。

公刘后经过九个世纪，传到了古公亶父时代。这时，周部落在北方游牧部落薰鬻戎狄的逼迫下，古公亶父不得不放弃豳，带领本部落的人迁到了岐山之南的周原定居。有意思的是，古公亶父走后，"豳人举国扶老携弱复归古公于岐下。及他旁国闻古公仁，亦多归之"。① 可见这时各氏族部落的相互杂居，比公刘时更加厉害了。所以古公亶父只好"营筑城郭室屋而邑别居之"②，让归附的人以"邑"为单位居住。这时，古公亶父改"陶复陶穴，未有家室"的落后生活方式为"筑室"③ 而居，既反映共同地域的固定，又反映了农业生产的发展，这就为周民族的形成奠定了物质基础。具有重要意义的是，从此以后，本来是姬姓的周部落以"周原"这个地名为据，称呼自己为"周人"了④。这不仅表明血缘关系向地缘关系的进一步转化，也表明居住在周原的以周部落为核心的各氏族部落结成了一个"永久的联盟"。正如恩格斯所说："这样就朝民族（Nation）的形成跨出了第一步。"⑤ 周原也就成了周民族崛起的根据地。

第二阶段，即从季历到武王阶段，是周民族最后正式形成的阶段。季历时，周部落已臣属于商朝。受商朝奴隶制的影响，在商的支持下，季历就"伐西落鬼戎，俘十二翟王"⑥，接着又先后伐余无之戎，始呼之戎和翳徒之戎，均取得了胜利。显然，周部落的氏族贵族在这些战争中获得了大量的奴隶和财富，而成了奴隶主贵族。因此，商王太丁封季历为"牧师"⑦。在季历的儿子文王统治的整整五十年中，周部落一面名义上是商朝的属国，另一面对周围的方国、部落发动了一系列的战争，先后征昆夷，灭密须，克黎国，进邘地，使虞、芮归服，特别是灭崇国一举，周全力以赴取胜后，"作邑于丰"⑧，建立了新的都城——丰京（今陕西长安南沣河

① 《史记 · 周本纪》。
② 《史记 · 周本纪》。
③ 《诗经 · 大雅 · 緜》。
④ 《史记 · 周本纪》。
⑤ 《马克思恩格斯选集》第四卷，第89页。
⑥ 《后汉书 · 西羌传》注引《竹书纪年》。
⑦ 《后汉书 · 西羌传》。
⑧ 《诗经 · 大雅 · 文王有声》。

以西）。这时，周文王的军事首领的性质也变了，《诗经·大雅·文王有声》说："文王烝哉"，"烝"即君也。文王成为国王，国家诞生了。文王死后，其子武王继位，出兵东征，行至孟津，四方小部落纷纷归附，加入到周部落联盟中来。公元前一〇二七年，武王正式伐商，更有庸、蜀、羌、髳、微、纩、彭、濮等族军队参加，又有更多的氏族部落加入周部落联盟之中。所有这些都进一步瓦解了血缘关系，大大促进了周民族的形成。

恩格斯在《家庭、私有制和国家的起源》中明确指出："国家和旧的氏族组织不同的地方，第一点就是它按地区来划分它的国民。"① 武王"克商"后，即"封邦建国"②，大规模分封诸侯。武王、周公、成王先后建置七十一国。分封的时候，还要举行授土授民的仪式，如周公长子伯禽被封于鲁国，得"殷民六族：条氏、徐氏、萧氏、索氏、长勺氏、尾勺氏"；武王弟康叔被封于卫国，得"殷民七族：陶氏、施氏、繁氏、锜氏、樊氏、饥氏、终葵氏"；唐叔被封于夏墟，得"怀姓九宗"③。周统治者这样做的目的，从主观上来说，虽然是为了"封建亲戚以蕃屏周"④，但在客观上却表明了巩固对征服地区的统治，已"不依亲属集团而依共同居住地区为了公共目的来划分人民"了⑤。"氏族组织不知不觉地变成了地区组织，因而才能够和国家相适应。"⑥ 所以"封"字，甲骨文作♆⑦或♆⑧，金文与甲骨文相似⑨，都像划分界限的标志。在其右旁加个"邑"字，即成邦字。刘熙《释名·释州国》即说："邦，封也。"而且为了搞好地域的划分，西周还专门设大司徒"掌建邦之土地之图，与其人民之数，以佐王安扰邦国。以天下土地之图，周知九州之地域，广轮之数，辨其山、林、川、泽、丘、陵、坟、衍、原、隰之名物。"⑩ 这样，"封邦建国"就使周民族

① 《马克思恩格斯选集》第四卷，第166页。重点是原有的。
② 《左传》僖公二十四年。
③ 《左传》定公四年。
④ 《左传》僖公二十四年。
⑤ 《马克思恩格斯选集》第四卷，第110、148页。
⑥ 《马克思恩格斯选集》第四卷，第110、148页。
⑦ 《殷虚书契前编》2·10。
⑧ 《殷虚书契后编》上·2。
⑨ 《康侯封鼎》。
⑩ 《周礼·地官·大司徒》。

的共同地域最后稳定下来了。从民族形成的意义上来说，这就标志着周部落血缘关系向地缘关系转化的完成，也就标志着周民族的正式形成。

（二）

为什么说周民族是在"克商"的过程中形成和崛起呢？这是因为长期作为商朝部属的周民族，无论是经济还是文化，也无论是宗教崇拜还是宗法制度，无一不受商民族的深刻影响。试想：周民族以其方圆百里①的小国，六七万人口②的小族，崛起于陕甘岐丰之地而入主中原，如果不是大量吸收商文化，加速本民族的进步和繁荣，光靠军事征服，那是不可能统治长久的，更不可能成为后来华夏民族的核心。所以孔子在春秋时期就说："周因于殷礼。"③ 这方面的表现是多方面的。

其一，周民族接受了商民族的重农思想，仍把农业作为社会经济的主要部门，承袭并发展了井田制，使其成为民族共同经济生活的主要内容。相传周民族的祖先在原始社会时期就是一个农业部落。弃自幼即好农耕，传说他首先种稷和麦，被周民族尊奉为农神，号称"后稷"④。在重农思想的支配下，农业生产逐步发展，到西周时，已知道应用人工灌溉，《诗经·小雅·白华》说："滮池北流，浸彼稻田。"已懂得利用休耕来恢复地力，《诗经·小雅·采芑》说："薄言采芑，于彼新田，于此菑亩。"《诗经·周颂·臣工》又说："如何新畬。"这里所说的"菑""畬""新"，就是指耕种年数不同的田地。也已重视除草培苗的技术，《诗经·小雅·甫田》说："或耘或耔，黍稷薿薿。"《诗经·周颂·良耜》也说："其镈斯赵，以薅荼蓼，荼蓼朽止，黍稷茂止。"农具虽然多为木器、石器、骨器、蚌器，但金属工具大约也有所增加，《诗经·周颂·臣工》说："命我众人，庤乃钱镈，奄观铚艾。"钱即铲类，镈为锄类，铚、艾均为收割工具。而且在江苏仪征破山口的西周墓葬中出土了一件刃口锋利的青铜镰⑤。由于奴隶的增加，土地利用率的提高，农作物的品种也随着增多。根据

---

① 参阅《孟子·公孙丑》。
② 参阅《孟子·尽心下》。
③ 《论语·为政》。
④ 《史记·周本纪》。
⑤ 南京博物院、南京文物保管委员会、江苏省博物馆、江苏省文物管理委员会：《江苏省出土文物选集》，图68。

《诗经》的记载，重要的谷物有黍、稷、稻、粱、菽、麦等。种植最多的是黍、稷。同一种作物中，还分出不同的品种，如"秬""秠"是黍的两种良种，"糜""芑"是粟的两种良种①。桑、麻的种植很普遍，在《诗经》中经常提到，麻往往与禾麦并提②。园艺有瓜、瓞，以及桃、李、梅、棘等果树。基本上具备了后世的主要农作物。与此同时，农作物的产量也相应地有了较大的提高。《诗经·周颂·丰年》说："丰年，多黍多稌，亦有高廪，万亿及秭。"这里虽然是描写奴隶主贵族榨取到的各种粮食，多到数不清、装不完，到处是高大的仓廪，堆得像山峰一样，但却也是周民族农业经济发展的生动写照。

周民族这样发达的农业经济，是建立在井田制上的。据最早记载井田之说的《孟子·滕文公上》说："夏后氏五十而贡，殷人七十而助，周人百亩而彻，其实皆什一也。"尽管学术界对此有种种不同的解释③，但是从农业发展的一般规律来看，古代利用河流灌溉的国家，为了治理水患和管理水利灌溉，往往由国家来统一管理。古埃及把全国的水利系统置于中央集权政府的统一管理之下，两河流域的早期苏美尔城市国家就把兴修和管理水利作为国家的重要职能之一。以大禹治水开国的夏朝也当如此。所以，为了统一治理和管理水利灌溉的需要，脱胎于原始社会末期的土地分配，夏民族即已开始实行井田制，这就是《大戴礼·夏小正》所说：正月"农率均田"。为什么要在正月"农率均田"？这是因为由于洪水泛滥的影响，每年必须定期在洪水过后、春耕以前把份地重新分配一次，以确定疆界划分。这也就是孟子所说的"经界"④。又因为为了统一管理水利灌溉系统的方便，实行水利灌溉的平原地区的"经界"划分得十分整齐，形成外有封疆，内有阡陌的所谓井田。《国语·齐语》有"陆阜陵墐井田畴均，则民不憾"，把"井田"与"陆阜陵墐"区别开来之说；《左传·襄公二十五年》有"井衍沃"的统计方法；《周礼·小司徒》有"乃经土地而井牧其田野"的"井""牧"之分。吕振羽说得很清楚："《周礼》《论语》《孟子》等儒家的作品中，所说关于'夏代'的'井田制度'，……必有

---

① 《诗经·生民》："诞降嘉种，维秬维秠，维穈维芑。"
② 参阅《诗经·豳风·七月》。
③ 参阅李剑农《先秦两汉经济史稿》，中华书局1962年版，第127—140页。
④ 《孟子·滕文公上》。

其历史的一点根源，断不是他们所能凭空捏造，这似乎是可以肯定的。"①
所以，从夏朝历史发展的整个过程来看，夏民族的农田起码大体上是按井
田来划分的，孟子所说的"夏后氏五十而贡"，很可能就是夏朝实行的井
田制。这是我们在了解周民族的井田制时必须作的一点探源工作。

到了商朝，虽然建立了以商王为代表的奴隶主贵族的土地国有制，土
地的划分和分配仍然按井田的方法进行。甲骨文中有不少不同字形的
"田"字，有的作"田"，有的作"田"，有的作"田"，有的作"田"，等
等。虽然并不能说绝对方方正正，但实质应是井田。孟子所说的"经界"，
甲骨文、金文的"疆"字表现得十分清楚。"疆""疆""疆""疆"，都从
弓、从田。从田，二田相比田界分明；从弓，以弓纪步，用弓丈量土地，
分划田界。在奴隶主贵族的土地国有制下，商朝把井田分封给奴隶主贵族
为封地，在甲骨文中称之为"邑"，作"邑"或"邑"②，从口，下像人跪
形。可见商朝"邑"就是奴隶主贵族包括一定数量的井田以及一定数量耕
种井田的奴隶的封地。"田"和"邑"的甲骨文象形，不仅说明商民族的
耕地已有规则整齐的沟洫作为灌溉系统，还说明一定数量的井田既是课取
奴隶的耕作单位，又是各级奴隶主贵族榨取奴隶劳动的形式。所以金鹗在
《求古录礼说·邑考》中很有见识地说："孟子云：乡里同井，出入相友，守
望相助，疾病相扶持，则百姓亲睦。此可见一井亦可为邑矣。"此所谓"一
井亦可为邑"当是一种最普遍的村落式的小封地。这与《周礼·地官·小司
徒》的"四井为邑"之说，《国语·齐语》的"三十家为邑"之说，在把土
地按井田划分的基本原则上大体是一致的。因此，孟子所说的"殷人七十而
助"，就可能是商朝实行的井田制，其根源应该是夏朝"五十而贡"的井田
制。这恐怕也是孔子所说的"殷因于夏礼"③的重要内容之一。

周民族完全承袭商民族，建立了"溥天之下，莫非王土；率土之滨，
莫非王臣"④的土地国有制，并发展了商朝的井田制，使之有了完备的形
态。这就是（1）有了准确的亩制。周制百步为亩，一夫百亩（约合今
31.2 亩），称为一出，是井田的基本单位⑤。根据不同地区的不同情况，

---

① 吕振羽：《史前期中国社会研究》，生活·读书·新知三联书店 1961 年版，第 119 页。
② 参阅《卜辞通纂》，第 107—108 页；《殷虚书契菁华》，第 6 页；《殷契粹编》，第 801 页。
③ 《论语·为政》。
④ 《诗经·小雅·北山》。
⑤ 参阅《汉书·食货志》。

有的"九夫为井",以四进位上推,构成邑、丘、甸、县、都的体系①;有的"一里为井",以十进位上推,组成通、成、终、同、封、畿的体系②。(2)有比较完整的灌溉和道路系统。西周时,无论哪一种体系的井田,在井田中间的灌溉系统都称遂、沟、洫、浍、川,与其相应的道路系统则称为径、畛、涂、道、路。所谓"土田附庸"③,在某种意义上来说,就是在井田周围和中间启土开沟渠,筑塘修道路,形成灌溉和道路系统。这样,周王把井田分封给诸侯和百官,对奴隶主贵族来说,是其计算俸禄的单位,又是计算奴隶劳动价值的单位。对奴隶来说,井田则是他们的劳动对象,既要用劳动养活奴隶主,又用以获得维持自己生存的最低条件。所以,孟子所说的"周人百亩而彻",一般来说就是周民族实行的井田制。

这样,出现于夏朝的井田制,发展于商朝,完备于西周。对于周民族来说,不管其是统治者还是被统治者,都被井田制紧密地联系在一起。井田制成了维系周民族共同经济生活的纽带。

其二,周民族受商民族甲骨文的影响,在承袭和发展商民族青铜文化的基础上,创立了比甲骨文要进步的金文(又称钟鼎文)。对此,考古发掘提供了最好的物证。1976年,在陕西省的"周原"出土了一批西周早期的甲骨,共有一万五千多片。其中刻有文字的甲骨,目前已知道的有一百七十多片。据专家研究鉴定,这批甲骨是属于周武王灭商前的周文王时期的遗物,它的字形和"殷墟"甲骨文晚期的基本相同,卜辞的内容也大体相似。这就以确凿的事实证明了周文化对商文化的继承。

正因为"殷因于夏礼",而"周因于殷礼"的这种继承关系,所以周民族与商民族一样,对夏鼎也是十分器重和视为宝贝的。故武王伐纣"克商"后,即将"鼎迁于周"④。从考古发掘出土的周民族的青铜器来看,周初的青铜器制造业基本上因袭了商民族的传统,不管是品种和类型,还是形制和花纹都与商木相似。康土以后,周民族的青铜文化有了发展,青铜手工业作坊的分布几乎遍及西周统治的全部区域,大大超过了商朝,并显示出了新的风格和特色。这时周民族的青铜器除数量上远远超过商朝外,

① 参阅《周礼·地官·小司徒》。
② 参阅《汉书·刑法志》。
③ 《诗经·鲁颂·閟宫》。
④ 《左传》宣公三年。

其品种和类型也有了发展变化：酒器逐渐减少，乐器、兵器和食器有了发展。由于生活用具的增加，周民族的青铜器的形制趋于轻薄精巧，花纹趋于简易。更重要的是青铜器铭文内容的广泛，字数的增加，形成周民族特有的金文。如宣王时铭功记德的毛公鼎铭文就长达四百九十七个字。周民族青铜器的铭文不仅因为其内容多属祀典、赐命、征伐、功勋、契约等有关的记事，与古文献互相参证有很高的史料价值。而且由于金文字体齐整，形体笔画较圆浑，与字体不整齐，锲刻比较细削的甲骨文相比是一大进步。

　　其三，周民族因袭商民族的政治制度、宗教思想和礼乐制度，结合本族从氏族组织蜕变而来的血缘宗族关系，发展和创制了宗法制度，形成了宗法伦理思想。政治和文化比较落后的周民族征服了先进的商民族，入主中原后，为形势所迫，为了应急，因袭了商民族的政治组织，如成王分封鲁、卫两国时"启以商政"①。所谓"政"，就是统治阶级统治被统治阶级的办法、工具和制度等。故"启以商政"，就是仍旧继承商朝奴隶制度，实行商朝的法律。而分封到晋国的则"启以夏政"②，对夏民族的后裔用夏朝的制度和法律来统治。

　　在宗教思想上虽然周民族逐渐用人格化的"天"来称呼"帝"或代替"上帝"的概念，但其宗教思想占支配地位的，仍然是以"帝"或"上帝"为至高无上的神。尤其是在周民族早期的一些记载中，关于"天"的属性以及周民族对"天"的崇拜，与"上帝"的属性以及商民族对"上帝"的崇拜上是一致的。如康王时的大盂鼎的铭文中说："丕显文王受天有大命，在武王嗣文作邦，辟厥匿，匍有四方，畯正厥民。……粤我其遹省首王，受民受疆土。"③ 其意就是说，周文王禀受天命，武王建立周朝，取得天下，今王则继承先王，拥有人民和土地。《诗经·周颂·昊天有成命》也说："昊天有成命，二后（即文王、武王）受之。"这样人格化了的"天"，把周民族的统治者神化了。所不同的是，与商民族的"上帝"是一元神相反，周民族的"上帝"——"天"是二元神。《诗经·大雅·文王之什》说："文王在上，于昭于天。周虽旧邦，其命维新。有周不显，

---

　　① 见《左传》定公四年。

　　② 见《左传》定公四年。

　　③ 转引自郭沫若《奴隶制时代》，图版三释文，科学出版社1956年版。

帝命不时。文王陟降，在帝左右。"在这里，天帝是与文王分离的，同时
先王又是与天帝相配的。这样，在周民族的宗教崇拜中，"天"（"上帝"）
与祖先神分离了。对此，郭沫若的金文名作《周彝中之传统思想考》① 中
有很多宝贵的材料。

周民族除崇拜二元的上帝神和祖先神外，还把宗教观念上的敬天，延
长为伦理观念上的敬德，即《庄子·天下篇》所谓的：周民族"以天为
宗，以德为本"；又把宗教观念上的尊祖，延长为伦理观念上的宗孝，也
就是以祖为宗，以孝为本。这样，德以对天，孝以对祖，"有孝有德"② 的
思想表现了在周民族的二元神中，祖先神是占更重要的地位的。鉴于商覆
灭的教训，周民族对天的权威性和神圣性产生了一定程度的怀疑，提出了
"天不可信"③ 的思想。《诗经》中就有不少怨恨"天""帝"的诗句，
《大雅·瞻卬》云："瞻卬昊天，则不我惠。"《大雅·荡》亦云："荡荡上
帝，下民之辟。疾威上帝，其命多辟。"这不仅是周民族思想有所进步的
一个表现，也是受商民族思想的影响，从反面总结经验教训的一个反映。

就是在这样的历史条件下，相传周初时周公曾制礼作乐。所谓礼乐制
度，就是奴隶制的等级名分制度。它规定了君臣、父子、兄弟、夫妇、朋
友之间的尊卑关系，体现了奴隶主贵族的阶级地位和等级特权。周民族的
礼大体有五类：吉礼、凶礼、宾礼、军礼、嘉礼。使每个奴隶主贵族从生
到死，从人间到鬼神，从日常生活到政治、军事活动，都处在与其身份相
适合的礼乐之中。正如《礼记·礼运》所说："是故夫礼，必本于天，殽
于地，列于鬼神，达于丧、祭、射、御、冠、昏、朝聘。"

虽然周民族在政治制度、宗教思想和礼乐制度方面承袭商民族，甚至
对一些新征服的戎狄地区"疆以戎索"④，但却十分注意坚持"疆以周
索"⑤。"索"，就是法度。杜预《注》为"疆理土地以周法"，即按周民族
的制度来分封或分配土地。周民族的制度就是从氏族组织的血缘宗族关系
蜕变和发展而来的宗法制度。正因为周民族的形成和西周的建立是在"克
商"的过程中完成的，一个本来比较落后的部落，一下子征服了一个先进

---

① 参阅《金文丛考》，人民出版社 1954 年版影印本。
② 《诗经·大雅·卷阿》。
③ 《周书·君奭》。
④ 见《左传》定公四年。
⑤ 见《左传》定公四年。

的民族和一个强大的国家，这种形势的突变性，使得周民族的氏族管理机构在尚未全面、彻底地崩溃时，就被形势所迫迅速转变成国家机关。与此同时，其氏族的血缘宗族关系发生蜕变，发展成了宗法制度。所谓宗法，据《说文解字》释："宗，尊，祖庙也；从宀，从示"①。"宀"是屋宇，"示"是神主，其本义是宗庙。而宗法，就是宗族共同遵守的法规。这与周民族对祖先的崇拜，有共同的始祖和宗庙，有特定的祭祀是紧密联系在一起的。所以周民族分封的指导思想就是"异性则异德，异德则异族……同性则同德，同德则同心"②。周民族宗法制度的具体内容是：天子世世相传，每代的天子都是以嫡长子继承父位，奉始祖为大宗，嫡长子的诸弟封为诸侯，为小宗。每代的诸侯也是以嫡长子继承父位，奉始祖为大宗，任命诸弟为卿大夫，为小宗。卿大夫与士的关系也是如此。简单地说，就是嫡长子继承制，凡大宗必是始祖的嫡系子孙。小宗对大宗来讲是小宗，但对本族来讲又是大宗③。在这里大宗小宗从血缘上说是兄弟关系，从政治上说则是君臣关系。于是大宗小宗从上到下地联结起来，就形成了"大邦维屏，大宗维翰；怀德维宁，宗子维城"④ 的政治局面。这样，宗法制度与礼乐制度结合在一起，深入到周民族的思想意识和日常生活中，通过相互间利用朝聘、会盟、丧祭等方式，形成周民族君仁、臣忠、父慈、子孝、兄友、弟恭的宗法伦理思想。《尚书·尧典》说："克明俊德，以亲九族，九族既睦，平章百姓，百姓昭明，协和万邦，黎民于变时雍。"可见周民族的宗法伦理思想实为周民族共同心理素质的重要表现和主要内容之一。

这样，周民族在"克商"的过程中，逐渐形成了其作为一个民族所必须具有的基本特征：在共同地域上"封邦建国"，建立了中国古代历史上疆域空前广大的奴隶制国家；在共同语言上，创造了以金文为标志的书写文字；在共同经济生活上完备了以重农思想为基础的井田制；在共同心理素质上形成了渗透到生活习俗、文化生活以及精神世界的宗法伦理思想。周民族就这样以其特有的周文化的风貌立于中国古代民族之林。

---

① 《说文解字》，中华书局1963年版，第151页。
② 《国语·晋语四》。
③ 参阅《礼记·丧服小记》《礼记·大传》。
④ 《诗经·大雅·板》。

（三）

在中国古代历史上显赫一时的周民族为什么会消失？它在中国汉民族发展史上具有什么地位？众所周知，当中国奴隶社会进入到春秋时期时，由于新的封建社会生产关系的产生和发展，使得奴隶制度逐渐崩溃而瓦解。就是在春秋这个历史的大动荡、大分化时期，中国古代的民族关系也发生了急剧的变化，出现了一股民族大融合的历史潮流。在这股历史潮流中，以统治民族周民族为核心，融合了商民族、夏民族、楚民族以及部分蛮、夷、戎、狄等族，形成了一个新的民族——华夏民族。但是必须指出的是，由于周民族是新融合的华夏民族的核心，所以周民族所具有的特征，差不多成了华夏民族特征的基础，也可以说，周文化几乎成了华夏文化的主旋律。例如周民族的共同地域——黄河中、下游的广大中原地区，就成了华夏民族的摇篮之一；周民族的共同语言的书写标志——金文，就成了华夏民族书写文字的基础；周民族的井田制虽然瓦解了，但所表现的重农思想，以及以农业为社会经济的主要部门的共同经济生活，也仍然是华夏民族共同经济生活的基础；周民族的宗法伦理思想则经久不衰，成为华夏民族共同心理素质的重要内容之一。

于是，从汉民族的形成和发展史上看，在周民族形成和崛起以前，中国中原地区的古代民族的形成和发展是多元的，各自独立的，从而分别形成了夏民族、商民族以及蛮、夷、戎、狄等族。周民族形成后，特别是在春秋大融合的时期，各自独立发展的民族，吸引在周民族的周围，互相渗透、互相吸收、互相融合，渐趋一元化，形成为华夏民族。后又经战国时期的民族大融合的发展，在秦灭六国、统一全国时形成为一个统一的华夏民族。最后，在国势强盛、民族繁荣的西汉时，华夏民族又发展转化为汉民族（对华夏民族的形成和历史发展过程当容另撰专文论述）。从汉民族的形成和发展史上看，周民族的形成和崛起有着继往开来的作用，占有重要的一页。所以，应该给予一定的注意和重视。

原载《浙江师范学院学报》
一九八四年第二期

四　夏、商、周三族不存在吗?

——与谢维扬同志商榷

夏、商、周三代是中国文明史的开端。在中国历史的这个新纪元里,国家被发明了出来,文字被创造了出来,许多文物制度的基础奠定了下来。这个光辉灿烂历史的新纪元是谁创造的? 答曰:是夏、商、周三个民族的人民创造的。这本当没什么问题,但是事物是复杂的,偏偏有人根本否定夏、商、周三族的存在。谢维扬同志于 1982 年在《社会科学战线》第 3 期上发表了《论华夏族的形成》一文,认为夏、商、周三族说,"本身不能成立"[1],并列举了种种理由。这种将夏、商、周三族"一棍子打死"的观点,使得人们对夏、商、周三代历史的认识和理解陷入混乱之中。人们不禁要问:那么夏、商、周三代的历史究竟是谁创造的呢? 对此,我们觉得有必要提出来与谢维扬同志商榷,以澄清夏、商、周三族究竟存在不存在的是非。

(一)

谢维扬同志否定夏、商、周三族存在的第一个理由是:"在先秦文献中,既没有一条确实可以被认为是表示夏、商、周'三族'的名称,也没有任何地方讲到过夏、商、周是三个'民族'"。

在这里,谢维扬同志说在先秦文献中"没有任何地方讲到过夏、商、周是三个'民族'",确实是说对了。众所周知,尽管"民族"一词在西方古代历史文献中已开始使用,例如荷马史诗之一的《伊利亚特》就有"山居民族"和"整个民族"[2] 的记载。又如希罗多德的《历史》中更是广泛使用"民族"一词[3]。但是"民族"一词在中国的使用却是近代的事。彭英明同志曾发表文章指出"民族"一词在我国传播始于资产阶级早期改良主义思想家王韬撰写的《洋务在用其所长》一文,时间是在 1874

---

① 以下所引谢维扬同志的观点,均见《论华夏族的形成》一文,不再注明。
② 《伊利亚特》,第 10、109 页。
③ 初步统计,该书大约有二百多处使用"民族"一词。

年前后①。有鉴于此，在先秦文献中当然"没有任何地方讲到过夏、商、周是三个'民族'"。

"民族"一词虽然先秦文献中没有使用过，但是在先秦文献中却有与"民族"一词的含义大致相同或相近的词，这就是"氏"与"族"。

关于"氏"字，甲骨文和金文有二十多个字形②。《说文解字》解释说："氏巴蜀名山、岸脅之自旁箸欲落墭者曰氏。氏崩，声闻数百里，象形。"可见"氏"字就字形和字义来讲，都是指土地的。所以《左传》隐公八年说："天子建德，因生以赐姓，胙之土而命之氏。"在这里，"因生以赐姓"，着重在血统；而"胙之土而命之氏"，则着重在土地，这恰恰就是以地缘关系为基础的"民族"所特别强调和注重的一点。所以近代学者刘师培认为氏即所居之土，他说："《左传》隐公八年云：'胙之土而命之氏。'是氏即所居之土，无土则无氏。《国语·周语》言：'禹平水土，皇天嘉之；祚以天下，赐姓曰姒，氏曰有夏。祚四岳国，命以侯伯，赐姓曰姜，氏曰有吕。'所云赐氏姓，犹《禹贡》所言锡土姓。氏以所居之土为名，犹言国以夏名，国以吕名也。……未有无土而可称为氏者也。"③ 正因为"氏"着重在土地，强调了以地缘关系为基础，所以《国语·鲁语上》中所说的"夏后氏"，我们完全可以认为就是指夏民族，而绝不是谢维扬同志所断言的，在先秦文献中"没有一条确实可以被认为是表示夏、商、周'三族'的名称"的材料。

关于"族"字，甲骨文和金文也有好几种不同的写法④，《说文解字》说："族，矢锋也，束之族，族也。从㫃，从矢。"但无论把矢当作箭或当作人，其本意都是聚结、集中，凡是聚集的人群以旗帜标之，甲骨文和金文的形象即表此意。所以《白虎通·宗族篇》说："族者何也？族者凑也，聚也。谓恩爱相流凑也。上凑高祖，下至玄孙；一家有吉，百家聚之，合而为亲。生相亲爱，死相哀痛，有会聚之道，故谓之族。"

在先秦文献中，"族"字就有明显表示民族意义的例子。例如，历来

---

① 参阅彭英明《关于我国民族概念历史的初步考察——兼谈对斯大林民族定义的辩证理解》，《民族研究》1985 年第 2 期。

② 参阅周谷城《中国政治史》，中华书局 1982 年版，第 3 页。因印刷关系，均不具体引用甲骨文、金文。

③ 见《左盦集》卷二《释氏》。

④ 参阅周谷城《中国政治史》，第 10—11 页。

学者认为史料地位很高的先秦文献——《左传》成公四年中就说：成公"欲求成于楚而叛晋，季文子曰：不可。晋虽无道，未可叛也，国大臣睦，而迩於我，诸侯听焉，未可以贰。史佚之志有之曰：'非我族类，其心必异。'楚虽大，非吾族也。"在这里楚与晋、鲁的民族区别十分明显地表示出来了。"非我族类，其心必异"八个字，使"民族"的含义跃然于先秦文献之上，而绝不是谢维扬同志所断言的"所有这些用法没有一个是同民族的意义联系得上的"。

正因为"氏"和"族"两字在先秦文献中有上述民族意义的含义，所以周谷城同志在论述中国古代的"氏族"时说："所谓古之氏族，即同一血统、同一地方聚族而居的族众。这样的族众，单举姓可以表明之，单举氏也可以表明之，兼举姓与氏更可以表明之；有时单举国名仍然可以表明之，盖古之一国往往即是一族也。"① 中国古代氏族的这种含义，与原始社会的社会组织与经济组织的基本单位，以血缘关系结合起来的，自然形成的人们共同体的意义显然有着重大的区别。有鉴于"古之一国往往即是一族"，而"民""人""众"等字又都含有与"族"字所表示的聚集的人群的意义相同或相近的意思，所以如上已列举的"夏后氏"，还有"夏民"②"夏众"③，都可以认为是夏民族的名称。而先秦文献中所说的"商人"④"殷民"⑤"周人"⑥"周众"⑦ 等，则分别可以认为是商民族与周民族的名称。因此，就连谢维扬同志自己在分析先秦文献中表示与夏、商、周有关的人们的名词所具有的含义时，也不得不承认其中就有"表示夏商周三国国都或其体制下的居民"，以及"表示夏、商、周三代的人民"的意思。所以谢维扬同志说，在先秦文献中"没有一条确实可以被认为是表示夏、商、周三族的名称"的意见，确实是站不住脚的。

那么，在先秦文献中有没有什么地方讲到过夏、商、周是三个"民族"呢？有。

---

① 周谷城：《中国政治史》，第11页。
② 《左传》襄公四年。
③ 《左传》襄公六年。
④ 《国语·鲁语上》。
⑤ 《尚书·康诰》，《左传》定公四年。
⑥ 《左传》隐公三年，《韩非子·说林上》。
⑦ 《国语·郑语》。

先讲夏民族。在先秦文献中有戎夏并称的记载。《左传》定公四年云：西周分封时，周成王之弟唐叔被封于夏墟，"启以夏政，疆以戎索"。在此"戎"是族名，这是学术界没有争议的问题，那么与戎并称的"夏"为什么不可以认为是夏民族的族名呢？还有，在《左传》襄公四年中所讲的后羿"因夏民以代夏政"中的"夏民"，以及哀公元年中所讲的少康"能布其德，而兆其谋，以收夏众，抚其官职"中的"夏众"，毫无疑义都是指称夏民族的。

至于商民族和周民族，《左传》定公四年在讲周武王之弟康叔封于殷虚时，"启以商政，疆以周索"。既然前举"启以夏政，疆以戎索"，"夏"与"戎"是两个族名的并称，那么在这里"商"与"周"也应该是两个族名，即是商民族与周民族的并称。

正因为夏、商、周三族是夏、商、周三代客观存在的三个不同的民族共同体，所以先秦文献中常常以具体的材料来说明夏、商、周三族的客观存在，例如《国语·鲁语上》说："夏后氏禘黄帝而祖颛顼，郊鲧而宗禹；商人禘舜而祖契，郊冥而宗汤；周人禘喾而郊稷，祖文王而宗武王。"又如《礼记·明堂位》所说"夏后氏骆马黑鬣，殷人白马黑首，周人黄马蕃鬣"。这里所并称的"夏后氏"、"商人"（或"殷人"）、"周人"，完全可以认为是先秦文献中关于夏、商、周三个"民族"的直接证据。所以，谢维扬同志说，在先秦文献中"没有任何地方讲到过夏、商、周是三个'民族'"的意见，也确实是站不住脚的。

谢维扬同志否定夏、商、周三族存在的第二个理由是："所谓'夏民族''商民族''周民族'的说法，其实只是指三个同姓家族集团。"

众所周知，家族与民族是完全不同的两个范畴。家族是指以婚姻和血缘关系结成的社会单位，其随母权制氏族公社的形成而产生，母系大家族又随父权制氏族公社的形成而发展为父系大家族，后随原始社会制度的解体，父系大家族分裂成个体家庭。而民族则是"人们在历史上形成的一个有共同语言、共同地域、共同经济生活以及表现于共同文化上的共同心理素质的稳定的共同体"[1]。最早的民族是在原始社会末期，氏族公社制度崩溃，国家产生、血缘关系完成了向地缘关系的转化时，由部落发展而形成的[2]。由

①　《斯大林全集》第二卷，第 294 页。

②　参阅拙作《试论从部落到民族发展的历史过程》（《江汉学报》1963 年第 5 期）；《民族形成上限问题管见——与牙含章、杜玉亭两同志商榷》（《云南社会科学》1984 年第 1 期）。

于家族与民族的这种根本区别，谢维扬同志是给予注意了的，所以他曾正确地说过："进入文明社会以后，任何一个亲属家族集团，都不可能构成一个单一的民族。"

现在的分歧在于夏、商、周三族究竟是民族，还是"三个同姓家族集团"？谢维扬同志认定夏、商、周三族是"三个同姓家族集团"的原因，主要是因为夏、商、周三个民族"都有姓和图腾"。我认为这是根本不能成立的论据。历史唯物主义告诉我们，历史上发生的事物，都有一个发生、发展和消亡的过程。民族也不例外，夏、商、周三个民族在其各自的形成过程中必定有自己的童年，即有自己的氏族、部落时代。因此，在夏、商、周三族的氏族、部落时代，它们当然免不了具备氏族、部落所具有的一切特征，包括有姓和图腾，这有什么值得大惊小怪呢？而夏、商、周三族在其氏族、部落时代具有不同的姓和图腾，恰恰说明这三个民族来源不同，恰恰可以从一个侧面证明它们是三个不同的民族。谢维扬同志把夏、商、周三族在自己的童年时代所具有的姓和图腾，看作是它们已从部落发展成民族时的特征，而得出"夏、商、周'三族'都有图腾的说法表明这三个所谓的'民族'只不过是三个血亲集团；而它们又都有姓这一点，更明确说明这三个血亲集团乃是三个亲属家族集团而已"的结论，显然是一种形而上学的观点。

在这里，问题的关键不在是否"都有姓和图腾"上，而在于夏、商、周三族各自在其发展的历史道路上有没有产生国家，有没有完成从血缘关系向地缘关系的转化。如果既没有产生国家，又没有完成从血缘关系向地缘关系的转化，那这种"都有姓和图腾"的人们共同体当然只能是原始社会的氏族、部落，或者如谢维扬同志所讲的只不过是"血亲集团"或"亲属家族集团"而已。反之，则不管其氏族公社的残余形式保留得多么多，多么浓，也就是说尽管其"都有姓和图腾"，但本质已发生了变化，这种人们共同体当然应该是民族，而绝不是如谢维扬同志所讲的只不过是"血亲集团"或"亲属家族集团"而已。如果是这样认为的话，那么现在世界上无论哪个民族的人都有很多姓，难道可以因此而否认民族的存在吗？那么现在世界上还有一些民族仍有图腾，难道可以因此而否认它们是民族吗？比如汉族就俗称有"百家姓"，并长期崇拜龙，自称是"龙的传人"，难道可以因此而否定汉族是民族，而认定其是什么"血亲集团"或"亲属家族集团"吗？对此，恐怕谢维扬同志自己也不会赞成吧！

　　至于夏、商、周三族是否产生了国家，学术界早有定论，回答是肯定的。那么夏、商、周三族是否完成了从血缘关系向地缘关系的转化？我们以夏民族为例，在尧、舜、禹时代，在征服三苗部落的过程中，以夏后氏为核心的部落联盟逐渐团结而为"永久的联盟"，由此"朝民族〔Nation〕的形成跨出了第一步"①。军事上的胜利，奴隶的不断增多，从氏族公社制被私有制打破缺口，到阶级和国家产生的整个历史过程中，本氏族、部落人员的流动迁徙，被征服氏族、部落的强迫迁移，都不断地打破和瓦解了氏族公社的纽带——血缘关系。于是血缘关系开始向地缘关系转化。早在舜时，就发生过"流四凶族，浑敦、穷奇、梼杌、饕餮，投诸四裔"②的事，说明氏族、部落的分化和血缘关系的破坏早在进行之中。舜在对周围的氏族、部落进行战争的过程中，还"流共工于幽陵，以变北狄；放驩兜于崇山，以变南蛮；迁三苗于三危，以变西戎；殛鲧于羽山，以变东夷"③，对不同血缘的共工、驩兜、三苗、鲧等部落也进行分化瓦解，变其风俗。这样，各氏族、部落之间不断地相互融合。因此，到禹时，《左传》哀公七年中所说的"禹会诸侯于涂山，执玉帛者万国"时的夏部落联盟，已不是以血缘关系为基础的人们共同体了。这里所说的"万国"就不是氏族、部落的籍别，而是地域的划分了。禹在治理水患后，"开九州，通九道，陂九泽，度九山"④，把全国"划为九州"⑤，从古代民族形成的意义上来说，这不仅标志着血缘关系向地缘关系转化的完成，也说明各氏族、部落经过长期的分化、瓦解、混杂和融合，随着禹传位于其子启、夏国家的建立，以地缘关系为基础的夏民族也就形成了。尽管这时刚形成的夏民族从原始社会里带来了血缘关系的种种残余，正如谢维扬同志所说，其是姒姓，或以耜，或以龙，或以蛇为图腾，但是确确实实已完成了血缘关系向地缘关系的转化，在国家已经产生了的历史条件下，这时的夏族只能是夏民族，而绝不是原始社会的"血亲集团"或"亲属家族集团"。商民族和周民族的形成过程，虽然与夏民族的形成有着种种不同的具体情况，但是在国家产生了的历史条件下，都曾经历过从血缘关系向地缘关系的转

----

① 《马克思恩格斯选集》第四卷，第 89 页。

② 《左传》文公十八年。

③ 《史记·五帝本纪》。

④ 《史记·夏本纪》。

⑤ 《左传》襄公四年引述辛甲《虞人之箴》。

化，例如，汤灭夏后，有诸侯三千，这三千诸侯，据《尚书》和殷虚卜辞记载，已经称"方"、称"邦"、称"国"了，证明这时商族已是以地缘关系为基础的民族了。又如，西周初年的"封邦建国"，也是周民族血缘关系向地缘关系转化完成的标志。所以，从这以后，尽管它们也以种种形式保留了原始公社表示血统的"姓和图腾"，但是它们的性质已经是民族，也绝不是原始社会的"血亲集团"或"亲属家族集团"。由此观之，谢维扬同志关于夏、商、周三族的说法，"其实只是指三个同姓家族集团"的结论，与历史事实和马克思主义关于民族形成的理论都是相违背的。

（二）

谢维扬同志否定夏、商、周三族存在的根本原因，是他认为夏代形成的民族是华夏族，而不是夏民族。这个结论，在实践上起码要遇到三个无法解决的矛盾。

其一，"华夏"这个族称，最早见于《左传》襄公二十六年①，而与"华夏"族称有关的名称，如"诸夏""华""诸华"等名称也都是在春秋时，才开始见之于文献记载②，这离约公元前 21 世纪启建夏王朝，谢维扬同志所说的"华夏族"的形成已有一千三百余年了，一个民族的族称要经过这么漫长的历史时期才得以确立，这确实是一个叫人十分费解的问题，不能不使人认为是一个矛盾。

其二，如果说在夏代国家——夏王朝建立的同时，就已形成了包括夏、商、周三族在内的"华夏族"，那么为什么在夏王朝建国四百七十多年后，会兴起一个商民族，灭夏后建立了商王朝？为什么在商王朝建国六百多年后，又会崛起一个周民族，克商后建立了周王朝？夏、商、周三代这种剧烈的朝代更替，如果不是因为夏、商、周三族是三个不同的民族，而只是如谢维扬同志所讲的"华夏族"内部的斗争，那又是一个叫人十分费解的问题，又不能不使人认为是一个矛盾。

其三，谢维扬同志一方面认定夏代国家建立之时形成的民族为华夏族，另一方面他所列举的华夏族作为单一民族所具备的"共同语言、共同

---

① 《左传》襄公二十六年："楚失华夏。"
② 《左传》僖公二十一年："以服事诸夏。"《国语·齐语》："以卫诸夏之地。"《左传》定公十年："裔不谋夏，夷不乱华。"《国语·晋语七》："劳师于戎，而失诸华。"等等。

心理素质、共同文化和共同地域的存在"的条件大多是商、周两代的事实和材料，而有关夏代的事实和材料仅举"夏言"一条，名与实实在不符，这又不能不使人认为是一个矛盾。

如何解决这些矛盾呢？唯一的办法就是改变夏代形成的民族是华夏族，而不是夏民族的结论。为什么呢？这是因为：

第一，启建立夏王朝时所形成的文明民族，本来就是以禹部落为核心的部落联盟，在完成了从血缘关系向地缘关系的转化后，从部落发展而来的。在这里我们需要先略述"夏"作为启所建国家的名称情况。《左传》昭公元年说："子产曰：昔高辛氏有二子，伯曰阏伯，季曰实沈，居于旷林，不相能也。日寻干戈，以相征讨。后帝不臧，迁阏伯于商丘，主辰，商人是因，故辰为商星。迁实沈于大夏，主参，唐人是因，以服事夏、商。其季世曰唐叔虞。"可见"大夏"之名，早在高辛氏之世已经存在，而是实沈所迁，并不是禹、启部落所固有的名称。而大夏的地理位置，据金景芳同志考核，在今山西省的西南角①。而夏作为启所建国家的名称，是因为当时以禹为核心的部落联盟的管理机构设在大夏，故启以大夏为都城，并遂以"夏"为国家之名。这样，"夏"的含义，既可以指"大夏"之地，又可以说是夏代国家之名，也可以指夏中央政权所在地——夏都，还可以指夏王朝的统治地域——夏邑②。谢维扬同志曾引证马克思在讲到雅典民族族名的确定时说："他们也是以他们所产生的城或邦的名称命名的。"③ 既然雅典民族的族称与最初建立的国家的名称有关，那我们当然可以认定建立夏王朝的民族就是夏民族，这是名正言顺的事，为什么要把一千三百多年后才出现的名称，硬加在一千三百多年前已形成的民族头上呢？谢维扬同志一方面承认族称的确定与最初建立的国家有关，另一方面又把与夏代国家的名称没有什么关系的"华夏"的名称用来作为夏代民族的族称，这确实是令人感到奇怪的。事实上，《国语·周语下》记载"有夏"之名的来由是因为大禹治水有功，"皇天嘉之，祚以天下，赐姓曰姒，氏曰有夏"。氏的含义前已论及是着重土地的，所以《逸周书·度邑解》中所说"自洛汭延于伊汭，居易无固，其有夏之居"中的"有夏"，以及

① 参阅金景芳《中国奴隶社会史》，上海人民出版社 1983 年版，第 29—31 页。
② 《尚书·汤誓》。
③ 《摩尔根〈古代社会〉一书摘要》，人民出版社 1965 年版，第 176 页。

前引《礼记·明堂位》和《国语·鲁语上》中的"夏后氏"等，指的就是夏民族，而绝不是华夏族，这才完全合乎情理。

第二，由于社会发展的不平衡，当启建立夏王朝，以禹部落为核心的部落联盟发展为民族时，曾参加过这个部落联盟的一些部落，有的生产力水平很低，氏族、部落根本还没有瓦解，例如，曾"佐禹治水有功"①的商部落的先祖契，虽然参加过以部落为核心的部落联盟，但当时其仍处于母系氏族公社时期，所以只知其母为简狄，而不知其父。而契是因为其母"行浴，见玄鸟堕其卵，简狄取吞之，因孕"而生。这与父系氏族公社制度都已崩溃瓦解，实行父传位于子的禹部落整整相差两个时代。又如，曾为尧"农师"②的周部落的祖先弃，也是一个在尧、舜时乃处于母系氏族公社时期的部落，弃母"姜原出野，见巨人迹，心忻然说，欲践之，践之而身动如孕者"而生弃。到舜"封弃予邰，号曰后稷，别姓姬氏"时才进入父系氏族公社时期。但是周部落的发展一直很缓慢，直到弃以后第十三代，即古公亶父时，周部落的父系氏族公社才开始瓦解而迈上阶级社会的门槛，而这时夏王朝早已被商灭亡，商王朝已成为一个奴隶制大国了。这个历史的实际情况表明，商、周的先祖契、弃虽然都参加过以禹部落为核心的部落联盟，但是它们并没有被瓦解、融合于当时正在形成的夏民族中去，而是独立发展，经过漫长的历史岁月，各自形成为一个新的民族。这就是为什么在夏王朝建立四百七十多年后，又能兴起一个商王朝；而在商王朝建立六百多年后，又能崛起一个周王朝的根本原因。这种情况在中国历史上屡见不鲜，历史上有名的契丹族、女真族、蒙古族、满族的兴起和崛起都是很好的例证。所以我们认为启建立夏王朝时所形成的民族，虽然是如谢维扬同志所列举的"有虞氏、四岳、共工、禹、契、弃、伯益、伯夷、皋陶"等部落组成的部落联盟发展转化而来的，但是它们当中的一部分并没有完全被正在形成的民族所瓦解和融合。既然谢维扬同志承认的上述"成员的后裔并不一定都一直留在华夏族内"，那么为什么一定要要求曾参加过以禹部落为核心的部落联盟的成员又一定非要全部留在夏民族内呢？正因为参加过以禹部落为核心的部落联盟的一些成员并没有被融合于启建立夏王朝时所形成的民族中去，所以，这时所形成的以禹部落为主干

---

① 《史记·殷本纪》。

② 《史记·周本纪》。

的民族，只能是夏民族，绝不是华夏族，这才合乎历史事实。

第三，由于启建立夏王朝时所形成的民族，根本没有谢维扬同志所列举的甲骨文和金文，也没有对"戎狄蛮夷"的限定，更没有活动到黄河下游去。而这些材料，有的是后来兴起和崛起的商民族和周民族的特征，有的则是春秋时由夏、商、周三族以及部分蛮、夷、戎、狄融合而形成的华夏民族的特征，所以此时形成的民族，只能是夏民族，绝不是华夏族，这才叫作名副其实。

（三）

谢维扬同志提出："对于所谓夏、商、周'三族'，人们尽管主张其鼎足而立，却没有提出它们在语言、文化、民族自觉意识和地域上互相区别的足够证据。"其实不然，先秦文献和考古材料中关于夏、商、周三族是三个不同民族的材料是很多的。

首先，在地域上，夏、商、周三族共同地域的中心地区是不同的。夏民族共同地域的中心范围，起自今山西省西南角和河南西部，沿黄河东至今河南、山东二省交界的地方，西至陕西东部，北至河北南部。对此各家说法大同小异。而近年来河南登封县告成镇附近王城岗古城遗址的发掘，不仅给我们提供了夏代确有阳城的证据①，而且由于王城岗古城遗址属于豫西龙山文化中晚期，从而又证明了豫西龙山文化以及与之一脉相承的二里头文化都应该是夏文化的范畴。这样豫西龙山文化和二里头文化遗址的分布范围同先秦文献中记载的夏民族活动的范围大致相符，踪迹所至，正是不越黄河中游两岸的伊、洛地区。商民族共同地域的中心范围，以汤到盘庚的六个王都为准，则主要在黄河中、下游一带，即"南面是靠近商丘的亳，西面是郑州附近，夹河对峙的隞和邢，北面是安阳一带夹着卫河的相和殷，东面是曲阜的奄"②。而商民族先祖契所居之地"番"③，契子昭明所居之地"砥石"④，据金景芳同志考证均在我国北方⑤。周民族共同地域的中心范围，在周"克商"以前，主要以陕西岐山一带的渭水中、下游

---

① 详见安金槐《近年来河南夏商文化考古的新收获》，《文物》1983 年第 3 期。

② 唐兰：《从河南郑州出土的商代前期青铜器说起》，《文物》1973 年第 7 期。

③ 《世本》。

④ 《荀子·成相》。

⑤ 参阅《中国奴隶社会史》，第 51—52 页。

为中心。《诗经·公刘》《诗经·大雅·緜》都形象生动地反映了周民族的先祖公刘、古公亶父在这一带活动的情况。从夏、商、周三族共同地域中心范围的分布可以清楚地看出，大致是夏民族在中，商民族在东，周民族在西，三族之间在地理上的重叠很少。正因为三族共同地域的中心范围不同，所以汤灭夏后要"尽有夏之地"[①]；周克商之后要封康叔于"殷虚"[②]。由于地缘关系是民族得以形成的基础，那么夏、商、周三族共同地域中心范围的这种不同，难道不足以证明它们是三个不同的民族吗？

其次，在语言上，虽然现在无法得到直接的材料加以说明，但是《论语·述而》说："子所雅言，《诗》《书》、执礼，皆雅言也。"所谓"雅言"、即为"夏言"[③]，这不失为夏民族有不同于商、周民族语言的一个证据。而《说文》中所说战国之时仍然存在着"语言异声"[④] 的严重现象，我们就完全可以推断：商民族与周民族在语言上也是有所不同的。另外，作为记录语言的符号——文字，夏、商、周三族虽然存在着继承性，但被认为可能是夏民族文字的，在二里头遗址出土陶器的口沿上刻画着的二十多种符号，商民族的甲骨文，周民族的钟鼎文三者之间毕竟是有明显的、学术界公认的区别的，这难道不是可以从另一个侧面证明夏、商、周三族是不同的民族吗？

复次，在经济生活上，虽然夏、商、周三族共同经济生活的纽带都是井田制，但具体的内容又是有区别的。夏民族的井田制由于刚脱胎于原始公社末期的土地分配制度，表现出来的生产水平比较低下，所以《孟子·滕文公上》说："夏后氏五十而贡。"商民族的井田制则比夏民族有了较大的发展，形成了"一井亦可为邑"[⑤] 的村落式的小封地，表现了较高的生产力发展水平，所以《孟子·滕文公上》则说："殷人七十而助。"周民族的井田制则有更完备的形态，不仅有了准确的亩制，而且有了比较完整的灌溉和道路系统，表现了更高的生产力发展水平，所以《孟子·滕文公上》则说："周人百亩而彻。"在这里，"夏后氏五十而贡，殷人七十而助，周人百亩而彻"，多少反映了夏、商、周三族的共同经济生活有重大的区

① 《吕氏春秋·分职》。

② 《左传》定公四年。

③ 参阅朱骏声《说文通训定声》，"雅"字条。

④ 《说文解字》，中华书局 1963 年版，第 315 页。

⑤ 金鹗：《求古录礼说·邑考》。

别。这种区别主要表现在经济类型的不同上。众所周知，在奴隶社会初期，渔猎和采集在民族的共同经济生活中还占有相当的比重，《尚书·益稷》所记禹治水时就说过："暨益奏庶鲜食"；"暨稷播，奏庶艰食、鲜食"，所以夏民族土地分配的数字是五十亩，说明夏民族的共同经济生活属于农业—渔猎—采集经济类型。商民族时生产力水平则有了比较大的发展，特别是其在发展农业的同时，又大大发展了畜牧业，这我们可以从商代奴隶主贵族用成百上千的牲口来搞祭祀的大量材料中得到证明，所以商民族土地分配的数字增加到七十亩，说明商民族的共同经济生活属于农业—畜牧经济类型。而周民族素以擅长农业著称，其先祖弃即被尊为农神，号称"后稷"①，《诗经》中的《七月》《大田》《生民》《良耜》《载芟》《采芑》等篇把周民族的农业生产活动写得活灵活现，有声有色。由于农业生产技术的大大提高和金属工具的增加，所以周民族的土地分配数字增加到百亩，说明周民族的共同经济生活属于农业经济类型。共同的经济生活是民族赖以生存的物质基础，夏、商、周三族在经济类型上的这种重大区别，难道不是又足以证明它们是三个不同的民族吗？

最后，在心理素质上，夏、商、周三族都有民族自觉意识。古代社会民族的自觉意识往往表现在祖先崇拜上，《礼记·祭法》云："夏后氏亦禘黄帝而郊鲧，祖颛顼而宗禹；殷人禘喾而郊冥，祖契而宗汤；周人禘喾而郊稷，祖文王而宗武王。"我们剔除后人因政治需要而制造出来的黄帝是历史、天子、诸侯之神的成分，可以看出夏、商、周三族崇拜的祖先是不同的，这不能不认为是民族自觉意识的一种表现，此其一。其二，夏、商、周三族的民族自觉意识更具体地表现在周初分封时，还要"启以夏政"和"启以商政"②。为什么要这样做？就是因为夏、商二族有强烈的民族自觉意识，周民族要完全征服他们，必须尊重他们的风俗习惯和文化制度，即"夏政"和"商政"。其三，周初商民族反对周王朝的斗争，即先秦文献中所记载的武庚之乱③，也是当时商民族民族自觉意识的又一个强烈的表现。正因为此，所以称具有强烈民族自觉意识的商民族为"殷顽民"④。

---

① 《史记·周本纪》。
② 《左传》定公四年。
③ 《左传》定公四年。
④ 《尚书·多士》。

所有这些民族自觉意识的表现，如果认为夏、商、周三族是根本不存在的话，那是很难令人信服的。

夏、商、周三族心理素质的不同表现在文化及风俗习惯上主要是：

1. 服饰不同。

服饰是一个民族外在的重要标志。夏、商、周时对服饰的异同十分重视。《礼记·王制》说："革制度衣服者为畔。畔者，君讨。"可见改变服制，不但被视为叛徒，还要受到惩罚。因此，夏、商、周三族都顽强地坚持穿着本民族的服饰。他们衣服的颜色不同，《礼记·王制》说："夏后氏收而祭，燕衣而养老。殷人冔而祭，缟衣而养老。周人冕而祭，玄衣而养老。"郑玄《注》说："夏而改之，尚黑而黑衣裳，殷尚白而缟衣裳，周则兼用之，玄衣素裳。"衣服的纹饰不同，《礼记·明堂位》说："夏后氏，山；殷，火；周，龙章。"帽子的样子不同，《礼记·郊特牲》说："委貌，周道也。章甫，殷道也。毋追，夏后氏之道也。周弁、殷冔、夏收。"①

2. 葬制不同。

从考古学、民族学和民俗学的研究方法来看，不同的民族是有不同的葬制的。《礼记·檀弓上》说："夏后氏堲周，殷人棺椁，周人墙置翣。"又说："夏后氏尚黑，大事敛用昏""殷人尚白，大事敛用日中""周人尚赤、大事敛用日出。""大事"即丧事，这就是说，夏民族出殡在黄昏，烧土为砖附于棺材的四周；商民族出殡在中午，棺材外要套一个外棺，称为椁；周民族出殡在日出，出殡时用布帐作"墙"装饰灵柩，并用形状同扇子一样的"翣"，在路上用以障车，入棺时以障柩。另外，商民族的奴隶主贵族用人殉陪葬，而周民族则没有杀殉的习俗。所以李亚农同志说："在同一时期以人殉之有无来划分民族的界限，或者倒有几分可靠。"②

3. 生活用具不同。

《礼记·檀弓》说："夏后氏用明器""殷人用祭器""周人兼用之。"表明夏民族的生活用具多用陶、木和石制成的"明器"，商民族的生活用具多用青铜制成的"礼器"，而周民族则两者兼而有之。

---

① 委貌、章甫、毋追以及弁、冔、收都是古代冠帽的名称。
② 李亚农：《西周与东周》，上海人民出版社1956年版，第9页。

4. "社树"不同。

《论语·八佾》说："哀公问社于宰我。宰我对曰：'夏后氏以松，殷人以柏，周人以栗'。""社"是土地之神，古代社祭时，要替土神立一个木制的牌位，称为"主"，并认为这一木主便是神灵凭依的地方，而这种木制的牌位，夏民族习俗用松木，商民族用柏木，周民族则用栗木。

5. **历法不同。**

"正月"是农历一年开头的一个月，又称岁首。据《尚书大传·略说》：夏民族的岁首为农历一月，商民族为农历十二月，周民族则为农历十一月。另外，"年"作为时间概念，三者的称呼也不一样，《尔雅·释天》说："夏曰岁，商曰祀，周曰年。"

6. **继承法不同。**

从民族学的角度来研究，继承法也是区分民族的一个侧面。历史的记载表明，夏代的王位继承法是传子，商代则既传子也传弟，而周代则建立了严格的嫡长子继承制。王位继承的不同，必然要影响到夏、商、周三族财产继承法的不同。《史记·梁孝王世家》褚少孙补对此不同作过很好的说明。他说："殷道亲亲，周道尊尊，其义一也。""殷道亲亲，周道尊尊"是保存在《春秋》中的一种传统观念，其多少也从一个侧面反映了夏、商、周三族是不同的民族。

7. **民族性格不同。**

民族性格是指一个民族本来所固有的思想、感情、气质等内心活动和行为特点，也就是斯大林所说的"结合成一个民族的人们在精神形态上的特点"，或说是"表现在民族文化特点上的精神形态"[1]。由于夏、商、周三族是三个不同的民族，所以在民族性格上也表现出明显的差别。《礼记·表记》说：夏民族"亲而不尊。其民之敝，蠢而愚，乔而野，朴而不文"。表现出朴质、温厚，又比较野蛮的民族性格。商民族"尊而不亲，其民之敝，荡而不静，胜而无耻"。表现出放荡、凶狠、好胜的民族性格。周民族"亲而不尊。其民之敝，利而巧、文而不惭"。表现出温文尔雅，以巧取利的民族性格。夏、商、周三族不同的民族性格，都"在民族面貌上打上自己的烙印"[2]。

---

① 《斯大林全集》第二卷，第 294 页。
② 《斯大林全集》第二卷，第 294 页。

8. 宗教信仰不同。

作为社会意识形态之一的民族的宗教信仰，由于每一个民族形成的历史条件不同，也往往表现出明显的差异。《礼记·表记》记载："夏道尊命，事鬼敬神而远之""殷人尊神，率民以事神，先鬼而后礼""周人尊礼尚施，事鬼敬神而远之。"这就是说夏民族刚从原始社会走进阶级社会的门槛，由于生产力水平比较低下，因此，对于吉凶祸福、寿夭贵贱等事仍听天由命，即《论语·颜渊》中所说的"死生有命，富贵在天"，此所谓"夏道尊命"。商民族则已处在奴隶制发展时期，生产力水平虽有提高，但鬼神观念也大大发展了，整个商代是神权的时代，是鬼神思想沉浸的社会。而在商民族心目中，祖先的神力不亚于天帝，所以他们鬼神同视，祖先与上帝同受崇拜，形成对祖先和上帝"合二而一"的一元神——上帝的崇拜，此所谓"殷人尊神"。周民族则接受了"殷鉴"①的教训，认为"天命靡常"②，既不信天命，也不真信鬼神，此所谓"周人尊礼"。从"夏道尊命""殷人尊神""周人尊礼"的不同宗教信仰中，夏、商、周三族的区别不是又一清二楚了吗？

当然由于夏、商、周三代在时代上有相当一段历史时期是重叠的，也就是说商曾是夏王朝的列国之一，而周又曾是商王朝的列国之一。再倒过来说，继承夏祀的杞则是商王朝与周王朝的列国之一，继承商祀的宋则是周王朝的列国之一。它们三代之间不仅有前仆后继的朝代继承关系，而且又有着列国之间的关系，所以三者之间互相影响、互相渗透是必然的。这正是夏、商、周三族在春秋战国时能融合而成为华夏民族的基础，但这并不能否定夏、商、周三族的客观存在。至于夏、商、周三族在春秋战国时是如何融合形成为华夏民族的，则不是本题论述的范围了，当容另文论述。

一九八四年三月草成于浙江武义

一九八五年八月修改于南宁

---

① 《诗经·大雅·荡》。
② 《诗经·大雅·文王》。

五 从部族的定义看夏、商、周三族的性质

——与王雷同志商榷

《中国社会科学》1982 年第 5 期发表的王雷同志的《民族定义与汉民族的形成》一文，除对民族的定义和汉民族的形成问题进行了论证外，还专门论述了部族，对部族的定义也作了论证，并认为夏、商、周三代所形成的"共同体"都是"部族"。对于部族的定义以及夏、商、周三族的性质，我们尚有些不同看法，特提出来与王雷同志商榷，并就教于学界同好。

（一）

部族问题，是学术界争论已久的老问题了。一种意见认为资本主义产生以前的民族统统都是部族；另一种意见认为部族根本不存在，部族的译名已被取消，一律改译成民族了。王雷同志正确地肯定了部族是人们共同体的一个类型，但是他对部族下的定义却是值得商榷的。

什么是部族？王雷同志认为："部族是在部落联盟的基础上产生的。一方面具有血缘关系为基础的氏族社会的某些特点，另一方面又具有按照地域单位统一起来的最初的国家形式。"① 对部族的这个定义，他还作了两点解释：1. "部族的形成开始打破以往部落和部落联盟间的界限，但并没有使氏族制度的影响完全消除。因此还不能建立起一个真正具有公共职能的国家。"2. "我们说任何部族国家都不可能是稳定统一的，基本原因就是建立国家的原部落联盟和部落中的上层集团的利益，因政治、经济、文化的分散状态，而不能够得到高度的集中。"

王雷同志对部族下的这个定义，存在的主要问题就是混淆了作为社会实体的部族，与作为政治实体的国家之间的根本区别和界限。诚然，国家与部族都是历史上发生的东西，都属于历史的范畴，并有着一定的关系。但是，正如列宁所说的"国家是阶级统治的机关，是一个阶级压迫另一个阶级的机关"。② 因此，国家作为一个政治实体，是经济上占统治地位的阶

---

① 王文均引自《中国社会科学》1982 年第 5 期。下同，不再注明。

② 《列宁选集》第三卷，第 176 页。

级为了维护本阶级的利益，而对被统治阶级实行专政的工具或机器，主要由军队、警察、法庭、监狱等组成。而部族则不同，作为一个社会实体，却是在特定的社会历史条件下形成的一个人们共同体。所以，我们很难接受王雷同志所提出的部族是"最初的国家形式"的观点。

那么，究竟什么是部族？对此问题，我们虽已写了《部族的形成及特点浅探》一文作了探讨①，但在这里还是有必要针对王雷同志的观点作进一步的探讨。要回答什么是部族的问题，必须从部族的形成说起。恩格斯在研究希腊人的氏族时说："在荷马的诗中，我们可以看到希腊的各部落在大多数场合已联合成为一些不大的部族（Kleine Völkerschaften）。"② 这就是说，部族是在原始社会末期，由部落联合而形成的。

部族形成的历史过程一般来说是这样的，即在原始社会末期，由于生产力的发展和提高，使生产关系受到影响，而不断发生新的变化。恩格斯对此作了深刻的分析，他说："由子女继承财产的父权制，促进了财产积累于家庭中，并且使家庭变成一种与氏族对立的力量；财产的差别，通过世袭显贵和王权的最初萌芽的形成，对社会制度发生反作用；奴隶制起初虽然仅限于俘虏，但已经开辟了奴役同部落人甚至同氏族人的前景；古代部落对部落的战争，已经开始蜕变为在陆上和海上为攫夺家畜、奴隶和财宝而不断进行的抢劫，变为一种正常的营生。"③ 在生产关系的这种不断变化中，为了积聚财富和战争的种种需要，部落这个人们共同体的发展走到了一个岔路口：一条路是随着阶级的产生，国家的出现，氏族部落经过激烈的分化、瓦解的过程，人们完成了从血缘关系向地缘关系的转化，从而形成为民族，这就是恩格斯在《自然辩证法》中所说的"从部落发展成了民族和国家"。④ 另一条路就是联合成部族。为什么会出现部落联合成部族的情况呢？这是因为，虽然原始社会末期的历史背景条件大致一样，但是

---

① 见《云南社会科学》1983 年第 2 期。

② 德文 Kleine 一词有小的、年幼的、年轻的、短暂的、狭窄的等意思。Völk‑erschaften 一词是复数，有民族、部落、部族三个意思。《马克思恩格斯选集》第四卷，人民出版社 1973 年版，第 100 页，将此译为"小民族"，而张仲实翻译的《家庭、私有制和国家的起源》，人民出版社 1957 年 10 月版，第 100 页将此译为"不大的部族"。我认为从恩格斯的原意，以及人们共同体发展的一般规律来看，张仲实的译法比较科学，此引及下引德文 Völkerschaften 一词均从张说。

③ 《马克思恩格斯选集》第四卷，第 104 页。

④ 《自然辩证法》，人民出版社 1955 年版，第 143 页。

有些部落由于战争的紧急需要，在国家还没有被发明出来，以血缘关系为纽带的氏族、部落没有完成向地域关系转化的条件下，因为语言相通、地域相连，心理素质相近，经济类型相类似，结成了比较牢固的联盟，联合而成为部族。从这里我们可以很清楚地看到：部族是在国家还没有被发明出来以前，由部落联合而形成的，绝不是王雷同志所说的：部族"是具有按照地域单位统一起来的最初的国家形式"。

正因为部族是在国家还没有被发现出来的历史条件下，由部落联合而形成的，所以恩格斯在分析希腊部族时就明确指出部族的基本特点是："在这种部族（Völkerschaften）内部，氏族、胞族及部落，还完全保存着他们的独立性。"① 从恩格斯的这个论述中，我们又可以很清楚地看到：部族的形成绝不是如同王雷同志所说的"开始打破以往部落和部落联盟的界限，但并没有使氏族制度的影响完全消除"的问题，恰恰相反，而是没有能够打破部落间的界限，氏族、部落还"完全保存着它们的独立性"的问题。我们可以拿民族的形成来对照分析一下。关于民族的形成，王雷同志曾正确地说过："正是由于国家的产生，才打破了氏族、部落和部落联盟间不可逾越的界限。使人们得以在更加广泛的地域内交往，使语言、经济、文化日益共同化，为民族的最终形成创造了条件。"这就是说，国家一旦出现，氏族、部落的界限一旦被打破，氏族的血缘关系一旦完成了向地缘关系的转化，那么部落就会发展成民族。如果把这些也作为部族形成的基本条件，如同王雷同志所说的："部族的形成开始打破以往部落和部落联盟间的界限"，"按照地域单位统一起来"，是"一个从血缘关系的氏族社会，向按地域关系联系起来的阶级社会过渡的共同体"，那与王雷同志自己所说的民族形成的条件又有什么根本的区别呢？

正因为国家还没有出现，氏族、部落还"完全保存着他们的独立性"，所以恩格斯说希腊部族的管理组织是：（1）常设的权力机关为议事会；（2）人民大会；（3）军事首长。并指出"议事会对于一切重要问题作出最后的决定"，"人民大会是最高的和最后的权力"，"军事首长，除军事的权限以外，还有祭祀以及裁判的权限"②，这里反映出来仍然是原始社会的一幅图画，压根儿看不到国家的一点影子，哪里谈得上什么"最初的国家形

---

① ［德］恩格斯：《家庭、私有制和国家的起源》（以下简称《起源》），张仲实译，第100页。
② 参阅张仲实译《起源》，第100—103页。

式"，又哪里谈得上什么"部族国家"呢？

在这里，我们要指出的是，王雷同志的文章对部族的某些问题的论述还是有意义的，如他正确地阐述了部族形成的前提是"以部落方言相通，地理位置相连，部落文化相近，部落间发生经济往来"；正确地指出部族"不可能是稳定统一的"的特点；正确地认定"部族和民族是阶段相连的两种共同体，它们之间有着不可割裂的联系"，如此等等。但是，王雷同志给部族所下的定义之所以值得商榷，主要原因就在于他把部族与国家这两个不同范畴、不同概念、不同实体的东西搞混了。

对于部族的定义，我们认为可以这样来表述：在人们共同体的发展中，在原始社会末期，由于生产力的发展，私有制的出现，阶级的产生，以血缘关系为纽带的氏族、部落已经开始呈现出分化、解体的状态。但是，因政治的、经济的、军事的、自然的、地理的种种因素的影响，一些语言相通，地域相连，经济类型相似，心理素质相近的氏族、部落，在还没有最后彻底分化、瓦解、融合，在国家还没有最后出现，在人们共同体的血缘关系还没有最后完成向地缘关系的转化的历史条件下，"为了占有最好的土地，也为了掠夺战利品"[①]，联合起来，结合成比较牢固的联盟，而形成为一个不同于氏族、部落，也不同于民族的人们共同体，这就是部族。

（二）

理论是研究工作的指南。我国古代夏、商、周三族的性质，也是学术界争议已久的问题。王雷同志根据其对部族所下的定义，认为"中国历史上出现的夏、商、周三个朝代，是汉民族的前身——诸夏部族的时代"，故"华夏各部族"，即夏、商、周三族都是部族。我们认为这也是一个值得商榷的问题。

在讨论夏、商、周三族的性质究竟是部族还是民族的问题以前，我们觉得应该把王雷同志对民族的定义所作的比较正确的叙述引述出来，以便与他所说的部族的定义进行对比。他说："民族作为人们共同体的一种形式，既不同于国家、阶级，也不同于氏族、部落。它不是按政治关系和经济等级划分的，也不是按血统、血缘关系划分的，而是按地域划分

---

① 《起源》，第100页。

的。……民族按地域划分的这一特点表明：民族是继阶级、国家出现之后才出现"的。同时，他还郑重地指出："这就是作为社会科学术语的'一切特征统统具备的'民族。"

现在，我们先来看看，夏族是部族还是民族。夏族的历史虽然遥远，关于夏朝的历史材料虽然简略，而且多是神话传说，但是，从比较直接的历史记载中，从大体上属于夏代文化的河南龙山文化晚期和二里头文化的考古发掘来看，夏朝是我国历史上的第一个奴隶制国家这一点，是学术界所公认的。王雷同志自己也引述了《史记·夏本纪》中的一些材料，认为夏朝"已经打破了按血缘关系组成的氏族组织，开始按地区区分"，"在这个基础上夏代产生了国家"，"有了军队""职官""刑律和监狱"，"初步具备了国家机器的各个职能机构"。王雷同志在这里对夏国家产生所作的分析，显然与其论述什么是部族时所说的部族仅仅是"开始打破以往部落和部落联盟间的界限"，"因此还不能建立起一个真正具有公共职能的国家"的说法是对不上号的，而恰恰与其对民族所下的定义对上了号。

那么，为什么王雷同志偏偏要说夏族是部族而不是民族呢？原因之一，可能是王雷同志认为夏朝"在国家中还保留着一定的按血缘关系组成的氏族组织"。对此，我们觉得应该分清量变和质变的界限。部落是发展成民族，还是联合成部族？关键是国家是否已经产生，这就是我们区分部族和民族的一个基本界限，或者说是标准之一。如果国家已经产生，那就是说质的飞跃已经完成。世界上的一切事物都是互相联系的，历史上任何一个新事物的产生都是从旧事物中脱胎出来的，这就不可避免地要带上旧事物的烙印和痕迹。历史的、政治的、经济的、文化的、自然的种种条件不同，这种烙印和痕迹的深浅也就不同。正如从半殖民地半封建社会脱胎出来的社会主义新中国，至今仍然带有旧社会，包括封建主义思想残余的烙印和痕迹一样，从原始社会氏族制度中脱胎出来的夏族的国家，难免要带上氏族血缘关系的烙印和痕迹，特别是我国古代奴隶制所具有的特点，使这种烙印和痕迹保留得更多一点，时间也更长一点。但是这并不影响夏国家发挥其阶级专政的职能作用，当然也并不影响夏族"按照地域划分"成为一个民族。如果照王雷同志所说一个人们共同体要"完全排除了氏族制度的影响"才能称其为民族，那么根源于氏族制度的宗法制度及其思想，都还以种种残余形式对现代汉民族或多或少地还有着种种影响，难道可以就此把汉民族认定为部族吗？对此，恐怕连王雷同志本人也是不会同意的吧！

原因之二，可能是王雷同志认为"从部族到民族，是构成民族的四个因素在共同化发展过程中发生质变的结果。所以我们区分部族和民族，要按照构成民族的四个因素来衡量"。看来，夏族被认定为部族，是因为夏族"构成民族的四个因素"还没有发生质变，所以夏族还没有资格称为民族。在这里，王雷同志又过于绝对化了。当然，"构成民族的四个因素"，即共同语言、共同地域、共同经济生活和共同心理素质是表现民族性质的一些基本特征，但却不是区分部族与民族的基本标准。因为这"四个因素"并不是民族所特有的，不仅部族可能有，连氏族、部落也可能有，所不同的只是程度和表现形式而已。恩格斯在《家庭、私有制和国家的起源》中在论述易洛魁人的部落特征时就指出：部落也有"自己的地区和自己的名称"，有"部落所有的方言"，有"共同的宗教观念（神话）和崇拜仪式"①。因此，我们认为区分部族和民族的另一个重要标准，不应该是"构成民族的四个因素"有没有发生质变，而应该是人们共同体的稳定性。对于这一点，王雷同志也说过：民族是"一个稳定的"整体。那么夏族是不是一个稳定的人们共同体呢？回答是肯定的。

其一，夏族所建立的国家是稳定的。从传说中的禹开始，到桀灭亡，共传十四世，十七王，历经四百七十多年。历史这样悠久的国家，显然不是一个单纯靠军事的征服偶然凑合起来的混合物。

其二，夏族有统一的共同语言。《论语・述而》说："子所雅言，《诗》《书》、执礼，皆雅言也。"这里所谓"雅言"，其实就是"夏言"②。而在二里头遗址出土陶器的口沿上，刻画着的二十多种符号，则很可能是夏族的文字。王力先生在《汉语史稿》中说过："殷墟甲骨文距离现代三千多年，但是，依照甲骨文的体系相当完备的情况来看，如果说五千年前我们的祖先就创造了文字，还算是谨慎的估计。"③ 这样看来，夏族有统一的共同语言是无可怀疑的。

其三，夏族有稳定的共同地域。据先秦文献资料记载，夏族活动的地区，主要在西起今河南西部和山西南部，沿黄河东至今河南、河北、山东

① 参阅《马克思思格斯选集》第四卷，第87—88页。
② 参阅朱骏声《说文通训定声》，"雅"字条。
③ 《汉语史稿》下册，中华书局1980年1月版，第596页。

三省交界的地方,南接湖北,北入河北。其居住的中心则是在今河南西部的河、洛流域。对于这一点,考古学材料也提供了例证,据不少专家研究认为,河南龙山文化晚期和二里头文化遗址的分布与上述夏族活动的中心地区大致相符。而河南登封王城岗古城遗址的发掘更充分证明了这一点①。

其四,夏族的共同心理素质是稳定的。这方面最突出的就是祖先崇拜。众所周知的夏铸"九鼎",一个重要的目的就是表示对祖先的崇拜。《左传》宣公三年说:"铸鼎象物。"哀公元年又说:"祀夏配天,不失旧物。"在鼎这样的国家重器上刻绘象征图腾的"物",就是表示不忘祖宗。《论语·泰伯》还说:禹"菲饮食而致孝乎鬼神,恶衣服而致美乎黻冕",其意思就是说禹自己吃得很差,却把祭祀祖宗的祭品办得很丰盛;穿得很坏,却把祭服做得极华美。这里,所称"孝乎鬼神",大约就是对祖宗先世的崇拜。这不仅是他们共同心理素质稳定的表现,而且对后起的商族、周族,以至华夏民族,乃至汉民族的共同心理素质都有重大的影响。

其五,夏族有共同经济生活。关于共同经济生活问题,王雷同志又正确地指出:"民族只能在社会生产力发展到一定阶段才能产生,这是和经济发展有密切关系的……。不论某一相当地域内的非血缘联系居民以什么样形式发生什么性质的经济联系,只要其形成的是一个有着共同语言,共同文化和共同心理素质的共同体,都可以称为民族。"前面我们已大致分析了夏族在共同语言、共同地域、共同心理素质方面的稳定性,而夏族奴隶社会的共同经济生活主要表现在"以铜为兵"②的灌溉农业经济上。青铜工具的出现和使用,是夏朝生产力发展的重要标志,在二里头文化遗址出土的形制和器种比较复杂的青铜器中,就有作工具用的铜凿、铜锛、铜椎等,又有作兵器用的戚、戈,还有作酒器用的爵,以及铜铃、铜箭头、铜鱼钩等。而且在二里头还发现了铸铜手工业作坊的遗址。更重要的是在河南登封王城岗遗址内四期的一个灰坑里发掘出土的一件无可置疑的青铜容器残片,确切地表明,相当于夏朝早期的河南龙山文化中晚期已经使用青铜容器了。大禹治水的大量传说又证明夏朝对水利灌溉是实行统一的治理和管理的。这样脱胎于原始社会末期的土地分配制度,在夏国家建立后转化为初期的井田制。《大戴礼·夏小正》就说夏族正月"农率均田",以

---

① 参阅安金槐《近年来河南夏商文化考古的新收获》,《文物》1983 年第 3 期。

② 《越绝书》卷十一。

确定在《孟子·滕文公》中所叙述过的井田制的"经界"。于是"夏后氏五十而贡"的井田制，就把夏国家内统治阶级和被统治阶级都紧紧地联系在一起了。这种外有封疆，内有阡陌的井田，经商朝的发展，列周朝形成为完备的井田制，成为我国奴隶社会土地国有制的主要形式。

所有这些，都足以说明夏族具有一个民族共同体所应有的稳定性，其绝不像翦伯赞先生曾经生动地比喻过的我国古代北方的一些游牧部族那样，像鹰一样地从历史舞台上掠过，来去无常，变化多端①，而确实是一个"一切特征统统具备的"民族。

（三）

肯定了夏族的性质是民族，那末商族和周族的性质就容易确定了。同样的道理，商族和周族都是民族，而不是部族。

第一，商朝和周朝都是典型的奴隶制国家。商朝从汤灭夏至武王伐纣"克商"，共传十七世，三十一王，约六百年②，西周约从公元前 1066 年武王"克商"到公元前 770 年平王东迁，二百九十多年，都经历了漫长的历史岁月。商、周两朝的国家机器，比夏朝更加强化，更是奴隶主阶级对奴隶专政的工具。两朝都有一支强大的军队。《诗经·大雅·大明》中描写的"武王伐纣"时，两国军队在牧野对阵的战争场面，就是一个很具体的例证。两朝又都有条文繁多的刑法。《左传》昭公六年就说过："商有乱政，而作汤刑；周有乱政，而作九刑。"特别是周朝已有成文的墨、劓、宫、大辟五刑三千条③。而且商时已有监狱，安阳小屯出土的陶俑，双手就是被枷锁住的。两朝还都有庞大的官僚机构，周朝在商朝所谓"内服"（宫廷中的百官）和"外服"（商王直接统治区外设立的诸侯）两套官职的基础上，建立了周王及师、保以下的"六卿""五官"等更系统的官僚体系。对于商、周两朝这样"真正具有公共职能"的国家机器，怎么能够把它们划入"最初的国家形式"之中呢？它们都是不折不扣的、货真价实的奴隶制国家啊！这样，按照王雷同志所说的"因为只有在社会出现了私有制、阶级、国家的条件下，民族才有产生的可能"的观点，建立了商、

---

① 参阅《内蒙访古》，《人民日报》1961 年 12 月 13 日。
② 此说从《左传》宣公三年"载祀六百"。
③ 参阅《尚书·吕刑》《周礼·司刑》《汉书·刑法志》。

周两朝的商族和周族也就应该是民族，而不是部族。

第二，商、周两族都是按地域划分的人们共同体，司马迁说过：商族"其后分封，以国为姓"①。全国地域（包括属国）划分为"五方"，即中商（或商）、北土、南土、东土、西土②；周朝"封邦建国""封建亲戚以藩屏周"③，都说明商、周两朝"和旧的氏族组织不同的地方，第一点就是它按地区来划分它的国民"。④ 这种情况，与王雷同志所说的民族"不是按政治关系和经济等级划分的，也不是按血统、血缘关系划分的，而是按地域划分的"观点不是又完全一致了吗？

第三，商、周两族都是稳定的人们共同体。众所周知，商族创造了世界上最光辉灿烂的青铜文化，并以甲骨文开汉字的先河；周族继承和发展了夏、商两族的文化传统，形成了以礼为基本内容的宗法制度，从而对整个汉民族的共同心理素质产生了深远的影响，以及"溥天之下，莫非王土；率土之滨，莫非王臣"的土地国有制的农业经济，都充分地表明了商、周两族的稳定性。用王雷同志的话来说，它们都是"一个稳定的、独立的整体"。这样，我们无论如何也不应该把商、周两族划为部族之列了，王雷同志，你说是吗？

一九八四年二月二十九日修改

一九八二年九月三〇日草成

原载《广西民族研究》

一九八五年第一期

六　从《楚辞》看楚族的民族特征

先秦长江流域形成的楚民族，与中原黄河流域先后形成的夏、商、周三个民族的不同，已基本上被学术界所肯定。楚民族虽然在春秋战国时期

---

① 《史记·殷本纪》。

② 参阅《殷契粹编》，第907片。

③ 《左传》僖公二十四年。

④ 《马克思恩格斯选集》第四卷，第166页。

也被卷入华夏民族大融合的洪流之中，经秦的统一，成为西汉时形成的汉民族的一个重要组成部分，已属历史民族。但是，从民族学的角度，即以斯大林所提出的民族的四大特征，对这个在长江流域土生土长的、有八百多年历史的民族加以考察，对于我们进一步认识汉民族"也是长时期内许多民族混血形成的"① 是有意义的。

对此，虽然先秦文献可以提供一些史料，但是楚民族哺育成长起来的伟大诗人屈原所作的《楚辞》，由于根植于楚民族共同地域的土壤之中，所以是我们考察楚民族特征最好的史料来源，这也就是宋人黄伯思所说的"屈宋诸骚，皆书楚语，作楚声，纪楚地，名楚物"②。因此，本文想就《楚辞》所提供的史料，结合有关历史文献以及考古学的部分材料，就管见所及，试将楚族的民族特征作一个初步的考察，就教于学术界前辈和同好。

（一）

由于民族的本质是以地缘关系为基础的③，所以共同地域对于民族有着重要的意义。楚民族表现在共同地域上的主要特点是：兴起于江汉，发展于江南。

《哀郢》中说："去故乡而就远兮，遵江夏以流亡。"江夏，即长江，夏水；夏水，即为汉水④。又说："过夏首而西浮兮，顾龙门而不见。"夏首，为汉水入江处，即今汉口，⑤ 还说："惟郢路之辽远兮，江与夏之不可涉。"从《哀郢》的这些记述中，我们可以很清楚地看到，屈原之时，楚民族共同地域的中心范围，是在长江和汉水流域之间的江汉地区。

据史籍记载，屈原写《哀郢》，正是在公元前 278 年（楚顷襄王二十一年），秦国大将白起攻下楚国的郢都，迫使其迁都于陈（今河南淮阳县）

---

① 《毛泽东选集》第五卷，第 278 页。

② 见《翼骚·序》。

③ 详见徐杰舜《民族形成上限问题管见——与牙含章、杜玉亭两同志商榷》，《云南社会科学》1984 年第 1 期。

④ 据《左传》昭公四年："冬，吴伐楚……楚沈尹射奔命于夏汭。"杜注："夏汭，汉水曲入江，今夏口也。"夏口，即今汉口。又《左传》昭公十三年："王沿夏，将欲入鄢。"杜注："夏，汉别名。顺流为沿，顺汉水南至鄢。"

⑤ 参阅《梦辞补注》，中华书局 1983 年 3 月版，第 133 页；张家英：《屈原赋译释》，黑龙江人民出版社 1982 年版，第 135 页。

之后。据考证，楚国迁都计有八次：

第一次，由丹淅丹阳迁荆山丹阳；

第二次，由荆山丹阳迁到今称楚皇城的郢；

第三次，由今称楚皇城的郢迁今称纪南城的郢；

第四次，由今称纪南城的郢迁上鄀；

第五次，由上鄀迁今称纪南城的郢；

第六次，由今称纪南城的郢迁陈；

第七次，由陈迁钜阳；

第八次，由钜阳迁寿春[1]。

从第一次到第五次的迁都中，可见楚民族共同地域的政治中心是从汉水上游逐渐向南，沿汉水而下，纵横于江汉地区。此可证楚民族共同地域的中心范围始终稳定在江汉地区。

那么，楚民族最早兴起在什么地方呢？《史记·楚世家》说：周成王时，"封熊绎于楚蛮……居丹阳"。丹阳之地有二[2]：一是清人宋翔风所说的丹水和淅水相会之处的丹阳[3]，即今汉水上游地区，这是楚民族最早的政治中心所在地。二是荆山丹阳，其大致地望，北不过汉水，南不过荆山，西不过彭水（今南河），东不过鄀水（今蛮河）。楚民族从丹淅丹阳迁都荆山丹阳，与土著蛮族融合在一起，披荆斩棘，筚路蓝缕。即《左传》昭公十二年所说："昔我先王熊绎，辟在荆山。"又"楚"字甲骨文作𣕋、𣗥[4]，小篆作𣛯[5]，石鼓作𣕋[6]，都有建国林中的意义。《说文解字》训楚为"丛木，一名荆也。从林。"[7] 因此，先秦古籍中常称楚民族为"荆楚"或"楚荆"，例如《诗经·商颂·殷武》中即有"维女荆楚，居国南乡"和"挞彼殷武，奋伐荆楚"的记载。同时，《大招》中也有"自恣荆楚，安以定只"的记载。正因为楚民族开发以荆山丹阳为中心范围的地域渐有成

---

① 参阅张正明《楚都辨》，《江汉论坛》1982 年第 4 期。

② 丹阳之地，史家众见纷纭，本文从张正明说，参阅张正明《楚都辨》，《江汉论坛》1982 年第 4 期。

③ 参阅《过庭录》卷 4，见《皇清经解续编》卷 414。

④ 分别见《粹》1315、1547。

⑤ 见《正草隶篆字典》，上海书店 1982 年版，第 172 页。

⑥ 见《正草隶篆字典》，上海书店 1982 年版，第 172 页。

⑦ 《说文解字》，中华书局 1963 年版，第 126 页。

效，所以周夷王时熊绎之五代孙"熊渠甚得江汉间民和"，其"伐庸、杨粤、至于鄂。熊渠曰：'我蛮夷也，不与中国之号谥。'乃立其长子康为句亶王，中子红为鄂王，少子执疵为越章王，皆在江上楚蛮之地"。①明言江汉地区已成为楚民族左右驰骋、纵横捭阖的地域了。

楚民族兴起于江汉，进而发展于江南。春秋时期，从公元前8世纪中时，熊通自立为楚武王始，楚民族进入大发展阶段。开始楚武王及其子楚文王主要向北发展，先后攻打蔡、郑等国，灭了邓、申、息三国，"北接中国"②《吕氏春秋·直谏篇》说：文王"兼国三十九"。到公元前7、6世纪之间，楚民族的发展进入高峰时期，《韩非子·有度》说："荆（楚）庄王并国二十六，开地三千里。"到战国之时，楚又灭了鲁、蔡、杞、邾、莒、小邾、许、曾（随）、越，成为"地方五千里"③的泱泱大国，是"战国七雄"中唯一可以与秦抗衡的力量。从春秋到战国，即楚从武王起至考烈王灭鲁为止的四百八十年间，据何浩同志考证，楚灭国共六十④，"实则犹不止此数"⑤。这六十国是：权、榖、冉、鄀、罗、卢戎、鄀、郧、贰、轸、绞、卅、蓼（己姓）、息、邓、申、吕、弦、黄、夔、江、六、蓼（偃姓）、麇、宗、巢、庸、道、柏、房、蒋、舒蓼、舒庸、舒鸠、赖、唐、顿、胡、蛮氏、陈、鄅、萧、舒、英氏、桐、不羹、缯、东申、应、西黄、皖、鲁、蔡、杞、邾、莒、小邾、许、曾（随）、越。其中除卅、邾、莒、小邾、鲁在今山东境内，息、申、吕、江、蒋、柏、顿、陈、东申、应、蔡、杞、许等国在河南南部以外，其余大部分都在江汉地区以及长江中下游以南广大地区。《淮南子·兵略训》说："昔者楚人地，南卷沅湘，北绕颍泗，西包巴蜀，东裹郯、邳，颍汝以为洫，江汉以为池，垣之以邓林，縣之以方城。……楚国之强，大（丈）地计众，中分天下。"《国语·楚语上》也说："赫赫楚国，而君临之，抚征南海，训及诸夏，其庞大矣。"⑥

---

① 《史记·楚世家》。又《世本》和《大戴礼·帝系篇》所记略同。

② 《左传》文公十六年《正义》。

③ 《战国策·楚策》。

④ 参阅何浩《春秋时楚灭国新探》，《江汉论坛》1982年第4期。

⑤ 梁启超：《国史研究·霸政前记》，见《饮冰室合集》专集第十二册《春秋载记》，中华书局1932年版。

⑥ 《左传》襄公十三年载："赫赫楚国，而君临之，抚有蛮夷，奄征南海，以属诸夏。"与《国语·楚语上》文略异。

加上战国时吴起"南平百越"①，可见兴起于江汉的楚民族，虽向北发展与中原地区相接，但其主要发展方向在长江以南。

对此，《楚辞》中也有反映。《哀郢》中说："将运舟而下浮兮，上洞庭而下江。去终古之所居兮，今逍遥而来东。"屈原乘着小船儿随波逐流，进入洞庭湖离开了长江，离开祖先建立的老家，即楚民族兴起之地江汉地区，恋恋不舍地"南渡"②，而"且余济乎江湘"③。所以，屈原常常寄希望于南人④，即长江以南的楚国之人。

楚民族共同地域向长江以南发展的这个过程，大约是春秋中晚期以后发展到湘江流域的湘中地区，以及长江中下游的安徽、江西一带，到战国时，不仅推进列湖南全境⑤，过南岭，达苍梧，还东灭越，把共同地域的范围扩大到了东南沿海，同时又派庄跷入滇⑥，势力触及西南地区。由此可见，楚民族向北发展只不过在河南南部及山东一小部分范围，向南发展却西起四川，东到江浙，南达岭南及广西北部的广大地区，包括了长江流域七省，并涉及珠江流域，南北地域发展之范围，实不可同日而语了。

楚民族在共同地域上的另一个重要特点就是设楚县。《左传》庄公十八年记载："初，楚武王克权，使斗缗尹之。以叛，围而杀之。迁权于那处，使阎敖尹之。"尹，即县尹。这是楚王亲派县尹而置县的最早记载，比历来认为具有最先进县制的秦国至少要早半个多世纪置县，据先秦文献记载，楚在其向外扩张的过程中，普遍实行了县制，现可考明确置县的有：申、息、陈、蔡、叶、郧、沈、蓝、连、鄢、商、期思、白、吕、庸等⑦。《左传》宣公十二年说：楚"夷于九县"。"九县"只是泛言其多，这就是说早在楚庄王十七年（公元前597年）以前，楚设置的县就已相当多了。

楚县的设置，在楚民族共同地域的发展和巩固中有着积极的作用，使

---

① 《史记·孙子吴起列传》。

② 《哀郢》："当陵阳之焉至兮，淼南渡之焉如？"

③ 见《涉江》。

④ 参阅姜亮夫《楚辞通故》，南人、南夷诸条；《楚辞今绎讲录》，北京出版社1981年版，第53页。

⑤ 关于楚民族共同地域发展到湖南全境的问题，湖南考古发掘有不少材料可证，详见何介钧《从考古发现看先秦湖南境内的民族分布》，《求索》1983年第4期。

⑥ 参阅《史记·西南夷列传》。

⑦ 参阅殷崇浩《春秋楚县略论》，《江汉论坛》1980年第4期。

得兴起于江汉，发展于江南的楚民族能稳定下来，而不至于成为一个偶然的"暂时的不巩固的军事行政的联合"。①

（二）

斯大林说："马克思主义认为，语言的共同性是民族的最重要标志之一。"② 楚民族之所以与夏、商、周诸民族不同，一个重要的根据就是楚民族有自己共同的语言。鄂君子皙在河中泛舟何以听不懂打桨的越人唱的歌，而要人翻译？就是因为鄂君是楚族人，他只懂楚语③。孟子何以称农家许行为"南蛮鴃舌之人"？就是因为楚国人许行讲的是难懂的楚语。楚民族又何以被称为"楚蛮"④ "荆蛮"⑤？就是因力楚民族的语言纠缠而难懂，所以金文"蛮"字作"䜌"，从言和两个系，而不从虫，形象地表示语言像束丝那样绕来绕去而难懂的意思。楚语为什么难懂？《吕氏春秋》作了很明确的说明，即"蛮夷反舌"⑥。《汉书·王褒传》载："宣帝时，修武帝故事，讲论六艺群书，博尽奇异之好。征能为《楚辞》九江被公，召见诵读。"可见汉时能读楚音，即讲楚语者已很少了。到隋时，能讲楚语者更是罕见，《隋书·经籍志》记载："隋时有释道骞，善读之，能为楚声。音韵清切。至今传《楚辞》者，皆祖骞公之音。"以上都可证楚语确实是楚民族特有的共同语言。

楚民族虽是一个历史民族，但因《楚辞》"皆书楚语"⑦，素称难懂，被古人认为"恢奇奥衍""语意杳冥"，这就给我们探讨楚语提供了宝贵资料。下面举几例说明之。

第一，《楚辞》中第一人称代词"余"和"予"的用法与中原地区先秦文献不同。在中原地区的先秦文献中"余"和"予"是没有分别的，一般都认为它们是同音词，不同时代的不同作者或用"余"，或用"予"，只

---

① 斯大林：《论马克思主义在语言学中的问题》，《马克思主义与语言学问题》，人民出版社1953年2版，第9页。

② 《马克思主义与语言学问题》，人民出版社1953年版，第13页。

③ 详见《说苑·善说篇》。

④ 《史记·楚世家》：熊王封三王"皆在江上楚蛮之地"。

⑤ 《国语·晋语》："楚为荆蛮……故不与盟。"

⑥ 见《吕氏春秋》中《为欲篇》《功名篇》。

⑦ （宋）黄伯思：《翼骚·序》。

是写法不同，没有形态的变化，所以都可以用主格、领格和宾格①。据查：金文专用"余"；《尚书》专用"予"，"余"仅见一处；《论语》专用"予"，共二十二见；《左传》专用"余"；《荀子》专用"予"，均三格通用。另《孟子》"予"字共四十二见，用于主格和宾格②。而《楚辞》则不同，从王逸所定的屈宋作品中所有有关"余"和"予"的句子中，我们可以看出"余"可用于主、领、宾三格，而用于宾格时，除个别例外，只出现在句尾。可见在楚辞中"余"和"予"不仅写法不同，而且用法也不同，甚至可以推断其声调也是不同的③。此乃楚语在语法上与中原地区各民族不同之一例。

第二，《楚辞》的文体与中原文化的代表——《诗经》不同。正如郭沫若所说：《诗经》的文体"四个字一句，呆板得象砖头砌成的方块"。④ 而《楚辞》则完全不同，其章法、句法，即整个文体都有其鲜明的楚民族所特有的语言特征。与《诗经》以四字为定格的形式不同，《离骚》和《九章》基本上是六字句，《九歌》则是以五言为主的长短句，形式上的变化很多，不受任何固定章法的限制。为了适应文体形式上这种浪漫主义的特色，《楚辞》吸收了古代江南地区被称为"南音"⑤，或"南风"⑥ 的民歌，如《侯人歌》⑦《越人歌》⑧《沧浪歌》⑨《接舆歌》⑩《徐人歌》⑪ 等在句法上都参

---

① 参阅王力《汉语史稿》中册，中华书局 1980 年版，第 261 页；潘允中：《批判胡适的"吾我篇"和"尔汝篇"》，《中山大学学报》1955 年第 1 期；洪城：《关于上古汉语人称代词形态问题的讨论》，《南京大学学报》1962 年第 4 期。

② 参阅董洪利，《〈楚辞〉中第一人称代词"余"和"予"的用法》，《北京大学学报》1983 年第 4 期。

③ 参阅游国恩《楚辞讲录》，《文史》第 1 期，第 141 页；董洪利：《〈楚辞〉中第一人称代词"余"和"予"的用法》，《北京大学学报》1983 年第 4 期。

④ 《人民诗人屈原》，《奴隶制时代》，科学出版社 1956 年版，第 144 页。

⑤ 《吕氏春秋·音初篇》："禹……巡省南土。涂山氏之女乃令其妾侯禹于涂山之阳。女乃作歌，歌曰：''侯人兮猗!'实始作为'南音'。"

⑥ 《礼记·乐记》："舜作五弦之琴以歌南风。"

⑦ 《吕氏春秋·音初篇》："禹……巡省南土。涂山氏之女乃令其妾侯禹于涂山之阳。女乃作歌，歌曰：''侯人兮猗!'实始作为'南音'。"

⑧ 见《说苑·善说篇》。又见《春秋》哀公十三年。

⑨ 见《孟子·离娄上》。

⑩ 见《论语·微子》。

⑪ 刘向：《新序·节士篇》。又见《史记·吴世家》。

差不齐，并用"兮"字在句中或句尾进行调节的手法，创造了以"兮"字为文体特征的"骚体"诗，成为"独出千古的一个伟大的风格"①。

"兮"字在《楚辞》中的语言作用，一是可以调整节奏。以《涉江》中一段为例：

> 山峻高而蔽日兮，
> 下幽晦以多雨，
> 霰雪纷其无垠兮，
> 云霏霏而承宇。
> 哀吾生之无乐兮，
> 幽独处乎山中，
> 吾不能变心而从俗兮，
> 固将愁苦而终穷。
> 忠不必用兮，
> 贤不必以，
> 伍子逢殃兮，
> 比干菹醢，
> 接舆髡首兮，
> 桑扈臝行。
> 与前世而皆然兮，
> 吾又何怨乎今之人？
> 余将董道而不豫兮，
> 固将重昏而终身！

如此排列，虽长短不齐，但因为用了"兮"，所以读起来却韵调铿锵，节奏和谐。二是作语助词，补足句势。仍以《涉江》中的一段为例：

> 鸾鸟凤皇，
> 日以远兮，
> 燕雀乌鹊，

---

① 郭沫若：《人民诗人屈原》《奴隶制时代》，第 144 页。

巢堂坛兮。

露申辛夷，

死林薄兮，

腥臊并御，

芳不得薄兮。

阴阳易位，

时不当兮，

怀信侘傺，

忽乎吾将行兮！

　　这里的"兮"字，附着在一个词或词组的后边作为句子成分的标志，表示句子的语气，使句子完整起来。《桔颂》和《九章》的"乱辞"和"乱曰"中的"兮"都是这种补足句势的语助词。此乃楚语在文体上与中原地区各民族不同之一例。

　　第三，《楚辞》中运用了许多双音叠韵字，在词法上与中原地区各民族主要用单音语不同。例如双音字，《离骚》中有：郁邑、犹豫、歔欷、纬繣、赫戏、险戏、荣华、眩曜、耿介、轧鞨、规矩、蜷局、追逐、零落、陆离等。其他有《抽思》中的黄昏，《九辩》中的萎黄、惆怅，《哀郢》中的慷慨，《惜往日》中的光景，《东皇太一》中的琳琅、《湘夫人》中的荒忽等。又如叠韵字，《离骚》中有：委蛇、婵媛、昆仑、薜荔、逍遥、佻巧、丰隆、周流、骐骥等。其他有《悲回风》中的委移，《九辩》中的被离，《云中君》中的连蜷，《湘君》中的潺湲，《涉江》中的崔嵬，《哀郢》中的须臾，《怀沙》中的从容，《九怀》中的彷徨，《远游》中的萧条等。再如叠字，《离骚》中有：暧暧、翼翼、婉婉、忽忽、浪浪、冉冉、菲菲、缅缅、申申、謇謇、总总等。其他有《哀郢》中的淫淫、湛湛，《悲回风》中的杳杳、凄凄、戚戚、悄悄，《抽思》中的郁郁、忧忧、营营，《思美人》中的悠悠、郁郁，《九辩》中的遑遑，《云中君》中的忡忡，《山鬼》中的飒飒、萧萧等。所有这些双音叠韵字的运用，不仅大大增加了楚语语音上的音节美，而且表现了与中原地区各民族在词法上的一个区别。所以梁启超在《中国历史上民族之研究》中说："楚吴越狄之人名地名为熊渠、执疵、熊挚红、寿梦、阖庐、夫差、勾践……等等似各组中多复音语系与诸夏之纯用单音语者不同也。"①

第四,《楚辞》大量采用楚语词使之极富楚文化色彩。据郭沫若考证,《楚辞》中屈原所用的楚国"方言"可考的有二十四个字②。另据瑞安李翘考证,《楚辞》中名词楚语词有三十四字,即:芰(菱)、蓠药(白芷)、宿莽(冬生草)、卉(百草总名)、苏(草)、棘(草人刺人)、蟋蟀、蝇、蚊、豨(猪)、闉阇(门)、潭(渊)、瀛(池潭中)、濑(湍)、梦(泽中)、坛(中庭)、闬(里)、堁(风动尘)、轪(炼锄)、輈(九辕)、泭(编竹木)、蔽(五簿)、棋、茹(笼)、簿(结草折竹的卜)、长铗(长剑)、键、褋(四禅衣)、娞(姊)、堵敖(君无号谥者)、灵子(巫)、娃(好)、睼(豨瞳之子,谓之睼,引申为美貌)、诼(愬)等是。形容词楚语词有十八字,即:修(长)、陂(倾)、抟(圜)、凭(满)、爽(羹败)、家(安静)、独、茕(特)、遥、謇(一作蹇,口吃)、嫭(美)、嬿(静)、窈(美)、贪婪、汨、摇(疾行)、远(越)、掩掩(同时发也)、欸(叹也)等是。动词楚语词有十五字,即:纫(续)、搴(取)、佗僷、哈(相嗃笑)、悼(惧或哀)、爱(哀)、逞(快)、媱(戏)、嬉、遭(转)、睇(盱)、阒(相窃视)、耆(举)、嘖(晒干物)等是。③ 这些楚语词有的至今仍然尚有痕迹。例如"陵"字,《天问》中有"释舟陵行,何以迁之"之句,此"陵"就是"陆"的意思。所以朱季海《楚辞解故》中说:"陵谓陆也。楚人言陵,因其俗也。"至今在湖南与水相对的地名多用"陵",如沫水边有茶陵,潇水边有零陵,沅水边有沅陵,渌水边有醴陵等,都是"陵"这个古楚语词在地名上的一个痕迹。

近有龙文玉、麻荣远发表《苗语与楚语》一文④,认为《楚辞》是用苗汉语夹杂写的文学作品。这个看法我虽不敢苟同,但读他们的文章,却可以活生生地感到楚民族共同语言——楚语的存在,《楚辞》大约是当时正在形成的华夏语和楚语夹杂而写成的文学作品。当然我们确实可以从今天湘西苗语中看到古楚语的影子,但是苗语并不等于楚语,楚语至多只是苗语的一个源而已。

---

① 《梁任公道著》下册,商务印书馆 1924 年版,第 94 页。
② 详见《屈原研究》,《历史人物》,新文艺出版社 1954 年版,第 46—48 页。
③ 转引自虞愚《试论屈原作品》,《楚辞研究论文集》,作家出版社 1957 年版,第 7—98 页。
④ 见《学术月刊》1983 年第 7 期。

（三）

共同的经济生活把一个民族团结成一个整体，所以斯大林说："共同的经济生活，经济的联系性，是民族的一个特征。"① 由于楚民族共同地域的自然环境如同《汉书·严助列传》中所说是"江南暑湿，近夏瘅热，暴露水居，蝮蛇蠚生，疾疠多作"，又"处谿谷之间，篁竹之中，习于水斗，便于用舟，地深眛而多水险"，与中原黄土地带大相径庭，所以其就形成了与中原各民族以菽、粟米为主粮的灌溉旱地农业经济类型完全不同的，以稻米为主粮的火耕水耨的水田农业经济类型。

《史记·货殖列传》云：楚越之地，"饭稻羹鱼，或火耕而水耨"。② "火耕而水耨"就是刀耕火种③，水中耘田。这种农业生产方式在江南延续得很久，直到唐代，在唐人诗歌中还有不少记载。如杜甫《戏作俳谐体遣闷》云："瓦卜传神语，畬田费火声。"原注"畬田"曰："楚俗，烧榛种田曰畬。先以刀芟治林木曰斫畬"④。又如温庭筠《烧歌》云："自言楚越俗，烧畬为旱田。"⑤ 再如柳宗元《同刘二十八院长述旧言怀感时书事》云："货积舟难泊，人归山倍畬。"原注："畬音赊。吴楚烧山而种曰畬田。"⑥ 总之，据查唐诗中所讲楚民族刀耕火种遗习所涉及的地域，上起三峡，至西楚，武陵，包湘赣五岭，及其东南诸地，正是楚民族共同地域的大致范围。所以《盐铁论·通有》说："荆杨南有桂林之饶，内有江湖之利，伐木而树谷，燔菜而播粟，火耕而水耨。"

"饭稻鱼羹"，就是说楚民族的饮食生活以大米和鱼为主。当时，除江汉地区盛产稻谷外，洞庭湖以南的长沙、衡阳的广大地区，都是楚国的谷仓，故《史记·越王勾践世家》称："雎、庞、长沙，楚之粟也。"同时，江南楚越之地是我国栽培水稻的起源地之一，浙江余姚河姆渡遗址发现的

---

① 《马克思主义与民族问题》，《马克思主义与民族、殖民地问题》，人民出版社1953年版，第27页。

② 见《史记·平准书》："江南火耕水耨"；《汉书·武帝纪》："江南之地，火耕水耨。"

③ 人们常视刀耕火种为生产技术落后的表现，这种看法是片面的。其实从历史的发展的眼光来看，这在当时当地仍是一种有效耕作方法，至今江南遍布的梯田不少是刀耕火种开垦出来的。

④ 见《杜诗分类注》卷十三。

⑤ 《温庭筠诗集》卷三。

⑥ 见《柳先生集》卷四十二。

水稻种子，距今已七千多年；位于江汉地区的屈家岭遗址和洞庭湖畔的安乡桂家岗遗址发现的大量稻谷，也有四千多年的历史了。这说明"饭稻"的历史是很悠久，传统是很深厚的。而且《史记·货殖列传·正义》又说："楚越水乡，足螺鱼鳖，民多采捕积聚，摇叠包裹，煮而食之。"所以，长江中、下游各地，至今仍被称为"鱼米之乡"。

楚民族"饭稻鱼羹"的饮食生活在《楚辞》中有不少记载。《大招》云："五谷六仞，设菰粱只。""五谷"，《楚辞补注》曰为"稻、稷、麦、豆、麻也"。稻为"五谷"之首。《招魂》云："稻粢穱麦，挐黄粱些。"言将稻米与其他粮食相杂为饭。《离骚》云："怀椒糈而要之。"椒糈，就是和有椒香的祭神精米。由于楚国盛产大米，所以楚民族常常用大米酿造清酒，《大招》说："吴醴白蘖，和楚沥只。"就是将吴国人的酿醴和以白米之蘖，酿制成楚民族特有的沥过的清酒。正因为楚民族的清酒浓美香冽，所以周王朝便责成楚国年年进贡用楚国特产的香茅滤过的大米清酒。《左传》僖公四年所记齐桓公责楚"包茅不贡，无以缩酒"，就是指这种"香茅"清酒。楚民族以大米为主粮的经济生活的影响十分久远，直到今天，我国南方人一日三餐的主食仍然是大米，这与以小麦、玉米等为主粮的北方人是迥然不同的。

楚民族的副食以鱼类水产为主，并辅以其他各种禽兽和家畜。《招魂》云："腼鳖炮羔，有柘浆些。鹄酸臇凫，煎鸿鸧些。露鸡臛蠵，厉而不爽些。"《大招》云："内鸧鸽鹄，味豺羹只。""鲜蠵甘鸡，和楚酪只。醢豚苦狗，脍苴蓴只。""炙鸹烝凫，煔鹑敶只。煎鰿膗雀，遽爽存只。"《天问》云："鲮鱼何所？"《七谏》云："鸡鹜满堂坛兮，蛙黾游乎华池。"这里所言之"鳖""蠵"（大龟）、鰿（鲫鱼）、鲮（鲤鱼）、蛙等均是水产品。用这些水产品与其他肉食品烹饪，其味鲜美无比，清冽不败，令人爽口。所以《逸周书·王会解》所列贡品有"长沙鳖"，《战国策·楚策》说蔡圣侯"食湘波之鱼"，都是楚民族的水产名品。就是在今天南方人吃鱼之类的水产品也是比北方人为甚的。"饭稻鱼羹"实在是楚民族共同饮食生活的形象概括。由于"饭稻鱼羹"的饮食生活是建立在火耕水耨的水田农业经济类型基础上的，所以我们可以说"火耕水耨""饭稻鱼羹"就是楚民族共同经济生活的主要内容。

在"火耕水耨""饭稻鱼羹"的共同经济生活中，楚民族内部的经济联系性主要表现在与各诸侯国的商业关系密切，交通工具相当发展，金属货币自成体系三个方面。

　　商业繁荣与否，是一个民族内部经济联系性强弱的重要标志。楚民族商业的繁荣主要通过与各诸侯国密切的商业关系表现了出来。《楚辞》在描写生活用品时，很多地方都提到了包括衣、食、住、行在内的各诸侯国的土特产。如《招魂》云："秦篝齐缕，郑绵络些""郑卫妖玩，来杂陈些"。讲的是楚民族的衣饰常取材于秦齐郑卫。又如《招魂》云："和酸若苦，陈吴羹些""吴酸蒿蒌，不沾薄只""吴醴白蘖，和楚沥只"。讲的是楚民族特别喜欢吴国人的饮食和烹调技术。再如《国殇》云："操吴戈兮被犀甲"，"带长剑兮挟秦弓"，讲的是楚民族的兵器中也有吴秦的产品。毫无疑问，各诸侯国的这些土特产，当然是楚民族用自己丰富的农副产品交换来的。这种商业关系自春秋以来日益发展，《左传》僖公二十三年所记晋公子与楚成王的一段对话充分地反映了这个情况，楚成王对重耳说："公子若反晋国，则何以报不谷？"对曰："子女玉帛，则君有之，羽毛齿革，则君地生焉，其波及晋国者，皆君之余也，其何以报君？"正因为楚民族丰富的农副产品已远销各诸侯国，所以楚民族的政治中心——楚都郢城成了一个货物集散的大市场。这正如《太平御览》桓谭《新论》所云："楚之郢都，车毂击，民肩摩，市路相排突，号为朝衣鲜而暮衣弊。"这种情况就从一个侧面反映了楚民族的经济，被与各诸侯国密切的商业关系联系成为一个整体。

　　交通发达与否，直接影响到一个民族内部经济联系性。楚民族交通的发达，主要表现在交通工具，包括车、舟都有相当的发展。楚民族的车品种繁多，见于《楚辞》中的有叫"轩"的轻车，叫"辌"的卧车[①]；有既可载物，又可作卧车的"辎乘"[②]；还有君王所乘的"皇舆"[③] 和两轮四马的战车[④]等。与此同时，楚民族的车乘规模宏伟，浩荡如云。《大招》云："接径千里，出若云只"；《离骚》云："屯余车其千乘兮"；《招魂》云："青骊结驷兮，齐千乘"；《远游》云："屯余车之万乘兮，纷溶与而并驰。"另外《左传》文公十六年记载："楚子乘驲，会师于临品。""驲"就是驿车。车乘既然如云，那么古代交通的主要道路——驿道自然在楚国

---

① 《招魂》云："轩辌既低。"

② 《九辩》云："前轻辌之锵锵兮，后辎乘之从从。"

③ 《离骚》云："恐皇舆之败绩。"

④ 《国殇》云："霾两轮兮絷四马。"

可以四通八达了。

在江河如网的南方，舟是十分重要的交通工具。《惜诵》所云"魂中道而无杭"中的"杭"又作航。《楚辞补注》引许慎曰："方，两小船并，与共济为航。"[1] 这种航又曰舫，是一种既可用于渡河，又可用于长途运输人货的船。《战国策·楚策》说："舫船载卒，一舫载五十人，与三月粮，下水而浮，一日行三百余里。"据计算，可知这种舫船的载重量为七吨左右，在长江上则可通行无阻了。一九五七年安徽寿县出土的、公元前三二三年（楚怀王六年）所制的"鄂君启节"，中有"屯舟为一艑，五十艑，舿（岁）赢（赢）返"的铭文。据于省吾同志考释，艑即舸的古文。《方言》云："南楚江湘，凡船大者谓之舸。"五十舸抵一百五十舟，一个商船队有如此之大的规模，就是在今天也够壮观的了。同时，"鄂君启节"又记载了当时鄂君行商所经过的水陆路线：从鄂城出发，"水程四路分布地区包括今湖北、湖南二省的极大部分，河南、安徽各一部分，还碰到广西一只角，范围极为广大"[2]。可见，楚国的水路交通也是四通八达的。

与商业的繁荣，特别是与各诸侯国商品交换的需要相适应，楚民族的金属货币自成体系。从大量的考古材料中，我们可以看到在币形、币材、币值、币文诸方面，楚民族的金属货币都别具一格，表现出与中原各诸侯国的货币不同的特点，而自成体系——楚币系统。楚币系统的主要特点，是形制多样性。金币分饼形、版形，前者按式样又可分为四五种，后者按印文又可分为七八种；银币分饼形、版形、铲形，铲形又可分四种；铜币分贝形、铲形、圜形、方形，其中贝形按印文又可分七八种。本来取象于龟、贝的金饼、金板、银饼、银钣、蚁鼻钱是楚币形的传统特征，但一是由于楚的扩张发展，被兼并的诸侯国带来了与楚币系统不同的金属货币；二是由于与各诸侯国商业贸易的发展，使楚币系统与中原货币系统发生了频繁的交流，这就造成了楚币系统形制多样性的特点。但是，恰恰是这个形制的多样性反映了楚民族商业的繁荣，从一定的意义上来说，这也是楚民族内部经济联系性的一个表现。

---

① 《楚辞补注》，中华书局 1983 年版，第 124 页。

② 谭其骧：《鄂君启节铭文释地》，《中华文史论丛》1962 年第 2 辑。

（四）

世界上各个民族之所以各不相同，不仅是因为它们各有其不同的地域、语言和经济生活，而且还因为它们各有其更活跃更有生命力的表现于民族文化特点上不同的精神形态，即民族意识、民族性格和民族风俗习惯。这就是斯大林所说的："表现在共同文化上的共同心理素质，是民族的一个特征。"①

楚民族有着强烈的民族意识。周夷王、熊渠便宣称："我蛮夷也，不与中国之号谥。"公元前 705 年，楚武王之时仍自称"我蛮夷也"。② 这都明确表示自己是与中原地区各民族完全不同的民族。所以到战国时，楚威王仍说："楚国僻陋。"③ 不仅楚民族意识鲜明，就是中原诸侯各国，历来也把楚民族看作"蛮夷"，《国语·郑语》云："当成周者，南有荆蛮。""蛮芋，蛮矣。"《国语·吴语》亦云："今伯父有蛮荆之虞。"从而把楚民族划在"中国"之外，《国语·晋语》云："楚为荆蛮……故不与盟。"《诗经·小雅·采芑》亦云："蠢尔蛮荆，大邦为雠。"并遭到武力的讨伐，《诗经·鲁颂·閟宫》云："戎狄是膺，荆舒是惩。"《诗经·商颂·殷武》亦云："挞彼殷武，奋伐荆楚。"

楚民族这种强烈的民族意识，还表现在他们有一套自成系统的历史文献。《孟子·离娄下》说："晋之乘，楚之梼杌，鲁之春秋，一也。"众所周知，《春秋》是鲁国的史书，所谓"一也"，是指三者性质一样，那《梼杌》也就是楚国的史书。楚国的史书自成系统，《左传》昭公十二年载："左史倚相趋过，王曰：'良史也。子善视之。是能读三坟、五典、八索、九丘。'"倚相，是楚国的史官。此所谓"三坟、五典、八索、九丘"一定是楚民族的古代典籍，而绝不是汉儒所解释的是三皇、五帝、八卦、九州的书④。中原先秦学者所艳称的黄帝的传说，极盛于战国，集中于中原体系的《山海经》里，而《楚辞》的叙事却从尧舜开始，即《天问》所云："舜闵在家，父何以鳏？尧不姚告，二女何亲？"此又可证楚民族的

---

① 《马克思主义与民族问题》，《斯大林全集》第 11 卷，第 286 页。
② 以上所引见《史记·楚世家》。
③ 《战国策·楚策》。
④ 参阅胡小石《屈原与古神话》，《雨花》1957 年第 1 期。

历史文献与中原历史文献之不同、而自成系统。

楚民族共同心理素质主要表现在如下八个方面：

（1）宗教信仰——信鬼盛巫，崇拜龙凤。

楚民族的宗教信仰属多神自然崇拜的阶段。王逸《九歌·序》说："昔楚国南郢之邑，沅、湘之间，其俗信鬼而好祠。"据《九歌》所记，楚民族供祭之神可分为三类，共十个：一、天神：东皇太一（星名，天的尊神），云中君（云神），大司命（星名，主寿命的神），少司命（星名，主子嗣的神），东君（太阳神）；二、地神：湘君、湘夫人（湘水的神）、河伯（河神），山鬼（山神）；三、人鬼：国殇（为国捐躯的战士）。此外，《离骚》还有风神——飞廉，雷神——雷师；《天问》中还有雷神——洴①。在此，除国殇为祭人鬼为精灵崇拜外，其余所祭之神都属于天地、山川、风雨等自然物，为自然崇拜。

楚民族这种多神自然崇拜的宗教信仰，历史文献上有不少记载。《列子·说符》云："楚人鬼，而越人机。"② 东汉桓谭《新论》亦云：楚灵王"简贤务鬼、信巫觋、祀群神，躬执羽帗舞坛下"③。此风经久不衰，直到汉代，楚地之俗乃"信巫鬼，重淫祀"④。

"信巫鬼，重淫祀"，巫风必盛。所谓"巫"，《说文解字》曰"祝也，女能事无形以舞降神者也，象人两褒舞形"。⑤ 楚民族又称巫为"灵"，《楚辞集注》云：灵，为"神所降也，楚人名巫为灵子，若曰神之子也"。由此可见巫是与鬼神紧密联系在一起的，于是巫风即成为楚民族文化的一大特点。

《楚辞》中对楚民族巫风盛行的情况有不少描写。例如，灵和巫为人占吉凶，《离骚》云："欲从灵氛之吉占兮，心犹豫而狐疑，巫咸将夕降兮，怀椒糈而要之。"⑥ 又如，巫医不分，《天问》云，玄鲧死后，"化为

———————————

　　① 中原地区称风神为"风伯"，或"飙师"，称雨神为"应龙""屏翳"，可证楚民族宗教信仰所祭之神与中原地区是有区别的。另外楚民族的雷神被看作男性神，而商民族却称为"雷妇"（《后》，下42，7），显然迥异。参阅朱天顺《中国古代宗教初探》，上海人民出版社1982年版，第42、49、53页。

　　②《吕氏春秋·异宝》，《淮南子·人间训》所记略同。

　　③ 见《太平御览》526卷。

　　④《汉书·地理志下》。

　　⑤《说文解字》，中华书局1963年版，第100页。

　　⑥ 译文：我相信从灵氛算的卦，心里犹豫反复定不下。听说巫咸今晚会降神，备下香椒精米迎候他。

黄熊，巫何活焉？"再如，灵是巫执行神的意志的化身，《云中君》云："灵连蜷兮既留。"还如，主招魂，《招魂》云："帝告巫阳曰：'有人在下，我欲辅之。'"巫风盛行的这种情况历史文献上也有明确的记载，《左传》文公十年云："初，楚范巫矞似谓成王与子玉、子西曰：'三君皆将强死'。"此言楚巫与楚王交往的一件事。《国语·楚语》也有"夫人作享，家为巫史"的记载。此风也经久不衰，直至唐代诗人元稹乃有诗曰："楚俗不事事，巫风事妖神。"

正因为楚民族"信鬼而好祠""巫风事妖神"，所以才产生了"作歌乐鼓舞以乐诸神"① 的《九歌》这样精巧的传世之作。

此外，楚民族对龙、凤的崇拜，在《楚辞》中是十分突出的。

《楚辞》中龙又称为"虬""螭""蛟龙"。《离骚》云："驷玉虬以乘鹥兮""为余驾飞龙兮""驾八龙之蜿蜿兮"；《守志》云："乘六蛟兮蜿蟬，遂驰骋兮陔云"，此仍以龙为御，把龙作为能腾云驾雾，漫游天际的神物。众所周知的楚国"叶公好龙"的故事②，虽已成为传说，但却与楚民族视龙为神物的信仰相一致。另外，《庄子·天运篇》中说孔子把楚人老子比作龙，从一个侧面反映了楚民族对龙的崇拜是中原地区诸夏国家所公认的。

正因为楚民族视龙为神物而崇拜龙，所以《东君》云："驾龙辀兮乘雷，载云旗兮委蛇"；《湘君》云："驾飞龙兮北征，遭吾道兮洞庭""石濑兮浅浅，飞龙兮翩翩"；《河伯》云："驾两龙兮骖螭"，"鱼鳞屋兮龙堂"，此乃以龙为饰，把车船做成龙形，用龙来装饰堂屋。即《招魂》所云："画龙蛇些"。这说明南方盛行的龙舟竞渡是有渊源的，也说明"楚叶公好龙，墙壁盂樽皆画龙象"，楚民族喜用龙作装饰也是可信的。对此，近年来的考古发掘提供了很多物证。举世闻名的随县曾侯乙墓出土的一百四十多件精美绝伦的青铜礼器上多用龙作装饰，其中尊和盘的口部剔透镂空成蟠虺纹或蟠螭纹，宛如无数条正在翻动和相互缠绕的小龙③，令人叹为观止。

楚民族不仅视龙为神物，而且也视凤为神灵。《楚辞》中凤又称"鹥""鸾"。《离骚》云："驷玉虬以乘鹥兮""鸾皇为余先戒兮""吾令凤鸟飞

---

① 王逸：《楚辞章句·九歌·序》。
② 参阅刘向《新序·杂事》。
③ 参阅《人民画报》1980 年第 4 期。

腾兮";《远游》云："雌蜺便娟以增挠兮，鸾鸟轩翥而翔飞";《怀沙》云："凤皇在笯兮，鸡鹜翔舞";《涉江》云："鸾鸟凤皇，日以远兮。"所以，《说文解字》谓"凤，神鸟也"。① 楚民族爱凤入迷，甚至把山鸡也当成宝贝②。1965 年在江陵县望山一号楚墓里出土的巧夺天工的"彩绘木雕小座屏"上就有四只用红、黄蓝漆彩绘羽毛的凤鸟③。

1949 年 2 月在长江楚墓中出土的"龙凤人物帛画"，以白描的方式，勾画了侧立的贵妇，腾飞的凤鸟，蜿蜒的飞龙④，形象地确证了楚民族对龙、凤的崇拜。

（2）民族性格——强悍刚劲，崇尚武力。

因为楚民族兴起于江汉地区的"荆山"，所以史家往往把楚民族的气质，即民族性格与"荆"一词的含义联系在一起。西汉扬雄说："包楚与荆，风飘以悍，气锐以刚，有道征服，无道先强。"⑤ 东汉应劭说："荆，强也。言其气躁劲。"⑥ 此均可见楚民族"强""悍""刚""劲"的民族气质。所以《桔颂》云："受命不迁，生南国兮。深固难徙，更壹志兮。"以物喻人，也表现了楚民族刚毅的民族气质和性格。

具有强悍刚劲气质的楚民族十分崇尚武力而好战。范文澜说：楚"五年不出兵，算是莫大的耻辱，死后见不得祖先"。⑦ 这就是《左传》襄公十八年记载楚康王所说："国人谓不谷主社稷，而不出师，死不从礼。不谷即位，于今五年，师徒不出，人其以不谷为自逸，而忘先君之业矣。"所以，楚民族从江汉地区兴起后，连绵不断地对外用兵，如前所述灭国六十有余，而成为"地方五千里，带甲百万"⑧，战国七雄中疆域最大的国家。

楚民族这种强悍刚劲、崇尚英雄、崇尚武力的民族性格，在《国殇》中有充分的反映和表现。《国殇》是祭为国牺牲将士们的祭歌，着力颂扬

---

① 《说文解字》，中华书局 1963 年版，第 79 页。
② 《太平广记》461 记载了这个故事。
③ 见《江汉论坛》，1980 年第 2 期封底。
④ 见《江汉论坛》，1980 年第 3 期封底。
⑤ 见《十二卅箴》，清王谟辑本。
⑥ 转引自《读史方舆纪要·湖广》。
⑦ 《中国通史简编》修订本第一编，人民出版社 1964 年版，第 166 页。
⑧ 《战国策·楚策》。

了将士们英勇作战的气概和为国牺牲的精神。他们出门作战时，就决心决一死战，即使身首分离，忠心也决不改变。即"出不入兮往不反""首身离兮心不惩"。在两军战车的车毂互相碰撞激烈交战的情况下，楚兵仍"矢交坠兮士争先""严杀尽兮弃原野"。这种"诚既勇兮又以武，终刚强兮不可凌"的气概，确实表现出了刚强威严，虽死犹生的崇武精神，说明楚民族是一个"身既死兮神以灵，子魂魄兮为鬼雄"的强悍民族！英雄民族！

（3）吃——好食水产异兽，喜酸甜苦冷。

前面论述楚民族的共同经济生活中已论及他们的饮食生活是"饭稻鱼羹"，副食以鱼类水产为主，辅以各种禽兽和家畜。这里还要补充的是，楚民族所好食的水产和禽兽，被当时中原地区的人视为"异兽"。《墨子·公输》载：楚"有云梦，犀、兕、麋、鹿满之，江汉之鱼、鳖、鼋、鼍为天下富"；《左传》文公元年也载，楚成王"请食熊蹯（掌）而死"。对此，晋人张华早就指出，他说："东南之人食水产，西北之人食陆畜，食水产者龟蛤螺蚌从为珍味，不觉其腥臊也"[1]；隋人杜台卿也说："菹龟蒸鲤，南方妨食水族耳，非内地所行。"[2]而马王堆汉墓中出土的鲤鱼、鲫鱼、咸鱼、银铟鱼、刺鳊鱼、鳜鱼等鱼类；鹿、山羊、狗、兔、鸡、雉、鸭、雁、鹧鸪、鹌鹑、鹤、天鹅、斑鸠、鸳鸯、竹鸡、火斑鸡、鸮、喜鹊、麻雀等飞禽走兽[3]，可窥见楚民族好食水产异兽的食风，正是《招魂》中所说"食多云些"也。

《大招》云："吴酸蒿蒌，不沾薄只。"此言楚民族用吴人之法工调醯酸烹饪，其味不浓不薄，适甘美。《淮南子·本经训》云："煎熬焚炙，调齐和之，适以穷荆吴甘酸之变。"高诱注云："二国善碱酸之和。"此乃楚民族食俗之一——喜酸。

《招魂》云："腼鳖炮羔，有柘浆些。"言用蔗糖为佐料烹鳖炮羔。又云；"粔籹蜜饵，有饧餭些。"言以蜜糖和米面作点心。《大招》亦云："鲜中蠵甘鸡，和楚酪只。"言调以饴糖鳖酪蠵鸡。此乃楚民族食俗之二——喜甜。

① 《博物志》卷三。
② 《玉烛宝典》。"妨"为"好"之误。
③ 参阅《长沙马王堆汉墓》，湖南人民出版社 1979 年版，第 6 页。

《大招》云："醢豚苦狗，脍苴莼只。"此言以胆和酱烹狗肉。《招魂》亦云："大苦碱酸，辛甘行些。"此言取豉汁和以椒姜作调料。这种苦味，调入酸、甜味之中，实为怪味，别具风味。此乃楚民族食俗之三——喜苦。

《招魂》云："挫糟冻饮，酎清凉些。"此言冷饮。楚国夏季炎热，号称"南有炎火千里"①。故楚民族有冷饮之喜好。此乃楚民族食俗之四——喜冷。

（4）穿——高冠佩玉，小腰长袖。

在古代不同的服饰起着"族徽"的作用。楚民族男子典型的服饰是高冠佩玉。屈原在《涉江》中自称："余幼好此奇服兮，年既老而不衰，带长铗之陆离兮，冠切云之崔嵬，被明月兮佩宝璐。""长铗"即长剑，"切云"为帽名，"佩宝"就是佩玉，所谓"奇服"就是佩带的剑是长长的，戴的帽子是高高的，身上佩挂着玉器。故《离骚》云："高余冠之岌岌兮，长余佩之陆离"；《大司命》云："玉佩兮陆离"；《东皇太一》云："抚达剑兮玉珥，璆锵鸣兮琳琅"，说明楚民族的男子喜戴高冠，爱佩玉带剑。《左传》成公九年中即有南冠亦称楚冠的记载；《通典·礼十七》亦称秦汉时流行的獬豸冠、长冠、远游冠，都是仿照楚冠做成的，《玉藻》云："古之君子必佩玉"；《说苑》亦云："昔者荆为长剑危冠。"

楚民族女子典型的服饰是小腰长袖。《大招》云：楚女"小腰秀颈""长袂拂面"，形象地勾画出了楚民族女子服饰的特点。为了适应楚女服饰的这个特点，其衣多"被文服纤，丽而不奇些"②。《云中君》所云："华采衣兮若英"；《东皇太一》所云："灵偃蹇兮姣服"，虽是讲女巫穿得花枝招展，但因楚民族盛巫风，故此可作为楚女服饰的代表。顺便提及，楚女的发式也是比较特别的，《招魂》云："盛鬋不同制，实满宫些。"此言装饰头上两结垂鬓形貌各异，有的剪发齐额，有的则"长发曼鬋"③，有的"《激楚》之结"④别出心裁。对此，前已提及的长沙出土的"龙凤人物帛画"所画的贵妇人的发式即可作证。

---

① 见《大招》。
② 见《招魂》。
③ 见《招魂》。
④ 见《招魂》。

楚民族女子这种"小腰长袖"的服饰与他们对女性的崇拜是分不开的。由于楚民族在从原始社会向阶级社会过渡的进程中，较多地保留了原始社会母系氏族公社的痕迹，所以他们崇拜女性。在《楚辞》中就常把政治上的遇合化成男女间的爱情来写，又常把自己对理想的追求化成对美女的爱慕来写。由于楚民族心目中崇拜的女性都是"小腰长袖"的美女，这样，在《楚辞》中美女的形象就是"小腰长袖"的女性。例如在《招魂》中就用了近四分之一的篇幅刻画入微地描写了"实满宫些"的"九侯淑女"以及歌伎、舞伎、乐伎"小腰长袖"的"姱容修态"。这种对女性的大胆崇拜，实在可以认为是楚民族共同心理素质的一个特点。

此外，楚地夏天炎热，故楚民族夏天所穿是一种称为"祇裯"的短单衣。即《九辩》所谓"被荷裯之晏晏兮"。此可为楚民族服饰上与自然条件有关的又一特点。

总之，从《楚辞》和出土文物中，我们都可以看出，楚民族的服饰与中原地区的宽袍大袖有明显的区别。其特点正如沈从文在《中国古代服饰研究》中所归纳的，"是男女衣着多趋于瘦长，领缘较宽，绕襟旋转而下。衣多特别华美，红绿缤纷"。正表现了楚男子高冠佩玉的威武，衬托了女子小腰长袖的秀美。

（5）住——层台累榭，园林风味。

楚民族在建筑上的民族风格，即民族形式，可以"楚宫"为代表。盛唐之时，诗圣杜甫即有"最是楚宫俱泯灭，舟人指点到今疑"之句①，诗仙李白也有"屈平辞赋县日月，楚王台榭空山丘"的诗②，表现了对楚宫的无限向往。

《招魂》中对楚宫有一大段精细的描写。其云：

"高堂邃宇，槛层轩些。层台累榭，临高山些。网户朱缀，刻方连些。冬有突厦，夏室寒些。川谷径复，流潺湲些。光风转蕙，氾崇兰些。经堂入奥，朱尘筵些。砥室翠翘，挂曲琼些。翡翠珠被，烂齐光些。蒻阿拂壁，罗帱张些。纂组绮缟，结琦璜些。室中之观，多珍怪些。"

读之如入琼楼玉宇，这种规模宏伟的建筑至今仍令人叹为观止。

---

① 《咏怀古道》。

② 《江口吟》。

在楚国的大都邑中，这种楚宫式的建筑群形式多样，见于《楚辞》的就有堂、宇、轩、台、榭、厦、室、坛、观、房、曲屋、步壖①、屋、阙、宫、间等。这些，我们从江陵楚纪南城古郢都的废墟上，乃可找到遗迹。现已发现的大型建筑物的夯土台基有数十处，有的面积竟达八百多平方米。

楚宫的主要特色是"层台累榭"的园林风味。"层台累榭"即累石或夯土为台，枸木为榭，重重叠叠，蔚为壮观。例如楚灵王所筑的章华台，"高十丈，广十五丈"②，建成后"与诸侯落之"③，为各诸侯所羡慕和艳称。楚康王时，鲁襄公朝楚为楚宫的精美所倾倒，归国立即仿造④。这种多层楼台建筑群为楚民族所特别喜爱的另一个原因就是它的园林风味。在楚宫之内不但在室外遍植兰蕙，密栽灌木以为篱，而且在园林中开凿曲池，种荷花，水葵。于是层台高楼，殿堂榭阁建在绿树红花之间，为清水小曲所环抱，园林风味十足。对此《招魂》中也有一段精巧的描写，其云：

"翡帷翠帐，饰高堂些。红壁沙版，玄玉之梁些。仰观刻桷，画龙蛇些。坐堂伏槛，临曲池些。芙蓉始发，杂芰荷些。紫茎屏风，文缘波些。文异豹饰。侍陂陁些。轩辌既低，步骑罗些。兰薄户树，琼木篱些。"

（6）用——广泛使用竹编制品。

楚地盛产毛竹，《史记·货殖列传》云："江南卑湿……多竹林。"楚民族就地取材，在日常生活用品中广泛使用竹编制品。这主要从考古材料中得到证实。

据在湖南长沙、湘乡、常德，湖北江陵、当阳、松滋、宜城、随县、云梦、鄂城、大治，以及江南、信阳等地出土的情况看，楚民族的竹编制品品种繁多，如作竹葬用的有大竹席、竹帘和竹网；日常生活用的有竹筒（多达一百余件）、竹扇、竹篓、竹篮、竹席；生产用具有竹筻箕、竹筐、竹堤篓以及竹圈井等。

楚民族广泛使用竹编制品的习俗在南方影响也极为久远，至今江南地

---

① 步壖即长廊。

② 《水经·沔水注》。

③ 《左传》昭公七年。

④ 参阅《左传》襄公三十一年。

区仍旧如此，此与北方各省习由滕、柳制品又相迥异。

（7）艺术——能歌善舞，楚乐煌煌。

楚民族是一个能歌善舞的民族，楚歌动人，楚舞瑰丽，历史多有记载。楚人钟仪被郑人作为楚囚献于晋国，但其仍"操南音"①，使晋王十分感叹。汉高祖刘邦生于楚地的沛，其对故乡的音乐有着深切的感情和特别的喜爱，正如《汉书·礼乐志》所说："凡乐乐其所生，礼不忘本，高祖乐楚声。"并亲自创作了《大风歌》②和《鸿雁高飞歌》③这样的楚歌名曲。于是楚歌楚辞成为汉朝的"流行歌曲"。《史记·留侯世家》中还有"戚夫人泣，上曰，为我楚舞，吾为若楚歌"的记载。

在能歌善舞的艺术环境中发展起来的楚音特别迷人。《招魂》云："陈钟按鼓，造新歌些。《涉江》《采菱》、发《扬荷》些。美人既醉，朱颜酡些。"此言用钟鼓伴奏唱的楚歌使人如醉如痴。又云："二八齐容，起郑舞些。衽若交竿，抚案下些。竽瑟狂会，搷鸣鼓些。宫庭震惊，发《激楚》些。吴歈蔡讴，奏大吕些。"此言楚舞在竽瑟钟鼓的伴奏下节奏激昂，动人心弦。司马相如在《上林赋》中追述楚乐时写道："金鼓迭起，铿枪闛鞈，洞心骇耳。""山陵为之震动，川谷为之荡波。"这实在是对激荡淋漓、惊魂动魄的楚乐绘声绘色的描写。而湖北歌舞团以 1978 年在随县出土的楚曾侯乙墓楚惠王时代的，包括一套数达六十四个之多的完整的编钟在内的一百二十四件古代乐器为契机，创作的《编钟乐舞》，虽然是一个尝试，但却把楚民族的音乐、歌曲、舞蹈等艺术，形象地呈现在我们面前，使我们得以再见小腰长袖的楚民族少女翘袖折腰，罗衣从风，长袖交横的优美舞姿的余韵；使我们得以听到楚民族音调曼长，而又运转自如的动听歌声的遗风；使我们得以欣赏到编钟和编磬清亮宏大、满堂萦绕、华丽音色的真音，从而使人们对《招魂》中渲染钟鼓之乐的意境有了真切的体会。正是煌煌楚钟，堂堂楚风。

（8）葬俗——"像设君室"的棺椁制度。

在现今发掘的为数不少的楚墓中，我们看到了一套复杂的棺椁制度。其主要特点是按死者生前的地位将外椁分隔成若干室，象征不同用途的房

---

① 详见《左传》成公九年。

② 见《史记·项羽本纪》。

③ 见《史记·留侯世家》。

屋，用以放置随葬物品。各室之间，有的甚至有小巧的双扇门相通。正如《招魂》所说，是"像设君室，静闲安些"。如江陵太晖观、雨台山的一些楚墓椁室中有门和窗的结构①。又如曾侯乙墓椁室也有小门洞，外棺则见有漆绘的窗棂图案②。特别引人注意的是湖北光化五座坟发掘的三号西汉墓，其椁室是精心制作的双层多室建筑，建有大门、楼台、楼梯和"大厅"，楼上置棺木，"厅"里放随葬品③，显然是死者生前住宅在阴间的翻版，使亡灵如生前所居，得以安息。完全是《招魂》所云"高堂邃宇，层台累榭"的"像设君室"。

楚民族虽然以其鲜明的、独特的民族特征雄踞长江流域八个多世纪，但是大江东去，其仍然抵挡不住春秋战国时华夏民族大融合的滚滚洪流，最后终于成为华夏民族的一部分。可是，历史是一条长河，楚民族虽然消失了，但是，楚风浩浩，源远流长，楚民族的许多民族特征却成为华夏民族，乃至后来的汉民族特征的血肉部分了。

1984 年 3 月 26 日晚 9 时于金华草成
1984 年 3 月 30 日修改于武义熟溪桥畔

七　从华夏民族的形成到汉民族的形成

关于汉民族形成的问题，有秦汉说，战国说，可能是夏代说等。在形成的具体途径上，有部落或部落联盟发展形成说，有部落发展成华夏族再发展成汉民族说，有华夏各部族发展成汉民族说等。人们常把华夏民族与汉民族混为一谈，新版《辞海》甚至认为"华夏"是"古代汉族的自称"④。实际上，当中国从原始社会发展到奴隶社会时，先后出现的奴隶制国家是夏、商、周三个王朝，"华夏"之称在春秋时才出现。因此，夏、商、周时的人们共同体就不能称为华夏族，更不能称为汉族。这时的人们

---

① 《江陵太晖观 50 号楚墓》，《考古》1977 年第 1 期。
② 《湖北随县曾侯乙墓发掘简报》，《文物》1979 年第 7 期。
③ 《光化五座坟西汉墓》，《考古学报》1976 年第 2 期。
④ 《辞海》（缩印本）1979 年版，第 123 页。

共同体只能是夏族、商族、周族以及蛮、夷、戎、狄等族。关于夏、商、周三族的形成本人已另有专文论述，在此仅就华夏民族如何在民族大融合的基础上形成，又如何发展转化为汉民族的问题略述于后。

（一）华夏民族是春秋时期民族大融合的产物

西周是一个多民族的国家。《左传》昭公九年詹桓伯说："我自夏以后稷、魏、骀（邰）、芮、岐、毕，吾西土也；及武王克商，蒲姑、商奄，吾东土也；巴、濮、楚、邓，吾南土也；肃慎、燕、亳，吾北土也。"可见在西周就形成了周、商、夏三族居中，蛮、夷、戎、狄居四方的民族分布图。

春秋时期的民族大融合首先是在周、商、夏三族之间进行的。例如，晋惠公"作州兵"就打破了周以来军队组成的规定，说明"国"与"州"对立的消除。而"州"人本是被周征服的"庶人"，又表明晋国内民族之间的鸿沟已逐渐填平。又如商族成分的宋桓公在狄人灭周族的卫国时，也出兵相救，乘夜迎接渡河而来的卫文公，就是因为卫文公的妹妹是宋桓公的夫人，两族早已联姻，表明周、商二族之间的民族界限没有了。再如商族成分的孔子死后，周族成分的鲁哀公写谏文追悼他，并称为"尼父"，表明周、商民族的心理素质完全一致了。

春秋时周、商、夏三族之间的融合，还扩展到蛮、夷、戎、狄之间。例如，《国语·周语》说：周襄王"德狄人，将以其女为后"。《左传》庄公二十八年说：晋献公"娶二女于戎。大戎狐姬生重耳，小戎子生夷吾"。重耳逃难到狄时，"狄人伐廧咎如，获其二女叔隗、季隗，纳诸公子。公子取季隗，生伯鯈，叔刘"[1]。廧咎如是赤狄的别种，重耳又与狄人通婚。还有东夷族须句国人成风是鲁僖公之妾；赤狄别种潞子婴儿的夫人是晋景公的姐姐。而周族的晋国人与戎族的秦国人联姻，则更表明春秋时包括部分蛮、夷、戎、狄在内的民族界限也打破了。又如在南方影响最大的楚族，春秋初期仍自称"蛮夷"，但到了春秋后期，受周文化的影响，不仅能诵读《诗经》，而且还问"九鼎"轻重，对周、商、夏三族十分珍重的"九鼎"，同样表现出珍重的心理。而自称"我诸戎饮食衣服不与华同，贽币不通，言语不达"的西边姜戎首领驹支，在驳斥了范宣子不让他参加会

---

[1] 《左传》僖公二十三年。

盟的攻击后，"赋《青蝇》而退"①，使范宣子自觉失言而赔罪，都说明蛮、夷、戎、狄被卷进了民族大融合的洪流之中。所以，当"服事诸夏"的东夷族须句国受到邾国攻击，求救于姻亲鲁国时，成风说："崇明祀，保小寡，周礼也；蛮夷猾夏，周祸也。"② 表现周族共同心理素质的周礼，也成了夷族人维持社会政治秩序的根据。再如本来"文身断发"，被称为"荆蛮"的吴国，直到春秋初期与中原地区尚无往来，但到了后期，吴公子季札到鲁国观周乐时，对包括夏乐、舞，商乐、舞庄内的周乐、舞的理解那么深刻、精当③，也反映了吴国的越族与中原地区各民族的融合已相当深了。

所有这些民族融合的洪流汇合在一起，形成了春秋时期民族融合的汪洋大海，由几个民族融合而成的一个新民族——华夏民族诞生了。随着华夏民族的形成，其与周边少数民族的民族界限更加明显，首先是地域界限基本明确，"内诸夏而外夷狄"的观念，还是这个时期形成的。与"诸夏"对称的所谓蛮、夷、戎、狄，已不再指中原地区内的少数民族，而专指中原地区以外的少数民族了。其次，不同的民族语言也明显分出来，族与族之间的交换需"重译而至"④。其三，风俗的区别更为突出。例如华夏民族头著冠，发著笄，而戎狄"被发"，吴、越"断发"或"劗发"，南方诸少数民族则"盘发"或"编发"。又如在丧葬方面，戎狄兴火葬，华夏民族则行土葬。因此，所谓"尊王攘夷"，从一定的意义上来说，还是华夏民族形成后民族自我意识的集中反映。

华夏民族，在先秦典籍中多称为"夏"或"诸夏"，又称为"华"或"诸华"，孔子则视"夏"与"华"为同义词，所谓"裔不谋夏，夷不乱华"。⑤ 所以，《左传》襄公二十六年说："楚失华夏"，这是关于"华夏"一词的最早记载。此后，"华夏"遂成为春秋时以周、商、夏三族为主，融合了部分蛮、夷、戎、狄形成的新民族的族称。

---

① 《左传》襄公十四年。
② 《左传》僖公二十一年。
③ 《左传》襄公二十九年。
④ 《淮南子・泰族训》。
⑤ 《左传》定公十年。

（二）　华夏民族的统一是汉民族形成的开端

春秋时期华夏民族虽然形成了，但是，由于各地发展的不平衡，特别是诸侯国的林立，其还是一个分散的、不统一的民族，即《说文》所谓"田畴异晦，车涂异轨，律令异法，衣冠异制，言语异声，文字异形"。先后形成许多不同的分支。

战国时，民族融合在华夏民族已经形成的基础上，以更深的程度，更广的范围，更快的速度继续发展着。东北方的燕国使辽河流域的各族逐步融合进了华夏民族；北方的赵武灵王"胡服骑射"正是华夏民族融合进了狄戎的例证；自称"蛮夷"的楚族，纵横于汉水、长江流域，成为华夏民族在南方的重要分支；西方秦国经商鞅变法，进一步吸收、继承和发展了华夏文化，后来居上，一跃而成了华夏民族最重要的分支。于是，到战国时，原来分散的华夏民族相对集中，分别形成了东以齐，西以秦，南以楚，北以赵、燕为代表的四个分支，朝着民族统一的方向迈进了一大步。

随着铁制农具的普遍使用，反映商业发展的金属货币的广泛流通，交通的发达，城市的繁荣，华夏民族共同经济生活的联系越来越紧密，《礼记·月令》即说："易关市，来商旅，纳货贿，以便民事，四方来集，远乡皆至，则财不匮，上无乏用，百事乃遂。"于是出现了荀子所说"四海之内若一家"[1]，使天下"定于一"[2] 的共同心理素质，夏、商、周三族的祖先都纳入了"兼有天下"[3] 的黄帝体系之中，所谓"夏后氏亦禘黄帝而郊鲧，祖颛顼而宗禹；殷人禘喾郊冥，祖契而宗汤；周人禘喾而郊稷，祖文王而宗武王"[4]。又"秦之先，帝颛顼之苗裔"[5]。而"楚之先祖出自帝颛顼高阳"[6]。各族各诸侯国的统治者都变成以黄帝为共同祖先的亲戚，黄帝成了天子和诸侯共同崇拜的始祖神。为了使"天下为一"[7]，在战国"百

① 《荀子·议兵》。
② 《孟子·梁惠王上》。
③ 《十大经·果童》，《经法》，文物出版社1976年版。
④ 《礼记·祭法》。
⑤ 《史记·秦本纪》。
⑥ 《史记·楚世家》。
⑦ 《荀子·儒效》。

家争鸣"的基础上，在思想界出现了以杂家著称的《吕氏春秋》，其称"善学者，假人之长，以补其短，故假人者遂有天下"①，取长补短，容纳百家思想，以此统一天下舆论。这是春秋以来由列国争雄，走向全国统一，完成民族融合，实现华夏民族统一的先声。所有这一切，集中到一点，那就是要有一个统一的政治中心。于是，秦始皇用十年时间统一了六国，结束了诸侯割据纷争，建立了中央集权的封建国家——秦王朝，使华夏民族从分散走向了统一。

秦朝建立后，秦始皇采取了一系列的措施，统一和稳定华夏民族，以与中央集权的封建国家相适应。第一，推行郡县制，统一并稳定了华夏民族的共同地域。从春秋到战国，郡县制的产生和发展，与民族融合的发生和发展相同步。秦始皇废除分封制，把郡县制推行全国，在郡县制的紧密联系中，"东至海暨朝鲜，西至临洮、羌中，南至北向户，北据河为塞，并阴山至辽东"②，成了华夏民族的共同地域，也是后来汉民族共同地域的基础。第二，秦始皇规定"书同文字"，是华夏民族共同语言统一并稳定的标志。秦始皇先后两次规定以整齐的秦国的小篆作为标准文字，以隶书作为日用文字，向全国颁发了文字范本，结束了战国时"文字异形"的状况，并奠定了现代方块汉字的基础。第三，秦始皇统一货币、度量衡和"车同轨"是统一和稳定华夏民族共同经济生活的有力措施。秦始皇把货币统一为两种：一是黄金为上币，以镒为单位；二是圆形方孔铜钱为下币，以半两为单位，从根本上结束了币制混乱的状况，对经济的交流和市场的扩大起了积极作用，加强了华夏民族的经济联系。此后，方孔圆钱在一个相当长的历史时期内成了汉民族货币的主要形式之一。秦始皇又用法律的形式统一了度量衡，颁发了度量衡标准器，不仅便利国家征收赋税，也有利民族共同经济的发展。秦的度量衡制度一直沿用到三国，以后虽有变化，但各种基本单位及比值却延续下来，对后来汉民族的度量衡制度影响久远。秦始皇又下令堕毁了各诸侯国的城郭，拆除了交通要道上的堡垒，疏通了河道上的障碍，以首都咸阳为中心，实行"车同轨""治驰道"，把互不联结的交通系统接通了，加上西北、西南以及岭南地区开辟的山区道路，构成了秦王朝以驰道为主干的全国性的交通网，使"重装富

---

① 《吕氏春秋·用众》。
② 《史记·秦始皇本纪》。

贾，固流天下，道无不通，故交易之道行"①，不仅加强了华夏民族的经济联系性，也为后来汉民族封建社会商品经济的发展提供了基本条件。第四，秦始皇颁布统一的法律令，把"人伦"用法律的形式固定了下来。秦律的指导思想是琅玡石刻所说"圣智仁义"，要求人民"尊卑贵贱，不逾次行"②，此即《礼记·中庸》托名孔子所说："同行伦。"此外，秦始皇筑长城，不仅阻挡了北方游牧民族的侵扰，是华夏民族共同地域上的长城，而且也是华夏民族共同心理素质上的长城。巍巍长城，是中国民族发展史上的里程碑，是华夏民族统一的象征。

秦始皇巩固统一的措施，使得华夏民族更加确定，成为一个稳定的人们共同体。但是，由于秦统一后仅十五年，即亡于秦末农民大起义，继之而起的是继承秦制的西汉王朝，在这个历史转变的过程中，华夏民族随之发展而转化，形成为汉民族。因此，秦始皇统一华夏民族的种种措施，都不过是为汉民族的形成打下了基础。"汉承秦制"，从汉民族形成的意义来说，就是汉民族完全继承并发展了华夏民族的历史传统和民族特征。正是因为华夏民族与汉民族形成不可分割的继承性，所以华夏民族的统一，也就是汉民族形成的开端。

(三) 西汉的"大一统"和汉民族的形成

汉承秦制，秦王朝虽然覆灭了，但中央集权的封建国家经过农民战争的洗礼，在西汉"大一统"思想的指导下，反而更加强大。"大一统"思想不仅有力地推动了国家统一历史主流的前进，也是维系民族长期稳定的思想纽带。

中央集权的"大一统"思想萌芽于孔子的天子治天下，诸侯治本国的政治思想，他说："'春秋'大一统者，天地之常经，古今之通谊也。"③宣称《春秋》提倡的大一统思想，是谁也不能违抗的最高原则。于是，在孔子的旗帜下，他把儒家各派和百家学说在《春秋公羊》的名义下统一了起来，既为西汉中央集权封建国家提供了理论基础，也为民族共同体的统一和稳定奠定了思想基础。

---

① 《史记·淮南衡山传》。
② 《史记·秦始皇本纪》。
③ 《汉书·董仲舒传》。

在西汉大一统思想的指导下，由于汉武帝采取了一系列措施加强中央集权的封建国家，使汉民族走完了以秦王朝统一华夏民族为开端，到汉武帝时最后形成的过渡时期。政治上，汉武帝创设了刺史制度，把全国分为十三州部；实行"编户齐民"，规定非经政府允许，人民不得任意迁徙；进行削藩，剥夺诸侯王的部分土地归中央直接统辖，又颁布"推恩令""左官律"和"附益之法"，限制侯王政治势力的发展，逐步减少了侯国的数目。对民族共同体来说，这就有利于民族共同地域的稳定和民族内部团结的加强。经济上，汉武帝接受桑弘羊建议，颁行均输法、平准法，消除了郡国运输"往来烦杂，物多苦恶，或不偿其费"①的现象，以京师为中心，建立了全国范围的商业网，商品流通大大发展。另外，汉武帝又统一和稳定了币制，颁行五铢钱。这一切对民族共同体来说，都有利于加强民族内部的经济联系。文化思想上，汉武帝接受董仲舒"罢黜百家"的建议，使儒学发展成了经学，取得了占统治地位的优势，特别是"三纲""五常"封建伦理观念的建立，虽然对中国社会的消极影响很大，但"人伦"关系的系统化和理论化，使儒学成了正在形成的汉民族共同心理素质的血肉部分的作用必须给予充分估计。所有这些，不仅表明西汉时中央集权的封建国家更集中、更强大，使统一成了中国历史发展的主流，也表明了秦王朝时统一的华夏民族发展得更统一、更稳定，使华夏民族完成了向汉民族的转化，在世界民族之林扎下了根。

华夏民族发展转化为汉民族的标志是汉民族族称的确定。华夏民族统一于秦王朝，一般来说称其为"秦人"，西域各国就有称华夏民族为"秦人"的习惯。但是秦王朝短命的国运，使"秦人"的称呼很快被人们遗忘了。而汉朝从西汉到东汉，前后长达四百多年，为汉朝之名兼华夏民族之名提供了历史条件。另外，汉王朝国势强盛，在对外交往中，其他民族称汉朝的军队为"汉兵"，汉朝的使者为"汉使"，汉朝的人为"汉人"。于是，在汉朝通西域，伐匈奴，平西羌，征朝鲜，服西南夷，收闽粤南粤，与周边少数民族进行空前频繁的各种交往活动中，汉朝之名遂被他族称呼为华夏民族之名。吕思勉说："汉族之名，起于刘邦称帝之后"②。吕振羽

---

① 《盐铁论·本议篇》。

② 《先秦史》，上海古籍出版社1982年版，第22页。

则说："华族自前汉的武帝宣帝以后，便开始叫汉族。"[1]

汉民族族称的稳定性经受了历史的考验。汉朝灭亡后，经五胡十六国的混战和南北朝的分裂，到极盛时期的唐朝，虽有"唐人"之称，但使用不广，唐与吐蕃交往中，即称"蕃汉两家"[2]。唐后也是如此，《金史·卢彦伦传》称："契丹、汉人久为一家。"西夏文汉语对照词典《番汉合时掌中珠》中说："不学番语，则岂和番人之众；不会汉语，则岂入汉人之情。"元朝时亦称黄河以北的中国人为"汉人"，后又撤销"北人""南人"的界限，统称为"汉人"。清朝初年也称明朝人为"汉人"。辛亥革命时则有汉、满、蒙、回、藏五族共和之说。由此可见，汉民族的族称，虽源于汉王朝，却早已与历代朝号无关，表明了汉民族族称的确定性和稳定性。

综上所述，华夏民族并不是从部落直接发展而形成的，而是通过几个民族融合的途径，在春秋时期由周、商、夏三族及部分蛮、夷、戎、狄融合形成。秦始皇统一六国后，华夏民族从分散走向了统一。汉民族则是在西汉时由华夏民族发展转化形成的。这就是从华夏民族的形成到汉民族形成的历史过程。

1980 年 1 月初稿

1983 年 8 月二稿

1984 年 9 月改定

---

[1] 《中国民族简史》，生活·读书·新知三联书店 1950 年版，第 19 页。

[2] 《旧唐书·吐蕃传》。

第二章　汉民族文化特征新探

一　同胞观念与中国社会*

同胞观念是深深扎根于汉民族共同心理素质中的一种思想意识。从古至今，同胞观念一直是汉民族巨大内聚力和向心力的一部分。因此，研究同胞观念对中国社会广泛、深刻和久远的影响，在我们今天为加强全国人民的大团结是有一定意义的。

同胞观念是由原始社会"建立在民族的血统关系上的"[①] 胞族的"兄弟关系"发展、演化而成的，也就是说同胞观念源于胞族[②]。

所谓同胞，在中国有两种含义：其一是同父母所生的兄弟为同胞。《汉书·东方朔传》："同胞之徒，无所客居"，注引苏林说："胞音胞胎之胞也，言亲兄弟"。其二是同一国家的人也称为同胞。北宋的哲学家张载在《张横渠集》中所说："民吾同胞，物吾与也。"即为此意。可见第一个含义是从胞族的"兄弟关系"演化而来，第二个含义只是第一个含义的引申而已。以这种同胞的概念为出发点，在人们意识中形成的看法、思想以及思维活动就是同胞观念。

同胞观念的形成，在中国是有其历史渊源的。在中国原始社会时期，胞族是大量存在的一种人们共同体。相传黄帝部落联盟就包含有"姬、

---

* 此文原发表时以"同胞观念与民族意识"为题，收入本书时改为"同胞观念与中国社会"，并对个别文句略作修改。

① 马克思：《摩尔根〈古代社会〉一书摘要》，人民出版社 1965 年版，第 95 页。

② 参阅徐杰舜《胞族和同胞观念》，《中南民族学院学报》（人文社会科学版）1984 年第 4 期。

酉、祁、已、滕、箴、任、荀、僖、姞、儇、依"① 十二个胞族。帝喾即高辛氏也分为两个胞族：一个胞族包括伯奋、仲堪、叔献、季仲四个氏族；另一个胞族包括仲熊、叔豹、季狸、忠肃四个氏族②。进入阶级社会后，特别是在氏族血缘关系基础上蜕变而成的西周宗法制度，其规定天子世世相传，每代以嫡长子继承，为大宗；嫡长子的诸弟封为诸侯，为小宗。每代诸侯也是嫡长子继承，在封国内为大宗，并任命诸弟为卿大夫，为小宗。卿大夫与士的关系也是如此。这样，以氏族血缘关系为基础，以胞族的兄弟关系为纽带的宗法制度与礼乐制度结合在一起，就形成为独具民族特色的同宗同祖以及父慈、子孝、兄爱、弟敬的同胞观念，宗法制度所强调的"同姓则同德，同德则同心"，③ 的原则，就是胞族"兄弟关系"的一个变种。因此，宗法思想从一定意义上来说，就是同胞观念的具体表现和反映。

同胞观念在汉民族的心理素质中深深地扎下了根，对中国社会产生了广泛、深刻、久远的影响。

影响之一，是促进统一成为中国历史发展的主流。

众所周知，中国自公元前 221 年，秦始皇统一六国，结束了长达四百多年的诸侯割据称雄的分裂局面，建立了中央集权的封建国家后，在两千多年的历史中，虽出现过三国的鼎立，五胡十六国的混战，南北朝的对峙，五代十国的分裂，以及宋、辽、西夏、金、大理等政权先后并存的局面，但统一始终是历史发展的主流。这不仅表现在统一的时间比分裂的时间长得多，而且表现在分裂的时间越来越短，规模越来越小；统一的时间则越来越长，规模越来越大。更主要的是表现在元统一全国后，全国统一的局势基本稳定下来，成为不可逆转之势。其中之原因当然很多，诸如经济的、政治的、文化的、思想的等，但同胞观念的影响却是不可低估的一个原因。

为什么同胞观念对中国的统一可以产生影响？这是因为秦的统一是春秋战国时同宗同祖的各诸侯国在政治上要求统一的必然结果。西周在宗法制度的制约下进行的分封，虽然削弱了西周王朝中央的权力，但各诸侯国

---

① 《国语·晋语四》。

② 参阅《左传》文公十八年。

③ 《国语·晋语四》。

仍奉周王为天子，敬为大宗。政治上虽不集中统一，但同宗同祖的同胞观念却为各诸侯国所承认。在这里，不仅周王所封的同姓、异姓诸侯认为自己与周王"同宗同祖"，而且随着周族成为统治民族，原来的夏族、商族的诸侯国，后来也认为自己与周王是"同宗同祖"的。《礼记·祭法》即说："夏后氏亦禘黄帝而郊鲧，祖颛顼而宗禹；殷人禘喾而郊冥，祖契而宗得，周人禘喾而郊稷，祖文王而宗武王。"你看：夏族崇拜的祖先是黄帝本身和黄帝的曾孙鲧以及鲧的儿子禹；商族崇拜的祖先是黄帝的曾孙喾和喾的儿子契，以及后代得；周族崇拜的祖先是黄帝的曾孙喾和喾的儿子后稷，以及后代文王和武王。这样，夏、商、周三族都变成为以黄帝为共同祖先的同宗同祖的亲戚了。现在中国人又称为"黄帝子孙"，源盖出于此。

在同宗同祖的同胞观念的影响下，人们对政治上的不统一越来越不满。孔子说："天下有道，则礼乐征伐自天子出，天下无道，则礼乐征伐自诸侯出。……天下有道，则政不在大夫。天下有道，则庶人不议。"① 于是他就编著《春秋》，提出了中央集权的"大一统"的政治理想。荀子在赞颂周武王"天下为一"的业绩的同时，也认为"天下不一，诸侯俗反"②。最后才由崇拜黄帝的子孙颛顼为祖先③，与夏、商、周三族"同宗同祖"的秦始皇统一了六国，使"古今上下皆安之"④。由此可见，秦始皇统一六国，完成统一之大业绝不是一个偶然的历史现象，而是同宗同祖的"黄帝子孙"们政治上要求统一"势之所趋"⑤的必然结果。

自此以后，尽管中国统一的道路历经千曲万折，分裂的局面以各种形式不断在历史上出现，但是同宗同祖的"黄帝子孙"们总是渴望统一，支持统一的。东汉后，虽形成三国鼎立的局面，可是三国之中，谁也不是只甘于割据一方，不但曹操想统一全国，他的《龟虽寿》诗："老骥伏枥，志在千里。烈士暮年，壮心不已"，正是他要实现统一大业抱负的写照；而且刘备也想统一全国，诸葛亮在"隆中对策"中为其拟订了统一全国的

---

① 《论语·季氏》。
② 《荀子·王制》。
③ 《史记·秦本纪》："秦之先，帝颛顼之苗裔。"
④ 王夫之：《读通鉴论》卷一《秦始皇》。
⑤ 王夫之：《读通鉴论》卷一《秦始皇》。

大政方针；甚至孙权也想统一全国，所以张昭、周瑜等谓其"可成大业"①。可见统一确实是"黄帝子孙"们心中不可动摇的信念和精神支柱。

而那些入主中原的少数民族，为了统一全国，有的就积极推行"汉化"政策，以便成为与汉族同宗同祖的"黄帝子孙"。北魏鲜卑族孝文帝的改革就是一个突出的例子。在其推行"汉化"政策的种种措施中，最中心的问题就是要使自己成为"黄帝"的子孙。469 年并下诏说："北人谓土为拓，后为跋。魏之先出于黄帝，以土德王，故为拓跋氏。夫土者黄中之色，万物之元也，宜改姓元氏。"② 这样，鲜卑族的拓跋氏一下子成了与汉族同宗同祖的"黄帝子孙"了。还有辽的阿保机建孔子庙，命皇子们春秋祭奠；西夏毅宗改蕃礼用汉礼，以及崇宗定汉学为国学；金章宗规定对伏羲、神农、轩辕、少昊、颛顼、高辛、尧、舜、夏禹、商汤、周文王、武王等前代帝王三年一祭，以至清朝康熙帝对儒学的利用等，都是希望自己成为与汉族同宗同祖的"黄帝子孙"的心理反映。这样做的结果，当然就加速了少数民族"汉化"的进程，也就为新的统一打下了同宗同祖的心理基础，使得其后出现的全国统一表现出崭新的局面。不仅以汉族为统治民族的隋、唐、明的统一是这样，而且以少数民族为统治民族的元、清也是这样，甚至由于同宗同祖队伍的扩大，后者比前者统一范围更大，程度更高。对此，周恩来同志曾明确地指出："清朝以前，不管是明、宋、唐、汉各朝代，都没有清朝那样统一。"③

影响之二，是增强了中华民族的主体汉族的民族稳定性。

自春秋战国夏、商、周三族以及部分蛮、夷、戎、狄融合形成华夏民族，经秦的统一，列西汉时华夏民族发展，转化为汉族后，汉族虽经内忧外患，多灾多难，特别是经过了五胡十六国至南北朝，五代十国至宋、辽、西夏、金两个大动乱、大分裂的历史时期，汉族多次面临亡国灭族的严重危机，但都因为其有巨大的凝聚力和向心力，不仅保持了民族的稳定，而且大量同化外族，不断发展自己，从而形成为世界上人口最多的一个民族。究其原因，虽然也有经济的、政治的、文化的、思想的种种原因，但同胞观念也是其中不可忽视的一个原因。

---

① 《三国志·孙权传》。
② 《资治通鉴》卷 140《齐纪》六。
③ 《关于我国民族政策的几个问题》，《红旗》1980 年第 1 期。

　　前已述及，夏、商、周三族都奉黄帝为始祖神，表明他们是同宗同祖的"黄帝子孙"。这既表现了胞族兄弟血缘关系的蜕变，又反映了胞族文化、宗教性质的演化。于是，在夏、商、周三代的关系上就出现了如孔子所说的"殷因于夏礼""周因于殷礼"① 的继承性。因而在华夏民族形成的过程中，就出现了融合夏文化、商文化、周文化为代表的华夏文化。例如，西周的金文（或钟鼎文）就是受商族甲骨文的影响，在承袭和发展商族青铜文化的基础上形成的。对此，1976 年，在陕西省的"周原"出土的一批西周早期的甲骨提供了最好的物证。其中刻有文字的甲骨目前已知有一百七十多片，据专家研究鉴定，这批甲骨是属于周武王灭商前周文王时期的遗物。它的字形和辞内容与晚期的"殷墟"甲骨文基本相同。又如祖先崇拜制度，《论语·泰伯》就说过：夏禹"菲饮食而致孝乎鬼神，恶衣服而致美乎黻冕"。由于祖先崇拜是鬼神崇拜的产物，是鬼神崇拜的一种形式，所以这里所说的"致孝乎鬼神"，大约就是夏族对祖宗先世的崇拜。同时夏铸"九鼎"，在其上刻绘象征图腾的"物"②，一个重要的目的就是表示不忘祖宗，是对祖宗崇拜的另一种表现。对于这种表示祖宗崇拜的鼎，不仅夏族十分珍重并视为宝贝，商、周二族也同样十分珍重并视为宝贝。所以《墨子·耕柱》说："九鼎既成，迁于三国，夏后氏失之，殷人受之，殷人失之，周人受之。"《左传》宣公三年也说："桀有昏德，鼎迁于商"；"商纣暴虐，鼎迁于周"。吸收了夏、商两族祖先崇拜的种种礼仪，西周建立了完整的祭祖制度，即庙制。这就是《礼记·王制》中所说的"天子七庙，三昭三穆，与太祖之庙而七。诸侯五庙，二昭二穆，与太祖之庙而五。大夫三庙，一昭一穆，与太祖之庙而三。士一庙。庶人祭于寝"。从此以后，祖庙宗祠，作为供奉祖先神主的地方，作为同宗同祖的一个象征，在中国便到处都建立起来了。凡此等等，于是同宗同祖的同胞观念融合进了民族共同文化以及共同心理素质之中，大大增强了汉民族的稳定性。

　　所谓民族的稳定性，就是民族的确定性、顽强性和长期存在。确定性就是它的成分是明确的，清楚的，毫不含混的，外部标志鲜明。顽强性就是它在与其他人们共同体交往时，是坚强的，耐久的，经得起内忧外患，

---

① 《论语·为政》。
② 《左传》宣公三年："铸鼎象物"。

有巨大的凝聚力和向心力；长期存在就是说它是一个历史范畴，将在一个很长的历史时期内存在下去，直到将来的融合和消亡①。历史的发展表明：华夏民族经秦的统一，到西汉时发展，转化成汉民族后，就以极其鲜明的民族特征，以极其坚强的民族性格，以极其强烈的民族自我意识屹立于世界的东方。从此以后，无论五胡十六国至南北朝的狂风暴雨，还是五代十国至宋、辽、西夏、金的惊涛骇浪，汉族都坚如磐石，并没有分裂，没有被同化，更没有亡族。经过无数次阶级斗争和民族斗争的洗礼，汉族顽强地生存了下来，并以其先进的经济和文化，加上同宗同祖的同胞观念，不仅团结了本民族，保持了本民族的稳定性，而且同化了很多少数民族，发展、壮大了自己；不仅成为中华民族的主体，而且成为世界上首屈一指的最大的民族列入世界民族之林。

正因为同胞观念增强了汉族的民族稳定性，所以在几乎遍布全世界的一千几百万华侨中，很多人坚持讲汉语，写中文，吃中餐，穿中山装，着布鞋，过春节、清明、端午、中秋等民族传统节日，表明他们是"黄帝子孙"。

影响之三，是致使中国人的乡恋之情特别浓烈。

大家还知道，过去离乡别井的人们，都习惯在远行之前，取一撮家乡的泥土，珍藏在身边，称为"乡井土"。直到现在，不少海外华侨还藏着这样的乡井土！这种浓似酒，令人醉的乡恋之情在中国人中是有悠久历史传统的。战国时的荀子在《荀子·礼论》中说："越月逾时，则必反铅；过故乡，则必徘徊焉，鸣号焉。"诗仙李白也有"举头望明月，低头思故乡"②的名句。还有，中国俗语说：树高千丈，叶落归根。一个中国人，不管他长期客居何地，晚年终究要回到故乡定居探亲。我们常常可以看到在外地工作的人携老扶幼地举家回故乡探亲，或称为回老家探亲。浙江省武义县就有一句俗语说："看不见壶山③要流泪。"意思就是说武义人眷恋故乡，一般都不愿到外地去。毛泽东同志为了中国人民的解放事业，虽然长期远离故乡，但对故乡同样充满了眷恋之情，1959 年 6 月他回到韶山，写下了"别梦依稀咒逝川，故园三十二年前。红旗卷起农奴戟，黑手高悬霸主鞭。为有牺牲多壮志，敢教日月换新天。喜看稻菽千重浪，遍地英雄

---

① 参阅彭英明《试论民族的稳定性》，《中南民族学院学报》1981 年第 1 期。

② 《李太白诗》六《静夜思》。

③ 武义县城边的一座小山名。

下夕烟"的著名诗篇。

由于对故乡的眷恋之情，就形成了"归葬"的习俗。"归葬"就是死于他乡而葬之原籍。表示同宗同祖的同胞，生时是一家人，死了也是一家人。《后汉书·陈寔传》有"（张）让父死，归葬颍川"之例，《后汉书·朱穆传》又有"赵忠丧父，归葬安平"之例。现代此俗仍流行。

为什么中国人对故乡的眷恋之情如此浓烈？其原因之一就是同胞观念的影响，由于同宗同祖的同胞观念几千年来已成为中国人的一个灵魂，所以在同胞观念支配下的祖宗崇拜中人们一开始就把崇拜祖先与祭扫祖先坟墓两件事紧密联系在一起，当成人生中的一件大事。而所谓故乡，既是祖先坟墓所在地，也是亲人居住之地。所以故乡一词，中国人又称为"故土""故里""故园"等。可见中国人对祖先的崇拜是其对故乡产生眷恋之情的前提。因此，在中国人的思想意识上，同胞观念与乡恋之情是融为一体，不可分割的。此乃俗话所说"美不美，故乡的水，亲不亲，故乡的人。"

影响之四，是使家庭和睦。

家庭是以婚姻和血缘关系为基础的一种社会生活组织形式。自其产生以来，其内部关系至今仍是依靠血缘关系来维持的，"同胞兄弟"，或"骨肉手足"，就是这种血缘关系的反映。前已提及父慈、子孝、兄爱、弟敬是中国同胞观念的重要内容之一，几千年来它使得中国人养成了尊老爱幼、敬上抚下的优良道德传统，使得千千万万个家庭和睦相处，甚至同宗同祖世代聚居在一起，出现过不少四世同堂的大家庭。时至今日，祖孙三代同堂的情况仍较普遍存在。

今天，中国建立在社会主义基础上的亿万家庭，如果能继承父慈、子孝、兄爱、弟敬的优良道德传统，并注入社会主义思想的新内容，那么就可以创造出千千万万个讲社会主义文明的新家庭，就可以充分发挥家庭在培养共产主义新人中的职能作用。在这种社会主义文明家庭中，夫妻之间，父母子女之间，兄弟姐妹之间，姑嫂之间，妯娌之间，都有着良好的关系，大家互敬互爱，互相帮助，就会极大地改变人们的精神面貌，就会在建设社会主义精神文明中发挥应有的作用。

同胞观念对中国社会虽然有以上种种好的、积极的影响，但其作为历史上发生的东西，也不免具有两重性。这就是由于中国长期处在封建社会，特别是从氏族制度蜕变出来的宗法制度深入中国古代政治、思想、经济以及文化生活的各个方面，就使得同胞观念也不可避免地打上了封建社会的烙印，这就形成了同胞观念对中国社会有消极影响的一面。例如族权的反动作用，以及宗族观念、门第观念、家长制等都是众所周知应该批判和克服的。

尽管同胞观念对中国社会的影响具有两重性，但是汉民族从远古时代以氏族血缘关系为基础的祖宗崇拜和以胞族兄弟为纽带的同胞观念开始，随着社会的演进，历史的发展，逐渐形成了同宗同祖，怀念祖先，不忘祖宗之本的民族心理素质，由此又产生了对生于斯、长于斯的父母之邦，祖宗之地的故乡一种极其朴素、真挚而深厚的爱恋之情，并且自古以来就把国家、乡土、家庭、个人看成是一个统一的不可分割的整体。

就是这种以同胞观念为历史渊源的爱国主义传统，在中国上下几千年的历史中，在纵横数万里的国土上，哺育了从老子、孔子到鲁迅、郭沫若；从张衡、蔡伦到李四光、竺可桢；从秦始皇、刘邦到朱元璋、康熙；从岳飞、文天祥到郑成功、林则徐；从陈胜、吴广到李自成、洪秀全；从康有为、梁启超到孙中山、廖仲恺；从李大钊、瞿秋白到毛泽东、周恩来等一辈又一辈，一代又一代英雄豪杰，爱国志士，科学巨匠和民族精英。现在，在新的社会主义的历史时期，同胞观念被注入了新的社会主义的内容后，必将继续发挥其对国家的统一、民族的团结、家庭和睦等方面对中国社会应有的巨大影响和作用，培养、抚育和造就出一代又一代的社会主义和共产主义的新人。

原载《广西民族学院学报》1985年第3期

二 唐文化是各民族文化大融合的结晶

唐王朝揭开了中国古代历史上最为灿烂夺目的篇章，也奏起了中国古代汉民族文化发展史上最为辉煌宏伟的乐章。唐文化不仅是中国文化史上的一座高峰，也是世界文化史上的一座高峰。

唐文化何以能够取得这样伟大的成就？一个重要的原因，就是因为唐文化是各民族文化大融合的结晶。

东汉以后，中原大乱，中央集权的封建国家四分五裂，到处是封建割据，到处是民族流徙。此时，一方面是北方的匈奴、鲜卑、羯、氐、羌等族纷纷入主中原，江汉地区的部分蛮族也涌入中原，形成了汉族与匈奴、鲜卑、羯、氐、羌以及蛮族交错杂居的局面；另一方面北方汉族又大批南移，在长江流域和珠江流域形成了汉族与蛮、俚、僚、傒等南方少数民族交错杂居的局面。在民族交错杂居的环境下，经过种种途径，汉族以其先进的经济和文化吸引了各少数民族，在长期的民族交往过程中，汉族在北方同化了入主中原的少数民族的同时，在南方也同化了蛮、俚、僚、傒等族的一部分或大部分，这就是学术界一般所称的中国历史上波澜壮阔的魏晋南北朝时期的"民族大融合"。因此，随着隋的统一，到唐时，在南北两个方面上同时发展的汉民族也统一了。这时的汉民族已非昔日两汉时的汉民族，而是吸收了众多民族的新汉民族。在唐代中央集权统治不断加强的政治形势下，一方面促进了南北文化的交流汇合，使北朝的汉魏旧学与南朝的齐梁新声相互取长补短，推陈出新；另一方面扩大了中外贸易和文化往来，在"民族大融合"的历史背景下建立起来的唐王朝，打破了框框，突破了传统，实行了开放政策，无所畏惧地引进，无所顾忌地吸收，无所束缚地创造，无所留恋地革新，大破大立，形成了古今中外各民族文化空前的大交流和大融合。这种情况，在唐文化的各个方面都可以找到明证。

首先，佛教在唐时的完全汉化就是一个明证。源于印度的佛教，两汉之际从西域传入汉族地区，其虽然得到汉族封建统治阶级的支持和利用，在魏晋时已生根萌芽，南北朝时势力滋蔓，但由于佛教不讲忠孝，与汉族传统的思想、文化以及生活、礼仪一直格格不入，从而形成了佛教与儒学、佛教与道教之间的激烈斗争。斗争的结果，是佛教在向儒学和道教靠拢的过程中，逐渐汉化。

佛教汉化的过程始于陈、隋间天台和华严两个佛教宗派的出现。道士炼丹，谈静坐炼气，天台宗也谈炼丹，坐禅调息，表明天台宗与道教的接近；儒学讲忠孝，奉孔子为至圣先师，华严宗表扬释迦异父尸是孝子，承认释迦、孔子、老子都是至圣，表明华严宗与儒学的接近。到了唐时，迎来了佛教在中国的黄金时代，这时佛教完成汉化的第一步是禅宗南宗的玄学化。魏晋玄学谈"无"，是宣扬庄周消极厌世思想的唯心主义哲学；佛教认为人生极苦，涅槃最乐，谈"空"，是典型的唯心主义哲学，两者大同小异，完全可以合流。继之，是禅宗南宗的儒学化，其改佛教的性恶论为性善论，认为人人可以成佛，在人性问题上与汉族正统派儒学一致了，此其一。其二，禅宗南宗僧侣制造出不少讲孝的佛经，强调孝是成佛的根本，并实行三年之丧。于是儒、佛对孝的分歧，在形式上得到了统一。此后，自南北朝以来，儒、佛、道互相攻讦辩论的情况在唐朝便逐渐协调共存，甚至在唐朝佛教雕塑中，温柔敦厚关心世事的神情笑貌，君君臣臣各有职守的统治秩序，就从艺术上充分表现了佛教与儒学的合流，而念佛诵经也就渗透到汉族丧礼活动之中，《报父母恩重经》则成为唐朝普遍流行的经文。其三，禅宗南宗废弃天竺传来的戒律，出现了各式各样的蜕化僧，有孝僧、诗僧、高艺僧、茶洒僧等。于是佛教放弃了印度佛教传来的奴仆面目，装上了汉族士大夫常见的面貌，就连印度佛教艺术中一些表现印度民族风俗的那种接吻、扭腰、乳部突出，过大的动作姿态等，也被唐代雕塑、壁画等艺术形式所完全排除，而折射出汉族传统儒学礼义道德的观念。到了唐后期，禅宗几乎代替了其他宗派，垄断了佛教，甚至禅宗成了佛教的同义词。

这样，盛行于亚洲广大地区的世界三大宗教之一的佛教，终于与汉民族的传统文化汇合，在唐代完全被改造成汉族式的佛教，致使本来与汉族文化格格不入的外来的佛教文化成为唐文化的一个重要组成部分。敦煌莫高窟之成为世界艺术的一个宝库就是一个突出范例。从印度佛教的汉化，我们可以看到唐王朝时对外来文化的引进是何等的无所畏惧，对外来文化的吸收是何等的无所顾虑！

第二，唐诗在古典诗歌中达到登峰造极的境界又是一个明证。唐诗登峰造极的重要原因之一，就是代表少数民族文学传统的北方文风与代表汉族文学传统的南方文风互相融合的结果。

魏晋南北朝时，由于南北长期对峙，北方的汉族同化了入主中原的"五胡"，而南方的汉族则同化了部分"南蛮"，这种政治、经济、文化以及风俗习惯，自然环境人不相同的情况，造成了南北文化发展的殊途，使南北民歌呈现出不同的色彩和情调，形成了南北迥然不同的文风。所谓南方文风是指南方的乐府民歌体裁小巧，语言清新，表情细腻，感情含蓄，想象丰富，长于抒情，浪漫主义色彩浓重。而所谓北方文风是指北方的乐府民歌数量虽少，但题材广泛，语言质朴，表情粗犷，感情爽直，风格刚健，长于写实，极富现实主义特色。例如标志南朝民歌在艺术发展上最高成就的抒情长诗《西洲曲》，就是一首闺情诗，以浪漫主义的笔调描写了一个少女倾诉的四季相思之情，这与北方民歌中卓绝千古的《木兰诗》，从题材、语言到感情色彩都大异其趣，风格截然不同，此即《乐府诗集》中所谓"艳曲兴于南朝，胡音生于北俗"。

唐诗正是对南北文风"各去所短，合其所长"①，无所束缚地创造，无所留恋地革新，融合了各民族民歌的优良传统，耸立在中国文学史上的一座高峰。拿人们尊称为"诗仙"的李白来说，其祖籍在陇西成化（今甘肃天水附近），诞生于唐安西都护府巴尔喀什湖南的碎叶（今苏联托克马克），五岁时随父迁居四川彰明县。懂得少数民族文字的李白从小就受到北方文风的影响，所以他的诗不仅如"清水出芙蓉，天然去雕饰"，感情的表达更是喷薄而出，一泻千里，成排山倒海之势，尽集北方文风质朴、粗犷、爽直、刚健之现实主义的优点，而且"落笔惊风雨，诗成泣鬼神"。当现实生活中的事物不足以形容、比喻、象征他的思想愿望和感情时，他就或让古人作为自己的化身，或借助超现实的神话，或发挥奇丽的幻想，广取南方文风语言清新、想象丰富、长于抒情之浪漫主义的精华。夸张大胆，想象惊人，感情充沛，脍炙人口的不朽杰作《蜀道难》就是他的代表作。《蜀道难》虽然全凭想象落笔，可谓奇之又奇，但却是以其二十岁以后遨游蜀中的生活为基础的。正因为李白的浪漫主义是以其丰富的现实生活为基础的，所以他的诗不仅体现了浪漫主义和现实主义的结合，也体现了南北文风的融合。作为各民族文化大融合的结晶来说，李白的诗就是这种结晶的一个典范。

此外，汉族诗人高适、岑参、王昌龄、李欣、王之涣等以边塞风光和西域风光入诗，在反映边疆风光和战争生活的同时，也描写了少数民族的风俗以及各族人民之间的相互往来，而形成的"边塞诗"；白居易、刘禹锡、顾况等多受湘鄂西、川东巴人民歌——竹枝词的影响，将民歌俚调改作新词，而形成的"竹枝词"，也都是各民族文化大融合在诗歌方面的具体例证。

第三，由汉乐与胡乐融合发展而形成的唐乐也是一个明证。在魏晋南北朝的"民族大融合"中，经过北魏、北齐、北周三朝，少数民族音乐流行于中原地区的主要有鲜卑、龟兹、疏勒、西凉、高昌、康国等音乐，经过二百年左右与汉旗音乐的融合，到唐时，胡乐更是盛行。据《新唐书·礼乐志》记载，隋唐时四方少数民族音乐传入的有十四种之多。隋炀帝定

---

① 《隋书·文学传叙》。

九部乐，唐太宗改为十部乐，即燕乐、清商、西凉、天竺、高丽、龟兹、安国、疏勒、康国、高昌十部。其中汉族传统音乐仅燕乐是唐自创，清商乐是汉魏南朝旧乐，西凉乐是十六国时由中原旧乐与龟兹乐融合形成以外，其余均从少数民族或外国传入。唐高宗以后，唐艺术家在继承汉民族传统的基础上，更是无所畏惧地引进，无所顾忌地吸收，无所束缚地创造，无所留恋地革新，进一步融合了少数民族以至外国音乐的精华，形成了坐、立二部乐，唐李寿墓石刻线画即清楚、完整地表现了唐立部乐和坐部乐的演奏情况。唐代杰作《霓裳羽衣曲》的创作就是汉乐与胡乐融合的典范。此曲是开元年间唐玄宗在登三乡驿，望女儿山的时候，对着山景，心中忽然兴起了经月宫去听音乐的奇妙幻想。游山归来，就开始作曲，想把这个幻想用乐曲的形式描写出来。开始写了一半就搁了下来，后来碰巧西凉府都督杨敬述进献一支印度的《婆罗门》曲，玄宗觉得正合他要写的作品的意境，就毫无畏惧、毫无顾忌、毫无束缚地借用和吸收了《婆罗门》曲作为素材写完了全曲，天宝十三年（750 年）宫廷命令将《婆罗门》曲改名为《霓裳羽衣曲》。从中我们可以很清楚地看到唐朝汉乐与胡乐（包括外国音乐在内）的融合是多么和谐、自然。范文澜同志高度评价说："《霓裳羽衣曲》是唐代汉乐与胡乐融合发展的最高成就。"[1]

与胡乐一起传入的乐器种类也很多，在唐燕乐乐器的管、弦、击三大类乐器中，筚篥、贝、箜篌、琵琶、五弦、拔、腰鼓、羯鼓、毛员鼓、都昙鼓、答腊鼓、鸡娄鼓、铜鼓等，大多是少数民族的乐器，有的甚至还可能是阿拉伯系和印度系的乐器。五代时建筑的王建墓中，二十四个浮雕和乐舞伎（舞者二人，乐队二十二人）形象，就包含有二十种二十三件乐器，无论从种类或数量上都看得出这是一个汉族乐器、少数民族乐器以及外国乐器的混合宫廷乐队。这些少数民族和外国的乐器在中原地区的广泛流传中，通过汉族人民的再创造，在制作上、演奏技法上逐渐得到提高，终于与汉族原有的传统音乐文化合二为一。最典型的是琵琶，汉朝的刘熙在《释名·释乐器》中曾说："批把本出胡中，马上所鼓也。推手前曰批，引手却曰把，象其鼓时，因以为名。"唐时琵琶极盛，其琵琶名手多为从西亚曹国迁来的曹氏家族人，如曹保，保子善才，孙纲，都以演奏琵琶著称于世。这时虽有龟兹琵琶，五弦、忽雷等多种形制，但共同特点为半梨形曲颈，其

---

① 《中国通史》第四册，人民出版社 1965 年版，第 396 页。

音域广阔，技法丰富，而被唐王朝视为最重要的乐器之一，逐渐成为汉族乐器的主奏乐器。由此可见，汉族乐器与少数民族和外国乐器的这种组合和融合，确实也从一个侧面证明了唐文化是各民族文化大融合的结晶。

第四，舞蹈艺术的异花授粉，使唐王朝成为中国封建社会时期舞蹈最为盛行的时代又是一个明证。魏晋以来，跳舞的风气已相当普遍，宴会之时，会有人自动离席舞蹈，而且还有互相接着舞蹈的习惯①。民间还有供舞蹈的广场，不仅男的参加舞蹈，女的也有。在北朝，则因胡乐的流传而逐渐盛行胡舞。唐王朝时，由于西域乐工和舞伎的大批东来，长安城里就住有大批少数民族和外国舞蹈家，他们带来的中亚、西域以至印度、波斯等国的舞蹈，与汉族的舞蹈汇合在一起，互相交流，互相融合，使唐舞异花授粉有了新的发展。

唐王朝的舞蹈，据段安节所著《乐府杂录·乐工》记载，其"舞者乐之容也。有大垂手小垂手：或如惊鸿，或如飞燕。婆娑舞态也；蔓延舞缀也。古之能者不可胜记。即有健舞、软舞、字舞、花舞、马舞。"向达同志研究，健舞中今确知出于西域的有胡腾舞、胡旋舞、招枝舞三种②。对此三种胡舞，唐代诗人作诗记述者甚多，例如白居易所写《胡旋女》诗云："胡旋女，胡旋女，心应弦，手应鼓。弦鼓一声双袖举，回雪飘飘转蓬舞，左旋右转不知疲，千匝万周天已时。人间物类无可比，奔车轮缓旋风迟。"与此急骤强烈跳动旋转的健舞相反的是徐歌曼舞、柔婉抒情的软舞。《绿腰》就是软舞中的一种，五代画家顾闳中所绘的《韩熙载夜宴图》使我们能看到《绿腰》舞的一个镜头。此外，又如狮子舞本是汉族民间舞蹈之一，汉朝时已开始流行③。但唐朝吸收胡舞的成分有了新的发展，白居易《新乐府·西凉伎》诗云："假面胡人弄狮子，刻木为头丝作尾，金镀眼睛银贴齿，奋迅毛衣摆双耳。"传至今日，狮子舞已成为汉族民间传统舞蹈的代表之一。而以《霓裳羽衣曲》为曲的盛唐舞蹈——霓裳羽衣舞，则可以说是唐朝汉舞与胡舞融合的结晶，白居易的《霓裳羽衣舞歌》对此舞作了详细的描述，看后确实叫人叹为观止。

现在，陕西省歌舞团创作演出的《仿唐乐舞》和《唐·长安乐舞》，

---

① 参阅《宋史·乐志》。

② 参阅《唐代长安与西域文明》，生活·读书·新知三联书店1957年版，第64页。

③ 参阅《汉书·礼乐志》孟康注。

生动地再现了唐朝乐舞辉煌灿烂，丰富多彩，浓若醴酒，丽似牡丹的风姿，受到中外音乐舞蹈界的高度赞扬。使人们具体地、形象地感受到唐文化在引进和吸收外来文化中是何等的无所畏惧和无所顾忌，在创造和革新自己的文化时又是何等的无所束缚和无所留恋！唐乐舞艺术这种强大的生命力，正是异花授粉，各民族文化大融合结晶在乐舞艺术上的一个明证。

第五，唐王朝吸收和融汇少数民族和外国的艺术营养，在绘画和雕塑艺术上新的成就也是一个明证。

唐王朝绘画和雕塑上的艺术成就，突出地表现在受佛教的影响，雕塑和壁画的兴起上。以敦煌莫高窟为例，在敦煌艺术奇葩中，受佛教信仰的影响和外国艺术的启发，汉族的工匠艺人摆脱了儒学传统礼教的束缚，创造了以"飞"为特征的艺术境界，他们驰骋幻想，发挥创造力、使敦煌艺术中之线条、色彩、形象，无一不飞动奔放，动荡腾飞。如敦煌人像，全是在飞腾的舞姿之中，连立像、坐像的躯体也是成扭曲的舞姿，甚至身体上的主要衣饰不是贴体的衣服，仅是飘荡飞舞的缠绕着的带纹。但是这种飞动的线纹的旋律却又是汉族线的艺术——书法，在敦煌艺术中的反映。"飞天"成了敦煌艺术的代表，在这里，再一次反映了唐文化在融合各民族文化的过程中，是多么无所畏惧地引进，无所顾忌地吸收，无所束缚地创造，无所留恋地革新啊！

此外，汉族的传统艺术十分讲究含蓄美。所谓含蓄美就是人们俗话所说的言外之意，弦外之音，画外之画，即艺术作品所寓藏的美。汉族民族艺术的一大特色，在受佛教影响最大的雕塑艺术中得到了大量的体现，无论云岗还是龙门，也不管是麦积山还是大足，所有站着和坐着的菩萨，姿态虽很少变化，但神情却是丰富的、吸引人的，人们内心的情感是从菩萨面颊上泛出的微微笑容中含蓄地表现出来的。菩萨淡淡的会心笑痕，耐人寻味，引人入胜，意味无穷，千百年来一直使观者流连忘返。所有这些绘画和雕塑艺术上的新发展，新成就，无一不是各民族文化大融合结晶的明证。

第六，唐时汉语音韵学的发展又是一个明证。隋末陆法言著《切韵》，统一南北语言，建立了汉语的韵母系统。唐时僧人宁温在《切韵》的基础上，在吐蕃语文和梵语文的影响下，运用梵语字母的拼音原理剖析汉语，制定了汉语三十声母，奠定了汉语三十六声母体系的基础[①]。正如

---

① 宁温定汉语三十声母，后经宋人增益，写成《广韵》，构成三十六声母的完整体系。

《通志·七音略》所说："七音之韵，起自西域，流入诸夏。"在音韵学上应用外语拼音原理制定汉语声母体系的创造，又从语言学的角度上表现了唐文化对外来文化无所畏惧地引进和无所顾忌地吸收，对自己本民族文化无所束缚地创造和无所留恋地革新。

除此以外，唐王朝时胡衣、胡帽、胡食、胡床等少数民族方便实用的风俗习惯盛行于长安，《旧唐书·舆服志》说："开元来……太常乐尚胡曲，贵人御馔尽供胡食，士女皆竟衣胡服。"唐时汉民族在风俗习惯上的一派新风新貌，又表现了汉民族在引进和吸收外来文化上的胸怀和气魄。

从上所举唐文化融合各民族文化各方面的情况，我们可以清楚地看出，在"民族大融合"的历史背景下建立起来的唐王朝，在其文化发展上对于引进和吸收少数民族和外国文化的优秀部分是何等的无所畏惧、无所顾忌！对于创造和革新本民族的文化又是何等的无所束缚、无所留恋！这种引进和吸收，创造和革新的做法，确实表现了汉民族文化强大的吸收力和消化力，表现了汉民族文化的成熟性和稳定性。鲁迅先生在《拿来主义》中讲过："没有拿来的，文艺不能自成为新文艺。"[1] 当然，没有无所畏惧地引进和无所顾忌地吸收，唐文化也就不能形成蜚声四海，映照古今的局面。唐文化就是在这种异花授粉，远缘杂交的情况下，不断地吸收新的养料，吸取新鲜的血液，在各民族文化大融合的历史潮流中发展、壮大、提高，从而成为中国文化史和世界文化史上的一座高峰。

在中国文化史上之所以会出现各民族大融合的局面，使唐文化成为中国文化史上的一座高峰，成为世界文化史上的一座高峰，是有着深厚的历史基础和广阔的历史背景的。

从唐王朝本身的历史来看，唐王朝是中国封建社会的繁荣时期，盛唐盛世，繁荣的经济，安定的政治，为唐文化的形成提供了雄厚的物质条件和安定的政治基础。

恩格斯说过："政治、法律、哲学、宗教、文学、艺术等的发展是以经济发展为基础的。"[2] 唐文化的形成当然离不开唐代经济的发展。关于唐朝经济繁荣的盛况，学术界的著述甚多，有不少专门的论述和精湛的分

---

① 《鲁迅全集》第六卷，第40页。

② 《恩格斯致海·施塔尔根堡》（1894年1月25日），《马克思恩格斯书信选集》，人民出版社1962年版，第517页。

析，在此仅举含嘉仓的情况来说明。洛阳的含嘉仓是唐代最大的粮仓，据史书记载，天宝八年（749 年）全国主要粮仓共储粮一千二百六十万石①，仅含嘉仓即有五百八十多万石，约占一半。1971 年以后经发掘查明，含嘉仓城位于洛阳老城区北侧，东西长六百余米，南北长七百余米。仓城内东西成行，密集排列着四百多个粮窖。粮窖口径大的十八点五米，小的八米，最深的距地表约十二米。其大窖可藏粮一万数千石以上，小窖可藏粮数千石。由此可见，史书上所载全仓储粮五六百万石是可信的。发掘时，在一百六十号粮窖中，发现了五十万斤已经炭化的谷子。大家知道，唐时由于关中地狭人稠，朝廷所需的粮食主要靠农业比较发达的黄河下游、河北平原和江淮流域经漕运供给。当时朝廷规定，洛阳以东地区的租米，经江、淮、运河、黄河，先运到含嘉仓集中，然后再转运到长安。因此含嘉仓这样规模巨大的粮仓，一则反映了唐朝农业经济的高度发展，二则反映了唐朝漕运交通的高度发达，三则反映了唐都长安的繁荣兴旺。粮食是基础的基础，从含嘉仓这个实例中，我们不是可以窥见唐王朝经济黄金时代的繁荣程度吗？

文化高峰的形成，光有经济的繁荣还不行，还需要安定的政治基础。政治上的这种安定，不是一种随便什么样的政治稳定状态，更不是暂时的安定，而是需要一个相当长时间的巩固的安定。封建社会的中国，自东汉以后，历经三国鼎立，五胡十六国的大乱，以及南北朝的对峙，整个社会经过空前的大分裂、大动荡、大融合，自隋统一到唐时，由于唐太宗遵守"民为邦本，本固邦宁"的古训，接受了魏征的意见，制定了"偃武修文，中国既安，四夷自服"的建国方针。为了实践这个方针，唐太宗居安思危，从谏如流，广开才路，任用贤能，审慎法令，整顿吏治，体察民情，轻徭薄赋，特别是实行了比较正确的民族政策和开放政策，不仅与吐蕃和亲友好，西南地区历史上遗留下来的民族纠纷逐一妥善解决，而且西域各国又先后归附，有的西域人甚至到中央政府担任要职。这样经过封建史家赞美无比的"贞观之治"，国家政治安定的局面基本形成，不仅国内百姓安乐，民族和睦，而且国外友好往来，文化交流成了对外关系的主流。这种政治安定的局面，又经武则天长达近五十年的治理，到"开元盛世"之时，唐王朝出现了长达一百多年的政治安定的局面，这种长期的稳定的政

---

① 唐时每石约等于六十公斤。

治安定，成了唐文化得以形成的可靠保证。

诗圣杜甫在《忆昔》诗中说：

> 忆昔开元全盛日，
> 小邑犹藏万家室。
> 稻米流脂粟米白，
> 公私仓廪俱丰实。
> 九州道路无豺虎，
> 远行不劳吉日出。
> 齐纨鲁缟车班班，
> 男耕女桑不相失。

这首诗既反映了唐王朝经济的繁荣，又表现了唐王朝政治上的安定。正是在这种经济的和政治的基础上，孕育出了古代最杰出的一批诗人、散文家、画家、雕塑家、书法家、音乐家、舞蹈家，形成了中国古代文化史上一座又一座高峰。这些山峰汇集在一起，使唐文化犹如群峰耸立的山脉，横亘在世界文化史上，蜚声四海，映照千古。

从中国历史的发展来看，是由中国封建社会发展的规律所决定的。众所周知，按照中国的封建社会确立于战国时期的观点，经秦、汉的初步发展，以及三国、两晋、南北朝的分裂曲折，到唐代时，中国封建社会进入了繁荣时期。在中国封建社会从确立到繁荣的一千多年的时间里，中国封建制度几经反复，终于完全实现了封建化，其封建的政治、经济和思想意识都得到了充分的发展，不仅封建的土地关系相对稳定，国家、地主、小农三种土地所有制并存，而且封建的政治结构也相对稳定，中央集权制的不断强化，打破了封建领主等级制，并通过镇压、科举和改朝换代来调节社会矛盾。与此同时，统治思想也相对稳定，虽然由于经济成分的多样性和调节社会矛盾的政治对流，从春秋战国的百家争鸣，汉初的黄老之学，两汉的今文经学和古文经学，魏晋的玄学，南北朝时期的佛学和道学，一直到唐代佛教的汉化，出现了各种思想的更替复幻和融化交汇，但孔子所创立的儒学总是处于统治地位，不管其是以经学的面目出现，还是以玄学的面目出现，或者以佛学的面目出现，万变不离其宗，孔子始终是他们的旗帜。在封建的政治、经济和思想意识稳定发展的历史条件下，中国封建社会进入其繁荣时期——唐代，其文化的发展形成为中国文化史上的一座高峰，这似乎是水到渠成之事。

从世界历史的发展来看，是由中国封建社会的典型性所决定的。在世界历史中，中国的封建社会与欧洲乃至东方其他国家相比，虽然他们在封建主通过封建地租的形式，利用剥削依附农民的办法，来榨取农民的剩余产品这个根本的生产关系上，以及由封建社会生产关系所决定的自然经济；封建社会发展中相继出现过的领主经济、地主经济和三种地租形态等封建社会最本质、最一般的方面是共同的。但是在西欧，封建制度在其发展的过程中，由于封建主组成了金字塔般的等级制度，每一层的上下级之间都是领主和附庸的关系，这种领主经济的形成使大大小小的封建庄园遍布西欧，又由于"附庸的附庸不是我的附庸"，国王虽高踞于金字塔的顶端，但王权微弱，有时甚至还没有封建领主的权力大，如法国大封建主诺曼底公爵的势力就曾一度影响了英法两国；更由于基督教会是西欧最大的封建主，其占据了西欧大约三分之一的土地，不仅直接剥削领地上的农奴，还向全体居民征收什一税，加上教会严禁一切不合神学的思想，这就形成了西欧封建社会经济以领主经济为主的庄园制。因此，政治上王权微弱，国家分裂；思想上教会神学控制一切；经济上领主经济占主导地位的特点，使西欧的封建社会虽然也有其繁荣的时期，但与中国封建社会的繁荣时期相比，那真是小巫见大巫，不可同日而语了。所以西欧的封建社会可以说是西欧历史发展中最黑暗、最落后的一个历史时期，在封建教会统治下，神学被奉为"科学之后"，文化只不过是神学的附庸而已。在这种历史背景中，封建社会时期，世界文化史上的高峰就不可能在西欧出现。

东方还有一个印度，虽然其是世界四大文明古国之一，但是其民族的文化多次为外族的入侵而中断，现在已知的印度最古老的哈拉帕文化与后来建立奴隶制国家的被称为雅利安人的文化就没有直接的继承关系，从公元前 6 世纪到公元 2 世纪的八百年间，印度就六次遭受外族的侵略，贵霜帝国就是大月氏人在公元前 2 世纪所建；莫卧儿帝国则是中亚封建主巴布尔在 16 世纪初年所建。这与中国历史从远古传说的黄帝开始，到夏建立第一个奴隶制王朝，经商、周及春秋、战国，到秦、汉，直至唐代，其文化一脉相承的情况根本不同，毫无疑义，印度这种断断续续的文化中虽然不乏优秀的东西，但是其终究由于外族的多次入侵，虽然能建立政治上的统治，却形成不了世界文化史上的高峰。更何况从封建社会发展的情况看，虽然印度的封建制度早已在公元 3 世纪前已出现，但却经历了漫长的发展过程，约于 7 世纪时才形成。据唐代僧人玄奘的记载，当中国已进入封建社会繁荣的唐代时，印度的中央集权还十分微弱，不仅封建小邦、部落可以"随地称国"，甚至连语言风习都不相同。在这种历史背景下，封建社会时期，世界文化史上的高峰，当然也就不可能在印度出现。

这样，在世界历史上，纵观整个封建社会的发展，在公元 7 至 8 世纪，正当中国封建社会进入繁荣时期的唐代之时，西欧的封建社会却处在教会神学的统治之下，印度的封建社会则处在"随地称国"的时代，正如杜甫《望岳》诗所说："会当凌绝顶，一览众山小。"中国封建社会的这种典型性决定了在封建社会时期，世界文化史上的高峰只能出现在中国的唐代。

从上所述唐朝的、中国的、世界的历史背景中，我们可以看到唐王朝时出现各民族文化大融合的局面是历史的必然，唐文化成为中国文化史上，乃至世界文化史上的一座高峰也是历史的必然。

1984 年 9 月 17 日初稿
1985 年 8 月 17 日改定

三　汉族风俗特点初探

风俗，是历史的一面镜子，也是民族的一面镜子。汉民族是世界上最大的一个古老民族，由于其历史悠久，文化发达，所以风俗多姿多彩，丰富异常，既反映了汉族心理素质内在的共同性，也表现了汉民族风姿、风貌的外在特征。本文就汉民族风俗特点作一初步探讨，试图粗线条地勾画出汉族风俗的基本概貌。

（一）尚农务本

汉族是一个古老的农业民族，自古以来农业人口一直占总人口的百分之八九十以上，尚农风俗源远流长。

从远古时起，汉族就视农业为本业。早在战国时韩非就提出了"以农为本"的主张。他说："仓廪之所以实者，耕农之本务也。"[①] 两千多年来，"以农为本"的主张一直影响着汉族社会的发展，也影响着汉族风俗的演变。

在尚农思想的影响下，汉族社会形成了"男耕而食，妇织而衣"[②] 的生产、生活习俗。"男耕女织"可说是一幅典型的汉族社会风俗画。只是到了现代，特别是解放后才有了较大的变化。

由于历代统治阶级多提倡"重农务本"，故形成了皇帝关心天时和农事的特殊习俗，如清朝，每逢久旱不雨，皇帝便到天坛、社稷坛、黑龙潭等处去祈雨，旱情重时，皇帝要斋居、素服、步行去祈雨，甚至减膳撤乐等。

二十四节气是汉族农历特有的重要部分，它的形成和创立与汉族古代劳动人民的农业生产习俗密切相关。随着一年四季气候的变换，农事和农活的内容也随着变化。二十四节气名称本身的含义，都明显地反映了这一点。至今汉族农民仍习惯按节气进行农事，安排农活。

与尚农风俗相关的是汉族对土地神的崇拜。《白虎通义》云："地载万物者，释地所以得神之由也。"土地神崇拜的形式是"社祀"，土地神称为社神或社主，祭土地神的地方称社。《礼记·郊特牲》云："社、祭土，而主阴气也。……社，所以神地之道也。"发展到后来，汉族社会层层都有社祭。民间对土地神的信仰十分广泛，解放前土地庙几乎到处可见。

（二）尊祖敬老

尊祖敬老可为汉族的千古遗风。尊祖即是对祖先的崇拜。祖先，汉族俗称"祖宗"。商代时即信上帝与祖先合一的一元神，周代则信上帝与祖先分开的二元神，而崇拜祖先神是更为重要的传统。汉族的祖先崇拜主要是祭有功绩的远祖和血缘关系密切的近祖。

崇祖习俗直到近、现代，民间尊祖的祭祀活动仍十分隆重，有时祭、堂祭、节祭、岁祭、房祭、祠祭等，逢年过节有的还要瞻仰历代祖宗遗容画像，以表不忘祖宗，并与祖宗共享喜庆或求祖宗赐福保佑。汉族供奉祖先神的地方叫祖庙或宗庙。祖庙遍布于汉族居住的所有地方。

---

① 《韩非子·诡使篇》。
② 《商君书·画策篇》。

与尊祖习俗相关，在封建宗法制的长期影响下，汉族喜聚族而居，定期纂修宗谱。由于聚族而居，汉族自古多三世同堂，乃至五世同堂，有的累世同居长达几百年，真是"长幼济济，风礼著闻"①。这种世代同居共财的宗族，俗称"义居"或"义门"。明代时浙江省浦江县郑氏甚至九世同居，明太祖就曾诏旨特敕建造郑义门给予旌表。如今家庭形式虽趋向小型，但三代同堂的家庭乃较普遍。

从尊祖延伸而来的敬老习俗在汉族中根深蒂固。《诗经·大雅·既醉》云："孝子不匮，永赐尔类。"意即孝子敬老的孝意无穷无尽，势必经常感化影响整个家族，乃至整个民族。汉族民间敬老习俗异常丰富，相沿至今，是值得发扬光大的优良传统。

（三）崇拜龙凤

龙，是中国的伟大象征，更是汉族的民族象征。炎黄子孙以"龙的传人"引为骄傲。

龙为汉族从远古祖先的图腾发展而成的一种神异动物。汉族对龙的崇拜历史悠久，先秦文献中或谈人和龙为一体，如伏羲氏、女娲、黄帝、神农氏以及火神祝融不是龙身人面就是蛇身人面；或说龙是人的化身，如禹的父亲鲧，死后化为黄龙；或说龙有神力，如禹治水时，得龙相助，以尾画地成河，疏导了洪水；或说龙是神人驾驭的工具。后来龙发展成为既是掌管雨水的动物神，又是会给人间带来瑞祥或能化身成天子和伟大的神力的神物。这样龙就不仅得到汉族劳动人民的崇信，也为汉族统治阶级用来作为权力的象征。

凤为汉族远古祖先的另一个图腾发展而成的另一种神异动物，由于古代汉族不仅迷信凤是百鸟之王，俗称"百鸟朝凤"，而且视凤鸟为人类美德的象征，是能给人间带来吉祥、幸福的善神，所以《说文解字》说："凤，神鸟也。……见则天下大安兮。"于是凤与龙一样，受到汉族上下的崇拜。

龙凤从原始社会时期作为大自然神秘力量的象征受到崇拜，到奴隶社会由某些氏族的图腾转化为最高统治者祖先的化身，到封建社会则成为皇权的标志，龙是皇帝的化身，凤则为皇后的化身。皇帝的容貌、身体、服

---

① 《魏书》卷87《节义》。

装、座位、床铺……都冠以"龙"字。影响所及，民间迷信认为帝王是龙转世，俗称"真龙天子"。直到近、现代这种迷信在民间仍有影响。而太皇太后、皇太后、皇后都戴凤冠、皇宫的建筑称为凤阙或凤楼，皇帝乘坐的车称为凤辇，皇帝仪仗所用的华盖称为凤盖。总之，在宫廷的装饰艺术中，龙凤无处不有，始终处于显赫的地位。现在龙凤作为皇权的标志虽然随封建制度的崩溃而消失了，但民间仍以"龙跃凤鸣"来比喻才华出众的人物。

汉族对龙凤的崇拜在民间习俗中也占有极重要的地位。由于民间迷信龙能行云布雨，所以龙王庙与土地庙、祖庙一样遍布汉族民间，用以祈求龙神调和风雨，使五谷丰收。大旱季节常举行求龙降雨的仪式。同时，民间还崇奉龙山，将村前、村口或村后某座山视为龙山，山上草木视为龙鳞，山脉视为龙脉，均为神物，严禁砍伐和破坏。有的农村为了求得五谷丰收，每年正月要行迎龙仪式，此俗至今仍兴。

汉族对龙凤的崇拜，渗透到生活的各个领域，形成一系列特殊的传统习俗。元宵节耍龙灯，端午节龙舟竞渡，喜庆日要跳龙舞、凤舞和行凤凰灯。南阳汉代画像砖刻中就有凤舞的形象。过春节时，华东地区一些农村的民间艺人手持五彩凤凰灯，唱着赞歌到各家祝贺。元宵节中，凤凰灯也是人们喜爱的花灯之一。

更有趣的是汉族民间还有把凤凰当作爱情象征的习俗。萧史与秦穆公之女弄玉夫妇在凤凰台吹箫的故事可能是其始源。《诗经·卷阿》中"凤凰于飞，和鸣锵锵"，以及被后人称为"凤求凰"的司马相如追求卓文君的故事，也是用凤凰来祝贺婚姻美满，比喻夫妻相亲相爱的习俗的反映。

此外，由于龙的形象威武严肃，象征男性的坚毅刚强，所以汉族民间喜以"龙"作为男性的命名；而凤的形象艳丽优美，象征女性的美貌温柔，民间又有喜以"凤"作为女性命名。此俗至今犹然。

由于人们对龙凤的崇拜，千百年来，龙凤形象的纹饰遍见于绘画、工艺美术、雕刻、建筑装饰以及民间文艺创作之中，人们可以从龙凤的艺术形象中，直接感受到汉族传统文化的气质和民族的共同心理素质。因此，龙凤纹饰也就成了汉族传统文化的象征。

（四）多神崇拜

汉族没有一个为全民族所信仰的宗教，但远古时期传下来的"万物有灵"的观念，对大自然的崇信，始终影响着汉族的信仰民俗；由于认为世上存在着主宰物质世界的、超自然的、具有人格和意识的神灵，所以汉族历来信仰"神仙"。古代汉族崇拜的神仙众多。

对于天，有总管"天道"的神，叫"玉皇大帝"。认为青帝主东，赤帝主南，黄帝主中，白帝主西，黑帝主北。天神中，又分别有主管男仙的东主公，主管女仙的西王母。

对于山水，认为山有山神，不仅五岳被奉为神山，各名山，也都有自己所供之神；又认为水里有"四海龙王"，龙王除统领水族外，还掌管兴云降雨。

对于地，认为每一地段都有"土地神"掌管，古称"社神"，俗称"土地公公"。同时一树一石也都被赋予有神灵。

对于一些自然现象，认为雷公是司雷之神，电母又称"雷婆"，是司闪电之神，丙师是司雨之神，箕伯是司风之神，回禄是火神。

对于地理方位，认为青龙是东方之神，并兼吉祥之神；白虎是西方之神，并兼凶神；朱雀是南方之神，玄武①是北方之神。四神合称"四方之神"。

对于动物精灵的崇拜，较为普遍的是认为狐狸可以修炼成精，化成人形，被尊为"大仙""狐仙"。

除了对大自然的崇拜而产生对各种神的信仰以外，人们还把人生的姻缘、寿禄都看作有神灵在主宰。

对于爱情，有象征夫妻相爱的"和合"之神。奉之为女神的有四个：一为玄女，又叫"九天娘娘"；二是碧霞元君，其为泰山神——东岳大帝之女；三是斗姆，其为北斗众星之母；四是素女，极善弹琴歌唱。寿星，即老人星是专司长寿之神，又叫"南极老人"，俗称"老寿星"。麻姑作长寿女仙，故祝女寿者多以麻姑像赠送，名曰"麻姑献寿"。还认为魁星是主宰文章兴衰之神，文昌是主宰功名、禄位之神。随着佛教的传入，汉族民间又认为观音菩萨是送子娘娘，专管生育男孩。又认为阎王是主管人的生死之神。

在汉族民间，一些历史人物也变成了人们崇拜的偶像神，如所谓"八仙"（汉钟离、吕洞宾、韩湘子、蓝采和、张果老、何仙姑、曹国舅、铁

---

① 其形象为龟或龟蛇合体。

拐李），原来都是历史上的人物。又如三国时关羽也被尊为神，关公庙遍布南北。其他历史中的人物，由于他们的所作所为，为国为民曾有功德，故死后被拥戴为神，塑成偶像，承受香火的就更为普遍。另外，三十六行各行各业也都有自己的"祖师"被奉为神祇。

由于鬼灵观念的影响，民间又崇信各种鬼怪，如吊颈鬼、短命鬼、僵尸鬼、硬头鬼、水鬼等。

凡此种种五花八门的多神崇拜，在长期的封建统治下，形成为"神权"束缚着汉族人民。解放后经大力破除迷信，解放思想，"神权"基本上被打倒，但其影响至今犹存。

（五）十二生肖

十二生肖，又叫十二属相，是汉族民间计年和计龄的独特方法，为世界民俗中所罕见。十二生肖完整的记载最早见于东汉王充的《论衡·物势篇》。其内容是干支纪年法与动物纪率法巧妙形象地融合在一起，形成了子鼠、丑牛、寅虎、卯兔、辰龙、巳蛇、午马、未羊、申猴、酉鸡、戌狗、亥猪十二生肖。

民间习俗迷信"十二生肖相克"，认为一个人属相的"相克"或"相生"决定人们之间关系的好坏，甚至婚姻的成败。至今民间还有人在婚姻等问题上迷信"龙虎相斗""两龙不同潭""双狗争骨头""鸡兔不合笼""一家三只虎，不苦也要苦""一家三只兔，不富也会富"等说法。

平常了解对方年龄一般只问属相即可知其年龄大小。

（六）尚红贵黄

在对色彩的崇尚上，汉族有尚红色、贵黄色的习俗。

尚红，早在《礼记·檀弓上》就记载说："周人尚赤"。赤即红色。这种"尚赤"风俗在汉族古代有许多表现：中国古称"九州"又别称"赤县神州"；"赤鸟"被视为瑞鸟，又被作为太阳的别称；纯洁善良之孝子被誉为"赤子"，忠心赤诚的高尚品德称为"赤心"，商、周光辉灿烂的青铜文化的主要原料铜，被誉为"赤金"。久而久之，本指火的颜色的"赤"，遂发展成泛指一般的红色。

由于汉族把红色作为吉祥、喜庆、美丽的象征，所以常把妇女的盛装称之为"红妆"，并以"红妆"代指美女；或把妇女美丽的容貌称为"红颜"，也指代美女，或把少妇的住房称为"红闺"；甚至盛装出游的男女也被称作"红男绿女"。不仅如此，汉族民间还把红色作为革命的象征，历代农民起义中，有的称"赤眉军"，有的叫"红巾军"，还有"红袄军""红灯照"，直至现代新民主主义革命中，党领导的工农武装也曾称为"红军"。

在汉族民间习俗的贺生、庆寿、婚礼中，均要用红色来点缀环境，渲染气氛，如生小孩要在门上挂红布，贺寿的寿面要用红纸相扎、新娘要穿红衣，逢年过节送礼也要贴红纸，年节及喜庆送钱要用红纸包装，俗称"红纸包"。凡此种种俗称"红喜事"。

汉族在尚红的同时又贵黄。其原因：一是因黄金价值昂贵而造成观念上的贵黄心理；二是汉族居住的广大地域，尤为黄河流域多为黄土，土地乃万物之母，且容物地多呈黄色，所以汉族农民重象征大地的明黄色。古代传说黄帝之时，天先见大螾大蝼。黄帝曰："土气胜。土地胜故其色尚黄，其事则土。"[①] 其意就是说黄帝时的服色崇尚黄色，就是取法于土。由于中华民族的老祖宗"尚黄"，故而黄色愈加显得高贵。《白虎通义·号篇》云："黄者，中和之色，自然之性，万世不易。"黄色为五色中最高贵，代表中央，因此，汉族古代皇帝均尊黄色为正色，皇帝穿的龙袍又称"黄袍"；祭祀时也要穿黄色的衣服以示隆重，庄严，不仅道教敬黄色，服黄色，而且佛教也认为黄色素雅、绝俗，有超然物外的情味，故其服装、建筑及其他装饰多用黄色，器皿也多"鎏金"（即"涂金"）。汉族民间贵黄最典型的是东汉末年的"黄巾起义"，甚至提出了"苍天已死，黄天当立，岁在甲子，天下大吉"的政治口号。

此外，汉族还忌白，认为白色代表悲哀，痛苦和死亡，所以丧礼均用白色来表示肃穆哀悼。丧事又俗称"白喜事"。

（七）独特的婚俗

汉族婚礼习俗源远流长，民族色彩浓郁。早在春秋战国时期即已形成一套完整的礼仪：即"纳采""问名""纳吉""纳征""请期""亲迎"等，称为"六礼"。"纳采"即男家请媒人向女家提亲，后人叫"说媒"；"问名"即双方交换年庚，近代称为"换龙凤帖"，然后卜卦"合婚"；"纳吉"即为"订婚"；"纳征"为男家向女家下聘礼，俗称"彩礼"；"请

---

① 《吕氏春秋·应同》。

期"就是选择好婚期吉日征求女方意见;"亲迎"即为迎娶新娘。从古到今,婚俗虽因时代变化,或贫富相异而有繁简之别,但基本仪式程序相似。即使到了现代,自由恋爱兴起,仪程更趋简化,不过媒人(介绍人)通言、相亲、定亲和迎娶仍保留着。

"六礼"中以"亲迎"内容最为丰富多彩,主要习俗有铺房、哭嫁、撒谷豆、"举火""泼水"、障面、穿红衣,新娘足不履地、坐花轿、"跨马鞍"、拜堂、撒帐、交杯、闹房等。两千多年来,这些"亲迎"习俗经久不衰。近代随着社会的进步虽有所革新和演变,但基本方面变异不大。

在婚制方面,古代汉族虽通行一夫一妻制,但纳妾现象较为普遍,近代俗称"讨小老婆"或"娶姨太太"。而寡妇一般不准改嫁,特别是封建社会后期,理学兴起,规矩甚严,有的甚至要终身穿素服守寡。

在婚姻形式方面,旧时除明媒正娶外,还有买卖婚,表亲婚、换亲婚、转房婚,招养婚(俗称"入赘")、典妻婚、童养婚,指腹婚、孝婚以及冥婚等。现在除招养婚为人民政府所提倡外,换亲婚和表亲婚在民间尚有存在,其余均已绝迹。

(八) 独特的葬俗

汉族自古盛行棺木土葬,葬礼隆重。葬礼分殓、殡、葬三个阶段进行。

殓,就是给尸体穿衣下棺。人初死入殓前要给死者招魂、沐浴。殓分小殓和大殓两步。小殓是给尸体裹衣衾,一般用布帛,富庶人家用丝绸,有的皇族则用玉衣。大殓是把尸体装进棺材。棺材称"寿材",男棺刻有"寿"字,女棺刻有"福"字,有的则刻以"福禄寿"三字的合写体。小殓时还要把米放在死者口中,富庶人家含璧、珠等,皇族含玉,近代则含一银圆,均称为"饭含"。大殓时往往随殓一些物品,一般人有衣、被及日常用品等物,富庶人家及皇族随葬物品繁多且多贵重。

殡,就是入殓后停柩于殡宫,殡期长短不一。少则三日,多则三十天,主要视奔丧者而定。古代多停棺三个月而葬,至多达七个月。汉族传统习俗,父母死亡,儿女必奔丧,否则为不孝。而亲朋好友将来哀悼祭奠死者,称为"吊丧"或"吊唁"。奔丧者均要穿丧服。古代汉族丧服分斩衰、齐衰、大功、小功、织麻五种,称为"五服",用粗、细不同的麻布制成,按亲疏关系不同而穿不同的丧服,称为"披麻戴孝"。近代多用白布做丧服。现代城市一般兴胸佩戴白花，臂戴黑纱。

葬，就是掩埋死者遗体，即棺木入土。旧俗入葬前往往要看风水、择坟地，谓之"择吉地"。送葬又叫出殡。送葬时，古代汉族一般是"孝子"在前执绋，挽柩者唱挽歌。挽歌到近、现代演变为哀乐。亲朋好友写挽词或挽联送葬，到近、现代又演变成送花圈，花圈上写挽联。

古有以人殉葬的习俗（主要是近亲、近臣和近侍，至清朝人殉仍有遗存），后逐渐以陶俑代之，到近代则以纸扎人像伴葬。

葬礼以后，有做七、断七、百日、周年等追悼仪式，并将牌位送归祠堂，这已从葬礼时对人的仪礼转为对"鬼灵""祖灵"的仪礼。

另外，汉族还有"归葬"的习俗，就是将死于他乡的遗体归葬原籍。

（九）独特的食俗

汉族被世界上公认为讲究吃食的民族，其烹饪技术精美绝伦，无与伦比。食俗源流久长，极富民族特色。

汉族食俗的主要特征是"基本吃素"。早在两千多年前，《黄帝内经·素问》就说："五谷为养，五果为助，五畜为益，五菜为充。"谷、果、菜均为植物性食物，从而形成了与畜牧民族和西方民族不同的以植物性食物为主、动物性食物为辅的食物结构。秦汉时人民生活非祭祀无酒肉，近、现代则平常日子粗茶淡饭、节假日吃点鱼肉鸡鸭，俗称"打牙祭"。北方以面食为主食，南方以大米为主食。汉族对素菜的烹制极为考究，特别是其仿制技巧高超，凡是鸡鸭鱼肉都能模拟得惟妙惟肖，以至乱真，成为汉族最富有民族风味的菜系之一。

高蛋白、高脂肪的大豆是汉族的微型"奶牛"。特别是把大豆加工成各式各样的豆制品，如豆腐，豆浆、素鸡、香干、腐皮、千张、油豆腐、腐乳、豆芽菜等，营养丰富，价廉味美，特色显著。除豆腐外，粽子和月饼也为汉族独有的传统食品。

汉族食俗的又一重要特征是其烹饪既是科学，又是艺术，同时是文化。在色、香、味、形俱佳的特色中，形成的"北人嗜葱蒜、滇黔湖蜀嗜辛辣品，粤人嗜淡食，苏人嗜糖"①的川、鲁、粤、苏四大骨干菜系，此外还有清新细嫩、精致的浙菜，以烹制海鲜见长的闽菜，擅长烧、炖的徽

---

① 《清稗类钞》。

菜，口味重于酸辣，擅熏腊的湘菜，以淡水鱼鲜取胜的鄂菜，以宫廷御膳闻名的京菜等，各具地方风味。最有风趣的是各菜系中的名菜名点，常常因历史悠久而有典故流传民间，形成了汉族文化的重要组成部分。

筷子是汉族独有的吃食工具。古称"箸"或"梜"。用筷子吃饭夹菜既简单又方便，与西方民族用刀、叉就餐，与阿拉伯民族用手抓饭形成完全不同的民族风习。

此外，饮茶也是汉族独特的食俗之一。汉族是种茶、制茶和饮茶最早的民族，汉时茶就从药用过渡成为一种饮料，明、清之际饮茶已成司空见惯，于是城乡茶馆遍布。饮茶的方法也逐步改进，最后形成用茶叶泡茶的简便方法。

（十）独特的服饰

服饰是一个民族风貌最直接的外部表现，尽管服饰的历史特色和时代特色极为鲜明，但汉族服饰具有的民族风格，还是有迹可循的。

自古到今，汉族上衣右衽（大襟）的特点始终保留。河南安阳出土的玉雕、石雕和陶塑的商代人像上，就可以看到右衽高领衣的样子。后虽有胡服传入，出现短衣短裤，但不管是西汉的"深衣"，东汉的"襜褕"，还是唐宋的"交领袍"，或是清朝的"长袍"，上衣总是以右衽为特点。近代男装长袍和现代女装旗袍都承继了上衣右衽的特色。

各个朝代，对服饰的颜色，各有崇尚，一般是夏黑、商白、周赤、秦黑、汉赤，唐服色黄，旗帜赤，到了明代，取法周、汉、唐、宋，定为以赤色为宜。

服装的式样发展到清末民初，男人一般内装为对襟衫和长裤，外穿大襟长衫，讲究一点的外加一件马褂，谓之"长袍马褂"。裤子都镶有八寸阔腰。后来中山装流行，但农村仍穿长袍马褂或对襟短衫长裤，至今偏僻的山区仍有老人穿长袍。妇女清末穿喇叭状齐膝中长衫和长裤，民国后上穿"斧口衫"，有对襟、大襟，琵琶襟之别；下着裙子，有凤尾裙、百褶裙等。三十年代后旗袍流行，但农村妇女多穿大襟短衫和长裤。现在汉族的服装，男的以中山装为代表，女的以旗袍为代表。

千层底的布鞋，圆口低帮，轻便、透气、舒适，也是汉族富有民族特色的穿着之一。

发式，古代汉族男子不剃发，结发于顶加冠；清代改剃发结辫，青年以辫长为美；民国后剪辫留短发，多西洋式、平顶式或光头。汉族女子发式较多，古代多高髻，近代少女有刘海、单辫，或双丫髻，中年妇女多梳长髻，老年脑后梳纂。民国后不少女子改剪短发，留发齐耳。现代汉族男子发式已无特色，女子仍以梳长辫为具有民族特色的发式。

修饰，古代汉族男子到一定的年龄均留胡蓄须，女子十五岁行筓礼，俗称"开面"。古代妇女还有束胸、缠足等陋俗，男人则有文身的习俗。

佩戴方面，古代汉族盛行佩玉；不论男女均戴肚兜，以防病从脐入，现在农村小孩尚兴戴肚兜。旧俗小孩出生要带"落地圈"，意为落地平安，一至五岁要戴"天官锁"，又称"长命锁"。

（十一）独特的建筑

汉族居房建筑的民族形式为斗拱挑檐的木结构，俗称"大屋顶"。这种民族形式的住房建筑，最早萌芽于半坡遗址草泥木柱网结构和河姆渡遗址干栏式榫卯结构的房屋。经过长期的交流和融汇，西汉时形成了以"秦砖汉瓦"和木结构的完整的建筑结构体系，史称为"土木之功"。这时，在世界建筑史上很特殊的斗拱已广泛使用。这种斗拱既起支撑的力学作用，又有装饰的艺术效果，体现了汉族住房建筑浓厚的民族风格。在历史的发展中，这种大屋顶的民族形式又分成琉璃瓦、雕梁画栋的宫殿形式和青砖黑瓦、朴素简易的民居形式。

汉族建筑布局的特点一般是平面向纵深发展，分上房下房，正房侧房、内院外院，楼最高不过二层，往往形成左右严格对称、庭院与建筑物融为一体，封闭独立的住宅建筑群。

汉族建筑独树一帜，有重大成就的是古典园林建筑。在苏州，几尺之地即可成为一个小花园，书房外边没有花园就不成为样子。北京的颐和园运用鲜明的对比手法，"借景"造园以水取胜，湖山结合，景随步移，园中有园，"集景模写"，虽由人造宛若天成的园林建筑艺术，集中表现了汉族古典园林建筑的民族风格和传统。

现在，城市虽出现不少高层住房建筑，但重要的建筑物往往采用汉族传统的氏族建筑形式，如北京的十大建筑就保留了浓厚的民族风格。在农村，北方仍流行四合院，南方还作兴五间堂。新的建筑材料虽已出现和普遍使用，但大量的、基本的还是"秦砖汉瓦"的砖木结构或泥木结构的房屋。

（十二）独特的书写计算工具

汉族的用具，不少独具一格，它既表现了汉族不同于其他民族的风俗，又为世界文化的进步和发展做出了贡献。其最典型的是被称为"文房四宝"的书写工具：纸、笔、墨、砚。

纸，是汉族的一个伟大发明，现在世界上纸的品种虽然以千万计，但"宣纸"仍然是供毛笔书画用的独特的手工纸，宣纸质地柔韧、洁白平滑、色泽耐久，吸水力强，是汉族特有的精品，在国际上有"纸寿千年"的声誉。

毛笔，是古代汉族与西方民族用羽毛书写风采迥异的独具特色的书写、绘画工具。当今世界上虽然流行铅笔、圆珠笔、钢笔等，但毛笔却是替代不了的。据传毛笔为蒙恬所创，所以至今被誉为毛笔之乡的河北衡水县侯店每逢农历三月初三，如同过年，家家包饺子，饮酒庆贺，纪念蒙恬创毛笔。自元代以来，浙江湖州生产的具有"尖、齐、圆、健"特点的"湖笔"成为全国最著名的毛笔品种。此外，毛笔上的笔套，可以保持毛笔笔锋的润泽，从明初发明至今已有六百多年的历史了。

墨，是汉族独有的书写、绘画的色料。唐代制墨名匠奚超、奚廷珪父子制的好墨，受南唐后主李煜的赏识，全家赐国姓"李氏"。从此"李墨"名满天下。宋时李墨的产地安徽歙县改名徽州，"李墨"改名为"徽墨"，至今"徽墨"依然是汉族用墨的上品。

砚，俗称砚台，是汉族特有的书写、绘画研磨色料的工具。汉代时砚已流行，宋代则已普遍使用，明、清两代品种繁多，出现了被人们称为"四大名砚"的端砚、歙砚，洮河砚和澄泥砚。古代汉族文人对砚十分重视，不仅终日相随，而且死后还用之殉葬。

除"文房四宝"外，珠算盘也是汉族祖先发明创造的一种简便的计算工具。北宋名画《清明上河图》中赵太丞家药铺柜上就画有一架算盘。由于珠算盘运算方便、快速，几千年来一直是汉族特有的普遍使用的计算工具，即使现代最先进的电子计算器也不能完全取代珠算盘的作用。

（十三）独特的医俗

在看病吃药方面，汉族的医俗又是独树一帜，形成和建立了一套完整的中医中药体系，民间俗称"中医""中药"。

切脉，是汉族独创的诊法，近代以来西医看病习惯用听诊器，而两千多年来中医则习惯脉诊，即用手指按脉，根据脉象来诊断疾病。中医的一套理论体系也为世界所特有。

汉族传统的药物是中草药，按其理论把中药分为"四气"（即寒、热、温、凉），"五味"（即辛、苦、咸、酸、甘），"升降"和"浮沉"（即药物在体内发挥的趋向）四种不同的属性。中草药有一套特殊的药物加工方法，称为"炮制"或"炮炙"。"炮制"方法多种多样，根据药物的属性和治病的需要，一般分为水制、火制和水火共制三种。中草药还有独具一格的复方配伍的"处方"。使用多味药物互相配合，互相钳制，互进疗效，与西药"单打一"的治疗作用有显著不同。此外，中草药有多种多样的"剂型"，如丸剂、散剂、膏剂，酒剂、汤剂等，以汤剂为主。总之，中草药的特点是"简、便、验、廉"，几千年来深受汉族人民的欢迎，在民间有深厚的基础。

中医的治疗方法也是丰富多样的，除上述作为主要手段的中草药方药外，还有针灸、气功、火罐、蒸熏、敷贴、推拿、按摩、导引、捏脊、割治、刮痧、蜡疗、泥疗、水浴等多种方法。其中特别是针灸，方法简便、器械简单、疗效显著，逐渐推广至世界各国，有"神针"之美誉。还有气功，靠练气即可治好疾病，甚至可以攻克某些"癌症"，也被誉为"神功"。

（十四）独特的文体娱乐

汉族的文体娱乐活动犹如一座百花盛开的大花园，奇葩繁多。很多项目，譬如杂技、放风筝、围棋、象棋、龙舟竞渡、摔跤、导引、马球、蹴鞠（踢足球）等都有着悠久的历史传统、浓郁的民族风格和广泛的群众基础，其中一些项目，如蹴鞠、马球到了近代虽然衰落了，但在历史上却曾盛极一时。在汉族所有的具有民族传统的文体娱乐中，尤以武术和民族戏曲被视为国宝。

武术，这个被国际上称为"功夫"的民族体育运动，其特点一是"击"，二是"舞"。"击"就是"技击"，即从徒手搏斗的拳术发展为搏击敌人的武艺，在民间有根深蒂固的传统。历史文献中记载的项目有角抵、相扑、手搏、手战、击剑、击刺、校棒、刺枪等，并有打擂台比武的习俗。"舞"，就是"武舞"，即现在流行的套路形式的武术。它与"技击"

的搏击性不同，而具有表演性。这种以形体抒情和造型美感为特征的武术至今仍广泛流传于民间。正因为武术既可看，又可用，还可以锻炼身体，所以深深扎根于汉族民间，历经数千年而不衰。

民族戏曲，这个在国际上令人陶醉的汉族传统艺术，剧种繁多，表演形式载歌载舞，又说又唱，有文有武，集"唱、做、念、打"于一体，在世界戏剧史上独树一帜，其主要特点，以集汉族古典戏曲艺术大成的京剧为例，一是男扮女、女扮男；二是划分生、旦、净、丑四大行当；三是有夸张性的化妆艺术——脸谱；四是"行头"（即戏曲服装和道具）有基本固定的式样和规格；五是利用"程式"进行表演。汉族的民族戏曲，从先秦的俳优，汉代的"百戏"、唐代的"参军戏"、宋代的杂剧、南宋的南戏、元代的杂剧，一直到清代出现了地方戏曲空前繁荣和京剧的形成，戏曲始终扎根于汉族民间，为人民所喜闻乐见。看戏至今仍然是汉族的主要娱乐活动之一。一般说来，北方人多喜看京剧，南方人则爱好越剧，各种地方剧种都有其自己的观众对象。远离故土家乡的人甚至把听、看汉族民族戏曲作为对故乡思念的一种表现。

（十五）独特的礼俗

古代中国素有"礼仪之邦"的美称，古代汉族十分讲究礼节，礼俗别具一格。

在相互交往中，古代汉族对于不同的对象均有切当的礼节，分为稽首、顿首、空首、振动，吉拜、凶拜、奇拜、褒拜，肃拜九种，称为"九拜"。后经发展、演变，一般最常见的有打拱、作揖和跪拜三种。

打拱，就是右手在内、左手在外，两手合抱以示敬意。古俗男子吉拜尚左，而女子吉拜尚右，称之"纳万福"。凶拜，即不友好的拜见礼则相反。作揖，除拱手外，还要弯腰鞠躬。揖有高揖和长揖之分。高揖即双手高举，长揖除拱手高举外，还要自上而下，行鞠躬礼。打拱和作揖往往连用，大约是古"九拜"中之"振动"演化而来。这种礼节无尊卑上下之分，为平辈之间的常礼。在古代汉族民间，友人相遇也往往边说声"请"，边打躬作揖相让，以示尊重。

跪拜，是汉族的一种庄重的礼节，有稽首、顿首、空首之分。稽首是叩头至地并停顿一段时间，原是"九拜"中最恭敬的一种礼节，常作臣对君之拜。顿首，即头叩地，通用为下辈对上辈、下级对上级的拜礼。空首，是手着地，拜头至手。此外还有只屈一膝的"奇拜"，清朝时极流行。

辛亥革命后，随着封建君主制度的废除，跪拜礼遂被废止，但并未绝迹，直到解放后才彻底被摒弃，但民间下辈对上辈有时也偶用此礼以示特别敬重。同时，打躬作揖的礼节也渐被握手礼、举手礼、注目礼、问好礼以及点头招呼所代替，但并未完全绝迹。

（十六）独特的节日

汉族历史悠久，世代传袭，逐渐形成了民族传统节日的一个完整体系。一年之中，其主要节日，按农历顺序排列有：正月初一为元旦，即春节。正月初七为人日。正月十五为上元节，又叫元宵节或灯节。二月十二为花朝节，又叫百花生日。三月三为上巳节，又叫修禊节。三月还有清明节、清明前二日（或一日）又为寒食节。四月初八为佛节。五月初五为端午节，又叫端阳。七月初七为七夕，叫乞巧节或女儿节。七月十五为中元节，又叫鬼节。八月十五为中秋节。九月初九为重阳节。十一月有冬至节。十二月最后一天的晚上为除夕。另外还有社日，又分春社和秋社，是农家祭社祈年的日子；伏日，祭祀以隐伏避盛暑；腊日，祭百神以逐疫。

汉族节日发展至今，最兴盛、隆重、热闹，最有群众基础的是春节、清明、端午和中秋四大传统节日。

春节是一年中最盛大的节日，一般从腊月办年货，掸尘、送灶君，挂年画、贴春联开始，经除夕吃团圆饭，俗称"年夜饭"，守岁，到正月初一过春节，形成高潮。春节期间主要活动是"拜年"。春节时长辈一般要给后辈若干"压岁钱"，男女老少均穿新衣，盛装打扮。节日期间开展多种文娱体育活动。节日禁忌特多，如不能扫地，不准讲不吉利的话，不要女人下厨，多为讨彩求吉。现除破除了一些迷信习俗外，其余均盛行不衰。

清明节除扫墓祭祖外，古代汉族这时还开展放风筝、荡秋千，踢毽子、蹴鞠（即踢足球、打马球）等文体活动。有的还有踏青和插柳的习俗。现在除祭扫祖墓外，青少年学生还要祭扫烈士陵园、缅怀革命先烈。节日食品南方多为清明果。

端午节主要习俗是家家户户要包粽子、吃粽子，要在门上挂菖蒲、艾叶，屋角喷洒雄黄酒；小孩要挂香袋并在额头上用雄黄酒画一个"王"字，大人喝雄黄酒。主要活动是龙舟竞渡。

中秋节的主要习俗是吃团圆饭、吃月饼、拜月赏月。

1984 年 8 月

四 汉族"红白喜事"述略

汉族是世界上历史最悠久，人口最多的一个民族，考察其生礼、寿礼、婚礼、丧礼等风俗习惯的历史和现状，对于移风易俗，建设社会主义的精神文明来说，无疑是十分有益和必要的。

对于一个人生到死，世界上各个民族都有不同的风俗习惯和礼仪。汉族对一个人的生礼、寿礼、婚礼、丧礼统称为"红白喜事"。这是因为汉族自古尚红，所以在其生、寿、婚礼中，均要用红色来点缀喜庆、欢乐的气氛。而白色是汉族传统丧服的颜色，表示悲哀和死亡。至于丧礼也称为喜事，是为了避讳。因此，对生、寿、婚、丧四礼统称为"红白喜事"是一个简单、明了的概括。

(一) 生礼

孩子从出生到成年，有一定的礼俗。

妇女怀孕，汉族俗称为"有喜"。《红楼梦》第十回即有"因为不得个好大夫，断不透是喜是病"的说法。

小孩出生第二天要做"三朝"。小孩出生后，大都紧闭双眼，总要到三朝（即三天）或三朝以后才睁开。按旧俗，孩子睁开眼后要先看父亲，后看母亲，然后再看其他亲友，以示永远孝顺父母。这时来探望的亲戚朋友往往馈赠鸡蛋、红糖、小孩衣物等礼物祝贺。其中鸡蛋染成红色，称为"红蛋"，因是贺喜，故也称"喜蛋"。

满月时，称为"弥月"。旧俗要给孩子理胎发，俗称"剃头"，办酒席庆贺。有的地方则规定农历四月初八为新生儿的"剃头"日。《东京梦华录·育子》对此记载说："至满月则生色及绷绣线，贵富家金银犀玉为之，并果子，大展洗儿会，亲宾盛集。煎香汤于盆中，下果子彩钱葱蒜等，用数丈彩绕之，名曰围盆。以钗子搅水，谓之搅盆；观者各撒钱于水中，谓之添盆。盆中枣子直立者，妇人争取食之，以为生男之征，浴儿毕落胎发，遍谢坐客。"现代汉族对小孩的满月已视为常事，但有些地方的农村还比较重视，往往要请满月酒。

周岁时，古称为"周晬"，是小孩从出生以来最隆重的日子。古俗，孩子周岁这一天要测试其前途。方法是男置弓矢纸笔，女则刀尺针篓，以及各种食物、衣服于桌，让孩子自取，取中者为其前途之征兆。所以《东京梦华录·育子》中又说："至来岁生日谓之周晬，罗列盘盏于地，盛果木饮食，官诰笔研算秤等，经卷针线，应用之物。观其所先拈者以为征兆，谓之试晬，此小儿之盛礼也。"现代汉族对小孩周岁普遍较重视，不管是城市还是农村，一般都要给小孩拍照留念，并做新衣服，吃鸡蛋面条以示祝贺。经济条件较好的家庭有的还办生日酒，款待亲戚朋友。江南农村还有包周岁粽子的习俗。这种粽子包得比一般的粽子长，意寓孩子快长大。

古代汉族男子到二十岁时，选择吉日，敬请宾客，由父亲在宗庙里主持冠礼。《礼记·冠义》记载："古者冠礼筮日筮宾，所以敬冠事。"女子十五岁时行笄礼①，《仪礼·士昏礼》说："女子许嫁，笄而醴之称字。"其注又说："笄，女之礼，犹冠男也。"冠礼和笄礼的举行表示人已成年，可以结婚了。近、现代早已不实行这些礼仪，只是在年满二十岁时往往比较隆重地庆贺生日，经济条件比较好的人家举办生日酒，宴请亲戚朋友；一般人家也要略备酒菜，吃鸡蛋面条，举家相贺。

（二）寿礼

汉族习俗，对生日的祝贺分两类：一类是对五十岁以下的人称之为"过生日"，另一类是对五十岁以上的人称之为"做寿"。传统的风俗，不管是"过生日"，还是"做寿"，均要吃面，因为面条长，意示长寿，故生日面谓之"长寿面"，这与西方各民族生日吃蛋糕的习俗大相径庭。有的地方是吃鸡蛋面，有的地方是吃红糖面。

另外，一般岁数的生日往往从简，而逢十的岁数，如二十岁、三十岁、四十岁、五十岁……则比较隆重，称之为"大生日"或"大寿"，"过生日"或"做寿"有三种不同的情况：二十岁以前主要是大人给孩子庆贺，常常给孩子送些礼物以资纪念；五十岁以前往往是自贺，若孩子长大成人，也买些礼物庆贺；五十岁以后则是后辈给上辈贺寿，以示孝心。

---

① 《礼记·内则》："女子……十五有年而笄。"

　　汉族习俗为何对五十岁以上的人过生日称之"做寿"？这与汉族历来尊老敬老的道德观念有关。因为"寿"字即寿命，有长久之意，《诗经·小雅·天保》即说："如南山之寿，不骞不崩。"所以一般汉族人的心理，都希望自己的长辈长寿，故对老年人的生日就称之为"寿辰"或"寿诞"，对逢十的生日称之为"大寿"，过生日就称之为"做寿"，贺生日就称之为"祝寿"或"贺寿"。寿命越长越受人尊敬，对老年人的年岁谓之"高寿"，《庄子·盗跖》说："人，上寿百岁，中寿八十，下寿六十。"甚至以天上的"老人星"来象征长寿，并塑造为神，称"老寿星"，至今"老寿星"的年画还特别受欢迎。还敬称祝寿人为"寿星"。在礼仪形式上"做寿"比"过生日"还要隆重得多。富裕的人家一般都设寿堂。高挂红底金字的大寿字，备寿酒，宴请亲戚朋友，各种贺寿的礼物中往往有用米面作成的"寿桃"①，有文才的人还写"寿诗"相贺。

　　现代汉族的寿礼与古代相比，只是剔除了封建迷信的成分和繁琐的形式，比较简单、随意些。而对年幼人"过生日"的祝贺和对老年人"做寿"的庆贺的观念基本如故。

（三）婚礼

　　结婚是男女人生的一件大喜事，汉族婚礼的礼仪历史悠久，民族色彩浓郁。

　　古代汉族的婚礼，早在春秋战国时期就已形成一套完整的礼仪，即"纳采""问名""纳吉""纳征""请期""亲迎"等"六礼"②。

　　"纳采"，就是发动婚议，即男家发现某女家可为议婚对象，则请媒人向女家提亲，女家答应议婚后，男家备礼去女家求婚。《仪礼·士昏礼》即说："婚礼，下达，纳采用雁。"后人称为"说媒"。

　　"问名"，就是男家请媒人问女方的名字和出生年月日。《仪礼·士昏礼》即说："宾执雁，请问名。"主要内容是双方交换正式年庚，称为"庚帖"（又叫"八字帖"），除注明男女生辰八字外，还要详注三代及主婚人

---

　　① 《太平御览》九六七旧题汉东方朔《神异经》："东北有树焉，高五十丈，其叶长八尺，广四、五尺，名曰桃。其子径三尺二寸，小狭核，食之令人知寿。"《古今杂剧》明朱有敦《蟠桃会》三："九天阊阖开黄道，千岁金盘献寿桃。"故旧俗祝人寿多用米面作"寿桃"为贺礼。

　　② 参阅《仪礼·士昏礼》。

姓名、官职、里属①。其目的是要了解双方家族的来历，即俗话说的是否"门当户对"。近代称之为"换龙凤帖"。旧俗不少迷信者还要请算命卜卦的术士来卜凶吉，《仪礼·士昏礼》郑玄《注》说："问名者，将归卜其凶吉。"即后世所谓"合婚"，合则当然亲事可初定了，但往往有什么"鸡猴不到头"，属鸡的不能配属猴的；"羊鼠一旦休"，属羊的又不能配属鼠的，以及八字不合、男女相克等等无稽之谈。此种风俗虽全是毫无根据的迷信，但自古以来相信者还是大有人在，古代当不必说，就是现代，特别是农村中仍有人信之。

"纳吉"，就是男家卜得吉兆之后，备礼通知女家，决定缔结婚姻。《仪礼·士昏礼》即说："纳吉用雁，如纳采礼。"郑玄的《注》讲得更明白："归卜于庙，得吉兆，复使使者往告，婚姻之事于是定。"②这也就是后世所说的"订婚"；"纳吉用雁"也就演变成"小聘"，即男家放送女家订婚礼物。"小聘"的礼物一般是女子所用的衣服和衣饰，以及少量财礼。女家受礼后，须回送男子所用的冠履及文房用品之类的礼物，于是婚约即告完成。近代"订婚"，除送订婚礼物外，往往还要宴请双方亲戚朋友吃"订婚酒"，有的男女双方还要交换订婚戒指。现代一些地方的农村还盛行吃"订婚酒"，一般的却已免除订婚这一礼仪了。

"纳征"，又称为"纳币"。《仪礼·士昏礼》即说："纳征，玄纁、束帛、俪皮。"③郑玄《注》也说："征，成也，使使者纳币以成昏礼。"后世取通俗之义，将"纳征"改称为"聘礼""彩礼"或"过大礼"。就是男家依照订婚时双方所议定的衣服、财帛、布帛、首饰、礼饼等物的数量，盛饰仪仗送到女家。礼饼和其他食物，由女家收受后，分赠亲友及邻居，以示女儿出嫁有期。现代汉族，特别是在一部分农村，仍然流行"聘礼"或"彩礼"之风，男家要给女家送十几套以至几十套衣服，此外有的还要手表、缝纫机、自行车等物品。而有的城市女青年甚至向男方要"全鸡"（电视机、录音机等家用电器）、"全鸭"（鸭绒被、枕、衣）。其实，稍加了解其历史渊源，便知是古代"纳征"的变种，是封建社会买卖婚姻

① 参阅《东京梦华录·娶妇》注《草帖子》。中华书局1982年1月版，第146页。
② 此所谓"庙"，即男方的家庙，俗称祠堂。
③ 玄纁：本是两种染料，古代用以染制祭服。《周礼·天官·染人》郑玄《注》，"玄纁者，天地之色，以为祭服。"此可能为给女方送的一套结婚礼服。束帛：布五匹为一束，俪皮：成对的鹿皮。俪即俩。《白虎通义》卷四《嫁娶》为"皮衣一套，布帛一束，兽皮二张"。

的反映和表现，现代社会主义的青年男女实在不应仿效，而使美好的婚姻渗进封建主义的"买卖"因素。另外，目前中国台湾所流行的订婚礼饼，也是汉族古礼之遗风。

"请期"，就是男家择定吉日婚期，备礼照会女家，求其同意。《仪礼·士昏礼》即说："请期，用雁。主人辞，宾许告期。如纳征礼。"古代吉日婚期的择定，也要请算命卜卦的术士，根据男女双方的生辰八字来决定，亦即《仪礼·士昏礼》郑玄《注》所说："夫家必先卜之，得吉日，乃使使者往辞，即告之。"现在，占卜择吉日之俗仍在一部分农村中流行。婚期吉日的择定，一是春夏之间，一是秋冬之时。春秋战国时多在春夏之间，以为春天是天地交泰之际，万物化育之初，此时择定婚期吉日，合乎应天顺时。《大戴礼·夏小正》就说："二月，……冠子取妇之时也。"但民间嫁娶吉日多选定秋冬，其原因多在于二月正是青黄不接的时期，而秋冬则是"秋收冬藏"的季节，又是农闲的日子。尤其是腊月二十三以后到除夕这几天时间，多被择为婚期吉日。民间旧俗认为这时灶君爷已升天向玉皇大帝述职去了，各家各户无神主宰，"百无禁忌"。山西《临晋县志》就说："自腊月二十四日至除夕，民间纷纷嫁娶，云诸神朝天，百无禁忌。各地亦然，故俗称：不管有钱没钱，娶个媳妇过年。"现代汉族青年结婚，虽多择"五一"劳动节、"十一"国庆节以及中秋节、元旦或春节为婚期，但农村中仍流行腊月二十四至除夕为婚期吉日。如浙江农村，每年的这几天，几乎天天可见从女家往男家送嫁妆的"嫁妆队"，或者是接新娘的自行车队，少则三、四起，多则七、八起上十起，甚是热闹。

"亲迎"，是"六礼"中最后一礼，也是最隆重的一礼，就是新郎率鼓乐仪仗彩舆，亲至女家迎娶新娘。《诗经·大雅·大明》："亲迎于渭。"《公羊传》庄公二十四年："公如齐逆女，何以书？亲迎，礼也。"彩舆有车舆、肩舆（即轿子）两种，因迎娶新娘要披红戴绿，故谓之"彩舆"。民间多用轿子迎娶新娘故俗称其为"花轿"。现代汉族亲迎，农村一般用拖拉机、自行车，城市除用自行车外，有的人家还租用小汽车。但思想开通的新郎新娘也有步行亲迎的。

古代亲迎的时间多在黄昏以前进行，《说文解字》解"婚"字说："礼取妇以昏时。妇人阴也，故曰婚。"[1]《白虎通义》也说："婚姻者何谓

---

① 《说文解字》，中华书局 1939 年版，第 259 页。

也？昏时行礼，故谓之婚也；……所以昏时行礼何？示阳下阴也，婚亦阴阳交时也，"① 可见昏时行"亲迎"礼的原因与阴阳学有关，同时，也可能是原始社会末期黄昏、黑夜抢婚习俗的遗风。近、现代汉族农村部分地区仍流行此俗，大部分地区已改在日间进行了。

古代汉族"亲迎"新娘有种种习俗。

一曰铺房。就是女家备办新房应用的器物，在"亲迎"前一日派人送到男家，称之为"送嫁妆"。为取吉利，必须请有福气的人，或夫妇双全、子孙昌盛的"好命婆"，或家境富裕的"富贵婆"来布置妥善。由于床在新婚中的重要作用，"铺房"主要是铺床，谓之"安床"。"安床"时，"好命婆"或"富贵婆"要作祷告，为新婚夫妇说些"琴瑟和谐""百年好合""早生贵子"等吉利话。《东京梦华录·娶妇》中说：亲迎"前一日，女家先来挂帐，铺设房卧，谓之铺房"。新房所需物品，司马光说"床榻、荐席、椅桌之类，婿家当具之；毡褥，帐幔、衾绸之类，女家当具之。所张陈者，但毡褥、帐幔，帷幕之类应用之物，其衣服袜履等不用者，皆锁之箧笥"。② 另外在送嫁妆的同时，还要送许多糖果，男家收受后，即分赠亲友邻里，以示即将娶妇。现代则有所不同，往往要结婚后再分糖果给亲友邻里。

现代汉族中"铺房""送嫁妆"之俗仍流行城乡。"送嫁妆"时，农村或用肩挑，或用拖拉机，城市或用三轮车，或用汽车。所送之物一般是衣、被、鞋、袜、梳妆用品，大小脚盆、马桶等日用品和床上用品，经济条件好的农村有的还有缝纫机等，城市还有电视机、录音机等。往往形成浩浩荡荡的送嫁队伍，招摇过市。当然，其中大部分是男家出钱置办的。有些讲排场、摆阔气的人在"铺房"时往往在床上摆出十床各色软缎棉被，两床全毛毯子，四对尼龙枕头，不仅把床堆得满满的，还要在新房摆上三四十只脚的新式家具和种种家用电器。其实这种风气早已为古人所不耻，司马光就说过："欲矜夸富多，此乃婢妾小人之态，不足为之。"③

二曰"撒谷豆"和"撒帐"。在女子将出阁的时候，通常必请一位福寿双全的妇女，手拿装有米谷和豆子的簸箕到处撒播，有的地方是撒草。

---

① 《白虎通义》卷四《嫁娶》。
② 《温公书仪》卷三《司马光书仪三婚仪上》。
③ 《温公书仪》卷三《司马光书仪三婚仪上》。

尤其是新娘在上花轿之前，花轿的里外都要撒播。当花轿到达男方门前，新娘下轿以前，也要撒播。《东京梦华录·娶妇》中记载说："新妇下车子，有阴阳人执斗，内盛谷、豆、钱、果、草节等，咒祝望门而撒，小儿辈争拾之，谓之撒谷豆。"而新郎、新娘入洞房，女左、男右双双坐在新床上时，男家的人也要拿谷、豆、果子以及钱币再撒一次，此谓"撒帐"①。《快嘴李翠莲》中对此有详细的描写。此俗之起因，一是迷信，认为"撒谷豆"可以避一种叫"三煞"的妖怪，免得它们伤害新人。《事物纪原》说："汉世京房之女，适翼奉子，奉择日迎子。房以其日不吉，以三煞在门故也。三煞者，谓青羊、乌鸡、青牛之神也。凡是三者在门，新人不得入。犯之损尊长及无子。奉以谓不然，妇将至门，但以谷豆与草禳之，则三煞自避，新人可入也。自是以来，凡嫁娶者，皆置草于门阃内，下车则撒谷豆，既至，蹙草于侧而入，今以为故事也。"② 二是借喻植物种子，预祝新娘多生贵子，表示一种祝颂之意，据说西汉时已有此风，汉武帝聘李夫人时由宫女撒米谷③。此俗现在已极少见。

三曰"哭嫁"。古代汉族女子婚前有"哭嫁"之俗。古俗以女子出嫁为悲痛之事，《礼记·曾子问》卷六说："孔子曰嫁女之家，三夜不息烛，思相离也。"可见离别父母双亲引起伤感而哭是"哭嫁"的一个原因。宋朝周去非的《岭外代答》卷四说："岭南嫁女之夕，新人盛饰庙坐，女伴亦盛饰夹辅之，迭相歌如，含情凄惋，各致殷勤，名曰送老，言将别年少之伴，送之偕老也。"可见离别自己的处女时代引起伤感而哭也是"哭嫁"的一个原因。此外，迷信观念认为"号哭"可以避邪驱魔，是"哭嫁"的又一个原因。近代两广"哭嫁"之俗最典型：女子在婚前三天，邀集感情相合的女伴，即所谓"金兰姐妹"，谈笑之间，忽然转喜为悲，初时仅相向哭泣，后变为高声恸哭，并一面哭一面唱，唱词随口即兴编造，内容有骂男家，也有把作闺女的乐与作媳妇的苦相比。这就是广西俗语所说的"开叹情"。而女伴所唱的又叫"送嫁歌"。甚至花轿临门，仍惺惺作态，哭之不肯理妆，直至媒婆来赔"小心"，姐妹入室好话相劝，才含泪梳妆，饮泣而上花轿。现代汉族女子出嫁也有"哭嫁者"，但多为离别父母，告

---

① 参阅《东京梦华录·娶妇》。
② 高承：《事物纪原》九。
③ 参阅高承《事物纪原》九。

别姑娘时代而哭。有的仅仅只是作个样子而已。

四曰"障面"。旧俗新娘"障面",就是在上花轿前,一定要用红巾蒙盖,在花轿内也不能揭去,故又称之为"盖头"。到婆家举行婚礼,或入洞房后,才能由新郎或男家福寿双全的女亲揭去,让贺喜的亲戚朋友瞻看新娘的风采,此称之为"挑盖头"(又叫"揭头纱")。《梦梁录》即说,两新人"并立堂前,遂请男家双全女亲,以秤或用机杼挑盖头,方露花容"①。此俗之起因,一是避邪,此谓迷信之由;一是遮羞,此乃处女的娇羞,是汉族封建时代女性与男性接触的一种心理反应。现在这种风俗只能在电影或戏曲里看到了。

五曰新娘足不履地。古俗讲迷信,认为地与天都是神圣的境界,天有天神,地有地君。即将成婚的新娘不能随便接触,如接触,难免冲犯鬼神。因此女子在出嫁之时,双脚不能踏地。在娘家,可由父兄或近亲背或抱其上花轿。到了婆家则不仅没有人背、抱,还有很多礼仪要进行,必须到处走动。为了避免踏地,只有在新娘所要经过的地方铺上席子,下轿后由伴娘搀扶着走在席上,脚不直接踏地直到礼毕入洞房时止。《东京梦华录·娶妇》就说:"新人下车檐,踏青布或毡席,不得踏地。"《土风录》亦说:"今新妇到门,则傅席以入,弗令履地。"②近代,有些地方用几条麻袋接连轮换铺地,称之为"传代",意取传宗接代。北方多以红毯铺地。此俗唐朝时已有③,现代除偶闻个别复古者行此俗外,也已不实行了。

六曰"跨马鞍"。《东京梦华录·娶妇》和《梦梁录·嫁娶》叙述两宋婚礼都言及新人"跨马鞍"之俗。其方式有新娘跨坐或侧坐马鞍;有跨过马鞍;有新郎坐马鞍,女家人三请而下④。到近代遂统一为新娘入夫家大门时先"跨马鞍",后登堂。此俗本系北朝少数民族的遗风,唐朝苏鄂《苏氏演义》卷上记载:"唐历云,国初以婚姻之礼,皆胡房之法也,谓坐女子于马鞍之侧,此胡人尚乘鞍马之义也。"段成式《酉阳杂俎》也说:"今士大夫家婚礼,新妇乘马鞍,悉北朝之余风也。今娶妇家,新人入门跨马鞍,此盖其始也。"其实,"鞍"者安也,汉族承北朝少数民族之遗风,一

① 《梦梁录》卷二十《嫁娶》。
② 均见顾张思《土风录》卷二。
③ 均见顾张思《土风录》卷二。
④ 参阅邓之诚《东京梦华录注·跨鞍》,中华书局1981年版,第150页。

方面说明了南北朝时入主中原的北方少数民族被汉族同化，文化习俗被汉族吸收的情况；另一方面也是取"鞍"之谐音，求新婚夫妇安安稳稳白头偕老也。此俗现在也不多见。

七曰"举火"和"泼水"。汉族古俗还兴新娘乘花轿到男家，在跨马鞍、过大门时，要在门前"举火"或在门口"泼水"。于邺《花烛闲谈》："士婚礼记：妇入寝门，赞者酌玄酒，三属于尊，弃余水于堂下阶间。敖君善集说曰：'弃余水者，不欲人亵用之也。'是古人入门弃水，今人妇入门举火，于古正相反也，而女出女家门时，则弃水于地，傥以男家之礼，误行于女家者欤？"其实，在古代迷信观念中，水、火都是法术中驱邪治鬼的重要用物，用水可以涤除污秽，用火可以烧毁废物，两者均有涤荡邪魔的迷信作用，所以至今仍有一些民族盛行泼水节，或用火驱魔。因此新娘入门时，"举火"以消除邪魔，"泼水"以涤除灾祸，都有驱魔消灾之意。至近代，广东潮州一带仍行新娘进门踏火烟之俗，福建一般人嫁女，有泼水之习。现在这些风俗也极少有人实行了。

八曰"拜堂"。"拜堂"又叫"拜天地"，是汉族古俗婚礼过程中最重要、最精彩的一个仪式，也是整个婚礼的高潮。唐朝时已有此俗。封演《封氏闻见记》记载："近代婚嫁，有障车、下婿、却扇及观花烛之事，又有卜地、安帐并拜堂之礼。上自皇室，下至士庶，莫不皆然。"① 王建《失钗怨》诗也说："双杯六酒六亲喜，我家新妇宜拜堂。"唐朝时"拜堂"的情况，赵翼在《陔余丛考》中有详细的记载②。宋朝时"拜堂"在婚礼之次日，《东京梦华录·娶妇》说："次日五更用一卓（桌）盛镜台，镜子于其上，望上展拜，谓之新妇拜堂。次拜尊长亲戚。"而一般"拜堂"的仪式是在新娘迎来登堂后，即行"拜堂"：一拜天地，因男女相交从结婚开始，故要拜天神地祇；二拜高堂（即父母），因新娘从结婚开始，才成为男家的家庭成员，故要拜父母；三交拜，因结婚开始男女结合成为夫妻，故交拜以郑重其事。三拜结束后，新郎新娘用红绸牵巾相连，"男挂于笏，女搭于手，男倒行出，面皆相向"③ 而入洞房。古时农村新郎新娘在新婚次日的早晨要去拜宗祠，对祖宗牌位行礼，称"庙见"。近代"拜

① 《封氏闻见记》卷五《花烛》。

② 参阅《陔余丛考》卷三十一。

③ 《东京梦华录·娶妇》。

堂"之俗仍流行于城乡，现代汉族结婚一般已不行"拜堂"了。

九曰"交杯"。"交杯"古称"合卺"。《礼记・昏义》说："合卺而酳。"孔颖达疏；"以一瓠分为二瓢谓之卺，婿之与妇各执一片以酳，故云合卺而酳。"酳，就是用酒漱口的一种礼节①。瓠瓜味苦，盛酒会使酒变苦，提示新婚夫妻要同甘共苦。"合"不仅有合成一体之义，也提示新婚夫妻要如琴瑟之和谐。后来"合卺"演变成"交杯"。宋朝王得臣《尘史》下《风俗》说："古者婚礼合卺，今也以双杯彩连足，夫妇传饮，谓之交杯。"所饮的酒叫"交杯酒"。这也就是《东京梦华录・娶妇》所说："用两盏以彩结连之，互饮一盏，谓之交杯酒。"

一般的习俗，"合卺""交杯"之礼在洞房内举行，没有"闹房"之俗的地方，此后新郎新娘即可就寝。此俗经久不衰，至今仍行，所不同的是，"交杯酒"往往是在众目睽睽的"闹房"时共饮的。

十曰"闹房"。"闹房"之俗，古今流行。新婚之夜，亲朋好友在新房里向新郎新娘说笑取乐，所以又叫"闹新房"。清朝吴荣光《吾学录・昏礼门》说："世俗有所谓闹新房者……乃群饮喧呼，恣为谐谑。"

"闹房"之俗由来已久，据东汉仲长统《昌言》和《续后汉书・五行志》记载，东汉时已有之。"闹房"有"文闹"和"武闹"两种。"文闹"即要新郎新娘在众人面前写诗、作对、唱歌、弹琴，既热闹又文雅。"武闹"则动手动脚，丑言野语，实为恶作剧。明朝杨慎《丹铅续录・戏妇》说："世俗有戏妇之法，于稠众之中，亲属之前，问以丑言，责以慢对，其为鄙渎不可忍论，或以楚挞，或系足倒悬，酒客酟醟，不知限剂，至使有伤于流血踒折支体者，可叹也！古人感离别不下灭烛，悲代亲而不举乐，礼论娶者羞而不贺，今既不能动蹈旧典，至于德为乡间之所敬，言为人之所信，诚宜正色矫而呵之，何为同其波流，长此敝俗哉。今此俗多有之，娶妇之家，亲婿避匿，群男子竞作戏调，以弄新妇，谓之'谑亲'，或褰裳而针其肤，或脱履而规其足，以庙见之妇，同于倚市门之娼，诚之敝俗也。"足见古时就有人对粗野的"闹房"作了尖锐的批评。

但是"闹房"之俗"历千余年而不能变"②，流行日广，花样也越来越多。现代汉族"闹房"一般的是要新郎新娘介绍恋爱史，饮"交杯酒"，

---

① 《礼记・乐记》"执酱而馈，执爵而酳。"古代宴会的一种礼节，食毕用酒漱口。

② 参阅《后汉书・礼仪下・大丧》。

或用红绳吊一块糖（有的吊一块苹果），让新郎新娘同时吃，持红绳者往往故意晃动，使之不易咬住，有的新郎新娘怕难为情而不肯吃，则常常连拉带劝，使两人同时吃糖，实际上是让新郎新娘在众人面前亲嘴接吻。有的则要新郎新娘唱歌、跳舞。而此时如果新娘给宾客点烟，则总是有人故意把火柴吹熄，使之久点不燃。在北方地区有"闹房""三日无大小"之说，男女宾客都参加，南方则多以男宾为主，女宾仅在旁边看热闹。有些地方"闹房"的风俗很奇特，如浙江永康县一带，盛行偷新房里的东西，特别是新婚用的新被子，要新郎家里人出钱买糖才能拿回。

上列古代汉族婚礼"六礼"和"十俗"，发展至今，由于时代的变迁，社会的前进，思想的进步，虽然有的淘汰了，有的演变了，有的充实了新内容，但是请媒人说合、订婚、送嫁妆、亲迎、举行婚礼，以及铺房、哭嫁、交杯、闹房等形式和习俗，无论在大陆，还是在台湾，也无论是在国内，还是在海外华侨之中，都大体保存了下来而流行于民间。只是中华人民共和国成立后，在中国共产党的领导下，移风易俗，婚事新办，提倡节俭，反对奢侈浪费；要文明，不要低级趣味，要热闹，不要讲排场。其实，汉族一向具有"克勤克俭"的美德，古代嫁娶无非以"合二姓之好，上以事宗庙，而下以继后世"为主旨，剔除封建宗法思想，还是符合自然发展规律的，故聘礼只求实用，讲吉利，不尚豪华，不讲排场。前引《仪礼·士昏礼》中所提"六礼"，除"纳征"外，其余均以雁为礼，其原因是取大雁这个动物本身所具有的两个吉利的特点：作为一种候鸟，秋南春北，来去有时，不失信，送雁为礼，意寓婚姻大事不失时，不失信，此其一。其二是大雁行止以老而壮者在前引导，幼而弱者尾随其后，从不逾越，送雁为礼，又意寓长幼有序，辈分相当。后来只是封建地主阶级思想的长期影响，才逐步恶性膨胀，流毒至今。尽管如此，古代仍有勤俭办婚事的事迹，明朝彭大翼《山堂肆考》卷九《竹笥木履》就记有"东汉逸民戴良有五女，皆以练裳布被，竹笥木履而遣人。"此事被传为佳话。现在，不少青年男女，响应党的号召，出现了集体婚礼、茶话婚礼、旅行婚礼、种树结婚等节俭、文明、热闹的结婚方式。如一九八二年元旦，安徽省举办的集体婚礼，有三〇四对新郎新娘，邀省委第一书记作证婚人，新婚夫妻种"合欢树"纪念，十分俭朴，热闹而有意义，社会主义汉族婚礼新办的一代新风正在开创。

（四）丧礼

汉族自古极重丧礼。

古人初死，家人要持死者衣服，登上屋顶，面向北方，长呼三声"某人复生"，为之招魂，称之为"复"。《礼记·檀弓下》说："复，尽爱之道也。"复而不醒，即给死者沐浴。古时洗发曰沐，澡身曰浴。《后汉书·礼仪下·大丧》说："复如礼，登遐。……沐浴如礼。"沐浴后发丧并办理丧事。

丧礼又分为殓、殡、葬三个阶段。

殓，就是给尸体穿衣下棺，分小殓和大殓二步①。小殓是给尸体裹上衣衾。一般的是用布帛裹，《汉书·杨王孙传》说："死则为布囊盛尸。"有的用纩绵，即新的丝棉裹尸，《后汉书·张奂传》说：奂"光和四年卒，年七十八，……复缠以纩绵。"而皇帝及皇族死，则用浅黄色的丝绸缠身十二层，并穿金丝缀连的玉衣，如《西京杂记》卷一所记："汉帝送死皆珠襦玉匣。"② 1968年西汉靖王刘胜夫妇的"金缕玉衣"的出土就是一个例证。大殓是把尸体装进棺材。棺材称为"寿材"，供男人用的刻"寿"字，供女人用的则刻"福"字。古时迷信，若给死者穿"寿衣"时结绞不纽，以避死结难解。

小殓时，一般的要把米放在死者口中，称之为"饭含"。《汉书·原涉传》说："具记衣被棺木，下至饭含之物，分付诸客，诸客奔走市买。"《后汉书·偃皇后纪》也说：偃皇后"崩，以帝弟平原王石为丧主，敛以东园画梓寿器，玉匣饭含之具。""饭含"之物并不一定都是含米，而要根据封建等级以及身份的不同，分别含璧、含珠、含瑁、含米、含贝，只有皇帝入殓才能含玉③，但一般都称之为"饭含"。大殓时往往随殓一些物品，一般人都有衣、被，就是婴儿也一样，《后汉书·方术·蓟子训传》所记蓟子训客住济阴宛句时，玩弄方术，故意将邻家婴儿摔死葬之，后又复活抱回，婴儿父母"虽大喜庆，必犹有疑，乃窃发视死儿，但见衣被，

---

① 参阅《后汉书·礼仪下·大丧》。
② 又见《后汉书·礼仪丧·天丧》注引《旧汉仪》。
③ 《周礼·天官·王府》说："大丧共（供）含玉。"《后汉书·礼仪下·大丧》："饭含珠玉如礼。"大丧及皇帝丧，也泛指皇族丧。

方乃信焉。"而有钱的人家则往往用锦衣、珠宝玉柙随殓。《太平御览》八一三引《桓谭新论》说："阳城子姓张名衡，蜀郡人，王翁时，与吾俱为讲学祭酒。及寝疾，买棺椁，多下锦绣，立被发冢。"有的甚至以"玉衣珠璧"随殓①。考古发掘这方面的材料举不胜举，长沙马王堆汉墓的发掘就是一个很具体的例子。

殡，就是入殓后停枢②于殡宫。《礼记·檀弓上》就说："殡于五父之衢。"《仪礼·既夕礼》又说："遂适殡宫，皆如启位。"殡枢时间，历来无一定规，有的殡七日③，有的殡十日④，有的殡十几至二十日⑤，有的殡三十天。殡期长短不一，一个重要原因是等待奔丧者来致哀。春秋战国时对奔丧就极为重视，《礼记》就有《奔丧》篇专论奔丧之礼。唐孔颖达《礼记正义》说："案郑《目录》云，名曰《奔丧》，以其居他国，闻丧奔归之礼。"后秦始皇统一六国，奔丧就发展、演变成"在外闻其亲属之丧而归"⑥，专指奔父母亲的丧事。就是已出嫁的女儿也要奔父、母丧。《汉书·景十三王传·江都易王刘非传》说：非"二十七年薨，子建嗣……女弟徵臣，为盖侯子妇，以易王丧来归。"此即女奔父丧。《华阳国志》卷十《先贤士女揔赞》："陈纲……受学南阳，以母丧归。"此即女奔母丧。汉族因受孔子忠、孝伦理观念的影响极深，故父母亲死不奔丧者为不孝而有罚，《汉书·陈汤传》说：陈汤"至长安求官，数岁……富平侯张勃，与汤交……勃举汤，汤待迁，父死不奔丧。司隶奏汤无循行，勃选举故不以实，坐削户二百……汤下狱论。"奔丧之俗至今仍盛行，国家对在外地工作之儿女奔父、母丧者也给予种种方便和照顾。

此外，亲戚朋友，生前好友来哀悼祭奠死者，慰问丧家者，称之为"吊丧"或"吊唁"。《礼记·檀弓上》记载："子夏丧其子而丧其明，曾子吊之。"《汉书·史丹传》也有"太子前吊"的记载。

奔丧者均要穿丧服，据《仪礼·丧服》记载，丧服分为五种，即斩衰、齐衰、大功、小功、缌麻五种，称为"五服"。"五服"均用粗、细不

①　参阅《汉书·董贤传》。

②　《释名·释丧制》："尸已在棺曰枢。"故枢即是已盛尸的棺材。

③　参阅《汉书·文帝纪》。

④　参阅《汉书·景帝纪》《后汉书·章帝纪》。

⑤　参阅《后汉书·明帝纪》《后汉书·桓帝纪》。

⑥　（清）孙希旦：《礼记集解》。

同的麻布制成，根据亲疏关系之不同而穿不同的丧服①，故俗称"披麻戴孝"。另外，也有不少人用缟素做丧服。缟素是未经染色的白绢。《礼记·曲礼下》说："大夫士去国，逾竟，为坛位，乡国而哭。素衣，素裳，素冠。"春秋战国时这还是比较普遍的。《楚辞·九章·惜往日》就有"思久故之亲身兮，因缟素而哭之"的诗句。《战国策·魏策四》也说："信陵君闻缩高死，素服缟素避舍，使使者谢安陵君。"两汉时仍然如此，《史记·高祖本纪》乃有"今项羽放杀义帝于江南，大逆无道。寡人亲为发丧，诸侯皆缟素。"隆重的除穿丧服外，甚至用白车白马，《后汉书·范式传》即说："乃见有素车白马，号哭而来"奔丧。后来，由于棉布的逐步普及，取代了麻布和绢的地位，特别是明清以后丧服也逐渐被白布取代，头包白布，身穿白衣，脚穿白鞋就是"孝子"的典型形象。近、现代以后，披麻戴孝的形式大大简化，一般是胸佩白花，臂戴黑纱，有的还在鞋面上包一块白布。在农村有时还可以看到穿"重孝"的情景。

葬，就是掩盖死者遗体。汉族古俗盛行入棺土葬。入葬前迷信者认为坟地的好坏会招致一家的祸福，往往要看风水（又称"堪舆"，即古代天地的代称），察看坟地风向水流的形势，谓之择"吉地"。《后汉书·袁安传》记载："安父没，母使安访求葬地。道逢二书生，问安何之，安为言其故。生乃指一处云：'葬此当世为上公。'须臾不见，安异之。于是遂葬其所占之地，故累世隆盛焉。"

送葬，又叫出殡，就是死者亲属及亲朋好友随柩行至丧所，即坟地。《汉书·苏武传》就有"大夫人已不幸，陵送葬至阳陵"的记载。送葬时，一般是"孝子"（死者的儿子）在前执绋，挽柩者唱哀悼死者的挽歌。《晋书·礼志中》说："汉魏故事：天丧及大臣之丧，执绋者挽歌。新礼以为挽歌出于汉武帝役人之劳，歌声哀切，遂以为送终之礼。"有的人还在晚年自作挽歌，如晋朝的陆机、陶潜，南朝刘宋的鲍照等。挽歌到近、现代演变成哀乐，至今仍流行。同时，亲朋好友也往往写些挽词或挽联一起

---

① "斩衰"，用最粗的麻布做成，不缉边，使断处外露，以示无饰，服期三年，为"五服"中最重要的一种。子及未嫁女为父，孙为祖父，妻为夫均服此丧服。"齐衰"，次于"斩衰"，用粗麻布做成，缉边。孙为祖父母，夫为妻服一年，为曾祖父母服五个月，为高祖父母服三个月。"大功"，用熟麻布做成，粗细介于"齐衰"和"小功"之间。已嫁女为伯叔父，兄弟，以及为堂兄弟，未嫁的堂姊妹，已嫁的姑姊妹服九个月。"小功"用较细的熟麻布做成，为远亲服五个月。"缌麻"，用细麻布做成。"五服"中最轻的一种，为远亲服三个月。

送葬，到近、现代又演变成送花圈，上写挽联送葬。送葬往往以多为尚，《后汉书·郑玄传》即说：玄"卒，年七十四，遗令薄葬，自郡守以下尝受业者，缞绖赴会千余人。"古俗迷信者除送葬路上撒纸钱外，入葬后，还要点香火祭拜，所用之香火需由长子拿到坟地。近、现代虽大多数人不信迷信了，但死者生前的遗像则要由长子捧拿在送葬队伍前面引导。

汉族还有"归葬"之俗，就是死于他乡而葬之原籍。《后汉书·陈寔传》有"（张）让父死，归葬颍川"之例，《后汉书·朱穆传》又有"赵忠丧父，归葬安平"之侧。此俗在汉族民间流传甚广，一九八二年七月二十四日，廖承志在写给蒋经国先生的信中也说："近读大作，有'切望父灵能回到家园与先人同在'之语，不胜感慨系之。会老先生仍厝于慈湖，统一之后，即当迁安故土，或奉化，或南京，或庐山，以了吾弟孝心。"①这也是大陆与台湾的汉族同宗同祖之一实例，也是大陆和台湾最终必将统一的内聚力的一个表现。

土葬是汉族的传统习俗，但火葬古时也时兴过。《墨子·节葬下》早就说："秦之西，有仪渠之国者，其亲戚死聚柴薪而焚之，熏上谓之登遐，然后成为孝子。"仪渠即义渠，是春秋时西戎之一，后被秦所灭，而融合于汉族的前身华夏族，可见土葬并不是汉族葬礼的唯一习俗。东汉初年，佛教传入，火葬因其有方便、卫生等优点，而从和尚逐步扩大到民间，以至皇室的成员，"儿皇帝"石敬瑭的后晋灭亡后，其老婆李氏死时即"焚其骨，穿地而葬"②。宋、元以后，火葬的更多，地域范围也扩大了，不仅北方地区因"地狭人众，虽至亲之丧，悉皆焚弃"③，而且江南"水乡风俗，人死虽富有力者，不办聂尔之土以安厝，亦致焚如僧寺"④。13 世纪到中国的意大利人马可·波罗在他的《游记》里也记录了当时部分汉族实行火葬的情况，其范围北至宁夏，西到四川，东达山东，南到浙江。考古发掘也证明火葬墓以宋、辽、金、元时期最多，洛阳西区有北宋骨灰瓦罐出土，福州有北宋元丰年间的火葬砖墓出土，山西有宋火墓出土等⑤。但是后来，由于封建统治者反对火葬，特别是明、清两朝统治者的禁止，而

---

① 《人民日报》1982 年 7 月 25 日。
② 《新五代》卷十七。
③ 《宋史·礼志》。
④ 《清波杂志》卷十二。
⑤ 参阅杨存田《漫话火葬》，《文史知识》1982 年第 1 期。

逐渐衰落，使土葬之风更盛，但火葬并未绝迹，明朝仍有"近世狃元俗，死者或以火焚而投其骨于水"① 的记载。就是在严禁火葬的清朝，苏州、高邮、松江、太仓一带也还流行火葬。②

解放后，国家实行殡葬改革，提倡火葬，从五十年代中期起，到现在全国已有百分之八十五以上的城市，百分之三十以上的县推行了火葬。与此同时，文明、简朴的社会主义的新葬礼正在逐渐取代封建迷信的陈规陋习。

此外，还需要提及的是，由于受佛经人生有六道流转的影响，认为在人死生之间，有"中阴身"寻求生缘，以七日为一期，至第七个七日终，必生一处。故有的办丧事还兴"做七"，即人死后隔七天祭祀一次，请和尚念经超度，至七七四十九天止，所以称"七七"。《北史·胡国珍传》就说："又诏自始薨至七七，皆为设千僧斋。"解放初此俗仍流行，近二十几年来已基本绝迹了。

1982 年 11 月 20 日改定

五　从民间传说看汉族传统节日的起源

汉族传统节日，以其悠久的历史、浪漫的风情、纷繁的习俗、吉祥的含意，瑰丽多姿地展现在人们面前，它是汉民族风貌，即民族特点和感情的重要表现之一。汉族传统节日的起源是千百年来人们都感兴趣的问题，于是各式各样的起源说，又给它披上了五光十色的外衣，使其更富有魅力。本文想就管见所及，以风俗传说为基本材料，就汉族传统节日的起源问题作综合性的整体探讨，就教于前辈学者和学界同好。

（一）

为什么要从民间传说（主要是其中的风俗传说）来研究汉族传统节日的起源呢？这是我们在利用风俗传说材料之前必须弄清楚的一个问题。

---

① 《明史·礼志》。
② 参阅《再续高邮州志》卷《禁火葬》条。

民间传说，就是民间成年累代的口耳相传下来的对过去事迹的记述和评价，一般有客观的历史事件、历史人物或地方风物作根据。传说是文学与历史的结合，它的产生往往伴随着历史，尽管传说不一定是生活中确实有过的事情，因为它允许艺术虚构，但不管以物定的历史事件为基础还是纯属幻想的产物，都反映一定的历史真实，因为它本质上是忠于历史的，表现了人民群众的美好愿望和理想。吴晗在评论《义和团故事》一书时曾说："其中有些神话，并不是现实生活中不能的现象，但是从这些神话中，也透露出当时人民的爱和恨，所赞成的和所反对的，和善良的真诚愿望，因此，也就恰当地反映了历史的真实性。"① 汉族关于传统节日的风俗传说，则是汉族人民几千年来对本民族传统节日的起源以及各种节日习俗的来历，赋予神话或传奇色彩的记述和评价，它为研究汉族传统节日的起源问题提供了来自民间的丰富材料。所以从风俗传说方面来研究汉族传统节日的起源，以补充历史文献记载之不足，是完全必要的。

依据风俗传说来研究汉族传统节日的起源可靠不可靠，科学不科学呢？让我们先看一看中国原始社会史的研究情况。众所周知，中国原始社会史研究的材料来源一是考古资料，二是民族学资料，三是历史文献。而历史文献的记载则多属传说性质。从盘古开天到女娲造人，从夸父逐日到精卫填海，从燧人氏"钻燧取火"到有巢氏"构木为巢"；从神农发明医药到仓颉造字；从后羿射日到大禹治水；从狄吞卵生契到姜嫄踩天帝足迹生后稷，凡此种种，无一不是以神话传说的形式，表现和反映了中国原始社会物质和精神的发展和进步，这些神话传说既是原始人征服自然的壮丽颂歌，又是原始人社会关系的真实写照，只要我们以马克思主义的历史唯物论为指导，透过神话传说的浓雾，剔除唯心论的种种糟粕，就完全可以看到一幅中国原始社会的绚丽画卷。例如从女娲造人、狄吞卵生契、姜嫄踩天帝足迹生后稷等传说中可知母系氏族社会的确实存在；从尧、舜、禹的传说可知父系氏族社会对母系氏族社会的取代。又如从"人文初祖"的黄帝到尧、舜的禅让，我们还可以看到氏族民主制的衰亡，而大禹传位于启的传说展现了国家产生的历史过程。正因为神话传说中包含着历史的真相，所以不少专家学者就据此写出了中国历史的童年形貌。正因为如此，郭沫若同志在中国民间文艺研究会成立大会上说过："民间文艺给历史家

---

① 《民间文学》1960 年第 11 期。

提供了最正确的社会史料。过去的读书人只读一部二十四史，只读一些官家或准官家的史料。但我们知道民间文艺才是研究历史的最真实、最可靠的第一手的材料。因此，要站在研究社会发展史、研究历史的立场来加以好好利用。"同样的道理，只要我们以马克思主义的历史唯物论为指导，对传说进行科学的分析，透过传说色彩缤纷的外衣，也可以看到汉族传统节日的起源。这应该说是毋庸置疑的。

但是，由于社会的变动，客观情况的变异，人们思想意识的变化，各民族和各地方传说的相互影响，风俗传说在流传过程中就呈现出它的变动性、多样性和复杂性。有的风俗传说往往是后人的附会编造，有的关于传统节日的民间传说是先有事实，然后再编以传说给予解说，倒因为果，如说端午节起源于许仙白蛇故事，就是一例。由于风俗本身演变的痕迹非常明显，所以有的风俗传说尽管是对某些风俗现象的附会，解说，但反过来又影响某些风俗的变异。端午节始源于屈原之说，虽然是后人对吃粽子和龙舟竞渡风俗的附会，但是这种附会不仅反映了人民的民族共同心理素质，即反映了汉族以爱国为尚的民族精神，而且在传统节日的起源上，也显示了汉族传统节日世俗性的特点。因此，尽管端午风俗传说不下好几十种，只因凭吊屈原一说更合乎人们的心理愿望，故逐渐占了压倒优势。由此可见，风俗传说尽管具有附会性和解说性，但它却从一个侧面表现和反映了民族的共同心理素质，即民族风貌、风情及民族精神的某些特征，这就是我们从民间传说研究汉族传统节日起源的意义所在。

总之，正因为从民间传说来研究汉族传统节日是必要的，可靠的，而且又具有一定的意义，所以我们认为以民间传说为基本材料，来研究汉族传统节日的起源是可行的。

(二)

世界上各民族传统节日的起源一般分为三大类，即或源于生产，或源于历史，或源于宗教。汉族传统节日的起源与基本上源于宗教的西方民族的传统节日不同，其主要源于生产和历史。

汉族的传统节日多源于生产中的农事。至今仍在汉族民间盛行的春节、清明、端午、冬至等传统节日，都与同农事有着密切关系的二十四节气有直接的始源关系。二十四节气是汉族的独创。在长期的农业生产实践中，人们逐步认识到季节更替和气候变化的规律，把地球在围绕太阳公转的轨道上的二十四个不同的位置定为二十四个节气，以反映四季、气温、降雨、物候等方面的变化。自古以来，汉族农民一年的耕作，就以二十四个节气为准。"立春"是一年复始的第一个节气。这时一方面一元复始，万象更新，另一方面年节交替，春耕未始，正是农民休息与娱乐的时机，所以在古时春节原指"立春"这一天。端午节的始源虽众说纷纭，但有文字可考的端午始源却是"夏至"①。"清明"和"冬至"则是二十四个节气中从时序的标志俗演为节日的两个节气。

民间传说对此有充分的反映和表现。先以春节为例。《万年制太阳历的故事》就生动地说明了春节与节气的关系。相传很久以前，有个以打柴为生的青年叫万年，他聪颖好学，看到当时节令混乱，不利农事，很想把节令定准。后来他受自然现象的启示设计了测日影、计天时长短的"日晷仪"和用漏水计时的五层漏壶。通过观察，发现天时最短的一天是冬至。这时，天子祖乙对节令失常影响农事十分忧虑，便召集百官议找原因。节令官阿衡说是因得罪天神所致，天子信以为真，诏谕全国，设台祭天。万年闻知，便带着日晷仪和漏水壶去见天子，面陈因节令未定准而使时序失常的道理。天子认为有理，便派人随万年在天坛前筑起日晷仪和漏水壶亭，请他继续观察。对此，阿衡异常忌恨，收买刺客暗害万年，结果只伤了万年的一只胳膊，而刺客却被抓住了。祖乙判处了阿衡，上日晷台看望万年。万年指着申星说："现在申星追上了蚕万星，星象复原，子时夜更，旧岁已完，时又始春，请天子定个节吧！"天子欣然说："春为岁首，就叫春节吧！"后来，万年终于制定了太阳历。人们为了纪念万年，就把春节又称为过"年"。这个传说直接点明了春节与"立春"的始源关系，说明了定准节令对于农事的重要作用。所以"年"字在甲骨文和金文中由"禾"和"人"组成，为人在禾下收割或头顶稻禾之状②。毫无疑义，"年"字的这个形象与农业生产直接有关。《尔雅·释天疏》云："年者，禾熟之名，每岁一熟，故以岁为名。"

正因为春节与立春有始源关系，所以汉族人民自古以来就有在立春日或元旦占天候、看风云、观日色、晴雨、听雷鸣、看参星，望征兆等占卜年岁丰歉的风俗习惯。有的农谚说："立春天气晴，百物好收成。"有的则

---

① 参阅刘德谦《"端午"始源又一说》，《文史知识》1983 年第 5 期。

② 参阅凌士欣《青年节释"青"》，《中国青年报》1984 年 4 月 27 日。

说："元旦日晴明，年丰人安宁；元旦日风雨，米贵蚕儿稀。"也正因为春节与立春有始源关系，所以汉族春节习俗不少与农事有关，例如春节迎龙灯的习俗，就是因为古代汉族人民视龙为吉祥化身，又作能呼风唤雨的神灵，为了求得风调雨顺，来年丰收，春节必要迎龙、舞龙、祈祷神龙保佑。又如舞狮子，据广东佛山地区民间传说，明朝初年，出现一头怪兽，每逢岁末就出来糟蹋庄稼、残害人畜，乡农受尽其苦。后来人们用竹篾扎成数头狮子模型，涂上五颜六色，当怪兽出现时，锣鼓齐鸣，群狮奋舞，一齐围攻怪兽，使之惊恐万状而逃。于是人们认为狮子有驱邪镇妖之功，有吉祥之兆，春节舞狮子之俗就传开了。再如春节贴春联的习俗，来自神荼和郁垒在度朔山种桃和护桃，以桃枝和苇绳迎缚残害桃林的鬼怪的传说，后人以桃木板上写神荼、郁垒二神名挂于门前以驱灾压邪，称"桃符"，再演变成春联。至于各地直接与农事有关的春节活动更是屡见不鲜。春节，这个汉族民间古老而又最为隆重的节日，由于其源于农事，又以立春为始源，所以春节实际上是汉族的农历年节。

再拿端午节来说，有文字可考的始源应是夏至。《后汉书·礼仪志》中记载了司马彪的话说："仲夏之月，万物方盛。日夏至，阴气萌作，恐物不楙。其礼：以朱索连荤菜，弥牟蛊钟；以桃印长六寸，方三寸，五色书文如法，以施门户，代以所尚为饰。夏后氏金行，作苇茭，言气交也；殷人水德，以螺首，慎其闭塞，使如螺也；用人木德，以桃为更，言气相更也。汉兼用之，故以五月五日，朱索，五色印为门户饰，以难止恶气。"这段话一方面说明汉代五月五日端午的风俗来自夏、商、周三代的夏至节；另一方面也说明端午"朱索，五色印为门户饰"的原因，是因为"仲夏之月，万物方盛，日夏至，阴气萌作，恐万物不楙"，归根到底，仍然是为了祈求农业丰收。可见端午节乃与农事有渊源关系。

端午节与农事的这种关系，在民间传说中也有反映。相传明朝万历年间，浙江永康县出了一名状元，名王崇。一日王崇得了重病，请医吃药无效，后请得一名深山老道，认定王崇身缠五鬼。老道人将五鬼捉住分装在五个酒坛中，抛入江中漂流而下。至武义县境，被人捞进县城。坛开五鬼逃出，作怪于境内，一时苗枯树死，害了百姓。此事被城隍爷得知，派判官将五鬼捉拿禁于城隍庙里。城隍老爷喻示人间以毛竹扎一条龙船于端午日将五鬼送走。端午日，由七个青壮后生推龙船，前打锣开路，后推城隍神像押送，直出县城东门，推置溪水中。从此，"推龙船"形成风俗，后来，县城外的农民也有在端午日把一只木船推到溪水里的习俗。至今俗谚中还有"端午船不推，瘟病要发生"之说。武义推龙船的民间传说和习俗，与历来各地"龙舟竞渡"的传说和习俗完全不同，突出了与农事的密切关系。这种传说，只要剔除其中的鬼神成分，也是可以看到其反映人民愿望的合理内涵的。

综上所述，不难看出，汉族的传统节日多源于农事，是汉族传统节日起源的一个特点。

汉族的传统节日又多源于历史。这个问题让我们先以清明节从节气的时序演化成节日说起。清明演化成清明节与寒食节有关。寒食节的起源，相传在春秋时期，晋公子重耳为避后母骊姬的陷害，流亡在外，随从介子推曾割股肉熬肉汤给重耳充饥。后重耳回国作了国君，封赏流亡期间的随从，唯独忘了介子推，经人提醒，重耳猛悟，遂派人请他上朝受封，子推屡拒不受，并背着老母隐入绵山。重耳听从烧山逼子推出山的计策，下令火烧绵山。未料子推宁死不下山。大火熄灭后，重耳见子推背着老母死在一棵烧焦的大柳树下，就放声痛哭，把他安葬在柳树旁，并改绵山为"介山"，还规定每年介子推被焚死那天，即清明前夕，要禁烟火，吃寒食，以示纪念。

介子推为春秋时期晋国的贵族，是历史上查有实据的历史人物。寒食节源于历史人物介子推，实为汉族传统节日多源于历史之一典型实例。由于寒食节在清明前二天（一说前一日），古人寒食节的活动经常延续到清明，久而久之，人们将寒食节与清明并称，现在则以清明节取代了寒食节。寒食节祭扫"士甘焚死不公侯"的忠臣——介子推的习俗，也发展成扫墓，不仅祭自己的祖先，也祭在历史上为人民立过功、做过好事的人。

汉族传统节日源于历史人物的还有纪念屈原的端午节。这个节日与历史人物有关，还有哀曹娥、怀子胥及与黄巢有关的传说。流行于一些地方的"六月六①，请姑姑"，来源于春秋战国时期的晋国宰相狐偃。而在《宁波人为什么八月十六度中秋》的传说中，则与南宋一位宰相宁波人史浩，每年要从杭州赶回宁波与民同乐有关。

除此以外，汉族有的传统节日则源于历史事件或历史传说。例如元宵节的起源，据说早在西汉初年，周勃戡平"诸吕之乱"，汉文帝上台，戡

①　见黄泊沧编《节日的传说》中《六月六的传说》，湖南人民出版社1982年版。

平之日是正月十五，因此每年这天夜晚，汉文帝都要微服出游，与民同乐，以示纪念。正月又为元月，"夜"在古语中称"宵"，于是文帝把这天定为元宵节。可见，元宵节的起源与戡平"诸吕之乱"的历史事件有关。元宵节的来历还有源于历史传说之说。汉武帝时，朝中有个足智多谋、谐趣滑稽，深得汉武帝宠爱的东方朔。此人心地善良，常为宫女们求情。有一次他为了帮助一个叫元宵的宫女能与家中亲人团聚，设下一个妙计。先使"正月十六火焚身"的签语在长安流传，继而让一个红衣姑娘扔下一张偈语。汉武帝得知此事，见偈语上写着"长安在劫，火焚帝阙，十六灭火，焰红宵夜"，忙向东方朔求教。东方朔说，听说火神君爱吃汤圆，十五晚上可让臣民做汤圆供奉。十六晚每户门挂红灯，燃放焰火鞭炮，如同满城大火，则可瞒过玉帝，再让全城黎民百姓乃至皇宫之女都进城观灯，以消灾免难。另外火神君知道宫女元宵的汤圆做得最好，可让她手提写着元宵名字的宫灯前导，我端汤圆在后，穿街过巷，敬奉云游长安上空的火神。汉武帝传旨照办。于是十六闹了一夜灯火，元宵得以与家中亲人团聚。后相沿为习。因十五上供的汤圆是元宵做的，故人们称汤圆为"元宵"，把正月十五这天叫"元宵节"。

元宵灯节虽然还有汉明帝提倡佛教，敕令在元宵节点灯之说和道教的"上元节"之说，但上面的民间传说，却把元宵节的始源与历史人物汉武帝和东方朔联系了起来，同时这个传说又把元宵节为家人团聚节日的起因作了生动感人的反映。因此，其虽然是后人附会，但却更符合汉族传统节日世俗性的特点。

此外，虽然农历八月十五中秋节与古代天子祭月有关，九月九日重阳节"重阳"之说来自《易经》的九为阳数，但世人熟知的美丽的嫦娥奔月的神话，以及相传东汉时汝南人桓景登高避灾的传说，却都从一个侧面反映和表现了中秋节和重阳节与历史的渊源关系。特别是令人感兴趣的关于七月十五中元节的始源，一般都说源于佛教的"盂兰盆节"，但是汉族民间却流传着这么一个故事：东汉蔡伦发明纸后生意兴隆。蔡伦嫂子慧娘让其夫蔡莫跟弟学造纸。蔡莫未学到家就急着办起自己的造纸坊，结果因质差卖不出去。后来慧娘想了条妙计，自己装死，叫蔡莫烧纸。当亲友、邻居来家凭吊时，装死的慧娘突然还阳，反复地唱："阳间钱能行四海，纸在阴间做买卖，不是丈夫把纸烧，谁肯放我回家来？"说自己在阴间被阎王差使推磨，丈夫送来了钱，不但小鬼们争着帮我推磨，连阎王都放我还阳，说钱就是刚烧毁的这种纸。亲友见状，纷纷向蔡莫购纸。从此，他家造的纸异常畅销。由于慧娘还阳那天正是农历七月十五，因此每逢这天，人们都烧纸焚香祭祖①。这个传说巧妙地把中元节的起源与蔡伦造纸的历史事实结合了起来，可见汉族传统节日源于历史，确实是其特点之一。

（三）

汉族的传统节日主要源于农事和历史，而不是源于宗教，探其原因，从中可以窥见汉民族在其形成、发展的历史过程中所形成的某些民族共同特征。

首先我们来看看汉族传统节日为什么多源于农事？

马克思在《资本论》第三卷中就农业的重要性说过一句名言，他说："农业是人类生存和一切生产的最先决的条件。"② 汉族自古以来就过着灌溉农业的共同经济生活。在汉民族的开化史上，有素称发达的农业。以治水开国的夏朝，大禹就"尽力乎沟洫"③"身执耒臿，以为民先"④。商朝的甲骨文中就记载了黍、稷、麦、稻等农作物的品种。周期更是以擅长农业见称，其始祖弃就善于农作，被视为农神，号称"后稷"。《诗经》中的《七月》《大田》《丰年》等涉及西周农事的诗篇，都写得生动具体、有声有色。据《尚书·周书》记载，农事被列为五帝之教的首项，诸侯的贡献须有农产品；百姓最关心的是农业收成；统治者训诫本阶级成员、警告被征服民族，也无不以农事为主，或以农事为譬喻⑤。就连"周"字甲骨文作"⊞"或"围"，都是田的象征。在这种民族共同经济生活的历史背景中形成的汉族传统节日源于农事就不足为奇了。

这种以农业为经济基础的共同经济生活，哺育出了重农的经济思想。战国时李悝就提出农业是人们的衣食之源，是积累和国家财政收入的源

---

① 见罗启荣、欧仁煊编《中国年节》中《中元节》，科学普及出版社1983年版。又一说为十月一日烧纸，见黄泊沧编《节日的传说》中《十月一日烧纸的传说》。
② 《资本论》第三卷，第829页。
③ 《论语·泰伯》。
④ 《韩非子·五蠹》。
⑤ 参阅《尚书·周书》中《武成》《旅獒》《金縢》《太诰》《酒诰》《梓材》《召诰》《多方》《吕刑》《无逸》各篇。

泉。他说"农事害"是"饥之本"，如果农业搞不好，"饥寒并至"，人们就不可能"不为奸邪"①，同时"农伤则国贫"②。韩非子则明确提出了"以农为本"的口号，他说："仓廪之所以实者，耕农之本务也。"③ 后来商鞅和管子都发挥了"农本论"，商鞅指出："令民归心于农"是"圣人"的"治国之道"④；管子则云：不重视农业的国君，是随时可能垮台的"寄生之君"⑤。在这种重农经济思想影响下形成的汉族传统节日又怎能不源于农事呢？

更重要的是中国自从脱离奴隶制度进到封建制度以后，两千多年来，其经济、政治、文化的发展，就长期地陷在封建的自给自足的自然经济的包围之中，这种自给自足的自然经济则是以农业为基础的，一家一户"男耕而食，妇织而衣"的经济⑥。因此，在这样深厚的自然经济的土壤中形成、发展和演化的汉族传统节日更不能不源于农事！

归根到底，在"农业是整个古代世界的决定性的生产部门"⑦ 的古代中国，汉民族传统节日的起源是离不开，也不可能离开农事的，历史的记载和节日的习俗及民间传说都证明了这一点。

那么，汉族的传统节日为什么又多源于历史？

一方面这固然是汉族历史悠久，在上下五千年深厚的历史土壤中滋生、形成、发展和演化的传统节日离不开历史的影响，这种影响的深远性是不言而喻的。另一方面汉族中流行过各种宗教，不管是外来的佛教，还是土生土长的道教，在一般情况下不仅能相安共处，甚至还能互为吸收。所以宗教在汉族中基本上没有形成过严重的社会问题。汉族宗教观念的民族共同心理素质特点的形成，与汉族在形成和发展的过程中所处的特定的地理环境、历史条件以及文化特点有着密切的关系。众所周知，汉族发育于黄河和长江流域，自古以来受到水患的威胁，特别是黄河的水害。这样的地理环境虽然为迷信思想的产生提供了一个源泉，但是治水归根到底要

---

① 《说苑·反质》。
② 《汉书·食货志》。
③ 《韩非子·诡使篇》。
④ 《商君书·错法》。
⑤ 《管子·八观》。
⑥ 《商君书·画策》。
⑦ 《马克思恩格斯全集》第 21 卷，第 169 页。

靠人力，而不是靠鬼神。中国民间自古以来关于鲧和大禹治水的种种传说就反映了这么一个现实问题。所以汉族传统节日虽也带有种种迷信色彩，但却不能源于宗教，而往往不是源于农事，就是源于历史，此其一。

其二，汉族关于人类的起源，就其有文字记载的传说时代来说，与世界各民族相比，是神性最少，自然性和人性最多的。信奉基督教的西方各民族普遍认为人是上帝创造的，汉族却没有这种神创造人的故事。据称最初的人类出自女娲和伏羲兄妹相交的传说，其俩人都不是神，而是汉族传说时代"三皇五帝"的成员。另外，人类文化起源和演化的历史更是如此。拿火来说，汉族的传说是燧人氏靠"钻木"取火，忠实地反映了原始人劳动技能的进化，而希腊神话传说，是普罗米修斯飞到天庭从太阳那里偷来的属于神的火。其他诸如农业、畜牧、宫室、衣着、农具、文字以至典制等等，都传说是黄帝及其家族和臣属们发明和制作的，取之于大自然，来源于人间，神的作用微乎其微。从汉族民间传说中，我们看到的不是"神"的人化，就是"人"的神化，都离不开人。这种自然性和人性远远超过神性的历史条件，就从根本上否定了汉族传统节日源于宗教的可能性。这就是为什么西方各族最隆重的"圣诞节"是纪念耶稣诞生的节日；阿拉伯民族的"开斋节""圣纪"和"古尔邦节"三大节日都是伊斯兰教的主要节日；犹太人的"逾越节"又与上帝有关①，而汉族的传统节日却不是与农事有始源关系，就是与历史有始源关系的原因。

其三，汉族的古代典籍从来不以宗教观点为根本的立足点。《诗》《书》《易》《礼》《乐》《春秋》都是世俗的，人性的。而世界上其他一些民族，不仅犹太人的《圣经》、巴比伦人的《吉迦美士史诗》和阿拉伯人的《可兰经》以宗教为本，连埃及人的《金字塔文》和《夏巴卡碑铭》、波斯人的《阿维斯陀》、印度人的《吠陀》也无不以宗教为本。这样，汉族古代典籍的非宗教性，就从古典文献方面断了汉族传统节日可能源于宗教的路。

其四，汉族古代思想意识的着眼点是人的今生，主要研究人伦道德，而不是鬼神和着重来世的宗教。这一点，孔子所创立的儒学起了决定性的作用。儒学以"仁"为核心，以"孝"为根本，强调今生，不重来世，对此，孔子有两句名言，一句是他在回答子路对鬼神和人死后的情况时说：

---

① 逾越节是犹太人的主要节日，源于《圣经·出埃及记》。

"未能事人，焉能事鬼？""未知生，焉知死？"①；另一句是"敬鬼神而远之"②。后来，汉武帝"罢黜百家，独尊儒术"，又使儒学取得了统治地位。在统治阶级的提倡下，"修身、齐家、治国、平天下"的伦理思想更是日益渗透到政治、经济、文化的各个方面，乃至广大人民的生活、习惯、风俗、行为方式以及思维方法之中，儒学成为汉族共同心理素质的血肉部分。正因为古代汉族思想意识重今生、轻来世，所以不仅汉族本身从未产生过真正的宗教，就是外来宗教，如佛教，也只是经过儒化后才站住脚的。古代汉族思想意识这种非宗教的倾向，又从思想意识方面切断了汉族传统节日可能源于宗教的路。

总之，自然性和人性既多于神性，又大于神性的汉族，其传统节日的起源基本上不可能是宗教的，而只能是世俗的，即不是起源于农事，就是起源于历史。民间传说对此作了充分的证明。

1984 年 5 月

六　春节风俗与蜡祭

春节，是汉民族传统节日中最隆重、最热闹、最盛大的节日。春节风俗千姿百态，丰富多彩，喜庆欢乐，源远流长，一直是使人感兴趣的问题。本文试图根据春节风俗与蜡祭的关系，谈谈春节一些风俗的始源。

（一）

春节是妇孺皆知的民族传统节日，蜡祭则鲜为人知了。什么是蜡祭？《礼记·郊特牲》有一段文字作了详细的记载，其云：

> "天子大蜡八。伊耆氏始为蜡。蜡也者，索也。岁十二月，合聚万物索飨之也。蜡之祭也，主先啬而祭司啬也，祭百种，以报啬也。飨农及邮表畷，禽兽，仁之至义之尽也。古之君子，使之必报之。迎

---

① 《论语·先进》。

② 《论语·雍也》。

猫，为其食田鼠也；迎虎，为其食田豕也，迎而祭之也。祭坊与水
庸，事也。曰：土反其宅，水归其壑；昆虫毋作，草木归其泽。皮弁
素服而祭，素服以送终也；葛带榛杖，丧杀也。蜡之祭，仁之至义之
尽也。黄衣黄冠而祭，息田夫也。野夫黄冠，黄冠，草服也。……尊
野服也。"

从这一大段文字中，我们可知蜡祭的主要内容是：

1. 蜡祭始于伊耆氏。伊耆氏"古天子号也"，汉郑玄《注》以帝尧为
伊耆氏，唐贾公彦《疏》以神农为伊耆氏。不管为帝尧还是为神农，蜡祭
始于原始社会，反映了在原始农业形成和发展的过程中，人们对植物和农
业神的崇拜。

2. 蜡祭的对象是：先啬、司啬、农、邮表畷、猫虎、坊、水庸、昆虫
八种，故称之为"蜡八"。先啬，是农业的首创者。司啬，是前代主管农
业的。农，郑玄《注》云："农，田畯也。"田畯，即古之先教田者或始耕
田者，就是农神或田祖。邮表畷，就是井田的疆界。猫、虎，因其食田鼠
和田豕，保护农作物而受祭。坊，就是堤坝，用以蓄水、障水而受祭。水
庸，就是沟洫，用以受水、泄水而受祭。总之，"古之君子，使之必报
之。"不忘恩而报之是仁，有功必报之是义，上举蜡祭之八神，不是对发
明和管理农业有功，就是对保护和发展农业有恩，所以"蜡之祭，仁之至
义之尽也"。

3. 蜡祭的时间是"岁十二月"，即岁终农闲之时。

4. 蜡祭的参加者主要是"田夫"或"野夫"，即西周时代的农民。

5. 蜡祭的祝词是："土反其宅，水归其壑，昆虫毋作，草木归其泽。"
其意就是希望堤坝不崩溃，洪水不泛滥，昆虫不为灾，草木不生于良田。

6. 蜡祭的服饰是"黄衣黄冠"的"草服"或称"野服"。何以用黄
色？郑玄《注》云："黄冠是季秋之后草色之服，故息田夫而服之也。"

综上所述，简言之，蜡祭是西周时代农民的年终祭祀，是一年中关于
农事最大的祭典和节日。

(二)

蜡祭既然是西周农民的年终祭祀，那么，春节风俗与之有什么关
系呢？

据记载,汉代时春节原是指二十四节气中的"立春"这一天,南北朝时人们则将整个春季称为春节,辛亥革命后才将农历正月初一改称为春节。因此,春节风俗首先与"立春"有关。例如,春节时农民往往有占天候,看风云,观日色、晴雨,看参星,听雷鸣等看征兆占卜年岁丰歉的习俗。《后汉书·杨震传》即云:"冬无宿雪,春节未雨,百僚心焦。"各地还有"立春天气晴,百物好收成","但得立春晴一日,农夫耕田不费力"等谚语,明清后人们还有立春日吃鲜萝卜,谓之"咬春"的习俗。不少地方春节食俗中还有吃春饼、春卷的风俗。可是,春节中还有许多风俗与"立春"并没有什么关系。

正月初一改称春节后,春节又与古代的"元旦"发生了关系,春节的一些风俗,例如吃团圆饭、守岁、穿新衣、拜年、送贺年片、挂年历画片等就是元旦"过年"风俗的遗风。但是,由于古代并不都把正月初一定为元旦岁首,据记载,夏朝以正月初一为岁首,商朝以农历十二月初一为岁首,周朝以农历十一月初一为岁首,秦朝以农历十月初一为岁首,汉武帝时才又改正月初一为岁首。这样,由于岁首不固定,因此春节中的一些风俗,特别是与农事有关的一些风俗,与"过年"也没有什么直接的关系。

但是,我们了解了蜡祭的情况以后,发现春节的一些风俗与蜡祭有着密切的始源关系。为了说明这个关系,我们先引《礼记·杂记下》中孔子与子贡之间的一段对话:

> "子贡观于蜡。孔子曰:'赐也乐乎?'对曰:'一国之人皆若狂,赐未知其乐也。'子曰:'百日之蜡,一日之泽,非尔所知也。张而不弛,文武弗能也;弛而不张,文武弗为也;一张一弛,文武之道也。'"

这个"一国之人皆若狂",表现和反映了劳动人民庆祝自己的祭典是何等的热烈、盛大啊!他们终岁勤稼穑,劳苦于田畈,难得欢聚在一起,今日得宽余,除了序年齿,正齿位外,还可以尽情唱歌跳舞,畅饮酣醉,真是人人喜笑颜开,个个欢喜若狂,以解一年之劳苦,连统治者也不得不允许他们狂欢畅饮,是谓"百日之蜡,一日之泽"。

在这"一国之人皆若狂"的蜡祭中,我们可以看到一些春节风俗的根源。

以"腊月"的来历来说吧！农历十二月为什么称之为腊月呢？《礼记·郊特牲》云："蜡也者，索也。岁十二月，合聚万物而索飨之也。"《周礼·地官·党正》又云："国索鬼神而祭祀。"郑玄《注》："国索鬼神而祭祀，谓岁十二月大蜡之时建亥之月也。"贾公彦《疏》："礼在蜡月，故言之以为节耳。"可见"蜡月"之称最早由蜡祭而得。此外，周时，除蜡祭外，还有一个腊祭，《礼记·月令》云：孟冬之月"大饮烝。天子乃祈来年于天宗，大割祠于公社及门闾，腊先祖五祀，劳农以休息之。"由此可见腊祭与蜡祭之不同在于，腊祭祖先，蜡祭百神；腊为统治阶级所祭，蜡为劳动人民所祭。只是到了后来情况才有了变化，《左传》僖公五年云："宫之奇以其族行，曰：'虞不腊矣。'"晋杜预《注》："腊，岁终祭众神之名。"可见后来腊祭和蜡祭逐渐合而为一，因此，秦时改"蜡"为"腊"，《广韵》卷四祃四〇云："褚，年终祭名，或作蜡。《广雅》曰：'夏曰清祀，殷曰嘉平，周曰大褚，秦曰腊也。'""蜡月"也就改称为"腊月"了。由于汉腊行于农历十二月，故后世以十二月为腊月。《史记·陈涉世家》中就有"腊月"的记载。直至今日，每当进入腊月之后，家家户户都开始了过春节的准备工作，这与远古时进入腊月后，家家户户准备蜡祭不无关系。此其一。

其二，腊日的来历也与蜡祭有关。开始，腊八节即"腊日"，是指古时举行腊祭的日子，起初并不固定。周时在孟冬之月举行腊祭，秦则在十二月举行腊祭，《史记·秦本纪》云："十二年，初腊。"张守义《正义》："十二月腊日也……猎禽兽以岁终祭先祖，因立此日也。"汉代又以冬至后第三个戌日为腊日，此即《说文解字》所云："腊，冬至后三戌，腊祭百神。"可见，本来只与祭先祖的腊祭有关的腊日，到了汉代时与祭百神的蜡祭也发生了关系。只是到了南北朝时，才定十二月初八为腊日，此即《荆楚岁时记》所记："十二月八日为腊日。"从此以后，过了腊八，也就开始过春节了，因此腊八又称为"腊八节"①，至今不少地方的农村仍兴此俗。

其三，喝"腊八粥"的风俗又与蜡祭有关。《礼记·郊特牲》云："天子大蜡八。……蜡也者，索也，岁十二月，合聚万物而索飨之也。"前已述及蜡祭是劳动人民的报田之祭，周时被称为"田夫""野夫"的农民

---

① 还有一说认为"腊八节"与佛教创始人释迦牟尼得道成佛有关。

祭祀蜡八神的祭物，当然只能是自己生产出来的农产品，一方面庆祝丰收，另一方面也是报答蜡八神的护佑。于是把祭祀用的农产品煮而食之，既有神圣之威，又可求得蜡八神新的护佑。而周代的"田夫""野夫"们大多处于奴隶地位，最好的也只不过是个自耕农，把作过蜡祭的供品煮成粥食，也是合乎当时的历史条件的。"腊八粥"之"腊八"并不一定是指腊八日（因初时腊日并没固定为腊八日），也不一定是指粥中有八样品种，其最早很可能与"蜡八神"之"蜡八"有关。以后的种种说法只不过是其变异而已。

其四，祭灶神的风俗也与蜡祭有关。《风俗通义·灶神》引《东观汉记》云："南阳阴子方积恩好施，喜祀灶，腊日晨炊而灶神见，再拜受神，时有黄羊，因以祀之。其孙识，执金吾，封原鹿侯；兴，卫尉，鲷阳侯。家凡二侯，牧守数十。其后子孙常以腊日祀灶以黄羊。"此事《后汉书·阴识传》中也有记载。灶神之说虽早已存在，其始见于《战国策·赵策》和《韩非子·内储说上》记复涂侦以梦见灶君说卫灵公。但阴子方腊日祭灶得福的传说却把腊日与灶神联系了起来，很可能在汉代腊日祭灶神的风俗便流传开了。

其五，春节扫尘风俗与蜡祭也有关。古时为了迎接蜡祭，家家户户都要打扫卫生，以便祭祀。故夏（一说殷）时称蜡祭为"清祀"，就是《通典·礼四》所引注云："《广雅》曰：'清洁而祭祀也'。"此俗沿袭至今，形成"腊月二十四，掸尘扫房子"，干干净净过春节的风俗。

其六，春节给长辈拜年的风俗与蜡祭时序年齿有关。从古至今，春节除夕吃年夜饭时都要请长辈中年龄最大者坐首席，大年初一后辈都要给长辈拜年，有经济收入的后辈还要给长辈老人"添寿钱"。此俗的始源应与蜡祭时序年齿有关。据记载，古时蜡祭序年齿，即按年龄大小定宴会的席次或饮酒的顺序，规定六十而坐，五十而立，以示对长者的尊敬。

其七，春节畅饮欢宴的风俗与蜡祭的饮燕有关。前已述及，蜡祭时，"一国之人皆若狂"。所谓"狂"就是一反常规，个个畅饮酣醉，人人尽情欢乐。所以至今，春节期间，特别是吃年夜饭时，无论男女老少都要喝酒庆贺，平时妇女不沾酒的习惯，小孩不准喝酒的禁令都不起作用了；春节期间，除夕之夜，可以为守岁而不睡觉，尽情娱乐，平时忙于家务的妇女可以不下厨，忙于学习的孩子也可以不读书了。大家都热热闹闹、高高兴兴、痛痛快快地欢度春节。

其八，春节驱疫的风俗与蜡祭有关，春节放爆竹驱疫的风俗十分普遍，虽然关于放爆竹的习俗有着种种说法，但其最早应源于腊日或腊日前一日击鼓驱疫的习俗。《吕氏春秋·季冬纪》云："命有司大傩，旁磔，出土牛。"《注》："今人腊岁前一日击鼓驱疫，谓之逐除是也。"《荆楚岁时记》亦云："十二月八日为腊日，谚言：'腊鼓鸣，春草生。'村人并击细腰鼓，戴胡头，及作金刚力士以逐疫。"后腊鼓逐渐少见，而爆竹却盛行了。

其九，春节一些有关生产方面的风俗与蜡祭有关。前引蜡祭的祝词是："土反其宅，水归其壑；昆虫毋作，草木归其泽。"总的意思就是希望来年农业生产不受水害，不受虫灾，不受草荒。在长期的实践中，就形成了一些与之有关的生产风俗。如有的地方有"秤江水"的习俗，以预测来年水位高低和水旱灾情；有的在除夕蒸十二盏"面灯"，从灯里所盛水的干、满来预测一年的水旱；有的在腊八用刀斧砍枣、梨果树，并将腊八粥涂在刀痕里，意在使果树来年多结果实；有的在菜园中焚草把，放鞭炮，可使蔬菜一年无虫害；有的为了来年棉花丰收，用面粉做成棉花形的食品，绑在稻草束上，遍插田边，于正月十五夜里，手握点燃的草把柏枝，旋舞唱歌。凡此等等，都表现和反映了农民对来年农业生产的希望和祈求，究其根源大多可能源于蜡祭中对邮表畷、禽兽、坊、水庸以及昆虫的祭祀。

其十，春节一些禁忌风俗也与蜡祭有关。春节有不少禁忌，比较普遍的有：不准扫地，以免扫走运气；不准动用菜刀，以免吓跑灶神；不准挑水，以免喝了拉肚子；不准烧生米，否则表示去年无积余；不准借钱或还钱，否则来年只有出而无进；不准吵嘴打架，否则来年无安逸日子；不准摔破东西，否则来年有破家之忧等，究其根源，大都可能与蜡祭神圣而欢乐的气氛有关。

从以上所举中，我们可以清楚地看出，春节的一些风俗若与"立春"或"过年"挂钩，不仅使人颇费斟酌，也使人感到勉强。而将其与蜡祭联系起来，则迎刃而解。所以，我们认为春节风俗除与"立春"和"过年"有始源关系外，有一部分还与古代的蜡祭有始源关系。

有鉴于此，现代汉民族的春节风俗，实在可以认为是古代汉民族元旦、立春和蜡祭风俗变异的混合体，其既有元旦的古风，又有立春的习俗，还有蜡祭的遗风。

（三）

从春节风俗与蜡祭的始源关系中，我们还可以更清楚、具体地看出春节源于农事世俗性的特点。

蜡祭所祭之八神：先啬、司啬、农、邮表畷、猫虎、坊、水庸、昆虫无一不与农事有关；蜡祭祝词所说的"土反其宅，水归其壑，昆虫毋作，草木归其泽"，又无一不与农作物的正常生长有关，蜡祭的参加者又是社会最基本的群众——"田夫"或"野夫"；甚至年成的好坏都决定着蜡祭进行与否，此乃《礼记·郊特牲》所云："八蜡以记四方，四方年不顺成，八蜡不通，以谨民财也。顺成之方，其蜡乃通，以移（yi，音异，使人羡慕之意）民也。"通观蜡祭以及上述与蜡祭有关的一些春节风俗，我们不是可以更清楚地看到春节与农事的密切关系，不是可以更具体地看清春节世俗性的特点吗？

正因为蜡祭是农民"报田之祭"，所以古往今来，春节一直是真正群众性的节日，真正民间的节日，农民过春节比城镇过春节更隆重、更热闹、更盛大、更富有民族特色和风格。

1984 年 9 月一稿
1985 年 8 月定稿

七　推龙船

"龙舟竞渡"，是中国南方汉族端午节盛行的风俗，唯独浙江省武义县端午节不盛"龙舟竞渡"，而行"推龙船"。

何以武义县有此"推龙船"的奇风异俗？这需要从永康县出了一个名叫王崇的状元谈起。

据说明朝万历年间，永康县有一叫王崇，号王禄全的人赴京应考。此人不仅有文才，而且口才特别好。应考结果他没有中头名"状元"，便与皇帝诉辩起来。皇帝见其确有文才，答应三年后下一科的状元一定给他，王崇不允，定要争本科状元，皇帝被激怒说："你下科不要，难道还是'押'你不成！"王崇一听此言，马上跪下说："万岁谢恩！你就赐我王崇'押元'好了。"皇帝缠不过王崇，就赐其为"押元"，与"状元"同级，这就是永康状元王崇的由来。

中了状元的王崇回到永康不久就得了重病，不少良医医治，无数妙药服用都没有效果，病情越来越重。这时有一深山老道来到永康，说能治王崇的病。诊断后，老道说王崇是"五鬼"缠身，这五个鬼四个是瞎子，只有一个有一只眼，故叫"独眼五鬼"。老道施过法术后，将五鬼一一捉拿，分别装入五个酒坛，抛入江中，此后，王崇的病渐愈。

但是这五个酒坛顺江而下，漂到与永康相邻的武义县境，被一好奇的武义人打捞上岸，启封观物，"独眼五鬼"乘机逃出。于是五鬼为害武义，不是到东作怪，就是在西作难；不是人生瘟病，就是农作物发瘟，而且凡是五鬼住过的山林也都瘟光。一时间武义瘟病四起，苗枯树死，百姓遭殃。

后来武义城隍得知，令判官捉拿住五鬼，关闭在城隍庙中。为了把五鬼送走，城隍决定在端午日用毛竹扎一条龙船送鬼。扎船从五月初一开始，到初五上午扎好。扎船的毛竹规定由住过五鬼的溪里双坑山按时无代价地送到，否则双坑山的毛竹会瘟光。龙船用七根大毛竹扎成，底部平放五根，上面左右两旁各一。龙头在船头直竖。龙颈呈圆柱形、直径约六十厘米、颈长约三米。龙头上扎龙角，一双大龙眼，一个大凸鼻，两只长圆形的大耳朵，一张血盆大口，以及嘴巴下面挂着的很长的龙须，外形看去十分凶险。船身约六米长，船后龙尾向上竖起。船扎好后再糊上纸，画上龙鳞。然后在龙船上插上几个约四十厘米高的纸人；前面五个是并排的"独眼五鬼"，其后是手执"紫爪"武器的红脸大将军张巡（武义人称其为张东平），再后是城隍，最后是划船的女人。

龙船定于五月初五正午时推进。推船的路线起于城西城隍庙，沿街而下，出城东"八素门"，将船推入武阳川为止，全程约六华里。龙船分三班人推送，每班七人：船头四人，船身二人，船尾一人。推船时辰到来之前，先由一人从起点到终点敲三次锣：第一次敲锣打一响，叫街道两旁做生意的摊贩做好散开的准备；第二次敲锣打二响，叫观看的群众作好让路的准备；第三次敲锣连打三响，表示推龙船的时辰已到。这时，由打锣的敲着三响锣绕船三圈，同时身穿麻衣的道士念咒赶鬼，谓之"侧船"。道士咒毕，第一班推船的人即开始推龙船，人们抬着樟木雕成的红脸将军张巡的像和城隍爷的像紧跟其后，再后是一班头戴白纱帽，身穿麻布衣，手执七星剑，脚穿蒲鞋的道士和敲锣打鼓、吹奏各种乐器的艺人。

一路上，推龙船的人跑步前进，把龙船推得飞快，抬佛像的人以及道士、艺人则跑步追赶。这时街道两旁早已围满了观望的群众，真是人山人海，热闹非凡。观推龙船的人不论大人或小孩，各自都事先准备了一手茶叶和大米，当船推到自己面前时，就将茶叶和大米向龙船撒去，以避邪气。各商店门口也有人把守，以防龙船推歪。据说推船时，船头要向某店门口，某店就要晦气。这样，三班人马轮换推船，从城西到城东，六华里路程，呼啸而过，故武义有"三日清明四日年，端午一个大午前"的俗语。由于推龙船是在端午日进行的，故推龙船又称为"推端午船"。

武义推龙船之俗，《嘉庆武义县志》卷三有记载，其云："端午日，城隍庙为会送船逐疫。船竹出双坑，数日前村人送猫竹至，值会者以竹为龙舟形，外糊纸绘饰，内装草糊纸为神。至期设席庙中，巫觋通神，双驾登舟，遂挽舟疾行，舁（即抬）城隍神像、东平神像押舟驱送，两边居人投符掷米于舟中，直出东门外，推置水中，然后舁神还庙。"

由于武义有"端午船不推，瘟病要发生"的迷信传说，所以县城壶山镇以外的一些农民则在端午前三天到庙里念经，端午日把一只木船推到河里，也谓之"推端午船"。

武义推龙船之俗在民俗学中有特殊的意义，解放前盛行于世，解放后则停止了。

1984 年 12 月 31 日定稿

附　录

一　武义风俗考察

前　言

风俗，是民族文化史的重要内容之一，也是民族共同心理素质的组成部分，又是地方民间传统文化的宝贵遗产。汉民族的民间风俗内容丰富多彩，正如《晏子春秋·问上》所说："百里而异习，千里而殊俗。"但是，历代地方志书中所举风俗，不是失之过简，就是只重岁时节日，婚丧礼俗，忽视生产、生活习俗。因此，要全面、系统、具体地介绍汉民族的风俗是一件不容易的事。

为了研究汉民族的特征，必须对汉民族的风俗有一个比较具体的了解。为此，我从生产、生活、礼仪、岁时、信仰等五个方面，对工作和生活了二十年的浙江省武义县汉民族的风俗进行了比较全面、系统的考察，写成了《武义风俗考察》，其目的是希望通过这种微型考察，以求对汉民族的风俗，特别是江浙一带汉民族的风俗有一个大致的认识和具体的了解，此所谓以一斑窥端倪吧！

第一章　概况

浙江省武义县位于浙江中部，地处金、衢盆地东南边缘地带，东邻永康，南界丽水、缙云，西连遂昌，北接金华、义乌。其地势南高北低，中部隆起，丘陵起伏，山地连绵。海拔千米以上的山峰有雄鸡岩、龙头眼睛、龙潭背、乌龙尖、六千岗等七十九座，最高峰为西联的牛头山，海拔一千五百多米，均系仙霞岭延伸的一些分支，其中以樊岭最完整。南有柳城平原，北有武义平原。全县面积一千五百六十六平方公里，丘陵占61%，山地占33%，平原占6%。县境内水源丰富，较大的河流有武义江和午溪，以樊岭为分水岭，分属钱塘江水系和瓯江水系。武义江流向西北，上接永康江，流经桐琴、履坦等地，进入金华与东阳江合流，主要支流有清溪、白溪、熟溪、白鹭溪等。午溪流经县东南，注入丽水县的大溪，支流仅有东、西两溪。全县属亚热带季风气候，四季分明，气温适宜，雨量充沛，加上土壤肥沃，物产丰富，真是自然条件优越的一块宝地。

远古时，早在新石器时代，武义就有人居住，草马湖、千丈岩、祝村、新宅、荷丰等地出土的石斧、石锛、石镞等都提供了物证。上古之时，禹划九州，武义为扬州地。公元前二千多年时，夏少康封其子无余于会稽（今绍兴），号于越，武义便属越地。自此至战国中期，武义均属越。今壶山镇金鞍山和章岸村凤凰山，还发现有商、周文化遗址。约公元前三〇六年，楚怀王灭越国，武义遂属楚。秦统一六国后，置会稽郡，武义属乌伤县地至两汉。三国吴赤乌八年（公元二四五年），析乌伤的上浦为永康县，自此经南北朝到隋，武义俱属永康。唐天授二年（公元六九一年）武则天时，析永康西境置武义县，以其县东有百义山而得名，隶婺州，后改名武成县。天祐元年（公元九〇四年），复名武义。自此到宋末属婺州东阳郡，元朝属婺州路，明初属宁越府。明洪武二十年（公元一三八七年）至民国初均属金华府。民国三年（公元一九一四年）废府设道，属金华道。民国十六年（公元一九二七年）废道制，直属浙江省至解放。而原宣平县部分，秦朝属闽中郡，西汉时属东瓯国，西汉昭帝始元二年（公元前八五年）属会稽郡回浦县，东汉章帝章和元年（公元八七年）属会稽郡章安县，顺帝永和三年（公元一三八年）属会稽郡永宁县，献帝兴平二年（公元一九五年）属松阳县，三国吴少帝太平二年（公元二五七年）属临海郡松阳县，东晋明帝太宁元年（公元三二三年）属永嘉郡松阳县，隋文帝开皇九年（公元五八九年）属处州括苍县，唐、宋、元及明初，均属处州郡丽水县。明代宗景泰三年（公元一四五二年）分丽水县宣慈、应和两乡及懿德之北乡，以剿宣平寇为名，始置宣平县，属处州府至清。民国三年属瓯海道，民国十六年直属浙江省。解放初属丽水专区，一九五二年改属衢州专区。一九五五年衢州专区撤销，改属金华专区。一九五八年五月，武义和宣平合并为武义县，属金华地区。同年十月，武义与永康合并为永康县。一九六一年十月与永康分县，宣平仍划属武义县，全县人口约三十万，其中有畲族六千多人，主要分布在柳城、德云等公社。

武义县设六个区，一个镇，三十三个人民公社，五百五十二个生产大队，是农、林、牧综合经营的产区。农业方面，粮食以水稻为主，次为薯、麦，再为豆类。林业方面，林产品种有杉木、松木、杂木、毛竹、柴炭、油茶、油桐和乌柏等。经济特产有茶、茧、棉、油菜籽、苎麻、黄花菜、米仁、蜜梨、箬叶、宣莲、猕猴桃等。畜牧业方面，以养猪为主，次为牛、羊、兔、灰鹅等。渔业也有传统，青鱼、白鱼、黑鱼、鲫鱼均有。以上可见武义既有山地货又有平原土产，物产确实丰富，品种比较齐全。

武义传统的手工业产品主要是棕棚，其工艺精细，坚固耐用，为全国之首，早在明、清时已闻名四方。民国以后，闻名世界的武义砩矿开始开采，现在除全国最大的采萤企业——东风萤石公司外，全县 80% 的人民公社开办了采萤企业，产品远销海外。解放后武义工业开始兴办，特别是近二十年来，已建立了机械、电力、建材、化学、水泥、化肥、森林、造纸、食品、纺织等工业部门，其中纺织厂是浙江省目前较大的以涤棉为原料生产化纤布的纺织企业。境内水力资源丰富，但过去照明主要用油、松明等。解放后通了电，并大力发展水电事业，现有县、社、队小型水电站一百多座，著名的有麻阳水电站、大田水电站等。一九八三年又被确定为全国农村基本实现电气化的一百个试点县之一。全县交通除陆路外，还有水路，木船可通金华。解放前仅有一条公路通金华，现在已有干线和支线二十余条，百分之九十以上的公社通了客车。

解放前文化教育比较落后，全县除有若干村小，五、六所高小外，仅有两所初中，两所简易师范。文化活动仅有民间庙会等。解放后有了很大发展。现在小学教育基本普及，公社有初级中学四十四所，县区有高中五所，一所农技校，还有教师进修学校、卫生进修学校。文化生活也越来越丰富多彩，县有文化馆、图书馆、电影院、影剧院、工人文化宫，专业文艺团体有婺剧团，区有文化站，公社有文化站、电影队，大队大多有俱乐部。

武义虽然较小，至唐时才建县，但名胜古迹、历史文物不少。除前已提及的商、周时期的文化遗址外，近年还在邵宅公社发现东汉中晚期的古窑遗址，生产弦纹壶、大小罐、五管瓶等胎薄、硬度好、质量较高的陶器。五代、宋、元时期的瓷窑遍布壶山、溪里、白溪、履坦、寺前、邵宅、要巨、大田、泉溪、芦北、桐琴等公社，尤以壶山、溪里为最多。唐朝时与王维齐名的大诗人孟浩然，在游历东南时曾到过武义，写下描写武义山水的诗——《宿武阳川》①。诗曰：

> 川暗夕阳尽，孤舟泊岸初。
>
> 岭猿相叫啸，潭影自空虚。
>
> 就枕灭明烛，叩舷闻夜渔。
>
> 鸡鸣问何处？风物是秦余。

南宋时与张栻同称为"东南三贤"的大哲学家、教育家朱熹和哲学家、文学家吕祖谦，都在武义下陈明招山惠安寺开讲堂讲学，一时四方学者云集。思想家、文学家陈亮，哲学家、永嘉学派的代表叶适等都来过。吕祖谦死后即葬在武义②。

现存延福寺的宣阳观铜钟铸于唐大历十二年（公元七七七年），是浙江唯一完整的唐钟。云华公社荷丰大队的台山寺始建于宋初乾德年间（公元九六三—九六七年），清乾隆五十九年（公元一七九四年）重建，现尚存部分建筑。武义古迹明代建筑较多，著名的有岭下汤的石梁架屋，从屋柱到梁架都用岩石雕成。壶山镇金鞍山的发宝象龙塔建于明万历三十年（公元一六〇二年），六角形的砖结构，塔高七层，造型简洁，富有明代建筑的风格。万石院的万石院塔也建于明代。县重点文物保护单位——熟溪桥，建于宋开禧三年（公元一二〇七年），明万历四年（公元一五七六年）重建成桥屋联成一体的独特造型，为中国桥梁史增添了光彩。省重点文物保护单位——延福寺，始建于后晋天福二年（公元九三七年），现存的正殿为元朝延祐四年（公元一三一七年）所建，是木结构重檐歇山顶斗拱建筑，严密结实，轻巧秀丽，完整地保留了元代建筑的艺术风格以及宋代棱形柱的构造特征，引起国内外学者的注意。武义出土的文物最珍贵的有南朝元嘉年间（公元四二四—四五三年）的盘口双龙壶，制作精巧，风格奇异，现存北京故宫博物院，为国家一级文物。近代革命文物重要的有两

---

① 武阳川：即熟溪。

② 《武义县志》卷十一。

处：一是岭下汤太平天国时期的标语："长毛杀妖多多杀。"据说是清咸丰、同治年间（公元一八六一至一八六二年）太平军攻下岭下汤时，用七个地主的血写成的；二是溪里上甘塔的红军标语，有七十二条，内容有"共产党是无产阶级的政党"等，是一九三五年红军挺进师经过时所写。

武义虽土壤肥沃，水源丰富，气温适宜，物产繁多，但位居僻处，山多人稀，自古以来社会的发展比中原地区稍落后。夏、商时期，中原已进入奴隶制时代，武义还处在原始氏族社会阶段，在桐琴、壶山、柳城的低丘盆地平原上出现了一些原始村落，原始时代的武义人使用磨制的石器，烧制成一种质地坚硬的陶器，过着渔猎和原始农业的生活。唐时孟浩然游武义时，所见"风物是秦余"，可见当时的武义人还保留着秦朝的遗风古俗。故武义风俗古朴，重农桑，尚节俭，民敦厚诚实，不好工艺，不善商贾，乡土感情浓烈。南宋爱国学者吕祖谦对武义风俗评价说："负山之民，气俗敦悫，乐田亩，而畏官府，遨嬉侈丽之习，独不入其乡。"① 对此，《万历旧志》也说："男务生业，女勤纺织，家家尚俭朴而安质素，无狗马踏鞠之戏，亦鲜绮绣斗胜之观。无论村落僻坞，即城市之民，莫不笠纠饷黍稼穑是事。"又说：其"俗不服贾，所业唯耕，地宜种秫。……武俗淳朴、俭啬、狃常习故，绝不喜新斗异。……民务农田，不为商贾、技艺，轻去其乡。男不为厮役，女不作婢妾。"② 所以近、现代以来武义人外出做工、从商的极少，绝大多数人世代务农。正如武义民谚所说："泥饭碗敲不破，种田地万万年"，"东赚钱，西赚钱，勿如灌水好犁田"。世代务农的经济生活，造就了武义人敦厚纯朴的习性，对此金华地区民间就评价说："武义芋头，宣平呆头。"意即武义人敦厚、随和，象芋头一样朴实；宣平人更加老实、憨厚。武义民习的这种特点与其自然条件有很大关系。武义土地肥沃，田多人少，当地俗语就说："挖一锄头可吃三天"，"一年收成可吃三年"。故《武义县志》卷三引许白云的话说：武义"地狭而土肥，其民殷庶。"这可以认为是武义人重农桑、尚节俭、敦厚诚实的物质基础。又正如俗话所说："东阳靠把斧，永康胡公祖，武义靠块土。"这样富庶美好的地方生活，丰衣足食，当然"不为商贾、技艺，轻去其乡"。

---

① 《武义县志》卷三。悫：诚笃、忠厚之意。

② 以上所引均见《武义县志》卷三。狃：习以为常之意。

至今仍流传着"武义人靠块土，三天不见壶山①就要哭"的俗语，表现了武义人浓似酒的乡恋之情。总之，武义风俗的基本特点是：尚农、敦厚、节俭、恋乡。

第二章　生产习俗

一　农业习俗

1. 田作习俗

（1）祭田公田婆：清明过后，旧俗农家看历书择吉日，在田头摆供品，点香烛，烧"利市"（即草纸）祭田公田婆，求田公田婆保丰收。平时在田畈耕作吃饭时，也要先洒少许饭菜和酒在地上，以示先敬田公田婆。而且据迷信传说，种田人夜里睡田头，可得到田公田婆的保护。若睡在田塍上，田公田婆就管不到，但一只脚伸到田里，田公田婆就可以保护你了。于是农民带小孩到田头，若孩子睡着了，都放在田里面而不放在田塍上睡。武义还有一句"长田无谷"的古话，其意是又长又大的田块难以取得高产。为此这类田收获前，都要先行祭礼，敬田公田婆，然后收割。

（2）五谷神：旧俗迷信认为五谷出田后，人夜里到田畈就会平安无事，不怕鬼，因为有五谷神保护种田人。

（3）太阳下山时播种：春播时，要选晴天太阳下山的时候播谷种。俗谚说："太阳下山不再走，谷粒下田不会漂。"同时，去播种的男人一定要把肚子吃饱。按迷信说法，播种的人吃饱了，这年的谷粒一定会饱满。

（4）开秧门吃种田"果"②：旧俗开秧门时要吃种田果。早上起来，男人吃了稀饭下田拔秧，家妇做好种田果送到田头给种田人吃。形成这习俗的原因，一说是农忙时一天要吃四、五餐，为了方便省时，吃种田果耐饥。另一说是一种仪式，在人吃之前，要给耕牛尝几个，牛吃后知道吃力的日子到了，会流下泪来。现在有些地方开秧门要吃种田饭，即在种早稻前，以自然村或生产队为单位杀猪、做豆腐，大家会餐一次，然后投入紧张的农忙劳动。有的地方还认为吃种田饭的人越多越好。据称：多一个人吃饭，可以多收一担谷。有的地方种田时要吃两个鸡蛋，以示吃了两只鸡的补品。

---

① 壶山：古名湖山，在今壶山镇西，是县城的主山，因有潭水状如壶，故名壶山。

② 果：用糯米粉做成，内以红糖或笋丝、肉、咸菜等作馅，形同蛋，底平。

（5）牛耕田休息时要歇田角：牛耕田、耙田、耖田时，因人们吃饭、休息，需要中途停歇，牛犁耙要在田角的位置停下来，不能停在中间。否则要被人讲是"不三不四""不上不下"。此为耕作禁忌，至今仍流行。

（6）余秧不烧灰："劈秧烧灰焚天地，铁打扁担挑你垂。"旧俗迷信，秧种剩余后不能用来烧草泥灰，否则会遭雷打和大旱之祸，挑水浇地铁扁担也要挑弯。余秧只能翻耕入土作肥料。

（7）插秧、耕田前后留三行：同时有几个人在一丘田里并排插秧或耘田时，无论你的手脚多快，与前面的至少要相距三行。

（8）耘田施肥忌雨：武俗一般耘田四次。第一次施肥要塞在秧根下，叫"塞肥"。第二次用石灰，第三次用泥灰和菜饼，第四次甩人粪尿。为了保持肥效，耘田施肥，特别是第二次、第四次忌雨。

（9）田头不估谷：俗称："田头不估谷，栏头不估肉。"到人家的田边，不能信口估计该田的产量，否则主人是不高兴的。

（10）祭五谷神开镰：旧俗开镰收割时，从稻田里摘五个稻头，放在饭锅里蒸，然后装好一碗饭，将这五个稻头插在饭上面，再配上一碗菜、一碗茶到田头祭五谷神。此后方可开镰割稻。

（11）上田管下坎的规约：田畈的每一条田塍的归属都是"上田管下坎"，即上田的人辟下边的田塍或种植。

（12）插女人鞋、袜除稻瘟：旧俗稻谷抽穗时，在田里插上竹棒，挂上小脚女人的破鞋、烂袜、臭脚片等秽物，认为可使稻谷免发瘟病。此俗现已绝迹。

（13）女人跨农具视为晦气：扁担、锄头、车鞭三样农具放在地上，女人若从上面跨过，迷信认为是晦气的，其农具容易折断。

（14）种子的禁忌：花生等可生吃的种子，在剥壳时，不能吃，据说若吃了，种下去的会被老鼠偷吃掉。五谷种子估计用不完时，忌说："弄点吃吃。"

（15）稻桶的禁忌；稻桶角忌坐、忌敲。忌坐是因为谷是人要吃的，忌敲是怕把谷敲光。从稻桶里取出稻谷时，米箕不可刮到桶底，否则发出响声似雷鸣，人家要讲你家"雷公敲"的不吉利话。装谷时，旁人忌讲"一担还不够"的话。

（16）"三不"的规矩："果树底下不整冠，瓜地旁边不理鞋，菱角塘旁不洗手"。这"三不"规矩的习俗是为了免得被人疑为做贼。

（17）谷仓不用扫帚刷：旧俗迷信，谷仓里的谷物取完后，不可用扫帚刷，忌"扫光、扫光"之嫌。

（18）太公田：这是每个村按祠堂划出的公共田地，由同太公的每户轮流种植。轮到种太公田的农户，在清明前十天内，要备办饭菜和酒祭祀，然后请全族人会餐。有些农户因不住在原籍，轮种太公田时管理不便，可委托同太公的人种植并备办太公饭。种田收入办太公饭后一般均有剩余，轮种户还可以从委托户中分到一些余利。

（19）麦王生日：旧俗三月十六是麦王生日，认为这天若晴，春花即可丰收。此俗之起因，据传说是早年有一个皇帝在三月十六日出巡，途中看到小麦，不识。问随从，告之这是农民度春荒的小麦。皇帝听后就说："那就让它快些黄吧！"果然，天空接连放晴，麦黄得很快，收成很好。后来人们就把三月十六定为麦王生日。

（20）正月头日挑尿要吃蛋：旧俗正月第一次挑人粪尿，要吃两个鸡蛋，以避晦气，图吉利。此外，尿桶上号名字被认为是晦气，所以武义农村的尿桶仅作各种不同形状的符号为记。

2. 山林习俗

（1）太公山：这是按祠堂分划的公共山，其所产之林木物产，用于本族的公共事业。太公山禁令严明，不准任何人随便砍伐。所属同太公的各户，每年清明前合办太公饭，除祭祖外，还要商量有关砍伐诸事。若有人上太公山偷伐林木，下一年的太公饭就罚给偷山人备办。

（2）学堂山：学堂山至今仍有。山区的村子，留出一块较近便的好山定为学堂山，归本村学校所有。山上的木材归学校，木料用于修建校舍，修制课桌、椅等。专门负责管理学堂的人可以砍柴用，其他人都不得砍伐。

（3）吃封山饭：现在有些大队为封山事宜，请全村会餐一次，称为吃"封山饭"。席间宣布封山的范围、年限及其他禁令。并规定若有人上封山区偷伐，罚出第二年的封山饭。

（4）禁山会：武义有的山区有禁山会，负责封山育林。禁山会由本地比较有威望的人组成，公立禁约，制度严明，惩罚的主要办法是：对偷伐封山林木者罚款，所罚之款由封山会办酒饭，请封山区有关群众吃掉，以扩大影响。

（5）祭山神：旧俗迷信，上山砍伐柴薪竹木前，特别是大片地砍伐或在险山上砍伐，先要祭山神。祭点是固定的，一般由几块大石头垒砌而成。供品为素食，同时点香烛，烧"利市"，以求山神保佑上山平安。若是少量地砍伐，上山时先许愿，下山后行个祭礼即可。单是砍伐毛竹，则另有祭法：用三张"利市"、三炷香捆在山上的毛竹上，砍伐时要请有经验的人先下手，第一刀就要砍倒一根小树，以示顺利。

（6）流水为界：武俗群山划界，历来以流水为界，即按山冈分水线为自然边界。而丘陵山则采取立界碑的办法，碑石下面埋入经久不腐的炭块和石灰。

（7）大树的采伐：旧俗称大树为"古树"，认为年长日久，有树神附身。若需采伐，在做好一切准备工作后，要坐在树旁等候，一直要等到有人来问："你坐在这儿干什么？"采伐者就指一下自己所带的伐树工具。问者若说"那还不动手"时，采伐者就可以动手伐树了。据称，这样树神不会怪罪采伐者了。

（8）上山用膳的禁忌：在山上用膳不叫吃饭，要叫"反草鞋"。吃饭前先要把饭、酒洒点地上，以示敬山神。吃饭时，系在腰间的刀夹要解掉，不然肚子会疼的。菜有肉类食品，同伴之间不必让吃，也不要把"肚肠、心肺、猪肝"之类的食品叫出声来，不然，一则使人想到不安全的事，二则迷信传说山神会把黑绒绒的巨手从背后伸过来取食。

（9）上山不谈蛇虎：上下山路或在山上劳动时，忌谈蛇、虎之类的动物，以免蛇、虎真的会出来。

（10）挑柴：一队人挑柴下山，前面的若要换肩或歇息，须先用担柱在地上点三下，告之后面的人，以免碰撞；另外不能停在刚过了桥的地方，使桥处在挑担队伍中间，像扛棺材一样不吉利。

（11）禁水口树：旧俗为了美化环境，不少地方把村子附近的树林地定为山神之地，立某块或石块为土地公公，认某大树（一般是樟树）为娘娘，任何人不准动用这个地方的树木，否则会遭灾难，是为"禁水口树"。逢年过节，还要摆酒菜饭祭祀。现在一些地方村前村后风景山的参天大树，就是这样保护下来的。

（12）箬叶的传说：武义箬叶素享盛誉，远销海外。在盛产箬叶的西联山区流传着一个有趣的故事：古时候有一个皇帝下了圣旨，要收集最大的毛竹，西联的山农带了箬叶去求见，皇帝只见箬叶不见毛竹，大怒说："违背圣旨，难道不怕犯欺君之罪？"山农回答："我的毛竹比别人的要大四五十倍，谁也背不动，所以只有摘片叶子来进贡了。"皇帝一看箬叶与竹叶果然一样，于是封这个山农为"献宝状元"。确实，武义箬叶最大的长五十厘米，宽十五厘米以上，不仅包粽子香喷喷，而且还可以作箬帽、车棚、船篷，封酒坛、咸菜坛，并有止血消肿的作用，所以武义有"箬叶之乡"的美称。

3. 饲养习俗

（1）养蚕的禁忌：蚕的单位要叫"个"，不能叫"条"。旧俗认为条是虫的单位，称蚕与虫一样为"条"，蚕会气死的。有的地方蚕室忌生人擅入，忌家人说不吉利的话。

（2）新猪入栏：新买来的猪仔，要打开猪栅门，让它走入，不能抓起猪从栏上面放入，否则怕入栏的猪长大后会跳栏。新买来的毛猪入栏时，若栏内已养有毛猪，要先赶出来，让新买来的进栏后，再把原来的猪放回去。据说这样新老猪才会和睦相处。

（3）猪栏贴条幅：春节，猪栏要贴红条幅，内容是："猪大肥多"或"日长夜大"等吉利话，忌写"猪栏清洁"、"栏头干净"的话，以避栏内养不起猪之忌。

（4）择吉日开猪栏：农家新开猪栏坑，旧俗要择吉日。据说有一个叫"千禁杀日"的凶日，开挖猪栏基不好。不过后来有人把"千禁杀日"改为"千斤杀日"，能养一千斤，忌日反而变了佳日。

（5）宰杀毛猪的祭礼：宰杀毛猪时，迷信的家主要用三张"利市"，沾上一点猪血后焚烧，并点三炷香，朝天三拜，口念"这生作猪，下世变人"，以示送猪上天。杀猪褪毛用的沸汤，要用吹火筒扛。汤倒入杀猪桶后，把吹火筒的下端浸入汤内，上端用口吹气，沿汤桶吹一圈。据迷信说法，这样吹过后，下一次养猪长得快大些。猪杀后，要以鲜肉烧一碗面条给屠工吃，然后白肉投售市场，肚内货一律自家食用不出售。

（6）买猪的禁忌：武俗在集市上买来猪挑回来时，禁用石块作沉头，要用其他东西作沉头。因为石头不会化，作了沉头猪也养不大。

（7）看杀牛要背手：围观杀牛时应把手放在背后，不然要被牛责怪。据说牛通人性，在被杀前会伤心流泪，它看见人背着手与"绑"着一样，并非见死不救，就不责怪人了。

（8）讨牛绳钱：牛在集市上卖掉后，卖主还可以向买主讨一至二元牛绳钱，这是武义传统习俗，卖主认为理所当然，买主也乐意支付，而卖主则要把牛绳钱交给放牛人。

（9）牛绳绕角：牛进栏，放牛人要把牛绳绕在牛角上。不同的牛有不同的绕法：黄牛绕圆形角，水牛绕交叉角，又称花角。据说若绕错了，牛就要昏过去。

（10）买小鸡的禁忌：买小鸡首先忌讲买多少，否则鸡买回来要发鸡瘟病。要讲少买多。小鸡买好后，要带点娘家的米。旧俗认为这样鸡会长大得快些。卖小鸡人用的扁担，一定要两头向上翘的，其他样子的扁担都不可以用。旧俗认为直的会使鸡"直"去，垂头的会使鸡发瘟病，均犯禁忌。

（11）死猫挂柏树：家猫死后，要用行灯壳（宣平一带称为灯笼壳）包起来放在小竹篮里，挂在村外的乌桕树上。此俗至今仍流行。其原因：一说是猫肉味美，若大家都要吃猫肉，猫就不易养了；二说是吃了猫肉以后，会犯吐清水的病；三是谁吃了猫肉，谁就养不起猫；四是猫死后若土葬，迷信认为该地就会发大水。

4. 水利习俗

（1）插封棒：农田用水，凡渠道分支缺口、田缺，若需封闭，则要插一根树枝作标志，这根树枝即为"封棒"。插了封棒的缺口，其他人就不会随便打开。此俗至今仍流行。

（2）照亩按丁修水利：解放前修水利，照亩按丁分摊任务。照亩即按田亩多少，按丁即按男丁的人数，两样各一半分摊。女儿不负担修水利的任务。

（3）管水习俗：过去武义农田多引溪水灌溉，为管理方便，有关农户联合推举一名管水员，负责进水、出水，及水沟的修理整治，从春季开始到秋季结束。收割以后，承水户每亩给十至十六斤稻谷作管水员的报酬。

（4）车水敬塘神：旧俗从池塘里车水前，要烧香点烛敬塘神，并用红纸写上"深山树木化成龙"，贴在车桶左边；写上"一到池塘雨就通"，贴在右边。

（5）车水计时法：过去用水车抗旱的时候，同一池塘几户分别车水也要计时。计时都是用焚香的办法。

（6）出水塘不车水：抗旱时，自流出水的池塘，不得用水车车水。

（7）田缺泥取于下丘田：堵闭出水口的泥土，可到下一丘田去取。因田水往下流，总有些泥土带到下丘田去，所以即使下丘田是别家的也没有关系。

二　手工业习俗

棕棚是武义自明、清以来就闻名全国的实用工艺品，其采用优质硬木作框架，在框架四周钻二百二十多个洞眼后，抽出棕片最长的棕丝，打成上等棕绳，用编针通过洞眼编织，做工精细，一盆水泼上去，数分钟内滴水不漏，坚固耐用，一百斤重的石头放上去，床面不会下陷。

武义出产的小竹椅，背后的横档呈弧形，有三至四根直档，上刻字花，产品精巧，坐着舒服，既实用又美观，很受人喜爱。

手工业习俗比较具有地方特色的主要有：

1. 拜师：过去投师学手艺，要立投师契，写明学艺年限、师傅的权利和徒弟的义务，强调中途不得离师。在给徒弟的工资中，一、二、三年分别扣下三、六、九块银圆为押金，擅自离师押金归师傅所有。现在拜师比较简单，如穿棕的拜师，只要送给师傅一只鸡，几斤肉即可。学徒开始半年没有工资，头两个月还要吃自己的伙食，以后每年三角，到第三年可增到五角。

2. 棕匠习俗：武义棕匠每天动工，要师傅先动手，若徒弟先动手，则被认为不懂规矩，会遭到师傅的指责。棕棚框架要取深山的"木荷"树，其他树木做框架被视为不吉利。棕棚洞孔规定要双数。旧俗棕匠的围裙禁洗，据说是怕生意掉了。在一户人家完工后，可带走一个棕丝包，即用一片好棕片包下脚棕毛，棕匠拿回家后可打箩线、棕绳等。现在有些主户把棕毛留下自用，另包一个红纸包给棕匠。

3. 烧窑习俗：武义旧俗烧窑要立窑土地，即砖窑建成后要在草铺内或窑窟一侧立土地公公的牌位。有的用石块垒成一个神座，有的用砖块、木块搭一个神座，神座上用红纸写"乌泥变宝玉，窑门出黄金"，并摆一个香炉以焚香，然后摆上豆腐、肉、糕点、酒祭祀。入窑也要择吉日，俗称"进财日子"。入窑前还要以酒、菜供奉窑土地公公。入窑时忌过路妇女进窑铺。入窑后，由窑铺集体开支或由窑工、砍柴工自己出钱会餐。会餐时喜吃猪头，忌吃猪脚，认为吃了猪脚炭头会多，烧不好窑。这叫做"做窑福"。在烧窑过程中，如果听到虎啸声或老虎从邻近路过，被视为大吉大利。熄火后，由窑头师傅封闭窑门，这时大家要讲"这窑货好""上等品"等吉利话。出窑时要祭祀土地公公，然后由砍柴工开第一块窑门砖。如果砖瓦质量好，大家笑颜相告；若质量不好，则说："漏水了。"

4. 上梁忌讲"敲"：建屋时，木工和泥工免不了要讲"敲"字，如"敲一下""敲过来"等。但上梁时就忌讲"敲"字，一律以"响"字代之。因为敲带有破坏性，武俗发瘟病又叫"敲瘟病"。而"响"字则有"响亮"之意，大吉大利。

5. 本村的工匠不叫"师"：小辈称泥匠、木匠等一般都叫"××师"。但对本村的工匠不能叫"师"，应叫"××叔""××伯"等，显得更亲近和尊敬些。

6. 旧时剃头匠的地位最低：旧俗传说剃头布是讨饭袋剩下的料做的，所以剃头比讨饭还要下等，在酒席上，剃头匠的位置就排在讨饭的后面。

7. 各种工匠的地位：旧俗石匠最大，次为泥水匠，再次为木匠，最次为泥瓦匠。所以建房的酒宴上，泥水匠坐在上横头的大手（左边），木匠坐在小手（右边）。石匠如果在场，就要排在泥水匠的前面，而泥瓦匠则排在最小的位置。

8. 徒弟吃饭的禁忌：从师学艺的徒弟吃饭有一些禁忌。主人叫吃饭后，徒弟先走一步，坐在最"小"的座位上，第一餐坐在哪里，以后每餐都要坐在哪里。盛饭时，筷子要平放桌上，不得交叠放，也不得随手带到灶头。盛饭靠锅边，夹菜靠面前，猪肉之类好菜主人劝菜也不能吃，要师傅开口后才可吃一片。吃饭只能吃两碗，要吃得快一点，必须比师傅先吃完。吃完饭后要立即到作场去干活。

9. 雇"老师"：近年来武义群众雇手工匠的风俗比较盛行，俗称"雇老师"。"老师"即手工匠师傅，主要是木匠、裁缝、竹篾匠和穿棕匠。雇工方式一般有三种：一为吃主家的饭，付加工费；二为吃自家饭，按日付工钱；三为包工，一件成品包几工，讲定后付工资。被雇工匠一个工的劳动时间比较长，一般约十个小时。不吃主家饭的工匠，每天上午要由主家供一餐点心。穿棕匠的习惯是：吃主家饭者，打棕绳剩下来的棕毛归主家；不吃主家饭的，棕毛归工匠自己。

三　商业习俗

1. 集市：解放前武义有壶山、桐琴、泉溪三个集市，壶山集市农历每月逢三、八为市日，交易物品多为农副土特产。桐琴集市由于历史的原因，又分成桐琴和赵宅两地开市。解放后，特别是近几年来，武义集市有了较大的发展，除了老集市外，又增加了王宅、桃溪、岭下汤、柳城四个。每月的具体集市时间如下表：

集市名称	壶山	桐琴	桃溪	岭下汤	泉溪	王宅	柳城
时间（农历）	1、6	2、7	3、8	4、9	5、10	5、10	1、6

集市规模以壶山的为最大，次为柳城、桐琴、王宅，再次为桃溪、岭下汤、泉溪。交易商品主要是山地货、家畜幼禽等农产品，日用工业品也有上市。山地货主要有棕棚、竹椅、竹篮、畚箕等制品。家禽以灰鹅最多。近几年来缙云、永康人常成群结队到武义集市大批收购灰鹅运至温州贩卖，多时一年达六十万斤。壶山、柳城集市，腊月二十六市以后，连续三天开市，以迎春节，正月初一不开市。

2. 庙会：庙会也是重要的集市形式。武义庙会是二月十五日，柳城庙会五月十六。因过去宣平县是一年一市，所以历史上柳城庙会比武义庙会兴盛，其每年一小会，十年一大会，街道两旁货摊林立，商店货色比较齐全，兰溪、金华、永康、义乌、丽水、缙云等地做生意的人云集，时间三天，五月十四日开始，五月十六日达到高潮。俗语说：一年买不到的东西，五月十六这天都有。现在已清除了各种迷信活动，成了集市贸易交流会。武义庙会在抗日战争爆发后就停开了。

3. 行商：过去武义商人多为外地人，主要是从徽州、绍兴、兰溪等地来的商人。如武义的药店大都是兰溪人开设的。他们组织行会，收购土特产。主要的行会有米行、猪行、羊行、茶行、鸡行、鸭鱼行、果行、棉行、柴炭行、陶器行、砖瓦行等。农家通过行商外销的土特产以茶叶、谷、竹、木、豆以及药材为大宗。

4. 交易：比较具有武义地方特色的是有些行贩，担一些小百货、糖果，一边叫卖："鸡毛、鸭毛换钱！"一边收购废旧物品，往往以小百货、糖果充值。

豆腐可用黄豆换，一斤黄豆换二斤豆腐，不需另付加工费。年糕、粉干、面条等也可用粮食去换，付一定的加工费。

近几年还有农民或手工业者（多为永康、东阳、缙云等地人），运来甘蔗、糯米白糖条、竹托盘、米筛、小蒸笼等农副土产，可用粮票交换。

5. 民间借贷：解放前武义高利贷率一般为30%至40%。青黄不接之时，市场谷价比新谷上市高一倍以上，若借一担谷，要还二石新谷，还要加30%至40%的利息。解放后高利贷已绝迹。民间借贷，亲戚朋友之间一般不收利息，俗称"有借有还，再借不难"。也有少数人为了购买高价商品，邀集互相熟悉的朋友以"会"的形式，每月每人交十元或二十元，除"会主"首先得款外，其余的人用抽签的方式轮流得款，俗称"摇会"。

第三章 生活习俗

一 饮食

武俗平时一日三餐，农忙时一日四餐：早餐、中餐、点心、晚餐。用餐时间：早餐早上五点左右，中餐十点左右，点心下午三点左右，晚餐晚上七点左右。吃饭时忌照镜子，忌用筷子敲碗，忌把筷子的大头含在嘴里。

武俗喜饮绿茶，好喝黄酒，多用井水。山区有不少泉水，夏季农民多饮用解渴，俗称"仙水"。有的山区农民喜喝用苦丁树叶制成的苦丁茶。此外，柳城有一条统穿街沿的自流水沟，民约规定：早上不准洗东西，供大家挑水吃；白天禁止洗过分脏的东西。

其他关于主食、副食和风味食品具有地方特色的主要有：

1. 主食：武义以大米为主食，部分山区大米不足，辅以玉米和番薯。玉米多做成玉米饼、玉米糊、玉米"果"吃。番薯加工成番薯干、丝和粉，或用番薯丝与米混合煮饭，或用番薯粉蒸糕，或吃番薯干。大米也常加工成粉干、年糕作主食。此外，武义旧俗七月十五中元节才可以开始吃新谷。第一餐新谷饭叫"尝新米饭"。新米饭要先祭天地、祖宗，然后给牛尝，米汤水也给牛喝，接着是当家人尝，最后是全家人吃。如果有的农家青黄不接，未到七月十五就要吃新米了，那就必须把第一次春的米留一部分到七月十五"尝新米饭"。

2. 副食：富有地方特色的副食主要有：

（1）宣莲：武义宣莲粒大肉厚，易煮烂，味道鲜，营养价值高，是我国两大名莲之一（另一名莲是湘莲）。据《宣平县志》卷五载，清朝嘉庆年间即有种植，至今已有二百余年的历史。宣莲中以二伏采摘的伏莲为最佳。

（2）干菜：把三月青、芥菜、九头芥等洗净、晾干，整株地腌成咸菜，然后晒成半干，用咸菜水焖煮一夜，第二天早上再拿出来晒成半干，再用同样方法煮一次，晒干即成。武义干菜颜色乌黑，耐贮藏，香味浓郁。用这种干菜炒肉不仅味道鲜美，而且久放不变质，是学生在外读书、工匠外出做工的必备菜。

（3）豆腐：以白溪豆腐为最好，其用料考究、做工精细，具有光滑、鲜嫩的特点。除豆腐外，武义豆腐花也以鲜嫩味美著称。雪白的豆腐花佐以粉丝、肉汤及其他调味品，不少人以其作当家早点。宣平一带做豆腐时忌生疏人进厨房。据迷信说法是遇生人进入，豆腐就点不起豆腐花；做豆腐时如果点不起豆腐花，就要在豆腐桶上盖上锅盖，点燃草纸在桶沿烧几圈，就能点出豆腐花来。

（4）咸菜：把九头芥、高脚白、萝卜菜等洗净、晾干、切碎，然后腌入竹筒、陶罐、酒瓮内，压实密封，一两个月即成具有清香略带酸味的咸菜。武俗喜欢用这种咸菜烧鱼、马铃薯、芋艿、笋等。

（5）武义是举世闻名的金华火腿的产地之一，现在每年生产三万只左右。每年从立冬开始做，到冬至结束。

（6）竹笋是武义人爱吃的山菜之一，主要有毛竹笋、小竹笋。每年春季出笋季节，家家户户都以笋为家常菜。主要品种有咸菜笋、肉炒笋、油焖笋。

（7）武俗家常烧肉喜欢切成大块，厚约一厘米。原因据说是大块肉待客显得客气，小块肉待客显得小气。

（8）武俗喜欢吃鸡，过去多红烧，现已兴清炖和白切。鸭一般不吃。鹅过去多作祭祀用，现多运往外地，本地人仍少吃。

（9）武俗烧鱼喜用青辣椒和咸菜。

（10）武俗青菜中多喜油冬菜。

（11）武俗喜吃马兰头、荠菜和水枝花等野菜。每年夏初满山开水枝花时，人们清早上山采花，用沸水氽后，炒菜吃，不仅风味特异，而且还有清凉解毒作用。由于人们喜爱，每年上市季节，不少农民把采来的水枝花用水氽过后拿到市场出售。马兰头和荠菜也有售。此俗越来越盛行。

（12）番薯粉丝是武义副食的又一特产。粉丝炒肉丝，青菜烧粉丝，都是武义群众家庭的当家菜。

（13）番薯豆腐是具有地方特色的夏季清凉食品。其做法是，先用少许冷水把番薯粉调匀，然后放入冷水中煮熟，倒入盆中，待冷却凝固后，用清洁的冷水浸起来，吃时用竹刀划成小块，加入糖水和醋，既能充饥，又能解渴。

（14）芋干：把毛芋头剥皮、洗净、晾干，在煮焖干菜时放入干菜底层同煮，煮一次后，切成条状，晒干即成。红辣椒炒芋干，红黑相间，色香味俱有，是早餐吃稀饭的当家菜之一。

（15）武俗喜用咸菜水煮鸡蛋，称之为"菜卤蛋"。

3. 风味食品：

（1）麦饼：以面粉为皮，咸菜、猪肉、葱为馅，用文火两面烤熟的麦饼别有风味。有的还打一个生鸡蛋入内，烧熟更是香气扑鼻。一年四季饮食店都有供应。不少人家在节假日时喜欢自己动手烤麦饼，自有一番情趣。

（2）切糖：春节前一个月左右，武义基本上家家户户都要切糖。主要品种有冬米糖、炒米糖、黄豆糖、粉丝糖、年糕片糖、芝麻花生糖、糯米粉糖、油炸番薯丝糖等。

（3）糯米"花"：用糯米粉或加番薯，或加豆腐，或加芋，或加豆浆，再加糖或盐，拌适量水后蒸熟，然后揉透，擀成片，划成一寸半见方的小片，再用剪刀剪成"花"状，晒干，吃时用油炸，"花"会发起来，又松又脆。

（4）"芋芙"：把芋洗净、煮熟、剥皮、弄碎，加入适量番薯粉、芝麻以及糖或盐，揉透，搓成棍条状，再蒸熟，凉后切成薄片，晒干，吃法与龙虾片一样。

（5）糕干：用五分之四的糯米粉和五分之一的黏米粉，加糖和少量的水拌匀，放入特制的方格内，撒上少许芝麻及红、绿丝，蒸熟、烘干即成。

二　服饰

1. 衣服：主要在宣平一带还有些地方特色。女孩从小就系品字形的围裙，妇女喜以毛巾作头巾，男人的围裙中间开衩成两块。武义一带农民喜用五、六尺长，一尺半宽的"汤布"，劳动时可以束腰，又可包东西，冬天可当围巾，夏天可抹汗、洗澡，极为方便。

2. 鞋帽：宣平一带二至三岁的小孩戴的帽子十分讲究，用银、珠装饰，做工精巧，种类繁多。其主要品种，男孩戴的有：

（1）紫金冠帽：此帽仿效古装戏演出用的紫金冠制作，而且装饰品全部用银打成，过去多系有钱人家为摆阔气而为小孩所制。

（2）方巾帽：此帽底用青色的缎子做成，前后用丝线绣上兰花、竹叶等花饰，后面有两条飘带。

（3）公子帽：又叫荷花公子帽。前面饰荷花，后面为荷叶，帽前钉有银铸的八仙，帽后是五个荷叶排，每张荷叶上挂一个用细银链串成的铃铛，戴在头上摇动时叮当作响。

（4）狮子帽：此帽前面中间钉有一个银铸的狮子头，或者"福"字，边上饰有其他花卉，帽子上用金线花片做成一圈一圈的狮子毛。

（5）狗头帽：帽两边饰有狗耳朵，帽前有的钉八仙，有的钉字，如："长命富贵"或"金玉满堂"等。有钱人家用银铸字，穷人家用铜铸字。此帽女孩也可戴。

女孩戴的帽有；

（1）月亮帽。帽圈上面的圆盖中间剪一个圆孔，以示月亮。帽圈上钉各种花片，圆盖上绣牡丹等各种花卉，圆盖两边各饰一只花线做成的寿桃，并用绿缎做桃叶相衬。

（2）船帽：帽圈上面的盖，前大后小似小船形，中间一个孔，盖上绣梅花、桃花、石榴花等，周围一圈挂起一束束丝线。

（3）荷花帽：帽圈前面正中一朵荷花蕊，荷花蕊两边是花瓣，有的一边二片，有的一边三片，对称排列，每片花瓣垂束丝线。

（4）鱼帽：帽圈前面两个鲤鱼头相对，鱼尾巴顺着帽圈编在后面。鱼用红缎做成，鱼鳞用金线绣成。

（5）石榴帽：帽圈前面饰一个石榴，石榴尖顶向下，两边是对称的石榴叶。

荷花帽、鱼帽、石榴帽一般在夏天戴。

此外，武义尖顶小斗箬帽也富有地方特色。武俗男布鞋也带拌。六七十年代农民劳动喜穿用旧汽车轮胎做成的"草鞋"。

3. 佩戴：旧俗小孩满月时挂长命锁，戴手镯，现已不兴。解放前少数有钱人家妇女戴耳环、项链、戒指、手镯，解放后绝迹。七十年代末，八十年代以来，少数女青年戴耳环、项链。多数青年妇女喜戴水钻胸花。

三　器用

1. 家具：武义家具用料讲究，一般喜用杉树做板，"木荷"树做档，"白义"树做脚。油漆时用暗红色打底，漆土漆。具有地方特色的家具样式：

（1）床：又称"花床"，前面饰有雕花板，前柱上雕有龙头或狮子，三面有床围，上有顶架，便于挂蚊帐，顶上有顶板。解放后样式简化，一般床前面已无花板，三面床围中间凸起，呈弓形，又称"弓档床"，上有顶架和顶板，有的只有顶架无顶板。有的床脚、床柱、床围挡都车成圆形，又叫"圆轴车床"。有些山区人家的床除床面用蚊帐布外，其余三面和顶端均用木板封闭，如同一个大箱子。近十年来屏风床开始流行。

（2）柜：比较老式的柜是四门大柜，柜内中间有四个小抽屉将大柜分成上下两部分。后演变成上下两部分可以拆开的大柜，上下各有四个小门，门上画花、鸟、山水，俗称"叠柜"。六七十年代又兴起一种改良大柜，全柜由三部分构成：右边上下相通，左边分上下两部分，中间用两个小抽屉隔开，上下各两扇门。因其柜门用"虎跑线"板作装饰，故称"虎跑大柜"或"新式大柜"。现在"叠柜"在农村仍是主要家具，但城镇已流行上海式的三门大柜。

（3）箱：喜用泡桐树板做，不喜用樟树板做，认为老鼠会咬樟树，而不咬泡桐树。

（4）小圆桌：桌面八十厘米左右，下面由一根六边形的木柱支撑，木柱下面是三只波浪形的脚。在木柱与桌面之间又饰有三块直角三角形的雕花板，成"金鸡独立"式，故这种小圆桌又称"金鸡独立"。

2. 被褥：过去多用蓝底白花土布被面，俗称"荷花被"。现多被棉布代替，但并没有绝迹。

3. 日常生活用品，具有地方特色的主要有：

（1）平底炒锅：此锅口大底稍小，一般锅底直径二十五厘米左右，锅口直径三十二厘米左右，在斜上方装有一个木柄，使用方便。

（2）锅盖：不喜用平板锅盖，而喜用有盖围的锅盖。

（3）陶器水壶：此水壶呈灰黑色，胎薄，夏天放冷开水特别冰凉，如同喝井水一般。

（4）灯具：民国前武义民间用灯盏照明。灯盏用铜、陶瓷或竹制成，高约一尺，上置一小铁盘盛青油，点灯芯草。有的灯盏可挂于壁上，叫"壁灯"。民国后始有煤油灯。山区照明则多用松明、烟梗或竹黄，特别是竹黄，在水里浸过几个月，捞出晒干做成火把，夜行时风吹不灭。六十到七十年代中期，农村还多用旧墨水瓶及其他旧瓶制成的煤油灯，现多数农村已装上电灯了。

（5）烟具：七十年代以前农村多用竹烟管，烟嘴和烟锅或用铜或用铝铸成，也有小烟嘴用青田石雕成。烟管长的约有七十厘米。现在除山区部分老农外，其余均抽纸烟。

（6）扇子：多用麦秆编成辫状，圈成圆形，从里到外，由小而大，层层用针线装订，装上竹柄成圆扇。

（7）箩筐：武义箩筐下小上大，下方上圆，不用时可以叠放，占地面积小。

四　居住

武义住房一般为三间堂，中为堂屋，俗称"西间"，左右两边为厢房，厨房在堂屋的后面，或另盖。五间堂或九间堂呈凹字形，中有天井。房子一般为二层楼，上放杂物，下住人。室内陈放，农村一般有花床、叠柜、长条桌、八仙桌。长条桌习惯放在床前。

此外，旧俗武义的公共房称为"香火房"，同一房族的人立一个香火大间，正中写有"本家寅奉长生香火兴福土地尊神之位"。其用处一是除夕下午在此祭年，二是办红白喜事。

五　交通运输

1. 道路：武俗村子里的主要道路多用鹅卵石铺成，现在有少数地方已做成水泥路。村与村之间的主要道路也多用鹅卵石铺成。

2. 桥梁：过去武义桥梁多为石墩木桥，最著名的是壶山的熟溪桥，其始建于宋开禧三年（公元一二〇七年），重建于明万历四年（公元一五七六年）。其特点是九孔十墩，墩成斧、舟形，大大减少了水对桥的冲力。墩上架枕木垛，层层挑出，用梗木作梁，跨径达十二米左右，此其一。其二，桥面建有桥屋四十九间，以屋护桥，桥屋一体，两侧并有风雨板保护，减少了风雨日光对桥梁的腐蚀。其三，桥面上桥柱连着供人休息的长凳，把桥面分隔成三道，中间通车马，左右走行人。其四，桥的中段楼阁高耸，造型简洁，浮雕精美，朴实雅致，具有明代建筑的特点。桥身两侧又有独具江南特色的木栏杆，颇富园林风味。由于其造型古朴，结构奇特，基本上可以与闻名于世的广西三江侗族自治县的程阳桥媲美，已引起桥梁史专家的注意。

另外，旧俗过去造石桥，要在桥面铺石板，面向上游方向摆两只铁蜈蚣，一头一只。据迷信传说，过去没摆铁蜈蚣，桥造好后，龙在水里兴风作浪，常常把石桥掀翻毁掉。后来人们根据龙怕蜈蚣的习性，每造一座石桥就摆二只铁蜈蚣，让其头露在外面，俯视水面，于是龙就不敢兴风作浪了。近二十年来武义所造的桥都是钢筋水泥结构的石拱桥。

3. 凉亭：武义凉亭较多，俗称"五里一亭"。过去凉亭多为民间建造，由承头人向各户捐助，再选择吉日"开光"（详见第六章）。开光时捐助户到齐，吃酒庆贺，贺毕各领一盏红灯。旧俗有凉亭的地方有些还设有土地神位，每年冬至时祭土地神。解放后凉亭一般为集体所建造。

4. 船：武义的船为平底，因水浅而用竹竿撑划。

5. 车：从前武义运输完全靠肩挑，到三十年代才有了公路，通了汽车，但当时仅有一辆客车。现在广为使用的独轮手推车在四十年代才出现。

六　文体娱乐

1. 斗牛：俗称"觇抄牛"或"抄牛角"。始于明代，是为了庆祝庙宇开光而进行的一项娱乐活动，在开光前三年开始，每年春、秋两季进行，每季斗三次（一说开光前三年，除农忙暂停外，每月逢六斗牛）。参加相斗的是黄牯牛，牛性凶猛，牛体健壮，牛角粗短。参加斗牛的养户在斗前一个月里不仅对牛精心饲养调教，并按牛的特点取艺名。有比较武的、喜进攻的牛，取名为"英雄虎""落田撞""闹金轮""乌龙""大黄架"等；也有比较文的、善防守的牛，则取名为"大花旦""小花旦""双牙挂""太平""奇山"等。武义斗牛以桃溪滩的僧堰殿、后树的白鹤殿、邵宅的音岭殿的斗牛较为热闹，尤以僧堰殿最盛。斗牛一般由庙会理事人主持。斗牛那天，人山人海。参加斗牛的情况有两种：一种是因条件悬殊，不同意与商议好的牛斗，即可弃权不斗。这种牛虽不参加比赛，但在结束后，可以将其放进斗牛场兜一圈，展现一下雄姿，俗称"放牛场"。另一种是经过商议，根据斗牛的年龄、体质进行搭配后即相斗。以僧堰殿的斗牛为例：僧堰殿斗牛场是一丘五亩宽的水田，场内蓄一层薄薄的水，泥土柔软而不易陷，四周筑起七尺高的土坎，供人们观看。斗牛场进出口用毛竹搭成两个彩门，又称"龙门"。抄牛进场时，先卸去身上的行头，额上包扎一块皮护垫以作保护。听到钟响后，两斗牛从东西两门同时进入，距离相近时，双方拖纤的人迅速将纤绳抽去，两牛相见，怒目圆瞪，视如仇敌，牛头一低，猛扑过来，拼死相抵，时而奔逃，时而力顶，越斗越勇，难解难分。两牛相斗中，如果其中有一头牛跌倒或后退数次，就判为输。这时专门拆抄牛的人，凭着他们的勇敢、灵活和力气大，不慌不忙走近牛身边，看准时机，一个箭步插入两头牛中间，双手立即抓住两头牛的牛鼻绳根，牛主再上前抓住牛绳，把牛拉开，带出斗牛场。但是，往往有的牛彪悍凶猛，牛角钳在一起，难以解拆，主要靠抄牛手的勇敢和机灵，才能把牛强行分开。斗牛得胜者，由庙会理事会奖给一块大红布和一些装饰品，然后凯旋。不过此俗在解放前夕，随着庙会的衰败而不盛行了，现已绝迹。

2. 道情：武义俗称"唱词筒"。宣平称"唱新闻"。艺人大多为盲人，手捧蛇皮渔鼓，边唱边讲边打鼓。曲目多取自《三国演义》《水浒传》《西游记》以及其他传统剧目。20世纪60年代中期以后基本上停止了演唱，近年来又有兴起，县组织了曲艺协会，参加者约二十人。此外还有一种鼓词，也多为盲人演唱，唱时手捧圆皮鼓，或把鼓放在双膝上，有的还打节板，也是边唱边敲，曲调与道情的差不多。

3. 地方戏剧：武义地方喜婺剧，县里除有一个婺剧团外，农村还有很多业余剧团。桃溪区的陶村原是昆剧的发源地之一，他们的昆剧被称之为"陶昆"，又叫"草昆"。一九六六年以前县里曾有一个昆剧团，整编后有一部分老艺人回到陶村，现在桃溪公社组织了一个昆婺剧团，演出一部分昆剧剧目。同时，柳城、桃溪一带还有木偶剧团，俗称"傀儡戏"，五六个人挑起行李、戏具，深入山区小村演出，很受农民欢迎。由于浙江是越剧的故乡，柳城区还专门建立了一个宣平越剧团，这样，近几年来全县有六十多个农村剧团，利用农闲演出，春节更是农村剧团演出的黄金季节。此外，有些地方按旧俗在剧团到达的当天下午，要先演三个小彩戏，然后才把稻草拿来给演员铺床，谓之"稻干戏"。

4. 酒宴娱乐：旧俗一向流行划拳。现在又流行两种简便形式：一是猜子，用八根火柴，一人出子，八人轮猜，猜中者为输，罚吃酒。一是转调羹，即在桌中央放一口盘，盘内放一只瓷调羹，全桌人轮流用手指拨调羹柄，使之转动，旋转停下来后，调羹柄指向谁的位置，即罚谁吃酒。

七　其他

1. 婴儿第一次剪指甲，要先取一段大葱套在指头上，留出指甲，然后再剪。据迷信说法，这样孩子长大聪明些。其实是取"葱"是"聪"的谐音，以寄托家长对小孩的希望。

2. 婴儿满月后，武义有些地方要用红头绳把婴儿的手腕缠起来，谓之"缠手袋"。据称：缠过手袋的婴儿长大后不会乱动乱抄。平时若有小孩手脚抄个不停，人们会说这个小孩没缠过手袋。

3. 药渣倒路：许多人把中药渣倒在路上，据迷信说法这样做行路人会把毛病带走。

4. 家中蛇不打：旧俗认为若打了家中的蛇，其他的蛇会接连不断地进来。家中若有蛇，要设法引入畚箕，拿到外面放掉。此俗的形成有这样一个故事：从前有条蛇爬入一间房里，盘在床上，旁边熟睡着一个小孩，蛇并不咬小孩。不一会，小孩的母亲回来了，见之大惊，急忙用扁担打蛇，蛇被打伤后发怒咬了小孩一口，结果小孩中毒而死。从此以后凡家蛇就不打了。

5. 正月半内不讨贴：旧俗正月初一日出之后，到正月十五为止的半个月内不得讨贴。如果来讨，不但欠贴可以不还，还要责备讨贴人带来了一年的不吉利。

八　禁忌

1. 夜不梳妆：旧俗认为晚上用镜子照着梳头妆扮，鬼要出来的，现已无人相信。

2. 夜不剪指甲：旧俗认为晚上剪指甲要得病。现已无人相信。

3. 钉纽扣：穿在身上的衣服纽扣掉了要脱下来钉，忌穿身上钉，以免被人冤枉为做贼的。纽扣钉好后，忌用牙齿去咬缝线，否则，这件衣服易被老鼠咬。

4. 姑娘忌玩月季花，玩其他的花不可撕花瓣；水缸舀水，水用不完时不可再倒回水缸，否则会患月经不正常的病。

5. 给小孩称体重，秤砣只能向外推，不能往里推，忌不会长大之讳。并忌说："这孩子这么重。"否则会联想到"死人重"的咒语，使小孩父母认为晦气而不喜欢。

第四章　礼仪习俗

一　婚姻习俗

武义婚礼习俗，据清嘉庆九年（公元一八〇四年）《武义县志》卷三所记："婚礼凭媒妁定议，男家先下求书，如古'问名'之意，用启二封，附以白金钗镯之类。女家收讫，回楮（即纸）墨数事不答启。择日过聘，略如古者'纳采''纳征'。用礼匣二，一置聘启庚帖，一置银若干封。女家受聘，回庚帖。迎娶有日，男家馈盘盒，谓之后礼。至请期复送盘盒数肩，或多至数十肩，有送全豕者，谓之猪香脯。女家以所受盘盒鸡鹅肉糕之类，分馈亲族、乡党、受者咸备物赠嫁，亦有送银钱者，谓之折盒。前期数日，仍馈盘盒，谓之上轿担。至期备彩轿、鼓吹，婿不亲迎，第于到门时，轿前三揖，拜堂后并有启帏、传席、牵红、交拜、合卺诸仪。三日庙见，拜翁姑，次及家众，各有见面礼。越三日，妇即归宁，谓之转面，或以明年归宁。"流传至今，虽有不少变化，但有的旧俗仍有一定影响。比较具有武义地方特色的有：

1. 相亲

男女双方经介绍后，往往由介绍人（即媒人）带男青年到女家相亲，称为看姑娘。宣平一带又称"望囡囡"。若相中，男青年就要介绍人邀请姑娘到男家玩。若相不中，就托词推辞。女青年见了男青年表示同意后，由母亲（或嫂子、或已婚姐妹）和介绍人陪同到男青年家玩一次，称为望人家，其目的是看男青年家的生活条件以及家庭成员的情况。就是外地人与武义姑娘谈恋爱，武义姑娘也要由人陪同去男方家里玩一趟。女青年望人家时，男方父母要送相见包，解放前是用红纸包两块银洋，现在则包八元至数百元人民币。这种相见包一定要凑双数。女青年若不同意婚事，可要介绍人退回相见包。现在不少男女青年自由恋爱后，还是要找一个亲朋好友作介绍人例行相亲的习俗。

2. 合婚

1934年《宣平县志》卷四说："议亲之始，以男女所属之干支，如鼠、牛、虎、蛇之属命日者合婚，吉则成，凶则否。亦有竟以男女年、月、日、时互易筮卜者。"现在大多数青年议亲已摈弃了这种封建性极浓的陋习，但有部分青年仍行合婚之俗，称为"讨八字头"和"合八字"。

讨八字头即是讨庚帖。女方同意了婚事，男家请介绍人带着礼物到女方家讨取姑娘的生辰八字。女家父母把姑娘的出生年月日以及时辰，请阴阳先生按干支排列，即"坤造某年某月某日某时生"，写在红纸帖上，放进盛礼物的红漆小竹篮里，让介绍人带回。

合八字，即是男家取回姑娘的庚帖后，一般采用两种方法合婚：一是将女方庚帖压在堂屋祖宗牌位前的香炉底下，点香炉三天三夜，意由祖宗审明；二是请算命先生合婚，报男女双方的生辰八字，由其裁决。群众中有一套合八字的俗语，如："宁可男大七，莫可女大一""三、六、九命相冲""龙虎相斗""鸡狗不和""两狗不同槽""两龙不同潭""一家三只虎，不苦也要苦""一家三只兔，不富也会富"，以及"同年妹，受她害；同年姐，通通喜"等。男方庚帖也需送到女方家，姑娘父母用同样方法合八字。最后，男女庚帖均保存男家。

3. 定亲

男女双方同意了婚事，男方提出定亲的日子。此日必为双月双日，由介绍人转告女方。定亲日，除双方各请亲戚朋友吃"定亲酒"外，男家要请介绍人和本家长辈一人送馒头、面条、猪肉、鸡、蛋、香烟、糖果以及送姑娘的一至二套花衣料和火炮等礼物到女家。女家接到礼物后要放火炮，并祭祖。吃了定亲酒后，女方父母请来宾协议彩礼：姑娘要多少套衣料，要什么高档物品（如缝纫机、自行车等）？预计结婚时要请几桌酒席，需宴菜多少？此为正担。还有客担，即姑娘的外祖父母、娘舅等几家需礼物多少？再就是聘金多少？商定后都写在礼单上，与回礼给男方的帽子、布鞋（男女各一双）、袋（过去是姑娘自己缝制的布肚袋，呈菱形。现多用人造革提袋或背包）一起，由介绍人带回男家作准备。此俗在少部分青年，特别是农村青年中仍流行。

4. "口份"

"口份"，即男家给姑娘长辈的礼物，分为双口份和单口份。双口份为鹅一只、猪肉八斤、馒头八个，给姑娘的外公、外婆、舅舅、父母亲各一份。单口份为鸡一只、猪肉四斤、馒头四个，给姑娘的长辈亲戚。俗语有"娶亲不用问，三十六个口份"之说。"口份"要用红绳扎好，一户一户送上门。而收到口份的人家则要送嫁，有的送礼物，有的则送钱，不能让来人空手回去。

5. 择婚期

男家与女方商议后，由阴阳先生或算命先生择定的结婚吉日（大多选择在农历腊月），写在红纸帖上，由介绍人提着礼篮，在本年前送到女家。同时，要把聘金交齐，给女家办嫁妆之用。此俗现在农村还较流行。城镇居民多择"五一"、国庆、元旦、春节等节日结婚。

6. 遣嫁

遣嫁，即娶亲前数日，女家要把给女儿的嫁妆送到男方家中。遣嫁之物虽有多少之别，但一般均有一双箱、一对枕、两床棉被、大小脚盆、鞋桶、子孙桶（即马桶）。大脚盆内放新娘亲手做给夫家的布鞋，称"上贺鞋"，夫家有多少人就要做多少双。另外还有新郎新娘自己的单、棉布鞋各一双（现在不少农村女青年已不会做布鞋，则请人代做或买皮鞋充代）。子孙桶里要放花生和瓜子。遣送时请人用竹杠抬或竹箩挑去，招摇过市。此俗现在农村还较流行。

7. 娶亲

武义旧俗娶亲的礼仪是十分隆重、热闹的。主要过程是：

上轿担：娶亲前一天（宣平地方是前三天），男家请二名"利市人"①带领十几名青壮年把给女方办酒席的宴菜：酒二坛以及鸡、鸭、鹅、肉、鱼、蔬菜、水果及香料等，送到女家。女家一定要提出所送宴菜还有欠缺，要添补若干次，而男家也早有添补的准备，此谓"补子孙"。

迎亲：旧俗姑娘不肯走路去成亲，只因怕日后夫妻不和，被夫家说是"上门货"，故需发花轿去迎亲，即接新娘。武义花轿有八人抬也有四人抬的，另有一种花轿称为"过山笼"，是二人抬的小轿。轿前、轿后各挂两盏小红灯，轿顶披一块大红布。迎亲队由男家请二名长辈作代表，称"领轿"（宜平地方称为"大客"），会同介绍人、轿夫、乐队，以及一对背挑灯的童男、一对开轿门的童女组成。

轿到女家门口，女家即将大门紧闭，不准进门。先由"领轿"放火炮，女家也有人放连珠炮，然后从门缝或狗洞处塞进红纸包，称为"开门包"。开门包名目繁多，大约有新娘起床包、梳头包、厨师包、小孩包等。此外还要给女家红烛若干，女家房屋头，甚至厕所都点起红烛。在此过程中要不停地放火炮，放得越多，丈母娘越高兴。花轿也不能放在地上。有的地方有开门诀，女方一人站在门内，喊一句，男方就要塞进一个红纸包。开门诀是："一顶恭喜，二榜进士，三中状元，四季发财，五子登科，六梅图，七姐妹，八仙过海，九子同心，十全十美，加子加孙，满堂红。"在此期间，若不慎让男方的人塞进一个带响的鞭炮，那女方就得打开大门，点燃鞭炮，将迎亲的人请入。现在虽然没有花轿了，但有些地方迎亲仍行此俗。

开门后，花轿进院，停放在天井里，下垫一个大竹托盘，然后"领轿"要偷火暖轿，即到灶炉里偷炭火加到原先轿内封了炭火的红漆火笼里，谓之"偷香火"。现在虽无轿可暖，但农村迎亲有的仍要提火笼去偷火。

这时，女家来客（一般是姑娘的姑、姨等女客）向"领轿"提出追加礼物，彩礼中的一些物品要凑整数或双份。双方讨价还价，俗称"讨亲"。于是"领轿"则来回奔走，把所需添加的礼物送到女家。俗话说："讨亲

---

① "利市人"：夫妻双全，年岁较高，家庭富裕的人，即所谓"八字"好的人，以讨吉利。

讨亲，不讨不亲。"午饭时，姑娘由外婆、姑、姨以及开轿门的童女陪坐在首桌的上横头，母亲给女儿敬酒，所谓"请女儿"。俗话说："做囡就望今日午。"

上轿的时辰一般在第二天早晨或上午。快到上轿的时辰时，轿夫要喊："扮上轿好么？"然后姑娘由"利市人"或自己要好的女伴梳头，披红戴彩，上轿要吃上轿饭，由新娘的父亲端一碗米饭送到嘴边，新娘嘴唇碰一下米饭即可。新娘上轿，要由八字好的男人抱，或舅父，或兄弟，或父亲，或邻居。上轿时，鼓乐齐鸣，火炮齐放，并有人高喊："新妇上轿了，让道让道！"其意是请寡妇、孕妇避开，因新娘"上轿怕大肚，下轿怕寡妇"。这时新娘一定要哭着上轿。有的新娘哭声小，母亲就狠掐她的大腿，使其大哭，所谓"越哭娘家越发"。母亲陪哭时须站在门口稍高的地方（一般在楼上）哭，表示女儿的夫家比娘家低一些的意思。花轿抬起后，新娘的兄弟要拉着花轿退三次，然后才能抬出大门，谓之"留轿"。有的地方花轿抬出门外一段路后，新娘的兄弟追去把随嫁的衣箱锁上（在家时不能锁），然后带着香烟、糖果随同一起去新郎家。现在没有花轿了，有的人就用独轮车、自行车或手扶拖拉机来代替。

武义的迎亲队，一般前面有两盏长圆形的堂灯。一盏灯罩上写男家的姓，另一盏则写"庆余堂"或"积善堂"等堂名。堂灯的后面有二人背两面红旗，带敲大锣，再后是四个吹鼓手，此后是两个背着一根连叶连根的小竹，被称为"子孙竹"，"子孙竹"上挂着小红灯。最后是新娘的花轿。有的花轿轿套的四周挂八个小佛，称"八仙佛"。有的女家还备大舅轿跟在花轿的后面同去，随新娘同去的还有女家的一名"利市"婆婆和两个"跟仗"姑娘。花轿路过各村时，有的村上妇女要看新娘的相貌，可拿一面大托盘放在路中央，轿夫即把花轿停在托盘上。看新娘的村妇每人用手端鸡蛋和糖茶，递给新娘时随手掀开遮巾。

拜堂入洞房：花轿到夫家大门口时，人们不能站在轿正面，以免受轿冲撞不吉利。有的人口袋里装筷子、铜锁以镇邪。花轿在火炮声中进入大门，停放中堂，由童女掀开轿门，由新郎和利市婆婆将新娘扶出。新娘则踏着一只蓝布袋，一令草席（有的用三只麻袋），同新郎拜堂。然后利市婆婆将新娘扶入洞房。从中堂到洞房的地上，接连铺着布袋，新娘走过后，即行收起，意为"传代"。进洞房后，坐在新床上，男坐左边，女坐右边，由新郎用秤杆挑去新娘头上的遮巾，表示以后生孩子像秤杆上的秤花一样多。宣平一带则由一个十岁左右的孩童挑遮巾。一边挑，一边说："手里拿把秤，秤钩挑方巾，方巾圆圆，生个孩子做状元。"有些地方的新娘到夫家后不立即举行拜堂仪式，当晚由利市婆婆或姑姑陪睡新房，另择吉时再举行拜堂等仪式。

吃新妇席：入洞房后，新郎新娘在利市婆婆和接新娘的童女的陪同下，要吃设在新床前的新妇席，以示夫妻团圆。宣平一带称"夫主圆"①。有的地方是吃面条。称为吃"和气面"。有的地方则用一只盘盛两只用红头绳系着的鸡腿，新郎吃一只，新娘不能吃，散席后，再烧一碗鸡蛋面加鸡腿给新娘吃。桃溪一带则是新郎新娘先喝一碗糖茶，后吃一碗蛋茶，再吃"夫主圆"，有月（肉）圆、猪蹄膀、全鸡、蛋糕四碗菜。吃菜时，新郎新娘要吃交杯酒，称为"和气酒"。俗话说："酒席可不摆，新妇席不能少。"

梳新妇头：有些姑娘出嫁时梳女儿头，到夫家要换妆。吃新妇席后，由利市婆婆梳新妇头，新娘给她一个梳头包。现在有些农村的新娘到夫家后，还象征性地梳一下头。

午宴为大宴，贺喜人必须全部赶到。

"吵新娘"和"吵大舅"：闹洞房、"吵新娘"的来宾，往往设法把新房里的棉被、枕头、新娘的头饰以及箱子"偷"走或"抢"走，吵得凶的甚至把新房里的东西几乎都"偷"或"抢光"。而且不但可以"吵新娘"还可以"吵大舅"，设法把大舅的鞋、帽等物也"偷"走或"抢"去。前半夜"偷""抢"出去的由新郎用糖、烟换回；后半夜"偷""抢"的则由大舅用糖、烟换回，也有的用钱换回。所有的东西必须在天亮前换回。

拜大人：新婚第二天，即行拜大人仪式（宣平一带称"拉彩袖"）。在中堂放二张靠椅，让受拜人就座，椅前铺红毡或草席。新郎新娘先拜新郎父母，然后依次拜夫家长辈亲戚。受拜人给新郎新娘每人一个红包。

转面：即回娘门。新婚三天后，新娘由新郎陪同回娘家看望父母。吃了午饭必须回夫家，不得在娘家住宿。

接大归：新婚第二年的正月初二，由大舅来接新郎和新娘去娘家拜年。正月过后，大舅又来接新娘回娘家。这次回娘家要住一年，其任务主要是做鞋，有的要做四五十双布鞋，分送双方长辈和亲戚，此为"接大

---

① 宣平人称妇女为"媛主家"，故称新妇席为"夫主圆"。

归"。婚礼仪式至此结束。

武义婚制习俗还有一些具有地方特色的，如：

1. 抢婚：有的男女双方私下订婚，或因女方父母不同意，或因男家贫穷无力完婚，便约好日期，在傍晚时分将女的抢上花轿，轿到男家村口就放火炮。女方父母及弟追来，听到火炮响，也就作罢。此乃俗话所说："火炮放响，因成新娘。"男方按照一般结婚仪式完婚。如果女方父母坚决不同意，闯进新郎家中，新郎新娘则躲避起来，免去仪式，一切由男家的来宾和邻居来对付。

2. 逃婚：姑娘独自跑到男家来结婚，父母追赶来，女儿可解下裤带给父母，以示断绝关系。完婚后，有的一年即相认，有的十几年后才相认。事后，男方设酒席宴请本家长辈、内亲，所谓"吃过成亲酒才算正式夫妻"。

3. 招亲：即入赘。男家不摆酒席，吉日早晨，新郎由媒人和女方长辈一人陪同，走路到女家。到大门口时，即放火炮。进中堂后与新娘拜堂入洞房。女家除摆酒席宴请来宾外，其他仪式基本从简。入赘的男子可保留原姓，也可以男女互换姓氏。子女则要从女家姓。

4. 兄死弟承嫂或弟死兄承弟妇：只要双方愿意，不受孝日期限限制，即可完婚。有的择吉日，有的自定日子。男女双方都请各自的父母吃顿便饭，不举行仪式，不放火炮，但要摆香火祭祖。

此外，婚制习俗上武义解放前有一些陋俗恶习，主要是：

1. 卖婚：有些贫穷人家，为生活所迫，只要几担谷或几十块银圆，就把女儿卖给别人做妻或妾。俗话说："有钱人家嫁女儿，没钱人家卖女儿。"卖婚，女家不搞仪式。有的不肯去，则在夜里乘其睡熟之时，把她装在布袋里扛走。到了男家，强行拜堂入洞房，男家设宴请客。也有些人家不拜堂，也不宴请。

2. 卖妻：因家庭贫困或夫妻不和，丈夫有权卖掉妻子，谓之"卖老婆不犯法"。丈夫把身价告诉媒人，找到买主后，媒人陪买主来看女人，然后与其丈夫议价，择日领走。死活不肯去的，买主与其丈夫约好，半夜里乘其不备，将她装进布袋或捆绑在小木梯上抢去。到买主家后，要摆香案祭祖，再拜堂成亲。

3. 换亲：俗称姑娘调嫂。经媒人牵线，双方父母同意，礼物、聘金可以相同，也可以互免，两对新人可以各自择吉日完婚。有的姑娘虽不愿意，但迫于父母之命、兄弟的需要，一般都只好从令。

4. 典妻：即租妻。一方因家庭经济困难，另一方因生育问题，双方谈妥条件，请证人写下契约，租妻者择日在夜间抬花轿迎娶。女人到男家后，男家要在祠堂里摆香火，设酒席，宴请族长、房长及长辈，取得族、房长的同意，这样，典妻所生的儿子才可列入宗谱俗称"吊红筋"。

5. 二婚亲：即寡妇改嫁。男方须拿出稻谷或钱，女方取得婆婆和亡夫家族的同意才能改嫁。在原夫家出嫁的，男方择吉日夜间来迎娶，婆婆则摆香火，一边烧纸，一边喊"跟去呕！跟去呕！"来人把寡妇的用品从后门或偏门拿出，寡妇也随着从后门或偏门跟出。走到半路，寡妇脱下旧鞋换上新鞋，再坐上等在路上的花轿。而换下的旧鞋要将鞋尖对着亡夫家。此鞋称为晦气鞋。"半路夫妻"由此而来。到男家后一般不拜堂。有的头婚郎要拜堂，吃一碗点心后即同房。第二天中午，男家设便宴请族、房长和亲戚朋友吃酒，来客不须送礼。

二　喜庆习俗

1. 贺生

催生：生产前几天，娘家就要送去鸡蛋、红糖、生姜、婴儿衣物，是为"催生"。生姜要送单数，意为生男孩。

报生：孩子出生后，其父提一把茶壶到丈人家报喜。生男者，壶嘴朝前，嘴底部挂两个用红绳系着的桂圆，壶嘴插红纸扎的香柏和万年青，壶内装满酒。生女者，壶嘴朝后，无任何装饰。岳母收下酒后，回一壶糯米或粳米，上放一双彩蛋，说是吃娘家的米身体强壮些。然后岳母给邻居分报生酒。

三朝：小孩出生的第三天谓之三朝。三朝内忌生人入房间。三朝时，贺喜人送鸡蛋，红糖、生姜或婴儿衣服，丈母家须送一只白公鸡。中午杀白公鸡作酒席。有的人家则请贺喜人吃糖水鸡蛋。

满月剃头：婴儿出生满月，请理发匠到家中剃头。剃得不整齐不要紧，但不可把头皮剃破，否则，父母会讳忌破了头而不高兴。旧俗剃满月头时，外婆要给理发匠红纸包，理发匠则用包过纸包的红纸，包好小孩剃下来的头发，并挂在门后以压邪。

照百日相：现在孩子出生一百天后，往往要照一张相片留念。

周岁：娘家送礼物，除小孩衣帽、鞋袜、玩具、鸡蛋、面条外，还有粽子。周岁粽比一般节日粽大，馅用红枣、花生米。回礼也用粽子。新宅一带有的村子同年生的小孩同时设酒宴做周岁，同村的人可轮着到各家去吃周岁酒，来往路人也可吃。

十岁：又叫爱子寿。外婆给外孙做生日，送衣服、鞋、帽一套，姨、姑、舅家均来祝贺，设酒席招待。

2. 祝寿

武义祝寿，俗谚说："三十做寿本钱硬，五十做寿保本身，六十做寿子孙多，七十做寿老来福，八十做寿赛神仙，九十、一百圆满寿（又称五代图）。"二十不做寿，称过生日；贺三不贺四，阳人不做四十寿，因忌"四"与"死"谐音。

祝寿的习俗有：

暖寿：在寿辰前一天，儿、女、媳妇或女婿及其他亲戚须把寿礼献上。这一天，中堂红灯高照，所有寿礼均放在中堂方桌上，谓之暖寿。

拜寿：寿辰之日，早上起床梳洗后，即行拜寿仪式。寿星坐中堂靠椅上，从儿子、儿媳妇起依长幼次序一对一对地跪拜。拜时口念：保佑××长寿、健康。

吃寿面：拜寿完毕即吃长寿面。武义的长寿面为鸡蛋面，面条不能折断，每碗两个鸡蛋。地方小的村子，每户送两碗长寿面；地方大的，则仅送左右邻居。

寿筵：中午宴请贺客，向寿星敬酒祝词，鸣放火炮。

寿戏：过去有的人家祝寿请人唱戏。现在则有人放电影以示庆祝。

3. 建房

起工：武义称开基为起工。旧俗起工前由阴阳先生定大门朝向，择时辰定起工日。起工之日，请阴阳先生点香烛祭天地，在屋后正中五尺远搋朱砂牌，随即开挖墙脚基土。

开墙板：又称开墙褊。墙脚砌好后，即择日开墙板。开墙板忌哭。因为孟姜女哭长城，连长城都哭倒了。如开墙板碰上哭声，迷信房子造上去也要倒塌，所以开墙板一般都在黎明时分，这时大多数人还在睡觉，不大会有人哭。开墙板时只要打好半本墙就可以了。

上大门梁：择吉日良辰，门梁两端底部压五色布条，门槛用铜、铁片代金、银垫底（也有人家用生铁犁头放在门槛底边沿），摆香案、供品祭天地。俗称："千斤大门四两屋。"

竖柱：吉日头一天竖柱。内亲的青壮年在吉日前三天即来相帮，称为"捧屋柱"。

上梁：旧俗上梁前又要请阴阳先生择吉日良辰，并做好一切工程准备。栋梁之材从砍伐、搬运到制作，都不能着地。梁上要挂红纸或红布，中间挂竹篾筛、剪刀、镜（照妖镜），以及泥水匠的砖刀、木匠的墨斗、角尺等工具，两旁挂红、黄、蓝、白、黑五色布。有的地方还要挂一只鸡，叫"长生鸡"，若没有人偷去，这只鸡就要长期饲养起来不能杀掉。梁下面贴一横幅："紫微拱照"，两旁的柱上贴一副对联："上梁巧遇紫微星，竖柱喜逢黄道日"。各柱脚都垫上竹箬，表示未落地。时辰一到，即鸣火炮、敲锣鼓，抽去箬叶。上梁完毕，要再挂上几片瓦、四根椽木，然后杀一只白公鸡，把血淋在柱脚上，再由木工在屋顶上向下丢粽子，宣平一带还丢麻糍片，无论何人均可去抢，谓之"抢中"，抢的人越多就算是运气越好。

竖屋酒：上梁后午宴吃竖屋酒。竖屋酒由女婿担送，其他内亲送糯米或钱，朋友则送画轴。所有画轴均挂新屋墙上。朋友为大挂中堂，女婿"守门"挂在边。席桌上，也请朋友坐首桌上横头。

4. 进新屋

武义旧俗进新屋又称归新屋。吉日良辰多择在黎明时候，先在老屋香火榜前供三牲祭祖，然后户主把一只装有草灰的新香炉或碗放在铺有红布的小桌上，同时放上烛台和香火榜文，从老香炉里拔三炷香插进新香炉，再用轿杠把小桌抬到新屋，谓之"分香火"。男户主背木秤，女户主背笊篱，其他人拿条凳跟随进新屋。

进新屋后，即设香火，在新屋中堂贴香火榜文，供三牲，合家跪拜，放火炮，然后吃甜糕，喝糖茶。过去有的人家还请道士念经。白天即可搬家具。家具搬好后，要在屋子里点上灯，过一会儿再熄灭，表示从今以后有人居住了。

进新屋时，亲戚朋友送对联、画轴、米糕、面条、肉、蛋等礼品祝贺，户主则摆酒席宴，忌闰年进新屋。"分香火"之俗现已少见，一般进新屋仅摆酒席宴请帮忙的亲戚朋友，共贺乔迁之喜。

5. 建灶

武义旧俗认为火灶是家中的主要建筑，所以灶上一般都贴"一家之主"的红幅。建灶时要请阴阳先生择吉日良辰，一般以户主的生辰八字择课而定，闰年不建灶。拆旧灶前要送"锅灶爷爷"，即灶神。新灶定要当日建成。灶门忌朝东。新灶建成用香火接回"灶神"后，即蒸甜米糕，寓意日后全家日子过得甜蜜,生活一年比一年好。左右邻居见新灶出烟,可来祝贺,户主将甜糕分给贺喜的人,谓之"闹灶",以图兴旺吉庆。

三 丧葬习俗

武义葬俗,《武义县志》卷三也有记载,其云:"丧礼,始死沐浴,含袭,更新衣,正冠履,用布绞殓,讣于姻亲。棺中实炭于底,下荐茵褥,上盖以衾。戚属多赠衾、丝、布不一。两旁衬以灰包,不用絮。三日成服,子妇皆麻衣、麻裙,子戴三梁冠,绖带草履,期功至于缌麻咸制布袍袒免,以下各分头白。吊者设席待之,荤素不等,或延僧众作佛事,近者五、七日,远亦不出十日,皆出柩,殡于先茔。既殡,家设灵位,日具盥洗,上食朝夕,哭焚楮币。每七日奉牲馈拜奠,或更延僧诵经,燃黄蜡烛七支或九支。六七则姻亲馈奠。七七复燃蜡。百日期年亦如之。"近、现代以来具有地方特色的葬俗主要有:

1. 送终

病人垂危之时,子女、孙辈等守在床前,目睹其去世,谓之送终。临终前,家人准备好一块用红纸包住的银圆,放入亡人的口中,俗称"衔牙"(这块银圆给病弱的小孩打手镯带,迷信认为可保平安)。接着烧草纸,"送盘钱",并找一口又白又光的碗作香炉碗,以示子孙灵光体面。同时哭丧:"阴阳隔张纸,××你去多保佑。"然后把死者放在灵床上,头的方向要与生前睡觉的方向相反。此后,丧期内家人不准吃肉。

2. 报丧

娘过世,由儿子披麻戴孝,即用一束青麻,一条白线系在前襟的纽扣上,并用红纸包一包茶叶和米,先到娘舅家报丧。见了娘舅先撒茶叶米,跪在地上说:"娘百年了,儿不孝。"然后娘舅烧点心给外甥吃,俗谚:"报生不空手,报死不空肚。"舅母则啼哭,把报丧外甥送到村口,俗谚又称:"不哭送要晦。"到其他家报丧也如此。

3. 买水

死者进棺前,要由其子女亲人三人(要成单数)披麻戴孝,一人撑伞,一人拿碗,一人擎香,哭到溪边或井头,将铜钱丢入水中,念道:"海老龙,我扔铜钱买水,给我×洗浴。"然后把三炷香插在地上,盛一碗水按原路回家。到家门口,烧一把稻草,用草灰包粽,接着炒五谷米,然后给死者"洗浴"。其方法是用青布在死者头部、身上、脚下各擦三次。也有的用"利市"蘸水,给死者从头到脚淋几滴水。

4. 穿寿衣

死者穿寿衣要单数，上七件下五件，或上十一件下七件。死者在临终前已换上的新衣裳，逝世后不再更换。穿寿衣时，衣服要先披在孝子身上，谓之"暖衣"。然后用一杆秤（不用秤砣）钩一下衣服，众人喊一声："千斤万两！"再给死者穿上。帽子、鞋子、袖口都要缝一颗珠子，以示给死者阴间照路。手上握"金元宝""银元宝"各一个（用草纸、锡箔做成），谓之"手中金银买儿孙"。女的则要戴耳环，戴头饰。有的地方给死者穿一双草鞋，据迷信传说，一个人死后要经过一座铁钉山，穿草鞋为过此山而用。最后在死者身前放一张写有死者姓名、出生年月日、用黄纸做的"金牌"。

5. 入殓

棺材内放好用白纱布包稻草做成的枕头和脚踏，并用砖瓦垫实。枕上放用锡箔剪的月亮和星星，用红纸剪的太阳。棺材底放木炭和铜板。入殓时，由亲生子把死者抬放在棺材背上，称之为"上泰山"。并给死者五个灰粽。亲生子对其说："过黄狗村时，扔粽子过去！"入棺时，由亲生子分别抱头抱脚，把死者放入棺内，并要把脚凑实，谓之"天空地实"，还要把死者的头脚放正。据迷信说法，头脚若偏左，风水会落到大儿子，偏右则印到小儿子，因此必须放正。入棺时，要用一条白布给死者捆腰，放进棺材后再将其剪成数条，让其儿子们捆在腰上，据迷信说法，此后其子的腰不会酸。然后盖寿被，先用孝子的一丈二尺蓝色布将死者头脚盖严，后盖亲戚好友送来的用白纱布做的寿被，最多盖到十七床，最后盖一床用红纸画成的五颜六色的"抢花被"，专供阴间穷鬼抢的。与此同时，将死者睡过的床、被褥抬出村口，把床架翻倒，把床草及席烧掉。入殓后，用猪头、鹅、酒等祭祀。在猪头、鹅身上要插筷子和刀子。先由娘家的亲人烧香祭拜，后由儿子媳妇以及子孙跪拜。祭拜一次，要放一筒炮火。

6. 盖棺

俗称"封材"。此时死者亲属、女客相继在棺前跪拜祭酒，每人三杯，一敬亡人，二敬金童玉女，三敬天地，前二杯都倒在地上。然后每人拿四根香，一根斜插入香炉，三根正插入香炉。接着由道士读抄单（抄单上的字是反写的），念一件死者带去的物件时，孝子答："有！"随即用根柴火在棺材背上敲一下，另一个孝子马上用草纸揩抹。这样把死者的所有物件念一遍，敲一遍，俗称"吩咐落棺材"。念毕，将"抄单"烧掉，讧死者

"带去"。最后盖棺。

7. 圆材

孝子、媳妇手拉手围着棺材正反各走三圈。

8. 出殡

出殡日由阴阳先生择定。出殡时，身穿孝衣、头戴孝帽的男女亲族跪在大门两旁，每边五人或七人（须成单数），头顶一条白布，谓之"搭桥"，又叫"金银桥"，使死者过金银桥上天堂。棺材抬过后才能站起。然后由"开路先锋"打头阵。所谓"开路先锋"，是脚穿马靴的人背着的纸佛，高约三米，头戴金刚圈，红头发，青脸，身穿铠甲，手执两种兵器，一路驱神赶鬼。其后是"丧乐队"，再后是头戴挂着几个棉花球的孝子帽、手捧香碗的死者的亲生子，出门之后一直到坟头，他都不能回头向后看。随后一人背佛幡，一人放路纸，二人敲丧锣。凡过桥或街口，都要烧一副香纸。同时出殡的还有一顶"魂轿"，里边是用纸做成的全套家具和生活用具；一顶"灵轿"，"灵轿"中央放死者的遗像。后面还有子孙手捧金银纸塔，称之为"金山""银山"；有一双两人抬的纸箱，箱面上贴着各种生活用品的剪纸。还有两个"金童玉女"的纸佛。再就是死者的灵柩。讲究人家的灵柩外面要罩一个外套，前后饰有各种纸花，两侧挂有八仙的佛像。死者的女婿跟在灵柩的左右，俗称"扶材"。"扶材"女婿的帽与众不同，用白布做成"插袋帽"的样子，拖在后面的余布要在腰部绕一圈。其余的送葬人，男的戴平头白帽，女的仅用一块白布绕在额上，俗称"头白"，在后哭送。有的还有道士或和尚陪送。最后是亲朋好友拿着各种旗、伞，现在则是花圈或绸被面做成的奠旗。

出殡途中，有的死者生前的好友还搞"摆祭"送葬，又叫"路头祭"。"摆祭"时，除祭桌上放有祭品，点上香、烛外，还要由一个"唱议"的人读祭书。祭书的内容就是讲述死者的经历。到达墓地时，孝了即脱去麻衣，换上红布披肩，其余人所戴的白孝帽也都摘掉，女的系上红头绳。出殡时所做的各种纸家具、生活用品、纸箱、"金山""银山"都烧掉，以示给死者带到阴间去。

9. 入穴

棺材入土时，孝子要丢七粒石子在穴底，大喊三声："爹（或娘）啊！金山银山倒了，快闭好眼睛！"棺材放好后，由孝子先扒泥盖棺，然后送葬的人在棺背上把泥踩实，谓之"一个脚印一片瓦"。坟墓做好后，孝子们拉手围着坟头正、反转三圈，谓之"围山"。圈围的越大，以示死者管辖的地域越宽。

10. 抢红

死者安葬完毕，由阴阳先生"喝山"，即在墓前讲好话，分五谷，分铜钱。然后孝子肩披红布，手提灯笼回家，谓之"抢红"。到家门口时要放火炮。灯笼放在中堂，五谷放进谷柜，女人到楼梯上梳头（以示提高了地位），每个房间都点蜡烛，放一碗甜糕，放一杯糖茶，此时可以开荤，每人喝一碗肉汤。其余送葬人回家时，也在家门口放三个火炮。

11. 开丧

死者安葬后的当晚，举行开丧仪式，俗称"做丧"。有的只做一夜，谓之"过皇"；有的做三天三夜，也有的做七天七夜。一般的人家请道士开丧，谓之"念符"。做七天七夜的多请和尚"念经"。两者均称为"佛事"。现在此俗虽已绝迹，但在一些农村仍有人搞"破地狱"（男性）或"破血河"（女性）的迷信仪式。

12. 做"七"

三七点蜡。三七头一夜，孝子披麻戴孝到三岔路口或离墓地半路接魂。其方式是孝子擎香火，哭喊亡人称呼，边哭边喊边走回家中。家里所有房屋的门槛上点三炷香，一支蜡烛，放一杯茶，谓之"接亡"。同时房间里的尿桶要倒洗干净。然后请道士"念符"劝亡，俗称"点蜡"。

六七祭墓。这一天天未亮，死者的女儿挑出供品祭墓，以表示女儿的孝心。据迷信传说，亡魂在树顶候供品，听到鸟叫会吓跑的，因此供品需在天亮百鸟未开声前摆出。

过五十日，过百日。孝子均在家摆供品祭祀。

过周年点蜡。仪式与三七点蜡相同。

此后，孝子要送饭三年。每天早、中两餐，在死者灵牌前供饭菜，晚上烧"利市"，不得遗忘，否则如迷信所说："三年内少一餐摆祭，等于白摆了三年灵牌。"三年后开孝，把白孝鞋烧掉，并请道士"念符"，孝子在族、房长的带领下，把灵牌捧进祠堂，放在规定的位置上，谓之"归宗祠"。整个丧事到此基本结束。若自出殡后家中无病无灾，那丧事就全部结束。如若家中常闹病灾，则迷信认为墓地风水不好，要迁葬，谓之"拾骨殖"，一般清明或冬至可行，其他时间要由阴阳先生择定。迁葬前先祭祀，然后请专门拾骨的人开墓收拾，把骨用亲生儿女从身上刚脱下来的白衬衣包好，放进坛里，俗称"金罐"。在新墓地未找到前，金罐可先放在岩石底下，待新墓确定后再安葬。

现在国家干部、职工去世，都由单位领导主持开追悼会，致悼词，宣传死者生前事迹，富有教育意义。而群众中办事，仍有少数人做三七，周年祭祀，但都没有道士"念符"了。灵牌没有祠堂放，则在出殡时烧在路旁。三年送饭已绝迹。有些人家只是过年时用蓝色纸写缅怀死者的对子贴在门板上。

此外，武义葬俗，婴儿死亡投"箍桶塔"。"箍桶塔"是一个没有门的小屋，墙上开两个洞，洞口分别写男、女二字。男婴投男洞，女婴投女洞。过去武义壶山镇有两个"箍桶塔"，一个在"马铃地"，一个在下王宅后面。婴儿的尸骨一年取葬一次。此俗极不卫生，早已绝迹。

未成年的小孩死亡，八岁以下称"么头骨偤"，八岁以上到十六岁者称"少年亡"，用木板钉成棺材或用稻草缠身请人埋葬，一不送葬，二不行礼，只是死者被抱出后，家主用桑条、桃条和稻草捆成火把跟在后面，百步后即返回。墓顶上要反扑一只畚箕。

年纪轻的人亡妻或亡夫，因他们可能再娶或再嫁，所以送葬时不能送到墓地，半路即要回家，俗谓"半路夫妻"。

病人死在外地，尸体不得抬入家中，白天抬尸不得进村。尸体入棺停放在村子附近的灰铺或临时搭的草铺里，点香烧纸，家中设灵堂、灵牌，丧葬仪式比较简单。

四 祭祖习俗

武义祭祖习俗，《武义县志》卷三记载："祭礼，族无论大小，各有宗祠，祠各有产。祭以二月、八月之望，并有祭冬至者。家祭则高曾祖父母之生辰忌日；墓祭恒于寒食前后三、五日或七、八日，凡祖墓遍祭焉。"家祭发展到近代，主要有：

1. 时祭

家逢红白喜事，或有人远离家门，或"事关重大"，都要摆供品祭祖，禀告先人，求祖宗赐福保佑。

2. 节祭

武义旧传统习俗一年过十一个节日。除四月八日外，其余春节、元宵、清明、立夏、端午、六月六、七月半、八月半、重阳、冬至均要把节日食品作供品祭祖，以示不忘祖宗。祭祖时，要点香烛，斟三杯酒，放火炮，烧"利市"，小辈人跪拜。

3. 岁祭

每逢除夕之夜，在全家吃团圆的年夜饭前，要祭祖。供桌上除摆好供品，点上香烛，还要摆好碗筷。放碗筷时须报过世先人的称呼，然后上饭斟酒，烧"利市"，叩头跪拜。家主要向祖先禀告一年全家大小的情况，并求祖宗赐福保佑，来年全家平安，生活美好。

4. 祭社

凡家中死了人的，第一年春社时须"上坟"，称之为"祭社"。祭社时亲戚都要参加，每户放一筒火炮，以后可以不祭。

5. 墓祭

武义习俗，清明节前十天开始墓祭，谓之"上坟"。上坟时要给祖坟培新土，插纸龙，摆供品，放火炮，烧纸钱和锡箔做的元宝，并把整刀草纸放在砖石下。插纸龙为给死者送伞，压草纸为死者送布，烧纸钱和元宝为死者送钱。现在除不烧纸钱和元宝外，其余均仍盛行。

6. 祠祭

武义祠祭在春分、秋分和冬至进行。冬至祠祭称为"吃过冬"。祠祭由族长主持，供品由轮流祭祖的房族办理，集体祭祖。祭祖完毕，全族人在祠堂吃饭，有的饭后在祠堂里做戏。

7. 瞻拜

武俗称瞻拜祖宗画像为"摆家仙"。每逢除夕之夜，画像挂在中堂祖宗榜文左侧，直到正月十五瞻拜后才收起。

8. 生祭、死祭

过世祖宗生日要行生祭，亡日要行死祭。生祭或死祭时除用供品祭祀外，也要挂祖宗画像瞻拜。此俗规定百岁之内要办，百岁之外就不办了。

9. 修谱

武俗多聚族而居，每一姓都有宗祠，每隔十二年要修一次宗谱，否则即认为对祖宗不孝，是奇耻大辱。谱修好后，宗祠也修缮一新，这时要张灯结彩，宰猪、羊缚在架上作祭品，中厅另摆古玩、水果、糕饼、菜肴祭祖，俗称"进主"。祭祖后也要演戏示庆。

此外，武义立碑的习俗：寡妇坊用石条做成，不能骑路，倒后不能再修，落成日须供三牲祭天地。据迷信说法，凡清白寡妇，上梁时榫易接，如有杂念，榫头则会落下。烈女坊用石条石板做成，禁忌、仪式与寡妇坊同。孝子坊用木头做成，可骑路，年久倒塌后可重修。俗话说："千年出孝子，万年出烈女。"百寿坊也用石条做成，可骑路，需在寿庆日落成。解放后此俗已绝迹。

五　交际习俗

武义人敦厚好客，亲朋之间常来常往。交际习俗主要有：

1. 亲朋交际

武俗"上门不闹客"，即凡是上门来作客的就是不受主人欢迎的人，也不能拒之门外，要以礼相待，"沏茶要浅，斟酒要满"。亲朋之间平常来往，一般要烧点心给客人吃。武俗点心多为鸡蛋面。有的客人客气，只吃面条不吃蛋，主人一定要客人吃蛋，则需用筷子把蛋划破。此外如遇红白喜事，都要送礼相贺。结婚，要送嫁，一般的送生活用品，也有的送钱。做产，无论生男生女，均送鸡蛋、红糖和花布。贺寿，要送面条、鸡蛋、衣料或鞋袜等。丧事要送"利市"、香烛、寿被、火炮。

武俗女婿与岳家的交际习俗是：除夕、端午、中秋三个节日，女婿都要送礼给岳家。一般习惯除夕送肉、鸡或鹅，过去则送鸡肉冻和炒米粉。故俗语说："生个囡也好，鸡肉冻和炒米粉总有好吃。"端午节要送肉、粽、糕，中秋送月饼、鸡、酒。

春节拜年，正月初二才开始出门走访亲友。女婿先到岳家，外甥先到舅家，小辈先拜长辈。凡是亲戚朋友都要拜访一次。拜年时要送一包点心，称为"包头"，多为一斤装的白糖、橘饼、蛋糕点心之类。收下"包头"后，有小孩同来的，要回送红纸包压口袋。有的地方还要另外回礼如冬米糖、番薯片、年糕等。

2. 邻里交际

武谚说："亲戚担对担，邻舍碗对碗。"邻里之间一般都能和睦相处，逢年过节，礼尚往来，凡红白喜事均宴请邻舍入席。

3. 师生交际

武义素有尊师的风气。过去每户几乎都有火庙或神龛，贴有"天、地、君、亲、师"的牌位。学校里每学期开学，学生要先跪拜孔孟牌位，再拜老师，每次上课都要向老师鞠躬。老师新到一个地方任教，家长都要出村迎接。学期开始和结束，村里都要宴请老师。学生在路上遇到老师要站在一旁，向老师鞠躬问好，等老师走过以后再走。逢年过节要向老师送礼，端午送粽子，中秋送月饼，老师也回送学生一柄纸扇，或几支笔。

4. 师徒交际

学徒满师后要谢师父。旧俗谢师父要一板豆腐、一坛黄酒、一只大公鸡、十斤猪肉。师父则回赠一套工具。现在虽不搞"谢师父",但逢年过节,徒弟仍要给师父送礼品。

5. 送猪福

武俗杀猪后要给主要亲戚和邻里送猪福。猪福多为猪肚里货煮成。有的地方还习惯给亲戚送一刀三至六斤的肉。女婿送岳家,必须有一个猪肺、两只腰子、一刀肉。现在多把邻里朋友请到家中来会一餐。

6. 见面礼

近代见面作揖。民国时或鞠躬,或打拱,或握手。解放后一般见面问好语是:"到哪里去?""吃过没有?"久不见面的多为握手问好。

第五章　岁时习俗

一　传统节日

1. 春节

春节古称元旦。古时武义过春节的情况,据《武义县志》卷三记载:"元旦举家夙兴盛服,设香案、茶、果,焚香拜天地,拜祖宗遗像,再诣神庙、诣宗祠,还家拜父母尊长,次及家众族党亲友,投刺相贺,各治酒馔,延款数日。"近代以来,武义春节习俗富有地方特色的有:

(1)开门:正月初一开门的时间有的抢早,有的择时辰。开门时,一手提点响了的小鞭炮,一手开大门。走出大门马上放火炮。火炮要放双数,或四、或六、或八、或十不等,希望一炮响。第一炮就响了,表示新的一年第一炮就打响了,全年就会万事如意。旧俗对此谓之"开门迎神"。现在开门放火炮已无"迎神"之迷信色彩,而是为了热闹、吉利。

(2)拜祖宗画像:开门后,全家到中堂焚香点烛瞻拜太公、太婆的画像,谓之"向太公太婆拜年"。晚上还要再拜一次。此俗现已不兴。

(3)吃"毛芋羹":大年初一的早餐吃由毛芋、萝卜、青菜、番薯、面条五种菜食煮成的"毛芋羹"。"羹"同"耕"谐音,寓意新的一年里耕作顺利,五谷丰登。这一餐"毛芋羹"要由当家男人烧。正如俗话所说:"女的烧饭烧到头,男的一年只烧一餐毛芋头。"有些地方则吃粥,取"足"之谐音,以示新的一年会富足。此祭现在仍流行,但有些地方已用吃鸡蛋面来代替了。

（4）"添寿钱"：年初一敬年，一般都是家中的小辈给长辈拜年。长辈给小辈包以红纸的钱叫"添寿钱"。

（5）开年：武俗一般正月初一下午"开年"。"开年"时，要放三个火炮，并焚香三支，点烛，烧"利市"祭天地。祭品为一块熟肉，上面用三支筷子插成三角形，并把菜刀的刀口向上靠在肉上。新年第一次到井头去挑水时，要举一副香烛去敬井神。有些地方"开年"时间在正月初四或初五。开年后第一次上山砍柴要砍一捆，俗称"一头"，独捆背回家，寓意在新的一年里做事有"凑头"。此俗现已不兴。

（6）禁忌：正月初一"开年"前有四不准，即不准动刀剪，不准扫地，不准讲不吉利的话，不准到井边挑水。其他时间"开年"的则无此禁忌。现在除不准讲不吉利的话外，其他禁忌已没有了。

2. 元宵节

正月十五元宵节，据《武义县志》记载，古时武义"各家悬灯于门街衢，或接竹为棚，挂灯其上，笙歌喧阗彻日。各坊作龙灯长数十丈，多扎花灯，为人物、亭台数百盏，迎于街灯市，以赛神斗胜。"武义元宵节迎灯时间比其他地方长，即从初十夜起到二十夜止。武义龙灯，有布龙、纸龙、板龙，以板龙最长、最为壮观。龙头有两种，一种是用樟木雕成的，龙头上插有三十二盏"明骨灯"。另一种是用竹篾扎成的不似龙头的方台（高约二米五）充替，俗称"龙头头"。这种方台上下三层，要扎七十二个高约五十厘米的帝王将相、才子佳人的小纸像，还有七十二盏小花灯，由四人抬着走在龙身的前面，另有四人手持钢叉保护。除龙灯外还有各种"花灯"，俗称"助灯"。过去武义的花灯是按庙宇扎制的，如"江山庙"扎"盛瓶灯"，每户一盏，用篾纸扎成，瓶体高约一米，上面插有"鸳鸯嬉荷""喜鹊喙梅""鹤立池塘""松柏常青"等表示吉祥如意的扎花；"镇东庙"扎的是"大鱼大伞"，每户用纸扎大鱼一尾，约二米五长，有青鱼、白鱼、鲤鱼等品种，每条大鱼的后面跟一把"华盖伞"。另外还有一批头、尾会动的小鲤鱼灯，其是生过儿子或想生儿子的人家扎的，一条小鲤鱼代表一个小男孩，以示鲤鱼跳龙门或早生贵子。沿街各商店门口都挂二或四盏"恭灯"，以示"恭喜"。游灯时，三块灯牌在前，一块写庙号，另二块，一块写"一刻千金"（意即游龙一刻值千金），一写"金吾不禁"（意即游龙游到金銮殿也不会被阻止）。灯牌后是"助灯"和锣鼓队，最后是游龙。一路锣鼓喧天，火炮不绝，观灯的人似山似海。过去武义元宵灯会由各庙主持，所以游灯前，正月十二日早上要封庙门，十三在庙里做馒头，这天要吃素。十四早上开庙门，开始吃荤，分馒头回家过元宵节。有的地方十四日晚上又要瞻拜太公、太婆，请太公、太婆去看迎龙头的灯会。

桃溪区陶村为元宵迎龙游灯，组织了九个龙头会。各会均有龙头田，供迎龙开支，从正月十四开始迎到十六。此外，在柳城、桃溪一带还有一种"马灯"，此灯用竹条扎成马头、马屁股，糊以色纸，头尾各点蜡烛，分别扎在装扮成关公之类的武将的身前身后，四方游动，唱马灯歌，配以丝竹锣鼓，具有浓厚的地方特色。

3. 端午节

五月初五端午节具有地方特色的习俗有：

（1）吃大蒜：端午节日食品除粽以外，武俗要吃肉、蛋、麦饼和大蒜。俗称吃大蒜不会被水伤身，雨淋、下溪洗浴水不会浸入肚脐。姑娘们还用大蒜心和花色布串起来谓之"端午串"，认为可以辟邪。此外，要在房内和壁角落头喷雄黄酒，以除邪气，并使蛇虫不会进房。

（2）缠葛藤：端午节日门上除挂艾、插石菖蒲外，有的还要用葛藤把门缠起来。其起因据传说是唐末黄巢起义时，某年端午节前一天，在福建有一农妇背着一个小孩，又牵着一个小孩往山上逃难。黄巢见之好奇，问农妇："何以背大牵小？"农妇答："牵着走的小孩虽小，但是我自己生的；背着的小孩虽大，却是别人生的，其父母在战难中都去世了，若有个三长两短，就会断了他家的根。而我的丈夫还在，万一出了事还可以再生一个。"黄巢听后，认为农妇心好，叫她回家去，不要再逃难了，明天端午节，门口挂上艾，插上石菖蒲，再用葛藤把门缠起来，坏人就不敢到她家来了。后来此俗传到武义流传下来了。

（3）推"端午船"：又叫推龙船。此俗与"龙舟竞渡"迥异。《武义县志》卷三所记："端午日，城隍庙为会送船逐疫。船竹出双坑，数日前村人送猫竹至，值会者以竹为龙舟形，外糊纸绘饰，内装草糊纸为神。至期设席庙中，巫觋通神，劝驾登舟，遂挽舟疾行，舁（即抬）城隍神像、东平神像押舟驱送，两边居人投符掷米于舟中，直出东门外，推置水中，然后舁神还庙。"据俗，溪里双坑的毛竹一定要按时无代价地送到，否则双坑山上的毛竹会瘟光。扎船的日期限定五日，初一始至初五端午节前完毕。一切准备就绪，推船前由打锣开路的人围着船敲三圈，谓之"侧船"。

然后由七个男青年"推龙船"。一路上各家各店都有人拿茶叶和米把守，等龙船推过来时就向龙船撒茶叶和米。推龙船时，农民、手工业者、商店都停工停业半天，俗称"三日清明四日年，端午一个大午前"。观"推龙船"的人山人海，热闹非凡。武义有"端午船不推，瘟病要发生"的迷信传说，故用推龙船以驱恶鬼。壶山以外的一些农民，有的则在端午前三天到庙里念三天经，端午日把一只木船推到河里，也谓之"推端午船"。

（4）喝午时茶：旧俗端午日要吃午时茶。据《武义县志》卷三记载："合枳壳、陈皮、厚朴、山查、麦芽之类谓之午时茶。"喝了能驱秽气。

4. 七夕

七夕为乞巧节。据《武义县志》卷三记载："七月七日，人家女子夜间陈瓜果于庭，以祀织女，谓之乞巧。"旧俗有的在夜间把鸡、肉等放在露天，拜北斗星，边拜边说"北斗七星讲了七句真聪明"，一口气连说七遍。此节现已不兴。

5. 中元节

七月十五为中元节，俗称"鬼节"。据《武义县志》卷三记载："中元节，人家各设馔享祀先祖，或集僧舍作盂兰盆会，施孤放水灯。"节日食品为"水糕"，用米粉做成，有单色的，也有双色的。宣平一带则蒸千层糕。旧俗是晚上做"羹饭"祭祖，小孩要早睡。此外，也还有在七月十四过中元节的，有的说此俗从福建传入，据说也是唐末黄巢起义时，百姓在兵荒马乱中提前一天过节，以防抢吃。而项店公社的麻田、章村、黄坛三个地方的邹、余两姓，则说邹姓的曾祖母在过七月半时被鸡骨梗喉而亡，从次年起，其子孙及其姻亲余姓提前一天过七月半。

6. 中秋节

中秋节武义俗称"八月半"。据《武义县志》卷三记载："十五日，城乡各祭宗祠，是夜人家设肴馔，陈酒、脯、月饼、菱、栗、梨、藕之类聚饮，谓之赏月。"旧俗有的地方除祭宗祠拜祖宗外，还要拜"猪栏土地"。节日食品除吃月饼外，家家户户要吃肉、蒸糕，有的还吃粽。

7. 重阳节

九月九日重阳节，俗称"九月重阳"。旧俗要到永康方岩拜胡公，以求一个吉祥，谓之"上岩"。现在一般买点肉吃，以示过节。古时武义人过重阳节还是比较热闹的，据《武义县志》卷三记载，那时"人家蒸米作五色糕，佩萸泛菊，士人或具酒榼游山，谓之登高。"

8. 除夕

俗称年三十。富有武义地方特色的习俗有：

（1）节日食品：用粮食做成的各具风味的切糖、糕干（详见第三章），以示一年来五谷丰登，生活甜蜜；吃年糕，以示好日子一年比一年高；蒸发糕，既寓意好日子一年好似一年，又指望来年更加发家致富。除夕的早餐，全家人需团聚吃团圆果。

（2）贴红：旧俗年三十这天，要给门、柱、米柜、谷仓贴红纸和对联。有的连屋前的大水缸、树木都贴上红纸条。

（3）谢年：武俗用猪头谢年。在煮熟了的猪头上插三支竹筷，并把一把刀口向上的菜刀靠在猪头上，点蜡烛，烧"利市"，用三支香祭拜：先在天井里祭拜天地，再祭拜锅灶爷爷、猪栏土地、香火爷爷。同时放三个火炮，一串鞭炮。此俗现已不兴。

（4）吃年夜饭：武俗吃年夜饭的时间在下午黄昏前，即下午四时或五时左右。吃年夜饭前男女老少都要穿上新衣裳。旧俗在吃年夜饭前还要上香、点烛、烧"利市"、祭拜祖先，然后再吃全家团圆的年夜饭。同时在吃饭前要把秤藏起来，俗称年夜饭后不能看到秤，否则来年经常会碰到蛇。

（5）守岁：守岁前，借别人的东西要还清，放在屋外的东西要拿到房内，把房间扫干净，父母给小孩压岁包；用萝卜菜汤或用辣椒汤或用辣椒柴烧汤洗脚，认为这样脚不会生冻疮，烧年饭，可供三、五天吃，炒用胡萝卜、生姜、千张、成菜、肉丝、海带丝等菜和成的"八宝菜"；母亲给小孩做鸡毛毽；不能讲不吉利的话；火缸里的炭火通宵不能断火，晚上吃鸡杂羹，小孩玩鞭炮、火炮；半夜时放火炮，又点上香烛，祭拜天地，然后关门，俗称"封年"。封年后不准开井挑水。对此《武义县志》卷三也略有记载："除夕洒扫堂室，悬祖先像，陈肴馔果品，设香案，燔柴于庭，放火炮，自夜彻旦不绝，有终夜围炉，集少长欢饮达旦者，谓之守岁。"《武川备考》卷四①的记载稍详，其云武俗"除夕前贴春联，人家以米粉作汤圆，糁以豆屑，谓之团圆果。荞麦面和萝卜为馅，谓之缴猪毛（即洗肠之意）。炊大米饭供甑于庭，多插箸于上，谓之炊年饭。至夕，设香案于堂前，供牺酒，谓之谢年。供祖先像，祀以肴馔，多焚楮币，燔柴于庭，

---

① 《武川备考》为何德润于光绪二十七年（一九〇一年）编著。

以纸爆代爆竹，彻旦不绝声。家长以红笺裹制钱颁子，妇以红丝串制钱颁小女儿，谓之压岁。集少长饮屠苏，说吉语，围炉久坐，谓之守岁。择吉时燃纸爆开门。"

二 时令节日

1. 立春

立春日，旧俗放火炮，房门上贴"迎春接福"的横幅，门锁上要插竹叶枝，以示春天已到，妇女不做针线活，忌讲不吉利的话，要讲吉庆的话。武义古时立春前一日"知县率僚属，具仪仗、鼓吹，迎春东郊，设芒神、土牛于八素门。官僚向东迎拜序坐，饮春酒毕，秩卑者居先，以次乘肩舆迎归，置芒神、土牛于县东门，明日按时早、晚祀太岁，鞭春牛，邑人竞取碎牛土块，归置猪圈中，谓为牲畜肥腯之征。"[①] 此俗近代以来已绝迹。

2. 春分

旧俗二月十五除祭宗祠外，也祭春分。

3. 清明

武俗清明节食品以"清明果"富地方特色。"清明果"用糯米粉合"蓬"草做成，馅多以肉、笋、咸菜做成"咸果"，以糖、芝麻或赤豆做成"甜果"。宣平一带的清明果呈椭圆形，做工简单，下面衬垫小片箬叶，桃溪一带的清明果则多呈叶状，有的呈鱼状，称为"花果"。蒸果时蒸笼里要先放"果叶"，俗称"青蓬头"，再放果，蒸熟后清香扑鼻，别有风味。《武川备考》卷四所记旧俗"清明日，人家门枝户插柳，小儿以柳叶为圈戴顶上，妇女以麦叶作戴胜插髻。节前后十余日，家家拜扫先茔，采蓬和米粉作果，谓之寒食饼，亦曰清明果。农人下种谓之撒谷子（凡撒谷子必于日西斜时，否则子浮不着泥）。熟师放学谓之清明假。"武俗"上坟"又称"接清明"，第四章祭祖习俗中已详述。解放后，每逢清明日，学生要到革命烈士墓前进行扫墓活动。

4. 立夏

立夏日，武俗要吃红枣、桂圆煮鸡蛋，吃蚕豆（即豌豆）烧肉、笋烧肉。有的地方吃蚕豆饭或蚕豆汤，汤里放两个鸡蛋。据俗称：吃一粒蚕豆等于吃一个鸡蛋，吃一个鸡蛋等于吃一只鸡。吃竹笋是为了"接脚骨"。

---

① 《武义县志》卷三。

旧俗此日忌坐门槛，否则脚骨要酸的。有的地方则规定男人不准坐门槛，据传说外国的女人会把立夏日坐门槛的男人抢去的。此俗早已不兴。又据《武川备考》卷四记载："立夏前后，择日种田，谓之开秧门。……割芸苔①取子榨油，割麦尝麦祀先。"

5. 夏至

据《武川备考》卷四记载，五月二十五日"城乡各社设祭，谓之五谷神生日。"

6. 冬至

武俗极重冬至节。《武义县志》卷三记载："冬至日，人家设祭祀祖先，姻亲以白糯米蒸熟舂为糍相馈遗，谓之小年。自收获毕，各乡村皆演剧报赛。"现在俗称冬至为"过冬"，祭祖之祀基本绝迹，但以糯米蒸熟舂为糍仍极兴，俗称"舂麻糍"。

三　新兴节日

解放以来，每年元旦、三八妇女节、三月十二日植树节、五一劳动节、五四青年节、六一儿童节、七一中国共产党生日、八一建军节、十一国庆节等，各地都按国家规定组织举办各种群众性的庆祝和纪念等活动，这些新兴的节日已成传统。因各地活动大致上相同，这里就不作具体叙述了。

四　其他节日

1. 正月十四

武义旧俗正月十四为消灾日。据《武义县志》卷三记载："正月十四日，东岳城隍、二郎、花园等庙各有消灾会，轮年司值，摆列筵席，结彩为亭阁，装扮故事，用旗鼓迎于街市，庙中则僧道斋醮诵经，城乡妇女约伴游观，谓之抖晦气。"此俗早已绝迹。

2. 二月十一

旧俗此日把米炒黄，代表黄蚁，除人吃以外，还要给鸡吃，以示黄蚁被吃掉，这一年里黄蚁就不会爬上灶头为害了。

3. 二月十四

旧俗此日用芥菜烧糯米饭吃，以示老鼠洞被堵，这一年可以减少鼠害。

---

① 芸苔：即油菜。

4. 二月十九

旧俗二月十九为观音菩萨的生日，妇女多到各寺烧香。此日最富地方特色的有点"壶山灯"。据《武义县志》卷三记载，此日"慈云庵制灯数百盏，是夜从壶山顶起缘岭路燃至山麓"。此灯两头小，中间大，呈腰鼓状，连绵数里，看上去犹如长龙下山，十分壮观，又俗称"接龙"。抗日战争爆发后即绝迹。

5. 四月初八

《武义县志》卷三记载：古时"四月初八为浴佛日，寺僧造青精饭为馈，谓之乌饭糕。"后武俗称四月初八为牛的生日。迷信传说这一天早上有两个半馒头从天上抛下来，因此看牛人四月初八一大早就把牛赶到田畈吃馒头。据称这天牛吃了馒头力大如虎，体魄健壮，长生不死。此日人要吃苋菜，俗称吃了苋菜可避暑。此外，旧俗小孩周岁后的第一个四月初八日要剃头，这天剃过头后不会生疔疮，孩子能像牛一样健壮。

6. 六月六

武俗六月六要吃肉。民谚说："六月六，要吃肉；不吃肉，要生大瘤毒。"又说："拜年拜到六月六，新鲜豆腐新鲜肉。"此日家家户户翻晒衣物，萝卜菜籽也要拿出来翻晒。

7. 七月三十

旧俗此日妇女多到地藏王庙烧香，晚上在家点地灯。现已绝迹。

8. 八月初一

旧俗此日妇女到各神庙烧香，谓之开殿门。现已绝迹。

9. 十月

《武义备考》卷四记载："十月田功毕，乡社演剧报赛，谓之平安戏。城坊击柝巡更，谓之冬防。"此俗现已不兴。

10. 十二月二十四

旧俗此日放一个火炮，送灶王爷上天。

第六章　信仰习俗

一　神祇

1. 天地神

旧时迷信习俗，大年初一，结婚、做寿等首先要祭拜天地，家家门前贴有"天地香案"的纸条。斗拱间或茅檐下要挂一盏小灯笼，俗称"天灯"，每月初一、十五，上香、点烛，以祭天地。

2. 本保神

本保神就是本地的保护神。旧时武义基本上每个村都有供奉本保神的本保殿，塑有夏禹、神农、后稷、文王，或配以财神、土地神，或关公、胡公。正殿的香案上供着一个"当今皇帝万岁万万岁"的牌位。此俗早已绝迹。

3. 城隍爷

旧俗武义城隍之神叫"维"①。城隍庙始建于南宋建炎三年（公元一一二九年），明朝洪武五年（公元一三七二年）重建，弘治元年（公元一四八八年）大修。中央大殿祀城隍爷，悬"赏善罚恶""到此分明"等横牌。柱联有："为善必昌。为善不昌，祖宗必有遗殃，殃尽则昌"，"为恶必亡。为恶不亡，祖宗必有遗祥，祥尽则亡"；"善有善报，恶有恶报，若还不报，时候未到"，"你说你对，他说他对，究竟谁对？我有记载"；"万恶淫为首，百善孝为先"等。并悬有约二米长的一面大算盘。左有手执功过簿的判官，右有手拿铜锤的小鬼。两廊有十殿阎罗，上坐阎王，中间有人间善恶故事，如武松杀嫂，秦桧卖国，白蕻归朝，以及《十五贯》《包公审乌盆》《双判钉》等戏剧人物，下是地狱惩恶景况，有鬼卒拖恶人，有的下油锅，有的缚上铜柱，有的上钢剪，有的投给恶狗毒蛇咬，有的抛上刀山丢进火窟等。最后一殿是转轮王，鬼卒把人带到孟婆亭吃过迷魂汤，分为二路：一路是好人，由金童玉女扶上仙轿，进入投生所上层；一路是坏人，身披猪牛羊狗皮，被鬼卒驱上奈何桥，赶进投生所下层。通过转轮，上层分三等：一等是帝王将相，二等是公、侯、伯、子、男，三等是贫、庸、愚、弱、鳏、寡、孤、独等；下层分四等：一等是胎生动物，二等是卵生动物，三等是水生动物，四等是化生动物。头门塑活无常、死无常、雷公、电母像。据说武义城隍庙的塑像是义乌县一个画家所塑，有一天他的烟具被人偷去，后得知某人所偷，第二天当此人来时，他观察了他的形象，将其塑成了《十五贯》中的娄阿鼠，贼头贼脑，活灵活现。武义城隍庙抗日战争时即荒。其遗址即今武义一中分部所在。

4. 麦磨神

武义旧时东门外的东岳宫东岳大帝旁有一个麦磨神，叫王质，下王宅

①《武义县志》卷五。

人。据传说有一天他到金鞍山去砍柴，碰到两个仙人下棋，他停下看了一局觉得肚饿了，便捡了下棋仙人丢掉的枣核，含了一下就不饿了。仙人告诉他：时候不早了，好回去了。王质一看，自己带来的砍柴工具都霉烂了，赶快回家，一看下王宅面目全非，连自己的家也找不到，找来找去只找到自家的一个磨盘，他站上磨盘，大笑而卒。后人将其像塑在东岳宫，奉为麦磨神。

5. 地藏王

县城西书台山上（现武义一中操场旁）有济公和尚，据说是地藏王的化身，并塑有能听到人间一切善恶的九耳狮。

6. 任公庙

唐朝光化元年（公元八九八年），武义人任留在熟溪筑堰引水灌田万余亩。南宋庆元四年（公元一一九八年），武义人高世修、叶之茂重修，并建任公庙以祀。

7. 石公庙

南宋开禧三年（公元一二〇七年）县主簿石宗玉始建熟溪桥，后人立庙祀石宗玉。

二　仪式

1. 庙会

旧时武义除城隍庙、东岳宫、任公庙、石公庙外，据《武义县志》卷五记载，还有天妃宫、三元宫、禹王庙、二郎庙、花园庙、胡公庙、皂角庙、班春庙、僧田庙、颜惠侯庙、赫灵庙、三忠庙、阮侯庙、镇东庙、陈堰庙、洪氏堰庙等，每年二月十五各庙把菩萨抬出来游街一次，谓之"庙会"俗称"出庙"。"出庙"时，前面有大锣开道，接着是"肃静""回避"的大木牌和全副"銮驾"，即金锤、佛手、长刀、长矛、长戟等十八种武器，后有两副轿子，内坐手捧"皇印"和"令牌"的小孩，中间即是菩萨，后面跟着的是各户助兴的"台阁"①。一路上火炮齐鸣，沿途各家各户也鸣炮助兴。桃溪出庙称之为"迎大蜡烛"，在正月十四进行。此俗抗战后绝迹。

2. 开光

武义旧俗，开光有八年一次，也有十二年一次。开光前，要请阴阳先

---

① 台阁：四人抬一座，上由小孩装扮成各种戏剧人物。

生和画佛人给菩萨重新着色，庙墙内外用石灰粉刷一新，椽树、柱子油漆一番，庙顶修过漏，然后按庙的坐落、朝向择好吉日开光。开光这天，要把树上最大或事先许过愿的毛猪杀死，把猪内脏挖净，背脊不能破开，猪毛刮掉，仅留猪头上一撮，并做一个架子将猪肚皮朝下放在上面，然后在猪的背上插上花和红旗，扎上红灯，一路敲锣打鼓、吹号、放火炮抬到庙里。同时还要挑瘟担、驱五鬼，即用红布将放有茶叶、米、豆、麦、玉米五谷的坛包起来，表示五鬼在坛里，叫手脚最轻快的讨饭人挑走，画佛人用桃树皮、桑条赶去，一直赶到高山密林，丢在深山内坞没有人烟的地方。若有人碰到这个装有五鬼的坛是很"晦气"的。晚上还要请戏班唱戏。庙小不好演的可以接到祠堂里演。演戏前，要叫演戏人中的大花、小丑穿好戏装，与地方上的主事人一起到庙里接佛看戏。接佛时只敲一面锣，点一支香即可。

3. 桥游

旧俗新桥造好后，要请村上年纪最大的老人过桥，有的地方要村里最长寿的一对夫妻走第一步。年高寓意此桥也长寿、牢固。游桥时老人要身穿新衣，脚穿红布鞋，同时要放火炮，焚香点烛，敲锣打鼓庆贺。老人游完桥，人们还要向他们讨长寿钱。

4. 接龙

旧俗迷信把某个地方不兴旺的原因说成是地方败了，风水坏了，即龙脉沉去了。为此全村每户派一人一起接龙，即到被视为龙脉的后山山脉起脉之处，手拿点燃的清香，打着灯笼，一路放火炮、放响铳，敲锣打鼓，烧"利市"，把龙接进村，期望地方复兴。第五章岁时习俗所述"壶山灯"即是"接龙"的又一景况。

5. 接佛

旧俗村里无论何时演戏，都要把庙里的菩萨接到演戏的地方去看戏，其仪式与开光接佛看戏一样。

6. 求雨

求雨武俗称"取龙"。旧时迷信，遇天旱之年，为求老天下雨，组织到龙潭（即有水的地方）取龙。取龙前先把附近各个龙潭的名称写好放进坛里，再用筷子挟，挟着哪个龙潭就到哪个龙潭去取龙，此法谓之"刮潭"。取龙时要请道士，全村每户一人全部穿白衣裤，不准戴箬帽，但可以拿扇，并由二人抬着装"龙"的酒坛。还抬着一丛晒死的连泥作物，使人看到久旱的严重。到龙潭后，先由道士念咒，放疏，即把装有"符"的信封放进龙潭，使之下沉，谓之向海龙王行文。过了一会，疏浮上来，说明是海龙王有回音。然后从潭中捞点鱼、虾之类动物，或在龙潭附近抓一条蛇当作龙的化身放进酒坛里；若没有蛇，或抓一只青蛙，或在回来路上抓一条蛇，或者事先抓好一条蛇备用。回来后马上进行游龙，由道士把蛇抓在手里让村民看，村里的人要向道士泼水。取龙下了雨后，还要用同样的方法把"龙"送回龙潭。据《武义县志》卷十二记载：明万历十五至十七年（公元一五八七至一五八九年）旱，"斗米银五钱，流殍满道，疫大发，县令陈公大烈，斋沐至三潭迎龙，须臾云起，潭中龙见其爪，得一物如线，俗谓之线龙，贮瓶中，异归，中途甘霖如注，时六月初七也。"

7. 度关

武义旧俗，有的妇女生了孩子养不大，再生孩子时按迷信的习俗，要度阎王关，即百日关、千日关、将军剑、铁蛇关等三十六关，其仪式是请道士或阴阳先生给小孩子降神或念经，一夜念到天亮，半夜时，把饭甑蒸热，拿掉屉，让小孩从中穿过，谓之度了关，认为此后小孩就能养大了。

三 巫术

1. 占卜

武义俗称占卜为"策卦"，又叫"起课"。旧时迷信生了病叫算命先生或阴阳先生看病，往往胡说是鬼缠了身，或有鬼跟着，或是某个早亡的人没有钱用，没有衣穿，来讨钱衣的，要焚香、点烛、烧"利市"、摆"羹饭"才会好。此俗现已绝迹。

2. 相命

相命俗称"算命"。由于迷信思想的影响，为了知道自己命的好坏，叫算命先生算命，了解自己一生有什么"关口"、什么时候转运、婚姻如何、生育情况如何、是否有落难的时候；等等。解放后这一迷信未绝迹。

四 预兆

1. 讨彩

讨采就是讨好话，讨彩头。旧俗迷信，凡要外出或办什么比较重大的事，往往讨别人的采头，看是否如意。如有人外出办事时，常带上大栗粽，路上碰到人即一边送人吃粽，一边讨彩头，此俗早已绝迹。

2. 圆梦

旧时武义俞源有座童主庙，每年春季去求梦的人很多，去后，到庙前的解梦摊去圆梦。此俗早已绝迹。

1984 年 4 月 29 日

草于武义熟溪桥畔

1985 年 8 月 29 日

定于南宁广西民族学院

二　江山风俗撮录

小　序

《礼记·曲礼上》说："入境而问禁，入国而问俗。"浙江省江山县地处浙西仙霞山脉北麓，东与衢州市和遂昌县相靠，北与常山县相临，西与江西省玉山县和广丰县相连，南与福建省浦城县相邻，是浙、闽、赣三省的交界区。县东南仙霞山脉连绵起伏，峰峦叠翠。仙霞关地形险要，素有"东南锁钥""入闽咽喉"之称，是历代兵家必争之地，其仙霞路为唐末黄巢起义军所辟。在这种自然条件和社会环境的影响下，民风勤劳俭朴，直硬粗犷，即《浙江通志》所说："浙西多山，故刚劲而近于亢。"

我在进行汉民族风俗考察中，深感江山风俗古朴，保留了不少汉民族的古风遗俗，故编写成《江山风俗撮录》。

（一）生产、生活习俗撮录

种田习俗点滴

江山风俗，田亩以"秤""担"为单位，"一秤田"或"一担田"为一亩的四分之一。

土改前旧俗都是一熟制，收割后大部分田翻耕后作"冬闲田"，有"田要冬耕，儿要亲生"的俗谚。大小麦没有人种在田里，认为"种麦是向田借谷""吃了麦饼，丢了米饼"。耕作粗放，一般是一耕二耙二耖。

播秧谷要等到枟栖发芽，桐子开花，黄荆有嫩叶之时，有"枟栖不发蕻，一年空米瓮"的俗谚。播时要采一枝黄荆条，用三支香和方稿纸①一起卷起来，外包一些红纸条，播在秧田边，旁边再压一帖方稿纸，意安田公田母，保佑秧苗茁壮。

插秧称"莳田"，旧俗尚稀植，行距 1.5 尺到 2 尺，所谓"莳田虎"一天可插三四亩。旧俗还规定妇女不下田插秧，有"妇女下田，没米过年"的谚语。

施肥用栏粪、草木灰、石灰等。迟稻田主要用稻草还田，再加石灰。耘田一般三次，所谓"头道补补稻，二道耘耘草，三道赶蟛蜞"。

收割时第一次吃新米饭时，要端一碗堆得尖尖的饭和猪肉祭天地，然后全家吃新米饭。割稻客一天给东家割二担，再割半担"点心谷"，俗称"借力谷"，即可收工。

收割季节田少的农户要做麻糍生意，即把麻糍装在钵头里，挑到田头换谷，一钵可换一畚斗湿谷，约二斤米。

狩猎习俗点滴

江山山区群众对狩猎是非常认真的。狩猎前要组织两支队伍：一支赶蓬的队伍。所谓"赶蓬"，就是寻找野兽足迹，发现野兽的人。规定"赶蓬"的人不准带猎枪，只能带柴刀、木棍等防身。另一支是打猎的队伍，他们个个荷枪实弹，站好哨口。一旦发现野兽起蓬后，即可瞄准扣发猎枪。

野兽打死后，按习惯规定"赶蓬"的人分一只腿，击中第一枪的人分三只腿。另外，凡是在场看到的人都可分到一份肉。

按江山风俗，打到一只野兽后，要马上割下它的嘴巴来祭山。其意是山都祭过了，分配方案已定案，于是待割下嘴巴后再赶来的人就分不到肉了。

主食食俗漫笔

江山食俗一般一日二稀一干。早上把米煮至九成熟，大部分用笊兜捞起，倒在饭甑中，俗称"饭坯"。然后将留在锅里的煮成稀饭作早餐。中餐吃饭坯蒸成的干饭，晚餐也吃稀饭，烧稀饭前两小时把米洗好、沥干，到烧时，把沥干的米春成粗粉，再倒进开水锅里烧成糊状的稀饭。而家中临时来了客人吃饭，则把洗过的米直接烧成干饭，谓之"焖饭"。

---

① 江山俗称草纸为方稿纸。

　　番薯的吃法除分煮、焖外，还喜把番薯粉用水调拌后，做成扁圆的番薯果，放进米汤里煮熟吃。

　　麦粉的吃法一般用热水或热米汤拌和后，放在手掌上拍打成薄片，做成小巴掌状放入热锅里煮熟吃。

　　荞麦性凉，高粱性热，江山农民把这两种粉混合起来吃。此外荞麦有一种独特的吃法：用热水拌和荞麦粉后，做成五分见方的长条形，切成方块，用菜心、葱和辣椒炒吃，谓之"炒乌麦垒"，别有风味。

　　糯米除做麻糍外，平时很少吃。一般春节和端午包粽子，做米糕；新鲜萝卜收获后，农民爱用鲜萝卜丝焖糯米饭尝新；夏天有的用红枣、米仁煮糯米粥吃；红白喜事和逢年过节用糯米酿水酒，俗称"白酒"。

副食食俗漫笔

　　江山食俗，炒菜喜放辣，各种菜肴配入鲜红的辣椒，色鲜味辣，使人开胃。

　　对于动物食品，江山人习惯认为：两只脚的雌的营养好，如母鸡比公鸡营养好；四只脚的雄的营养好，如甲鱼、猪即如此。同一公猪，又认为前脚比后脚营养好。

　　猪肉的吃法，有地方特色的是用热汤汆薄肉片吃；用生粉拌肉泥在热汤中汆"活肉"吃。此外炒肉喜用大蒜做佐料。牛肉喜切细丝，炒嫩南瓜或鲜萝卜丝吃。忌用葱作佐料，据说牛不吃葱。

　　植物食品具有地方特色的吃法主要有：

　　老南瓜去皮切片煮熟、加入蒜叶、辣椒趁热吃，这是江山人冬天，尤其是雪天爱吃的菜。

　　丝瓜或南瓜喜削皮切成斜条，烧豆腐吃。黄瓜皮炒辣椒，松脆可口，是吃稀饭的菜。黄瓜连皮切丁，晒至六成干，炒后可吃稀饭下酒。

　　白菜喜用茎炒豆腐干，用叶煮豆腐。有时把芥菜茎斜切成薄片，称"芥菜斜"，单炒或炒豆腐干。

　　萝卜菜苗称"鸡毛菜"，喜与芋艿一起煮，一滑一涩，味怪可口。鲜萝卜切丝加盐稍腌后加醋炒食。

建房习俗小述

　　江山建房风俗，择吉日开基。动工这天，泥、木匠只来开个头，东家要馈送红纸包，备酒请工匠。

　　竖柱上梁要择吉日，亲友要送礼，主要的礼物有一盒索面，要用竹架扎高，并系上红绳；一盒糕，要叠得与面一样高；有的还有粽子，也要叠高。东家打麻糍，摆酒席，俗称"竖柱酒"。

柱竖好后，旧俗由木匠"请鲁班"：厅堂正中竖起上系红巾的长杆（供丈量用），桌上摆着全鸡、猪头、鱼或鸡蛋，点上香烛。吉时一到，上好中梁（须用桩树做成），两头榫头上要压一小帖五色布。泥匠和木匠分坐在中梁两端，梁上披红布，放一只公鸡，两头挂一袋谷子，谓之"定梁"。正中再挂亲戚送的布做的绣花工艺品，谓之"梁喜"。然后匠人喝彩唱"抛梁词"，一手提酒壶向下注酒，一手向下抛馒头。

接着木匠"出煞"：厅堂正中放三脚码，柱根地上要插支香，点支蜡烛，柱上贴"甲马""箭神"的字条。先由木匠手提公鸡，一边喝彩，众人应和；一边给每根柱上染一点鸡冠血。然后木匠执斧猛击三脚码，口中不停地吆喝，众人用木片不停地敲木柱。闹腾一阵后，木匠踢翻三脚码，执斧提鸡先绕柱跑，再跑出新屋，丢掉斧头、公鸡，竖柱仪式方结束。

泥匠砌墙坚大门也要择吉日，门两头也要压一小帖五色布，然后东家送红色。

乡规民约点滴

犯山，就是偷人家山上的竹、木、柴。对犯山的人，必须当场捉到。处理的办法：轻的放一扎或两扎火炮；重的分馒头，全村每户五至十个不等，或分猪肉，每户一至二斤。现在有的罚放一场电影。若不是当场捉到便不好罚，民间有"偷柴下山拉亲家母出间"（乱搞男女关系）的说法。

砍伐山林先要用三牲、香烛祭山，择一根树为"树王"，缚上香、纸为记。此树山主不可砍，但其他人可偷"树王"，知道了也不追究。这种"树王"往往做小孩的站桶，据说可以给小孩做伴，小孩站了可以去病消灾。

虐待父母的称之为"忤逆不孝"。若虐待父亲，家族叔伯长辈会责问，令其下跪认错，否则要绑到祠堂柱上示众。若虐待母亲，娘舅就要令外甥跪在母亲面前认错，否则也要缚祠堂柱示众。最后若处理不下来，就上告法院，谓之"告忤逆"。

而打骂妻小谓之虐待。打骂妻，娘家人要上门评理，若致残或致死，要被娘家人抄家。打骂孩子，叔伯要出来干涉。

放牛孩如果有糟蹋粮食现象，大小要用竹梢揍脚干，叫"打脚肚子"。

吃饭若盛多吃少，要被人骂为"薄皮"。

骂小偷为"贱骨头",白天偷的人为"白面强盗"。若捉住小偷,必吊打之,但伤皮不伤骨,没有打死的,故有"打不死的贱骨头"的俗话。

礼俗点滴

江山风俗祖父叫"公",祖母叫"妈"(读上声);父叫"爸",母叫"者",人丁不旺的人家叫父为"大叔"。夫妻间没有称谓,也不直呼其名,对别人讲话时,称他爹或孩子(名字)爹;男人只说:"我家的女人"或"堂客"。新媳妇本地人不叫她的名字,而以地方名称之,如娘家李村,就统称其为"李村人"(人读男)。亲家只叫亲翁、翁母,忌叫亲家公、亲家母。

家里来了客人,先请客人吸烟,旧俗烟筒通用,不分你我。递烟时要将吸嘴朝客人双手递过去。如果是贵客或稀客,要烧点心,或鸡蛋面,或鸡蛋炒粉干。吃饭时,要请客人坐上座,若有几个客人,就请年长的或辈分大的坐上座;做喜事的人家请媒人和娘舅坐上座。猜拳开头要讲"两家好"。饭毕要用筷子做手势说:"大家慢慢吃。"并对同凳坐的说:"请坐好。"不能说:"坐牢。"离席后,要叫主妇吃饭。客人欲去要说:"大家戏一记。"方可离去。

如果问路,骑牲口、骑车的要下地,挑担的要歇下担。先行点头礼再问路。年岁大的叫叔叔或表叔,年纪相仿的叫老兄或表兄(兄读亨),年纪小的叫老弟哥(哥读罐)。习惯上男人喜欢做长辈,女人都怕说她老,故称年老妇女为老娘(干娘之意),其次称嫂子(读享孙)或老大姐,年纪相仿或略小的统称表娜妹。问路后要说:"多谢您啦!"

寿诞习俗点滴

江山风俗生头胎,无论男女,外婆须特备衣服、尿布、鸡蛋、猪肉、红糖等礼物,住女儿家照料,称为"做外婆"。十天后,女婿挑糖酒到岳家,由岳家提壶分给亲近的本家饮糖酒。凡饮糖酒的人须馈赠红糖和鸡蛋,其他的朋友则送红糖,以示祝贺。

小孩满月时,旧俗要盛备筵席和"填月红"(米果名),遍飨亲朋好友、房族本家。赴宴者要送贺礼。满一百日,又要摆筵席,做"百载红"(米果名),赴宴者又须备礼以贺,称之"做百载"。

诞辰纪念,一般逢十举办,唯四十不做寿,以避"四"与"死"谐音之讳。贺寿者一般备对联、素面、鞋袜作贺礼。至亲还须送衣服或衣料。做寿的人家盛设酒筵,做寿桃形的米果馈赠来宾作为谢礼。

江山风俗较重十岁寿诞，因为这是一个人做寿之始。一般寿年愈高，所送的礼物也愈好。有的做寿人除备酒筵、做寿桃以谢贺寿者外，还做寿戏，或蓄胡子以示纪念，或雇曲团唱堂戏，迷信的人还请师公做法事，谓之"寿生功德"。

做寿无论男女，都以逢十为主。但旧俗也有因命运不佳，特意逢九做寿的，以望能转好运气。

（二）岁时习俗撮录

时令习俗点滴

立春又叫新春，江山农谚有"新春大于年"之说。这一天旧俗每家堂中都点燃香纸、红烛，盛二碗堆尖的饭，一棵白菜洗净插在竹米筒里，用红纸条围住，表示迎接春牛来吃。

清明节家家做清明果，长条形的叫"狗舌条"，桂圆形的叫"清明浦子"。俗话说"清明浦子比你吃得多"，是以长者自居之意。此外，大门口要插柳条，小孩要戴柳条圈，有"清明不戴杨柳，外甥认不到娘舅"的俗语。

谷雨时，旧俗牛主人要给牧童吃两只鸡蛋，要牧童天没亮就把牛放上山吃"馒头"（一说为麻糍）。据说：谷雨日早晨天公要撒馒头，牛如吃到会长膘。实为谷雨后青草肥嫩，牛吃了易长膘，便于春耕，故有"清明草当粥，谷雨草当饭"的谚语。

立夏日，江山风俗早餐成年男子每人吃两只鸡蛋和糯米团。中餐吃米粉羹，谓之"立夏羹"。吃过羹后男女老幼均用大杆秤称体重。下午有些人家还喝鸡蛋、红枣米仁汤。

冬至日，老年人要坐冬至夜，整夜不睡，俗称可长寿。有的姓氏要举行"拜冬"活动，最有意义的是"拜冬"后颁发"冬饼"，按学历、功名分发，有奖学之意。

春节习俗中的"拜年"

江山风俗，春节拜年一般初一到初三是左右邻居互相拜年，邀请吃饭饮酒。初三以后亲戚间开始拜年。

小孩去亲友家拜年，鼻梁上要涂上一点锅底灰，表示邪气不敢接近。到外婆家去，不能说到外公家去，因江山风俗去外公家去有去死的含意。

初七忌出门，初八忌回家，有"七勿出，八不归"的俗语。

年前结婚的新女婿到岳家拜年叫"新客"，又叫"做女婿"，果子包要成双。同时还要到岳家主要亲戚家去拜年，受拜者得设宴招待，并回以"红包礼"。新女婿回家要择吉日，由岳家长辈陪送。

一般人家拜年时要送"草纸包"，送两包收一包，并回以米糕、鸡蛋、荸荠、甘蔗等，谓之"压篮"。若有未成年的小孩去拜年，长辈要给小红包，称为"关钱"。

拜年在正月廿日前结束，民间有"拜年拜到廿三、四，一碗烂生菜"的俗谚。

有些人利用正月头三天修桥铺路做好事，以积阴德。有的小青年上山砍柴，俗称此可免穿破衣裳。

春节习俗中的"做斋"和"新年坟"

正月初一早上家家要"做斋"，又叫"做初一斋"，即年夜饭后"擦家牲"（大扫除），换过缸水，半夜到河里挑来新鲜水，三更过由男人下厨做饭。新煮的米饭堆得尖尖的放在饭甑内，上面放一层红枣，最高处放一个红橘子，中间插一支青柏，表示"清洁"；再用碟子盛一块方豆腐，上面也放一个红橘子，然后用方桌摆在大门口，天井两边插檀香，点红烛，燃纸箔，点香三拜，求神祇保佑一家平安。

初一到初三，须挂祖宗画像，宰牲祭祀。初三下午收起画像，然后上新年坟。上坟时要将谢年的祭品拿去祭祀，祭毕烧纸、放火炮，坟头上要压三张贴有红纸条的方稿纸，以示其有后代。

此外，在丰富的节日食品中，有的还特意烧一碗豆腐渣，以示还能留点"渣"，一世也吃不光。

灯节习俗小记

江山风俗正月十一是灯节，说"上灯"即"添丁"之意。每家早晚在堂上点着红烛、香火，晚上烧纸锭，以示新的一年里人丁兴旺、平安。新婚夫妇这天一定要回夫家团聚。此日忌向邻居借火点灯。

正月十五元宵节，江山风俗又称为"老佛下神日"。一般人家要在堂上点明红烛，焚香火，并用猪肉、鸡蛋、豆腐干、酒、饭等摆祭。

元宵这天，农村所有的龙灯、狮灯、茶灯、鱼灯、马灯等灯戏、灯舞都要进城闹元宵。白天各灯主向各户下"小帖"，表示今晚来闹灯。户主则把红纸包准备好，放在香几上，闹灯时由灯主拿去。

闹元宵灯的同时，小孩子踢毽子、拍小皮球、玩鞭炮，热闹非凡。旧俗有人往往赌钱，甚至通宵达旦，无人过问，所谓"当官赌"。此恶习现已基本绝迹。

正月二十一"谢灯"。一般过了二十就不兴舞灯了。正如江山俗话所说，"过了正月二十，是龙上天，是佛归殿，小孩子上学堂，老太婆拆破片（布）。"

端午习俗小记

端午节大扫除后，用石灰在门口画个八卦图，再把石灰撒在所有木制家具的脚边和水缸边，边撒边唱："蜈蚣禽兽莫爬高，爬高斩你腰。""蚊虫精，蚊虫娘，莫到家里叮小娘，到大溪边去叮水牛娘。"有的特意包几个拇指大的小粽子，挂在帐门上，叫"蚊虫粽"，以喂蚊子，省得叮人。

端午日，门、窗、帐顶要插艾和菖蒲以避邪，用雄黄酒擦小孩身上、脸上，洒猪、牛身上以去邪。要采百草树叶烧汤，人人洗"百草汤澡"。小孩洗好后，头颈、手足要缚上五色线，谓之"八缀线"；要以菖蒲叶束腰，俗称可解腹痛，手上、身上还要挂香袋。

已订婚的女孩，端午前男方要送粽、馒头以及衣料一块。已出嫁的女儿，娘家除送粽、馒头和三尺布料（称之为"外甥布"）外，还要送李子等青色的水果，以"青"象征"亲"。

端午日学生要给老师送粽子、馒头等食品，先生则回赠一把纸扇，谓之"折折扇"。此为尊师爱生之美俗。

六月六、七月七习俗点滴

六月六，江山风俗称之为"狗生日"。除要用甘草烧豆腐给狗吃外，还要把狗诱到水边，用扫帚给它洗澡，或拖到河里去洗澡。而人这天则不能洗澡，传说人洗澡后身上会有狗腥气。

传说六月六的日头是苦的，晒过的东西不会被虫蛀。所以家家户户要把箱子搬到门外，翻晒衣、物和书籍。又因为这时刚好稻子抽穗，故还要"烧田秋"，祭拜田公田母，请他们把老鼠赶走，以免老鼠偷稻穗，保佑丰收。"烧田秋"时，有的用面粉做成烧饼，有的用米粉做成"寿桃嘴"形的米果，再配以猪肉作祭品。传说以前"烧田秋"时用猪头作祭品。有一年烧田秋时，一农户买了一个猪头，男的叫女的煮熟了去烧田秋，女的嘴馋，偷偷地把猪耳朵和猪舌头吃掉了。男的见此，因尚未祭过田公田母，不便发火，便躲在稻田中间，窥视女的如何祭拜。谁知女的在田头摆好祭品后，叨念说："田公田母你莫怪，猪头没整介（江山方言，个的意思），猪头没猜你（方言耳的意思），田里出白米，猪头没舌头，一行收一石。"男的听了"扑哧"一笑，女的接着说："田公田母不要笑，吃不完拿去粜。"结果，那年真的获大丰收，从此用猪头作烧田秋祭品的习俗就改为用猪肉代替了。

七月七，江山风俗此日晚上，把小孩手上在端午节束上的五色线解下，串上稻谷，丢在屋顶上喂鹊。

中元节习俗小记

七月十五中元节，江山俗称"鬼节"。

按江山风俗，七月十五家家户户要挂祖宗画，画上写着牌位，谓之"太公画"。备三牲、果品、酒菜祭之。最具地方特色的是祭品中有一种特制的"粉马"，是给祖先从阴司回家来骑的。上午马头朝里，下午马头朝外，以示迎送祖灵来去。

傍晚，将画收起，到三岔路口去祭拜一下，说一声："送太公。"然后用香沿家门到祖坟的路上插起来，一般插数米长，把五色纸剪成的纸钱撒在路边，谓之"插路香"。

七月十五之夜，大人往往不让小孩出门，让小孩用茄子插上一支点着的香，用一根竹竿吊着玩，谓之"舞茄灯"。

旧俗迷信，有的地方七月十五请道士做法事，以保地方清吉平安，俗称"打清醮"，又叫"做中元"（详情另写）。

"打清醮"小述

七月十五，旧俗迷信有的地方请道士做法事，以保地方清吉平安，谓之"打清醮"，又叫"做中元"。

一般做法是请五至七个道士，于前一日分头逐户贴符咒，点香火，谓之"安素"。道场上燃起"朝天竹"（即整根竹做的火炬），挂满神佛鬼怪。七月十五日上午游街，前面是用竹扎纸糊的"开路神"，后面是无常、邋遢相等鬼神。高帽上写"一见生财"，还有纸扎的金亭、银亭，每到三岔路口点一帖纸钱，插三支清香。全村街巷绕游一圈，以驱鬼保平安。晚上在村外荒僻处搭高台，只点香不点灯，由道士念经到半夜，边念边抛事先做好的小米果。

第二天，道士去各家"收素"，各家说："这是为了图家清吉平安。"也有的地方第二天要"撑瘟"，即将一根竹子破开，扎成一只纸船，由二人抬着，跟随道士到各家去驱瘟神。每到一家，户主扫些垃圾，倒在纸船上。最后抬到河边焚毁。有的地方则"打火球",即把开路神、无常等由道士隐藏起来,让地方上的人寻找。找到后,游街示众,用纸扎烧着的大火球在这些鬼怪后面打。打一下,必跳一下,直打到村外三岔路口,再点火焚之,也谓驱瘟神。

以上旧习,三十年代以前在江山盛行,现已绝迹。

中秋、重阳习俗点滴

江山风俗中秋节家家户户要打麻糍,吃粉干炒牛肉,吃月饼。

中秋之夜,小孩要把大大小小的月饼叠起来,放在月光下祭拜月亮,据迷信传说这样可免月亮割耳朵。祭拜时要唱:"月亮姊,拜拜你,梳头洗脸下来戏……"

另外,中秋日,儿童要用稻草垫着屁股,前面由一人拉着跑,谓之"拉中秋";有的用稻草辫绳挂在粗树枝上,坐上人,用人推荡,谓之"荡秋千",都颇有情趣。

"九·九"重阳节时,江山风俗要用米粉做发糕,叫"皮糍",别有风味。旧俗重阳日有的要祭祖,由族长分香饼。香饼只分给男的不分给女的,谓之"人丁饼"。此外还有奖学饼,高小毕业发五个,中学毕业发十个,大学毕业发二十个。

除夕小记

腊月二十五过小年,江山风俗传说为小儿们过新年,只是晚餐烧一些大蒜炒肉片之类的好菜给小儿们吃,不举行谢年仪式。

除夕之夜为过大年,江山风俗这天要大扫除,人人穿新衣,妇女戴首饰,小孩戴嵌有"福禄寿喜,长命富贵"的新帽。下午大多数人家贴门神,一般是红脸关公,黑脸周仓。不贴门神的则贴"风调雨顺,国泰民安"。门联一般写"爆竹一声除旧岁,桃符万户迎新年",逢闰年则写:"天增岁月人增寿,春满乾坤福满门"。横额多写:"三阳开泰""五福临门""万象春回"等。另外大门板沿贴"四方求财""大吉大利"或"开门见喜""童言无忌";灶头贴"万年香火";谷仓门板上贴"五谷丰登大有年";猪栏柱上贴"六畜兴旺人添寿";筷筒和菜橱贴叠写的"黄金万两"。有的人家还要贴"春牛图"或"公鸡报晓"的年画。

下午在社庙谢年(详情另写)。祭谢后吃年饭,即团圆饭。此时一般都要饮自制的糯米水酒,俗称白酒。然后一家人围坐聚谈家庭一年的变化,或讲新年里的打算。家长按人大小分别给压岁钱,一则慰问过去一年里的辛劳，二则以示新的一年里人人有钱用，图个吉利。

当夜，家长一人要"坐长寿"，彻夜不眠。堂上和房间要通宵点红烛或油灯，表示四处光朗。

"谢年"小记

江山岁时风俗中除夕之夜的谢年是颇具地方特色的。

除夕之日在社庙举行谢年仪式。一般家里的男人（包括少年）一起手提灯笼（上写本户的姓以及郡名、堂名），带着香、纸、烛、方稿纸、火炮、银锭，挑着专供盛祭品用的红漆"擎盒盘"，盘里放熟猪头一个，鲜鱼一条，鸡蛋三只，豆腐干一块，粽子两个，年糕三条，饭一碗，酒一壶，酒杯三个，筷子三双。一般祭品上都插有用小红纸条卷着的小柏枝和红橘。

在社庙祭祀后，回到家中，再把上列祭品放在厅堂祭祖宗、家神牌位及天地。并另放一甑大米饭，饭堆成宝塔状，用十三双筷子插成环形，尖端放红橘一个，再用红纸条斜围着饭堆尖；同时把一颗用温水浸过的白菜放在碗里，插一对大红烛，香几上点一盏油灯。一切摆置好后，由家长燃明灯、烛，焚细香一束，在堂间、天井、大小门户，以及仓、柜、砻、磨、臼、牛栏、羊栅、猪圈、鸡栖、水头、水缸、谷扇、谷箪等物件上各插一支香，烧一帖纸，并在堂上、天井、门外埠前，分别插两支粗大的香，然后放火炮和鞭炮。

至此，谢年仪式结束。

解放后谢年仪式已不兴了。

迎佛节小述

江山旧俗迎佛节由地方结社而定，所迎之佛也以各社之信仰而定。佛案用樟木雕成，中间端坐佛像，四面尽是浮雕小佛。迎佛时，由四个壮汉抬着，前面有凉伞、黄龙旗、纱灯、大锣开道，吹打班边走边吹打，六支佛铳朝天吼鸣。江山礼贤迎城隍时，还有两三米高的高跷队护送，俊俏童男童女扮的抬阁送行，十分热闹。

出案处和归案处都接受群众顶礼膜拜，有的祈丰年，有的求生子，有的求平安，有的还心愿等。

每年所定之"案首"要请戏班演戏两天，所用经费由佛案社田的田租开支。

迎佛节时要吃麻糍，每逢这一天，黎明时村子里舂麻糍的乒拍声不绝。早餐都吃麻糍，故迎佛节又称"麻糍节"。吃不完的做成大麻糍团，以备送客之用。

迎佛前一天，各家亲戚携老牵幼而来，早上吃麻糍，上午看迎佛，中午聚宴，晚上看戏，实在是探亲会友的好日子。

江山迎佛节以北乡较为普遍，解放后迎佛虽已废止，但迎佛节却发展成集市，探亲会友之习也有发展，晚上不仅演戏，有的还放电影。

（三）婚俗撮录

婚制习俗小记

解放前，江山在婚制方面有一些陋俗恶习，主要是：

有钱人讨小老婆，一种情况是喜新厌旧，另一种情况是大老婆不育或不生儿子。前一种情况大老婆没地位，往往依靠儿女另立门户，后一种情况是大老婆有权管小老婆，所生之子往往把亲生娘当奶娘，把大老婆当亲娘。

招亲被人看不起，有"好儿莫招亲"的俗语。招亲者一般是年轻守寡，又有儿女的妇女，谓之"招丈母女婿"。另一种"招夫养夫"，即丈夫长年多病，家计不支，但又不想离婚，于是女的再招一个男人作第二个丈夫，养活第一个丈夫。

典妻，是因家计困难，自愿把妻子当给别人生小孩，规定几年赎回。当的人也多是穷汉，目的是生个儿子接代。

童养媳"调包"，即丈母养女婿，婆婆养媳妇，长到六七岁后调回，成人时再结婚。

寡妇改嫁一不准带走夫家财物；二不庆贺；三只能坐"鸟头轿"；四半路要把鞋子丢掉，谓之"讨后老公丢破鞋"；五小孩不能近前，说有晦气；六做媒的人也不光彩，只有孤老太婆才肯给寡妇做媒。改嫁的寡妇称为"后堂客"。如果带了前夫的儿女改嫁，其儿女称为"二宜子"，都被人瞧不起。

以上陋俗恶习解放后已废止而绝迹。

婚俗中的"定亲"

江山婚俗有不少独特的风习，以定亲来说，提议婚事的媒人，一般由两个男人充当。若双方家长同意议婚，即由女方家长把姑娘的"年庚八字"写在红纸上，连同一小撮茶叶、豆、米，一起用红纸包好，包外写上

"天作之合"，由媒人送到男方家，俗称"送八字"。

男家把姑娘的八字与儿子的八字一起请算命先生相合，若无相冲相克，即可择日定亲。

定亲时，男方家准备少量现金，写个龙凤红帖，放在浮雕红漆的木制百帖盒内，再用包袱包好，外面扎上一棵染红了根部的万年青，请媒人送到女方家，俗称"压帖"，就是"定亲"。女方家收到压帖后要回帖。

定亲这天，男女双方都有一些主要亲戚送一小篮鸡蛋庆贺。

定亲后，在婚娶以前，男方每年在春节、端午、中秋三大节日时，要送一些猪肉、糯米、荔枝、桂圆、红糖、年糕等给女方家，俗称"节礼"。

江山旧俗兴男女双方未成年就定亲，解放后已废止。

婚俗中的"娶亲"

娶亲前先要"送日子"，即男方请人择好婚期后，备好聘金，用红帖写上婚期，请媒人送到女家。女家回帖后，双方通知诸亲友，请他们准备吃喜酒。这时一般亲友仅送对联、鞋袜等即可，娘舅除要送新鞋、袜，大红蜡烛、对联和现金外，还要给外甥送拜堂时戴的新礼帽。

送过日子后，双方忙着办嫁妆。男方只要准备新床和青色夏布帐子，以及新郎自己穿的衣服。女方则要陪嫁柜、桌、凳、箱、桶、盆、梳妆用具、灯台、棉被及其他器皿。箱内有四季新衣，有布、线、带、袋、鞋等。旧时有钱人家摆阔气不仅有把田产作陪嫁的，甚至连棺材也陪嫁过去。

娶亲之日，男方家门口张贴红联，中堂挂亲友送来的对联，娘舅送的挂第一对。然后由媒人带领花轿、乐队和抬嫁妆的人，前面打着两个箩筐大的灯笼，一路吹打去迎娶新娘。有的人家还请媒人坐轿去迎娶，俗称"媒人轿"。

新娘娶来后，花轿到男方村口要停下来，在轿顶纸扎的戏曲人物的特制烛台上，点上十六支小蜡烛，俗称"旺灯"。到男家门口时，除燃放鞭炮外，花轿停放在事先放置好的竹团扁上，里放一张贴有大红纸写的福字的米筛。这时，理事妈打开轿锁，先给新娘吃用红糖煮的三个鸡蛋，谓之"吃子头"。然后扶新娘出轿，踏着席子走上厅堂，准备拜堂。

婚俗中的"哭嫁"

江山婚俗娶亲之日，新娘中午要吃得饱，少喝饮料。下午请剃头师傅"开额头"，即开笋。然后，不管天气多冷都要先洗澡，再穿上新衣坐在床上，由理事妈陪等上轿。

夕阳西下，新娘要上轿之时，母女抱头大哭，甚至父、兄、姐、嫂等亲人都要痛哭流泪。母亲边哭边说：希望女儿做了媳妇，要孝敬公婆，和睦妯娌姑叔，子孙满堂，勤俭持家；等等。女儿也边哭边说：感谢爹娘养育之恩，祝愿爹娘身体健康，兄弟发家致富等。这种哭嫁其实是有板有眼的唱。

江山哭嫁的来由，据传说古代时有一人家，前妻病故，留下一女。后继娶一妻，复得一女。后母偏爱亲生女，十分嫌弃"二囡"①。两个女儿长大出嫁，在二囡嫁出之日，后母故意哭哭闹闹，以为像死人出葬一样，嫁出去后会"倒灶"。而亲生女嫁出之日，其高高兴兴，企望女儿"发迹"。然而，事与愿违，二囡出嫁后发了家，亲生女却败了家。乡人看在眼里，记在心里，认为二囡发家是出嫁时哭的结果，亲生女倒灶，是出嫁时没有哭的原因。从此，出嫁时"哭嫁"的风俗就传下来了。并且哭得越凶越好，哭得越凶越会"发"家。

婚俗中的"闹房"

拜堂仪式结束后，江山风俗新娘由理事妈伴陪踏着席子进新房，坐在床沿，由新郎用秤杆把头上的红盖巾挑去。此时看新娘的人挤满新房，欢笑之声不绝。

晚宴，俗称"归更饭"。厅堂上请媒人和娘舅坐上横头，新房内用圆桌另设一席，以示团圆。由一群姑娘陪新娘进餐。桌上要有一碗只装熟鸡头、鸡翅、鸡尾、鸡脚的菜，表示全鸡，放在新娘面前。但是按习俗这餐饭新娘只能看，不能吃。

散席后，开始闹新房。这时新娘肚下挂一个大肚兜，里面装满各色糖果，任何人都可向新娘讨喜糖，开玩笑，或"偷"新郎新娘的东西，要他们用糖果来赎。有的找一个又白又胖的娃娃给新娘抱一抱，祝她早生贵子。

二鼓三更时刻，理事公点上两支大红喜烛，接着唱"撒帐词"，祝新郎新娘婚姻美满，白头偕老，子跃龙门，福寿双全等。然后闲人退出新房，新郎新娘关门。以此时起一直要到第二天早上起床方可开门。开门后众亲友要向新娘讨花生吃。

———————————

① 江山话，"二囡"即前妻之女。

关门后，新娘要送新郎一条丝织裤带，谓之"金丝带"，是新娘在娘家用手工织成的。江山旧习，这时青年们撬窗，掀瓦或楼板，"强"入新房，不准开门，只可爬入，并带进酒菜，要新郎新娘陪着喝酒、猜拳，有的还唱"十杯酒"的歌，一直闹到五更鸡叫，才爬出新房。

婚俗中的"还三表"

新婚之后，第二天上午还须"还三表"。这就是在乐队伴奏下，新郎把直系亲戚长辈请到厅堂，依次坐定，然后新郎新娘在下面三跪入拜。受拜人当场要送红纸包，以示赏赐。

拜后，新娘到厨房，先向厨师拜揖，表示感谢，然后摸动一下火叉、火锹、猪盆、鸡盆、菜刀等各种饮具、食具，表示自己是这个家里的人了。

然后，由理事公、理事婆把箱子抬到厅堂上，新娘把钥匙交给理事婆打开箱子，把里面的东西一件件拿出来给大家展看。小件的东西，如带子、手帕、小袋子、果子等，大家抢着分掉。理事婆也趁机拿一份，俗称"开箱"。

中午，男家还设正式酒宴，叫"三表酒"。按江山风俗，请了"三表酒"，晚上再请一席"媒人酒"，婚事才算结束。

（四）葬俗撷录

葬俗中的"临终"

按江山风俗，一般因病死亡的，在回光返照时，必须日夜守候，并速通知在外地的子女回来送终。临终前，要泡两碗清茶放在大门口两边，子女上床靠住病人，将病人头发解散，此乃俗语所说："头发解散——住死"，以示死者来世有"靠山"。

断气后要马上给亡者洗浴，这与娃娃落盆一样，故俗语说"赤膊来赤膊去"。洗好浴后，旧俗要将盆汤放在床底下，待入棺后才能倒掉。这时一般是做一个纸金锭或银锭放在亡者嘴巴上，若因传染病死的，要煎一个鸡蛋盖在口上，然后将尸体安放在床板上，脸朝天，以瓦片或砖头做枕头，两耳边用砖头靠住，面部盖一张草纸（江山俗称"方稿纸"），谓之"盖面纸"；眉心上放一枚铜币，谓之"压眉钱"。左手捏一撮香，右手捏一支红烛或一只纸银锭。再在床上靠近头部点一盏青油灯，谓之"床头灯"，只能用一根灯草，不能让它熄灭。另外用一长条凳安放香炉、烛台。

这时已得知噩耗的亲戚，女的必须沿路哭来，谓之"哭路边"。将到门口时，家人要放声大哭一番，谓之"接哭"。

葬俗中的"守尸"和"做棺"

江山风俗，自死者洗浴上床之夜起，儿孙要轮流守尸，其原因：一是尽孝；二是怕老鼠剜眼睛，据迷信传说，若挖了眼睛，来世便是瞎子；三是小心火烛。

守尸开始后，要请木匠师傅做棺材，不管活计多么忙，被请的木匠师傅必须放下手上的活计，来给死者做棺材。

棺材做好后，要用鸡血涂棺材头，谓之"出煞"。棺材要用红油漆，男的棺材头面上写"福"字，女的写"寿"字；也有男女通用一个"奠"字，或一个"福寿"合体字。棺盖下面还有一块天花板，板上的图案也有区别，男的画太阳，女的画月亮，同时配以北斗星和云彩，也有画上白鹤、龟、鹿之类动物的。

若死在外面，江山俗称"倒路"，尸体不能进家门，只能在屋后的荫蔽处做个简易孝堂。因此，江山有"只有死人出去，没有死人进来"的俗话。所以，老人一般不愿外出远门，也不愿住医院，究其原因，就是怕"倒路"死进不了家门。

葬俗中的"入棺"

入棺前，先将尸体从床上移至棺盖上，用两头剪成缺口的青布作垫。然后一面将石灰包、草木灰放进棺材，一面让晚辈到死者生前吃水的井或河里去"买水"。

去买水的长子要穿父衣，提一把茶壶，拜祭后，丢一枚硬币，打一壶水，由跟去的人扶住倒退回来，由儿媳用方稿纸沾水给死者洗脸，女的还要梳头。"表理"（专门收殓的人）再给死者穿上棉衣、鞋帽，提着青布将尸体放入棺中。这时棺木要横放中堂，尸体从卧室到厅堂，不可见天。若要通过天井，得用雨伞遮住。

尸入棺后，由师公（即道士）读"衣裳帐"即把入棺的物品一件件唱出来，唱一件，儿孙和一声"我妈的或我爸的"。并把垫底青布撕成条分给所有儿孙扎腰。再按辈分次序把亲友送来的寿被盖上。寿被多用红、白布或绸做成，也可用红、白纸代替。最后放入用篾条穿住的米粉果，谓之"打狗果"，给死者带到阴司喂狗用。

盖棺时，子孙儿媳要跪在棺材底下，师公念咒语，盖棺钉牢，这时后辈要连续喊"妈"或"爸","别怕,天塌下来有我顶着!"钉毕,号哭随之停止。然后棺材底下放半箩谷,里面点一盏青油灯,谓之"材头灯",并插上镜、尺、秤等物,棺材前摆用纸扎的房屋模型,上插龙、凤及戏曲小人物,谓之"座"。

接着烧床草,扎孝棍、草龙,绑白鞋,准备出殡了。

葬俗中的"出殡"

江山风俗头七内出殡不择日。一般老人要过了"三七"才出殡。因此一至三七都要拜祭,但不做四七,俗谓"生不做四十,死不做四七"。据迷信传说:三七夜,死者到奈何桥下去洗手,发现自己手上的肉烂了,方知已不在人世,就要回家"寻目困"。故三七是大祭日。

布置灵堂时,大门小门都要贴上白纸黑字的挽联,旧俗一般写"日落西山还见面","水流东海不回还"。横额为"无父何恃"或"无母何怙"。逢春节则用绿纸写。若父母健在不写挽联,要撕一条白布入棺,谓之戴孝去阴司。

出殡前一日晚上要做斋饭,这时要点上女儿送来的香烛。晚饭后拜祭,儿媳先点香、纸跪拜,后"八仙"(抬棺材的人),再亲友。凡长辈祭拜,儿媳要陪拜。有的还有乐队吹奏,男拜吹唢呐,女拜吹笛子、拉丝弦,中间停顿吹大喇叭。

来日清晨,亲友端果品,儿子拿香炉、魂幡,师公念经,围绕棺材转圈,按死者的年龄十岁转一圈,另头一年转一圈。边转边丢果子,孩子们抢着吃,俗称吃了长寿,谓之"送日辰"。起灵时凡应回避的人一律避开,八仙就位,师公念动咒语,用菜刀将棺材头敲三下,谓之"打煞"。八仙将棺材抬到大门外三岔路头要安放在长条凳上,棺盖上要放一只公鸡,叫"定魂鸡"。此鸡不能落地,落棺后要宰给八仙吃。

出殡时,长子手托香炉碗在前,幼子扛魂幡。师公手拿"古目钱"(用纸剪成),凡转弯处和过桥处,就丢一个钱,谓之"买路钱"。八仙抬棺时要将桌凳踢翻,以示出晦气。送葬的人手拿三支香,女人边走边哭,一直送到安葬地。

葬俗中的"安葬"

到了安葬地后,按江山风俗要将全部物件放下,八仙配合泥水匠筑坟头,其余的人从另一条路转回去,俗谓这样可免将死者的鬼魂带回。

落棺时,棺材头须朝里面,以便祭祀时,死者坐起身子刚好吃得着祭品。

坟墓筑好后，要绕墓。儿孙手持插着香火的草龙，与送葬的原班人马，按送葬的路线走到坟头，绕坟转圈，顺三圈，倒三圈。转毕，将草龙左右各一根放在坟背半腰上，点着火的这头朝坟头，孝棍、魂幡插在坟顶，坟后再插一把破雨伞。然后晚辈跪在坟前，摊开衣兜，听地理先生唱彩，撒五谷。唱一声，众人应一声"好啊！"唱毕，将纸座等烧掉，这时所有送葬的人除下白帽，放在火上熏一下，解"劫"消晦气。至此，丧事基本结束。

安葬之后，江山旧俗还要"回破"，即由师公用芦秆、桃树条在死者房中唱打一番，并手摇铜铃，念咒语，将所谓鬼魂邪气赶打出去。此后在门口倒一锹草木灰，随即将门关上，意即使鬼魂认不得路径。

此外，江山有的地方，死者长辈不得在死者尸体、棺材、坟前痛哭，据传否则死者在阴司要挨打，此乃劝老人节哀的一个办法。有的地方要做一双没有带的草鞋放在棺材里，传说这是专门给阴司带路人（俗称尺匠老爹）穿的，因怕他走得太快，所以没有鞋带。

1984 年 10 月草于浙江武义

1985 年 8 月 19 日定稿于广西民族学院

后　记

　　真是想不到我多年来研究汉民族的习作，在广西民族学院领导的鼓励和帮助下，能够结成《汉民族历史和文化新探》的集子出版了，此时此刻，使我不禁回想起自己走上汉民族研究道路的情况。

　　1961 年，我在中央民族学院分院（现改名为中南民族学院）就读于著名民族学家岑家梧教授门下时，就被民族研究深深地吸引住了。在岑教授的指导下，我与比我高一年级的学友彭英明（现为中南民族学院政治系副教授、国家民委学术委员会委员）一起，积极参加了当时学术界关于"从部落发展成民族"的讨论，于 1963 年 5 月在《江汉学报》上发表了我们的处女作：《试论从部落到民族发展的历史过程》。文章发表后，又得到了著名学者牙含章先生的鼓励和指导，我们曾打算以"从部落发展成民族"的问题为起点，进一步研究民族形成问题，决心把自己的一生献给祖国的民族研究事业。

　　但是，由于历史的曲折，1965 年毕业后，我被分配到了浙江省的一个山区小县——武义当了中学教师。虽然如此，由于岑教授的多年教诲，在我的心底里却保留了对民族研究工作深深的爱，我带着大学求学时所积累的全部图书、资料和卡片走上了工作岗位。

　　怎么办？难道就让自己所学的专业荒废掉吗？不，决不能！我想：不能搞少数民族研究了，难道我不可以研究汉民族吗？汉民族是世界上最大的一个民族，自从 50 年代学术界开展过关于汉民族形成问题的讨论后，很长一段时期没有什么人问津了，这种情况是不正常的。我作为汉民族的一个成员，生活在汉民族的汪洋大海中，又学习过民族理论，不是进行汉民族研究的最好条件吗？于是，我运用研究少数民族的方法，应用马克思主义的民族理论，利用教学之余，开始了对汉民族的考察和研究。

起初，我的这种考察和研究只是零星的、分散的、不成系统的。1976 年 10 月，党的十一届三中全会后，更是万木逢春，我对汉民族的考察和研究进入了一个崭新的阶段。虽然地处僻陋山区小县，资料缺乏；担任中学教师，时间又紧张，但我抱定一个决心：为了给祖国增光，愿为汉民族研究添砖加瓦，铺路搭桥，贡献一切。特别是当时任中国社会科学院民族研究所所长的牙含章先生知道了我正在开展对汉民族的研究后，多次来信鼓励我，指导我，使我勇气倍增，毅力更大，克服了一些困难，排除了不少干扰，查资料，搞调查，先后撰写了一些论文，除论述了汉民族的形成和发展外，在研究汉民族的特征中，还对汉民族的风俗进行了微型考察。

1985 年 4 月 1 日，由于广西民族学院的努力，我终于实现了专业搞民族研究工作的愿望，调入了广西民族学院民族研究所。在学院领导黄鸣副院长的直接关心和建议下，我把汉民族研究的论文和考察报告整理成了《汉民族历史和文化新探》，除一部分发表过外，大部分是第一次发表，其中《汉族风俗特点初探》和《从民间传说看汉民族传统节日的起源》两文是与浙江师范大学陈顺宣讲师合写的。由于我学浅才疏，文中错误或不当之处肯定存在，这次结集出版，一方面敬请学术界的前辈和同好斧正，以共同推进汉民族的研究；另一方面也含有对已故导师岑家梧教授的纪念之意，并聊表对识我、用我的广西民族学院的感谢之情。

在我利用教学之余在浙江省武义县考察和研究汉民族的过程中，武义县图书馆陈生翠同志，武义一中图书馆李荣美同志，上海社会科学院文学研究所潘颂德同志，华中师范大学历史研究所严昌洪同志都曾为我查阅资料提供了方便和帮助；钟发品、朱连法、唐桓臻、吴钟文、徐荣法、徐从河六位同志为我编写《武义风俗考察》积极提供了民俗资料，武义县文联和武义县文化馆为此提供了方便和支持；浙江江山县文化馆为我编写《江山风俗撮录》提供了民俗原始资料。此外，广西民族学院科研处陈永昌和韦吴新两位同志，广西民族学院民族研究所以及广西人民出版社陆里同志为本书的出版做了大量的工作，在此一并致以深切的谢意。

最后，特别要说明的是中央民族学院石钟健教授和中南民族学院张雄副教授的关心和指导，他们乘到南宁来考察花山崖壁画之便，详细地了解了本书的内容和出版情况，建议本书定名为《汉民族历史和文化新探》。
这个建议点明了拙著的主题，在此致以深切的谢意。

徐杰舜
1985 年 12 月 8 日
于广西民族学院八坡二栋

《从多元走向一体：中华民族论》

第一章　文献与理论

中华民族从多元走向一体，是中国民族和民族关系发展的大趋势，也是世界民族关系发展史上一个独特的历史文化大景观。回顾85年来已出版的几部中华民族史研究文献，对讨论中华民族史研究应把握的理论问题是有意义的。

一　中华民族史研究文献扫描

中华民族史的研究走过了85年历程，总体上看呈一个马鞍形，即从1921年常乃惪的《中华民族小史》（上海爱文书局）开先河，到20世纪三四十年代形成一个高峰，1933年曹松叶出版了《中华人民史》（上海商务印书馆），1936年郭维屏出版了《中华民族发展史》（出版社不详），1941年李广平出版了《中华民族发展史》（正义出版社），1942年张旭光出版了《中华民族发展史纲》（桂林文化供应社）、李震同出版了《中华民族的来源》（上海民众书局）、马精武1942年出版了《中华民族的形成》（上海民众书局），1944年俞剑华出版了《中华民族史》（南平国民出版社），1945年藏渤鲸出版了《中华民族新论》（重庆商务印书馆）；至50到70年代跌入低谷，1971年出版了王寒生的《中华民族新论》（台北龙华出版社）和1974—1979年陈致平的12册《中华通史》（正中书局）；80年代以后形成一个高峰，在对中华民族凝聚力进行了热烈讨论的基础上，2001年萧君和主编的《中华民族史》（黑龙江人民出版社）和田晓岫的《中华民族发展史》（华夏出版社）几乎同时出版；2007年，尤中历17个春秋撰写的三大卷、500万言的《中华民族发展史》（晨光出版社）出版。上述种种著作以及部分论文对中华民族形成史历史分期的划分存在巨大的差异，下面择其有代表性的划分法作一扫描：

1. 郭维屏的划分法

在 20 世纪 30—40 年代对中华民族形成史有论述的主要是郭维屏，他在《中华民族发展史》中重点论述了包括中华民族的起源至中华民国时期中华民族的形成。他认为，中华民族祖先从帕米尔高原下行至黄河流域以后，就形成了以汉族为中心的民族发展态势，但其中心地位受到长江流域苗人族群的觊觎。禹时，"敷文德降苗，顺者留居，逆者逐之，此为中华民族势力扩张之开始"。至春秋战国时期，中华民族的势力进入了渐盛时代。这个时期，汉族的各诸侯国都在扩张自己的生存空间，齐国吞并东夷，楚国灭南蛮等，从而推动了汉文化向黄河流域以外地区释放影响，东及大海，南达五岭，波及长城内外。秦统一中国后，促进了各民族的融合，但同时也受到了匈奴的威胁。汉武帝时，举兵讨伐匈奴，匈奴大败，造就了"汉族第一次大统一时代"。[①] 汉文化的影响力进一步扩大，北逾大漠，西达葱岭。

晋时，"五胡乱华"，中原族群大举南迁。中原文化的南移，促进了南方文化的发展，中原民族与南方诸族进一步融合。入主中原的北方诸族亦主动或潜移默化地受到汉文化的影响，渐被汉义化同化。唐统一中国，汉室恢复中原。隋唐两朝国力的日益强盛，深受汉文化影响的周边诸民族也逐渐臣服于隋唐中央王朝。随着与隋唐进行经济、文化等往来的民族日益增多，居住在长安等大都市的外族人口与日俱增，随之加速了各民族间的融合、同化，促成了"汉族第二次大统一时代"。李唐衰败，北方民族兴起，逐一与宋争雄，逐鹿中原。宋败南迁，北方民族入主中原，促进了各民族间的交往、融合，甚至同化。宋室南迁，促进了江南文化的发展，渐成中国文化中心。

元时，蒙古族入主中原。随着东西路交通的打开，中原与西域的经贸人员往来进一步加深，民族融合也得到进一步的发展。明王朝声威不如汉唐，时受鞑靼、瓦剌等北方民族的侵扰，但向海外移民在明朝时期颇有成效。清王朝统治中国后，其版图可与汉唐相比，为中华民族大家庭的最终形成奠定了基础。

---

① 郭维屏：《中华民族发展史》，1936，第 19—20 页。

2. 陈连开的划分法

陈连开在《中华民族之含义及形成史的分期》一文中认为，中华民族形成史可分为起源与孕育、中华民族的自在发展、中华民族从自发到自觉的联合三大历史阶段，每个历史阶段又可以划分若干历史时期。[①]

第一阶段，从旧石器时代到春秋战国，是中华民族的起源与孕育期。这个阶段以中华民族"多元"与"一体"矛盾统一运动发展的起点，至春秋战国进一步形成了华夏居中称为"中国"，夷、蛮、戎、狄配合东、南、西、北"五方之民"构成"四海"之内统一的"天下"，表明华夷统一已经成为历史的大趋势。

第二阶段，从秦汉到 1840 年的 2000 余年，是中华民族的自在发展时段。这一阶段又有从秦汉到南北朝、从隋唐到辽宋夏金、从元到清这三个历史时期。这个大的历史阶段，中华民族处在阶段性的不断壮大的过程，中华民族的一体性呈现出螺旋式的上升态势。其主要成果是统一的多民族中国的形成与确立；各民族共同祖国观念的形成，古典爱国主义在反抗外国侵略的斗争中得到了发扬。

第三阶段，从鸦片战争至当前，是中华民族从自在到自觉的联合时期。从 1840 年至辛亥革命以前，中华民族在反帝反封建斗争中自发联合，保卫祖国的统一与疆域的基本完整，在不同层次上寻求将古代中国转为现代中国的强国之道。其主要成果是在最艰难的历史条件下，共同保卫了祖国的统一与疆域的基本完整，并推翻了两千余年的君主专制制度，建立了共和制民国。从辛亥革命到 1949 年以前，中国人民从纲领、道路、政策、方针等各方面把中华民族联合整体上升到了理论和自觉意识的高度，获得了中华民族独立解放的大转折。1949 年 10 月 1 日到当前，是中华民族在获得了民族解放和独立以后的蓬勃发展时期，根本的问题是在现代化的基础上实现中华民族的振兴和祖国的完全统一。

这种划分法有一定的理论依据，而且划分出了中华民族的起源与孕育期，以及对从秦汉到 1840 年这 2000 余年时间大跨度的细分，但是在第三阶段，中华人民共和国成立的标志性作用不突出，而且论述过于单薄。

3. 萧君和划分法

萧君和在认同"中华民族多元一体格局"理论的背景下，将中华民族

---

① 陈连开：《中华民族之含义及形成史的分期》，《社会科学战线》1996 年第 4 期。

的形成分为两个时期七个阶段，即：

第一个时期为中华民族形成的前奏，分为中华民族的源头滥觞期、中华先民的多元分布期、中华先民中原中心的形成巩固期三个阶段；第二个时期为中华民族形成的过程，分为华夏族的形成发展期（或华夏族居统治地位的时期）、由华夏族向汉族的转变期、汉族的形成发展期（或汉族居统治地位的时期）、由汉族居统治地位的时期向中华民族时期的转变四个阶段。[①]

萧君和的这个划分法分为前奏、形成两个时期，有自己的特点。但具体的划分却是大有讲究的，起码他把中华民族形成的时间定在元代是过于轻率了。

4. 田晓岫的划分法

田晓岫的《中华民族发展史》将中华民族形成发展史分为从远古到华夏族的形成、夏商周三代中华文化模式的定型、秦汉两朝中华民族内部的新格局、三国两晋南北朝至隋唐边疆各族向中原的汇聚融合、五代十国宋辽金元中华民族的再凝聚、明清两朝中华民族巩固发展六编。其中田晓岫认为中华民族的形成可以追溯到夏朝之前的帝舜时代，其标志是这个时期中国已经从部落和部落联盟进入了民族和国家的阶段，这个观点显然是把中华民族的起源与中华民族的形成两个内涵不同的问题混在一起了。

但是该书最有价值的是提出了整个中华民族发展模式为"搅拌式"。就是说，在中华民族发展数千年的历史过程中，一方面，中原族群不断向边疆迁徙，与周边族群融合，把中原文化带到边疆，促进周边族群的发展；另一方面，边疆族群也不断向中原汇聚，输入新的血液，充实新的内容，使中华民族的主体族群不断壮大，文化不断丰富。如此循环往复，不断发生汇聚、融合、分解、组合、再分解、再组合的搅拌运动。历数千年之久，中华民族形成了内部各族你中有我，我中有你，密不可分的关系。这一"搅拌"运动的总趋势，是使中华大地上出现的分散族群不断汇聚，不断在更深层次上反复聚合，促使中华民族内部各族文化内核更为趋同，中华民族的凝聚力更加牢固。

5. 尤中的划分法

尤中在《中华民族发展史》中以中国古代正统王朝的兴替作为时间线

---

① 萧君和主编：《中华民族史》，黑龙江人民出版社 2001 版，第5—6 页。

索，划分为先秦、秦汉、魏晋南北朝、隋唐五代、辽宋金、元、明、清八个历史时期，论述了中华民族的历史，他在开篇绪论中开头言道：

> 公元前 3 世纪末叶以后，秦朝和汉朝相继建立了统一的多民族国家。在这个统一的多民族国家内，以原来的华夏族为核心，汉朝时期形成了汉族；以原来中原地区的"中国"为基础，扩大了统治的范围，把非汉族的其他兄弟民族都包括了进去，组成了一个多民族的大家庭。而在这个多民族的大家庭内，各民族之间的经济文化发展是不平衡的。这种社会现象一直延续到近现代。只是在不同的时期阶段内，统一的地域范围有所不同；各民族内部经济文化得以发展的程度有差别而已。这就是中华民族多元一统格局的历史发展演变过程。

除上述以外，在讨论中华民族多元一体格局问题时也有学者对中华民族多元一体格局的形成时期作了划分，对于中华民族形成史的研究有参考价值，主要有：

1. 马戎的划分法

马戎将历史上中华民族多元一体格局的发展分为三阶段。[1]

第一阶段，从远古到鸦片战争前，是这一格局的形成时期。远古时期的许多民族集团经过长期的交往、征战和融合，到秦汉时期形成了并立且相互依存的以中原汉族为核心的农业区统一体和北方游牧民族以匈奴为核心的统一体。到了清中叶，汉族、满族、蒙古族、回族、藏族等各大民族集团统一在清朝统治之下，才真正结合成一个稳定的政治、经济和文化实体。

第二阶段，从鸦片战争到 1949 年中华人民共和国成立前，是这个格局的危机时期。西方帝国主义蚕食中国，企图使边疆少数民族脱离中华民族大家庭，打乱了中国原有的政治疆域、经济体系和民族格局，中国民族统一体面临新危机。

第三阶段，1949 年中华人民共和国成立至今，是多元一体格局在中国的重建时期。中华民族在中国共产党领导下重新统一起来，努力缔造一个在形式与内容方面与以前都不同的新的"多元一体"结构。

---

① 马戎：《中华民族凝聚力的形成与发展》，《西北民族研究》1999 年第 2 期。

这种划分法虽然简明，但第一阶段时间跨度太大，缺乏层次。

2. 高翠莲的划分法

高翠莲在"中华民族多元一体格局"理论的指导下，将中华民族多元一体发展分为四个阶段。[①]

第一阶段，从远古到春秋战国时期。这一阶段是多元一体格局的孕育时期，也是中华民族的孕育期，而孕育中的统一多民族国家的形成，尚需质的飞跃。

第二阶段，从秦汉到 1840 年。这个阶段是多元一体格局的形成和稳定期，这一时期中华民族的"多元"与"一体"内涵都在逐渐发生变化，中华民族的实体不断趋向稳定。

第三阶段，从鸦片战争到中华人民共和国成立前。这个阶段是多元一体格局的危机与转折并存期。维系多元一体的客观条件失效，多元一体格局出现危机，也说明中华民族和统一多民族中国的生存发展出现危机。

第四阶段，从中华人民共和国的建立到现今，是中华民族多元一体格局的重建和走向完善时期。这一时期中国的地缘环境和时代条件又发生了变化：独立的中国在多元世界中的地位越来越重要。中华民族经过近代的自觉与发展，在中华人民共和国这一国体下高度统一，多元一体的内涵又发生了一次转变。

这个划分法虽然克服了别的一些划分法的不足，但第二阶段仍然缺乏层次而显得时间跨度过大。

总之，平心而论，上述各种划分法应该是各有千秋，各有所长，为我们今天探讨中华民族史的形成打下了良好的基础。

二　中华民族史研究应把握的理论问题

为什么人们对中华民族形成的研究分歧会这么大？关键问题是对此问题在理论上缺乏研究，更缺乏共识。为此，在讨论中华民族形成问题时，有必要先弄清一些基本问题。那么，有哪些基本问题呢？

---

① 高翠莲：《试论中华民族多元一体格局发展的阶段划分》，《中南民族大学学报》2004 年第 4 期。

1. 什么是中华民族

"什么是中华民族"的问题其实就是中华民族的定义问题。早在 20 世纪初，传统的观点认为中华民族就是汉族，汉族就是中华民族。这个错误的观点早被常乃惪颠覆了，他强调"中华民族，非尽黄帝之子孙也"①，使中华民族的内涵发展为包括汉族、满族、蒙古族、回族、藏族以及西南诸族等在内的概念。这应该是对中华民族定义认识的一个进步。

到了 1944 年，俞剑华在《中华民族史》中认为，中华民族是"由小宗族合而为较大的宗族，由较大的宗族合而为更大的宗族"，经过彼此间的长期接触交往或战争会盟，最终形成今天的中华民族。中华民族就像一个五世同堂、支庶极多的大家庭，而中华民族史就是一部世界最大的族谱。汉族、满族、蒙古族、回族、藏族等就是中华民族的宗支。②

20 世纪 70 年代，陈致平的《中华通史》在开篇的绪论中探讨了什么是中华民族。开头一句话就是"我们中华民族，是自古以来抟合了许许多多民族而构成的一个庞大的民族。它本身虽然不是一个单纯的民族，但以一个主要民族为其中心，而同化其他民族，遂形成一种'单元型的多元民族'。这个中心民族，在先秦上古时期，称为夏族或华族，秦汉以后则被称为汉族"③。这里有三层含义：第一，中华民族是由许多民族构成的一个民族；第二，中华民族是一种单元型的多元民族；第三，中华民族的中心民族是汉族。

而在中国内地，相当一个时期里又形成了中华民族是"我国各民族的总称"④ 的观点。但是不少学者并不认同，萧君和在他主编的《中华民族史》中提出了质疑，明白表示"不认同现有的各种《辞典》《辞海》关于中华民族是'我国各民族的总称'的观点，而认同中华民族是主要生活于中华地域里的以中华文化为主要纽带而构成的包括汉族等 56 个民族以及世界华人在内的民族共同体"。⑤ 当然这个中华民族的定义还大有可商榷之处，但对所谓权威观点提出挑战应该是学术研究的幸事。

而尤中在《中华民族发展史》中申明："我这里所说的中华民族，指

---

① 常乃惪：《中华民族小史》，爱文书局 1921 年版，第 2 页。
② 俞剑华：《中华民族史》，国民出版社 1944 年版，第 9 页。
③ 陈致平：《中华通史》第 1 卷，花城出版社 1996 年版，第 20 页。
④ 《辞海》（民族分册），上海辞书出版社 1982 年版，第 14 页。
⑤ 萧君和：《中华学初论》，黑龙江教育出版社 1997 年版，第 76 页。

的是 1911—1949 年的中华民国、1949 年中华人民共和国建立后的中国境内（包括台湾地区、香港及澳门特别行政区）的各民族。这些民族以汉族为主体，有着五千多年的文明史，他们的祖先从有人类以来，就劳动生息在亚洲东部这块土地上。"① 这个定义最大的遗憾是强调了"以汉族为主体"，显然还没有把中华民族视为一个统一的、自觉的民族。

那么，究竟什么是中华民族？依笔者之见，中华民族就是在中国历史上出现过的各个民族或族群，在从多元走向一体的逐渐演进的过程中，通过碰撞、互动、磨合和整合，在中华人民共和国成立，在《义勇军进行曲》的国歌声中形成的一个自在和自觉的民族实体。

2. 把民族史与国家史区别开来

历史研究最起码的要求就是要弄清自己研究的对象是谁。国家与民族本是两个不同的历史范畴，国家是个政治实体，民族是个社会实体，两者的发展规律是不相同的。因此，所谓国家史就是一个国家产生和发展（其中包括王朝更迭）及其消亡的历史；所谓民族史则是一个民族起源、形成和发展及其消亡的历史。两者的区别显而易见。

明确了这一点，尽管国家与民族有着种种紧密的联系，人们在研究民族史时，是不会用历史王朝的框框去套民族史的。但是，由于我国有着深厚的通史传统，从古代司马迁的《史记》开先河始，到当代范文澜的《中国通史》、郭沫若的《中国史稿》、翦伯赞的《中国史纲要》等，无一不把少数民族的历史作为通史的一部分。这本是正常的、必要的，一部通史岂能不包括各民族的历史？事物的发展往往不以人们的意志为转移；久而久之，似乎形成一个惯例，即中国通史要包括民族史的内容。反过来，民族史也就按习惯用中国通史的历史王朝去套了。这就是为什么有的学者在民族史的研究中一不小心就将民族史写成了国家史，而忽视民族自身发展规律的主要原因。因此，中华民族史的研究必须把民族史与国家史区别开来。

3. 把中华民族史与中国民族史区别开来

研究中国的民族史，还应该把中华民族史与中国民族史区别开来。为什么？因为中国是一个多民族的国家，研究中国民族史就是研究中国历史上出现过的大大小小、千千万万个民族和族群起源、形成、发展和消亡的

---

① 尤中：《中华民族发展史》，晨光出版社 2007 年版，第 1 页。

历史和规律。由于这种研究的重要价值和现实意义，在中国学术界已成为专门史的一个方向，从 20 世纪 20 年代王桐龄出版《中国民族史》起，至今已出版了吕思勉、林惠祥、吕振羽、罗香林、林超民、王钟翰等著或主编的十四五种不同版本的中国民族史。而中华民族史则正如上所述，是专门研究中华民族这个自在和自觉的民族实体。这一个民族实体与中国历史上出现过的大大小小、千千万万个民族和族群之间不能画等号。两者之间当然有联系，但这种联系是从多元走向一体的联系，是有质的区别的。如果不分清这一点，一不小心就会把中华民族史写成了中国民族史。

4. 把中华民族的形成与中华民族的起源区别开来

一般来说，形成与起源是两个不同的研究范围，人们是很容易区别开来的。但是事情有时候并不像人们想得那样简单，在中华民族史的研究中，仍然有人把起源的历史当作形成的历史，认为中华民族的形成可以追溯到夏朝之前的帝舜时代，其标志是这个时期中国已经从部落和部落联盟进入了民族和国家的阶段。显然，这是把中华民族的起源与中华民族的形成两个内涵不同的问题混在一起了。可见，把中华民族的形成与中华民族的起源区别开来仍然是值得重视的问题。

5. 把中华民族的形成与中华民族的发展区别开来

与上述问题相关联的是，还要注意把中华民族的形成与中华民族的发展区别开来。在民族史研究中，形成与发展也是两个不同的研究范围、两个不同质的过程。

这两个过程在过程论的认知体系中，要认识中华民族的过程，必须严格地确定此过程与彼过程之间的界限。这就是说，形成指的是一个人们共同体形成前的历史过程，发展指的是一个人们共同体形成后的历史过程。确定此过程与彼过程之间界限之所以重要，是因为人们很容易地把中华民族的形成过程与中国各民族的发展过程不是对立起来，就是混淆起来。正因为这个问题没有处理好，所以某些著作让人读后不知是讲中华民族的形成，还是在讲中华民族的发展，感到好像眉毛胡子都抓在一起一样。

6. 研究中华民族形成的内在动力是什么

历史表明中华民族已经从多元走向一体，那么为什么会出现这种世界民族史上的一大历史景观呢？也就是说，中华民族形成的内在动力是什么呢？依笔者之见，中华民族形成的内在动力主要有六个：一是有共同的文化基因；二是有共同缔造的祖国；三是有长期交流互动的整合；四是有草原文明与农业文明的互补；五是有边疆对中央的向心作用；六是有历代民族政策的协调。弄清这些问题可以使我们在研究中牢牢地正确把握中华民族形成的走势和方向。

7. 研究中华民族形成的外在表现是什么

中华民族的形成既然是一个历史过程，那么它是如何展演的呢？这就是中华民族形成的外在表现问题。

中华民族形成的外在表现主要有两个方面，即一方面是从多元走向一体。翻开中国上下五千年或一万年，甚至几十万年的历史，多元是不言而喻的，但在历史上又有一个巨大而强有力的潮流或历史趋势，那就是多元走向一体，像滚雪球一样，越滚越大，越滚越结实，这股潮流或趋势，不可逆转，此为第一方面。

另一方面，就是"汉化"现象。汉化其实就是涵化。所谓涵化，是指不同文化的群体因持久相互集中的接触，两者相互适应，结果造成一方或双方原有的文化模式发生根本性的变迁。这种情况在中华民族形成的过程中是经常发生的，无论在魏晋南北朝时期，还是在宋辽夏金元时期，汉族与入主中原的北方少数民族文化差异悬殊，虽然入主中原的北方少数民族处于统治者的地位，但是由于汉族文化的先进性，在涵化过程中，不是汉族与北方少数民族双方的文化模式都发生根本性的变迁，而是北方少数民族一方的文化模式发生了根本性的变迁，即中国历史上俗称的少数民族的"汉化"。如东汉末年，曹操分匈奴为五部之后，在汉民族先进的农业文化的影响下，世代以游牧为生的匈奴人逐渐定居务农了。《三国志·魏志·梁习传》叙述了匈奴壮丁在经过改编之后，"部曲服事供职，同予编户"，"百姓布野，勤劝农桑"。匈奴人与汉人杂居愈久，则接受汉文化也愈深。魏晋以后，匈奴人都改用汉姓，用汉语了。如前赵称汉王的刘渊，就以上党儒生崔游为师，学习《易》《诗》《书》三经，尤好《春秋左氏传》及孙、吴兵法，并博览《史记》《汉书》等汉民族文化史籍经典。而显赫有名的北魏孝文帝更是雅好读书，手不释卷，通五经百家文学，能文章辞赋。这种涵化的情况，正如恩格斯在《反杜林论》中所说："在长时期的征服中间，文明较低的征服者，在绝大多数的场合上，也不得不和那个国度被征服以后所保有较高的'经济情况'相适应；他们为被征服的人民所同化。"所以《晋书·慕容廆载记》云："迁邑于辽东北，于是渐慕诸夏之风矣。"① 正因为此，慕容廆才坦然明言："吾先公以来，世奉中国，且华裔珉殊，强弱固别，岂能与晋竞乎？"② 所以"汉化"这个中华民族形成史上特有的历史现象，正是涵化作用的中国表达。这种涵化作用作为中华民族的凝聚力，正好适应了中华民族形成这个雪球滚动的需要，使中华民族从多元走向一体成为不可阻挡的历史潮流，成为不可逆转的历史趋势。

8. 中华民族形成的标志是什么

中华民族经历了几千年的形成过程，那么究竟什么是中华民族形成的标志呢？这个问题对中华民族形成问题的研究来说是一个关键，若没有合理的共识，就会有人把中华民族形成的时间定在夏代，而又有人定在元代。

要弄清中华民族形成的标志，必须先了解民族认同与国家建构的关系。在讨论这个问题之前还应该明确中华民族不是一个古代民族，也不是一个近代民族，而是一个正在形成中的现代民族。在现代国际关系或民族关系中，哪一个民族可以代表中国，面对世界？是汉族吗？不是。是任何一个少数民族吗？也不是。道理很简单，汉族虽然人口多，但她只是一个民族，代表不了其他少数民族。反过来，任何一个少数民族面对世界，也不能代表全中国的民族，他只能代表他自己。因而，只有中华民族才可以面对世界，代表中国。这就是说民族认同与国家建构应该相互匹配，才能达到"美美与共"的境况。从这个认识出发，中华民族形成的标志有二：一是民族认同，即中国各民族共同认同中华民族；二是国家建构，即国家"引导一国内部走向一体化，并使其居民结为同一民族成员"③。

当然，讨论中华民族形成的理论问题还有一些，但上述八个问题是主要的。笔者此处所论也仅是管窥之见而已。

① 《晋书·慕容廆载记》。
② 《晋书·慕容廆载记》。
③ ［英］戴维·米勒等主编：《布莱克维尔政治学百科全书》，邓正来等译，中国政法大学出版社2002年版，第527页。

第二章　结构与过程

自费孝通先生提出中华民族多元一体格局理论（以下简称多元一体论）后近 20 年来，对这一理论的理解为什么一直处于共识与分歧并行的状态？毫无疑问，费老的多元一体论是中国人类学、民族学整体性宏观研究的典范，是中国话语具有国际意义和价值的创新之作。但是，中华民族的形成不是一蹴而就的，这个过程的图景究竟是什么样子？从古到今，中国历史上先后出现过的大大小小、成百上千甚至成千上万的族群或民族，是如何从多元走向一体的？在从多元走向一体的滚雪球过程中，各民族又是如何完成民族认同的？中华民族的民族认同与中华人民共和国的国家建构如何实现匹配上的"美美与共"？凡此种种问题，如果不作深化和细化的研究，就会引起争论和质疑。

九九归一，所有对多元一体论的不理解和质疑，一个重要的原因是多元一体理论内涵的本质是一种结构论，而如果再加上从多元走向一体过程论的诠释和解读，一些不理解和质疑就可能迎刃而解。①

一　多元一体论内涵的本质是结构论

细读费先生的多元一体论，人们不能否认费先生也谈到了中华民族多元一体格局形成的过程。他论述过多元的起源到新石器文化的多元交融和汇集，接着论述了凝聚核心汉族的出现和地区性的多元统一，以及中原地区民族大混杂、大融合，北方民族不断给汉族输入新的血液，同时还论述

---

① 徐杰舜：《论中华民族从多元走向一体》，《西北民族大学学报》（哲学社会科学版）2007年第6期。

了汉族同样充实了其他民族、汉族的向南扩展和中国西部的民族流动。尽管如此，人们在解读和评价多元一体理论时仍然把这一理论内涵本质的焦点聚集到了结构论上。

早在1990年周星就撰文分析了多元一体论的结构论特征，他说："就中国民族学中民族分类与民族范畴的多义性而言，有必要以中国民族构成的多层次观点予以阐释，基于不同层次之间的相互关系，我们便可以导出中华民族整体观的理论。显然，中华民族以超越中国各基本民族单位的族际聚合为特征，基于各基本民族单位的共生共存、文化中的共同因素与共同历史命运而成立，她虽然是在近代与列强的对抗中形成为自觉的民族实体的，但却有着真正丰厚的历史基础与文化共识。近现代以来日益成长着的与现代化大生产相联系的族际经济生活以及中国在当今世界所面临的发展挑战，都将促使中华民族共同体的进一步实现。包括各基本民族单位及其文化的'多元'在内的中华民族的'一体'，从自在到自觉与自为的历史进程，或许并没有完结，她还在持续之中。这个'一体'以'多元'为前提，而不是以'多元'为代价。在这个'一体'之中，并不是绝对的同质，在族源、结构和层次上的各民族'多元，恰恰构成了中华民族文化创造的源泉'。"①

林耀华也从结构论的层面肯定了多元一体论，他说："费孝通教授确立了'多元一体'这个核心概念在中华民族构成格局中的重要地位，从而为我们认识中国民族和文化的总特点提供了一组有力的认知工具和理解全局的钥匙。"②

协助费先生完成多元一体理论建构的陈连开在《中华民族多元一体格局（修订本）》的跋中说："'中华民族多元一体格局'是费老对中华民族结构的高层次概括，是对中华民族形成研究的新开拓，并已为此项研究创立了核心理论。"③ 很清楚，陈连开把多元一体论定位在结构论上。

徐杰舜于1999年在《雪球：汉民族的人类学分析》的题识中说，费孝通先生曾说，"中华民族"这个概念的要点是五十多个民族单位是"多

① 周星：《关于"中华民族多元一体格局"的学术评论》，《北京大学学报》（哲学社会科学版），1990年第4版。

② 周星：《关于"中华民族多元一体格局"的学术评论》，《北京大学学报》1990年第4版。

③ 费孝通主编：《中华民族多元一体格局（修订本）》，中央民族大学出版社1999年版，第365页。

元"，中华民族是"一体"。事实上，中华民族的"多元一体"正是建立在汉民族的"多元一体"上的，因为汉民族这个雪球的"一体"，是由许多大、小族群的"多元"组成的，而汉民族这个雪球又具极强的整合性。在汉民族形成和发展的上下五千年的历史中，一切外来的因素都逐渐变成汉民族这个雪球整体的一部分。在这种整合状态中，汉民族"一体"内的各个族群单位有着相互的联系，他们互助认同、依赖而成为一个整体。①这个认识也是把多元一体论视为结构论。

宋蜀华明确地说："费老的研究不仅创造性地引出了一个符合客观实际的崭新理论，而且是一项极重大的发现，是认识中华民族整体结构的一把钥匙。"② 显然，结构论是多元一体论的主旋律。

邸永君于 2003 年发文说明，在费孝通先生在中华民族结构的研究领域中孜孜以求的同时，许多从事民族研究的学者也在思索和探讨着同一问题，陈连开先生就是其中之一。但是，陈连开把中华民族"多"与"一"的关系概括为"多元集合体"。费老认为，把中华民族概括为"多元集合体"的提法不易理解，不如概括为"多元一体"。费老的高瞻远瞩，使陈先生茅塞顿开。他立即把手头存有的论著全部送给费老作撰稿参考之用。费老以其高度的概括力，将中华民族结构作了高层次的阐发，完成了《中华民族多元一体格局》这篇杰作。③

陈育宁于 2005 年撰文也认同了多元一体论的结构论本质，他说："中华民族多元一体格局理论的主要贡献，在于它提出并确立了'多元一体'这个核心概念在描述和分析中华民族构成格局中的重要地位，从而为我们认识中国多民族历史特点提供了一个把握全局的总思路。"④

孙秋云于 2006 年发文认为，费孝通教授"中华民族多元一体格局"理论，是从当代中国各民族关系现状和大局来探讨或建构中国各民族相处和联系的历史过程。它是以当代"民族—国家"的政治理论为参照框架，结合中国各族体历史发展的状况，以族体为中心的一种观照方法，为如何

---

① 徐杰舜：《雪球：汉民族的人类学分析》，上海人民出版社 1999 年版，第 9 页。

② 宋蜀华：《认识中华民族构成的一把钥匙——〈中华民族多元一体格局〉读后》，《中央民族大学学报》（哲学社会科学版）2000 年第 3 版。

③ 邸永君：《"中华民族多元一体"理论的创立、内涵及其影响》，《中国社科院院报》2003 年。

④ 陈育宁：《论中华民族多元一体格局》，《宁夏日报》2005 年 7 月 7 日。

理解现实中国国内各民族的关系和互动提供了一个富有创见的结构图。①好一个"结构图"，真是一语中的！

对于多元一体论的结构论本质，费孝通后来又作过进一步的阐述，他撰文说：

> 这篇讲话（指《中华民族的多元一体格局》）的主要论点，第一是中华民族是包括中国境内56个民族的民族实体，并不是把56个民族加在一起的总称，因为这些加在一起的56个民族已结合成相互依存的、统一而不能分割的整体，在这个民族实体里所有归属的成分都已具有高一层次的民族认同意识，即共休戚、共存亡、共荣辱、共命运的感情和道义。这个论点我引申为民族认同意识的多层次论。多元一体格局中，56个民族是基层，中华民族是高层。

> 第二是形成多元一体格局有个从分散的多元到结合成一体的过程，在这过程中必须有一个起凝聚作用的核心。汉族就是多元基层中的一元，由于他发挥凝聚作用把多元结合成一体，这一体不再是汉族而成了中华民族，一个高层次认同的民族。

> 第三是高层次的认同并不一定取代或排斥低层次的认同，不同层次可以并存不悖，甚至在不同层次的认同基础上可以各自发展原有的特点，形成多语言、多文化的整体。所以高层次的民族可说实质上是个既一体又多元的复合体，其间存在着相对立的内部矛盾，是差异的一致，通过消长变化以适应于多变不息的内外条件，而获得这共同体的生存和发展。②

为什么学术界众口一致地认为多元一体论的本质是结构论呢？说起来实际上很简单，费先生以"中华民族多元一体格局"命名多元一体论，关键词就是"格局"，而"格局"一词的本义就是"结构和格式"③。所以费先生多元一体论的着眼点或者说理论基石就是结构论。

---

① 孙秋云：《费孝通"中华民族多元一体格局"理论之我见》，《中南民族大学学报》（人文社会科学版）2006年第2版。

② 费孝通：《简述我的民族研究经历和思考》，《北京大学学报》（哲学社会科学版）1997年第2版。

③ 《现代汉语词典》（第5版）商务印书馆2005年版，第460页。

　　要讨论多元一体论结构论的内涵本质，有必要了解结构主义的特点。
列维－斯特劳斯在《结构人类学》中强调结构主义的特点主要有：第一，结
构是一个完整的整体，组成各元素之间是严密地相互制约的，以至于其中任
何一个都无法独自发生变化，即结构的整体性；第二，如果一个结构中的某
些元素发生了特定的变化，该结构就不复存在，即结构的可变性；第三，结
构的意义在于可以直接地认识被观察到的一切事实，即结构的可识性。[①] 即
族群结构具有整体性、可变性和可识性三个特点。

　　如果分别从中华民族的外部结构和内部结构来探讨，我们会发现中华
民族结构具有两个特点，一是可变性。在此，可变性只涉及中华民族的外
部结构的独具特色，它不同于结构主义所说的使族群不复存在的可变性。
这里的可变性不会影响到中华民族存在与否的问题，它指的是中华民族的
构成部分会发生改变的情况。从历史的角度来看，中华民族的外部结构是
一个变量，它会随着历史的发展而发生变化。

　　为了说明问题，在此以汉族为例。汉族在形成时期的三个阶段都发生
了结构变化，即首先在起源时代，主要有炎黄族群集团、东夷族群集团、
苗蛮族群集团、百越族群集团和戎狄族群集团五个大的族群集团。而这五
大族群集团又分别由几个次级族群组成。其次，到了夏商周时代，结构又
有了新的变化。其中夏民族由颛顼、帝喾、伯益、皋陶、羌人、共工、驩
兜、三苗等族群构成。最后到春秋战国时期，汉族（华夏）的结构同样发
生了改变。春秋时作为"诸夏"的族群主要有姬姓、羌姓、子姓、姒姓的
部分姓氏；战国时期变为齐、燕、赵、楚、秦五大族群，当然还有一些中
小族群，直到汉朝才最后形成汉族。[②]

　　中华民族结构的另一个特点是稳定性，所谓稳定性当然就是指中华民
族的整体结构不会轻易改变，不会因为其外部结构的可变性特点而改变整
个结构的根基。正如纳日碧力戈所说："在族群的这些结构下面，具有一
个相当稳定的规则，这个规则是一个族群区别于另一个族群的内在根据之
一。构成结构的因素可以千变万化，但并不影响一个族群相对于另一个族

---

　　① 徐杰舜、张祎凌：《族群结构简论》，《广西民族学院学报》（哲学社会科学版）2005 年第 5 版。

　　② 徐杰舜：《雪球：汉族形成时期的族群结构、互动与认同》，《吉首大学学报》（社会科学版）2006 年第 1 版。

群的心理界限，不影响对内象征性认同和对外象征性排斥的存在。"① 也就是即使中华民族结构的构成因素发生了变化，一些小族群被同化为另一些族群的一部分，或者一些族群消失了，中华民族的认同感和自我意识也依然如故。正是中华民族结构的可变性和稳定性这两个看似矛盾的特点，充分揭示了中华民族结构的独特之处。这就是费先生所精辟论述的：

> 中华民族作为一个自觉的民族实体，是近百年来中国和西方列强对抗中出现的，但作为一个自在的民族则是几千年的历史过程所形成的。它的主流是由许许多多分散孤立存在的民族单位，经过接触、混杂、联结和融合，同时也有分裂和消亡，形成一个你来我去、我来你去，我中有你、你中有我，而又各具个性的多元统一体。中华民族这个多元一体格局的形成还有它的特色：在相当早的时期，距今三千年前，在黄河中游出现了一个由若干民族集团汇集和逐步融合的核心，被称为华夏，像滚雪球一般地越滚越大，把周围的异族吸收进入了这个核心。它在拥有黄河和长江中下游的东亚平原之后，被其他民族称为汉族。汉族继续不断吸收其他民族的成分而日益壮大，而且渗入其他民族的聚居区，构成起着凝聚和联系作用的网络，奠定了以一个疆域内许多民族联合成的不可分割的统一基础，成为一个自在的民族实体，经过民族自觉而成为中华民族。②

中华民族论的研究涉及"结构"，因此，费先生使用"格局"这个关键词来表述自己的学术思想，既是为了描写的方便，也是为了证明的方便。所以，费先生的多元一体论具有以下几个学术取向：

一是可以从结构的角度解剖中华民族。从结构的角度切入，可以对中华民族进行学术解剖，从而可以分析中华民族的构成，对中华民族进行深层次的研究。费先生所说的中华民族多元一体格局，"我引申为民族认同意识的多层次论。多元一体格局中，56 个民族是基层，中华民族是

---

① 纳日碧力戈：《现代背景下的族群建构》，云南教育出版社 2000 年版，第 13 页。
② 费孝通等：《中华民族多元一体格局》，中央民族学院出版社 1989 年版，第 1—2 页。

高层"①。

二是可以从结构的深层次认识民族的整体性。从结构主义的整体性出发，中华民族是一个"多元一体"的整体，即中国各民族是"多元"，中华民族是"一体"。

三是可以从结构的可变性把握民族过程。所谓民族过程就是民族产生、发展的全部过程。具体地说，就是一个民族产生、发展、吸收、扩散、聚合、分解、磨合、整合和认同的过程。如何观察和把握民族过程，关键在于抓住构成民族结构标识物的变化。而民族结构的动态变化一般有两种类型：一种是民族分解过程，可表现为一个民族的族群分解出去，形成几个单独的民族，原生的民族就不复存在了。另一种是民族结合过程，即若干单独存在的族群或从其他民族中分化出来的族群相互接触而产生地域和经济联系上的统一性、语言和文化上的同质性的过程。中华民族正是通过这两种变化类型最终像滚雪球一样越滚越大，越滚越结实，"成为一个自在的民族实体，经过民族自觉而成为中华民族"②。

说到这里，多元一体论内涵的本质是结构论不正是《中华民族多元一体格局》的题中之意吗？

其实，对多元一体论内涵的本质是结构论的特点，除了上述的整体性、可变性和稳定性外，还可作深入和细化的研究。如结构是分层的，这就可以更好地理解费先生所说"多元一体格局中，56 个民族是基层，中华民族是高层"，中华民族"是一个高层次认同的民族"③。

又如结构是多样的。就当下来说，中华民族的结构既可分为 56 个民族或族群单位，又可分为汉族与少数民族的二元结构。前者的常识性不用多说，但对后者，学术界对中国社会城乡二元结构是熟悉的，而对民族关系的二元结构却往往视而不见。关凯在他的《族群政治》一书中明确提出了中国民族关系二元结构论，在"中国经验"一章中说："中国目前由国家认定的民族有 56 个……占人口绝大多数是主体民族——汉族。在民族人口结构上，中国社会呈现出一种二元结构，即汉族与少数民族区分构成两个

①　费孝通：《简述我的民族研究经历和思考》，《北京大学学报》（哲学社会科学版）1997 年第 2 版。

②　费孝通等：《中华民族多元一体格局》，中央民族学院出版社 1989 年版，第 1—2 页。

③　费孝通：《简述我的民族研究经历和思考》，《北京大学学报》（哲学社会科学版）1997 年第 2 版。

对立的单元。"① 这种结构的多样性，用英国结构论思想家安东尼·吉登斯的话说就是"结构的二重性"②。

再如结构是有差异的。这就是说，某一个事物结构的各元素之间并不是同质性的，而大多存在差异性。正因为如此，组成某一事物的内部结构之间才会形成互补关系，从而使这一事物完整而丰满起来。中华民族内部汉族与少数民族之间的差异，以及少数民族之间的差异的存在正是中华民族文化多样性的源泉。

综上所述，中华民族多元一体论内涵本质的这种结构性特征，正是体现"结构性原则"③ 的一个范例。

二　从多元走向一体的过程论是理解多元一体论的关键

讨论到学者们对多元一体论内涵本质是结构论的共识，人们不禁要问，那为什么一些学者对多元一体论还有那么多的不理解和质疑呢？究其原因，一个重要的问题是费先生在论述多元一体论时，基本上是从整体论的角度对中华民族的结构作静态的宏观把握，这就容易使一些人在动态的把握上产生对中华民族多元一体论的不理解，甚至提出质疑。

而要使人们对中华民族多元一体论的不理解化解，质疑消除，还必须使多元一体理论内涵理解的关键凸显出来。那么，什么是多元一体理论内涵理解的关键呢？那就要从互动整合论的角度对中华民族的过程作动态的宏观把握。这样，人们对多元一体论的一些不理解和质疑才有可能迎刃而解，中华民族多元一体论才有可能得到补充、完善和发展。

在德国社会学家、形式结构主义论者齐美尔看来，"社会结构中存在'永恒的互动'"④。既然在社会结构中有互动，就会有变迁；有变迁，就会有整合，不断地互动、变迁、整合，从而在中华民族形成史上呈现出螺旋

---

① 关凯：《族群政治》，中央民族大学出版社 2007 年版，第 243 页。

② ［英］安东尼·吉登斯：《社会的构成：结构化理论大纲》，李康、李猛译，生活·读书·新知三联书店 1998 年版，第 40 页。

③ ［英］安东尼·吉登斯：《社会的构成：结构化理论大纲》，李康、李猛译，生活·读书·新知三联书店 1998 年版，第 80 页。

④ ［美］乔纳森·特纳：《社会学理论的结构》（下）（第 6 版），邱泽奇等译，华夏出版社 2001 年版，第 150—151 页。

上升的发展过程，这就是中华民族多元一体理论的过程论。

对于过程论，费先生在建构多元一体理论时并没有忽视，他对多元一体理论的立论，基本上是通过对中国历史的洞察完成的。他认为，从考古学的证据来看，多元的起源，新石器文化多元的交融和汇集，一直到秦灭六国，统一天下，中华民族凝聚核心——汉族的出现，实现了地区性的多元统一。然后是中原地区民族大混杂、大融合，在北方民族不断给汉族输入新的血液的同时，汉族同样充实了其他民族，并向南扩展；中国西部的民族也发生了流动，从而建构了中华民族多元一体的格局。细读之后，人们不难发现费先生对多元一体理论过程论的论证和分析仅是粗线条的勾勒，如果把中华民族史作为历史田野进行考察，那么，费先生的历史叙述只是一种"浅描"，缺乏对中华民族从多元走向一体互动、整合过程宏观的理论把握，以及对历史空间和时间的"深描"。

何谓过程？《现代汉语词典》称：过程是事情进行或事物发展所经过的程序。[①] 过程论的学术定义则是"事物的有限存在和无限发展在时间、空间和条件上的辩证统一，是事物存在的基本形态和发展的必然联系的体现"[②]。事实上，在哲学人类学的视野中，宇宙间一切具体事物，都有其起源、形成、演变和发展的历史，都不是永恒的，因此都毫无例外地表现为过程；整个世界就是一个过程的集合体，即总的系统过程；在这个过程的集合体中，各个似乎稳定的事物及其在我们头脑中的反映，都处在生成、互动和不断变迁的过程中；各个具体事物的过程又都是整个物质世界的无限发展过程中的一个阶段或一个部分。因此，事物起源、形成、演变和发展的历史，就是该事物相对完整的过程。

在哲学人类学这种理论的观照下，中华民族起源、形成、演变和发展的历史毫无例外地要表现为过程，中华民族从多元走向一体就是一个总的系统过程、一个相对完整的过程。这个过程从史前时期算起，历经多元的旧石器和新石器时期、夏商周及春秋战国时期、秦汉时期、魏晋南北朝时期、隋唐时期、宋元时期、明清时期、民国时期，一直到中华人民共和国成立，中华民族才在国歌声中诞生。若从夏王朝建立算起，中华民族从起源到最后形成整整经历了上下五千年漫长的历史过程。任何割断历史的观

① 《现代汉语词典》（第5版），商务印书馆2005年版，第525页。
② 刘志忠、李毅：《过程转化论》，中国展望出版社1988年版，第32—33页。

点和做法，都不利于人们正确理解多元一体理论；而从中华民族从多元走向一体这个总的系统过程去把握多元一体理论，就能正确地理解费先生所说的"中华民族作为一个自觉的民族实体，是近百年来中国和西方列强对抗中出现的，但作为一个自在的民族则是几千年的历史过程所形成的"①。可见，把握中华民族从多元走向一体的过程论，对正确理解和评价多元一体理论多么重要，多么有价值。

在过程论的认知体系中，要认识中华民族的过程，必须严格地确定此过程与彼过程之间的界限。这就是说，要明确中华民族从多元走向一体的过程与汉族以及中国其他各少数民族过程的界限，特别不能以汉族的过程代替中华民族的过程。此其一。

其二，要认识中华民族的过程，还应该明确总过程与具体过程的界限。因为总过程一般是指世界的无限过程。这个总过程是无数具体的过程的集合体，是一个总的系统过程；只有这个过程是无限的。具体过程是指具体事物发生、形成、演变和发展的过程。具体过程总是有限的，又总是和其他具体过程相联系的，并且具有自己的特殊性。具体过程是总过程的一部分，无数具体过程有机联系成总过程。由此，我们可以理解中华民族从多元走向一体的总过程中包含着一些具体过程，如中华民族孕育的过程、中华民族多元共存的过程、中华民族多元互动的过程、中华民族多元磨合的过程、中华民族多元整合的过程等具体过程，并通过这些具体过程来表现中华民族从多元走向一体的总过程。要认识中华民族的具体过程，还应该明确，就一般意义上讲，任何一个具体过程都是一个系统过程，都是一个包含若干具体过程的母过程。当我们把中华民族这个具体事物作为一个相对完整的过程来观察的时候，就会发现，其中又必然包含着若干具体过程，即若干阶段。这若干阶段彼此相互联系和贯通，但又彼此区分和制约，各自都有自己特定的内涵。由此可见，中华民族的总过程和具体过程是包含与被包含的关系，离开总过程就没有具体过程，离开具体过程也就没有总过程。所以，我们在研究中华民族的总过程时，既要认识总过程，又要认识具体过程，只有这样，才能达到认识的由表及里，由局部到全局。

其三，值得提出的是，从一般的意义上来说，此过程与彼过程具有同

---

① 费孝通等：《中华民族多元一体格局》，中央民族学院出版社 1989 年版，第 1 页。

等的地位。它们不是包含与被包含、从属与被从属的关系。但是它们彼此联系、相互影响，有的具有直接联系，有的具有间接联系；有的是紧密联系，有的是松散联系。因此，在中华民族过程的研究中，只有认识此过程与彼过程的区别与联系，才能正确地判断事物，达到由此及彼的认识。此过程与彼过程又是相对的，都是在一定条件下的区别。在一个确定的条件下，我们不能把总过程与具体过程称之为此过程与彼过程。而这一点正是人们正确理解中华民族"多元"与"一体"的一个关键点。为什么有的人认为："'多元'是指民族来源是多元的，各地区也发展不平衡，文化、习俗、语言、宗教等方面也呈现多元的特点；'一体'是不管来源如何，经济、文化、习俗、语言宗教等方面有何差异，都认同为一个民族。如果是这样，中华民族的'多元'是指当代中国的 56 个兄弟民族，但中华民族还没有形成为一个民族，不能称为一体。如果是指祖国的统一不可分裂，中华各民族都要为祖国的完全统一而奋斗……那么，改为'中华各民族的多元一体''中国各民族的多元一体'或'中华各民族的多元一统'就比较好懂一些，也确切一些；说'中华民族的多元一体'，'一体'是指什么？难理解。"① 一个重要的原因，就是既没有弄清楚中华民族此过程与中国各民族彼过程的区别和联系，也没有弄清楚在一个确定的条件下，我们不能把总过程与具体过程、母过程与子过程称之为此过程与彼过程，这正是一个矛盾之处。但是，任何过程都是有实际内容的，矛盾构成过程的实际内容、矛盾的对立性和同一性是事物表现为过程的主要动力和根本原因。过程又总是矛盾的发展状态和外在表现，它所遵循的道路总是螺旋式上升、波浪式前进，发展趋势总是由简单到复杂、由低级到高级的无限过程。如果从中华民族过程与中国各民族过程辩证统一的关系上既看到彼此之间的区别，又看到彼此之间的联系，上述所言的不好懂、不理解不是比较容易化解了吗？

　　其四，更重要的是从过程论来看，"一体"是高度统一的整体。哲学人类学认为"一体"的基本特点是"成分高度分化，不是同类个体的集合，成分是不能独立于整体而存在的部分；各部门有不同的职能，彼此严格分工并相互协作；总体上形成统一的功能，作为一个统一整体而存在，整体与各部分不是同层次和同性质的事物，而是更高级的存在。人类组合

①　费孝通：《中华民族研究新探索》，中国社会科学出版社 1991 年版，第 417 页。

最终形成的一体化形态，也应该具备上述特征，否则就不能说实现了一体化"①。这就告诉我们中华民族与中国各民族虽是不同层次，但却是同性质的人们共同体，两者最大的区别就是中华民族与中国各民族相比，正如费孝通先生所说：中华民族是"一个高层次认同的民族"②。而从上述哲学人类学所述"'一体'是高度统一的整体"的观点出发，我们在研究和把握中华民族过程时，绝对不能把中华民族的形成当作中华民族过程的终结，而应看作中华民族过程又一个过程的开始，也就是中华民族过程螺旋式上升的新开端，这样就把"一体"与"一体化"区别开来。说实在的，有人因为中华民族多元一体论的不好懂、不理解，以致在认识论上把"一体"与"一体化"混淆了起来。所以我们现在讲中华民族多元一体中的"一体"，正是指中华民族中各民族"成分高度分化"，各民族之间的边界还存在；而"一体化"指的是"成分是不能独立于整体而存在的部分"，也就是人们常说的汉族离不开少数民族，少数民族离不开汉族，少数民族之间也互相离不开。显然，当人们正确地区分了"一体"与"一体化"之后，对中华民族多元一体理论的不好懂、不理解不也是冰释了吗？

其五，从进化的角度看，"进化"也是一个过程，是事物生命史的一种文化表达。德国胚胎学家贝尔曾提出过任何生物的发育都是一个定向的结构分化过程。这个观点被社会哲学家斯宾塞借用，概括为"从松散的均质结构到粘结在一起的异质结构"。这个比达尔文还要早两年，于1857年提出进化思想的斯宾塞当时有一种猜想，即"这样一种发育原理或许不仅规定了活的生物如何由它们的细胞组成，而且也规定了社会如何由其他成员组成，意识如何由许多意识元素组成，乃至整个宇宙如何由那些基本的物质成分组成"③。由此推之，中华民族即使只作为一个自在的人们共同体，其本身的起源、形成、演变和发展也是一个人们共同体的生命过程。这个过程，就是"从松散的均质结构"的"多元"，发展形成为"粘结在一起的异质结构"的"一体"的过程。如果对中华民族的"粘结在一起的异质结构"不好理解，那么以汉族的案例来解读就很容易明白了。汉族这

---

①　韩民育：《当代哲学人类学》第二卷，广西人民出版社1998年版，第422—423页。

②　费孝通：《简述我的民族研究经历和思考》，《北京大学学报》（哲学社会科学版）1997年第2版。

③　费比恩编：《剑桥年度主题讲座：进化》，华夏出版社2006年版，第88—89页。

样一个约有 12 亿人口的人类共同体，内部族群结构复杂，方言又繁多，风俗习惯东南西北也大相径庭，但却高度地认同，是一个典型的"粘结在一起的异质结构"。这异质结构的汉族却是"从松散的均质结构"的"多元"，经历了几千年的滚雪球过程，才形成发展成"粘结在一起的异质结构"的"一体"。从汉族再转向中华民族，历史不是有惊人的相似之处吗？

英国人类学家蒂姆·英戈尔德于 2006 年在剑桥大学作《社会的进化》讲演时说："社会生活运动，如我们所见的，不是别的，就是历史过程。这里我其实已经同意了马克思的观点，历史是人们自己创造的东西。根据马克思的提示，人类学家哥德勒尔又指出，人类创造历史，是因为他们不单单生活在社会中，而且也在为创造社会发挥他们的作用。……我的看法是，历史是在人们生长中，而不是在社会的创造中被产生出来的。"① 从这个社会进化的观点出发，中华民族正是在中国各民族的互动整合的生长中产生出来的，或者说正是中国各民族进化过程的必然结果。当然这个过程并没有终结，从中华民族形成的意义上来说是一个具体过程的终结，但是从中华民族发展的意义上来说，这个具体过程刚刚开始，中华民族复兴之路任重而道远。

三　结语

赵汀阳在他的新著《天下体系：世界制度哲学导论》一开头在"重思中国"或者"重构中国"的意义中，对其背景有一段很精彩的表述：

> 很久以来，中国问题已经不成为世界问题，而今天的中国问题开始重新成为世界问题，这就是现在思想的一个重要的背景，也是一个全新的思想背景，如果不在这个背景下去思考，就不可能有宏大的思想。当然，在数百年前，中国曾经是世界最重要的国家，甚至是头号大国，但也不构成世界问题，因为古代世界的各个地区虽有交往，但远不像现在这样从经济、政治到文化都紧密地联系在一起，所以尽管古代也有各种交往和冲突，但从来都不曾把各地的整个生活画面卷入在一个共同运动之中。可以说，在古代，各个国家、各个地区、各种

---

① 费比恩编：《剑桥年度主题讲座：进化》，华夏出版社 2006 年版，第 105 页。

文化都只以"体表"或外围在与他者进行交往或冲突，而各个实体的"体内"或内部都仍然能够保持各自的稳定性和独立性。今天的这个世界共同运动和共同生活画面就是所谓的全球化。人们都不得不讨论全球化，就是因为全球化是个使所有事情全方位卷入的运动，再也没有能够逍遥"在外"的存在了。因此，今天中国正在重新成为大国绝不是重温古代模式的大国之梦，而是在进入一种新的政治经验。今天，属于中国的就是属于世界的，这是一个事实。①

赵汀阳的这一段话，对于今天进一步讨论费先生提出的中华民族多元一体论，并探讨中华民族从多元走向一体的过程论很有启发。过去上下五千年，中国历史上曾出现过成百上千或成千上万个民族或族群，经历了漫长而复杂的互动整合，却从来没有动摇过从多元走向一体，这在中国历史上是不可逆转的一个潮流、一种趋势。尽管这样，中华民族形成的历史仍然是曲曲折折、悠悠久久，正如赵汀阳所说，"尽管古代也有各种交往和冲突，但从来都不曾把各地的整个生活画面卷入在一个共同运动之中。可以说，在古代，各个国家、各个地区、各种文化都只以'体表'或外围在与他者进行交往或冲突，而各个实体的'体内'或内部都仍然能够保持各自的稳定性和独立性"，从而使中华民族的形成成为世界民族发展史上从多元走向一体的一个奇观。经过近半个世纪的成长，尤其是中国实行了真正意义上的民族平等政策，在中国各民族的生命史走向辉煌之时，改革开放的大潮给中华民族从多元走向一体的认同带来了时机。此时此刻，费先生提出中华民族多元一体论正是时机。更何况"今天的这个世界共同运动和共同生活画面就是所谓的全球化。人们都不得不讨论全球化，就是因为全球化是个使所有事情全方位卷入的运动，再也没有能够逍遥'在外'的存在了"。

---

① 赵汀阳：《天下体系：世界制度哲学导论》，江苏教育出版社 2005 年版，第 1—2 页。

第三章 互动与轨迹

中华民族从多元走向一体的过程，实质上是民族或族群互动的过程。互动论是研究中华民族史的理论脊梁。在互动论的观照下，我们讨论中华民族形成史的分期问题，试图为人们勾勒出一幅波澜壮阔的中华民族形成过程的历史文化图像。

一 互动：中华民族从多元走向一体的社会行动

中国，这个从古至今蕴涵众多阶级、国家、制度、民族等社会宏观结构的东方社会现实，"是人们之间富于意义的和象征性的互动"①。这种被韦伯称为有意义、有目的的"社会行动"，就是社会的人与人、人与群体、群体与群体之间通过信息传播而发生的相互作用的互动。

互动论在社会学理论中占有重要的地位。从一定的意义上来说，没有互动，社会行动就不会存在。所以对互动论作出开创性贡献的美国学者乔治·米德认为，是互动产生了自我，自我必须在社会过程中、在互动中才能得到解释。② 这也正如马克思所说："社会——不管其形式如何——是什么呢？是人们交互活动的产物。"③ 正因为社会是通过人们的互动而产生的，欧洲最早的互动论者之一齐美尔也明确指出，功能理论和一些冲突理论所研究的宏观结构和宏观过程——阶级、国家、民族、宗教与进化——最终只不过是人们之间具体互动的反映。由此可见，互动正是中华民族从

---

① [美] 乔纳森·特纳：《社会学原理的结构》（下），华夏出版社 2001 年版，第 13 页。
② [英] A. 肯顿：《行为互动》，社会科学文献出版社 2001 年版，第 23 页。
③ 《马克思恩格斯选集》第 4 卷，人民出版社 1972 年版，第 320 页。

多元走向一体这一宏观结构和宏观过程中具体的一个社会行动。

互动论的理论形形色色，其中对中华民族从多元走向一体的观照，还有一些值得特别注意的地方：

（1）互动论认为符号在人们的社会互动过程中起着重要的中介作用。人与人的互动是运用符号进行的，是符号互动。这就启示我们，中华民族从多元走向一体的互动，从一定意义上说，其本质就是各种民族或族群符号的互动，而中华民族本身也是一个符号，这个符号代表了从古至今中国各民族在滚雪球中从"多元"走向"一体"的共同取向。

（2）互动论的"想象性预演"（imaginative rehearsal）[1] 说明互动不是结构而是过程，其着眼于人类社会在其中得以形成的互动过程，而不是互动的终极产品。这就启示我们，讨论中华民族"多元一体"的理论更应该重视互动过程，也就是中华民族是怎样从"多元"走向"一体"的过程。

（3）互动论认为互动是释放的，即在互动中能把社会的能量释放出来，而不是构成的。[2] 这就启示我们，中华民族在从多元走向一体的互动过程中，可以释放出巨大的推动中国历史前进的能量。

（4）互动论认为互动处于不断变迁的过程中。[3] 这就启示我们，考察中华民族从多元走向一体的互动过程，是一个动态的、不断变迁的过程。这对人们认识中华民族从多元走向一体的历史轨迹大有裨益。

（5）互动论认为互动双方在利益上或认知上不一致时才有可能出现竞争、冲突、顺应和同化四个阶段的过程[4]，即：

第一阶段：竞争。互动双方争夺同一个目标。这时双方只是一种排斥关系，而非对立关系。

第二阶段：冲突。由于激烈的竞争，双方可能产生对立情绪，出现以攻击对方为目的的行为。

---

① 美国学者米德（George Herbert Mead）认为人类心智的独特之处在于：（1）用符号来表示环境中的客体；（2）悄悄预演针对这些客体可选择的行动方案；（3）抑制不适当的行动方案，选择一种公开行动的合适路线。这种悄悄地使用符号或语言的过程称作想象性预演。

② ［美］乔纳森·特纳：《社会学原理的结构》（下），华夏出版社2001年版，第26页。

③ ［美］乔纳森·特纳：《社会学原理的结构》（下），华夏出版社2001年版，第27页。

④ 美国芝加哥学派的帕克和伯吉斯（E. W. Burgess）等人的主张。见童星主编《现代社会学理论新编》，南京大学出版社2003年版，第110—111页。

第三阶段：顺应。冲突在少数情况下会以一方消灭另一方而结束互动，但大多数情况下，冲突的一方或双方会部分地改变其思想、态度和习惯来适应对方，以避免、减少或消除冲突。

第四阶段：同化。顺应的结果使双方在很多方面日益接近、融合，趋于一致，实现同化。

这就给我们提供了一个分析中华民族从多元走向一体的历史轨迹的框架，中华民族从多元走向一体的互动过程大体上可运用这个框架进行分析。在此，要特别指出的是在中华民族在从多元走向一体的过程中，每一次互动周期的进行都是上一次互动周期螺旋式上升的结果。①

凡此种种，足以说明在互动论的观照下，我们才能把中华民族从多元走向一体作为中国社会宏观结构中的一种"社会行动"、一种社会存在、一个社会符号、一个能量释放、一个不断变迁的互动过程。从这里出发，才有可能比较客观地勾勒出中华民族从多元走向一体的轨迹。

二　中华民族从多元走向一体的轨迹速写

中华民族从多元走向一体是一个总的系统过程，一个相对完整的过程。这个过程从史前时期算起，历经多元的旧石器和新石器时期、夏商周及春秋战国时期、秦汉时期、魏晋南北朝时期、隋唐时期、宋元时期、明清时期、民国时期，一直到中华人民共和国成立，中华民族才在国歌声中诞生。若从夏王朝建立算起，中华民族从起源到最后形成整整经历了上下五千年漫长的历史过程。可见中华民族从多元走向一体的过程是一个内涵极为丰富、极为深厚、极为广阔的学术宝库，非一日之功可以成就的。在此，仅对中华民族的形成从多元走向一体的轨迹作一个速写式的勾勒。

中华民族形成从多元走向一体的总过程可以细分为七个具体过程：

1. 中华民族的史前记忆：神话、考古遗迹与起源

在中华民族走向复兴的新纪元，中华民族从哪里来，何时有，越来越成为人们普遍关注的一个神秘而有趣的问题，甚至是科学尖端的前沿问题。

---

① 徐杰舜：《磐石——中国民族团结研究报告》，广西人民出版社 2007 年版，第 271—272 页。

现代分子人类学家用基因分析的方法说中国人是在 45000 年前从非洲走来，有的考古学家则认为中国人是土生土长的，以双沟醉猿为证。那么，在中国人的历史记忆中，中华民族从哪里来？何时有呢？

在中华民族的史前记忆中，神话是最富于神秘感和浪漫色彩的记忆，盘古开天、女娲造人、壮族始祖布洛陀、瑶族始祖密洛陀、傈僳族天神木布帕、哈萨克族始祖迦萨甘、拉祜族创世神扎努扎别、苗族神母伽价公主、洪水兄妹故事、人文初祖黄帝、农业之神炎帝、畲族雷豹夺火、彝族尼支呷洛造万物等神话故事，为人们展现了一幅又一幅丰富多彩的中华民族创世、造人、造物的神话记忆。

在中华民族的史前记忆中，考古遗迹是最富于实证意义的记忆，双沟醉猿、元谋人、蓝田人、北京人、钟山人、山顶洞人、下草湾人等原始族群，以一个又一个古代遗迹向人们诉说了中华始祖的来龙去脉。而裴李岗文化、仰韶文化、半坡文化、河姆渡文化、龙山文化、大汶口文化，则以一件又一件的考古文物，向人们凸显了中华文化之源。

在中华民族的史前记忆中，历史文献就是最有魅力的文本记忆，三皇五帝、黄帝、炎帝、蚩尤、尧、舜、禹、三苗、猃狁、鬼方、戎、狄等记载，以一个又一个鲜活的历史人物和族群，向人们描述了中华民族的多元起源。

2. 中华民族形成的起点：夏、商、周的相继崛起

茫茫中华大地，浩浩黄河、长江、黑龙江、辽河和珠江，是谁最先揭开中华民族形成开端的序幕？人们在了解了中华民族根的记忆之后，必然会把关注的目光转向中华民族形成起点的问题上来。

中华民族多元的起源，经过民族"磨房"的长期磨合，无论是炎黄，还是东夷；也无论是百越，还是苗蛮，以及戎狄，在历史长期的互动中，终于在公元前 2070 年整合出了一个夏族，建立了中国历史上的第一个王朝——夏，从而揭开了中华民族形成开端的序幕。

从公元前 2070 年到公元前 1600 年①，夏族所建的夏王朝历时 470 年，活动在西起今河南西部和山西南部，沿黄河东至河南、河北、山东三省结合部，南接湖北，北入河北的黄河中游河洛流域的黄土地带。晚期的河南

---

① 《竹书纪年》记载，从禹到桀历 472 年；《三统历》记载为 432 年；《夏商周年表》为 470 年，载《夏商周断代工程 1996—2000 年阶段成果报告》，世界图书出版公司 2000 年版。

龙山文化与二里头文化遗址的分布，与夏族活动的中心地带大致相符。在夏王朝时代，定"九州"；安"雅言"；"以铜为兵"、"农率均田"，发展灌溉耜耕农业，制"夏小正"农历。在文化上"夏道遵命，事鬼敬神而远之"，崇拜祖先，信奉"死生由命，富贵在天"，民风淳朴、厚淳，从而炼就了中华民族文化内核的基因。

中华民族形成的起点开端是世界民族发展史上的一部大戏，当商灭夏，新崛起的商族建立了中国历史上的第二个王朝——商，继而演出了中华民族形成开端的第二幕。

从公元前1600年到公元前1046年，[①] 商族所建的商王朝历时554年，活动在包括今河南、山东、河北、山西、陕西、安徽、辽宁，以及湖北、湖南、浙江、江西、四川、内蒙古的一部分。在商王朝时代，划"五方"；行"甲骨文"；用牛拉犁，栏养和放牧结合，发展灌溉农业和"六畜"；"商邑翼翼"，货贝交易，贸易便利，市肆繁盛。在文化上，"殷人尊神，率民以事神，先鬼而后礼"，信奉对祖宗一元神的崇拜，并创造了辉煌的青铜文化，从而扩大了中华民族文化的基础。

公元前1046年，武王克商，新崛起的周族建立了中国历史上的第三个王朝——周，开始了中华民族形成开端第三幕的演出。

从公元前1046年到公元前771年周平王东迁，周族所建的周王朝为西周，历时275年。西周是一个多民族的国家，除夏、商、周诸族以外，还有蛮、夷、戎、狄等族，即《礼记·明堂位》所言的"九夷、八蛮、六戎、五狄"。在西周王朝时期，"封邦建国"，大规模分封诸侯；实行井田制，建立了"普天之下，莫非王土；率土之滨，莫非王道"的土地国有制。在文化上，崇拜二元的上帝神和祖先神；把宗教观念上的敬天延长为伦理观念上的敬德；实行宗法制和礼乐制度，如《周礼·春官宗伯·大司乐》所云："似六律、六周、五声、八音、六舞，大合乐以致鬼神祇，以和邦国，以谐万民，以安宾客，以说远人。"从而铸成了中华民族文化的内核。

中华民族形成开端这部世界民族发展史上最威武雄壮的大戏，从禹建夏王朝到周平王东迁一共三幕，演出了1299年，千千万万的大小族群都在

---

① 《竹书纪年》记载，从汤到纣历496年；《三统历》记载为629年；《夏商周年表》为554年。

中华大地上闪亮登场，真可谓是悠悠漫漫，沧桑无限。

3. 中华民族的核心：华夏族的横空出世和汉族的形成

夏、商、周三族，以及其他先秦各民族、族群在中华大地的相继亮相，谱写了一幕又一幕波澜壮阔的中华民族形成开端的大戏，把滔滔的黄河、浩浩的长江、滚滚的黑龙江、荡荡珠江都联结在一起。

时光如梭，公元前770年，周平王东迁雒邑（今河南洛阳），中国历史进入了春秋时期，从而引发了中华民族历史上汹涌澎湃的民族大互动、大认同、大融合的潮流，促成了中华民族的核心——华夏族的崛起。

从春秋时期起，中国民族关系风云突变，在西周延续了两个多世纪激烈、复杂的民族斗争已趋向缓和，民族界限分明，壁垒森严的形势，开始逐步被打破，民族大互动、大融合的浪潮首先在夏、商、周、楚、越诸侯之间兴起，进而不可避免地波及和扩展到蛮、夷、戎、狄之间。这种民族大互动、大融合的结果，就是新民族——华夏民族在中华大地上横空出世。

由夏、商、周、楚、越诸族，以及部分蛮、夷、戎、狄诸侯共同融合而形成的华夏族，呱呱坠地之时，中国社会开始进入战国时期。战国时期是中国从分散的诸侯割据称雄的封建国家到统一封建的中央集权国家的一个转型过渡时期。战国初期，在北起辽东，南抵长江流域的广大地区，形成了楚在南，赵在北，燕在东北，秦在西，齐在东，韩、魏两国夹在中间的七大国，史称"战国七雄"。七国四周，还有宋、鲁、中山、越、巴、蜀等十几个不同族群的中小国。在七雄鼎立的形势下，华夏族按地域分成了齐、燕、赵、楚、秦五个族群。

民族的发育与统一，既与经济联系性的加强分不开，也与文化的整合分不开。战国以来，随着铁制农具的广泛使用，农业生产力的提高，铸币的流通，交通的发达，城市的兴起，华夏族各族群在共同经济生活上相互联系，相互依赖的关系越来越紧密。与此同时，华夏族各族群之间文化的整合，也出现了"四海之内若一家"的情景。民族大互动、大融合的浪潮在更广更深的范围里进行着。

历史常常有它自己巧妙的安排。战国七雄鼎立的形势，被合纵和连横打破，最想统一中国的楚有心栽花花不开，而开始时无心插柳的地处西方的秦却最终统一了中国。在秦始皇推行郡县制、书同文、行同伦、车同轨、隳名城、治驰道，以及统一货币的运作中完成了对华夏族的统一。中华民族的核心在第一个互动高潮之中，华夏族经过了 5 个半世纪的风雨，开始屹立在世界的东方。

汉承秦制，在"大一统"中，华夏族在两汉发展转化成了汉族。于是，经过从公元前 770 年到东汉灭亡的公元 220 年，这一千年历史风雨的洗礼，中华大地这个民族大熔炉中锻造了中华民族的核心——汉族。在这近千年的历史风雨中，真可谓云起龙骧，破旧立新，开辟了中华民族形成从多元走向一体的新纪元。

4. 中华民族的核心——汉族在魏晋南北朝的发展与隋唐新平台

华夏族的横空出世乃至汉族的形成，使中华民族的核心终于诞生在人杰地灵的中华大地。从此以后，中华民族形成互动的历史范式，且以宏大气魄完全转型，即从"万国"互动走向"大一统"互动。具体地说，就是从魏晋南北朝开始的中华民族形成的互动，是以汉族为主体的汉族与少数民族之间的互动，其中包括了汉族的少数民族化、少数民族的汉化，以及少数民族之间的同化、组合与融合。如果说"万国"互动从夏代算起，至秦朝的统一，乃至汉代的转化，历时两千多年，那么从魏、蜀、吴三国鼎立，即公元 220 年魏国的建立算起，到 1949 年中华人民共和国建立，中华民族走向"大一统"互动的历史，也有 1729 年的沧桑了。所以，魏晋南北朝可以被认为是中华民族形成互动不同范式的分界线。

魏晋南北朝，上起建安（汉献帝年号，公元 196—220），经三国、两晋、南北朝，至隋朝统一天下（公元 589 年灭陈），历时约 400 年。在这人才辈出、豪杰争强、各领风骚的英雄时代，除西晋统一了南北外，这一时期经常处于百舸争流、群雄闪烁的状态，呈现汉族和各少数民族所建政权鼎立并存的局面，是我国分裂混战时期，也是各民族发生大规模迁徙和融合时期。与春秋战国相比，这时期是更高层次的民族融合。史家所谓的"五胡乱中华"实际上是进入中原腹地的匈奴、鲜卑、羯、氐、羌等少数民族和汉族融合以及被汉族吸纳的历史过程，汉族得到了旷古绝今、空前绝后的发展。此时此刻，在中华民族形成互动历史上，先秦以来出现的民族或族群，除汉族和一些少数民族外，绝大部分都在历史舞台上销声匿迹了，而这时开始活跃在中华民族形成舞台上的已是一批面目全新的民族或族群了。

隋唐时期，从公元 581 年隋文帝杨坚建立隋朝，至公元 907 年梁王朱全忠篡夺唐朝王位，建立后梁。隋唐王朝是继秦汉之后，中国又一个大一统时期，既是统一的多民族国家发展时期，又是汉族的发展时期。隋朝（581—618）的统治时间虽然短暂，但是隋朝灭陈结束了自西晋以来270年的分裂割据局面，重新统一了中国。隋朝统一中国时，北方的铁勒各部日益强大起来，成为隋唐时期创造北方草原文化的主要民族。唐朝（618—907）是中国历史上最重要的朝代之一，以其璀璨的辉煌与空前的繁荣开创了中国历史的新纪元，也构架了中华民族互动形成的新平台。隋唐疆域辽阔，许多新面孔的少数民族纷纷亮相，精彩纷呈。北方的突厥、回纥，西南的吐蕃、南诏等民族先后建立政权开拓祖国边疆，各民族互动频繁，亲密接触，中原先进的政治、经济和文化传播推动了各兄弟民族的发展，特别是促进了民族大融合。隋唐时期的民族关系比以往更加稳定与牢固，许多少数民族内迁加快了民族汉化的进程，而璀璨恢宏的唐文化，更是中华民族互动、整合、认同的结晶。

处于唐宋之际的五代十国，就是在隋唐这个中华民族形成互动的新平台上，汉族与新兴的突厥、回纥、吐蕃、南诏、沙陀等少数民族之间，各少数民族之间的互动又演绎了一幕又一幕精彩荟萃的历史活剧。在这759年的历史变迁中，胡汉融合，大破大立，开辟了中华民族从多元走向一体的又一个新纪元。

5. 中华民族的核心——汉族在宋辽夏金的再发展与元明的新整合

中华民族的形成经历了魏晋南北朝汉族的发展，以及在隋唐新平台的互动，唐末五代十国的大动荡、大分化，汉族在宋辽夏金进入了再发展时期，迎来了中华民族形成互动的第二个高潮。

在唐末五代十国中国民族关系大转型中建立起来的宋王朝，一开始就面对北方"金戈铁马"的辽，继而又遭遇西北"英雄之王"的西夏。在宋辽西夏三国鼎立之中，战争与和平交织，民族互动与认同在政治、经济和文化的各个层面逐步展开而不断深入，及至南宋与金的南北对峙，在战争与和平的博弈之中，中华大地上再一次出现了民族大迁徙、大互动、大认同、大融合的潮流。这时，不仅仅是汉人的大量南迁，北方少数民族亦入主中原，在民族互动的潮流中，汉族再一次得到了发展。与此同时，南方发育一向缓慢的少数民族，进入了新的民族形成过程，壮、瑶、侗、布依等民族纷纷登上历史舞台。

"一代天骄"成吉思汗率蒙古族在蒙古草原崛起，历近70年之久，降服畏兀儿和哈喇鲁，吞西夏，征服金朝，招抚吐蕃，平定大理，灭亡南宋。蒙古族终"以马上得天下",统一了中国,建构了统一多民族的元王朝。

虽然元王朝将国人分为蒙古、色目、汉人和南人四等,设置了民族藩篱,但并没有改变中华民族形成互动新整合的历史潮流。在元末农民大起义的浪潮中,农民出身的朱元璋脱颖而出,灭元建立了明王朝,把元明中华民族形成互动的新整合推向了高潮。

历史的重演往往是在新的基础上的重演,是一种螺旋形的上升。继魏晋南北朝到隋唐中华民族形成互动的第二个高潮后,在宋辽西夏金到元明中华民族形成互动的第三个高潮中,汉族得到了再发展,中华民族的形成互动在元明时期得到了新的整合。不仅仅是中国各民族之间的互动与认同加深了,更重要的是中华民族意识的萌芽,为中华民族凝聚力的形成奠定了精神支柱。在这684年的历史风雨中,激荡洗礼,整合交融,开辟了中华民族从多元走向一体的又一个新纪元。

6. 中华民族的核心——汉族在清朝的大发展与民国时期的新认同

中华民族的核心汉族经历了宋、辽、夏、金的再发展与元明新整合的互动,在历史的轨道上缓缓地、坚定地前进着。

进入清代,由满族建立的清王朝,继蒙古族建立元王朝之后,再次以少数民族的身份成为中国的统治民族。满族虽然"君临天下",但并没有改变中华民族形成互动的方向,中华民族形成的互动仍然沿着汉族发展的轨迹前进着,清初实行"留头不留发,留发不留头"的强迫同化政策,但其结果不是汉族的"满化",而是满族的"汉化"。

与此同时,满族与蒙古族、藏族、维吾尔族以及其他少数民族的政治互动、整合和认同,不仅巩固了中国的边疆,也大大加强了边疆民族地区对中央的向心力,以及边疆民族与汉族经济文化的互动和整合。

1911年的辛亥革命,推翻了在中国存在两千多年的封建帝制,从而掀开了中国历史新的一页。

历史是一个过程,中华民族的形成就是一个民族过程;历史的发展是有阶段的,中华民族的形成经历了多次互动的高潮。到清代和民国时期,促进了中华民族意识的觉醒,使中华民族到达呱呱坠地的前夜。就是在这个中华民族形成的前夜,由于中国在清代与民国时期同西方列强的抗争中,各民族团结对敌,在捍卫国家利益的过程中加强了互动和整合,鸦片战争、中法战争、甲午战争、义和团运动、抗日战争,都使中华民族的民族意识得到了增强,中华民族的形成互动在清代和民国时期得到了新的认同。

历史的魅力在于不可逆转。从 1644 年满族入关，建立清王朝，到 1949 年中华人民共和国成立，时间虽然不过三百年，但这个时期激荡的社会、革命的洗礼，为中华民族的最后形成打开了通道，铺平了道路。

7. 中华民族在国歌声中唱响

中华民族从哪里来？当人们穿越时空，对中华民族的形成过程作了历史的巡礼之后，会深深地感受到中华民族形成之沧桑，形成之漫长，形成之曲折，形成之壮阔。现在我们可以豪迈地回答说：中华民族既不是从天上掉下来的，也不是一蹴而就的。中华民族从历史中走来，是中华大地上先后出现在历史舞台上的千百个民族或族群互动、磨合、整合、认同的必然结果。

当中华民族从根上萌芽，历经了中华民族的开端，中华民族核心的熔铸，中华民族形成互动的新平台、新整合、新认同之后，1949 年 10 月 1 日中华人民共和国成立，当《义勇军进行曲》的国歌在中华大地上空响起时，宣告了中华民族从多元正式走向一体。

中华民族的形成经历了历史的千锤百炼，建构了稳定的民族结构。在中国共产党的领导下，进行了民族大调查，经过了民族识别，从 1953 年全国第一次人口普查时自报登记的 400 多个民族名称，到 1979 年确认第 56 个民族——基诺族，从而基本完成了对中华民族大家庭中各民族的身份认同。新中国成立后，实施了民族区域自治制度，实现了民族平等和民族团结；采取了一系列发展经济的措施，通过扶贫和实施"西部大开发"战略，从根本上改变了少数民族地区经济落后的状态；在尊重和保护传统文化的同时，又与时俱进地发展了现代文化，发展了现代教育，既强化了中华民族的认同意识，又增强了中华民族的凝聚力。中华民族从多元走向一体在完成了其形成的伟大过程之后，又大步向前迈出了发展过程的坚实步伐。

在国歌声中唱响的中华民族，经历了前所未有的人认同，在中国和平崛起中，中华民族得到了空前的发展，并以崭新的面貌屹立于世界。

这样，我们从中华民族形成的起点——夏、商、周的相继崛起，中华民族的核心——华夏族的横空出世和汉族的形成，中华民族核心——汉族在魏晋南北朝的发展与隋唐新平台，汉族在宋辽夏金的再发展与元明的新整合，汉族在清朝的大发展与民国时期的新认同，中华民族在国歌声中唱响六个阶段的轨迹，展演了中华民族形成的历史过程。

第四章　互动与整合

中华民族从多元走向一体的过程，是一个各民族互动的过程。这个互动过程既充满了血与火的互动，又充满了文化与经济的整合。几千年来，中华民族正是在血与火的互动中从多元走向一体，同时也是在文化与经济的整合中从多元走向一体。

一　冲突与整合是一个社会过程不可分割的两个方面

美国社会学家库利（Charles II. Cooley）曾经形象而又深刻地说："冲突是社会的生命之所在。"① 为什么库利对冲突给予了这么重要的价值判断呢？这是由冲突的性质和功能所决定的。

对于冲突性质和功能的认识，扫描国际学术界，起先多认为冲突是社会的病态，是非正常现象，具有破坏的作用。但是，20 世纪 60 年代以后，认为冲突是社会常态，其对社会起积极影响的意见逐渐成为学术界的主流观点，这时所形成的冲突理论成为社会学的一种理论取向。

这种冲突理论怎么来的，其内涵又是什么呢？美国学者乔纳森·特纳（Jonathan Turner）说："社会学中的冲突理论发端于马克思（1818—1883），但它在 20 世纪中期的发展归功于两个早期的德国社会学家——韦伯（1864—1920）和齐美尔（1858—1918）……总的来说，马克思、韦伯和齐美尔提供了对当今冲突理论仍有启发的核心概念。"马克思认为冲突无所不在，他强调阶级斗争论，即不平等的经济基础导致被统治者视暴力手段为克服统治者不可避免的反抗的唯一方法。韦伯承认冲突是社会的常

---

① ［美］L. 科塞：《社会冲突的功能》，孙立平等译，华夏出版社 1989 年版，第 4 页。

态，在政治、经济与声望三个方面存在冲突和斗争。齐美尔对冲突理论最大的贡献在于他承认冲突与对抗是正常现象，是社会互动的基本形式之一。①

20世纪50年代，冲突理论在社会学理论体系中有了创新。作出贡献的是德国社会学家达伦多夫（Ralf Dahrendorf），他提出了辩证冲突论，将马克思、韦伯、齐美尔的冲突理论整合在一起，冲突被认为是一个在社会性与结构性安排中相反力量间产生的不可抗拒的过程，其主题是强制引起冲突与变迁。②

另一个作出贡献的是刘易斯·科塞（Lewis A. Coser）。他非常强调冲突的功能，认为冲突对社会与群体具有内部整合功能，主要表现在：冲突有助于建立和维护社会或群体的身份和边界线，群体之间的冲突有助于群体内的凝聚与整合；群体内部的冲突也有助于群体内部的凝聚和整合；冲突有助于群际关系的整合。③ 此外，他还认为冲突对社会群体具有稳定的功能，对新群体与社会的形成具有促进功能，对新规范和制度的建立具有激发功能。有鉴于此，他的冲突论主题一直是冲突促成整合与新结构。

紧接着乔纳森·特纳（Jonathan Turner）在20世纪70年代提出了综合冲突论。所谓综合冲突论是将达伦多夫和刘易斯·科塞的理论综合到一般性理论中的重塑，从而解决他们没有解决的产生冲突的原因和条件的问题。④

在20世纪的最后二三十年中，冲突理论不断地在继承传统中发展，先后出现过美国柯林斯（Kendall Collins）的新韦伯主义冲突论，李普塞特（Seymour Martin Li'pset）的冲突与一致的交织论，以及以赖特（Erik Olin Wright）的分析性马克思主义为代表的新马克思主义论，帕克（Robert E. Park）不仅用"冲突"作为一个主要和基础的概念，而且反复强调冲突的积极作用，并认为冲突是几种有限的人类互动的基本形式之一，他

① ［美］乔纳森·特纳：《社会学理论的结构》（上），邱泽奇译，华夏出版社2001年版，第163—168页。

② ［美］乔纳森·特纳：《社会学理论的结构》（上），邱泽奇译，华夏出版社2001年版，第172—176页。

③ 谢立中主编：《西方社会学名著提要》，江西人民出版社2001年版，第230—240页。

④ ［美］乔纳森·特纳：《社会学理论的结构》（上），邱泽奇译，华夏出版社2001年版，第185—190页。

还有一句名言"冲突往往导致冲突群体间的结合"①。所有这些都是对冲突理论从不同的角度、层面和方向上的发展，使之对社会学理论的所有方向都产生了广泛的影响。

通过对上述冲突理论的扫描，我们似乎可以解除对"冲突"一词的紧张感，因为冲突对于人类社会并不是洪水猛兽，而是社会的常态，这就是库利为什么说"冲突是社会的生命之所在"的理论背景。特别值得提出的是，库利还指出："人们越是深入探讨，就会越清楚地看到冲突与合作是不可分割的，而且一个过程的每一个阶段总是包含这两方面的内容。"用这种价值判断来分析中华民族在血与火的互动中，从多元走向一体就是一种历史的必然趋势。

中华民族从多元走向一体的过程中还有另一个方面的内容，即充满了文化与经济的整合。在这里，"整合"就是库利所说的"合作"方面的内容。中华民族从多元走向一体的过程，是一个各民族互动的过程，这个过程结果就是整合。

民族或族群的整合是社会整合的一部分。法国社会人类学家埃米尔·涂尔干（Emile Durkheim）认为，社会的整合，也即秩序问题，主题是社会团结问题，这个主题包含如下问题：众多个人如何构成一个有秩序的社会？人与人之间如何达成社会生活的基本条件——共识？他在1893年写的《社会分工论》中论述"社会团结"中的概念时指的是人与人、群体与群体之间的协调一致、结合的关系。而当代德国著名的社会人类学家尼克拉斯·卢曼（Niklas luhmann）对社会整合从另一个角度作了界定，他将社会系统分为互动系统、组织系统和整体社会系统三个相关联而又各自独立的系统。他认为：社会整合是消除系统破坏性倾向的过程。功能分化社会的整合，不再像以前的社会，透过基本价值或道德的共识，而仅是基于相互差异的尊重和依赖。因此，社会的整合越来越不是因为共同的理念和标准，而是由于各次系统之间相互尊重和不干扰。相比之下，杜尔克姆的理论强调的是社会整合的结果是"社会团"，卢曼的理论强调的是社会整合的过程是要"消除系统破坏性倾向"，具体做法是"各系统之间相互尊重和不干扰"。由此得到启发，所谓整合，就是随着民族或族群互动磨合的

---

① Robert E. Park, "The Social Function of War, *American Journal of Sociology*, XL－VI（1941），pp. 55—70，转引自何星亮《略论社会—文化冲突的几个问题》（打印稿）。

成熟，不同的民族或族群在各个方面逐渐由最初的互不相关或冲突，发展到和谐一致的结果。用这种价值判断来分析中华民族在文化与经济的整合中，从多元走向一体也就是一种历史的必然趋势。

对冲突与整合的上述认识，对于我们了解和认识中华民族从多元走向一体过程有重要的借鉴价值，主要有以下几点：

1. 冲突与整合是几种有限的人类互动的基本形式之一；

2. 冲突无所不在，冲突是社会常态，其对社会起积极影响；

3. 冲突有助于群际关系的整合；

4. 冲突与整合是不可分割的，而且一个过程的每个阶段总是包含这两方面的内容；

5. 整合是各民族或族群互动的结果。

从这个价值判断出发，我们不难发现和认识在中华民族从多元走向一体的过程中，冲突与整合是中国从古至今各民族互动的基本形式之一；冲突与整合对中华民族从多元走向一体的历史进程起了积极的作用；冲突与整合往往带来了中华民族从"多元"整合，走向"一体"；在中华民族从多元走向一体中，冲突与整合是不可分割的，而且这个过程的每一个阶段都包含这两方面的内容。

二 中华民族在冲突中从多元走向一体

中华民族在冲突的互动过程中，是如何从多元走向一体的呢？

（一）先秦时期的冲突互动

在先秦民族互动的过程中，远的自不必细说，单从夏王朝建立后，在长达500多年的民族互动竞争中，最后导致了商灭夏的冲突。商王朝建立后，在长达500多年的民族互动竞争中，最后又导致了周灭商的冲突。周王朝建立后，在长达250多年的民族互动竞争中，最后又导致了春秋战国的冲突。

到了春秋之时齐桓公创立霸业，晋楚逐鹿中原，吴越争霸是春秋争霸兼并战争的主线。首先建立霸业的是周民族的齐国，在春秋初年就灭了周民族的郇国和古国纪。齐桓公即位后，又连续灭了夏民族的遂国和古国谭等小国，并于周惠王二十一年（前656）与周民族的鲁、郑、卫、许、曹五国，商民族的宋国和古国陈组成的联军攻打周民族的蔡国，讨伐被周民族称为"荆蛮"的楚民族的楚国。又如郑桓公的儿子武公灭了郐和东虢两个小国，武公子庄公在中原曾称盛一时，他联合周民族的齐、鲁两国，攻打商民族的宋国和周民族的卫国，制服了周民族的蔡国和古国陈。

申、缯和犬戎等戎人攻灭西周后，占据了西周的大部分地区，"自陇山以东，及伊、洛，往往有戎"。在"戎逼诸夏"的形势下，獂、邦、冀之戎，义渠之戎，大荔之戎，骊戎，扬拒、泉皋之戎，蛮氏之戎等"当春秋时，间在中国"，戎人与鲁、晋以及楚等诸侯国之间不断发生战争。可以毫不夸张地说，在春秋的整个时期，不是戎攻各诸侯国，就是各诸侯国灭戎。狄人的情况也是如此，当西北戎人出秦之东而入伊、洛之时，北方的狄人也走晋之北而下太行了。公元前662年，狄伐周民族的邢国。公元前660年，狄灭周民族的卫国。此后，狄与周民族的郑、晋、齐、鲁等国以及商民族的宋国之间不断发生战争，与此同时，狄人又兼并了长狄、代戎。至此，狄人自陕西西北出晋北，折向东南山西、河北太行一带，继入河南，据山东腹地，绵亘数千里。经过长期的战争，晋国终于公元前594年灭赤狄潞氏，俘潞于婴儿。[1] 又于公元前593年灭赤狄甲氏及留吁、铎辰。[2] 再于公元前588年伐廧咎如，"讨赤狄之余焉"[3]。狄人所建立的国家就这样被晋灭亡了。这种竞争和冲突的现象一直延续到战国之后，秦始皇统一六国之时才告一段落。中华民族开始从多元走向一体。

（二）秦汉时期的冲突互动

秦汉时期的冲突互动集中表现在汉与匈奴的关系上。有汉一代，汉王朝与匈奴族的立体交叉互动一直是中国北方民族互动过程的主线。

汉武帝元光二年（前133），汉以30万大军设伏于马邑（今山西朔县），并诱匈奴单于取马邑，试图以伏兵俟机出击，后来单于率十万余骑入武州塞，中途发觉，引兵而退。马邑之伏，拉开了汉匈之间冲突和战争帷幕。此后，在长达半个世纪的时间里，汉匈双方长期处于交战之中，著

---

① 《左传》，宣公十五年。
② 《左传》，宣公十六年。
③ 《左传》，庄公三年。

名的战役就有河南之役、河西之役和漠北之役。① 这种冲突的态势到了西汉末年才有了新的转变。

及至东汉，汉与匈奴的关系仍然如此。建武二十四年（48）匈奴分裂为南北两部分，南匈奴请求内降，"愿永为藩蔽，捍御北虏（北匈奴）"②。东汉王朝一面接受了呼韩邪单于的归汉请求，并对南匈奴采取了整合的政策；另一面东汉对北匈奴采取了战争的手段，章和三年（89）东汉王朝大举出兵，征伐北匈奴。在这次对北匈奴的战争中，征调了南匈奴、鲜卑、羌胡共三万余骑，而北匈奴只有一万三千余乘。少数民族的军队在这场彻底击败北匈奴的战争中，起了决定性的作用。

此外，东汉永平十六年（73），为了断匈奴右臂，窦固、耿忠率领汉军自酒泉向天山东麓进军，击破匈奴呼衍王，追至蒲类海（今新疆巴里坤湖），取伊吾地（今新疆哈密）。第二年汉军再次追击匈奴于蒲类海，取车师前后王国，经过这两次战役，匈奴势力退出天山东麓，东汉王朝"遂通西域"。永平十八年（75），匈奴二万骑击车师，围攻东汉的屯田吏卒，焉耆、龟兹则攻杀西域都护陈睦，副校尉郭恂，及汉军二千余人。此时汉章帝继位不久，由于连年灾荒，流民失所，社会呈现出不安，因此不愿意继续对外用兵，而罢西域都护、戊己校尉。建初二年（77），又撤退伊吾的屯田部队。章帝建初三年（79）班超上书东汉政府，提出了"以夷狄攻夷狄，计之善者也"③ 的政策方针。东汉政府接受了这个建议，派徐斡为司马，将施刑义从兵千人前往，以援助班超。于是在"以夷制夷"政策的指导下，班超以疏勒、于阗两国兵进攻莎车，迫使莎车投降，"威震西域"④。在肃清南道之后，永元六年（94）班超以龟兹、鄯善八国兵共 7 万人降服焉耆、尉犁、危须三国，"于是西域五十余国悉皆纳质内属"⑤。

---

① 河南之役：元朔二年（前 127），汉政府派遣大将军卫青率大军由云中出发击匈奴。匈奴白羊王、楼烦王不战而遁走，汉朝一举收复河南地，在河套地区设置朔方郡，又改九原郡为五原郡。河西之役：元狩二年（前 121），骠骑将军霍去病率领大军由陇西出击匈奴，迫使匈奴浑邪王降汉，河西地完全归汉所有。漠北之役：元狩四年（前 119），西汉王朝大规模地出击匈奴，卫青出定襄北进千余里击匈奴凯旋。霍去病北出代郡二千余里，大败匈奴左贤王，灭临瀚海（今贝加尔湖）而还。

② 《后汉书·南匈奴传》。

③ 《后汉书·班超传》。

④ 《后汉书·班超传》。

⑤ 《后汉书·班超传》。

有汉一代与北方和西域匈奴的冲突互动占据主导地位的同时，与南方少数民族的冲突互动也不乏其例。

以南越为例，汉高祖十一年（前196）颁布诏书曰："粤人之俗，好相攻击，前时，秦徙中县之民南方三郡，使与百越杂处。会天下诛秦，南海尉佗居南方长治之，甚有文理，中县人以故不耗减，粤人相攻击之俗益止，俱赖其力。今立佗为南粤王。"① 高后时期，因禁南越关市铁器，赵佗乃自称"南越武帝"，"发兵攻长沙边邑，败数县而去焉，高后遣将军隆虑侯灶往击之"②。南越与汉王朝的关系一度出现裂痕。汉文帝即位后，罢击越之兵，修治赵佗的先人冢，如其昆弟"尊官厚赐宠之"③。继续执行对南越的怀柔政策，并派陆贾再次出使南越，修好与南越的关系。由于文帝对赵佗称帝及进犯长沙不予追究，对高后"隔绝器物"促成赵佗犯边一事，分担了责任，表示愿与赵佗"分弃前患，终今以来，通使如故"④。赵佗才去帝号，并同汉王朝保持着较好的关系。但是，经过汉初的休养生息到武帝统治时期，西汉王朝经济繁荣，国力强盛。汉武帝也就将汉初对南方少数民族的"和集"政策转变为以武功开拓为主的民族政策。建元三年（前138），闽越军击败东瓯军，越过边界，进逼瓯江，东瓯王慌忙上书汉朝廷，请求援助。太尉蚡不主张对闽越用兵，但汉武帝在大臣严助的建议下"遂发兵浮海救东瓯"⑤。建元六年（前135），因闽越王出兵攻掠南越国，汉武帝急遣大军分两路进攻闽越。这次出兵南下，因闽越王主动退却而就此罢兵。在武功开拓疆域的民族政策的指导下，自建元六年（前135）至元封二年（前119），汉政府以招抚与武力并用的方式统一了西南夷地区；元鼎五年（前112）汉军分四路出兵岭南，第二年降南越国。元鼎六年（前111）汉武帝亲自布置四路大军进讨闽越，迫使闽越降汉。由此可见，西汉之时，汉与南方少数民族的关系中冲突互动是一个重要的方面。

两汉时期的冲突互动使中华民族在从多元走向一体的道路上前进了一步。

---

① 《汉书·高祖纪下》。
② 《史记·南越列传》。
③ 《汉书·西南夷两粤朝鲜列传》。
④ 《汉书·西南夷两粤朝鲜列传》。
⑤ 《汉书·严朱吾丘主父徐严终王贾传》。

（三）魏晋南北朝时期的冲突互动

魏晋南北朝是中国历史上最为混乱的一个历史时期，在国家大动荡、大分裂，民族大迁徙、大同化的态势下，冲突就不可避免地成了这个时期民族互动的旋律之一。

西晋时期是战争最严重的时期。据史载，西晋虽然使三国混战的中国暂时得到了短暂的统一，但是 290 年晋武帝死，儿子惠帝是个白痴，儿媳贾后荒淫凶残，为实现贾家垄断政权的目的，她挑动一系列政变，酿成大乱，史称"贾后之乱"。又因有八王卷入，自相残杀，故又称"八王之乱"。延续十六年之久的这场内战，是一场空前浩劫，使国内各种矛盾迅速激化。

304 年，匈奴左部帅刘渊在山西起兵，得到了各族人民的响应。308 年，刘渊称帝，都平阳（今临汾）。310 年，刘渊病死，其子刘聪继立。311 年，刘渊族子刘曜攻克洛阳，俘杀晋怀帝及王公以下 3 万人。316 年，刘曜又围长安，晋怀帝侄子愍帝出降，西晋灭亡。

317 年，晋愍帝在长安投降，早已逃至江南的宗室司马睿在南北土族的支持下称晋王。318 年称帝（即晋元帝），都建康（今南京），国号仍叫晋，是西晋政权的继续，史称东晋。东晋与西晋一样，也是门阀政治，而且更为复杂、混乱。士族与皇族、士族与士族之间经常倾轧，争权夺利，内乱不休，致使东晋政权极不稳定，国无宁日。420 年，东晋大臣刘裕废晋自立，东晋灭亡。

西晋灭亡后的 130 多年间，进入中原的匈奴、鲜卑、羯、氐、羌在黄河流域先后建立了 23 个政权，主要有前赵、后赵、前燕、前秦、前凉、成汉、后燕、南燕、北燕、后秦、大夏、西秦、后凉、北凉、西凉、南凉，史称"十六国"，又称"五胡十六国"。十六国时期（304—439）基本上与东晋（317—420）时期相同。

正是西晋及五胡十六国的混战，使得中国冲突不绝、战争不止，这是一方面。另一方面，各族人民联合反抗统治阶级压迫和剥削的共同斗争也形成高潮。西晋末年，296 年氐人豪帅齐万年领导的关中各族的反晋斗争，301 年氐人李特领导的益州流民起义，303 年义阳蛮张昌在江夏领导荆州蛮和汉族流民的起义，311 年蜀人杜弢在长沙领导的流民斗争，都是汉族劳动人民与流民中的匈奴、鲜卑、氐、羌等少数民族或族群的共同斗争，就是少数民族上层发动的反晋斗争，虽然带有突出的民族斗争的性质，但在反晋之初，处在水深火热之中的北方各族人民，包括汉族人民在内，仍然纷纷响应。如匈奴人刘渊反晋之初，投奔者络绎不绝，不到20天就发展到5万人。北魏末年的各族人民大起义在更深、更广的范围内加强了各族人民之间的互动。这次起义的主要特点，就是各民族被压迫阶级联合反抗共同的敌人——鲜卑贵族和汉族地主的联合统治。如沃野镇匈奴人破六韩拔陵起义，得到六镇各族士兵和被压迫的各族人民的响应；高平镇人赫连因等起义，推敕勒人首领胡琛为高平王，而鲜卑人万俟丑奴则为其部属；秦州羌人莫折太提、莫折念生父子率秦州、关陇各族人民起义，氐人张长命在南秦州响应，河北农民起义的领袖鲜于修礼是丁零人，汉族人葛荣则是其部将。在这里特别要指出的是，破六韩拔陵起义失败后，余众被北魏政府安置在冀、定、瀛三州，而作为镇兵的杜洛周和丁零人鲜于修礼分别率河北农民起义，后又都为汉族人葛荣所统率，突出表现了各族人民联合起义，反对共同敌人的互动情境。

魏晋南北朝时期的冲突互动使中华民族在从多元走向一体的道路上又前进了一步。

（四）隋唐时期的冲突互动

隋唐之时，汉族与突厥、薛延陀、吐蕃、南诏等是冲突互动矛盾的主要方面。

突厥是继匈奴和柔然之后，在蒙古高原、大漠南北兴起的一个强盛一时的族群，其起源于敕勒。从5世纪后叶开始，突厥参与了敕勒各部反对柔然奴役的斗争。在这场斗争中，其从敕勒中脱颖而出，于西魏废帝元年（552）一举大败柔然，由土门建立了突厥汗国。但此后不久，即隋开皇五年（585）突厥汗国分裂成东、西突厥。

隋末丧乱，东突厥成为雄踞漠北、权力控西域、势倾中原的强势族群，史称其"控弦百万，戎狄之盛，近代未有也"[1]。及至唐初，形成东突厥与唐王朝的竞争对抗和冲突的局面。开始，东突厥一直是处于主动进攻的地位，如武德五年（622）八月，东突厥颉利可汗以13万骑人雁门，攻太原，长安一度吃紧。第二年十月，颉利可汗进攻马邑，两军激战；次年

---

① 杜佑一：《通典·边防十三》，卷一九七。

又兵胁长安，李世民率军迎战。武德九年（626）八月颉利可汗乘唐太宗即位不久，率10万骑兵入陇。唐王朝在与东突厥对抗冲突的被动地位，直到贞观年间才开始扭转。贞观三年（629）十一月，唐太宗集结10万精兵，分道出击，经过三个月的激战，第二年正月击败颉利可汗，三月生俘颉利可汗，取得了对东突厥战争的胜利。

西突厥崛起于西部边陲后，贞观十二年（638）又分裂为东西二部。唐王朝采取了支持咥利失可汗，打击乙毗咄陆可汗的政策。贞观十五年（641），唐王朝册封咥利失可汗的继承人薄布特勤为"乙毗沙钵罗叶护可汗"，利用咥利失可汗来分乙毗咄陆可汗之势。同时唐王朝也注意从内部分化乙毗咄陆可汗的力量。贞观十六年（642），乙毗咄陆可汗并沙钵罗可汗之众后，自恃强盛，斩其功臣，引起内部的不满，李世民借此时机，遣使立莫贺乙毗可汗之子为乙毗射匮可汗。射匮发兵攻打乙毗咄陆可汗，咄陆不为部下所拥，西走吐火罗。其征服吐火罗后，"自恃强大。遂骄倨，拘留唐使者，侵暴西域，遣兵寇伊州"。对于乙毗咄陆可汗的挑战，唐王朝从军事上予以坚决的回击。安西都护郭孝恪率轻骑二千邀击于途，又败处月、处密二部于天山，并"乘胜进拔俟斤所居城"，又"降处密之众而归"[①]。在分化瓦解西突厥的同时，唐王朝还成功地用剿抚的策略平定了西突厥阿史那贺鲁。高宗永徽二年（651），阿史那贺鲁建牙于双河及千泉，自号沙钵罗可汗，俨然成了西突厥的统治者，并于当年叛唐出兵攻庭州，威胁西域重镇西州（今新疆吐鲁东南），危及东西交通。为了击败阿史那贺鲁的进攻，永徽三年（652），唐派包括回纥骑兵在内的大军出击，初步扼制了阿史那贺鲁的势力。高宗显庆二年（657），唐又派大军从南北两路夹击阿史那贺鲁，俘获其父子，西突厥亡。

与此同时，唐在西南与吐蕃和南诏也发生了冲突互动。以唐蕃关系为例，唐蕃冲突的表现之一是争夺吐谷浑。南北朝时吐谷浑历经一个世纪的发展成为西北举足轻重的民族，但隋统一中国时于大业五年（609）征服了吐谷浑国。唐王朝时吐谷浑国复兴，于贞观年间不断侵扰唐沿边十一州，并阻断了唐与西域的交通。贞观八年（634），唐太宗下诏讨之，遂成为唐的藩属。而这时与吐谷浑接境的吐蕃崛起，于是吐谷浑成了吐蕃向外扩张和唐朝安边的必争之地。从显庆元年（656）起，吐蕃频攻吐谷浑，

---

① 《资治通鉴》，卷一九六。

至龙朔三年（663），吐蕃禄东赞亡吐谷浑，从而直接威胁唐王朝的河陇、西域之地。

唐蕃冲突的表现之二是争夺西域。贞观年间，吐蕃的势力从帕米尔地区进入西域，并于龙朔三年（663）底侵扰于阗。咸亨元年（670），大举进攻西域，攻陷了龟兹，占领了安西四镇的大部分治地，迫使安西都护府迁回西州（新疆吐鲁番）。武则天垂拱元年（685）十一月，讨伐吐蕃，败还。长寿元年（692）集大军再次讨伐，大破吐蕃，收复龟兹、于阗四镇。但是安史之乱后，吐蕃又乘机攻占了河西陇右地区。建中二年（781）又攻陷沙州。德宗贞元三年（787）吐蕃又攻回鹘，北庭、安西相继陷于吐蕃，使得吐蕃势力在西北连成了一片。

隋唐时期的冲突互动使中华民族在从多元走向一体的道路上前进了一大步。

（五）宋辽夏金时期的冲突互动

唐以后，中国又进入了一个大动荡、大分裂、大冲突的历史时期。

五代十国一开始就形成了少数民族政权与汉族政权之间的冲突。五代中后唐、后晋、后汉为西突厥沙陀族人所建；十国又与吐蕃、南诏、靺鞨等政权对抗；北宋又与契丹族的辽和党项族的西夏鼎立；南宋时先与女真族的金国南北对峙，后又与蒙古族的元朝对抗直至被元所灭。在这种对抗之中，冲突战争成了民族互动的主旋律。

以宋与辽的冲突互动为例，宋与辽的关系，在澶渊之盟订立前，宋为收复石晋以来所丧失的燕云十六州，与辽长期征战不止：

——太平兴国四年（979）六月，宋太宗北伐，企图收复燕云地区。宋军先轻取易州、涿州，然后太宗率军攻辽南京（今北京市）。辽军坚守城池，宋军久攻不下。七月初，耶律沙闻太原已陷，在回军的途中与宋军战于高梁河，宋军大败。

——同年九月，辽景宗为报围城之役，率军南伐，又命善补领山西兵分道以进。十月，辽军与宋军战于满城，辽将韩匡嗣中诈降计而败。十一月，宋在代州、忻州、关南等地击退辽的进攻。

——太平兴国五年（辽乾亨二年，980），辽派十万大军进攻雁门，为杨业等所败。十月，辽景宗率军南伐，耶律休哥等围攻瓦桥关（今河北省雄县）。十一月，宋太宗率军北征，阵于易水之南。耶律休哥率精骑渡水

而战，大败宋军，追至莫州而还。（《辽史·耶律休哥传》）

——辽干亨四年（宋太平兴国七年，982）四月，景宗率三万军南伐，与宋军战于满城。五月，又分兵三路：一路攻高阳关，一路攻雁门，一路攻府州。雍熙三年（986）初分兵三路北征，以曹彬、米信、崔彦进出雄州，田重进出飞狐，潘美、杨业出雁门。五月，潘美下寰、朔、云、应等州，田重进下飞狐，进克灵丘、蔚州等山后要地，而曹彬率大军 10 万之众，深入涿州时，后辽萧太后和圣宗的大军赶来支持，宋军自涿败退。辽军追至歧沟关，大败宋军。不久，宋军再次出击，克云、朔、寰、应四州。辽将耶律斜车今率骑兵救援、败宋军于五台、飞狐，宋军全线崩溃，云、应诸州皆弃。

——宋至道三年（997）九月，萧太后、圣宗率辽兵破狼山寨，进至祁、赵，游骑深入祁、洛之间。

——宋咸平三年（1000）正月，辽军进攻澶州，掠淄州、齐州而回。

——宋咸平五年三月，辽军再次南伐，败宋军于桑门，破宋军于泰州，大胜而归。

——宋景德元年（1004）正月，辽军又攻至涿州。三月宋军破辽军于长城口。闰九月，辽圣宗及萧太后率 20 万大军攻宋，直趋澶州，威胁东京，最后订下了"澶渊之盟"，才结束了宋辽之间的战争状态。

再以南宋与金的冲突互动为例，1124 年，金太祖完颜阿骨打灭辽后，即开始了消灭北宋的战争，宋宣和七年（金天会三年，1125），金太宗伐宋，被李纲领导的兵民击败。第二年八月，金再次伐宋，宋钦宗至金营上降表。宋靖康二年（金天会五年，1127）二月北宋亡，赵构在南京（商丘）称帝，后迁都临安（杭州），于是开始了南宋与金长达一百多年时战时和的南北对峙。

——天会五年（宋建炎元年，1127）底，金太宗分三路南侵，遭到各地义军的抵抗而退。

——天会六年秋，金军再次南侵。十月渡过长江，屡败宋军，高宗从杭州出逃，最后人海到温州避难。这场战争一直打到天会八年，金军受到宋军官兵和义军的坚决抵抗，大掠杭州而北撤。

总之，从五代十国到宋、辽、夏、金 364 年的历史中，在五代十国之间，在宋辽、西夏之间，在南宋与金之间充满了血与火的冲突，战争构成了这个时期民族互动的主旋律。

宋辽夏全时期的冲突互动使中华民族在从多元走向一体的道路上又前进了一大步。

（六）元明清时期的冲突互动

从元统一中国开始，不仅结束了五代十国以来国内分裂割据和几个政权并立的政治局面，也从此结束了中国历史上分分合合的历史格局，使国家的统一成为不可逆转之势，为中华民族从多元走向一体提供了良好的政治基础，使得中国各民族在一个全新的平台上开始了新一轮螺旋形上升的冲突互动。

蒙古贵族建立的元朝实行了民族歧视的等级制度，人为地将汉族分成"汉人"和"南人"。在政权机构和军队组织上排挤和歧视汉族人，在刑法上重惩汉族人，在征敛方面重收汉族人，而且还规定汉族人不得聚众畋猎和迎神赛会，不得执弓矢，甚至连养狗、养鹞鸟都不被允许。因此，元朝民族矛盾一直处于尖锐状态。民谣说："天雨线，民起怨，中原地，事必变。"① 所以元王朝1271年建立后，仅80年，冲突互动就达到极点，爆发了红巾军大起义，其结果是元王朝灭亡，取而代之的是朱元璋建立的明王朝。

明王朝继承了元统一的国家格局，中华民族在从多元走向一体的过程中，冲突互动仍然不止。在北方，明与退出中原的以元顺帝为首的北元政权之间的冲突战争就没有停止过，直到洪武二十四年（1391）秋，由于北元战败投降，辽东、漠南大部、甘肃、哈密和云南才归属明王朝。但随即明与鞑靼、瓦剌的关系又成为冲突互动的主要内容，明成祖先后五次御驾亲征，并将首都从南京迁到北平（今北京），以便打击蒙古鞑靼、瓦剌的势力。在南方，明与南方少数民族的冲突互动也接连不断，最突出的事件就是广西大藤峡的瑶、壮大起义。先是正统七年（1442）由蓝受贰和侯大苟聚众数百人起事，三年后，即正统十年（1445），侯大苟率起义军攻取梧州、荔浦、蒙山、平乐、郁林、博白、庆远、来宾等地，瑶、壮、汉等族人民纷纷响应，起义军发展到一万多人，向大藤峡周围出击。一直到天顺三年（1459）攻破藤县县城，并于天顺七年攻入梧州城。成化元年（1465），明王朝赵辅、韩雍率领16万官军，镇压了侯大苟的起义军。但

---

① 《元史·五行志》。

是大藤峡瑶族、壮族人民一直坚持斗争，不仅有成化二年（1466）侯大苟的余部侯郑昂等领导的起义军，而且嘉靖初年，有大藤峡瑶族起义军首领侯公丁联合八寨①和府江的瑶族、壮族、汉族起义军再次掀起了起义高潮，一直坚持到嘉靖十七年（1538），明王朝的官军血洗了大藤峡，才将这次前后延续了九十多年的大藤峡瑶族大起义镇压下去。明王朝的冲突互动，最后的结果也是在以李自成为首的明末农民大起义中走向灭亡，而后清军入关，建立了清王朝。

清军入关后，民族之间的冲突成了主要矛盾，抗清风云席卷中原大地，史可法率领扬州军民困守孤城，誓死不降，最后英勇牺牲。1645 年 6月 15 日，清政府向全国发布"剃发令"，规定：全国官民，京城内外限十日，直隶及各省地方以部文到日亦限十日，全部剃发，"遵依者即为我国之民，迟疑者同逆命之寇，必置重罪，若迟疑惜发巧辞争辩，决不轻贷"，违抗者"杀无赦"。剃发之后，衣帽装束随之改易，"悉从本朝制度，不得违异"②。自古以来，蓄发是汉民族传统的风俗，是汉民族民族意识的外部表现。强迫剃发，实际上就是灭族。太平天国的《奉天讨胡檄》说："夫中国有中国之形象，拖一长尾于后，是使中国之人，变为禽兽也。中国有中国之衣冠，今满洲另置顶戴了，胡衣猴冠，坏先代之服冕，是使中国之忘其根本也。"③ 所以，当清朝严令"留头不留发，留发不留头"时，汉族人民发出"头可断，发决不可剃"的誓言，奋起进行了悲壮勇敢的反剃发斗争。其中江阴和嘉定两地的斗争最为激烈。江阴人民推阎应元、陈明遇为领袖，在 24 万清军的攻击下，苦战 81 天，誓死不剃发。嘉定人民组织乡兵，地自为守，人自为战，有 10 多万人参加反剃发斗争，坚持了一个半月，2 万多人壮烈牺牲。清晚期的太平天国起义、义和团运动，以及导致清灭亡的辛亥革命，都是清王朝时期中华民族从多元走向一体冲突互动的重要内容。

总之，元明清时期的冲突互动使中华民族在从多元走向一体的道路上再前进了一大步。

---

① 八寨指大藤峡地区之西广西上林县、忻城县境的思吉、周安、古卯、古蓬、古钵、剥丁、罗墨、都者八个地方。

② 《清世祖》，卷十七，顺治二年六月丙寅。

③ 杨秀清：《奉天讨胡檄》，见《中国近代史资料选编》，生活·读书·新知三联书店 1954年版，第 118 页。

三　中华民族在整合中从多元走向一体

在考察和分析中华民族从多元走向一体的过程中，要注意考察人类社会生活的各层面是如何一起运作的。本来在中华民族从多元走向一体中，冲突与整合是不可分割的，而且这个过程的每一个阶段都包含这两方面的内容，但是为了叙述论证的方便，我们先考察中华民族在冲突中从多元走向一体的大致历程，再来了解中华民族如何在整合中从多元走向一体。

（一）先秦时期的整合互动

先秦之时，尽管一边是冲突的烽火不断，但另一边整合的流水也不止。以婚姻为例，周、齐的姬、姜两族，秦、晋的嬴、姬两族，宋、鲁的子、姬两族，以及中原姬姓贵族和戎、狄、夷、蛮各族之间，实行了传统的、广泛的通婚，各民族之间通婚、混血的事情不断发生。《国语·周语》记载，周襄王"德狄人，将以其女为后"。《左传》庄公二十八年记载："晋献公……又娶二女于戎。大戎狐姬生重耳，小戎子生夷吾。"看来春秋时声名很大的晋公子重耳原来是个混血儿。而重耳逃难到狄时，"狄人伐廧咎如，获其二女叔隗、季隗，纳诸公子。公子取季隗，生伯鯈，叔刘；以叔隗妻赵衰，生盾"。唐咎如是赤狄的别种，重耳又与狄人通婚。又如东夷须句国人成风是鲁僖公之妾；赤狄别种潞子婴儿的夫人是晋景公的姐姐。凡此种种，不胜枚举。

秦晋联姻更是春秋时期夏、商、周三族融合基本完成的标志。西周分封诸侯时，晋开国君王是周成王的弟弟唐叔虞，是周民族人；而秦则是非周民族人。《史记·秦本纪》载，秦的先祖"蜚廉生恶来。……父子俱以材力事殷纣"。秦晋联姻混血，表明夏、商、周三族之间的民族界限完全被打破了。因而"秦晋"二字，成了中国古代婚姻关系的代名词。

再以文化整合为例，拿《诗经》来说，它是中原地区夏、商、周三族文化整合的产物，也可以说是周文化的代表。但到春秋后期，《诗经》从中原地区向四方传播普及。以在南方影响最大的楚民族来说，楚民族受周文化的影响，也能诵读《诗经》了。《左传》昭公元年记载："令尹享赵孟，赋《大明》之首章，赵孟赋《小宛》之二章。"《左传》昭公七年又记载："（芊尹）无宇辞曰：'……故《诗》曰，普天之下，莫非王土，率土之滨，莫非王臣。'"不仅如此，楚庄王八年（前606）攻打陆浑戎时，陈兵周郊，问九鼎大小轻重，说明楚民族对夏、商、周三族都十分珍重和视为宝物的"九鼎"，也同样是十分珍视，其中原因除"九鼎"是权力的象征以外，也包含了文化整合的成果。

这样，在先秦时期的整合互动中中华民族开始从多元走向一体。

（二）秦汉时期的整合互动

秦始皇灭六国，建立了统一的秦王朝，构建了中国历史上民族互动过程的第一个整合平台。他推行郡县制构建了华夏民族的地域平台；规定"书同文"构建华夏民族语言平台；统一货币、度量衡和"车同轨"，构建了华夏民族经济生活的平台；颁布统一的法律令，把"人伦"用法律的形式固定下来，构建了华夏民族的伦理平台。这样，秦始皇就从地域、语言、经济生活和伦理等方面完成了对先秦以来大部分民族与民族之间的整合，从而构建了中华民族形成史上的第一个整合平台——华夏民族。

西汉建立后，汉承秦制，华夏民族发展转化为汉民族。在这个新的民族整合的平台上，汉王朝在华夏民族的基础上继续整合汉民族。这种整合，集中表现在以下两个方面：一是以"'春秋'大一统"之义为维系整合成果的理论基础；二是通过政治、思想、教育、伦理、艺术、礼仪的种种渠道，渗透到汉代社会生活的各个方面和各个层次，进入人们的血液、骨髓之中，使"孝"在社会各个角落有形或无形地发生着巨大的作用，"得万国之欢心""得百姓之欢心""得人之欢心"[1]，从而形成了"以孝治天下"来维系整合成果的行为模式。

汉王朝在新平台上的整合互动，使"大一统"成为中国历史发展的主流，在"海内为一"[2]的"大一统"中奠定了中华民族从多元走向一体的历史基础。

（三）魏晋南北朝时期的整合互动

在魏晋南北朝动荡、分裂、迁徙和冲突之中，各民族的统治者为了巩

---

① 《孝经·孝治章》。

② 《史记·货殖列传》。

固自己的统治地位，同时也采取了怀柔的政策来推动整合互动。如曹丕建魏不久，就派宣抚使持节护鲜卑校尉，怀柔鲜卑。明帝曹叡继位后，"欲绥和戎狄，以息征讨"①，羁縻了鲜卑步度根、轲比能二部。同时，曹魏政府又封沙末汗为亲汉王，素利、弥加为归义王，轲比能为附义王，以安抚鲜卑。

对匈奴，于建安十一年（206），一方面"礼召其豪右，稍稍荐举，使诣幕府"②，将匈奴上层人物吸收到地方政府中任职；另一方面又鼓励匈奴百姓参加农业生产。这样就使得匈奴上层人物和百姓都适得其所。正如《三国志·魏书·梁习传》所说："单于恭顺，名王稽颡，部典服事供职，同于编户，边境肃清，百姓布野。"

南北朝时，怀柔政策比较稳定。如南朝为了集中治理归属少数民族，使之不因剧烈的变动而惊恐，在两汉的"属国制"和设置边郡边县的基础上，设置左郡左县来治理少数民族地区，让少数民族自己管理自己。史载齐末已有 65 个左郡，138 个左县，其中在僚族地区建立了 5 左郡 4 左县（多数僚郡无属县），在俚族地区建立了 8 左郡 22 左县，在蛮族地区建立了 38 左郡 118 左县。③

在经济上，南朝对少数民族的租赋，承袭西晋"输义米"④ 的办法，并作了适当的调整，其规定：对于一般降附的少数民族，只输谷而无杂调。这种租赋以户口为单位进行征收，税率是很低的。对于纳入郡县的少数民族，课以田赋和杂调，即除了输谷外，还要纳绢、绵、丝等杂调，这只是针对蛮族而言。另外，始兴的俚人以银纳赋，后改为"计丁课米"⑤，南朝的僚人"与夏人参居者，颇输租赋"⑥。

这样，自西晋后，经过南朝四代 169 年的整合互动，南方蛮、俚、僚

---

① 《三国志·魏书·鲜卑传》。

② 《三国志·魏书·梁习传》。

③ 《南齐书·州郡志》。

④ 西晋统一中国后，曾对少数民族的户调和租税作了新的规定，《晋书·食货志》记载："夷人输賨布一匹，远地可减至一丈"；"远夷不课田者输义米，户三斛，远者五斗，极远者输算钱，人二十八文"，与汉族农民每户每年调绢 3 匹、绵 3 斤、每亩纳粮 8 升相比，确实是一种较轻的赋税。

⑤ 《宋书·徐豁传》。

⑥ 《魏书·僚传》。

等少数民族的一部分"浸以微弱，稍属于中国，皆列为郡县，同之齐人"①。《通典》对僚族被汉族同化的情况有一段生动的记述，其说：僚"初，因蜀李势乱后，自蜀汉山谷出，侵扰郡县。至梁时，州郡每岁伐僚以自利，及后周平梁益，自尔遂同华人矣"②。

这样，在魏晋南北朝时期的整合互动中，中华民族在从多元走向一体的过程就前进了一步。

（四）隋唐时期的整合互动

隋统一中国，为唐王朝建构了中国历史上民族整合互动的第二个平台。在这个新的整合平台上，创造了中国文化的一个高峰——唐文化。

唐文化丰富璀璨，博大精深，其主要内容有佛教与儒道整合的结晶——禅宗，北方文风与南方文风整合的结晶——唐诗，汉族音乐传统与少数民族音乐精华整合的结晶——唐乐，汉舞与胡舞整合的结晶——唐舞，佛教雕像艺术与汉族书法艺术整合的结晶——敦煌，拼音原理与京汉语韵母系统整合的结晶——音韵学，汉族风俗与少数民族风俗整合的结晶——唐风。③

为了具体地展示唐文化的风采，在此以唐舞为例。据段安节所著《乐府杂录·乐工》记载："舞者乐之容也。有大垂手小垂手：或如惊鸿，或如飞燕。婆娑舞态也，蔓延舞缀也。古之能者不能胜记。即有健舞、软舞、字舞、花舞、马舞。"

软舞是汉族的传统舞蹈，其特点是徐歌曼舞、柔婉抒情。《绿腰》就是软舞中的一种，五代画家顾闳中所绘的《韩熙载夜宴图》使我们能看到《绿腰》舞的一个镜头：舞者是王屋山。她穿着袖管狭长的舞衣，背对着观众，从右肩上侧过半个面来；同时又微微抬起右足，正要踏下去，双手正要从后面向下分开，把她那窄窄的长袖飘舞起来。

健舞是西域少数民族的舞蹈，其特点是急骤强烈地跳动旋转。据向达先生研究，健舞中今确知出于西域的有胡腾舞、胡旋舞、柘枝舞三种。④

---

① 《隋书·南蛮传》。

② 《通典·南蛮》，卷一八七。

③ 徐杰舜：《汉民族发展史》，四川民族出版社1993年版，第262—275页。

④ 向达：《唐代长安与西域文明》，生活·读书·新知三联书店1957年版，第64页。

对此三种胡舞，唐代诗人作诗记述者甚多。关于柘枝舞，据唐诗考之，柘枝舞的特点有三：一为以鼓声为节，鼓声之击起舞，故白居易《柘枝词》诗曰："平铺一合锦筵开，连击三声画鼓催。"二为重目部表情，即刘禹锡《观舞柘枝》诗所云："曲尽回身去，层波犹注人。"三为曲终须半袒其衣，所似薛能《柘枝词》说："急破催摇曳，罗衫半脱肩。"关于胡旋舞，段安节在《乐府杂录·俳优》中又说："舞有骨鹿舞，胡旋舞，俱于一小圆毯子上舞，纵横腾踏，两足终不离于毯子上，其妙如此也。"白居易所写《胡旋女》诗云："胡旋女，胡旋女，心应弦，手应鼓。弦鼓一声双袖举，回雪飘飘转蓬舞，左旋右转不知疲，千匝万周无已时。人间物类无可比，奔车轮缓旋风迟。"

还有唐初的宫廷舞——七德舞，据《新唐书·礼乐志》记载，唐太宗李世民为秦王时，征伐四方，军中流传《秦王破阵乐》曲。627 年，李世民即位当了皇帝，命吕才制音律，魏徵等作歌辞，贞观七年（633）又亲制《破阵舞图》，命吕才依图教乐工 128 人被甲执戟，来往疾徐击刺而舞，并有乐队合奏，歌声伴唱。其音乐就是在汉族清商乐的基础上吸收龟兹乐而作成的。而以《霓裳羽衣曲》为曲的盛唐舞蹈——霓裳羽衣舞，则可以说是唐朝汉舞与胡舞融汇的结晶，白居易的《霓裳羽衣舞歌》对此舞作了详细的描述，看后确实叫人叹为观止。可见唐舞是汉舞与胡舞整合的结晶。

总之，禅宗、唐诗、唐乐、唐舞、敦煌、音韵学、唐风①等都是中华民族从多元走向一体互动过程中第二次大整合的结晶。

（五）宋、辽、夏、金时期的整合互动

宋、辽、夏、金时期，在中华民族从多元走向一体的整合互动中，汉族的经济和文化对少数民族不断产生吸引力和影响力。以西夏为例，早在唐末宋初，即有接受了汉民族经济和文化的"熟户"出现。西夏建国后，"素鲜耕稼，专以畜牧为生""畜牧甲天下"②的党项族也逐渐发展了农业和手工业，由畜牧业逐渐转向农业。如陕西横山地区，是党项族迁至陕北

---

① 徐杰舜：《汉民族发展史》，四川民族出版社 1993 年版，第 262—275 页。

② 《金史·西夏传》。

后的主要聚居区，已是"延袤千里，多马宜稼"①。再如《番汉合时掌中珠》中载有犁、铧、子楼、镶、锄、炊、锹，以及碌碡、刻叉、车、碾、碓、枷等农具，与原西北地区的农具大致相类，所以在西夏领域内，包括以走廊著称的今敦煌、酒泉、张掖、武威等地在内的河西陇右地区，不仅是有名的牧区，盛产良马，同时也有相当发达的农业，"民物富庶，与中州不殊"②。在经济起决定作用的同时，汉族的文化对党项族也产生重要的影响，这除了表现于西夏统治者大力提倡和宣扬在唐代已完全汉化了的佛教外，还集中表现于西夏统治者对汉民族传统的儒家文化的积极采用上。元昊以来使用新制西夏文字翻译汉文古籍，流传至今的就有《论语》《孟子》《孝经》《贞观政要》等，不胜枚举。依据汉文古籍编译成书的则更多，现存的有《文海》《文海杂类》《五音切韵》等。③ 为了汲取汉民族先进的文化，西夏统治者经常向宋王朝请求各种经、史书籍，如《九经》《唐书》《册府元龟》等巨著。④ 于是在党项族中出现了像儒学渊深的斡道冲⑤，诗才超妙的汉王仁忠⑥，编修西夏实录的焦景颜、王金⑦，编纂《番汉合时掌中珠》的骨勒茂才⑧等善于汲取汉民族文化的代表人物。

此外，宋、辽、夏、金时期，在民族的整合互动中，作为历史潮流，汉化就成了不以人们的意志为转移的客观规律。因此，辽、夏、金都先后出现过北魏孝文帝式的人物，顺应历史潮流，推行汉化政策。如作为治国的经典，提倡汉化了的佛教，不仅使封建制确立，也有力地推进了契丹族的汉化。在金朝，海陵王是女真族的"孝文帝"。他以毫不逊色于孝文帝的魄力和措施，把都城从上京合宁府迁到燕京，同时把太祖、太宗的棺木也从上京迁到燕京大房山新建的"山陵"安葬和祭祀；又下令拆毁上京的旧宫殿和女真各大族的住宅，平作耕地，表明了汉化的决心。后来他又废除南北选制，统一了选取汉官的科举制。章宗继承海陵王的事业，成了金

---

① 《宋史·种世衡传》。

② 《文献通考》，卷三二二，古雍州附案。

③ 陈振华：《评苏联近 30 年的西夏学研究》，《社会科学战线》1978 年第 2 期。

④ 《宋会要辑稿·礼》，六二之四〇。

⑤ 虞集：《道园学古录·西夏相斡公画像赞》。

⑥ 《西夏书事》，卷三三。

⑦ 《宋史·夏国传下》。

⑧ 《番汉合时掌中珠》，原序。

皇帝中汉文化水平最高的一人。他规定各地对汉民族先祖帝王伏羲、神农、轩辕、少昊、颛顼、高辛、尧、舜、禹、汤、周文王、周武王等要三年一祭，并在京师设女真国子学，诸路设女真府号，以经书为标准教授经书科举。

总之，从五代十国到宋、辽、夏、金这 364 年的历史中，中华民族在从多元走向一体的进程中又前进了一大步。

（六）元明清时期的整合互动

元明清时期的整合互动全面而深刻，包括政治体制的整合、怀柔政策的整合、经济交流的整合、宗教管理的整合四个方面。因篇幅关系，仅以政治体制和宗教管理两个方面的整合为例。

1. 政治体制的整合

元王朝疆域空前辽阔，其境内少数民族亦空前众多。元王朝为了巩固统一，有效地对汉族和其他少数民族实施统治，在政治体制上进行整合，实行了统一行政组织机构，其主要内容是：一是以中书省为中央最高行政机构，二是以行中书省为地方最高行政机构，行中书省，简称"行省"。三是行省下设路、府、州、县为地方行政机构，四是建立里、社基础组织。忽必烈于至元二十三年（1281）在全国范围内设行中书省。至元二十七年（1294）调整行省进置，除中书省直辖山东、山西、河北等地，宣政院辖吐蕃及诸王封地外，全国分置十个行省，即岭北、辽阳、河南、陕西、四川、甘肃、云南、江浙、江西、湖广。

元王朝的行省制度，初步奠定了今天中国省区的格局。到明王朝时，行政区划里改为省、府、县三级，清王朝时又改为省、道、府、县四级，基本格局大同小异。这种系统、严密的行政区划制度把中国各民族铸成一个不可分割的统一体。

2. 宗教管理的整合

成吉思汗时十分重视宗教管理上的整合，他利用萨满教，自称"如今天命众百姓都属我管"，从而得到萨满们的全力支持，统一了蒙古各部。在征服各民族的过程中，成吉思汗制定了各教平等、信教自由的政策，于是，许多信仰不同宗教的各族有才之士都成为成吉思汗的智囊谋士，如道教领袖丘处机，信奉佛教禅宗的耶律楚材，以及一些基督教和伊斯兰教的星者和谋士都为蒙古统治者的征服出谋划策，为元王朝的统一贡献了力量。

元王朝统一中国后，忽必烈虽然偏重佛教，尤其尊崇喇嘛教，但仍继承了成吉思汗各教平等、信教自由的理念。其后，元王朝历代皇帝不断补充和完善宗教管理的整合政策，其主要内容有尊崇喇嘛教，实行各教并存，信教自由，给僧道法律特权，免除寺观庙宇差役赋税等，有效地实行了对佛教、道教、伊斯兰教、喇嘛教、基督教和萨满教的管理。

清王朝对宗教的管理集中在对喇嘛教的整合上。清初，顺治帝认识到蒙古族、藏族人民笃信喇嘛，其上层分子更是"惟喇嘛之言是听"[1]，要控制好蒙、藏地区，就必须整合好喇嘛教。从顺治元年（1644）开始，清王朝先后四次派官员携带敕书、礼物入藏，三次宣旨，往召达赖五世前来内地。达赖五世入内地后，顺治帝在南苑会见他时，赐坐、赐茶、赐宴，待以殊礼，当天即由户部拨供善白银九万。[2] 后册封达赖五世为"西天大善自在佛所领天下释教普通瓦赤喇怛喇达赖喇嘛"。"普通"即普遍通晓，识一切的意思，这是西藏佛教对在显宗方面取得最高成就的僧人的称呼。"瓦赤喇怛喇"，意为执金刚，这是西藏佛教对在密宗方面取得最高成就的称呼，并确定达赖为喇嘛教的最高领袖。

这样，元明清 640 年的民族整合互动中，中华民族在以多元走向一体的进程中又前进了一大步。特别有意义的是，这一大步是由蒙古族占统治地位的元王朝、汉族占统治地位的明王朝、满族占统治地位的清王朝联合推进的，这就为中华民族从多元走向一体的最后形成铺平了道路。

四 中华民族从多元走向一体的互动模式

冲突与整合是几种有限的人类互动的基本形式之一。中华民族在从多元走向一体的冲突与整合互动中，在中国历史上形成了三种模式：

1. 冲突为主、整合为辅模式

中国历史上魏晋南北朝和宋辽夏金两个时期，由于社会处于大动荡、大分裂、大迁徙状态，冲突成为互动的主要形式和内容，整合则处于次要的地位，故而形成冲突为主、整合为辅模式。

---

① 《清世祖实录》，卷六十八。

② 妙丹：《蒙藏佛教史》（上）第 4 篇，上海佛学书局 1935 年版，第 65 页。

2. 整合为主、冲突为辅模式

中国历史上隋唐和元明清两个时期，由于社会处于统一、稳定的态势，整合成了互动的主要形式和内容，冲突则处于次要的地位，故而形成整合为主、冲突为辅模式。

3. 冲突与整合并重模式

中国历史上先秦和秦汉两个时期，由于社会处于"大一统"形成巩固的态势，冲突与整合的互动立体交叉地进行着，有时冲突占主导地位，有时又是整合占主导地位，故而形成了冲突与整合并重模式。

对于中华民族从多元走向一体的冲突与整合互动的三种模式，只要我们把上述有关冲突与整合的过程综合起来立体地考察，就不难分清这三种模式的区别。

第五章　文化基因

在对中华民族史的研究中，笔者常常思考中华民族从多元走向一体，上下五千年，经历了无数的历史风雨，历经无数的历史坎坷，分分合合，合合分分，但"大一统"始终是历史的大趋势、大潮流，尽管中华民族的起源是多元的，但却迎合大趋势，紧随大潮流，坚定不移地走向一体，中华民族表现出了世界上少有的凝聚力。中华民族为什么会从多元走向一体呢？笔者认为产生凝聚力的文化基因起着决定性的关键作用。本章以葫芦神话为例探讨中华民族的文化基因问题。

一　文化基因：中华民族凝聚的理论观照

文化是什么？对此每一个学者都可以自定义的问题，笔者在此不予以讨论，只是据自己对文化的理解认为：文化就是人的一切行为方式的表达。其中的内涵有三个层面：一是人；二是一切行为方式；三是表达。当然表达是多样化的。俗话说，物以类聚，人以群分。为什么多元的中华民族会走向一体呢？或者说是什么力量使得中华民族会从多元走向一体呢？是文化基因。本来中华民族是多元的，文化表达也就是多元的，但是在中华民族多元的文化表达中，总是给人们透露出了一个重要的信息，那就是起源多元的中华民族有着共同的文化基因。

要了解文化基因，先必须像黄庭坚所说"知天下之脉络"[1] 那样了解文化人类学理论发展的"脉络"。何国强先生认为，人类学对于文化的理

---

① 黄庭坚：《后山诗注》卷首王云题记。转引自［美］罗伯特·C. 尤林《理解文化》译序，何国强译，北京大学出版社 2005 年版，第 19 页。

论研究从 20 世纪 60 年代开始进入了一个新阶段，60 年代的主题是符号、自然、结构；70 年代的主题是马克思主义；80 年代的主题是人的主动性和社会实践；90 年代的主题则是后现代、世界体系和文化离散。① 何先生的这种分析当然有他的道理，但是笔者更倾向于认为，人类学对于文化的理论研究如果以 20 世纪 70 年代为分界线的话，实际上分为两个时期，此前为外表描述时期，此后为内涵解释时期。

所谓外表描述时期，是指从英国泰勒 1871 年发表《原始文化》到法国列维 - 斯特劳斯 1976 年发表《结构人类学》第二卷的时期。文化人类学的理论在这个一百年的发展中，基本上都是对文化外部特征的描述，如泰勒、摩尔根的古典进化论，拉第尔、格雷布内尔的文化传播论，孔德、涂尔干的社会决定论，布朗、马林诺夫斯基的文化功能论，博厄斯的历史特殊论，列维 - 斯特劳斯的文化结构论，怀特的新进化论，等等。这些文化人类学流派的理论表达虽然各有侧重，各有千秋，但本质上都是对文化外部特征的表达，也就是说文化的这些特征都是人们一眼就可以看清楚的。所以，这些特征是外在的、实证的、物质的。

所谓内涵解释时期，是指从美国格尔茨 1973 年发表《文化的解释》和英国利奇 1976 年发表《文化与交流》以后的时期。文化人类学的理论在这三四十年的发展中，基本上都是对文化内涵解释的阐述，如利奇·特纳的象征论，格尔茨的解释论，萨林斯的符号论，埃莉诺·罗施的认知论等。这些文化人类学流派的理论虽然各有侧重，各有千秋，但本质上是对文化内涵的深层次解读，也就是说文化的这些内涵不是一眼就可以看清楚的，它需要人们去分析它的意义。同一种事物，它可以是不同的象征，有不同的解释，代表不同意义的符号，就是认知论也不满足于在社会里找文化，而要到人的头脑里去找文化、找意义。所以，这些特征是内在的、心理的、精神的。

了解文化人类学理论发展的脉络，再来看什么是文化基因，就可能有一个整体的把握。

早在 1955 年，美国人类学家朱利安·史徒华（J. H. Steward）在《文化变迁的理论》一书中就提出过"文化核心"（Culturalcore）的概念，指

---

① ［美］罗伯特·C. 尤林：《理解文化》译序，何国强译，北京大学出版社 2005 年版，第 11 页。

的是与生产及经济活动最有关联的各项特质之集合。实践证明与经济活动有密切关联的社会、政治与宗教模式包括在文化核心之内。① 但是，文化核心之说还只是一种文化中所含有的一组基本特征（avonstellation of basic feature），并不是文化内涵组成的最小单位。

文化内涵组成的最小单位是什么呢？美国人类学家威斯勒（C. Wissler）认为是"文化特质"（culturetrait），也称"文化元素"（culture element），指的是一种文化组成分子中可界说的最小单位，如一把锄头、一件刺绣品等。

从文化核心和文化特质出发，那么，什么是文化基因呢？

基因（gene）是生物体遗传的基本单位，存在于细胞的染色体上，作线状排列，是储存特定遗传信息的功能单位。笔者从泰勒借用达尔文生物进化的观点而提出文化是进化的，摩尔根得到启发，提出社会是进化的，从生物基因说引申为文化基因，即文化内涵组成中的一种基本元素存在于民族或族群的集体记忆之中，是民族或族群储存特定遗传信息的功能单位。

当代正在兴起的分子人类学从分析人类的基因入手，对人类的起源提出了"新夏娃"说。一个由中美遗传学家组成的分子人类学研究小组从东亚各地获得了1.2万人的血样，并检查了Y染色体（男性染色体）上称作标志基因的典型DNA序列，发现每个男子都可以把自己的祖先追溯到3.5万至8.9万年前生活在非洲的前辈们。他们还发现，绝无遗传迹象表明现代人（智人）曾与当时已经生活在亚洲的早期人（直立人）交配。"新夏娃"说似乎证实了所谓的"走出非洲"理论。这一理论认为，现代人大约在10万年前起源于非洲；后来四处迁移，取代了全球各地的直立人。② 此说尽管受到不少中国古人类学家的质疑，但却从一个新的窗口向人们展示了人类起源的图景。

这样看来，文化基因的理论观照，可以帮助我们从中华民族的文化底蕴上认识中华民族从多元走向一体凝聚的奥秘，而葫芦神话则是典型案例。

---

① ［美］史徒华：《文化变迁的理论》，张恭启译，允晨文化实业股份有限公司1989年版，第45页。

② ［美］斯宾塞·韦尔斯：《人类前史：出非洲记 地球文明之源的DNA解码》，东方出版社2006年版。

二　洪水神话：中华民族文化基因形成的背景

一般人所熟悉的洪水神话，是《旧约·创世纪》中诺亚方舟洪水的故事。诺亚方舟的故事虽然是神话，但一些科学家却宣称诺亚时期的大洪水是可用科学证据加以证实的，他们认为，大洪水必然会在地球各处留下大量的沉积岩，而据科学方法估测，75%以上的地球表面实际上是沉积岩，这证明地球上的确曾经有大洪水发生过。[①] 还有的科学家提出一种地球第四冰河期的证据，认为在一万年前，地球气候转暖，冰河大量解冻，洪水泛滥成灾，海水不断回升，吞没了大陆架，发生普遍的大海浸，形成了世界性的大洪水。有的科学家还提出了一种陨星撞击说，认为一万年前，有一颗巨大的陨星撞击了地表，释放出巨大的能量，引起极大的海啸，造成了一场特大的洪水泛滥，人类遭受惨重的损失，幸存的人则带着这恐怖的记忆，向更高的地面迁徙，于是传下了有关这次洪水灾难的故事，流传成今天的洪水神话。[②]

洪水神话的来历在中国学者中也有回应，梁启超先生在1922年就发表了《洪水考》，对中国的洪水神话及起因发表了相当成熟的观点。[③] 而对洪水神话进行专门研究的是钟敬文先生，他在1931年发表的《中国的水灾传说》中，首次系统地梳理和论述了中国的洪水神话，并十分有见地地指出中国洪水神话的特点是"水灾传说"和"人类毁灭与再造"。"人类毁灭与再造"的特点，正是葫芦文化之所以会出现和成为中华民族文化基因的关键原因。[④] 历史学家徐旭生先生则肯定洪水有历史的因素，并特别指出："洪水传说发生于我们初进农业阶段的时候。"[⑤] 这又为我们认识葫芦文化之所以产生的历史背景大有裨益。

---

① ［美］卡佐、斯各特：《奇事再探》，陈元璋等译，知识产权出版社1983年版，第278页。

② 庄锡冒等编：《世界文化之谜》第一辑，文汇出版社1986年版，第38页。

③ 《饮冰室专集》之四十三，又见马昌仪编《中国神话学文论选萃》，中国广播电视出版社1994年版，第56—57页。

④ 钟敬文：《中国水灾传说》，载《钟敬文民间文学论集》（下），上海文艺出版社1982年版，第163—191页。

⑤ 徐旭生：《洪水解》，载马昌仪编《中国神话学文论选萃》上，中国广播电视出版社1994年版，第616页。

中国洪水泛滥的情况，《尚书·尧典》《孟子·滕文公》《淮南子·览冥》《楚辞·天问》等都有记述，神话学家袁珂先生在《中国古代神话》一书中有一段生动的描述，他说：

> 根据历史记载，尧时候有过一次长期的大洪水，时间经过至少有22年之久。
>
> 那时全中国都受了洪水的灾害，情形凄惨可怕极了。大地是一片汪洋，人民没有住居的地方，只得扶老携幼东西漂流。有的爬上山去找洞窟藏身；有的就在树梢上学雀鸟一样做窠巢。田地浸没在洪波里，五谷全被水淹坏，地面上的草木却长得极畅茂，飞禽走兽也一天天地繁殖加多，弄到后来，禽兽竟来和人民争地盘了。可怜的人民，他们要抗制寒冷和饥饿，还要分出力量来对付繁殖加多的禽兽，他们哪里还能够是禽兽的敌手呢？所以假如他们不死亡在寒冷和饥饿当中，也难免要死亡在恶禽猛兽的爪牙残害之下。人民一天天地减少了，只有鸟兽的脚迹所经过的道路，布满在洪水暂时退去和还未被淹没的全中国的地方。①

正是历史上的这一场大洪水，引发了人类毁灭与再生的母题，这就为葫芦神话的构建提供了大背景。

三　葫芦神话：中华民族的文化基因之一

葫芦神话怎么就成了中华民族的文化基因呢？

这正是因为在中华民族先民许许多多民族或族群的集体记忆中，大洪水之后，人类毁灭，只有兄妹二人幸存，人类如何再生繁衍呢？这就发生了葫芦文化的神话记忆，从而遗传为中华民族的文化基因。

在汉族的神话记忆中共工振滔洪水、女娲止水，以及伏羲与女娲造人的神话都是葫芦文化的经典版本。传说水神共工，是天上一个有名的恶神，人的脸，蛇的身子，红色的头发，性情愚蠢凶暴。后来水神共工与火神祝融打了一场恶战，代表光明的祝融胜利了，代表黑暗的共工失败了。

---

① 袁珂：《中国古代神话》，华夏出版社2004年版，第216页。

这时共工眼见自己的队伍凋零，又羞又恼，也觉得没有脸再活在世界上了，就一头向西方的不周山撞去。这一撞，不得了，共工把撑天的柱子给撞断了，大地的一角也被撞坏了，半边天空也坍塌下来，天上露出了一些大窟窿，地面上也破裂成纵一道横一道的深沟，洪水从地底喷涌出来，波浪滔天，使大地成了海洋。人类简直无法生存下去了。这时，女娲出来补天。她在大江大河里挑选了许多五色的石子，架起一把火将石头熔化后填补天上的窟窿。然后又杀了一只大乌龟，斩下它的四只脚，用来代替天柱，竖立在大地的四方，平息了水灾。

洪水平息后，女娲又为人类的再生而抟土造人，[①] 但神话的记忆却有女娲与伏羲的传说。闻一多先生就认为伏羲就是葫芦，他在《伏羲考》中说：根据伏羲女娲与匏瓠的语音关系，"伏羲、女娲莫不就是葫芦的化身。或仿民间故事的术语说，一对葫芦精。于是我注意到伏羲女娲二字的意义。我试探的结果，'伏羲''女娲'果然是葫芦"[②]。至今在甘肃天水一带还流传着伏羲是葫芦娃的故事：伏羲为民女与龙王所生，后人间发大洪水，民女将初生的伏羲装入葫芦放回人间，保留了人种。[③]

特别值得注意的是，葫芦神话除在汉族的神话中留下了集体记忆外，在中华民族多元的先民中，尤其在南方的少数民族或族群中也留下了神话记忆。据统计，葫芦文化在壮族、布依族、水族、景颇族、侗族、怒族、哈尼族、拉祜族、傈僳族、仡佬族、德昂族、普米族、布朗族、彝族、佤族、阿昌族、独龙族、珞巴族、黎族、畲族、瑶族、满族、鄂伦春族、柯尔克孜族等民族中都留下了神话记忆。

试举几例：

1. 苗族的葫芦神话记忆

芮逸夫先生在 20 世纪 30 年代记录的湘西苗族传说：雷公与人结怨，发大水欲灭人类，只见兄妹因为对雷公有恩而获得葫芦或瓜藏身，得以在洪水中幸存。接着，经过滚磨盘、剖竹，或由金龟撮合而婚配。兄妹婚后，生下肉块，必定砍碎而扬撒，就成了吴、龙、石、麻和廖五姓或百家

---

① 《风俗通义》云："俗说开天辟地，未有人民。女娲抟黄土作人，剧务，力不暇供，乃引绳于缒泥中，举起以为人。"

② 闻一多：《伏羲考》又见《闻一多全集》，生活·读书·新知三联书店 1982 年版，第 59 页。

③ 武文等：《华夏民族与葫芦文化》，《民俗研究》1991 年第 1 期。

姓的由来。①

2. 壮族的葫芦神话记忆

壮族的洪水神话普遍流传于广西红水河流域，说的也是雷公发怒，而救过雷公的伏依兄妹得到雷公送的两枚牙齿，遵嘱种在土里。说也奇怪，刚种下去的牙齿竟然很快发芽长大，一天之中就开了花结了果，第二天早晨已长成奇大无比的葫芦。第三天雷公施法洪水泛滥，大地变成了一片沧海，两个孩子就躲进葫芦里保存了生命。大水过后，大地上所有的人类都死光了。幸存的兄妹俩长大后结为夫妻，女的怀孕后生产下一个肉团。这肉团没有眼，没有嘴，没有手，没有脚，不知是鬼还是怪。伏依兄妹便用刀把肉团砍碎，往山下一撒，就变成了许多人。②

3. 侗族的葫芦神话记忆

广西三江龙胜、融水的侗族的洪水神话传说：张良、张妹是兄妹，雷公要将兄妹淹死，张良、张妹在洪水中获得葫芦避水得以幸存，经过龟、竹劝婚，又经过滚磨占卜得神意，两人结婚后张妹生下肉团，传下侗、苗、瑶、汉等民族。③

4. 毛南族的葫芦神话记忆

广西环江毛南族的洪水传说：洪水时，盘史与古妹俩藏身葫芦得以幸存，经过滚磨而成婚。婚后，古妹生了一个包衣小孩，他俩把小孩剁碎，让乌鸦、老鹰啄去撒在四方，于是到处都有了人。④

5. 彝族的葫芦神话记忆

彝族的洪水神话因彝族支系繁多而版本多样，而以云南楚雄的彝族史诗《梅葛》最典型。《梅葛》中有五兄弟，四兄弟在洪水中各以金、银、铜、铁柜避水，只有藏身在葫芦的五弟和妹妹幸存，二人经滚磨、滚筛婚合，妹妹生下葫芦，从葫芦中出来九个民族，汉族是老大，傣族是老二，接着是彝家、傈僳、苗家、藏族、白族、回族。⑤

① 芮逸夫：《苗族的洪水故事与伏羲女娲的传说》，载马昌仪编《中国神话学文论选萃》上，中国广播电视出版社1994年版，第371—417页。
② 蓝鸿恩搜集整理：《伏依兄妹》，《民间文学》1979年第10期。
③ 杨通山等编：《侗族民间爱情故事选》，广西人民出版社1983年版，第1—5页。
④ 袁风辰等编：《毛南族、京族民间故事选》，上海文艺出版社1987年版，第3—9页。
⑤ 楚雄调查队搜集翻译整理：《梅葛》，云南人民出版社1987年版，第28—46页。

6. 瑶族的葫芦神话记忆

瑶族的洪水神话中传说雷公赠牙，兄妹将其种下长出葫芦。洪水是雷公复仇引发，兄妹躲进葫芦避水而幸存，成婚后生一肉球，剁碎后四散飞扬，落在地上，都变成了人。落在树叶上，便姓叶；落在木头上，便姓木，落在什么地方就姓什么。①

7. 水族的葫芦神话记忆

贵州三都、荔波、都匀，以及广西南丹水族的传说中，是说获得仙人的牙齿种出葫芦，洪水后兄妹经过问竹、问鱼鸹、滚磨、抛竹、丢夺撬而成婚。②

8. 仫佬族的葫芦神话记忆

仫佬族的洪水神话说，伏羲兄妹与两个哥哥住在一起。这两个哥哥，一个独眼，一个跛脚，生性残暴，想长生不老，便要吃雷公的肉，他们设计把母亲捆起来虐待。雷公为了要劈打不孝的逆子，从天而降。两兄弟趁机捉住雷公，关在谷仓里。伏羲兄妹放了雷公，获得赠牙，种出葫芦。洪水来时，兄妹二人避身于葫芦而大难不死。后来经过金龟劝婚，绕山而婚配，妹妹生下肉团。③

9. 布依族的葫芦神话记忆

布依族古歌《赛胡细妹造人烟》中说："只有赛胡细妹有准备，洪水滔天心不惊，园里摘下大葫芦，挖个洞洞掏心心。赛胡细妹手牵手，葫芦里面来藏身，随水漂了九天搭九夜，不知不觉漂到南天门。"④

10. 拉祜族的葫芦神话记忆

拉祜族的一支——苦聪人在《创世纪》中传说，古时有一个寡妇种了一棵大树，遮住了太阳，人们用弩射，用刀砍，用火烧，只剩下树根，从树根冒出水来，大雨不停，洪水滔天，只剩下兄妹二人，他俩带着针和黄蜡钻进葫芦里，以针深知水情，有孔则以黄蜡补住，于是幸存下来，繁衍了后代。⑤

---

① 袁珂：《中国古代神话》，华夏出版社 2004 年版，第 29—31 页。

② 岱年、世杰主编：《水族民间故事》，贵州人民出版社 1984 年版，第 3—9 页。

③ 谷德明编：《中国少数民族神话选》，西北民族学院民族研究所 1983 年版，第 108—110 页。

④ 《赛胡细妹造人烟》，《民间文学》1980 年第 8 期。

⑤ 《金平县苦聪人社会调查报告》（油印本），转引自鹿忆鹿《洪水神话——以中国南方民族与台湾原住民为中心》，里仁书局 2002 年版，第 54 页。

11. 黎族的葫芦神话记忆

黎族的《人类起源》神话传说，远古之时洪水为患，兄妹及家畜藏身在葫芦内幸存，后来成婚，生育后代。至今黎族老人还把自己家中的葫芦称为葫芦船。①

12. 哈尼族的葫芦神话记忆

哈尼族的洪水神话极为丰富，版本很多，其中史诗《厄朵朵》传说，远古的年代，世间只有大雾和大海，海中有一条巨鱼密乌艾西艾玛（金鱼娘），它用大鳍扇出天、地、日、月、人神和海神密嵯嵯玛。前面几个神飞上天空，海神很不高兴，就骑上鱼背搬动鱼尾，鱼尾摇一下，天地就摇一下，她又用身上所有的孔洞来吹气，嘴巴、鼻孔、耳孔，甚至屁股眼都吹出气来，给世界带来可怕的飓风。天地之神就来和她打仗，太阳月亮各生出两个，把石头晒得像蜂蜡一样瘫软，把土地晒得像猪板油一样，密嵯嵯玛就发动大水淹没了大地和天空。

事前，头人、工匠、贝玛各备金、银、铁箱逃命，但都沉入水中，只剩下佐罗、佐白兄妹躲进天神赠送的大葫芦得以幸存。水退后，葫芦落到大雨淋不到的岩洞，八哥和啄木鸟啄开葫芦，兄妹走出葫芦。天神劝他们成婚繁衍人类，兄妹经山顶滚石头、磨盘、簸箕、筛子，在河里放芭蕉叶，都重合了，又绕山头跑，哥哥抱住了妹妹而成婚，生下77种人，这就是世上各族的祖先。②

凡此种种，举不胜举，据闻一多先生统计的49个不同民族或族群的洪水神话，③ 故事情节与葫芦有关的一是避水工具，二是造人素材。而陈建宪先生所搜集的400多篇洪水神话异文中，含有葫芦母题的有167篇，而作为避水工具的有127篇，做造人素材的有29篇，既用于避水又用于造人的有11篇，足见葫芦在洪水神话中的地位。④ 有的虽不直接为葫芦，但与它同类的还有南瓜、瓢，以及木桶、瓮臼、箱、床、舟、槽、木鼓等。为

① 宋兆麟：《中国生育、性、巫术》，汉忠文化公司1997年版，第24—25页。
② 史军超：《洪水与葫芦的象征系统》，载游琪、刘锡成主编《葫芦与象征》，商务印书馆2001年版，第222页。
③ 闻一多：《伏羲考》，载《闻一多全集》（一），生活·读书·新知三联书店1982年版，第58页。
④ 鹿忆鹿：《洪水神话——以中国南方民族与台湾原住民为中心》，里仁书局2002年版，第60页。

什么会如此多样呢？

关于避水工具，正如闻一多先生所说："本来在原始传说中，说法愈不合理，照例是离原始形态愈远，因在避水工具中，葫芦和与它同类的瓜，我们猜测应该是较早期的说法，其余如鼓桶臼、箱床和舟，说得愈合理，反而是后来陆续修正的结果。"而关于造人素材，闻一多先生又说："我们疑心造人故事应产生在前，洪水部分是后来黏合上去的，洪水故事中本无葫芦，葫芦是造人故事的有机部分，是在造人故事兼并洪水故事的过程中，葫芦才以它的渡船作用，巧妙地做了缀合两个故事的连锁。总之，没有造人素材的葫芦，便没有避水工具的葫芦，造人的主题是比洪水来得重要，而葫芦则正做了造人故事的核心。"① 至于为什么这么多民族或族群以葫芦为始祖的化身，闻一多先生分析说："我想是因为瓜内多子，是子孙繁殖的最好象征，帮取以比拟。"而刘尧汉先生又补充说："葫芦象征着繁育人类的子宫和母体的生殖力。"②

这样，作为始祖象征的葫芦神话历经沧桑，最终沉淀为中华民族的文化基因之一。

四　认同力量：中华民族从多元走向一体的必然

在生物学上，基因的遗传一般是不可改变的，除非发生基因突变。而文化基因作为一个民族或族群储存遗传信息的功能单位，其既有不可改变的特点，还有同类凝聚的功能，即认同的力量。

认同（identity）是人们意义与经验的来源。西班牙学者曼纽尔·卡斯特在《认同的力量》中引用卡洪（Calhoun）的话说：

> 每个人都有名字，所有语言和文化都在其中某种区别自己与别人，我们与他们的方式……对自我的知识——总是被"建构"的，虽然有时看来很像是被"发现"的——永远无法与他人独特的，用来了解我们的说法分开。

① 闻一多：《伏羲考》，见《闻一多全集》（一），生活·读书·新知三联书店1982年版，第59页。
② 刘尧汉：《论中华葫芦文化》，《民间文学论坛》1987年第3期。

为此，曼纽尔·卡斯特认为：

> 关于认同，当它指涉的是社会行动者之时，我认为它是在文化物质或相关的整套的文化物质的基础上建构意义的过程，而这些文化物质是在诸意的来源中占有优先位置的……虽然认同也可以由支配的制度产生，但是只有在社会行动者将之内化，且将他们的意义环绕着这内化过程建构时，它才会成为认同。[①]

葫芦神话向人们展示了在中华民族多元的族群结构中，从远古的时代开始，在中华大地上先后出现过无数的民族或族群，有的地区的民族或族群的民族过程像割韭菜一样，割了一茬又长一茬。如最早见于记载的是夏、商、周三代时，在白山黑水的哺育下，在蒙古高原怀抱里成长起来的肃慎、猃狁、东湖、林胡和楼烦等，战国时猃狁发展成为匈奴，东胡大部分发展成乌丸和鲜卑。两汉之时，继肃慎而起的是挹娄、夫余和高句丽。南北朝时勿吉兴起，柔然崛起，契丹和室韦出现。隋唐时勿吉发展为靺鞨，其中最著名的是黑水靺鞨和粟末靺鞨，与此同时契丹勃兴，奚族出现，宋辽之时，黑水靺鞨又发展成女真。金末室韦发展成为蒙古族。明代建州女真发展成满族。近代以后，赫哲族、锡伯族、鄂温克族、鄂伦春族、达斡尔族相继形成，朝鲜族也迁入定居。

有的地区的民族或族群的民族过程呈断层式的状态，层层相叠。如西北新疆地区，先秦之时，在广袤的黄土高原，西北的民族或族群被称为"西戎"，其后，从中演化出了氐族和羌族两个古老的民族。与此同时，在被称为"西域"的新疆地区，于天山南山、帕米尔高原、戈壁绿洲之中，曾孕育了大、小月支，乌孙等古老的游牧民族，以及"西域诸国"。秦汉以后，丁零兴起，到魏晋南北朝时，发展成敕勒。而从鲜卑慕容部中分离出来的吐谷浑也活跃起来。此后，突厥人从敕勒中脱颖而出成为隋唐时期在西北历史舞台的主角。与此相间，南北朝末期党项羌初露头角，到北宋时成了西北有影响的角色。而唐代回纥（后改称回鹘）叱咤风云一时之后，被黠戛斯击溃而西迁。元明清以来，维吾尔族、回族、东乡

---

① ［西］曼纽尔·卡斯特：《认同的力量》，社会科学文献出版社2003年版，第2—3页。

族、土族、撒拉族、保安族、裕固族、哈萨克族、柯尔克孜族、塔吉克族先后相继形成。其间，乌孜别克族、塔塔尔族、俄罗斯族也陆续迁入新疆。

有的地区民族或族群的民族过程呈连绵式的发展。如西南西藏地区，上古之时就有氐羌、百越、苗蛮、百濮等族群集团生息在"世界屋脊"的青藏高原、万水千山的云贵高原、山高谷深的横断山脉和紫色的四川盆地了。先秦时期，巴族、蜀族、氐族、昆明族纷纷登上历史舞台。秦汉之际，叟族、摩沙族、僚族、濮族、闽濮族相继亮相。到了魏晋南北朝时，从氐、昆明、叟等族中分化演变出的白蛮、乌蛮、和蛮、锅锉蛮等成了主角。及至隋唐，朴子蛮、望蛮、卢蛮、寻蛮、寻传蛮、裸形蛮，以及傣族活跃于在西南，而吐蕃族一直在青藏高原上土生土长。从元明清至近代，西南的这些民族或族群，悠缓舒慢地连绵发展成今天的藏族、门巴族、珞巴族、羌族、彝族、白族、哈尼族、傣族、傈僳族、佤族、拉祜族、纳西族、景颇族、布朗族、阿昌族、普米族、怒族、德昂族、独龙族、基诺族等现代民族。

与西南地区一样，中南、东南地区的民族或族群过程也是连绵式的。远古之时，苗蛮集团的主要部分就活跃在长江中游一带，而百越集团则散布在从长江下游的江浙太湖流域到岭南，云贵高原的弧形地带。春秋战国之时，荆楚和于越崛起，渐形成为曾影响过中国历史进程的楚族和越族。从秦汉到三国魏晋南北朝时，闽越、山夷、苍梧（即南越），骆等纷纷从百越中分化出来相继亮相。其中骆又演化成瓯骆和骆越。东汉末年，瓯骆、骆越、苍梧又融合成俚族和僚族，其间又出现过乌浒蛮。从唐代开始，部分俚、僚分化成西原蛮、黄洞蛮，从宋代开始，壮族开始亮相。与此同时，在湘西、鄂西南从苗蛮集团中演化成了武陵蛮。东汉以后，武陵蛮又分化成五溪蛮，并向西南一带迁徙，宋代以后五溪蛮开始演化，土家族、苗族、瑶族、仡佬族等族相继出现。而山夷作为高山人的先祖一直在台湾生息、繁衍。元明清以来，布依族、侗族、仫佬族、毛南族、黎族、畲族、京族也相继完成了民族过程。

总之，在中华民族上下五千年的历史长河中，历史上先后出现过上述种种民族或族群，他们之间分分合合，合合分分，坎坎坷坷，坷坷坎坎，但中华民族在从多元走向一体的过程中，虽历经历史暴风雨的无数次冲击，在"洪水滔滔"之中，仍然坚定不移地从多元走向了一体，其中一个重要的原因就是中华民族的文化基因在起作用。而在汉族，以及中南和西南少数民族之中广泛存在的葫芦神话①所起的类聚作用，就是一种认同力量，这种认同力量积淀在中华民族的文化底蕴之中，它对中华民族的凝聚作用是任何风暴都刮不倒，任何洪水都冲不垮的。可见文化基因是认同内化的基础，在这个基础上认同的力量是伟大的，因此，中华民族从多元走向一体也是必然的。

----

① 北方少数民族文化基因的认同问题将另题专论。

第六章　边疆与中央

中华民族为什么会从多元走向一体？除了文化基因的作用外，政治因素也是一个重要的原因。

一　向心力：边疆与中央政治关系的关键所在

中华民族从多元走向一体的政治因素，主要体现在中央对边疆有没有向心力。

对于一个国家来说，当今世界上除了个别微型小国以外，一般都有中央与地方两级或多级地方政府。因此，无论是实行中央集权制，还是实行地方分权制，都存在一个中央政府与地方政府的关系问题。这种关系既要保证中央政府有能力平衡地区发展、维护社会稳定和国家统一，又要赋予地方政府一定的事权，以保证地方政府具有引导地区经济、文化增长的动力。这种中央与地方的政治关系，涉及一个国家结构的形式以及中央与地方权限的划分，从根本上关系一个国家的治乱、安危，甚至盛衰、兴亡。而对于一个多民族的国家来说，在中央与地方的关系中，还包含了民族关系在内。所以，中央与地方的关系往往是民族关系的重要表现和反映，打一个比喻来说，中央与地方的关系是民族关系的晴雨表。

在中国，这个自古以来就是多民族的国家，无论是汉族还是少数民族处于中央的统治地位，由于上述历史底蕴和文化内蕴的作用，在表现为边疆与中央的关系中，往往表现出边疆对中央的向心力。

所谓向心力，本来是物理学上的一个名词，专指使物体沿着圆周或其他曲线运动的力，跟速度的方向垂直，向着圆心。[1] 笔者借用物理学的这个名词来说明在中国表现中央与地方关系的一个重要方面——民族关系中，边疆的少数民族对中央政府有一种"向着圆心"的向心力。在中国，一部上下五千年的中国史从某种意义上来讲既是一部处理中央与地方关系的发展史，又是一部处理边疆少数民族与中央政权关系的发展史。简言之，边疆对中央的向心力是中华民族从多元走向一体的政治因素，这种政治因素往往转化成政治基础。

二 透视：边疆对中央向心力的文化图像

在中国历史上，边疆对中央的向心力的表现，有许多文化图像，但主要有内附册封、入朝纳贡、请婚和亲三种。

1. 内附册封向心力的文化图像

内附册封是历史上各民族的地方政权派遣侍子或使者向中央政权表示臣属，并被册封，以明确其地方政权首领的政治身份的一种重要形式。

以新疆为例，汉代西域地方政权派遣侍子入汉廷作"质子"表示对中央汉王朝的臣属始于楼兰，即元封三年（前108）"楼兰既降服贡献，匈奴闻，发兵击之，于是楼兰遣一子质匈奴，一子质汉"。（《汉书·西域传上》）此后大宛、危须、于阗、尉犁、扜弥、莎车、鄯善、车师、焉耆、乌孙、疏勒等先后送子人侍汉廷。由于在汉廷的西域侍子众多，故东汉永建二年（127）"诸侯、王、公主及外戚家妇女，郡国计吏、匈奴单于、西域三十六国侍子皆会"京都。（《后汉书·孝灵皇帝纪上》）

三国之时，曹魏于黄初元年（220）平定了汉末割据甘肃河西的地方势力，西域鄯善、龟兹、于阗等国派人到洛阳要求接受曹魏政权的管辖。于是曹魏沿袭东汉旧制，黄初三年（222）封车师后部王壹多杂为"守魏侍中，号大都尉"，"受魏王印"。后鄯善、焉耆、龟兹、疏勒等地首领也先后被曹魏册封为王。太和三年（229）大月氏王波调被曹魏政府封为"亲魏大月氏王"。隋初，铁勒、思结、伏利具、浑、斛萨、阿拔、仆骨等部，不堪忍受突厥贵族的残酷统治，"请来降附"。（《隋书·长孙晟传》）到隋炀帝时，西域各地方首领继续纷纷臣属于隋朝。大业中，西域"相率

而来朝者四十余国，帝固置西戎校尉以应接之"。(《北史·西域传》) 大业五年 (609) 夏，隋炀帝巡视河西走廊时，高昌王麴伯雅、伊吾王吐屯设、焉耆王龙突骑支、龟兹王白苏尼咥、疏勒王阿弥厥、于阗王尉迟氏，以及康国、石国、史国等西域 27 国首领、使者和商人前往朝谒。之后，高昌王麴伯雅还随隋炀帝到京师。

唐王朝时，贞观六年 (632) 游牧于热海 (今伊塞克湖) 附近的西突厥契苾部，在首领契苾何力率领下臣属于唐。贞观七年 (633)，西突厥肆叶护可汗在内乱中走死中亚，其侄泥孰被拥立为咄陆可汗。泥孰之父在唐初曾到过长安，与李世民结为兄弟，交往甚密。泥孰嗣位后，"遣使诣阙请降"。(《旧唐书·突厥传下》) 所谓"请降"，即是表示进一步的臣服。唐太宗"遣鸿胪少卿刘善因至其国，册授 (泥孰) 为吞阿娄拨奚利必邲咄陆可汗"。(《旧唐书·突厥传下》) 自此之后，西突厥如有重大事情，均向唐朝"表奏"，并听命受诏。新可汗即位，须得唐廷"册授"，方为合法。如贞观八年 (634)，咄陆可汗泥孰死，弟同娥设继。次年唐太宗"遣中郎将桑孝彦领左右胄曹韦弘机往安抚之，仍册立 (同娥设为) 咥利失可汗"。(《旧唐书·西戎·焉耆传》) 贞观九年 (635)，占有西突厥领地的东突厥首领阿史那杜尔亦效法契苾何力，率众东迁，臣属于唐。与此同时，高昌麴文泰、焉耆王龙突骑支、龟兹王白苏伐叠、疏勒王裴阿靡支、于阗王尉迟居密，以及康国王、安国王、石国王等，先后遣使或亲到唐朝，表示臣属。

唐王朝对回纥的册封可谓是一个典型的范例。回纥自骨力裴罗立国至亡不过 96 年，历 13 名可汗 [乌介 (841—846)，遏捻 (846—?) 等可汗系汗国瓦解后，由南下回鹘人拥立，不计在内]。除盍馺可汗 (839—840) 因不及册封汗号而国亡，其他 12 名可汗曾 13 次接受唐朝册封的汗号。[①]

宋代，西域各地方政权仍继续与中央王朝保持着内附册封的政治关系。如高昌回鹘一直与宋王朝保持着政治关系，《宋史·高昌传》云："太平兴国六年 (981)，高昌国王阿尔斯兰汗，始自称西州外生 (甥) 师子王，遣都督迈逊来贡方物。"在此，高昌回鹘王不仅继续承认唐时的甥舅关系，而且还存在着隶属关系。于是，同年 5 月，宋王朝派供奉官王延德、殿前承旨白勋等以中央王朝使者的身份领 100 多人赴高昌，在北庭 (今吉

---

① 翁独健主编：《中国民族关系史》，中国社会科学出版社 1990 年版，第 322—323 页。

木萨尔）见到了回鹘王。当时，高昌回鹘王先遣人向宋王朝使者试探其会拜地方首领礼节的问题时，王延德直截了当地说："持朝命而来，虽见王亦当不拜。"此时，"王及王子侍者，皆东向拜受赐。旁有持磬者击以节拜，王闻磬乃拜"。王延德还亲眼看到，在高昌城内有"佛寺50余，皆唐朝所赐匾额，寺中有《大藏经》《唐韵》《玉篇》《经音》……有敕书楼，藏唐太宗、明皇御札诏敕，缄锁甚严"。（《宋史·高昌传》）直到元朝，高昌王还保留着唐朝所颁发的金印。王延德一行所到之处，备受欢迎，直到雍熙元年（984），高昌王还派百余人随王延德一行赴朝廷谢恩。

及至明代，中央王朝政府对西域各民族地方政府的册封已成定制。如对哈密王的册封，永乐二年（1404）六月，哈密王昂克特穆尔派使者到明廷请求封赐。明成祖封他为忠顺王，赐金印。哈密王贡马谢恩。特别能说明这种政治关系的是明册封忠顺王不久，鞑靼可汗鬼力赤毒死了哈密王。明成祖遂立自幼俘入中原的脱脱继为忠顺王。但是哈密蒙古贵族上层不欢迎脱脱，永乐四年（1406），通过其祖母驱逐了脱脱。但经明廷干预，"祖母及各头目遣使谢罪"（《明史·哈密传》）。于是明朝政府仍封脱脱为忠顺王。永乐九年（1411），明政府又封哈密托里特穆尔为忠义王。不仅如此，1406—1582 年，哈密官吏的任用，如指挥、都指挥、百户、千户、都督金事、指挥同知、指挥金事、都指挥金事、都指挥使、都指挥同知等都必须经明朝政府批准，他们多为世袭。

清代新疆各地方政权与中央王朝的这种政治关系继续发展。仍以哈密王为例，清初叶尔羌汗国倾覆，准噶尔代之，并据哈密。顺治四年（1647），哈密王遣使赴甘肃讨粮，并表示愿意效忠清廷。康熙三十五年（1696）当清军进入新疆时，哈密额贝都拉遣使奉表至嘉峪关，并正式向清廷表示内附。清政府应哈密王的请求，封其为一等扎萨克，颁给扎萨克敕印，并赐红纛。雍正五年（1727），清政府又封哈密扎萨克达尔汉伯克额贝都拉为镇国公；雍正七年（1729），清政府又封其为固山贝子。乾隆二十三年（1758），清政府鉴于额贝都拉曾孙玉素甫在平定大小和卓叛乱时有功，册封其为郡王，之后其后裔世代承袭，此即俗称的哈密回王。

再以曾经发动叛乱的准噶尔部噶尔丹为例，顺治四年（1647）准噶尔部首次遣使到北京表示臣属于清王朝。康熙五年（1666）僧格又派使者到北京表示仍然归附清王朝。康熙二十一至二十二年（1682—1683），清政府派内大臣奇塔特出使准噶尔部，册封噶尔丹为博硕克图汗，"噶尔丹跪受敕书及赏赍诸物"。(《清圣祖实录》)直到康熙二十三年（1684），噶尔丹还遣使 3000 人人贡，向清朝表示："中华与我一道同轨"①"我并无自外于中华皇帝"②。

凡此种种，都充分表现和反映了新疆各民族所建立的地方政权，对中央政府的内附册封是边疆对中央有着"向着圆心"的向心力的一个重要凸显。

上面我们对新疆各民族对中央政府内附册封向心力的作用作了扫描，下面我们再以元明清对藏族的册封为例，来看内附册封向心力作用的普遍性。

元代，至元元年（1264）忽必烈封八思巴为国师，赐予他象征权力的玉印，同时命其以国师身份兼管总制院。总制院为忽必烈于 1264 年设置的掌管全国佛教事务和藏族地区行政事务的院务机关。至元七年（1270）又封八思巴为大宝法王、大元帝师。八思巴去世后，元王朝又先后册封 13 人为帝师，24 人为当时西藏萨迦地方政权中掌管世俗事务最主要的长官——"本钦"。"本钦"在藏语中为"大官"之意。

明王朝承袭元代对乌思藏实行僧俗并用、政教合一的统治方法，不断对其宗教上层人士封授王号。早在洪武六年（1373），故元摄帝师喃加巴藏卜入朝，即被授予"佛宝国师"称号。次年元帝师八思巴之后公哥监藏巴藏卜及另一僧人答力麻八刺遣使来朝，请求封号，被分别授以弘教大国师和灌顶国师称号。此外，明王朝对藏族宗教上层人士的封号有法王、国师、王三级特殊的序列。

顺治十年（1653）四月，清王朝以金册、金印封达赖喇嘛为西天大善自在佛，即"领天下释教"的宗教领袖。同时，以金册、金印封固始汗为"遵行文义敏慧顾实汗，作朕屏辅，辑乃封圻"的西藏汗王，即辅助清王朝皇帝治理好他所管辖的藏族地区。(《清世祖实录》，卷七四)康熙六十年（1721），清王朝先后授康济鼐、阿尔布巴、隆布鼐、颇罗鼐和扎尔鼐与人为噶仑，主管西藏地方的政务。元明清对藏的册封，必然对西藏的藏族产生向心力。如大约元至正十三年（1353）时本钦绛求坚赞不仅多次派人向中央王朝进贡、请封，而且主动赠送礼品与提供路途方便条件，敦请

---

① 《清圣祖实录》，卷一四六，康熙二十九年六月甲申。
② 《清圣祖实录》，卷一三七，康熙二十七年十一月甲申。

萨迦派大阿黎索南洛追遵旨前往中央王朝就任帝师之职。他还曾在拉萨举办"祝愿皇帝父子长寿的佛事"以报答皇帝的优遇之恩。在自己的遗嘱中，绛求坚赞谆谆教导帕竹政权的后继者们："东方皇帝以前就关怀（我们帕竹），若继续关怀，则应当遵守皇帝的法令，迎送和承侍宣旨钦差。"①又据第五世达赖喇嘛的《西藏王臣记》记载，明王朝扎巴坚赞为阐化王在藏区引起了巨大反响，"从此藏王扎巴坚赞的美名，响透天界……当时坐镇藏中诸大城市的各长官，也都获得世袭职封并水晶铃印。所有藏中人士莫不有口皆碑，都称藏王扎巴坚赞是大法王"②。及至清代，西藏对中央的向心力有增无减。顺治四年（1647），达赖喇嘛和班禅喇嘛向清廷遣使，并向顺治皇帝献上了金佛像以致祝贺。顺治九年（1652）正月，第五世达赖喇嘛终于下定了朝清的决心，他率领随行人员3000人，从西藏出发，前往北京朝贡。

凡此种种，也都充分表现和反映了西藏地方政权对中央政府的内附册封是边疆对中央有着"向着圆心"的又一个重要凸显。

2. 入朝纳贡向心力的文化图像

入朝纳贡是历史上各民族的地方政权遣使朝见中央政权的君主，并敬献礼物，向中央政权表示服从，并确定两者之间臣属关系的又一种重要形式。在中国，边疆与中央政府之间的关系也不乏其例。

还是以新疆为例，西域各地方政权到中央政权所在地入朝纳贡从两汉时已开始。那时，西域各国每年携带着各自的贡物，不远万里，克服旅途的艰辛前往长安朝贡，为的是表达各属国对中央朝廷的臣属。三国魏晋南北朝之时，曹魏太和三年（229）以后，西域各地方政权不断派遣使者到洛阳朝贡。当时，"魏兴，西域虽不能尽至，其大国龟兹、于阗、康居、乌孙、疏勒、月氏、鄯善、车师之属，无岁不奉朝贡，略如汉氏故事"。（《三国志·魏书·乌丸、鲜卑、东夷传》）太和六年（232），西域各地"献汗血马、火浣布、犎牛、孔雀、巨象及诸珍异二百余品"。（《十六国春秋·前凉》）东晋太元六年（381），"东夷，西域六十二国入贡于前秦"。北凉始建，鄯善王比龙最先入朝。时"西域三十六国皆称臣贡献"。（《宋

---

① 大司徒·绛求坚赞：《朗氏家族史》，赞拉·阿旺、余万治译，西藏人民出版社1989年版，第289页。

② 尹伟先：《各民族共创中华·西南卷》上册，甘肃文化出版社1999年版，第54页。

书·大沮渠蒙逊传》）在整个北朝时期，西域各地都不同程度地向中央王朝朝贡。隋初，突厥几乎年年遣使贡献，与隋朝保持着密切的关系。隋炀帝大业四年（608），西突厥处罗可汗遣使"贡汗血马"。（《资治通鉴》，卷一百八十一）大业十一年（615），西突厥的射匮可汗派侄儿率龟兹、疏勒、于阗等国首领，到京师朝贡。隋炀帝时，由西域到内地朝贡的就有三四十个小国，因而隋朝设置了西域校尉，专门管理由西域来朝贡的事务。对于西域各地的朝贡使者，隋炀帝都大加赏赐。唐承隋制，西域各地方政权把唐王朝看作是宗主国，经常派遣使者入朝纳贡，重要的纳贡有：

——贞观元年（627），西突厥统叶护可汗遣使献马五千匹。（《资治通鉴》，卷一百九十二）

——贞观四年（630），龟兹国"又遣使献马，太宗赐以玺书，抚慰甚厚，由此岁贡不绝"。（《旧唐书·龟兹国传》）

——贞观六年（632），"焉耆国王龙突骑支遣使贡名马"。（《旧唐书·焉耆国传》）

——贞观十三年（639），"……高丽、新罗、西突厥、吐火罗、康国、安国、波斯、疏勒、于阗、焉耆、高昌、林邑、昆明及荒服蛮酋，相次遣使朝贡"。（《旧唐书·太宗本纪》）

——贞观十五年（641），"西突厥沙钵罗叶护可汗数遣使入贡"。（《资治通鉴》，卷一百九十六）

——贞观十七年（643），"薛延陀真珠可汗使其侄突利设来纳币，献马五万匹，牛、橐驼万头，羊十万口……赐赉甚厚"。（《资治通鉴》，卷一百九十七）

——贞观二十年（646）八月，江夏王"道宗与薛万彻各遣使诏谕敕勒诸部，……回纥、拔野古、同罗、仆骨、多览葛，思结、阿跌、契苾、跌结、浑、斛薛等十一姓各遣使入贡"。（《资治通鉴》，卷一百九十八）

——贞观二十一年（647），"十一月，突厥车鼻可汗遣使入贡"。（《资治通鉴》，卷一百九十八）

宋代，西域各地方政权既向辽王朝纳贡，又向宋王朝纳贡。北宋太祖乾德三年（965），"甘州回鹘可汗、于阗国王等遣使来朝，进马千匹、橐驼五百头、玉五百团、琥珀五百斤"。（《宋史·太祖本纪》）在此前后，于阗、西州回鹘等还曾几次给北宋贡玉柙、玉枕、玉鞍辔、白玉带、胡锦、名马、独峰橐驼、大尾羊、牦牛尾、貂鼠、乳香、硇砂、琉璃器、琥珀盏、香药、花蕊布、瑜石等物。宋元丰元年（1078），宋王朝就曾规定："于阗进奉使人买茶，与免税。"（《宋会要辑稿》）宋元丰八年（1085），于阗进马，"赐钱百有二十万"。（《宋会要辑稿》）

明代西域地方政权向中央王朝纳贡的势头更大，从 15 世纪初到 17 世纪前期，哈密、吐鲁番、柳城、别失八里、亦力把里、于阗、哈什哈尔以及瓦剌等，都经常遣使向明朝进贡驼、马、皮货、玉石、貂皮等。而且这种进贡的次数也较频繁，几乎每年都有十几次或数十次不等，往往是前者未离，后者即接踵而来。各地每次进贡，遣使人数不等，或十余人，或数十人，或数百人，或千余人。尤以瓦剌和哈密最为频繁，每次人数和贡品也最多。如，正统九年（1444）十一月，瓦剌脱脱不花王及太师也先，一次贡马 3912 匹，遣使 1867 人。景泰三年（1452）八月，哈密一次贡玉石 33500 余斤。

清代西域地方政权向中央王朝纳贡的势头有增无减，如顺治三年（1646）吐鲁番向清王朝朝贡。又如顺治四年，准噶尔郭首领遣使到北京朝贡；康熙五年（1666）准噶尔再次遣使到北京朝贡。再如嘉庆二十三年（1818），哈萨克左部爱毕勒达派其弟占图喇到北京朝贡。

凡此种种，也都充分表现和反映了新疆各民族所建立的地方政权对中央政府的入朝纳贡，也是边疆对中央有着"向着圆心"的又一个重要证据。

事实上，历史上中央王朝对这种体现边疆少数民族对中央政府向心力的入朝纳贡十分重视。明王朝对入贡的时间、物品等均有严格的规定。入贡时间，明王朝规定为三年一贡。据《大明会典·礼部六十六》载："湖广、广西、四川、云南、贵州腹里土官，遇三年朝觐，差人进贡一次，俱布政司给文起送，限本年十二月终到京，庆贺限圣节以前，谢恩无常期。"入贡物品，明朝规定"贡方物"。如广西土司所贡物品有"马、犀角、孔雀尾、象牙、象钩、象鞍、象脚盘、蚺蛇胆、金银器皿、青红宝石、玉石、围帐、金戎索、各色戎线、各色手巾、布、花藤席、降香、黄蜡、槟榔"等。（《粤西丛载》，卷二十）

清王朝仍承此制，如西藏阐化王 4 次遣人向清王朝进贡时，就是三年一次，即顺治五年（1648）、七年（1650）、十年（1653）、十三年（1656），每次都是人员庞大，并向清王朝上缴了明朝颁赐的印敕，表示效忠清王朝。[①]

凡此种种，也都充分表现和反映了中国边疆各民族所建立的地方政权对中央政府入朝纳贡，也是边疆对中央向心力的又一个重要凸显。

3. 请婚和亲向心力的文化图像

请婚和亲是历史上各民族或族群的地方政权首领向中央政权求婚，通过联姻的方式密切边疆各地方政权与中央政府政治关系的又一种重要形式。

汉代细君公主和解忧公主与乌孙王的和亲是古代新疆乌孙族向中央政府请婚和亲的一个典范。汉武帝时，在汉朝与匈奴的对峙中，公元前138年和公元前119年，张骞两次出使西域，使乌孙与西汉结盟。乌孙王昆莫为了加深与汉朝的情谊，以便共同抵御匈奴，献骏马千匹，请求娶公主为妻。公元108年左右，汉武帝以江都王刘建之女细君为公主，远嫁乌孙王，陪嫁大批车马、衣服和日用器具，随嫁的还有数百名官员和工匠。但因这时的乌孙王已七十岁有余，加上远离故乡，举目无亲，语言不通，细君公主难免心情郁闷，经常弹琴吟唱自己创作的一首楚地民歌：

> 吾家嫁我兮天一方，
> 远托异国兮乌孙王。
> 穹庐为室兮毡为墙，
> 以肉为食兮酪为浆。
> 居常土思兮心内伤，
> 愿为黄鹄兮归故乡。

乌孙王昆莫理解细君公主的心情。按照乌孙的习惯，父亲死了，他的小妻可以嫁给儿子。乌孙王昆莫的长子早已去世，长孙岑陬已经长大成人。昆莫愿意让细君公主提前改嫁岑陬，让这对年轻人结成眷属。这种做法在汉朝是"乱伦"行为，细君公主不敢这么做。汉武帝却很开通，写信给细君公主说："你就照乌孙的风俗办吧。"于是，细君公主又改嫁岑陬，生了一个女儿。昆莫死后，岑陬即位，细君公主不幸病故。汉武帝选派楚王刘戊的孙女解忧为公主，再嫁岑陬。解忧公主是个泼辣而又能干的女

---

① 邓锐龄：《清初阐化王入贡请封始末及其意义》，《中国藏学》1998年第1期。

子，很快习惯了西域的生活，成了岑䫀治理国家的得力帮手，大大巩固了乌孙与中央政府的政治关系。

汉王朝对匈奴也实行了和亲政策。汉高祖九年（前198），刘邦"使刘敬奉宗室女翁主为单于阏氏（即皇后），岁奉匈奴絮缯酒食物各有数，约为兄弟以和亲"。孝惠、高后以及文帝、景帝、武帝、元帝、成帝、哀帝、平帝等都与匈奴保持着和亲政策。在此，汉元帝时昭君出塞已成为千古佳话。这样，和亲政策的实行对匈奴产生了极大的向心力，正如《汉书·匈奴传上》所言："匈奴自单子以下皆亲汉"，从而形成匈奴向汉王朝中央政府"之出俸称定，列为此藩"。（《汉书·匈奴列传下》）唐代是边疆各族地方政权向中央王朝政府请婚和亲的一个高潮。以回纥向唐王朝请婚为例，唐与回纥和亲，从唐中叶的肃宗至德年间起，历经代、德、顺、宪、穆六朝，共90多年，先后嫁宁国、咸安、太和三位公主和四位大臣宗室女与回纥可汗。其中最重要的请婚和亲有四次：

第一次，回纥可汗请求和亲，肃宗准其所请，将亲生幼女封为宁国公主嫁葛勒可汗，并以荣王李业之女陪嫁为妾。葛勒可汗十分珍视这门亲事，尊册唐公主为可敦，并在色楞格河畔筑一座富贵城。回纥以"举国大典，万民欢迎"之气势，隆重地接待宁国公主。次年，葛勒可汗卒，少子移地健继位，为登里可汗。宁国公主返回唐朝，荣王之女留在回纥号"少宁国公主"，依回纥风俗，配登里可汗为可敦，在回纥生活33年，生育二子。

第二次，宝应元年（762），唐代宗即位，这时史思明之子史朝义又作乱，洛阳告急。次年，登里可汗率骁骑四千与唐朝李光弼、仆固怀恩等率兵收复洛阳，平定河北，为唐又立大功。唐册封登里可汗为英义建功毗伽可汗。因葛勒可汗在世时已为其次子移地健向唐请婚，因此，代宗以仆固怀恩之女嫁他，封为光亲可敦。代宗大历三年（768），光亲可敦卒，登里可汗又请婚，代宗于次年以仆固怀恩幼女妻之，封为崇徽公主。

第三次，唐贞元三年（787），合骨咄禄毗伽可汗顿莫贺屡请和亲，德宗许以其第八女咸安公主。顿莫贺遂于次年派其妹毗伽公主、宰相㛃跌率回纥各大酋长之妻女50余人及其他随员共1000余人，以回纥马3000匹及其他物品为聘礼来迎公主。是年十月，德宗册封顿莫贺为汨咄禄长寿天亲毗伽可汗，册咸安公主为智慧端正长寿孝顺可敦。派滕王湛然为婚礼使，右仆射关播等护送。咸安公主在回纥生活21年，依俗历配天亲、忠贞、奉诚、怀信四位可汗，于 808 年卒于回纥。

第四次，穆宗长庆元年（821），唐穆宗以太和公主嫁回纥崇德可汗，崇德可汗依前旧例，遣都督思结和叶护公主等 2000 人，以马 2 万匹、骆驼千峰为聘礼来迎公主。太和公主在回纥生活了 23 年。

从回纥这四次向唐请婚和亲可见边疆对中央政府向心力之强大。

而贞观十五年（641）文成公主入藏与松赞干布结婚也成了中国历史上的又一个千古佳话。

凡此种种，也都充分表现和反映了"四夷归伏"①，边疆各民族所建立的地方政权对中央政府的请婚和亲也是边疆对中央有着"向着圆心"的又一个重要凸显。

这样，表现为中国边疆对中央内附册封、入朝纳贡、请婚和亲向心力的这些文化图像，正是中华民族从多元走向一体的政治基础。

三　原因：各民族共同建构

了解了中国边疆对中央的向心力，人们不禁要问：是什么原因使中国会产生这么巨大的向心力，使中华民族从多元走向一体？回答即是因为中国各民族共同建构。

国家，这样一个特定的社会生活共同体，一般来说具有人民、土地、主权者三要素。② 正如梁启超所说："夫国家者何物也？有土地有人民，以居于其上之人民，而治其所居土地之事，自制法律而守之。有主权，有服从，人人皆有主权者，人人皆服从者，夫如是斯谓之完全成立之国家。"③

中国是一个由 56 个民族组成的主权国家。在建构历史过程中，56 个民族及其先民们都作出了自己的贡献。

汉族在中原地区，以黄河和长江为摇篮，孕育了中国的文明时代；在夏、商、周三代的历史演进中，谱写了中国历史的开端。自秦统一后，历经二千多年的历史发展，像滚雪球一样，向南滚到了珠江流域，向北滚到

---

① 《唐会要·靺鞨》。

② 王浦劬主编：《政治学基础》，北京大学出版社 1995 年版，第 237 页。

③ 梁启超：《少年中国》，40 页。转引自王浦劬主编《政治学基础》，北京大学出版社 1995 年版，第 237 页。

了黑龙江流域，并与当时当地的少数民族一起开拓了我国疆域的腹地。

1. 东北内蒙古地区少数民族对建构中国的贡献

东北内蒙古地区自夏、商、周以来，在白山黑水的哺育下，在蒙古高原的怀抱里。最早开拓这块土地的是夏、商、周时的肃慎、猃狁、东胡、林胡和楼烦等族。战国时猃狁发展成的匈奴，东胡的大部分发展成的乌丸和鲜卑，都作出了重要的贡献。两汉之时，继肃慎而起的是挹娄、夫余和高句丽，以及南北朝时的勿吉，柔然以及契丹和室韦也贡献了自己的力量。隋唐时勿吉发展为靺鞨，其中最著名的是黑水靺鞨和粟末靺鞨，与此同时契丹勃兴，奚族出现；宋辽之时，黑水靺鞨又发展成女真，他们又使这块土地的发展出现了新的面貌。金末室韦发展成蒙古族。

蒙古族不仅对这块土地的发展作出了空前绝后的贡献，而且由于成吉思汗的南征西讨，从此结束了我国自宋以来宋、辽、夏、金的分裂局面，从此我国的统一成为一种定势。不仅如此，对开拓我国疆域有重要意义的是：

一是在吐蕃地区设置乌斯、藏、纳里速古鲁逊等三路宣慰使司都元帅府，管今前、后藏及阿里地区；清查吐蕃户口；设置驿站与兵站；驻屯军队；依元朝法律制定吐蕃刑律，使吐蕃成为元朝版图的一部分，这为西藏成为中国领土不可分割的一部分作出了历史性的贡献。

二是统一了西域，于至元十七年（1280）置北庭都护府为西域最高军政机关，至元十九年（1282）又置阿里麻里元帅府，领天山北路，第二年又分别在别失八里、哈剌火者、兀丹设立宣慰司，统辖天山南北军政事，至元二十三年（1286）又置别失八里元帅府，领天山南路，并设置了驿站，实行军屯、民屯，拨粮赈济，减轻赋税，统一货币等措施，不仅加强了西域与内地的联系，密切了各族人民的关系，而且巩固了祖国的统一，为新疆成为中国领土不可分割的一部分作出了历史性的贡献。

及至明代，建州女真发展形成满族。满族与蒙古族一样，不仅对这块土地的发展作出了伟大的贡献，而且满族入关后建立的清王朝，对祖国疆域的开拓和巩固也作出了历史性的贡献，其主要表现有：

一是统一了东北地区。努尔哈赤不仅统一了女真各部，索伦、达虎尔、鄂伦春等族群亦臣服于清，连漠南蒙古科尔沁、喀尔喀、察哈尔等部也都归顺于清，这就有利于阻止沙俄势力的扩张，为东北边疆地区成为中国领土不可分割的一部分作出了决定性的贡献。

二是平定天山南北的叛乱，巩固了新疆的统一局面。清王朝从康熙起，历经雍正，到乾隆，先后对新疆进行了长达70年之久的统一战争，平定了准噶尔的叛乱、大小和卓的叛乱，设将军、都统、参赞大臣、办事大臣等职官，加强了对新疆的管理，并兴修水利、开办屯田，修建城池、建置台站，为新疆成为中国领土不可分割的一部分作出了决定性的贡献。

三是对西藏的社会进行了改革，加强了对西藏的政治管辖。清王朝在康熙时驱逐了准噶尔的入侵后，对西藏原有的社会制度进行了改革，组建了新的西藏地方政府，颁布了《西藏善后章程十三条》，限制了噶伦的权利，提高了达赖喇嘛和驻藏大臣的地位。在击败了廓尔喀①的入侵后，又颁布了《钦定西藏章程》，进一步确定了驻藏大臣督办藏内事务，与达赖喇嘛和班禅额尔德尼平等的地位，对西藏的军队，以及货币、贸易、税收进行了整顿，订立了西藏地方的对外事务以及边界的管理制度，制定了活佛转世的金瓶掣签制度。

四是改土归流，强化了对西南地区的管理。中国西南的云南、贵州、广西等地区少数民族自唐、宋以来就实行羁縻制度，元、明以后发展为土司制度，及至清代，这些地区土流并存，行政体制混乱，有的土司甚至依靠自己的武装力量与中央对抗。为了从根本上改变这种状态，清代从雍正四年（1726）到雍正九年（1731）对云南、贵州、广西，以及四川、湖南等省进行了改土归流，从而统一了西南地区的行政管理体制，巩固了西南边疆，维护了国家的统一。

2. 西北新疆少数民族的贡献

西北新疆地区广袤的黄土高原和戈壁绿洲，从传说时代开始就是中国一些古老民族祖先活动的历史舞台。先秦之时开拓这块土地的少数民族一般被称为"西戎"，其包括了犬戎、骊戎、姜戎、陆浑之戎、扬拒、泉皋、伊洛之戎、戎蛮等众多不同的氏族、部落和部落联盟。其后，从西戎中演化出来的氏族和羌族是西北历史悠久、影响深远的两个古老民族。与此同时，开拓天山南北、帕米尔高原、戈壁绿洲的是大、小月氏，乌孙等古老的游牧民族，以及"西域诸国"。

秦汉以后，丁零兴起，到魏晋南北朝时，发展成为敕勒，其与从鲜卑

---

① 廓尔喀人是今尼泊尔的一个族群，18世纪末在尼泊尔建立了一个新王朝。1788年（乾隆五十三年），廓尔喀以西藏地方政府的贸易税过重为借口，出兵入侵西藏。

慕容部中分离出来的吐谷浑共同开拓着西北。此后，突厥人从敕勒中脱颖而出，在隋唐时代，成为开发西北的主角。与此相间，南北朝末期党项羌初露头角，经隋唐两代的发展，到北宋时，已成为开发西北有影响的角色。

西北的历史风云几经突变，继丁零、敕勒、突厥之后，开发西北新疆地区的主角又换成了回纥（后改称为回鹘）。但曾几何时，其又被从敕勒中分化而出的黠戛斯击灭。从此开始了对西北新疆地区开发史有重要影响的回鹘的西迁，其中最有意义的是西迁回鹘从9世纪开始与早就分布在天山以北和西部草原游牧的突厥语各部，以及西汉以来移居到这里的汉人融合，以及南疆地区操焉耆、龟兹、于田语的人，后来迁徙来的吐蕃人等成分的加入而形成了维吾尔族。

维吾尔族为维护祖国的统一、开拓新疆作出了不朽的贡献。远的不说，仅从清代开始维吾尔族就站在反分裂斗争的前列，如在平定准噶尔部达瓦齐叛乱时，迁居河西的维吾尔族人民及哈密、吐鲁番等地的维吾尔族人民，不仅一路从军，随军至伊犁作战，而且还献出大批的马、牛、羊和衣物等支援清军。当清军至伊犁时，伊犁的维吾尔族人民也纷纷挣脱达瓦齐的奴役和控制，从军作战。当达瓦齐逃往南疆时，乌什和卓霍集斯设计诱捕了达瓦齐。至此，达瓦齐政权瓦解。在平叛战争中，喀什噶尔和卓玉素甫在清军到达伊犁之前，就发动了反对准噶尔贵族统治的武装起义。随之，叶尔羌、和阗等地的维吾尔族人民也响应了起义，从而有力地配合了清军的进攻。

又如在平定大小和卓叛乱时，哈密维吾尔族首领玉素甫率军跟随清军作战。吐鲁番的额敏和卓、鄂对及其子鄂斯满和拜城的阿奇木伯克噶岱默特等维吾尔族首领也率部参加平叛。鄂对还担任清军的参赞大臣，为清军进攻库车作向导，率部与清军一起围困库车达3个月之久。当库车城被清军攻破，叛军分路溃逃至喀什噶尔和叶尔羌后，清军又派遣鄂对率领维吾尔和满汉军去招抚和阗、莎车、叶城等地的人民。当地的伯克和维吾尔族百姓都热烈欢迎鄂对联军的到来，且接受清政府的招抚，并配合清军作战。而鄂对等仅带数百名官兵，坚守和阗达三个多月之时，鄂对的妻子热衣木哈恰以马百匹支持和阗，还和阿克苏伯克等派出维吾尔族士兵与清军援兵同行。

乾隆二十四年（1759）六月，当清军分兵两路乘胜追击大小和卓叛军时，额敏和卓为清军一路指挥，向盘踞在喀什噶尔的大和卓进攻，鄂对和霍集斯协助清军进攻盘踞在叶尔羌的小和卓霍集占，致使大小和卓败逃至帕米尔高原而亡。

维吾尔族不仅在反分裂时维护了国家的统一，在反对外来入侵的斗争中也站在斗争的前列，如1830年反浩罕入侵时，和阗阿奇木伯克伊斯玛依尔，不但自备军粮30万斤，而且还向来援清军捐马1585匹，苜蓿草42000束，芦草72000束，柴9500驮，羊500只，面4000斤。当战事开始时，伊斯玛依尔调和阗六城维吾尔马、步1000人守护五家滩；派其子阿不都迈里普策勒等带领维吾尔官兵2000名守卫杂瓦军台。另外，和阗又有3000余维吾尔族官兵防守各路军台，使得敌军不敢冒犯。凡此种种，可歌可泣。

又如1865年反阿古柏入侵时，和阗的维吾尔族人民奋力抵抗，甚至连妇女们都拿起各种器具，与敌人展开搏斗；在库车，当地回族、维吾尔族人民奋起抵抗，展开了巷战，阿古柏的儿子库达·库尔伯克被库车人民击毙。阿古柏占领南疆后，不少维吾尔人冲破阿古柏匪帮的层层封锁，越过天山重重险阻，纷纷奔赴乌鲁木齐，请求清军急速援救。而当清军击败了阿古柏，特别是在清军收复托克逊以后，维吾尔族人民"相望于道，军行所至，或为向导，或随同打仗，颇为出力"①。每当收复失地后，清军的后勤供应，如马械、粮草的征购，以及侦察敌情，防守卡隘等，都是由维吾尔族首领带领群众去做的。凡此种种，可歌可泣。

再如，在共同抵御沙俄侵略的斗争中〔同治十年（1871），沙俄强占伊犁〕伊犁军民奋起抗击。当侵略者刚刚踏进伊犁地区，当地维吾尔族人民就在克特缅峡谷地带设置各种障碍，并与俄军展开了殊死搏斗，迫使侵略军突围而逃。当侵略军越过霍尔果斯河向伊犁推进时，4000多名维吾尔人筑垒抗敌，并与敌人展开了激烈的战斗，有许多人英勇牺牲。

正是由于维吾尔族反分裂、反外来入侵的英勇斗争，才维护了新疆的统一，为新疆成为中国领土不可分割的一部分作出了历史性的贡献。

3. 西南西藏少数民族的贡献

西南西藏地区在上古之时就有氐羌族群集团、百越族群集团、苗蛮族群集团、百濮族群集团生息，繁衍在"世界屋脊"的青藏高原，万水千山的云贵高原，山高谷深的横断山脉和紫色的四川盆地了。

---

① 段锟等主编：《新疆与内地关系史》，新疆人民出版社1992年版，第77页。

先秦时代，巴族、蜀族、氐族、昆明族纷纷登上了西南历史舞台，开拓了西南地区。秦汉之际，叟族、摩沙族、僚族、濮族、闽濮族相继在西南历史舞台上亮相，到了魏晋南北朝时，从氐、昆明、叟等族中分化演变出来的白蛮、乌蛮、和蛮、锅锉蛮等成了开发西南的主角。及至隋唐到宋，朴子蛮、望蛮、卢蛮、寻传蛮、裸形蛮以及傣族也参与了横断山脉和云贵高原万水千山的开发。

值得一书的是，在"世界屋脊"的青藏高原土生土长的源于氐羌集团的吐蕃族，开拓了祖国西藏大片土地，其民族过程连绵不绝，直至藏族屹立于中国民族之林。

藏族不仅为开拓和开发西藏作出了历史性的贡献，对维护西藏与祖国的统一也作出了决定性的贡献。如乾隆五十三年（1788）廓尔喀入侵西藏时，藏族民众也积极行动起来，支援抗战，仅达赖喇嘛个人就筹集了"稞麦四千六百余石……牛一千一百头，羊一万只"[1]送给清军作口粮。在廓尔喀第二次入侵西藏时，乾隆命鄂辉带领四川金川一带的 2300 名藏兵赴藏。后来，又从金川等地征调了当地土屯 3000 余藏兵入藏参战。凭借参战的金川藏兵的英勇善战，清军很快就攻克了聂木拉、吉隆、热索桥、协布鲁、东觉、雅尔赛拉、博儿东拉等地方，深入廓尔喀境内七百多里，迫使廓尔喀投降。

又如 18 世纪中期，英国征服了孟加拉以后，东印度公司开始把西藏作为掠夺目标。乾隆三十九年（1774），东印度公司管理印度总督赫斯定寻借口派其秘书波格尔（G. Bogle）去西藏。六世班禅曾写信给赫斯定和波格尔，拒绝英国人入藏。信中说，西藏是中国领土，中国大皇帝禁止外国人来藏，扎什伦布寺离北京太远，一时不能得到大皇帝的批准，因此要波格尔返回加尔各答。波格尔只好采取欺骗的手段取得了班禅的同意，容许他们到日喀则。波格尔在扎什伦布寺住了 5 个月。开始他要求去拉萨，未得到班禅同意，又要求和西藏订一个商约，为此拉萨曾派人来日喀则和他商谈。拉萨的官员表示，西藏是属于中国大皇帝管辖，通商之事他们不能做主。在企图和整个西藏通商失败后，波格尔又转而要求单独和班禅辖区订一商约，但也遭到了班禅的拒绝。这样，英国侵略者第一次企图侵入西藏的活动以失败告终。乾隆四十年（1783），赫斯定以庆贺第

---

[1] 《清高宗·实录》，卷一三一三。

七世班禅坐床为名，派人再次入藏，同西藏方面谈判通商事宜。摄政仲巴呼图克图在日喀则接见了赫斯定的代表。仲巴说，现在的灵童的确是前世班禅的转世，但因为年幼，中国大皇帝吩咐不许外人觐见。至于通商问题，仲巴说，他曾和达赖数次通信，均不同意，特别是中国大皇帝无意让英国人到西藏通商，也不准外国人去圣地拉萨，并申明这个主张是坚定不移的。这样，英国侵略者第二次企图侵入西藏的活动仍然以失败告终。①

更能证明藏族誓死捍卫祖国统一的是 1899 年，印度总督寇松勋爵（Curzon）企图订立一个"以西藏为突出的缔约一方"的条约，进而完成把西藏从中国领土上分裂出去的阴谋。英国人的所作所为遭到了西藏地方政府和十三世达赖的坚决反对，来信被原封不动地退还。寇松恼羞成怒，竟然气急败坏地要求英国政府派专使带兵打进拉萨，胡说要用武力强迫西藏独立。此后不久，英军公然入侵西藏。在 1904 年 7 月的江孜保卫战中，藏军表现得极为英勇无畏。他们退守到山岩上的堡垒周围，捍卫每一寸土地。山上的积水断绝了，就在夜间用绳索放人下来，取泥潭里的污水喝，甚至以尿解渴。藏军在弹尽粮绝的情况下，仍用山上的石头继续作战，又坚守了三昼夜，才不得已撤出战斗。最后，英军虽然于 8 月 3 日占领了拉萨，并强迫签署了所谓的《拉萨条约》，但是在西藏僧俗群众的不断反对下，1906 年在中英签订的《中英续订藏印条约》，英国最终不得不在事实上承认中国对西藏的主权。

藏族人民为西藏成为中国领土不可分割的一部分作出了决定性的贡献。

西南地区的其他少数民族，对共同缔造伟大的祖国同样作出了历史性的贡献，以傣族和景颇族为例，世世代代生息繁衍在西南边陲的傣族和景颇族人民在 1890 年、1898 年两次抗击了英军以勘界为名的入侵。1898 年 12 月 18 日中英双方开始勘定中缅边界时，英方硬说我陇川腹地一百余里之外的垒甸就是亘兰，并要以南宛河为界，企图占领更多的中国土地。② 若按此划界，陇川坝大部分地区将被英国蚕食，并且自古就属于我国的著名关隘铁壁关、虎踞关、天马关、汉龙关四关也将在英属缅甸版图内。英

① 尹伟光：《各民族共创中华·西南卷》上册，甘肃文化出版社 1999 年版，第 75—76 页。

② 杨筑慧：《各民族共创　中华·西南卷》中册，甘肃文化出版社 1999 年版，第 44 页。

国殖民者的这一侵略行径，激起了边地各民族人民的无比愤怒。景颇族陇川王子树山官早东乐率领各族群众将英国人驱逐出境，傣族干崖第二十任世袭宣抚使刀盈廷的儿子刀安仁也率军积极配合，据守四关，从而击破了英国吞食中国领土的阴谋。

再以佤族为例，20 世纪 30 年代初，世居阿佤山的佤族人民已多次抗击了英国侵略者的入侵。1935 年 4 月，中英双方组成了勘界委员会，开始对滇缅南段未定界进行第二次会勘。1936 年，勘界委员会的中立委员伊斯林偏祖英国，把中国的炉房矿区划给了英方，这再一次激起了佤族人民的愤怒，从而爆发了著名的"班洪事件"。当时阿佤山诸部派代表向勘界委员会请愿，反对英国侵占和分裂佤族。以班洪王为首的佤族十七部落王联合致函勘界委员会，指出："卡瓦山地为中国土地，卡瓦山民为中华民族之一部分"，"倘入我藩篱，窥我堂奥，奴隶我人民，强占我土地，则卡瓦山民众虽愚，亦必竭其智能，为正当之防卫，与英人抗"。同时，十七部落王还向全国人民发出了求援的《敬告祖国同胞书》。书云："窃我卡瓦十七王地……自昔远祖世受中国册封，固守边疆，迄今千数百年。世传弗替，不但载诸史册，并现尚有历朝颁给印信，可资凭证。……惟我卡地，本为中国极西之国防边陲，亦即中国之西南半壁，得失重要关系。……请求我国勘界团，据理力争，能否澈达目的，虽不可期，但我卡瓦民众早盟誓团结，自决方针，告诸天地鬼神，誓断头颅，不为英殖之奴属……"① 这为保卫祖国领土的完整作出了历史性的贡献。

4. 中南东南少数民族的贡献

中南和东南地区在远古之时，苗蛮族群集团就开拓了长江中游的江汉平原和洞庭、鄱阳湖畔。而百越族群集团则开拓了从长江下游的江浙太湖流域到岭南、云贵高原的弧形地带。

春秋战国之时，荆楚和于越崛起，并逐渐形成和发展为楚族和越族，它们成为这时开发中南和东南的主角。

此后，从秦汉到三国魏晋南北朝之时，是百越集团大演化、大发展的时代，闽越、山夷、苍梧（即南越）、骆等纷纷从百越中分化出来，参与了中南、东南地区的开发。其中骆又分化形成瓯骆和骆越两大族群。东汉末年，瓯骆、骆越与苍梧等融合分别形成了俚族和僚族，其间还出现过乌

---

① 杨筑慧：《各民族共创中华·西南卷》中册，甘肃文化出版社 1999 年版，第 49—50 页。

浒蛮，演出了中南、东南地区历史舞台上最活跃也是最使人感到扑朔迷离的一幕，从唐代开始，部分俚、僚不断融合，及至宋代逐渐形成了中国最大的少数民族——壮族。

与此同时，从苗蛮族群集团中演化发展起来的武陵蛮开发了中南的湘西、鄂西南等地区。东汉以前，从武陵蛮中再分化出的五溪蛮一支，向西南迁移，沿五溪而散居，逐渐进入贵州、广西和广东境内。宋代之时，五溪蛮进一步分化，形成近、现代的土家族、苗族、仡佬族和瑶族。他们也成了开发中南地区的主角。

中南和东南地区的少数民族同样为缔造伟大的祖国作出了贡献。以壮族为例，壮族不仅于明代在瓦氏夫人的率领下，统领田州、东兰、那地、南丹、归顺等地土州6800多的俍兵前往江浙抗击倭寇，屡战屡胜，多建奇功，从根本上扭转了抗倭的战局，为保卫祖国建立了不朽的功勋，而且于鸦片战争后，在抗法战争中，与钦州、防城的汉、瑶、京族一起于1885年在爱国老将冯子材率领下，组建了18营"萃军"，在镇南关与入侵的法军进行了决战。在战斗中，壮族人民不仅踊跃参军参战，奋勇杀敌，而且直接承担了支援部队作战的繁重任务。当时集结在前线的部队达一百多个营，约五万人。沿线居住的壮族男女老少，夜以继日，船运肩挑，把弹药、粮草源源不断地送上前线，千家万户日夜不断地为部队加工粮食，做饭送水、护理伤员，等等。壮族农民蒙大，给冯子材做向导，协助制订作战计划，还组织和带领敢死队挥舞大刀砍杀了上百名敌人。冯子材督师迎敌，激战了两天两夜，击毙法军官数十名，士兵二千余人，并乘胜追击，连克支渊、谅山等城，法军主帅尼格里受重伤、带着残军，把大炮、辎重和银圆统统抛进河里，狼狈逃窜。这就是中国近代史上著名的"镇南关大捷"。在此，壮族人民与瑶族、京族人民一起为保卫祖国领土的完整作出了历史性的贡献。

综上所述，我们可以很清楚地看到，在国家形成和发展的过程中，从古至今，少数民族不仅为开拓祖国的边疆作出了历史性的贡献，也为保卫祖国领土的完整作出了决定性的贡献。所以从国家的三要素来审视，汉族及少数民族作为国家的人民，是他们共同开拓和开发了国家的土地，才使得我国作为一个不可分割的主权国家屹立于世界。这样一种共同建构伟大祖国的历史经历，势必形成一种使中国各民族聚集到一起的力量。正因为有这种强大的凝聚力的作用，所以佤族人民面对英国的侵略，会发出"告诸天地鬼神，誓断头颅，不为英殖之奴属"的铿锵誓言。佤族人民的这种誓言，正是中国少数民族人民对伟大祖国无限热爱心声的代表。

由此可见，中国各民族及其先民们共同建构了祖国，这也就是中华民族在从多元走向一体的过程中，边疆对中央产生巨大向心力的根本原因之所在。

第七章　草原与农业

中华民族从多元走向一体，人们可能会对草原民族与农业民族能走向"一体"不解：一个游牧经济，金戈铁马，表达的是草原文化，另一个农业经济，饭稻鱼羹，表达的是农业文化。二者之间犹如水与火如何能相容？事物的发展往往出乎人们的意料，中国的草原文化和农业文化不仅相容，而且具有巨大的亲和力。

所谓"亲和力"本来是指两种或两种以上物质结合成化合物时互相作用的力。[①] 笔者借用这个词来说明中国草原文化与农业文化结合的关系，来解读中华民族从多元走向一体的过程中草原文化与农业文化结合的亲和力。

一　中国草原文化与农业文化互补性的结合

中国草原文化与农业文化的亲和力表现在两种文化互补性的结合上。

中国文化从经济类型来分可大致分为草原文化和农业文化两类。在中国地图上，从东北松嫩平原西部→辽河中上游→阴山山脉→鄂尔多斯高原东缘（除河套平原）→祁连山（除河西走廊）→青藏高原东缘画一条线，那么，此线以西、以北的广大地区，包括内蒙古、甘肃、宁夏、青海、新疆、西藏，以及黑龙江、吉林、辽宁、四川的一部分为草原文化区[②]，此线以东、以南则为农业文化区。对此费孝通先生曾有一个说法，他认为"划分农牧两区的地理界线大体上就是从战国时代开始建筑直到现在还存

---

① 《现代汉语词典》（第 5 版），商务印书馆 2005 年版，第 1104 页。

② 程潞主编：《中国经济地理（修订三版）》，华东师范大学出版社 1993 年版，第 89 页。

在的长城。这条战国秦汉时开始修成的长城是农业民族用来抵御牧畜民族入侵的防线"①。

这样的泾渭分明，而且在历史上从秦汉起所形成的"南有大汉，北有强胡"对抗格局的两大文化区，为什么又能整合为一个统一的中国呢？北方的游牧民族与南方的农业民族又为什么能互动整合达到和谐一致呢？其中最重要的一个原因是草原文化与农业文化的互补性所产生的亲和力的作用。对此，费孝通先生在《中华民族的多元一体格局》中说：

> 中原和北方两大区域的并峙，实际上并非对立，尽管历史里记载着连续不断的所谓劫掠和战争。这些固然是事实，但不见于记载的经常性的相互依存的交流和交易却是更重要的一面。

把游牧民族看成可以单独靠牧业生存的观点是不全面的。牧民并不是单纯以乳肉为食，以毛皮为衣。由于他们在游牧经济中不能定居，他们所需的粮食、纺织品、金属工具和茶及酒等饮料，除了他们在大小绿洲里建立一些农业基地和手工业据点外，主要是取给于农区。一个渠道是由中原政权的馈赠与互市，一个渠道是民间贸易。

> 贸易是双方面的，互通有无。农区在耕种及运输上需要大量的畜力，军队里需要马匹，这些绝不能由农区自给。同时农民也需要牛羊肉食和皮毛原料。在农区对牧区的供应中，丝织物和茶常是重要项目，因而后来把农牧区之间的贸易简称为"马绢互市"和"茶马贸易"。②

费先生的这一段话正是对草原文化与农业文化亲和力内蕴的经典诠释，事实正是如此。

秦汉之时，当秦汉与匈奴在政治上形成对峙态势之时，草原文化与农业文化的互补就以"合市""赏赐"等方式凸显出来。当时农业文化区汉地的物产，如铁器、铜器、陶器、缯絮、食物、金银和其他生产生活用具大量流入匈奴地区。汉文帝时，中行说向单于建言："匈奴人众不能当汉

---

① 费孝通等：《中华民族多元一体格局》，中央民族大学出版社 1989 年版，第 10 页。
② 费孝通等：《中华民族多元一体格局》，中央民族大学出版社 1989 年版，第 11 页。

之一郡，然所以强者，以衣食异，无仰于汉也。今单于变俗好汉物，汉物不过什二，则匈奴尽归于汉矣。"① 这表明，汉物流入匈奴已成不可阻挡之势。即使匈奴分为南北之后，北匈奴虽被击败远走，仍不断要求与汉"合市"，汉亦应之。元和元年（84）北单于遣大且渠等驱牛马万余头至武威，与汉商交易。在与匈奴交换中，汉所得到的主要是畜牧和狩猎产品。南北朝时，在南北对峙的政治背景下，草原文化与农业文化的互补仍然阻隔不断，以聘使互市等方式凸现出来。

拿聘使来说，元嘉二十七年（北魏太平真君十一年，450），拓跋焘南征时，就与宋互派使者，索送土特产。刘宋以甘蔗、酒、柑橘、螺杯、炬烛、锦等土特产送与北魏，北魏则以骆驼、马、毡、盐、胡豉等送与刘宋。② 齐永明元年（北魏太和七年，483），齐武帝遣骁骑将军刘缵聘于北魏；魏人出内藏之宝，"使贾人鬻之于市"③。北齐李绘使梁时，前后行人"皆通启求市"④。西魏相宇文泰为通好于梁，一次就"致马二千匹"⑤。

再拿互市来说，其在十六国与东晋之间已经存在。如祖逖北伐收取黄河以南后，石勒遗信请求互市。逖不答勒书，而听其互市，"收利十倍，于是公私丰赡，士马日滋"⑥。前秦苻菁掠上洛郡，"于丰阳县立荆州，以引南金奇货、弓竿漆蜡，通关市，来远商，于是国用充足，而异贿盈积矣"⑦。北魏文成帝拓跋濬在宋孝武帝即位后，遣使求互市，"时遂通之"。这种互市在当时十分普遍，据《魏书·食货志》所载，当时北魏不仅"西域、东夷贡其珍物"，而且"又于南垂立互市，以致南货、羽毛齿革之属，无远不至"。

除此以外，当时民间私下贸易更是频繁。南齐、萧梁时，如"郁州接边陲，民俗多与魏人互市"⑧。北方与南方贸易，主要为获取粮食、布匹、羽毛、齿革、驯象、孔雀、甘蔗、柑橘、锦、名酒等，南方则欲从北方得

---

① 《史记·匈奴列传》。

② 《宋书·张邵传》。

③ 《资治通鉴·齐纪》，卷135；《魏书·李孝伯传》。

④ 《北齐书·李绘传》。

⑤ 《梁书·兰钦传》。

⑥ 《晋书·祖逖传》。

⑦ 《晋书·苻健载记》。

⑧ 《梁书·张稷传》，卷16。

到马匹及其他畜产品等。史谓"自淮以北，万匹为市，从江以南，千斛为货"①。可见布匹、粮食交换的数量颇为可观。寿春、襄阳等城市既是南北交通的要冲，又是南北互市的枢纽。

唐代与回鹘马绢贸易是草原文化与农业文化互补的一个典范。当时马绢贸易的主要方式是进贡和回赐，一般情况下回鹘派到唐朝的使者，大部分兼做买卖，使者队伍少则数十人、多则数百人，如乾元元年（758）88人，上元元年（760）20人，大历八年（773）140人，贞元四年（788）除回鹘大首领妻妾56人外，随从人员达千人之多，长庆元年（821）573人。② 马是主要贡品，且数量多至万匹。唐朝以绢市马，按正常比价，"一匹马可换二十至三十匹绢，但实际上是以马一匹易绢四十匹"。

在这种互补中，回鹘从唐朝取得了所需要的绢帛，唐朝则达到了有利于边防安全和内部稳定的目的。大历八年（773）的一次马绢贸易很典型地反映了草原文化与农业文化的互补性。那一年"回纥赤心请市马万匹，有司以财乏，止市千匹。（郭）子仪曰：'回纥有大功，宜答其意，中原须马，臣请内一岁奉，佐马盘。'"③ 唐代宗旋"命有司量入计许市六千匹"。

及至五代十国之时，草原文化与农业文化互补性的表现也十分突出。如后唐由于应付战争，求马若渴，后梁贞明三年（917），河东李存勖征募战马，没有马匹的人户便有的以"鬻十牛易一战马"④ 的高价向北山诸部购买上交。于是西北草原地区少数民族乘机"贡马"获利，他们结队到后唐都城洛阳，"以贡马为名，国家（后唐政府）约其直酬之。加以馆谷赐与，岁费五十万余缗"⑤。后来，后唐在青州、登州、云州、泾州、灵州等地先后开设马市，进行交易。如后唐同光三年（925），后唐从青州市易中买到女真黑水部"马三十匹"⑥。后晋政府在灵武设马市，每年购得党项马5000匹。⑦ 后周广顺元年（951），泾州"招到蕃部，野龙十九族有马赴市"⑧。正是

---

① 《宋书·周朗传》，卷82。
② 马国荣：《回纥汗国与唐朝的马绢贸易》，《新疆历史研究》1985年第1期。
③ 《旧唐书·回纥传》。
④ 《资治通鉴》，卷269，《后梁纪4》。
⑤ 《资治通鉴》，卷276，《后唐纪5》。
⑥ 《册府元龟》，卷999，《外臣部·互市》。
⑦ 《旧五代史》，卷125，《冯晖传》。
⑧ 《新五代史》，卷74，《四夷附录2》。

这种互补性亲和力的作用，当时前来互市的少数民族，除了带来大群马、羊等牲口外，还有玉团，各种皮货和其他草原产品，而他们买回的是粮食、纺织品、珠、衣冠服饰以及其他农业产品。

宋辽夏金时，在宋、辽和西夏的鼎立和金与南宋对峙的政治背景下，草原文化与农业文化的互补性仍然十分突出。拿契丹族来说，五代时契丹与后唐就有固定的互市地点，并规定过互市则例，《册府元龟》九九九载："后唐天成二年八月，新州奏，得契丹书，乞置互市。……六州言：总管报，于州北野固口与契丹互市，从之。十二月，六州沙彦珣奏十年前与契丹互市则例。"在后晋则专门设有"回图使"管理互市商务①。在宋辽对峙时，宋初在镇州、易州、雄州、霸州、沧州各设榷场，与辽交易。"澶渊之盟"后，辽先后在涿州、新城、朔州南和振武军，置榷场与宋交易；宋也先后在雄州、霸州、安肃军以及广信军置榷场与辽交易。在交易中，辽卖给宋的货物主要有羊、马、马具、皮革制品、毛毡、镔铁刀剑、珍珠等，以羊为最多，宋卖给辽的货物主要有茶叶、药材、糯米、纺织品、麻布、漆器以及香料、象牙等奢侈品，同时宋的铜钱也大量流入辽使用。辽和北宋并立长达一百六十多年，但即使在政治关系这样紧张的局势下，双方的榷场贸易和私人交易仍日益频繁，足见草原文化与农业文化互补的不可替代性。

元代草原文化与农业文化的互补性有增无减，据《元史》记载，传统的"茶马互市"在元代更为发展，特别在今川、藏交界处的朵甘思一带，汉与吐蕃两族人民可以自相贸易往来，不受限制，元政府于至元十四年（1277）"置榷场于碉门、黎州，与吐蕃贸易"②。吐蕃人以马匹、氆氇等土产换取内地所产的茶、绢、帛等物品。

明代由于政治局势的稳定，草原文化与农业文化的互补在更大范围、以更大规模展开来。拿朝贡来说，据《明实录》所载的粗略统计，从永乐元年（1403）至隆庆四年（1570）的160余年间，蒙古封建主向明王朝朝贡800余次。正统和景泰年间瓦剌入贡43次。以致后使接着前使，"贡使

---

① 《资治通鉴·后晋记》：天福八年九月，"契丹以（乔荣）为回图使，往来易于"。胡三省《资治通鉴晋注》："回图使，凡外国与中国贸易者，置回图务，犹今之日易场也。"

② 《元史·世祖本纪》。

络绎乎道，驼马迭贡于廷"①。入贡人数最多的达 2000 多人，如正统十二年（1447），"瓦剌使臣皮儿马黑麻等二千四百七十二人来朝"②。入贡品主要是马驼等牲畜、畜产品、兽皮、牧区手工制品如马鞍、箭囊等。贡使所带马匹有时达 4000 多匹，兽皮达十几万张。③ 明廷则回报以钞币、彩绢、金银首饰、器具、茶叶、药品、纸张、乐器、佛经等。而且贡使可利用钞币在京或沿途购取粮食和其他用品，所以贡使返回时，"金帛器服络绎载道"④。

又据《明实录》⑤ 记载，明代哈密、吐鲁番、火州、柳城、别失八里、亦力把里、察弟儿、苦先、兀失、哈实哈儿、把丹沙、鸦儿、散竹、虎坛、阿端卫等地的头领、高级僧侣和大商人共向明朝朝贡将近 380 次。其中，哈密朝贡近 230 次，吐鲁番朝贡 100 次有余。其贡品主要是马、驼、羊、骡等牲畜，其名马有西马、阿鲁骨（阿剌骨）马，其好马有骟马。换得的"赐物"主要是各色丝绢、锦缎、纻丝、布匹、衣物、茶和钞币，还有瓷器、金银器、玉器、马革占、犁铧、铁锅、首饰、乐器、纸张和大黄等药材等。其中贡品数量较多的几次是：明永乐元年（1403）哈密"贡马百九十匹"，又"命有司给直收其马四千七百四十匹"⑥。永乐十七年（1419），"哈密等处使臣及经商回回满赖撒丁等 250 人、贡马 3546 匹及貂鼠皮、硇砂等物，赐钞 3.2 万锭、文绮 100 匹、绢 1500 匹，遣还"⑦。永乐二十年（1422），"哈密……及吐鲁番……贡马千三百匹，柳城……及哈密太师虎都卜丁等贡羊二千余只"⑧。永乐二十一年（1423），"哈密……贡马千匹、驼三百三十六头"⑨。

明代互市的市场包括马市和茶市。"明初，东有马市，西有茶市。"

马市主要对蒙古族。隆庆五年（1571），俺答汗与明建立和平通贡、

---

① 《明英宗实录》，卷 204，景泰二年五月癸丑条。

② 《明英宗实录》，卷 160，正统十二年十一月甲辰条。

③ 《明英实录》，卷 136，正统十年十二月丙辰条；卷 197，景泰元年十月甲午条。

④ 《明史纪事本末》，卷 33。

⑤ 陈高华：《明代哈密、吐鲁番资料汇编》，胡振华，黄润华译注：《明史》与明代文献《高昌馆课》。

⑥ 《明史·西域列传》。

⑦ 《明太宗实录》。

⑧ 《明太宗实录》。

⑨ 《明太宗实录》。

互市关系，互市达到极盛时期。明朝先后在大同得胜堡、新平市、守口堡、宜府张家口、山西水泉营、延绥红山寺堡、宁夏清水营、中卫、平虏卫、甘肃洪水扁部口、高沟寨等11处开设马市。

马市分官市、民市和月市三种，官市每年开市一两次，每次三至十五日左右。明王朝派官员管理，驻兵维持，各部头领也到市场监督自己的部属。在双方官员监督和维持下，明朝定出牲畜的价格，由明官方用银、钞收购马匹，或用布、缎、铁锅等折价易马。民市又称和市，官市完毕后，在明王朝的认可下，由商人和一般平民用银、钞或实物直接和蒙古人交易。月市又称小市，是在土默特、鄂尔多斯等部与中原交接的地区，根据需要每月在适当地点开设的互市，进行更频繁的交易。互市中交易的范围很广泛，蒙古方面除了马、驼之外，还有骡、驴、牛、羊、毡、兽皮、马尾、盐、碱、柴草、木材和牧区的手工制品。中原方面提供粮食、布、绢、缎、衣服、农具、铁锅、铜锅、茶叶、纸张、药品、颜料、各种日用品和食品。

茶市主要对藏族。自洪武五年（1372）起，明王朝先后立秦州（今天水）、河州（今临夏）、洮州（今临潭）、雅州（今雅安）、岩州（今松潘西北）等茶马司，统一管理茶马市易。设茶市与藏族等进行茶马互市，"行茶之地五千余里"[1]。为便于同藏族进行茶马互市，洪武三十年（1397），明朝改秦州茶马司为西宁茶马司，迁其治于西宁。

茶马互市的数量。据文献记载，洪武三十一年（1398），"用茶五十余万斤。得马一万三千五百余匹"[2]。永乐中，"茶禁稍弛，碉门茶马司用茶八万余斤，仅易马七十余匹"[3]，"用茶四十万斤，约易马四千匹"[4]。万历十九年（1591），"易马九百余匹"。万历二十九年（1601），"用茶四百余引易马一万一千九百余匹"[5]。明王朝在西部地区设有许多养马处所，如陕西行太仆寺、甘肃行太仆寺、陕西苑马寺、甘肃苑马寺等，以供军需。

---

① 《明史·食货志4》。
② 《明太祖实录》，卷256，洪武三十一年二月戊寅条；《明史》卷80《食货志》载易马数为13800匹。
③ 《明史·食货志4》，卷80。
④ 《明孝宗实录》，卷40，弘治三年七月戊寅条。
⑤ 《明神宗实录》，卷356，万历二十九年三月壬申条。茶引是茶商纳茶税后，由官府发给的准许行销的凭照，以此招引商人运茶到边地。

除此以外，茶马互市在民间也进行着。当时藏族商队通过两种途径进入汉地，一种是直接到洮州、河州、雅州、黎州、威州、茂州藏汉交接地区的传统贸易地进行互市；一种是编入朝贡使团，除了贡品之外，沿途进行交换。汉族商人也带着大宗货物进入藏地出售，将大批藏地物产运到内地贩卖。通过藏汉商人运入藏区的物资主要是茶、盐、布、绢等，也有罗、姜、纸、粮食、各种器具和衣服，输入内地的物资主要是马匹、各种畜产品、红花、虫草和其他药材、土产。

清代，草原文化与农业文化"彼此丰给"的互补继续发展着。据《清实录》记载：从清太宗皇太极崇德元年至高宗弘历乾隆十九年（1636—1754），准噶尔大小台吉、宰桑、喇嘛等共朝贡、贸易 153 次。① 如崇德二年（1637）"厄鲁特部落顾实车臣绰尔济，遣其头目库鲁克，来贡马匹、白狐皮、獭喜兽、绒毯等物"②。顺治二年（1645），"厄鲁特部落顾实汗子多尔济达赖巴图鲁台吉来请安，贡马匹、氆氇"③。次年，又贡。康熙二十二年（1683），噶尔丹博硕克图汗遣使向清朝"贡马四百匹，骆驼六十头，貂皮三百，银鼠五百，猞猁狲皮三张，沙狐皮一百，黄狐皮二十，活雕一只，贴金牛皮五张，厄鲁特鸟枪四杆"④。噶尔丹在未与清朝发生武装冲突之前，向清政府派出的进贡使团，每次达数百人，17 世纪 80 年代时甚至达千余人或数千人。⑤

准噶尔部牧奴主贵族和大、小和卓农奴主贵族的叛乱平定之后，哈萨克与清政府的互市日趋频繁。哈萨克的互市地点，先在乌鲁木齐，后来增加了伊犁和塔尔巴哈台。乾隆二十二年（1757），清朝驻疆官兵，即以所余杂物"与哈萨克交易，共得马二百余匹"⑥。

乾隆二十三年（1758），哈萨克哈巴木拜的儿子和弟弟驱马 300 余匹到乌鲁木齐贸易。⑦ 自乾隆二十三年九月至二十五年十二月（1758—1760），

---

① 《准噶尔史略》编写组编：《〈清实录〉准噶尔史料摘编》。
② 《清太宗实录》，卷 39。
③ 《清世祖实录》，卷 22。
④ 《清圣宗实录》，卷 111。
⑤ 《清圣宗实录》，卷 112。
⑥ 《清高宗实录》，卷 544。
⑦ 《平定准噶尔方略》正编卷 62，见徐伯夫《清代前期新疆与祖国内地的商业往来》，载《西域史论丛》第 1 辑。

14 批哈萨克商队来乌鲁木齐贸易，用马 4567 匹换取了贡缎、苏花缎、苏
素缎、小花线缎、闪缎、彭缎、扬缎、帽缎、织云缎、补缎、妆花缎、摹
本缎、金百蝶、金寿字、金双喜、中片金、蟒缎、草锦等 3733.5 匹，绫
249 对，荆绢 681.5 匹，京庄白布等布 1619 匹，梭布 662.5 匹，油绿姑绒
1 联，花毛毡 6 块，花红线 7 斤，川烟 50 包。①

在哈萨克与清政府的互市中，马特别重要，故乾隆二十八年（1763），
清政府规定："将来与哈萨克交易，当以孳生马匹为要，俟新疆足额，再
拨补内地。"② 哈萨克人则"皆需茶叶应用"，于是清廷准许"宽裕运送，
以资食用，俾彼地人众，并得承买"③。塔尔巴哈台"每年由肃州预调茶叶
三千封"，用于购买哈萨克的牲畜。④

正是由于中国草原文化与农业文化这种互补性的结合，构成了中华民
族从多元走向一体的内蕴。这种深层次的内蕴，使草原民族与农业民族能
从"多元"走向"一体"。

二　中国草原文化与农业文化结构性的结合

中国草原文化与农业文化的亲和力还表现在两种文化结构性的结
合上。

从宏观上审视，中国经济类型大致是西北为牧区，东南为农区。事实
上，牧区并非绝对的纯牧区，农区也非绝对的纯农区。

为了深入地说明中国草原文化与农业文化结构性的结合，我们对新疆
的情况作一个透视分析。秦汉之时作为游牧民族的乌孙，其墓葬内普遍有
陶器殉葬，并曾出土铁铧，这是兼营农业的佐证。南北朝时柔然主阿那瓌
于北魏正光三年（523）给北魏上表，"乞粟以为田种"⑤。铁勒，"近西边
者，颇为艺植，多牛而少马"⑥。隋唐之时黠戛斯人"颇知田作"⑦，农产

---

① 王熹、林永匡：《清代新疆的丝绸贸易》，《新疆社会科学》1986 年第 6 期。
② 《平定准噶尔方略》续编，见《清代前期新疆与祖国内地的商业往来》。
③ 《清高宗实录》，卷 699。
④ 《西陲总统事略》。
⑤ 《北史·蠕蠕传》。
⑥ 《北史·铁勒传》。
⑦ 《元史·地理志》。

品有粟、小麦、青稞等。回鹘西迁之后，大量兼营了种植业，并逐步转变为以定居农业为主。在日常生活中粒食已同肉食一样，对于回鹘贵族来说，也已成为必不可少的食品。明末清初，准噶尔部"且耕且牧""部落繁滋"[1]。他们"从回疆各地强迫许多维吾尔族人民迁居伊犁为他们耕种"[2]，并称这些种地的人为"塔里雅沁""塔兰奇"。当时，伊犁河、额尔齐斯河、额敏河流域和乌鲁木齐、哈喇沙尔等地都有不少耕地，种植有小麦、大麦、青稞、稻米、高粱、糜、黍、小豆、麻等农作物，还有各种瓜菜和水果，"百谷园蔬之属，几于无物不有"[3]。由此可见，就是以游牧为特征的北疆，也是以牧为主兼有农业的经济结构，形成草原文化与农业文化结构性的结合。

塔里木绿洲定居农业区的畜牧业比重一直很大。如于阗、龟兹、焉耆、鄯善、疏勒等塔里木城邦诸国利用自身的生态环境和地理特点，既在绿洲沃土上经营农业，又在山谷隙地中放牧羊马，所以，畜牧业是城邦诸国生产的另一支柱。《北史·西域传》记焉耆"畜有驼马"，龟兹出"良马、犎牛等"，疏勒、鄯善等国也同样饲养这类家畜，且皆以羊、马为主畜。其中龟兹由于引进了大宛汗血马种成为城邦诸国中最有名的良马产地。故《旧唐书》卷198记龟兹"有城郭屋宇，耕田畜牧力业……有良马、牛，饶葡萄酒，富室至数百石"。于阗沙漠特多，以产驼驰名。在匈奴人的影响下，城邦诸国早已学会实施哺乳动物杂交，培育出驴、马杂交的骡子，可见驴也是城邦诸国惯常饲养的家畜。

又如一向以农业为主的吐鲁番一带也十分重视畜牧业，明代桂萼所撰《吐鲁番夷情》云：其地"畜羊马"，当地人"秋冬居城郭，春夏随水草孳牧，或山川种田，或打围射猎"[4]。

再如清代《西域图志》载："山南诸回部，有城郭宫室，故居处有恒；有沟塍陇亩，故田作有时，男识耕耘，女知纺织。"[5] 农作物主要是小麦，其次有大麦、糜、豆、稻等。此即《新疆回部志》说："回人稼穑，大率

① 《西陲总统事略》。
② 《平定准噶尔方略》，见《准噶尔史略》。
③ 《西域图志》。
④ 桂萼：《吐鲁番夷情》，《皇明经世文编》，卷81。
⑤ （清）傅恒：《西域图志》，卷39。

以麦为重，虽有秫稻粟豆，不为常食。"① 但是此时维吾尔人的畜牧业已有相当的规模，他们牧养的牲畜主要有羊、牛、马、驴、驼等，其数量相当可观。《新疆回部志》云：每到集市日，各处维吾尔农民便携带"货以及羊马牲畜瓜果"② 到市场买卖，牲畜是交易的重要商品之一。《西域闻见录》中说："回子宴会，总以多杀牲畜为敬，驼、马、牛均为上品，羊或至数百只"，连"最贫苦之小回亦有牛羊驼马"③，可见在维吾尔人中牧养牲畜比较普遍。

为此，官府在维吾尔人中抽有牲畜税。喀什噶尔"每年抽收税羊一千至三千余只不等，抽收税牛一二只至十余只不等；孳生出群羊羔五百七十余只，孳生出群牛犊十二只"④。

由此可见，就是以农业为特征的南疆，也是以农业为主兼有牧业的经济结构，同样形成草原文化与农业文化结构性的结合。

新疆是如此，内蒙古和西藏的牧区亦是如此。如内蒙古早在秦汉时期河套一带就有了引灌的农业。阴山以南的河套——土默川平原；大兴安岭东侧的嫩江平原以及西辽河平原等地，地形平坦，土质肥沃，温度适宜，光照充足，水源较丰沛，是内蒙古重要的粮食和经济作物产区。在这里生活的蒙古族有的已完全从事农业，粮食作物以小麦、莜麦、谷子及糜子等为主。经济作物，主要有大豆、胡麻、油菜、葵花籽和甜菜等。油料和甜菜是内蒙古农业的两大优势，其种植面积多年均达 600 多万亩和 200 万—300 万亩，是全国胡麻和甜菜的种植基地。⑤

又如西藏的农区主要分布在雅鲁藏布江及其支流的河谷地带，以及金沙江、澜沧江、怒江流域的谷地。耕地面积有 333.4 万亩，主要作物有青稞、小麦、荞麦、豌豆、蚕豆、油菜等耐高寒作物，在藏东南海拔较低的地方，种植有水稻、高粱、鸡爪谷、大豆等作物。粮油基本自给，仅需内地供应部分细粮。⑥

这样，在内蒙古和西藏这样的牧区，也形成了草原文化与农业文化结

① 《新疆回部志》，卷2。
② 《新疆回部志》，卷2。
③ 《西域闻见录》，卷2、卷4。
④ 《回疆通志》，卷7。
⑤ 宋家泰主编：《中国经济地理》，中央广播电视大学出版社1985年版，第309页。
⑥ 程潞主编：《中国经济地理（修订三版）》，华东师范大学出版社1993年版，第368页。

构性的结合。

牧区是这样，农区又如何呢？事实上，中国的农区也不是纯农区，而是以农业为主，兼营牧业。这是因为中国的农业区也有大量的草山、草坡和滩涂草地适合牧业的发展，其主要分布在云南、贵州、广西、湖南、湖北、江西、福建、广东、海南，以及陕西、山西、河北、山东等省区。在这些农区草山、草坡中面积有50万亩以上的就有200多个。①

从整体上看，中国农区畜牧业的特点是与种植业紧密结合，饲养业一般作为农业的"副业"生产部门。它利用种植业的秸秆、农副产品加工的副产品或"废料"和部分粮食为饲料，同时为种植业提供肥料。畜群构成以猪和家禽饲养为主；但牛、马、骡、驴等大牲畜在广大北方农区则占有一定比重。南方农区除耕牛外，也利用草坡草山饲养牛、羊等。事实上中国的农区是城乡肉蛋奶的主要来源。牲畜的总头数占全国牲畜总头数的80％以上，猪占全国猪饲养总头数的96％，牛占全国牛饲养总头数的75％，骡占全国骡饲养总头数的92.4％，驴占全国驴饲养总头数的近70％，山羊约占全国山头饲养总头数的60％。

从一定的意义上来说，农区的牧业在全国畜牧业中的地位并不亚于牧区。（见表1）

表1　我国农牧区畜牧业生产特点比较表

项目	牧区	农区
饲草饲料来源与生态环境	以天然牧草为主，天然草地供放牧和刈草。	以各类森林与农田景观为主，放牧场仅零星分布，以农作物秸秆、各种农副产品或饲料作物为主。
经营方式与牲畜种类	放牧经营为主，大多是牛、羊、马，有些地区还以放牧骆驼为主。	以饲养家畜为主，多猪、耕牛和家禽。
在全国畜牧业中的地位	是我国最主要的毛、皮、畜牧业产地，绵羊和马占全国60％。	约占全国牲畜总数的2/3。

---

① 宋家泰主编：《中国经济地理》，中央广播电视大学出版社1985年版，第107页。

续表

项目	牧区	农区
经营牧业的民族	有蒙古、藏、哈萨克、塔吉克、维吾尔等少数民族。	以汉族为主，壮族、苗族、瑶族等少数民族。
畜产品商品率	不高。	比较高。

資料来源：宋家泰主编：《中国经济地理》，中央广播电视大学出版社1985年版，第111页。

　　下面我们就中国农区同样形成草原文化与农业文化结构性的结合再作一点具体的分析：

　　华北农区的牧业主要牲畜有牛、马、骡、驴、猪、羊，并具有许多优良品种。山东、河北是我国猪、牛、羊肉供应的主要省份，1990年两省猪、牛、羊肉产量占全国12.2%[①]，在此，草原文化与农业文化结构性结合的特点显现无遗。

　　华中农区的牧业具有一家一户分散饲养的特点，累积数量很大。1990年华中地区大牲畜达2197.2万头，占全国16.87%，河南省居全国第一；牛1966.9万头，占全国19.11%，河南省占全国第二；马42.8万头，占全国4.20%；驴123.4万头，占全国11.01%；骡64.1万头，占全国11.66%；肉猪出栏头数达7302万头，占全国23.56%；猪年底头数8159.4万头，占全国22.51%；羊年底头数1523.2万头，占全国7.25%。猪牛羊肉产量553.2万吨，占全国22.00%。所以华中地区是我国牧业比较发达的地区之一。河南省的黄牛数量多，质量好，著名的黄牛品种有"南阳黄牛"等。水牛以两湖平原和鄱阳湖平原较多。马、驴、骡以及羊亦以河南省最多。猪是本区饲养量最大、地位最重要的家畜，以湖南省最发达，鄂赣二省次之。[②] 在此，草原文化与农业文化结构性结合的特点也显现无遗。

　　华南农区具有发展畜牧业的良好条件：一是山地面积广，适宜发展畜牧业的草山、草坡面积大；二是牧草生长季长（8—9个月），亩产鲜草高；另外河湖水面及海洋广阔，有利于鸭、鹅的饲养，以及广大农村农副产品下脚料多，稻草、秸秆多，饲养畜牧业的经验丰富，农牧结合的基础好。1990年华南大牲畜达1459.4万头，其中役畜1031.8万头，分别占全国

[①]　程潞主编：《中国经济地理（修订三版）》，华东师范大学出版社1993年版，第269页。
[②]　程潞主编：《中国经济地理（修订三版）》，华东师范大学出版社1993年版，第308页。

11.20% 和 13.56% 。牛 1432.2 万头，肉猪出栏头数 3790.9 万头，猪年底头数 5011.3 万头，猪牛羊肉产量 315.2 万吨，其中猪肉 306.5 万吨，分别占全国 13.92% 、12.23% 、13.82% 、12.54% 和 13.43% 。[①] 广西的毛南菜牛、德保矮马，海南东山羊都是著名的优良品种。

在此，草原文化与农业文化结构性结合的特点同样显现无遗。

华东农区以生猪饲养业为广大农村的主要家庭副业。苏、皖淮北平原，江苏沿江高沙土地区和浙江西部是中国商品猪生产的主要基地之一。此外，江淮丘陵的养牛业，太湖流域的湖羊和广大浙江丘陵山区的养羊业都十分发达。在此，草原文化与农业文化结构性结合的特点同样显现无遗。

由此可见，就是以农业为特征的中国农区，也是以农业为主兼有牧业的经济结构，同样形成草原文化与农业文化结构性的结合。

这样，中国的牧区不是纯牧区，农区也不是纯农区，而是牧中有农、农中有牧，我们要加以区别的只是农牧在经济中所占比重的大小或多少而已。所以中国草原文化与农业文化这种结构性的结合也必然产生一种亲和力。

正是由于中国草原文化与农业文化这种结构性的结合，也构成了中华民族从多元走向一体的内蕴。这种深层次的内蕴，使草原民族与农业民族能从"多元"走向"一体"。

三　结语：亲和力就是文化凝聚力

对于亲和力，《文化力》一书中曾作过精当的论述："文化凝聚力就是凝结民族之魂的亲和力。"可见亲和力也就是文化凝聚力，能够把本来看似水火不相容的事情，"积聚、黏合、融合在一起，汇聚成推动社会进步的力量"。也正如《文化力》一书中所说：

> 文化凝聚力在两个方面发挥作用：
> 一是把文化多层面的自身内质力量联合、亲和在一起，即在让主流文化、精英文化、大众文化等"诸神各就各位"的同时，又将其汇

---

① 程潞主编：《中国经济地理（修订三版）》，华东师范大学出版社 1993 年版，第 328 页。

合于构建和谐社会的大局中来。

　　二是通过上述的综合文化之力，形成一个大的磁场，吸引、影响、团结、凝聚全民族全社会之力，为文化繁荣、祖国富强、社会进步服务。①

　　中国草原文化与农业文化之间的亲和力也正是这样一种文化凝聚力，它们之间互补性和结构性的结合，使我们很清楚地看到，草原文化与农业文化在相互作用时，从古到今都是谁也离不开谁的。这正是中华民族从多元走向一体的深层内蕴之所在。

---

① 高占祥：《文化力》，北京大学出版社 2007 年版，第 423 页。

第八章 汉族案例

中华民族从多元走向一体是一个过程，而且是一个很长的历史过程。这个过程之所以长，是因为这个过程代表了中国各民族发展的一个历史趋势，甚至可以说也代表了世界民族发展的历史大趋势。在这个历史过程中，民族与民族之间的分分合合、合合分分必然会形成一些阶段性的民族融合成果，其中汉民族（亦简称汉族）就是一个典型的从多元走向一体的案例。

一 汉民族研究的雪球理论

为什么汉族是一个典型的从多元走向一体的案例？因为汉民族研究总结了从多元走向一体的"雪球理论"。什么是汉民族研究的雪球理论？这要从汉民族为什么是一个雪球讲起。

汉民族为什么是一个雪球？因为汉民族的形成和发展如雪球一样，越滚越大，越滚越结实；汉民族"多元一体"的结构也像雪球一样，从整体上看是一个雪球，从局部上看又是由许许多多团雪构成的。费孝通先生在提出著名的中华民族多元一体的格局理论时也说过："从民族方面说，汉族在整个过程中像雪球一样越滚越大。"① 因此，我在《雪球：汉民族的人类学分析》一书的"题识"中，提出了汉民族研究的雪球理论。②

理论是对客观事物的本质、规律性的正确反映，是系统化了的理性认识，其具体指概念、原理的体系。那么，什么是汉民族研究的雪球理论呢？众所周知，雪，是一种神奇而又美丽的自然景观。当雪花飘飘之时，

---

① 费孝通等：《中华民族多元一体格局》，中央民族学院出版社1989年版，第13页。
② 徐杰舜：《雪球：汉民族的人类学分析》，上海人民出版社1999年版，第1—12页。

大地银装素裹，分外妖娆；当雪凝聚成雪球滚动之时，雪球会越滚越大，越滚越结实。汉民族，这个世界上独具特色的民族，也颇具雪的特性。从遥远的古代起，她多元的祖先就劳动、生息、繁衍在美丽、富饶、辽阔的中华大地上。她以黄河流域、长江流域、辽河流域、珠江流域为摇篮，在沧海桑田的变迁之中，从点到线，从线到面，像滚雪球一样，融合了许许多多民族或族群而形成；像滚雪球一样，越滚越大，越滚越结实，发展成为世界上人口最多的一个民族。因此，我们可以将汉民族比喻为一个硕大无比的雪球。

从这个比喻出发，汉民族研究雪球理论的定义是：汉民族是一个拥有雪球性质的民族共同体，她具有雪球的结构特征，又具有滚雪球的过程特征，还具有雪球的凝聚特征。正是这三个特征的整合，汉民族才成为一个既包含差异，又被高度认同的世界上最多人口、最大的民族共同体。

根据汉民族研究雪球理论的这个定义，我们可以看出汉民族研究的学术内涵主要分为：汉民族这个雪球是一个多元一体的整体；汉民族这个雪球是在滚动中形成的；汉民族这个雪球也是在滚动中发展的；汉民族这个雪球具有雪球的结构；汉民族这个雪球越滚越大；汉民族这个雪球越滚越结实六个层次。通过对汉民族学术内涵的分析，有助于人们认识和理解汉民族为什么是世界上最大的一个民族。

二　汉民族从多元走向一体的过程

汉民族从多元走向一体的过程十分漫长，同时也是分阶段的。何谓阶段？就是事物发展进程中划分的段落。① 而过程的阶段性，是指任何一个确定的过程都是可以分为若干段落的；每个段落之间既有联系，又有确定的质的区别；阶段与过程有着部分质的区别。与此同时，还要注意总过程中各阶段之间的前后相继，上下连贯，相互贯通，一个接一个地不间断地发展。这里所说的不间断的发展，一是指一个确定的过程中阶段之间的连续性；二是指过程之间转化的连续性，即每一个过程完结以后，在一定条件下，都要向与它有必然联系的过程转化。② 汉民族滚雪球的过程就是分

---

① 《现代汉语词典》（第5版），商务印书馆2005年版，第692页。
② 刘志忠、李毅：《过程转化论》，中国展望出版社1988年版，第51页。

阶段的，而且当汉民族滚雪球形成过程完结后，很自然地转化进入了汉民族滚雪球的发展过程。

（一）汉民族滚雪球形成三部曲

我们先来考察一下汉民族滚雪球形成的三个阶段：

汉民族的形成经历了夏、商、周、楚、越等族从部落到民族的发展过程，又经历了夏、商、周、楚、越等族及部分蛮、夷、戎、狄融合成华夏民族的阶段，最终形成于汉代的漫长而复杂的三个历史阶段。

1. 夏、商、周、楚、越诸族的相继崛起

民族是一个历史的范畴，从民族形成的科学意义上来说，汉民族的形成起始于夏、商、周、楚、越诸民族相继崛起。

公元前 23 世纪至前 22 世纪左右，夏民族在黄河中游河、洛流域的黄土地带首先崛起。相传夏部落在进入河、洛流域以前，仍然处于原始社会的氏族公社制时期。血缘关系仍然是维系人们的主要纽带。据《史记·夏本纪》说：夏部落姒姓，共 12 个氏族，以夏后氏为核心组成一个有共同血缘的大部落。随着生产力的变化和发展，到了大禹时期，青铜工具开始出现并使用。正如《越绝书》卷十一说："禹穴之时，以铜为兵。"对此，与历史文献中记载的夏王朝所在的中心地区大致相符的二里头文化遗址的分布地区，出土了形制和器种比较复杂的青铜器提供了考古例证。与此同时，水井的发明，如在洛阳锉李、河南偃师二里头等遗址发现的水井，为夏部落向纵深开阔地带聚集定居提供了新的条件。血缘关系开始向地缘关系转变，在舜时就发生过"流四凶族：浑敦、穷奇、梼杌、饕餮，投诸四裔"① 的事。经过长期的融合，到禹时，《左传》哀公七年中所说的"禹令诸侯于涂山，执玉帛者万国"时的夏部落联盟，已不是以血缘关系为纽带的人们共同体了，"万国"是地域的区分，而不是氏族或部落的籍别了。

在这种新的历史转折时期，禹在治服水患后，"开九州，通九道，陂九泽，度九山"②，把全国划分为九州③就是水到渠成的事了。《尚书·禹贡》："九州攸同，四隩既宅。"就是说九州统一，四方可居之地都奠定了。

---

① 《左传》，文公十八年。

② 《史记·夏本纪》。

③ 《尚书·禹贡》。

于是，随着我国历史上的第一个国家——夏王朝建立，中国第一个民族——夏民族也崛起了。

当夏民族在黄河中游崛起之时，地处山东半岛，奉鸟为图腾的商部落还过着原始社会"无定处"①"不常厥邑"②的流动生活。但是，随着经济社会的不断发展，本来臣属于夏王朝的商部落，在商国家建立的过程中，完成了从血缘关系向地缘关系的转化，并发展成商民族，崛起于黄河下游。史载："汤征诸侯"③"十一征而无敌于天下"④，最后在鸣条会战中灭夏，建立了一个新的国家——商王朝，支持汤灭夏的"万邦"⑤"万方"⑥，就都是按地域划分的人了，商民族就稳定地屹立于古代民族之林，而夏民族却臣属于商王朝而成为一个被征服的民族。

历史常常出现惊人的相似之处，与商灭夏一样，居住在陕甘渭水上游的漆、沮流域之间，原来是商王朝部属的周部落，重蹈商民族崛起的道路，在臣属于商王朝的历史条件下，完成了从原始社会向文明社会的过渡；重演了商灭夏桀一幕，在"克商"中建立了周王朝，周民族以方百里的小国，六七万人口的小族，崛起于陕甘岐丰之地而入主中原，曾几何时显赫一世的大族——商民族以及古老的夏民族都成了被征服的民族。

夏、商、周三族在黄河流域相继崛起之后，楚、越两族在长江流域也相继崛起。

土生土长在长江流域江汉地区的"楚荆"或"荆楚"，开始从部落到成为民族的时候，不管是参加武庚叛周失败，被迫从淮水下游南下，被长江所阻后，又沿江西上，来到了江汉地区商民族中的熊、盈两部，还是被周封予楚的熊绎，最后都变其风俗，被卷进楚民族形成的主流之中被"蛮"化了。正因为如此，所以熊渠以及楚武王都理直气壮地自称为"蛮夷"。"楚荆"崇尚武功，他们在不断向外发动战争中，迅速强大起来。周成王封熊绎于楚，从一定的意义上来说，不仅奠定了楚开国之基，也是楚民族形成的一个标志。从此之后，左右驰骋、纵横捭阖于汉江地区的楚民

---

① 《史记·殷本纪》。
② 《尚书·商书·盘庚上》。
③ 《史记·殷本纪》。
④ 《孟子·滕文公下》。
⑤ 《尚书·商书·仲虺之诰》。
⑥ 《墨子·兼爱下》。

族，以其绚丽独特的民族色彩崛起了。

越民族的形成是从于越突起开始的。分布在江、浙到两广到云贵高原这一弧形地带的百越集团，长期处于"百越杂处、各有种姓"①的状态。但是，由于历史的机遇和地域位置的优越，商、周之时，与中原诸民族邻接的百越在江、浙的一支——于越突起，开始了成为民族的历程。越民族形成的标志是吴、越两国的建立。

从夏、商、周、楚、越诸民族相继崛起的历史活剧中，我们可以看到中国古代民族形成和发展史上此起彼伏的、雄壮的一幕幕。在这里，我们之所以说夏、商、周、楚、越诸族崛起是汉族形成的第一阶段，是因为经历史的长期融合，他们的文化后来都成为汉族文化的血肉部分。

2. 华夏民族在大融合中铸成

作为历史上产生的东西，民族与其他事物一样，也是不断发展着、变化着的。从部落发展成民族的夏、商、周、楚、越诸族作为原生民族，在周王朝的统治下是怎样滚雪球的呢？

西周是一个多民族的国家。《左传》昭公九年周大夫詹桓伯说："我自夏以后稷，魏、骀（邰）、芮、岐、毕，吾西土也；及武王克商，蒲姑、商奄，吾东土也；巴、濮、楚、邓，吾南土也；肃慎、燕、亳，吾北土也。"可见在西周就开始形成了夏、商、周三族居黄河流域，楚、越两族居长江流域，蛮、夷、戎、狄居四方的民族分布图。从春秋到战国，不仅是中国从奴隶社会向封建社会转型的大动荡、大分化的历史时期，也是民族关系发生大变动、大发展的历史阶段。这时，夏、商、周、楚、越诸族在滚雪球中互相往来，互相渗透，互相吸收，出现了民族融合的大趋势。

春秋时期的民族大融合，首先是在夏、商、周三族之间进行的。例如晋惠公"作州兵"②，就打破了西周以来军队组成的规定，说明"国"与"州"对立的消除，而"州"人本是被周征服的"庶人"，又表明晋国内各民族之间的鸿沟已逐渐填平。又如商民族成分的宋桓公，在狄人灭周民族成分的卫国时，也出兵相救，乘夜迎接渡河而来的卫文公，就是因为卫文公的妹妹是桓公的夫人，两族早已联姻，表明周、商两族之间的民族界

———————

① 《汉书·地理志》注引臣瓒所言。

② 《左传》，僖公十五年。

限没有了。再如商民族成分的孔子死后，周民族成分的鲁哀公写诔文追悼他，并称之为"尼父"，表明周、商民族认同的一致。

春秋民族大融合，还扩张到部分蛮、夷、戎、狄之间。如《国语·周语》说：周襄王"德狄人，将以其女为后"。《左传·庄公二十八年》说：晋献公"娶二女於戎。大戎狐姬生重耳，小戎子生夷吾"。春秋时赫赫有名的重耳本身就是一个混血儿，不仅如此，重耳逃难到狄时，"狄人伐唐咎如，获其二女叔隗、季隗，纳诸公子。公子取季隗，生伯儵、叔刘"①。咎如是赤狄的别种，重耳又与狄人通婚。还有东夷族须句国人成风是鲁僖公之妾；赤狄别种路子婴儿的夫人是晋景公的姐姐。而周民族的晋国人与戎族的秦国人联姻，更表明春秋时包括部分蛮夷狄戎在内的民族界限也被打破。又如在南方影响最大的楚族春秋初期自称"蛮夷"，但到了春秋后期，受周文化的影响，不仅能诵读《诗经》，而且还问九鼎轻重，对夏、商、周三族十分珍重的"九鼎"，同样表现出认同的心理，都说明蛮、夷、戎、狄被卷进了民族大融合的洪流之中。所以，当"服事诸夏"的东夷族须句国受到邾国攻击，求救于姻亲鲁国时，成风说："崇明祀，保小寡，周礼也；蛮夷猾夏，周祸也。"② 这表明周民族文化的代表的周礼，也成了夷族人维持社会政治秩序的根据。

所有这些统统汇合在一起，形成了春秋时期民族大融合的汪洋大海，于是一个非夏非商非周非楚非越，又非蛮非夷非戎非狄的次生的新民族——华夏民族诞生了。

华夏民族，在先秦典籍中都称为"夏"或"诸夏"，又称为"华"或"诸华"。孔子则视"夏"与"华"为同义词，所谓"裔不谋夏，夷不乱华"③。《左传》襄公二十六年说："楚失华夏"，是关于"华夏"一词的最早记载。此后，"华夏"遂成为春秋时以夏、商、周三族及夷为主源，部分蛮、戎、狄为支源融合形成的新民族的族称。

春秋时期，华夏民族虽然在大融合的熔炉中铸成了，但由于社会发展的不平衡，特别是诸侯林立争霸，使刚铸成的华夏民族先后形成秦、楚、齐、燕、韩、赵、魏等族群。战国时期的民族融合以更深的程度、更广的

---

① 《左传》，僖公二十三年。

② 《左传》，僖公二十一年。

③ 《左传》，定公十年。

范围、更快的速度继续进行着。如南方的楚国，春秋以后纵横于汉水、长江流域一带。据统计，楚在春秋时先后吞灭四十五国，被楚征服的长江流域的蛮人、濮人、淮河流域的夷人以及"诸华"人逐步融合，而成为华夏民族在南方的主要族群。战国时，楚进一步扩大疆域，并灭了越国，成为当时国土最大、人口最多的诸侯国。又如西北的秦国是战国时期的后起之秀，本是犬戎的一支，而非"诸华"族，因护送平王东迁有功，秦襄公始列为诸侯。就在春秋战国之交，秦与西方诸戎族展开了激烈的搏斗，"遂霸西戎"①，后来居上，成为战国七雄中实力最强的国家，昔日西方落后的戎族国家，成为西北各民族融合的中心，一跃而成华夏民族的核心。

从春秋到战国民族大融合的历史中，我们可以看到，在中国古代民族形成和发展史上又演出了波澜壮阔的滚雪球式的民族大融合的一幕。在这一幕历史的活剧中，一个崭新的民族——华夏民族，在民族大融合的熔炉中铸成，这是汉民族形成的第二阶段。

3. 汉族在"大一统"中形成

在春秋战国民族融合的熔炉中铸成的华夏民族是一个分散的、不统一的民族，正是《说文解字》中所说"田畴异晦，车涂异轨，律令异法，衣冠异制，言语异声，文字异形"的情况。但是随着经济社会的进一步发展，特别是铁制农具的普遍使用，反映商业发展的金属货币的广泛流通，华夏民族经济社会的联系越来越紧密，于是出现了荀子所说"四海之内若一家"②，孟子所说使天下"定于一"③的"大一统"思想。在这种思想的观照下，夏、商、周三族的祖先都纳入了"兼有天下"④的黄帝体系之中，各族各诸侯国的统治者都变成以黄帝为共同祖先的亲戚，黄帝成了天子和诸侯共同崇拜的始祖神。为了使"天下为一"，⑤雄才大略的秦始皇，用十年时间灭了六国，从多元走向一体，建立了中央集权的"大一统"的秦王朝。

秦王朝建立后，秦始皇采取了推行郡县制，筑长城，规定"书同文字""行同伦""治驰道"，统一货币、度量衡和"车同轨"等一系列措

① 《史记·秦本纪》。

② 《荀子·议兵》。

③ 《孟子·梁惠王上》。

④ 《十大经·果童》，《经法》，文物出版社1976年版。

⑤ 《荀子·儒效》。

施，使华夏民族也从分散走向了统一。

但是，由于秦统一后仅十五年即亡于秦末农民大起义，这时，刚统一起来的华夏民族的命运如何呢？在这个历史的突变中，汉承秦制，在"大一统"思想的观照下，汉武帝采取了创设刺史制度，把全国分为十三州郡；实行"编户齐民"；颁布"推恩令""左官律"和"附益阿党之法"；颁行五铢钱、均输法、平准法，建立了全国范围的商业网；"罢黜百家，独尊儒术"等一系列措施，使华夏民族在滚雪球中完成了向汉族的发展和转化，在世界民族之林扎下了根，汉族在滚雪球的"大一统"中最终形成，这是汉族形成的第三阶段。

由此可见，汉民族的形成经历了夏、商、周、楚、越诸族的相继崛起，华夏民族在大融合中铸成和在"大一统"中形成的三个阶段，笔者称之为"汉民族滚雪球形成三部曲"。

（二）汉民族滚雪球式发展三部曲

当汉民族滚雪球式形成过程完结后，又很自然地转入了汉民族滚雪球式发展的过程，这个过程经历了魏晋南北朝及隋唐滚雪球式的发展，宋辽夏金及元明滚雪球式的再发展、清及民国滚雪球式的大发展三个阶段，笔者称之为"汉民族滚雪球式发展三部曲"。

1. 魏晋南北朝及隋唐汉民族滚雪球式的发展

东汉以后，中原大乱，中央集权的封建国家四分五裂，到处是封建割据，到处是纷争战乱，北方少数民族开始了中国历史上第一次大规模向中原的大迁移。在大分裂、大混战、大动荡之中，各族群四处流徙，北方匈奴、鲜卑、乌丸、氐、羌纷纷入主中原，江汉地区的部分蛮族也涌进中原，在中原地区形成汉族与匈奴、鲜卑、乌丸、氐、羌及蛮族等少数民族交错杂居的互动局面。

北方少数民族族群的浩荡内迁和江汉地区部分蛮族的鱼贯涌入，民族斗争和阶级斗争的频相交织，迫使汉族人民流离失所，四处迁徙逃亡。而当时相对来说变乱比较小的南方由于甚少北方兵燹之灾，加之地广人稀，政制松懈，所以成了汉族人民迁徙的主要方向，从而拉开了汉族向南方大迁徙的序幕，到南北朝时也形成汉族与俚、僚、㑩、蛮等少数民族交错杂居的互动局面。

在这个时期汉族从多元走向一体的情形以北方为例大约有以下四种：

（1）降附内迁的互动

以降附最多的匈奴人为例，早在东汉初，公元50年时，南匈奴降汉，第一次大规模向中原地区迁徙，分其30万部众居于西河、北地、朔方、五原、云中、定襄、雁门、代等八郡之地，"与汉人杂处"①。其后，由于南匈奴不断发生内乱，降附汉王朝的匈奴人南下内附的为数更多。于是中原西部地区遂出现了匈奴人与汉族人大混杂的互动局面。

（2）当田客和沦为奴隶的互动

魏晋时，由于战争祸乱，人口锐减，劳动力严重不足，汉族统治阶级常常招匈奴等北方少数民族族群的人为"田客"②。《晋书·恂传》对此有详细的记载，其云："太原诸部亦以匈奴、胡人为田客，多者数千。"更有甚者，有的统治者利用手中的权力，大肆贩卖少数民族族群人口为奴。羯胡人石勒的身世就是一个典型。这种用少数民族族群的人当田客和奴隶的情况，使得北方各族人民之间的混杂更为加深，出现了犬牙交错的互动之势。

（3）流亡中的互动

西晋末年，"八王之乱"暴发，黄河流域又发生了大蝗灾、大瘟疫。在天灾人祸的逼迫下，西晋统治下的各族人民被迫流亡。《晋书·食货志》说："人多饥乏，更相鬻卖，奔迁流徙，不可胜数。"这种流亡所造成的人口大移徙，使汉族与北方少数民族族群更加紧密交错混杂，互动进一步加深了。

（4）"散诸部落、同为编民"③ 的互动

据《三国志·魏志·牵招传》，早在曹魏之时，为"天下名骑"的三郡乌丸，其家属住在指定的郡县内，到魏文帝时，又将与汉人杂居的乌丸改成向政府交租调的编户。后来，随着历史的进步，到鲜卑拓跋部建立北魏之时，迁入内地的北方少数民族族群，其原有的氏族军事组织不能再维持下去而渐趋于解体，遂与内地汉人户一样同为"编民"了。又据《魏书·元遥传》，有的还"悉令造籍"。这样，"散诸部落"的结果，使内迁的北方少数民族族群原来的氏族制度被春碎了；而"分土而居""悉令造籍"

① 《晋书·匈奴传》。
② 《晋书·王恂传》。
③ 《魏书·官氏志》。

"同为编民"的结果，又使得内迁的少数民族族群各归里甲组织，与汉族互动再次增强，最终与汉族人民糅合成一体了。

于是在魏晋南北朝至隋唐之时，汉民族在从多元走向一体的滚雪球中，在北方吸收了入主中原的匈奴、鲜卑、乌丸、羯、氐、羌及部分蛮族，在南方吸收了部分蛮、俚、僚等族，使汉民族这个雪球越滚越大，从汉代的5900余万人，发展到唐代前期达到8000万—9000万人。[①] 汉族进行了一次大换血，得以发展成隋唐汉族。

2. 宋辽夏金及元明滚雪球的再发展

宋元时期，由于两宋与辽、夏、金元诸少数民族族群建立的王朝斗争不已，再一次造就了中国的分裂局面，中原再一次出现了大动荡、大迁徙的局面。在中国移民史上规模最大、影响最深远的移民潮是北宋末年靖康之乱后所发生的汉族的南迁，从此揭开了宋元时期汉族南迁的序幕。在靖康之乱后南迁的北方汉族总数，据学者研究，在《绍兴和约》签订前估计大约有500万左右的北方移民迁入并定居在南方，[②] 其中汉族应在一半以上。

两宋在汉族大批南迁的同时，东北和北方少数民族的渤海人、契丹人、女真人、蒙古人却向中原内迁。契丹人所建立的辽国经略中原的燕云十六州时，将大批契丹人和被征服后的渤海人迁入这一地区。女真人灭辽建金并开始攻宋后，一批女真人进入中原，有的留居于此。此外，金将挞懒占领山东之后，"久居潍州（治今潍坊市）""每认山东以为己有"[③]。到太宗天会十年（1132），"沿河、沿淮及陕西、山东等路皆驻北军"[④]。从此掀起了女真人以及东北其他少数民族内迁中原的移民潮。于是在宋辽夏金元之时，汉民族这个雪球继续向前滚动，在北方吸收了契丹、党项、女真等少数民族族群，在南方也吸收了部分少数民族族群从而越滚越大，从唐代前期的八九千万人发展到北宋大观三年（110）突破1亿，有10441万余人。[⑤]

元世祖灭宋统一中国，建立了元朝，随着蒙古军队挺进中原，蒙古人

① 王育民：《中国人口史》，江苏人民出版社1995年版，第213页。

② 宇文懋昭：《大金国志》，卷十，《熙宗孝成皇帝二》，149页。

③ 《建炎以来系年要录》，卷五三，绍兴二年四月庚寅。

④ 葛剑雄主编：《中国移民史》第五卷，福建人民出版社1997年版，第264页。

⑤ 王育民：《中国人口史》，江苏人民出版社1995年版，第297页。

也纷纷内迁并定居于中原。元朝末年，被元统治者划为第三等级的汉人与第四等级的南人之间的界限也被宣告免除。

明代华北（中原）、华东、华中、华南、东北、西北、西南汉族主要是在洪武大迁徙的历史洪流从多元走向一体的滚雪球中发展的。洪武大移民中汉族的迁徙出现了与历史上以南迁为主完全不同的特点，这个特点主要是山西人东迁填河南、河北和山东。然而好景不长，建文元年（1399）的"靖难之役"，又把中原推进了战火之中，重造了一大批新的无人区，明成祖即位后又不得不展开新的一轮移民运动，以填补人口和劳力之不足。与此同时，明成祖迁都北京，政治中心从南方转移到北方，为了拱卫京畿，进行了政治移民，于是又掀起了中原的永乐移民运动，移民的重点地区为北京城和顺天府。据曹树基先生研究，在永乐移民中，迁入北京城的南京人有 87.5 万人，迁入顺天府的山西人有 39.5 万人。

明代的汉族已非隋唐时的汉族，几经沧桑，以中原为中心舞台而形成的汉族，在历史的风雨中已经过多次的大混血和大换血，尤其在元、明中国统一的大趋势下，汉民族这个雪球更是越滚越大，到明万历二十八年（1601），汉族人口大约已达 1.5 亿了。[①]

3. 清及民国滚雪球式的大发展

清代在承袭元、明统一的政治态势下，汉族的发展进入了一个相对稳定的时期。经康乾盛世，入主中原的满族并没有能征服被统治的汉族，在满汉共治之下，征服者满族反被被统治者汉化。清初，随着清兵的入关，约有 26 万—27 万满族内迁，北京及中原不少地方成了满族的主要聚居地。经过清至辛亥革命近 300 年的发展，满族人已大部分汉化了。及至清道光三十年（1851），中国人口已达 4 亿以上，[②] 其中绝大多数为汉族。

进入近现代以后，汉民族这个雪球仍然不断地向前发展，到中华人民共和国建立时，其人口已逾 6 亿。在地域上则从黄河、长江流域向南发展到珠江流域抵海南岛和台湾岛，向东北发展到黑龙江流域。汉民族在从多元走向一体的滚雪球中再一次得到了大发展。

由此可见，汉民族的发展经历了魏晋南北朝及隋唐滚雪球式的发展、

---

① ［美］何炳棣：《1368—1953 年中国人口研究》，葛剑雄译，上海古籍出版社 1989 年版，第 262 页。

② 王育民：《中国人口史》，江苏人民出版社 1995 年版，第 515 页。

宋辽夏金及元明滚雪球式的再发展、清及民国滚雪球式的大发展三个阶段，这就是"汉民族滚雪球式发展三部曲"。

这样，了解了汉民族从多元走向一体的过程，谁还会对汉民族漫长而悠久、高度认同为"一体"的历史感到疑惑而大惊小怪呢？

三　汉民族从多元走向一体的结构

汉民族这个从多元走向一体的雪球是有结构的。从结构特点出发，汉民族这个雪球就具有结构的完整性、可变性和可识性。

（一）汉民族形成时期的结构

汉民族结构具体就是指它的族群结构。先以汉民族形成时期为例：

1. 起源时期的族群结构

汉民族起源时期，在中华大地上大致有五个大的族群集团，即炎黄族群集团、东夷族群集团、苗蛮族群集团、百越族群集团、戎狄族群集团。炎黄族群集团大约由黄帝和炎帝两个族群组成，而黄帝族群又由熊、罴、狼、豹、貙、虎等族群构成[①]。《史记·五帝本纪》云："黄帝二十五子，其得姓者十四人为十二姓。"从中可窥黄帝族群的结构，炎帝族群因败于黄帝族群，故其族群结构不详，但从炎帝的生父是牛氏，生母是有蟜氏[②]来看，其族群结构也不是单一的。

东夷族群集团主要由蚩尤、帝俊、莱夷、徐夷和淮夷五大族群组成。先秦古籍中常号称"九夷"（《论语·子罕》《尔雅·释地》）。苗蛮族群集团，史称"三苗"（《尚书·舜誓》《国语·楚语》《战国策·魏策》等），而据多种史料分析，大约由女娲、盘古、颛顼、驩兜、祝融等族群组成。此外，据《左传》文公十八年记载，颛顼由"仓舒、隤敳、梼戜、大临、龙降、庭坚、仲容、叔达"8个族群组成。《国语·郑语》记载，祝融由"己、董、彭、秃、妘、曹、斟、芈"8个族群组成。

---

① 《列子·黄帝》云：阪泉之战，黄帝"帅熊、罴、狼、豹、貙、虎为前驱，雕、鹖、鹰、鸢为旗帜"。

② 《史记·正义》引《帝王世纪》："神农氏，姜姓也。母曰任姒，有蟜氏之女，登为少典妃。游华阳，有神龙首，感生炎帝。人身牛首。"

百越族群集团的结构极为复杂，罗泌在《路史》中列举属于百越的族群有"越棠、骆越、瓯越、瓯人、目瓯、洪人、目深、摧抉、禽人、苍梧、杨越、桂国、揖子、产里、菌、海葵、稽葵、稽徐、比带、仆句、区吴"等，号称"百越"（又见《吕氏春秋·恃君》高诱注云："越有百种"）。

戎狄族群集团由狁、鬼方、羌方三大族群组成。①

2. 夏商周三代的族群结构

公元前23世纪至公元前22世纪，源于炎黄族群集团的夏民族的形成拉开了汉民族形成的序幕。

中华大地的族群结构在互动中变迁，出现了新的组合。

夏民族的形成过程由颛顼、帝喾，伯益、皋陶、羌人、共工、驩兜、三苗、鲧等族群互动构成，到禹时，夏族的族群结构已号称"万国"②。

商族在形成过程中族群结构虽然很难考释清楚，但通过郑樵的《通志略·氏族略》关于夏商时期共有62国的记载，可以窥视商民族结构的复杂性，所以汤灭夏时，商族的族群已号称"万邦"（《尚书·商书·仲虺之诰》）、"万方"（《墨子·兼爱下》）了。

周族在形成过程中的族群结构更为复杂，史载武王"克商"后"封邦建国"（《左传》僖公二十四年），举行授土授民时，周公长子得"殷民六族：条氏、徐氏、萧氏、索氏、长勺氏、尾勺氏"；武王弟康叔"得殷民七族：陶氏、施氏、繁氏、锜氏、樊氏、饥氏、终葵氏"，唐叔得"怀姓九宗"（《左传》定公四年），所有这些"氏"其实也都是周族属下的族群了。

3. 春秋战国时期的族群结构

春秋时期是汉族前身——华夏族形成的初始阶段，此时在中华大地上横空出世的华夏族被称为"诸夏"（《左传》，闵公元年）。《左传》中关于"诸夏"的记载颇多，所谓"诸夏"实际上反映了春秋时族群结构的复杂。这时作为"诸夏"的族群主要有姬姓的鲁、蔡、曹、卫、晋、郑、燕，姜姓的齐、许、申、吕，子姓的宋，妫姓的陈等。

及至战国时期，经过春秋时期的诸侯混战，到战国初期形成"战国七雄"，由齐、燕、赵、楚、秦五大族群构建了华夏族。除此之外，还有宋、

---

① 戎、狄之称始见于西周。西周之前，中原西部和北部的族群则称为狁、鬼方、羌方。参阅《诗经·出车》《诗经·六月》《竹书纪年》《易经·既济》《国语·周语》等。

② 《左传》襄公七年："禹会诸侯于涂山，执玉帛者万国。"

鲁、卫、中山、越、巴、蜀等中小族群。

总之，纵观先秦时期，在汉族形成时期，其族群结构复杂而多变，在历时两千余年的沧桑中呈动态之势。

（二）现代汉民族的结构

那么，现代汉民族的族群结构又如何呢？汉民族这样一个拥有近12亿人口的泱泱大族，是世界上最大的一个族群。在其形成和发展滚雪球式的历史沧桑中，由于人口的迁徙，民族的交往，方言的复杂，文化的互动，地理环境的影响，经济发展的不平衡，形成了许许多多各具社会文化特色的族群。如广西历史上本是少数民族土著族群生存、繁衍的地方，自秦始皇统一中国以来，汉族始入桂定居，此后的二千多年中，在不同的历史时期，均有汉族从不同地方迁入广西。这先后入桂的汉族，在历史的沉淀中，先后形成了各具社会文化特色的汉族族群，如秦汉至两宋入桂最早形成的平话人，明代以后入桂形成的桂柳人，以及明清及至民国时从广东入桂的广府人，从福建和广东入桂的客家人。除这些在广西影响较大的族群外，还有一些"族群岛"，如桂西北的被人们称为"比少数民族还要少数民族"的"高山汉"，以及富川的本地人，武宣的伢人等。广东的情况也如此，秦汉后大批汉族入粤，在广东先后形成了广府人、客家人、潮汕人（又称福佬人）三大族群。福建的情况也很复杂，自汉代汉族入闽后，在福建极其封闭的地理环境中，先后形成了闽南人、福州人、闽北人、客家人、兴化人（莆仙人）、闽东人六大族群。这样遂构成了汉民族庞大的族群体系。

汉民族的族群类型比较复杂，有的因人文特征而形成，如客家人、平话人，"高山汉"，屯堡人等；有的因地域范围而形成，如华北的山东人、河南人、山西人、河北人，华中的湖北人、湖南人、江西人，西北的陕南人、关中人、陕北人、陇右人、河西人等；有的以城市为中心而形成，如上海人、南京人、杭州人等。

根据我们目前的研究，汉民族的族群结构分三级：

1. 第一级族群结构

以汉族的人文地理划分，可将汉民族分为华南汉族、华东汉族、华中汉族、华北汉族、东北汉族、西北汉族、西南汉族。

2. 第二级族群结构

在一级族群结构之下，华南汉族可分为广府人、客家人、闽南福佬人、福州人、平话人、桂柳人等族群。

华东汉族可分为上海人、南京人、杭州人、徽州人、苏州人、宁波人、温州人等族群。

华中汉族可分为湖北人、湖南人、江西人等族群。

华北汉族可分为北京人、河北人、河南人、山东人、山西人等族群。

东北汉族可分为沈阳人、大连人、哈尔滨人、长春人等族群。

西北汉族可分为河湟人、河西人、关中人、西安人、陕北人、秦州天水人等族群。

西南汉族可分为云南人、贵州人等族群。

3. 第三级族群结构

主要指"族群岛"，如广西的"高山汉"、仒人、富川本地人，贵州的屯堡人，福建的惠安人，以及疍人等族群。[①]

汉民族这三级族群结构，构成了汉民族庞大的族群体系。了解了汉民族具有庞大而复杂的族群结构，谁还会对汉民族内部差异的巨大，而又高度认同为"一体"的结构感到疑惑而大惊小怪呢？

四　从汉民族从多元走向一体看中华民族从多元走向一体

我们考察了汉民族从多元走向一体的过程和结构这样一个案例样本，对于我们认识和了解中华民族从多元走向一体有什么启示呢？

启示一：从汉民族的形成过程经历了从公元前 21 世纪的夏朝，到公元 3 世纪初东汉灭亡，前后 2300 余年，可以看到中华民族这个更高认同层次民族共同体的形成也绝对不是可以一蹴而就的，它的形成过程应该比汉族漫长得多，不是漫长一二百年，也不是三五百年，而是一二千年。这就是为什么我们把中华民族的形成定在中华人民共和国诞生之时的原因。

启示二：汉民族的结构复杂，内部差异巨大，构成汉民族的族群很多，人口多少不等，文化因素的认同也不一，有的成片聚居，如闽南人，广府人等；有的大分散、小聚居，如客家人、平话人等；有的处于少数民

---

① 徐杰舜主编：《雪球：汉民族的人类学分析》，上海人民出版社 1999 年版。

族的包围之中呈"族群岛",如广西的"高山汉"等;有的聚居在城市,如北京人、苏州人等;有的聚居在农村,如贵州的屯堡人等。这样,由许许多多不同类型的族群组成的汉民族,构建了汉民族多元一体的结构模式。在这里,各个族群单位是"多元",汉民族是"一体"。从汉民族的结构,可以看到正形成不久的中华民族也是有族群结构的,其结构比汉民族的更复杂,内部差异更巨大,因而构成中华民族的族群更多。

启示三:汉民族是一个"和而不同"的整体,汉民族是一个内部差异巨大,但同时又是一个被高度认同的民族共同体。所以,汉民族虽然"十里不同风,百里不同俗",但却达到了"和而不同"高度认同的境界。对此,可以举出一些特殊的例子来说明。如甘肃永昌县"古罗马人",虽然有许多的证据表明"永昌罗马人"之说为伪说,但中国典籍中史不绝书地记载着这一区域存在一股强大的非汉族势力,他们被冠以虏、骊靬、秦胡、卢水胡等称谓,他们曾支持过董卓、马超,曾参与建立北凉、后赵等割据政权,隋朝以后他们逐渐与当地汉民族融合。学术界对他们的血统来历一直有分歧,较有影响的有伊朗塞种人说、希腊帕特里亚人说,诸说都肯定他们属于印欧人种,即白种人。只有苍苍莽莽的祁连山才知道这个神秘种族的真正来历,才知道他们几千年来与汉民族争斗、融合的每一个细节。但不管永昌县"古罗马人"体质特征与汉民族有多么不同,今天的永昌县"古罗马人"习俗、语言,乃至他们身上的质朴与浮夸,都是中国农民式的;他们填写有关表格时,在民族一栏上,都工工整整地写着:汉族。① 不仅如此,河南开封市的"犹太人"②、福建泉州市锡兰王子的后裔③、广东鹤山市鲜卑族的后裔④等,填写有关表格时,在民族一栏上,也都工工整整地写着:汉族。这类事例,不胜枚举,都证明了汉民族内部尽管差异巨大,但却高度认同,真正达到了"和而不同"的境界。汉民族起源的"多元",经过长期的互动、磨合、整合和认同,终于"混血"而成为高度认同的"一体"。从汉民族的这种整体性,可以看到中华民族也一定是一个"和而不同"的整体,人们不仅在学术上、文化上高度认同中华

---

① 张齐:《他们是古罗马人的后裔吗?》,《羊城晚报》2000年2月10日A1版。
② 陈剑平:《翻读开封千年"犹太史"》,《羊城晚报》2000年2月11日A1、A6版。
③ 陈初越、李开远:《锡兰王子后裔隐身泉州》,《羊城晚报》2000年2月21日A1版。
④ 胡育颖、胡杰:《鹤山源氏源出鲜卑》,《羊城晚报》2000年2月22日A1版。

民族，也一定会在政治上、法律上高度认同中华民族。

启示四：汉民族之所以能从多元走向一体，一个重要的原因是文化认同强化了汉民族的凝聚力。人类学家们认为：人是文化的动物。不同的族群能否凝聚成一个民族，关键在于文化的认同。以汉民族滚雪球式的形成为例，夏、商、楚、越诸族之间之所以能在滚动发展中凝聚成雪球，而且越滚越结实，文化认同是其重要的原因。文化是一个民族的灵魂，文化认同是不以人们的意志为转移的凝聚力，这种凝聚力使汉民族在从多元走向一体的雪球凝聚，在越滚越大的同时，也越滚越结实了。从汉民族的这种凝聚性，可以看到中华民族创造的丰富多彩的中华文化，既是中华民族的灵魂，也是中华民族的凝聚力之所在。这种凝聚力一定会使中华民族这个雪球越滚越大，越滚越结实，从而屹立于世界民族之林。

总之，从汉民族这个案例样本中，我们既可以把汉民族当作中国各民族从多元走向一体，凝聚成为中华民族的一个阶段性的成果，也可以从中窥见中华民族在未来将如何在发展中实现多元一体。

第九章　结语

历史是划分为阶段的，一个旧的阶段结束之时，正是一个新的阶段开始之日。这个更新，可以用"旧桃换新符"来比喻。中华民族在中华人民共和国的国歌声中诞生，既标志着中华民族形成阶段的终结，又标志着中华民族发展阶段的开始。今天中华民族正处在发展的关键时期，面对全球化的潮流，中华民族应如何应对，既是一个学术问题，更是一个政治问题。

济济芸芸的中华民族，以其团结、进步、繁荣的风貌屹立在世界的东方，巍峨于世界民族之林。在当今国际政治风云变化多端之时，尤其是在民族主义思潮泛起之际，为了维护中国的国家统一、民族团结、社会进步和人民繁荣，在人们了解和认识了中华民族从多元走向一体的历史过程的同时，很有必要加强中华民族历史观的教育。

一　民族认同与国家建构的"美美与共"

全球化使地球越来越小，使人与人、民族与民族、国家与国家之间的交流越来越频繁、越来越便捷。面对世界的这一巨大变化，中国各民族如何面对国际社会？在与国际社会的交往中谁能代表中国？是人口众多的汉族吗？不是。是少数民族吗？也不是。因此，无论是中国人民和中国政府，还是国际社会，都应该认同中华民族。对此问题，笔者在本书的绪论中已有论述。现在的问题是要真正实现对中华民族的全面认同，不仅仅是文化和学术上的认同，不仅仅是空喊几句增强中华民族凝聚力的口号，而是必须实现民族认同与国家建构的匹配，即实现"美美与共"。

民族认同是学术界讨论最多的一个热点问题。关凯对民族认同有一个简明扼要的论述，他认为对于特定民族的个体成员来说，其民族身份有两个来源：一方面为内在的自我认同意识，无论是原生的还是工具主义的，产生于血缘、家庭、语言、价值观以及社区环境和集群行为的影响之中；另一方面为外部认同，民族的外部认同来源于非群体成员对民族成员社会差异的感知，这种差异主要是在文化上，包括语言、习俗、观念与价值倾向、生活方式等。族群认同的主要特征是群体性的共同的心理感受，这种感受，或者称之为感情，能够把本群体和其他群体区分开来。① 现在中华民族的认同正处于一种特殊的过渡状态，即一方面中华民族的形成已成为不争的事实，人们在文化、学术、精神上都认同中华民族，中华民族的自我意识已十分强烈，所以温家宝总理在中国第一幅月图发表时坚定地说："中华民族完全能够屹立于世界民族之林。"② 胡锦涛同志在党的十七大上发出了"实现中华民族伟大复兴"的号召。问题是对中华民族的认同如何与中华人民共和国的国家建构相匹配，以实现两者的"美美与共"？

　　而要实现民族认同与国家建构的"美美与共"，现在的关键是如何发挥国家这只手的作用。而要发挥国家这只手的作用必须弄清"国家建构"的内涵和意义。对此问题关凯有一个很形象的比喻，他说："看上去，国家建构（nation building）这个词语像是一个建筑学的术语，是一个人工而非天然的建筑工程。只是建筑这种'国家大厦（building）'的材料，不是具体的钢筋水泥，而是有点抽象的国家政策。"他进一步阐述道：

　　　　"国家建构"是现代政治的重要概念，其行动目标是建构现代民族—国家的个体成员对国家的忠诚与公民意识，解除所有原来依附在皇帝、领主、宗教领袖及其他传统政治权威身上的忠诚感，成为现代意义上的国家公民。同时，大力推动国家化的公共权威的树立。而这一切，是"所有民族国家政治体制得以生存的前提"。"（国家）引导一国内部走向一体化，并使其居民结为同一民族成员"③。

　　　　从表现形式上看，"国家建构"通常是以"民族建构"的面目出

---

① 关凯：《族群政治》，中央民族大学出版社 2007 年版，第 46—47 页。
② 《长江商报》2007 年 11 月 27 日 A4 版新华社电。
③ ［英］戴维·米勒等主编：《布莱克维尔政治学百科全书》，中国政法大学出版社 2002 年版，第 527 页。

现的。国家通过在国家主权疆域内实行一体化的公共政策，无论是标准化的文化政策，如统一语言的推广与使用、同一的意识形态（社会价值观与规范）；还是公民教育体系，如同一模式的教育制度与教育内容；以及通过国家制度安排实现的社会再分配制度和补偿性法律体系，将自己疆域内的所有居民纳入国家的控制与文化塑造之中，从而促进一个与国家认同相匹配的"国家民族"的现实形成。全体国民不仅在文化象征意义上被国家仪式、象征物（国旗、国徽、国歌）、民族英雄和历史物质遗迹在感情上连接起来，也在制度上被国家统一标准的制度安排结构起来，如交通与通讯设施、共同市场及其规则、代表国家意志的科层制官僚体系等，从而成为现实的具有强烈感情基础的政治、经济与文化共同体——一个新的国家化的民族。

公共权威的树立在国家建构中占有举足轻重的位置。国家建构的核心在于树立起轻易不受挑战的高度的公共权威，这种权威主要来源于国民对国家所推崇的价值与规范的道德认可。国家建构所包含的文化象征符号，都具有高度的道德性。一般来说，这些符号（如国旗、国徽和国歌）都象征着国家主权和民族的荣光与自豪。一旦国家统治的合法性受到侵蚀，这些符号的道德意义就会降低。而符合国民道德意识的公共权威，如国家所秉持的意识形态、社会文化的审美价值、政治人物的人格、社会再分配制度以及公民化教育的有效性等，都从不同的侧面影响着国家建构。①

在这里，关凯把国家建构与民族认同的关系讲得很清楚了。国际上的案例姑且不论，其实我们的老祖宗早就这样做过，人们最熟悉不过的一个案例就是秦始皇灭六国，建立了统一的秦王朝时，充分地发挥了国家之手的作用，采取了推行郡县制，筑长城，规定"书同文""行同伦""治驰道"，统一货币、度量衡和"车同轨"等一系列措施。这些都是在运用政策建构统一的国家，大力推动国家化的公共权威树立的同时，"通过国家制度安排实现的社会再分配制度和补偿性法律体系，将自己疆域内的所有居民纳入国家的控制与文化塑造之中"，使华夏民族也从分散走向了统一，从而实现了秦王朝与华夏民族的"美美与共"。

---

① 关凯：《族群政治》，中央民族大学出版社 2007 年版，第 33—36 页。

汉王朝在国家建构上也充分地发挥了国家之手的作用，汉武帝采取了创设刺史制度，把全国分为十三州郡；实行"编户齐民"；颁布"推恩令""左官律"和"附益阿党之法"；颁行五铢钱、均输法、平准法，建立了全国范围的商业网；"罢黜百家，独尊儒术"一系列政策措施，使华夏民族在滚雪球中完成了向汉族的发展和转化，从而实现了汉王朝与汉民族的"美美与共"。

事实上中国历史上后来的唐、宋、元、明、清都实行了以羁縻制度和土司制度为主要内容的一系列的民族政策，[①] 以及其他政治、经济、文化政策，都是为实现国家建构与民族认同的"美美与共"而作的努力。当然必须指出的是中国历史上的这种国家建构与民族认同的性质是封建主义的。

今天的中国正在世界上和平崛起。面对全球化的挑战，为了实现中华民族的伟大复兴，中华人民共和国的国家建构与中华民族的民族认同一定要匹配起来，必须匹配起来。国家之手促成两者的"美美与共"，定会使中华民族真正屹立于世界民族之林。

二　中华民族的认同与中华民族历史观

在中国民族发展史上，中华民族从多元走向一体中出现过多元化的民族过程，主要有华夏诸族群聚合为汉族的民族过程，相关族群聚合为蒙古族、维吾尔族、藏族、回族、满族、壮族、瑶族、苗族、彝族等中国少数民族的民族过程，大量少数民族的人口融合于汉族的民族过程，部分汉族人口融合于少数民族的民族过程。所有这些民族过程在中国这个统一多民族国家的整合下，从多元走向一体形成为中华民族。所以无论从历史的纵向度看，还是从现实的横向度看，中华民族既是中国从古到今所有民族的总称，又是中国各民族缔造统一国家历史过程中逐渐形成的民族实体，这就是对中华民族"多元一体"的共识和认同。[②] 中华民族的形成和发展，就向人们提出了如何认识中华民族的概念，如何认识中华民族从多元走向一体的形成和发展，如何认识国家建构与民族认同的关系等问题，这就涉

---

① 徐杰舜、韦日科主编：《中国民族政策史鉴》，广西人民出版社 1992 年版。

② 费孝通等：《中华民族多元一体格局》，中央民族大学出版社 1989 年版，第 1—2 页。

及历史观的范畴。

所谓历史观是指人们对社会历史总的看法和根本观点，它是世界观的一个重要组成部分，而历史观的基本问题就是社会存在和社会意识的关系问题。因此，对中华民族的认同既是对中国各民族从多元走向一体过程的社会存在在社会意识上的肯定，又是给予中国统一多民族国家从多元走向一体过程整合的社会存在在社会意识上的肯定。这正是研究和解决中国其他社会历史问题的出发点，正是划分中国社会历史观是历史唯物主义还是历史唯心主义的分水岭。所以，对中华民族的认同是中华民族历史观的内核，既关系中国国家的统一和稳定，又决定中华民族的复兴和发展。

三　加强中华民族历史观教育的战略思路

中华民族历史观的树立既是文化自觉的积淀，又是政治认同的结果。

作为文化自觉的积淀是对中华民族形成和发展历史的共识。从国内来看，中国民族关系的发展对中华民族的认同越来越显示出对国家统一、民族团结的重要作用；从国际来看，在全球化的浪潮下，两极对峙向多极化的转型，世界民族关系格局的重构，中国各民族必须以一个整体的形象面对世界，也使得对中华民族的认同越来越显示出对国际交流、世界多元格局的发展的重要作用。而对中华民族认同的基础就是对中华民族形成和发展历史的共识，这种共识正是中国各民族对中国民族关系发展史反思的结果。费孝通先生在提出"文化自觉"理念时就说过："反思实际上是文化自觉的尝试。"① 所以，中华民族历史观的树立本身就是文化自觉的积淀。

作为政治认同的结果，其实质上是政治认同感的形成。所谓政治认同感，简要地说，就是人民对于政治状态的一种理解和赞同的意向。② 这种政治认同感就是要教育公民对中华民族的认同感。所以中华民族历史观的树立又是政治认同的结果。

这样看来，对中华民族的文化自觉和政治认同都离不开教育。这是因为历史观作为人们对社会历史的总的看法和根本观点，不是天生的，也不

① 费孝通：《反思·对话·文化自觉》，载马戎、周星主编《田野工作与文化自觉》，群言出版社 1998 年版，第 49 页。

② 邓伟志主编：《变革社会中的政治稳定》，上海人民出版社 1997 年版，第 296 页。

会自发产生，而必须"灌输"，也就是要由国家通过其主导政治思想的传播，通过其主导政治价值观的灌输，使中华民族的历史观牢牢地扎根在人们的观念中。一言以蔽之，就是必须在各民族中进行中华民族历史观的教育。但是，从全国范围的宏观上看，中华民族历史观的教育现在还仅仅局限在少数人的范围里，停留在学术的层面上，作为民间团体的行为在运作。但是，现在的问题是要在各民族中树立正确的中华民族历史观，必须在各民族中加强中华民族历史观的教育。这就不能仅仅停留在少数人的范围里，应该扩大到全民的范围；不能仅仅停留在学术的层面上，而应该上升到政治和政策的层面；不能仅仅作为民间团体的行为运行，而应该作为党和政府的行为运作。而要达到这种有组织有领导的运作层面，就必须从宏观上确立战略思路。

那么，什么是中华民族历史观教育的战略呢？换句话说，什么是中华民族历史观教育唯一的、有价值的、涉及一系列不同经营活动地位的东西呢？笔者积四十余年研究中国民族问题的经验和体会，认为中华民族历史观教育的战略应该是增强中华民族的民族意识，这是唯一的、有价值的影响中华民族历史观教育的东西。因此，要在中国各民族中树立正确的中华民族历史观，必须强化中华民族意识。

中华人民共和国成立后，中国共产党从马克思主义民族平等的原则出发，从政治上认同了民族的法律地位，这就是宪法序言中所规定的"中华人民共和国是全国各族人民共同缔造的统一的多民族国家。平等、团结、互助的社会主义民族关系已经确立，并将继续加强。……国家尽一切努力，促进全国各民族的共同繁荣"。在这里，"全国各族人民"指的就是56个民族。这种民族意识强调的是"56个民族56朵花"，是一种分散的个性化的民族意识。但是，半个多世纪以来，"多元"的中国各民族在平等、团结、互助、和谐的氛围中，在互动磨合、认同、整合中，一体化的趋势越来越强。在这种态势下，如果我们不能不失时机地把56个民族的民族意识升华到中华民族的民族意识上，那么真理就有可能向谬误转化，56个民族分散的个性化的民族意识就有可能成为世界民族主义思潮泛起中的"浪花"。近20年新疆和西藏的民族分裂主义分子的猖狂活动，更是促使我们应该下决心把56个民族分散的个性化的民族意识升华为集中的共性化的民族意识，即中华民族意识。这就是加强中华民族历史观教育的战略思路。

四　加强中华民族历史观教育的对策建议

加强中华民族历史观教育的战略思路确定之后，加强中华民族历史观教育的对策应该围绕强化中华民族意识这个战略来制定。在此，提出以下九条对策建议。

1. 确认中华民族作为"民族实体"的法律地位

中华民族是一个民族实体，这一点费孝通先生已作了权威的认定。他说："中华民族是包括中国境内56个民族的民族实体，并不是把56个民族加在一起的总称，因为……56个民族已结合成相互依存、统一而不能分割的整体，在这个民族实体里所有归属的成分都已具有高一个层次的民族认同意识，即共休戚、共存亡、共荣辱、共命运的感情和道义。"① 既然"中华民族是包括中国境内56个民族的民族实体"，那么按照宪法的规定，必须把中华民族的概念从学术层面提升到政治的层面，确认中华民族作为"民族实体"的法律地位。为此，建议以宪法修正案的形式予以确认。古话说：名不正则言不顺。只有把中华民族的概念从学术层面提升到政治的层面，确认其法律地位，那么加强中华民族历史观的教育，树立正确的中华民族历史观，才可以引起人们特别是政府有关部门的足够重视，相关的种种措施才可以提升到操作层面上来讨论，才可以全面地进入国家政治生活的运作之中。

2. 确认中华民族的"国族"地位

所谓国族，是指能够代表国家的民族。在中国，虽然汉族人口众多，但它只是中华民族"多元基层中的一元"②，而各个少数民族也只是中华民族"多元基层中的一元"。所以谁也不能代表整个中国。

那么，谁有资格代表整个中国呢？只有包括中国境内56个民族的民族实体——中华民族——才能够代表整个中国。因此，中华民族是名副其实的"国族"。最近马大正在《光明日报》上发表《论中国古代的边疆政

---

① 马戎、周星主编：《中华民族凝聚力形成与发展》，北京大学出版社1999年版，第13页。

② 费孝通：《简述我的民族研究经历和思考》，载马戎、周星主编《中华民族凝聚力形成与发展》1999年，第14页。

策》，指出："中华民族既是一个民族共同体概念，也是一个国族概念。"①
中华民族的国族地位确定之后，建议在所有的有关个人身份的登记表中取
消"民族"这个栏目，以强化中华民族意识。

对于中华民族的国族地位，无论是汉族，还是少数民族，都是可以认
同的。更有意义的是，中华民族国族地位的确认把国家与民族协调了起
来，这对中国 56 个民族之间的互动、磨合、认同和融合是有积极意义的。
这种把中华民族提升到政治层面的确认，对于加强中华民族历史观的教
育，树立正确的中华民族历史观可以起到事半功倍的奇效。

3. 把加强中华民族历史观的教育作为国策列入"中华民族伟大复兴"
重要思想的学习之中

中华民族的利益就是当代人民群众的根本利益。所谓中华民族的利
益，是指中国各民族的共同利益。在现阶段，中华民族的利益集中表现
为：在中国共产党的领导下，为把我国建设成为富强、民主、文明的社会
主义现代化国家而奋斗。这既是我国各族人民的共同利益，也是各族人民
的共同理想和共同奋斗目标。所以中华民族的利益是全局利益、根本利益
和长远利益，是 56 个民族的利益的集中反映，关系我国各民族的盛衰荣
辱，关系各民族的命运和前途。因此，中华民族的利益是各民族的最高
利益。

有鉴于此，建议将加强中华民族历史观的教育作为国策列入"中华民
族伟大复兴"重要思想的学习之中，使之成为增强中华民族凝聚力重要思
想的基本内容之一。

4. 像编纂《中国通史》和《清史》那样，组织专家学者编纂《中华
民族史》

中华民族是世界上唯一拥有五千多年连绵不断历史的古老民族。20 世
纪 40 年代，中国学术界曾经出版过一些有关中华民族史的著作，如李广平
的《中华民族发展史》（1941 年）、俞剑华的《中华民族史》等。但这些
著作由于缺乏马克思主义的指导，加上历史的局限，并没有能真实地反映
中华民族历史的面貌。

20 世纪 90 年代初，史式虽然提出要编纂一本全新的《中华民族
史》，但十几年过去了，仍杳如黄鹤。2002 年田晓岫的《中华民族发展

---

① 《光明日报》，2003 年 7 月 29 日 B3 版。

史》虽然填补了半个多世纪中华民族史的空白，但总体上来说其学术分量尚不足以与历史悠久、族群繁多、文化丰富的中华民族相匹配，更不能与中华民族的国族地位相匹配。2007 年尤中的《中华民族发展史》虽然洋洋 500 万言，但说其是一部中华民族史还不如说其是一部中国民族史更确切一些。

为此，建议由中国社会科学院牵头，像实施夏商周断代工程那样，组织全国有关专家学者组成《中华民族史》编纂委员会，像白寿彝主编《中国通史》以及最近由国家组织编纂《清史》那样来编纂《中华民族史》。只要齐心协力，众志成城，一定可以编纂出一部具有国际学术影响的学术巨著，为中华民族历史观的教育树立一座永恒的纪念碑。

5. 编辑一套中华民族历史观的教材

中华民族历史观的教育作为一项需要全民参与的系统工程，就必须根据不同对象、不同层次的实际情况，按照实施中华民族历史观教育的规律，编写一套分别适用于学校、工厂、农村教育的教材。而教材作为使用量较大、发行面广、内容最成熟最基本并用于教学的一种有形载体，具有社会性、基础性、科学性、系统性、综合性、学习性等特征。因此，为了适应不同对象、不同层次的需要，不仅要编写视觉教材，还要与之相配套编写听觉教材。

为此，建议由国家教育部、新闻出版总署和广电总局等有关单位联合组织专家学者编辑出版一套中华民族历史观的教材。中华民族历史观的教材不仅要进中小学的课堂、大学的课堂，还要进工厂、进农村、进部队，在全国深入而持久地开展中华民族历史观的教育。

6. 媒体要把中华民族历史观作为主旋律的内容之一

在信息时代，媒体不仅具有巨大的教育功能，而且还是群众喜闻乐见的形式。据有关部门调查，当代中国有相当一部分人每天看电视的时间是3.5 个小时。因此，媒体必须把中华民族历史观作为主旋律的内容之一，加大宣传力度。

拍摄有关宣传中华民族历史观的电视连续剧，为广大群众提供进行中华民族历史观教育的生动教材；报刊方面要有组织、有计划地设专栏，成系列地、持久地刊载有关中华民族历史观教育的文章、图片，不断地对广大群众进行生动活泼的、形象的中华民族历史观教育。

7. 把促进全国民族团结的先进个人命名为"中华民族英雄"和"中华民族模范"

事物的发展需要实质内容，也需要有一定的形式。加强中华民族历史观的教育，在人民群众中树立正确的中华民族历史观，也需要有一定的形式来表彰和激励广大群众。为此，建议以国家的名义将所表彰的促进全国民族团结的先进个人命名为"中华民族英雄"和"中华民族模范"，分别颁发金质奖章和银质奖章，以增强民族团结先进个人的荣誉感，提升其尊贵性和权威性。

8. 建立中华民族博物馆

博物馆作为陈列、研究、保藏物质文化和精神文化的实物的一种文化教育事业机构，具有很强的教育功能，因此博物馆是对人民群众进行中华民族历史观教育的重要基地。中华民族具有如此悠久的历史、丰富的文化，因此十分有必要建立中华民族博物馆，一方面可以展示中华民族5000年的发展历史和多彩多姿的文化，另一方面可以对人民群众进行鲜活的中华民族历史观教育。与此同时，中华民族博物馆还可以成为中华民族的一座标志性、象征性的建筑，屹立在祖国的首都，向世界展示中华民族独具魅力的风采。

9. 建立中央一级的中华民族历史观教育领导小组

战略和策略确定之后，实施的关键是领导机制。加强中华民族历史观的教育作为一项系统工程，必须有强有力的领导中心。与此同时，作为国策，要使中华民族历史观的教育成为全民的行动，也必须有一个中央一级权威的领导小组来组织和指导，这是使中华民族历史观教育从学术层面转变到政治层面、政策层面所必需的，也是中华民族历史观教育作为政府行为所必须采取的一个组织措施。为此，建议由全国人大常委会牵头，由中共中央宣传部、共青团中央、全国总工会、全国妇联、教育部、国家民委、文化部、广电总局、新闻出版总署等有关单位的有关领导组成中华民族历史观教育领导小组，由一名中央政治局常委任组长。由这个权威的领导小组来规划、协调和监督中华民族历史观教育的深入持久的进行，以期真正达到在中国各民族中树立正确的中华民族历史观的目的，并进而从根本上达到巩固国家统一、民族繁荣的目的。

附录 "中华民族多元一体格局"理论研究述评[*]

徐杰舜　韦小鹏^{**}

时至今日又是秋来时，整整过去了 20 年。在这 20 年的时间里，学术界对费孝通先生提出的这一理论做了多次的学术探讨。1990 年 5 月，由国家民族委员会民族问题研究中心牵头，以费先生的这篇论文为中心议题，召开了民族研究国际学术研讨会。从此之后，费孝通先生的这一理论成为学术界研究探讨的热门专题。1993 年，香港中文大学举办了"人类学、社会学在中国"的专题学术讲座和第四届"现代化与中国文化"学术研讨会。1996 年，日本国立民族学博物馆举办了"中华民族多元一体论"研讨会。学者们对费孝通先生提出的"中华民族多元一体格局"理论，给予高度的评价，认为这一理论"是在确认各民族平等和共同繁荣的原则上对现实民族关系的判断，对研究我国历史上民族关系提供了一个清晰的轮廓"①，其贡献在于"提出并通过论证而确立了'多元一体'这个核心概念在中华民族构成格局中的重要地位，从而为我们认识中国民族和文化的总特点提供了一件有力的认识工具和理解全局的钥匙"②，"成功地总结了中华民族结构中'一'与'多'的关系"③，并从多学科的角度，运用

---

　　* 本文发表于《民族研究》2008 年第 2 期。

　** 韦小鹏，南京大学人类学研究所博士研究生。

　① 戴逸：《中国民族边疆史研究·中外历史问题八人谈》，中共中央党校出版社 1998 年版，第 6 页。

　② 林耀华：《认识中华民族结构全局的钥匙》，载费孝通《中华民族研究新探索》，中国社会科学出版社 1991 年版，第 9 页。

　③ 《中华民族多元一体格局》（修订本）出版座谈会发言摘要，《中央民族大学学报》2000 年第 1 版。

"中华民族多元一体格局"理论来分析、研究和阐述中国境内各民族的历史联系和文化影响。进入 21 世纪后，学界对于"中华民族多元一体格局理论"从更广的范围里进行了新的探讨。尽管过去的这 20 年的探讨和研究总是分歧与共识并行，但是它们都促使这一具有结构论特点的理论体系日臻完善。

一　如何理解"中华民族"这个"一体"

如何理解"中华民族"这个"一体"，是学界讨论的一个焦点。

1988 年，费孝通先生在其论文《中华民族的多元一体格局》一文中，对"中华民族"有两个提法，一是中华民族是当代中国 56 个民族的总称，"用来指现在中国疆域里具有民族认同的十一亿人民"[①]；二是"中华民族作为一个自觉的民族实体。是近百年来中国与西方列强对抗中出现的"[②]。这两种说法，一方面肯定中华民族是当代中国 56 个民族的总称，另一方面又认为中华民族是一个自觉的民族实体。由此，引发了关于如何理解"中华民族"这个"一体"的讨论，并形成了三种不同的看法。

一种认为"中华民族"属于政治范畴的概念，它代表的是中国各民族组成统一的多民族国家的不可分割性，用来指中国各民族，与中国 56 个民族作为民族实体是不同的。因此，"中华民族"不是一个民族实体。所以，有的学者认为 56 个民族称民族，中华民族也称民族，不好理解，尤其是译成外文，中华民族不用多数格，与 56 个民族一样用单数格，外国人无法理解。甚至有的学者认为中华是国家的名称，中华民族过去与汉族是同义词，现在用来指中国各民族，应该是中国各民族的意思。有的还认为在国外，华人和华侨认为自己是中华民族，其中包括少数民族，他们也觉得不好理解。[③]

国外的一些学者针对费先生的理论也提出质疑，他们认为中国每个族群（汉族、蒙古族等）就是一个单独的"民族"，"中华民族"的提法主

---

① 费孝通：《中华民族的多元一体格局》，《北京大学学报》1989 年第 4 期。

② 费孝通：《中华民族的多元一体格局》，《北京大学学报》1989 年第 4 期。

③ 陈连开：《怎样理解中华民族及其多元一体》，载费孝通《中华民族研究新探索》，中国社会科学出版社 1991 年版，第 411—412 页。

要是一个政治概念，在有关族群的学术研究中没有意义；中国存在着几十个民族，但并不存在一个"中华民族"，只有"多元"而没有"一体"①。

第二种认为"中华民族"既属于政治范畴，也属于民族学范畴，"中华民族"与56个民族同样称谓"民族"是不矛盾的，因此，"中华民族"也可以是一个民族实体。众所周知，56个民族都具有其历史与文化的发展，有各自的民族特点，都是受到宪法保障的平等的成员；而"中华民族"是指56个兄弟民族总体上的认同，大家都承认自己是中国人，是中华民族的一员。所以，宋蜀华说："费老的研究不仅创造性地引出了一个符合客观实际的崭新理论，而且是一项极重大的发现，是认识中华民族整体结构的一把钥匙。"②

第三种认为"中华民族"概念内涵有广义和狭义之分。周建新发表《关于"中华民族"称谓的思考》一文中认为：广义"中华民族"的内涵较为宽泛和抽象，其包含的内容更为丰富，不一定强求严谨；而狭义"中华民族"的内涵就务必要严谨准确。周建新认为费先生、谷苞和陈连开等人的"中华民族"概念属广义上的概念。

对于陈连开在其论文《中国·华夷·蕃汉·中华·中华民族：一个内在联系发展被认识的过程》③ 中，把"中国古今各民族"都包罗入中华民族之列，即认为民族集合体已经形成。周建新提出了不同的看法，他不同意陈连开把中国古今各民族都包罗入中华民族之列。他认为中华民族这一概念是近代的产物，是在近代与西方列强的对抗中开始的"自觉"，而不是自古就有的。周建新的这个观点切中把中国古今各民族都包罗入中华民族之列的软肋。

此外，关于中华民族作为一个民族实体是否已经形成的问题，周建新认为，中华民族的整体意识是在鸦片战争、抗日战争、抗美援朝战争等具有重大国际意义的历史事件中孕育而生的，而对外国际关系是促成中华民族内部大认同的最根本的外部因素。这种首先表现在政治意义上的中华民族整体意识认同，随后在经济、文化等领域扩散，尤其是在新中国成立

① 马戎：《民族社会学——社会学的族群关系研究》，北京大学出版社2004年版，第125页。
② 宋蜀华：《认识中华民族构成的一把钥匙》，《中央民族大学学报》2000年第3版。
③ 陈连开：《中国·华夷·蕃汉·中华·中华民族：一个内在联系发展被认识的过程》，载陈连开《中华民族研究初探》，知识出版社1994年版，第27—69页。

后，"中国各族人民在政治上的认同不断得到巩固，经济、文化上的认同进一步扩大深入，'中华民族'的意识已经深入人心。但是，中华民族整体概念和意识的形成，并不意味着民族实体已经真正形成"。对此，周建新还认为："我们应当准确地把握'中华民族'跳动的脉搏，首先肯定'中华民族'意识已经产生，这个意识正在推动着'中华民族'的形成和发展。同时，我们也应当看到各民族之间的较大差距，不主观、不超前，不要过早地认为'中华民族'实体已经形成。"因为"形成民族的必备条件还没有完全具备，尤其是各民族文化整合还有一条十分漫长的道路要走"①，所以作为一个完全意义上的自觉（自由）的中华民族民族实体正处在形成发展阶段。

二　如何理解"多元"与"一体"的关系

如何理解"多元"与"一体"的关系，是学界讨论的又一个焦点。

一些学者认为"多元"与"一体"是辩证统一的关系，"多元"是个性，"一体"是共性。

林耀华认为，认识和理解中华民族构成格局的最为有力的工具和钥匙是"多元一体"这一核心概念。他说："我之所以这样讲，是因为本人积多年来的研究心得，认识到多元一体，或说多元中的统一，统一中的多元，这一对矛盾确实主导着中华民族的现实格局和历史进程。中华民族历经几千年连绵不断的发展，终于形成今日这样的统一国家；这样一种汉族和少数民族插花分布、交错杂居而又相对聚居的分布格局；这样的一套建立在互补共生的基础之上，由多种经济文化类型构成的完整的体系。凡此种种，甚至包括我国现行的民族区域自治制度，都无不与'多元一体'这个特征密切相关。几千年来，中国这个辽阔版图上发生过无数分分合合的事件，但无论是分是合，多元和一体这一个对立统一体中的两个相辅相成的侧面始终没有停止它的矛盾运动。"②

但是，有些学者也担心这种多元一体关系的副作用，张璇如在其论文

---

① 以上所引均见周建新《关于"中华民族"称谓的思考》，《贵州民族研究》2000 年第 3 期。

② 林耀华：《认识中华民族结构全局的钥匙》，载费孝通《中华民族研究新探索》，中国社会科学出版社 1991 年版，第 9—10 页。

《新观点·新体系·新探索》中认为，费孝通先生的"中华民族多元一体格局"理论，是中国历史、中华民族历史的高度概括的科学理论，为民族研究构筑了一个新的科学体系。与此同时，张璇如又对费孝通先生所提出的理论体系中的不足，提出了自己的看法，他认为，"一体"观在中国已经延续了几千年，从先秦到近现代，许多思想家都对其进行了论述，形成自己的一套体系，而费孝通先生在其论著中"没有从思想上去总结，实是一大缺陷和不足"①。"多元"与"一体"的关系是对立统一的关系，因费孝通先生提出的理论体系尚未完善，由此作者不免有些担心，如果在民族工作中处理不好中华民族的"多元"与"一体"的关系，会影响到民族关系的和谐、社会的稳定。

　　还有的学者认为汉族②、藏族③、回族④、满族⑤、瑶族⑥等民族都是多元一体的。"多元"是指民族来源是多元的，各地区也发展不平衡，文化、习俗、语言、宗教等方面也呈现出多元的特点；"一体"是不管来源如何，经济、文化、习俗、语言宗教等方面有何差异，都认同为一个民族。如果是这样，中华民族的"多元"是指当代中国的 56 个兄弟民族，但中华民族还没有形成为一个民族，不能称为一体。如果是指祖国的统一不可分裂，各民族都要支持党的领导与社会主义道路，那么，改为"中华各民族的多元一体""中国各民族的多元一体"或"中华各民族的多元一统"就比较好懂一些，也确切一些；说"中华民族的多元一体"，"一体"是指什么？难理解。⑦

---

① 张璇如：《新观点·新体系·新探索》，载费孝通《中华民族研究新探索》，中国社会科学出版社 1991 年版，第 21 页。

② 佟柱臣：《从考古学上看中华民族的融合与统一》，载费孝通《中华民族研究新探索》，中国社会科学出版社 1991 年版，第 23—26 页。

③ 李绍明：《论藏族的多元一体格局》，载费孝通《中华民族研究新探索》，中国社会科学出版社 1991 年版，第 162—183 页。

④ 胡振华：《回族与汉语》，载费孝通《中华民族研究新探索》，中国社会科学出版社 1991 年版，第 236—253 页。

⑤ 谢肇华：《北镇县满族的多元性及礼俗文化的融合》，载费孝通《中华民族研究新探索》，中国社会科学出版社 1991 年版，第 322—332 页。

⑥ 胡起望：《由微见著论瑶族》，载费孝通《中华民族研究新探索》，中国社会科学出版社 1991 年版，第 217—235 页。

⑦ 陈连开：《怎样理解中华民族及其多元一体》，载费孝通《中华民族研究新探索》，中国社会科学出版社 1991 年版，第 417 页。

对于上述学者的不同意见或质疑，1991 年费先生作了回应，他说："中华民族多元一体格局的问题提出来了，但不是一下子就能解决的。"他对民族的整体概念和中华民族多元与一体作了进一步的阐明。他认为，"名称和概念的含义是随时代发展、事物发展、学科发展而发展的，最重要的是要把握中华民族和 56 个民族发展的客观科学内容，已有的概念在不断思考中更新。科学的概念，不要作表决，不急于取得一致。关键在于它是否有利于促进社会发展，是否有利于促进学科发展。几十年，我们都在思考，在探索，现在还有许多问题不能完全解决，但解决得比以前多了一些。今后还靠大家来完善、补充、发展①。"民族也是有发展的，有量变，有质变，中国各民族是客观的存在，实际生活中产生的整体认同意识也是客观存在，用'多元'与'一体'来概括，这是名与实的辩证关系，不能离开这个哲学基础。中华民族已有长期发展的历史，今后还会既有各民族的繁荣发展，又有中华民族的共同发展，同和异还会长期存在，不是说'同'就完全一样，说'异'就大家分开。各民族的差异和中华民族的共同发展是辩证的统一关系。"②

经过 20 世纪 90 年代初的这次大讨论，学界在如何理解"多元"与"一体"上取得了一定的共识，即"'多元'是指各兄弟民族各有其起源、形成、发展的历史，文化、社会也各具特点而区别于其他民族；'一体'是指各民族的发展相互关联，相互补充，相互依存，与整体有不可分割的内在联系和共同的民族利益。这种一体性，集中表现为祖国的完全统一和整个中华民族的大团结，表现为共同关心与祖国的统一与繁荣富强，各民族坚持党的领导和社会主义道路。所以，中华民族的'一体'，是指各兄弟民族的'多元'中包含不可分割的整体性，而不是其中某个民族同化其他民族，更不是汉化，或者马上实行'民族融合'"③。

几年后，费孝通又对"中华民族多元一体格局"理论作了进一步的阐述。1997 年他指出："这篇讲话（《中华民族的多元一体格局》）的主要论

① 陈连开：《怎样理解中华民族及其多元一体》，载费孝通《中华民族研究新探索》，中国社会科学出版社 1991 年版，第 423 页。

② 陈连开：《怎样理解中华民族及其多元一体》，载费孝通《中华民族研究新探索》，中国社会科学出版社 1991 年版，第 424 页。

③ 陈连开：《民族研究新发展的良好开端——1990 年民族研究国际学术讨论会纪闻与体会》，《西北民族研究》1990 年第 2 期。

点：第一，中华民族是包括中国境内 56 个民族的民族实体，并不是把 56 个民族加在一起的总称，因为这些加在一起的 56 个民族已结合成相互依存的、统一而不能分割的整体，在这个民族实体里所有归属的成分都已具有高一层次的民族认同意识，即共休戚、共存亡、共荣辱、共命运的感情和道义。这个论点我引申为民族认同意识的多层次论。多元一体格局中，56 个民族是基层，中华民族是高层"。

第二，"是形成多元一体格局有个从分散的多元结合成一体的过程，在这过程中必须有一个起凝聚作用的核心。汉族就是多元基层中的一元，由他发挥凝聚作用把多元结合成一体，这一体不再是汉族而成了中华民族，一个高层次认同的民族"。

第三，"是高层次的认同并不一定取代或排斥低层次的认同，不同层次可以并存不悖，甚至在不同层次的认同基础上可以各自发展原有的特点，形成多语言、多文化的整体。所以高层次的民族可说实质上是个既一体又多元的复合体，其间存在着相对立的内部矛盾，是差异的一致，通过消长变化以适应于多变不息的内外条件，而获得这种共同体的生存和发展"[1]。

费先生的这个新阐述，丰富和发展了他自己在 1988 年提出的中华民族多元一体格局理论，进一步突出了多元一体理论结构论的特点。

但是，讨论并没有停止，1998 年和少英从我国民族关系的"两个离不开"，即，汉族离不开少数民族，少数民族离不开汉族的层面，进一步思考"多元一体"格局理论。他指出，从"多元一体"格局理论的层次上看，"一体"指的是"全国 56 个民族已然形成中华民族，这一整体，共同生存于这个整体之中"；"多元"指的是"每个民族都自成其为一'元'，56 个民族可以说也就构成了 56 个'元'"，但是结合"两个离不开"来看这个问题时，和少英指出，"属于中华民族大家庭中的 56 个民族相互之间全都'离不开'是'多元一体'格局题中应有之义"[2]。

2000 年，周建新在研究费先生及谷苞、陈连开等关于"中华民族"含义的基础上，发表了自己对"多元"与"一体"的看法。他认为"中华民族"的"多元"，"首先是民族的多元，其本质是文化的多元，或文化的差异性。因为只有文化特质差异性的存在，才会有族际区别的可能性。其

---

① 费孝通：《简述我的民族研究经历和思考》，《北京大学学报》1997 年第 2 版，第 10 页。

② 和少英：《"多元一体"格局题中应有之义》，《青海民族研究》1998 年第 4 期。

次是族源的不同、历史发展轨迹特殊，等等"。

关于中华民族的"一体"，周建新认为"首先是客观存在的国家的一体，版图的共有和完整，各民族血脉相连、利害相关的不可分割性，各民族根本利益和长远利益的一致性，历史和文化发展的相互交融与不可分割，其次才是在此基础之上，寻找各民族文化特质的共性，以及中华民族的大认同与凝聚力等，使之为'中华民族'实体的真正形成而服务"。周建新认为，国家意识孕生民族整体意识，它标志着中华民族"自觉"形成，但是这并不意味着中华民族已经成为一个民族实体。"'一体'绝不是主体民族对非主体民族的同化，而是各民族文化的互动，最终形成为各民族共有的'合文化'的过程，这个合文化的根本是各民族共创、共治、共有中华，国家意识与中华民族意识完全一致重合。这是一个求同存异的自然发展过程。"为此，周建新还认为："多元和一体在中华民族形成的过程中，始终是一个辩证统一的关系。多元是以一体为前提的，是国家和民族统一条件下的多元；一体是以多元为载体的，抹杀了多元，否定了多元的存在，不尊重和保护多元的利益，就会危及一体的完整。"① 这样看来，仅从结构论的角度还难以厘清中华民族"多元"与"一体"的关系，恐怕还要从过程论的角度，即中华民族从多元走向一体的过程中去寻找新的答案。

三 从"华夏一体"扩大到"华夷一体"，又发展到"中华一体"

在对中华民族多元一体理论的讨论中，进入 21 世纪后，人们对中华民族的"一体"有了更深入的探讨。

郝时远运用大量的历史文献，综合论述了"中华大地上的各民族在互动交融中构建了文化多样、国家一体的多元一体格局"的过程。他认为："中华文明的起源是多源多流的，中华民族的形成也是在多民族互动交融中凝聚的。这种文化和群体的多样性构成了'多元一体'的'多元'；中国自秦汉以来历经两千多年的发展，其间分合交替，但总的趋势是走向更大范围的统一，而且这种统一是由各民族来维护和推动的，这种统一构成

---

① 周建新：《关于"中华民族"称谓的思考》，《贵州民族研究》2000 年第 3 期。

了'多元一体'的'一体'";"历史造就了中华文化的多样性,历史熔铸了中华民族的一体性。以当代中国人的眼光审视中国的历史,可以看到'多元一体'格局形成与发展的清晰脉络,统一是中国历史发展的大势";"对于当代中国来说,领土完整和国家统一仍然是中华各民族人民继续推进的历史进程。"①

厉声通过史料论述了56个民族对统一国家的认同过程。"从中华民族发展的历史来看,各民族对'一体'的认同来自'天下一体'的观念和在此基础上形成的大一统思想。'一体'的本意是指多事物的统一而构成的一个完整的整体。"古代中国对事物最大的概念是"天",国家出现后,即将国家与天等同,国之君谓之"天子",国土谓之"天下",因而在周朝初期就有"天下一体"之说,由"华夏一体"扩大到"华夷一体",后来又发展到"华夏一统"或"中华一统"②。

秦统一中国后,在全国范围内实施经济文化一体化和统一治理的措施;汉朝实行属国制,设校尉、都护、属国都尉等。这种以"华夷一家"为中心的中华民族大一统观念逐渐为后来的历朝的华、夷治者所认同。1949年,新中国成立后,党和政府将历史上的中华民族大一统思想升华为中华民族大家庭观念。

四　多元一体内涵与国家认同、民族整合

著名的人类学家李亦园在其题为"多元一体的现代意义"的演讲中指出:"在中原区域中居住的中国民族文化基调中一直有一种容纳、吸收居住于边缘民族的'主旋律'在发生作用。因此几千年来,整个中国境内许许多多不同的族群都是在这一'融于一体'的主旋律之中而作旋转。""这种情况显然与缺乏'融于一体'主旋律的西欧民族国家不一样,他们的文化思维中只存在如何分辨'你群'与'我群'之别,而忽略掉别的文化中一直在思考如何成为一群的'另类'的想法。"因此,"假如只用欧洲人的

---

① 郝时远:《中国各民族历史的互动与多元一体——兼谈政治文明中的制度多元分国家一体》,载卢晓衡《三教圆融　两岸一体》,经济管理出版社2003年版,第34页。

② 厉声:《中华民族多元一体格局与民族认同的历史性》,载卢晓衡《三教圆融　两岸一体》,经济管理出版社2003年版,第62—73页。

观点去解释，会犯以偏概全的毛病。假如能无偏见地体会中华民族文化的特性，其解释能力将有更大的空间了，这也就是'多元一体'理念的理论基础所在"①。在演讲中，李亦园还进一步指出："所谓'融于一体'主旋律存在于延续，却也依赖对'多元'成分的包容、忍耐与吸收的心态。这也就是费先生所提出的另一理念：'美人之美，各美其美，美美与共'之原意。也就是说，不但要有包容、忍耐、吸收的心态，而且还要进一步能尊重、欣赏异族的文化，才能美别人之美，更能使别人之美得以有各自表现的机会。""这种'美人之美，各美其美'的文化特征不但几千年来使中华文化长久如'雪球'般地扩大发展，而且更重要的应该是长此以往可以成为全人类共存相处的主要文化典范。"②

陈建樾认为，多民族国家内部族际利益的整合对整个国家而言具有至关重要的意义。将族际政治冲突控制在不致危及整个多民族国家生存的范围内，是所有多民族国家族际整合的底线。在这个底线以内，爱国主义无疑有着巨大的族际利益的调适功能，这个调适过程是持续不断的，并应力求避免任何僵化的或倒退的方略。历史与现实都表明，民族的充分发育和在一个多民族国家中结成一个具有一致利益的共同体，更符合时代发展的潮流。"中华民族之所以时至今日仍然被概括为多元一体，这本身就表明中华民族是一个由多元的诸民族构成的国族观念。""就国际政治而言，中国拥有一个多元一体的国族即中华民族；而在国内政治层面，中国作为一个统一的多民族国家，其内部的诸民族对中华民族及其相对应的中国的认同情况，依然是当代中国内部整合的重要事项之一。"③

关于国家内部的族际整合问题，葛永光在其论文《一体多元构架下的国家整合》中用了较多的笔墨进行论述。他在比较国外几种类型的多元社会发展经验教训的基础上，充分肯定了一体多元架构社会的形态。"从长远看，随着教育的普及、通讯的改善、城市化的实现，以及政治社会的逐渐现代化，少数民族的族群意识必然会增强，此时同化政策可能激起的是

① 李亦园：《多元一体的现代意义》，载卢晓衡《三教圆融　两岸一体》，经济管理出版社2003年版，第6页。

② 李亦园：《多元一体的现代意义》，载卢晓衡《三教圆融　两岸一体》，经济管理出版社2003年版，第6—7页。

③ 陈建樾：《多元一体：多民族国家内部的族际整合与合法性》，《中央民族大学学报》2003年第5版。

更多的反弹与抗争，是以从同化政策走向文化多元主义政策，可能是解决民族矛盾、冲突，以致促成和谐、共生共荣的必经途径"，而"从文化多元主义观点看，'异中求同'的政策，是比较合适一体多元的架构"①。

　　唐彦博从上古至先秦时期、秦汉至魏晋南北朝时期、隋唐至元末时期和明朝至现代时期，来论述中华民族的融合与发展过程。他认为，中华民族融合的经过与发展，主要动力有二："一是内塑力量，由内向外扩展，常表现于国内统一强盛的时期（如夏、周、汉、唐……），把民族的光辉照射至各个边远地带的宗族，使他们认清自己本来是中原的一部分，而被中原所传播之文化相融合；二是外造力量，由外向内集中，常发生于国内纷乱衰弱的时期（如东晋、六朝……），各个边远地带宗族将自身储藏之力量汇流到中原来，在各个地区发育滋长，而与中原所在地固有文化相融合。在长期的交流融合过程中，我中华民族内塑外造、相互融摄于生生不已之机，益发其强韧与坚忍不拔之待质。"② 而"文化与民族两者相互依存，且不可分离"。唐彦博认为，中华民族文化的稳固性、超越性的特征，深厚的基础，铸就了中国社会在几千年的长河中，虽历经了一次又一次的改朝换代、外族的侵略、内乱的频兴，但其基本形式亘古不变，最终形成了"中华文化的多彩多姿、博大精深，且具有新生、共生、再生和永生的特性"③。

　　最近，中央民族大学人类学博士关凯在他的新著《族群政治》中更明确地说："或许费孝通没有点明的是，'多元'与'一体'在某种程度上的对立紧张，正体现出'中华民族'的结构性特点，如果'中华民族'无法包容'多元'或者无力塑造'一体'，何谓'中华民族'？'多元一体格局'未来发展的更高层次，关键在于国家建构的深化和内在化。简而言之，是中国社会既在客观上保持一定程度的文化多样性，又在主观上具有强大的国家认同的凝聚力。"④

-----

　　① 葛永光：《一体多元构架下的国家整合》，载卢晓衡《三教圆融　两岸一体》，经济管理出版社 2003 年版，第 118—120 页。

　　② 唐彦博：《从民族融合谈中华文化多元一体化》，载卢晓衡《三教圆融　两岸一体》，经济管理出版社 2003 年版，第 139—140 页。

　　③ 唐彦博：《从民族融合谈中华文化多元一体化》，载卢晓衡《三教圆融　两岸一体》，经济管理出版社 2003 年版，第 141 页。

　　④ 关凯：《族群政治》，中央民族大学出版社 2007 年版，第 252—253 页。

这些有关论述把多元一体的内涵与国家认同和民族整合紧密地联系了起来，为人们深入认识中华民族多元一体理论提供了一个新的视角，很值得人们重视。

五　中华民族多元一体格局发展阶段的划分

21世纪之初对中华民族多元一体格局理论的新探讨，还表现在对中华民族多元一体格局发展阶段的划分上。缘于学者们对"多元一体"内涵的理解不同，导致历史分期指导思想的不同，因而学术界在中华民族多元一体格局发展的阶段划分问题上，形成了不同的看法。

首先，陈连开于1996年发表《中华民族之含义及形成史的分期》一文，认为中华民族形成史可分为起源与孕育、中华民族的自在发展、中华民族从自在到自觉的联合三大历史阶段，每个历史阶段又可以划分为若干历史时期。[①]

第一阶段，从旧石器时代到春秋战国，是中华民族的起源与孕育期。这个阶段以中华民族"多元"与"一体"矛盾统一运动发展为起点，至春秋战国进一步形成了华夏居中称为"中国"，夷、蛮、戎、狄配合东、南、西、北"五方之民"构成"四海"之内统一的"天下"，表明华夷统一已经成为历史的大趋势。

第二阶段，从秦汉到1840年的两千余年，是中华民族的自在发展时段。这一阶段又有从秦汉到南北朝、从隋唐到辽宋夏金、从元到清这三个历史时期。在这个大的历史阶段中，中华民族阶段性地不断壮大，中华民族的一体性呈现出螺旋式的上升过程。其主要成果是统一的多民族中国形成与确立；各民族共同祖国观念的形成，古典爱国主义在反抗外国侵略的斗争中得到了发扬。

第三阶段，从鸦片战争至当前，是中华民族从自在到自觉的联合时期。从1840年至辛亥革命，中华民族在反帝反封建斗争中自发联合，保卫祖国的统一与疆域的基本完整，在不同层次上寻求将古代中国转为现代中国的强国之道。其主要成果是在最艰难的历史条件下，共同保卫了祖国的统一与疆域的基本完整，并推翻存在了两千余年的君主专制制度，建立了

---

① 陈连开：《中华民族之含义及形成史的分期》，《社会科学战线》1996年第4期。

共和制政体。从辛亥革命后到 1949 年，中国人民从纲领、道路、政策、方针等方面把中华民族联合整体上升到了理论和自觉意识的高度，获得了中华民族独立解放的大转折。从 1949 年 10 月 1 日到当前，是中华民族在获得了民族解放和独立以后的蓬勃发展时期，根本的问题是在现代化的基础上实现中华民族的振兴和祖国的完全统一。

这种划分法带有一定的理论色彩，而且划分出了中华民族的起源与孕育期，以及对从秦汉到 1840 年这两千余年时间大跨度做了细分，但是第三阶段中中华人民共和国成立的标志作用没有得到突出，而且论述过于单薄。

不久，马戎在 1999 年发表《中华民族凝聚力的形成与发展》一文，将历史上中华民族多元一体格局的发展分为三个阶段。①

第一阶段，从远古到鸦片战争前，是这一格局的形成时期。远古时代的许多民族集团经过长期的交往、征战和融合，到秦汉时期形成了并立和相互依存的以中原汉族为核心的农业区统一体和北方游牧民族以匈奴为核心的统一体。到了清中叶，汉、满、蒙古、回、藏等各大民族集团统一在清朝统治之下，才真正结合成一个稳定的政治、经济和文化实体。

第二阶段，从鸦片战争到 1949 年中华人民共和国成立前，是这个格局的危机时期。西方帝国主义蚕食中国，企图使边疆少数民族脱离中华民族大家庭，打乱了中国原有的政治疆域、经济体系和民族格局，中国民族统一体面临新危机。

第三阶段，从 1949 年中华人民共和国成立至今，是多元一体格局在中国的重建时期。中华民族在中国共产党领导下重新统一起来，努力缔造一个在形式与内容方面与以前都不同的新的"多元一体"结构。

这种划分法虽然简明，明显表现出厚今薄古的倾向，但第一阶段时间跨度过大，缺乏层次。

进入 21 世纪后，又有学者提出了多种划分法。2000 年萧君和在《中华学》一书中，在认同"中华民族多元一体格局"理论的背景下，将中华民族的形成分为三个阶段：从朱温灭唐到忽必烈灭宋为中华民族的形成阶段，元明清为中华民族的自在阶段，清末以来为中华民族的自觉阶段。②

---

①　马戎：《中华民族凝聚力的形成与发展》，《西北民族研究》1999 年第 2 期。

②　萧君和：《中华学》，民族出版社 2000 年版，第 210—215 页。

　　这个划分法看起来很简明，却割去了五代以前的历史，使人有点莫名。

　　高翠莲在 2007 年发表的《试论中华民族多元一体格局发展的阶段划分》一文中，将中华民族多元一体发展分为四阶段：

　　第一阶段，从远古到春秋战国。这一阶段是多元一体格局的孕育时期，也是中华民族的孕育期，而孕育中的统一多民族国家的形成，尚需质的飞跃。

　　第二阶段，从秦汉时期到 1840 年。这个阶段是多元一体格局的形成和稳定期，这一时期中华民族的"多元"与"一体"内涵都在逐渐发生变化，中华民族的实体不断趋向稳定。

　　第三阶段，从鸦片战争到中华人民共和国成立前。这个阶段是多元一体格局的危机与转折并存期。维系多元一体的客观条件失效，多元一体格局出现危机，也说明中华民族和统一多民族中国的生存发展出现危机。

　　第四阶段，从中华人民共和国的建立到现今，是中华民族多元一体格局的重建和走向完善的时期。这一时期中国的地缘环境和时代条件又发生了变化：独立的中国在多元世界中的地位越来越重要。中华民族经过近代的自觉与发展，在中华人民共和国这一国体下高度统一，多元一体内涵又发生了一次转变。[1]

　　这个划分法虽然克服了上述种种划分法的不足，但第二阶段仍然缺乏层次而显得时间跨度过大。

　　总之，平心而论，上述各种划分法各有千秋，各有所长，为我们今天探讨中华民族多元一体格局的形成和发展打下了良好的基础。

六　结语

　　"中华民族多元一体格局理论"的提出，学术界的探讨、实践，为中华民族的整体性研究指明了方向，开辟了新的广阔领域，促进了中华民族整体性的建构，使中华民族在文化上、学术上获得了广泛的认同，为增强中华民族的凝聚力，维护国家的统一做出了重大的贡献。与此同时，也扩

---

　　[1]　高翠莲：《试论中华民族多元一体格局发展的阶段划分》，《中南民族大学学报》2007 年第 4 版。

大了中国民族学、人类学、考古学、民族史学等学科的研究视野，促进了社会学科的发展。

"中华民族多元一体格局理论"从提出的那天起，至今已近 20 年，经过多年的探讨，其虽已日臻成熟，但是任何理论都不是凝固不变的，而是随时代发展、事物发展、学科发展而发展的。更何况中华民族的形成不是一蹴而就的，这个过程的图景究竟是什么样子？从古到今中国历史上先后出现过的大大小小成百上千，甚至成千上万的族群或民族是如何从多元走向一体的？在从多元走向一体的滚雪球中又是如何完成民族认同的？中华民族的民族认同与中华人民共和国的国家建构又如何实现匹配上的"美美与共"？凡此等等问题，都昭示着，对中华民族多元一体格局的研究都还需要更进一步地深化和细化，必须依靠一代又一代的中国学者，在继承前人成果的基础上，不断推陈出新。也只有这样，"中华民族多元一体格局理论"才能不断地完善和发展，为中华民族的复兴做出自己的贡献。

参考文献：

陈建樾：《多元一体：多民族国家内部的族际整合与合法性》，《中央民族大学学报》2003 年第 5 期。

陈连开：《关于中华民族结构的学术新体系——中华民族多元一体格局理论的评述》，《民族研究》1992 年第 6 期。

陈连开：《民族研究新发展的良好开端—1990 年民族研究国际学术讨论会纪闻与体会》，《西北民族研究》1990 年第 2 期。

陈连开：《中华民族的自在发展》，《中央民族学院学报》1992 年第 4 期。

陈连开：《中华民族形成史的历史分期》，《社会科学战线》1996 年第 4 期。

陈连开：《中华民族研究初探》，知识出版社 1994 年版。

戴逸：《中国民族边疆史研究》，国家教委高校社会科学发展研究中心. 中外历史问题八人谈》，中共中央党校出版社 1998 年版。

费孝通：《简述我的民族研究经历和思考》，《北京大学学报》1997 年第 3 期。

费孝通：《中华民族的多元一体格局》，《北京大学学报》1989 年第 4 期。

费孝通：《中华民族多元一体（修订本）》，中央民族大学出版社 1999 年版。

费孝通：《中华民族研究新探索》，中国社会科学出版社 1991 年版。

费孝通等：《中华民族多元一体》，中央民族学院出版社 1989 年版。

高翠莲：《试论中华民族多元一体格局发展的阶段划分》，《中南民族大学学报》2007 年第 4 期。

和少英：《"多元一体"格局题中应有之义》，《青海民族研究》1998 年第 4 期。

卢晓衡：《三教圆融　两岸一体》，经济管理出版社 2003 年版。

马戎：《民族社会学——社会学的族群关系研究》，北京大学出版社 2004 年版。

马戎：《中华民族凝聚力的形成与发展》，《西北民族研究》1999 年第 2 期。

宋蜀华：《认识中华民族构成的一把钥匙》，《中央民族大学学报》2000 年第 3 期。

孙秋云：《费孝通"中华民族多元一体格局"理论之我见》，《中南民族大学学报》2006 年第 2 期。

萧君和：《中华学》，民族出版社 2000 年版。

许彬．谢忠：《论地理环境对中华民族多元一体格局形成和发展的影响》，《广西民族研究》2007 年第 1 期。

周建新：《关于"中华民族"称谓的思考》，《贵州民族研究》2000 年第 3 期。

后　记

　　今天下午我从广西民族大学回到南宁锦华大酒店 1110 号房，打通了广西师范大学出版社（以下简称师大出版社）何林夏社长的电话，获悉师大出版社决定出版我的新著《从多元走向一体：中华民族论》（以下简称《从多元走向一体》）时，我十分激动，在电话中对师大出版社的关照和厚爱表示了衷心感谢，我在电话中对何社长说："师大出版社在我心中有崇高的地位，我晚年最重要的著作能在师大出版社出版是我的荣幸！"何社长说："我们社在海外的影响比国内还大。"我说："是这样的！上个月底我在美国斯坦福大学开完会后，访问了加州大学伯克利分校。在参观东亚图书馆时，该馆中国部的负责人就对师大出版社表示了敬意，说师大出版社出巨资影印出版东亚图书馆珍藏的善本书，很有魄力。过去你们还影印出版了哈佛大学燕京学社珍藏的善本书。所以我是知道在师大出版社出学术著作分量的。"

　　确实，2008 年年初，我在武汉连续四场大雪之中，以饱满的中华之情，在早已写成本书的第一章，2007 年 12 月初写好第二章之后，从元月 2 日起，连续奋笔直书了一个多月，于 2 月 4 日全书杀青后，我就期望能有一家有学术品位的出版社出版我的这一本献给中华民族的书。

　　我对我的这本《从多元走向一体》是十分看重的。从 1961 年进入中央民族学院分院（现为中南民族大学）师从岑家梧等老师学习以来，先后学习和从事民族研究近 48 年，特别是自 1979 年年底开始进行汉民族研究以来，积 30 多年汉民族的研究成果，我提出了关于汉民族研究的雪球理论；又自 2000 年获国家社科基金立项，开展"中国民族团结研究"以来，在全国 5 个自治区、2 个民族省（云南、青海）、一个非民族省、两个大城市（上海、深圳）10 个田野点进行全面考察的基础上，把中国共产党提出的"民族团结"的口号理论化、实证化了，在该项目的最终成果——《磐石——中国民族团结研究报告》中，提出了关于中国民族团结的磐石理论。这两个研究项目的交汇和互动，使我逐渐把学术思路集中到了中华民族身上。

为什么会把学术思路集中到了中华民族身上呢？主要来自两个方面的学术感悟：

一是汉民族这个雪球在滚动中形成，在滚动中发展。那么，这个雪球滚动的最终目标是什么呢？长期思考的结果，汉民族这个雪球的滚动形成和发展实际，是从多元走向一体的一个过程，而且是一个很长的历史过程。汉民族就是民族与民族之间分分合合，合合分分形成的民族融合阶段性成果。从汉民族的案例中，可以窥见中华民族的未来将如何在发展中实现"多元一体"。

二是中国民族团结的这块"磐石"在冲突、磨合和整合中凝结而成。那么，这块磐石的最终用途是什么呢？在一次学术顿悟中，我感到其将是中华民族"大厦"的奠基石。中国民族团结的最终结果，应该是中国各民族从多元走向一体对中华民族的认同。

这两个学术感悟的交汇和互动，终于在 2007 年 12 月初一次与好友中央民族大学关凯老师的学术对话中，撞出了火花，撞出了灵感，汇成了一个关键词：从多元走向一体。这样才有了《从多元走向一体》这本书。

徐杰舜

2008 年 5 月 28 日深夜

于南宁锦华大酒店

徐杰舜 主编

徐杰舜文集

第四卷

中国社会科学出版社

2012年在新疆塔里木

（韦小鹏 摄）

主编简介

　　徐杰舜，1943年生于永州零陵，祖籍浙江余姚。广西民族大学民族学与社会学学院二级教授、博士生导师，汉民族研究中心主任；人类学高级论坛创建人、学术委员会荣誉主席；广西文史馆研究馆员。

　　1995—2007年主编《广西民族大学学报（哲学社会科学版）》12年。

　　《汉族风俗史》（5卷本）《汉民族史记》（9卷本）获广西社会科学研究优秀成果一等奖。

　　1993年被广西壮族自治区人民政府授予"广西有突出贡献科技人员"。2021年上海人类学会"人类学终身成就奖"获得者。

第四卷说明

《徐杰舜文集》第四卷，收入徐杰舜主编的《人类学教程》。

《人类学教程》一书2005年8月由上海文艺出版社出版。

在徐杰舜的学术生涯中，努力学习人类学理论，是他保持学术活力的源泉。《人类学教程》就是他进入花甲之年后学习的一个见证。

世纪交运，当人们还在争论人类学建构可行性的时候，《人类学教程》一书适时而出，为中国年轻的人类学学科建设提供一个极富创意的实践性借鉴，再次明确了人类学研究道路的可行性。在中西人类学著作论述云涌波聚的情况下，《人类学教程》能够占据一席之地，很大程度上得益于其对人类学理论的阐释着重从人与文化两个涵面铺述论证：人类学是什么？具体对象如何？怎样从人与文化角度进行构建？为什么要进行人类学研究？如何通过人与文化研究使之成为可能？全球知识本土化条件下，建立人类学有何现代学科价值，人与文化未来发展趋势，以及中国人类学本土化前景如何？等等，思路经脉清晰可辨，观点骨健鲜明遒劲。

《人类学教程》一书，作为我国一部系统探讨人类学学科理论建构与教学实践的重要著作，其海纳百川的宏博思想和严谨科学的资料归整，不仅在理论领域拓展方面，而且在实践操作应用方面，为人类学整体建构奉献上自己的独特见解；同时，作为一次积极有效的实践尝试，也为当代中国人类学理论建设与实践运用提供不少诱发性思考与有益借鉴。可以说，这是人类学形成一百多年来，特别是中国人类学发展五十多年以来又一部适合人类学传播普及并初步具备科研价值的标志性著作。

徐杰舜文集
（第四卷）

《人类学教程》

徐杰舜　著

目　　录

《人类学教程》

第一章　导论

　　源起于地理大发现时代的人类学，发展至今已蔚为大观，成为一门具有完备的学科体系、普识性的研究方法、开放性的思维方式和深具人文精神的基础学科。随着它与当今各领域、各学科的互动加深，人类学将日益彰显其魅力。

一　人类学的定义

1. 人类学的起源与发展

　　人类学的起源与西方世界 16 世纪开始的殖民活动密切相关。然而在这之前，很早就已经出现了丰富的有关人类学的资料，如古代巴比伦、亚述、波斯、印度都有当时不同族体的记载；公元前 5 世纪，被称为西方"历史之父"的希罗多德在其名著《历史》中，记述了西亚、北非和希腊地区的许多族体的体质、文化特征；公元前 1 世纪罗马的 C. J. 恺撒的《高卢战记》和后来的罗马史学家 C. 塔西佗的《日耳曼尼亚志》等。在我国古代，对海外民族的记载也出现得很早，如东晋法显《佛国记》，记载了印度、巴基斯坦、尼泊尔等二十余国的风物民情。唐玄奘《大唐西域记》及为后人所熟知的元朝周达观的《真腊风土记》等，历代学者、使节、旅行家都记录下亲历的异域风土人情，积累了宝贵的民族志材料。15世纪开始，新航路的发现向西方世界打开了一个"新世界"的大门。从 16世纪到 19 世纪，"非西方"成为欧洲各国的掠夺对象；为了服务于他们拥有和掠夺的目的，殖民政府鼓励教会、学者、探险家进行"海外研究"，这些研究均是描述性、资料性、工具性的研究，并被作为殖民政府的侵略情报资料。因此，此时的非西方研究还未成其为一门社会人文学科。当时

"非西方"主要是指称西方文明之外的孤立封闭的、简单的原始部落社会和初民社会。如 18 世纪拉菲托（J. F. Lafitan）的《美洲野蛮人的风俗与远古风俗的比较》；迈纳斯（Christoph Meiners）的《人类史纲》（Grundriss der Geschichte der Menschheit，Lemgo，1785）被彭尼曼（T. K. Penniman）称为奠定了现代比较人类学的基础，迈纳斯被列为人类学先驱者的第一人。另一位先驱赫德（Johann Cottfried Herder）在其所著《对于人类史的观念》（Ideen zur Gaschichte der Monschheit，1784—1791）一书中，则对于进化论做了种种预示，并试图表现人类在世界上的一般状况和在各地的特殊情形。

对异文化的大量接触提出了两个基本问题：一是人类从何而来，为何有不同形态？二是不同的人类集团生活为何有如此不同的形态？为解答这两个问题而兴起的人类学有两个分流，前者是人类体质形态的研究，后者是人类社会文化的研究。到了 19 世纪 40 年代，人类学成为一门独立的学科。其学术背景是西方学术界出现的一股建构社会科学的热潮，一些著名学者提出用生物学和自然科学的路径来探讨社会，主张社会与人文类型的研究应着眼于社会理论的实证价值，反对单纯的情报搜集。这股思潮为当时处于上升时期的资本主义世界体系提供了进化论的社会科学依据，同时也促进了人类学学科的发展。20 世纪 20 年代是一个重要的分野，英国功能学派和美国历史批评学派各自强劲的发展，形成了不同的人类学类型，强烈反叛古典人类学，反思进化论和传播论的宏观人类史和民族中心主义。但是，"非西方"的研究主题仍被保留下来。当代人类学的研究取向已经从古典人类学试图建构人类史转向将异文化当成与本文化（如西方文化）具有同等地位和价值的实体加以理解，并通过这种理解来思考本文化的局限的这样一种文化多元并存观。在方法论上，与古典人类学对以宏观的社会——文化探讨为内容和研究单位不同，也不再像过去人类学那样注重对小型社区或族群的透视，局限于"小规模社会"（small‐scale society），当代人类学更注重对"大规模社会"（large‐scale society）的研究。尽管在人类学发展史上，20 世纪的西方人类学不断受到来自自身的挑战，提出"文化相对论"，强烈批判西方民族中心主义，却改变不了其本质上也是西方占支配地位的世界体系的一个组成部分；西方人类学者是作为西方文化的代理人来"认识非西方"的，其思维及艺术创作成果，是东西方关系中西方形象与非西方形象的对照。实际上，在非西方社会，自 30 年代以来就长期存在对西方人类学的批判，也存在若干

"本土人类学"（indige－nous anthropology）的看法，然而这些看法大都无意识地重复了西方文化霸权。19 世纪的西学东渐，尤其是第二次世界大战后第三世界的民族觉醒浪潮都树立了以西方为东方社会文化发展的自我之前景的"异文化"形象。① 这种尴尬的契合，正说明文化隔阂同样存在于学术领域，而促进人文理解和文化沟通，是人类学学科应致力的有益建设。一方面，拯救那些独特的文化和生活方式，反对席卷全球的西方模式；另一方面，通过对异文化的了解，反思自己的文化模式，尤其是西方文化模式。

2. 人类学的定义

人类学（Anthropology）一词是 1501 年德国学者洪德（M. Hundlt）最早使用的，指人体解剖和人的生理研究。从词源上考证，"Anthropology"一词，源自希腊文 $\alpha\nu\theta\rho\omega\pi$os + $\lambda o\gamma$os，即 Anthropos + Logos，上一字是"人"，下一字有学问科学的意思，合言之意为研究人的科学。

由此，人类学通常都被定义为"人的科学"（The Science of Man）。但是这个定义太过简单，容易使人误以为人类学的范围是无限大的，凡属于人的事情都在研究之列，而把人类学当作所有研究人与人事的学科，如生理学、心理学、社会学等的总称，反而取消了人类学独立的学科地位。

因此，人类学家们纷纷做出更详细明显的定义。古典的人类学家大都把人类学当作专门研究人类躯体的科学，如托皮那（Topinard）在 1876 年著的《人类学》（Antropologie）书中说："人类学是博物学的一分科，为研究人及人种的学问。"随着人类学的发展，其研究范围大大超出了旧定义的局限，产生了新派定义。

英国人类学家马雷特（R. R. Marett）认为："人类学是沉浸于演进的观念之全部人类史，以在演进中的人类为主题，研究在某时代某地方的人类，肉体与灵魂两方面都加以研究。"

马林诺夫斯基（Bronislow Malinowski）则说："人类学是研究人类及其在各种发展程度的文化（culture）的科学，包括人类的躯体、种族的差异，文明（civilization），社会构造，以及对于环境之心灵的反应等问题之研究。"

新派人类学的定义包括人类与其文化两个方面。马雷特所谓"肉体"、

① 王铭铭：《想象的异邦——社会与文化人类学散论》，上海人民出版社 1998 年版，第 18—19 页。

马林诺夫斯基所谓"人类的躯体""种族的差异",都是指体质方面的研究;而马雷特说的"灵魂"实际上指的就是文化研究,马林诺夫斯基明确说出"文化"一词,并指出文明、社会构造、心灵的反应为文化的具体问题。这都是对旧定义的突破。

简言之,人类学是一门研究人与人的行为方式的科学。这个定义包含两层含义:一是研究人的起源及体质特征;二是研究人的行为方式,即人们通常说的文化。

二　人类学的特征

作为一门科学,人类学具有以下几个公认的基本特征。

1. 普同性

现代人类学的基本原则之一就是人类的普同性,即现存的所有人类都是同一种属,任何一人群都不比其他人群更为进化。所有的人,无论活着的或死去的,有血缘关系的或外来民族或族群,都是平等的,都是人类学家研究的对象。任何一群人都有助于我们了解一些重要的人类现况:了解人类如何靠文化,亦即社会传承,而生存并延续下去;任何人都有助于我们对人类潜能与极限的了解。

2. 整体性

整体性指人类学家把人类及其社会视为一个多面性的整体进行研究,既从文化的角度,又从生物的角度分析问题;既关注现时问题,又重视历史的因素。这个整体的各部分相互关联,只有认识到整体,认识到这种关联如何发生,我们才能够在一定程度上了解每一个部分。在这种观照下,人类学家试图去了解人类生活状况的所有层面,包括社会经济、政治组织、宗教礼仪、语言文化和科技艺术、婚育及生活环境等。

3. 整合性

整合性指人类学家在考察人类及其社会形态时,注重考察人类文化生活的各层面是如何一起运作的。人类学家把这些生活层面喻为交织成社会大网的线,同时它们也是更大的自然与社会环境不可或缺的部分。所以要全盘了解任何一个信仰或仪式,我们必须观察它与社会中各项因素的互动关系;同时也要看它与形成社会的广泛环境因素之间的互动关系。传统的人类学研究聚焦一些较孤立的小规模社会(small－scale society),因为其整合性较明显。当代人类学更重视研究整合性较模糊的大规模社会（large - scale society）。

近年来，人们已渐渐地意识到，所有的社会对于一个由社会与经济结构组成的更大的世界体系（world system）都是如此重要且不可或缺的，要了解个别社会的内部特性，必须先观察它与这广大的全球系统间的关系。这些均是整合的世界体系的一部分。

4. 文化相对论

文化相对论（cultural relativism），就是人类学家站在文化的客观诠释者的立场，以他人的经验与传统为基础，来判定或解释他们的信仰及行为。因为每一种文化都有其独特的价值，都是平等的，人类学家不能以自己文化的价值观念和传统作为评判他者文化的准绳。

文化相对论的观念，并不意味着我们要全盘地接受或赞成某特定人群的一切作为与想法，而是要从人们与社会、环境与历史的关联中，来评估他们的文化形态。

除了上述四点普遍认可的基本特征外，在当代实际运用中的人类学还贯穿着"以人为本"的人文精神，"以人为本"是人类学最根本的价值取向。所谓"以人为本"，就是从人出发，心中有人；包含的是尊重他者和尊重自身的人文关怀。它要求我们立足于人的现实生存状态，寻求人与自然、人与社会、人与人、人与自我之间关系的和谐统一。正因为秉持这种精神，人类学家始终尊重他者，坚持批判的立场，既批判他者，反思他者；也批判自我，反思自我，以达到人与人之间的和谐、人与自然之间的和谐。

三　人类学的体系及与其他学科的关系

1. 人类学的体系

人类学的体系由四个部分组成，即体质人类学、文化人类学、考古学、语言学。

（1）体质人类学

体质人类学是从生物学的角度来研究人类的体质变化的一门科学，包括了过去和现在人体的一切发展和变异。它主要牵涉两个基本问题：一是重建人类进化的过程，探索人类从猿类中分化出来所需要的条件，以及为什么会产生这种条件；二是描述和解释人类不同种族之间的生理差异，如头型、体型、肤色、血型、细胞染色体等。在我国，体质人类学一般被列入自然科学的范畴。

当代体质人类学的重要任务是深入探索人类进化发生的原因，分析哪些环境因素的变化直接或间接影响到人类的进化。在研究当代人类的各种变异时，体质人类学家首先必须分辨遗传的因素和后天的环境的影响；其次，还应分辨文化对人类体质的影响与环境影响的区别，因为文化习惯能够制约人类繁殖的过程，从而影响到进化的历史。体质人类学家一般是将人类的各种变异看成自然环境与人类文化错综复杂的交互作用的综合结果。当代的体质人类学，已经由外表特征的测量发展到对于分子生物学、血液、基因、遗传密码等问题的专门研究了。

（2）文化人类学

文化人类学，即从文化的角度研究人类的科学。要说明什么是文化人类学，首先要说明什么是文化，对于这一问题学术界众说纷纭。1952 年，曾有人统计过，人类学家对于"文化"的要领的不同理解竟达 164 种之多，而近四十年来，又增加了许多新的理论。

但是除去各种分歧，大多数人类学家承认文化人类学所讨论的文化是一个含义非常广泛的名词，它包括了人类通过后天的学习掌握的各种思想和技巧，以及用这种思想和技巧创造出来的物质文明。其中既有属于经济基础的部分，也有由此决定的上层建筑的部分；既包括了精神产品，也包括了物质产品，可以说这是一种最广泛的文化观。

因此，文化人类学，就是从物质生产、社会结构、人群组织、风俗习惯、宗教信仰等各个方面，研究整个人类文化的起源、成长、变迁和进化的过程，并且比较各民族、各族群、各国家、各地区、各社团的文化的相同之点和相异之点，借以发现文化的普遍性以及个别的文化模式，从而总结出社会发展的一般规律和特殊规律的一门科学。

文化人类学这一名称创始于 1901 年，[①] 主要为美国学术界所使用。美国的文化人类学，大体相当于欧洲大陆的民族学和民族志。

欧陆传统的民族学，只是研究居住在边远地区的资本主义以前的各民族，如原始社会、奴隶社会、农奴社会诸民族的情况。现在这些民族绝大

---

① Holmes, W. H., *Report of the United States of National Museum*, Washington, D. C., 1901.

部分处于急遽的变化之中，所以现代民族学家已经将注意力转向资本主义
社会的城市和农村，有的民族学家还直接参与社会发展计划，以政府顾问
的身份出谋划策。民族学的研究同样要进行长期的田野考察，并在此基础
上撰写翔实的民族志；其最终任务是探究各民族社会模式的异同、各民族
社会变迁的过程以及决定这一变迁的内部规律。

在英国，常见使用社会人类学一词。法国人类学家列维－斯特劳斯曾
经指出："文化人类学和社会人类学所包括的范围确实是相同的。只是前
者从技术和事物的研究出发，然后及于决定社会生活方式的超技术方面的
意识和政治活动；而后者却是从社会生活的研究出发，然后及于表现意识
和政治活动的技术事物。好比是同样的两本书，内容分章也相同，但安排
的顺序及页次却各不相同。"[1]

文化人类学、社会人类学与民族学三者的关系是大致平行的。由于不
同的学术传统影响，三者在具体研究上的侧重有所偏差。其中，又以文化
人类学与民族学之间的关系最为紧密，国际上视之为"姊妹学科"。随着
时代的发展，三者渐为一致的趋势会更加明显。

（3）考古学

考古学是利用实物资料来研究人类文化的一门科学。根据出土文物的
类型和种类，考古学家得以复原人类文化的进化史，并且观察到世界各地
文化的异同。

考古学所研究的实物资料，包括了人类所创造的一切，也包括了人类
活动留下的遗迹或废物，如石器、房屋、墓葬、用火的遗迹、经过食用留
下的兽骨、鱼骨等。此外，考古学还要研究有关的各种自然遗物——花
粉、土壤、岩石等，以确定当时的气候、动植物资源、水源分布等因素。
考古学的最终任务，还在于探讨人类历史发展的原因，衡量各种内因和外
因在塑造人类自身及社会组织过程中的作用。

（4）语言学

语言学是研究人类语言及其发展规律的科学。它产生于 17 世纪的地理
大发现时代，到 19 世纪时已粗具规模。进入 20 世纪，随着世界各地语言
学资料的不断积累，以及方法的不断更新，语言学已成为当代行为科学中

---

① Levi－Strauss，"*The Place of Anthropology in the Social Science and Problems Raised in Teaching it*"，UNESCO，The University Teaching of Social Sciences，Paris，1954，p. 105.

一门具有领先地位的学科。

语言是使文化得以世代相传的最基本的工具，人类文化的发展在很大程度上依赖于语言。早期人类学以研究异文化开始，人类学家离不开语言学的帮助，因此，语言学与人类学一开始就在田野中结下不解之缘。现在语言学尽管作为一门独立的学科而得到了全面的发展，但它同时也是文化人类学的一个分支。这种从人类学的角度研究语言的科学，亦称语言人类学，它主要是研究口语（古代的和现代的），并且从社会的角度研究语言的用途。

根据其研究重点的不同，语言人类学又可以分为三部分。第一部分是描述语言学，其目的是系统研究语言的结构和用途，以及语言和思维的复杂关系。第二部分是社会语言学，其目的在于探讨语言和社会之间的关系。第三部分称为历史语言学，它主要是研究语言的产生及其进化的历史。借助当代语言的对比，语言学家甚至可以成功地复原已消失的古代语言。

2. 人类学与其他学科的关系

人类学与其他学科有广泛的联系，其中最重要的是与哲学、社会学和心理学的关系。

（1）人类学与哲学的关系

哲学研究的内容和目的与人类学的研究范畴有很多相似之处，如都研究人、人与世界的关系，共同关心人与文化的发展，关心自然知识与社会知识的发展和进步等。

但两者有根本的区别：哲学是一门更倾向于思辨的逻辑的、形而上学的思考科学，在研究过程中，偏重于探讨体系的构造、逻辑推导与论证；而人类学以实验科学为基础，注重使用调查、研究、实地考察等手段，将事实材料与理论推导相结合。

两者的联系在于，人类学为哲学的发展提供了依据。从进化论等学派对近代社会科学发展所作的贡献就可证明，人类学以它独到的理论和现实的考察为哲学提供了科学实证；反之，哲学作为方法论也以其深邃的理论与方法论影响着人类学的研究。

（2）人类学与社会学的关系

人类学与社会学在理论和方法上都有相似之处：都以人类及其文化现象为研究对象。不仅研究人及其进化，还研究文化的发展演变；在研究方法上也有许多相似之处，如田野调查等。

但是人类学与社会学的区别也十分明显，从研究视野上看，人类学的领域广阔、宏观，即人类学研究人的所有生存形式、所有的文化形态和文明形式；史前时代和野蛮状况下的人类生活是人类学对人类的研究侧重点之一。而社会学则研究人类的社会生活，注重研究较为高级的文化形式，即有了社会文化以后的人。

从研究内容上看，人类学不仅研究社会结构，而且研究民族、族群间文化，包括其心理结构和形成的原因，以及民族性格差异等问题。社会学着重研究人际的结合（association），偏重于政治经济内容。

简单来说，两者切入的角度不同，社会学从社会切入研究人，人类学从人切入研究人的社会。

（3）人类学与心理学的关系

心理学从一开始就与人类学交织在一起。人类学的理论如进化论曾被广泛运用在心理学上；而心理学的理论如弗洛伊德的精神分析理论和对性欲的研究也曾深刻地影响了当时的人类学研究，作为行为科学的心理学与有"人的科学"之称的人类学之间的逻辑关系是如果除去了人类行为，人类学的研究领域也将不复存在。在田野工作中，资料、数据的收集必然在田野工作者和研究对象之间形成一种双边互动的关系。一方面，田野工作者个人的特性通常会因观察的角度不同，对材料的理解不同，他们与研究对象相处的能力也不同；另一方面，研究对象的个性特征也会在材料中留下痕迹。从这个意义上说，田野资料在很大程度上是个体经验的产物，带着个体心理特征。因此在研究人类学时，不得不认真考虑其中的心理因素。

而人类学则在跨文化研究中，为心理学提供了跨文化的资料和数据，因为对人类的心理描述仅仅基于某一个社会或群体是远远不够的，应该有更广泛与充足的事实支持。

两者的区别也很明显，人类学关注的焦点是文化，是人类历史与发展，而心理学则重视个体的内心世界。

四　人类学的研究方法

1. 田野考察

田野考察，又称田野工作（field work），是指人类学者深入某一社区，通过观察、访谈、勘测、居住体验等参与方式来获取第一手研究资料的方法。它是人类学最基础、最重要的方法，通过田野考察，人类学者获得某一族群的特殊经验，并从中提炼升华，形成民族志的报告，乃至创新一种方法，构建一种理论。

人类学学科生命之源便是田野考察。从泰勒、摩尔根、马林诺夫斯基、米德、特纳、列维－斯特劳斯等大师到今天的人类学者，有价值的著作、有影响的理论基本上是对田野调查的提炼、概括和升华的结果。如：摩尔根的《古代社会》，就是他在深入美国东部印第安人易洛魁部落长达四十年的田野考察的基础上完成的巨著。

田野考察是一个艰巨而长期的过程，包括前期准备、实地考察、记录、归纳和分析材料并最终形成正式的田野报告。田野工作者需要具备深厚的理论功底，并熟谙各种调查技巧，熟练地使用电脑、录音机、照相机和摄影机等工具。

无论田野是在城市、乡镇、村落，或丛林茅屋，人类学研究的范式在许多重要方面是一样的，最重要的一点就是要深入族群生活中。人类学家应尽可能地完全进入一个小型人群的日常生活中，学习该族群的语言及生活范式；借着参与观察法，在观察的同时，也按照这种异文化的生活方式来生活。

2. 比较研究

人类学研究中最常用的方法是文化比较研究和跨文化比较研究，它是人类学方法论的重心。人类学家有必要对他者文化或自身文化内部的非主流文化和反文化加以比较，以得出更为客观的结论。

自19世纪始，由于达尔文人类进化思想的影响，早期进化论的学者们率先提倡与当时进化论研究方法之间存在牢固联系的比较方法，试图建立人类社会由野蛮走向文明的通则。如摩尔根1871年出版的《人类家庭的血亲和姻亲制度》是第一部用比较方法研究亲属制度的专著。

20世纪四五十年代，美国的人类学家将比较研究的方法发展为跨文化比较研究。这种方法强调用比较研究法去探索人类群体的面貌，它注重的不是一个孤单的社会或一种社会习俗方面，而是从更广阔的视野去以观照人类，即对不同时空的群体之间、传统之间进行比较研究，以识别文化的异同。

比较研究和跨文化比较研究的方法可以使我们在研究中经常注意和校

正两种偏差：一是来自作为比较研究对象的诸社会之间固有的差别；二是来自从事比较研究的人类学家自己的思想，因为他本身就是本国文化的产物。

3. "主位"与"客位"

人类学家考察人们的行为和思想可以从两个不同的角度去进行，即"主位方法"的角度和"客位方法"的角度。所谓的主位方法，是指用本地人的观点来努力理解文化。在采用主位研究法时，人类学家要努力去习得被调查者所具有的地方性知识和世界观，以便能够用像当地人一样的思维方式去考虑问题。检验主位研究法的记叙和分析是否合格，要看那些记叙和分析是否符合当地人的世界观，是否被他们认可是正确的、恰当的。所谓客位研究法是指从人类学家所利用的观点出发去研究文化，在对一个异文化（民族）社会做调查时常用。这时人类学家所使用的观念并不是以当地人（被调查者）的观点看来是恰当的那种观念，而是使用从科学的数据和语言中得来的模式。此时，调查者所做的、所描述的与被调查者所意识到的、所理解的很可能大相径庭。

4. 类型学

类型学是人类学研究中突出的方法之一。它以研究者选定的某一准则对研究对象进行归类，区分出一些类型，用以说明研究对象内部的差异，是一种有效的由局部入手以求了解整体的操作手段。如把"人"以不同的分类准则区分为男人/女人、黑人/白人、成年人/儿童、健全人/残疾人来进行研究，等等。

科学研究的方法和方法论是受学科研究对象影响的，在人类学这门对象宽泛的学科中，某些分支适用的方法并不适用于其他分支。比如问卷法可以使用于民族学的实地调查中，却无法在考古学田野发掘时使用。此外，学科的研究方法是开放式的、发展的，完全可以相互借鉴。所以，人类学亦可以因具体对象的不同和研究的需要，借用其他学科的研究方法。

名词解释:

人类学　文化人类学　文化相对论　田野考察　主位　客位　类型学

思考题:

1. 简述人类学的特征。

2. 简述人类学发展历史。

3. 人类学的分支学科有哪些?

4. 人类学与哲学的关系如何?

5. 人类学与社会学的关系如何?

6. 人类学与心理学的关系如何?

7. 人类学主要的研究方法有哪些?

第二章　人类学的主要流派

自人类学形成一百多年来，人类学先后出现了许多学派，如古典进化论学派、传播学派、法国社会学派、英国功能学派、美国历史批判学派、结构主义学派、新进化论学派、马克思主义学派、解释人类学派、象征人类学派等。这些学派的不断出现，使人类学之树常青。各个学派从不同的角度，以不同的理论和方法对人类社会的各种文化现象进行解释，在相互的争论和探讨中得到继承和发展。

一　达尔文、泰勒、摩尔根与古典进化论学派

1. 达尔文的进化论

达尔文（Charles Darwin，1809—1882）是 19 世纪中叶英国著名的生物学家。1859 年 11 月 24 日，达尔文的《物种起源》（一译《物种原始》）一书出版。书中提出了著名的生物进化学说，认为生物是由简单到复杂、从低级到高级，逐步进化发展而来，并暗示人类起源于猿类，从而给千百年来的"上帝造物""上帝造人"的神学说教以毁灭性打击。1871 年，达尔文又出版了另一部名著《人类起源和性的选择》（一译《人类由来》），明确提出了人类起源于古猿的理论，奠定了唯物主义的人类起源理论的基础。恩格斯在总结 19 世纪自然科学成就时着重指出，达尔文的进化论是 19 世纪三大发现之一。人类学古典进化论学派就是在达尔文的进化学说的影响下形成的。

2. 泰勒与古典进化论学派

泰勒（Edward Burnett Tylok，1832—1917）是英国杰出的人类学家，被称为人类学之父，他是大学教坛上讲授人类学的第一人。他曾旅行墨西

哥和美洲热带地区，对当地部落社会的文化产生了浓厚的兴趣，并对原始社会及文化做了广泛而深入的研究。他的代表作是《原始文化》《人类早期历史和文明的发展的研究》《关于制度的发展的调查方法：应用于婚姻的继嗣原则》等。其主要学术观点是：

（1）给文化下了经典性的定义，他认为："文化，就其在民族志中的广义而言，是个复合的整体，它包含知识、信仰、艺术、道德、法律、习俗和个人作为社会成员所必需的其他能力及习惯。"[1] 这一关于文化的定义被西方人类学界称道为奠定了现代人类学研究的基础。

（2）认为文化是进化的。《原始文化》一书指出人类文化发展是按阶段进化的，文化的进步分为蒙昧、野蛮和文明三阶段。人类在蒙昧时代用石器，吃野生食物；野蛮时代有农业，用金属；文明时代发明文字，文明包括幸福的进步和某些道德品质的提高。

（3）提出了万物有灵论（Animism）和宗教也是进化的观点。泰勒指出：原始人认为世间一切事物都有灵魂，他们对死亡、做梦、影子等现象产生肉体与灵魂、真实与影像等双重观念，相信人在梦中或病中灵魂会暂时离开肉体，而死亡则使灵魂永远离去。宗教起源于对神灵的信仰，根源于野蛮人的奇怪臆测。宗教的进化由最初的万物有灵发展到多神信仰，再进化到一神信仰。

（4）对人类学方法论的贡献。泰勒成功地运用和发展了比较法。在前人已采用的比较研究方法的基础上，泰勒利用民族志资料，进行跨文化研究，用比较法对各种文化特征进行分类，研究文化的起源和发展，判定文化发展的高低。此外，他还提出了阐述残存法，即把现存落后的社会或文化因素的实例作为历史残余，来说明过去的状态，并与古史资料相结合，以解开古代史特别是原始社会史上一些难解之谜。

3. 摩尔根与古典进化论

摩尔根（Lewis Henry Morgan，1818—1881）是美国杰出的人类学家。他曾被印第安鹰氏族收养，从事易洛魁人调查和研究四十年。他的代表作是《古代社会》。

在《古代社会》中，摩尔根把自己所得的第一手人类学资料，同关于希腊、罗马上古史的古文献和欧洲新文献中的历史资料，以及批判当时各

---

① E. B. Tylor, *The Origins of Culture*, Harper and Brothers Publishers, New York, 1958, p. 1.

种关于原始社会的所谓科学假说结合起来进行研究。他的主要观点是：

（1）社会进化观念的发展。他提出了人类社会是不断发展的理论，确立了原始社会进步发展是由低级到高级、由简单到复杂的主要顺序和阶段，并指出生活资料生产的进步（"获得食物的手段"和"发现与发明"）是划分原始社会各阶段的客观根据。

（2）政治观念的发展。他分析了氏族制度的本质，认为氏族是原始公社制度的基本细胞，是一切野蛮人所共有的制度，并认为一切文明民族的最初氏族都是母权制，证明了人类社会发展一般是从母系氏族进到父系氏族、从母权制进到父权制。

（3）家族观念的发展。他从亲属称谓着手，基本上恢复了人类婚姻和家庭形态的历史面貌。

（4）财产观念的发展。他指出社会分工、私有财产和社会不平等现象的相继发生及不断发展，是原始社会解体和国家产生的根本原因，并大胆而又深刻地提出了以私有制为基础的文明时代必然终结，以生产资料公有制为基础的古代氏族的自由、平等和博爱，必将在更高级形式中得到复活的科学结论。

摩尔根被誉为人类学学科的创建者，他把古典进化论发展到了极致。马克思和恩格斯对摩尔根在人类学科学研究中所取得的成就给予了极高的评价。马克思对《古代社会》作了详细的摘要。恩格斯在《家庭、私有制和国家的起源》中说："摩尔根在美洲，以他自己的方式，重新发现了四十年前马克思所发现的唯物主义历史观，并且以此为指导，在野蛮时代和文明时代加以对比的时候，在主要点上得出了与马克思相同的结果。"①

4. 对古典进化论学派的批判

古典进化论学派作为最早的人类学学派在人类学发展史上做出过重大的贡献。但是，这个学派也有许多缺点，特别是在方法论上存在原则性的错误。他们认为人类文化的一致，在于人类心理的一致；发展的动力来源于人类心理的逐步完善。他们指出，人类心理的一致，是不同民族共同体能够独立产生相同的概念、相同的物质文化和精神文化的决定性因素。他们还认为，社会发展的基础不是生产方式，而是心理的发展，心理则又是

---

① ［德］恩格斯：《家庭、私有制和国家的起源》，《马克思恩格斯选集》第4卷，人民出版社1972年版，第14页。

由生理决定的。他们甚至觉得文化的发展是一种类似于动植物发展的过程，从而把文化看成各个孤立现象的机械汇集。正因为如此，古典进化论学派的理论又被称为"单线进化论"。

二 拉策尔、格雷布内尔与传播学派

1. 传播学派产生的背景

19 世纪末 20 世纪初，与古典进化论学派相对立，而与西方资本主义发展到帝国主义阶段相适应而出现的是传播学派。

传播学派又被称为"文化圈学派""德奥文化历史学派"。它是伴随着资产阶级学术思想的发展和强烈的反进化主义思潮而产生和发展的。它的基本原理是直接与"进化论"相对立的"传播论"，意指文化现象是通过各族之间的联系，特别是人类的种种文化活动，如商业、战争、部落迁徙等交流活动达到传播的目的。传播学派力图把全部人类文化发展史归结为文化联系、冲突、借用和转移等现象。它试图取消或废除进化概念和历史进程的概念，而用转移和传播的概念代替，是后来德国法西斯主义的一个思想来源。

2. 传播学派的代表人物

拉策尔（Friedrich Ratzel, 1844—1904），德国地理学家，曾任莱比锡大学教授，主要研究人文地理。他把地理学引入人类学研究，在《人类地理学》一书中他通过地理环境与人的关系，论述了人种、文化的变迁，认为人是地理环境的产物，地理环境是人地关系的主导因素，从而提出了地理环境决定论。他还把各族人民在文化和习俗上的相似现象称为一个中心通过借用而传播开来的结果，从而成为人类学传播学派的先驱者。

格雷布内尔（F. Craebner, 1877—1934），德国人类学家，也是传播学派的创始人。他的代表作是 1905 年出版的《太平洋的文化圈和文化层》和 1911 年出版的《民族学方法论》。他的主要观点是把不同民族文化中的相似现象解释为来自一个中心。在他看来，世界上只有少数优秀民族才能创造和发展文化。人类文化的全部历史，不过是某几个"文化丛体"，即"文化圈"在地球上移动以及彼此机械结合或重叠的历史。

施密特（P. W. Schmidt, 1868—1954），奥地利籍德国人，人类学家兼语言学家，曾任维也纳大学教授。他曾于 1937 年先后两次到过中国，主要

研究东南亚、大洋洲和澳大利亚的语言和宗教，并于 1909 年创办《人类》杂志，亲任主编。他的著作很多，主要有《矮人在人类发展史上的地位》（1910）、《民族与文化》（1924）、《地球上的一切语言类及语言圈》（1926）、《民族学的文化史与方法》（1937）等。在他的研究中也得出了文化圈和文化层的概念。

3. 传播学派的主要观点

传播学派的代表人物较多，但他们的基本理论是一致的，即否定人类社会是不断进步发展的，否定世界各族的发展有共同的规律。其主要观点是：

（1）文化起源中心论。他们认为，各种文化现象并非各民族共同体"独立发明并行发展"的，而只是发自世界上几个中心地区。其中的极端主义者甚至认为，只有埃及才是全世界文明的唯一发祥地。

（2）文化"一次发生论"或"传播论"。他们即主张一种文化现象一旦在某一个地方一次产生后，便开始由这个地方向外传播。而传播在世界各地的种种文化现象，在传到某个民族共同体中间以后，便在那里机械地结合起来，形成一定的"文化圈"。文化因素可以在地球上到处传播，而各个文化圈的界限又可以互相交叉。

（3）文化借用论。他们把各种文化中相似的现象，不论在空间上相距多远，都解释为大迁徙的结果。也就是说，各文化中之所以出现相似的东西，其原因是文化的渗透或文化成果的借鉴。① 因此，在他们看来，世界上各族人民自己并不能创造自己的文化，而只是从世界上到处传播的种种文化现象中"借用"了某些东西而已。

（4）文化历史法。他们把文化现象的传播过程看作文化历史的基本内容，把研究这种传播过程叫作"文化历史法"。他们所研究的主题虽然与进化学派相同，即也是文化的起源和发展，但他们的主要注意力却都放在研究文化现象的空间传播上。

4. 传播学派在学术上的可取之处

第二次世界大战以前，传播学派在西方资本主义国家，尤其是在德语国家拥有巨大影响。如今传播学派的影响虽然日趋式微，但他们在学术上

---

① ［德］玛丽－路易斯·拉契、托马斯·海贝勒：《西方民族学概论》，《民族译丛》1980 年第 4 期。

还是有许多可取之处，他们在这方面主要贡献是：

（1）传播学派曾比较深入细致地观察了不少民族共同体的社会现象和文化现象，从而扩大了研究的视野，把人类学的调查和研究推进了一步，为摩尔根时代的人类学所不及。尤其是重视对文化横向传播现象的研究，因而发现了许多复杂的社会文化现象。

（2）传播学派正确地指出了文化传播是客观存在的事实。

（3）传播学派正确地指出了文化圈在地球上也是客观存在的。用文化圈的方法来认识民族文化，并对世界上各种复杂的文化现象进行系统的划分，在人类学上应该是可取的。现在学者们则多用"文化区"的概念来表示文化圈。

三　孔德、涂尔干与法国社会学派

1. 孔德及法国社会学派的产生

法国社会学派产生在19世纪末，比进化学派稍晚，大体与传播学派同时。民族学在法国产生较早，1839年成立的巴黎民族学会是世界上第一个民族学学术组织，法国民族学家 M. 莫斯（Marcel Mauss）认为民族学是从法国发源的。法国社会学派由于创办《社会学年鉴》，也被称为"社会学年鉴派"。

孔德（Auguste Comte，1798—1857）是社会学的开创者、实证主义哲学的创始人，也是法国社会学派民族学的先驱，代表作是1830—1842年发表的《实证哲学教程》六卷。他的主要观点是主张实证的知识需依据确实的事实，其基本点是从感觉经验出发，强调只有直接的感觉经验或现象才是确实可靠的、实证的。孔德把社会学分为社会静力学和社会动力学。社会静力学从横的方面研究社会关系、社会秩序和社会结构，认为社会是一个有机的整体，各个部分相互关联。社会动力学从纵的方面研究社会的变迁和进化，认为进步意味着沿上升路线发展。他把历史理解为观念的发展。实证阶段是社会发展的最后阶段，也就是说资本主义制度是最合理的制度，因此对资本主义制度只能改良而不能革命，以此说明资本主义制度的永恒存在。所以，孔德的观点在政治上是为资本主义辩护的，在哲学上是唯心主义的。

但是，孔德的观点在学术上有很多可取之处，尤其在方法论上，孔德在著作中引用了许多人类学资料，对社会学研究注重整体研究，认为只有研究社会整体才能了解社会的局部。孔德提倡用观察法、实验法、比较法和历史法来研究社会学，观察法是主要的。他认为经验材料的积累应在理论指导下进行，否则只有不能说明任何问题的一堆孤立的、偶然的事实。孔德没有提出任何的基本理论作为研究基础，他的理论就是实证主义。这种重视实证知识，承认历史过程有规律的实证主义，对社会学和人类学都产生了重大的影响。

2. 涂尔干对法国社会学派的贡献

涂尔干（Emile Durkheim, 1858—1917），又译作迪尔凯姆、杜尔干，法国犹太人，哲学家，西方最著名的社会学家之一，同马克思、韦伯一起并称为社会学三大奠基人。

虽然涂尔干不是人类学家，而是一位社会学家，但他认为人类学是一门叙述性的科学，是为社会学提供资料的，所以他的社会学是包括人类学、民族学在内的一门综合性社会科学，因而人们把他看作法国人类学的一个代表人物，是法国社会学派的先驱者。他利用人类学的实地调查资料进行分析研究，发展了社会学，同时用社会学方法研究人类学资料，发展了人类学。涂尔干的主要著作有《社会劳动分工论》（1893）、《社会学研究方法论》（1895）、《自杀论：社会现象的研究》（1897）、《宗教生活的基本形式》（1912）等。涂尔干的主要贡献是：

（1）提出了社会整体论。涂尔干认为，社会学研究的对象是社会和社会现象，虽然社会是由人组成的，但是社会一旦形成，就以它自己的固有规律向前发展，就不能用有机体的生物学观点或个人的心理状态来解释社会现象，而必须从社会内部的因素去寻找社会现象发生的原因。他指出，社会是一个复杂的整体，它有一种强制的力量，迫使每个人必须遵从。

（2）提出了"结构"与"功能"的概念。涂尔干大量地利用了人类学民族志的资料，特别是专门研究了澳大利亚的土著居民，分析他们的文化现象，找出其中的某一事物在社会生活中所起的作用，最早提出了"结构"与"功能"的概念，从而为后来的人类学结构学派和功能学派的产生奠定了基础。

（3）主张用共比法进行比较研究。比较的方法是人类学上普遍使用的方法，但涂尔干主张用共比法，它不仅仅是比较的方法，而且还是说明的方法。共比法指出，对于人类各种社会形态，绝不能随便抽出一点来进行任意比较，而必须是属于同一类型的，即同一社会形态的才能比较，这是比当时其他人类学派的高明之处。

（4）对原始社会形态的研究。涂尔干认为原始社会最早的组织是原始游群，从原始游群发展为不以地域为基础的氏族集团，同一氏族的成员相互禁止通婚；氏族是先有母系氏族，后有父系氏族，以氏族为基础形成部落。人类社会初期没有家庭制度，氏族是社会基本单位，家庭是后来从氏族中演化出来的。涂尔干对原始社会形态做了比摩尔根更深入的阐述。

（5）对原始宗教研究的新观点。涂尔干认为人类在最早的原始游群时期，无所谓宗教，只有到了氏族阶段，才有了最早的宗教。根据澳大利亚土著人的图腾信仰，他还揭示出，最早的图腾宗教也不是单一的，而是多种多样的图腾信仰，即凡是氏族集团都有自己的图腾信仰，而图腾是某种动物或植物的象征化和宗教化，是氏族赖以维系的重要因素。同时，涂尔干还将整个原始宗教分为两大阶段——氏族宗教与部落宗教，这对宗教史的研究是一大贡献。

涂尔干虽然在学术上取得了巨大的成就，但在政治上他却宣扬种族优劣论，是一个种族主义者。

四　布朗、马林诺夫斯基与英国功能学派

1. 英国功能学派产生的背景

第一次世界大战后的 20 世纪 20 年代，英国的殖民帝国受到民族运动浪潮的剧烈冲击，殖民统治陷入了严峻的危机。英国政府亟须寻找新的统治方法以挽危局。当时人类学流行的进化论学派、传播学派等都不能满足英国殖民统治的需要，他们希望人类学家能为殖民统治提出新的具体的理论和方法以维持殖民统治。在这种背景下，英国功能学派应运而生。

什么叫功能？在功能学派看来，简单地说"功能"就是"满足需要"，就是事物与制度的"作用"。认为一切文化和社会现象都有其存在的现实意义和不可缺少的作用，一个民族的文化，就是"一张满足社会基本需要的互相联系着的网"，其中每一个现象，都像生物机体的每一个器官一样具有一定的"功能"。

2. 布朗与英国功能学派

布朗（Radcliffe Brown，1881—1955），生于英国伯明翰，在大学时专

攻人类学，先后于 1898 年和 1900 年专程赴法国学习社会学，受涂尔干的影响很深。1906—1908 年到安达曼群岛进行初次人类学田野考察，后又去澳大利亚西部、南太平洋、南非等地做田野调查，1935 年 10 月到中国燕京大学社会学系讲学三个月，1937 年任牛津大学教授，1937—1941 年担任了英国皇家人类学学院院长。他的主要著作有《安达曼岛上的居民》（1922）、《民族学方法和社会人类学》（1923）等。

布朗对人类学的贡献主要表现在对社会结构的研究上。布朗认为不应有一个文化的学科，只能把文化作为社会体系的一个特征来研究。布朗最感兴趣的是作为社会体系一部分的社会结构，他关于社会结构的概念为英国社会人类学界提供了一个主要的理论构架。他说社会人类学的"兴趣是人类社会制度的发展"①。因此，他认为应该研究社会而不是文化，文化是抽象的。

布朗又认为"结构这个概念是指在某个较大的统一体中，各个部分的配置或相互之间的组合"②。这种结构—功能论推及社会，"在社会结构中，被认为是社会生活行动者的单个的人，即个人是最终组合，社会结构就是由相互联系的个人的配置而组成"③。布朗给社会结构下的定义为："在由制度即社会上已确立的行为规范或模式所规定或支配的关系中，人的不断配置组合"④，并认为社会结构是社会人类学研究的基本部分。布朗对社会结构的研究有三个部分：一是社会形态学的比较，即研究社会结构有多少不同的种类，有何异同，如何进行分类；二是社会生理学，研究社会结构如何发挥其功能，怎样维持结构体系，各种现象如道德、法律、礼仪、宗教、政府、教育科学和意识形态与社会结构的关系；三是社会结构的变化发展，新型社会结构的产生。

3. 马林诺夫斯基与英国功能学派

马林诺夫斯基（B. K. Malinowski，1884—1942），生于波兰，卒于美国。1908 年曾获奥地利物理学和数学博士学位，后来到莱比锡奥斯特瓦尔德理化实验室从事研究。其后，他在养病期间偶然读了英国人类学家

① ［英］布朗：《社会人类学方法》，夏建中译，山东人民出版社 1988 年版，第 109 页。
② ［英］布朗：《社会人类学方法》，夏建中译，山东人民出版社 1988 年版，第 140 页。
③ ［英］布朗：《社会人类学方法》，夏建中译，山东人民出版社 1988 年版，第 141 页。
④ ［英］布朗：《社会人类学方法》，夏建中译，山东人民出版社 1988 年版，第 148 页。

费雷泽的《金枝》，开始对人类学发生兴趣，于 1910 年进入伦敦经济政治学院改行从事人类学研究。1914 年 9 月—1915 年 3 月到新几内亚和美拉尼西亚进行田野调查，此后又于 1915 年 6 月—1916 年 5 月和 1917 年 8 月—1918 年 8 月两次到特罗布恩德岛进行田野调查，1924 年任伦敦大学社会人类学系讲师，1927 年任伦敦经济政治学院教授。1939 年在美国耶鲁大学任教。他的主要著作有《西太平洋的航海者》（1922）、《蛮族社会之犯罪与风俗》（1926）、《蛮族之性生活》（1929）、《巫术、科学、宗教与神话》（1925—1926）、《文化论》（1931）、《文化变迁之动力》（1935）等。

马林诺夫斯基与布朗强调社会结构主义不同，他强调的是文化的功能主义。从"功能"出发，马林诺夫斯基提出了"文化"学说。他认为所有的文化特点都有其正面的功能（Positive functions）。文明的每一种类型以及风俗、物品、观念、信仰都在履行某些重要的功能，都有某种任务要完成，都代表着一种工作整体中不可缺少的一部分。因此，他认为大凡涉及个人行为和文化制度的问题，均只限于寻找或说明这些行为和制度有没有功能以及如何发生功能。同时，马林诺夫斯基还把"功能论"作为一种研究工具，是从事田野工作和比较分析不同文化现象所必须具备的，运用这个工具可以研究文化的各个方面，并对文化作深入的分析。

马林诺夫斯基强调人类学的主要研究对象是文化，认为所有文化基本上是可以比较的，并视各文化为一封闭体，对此封闭体进行研究和解释是文化人类学的任务。此外，对某一特殊文化的经验性研究也会有助于了解文化的普遍现象。

从"功能"出发，马林诺夫斯基还就文化的性质作了诠释。他认为文化都是直接或间接地满足人类的需要，是人类为了达到目的的手段，因此，文化的内在性质就在于它的功能。

根据文化的功能性质，他又提出了"文化迫力"的概念，指出人类社会首先要满足人类对营养、传种、安全等的基本要求，这些基本要求就叫作"基本的文化迫力"，人类的这些基本要求迫使人类必须要采取文化的措施来满足这些基本需要。他还认为，人类的需要可以表现为三种不同的基本形式：一是生活需要，如吃、穿、住等；二是社会需要，如习惯、法律等；三是精神需要，如艺术、教育等。这三种基本形式构成了相应的三种"基本的文化迫力",依次分为一、二、三级,或称为直接需要的迫力、间接需要的迫力和再间接需要的迫力。

从"功能"出发,马林诺夫斯基从文化在人类活动体系中所处的地位和各社会器官满足社会有机体的需要着手,将文化的功能分为八个方面:经济;政治;教育;法律和秩序;知识;宗教和巫术;艺术;娱乐。

从"功能"出发,马林诺夫斯基认为文化如果没有结构,文化的功能也就不能发挥。他用生物学上的解剖学作比喻,提出了文化三因子的文化结构理论。所谓"三因子",就是三个因素,即器物(物质)、社会组织(制度)和精神(思想)。三因子间的关系是:器物是基础,精神是核心,社会组织是关键和主干起联系器物和精神的作用。同时,马林诺夫斯基认为功能与结构的关系就是文化间的相互关系,这是一种一体化的纵横关系,其中横向的八个方面的功能呈现的是动态,纵向的三因子结构则相对是静止的,这两者必须互相适应,即结构与功能——三因子和八功能必须能统一。在三因子之间和八功能内部,也是一体化的关系。换言之,就是说制度与需要必须相适应。

此外,马林诺夫斯基主张走出书斋,到活生生的社会里去研究人类社会,并身体力行;他强调用理论指导田野调查工作,强调在田野调查前先进行科学假设,增强调查的目的性;强调必须经过全面的调查才能得出结论等理论与实践相结合的调查方法;他为科学而献身的精神也开创人类学研究的一代新风。

五 博厄斯与美国历史批判学派

1. 博厄斯与美国历史批判学派的产生

19 世纪 90 年代,继进化学派和传播学派之后,西方人类学界出现了一个新的流派——历史批判学派。它的创始人是被誉为美国"民族学之父"的弗郎兹·博厄斯(Franz Boas,1858—1942)。

博厄斯(旧译波亚士或鲍亚士),原是德国犹太人,早先学自然科学,攻读物理学和地理学,获基尔大学博士学位。1883—1884 年,他参加了对大西洋巴芬岛进行的田野考察,第一次接触到当地的因纽特人,开始对人类学产生兴趣,从此开始了他终身从事人类学研究的学术生涯。博厄斯治学严谨,学识渊博,研究范围广泛,一生写过二百多篇学术论文,出版了

《初民心理》《种族、语言和文化》《原始艺术》《人类学与现代生活》和由他主编的《人类学教程》等著作。

博厄斯还是一个深受学生欢迎的教育学家，他培养出大批学生，其中许多人后来成为一流的学者。他特别注意培养女性人类学家，在他的鼓励和培育下，美国出现了不少像本尼迪克特（R. Benedict）、米德（M. Mead）等卓有成就的女人类学家。从 19 世纪末到现在，美国大多数民族学家和人类学家出自他的门下。博厄斯对人类学的主要贡献有以下几方面。

（1）最早提出人类学研究的目的和任务

博厄斯是最早提出人类学研究目的和任务的人类学家。关于人类学研究的目的，他在《种族、语言和文化》一书中提出"（是）关于人类和他的历史"，是"必须包括人的形体发展的历史，人的生理学上的功能，思想和文化"[1]。为此，"需要一种年代学的继承形式的知识和对变化情况的了解，而根本的问题是如何能够获得这些材料"。在此基础上，博厄斯认为人类学的任务主要是：重建人类历史、揭示社会发展规律以及探讨变迁的动力。[2] 博厄斯提出的人类学研究的目的和三大任务是一种有远见、有气魄的科学建构，对人类学的发展有着深远的意义。

（2）提出了"历史特殊论"

关于历史，博厄斯强调说："每个文化集团（族体）都有自己独一无二的历史，这种历史一部分取决于该社会集团特殊的内部发展，一部分取决于它所受到的外部影响。"他认为拟构人类历史是关于人的科学的最终目的，因此，必须从研究每个族的历史开始。[3]

（3）对种族主义的社会政治观加以驳斥

博厄斯还是一个反种族主义者，他始终不渝地站在争取正义、争取各族人民平等，反对种族主义、沙文主义和殖民主义的一边。他写了许多论文以及著作，从理论上系统地对种族主义加以驳斥。

2. 美国历史学派的基本理论

（1）文化独立论

文化独立论，又称"非决定论"，这是美国历史批判学派针对当时

---

① F. Boas, *Race, Language and Culture*, New York：Macmillan, 1982, p. 244.

② F. Boas, *Race, Language and Culture*, New York：Macmillan, 1982, p. 259.

③ F. Boas, *Race, Language and Culture*, New York：Macmillan, 1982, p. 264.

人类学中的地理决定论和经济决定论而言的。博厄斯认为，文化现象极其复杂，一种文化特性的形成是由生物的、地理的、历史的、经济的等多种因素决定的，但它们又都不是唯一的决定因素。地理环境或经济条件虽然都能影响文化，但其影响的程度要视文化本身的性质而定，同时，文化也可以反过来限制地理环境和经济条件的发展。此外，经济与文化的关系虽然要比地理环境与文化的相互关系更为贴近，但这也不能解释为文化生活的每个特征都由经济状态所决定；相反，经济和文化是相互作用、互为因果的。总之，在美国历史批判学派看来，文化本身是个独立的整体，故研究民族文化要了解它的整体结构，而各种文化又都有它自己独特的模式（Pattern），因此任何用单一原因推论文化形式的企图都是错误的。

（2）文化发展平行说的"辐合"（Convergence）论

美国历史批判学派反对摩尔根的"单线进化论"和文化传播学派的"文化传播论"，认为人类需要的生活条件有共同之处，又都有适应环境的能力，因而能够创造出相似的文化，从而提出了文化发展平行说。

与此同时，他们又认为，人类的创造能力毕竟有限，而模仿则要比创造容易得多。在人类长期的迁徙、流动过程中，文化间的接触是普遍存在的，也就不可避免地产生了文化的传播和借入现象。正是在这样的基础上，博厄斯又提出了"辐合"理论，即文化殊途同归的观点。它形象地把文化比喻为车轮的辐条，其从360度的圆周上共同指向圆心，最后集结在轴心一点，虽然有不同的来源、不同的过程，最后却会形成相似的结果。

（3）"文化区域"（Culture Area）论和"年代区域"（Age and Area）说

博厄斯看到各地区有区别于其他地区的特殊的物质文化，认为可以根据不同的文化特征划分地理区域，从而提出了"文化区域"的概念。其学生，美国历史学派的另一代表人物威斯勒（C. Wissler）进一步详细而又完整地阐述了"文化区域"这一理论，提出文化的最小单位是文化特质（Culture trait），许多有关的文化特质构成一个文化丛（Culture complex），文化丛再发展成文化型（Culture type）。并且，文化型是受周围的生物、地理、经济、历史等因素的影响并往往与地域概念结合在一起的。

与"文化区域"论相关的还有"年代区域"说。即每一种文化都包含有两重性质：一是时间性质，具有持续不断的纵向传递性；二是地域性质，具有横向的空间扩展性。这两者间的关系是：文化传递的时间越长，其传播的地域越远。博厄斯和威斯勒认为，每个文化区域必然有文化中心区（Culture Center）和文化边区（Marginal Area）的区别。有意义的是，美国历史批判学派还认为，文化区域并不是僵死的、固定不变的存在，目前某种文化发达的地区，不一定就是历史上此种文化的发源地或中心区。

（4）人类体质的遗传因素受环境影响说

博厄斯通过对一些欧洲人和他们迁居美国后所生子女的头型、体高的具体测量比较后发现，人类的某些标志种族特点的遗传因素并不是固定不变的，而是对环境具有一定的适应可塑性，但这种适应可塑性又有一定的限度，即它所引起的变化不至于累积到超出种族的特点。

（5）人类自我驯养论

美国历史批判学派认为人类在种族上并没有什么天赋的区别，而只有肤色、体形、身高的区别，这种区别是人类长期适应环境、通过自然淘汰的自我驯养的结果，它并不能决定人类天赋和智力的高低。

六 列维－斯特劳斯与结构主义学派

1. 列维－斯特劳斯与结构主义学派的产生

列维－斯特劳斯（Claude Levi－Strauss，1908—），法国当代著名的人类学家和哲学家。1947 年，他担任法国人类学博物馆副馆长；1950 年，他就任巴黎大学高等学术实习学校原始宗教讲座主任；1959 年任法兰西学院社会人类学教授，并同时担任了这两所最高学府的社会人类学实验室主任；1961 年 1 月起，为《法国人类学评论》杂志主编之一；1973 年，他因写作自传式回忆录《忧郁的热带》（A World on the Wane，1961）而获得法国文学界的最高荣誉，被选为法国文学院的院士。

列维－斯特劳斯的主要著作有《亲属关系的基本结构》（1949）、《纳姆比克瓦拉印第安人的家庭生活与社会生活》（1948）、《结构人类学》（1958）、《今日的图腾主义》（1962）、《野性的思维》（1962）等。列维－斯特劳斯研究的主要课题是家族亲属制度与婚姻制度，以及关于原始宗教和神话学的比较研究，特别是关于拉丁美洲印第安人神话的比较研究。

他在人类学上的贡献是首先将语言学中的结构分析法引用到人类学的研究中来，并在继承摩尔根关于亲属制度的研究后有新的贡献。他认为，亲属制度中的称谓，起源于原始社会的很早时期，是生物因素与社会因素的矛盾，同时也是生物因素逐渐趋向于社会因素的结果。生物的因素属于自然性质，社会的因素就是文化的性质。此外，列维－斯特劳斯在政治上具有鲜明的反殖民主义立场，同情"第三世界"和被压迫民族，主张民族学者的研究工作"必须以保卫和增进那些作为传统研究对象的民族的利益为目的"①。

2. 结构主义的基本内容

（1）结构的概念

从广义上讲，结构主义的"结构"一词包含两个方面的含义：一是指各个事物的构造形式或外表；二是指各个事物的组成成分或构成原料。前者是属于事物的外表和形状，是事物量的方面；后者是事物质的方面。列维－斯特劳斯认为结构是稳定和固定不变的，它不易被发现，但又是一种真正的实在。

（2）结构主义的方法

列维－斯特劳斯认为，一切关系最终都可以还原为两项对立的关系，每个关系中的每个元素都可以根据自己在对立关系中的位置，被赋予其本身的社会价值。因此，结构主义方法要求人们尽可能找出各个现象的对立关系。

结构主义方法最显著的特点是它对整体、总体的强调，它的基本信条是：研究联结和结合诸元素的关系网络，而不研究一个整体内部的诸元素。结构主义方法认为，只有通过存在于部分之间的关系，才能解释整体的部分。

依据这个方法，人们可以把自己所遇到的现象整理成系统的整体，它不仅要解决某一系统内现象之间的相互关系，而且要找出各个系统、各个领域现象之间的关系，打破这些现象之间的绝对界限，使之成为一个统一的整体。结构主义的方法不仅使人类学具有更广阔的视野，也更充分地体现了人类学整体性的特点。

（3）亲属关系的基本结构

列维－斯特劳斯将结构主义理论运用到亲属制度结构的研究上。他认为亲属制度中的每一种亲属称谓，就是一个基本要素，必须放在一定的亲

---

① 李一夫、王恩庆：《当代国外民族学研究概述》，中国民族学研究会编《民族学通讯》第25期，1983年2月15日。

属关系中来看才具有意义。而在一定亲属关系中所形成的一定亲属形式，便是"社会结构"。但是，列维－斯特劳斯并不研究实际存在的社会关系，而是研究实际社会关系背后所隐藏着的"深层结构"——有时他又称之为"模式"，并将"模式"区分为两种：有意识的模式和无意识的模式，认为两者可以互相转化，而以后者为最重要。

（4）神话的结构

列维－斯特劳斯用结构主义理论研究神话传说。他用结构的方法来解释神话传说或者生命的哲学定义，并制定了一套相互对立的概念，认为通过这样可以认识一定的经济条件。例如，他根据是吃生肉还是吃熟肉来区分社会的发展阶段。①

七　怀特与新进化论学派

1. 怀特与新进化论学派的产生

人类学的第一个理论流派——古典进化论，曾遭到来自传播学派、历史批判学派以及英国功能学派的尖锐批评，特别是在美国，摩尔根成为众矢之的。但是，第二次世界大战后，学术界对进化论的态度发生了转变。1958年，美国人类学界隆重举行了纪念达尔文的《物种起源》发表100周年的学术讨论会，会上重新评价了摩尔根的历史贡献。于是人类学的一个新学派——新进化论学派出现，其创始人是美国人类学家怀特。

莱斯利·阿尔文·怀特（Leslie Alvin White，1900—1975），1925年在哥伦比亚大学获心理学博士学位，1927年在芝加哥大学获人类学博士学位，此后至1930年为布法罗大学讲师。其间接触了易洛魁塞纳卡印第安人，促使他去阅读摩尔根的著作，从而开始了向进化论观点的转变。1930年至1970年他在密执安大学建立并领导了文化人类学系，使该系成为美国著名的文化人类学系之一。其间，他曾于1936年秋访问过中国的燕京研究院，并于1964年当选为美国人类学会会长。其主要著作有：《美国人类学先驱班德利尔——摩尔根书信集》（1940）、《文化的科学》（1949）、《文化的进化》（1959）等。

---

① ［德］玛丽－路易斯·拉契、托马斯·海贝勒：《西方民族学概论》，《民族译丛》1980年第4期。

怀特的新进化论与摩尔根的古典进化论都同意人类文化是不断发展的，是从低级向高级的进步，全世界各种文化都必定经历几个相同的阶段。这种文化发展的阶段性、一致性和单纯性是二者同被称为进化论的基础。两者主要的区别有两点：一是怀特不像摩尔根那样以食物和生产工具作为进化的标志，而是用能源的获取来作标志；二是怀特特别强调了文化发展的独立性或超有机体性，正是基于这些不同，怀特的进化论被称为新进化论。

2. 新进化论的理论创新

（1）创立了符号论

怀特认为文化的主要特征是符号。他认为整个世界由三个领域组成，即无生命的现象构成的物理领域，有机体现象构成的生物领域，由符号使用构成的思想、信念、语言、器皿、习俗、情感、制度等事件组成的文化领域。没有符号就不会有文化，而语言是符号表达的最重要形式，使用符号是人与其他动物的根本区别，这种区别表现在两个方面。

一方面，某些动物虽然也具有识别标记的能力，但只有人同时具有识别标记和使用符号的能力。所谓标记，可以"规定为一种有形事物或事件，其功能是指示某些其他的事物或事件"[①]，如红灯停、绿灯行。也就是说，某个事物，如字的含义与其实在形态在使用中一致起来时，这个字就作为标记而不再作为符号而发挥作用。

所谓符号则是人类随意赋予事物的某种意义的事物或事件，符号的意义完全是由它的使用者来指定的。比如儿童在游戏中说的："让我们把这块石头当成大灰狼。"怀特认为，某个字"只有关系到其含义与实在形态之间的区别时，它才是一种符号"。也就是说，两者是不统一的。

另一方面，某些动物虽然也具有使用工具的能力，但是，由于它不具备使用符号的能力，所以不能累积，其能力被局限在感觉经验的世界中。而人在使用符号描述世界时，可以超越个体本身的感觉经验，可以谈论自己从未经历的事情，也可以推测和想象未来；还能够累积、传递经验，使知识和能力不断丰富和进步。

（2）提出了文化进化的动力论

怀特认为，使用符号的能力使文化的产生和发展成为可能，但是，符

[①]　［美］L. 怀特：《文化的科学》，山东人民出版社 1988 年版，第 27 页。

号未曾为文化进化提供动力，这种动力只能来自能量。人类对更多能量形式的发现，以及改进利用能量的手段，使得文化逐步发展和进步。反之，文化的首要功能也是利用和控制能量，使之服务于人类。两者是相互促进、相互影响的关系。可以说，文化作为一种机制，要为人类的生存和生存水平服务，这是人类独有的优越性。从文化进化的动力论出发，怀特认为文化是使人类的生命过程得以延续的手段，它是向人提供维持生计、保护、攻防、社会调节、外界适应和休养生息等需要的机制。据此，怀特将整个人类文化的进化历史分为四个主要阶段。

——依靠自身能源即自身体力的阶段，如狩猎，采集等。与之相对应的是"原始共产制"社会。

——把太阳能转化为人类可以利用的能量资源的阶段，如通过栽培谷物和驯养家畜。相对应的是古代文明的出现。

——通过动力革命，人类把煤炭、石油、天然气等地下资源作为能源的阶段，与之相对应的是现代化工业国家的出现。

——核能阶段。怀特认为，到目前为止，核能还是小范围的应用，尚未有过普遍利用这种新的能源形态作为工业动力源泉的文化进展，但这是人类面对的一个重大问题。

（3）提出了技术发展决定论

怀特将整个文化划分为三个亚系统，即技术系统、社会系统和思想意识系统。技术系统包括生产工具、维持生计的手段、筑居材料、攻防手段等；社会系统包括社会、亲属、经济、政治、军事、宗教的制度和组织以及娱乐等；思想意识系统则由语言、思想、信念、神话传说、文学、哲学、科学、民俗和常识性知识等构成。

在三个亚系统之中，技术系统是基础，思想意识系统处于最上层，中间为社会系统。其中，技术系统对文化的进化起着决定性的作用。因为文化能否进步，最主要的是对能量的发现、利用和控制，这唯有通过技术手段才能达到。如果没有相应的技术手段，我们无法找到能量的新源泉；如果没有相应的技术手段，即使找到了能源的新形式，我们也无法利用，或无法高效利用。

社会系统本质上受技术系统决定，即技术系统是自变量，社会系统是因变量。在简单的技术系统的基础上所形成的社会系统都是规模不大、结构与功能分化极小的社会，而在发达的技术系统的基础上必然形成结构功能复杂、高度分化与整合的社会。同时，社会系统也会影响技术系统的发展。思想意识系统表达技术系统，并反映社会系统。怀特认为，每一种技术皆有专属于自己的哲学形态，畜牧、农业、冶金、工业或军事等的技术都将各自在哲学中找到它们的相应表达。

（4）提出了"发明是需要之母"论

怀特认为文化是一个自我产生、自我运行、自我发展的独立体系，它不但是人类天性的决定因素，也是发明与革新的决定因素。他批驳了"需要是发明之母"的观点，认为：其一，没有一定的文化基础，即使有需要，也不会出现发明；其二，人们反对发明与革新，即使这些发明与革新是人类社会需要或有益于人类的，这在历史中不乏例子，如大机器工业的出现就曾遭到普遍的反对。因此，应该是"发明是需要之母"，一旦发明变成了现实，人们最终才会承认它。怀特明确地指出，当文化发展到一定基础，发明和发现就会出现，这似乎是不以人的意志为转移的趋势，具有文化发展的必然性。

此外，属于新进化说学派的还有朱利安·海内斯·斯图尔德（Juliar Haynes Steward，1902—1972）的多线进化论、文化生态学以及文化涵化的理论，都在人类学界中有广泛的影响。

八　马克思主义人类学与西方的"马克思主义"人类学

1. 马克思主义人类学的创立

马克思和恩格斯的时代，正是近代西方人类学产生和形成的时代。摩尔根虽然在其代表作《古代社会》一书中"巧妙地展示出原始社会和原始共产主义的情景"，"并且在自己著作的末尾对现时代作出了共产主义的结论"①。但他只不过是"独立地重新发现了马克思的历史理论"而已。因为早在摩尔根以前的40年，马克思和恩格斯就已建立了唯物主义的原始社会史观。在这种背景下，马克思和恩格斯始终密切地注视着当时出版的人类学专著或多少带有人类学材料的著作及其学术动态，十分重视和非常关心人类学的发展。对于当时出版的有影响的人类学著作，如1860年巴斯典的

---

① ［德］恩格斯：《致弗·阿·左尔格的信（1884年3月7日）》，见《马克思恩格斯全集》第36卷，人民出版社1975年版，第127页。

《历史上的人类》、1861 年巴霍芬（J. J. Bachafen）的《母权论》，1876 年麦克伦南（J. F. Malennan）的《古代史研究》，以及 1877 年摩尔根的《古代社会》等，他们都采取了批判地继承的态度用心地研究过。

1881 年，马克思洞察到摩尔根的《古代社会》有重大的科学价值。这时马克思年迈体衰，病魔缠身，更值爱妻燕妮去世，连《资本论》第 3 卷的研究写作工作也已停止了的时候，他却以极大的热情研读《古代社会》，挣扎着于 1882 年 2 月，写出了著名的《摩尔根〈古代社会〉一书摘要》一书，构建了自己的独立体系，赋予《古代社会》以马克思主义唯物史观的灵魂，同时运用当时的人类学知识来论证了他的唯物史观思想。因此，这部著作成为马克思主义人类学的创立标志。

马克思主义人类学的代表著作，是恩格斯遵照马克思的遗言于 1884 年写成的《家庭、私有制和国家的起源》（以下简称《起源》）。这部著作对人类学的主要贡献有：

（1）关于"两种生产"的理论。恩格斯在《起源》中指出："根据唯物主义观点，历史中的决定因素，归根结底是直接生活的生产和再生产。"而"生产本身又有两种，一方面是生活资料即食物、衣服、住房以及为此所必需的工具的生产；另一方面是人类自身的生产，即种的繁衍。一定历史时代和一定地区内的人们生活于其下的社会制度，受着两种生产的制约：一方面受劳动的发展阶段的制约，另一方面受家庭的发展阶段的制约"。这就是我们通常说的"两种生产"的理论，也是马克思主义人类学的第一块基石。

（2）关于氏族和婚姻家庭问题的研究。在摩尔根以前，几乎所有的西方学者，对于氏族的起源和本质以及人类婚姻家庭的历史，都一直搞不清楚，有的甚至把问题都看颠倒了，有的还认为家庭根本没有自己的历史。就是在差不多与恩格斯的《起源》出版的同时，勒土尔诺（C. J. M. Letourneau）出版了他的《婚姻和家庭之进化》，稍晚些时候，即 1891 年，韦斯特马克（E. A. Westermarck）出版了《人类婚姻史》。这两部著作还都公然声称人类一开始就是一夫一妻制的家庭，而矢口否认原始杂交和群婚的存在。恩格斯所指出的，在 19 世纪 60 年代以前，根本谈不上家庭史。恩格斯依据了历史唯物主义原理，从家庭关系与社会经济发展状况的密切联系中，在《起源》中系统阐述了人类婚姻和家庭的起源和发展规律，即婚姻家庭的发展依次经历原始杂交、群婚、对偶婚、一夫一妻制的过程。

（3）关于社会形态的研究。在《起源》中，恩格斯阐述了私有制、阶级和国家的起源，还详尽地解剖了其他的社会形态，以及原始社会的解体，奴隶制、封建制和资本主义三种生产方式产生的历史过程和基本规律及特征。当然，恩格斯在剖析各民族共同体的社会形态的同时，也论述了诸如经济类型、土地所有制、宗教制度、风俗习惯、文学艺术等民族学的其他内容。但在作这些方面的分析时，恩格斯总是把这些内容置于一定的社会形态之内进行研究，因为这些内容如果离开了所属的社会形态，就会变成无源之水、无本之木，从而得不到合理的解释。反之，科学地将这些内容归入所属的一定的社会形态之中，按照它们产生和发展变化的历史过程进行探究，问题往往可以迎刃而解。对社会形态的研究成为马克思主义人类学有别于其他任何资产阶级人类学的标志。

总之，《家庭、私有制和国家的起源》是一部具有高度革命性和科学性相统一的光辉巨著，既是马克思主义人类学科学体系的理论基石，又对整个历史科学，包括考古学、人类学、原始社会史学等，产生了巨大影响。

2. 西方的"马克思主义"人类学

第二次世界大战以后，尤其到了20世纪60年代，西方学者们认识到过去已有的人类学理论已不足以研究当时社会文化现象，需要寻找新的理论，于是西方掀起了研究马克思主义的热潮。许多西方人类学家不仅不反对马克思主义，有些人还对马克思主义进行了比较深入的研究，因而出现了形形色色的"马克思主义"人类学学派和思潮。有的人用马克思主义理论进行自己的学术研究，有的人则批评马克思主义。他们大多自称或被视为马克思主义者，或称新马克思主义者。西方的"马克思主义"人类学学派被认为"发端于法国"，是"发生在马克思主义人类学领域的一场革命"①。英、美等国的人类学界也受到影响。除了通过法国戈德利亚（Maurice Godelier，1934—）的《马克思主义人类学展望》（1973）和特雷（Emmanuel Terray，1939—）的《马克思主义与"原始"社会》（1972），以及英国布洛克（Maurice Bloch）的《马克思主义与人类学》（1983）三本书，可以了解他们的基本观点外，被西方人类学界视为马克思主义人类学的代表人物是哈里斯。

---

① ［英］莫里斯·布洛克：《马克思主义与人类学》，冯利等译，华夏出版社1988年版，第195页。

3. 哈里斯的文化唯物主义

哈里斯（Marvin Harris，1927—）是怀特和斯图尔德的学生，他自称马克思主义者，曾执教于美国哥伦比亚大学人类学系并任系主任。主要著作有《人类学理论的兴起》（1968）和《文化唯物主义：为创立文化的科学而斗争》（1979）等，还撰写了《文化人类学》《文化、人、自然》和《文化的起源》等。

哈里斯在《文化唯物主义：为创立文化的科学而斗争》一书中申明文化唯物主义是一种研究策略，"关于科学的定义和关于研究策略的定义是文化唯物主义认识论的基本组成部分"[①]。用文化唯物主义的方法能够更好地获得有关人类社会生活的科学知识。

哈里斯的文化唯物主义虽然采用了马克思主义的一些观点，提出基础结构对结构和上层建筑起决定性作用、客观行为对主观思想起决定性作用的观点，但他并不是一个真正的马克思主义者，他激烈地批评马克思主义的一些论点，并反对辩证法。他说文化唯物主义是"修正了的马克思主义"。为此，我们在了解文化唯物主义的积极一面的同时，对此还必须有清醒的认识。

九　苏维埃学派

1. 苏维埃学派的产生

十月革命后，列宁、斯大林以及其他布尔什维克领导人注意到多民族的复杂差异，要求民族学家对国内各族人民进行实地考察，帮助少数民族创制文字、统一方言等。在1957—1978年国内强调"民族一体化"、加强对世界民族的研究。因此，苏维埃学派的产生和发展，一方面接受了革命前的人类学的遗产；另一方面，它诞生之初便根据苏共的民族政策和新的社会制度所提出的民族识别工作，特别注意那些在发展上落后的、无文字民族的研究。后来随着情况的发展，各民族要求研究自己的历史，进而推动了苏维埃学派的进一步发展。

19世纪后半叶，马克思主义传入了俄国，国内不少学者对马克思主义积极宣传。1908年普列汉诺夫出版《马克思主义的基本问题》的论著，极

---

① ［美］马文·哈里斯：《文化唯物主义》，张海洋等译，华夏出版社1989年版，第4页。

大地推动了马克思主义人类学在俄国民族学界的传播。因此，苏维埃学派在一定程度上受到马克思主义人类学的影响。

2. 苏维埃学派的发展

20世纪30年代中期，苏联人类学家集中注意研究社会制度和社会文化问题，发表了一系列有关苏联各族人民社会组织的历史民族学研究的著作，如对氏族制度的研究、原始社会史的研究。这些著作多根据社会发展的基本规律，来考察社会结构，也就是说，他们用历史唯物主义观点来解释各族的社会经济和文化现象。同时重视理论研究，对物质文化和精神文化也进行了细致的研究。

苏维埃学派认为西方许多学派往往把人类学与历史学对立起来，把人类学列入地理学、心理学甚至生物学等学科的范畴，从而陷入种族主义的泥坑。苏维埃学派认为自己是把世界各族人民当作人类存在全部历程中的创造历史的主体来研究的。[①] 至于在人类学与历史学的关系方面，苏维埃学派在对待有文字和无文字的民族的历史上，除运用考古学文献外，还有人类学文献，其"差别只在于史料的性质上和研究的具体方法上，而在研究对象上和研究的一般方法论上并没有什么不同"[②]。

苏维埃学派的代表人物主要有库什涅尔，代表作是《社会发展史纲》；切博克萨罗夫，代表作是《民族·种族·文化》；勃罗姆列伊，代表作是《民族与民族学》；克留科夫（中国姓名为刘克甫），代表作是《汉民族史》等。

苏维埃学派重视原始民族、民族起源、民族形成和发展、国外民族等问题的研究，取得了相当可观的成绩，但也存在一些教条主义，对马克思主义唯物史观的理解和运用存在片面性。如，在关于"亚细亚生产方式"等问题的研究中，把人类社会历史发展的复杂性"固执"地认为是一种"单线五段式"。进入20世纪60年代，苏维埃学派开始走向成熟。托尔斯托夫、托卡列夫、克诺罗卓夫、布鲁克、谢米诺夫以及克留科夫等大师级的民族学家不断涌现；《世界民族志》《普通民族学概论》《外国民族学

---

① ［俄］C. П. 托尔斯托夫等：《苏维埃民族学的发展》，历史研究编辑部编译，科学出版社1956年版，第7页。

② ［俄］C. П. 托尔斯托夫等：《苏维埃民族学的发展》，历史研究编辑部编译，科学出版社1956年版，第11页。

史》以及《社会经济理论的形成与世界历史》等论著相继出版，在国际人类学界引起强烈反响。但进入 20 世纪 90 年代以后，苏联的迅速解体使得苏维埃学派已不复存在。

十　吉尔茨与解释人类学

1. 走下"摇椅"的人类学——解释人类学产生的学术背景

19 世纪中晚期的人类学者重视"野蛮"或"原始"的社会文化资料，寻究社会的制度、仪式、风俗习惯以及思维的起源，通过对人类社会发展的不同阶段的比较研究，试图揭示人类社会从低级到高级阶段的发展规律与社会法则。后来，这一时期的人类学被戏称为"摇椅上的人类学"。

在 20 世纪初至 20 世纪 30 年代，人类学发生了根本性的变化。第二次世界大战以后，殖民体系的崩溃使西方人类学进入一个重要的转型期，人类学的研究视野、志趣和方法等方面都发生了很大的变化。人类学者从关注异文化，重视原始文化和落后族群转而把目光投向本土，研究当代西方社会，使人类学突破了狭小的范围。

民族志这一独特的研究方法的出现，可以说引发了人类学的一场"革命"。"它将先前主要由业余学者或其他人员在非西方社会中进行的资料搜集活动以及由从事学术理论研究的专业人类学者在摇椅上进行的理论建构和分析活动结合成一个整体化的学术与职业实践"。[①]

解释人类学（interpretive anthropology）正是肇始于人类学者对田野工作、对民族志写作特征的反思。[②] 解释人类学是在 20 世纪六七十年代受当时占支配地位的帕森斯学社会理论、经典的韦伯社会学、现象学、结构主义、结构和转换语言学、符号学、法兰克福学派批判理论以及阐释学的共同影响下产生的。

2. 吉尔茨与解释人类学

克利费德·吉尔茨（Geertz, C., 1926—）早在 20 世纪 50 年代就提

---

① ［美］乔治·E. 马尔库斯、来开尔·M. J. 费彻尔，《作为文化批评的人类学：一个人文学科的实验时代》，王铭铭、蓝达居译，生活·读书·新知三联书店 1998 年版，第 38—39 页。

② ［美］乔治·E. 马尔库斯、来开尔·M. J. 费彻尔，《作为文化批评的人类学：一个人文学科的实验时代》，王铭铭、蓝达居译，生活·读书·新知三联书店 1998 年版，第 44—47 页。

出现在所说的"解释人类学"，在对其 14 篇论文组成的论文集的绪论《文化的解释》（1973）中，他第一次使用"解释"一词，并明确阐述了他的解释理论。其最终以解释人类学标为书名的是《地方特有的知识——解释人类学的进一步探索》（1983）。

（1）解释人类学的含义

什么是解释人类学？吉尔茨在《文化的解释》序里对此作了简洁的归纳："人类是为自身编织的意义之网束缚的动物"，"所谓文化，就是这样的网络"，因此，文化分析"不是探求规律性的实验科学，而是揭示意义的解释科学"。

（2）"意义"是解释人类学的理论核心

吉尔茨从韦伯那里承继了"人是寻求意义（meaning）的动物"这一命题，并把它作为大部分分析的公理性大前提。在他看来，对人类来说，最不堪忍受的是人自身所具有的概念化力量受到威胁，从而使经验世界陷于混沌。而发生上述现象的原因在于：第一，我们的认识和分析能力的局限；第二，忍受感情性痛苦的力量的局限；第三，道德判断力的局限。吉尔茨认为，在上述三方面，人一旦失去了根本性的必要的"意义"，连"解释的可能性"也会成为问题，他将此称作"意义的问题"（the problem of meaning）。被吉尔茨认为"文化系统"（cultural system）的"常识""宗教""观念""艺术"等，均是作为各以其特有的形态与这个意义的问题对应之物予以把握的。这样，吉尔茨所说的"意义"，即包含认识、情感和道德的一般思维，也包含知觉、观念、情感、理解和判断等概念。

（3）"意义"与"象征"的结合是解释人类学的方法论

吉尔茨认为，无论"任何物体、行为、事件、质乃至关系"，可以成为某种意义的传递媒介（vehicle）的，就可以称之为象征（symbol）。换言之，任何意义都需要通过有形的（material）象征方能得以传递。这里所说的象征，不是神话和仪式等所谓"象征性的"表现，而是指所有传递意义之物。

吉尔茨认为"意义"和"象征"联系非常紧密，但意义又不是内在象征物，这就是解释理论的精髓所在。例如，砂糖的甜，玻璃的脆，均是内在于物体的本性，是一个"不显现的事实"（brute fact）。如果要研究不显现的事实，就需求助于"探寻规律性的实验科学"，而象征和意义的结合并非不显现的事实。再如，在巴厘有"鸡是男性"的说法，这种场合，"男性"这一意义就不内在于鸡之中，也并非必然地要与鸡这一象征物相联系，而是由特定的人亦即巴厘人把"男性"这一意义"强加"于鸡之中的。这种象征和意义的结合，并不基于普遍性的原理和神秘化的论理，而产生于个别社会极平常和公共性的（Public）社会行为。因此，将何种意义赋予何种象征物，以及在个别社会内如何把握和使用具体的象征，使得经验性人类学者应该像考察婚姻、农业等公共性事件那样，对这类现象予以考察。

吉尔茨所认定的所谓文化，就是上述意义的"象征和意义的系统"，所谓象征，是"人传递、延续和展开关于生存的知识和对生存的态度"的手段，而文化则是象征所表现的概念历史地累积而形成的系统。换一种说法，文化也就是"具有意义的象征的秩序群"累积的整体或"主题的集积"。

（4）解释人类学的主题论

吉尔茨认为，解释文化不像考古学家发现遗址或地质学家掘出地层那样，把某种隐藏于密码背后的意义作为预成的"不显现的事实"予以重新发现，而恰似理解主题那样，能动地重新建构意义。所谓文化分析，是指要在"解释"的意义上，理解"就某些现象说明着某些现象"（saying something of something），但这个主题既可以由文字和语言写成，也可以用行为写成，而且这个"用行为写成的主题"未必是比喻，因为不仅语言和文字，行为同样能够传递意义，就可以是象征。在这里，一方面，主题是根据象征物引导和组织的能动性象征行为描述而成的；另一方面，理解这个主题的人也正是行为者自身。主题的意义并不内在于其自身，而是由在特定社区的人赋予特定的主题以特定的意义。这里，人类学者的工作在于设法把握行为者是如何理解自己所描写的主题的。弄清楚吉尔茨提出的"主题论"，才可以弄懂理解"理解"、解释"解释"的二重作业，便是解释人类学的"解释"。

十一　利奇、特纳与象征人类学

1. 象征人类学的含义

与解释人类学出现的背景基本相同，人类学的研究从重视社会和机能的角度到以文化和意义为研究对象的尝试的重心转移，从对行为和社会结构的探讨到对象征符号、意义和思维研究的重心转移也是象征人类学产生的学术背景。

尼达姆（Needham，Rodney，1923—）对严密的、理性的象征性分类研究做出了突出贡献，他曾经把象征意义寓于蔷薇花的比喻之中。"就人在看到某一种花的时候，就给花下植物学定义这一意义而言，这是蔷薇花恐怕是可以准确地认定的，但是有关'这是蔷薇'这一事实的说法，在假定这棵蔷薇被象征性地使用时，就没有意义了，甚至连传达了有关事实（象征的事实）的报告也谈不上。恋人赠送的蔷薇包含着热烈的爱，放置在棺木上的蔷薇则表示沉痛的缅怀，家徽上的蔷薇表示着某种特定的含义，而广告中出现的蔷薇则表示其他的意思。……（像'这是蔷薇'这样的）说明，也许我们会认为这是没有必要加以解释的明白无误的事实。但是也有和确认先前所想的那种简单事实不同的时候。"

那么，究竟什么是象征人类学呢？简言之，象征人类学视文化为象征系统，这个象征系统提供了建构和重构实体的基础。

2. 象征人类学的特征

象征人类学的出现，一方面反映了作为规范科学的人类学的精密化和它的某种成熟，另一方面也表明了从 20 世纪 50 年代后半期开始的由于寻求新的人类学结构的动向而发生的变化。从社会研究到文化研究，从表面能够看到的现实向不能看见的深层现实转化，由此使人类学的思考阶段发生转变。从这个认识出发，象征人类学有以下特征。

（1）把文化看成通过象征形式表现的意义模式，或者把文化看作传达形式的体系，人们将其世代相传，加以继承。解读文化事象所传达的信息成为人类学的工作。

（2）确认对象征的关心，使诸如礼仪、神话、戏剧、交际等行为成为文化研究的对象。

（3）人类学中的象征研究也引起了对功能主义理论框架的批判，对象征和意义的重视超越了对民族志的单纯记载、分析和解释的范围，引起了一场方法论上的反省和批判。

（4）对象征意义的追求，促进了对事物多义性和现实多维性的理解。正像暗示和间接性措辞所表示的那样，人的表现行为是双义性或多义性的。

（5）象征人类学并没有给象征以"单纯的符号""非事实""虚构"等否定性的评价，而是给予其积极的重要性和创造性的意义。

（6）象征研究过去只限于文艺研究中，而象征人类学对其进一步发展，增进了跨领域的合作；在人类学内部，象征人类学所揭示人类行为表现，其研究结果在人类各个分支、流派中都具有重要的意义。

3. 利奇有结构主义倾向的象征人类学

利奇（Sir Edmund leach）是较早表述象征人类学是一门独特学问的人之一。利奇对结构主义有深刻的理解，他重新解释他的老师马林诺夫斯基的著作，认为文化不应当被看作特殊存在的社会事实的集合物，而应当被看作人类交往的系统、传达形式的体系。他在《文化与交流》一书中，阐述了理性主义的人类学者与经验主义者不同，他们着重研究的不是"社会结构"，而是"社会的观念结构"。他研究文化的各种非言语方面，指出："诸如衣着、村落位置、建筑、家具、食物、烹饪、音乐、身体动作、姿势等，都以模式系统的形式来组织，而以相同于自然语言中的音、词和句子的方式来体现代码信息。因此，我认为，讨论规范衣着的法则，与谈论规范语言表达的法则，具有同样的意义。"① 从这个意义上来说利奇是一个语言论象征主义者。

利奇分析了割体仪式，认为男女性割礼、修头、拔齿、放血、文身、穿耳等成年礼或洁身礼仪式是新的社会地位的标志，这里包含时间界限和社会界限。在人类社会中，大多数仪式是"过渡仪式"，如成年礼、婚礼、葬礼、各种入会仪式等，表明从一种社会界限向另一种社会界限的跨越。他还将这类界限与禁忌相联系。利奇发挥了列维-斯特劳斯关于动物分类和人的分类的观点，认为图腾制度的观念形态主要属于一种社会分类系统，并试图用隐喻法和转喻法破译其中的奥秘。他说运用"人类群体的差异与鸟兽的差异一样"这一类比方法，人类社会群体分类就得以确立。②

4. 特纳与"象征和社会的动力学派"

特纳（Victor Turner，1920—1983）专门研究宗教与仪式。他发表了《象征的研究》（1975）、《象征之林》（1976），以及《恩登布人狩猎仪式的象征主义主题》等。特纳就是戏剧论象征主义者，他不仅把焦点放在逻辑性的构图上，而且还把焦点放在运动性的象征性上。这是由于他通过研究以治疗礼仪为中心的礼仪符号，特别深刻地认识到了象征作用力量的缘故。他认为在治疗疾病的礼仪中，在部族社会举行成年仪式过程中，在社会遇到危机、成员抵抗外力时，象征都发挥了力量。特纳在《痛苦之鼓》

---

① ［英］E. 利奇：《文化与交流》，郭凡等译，中山大学出版社1990年版，第8页。

② ［英］E. 利奇：《文化与交流》，郭凡等译，中山大学出版社1990年版，第40—41页。

（1968）一书中研究占卜，把它看作社会过程的一个阶段，当人死亡或生病、难产、狩猎遇不幸时，其亲属便请占卜师推断，以便采取补救行动，占卜师力图从委托人的反应中探知其在亲属集团中存在的紧张关系，于是占卜便成了一种社会分析，占卜具有一种社会调节机制的功能。

特纳还认为象征是记忆术，典型的解释对象是象征组合，一个象征可具有多种基本意义，这种模糊性和可变性使占卜师能自由地对象征的构型做出详细的解释，使之符合于他对委托人与死者的关系以及有关亲属之间的相互关系。这种象征的力量可在部族社会举行礼仪的转折状态（例如举行成人仪式时，在礼仪的进行过程中，那种属于既非小孩亦非大人的状态）中看到，或者在历史性的转折时期，当社会遇到危机更可清楚地看到这种力量。这同时也提醒我们注意这样的情况，即：象征不是永远存在的，它是应社会的变化而改变其意义的，或者随着时代的变化，人们又取出暂被遗忘的象征，并赋予其与以前截然不同的意义。

总之，象征绝不是抽象性的东西，而是具体性的东西。

名词解释：

古典进化论　传播学派　法国社会学派　英国功能学派　美国历史批判学派　结构主义学派　马克思主义人类学　苏维埃学派　解释人类学　象征人类学

思考题：

1. 泰勒关于文化的定义是什么？
2. 文化圈的概念和鉴别文化亲缘关系的方法。
3. 博厄斯文化观的最大特色和理论核心。
4. 马林诺夫斯基对田野工作研究方法的贡献。
5. 拉德克利夫－布朗主张的研究方法。
6. 涂尔干对法国社会学派的贡献是什么？
7. 概括列维－斯特劳斯结构主义理论的根本特点。
8. 怀特与摩尔根在文化进化理论上的不同点。
9. 解释人类学的理论渊源。
10. 吉尔茨的文化定义是什么？
11. 象征人类学的特征有哪些？

第三章　人类的进化与人种

研究人类体质的发展过程，是人类学研究的一个重要方面。

体质人类学有两个重要任务，一是要研究人类是怎样起源，即研究生物性人类在什么时候形成，同时也包括文化特性是如何发展的；二是解释人类体质上的差异现象，以及生物现象和文化现象间的关系，研究猿类及人类是如何适应他们生存的自然环境，同时探寻人类在生物性上和文化性上发生变迁的过程。

一　人在自然界中的地位

1. 人的生物性

以生物性而论，人是动物，具有和其他动物一样的基本特征。因此，人类也同样受制于有机演化定律。那么，人在自然界中处于什么样的地位呢？

动物学的常识告诉我们，灵长目分为两个亚目：猿猴亚目和原猿亚目。猿猴亚目的动物包括现生的和化石的猴、猿和人。它们都能精巧地运用手指，有高度社会行为。原猿亚目则包括所有现生的或远古的狐猴、眼镜猴、懒猴以及树鼩。

人猿亚目包含三个超科，其中人猿超科包括现生的和化石的猿、猿人和人。

按照动物的分类，人在自然界中的地位如表3-1所示。

黑猩猩与大猩猩的蛋白质结构和DNA顺序，98%—99%与人类相同。在关键基因组中，人类与黑猩猩有99.4%完全一样，也就是说，使人成为人的东西就蕴藏在这0.6%的基因组当中。从牙齿、感觉器官、骨骼结构

表 3 - 1 人在自然界的地位

项目	Category	分类	Taxon
界	Kingdom	动物	Animalia
亚界	Subkingdom	多细胞	Metazoa
门	Phylum	脊索	Chordate
亚门	Subphylum	脊椎	Vertebrate
超纲	Superclass	四足	Tetrapoda
纲	Class	哺乳类	Mammalia
亚纲	Subclass	真哺乳	Eutheria
目	Order	灵长	Primate
亚目	Suborder	人猿	Anthropoidae
超科	Superfamily	人猿超科	Hominoidae
科	Family	人	Hominidae
亚科	Subfamily	—	
族	Tribe	—	
亚族	Subtribe	—	
属	Genus	人	Hono
种	Species	智人	Hono Sapecins

和大脑进化等生理特征来看，现存灵长类与人类的祖先也是大同小异。可以说，人和动物（尤其是灵长类）在体质和行动能力上的差别并不大。生理的差异能否将人与其他动物区分开，确实是一个很难回答的问题。但不可否认，尽管人并非唯一的直立行走的动物，可是只有人类拥有最适合直立行走的骨架与神经系统，难怪有人说人体是最完美的，是"上帝"的杰作。

2. 人的文化性

人在自然界中到底有没有特殊性呢？这需要从人的文化性角度去探讨。

人类与现存灵长目有着或远或近的亲缘关系，通过对现存的猴类、猿类，特别是对与人亲属关系最近的大猩猩、黑猩猩的研究，可以肯定社会行为在适应中的重要作用。尽管某些灵长类动物现在展现的行为方式在他们的祖先中不能找到，但我们仍可探寻灵长类适应的基本行为模式以及人类文化行为进化的线索，从它们身上依稀可以看得到人类祖先行为的影子。

然而，这并不是说动物（尤其是灵长类）的行为与人类无明显的差异。人的行为特点更为鲜明。所有物种都用本能来适应环境，人类则用文化。其他动物都以固定方式筑巢和进食，人类的建筑和食物制作却多种多样，而且执行相同任务时使用的工具和道具也不同。例如吃饭，中国人用筷子，西方人用刀叉，南亚人则直接用手。社会关系方面，人类的婚姻、居住、亲属模式、对待长幼的态度以及两性间的行为规范也多有不同，其他动物的行为可塑性则小得多。同种动物的特定类别（如年龄或性别）在行为上基本相似。灵长类动物的行为较为复杂，野外黑猩猩的行为具有多样性，家养黑猩猩的情感和学习能力都使今人大开眼界。但毕竟没有哪种动物表现出人类群体这样的多样性。

运用语言符号的能力更是人类的独特之处。黑猩猩使用信号语言的能力固然令人惊叹，但比人类还是大为逊色，况且动物在人类帮助下取得的成绩与人类自制符号并赋予其意义的能力也不能等量齐观。

总之，一方面，人毕竟是自然界的一部分，是动物家族中的一员，我们还在自然环境的影响以及自然规律的支配下生息繁衍、进化发展，人类的命运很大一部分还未掌握在自己手中；另一方面，人确实是地球上适应力最强的物种，业已成为这个星球的主宰，其不仅创造出引以为豪的文明，而且已经将目光和"触手"延伸到茫茫的宇宙中，谁又能预料人类的潜力到底有多大呢？

二 人类的进化过程

人类的进化过程是体质人类学研究的前沿。

大约在 2500 万年前（至少可以肯定在 550 万年前），类人猿与人类从一条共同进化的路上分道而驰。但是追溯从人科成员到智人的历程，并不能把类人猿与人类行为和体质的变化截然分开。

1. 森林古猿（Ramaplthecus）

森林古猿的化石早于 1856 年在法国比利牛斯山脉的圣高登被发现，此后陆续在其他一些地区又有一系列的发现。法国学者让·沙林（Jean Cha-line）认为森林古猿在中新世初期（2500 万年前—2000 万年前）广布于东非，到了中新世中期才向北移，到达欧亚大陆，分布于从法国直到中国的广大地区。

欧洲中新世中期有两种森林古猿：森林古猿方坦种（Dryopithecus fontani Lartet）和森林古猿达尔文种（Dryopithecus darvini Abel）。

从森林古猿方坦种保存下来的有四块下颌骨、两颗下臼齿、一颗上臼齿和一块肱骨。这种类人猿的身材大约与黑猩猩相当。它的牙齿，特别是臼牙很像大猩猩，犬牙硕大。与大猩猩牙齿的主要区别是齿尖不高，咬合面的基本棱嵴不很明显，门齿较小。同时，森林古猿方坦种的肱骨纤细，没有强烈的肌肉标准嵴，从而有别于黑猩猩和大猩猩的肱骨。虽然肱骨上未保存有骨骺，但一些古生物学家经过仔细分析后得出结论：从相当多的特征看，其肱骨与矮黑猩猩的肱骨相似，而且明显区别于树栖和地面生活的猴科成员。森林古猿达尔文种仅发现若干牙齿化石，其中最重要的是最后一颗下臼齿，与人类十分相似，不同的是前者下臼齿有明显的齿带。

传统观点认为森林古猿与原康修尔猿（Proconsul）有关，把它归入森林古猿类（Dryopithecine）。有的学者认为森林古猿与中新世的人猿超科成员，如肯尼亚古猿（Kenyapithecus）具有一些共同的性状，而与原康修尔猿不同。另外，森林古猿与大猩猩而不是猩猩、黑猩猩或南方古猿有一些共同的、可能是原始的性状。因此，森林古猿最好是作为一种原始的人猿超科成员，但其在此分支（clade）中的地位，仍不明确。[①]

2. 巨猿（Gigatopithecus）

巨猿是一种体型非常大的猿，巨猿的牙齿化石最先是在 1935 年由荷兰人孔尼华教授（G. H. R. von Koenigswald）在香港中药铺出售的所谓龙齿收集品中发现的。孔尼华把这些牙齿进行描述并定名为一个新种，即步氏巨猿（Gigantopithecus blacki）。1956 年裴文中等人在广西做了长期的调查和发扬，发现了几个巨猿产地和大量标本，确定了步氏巨猿从早更新世生活到中更新世。

步氏巨猿有一些特征与早期人科很相似，例如其犬齿不突出于齿列之上，门齿小，臼齿和前臼齿比前面的牙齿按比例讲大得多。自从猿的最初化石考古材料被发现以来，关于巨猿系统分类地位就有两种基本观点：一种观点认为巨猿是一种发展到人类进化旁支的特殊猿类；另一种观点认为

----

① 吴汝康：《人类起源研究的新进展和新问题》，《人类学报》1994 年第 13 卷第 4 期，第 354 页。

巨猿是一种巨型的早期人科动物。

20 世纪 60 代后期，埃尔文·西蒙斯（Elwyn Simons）在印度喜马拉雅山山脉的西瓦立克小山丘地区工作时，发现了一具年代为距今 600 万—900 万年以前，几乎保存着全部牙齿的下颌骨化石，它代表巨猿属的一个新种，被定名为比拉斯普尔巨猿（Gigantopithecus bilaspurensis）。

比拉斯普尔巨猿虽然更为原始一些，但有大量的特征与步氏巨猿是相像的。据专家研究，这两种都是巨大的灵长类；从大猩猩主要是地栖动物的情况来类推，可以说巨猿属的这两个种很可能生活中大部分时间是在地面上度过的；而它们觅食的情况，可能类似现代生活在埃塞俄比亚的狮属狒狒那样，在开阔原野上觅食。巨猿有小的门齿和巨大的颊齿，表明它的食物主要是草叶、植物球茎和根类等东西；巨大而高齿冠的颊齿，表明其牙是耐磨和密集的；厚重结实的下颌骨，表明巨猿能做极强有力的咀嚼运动。目前，已知巨猿生存的时期是从第三纪上新世更新世早期到更新世中期，分布于从亚洲南部的印巴次大陆到中国南方的广西和湖北一带。现今大多数的学者认为，巨猿是一类发展到进化旁支上的猿类，在第四纪中期已经灭绝。

3. 腊玛古猿（Ramaplthecus）

腊玛古猿最早是由刘易斯（Lewis G. E.）根据印度发现的化石定名的，并根据一些像人的性质提出腊玛古猿可能是人科成员，但未引起学术界的重视。到了 20 世纪 60 年代，西蒙斯（E. I. Simons）和皮尔比姆（D. R. Pilbeam）综合研究了世界上已知的新第三纪古猿化石，进一步强调腊玛古猿是人科的成员。到了 20 世纪 70 年代，美国伯克利大学的两位生物化学家——文森特·萨立希（Vincent Sarich）与阿伦·威尔逊（Allan Wilson），根据对多种灵长类血清白蛋白的比较得出结论：人和猿最早分歧的时间仅距今 400 万—500 万年。这就意味着人科和腊玛古猿之间的相似性，是平行发展而不能证明腊玛古猿是早期的人科或者人科的祖先。随着生物化学技术的应用，以及非洲"南方古猿阿法种"的发现，对腊玛古猿究竟是否是人科成员这一问题的争论更多了。总的来说，由于缺乏足够的腊玛古猿化石的直接证据，对于这个问题还不能取得一致的认识。

腊玛古猿居住在森林边沿，它们既像猿类一样在森林中觅食，也下地面到开阔地带采食。腊玛古猿没有大犬齿，猜测是用前肢作武器取代了牙齿的防卫功能。腊玛古猿可能有初步双脚站立、行走的能力。双脚站立的一个好处是可以平视草原，视野宽广。直立行走还有一大好处是在草原上觅食时，可以携带食物安全地跑动。腊玛古猿不会制造工具和使用工具，也没有成熟的防卫方法。仅仅是环境的变迁才迫使它们游荡在无森林地区，但毕竟它们已能偶然地直立行走。

4. 南方古猿（Australopithecus）

我们知道最早能真正直立行走的是距今约550万年前出现的南方古猿。南方古猿化石于1924年被达特（B. A. Dart）在南非发现之后，仅在东非埃塞俄比亚哈达地区就发现了数百件。经过60多年的研究，确定南方古猿在人科中的地位已是无可怀疑的了。

关于南方古猿的分类尚有争论。有些人类学家认为南猿只是一个单一的种，但大多数人根据基因的区别，至少可以分为两个不同的种，即南猿非洲种（A. africanus）和南猿粗壮种（A. robustus），后来又划分出南猿鲍氏种（A. boisei）和南猿阿法种（A. afarensis）。对南方古猿分类的不同意见，也反映在南方古猿的系统关系上，当前一共有六种不同意见（见示意图），但也有其共同点，基本上是分两支，一支发展成南猿粗壮种，而鲍氏种则绝灭了，另一支则发展成能人。

所有这些南方古猿类比我们现代人个体小，估计身高不到1.5米，体重25—45公斤。牙齿的构造、大小已与现代人很接近，齿列的详细研究表明它有两性分异。纤细型南方古猿脑量为450—500毫升，其智力估计与现代的黑猩猩、大猩猩差不多，还没有确凿的证据证明南方古猿能使用和制造工具。

南方古猿化石给人类学提供了两个有力的证据：第一，可以肯定在400万年前，人科成员已完全能双脚站立，直立行走；第二，排除了传统过于强调大脑在进化发展中的重大作用的看法。实际上，人科成员在大脑没有高度发展和脑量增大以前，已经可以直立行走。直立是适应草原环境的重要特征。南方古猿主食可能仍是素食，但有证据说明它们食肉比灵长类更多，更经常，也许是吃现成的动物腐肉、尸体，而不是捕猎。

5. 早期人属（Early Homo）

早期人属化石目前只在东非发现过，最早的类型是从哈达尔和莱托利尔遗址中发现的。根据从奥杜威得到的以及最近从图尔卡纳湖东侧的科比富拉得到的材料，人科早期人属为能人，年代距今170万年至400万年。印尼爪哇的杰蒂斯人和中国的元谋人都为早期人属。

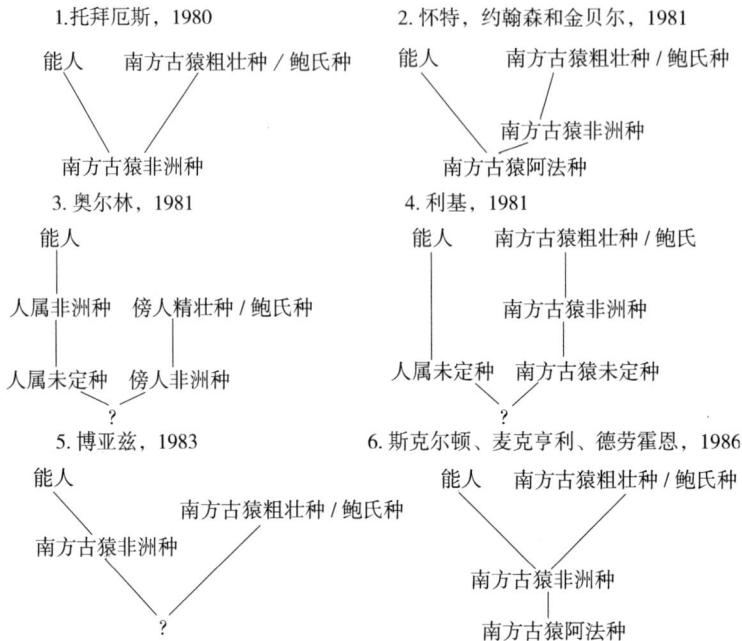

图 3－1　示意图

早期人属曾与晚期南猿粗壮种生活在同一时代，从他们与早期南猿纤细种的对比研究来看，他们是同源的。人属是由早期南猿纤细种进化而来的，有确凿的能制造工具的证据。

能人的主要特征是脑较大，颅容量超过 750 毫升，头骨薄而呈高拱形，眶后收缩程度最小。前面的牙齿比较大，臼齿和前臼齿是中等大小，而下颌的外面有加固物。体骨的形态特征与现代人非常相似，估计身高为1.2—1.4 米。能人的最好标本是从科比富拉找到的，已知有若干头骨标本，一些下颌骨和肢骨。最完整的头骨被称为 KNM－ER1470。

6. 直立人（Homo Erectus）

在进化道路上，接踵而来的是直立人。直立人比以前的人属类型分布的空间更为广泛，形态也多种多样。化石材料证明：直立人已进入亚洲、欧洲和非洲，相互之间的体质差异也很小。这个人种最初是根据中国和印尼遗址所发掘的材料而确认的，直立人似乎都是出自150万年前和50万年前之间的遗址中。

肢骨化石的材料说明：直立人已适应两腿跨步的姿势，在特征上与现代人的那种姿势是接近的。智力发展程度可根据测定的颅容量（脑颅的容量）粗略估计。直立人颅容量已达 750—1000 毫升。骨盆发生了微小的变化，这与双足行走无关，而只是为了适应大脑袋小孩的出生。直立人头骨最富于供鉴定的特征：粗壮凸出的眉脊，低窄的前额和头骨后部的形状。直立人已制造工具和使用工具，过着狩猎和采集的生活，在中国和欧洲的遗址中取得了用火进行防卫、取暖、烤食的证据。

R. 利基认为，直立人最古老的记录是在东非，这表明他们是起源于非洲的，甚至认为，非洲以外大陆的直立人群是在早更新世时期起源于非洲的迁移群，这种论点被许多人接受。但在印尼桑吉兰和爪畦新发现的化石材料年代测定达 200 万年以上，比东非的材料要古老得多。究竟直立人是否导向智人发展的最后阶段，还不能最后下结论。

7. 智人（Homo Saplens）

大约在 300 万年前，地球上开始进入不平常的地质时期，寒冷期和炎热期交替发生，在欧洲和亚洲，两极冰圈向南移动，以前为亚热带气候区的山区、低地都被覆盖。在世界热带地区，南方古猿属及其他人科成员经历了恶劣气候变迁的考验，向前发展了。智人化石材料只可以追溯到 20 万年以前，因而在直立人和智人之间存在 10 万年的缺环。智人于 19 世纪 30年代和 40 年代被发现，曾引起科学界的一场争论。因为人种的出现比以前想象的要早得多。最令人吃惊的是这些新人种的大脑几乎与现代人一样完善。智人又分为早期智人和晚期智人，几乎可以说，凡是有直立人遗址的地方，都有早期智人出现。按现有材料以西欧为多。中国的马坝、丁村等地也发现了早期智人。

8. 尼安德特人（Neanderthals）（简称"尼人"）

发掘材料证明尼人是真正的智人，而不是现代人的畸形或变形的种。尼人分为典型尼人和普通尼人。典型尼人个体较大，居于欧洲；普通尼人个体较小，具有较现代人的结构和面部特征，居于中东。这种划分并不全面，因为一些"典型"尼人可见于中东，而在欧洲也有"普通"尼人，显然尼人存在几种地方类型，具有一些个别的变异，也可能是不同群体之间基因交换的结果。

1931 年在印尼爪哇梭罗河附近发现一批有趣的化石。这些梭罗人化石具有直立人、尼人和现代人的共同特征。可以相信梭罗人是东南亚相当于尼人时代的代表，其独有的特征反映了它与较早人群遗传的延续性。在南非发现的罗德西亚人也显示出尼人与现代人特征的联系。

　　尼人脑容量很大，平均达 1400 毫升，典型尼人头骨大、宽而平，拱低，后头部位作球状，前额倾斜而不凸起，面部浮出，没有下巴颏，眉脊显露，眼窠、鼻孔都比现代人大。

　　但还有许多问题悬而未决，如尼人是什么时候出现的。中东化石材料显示出尼人与现代人之间的过渡形态，而欧洲的化石材料则有 1 万年左右的缺环。我们不知道这种过渡是怎样发生的，虽然有些人类学家持"尼人灭绝说"，可是有证据说明尼人是直接发展为现代人的。尼人与现代人最大的区别是尼人的面部要大得多，为了与大的面部保持平衡，头骨的面部结构也厚重些。在 1 万年间，这些特征逐渐消失，但考古学证实了文化的连续性，欧洲并没有被一支移民群体所取代。

　　9. 现代人

　　晚期智人，或称新人，即我们今天这样的人。历史很短，有 5 万年、4 万年、3.5 万年，各说不一。早期智人如何过渡到现代人的？一是进化说，认为尼人进化为现代人，在进化过程中具有由旧到新的形态的过渡；另一是混种说，据说南斯拉夫克拉皮纳地区（1899—1905 年发现有 20 个以上个体）和捷克的库尔纳地区（1965 年发现一块上颌）都有混种后代的证据。还有一种综合说，认为既有进化又有混合，进化有快有慢，但都在进化，混合的必然结果是没有纯种。

　　现代人化石及文化遗址遍布世界各地，到晚更新世结束，地球上各大洲，除南极洲外，全都有人居住了，而现代的人种则是现代人分布各地后，经过长期过程形成的。

　　人类的进化是否停止了呢？700 万年来，我们的这一支谱系从小小的猿猴发展成统治整个星球的物种，人类的大脑所能做到的事情至少在这个星球上是前所未有的。但人的大脑为什么不继续进化，形成更强大的人脑呢？人类的大脑至少在 16 万年里没再怎么变大。医学发现，巨大的人脑会对人体产生大量要求，特别是孕妇。女性的产道必须足够宽才能分娩大头婴儿，但女性的盆骨不能无限变宽，否则她们将无法直立行走。这种局限可能使人类的大脑无法再变大。中国台湾著名人类学家李亦园教授呼吁，人类学者应该关心人类的未来。他忧心忡忡地指出，人类特化、异化现象的扩大，会影响人类的进化，甚至导致人类灭亡自己。① 人类之所以对人

---

① 徐杰舜/问，李亦园/答：《人类学要关心人类的未来》，《广西民族学院学报》2002 年第 2 期。

类进化着迷，有一个原因，即这涉及人类来自哪里，要去向何方。科学家也说不准人类的去向，甚至有可能已经到达进化的死胡同，了解正确答案的唯一方式或许就是等待。

三 人类进化过程中文化性与生物性的互动作用

以上追溯了从类人猿发展为人的进化过程。人与现存灵长目同祖，研究那个时代的环境，推论适应环境而产生的解剖学特征，以及灵长类基本的文化适应，就能够理解人是怎样的和为什么会发展。灵长类在进化过程中，体质适应是重要的，但并不是应付环境的唯一方式。人们常常认为只有人类才具有文化，而且也因为文化，类人猿才变成人类。事实是这么简单吗？

在生物的进化历程中，并没有泾渭分明、截然分断的界线。一个有机体不会没头没尾地突然出现，也不可能有全新的组织模式。进化变迁是连绵不绝的，它反映在族内统计频率的变迁，而不是骤然发生的模式。个体突变的特征是直接的，突变可能促成较大变迁的模式，但也是逐渐发生的。因此说没有文化的猩猩生出了有文化的人，或者在数代内发生了转变，在生物学上都是站不住脚的。

人类确实有一种新的组织模式，但究竟新在哪里，已经很难说出来。我们知道黑猩猩也会使用工具以后，过去那种"只有人会使用工具，会学习"的想法已经站不住脚。有的学者认为，人类组织和控制经验的新模式是建立在语言能力之上的，并凭借语言来完成，这只有靠脑力的大幅度增进才得以实现。人类凭借象征符号创造出他们自己的要素。因此也没有理由假说人类现有的就是这种进化的终极形式。这种整合的过程是渐进的，可能是先经过"原文化"和"原语言"的阶段。

生物因素在塑造人类社会行为上到底有多重要？人类婴儿被文化经验的塑造到底有多大的弹性？还有人类的文化在不同的时间、地点到底分歧到什么程度？

吴汝康先生把人类的起源分为两段，即正在形成中的人和完全形成的人，前者包括腊玛古猿和南方古猿阶段，后者从直立人一直到现代人，在进化过程中，第一阶段是生物因素起决定性因素，后一阶段中起决定性作用的是文化因素。

对灵长目社会行为的看法，说明了我们相信人类行为在相当程度上受生物特性的塑造。新的研究显示出遗传、学习和思维等生物性机制是非常错综复杂的。人类婴儿绝不像过去所认为的非常具有"弹性"因而能够顺从变化多端的文化塑造。人类学习到的和可学习到的事物，包括语言本身，可能都受到遗传模式的引导。

不同文化的变异可能是内容上的，而非形式和结构的变异。如果是这样，那么形式和结构的共同性质可能在相当程度上反映人类生物性的限制。

文化的确是非常多变的，人类婴儿也确实非常具有弹性。通过学习，一个婴儿可以成为部落之民、乡村农民和城市居民。饥、渴、性等生物性驱力，都永无止境地受到文化习尚的再塑造和重整。文化环境影响相当大，不只在一个人生长、成熟的过程中如此，甚至在孕育成形时就已开始的遗传设计的转化也是一样。文化依据遗传素质塑造我们，在认识文化能以各种方式弥补大自然所遗留的空隙之后，我们才能正确地看出这些空隙的形状可能比过去所想的更不具弹性。

争论文化性与生物性孰轻孰重似乎已不再重要，因为人类之所以能适应环境而得以进化就在于文化性与生物性互动的结合作用。

四　人种

1. 人种的划分

人的身材高矮、肤色黑白、眼眶深浅等特征，造成的是各地居民躯体的差异，从而使得人可群分。这样根据身体特征划分出的人群，就是人们通常所说的人种或种族（race）。

对人种的认识古已有之。在古埃及的金字塔和庙宇的壁画中，就有对不同体质类型的人们的描绘。古希腊罗马的文献中，也有不少关于邻近地区民族种族的记录。我国古代奇书《山海经》中也有对不同国度中不同人群的描写。但对人类种族的科学分类，却还是较为晚近的事情。最早提出人种科学分类的是瑞典的林耐（C. Van Linne），他所用的分类标准主要是肤色，这也是至今人们在日常语言中仍然使用的标准。按照这个尺度，林耐在1735年将地球上的人分成四大人种，即美洲的红种人、欧洲的白种人、亚洲的黄种人、非洲的黑种人。在林耐之后，德国的布鲁门巴赫

（J. F. Blumenbach）于肤色的基础上又增加了发形、面形、鼻形等指标，于 1775 年公布了他的五分法，将全世界的人分成高加索人种、蒙古人种、埃塞俄比亚人种、美洲人种及马来人种。再往后，分类法越来越多，指标也越来越复杂，有的较细致的分类，可将人种分成数百种之多。

不过，在今天通行的分类中，一般将地球上的人分作三大或四大人种，在这几个大类之下，再分若干亚种。按照三分法，则人种为白种人、黄种人和黑种人；按照四分法，则在黑种人中，再分出一个棕种人。这黑、白、黄、棕之名，是通俗的说法。

（1）黄种人

黄种人的学名是蒙古利亚人种（Mongoloid），主要分布在亚洲的大部分地区和北美洲的北部及南美洲的北部，因而又叫亚美人种。既然叫黄种人，皮肤当然是黄的。其体毛及胡须较弱，头发为黑色，粗而直。身材中等偏低。鼻梁低，眉脊不显，面部扁平，颧骨凸出。眼色黑或深褐，眼有内眦褶，嘴唇厚度中等。

（2）白种人

白种人的学名是欧罗巴人种（Europooid），又叫欧亚人种，主要分布在欧洲、北非、西亚、北亚和大洋洲等地。肤色较浅，体毛及胡须发达，头发为浅色，常呈波形。身材较高大。鼻梁高，眼眶深，此即中国古籍上所说之"高鼻深目"。眼色较浅，嘴唇厚度偏薄。

（3）黑种人

黑种人的学名是尼格罗人种（Negroid），主要分布在非洲的大部分地区，因靠近赤道，也叫作赤道人种。其肤色黑，体毛及胡须较多，头发黑而卷曲。身材变异较大，既有世界上最高的尼罗特人（成年男子平均身高 1.8 米），也有世界上最矮的俾格米人（成年男子平均身高 1.4 米）。鼻子宽而扁，眼色黑，嘴唇厚而外翻。

（4）棕种人

棕种人的学名是澳大利亚人种（Australoid），主要分布在澳大利亚、新西兰、南太平洋诸岛。其肤色为棕色，体毛及胡须发达。头发波状或卷曲，棕黑色。身材中等。鼻短而宽，鼻孔较大，口鼻部向前凸出。眼色棕黑，眉脊显著，嘴唇较厚。

在以上几大人种之内，还可以进一步划分出较小的人种。例如，以日本藤冈谦二郎的分法，在黄种人中，还可分为美洲印第安人种和蒙古人种，其中蒙古人种中又可分成北蒙古人种（以蒙古人为代表）、中蒙古人种（以中国人为代表）、南蒙古人种（以缅甸人和泰国人为代表）。除了这两个人种以外，尚有较小的人种，如爱斯基摩人种（今称因纽特人）、古西伯利亚人种、土兰人种、拉普人种、印度尼西亚人种等。①

再往下看，规模较小的人种还可细分。就以我们中国人来说，除有些西北地区的人群混有白种人血统外，绝大部分是黄种人。但从体质特征上看，北方人和南方人依然有所区别。譬如，北方人肤色较浅，南方人较深；北方人头发直硬，南方人则较多波形；北方人个子稍高，南方人个子偏矮；等等。有人对中国人群的血清血型标本进行了研究，发现中华民族在血缘关系上存在明显的南北差别。有趣的是，北方人和南方人在性格特征上也有不同，这是很多人早就指出过的。鲁迅先生在《北人与南人》一文中即曾说过："据我所见，北人的优点是厚重，南人的优点是机灵。但厚重之弊也愚，机灵之弊也狡，所以某先生曾经指出缺点道：北方人是'饱食终日，无所用心'；南方人是'群居终日，言不及义'。"这种性情的差异与人的体质特征有无关系，倒是一个值得研究的问题。

需要说明的是，人种的划分是相对的而非绝对的。历史发展到今天，绝对纯种的人几乎已经找不到了。混血的现象不断在发生，人种的界限也越来越模糊。仍以黄种人为例，最初他们起源于亚洲的中部和东部，然后向欧洲和澳大利亚扩展，在扩展的过程中便形成了许多混合人种。例如在亚洲北部和欧洲人种混血，形成了乌拉尔人种及西伯利亚人种；在亚洲南部和澳大利亚人种混血，形成波利尼西亚人种。部分跨过白令海峡进入美洲的则成为印第安人。②

此外，人种绝不等于物种，人种间的差异并不大，目前地球上所有的人种都属于同一个物种，即智人种（Homo sapiens）。正如吴汝康先生指出的："人种是物种以内的再区分，分类上一般相当于亚种，如现代人的分类名称为智人同名亚种。各人种，无论是黑人、白人还是黄人，都可以互相婚配，生育有繁殖力的后代。"

2. 人种分类的标准

我们从上面介绍各人种的特征中已可看出，最常用的指标依然还是肤

---

① 张文奎主编：《人文地理学概论》，东北师范大学出版社1993年版，第343—345页。

② 李难主编：《生物进化论》，高等教育出版社1984年版，第279页。

色，因为肤色最显眼，一目了然。此外还有毛发，如直发、波发等；身长，不同时期人类学家确定过不同的高、中、矮的尺度；头形，如长头、短头；鼻形，如宽窄和高低；面形，也有宽狭之分；眼，包括其颜色及大小。这些还都是体表的特征，可通过观察来把握。近来人们又增加了一些生理生化指标，其中用得最多的是血型。

3. 人种形成的原因

经过研究，发现人种的形成是一个复杂的过程，受到多种因素的影响。其中，地理环境、气候、人群的迁徙和相互接触乃至社会文化等都在这个过程中起着作用。原因的复杂，倒还不在于影响因素的众多，而在于各种因素往往纠缠在一起难分难解。因此，要了解人种的形成，就得仔细追踪其历史，每一具体的对象都要做具体的分析。

在诸种因素中，选择的因素受到了较多的关注。人种的肤色、毛发形状等都与选择有明显的关系。例如黑种人多居住在赤道附近，那里气温极高、阳光炽热。他们的体表颜色黑，是因为皮肤内含有大量的黑色素，黑色素可吸收太阳光中的紫外线，从而起到保护的作用，避免皮肤被过多的紫外线照射而受伤害。同样，他们卷曲的头发，具有导热性差的特点，阻止了太阳辐射的热量直接到达头部的皮肤和血管。而白种人的肤色浅，适宜在较为寒冷的地区生活。白种人的鼻子，尤其表现出是自然适应的结果，高而窄的外形，使鼻腔黏膜面积增大，冷空气通过时会变得温暖和湿润。

人种的形成与隔离的因素也有较大的关系。生物学家早就指出了隔离在物种形成中的作用，人种的形成是一样的道理。与其他的人群分隔，会导致体质上的独有特征。迁徙则是与此相反的过程，一方面，这可能使得生存条件发生改观；另一方面，迁徙造成了人群之间的接触。接触的结果，很可能引起人种的混血。人种混血现象古已有之而于今为烈，由此出现了许多人种的中间形态。随着社会的发展，人群间的交往越来越频繁，人种间的混血亦日趋增加，或许有一天，界限消失，人种将成为历史。

研究了人种形成的各种原因，学者们在此基础上提出了有关人种起源的理论。在这些理论中，影响最大的是系统说和迁徙说。系统说认为，人种是多中心起源的，即各地区的人种是由当地较古老的人类直接演化而来的，因为人种分化的时间不过几万年之久，在这样一个时间段内不可能从一个地区向外扩展出现在的这些人种。迁徙说则与系统说相反，认为人种

是单一中心起源的，即目前世界上的各个人种是由一个已具现代人形态的
人群不断迁徙而形成的，各地较古老的人群均被其代替。这个人种起源的
单一中心，以前一般认为是在亚洲西部，近来又有人提出是在非洲南部。[①]
最近，考古学者们在埃塞俄比亚发现了约 16 万年前的现代之人的头骨化
石，是迄今为止发现的最早的古老的现代人化石，它填补了人类进化史中
一段重要时期的空白，可能成为人类源于非洲的有力证据，这无疑会引起
人类"走出非洲说"与"多地起源说"的激烈争论。[②]

　　上述两种理论都有一定的事实依据，但至今谁都不能说服谁。由于分
子生物学技术介入人类起源问题的研究，更引发出一些新的争论。最近，
中国科学家经过对新石器时代的考古研究，对"人类起源非洲完全取代
论"提出了异议。并根据对苏皖地区的"双沟醉猿"（距今 1000 多万年）
和"下草湾人"（距今约 4 万年）化石的研究，提出了"中国现代人的直
接来源是中国本土"的新学说，再一次指出中国是人类的起源地之一。[③]

五　对种族主义的批判

　　种族主义或称种族偏见（racism）是指"人种与文化特征之间存有某
种因果关系，主张某些人种先天优于其他人种。种族主义将宗教集团、民
族国家、语言群体及文化群体不加区别均置于人种概念之中。故种族偏见
主义可视为民族自我中心偏见（ethnocentrism）之一极端形式"。[④]

　　种族主义理论是由法国的戈比诺（A. Cobineou）建立的，他在 1853 年
出版了《种族不平等论》一书。一直到现在，种族主义依然在一些西方国
家拥有市场。种族主义已经对人类社会造成了巨大的危害，而且这种危害
今天还在继续。

　　如前所述，人种是一个生物学上的概念，但种族主义却已是一个社会
文化领域的问题。体质人类学的知识告诉我们，各人种之间的差异并不是
根本性的，而且这些差别并不表明各人种智力和才能上的不同。从体质上

---

① 吴汝康：《今人类学》，安徽科学技术出版社 1991 年版，第 114 页。
② 《考古新发现在引人类起源争论》，《光明日报》2003 年 6 月 16 日第 4 版。
③ 《中国人的祖先就是中国人自己》，《羊城晚报》2002 年 5 月 16 日第 3 版。
④ 芮逸夫主编：《云五社会科学大辞典·人类学》，商务印书馆 1975 年版，第 273 页。

看，种族主义分子片面夸大的某种特征用以说明人种优劣也是没有根据的。因为在每一人种中，都可能既存在较为先进的特征，也存在较为落后的特征。综合来看，各人种并无优劣之分。

因此，诚如 1983 年日内瓦第二届反对种族主义和种族歧视世界代表大会的宣言所说："种族主义和种族歧视现象是对基本人权的践踏，它侮辱人类尊严并成为国际紧张局势尖锐化的重要根源。种族优越的理论，已成为国际友好合作的障碍，威胁着人类的和平和安全。消灭种族主义和种族歧视乃是当前人类的迫切任务。"①

名词解释：

人种　灵长类　智人　种族主义

思考题：

1. 人在自然界中处于什么样的地位？
2. 简述人类进化的过程。
3. 人种形成的原因是什么？
4. 种族主义为什么是反动的？

---

① 转引自［苏］尼·切博克萨罗夫、伊·切博克萨罗娃《民族·种族·文化》（中译本），东方出版社 1989 年版，第 198 页。

第四章 人类的生存策略

当人猿相揖作别后，人类的生存策略随着环境的不同而变迁和发展。

许多人类学家对人类的生存环境及人类在与环境的互动中形成的生存策略进行了比较充分的阐述，向我们展现了多姿多彩的生存方式，及人类在与环境的互动中积累的丰富知识和智慧。今天，在现代化的进程中，全球化和区域化的浪潮使人类的生存环境发生了巨大的变化，深远地影响了人类的生存、生活及未来。

一 环境与经济文化类型

1. 环境对人类的影响

环境可以认为是我们所能触及的一切事物，周围地方的境况，或者说是周围地方的情况和条件，可以分为大环境和小环境。但总的说来，人类的环境还可以分为自然环境和社会环境两类。

环境与人类的关系如何呢？人类又是如何影响环境的呢？不同的学者对此提出不同的看法。

（1）环境决定论

所谓环境决定论就是在考察自然环境与人类社会文化的相互关系时，着重于自然制约方面，即认为自然环境是社会文化发展的决定性因素。环境决定论主要是由一些地理学家发展出来的，代表人物是德国地理学家也是人类学家拉策尔（F. Ratzel）。他认为人类为生物的一种，其活动、发展、分布与别的生物一样受自然法则的严格限制，也就是说，自然的环境条件对人类生存演进起着决定性的作用。

环境决定论是一种较为偏执的论调，它突出了地理环境的地位，却降低了或者说忽视了人的主体能动性。但环境决定论的出现又自有其意义，一方面，它引起地理学者在纯自然的研究之外关注人类、社会、文化等问题的兴趣；另一方面，它激起了一场人类与环境问题的争论，这些争论无论是支持的还是反对的，在某种程度上都被看作对"环境决定论"的延续。

（2）环境可能论

与环境决定论不同，可能论注重人类活动对自然环境的改变，强调人类社会的主体性及历史性，认为环境条件对人类社会文化的发生和发展只有可能的或限制的作用，而非决定性因素。

环境可能论的代表人物是被称作法国地理学之父的维达尔（P. V. de la Blaehe），他的主要著作是在其逝世后由其女婿整理出版的《人文地理学原理》。他把地理学的重心从自然转移到人这个积极力量上，认为人类的生活方式是各种因素（社会的、历史的、心理的）的复合体，地理环境只是这多种因素中的一种。因此，同样的环境可以伴以不同的生存策略，二者之间并没有必然的对应关系。

（3）生态论

第二次世界大战后，随着科学技术的飞速发展，人类无限度地向自然索取各种资源。随着世界人口和财富的激增，地球的许多自然系统难以满足人类的需求，生物界出现"赤字"，生态环境不断恶化，人与自然之间的矛盾日益加剧，于是生态论应运而生。

在这种背景下，人类逐渐意识到问题的严重性，自20世纪60年代起，一些个人和团体纷纷呼吁对生态环境加以保护，联合国也召开了多次人类环境会议。《联合国环境方案》提醒人们："我们不是继承父辈的地球，而是借用了儿孙的地球。"进入90年代后，保护人类生态环境的运动向纵深发展，更多的国家和组织加入这个行列，全球性的一致行动得到加强。1991年10月21日在世界上六十多个国家的首都同时公布了名为《保护地球——持续生存的战略》的文件，该文件为建立人类可持续生存的社会提出了"保护地球的生命力和多样性""最大限度减少不可更新资源的消耗""使每个人都能够关心他们自己的环境""改善人类生活质量""尊重和关心生活社区"等九条基本原则。生态论日趋得到广泛的认同。

（4）适应说

所谓适应（adaptation），指的是机体造成环境变化和环境造成机体变化之间相互作用的过程，或者说适应是一种机体和文化的变迁过程，这种过程有助于人类机体、文化等方面的生存和延续。适应概念还可引申出文化适应一词，用来说明某一文化的元素对另外一些文化元素或文化丛所产生的调适作用。对于大多数动物来说，适应是以它们的身体特征来达成的，但用文化生态学的眼光来看，人类的适应却是主要靠文化的方式来达成的。文化生态学在研究人类文化对自然环境的某些方面关系时，除了包括环境形态本身，还包括人类对环境开发的文化安排，如技术水平、经济组织等。

2. 文化区的划分

美国历史人类学派的博厄斯将文化结构层次分为文化特质、文化丛、文化类型（或文化区、文化模式）。

文化特质（culture trait）是指一种文化中可以划分的最小单位，其概念类似于文化元素。一般说来，它是具体的、物质的，但也可以是抽象的、精神的。比如龙可以看作中华文化中的一个文化特质。

文化丛（culture complex）是一组功能上整合的文化特质，它构成一个在时间上和空间上持续存在的单位，是文化特质相互结合而成为一种功能上的整体，构成较大的功能单位。

文化区（culture area）是一个空间上的概念，它与地理区域、经济区域、行政区域可能重合，但绝不相等。文化区概念也与时间有一定的关系，区域内的文化有其稳定性和继承性，是历史形成的。与文化区相近的一个概念是文化类型（culture type），指用以确认某一特定文化在本质上相似的全体特征。

文化模式（culture pattern）认为，每一个民族都有自己独特的文化，这种文化犹如一个人的思想和行为模式，多少具有一致性；每一种文化内部又都有代表其特色的目的，而这种目的不一定为其他社会所共有，所以不同的社会有不同的文化模式[1]。

3. 经济文化类型

20 世纪 50 年代苏联人类学民族学界提出了"经济文化类型"的理论。[2]

---

① 详见［美］鲁恩·本尼迪克特《文化模式》，浙江人民出版社 1987 年版。

② ［苏］M. T. 列文、H. H. 切博克沙罗夫：《经济文化类型和历史民族区》，《民族问题译丛·民族学专辑》，1956 年 7 月。

所谓经济文化类型，即生活在一定的自然地理环境，并处在类似的社会经济发展水平上的各族人民，在历史上形成的具有共同经济和文化特点的综合体。但是，在不同自然地理条件下，不同族群的社会经济和文化就会形成不同的经济文化类型，如热带森林地区狩猎者和采集者经济文化类型、草原和半沙漠地带的狩猎者和采集者经济文化类型、热带森林地区的锄耕农业经济文化类型等。

二 人类生存的方式

为了生存，人类必须进食。但是人类不像其他动物，仅仅是满足于采集或猎捕到的食物，人类还要保证食物来源的安全性及稳定性。于是人类通过制造和使用工具，在不同的地域或环境中形成了不同的生存方式。

1. 小规模的觅食生存方式

自从人类在 30 万年前出现并逐渐遍布全球之后，在大部分的时间里，人类靠采集野生植物和猎捕野生动物维生。至于积极运用资源、农业和饲养家畜之类的生存方式，要到约 1 万年前才开始形成。至今，靠觅食维生的社会数目已逐渐减少，目前世界上只剩下为数很少的几个觅食社会。他们主要以两个基本形态存在。

（1）徒步觅食生存方式

大部分的觅食者属于徒步觅食者（pedestrian hunters and gatherers），也就是只运用双脚来猎捕野生动物和采集可食用的野生植物。现今与近代的徒步觅食者包括大部分的澳大利亚觅食者、非洲中南部的 BaMbuti 族和 San 族、加拿大北部的 Cree 族和类似群体，以及东南亚的 Punan 族和一些偏远部落。

（2）水中觅食生存方式

水中觅食（aquatic hunting and gathering）的人主要是流浪在海上的族群。如东南亚海岛地区的巴召人，人们惯称为"海上吉卜赛人"。因为巴召人与浪迹天涯的吉卜赛人一样，没有固定的住所，到处流浪，只不过巴召人是流浪在海上而已。

此外，在世界的河流之中，还生活着许多"船上人家"，在中国被称为"蛋民"。他们在河流中靠捕鱼为生。但由于世界环境的变化，不少蛋民开始"上岸"，寻找新的生存方式。

2. 小规模农业生存方式

比起觅食，这种靠种植农作物维生的方式可养活更高密度的人口，而且可以使人们过着更安定的生活。

在小规模社会里，以农业维生的人主要依赖人类或动物的劳力并运用简单的工具。这种生产方式有时可称为农艺（horticulture），泛指各种园地栽种。到今天，农艺性的生产对那些处于现代世界经济边缘的人们而言，仍旧是一项重要的维生活动。

小规模社会农民所经常运用的一项农艺方法是刀耕火种，也叫轮耕（shifting cultivation）。这种栽种方式早在数千年前就被人类广泛采用，至今，刀耕火种仍持续维持着数百万人的生计，这主要是在赤道附近的热带区域。

3. 畜牧生存方式

在一些降水量少而且不稳定的区域，农业的生产并不合适，放牧动物，或称畜牧（pastoralism）就是另一种很好的生存方式。畜牧在亚、欧、非等洲的许多地方一直存在，但在美洲则直到欧洲人入侵之后才引进这种生存方式。在某些畜牧社会，只有牧者跟着放牧动物迁徙，其他的家族成员则住在固定的村落中栽种各项农作物；部分畜牧社会则是所有人均随着畜群迁移。

（1）季节迁徙生存方式

这种生存方式，只有牧者随着畜群移动。季节迁徙（transhumance）包含了村庄附近有限的作物栽种及移动性的动物放牧。这样的生活方式主要分布在某些地中海社会、美洲西南与欧洲人接触后的 Navajo 社会、非洲南部干燥地区的一些人群以及亚洲南部喜马拉雅山麓丘陵区的人群。

（2）游牧生存方式

在农艺及季节迁徙均不合适的区域，人们以跟随畜群的游牧活动来建立另一种属于自己的维生方式。游牧（Pastoral nomadism）是一种经济上的适应方式，它主要是仰赖动物的放牧维生，却居无定所。

迁徙是游牧的一项核心特征。由于季节变换加上天气的不可预测，游牧者必须带领其畜群四处移动，寻求各处草地之最佳利用。在中东，许多游牧社会在广大多变的土地上会遵循一条传统路线行进，这路线又称为"部落路线"（tribal road）。行进的模式基本上是从一处低地（通常相当靠近他们定居的村落）逐渐迁移至高且远的山区草地。

4. 大规模社会的生存方式

大规模的社会较多以密集式的农业维生。密集人口的产生是在公元前8000—前6000年，当农业生产在某些地区受到强调后，随着村庄式农业社群的建立而出现的。当中只有少数人口密集中心形成了早期的国家，它们包括近东、远东和美洲大陆等地所谓文明的摇篮。在这些地点，原本自治的村庄彼此融合成了更大的政治单位，城市逐渐成长，以及超越村庄层次的商业贸易也担负起更多重大责任。

15世纪初期，欧洲人的探险、势力扩张和殖民政策建立了一个更为整合的世界体系，也进一步地改变了人类社会。人们彼此间的接触达到史无前例的频繁程度。务农和耕种技术遍布广泛的区域，而商业交易和都市化也快速成长。

在18世纪后半叶，工业革命（industrial revolution），系指从缓慢的手工生产方式演进至机械式的工厂和农业生产的过程，造成了重大的社会变革，促进大规模社会的形成，其影响力最后也延伸至全世界。

（1）农民及其农耕形态的生存方式

在非洲、亚洲、拉丁美洲甚至欧洲的某些地方，大规模社会中数亿的耕作者可以归类为农民（peasants）。家庭农庄是农民的生产和社会组织的基本单位。虽然他们偶尔会花钱雇用劳工，但大部分的劳力来源仍是家庭中的成员。而且他们的农耕只运用一些相当简单的技术，并且不太依赖机械化工具。农庄供给整个家庭的食物需求，同时也经由贩卖纳税和一些其他的方式将剩余的食物重新分配给非农民。

（2）农场经营式生存方式

有一种大规模农业企业的形式，Philip Curtain（1990）称之为农作综合体（plantation complex）的农场或农庄，是一种大规模且商业化的农业生产系统，能将产品供应至不同社会中的远方市场。这个农作综合体的另一项特征是它的人力无法自给自足，必须向外招募一些劳工（借助武力的使用或合约的签订）。这些劳工必须接受训练，但不需要太特别的技术。在北美和南美，这些劳工最初由从非洲输入的奴隶担任。而到19—20世纪，美洲的劳工不是找当地的人们就是改由印度和中国等国输入。

（3）大规模机械化农场生存方式

大规模的农业并非都需要大量劳工，大规模机械化谷物农场就是个例子。它已是非热带地区农业的主要形态，而且近来也散布至热带区域。在这种农场形式中，通常只专心种植一两种谷物，而且收成的产物大多数输出至更远的市场。然而，这些谷物农场和前面所提的一般大农场（plantations）不同的是，它们属于资本密集而非劳力密集。换句话说，须依赖资本投资来购入肥料及机器设备，因此只需较少量的劳工。

（4）牧场生存方式

大规模社会中的另一种生存方式是经营牧场（ranching）。所谓的牧场是指在一个大型农地中畜养与放牧牛、马或羊。大部分牧场所在的土地并不适于农业活动，而且供养能力（carrying capacity）很差。然而，随着农业技术日益革新，在相当荒芜的地区也能建立农场，所以情况也开始改变。某些贫瘠地区已是农、牧混合发展，有的甚至完全被农业取代。

牧场的经营是高度分工的。大部分的牧场通常只畜养单一种类的动物，像牛或马。在大型企业所属的牧场中，工作通常需要大量的劳工与高度的专业化。

20世纪是人类生存方式的重要转型期，无论是工业、农业、商业，还是在偏远的游牧、狩猎方式都在发生巨大的改变。社会分工精细，全球环境变化，许多生存方式被淘汰，新的生存方式不断涌现，许多人在不断调整自己的生存策略以适应社会和环境的变化。

三　聚落与风水

聚落是人类经过一定的历史时期，与周围环境的互动过程中形成的选择和构建，而风水正是人类在这个过程中总结出来的有益的经验和知识，它们是密切相关的。

1. 人类学家眼中的聚落

聚落也称居民点，但不是纯地理意义上的词语。一般来说，聚落研究的内容包括聚落的形成、发展、所在地的地理条件及聚落的形态、组成要素、内部结构、分类、分布、各种自然因素及人文因素对聚落的影响等。

有人将乡村聚落单位分为三个层次：一是个别建筑物，如一栋民居、一座庙宇；二是村落内的布局，如住房、学校、商店、道路、水井等的位置安排；三是村落间的结构。也有人把聚落之内的布局叫作"微观聚落形态"（microsettlement pattern），把聚落与聚落之间在较大区域内的彼此关系叫作"宏观聚落形态"（macrosettlement pattern）。①

除了乡村聚落的研究外，随着人类社会都市化倾向的增强，人类学也从乡野迈向了城镇，开始了对都市及都市文化的探讨。譬如，美国社会学中的芝加哥学派，就是以城市研究起家的，他们高举人类生态学的旗帜，以芝加哥等城市为对象，细致入微地讨论了人与空间的互动关系。他们对城市的认识，至今仍值得借鉴。

城乡是聚落的两种形态，它们是二分的，却不是隔绝的，其间存在各种各样的联系。联系通过了聚落网络中的一个个点，这些点具有独特的性质，它们亦城亦乡，又非城非乡，费孝通称它们为"小城镇"。小城镇在人员、物资、信息等各方面都起到了积聚和扩散的作用，发挥着重要的社会文化功能。人类的聚落因此而呈现出一种多元的格局。

2. 风水：生态学的中国诠释

20 世纪 50 年代以来，受生态学的影响，一些人类学家如美国的斯图尔德（Julian Steward）借用其术语概念，倡导文化生态学（cultural ecology），也称民族生态学、生态人类学、生态民族学，考察环境对人类的影响及人类如何适应、利用、改造环境。而在中国，自古以来就对聚落生态形成了一个独特的认识体系，即风水学，这是中国人对生态学的本土诠释。

风水学又称"风水术"或"堪舆学"，其中虽掺杂了许多玄学的成分和迷信的色彩，但它的实质不外是在选址方面对地质、水文、日照、风向、气候、气象、景观等一系列自然地理环境因素，做出或优或劣的评价和选择，以及所需要采取的相应的规划设计的措施，从而达到趋吉避凶纳福的目的，创造适于长期居住的良好环境。若剔除风水中玄虚迷信的糟粕，毕竟还可以发现其中合理的成分。此外，它还是中国传统宇宙观、自然观、环境观、审美观的一种反映。所有这些，对传统住宅、村镇、城市的选址及规划设计都产生了一定的影响并起到正面的作用。

（1）风水格局与生态环境

负阴抱阳，背山面水，这是风水观念中宅、村、城镇基址选择的基本原则和基本格局。所谓负阴抱阳，即基址后面有主峰来龙山，左右有次峰或岗阜的左辅右弼山，或称为青龙、白虎，山上要保持丰茂植被；前面有月牙形的池塘（宅、村的情况下）或弯曲的水流（村镇、城市）；水的对面还有一

---

① ［美］张光直：《考古学专题六讲》，文物出版社 1986 年版，第 83—90 页。

个对景山案山；轴线方向最好是坐北朝南，但只要符合这套格局，轴线是其他方向有时也是可以的。基址正好处于这个山水环抱的中央，地势平坦而具有一定的坡度。这样，就形成了一个背山面水基址的基本格局。具体来说，理想的风水格局应具备以下的形势，名称及相应位置如下：

1. 祖山：基址背后山脉的起始山；

2. 少祖山：祖山之前的山；

3. 主山：少祖山之前、基址之后的主峰，又称来龙山；

4. 青龙：基址之左的次峰或岗阜，亦称左辅、左肩或左臂；

5. 白虎：基址之右的次峰或岗阜，亦称右弼、右肩或右臂；

6. 护山：青龙及白虎外侧的山；

7. 案山：基址之前隔水的近山；

8. 朝山：基址之前隔水及案山的远山；

9. 水口山：水流去处的左右两山，隔水成对峙状，往往处于村镇的入口，一般成对地称为狮山、象山或龟山、蛇山；

10. 龙脉：连接祖山、少祖山及主山的山脉；

11. 龙穴：基址最佳选点，在主山之前，山水环抱之中央，被认为是万物精华的"气"的凝结点，故为最适于居住的福地。

不难想象，具备这样条件的一种自然环境和这种较为封闭的空间，很有利于形成良好的生态和良好的局部小气候。因为背山可以屏挡冬日北来寒流；面水可以迎接夏日南来凉风；朝阳可以争取良好日照；近水可以取得方便的水运交通及生活、灌溉用水，且可适于水中养殖；缓坡可以避免淹涝之灾；植被可以保持水土，调节小气候，果林或经济林还可取得经济效益和部分燃料能源。总之，好的基址容易在农、林、牧、副、渔的多种经营中形成良性的生态循环，自然也就变成一块吉祥福地了（见图4-1、图4-2、图4-3、图4-4）。

（2）风水格局的空间构成

中国人自古以来在选择及组织居住环境方面就有采用封闭空间的传统，为了加强封闭性，还往往采取多重封闭的办法。如四合院宅就是一个围合的封闭空间；多进庭院住宅又增加了封闭的层次，里坊又用围墙把许多庭院住宅封闭起来。作为城市也是一样，从城市中央的衙署院（或都城的官城）到内城再到郭城，也是环环相套的多重封闭空间。可以说，风水格局是在封闭的人为建筑环境之外的又一层天然的封闭环境。它的空间构

负阴抱阳

三（玄武）

道路（白虎）

河流（青龙）

金带环抱

池（朱雀）

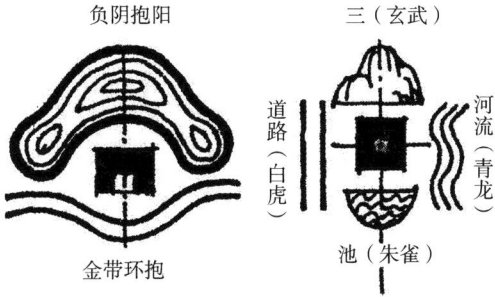

图 4 – 1　最佳宅址选择

图 4 – 2　最佳村址选择

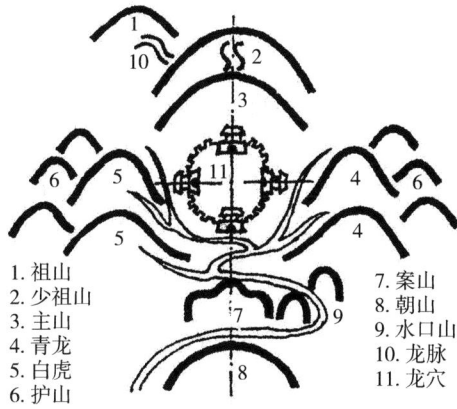

1. 祖山
2. 少祖山
3. 主山
4. 青龙
5. 白虎
6. 护山

7. 案山
8. 朝山
9. 水口山
10. 龙脉
11. 龙穴

图 4 – 3　最佳城址选择

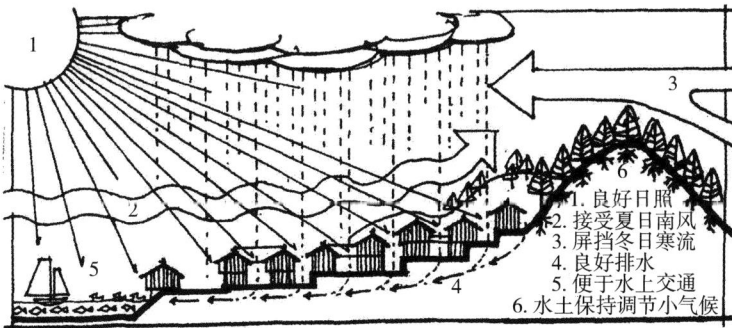

1. 良好日照
2. 接受夏日南风
3. 屏挡冬日寒流
4. 良好排水
5. 便于水上交通
6. 水土保持调节小气候

图 4 – 4　村镇选址与生态关系

成的基本模式见图 4 – 5、图 4 – 6。

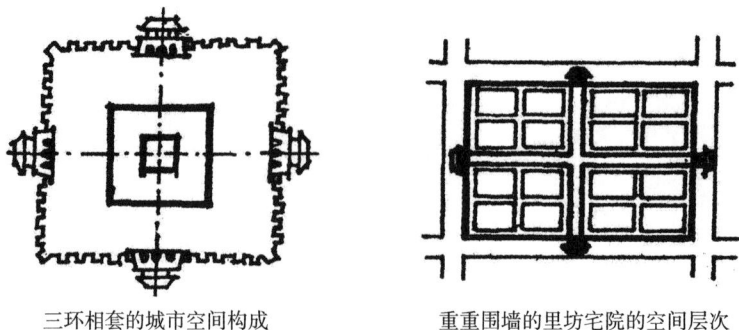

三环相套的城市空间构成　　　　　重重围墙的里坊宅院的空间层次

图4－5　多层次的空间封闭结构是中国传统的规划设计思想

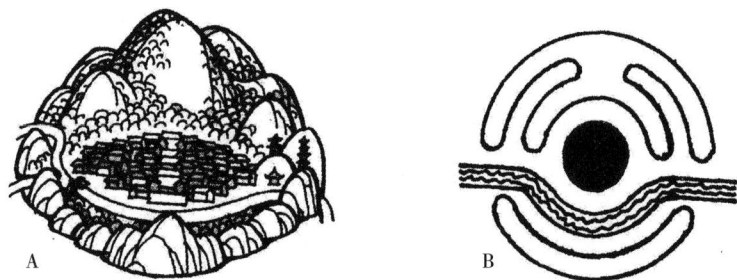

A　　　　　　　　　　　　　　B

图4－6　村镇风水格局的封闭式空间构成（A）及其基本模式（B）

（3）风水与景观

风水学说虽然是按照"气""阴阳""四灵""五行""八卦"等风水学说来考虑的，但出于"天人合一""天人感应"的中国古代哲学思想，认为人与自然应取得一种和谐的关系。所以，追求一种优美的、赏心悦目的自然和人为环境的思想始终包含在风水的观念之中。居住环境不仅要有良好的自然生态，也要有良好的自然景观和人文景观。按照上述理想的风水选址，常包含以下的景观因素。

——以主山、少祖山、祖山为基址背景和衬托，使山外有山，重峦叠嶂，形成多层次的立体轮廓线，增强了风景的深度感和距离感（见图7）。

——以河流、水池为基址前景，形成开阔平远的视野。而隔水回望，生动的波光水影，造成绚丽的画面（见图4－7）。

——以案山、朝山为基址的对景、借景，形成基址前方远景的构图中心，使视线有所归宿。两重山峦，亦起到丰富风景层次感和深度感的作用。

图 4 - 7 风水山与风水池的背景及前景效果

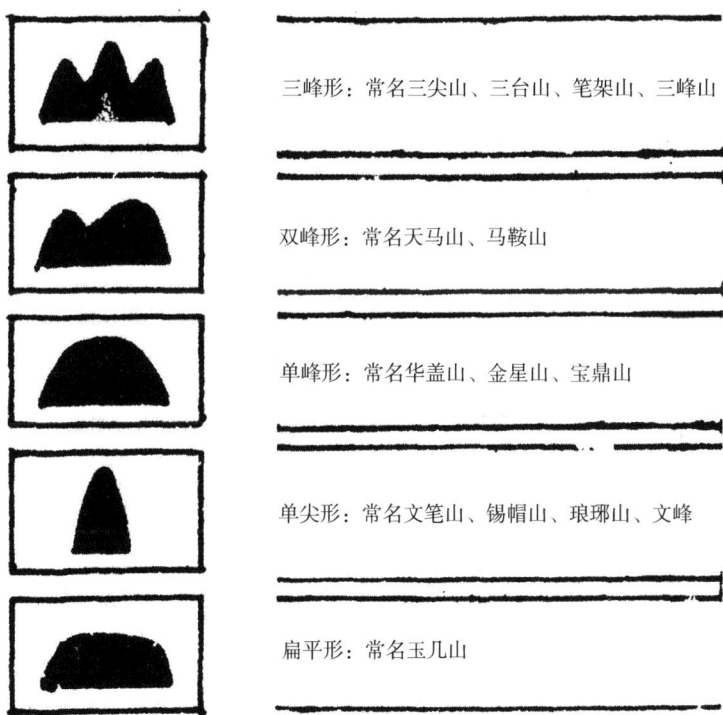

三峰形：常名三尖山、三台山、笔架山、三峰山

双峰形：常名天马山、马鞍山

单峰形：常名华盖山、金星山、宝鼎山

单尖形：常名文笔山、锡帽山、琅琊山、文峰

扁平形：常名玉几山

图 4 - 8 对景山——朝山或案山的常见图示形态

——以水口山为障景、屏挡，使基址内外有所隔离，形成空间对比，

使入基址后有豁然开朗、别有洞天的景观效果（见图4-9）。

图4-9   水口山及附带建筑的景观

——作为风水地形之补充的人工风水建筑物如宝塔、楼阁、牌坊、桥梁等，常以环境的标志物、控制点、视线焦点、构图中心、观赏对象或观赏点的姿态出现，均具有易识别性和观赏性。如南昌的滕王阁选点在"襟三江而带五湖"的临江要害之地，武汉的黄鹤楼、杭州的六和塔等也都是选点在"指点江山"的选景与赏景的最佳位置，均说明风水物的设置与景观设计是统一考虑的（见图4-10）。

通过上述分析，可以看到，依照风水观念所构成的景观，常具有以下的特点。

第一，围合封闭的景观：群山环绕，自有洞天，形成远离人寰的世外桃源。这与中国道家的回归自然、佛家的出世哲学、陶渊明式的乌托邦社会理想和其美学观点，以及士大夫的隐逸思想都有密切的联系。

第二，中轴对称的景观：以主山—基址—案山—朝山为纵轴；以左肩右臂的青龙、白虎为两翼；以河流为横轴，形成左右对称的风景格局或非绝对对称的均衡格局。这又与中国儒家的中庸之道及礼教观念有一定的联系。

第三，富于层次感的景观：主山后的少祖山及祖山，案山外之朝山，左肩右臂的青龙白虎山之外的护山，均构成重峦叠嶂的风景层次，富有空间深

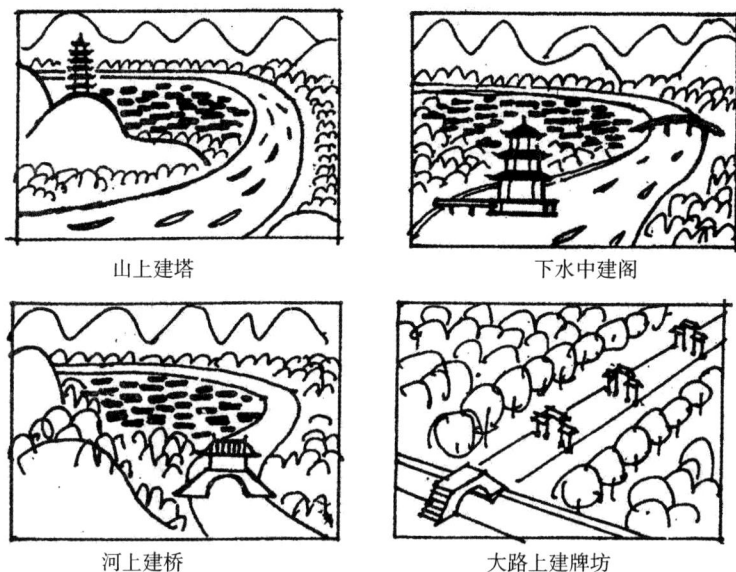

山上建塔   下水中建阁

河上建桥   大路上建牌坊

图 4 - 10　根据风水理论常需在山上建塔、水中建阁、河上建桥及修筑其他风水建筑。
这些建筑往往成为村镇标志，风景构图中心或观景点

度感，这种风水格局的追求，在景观上正符合中国传统绘画理论在山水画构图技法上所提的"平远、深远、高远"等风景意境和鸟瞰透视的画面效果。

第四，富于曲线美、动态美的景观：笔架式起伏的山，金带式弯曲的水，均富有柔媚的曲折蜿蜒动态之美，打破了对称构图的严肃性，使风景画面更加流畅、生动、活泼。

综上所述，透过玄学迷信的帷幕，我们可以看到，实质上作为一种环境设计的风水学，在创造美好的居住环境方面，同时注意到生态环境问题和景观质量问题，景观、功能与审美成为不可分离的统一体。我们还可以看到，中国的风水观念实际受到中国传统的儒、道、释诸家哲学以及中国传统美学思想的深刻影响，是综合了中国文化的产物，是中国人对环境生态学本土化的一种诠释。

四　现代化与全球化

19 世纪，由于工业革命的兴起，在英国首先出现了从传统社会到现代社会的转型，此后，现代化的浪潮逐渐扩大，第二次世界大战后波及全世界。

1. 现代化的概念及社会因素

什么是现代化？一般来说就是社会在科学技术革命的冲击下，社会因素转变的过程。这些社会因素包括：国际依存的加强，非农业生产尤其是制造业和服务业的相对增长，出生率和死亡率由高向低的转变，持续的经济增长，更加公平的收入分配，各种组织和技能的增生及专门化，官僚科层化，政治参与大众化（无论民主与否）以及各级水平上的教育扩展，等等。

2. 现代化理论的发展

19 世纪末 20 世纪初以来，许多思想家已经就现代化问题作过重要的论述，形成不少具有影响力的学派和理论。在这些学派中，以经典现代化理论和依附论的影响最大。这两个学派的理论立场比较清楚：一个是西方的主流学派，另一个是非主流学派或称"左派"。

（1）经典现代化理论的内因论

"经典现代化理论"是一种内因论的学说，是 20 世纪 50—60 年代以来美国主流学派研究第三世界国家现代化问题的理论，是当时美国政府制定对贫困国家的援助计划的理论根据。内因论认为第三世界经济落后是由其自己制度上和观念上的落后造成的。落后国家要想顺利地实现工业化，必须在制度上和观念上"西化"，即向西方国家学习。西方社会的私营经济、自由竞争、市场开放、多元化社会结构、大量的自治团体与组织、法治体系、民众参与、政党政治等，是第三世界国家必须首先学习的。这样的观点与立场带有浓厚的后殖民主义色彩，渗透到各个学科中。

（2）依附论的外因论

如果说经典现代化理论把第三世界国家的"落后"归因于内部制度与观念上的落后，那么，依附论则把第三世界国家的各种危机与问题归因于西方国家的经济渗透与剥削，是一种外因论。

阿根廷经济学家劳尔·普列比什被认为是依附论的创始人。依附论的实践来源是拉丁美洲的"欠发展"状况。拉丁美洲一直走的是资本主义的发展道路，与西方有悠久的经济贸易联系。但是，直到 20 世纪 70 年代拉丁美洲还在艰难的发展道路上徘徊。这使人们对走以西方为核心的资本主义体系的发展道路产生怀疑。

激进派依附论不仅把国际经济剥削关系作为不发达的原因，还指出了一条"革命"的现代化道路。他们认为，对于第三世界国家的发展，西方国家的作用只是反面的，只有同西方中心国家完全"脱钩"，即断绝经济往来，第三世界国家才能获得发展。

以上两个学派的理论都有自己的片面性。经典现代化理论系统地对第三世界国家内部社会结构、政治经济体制、文化观念等方面存在的各种障碍作了探讨和分析，指出不发达国家要从社会体制的改革和观念的变化入手，使社会—政治—经济系统有利于激发个人的进取精神，从而使现代化获得动力。经典现代化理论的缺陷是忽视了国际因素的影响。

3. 现代化的四种模式

根据北京大学教授尹保云对20多个国家和地区现代化的考察，从国家与社会、政府与企业的角度大体上把世界各国的现代化分为四种模式。

（1）英美模式

英美模式的突出特点是，其现代化是一个自然的自下而上的过程，经济增长主要是由商人和业主所推动；政治变革是以扩大个人自由和保障民主法治秩序为取向；政府干预经济的作用不突出，在农业上有所作为，而对于城市经济却坚决贯彻自由放任主义的原则。

"英美模式"还包括加拿大、澳大利亚、新加坡等"英联邦"成员国，以及中国香港。这些国家和地区的历史虽然并不一样，却信奉相同的经济哲学，即自由放任主义。

（2）德日模式

严格说来，这种模式只有德国、日本和韩国是典型的代表。这种模式的特点是，国家在现代化中的作用比较突出，精英式的领导集团深知自己国家的落后，有意地追赶先进国家。政府是典型的"强大政府"，他们采取的方法也大致相同：在经济上主要体现为人为地加速市场的发育，政府先培植出一批私营企业，以便尽快地获得国际竞争力。简言之，这个模式的特点是政府扶植资本主义。

（3）苏联计划经济模式

这种模式企图避开西方国家在现代化中所出现的问题，也想避开迟发现代化所特有的病症，比如跨国资本的垄断、国际经济剥削等。这种模式的政府是"强大的政府"，容易导致官僚制经济，政府完全取代了企业家的职能，社会和个人没有任何的发展空间。它以"杀鸡取蛋"的方式带来一时的工业化繁荣。发展的动力不是来自每个社会个人的潜力发挥，而是来自官僚体系的计划安排和意识形态的鼓动。它是一种首尾倒置的模式，国家消灭了社会，政府取代了企业，谈不上社会发育与个人发展。目前世界上很少有国家继续采用这种模式。

（4）混合模式

混合模式在拉丁美洲地区、东南亚、南亚、非洲以及中东伊斯兰地区十分流行。这种模式的出发点和意图是想汲取社会主义和资本主义两种制度的长处，获得生物学上的"杂交优势"。但是，社会发展的规律同生物学规律并不相同，拉美、东南亚一些国家以及印度的"混合模式"也常常混合了一大堆问题。各种现代化病症在这些国家发生的程度更严重，影响的范围更广，持续的时间更长。

4. 人类学视野中的全球化

20 世纪末全球化席卷世界，成为国际社会发展的大趋势。

（1）什么是全球化？

全球化，又称为全球一体化或国际化。英国社会经济学者莱斯·斯克莱尔（Leslie Skair）的定义代表了多数人的看法，即"全球化是以经济全球化为核心，包括通信、旅游及生态的全球化为基本问题，而以文化及社会、政治影响为直接后果的一种社会变化趋势，它揭示的是全球不分贫富、不分种族、不分信仰、不分国界日益密切的相互依存状态。全球化的提出，标志着地球上的人类作为一个整体的相互依存状态已达到前所未有的新水平"①。

无数事实和现象已经表明，全球化概念的提出绝非空穴来风，在通信、经济、政治、文化、社会等人类活动的各个领域中都可以看到全球化的影响。而全球化对民族文化、民族性的影响正是在全球化对人类生活这种无孔不入的广阔背景下展开的。

5. 人类学对全球化的解读

像现代化一样，全球化也是把"双刃剑"，它在造福人类的同时也带来隐患，对此我们应该有清醒的认识。

（1）认识全球化的不平衡性

世界各国、各民族参与全球化的程度与从中获益的机会是不均等的，因为成功的参与取决于一个国家或一个民族的经济实力以及科学技术、文化教育的发展水平。在这些方面，西方发达国家较广大发展中国家占有明

---

① 《中国社会科学》（中国香港），1993 年。

显的优势，他们成为资本、信息、科学技术的主要输出国，并借此在世界范围内推行他们的政治制度和思想观念。因此，我们不可能在全球化中坐享其成，而必须努力在国际经济、政治、文化各个领域占有一席之地。此外，这种不平衡性必然导致强势文化对弱势文化的居高临下，也就是所谓的文化殖民。

（2）抵制文化殖民和文化渗透

正如"后殖民主义"者所说，冷战结束后，军事殖民和经济殖民已难以奏效，"只有通过文化刊物、旅行以及讲演等方式逐步地赢得后殖民人民"①。很久以来，美国政府一直将文化外交、文化渗透作为其实施全球战略和外交政策的手段之一。曾任美国国务院负责对外文化关系的助理国务卿威廉·本顿曾直言不讳地表示："从长远看，培养外国留学生是一种最有前景、一本万利的推销美国思想文化的有效方式。"② 美国的文化渗透已引起许多国家，包括一些西方国家的警觉，它们采取积极行动，运用语言、行政、法律、经济、技术和文化评论等手段，抵制外来文化的入侵，保护民族文化。③

（3）警惕狭隘的民族主义

发展、保护民族经济与文化需要民族自我意识和文化自尊的高扬，但亦应警惕打着弘扬"民族精神"、保护"传统文化"的旗号，"以各种面目出现的带有封闭排外及简单自保的文化部落主义"——"狭隘民族主义在新时期的翻版"④。在态度上，它表现为文化独尊；在行动上，它表现为文化孤立和文化排外，不一而足；极端民族主义则会引发民族仇视和民族纷争。所有这些均不利于国家利用国外资金和国外先进的科学技术促进本民族的发展，也必将损害民族的根本利益。

（4）提倡"和而不同"的全球精神

21 世纪将是"全球化"的世纪，人类应该以一种新的思维、新的理性主义适应这一特殊的时代。全球化指的是"全球一体"而非"全球一致"已成为许多人的共识。北京大学教授汤一介先生运用中国先秦时期"和而

---

① 关世杰：《跨文化交流学》，北京大学出版社 1995 年版，第 408—410 页。
② 吴晓群：《世纪之交的文化思索》，《文艺争鸣》1998 年第 1 期。
③ 汤一介：《和而不同原则的价值资源》，《理论学习与探索》1997 年第 1 期。
④ 陈筠泉：《重视国外关于文化战略问题的研究》，《人民日报》1997 年 7 月 12 日。

不同"的思想详细说明了包容精神之于全球化下文化多元发展的重要性。他解释说,"和而不同"就是首先要承认"不同",在"不同"的基础上形成的"和"("和谐"或"融合"),这样才能使事物得到发展。如果一味追求"同",非但不能使事物得到发展,反而会使事物衰败,并提议将"和而不同"作为处理不同文化传统之间关系的一条原则。在国际上,持相似观点的也不乏其人。1991年,第26届联合国教科文组织大会通过一项决议,要求成立一个专门委员会,负责起草一份关于文化和发展的国际报告,并得到联合国大会的批准。该报告提出,要探索和阐明文化和发展的某些关键问题,研究文化因素如何决定不同的民族和国家看待自己的未来和选择不同的发展道路。由此可见,学会相互了解、相互尊重、和平共处已成为"地球村"人的必需。费孝通先生曾用诗一般的语言表达了这一思想:"各美其美,美人之美,美美与共,天下大同。"他还指出人类学在这方面将大有可为。①

名词解释:

生存　经济文化类型　文化特质　风水　现代化　全球化

思考题:

1. 试述中国经济文化类型的理论。
2. 简述人类生存方式的变迁。
3. 你是怎么样看待风水的?
4. 现代化理论发展的模式有哪几种?
5. 简述全球化对传统文化的影响。

---

① 王俊敏:《人类学研究与文化沟通——访费孝通等五位东亚人类学家》,《北京大学学报(哲社版)》1996年第1期。

第五章　性与生育

性与生育使人类繁衍不绝。从上古神话中的女娲抟土造人到今天的"克隆人"，它所繁衍的不仅仅是人类本身，还有人类的文化。

一　性是动物的本能

性是动物的本能之一，它几乎无所不在。对于人类来说，性这种一对男女之间最亲密的游戏，绝对是一件快乐的事情，却往往叫人讳莫如深。性也是自然界最神秘的谜题，时至今日我们仍不能将其彻底解释清楚，只有随着科学的发展，去一层层地揭开它的面纱。

1. 性的起源

性是怎样开始的？从生物学上说，有性繁殖是一对个体把它们的基因物质结合在一起，从而产生一个跟这两个本体都不同的新个体的过程。也就是说，性是由基因造成的。当一个个体成熟时，修复其有缺陷的或受损的 DNA 的最好的方法就是和另一个个体的基因结合，因此，就出现了"性"。

2. 性是人类进化的必须和权利

在基因结合的过程中出现的基因互补和基因突变促使了物种的进化和变异。科学家认为，有性繁殖比无性繁殖有利，因为有性繁殖能更快地积累好的基因突变，更快地去掉坏的基因突变，以及更好地抵抗寄生生物。但是，有性繁殖也要付出一定的代价，比如说雄性的代价，在分雌雄两性的物种中，雌性浪费一半资源来繁殖本身不能繁殖后代的雄性个体；重新组合的代价：当一个个体达到繁殖的年龄，它显然已经适应其生存环境了，当它的基因和另一个体的基因相结合时，却不能保证结果一定是好的；还有交配的代价，每个个体在寻找其配偶时都要付出代价。但不管怎样，地球上的大多物种选择了依靠有性繁殖来繁衍后代，其中就包括人类。从人类历史来看，有性繁殖是利大于弊的，它不仅使人类在生理上进化得更好，而且还大大丰富了人类的文化。不可否认，性对于人类来说除了具有繁衍后代的功能以外还具有享乐的功能，当人类通过性来繁衍的同时也享受了性带来的快感。因此，性既是人类的必需，也是人类的权利。

3. 性的功能

性的功能如何？在人类学的视野中，性的功能一是因生育而具有的传宗接代的功能；二是因婚姻而具有社会关系的功能；三是因单纯的肉体快乐而具有的愉悦的功能；① 四是有利于人类健康的功能。

4. 从人类学的视角看"克隆"

科学发展到今天，人们开始共同关注一个问题：克隆。自从第一只克隆绵羊"多莉"诞生后，有关克隆人的争论一直不断。支持克隆人者认为，克隆人有助于深入认识人的生老病死，体现了科学不断进取的精神和科学自由的原则。同时，对于那些无法生育的人和痛失亲人的人来说，生殖性克隆是福音。反对者则有不同的看法，他们强调，为人类造福是科学的最高目的，科学进取精神和自由原则也不能背离这一目的。从极少数无法生育的夫妇看，克隆人也许是福音，但从整体看长远看，克隆将会给人类的生存和发展带来灾难。到底孰是孰非，难以一时之间下定论，那么不妨从人类学的角度来看克隆到底能够带给人类什么。

首先要肯定的是，治疗性克隆将会大大推动现代医学的发展。例如，需要换肾的病人将不用再苦苦等待合适的肾源，克隆技术可以"复制"出完全适合他的肾脏。这对于人类来说是极大的福音，应该给予推广。但是，如果推广的是生殖性克隆，那么复制出来的就不仅仅是某个器官，而且是活生生的人，这就要牵涉生命伦理道德方面了。目前克隆技术还不完善，如果贸然用到人的身上，克隆出畸形、残疾、早夭的人，是对人的健康和生命的不尊重和损害。再者，克隆可能会影响基因的多样性。人人都希望自己的后代完美无缺，但如果每个孩子的基因都是事先"设计"好的，那将会危及人类基因库的多样性，威胁人类的生存和发展。最严重的

---

① 梁剑芳：《"性技巧"进大学教材意义到底在哪里？》，《羊城晚报》2004 年 1 月 24 日第 10 版。

是，克隆人有损于人的尊严。每个生命都是独一无二的，人更是如此。人是目的而非工具，每个人都享有人权和尊严。而克隆人有把人当作产品甚至商品之嫌，既损害了生命的独创性也损害了人的尊严。这也是联合国教科文组织和国际人类基因组组织等反对克隆人最重要、最根本的理由。中国由科技部、卫生部正式颁布的《人胚胎干细胞研究伦理指导原则》明确禁止生殖性克隆人研究，但允许开展胚胎干细胞的治疗性克隆研究。①

从早衰的绵羊克隆体可以看出，克隆是存在种种弊端的。首先，人类基因坏突变的概率非常高，如果坏突变在克隆体上迅速积累，人类的寿命将会越来越短。如果女人不愿意照顾其他人的克隆体，只会抚养自己的克隆体的话，女人的比例将会越来越大，男人会由于人数大减而被排斥在社会之外。同时，由于无性繁殖不会出现基因混合，人类的相貌也将会变得越来越丑。

人类是否能够承受克隆所带来的后果呢？随着科学的发展，这一争论将会愈演愈烈。但不管怎样，在人类克隆还未健全也未合法的今天，人类还是应该多多关注性以及由性所延伸出来的文化。

二　性与生殖崇拜

人类既然有性，就不可避免地会发展出一系列与性有关的文化。与自然界中的大多数动物相比，人类算是较难繁衍的物种。人类妇女孕期长，胎数少，胎儿成活率相对低。这个问题在科学技术极不发达的古代社会更为尖锐，于是为了能够平安昌盛地繁衍后代，人们将希望寄托于神灵，与之相应而生的就是种种求子和生殖崇拜的风俗。

1. 原始的生育观

女人为什么会生孩子？这个现在看来十分简单的常识，在原始时代可以说是最尖端的问题。

远古时代，处在原始社会初级阶段的人们"知母不知父"②，人们认为之所以会有小孩是因为某种灵物投胎所致。在汉族民间普遍流传着种种有关妇女看到异象有感而生的传说和故事，如"少昊宇青阳，母曰女节，有

---

① 《科学时报》2004 年 1 月 15 日。

② 《吕氏春秋·博君览》。

大星下流华渚，女节梦接意感而生少昊"①，"黄帝母附宝，见大雷绕北斗，枢星光照效野，感而孕"②。除了感星而生外，在中国古代的各种文献中还记载有感日月而生、感动植物而生，甚至感巨人足迹而生等种种感生的例子，不胜枚举。

中国民族的这种种感生习俗的传说和传承，无一例外地反映了"昔太古常无群矣，其民聚生群处，知母不知父，无亲戚兄弟夫妇男女之荆，无上下长幼之遭"③。这种"知其母，不知其父"④的现象真实反映了原始社会时代人们对女人为什么会生孩子一无所知，而只好把生育现象的存在附会到动植物乃至月亮和星星身上去了。于是，生育观的无知，造成了感生习俗的流传。

2. 生殖崇拜

生殖崇拜是产生于原始社会的一种以人的生殖器官为崇拜对象的自然崇拜形态。著名的性心理学家霭理士所说："生殖之事，造化生生不已的大德，原始的人很早就认识，是原始文明所崇拜的最大的一个原则，原始人为了表示这崇拜的心理，设有种种象征，其中主要的一个就是生殖器官本身。"⑤生殖崇拜分为女阴崇拜和男根崇拜，分别反映了人们在不同历史时期对生育现象的认识。

在"知其母，不知其父"的时代，人们对于女人生孩子的阴门怀有一种伟大的神圣感。魏勒在《性崇拜》中说过："所以在古代宗教，阴门这一女人最显著的特点被用来象征整个女人，但不是象征下流的女人，而是象征有道德的女人，甚至象征女神。"⑥所以老子《道德经》称："玄牝之门，是谓天地根。"从而形成原始时代最早的女阴崇拜，东北红山文化孕妇形女神陶像的出土就是一例。人们在对女阴的崇拜中，派生出种种女阴崇拜习俗传承下来。如以石洞裂开、石洞，水井、泉水、打儿窝，子孙窑，以及民间广为流传的以蚌、瓜、葫芦、石榴、鱼等为女阴象征的习俗，无一不是女阴崇拜的表象。

---

① 《帝王世纪》。

② 《初学记》引《诗含神雾》。

③ 《吕氏春秋·博君览》。

④ 《白虎通》卷一。

⑤ ［英］霭理士：《性心理学》，生活·读书·新知三联书店1988年版，第67页。

⑥ ［美］魏勒：《性崇拜》，中国青年出版社1988年版，第242页。

后来，几经历史的沧桑风雨，人类终于明白了女人之所以会生孩子，是由于与男人性交的结果。从此，在人们的生育风俗中出现了对男性生殖器的崇拜。据考古材料所示，我国早在仰韶文化晚期已出现了男根遗物，从中派生而出的男根崇拜风俗也流传至今，如云南大理白族视石笋为男根象征，妇女婚后不育，必到鹤庆朵美的温泉中沐浴，然后接触附近山上的石笋求子。

凡此五花八门的求子风俗与感生风俗，表现了人们的生育观从无知到有知的飞跃。这个飞跃对原始时代的人类来说具有突破性的意义，与此相应，人们的生殖崇拜也发生了从女阴崇拜到男根崇拜的历史性变迁。宋兆麟先生在云南西双版纳地区听到的一个传说则生动地反映了这一变迁。传说远古时期当地有 800 个媳妇，原与狗通婚，生育子女，但留女不留男，故俗称"八百媳妇国"。后来留一子，该子寻狗而杀之，妇女才与曼贺山上的石祖交媾，仍可生儿育女。据考察，曼贺为景洪县的一个村寨，背后山上有一石柱，如男根状，过去妇女不育就前往求子。①

中国各民族虽然有上下五千年历史的沧桑，与母系社会相适应的女阴崇拜却没有因父权制的确立而消失；男根崇拜也没有因文明时代取代野蛮时代而消失，而是随着历史的发展，凝结、沉淀、层累、整合在中国生育风俗之中。这既是中国生殖崇拜文化变迁的过程，又是中国生殖崇拜文化变迁的结果。

三　生育文化中的人文关怀

繁衍是人类发展的本能，作为人与动物的根本区别，它既是人类自然属性的表现之一，也是人类文化属性的表现之一。马林诺斯基在其名著《文化论》中曾说："生殖作用在人类社会中已成为一种文化体系。种族的需要绵续并不是单靠纯的生理行动及生理作用来满足的，而是一套传统的规则和一套相关的物质文化的设备活动的结果。"② 在我国的生育风俗中叠合了多种传统文化，体现了中国特有的文化现象和浓浓的人文关怀。

---

① 宋兆麟：《生育神与性巫术研究》，文物出版社 1990 年版，第 65—68 页。
② ［英］马林诺夫斯基：《文化论》，费孝通译，商务印书馆 1987 年版，第 25 页。

1. 从孕子到产子

从孕子到产子，是人类繁衍的一个关键过程。在这个创造生命的过程中，随着中国各民族对孕、产过程认识的发展以及历史的积淀，无论是孕子风俗还是产子风俗，都充满人文关怀。

在孕子风俗中，拿保胎来说，妇女一旦有喜，人们就忙着保胎了。汉族民间流传着很多科学的保胎风俗，如上海郊区女儿怀头胎，盛行母亲"送分床铺"的孕子习俗。女儿到怀孕3个月左右，母亲备好一张单人床给女儿、女婿送去。此俗即岳母暗示小夫妻俩从此应分床各居一段时间，以利孕妇健康，胎儿发育正常，同时也为小外孙的降生准备床铺，可谓一举两得。类似的风俗在中国各地都可见到。

在养胎和胎教风俗中也是如此。早在汉代民间就有养胎之俗，马王堆汉墓出土的帛书《胎产经》中即有"内象成子"的记载，提出怀孕第一个月饮食要精美，不能食辛辣腥臭之物。颇有道理，所以民间十分注意饮食养胎。胎教之俗要求孕妇保持最佳的身心状态，以给胎儿精神上的良好刺激和教育。北齐的颜之推在其著名的《颜氏家训·教子》中总结说："古者，圣王有胎教之法：怀子三月，出居别宫，目不邪视，耳不妄听，音声滋味，以礼节之。"对孕妇和胎儿都充满了人文关怀。

2. 贺生的人文关怀

婴儿呱呱坠地，一个新生命的诞生给人们带来了无限的欢欣和希望，极重"香火"的中国民间的贺生庆典充满人文关怀的祝福之意。

贺生礼仪顺着婴儿成长的历程分为贺生、三朝、满月、百日和周岁等固定化、程式化和普遍化的仪式。贺生风俗各种程式化的礼仪如报喜、祈福、避邪、宴请等无不表现出对新生儿的人文关怀。以贺生为例，新生儿诞生，不管婆家外家都高兴万分，在汉族民间，生子之家一般都要送喜蛋报喜和设宴款待亲朋邻里。所谓喜蛋，就是煮熟染红的鸡蛋。范祖述《杭俗遗风》云："子生之初，即备喜蛋酒果送往外家报喜。外家随备衣裙喜蛋鸡子喜果等送来，即将喜蛋各物添备分送各亲友，其亲友陆续回送汤盒，如火腿、鸡肚、桂圆、索面之类。"

少数民族的贺生风俗亦然，壮族和瑶族贺生，外婆必赠送背带，并要举行民歌比赛；满族贺生，外婆会送上摇车；土族的贺生则别开生面，要举行"骑牛祝贺礼"，由新生儿的爷爷倒骑着牛在村里转悠，接受村民们善意的调笑，并向众人许诺要请全村人参加孙儿的满月礼。

再以周岁为例，周岁，是人生的第一个生日，是婴儿过了三朝、满月、百日三关之后的一个大喜日子，庆典仪式更为隆重。汉族民间旧时婴儿一岁生日礼仪，多为亲戚朋友馈送孩子衣物、饰品，做对岁酒，设宴为孩子祝贺。周岁礼仪中最富人文意味的是"抓周"仪式。"抓周"又称"试儿"。《颜氏家训·风操》云："江南风俗，儿生一期，为制新衣盥谷装饰，男则用弓矢纸笔，女则刀尺针缕，并加饮食之物，及珍宝服玩，置之儿前，观其发意所取，以验贪廉愚智，名之为'试儿'。"

少数民族中也流行"抓周"仪式，形式与汉族大致相似。无论汉族还是少数民族行"抓周"之仪都图个象征，讨个吉祥，不管小孩抓到什么，其解释都是好的，都是长辈们对小孩的前途寄予厚望，借在一周岁之际，对小孩祝愿一番而已。

总之，从贺生到三朝，到满月，到百日，再到周岁，中国各民族在一个新生儿人生的开端就凝结、沉淀、层累、整合了中国亲情文化、象征文化、吉祥文化的厚重传统，无不充满对新生儿的人文关怀。

四　社会性别

1. 社会性别的概念

所谓"社会性别"（gender），在英语中本指词的阴阳性，用以区分从解剖学角度来区别男性和女性的"生理性别"（sex）概念。这种区分意在说明，"男女所扮演的性别角色并非由生理所决定，而是由社会文化所规范的"①。社会性别首先是由美国人类学家格·如本（Gagle Rubin）在1976年提出的，这对西方的妇女研究有重大的促进和发展。女权主义学者认为社会性别是人类组织性活动的一种制度，同任何文化中都有经济制度、政治制度　样，任何文化中也都有自己的社会性别制度，即种种的社会体制习俗把人组织到规范好的"男性""女性"的活动中去。社会性别是人类社会的一种基本组织方式，也是人的社会化过程中一个最基本的内容。社会性别的规范无处不在，其内涵也不断在变化。不同的文化中有不同的社会性别制度，同一文化中不同历史时期社会性别的具体规范也会发生变化。在当代女权主义学术发展了30多年的西方，"社会性别"已经与

---

① 王政：《"女性意识"、"社会性别意识"辨异》，《妇女研究论丛》1997年第1期。

"阶级""种族"一样成为研究人类社会与历史的一个基本的分析范畴，在各个人文社科学术领域被广泛运用。

2. 社会性别中的女性角色

著名女权主义理论家西蒙娜·德·波伏娃有句名言："女人不是天生的，而是变成的。"[①] 在父权制社会中，女人永远是"第二性"。人们的传统观念总是认为女性无论在体质上还是思想上都天生比男性弱，因此女性应该从属于男性。媒介往往以或暴露或隐晦的方式在复制着男女角色的陈规定型。这种定型是对"男主外，女主内"，男人属于"公共领域"，女人属于"私人领域"，男人是社会人，女人是家庭人等观念的强化。而此种话语背后的潜台词无非是男性是社会的中心，女性只在边缘。历史上，东西方妇女都曾是男性奴役对象。在西方，基督教文化对女性有两个重大的负面评价：一是将女性视为万恶之源。在《圣经》的《创世记》中，认为人类最初的堕落是夏娃偷吃禁果所致，她是人类被逐出伊甸园的罪魁祸首。二是女人是男人的附庸，她存在的理由是给男人作伴，上帝造女人，仅仅因为那个男人"独居不好"。在西方的很多文学作品当中，也可以看到歧视女性的影子，有些名人甚至公然说出侮辱贬抑女性的话语，如亚里士多德认为："女性之为女性是由于某种优良品质的缺乏。"

在东方，歧视女性的现象更为严重，且拿中国来说，男尊女卑是自古以来的传统，封建时代的中国女性不仅在身体上受到束胸裹脚等陋习的摧残，而且在精神上更是受到封建礼教的束缚。她从一生下来就是为了嫁给男人为妻，礼教要求她必须"恪守妇道""三从四德"，她人生的最大任务就是"传宗接代""相夫教子"。直到现在媒体中赞美女性的用语还是"具有中国妇女的传统美德"。这种美德往往表现为温柔、顺从、忘我、自我牺牲、默默奉献等品质。与"美德"相对的是"恶德"，常常指向刻薄、自私、暴戾、嫉妒等带有否定性含义的特征。

那么，这种女性品德二元对立模式的标准的制定者和裁决者是谁？当然是男性。男权文化体系通过对那种退守家庭，为家庭（其实也是为男性）奉献一切，不惜放弃自我发展的可能性的"圣母"形象的宣传，树立了女性最高的道德标准。只是这条标准并不适用于男性。同样，在男权话语体系中，一个女人为了事业不顾家庭和一个男人投身事业忽视家庭将会

---

① ［法］西蒙娜·德·波伏娃：《女人是什么》，中国文联出版社1988年版，第24页。

得到截然相反的道德判断，对女性的评价是负面的，对男性的评价则是正面的。由此可见，男权价值标准是一种典型的双重标准，它对女人比对男人更加是牢笼。最可揭示这种标准虚伪性的是对女性贞操的要求。中国男人自古以来有一定的"处女情结"，他们要求女性必须从一而终，而他们自己却可以在文化的纵容下最大限度地满足性需求，比如说纳妾、狎妓等，相反，女性在性关系中所能得到的最高荣誉却是"贞节牌坊"。时至今日，这种男性强加于女性的贞操观念仍大有市场，曾有女性在性侵犯案件中因为保"贞洁"拼死反抗而受到媒体的大肆赞扬，甚至被冠名为"当代烈女"。然而，表彰"烈女"本身无异于鼓励女性将贞洁看得高于生命。这种漠视女性生命的态度，流露了男权文化将女性视为非人化拜物对象的观念。这种对"烈女"的宣传，与以往对"圣女""圣母"、处女的膜拜一样，预设了一种男性心目中的完善女性形象。不合此标准的女性，便被打入另册。男权统治者借此规范了女性世界的统治秩序，以稳定男性权力中心地位。

既然东西方文化中对女性的歧视都可谓源远流长，那么，作为一种深植于文化之树根部的集体无意识，男权观念存在于世界范围内并通过传媒广为传扬就不奇怪了。尽管现在东西方许多国家在社会制度中对女性给予了最大限度的尊重。尤其在中国，同工同酬、婚姻自主、男女平等等各种法律政策，确实降低了社会角色对女性的异化程度，在此种制度下，女性处于一个不同以往的公正的社会体系中。但是，文化的变迁往往遵循由表及里的程序，在文化的制度层和观念层之间有时存在较大距离。在文化的制度层面，社会主义制度恢复了女性作为社会主体的资格，但是，作为一种深层的社会观念和文化心理，男尊女卑、男主女从的男权意识仍然积淀在社会文化心理深处，不仅掣肘着女性的主体行为，也制约着社会对女性的角色期待和价值评价。

3. 社会性别研究

随着社会性别研究的发展，人们开始注意到社会性别话语在制造对女性的规范的同时也在制造对男性的规范。对中国社会来说，如同过于刚强的女人为传统社会所不容一样，过于阴柔敏感的男人也会受到大众的排斥。近代以前以孝、忠、悌为衡量中国男性的标准，而现在，知识男性不提保存"东方男性的传统美德"，追求"西方的男性气质"却成为中国男性的目标。西方资本主义殖民主义过程中产生的对男性的进攻性、竞争性的推崇成为当代中国人界定男子气概的标准。如果说"女性味"的社会性别规范会束缚女性的发展，那么以西方男子气为标准也会使中国男性产生焦虑和感到压抑。壮阳药的巨大市场就是一种表征，反映的是当代文化制造出来的男性性焦虑。确切地说，中国近代以来对现代性的想象中充满了社会性别含义，表达了在全球权力等级结构中处于劣势的中国男性精英的内涵复杂的焦虑感。

对于社会性别提出反思始于 20 世纪 80 年代末 90 年代初。后现代女性主义者的出现①，提出了一系列不同于过去的问题。其一，后现代女性主义者主张以权力（power）取代社会性别（gender），因为，权力的概念涉及广泛，包括多种不同的因素，而且超脱了社会性别中的二元论——男女的局限。新词汇对抗（resist）、权力（power）成为女性理论中的新视角。其二，后现代女权主义的理论模式，批判了社会性别中的二元论（binary opposition）。强调多元论和不同性，批判以往的共同性的社会性别，成了后现代女性主义的重要特点之一。

名词解释：

性　克隆　生殖崇拜　抓周　社会性别　女权主义

思考题：

1. 为什么说性是人类进化的必须和权利？
2. 如何看待"克隆"问题？
3. 用您所知道的实例说明生育文化中的人文关怀。
4. 如何认识社会性别中女性角色的转换？
5. 什么是女权主义？

---

① 女性主义、女权主义均译于英文 Feminism。王丽华认为上述两种译法不妥，应译为"女学主义"。见王丽华《社会性别意识在 20 世纪的变迁与回归——从"五四"到九四的争论谈起（1919—1994）》，《浙江学刊》2000 年第 5 期。

第六章　恋爱与婚姻

一个人成年后，即进入青春期，就要谈婚论嫁了，这是人类社会生活的一个重要方面，其表现形式各有千秋、精彩纷呈。人类学通过探讨恋爱与婚姻，从而达到对家庭基础构建的了解。

一　恋爱既是人的生物性的一种表现，又是人的文化性的一种展示

人类在成长的过程中，伴随着性生理和性心理的成熟，产生一种与异性亲近的欲望，于是就要谈恋爱了，这是人类共同具有的生物性的一种表现。

与此同时，人类谈恋爱的方式多种多样，是人的文化性的一种展示。如南斯拉夫的斯瓦比安有"挑媳妇"的风俗，每周的周末为"择偶日"，欲嫁的姑娘精心打扮后落落大方地来到指定地点，任凭小伙子挑选。又如太平洋岛屿上的姑娘，只要把一朵鲜花戴在左耳上，便表明她未婚并正想寻找对象。还有特洛布里安群岛上的姑娘如果看中了哪个小伙子，竟可在大街上发狂般地追赶上去，猛地朝他的鼻了咬一口，咬得小伙子鼻子流血。小伙子绝对不会发火，还对姑娘报以微笑，因为他幸福地得到了姑娘的爱。此外，中国哈萨克族的姑娘追，壮族、侗族的唱情歌传情等也都是特色鲜明的恋爱方式。

形式多样的人类恋爱表现方式，表明了人类文化的多样性。人类恋爱所采取的方式又受其文化的影响和制约，是人类文化性的一种展示。

二　婚姻的定义及功能

1. 婚姻的定义

至今为止，所有有关"婚姻"的定义中，尚未有任何一个可以涵盖人类社会所有的婚姻形态的。

在人类学界被应用比较多的婚姻定义是英国皇家人类学会编撰的，认为，"婚姻是一个男人和一个女人之间的结合单位，该女人所生的孩子被承认是他们合法的子女"①。韦斯特马克（Edward Westermark，1862—1939）认为，婚姻是"得到习俗或法律承认的一男或数男与一女或数女相结合的关系，并包括他们在婚配期间相互所具有的以及他们对所生子女所具有的一定的权利和义务"。② 默多克（G. P. Murdoek）认为婚姻"仅仅存在于当经济的功能和性功能结合为一种关系之时"。③《云五社会科学大辞典》里面定义婚姻为"社会所认可，特别涉及夫妇双方之制度化关系的'匹配安排'"，并指出"目前的习惯是不对婚姻一词加以严格的界说，而仅把它当作指示词使用，来表达不同社会中各种结合所呈现的许多特征"④。而中国学者施传刚为了避免纷争而使用了一个较少本族文化中心主义的字眼："制度化的性结合"（institutionalized sexual union）。

婚姻无疑与性有联系。它是排除了杂乱的性交状态（promiscuity，亦译作"杂交"）而建立起来的一种文化制度。从最初的人类婚姻形态看，凡有婚姻制度存在的地方，就必定有对于性关系的限制，也就是说有"乱伦禁忌"（incest taboo）。群婚是一群男子对一群女子的性关系。它规定了某些特定的男子与某些特定的女子彼此之间可以有被社会承认的性关系，从而把另一部分人排除在这种被认可的性关系之外。婚姻关系范围的逐步缩小这一历史进程，被看作人类婚姻走向进步和文明的表现。这种过程一直发展到一对男女的牢固结合为止。⑤ 因此，婚姻的性质可表述为建立在

---

① Royal Anthropologic Institute 1951：111.

② ［德］韦斯特马克：《人类婚姻简史》，刘小辛等译，商务印书馆1992年版，第1页。

③ G. P. Murdock, *Social Structure*, 转引自 Burton Pasternak et al.，*Sex, Gender and Kinship*, p. 82。

④ 芮逸夫主编：《云五社会科学大辞典》第10册《人类学》，商务印书馆2000年版，第220页。

⑤ 庄孔韶主编：《人类学通论》，山西教育出版社2002年版，第272页。

性关系基础之上的异性（男女）间的社会契约。

而需注意的是，这一概念尚未把同性婚、冥魂等婚姻形式包括在内。从某种意义上而言，我们把后者视为婚姻的变异形态。

2. 婚姻的功能

婚姻作为得到一定社会文化认可的两性的结合，具有特定的社会功能。

（1）经济互助

婚姻的经济互助功能在于它将在劳动上互为补充的两种人——男人和女人——结合在一起。从生理上讲，男子的体力优于妇女，能胜任繁重的劳动，且在哺养婴儿期间，男子行动比妇女自由，因此倾向于专业性强的或需要长期在户外的工作。妇女承担了生育和哺养后代的任务，十分自然地也就担负起了照顾子女和家务劳动的责任。根据民族志的资料，在资本主义以前的社会中，男女分工的情况大致如下：

男	女
打猎、捕鱼	采集食物
畜牧	产品加工、汲水
伐木	炊事
采矿	缝纫
金属冶炼和加工	制陶
犁耕农业	园圃劳动

当然，通过婚姻体现的经济合作内容远比男女生理特征带来的后果要复杂得多，这种分工是可以随着家庭成员的增减和结构的变化而有所不同的。一个家庭从没有儿女到有儿女、从儿女幼小到儿女成年、从儿女未婚到儿女成婚迁出家庭或将配偶带进家庭，作为家长的丈夫和妻子的劳动内容自然也就有所不同。

（2）繁殖和抚育后代

人类自身的生产，即种的繁衍，乃是婚姻最主要、最显著的目的。在中国古代，这甚至被认为是唯一的目的。《易》曰："天地氤氲，万物化淳；男女构精，万物化生。人承天地，施阴阳，故设嫁娶之礼者，重人伦，广继嗣也。"正因如此，在中国封建社会里，妇女不育是遭到遗弃或丈夫娶妾的正当理由。在萨摩亚人中，一个姑娘如果不能婚前怀孕以证明她的生育能力，是不够结婚资格的。西非的石盖人如果妻子不育，则丈夫可以从妻子的姊妹中另换一个做妻子。

子女出生以后，还需要长期的抚养。人类婴儿的哺育期，是灵长类动物中最长的，这就给孩子的母亲带来沉重的负担，从而需要婚姻的保障，使她能依靠做父亲的男子的供养和协助。除此以外，婚姻还为下一代提供了合法的社会地位，使他们在计算继嗣、建立亲属关系和继承财产诸方面，都有明确的出身的依据。

（3）保持社会的稳定

由于人类长年具有性的要求和能力，如果在性的对象上没有任何限制，就可能在同性中因不断争夺异性而产生争斗，从而影响到社会的稳定。一般而言，婚姻可以将性行为局限在夫妻之间，从而为这个问题的解决提供了良好的方案。

应当指出的是，在某些社会中，制约性关系的准则与制约婚姻的准则是有区别的。这也就是说，婚姻必然包括性的关系，但是性的关系却不一定导致婚姻。在有的社会中，未婚青年的性行为是正常的；而在另外一些社会中，已婚夫妇的婚外性行为也并不受谴责。不过就总的情况而言，婚姻为性关系提供了一种社会规范和准则，限制了性行为的对象，从而有利于维护人类社会的稳定。

（4）增进人群集团之间的联合

在原始社会里，人群集团之间，即家庭之间、氏族之间或部落之间的联合，亦即集体力量的协作，对于战胜自然，求得生存，有时具有关键的作用。婚姻关系，即两个集团之间互为嫁娶，为这种联合提供了一种血缘以外的补充手段。

如果相邻两个人群集团产生了矛盾，消除冲突最好的方法就是联姻。在阶级社会里，联姻更是密切国家之间、民族之间、政治派别之间关系的一种有效方式。中国汉唐时代对周边少数民族的和亲政策，就是婚姻这种作用的最好例证。

总之，婚姻既可以作为人类社会规定两性关系的手段，又可以作为个人生活于社会中获得某种合法地位的手段；既可以作为界定每个个体在氏族、部落、世系、家庭关系中的地位和标准，并由此决定这一个体与其他人的社会关系，又可以确定婚生子的合法性，以决定其在社会结构中的地位，并由此来区分宗族、血统、姻亲等其他有机的社会联系。[1]

---

① 王海龙：《人类学入门》，广西教育出版社 1989 年版，第 164 页。

三 乱伦禁忌与婚姻的分类

1. 乱伦禁忌及其人类学的解读

尽管不同的社会对待婚姻的规定各不相同，但在各种文化中都普遍存在一条严格的禁律，即乱伦禁忌。所谓乱伦禁忌，是指禁止某些亲属之间发生性行为或进行婚配，特别是在亲子之间和兄弟姐妹之间禁止婚配。

乱伦禁忌作为人类文化的一种普遍现象，其产生的原因，百余年来，文化人类学家、社会学家、心理学家、生理学家都提出了各种各样的解释。摩尔根的近亲婚配论，认为由于近亲婚配在生理上对生的后代不利，无论在体力、智力或婴儿成活率上，族外婚所生的儿女都优于近亲婚配，这样，通过自然选择，人们就逐渐建立了乱伦禁忌，限制血亲结婚。这一理论至今仍有其合理性。韦斯特马克提出儿童时代亲昵论，认为凡是从幼儿时代即在一起生活的男女（如兄妹），成年以后彼此缺乏性的吸引力，这种心理上的排斥性就是人们需要从家庭以外去寻找配偶的原因。还有弗洛伊德的精神分析论、马林诺夫斯基的家庭互解论、泰勒的社会合作论等都有一定的道理。但相比而言，美国人类学家帕克对这个问题的解释更具合理性。他认为对于乱伦的回避，是人类和其他脊椎动物的特征，它既是一种来自自然选择的本能行为，其目的在于防止近亲交配带来的不利因素；又是一种来自人类生存需要适应性行为，其目的在于探索和联系更大的社会关系网。所以帕克将乱伦禁忌看成"文化性和生物性互为补充"的一种例证。[①] 由于乱伦禁忌本身的复杂性，所以这种将文化与生物本能联系起来的考察思路，可能是迄今为止对乱伦禁忌最有说服力的假说。

2. 婚姻的分类

根据不同的标准，人类学将婚姻作以下几种分类。

（1）外婚制与内婚制

内婚制是指婚配双方必须同属于一个社会集团，外婚制则与此相反，

---

① Parker, S., The Preultural Basis of the Incest Taboo: Toward a Biosocial Theory, *American Anthropology*, 1976, Vol. 78, pp. 285—301. 转引自童恩正《文化人类学》，上海人民出版社 1989 年版，第 146 页。

即婚配双方必须分属不同的社会集团。但所谓内婚或外婚都是相对而言的，对于低一级的集团而言是外婚，而对于高一级的组织而言又是内婚，所以每一个社会都有内婚集团和外婚集团的并存。以印度的托达人为例，他们的社会分裂成两个内婚集团（半族），每一半族再分成若干氏族。氏族之内不许通婚，所以氏族是外婚的，而半族则是内婚的。即使是在当代资本主义国家中，此种现象仍然存在，对于核心家庭及某些近亲而言，人们是外婚的，但是就种族、宗教、社会地位、阶级成分来看，人们往往要受到种种成文的法律或不成文的习惯制约，而在自己所属的社会集团内部选择配偶。

外婚制与乱伦禁忌的一个区别是：乱伦禁忌是严格禁止某些亲属间发生性关系，不论内婚或外婚，外婚制则仅仅禁止同一团体内部成员合法婚配，但是只要不违反乱伦禁忌，有时并不禁止他们发生性关系，如托达人分属不同的半族的成员或同属一个氏族的成员不许通婚，但是如果他们发生性关系，则并不会受到谴责。

（2）指定婚和优先婚

在某些社会中，经常规定某人在娶妻时，应当优先在某一类亲属中选择女子，反过来女子择夫也应首先考虑某一范围的男子，这种婚姻称为优先婚。如果这种规定是强制性的，则称为指定婚，常见的属于这类婚姻的有交表婚、续嫁夫兄弟婚及续娶妻姊妹婚等。

交表婚是在世界上流行最广的一种优先婚的形式。所谓交表关系，是与平表关系对应而言的。父或母异性的同胞的子女与己身为交表，反之，父或母同性的同胞的子女则与己身为平表。交表婚之所以具有普遍性，是因为这一制度既维持和加强了上一代产生的亲属关系，而又巧妙地维护了外婚的原则。舅父之子女、姑母之子女，不论在母系继嗣社会还是父系继嗣社会，均与自身分属不同的继嗣集团，所以符合外婚的原则，可以互相联姻。在中国，交表婚又称姑舅表婚，其也是为了"亲上加亲"。

从理论上讲，交表婚有三种形式，即双边交表婚、父方交表婚和母方交表婚。实行双边交表婚时，一个男子既可以娶舅父之女为妻，也可以娶姑母之女为妻。实行父方交表婚时，一个男子只能选择其姑母的女儿为妻，而实行母方交表婚时，则他只能与其舅父之女结婚。

在中国，交表婚在很多民族中均曾实行，壮族有句俗语说："除了青岗木无好柴，除了郎舅无好亲。"《贵州通志》记清江之黑苗："姑之女定为舅媳，倘舅无子，必献重金于舅，谓之外甥钱，否则终身不得嫁"，都是交表婚作为指定婚的表现。[1]

续嫁夫兄弟婚，是指丈夫死后，其兄弟有娶寡嫂为妻的义务。在中国，俗称"叔接嫂"或"转房"。这种制度的功能是：维持原有的亲属关系，使兄弟留下的孤儿寡母有人照顾，并保持家族财产的完整性。

一般而言，续嫁夫兄弟婚是与一夫多妻制（如果死者的兄弟已婚，则寡居的兄弟媳妇只能为妾）、父系继嗣和从父方居住的制度相联系的，它在世界很多民族中广为流行。《圣经·旧约》中反映出古希伯来人中有此风俗。在我国，《史记·匈奴列传》所记"父死，妻其后母；兄弟死，尽取其妻妻之"，证明古代北方民族盛行此俗。直至近代，这种婚制在羌族、独龙族、景颇族、毛南族、土家族、彝族等少数民族中仍有保留。

续娶妻姊妹婚可视为续嫁夫兄弟婚的补充形式，即当一个男子的妻子死去后，他可以续娶亡妻的姊妹。在男方需要向女方支付很重的聘礼才能达成婚姻的情况下，此种婚姻安排带有补偿的性质。与续嫁夫兄弟婚一样，此种婚俗也是与父系继嗣、从父居住及一夫多妻制相联系的。

上述续嫁夫兄弟婚和续娶妻姊妹婚流行相当广泛。默多克曾经对当代185 种民族进行了统计，发现其中实行续嫁夫兄弟婚者有 127 种，而实行续娶妻姊妹婚者比例亦与之相似。[2]

（3）单偶婚和多偶婚

作为一个当代中国汉族婚姻制度的适应者，我们惯于设想婚姻就意味着一个丈夫和一个妻子的结合，即所谓单偶婚，或一夫一妻制。但是在世界上很多民族中，允许一个男子同时娶一个以上的女子为妻，这被称为一夫多妻婚；作为一夫多妻婚的反面，还存在一妻多夫婚，即一个女子同时具有一个以上的丈夫。最后还有所谓群婚，即两个或两个以上的男子在同一时期与两个或两个以上的女子成婚。后面这三种形式在义化人类学上又称多偶婚。以上所介绍的婚姻形式其特征可以从下表看出：

---

[1] 冯汉骥：《由中国亲属名词上所见之中国古代婚姻制》，《齐鲁学报》1941 年第 1 期，第 117—134 页。

[2] Murdock，G. P.，1949，*Social Struture*，Macmillan，New York. 转引自童恩正《文化人类学》，上海人民出版社 1989 年版，第 149 页。

婚姻形式	男	女
单偶婚	△	= ○
多偶婚 一夫多妻婚	△	= ○ + ○ + …
一妻多夫婚	△ + △ + …	= ○
群　　婚	△ + △ + …	= ○ + ○ + …

单偶婚，摩尔根等 19 世纪倡导早期进化论的学者曾经设想这种婚姻形式是文明发展的结果，是婚姻进化的最终形式。不过当代多数人类学家认为，以一夫一妻结合为基础的核心家庭，完全可能存在于人类历史的早期阶段。因此社会所允许的配偶的多少，不一定与文明发展的程度完全挂钩。

其实，单偶婚并不如人们所设想的那样普遍。根据福特和比奇 1951 年的统计，在他们调查的 185 个社会之中，只有 29 个社会是实行这个制度的，即不到 16% 的比例。[1] 1973 年，布古格伦和戈林鲍姆重新分析了 854 个社会，再度证实严格的单偶婚只占其中的 16%，另有 39% 的社会基本上实行单偶婚，但同时存在少数的一夫多妻婚。[2]

另外，包括中国在内的当代工业化国家里，实行的实际上是一种系列单偶婚，因为一个人可以结婚、离婚、再结婚。这样，虽然他在一段时期中只有一个配偶，但在一生中前后却可以有两个或两个以上的配偶。

多偶婚，即一夫多妻婚。统计数字表明，它是全世界流行最广的一种制度。在布古格伦和戈林鲍姆统计的 854 个社会中有 83% 的社会存在一夫多妻的婚姻制度。最典型的实行这种婚制的社会有古代的希伯来、中国和印度。近现代的非洲、中东及亚洲某些区域也保存了这种传统，如伊斯兰教的教规便允许一个男子可以娶四个妻子。

此种婚制的功能在于，众多的妻子既是经济活动的助手，又能繁殖后代，为家庭提供更多的劳动力。当然，它是建立在对女性的压迫的基础上的，仅见于以男子为主体的社会之中。应当指出的是，由于男女两性人口的自然平衡，即使在实行一夫多妻婚的社会中，有能力娶多妻的永远只能

---

① Ford，C. S. and Beach，F. A.，1951，*Patterns of Sexual Behauior*，Harper，New York. 转引自童恩正《文化人类学》，上海人民出版社 1989 年版，第 150 页。

② Bourguignon，E. and Greenbaum，L. S.，1973，*Diuersity and Homogeneity in World Societies*，HRAF Press，pp. 51—56. 转引自童恩正《文化人类学》，上海人民出版社 1989 年版，第 150 页。

是少数人，限于中上层阶级，而大多数普通百姓仍以单偶婚为满足，即使在古代中国社会中，情况仍然是如此。

一夫多妻婚有一种常见的形式是妻姊妹婚，即一个男子同时娶几个姊妹为妻。在中国古代，尧以娥皇、女英二女与舜结婚的传说，是尽人皆知的，这可谓妻姊妹婚的最早记载。解放以前的西藏，有些有女无子的人家（主要是"差巴"阶层——头人之下的支差者），为了保证家庭财产的完整和宗族的延续，往往姊妹共招一夫。

前述续娶妻姊妹婚，似可视为妻姊妹婚的自然发展。在妻子死亡的情况下，做丈夫的从其姊妹中娶一人作为代替，就可看作另一种形式的妻姊妹婚。

一妻多夫的婚制十分稀少，根据布古格伦和戈林鲍姆的统计，在854个社会中仅见4例。一妻多夫婚又可分为两种，即兄弟共妻婚——两个或两个以上的兄弟共妻婚；与非兄弟共妻婚——共妻的丈夫之间，不一定是兄弟关系。前者的实例有印度的托达人、斯里兰卡的僧伽罗人及我国西藏解放以前的农奴阶层；后者则见于波利尼西亚的马克萨斯岛的居民。至于一妻多夫婚产生的原因，文化人类学家有两种解释，一是对于男女两性人口比例人为的不平衡（如杀女婴的习惯或因战争引起的男性人口减少）的一种补偿；另一种解释则出自经济上的考虑，兄弟共妻，可以保持土地和家族不再分裂，也可以较自然地控制家庭人口的增长以适应严酷的自然环境和落后的社会制度。

此外，尽管早期文化人类学家相信群婚是人类历史上普遍经历过的一个阶段，但是在经过科学调查而获得的民族志资料中，却极少能见到实例。默多克发现在巴西的凯英刚人中，群婚较世界其他族群为多，但是经过对该民族超过100年的谱系统计证明，即使是在这一民族中，真正的群婚也只占全部婚姻的8%，其余14%是一妻多夫婚，18%是一夫多妻婚，另有60%是单偶婚。为此，默多克认为群婚在人类历史上也许从来没有成为过普遍的婚姻形式。目前，这一观点已经为愈来愈多的文化人类学家所认同。

四 婚姻的缔约形式

婚姻的本质是社会文化的认可，但在不同地区，婚姻的缔结方式是多种多样的，主要的有掠夺婚、交换婚、买卖婚、服役婚、自主婚、试婚等类型。

1. 掠夺婚

所谓掠夺婚（marriage by capture），又叫抢婚，其最初含义是指男子用武力掠夺妇女来做妻子。古希腊《荷马史诗》中所讲述的特洛伊战争，起因就是围绕着美女海伦的一场抢婚。在中国古代的经典《易》中，有"乘马班如，泣血涟如，匪寇婚媾"的句子，近代学人就认为这里将婚姻与寇联系在一起，说明上古之时缔结婚姻的手段用的是匪寇一般的掠夺手段，甚至婚姻的"婚"字，古与"昏"通，也是因为抢婚要趁黄昏进行而留在语言里的遗迹。

关于掠夺婚的起源，除了上述人类早期社会各族群间经常发生的战争曾被认为是一个原因外，也有人认为，由于男子要独占妻子，所以实行抢婚。另外，还有人挖掘其中的经济因素，指出在娶妻需要向女方补偿而男子无力偿付聘金情况下，便只好采用掠夺手段了。可以确定的是，掠夺婚是在外婚原则下进行的。两个群体一强一弱，弱者被强者抢走女性，初看起来是吃了亏，但因此两群体建立起了联系，甚至可能由此而结成联盟，对弱者不无益处。这大概就是社会文化不反对掠夺婚的初衷。

掠夺婚发展到后来，渐渐只剩下外在的形式，不妨称之为佯抢。一般来说，男方要事先得到女方的默许，然后邀集帮手择日将女子抢走，而女方则装出一副被阻截追赶的模样，共同演出一场抢婚的喜剧。这种佯抢婚自然是一种仪式，同时它也具有其现实的功能，如男女双方想避免正规婚礼的耗费，又如再嫁的妇女用此形式表示自己并非自愿而是出于强迫。有时佯抢是因为女方家长不同意这门婚事，新娘便约心上人将自己抢走。

2. 交换婚

交换婚（marriage by exchange），指两个个人或家庭互以其亲属或家庭成员相交换而婚配。如两个男子以其姊妹或女儿相交换，使自身、兄弟或儿子得到妻子。我国古代有"西周之初、迄于春秋，姬姜两姓世为婚姻"的记载，就显露出交换婚的痕迹。此后各朝各代这类婚姻的交换尚多，如辽朝公主都嫁萧家，而后妃也多半是萧家女。唐诗中还记录了一些地域群体世代互通婚姻的情形。此种婚姻缔结方式常与优先婚配的规则有关，即某家与某家互为择偶之最佳对象。从理论上看，交表婚就具有交换的性质，即表兄弟之间互相交换姊妹为婚。

交换婚有其经济上的原因，在女子的交换过程中，双方的家庭都可省去相应的聘金。在某些情况下，交换婚还有社会或政治的原因，如同等社会地位的家庭交换女子成婚，对巩固各自的社会地位有相当大的作用。

3. 买卖婚

买卖婚（marriage by purchase），指男方给予女方父母或亲属若干代价而换得与女子成婚。这是典型的经济型婚姻，在世界各地流行极广。有些社会视妇女为财物，可以转移、继承或买卖。一些学者认为，早在中国的传说时代就出现了买卖婚，古之"伏羲制嫁娶以俪皮为礼"①，说的就是男子用鹿皮换取妻子。

早期的买卖婚是以公开的购买方式把女子作为商品买去，这在实行奴隶制的社会特别盛行，如美国南部的文安族（印第安人与西班牙人混血的后裔）曾设买妻市场。后来公开的买卖婚为较为隐蔽的形式所取代，主要是以聘金（新娘价钱）的方式进行，即男子付给女方一笔财物。

在严格的买卖婚中，男方要付的聘礼极重，往往需要从小积攒。如中亚的吉尔吉斯人，男子娶妻需 81 头牛为聘礼，故一个男子要从小就积攒，分期交付女方，待聘礼过半时方可与女子见面，全部付清才能成婚。聘礼如此之重，因而妻子绝对被视为男子财产的一部分，逃走或犯有过失（如发生奸情），丈夫都要向岳家索赔。妻子不能生育，也常要求退换或赔偿。丈夫若亡故，夫家任何具有同等地位的男子都有继承这寡妇的权利。

在不严格的买卖婚中，聘礼成为一种形式，因为女方常有相当的回礼，即人们常说的陪嫁。在实行买卖婚的社会，陪嫁的多少可以换算成妻子在夫家地位的高低。在大家庭里，妯娌之间也少不了这方面的比较。

4. 服役婚

服役婚（marriage by service），是男子在婚前或婚后住在女方家中劳动一段时间，作为代价偿还女方的损失，从而换取妻子。至于服役的期限，各地并不一致，通常三到五年，长者可达十余年。有的对时间无明确规定，而以生育子女为界，有子女便可携妻返家。古代希伯来人、印度人、条顿人以及我国的拉祜族、傣族、高山族等民族曾经盛行此婚，近现代印度、缅甸、俄罗斯等地的居民中亦有此俗。

很明显，服役婚也是一种经济型的婚姻。对于这种婚姻的产生，人们有不同的意见：有人认为它源于女方父母不愿无偿嫁女，而男方又拿不出

---

① 《史记·补三皇本记》。

相应的聘金，便采取了服役形式；有人认为这是女方在婚前通过服役形式，对来求婚的男子进行考验、磨炼，以期选择佳婿；还有人认为通过服役补偿娶来妻子，从而可能变妻方居住为夫方居住，使所生子女成为父系氏族的成员，变母系继承为父系继承。

5. 自主婚

自主婚（marriage by mutual consent），指的是男女双方情投意合，不受家庭支配而自由结成夫妻。自主婚主要从当事人双方的意愿出发，较少考虑家族的及其他社会因素。在现代社会，它被认为是最合理、最高尚的婚姻缔结方式，人们预测它将成为人类最普遍的婚姻缔结方式。

但自主婚也存在于一些阶级阶层分化不明显、经济发展水平落后的社会中。例如在云南圭山彝族（俗称撒尼人）中，青年男女的恋爱和婚姻一般不受旁人或家庭的干涉。

当然，即使是只考虑本人意愿，家庭与个人也会有不同意见，在双方的差异难以调和时，青年男女会相约离家出走，有人称这种情况为私奔婚。私奔是彻底的自主，但这对男女依然要谋求社会的认可，只不过这种认可从他们原来所在的社区转移到了他们新加入的社区。但是，这种婚姻仍要取得社会文化的认可。如我国目前法律规定，父母及其他个人与社会团体，均不得干涉男女青年的婚姻自由，这也就是说，自主婚或许为父母、家族或某些社会团体所不同意，但仍可得到更高一层社会文化的认可，即国家法律的保护。

6. 试婚

所谓试婚就是先同居后结婚。但从严格意义上说，先同居后结婚并不等于试婚，因为试婚前一般有很多为本社会所认可的仪式。如在一些社会中，男女青年订婚后，必须经过一段时间的试婚，双方都感到满意后才正式结婚。试婚成为从订婚到结婚的一个不可缺少的中间环节。不同的民族和社会对此有不同的方式。如湖南江华瑶族在 20 世纪 50 年代前，这里的男女恋爱自由，婚姻有着很大的自主权，享有充分的性自由，如不满意，双方均可离去，没有承担责任的义务，也不存在所谓的贞节观念。①

婚姻缔结的方式自然不止以上几种，我国传统社会中就还有"包办婚"、童养媳制、选婚（帝王选妃）、罚婚（罪犯的妻女罚配给军卒等

---

① 李本贤：《谈湖南瑶族的婚姻制度》，载《瑶族研究论文集》，广西人民出版社 1988 年版。

人)、赠婚及赐婚（有地位者将女子配与下属或功臣）等婚姻缔结方式。在一个社会中，婚姻缔结方式往往是多种并存。即便如今日的中国社会，国家政府提倡的是自主婚，可在实际社会生活里，包办婚、买卖婚等受舆论指责的婚姻缔结形式也并没有根绝。

五　婚仪与居制

1. 婚仪

婚礼是婚姻开端的标志，其目的在于向大众宣布婚姻关系的建立，同时又是为了取得社会文化的承认。人类社会在不同时间和不同空间的婚姻仪式形形色色，令人眼花缭乱。

在有些社会中，婚姻仪式并不那么明显，甚至无所谓什么仪式。例如，有的族群的新娘跟新郎到其父母家中，取下身上的装饰品换上便服就算结婚了。而在特罗布里恩德群岛上，男女双方只要经常同宿，在公众场合双双露面，然后女子搬到男方家里，这时人们便知道他们已经结婚了。

上述社会中的婚姻虽没有明确的仪式，但依然利用某些信号传达出结婚的信息，其目的意义与仪式并无根本差异。而在有的社会里，婚姻仪式却十分繁复。中国古代汉族的婚礼，早在春秋战国时期已形成一套完整的礼仪，即"纳采""问名""纳吉""纳徵""请期""亲迎""六礼"。①此外，古代汉族"亲迎"还有种种独特的习俗，像"铺房""撒谷豆""哭嫁""障面""新娘足不履地""跨马鞍""举火""拜堂""交杯""闹房"等。古代汉族婚礼"六礼"和"十俗"，发展至今，由于时代的变迁，有的被淘汰，有的发生演变，有的内容上有了更新，但是请媒人说合、订婚、送嫁妆、亲论、举行婚礼，以及铺房、哭嫁、交杯、闹房等形式和习俗，无论在中国大陆、中国台湾，还是在海外华侨之中，都大体保存了下来并流行于民间。

2. 居制

从人类学的角度来看，选择婚后居住的地方是在某种社会文化环境下人们必须考虑的一种制度，称之为婚后居住模式（residence patterns），指结婚后夫妻出于亲属关系等方面的考虑而采取的居住原则。不同的社会，

---

① 《仪礼·士昏礼》，此书是春秋战国时一部分礼制汇编，成书于战国初期至中叶。

往往会采取不同的居住模式。居住模式的选择既受制于特定的社会文化，又对社会文化产生一定的影响。

（1）单方居

所谓单方居（unilocal residence）即男女婚后必须按照该群体的传统居住在男方或女方家中或在其附近，不得随意选居。单方居又可分作从父居、从母居、从舅居等几种形式。

从父居（patrilocal residence），是已婚夫妻与丈夫父亲的亲属一起生活的居住模式。据默多克的抽样调查，在世界范围内565个社会里，约有67%的族群实行这种制度，因而是人类社会中最常见的一种婚后居住原则①。从父居与父权制有关，传统的观点认为男子在生产生活中占主导地位的社会多采用这种婚后居住模式。也有人从战争的角度解释，指出有内战的地方常从父居（将操同一语言同一类型的社会内邻近社区的战争称为内战），可能是为了增加父家的防卫力量；在对外（对其他不同语言集团）战争地区，家庭就不一定非将儿子留在家中。在从父居情形下，女子嫁到新社区，其父母失去劳动力和后代，所以夫方应给予一定的补偿，如支付聘金、承担劳务或拿自家的女儿交换。

从母居（matrilocal residence），是已婚夫妻与妻方亲属一起生活的居住模式。在默多克的调查资料中，实行此种制度的族群约有15%。从母居与母权制有关，在政治不复杂的社会中，妇女间的协作十分重要，女性在生存活动中占主导地位，青年男女婚后多定居于女方家。从战争角度解释居住制度的学者认为，只有在经常发生对外战争的社会才出现从母居。人类学家通过调查发现，许多从母居的情形下男子离其原来的家庭并不远。从婚姻类型来看，入赘婚造成的就是从母居，而服役婚在婚后相当长的一段时间内也是从母居的。

在从父居及从母居两种情况下，新婚夫妻婚后的居住还有"在"和"邻近"的区别。所谓"在"，是指与某一方的父母同居，如中国传统社会中新婚夫妇与丈夫的父母同居一处，组成父系大家庭。而"邻近"只是与夫方或妻方的亲属住到同一个社区里，并不同居一处。故有人提出用"从夫居"和"从妻居"来代替"从父居"和"从母居"的传统名称，更能

---

① 以下默多克的调查数据均引自［美］C. 恩伯、M. 恩伯《文化的变异》（中译本），辽宁人民出版社1988年版，第322—324页。

较为准确地概括上述居住模式的实际情形。

从舅居（avunculocal residence），即已婚夫妻与丈夫母亲的兄弟（丈夫的舅舅）一起生活的居住模式。这种居住制较从父居和从母居少见，世界上约有4%的社群采用。从舅居与该文化中强调舅舅的地位有关，如舅权，在我国一些地区便有舅舅为大的习俗。与此相联系的有舅甥继承制度，由外甥来继承舅舅的财产，这自然会造成从舅居的倾向。

（2）两可居

两可居（ambilocal residence），指的是已婚夫妻可自由选择从父居或从母居的居住模式，实行这种模式的约占所有社会的7%。在早期食物获取（狩猎—采集）社会中，往往存在两可居，大概是人们为了寻求最佳的生存机会或选择最便于共同生产生活的亲属。有人指出，在近代人口锐减的社会中也常可见到两可居，新婚夫妇与尚健在的随便哪方亲属住在一起。

我国目前的多数城镇中，社会文化对婚后的居处并没有硬性的规定，但从实际的状况看，刚结婚的夫妻采用两可居的较多。这里起作用的主要是住房等经济方面的原因，继续与父母住在一起，既可省去租房的花费，还可在生育后得到老人的照顾。当然，传统社会的父系大家庭中婆媳关系一般较紧张，鉴于这种情形，一些关注家庭问题的社会学家、心理学家便建议人们采用从母居。因为从母居不涉及婆媳关系，母女有长期的适应，相处较易，而男性方面的翁婿关系一般不会出现大的问题。

（3）新居制

在欧美等地的工业化国家中，夫妻婚后通常采用的却是与上述四种形式不同的新居制（neolocal residence），即已婚夫妻在一独立地点建立新家而与双方的亲属均无关。在默多克的调查资料中，世界上只有约5%的社会实行此制。不过，从人口比例上算，实行此制的人口肯定要超过5%。新居制与社会盛行核心家庭（小家庭）制度有关，也与经济独立能力有关。此外，新居制度还与亲属网络和继嗣方式有关，一个不重视亲属关系的社会更可能促成新居。现代社会的人口流动性亦是一个影响因素，许多青年并不与父母共同居住在一个地区，婚后自然是新居了。

除此上述的婚后居住模式以外，还有双居和原居的模式，即婚后夫妻双方仍各自居住在原来的家庭中，如我国云南永宁的摩梭人中，有所谓"阿注婚"的习俗，以及南方许多族群中流行的"不落夫家"习俗，都是属于双居和原居。

许多社会的婚后居住模式并非恒久不变，而是在不同的时段内采用不同的居住制，这样就导致了混合术语的产生。如在服役婚中，男子先到女家卖力，一定时间后回自家，对这种居住制的描述可用从母居—从父居；在"不落夫家"的婚制中，则是原居—从父居；我国目前城镇的婚姻，夫妻新婚时多随父母居住，一旦自己有了住房则可能搬出父母家，不妨称之为从父居—新居或从母居—新居。

六　婚姻的解体——离婚

从法律角度讲，离婚即指通过合法手段解除双方因婚姻而带来的权利与义务。但是，从文化角度来讲，各个民族对于离婚的看法不尽相同。天主教教义主张婚姻是神圣的、延续终身的约束；另有很多文化将婚姻看成由一方或双方的意愿而随时可以停止的协议，如布朗族，在第一次婚礼之后的三年之内，如果夫妻感情不和，只需剪断一根蜡条，便算正式离婚。

对于男女双方享有离婚的权利而言，各个民族也不一致。一般而言，在母系继嗣和从母居的社会中，妇女享有较大的离婚自由；在父系继嗣和从父居的社会中，离婚的主动权则往往操于男子之手。也有男女双方都很容易提出离婚的族群，如父系家族的萨摩亚人，母系氏族制的霍皮印第安人。但在奴隶社会或封建社会的一夫一妻制家庭或一夫多妻制家庭里，妇女沦为男子的附属物，基本上被剥夺了离婚的权利。

第二次世界大战后的几十年间，许多国家尤其是西方国家的离婚率有较高增长，引起了各界人士的关注。经过研究，人们认为造成这种状况的原因主要有以下几种。一是家庭功能的变化。家庭本来具有生物的、心理的、经济的、教育的、娱乐的乃至政治的、宗教的诸种功能，但目前已有许多功能不同程度地为社会所取代，因此家庭的维系力量大大削弱。二是社会生活变迁速度加快，致使社会对婚姻关系的控制能力减弱。三是妇女地位的提高，使其争取自由独立较以往容易。四是对浪漫爱情的注重，追求爱情的男女一旦发现爱不存在，就会离对方而去。除了这些理由外，宗教影响力的衰落、结婚不生育者的增加、法律对于离婚限制的放宽等也是促使离婚率上升的因素①。

---

① 龙冠海：《社会学》，三民书店 1986 年版，第 280—281 页。

　　婚姻的解体对当事人、亲属朋友以及社会都会产生较大的影响。当事人双方在身份角色上有一系列的变化，不仅相互间原有的权利义务终止，而且还涉及子女抚育、赡养、财产分割、亲属关系等问题。离婚者需要相当长时间进行心理及社会等方面的调适；受离婚影响最大的是离婚者的子女，缺乏家庭温暖的孩子们，人格发展常不健全，走上社会时也较易做出越轨行动。所以，离婚虽然对当事人来说是一种解脱，但考虑到上述负面影响，多数国家的社会舆论还是希望想离婚者三思而行。

名词解释：

婚姻　乱伦禁忌　外婚制　内婚制　优先婚　单偶婚　多偶婚　掠夺婚　交换婚　服役婚　试婚　两可居　离婚

思考题：

1. 婚姻的定义是什么？
2. 婚姻的功能主要有哪些？
3. 人类学的观点如何解释乱伦禁忌？
4. 简述婚姻的分类。
5. 婚姻的缔约形式有哪几种？
6. 婚姻居制有哪些？
7. 第二次世界大战以后，西方国家离婚率提升的原因是什么？

第七章　人类的家庭

　　一对青年男女结婚了，就组成了家庭。费孝通先生曾说过："乡土社会的结构有个特点，就是以一己为中心，社会关系层层外推。我称之为'差序格局'。差序就是像石子投入水中引起的波纹，一圈圈推出去，愈推愈远，愈推愈薄：我，我的父亲、母亲，我的兄弟，兄弟的老婆，嫂子家的兄弟，我孩子的舅舅等，构成一个由生育和婚姻所结成的关系网。这个网可以一直推出去，包括无穷的人，正所谓'一表三千里'。"① 这种关系网就是以家庭来展开的，家庭是社会的细胞。

一　家庭是社会的基本单位

1. 家庭的含义

　　家庭作为社会的基本单位，是人类生活中最重要的一种组织。《说文解字》释"家"曰："家，居也。"《玉篇》："家，人所居，通曰家。"《正字通》亦说："家，居其地曰家。"由此可见古人是从居住的角度认识家庭的。但如果仅从居住的角度解释是不全面的，现在人们更多的是从社会组织的角度来阐释。我国现行汉语词典通常将"家"解释为："以婚姻和血统关系为基础的社会单位，成员包括父母、子女和其他共同生活的亲属。"② 这种解释照顾了家庭的主要情形，但还不全面。关于家庭的定义，美国学者默多克（G. P. Mardock）曾经有如下的描述：

---

① 费孝通：《乡土中国 生育制度》，北京大学出版社 1998 年版，第 26 页。
② 罗竹风主编：《汉语大词典》第 3 卷，汉语大词典出版社 1989 年版，第 1469 页。

　　家庭是一种社会集团，以共同的住处、经济合作和繁殖后代为其特征。它包括了不同性别的成年人——其中至少有一对可以发生由社会认可的性关系，以及这一对男女亲生的或收养的儿女。另外，家庭和婚姻是有区别的。婚姻乃是一种复合的习惯法，它的目的是肯定家庭内部一对成年男女之间的性关系。婚姻限定了建立和废除这种关系的方式，也限定了包含在这种关系之中的道德行为和相互义务，以及各地不同的约定俗成的对于男女双方的约束。①

　　因此，家庭（family）是人们由于婚姻、血缘或收养关系所组成的社会生活群体。

　　默多克指出的婚姻和家庭的区别实质在于：婚姻为家庭的建立奠定了合法的基础，而家庭有时却可以没有婚姻而存在。这一定义一般能为学术界所接受。

　　2. 家庭的起源

　　有关家庭的起源，现已不可详考。最初的家庭是什么样的，人们也无法清楚地知道，甚至像婚姻与家庭在发生上谁先谁后的问题，也无人能做出准确的回答。人类学者只能推想家庭的发生与一些因素有关。首先是生物的因素：人类所具有的性的本能和生育的本能，男女之间有性的需求，这是导致两性结合在一起的重要原因，结合使得人类的婴儿诞生，而人类婴儿与动物幼仔的一个差别是依赖期较长，性的需要与抚养婴儿的需要自然地令人类结成家庭这样的群体。其次是心理的因素：人类是群居性动物，除生物性需求外，人类还需要心理上的关怀和感情上的交流，这在同辈的两性间如此，在异代的长幼间也是如此。家庭这个群体能使人类获得感情的满足和心灵的沟通，加强彼此的团结，所以被人类广为接受。然后是社会的因素：经济上的分工协作需要家庭这样的组织，例如女性在哺乳期间，需要男性去获取食物，同时男性外出狩猎或作战也需要女性做好后勤工作。最后从社会整合的角度看，家庭制度也是一种有力的促成因子，社会文化需要家庭的存在，同时社会的力量又为家庭制度建立及稳固发展提供了保证。

---

　　① Murdock，G. P.，1949，"*The Nuclear Family*"，lssues in Ultural Anthropology，D. W. Mccurdy and J. P. Spradleyed Little，Brown and Company，Boston，p. 139. 转引自童恩正《文化人类学》，上海人民出版社 1989 年版，第 146 页。

3. 家庭的功能及未来

家庭是功能最为齐全的组织之一，它能够满足人类的多种需要。家庭的主要功能有：生物的——包括满足性欲、生育后代、保护幼儿、照料老人等；心理的——包括行为养成、人格塑造、情感发泄、爱情培植、精神安慰等；经济的——家庭是最小的经济单位，是生产、分配及消费的场所；政治的——个人的权威观念、服从观念等就是在长幼关系的互动中逐渐形成的；教育的——人最初在家庭中接受文化濡化，家庭成员在家庭中接受知识、行为、道德诸方面的教育；娱乐的——儿童从小就在家庭中嬉戏玩乐，同辈间如此，异辈之间也有种种娱乐；宗教的——宗教信仰的传播、宗教仪式的学习等都曾在家庭中进行，至于祖先崇拜之类宗教活动更是以家庭为中心开展的。[①]

当然，随着社会的发展，家庭的功能发生了变迁。学校、教堂、专门的娱乐场所等的出现取代了许多原来由家庭承担的功能。总之，家庭的一些功能有逐渐淡出的趋势。

随着家庭功能的日渐减弱和淡出，出现了各种有关家庭走向的预测，其中比较有影响的有淡化论、消亡论、改革论、振兴论、综合论等。淡化论认为，社会的不断发展完善，导致家庭的许多功能逐渐淡化和消失，因为一些社会组织或机构代替家庭发挥着原本由家庭具有的功能；消亡论将淡化论推向了极端，对此，乐观者认为这是个人充分的真正的自由时代的到来，悲观者则认为家庭消亡将会引起社会的崩溃；改革论认为家庭是社会的天然基础，不可能消亡，人类也需要在家庭中进行感情交流及巩固亲缘纽带，社会发展的意义不在于取消家庭，而在于改善家庭生活；振兴论认为家庭的功能会振兴，家庭将在今后的社会生活中发挥更大的作用；综合论则认为今后家庭的形势可能会多种多样，事实上，上述各派观点所说的趋势都可能存在。在当代，家庭的各项功能，有些淡化了，有些改革了，有些则可能会振兴。

二　家庭的类型

人在一生中，至少要属于一个家庭，即他（她）的出生之家。当他

---

① 龙冠海：《社会学》，三民书局 1986 年版，第 273—275 页。

（她）结婚以后，另外组成一个新家庭，即生育之家。尽管世界各民族中家庭的形式变化多端，但是如果进行科学分类，基本上可以将之分成三个大类型，即核心家庭、多偶婚家庭和扩大家庭。

1. 核心家庭

核心家庭，是指由一对夫妇及其未婚子女组成的家庭。核心家庭也被称作基本家庭、自然家庭或初级家庭，一般说来，它相当于日常语言里的小家庭。核心家庭具有极大的普遍性，是人类社会最普遍的类型，当今世界上许多国家以它为主要的家庭形式。美国人类学家罗维（R. H. Lowie）指出："不论婚姻关系是长期的或是临时的；不论婚姻形式是一夫多妻、一妻多夫或简单的同居；不论家庭成员的复杂情况如何，有一个现象是普遍突出地存在的，那就是丈夫、妻子及其未成年的子女组成的团体，总是能与家庭其他的成员区别开来。"[1] 默多克曾经对 250 个不同的社会进行过研究，证实了罗维的结论，即不论家族的形式扩展到多大，核心家庭始终存在，并且具有其独特的、不可代替的功能：性的功能、经济的功能、繁殖后代的功能及教育的功能。而任何社会要能够存在，都不能缺乏这四种基本功能。核心家庭是能起到这些作用的最起码的单位，这就是它在人类社会中从远古到现在如此普遍存在的原因。在中国，历史上大多数人也是采取核心家庭类型的。自宋代以后，政府虽鼓励大家庭制度，但历代户口统计却说明大家庭的比例并不高。从全国每户平均人口数看，宋熙宁十年（1077 年）为 2.16 口，元至元二十八年（1291 年）为 4.4 口，明万历六年（1578 年）为 5.7 口，清乾隆十四年（1749 年）为 4.89 口。可见数口之家的核心家庭方式是多数人的选择。[2]

此外，还有一种特殊的核心家庭，那就是没有孩子的夫妻组成的家庭，如刚结婚的家庭，又如因生理原因无法生育的家庭，也有夫妻二人不想要孩子只愿自己过的家庭。最后一种情况在西方叫作丁克家庭（dinks family），所谓"丁克"，是英语"double income no kids"的缩略词，意为"双份收入，不要孩子"。这种家庭自 20 世纪 80 年代在欧美一些国家出现，它由都参加工作的夫妻二人组成，不要子女，不与其他家人同住，终

① Lowie, R. H., 1920, *Primitive Society*, New York, pp. 66—67. 转引自童恩正《文化人类学》，第 165 页。

② 徐扬杰：《中国家族制度史》，人民出版社 1992 年版，第 371 页。

生维持安静的两人世界。

2. 多偶婚家庭

多偶婚家庭，是由两个或两个以上的核心家庭联合而成的。联合的枢纽是复合的婚姻，即这些家庭均具有一个共同的父亲或母亲。以一夫多妻婚的家庭为例，同一个男子是好几个核心家庭的丈夫和父亲，这些核心家庭可以各自占有独立的住宅，也可以同住在一座大住宅里，即使在后一种情况下，每一个妻子及其子女还是相对独立的生活。

旧西藏社会中的原始群婚残余还表现为世界罕见的一妻多夫制。一妻多夫制婚姻形式大量地出现在"差巴"阶层中，这与这一阶层的政治经济地位是分不开的。"差巴"是农奴阶级中比"堆穷"地位优越的阶层。这一阶层有自己一些可怜的家庭财产，因而也最害怕因分家而导致家庭财产的分裂和社会地位的下降，分家即等于家庭的破产。分家析产后的"差巴"家庭就不能再像过去那样按照一个家庭单位来纳税完赋，而是以重新组成的几个家庭为单位来缴纳繁重的税赋，如完不成税赋，地就会被抽回，"差巴"阶层的家庭就会沦入"堆穷"阶层。为保证家庭财产的完整延续，除少数"差巴"家庭实行一夫一妻婚姻形式外，一妻多夫制，即一个家庭中兄弟几人同娶一个妻子便成为"差巴"阶层的主要婚姻形式。当儿女成年后，儿子们大多数按照一妻多夫的原则，由父母选择同一阶层中能干而精明的姑娘作妻子。如果妻子半途去世，而夫辈和子辈仍都在成年，那么，征得另一个"差巴"家庭的姑娘父母同意后，父子两代可以同娶一个妻子，其自然也是为了使本来不多的家庭财产不致化整为零。不过，父子共妻的婚礼，要以儿子的名义举行。当然，父子共妻仅是个别现象，而兄弟共妻却是"差巴"阶层中大量实行的一种婚姻形式。

兄弟共妻制得以在藏族地区长期存在，除了经济上的原因，还有道德观方面的重要原因。在藏族人的心目中，如果一个妻子能够服侍几位丈夫，那就是一个值得赞颂的贤惠的妻子。这种以一女嫁多夫为荣的特殊道德观念使兄弟共妻制得到了生存的土壤。

3. 扩大家庭

扩大家庭是指由血缘关系联系起来的核心家庭。最常见的扩大家庭是由一对夫妻以及他们的一个或一个以上的结了婚的儿女所组成。在这种情况下，构成它的核心家庭是由父母与子女的纽带联系的；在另一种情况下，扩大家庭中的核心家庭也可以由兄弟姊妹的关系联结，例如由两个结了婚的兄弟以及他们的妻子儿女所组成。有时候这种家庭可以有很大的规模，包括很多核心家庭以及三代或四代的成员，我国古典小说《红楼梦》所描写的贾府就是一种典型。在实行扩大家庭制的社会里，新婚夫妇被吸收到已经存在的大家庭之中。

扩大家庭可进一步划分为三种类型。第一种是小型扩大家庭，有时也叫作主干家庭（stem family）。从男系继嗣的情形看，它指的是一对夫妻及其一个儿子的生育家庭。从女系继嗣的情形看，则是一对夫妻及其一个女儿的生育家庭，入赘婚也可造成这种状况。当然，小型扩大家庭中可以有这对夫妻的未婚子女。我国南方的一些少数民族实行幼子继承制，即父母将包括房屋在内的财产留给幼子，自己跟着幼子生活，其他子女则在结婚后分出过活，这种继承制造成的便是小型扩大家庭。之所以称这种家庭为主干家庭，是因为它不分支。我们将同一代人称作世，同一代的人分别组成的生育家庭称作支，则核心家庭是二世一支，小型扩大家庭是三世一支。如果同代中有两个以上的生育家庭就算多支，而不是主干家庭了。

中型扩大家庭与小型扩大家庭一样是三世，却不止一支，而是三世多支。从男系继嗣的角度看，它指的是一对夫妻及其诸子的生育家庭；从女系继嗣的角度看，它指的是一对夫妻及其诸女的生育家庭。有时人们也将中型扩大家庭称作直系家庭（lineal family）。我国大多数汉族地区父母在世时不提倡兄弟分家，可能形成的大家庭就是中型或大型的扩大家庭。

大型扩大家庭是超过三世的多世多支家庭。从男系继嗣的角度上说，大型扩大家庭是一对夫妻及其诸子的生育家庭及诸孙的生育家庭；从女系继嗣的角度上说，则是一对夫妻及其诸女的生育家庭及诸外孙女的生育家庭。无论是中型还是大型扩大家庭，较之核心家庭，都可称之为复合家庭。中国传统社会所推崇的三世同堂大家庭，便相当于中型扩大家庭，四世同堂、五世同堂等则相当于大型扩大家庭。

默多克对 192 个社会的统计，其中 47 个社会是核心家庭制，53 个社会是多偶婚家庭制，而 92 个社会实行扩大家庭制。扩大家庭如此常见的原因有两点，一是与定居的农业社会相联系，在这种社会里，一个大家庭可以提供充分的劳动力，并且保证财产主要是土地不致分散；二是出于分工的需要，一个妇女需要去做户外工作如种田、柴薪时，或者一个男子需要远离家乡作战或经商时，大家庭成员间彼此的照顾是有明显优点的。在近代资本主义社会中，尽管也存在这样的矛盾，却并不需要扩大家庭，因为人们可以依靠金钱购买"社会服务"。而在我国，出于社会福利事业不发达和人民收入很低等原因，扩大家庭在很多地方特别是在农村大量保留着。同时中国社会敬老养老的伦理传统，是扩大家庭存在的历史原因；老年人照料孩子处理家务的作用，乃是青年夫妇愿意三代同堂的现实原因。

4. 其他家庭类型

（1）联合家庭

与扩大家庭概念相类似的还有联合家庭（joint family），指的是两个或两个以上的核心家庭，通过某种关系而结合在一起。这若干个核心家庭同居一处，共同担负着经济和社会方面的义务。在许多情况下，联合家庭与扩大家庭可同义使用，很多人类学、社会学方面的文献就是如此。不过，一些学者认为以联合家庭来指称像印度那样的大家庭更为合适。印度大家庭的主要成员是有权占有家庭财产的男人，联合家庭指的是同辈兄弟加上他们的儿子和孙子。按照印度人的传统，男孩一生下来就有权占有家财，所以联合家庭注重的是兄弟关系。[①] 在此不妨将印度的大家庭与中国的大家庭做一对比，一般说来，中国的大家庭在父母死后诸兄弟往往分家，而印度大家庭在父母死后兄弟却往往不分家。若作了以上的区分，我们可以将联合家庭限定为若干个核心家庭由同胞关系而组合在一起的形式。

（2）网络家庭

在我国，有人主要根据当代城市生活的实际提出了网络家庭的概念。一些子女在结婚后组成了独立的核心家庭，有条件的一般也独立居住，但他们与自己父母的家庭依然有千丝万缕的联系，这些家庭间并不共财，却可以通财（财产可流通）。他们经常来往，甚至互换劳务，譬如子女回家做些出力气的活，父母帮助子女照顾幼儿等。正如藕断丝连，这些看不见的丝将若干个核心家庭连接在一起形成网络。

（3）轮吃型家庭

中国台湾的汉人社会中，有一种很普遍的现象，即父母在儿子成年婚后分开居住，自己到诸子的家庭按固定或不固定的时间去轮吃或轮住，这种情形被称作"吃伙头"。对这样一种家庭形式，有人称之为"轮吃型家庭"，有人称之为"有条件的主干家庭"。[②]

---

① ［美］W. 古德：《家庭》（中译本），社会科学文献出版社 1986 年版，第 134 页。
② 庄英章：《家族与婚姻》，"中央研究院"民族学研究所 1994 年版，第 78 页。

各类家庭，其内部的结构不同，稳定性也不一样。在家庭中，成员要做出一定的贡献，也能得到相应的回报。家中有温情，有安全感，无论中西古今，都有不少人产生过天下一家的梦想。但家庭越大，关系就越复杂。中国古人将家国连称，认为治家与治国一样，在道理上有相通的地方。今天的中国，扩大家庭已失去了昌盛的土壤，核心家庭成了普遍流行的形式，但讲人情的文化传统还在，从这点来看，或许网络家庭的形式会被人们接受而长期存在下去。

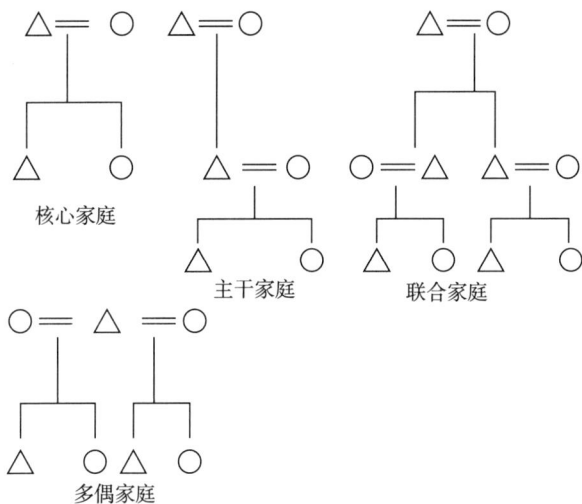

图中 △代表男性；○代表女性；＝代表夫妻关系；|表示父母和子女的关系；∩表示兄弟姐妹关系。

三　家庭在社会中的地位

1. 家庭是一种最基本的社会群体

从人员组合上看，家庭是一种最基本的社会群体；从组合的法则和体系上看，家庭则是一种最根本的社会制度。有人曾提出递进的关系，以家庭为最基层的单位，依次排列成家庭、邻里、乡村、区市、行省、国家。这样说来，大至一个国家，也是以家庭为砖石累积起来的。正如《孟子·离娄上》所说："天下之本在国，国之本在家。"至今家庭在国家社会中的基本性地位依然时时显现出来，如我国人口普查时曾张贴过"区不漏街、街不漏户、户不漏人、人不漏项"的标语，这里最基本的组织单位，还是与家庭相关的户。当然，户或曰家户（household）与家庭尚有所区别，它指的是由同居在一起的人所构成的社会组织，同居者可能有亲属关系，也可能没有亲属关系。譬如我国有所谓集体户口一说，这类集体户口中的人，通常并没有血缘关系而只有业缘或地缘的联系。户乃人口统计和户籍管理上的单位，一般情况下与家庭重叠，有时却与家庭无关。

从社会组织的角度衡量家庭，它是最小的和最基本的单位。对于个体来说，家庭是最早遇到的同时可能是至死才离开的组织。除了非正常的情形，每个人一出生就在家庭中生活，随之在家庭环境中成长，接受"人之初"的教育。成年后，个体又要谋求建立一个家庭，在其中生儿育女。最后，个体告别人世，往往还是家庭为之送别。所以，家庭通常是对人们影响最大的组织。

在成员间的亲密程度上，家庭也明显超过了人类社会中的其他组织。我们在形容人与人之间的亲密感情时，所能想象到的词便是"亲如一家""情同手足"之类。又说"打虎亲兄弟，上阵父子兵"，可见家人间的亲近与依赖已达极致。一家之人本就有血缘或姻缘的关系，又同在一个屋檐下生活，日久天长，更多了一层心灵上的联系，其亲切紧密的情感纽带自有殊绝之处。

名词解释：

家庭　核心家庭　多偶婚家庭　扩大家庭

思考题：

1. 简述家庭的功能。
2. 简述家庭的分类。
3. 您对家庭的未来有什么看法？
4. 简论家庭在社会中的地位。

第八章　亲属关系与宗族

人类有了家庭，血亲和姻亲就构成了亲属关系，这是人类文化的一种创造，也是人类学研究的经典问题之一。

一　亲属关系是人类文化的一种创造

1. 亲属关系是人类文化的创造

亲属关系是人类文化的一种创造，是我们在日常生活中都十分熟悉的社会现象。正是由于熟悉，所以一般人可能会认为这些有关名称的确定及其包含的内容都是十分简单的。但是只要略加考察，就会发现真实情况恰好相反。在文化人类学的研究中，某些最复杂、争论最多的问题，恰好就产生在亲属关系这一领域之内。各种社会所采用的不同的亲属制度，乃是对生物学的共同原则所作的迥然不同的解释，也是人类文化最为错综复杂的创造。

2. 亲属关系的含义

对于个人而言，亲属关系包含两层含义。第一，它是所有的人都具有的基本纽带，这种纽带将个人与另外一部分人联系在一起，是一种与生俱来的结果，人是不能自我选择或拒绝亲属关系的。第二，亲属关系在某些方面预先决定了一个人的社会生活，在任何社会中，个人都必须承担一定的社会义务，并享受一定的权利。在资本主义生产方式以前的诸社会中，人们往往通过亲属关系来理解权利和义务，并确定其行为准则。

亲属关系涉及社会生活的方方面面，对人类的影响极为深远。此种关系往往伴随有相应的习惯法和伦理观念，它们深深地塑造了人们的思想和生活模式。因此，它通常被认为是一种天经地义、不容更改的关系。

二　亲属关系的分类

1. 亲属分类的原则

人类亲属制度的划分，虽然以生物学的原则为起点，但它更多的是受到价值观念、宗教和经济活动的影响，因而不同的社会对于亲属关系的认可具有不同的标准。

从生物学的事实出发是人类亲属分类最基本的标准。根据这一原则，一个人的亲属可以大致分为"血亲"和"姻亲"两类。前者是由出生决定的，后者由婚姻产生。几乎所有的社会都能根据生物学上的事实来分辨这两类亲属性质之不同。

如果将一个人血亲和姻亲中的一切远亲都加起来，那么他的亲属往往会是非常多的。因而，人们将亲属分成若干类，每一类用一个名称去概括，如父母、兄弟、姊妹、伯父、叔父、婶母、姨母之类。所以就这一意义而言，所有的亲属称谓制度在某种程度上都带有文化上的类分性质，即从文化角度出发去考察亲属分类。

虽然有关亲属分类的原则，当代文化人类学界各说不一，但美国学者克罗伯在 1909 年发表的《亲属关系的分类系统》[①] 一文中，提出了划分亲属关系的八项原则，基本上概括了人类各种社会确定亲属的标准，至今仍然有参考价值。

（1）辈分原则，即不同的辈分采取不同的称呼，如儿女辈、同辈、父母辈、祖父母辈、曾祖父母辈等。

（2）年龄原则，即对不同年龄的同一类亲戚采取区别的称呼。我国汉族的亲属制中对此相当重视，如大伯、二伯；大姐、二姐等。但在英语民族中，这一点并不重要，如 Brother（兄弟）、Sister（姊妹）等，其间并无年龄之分。

（3）直系旁系有别的原则。当代大多数社会对于直系、旁系的区分很严格。以汉族为例，除父母子女为直系外，其余亲属（包括兄弟姐妹）均

---

① Kroeber, A. L., 1909, "Classificatory Systems of Relationship", *Journal of the Royal Anhropological Insitute of Great Britai and Ireland*, Vol. 39, p. 77—84. 转引自童恩正《文化人类学》，上海人民出版社 1989 年版，第 173 页。

是旁系，但也有少数社会不区分直系和旁系。

（4）性别原则，即用不同的称呼来区别不同性别的亲戚，如父和母，兄和姊，弟和妹。在某些社会中，父方的亲属和母方的亲属必须分开，这种方法称为"分系制"。对于根据父系或母系来决定其所属的亲属集团的人们而言，此种区划是极为重要的。举例来说，在母系社会，母亲的兄弟与自身同属一个亲属集团，因而彼此承担一定的权利和义务，而父亲的兄弟属于外族；反之，在父系社会，父亲的兄弟与自身同属一个亲属集团，而母亲的兄弟属于外族。

（5）称呼者本身性别的原则，即对于同一个被称呼的人，由于称呼者的性别不同，所以称呼也就不同。汉族的习惯中没有这个原则，但是在北美纳瓦霍印第安人中，男人叫他的儿子是一种称呼；而他的妻子叫儿子，则是另外一种称呼。

（6）中介亲属性别差异的原则，这一原则适用于某些旁系亲属。由于中介亲属的性别不同，借他（她）而发生关系的那个亲属的称呼也不同。在英语中，这一原则并不存在，父亲的兄弟姊妹的儿女和母亲的兄弟姊妹的儿女全是一样的，都称为 cousin。

有很多社会把 cousin 分成两大类：父亲的姊妹的儿女和母亲的兄弟的儿女与自身是交表兄弟姊妹或交表亲；而父亲的兄弟的儿女与母亲的姊妹的儿女，则称为平表兄弟姊妹或平表亲。这种分类，全在于中介亲属的性别不同。

汉族中介亲属的分类更加详细。父亲的兄弟的子女是"堂表兄弟姊妹"，父亲的姊妹的子女是"姑表兄弟姊妹"，母亲的兄弟的子女是"舅表兄弟姊妹"，母亲的姊妹的子女是"姨表兄弟姊妹"。

（7）婚姻的原则，即上文所述的姻亲。

（8）亲属关系人的存殁。在阿帕奇印第安人中有这样的实例，男子婚后住到女家，自然和妻方的家人发生了姻亲关系。可是万一妻子亡故，他即不能再用旧的称呼。在这种情况下，通常是要求这男子再娶亡妻家中未婚的妹妹或堂表妹妹，以维持第一次婚姻所产生的亲属称呼。

2. 亲属关系的分类

（1）中国古代的亲属关系分类

中国古代对亲属的分类与今天不同，这和历史上重男轻女讲究父系继嗣有关。那时一般将亲属分为三类，即宗亲、外亲、妻亲。所谓宗亲，指的是同祖同宗的亲属，包括同一祖先所出的男性亲属以及嫁来之妇和未嫁之女。宗亲的范围以九族为限，即从己身上下各推四世。所谓外亲，指的是女系血统的亲属，如母之血统、祖母之血统、姐妹之血统、女儿之血统、孙女之血统、姑之血统、侄女之血统等均属外亲。外亲的范围较宗亲为窄，如母亲的亲属只上下各推一世，包括母亲的父母（即己身的外祖父母）、旁及母亲的兄弟姐妹（己身的舅、姨）、下至母亲兄弟姐妹的子女（己身的姨表和舅表兄弟姐妹）。第三类妻亲，指的是妻子的亲属，范围很窄，一般只包括妻子的父母及同胞兄弟姐妹。

（2）现代亲属关系的基本分类

现代亲属关系主要可分为两大类：一类是血亲（consanguinity），即与自己有直接或间接血缘关系的亲属。人一出生就处在这个血缘亲属关系的包围之中，对个人来说，双边继嗣系统中的全体人员都是自己的血亲，如父母、兄弟、姊妹、祖父母、祖父母所有的子女以及这些子女的子女等。血亲关系是不可选择的、天然的。另一类是姻亲（affinity），即由婚姻的缔结而导致的亲属关系。就男女当事人双方而言，姻亲的构成有一定程度的选择性，但实际上许多姻亲是自己无法选择的，譬如在各文化中存在的优先婚、内婚、外婚、指定婚等制度或习俗便已限制了姻亲的范围。

姻亲又可分两类：一是配偶的血亲（如配偶的父母、祖父母、兄弟、姐妹、叔伯、姑舅等）和配偶血亲的配偶（如配偶的婶婶、嫂嫂、姑父、舅母、姐夫、弟媳等）；二是血亲的配偶（如自己的婶婶、嫂嫂、姑父、舅母、姐夫、弟媳等）和血亲配偶的血亲（如上述婶婶、嫂嫂、姑父等人的父母、祖父母、兄弟、姐妹、叔伯、姑舅等）。很明显，姻亲中有些是可以选择的，有些是不能选择的。如配偶是可选择的，所以配偶的血亲和配偶血亲的配偶这一部分具有选择性。而血亲的配偶和血亲配偶的血亲，自己却无可选择。

从稳定性上看，血亲关系要胜过姻亲关系。姻亲关系可以解除，血亲关系却不行。费孝通在论及夫妻关系时曾打过一个比方，说三角形最稳固，因此夫妻双方也必须加上第三者即子女，形成三角关系才稳定。这第三者就是血缘的纽带，它将只有姻缘关系的夫妻牢牢地拴在了一起。

（3）虚拟的亲属关系

虚拟亲属，就是不经血缘或姻缘联系而构成的亲属，即民间所称的"干亲"（fictive kinship）。虚拟亲属现象有力地说明了人类在亲属选择上的社会文化本质。

收养，是建立虚拟亲属关系的一条重要途径。它一般是无子女者为养老送终或继承财产等目的而收留孩子，这里需要履行社会文化所认可的手续。不过，在中国传统上收养孩子有时会优先考虑有血缘关系者，兄弟的子女常是优先收养的对象。结义，是另一种建立虚拟亲属关系的手段。结义后的兄弟其亲近程度不亚于同胞骨肉。《三国演义》中刘、关、张三位结义兄弟的口号就是"不求同年同月同日生，只愿同年同月同日死"。不过，结义并不是男性的专利，我国某些地区在民间女子中也有结为"七姊妹""十姊妹"之类的风俗。

另外，攀亲也是常用的一种方式。有与死人拉亲戚关系的，如修家谱时攀历史上的名人为自己的祖先，姓孔的都说是孔子一脉，姓孟的皆言乃亚圣后裔。也有与活人拉亲戚关系的，如旧时的连宗（联宗）。《红楼梦》中的刘姥姥与王夫人就"原不是一家子，当年他们的祖和太老爷在一处做官，因连了宗的"。连宗的习气蔓延到社会，凡同姓者欲套近乎，见面都会说出"五百年前本是一家"这样的话。

三　亲属称谓制度

人类的亲属关系表现在语言里就是人类学上所说的亲属称谓制度（kinship terminology），这是社会文化中用来标明亲属关系的一套称呼系统。亲属称谓本身，就包含了丰富而准确的有关社会组织的信息，为文化人类学家提供了一个广阔的研究领域。百余年来，围绕亲属称谓提出的各派理论以及由此而产生的论争，是亲属关系研究中的一个核心问题。

摩尔根是人类亲属制度研究的开创者，他所撰写的《人类家庭的血亲及姻亲制度》一书，对理解人类的亲属关系颇有帮助。例如，他将人类的亲属划分为血亲和姻亲，在血亲中又进一步划分出直系血亲和旁系血亲。对人类的亲属称谓，摩尔根提出了类分式和描述式两大类。前者指全部或部分地不分直系旁系而用同一称呼去指称某些亲属，如对上一辈的男性皆称父、女性皆称母。后者指对不同的亲属分别以不同的称谓描述，如对上一辈的男性分别称作父、叔、伯、舅、姑父、姨父等，对上一辈的女性分别称作母、姑、姨、婶婶、舅妈等。

摩尔根虽然开了亲属称谓研究的先河，但是这种两分法终究过于笼统，不能准确反映客观情况。继他之后，英国的里弗斯、美国的罗维、德国的肯基霍夫等人，均提出过不同的分类系统。1949 年，美国文化人类学家默多克归纳了一种六型分类法，[①] 较多地得到各国学者的承认。这种分类法的每一类都是以使用该制度的某一典型民族来命名的，这就是奥玛哈式亲属称谓制、克罗式亲属称谓制、易洛魁式亲属称谓制、夏威夷式亲属称谓制、爱斯基摩式亲属称谓制和苏丹式亲属称谓制。

为了易于比较各种亲属称谓的不同之处，我们将用图表显示亲属之间的关系。为此，首先要解释一下各种符号的含义。

□：作为计算起点的个人，不分性别，文化人类学中都用 Ego 表示

△：男性

○：女性

＝：夫妻关系

｜：父母和子女关系

冖：兄弟姐妹关系

1. 奥玛哈式亲属称谓制

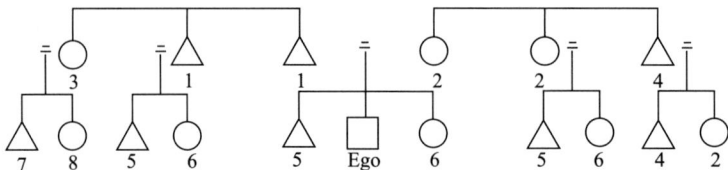

1. 父及父之兄弟　2. 母，母之姊妹，母之兄弟之女　3. 父之姊妹　4. 母之兄弟及母之兄弟之子　5. 兄弟，父之兄弟之子，母之姊妹之子　6. 姊妹，父之兄弟之女，母之姊妹之女　7. 父之姊妹之子　8. 父之姊妹之女

奥玛哈式亲属称谓制因北美的奥玛哈印第安部落而得名，通常是与父系继嗣的社会相联系。这种亲属称谓制度将亲属分成两大类，即父系的一类和母系的一类。父与父之兄弟是用同一称呼；母、母之姊妹、母之兄弟之女均使用同一称呼，相应地，母之兄弟及母之兄弟之子其称呼也一样。对于个人父方的父系亲属而言，不同辈分、不同性别的亲属则各有专名；而对于个人母方的父系亲属而言，是将所有的男性概括为一群，而将女性概括在另一群，并不问其辈分。由此可见，奥玛哈式亲属称谓的特点是将

---

① Murdock, G. P., *Social Struture*, Mac millan, New York, 1949.

父系亲属和母系亲属区别对待，对个人而言，父方的亲属集团乃是他所在的集团，因而重要；而母方的亲属对于个人则不那么重要。这一亲属称谓制度充分反映出父系继嗣社会的特质。

另外，由于父之兄弟与母之姊妹都是与父或母同样称呼的，个人对其平表兄弟便与亲生兄弟同称，平表姊妹便与亲生姊妹同称。

2. 克罗式亲属称谓制

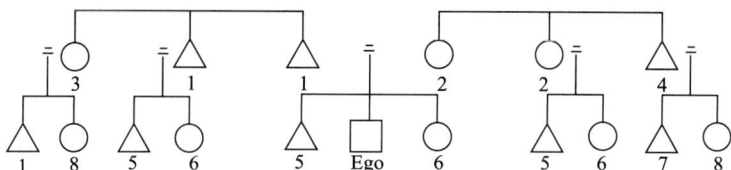

1. 父，父之兄弟，父之姊妹之子 2. 母，母之姊妹 3. 父之姊妹，父之姊妹之女 4. 母之兄弟 5. 兄弟，母之姊妹之子，父之兄弟之子 6. 姊妹，母之姊妹之女，父之兄弟之女 7. 母之兄弟之子 8. 母之兄弟之女

克罗式亲属称谓制以北美另一个印第安人部落而命名，一般是与母系继嗣的社会相联系，被视为奥玛哈式亲属制的镜像反映。在这一亲属制中，个人的母系亲属并不是混淆辈分的，但父方的亲属则不分辈分。个人的母和母之姊妹称谓相同；父、父之兄弟、父之姊妹之子称谓相同，相应地，父之姊妹、父之姊妹之女称谓相同。与此同时，个人对待其平表兄弟姊妹的态度与对待亲生兄弟姊妹的态度亦相同。

3. 易洛魁式亲属称谓制

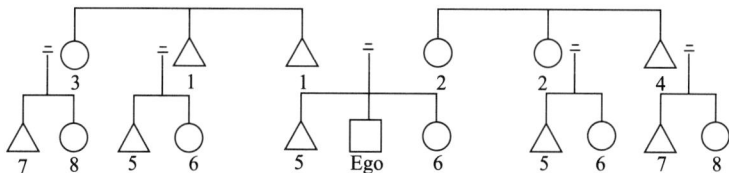

1. 父及父之兄弟 2. 母及母之姊妹 3. 父之姊妹 4. 母之兄弟 5. 兄弟及平表兄弟 6. 姊妹及平表姊妹 7. 交表兄弟 8. 交表姊妹

易洛魁式亲属称谓制系因美国易洛魁印第安部落而得名，在世界上流行的程度仅次于夏威夷式亲属称谓制。在对待父母一辈的亲属方面，它与奥玛哈式及克罗式一样，即个人的父亲及父亲的兄弟用同一称呼，母亲及母亲的姊妹也用同一称呼。这种区别与单系继嗣相联系。但在个人的同辈亲属中，易洛魁式亲属称谓制则与上述两种称谓制不同。在奥玛哈式和克

罗式称谓制中，有两组交表亲是与上一代的称谓相同的，但在易洛魁式称谓制中，这两组交表亲（即母之兄弟之子女，父之姊妹之子女）的称谓不再与上一辈相同，但两组之间使用共同的称谓，其间仅有性别的差异。这也就是说，母之兄弟之女及父之姊妹之女称谓相同，而母之兄弟之子及父之姊妹之子称谓亦相同。平表兄弟姊妹的称谓与交表不同，一般（但非绝对的）均与亲生兄弟姊妹的称谓相同。换句话说，这种称谓制的重要特征就是区分平表和交表，而且对于个人而言，交表不如平表亲。

4. 夏威夷式亲属称谓制

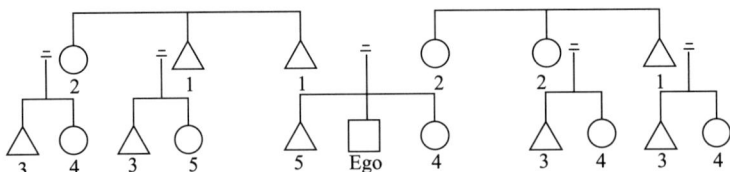

1. 父母辈所有男性亲属　2. 父母辈所有女性亲属　3. 同辈所有男性亲属
4. 同辈所有女性亲属

相对而言，夏威夷式亲属称谓制是最简单、使用亲属名词最少的一种称谓制。在这一体系中，只有两种分类：辈分和性别，即所有同一性别同一辈分的亲属使用同一称谓。例如个人的所有表姊妹或叔伯姊妹称谓均与亲生姊妹相同，而所有的表兄弟或叔伯兄弟称谓亦与亲生兄弟相同。在父母一辈中，所有男性亲属的称谓均同于生父，而所有女性亲属的称谓则同于生母。

夏威夷式亲属称谓制是与两可系继嗣相联系的，在这种社会中，一个人可以自行选择父方或母方以决定其隶属关系，也可以同时与双方发生关系。这样，父母任何一方的亲属对于个人而言，均具有同等的重要性。与此同时，这一制度又将核心家庭的成员与其他血亲（父与伯叔、母与姨母、兄弟与叔伯兄弟或表兄弟）混淆起来，所以凡是采用这种亲属分类的社会，一般是核心家庭的地位不显著，淹没于大的亲属集团之中，以至在个人交往中，核心家庭成员与其他亲属的重要性基本上是相等的。

5. 爱斯基摩式亲属称谓制

尽管爱斯基摩式亲属称谓制是以北美北部的爱斯基摩部落而得名，也盛行于欧美各国，其最大的特征是将核心家庭以内的亲属与以外的亲属区

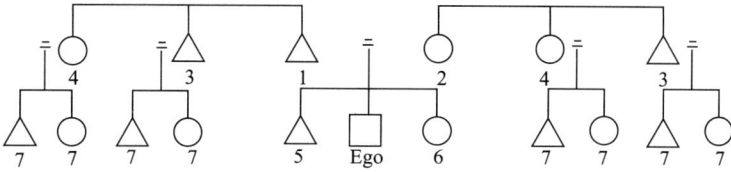

1. 父　2. 母　3. Ego 父母所有的兄弟和父母所有的姊妹的丈夫　4. Ego 父母所有的姊妹和父母所有的兄弟的妻子　5. 兄弟　6. 姊妹　7. Ego 父母的兄弟姊妹的子女，再加若干更疏远的同辈亲属

分开来。在核心家庭以内，亲属称谓是描述性的，父、母、兄弟、姊妹、子女各有专名；在核心家庭以外，亲属称谓则是概括性的，父方的亲属与母方的亲属并无区别。例如英语中 uncle 同时适用于父母双方的兄弟以及父母双方的姊妹的配偶，aunt 一词同时适用于父母双方的姊妹以及父母双方的兄弟的配偶。

由于爱斯基摩式亲属称谓制对于父、母、兄弟、姊妹特别强调，这就使一个人的家庭在整个亲属系统中占有突出的位置。这样，此种系统盛行于由经济活动所决定的核心家庭与其他的亲属关系松弛或易于变化的社会之中，如欧美资本主义社会或爱斯基摩狩猎采集社会，就是很自然的事了。此外，它的另一特征是父母双方的亲属缺乏区别，这是由于个人是同时从两个方面承继亲属关系的，所以没有必要区分父方的亲属或母方的亲属。

6. 苏丹式亲属称谓制

苏丹式亲属称谓制流行于从中东至中国的地区。这种亲属制有其高度的描述性，基本上不将父方和母方的两类亲属概括称呼，每一个不同的亲属均被赋以不同的称谓。

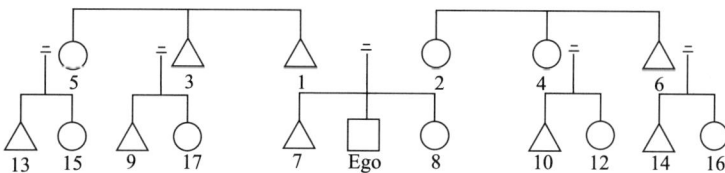

1. 父　2. 母　3. 父之兄弟（叔、伯）　4. 母之姊妹（姨母）　5. 父之姊妹（姑母）　6. 母之兄弟（舅父）　7. 兄弟　8. 姊妹　9. 父之兄弟之子（堂兄弟）10. 母之姊妹之子（姨表兄弟）　11. 父之兄弟之女（堂姊妹）　12. 母之姊妹之女（姨表姊妹）　13. 父之姊妹之子（姑表兄弟）　14. 母之兄弟之子（舅表兄弟）　15. 父之姊妹之女（姑表姊妹）　16. 母之兄弟之女（舅表姊妹）

苏丹式亲属称谓制是与男性继嗣相连的，但采用这一制度的社会却与采用奥玛哈式亲属称谓制或易洛魁式亲属称谓制的父系社会有别。一般而言，这种社会（如古代的中国）均具有复杂的政治体系、高度的阶级分化和职业分工。它甚至在近亲之中也强调区别，这可能是亲属集团内部阶级分化和经济分化显著的一个反映。

除了上述经典的亲属称谓制度外，学者们还发现，人们在实际行为表现中对亲属称谓的应用与调查者的报告有一定差距。如汉语里的父和母，主要是书面语言，日常生活中更多使用的是爸爸、妈妈、爹、娘等。因此，有人提出了当面称谓（term of address）和侧面称谓（term of reference）这两个词。前者指面对面时所使用的称呼，常带尊敬意味或亲昵意味，如夫妻间称答令（darling）、亲爱的等。后者是在背后向他人介绍亲属时所使用的称呼，一般比当面称谓正规些，可能为书面语形式。

亲属称谓在实际社会生活中会因为某种目的而常有扩大使用范围的情况，前已提及的虚拟亲属关系可算是这类情况的一种。一些社会团体为了强化成员之间的团结性，也会在团体内部使用亲属称谓，如宗教团体可能将教众都称作兄弟姐妹，军队里的官兵也可能互相称作兄弟。

来往密切的人之间也常用亲属称谓词。如我们对自己父母的同事或好友称叔叔、伯伯、阿姨，对左邻右舍住的人用"张妈妈""王爷爷"之类的亲属称呼等。中国自古有"天下一家""四海之内皆兄弟"这样的理想，所以许多地区在与陌生人交往时也使用亲属称谓，如问路时称呼别人"大爷""大娘""大哥""大嫂"等。

当人们远离自己的亲属群而来到一个新社区时，亲属称谓也往往发生扩大使用的情况。例如两个本无亲属关系仅有同乡关系的人从乡村到大都市谋生，很可能便成了来往极为密切的"亲戚"。

四　继嗣制度

继嗣（descent），有时也称作世系，就是社会公认的某个个体与其前辈亲属之间的关系，这种关系可通过父母双方来追溯。在不同的文化中，追溯个体与其前辈关系的规定及方法有所不同，这就构成了一定的继嗣制度。对继嗣可以从两方面来理解：一是血统，即个体的血亲系统；二是继承，即个体的地位、权利、财产等从何处继承。在继嗣里所讲的血统，主要不是纯生物意义的，而是社会文化的认定。

从生物学的角度去看，自己的血统很明显是双系的，即父系和母系，父母双方对个体的贡献是相同的。继嗣制度中有一类与此是相呼应的，即对双系的肯定，在理论上这应该是最合理的。但在实际社会生活中，只认一方的情形却似乎更为普遍，譬如我们现在的姓氏一般来说就是继承父亲的。费孝通先生在《生育制度》一书中曾引马林诺夫斯基的话对此有一段说明：“亲属体系为什么倾向于单系偏重呢？马林诺夫斯基曾解释说：‘单系嗣续密切相关于世代间地位，权力，职位，及财产传递的性质。在社会继替作用中，秩序和简明是维持社会团结的重要条件。”① 这样一来，便只好牺牲一方了。

1. 单系继嗣

单系继嗣（unilineal descent）有时亦称单性继嗣或单方继嗣，即只从父亲或母亲任何一方追溯自己与前辈之间的关系。单系继嗣将个体的亲属网作了硬性的划分，个体只与其中的一部分发生直接的关系。虽说这种继嗣规则并不合乎人情，但它却是世界上最为常见的形式。

单系继嗣还可以细分。一种是父系继嗣，亦称男性继嗣或男方继嗣，即个体通过父方追溯与其前辈的关系。如此，个人的血统只能由父亲传递，财产等也由父方继承。从群体生活的角度看，个体与其同胞兄弟姐妹是与父亲、父亲的兄弟姐妹、父亲兄弟的子女及父亲的父亲等同在一个继嗣群中，故在教育方面，常受父方长辈亲属的较大影响。对一个女性来说，她与自己的父兄同属一个继嗣群体，但她的子女却不能通过她的父兄推算继嗣，而要通过她的丈夫来推算继嗣。

父系继嗣在单系继嗣中是最常见的一种类型，此原则与各种组织结合在一起就形成父系组织，如父系家庭、父系氏族等，充满这类组织的社会就是父系社会。我国历史上的汉族地区就是典型的父系继嗣社会，这从居住制度、祭祀制度、命名制度等方面可反映出来。在父系制下继嗣与权威通常是一致的，即男子居于主导地位。

另一种单系继嗣是母系继嗣，或称女性继嗣、女方继嗣，指的是个体通过母方追溯与其前辈的关系。在这种制度下，血统由母亲传递，财产也经由母方继承。个体与其同胞兄弟姐妹是与母亲、母亲的兄弟姐妹、母亲

---

① 费孝通：《生育制度》，天津人民出版社 1981 年版，第 153 页。

姐妹的子女及母亲的母亲等生活在一起的。对一个男性来说，他与其母亲同属一个继嗣群，但他的子女却不能通过他的母亲推算继嗣，而要通过他的妻子来推算。

与父系继嗣的情形一样，母系继嗣可组成母系家庭、母系氏族之类的母系组织，也可形成母系社会。但在此制下，继嗣与权威却常不一致。父系继嗣的社会多是男性家长制，而母系继嗣的社会却不一定是女家长制，往往是妇女的兄弟握有权柄，此即人类学中所说的舅权。女性非但不掌权，在政治、宗教、军事等方面的重大问题上，她们还经常被排斥在外。当然，母系继嗣多发现于农耕社会，妇女在生产上发挥着较重要的作用，承担较多的工作，婚后居住模式也通常是从母居的，因而女性的地位一般较高。

在母系制度下一个男性不是作为丈夫或父亲行使权力，而是作为兄弟来行使权力；财产不是由兄弟的儿子继承而是由姐妹的儿子继承（舅甥继承），因此夫妻关系比较脆弱，兄弟与姐妹的关系得到加强。我国云南与四川交界地区的摩梭人就是实行这样的母系继嗣制度。

单系继嗣制中还有一种特殊的情形，即父系继嗣与母系继嗣并存，如在非洲尼日利亚东部的雅科人（Yako）中，一个人的土地、名位等不动产按照父系继嗣的规则继承，而动产（如牲畜、货币、工具等）以及某些宗教性职务则按照母系继嗣的规则继承。这种继嗣是双方的，但在本质上仍然还是单系的，人类学中将其称为双重单系继嗣（double unilinealdescent）。

单系继嗣是人类社会最普遍的继嗣方式，在人类社会、经济、政治以及宗教生活领域有着重要的作用。以单姓汉人宗族村落为例，他们往往禁止族内婚，优化了氏族个体的延续；氏族成员之间常常在人生关键和危机时期相互帮忙，形成了常规性的经济合作；在传统上，氏族的头人或者长者扮演地方政治领导角色，发挥解决族内纠纷、调整族际关系乃至组织族人共同抵御外敌的政治功能；最后，还有建立在共同的祖先崇拜基础上的宗教信仰和仪式。以上种种作用，使得单系继嗣成为人类社会最稳定和可靠的继嗣方式。

2. 双系继嗣

双系继嗣，或者叫作非单系继嗣，指的是在追溯个体与其前辈的关系时对父方和母方同样看重。这种继嗣制度不像单系继嗣那样对亲属作硬性的划分，从生物性的角度来看较为合情合理。与单系一样，双系继嗣也还可以作进一步的区别。一种是两可系继嗣（ambilineal descent），另一种是双边继嗣（bilateral descent）。两可系继嗣，即个体既可通过父方也可通过母方追溯与其前辈的关系。在两可系继嗣制中，个体可自愿选择自己的继嗣方向，也可能社会文化对此有松散的规定，如以年长者为继嗣。这是一种较灵活的继嗣制度，个体在其中有较大的选择自由。例如在太平洋上的吉尔伯特群岛，个人只要符合条件，都可对属于继嗣群的土地拥有继承权。而当某个群体成员太拥挤时，人们就会转移到另一个缺乏继承人的继嗣群中。灵活的做法具有生态学上的意义，上述土地继承的处理方式就是对土地负荷力的适应和调整。

双边继嗣（bilateral descent），又称作对称继嗣，即个体同时通过父方和母方追溯与其前辈的关系。这种制度下，父方母方是平等对待的，亦即双方同等重要或曰同等不重要。西方工业社会就是实行双边继嗣，我国目前法律规定的也是双边继嗣，如在继嗣法中讲究男女平等原则，父方、母方或子、女都有同样的继承权。

双边继嗣是以自我为中心的，在这个系统中，继嗣线所联的全体人员被称作"亲类"（kindred），实际上就是个体所有的血亲亲属，除同胞外，各人的亲类皆不相同。亲类在现实生活中是很难聚集在一起的，故无从构成严密的继嗣群体，但在某些特殊的情况下（如战争、狩猎等），以个体为中心的亲类仍可以是形成组织的基础。

3. 谱系

与继嗣相关的一个问题是谱系（geneology），也叫系谱或谱牒，即有关继嗣关系的记录与推算。谱系对了解某个群体的历史状况是十分有用的，所以历来为人们所重视，其中单系继嗣的谱系尤为明确清晰，例如我国民间的家谱和族谱，就是父系继嗣群的完整谱系。在实际社会生活中，谱系有帮助人们计算亲属关系、确立亲属行为的功用；在研究上，可提供许多珍贵的材料。

4. 继嗣群

实行单系继嗣的人们通常都属于某个特定的单系群体或某组单系群体，这是许多社会中的组织原则。同属这个群体的人们有共祖意识，他们认为依照其继嗣规则（或父系或母系）可追溯到一位共同的祖先，这样的群体就是继嗣群。

继嗣群包括若干类型，最基本的类型是世系群（lineage），指的是出自同一祖先，依照单系继嗣规则而结合在一起的人群。根据追溯祖先的原则差异，世系群又可分为父系世系群和母系世系群，通常分别以其男性祖先或女性祖先的姓名来命名。在有些社会里，依谱系关系的深度、广度使得世系群大小不同，而形成分支世系群制度，即一个较大的世系群分成若干小的世系群。有人认为，中国传统社会中的大家族就是一个世系群。

若干个世系群可能联合为氏族（clan），这是由一群相信出自共同祖先、依单系继嗣规则而结合在一起的人组成的群体。既然是单系规则，所以与世系群一样可分为父系氏族和母系氏族，但在氏族中，追溯共同祖先的有关环节却不甚清楚。事实上，人们可能并不知道谁是这个祖先，于是，就出现了人类学上称为图腾的制度，即以某种动物或植物来代替祖先的姓名为整个群体命名。

氏族之上还可能有胞族或联族，这是由一定数量的很可能有亲属关系的氏族组成的更大的集团。当一个社会分裂为两个单系继嗣群时，就称每一个群体为偶族或半族，偶族的划分往往是出于婚姻的需要。从世系群到偶族，虽然大家都相信自己是出自同一祖先，但认同感是越来越弱了。这些继嗣群的不同类型，在许多单系社会中可能以不同的组合形式出现，当有两种以上的类型并存时，小群便往往是大群的分支。

在单系社会中，一个人一生下来就被归入某个特定的继嗣群。这些社会中继嗣群常发挥重大的作用，甚至是主导的作用。如政治方面的功能，包括群内人际关系的调解及群外战争的组织等；经济方面的功能，表现为建立经常性的经济合作，有困难时共同承担；社会功能则主要表现在调节婚姻关系上，例如内婚和外婚原则的确立；宗教方面的功能最多的表现是对祖先的崇拜和祭祀，因为祭祀群从理论上说是共祖的。继嗣群的种种功能和作用，维护了群体的团结与稳定，加强了个体对群体的认同。

人类学家指出，亲属称谓制与继嗣群这两者之间存在一定的相关性。比如说，使用爱斯基摩式称谓制的社会没有共财的继嗣群，在那里核心家庭是独立的、起主要作用的生产和生育单位。夏威夷式亲属称谓制与爱斯基摩式相比，最突出的特点就是，对核心家庭内外的人都使用同样的称谓。因此，当核心家庭被淹没在大家族和其他共财继嗣群所支配的家庭环境中的时候，就必然采用夏威夷式称谓制。统计资料表明，使用夏威夷称谓制的社会中，大家族占21%，50%以上的有某种共财的继嗣群。①

———————————

① ［英］马文·哈里斯：《文化人类学》，李培茱、高地译，东方出版社1988年版，第187页。

五　汉族的宗法制度与家族和宗族

1. 宗法制度

所谓宗法，据《说文解字》释："宗，尊，祖庙也，从宀，从示。""宀"是屋宇，"示"是神王，其本义是宗庙。而宗法，就是宗族共同遵守的法规。这与先秦周族对祖先的崇拜，有共同的始祖和宗庙，有特定的祭祀是联系在一起的。周族宗法制度的具体内容是：天子世世相传，每代的天子都是以嫡长子继承父位，奉始祖为大宗，嫡长子的诸弟封为诸侯，为小宗。每代的诸侯也是以嫡长子继承父位，奉始祖为大宗，任命诸弟为卿大夫，为小宗。卿大夫与士的关系也是如此。简单地说，就是嫡长子继承制，凡大宗必是始祖的嫡系子孙。小宗对大宗来讲是小宗，但对本族来讲又是大宗。在这里大宗小宗从血缘上说是兄弟关系，从政治上说则是君臣关系。这种宗法制度在中国影响久远，因此，所谓宗法制度，是我国古代以宗族血缘关系为纽带，与国家制度相结合，维护贵族世袭统治的一种制度。它源于氏族社会父系家长制，萌芽于商代，完备于西周。

2. 家族和宗族

纵观汉族发展的历史，从汉到唐，崇尚门阀谱系；从宋到明，理学家又多提倡恢复宗法，家谱之学盛行。因此，在西周宗法制度的基础上形成和发展起来的家族和宗族，成了汉族社会的基本结构模式。

（1）家族

所谓"家族"，古代称之为"族"，指包括血亲姻亲在内的非同姓的亲属关系。《尚书·尧典》云："以亲九族。"《白虎通》亦云："九族谓：父族四，母族三，妻族二。父族四者，谓父之姓一族也；父女昆弟适人有子为二族也；身女昆弟适人有子为三族也；身女了适人有子为四族也。母族三者，母之父母一族也；母之昆弟二族也；母昆弟子三族也。妻族二者，妻之父为一族，妻之母为二族。"

（2）宗族

宗族的定义可谓五花八门。在西周宗法制度形成之时，所谓"宗族"，是指父族同宗的亲属关系。后来的学者在定义宗族时一般把它视为双系血亲和姻亲的组织。如，吕思勉认为："宗指的是亲族之中奉一人为主，族指凡血缘有关系之人。"① 日本学者石川荣吉认为，宗族是一个以自己为中心的概念，一般是从自己出发包括父母双方，并向两面展开的亲族范畴。② 美国学者 R. M. 基辛认为，宗族是由血亲和姻亲组成的，"祖父母的同胞的后代（或曾祖父母和更远亲属的同胞的后代），为了一定的目的可能也被包括在宗族范围内"③。

W. 古德在其名著《家庭》一书中，也用了专门的篇幅来论述中国的家族。古德认为，宗族制是同父系制、母系制和家族制相并列的一种亲属组织类型。宗族由一个或多个住得很近的单系亲戚群体联合而成，并且遵循着单系继嗣原则。中国宗族的"核心"是一个理想的被称为"服丧的等级序列"的亲属网，这个网络主要包括："1. 同一始祖所传下来的子子孙孙；2. 一个男子下数到玄孙的直系后裔；3. 一个男子四代之内的旁系亲属，其父和其子三代之内的旁系亲属，其祖父和其孙的两代之内旁系亲属，其曾祖父和其重孙一代之内的旁系亲属。"④ 古德对中国宗族的看法基本上抓住了中国社会中宗族这一血缘团体的实质。用社会人类学的术语来说，中国人所指的宗族是一个典型的父系继嗣群（Patrilineal descent group）。

一般来说，宗族具有下述特征：1. 名称，2. 外婚，3. 父系单系共同祖先，4. 在所有或大多数成员之间相互交谈或指某个人时使用亲族称呼，5. 许多社会的宗族还有某种形式的公共财产，6. 某种程度的连带责任。

宗族的功能常常在具体的运作过程中，超越血缘的纽带，正如唐美君先生所言："汉人的宗族兼有血缘、地缘、利益三者的全部社会组织原则，它既是血缘为主的亲属团体，又是聚族而居的地缘单位，而且具有很多社会功能。"⑤ 特别是在控制基层社会方面，宗族的功能体现为内外两方面，一方面是通过对宗族成员的控制，另一方面是通过与其他宗族相联合，进而发挥控制地方事务的功能。当中央政府无法对基层社会实行有效控制时，势力雄厚的大族往往就取而代之，成为维护封建统治的基层社会组织。从明清至近代，由于中央政府一直无法对地方实行有效的控制，作为以血缘联合起来的地缘组织——宗族，其存在也就有较深厚的社会土壤。

---

① 吕思勉：《中国制度史》，上海教育出版社 1985 年版，第 371 页。
② ［日］石川荣吉：《现代文化人类学》，中国国际广播出版社 1988 年版，第 96 页。
③ ［美］基辛：《文化·社会·个人》，辽宁人民出版社 1988 年版，第 205 页。
④ ［美］古德：《家庭》，社会科学文献出版社 1987 年版。
⑤ 唐美君：《台湾传统的社会结构》，载《台湾史源流》，中国台湾文献委员会，1981 年。

中国传统社会的宗族形态及其内涵，因社会经济条件和文化背景差别，在不同时期和不同地区呈现出许多差异。在华南的福建、广东、中国香港、中国澳门等地区广泛存在的宗族组织，是该地区独特的文化和历史过程的产物。宗族发展历史中的文化过程，蕴含着社会变迁的重要信息。正如傅衣凌先生所言，传统中国农村社会的所有实体性和非实体性的组织都可被视为乡族组织，每一社会成员都在乡族网络的控制之中，并且只有这样才能确定自己的社会身份和社会地位。国家政权对社会的作用，实际上也就是"公"和"私"两大系统互相冲突又互相利用的互动过程。……接着他又提到，传统中国多元的社会结构并未有根本改变，相反的，它很好地适应了变化了的社会环境，表现了很强的生命力。直到今天，在社会、政治生活中存在的专制主义、官僚主义、裙带关系、迷信活动和宗族势力等现象，仍然可以看到这社会结构的残余。①

从意识形态的角度来考虑的话，作为组织严密、结构完整、制度完善的中国宗族组织，到 20 世纪 50 年代可以说已画上了句号。但这种制度化宗族的消失并不意味着基于血缘和文化机制的宗族关系的解体。这种关系即使是在运动频繁的 20 世纪 50 年代到 20 世纪 70 年代，也并没有为轰轰烈烈的革命运动彻底淹没，而是以一种特有的文化基调在舞台背后延续下来。随着 70 年代末的中国农村政策的转型与体制的突破，以家为中心的经济单位的确立，以地缘为基础的村落功能的相对弱化，农村的宗族组织又以其固有的文化传统和特有的屏蔽色彩，展现在我们面前。这一宗族组织的重建和重构，主要是在民间的努力下，一方面对固有的宗族传统及其文化仪式在某些方面进行"复制"，而另一方面又对固有的文化传统进行"创新"和"生产"。

名词解释：

亲属制度　亲属称谓　继嗣　氏族　宗法制度　家族　宗族

思考题：

1. 简述人类学上的亲属分类原则。

2. 举例说明亲属称谓制度与继嗣群两者的相关性。

3. 以图解的方式表述你所调查的某个家族的现状及其历史谱系。

---

① 傅衣凌：《中国传统社会：多元的结构》，《中国社会经济史研究》1988 年第 3 期。

第九章 族群与民族

族群和民族都是一个历史的范畴，是人类社会发展到一定历史时期的产物。

一 族群的概念

1. 族群是一种范畴分类法

族群（ethnic group）是西方人类学研究社会实体的一种范畴分类法。从语源学的角度看，ethnic 源于希腊语，是经拉丁语进入英语系统的形容词。最初使用 ethnic 是在 15 世纪晚期，在英语世界里用以指称非犹太教和基督教徒的各种族成员，是野蛮人和异教徒的代名词，[①] 显现出区分我群（in‑group）与他群（out‑group）的含义。从这个意义上来说，ethnic 具有指涉非西方宗教世界的人群成员的概念传统。此后，在西方学术研究中出现了 ethnic group 一词，由于 group 包含有着共同利益以及一定连带感的人们的意义，所以 ethnic group 可以视为 ethnic 的复指名词形式。对应于英语中 nation 一词具有国家、国民、民族的多义现象，在已有的描述非西方人群的学术文献中，ethnic group 具有比 nation 较为下位的意义。对此，美国人类学家郝瑞先生 1996 年 9 月在厦门大学人类学研究所作的题为《民族、族群和族性》的报告中曾明确地指出：要具体解释族性，应先区分民族（nation）与族群（ethnic group）。英文 nation 是指有 state（国家）或 government（政府）的一个族群，含有国家和民族两层意思。而族群本身

---

① Robed H. Winthrop, Dictionary of Concepts in Cultural Anthropology, Greenwood Press, 1991, pp. 94 – 95. 转引自牟小磊《"中国少数民族"的族性过程与研究策略》（1997 年打印本）。

并不一定含有 state（国家）或 government（政府）的意义，它只是有意识、有认同的群体中的一种。① 可见在西方话语中，ethnic 不指称具有明显政治优势地位的群体，这是一方面。另一方面，ethnic 在希腊语词源中的名词形式是 ethnos。② 费孝通先生在《简述我的民族研究经历和思考》中曾说："ethnos 是一个形成民族的过程，一个个的民族只是这个历史过程在一定时间空间的场合里呈现的一种人们共同体。"③ 从这个意义上来看，ethnic group 这一概念范畴与 nation 相比，指涉外延较宽，更具动态性和灵活性。

2. 族群的定义

族群的概念具有多义性，学者们从不同的视角，对族群做出各自的界定。早在 1965 年，日本学者涩谷和匡就将族群界定为"由于具有实际或虚构的共同祖先，因而自认为是同族并被他人认为是同族的一群人"。④ 这种意义上的族群具有共同的文化传统、相同的语言和相似的生活方式。其后，1969 年，挪威人类学家弗雷德里克·巴斯（F. Barth）（亦译为巴特或巴尔特）在著名的《族群与边界》一书的序言中说："族群这个名称在人类学著作中一般理解为用以指（这样）一个群体：1. 生物上具有极强的自我延续性；2. 分享基本的文化价值，实现文化形式上的统一；3. 形成交流和互动的领域；4. 具有自我认同和他人认同的成员资格，以形成一种与其他具有同一秩序的类型不同的类型。"⑤

在关于族群的定义中，较有代表性的是科威特人类学家穆罕默德·哈达德的界定。他说："族群是指在社会上具有独特的因素，因文化和血统而形成不同意识的群体。"他认为可识别性（identirxability）、权力差别（differential power）及群体意识（group fiwareness）是族群的三个基本特点。⑥ 这是

---

① ［美］郝瑞：《民族、族群和族性》，《中国人类学会通讯》第 196 期。

② Robed H. Winthrop, Dicionury of Concepts in Cultural Anthropology, pp. 94 – 95. 转引自牟小磊《"中国少数民族"的族性过程与研究策略》（1997 年打印本）。

③ 费孝通：《简述我的民族研究经历和思考》，《北京大学学报》1997 年第 2 期。

④ 转引自 M. G. 史密斯《美国的民族集团和民族性》，《民族译丛》1983 年第 6 期。

⑤ Barth, F. , Ethnic Groups And Boundaries, Waveland Press, Inc. , 1996. 转引自（挪威）弗雷德里克·巴斯《族群与边界（序言）》，高崇译，周大鸣校，李远龙复校《广西民族学院学报》1999 年第 1 期。

⑥ ［科］穆罕默德·哈达德：《科威特市的民族群体和民族等级结构》，晓兵摘译，《民族译丛》1992 年第 5 期。

从广义上给族群下的定义。

学术界比较常用的是马克斯·韦伯（Max Weber）的定义："某种群体由于体质类型、文化的相似，或者由于迁移中的共同记忆，面对他们共同的世系抱有一种主观的信念，这种信念对于非亲属社区关系的延续相当重要，这个群体就被称为族群。"① 除上述西方学者对族群概念的界定以外，中国学者对族群的概念也作出了自己的界定。孙九霞主张在较广的范围内使用族群定义，既可以等同于民族一词，也可以指民族的下位集团"民系"，还可以在超出民族的外延上使用，并将族群定义为："在较大的社会文化体系中，由于客观上具有共同的渊源和文化，因此主观上自我认同并被其他群体所区分的一群人，即称为族群。其中共同的渊源是指世系、血统、体质的相似；共同的文化指相似的语言、宗教、习俗等。这两方面都是客观的标准，族外人对他们的区分，一般是通过这些标准确定的。主观上的自我认同意识即对我群和他群的认知，大多是集体无意识的，但有时也借助于某些客观标准加以强化和延续。"②

在此，如果对族群概念作一个更简明准确的界定，可以这样概括，即：所谓族群，是对某些社会文化要素认同而自觉为我的一种社会实体。这个概念有三层含义：一是对某些社会文化要素的认同；二是要对他"自觉为我"；三是一个社会实体。

族群的概念必须包含对某些社会文化要素的认同。族群是一个更为灵活、可操作性更强的概念，而文化又是动态的、多变的，因此大可不必对社会文化要素的认同作机械的规定，而要从实际出发。

族群的概念必须包含对他"自觉为我"，因为这种对他"自觉为我"，就是族群的自我意识。自我意识既是个哲学概念，也是个心理学概念，是主体在对象性关系中对自身及其与对象世界的关系的意识。族群的自我意识具有认同性、相对性、内聚性、自主性、稳定性，是族群形成的灵魂所在。

族群概念还必须包含族群是一个社会实体的内涵。这是因为，族群作为一种人们共同体是一种社会存在，具有社会属性，只有在一定的社会条件下才能形成，才能发展。如汉族中的客家人，就是在中国历史上出现动

---

① Max Weber, The Ethnic Group In Parsons and Shils Etal（ed.）, *Theories of Society*, Vol. 1, The Free Press, 1961, p. 306. 转引自孙九霞《试论族群与族群认同》,《中山大学学报》1998 年第 2 期。

② 孙九霞：《试论族群与族群的认同》,《中山大学学报》1998 年第 2 期。

乱之时，由中原汉族南迁而逐渐形成的。在客家人迁入华南时，华南的平原沃土早已被土著族群及早期移民所占有，他们只好居山开垦，加上自认为祖先是中原望族，有着一种文化上的优越感，而少与华南土著族群交往，从而过着自给自足的、封闭式的家族生活，并形成了"诗礼传家""书香门第"的家风，以及勤劳、勇敢、豪爽、深沉的性格。如果离开了这些社会背景和条件，客家人也就不成其为客家人了。

3. 族群性与族群认同

（1）族群性

族群性（ethnicity）是在描述族群的特性或性质时使用的。1973 年《美国大词典》中将其定义为："1. 从属于特定族群的条件；2. 族群自尊。"[①] 对族群性的解释有许多种，如日本学者绫部恒雄认为，ethnicity 兼有实体和意识的双重含义；美国学者 J. 纳什则认为应从意识方面对其进行探讨；香港中文大学教授吴燕和认为 ethnicity 指族群认同或一个族群的特性。各种意见都从不同角度去理解 ethnicity，因此其中文译词也有多种，如"民族性""民族意识""族群本质""族群属性"等。根据周大鸣等人的看法，ethnicity 应该理解为"族群性"，因为实体的意义可由族群表达，意识的意义可通过族群认同来表达，而族群性表示某一族群特有的社会文化区别，基于这种属性，可以使其与他族区分。将族群和族群性结合起来使用，可以减少语义混乱。

（2）族群认同

认同一词原本属于哲学范畴，后来在心理学上应用频繁，成为其一个定义，不过当代心理学已经很少使用了，在其他领域其却开始大量出现。族群认同（ethnic identity）指的是社会成员对其族群归属的认知和感情依附。族群认同是在族群间互动的基础上发展起来的。只有在与异文化接触过程中，才会产生将"我"与"非我"区分的认同感和边界。

族群认同以文化认同为基本要素。共同的文化渊源是族群的基础，族群是建立在一个共同文化渊源上的，同时文化渊源又是重要的族群边界和维持族群边界的要素。共同的历史记忆和遭遇、语言、宗教、地域、习俗等文化特征都是族群认同的要素。家庭、亲属、宗族的认同也会影响到族群的认同，对于个人来说，血缘关系、地缘关系的影响是很大的。而另一

---

① 周大鸣：《论族群与族群关系》，《广西民族学院学报（哲社版）》2001 年第 2 期。

方面，由于族群认同不仅是族群成员对族群文化的接纳，而且是他们心理归属的反映，因此某些作为认同基础的文化要素可能并非客观事实，或者实际上没有那么大的差别，而是在认同中被强化了。

族群认同的形式是多种多样的，人们选择认同是以自我为中心在不同层次上的选择认同，因此这种选择有其功利性的目的，既是多项的、不确定的，又有高低区别的层次。正如费孝通讲过中国人的"差序格局"，认同是从自己逐渐向外推，远疏近亲。顾定国（Guldin）对族群认同层次的研究也认为，认同最基础的是阶级、亲属关系、村落，接着是本地（镇、县、市），方言社区，省或区域，最高层次是什么人（people），然后是社会的或民族的大区域（如西南、西北）。① 这些层次可以反映出感情的亲疏和归宿。

当代学者对族群认同的研究大约可分为两派：一派持根基论（Primordialists）的观点，认为族群认同来自天赋或根基性的情感联系，如一个人生长在一个群体中获得了一些既定的血缘、语言、宗教、习俗等，这些根基性的联系将其和其他群体成员凝聚在一起；另一派持情境论（Circumstantialists）或工具论（Instumentalists）的观点，认为族群认同具多重性，是随着情境（工具利益）变化而变化的。如我们在与人交际时，常常会根据场合需要而选择自己的身份表述来构成最小的共同认同，拉近与他人的关系。近年来有的学者将两派观点结合起来，认为基于可行的根基认同与可见的工具利益，才能产生族群认同；两者虽然并存，但是在不同情况下，各自发挥的作用也不同。

二　民族的概念

1. 民族概念的历史发展

从古到今，人们对民族概念的认识是个不断深化的过程，东西方都经历了从不太确定到初步确定这一过程。

"民族"（nation，nationality）一词，最早在古希腊的荷马史诗中使用，在《伊利亚特》第一节"内讧"中，就有"山居民族"和"整个民族"的说法，但当时民族概念还是不太确定的，它既可以指人群，也可以指种

---

① 周大鸣：《论族群与族群关系》，《广西民族学院学报（哲社版）》2001 年第 2 期。

族。使用得比较广泛和比较确定的是古希腊历史学家希罗多德，他在《历史》一书中有 200 多处用了"民族"一词。尽管他对同一种人们共同体有时也称为"民族"，有时称为"种族"，有时又称为"人"，但有一点是十分明确的，那就是民族都是具有相同语言和风俗习惯的人，此即《历史》所言："希腊族自从他们出现以来就一直使用着同一种语言"，"这样看来，刚比西斯下令所做的这件事是违反两个民族的风俗习惯的。"① 这就是西方对民族概念的最初确定。

在我国古代，虽然没有直接使用"民族"一词，但是，在先秦文献中却有与"民族"一词含义大致相同或相近的词，这就是"氏"和"族"两个字。《左传》隐公八年说："天子建德，因生以赐姓，胙之土而命之氏。"在这里，"因生以赐姓"，着重于血统，而"胙之土而命之氏"，则着重在土地，这恰恰是以地缘联系为基础的民族所特别强调和注重的一点，因此，中国古代的夏民族当时就称之为"夏后氏"。由此可见，"氏"可以说包含了民族概念的萌芽。

更有意义的是"族"字。《说文解字》解释说："族，矢峰也。束之族也，众矢之所集。又聚也。"可见，其本义是聚结、集中，凡是聚集的人群以旗帜标之，甲骨文和金文的形象即表此意。成公四年中说"非我族类，其心必异，楚虽大，非我族也"中的"非我族类，其心必异"八个大字，使"民族"的含义跃然而出，表现出了民族概念的相对确定。

此外，其含义中也具体包含了共同语言、共同地域、共同经济生活和共同风俗习惯等民族的要素。《礼记·王制》中说：

> 中国戎夷，五方之民皆有性也，不可推移。东方曰夷，被发文身，有不火食者矣；南方曰蛮，雕题交趾，有不火食者矣；西方曰戎，被发衣皮，有不粒者矣；北方曰狄，衣羽毛，穴居，有不粒食者矣。

在这里，夷、蛮、戎、狄的划分就是根据地域、经济生活、风俗习惯之不同而划分的。

到了秦汉时期，民族的分类标准更加明确，司马迁就将先秦对"族"的划分标准作了总结。他在《史记》中为周边少数民族立传，其标准也是

---

① ［古希腊］希罗多德：《历史》，王嘉隽译，商务印书馆 1959 年版，第 192、360 页。

着眼于地域、经济生活、语言和风俗习惯的。秦汉以后，直至清代，都基本沿袭了这种划分的标准，在二十五史的各族传记中大都是这样来识别和描述历代的少数民族的。

这样看来，东西方民族概念的出现虽然都经历了一个从不太确定到比较确定的过程，但比较而言，西方"民族"一词使用得早，而东方对民族概念的认识则比西方深刻。[①]

近代以后，人们对民族概念的认识有了突破性的发展。这首先表现在这时近代西方不仅经常使用"民族"一词，而且一些学者还开始给民族概念下定义。据日本学者矢郭贞治说，西方给民族下定义的第一人是意大利政治思想家马志尼，他认为民族具有"土地、起源、习惯、语言的统一"。[②] 紧接着，瑞士政治家布伦奇里（J. K. Bluntschli）于 1851 年至 1852 年写的《普通国家法》中，对民族概念作了进一步的概括，他说：

> 民族者，民俗沿革所生之结果也。民族最主要特质有八：（一）其始也同属于地；（二）其始也同一血统；（三）同其肢体形状；（四）同其语言；（五）同其文字；（六）同其宗教；（七）同其风俗；（八）同其生计。由这八种因素相结合，并传之子孙，久而久之，则成为民族。[③]

由此可见，西方学者对民族概念的认识有了新的飞跃，使之深刻化并更加确定起来。

中国关于近代民族的概念是从西方引进的。据目前考查，近代最早使用"民族"一词的是王韬。他是一位资产阶级早期改良主义的思想家，曾到美国译书，并游历法、俄等欧洲国家，英语娴熟。1870 年回港，后创办《循环日报》，在《洋务在用其所长》一文中，他说道：

> 夫我中国乃天下之大国也，幅员辽阔，民族殷繁，物产饶富，苟能一旦奋发自雄，其坐致富强，天下当莫能与颉顽。[④]

---

① 彭英明：《关于我国民族概念历史的初步考察》，《民族研究》1985 年第 2 期。

② 转引自熊锡元《民族特征论集》，广西人民出版社 1987 年版，第 39 页。

③ 转引自梁启超《饮冰室文集》卷五说二。

④ 王韬：《韬园文录外编》，中华书局 1959 年版，第 83 页。又见《洋务运动》（中国近代史资料）第 1 册，第 496 页。

从王韬的经历来看，我们可以认为他使用"民族"一词应来源于英语。①

辛亥革命时资产阶级革命派也有人对民族概念作过解释，但是，其中影响最大的是孙中山先生提出的"五要素说"：

> 我们研究许多不相同的人种，所以能结合成种种相同民族的道理，自然不能不归功于血统、生活、语言、宗教和风俗习惯这五种力。这五种力，是天然进化而成的，不是用武力征服得来的。②

此后，民国时期我国的辞书基本上用孙中山的五要素说来解释"民族"一词。

马克思主义诞生以后，对民族概念的认识同样有一个由浅入深的过程。

在马克思和恩格斯的著作中，虽然没有给民族概念下过定义，但他们都指出了民族的许多特征。马克思早在 1842 年写的《评普鲁士最近的书报检查》中就提出了"民族感"的概念。后来，他在《摩尔根〈古代社会〉一书摘要》中从多种角度指出语言、地域、经济生活是民族的必备条件。

同样，恩格斯在他的著作中也指出欧洲的一些民族是"由语言和共同感情来决定边境的"③，"民族的自然分界线即语言的分界线"④；他在《日耳曼人的古代历史》中论述汪达尔人、勃艮地人和哥特人三个民族时，也强调了语言和地域在民族区分上的重要性；在《法兰克时代》中则说，民族形成之中，人们对血统方面的记忆越来越淡薄了，"余下来的，仅仅是共同的历史和共同的语言"⑤。以后，他又在《劳动从猿到人转变过程中的作用》《家庭、私有制和国家的起源》等著作中，对民族概念作了许多精辟的论述。

---

① 彭英明：《关于我国民族概念历史的初步考察》，《民族研究》1985 年第 2 期。
② 《孙中山选集》，人民出版社 1981 年版，第 620—621 页。
③ 《军事论文选》第 3 册，第 102 页。
④ 《马克思恩格斯全集》第 16 卷，第 176 页。
⑤ 《马克思恩格斯全集》第 19 卷，第 540 页。

列宁对民族概念虽然也没有下过定义，但他曾明确地提出过地域、语言、心理、生活条件四个民族特征。1903 年，他在《崩得在党内的地位》一文中，引用了当时还是马克思主义理论家的卡尔·考茨基的话："一个民族没有一定的地域是不可想象的"后说道："民族这个概念要以一定的条件为前提……民族应当有它发展的地域……一个民族应当有它共同的语言。"①

毫无疑问，所有这些为后来者综合概括马克思主义的民族概念提供了理论基础。

2. 民族的定义

正是在马克思、恩格斯、列宁研究的基础上，斯大林于 1913 年写成了《马克思主义和民族问题》，对民族概念作了简明的科学定义。1929 年，他在《民族问题和列宁主义》中，对民族定义作了进一步的修改，定义如下：

> 民族是人们在历史上形成的有共同语言、共同地域、共同经济生活以及表现于共同民族文化特点上的共同心理素质这四个基本特征的稳定的共同体。②

这一定义包含了三层意思：

其一，民族是在历史上形成的；

其二，民族有"四大要素"或"四大特征"：

其三，民族是一个稳定的人们的共同体。

对于这个定义，近二三十年来，在国内外学术界引起了很大的争论。但是，种种修改方案并没有对斯大林的民族定义有实质性的理论突破。

据英国学者史密斯（A. D. Smith）认为，西方学者比较一致的看法是"民族是一个在横向和纵向联系上一体化的、拥有固定领土的集团，它是以共同的公民权利和具有一种（或更多）共同特点的集体情感为特征的，这种特征使其成员有别于那些和他们保持结盟或冲突关系的类似集团的成员"③。从这个民族定义中，我们可以发现，所谓"民族是一个在横向和纵向联系上一体化的"的说法，与斯大林所说的"民族是历史

---

① 《列宁全集》第 7 卷，第 76—83 页。

② 《斯大林全集》第 111 卷，第 286 页。

③ ［美］A. D. 史密斯：《论民族与民族主义》，《民族译丛》1986 年第 1 期。

上形成的"观点基本一致；所谓"拥有固定领土的集团"；与斯大林所说的"共同的地域"基本一致；所谓"它是以共同的公民权利和具有一种（或更多）共同特点的集体情感为特征的，这种特征使其成员有别于那些和他们保持结盟或冲突关系的类似集团的成员"的说法，尤其是他在文章的后面所列举的民族的七个特征，即（1）文化上的特性（文化上的"异同类型"，同族成员在文化的各个方面是相同的，但和非本族成员是相异的）；（2）领土的连续性，同时领土的各个部分又是自由变动的；（3）相当大的发展规模（包括人口）；（4）同类似集团保持着冲突或结盟的对外政治关系；（5）显著的集团感和忠诚；（6）直接成员享有平等的公民权；（7）以公共的劳动制度为中心形成的纵向经济一体化，剔除（3）（4）（6）这三点，其余的与斯大林的民族是"具有共同语言、共同地域、共同经济生活以及表现于共同民族文化特点上的共同心理素质这四个基本特征的稳定的共同体"的观点基本一致。

相比之下，史密斯所介绍的西方学者比较公认的民族定义并不及斯大林的民族定义简练和明确。这样，我们可以从另一个角度看到斯大林民族定义的科学性和普遍性。因此，从宏观上看，斯大林的民族定义是具有学术性、科学性和普遍性的。问题在于，我们在考察民族时应该从实际出发，具体情况具体分析。

三 族群与民族的关系

1. 民族与族群的区别

族群与民族虽然都是历史上形成的人们共同体，但两者的区别十分明显。

从性质上看，族群强调的是文化性，而民族强调的是政治性。

族群这一人们共同体的根本属性在于它的文化性，这是为中西学者所公认的。因此，族群是一个对某些文化要素的认同而"自觉为我"的一种社会实体，以此突出它的文化性特征。

民族这个人们共同体虽然也具有文化性，但这不是它最重要的基本特征，一些民族虽然没有鲜明的文化特征，但仍然被认同为一个民族，因为他们仍具有民族的自我意识。民族强调的是它的政治性。这是因为：

第一，在从部落发展成民族的历史过程中，国家是孕育民族的母腹。

恩格斯说过："建立国家的最初企图，就在于破坏氏族的联系，其办法就是把每一氏族的成员分为特权者和非特权者，把非特权者又按他们的职业分为两个阶级，从而使之互相对立起来。"① 所以，国家的产生，对民族形成的最大作用，就是氏族制度的彻底瓦解。"氏族组织不知不觉地变成了地区组织，因而才能和国家相适应。"② 关于这一点，恩格斯又说："以血族团体为基础的旧社会，由于新形成的社会各阶级的冲突而被炸毁；组成国家的新社会取而代之，而国家的基层单位已经不是血族团体，而是地区团体了。"③

氏族→部落→民族的发展过程是人类社会的基本演进规律；民族与之前的氏族、部落等人们共同体最本质的区别在于，前者以地缘关系为基础，后者以血缘关系为纽带，所以，国家的产生也就表现为血缘关系向地缘关系转化的完成。对于民族形成更重要的是，最初的国家无不用战争来扩大自己的地域范围，以站稳脚跟并充实自己的力量。于是在原始社会末期，随着国家的产生和战争的频繁，杂居现象也愈加明显，无形之中国家成了形成民族共同地域的纽带。

一般情况下，最初的国家都要使用行政的手段统一语言、文字，加强人们的经济联系。正如有的学者所认为："国家是民族共同体形成的工具，只有借助于国家的推动，并在国家的强力作用下，把不同的人们共同体聚集在一起，利用国家的力量对它们加以融合，一个稳定的民族共同体才有可能形成。"④

第二，民族与国家政体有着密不可分的关系。任何国家政治体系的发育与存续，都必须以既定的民族、民族社会或多民族社会政治生活的存在为背景。在国家的制约下，当民族规模与国家政治体系相吻合时，该民族的法律给予保障和进行裁决。所以，为了解决中国的民族问题，国家制定

---

① ［德］恩格斯：《家庭、私有制和国家的起源》，《马克思恩格斯选集》第4卷，人民出版社1972年版，第107页。

② ［德］恩格斯：《家庭、私有制和国家的起源》，《马克思恩格斯选集》第4卷，人民出版社1972年版，第148页。

③ ［德］恩格斯：《家庭、私有制和国家的起源》，《马克思恩格斯选集》第4卷，人民出版社1972年版，第2页。

④ 张敦安：《国家在民族形成中的作用探究》，《民族学研究》第8辑，民族出版社1987年版，第151页。

了民族区域自治法①来保障少数民族的经济利益和政治权利，从而在社会效果上显现出来的是法律性。可以说，民族及民族问题从古到今一直是一个敏感的政治因素。

从使用范围上看，族群概念的使用范围十分宽泛，而民族概念的使用使用则比较狭小。

斯大林所定义的民族是前资本主义民族和资本主义以后的民族，而不包括氏族、部落等前民族共同体在内的所谓"广义的民族"，这一民族概念的使用范围比较狭小，故人们称之为"狭义的民族"。正因为民族概念有不同的学术含义，所以在使用中，由于理解的不同和环境的差异，往往引起误解和争论，中国学术界20世纪60年代初就民族译名而引起的争论就是一例。而当中国学术界对民族概念争论不休之时，美国人类学界主要关注的则是族群及族群关系。

由于族群强调的是文化性，其使用范围宽泛，外延可大可小。一方面，它可以泛指从古到今的一切人们共同体，若从历史上看，可以指原始族群、古代族群、现代族群；若从结构上看，可以指大的人们共同体集团，如中国古代的百越集团、苗蛮集团、戎狄集团等，以及当代的中华民族，也可以指一个具体的民族共同体，如汉族、壮族、蒙古族、维吾尔族、藏族等。另一方面，它还可以指民族内部的一个支系或民系，如汉族的客家人、广府人、东北人、陕北人等。周大鸣说过："族群可以是一个民族亦可是一个民族中的次级群体，如汉族中的客家人、闽南人、广府人等；而民族一词无法包含这些内容。"②总之，族群的使用没有什么限制，虽然看起来似乎无所不指，无所不包，但在实际应用中，操作方便，一目了然，绝不会像民族概念那样容易产生歧义，引起不必要的概念争论。

族群概念的使用虽然有灵活方便的特点，但它也不能完全替代民族。民族共同体是在历史上形成的，具有政治性质的，被赋予法律地位的一种人们共同体。如前所述，民族与国家有密切的关系，故而用"族群"取代"民族"不可取，也无法实施。尤其在我们中国，每一个民族的地位都是经过国务院批准后确认的，并且有宪法和民族区域自治法给予法律保障。因此我们在研究中国族群问题时，要充分考虑民族在中国的法律地位。

①　周星：《民族政治学》，中国社会科学出版社1993年版，第86页。

②　周大鸣：《现代都市人类学》，中山大学出版社1997年版，第139页。

2. 族群与民族的联系

明确了族群与民族的区别，两者之间的联系也就容易理解了。简言之，一个族群可能是一个民族，也可能不是一个民族；而民族不仅可以称之为族群，还可以包含若干不同的族群。

名词解释：

族群　族群性　族群认同　民族

思考题：

1. 简述族群与民族的关系。
2. 族群概念的使用有什么实际意义？

第十章 社会结构与社会控制

人类社会具有高度复杂的结构性，社会分层就是社会结构中最重要的社会现象，它是人类的生产力发展和社会发展到一定阶段才出现的历史范畴，并随着人类社会的发展而变迁。同时，社会控制作为维护社会结构稳定的历史地位也不断得到提高。

一 社会结构与功能

1. 社会结构的定义

一般而言，结构是指一个复杂整体中各个部分的相互关系。在英文中，"structure" 与汉语的 "结构" 是相对应的词，它有两层意思：一指事物各组成部分搭配的形式；二指构成事物 "骨骼" 的部分。而社会结构是由多个个体所构成的具有意义的群体。最早明确使用社会结构概念的是斯宾塞，他把结构和功能作为体现社会学分析层次的两个对应的基本概念。人类学者对于社会结构的定义具有多义性。马林诺夫斯基认为，人类社会的成员会组织自己及其物质环境以满足生理、心理及社会的各种欲求。拉德克利夫－布朗进一步将社会结构视为具有相关地位的人们所构成的一个体系，这个体系直接和社会组织或角色系统发生联系，而角色系统的解释则是由社会所控制的；他第一个给 "社会结构" 下了经验主义的定义，认为 "社会结构" 是指 "社会关系的网络"，不但包括诸如国家、部族、氏族等这样持续存在的社会群体，而且还包括所有人与人之间形成的二元社会关系如夫妻、君臣等。人类学家列维－斯特劳斯则认为所谓的 "结构" 是由先验的逻辑演绎出来的观念领域里 "意识不到" 的结构，从而提出了经验主义描述性观点的不同于解释主义的结构论。

两者相比，学者们比较认同（拉德克利夫－布朗）经验主义的社会结构定义。简言之，一般意义上的社会结构是指社会体系各组成部分，以及诸部分之间比较持久稳定的相互联系的形态和模式。

2. 社会结构的功能

法国社会学家涂尔干认为，各种社会的社会结构可以被看作和生物有机体有着许多相似的特征，像人的肌体一样包括心脏、大脑、肝脏、肺等器官，社会的每一个部分在功能上都具有特殊性，同时它们又以不同的方式维系着社会作为整体的存在。包括涂尔干在内的一些社会学家还认为，随着社会专业化的增强，社会中各个部分之间的相互依赖也会强化。在小规模社会中，每个社会的部分都能够独立完成一系列功能和任务；而在大规模社会中，部分之间的相互依存是完成功能的关键。在强调社会结构在功能上的整合时，我们还必须注意到，对于社会结构功能的研究就不能简单地类比于有形的生物有机体。涂尔干的社会有机团结强调了社会各部分相互依存的特点，但是它无法使我们了解这些不同的部分如何以及为什么如此运作。

20 世纪 40 年代以来社会科学家一直致力于区分社会功能的两个基本类别。一类是"外显功能"（Manifest functions），它是一种明显的结果或目的，可以明确地界定。另一类功能是"隐蔽功能"（Latent functions），它是一种不那么显而易见的结果。通常，外显功能与隐蔽功能之间存在某种矛盾。功能的类别区分往往是与对社会结构的深入理解相联系的。

二　社会结构的元素

社会结构作为一种实体性的存在，其内部既有构成部分，又有基本构成元素。社会结构的元素是指能持续存在并能反映其社会特征的要素。社会结构正是这些基本构成元素的组合形式。构成社会结构的主要元素有社会角色、社会地位、社会群体、社会阶层、社会地域和社会制度等。

1. 社会角色

社会角色作为人这种"类"和"一般行为方式"的概念，是个人的社会属性，即社会关系结构中被赋予的特征，是一个群体或社会中对某种特定地位的人所期待的行为。由于构成社会的最小细胞是个人，个人行动结构化的角色必然是构成社会的最小的元素。因此，社会结构的社会人类学分析的起点是社会角色。

2. 社会地位

社会地位是个人在群体或社会中被社会定义的位置。一个人有先赋地位，即非个人控制能力的按某种标准分派的社会地位，如性别、出身等，还有自致地位，即通过个人直接努力获得的社会地位，如职务等。

3. 社会群体

社会群体就是按照一定的角色关系稳定地结合在一起的人们共同体。同一个群体的成员具有共同的目标和期望，有"自觉为我"的认同感，相互之间凝聚成稳定的社会关系，并担任不同的群体角色，构成角色丛。一般来说，群体可以按照结构的水平、亲密程度、等级和人的差异之起源分为首属群体和次属群体。所谓首属群体就是被血缘、姻缘等关系本身所决定而结成的社会群体，如家庭、宗族等亲属群体。所谓次属群体则是在社会发展过程中由于功能分化而形成的社会群体，如职业群体、单位等。

4. 社会阶层

社会阶层就是具有某种共同特征和相似地位的人所组成的集合。种族、地位、性别、年龄、职业等都是社会阶层划分的依据。

5. 社会地域

社会地域就是不同的社会群体在一定的地理区域上的结合。自然形成的村落、市镇，以及以一定的政治手段划定的行政区域等都是社会地域的不同形式。

6. 社会制度

社会制度是为满足社会的基本需要而形成的一套相互关联的角色和规范。一切制度都是在长期内，由于人们对其社会的特殊需要做出社会反应而形成的社会设置。根据不同的社会需求和制度在社会中发挥的不同功能所形成的各种形式的社会制度都有一套稳定地组合在一起的价值标准、规范、地位、角色和参照群体，它提出了一种固定的思想和行动模型，提出了解决反复出现的问题和满足社会生活需要的方法。

在认识和分析社会结构元素的同时，要特别注意它们之间所具有的内在逻辑关系，即扮演不同角色的个人结合在一起形成群体，不同群体在一定的地域上结合在一起形成地域社会，而社会制度是为了满足社会的基本需求而产生的角色复合体。同理，我们可以对一个社会进行解剖，把它分解为若干更小的地域社会，每个地域社会又可分为若干不同层次的群体，再从群体中分析出若干不同角色。不论是群体还是地域社会中，我们都可以看出规定多个不同角色的行为方式的制度，把一个社会或群体的全体成员按不同特征进行社会阶层的划分（如社会分层等）。从这个意义上来说，社会结构就是从理论高度上对结构要素之间整合关系的概括。

三 社会的分层

1. 社会分层的含义和理论

观察每个社会中的成员，我们都能发现他们之间既有相同之处，也有相异之处。造成这些异同的原因，有些是自然方面的，如年龄、性别、身高、体重等，有些是社会文化方面的，如职业、财产、权力、地位等。按照这些原因，就可以对社会成员进行分类。但分层与分类不同，前者有高低等级、上下序列的含义，后者则不一定。所以，人类学中所说的社会分层（social stratification），是指依据职业、财产、权力、地位等标准将社会中的个人归入特定的等级或层次。

社会分层的理论最初是由德国著名社会学家韦伯（Max Weber）提出来的。他认为社会层次的划分要依照三个标准，即财富（经济标准）、地位（社会标准）、权力（政治标准）。财富差别产生阶级，地位差别产生身份群体，权力差别产生政党，这三者构成三位一体的分层模式。韦伯的分类标准对后世影响极大，特别是其多元划分的思想已为各国学者广泛采用。当然，因为每个人的着眼点都不同，在进行层次划分时，可能会根据具体情况在韦伯的基础上增加新的维度。

2. 三种类型的社会

人类学家发现分层现象虽然广泛存在，却并不是所有社会皆然。每个社会可能都存在某些方面的不公平，如基于性别或年龄上的差异，但这种不公平如果没有形成高低等级和上下序列的社会群体就不是分层社会。不公平可能是普遍的，而社会分层却不一定带有普遍性。人类学家用类似于韦伯的三个标准，依照社会不平等的程度，划分出三种类型的社会。

（1）不分层的社会即平等社会，一个社会中没有任何特别的群体在获取财富、威望、权力上有优先便利的条件，那么这个社会就是一个不分层的社会，也称为平等社会。需要说明的是，平等并不等于相同，不是社会中的所有成员都是一样的，因为无论在哪里，个人之间的差异总是存在的。平等只是说社会中每个成员在获取威望、财富、权力时是机会均等的或说是公平的。当然，即使在这种社会里也有社会地位和威望的差别，因为社会成员的能力有差别，因而有些人能达到社会地位要求的能力，有些人却达不到。平等的意义表现在，只要你具有了相应的能力，你就能得到相应的地位和声望。平等还表现为在平等社会中的许多社会地位和社会威望是不能继承和转赠的，某人是优秀猎手，他儿子却可能与此称号无缘。获取财富上的平等是这类社会最显著的特点，人们对食物、各种生产生活用品等采取共同分享的制度，每个成员都有自己应得的一份，任何人都没有超额获取财富的权力。例如有优秀猎手称号者，并不能在猎物分配中占到便宜，因为分配是由早就在群体中确立的有关习俗决定的。同样，平等社会也没有在获取权力方面的不平等群体，许多这种类型的社会中甚至没有政治方面的领导人，有些即便有也多是象征性的，其本人不拥有任何形式的特权。总之，平等社会没有获取财富和权力的差异，在获得社会威望和地位上虽存在一定的差别，但这差别不是由社会文化造成的，只是受年龄、性别、体力等自然因素的影响而形成的。

（2）阶层社会，一个社会中没有在获取财富、权力上有优先便利的群体，却存在获取威望（地位）上机会不等的群体，这个社会就是一个部分分层的社会，也称为阶层社会或等级社会。这类社会与平等社会的不同在于存在获取社会威望或地位上机会不均等的社会群体。获取威望的不平等通常反映在群体首领这个位置上，往往是只有某个特定社会群体的某些成员才能拥有。如在我国云南的基诺族中，存在村社长老制。多数村寨都有两个长老——卓巴和卓生，这两个长老是由基诺村寨最早的两个基本氏族中的年龄最长者世袭的，其他氏族的成员没有担任此职位的权利。但长老只是拥有社会威望，受人尊敬，并无别的特权。他们既不脱离生产，也无薪俸报酬，完全是公仆。阶层社会中的首领常常是再分配者，由于在群体中有影响却无权力，获取财富的机会不比其他成员多，可还要经常把手中的财物分送出去，因而在经济生活上可能比其他人更贫穷些。

（3）阶级社会，这是完全分层的社会，在威望、财富、权力等方面都存在不平等群体。阶级是一个具有特定含义的历史范畴，马克思主义经典作家对此论述极详，通常认为阶级是在一定生产体系中处于不同地位的社会集团。这样说来，阶级首先是一个经济范畴，但又不仅仅是一个经济范畴，因为阶级形成后，又在权力、威望、地位等方面有所表现，故也是一个广泛的社会范畴。从人类学的立场看，阶级就是在获取财富、权力、威望等方面机会大致相同的群体。

在阶级社会中，还可区分出阶级体系的封闭和开放程度。例如印度种姓制，就是封闭阶级体系的代表。在这种制度下，一个人的身份是由出身决定的，并且一生中无法改变。其反面则是开放阶级体系，指社会中的一些成员可以通过某种途径从一个阶级转入另一个阶级，此即社会学中所说的社会流动（social mobility），比如农民进城当了工人、穷书生入朝做了高官。这样，个人的阶级归属和身份地位就不完全是由出身决定了。当然，所谓的开放也只是部分的，社会中的大多数成员通常还是停留在其所出身的阶级中，并与这个阶级的人通婚。这里有法律习俗的限制，也与各自的基础相关，如富有者家庭条件（教育、社交范围等）较好，使其子女更易于留在父母的阶级中，而贫困者的子女要升入较富裕阶级则需花费巨大的努力。不过，毕竟开放阶级体系要比封闭阶级体系合理，因为它给了人们一丝通过自身奋斗改变原有身份地位的希望。

3. 改革开放后中国的社会分层

自改革开放以来，特别是 20 世纪 90 年代以来推进的一系列体制改革，促进了中国社会结构向着社会主义市场经济的方向演进。产业结构开始发生变化——第三产业的比重开始上升，社会分工的职业专业化程度开始增强，一大批新型的现代性职业开始出现，这一切引起了社会阶层结构的分化与重组。

中国社会科学院社会学研究所课题组的研究者认为，改革开放以来，中国社会阶层结构正在向与现代经济结构相适应的现代社会阶层结构方向转变。他们提出了以职业分类为基础，以组织资源、经济资源、文化资源占有状况为划分社会阶层的标准，并据此将当今中国社会群体划分为十个阶层：国家管理者阶层（在社会阶层结构中约占 2.1%）、经理人员阶层（约占 1.5%）、私营企业主阶层（约占 0.6%）、专业技术人员阶层（约占 5.1%）、办事人员阶层（约占 4.8%）、个体工商户阶层（约占 4.2%）、商业服务业员工阶层（约占 12%）、产业工人阶层（约占 22.6%）、农业劳动者阶层（约占 44%）、城乡无业、失业、半失业者阶层（约占 3.1%），他们被分别划归为：社会上层（高层领导干部、大企业经理人员、高级专业人员及大私营企业主）、中上层（中低层领导干部、大企业中层管理人员、中小企业经理人员、中级专业技术人员及中等企业主）、中中层（初级专业技术人员、小企业主、办事人员、个体工商户）、中下层（个体劳动者、一般商业服务业人员、工人、农民）、底层（生活处于贫困状态并缺乏就业保障的工人、农民和无业、失业、半失业者）。①

另一位学者提出以"职业地位"为社会分层的标准，在实证资料及相关统计分析的基础上，认为现阶段上海存在界限分明的五大社会阶层：上上阶层，以领导干部为主，包括私人企业主、外商代理人在内的职业群体；中上阶层，以办事人员或职员为主的职业群体；中间阶层，以各类专业技术人员为主的职业群体；中下阶层，以商业从业人员为主的职业群体；下下阶层，以工人、农民、居民生活服务业人员为主的职业群体。基本上是金字塔形结构，其最上层是"权力＋财富阶层"，最下层是无权无财的"普通大众"。被调查者认同自己的家庭属于上上层的占被调查者的0.5%，中上阶层的占5.6%，中间阶层的占52.7%，中下阶层的占35.8%，下下阶层的占5.4%。大部分调查对象把自己的家庭看作中间或中间偏下的阶层。研究者并不以为现在的办事员或职员、专业技术人员等职业群体自然地就是中间阶级或中产阶级；他们认为，在市场经济条件下，组织对个人的控制、个人对组织的依附虽在弱化，但个人对组织权力的追求和崇拜却在强化。因此，那些本应成为中产阶级主干的"经济精英""知识精英"，仍会对当官趋之若鹜，仍是附在某张"皮"上，很难独立生成为中产阶级。或许中国会产生大量的中产阶级职业，但不一定会形成一个独立的中产阶级——一个具有"有效支付能力"的社会阶层。②

此外，有的研究者注意到"阶层意识"与揭示一个特定社会的社会阶层结构的认识关系，认为对中国社会做阶层分析时，学者们常常不顾研究对象的价值取向，套用对西方社会适用的分层"标准"，为中国社会成员贴上分类标签。然而，阶层地位的基础是多元的，任何社会资源的不平等分配都可以表现为阶层差异；而社会资源之有价性的程度是同一定社会的制度安排和价值观念相联系的。人们观念中阶层划分的标准体现着一个社会对不同资源重要性程度的评价。在进行阶层分析时，若将这些评价同那

---

① 陆学艺主编：《当代中国社会阶层研究报告》，社会科学文献出版社2002年版，第9页。
② 仇立平：《职业地位：社会分层的指示器——上海社会结构与社会分层研究》，《社会学研究》2001年第3期。

些客观分层指标结合起来，则会更准确地揭示一个社会的阶层结构。基于这一认识，有研究者提出了"阶层意识的相对剥夺论命题"，认为分层机制的变化，必然是一部分人在社会经济地位或生活机遇上处于相对剥夺状态，即丧失传统体制下的既得利益或者未获得充分的改革新收益；而当人们处于相对剥夺地位时，无论其占据的客观分层地位是高还是低，都会倾向于做出社会不平等的判断。①

四 社会控制

向往自由是人类的本性，但在实际社会中人们所拥有的自由却少得可怜。个体的行为时时会受到一只"无形的手"的操纵，这只手便是社会控制。社会控制（social control）是通过社会的力量让人们遵从社会规范、维持社会秩序的过程。它"既指整个社会或社会中的群体、组织对其成员行为的指导、约束或制裁，也指社会成员间的相互影响、相互监督、相互批评"。② 社会控制这个概念是美国社会学家罗斯（E. A. Ross）于 1901 年在《社会控制》一书中首先提出来的，他认为社会控制是社会统治的手段，它规定了社会生活的方式，并用以维持社会的秩序。

1. 社会控制是随着人类社会的发展逐步建立起来的

社会控制是随着人类社会的发展而逐步建立起来的，在从猿向人转变之初是无此制度的。我国的古籍中对人类社会的初始阶段做了生动的描述，如《吕氏春秋·恃君览》曰："昔太古尝无君矣，其民聚生群处，知母不知父，无亲戚兄弟夫妻男女之别，无上下长幼之道，无进退揖让之礼……"又如《列子·汤问》也说那时"长幼侪居，不君不臣；男女杂游，不媒不聘"。可见在"创世纪"的阶段人类尚处于一种散漫无拘的自由状态。

既然群处，就必然会发生群体中个体心理和行为上的互动（interaction），互动而无规则，社会生活就无法维持。随着人口增长，群的规模越来越大，情况更是如此。为了更好地协调个体间心理和行为上的互动以及维持生活秩序，社会控制随着人类社会的发展而逐渐建立起来。这一点，

---

① 刘欣：《转型期中国大陆城市居民的阶层意识》，《社会学研究》2001 年第 3 期。
② 费孝通：《社会学概论》，天津人民出版社 1984 年版，第 181 页。

不独人类这样，动物亦是如此。群居生活的动物如蚂蚁、蜜蜂等，均可在其群中见到等级森严、分工明确的喀斯特制（caste）；在更高等的动物中，其群体生活规则的完备，更为人类所始料不及。不过，动物的群体规则只是出于本能，还称不上社会控制。

2. 政治组织的功能之一就是进行社会控制

政治组织是人类社会中最重要的社会结构之一，它的一个重要功能就是进行社会控制。由于政治组织的类型不同，实施社会控制的方式也存在差异。根据美国人类学家埃尔曼·塞维斯（E. R. Service）的意见，人类社会有四种类型的社会组织，即游群、部落、酋邦和国家。① 前二者属于原始社会的范畴，后二者属于阶级社会。对此，庄孔韶主编的《人类学通论》有具体的论述。

游群（band）是一种小型的群体，人数可在 50 至 300 人之间波动，人数的多少与其内部结构的复杂程度有一定的关系。游群是人类社会政治组织中最简单的一种形式，存在于实行狩猎和采集经济的社会及某些游牧社会中。人类学家一般认为，游群还可能是最古老的政治组织形式。从政治生活上看，游群内部是相当民主的。每一个成员均有自己行为处事的自由，同时，人们的地位是平等的，任何群体的决议都要由全体成员共同做出。群体中的领导人由全体成员公推，其职位并不是长期固定不变的。领导人不拥有强权，他只是游群的象征性领袖。他无权干涉别的成员的活动，不能从其领导地位上获取报酬，即使群体成员有过失也只能听凭公众意见的判定与调整。

部落（tribe）也是松散的政治组织，主要见于农业社会和畜牧业社会。与游群一样，部落中的领导权也是非正式的。领导者没有绝对的权力，也不是集权者，他的当选是因为他身上具有某些令人尊敬的东西，如年龄、智慧、技能等。在纠纷的处理中，他没有正式的控制手段，不能强迫任何人服从他的决定，但由于人格魅力，其劝说通常还是起作用的。群体决定一般由公众协商做出，这种社会机制引导社群成员遵守群体的决议。当然，群议公决并不排除在这过程中一些有影响的人会对做出最后决定，并负更大的责任。

① Service，E. R.，*Primitive Social Organization：An Evolutionary Perspective Random House*，New York，1962. 转引自童恩正《文化人类学》，第216页。

酋邦（chiefdom）是集权形态的政治制度。酋邦社会与部落社会比较，有几个重要的不同之处。首先，酋邦社会有一固定的核心政治机构，以管理范围明确的区域之内一切经济、社会和宗教的活动。这个政治机构可以有很多人参加，但其最高层却是一个独裁的邦主。其次，在部落社会里，村社之间的联合是非正式的，但酋邦社会则有正式的权力机构将跨村社的政治单位连接在一起。酋邦在社会整合程度上高于部落，它是权力集中在某个统治者（酋长）手中的等级社会，具有将多个社区政治单位统一在一起的正式结构。在社会等级中，酋长居于最高层，其他社会成员的地位往往取决于他们和酋长的亲密程度。酋邦在劳动分工上已经有了较多的专门化，出现了社会阶级或至少萌芽状态的社会阶级，其经济体系建立在再分配的基础之上。

国家这种政治组织有明确的疆界、统一的政府以及保证政府的权威得以执行的一整套强制力量。在一个国家里，强制力量——军队、警察、法庭、监狱等乃是由政府所垄断的。政府凭借这种力量以组织劳动，征收赋税，维持社会秩序。当然，统治阶级不可能单纯依靠强制以维持其统治，他们必须使人民相信——至少在某种程度上这种强制力量的必要性和合法性，人民才会忍受这种强制。一切国家的意识形态，主要就是为这一根本目的而服务的。

在人类学家所研究的各种政治组织中，酋邦与国家有某种集中的权力来调整社会事务，而在游群和部落中，人们并没有受到任何集中权力的直接干涉，而是按照多数人期望的方式行事。在后一种情况下，社会舆论（如赞许批评、闲言碎语、飞短流长）及超自然信仰往往是制止扰乱社会秩序的有效工具。①

3. 社会控制的类型

社会控制可以划分为若干类型，与对任何社会现象的分类一样，社会控制的分类也会因人们视角的不同而有多种划分方式。从社会控制力量的来源进行划分，可将社会控制分为内部控制和外部控制；从社会控制力量的性质来看，可分为强制性的控制和非强制性的控制；从社会控制实施的方式看，则可分为自然的控制和人为的控制；而从发生社会控制关系的双方来看，可分为社会群体之间的控制、社会群体对自己成员的控制、社会

---

① 庄孔韶主编：《人类学通论》，山西教育出版社 2002 年版，第 368—371 页。

成员之间的控制以及社会成员的自我控制，等等。

内部控制（internal control）指的是社会文化通过各种影响在其成员内心建立起来的控制机制。在前工业化社会或宗教意识浓厚的社会中，常可见到内部控制在社会生活里发挥着巨大的作用。

风俗习惯是内部控制的传统方法。风俗习惯的社会控制作用在越原始的社会中发挥得越好，正如恩格斯在《家庭、私有制和国家的起源》中谈到氏族制度时所说的："没有军队、宪兵和警察，没有贵族、国王、总督、地方官和法官，没有监狱，没有诉讼……在大多数情况下，历史的风俗就把一切调整好了。"[①] 美国学者萨姆纳（W. C. Summer）曾著有《民风》一书，专注于研究风俗对人们行为控制的一面。他强调民风是一种社会的基本力量，它在不知不觉中被人接受，这些力量含有引导思想或行为朝向某种方向的作用，简言之，即伦理的制裁。习惯是在社会生活中经过长期实践而形成的、为人们共同信守的行为规则。在国家产生以前它是氏族社会全体成员共同意志的体现，如禁止氏族内结婚、氏族成员互相帮助、共同防御一切危险和侵袭以及血亲复仇等，都是为了维护其生存而自然形成的共同行为规则。它是依靠传统的力量、人们内心的信念和氏族长的威信来维持的。通行的社会文化准则同样可以内化到人们的心中，从而起到约束人们行为的作用。很多学者认为："最有成效，并持续不断的控制不是强制，而是触发个人内在的自发性的控制。"[②]

外部控制（external control）就是人们求助于异己的力量，设立某些机构，引导或强迫人们遵守社会规范，即通过外在的力量控制社会成员的行为，主要有以下几种形式。

（1）裁处

按照英国著名人类学家拉德克利夫－布朗的说法，裁处"乃是一个社会或它的大多数成员对于一种行为方式的反应，以示赞同（正面认可）或不赞同（反面制裁）"。[③] 人类学和社会学的调查表明，社会的裁处在一切群体关系中发挥着作用。

裁处可分为正面裁处和反面裁处，前者即赞赏、奖励，如记功、表

---

① 《马克思恩格斯选集》第4卷，人民出版社1972年版，第92—93页。
② ［日］横山宁夫：《社会学概论》（中译本），上海译文出版社1983年版，第226页。
③ 转引自芮逸夫主编《云五社会科学大辞典·人类学》，商务印书馆1975年版，第239页。

扬、授称号、发奖品、评先进、提职以及舆论的好评等，意在保持和强化被控制者符合社会规范的行为；后者即制裁、处罚，如记过、批评、罚款、降级、舆论的非议乃至逐出社群、监禁等，意在禁止和限制被控制者不符合社会规范的行为。

裁处还可以分为正式裁处和非正式裁处，其间的转化以是否涉及成文法为界。要不要使用正式的裁处手段，与被裁处者行为的强度有关。正式的裁处总是有组织的，是较为准确地调整规范人们行为的努力；非正式的裁处则是散漫无组织的，往往是群体成员自发的赞同或反对，与风俗习惯有密切的关系。

上述两种分类可综合起来考虑，如此便可组合成四种裁处方式：正式的正面裁处（如授勋、提职），非正式的正面裁处（如舆论的好评），正式的反面裁处（如判刑、降职），非正式的反面裁处（如舆论的非议）。人们重视何种裁处方式，在不同的社会中各异。①

（2）法律

所谓法律（law），指的是由国家制定或认可并以国家强制力保证实施的行为规则的总和，它体现的是统治阶级的意志和利益。法律的表现形式，是拥有立法权的国家机关依照立法程序制定和颁布的规范性文件。

习惯法是法的渊源之一，我国传统上的宗法制就是一种习惯法。在宗法制中，作为社会组织实体的宗族，行使着社会控制的职能，这可以从形成文字的宗规族约中反映出来。宗法之制源于礼，但其实际施行却以强制力为后盾。历史上，宗族对违反规约者，轻则罚谷罚款，重则责打、逐黜族籍。从毛泽东的《湖南农民运动考察报告》中可知，直至20世纪20年代的湖南乡间，还可以看到"祠堂里'打屁股''沉潭''活埋'等残酷的肉刑和死刑"。② 宗规族约得到了国家最高统治者的认可与鼓励，自宋初宗法勃兴以后，历代政府均承认宗族对族人的裁处之权，甚至族中尊长动用家法训诫子弟导致死亡的，国家法律也可以网开一面，不予追究。③ 中国的宗法制度在历史上作为保甲制度的强助，共同编织了社会控制的天罗

① 庄孔韶主编：《人类学通论》，山西教育出版社2002年版，第376—379页。
② 毛泽东：《湖南农民运动考察报告》，《毛泽东选集》第1卷，人民出版社1991年版，第31页。
③ 钟年：《中国乡村社会控制的变迁》，载《社会学研究》1994年第3期，第90页。

地网。

村规民约也是一种习惯法。无论是从目的和内容，还是从实施过程和效果看，村规民约与习惯法都是相同的。村规民约可追溯到宋神宗时关中的《吕氏乡约》。据《宋史·吕大防传》载："凡同约者，德业相劝，过失相规，礼俗相交，患难相恤，有善则书于籍，有过若违约者亦书之，三犯而行罚，不悛者绝之。"类似的制度在我国少数民族地区常可见到，较著名的如瑶族的石牌制。瑶族乡民为解决纠纷、平息争端，推举出有威信的头人，制定公认的行为准则，勒之木石，即为石牌律。其他如苗族的"议榔"，布依、侗、水等族的"合款"，海南岛黎族的"峒"，中国台湾高山族群的"社"等，都是类似的习惯法制度。在20世纪的中国，村规民约仍然发挥着作用，例如民国初年倡导村治、20世纪80年代各地农村在政府指导下共订规约等。村规民约受到一定空间范围的限制，有着地域的变异，一旦越出订立规约的地区，便不再发生约制力。

当代社会已步入成文法的时代，但习惯法的社会控制作用依然存在于人们的社会生活中。以我国为例，宪法规定各少数民族地区可依其传统习俗对法律的有关条文作适应本民族特点的调整。我国民间至今仍存留着大量礼俗的积淀，这在广大农村地区表现得更为明显，社会控制制度的改革，必须考虑到中国的国情，费孝通先生在半个世纪前宣讲农村社会学时就提醒人们，如果不研究这种国情，"单把法律和法庭推行下乡，结果法治秩序的好处未得，而破坏礼治秩序的弊病却已先发生了"。① 又如"在日本一般认为商业习惯法、共同使用权等具有优先于民法的效力"。② 甚至国际法也被认为是习惯法，因为它缺少超越于国家与民族之上的强制力为后盾。所以，在人类学家眼中，习惯法在社会控制方面的重要性至少不低于成文的法律。

成文法是我们所熟悉的当代社会控制的一种方法。在狭小而封闭的部落社会里，人与人之间从经济上看不存在对抗性矛盾，彼此的利益冲突很小，所以集体的意志、古老的风俗习惯足以维持社会秩序。但是在阶级社会里，其居民是地区性的，而非血缘性的，经济利益在互相冲突的阶级之

---

① 费孝通：《乡土中国》，生活·读书·新知三联书店1985年版，第7页。
② ［日］祖父江孝男等主编：《文化人类学百科全书》，中译本，青岛出版社1989年版，第85页。

间存在每日每时都产生矛盾的温床，由此而决定了社会的动荡和不安。在这种情况下，就需要明确的成文法和专门的司法机构以处理社会内部的对抗，使双方都认为这种解决方案是社会性的，而非个人性的，从而易于接受裁决。运用法律对社会进行调控是十分有效的，这种效果的保障是法律的强制性。在法律的背后是有铁腕在支撑着的，这就是具体而详细的刑罚。刑罚依触犯法律的轻重而有等级的划分。通过刑罚，法律的惩罚作用和威慑作用显现无遗，社会中的成员会由此了解这套行为规范并逐步树立起法律意识。

（3）超自然力

超自然力在许多社会可以对人们的行为进行控制。对超自然力量的信仰若在人们心目中占有牢固的地位，这种社会里成员的一举一动便都要考虑神灵的反应。而实际上，神灵的好恶是从现实社会中来的，是人们依据自己的要求设计出来的，因此，神灵的反应就起到了社会控制的作用。

巫术（magic），这是一种广泛存在的宗教现象，指的是人们为达到某种目的，幻想借助于超自然的力量对客体施加影响或控制而产生的一系列行为。虽然从科学的立场看巫术的基础是虚妄的，但在一个人人都信巫术的社会中，其控制的功能却是真实的。在我国先秦时期，巫术对社会生活的影响就十分巨大，当时巫、觋、祝、卜等身份的人物活跃于社会的各个领域，连各项国家大事的决定都离不开巫术的指引。而在我国一些少数民族地区，巫术的影响一直持续到不太久以前，无论是迁徙、战争、渔猎、农事等群体要务，还是衣食住行、婚丧嫁娶等个体琐事，都能看到巫术在其中发挥着作用。①

禁忌（taboo），禁忌是由某种信仰造成的人们行为上的限制或禁止。禁忌的社会控制意味十分明确，它不仅存在于原始宗教中，在以后的系统宗教里又被进一步规范化并形成了戒律。在我国，禁忌作为一种社会控制手段长期存在，如民间流行的历书中，每日之下都标有吉凶，并详细告诉使用者当日的禁忌（如忌出行、忌动土、忌会友等）。一直到今天，人们在进行婚嫁、开张诸事时，依然关心找个好日子。② 而语言的禁忌在中国更是普遍。

① 庄孔韶主编：《人类学通论》，山西教育出版社2002年版，第380页。
② 庄孔韶主编：《人类学通论》，山西教育出版社2002年版，第380页。

誓言是一个人在神灵之前宣布一件事，并请神灵作为他发言的真实性的见证人。誓言在世界各民族中流传极为广泛，其内容也非常复杂，但目的都是调整人与人之间的关系。《说文解字》卷三上："誓，约束也。"段玉裁注："凡自表不食言之辞皆曰誓。"直至近代，誓言在中国民间所起的作用仍然很大。

神判则是一种测验罪人的方法，即在神灵的监督之下，让一个嫌疑者通过一些危险的或是痛苦的考验，如果其能忍受，则证明其无罪，反之则为有罪。神判法的种类很多，最常见的一种称为沸水神判法，即将嫌疑犯的手伸进沸水中，视其受伤与否来判断其是否有罪。以马达加斯加的塔纳拉人为例，公证人首先检验嫌疑犯的双手，确定他没有涂什么保护物质，再要他将手伸进沸水锅捞起一块石头，紧接着将手伸入冷水中，然后包扎起来。其后嫌疑犯要在警卫伴随之下过一夜，次晨由公证人解开包扎，检查其手，如果手起了泡，就证明他是有罪的。在解放以前的凉山彝族社会里，神判法除捞沸水外，还有赤手拿烧红的犁铧、嚼白米（嚼白米后吐出，视其是否带血污）等。

誓言和神判产生于原始社会，但在中世纪的欧洲以及近代非洲的一些帝国中，这种审判法仍然流行，其原因在于统治阶级需要利用超自然的力量以强化其权威。

名词解释：

社会结构　社会角色　社会群体　社会地域　社会制度　社会分层
政治制度　酋邦　国家　社会控制

思考题：

1. 简述社会结构的功能类型。
2. 简述改革开放后中国的社会分层。
3. 简述政治制度的类型。
4. 简述社会控制手段的类型。

第十一章　宗教与民间信仰

人类学的资料表明，所有的民族、所有的社会，都存在称为宗教的某种信仰。这些信仰因文化的不同而不同，也因历史发展的不同而不同，但有一点却是共同的，即他们相信超自然力量的存在。所谓超自然力量，是指不是由人类或自然规律产生的力量。

一　宗教的定义及本质

1. 宗教的定义

马克思主义认为宗教是社会意识形态之一，它相信并崇拜超自然的神灵，是自然力量和社会力量在人们意识中的歪曲、虚幻的反映。而在西方学术界，这仍然是一个众说纷纭、见仁见智的问题。宗教学的创始人缪勒曾经说过，世界上有多少种宗教，就会有多少种宗教定义，至于世界上究竟有多少种宗教呢？这是一个无法回答的问题，因为，迄今为止，没有不存在宗教的国家，也没有不存在宗教的民族，甚至没有不存在宗教的部落。一方面，有不少老宗教已经消失，不复存在；另一方面，又有无数新宗教在不断诞生，层出不穷。所以说，宗教可以从不同的角度来定义，但大体可以分为以下几类。

（1）着眼于崇拜对象的宗教定义。这一类主要出自宗教人类学家和宗教历史学家。缪勒认为，宗教就是对于某种无限存在物的信仰。人类学家泰勒认为，宗教是对精灵实体的信仰。另一位著名人类学家弗雷泽，则把宗教说成人对超自然超人间的权威力量安抚并祈求和解的手段。英国哲学家皮尔逊认为，宗教是有限者和无限者之间的关系。

（2）着眼于信仰者个人体验的宗教定义。这多出于宗教心理学家和宗教现象学家。美国著名心理学家詹姆斯将宗教定义为个人在其孤单中觉得他与任何一种他认为是神圣的对象保持关联时所发生的感情、行为和经验。德国宗教现象学家奥托则认为，宗教是对神既敬畏又向往的感情交织。

（3）着眼于宗教与社会之关系的宗教定义。宗教社会学家多采用这类定义，如日本学者岸本英夫认为宗教是使人生问题得到最终解决的手段。美国著名社会学家贝格尔则说，宗教是人建造神圣世界的活动。[①]

还有从文化角度，哲学角度出发的宗教定义等。

五花八门的宗教定义，不仅说明了研究者的不同视角，更说明了宗教现象本身的复杂性。所以说我们很难给宗教下一个准确的定义。宗教学家吕大吉先生在综合分析各个流派对宗教的定义后，对宗教是什么下了一个论断："宗教是关于超人间、超自然力量的一种社会意识，以及因此而对之表示信仰和崇拜的行为，是综合这种意识和行为并使之规范化、体制化的社会文化体系。"[②] 这一定义揭示出了宗教是其内在因素与外在因素的综合与统一而成的一种社会文化体系，同时也蕴含着宗教四要素（宗教观念、宗教体验、宗教行为、宗教组织与制度）的逻辑关系和层次结构，从而使这一定义不仅适用于世界宗教的普遍有效性，也有别于其他社会文化现象。

2. 宗教的本质

过去把宗教作为"颠倒了的世界观""幻想的反映"、现实世界的"异化"，以意识形态来分析宗教的本质诚然必要，但它却不足以全面说明宗教这一极为复杂的社会文化现象，宗教不仅仅是一种抽象的世界观和意识形态，而且也是一种活生生的社会综合体系和文化生活方式。中国学者深感过去过多地从阶级分析、经济结构和政治视野上探究宗教，而从文明兴衰、文化变化和民族风情以及个人体验上发掘宗教不够，忽略了由人类宗教及其影响所造成的多层面、多向度的文化形体这一广阔领域。只有看到宗教也是各民族精神文化的一部分，看到宗教在人类文明发展史上所起的作用，才能准确地解说人类宗教现象的历史与现状。

总之，宗教一方面是人类现实生活的反映，另一方面也是人类精神文

① 何光沪等编著：《方方面面说宗教》，中国华侨出版社1995年版，第2—3页。
② 吕大吉：《宗教学通论新编》，中国社会科学出版社1998年版，第79页。

化的表述。宗教形式从其本质上反映各自文化的典型特征、悠久传统。所以说，在对宗教本质的分析上不仅要探究其反映的经济状况、其发挥的政治功能和社会作用，而且要深入全面地探究人类的文化本质问题。

二　宗教的起源

从公元前 5 世纪开始，希罗多德即对他所访问过的将近 50 个社会的宗教作了客观的比较，他注意到这些社会所崇拜的神祇具有很多相似性，从而作出了宗教传播的结论。从希罗多德到现在的 2500 年中，很多神学家、哲学家、历史学家都在这一领域之内作了很多的研究。近一百年以来，对宗教的解释最有影响的有以下几种。

1. 人类学的观点

（1）泰勒的"万物有灵论"

"万物有灵论"是西方第一个以大量的民族学资料为基础的、关于宗教起源的科学研究性的论断。泰勒的"万物有灵论"，其实是说宗教起源于灵魂观念。泰勒在《原始文化》一书中，借助原始文化材料，考察了梦与灵魂、阴影与灵魂、生命与灵魂、呼吸与灵魂等的复杂现象，他认为，灵魂的观念乃人类宗教意识的萌芽，这一观念标志着人类宗教发展漫长之途的第一步。作为宗教内核的神性观念正是灵魂观念进化发展的结果。

泰勒的推理过程大致如下：原始人因梦游而相信人有灵魂，又由人有灵魂推及物有灵魂，再扩大到万物有灵。从人有灵魂的思路发展出了祖灵论或鬼魂论，从而形成氏族神、部落神等观念，并有了祖先崇拜和神灵崇拜；而由万物皆有灵魂的思路则发展出天体神、自然神、动物和植物神等论说，有了自然万物的人格化和神格化。

"灵"的观念通常是由于人对自己在清醒的状况下和睡眠的状态下过着两重生活的现象理解不清而提出来的。在原始人感觉里，清醒时具有的表象和梦中感到的表象，拥有同样的价值，因此，当他梦见自己曾游览一个遥远的国家时，他相信自己确实去过那里。但他只能在他身上存在两重生命的条件下才可能去过那里：一个是他的身体，仍睡在地上，当他醒来时看到自己仍在原来的位置上；而另一个，在这同一段时间里，越过空间移动了。

根据泰勒的观点，宗教信仰是由低级向高级进化的，即由泛灵信仰到对神的崇拜，再由多神教发展到一神教。在他看来，当代原始民族的宗教信仰就是我们的祖先古代信仰的残留，而资本主义的文明则代表了理性发展的最高阶段。[①]

（2）缪勒的"自然崇拜论"

自然崇拜是原始宗教的最初形式之一，它包括对天神、山神、水神、火神、太阳神的崇拜。早期人类遇到地震、火山爆发、洪水、干旱或者一些特殊的自然现象如日食、月食时，不能从自然界本身解释，认为自然和自然的神灵世界不仅左右着自然界的各种变化，而且支配着人类的命运，只有崇拜、敬奉，才能求得其庇护和恩赐。这些崇拜是人类生存与繁衍的需要。我们可以找出许多自然崇拜的例子，如许多民族神话故事中均有天父地母之称。中国古人视海神为海龙王，古印加人视海为母；尼罗河、泰晤士河被称为父亲河；黄河被称为母亲河等。火被原始人视为可畏的神灵，原始人眼中火与太阳有着内在联系，火崇拜往往与太阳崇拜叠合。印度的阿格尼，中国的炎帝即为火神或日神，秘鲁有少女牺牲成为"太阳之妻"的旧俗。

缪勒就是从这些自然崇拜现象来考察宗教起源的。他认为，大自然的物体和力量是宗教感情最早感兴趣的对象，它们是最初被神化的事物。所以说，宗教产生和发展是沿着三条基本线索展开的，这就是从自然对象中形成物质宗教，从人类自身中形成人类宗教，然后在心理宗教中合流。

（3）弗雷泽：从巫术到宗教

弗雷泽的代表作是《金枝》，这本书从一则神话传说开始谈起：在临近罗马的内米湖畔有一片神秘的树林，里面坐落着森林女神狄安娜的神庙。按传说中的古老习俗，这座神庙的祭司职位总是留给某个逃亡的奴隶的，他一旦成为祭司，也就成了"森林之王"，当然主人便不能再追究了。可他的位置很不保险，或者说很危险，他不得不时刻刻手持宝剑，不分昼夜、不分寒暑地守住一株高大的圣树。为什么呢？因为只要另一个逃奴折取了树枝，就有权跟他决斗，把他杀死，夺取他的圣职。弗雷泽想要解释这则古老传说的信仰之谜，一个是为什么狄安娜神庙的祭司兼森林之王非得杀死他的前任，另一个是为什么他在决斗前必须先折一节古罗马人所

---

① Tylor, E. B., *Origins of Culture（Primitive Culture, Part 1）*, Harper and Row, New York, 1953. 转引自童恩正《文化人类学》，第 240 页。

说的"金枝",正是第一个问题引发了弗雷泽关于宗教起源问题的思索。

弗雷泽推测早期人们相信大自然是有规律的,在这一点上,巫术与科学是一样的。但这是伪科学,因为他们歪曲了大自然的规律,自以为自己掌握了规律,通过作法术控制大自然。但随后人们从无数次失败的巫术经历中得出大自然有神的观念,这就走向了宗教,即人们必须相信多个或一个神的存在,这时人开始讨好神灵的祭司。

所以说,宗教由巫术发展而来,最后发展为科学。

2. 心理学的观点

很多心理学家认为宗教有助于克服人类心理上的不安。如马林诺夫斯基就主张,宗教乃是对个人的焦虑和疑惧的答复,如果这个问题不解决,则人类的社会亦难以巩固。

德国思想家威廉·冯特认为,人类宗教和神话起源于原始人的心理情感的演进,与宗教之源密切相关的乃人的"恐惧"心理和"敬畏"心理,这种心理导致了人对相关对象的顶礼膜拜,发展出人的信仰需求及其宗教实践活动。从而他认为与人之心理相关,宗教发展曾经历了四个阶段:"图腾崇拜"阶段,"英雄崇拜"阶段,"多神崇拜"阶段以及以信仰绝对一神为特征的人文宗教,即世界宗教阶段。

美国著名的心理学家和哲学家詹姆斯指出,宗教领域大体分为"制度宗教"和"个人宗教"两个分支,"制度宗教"注重的是神性,主要表现为崇拜、献祭、仪式等;相反,"个人宗教"最关心的是人本身,强调人与其创造者的关系是"从内心到内心,从灵魂到灵魂"。所以,詹姆斯注重探讨"个人的宗教",他认为个人宗教比制度宗教更重要、更根本。[①]

宗教起源之心理探索的个案研究在弗洛伊德那里得到了突破。按照他的心理分析,个人在精神发展上经历过三个"里比多"(性欲)阶段,即以灵性体验为特征的自我陶醉,人依赖父母为特征的对象发现,以及人之思维成熟的阶段。他在解释"对象发现"时运用了"俄狄浦斯情结"(恋母情结)或"恋父情结"的概念,并认为原始时代的宗教也产生于与这种父母情结相关联的负罪感。[②]

弗洛伊德认为,人类的焦虑产生于幼儿时代的体验,宗教的起源与他

---

① 张志刚:《宗教学是什么》,北京大学出版社2002年版,第62页。

② 卓新平:《宗教理解》,社会科学文献出版社1999年版,第169页。

所谓的"恋母情结"有关。所谓"恋母情结"，即男孩对母亲的性爱以及同时发生的对父亲的仇恨和畏惧。于是在潜意识中，可敬畏的父亲变成了可敬畏的上帝，正是由于人类不能实现其欲望和表达其仇恨而产生的一种负罪感，促使他们升华出一个神。所以就弗洛伊德看来，宗教乃是在人类成熟的过程中自然产生的一种精神需要。

荣格则认为宗教具有治疗的功能。他认为人类的焦虑起源于他们的社会化过程，即人与外界社会交往而引起的矛盾。宗教有助于解决精神上的冲突，使社会趋向成熟。

应当承认，在一定的历史条件下，宗教是能够满足人类在心理上的某些需求的，所以从心理学的角度来认识宗教，无疑应当是研究宗教的重要方面之一。弗洛伊德理论的缺陷，在于他过分夸大了潜意识的作用，忽视了社会的作用和人的本性的历史性，这就陷入了唯心论的泥潭。至于他所创造的"恋母情结"，来源于他的"泛性论"的整体理论，其根据主要是神经病人的精神活动与他自己的心理经验，很难说有什么普遍意义，以之为宗教起源的唯一原因，显然是牵强附会的。

3. 社会学的观点

正好相反，社会学的观点认为宗教并非起源于个人的心理活动，而是起源于人之社会共在的需求，宗教具有整合社会、维系社会结构之稳定的重要功能。社会学意义上的宗教起源论实际上是要说明，宗教中的图腾崇拜或神明崇拜，在根本上乃指人对生存所依的"社会"本身，即对"社会"的神圣化或神明化。涂尔干认为宗教的实质乃是一个社会的集体观念，每一个社会都能分辨出两种性质不同的现象，即神圣与世俗。前者是与可敬畏的超自然力量有关的现象，而后者则为普通的日常生活。宗教信仰即某一个社会对于神圣观念的表达。这种观念有时可以象征化，通过十字架、雕像、一块岩石、一段木头而显示，但这些崇拜物并不能自动地变为神圣，神圣的意义乃是社会赋予它们的。

涂尔干以澳大利亚中部某些部落对于图腾的象征性利用作为例子。该民族的社会基层组织是氏族，每一个氏族都有图腾，所以必须以宗教仪式来巩固氏族的团结。为此，涂尔干非常重视宗教在人们的生活中的作用。在他看来，宗教一方面是人类文化及世界观的表达，另一方面又是个人与社会发生关系的中介。

斯旺森也认为宗教是由社会因素所决定的，但是他更进一步指出，对于神灵的崇拜，乃是产生于对个人具有约束力的社会组织，如家庭、氏族、村社、国家等。从个人的角度而言，这些社会组织对他们的生活具有强大的影响力，在很大程度上决定了他们的行为和思想。一个人必然诞生于一个家庭，属于一个亲族集团或社会，这些环境以无形的力量塑造出个人的品质，使他们遵照明确的准则而行动。斯旺森认为，正如同现实社会中的各种组织一样，神灵对于个人也有无形的操纵权力，所以神灵世界就是人们以对他们有制约力的社会组织为蓝本，并将之人格化而形成的。①

三　宗教的功能

宗教在人类社会中的发展经久不衰，没有被人类所抛弃，其原因正是它具有人们所需要的某些特性。按照一些社会学家尤其是功能学派社会学家的看法，没有功能的东西是不能存在的。当然，各种功能有正与负、显与潜的区别，对于宗教的功能我们可以从社会、个人、文化、生态四个方面来探讨。

1. 社会方面的功能

在宗教的社会功能方面，可分为消极与积极两种观点。消极派的代表人物是马克思、列宁等，马克思认为宗教是统治阶级用来麻痹劳动人民的精神鸦片，但忽略了宗教可以起到团结人民、凝聚人民的作用，涂尔干正好补充了这一点。

涂尔干和韦伯可以说是积极派的代表人物。涂尔干认为宗教具有一种凝聚力，具有使一个群体、一个集团、一个社会团结整合的力量，而社会的团结与整合又可使社会趋于稳定。宗教提供社会结构的模式，宗教经常以它的象征来安排社会结构，比如说，熊和乌鸦都是自然界的一部分，所以以这两种动物为图腾的氏族就同组成一个部落。

（1）创造共同的价值观念。德国社会学家韦伯提出了资本主义精神的概念。资本主义精神的核心内容就是尽力营利，祛除了享乐主义成分，使营利直接成了人生的目的。因而，在现代经济制度下，只要挣得合法，便是精于"天职"。

---

① Swanson, G. E., *The Birth of the Gods*, University of Michigan Press, Ann Arbor, 1969, pp. 1 - 31. 转引自童恩正《文化人类学》，第 243 页。

韦伯指出，这些资本主义精神有着深远的宗教背景，那就是资本主义精神与新教禁欲主义的"亲和性"，在清教徒看来，虚度时光是万恶之首，爱闲聊、好社交、图享乐甚至晚起床都应该受到道德的谴责。这种以天职观为特征的新教禁欲主义，实质上是"一种世俗化了的伦理观"。它对资本主义生活方式产生了重大影响，如提倡合理地限制消费、合法地追逐财富。它有力地推动了资本积累，哺育了现代经济人。所以他认为，16 世纪马丁·路德宗教改革带来的是宗教、经济、政治的改革，它产生了一种新的伦理思想，这些新教徒是第一代的资产阶级，他们为欧洲积累了第一批财富，也留下了一种敬业精神，即把职业看作天职。所以说，新教产生了第一批资本家，从此塑造了敬业、投资、节俭、勤奋的资本主义精神，也就是他们共同的价值观念。[①]

（2）减少冲突。宗教以其教义不断影响人、教育人，比如要人各安本分，各尽其责，容忍、谦让等，使种种冲突得到缓和。此外，由于宗教惯于从宿命论、从超自然力量中去寻找人间灾难的根源，这也就相应减少了人间的摩擦。

（3）增强社会控制。伦理道德是维持社会巩固的有力武器，而每一种宗教实际上都是一种区分正确行为与错误行为的伦理系统，如基督教、佛教、伊斯兰教等都各有自己的戒律，违背这些戒律的人将受到神的惩罚，当宗教的这一作用被统治阶级利用以后，它就能极大地麻痹人民的意识，阻碍社会的变革，因而理所当然地要受到革命阶级的揭露和谴责。但是，以当代资本主义世界的宗教而言，从局部来看，它们在反对吸毒、反对恐怖活动和道德沦丧以及在维护世界和平等方面，都有自己鲜明的态度，因而宗教界人士也可能成为社会进步的力量。

（4）促进个人之间的团结。在很多社会中，特别是在以核心家庭为基础的社会中，各个家庭的独立性很强，因而个人对社会形成一种离心力。在这种情况下，宗教能通过它的仪式，定期地将群众集合起来，从而增强集体意识。不论是澳大利亚土人的图腾崇拜活动、阿兹特克人可怕的敬祖仪式，或是基督教、犹太教的周末礼拜，都是集体进行的，不论这种聚集的表面目的为何，只要人们集合在一起，一系列的社会活动也就随之产生了。

---

① 张志刚：《宗教学是什么》，北京大学出版社 2002 年版，第 49—55 页。

2. 个人方面的功能

把宗教的关注点具体到个人是宗教心理学的特点，其代表人物就是詹姆斯、弗洛伊德和荣格。宗教对于人的功能可以概括为以下四点。

（1）宗教为信徒个人的人生提供了意义。例如，由于世界上数不清的"恶"的存在（体现在地震、旱涝、瘟疫等天灾方面，也体现在压迫、不公、战争等人祸方面，还体现在个人的疾病、痛苦以及死亡等"极限情境"方面），个人会觉得人生荒唐而无意义，宗教的"神正论"为这一切提供了解释，从而消除了这种无意义感。生命礼仪，即出生、成年礼、婚礼、丧礼等，都是宗教为人们能顺利通过人生的各种转折，进入新的阶段而举行的仪式。

（2）宗教为信徒提供了行为规则和道德规范。从而使从古到今的无数个人在面临道德选择时可以有所遵循，免除了许多不必要的抉择危机。如佛教倡导"众善奉行，诸恶莫作"；道教坚持"济世利人，护国爱民"；基督教奉行"做盐做光，利益人群"；伊斯兰教强调"爱国是信仰的一部分"等，都是具有劝人行善的功能。树立一种真、善、美的行为准则。

（3）宗教为信徒提供了心理上和情感上的补偿。人在世界中的地位不同，不少人对现实里的不平等感到心理上的不平衡，而宗教设想的未来世界都是人人平等的，这就使人在心理上得到补偿。另外，个人总有忧虑、孤独、悲伤、悔恨等感情，宗教也常在人处于这些境况时给人以安慰。道教在这一点上就很明显，我国历史上有不少名人由于仕途不得意，或者不满于官场现状等，就退出官职生活，过一种逍遥自在的生活，道家思想就为他们提供了一种退而保身的功能。尤其是在现代社会，重竞争、快节奏的生活使人际关系趋于淡化、冷漠，而宗教的组织和活动为人与人之间较密切的交往提供了条件。

最后，如果说宗教是人的终极关切（人总是需要最终的精神寄托或信仰的），那么，真正的宗教既然关注终极的非此世的目标，也就让人走向了一种超越自我局限性的目标。有了这种目标，人就可以轻视世间的名利得失，达到某种高度的宁静与满足。

3. 文化方面的功能

宗教作为人的灵性追求和社会文化体系，与人类文化的发展和个体及集体有着不解之缘。在谈到人类各大宗教的典型特征时，人们常讲基督教是一种伦理性宗教；犹太教、伊斯兰教是讲律法的宗教；而印度教、佛教则是充满哲学思辨的宗教，这或许与其发展中所形成的文化特色有关。基督教正是以它的伦理实践，即以情感人，以"爱心"取胜来推动其发展和传播的。伊斯兰教则以其教法来规定其伦理行为，形成严格的教规戒律。佛教在苦中求空，以深邃广远的眼光看透大千世界、领悟佛法之妙，使之形成严格缜密的逻辑推理和抽象诡异的哲学思辨，它反映了东方的智慧。还有犹太教的敬神自责、守律自罚、虽散落各地却不随波逐流的民族意志与精神，以及印度教那想象丰富、千姿百态的神灵世界和超妙不凡、高深典奥的哲学意境，在世界宗教史上都极为突出、引人注目。这几种宗教在塑造西方世界、阿拉伯世界和东方世界的文化形态上都起到了潜移默化且巨大的作用。①

此外，各民族早期的历史，许多被保留在它们的宗教神话中，被记载在它们的宗教经典中。比如犹太民族，他们的历史依据只有《圣经》的旧约部分，《圣经》的旧约既是他们犹太教的经书，又是犹太人的历史。不少民族文学的起源与发展也常常受宗教方面的需要（如占卜）的促进。在艺术方面更是如此，无论涉猎艺术的哪一个门类——小说、诗歌、戏剧、绘画、雕塑、建筑或是音乐，我们都会发现，从它们的题材内容到思想内涵，都与宗教有密切的关联。就连人们认为是与宗教完全对立的科学，也与宗教有着亲缘关系。如天文学起源于占星术，化学起源于炼丹或炼金术。因此，难怪不少宗教学家认为，宗教是人类文化的精神源泉与重要载体之一。

4. 生态方面的功能

在狩猎采集社会和园圃农业社会中，很多宗教信仰和仪式牵涉人与自然的关系。它们以各种规则、戒律和禁忌的形式，对于人类损害自然环境的行为加以限制，从而巧妙地保持了生态平衡。世界上很多狩猎采集部落，其宗教信仰的主要内容均与其生产的资源有关。如加拿大的瓦斯瓦里皮·克里印第安部落，居住在生产率非常低的亚寒带地区，靠狩猎为生，所以合理地安排和利用其资源，就成为他们生存的关键。反映在宗教信仰上，他们十分尊重其狩猎的对象，认为如果猎人不履行一定的宗教义务，则野兽不会将自己交给猎人。这些义务是：不杀太多的野兽，不浪费猎物，在打猎、肢解以及食用兽肉时均有一定的程序，以显示对野兽的肉体

---

① 卓新平：《宗教理解》，社会科学文献出版社1999年版，第31—32页。

和灵魂的尊重。他们有计划地交换使用资源，调整麋鹿、河狸的狩猎，以控制这些动物繁殖的数目和分布。事实上，他们的宗教信仰包含了一条基本的生态原则，即只有人和动物处于平衡的状态，他们才得以生存。

宗教信仰的生态意义可能是不自觉的。加拿大拉布拉多半岛的纳斯加比人就是利用占卜来调整资源利用。当食物短缺而纳斯加比人不能确定何处可以找到猎物时，他们即将驯鹿的肩胛骨放在炭火上烧灼，再视骨上出现的裂纹（兆纹）的含义以决定出猎的方向。这样，猎人所采取的狩猎路线就带有很大的随意性，其客观效果是使打猎不致过分集中一处，保护了资源的繁殖。在中国，直至近代仍可看到宗教对保护生态环境的影响。一般人民对于寺庙、祖坟周围的森林以及各种神山上的森林，均是非常尊重的，不论个人需要如何迫切，绝不敢加以砍伐。这对于保护森林，无疑是有重要作用的。

此外，佛教认为人的生命与动物的生命是平等的，坚决不杀生，要吃素，这也起到了生态保护的作用。而道教仙学认为自然界万物间存在和谐的关系，自然变化的法则是顺应自然而然，这对当今我们提倡的环境保护也有着很大的启发。

四　宗教仪式

宗教仪式是宗教中除信仰以外的另一个组成部分，曾是人类学家关注的一个热点。所谓宗教仪式是社会成员通过一系列特殊的行动以显示其信仰。这种动作往往是集体的、高度程式化的，从中可以传达社会认为有价值的观念，所以仪式可视为信仰的具体体现。

1. 基督教的仪式

基督教最普遍的崇拜仪式是在每星期天举行的主日崇拜。起源于 1 世纪，为纪念基督复活（基督徒相信耶稣被钉死后，于"七日的第一日"，即星期天复活）而区别于犹太教的安息日（星期六）的仪式。新教的少数教派如基督复临安息日会等仍在星期六举行礼拜。从初期教会开始，本来每次主日崇拜时都举行圣餐礼，后来天主教将其发展为弥撒。主日崇拜的仪式，各派繁简不一。内容主要有唱赞美诗，祈祷、诵读圣经选段，讲道、祝福等。主日崇拜一般在教堂举行，由圣职人员（主教、神甫或牧师、长老等）主持。天主教、东正教和新教中的安立甘宗以及部分信义宗等教会多使用礼文，有些新教宗派仪式比较不固定。

基督教的某些重要礼仪被称为圣事或圣礼，神学上认为圣事是借助可见的形式或表象将不可见的神恩赋予领受者。举行圣事一般都按规定的仪式。天主教和东正教承认七件圣事，即洗礼、坚振、告解、圣体（东正教称圣体血）、终傅、神品（封立圣职）和婚配。新教一般只承认由耶稣亲自设立的洗礼和圣餐礼为正式的圣礼，亦有少数宗派不承认圣礼。

2. 伊斯兰教的仪式

伊斯兰教有五条信仰和五功之说，具体如下。

五条信仰指伊斯兰教教义中的五个基本信条。（1）信安拉。相信安拉是宇宙万物的创造者、恩养者和惟一的主宰；是全能全知、大仁大慈、无形象、无所在又无所不在、不生育也不被生育、无始无终、永生自存、独一无二的。（2）信天使。相信天使是安拉用"光"创造的一种妙体，为人眼所不见。天使只受安拉的驱使，执行安拉的命令，各司其职。它们并无神性，穆斯林只需承认他们的存在，不能膜拜。天使数目很多，著名的有四大天使，其中以吉卜利勒的地位最高。（3）信经典。相信《古兰经》是"安拉的言语"，是通过穆罕默德"降示"的最后一部经典。（4）信先知。相信自"人祖阿丹"以来，安拉曾派遣过许多传布"安拉之道"的"使者"或"先知"。穆罕默德是最后一个使者，因而是最伟大的先知。（5）信后世。相信人要经历今生和后世，认为将有一天，世界一切生命都会停止，进行总的清算，即"世界末日"的来临。那时所有曾经活过的人，都将"复活"，接受安拉的裁判，行善者进天堂，作恶者下火狱。

此外，各教派还有各自的特殊信条。

五功指穆斯林的五项宗教功课。简称五功。它既是教义和制度，又是穆斯林必须履行的宗教义务，被认为伊斯兰教的支柱。①证言。阿拉伯语称为"舍哈德"（意为作证），是穆斯林对自己信仰的表白，其内容是用阿拉伯语念诵："我作证：除安拉外，再没有神；穆罕默德是安拉的使者。"这一证言，中国穆斯林称"清真言"，念清真言称为"念功"。任何人只要接受这一证言，并当众背诵，就可以成为正式的穆斯林。②礼拜。穆斯林必须每日朝麦加克尔白方向作五次礼拜。每周举行一次星期五聚礼（主麻礼拜）；每年开斋节和古尔邦节要举行会礼。身体清洁是礼拜的前提条件，礼拜前必须按规定作小净或大净。礼拜是穆斯林的一项重要义务。③斋戒。每年伊斯兰教历9月斋戒一月；每天从日出前开始到日落，要斋戒，禁食止饮。④天课。穆斯林个人财产达到一定数量时，都应缴纳一种名为天课的宗教税。原来是作为一种慈善行为，号召有财产的人自由施舍，后来发展成为一种按财产的不同种类以一定比例征收的宗教税。⑤朝觐。每个穆斯林在身体健康、经济条件许可、旅途平安的情况下，一生中至少应去麦加朝觐一次。

3. 佛教的仪式

源于印度的佛教，最初僧众的日常行事，除了出外乞食外，就是每日各自进行修行。修行的方法有两项：一是学习教理；二是修习禅定。后来寺院中有了佛像，经典记录成文字，于是有了礼拜供养和读诵经典的行议。西汉之际从西域传入中国，于魏晋时生根，南北朝时滋曼，隋唐时已汉化，被改造成汉化佛教，其寺院通行的日常课诵仪式，到明末才逐渐统一起来。

僧众每日共同的宗教活动仪式，就是"朝暮课诵"，即早晚一起到大殿或法堂读诵经文并拜佛。除此之外，僧人在一天以内，从早觉、闻钟、着衣、下榻，到登厕、洗手、净面、饮水、漱口，直至睡眠，都有各种咒语，随时默诵。但一般僧人很难严格执行。

佛教的仪式主要表现在佛忌、祈祷、追福等时举行的法会仪式，称为佛事。这是佛教为说法、供佛、施僧、拜忏、为人追福而举行的宗教集会，分为焰口和水陆法会两种。

焰口仪式是专对饿鬼施食的经咒和念诵仪轨。一般在黄昏或夜间举行，以饮食供鬼神，最后在念诵声中抛撒食物。现代放焰口，常与丧事中追荐亡魂结合在一起，又常在重大法会圆满之日举行。这是佛事中最深入、最接近群众、最世俗化的一种。

水陆法会又称"水陆道场"，以供饮食为主，为超度一切亡魂而设。主要内容是诵经设备，礼佛拜忏，追荐一切之灵。其特点：一是时间长，少则7天，多则49天，至少也得用3天才能完成。二是规模大，参加法事的僧人起码要有七八十人，而且人越多越好。三是法事全，凡佛教常见的法事无不包括在内，并要悬挂一堂包括各种佛教系统诸神、道教和民间信仰中的本地神，以及佛道和民间信仰混合而成的龙王、阎王等鬼神在内，起码120幅的"水陆画"，规模盛大。道场分设内坛和外坛，以内坛为主。

内坛多设于大殿或法堂，仪式的主要内容有洒净、结界、遣使发符、请上堂、请下堂、供下堂、奉浴、授戒、施食、送圣、放焰口。

外坛多设于环绕大殿或法堂的厢房配殿中，是念经的坛场。外坛共分设 6 个坛场，即大坛、诸经坛、法华坛、净土坛、华严坛、瑜伽坛。[①]

佛教除了汉化佛教外，还有藏传佛教，即喀嘛教。藏族佛教的佛事仪式，其诵经说法、传召大会等显宗法事与汉族地区佛教基本相同。另外还有密宗的传法灌顶和修法等仪式。此外，傣族地区佛事仪式则或多或少带有当地居民固有的鬼神崇拜和精灵崇拜等的痕迹。

佛教的主要节日有佛诞节（亦称浴佛节）、成道节（亦称佛成道日、腊八节）、涅槃节、观音节（中国汉族地区于农历二月、六月、九月三个月的十九日为纪念观音的节日）、世界佛陀节（亦称维莎迦节，即南传佛教将释迦的诞生、成道、涅槃并在一起纪念的节日）、驱鬼节和跳神节（藏族地区佛教节日）、泼水节（傣族佛教节日）、佛牙节（斯里兰卡的佛教节日）等，有些节日已成为民俗。

4. 道教的仪式

道教有自己的一套方术、仪式和规诫等，而那些修炼方术是为了追求长生不老。它的祈祷仪式为斋醮，其法为设坛摆供、焚香、化符、念咒、上章、诵经、赞颂，并配以烛灯、禹步和音乐等仪注和程式，以祭告神灵，祈求消灾赐福；此外，道士们都有自己的一本功过格，即道士自记个人善恶功过的簿册，善言善行为功，登功格；恶言恶行为过，记入过格。一日一小比，一年一大比，功过相抵，累积之功或过，转入下日或下年。声言功多者得福，过多者则得咎。道教以此为考察和督促道士修养的方法。

道教还有一套戒律，是道教约束道士思想言行，防止"恶心邪欲""乖言戾行"的条规，初期戒律简单，主旨为戒贪欲、守清净，后来发展为五戒、八戒、十戒等，十戒中尚列有"不得违戾父母师长""不得杀生屠害""不得叛逆君王""不得淫乱骨肉""不得毁谤道法""不得污漫静坛"等。

5. 犹太教的仪式

犹太教的教规内容涉及犹太人的全部生活。

凡母亲是犹太人，其子女即为犹太人。男孩出生后第八日受割礼。在饮食方面，视分蹄反刍的牲畜如牛、羊、鹿肉为洁净，其他如猪、兔、马

---

① 白化文：《汉化佛教与寺院生活》，天津人民出版社 1989 年版，第 164—184 页。

肉等为不洁净；禽类中只有家禽可供食用；水生动物中无鳞、无骨、有壳类不得食用，特别忌讳带血的食物。每天祈祷三次；星期五日落至星期六日落为安息日，不做工；进会堂礼拜时，戴小帽遮盖头发。现代正统犹太教徒安息日不乘车、不接电话、不看电视、不吸烟。在东欧，犹太妇女每月到会堂浴池净身。由于信仰死者身体复活，正统的犹太教徒不实行火葬，葬礼隆重，特别重视墓地。古代犹太教传统以七臂烛台为唯一标志，自中世纪后期起以大卫之星（六角星）为标志，沿用至今。

正统犹太教思想以男性为中心，男子每晨祈祷中要感谢神未使他生为妇女。按犹太教习俗，妇女应由父亲、丈夫或儿子陪同进会堂，多数会堂不欢迎妇女单身进堂。在会堂内，妇女只能为安息日礼拜点燃蜡烛、准备节期菜肴，礼拜时须静坐在不为男子所见之处。每年只有狂欢节宣读《圣经》的《以斯帖记》，纪念犹太女子以斯帖拯救本国人民脱离仇敌，这时，女子在堂内才可以出声。在会堂内主持礼拜只限于男子。

五　民间信仰的人类学分析

1. 宗教与民间信仰的联系和区别

许多人一想到宗教就误以为仅仅是已经成型的世界几大宗教，基督教、伊斯兰教等，而那些烧香磕头、壮族的二次葬等行为就不是宗教行为，其实这些也是宗教行为，只不过它们不那么规范罢了。同时，也只是为了方便起见，把这些现象归为民间信仰，所以从广义上来讲，民间信仰也是宗教。中国台湾著名人类学家李亦园教授把宗教分为制度化宗教（Institutional religion）和普化宗教（Diffused religion），制度化宗教就指我们说的成型的有组织、有教义的宗教，普化宗教指祖先崇拜、风水测算等民间信仰。"这样的宗教有严格的教堂组织，严密的宗教执事，有明显的经典，同样有明显的教义，而宗教事务与一般的日常生活分开，这样的宗教叫制度化宗教，如天主教、基督教、伊斯兰教、佛教、道教和其他有组织的宗教都属之。"[1] 普化宗教则指祖先崇拜、风水测算等民间信仰，"所谓普化（diffused）原意是扩散，用雅致一点的名词可称为普化。宗教信仰扩散到我们

① 李亦园：《宗教、仪式与象征》，马戎、周星主编《田野工作与文化自觉》（上），群言出版社1998年版，第282页。

生活的各方面，跟我们日常生活密切地联系在一起，但是没有形成一个有组织制度，同时跟日常生活密不可分，没有明显教会组织，经典教义等的一种信仰仪式"①。

从广义上讲，民间信仰属于宗教。从狭义上讲，民间信仰又有许多不同于宗教的特性。民俗学家乌丙安提出民间信仰与宗教的区别体现在以下十个方面：

——民间信仰没有像宗教教会、教团那样固定的组织机构；

——民间信仰没有像宗教那样特定的至高无上的崇拜对象；

——民间信仰没有像宗教那样的创教祖师等最高权威；

——民间信仰没有形成任何宗派；

——民间信仰没有形成完整的伦理的、哲学的体系；

——民间信仰没有像宗教那样有专司神职的、教职的执事人员队伍；

——民间信仰没有可遵循的像教规那样的规约或戒律；

——民间信仰没有像宗教那样特定的法衣法器、仪仗仪礼；

——民间信仰没有像宗教那样进行活动的场所，如寺庙、教堂；

——民间信仰在日常生活中没有像宗教信徒那样的自觉的宗教意识。②

概括起来，就是宗教具有组织性、神圣性、规范性的特点，民间信仰具有自发性、零散性、本土性、地区性的特点。但是，在人类学视野中，宗教与民间信仰并非互不相干，它们之间有着千丝万缕的联系，在本质上是相同的，但在表面上又表现出千姿百态、各具特色的形象。

2. 汉族民间信仰的特征

综观世界宗教文化，全世界 60 亿人口中，有 48 亿人信教，12 亿人不信教。而中国近 13 亿人中，只有 1 亿多人信教，近 12 亿人不信教，③ 其中绝大多数是汉族。汉族虽然不信教，但民间信仰却历史悠久，富有特质，其具有以下几个主要特征。

（1）原始性

汉族民间信仰的原始性，是指原始宗教信仰在汉族民间信仰中的广泛

---

① 李亦园：《宗教、仪式与象征》，马戎、周星主编《田野工作与文化自觉》（上），群言出版社 1998 年版，第 282 页。

② 乌丙安：《中国民间信仰》，上海人民出版社 1996 年版，第 2 页。

③ 叶小文：《中国文化的一个奇特现象》，载《报刊文摘》2004 年 1 月 7 日。

遗存。汉族的原始先民在其漫漫的原始社会时代，创造了丰富的以万物有灵观为核心的原始文化。

人类学家泰勒在《原始文化》中曾指出：我们常常发现，万物有灵观的理论分解为两个主要的信条，它们构成一个完整学说的各部分。其中的第一条，包括各个生物的灵魂，这灵魂在肉体死亡或消灭之后能够继续存在。另一条则包括各个精灵本身，上升到威力强大的诸神行列。神灵被认为影响或控制着物质世界的现象和人的今生和来世的生活，并且认为神灵和人是相通的，人的一举一动都可以引起神灵高兴或不悦，于是对它们存在的信仰就或早或晚自然地甚至可以说不可避免地导致对它们的实际崇拜或希望得到它们的怜悯。这样一来，充分发展起来的万物有灵观就包括了信奉灵魂和未来的生活，信奉主管神和附属神，这些信奉在实践中转为某种实际的崇拜。于是，汉族先民由于对神秘天象、动物、植物的不理解，从而产生了种种对自然物、动物、植物的崇拜，凸显出了汉族民间信仰的原始性特征。

（2）多神性

汉族民间信仰的多神性，是指汉族民间泛神现象的广泛流布。

由于原始文化在汉族社会变迁中历史积淀的结果所造成的汉族民间信仰的原始性，汉族在历史上从来没有形成过一个全民族信仰的统一宗教，原始时代积淀下来的万物有灵观，对大自然的崇信，始终影响着汉族的信仰民俗。除了对大自然的崇拜而产生对各种神的信仰以外，人们还把人生的姻缘、寿禄看作有神在主宰。对于爱情，有象征夫妻相爱的"和合"之神。掌握人间运气的还有福神、喜神、凶神，甚至床有床神，门有门神，厕所有厕神紫姑等。随着佛教的传入，汉族民间又认为观音菩萨是送子娘娘，专管生育男孩，又认为阎王是主管人的生死之神。凸显出了汉族民间信仰的多神性特征。

（3）农事性

汉族民间信仰的农事性，是指汉族民间诸神多与农业生产有着千丝万缕的联系。先从土地爷讲起。土地爷是汉族民间掌管某一村甚至是某一地区五谷丰歉、人丁安全的神。从他出现时起就与农业生产结下了不解之缘。开始，人们把土地当作自然神，崇拜土地的自然性质及其作用，并向土地直接献祭、礼拜。《礼记集说》卷六五云："地载万物者，释地所以得神之由也。"此后，历经先秦的发展，土神性越来越大，演变成了地域保护神——社神。从古至今，汉族民间崇拜的土地爷与汉族的农业生产总是紧密联系在一起的。当然还有天上诸神、动物之神、俗神等与农业生产有着密切的关系。这样看来，从土地爷到天上诸神、从动物到民间俗神，汉族民间有相当一部分神灵与农业生产有密切的关系，凸显出了汉族民间信仰的农事性特征。

（4）人性

汉族民间信仰的人性，是指汉族民间的诸神中既有神的人化，又有人的神化。

汉族民间信仰的人性问题，是与西方宗教体系完全不同的一种特质。一方面是神的人化，所谓人化就是人格化。前述牛郎织女两神，就是神化了的星宿人格化的典型，这种充满人情味的神的人格化，在汉族民间信仰中不乏其例。这种星神人格化过程，成了汉族民间诸神人格化的一种模式，青龙、白虎、朱雀、玄武、魁星等都是按这个模式人性化的。另一方面是人的神化，在民间众人皆知的"八仙"，就是人被神化的一个典型。八仙，即李铁拐、汉钟离、张果老、何仙姑、蓝采和、吕洞宾、韩湘子和曹国舅，在历史上大多实有其人。"八仙过海，各显神通"，迎合了汉族民间各阶层的需要而久盛不衰。汉族民间信仰这种人性特质的形成是有其深刻的内在根源的。这个内在根源就是"天人合一"观在汉族民间意识中整合历史积淀的结果，就是神可以人化，人也可以神化，凸显出了汉族民间信仰人性的特征。

（5）功利性

汉族民间信仰的功利性，是指汉族民间信仰动机与行为目的的功利行为。

历代汉族民众是天灾人祸的主要受害者，他们无时无刻不在渴望并寻求救助，无时无刻不在关心着他们最切身的利益。他们一旦遭遇到人力不可及、不可抗拒的天灾人祸，便不顾一切地烧香叩头，供祭神鬼，恳请神异力量赐福消灾、祛病降吉。他们认为崇拜神鬼之心诚，就会达到"心诚则灵"的效果；崇拜神鬼之心切，就会收到"有求必应"的实惠。因此，在民间信仰行为中有人神之间"许愿""还愿"的功利交换，人们用崇拜的各种手段与神鬼进行着利益上的酬答互换，重则捐资修庙，再塑金身；轻则晨昏三叩，焚香供祭，凸显了汉族民间信仰的功利性特征。

名词解释：

宗教　万物有灵论　宗教仪式　民间信仰

思考题：

1. 宗教的定义和本质是什么？
2. 宗教是如何产生的？
3. 人类学如何看待宗教的功能？
4. 如何理解宗教与民间信仰的关系？
5. 简述汉族民间信仰的特征。

第十二章　文化多样性与文化变迁

自人类学创始以来，"文化"一直是这门学科的核心概念之一。生物的多样性决定了人类文化的多样性。文化多样性是不同民族或族群特点的文化表达。与此同时，作为人类适应客观环境的一种手段，文化也随着客观环境的改变而改变；文化的变迁是一切文化的永存现象。

一　文化的概念及特征

1. 文化概念的来源

文化本身是一个历史概念，要了解文化的概念，必须先了解文化概念的来源。

据英国学者克里斯·简克斯（Chris Jenks）的研究，文化概念的来源有两个传统：一个是从亚里士多德到约翰·洛克（John Locke）、维柯（Giambat tista Vico）、屠格（Tung）和边沁（Jeremy Benthan）的哲学传统，另一个是从柯立芝（Coleridge）到卡莱尔（Thomas Carlyle）和马修·阿诺德（Mauhew Arnold）的文学传统。前者充满思辨的色彩，后者充满了浪漫的情调。概括起来，文化概念的起源有四个方面。

（1）文化为一种知识，或认知的范畴。文化被理解为一种普遍的心态，其中包含着完美的理念，即对于人类个人成就或解放的目标或渴望。我们在柯立芝、卡莱尔，以及后来的马修·阿诺德等浪漫主义文学及文化批评作品中，最能清楚发现其根源。

（2）文化为一种更包容的与集体的范畴。文化代表着社会中知识与/或道德发展的状态。这个立场把文化与文明的概念相连，是由达尔文的进化理论所启发的，后来则由一群现被称为"早期进化论者"，并为人类学研究先驱的社会学家所接收。这种观念将文化概念纳入集体生活的领域，而非个人意识层面中。

（3）文化为一种叙述与具体的范畴。文化被视为任一社会中艺术与知识作品的集合体，这几乎就是日常用语中的"文化"一词，并且蕴含独特性、排他性、精英主义、专门知识与训练或社会化过程等意义。包括一种对文化牢不可破的既成观念，视文化为人造的、经过沉淀的象征物。

（4）文化为一种社会范畴。文化被视为一个民族的整体生活方式，这就是文化的多元论，并隐然有民主意涵的观点，现在已经成为人类学关切的领域，而在较地区性的层面上，也是文化研究的关注重点。①

2. 文化的定义

我们曾经介绍过人类学之父泰勒给文化下的定义，除此之外，许多学者对文化有着自己的理解。

早在20世纪50年代，美国人类学家克鲁伯（A. L. Kroeber）与克拉克洪（C. K. Kluckhohn）就已经在各种人类学的文献中收集到数以百计的文化定义。在当代人类学中，文化的概念大致可以分为从行为角度所下的定义和从认知角度所下的定义。

（1）从行为角度下的文化定义

从行为角度下的文化定义包含行为、感性与物质三个主要方面。行为的要素指人们如何行动，尤其是那些与人们之间的相互作用有关的行动；感性包括人们的世界观，以及一切人类通过学习而获得的行为方式与准则；物质则是指人类所生产的物质产品。有代表性的是：罗斯曼（Abraham Rosman）认为，文化是指人类的生活方式，而这种生活方式的研究又要以整体、整合的总的生活方式为研究重点，它包括对人类行为，人类制造的物件以及人类观念的研究。在总体上，文化是会随着时间的推移发生演变的，同时，文化在发展过程中又存在着前后阶段上的连续性。霍华德（Michael C. Howard）认为，文化本身是一种习俗性的态度，按照这种态度，人类群体学习如何协调其行为，思想及其与生存环境之间的关系。

（2）从认知角度下的文化定义

从认知角度来界定文化，它认为文化是由抽象的价值观、信仰，以及在人类行为背后的对世界的感知所组成，而所有这些又都为某一社会的全

---

① Shris Jenks：《文化》，巨流图书公司1998年版，第23—25页。

体成员所共同享有。文化是以语言为中介通过学习而得的，学习的作用大于生物遗传。文化各个部分在功能构成上将组成有机的整体。人们用文化来解决关系到他们切身利益的问题。文化为一个社会的成员提供有序的生存方式；同时它具有应变的能力以适应新的环境。如：美国人类学家威廉·哈维兰（William A. Haviland）认为，文化不是可见的行为，而是人们用来解释经验和导致行为，并为行为所反映的价值观念和信仰。

上述种种关于文化的定义十分学术化，最近一位法国学者给文化下的定义十分形象，他说："文化就是坚如磐石、持久不变的整体，将个体裹入其中，个体间维系着特有的联系。"①

3. 文化的特征

作为人类学的核心概念，文化具有以下几个特征。

（1）文化是共享的

文化是为一个群体内人们所共享的一系列观念、价值和行为准则。通过这些观念、价值、准则，一个集体内的每一个成员就可以知晓自己应该在群体内有怎样的行为，由个人组成的集体也就有了大家可以同时理解和接受的共同行为标准，并预知在特定环境下人们相应的反应。虽然文化是为一个社会的所有成员所共享，但在认识特定社会的文化时，我们却不能将所有的文化因素等量齐观。按照当代人类学家的看法，在构成社会文化的各种因素中，性别、年龄、社会的亚文化等都是占有核心地位的要素。

（2）文化是学而知之的

文化是人类学习的结果，而学习则是由生物在一定环境背景下的经历所积累、演变而来的行为。所有的生物有机体都有学习的实践，然而没有任何生物具有人类这样巨大的学习能力，也不像人类要如此多地依赖学习以求得生存。林顿（Ralph Linton）把文化视为人类的"社会性遗传"。文化由一代人向下一代人传递的过程叫作"濡化"（Enculturation）。通过濡化，人们学到了满足其生物性需要的恰当方式。

（3）文化基于象征符号

人类学家怀特认为，所有人类的行为起源于对象征符号的使用。艺术、宗教以及货币都与象征符号的应用有关。文化中最重要的象征符号是

---

① ［法］P. M. 得法尔热：《国际社会与文化多样性》，《国外社会科学》2004 年第 1 期，第 104 页。

语言——用字词来代替实际的客观事物。萨皮尔（Edward Sapir）认为，语言是纯粹属于人类的非本能的交流观念、情感、期望的方式。这种方式通过受意志控制而产生的符号体系表现出来，因而人类能够把文化一代代传递下去。

（4）文化是整合的

为了比较和分析，人类学家习惯于将文化分为许多具体的成分，但这种区分带有随意性。当人类学家观察文化的一个方面时，不可避免地也要涉及文化的其他方面。文化的所有方面在功能上相互关联的趋向称为整合（Integration）。我们假定文化的各个方面必须时刻处于完全的和谐状态，恰如一台机器，所有的零件都要各在其位，机器才能转动。一种文化中任何一部分的变化经常引起其他部分不同程度的变化。

二　文化多样性

1. 文化多样性是人类文化生态系统的显著特征

文化既是人类社会生活的产物，又是民族精神的结晶，是民族或族群间区别的"遗传基因"。因此，世界上任何一个国家，任何一个民族或族群都有自己独特的文化传统，都有自己独具的文化特色，这就形成了人类文化多样性（cultural diversity）。

文化多样性，反映了人类各具特色的文化共存共荣的事实，是人类文化生态系统的显著特征。有的学者论述文化生态系统时就分析说：在文化生态系统中，构成人类各族群及各社会阶层呈现出各自的独特性，并且其全部独特性构成了人类文化的多样性，这就是文化生态系统的"文化多样性"。正如联合国教科文组织在 2001 年 9 月 11 日通过的《文化多样性宣言》所指出：文化多样性是指"文化在不同时代和不同的地方具有各种不同的表现形式"。[①]

2. 从生物多样性到文化多样性

人类对文化多样性的认识启蒙得较晚，甚至是由生物多样性（biological diversity）的严重丧失，关系到生命能否在地球上持续存在的根本问题，在引起世界各国有识之士的关注和行动之后，才引发了人们对文化多样性

---

① 李雄华：《文化多样性与可持续发展》，《求索》2003 年第 1 期。

的关注和讨论。因为在讨论中人们越来越深切地认识到：如果说生物多样性是实施可持续发展战略、保证地球生物圈与人类延续的物质基础，那么，文化多样性则是实施可持续发展战略，保证地球生物圈与人类延续的精神基础，两者相辅相成，不能偏废。为此，联合国教科文组织在《文化多样性宣言》中庄严宣称：

> 文化多样性对人类来讲就像生物多样性对维持生态平衡那样必不可少。
> 文化多样性是人类的共同财富，应当从当代人和子孙后代的利益考虑予以承认和肯定。①

3. 保护文化多样性

在经济全球化的浪潮中，民族文化受到严峻的挑战，如何保护本民族的传统文化？引起了人们对保护文化多样性问题的关注。何星亮认为人类之所以要保护文化的多样性，原因在于：

（1）文化多样性与生物多样性相互依存、相互影响；

（2）文化多样性是各种族各民族交流、创新和创作的源泉；

（3）文化多样性是民族平等和保障人权的基础；

（4）文化遗产是一个民族或国家具有重要价值的资源，它可以造福子孙后代；

（5）各民族的传统文化的价值具有相对性，没有高低、优劣之别。②

当前文化多样性与生物多样性一样处在危机之中，主要表现：一是语言种类的减少，作为文化载体和表达文化的语言在 20 世纪 70 年代全世界还有 8000 种，而现在只剩下 6000 种了。二是文化的统一现象，在全球化的冲击下，民族传统文化遇到了从未有过的挑战，某些西方大国在世界上推行它们的文化理念，以达到强势文化一统天下的目的，就使得发展中国家尤其是弱小民族的文化处在危机之中。③

在这样的背景下，认识文化多样性是人类思想的一次飞跃。正如郝时

---

① 李雄华：《文化多样性与可持续发展》，《求索》2003 年第 1 期。
② 何星亮：《文化多样性与全球化》，《湖北民族学院学报》2004 年第 3 期。
③ 吴翠玉：《关于文化多样性问题的思考》，《发展研究》2002 年第 12 期。

远所说："文化多样性观念的出现，是世纪之交国际社会观念变革中最重要的现象，甚至可以说是全人类的一次思想解放，它所针对的正是千百年来帝国霸权消灭多样性所造成的后果，它所批判的正是将文化差异放大为'文明冲突'的西方文明观"。① 因此，保护文化多样性有着重大的意义，其有利于解决不同民族文化之间的价值冲突，使之更好地相互交流和借鉴，在接纳现代性、吸收人类优秀文化成果的同时，保持民族的文化传统，形成一种既适应现代要求又具有本民族特色的新文化。因此，保护文化多样性，就要制定提倡文化共处和特色储存的政策，确保属于不同文化特性的个人和群体的和睦关系，理解、尊重、承认和肯定各民族及其文化，并且给予每一种文化存在、传承和发展的平等权利，这是促进各民族文化发展、实现全人类可持续发展的需要。②

三　文化变迁与涵化

1. 文化变迁的原因与动力

"文化变迁"（culture change）指的是任何足以影响文化内容或文化结构的变化。文化既然是人类适应客观环境的一种手段，那么当客观环境改变时，文化也会随之改变。文化的变迁是一切文化的永存现象；人类文化的后天习得性，乃是文化变迁的基础。文化变迁的原因，宏观地说，可以分为两大类：一是内部因素，是由社会内部的变化引起的；二是外部因素，是由自然环境及社会文化、环境的变化如迁徙、与其他民族的接触、政治的改变等而引起的。这两个因素通常是相互影响、相互制约的。具体来说，引起文化变迁的有发现和发明、传播、涵化、革命等诸多因素。只有当个体对环境的新文化所做出的新反应方式为群体普遍接受时，才能认为文化已发生了变迁。

文化变迁的原因如此之多，那么究竟什么才是文化变迁的根本动力呢？有的人类学家把变迁过程当作动力，或者只注意外部的影响，而忽视社会的发展。马克思主义认为，一切社会文化变迁只有根据他们的生产关系的一定历史结构才能理解。社会发展的动力是由自然的、社会的、经济

---

① 郝时远：《寄语新世纪：霸权的终结与民族的和解》，《世界民族》2001 年第 1 期。
② 李雄华：《文化多样性与可持续发展》，《求索》2003 年第 1 期。

的、政治的、物质的、精神的等因素之间交互作用而构成的合力系统；经济条件是其中具有决定意义的因素；其他因素都是通过这一主要因素起作用的。

2. 文化变迁的种类

可以从多角度划分文化变迁的种类，如自愿变迁与强制变迁、有限变迁与无限变迁、渐变与突变等。从人在文化变迁中的主或从的地位出发，我们可以将其划分为无意识的变迁和有意识的变迁。

（1）无意识的变迁

在很多情况下，文化变迁的过程是不自觉的，发动和参与这一变迁的人往往是迫于压力而满足于眼前的利益，并不知道这些应变的措施会带来多么深远的后果，这就是无意识的变迁。

无意识的变迁往往是一个缓慢的过程，开始于一个偶然的甚至是细小的事件，以致任何当事人都无法预测到以后纷至沓来的有连锁反应的社会后果。如某种创造灵感或偶然的新发现、文化传播、文化接触都可能导致文化的无意识变迁。在有些情况下，当外来的征服者征服了某一个民族，并且对被征服者的文化进行急遽改革时，往往也带有很大的盲目性，而且通常只是出于贪婪的掠夺目的，实际上也造成一种无意识的变迁。

范围最广、影响最深的无意识的变迁，是近代资本主义商品化经济对传统社会的冲击。从19世纪到现在，这个过程已经历了一百余年，其影响已经遍及亚洲、非洲、拉丁美洲最偏远的角落；其造成的后果，已经从单纯的破坏旧传统到形成新的民族觉醒。所以我们可以说，剧烈的变迁乃是当今世界文化发展的特征。

（2）有意识的变迁

在某些情况下，文化变迁也可能是自觉进行的，发动者有预谋、有计划地要改变某些不适应形势需要的文化要素，如改革或革命，则是属于有意识的变迁。历史上的"变法""维新"，当代各国的社会改革等基本上属于此类。随着人类对自我及外部世界认识的不断深入，有意识的文化变迁将会日益发挥更大的作用。

3. 文化变迁的途径

关于文化变迁的途径，人类学家常用的术语有文化进化、发明和发现、传播、涵化等。

（1）文化进化（cultral evolution）

文化进化是指一个时间上持续的过程，这个过程具有累积性和进步性，经由此过程，文化现象便系统地组织起来发生变迁。进化是由社会内部的发展引起的，如生产技术由低级发展到高级，社会组织由简单发展到复杂，文化的进化自然会引起文化变迁。

文化进化的观点是进化理论在文化现象上的应用，其重要的理论基础认为文化也是由简单、原始、粗糙的阶段逐渐发展到复杂、高级、精致的阶段。在这个阶段中，不可避免地发生文化变迁。我们可以把文化看作一个整体，从而追溯整个人类文化的进化过程；也可以把此文化整体的任何一部分视为一个单位或体系而追溯其进化过程。

值得注意的两个问题是：其一，文化进化关注的是文化现象，如工具、风俗、制度、观念等，而不涉及一个民族、一个部落或一个国家的文化史的形成。其二，在大体上进化是进步的，但是文化的进化并非进步的同义语；从简单到高级的进化方向也并非一成不变，有时候甚至会出现倒退现象，但是无论如何，这仍是一个文化变迁的动态过程。

（2）发现和发明

发现和发明是刺激文化变迁的最重要的原因。所谓发现，是指客观存在的但又不为人知的现象或规律变得为人所知。发明，则是人类利用新获得的知识，在实际上予以运用，并且创造出过去不存在的事物。

发明可以分为两类：无意识的发明和有意识的发明。无意识的发明是事先缺乏预见的，即偶然得到了发明的结果。在人类历史上，特别是在史前时期，很多发明实际上是无意识的小改良多次重复积累的结果，如石器的装柄、陶器的烧制等，均经历这种过程。这些简单的发明意义重大，正是经由多少世纪人类知识的点滴积累，才会有如今飞跃发展的文明。

有意识的发明是指人类社会为自己确定一个目标，然后设法达到这个目标。在有意识的发明中，发明者的动机首先出于对社会的需要的主观反映，如20世纪初，亨利·福特看到社会迫切需要价廉物美的家用汽车，于是他便组织了这方面的研究和生产。

在另一方面，发现和发明并不一定就会导致文化变迁，如果某项发明被社会所忽视、所埋没，它就不会引起任何文化上的后果。

（3）传播

除了自身的发现和发明以外，一个社会里新文化因素的出现也可能来源于另外一个社会，这种从其他社会借用文化因素并且将之融合到自己固有的文化之中的过程，就称为传播。在每一个民族的文化中，都有很大的成分是由传播而来，美国人类学家林顿认为这一比例可高达90%。这一点在当今全球化背景下尤为突出。

传播的模式有三种，即文化散布、直接借用和刺激传播。这三种模式可以单独产生，也可以同时发生于一个社会之中。

文化散布，指经由具有该文化之人的迁移而引起的文化传播过程。经由人这一媒介，某种文化因素得以交流。中外历史上大量的民族迁移现象便是最好的说明。

直接借用，指直接采用另一群体的某些文化因素，通常是物质因素，例如某种技术发明，这是最容易被借用的。历史上，中国造纸术经由中亚远播欧洲，使各国产生了造纸业，便是一个典型的例子。

刺激传播，指某一社会掌握了某项知识以后，刺激了另外一个社会，给对方以灵感和启发，使之也相应发明或发展了类似的文化因素。如我国藏族文字的起源，相传是公元7世纪初，藏王松赞干布以梵文和西域各国文字为参考而创造的。不过，刺激传播产生的结果，并非原型的翻版，而只是一种相似物。

传播的过程包含三个步骤：

第一步，采纳者的文化对传播而来的新文化进行选择。因为并非所有的文化因素都能为其他文化所理解；而且决定一种文化物质是否被人所接受往往是由于其外在的形式，而非其实质含义。

第二步，该新文化因素被采纳或拒绝。

第三步，如果被采纳，则该新文化因素被传播，并同时被修改；不仅是形态上的修改，还包括其含义及功能。由此，使之和谐地融合于原有的文化传统中。

4. 涵化

不同的文化在接触中，常会发生大规模的文化变迁，"涵化"主要针对这种变迁过程而言。当有着不同文化的人类共同体进入集中的直接接触，结果造成其中一个群体或两个群体发生大规模的变化时，涵化就产生了。[①]"涵化"概念是文化变迁的一个主要内容，也是文化变迁途径中的重要概

---

① ［美］哈维兰：《当代人类学》，王铭铭等译，上海人民出版社1987年版，第568页。

念，受到人类学家特别的重视。

（1）涵化的定义

"涵化"（acculation）为美国人类学家所使用，英国和受其影响的亚、非、大洋洲的人类学家则使用"文化接触"（cultral contact）一词，与涵化概念相当。最早使用"涵化"一词的是在 1880 年，美国民族学家的鲍威尔（J. W. Powell），用以指称殖民统治者对落后的殖民地的统治过程中，西方文化对当地土著文化的压倒性的同化过程。早期的涵化研究中，"涵化"一词被滥用，常与"传播"（diffusion）、"采借"（borrowing）、"同化"（assimilation）、"文化接触"（cultral contact）等词混用，所以其具体指称面目并不清晰，并且与殖民当局的殖民政策需要密切相关。对于涵化的现代研究始于 1910 年，其学术背景是出于对进化论和历史主义的反驳。此后，对涵化的研究成为人类学家们的一个极为重要的命题。

经典的"涵化"定义来源于赫斯科维茨（M. J. Herskovits）、雷德菲尔德（R. Redfield）、林顿（R. Linton）联名报告书——《涵化研究备忘录》（1936）中："涵化意指来自不同文化之个人所组成的群体，因持续地直接接触，遂产生一方或双方原有文化模式所导致的变迁现象。"①

这个经典定义，目前已经遭到包括定义者在内的好些人类学家、民族学家的批评；但是如何准确定义"涵化"，学术界至今也没有达成统一准确的意见。不过，大多数人类学家同意对该词定义不能过于严格，因为它所涉及的现象极易变化，而且和文化变迁领域中其他术语所概括的现象相重叠。所以，"涵化"一词即指称广义上文化变迁过程的类型，又包括文化变迁过程及其结果。

要进一步认清涵化的研究范畴，应对涵化概念与其他相关概念进行区分。"涵化"是从文化的层面进行研究，并不包含心理上的变化过程，因此，它与"濡化"和"社会化"等概念具有明显的区别。"涵化"与传播是密切相关的，但两者又互相区别。一个文化不经过涵化过程，也可从另一个文化那里借用其文化物质，比如通过现代传媒技术就可以迅速地传递信息，并不一定需要两种文化长期的实际接触。

---

① M. J. Herskovits, R. Redfield & R. Linton, "Memorandum for the Study of Acculturation", *American Anthropologist*, Vol. 38, 1936, pp. 149—152；转引自芮逸夫主编《云五社会科学大辞典·人类学》，商务印书馆 2000 年版，第 215 页。

（2）涵化过程中的几种可能现象

取代，即以前存在的特质或特质综合体由另一种特质取代，代行其功能，产生最小的结构改变；

综摄，即各种旧特质混合形成一种新制度，这可能导致大规模的文化变迁；

增添，即增添新的特质或特质综合体，有时会发生结构改变，但有时也不会；

文化萎缩，即丧失一个文化中的实质部分；

起源，即产生新的特质满足变化形势中的需求；

排拒，即因变迁过程十分迅速，以至于许多人不能接受这种变迁，其结果会造成排拒、反抗或复兴运动。

由于上述的这些过程中有一个或若干个过程在起作用，所以涵化的发展可能有几条路线。当两个文化丧失它们各自的个性并形成一个单一文化时，就产生合并或同化。当一个文化丧失其自主权力但仍作为一个亚文化（如一个种姓、阶级或族群）而保留其个性，就会产生结合，征服或奴隶制就是这种情况的典型。灭绝也就是一个文化不断丧失其成员，有的死了，有的加入别的文化，最终该文化不再有任何功能。在适应过程中，变迁仍会继续，但它是缓慢的以"熔化锅"形式进行的。①

如果两个相接触的群体，有一个居于支配另一个的地位，那么涵化会显示出明显的单向的进行，即位居优势的群体授予位居劣势的群体新的文化因素。因此，这种不平等有可能引起劣势群体的反抗，从而出现"抗涵化运动"（contra – acculturative movement），尤其突出的是人类学家称之为"复兴运动"（revivalist movement）的现象，指的是劣势群体试图恢复自己的生活方式、某些传统文化和仪式，寻回已丧失的原有文化。从消失到复兴的这一文化变迁现象称之为文化恢复。但是，经过复兴的文化只能大体上或部分地保留原有文化的面貌，不会与之完全重合。

（3）涵化研究的步骤

涵化研究的目的，是要揭示在文化接触的情形下，文化变迁的动力。涵化研究一般包括以下四个步骤：

复原，即把发生接触前的文化体系的特性加以描述，恢复其历史面貌；

---

① ［美］哈维兰：《当代人类学》，王铭铭等译，上海人民出版社 1987 年版，第 568—569 页。

研究其接触状况的性质；

对于发生接触的文化体系之间所建立的关系加以分析；

研究由于文化体系的结合所发生的文化过程。

名词解释：

文化性　文化多样性　文化变迁　文化进化　发明　发现　传播
涵化

思考题：

1. 简述文化概念的来源及特征。

2. 简述文化变迁的原因及途径。

3. 试论述传播与涵化两者的关系。

4. 简述涵化过程中可能发生的现象。

5. 如何进行涵化研究？

6. 试论文化变迁与涵化的关系。

7. 试论文化多样性研究的意义。

8. 用你身边的实例说明文化多样性。

第十三章　文化适应与文化自觉

　　人的文化使同一国家、民族或族群的成员凝聚在一起，达到文化认同而和睦相处，同时也使不同文化的人在不同的自然环境和社会环境下，通过文化适应而生存和沟通。在全球化的大背景下，文化变迁范围更广也更深刻，文化适应的程度也更广、更深刻，人类将在和谐中走向文化自觉。

一　文化适应

　　对于文化适应，李亦园先生在"依山依水族群文化与社会发展"研讨会上曾经说过一段很深刻的话，他说：

　　　　地理学家是研究人与环境之间的关系，而人类学家与地理学家有一点不一样的地方，那就是我们在人与自然之间加入了文化。人类学家之所以被称为人类学家就是因为他们不仅研究人与自然的关系，还研究人与文化的关系。上述的两个系统，不能够完全百分之百地或者非常漂亮地把环境跟文化完全扣连对称，应是可以理解的，因为人与环境之间不是这么简单的关系，假如这么简单，人就不是人而是动物了。这是因为我们有文化，所以影响生计的虽然与依山或依水有密切关系，但是社会组织、宗教信仰就不一定有那么密切的关联，这是人类学家最根本的一个认识。我做过田野的中国台湾南岛五族，每一个族都有它的文化来作为跟环境之间的缓冲，进而适应或改变环境。这是因为文化跟环境之间以及跟人之间是互动的，是一种辩证的关系。文化是以人为主，人可以适应环境（adapt to environment），但是也可以改变环境，更可以用自己的文化来创建新的环境。所以我们在谈依山依水这个题目时，不要很快地就陷入环境决定论的胡同，我们必须要体会人类学的研究，文化才是我们思考的关键。最重要的一点，作为人类学家我们要研究文化怎样在环境跟人之间互动，造成人的适应，不需要像动物那样改变身体的器官来适应环境，而是用文化来改变并创造环境。①

李亦园先生说的这一段话，道出了人类学视野中文化适应的价值取向。

1. 适应的含义

在人类的自下而上中，环境是与人类最息息相关的生存条件。环境包括自然环境和社会环境两大范围。

在人与自然环境和社会环境的关系中，首先必须弄清楚什么是"适应"（adaptation）。"适应"一词本来是应用于生物体，指的是经由某些过程，具有生命的有机体适于自然及有机的环境。在这一体系中，适应过程的结果就是个别有机体、群体得以生存。人类的适应有两种情况：一种是就生物学的遗传来说，突变（mutation）与天择（natural selection）往往为生物之类（species）与种（race）适应的变化，如现代人种的差异正是各人种对不同环境之不同情况的适应；另一种是来自有机体之外，或来自其内部威胁有机体生存的来源，如寒冷、食物缺乏、细菌、放射性等出现时，有机体以某种方式组织内部有机能以适应，如用火取暖，发展农业、畜牧业消除饥饿，用药灭菌等。在人类学的视野中，对于人类生存的威胁不仅因地理环境，以及群体成员的年龄、性别、数量等分布不同而异，而且还来源于社会组织、社会团结、社会整合，以及文化本身所引起的问题。

正是在这种背景的观照下，芮逸夫主编的《云五社会科学大辞典》第10册《人类学》中界定"适应"说：

"适应"可界说为一种过程，其在有机体、社会组织系统、群体或文化所发生的变化的结局，有助于有机体人格、群体、文化或其他

---

① 李亦园：《环境、族群与文化——依山依水族群文化与社会发展研讨会主题讲演》，《广西民族学院学报》2003 年第 2 期，第 3—4 页。

方面的生存、功能、持续或目标之达成。①

　　总之，适应是生物有机体和文化有机体对环境控制的保持和保障，是存在于生物界和人类文化领域的一种普遍现象。

　　2. 文化适应的概念

　　自从"适应"一词引入人类学后，在人类学家眼中适应是指人格、文化或社会中因需要求生存而发生的变迁，所以有的人类学家把适应解释为文化涵化的一种结果，即缀合本有的和外来的文化特质，使之成为一个和谐的整体，或者抑制冲突，使日常行为在特殊的情形下相调和。因此，从文化的观点看，适应是指一个文化元素对于另外一些文化元素或一个文化丛所生的调适作用。② 这种调适作用及过程就是人类学中的文化适应（accultu ration）。

　　文化适应的概念最早是由美国人类学家罗伯特·雷德·菲尔德（Robert Redfield）、拉尔夫·林顿和梅尔维尔·赫斯科维茨（M. J. Herskovits）等人于 20 世纪 30 年代中期提出的，他们在《文化适应研究备忘录》中对文化适应作了解释："文化适应指一些具有不同文化的个体集团发生长期而直接的联系，因而一个或两个集团改变了原来的文化模式所产生的现象。"③

　　20 世纪 70 年代有的学者认为文化适应就是对"对一种新文化的适应过程"，④ 或对"新文化的思想、信念和感情系统及其交际系统的理解过程"。⑤

　　中国学者从自己的话语方面对文化适应作出了自己的界定，如：有的学者认为：文化适应是不同文化相互作用、相互学习、相互影响和相互吸引的过程。在这个过程中，一种文化会失去原来的一些特质，获得一些新的特质。文化适应是一种文化对另一种文化的学习和扬弃的过程，也是产

---

　　① 芮逸夫主编：《云五社会科学大辞典·人类学》，商务印书馆 1971 年版，第 208 页。

　　② 芮逸夫主编：《云五社会科学大辞典·人类学》，商务印书馆 1971 年版，第 281 页。

　　③ 转引自黄洪琳、刘锁群《文化适应——研究流动人口生育行为的新视角》，《社会科学》2004 年第 5 期。

　　④ Brown，H.，*Principles of Language*，*Learning and Teaching*，Englewood Cliff，N. J. ：Prentice Hall，1980. 转引自蒋宇红《文化适应与跨文化交际》，《杭州商学院学报》2004 年第 3 期。

　　⑤ Ellis，R.，*Understanding Second Language Acquisition*，Oxford：Oxford University Press，1985. 转引自蒋宇红《文化适应与跨文化交际》，《杭州商学院学报》2004 年第 3 期。

生新文化和建立新的文化模式的过程。①

有的学者认为：文化适应是一种文化要求，即要求个体去适应新的文化模式。具体地讲，文化适应是指个体从一种文化转移到另一种与其当初生活的文化不同的异质文化中后，个体基于对两种文化的认知和感情依附而做出的一种有意识、有倾向的行为选择和行为调整。②

有的学者认为：文化适应主要是指一种特定文化对生产力系统、社会关系系统和社会意识系统等文化组织因素的适应。③

上述种种界说大多从各自的认知角度出发而定，依笔者之见，文化适应简言之，就是个体或群体对异文化或新文化调适的过程和结果。

3. 文化适应的过程

文化适应首先是一种过程，其有时空的阶段性。对于文化适应过程的阶段性，不同的学者有不同的划分，根据王亚鹏、李慧的研究和归纳，文化适应的阶段有五种不同的假说。

（1）阿德勒的阶段说

美国心理学家阿德勒（Alfred Adler）从跨文化适应的视角出发，提出了文化适应的五阶段说。

接触阶段：刚进入异文化时，个体对异文化表现出强烈的兴趣，异文化的许多方面对他们来说是新奇的，同时，由于他们刚进入异文化，因而他们还没有感受到来自异文化的冲击和压力。

不统一阶段：在这一阶段，个体开始觉察到异文化与母体文化的差异，并且体验到了来自异文化的压力。在异文化的压力下，他们感到混乱、困惑、无力、孤独，并且易于产生抑郁感。在这一阶段，他们理不出适应新文化的头绪。

否定阶段：在这一阶段，个体开始否定文化差异，并且时不时地会产生攻击的意愿，他们对异文化开始产生疑问和否定性行为。个体在这一阶段产生疑问和否定性行为是其坚持主见和自尊心的表现。

自律阶段：在这一阶段，个体开始承认文化差异，他们原先怀有的心

---

① 转引自黄洪琳、刘锁群《文化适应——研究流动人口生育行为的新视角》，《社会科学》2004 年第 5 期。

② 王亚鹏、李慧：《少数民族的文化适应及其研究》，《集美大学学报》2004 年第 3 期。

③ 李本书：《道德文化适应性原则初探》，《曲靖师专学报》1995 年第 2 期。

理防御态度在这一阶段也开始解除。在自律阶段，个体已经能比较自如地应付新异的环境。这一阶段是安定期的初期，在这一阶段，个体开始变得沉着而自信。

独立阶段：对文化差异的认识进一步确立，能够体验丰富充裕的感情生活，能够采取实现自我价值的行为。在这一阶段，个体不但能担负起社会职责，日常生活也变得日渐顺利。

（2）葛兹的阶段说

跨文化研究专家葛兹，根据进入异文化环境个人的不同情况，提出了四个阶段说。

第一阶段为兴奋期阶段。这一阶段持续时间较短，它就像蜜月中旅行的新婚夫妇，一切对他们来说都是那么新奇，他们看见周围的新鲜的环境觉得非常兴奋。

第二阶段为文化冲击阶段。这一阶段个体在新环境中开始了实际的生活，他们也慢慢地体会到了新文化与母体文化的差异，初步体验到了文化冲击。

第三阶段是文化变化阶段。在这一阶段，个体对新的环境有所认识，同时也接受了一些新的价值观，自信有所增长，开始融入新的文化背景。文化变化阶段是文化适应过程中最为漫长的阶段。

第四阶段是安定状态阶段。在经历了兴奋、冲击和变化三个阶段以后，个体最终进入了精神安定状态。

（3）奈斯戴尔和安尼塔的阶段说

奈斯戴尔（Drew Nesdale）和安尼塔（Anita S. Mak）认为文化适应往往具有个人依赖性和情景制约性，但是对于任何一位处于文化适应情境中的个体而言，他/她一般要经历文化适应的四个阶段。

第一阶段是欣快阶段（euphoria stage）。在这一阶段，个体以一种新鲜好奇的眼光和心态感觉和看待异文化。

第二阶段是文化休克阶段（cultural shock stage）。随着与异文化的接触越来越多，个体对两种文化之间差异的认识越来越深刻，这种差异感和陌生感促使个体产生了一种包含多种负性情绪的心理不适感，其中包含愤怒、敌意、挫折、过敏、疏离等情绪成分，甚至还会引发个体的生理疾病。经历了文化休克阶段的个体往往以愤恨的眼光看待周围新异的环境，他们有时愤恨别人，有时又不理解自己，并且内心充斥着一种自怜感。

第三阶段是反常期（anomie stage）。在这一阶段，个体体验到了一种沉重的文化压力（culturestress）。在他们身上，一些早期的文化适应问题解决了，一些问题还有待他们继续解决。在这一阶段，个体开始承认两种文化在思维方式和情感表达方式上的差异，他们对那些身处异文化中的个体产生了一种同情感。处于反常期的个体有一种游子的感觉；一方面他们感觉自身与母体文化没有太深的联系，另一方面他们又感觉自己不能很好地适应异文化。

第四阶段是同化或适应阶段（assimilation or adaptation stage）。在这一阶段，个体对异文化变得越来越熟悉，异文化引发的不适感在他们身上慢慢消失了，他们开始在新异的环境中塑造和发展新的自我。[①]

（4）利斯加德的阶段说

利斯加德（Lysgad）等人提出文化适应阶段的 U 形模式，认为适应过程分为四个阶段：蜜月期、危机期、适应期、双文化期。

（5）麦哲罗的阶段说

麦哲罗（Mezirow）认为文化适应过程可划分为十个阶段，即面临新环境而产生的困惑；带有负罪或羞耻感的自省；对认识途径、社会文化及精神观念的分析和评价；认识到不满和变化的过程并非自己所独有，他人也同样经历类似的变化；对新的角色、关系和行为的可能性的探索；计划行动方案；掌握实施行动所需要的知识和技能；对新角色的临时性承担；在新角色和关系中建立能力和自信；在新观念的基础上对生活进行重新整合。[②]

上述文化适应阶段的各种假说虽然各有千秋，但从实质上来说都反映在了文化适应过程中，大体上要经历文化接触→文化震撼→文化变化→文化适应的阶段。

4. 文化适应的模式

文化适应一般要关注两大问题：一是文化维持（cultural maintenance）情况，二是接触和参与（contact and participation）情况。由此美国学者贝

---

① 以上均参见王亚鹏、李慧《少数民族的文化适应及其研究》，《集美大学学报》2004 年第 3 期。

② 以上均参见任裕海《论跨文化适应的可能性及其内在机制》，《安徽大学学报》2003 年第 1 期。

利（J. W. Berry）和金（V. Kim）提出了文化适应的四种模式。

（1）整合模式（integration）。当一个人认识到适应所在国文化，包括认同东道国的重要性时，他就会选择在保留其原有价值观和认同的同时，要求获得种族平等待遇，这就是整合模式。

（2）同化模式（assimilation）。一个人极端地一味适应东道国文化而抛弃其原有的文化就是同化模式。

（3）游离模式（seperation）。一个人对其原有认同的保持达到了排斥东道国文化和拒绝认同于所在国的程度就是游离模式。

（4）边缘化模式（marginalization）。一个人既排斥自己原有的文化也排斥东道国的文化，便游离于两个群体的边缘之间，这是边缘化模式。[①]

美国、加拿大、澳大利亚、马来西亚、新加坡等国移民的文化适应是研究整合模式有价值的个案。泰国、印度尼西亚、菲律宾等国华人移民的文化适应是研究同化模式有价值的个案，泰国为自然同化模式，印度尼西亚为强迫同化模式，菲律宾为混合同化模式，则介于自然同化模式与强迫同化模式之间。吉普赛人、犹太人的文化适应是研究游离模式有价值的个案。

二 文化全球化背景下的文化自觉

1. 文化全球化

全球化是指冷战结束后跨国资本建立的所谓"世界新秩序"或"世界系统"（world system），同时也指通信技术以及"信息高速公路"带来的文化全球化传播。文化全球化表现出文化生产和商品生产的关系日益紧密，可以概括为商品的"文化化"和文化的"商品化"。文化全球化具有以下几个特征。

（1）文化产品的生产、传播、接受以及交流，日益表现出直接性、实时性、广泛性等现代性特点。新的交通、通信技术的飞速发展，例如，信息、图文的数字化、通信卫星、远程电话、光缆、光纤技术的产生与应用，使人类进入"地球村"时代。

---

① 曹云华：《试论东南亚华人的文化适应》，《华人华侨研究》1999 年第 3 期；王亚鹏等：《少数民族的文化适应及其研究》，《集美大学学报》2004 年第 3 期。

（2）跨国文化媒介，不仅使大型的媒体产生并取代少数精英个人的文化传递，而且为建立全球文化市场提供了平台。默多克的"天空"传媒不仅突破了英伦半岛，而且将"触角"伸向了欧洲之外。F1 一级方程式赛车大奖赛的东扩、上海站的建立，充分显示了"资本＋文化"模式的巨大力量。

（3）以商业和娱乐为主要形式的商业大众文化兴起和流行，使大众文化消费趋于"同构"。音乐、广播、影视、报纸杂志、体育等大众文化产品，流通的速度与范围令人惊叹。当"日潮""韩流""欧风""美雨"等席卷而来时，总有铺天盖地的感觉，而年轻人往往处在风暴的中央。

（4）文化全球化产生了一个悖论：与文化的"同构化""同质化"的一体化趋势相反，文化全球化的另一面是文化的多极化和多元化，以及分裂分离的趋向。本土文化不可能在全球化下消亡，而是在交流、交往中衍生出新质的文化，建构出新的文化关系和模式。[①]

当前，在关注文化全球化的同时，也产生了较大的分歧。有人认为"文化全球化"意味着"文化殖民化"；也有人认为"文化全球化"就是"文化趋同化"或"同质化"；有的人则认为不存在"文化全球化"，"文化全球化"是对"全球化"概念的泛用；还有人认为所谓"同质化"是荒谬的，现存的各个民族文化仍然有各自明显的差别，并且在全球化中日益强调自己民族文化的特色，因此，不能从经济全球化中简单轻率地推导出"文化全球化"。看来，对文化全球化不能简单地做出价值判断，在"文化全球化"看法上的分歧，关键在于如何揭示其当代形态和价值意蕴。

2. 文化自觉的内涵

在全球化语境下，无论文化的面貌是否达到了文化全球化的程度或者朝此方向前进，东西所感受到的人类生存的困境、文化的危机，从而引起的反思与批判，却是异曲同工。伴随着全球化而来的是一股无法抗拒的力量：全球性互赖（global interdependence），它将全世界人们的生命与生活彼此紧密地交织相连，任何一个国家的问题，如就业、毒品、环境污染等都已成为全球问题的一部分；而各民族、族群的文化的相互接触也随之变得前所未有的密集和广泛，由此产生的文化变迁与涵化愈发剧烈，引发的新的文化冲突层出不穷。从另一个角度来说，全球化同时导致了强烈的

---

① 鲍宗豪：《正确认识文化全球化》，《深圳特区报·理论视野》2002 年 8 月 12 日。

地方化，即具有地方色彩的强烈的认同意愿。全球化与地方化是一个不可分割的整体，前者的极端是霸权主宰，后者的极端是排他性的原教旨主义；如果要使两者都达到平衡，使各种不同的民族文化能够逐渐在合而不同的背景下生存，就需要对话。这是大多数东西方学者的共识。针对这样的危机，应如何实现中华民族的伟大复兴？费孝通先生提出了"文化自觉"这一理念。费孝通先生指出："文化自觉只是指生活在一定文化中的人对其文化有'自知之明'，明白它的来历、形成过程、所具特色和它的发展去向，不带有任何'文化回归'的意思，不是'归复'，同时也不主张'全盘西化'或'坚守传统'。自知之明是为了加强对于文化转型的自主能力，取得决定适应新环境、新时代的文化选择的自主地位。"简单地说，文化自觉是"对文化进行多角度、全方位的反思的过程，是文化的再审视和定位"①。

这一理念包含了以下四个方面。

（1）知我。文化自觉首先要认识自己，就必须由反思开始。从历史的角度纵向深入我们的文化精神中，不仅要深刻了解汉族及其代表文化，还要深刻了解其他兄弟民族及其代表文化。从空间的角度来看，要深刻了解各区域、各族群的文化生活，摒弃任何形式的民族沙文主义。

（2）知他。这里的"他"指的是本土文化外的其他异质文化或人自身之外的对象。这体现了人与人、人与社会、人与自然的关系。要了解"他"，同样需要反思，同时进行"跨文化交流"（cross - cultural communication），即自觉性的"文化对话"，而非一般意义上的文化接触。

（3）对话。只有平等对话，才能增进双方的互相理解；而要实现平等对话，其外必须重构现实的国际秩序，打破新老帝国主义的秩序结构，同时重构现实的经济关系，使南北经济关系走向平等，还要打破现实的文化格局，改变文化原创者和接受者角色的固定化结构。其内，最首要的就是要增强对文化转型的自主能力，使我们的文化能够持续成长。只有弱势文化建立起令人尊敬的现代文明文化大厦的时候，文化间的平等关系结构才有实际依托。

---

① 费孝通：《重建社会学与人类学经过的回顾与体会》，载《师承·补课·治学》，生活·读书·新知三联书店 2002 年版。

（4）共荣。费先生曾说："各美其美，美人之美，美美与共，天下大同。"①"'各美其美'就是不同文化中的不同人群对自己传统的欣赏。这是处于分散、孤立状态的人群所必然具有的心理状态。'美人之美'就是要求我们了解别人文化的优势和美感。这是不同人群接触中要求合作共存时必须具备的对不同文化的相互态度。'美美与共'就是在'天下大同'的世界里，不同人群在人文价值上取得共识以促使不同的人文类型和平共处。"②

这是对文化自觉历程概括，也是文化自觉所追求的目标。通过平等对话，全球化能够逐渐发展出生命共同体的意愿；通过对话，大家都具备和平共处的根源意识，互相尊重、互相理解、互相欣赏，实现人类的共荣理想。

由此，文化自觉不仅回应了中华民族复兴的问题，也是对整个人类前途的一种深刻的人文关怀。

3. 文化自觉是人类精神的新突破

（1）对"轴心期"历史精神的反思

尽管西方学者并没有明确提出"文化自觉"的观念，更多的是关注"文明对话"与"文明冲突"之争，但是在刚过去的20世纪里，西方学术界空前活跃的一股反思与批判的思潮，已深刻地影响到西方世界与非西方，这正是对当代人类所面临的诸多困境与文化危机的觉醒，转而从自身寻求原因与解决方法。

著名的历史哲学家雅斯贝尔斯（Karl Jaspers）曾经在人类历史中确定了一个"轴心时期"③，即公元前800年—前200年这一段时期，认为在这个时期内，人类精神的基础同时地而又分别彼此独立地奠定于中国、印度、波斯、巴勒斯坦和希腊等古文明发祥地，并断言迄今为止的人类历史一直没有超越此时期的所奠基的人类精神根基和框架。在这个时期，人真正同大自然分离，意识到自己所独具的高于其他动物的理性、意识、目的性等；也意识到自然的神秘与庞大，从而萌生孤独感、有限感和缺憾感，形成人独有的自我意识。这些精神因素进一步自觉、成熟为现代社会的主

---

① 费孝通：《论人类学与文化自觉》，华夏出版社2004年版，第188页。

② 费孝通：《跨文化的席米纳》，《读书》1997年第10期。

③ 衣俊卿：《20世纪：文化焦虑的时代》，《求是学刊》2003年第3期。

要精神，即现代西方工业文明赖以发展的以人本精神和技术理性为本质特征的文化精神。

然而科学技术在改善人类物质生活的同时，也带来了人被技术控制的生存困境，同时，也伴随着某种个性缺失、精神贫乏、爱与创造力衰退的问题。这是一个悖论：一方面人的精神力、物质生产力和探索研发能力都得到前所未有的发展，另一方面，人类遇到了深层的生存困境。轴心期的精神基础已清楚地展现出自己的局限性，因此，也存在人类精神新的重大突破。突破的重要标志就是文化自觉。

（2）文化的批判：对文化危机的自觉反思

这种矛盾引发了现代社会的文化焦虑感和危机感，因此也引发了不同形式、不同层面的文化反思和文化批判。在19世纪眺望新世纪文化风云的先行者：尼采和克尔凯郭尔等，预言式地发出"重新评估一切价值"的文化批判口号，接着自觉的文化批判成为20世纪蔚为壮观的思潮。

如：社会学家韦伯关于工具理性和价值理性内在张力的分析，生命哲学家齐美尔关于现代社会的普遍物化现象的解释，现象学创始人胡塞尔（Edmund Husserl）关于欧洲科学危机的文化分析及其"生活世界"的理论药方，思想家卢卡奇（Georg Lukacs）的西方马克思批判理论，等等。影响最为深远的是以海德格尔（Martin Heidegger）和萨特（Jean - Paul Sartre）为代表的声势浩大的存在主义运动；随之后起的是影响至今的后现代主义文化思潮，德里达（J. Jacques Derrida）、福柯（Michel Foucault）、利奥塔（Lyotard）等领军人物，对传统理性主义文化进行彻底而激烈的解构。

这些批判是一种激烈的文化自觉形式。当人类自觉地从文化角度来审视自己的生存时，意味着人对自我的认识开始从人之外的眼界向人内在的眼界回视，这是历史精神了不起的飞跃。

名词解释：
适应　文化适应　文化全球化　文化自觉
思考题：
1. 简述文化适应的过程。
2. 举例分析文化适应的模式。
3. 思考文化自觉在当今全球化背景下有何意义？
4. 讨论文化自觉是现实目标还是理想？

第十四章　文化濡化与人格

社会学认为我们从其他人身上学习到社会角色的过程即为"社会化"（socialization）。从人类学的角度来看，人的社会化，虽然某部分是经由正式指导的学习的结果，但绝大部分的社会化过程产生自人与人之间的互动。当我们学会特殊社会群体的行为举止时，我们便接受着"濡化"（en-culturation）这一过程，从中我们学习到文化的规范、世界观与价值观。文化正是通过"濡化"这一独特方式影响着人的基本人格与角色人格，并进而影响民族性格的形成。

一　文化濡化的定义及过程

1. 文化濡化的定义

濡化，指的是文化濡化。人类学家们界说文化濡化为人类个体适应其文化并学会完成适合其身份与角色的行为过程。[①] 这样一个过程是极其复杂漫长的，对每一个体而言，可纵贯其整个生命历程。在生命的不同阶段，文化濡化有着不同的表现。

文化濡化这个概念是美国人类学家赫斯科维茨（M. J. Herskovits）在他1948年出版的《人及其工作》一书中首次使用的。这个概念所关注的主体是人，与以往人类学中将注意力集中于文化、民族、社会等宏观方面有所不同，这大概是受了20世纪30年代后人类学中兴起的心理学研究趋

---

① 吴泽霖总纂：《人类学词典》，上海辞书出版社1991年版，第230页。

向的影响。其导师博厄斯就曾提出："我们必须理解生活于文化中的个人。"①

与前所述的"涵化"相比，"濡化"着重于作为文化主体的个人，而"涵化"则着重于文化本身，强调本来的文化与其他文化的互动及结果，二者不可混淆。

2. 文化濡化的过程

文化濡化是一个终生不间断的过程，它以人生命的终结为自然而然的终点；但它的起点并非就是人的诞生，而可能是这之前更早。实验证明，没出生的胎儿也能受到外界的影响。中国自古就有胎教的做法，如《论衡》中所谓"子在身时，席不正不坐，割不正不食，非正色目不视，非正声耳不听"；周文王之成为"圣王"，便相传是其母实行胎教的结果。如此看来，当人还是母腹中孕育的生命形式时，他已经与所处的社会和文化产生了千丝万缕的联系。当然，重要的、大量的文化濡化还是在出生以后进行的。

按照正常个体的成长历程，我们可以纵向考察文化濡化的过程。最简化的描述是将其分为家庭、学校、单位等阶段。家庭是人接触的第一个主要的濡化机构，对个体儿童期经验的形成有重要的影响。就大多数人而言，第二个遇到的濡化机构是学校。学校通过对其成员系统、专业的教育，有效地巩固个体的濡化过程。走上岗位后，个体进入了新的文化濡化机构，依然继续其濡化过程。不同的是，此时个人意识的选择性开始发挥显著的作用。在这个纵向过程中，个体早期的濡化将沉淀为他全部文化观念、价值体系的不变的部分，而晚期的濡化则使可变的部分在此个体所在的群体可接受的行为范围内发生改变。20世纪中叶，玛格丽特·米德，这位强调文化对人的个性和心理影响的人类学家，在她的《文化与承诺》一书中提出了有名的"后喻文化"这个概念。米德把人类社会的发展分为三个阶段：前喻文化阶段，人们主要的知识来源于前一辈的人，前辈的过去就是他们的未来；并喻文化阶段，前辈无法再向后辈提供符合时代要求的生活模式，人们的知识主要来源于自我的探索和同辈间的交流；后喻文化阶段，人类已经将自己熟知的世界抛在身后，生活在一个完全陌生的新时代中，前辈没有任何可以供后辈借鉴

---

① ［美］博厄斯："序言"，载［美］本尼迪克特《文化模式》（中译本），浙江人民出版社1987年版。

的生活经验，相反，是后辈教喻前辈怎样在这个每天变化的新世界里生存。在社会学领域中，如果知识传授靠老一代教育新一代，则被称为"前育时代"；同辈之间互相传授知识是"同育时代"；而新一代可以教育老一辈的时候，则被称为"后育时代"。

横向考察文化濡化更为重要。因为上述的任何一个阶段，都是处于一定的社会环境之中的，必然受到社会文化的影响和局限。即使在某一个特定阶段，个体和其所在群体的其他成员之间也存在密切的横向联系。某一个阶段在个体特定的时期扮演着文化濡化的重要角色，但文化濡化不是一个因素即可造成的结果，而是多种因素互动、融合的结晶。因此，无论是纵向还是横向，都仅仅是为考察文化濡化提供便利，并不一定能全面、准确地反映濡化的全过程，事实上这也很难做到。尤其在当代社会，各种传播工具的高度发达，使得现代人的文化濡化更加复杂多变。

由于不同的文化具有不同的特点，所以其成员的濡化过程也各具特色。我国东北大兴安岭的鄂伦春族，男孩从五六岁开始用弓箭射小鸟，七八岁练骑马，十一二岁便随父兄到猎场围猎，到十五六岁就成长为一名单骑出击的猎手，逐渐培养起鄂伦春族男子剽悍粗犷的性格。该族的女孩则跟随母亲和老年妇女外出采集，学习辨认几十种可食的野菜、野果和块根植物，学习剥制、加工桦树皮和制作各种皮制品，并练习在这些东西上刺绣和雕刻。而居住在云南省的傣族，儿童在母亲或姐姐的照管下长大，六七岁后，开始学放牛及挑水打柴等。七八岁时，男孩要到佛寺当小和尚，识字读经；女孩在家学烹饪、纺织、缝纫，做母亲的助手。由于母亲在家中操持一切，父亲常外出闲游，因此儿童早期受女性熏陶较多，傣族温顺性格的形成与此有密切关系。鄂伦春族和傣族在文化濡化中的不同特点，直接影响到其民族性格的形成。在这些例子中，我们还可以看到，同一社会文化对不同性别成员的要求是具有鲜明的分野的。这说明即使是同一群体，不同社会角色的个体，其文化濡化亦有差别，这种差别又反之维持或巩固了其文化特点。

二　教育与文化濡化

1. 教育的定义及范围

濡化的一个重要部分是教育。赫斯科维茨将教育界定为："濡化经验的那个部分，通过了学习的过程，使一个人能够进到他的位置上而成为他的社会中的一个成熟分子。"①

教育是人类社会所特有的现象，它将前人积累，形成的知识、经验、社会规范等文化成果转化为受教者自身的素质，使其获得所在的社会文化体系的认同。

教育的范围并不局限于学校教育，也不仅指有意识的教育，它还包括学校教育产生前的原始形态的教育和环境对成长着的一代人产生的无意识的塑造作用。原始形态的教育通常是采取身体力行、口耳相传的方式。有意识的教育例如学校教育，是教育的特殊形式，实际上，更普遍的教育形式是来自社会的，无意识的、无组织进行的，它是个体塑造自我认同感的主要来源。值得注意的是，环境的无意识的塑造作用并不总是对人起良好的影响，在不良环境中塑造作用是不良的。有意识教育的任务就是要消除这种有害影响，使受教者健康发展。

2. 教育是文化濡化的必经途径

德国著名教育家博尔诺夫（O. F. Bollnow，1903—1991）认为："人天生是一种文化生物。"② 这个事实包含两层含义。其一，人是一种先天有缺陷的生物，和动物相比，既没有尖牙利爪等武装，又缺乏保护性的皮毛，作为一种自然动物具有很大的弱点。因此只有在人工创造的环境中，在某种文化中才能生活下去。其二，人生来就处于一个复杂的文化世界里，其必须经过学习、接受教育才能在这个世界生存。因为人的思想并不是一个与生俱来的成熟的系统，而是要在后天的受教育过程中习得的。所以，人必须接受教育，个人的文化濡化必然是一个教育与受教育的互动过程。

在这个过程中，教育并不是与濡化平行的直线。因为教育是连续性与非连续形式的统一，在教育中不可避免地出现的各种困难和干扰常常给教育带来阻碍，例如危机、号召、遭遇等都是非连续性的教育形式，如此使教育贯穿文化濡化的过程更近于一种立体交叉的方式。

3. 有意识教育的局限

作为与文化密切相关的活动，无论何种教育都处于一定的社会文化背

---

① ［美］M. J. Herskovits，Man and His Works，载王云五、芮逸夫等主编《云五社会科学大辞典·人类学》，商务印书馆 2000 年版，第 297 页。

② ［德］O. F. Bollnow：《教育人类学》，李其龙等译，华东师范大学出版社 1999 年版，第 36 页。

景之中，受其影响；尤其是有意识的教育，必然会受到社会和文化的公认准则所制约。例如在 18 世纪神学统治下，讲授或学习"进化论"都被视为大不韪的行为，会受到宗教裁判所的严酷惩罚。另外，教育最终将施加于个人，个人的生理基础、文化素质和心理素质等都将影响教育的效果。这早已是众多教育家的共识，我国历史上著名的教育家孔子就说过要"因材施教"，就是指出要注意教育过程中受教者的因素对教育的影响。

三　世界观和价值观

文化濡化的结果之一，就是建构某社会文化中其成员的世界观和价值观。

1. 世界观（World view）

原词来自德语"Weltanschaung"，指的是人们对世界及与之关系的总的看法和根本观点。人类学家们认为，一个社会的成员们的基本文化取向；他们理解其环境的方式——可称为他们的"世界观"。

一个人的世界观是由"我从何处来""我该往何处去""我与其他事物之间的关系为何"等一连串问题的答案的概念所组成；它是有关人对自然世界的基本假设，这些假设或多或少有系统地表现在哲学、伦理、仪式以及对科学的信念上。[①] 当然并非所有的社会成员都会持有相同的想法和信念，然而一个社会的世界观可视为代表对该社会整个文化的共同理解。

世界观可以划分成两个类型：草根（indigenous）世界观与都会（metropolitan）世界观。

（1）草根世界观

草根世界观是一种认为人与大自然是结合在一起的个人宇宙观。持这种世界观的人们视大自然为生命体，人类跟动物、树、水，以及其他非人类事物之间是有关系的；这种关系如同人类之间的关系一样。身为大自然的一分子，人们认为自己负有维护大自然中所有事物秩序的责任，而不是去主宰或改变大自然。这些努力通常表现在他们的仪式里。例如，澳大利

---

① Wallace, Anthony F. C., *Culture and Personality*, New York：Randon House, 1970, pp. 142 - 143. 转引自 Michalec. Howard《文化人类学》，李茂兴等译，弘智文化事业有限公司 1997 年版，第 375 页。

亚土著认为自己与动物及特殊的领土之间是通过亲属关系和仪式结合在一起的，他们的宗教不仅使其成为自然的一分子，还要求他们执行仪式去维持自然的秩序。

草根世界观反映了紧密的社会关系，即小规模社会的成员们会相互扶持，也反映了人们的技术与适应策略跟大自然之间的密切关系。

（2）都会世界观

在许多方面，都会世界观与草根世界观相反。都会世界观强调人类与大自然的分离以及人类扮演征服大自然的角色：人类会想办法去主宰大自然，以及转换其资源来满足人们所想到的需求，而不是与沙漠或森林和谐地共存。它反映着大规模社会中社会关系的"无关个人"特性，譬如我们与政府的关系，以及能让人类脱离大自然的科技发展。

2. 价值观

与文化的世界观有密切关系的是其成员们的价值观。"价值观"（values）是对于事物的喜或恶、是或非、适当或不适当等所持的被赋予情感色彩的信念。在任何群体里，个人所持的价值观都会有差异。

尽管有个别差异的存在，但在同一地区的居民，或同一社会阶层或族群的成员，通常会持有许多相同的价值观，例如当说到中产阶级的价值观或城市的价值观时，我们实际上认识到了不同的生活方式与不同价值观取向是有关的。在这些例子中，价值观与人们特殊环境、历史背景及生存策略有关。又如，长期处于战乱和军事对抗的人们将产生较多好战和侵略的价值观，即愿意牺牲及盲目服从命令。

在大多数的文化中，我们可以辨识出一套相当有系统关联的核心价值观，这些"核心价值观"（core values）提供了社会行为与社会成员所追求的目标的基础。如日本人重视责任、尊敬他人与孝道，便是核心价值观的例子。

价值观的改变通常与社会或环境的改变有关。如在日本人的传统价值观中，妇女的地位是低于男性的。但是战后由于经济的繁荣、教育机会的增加，以及日益接触到的两性关系更平等的文化，已使传统价值观发生了转变，妇女地位明显得到了改善。核心价值观会抗拒激烈的改变，但是也并非静止不动；当社会环境在短时间内发生深刻变革时，它也会随之发生剧烈的改变。

四 文化濡化与人格

文化濡化对人产生的一个重要结果就是形成"人格"。

1. 人格的定义

"人格"一词其英文为 personality，来源于拉丁文 persona，即"面具"的意思。它用于演员等戏剧人物，同"角色"有类似的含义。在心理学中，"人格"一词有时就是"个性"的同义语，是指个人所具有的比较稳定的心理特性和性格特点的总和。而狭义的人格有时就是指性格。

人格一般定义为个人所以异于他人的气质、习惯、动机、态度、价值、情操、取向、定型、观念等行为倾向的有机的统一体。① 行为倾向是内在的心理过程与状态，这些特有的心理过程与状态决定了个人对环境所采取的独特的适应方式，人格是通过行为来表现的。

2. 人格的成长

人格的形成也就是一个人成长的过程，有着时间性、不可逆转性与持久性的特点。也就是说，人格是一个时间流程中由社会文化铸造的。人格形成的过程分成如下几个阶段。

（1）幼儿时期

幼儿期的生活经历，对于人格的形成有很大的关系。人格的形成是文化与身心相互作用的结果。新生婴儿在没有接受社会文化洗礼之前是没有人格可言的。近年来，心理学家指出许多动物不仅在不同年龄阶段对于外来刺激有不同的反应能力，而且在某些状况中，某些特定的刺激作用对还没有成熟到那个阶段的个体而言，丝毫不发生刺激效力。如把一只鸡（刚出生）关在黑暗的笼中，由实验研究者喂给它食物，这只鸡长大后就不会自动啄食。同样的情形也在其他动物与人类中有所发现。这些表明，尽管新生婴儿有人格社会化的潜在能力，但是否社会化还要靠后天的环境，即社会文化的影响。

每种文化都有一套特殊的养育幼儿的方法和习俗。在某种文化中，只要婴儿一哭就立刻哄他、逗他、抱他，尽量满足他们的欲望。在另一些文

---

① "人格"与"文化"一样，定义繁多，没有统一的定义。可参见钟庚、张燕云编著的《人格心理学》所列出的各种人格定义，辽宁人民出版社 1986 年版。

化中，婴儿只在特定的时间受到父母的照顾，而且也只是匆匆忙忙地喂些奶、哄几下、放在摇篮中，婴儿根本无法随意地活动。婴儿逐渐长大，也伴随着更多的限制。一般学者认为，养育方法的差异对于人格形成有深远的影响。

一些人类学家对许多文化中幼儿时期的生活经历进行考察，证明这一时期的生活经历对个人行为具有潜在的影响力。如印第安人的育婴习俗便反映了这点。印第安人的禁欲、忍情是婴儿受到束缚的反映，而印第安人的沉着、驯良、对活动的不感兴趣也是幼儿时期的抚育方式造成的。对日本人和俄国人的研究也发现婴儿的养育方式与人格的关联。

（2）儿童成长期

在心理学家与人类学家看来，儿童时期在人格发展过程中有着决定性的作用。在这一时期，儿童开始接受家庭、同辈群体等社会组织与大众传播所教授的社会文化，儿童们的口欲行为系统、排泄行为系统、性行为系统开始产生。儿童开始了解社会，社会奖励儿童符合规范的行为，惩罚儿童不符合传统习惯的行为，从而开始较全面地抚助儿童的发展。心理人类学家卡丁纳指出儿童期在人格发展中的关键作用：一、儿童期经历对其人格有持续性的影响，尤其对心理投射系统的发展有重要的作用；二、相似的儿童期经历使受影响的人产生类似的人格特点；三、虽然社会中有许多不同的家庭，且每个家庭中的儿童养育方式不至于完全相同，但社会中的任何一个成员都受其文化的影响，从而有类似的儿童养育方式；四、每个社会都有与它社会不同的儿童养育方式，因而每个社会的人都有其不同的人格特征。

正因为儿童期的养育方式在人格形成中有如此重要的作用，所以无论是本尼迪克特、米德还是戈勒在研究人格的产生时都非常强调儿童期的经历。如戈勒认为日本人人格有一个显著的特征，即强迫性，这种强迫性便是日本人儿童时所受的严格的排泄训练所致。

许烺光先生力图完美地解释中美两国人人格的差异。他研究了中美两国儿童在儿童时期受到的不同的养育方式，因而得出了中美两国人人格不同的结论。两种不同的儿童经历，形成了中美两国人不同的人格特征。美国人以自我为中心，而中国人则以集体为中心。正如许先生所说的：

在美国，儿童以个人为中心了解世界。尽管他们无法选择父母，但他们能选择自己的爱好。由此延伸，美国人与其亲属的关系也依其所好决定。美国人在其儿童经历中，便可看到个人选择是一项强有力的因素，可以产生创造或消除个人间的关系。父母只管自己、不与孩子的爱好发生竞争。大多数美国父母鼓励其孩子自立——自己饮奶，自己办事——这便使美国儿童能培养自己的爱好。他希望环境能适应他。

中国的孩子们学会利用一套关系看世界。他不仅服从其父母，而且他们没有多少权利来选择社会关系。中国的父母们相信，长辈们总比年轻人了解得多而好，这便导致了中国孩子们认识到区别环境的重要性。为了明哲保身，孩子们的标准是"不要闯祸""如果事情不妙就跑回家"。中国儿童是被迫适应其环境。①

（3）青春期

一般地说，青春期从生理角度看，生理渐趋成熟。从心理学角度看，处在这一时期的年轻人的知觉和观察都具有目的性，更加系统，并开始形成逻辑思维，语言表达也具有相当的准确性、鲜明性和生动性，基本形成了自己的个性和自我意识。他们提出的问题更加细致深刻，抽象程度提高，喜欢自我表现。他们开始接触社会，对社会的角色和价值标准有更多、更具体的了解，并开始确定自己行为的价值标准，选择自己今后将要扮演的角色。

青春期，不仅生理开始成熟，而且在行为方面有更多的要求。他们要求享有成年人的权利和参加成年人的各种活动。所以，在很多社会，都可见到一种向社会宣布青年已成年的仪式——成年礼。通过这种仪式，社会给予青少年以成年人拥有的各种权利，同时赋予他们特定的义务，也就是社会承认他们已成年了。

男女孩的成年礼是分开举行的，女性一般是月经初潮后举行成年礼。男性的成年礼一般要经受各种考验包括体罚等。一般地，大多数部落社会男女在生理上趋于成熟不久，就婚配成家。这时候，男女双方都被认为已足以承担为人配偶、做人父母的重大责任。而在现代社会却不如此，由于

---

① ［美］许烺光：《美国人与中国人：两种生活方式的比较》（中译本），华夏出版社 1989 年版，第 182—183 页。

科学技术、知识、人际关系日益复杂，大大地延长了接受教育的时间，经济上能否自立，成为结婚的必要条件。因此，结婚的年龄慢慢地提高了。

总之，随着青春期的到来以及随之而来的成年礼的完成，人格已经形成。心理人类学家认为这一阶段具有以下特征：一、个人学习偏重于使价值标准与动机见诸行动；二、以对原有的材料综合为主，而不是以获得新材料为主；三、从理想主义观点转向现实主义观点；四、学习如何应付相互冲突的要求；五、为承担日益具体的角色而社会化。

3. 文化决定人格

弗洛伊德认为人格是"本我""自我""超我"三种心理要素相互作用的结果，其中每一要素都具有各自的内容，并行使独特的职能，它们的斗争和相互作用决定着人格的全部特征。米德提出了文化决定人格论。林顿则认为，人格是个体的全部心理特征，也就是个体的全部理性的功能，包括感受能力、思想、习惯和在一定条件下的情感反应等。许烺光反对将人格理解为某个没有变化的静态性实体的观点，认为人格应当是指个人的一生中与社会文化产生相互作用的动态过程。

心理人类学重视文化差异的影响和意义。米德举过一个例：如果有一对双胞胎分开到不同文化中养育就可以显示出文化差异对人格影响的意义。将双胞胎中的一个放在出生地法国，而将另一个放在德国养育，长大后他们会讲不同的语言和有不同的期望，对同一事物的看法也不同。这些差异也会反映到他们的深层，如对饮食习惯的爱好，对某党派、某政府的态度等，尽管他们有相似的遗传性，但其性格却不同。如果将双胞胎中的一个放到爱斯基摩原始民族中去养育，他长成后，不仅语言、风俗习惯是爱斯基摩的，也会期望娶一位爱斯基摩姑娘做妻子。当然，这样的收养因为属于不同的人种、集团，外表的差异很大，其养父养母可能会把他与其亲生儿女区别对待。这样就形成了群体中少部分人与人部分人的差异——正如美国中的黑人、亚洲人一样不仅具有美国文化一般的特征，而且具有群体自身的特征。同样，一个大的社会中，不同阶层、不同地区、不同职业的人都会表现出与多数人性格的相同性和相异性。这些都反映了文化对人格形成的作用和文化差异的意义。

（1）文化是塑造人格的主要因素

人格的形成受到来自内部和外部各种因素的制约，具体来说这些因素可分为生理的、文化的、生态的三个方面。心理人类学虽然考虑这三方面因素的影响，但主要注重文化因素与人格的关系，这些包括儿童教养方式、社会价值标准、社会地位、宗教信仰等文化因素都会影响着人格的形成。人格是在后天社会环境中形生的，因而，文化是塑造人格的主要因素。

（2）人格是在文化濡化过程中形成的

我们说文化是塑造人格的主要因素，是因为人格是人在学习和教育的濡化过程中形成的。没有学习与教育，人永远处于混沌之中，无人格可言。

大多数人理解的教育是指到正式的机构中去学习。但是，教育不仅指正式的学习，也包括非正式的学习。因此，人类学家视野中的教育是泛指使一个自然人成为社会人的一切学习活动。没有学习，文化便无法内化为人的言行。

学校向人们传授社会传统、规范、价值标准、知识和技能，增加学生们的各种文化信息，激发学生取得成就的愿望，并为学生提供与成年人和更多的同伴相处的经验和机会，使学生能够更有能力应付个人成长道路上层出不穷的挑战、机遇、选择和问题。学校在学习过程中扮演着重要的角色。

人们也普遍认为，家庭是学习的主要场所。家庭是社会的基本单位，正是在家庭中，儿童建立了最亲密的感情联系，开始学习语言，并将文化规范和价值标准内化。对于幼小的孩子来说，家庭几乎就是他活动的全部天地，是开始接受社会文化的场所。人一出生，就具有了他的种族、阶层、地位和宗教，这些特征对儿童成年后有重要的影响。

（3）家庭在人格形成中起着重要作用

家庭在人格形成中起着重要作用，可以以行为规范中的越轨行为为例。有关青少年犯罪问题的研究证明，家庭教育和青少年犯罪是密切相关的，家庭教育的不力或不当、家庭结构的破裂、家庭关系的冲突和父母行为的不轨都对青少年犯罪有直接或间接的影响。

父母对子女性格影响最大，其一言一行都可能在孩子心灵深处留下深深的印记。一位心理学家曾指出："孩子是父母的一面镜子，父母可以从孩子身上看到自己的童年，看到自己往往长期未能解决的冲突，看到自己的需要和抱负。"家庭中的兄弟姐妹也影响着人的性格。当然，随着人的成长，周围的朋友、长辈、伙伴，也会影响到个人的行为方式。现代社会的大众传播媒介，如电影、电视、广播、图书、画报日益增多，其对个人的是非标准、价值观念、世界观、行为举止等都有着非凡的影响。

童年时人格的形成有几个阶段，首先是模仿，即模仿所观察到的各种行为；第二阶段是感受暗示，即不仅模仿他人的行动，而且模仿他人的情绪、思想；第三阶段是认同；最后构成自我理想，即把他认同的标准作为自己的标准，成为自己行动的准则，指导自己的行为。

至于那些没有文字的民族，教育完全依靠家庭和群体，人们所受的教育来自家庭、朋友、亲属与群体，学习主要依靠亲身的经历和体会。教育是一个持续的过程，在这漫长的过程中，人不仅获得文化，还培植出个人人格。

五　人格整合

1. 人格的组成

人的人格是由三个部分组成的，即本我、自我和超我。

本我是三个部分中最基础的部分，人的所有本能和欲望都源于此。在这个意义上说，本我是心理动力的资源，一个人对本我的依赖是永不止息的。本我的唯一动机是释放欲望，满足需要。一个人出生时的心理基本上是由本我组成的，婴儿饥饿时，便毫无忌惮地释放吮吸的欲望，一旦口唇接触到母亲的乳房，需要便得到满足。

自我是生活的产物，经验和教训使生活丰富起来，从而也使自我在关押或放行本我时看看现实环境的反映。一般说来，自我会设法满足本我的欲望，例如，当一个人产生吃冰淇淋的欲望时，自我就会形成购买冰淇淋的计划。可是，不要指望自我能够满足本我的一切欲望。能否使本我满足，关键是看一个人觉得这种欲望的放行对自己有利还是有害。在这个意义上说，自我的参照标准是自己的得失。

超我由良心组成，并为完美而努力。如果　个人的自我水平较低，把那些对自己有利但对社会有害的欲望放行出来，则这种欲望在变成实际行动之前，还得通过超我这一关。超我的参照标准是社会接受不接受，而不是自己的得失。所以，对有些人来说，他们不仅能够暂时延缓本我的冲动，而且能够永远阻断某些欲望。因为社会反应使他们形成良心，而良心使他们建立了做人的原则。

超我是与一个人的自律有关的。人云亦云是超我水平较低的一种表现，我行我素也是超我水平较低的一种表现。前者如随大流、赶时尚、跟着起哄，其中社会所不能接受的有些欲望趁机夹带而出；后者如发牢骚、道怨气、横竖不顺眼，其中社会所不能接受的有些欲望也会趁机夹带而出。唯有经过深思熟虑的自律检验，然后才对环境标准作出取舍的超我，才是独立人格的真正表现。

2. 人格整合

人格整合的基本含义是：随着个体心理的成熟，人格的各个方面逐渐由最初的互不相关发展到和谐一致状态的过程。它的具体内容包括：健康人格、最佳作用和自我实现三个方面。

（1）健康人格

什么是健康人格？所谓健康人格就是生活在社会中，纵使幸运或灾难接踵而至，平静地看待生活，接受业已发生的事实，适应出乎意料的变化的行为。

在人们追求健康人格之时，往往会出现趋避两难的情况，即一方面，生活在现代社会，个体可以不为传统所束缚，全身心地为事业前途而奋斗。只要其有智慧和勇气，能够吃苦耐劳，加之机遇，就能获得良好的政治或经济基础。另一方面，个体在追求这样一种独立的同时，却仍感到孤独彷徨，内心充满焦虑和不安，致使其一再屈从环境，甚至不惜放弃独立而趋向遵奉。这个矛盾致使人们难以实现他们所期望的健康人格。

克服"趋避两难"的方法是积极的自发，它是健康人格的一种表现。自发活动是一种以超我为基础的独立活动，一种真正体现独立人格的意志活动。它要求一个人的情感、理智、意志等达到统一发挥，即人格必须整合起来。具体来说，积极的自发由爱心、创造性的工作、内在的完整自我等因素构成。

当然，如果根据自发的意义，允许个体自发行为，允许个体发展其独特的完整的自我，那么会不会导致无政府状态呢？一个决定因素是看人们如何理解人性。应该承认，生命有着想生长、扩展、表现潜力的倾向。当它受到阻碍时，它会不由自主地干出愚行；如果引导它向"积极的自发"发展，增强超我的修炼，则利己的欲望就会得以压抑，利他的动机就会得以发挥，每个人都会有所作为。

（2）最佳作用

最佳作用的基本含义是：人是可变的，人是最佳的，人能够实现任何一种个体潜能，能够塑造自己的生活，促进周围环境的发展；如果我们每个人都能很好地发挥自身作用的话，则我们每个人都是有机会的。

"最佳作用"是与人的需要分不开的。你有怎样的需要，你就会对人、对事、对物施以怎样的作用。至于"作用"是佳还是劣，全凭需要的层次了。

人有两种基本的需要：一是生理需要、安全需要、归属和爱的需要、尊重需要等，这些需要是人在最低限度地适应社会生活时必然会遇到的需要；二是审美需要和自我实现的需要。这些需要有助于我们充分发掘潜能，使我们与更高的价值，诸如道德、美、公正、秩序、坦诚等建立联系，并以某些方式实现这些价值。

两种基本需要一样重要。如果第一种需要得不到满足，一个人就可能在生理上和心理上感到不适。同样，如果第二种需要得不到满足，一个人就可能难以最终成为完美的健康的人。

最佳作用是将一个人的自我价值放在社会上掂量的过程，所以它与自我有关，而不仅仅是超我的事情。最佳作用是健康人格的表现，要经历一个"自我升华"的过程；从面对现实开始，发展到受欲望支配的自我，也即满足本我享受的自我，继而发展到热爱生活的自我，也即关注生活和生活要求的自我，最后发展到同情的自我，它使一个人热爱自己和别人，达到一种促进个体成长、提高社会效率、增进人际幸福的境界。

其实，最佳作用在每个人的生活中都会发生，或者说，每个人都可能经历最佳作用。这里，关键是一个人必须保持与他最深刻的体验相接触。这些深刻的体验可以在人的意识里被正确地象征，也可能被歪曲。当一个人确切地意识到正确的深刻体验时，最佳作用便形成了。一个人若想真正意识到深刻的体验，必须具备一定的条件，其中，最重要的条件是无条件关注。当一个人得到真诚的无条件关注时，包括爱、承诺和理解，最佳作用便有可能发生。无条件关注是一种对人的尊重，随着这种尊重的发生，可以促使最佳作用发生。反之，一个人若得不到关注，反而遭劫难，不仅会失去最佳作用的环境条件，还会使心灵扭曲。

（3）自我实现

自我实现是人格整合的本质。因为人类有自己的运行规律，人类的生长和发展是非常迅速的；他们的动机是内在的；他们的轨道是高度不规则的；他们的相互作用是相当复杂的；他们的思维和活动是有意识的，只要他们愿意，他们完全可以改变自己的活动，把握自己的命运，不仅为生存而生存，还想生活得更好。这种不断谋求改善的过程就是"自我实现"。

有了"实现"的倾向，不一定就能实现。"实现"是需要条件的，那就是个体经验和自我经验达到一致。

一个人的自我实现取决于他能否将自己与其他物体区分开来。生活要求孩子去关注两类反应：一类是别人对自己行为的反应，另一类是自己对别人行为的反应。把这两类反应进行比较，自我经验便产生了。最典型的是：孩子了解到有许多事情是他们可以做的，而且做了之后还会得到爱抚、同情、认可、关怀等；相反，有许多事情是他们不可以做的，要是做了，就会失去爱抚、同情、认可、关怀等。于是，在孩子的头脑里出现了界限，这种界限称作"价值条件"。也就是说，孩子明白爱抚、同情、认可、关怀等是有条件的，不是随心所欲就可以得到的。所以，当孩子评价自己时，他的标准就不再是他的个体经验，而是包含了"别人怎么看"的自我经验。

人在自我实现的过程中，需要不断地积累两种经验，一种是个体经验，另一种是自我经验。个体经验是指个体在自我实现过程中形成的自己经验，而自我经验则是指个体为寻求别人认可而照别人评价去行事的经验。

一个人的人格是否健康，一方面取决于他的个体经验，另一方面取决于他的自我经验。如果个体经验与自我经验相一致，他就会产生积极的体验。如果个体经验与自我经验不一致，他就会产生消极的体验。这就是说，当一个人为自己规定一个"实现"的目标，同时他在具体这个目标时又受到别人的认可，他的人格就会健康发展。反之，当他在具体达成这个目标时得不到认可，就会产生焦虑，导致要么固执己见，要么委曲求全的行为问题。

六　文化与民族性格

1. 民族性格是一个民族人格的综合体

民族性格（National Character）又称民族性或国民性，是用来表示渗透在一个民族或一个国家的文化中的精神或意义，它是某种在民族内部"一以贯之"的文化精神，它具体地表现为民族心理和由民族心理构成的特有民族性格、民族风采、民族风貌。

民族性格是就民族全体而言，是一个民族多数成员共有的反复出现的心理特质和性格特点的总和，是人格的综合体。这里，心理特质和性格特点是互有联系又相互区别的。从联系上看，心理特质和性格特点都属于心理过程，但是，心理特质包括心理特点和心理素质，不仅表示心理过程，而且表示心理活动水平。性格特点是心理过程的总体，同时又表现为一定的生活方式特点，因此，心理特质和性格特点又有区别。

民族性格是代表民族特点的，所以，它又是一个民族大多数成员共有的、反复出现的心态和活动方式。这里的"大多数"，有两个意思，一是指基本完成社会化的成年人，二是指以广大民众为主体的全体成年人。在成年人中间有一种自然趋同的心理，这种心理过程外现为某种行为方式，被保留下来，呈永续状态。而保存民族性并使之永续的承担者是广大民众，由他们的各种活动在客观上体现的民族性或民族精神（语言、民德、民谣、民习、民风、民间工艺、音乐、美术、文学及田园技术等）更具传统性。

民族性无疑是通过一个个民族成员的人格特点得到表现，却不是各个人格的相加，它已经是以作为民族这种群体全体的面貌出现的，通达历史和社会的各个方面。我国学者庄泽宣在《民族性与教育》（1938年）一书中认为，"民族性系一个民族中各个人相互影响所产生之通有的思想、感情和意志，对个人深具压迫敦促的势力"。这是说，民族性格是存在于一个民族内部的心理过程，因而能成为一种心理力量，它敦促各个人产生与他人相互沟通、相互共有的心理，这样才能维持和发展一个民族的精神生活和社会生活。

总之，民族性格是一种精神现象，存在于民族群体之中。梁漱溟在讲中国文化问题时，说过一个看法，他认为，中国文化不只是地理上某空间、历史上某时期，那一大堆东西，并且尚有某一种意义或精神可指。[①]这个看法有他的道理。包含在文化中的那种精神或意义、义化的价值，是维系民族成为统一而不破灭的群体所必需的内在纽带，是体现民族特点的东西。

一个民族的性格是多侧面的、多重的，既有积极因素，也有消极因素。因此，分析民族性格必须注意它的各个方面，是谓面面观。例如，汉民族的性格可以基本概括为坚韧、勤俭、刚健、诚实、内向、温顺、爱面

---

① 梁漱溟：《中国文化要义》，路明书店1946年版，第4页。

子、平均主义和保守主义等。①

2. 文化积淀对民族性格的影响

文化累积又被称为文化积淀。所谓文化积淀，是指文化在历史上累积和传播出去的总量。

第一，文化积淀是质和量相统一的概念，在量上，它是被客观地保留下来的那些部分的总量。保留下来的总量多，表明文化积淀层深，积淀层深，就有文化优势。文化积淀在质上的表现是全民族文化素质的优劣，其中包括它内容上的丰富多彩程度和形式上的结构严密程度。

文化有内容和形式之分，就其内容而言，文化是由许多元素构成的，这些元素是构成文化的单元，例如，旗袍、北京四合院、北方马车等，都是一些文化单元。旗袍、马褂等的结合，构成中国式服装，是一种文化丛。文化丛有简有繁，简文化丛相互结合又形成复文化丛，复文化丛相互结合而成特定的文化体。文化丛的相互结合不是杂乱无章的，而是有规则、有系统的整体，形成一定的模式。这就是说，就文化的形式而言，文化是文化丛相互结合而成的一定的模式。这种模式，使文化在横向上联结为一个整体，统一而不分离，同时，又使文化在纵向上绵延成体，完整而不七零八落。美国人类学家克罗伯（A. L. Kroeber）曾把文化模式分为两种，一种是绵延数千年，在历史上起主导作用的主模式；另一种是不甚稳定、容易变移的次模式。

我们这里讲的文化积淀，是指主模式和它所包容的文化丛的绵延过程。能够绵延的文化模式，表明它有质的优势，才为多数人喜爱和接受，中国妇女的旗袍至今兴而不衰，就意味着它质的美。当然，为众人喜爱的文化现象，未必都是美的，都是素质好的。文化在质与量的关系上，两者既是统一的，又是不统一的。

第二，文化积淀是由累积和传播两个侧面构成的过程，是由累积和传播共同形成的总量。一般地说，文化累积多，积淀层深，它的传播能力也就强。文化传播有自然传播和社会传播两大类。自然传播是人们在社会交往中，礼尚往来自然形成的。社会传播又包括静态传播和动态传播。静态传播是通过物、产品记载下来的文化模式，然后再传播开来；动态传播是通过大众传播媒体将现实的文化现象复制下来，再由报纸、杂志、小说、广

---

① 徐杰舜：《汉民族发展史》，四川民族出版社1992年版，第446—458页。

播、电影、电视、录像等媒体传播开来。文化累积是文化传播的前提，而文化传播是对文化累积的扩散，没有传播，文化就会遗失。从文化的本性看，文化总是传播的。因此，文化遗失总是少于文化累积。

文化积淀是由两种因素——旧文化的保存和新文化的增加——造成的。从文化累积过程中新文化增加的方面看，文化累积标志着民族文化的根底（基础）雄厚与否。文化根底深、基础好，会使民族文化受到长期熏陶。孙本文在讲文化累积时说："一个社会在某个时期所有文化累积的总量谓之文化基础。凡文化基础成熟的时候，发明有着不得不产生的趋势。"[①]

那么，文化累积和传播、文化积淀，对民族性格有什么影响作用，又是怎样实现它的影响作用的呢？

（1）文化积淀对民族性格起社会环境作用。人们都熟悉，社会环境有物质的，也有精神的。物质环境是人们经过生产活动改造了的物质世界，即马克思称谓的感性世界。这个感性世界真实地记录着人们的行为方式和思考方式，中国色泽艳丽的大花布，记录着中华民族长期同自然界直接接触热爱自然花草的性格；鲤鱼跳龙门的脸盆，记录着我国人民重视"福禄寿"的心态，这个感性地摆在人们面前的世界，每时每刻都在影响人们的性格。精神环境分为心理环境和由大众传播形成的拟态环境，或叫复制环境或拷贝（copy）环境。20 世纪 60 年代以来，由于信息的环境化和环境的信息化，拟态环境又被称为信息环境。这种精神环境是对现实环境的复制（拷贝），通过大众传播媒体把现实环境再现出来。我们每天从电视上看球赛，看到的并非现实生活本身，而是经过编辑制作之后的复制品。然而，这种环境对人们心理和人格的影响作用却是巨大的，它比起现实环境要柔软得多，有弹性得多，充满了感情色彩和引人入胜的心理诱惑力。总之，除了心理环境之外，其余的精神环境和物质环境，都是文化环境。文化模式凝聚在社会环境中，成为社会环境背后的一种深层力量，深刻地影响着一代代人的性格特点。在现代科学技术迅速发展的条件下，大众传播神通广大，传统文化的约束力越来越被现代反传统的文化模式冲击和削弱，因此，民族性格的变化和改造也就比较快。

（2）文化积淀对民族性格起社会尺度作用。民族性格的改造是有标准的。倘若有随心所欲的改造试图，就一定会受到社会舆论的非难和抵制。民

[①] 孙本文：《社会的文化基础》，世界书局 1929 年版，第 118 页。

族性格改造的社会尺度是规范，就是人们共同遵循的行为准则。特定的文化模式通过规范约束人们的社会行为，而规范的约束作用又必须通过人的社会化过程才能实现。在人的社会化过程中，规范内化为心理世界的内在尺度，成为人们赖以进行活动的心理准则。例如，中国妇女穿旗袍、日本女人穿和服，如果让中国妇女去穿和服，会因为穿和服必须迈特殊的小步伐而不爱穿，对日本女子来说，穿和服、迈小步，是一种美；同样，中国妇女的旗袍，对中国妇女而言，穿起来会觉得挺拔、潇洒、优美，让日本女子穿，则会感到不自然。一旦有一种新的行为闯入社会生活领域，并通过人的社会化过程将其内化为内部美的尺度，也就会支配人的某些行为，逐渐改变过去的一些行为方式，改变某些传统习惯，从而使民族性格得到某种改造。

　　总之，文化积淀对民族性格的深刻影响作用是一种深层力量。但是，文化又是变迁的，因此，民族性格也在逐渐改造。文化积淀对民族性格改造的影响，是通过文化环境化和文化人格化两个重要环节实现的，文化遗传的机理埋在这两个环节之中。民族是有遗传的，民族遗传包括生物遗传和文化遗传。生物遗传通过生物基因组合实现，是保证一个民族是这样的人种而不是那样的人种、是这个民族而不是那个民族的重要依据。在现代，虽然产生了生物基因组合技术，可以用人工方法使生物基因重新组合，从而使人的生物过程带上某种文化痕迹，但是，直接规定一个民族特点的是文化因素。文化遗传显然不同于生物遗传，但文化遗传也有一个文化的"编码"和"译码"的过程，这个过程实际上就是对文化单元的连续累积和不断传播。可见，民族性格的形成及改造的机理，隐藏于文化积淀的整个历史过程中。

　　这里，值得提出的是，文化积淀虽然是民族性格改造的重要因素，却不是唯一的和决定性的因素，因为文化并不是社会发展的根本力量，文化发展取决于生产力的发展和整个社会经济、政治、法律制度的发展以及思想体系的指导作用。民族性格的改造，归根结底取决于决定文化发展的那些东西。

名词解释：
文化濡化　教育　世界观　价值观　人格
思考题：
1. 简述草根世界观与都会世界观的区别。
2. 简述文化在塑造人格中所起的作用。
3. 对于人格整合人类学家有什么看法。

第十五章　人观、空间和时间

在人类学研究中，被研究者主观上对人的看法，即他们的人观是我们理解其行为与思想的重要依据。人的观念还包括对于空间与时间的分类及社会文化构建。因此，对人观、空间和时间的考察，有助于我们对人类文化的深入理解。

一　人观的内涵

1. 有关人观研究的回顾

人观即人的观念，试图以"人观"为理解研究对象文化内涵的一项概念工具，是人类学较晚近的尝试。在人类学早期，以"文化与人格"的研究与它最有关系，但这一学派的研究，由于一直深受心理学中的行为主义及实证论的限制，忽略了被研究者主观上对人的看法。后来法国人类学家莫斯发表了他的论文集《社会学与心理学》，在这本书中，莫斯本来的目的是指出对社会现象的了解，必须兼顾生物的、社会的环境以及心灵的活动三个层面。当他试图用人的分类为题来呈现他的观点时，他提出 persona 及 individual 两个相对的概念：persona 是社会所给予的人的观念，individual 指生物上的个体。在近代西方社会，这两者是合而为一的，但在其他社会却不尽然。

不过莫斯所关怀的主题在 20 世纪 60 年代以前因功能论在人类学上的支配地位而没有引起人类学家的注意。直到 1970 年，人类学家杜蒙（Dumont）在对印度种姓制度的研究中，提出了证明阶层的基本原则——纯净与非纯净——是了解印度种姓制度的关键的时候，人们才认识到印度人的观念是来自他们的种姓制度。在此制度下，所有人是天生不平等的。也就是说，个人因其阶级上的不同，而有不同且不平等的人性特质。这里杜蒙不只强调印度人的观念是存在于其社会整体中，更强调了终极价值或世界观对了解这类观念的重要性。由此杜蒙开导了人类学家通过被研究者的世界观或宗教信仰来了解被研究者对人的主观看法的新视野。这后来形成了一种研究趋势：由信仰体系或宇宙观着手，以了解被研究者对人的看法即人观的研究。为呼应这种研究，台北"中央研究院"民族学研究所文化组于1991年2月主办了"人的观念"研讨会，与会学者借由各自的民族志材料做大范围的"人的观念"的泛文化比较研究，提示了一个人类学研究的新领域。不过，在这一新的研究趋势中，讨论主题与方式虽异，但主要仍环绕在人主观上认识到的"个体""自我"及"社会人"是什么上。

2. 人观的内涵

（1）个体

首先要指出作为生物体的"个体"而为人类的单一成员，在不同文化的主观认识上，并不一定有现代解剖学对人体的看法，也不一定有近代西方所强调的独立与自主性。这自然与对每一"个体"的成分为何及"个体"之各成分或整体之界限的认定有关。比如，有许多民族认为每个"个体"都有它的精灵（也许不止一个）。这些精灵存于躯体内，也可随时离开身体，而有其流动性。像毛利人的酋长之mana，可以跑到各种物体上，也可跑到平民身上进而对其造成伤害，也可以因神的不支持而离开酋长而使他打败仗。[①] 更值得注意的是毛利人认为个体的不同器官分别控制个人的各种不同经验。比如ngdkau（肠内的器官）保持人的心智之清醒、敏锐；manawa（在心、肺、胃内之器官）则控制一个人的耐心、勇气等。一个"个体"的运作或行动，并不是由一个"主体"来控制，一个"个体"的行为也没有必要是一致的。因此，"个体"其实并不是整合的。比较之下，中国人在概念上一直保留一个"个体"的完整。不过，中国人对人体的认识不但复杂，而且似乎一直在演变。在春秋之前，中国人对人体认知只限于表面，但已肯定"心"的重要——掌管人的意志、情绪以及精神等抽象的活动。即使到战国时期已肯定五脏是各有不同功能的感官，但仍以心为主宰。不过，原已有的有关魂、魄、精神、神鬼等概念也日渐发展，到战国的道家更发展成一套以气为主的生命论。因而与儒家的"以心使

---

① 转引自黄应贵《人观意义与社会》，《广西民族学院学报》2002年第1期。

气"之说产生争辩，而造成形体与精神的二元生命论，但在儒家不得不吸收道家之说以后，则又二元合一而有唯物色彩。

（2）自我与社会人

这里所说的"自我"，是指作为经验存在的人，包括那人对自己作为人而存在的经验。一方面，"自我"是主体，是"个体"所有的行为中为其所知的创造者。另一方面，"自我"是客体，它是借由正常一般人能知觉到自己在知觉的能力，而得以把一个人的其他不同层面集合在一起。这种知觉活动造成人的自我意识。

至于"社会人"是指一个人被公认为是从事某一特定目的的行为之创造者，在一社会秩序中有一定位置，而被视为社会中的行为者。因此，它与个人的社会角色不可分，也与社会规范以及道德不可分。也因为每个"个体"对社会规范与道德遵循的程度不同，而使个人有部分或全部成为"社会人"的现象。一个已成"社会人"的人，也有可能后来丧失部分或全部"社会人"的情形。换言之，"社会人"与社会情境或脉络息息相关。而一个"社会人"，更因其生命的成长过程所纳入的社会情境与角色不同而不断改变。在较复杂的社会中，地位较低的次级社会虽被纳入较大的社会中，却有它自己所特有的社会秩序，其间相关的社会情境之孤立程度则与不同"社会人"观念的形成与使用方便与否相关。

（3）有关人观的个案

以中国台湾布农人为例，布农人认为一个人至少包括三个部分：第一部分是外在的身体部分（个体层面），称之为 logbo，得之于母亲。第二部分是精灵，称之为 hanido，得之于父亲。hanido 有两个，一个在左肩，可影响一个人去做出粗暴、贪婪、生气等伤害他人而追求私利的行为；另一在右肩，可影响一个人去从事慷慨、利他的活动。而真正决定一个人活动的是人一生下来便有的 is－ang，这也是人的第三部分。is－ang 在人初生之时力量很微弱，实际上还不太能做什么决定。这时一个人的成长，主要是在身体部分。由于身体来自母亲，因此，布农人小时便必须依赖母方亲属之精灵的福佑才能顺利成长。直到举行 Magalavan（小孩成长礼）仪式之后，is－ang 才真正主宰"个体"的发展。但在青年乃至壮年时，is－ang 则常困扰于左肩与右肩 hanido 之间的冲突。直到老年才比较能维持两者或者是个人与群体间的竞争与矛盾的平衡。到了死亡及葬礼后，is－ang转换成 hanido 之后才离开身体而真正解脱于两肩精灵间的对立。但只有对群体有大贡献的人，死后的 is - ang 才能达到永存之地——maiason。这里我们可以看到代表自我的 is - ang，不能与个人的社会角色或责任脱离。事实上，个人的"自我"在完全解脱之前，必须先达到个人与群体角色的平衡，也使"自我"与"社会人"趋于合而为一。这种强调"自我"与"社会人"的平衡，更与他们社会整合的机制有关。上述有关布农人的人观，可参阅图 11。

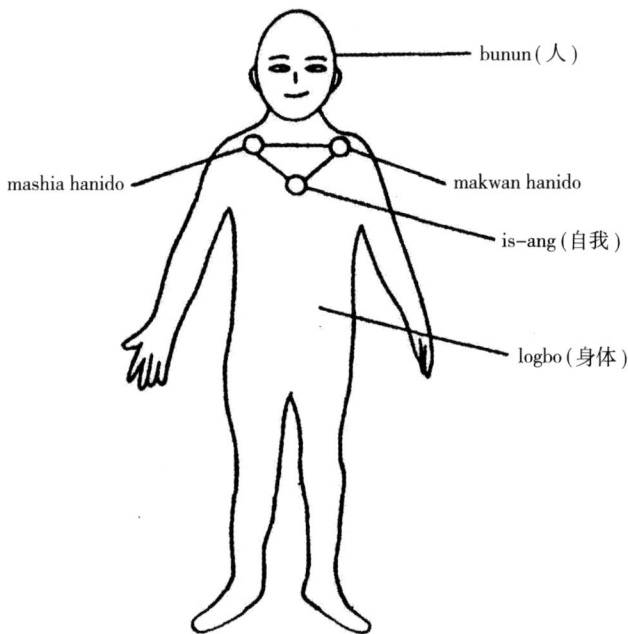

图 11　布农人的人的观念

3. 人观研究的意义

通过有关西方人观的探讨，我们不但可了解西方现代人观是从 12 世纪起逐渐发展而成的（它是西方现代社会的一个重要特质）。并且，人的观念的探讨也会影响甚至帮助我们了解该社会的性质。其实，何止社会的性质。比如拉弗登（J. S. La Fontaine）便讨论过政治权威与人观之间的关系：职位愈高，愈强调"人"的自主性，个人的生命仪礼愈被社会所忽略；反之，人观愈缺乏个人的独立自主性，生命仪礼愈趋以集体方式行之。① 人类学家南迪（A. Nandy）的研究，更替殖民主义的统治做出新解释：殖民地

---

① 转引自黄应贵《人观、意义与社会》，《广西民族学院学报》2002 年第 1 期。

的统治不能只是依赖功利主义的权力观念来理解，殖民地社会秩序更是通过有关人的象征秩序的重建来合法化殖民者的统治地位。① 还可以通过对人观的研究取代以往以"神"来理解宗教的特性，以及人观而不是亲属观念来理解新的不同族群亲属制度的差异。②

二 空间和社会

1. 空间的内涵

如果我们要探究人类学意义上的空间，那么就不能从数学家的抽象、同质的空间出发，而是必须观察人所能感受到的具体空间，人类实际生活在其中的空间。这种空间并不是如那种人为虚构的空间一样统一而无组织的，而是具有一定的内部结构的。

人类学家认为，空间是以自然的地理形式或人为的建构环境为其基本要素及中介物，但那不是最终的，而是在其上依人的各种活动而有不断的建构的结果。

空间更可被视为宇宙观或一种象征。这在有关汉人的八方或风水的讨论上特别明显。因为只有在了解天、地、人合而为一的宇宙观之后，我们才可了解汉人如何通过对风水的操弄以争取个人的财富、健康与安危。

空间更被建构为有如意识形态或政治经济条件。历史上我们看到传统中国士大夫阶级强调居住格局的内外论常观，而民间社会则信从八方吉凶论。虽然，士大夫也并非不讲究术数，民间社会在能力范围内也尽力仿效士大夫，因而无上下阶层之别。

人类学家图登（Turton）通过对泰国北部村落的研究发现，他们房子空间的秩序，是由方位、高度及内部深度来决定。而它也可将家中成员分辨为因年龄、性别、辈分、姻缘及继嗣等之不同而来的分类，也明定成员间的阶序关系。比如，家长在家中的东北角落里生活与睡觉，这里也是用来祭拜祖先的地方。反之，西边是最脏而南边是最弱之地，因而也成为家中盥洗及招待外人之地。

空间更被视为文化习惯，包括文化的分类观念与个人的实践。但这种

---

① 转引自黄应贵《人观意义与社会》，《广西民族学院学报》2002 年第 1 期，第 60 页。
② 转引自黄应贵《人观意义与社会》，《广西民族学院学报》2002 年第 1 期，第 59—60 页。

主观的习惯或其背后的分类，却是由过去的历史之客观结构所产生的。例如中国台湾的雅美人认为，人的生命周期或不同阶段的"人"与房子的建造过程相互界定：一对新婚夫妇婚后先住夫方父母工作房，妻子怀孕生产后就另建一两间门屋与父母分开吃饭而正式独立。以后，在夫妻共同努力下，房子由两间改为三间，之后加盖工作房，再改建为四间屋。等到一方失去配偶后，家屋亦停止发展。而葬礼后，原房屋建材被拆掉而由继承者继承后另建新屋之用。在家屋存在的期间，夫妻不但得分工以维持及发展实际生存所需，更必须在每年的"飞鱼祭"活动中，由男人在自己家屋的后室煮食飞鱼，颠覆男女的角色及家屋中的男女空间之分隔，也将男人所代表的聚落之集体象征转化为个人与家的存在。

2. 人类学的空间研究

人类学关于空间研究的探讨，是从涂尔干开始的，他认为当社会的人和事物被分类之后，这些群体又按其相互关系被分类，为了防止冲突必须给每个特殊群体一部分空间，意即人对空间的划分、区别与安排之后，反过来这些安排必须为该社会的个人所理解，这是源自该社会的集体表现，非取决于个人的力量而是一个有组织且稳定的特质，社会绝不是无逻辑或反逻辑的，它不是乱糟糟或荒谬的存在，所有社会的成员必须承认同样的社会分类基础。空间所呈现的意义对涂尔干来说，是一种先验的基本分类，最终该社会的知识体系才能建立。涂尔干和莫斯在进行空间研究时，认为空间、时间、数字、因果等是每个社会最基本的分类概念：一个社会的整个知识系统，就是由这些基本的分类发展出来的。由于这些先验的基本概念，才能推演出整个知识系统。因此，有关空间的探讨，最终目的就是要了解知识是怎么来的，以及这种知识发展过程背后的基础是什么。也因如此，在这些研究背后所蕴藏的是一个很大的哲学问题，而涂尔干对这回答总是倾向于社会起源的解释。这也是后来大部分人会把涂尔干当成社会决定论者的原因。

到了功能论，空间被人类学家主要用来反映社会的亲属或社会结构。功能论基本上是想把人类学带上科学实证的道路。例如，人类学家吉莫（D. Gilmore）在对西班牙东南部的一个小镇 Fuenmayor 做了一个研究。这个小镇 18 世纪以来就发展出三个阶层：上层阶级是地主，其不需要自己工作，很自由，由佃农或专门出卖劳力的人来替其工作。第二阶层是自耕农，也就是其有土地，但必须靠自己去耕作，有时还必须找一些临时工来帮忙。第三阶层，也就是下层阶级，靠替别人工作，出卖劳力的人。这社会很清楚地由这三个阶层构成，在这小镇空间组织里，可以看到核心部分是上层阶级所居住的，所有重要的公共设施，包括教堂、医院、学校、城堡等也都在这里。其次就是中产阶级所居住的。最外围的是下层阶级居住的，是最近二十年才发展出来的，都是违章建筑，几乎没有街道。像这样的功能论研究，主要目的是在反映社会组织或空间本身是客体化的社会组织。因一般上、下阶层的界定并不易分辨出来，但若通过空间就可以很清楚地看出不同阶级的存在。

功能论不只是把原来的涂尔干学派讨论的问题简单化、机械化，同时忽略了空间分类本身其背后心智上的基础。即它之所以成为重要的知识或分类要领且为整个知识的一个重要基础，不只是一个先验的分类概念，也是与这知识背后人的心灵机制相关联的。这样的问题，功能论多半忽略了，直到结构论才被认真地去探讨。

结构论的奠定者列维-斯特劳斯并没有直接去处理空间的问题，而只零散地提到空间的特质可帮助我们掌握当地人的社会结构观念，而这社会结构与前面所提到的不一样，因为他所提到的社会结构往往是人类社会分类来自心灵的分类，是当地人心灵上所意识存在的一种模式，这种模式本质上完全是臆想的，甚至与真实相矛盾。结构论的理论是建立在结构语言学基础上的。他的基本观点是在我们所说出来的话背后有一套文法结构。文法就是列维-斯特劳斯所说的一种现象后面的深层结构。列维-斯特劳斯就是利用这样的语言学概念去探讨整个人类社会的现象。他认为许多人类社会现象表面看起来是毫无相关的，但背后其实有着共同的结构。

对结构论而言，空间的分类只是各种分类中的一种，他们是讨论各种不同现象或分类中的共同结构，空间只是其研究的对象之一，而且重点不在空间本身。因此，它在理论上并没有特殊的意义与地位，其对于空间秩序或分类本身的了解，自然就有它明显的限制。尤其是结构论的研究，趋于空间分类的分析，而易落入形式分析的途径，失去了解各文化空间观念的契机，这点，我们反而可以由后来象征论的发展，看到怎样去弥补原来结构论上的缺点和限制。

象征论有很多类别，即使结构论也有一部分是象征论。而更早与功能论发展的同时，有许多研究是从各社会文化的宇宙观来了解其个别的空间观念的，如中国人的风水更是功能论经常用的一个例子。因为中国人这样的宇宙观，我们才看到宇宙观念怎样影响整个社会文化。但这不是这里所要讨论的象征论，我们要谈的是把空间的分类系统本身，视为有它自己独立存在的逻辑与机制。

象征论中所处理的问题，是空间本身背后的一套象征机制和这一象征机制的独立的逻辑——这一逻辑相对其他社会现象背后的逻辑有所不同。这样的建构过程，才使空间的研究有它独特的重要性而不化约为其他。因此，空间研究最主要的是要发现空间组织背后的象征机制。但这样的研究也有它的困难，就是这种象征论的机制与逻辑如何产生？

20 世纪 80 年代以后，实践论对以往空间的研究提出了强烈的批评，其认为结构论在处理象征系统时，往往只建立二元对立的概念，完全没有人的地位。实践论则认为这种象征符号本身并不是只有这种二元的对立所构成的，而是由三个元素所构成；由人为主体去解释空间象征系统是更重要的。因此，实践论的基本观点就是认为以往的空间研究本身，强调空间现象有它的结构与逻辑，但这种意义事实上是由人去建构的，所以必须通过人的理解，才产生真正的意义，而且不同的人可能产生不同的意义，甚至在使用过程中可能产生新的意义，包括对抗。

前面叙述了人类学对空间的研究，由此我们可以发现整个空间研究本身也反映出整个人类学理论的发展，即这种空间研究是与人类学的发展相一致的，后来的发展往往是要解决前面研究所产生的理论性问题。

3. 空间与社会

在有关空间问题上，有文字社会和无文字社会有相当大的差别。这可以由空间的知识系统与运作、成长、控制与重组、思考模式等来了解。就空间的知识系统与运作而言，无文字社会的各种空间类别构成相互关联的系统。例如，布农人将土地、家屋与聚落衔接成一系统，雅美人更是从山到海衔接海洋、土地、家屋、聚落与聚落外的森林成一系统。反之，在有文字社会，例如汉人社会从家屋（及祖坟）、聚落（或城市）到国家社会，都可以八方或风水来解释，但其运作上却各有不同的规则与方式而无法将所有的空间衔接成一个相互衔接的系统。另外，无文字社会的空间固然无法与物质性基础及人的活动分离，也无法与其宇宙观或超自然信仰分离，但他们并没有一套独立的空间知识。相对之下，汉人虽也一样无法分离物质性空间、人的活动、宇宙观或超自然信仰等，却有一套独立的空间知识而为风水师之类的专家所拥有。这些差别也使汉人的空间较原住民有较强的开放性。

就空间的控制与重组而言，无文字社会传统上均是以个别的家来运作的。即使许多物质性空间是由氏族、贵族或聚落所拥有，却是通过家的关系来进行。例如，布农人的猎场属于父系氏族，但实际的运作是以最熟悉该地段的家来控制实际的使用；包括其他氏族的人使用该猎场时，往往必须得到这家的同意，并将猎得的野兽的一只后腿给这家。同一父系氏族的成员都有权自由地使用该猎场。但这并不抹杀家的主宰性；不但在经济上最重要的旱田属于家，聚落的领域更是由家所控制的土地转换而来的。同样，雅美人的灌溉水道在观念上属于父系氏族，但整个社会生活是以夫妻构成的家为核心的，而将成员的各种资源集中来为家服务。当丧失配偶时，家不但停止生长，并开始瓦解。最后，将家产分由各种有关系的人（并不限于亲属）所建立的新家所继承。

但在汉人社会，很早就有"国家"的存在而为土地的最终所有者。所谓"普天之下，莫非王土，率土之滨，莫非王臣"。个人或家族虽可由累积来扩增土地的控制权，但代表国家与政府的机构才是最终控制者。尤其是在空间的重组上。对当事人而言，这机构往往是在其日常生活空间之外，是外在存在的力量。因此，这两类社会空间的控制与重组方式不同。前者依赖家与家之间的调节，而较少依赖当事人之间的不平等权力之界定与限制的作用。而后者往往依赖外在权力的界定与限制作用。也因此，对于前一类社会的人而言，空间的分配多少是开放给所有的人而为每个人所能直接接近的。但对后一类社会的人而言，经由累积与竞争的过程，空间往往被集中在较少数"人"手中，而政府等外在机构便是其中最大的控制者。

前面我们指出，空间是社会文化现象不可或缺的基本要素而又有其独立性或其内在的逻辑。因此，对它的研究必可以对社会文化现象有新的了解。另外，强调的是人类学的空间研究，其不只是使我们对于人类学研究议题（包括文化的概念、仪式、亲属、性别、原始思维等）能有新的着手点与探讨方式，也有助于对空间本身能有新的认识与了解。

三　时间与社会记忆

1. 时间的内涵

自从亚里士多德以来，时间一直被视为人类理解的基本分类之一。现代社会科学家往往把它视为社会现象中最普遍的基本要素之一。人类学家对时间这个主题的研究，从不同文化对时间的建构到时间在文化中的基本性与全面性探讨的发展过程开始，这使时间从附属地位提升到成为一个独立而有其自主性的研究课题，并得以超越涂尔干以来将时间视为社会文化建构所造成的限制。不过，人类学对此能提供的最基本而主要的贡献之一还是在有关时间如何被社会文化所建构的问题上。这包括不同的社会文化对时间的不同建构，也包括同一社会文化在不同的时代对时间的不同建构。

涂尔干和莫斯认为，相对于其他的基本文化分类概念，时间自有其独特的性质与价值，时间不只是所有社会活动所不可少的要素，而且是构成每个文化的知识系统的基本分类概念之一。因此，从涂尔干开始，社会或文化时间便一直是人类学研究中不可或缺的一部分。最有名的是埃文斯－普里查德所著的《努尔人》一书。但一直到利奇以前，时间并没有成为人类学一个独立的主要研究课题。利奇在他的研究中，不仅指出时间的本质是改变以及时间有重复与不可重复两种不同而相反的普遍性经验，他更强调各社会文化通过社会生活活动（特别是经济活动与生命仪礼）的规则与间隔的制定而创造出其时间观念。吉尔兹则通过巴厘岛人的仪式来呈现他们亲从子名的时间观念，凸显出其文化的特色。

事实上，这里所说时间的社会文化建构，不只是建立在以自然的韵律为基础的自然时间上，也有是建立在以人的时间经验为基础的现象学时间上。前者如各民族依自然生态及生产工作而来，后者如依时间的过去、现在、未来的经验而来。例如，中国台湾布农人所具有的表示活动性质的实践时间，是通过实践而达到主体的肯定达成的，而实践性活动往往连接了自然时间与时间经验。如景颇族和侗族，是经由做活达到做人或社会繁衍（再生产）的目的，以便完成世代的交替、延续与发展。而做人或社会繁衍也使他们连接了做活背后的自然时间与做人背后的现象时间。

时间之所以一开始便会被人类学家所注意，不只因为时间是表现出当地人对自然韵律与节奏的一种理解，也是当地人活动的指标。更重要的是它的再现往往呈现该文化，了解自然韵律与时间经验所建构时间观念的文化基础何在。例如，阿美人传统时间是以传统仪式（如丰年祭）的举行来再现，日本时间则以阳历所规定的日常活动来再现，汉人时间则以阴历（或农历）的择日来再现，欧美时间则以上教堂礼拜的活动来再现。而这种再现不只说明不同的时间往往用于该社会中不同的活动上，也说明其来自不同文化的影响。

我们再举侗族的例子。通过一些民族志资料我们发现侗人以糯稻及鲤鱼的成长来再现具有循环性的生产时间，以小孩的出生与命名来再现个人生命历程的生物时间，而从婚姻、婴儿满月到丧葬过程所交换的糯米、侗布、猪肉、牲畜、女红、腌鱼乃至纸钱等，均再现其多重性的交换时间。这些不同时间的再现背后，往往呈现其文化的价值所在。如个人生命历程的生物时间是在追求家族乃至社会的繁衍，而多重性的交换时间则以跨越死亡、超越生物时间的限制来强化家族、世系乃至社会的延续与不朽。事实上，社会生产的最终目的也是要达到个人、家与社会的繁衍。因此，我们可以说，侗族复杂的时间观念实是在呈现及体现其社会繁衍的文化价值。

2. 社会记忆

不管当地人所界定的历史如何与其他民族不同，一个群体历史的延续必须通过社会记忆的机制才有可能实现。而一般最常见到的是无文字民族的语言及有文字社会的文字书写。不过，语言要成为社会记忆的机制，往往有其他的制度来配合运作。如排湾人的袭名制与阿美族的年龄组织。前者是通过袭名来追忆双边先前世代的联姻成就、祖先个人的事迹，以及祖先所牵涉的其他重要社会关系等；后者则透过年龄组织入会礼的仪式过程及其他活动来习得当地的历史。而这不同的制度后面也隐含不同的价值，前者强调了婚姻与繁衍的价值，后者则灌输年长为其德性的重要来源之一。

再如，中国人耳熟能详的《三字经》，由于它在宋元以后已成为中国最为普及的启蒙书之一，因此，它成为灌输中国人主流的历史观而成为历史文化知识的传播工具，并提供中国人的共同记忆。自然，要能具备文字书写能力往往有其他的社会条件配合才可能做到，而不是每一个人都可以，至少，在现代国家实行强迫性义务教育之前是如此。因此，在一些少数民族地区，文字书写知识与书写材料也往往为某些少数人所垄断而成为其获得政治社会地位的"文化资本"。

除了语言文字外，物质文化也是社会记忆的一个重要机制。当然，这些物质文化也往往必须通过该社会的有关制度来运作，才可能使一般性的物质具有再现过去的象征作用。例如，排湾人的墓葬因其"人、家、墓"

合而为一的制度而使其坟墓能成为家的历史之再现。同样，这类不同的物质性记忆机制也隐含着不同的文化价值，如排湾人的"起源"或"先占"与"延续"或"繁衍"，汉人之修炼的观念等。此外，还有以活动为社会记忆机制的例子。例如，佛教中的信徒通过进香活动的不断重复参与，而达到没有时间分别的时间，以超越过去与现在的分别，而这境界自然与他们的修炼观念有关。由于这活动本身是制度化的仪式，它多少也具有一般仪式的形式化特性。虽然，这种重复性活动也有着超越其原有形式的意义，不过，比较之下，布农人虽同样强调了活动本身作为社会记忆的机制，但其有关的行为则偏向于非形式化的一般性日常活动。这自然也与他们的社会文化强调实际活动过程的重要性有关。也正因为其不局限于仪式行为而较不形式化，也较有弹性，其活动所获得的记忆内容也较易随行动者的不同情境与不同了解而有所差别。故这类的记忆机制与借仪式活动、语言文字及物质文化等机制而来的记忆，其创新的成分远较复制的成分突出。虽然，任何一种记忆机制也都具有复制与创新的成分，但即使这类的日常活动也并非所有的均会被记忆下来。以布农人为例，往往只有他们自己所做有益于群体大众者，才会被记忆下来而成为其历史。

由上，我们可以发现不同的社会记忆机制往往与不同的制度及文化价值或观念相联结。尤其是语言与物质文化往往需要正式制度来保证语言文本的合法性与内容或转化一般性物质为具有再现过去的象征能力，而文字书写更需正式制度来保障此文化资源的普通分配或垄断。至于依活动而来的社会记忆机制，特别是与日常生活有关的活动，往往需其较不形式化的社会实践来支持。

名词解释：

人观　空间　时间　社会记忆

思考题：

1. 简述人观研究的意义。

2. 简述空间与社会的关系。

3. 时间与社会记忆的关系如何？

第十六章　语言与交流

语言是人类文化的一种表达。语言的功能就是交流。虽然人类的信息交流可以通过非常广泛的渠道，如视觉、接触、声音、体态、味觉等进行，但语言交流则是人类最重要的交流手段，通过语言的载体，文化得以代代相传。

一　语言的定义和本质

1. 语言的人类学含义

人类学如何看待语言？美国著名的语言人类学家爱德华·萨丕尔（Edward Sapir）是这样来给语言下定义的：语言是纯粹人为的，非本能的，凭借自觉地制造出来的符号系统来传达观念、情绪和欲望的方法。①

在人们看来，人说话是日常生活里太熟悉的事情了，和走路一样，是自然而然的，只是比呼吸略次一点儿。其实不然，学说话的过程和学走路的过程是绝不相同的。学走路时，文化，或者说社会习惯的传统，不起什么重要作用，走路是人类的遗传的生物的功能。一个正常的人先天就注定要走路，而且人与人之间也不会存在很大的"走路的差别"。

语言不是这样的。自然，在某种意义上，说一个人先天注定要说话，也是对的。但这完全是由于他不只出生在自然界里，同时也出生在社会怀抱之中，社会一定会领导他走向社会传统。没有了社会，他永远学不会说话，不会按照某一社会的传统体系来传达意思。而且，不同的社会环境中的语言之间的差别是巨大的，当一个人变换他所居住的社会环境时，他不用重新学习

---

① ［美］爱德华·萨丕尔：《语言论》，陆卓元译，商务印书馆1985年版，第7页。

走路,但他必须重新学习新环境里的新语言。因为语言纯然是一个集体的历史遗产,是长期相沿的社会习惯的产物。语言之有差别正如一切有创造性的事业都有差别,也许不是那么有意识的,但是正像不同民族之间宗教、信仰、习俗、艺术都有差别一样。走路是一种机体的、本能性的功能(当然它不是一种本能);语言是一种非本能性的、获得的、"文化的"功能。①

语言不是一种自然现象,也不是单纯的生理现象,更不能片面地解释为心理现象。人类的语言不仅是表达感情的信号,而且是表达理智的、逻辑的、推理的信号,或者甚至可以说,人类的语言本身更多是逻辑推理的产物。所以,语言是伴随着人类社会的形成而产生的,而且跟随着社会生活的变化而发展。

人类学作为一门以人为研究主体的学科,自然不能忽视对人类语言的研究。通过分析语言,人类学者可以研究人类各族群的文化异同,以及人类各族群文化之间的互动和互融。

2. 语言的本质

人类的任何语言都是交际和传递信息的工具,是人们之间共享文化和个人经验的手段,但是,对于语言的本质,学术界的观点却见仁见智。

(1)索绪尔的语言本质论

19 世纪末 20 世纪初,瑞士语言学家索绪尔(Ferdinang de Sussuer)在他所著的《普通语言学教程》中提出了"语言是一种表达观念的符号系统"②的观点。他认为语言是一种听觉的符号系统。语言符号是由形式(能指)和内容(所指)两个方面构成。语言符号的形式就是语音;内容就是语义。语言符号的这两个方面是密切联系不可分割的,如果缺少任何一个方面,也就不能称其为语言了。

从符号论出发,索绪尔认为语言符号具有任意性和线性两个特点。所谓任意性,就是符号与它所代表的事物之间没有必然的联系。语言符号是语音和语义的结合体。语言的音和义的结合是任意的,它们之间没有必然的、本质的联系。也就是说,语音和语义的结合是不可论证的自然形成的习惯。例如,ren(人)这个声音,与它所代表的"能制造工具并能使用

---

① "本能"是 instinct,"本能性的"是 instinctive。这里反映 20 世纪初美国心理学上的一种争论。

② [瑞士]索绪尔:《普通语言学教程》,高名凯译,商务印书馆 1985 年版,第 37 页。

工具进行劳动的高等动物”的语义之间没有什么必然的联系。所谓线性，是指在交际过程中，语言符号的形式只能一个接着一个依次出现，绝不可能在同一个时间点上说出两个符号。比如，当我们要说“他在研究语言人类学”这句话时，必须按照“ta zai yan jiu yu yan ren lei xue”的顺序一个一个音素地依次发音出来，不可能在同一个时间点上同时发出［t］［a］［z］等不同的音素。

索绪尔对语言本质的这种解释，很快被学术界广泛认同而成为经典性的定义。

（2）乔姆斯基的语言本质论

美国语言学家乔姆斯基（Noam Chomsky）则提出了“转换生成语法”（transformational - generative grammar）说。他认为，人类语言虽然各不相同，但在其深层隐含着相同的结构。他把通过语音形式表现出来的人类语言的不同语法结构叫作“表层结构”（surface structure），而把不能直接从线性的语音序列中看出来的内在语法结构叫作“深层结构”（deep structure）。同时，他还认为，所有人类语言都有相同的深层结构，正是有了这种结构，人类才能够学习语言，而且只有人类才具有学习语言的能力。为此，他把这种人类共同的深层结构又叫作“普遍语法”（universal grammar）。由于人类天生就具备了理解这种普遍语法的能力，所以在幼儿时期就把自己生长地区的语言作为素材，能够轻而易举地学习和掌握其他的语法。这种人类通过学习而掌握的语法，称为“生成语法”（generative grammar）。有鉴于此乔姆斯基提出了“转换生成语法”的理论。乔姆斯基与以往的结构语言学对语言的语音形式所表现出来的“表层结构”所进行的分析不同，他从人类的语言能力（competence）和语言的本质上探讨了语言的内在规律，即所谓的“深层结构”。这种语言本质论，从人出发，指出了语言分析的目的是发现人的内在能力中的普遍性和规则性。人的这种能力，是一种理解和生成新的合乎语法的句子的能力。人的这种“创造性”，正是人类所具有的内在的语言能力的体现。总之，在乔姆斯基看来，语言的本质是说本族语的人理解和构成合乎语法句子的先天能力，是在某一时期内说出的实际话语。①

---

① R. R. K. 哈特曼、F. C. 斯托克：《语言与语言学词典》，黄长著等译，上海辞书出版社1981年版，第189页。另亦参阅庄孔韶主编《人类学通论》，山西教育出版社2002年版，第171—177页。

3. 语言的结构

人类的语言包括两个主要的结构层次：语音和语法。对于语音的研究称为"音韵学"（phonology），对语法进行研究的有"形态学"（Morphology）和"句法"（syntax）。语言的形态学研究可以确定简单的语音是如何组合成为具有定义单位的形式，句法研究单词是如何缀合在一起表达定义的。

音韵学所研究的是语音的模式和模式变化的规律，找出将语音结合成有音义的语词的一般规则。语音的最小单位是音节，而音节中的最小单位是音素。具有辨义作用的一个个音素叫音位。一个民族语言中经过整理的音位的总和，构成这个民族语言的音位体系。同时，假如在实际谈话中，同一个语言中出现两种不同的发音，而这两个音素对讲这种语言的人来说并无意义上的差别，那么，这些不起辨义作用的几个音素就代表着同一音位的音位变体。美国人类学家萨丕尔曾创制了记录音位和音位变体的一系列标音符号，这些符号曾为语言人类学家广泛使用，大大方便了学者之间的相互沟通。

语言的形态学研究集中在对语音多种组合及具有意义的语音的结合上。这里"词素"（morphemes）的区分很有意义。词素是语言中具有意义的最小单位，它们是由词和词组构成的。像英语中的 leg、store、book 等可以独立具有意义的词素称为"自由语素"，而像 ly、th、s 等后缀只有和其他词素结合在一起时才具有意义，这类词素称为"黏着语素"。同样，在形态学的水平上，相同意义上的变化也被视为单一语素的"语素变体"。如英语的 un－、non－，都表示对后面词素意义的否定，因而他们的缀入都意味着语素的变体。

所有的语言都有将词汇结合在一起表达一定意义的标准惯例。这些惯例叫作"句法规则"。在许多情况下个人对句法规则的学习是一个不经意的自然掌握的过程。

4. 语言的功能

语言的功能是多样的，归纳起来主要有两个方面：一是社会功能。人与人的交际主要靠语言来维持。有了语言，生活在社会中的人才能相互沟通，没有语言，人与人之间的联系就会感到困难。语言是组成社会的不可缺少的因素。所以说语言的第一功能是充当社会的交际工具，它的其他社会功能是从交际功能中衍生的。二是思维功能。思维统指大脑的意识活动，它和语言是两种独立的现象，但有密切的相互联系。无论是形象思维还是抽象思维，基本上要依靠语言来进行。语言虽不是思维的唯一工具，但是重要工具；伴随说话的思维都要有语言参与。

二 语言与人类的交流

1. 人类学视野中的非语言交流手段

人是社会的动物，既然身处社会之中，就必须与其他社会成员交流。从原始人最初、最简单的声音、手势到逐渐形成的语言，人类在不停地发展自己的交流手段。

手势语是人类学家研究的人类交流手段之一。手势语是通过身体动作进行交流的系统，亦可称为"身体语言"。它是靠面部表情、身体动作等来传递信息，实现直接交流的。人类有着许多意义大致相同的身体语言，如微笑在世界各地都是友善的表示。同时，我们还应注意到用手势语的交流深受文化的影响，因而同样一种姿势在一种文化中具有的意义也许和其他文化的大不相同。在美国用左手或右手给人糖果在意义上没有很大差别，但在爪哇如果你用左手做同样的事，则被认为是失礼的。身体语言有时还能表示出性别、阶级、地位的种种差别。例如在美国，妇女的坐姿通常是双腿并拢，有时双腿交叉相叠时，双脚也是并拢的。而男子则常是双腿叉开的坐态，尽管这些不同性别的身体语言并不完全和性别角色相关联，但在客观上都有强化性别角色的功能。如美国的男性多不喜欢那些行男性坐态的妇女。在许多社会人群中。试图改变代表性别角色姿态的行为往往会受到大众的非议。

除身体语言外，人类学家研究了人类交流中的伴随语言现象。顾名思义，伴随语言是伴随着语言出现的声音变化和非语句的发音。这里首先要区分的是声音的质量，它可以提供讲话者声音的背景特征以及表示出讲话者在特殊意义信息传递时的态度。人类还会借助工具来表达自己的思想以达到交流的目的。这种交流方式有时也被称为"信号"，它主要有两种，一种是视觉信号。我国古代战争中经常使用的烽火、美洲印第安人的狼火、军舰上士兵使用的旗语等就是视觉信号。它通过物体出现的频率、浓淡、色彩、方位的不同来表达不同的意思。另一种是听觉信号，它是通过声音的高低长短次数组合来传递信息，如击鼓、鸣钟、吹哨、鸣枪等。

2. 人类学视野中的语言交流

虽然有如此繁多的非语言交流手段，但语言却是人类最重要的交流手段，其他交流方式都必须依赖语言形成。因为不管使用什么样的交流手段，当传者作出表达，受众接收并作出反应时，两者之间的潜在联系纽带仍然是约定俗成的语言。

语言有什么用？换句话说，人类为什么会有语言？这是由语言的功能决定的。在人类学的视野中，语言具有交际和传递知识的作用，又有思维和记忆的作用。而这一切实际上又都是语言作为人类交流功能的具体化。由此可见，语言是人类传达思想、感情和愿望的交流工具，人类交流功能是语言最重要、最基本的功能。所以英国著名的学者哈特曼明确地指出："语言是人类最重要的交际工具。"[1]

语言和人类使用的其他象征符号是这样一种信号，其定义具有随意性的特征。也就是说，象征符号的意义是由社会习俗和学习过程决定的，不具有任何先天和生理的确定性。由于象征符号具有随意的约定性，所以不同的象征符号也许在不同民族语言中代表着相同的意义，如中文用"狗"、英文用 dog、德文用 Hund、印尼语用 anjing 代表同一种动物。象征符号的另一个特征是多音（义）性，往往一个象征符号会有多种层次的意义。交流的象征符号系统还具有开放的特点，若干象征符号结合在一起会产生完全崭新的含义，同时人类的语言也使我们能随意发明出新的词汇和概念。最后，象征符号还具有抽象的特征。"书"一词不仅指你现在手中正在阅读的出版物，而且指所有的书籍。象征符号的抽象特征使得人类具有了其他动物所无法比拟的在某种程度上概括客观事物的能力。

人类的交流实质上是文化的交流。当人们借助语言或是别的手段向他人表达自己的思想时，实际上也将自己的文化背景展示出来了，比如说我们可以从不同语言对亲属的称谓中看出不同文化之间的差异。跨文化的交流更离不开语言，试想一下如果身处一个语言完全不通的环境中，人们之间交流的困难有多大。同时，人们对能操持与自己文化相同语言的人，有着特殊的认同感。当年人类学功能论学派的创始人马林诺夫斯基在西太平洋上的特罗布里恩群岛做田野，用了将近半年的时间去学习当地的土语，

---

[1] R. R. K. 哈特曼、F. C. 斯托克：《语言与语言学词典》，黄长著等译，上海辞书出版社 1981 年版，第 188 页。

才融入当地社会，与当地居民交谈自如，也才能从收集的材料中分析出文化的含义。由此可见语言在交流中的重要作用。

三　语言与社会

语言在社会中所处的地位很重要，而且很复杂。语言与社会这两个变数互相影响、互相制约、互相接触而引起相互的变化。

1. 语言是一种复杂的社会现象

马克思曾经说："劳动创造了语言。"语言不是一种自然现象，也不是单纯的生理现象，更不能片面地解释为心理现象。人类的语言不仅是表达感情的信号，而且是表达理智的、逻辑的、推理的信号，或者甚至可以说，人类的语言本身更多是逻辑推理的产物。所以，语言是伴随着人类社会的形成而产生的，而且跟随着社会生活的变化而发展。

语言是一种社会现象，就意味着它是为社会成员服务的工具，但它不属于社会结构本身，即既不属于社会经济基础，也不属于社会意识形态——上层建筑。按照马克思主义的观点，每一个社会经济形态都会有同自己的经济基础相适应的上层建筑，当上层建筑不再适应经济基础的发展时，必然会引发"改革"或"革命"。事实证明，新的社会制度代替旧的社会制度，在人类社会不同时代不同地区已发生过多次，但在每一次制度的更迭中，语言没有"爆发革命"。作为整体来说，尽管经历了社会生活的急遽变化，语言还是代代相传的，为新的社会制度服务，如同为前一个社会制度服务一样有效——虽然很可能会产生一些就整体来说是微不足道的变化。实际上语言的逐渐丰富是随着社会生活逐渐复杂而来的，并不取决于社会经济形态的变革。

语言没有阶级性，它不属于任何一个阶级。在阶级社会中，语言（公用语）既为统治阶级使用，也为被统治阶级使用。无论男女老少，上下尊卑，都可以使用同样的公用语。语言绝不能由一个阶级宣布"没收"——物质是可以被没收的，但语言是信息载体，或者说语言就意味着信息，信息是不能被没收的。因此语言无法被某一阶级所"垄断"，它也确实不能代表某一阶级的阶级利益。

但是，当人们说人类社会不存在一种只供一个阶级通用的"阶级语言"时，不能排除每个社会阶级或每个社会集团都会在社会公用的共同语的基础上，努力按照自己的嗜好和习惯塞进一些阶级特性（社会集团特性）的东西，比如 17 世纪时流行于法国贵族阶层的"贵族语言"，马克思、恩格斯提过的"资产者的语言"，等等。这些语言其实是特定的社会集团把其社会公用语进行加工，选取合他们口味的语言成分来表现他们自己。这是语言的阶级烙印或阶级特征，而不是语言的阶级性。

2. 语言与社会的关系

社会语言学是 20 世纪 30 年代产生的一门人文学科，它主要从两个领域去对语言和社会进行探索：第一个领域是社会生活的变化将引起语言（诸因素）的变化，其中包括社会语境的变化对语言要素的影响；第二个领域是从语言（诸因素）的变化探究社会（诸因素）的变化。

社会总是不断向前发展的，语言也必须不断地发展丰富，才能适应社会的需要。从语言的结构来看，社会生活的变化引起了语音、语法和语汇的变异。其中语音的变化是最缓慢的，通常要十年以上的时间才能看出明显的变化，比如说从我国开始推行普通话至今，很多地方的方言中的某些字句已经受到了普通话语音的影响，但并不是很明显。语法的变化也是很缓慢的。新中国成立初大量俄文的书籍和文章被翻译成中文，受到俄语不用冠词的习惯的影响，译文把冠词也给省掉了，久而久之，人们也就习惯了这种说法：

　　　　"文章说……" ＝这篇文章说……
　　　　"小说写的是……" ＝这篇小说写的是……

语汇是语言中最敏感的部分，它的变化是比较显著的。社会生活中出现了新事物，语言中就迅速出现了与此相应的新语汇，比如词义的扩宽或缩小，引申甚至变异，外来语的出现，新造的词语，等等，在此不一一列举。总之社会生活不停，语言的发展也不会停，否则就会像美国作家华盛顿·欧文的一篇著名的短篇小说《李迫大梦》中写的一样，主人公在昏睡二十年之后醒来，却听不懂旁人在说什么了，不是语音听不懂，而是他的词汇落后了二十年。

正如语言的变化受社会生活的变化的影响，反过来，社会生活的任何变化，哪怕是最微小的变化，都会或多或少地在语言——主要在语汇——中有所反映，因为语言是社会生活所赖以进行交际活动的最重要的手段。

几千年来，人类社会无时无刻不在变动中，某些社会变化已经发生过了，某些现象已经消失了，甚至没有留下什么实物可以探究。但是这些事物必然或多或少、或直接或间接地被保存在语言中。对语言作语言学的，历史学的或结构上的细致研究，可以推断或还原那已经消失了的某些社会变动，这就是所谓的"语言的遗迹"。正因为有此"遗迹"，后人才能够比较清楚地明了前人的某些东西。被称为美国人类学之父的摩尔根，曾经深入生活在美洲印第安人部落中，从实际生活中观察和收集了印第安人原始状况的社会物质文化资料，发现了氏族的本质。他对有关家庭、亲属关系的研究，有很多地方是从古代民族或现在生活在原始状态的部落对家庭亲属的称谓语出发的。

综上所述，语言与社会之间是互动的关系。在此关系中，社会是第一性的，语言是第二性的，社会有了变化，这才引起语言的变化。我们透过语言的变化现象，把历史的或当时的社会生活的奥秘揭示出来，但绝不是像语言相对论者那样，认为有什么模式的语言，就会产生什么样的社会模式或社会文化。那样的论点本末倒置，是违反唯物论的。

四　语言与文化

语言是人类文化的一种表达，人类学家既把语言作为文化的组成部分，又把语言与文化区别开来。

1. 文化对语言的影响

文化影响语言的生存和发展，这种影响大量地通过词汇表现出来。因为词汇对于人类观察和认识客观现实并赋予其意义来说是至关重要的。对词汇的分析可以看出某种文化的基本重心是什么。例如，在阿拉伯语中，人们用了几百个词来表示各种骆驼、骆驼的各个部位和有关的装备。由此可见，骆驼和与骆驼有关的一切，在阿拉伯人的生活与文化中占有多么重要的地位。

在任何一种语言中，某个方面的词汇的构成，与以下三个因素有关：一是该方面的词汇在社会中的重要性；二是环境中所碰到的各种各样的实际现象；三是基本词汇（必须使用的词语）的量的大小。例如：哈萨克语中有很丰富的关于牲畜的词汇，羊、马、牛、骆驼等主要牲畜因性别、年岁的不同而有各种不同的名称。但有关蔬菜的名称，在哈语里则比较少，一些主要的蔬菜如"白菜、萝卜"等都借自汉语。这种情况的出现一方面是因为游牧是他们的主要生存方式，另一方面是因为人类所具有的辨认"自然"物品的普遍功能。

另一个典型案例是人类的家庭制度和亲属称谓。不同文化的人类群体中，同样的血缘关系可能对应着不同的社会关系模式。某些民族用同一个词来称呼自己的亲生母亲和母亲的姐妹，并且在行为举止方面也采取同样的态度和方式。汉语的亲属称谓是所有称谓中最复杂的一种（苏丹式），对血亲、姻亲、直系、旁系都有明显的区分，显示出汉族族群庞大而细腻的家庭文化。与之形成鲜明对比的是英语所采用的爱斯基摩式的亲属称谓，它的显著特征之一就是重视核心家庭成员的内聚关系。凡属于核心家庭的成员比如父、母、兄弟姐妹、儿女等都有专门的称谓，可是对核心家庭以外的亲属的称谓就是概括性的了，比如无论父方还是母方，与父母同辈的男性亲属统称为 uncle，女性亲属统称为 aunt。

学者们通过自己的研究表明：词汇至少在某些情况下是受文化、环境及生理因素影响的，如颜色词就是这种情况。有的语言只有两种通用的颜色词，大体相当于汉语的"暖色"和"冷色"。而别的一些语言，如英语和匈牙利语，颜色词超过了十个，如果加上复合词，那就更多了。此外，就当代来说，妇女们关于色彩的语言通常要比男人们丰富得多，而老一辈人也经常抱怨听不懂现在年轻人所说的话，比如"这种颜色很炫"。

再者，从横向来看，不同文化之间的传播和交流，也会影响到语言的发展。拿中文来说，不仅仅是语言学家，就算是普通的老百姓，也可以清楚地看到近二十年来中文词汇的明显变化。随着域外文化的不断流入，生活中直接引用的外来词汇越来越多，比如"派对""麦当劳""卡哇依"（日语：可爱）等。而新造语则是对流行文化的最快反映，它可以是外来语的本土化，比如"泡吧"；可以是对新事物的诠释和命名，比如"人世""反恐"；也可以是现行现象的代名词，比如"无厘头""星语"（周星驰式的话语）；等等。在此不可不提的是网络语言现象。在当今都市年轻一代的生活中，网络已经成为不可或缺的部分，甚至可以说已成为一种文化现象。而在网络聊天中盛行的"网语"，在中文口语的基础上结合了方言、外语、数字、符号、图片等多种元素，异化成了一种只有"网虫"才能完全理解的语言，比如在网络聊天软件 QQ 上经常可以看到类似这样的语言："偶（我）是西西 PLMM（漂亮美眉），周围的人都说跟不上偶的语言更新速度，84（不是）偶装'骨灰'（资深）级大虾（大侠），我也不想酱紫（这样子），但是如今好玩的东东（东西）越来越多，用上那么一两句，顿时有一种'达人'（熟谙网络之道的人）的感觉！"这种只能在电脑键盘上敲击出来的语言，也许不能用传统的语言体系来下定义，但它却真真实实地反映了在一种特殊的文化环境下语言的发展和变化。

这种网络文化，以及诸如此类的电视文化、手机短信文化、广告文化、选美文化、旅游文化、体育文化、汽车文化、房地产文化、反腐文化、新新人类文化等如同万花筒般的新文化现象对语言的冲击，使得近十几年来语言出现前所未有的快速发展和无穷变化，甚至是"肆意泛滥"，难怪一些语言学家惊呼要"保卫语言的纯洁性"了。但是从人类学的眼光来看，这种文化的多样性恰恰是促使语言更鲜活、更生动的基因。试想在公元 2 世纪，希腊语成为当时地中海和西亚地区的公用语言之时，是因为它拥有荷马、欧几里得、柏拉图和亚里士多德这样的文化资源，但是后来希腊语却被拉丁语取代，希腊文化反倒成了"文物"，而拉丁语成了古代地中海国家的通用语。但历史又有着惊人的相似之处，拉丁语后来又重蹈希腊语的覆辙，被英语所取代。这是为什么呢？这就是希腊、罗马文化的创造力枯竭造成的。而当今英语"雄霸天下"，据大卫·格拉多尔在《英语的未来》的报告中称，10 年后世界上将有一半人会讲英语或学讲英语。其根本原因也在于英语文化的创造力，是英语国家在高科技上的话语权之释然。从这个历史的经验中去感悟、去审视当今中国语言多样化的状态，正好说明中国文化的活力，正好反映了中国经济的崛起。在这种背景下，中国正在走向世界，融入世界，汉语也正在走向世界。据《羊城晚报》2004 年 12 月 27 日的报道，目前全世界学习汉语的人数达 3000 万人左右，有 100 多个国家的 2300 所大学开设了汉语课程。汉语教学在许多国家和地区也出现快速发展的势头。想　想唐代的博大胸怀，唐文化的丰富璀璨，唐代汉语吸纳了大量的"胡言""胡语"，正是唐王朝综合实力的一种文化表达。今天中国语言的多样化也正是中国文化的多样化表现。只要有活力，有创造力，我们就不必为汉语的未来发愁，而应该坚信汉语也可能成为未来的世界语言。人类学的思维方法强调整合性，所以，当汉语在各种新兴文化的冲击下发生大互动、大碰撞之时，也是汉语在 21 世纪重新开始进行整合之日。整合之后就是认同和发展，我们应该相信已有五千多年历史的汉语是有强大的吸纳力、整合力和创造力的。

2. 语言对文化的影响

文化影响语言的生存和发展，反过来，语言也影响着文化的生存和发展。如前所述，语言是文化的一种表达，而文化是以象征符号为基础的，是要用语言来记录和传承的，语言一旦消亡，文化同样也会元气大伤甚至渐渐走向消亡，比如我国水族的水书。水书作为水族的独特文字，是研究水族社会历史文化的钥匙，但如今愿意学习水书的人越来越少，水书正面临失传的危险，而水书中所记载的种种水族传统文化，也会随着文字的消亡而湮没于故纸堆中。语言的多样性代表着文化的多样性，据统计，目前全世界共有 1600 多种语言面临消亡，专家呼吁要像关注生物多样性一样关注语言的多样性是不无道理的。

在人类学的视野中，中国语言的现状对文化的影响已是瞩目皆是。人称第五传媒的短信对于中国文化的影响已凸显无遗。据有的学者观察，短信因其便捷、隐秘和鸡毛蒜皮的属性而大受公众的欢迎。其说男女、说世情、说人心、说时尚、说古今等而表达出下里巴人的特质。在祝贺新年的短信中，如："装满一车幸福，让平安开道；抛弃一切烦恼，让快乐与你拥抱；存储所有温暖，将寒冷赶跑；释放一生真情，让幸福永远对你微笑！新年快乐！""愿您抱着平安拥着健康揣着幸福携着快乐搂着温馨带着甜蜜牵着财运拽着吉祥迈入新年快乐度过每一天！"（没有标点）"新年到了，送您三个情人——一个说陪您终身，一个说伴您左右，一个说永留您心中。她们的名字分别是'健康''平安'和'快乐'。"等这种在平凡人中间传递着的短信如涓涓细流，竟也汇成了短信文化，甚至短信小说也已经新鲜出炉。在今天的文化传递中还有什么比短信更快更方便的呢？可见语言对文化的影响是十分大的。

这是流行语言形式对文化的冲击和改造，那么传统语言形式又会怎么样呢？最近有学者对普通话的推广和繁体字的废用质疑，这是十分值得重视的一种声音。

众所周知语言是文化的重要载体，汉族文化之所以千姿百态，丰富多彩，其一种表现就是方言繁杂。可以说几乎每一种汉族方言都是承载着汉族文化多样性的一个部分，因此，汉族方言本身就是汉族文化多样性的一个符号表达。北京话承载了中国北方文化的一部分精华，上海话承载了中国东部文化的一部分精华，陕西话承载了中国西部文化的一部分精华，粤语承载了中国南方文化的一部分精华。当然东北话、天津话、山东话、南京话、宁波话、温州话、杭州话、闽南话、客家话、西南官话、平话等都各承载了中国文化的一部分精华。因此，我们是不是可以像对少数民族民族语言那样尊重和保护汉语方言呢？实际上，尊重和保护汉语方言就是尊重和保护汉族文化的多样性。

再说繁体字和简体字。实际上简化汉字的作用是伟大的，其对于人们识字、书写、进行文化交流功不可没。但是繁体字本身也承载和传承中国文化的重要信息，更何况今天中国台湾、中国香港、中国澳门这些地区还在使用繁体字，海外几千万华人华侨还在使用繁体字。因此，繁体字对于凝聚中华民族有着不可代替的桥梁作用。由此可见，语言对传统文化影响也是显而易见的。

综上所述，在语言与文化的互动关系中，语言的本质绝对不仅仅是一种交流的工具，而且是一种文化的表达，是人类文化延续的重要载体。在人类学的视野中，文化有了变化，才会引起语言的变化，反过来，语言的发展又会影响文化的变迁。

五　人类学研究中的语言学方法

研究方法对每门现代科学的理论和实践都有重大意义。系统的研究方法是学科成熟的标志之一。在人类学研究中运用语言学材料和方法，包括两方面的内容：一是密切关注有关的语言学材料、社会制度、亲属称谓等方面的名词术语，并且充分地加以利用；二是自己亲自动手，直接搜集为人类学研究服务的第一手语言学材料。为此，掌握语言学的方法，特别是通过语言学材料研究人类学，是很重要的。经常使用的语言学方法有以下几种。

1. 音位记音法

这是语言学的基本功，也应该成为人类学研究的一项重要方法。当然两者是有区别的，从人类学方面看，并不要求全面地归纳和描写一种语言的音位系统，或者探讨语音的发展规律，而只要求对所描写或论述的事物——语词或长篇材料作准确的语音记录。如果不掌握这种方法，在人类学调查中就只能以汉字来记录民族语词，或者仅靠口译来记录长篇材料，这样记录得来的材料是极不准确、极不科学的。要掌握这一重要方法，我们就要学会国际音标，以及用国际音标进行音位记音的基本知识和技能。

2. 语义辨析法

这是语言学中语义学和词典学经常使用的方法。运用到人类学上，尤其是在那些有助于说明人类学问题的关键词语上进行语义的辨析，往往能起到直接证明事物属性的作用。恩格斯在分析母权制崩溃以后所建立起的父权家长制家庭的特征时，就使用了这种方法。只要注意运用语义辨析的方法，我们就可以通过语言这一物质外壳，来分析研究其内容——一个民族的社会历史的各方面的现象。在进行语义辨析时，最重要的是分析本义，其次是分析各义项之间的关系，与人类学结合起来看，这种从本义到其他义项的发展变化，正是社会发展和人们认识活动发展的结果和反映。

3. 历时遗留考证法

我们借用泰勒《原始文化》中运用的"遗留"（Survival）这一术语作为运用历史比较语言学原理纵向考证民族历史和史前史所用方法的总称。泰勒用"遗留"表示"仪式、习俗、观点等从一个初级文化阶段转移到另一较晚的阶段，它们是初级文化阶段的生动的见证或活的文献"[①]。19 世纪欧洲的语言古生物学首创了从语言考证民族历史的方法，又称语言古生物学方法。这一方法又包括词源学分析法、语言底层考证法、古文字考据法等。这是考证民族历史最重要的语言学方法。

4. 语言谱系分类法

这是民族分类的主要方法。我国民族学家凌纯声在 20 世纪 40 年代最先运用这一方法将我国西南少数民族划分为百越、氐羌、苗瑶三大族系，分别相当于汉藏语系中的壮侗、藏缅、苗瑶三大语族，从而奠定了我国民族分类的基础。至今这一方法仍是民族分类中最有影响力和应用价值的方法。

5. 谱牒追踪法

这一方法包括应用亲属称谓和父子连名两类语言资料追踪古代家族制度和渊源。摩尔根首创用亲属称谓研究人类家族制度和婚姻制度的发展变化。罗常培最先发现我国藏缅语族中的父子连名现象，并据此解决了几个民族史上悬而未决的民族如摆夷、南诏的归属问题。研究者近来还发现有母子、舅甥连名现象，并且不局限于藏缅语族。这一方法尽管有某种缺

---

① ［英］爱德华·泰勒：《原始文化》，连树声译，上海文艺出版社 1992 年版，第 15 页。

陷，但仍是人类学界常用的研究方法之一。

6. 结构分析法

列维－斯特劳斯将语言学中音位分析的方法应用到亲属制度以及神话的研究上，开创了人类学结构学派。结构分析法运用精密的数学公式和数理逻辑，把社会作为一个无意识的、封闭式的结构进行分析，是一种演绎的方法。有的学者认为它是唯心主义的，将会自然消亡或不再发展。也有的学者认为这一方法既完成了它的使命，又始终有未尽价值。

名词解释：

语言

思考题：

1. 简述语言的本质。

2. 简述语言的结构。

3. 简述语言的功能。

4. 简述语言与社会的关系。

5. 简述语言与文化的关系。

第十七章　人类学与现代生活

人类学是为"人类"而有，而非"人类"因人类学而存在。文化人类学所提倡的全景的、比较的和相对的观点，以及实地的长时间的田野调查方法，使人类学家面对 21 世纪人类所面临的各种问题时都会有独到的见解。文化人类学以人为本，从整体观出发，强调在社会文化研究中必须坚持研究经济、社会、文化、意识形态等诸系统的相互作用，并把这些系统置于人与自然、人与人的关系中考察。因此，对于人类学者来说，运用人类学的理论观察现代社会、解读现代社会，以解决 21 世纪人类赖以生存和发展的问题，引导人们适应现代生活，成为这个时代的要求。

一　乡村与都市

1. 乡村社会

人类学对乡村社会的研究主要从对乡民的社会组织、亲属制度、经济、宗教信仰、人观等层面探讨。何谓乡民？大多数学者同意乡民生活的主要特征是一种农业的生存方式，强调自给自足，但又依赖更广大的社会产品与市场。乡民生活在他们自己的世界之中。城市是那个更广大世界的中心，而乡民所在的地方则是城市的边缘地区。

（1）乡村社会的特征

人类学家把乡村社会视作原始社会与都市社会的中间类型。乡村社会构成特征概括起来大致有三个特点：一是人口密度稀疏，社会结构简单；二是经济活动简单，自给自足性强；三是家庭作用重要，血缘关系浓厚。但是，这三条能否全面反映我国乡村社会的特征还有待深入研究。

乡村社会跨越的时间很长，分布的范围也非常广，同时，随着近代以来的现代化运动，乡村社会的文化变迁也从缓慢变得快速起来，所有这些都影响乡村社会、农民文化的特征概括。因此有人主张，把前工业社会时期的乡村社会称为"传统的"，而工业革命以后的乡村社会称为"现代的"（并不是以时间来划分，而是视受现代化影响的程度而定）。

（2）乡民的经济

乡民过着一种两面的经济生活。第一，他们主要是粮食生产者。乡民及其家人主要以自己的劳动成果谋生。技术与资源的限制迫使他们必须终年辛劳以求温饱，同时又要担忧作物歉收与统治阶层的需求。第二，他们以农业的剩余或手工业产品支持农村以外的经济体系。通过市场和其他交易网络，农家的产品支撑着外在的统治阶层以及为统治阶层提供各种劳务人员。但乡民对外部经济体系的参与受到很大限制，除了由于生产工具有限外，更因为社区的社会组织与压力限制着乡民个人的经济决策。

（3）乡村社会组织与社会秩序

许多人类学家指出，乡村社会组织模式都还保留着从部落社会演化而来的痕迹，这就是强烈的家族意识与亲属关系。如墨西哥和中国虽然天各一方，但以父系继嗣为特征的单系继嗣群体在乡村社会生活中都具有重要的作用。

乡村社会是文明发展的结果。无论是社会组织、人际关系或社会经济都表现出两面性，即一方面保持原始社会的特质，另一方面又受文明和现代化的影响。因此，一方面表现为亲属关系仍很重要，另一方面却表现为认同商业精神和对金钱的追求。生活的目的虽然内含着强烈的感情，却又受到形式的与非个人的控制。因此，农民生活介于道德秩序与技术秩序之间，或者说农民在处理技术秩序时含道德秩序的成分在内。这种道德秩序与技术秩序的重叠现象，可以在很多社会行为中发现。

（4）乡民的世界观

乡民的道德体系与价值体系，对世界和自己在这个世界中的地位的观点，清楚地显示出乡民生活中病态的一面。乡民被关在一个不利于自己的世界中，这个世界注定乡民要一辈子在都市的统治阶层下过着贫穷的生活。他们的地位无论在哪一方面都受到压制，自我概念也被破坏无遗。除了货币与货币能买到的物品外，骄傲与成就也变成了稀有的"财货"。

因此，乡民作为一个社会群体，在心态上呈现出保守和自我封闭、猜疑外来人并维护传统；他们似乎始终徘徊在都市社会的边缘，形成缺乏进取的内向心理、行为模式。但是，当我们从更广阔的时空来看他们的这些世界观的时候，或许我们会问：乡民们的这种保守内向性是不是他们在面对统治者种种压力之下，经历了漫长斗争与调适之后形成的，而不是其自身传统保守的产物？这是一个有待进一步研究的问题。

（5）现代化中的乡民社会

传统农业迈向现代农业过程中，社会必然从封闭转向开放，农民的性格或者说农民的素质也会随之变化。英格尔斯（Alex Inkeles）首先提出现代化个人的特征，即能接受创新；对未来事务有自己的看法；能了解不同意见，而做客观判断；能事先规划；能主动学习和支配环境；能尊重别人；相信科学的作用；相信报酬与付出的贡献成正比；注重现在与未来、守时惜时；能主动参加社区活动等。

传统乡村社会向现代化迈进有一个过程，有人把这一过程分为传统、前现代化、半现代化、现代化几个阶段。乡村社会在现代化冲击下，乡民必须放弃传统的方式去迎合某些现代化，或者去适应异地的薪资工人的生活吗？乡民传统生活方式的顽固性可不可以看作现代化在技术和资金上对其进行支持或补充呢？这都是对"不死的小农经济"的再思考。但总的说来，现代社会中的乡民社会会逐渐丧失其原有的特性，农业性格的改变只是一个方面。在乡村中，经济结构的变迁，会带来社会生活的变化。文化上，由于大众传媒工具的影响（尤其是电视的兴起），原先存在的高文化与低文化的差距缩小，而形成大众文化；在宗教上，一方面是地方特色的消失，另一方面是表现为形式化。总之，乡村社会正处于一个大变动的时代。

2. 都市社会

都市是城市与城镇的总称。都市人类学（Urban Anthropology）萌芽于20世纪20年代，二战后开始受到注意，60—70年代迅速地发展起来，并成为人类学中一门重要的分支。

都市化（urbanization）这一术语也称人口城市化、城镇化、城市化等，一般指农业人口（个体或群体）向非农业人口转化并在城市集中的过程。《大英百科全书》认为：城市化一词，是指人口向城镇或城市地带集中的过程。这个集中化的过程表现为两种形式，一是城镇数目增多；二是各个城市人口规模不断扩充。

20 世纪 50—60 年代，英国的一些人类学家意识到人类的另一聚落——都市的重要性，首先开始了对非洲城市的研究。他们认为，非洲都市的快速发展在很大程度上是受外国人（特别是西方人）的商业、工业甚至行政活动的影响促成的。他们的研究主要从三方面展开：（1）分析社会结构关系，从社团、俱乐部、丧葬互助会等入手；（2）分类研究，由住在都市的人对其他人进行分类研究，如各民族之间的关系、各行业之间的关系；（3）分析人际关系，从人际网络关系着手探讨其疏密大小之别。小型网络往往包括朋友、领导关系，大型网络则指城镇间的相互联系。20 世纪 60 年代后期，这种研究扩展到了都市以外，城市与乡村的关系、都市与国家的关系、都市制度与国家政治制度的关系等问题都被纳入了他们的研究范围。

从 20 世纪 70 年代起，都市人类学迅速发展。首先，它克服了以前那种不视都市为主题而仅仅视之为背景的缺陷，发展了都市的比较研究。同时，其研究对象的所在国已不限于非发达国家，也转入了西方发达国家，提出了许多深刻的论断。

与都市化相关的问题是人类学家和其他社会科学家都关注的问题之一，它们是在都市化进程中出现的，与农村人口大量涌进城市有关系。在工业化、现代化过程中，出现许多新兴城市。新兴城市的发展伴随着大量的人口流动，产生了许多新的问题。

（1）移民的适应问题

在农村，一般是面对面的社会，一个人在成长的过程中，与周围的人都彼此认识和了解。在这种情况下，社会制约非常强烈，一个人的行为稍有偏差，必须面对很大的社会压力。在流入城市的时候，他们能否很快适应城市文化？传统的价值观、亲属关系、社区网络，是否还会在都市里发挥联结作用呢？长久的都市生活会不会使他们彼此孤立、不讲私情等？这样的倾向似乎是存在的。它解释了都市移民中的一些行为"失范"（anomie）现象。对于城市移民，没有传统礼教规定你得做什么、怎么做，而且，移民群中的人相互也不认识，因此，很容易出现"失范"现象。在没能找到工作的情况下，很容易导致青少年犯罪，甚至是拉帮结派地犯罪。

（2）都市化的伴生物

随着大量的年轻移民涌入城市，乡村里留下大量"弱势群体"，主要是老人、妇女和小孩，造成农村人口的老龄化和妇女化。有人称此为

"6038 现象"，即田间只有 60 岁以上的老人和妇女，以武汉市 M 镇为例，该镇 25 岁到 50 岁的中青年男劳力 14860 人，长年在外从事工、商、建、运的有 3614 人，占 24%；季节性在外的达 8200 人，占 55%。因此，这些年来，35 岁以下的青壮年男劳力会农活、精于农业技术的日益减少。

　　乡村的社会组织也因城市化的快速发展而解体。在传统社会中，一个人的收入、社会地位等是由传统地位决定的，而不是由他个人的技术、努力来决定，而现代化、工业化要的是效率。因此，能力低、身体差、技术少的人，同时也失去传统对他的保护。不仅如此，这也会导致传统社会的解体，传统人际关系受到破坏。如传统的舞龙、舞狮组织等都可能无法维持下去。过去人与人合作的关系，也会因现代化而为人与人的竞争关系所替代，个人主义出现并膨胀，这些都会使原先合作的社会组织难以维持，迫使它改变面貌。

　　(3) 都市社会的新课题

　　人类学在对城市的研究中发挥了人类学特有的传统，拓展出大量的新课题。例如在对城市中贫穷和犯罪的研究中，人类学学者从文化的深层来探寻其发生的根源。刘易斯认为，贫穷不仅是一种社会现象，在某些地方其已形成了一种实在的亚文化。要解决贫穷并不难，但要消除这种亚文化则难得多。在都市人类学研究过程中，人类学的研究方法如参与观察法、整体研究法和泛文化比较法都被灵活应用其中。我国都市人类学研究起步较晚，但步伐不小。1989 年底，在北京召开了首届国际都市人类学会，所涉及的主要课题有：①都市的起源、形成和发展过程；②与都市生活相关的问题，如家庭、婚姻、心理疾病、老年、生育等；③都市中各民族集团、地方群体的相互关系；④都市化过程，人口迁移以及都市化政策理论、规划、建设等问题；⑤都市文化变迁与文化适应的问题等。

二　妇女与儿童

1. 女性人类学研究的兴起

　　20 世纪六七十年代兴起的女权主义运动给学术界与学术机构带来了新的课题。在 20 世纪 70 年代的美国，成千上万的妇女加入了全国性的妇女组织，为自己争取经济上、法律上的平等地位，要求消除一切形式的性别

歧视，要求在雇用、提升、工资、离婚以及家务劳动方面都获得与男子平
等的权利。这一运动在许多方面确实取得了很大成效。其中一个显著的标
志就是妇女就业率有了大幅度上升。在这样的背景下，以女性为对象的研
究以及女性所做的研究正流行于许多学科，人类学也不例外。

女性人类学的研究内容主要有下述六个方面：（1）妇女的体质特征。
除了按人类体质调查的常规对妇女进行固定项目的形态观察和体质测量以
外，着重研究妇女的特殊生理现象，如青春期、怀孕期、产褥期、更年期
的不同生理特征，以及如何增强妇女体质、改善妇女健康条件的各项措
施。（2）妇女的心理特征。包括妇女在不同的年龄和发展阶段的不同的心
理状态。（3）妇女在人类繁衍中的作用，联系到研究婚姻和家庭状况。
（4）妇女的智力开发。（5）妇女的婚姻状况。（6）妇女在家庭和社会中
的地位。

2. 人类学视野中的妇女社会地位

20 世纪六七十年代以来，人类学家开始反思以往带有浓厚性别偏见的
民族志，并转向把女性作为主体和本体的研究，主要的成果集中在妇女地
位问题。影响妇女社会地位的因素是多方面的，人类学家认为其主要的因
素可能包括下面这几个方面。

（1）妇女对社会物质财富的贡献

一些持唯物主义观点的人类学家认为，妇女在社会中的地位、财产
权、参与公共事务的权利，以及男人对她们的态度等，都与她们的生产劳
动所能提供的衣、食、住及其他生活所需物品的多少相关。这种假说在采
猎社会和简单种植社会里得到普遍的验证。但也有人不同意这种观点，如
18—19 世纪的美国黑奴，对社会物质财富的贡献是那么大，而他们的社会
地位却很低。

（2）妇女对关键资源的控制

这种假说认为，只作出足够的贡献不足以保证妇女的社会地位，更重
要是妇女要控制资源，如土地、工具等，并对劳动成果的分配有发言权。
只有这样，妇女才有可能获得较高的社会地位。现代社会妇女大多有自己
的正式工作，对自己挣来的钱当然有控制权，所以她们的地位也比过去大
大提高了。

（3）世系与婚后居住类型

一些学者发现，在母系的和随妻居的社会，妇女在许多方面拥有较多

的自由与平等。当然，即使在这样的社会也不是"妇女统治"，总的来说还是男人掌握社会和家庭中的统治权。所不同的是，在母系和随妻居社会，男人们主要统治其姐妹和姐妹的孩子们；在父系和随夫居社会，男人们统治自己的妻子、儿子、儿子的孩子和未婚的女儿。所以，在父系和随夫居社会里，女性出嫁后，各方面都受到男方和男方家庭的控制，其自由与权利受到很大限制。

（4）武力竞争程度

以上几种说法大抵是从静止的角度来考察影响妇女地位的因素。还有一些人类学家试图从社会发展的角度来考察，认为从原始社会到阶级社会，随着生产的密集化、社会的复杂化，人们相互之间对土地、资源等的竞争也日益加剧，战争也变得十分频繁。男人们垄断了武器，自然成为社会的统治者。竞争越激烈，妇女地位越下降。所以妇女们的悲剧乃是和平的势力被迫受制于战争的势力的象征。

随着全球范围内交流的全面深入，第三世界妇女与发展的研究开始在中国受到重视。各个不同领域的研究者对中国现实的妇女地位、状况，从政治、教育、保健、就业、法律、人权等不同领域展开了研究。特别是1995年第四次世界妇女大会在北京召开，更带来中国妇女研究的高峰。围绕世界妇女大会主题和次主题，特别是农村妇女发展、女童教育、妇女健康等方面的研究一时成为研究的热点。

3. 儿童教养与人格塑造

早期的童年经验对于人格的形成以及社会化作用的成效有绝对的影响力。这些早期的经验大多数不具结构性，也未曾事先计划过。许多早期童年的社会化不是来自以塑造儿童的世界观为目标的活动。这个时期里大多数的社会化过程是非正式的，如喂食、照顾，以及与儿童一起游戏。

人们对于儿童的影响程度会随着不同的社会或同一社会中不同的群体而有所不同。为了减轻父母亲抚育儿童的负担，大规模社会的精英们通常会将抚育儿童的工作交由保姆或看护者来负责。这些儿童的社会化过程通常会发生在这些社会中的中产阶级核心家庭中。相反地，在许多小规模的社会中，社群中的每个人都负有照顾儿童的责任。如澳大利亚儿童养育，每个成年人，不论是否为儿童的父母亲，对于儿童的教育都扮演主动积极的角色。

抚育工作中成人与儿童的互动也有很大的不同。与西方社会对儿童施以较严格的管教相比较，塞迈族人十分纵容他们的小孩，体罚十分罕见，即使只是捏脸颊或打手心也很少。这并不意味着塞迈族对他们儿童行为不会加以控制，而是他们会将恐惧感灌输到儿童的心中去替代体罚，让他们对于陌生人、恶灵，以及大自然中的暴力感到害怕。

不论如何，儿童的成长经验在不知不觉中内化与组织化，渐渐地塑造出这个即将成年的人之人格。童年初期的经验塑造着人们往后的人格。

4. 儿童养育与文化传承

有的专家认为儿童养育方式实际上是一种文化的选择传承现象。高比率的隔代抚养结构，是中国儿童早期社会化的一大特点。儿童最初的社会经验大多数情况来源于祖父母辈。因此，儿童的社会经验中包含着大量的传统文化，而文化变迁的成分则是有限的。这也许是中国文化变迁、社会变迁比较缓慢的一个原因。此外，在中国儿童的家庭养育中，求安意识、代际亲和意识以及集体意识的培养相当突出。儿童个体在很小的年龄就参与到整齐划一的例行生活安排中，社会规则是融合在例行化的日常活动里，并由此而逐渐形成了生活习惯，所以，克制和压抑自我的社会化训练成为中国人的性格社会化中的一项文化基因。

从儿童的食品消费中也可以看出中国文化传承性。中国人一贯"爱幼"，因为孩子尤其儿子是祖先血脉的延续，是家族"香火"的继承者，是父母生命的一部分。就此意义而言，"爱子"实为对放大了的自我的爱恋，孩子从未被作为独立的个体来对待，而是群体的一部分；因而除了少数的儿童游戏的场合外，传统社会中孩子几乎没有属于自己的独立空间。就食物而言，传统社会中幼儿在停止饮用母乳后，与成人消耗的食物是没有什么本质区别的，因而传统社会中儿童食品这一概念或许并不存在。

在当代中国社会，虽然小生产的自然经济基础和宗族制度的社会基础都已发生重大变革，但重子嗣、爱孩子的传统并没有改变，而且计划生育尤其是独生子女政策的实行使家庭对孩子的宠爱达到极端有时甚至是非理性的程度。在城市地区出现的许多所谓"四二一"家庭结构使孩子成为众多成人关注和溺爱的中心，而在这种百般呵护、簇拥中成长起来的一代"小皇帝"甚至会把自己视作世界的中心。这点从一项最重要的内容之一——"吃"，就可以看出儿童的这种不正常的中心地位。一方面是市场上专为儿童设计和生产的食品前所未有地出现和增加，孩子们在这一范围内的知识和信息甚至超过他们的父辈，更遑论其祖辈；另一方面，在家庭的食物种类、就餐方式等选择上，孩子也成为主要的考虑因素，甚至成为主要的决策者。这些部分地反映出家庭生活重心和家庭权威关系的转变。[①]

三　老年与健康

1. 人类学对老年问题的关注

自一个男性从他的工作岗位或社会活动中退隐，一个女性从她的家庭生活和角色中退守于次要位置，直到他们与世长辞为止的这一段期间，称为老年期。老年期依年岁的累进，又分为三个不同的阶段：第一是65岁至74岁为老年前期，第二是75岁至84岁为老年中期，第三是85岁及以上为老年后期（或称很老的人）。

人类学关注不同文化中的老年地位和社会对老人的态度及老人问题本身的研究。在20世纪前半叶的人类学著作中，关于老人的研究特别突出的是长老制，即老人统治。所谓老人统治，最初由英国人类学家使用，它形容美拉尼西亚长老统治下的政府制度，系指少数老人把持的政治，一般存在于初民社会。人类学研究老化现象所采取的理论架构是把老化视为一种变迁的动态过程，而非静态不变的状态。老化过程与社会地位、社会结构的变迁息息相关。此外，老化过程也与个人在社会的适应程度有关。这些适应程度包括自我认知能力，对角色变迁的接受情况；老人对生理年龄及心理年龄之认同情况；老人对其一生发展过程回顾时所采取的自我解说法；社会对老人的一般态度及期待；老人对社会态度的反应。

工业社会讲究工作效率，提高了年轻人和壮年人的社会价值和地位。相形之下，失去工作能力又身心退化的老年人，也就成为被忽略或不受重视的一个小群体（minority group），这形成了现代社会中的一个突出的社会问题。

2. 中国现代社会要重视老年问题

据联合国的人口统计和预测，2000年中国60岁及以上老人的绝对数为1.3亿，占全国总人口的10.3%；到2025年，老年人的绝对数将达到2.9亿；2050年我国的老年人的绝对数将达到4.4亿，占亚洲老年人口的

---

① 详见郭于华《社会变迁中的儿童食品与文化传承》，《社会学研究》1998年第1期。

1/2，占世界老年人口的1/5。到时，我国将成为世界上老年人口最多的国家。

目前，我国人口年龄结构已开始进入老年型，并呈现以下特点：老年人口基数大，老年人口增长速度快，高龄化趋势明显，地区老龄化程度差异较大，人口老龄化与社会经济发展水平不相适应。欧美一些发达国家在进入老年型社会时，它们的人均国内生产总值一般在5000—10000美元，而中国目前尚不足1000美元，是典型的"未富先老"。

一般来说，有关老年问题的研究课题主要有：老人人口比率提升问题；老年人的身体和人格改变问题；老年人的退休与生活安置问题；老年人情绪变化问题；老人的居住与再社会化问题等。此外，社会计划还把老年人的安置与照顾列为主要社会福利项目之一。所以，有关老年人的课题，已成为整体社会制度的一环，是现代生活中的一项重要课题。

在中国社会，由于其自身文化所孕育出来的孝道观念，家庭养老仍为我国社会重要的养老方式。如何能寻求出家庭养老和社会养老的最佳结合点，应成为老年人类学的研究课题。目前，结合中国实际，人类学的老人调查应从以下几个方面展开：（1）老人的地位和角色及心理特征；（2）老人及其家庭的地理特征，以及社会移动性；（3）老人的劳动状况，退休、退职及余暇生活；（4）老人的自立性及其依存性；（5）以家为中心的社会关系的持续性等。

3. 现代社会中的健康

早在1946年，世界卫生组织（WHO）就已经提出："健康不只是没有疾病或不虚弱，而是身体的、精神的健康和社会幸福的完美状态。"1986年，在第一届国际健康促进大会发表的《渥太华宪章》里，又给健康赋予了新的定义："身体、心理健康和社会良好适应的完美状态。"按照上述对健康的定义，真正的健康应该包含以下三个要素。

（1）生理健康。生理健康问题可能由微生物或物理损伤引起，也可能是由饮食习惯和地方风俗引起的。现代生活的生理健康大多数是由饮食习惯引起的，不良的饮食习惯是危害健康的大敌，它包括两种截然不同的情况，一种是营养不良，另一种是营养过剩。全世界大约有8亿人正处于营养不良的状态。轻微的营养不良不会影响人们的日常生活中的行为能力，但如果严重的话，甚至会导致长久性的脑部伤害或死亡。造成营养不良的原因包括了文化与社会两个层面。营养不良与社会因素是相关的，如经济上的贫穷，这些社会因素影响人们吃的食物之种类与数量，以及影响人们对所吃的食物的想法（即认为什么才是"食物"，不同的族群或民族对同一种食物有不同的看法）。其次是在人类向大规模工业社会迈进的同时所带来的健康问题，如肥胖、糖尿病、心脏病、高血脂、高血压及过度紧张等。社会财富的增加在一定程度上刺激食物消费的增加，引起肥胖症。可以说，肥胖症是当今世界上最大的公共健康问题。它是心脏病的主要原因，是引发糖尿病的首要危险因素；它还极易引发癌症和其他疾病。总之，营养不良和营养过剩都不利于人类的身体健康。

（2）心理健康。自觉地注重心理健康是人类与其他动物根本区别之一。心理的疾病可能是由生理的疾病引起，也可能是个人无法适应社会文化变化而产生的心理问题所引起的。就后者而言，心理疾病与来自环境产生的压力有关。压力存在于每个社会中，这可能是自然因素导致的，如地震、火山爆发等，也可能是蓄意引起的，像被询问、逼供时情绪的紧绷。然而，它也可能是我们生活中一种正常的情形，像面对出生、死亡、婚嫁时所产生的压力。此外，尚有一些来自社会的因素，如失业、工作过度等也会导致压力。

通过对不同文化的心理疾病几十年来的研究，西方精神病学者认为，一些主要的心理疾病形态都是全世界共通的。然而，由于压力产生的情况因地而异，且每个文化处理压力的方式有别，所以心理疾病之种类的分布在每个社会中自然不同。压力可能是物质环境、经济条件、儿童教养方式、宗教传统等因素结合的产物。因此，我们或许可能（虽然困难）以流行传染病科学的观点来研究心理疾病，也就是说，去注意它分布的形态，并且探寻环境中可能影响这些心理疾病的变因。①

（3）社会适应。适应社会是指个体在社会认知和社会生活的基础上，不断调整和改变自己的观念、态度、习惯和行为等，以适应社会的要求和变化。任何社会生活中的个体，只有经过复杂的社会环境、社会文化和社会规范的观察、认知、模仿、认同、内化等一系列的学习和实践过程，才能达到对社会的能动的适应。适应的实质就是个体由自然人向社会人的转变，即人的社会化过程，个体的人从社会中的人身上学习社会角色的一般

---

① 详见 Michael C. Howard《文化人类学》，李茂兴、蓝美华译，弘智文化事业有限公司，1997 年 9 月，第 603—604 页。

化过程。社会适应的结果与一个社会的世界观、价值观和行为规范具有密切的联系。不同的社会成员会学习到不同的适应之道。

个人的社会适应从出生到长大成人直至死亡都不会间断。在生命的周期里，不同的阶段也会有不同的适应内容，有的是主动的，有的是潜移默化的。在儿童时代的适应大多是无意识的、被动的。即使是正规的教育结束，社会化的过程仍然持续下去，文化的价值观受到强化，人们还必须继续学习如何适应生命周期与环境的改变。

四　疾病与医疗

1. 方兴未艾的医学人类学

医学人类学（Medical Anthropology）是以保健、疾病以及治疗中的文化因素为研究对象的人类学分支学科，其研究范围包括民族医药体系、营养、药物滥用、民族精神病学、社会流行病、临床诊治交付等，既有科学意义，又有应用价值，是目前方兴未艾的一门人类学分支学科。

英国医生和人类学家里弗斯（W. H. Rivers），在他死后出版的两本专著《医药、巫术和宗教》（1924）和《精神病和民族学》（1926）里提出了两个基本的观点：（1）原始的医疗方法是建立在医药信仰的基础上的；（2）传统的医疗与信仰是文化的一部分，并构成一种社会制度。这些观点为医学人类学的核心理论提供了一种基本的框架。

现代医学往往把人视为单独的个体，忽视了机体的统一性，特别是机体与外部环境的协调与统一，即忽略了人所处的自然、社会文化因素。人们认识到科学与社会文化之间、技术与价值观之间，已不再能轻易地划出一条界线了。医学与人类学的互动及密切合作推动医学人性化，取得了良好的社会效应。

（1）向非西方社会传播西医技术。医学人类学是在向非西方社会推广西医技术和对当地社会医疗体系研究的基础上建立起来的。为克服西医技术在传播中所遇到的文化障碍，人类学家对当地的保健习俗和保健信仰、饮食方式、生育信仰和行为、疾病行为的动态以及治疗活动等进行研究，提出了切实可行的见解。

（2）引起人们对文化致病因素的重视。现代社会的许多疾病已不再符合早期单纯强调微生物感染的病因学模型。例如心脏病的病因学和预防中所包含的饮食、体育运动以及吸烟和精神紧张等因素，跟个人的生活方式以及个人和社会的相互作用有关，而同微生物感染的关系则是次要的。对这类问题，人类学家和医务工作者正在合作研究。

（3）提高医疗工作质量。人类学家开始与医务工作者合作，对各种已经建立起来的医疗程序的适用性和影响进行评价。如计划生育的研究，已从如何使特定的民族采用特定的节育技术，发展到利用特定的社会规范，设计出适用于特定民族而且能够被他们接受的新节育技术等方面。

（4）发掘传统医药宝库。世界上许多地方的传统疗法已被长期的医疗实践证明是行之有效的，并且具有简、便、廉的特点，尤其适用于发展中国家的医疗保健事业。如中国的中医、印度的"活力论"（ayurv edic）医学都具有悠久的历史与很好的效果，在提高当地人民的健康水平上发挥了巨大的作用。

2. 文化对公共卫生的影响

文化在许多方面还影响着人的身体健康和社会公共卫生。如注射预防针可以预防传染病，但接受注射与否在不同的文化中就大不相同。对于一些有文身习俗的民族容易接受这种方式，但对另一些民族就不同。在缅甸和泰国北部，一些民族为避开公共卫生人员的强迫种痘而举村迁移。

不同的文化使人们对患病的概念，对疾病的认识、治疗及健康的态度千差万别。因此，公共卫生计划必须考虑到土著民族对病因和治疗疾病的各种看法，必须注意诱发病状、影响健康的各种文化因素。

医学人类学把健康、疾病、医疗的文化内容当作自己学科的课题。它是在对不同的文化和民族及某些特殊的社会群体的生物的、社会的和文化的研究基础上发展起来的。其领域包括跨文化的医学制度的比较；涉及营养人类学、人口人类学、老龄人类学、生育人类学、人种精神病学、临床实用人类学等领域，并对健康和疾病中的社会机体相互作用的生物文化进行研究，它还包括最近的生物医学自身的文化分析。

就社会文化而言，影响医学行为的因素至少包括宇宙观（对人体、药物的认知体系，如中国的阴阳、冷热观念）、亲属地位、医疗人员与病人的互动关系，宗教的控制力（特别是原罪与赎罪的宗教理念对精神疾病的影响）等。

1942 年，美国政府与许多拉丁美洲国家制定技术援助计划，其中就包括了卫生计划。第二次世界大战后世界卫生组织的设立，迫切地需要人类学家深入世界各地各民族社会中，考察当地的卫生状况、医学理论与医疗设施，以协助西方的医务人员顺利地将西方医学引入当地，并利用"医学人类学"的理论和方法协助国际机构解决贫困、疾病和难民等问题。

五　消费与休闲

1. 消费行为的人类学分析

消费行为包括物质消费、精神消费和生态消费，它作为一种文化，是社会文化一个极重要的组成部分，是人类在消费领域所创造的优秀成果的结晶，是消费文化的内在本质，是社会文明的重要内容。消费行为不是自在行为，它受到一定时期里各种社会文化因素的影响。

（1）经济因素。经济状况在绝对量上决定了人们的消费水平、消费档次和消费行为。城乡的消费行为就有明显的差别。

（2）消费政策。包括国家鼓励性与限制性消费政策、住房供给政策、商品房上市交易政策、消费税收政策等对居民消费行为的影响极大。

（3）金融政策。可以从消费贷款规模、贷款利率、首付款比例、还款期限、贷款方式等影响消费行为。例如，当银行和商家联合推出分期付款贷款购房、购车的政策时，直接刺激了消费者购房、购车的欲望。

（4）消费动因。不同人有不同的消费动因，如对于不少女性来说，上街购物有时候不是在于她们买到什么，而是购物的过程使她们得到心理上的满足，比如讨价还价的胜利，对某些商品的了解和评价等，如"醉翁之意不在酒"，其中有许多心理因素在起作用。

（5）个体因素。包括消费者年龄、职业、生活方式、个性、居住习惯、工作地点、家庭状态等都对消费行为有极大影响。

（6）社会文化因素。社会文化因素是影响消费者行为最为广泛、最深刻的因素。社会文化因素往往影响着社会的各阶层和家庭，进而通过个人和心理因素包括文化、社会阶层、参考群体等影响消费者行为。

2. 消费主义与消费文化

消费主义与消费文化是有根本区别的。消费主义是在西方国家曾经出现过的一种消费思潮，它追求炫耀性、奢侈性消费，追求无节制的物质享受，并以此为生活的目的和人生的价值所在。这与消费文化恰好是背道而驰的，是反文化的东西。

　　关于消费主义对人心的影响，陈映真在《基督徒与大众消费文化》①一文中曾有七点的分析：（1）欲望的解放。今天在营销的过程中，公开正式的提倡、鼓励消费，认为这是富裕、正当的。人们的欲望成为正大光明的事。（2）官能的自由化。官能是耳目之欲，以往感官欲望要加以控制，但今天不同了，在视觉及听觉上花样很多，甚至情色之物到处都有。（3）享乐主义成为公然正当。以往爱好享受的人会被人鄙视，但今天的人在住的、吃的、穿的无不被广告弄得心痒；享乐主义成为公开正当的生活态度。（4）在对商品的饥渴与满足中循环。现在的人一生绝大部分时间处于对商品的饥渴与满足不断的循环中，如"四子主义"（妻子、房子、车子、儿子）的人与物的循环欲望中。结果，人生中最有创意、有志气、有担当的年代，都被对商品的饥渴与满足耗费殆尽。（5）虚构的幸福。大众消费文化宣导虚构的人生；消费文化已塑造我们的胃口，宁愿相信一些虚假的幸福、富裕、健康、美貌等。（6）金钱几乎已能买到一切。金钱在人生中发挥了巨大的作用；我们对商品的依赖越大，对金钱的依赖也越大，因此就会想尽办法去赚钱。（7）消费成为一种制度。以前是有钱有预算才买东西，今天是靠"购买"来生活；"购买"已成为一种强迫性的行为，在不知不觉中消费已成为一种制度。

　　正确的消费文化应该以人为中心，以实现人的全面发展为目的。马克思在分析社会发展的第三阶段时特别强调人的全面发展，强调人的自由个性的发挥。他指出，"为了人并且通过对人的本质和人的生命，对象性的人和人的产品的感情的占有，不应当仅仅理解为直接的、片面的享受，不应当仅仅理解为占有、拥有。人以一种全面的方式，也就是说，作为一个完整的人，占有自己全面的本质"。

　　3. 休闲是现代生活的重要组成部分

　　人类进化的历史表明，休闲与社会的进步、人类生命的质量、生活质量紧密相连，社会发展的一条最朴素的道理是：人在安居乐业、丰衣足食后，更多追求的便是富有意义的精神生活，每个人都想在充分的闲暇时间中享受文化、科学、艺术、社交等一切有价值的东西，并在休闲中享受自由和创造的快乐。所以，休闲以充足的消费时间为前提，以较高的收入水

　　① 陈映真：《基督徒与大众消费文化》，转引自王文基《后现代社会与消费文化》，http. poppop. net/mo5/m050302－1101. htm。

平为基础，以满足享受和发展需要为主要内容，以体现人类不同个人的个性和风格为主要特征，① 从而成为人类现代生活的重要组成部分。1999 年第 12 期美国《时代》杂志就宣称：2015 年前后，发达国家将进入休闲时代，休闲在国民生产总值中将占有一半的份额，可以让人把生命中 50% 的时间用于休闲。

从心理学的角度看，当人的低级需要（本能、安全）得到满足后，人们会向高级的需求向往，诸如，归属、情感、尊严、尊敬、赏识、荣誉等。现在，休闲的问题越来越引起人们的关注，这是因为我们已有 1/3 的时间在休闲中度过，而且随着社会生产力的不断发展，将来人的休闲时间会越来越多。如何健康、科学、合理的休闲度假，是现代生活的一门学问。

（1）休闲的特点

休闲的最大特点，是它的人文性、文化性、社会性、创造性，它对提高人的生活质量和生命质量，对人的全面发展有其十分重要的意义。从文化角度看待休闲，是指人在完成社会必要劳动时间后，为不断满足人的多方面需要而处于的一种文化创造、文化欣赏、文化建构的生命状态和行为方式。休闲的价值不在于实用，而在于文化。它使人们在精神的自由中历经审美的、道德的、创造的、超越的生活方式。它是有意义的、非功利性的，它给人们一种文化的底蕴，支撑人们的精神。因而，它被誉为"一种文化基础""一种精神状态"，是灵魂存在的条件。马惠娣说，休闲是"一种对社会发展的进程具有校正、平衡、弥补功能的文化精神力量，它包括情感、理智、意志、生理、价值、文化及所有组成行动感知领域的一切，也包括价值观、语言、思维方式、角色定位、世界观、艺术、组织等等。休闲取决于每个个体的经济条件、社会角色、宗教取向、文化知识背景及类似的因素"②。

休闲的另一个最大特点是层次性。纳什（Nash）从自我建设或者说是道德建设的角度，提供了一个休闲等级模式图（见图 12）。在纳什看来，休闲的最高层次是创造性的活动；而犯罪活动则是最低的层次。可以这么

---

① 李新家：《休闲消费时代已来临》，《羊城晚报》2004 年 1 月 22 日，第 A16 版。

② 马惠娣：《21 世纪与休闲经济、休闲产业、休闲文化》，http：//www. chineseleisure. org/lunwenji. htm。

说，这一休闲等级模式图给出了创造休闲文化应当努力的方向，即休闲的过程就是不断提升其层次。

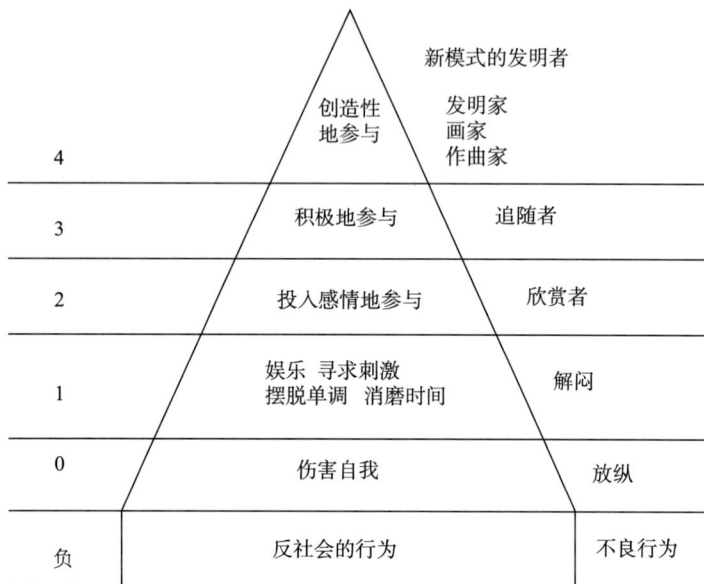

图12　休闲等级模式

（2）休闲文化

休闲文化不是今天才被人们所认识的。在漫长的历史长河中，中华民族创造了丰富多彩的休闲文化，如棋艺、书法、绘画、园艺、花鸟、气功武术、钓鱼、猜谜等，如数家珍，内容是那么丰富，门类是那么庞杂，风格又是那么自成体系，这无疑是中华民族最基本、最普遍的休闲文化。它虽然也是以娱乐、消遣为目的，但因其在发展过程中与工艺制作、体育等同源异流，互相转化，紧密结合，竞力斗智，所以又通称为"游艺"。这些游艺不只带给人们欢乐，同时也有益智健身的目的，并从中培养起民族最素朴的美感和亲和力。即便是在今天，它们仍然还有强大的生命力，是休闲娱乐、节日喜庆的常备项。其中有的还衍变为大型文化产业，给现代人带来巨大经济收益。

在我国，休闲的条件正在逐步成熟，这样的条件主要有三个方面：一是随着生产力和劳动效率的提高，整个社会和广大群众劳动时间缩短，目前中国已实行了每周五天工作制，1999年又开始实行三个"长假日"，人们闲暇的时间增加了；二是居民收入水平提高；三是人口老龄化日趋明显。这几方面的因素使中国开始逐步进入休闲社会。

六　网络与视觉

1. 网络对人类现代生活的影响

1969 年，美国国防部研究计划管理局（Advanced Research Projects Agency，ARPA）开始建立一个命名为 ARPANET 的网络，当时建立这个网络的目的只是将美国的几个军事及研究机构用的电脑主机连接起来，很少人能够想到它今天遍及世界的各个角落。

互联网的发展使我们的世界变得很小，人们可以借助这个强大的工具来做许多以前不能做的事，如足不出户就能通过互联网办公、购物、交际、收发邮件，甚至还可以通过互联网看病、学习等，其功能也越来越强大。互联网在极大地提高了人们的工作效率的同时，也在悄悄地改变人们的思维方式、思想观念，甚至是人类的生活方式。

（1）网络压缩时空

互联网最大量地承载着人类信息，信息的传播以光速进行，时间和空间被高度地压缩。可以毫不夸张地说："谁拥有网络，谁就拥有整个世界。"在网络里，过去、现在、将来不再是一个遥远的概念。人们获取信息的途径简易、速度更快，信息发生和存在的距离已经不再是问题。人们从时间和空间的矛盾中解放出来，不会为此而疲于奔命，实现了极大的自由。"在 Internet 中，时代是共时化的，现在无须将过去驱赶，未来也无须将现在代替。在这种可逆的、多连通的世界中，时间尺度之间的对话也许是最有刺激性，最有启发性的，历史不再是一种年鉴，不再是一种档案；未来也不再仅仅是一幅蓝图。我们只要了解它们的结构信息，我们便可以既虚拟又真实地运演一番。其结果完全变成共时的数据或模型。我们可能再也不要以现实经验和历史尺度来验证我们意识的产物了，共时的结论让我们一目了然。"①

（2）网络构建平等的交流平台

因特网作为信息交流的载体，它不仅为交流者提供了交互式、开放性、多身份的自主弹性等方便条件，它更为每一个交流者提供了完全机会

---

① 季国清：《网络时代与网络世界的哲学人类学解读》，《自然辩证法研究》2001 年第 8 期。

均等的权利和地位。交流者在遵守道德原则、真实原则的基础上，可以进行最充分的信息生产和信息消费的竞争。上网者可以以虚拟的身份在网上交流、游戏，而姓名、性别、年龄、身份、长相、学历等几乎是一切个人的信息都已不是最重要的因素，对于某些事件的评论也就因此而变得自由化，甚至天马行空。互联网改变了传统的线性叙事、单向传播的方式，实现立体式发布、双向互动传播方式。实时、交互和受众主导成为网络媒体的主要特征。互联网用户既是信息的接收者，又是信息的提供和发布者。可以说，任何人随时随地，向任何一个人提供和获取信息已不再是神话。

（3）网络凸显文化冲突

据统计，网络中有80%的信息是用英文书写的。网络里的文化以多媒体技术的发展为依托，以数字化的形态存在，是一种彻底理性化的数字文化。臧学英就指出："网络文化无论就其内容还是形式来说，都迥异于以往所有文化，并对传统文化造成很大的冲击。"① 其表现首先在于民族历史文化的冲突，因为网络为东西方的思想文化与历史的交流与交锋提供了更为广阔的平台，冲击与挑战、渗透与反渗透从网络互联开始的那一刻就没有停止。其次是信息霸权的争夺。国家、政府、社会组织、公司企业和个人等都不得不直面网络信息的影响力。可以说，网络正在改变我们的社会结构、经济运作方式，改变我们看待世界、与世界打交道的方式，甚至会改变我们自己的存在方式。如果从网络给每个普通人提供了与世界同步发展的机会和充分展示个人才能的空间，促进了地区间、国家间的文化交流，推动全球经济一体化的进程，加快了知识经济时代的到来等方面来看，网络时代的文化冲突是具有积极的意义的。

2. 视觉人类学的崛起

21世纪是一个电子化、数字化很高的时代，遍布世界的影视传媒每分钟都在传播着大量的以视觉信息及其视听信息为主的各种信息。电影院、录像网点、游戏机房遍及城乡，DV等轻型摄录设备、数码编辑系统的更新和普及速度让人吃惊，书籍、报纸杂志、电子网络的图像化倾向也越来越强，以致有人称当今时代为"读图时代"。看电视成为老百姓的基本生活内容，一些能真正反映现实的纪录片成为社会各阶层关注的焦点；在制造精英的高等教育领域，"触电"的传播学成为热门专业。而在世界著名

---

① 臧学英：《网络时代的文化冲突》，《光明日报》2001年6月6日第3版。

大学里，影视人类学、影视社会学等课程也开始悄然时兴。

视觉人类学，在国内较流行的译名为"影视人类学"。视觉人类学分为广义视觉人类学和狭义视觉人类学。广义的视觉人类学，既包括通过摄影、电影、电视和数字呈像等现代图像或影视手段记录民族学或文化人类学事实的拍摄和研究，也包括研究人类的群体性图像信息以及通过视觉造型和视觉符号记录、储存、传播信息的传统方法和视觉文化行为；狭义的视觉人类学可按国内译名理解为影视人类学，主要指通过影视手段记录、表达民族志或人类文化内容及观念，是民族学或文化人类学的另一种调查报告"文体"或研究方式，即视觉表达方式。[①]

按西方学者的一个提法，影视人类学孕育于 1901 年，因为这一年以研究澳大利亚土著居民而闻名的学者鲍德温·斯宾塞（Baldwin Spencer）拍摄了土著居民的袋鼠舞和祭雨仪式等素材片。

1922 年，美国人类学家罗伯特·弗莱厄蒂（Robert Flaherty）拍摄人类学影片的经典著作——关于爱斯基摩人的《北方纳努克》、讲述波利尼西亚人的《摩阿纳》，以及描绘爱尔兰岛民生活方式的《亚兰岛人》。人们公认这些影片颂扬了人类的灵魂。它们贯穿了同一主题：那些与自己居住的土地和环境不可分割地融为一体的人们的灵魂，这灵魂如同存活于我们自己的内心，超越历史和时代，由父辈传给子孙，塑造了一个又一个心灵。

1957 年至 1966 年，中国科学院民族研究所受全国人大民族委员会的委托，陆续拍摄了《佤族》《黎族》《凉山彝族》《苦聪人》《独龙族》等15 部民族纪录片，涉及 14 个少数民族。近 20 年来，我国人类学影视片的拍摄，不仅在数量上多达千部，而且在风格和技巧上有了很大的突破。

20 世纪 90 年代以来，中国拍摄的人类学影视片和纪录片频繁走向国际影视节。《藏北人家》（四川电视台），在法国戛纳电视节入围。《最后的山神》（中央电视台）、《两个孤儿》（辽宁电视台），在亚广联和亚洲电视节评比中获大奖。1994 年，《甫吉和他的情人们》（广州东亚音像制作公司）在德国、瑞典、英国举行的国际人类学电影节入围。1996 年，《山洞里的村庄》（四川电视台、天津电视台合拍）和《沙漠人家》（新疆电视台）入围德国哥廷根第 3 届民族志电影节，后应邀在挪威召开的北欧影

---

① 邓启耀：《视觉表达与图像叙事》，《广西民族学院学报（哲学社会科学版）》2004 年第 1 期。

视人类学电影节上播放;《中国瑶族》(云南广告艺术公司)获爱沙尼亚第
10 届国际影视人类学电影节最佳纪录片奖;《甫吉和他的情人们》在葡萄
牙第 7 届国际纪录片电影节上播放。1997 年,在芬兰召开的影视人类学国
际电影节上,播放了中国于 20 世纪五六十年代拍摄的几部民纪片。中国拍
摄的一些优秀民纪片已被日本、德国等国家的博物馆、影视部门收藏。
1992 年中国社会科学院民族研究所与德国哥廷根科影所合作,将一批民纪
片重新进行技术处理,配上英文解说后,向欧洲发行。①

　　作为一种文本形式,视觉人类学结合了人类学、传播学、文化研究、
成像技术等知识手段,通过一定的艺术化视图、独特的视角来表达和透视
我们的生存世界,更加关注视觉背后的人文因素,这些作用不是纯文字文
本所能替代的。所以,视觉人类学在历经百年沧桑后,在美国、德国、加
拿大、法国、奥地利、丹麦、意大利、英国、日本及其他许多国家已渐近
成熟;在中国,经过半个世纪的风雨沉浮,人类学纪录片的拍摄、研究、
教学和学术交流也取得了长足进展,在北京、四川、云南、广东等地区,
视觉人类学已呈现崛起的势头。

名词解释:

乡村社会　都市化　女性人类学　医学人类学　都市人类学　视觉人
类学

思考题:

1. 人类学家如何看待乡村社会?

2. 简述都市化过程中可能出现的社会文化问题。

3. 女性人类学研究的内容以及影响妇女社会地位的因素主要有哪些?

4. 人类学从哪些方面关注老年问题?

5. 医学与人类学互动推动了医学人性化取得了哪些良好的社会效应?

6. 消费主义与消费文化有什么区别?

7. 休闲的特点是什么?

8. 简述网络对人类现代生活的影响。

9. 简述视觉人类学的崛起。

---

① 　陈景源:《中国影视人类学发展述略》,《民族研究》1998 年第 2 期。

第十八章　本土化：人类学发展的大趋势

一　人类学本土化的概念

人类学源于西方国家，其最初的研究对象是西方文明之外的原始部落和初民社会。但是，第二次世界大战之后，随着帝国主义殖民体系全面崩溃，西方人类学在其原有异文化的研究园地里逐渐失去活力，人类学的发展也陷入了低谷。面对这样的困境，西方人类学家把目光转移到本土本国，用人类学的方法和理论研究复杂的社会问题、建立和发展新兴的分支学科、加强和突出人类学的应用性。当然，他们把过去建立在异文化研究基础上的理论和方法转换过来研究自身社会的时候，会遇到很多问题，因此就有一个人类学本土化的问题。

另外，人类学本土化也可以视作第三世界国家对西方人类学的反抗。正如陈志明指出的：产生于西方的人类学，其理论和方法很可能有不适用于第三世界的地方，因此第三世界应该有它自己的理论和方法，需要一个本土化的过程。

综上所述，人类学本土化在外延上可以归纳为两点：一是西方人类学自身本土化的问题；二是发展中国家对西方人类学的反抗。

关于本土化研究的具体内容、方法、途径，李亦园先生曾经这样论述：

据我自己的了解，一个学科研究的本土化或本国化，不但应该包括研究的内容要是本地的、本国的，而且更重要的是也要在研究的方法上、概念上与理论上表现出本国文化的特征，而不是一味追随西方的模型。譬如在研究的方法上，西方所用的各种问卷、测验量表等，在人类学的研究上虽然较不常用到，但有时也会因特殊的需求而用到它们，但是为西方人而设计的问卷或量表有许多地方或方式不适于用在我们中国人身上，不是不适合回答，就是经常导致答非所问，造成信度与效度上都有很大的偏差。即使是人类学家所常用的所谓"参与观察"与"深度访谈"等方法，也有它的困境，特别是在中国这样大的国家里，如何从参与小村落的田野工作，扩展到了解全国的问题，也是一项在研究方法与研究策略上需要有我们自己发展出一套适合于国情的方式，在这里也许我们可以说费孝通先生的研究从村庄到市镇，然后从市镇到大区域的策略，确是一个在研究方法上做到本土化、中国化的好例子。①

二　人类学本土化在中国

早在 20 世纪 30 年代就有一些学者提出建设中国人类学以及民族学体系或民族学中国化的主张。概括来说有三种设想：一是综合的想法，以孙本文为代表，其强调利用西方民族学方法，根据西方研究得出的学理，整理中国固有的资料，依据调查得到的中国实际状况，综合而成有系统有组织的中国化的民族学；② 二是经过比较后以功能学派理论为张本，以试用假设始，以实地验证终，获得理论与事实的新综合，以经训练的独立的科学人才，进行独立的科学研究，实现民族学中国化，吴文藻是这种主张的主要倡导人；③ 三是强调中国与西方的不同国情，吸收国外民族学理论的合理之处，建立本质上与西方不同的独立的民族学，岑家梧、④ 马长寿⑤等人表述了这种看法。

---

① 荣仕星、徐杰舜主编：《人类学本土化在中国》，广西民族出版社 1998 年版，第 1 页。

② 孙本文：《中国社会学之过去现在及未来》（中国社会学社第一次年会演词），燕京大学抄本；孙本文：《建设本位文化的标准》，《中国文化建设讨论集》，经纬书局 1935 年版，第 58—59 页；孙本文《近代社会学发展史》，学生之友社主编，商务印书馆 1947 年版；黄文山：《民族学与中国民族研究》，《民族学研究集刊》第 1 辑（1936 年）；张光直：《人类学派的古史学家——李济先生》，《历史月刊》1988 年第 9 期。

③ 吴文藻：《社会学丛刊总序》，《凉山彝家》，商务印书馆 1947 年版。

④ 岑家梧：《中国民族与中国民族学》，《南方杂志》第 1 卷第 3、4 期合刊。

⑤ 马长寿：《人类学在我国边政上的应用》，《边政公论》第 6 卷第 3 期，第 24—28 页。

20 世纪 80 年代，港台地区也进行过一轮"本土化"的讨论。归纳起来，主要涉及两大问题。

一是"本土化"与中国资料问题。其中以何秀煌、周颜玲为代表的一派学者强调中国资料对西方理论的补正性，他们认为"中国化"的含义就在于尽可能地挖掘中国的社会事实，收集中国的社会资料，以便用来检证由西方移植而来的学说和理论。另一派以高承恕、林南为代表的学者则强调不应限于中国资料的补正作用，他们认为，"中国化"的根本问题必须要通过新的诠释和沟通、更基本的批判及反省才能得到适当的出路。我们不但要意识到西方社会科学所做的诠释是从何种历史及文化的观点或某种意识形态出发，更要进一步对我们自己的历史文化传承作一批判，即双重的诠释与批判，从而最终迈向一种更佳的自我了解和不同社会文化间的相互了解。

二是"本土化"与认识论问题。叶启政指出"中国化"应该具有两个深层的含义，即一方面中国社会学知识体系之传统的建立，另一方面是对外来西方社会学知识体系的反省与批判。"本土化"可以是一种研究上的认知态度，不以研究对象、主题、方法策略或概念架构是否为本地为唯一的判准。它应当被看成一种认识论的课题。它又是一具有自我反省性之象征性转化活动，为社会研究者提供了多面的研究策略与论述立场，具有改善社会学科的知识建构，以宽广处理不同社会"实在"的能力。[1]

20 世纪 90 年代《中国社会科学季刊（香港）》和《中国书评》两刊也发起"本土化"讨论并与"规范化"的讨论密切扣连。梁治平指出，"本土化"除了其反对西方文化霸权、谋求学术地位的独立性等一面外，更重要的是其知识论方面。"本土化"的本义应当是关注己身经验，把一套关于社会的知识牢牢建立在此一经验的基础上。"本土化"并不是要造就出一种与现有社会科学截然不同的知识体系，而是通过对社会科学"普遍性真理"的质疑，对其"地方性"特征的辨识以及对其隐含前提的暴露和批判性反思，从而使其融会于本己经验。"本土化"的意义不只是向内处理自身的经验，同时也是向外去创建社会科学的共同传统。讲"本土化"要促成的是一种知识上的自觉，即任何人类知识都是"地方性"的，

---

[1] 叶启政：《从中国社会学既有性格论社会研究"中国化"的方向与问题》，杨国枢、文崇一《社会及行为科学研究的中国化》，"中央研究院"民族学研究所，1982 年。

"本土化"就是要了解我们知识的"地方性"、局限性同时注重自己的经验，使这种经验成为创生知识的渊源。[1] 邓正来先生也认为"本土化"的意图在于追求中国社会科学的自主性和自身品格。他指出，"本土化"根本上涉及的是如何依据中国的本土经验与真实历史文化建构具有中国品质的社会科学。[2]

这次大讨论给一度沉寂的中国人类学界带来蓬勃生机。与此同时，乔健先生的《中国人类学发展的困境与前景》一文在《广西民族学院学报（哲学社会科学版）》上发表，[3] 在中国人类学界引起了强烈的反响并引发了另一场高层次、多角度人类学本土化的讨论。

乔健先生在文中指出："中国文化是非西方文化中的主支，中国人类学者应该充分利用人类学特别擅长的比较方法与结构分析方法深入中国文化资源，把其中的认知方式、世界观与价值提炼出来以充实甚至更新现代人类学。……中国悠久丰富的历史文献便成了人类学的新的宝藏，发掘文献的成果不只会让我们对中国文化更对整个人类文化变迁的历程有一个更清楚更准确的认识……（我们）可以质疑甚至否定某些论题，更可以发掘许多新的论题出来……"文章发表后，中央民族大学便举行了由庄孔韶主持，一大批中青年人类学学者参加的生动活泼的座谈会，对乔先生的文章发表了评论。借此契机，《广西民族学院学报》以满腔的热情，开辟了"人类学研究"专栏，从而使人类学本土化成了 1995 年的热点话题。

1998 年 5 月，由荣仕星、徐杰舜主编的《人类学本土化在中国》论文汇编出版，对当今中国人类学界有关人类学本土化或中国化问题的各种见解和做法做了一个基本的总结和回顾，具有里程碑式的意义。

1999 年 9 月由广西民族学院学报编辑部和中山大学人类学系联合举办的"人类学本土化国际学术研讨会"，在中国人类学本土化的探讨上又迈进一步。

概括来讲，在中国实现人类学的本土化需要做到以下几点。

---

① 梁治平：《规范化与本土化：当代社会科学发展面临的双重挑战》，《中国书评》1995 年总第 3 期。"社会科学的规范化与本土化——学术讨论会纪要"中的发言》，《中国社会科学季刊（香港）》1995 年总第 10 期。

② 邓正来：《"社会科学在中国的进一步发展——〈中国社会科学辑刊〉出版座谈会纪要"中的发言》，《东方》1995 年第 2 期。

③ 载《广西民族学院学报（哲学社会科学版）》1995 年第 1 期。

1. 对中国历史文献进行人类学的解读和分析

中国历史悠久，其相关历史文献丰富举世无双。这些历史文献无疑是人类学一座古老而丰富的学术宝库。在推进人类学本土化的今天，我们提倡运用人类学的理论与方法，对中国浩如烟海的历史文献重新审视、重新整合，作出新的解读和分析，从中概括出新的论题，升华出新的理论，使人类学在中国的历史文献中接受一次洗礼。

2. 对中国社会进行人类学的田野调查

田野调查一向是人类学家们看重的研究方法，在中国人类学发展的今天，由于人类学本土化的需要，田野调查的作用愈来愈重要。人类学家只有深入中国社会基层进行人类学田野调查，才能突破他过去所坚持的理论及个人的意识形态立场所构成的认识框架，让人类学理论在具体的田野调查中受到一次洗礼，从而使人类学的理论上升到一个新高度，甚或从中升华出新的理论来。

3. 把对中国历史文献的人类学解读与对中国现实社会进行人类学的田野调查结合起来

西方人类学界有许多流派，其共同特点是十分重视田野调查；中国学者的特点是擅长历史文献的考据。而人类学的研究则既要求中国的人类学家们从考据中跳出来，运用人类学的理论和方法对中国历史文献进行人类学的解读和分析，又要求中国的人类学家要十分重视田野调查，为国家服务、为社会服务。换句话说就是要求中国的人类学家把对中国历史文献的人类学解读与对中国现实社会进行人类学的田野调查结合起来，只有这样，中国的人类学才具有生命力。①

简而言之，人类学本土化是中国人类学学术发展的必然产物，但必须强调本土化是在系统地了解国际学术界理论的基础上进行的，不是中国自己化自己，而是通过在中国的田野调查、实地研究，对国外学术理论作出验证、修正，甚至推翻某些假说，并提出新的理论，并能应用这些理论和方法对中国本土社会进行验证和实践。中国化的东西也必然是国际化的，中国学术界应当为国际学术发展有所贡献。

---

① 徐杰舜：《本土化：人类学的大趋势》，广西民族出版社 2001 年版，第 419—420 页。

三　本土化：人类学发展的大趋势

纵观人类学在西方发展兴衰的历史，20 世纪七八十年代以后，西方人类学之所以能迅速走出低谷而渐成西方学术界的一门显学，其根本原因就是西方人类学家把对异文化的研究转向本土文化的研究（当然并不排斥对异文化的研究），即走上了本土化之路，西方人类学向复杂社会问题拓展，加强应用人类学的研究，都市人类学、医学人类学、女性人类学、旅游人类学、政策人类学等不同分支学科的纷纷兴起和发展。由此可见，借助本土化，人类学在西方得到新一轮的发展，成为西方最为兴盛的学科之一。

反观第三世界，通过学习、吸收西方人类学的理论、经验，立足本国的资源，研究本国的实际，解决本国问题，并构建本国的人类学研究的理论和方法，已经成为发展中国家的人类学者自觉的追求。也唯独这样，发展中国家的人类学发展才具有自己的生命力，才能与世界同步。总之，本土化已是人类学发展的大势所趋。

名词解释：
本土化
思考题：
1. 什么是人类学的本土化？
2. 简述人类学本土化在中国的历程。
3. 为什么说本土化是人类学发展的大趋势？

参考文献

Chris Jenks：《文化》，俞智敏等译，巨流图书公司1998年版。

O. F. 博尔诺夫：《教育人类学》，李其龙等译，华东师范大学出版社1999年版。

[美] R. M. 基辛：《文化·社会·个人》，甘华鸣、陈芳、甘黎明译，辽宁人民出版社1988年版。

[美] S. 南达：《文化人类学》，刘燕鸣、韩养民译，陕西人民教育出版社1987年版。

陈原：《社会语言学》，学林出版社1983年版。

杜维明，《文明对话的发展及其世界意义》，《中国社会科学文摘》2003年第2期。

费孝通：《论人类学与文化自觉》，华夏出版社2004年版。

郭肇立：《聚落与社会》，田园城市文化事业有限公司1998年版。

哈维兰（W. A. Haviland）：《当代人类学》，王铭铭等译，上海人民出版社1987年版。

何光沪等编著：《方方面面说宗教》，中国华侨出版社1995年版。

黄凤炎：《马克思主义人类学》，湖北人民出版社1993年版。

黄淑聘、龚佩华：《文化人类学理论方法研究》，广东高等教育出版社1996年版。

黄应贵：《空间、力与社会》，台北，"中央研究院"民族学研究所，1995年版。

黄应贵：《人观、意义与社会》，台北，"中央研究院"民族学研究所，1993年版。

黄应贵：《时间、历史与记忆》，台北，"中央研究院"民族学研究所1999

年版。

基辛（R. Keesing）：《文化人类学》，张恭启、于嘉云、陈启南译，巨流图书公司 1989 年版。

基辛（Roger M. Keesing）、史查盛（Andrew J. Strathern）：《文化人类学（当代的观点）》，吴佰禄、李子宁译，桂冠图书股份有限公司 2000 年版。

李培林、李强、孙立平等：《中国社会分层》，社会科学文献出版社 2004 年版。

李维：《人格整合》，浙江人民出版社 1998 年版。

理查德·G. 福克斯：《重新把握人类学》，和少英、何昌邑译，云南大学出版社 1994 年版。

林惠祥：《文化人类学》，商务印书馆 1996 年版。

［日］绫部恒雄：《文化人类学的十五种理论》，国际文化出版公司 1988 年版。

陆学艺主编：《当代中国社会阶层研究报告》，社会科学文献出版社 2002 年版。

陆学艺主编：《当代中国社会阶层研究报告》，社会科学文献出版社 2004 年版。

麻国庆：《走进他者的世界》，学苑出版社 2001 年版。

［法］马塞尔·毛斯著，余碧平译：《社会学与人类学》，上海译文出版社 2003 年版。

麦克朗·缪勒：《宗教的起源和发展》，金泽译，上海人民出版社 1989 年版。

邱泽奇：《当代中国社会分层的变迁》，河北大学出版社 2004 年版。

让·沙林：《我知道什么——人的进化史》，管震湖译，商务印书馆 1996 年版。

任剑涛：《地方性知识及其全球性扩展》，《厦门大学学报（哲学社会科学版）》2003 年第 2 期年版。

荣仕星、徐杰舜：《人类学本土化在中国》，广西民族出版社 1998 年版。

芮逸夫：《云五社会科学大辞典·人类学》，商务印书馆 2000 年版。

石奕龙：《应用人类学》，厦门大学出版社 1996 年版。

孙秋云主编：《文化人类学教程》，民族出版社 2004 年版。

童恩正：《文化人类学》，上海人民出版社 1989 年版。

［法］涂尔干：《宗教生活的初级形式》，林宗锦、彭守义译，中央民族大
　　学出版社 2002 年版。

王海龙：《人类学入门》，广西教育出版社 1989 年版。

王铭铭：《西方人类学名著提要》，江西人民出版社 2004 年版。

魏国英主编：《女性学概论》，北京大学出版社 2000 年版。

乌丙安：《中国民间信仰》，上海人民出版社 1996 年版。

雅·雅·罗金斯基等：《人类学》，王培英等译，警官教育出版社 1993 年版。

杨群：《民族学概论》，上海社会科学院出版社 1998 年版。

衣俊卿：《20 世纪：文化焦虑的时代》，《求是学刊》2003 年第 3 期。

张突：《体质人类学》，云南大学出版社 2003 年版。

张志刚：《宗教学是什么》，北京大学出版社 2002 年版。

钟年：《文化之道——人类学启示录》，湖北人民出版社 1999 年版。

周大鸣、乔晓勤：《现代人类学》，重庆出版社 1990 年版。

周建新：《民族学概论》，广西民族出版社 1998 年版。

周平：《民族政治学导论》，中国社会科学出版社 2001 年版。

庄孔韶等：《人类学通论》，山西教育出版社 2004 年版。

庄锡昌、孙志民：《文化人类学的理论构架》，浙江人民出版社 1988 年版。

卓新平：《宗教理解》，社会科学文献出版社 1999 年版。

后　记

自 20 世纪 80 年代末，我开始学习人类学之后，先后拜读了林惠祥的《文化人类学》，童恩正的《文化人类学》，黄淑娉等的《文化人类学理论方法研究》，周大鸣、乔晓勤的《现代人类学》，庄孔韶的《人类学通论》；日本绫部恒雄的《文化人类学的十五种理论》；美国 S. 南达的《文化人类学》，哈维兰的《当代人类学》，基辛的《文化·社会·个人》《文化人类学》《文化人类学（当代的观点）》等著作，从中逐渐了解和把握了人类学的基本理论和方法，说心里话，正是他们的这些著作充实和丰富了我的人类学头脑，培育和锻铸了我的人类学眼光。

但是，说实在话，读这些人类学的著作，尤其是外国学者的著作，比较艰涩，不甚流畅，此其一。其二，有些著作由于写作的时间较早，其理论框架所面对的主要是史前文化，离现当代社会又太远。其三，有些著作虽然通俗，但并没有涵盖人类学的基本内容，在结构上显得"缺胳膊少腿"。其四，有些著作体系庞杂，或呈发散结构，或具有百科全书之势，不利于中国的初学者学习。

所有这些学习人类学的感受在我 2000 年给本科生讲授人类学概论时就面临一个教材问题。用什么书作教材呢？选来选去都不甚合适。于是，我鼓起勇气，决定自己动手编一本适合本科生以及初学者用的人类学教材。

还有另外一个重要的现象，就是在深入学习人类学的过程中，我逐渐发现，人类学近五十年的发展史，从某种意义上来说是人类学与其他学科在互动中形成许多新的分支学科的历史。历史人类学的出现、文化人类学的崛起、教育人类学的发展、影视人类学的兴起、哲学人类学的构建、女性人类学的凸显等，都展示了人类学在社会人文科学中的基础地位。更有甚者，分子人类学的出现、医学人类学的崛起、建筑人类学的发展、心理人类学的凸显、生态人类学的构建等，也都展示了人类学与自然科学中的基础地位。

人类学与其他学科互动的这种"牵手"现象的显现和发展，人们将人类学比喻为"千手观音"，可以预言，21 世纪人类学与其他学科的互动"牵手"将会得到更深更广的发展，在这种人类学发展的大趋势下，必将会有更多的人关注人类学、学习人类学，也就有更多的人需要一本通俗易懂、系统全面的人类学教科书。

于是，从 2000 年初开始，我边编边教，与徐桂兰（执笔第四章），以及硕士研究生侯井榕（执笔第十五章）、农辉锋（执笔第十四章）、罗彩娟（执笔第十一章）等一起编成了 40 余万字的《人类学教程》。然后又先后给广西民族学院 1998 级、1999 级、2000 级、2001 级、2002 级社会学专业、中文专业、对外汉语专业、编辑学专业等四个专业的 1400 多名学生，以及广西右江民族师专的部分学生用此教材讲了三年课，在教学中边教边改。尤其是 2003 年 9 月林敏霞、杨清媚、秦璞、朱志燕、覃锐钧、何月华等六位硕士研究生入学后，他们在系统地听完了我的课后，2004 年 1 月根据我讲课的录音分别作了修改，他们的分工如下：

第一章、第九章、第十三章、第十四章　由杨清媚修改；

第三章、第十四章　由何月华修改；

第三章、第四章、第十七章　由覃锐钧修改；

第五章、第十六章　由秦璞修改；

第六章、第八章、第十八章　由林敏霞修改；

第七章、第十章　由朱志燕修改；

第十一章　由罗彩娟修改；

第十五章　由农辉锋修改；

第十二章　由杨清媚、何月华修改；

第二章　先由何月华、林敏霞、杨清媚、秦璞、朱志燕、覃锐钧修改，后由何月华再修改。

2004 年寒假，我对修改稿又作了进一步的修改，然后请香港中文大学人类学博士、南开大学社会学系的袁同凯副教授审阅。袁博士认真审阅了书稿，提出了一些建设性的修改意见。2004 年暑假研究生们对全书进行了第三次补充和修改。2005 年 2 月，我对全稿作了最后的修改和润饰，并补写了"文化多样性"和"文化适应"的内容，遂修成此稿，定名为《人类学教程》。

　　我们相信，随着 2008 年国际人类学民族学联合会主持的第 16 届人类学民族学世界大会在中国昆明的召开，以及"以人为本"理念的深入人心，人类学将在中国的崛起中普及并发展。在这个历程中，本书若能起到添砖加瓦的作用，那我们就会感到无限的欣慰。

徐杰舜

2005 年 2 月 18 日

于南宁相思湖畔寓中

徐杰舜　主编

徐杰舜文集

第三卷

中国社会科学出版社

2009年在澳大利亚墨尔本

（徐桂兰　摄）

主编简介

徐杰舜，1943年生于永州零陵，祖籍浙江余姚。广西民族大学民族学与社会学学院二级教授、博士生导师，汉民族研究中心主任；人类学高级论坛创建人、学术委员会荣誉主席；广西文史馆研究馆员。

1995—2007年主编《广西民族大学学报（哲学社会科学版）》12年。

《汉族风俗史》（5卷本）《汉民族史记》（9卷本）获广西社会科学研究优秀成果一等奖。

1993年被广西壮族自治区人民政府授予"广西有突出贡献科技人员"。2021年上海人类学会"人类学终身成就奖"获得者。

第三卷说明

《徐杰舜文集》第 3 卷，收入徐杰舜与彭英明合著的《从原始群到民族——人们共同体通论》。

《从原始群到民族——人们共同体通论》（以下简称《从原始群到民族》）一书 1991 年 9 月由广西人民出版社出版。

《从原始群到民族》一书边述边评边议，既介绍了学术界当前的分歧和争论的情况，又评论了一些学者相关的观点和看法，或赞成，或商榷；在阐述自己的观点和认识时，努力做到言必有据，言之成理，一改一般学术著作写作呆板的方法，全书行文流畅，论述活泼，读后不仅可以了解作者的观点和看法，更可以从了解学术界讨论这个课题的全局中去认识和衡量作者的观点和看法，从而成为民族理论研究的一部基础著作。

《从原始群到民族》一书从宏观上研究人们共同体，这是我国学术界长期忽视的一个空白。对于人类历史上曾经出现过的原始群、氏族，胞族，部落和部落联盟等人们共同体，学术界只有治原始社会史的专家们从社会发展的角度作过论述，却鲜有人从人们共同体的角度作出探讨。《从原始群到民族》披荆斩棘，梳理了几乎无人问津的原始群、氏族、胞族、部族、部落联盟及民族等问题，特别是对民族的形成，分别论述了原生民族和次生民族的形成，从而解开了民族形成问题上纠缠不休的死结；对民族的特征，提出了民族共同文化心理素质包含有风俗习惯，文学艺术、民族性格和民族自我意识四个基本内容的看法，使歧义较大的民族共同文化心理素质有了新的共识；时于民族的发展，又独特地提出了一个民族发育的概念，丰富了人们对民族发展问题的看法，具体而清晰地给人们勾画出人们共同体从原始群到民族的大致轮廓，从而填补了学术上的一个空白，至今不仅仍给人以耳目一新之感，而且对于"人类命运共同体"的建构也有理论意义。

徐杰舜文集
（第三卷）

《从原始群到民族》

彭英明　徐杰舜　著

目　录

《从原始群到民族》

容观瓊序

　　彭英明和徐杰舜两位同志从 60 年代就读中南民族学院历史系始，便对民族的形成问题产生了浓厚的兴趣，二十多年来，虽历经曲折，但矢志不移，积铢累寸，终于领悟了研究民族共同体，必须跳出就民族论民族的圈子，把民族共同体纳入人们共同体的大系统中去考察，从宏观上把握住人们共同体的发展规律，才能从微观上把握住民族共同体的发展规律，从而正确认识民族共同体。他们的专著《从原始群到民族——人们共同体通论》，就是在这个思想的指导下撰写的。

　　从宏观上研究人们共同体，这是我国学术史长期忽视的一个空白。对于人类历史上曾经出现过的原始群、氏族、胞族、部落和部落联盟等人们共同体，学术界只有治原始社会史的专家们从社会发展的角度做过论述，却鲜有人从人们共同体的角度作出探讨。英明和杰舜同志披荆斩棘，梳理了几乎无人问津的原始群、氏族、胞族等问题，具体而清晰地给我们勾画出人们共同体从原始群到民族的大致轮廓，从而填补了学术上的一个空白。这是此书的特色之一。

　　部族，这是学术界争论十分激烈的一个问题。否定者有之，肯定者亦有之。而肯定者也只是认为部族是指前资本主义民族。英明和杰舜同志则根据中外历史的大量资料以及当代非洲的实际，独辟蹊径，明确提出部族仍然是原始社会以血缘关系为基础的人们共同体的主张。我想，这种肯定的见解比视部族为前资本主义民族的看法更合乎历史的发展逻辑。这是此书的特色之二。

　　民族，也是学术界争论纷繁的问题。对此，英明和杰舜同志更从人们共同体这个大系统着眼，取精用宏，对民族的定义、形成、特征、发育、发展和消亡的全过程提出了富有创造性的见解。比方说，对民族的形成，他们就分别论述了原生民族和次生民族的形成,从而解开了民族形成问题上纠缠不休的死结;对民族的特征,他们提出了民族共同文化心理素质包含有风俗习惯、文学艺术、民族性格和民族自我意识四个基本内容的看法,使歧义较大的民族共同文化心理素质有了新的共识;对于民族的发展,他们又独特地提出了一个民族发育的概念,丰富了人们对民族发展问题的看法。凡此等等,给人耳目一新之感。这是此书的特色之三。

我特别赞赏的是:英明和杰舜同志在行文的过程中,边述边评边议,既介绍了学术界当前的分歧和争论的情况,又评论了一些学者相关的观点和看法,或赞成,或商榷;在阐述自己的观点和认识时,努力做到言必有据,言之成理,一改一般学术著作呆板的写作方法,全书行文流畅,论述活泼,读后不仅可以了解作者的观点和看法,更可以从了解学术界讨论这个课题的全局中去认识和衡量作者的观点和看法。

最后,我想说的是,近三十年来,英明和杰舜同志对民族研究事业执着的追求;坚忍不拔、锲而不舍的精神;坚持多学科综合研究的方法是值得大力提倡的。这本《从原始群到民族——人们共同体通论》是他们继《民族新论》之后又一合作研究成果,我祝贺他们三十年合作研究又结新果,拜读之余,写此短文以表心意,是为序。

1990 年 4 月 8 日
于广州中山大学人类学系

绪　论

　　人们共同体，学术界亦称为"民族共同体"。① 这个专门术语最早始用于 50 年代初，即 1953 年我国在翻译斯大林的《马克思主义和民族问题》时，将"обшность люлей"② 译成"人民共同体"③。后来，大约从 70 年代开始，在苏联民族理论界中又出现了"этические обшность"④ 一词。"этнические"是"民族的"意思，"обшносоть"是"共同体"或"共同性"的意思，两者联用，译成"民族共同体"是妥帖的。此后，我国不少学者认为"人们共同体"一词内涵太小，外延太大，从两个人到全人类都可以组成千千万万个千差万别的人们共同体，除氏族、部落、部族、民族等属于人们共同体的范围以外，家庭、阶级、政党、团体、学校等也属于人们共同体的范围。因而为了对此概念加以限制，扩大人们共同体这个概念的内涵，以缩小人们共同体的外延，即缩小人们共同体所包括的范围，不少人就将"人们共同体"改称为"民族共同体"，以指广义的民族。

　　其实，以笔者之见，此举大可不必。因为人们共同体的内涵虽然较小，即它所反映的事物的本质属性只是指具有某种共同特征和一定联系性的群体，严格地来说它可以泛指社会所有的共同体，但是实际上人们共同体这个词在 一般群众中是不多用的，它主要是学术界使用的一个专门术语，习惯上泛指氏族、部落、部族、民族等共同体。在学术界使用"人们共同体"这个名词的三十余年中，谁也不会误以为

---

① 参阅李绍明《民族学》，四川民族出版社 1986 年 1 月版，第 62—63 页。

② 《斯大林全集》俄文版，第 2 卷，莫斯科国家政治书籍出版社 1951 年版，第 296 页。

③ 斯大林：《马克思主义与民族、殖民地问题》，人民出版社 1953 年版，第 28 页。

④ 参阅 H. B. 勃罗姆列伊《民族与民族学》，莫斯科出版社 1973 年俄文版（转引自李振锡等译《民族与民族学》，内蒙古人民出版社 1985 年 11 月版，第 14 页）。

它或指家庭，或指阶级，或指政党，或指团体。所以，在此，运用模糊原理，我们完全可以约定俗成地使用"人们共同体"这个名词，来泛指氏族、部落、民族等共同体。当然有的同志喜欢用"民族共同体"一词，也是完全可以的。

在笔者个人来说，我主张使用"人们共同体"，而不赞成用"民族共同体"。为什么呢？其理由是，既然学术界三十余年来对"人们共同体"一词已约定俗成地泛指氏族、部落、都族、民族等共同体，为什么又要用一个容易与狭义的民族相混淆的"民族共同体"来代替，这不是自找麻烦吗？现在一讨论关于"民族"的问题，人们不禁要问你是指广义的民族，还是狭义的民族？使人感到很不方便。

下面我们想在这个约定俗成的范围内，就人们共同体的定义、特征、类型以及研究人们共同体的意义，谈点不成熟的看法。

一　人们共同体的定义

众所周知，人类历史上出现过各式各样的、形态不一的人们共同体，其主要包括各种社会组织、集团和群体，诸如种族共同体、语言共同体、宗教共同体、民俗共同体、政治共同体、性别共同体、职业共同体、年龄阶梯组织，秘密结社……以及本书所要探讨的原始群、氏族、胞族、部落、部族、民族等共同体。[1] 所有这些就是广义的人们共同体。国外有的学者对广义的人们共同体曾下了这样一个定义，即：

> 所谓共同体，就是说组成共同体的成员之间在某一或某些特征方面具有的同质性。[2]

由于人类社会经历了从原始群到民族这样一个历史过程，而且在当代世界上从原始群到民族的种种人们共同体，尤其是民族共同体仍然是对人

---

[1] 参阅周星《民族：作为一种历史文化现象》，《中国社会科学院研究生院学报》1990 年第 6 期。

[2] 参阅［苏］安东诺维奇《资产阶级社会学理论批判》下册，湖北人民出版社 1987 年版，第 1—3 页。

类社会的政治、经济、文化生活有重大影响，甚至是可以决定人类生存与发展的人们共同体形态，因此，在广义的人们共同体之中，从原始群到民族这一系列的人们共同体是最重要、最基本的人们共同体形态。本书所要讨论的正是这一系列人们共同体的诸问题。为了区别于广义的人们共同体，我们称这一系列的人们共同体为狭义的人们共同体，简称人们共同体。

马克思主义经典作家虽然没有直接阐述过人们共同体这个概念，但是，众所周知，他们在《德意志意识形态》《摩尔根〈古代社会〉一书摘要》《家庭、私有制和国家的起源》《自然辩证法》《国家与革命》《马克思主义与民族问题》等著作中，对人类社会各个不同发展阶段的不同类型的人们共同体均做过精辟的论述，这就为整个人们共同体的研究奠定了理论基础。

根据马克思主义经典作家对各种不同类型的人们共同体的论述，以及上述广义人们共同体的定义，对人们共同体的定义可以作如下表述：

> 历史上形成的，在语言、地域、血缘上具有一定的同一性，在经济生活和文化生活上有一定联系性的社会群体。

二　人们共同体的特征

从上述关于人们共同体定义的表述中，我们可以清楚地看出，人们共同体具有以下四个特征：

1. 人们共同体是一个历史范畴

所谓历史范畴，就是说它有自己的起源、形成、发展、变化及至消亡的过程。人们共同体起源于类人猿，最早的人们共同体形成于原始社会的初期，即旧石器时代早期，也就是蒙昧时期低级阶段的原始群。其后，人们共同体先后经历了氏族、胞族、部落、部落联盟、部族、民族等发展阶段。将来，到共产主义时期，随着阶级和国家的消亡，民族也会随之消亡，代之而起的将是一种新的人们共同体。所以我们说人们共同体是一个历史范畴，它是在历史上形成的。

2. 人们共同体在语言、地域、血缘上具有一定的同一性

人们共同体之所以能结成一个社会群体，其重要的原因是它在语言、地域、血缘上具有一定的同一性。在语言上，无论哪一种类型的人们共同体，它们的内部总是有一种共同的语言将其结合在一起。如果没有语言的同一性，人与人之间缺乏基本的感情交流，人们共同体是无法形成的。在地域上，无论哪一种类型的人们共同体，也都只有在一定的地域范围内才能结合在一起，如果没有地域的同一性，人与人之间缺乏必需的地缘关系，人们共同体也是无法形成的。在血缘上，无论哪一种人们共同体，它们的凝聚都离不开血缘纽带的维系，如果没有血缘的同一性，人与人之间缺乏根本的血缘关系，人们共同体也是无从形成的。在这里，需要指出的是，不同人们共同体在语言、地域、血缘上的同一性统统表现出程度和范围的不同。例如，部落共同体虽然也具有地域上的同一性，但却是以血缘关系为纽带的人们共同体，而民族虽然也具有血缘上的同一性，但却是以地域关系为基础的人们共同体。所以不管其程度之深浅和范围之大小，人们共同体在语言、地域和血缘上都具有一定的共同性。

3. 人们共同体在经济和文化生活上有一定的联系性

人们共同体之所以成为一个社会群体，其另一个重要原因是它在经济和文化生活上有一定的联系性。任何一种类型的人们共同体，都靠一定的经济生活维系在一起，原始群共同体以采集、渔猎经济生活为生；氏族共同体和部落共同体以原始农业或原始畜牧业并辅以采集和渔猎经济生活为生；最初民族共同体以灌溉锄耕农业或游牧经济生活为生。这就是人们共同体在经济生活上的联系性。所不同的只是表现在经济生活联系性的紧密程度有深浅之分，表现形式有低级和高级之别。与此同时，任何一种类型的人们共同体，又都靠一定的文化生活的联系性而区别于其他的人们共同体，原始群共同体以游动群居、男女杂交的文化生活区别于其他人们共同体；氏族共同体以发达的图腾文化区别于其他人们共同体；民族共同体则以表现于共同文化上的共同心理素质，突出的自我意识区别于其他人们共同体。各不同类型的人们共同体在文化生活上的区别正是人们共同体在文化生活上一定联系性的具体表现。

4. 人们共同体是一个社会群体

从宏观的社会角度看，人们共同体既是历史范畴，也是一种社会现象。虽然其既不属于经济基础，也不是上层建筑的范畴。但是，由于人的本质就是人的社会性，人们总是以一定的物质生产方式为基础组织起来，形成互相联系的有机社会，所以，人们共同体与经济基础和上层建筑有着密切的、不可分割的联系，它的起源形成和发展是和一定的社会相联系并受其制约的。因此，人们共同体作为一个社会实体，它是一个社会群体。正因为如此，所以，我们认为作为社会实体的人们共同体，与作为政治实体的阶级、政党、团体等政治共同体是有根本区别的，这也是我们之所以赞成按照约定俗成的习惯使用"人们共同体"一词来泛指原始群、氏族、部落、部族、民族等人们共同体的理论根据。

三 人们共同体的类型

人们共同体存在于人类社会的一切社会形态之中，并不断地发展变化，由于其在语言、地域、血缘的同一性上，在经济生活和文化生活的联系性上，往往表现出范围、形态、程度以及稳定性的不同，因而可区分成原始群共同体、氏族共同体、胞族共同体、部落共同体、部族共同体、民族共同体六种类型。

原始群共同体是由于社会的需要，劳动的需要，刚刚脱离动物界，游动群居，男女杂交，依靠自然的赐予而共同劳动、共同生活的群体。它是人类社会最初形成的一个人们共同体。

氏族共同体是由于经济和婚姻的原因而形成，有共同的图腾，共同劳动、平均分配，以血缘关系为纽带的人们共同体。它是人类社会普遍存在过的一个人们共同体。

胞族共同体是以血缘关系为基础的几个氏族结合起来的，具有文化和宗教性质的一个人们共同体。它不是人类社会所有的地方都普遍存在过的，而是一个可有可无的人们共同体。

部落共同体是基于经济的原因，在血缘联系和方言相同的基础上，通过氏族共同体的分化和联合，以及部落的再分化而产生和再生出来的，具有共同的领土、共同的方言、共同的宗教习俗和统一的管理机构的人们共同体。它是人类社会一个相当长的时期内存在的一个人们共同体。

部族共同体是由于战争的紧急需要，在国家还没有被发明出来，血缘关系还没有完成向地域关系的转化，由部落联合而形成，其内部氏族、部落还完全保存着独立性的一个不稳定的人们共同体。它不是人类社会普遍存在的一个人们共同体。

民族共同体是在原始社会末期和阶级社会初期形成的具有共同的语言、共同的地域、共同的经济生活、共同文化心理素质的稳定的人们共同体。它是人类社会当今普遍存在的一个人们共同体。

这就是我们对人们共同体类型的基本看法。

四　研究人们共同体的意义

研究人们共同体有什么意义？

我们从 1982 年年初开始研究人们共同体以来不断有人问及，你们研究人们共同体有什么意义？有的人甚至认为其研究对象大多是原始社会时期的东西，有原始社会史的研究足矣，没有必要多此一举，即使研究也不过是原始社会史的改头换面。因此，我们在回答研究人们共同体的意义之前，有必要先弄清楚人们共同体发展史与原始社会史的区别。我们认为两者的区别主要是：

第一，研究对象不同，原始社会史的对象是研究原始社会公社或原始公社氏族制度的发生、发展、繁荣和崩溃的规律，而人们共同体发展史的对象是研究历史上形成的，在语言、地域、血缘上具有一定的同一性，在经济生活和文化生活上有一定联系性的社会群体的起源形成、发展、变化的规律。

第二，研究范围不同。原始社会史上研究原始公社氏族制度时，仅涉及处在原始社会时期的原始群、氏族、胞族，部落等人们共同体；而人们共同体发展史则研究人类社会所有发展阶段上的人们共同体，它不仅包括原始社会时期的各种人们共同体，也包括阶级社会各个社会发展阶段上的人们共同体，即民族共同体。

第三，研究角度不同，原始社会史是从人类社会经济形态的角度去研究原始社会时期的各种人们共同体，而人们共同体发展史是从社会群体的角度去研究各种人们共同体的起源、形成、发展和变化的规律。例如氏族，原始社会史是将其作为一种社会政治制度的基本组织单位去进行研究的，而人们共同体发展史则是将其作为一个社会群体，研究它的形成、特征和发展规律。

正是因为人们共同体发展史与原始社会史有着这些根本的区别，所以两者虽然有着种种密切的联系，但不能相等互代。那么研究人们共同体究竟有什么意义呢？

众所周知，新中国成立四十年来，我国学术界对某些具体的人们共同体，如部落、部族，尤其是民族都进行了一些专门的研究，但分歧一直很大。例如部落，有的认为部落与氏族是同时产生的，有的则认为先有氏族后有部落。又如，对部族，有的干脆建议取消部族，有的则坚持部族是人们共同体的一个类型；有的认为前资本主义民族统统都是部族，有的则认为部族是属于原始社会末期和阶级社会初期的一种人们共同体。再如，对民族，分歧更多，有上限问题的分歧，有定义的分歧，有特征的分歧，等等。我们认为要正确地解决上述种种分歧，发展民族学和民族理论学很有必要从宏观的角度，对人们共同体进行整体研究，从人们共同发展的总规律出发，去考察和研究各个人们共同体的起源、形成、发展和变化的规律，而不是孤立地、片面地"坐井观天"，将会大大有助于学术研究的深入。此其一。

其二，研究人们共同体可以扩大学术领域、填补学术空白。人们共同体问题是民族学和民族理论学的基础理论。但是长期以来人们却很少对它进行全方位、多角度、多层次的研究，成为学术领域中的一个"北大荒"。在民族学和民族理论学深入发展的今天，我们要建立具有中国特色的民族学体系和民族理论学体系，是到了填补这项学术空白的时候了。从这个意义上来说，这也是具有国际学术意义的一项工作。

其三，研究人们共同体，可以深化我们对我国目前正处于社会主义初级阶段的认识。众所周知，我国是从半殖民地半封建社会进入社会主义社会的，从旧社会带入社会主义社会的不仅有资本主义的东西，也不仅有封建主义的东西，还有氏族制度的残余和胞族观念的孑遗。而这些东西，只要对氏族共同体和胞族共同体进行研究，即可辨明，从而使我们从理论到实践上都能进一步深化对我国目前正处于社会主义初级阶段的认识。这就是我们研究人们共同体的现实意义。

其四，研究人们共同体可以提高我们对少数民族特殊性的认识。由于历史的发展不平衡，我国少数民族在解放前或民主改革前或处于封建地主制阶段，或处于封建领主制阶段，或处于奴隶制阶段，或处于原始社会各个不同发展阶段。解放后虽然做了大量的社会调查，但由于种种原因，深入研究，特别是从人们共同体的角度进行深入研究还是很不够的。当今面临着改革开放的需要，面临着民族地区现代化的需要，很有必要实事求是地进一步全面了解和掌握少数民族的特殊性，从这一点出发，开展对人们共同体的研究，是可以大大帮助我们提高对少数民族特殊性的认识，从而制定更加切合少数民族实际的战略和政策。这就是我们研究人们共同体的又一个现实意义。

第一章　原始群共同体

一　原始群算不算人们共同体

研究人们共同体的发展规律，首当其冲的问题是：原始群算不算人们共同体？对此，学术界的一些同志是持否定态度的，故《民族学研究》第一辑（1981 年出版），在报道中国民族学研究会成立时，虽然把人们共同体的研究列为民族学研究的重要任务之一，但却把原始群排斥在人们共同体之外。这是笔者所不能赞成的。

众所周知，原始群，在原始社会的分期中，是人类的童年时期。马克思主义对此有过不少专门论述。马克思认为，人类社会的历史是从群居开始的，他说："人类社会的原始群状态，没有婚姻和家庭；他们之间的关系是：共同生活和相同的营生（如战争、狩猎、捕鱼）；另外，则是母亲及其亲生子女之间的骨肉关系。"[①] 他还认为，人类社会"最早是：过着群团的生活实行杂乱的性交；没有任何家族；在这里只有母权能够起作用"。[②] "无婚姻之可言"[③] 明确提出了"原始群团"[④] 的理论概念。

恩格斯也是这样认为，他在 1875 年 11 月致彼·拉·拉甫罗夫的信中说："最初的人想必是群居的，而且就我们所能追溯到的来看，我们发现，

---

① 〔德〕马克思：《科瓦列夫斯基〈公社土地占有制，其解体的原因、进程和结果〉一书摘要》，《马克思恩格斯全集》第 45 卷，第 207 页。

② 〔德〕马克思：《摩尔根〈古代社会〉一书摘要》，人民出版社 1965 年版，第 10 页。

③ 〔德〕马克思：《摩尔根〈古代社会〉一书摘要》，人民出版社 1965 年版，第 47 页。

④ 〔德〕马克思：《摩尔根〈古代社会〉一书摘要》，人民出版社 1965 年版，第 19 页。

情况就是这样"。① 在论述最初的人为什么会结成"群"的问题时，他指出："人类为了在发展过程中脱离动物状态，实现自然界中的伟大的进步，还需要一种因素：以群的联合力量和集体行动来弥补个体自卫能力的不足。"②

"原始群"一词的单独提出，最早见于列宁在 1913 年给高尔基的信中。信中说："抑制动物的个人主义的不是神的观念，而是原始群和原始公社。"③ 后来在《国家与革命》中，列宁又提出了三种原始组织，即"使用棍棒的猿猴群、或原始人、或组成克兰社会的人们。"④ 在这里"猿猴群"译为"猿群"更妥当些，这个"猿群"也是原始群。

从这些论述中，我们可以看出，对于人类的童年，马克思称为"原始群团"，恩格斯称为"群"，列宁称为"原始群"或"猿群"。目前学术界一般都采用"原始群"的名称，有的则称为"原始游群"⑤ 或"原始人群"，⑥ 笔者认为还是"原始群"这个名称比较科学和简便。

在我国的古代文献中，对原始群也有一些论述。《吕氏春秋·恃君览》记载："昔太古常无君矣，其民聚生群处，知母不知父，无亲戚兄弟夫妇男女之别，无上下长幼之道。"《管子·君臣》也记载："古者未有夫妇匹配之合，兽处群居，以力相争。"由于"无婚姻之可言"，所以《列子·汤问》记载："男女杂游，不媒不聘。"这种"知母不知父，无亲戚、兄弟、夫妇、男女之别"，男女可以"不媒不聘"地"杂游"，"聚生群处"地"群居"，正是原始群生活的一幅风俗画。

考古材料更以事实证明原始群的存在。拿学术界有定论的北京猿人来说，根据专家们对周口店的地质、地貌、猿人洞中堆积的及发掘出来的动植物化石的研究，我们可以知道当时是温带气候，与今天的华北地区相似，其西北是起伏的山丘，山上生长着茂密的森林，硕猕猴、剑齿虎、虎、豹、熊、豺、狼、纳玛象、野猪、斑鹿等散布林中。山洞里居住着洞熊、鬣狗和獾等。其东南是一片广阔的草原，即今天的华北平原，马、羚

---

① 《马克思恩格斯书信选集》，人民出版社 1962 年版，第 337 页。

② 《马克思恩格斯选集》第 4 卷，第 29 页。

③ 《列宁全集》第 35 卷，第 111 页。

④ 《国家与革命》，人民出版社 1964 年 9 月版，第 10 页。

⑤ 许涤新：《政治经济学辞典》上册，人民出版社 1980 年版，第 157 页。

⑥ 参阅 [苏] A. N. 别尔什茨《原始社会史的分期问题》，《民族译丛》1981 年第 3 期。

羊和肿骨鹿等成群地奔驰在草原上，河湖沼泽是水牛、水獭、大河狸等的活动场所。这样的自然环境，一方面为北京猿人提供了食物和居住的地方，另一方面又威胁着他们的生命。在各种动物中，以掠夺性特强的食肉兽鬣狗、豺、狼，以及洞熊、棕熊、黑熊等威胁最大。另外，在周口店猿人洞的堆积里发现了大量的用火遗迹，有的灰堆厚达 6 米，这表明北京猿人由于长期用火，已经具有一定的控制火的能力。仅此两点：即防御猛兽，控制和使用天然火，就不是个人的力量所能做到和完成的，那就必须结成"群"，依靠群体的力量，采取集体行动，互相协作，共同劳动，才办得到。北京猿人大约是几十人结成一群，有的专家估计，一般是二三十人一群，组成基本的社会单位。①

再拿距今约 500 万年到 100 万年前的南方古猿来说，他们生活在巨兽成群的环境中，最危险的食肉兽有上犬齿大得像剑一样的剑齿虎，形同狮子，无比灵活的恐猫，能迅速地猛冲来捕捉猎物的鬣狗等。面对众多的凶猛野兽，要生存下去，非依靠群体的力量不可。在南非（阿扎尼亚）的马卡潘斯盖，与南方古猿共存的地层中，有百分之八十的狒狒化石头骨，是被卵石、石块砸破的，据专家们推测可能是南方古猿群力合作击破的。表明了他们成群而居，共同劳动的生活情境。

至此，我们可以清楚地看到：从马克思到列宁，从古代文献到考古材料，都充分论证了人类的童年——原始群的存在。何止是存在？原始群的上限如果始于北京猿人这一类晚期猿人阶段，那起码有四五十万年的历史了；如果始于南方古猿这一类早期猿人阶段，那其历史就有 100 万年至500 万年之长了；当然，对于南方古猿的属性学术界分歧还很大，但仅就学术界比较统一的北京猿人来说，也证明了原始群经历的历史之长，是其他任何一种人们共同体，不管是氏族，还是部落；也不管是部族，还是民族，都是无法可比的。对于这样一个历史悠久的人们共同体，我们怎么可以把它排斥于人们共同体的研究之外呢？同时，大家也都知道，与历史上发生的任何事一样，人们共同体也是有其发生、发展和消亡的过程的。刚脱离动物界的原始人，为了取得起码的生活资料，求得生存，在支配自然的能力极低、个人没有能力战胜自然的情况下，只有几十人群居在一起，以群的联合力量和集体的行动，过着集体采集、集体狩猎、集体享用的共

① 参阅吴汝康《人类的起源和发展》第 2 版，科学出版社 1980 年版，第 84 页。

同生活，形成人类社会的第一个共同体——原始群，然后经过漫长的历史长河，又逐步发展为氏族、胞族、部落、部族或民族。如果把原始群排斥于人们共同体之外，那么，人类社会的第一个人们共同体就是氏族了，显然，这是违背事物从低级到高级的发展规律的，也是与历史事实不相符的。

基于上述的种种原因，我们认为原始群是人类社会的第一个人们共同体，不应把原始群排斥于人们共同体之外，而应该根据马克思主义关于人们共同体的论述，其中包括对原始群的论述，结合古代文献，尤其是结合考古材料，认真研究原始群的产生、特征及其发展去向等问题，从而揭示人们共同体的历史从原始群开始的规律。

二　原始群共同体的产生

什么是原始群？这是我们在研究原始群这个人们共同体时应首先明确的一个概念。虽然马克思主义对原始群有一些具体的论述，但由于种种原因，学术界对此仍然是众说纷纭。

有的认为："与过渡时期那种最初的动物式的本能的劳动相适应的蒙昧人低级阶段的社会的萌芽就是原始群。"[1]

有的认为："原始群是一个专门名词，用于代表从猿到人的过渡时期。""这个时期的群体，叫作原始群。"[2]

有的认为："以制造工具为标志而进入人类社会的最初阶段是原始群。"[3]

有的认为："原始群，原始社会史第一个阶段（时期），包括人类童年群的杂交和血缘家庭。"并特别指出：这个阶段"绝不是'从猿到人'的过渡阶段。"[4]

显然，分歧很大，其主要点是一种意见认为从猿到人的过渡时期的群体就是原始群，另一种意见则认为"从猿到人的过渡阶段"不属于人类，

---

① 潘其风、韩康信：《人类的童年时》，载《古人类论文集——纪念恩格斯〈劳动在从猿到人转变过程中的作用〉写作一百周年报告会论文汇编》，科学出版社 1978 年版，第 26 页。

② 林耀华：《试论原始社会史的分期问题》，《文史哲》1978 年第 4 期。

③ 徐喜辰、胡方恕：《关于人类形成的几个理论问题的商榷》，《历史教学》1981 年 7 月。

④ 陈国强：《论人类的童年——群——兼论原始社会史的分期》，《世界历史》1979 年第 5 期。

而是属于"生物",只有会制造工具的猿人,在氏族形成前才叫作原始群。我们认为,这两种意见都带有片面性。

首先,这两种意见都只是着重说明了原始群存在的时限,对于原始群这种人们共同体的本质特征很少涉及,对于回答什么是原始群这个问题来说,似乎有点离题了。

其次,第一种意见认为从猿到人的过渡时期的群体是原始群,那么我们要问,猿过渡到人,成为"完全形成的人"后,在氏族还没有产生和形成前,叫作什么呢?否则的话,不管是人们共同体的发展,还是人类社会的历史的发展,不是出现了一段空白吗?当然,这绝不是持这一意见同志的本意。

再次,众所周知,被恩格斯称为"过渡期间的生物"[1] 或"正在形成中的人"[2] 已经从猿的系统分离出来,被国际人类学界归入人的系统,放在人科。而如果按第二种意见来研究原始群,那么这"正在形成中的人"仍然应该归入动物系统,显然这是不科学的。

大家都知道,人们共同体的划分与原始社会史的分期,是两个虽有联系、但又有严格区别的不同的学术领域。因此,原始群在人们共同体的研究和原始社会史的分期中各有不同的含义,不可混同。那么,究竟什么叫原始群?我们认为,原始群,作为人类社会的第一个人们共同体,简要地说,就是刚脱离动物界,进行共同劳动、共同生产和共同生活的群团。根据这个基本概念,我们来探讨一下原始群的产生时间,途径和原因。

在原始社会的分期中,如前文所述,原始群时期是学术界分歧最大的一个问题。探讨原始群的产生时间,不可避免地也会碰到这个棘手的问题。既然原始群是刚脱离动物界的原始人共同劳动、共同生产和共同生活的群团,那么,原始群产生的时间,即在其脱离动物界之时。整个蒙昧人时代的低级阶段以及在蒙昧人时代的中级阶段新的人们共同体——氏族产生和形成以前,都是原始群的天下。从考古学和人类学的角度来讲,就是前人阶段(即从猿到人的过渡时期)和真人阶段氏族出现以前。

但是,学术界不少同志认为,从猿到人的过渡阶段时的前人,不能制造工具,因而是猿不是人,充其量只能称为"正在形成中的人",所以前

---

[1] 《马克思恩格斯选集》第 3 卷,第 179 页。
[2] 《马克思恩格斯选集》第 3 卷,第 511 页。

人阶段根本不能产生原始群，更无原始群的存在。这种看法很值得讨论研究：

其一，确实前人距离真人还有一个漫长的历史发展过程，其本身还带有猿的一些特征，特别是他们的脑子还较小。但是考古材料又告诉了我们，前人已从猿的系统分化出来了。前人从猿的系统分化出来的标志是什么？考古学和人类学界一般认为，直立行走是前人从猿的系统分化出来的标志，这也就是从猿到人过渡阶段开始的标志。恩格斯说过："这些猿类，大概首先由于它们生活方式的影响，使手在攀缘时从事和脚不同的活动，因而在平地上行走时就开始摆脱用手帮助的习惯，渐渐直立行走。这就完成了从猿到人的具有决定意义的一步。"① 很清楚，恩格斯在这里非常突出地指出了从猿转变到人"有决定意义的一步"就是"直立行走"。因此，我们可以说，直立行走就是人与猿的分水岭，也就是人与动物的分水岭。因为直立行走是前人向真人进化的基点，只有在直立行走之下，才能使手解放出来，才能使喉头与声带发展，才能使头在颈椎骨上稳定，才能使脑得到发展。由于直立行走成了人从动物分离出来的出发点，而且越走离动物越远，以至于最后完全脱离动物，而进化成为真人。所以，现代动物分类学上的人科，就包括从猿的系统分化出来的前人起，直到现代人的一切类型。

以直立行走为标志和尺度，大大有利于我们分析研究考古材料。例如，北京猿人有股骨脊（股骨后面突出的脊）的存在，以及肱骨短于股骨的事实，可以确定其已能直立行走，因此，我们可以推断北京猿人已脱离动物界从猿的系统分化出来，所以不少中国通史著作，常常把四、五十万年前的北京猿人作为原始群的一个实例是有道理的。但是北京猿人还不是最早产生的原始群，还有一百万年—五百万年前的南方古猿。考古材料表明，南方古猿的股骨从臀部向下，斜向内侧，而小脚的胫骨是垂直位置，足骨基本上是人的结构，可见其已具有直立行走的特征。特别是南方古猿的纤细种，是善于奔跑的、敏捷的直立行走者。因此，我们又可以推断南方古猿也已脱离动物界，从猿的系统中分化出来。据此，我们还可以进一步推断，一百万年—五百万年前的南方古猿中已产生了原始群。而如果生活在距今一千万年——一千四百万年前的腊玛古猿

---

① 《马克思恩格斯选集》第 3 卷，第 508 页。

可以直立行走的设想得到证实，那人类第一个人们共同体——原始群的产生时间，最早可以提早到一千四百万年前。这对持前人是猿不是人、否定从猿到人的过渡阶段可以产生原始群的同志来说，简直是不可思议的事情。

其二，诚然，前人还不能制造工具，这也正是前人与真人的主要区别。但是前人都会使用工具了。马克思在《哥达纲领批判》中说过："一个蒙昧人（而人在他已不再是猿类以后就是蒙昧人）用石头击毙野兽，采集果实等，就是进行'有益的'劳动。"① 也就是说，刚脱离动物，从猿类中分化出来的蒙昧人，虽然还不会制造工具，但却会使用天然工具来进行共同的劳动了。有的同志可能会说，这算什么劳动？某些高等动物，甚至某种昆虫，也能使用这种天然工具，以便利用其躯体以外的东西来获取食物。我们说，当然，某些高等动物也会使用天然工具，例如在实验室里，黑猩猩就能用两根竹竿连接起来，打下挂在高处的食物。但是，我们要注意，问题的关键不在于偶尔使用天然工具，而在于通过经常使用天然工具，促使手和脑的发展，最终导致制造工具的出现。历史唯物主义理论告诉我们，历史上发生的任何一种东西或事物，都有一个发生和发展的过程。因此，使用和制造工具有一个发生和发展的过程，劳动也有一个发生和发展的过程。由于前人是刚从动物界分离出来的蒙昧人，所以其最早的或最初的劳动就不可避免地带有动物的特性，这就是使用天然工具，即马克思在《资本论》中所说的："最初的动物式的本能的劳动形式。"② 重要的是，在前人使用天然的木棒和石块来获取食物和防御兽害的长期实践中，使前人已经具备了手与脚的分工进一步发展，后肢发展了支持和行动的功能，成为腿和脚；前肢发展成为专门的抓握的器官，成为臂和手。正如恩格斯所指出的："具有决定意义的一步完成了：手变得自由了，能够不断地获得新的技巧而这样获得的较大的灵活性便遗传下来，一代一代地增加着。"③ 这样，获得自由的手越来越多地从事运用天然工具来获取生活资料的共同劳动，而这种共同劳动的高度发展构成了人与动物在谋生方式和行为类型方面的重大区别。所以马克思指出："劳动资料的使用和创造

---

① 《马克思恩格斯选集》第3卷，第6页。
② 《资本论》第1卷，人民出版社1975年版，第202页。
③ 《马克思恩格斯选集》第3卷，第509页。

虽然就其萌芽状态来说已为某几种动物所固有，但是这毕竟是人类劳动过程独有的特征。"① 同前，虽然还没有发现过前人的手骨化石，但从奥杜韦发现的二百万年前人类祖先的手骨化石来看，劳动已使指骨末一指节变宽变扁，指变长，已能充分地与其他各指对握，除此较精细准确的动作外，不仅能紧紧握住大的东西，也能抓住小的物件。这样，手在长期的实践和锻炼中，再加上脑的发展，更有赖于大脑系统的制导和协调，前人使用工具也越来越熟练，也越来越感到天然工具在性能上、数量上日益不能满足需要，逐渐产生了制造工具的意识和要求，最后导致制造工具的出现。所以，如果没有使用天然工具的共同劳动的过程，手脚就不可能进一步分工，制造工具也就不会出现，前人也就永远不会进化到真人。这就是恩格斯的经典名言"劳动创造了人类本身"② 的意义所在。对于原始群这个人们共同体来说，使用天然工具，在制造工具出现以前的大部分时间里，都是原始群共同劳动、共同生产和共同生活的主要形式。

其三，前人虽然具有二重性，即一方面其已从猿类分化出来，脱离了动物界，成了"正在形成中的人"③；另一方面其又带有猿的一些特征。所以，恩格斯就说："人们最初怎样脱离动物界，他们就怎样进入历史。"④这样进入人类历史时期的前人，既保留了猿的旧质，又出现了人的新质。在这里，最重要的是，由于原始群共同劳动的结果，使人的新质逐步发展、完善，而不断克服猿的旧质。本来人类的起源最初是受生物规律的支配而进化的。但自人类和人类社会出现后，以及在原始群这样的人们共同体产生后，社会规律开始起作用，而且这个作用随着时间的推移而越来越大，逐渐成为矛盾的主要方面，从而使原始群一方面获得了新的强有力的推动力，另一方面更坚定了向真人进化的方向。本来，刚从猿转化而来的原始群还带有生物的种种特征。但是，正如恩格斯所说："我们的猿类祖先是一种社会化的动物"，由于社会规律的作用（虽然这种作用开始时可能是很微小的），在长达几百万年，甚至上千万年的人类历史的长河中，随着手的发展，随着劳动的发达，人从被自然统治，反过来开始对自然的

---

① 《马克思恩格斯全集》第 23 卷，第 204 页。
② 《马克思恩格斯选集》第 3 卷，第 508 页。
③ 《马克思恩格斯选集》第 3 卷，第 511 页。
④ 《马克思恩格斯选集》第 3 卷，第 218 页。

统治。这样，劳动也就越来越成为原始群生存和发展的必要条件。对此，恩格斯说："劳动的发展必然促使社会成员更紧密地互相结合起来，因为它使互相帮助和共同协作的场合增多了，并且使每个人都清楚地意识到这种共同协作的好处。"① 历史的辩证法就是这样，具有二重性的前人，在新旧质的斗争中，由于社会规律的作用，新质不断克服和代替旧质，最后终于发生质的飞跃与猿类分道扬镳，进化成真人。所以，恩格斯又说："社会本能是从猿进化到人的最重要的杠杆之一。"② 而原始群共同体也就在社会本能这根杠杆的作用下，在新、旧质斗争的过程中不断发展变化，从无婚姻之可言的原始群逐步发展成为有血缘家庭的原始群，最后被氏族共同体所取代。

其四，需要提请注意的是，恩格斯在《家庭、私有制和国家的起源》中，就明确无误指出，人类的幼年时代，即蒙昧人时代的低级阶段，也就是从猿到人的过渡阶段。他在蒙昧人时代的低级阶段这一小节结尾中说："我们既然承认人是起源于动物界的，那么，我们就不能不承认这种过渡状态了。"③ 也许有人会问，那为什么恩格斯对"从猿到人的过渡阶段"的前人，又称其为"正在形成中的人"，是"过渡时期的生物"呢？其实，这没什么值得大惊小怪的，如前所述，因为前人虽然已从猿类中分化出来归属于人科，但其总归还是刚脱离动物界，难免带有猿的种种旧质。因此，从这个意义上讲，称前人为"正在形成中的人"和"过渡时期的生物"是可以的。这是问题的一方面。问题的另一方面是，不管刚脱离动物界、从猿系中分化出来的前人多么原始，因其会直立行走，根据国际人类学界通用的标准，就必须把他们归属人科，就是人了。所以马克思更明确地说："人在他已不再是猿类以后就是蒙昧人。"④ 这与恩格斯把过渡阶段放在蒙昧人时代的低级阶段是一致的。这就是一个事物的两个方面，好像一张两面颜色不同的纸，在特定的条件下，从左边看是黑色，从右边看是白色，但不管怎样，它总归还是一张纸。对前人也是这样，从猿科看，他已是人了；而从真人看，他又有点像猿，但不管怎样，他总归已属于人科了。恩

① 《马克思恩格斯选集》第3卷，第510—511页。
② 《马克思恩格斯全集》第34卷，第164页。
③ 《马克思恩格斯选集》第4卷，第18页。
④ 《马克思恩格斯选集》第3卷，第6页。

格斯在不同的著作中采用了不同的称呼，这只是由于恩格斯叙述问题的角度不同而出现的现象，只要细心领会，是不会误解和混淆其原意的。

原始群产生的时间确定后，我们可以比较清楚地看出，原始群产生的途径是比较单一的。以直立行走为标志的前人的形成，即是原始群共同体的产生，故原始群产生的唯一途径，就是从猿类的群直接蜕变而来。

群居并不是人所特有的特征，现代生活在赤道非洲的大猩猩和黑猩猩，以及生活在印尼苏门答腊和马来西亚北加里曼丹的猩猩都是群居的猿类，他们由几只到三四十只组成一群。从此处，我们可以推断，远古时代的猿类不少也应该是群居的。而人脱离动物界，从猿系统中分化出来，绝不会是单独一个一个地脱离和分化，而是以群体脱离和分化。恩格斯就说过："凡是有共同体（就是对土地、或妻子、或别什么东西的公有）的地方，那里的共同体必定是从动物界搬来的原始的东西。"[1] 他还说："人，一切动物中最社会化的动物，显然不可能从一种非社会化的最近的祖先发展而来。"[2] 所以，猿类一旦可以直立行走，即从猿的系统中分化出来，猿的群居即转变为人的群居，猿群也就蜕变成人类历史上第一个人们共同体——原始群。

但是，我们也知道，现代猿类的猿群一般都有一只大的成年雄猿为"王"，群内包括成年雄猿和幼猿。由于猿王的嫉妒，另外的雄猿与猿群的联系是松散的。而能战胜其他雄猿的猿王则基本上决定着猿群的一切行动。这就造成了猿群的不稳定性。所以恩格斯就指出：在较高等的脊椎动物中"雄者的嫉妒，既联系又限制着动物的家庭，使动物的家庭跟群对立起来；由于这种嫉妒，作为共居生活最高形式的群，在一些场合成为不可能，而在另一些场合则被削弱，或在交尾期间趋于瓦解，在最好的场合，其进一步的发展也要受到阻碍。"[3]

那么从猿群蜕变而来的原始群是不是也这样不稳定呢？我们说，不！恰恰相反，原始群中的雄者是能够消除嫉妒、相互忍耐的，这就使原始群"形成较大的持久的集团"。[4] 最近，苏联人类学家 M. 布特科夫斯卡娅在

---

① 《马克思恩格斯全集》第27卷，第290页。
② 《马克思恩格斯选集》第3卷，第510页。
③ 《马克思恩格斯选集》第4卷，第29页。
④ 《马克思恩格斯选集》第4卷，第30页。

苏联《化学与生活》杂志上发表文章提出，在猿到人的历史过程中，逐渐放弃侵袭力是进化的原因之一。她的实验证明，高等猿猴与比较原始的猿猴的主要差别在于放弃借助拳头和爪了说明亲属关系的习惯。因此，她确认，侵袭力是陈腐的相互关系方式，随着群体生活方式逐渐完善，它已被友爱和群体成员的相互信任所排挤。[①] 这就为原始群中雄者的相互忍耐提供了新的根据。顺便指出，这也是人与猿不同的一个重要表现。所以恩格斯把这当作"由动物向人的转变"的"首要条件"[②]。

这种变化是什么原因造成的呢？

首先是劳动的需要。原始群生活的环境是极其险恶的。一方面是森林茂密和杂草遍野，另一方面又是猛兽成群和气候变冷。在这样的自然环境中，生产力原始到了极点，个人的力量也微弱到了极点，而在狩猎和采集中，要维持生存，靠个人的力量是绝对不行的。现代民族学资料给我们提供了这样一个参考，那就是美洲墨西哥西北部的塔拉休马拉印第安人用持续追赶的方法来狩猎鹿或马。他们先是由一个或几个男人跟踪鹿群，发现鹿群后，即组织部落的大部分力量持续追赶，使鹿群不停地奔跑，一直追赶到第二天，鹿群中有的精疲力竭而倒下，成为人们的猎物。这种持续追赶的狩猎方法，对于单个的人来说是根本办不到的，如果是这样的话，那被追赶的野兽还没有倒下，而追赶的人却先精疲力竭而倒下了。所以我们认为，正是进行狩猎和采集劳动的需要，人们必须依靠群体的力量，进行集体的活动，共同协作、共同劳动促成了相互的忍耐，从而稳定了群体。

第二是社会的需要。恩格斯在《自然辩证法》中指出：人是"一切动物中最社会化的动物。"[③]。在这里，所谓"社会化"实际上就是指生产关系，即人们在物质资料生产过程中结成的相互关系。人从脱离动物界时起，为了获得起码的生活资料，在狩猎和采集的共同劳动中，相互间必然发生关系。又由于生产力水平极其低下，人们的生产活动，不可能孤立地、单独地进行，而是社会的共同劳动。所以马克思说：人们"如果不以一定方式结合起来共同活动和相互交换其活动，便不能进行生产。"[④] 例

---

① 参阅《科学报》1987 年 9 月 22 日。

② 《马克思恩格斯选集》第 4 卷，第 30 页。

③ 《马克思恩格斯选集》第 3 卷，第 510 页。

④ 《马克思恩格斯选集》第 1 卷，第 362 页。

如，南方古猿的纤细型，他们的身高为 1.2—1.3 米，体重约 25 公斤，脑量平均不到 450 毫升。这种身材决定了他们的体力较小，加上他们本身没有天然的武器（即某些动物的角、爪或锐利的牙齿等），所以在生态环境发生变化，从森林来到空旷的草原后，要使自己不成为猛兽的牺牲品，保护自己，并获取生活资料谋生，那就只能依靠群体的集体力量。因此，在这种生死存亡的关系中，雄者的嫉妒心也必然会让位于忍耐心。这就是表现在共同防御敌害上的社会需要。

与此同时，由于人的生殖力比较弱，加上人类婴儿襁褓时间比较长，一般来说，一个人出生后，要具备初步的劳动能力，最低限度也要五至八年，这对于刚从猿的系统中分化出来的人是一个很重的负担，在个人无能为力的情况下，当然也只有依靠群体的集体力量。因此，为延续种族，繁殖生命，雄者的嫉妒也非消除不可，这又是表现在生殖关系上的社会需要。

总之，简而言之，原始群产生的原因，就是劳动的需要，社会的需要。一句话，就是人类进化的需要。所以恩格斯在《家庭、私有制和国家的起源》中就指出："为了在发展过程中脱离动物状态，实现自然界中最伟大的进步，还需要一种因素：以群的联合力量和集体行动来弥补个体自卫能力的不足。"①

三　原始群共同体的特征

刚刚脱离动物界，共同劳动、共同生产和共同生活的原始群有如下几个主要特征：

1. 游动群居

从上面我们对原始群产生的时间、途径和原因的论述中，可以很清楚地看出，原始群这个人们共同体首要的特征就是群居，所以恩格斯得出结论说："最初的人想必是群居的。"② 但是，由于刚脱离动物界的原始群面临着生态环境的巨大变化，特别是从猿类在树上生活改变为在地面生活，从森林地带进入草原地带，这就使得原始群不可能在一个地域内固定下来，此其

---

① 《马克思恩格斯选集》第 4 卷，第 29 页。
② 《马克思恩格斯书信选集》，人民出版社 1962 年版，第 337 页。

一。其二，又由于这个时候生活资料的获得没有可靠的保障，原始群又不得不随季节的更替、取得生活资料的难易，依地方自然条件和地理环境的好坏，而不断转移，形成游动的特点。所以原始群的群居是游动的群居。

原始群的这个特征目前我们已不可能找到具体的例证了，但是我国现代游猎的鄂温克人给我们提供了活的参考材料。在深山密林中以狩猎为生的鄂温克人，为了追逐在山林中出没无常的野兽，就必须到处移动，过着游徙不定的生活，夏天和秋天，他们每到一地最多住二十天就要搬家，冬天则每住两三天就走①。鄂温克人为了获得生活资料尚且如此，可想而知，比鄂温克人更古老、更原始的原始群。为了获得基本的生活资料，肯定更加游移不定。当然，这种游动生活，也还可能是在一定的地域范围内游动。鄂温克人就是这样，他们虽然游移不定，但都基本上游猎于额尔古纳河畔。所以我们不能片面地将原始群的游动群居看作是漫无边际、漫无目标的游动，而应理解为在一定的地域范围内游动。以前，学术界有一种误解，以为原始群最早就是定居在山洞里的。其实不然，根据现有的化石证据，无论是腊玛古猿、南方古猿，还是早期猿人，都不是定居在山洞里的。只是到晚期猿人时期原始群才居住在山洞里，这还只是相对意义上的定居。北京猿人是现今已发现的最早居住在山洞里的原始群，但这时已是原始群的后期了，根据专家的研究，从北京猿人的身体与现代人已基本上一样，最大脑量已达1225毫升；有两性的劳动分工；已有长期用火的经验；堆积很厚的文化层；一定程度的定居等事实来看，自然选择原则可能已很好地发生了作用，同胞的兄弟和姐妹之间的性交关系可能已开始排除，而开始向氏族公社过渡了②。这些民族学和考古学上的材料都证明：原始群是过着游动群居生活的。他们在游动中既共同劳动、共同生产，又共同发展、共同进化。所以，有的同志把原始群称为"原始游群"，确实是有一定道理的，在游动群居这一点上，较准确，生动地反映了原始群的主要特征。

2. 男女杂交

根据唯物主义的理解，人类自身的再生产，即人种的繁衍是人类社会发展的决定因素之一。由于原始群是从猿的系统中分化出来的，他们刚脱

---

① 参阅秋浦《鄂温克人的原始社会形态》，中华书局1962年版，第16页。
② 吴汝康：《人类的起源和发展》，科学出版社1980年版，第85页。

离动物界，所以遗传性地把动物界雌雄杂交的两性关系继续了下来。虽然在动物界中可以找到两性较长时期的结合，但无论如何，绝对无什么性交禁忌可言。所以，原始群为了种族的繁衍，出于生物的本能，而实行男女杂交。最早指出原始群的这个特征的是巴霍芬。他在 1861 年出版的《母权论（Mutterrecht）》中提出：最初在人们之间存在着毫无限制的性关系。不过恩格斯指出他把这种性交关系称为"杂婚"是不恰当的。① 1877 年，摩尔根根据民族学的材料，在《古代社会》中进一步指出："男女杂交这种情况所表现的是蒙昧社会的最低的低级阶段。……处于这种状况中的人类与他们周围的不会说话的野兽相差无几。"② 马克思也说："这便是原始的蒙昧人。"③ 恩格斯在研究了上述论述的基础上，也提出原始群的性交关系是杂乱的，是一个"从动物状态向人类状态的过渡相适应的杂乱的性交关系的时期"④。并对"杂乱的性交关系"究竟是什么意思做了解释，他说：所谓"杂乱的性交关系"就是说"现在或较早时期通行的禁例在那时是没有效力的。"并且"后来由习俗所规定的那些限制那时还不存在。"⑤ 另外，我国古代文献中所说的"男女杂游，不媒不聘"（《列子·汤问》），"无亲戚兄弟夫妇男女之别"（《吕氏春秋·恃君览》）也都反映了原始社会男女杂交的两性关系。另外，近现代民族学关于群婚残余的材料几乎都可以推断，最早的人类，即原始群的两性关系是男女杂交，即一切男子可以是一切女子的丈夫，一切女子可以是一切男子的妻子。正如摩尔根所说："当人类社会处于蒙昧社会的低级水平时，人们在规定范围内实行共夫共妻，这是当时社会制度的主要原则。"⑥ 在世界民族学中就有这样的材料，即生活在非洲以刚果盆地为中心，包括扎伊尔、赞比亚、布隆迪、卢旺达、乌干达、喀麦隆、尼日利亚这样一个广阔地区的身材矮小的俾格米人，就过着男女杂交的群居生活。他们在七岁性机能发育成熟时，即开始过性生活，进行充分自由的不受限制的性交。

正因为原始群有着这样一个特征，所以在这个人们共同体中，也就无

---

① 《马克思恩格斯选集》第 4 卷，第 5—6 页。
② 《古代社会》下册，第 507 页。
③ 《摩尔根〈古代社会〉一书摘要》，第 47 页。
④ 《马克思恩格斯选集》第 4 卷，第 30 页。
⑤ 《马克思恩格斯选集》第 4 卷，第 30、31 页。
⑥ 《古代社会》上册，商务印书馆 1977 版，第 47 页。

婚姻、无家庭可言。关于这一点，马克思和恩格斯早已有定论。马克思说过："人类社会的原始群居状态，没有婚姻和家庭。"① 恩格斯也说过："脱离动物状态的原始人类，或者根本没有家庭，或者至多只有动物中所没有的那种家庭。"② 对此，学术界本来是比较统一的。可是近年来，有的同志在重新探讨摩尔根的原始社会分期法时提出："杂乱的性交，也是一种婚姻的形式，原始群团的核心纽带恰恰是家庭。只要承认婚姻和家庭在历史上'是一个能动的要素'；我们就没有理由否认杂交的群团时期存在婚姻和家庭。"③ 其主要理由是引述了马克思和恩格斯在《德意志意识形态》中说过的一段话，即"一开始就纳入历史过程的……就是：每日都在重新生产自己生命的人们开始生产另外一些人，即增殖。这就是夫妻之间的关系，父母和子女之间的关系，也就是家庭。这个家庭起初是唯一的社会关系。"④ 并据此而提出了一个"血亲家庭"为"历史上最初最古出现的最原始的家庭。"这个观点本身，起码有三个问题经不起推敲。首先，该文所引的马克思和恩格斯的这段话，见于两位导师写于 1845 年到 1846 年的早期著作——《德意志意识形态》中。这时不仅人们对原始社会史的研究还几乎等于零，1888 年恩格斯在《共产党宣言》的注中就说："在 1847 年，社会的史前状态，全部或事史以前的社会组织几乎还完全没有人知道。"⑤ 而且马克思和恩格斯这时还不是一个成熟的社会主义者。所以，他们这时关于"家庭起初是唯一的社会关系"的论述，仅仅是指阶级社会里的历史，对原始社会来说是不适用的。我们不能从自己主观设计的模式出发，据此就认为原始群时就有家庭。第二，我们还应该看到，随着科学的发展，人们对原始社会的历史也越来越清楚，例如，巴霍芬于 1861 年发表了《母权论》，麦克伦南于 1865 年发表了《原始婚姻》，拉伯克于 1870 年发表了《文明的起源和人的原始状态》，吉罗·特龙于 1874 年发表了《家庭的起源》，摩尔根则在 1877 年发表了名著《古代社会》。面对原始社会史这样活跃的研究局面，在 1879 年到 1882 年之间，马克思读了很多民族学著作，做了大量的读书摘要笔记。主要的有《科瓦列夫斯基〈公社土地

---

① 《马克思恩格斯全集》第 45 卷，第 207 页。
② 《马克思恩格斯选集》第 4 卷，第 29 页。
③ 时佑本：《应该重新探讨摩尔根的原始社会分期法》，《历史研究》1981 年第 1 期。
④ 《马克思恩格斯选集》第 1 卷，第 33 页。
⑤ 《马克思恩格斯选集》第 1 卷，第 251 页。

占有制，其解体的原因，进程和结果〉一书摘要》《拉伯克〈文明的起源和人类的原始状态〉一书摘要》《摩尔根〈古代社会〉一书摘要》等。就是在这些摘要笔记中，马克思补充和发展了自己关于家庭和婚姻的观点，明确地指出："人类社会的原始群居状态，没有婚姻和家庭。"恩格斯正是在马克思研究的基础上，于 1884 年发表了《家庭、私有制和国家的起源》，也明确指出：原始人类自脱离动物状态之后，全然不知道有家庭。可见，马克思和恩格斯早在一百年前就发展了自己的观点，为什么现在还有人将这一切事实都视而不见"闭门造车"呢？第三，持这种观点的同志，其本身的论述也是自相矛盾的。因为他一面主张血亲家庭是"历史上最初最古出现的原始家庭"，一面又说："在前猿人的杂交阶段，母亲和子女可能有所识别，然而那也是无济于事的，因为从理论上来说，既然是杂交，不仅不知其父，父女可以通婚，就连母子也不排除在外"，"他们是一切男子属于一切女子，一切女子属于一切男子"，"如此，可以说是混沌一团，虽然事实上有夫妻关系，有父母和子女的关系，因为是杂交，这种关系变幻无常，在事实上是无法确认的。"① 够了，仅此几段他自己说的话，就足以推翻他自己提出的"血亲家庭"的论点了。因为在事实上无法确认夫妻关系、父母和子女的关系，哪里还谈得上家庭和婚姻的存在呢？在这里所有的只能是一种生物的本能，只能是男女杂交的两性关系，并靠此来增殖人类、发展人类。菲律宾巴望岛中部的达乌特—巴多人就是一个没有家庭的例子。据报道，于 1978 年才被人发现的达乌特—巴多人只有群的群众，没有真正的家庭概念。一个男人和一个女人可以和许多伙伴及不同关系所生的孩子们群居在一起。达乌特—巴多人尚且没有家庭，何况刚从动物界中分离出来的原始群呢？所以历史唯物主义认为，家庭和婚姻都是历史上发生的东西，都有一个从无到有，从发生到发展的过程，如此而已，岂有他哉？

男女杂交，在原始群发展的整个时期内是贯穿始终的。即使是原始群发展到后期，出现了血缘家庭时，也是如此。

3. 依靠自然

对此特征，无须多言，因为刚脱离动物界的原始群，刚学会直立行走，还不会制造工具，也不会用火，所能依赖的就是天然的工具，如木

---

① 均见《历史研究》1981 年第 1 期。

棒、石块等进行狩猎和采集，来获得最起码的生活资料，生产力水平实在是太低下了，故有的同志提出在石器时代之前，人类原始社会还有一个木器时代，① 也是有一定道理的，是一个合理的推断。正因为如此，原始群对自然的依赖特别强，他们所需要的维持生存的一切生活资料，都靠大自然的赐予。

后来，经过长期的发展，在使用天然工具的实践中，随着人的手的解放，手、脚的进一步分工；随着大脑的发展和思维的产生，原始群逐渐学会了制造工具，由前人发展到了真人，但就是在这个时期。他们维持生存的生活资料的获得，仍然依靠大自然的赐予。还拿北京猿人来说吧，他们会制造工具，并学会了用火，但是他们制造的石器还没有定型，只要在天然石块上打出较锋利的薄刃，能够帮助割切东西，就拿去应用了，② 在考古学上只是一种旧石器。他们虽会用火，但却还不会人工取火。而且这种火本身就是大自然的赐予。

4. 没有文化

原始群是人们共同体中唯一没有文化的一个共同体。这里所说的没有文化，指的是原始群没有形成文化上的特点。

文字当然没有。语言已有一种没有音节的、十分原始的有声语言。仅此，对原始群来说也已是个十分了不起的进步，所以斯大林说："有声语言在人类历史上是帮助人们脱出动物界、结成社会、发展自己的思维、组织社会生产、同自然力量做胜利的斗争并取得我们今天的进步的力量之一。"③ 但是，这时的语言还只是发音不分明的语言。只有到原始群后期，特别是会制造工具和用火以后，才"由手势语言和不完备的声音进到发音分明的语言"。④

原始群也没有宗教。大家知道，语言与思维是有着密切关系的，语言是思维的现实反映。在使用发音不分明的语言的原始群中，思维也是十分简单的。而宗教却是上层建筑的东西。恩格斯说过："宗教是在最原始时

---

① 参阅张鸿奎《人类社会有个木器时代》，《社会科学》（上海）1980 年第 4 期。
② 参阅裴文中《中国石器时代》，中国青年出版社 1963 年版，第 16 页。
③ 《斯大林选集》下卷，第 532 页。
④ 《摩尔根〈古代社会〉一书摘要》，第 50 页。

代从人们关于自己本身的自然和周围的外部自然的错误的、最原始的观念中产生的。"[1] 看来没有一定的思维能力的人是很难对本身以及周围的外部自然产生种种观念的,哪怕是最原始的观念,也是不可能的。因此,游动群居,实行男女杂交,根本无家庭、婚姻可言,仅使用天然工具,还不会人工取火,完全靠自然的赐予维持生存的原始群也就无宗教可言。迄今为止发现的考古材料中也没有提供宗教存在的任何遗迹。在北京猿人居住的山洞中,就没有发现任何遗迹说明他们已有宗教观念,哪怕是宗教观念的萌芽也没有一点影子,因为北京猿人是一个原始群共同体。而在山顶洞人居住的山洞中。却发现在尸体上撒有赤铁矿的粉末,这很可能他们把红色当作生存的来源和灵魂的寄生处,是原始宗教观念的一个表现。为什么在山顶洞人的遗址中会发现原始宗教观的遗迹呢?因为山顶洞人已是氏族共同体了。可见作为上层建筑现象之一的宗教,只能产生于人类社会发展的一定的阶段中,产生在一定的基础上。一言以蔽之,原始群是一个没有文化的人们共同体。所以原始群没有形成文化上的特点,没有文化上的差异。考古材料也证明,不管是腊玛古猿、还是南方古猿,或是晚期猿人,都没有文化上的差异,有的只是进化程度的不同而已。

5. 彼此孤立

原始群作为一个生产力水平极其低下的游动的人们共同体,显然群与群之间不可能建立比较长久的联系,更不要说永久的联系了。加上两性之间的杂交关系,自身的繁殖问题在本群团内就已经解决,所以各原始群之间是彼此孤立的。这一点从目前已发现的各个原始群的遗址彼此分散,没有什么联系中可以得到佐证。世界民族学的材料也可以为我们提供有参考价值的佐证。例如南美洲位于巴西和委内瑞拉交界处被称为雅马罗米的印第安人,直到60年代初,才第一次与外部世界有了接触。又如,在巴西亚马孙地区南部边缘地区居住的被称为瓦苏索斯的印第安人,直到70年代初期才被人发现。再如居住在菲律宾巴拉望岛森林中自认为"石头人"的达乌特—巴多人,也是直到70年代末(1978年末)才被考古学家偶然发现的。现代还存在着这样一些不知经历了多少个世纪过着原始生活的孤立于世界之中的原始人,那我们完全可以推断和想象几十万年或几百万年以前

---

① 《马克思恩格斯选集》第4卷,第250页。

的原始群之间更是彼此孤立、缺乏联系。

6. 有自发的首领

对现代猿类的研究表明，他们有一个雄猿充当首领，为猿"王"。因此，就是出于这样一个动物本能，原始群也必然会有一个自发的首领。不过，所不同的是，原始群自发的首领多半是妇女，而不是男子：这主要是因为人们往往只能知其母而不知其父。在原始群早期男女劳动分工还没有产生之前，这是妇女能够充当自发首领的主要原因。所以，马克思说："在这里只有母权能够起某种作用。"① 这也是原始群之后，氏族共同体产生时，最先形成母系氏族的根本原因。

四 血缘家庭与原始群的发展去向

原始群共同体自从猿类系统分化出来，脱离动物界之时起，经历了漫长的历史发展过程。如果从腊玛古猿算起，其距今也有约五百万年了；而如果从晚期猿人，如北京猿人算起，其距今也有四、五十万年了。这五百万年以前，或四、五十万年以前的原始群，要发展到氏族共同体，其经历的时间不是以千年、万年、十万年计，而起码要以几十万年、几百万年计。可见在人们共同体发展的历史长河中，原始群是历史最悠久的一个人们共同体，这一点是其他各人们共同体根本无法相比的。原始群的整个历史时期，按人类学的分类，它包括整个前人阶段和真人的一部分阶段（即氏族产生以前）；按摩尔根的历史分期法，它就是整个蒙昧人时代的低级阶段、中期阶段的一部分（即氏族产生以前）。在这个漫长的历史时期中，由于生产力水平极其原始低下，原始群依靠自然，游动群居，实行男女杂交，他们彼此孤立，没有文化，在自发的首领的率领下，虽然缓慢但却坚定不移地前进着，其前进的方向就是从前人转化为真人，并由于生产力水平在一定程度上的提高，手逐渐解放，从使用天然工具到制造工具，从生食到使用天然火熟食，以至在性交关系上逐渐排斥了上、下辈之间的性交，在无婚姻、无家庭的状态中产生了"第一个'社会组织形式'"② ——血缘家庭。

---

① 《摩尔根〈古代社会〉一书摘要》，第10页。
② 《摩尔根〈古代社会〉一书摘要》，第20页。

关于血缘家庭，大家知道它是建立在原始社会血缘婚基础上的家庭形式，是原始群在生产力水平发展的条件下，与生产上的年龄分工相结合，在婚姻关系上终于逐渐排斥了不同辈的男女之间的性交关系后形成的。但是，自从 19 世纪 70 年代摩尔根根据遗留在夏威夷群岛的马来亲属制和群婚的残余推断了血缘家庭的存在，并得到了马克思和恩格斯的充分肯定后，一百多年来国际学术界意见分歧严重，西方学者对此多持否定态度。苏联学者以谢苗诺夫为代表，也予以全盘否定①，我国学者蔡俊生于 1983 年在《中国社会科学》第一期上发表《论群婚》一文，也否定血缘家庭的存在。但是，我国学者大多数对血缘家庭持肯定的态度②。我们研究了神话传说、亲属制度以及残存的血缘婚的实例，是肯定血缘家庭的存在的。对此问题学者们已撰写了许多有价值的论文，在此不赘述。在这里，我们所要论述的是血缘家庭对原始群发展去向的巨大影响和作用。

如上所述，血缘家庭是按辈数来划分的婚姻集团。这种家庭形式，用现代说法仅仅只是排斥了祖先和子孙之间，双亲和子女之间互为夫妻的权利和义务，与原始群早期的杂交不同，在于两性性交的范围缩小了，仅限于同辈男女之间的杂交。所以，马克思就说过："一俟原始群团为了生计必须分成小集团，它就不得不分成血缘家族，仍实行杂交。"③ 血缘家庭"仍实行杂交"，这就是其仍然具备原始群的基本特征的表现。正因为这个原因，在人们共同体的发展史上，我们把血缘家庭仅仅看作是原始群发展的高级形态。它的这种地位，决定了其在原始群与氏族这两个人们共同体中起着承前启后的重要作用。人们共同体发展的历史到这个时候出现了一个不可逆转的趋势，那就是以排除上、下辈之间的性交关系为突破口，人类由近及远，由亲及疏地又逐渐排除了兄弟姊妹之间的性交关系，最终导致氏族的产生。因此，从这种意义上来说，血缘家庭的出现，也就意味着原始群快要让位于氏族了，这就是血缘家庭对原始群发展去向的有决定意义的影响和作用。

---

① 参阅蔡俊生译《婚姻和家庭的起源》，中国社会科学出版社 1983 年 12 月版。

② 参阅陈启新《原始社会史研究中必须坚持的几个基本观点》；龚佩华《再谈血缘婚和血缘家庭》，均见《中山大学学报》1984 年第 3 期。陈国强：《论原始社会分期的几个问题》，《厦门大学学报》1984 年第 1 期。吕光天：《论血缘家庭在原始社会史中的重要地位及其类型》，《云南社会科学》1985 年第 3 期。

③ 《摩尔根〈古代社会〉一书摘要》，第 20 页。

原始群的发展方向一般来说可能有二个：一个就是随着原始群本身体质的进化、社会的进步、生产力的提高而逐渐发展，发展为氏族共同体，这是原始群最好的发展方向。另一个则出于种种原因，当时主要是自然的、地理的原因，被逐渐淘汰至消亡，这个发展方向在当时的历史条件下，是大量存在的。

第二章 氏族共同体

一 氏族共同体的定义

什么是氏族共同体？为了弄清这个问题，让我们先来了解一下"氏族"这个词的基本含义。拉丁语 gens，即"氏族"一词，与同意义的希腊语 genos 一词一样，来源于一般雅利安语的字根 gan，德语为 Kan，它的意思就是"生育"。因此，gens，genos，以及梵语的 dsehanas，哥特语的 Kuni，古代斯堪的那维亚语和盎格鲁撒克逊语的 Kyn，英语的 Kin，中古高地德意志语的 Künne 等，都表示血族、世系①。汉语中"氏"，上古时，是姓的分支，用以区别子孙之所出。汉魏后，"姓"与"氏"合而无区别了。"族"则是有血缘关系之亲属的合称，如家族、宗族、民族。故"氏族"一词在汉语中的基本含义也就是血族、世系之意。

对"氏族"一词之含义，学术界当无非议，故对什么是氏族共同体，马克思说过："氏族是出自一个共同的祖先、具有同一个氏族名称并以血缘关系相结合的血缘亲族的总和。"② 恩格斯在给《资本论》第一卷作注释时也说过："氏族是以血缘为基础的人类社会的自然形成的原始形式。"③ 根据马克思和恩格斯的这些论述，概括起来说，氏族就是以血缘关系为纽带的人们共同体。

氏族共同体自形成之时起，就是原始社会人类体系的基本单元，

---

① 《马克思恩格斯选集》第 4 卷，第 80—81 页。
② 《摩尔根〈古代社会〉一书摘要》，第 76 页。
③ 《资本论》第 1 卷，第 390 页。

即是原始社会最基本的社会细胞和生产单位。氏族流行于整个原始社会，遍及世界各大洲。从氏族中产生的氏族制也长久存在于世界各大洲，并在有些地方一直保存到今天。这既充分表明了氏族的古老，又充分显示了氏族的活力，以及其对人类社会的长期的广泛的影响。对此，摩尔根给予了高度的评价，他认为氏族"是古代社会的基础"①，或"根基"②，它是胞族的基础，是部落的基础，也是部落联盟的基础。③氏族制度是"人类最古老、流行最广的制度之一，这种制度同人类的进步过程密切相应，对后者产生过强烈的影响"。④ 马克思在《资本主义生产前各形态》在也指出："在古代世界，比氏族更为普遍的划分是没有的。"⑤

二　氏族共同体的形成

氏族的状况，由于摩尔根《古代社会》的出版，可以说大体上是清晰了。但是对于氏族是怎样形成的这个重要问题，至今还没有圆满的解释，学术界的意见也还很不一致。有的认为是从澳大利亚婚级制产生的；有的认为是从普那路亚中产生的；有的认为澳大利亚婚级制和普那路亚同是氏族的出发点；有的认为是从血缘家庭产生的；有的认为是从杂交直接产生的；有的认为是从血族家庭中产生的。

为什么会出现这种众说纷纭的情况，其原因，一方面固然是因为时代的久远，资料的缺乏，我们不能直接从有关材料中去分析和研究氏族的形成，而只能依靠考古材料、传说神话、历史文献，以及民族学材料中去探讨，这样又常常因为材料来源的不同，人们理解能力的不同以及研究方法和指导理论的不同，而不可避免地会产生不同的看法。另一方面却是人们对马克思、恩格斯以及摩尔根的论述理解不同而引起的。

诚然，关于氏族的形成，马克思、恩格斯都有种种论述。马克思就讲

---

① 《古代社会》上册，第36页。
② 《古代社会》下册，第372页。
③ 《古代社会》下册，第82页。
④ 《古代社会》下册，第83页。
⑤ ［德］马克思：《资本主义生产前各形态》，人民出版社1956年版，第14页。

过，"氏族必然是从杂交集团中产生的"①，又说过"氏族是由家庭产生的"②，也讲过："氏族组织的自然起源在于普那路亚家族"③，还讲过："氏族的起源却应在以母亲彼此间是姊妹为基础的那种集团（像夏威夷人集团那样）中去寻找，或在以同样原则为基础的类似的澳大利亚人集团中去寻找。"④ 恩格斯在《家庭、私有制和国家的起源》中也讲，氏族制度，"在绝大多数场合下，都是从普那路亚家庭中直接发生的"。同时，他又讲："澳大利亚的级别制度也可以成为氏族的出发点。"

为了大体上弄清楚氏族的形成，我们有必要先从理论上探讨一下氏族形成的原因。一般说来，原始群共同体之所以被氏族共同体所取代，即氏族之所以能形成的基本原因有二个。一个是经济原因，另一个是婚姻原因。

关于经济原因，马克思主义常识告诉我们，经济基础决定上层建筑，生产力的发展必然会引起社会结构发生根本的变化，进而导致新的人们共同体的形成。正如众所周知的，原始群自从猿的系统分化出来，脱离动物界后，经过千百万年的发展，手与脚进一步分工，手解放出来了，大脑发达了，会制造工具了，会使用火了，男女劳动也有分工了。凡此等等都是经济发展的表现，也是生产力水平逐步提高的表现。生产力水平的这一提高，原始群那种依靠自然，游动群居的不固定、易分散的共同体就越来越不适应了，这就要求用一个比较固定，比较持久的人们共同体来代替它，这个新的人们共同体就是氏族。生产关系与生产力的这种适应性是氏族形成的根本原因。

关于婚姻原因，正如我们在第一章中所论及的，原始群是没有婚姻、没有家庭的。但是原始群发展到后期，由于上、下辈之间性交关系被禁止，产生了男女杂交的高级形态：血缘家庭。两性通婚范围的这种缩小，表明了自然选择原则的积极作用，也使已进化为真人的人越来越清楚地认识到男女杂交对人类本身发展的弊病，从而必然会进一步要排斥兄弟同姊妹之间的通婚。所以，摩尔根说：氏族出现的目的是"企图排斥兄弟同姊

---

① 《摩尔根〈古代社会〉一书摘要》，第168页。
② 《摩尔根〈古代社会〉一书摘要》，第25页。
③ 《摩尔根〈古代社会〉一书摘要》，第40页。
④ 《摩尔根〈古代社会〉一书摘要》，第25页。

妹间的通婚。"① 对于自然选择的作用，他又说："氏族最早大概是由一小群富于创造力的蒙昧人发起的，不久以后，必然是因为这种制度繁殖出优秀的人种而得以证明其实效。氏族制度在古代世界几乎到处流行；这就最有力地证明它给人类带来了好处，并证明它符合蒙昧阶段和野蛮阶段的人们的愿望。"② 由于婚姻和家庭在原始群共同体中的萌芽、产生和发展，因此，正如恩格斯所明确提出的那样："自一切兄弟和姊妹间，甚至母方最远的旁系亲属间的性交关系的禁例一经确立，上述的集团便转化为氏族了。"③

基于这两个基本原因，我们认为，在一定的历史条件和一定的经济基础上，原始群会自然而然地消失，氏族会自然而然地形成。

对于氏族形成的途径，有两种说法，一种是多源论，另一种是单源论。摩尔根是单源论的代表。他在《古代社会》中说："究竟氏族是在一定的社会条件下自发产生的，因而在不相毗连的地域里它本身会不断出现呢，还是它只有一个单独的来源，从这个来源中心通过人类不断的迁徙而传播于全球呢？……后一种假说……似较前一假说为优。"④ 虽然摩尔根关于氏族的理论为我们提供了打开古代世界的钥匙，但是他的这个单源论却是我们所不能赞成的。为什么呢？首先，是因为人类并不是只起源于一个地方，早期的腊玛古猿就在印度、肯尼亚、希腊、土耳其、匈牙利、中国和巴基斯坦等地陆续发现。南方古猿除在东非和南非有大量的发现外，在亚洲的印度尼西亚和中国也都有发现。晚期猿人的分布更广，在亚洲有中国的元谋猿人、蓝田猿人和北京猿人等，有印度尼西亚的莫佐克托猿人和直立猿人；在欧洲有德国的海德堡猿人，以及在匈牙利和捷克斯洛伐克发现的猿人化石；在非洲有坦桑尼亚的利基猿人和阿尔及利亚和摩洛哥的毛里坦猿人。人类起源于这样广泛的地区，表明人类起源本身就具有多源性。而氏族的分布肯定比人类起源的分布更加广泛，这样我们完全可以肯定仅靠一个"中心"来传播氏族简直是不可想象的。

其二，经济的发展，生产力水平的提高是氏族形成的基本原因之一，那么任何一个原始群共同体，在其经济发展的过程中，虽然有快有慢，但

---

① 引自《古代社会》上册，第73页。
② 《古代社会》上册，第73页。
③ 《马克思恩格斯选集》第4卷，第37页。
④ 《古代社会》下册，第372页。

只要经济发展到一定程度，生产力提高到一定水平，不牢固、不长久的原始群共同体必定让位于用血缘关系为纽带的氏族共同体，这是各个向氏族发展转化的原始群本身都可以自发转化的，根本用不着某个"中心"来传播。

其三，婚姻、家庭的萌芽、产生和发展是氏族形成的另一个基本原因。那么任何一个原始群共同体，在其自身发展的过程中，只要认识到了男女杂交对人类自身发展的弊病，那么血缘家庭或迟或早都会产生，兄弟与姊妹之间性交关系的禁止或迟或早也一定会确定，这也就是摩尔根自己所说过的自然选择作用的必然结果。同样，这一点也根本用不着某个"中心"来传播。

所以，氏族是否形成有一个标志，这也就是摩尔根自己所说过的："无论何处，只要创立了婚级制，就有可能存在氏族。"① 这个标志也是一个原则，根据这个原则，任何一个原始群共同体，只要"创立了婚级制"，也就是说一切兄弟与姊妹间性交关系的禁止一经确定，那么原始群共同体就转化为氏族了。掌握了这个标志或原则，回过头来，我们就可以较清楚地理解马克思、恩格斯他们为什么忽而说氏族是从杂交集团中产生的，忽而又说氏族是由家族产生的，忽而又说氏族萌芽于普那路亚家族，忽而又说氏族起源于夏威夷人集团或澳大利亚人集团。其原因大概是在分析普那路亚、夏威夷人集团的澳大利亚人集团的民族学材料中，都可以得出从中或萌芽，或起源，或产生氏族的结论。

综上所述，氏族形成的途径大体上是这样的：男女实行杂交的原始群共同体，在排斥了上、下辈之间的性交关系后，即产生了仅限于同辈间杂交的血缘家庭。其后，一旦兄弟与姊妹间的性交关系被禁止，即标志着氏族的形成。这一点，因民族学材料的不同，兄弟与姊妹间性交关系被禁止的方式或方法可能不是千篇一律的，故氏族就可能起源于夏威夷人的伙婚群或澳大利亚人的等级婚制，也可能萌芽于普那路亚家族。所以恩格斯就说："氏族制度，在绝大多数场合下，都是从普那路亚家庭中直接发生的。诚然，澳大利亚人的级别制度也可以成为氏族的出发点。"② 对于氏族共同

---

① 《古代社会》下册，第 373 页。
② 《马克思恩格斯选集》第 4 卷，第 36 页。

体形成的途径可以用下图来表示：

$$男女杂交 \rightarrow 血缘家庭 \Bigg\langle \begin{matrix} 夏威夷人的伙婚群 \\ 澳大利亚人的等级婚制 \\ 普那路亚家庭 \end{matrix} \Bigg\rangle \rightarrow 氏族$$

氏族形成的时间，按摩尔根的分期法，大约在蒙昧人时代的中级阶段。因为在这个阶段生产力提高的主要标志是人们从使用天然火到学会钻木取火，从使用天然工具到制造工具，这就提供了产生氏族所需要的经济基础和生产力水平。马克思就指出："澳大利亚人和大部分坡里内西亚人当他们被发现时就是这样。"[①] 民族学的这个材料是氏族形成于蒙昧人时代中级阶段的一个活的例证。

三 氏族共同体的特征

氏族，作为一种社会政治制度的基本组织单位，是一个具有特殊性质的社会组织。对于它作为社会组织的特征，摩尔根、马克思、恩格斯都做了专门的研究，在他们有关的著作中都有专门论述。氏族作为社会组织以易洛魁人的氏族为例，简述有以下十个基本特征，即：

1. 氏族推选一个酋长（和平时期的长老）和一个首领（战争的领袖）。
2. 氏族不得任意更换酋长及军事首领。
3. 氏族成员之中任何人不得在氏族内娶妻。
4. 死者的财产归其余的同氏族人所有。
5. 同族人必须相互援助、保护，特别是在受到异族人的欺侮时，要帮助报仇。
6. 氏族有一定的名字。
7. 氏族可以收养异族人。
8. 宗教仪式与氏族有一定的联系。
9. 氏族有共同的墓地。
10. 氏族有议事会，它是氏族中的最高权力机关。[②]
氏族的以上特征，在其他各种原始社会史的论著中，都或详或略地有

---

① 《摩尔根〈古代社会〉一书摘要》，第 1 页。
② 参阅《家庭、私有制和国家的起源》，第 82—84 页。

所论述。但是氏族作为一个人们共同体来说，主要特征是什么呢？这是需要我们进一步探讨的一个问题。

氏族作为原始社会时期的一个人们共同体，它与其他的人们共同体，例如，它与原始群共同体有什么区别？与民族共同体又有什么区别？其中一个本质的、主要的区别，就是氏族是以血缘关系为纽带的，而原始群是游动群居，男女杂交为主要特征，民族则是以地域关系为基础的。所以共同的血缘是氏族共同体的一个特征。马克思就说过："氏族是出自一个共同的祖先、具有一个氏族名称并以血缘关系相结合的血缘亲族的总和。"[①]正因为氏族有这样一个特征，所以不管世系按女系计算，还是按男系计算，"出自一个共同的祖先"，即有共同的血缘这一点都是一样的，所不同的就是按女系计算就为母系氏族，按父系计算则为父系氏族，对此，我们将在下面详细论述。所以，无论易洛魁氏族、希腊氏族、罗马氏族，还是目前还生活在亚、非、拉及大洋洲的残存氏族；也无论是我国历史上的半坡氏族、河姆渡氏族以及匈奴、鲜卑、契丹、女真、俚、僚、蛮等氏族，还是我国现代残存的鄂温克、鄂伦春、纳西、布朗、黎、独龙、基诺等少数民族的氏族，都毫无例外地"出自一个共同的祖先"，有共同的血缘。例如津巴布韦的恩德·贝莱人，每个孩子都把自己的生母叫"小母亲"，把代养的妇女称为"大母亲"[②]。这种血缘关系与社会关系的一致性是他们有共同的血缘的反映。又如多哥的塔姆贝尔马部落，按血统关系，几户人家联合成氏族，他们自称为"库布沃吉"，这是一个父系氏族，当家长开始衰老的时候，就搬到中心塔楼的第一层来住，除因老年人上楼困难外，更重要的是下面离祖先的庙宇更近些。另外，石磨是"库布沃吉"的财产，人们的生存都依靠石磨。但是晚辈的男人，甚至是结了婚有了成年子女的男人，也无权在自己的房中放石磨，而必须依附于酋长。[③] 这就表明他们有共同的血缘。再如我国鄂温克人传说，刚开始有人类的时候，有一个梳着长辫子的鄂温克人，他在勒拿河附近的山中发现一个湖，叫拉玛湖。湖里长着许多好看的花草，湖的周围多高山，山中住有猴子、鬼和蛇。山上还有一个大洞，是云雾的发源地。据说这就

---

① 《摩尔根〈古代社会〉一书摘要》，第76页。

② 参阅《津巴布韦的恩德·贝莱人》，《民族译丛》1980年第4期。

③ 参阅季吉耶·鲍曼斯《塔姆贝尔马部落》，《民族译丛》1980年第3期。

是鄂温克人的发祥地，而这个人也就是鄂温克人发祥地的最早发现者，成了鄂温克人的氏族之神——"舍卧刻"。① 这个传说也表明鄂温克人是"出自一个共同的祖先"的。还如我国的永宁纳西的母系氏族的人就认为母亲及其兄弟姐妹、同母兄弟姐妹和姨兄弟姐妹等母系成员，才是最亲的人。他们的民谚说："十五的月亮，最亮时只有一晚；母亲对女儿，一辈子都明亮。""锅庄是大的，要经常祭；舅舅也是大的，要经常供养。"这都是有共同的血缘的鲜明反映。② 总之，共同的血缘是氏族共同体最基本的一个特征。

氏族共同体的另一个特征是有共同的图腾。什么是图腾，不少的学者在其论著中，往往把图腾仅仅作为氏族原始宗教的主要形式。当然，在研究宗教起源的问题时，这个说法一般来说是正确的。但是，要知道，图腾在发展变化为图腾崇拜之前，仅仅是氏族的标志或符号。马克思在《摩尔根〈古代社会〉一书摘要》中几次提到图腾问题，其总的意思就是"'图腾'一词表示氏族的标志或符号"③。他在摘引西塞禄说的"氏族成员是那些具有同一姓名的人"这一句话时，特别突出地在"姓名"后加一括号，写上带叹号的"图腾"，其意思也就是说因氏族成员个人无姓名，而只有共同的标志或符号，所以马克思在这里把"姓名"做"图腾"来解。关于这一点，吕振羽同志做了正确的说明，他说："在女子还没有把她自己的姓氏作为其子女的姓氏以前，图腾标志便是图腾中成员共同的名称，又是其成员各个人的名称——实际在这时候，与其说作名称，不如说作标志妥当些。"④ 因为图腾有划分氏族界限、维系氏族存在的特殊作用，是氏族的标志或符号，所以其与氏族的形成同时发生，而成为氏族共同体的另一个基本特征。

为什么氏族的图腾大多以动物或植物作标志呢？这与氏族刚形成时主要过着狩猎和采集经济生活有密切的关系，而动物又具有与人类近似的一些特点，如生育、跳动、吃食等，所以，以动物的名称为图腾的为多数。对此，马克思也说过："在许多氏族中和在摩其人中一样流传着一种传说，

① 参阅秋浦等《鄂温克人的原始社会形态》，第96页。
② 参阅王承权《云南永宁纳西族的母亲家庭》，《百科知识》1980年第11期。
③ 《摩尔根〈古代社会〉一书摘要》，第134页。
④ 吕振羽：《史前期中国社会研究》，生活·读书·新知三联书店1961年12月版，第77页。

根据这种传说，他们的第一个祖先是转化为男人和女人的动物或者生物，它们就成为氏族的象征（图腾）。"① 这就是说一个氏族的一切成员都起源于其种动物或植物，或其他物体或现象，所以这种动物或植物或其他物体或现象就成为他们的图腾。这既反映了氏族有共同的血缘，又说明了氏族有共同的图腾。摩尔根在《古代社会》一书中大量列举了这方面的例子，在此仅举我国的一些实例来补充。例如，我国古代氏族的名称，几乎全部采取动物或植物或其他物体或现象的名称：

属于黄帝部落的各氏族有：黑氏、熊氏、虎氏、豹氏。② 以猛兽为图腾。

属于庖牺氏的有：飞龙氏、潜龙氏、居龙氏、降龙氏、土龙氏、水龙氏、青龙氏、赤龙氏、白龙氏、黑龙氏、黄龙氏。③ 以龙为图腾。

属于轩辕氏的有：青云氏、缙云氏、白云氏、黑云氏。④ 以云为图腾。

属于少昊氏的有：元鸟氏、青鸟氏、丹鸟氏、祝鸠氏、鸤鸠氏、鸣鸠氏、鹈鸠氏、鹘鸠氏。⑤ 以鸟为图腾。

凡此等等，虽然记载比较混乱，但无疑是氏族共同的图腾。

又如在汉族今日的姓氏中，也保留了不少图腾名称的遗迹，如牛，马、羊、邹、车、桃、李、梅、花、叶、林、江、河、山、水、云、沙、石、毛、皮、龙、冯……等，不胜枚举。

再如我国东北的鄂温克人就把熊叫作"合克"，这是对父系最高辈的称呼；把母熊叫作"恶我"，这是对母系最高辈的称呼。从这个称谓中，可以看出鄂温克人曾经把熊当作自己的"祖先"，而他们则是熊的"后裔"。⑥

还如我国云南怒江的傈僳族，其是我国少数民族中保存氏族图腾名称最多、内容较丰富的一个民族。据考察统计，其有十九个氏族图腾，按其内容可分为四种：

（1）属动物名称的有九个，即：

虎（腊扒）、熊（俄扒）、羊（阿赤扒）、鱼（旺扒）、蛇（雷府扒）、

---

① 《摩尔根〈古代社会〉一书摘要》，第144页。

② 《史记·五帝本记》：黄帝"教熊、黑、貔、貅、虎，以与炎帝战"。

③ 《竹书纪年》。

④ 《左传》昭公十七年。

⑤ 《左传》昭公十七年。

⑥ 秋浦等：《鄂温克人的原始社会形态》，第93页。

蜂（别扒）、鼠（亥扒）、鸟（业扒）、猴（弥扒）。

（2）属植物名称的有六个，即：

荞（括扒）、竹（马打扒）、柚木（拉古扒）、麻（直扒）、菌（党采扒）、菜。

（3）属自然现象的有二个，即：

霜（仪扒）、火（弥夺扒）。

（4）属工具类的有二个，即：

犁（腊克扒）和船。

傈僳族的这些氏族图腾的来源，特别是以动物为名称的图腾，大多与氏族的形成有关。虎氏族即传说一个傈僳女子上山打柴，突遇一老虎，女子惊悸奔逃，老虎却变成一个青年男子，把女子拦住，并帮助其打柴，后两人婚配，所生子女便称"腊扒"，就是虎氏族。蛇氏族即传说姐妹二人上山砍柴，回来时妹妹感到背箩里的柴越来越重，放下休息时发现背箩里有一条飞蛇，妹妹惊恐万状正要逃走，巨蛇却开口说：你不要怕，如果你做我的妻子，就可过好生活了。于是姐妹二人均与巨蛇婚配，其二人所生子女便叫"雷府扒"，就是蛇氏族。① 这些都再一次说明有共同祖先的氏族，是以血缘为纽带，以图腾为标志的。总之，共同的图腾是氏族共同体的另一个基本特征。

共同劳动、平均分配的共同经济生活是氏族共同体的又一个基本特征。

关于这个特征，斯大林有一个很好的说明，他说："在原始公社制度下，生产关系的基础是生产资料的公有制。这在基本上适合当时的生产力性质。石器以及后来出现的弓箭，使人无法单身去同自然界力量和猛兽做斗争。为了在森林中采集果实，在水里捕鱼，建筑某种住所，人们不得不共同工作，否则就会被饿死，就会成为猛兽或邻近公社的牺牲品。公共的劳动导致生产资料和产品的公有制。"② 鄂温克人仍然是我们可以引用的一个好例证。民族学的材料表明，鄂温克把家庭公社的家族组织称为"乌力楞"，其原意就是"子孙们""住在一起的人们"，即有共同的血缘。"乌力楞"的全体成员共同劳动，生产资料归集体所有，生活资料则按户来平

---

① 参阅杨毓才、杨光民《傈僳族的氏族图腾崇拜》，《民族文化》1981 年第 3 期。

② 《斯大林选集》下册，第 446 页。

均分配。据鄂温克人自己说，在一百多年前还保留着这样一种集体的狩猎方法，即全"乌力楞"中的妇女修造起栅栏，把小的山丘围起来，在栅栏的缺口处挖好陷阱，然后男女老少都出动去轰赶野兽，男子则用弓箭射杀堕落阱中的野兽。这种共同劳动的形式，决定了社会产品必然是采取平均分配的办法。大野兽的平均分配自不必多说，就是打到一只野鸡，也要切成小块来平均分配。对兽皮的分配采取一种轮分法，按照传说，每个猎人自己不能要他打中的那只野兽的皮子，即使是依次轮为，打中者总是排斥在外的。① 这种反映出共同劳动、平均分配的共同经济生活，是氏族共同体的又一个基本特征。

　　民主、平等的共同心理素质也是氏族共同体的一个基本特征。马克思指出："氏族这种组织单位在本质上是民主的。"② 这种民主和平等是原始社会时期生产资料和产品的公有制在人们心理素质中的反映和表现。正因为氏族有民主、平等的共同心理素质，所以才形成了氏族组织推选酋长和首领，可以任意更换酋长和首领，以及在氏族议事会上一切成年男女人员才享有平等投票权。因此，马克思又说："易洛魁氏族的全体成员都是自由人，都有相互保卫自由的义务，享有平等的权利；不论世袭酋长或普通酋长并不要求任何特权；他们是由血缘纽带结合而成的兄弟关系。自由、平等和博爱虽然从没有在形式上表示出来，却是氏族的基本原则。"③ 在这里，我们还是以鄂温克人为例，鄂温克人每个氏族的氏族长和副氏族长都是由全体氏族成员选举出来的，称作"新玛玛楞"，当选者必须是优秀的猎手，并富有生产经验和组织能力，办事公道。任期的年限没有一定，但都不能够终身任职。其虽是"乌力楞"的当然代表，但在对外交换或交涉时，仍须召集"乌力楞"成员商议，特别要听取年长者的意见，不能独断专行，更不能侵害集体的利益。氏族长如不称职或品质不好，氏族成员就可以开大会来罢免他。从前有一个叫互西里的氏族长，成天喝酒，不替大家办事，后来就被罢免了。氏族长平时与所有成员一样从事狩猎生产，直到现在鄂温克人的氏族长仍与全体氏族成员处于完全平等的地位，没有任

---

① 秋浦等：《鄂温克人的原始社会形态》；满都尔图：《鄂温克人的乌力楞公社》，《社会科学战线》1981 年第 1 期。

② 《摩尔根〈古代社会〉一书摘要》，第 76 页。

③ 《摩尔根〈古代社会〉一书摘要》，第 86 页。

何特权①。总之，在这里，我们可以清楚地看出民主、平等的共同心理素质是氏族共同体的又一个基本特征。

这样，我们就说尽了氏族共同体的几个基本特征。氏族不仅是一个以血缘关系为纽带的人们共同体，而且还是一个有共同的血缘、有共同的图腾，有共同劳动、平均分配的共同经济生活，有民主、平等的共同的心理素质的人们共同体。

四　氏族共同体的类型

氏族共同体从其最初形成的原始形态发展到最终形态，大体上分为母系氏族、父系氏族两种共同体。

1. 母系氏族共同体

母系氏族是氏族共同体的原始形态。马克思说："在氏族的古老形态下，女性的子女属于她的氏族；她的女儿、孙女等的子女也完全是这样，但是她们的儿子、孙子等的子女则属于另一个氏族，即自己母亲的氏族。"② 这就是说共同渊源于一个女祖先，世系按母系计算，财产由母方血缘亲属继承的氏族共同体就是母系氏族。其形成于蒙昧人时代的中级阶段，约相当于考古学上旧石器时代的晚期。

为什么氏族的原始形态是母系氏族呢？在 19 世纪 60 年代初期以前，人们毫不怀疑家长制的家庭是最古老的家庭形式，对于母系氏族的问题根本无从可知。但是自 1861 年巴霍芬《母权论》的出版后，经一百多年的研究，人们基本上初步了解了氏族的原始形态为母系氏族的原因。

原因之一，当时人们对于生育知识的一无所知，仅从客观直觉知道母亲生孩子的事实，所以那时的人们知其母，不知其父，甚至可以说在社会意识中还似乎丝毫没有父亲的观念。

关于这一点，在我国古代的文献中，有不少神话传说式的记载可

---

① 参阅秋浦等《鄂温克人的原始社会形态》；满都尔图：《鄂温克人的"乌力楞"公社》，《社会科学战线》1981 年第 1 期。

② 《摩尔根〈古代社会〉一书摘要》，第 77 页。

佐证。

例1，"太昊庖牺之母，居华胥之渚，履巨人迹，意有所动而生太昊"。①

例2，"少昊字青阳，母曰女节，有大星下流华渚，女节梦接意感而生少昊"。②

例3，"少典妃安登游于华阳，有神龙首感之于常山，生神农"。③

例4，"黄帝母附宝，见大雷绕北斗，一枢星光照郊野，感而孕"。④

例5，"帝颛顼高阳母见瑶光之星，贯月如虹，感己于幽房之宫，生颛顼于若水"。⑤

例6，"帝颛顼，姬姓也，其母不觉，生而神异。⑥

例7，"尧母庆都与赤龙合昏，生伊耆，尧也"。⑦

例8，"帝舜母纵华，感枢星而生舜"。⑧

例9，"禹母见流星贯昴，梦接意感，既而吞神珠而生禹"。⑨

例10，"简狄吞玄鸟之卵而生契"。⑩

以上10例虽然被神话的迷雾笼罩着，加上汉代阴阳五行，谶纬家们的附会和作伪，看起来我国远古时代的"三皇""五帝"们都是其母与某种自然现象或生物交感而生，似乎有点荒诞，但是拨开神话的迷雾，剔除附会和作伪，我们就可以十分清楚地看到那时的人们知其母，不知其父的特征。另外，我国永宁纳西族母系家庭的传说观念就认为"女子是根种，缺了就断根"。也就反映了妇女在生殖、繁衍人类方面的主导地位。考古发掘中也有不少对女性生殖器的崇拜，更是妇女在氏族形成时期崇高地位的表现。

正因为如此，所以子女只能属于母亲氏族，世系也就只能按母亲方面来计算。关于这一点，我国古代文献中也有记载。例如，"尧初生时，其

---

① 　见《宋书·符瑞志》《太平御览》。

② 　《帝王世纪》。

③ 　《春秋元命苞》。

④ 　《初学记》引《诗合神雾》。

⑤ 　《山海经》《竹书纪年》。

⑥ 　《帝王世纪》。

⑦ 　《初学记》引《诗合神雾》。

⑧ 　《初学记》引《尚书帝命验》。

⑨ 　《太平御览》引《孝经钩命决》；又见《论衡》《吴越春秋》。

⑩ 　《竹书纪年》；又见《诗经·玄鸟·长发》。

母在三阿之南……从母所居为姓"①。"舜母生舜于姚墟,因姓姚氏。"②
"后稷母有骀氏女,稷亦封于骀。"③ 所以《吕氏春秋·恃君览》就明确
说:"昔太古……知母不知父。"④ 这对于氏族来说是有决定意义的。因此,
从这个基点出发而形成的氏族,它的原始形态只能是母系氏族。

原因之二,是经济原因,即是妇女的劳动在氏族形成的最初阶段中起
主要作用。大家知道,在原始群后期,由于男女劳动分工的发展,出外狩
猎、捕鱼以防御猛兽等,主要是青壮年男子的工作。而采集植物,看守住
所,控制用火,加工毛皮,缝制衣服,养老抚幼以及后来经营原始农业,
制造陶器等工作则主要是妇女的事。相比之下,男子的劳动不稳定,游动
性大,常常不能保证生活资料的获得。而妇女的劳动则相对地比较稳定,
可以提供起码的生活资料,这样妇女往往成为氏族的组织者和领导者,她
们的劳动对于氏族来说具有举足轻重的作用。例如,我国云南西南部的先
民"朴子蛮"在唐宋以前,无论男女都主要从事狩猎。元以后出现了男女
劳动的分工,即妇女逐渐主要从事采集植物和水生动物为主的劳动。特别
引人注意的是布朗族关于谷子来源的传说故事说:很早以前有一个妇女名
叫牙枯索,身怀有孕,行走不便,而当时人间只有牙枯索有谷种。一天,
牙枯索没有把谷仓盖好,谷子便自己从屋里滚到谷仓,把谷仓装得满满
的。于是牙枯索怒打谷子,谷子四散逃到没有人住的地方,从此人们才知
道种谷子。这个传说把谷种与妇女联系起来,反映了妇女是布朗族先民
"朴子蛮"原始农业的开拓者。"朴子蛮"妇女的这个功绩,不仅大大充实
了人们的物质生活,使人们的生活更趋稳定,而且也大大提高了妇女的社
会地位,这也就是母系氏族得以成为氏族原始形态的经济基础。所以在永
宁纳西族中,男子常常称赞妇女:"庄稼做得好,生意做得起,人前敢讲
话,屋里会当家。"这也就从民族学的角度反映了妇女在共同经济生活中
的组织和领导的作用。

母系氏族从形成到繁荣,反过来又促进了生产力的发展。母系氏

---

① 《史记·五帝本纪·索隐》皇甫谧语。
② 《史记·五帝本纪·索隐》皇甫谧语。
③ 《吴越春秋·太伯》。
④ 又《白虎通义》:"古之时,未有三纲六纪,人民但知其母,不知其父。"《庄子·盗跖》:
"民知其母,不知其父与麋鹿共处。"《商君·开塞》:"天设地而民生之,当此时也,民知其母,
而不知其父。"

族共同的经济生活也出现了新的面貌。农业的发明，开创了原始农业的新天地。谁都知道，光靠狩猎，生活资料的来源是不可靠的。这样，妇女在采集和保管野生植物的过程中，从偶然到必然，经过长期的观察、摸索和反复无数次地试种，终于促成了人工栽培农作物的产生。《白虎通·号》就以传说的形式记载了原始农业的产生，其说："古之人皆食禽兽肉，至于神农，人民众多，禽兽不足，于是神农因天之时，分地之利，制耒耜，教民农作，神而化之，使民宜之，故谓之神农也。"原始农业的发明有一个长期的艰苦的探索过程。相传神农就"尝百草之滋味，水泉之甘苦，令民知所避就。当此之时，一日遇七十毒。"[①]浙江河姆渡氏族遗址中，稻谷的出土更是一个有力的佐证。在伊拉克北部发现的母系氏族的遗址中有石斧、石镰、石臼和谷物的遗迹，也是一个有力的佐证。以及在瑞典灵刚贝冢发现的陶器的碎片，只有麦穗的形迹，也都说明了这一问题。不仅农业的发明是妇女的功绩，而且原始农业的经营最初也主要由妇女承担。从开荒、分配都在妇女的组织领导下进行。从这些我们可以看到，母系氏族的烙印在原始农业中是打得很深的。此其一。

其二，陶器的出现。农业的发明为手工业的发展提供了条件，也向原始手工业提出了越来越多的需要，故相传"神农耕而作陶"，[②]正是陶器的发明与原始农业的出现有相互依赖的关系的反映。我国考古材料证明：仰韶文化和马家窑文化的特点之一，就是它们具有各种风格的精美的彩色陶器。在很多氏族村落中，都发掘出了陶窑的遗迹，如西安半坡遗址已发现6座，华县泉护村的一个地点已发现7座。以前人们烧、煮食物没有炊具，装水没有容器，盛物也没有容器，这不仅不方便，而且也限制和阻碍了人的发展和进步。陶器出现的作用在于，它使人们日常生活中最经常的一些活动，如煮食、装水、盛物等更加方便实用了。这对改变人们的生活面貌无疑也是具有划时代意义的。陶器最早的制作和使用基本上是有经验的妇女的事。例如在秘鲁雅圭印第安人中，制造陶器是老年的妇女。在非洲，陶器的制作也掌握在妇女手中，他们与我国仰韶文化的制陶术一样，不用陶轮，而是用手来制造器皿，玻利维亚奇里瓜诺人的妇女也用大部分时间

---

① 《淮南子·脩务》。
② 《太平御览》卷八百三十三引《周书》。

来制作陶器。显然妇女掌握了制陶技术，使我们又一次清楚地看到了妇女在母系氏族中的主导作用。

其三，建造房屋。开始，原始群是游动群居，"冬则居营窟，夏则居橧巢"①，后来又居住在天然的山洞里，如北京猿人即如此。氏族形成之后，人们开始"构木为巢，以避群害"② 和"因丘陵掘穴而处"③。这些住所虽然仍然十分简陋原始，但却反映了人们开始建造房屋的情况。后来，建房技术不断改善，出现了"筑土构木"④ 式的房屋，基本上结束了穴居野处的生活。这种半地穴式的方形或圆形的房屋，在西安半坡遗址已出现的就有 40 多座。在伊拉克的雅尔莫发现的公元前六千—七千年左右的母系氏族遗址中，就发现了 20 多幢长方形的多房间的茅屋。人们有了房屋，既可避风雨寒暑，又能防备猛兽虫蛇，生活安定了下来，居住也更固定了。这又与妇女经营原始农业有密切关系。因为农业生产，不管多么原始，它最基本的一点就是与土地紧密地结合在一起，这就要求人们定居生产；而人们定居后，反过来又能更好地经营农业。所以随着原始农业的出现和发展，房屋的建筑技术也不断改进，人们的居住地也就更加固定了，从而形成氏族村落。例如在我国的西安半坡村、陕西宝鸡北首岭、临潼姜寨、河南安阳后岗、渑池仰韶村、洛阳王湾等地都发现了母系氏族村落遗址。随着母系氏族的繁荣，在西安附近沣河中游一段长约 20 公里的河岸两边，密集式地建立了 10 多处村落。这表明农业定居生活大大改变了人们的生活环境和面貌，在此我们可以再一次看到妇女在母系氏族中的主导作用。

其四，纺织和缝纫的进步。原始群时因人猿刚相揖别，有的赤身裸体，有的则衣草、叶、羽毛等。我国古代文献就记载说：古者"未有丝麻"⑤，"禽兽之皮足衣也"⑥，故"妇人不织"⑦，或"衣皮带茭"⑧，或

---

① 《礼记·礼运》。
② 《韩非子·五蠹》。
③ 《墨子·节用》。
④ 《淮南子·汜论》。
⑤ 《礼记·礼运》。
⑥ 《韩非子·五蠹》。
⑦ 《韩非子·五蠹》。
⑧ 《墨子·辞过》。

"衣其羽皮"①，并"知蔽前未知蔽后"②。他们有的"被发文身"，有的"被发衣皮"，有的"衣羽毛"③。我国解放初期的拉祜族的支系苦聪人就仅以树叶围身。大洋洲新几内亚东部高地的土著人也根本不穿衣服，妇女或以茅草遮住阴部，或穿极短的腰蓑裙，男人则戴阴茎套（用瓠制成）。后来，随着母系氏族的形成，在原始群后期已出现的纺织和缝纫技术也有了显著的进步。这时，妇女们剥取野麻纤维，用陶、石纺轮捻成细线，用水平织机织成面积很窄、比较疏朗的平纹麻布。在我国陕西陕县庙底沟和华县泉护村发现的布痕，每平方厘米有经纬线各 10 根。这大体上就是《淮南子·氾论》中所描述的"伯余之初作衣也，绞麻索缕，手经指挂，其成犹网罗"的纺织水平。另外，兽皮作为人们的衣料，这时已经会鞣制皮革了。这样，有了麻布和皮革，妇女们就用磨制精细的骨针、骨锥，制成各种在当时来说是比较耐用而且舒适美观的服装。不仅如此，人们还用各式各样的装饰品把自己打扮起来。从我国的仰韶文化中可以看到：人们用小骨珠、穿孔蚌壳和兽牙做成项链，身上佩挂各式各样的陶环或石环，妇女还戴用绿松石等做成的坠子。玻利维亚奇里瓜诺人的妇女除制作陶器外，还编织吊床、汗衫、头巾。他们身穿兽皮做的上衣和短裤，用头巾缠头，并都喜欢挂用兽齿或贝壳做的项链。毫无疑问，合适的服装再加上美丽的装饰品，把人打扮得漂亮起来了，人真是像个人样了！在这里，我们不是又可以看到妇女在母系氏族中的主导作用了吗？

这样，农业的发明，陶器的出现，房屋的建造，纺织和缝纫技术的进步，使母系氏族以崭新的共同经济生活面貌出现于世界，形成全盛的以妇女为中心的社会形态。当然，我们在这里所讲的只是农业经济、文化类型的母系氏族的情况，其他还有很多因自然地理环境和条件不同而形成的各种不同的内容的经济、文化类型，虽然靠山吃山，靠水吃水，靠草吃草，各具不同特点，但其共同经济生活比之原始群来说，总是更加丰富多彩，"旧貌换新颜"了。这一点是完全可以断定的，例如我国北方草原地区以细石器文化为特征的母系氏族，他们共同经济生活的新面貌就主要表现在：弓箭的普遍使用和原始畜牧业的出现。又如云南滇池周围发现的贝丘

---

① 《礼记·礼运》。
② 《五经异义》。
③ 《礼记·王制》。

遗址，表现这里的母系氏族过的又是农业兼渔捞的共同经济生活。

2. 父系氏族共同体

父系氏族是氏族共同体的最终形态，它是由母系氏族过渡而来的。与母系氏族相比，共同渊源于一个男祖先，世系按父亲计算，财产由父方血缘亲属继承的氏族共同体就是父系氏族。其出现在野蛮时代的中级阶段，约相当于考古学上的新石器时代中期。马克思归纳父系氏族的特征为："（1）从世系依女系计算转变为依男系计算，（2）从氏族的已故成员的财产由他的同族人继承转变为由他的父方亲族继承，最后就改为由他的子女所继承。"①

那么，母系氏族为什么会转变、过渡到父系氏族呢？

原因之一，男女在生产中所处社会地位的变化。如前文所述，在母系氏族的经济生活中，妇女都起着主导的作用，那时的社会生产和再生产，都只能以妇女为中心才能进行下去，这就决定了妇女的社会地位高于男子，从而形成母系氏族。但是，曾几何时，大约在野蛮时代的中级阶段开始，随着农业、畜牧业和手工业的发展，特别是第一次社会大分工，即畜牧业与农业的分离，不仅使生产的范围和场所扩大，劳动生产率得到提高，而且使男子在各个生产部门中逐渐上升到主导地位，其表现就是土地耕作或牲畜的放牧主要由男子来担任，妇女反而成为辅助劳动力从事家务劳动。例如我国山东泰安大汶口文化的 120 多座墓葬中，头部有装饰品的妇女，均随葬纺轮；头部无装饰品的男子，多随葬农具。可见男耕女织已是普遍现象。在我国黔东南施洞地区的苗族中，曾经流行过男子学犁田的传说：

> 很古的时候，男人是嫁给女人的。后来，男人学会了犁田。父亲说："男人会犁田了，应当让他留在家里，把女人嫁出去。"女的就哭闹着要求父亲仍把男人嫁出去，但父亲拒绝了。于是，女的就暗地里把水田埂挖了些小洞，让水漏掉。随后她就对父亲说："男人留在家里不吉利，水田里的水都突然干枯了，还是把女的留在家里，把男的嫁出去吧。"父亲还是不同意，并对女儿说："你出嫁后，在那里没有

---

① 《摩尔根〈古代社会〉一书摘要》，第 76 页。

财产，就佩戴上这个项圈，拿去当财产吧。"这样，女儿才终于出嫁了。开始，出嫁后的女儿还经常跑回家来。一天晚上，她在回家的路上，突然狂风呼啸，她以为是老虎来了，被吓得跑回丈夫家里去。此后，她就长住夫家了。

　　这个传说生动形象地反映了男子在农业中取代妇女的情况。这样，妇女被排斥在主要社会生产部门之外以后，其所从事的家务劳动，与男子谋取生活资料的劳动已无法相比，一个上升，一个下降；一个加重，一个减轻，这就决定了男女在生产中所处的地位也必然会颠倒过来，这就是母系氏族向父系氏族转变、过渡的根本原因。

　　原因之二，对偶婚向一夫一妻制转变。母系氏族的婚姻形态是对偶婚，即是"某种或长或短时期内的成对配偶制"①。后来，随着对偶婚的发展，男女间对偶同居的时间也逐渐变长。例如云南永宁纳西族被称为"阿注"婚的对偶婚，男不娶妻，女不嫁夫，成年男女夜间到相好的女子家里过偶居生活，次日黎明返回自己的母亲家里，偶居的男女以"阿注"相称。这种"阿注"婚姻关系很不稳定，时间或长或短，长者数年、几十年，短的则数月乃至一、二夜。从这个例子中，我们可以设想，在这长达数年、几十年的相对稳定的对偶关系中，必然会给母系氏族带来前所未有的因素，这就是子女除可以知其母外，又可以确认其父了；也必然会使人懂得生儿育女绝对不是妇女单方面的事，这就使妇女往往崇拜男性生殖器，认为它是生命的来源。在我国的龙山文化和齐家文化的一些遗址里就发现了由泥土塑造烧成的"陶祖"或雕刻成的"石祖"。② 在中国四川木里县大坝村的鸡儿洞中就供有普米族的石祖，在云南西双版纳州曼贺山上有当地傣族供奉的石祖；在泰国三角洲地区的幼儿皆佩戴"木祖"作装饰品和避邪物，朝鲜仁王山上有阴阳石，即男根石和女阴石，又称夫妇石等。在长期的对偶同居中，男子越来越要求独占。还如云南永宁纳西族正在形成的一夫一妻婚中，男子对妻子产生了独占思想，不允许女的婚后再找"阿注"，以便为自己生育嫡系子女。所以恩格斯就说：由对偶婚进到

---

① 《马克思恩格斯选集》第 4 卷，第 41 页。
② 宋兆麟：《原始社会的"石祖"崇拜》，《世界宗教研究》1983 年第 1 期。

一夫一妻制，"应归功于男子"，① 正因为"一夫一妻制家庭和对偶婚不同的地方，就在于婚姻关系要坚固得多"。② 所以，随着男子在生产中社会地位的上升，母系氏族的对偶婚也就必然转变为父系氏族的一夫一妻制。在一夫一妻制的婚姻形态下，男女双方的关系也颠倒过来了。原来是女子留在本氏族，男子出嫁到另外的氏族。现在是男子留在本氏族，女子要出嫁到外氏族去，并随男方居住。上面引述的黔东南施洞地区苗族中流传的男子学犁田的传说也生动地反映了男女双方关系的这种颠倒。所以恩格斯又说：对偶婚进到一夫一妻制，"实质上是使妇女地位恶化"。③ 男女在婚姻关系上的一个上升，一个下降，使男子成了维系氏族的中心，妇女则"变成生孩子的简单工具了"④，而处于从属的地位。这既是母系氏族转变、过渡到父系氏族又一个基本原因，也是母系氏族过渡到父系氏族的一个重要标志。

原因之三，私有制的出现。恩格斯曾说过："一夫一妻制是不以自然条件为基础，而以经济条件为基础，即以私有制对原始的自然长成的公有制的胜利为基础的。"⑤ 这就是说母系氏族转变、过渡到父系氏族是与私有制的出现分不开的，并且是同私有制一起发展起来的。如前文所述，社会的第一次大分工，劳动生产率的提高，无论是家畜的驯养与畜群的繁殖，还是农业的种植，尤其是前者都创造了过去前所未有的财富，在保证了人们对基本生活资料的需要后，有了剩余产品，而且随着生产的发展，剩余产品也越来越多。无疑，这些剩余产品转化成财富，最初当然是属于氏族的。但是，正如恩格斯又指出的那样："这些财富，一旦转归各个家庭私有并且迅速增加起来，就给了以对偶婚及母权制氏族为基础的社会一个有力打击。"⑥ 这个打击的表现，就是私有制的出现和生父的确认。

私有制的出现和初步发展，一方面必然会给丈夫在家庭中比妻子更有权势的地位，即男子地位更加提高，而妇女地位则更加降低；另一方面，也必然会在氏族公有制上打开一个缺口。本来属于氏族所有的全部财富，

---

① 《马克思恩格斯选集》第 4 卷，第 78 页。
② 《马克思恩格斯选集》第 4 卷，第 57 页。
③ 《马克思恩格斯选集》第 4 卷，第 78 页。
④ 《马克思恩格斯选集》第 4 卷，第 52 页。
⑤ 《马克思恩格斯选集》第 4 卷，第 60 页。
⑥ 《马克思恩格斯选集》第 4 卷，第 50 页。

现在有一部分已不再属于整个氏族所有，而是属于个人了。属于个人的财富又必然会出现一个财产的继承问题。所以马克思说："自从野蛮期高级阶段房屋、耕地、畜群和交易数量如此之多和它们开始成为私有对象以后，继承的问题就越来越迫切了。"①

谁来继承私有财产？亲生父的确认给人们提供了社会基础。正是因为知其母又知其父了，所以社会地位越来越高的男子，也就必然会利用这个地位来为了他亲生子女的利益而改变传统的继承制度，即马克思所说："从氏族的已故成员的财产由他的同族人继承转变为由他的父方亲族继承，最后就改为由他的子女所继承。"② 财产由其子女继承，就是父系氏族的两大特征之一，所以我们说私有制的出现是母系氏族向父系氏族转变、过渡的社会根源和动力。

历史的发展已经表明，男女在生产中所处地位的变化，对偶婚向一夫一妻制的转变，以及私有制的出现，使母系氏族必然转变、过渡到父系氏族。现在我们要问，这个转变和过渡又是怎样进行的呢？摩尔根对此有一段很具体的论述，他说：

　　"当人们根据预先的决议在指定的时间完成这一转变时，只需要约定，氏族内的一切现有成员仍然保留为本氏族成员，但此后只允许本氏族男子所生之子女保留为本氏族成员和使用本氏族的姓氏，而女性成员所生子女一律被排除出去。这并不会破坏或改变现存氏族成员之间的血缘关系或亲戚关系；但从此以后，本氏族保留过去所控斥者而控斥过去所保留者。虽然这看上去可能是一个很难解决的问题，但在一种充分强大的动力的驱使下，也就会容易解决，再经历几代以后，便能完全转变过来。"③

恩格斯对此也有过论述，他说：

　　"废除母权制……这并不象我们现在所想的那样困难，因为这一

----

① 《摩尔根〈古代社会〉一书摘要》，第62页。
② 《摩尔根〈古代社会〉一书摘要》，第76页。
③ 《古代社会》下册，第342页。

革命人类所经历的最激进的革命之一，并不需要侵害到任何一个活着的氏族成员。氏族的全体成员都仍然能够保留下来，和以前一样。只要有一个简单的决定，规定以后氏族男性成员的子女应该留在本氏族内，而女性成员的子女应该离开本氏族，而转到他们父亲氏族中去，就行了。这样就废除了按女系计算世系的办法和母亲的继承权，而确立了按男系计算世系的办法和父系的继承权。"[1]

从摩尔根和恩格斯的论述中，我们很容易把母系氏族转变、过渡到父系氏族理解成"只要有一个简单的决定"就可以了。其实不然，任何一个新的东西代替旧的东西，总会有一个过程。正如恩格斯紧接着上述引文中所说的："这一革命在文化民族中是怎样和在何时发生的，我们毫无所知。"[2] 因此，现在我们有必要根据历史文献和民族学的材料，来具体地探索一下这个过程。

如前所述，父系氏族的主要特征是按男系确定血统和父系的继承权，父亲氏族确立的标志是一夫一妻制的出现。因此，要了解母系氏族是怎样向父系氏族转变、过渡的过程，就必须紧紧抓住对偶婚向一夫一妻制转变的过程。对偶婚进到一夫一妻制，大体上有如下几个步骤：

第一步就是必须确认子女。长期的生活实践，使人们初步具有了生育的知识，知道了生儿育女是男女性交的必然结果。而比较长期的居妻方的对偶同居，使确认父亲成为可能。为确认子女，男子普遍采用了"坐月"的象征性行动。对此，古代文献中就有记载，例如，《太平广记》说："南方有僚，妇生子便起。其夫卧床褥，饮食皆如乳妇。稍不卫护，其孕妇病皆生焉。其妻亦无所苦，炊爨樵苏自苦。……越俗，其妻或子，经三日便澡于溪河。返具糜以饷婿。婿拥食抱雏，坐于寝榻，称为产翁。"[3] 又如《马可·波罗游记》说："妇女一经分娩，就马上起床，把婴孩洗干净包好后，交给她的丈夫。丈夫立即坐在床上，接替她的位置，担负起护理婴孩的责任，共需看护四十天。孩子生下后一会儿，这一家的亲戚、朋友都来向他道喜。而他的妻子则照常料理家务，送饮食到床头给丈夫吃，并在旁

---

① 《马克思恩格斯选集》第 4 卷，第 51 页。
② 《马克思恩格斯选集》第 4 卷，第 51 页。
③ 《太平广记》卷 483 引《南楚新闻》。

边哺乳。"① 直到解放前，我国仡佬族分布在黔、桂的一部分族人中仍有男子"坐月"的习俗。此种男子"坐月"的习俗，在世界民族学中也有很多材料和例子。例如巴西的土著印第安人在女人生孩子时，做丈夫的要休息调养。② 美洲亚马孙河和俄利诺科河流域的印第安人，在妻子生产的时期，丈夫躺在床上并仿效产妇的样子，享受好长日子的护理。③ 法国人沙尔·费勒克在他所著的《家族进化论》中生动地描述巴克斯人的坐月时说："这个习俗就是当女子生了小孩子，是父亲坐床，是父亲假装作痛，大家也是照应父亲，几乎是很相信真是父亲生了小孩子了。并且邻舍男女来贺喜的也是贺父亲，也是照应父亲……并不挂念母亲，母亲仍然是专心去做他的家务。"④ 坐月的习俗在现代人看来当然是十分荒唐的，但是正如保尔·拉法格所说的："'装产'的习惯，是男子用来夺取女子的财产和他的品级之欺骗的手段之一种。因为女人的生小孩子，就是在家庭中享得特权的原因。男子其所装产，因为他要使人相信他也是生小孩子的人。"⑤ 所以，"坐月"这个习俗，也就在全世界很多民族或地区流行，男子通过这个象征性的行动，向人们宣告孩子是他所生！这就是对子女的确认。

第二步就是男子用自己的姓氏来给子女命名。本来，按照母系氏族的传统习惯，世系在按女系计算时，家族和子女的姓名是用女子的姓氏来命名的。例如我国古氏"尧"就以其母的氏姓为氏姓，"舜"就以他母亲的氏姓姚氏为氏姓，"稷"就以他母亲的氏姓骀氏为氏姓。但当男子一经采取行动确认子女，那么为巩固和扩大通过"坐月"确认子女所取得的成果，他们又进一步要求改变用妇女的姓氏给宗族和子女命名的传统习惯。在我国古代历史上，从夏代起，就系统地把男性世系记载下来了。⑥ 与前面尧、舜、稷等以母亲的氏姓为氏姓的情况相比，情况发生了根本的变化，真实地反映了男子用自己的姓氏给子女命名，打破了用女子姓氏命名的传统习惯。在我国的民族学材料中，云南思茅、临沧地区的拉祜族，在解放前虽仍盛行妻方居住，但是已以男性的姓氏来命家族名了。直到民主

---

① 见福建科学技术出版社 1981 年 12 月版。

② 参阅［巴西］索托·马约尔《巴西的土著居民》，《民族译丛》1980 年 6 期。

③ 参阅 C. Л. 托尔斯托夫等编《普通民族学概论》第 1 册，科学出版社 1960 年版，第 179 页。

④ 许楚生译，大东书局 1930 年版，第 139 页。

⑤ 转引自沙尔·费勒克《家族进化论》，第 145 页。

⑥ 参阅《竹书纪年》和《史记·夏本纪》。

改革前，澜沧县巴卡乃寨的拉祜族改女性家名为男性家名的情况还继续发生。另外，在民主改革前，云南孟连公吉大寨的佤族和屏边的苗族，男子外出结婚，不管是有年限的"上门"，还是终身"上门"，所生子女的姓氏就随父不随母了。而且勐海曼散寨的布朗族在保持同子女联名的同时，又出现了父亲同子女联名的现象，这实际上是打破以女子姓氏命名的先声。男子争得了命名权，就为世系按父系计算提供了前提。

第三步就是改妻方居住为夫方居住。妻方居住，是母系氏族下对偶婚的主要特点，可是随着男子拥有私有财产的增多，经济地位的不断增强，与母系氏族传统的法则产生了不可调和的矛盾。因为在以女性为中心的妻方居住的条件下，对于子女和财产的支配权总是掌握在女性手中，因此嫁到妻方，与母系氏族不同血缘的男子在氏族总是处于一种从属的地位，而男子在确认了子女和取得了对子女的命名权后，要为子女改变财产继承制度则是根本无法实现的。为了解决这个矛盾，唯一的出路就是从母系氏族转变到父系氏族，在夫妻居住问题上，必须颠倒一下，改妻方居住为夫方居住。

为了改变妻方居住的传统，男子往往仗其所拥有的私有财产，借助于私有制的动力，采取经济手段来达到这个目的。例如勐海傣族的男子不愿"上门"（即居妻方），而通过向女方交身价钱的办法来实行夫方居住。而景洪等地的傣族男子则必须先到岳父家"上门"劳动三年，才能把妻子接回家。云南金平太阳寨瑶族男子只要不愿继续"上门"而要离开妻父母家的，就可以交纳礼银以补"上门"期限的不足。这就是恩格斯所指出的："当父权制和一夫一妻制随着私有财产的分量超过共同财产以及随着对继承权的关切而占了统治地位的时候，婚姻的缔结便完全以经济上的考虑为转移了。"① 另外，男子又常常用一种象征性的妥协来达到最后改妻方居住为夫方居住的目的。例如我国东北的鄂温克族在快要结婚时，男方的"乌力楞"不管离女方"乌力楞"多远，也一定要迁徙到和其靠近的地方。结婚那天，新郎先到女方家去，婚宴结束后，新郎必须留在岳父家和新娘度过第一夜。② 云南勐海县巴达布朗族男子则必须到妻子家居七夜，才可将妻子带回自己家中。但是一旦男子的经济地位占优势的时候，为了要达到

---

① 《马克思恩格斯选集》第4卷，第75页。
② 参阅秋甫《鄂温克人的原始社会形态》第73页。

实行夫方居住的目的，他们又往往采取了强制手段，用"抢婚"的办法强行改妻方居住为夫方居住。抢婚习俗流行亚、非、拉以至欧洲，其虽打上各种不同社会发展阶段的烙印，但毫无疑问，它是母系氏族妻方居住转变为父系氏族夫方居住的一个手段。例如，《易经》中所说"白马翰如，匪寇婚媾"，就是汉族远古祖先抢婚的反映，又如在我国景颇族、傣族、蒙古族、鄂温克族、苗族、瑶族、彝族、纳西族、德昂族、布朗族、傈僳族、黎族等少数民族中，直到解放前还存在不同形式、不同程度的抢婚习俗更是一个很好的证明。在这里，苗族的抢婚习俗很能说明问题。根据民族学的材料，苗族长期以来盛行抢婚，贵州清水江流域的苗族男女青年，通过"游方"情投意合，则在自行商定的日期，男子在几个青年友伴陪同下到女方村寨，姑娘只需准备几件衣服，在半夜或黎明前将姑娘偷到男家。云南德宏的景颇族也是这样，男子看中某个姑娘，不论姑娘同意与否，男子总是约好四五个青年伙伴，乘姑娘夜晚到"公房"活动或清晨起来舂米时，便出其不意地将她抢走。他们自己称其为"迷却"（拉亲）或"迷兽"（抢亲）。德宏的傣族虽已处于封建制度下，但仍有抢婚遗俗，称为"抢姑娘"。男子带着自己的伙伴，手上拿着长刀，袋里装着铜钱，来到与姑娘约好的地点隐蔽起来。时间一到，姑娘借故挑水、洗菜之类的事到相约的地方。一声暗号，"伏兵"四起，拥着姑娘就跑。姑娘却佯装呼救来通知家人，家人闻声追赶，邻里帮着起哄，但他们都忙于抢夺男子撒在地上的铜钱，使抢婚者安然离去。再如欧洲匈牙利族也有这种婚俗：结婚时新娘在家和亲友跳舞，新郎穿着新的骑装，骑着高头大马，手拿一面绣旗，跑到跳舞的地方，把新娘抢到马上，往回路上跑。亲友们随之鼓噪高呼，婚礼就完成了。[①] 还如智利中部的阿老干人，在西班牙殖民者入侵中南美时，正处于父系氏族的初期，在娶第一个妻子时，也保留了抢婚习俗。他们不仅在举行结婚仪式时要举行"伴抢亲"的假抢婚，如果女方父母不同意，就真的进行抢婚。[②]

正因为从母系氏族向父系氏族的过渡的根本原因是经济地位的变化而

① 转引自林惠祥《论长住娘家风俗的起源及母系制到父系制的过渡》，《厦门大学学报》1962年第4期。

② 参阅苏联科学院民族研究所《美洲各民族》第2卷，苏联科学出版社1959年俄文版第371页。转引自陈克进《从原始婚姻家庭遗俗看母权制向父权制的过渡》，《民族研究》1980年第1期。

发生的，所以这个过渡也不是一个晚上就完成的，母系与父系之间也是经过了长期、反复的斗争，才实现了从母系氏族向父系氏族的过渡。这个斗争，有下面两种表现，其一是反"抢婚"。关于这一点，我国大小凉山的彝族是一个很好的例证。据《西昌县志》记载，四川大小凉山的昭觉县的贵族黑彝结婚时，"婚家请族中黑夷一人为代表，偕媒乘马，率娃荷枪茅，赍聘金，负酒布，驱牛羊，先一日往女家，并饼骏马一匹，为新妇乘骑，谓之迎亲，女家则拒迎亲者于门外，以牛粪和水偏泼之，而后退入欢宴。"① 云南大小凉山的彝族，在迎亲时，可以用泼水和用锅烟抹脸的形式，阻拦男方接亲的人进入女方的屋内，不给饭吃，接亲者被迫躲在外面。凡此等等，都是反"抢婚"的象征性的反抗。其二是不落夫家。这是妇女反对改妻方居住为夫方居住最有效的一个办法了。我国解放后对少数民族进行社会历史调查的材料表明，此种不落夫家的遗俗相当普遍，形式也是多种多样的。贵州清水流域的苗族称不落夫家为"娘孟巴崀"，意即"坐家"，即新娘在婚后相当长的一段时间内，至少一、二年要住在娘家。只有逢年过节或农忙时，经召唤才到夫家短住。一般到怀孕临产时才结束"坐家"生活。怒族、黎族、壮族等与此情形大致一样。新娘返回娘家后，一般仍可以参加男女社交活动，甚至发生性关系，一旦怀孕则不得再"坐家"，必须到夫家居住。另外，贵州东南榕江、东江一带的侗族，把抢婚与反抢婚以及"不落夫家"的遗俗混在一起，反抗之意更为典型：当夫妻举行了名义上的婚礼后，新娘就马上回娘家居住。只在节庆之日，新郎才请人去把她"抢"回来。被"抢"回后，她也只住一宿就又逃回娘家。经过多次"抢"后，直到怀孕了，才回到夫家去分娩，不再"坐家"了。

但是，不管这个斗争经过多么长期的反复，经过确认子女，男子用自己的姓氏给子女命名，以及改妻方居住为夫方居住等步骤，特别是妻方居住一旦改为大家居仕，一夫一妻制即宣告确立。而对偶婚向一夫一妻制转变的完成，也就标志着母系氏族向父系氏族转变、过渡的完成。所以恩格斯说："母权制的被推翻，乃是女性的具有世界历史意义的失败。"②

父系氏族共同的经济生活，与母系相比，有了更大的发展。这个发展除表现在原始农业过渡到锄耕农业，突出的是表现在社会劳动大分工和金

---

① 《西昌县志》卷十二。

② 《马克思恩格斯选集》第4卷，第52页。

属冶制业的出现。前文已提及，在父系氏族形成的过程中，出现了农业与畜牧业的分工，即第一次社会大分工，考古发掘证明，这个分工的结果，是后来人们所说的"六畜"：马、牛、羊、鸡、犬、豕都发展起来。有的父系氏族，在这个大分工中，畜牧业除在专营农业的氏族中成为副业外，还成为一些氏族的专业，出现了专营畜牧的氏族，这些氏族由小家畜的驯养发展到规模较大的繁殖。如我国古代北方的匈奴、东胡、乌桓、鲜卑、林胡、楼兰、丁零、月氏、乌孙、柔然、敕勒、突厥、回鹘、吐谷浑、契丹、女真、党项等族就是专营畜牧的。至今世界上还有不少专营畜牧的民族或部落。在我国就有蒙古族、哈萨克族、塔塔尔族等。

农业和畜牧业的发展，促进了手工业技术的不断改进，社会的劳动分工更加复杂，这就形成第二次社会劳动大分工，即手工业与农业分离。手工业作为专门的生产活动，从农业中分离出来，不仅使轮制陶器越做越精细，器形越来越多，也越来越实用。例如我国以山东为中心的龙山文化，就使用比较进步的陶轮，运用先进的轮制技术，能制出薄如蛋壳的精美的薄胎黑陶，也能制造当时人们日常生活所需要的各种器具。更重要的是金属冶制业的出现。在我国铜器手工业也可能最早出现在龙山文化的父系氏族时期，在河北唐山大城山遗址发掘出来两块红铜牌，在甘肃武威皇娘娘台、临夏大河庄和秦魏家等齐家文化的遗址和墓葬中，普遍发现了红铜器。在公元前4世纪，埃及、西亚和印度等地也开始有从矿石提炼铜的技术，出现了金属冶制业。这就为金属时代的到来开辟了先河，也为氏族制度的解体打开了缺口。

3. 残存氏族

人类社会，自原始社会崩溃、阶级和国家产生以后，大体上又经历了奴隶社会、封建社会和资本主义社会。人们共同体的发展，也经历了从氏族到胞族和部落，从部落到部落联盟或部族，从部落或部族到民族的几个发展阶段。但是，在这个发展过程中，仍然有不少氏族共同体，因种种原因没有被分化、瓦解，而是一直保存到今天。因为这些保存至今的氏族共同体在人类进入阶级社会以后是以残余形式存在于世界的，所以我们称这种氏族共同体为残存氏族。残存氏族的种类比较复杂，有母系氏族，也有父系氏族；有处于从母系氏族向父系氏族过渡状态的氏族，还有处于父系氏族末期的氏族。在这种残存氏族分布很广，在亚洲，非洲、大洋洲、南、北美洲都有存在。

为什么会有残存氏族？马克思主义告诉我们：历史的发展是不平衡的，有的发展快，有的发展慢，这就必然会出现有的很快进入到高度发达的资本主义社会或社会主义社会，形成资本主义民族或社会主义民族，而有的则发展缓慢，甚至慢到还保存氏族制度的残余，仍旧只是一个氏族共同体。历史发展不平衡的原因，有政治的、经济的、社会的、地理环境的等。普列汉诺夫说过："地理环境对社会人的影响在不同的生产力发展阶段中产生着不同的结果。……自然环境成为人类历史运动中一个重要的因素，并不是由于它对人性的影响，而是由于它对生产力发展的影响。"① 这就是说地理环境通过对生产力发展的影响，而对人类社会起作用，生产力水平越低，地理环境的影响就越大。因此，在原始社会时期，在生产力水平极其低下的情况下，起决定作用的往往是地理环境的影响和作用。这也就是原始社会发展特别缓慢，其年代不是以百年、千年计，而是以万年、几十万年、几百万年，甚至上千万年计的原因。而残存氏族能在世界范围内保存至今，其中地理环境的决定性影响主要表现在以下几个方面：

第一，与世隔绝的地理环境是残存氏族存在的地理原因。例如南、北美洲的印第安人，在西方殖民者入侵以前，一直与其他各大洲相隔绝，有的处于野蛮的低级阶段，形成为母系氏族，如摩尔根在《古代社会》中所详细研究过的易洛魁人；有的甚至还处于蒙昧人的高级阶段，如哥伦比亚流域的各印第安人的部落，既不知道制陶术，也不知道种植任何种类的植物。又如居住在火地群岛的雅马纳人，长期以来生活在与世隔绝的岛上，他们用骨头、燧石和贝壳做成工具，用树皮做成船，采集软体动物、捕鱼猎取海豹和其他的海生动物来维持生活，虽然已会击石取火，但常常随身携带阴燃的树枝或木块来保存火种。大洋洲的波利尼西亚人也是如此，他们也是居住在与世隔绝的大洋洲东部的小岛上，他们用削尖的棍了耕地，用独木小船打鱼，采用"刮木"取火法，氏族共同体则处于从母系氏族向父系氏族的转变、过渡的过程中，形成了一片无人涉足的原始森林地区，所以他们也一直过着原始社会的生活。再如生活在从利比亚到毛里塔尼亚整个撒哈拉中心地带的广阔沙漠中的图阿雷格人，在沙漠造成的与世隔绝的地理环境中，也一直过着游牧的原始生活，家庭基本结构还是以母亲为

---

① 《普列汉诺夫哲学著作选集》第 2 卷，第 170 页，着重号是原有的。

主的一夫一妻制，妇女不带面纱，男人却用黑纱包脸。还如东非的马萨伊人，生活在坦桑尼亚北部肯尼亚南部广阔的草原上，这种绝大多数至今仍过着吃生食、喝牛血，以石击兽，长矛捕猎，一丝不挂的原始生活。我国在1956年民主改革前仍保留着原始社会残余的一些少数民族，如黎、景颇、普米、布朗、佤、傈僳、独龙、纳西、基诺、鄂伦春、鄂温克以及僜人都是生活在深山老林之中，长期过着与世隔绝的原始生活。例如鄂温克族和鄂伦春族就长期游猎于茂密的兴安岭大森林中。又如黎族就生活在海南岛的五指山中的地区，既是海岛又是高山，与外界联系很少。再如拉祜族的苦聪人长年居住在深山老林，过着磨竹起火，穿兽皮、树皮的原始狩猎生活。还如僜人则居住在喜马拉雅山脉以东，横断山脉西部察隅一带的亚热带和准热带的莽莽森林中，过着刀耕火种的父系氏族生活。从以上各例我们可以看出，因大海、大山、大河以及森林、沙漠、草原等所造成的与世隔绝的地理环境，往往严重影响生产力水平的提高，长期下去，自然而然地会使一些氏族共同体保存下来，成为现代的残存氏族。

　　第二，自然资源的缺乏，限制了原始社会生产力水平的发展提高，这是造成残存氏族的物质原因。社会发展史的常识告诉我们：生产工具是社会生产力发展水平的客观尺度，是人类改造自然的能力的物质标志。历史上每一种社会形态之所以比以前的社会形态达到更高的生产力发展水平，归根结底是因为在生产中应用了或者能够应用更进步的生产工具。这就是斯大林所说的："生产力的状况所回答的问题是人们用怎样的生产工具生产他们所必需的物质资料。"[1] 所以，正如前面所述，因为原始农业的发明，陶器的出现，房屋的建筑，纺织和缝纫技术的进步，原始群才能够被母系氏族所代替。又因为锄耕农业和轮制陶器的出现和发展，两次社会大分工的完成以及金属冶制业的出现，母系氏族才完成了向父系氏族的转变和过渡。也正因为金属工具的普遍使用，决定了原始社会的崩溃，奴隶制的产生，国家的出现和民族的形成。总之，在原始社会中人们共同体的发展，都表明生产力在生产关系的发展中是起决定作用的。因此，在使用石器工具的极低的生产力条件下，只能是原始社会的氏族制，以及与此相应的以氏族为基础的共同体。例如，大洋洲波利尼西亚人和密克罗尼西亚人，因为他们所生活的岛屿都是珊瑚岛和火岛，根本没有陶土，当然也就

---

① 《斯大林选集》下册，第445页。

发展不出制陶业，而他们所用的容器只能是用植物或动物材料制成的。因此，尽管他们的石器加工技术几乎达到了精巧的艺术水平，但石器毕竟仍然是原始社会生产力水平的标志，玻里尼亚人和密克罗尼西亚人只得以残存氏族的形式出现于世。由此可见，自然资料的缺乏，必然会影响生产工具的改进和发展，也就必然会限制生产力水平的发展和提高。因此，自然资源的缺乏往往是造成残存氏族的物质原因。

第三，原始自然经济是造成残存氏族的经济原因。原始自然经济是指通过采集和狩猎，即能直接满足生产者需要的自采自猎自足的经济。如我国生活在额尔古纳河流域原始森林里的鄂温克人，长期以来使用弓箭，靠打猎为生，形成了自猎自足的原始自然经济，所以即使后来火器传入，也不能对他们自猎自足的原始自然经济有根本改变。再如云南的基诺族，他们聚居在基诺山，面积约有4125万平方公里，境内气候温和，雨量充沛，江河纵横，土地肥沃，到处是浓荫蔽日的原始森林，在这样的自然条件下，他们形成了自采自猎自足的原始自然经济，后来虽然铁器传入，出现了毁林开荒，刀耕火种的农业，但采集和狩猎仍然是主要的经济活动，原始的自然经济在没有发生根本变化的条件下，氏族共同体就不会退出历史舞台，而必然会残存下来。所以我们认为原始自然经济是造成残存氏族的经济原因。因为原始自然经济的形成主要是自然地理环境所决定的，所以无论是地理的、物质的、还是经济的原因，归根结底，地理环境决定性的影响和作用，是残存氏族形成的根本原因。

五　氏族共同体的发展

氏族的发展是分两条线进行的，一条线是母系氏族转变、过渡发展为父系氏族，这就是前面所述的氏族共同体的两种类型。另一条线则是氏族共同体的分裂、扩大发展形成胞族、部落、部落联盟以及部族等不同的人们共同体。摩尔根说过：氏族"是胞族的基础，是部落的基础，也是部落联盟的基础"①。马克思也说过：由氏族组成胞族、由胞族组成部落，由部落组成部落联盟或比联盟更高级的发展形态。② 这些下面将有专章论述，

① 《古代社会》上册，第82页。
② 参阅《摩尔根〈古代社会〉一书摘要》，第76页。

在此仅就与氏族的发展有关的宗族和村落问题做一点探讨。

1. 氏族与宗族

宗族是对我国社会有较大影响和作用的氏族共同体的一个变种。所谓宗族，就是父亲的亲属，又即同宗的人。

宗族是怎样形成的？我们知道，父系氏族是原始社会时期的一种人们共同体，从历史发展的一般规律来看，随着阶级和国家的产生、形成，原始社会的崩溃和阶级社会的形成，氏族及以氏族为基础的胞族、部落和部族等人们共同体大多消失，从部落，或部族等人们共同体发展成了民族。但是在一定的历史条件下，氏族共同体的一些组织形式，发生了适应阶级和国家产生和形成的蜕变，而在阶级社会中保存了下来。我国汉族的宗族，就是在适应了阶级社会的种种变化，由父系氏族蜕变而成的。

汉族的宗族，还保存着氏族共同体的许多特征，其以下一些特点表现出来：

首先，每个宗族都有从共同的男性祖先开始的族谱，有共同的墓地，这就是共同血缘的表现。其次，每个宗族都有一个共同的姓，这个姓往往是氏族共同体图腾的变种，有的姓就是直接从图腾演化而来。再次，家族成员有相互继承财产的权利，当然嫡系子孙有优先继承权，但在没有嫡系子孙之时，就由旁系亲属继承。这种继承法实质上是氏族共同劳动，平均分配的共同经济生活的一种变种反映，与父系氏族规定的财产由子女继承的原则是完全一样的。最后，家族成员间有相互援助和保护的义务，这基本上是氏族民主、平等的共同心理素质的一种狭窄反映。汉族的宗族虽然从氏族蜕变而出，带有不少氏族共同法的原始特征，但毕竟是阶级社会的产物，又必然带上阶级的烙印，如族长的权威以及族规族法，都是家族中有权有势有钱的一小部分奴隶主或地主阶级，压迫和剥削宗族中大部分奴隶或农民的工具。所以毛泽东同志说，"由宗祠、支祠以至家长的宗族系统"组成的族权，与政权、神权、夫权一起，"代表了全部封建宗法的思想和制度，是束缚中国人民特别是农民的四条极大的绳索"①。

彝族的家支，也是由父系氏族蜕变形成的，有共同的男性祖先，以血缘关系为纽带的一种宗族。只是因为其是在彝族奴隶制度下蜕变的，所以

---

① 《毛泽东选集》第1卷，第31页。

其除了有共同的名称，有从共同的男性祖先开始而世代相连的父子连名的系谱，有在"家"的地域内，以"支"聚居的固定地域，有家支成员间相互继承财产的权利，有家支成员间相互援助和保护的义务，有家支头人和家支议事会主持家支事务等特点外，还有成为奴隶主阶级专政的工具的一些特点，即通过执行社会习惯法来维护奴隶制的生产关系，正如彝谚所说："老虎靠嘴巴，土司靠百姓，黑彝靠家支。"所以从氏族发展的角度来看，黑彝的家支是与汉族的宗族相类似的氏族共同体的一个变种，只是它比汉族的宗族更原始，如果说汉族的宗族主要是在封建制度下发生影响、产生作用，那黑彝的家支则是在奴隶制度下发生影响、产生作用。

2. 氏族与村落

村落，一般地讲就是乡人聚居之地。最早的村落也就是氏族的定居之地，因此，可以说村落的形成与氏族的形成几乎同时。从考古发掘中，大家知道母系氏族仰韶文化的广阔地区里，就散布着许多村落遗址。在陕西宝鸡北首岭、西安半坡村、临潼姜寨、邠县下孟村、华县泉护村和元君庙、华阴横阵村、河南安阳后冈、陕西庙底沟、渑池仰韶村、洛阳王湾等地都有发现。有的地区氏族村落的分布相当密集，如西安附近沣河中游一段长约20公里的河岸上，共建了10多座村落；邻近半坡的沪河和灞河流域，就发现了30处氏族村落。西安半坡遗址就是一处典型的氏族村落，从已发掘出来的情况看，其总面积约五万平方米，分为居住区、制陶窑场和公共墓地三部分。在居住区的周围有一条深宽各约5—6米的大围沟，这很可能是防卫性的设施。沟北边是公共墓地，东边是窑场。在居住区和沟外的空地上，分布着各种形式的窖穴，这是氏族的公共仓库，居住区内有布局条理、密集排列的四五十座房屋。在居住区中，有一座规模很大的长方形房屋，当是氏族的公共活动场所，其余的则是氏族成员的住处。[①] 半坡氏族村落的这种格局，奠定了汉族村落的基本格局，现在在汉族的村落中，有不少是聚族而居的，一个大的村落多至几千人都是一个姓氏；还有祠堂作为宗族的公共活动场所，有公共墓地，以及祠堂公共土地等。这都说明村落的形成和发展与氏族的形成和发展是紧密联系在一起的。

汉族村落的情况是这样，我国少数民族的情况也大多如此，特别是南

---

① 参阅刘昭豪《半坡遗址》，中华书局1962年版。

方少数民族的村寨，也多半是从氏族村落发展而来的。例如基诺族的村
寨，相传基诺族的祖先最后定居在基诺山石嘴附近叫做"杰卓"的山梁
上。最先定居于"杰卓"山的是一个妇女，其生七男七女，兄妹互相婚
配，后子孙繁衍分出两对村寨，即可以互相通婚的两个氏族。第一对村寨
是茨通和曼夺，茨通是父寨，曼夺是母寨；第二对村寨是曼漂和曼坡，曼
漂是父寨，曼坡是母寨。第一对父母寨后来又分出了曼雅、曼海、帕尼等
十个儿女寨，第二对父母寨也分出了龙帕、石咀、曼卡等九个儿女寨。①
从这个传说中可以看出大约在原始群时，基诺族的祖先是游动的，当母系
氏族形成时，他们就定居下来了，村落也就出现了。后来基诺族村寨的发
展都与氏族的发展有关，不仅如此，少数民族村落的公共活动场所更加名
副其实。例如侗族村寨的鼓楼，就是全村公共活动的中心，逢年过节吹芦
笙，唱歌跳舞在此，平时走寨坐妹也常在此聚集对歌。

　　外国的情况也是这样，例如拉丁美洲的尼亚瓦人的村落中，就有一座
专门用来祭祀的神庙，作为全村的公共活动场所。庙堂四周的墙壁上饰有
千姿百态的浮雕，并刻有象形文字和字母符号。庙堂正中矗立着一块嵌满
黄金的巨石，石上放置一盘五光十色的钻石。每年数次的宗教仪式都在这
里举行。② 多米尼加的莫雷诺村落更为典型。在多米尼加首都圣多明各附
近的尤卡河畔，有一个叫莫雷诺的村落，全村 500 多人的一切活动听从族
长的安排。族长要由全村的男女开会选出，一致通过后才能行使权力。人
与人之间互相爱护，互相帮助，他们特别尊重长辈。在村落的中心地区建
造了一座庙宇。庙前有一个用天然的树干做成的放大的十字架，庙内设有
祭坛，在祭坛下面放着一本全家族人的名册。所有这些都表明他们有共同
血缘，都说明村落是随氏族形成而出现的。

六　余论：氏族制度对中国社会之影响

　　自氏族共同体形成后，即由氏族的习惯法则形成了氏族制度。恩格斯
在《家庭、私有制和国家的起源》中对氏族制度的特征作了论述。因为氏
族制度与原始社会整个的生产力水平是相适应的，所以恩格斯说："这种

① 参阅王军《试论基诺族农村公社的特点》，《中国社会科学》1981 年第 3 期。
② 参阅《拉丁美洲的尼亚瓦人》，《民族译丛》1981 年第 5 期。

十分单纯质朴的氏族制度是一种多么美妙的制度呵！没有军队、宪兵和警察，没有贵族、国王、总督、地方官和法官，没有监狱，没有诉讼，而一切都是有条有理的。一切争端和纠纷，都由当事人的全体即氏族或部落来解决，或者由各个氏族相互解决……大家都是平等、自由的，包括妇女在内。"① 又说：氏族制度"都是神圣而不可侵犯的，都是自然所赋予的最高权力，个人在感情、思想和行动上始终是无条件服从的"。②

　　但是，到了原始社会末期，随着剩余产品的增多，私有制的出现，在父系氏族中产生了父系家长制，于是本来纯朴、简单、民主、平等的氏族制度逐渐发生质的变化，走向瓦解和崩溃。对此，恩格斯有一段著名的论述，他说：

　　　　"在英雄时代的希腊社会制度中，古代的氏族组织还是很有活力的，不过我们也看到，它的瓦解已经开始。由子女继承财产的父权制，促进了财产积累于家庭中，并且使家庭变成一种与氏族对立的力量；财产的差别，通过世袭显贵和王权的最初萌芽的形成，对社会制度发生反作用；奴隶制起初虽然仅限于俘虏，但已经开辟了奴役同部落人甚至同氏族人的前景；古代部落对部落的战争，已经开始蜕变为在陆上和海上为攫夺家畜、奴隶和财宝而不断进行的抢劫，变为一种正常的营生，一句话，财富被当做最高福利而受到赞美和崇敬，古代氏族制度被滥用来替暴力掠夺财富的行为辩护。"③

　　正是在氏族制度开始质变，走向瓦解、崩溃的历史大趋势下，我国古代的周族，在军事征服中一举灭了商王朝。在这个历史的逆转中，一个方圆百里，六七万人口的小"国"小族，一下子要统治"邦畿千里"，人口起码十倍于周族的大国大族，天字第一号的问题就是如何进行统治？形势发展的这种突变性，便得周族的氏族制度在还没有完全瓦解、全面崩溃的历史条件下，为了应急，氏族的管理机关被扩大为国家机关，氏族制度也就蜕变为宗法制度，来帮助周族建立和巩固新的统治秩序。这种情况同恩

① 《马克思恩格斯选集》第4卷，第92—93页。
② 《马克思恩格斯选集》第4卷，第94页。
③ 《马克思恩格斯选集》第4卷，第104页。

格斯分析日耳曼人的国家形成的情况一样。"各德意志民族做了罗马各行省的主人,就必须把所征服的地区加以组织。但是,它们既不能把大量的罗马人吸收到氏族团体里来,又不能通过氏族团体去统治他们,必须设置一种代替物来代替罗马国家……因此,氏族制度的机关便必须转化为国家机关,并且为时势所迫,这种转化还得非常迅速地进行。"① 由于血缘纽带根深蒂固的影响,在这个历史的转化中,周族的指导思想则是"异姓则异德,异德则异类……同姓则同德,同德则同心"。② 在实行大分封,"封建亲戚,以蕃屏屏"③ 之外,还把氏族制度改头换面,穿上阶级社会的"新衣",蜕变为宗法制度来维护和巩固其统治。

所谓宗法制度,就是从氏族血缘纽带中脱胎出来的规定嫡庶系统的法则,其以始祖的嫡长子一系递承而下的嫡子为大宗,其余庶子为小宗,由此而分别系统。天子、诸侯、卿大夫、士、庶人都受这个法则支配,从而形成维护我国古代等级制度的宗法制度。为了维护宗法制度,周统治者还规定了丧服、共同的墓地、统一的祭典、宴会以及朝聘之礼,使宗法制度深入到人们的生活习惯、文化生活以及精神世界之中。这样,随着历史的发展,宗法制度贯穿了我国整个封建社会。在这几千年的历史中,它作为一种传统的习惯势力,深深地影响着我国社会。而这种影响的严重性,随着改革的进行,开放的实现,人们是越来越深刻地认识到,感受到了。

这个影响主要表现在以下几个方面:

1. 政治上按血缘亲疏,承袭特权

俗话说:一人得道,鸡犬升天。这对宗法制度在政治上按血缘亲疏,承袭特权来说是一个绝妙的写照。从周朝到清朝的统治者几乎都无例外地大封子侄为王侯,连农民出身的刘邦,登上了皇帝的宝座后,认为打下的江山是刘家的产业,也大封子侄为王侯,用以藩屏汉室,史称"同姓诸王"。明朝的朱元璋也是这样,他当了皇帝后,其二十三个儿子也都封王。正是老子当皇帝,儿子个个都当王。

不仅如此,各朝统治者为巩固统治地位,对有功之文臣武将,以及外

---

① 《马克思恩格斯选集》第4卷,第148页。
② 《国语·晋语四》。
③ 《左传·定公四年》。

戚也大封公侯，而且规定爵位可以世袭。西周除封同姓外，还大封异姓诸侯，其中有的是姻亲，如姬姓四十国；有的是军事联盟者，如姜姓贵族。刘邦在封同姓诸王之时，也封有功之臣为王，如楚王韩信，淮南王英布等，史称"异姓诸王"。吕后统治时，更是大封外戚诸吕为王、侯。东汉刘秀除封宗室王族外，还大封功臣三百六十五人，外戚四十五人，甚至连宦官也被封侯。明朝的有功之臣，如魏国公徐达、郑国公常遇春等都世代袭爵，直至明亡。

在此基础上，宗法制度渗透到官僚制度中，就是按官职大小，其血缘亲属：祖、父、母、妻、子可以得到荫庇，承袭各种特权，最主要的一是"任子"，二是"封赠"。"任子，在汉代，官至二十石任满三年的，可保举一子为郎。唐代三品以上官员的子弟，可保送去国子学做学生，然后可补官。宋代更滥，执政大臣还可荫及亲戚及门客，有的荫补达八、九人。明初规定：七品以上官员都可荫子孙为官。清朝满、汉京官四品以上，外官三品以上，都可送一子入国子监做"荫生"，经考试后便可补官。真是父贵子亦贵，老子当官，儿子也就好当官。"封赠"，即是当了一定品级的官，可以为祖、父、母、妻请得"封赠"，其始于唐、宋，甚于明、清。祖、父封赠为大夫或郎；母、妻按本官品级，封赠一品夫人、夫人。这也正是民间俗话所说：子贵父荣，母以子贵，妻以夫贵。

由于在政治上有这种特权，王、侯自不消说有何等威风，就是没有得到荫庇的官僚子孙，也以"衙内""少爷"自诩，凭借父势，在地方上称王称霸，胡作非为，鱼肉乡里。人们所熟悉的《水浒》中的高衙内就是一个典型。而地方官往往官官相护，听之任之。

2. 经济上巧取豪夺，疯狂兼并土地

有了政治上的特权，经济上必然会巧取豪夺，特别是集中力量兼并土地，以不断扩充自己的经济力量。以东汉豪族为例，伏波将军马援的儿子马防兄弟，各有奴婢一千多人，以"巨亿"资产去买京师膏腴美田。桓帝时的外戚梁冀，强取数千良人为奴婢，他强占的林苑，跨州连郡，方圆有上千里。汉章帝时，外戚窦宪意以低价强买沁水公主的园田。难怪章帝说：你对公主都敢枉夺，何况老百姓？！西晋的占田制和荫客制公开规定：一品官可占田五十顷，以下共九品，每品递减五顷。一品官可荫佃客十五

户，三品十户，四品七户，五品五户，六品三户，七品二户，八、九品一户。① 土地的这种高度集中，一方面是农民破产，被迫投在豪族地主之门下，充当佃客、徒附、部山，而另一方面，豪族地主又利用血缘关系，不断扩大占有的土地和劳动力，形成遍布全国的政治、经济，军事合为一体的坞堡庄园。这种坞堡庄园对我国社会的主要影响，就是使以自给自足经济为特点的大庄园经济迅速发展，而商品经济的发展却受到损害。从经济的角度来说，宗法制度是我国封建社会发展的一个重要原因。

3. 社会上讲等级，搞血统论

在宗法制度下，等级森严，形成"门阀制度"。"门阀制度"胚胎于东汉，确立于魏晋，盛于南北朝。按照门阀制度的规定，家世声名是衡量身份的最高标准。只有那些祖辈有人做过大官、名望很高，而且代代相传都做大官的人，才被承认为士族，其他则为庶族。士族中又有差别，如果族人中能长期保持上品官级的，为最高一等，称为"右姓""茂姓"。如东吴地区的朱、张、顾、陆四族，原住北方，随晋室东渡的王、谢、袁、萧四族、都是右姓大族，其不但在本地区"郡望"最高，而且"四海通望"，被天下共认。曹魏的"九品中正制"更是封建等级制度的标本。"九品中正制"把士人分为上上、上中、上下，中上、中中、中下，下上、下中、下下三等九级，为"九品"。各州郡设"中正"官负责察访本州郡士人。在评定人物品级时，主要是先考虑祖先做过什么大官，有几代人做过官，谓之"家世"，又称"品"。然后再看本人的才德，谓之"状"。中正据"品状"划分品等，报吏部推荐。这种凭世资取官的"九品中正制"的理论基础，就是血统论。其从政治上堵塞了庶族地主的做官道路，用人必然唯亲，搞裙带关系。如东汉杰出的思想家王充，因出身于"细族孤门"，在仕途上不仅受排挤，而且还遭到讥笑。对此，他在《论衡·自纪篇》中愤懑地指出："鸟无世凤凰，兽无种麒麟"，"达者未必知，穷者未必愚"。对等级森严的血统论给予了大胆的抨击。东晋、南北朝时的豪宗世族更加霸道，自诩门第高贵，修订宗族谱牒，排斥"寒门""素族"。右族大姓袁粲就瞧不起宋孝武帝，常"以寒素凌之"。② 萧道成在南朝宋时以军功进封

① 《晋书·食货志》。
② 《宋书·袁粲传》。

公爵，地位不可谓不高，但给袁粲写信，仍自称"下官常人"，甚至在他当了南齐开国皇帝，在临终遗诏中还说："吾本布衣素族，念不到此。"①

4. 法律上搞不平等

在宗法制度下，法律上搞不平等是公开的、合法的，所谓"刑不上大夫"。贵族、官僚、宦官、豪门望族不仅有免赋、免役的特权，而且还有减刑、免刑的特权。从周朝的"八辟"沿袭发展为后来历代王朝的"八议"，即议亲（皇族）、议故（皇家故旧）、议贵（爵一品、官三品以上）、议宾（先朝皇族及皇亲国戚）、议贤（所谓有封建德行的贤人）、议勤（对皇帝大有勤劳者）、议功（对皇帝有大功劳者）、议能（有统治人民权术者）。凡属"八议"之人犯罪，要单独议处，由皇帝裁决，给予减刑或免刑。不仅贵族、官僚有减、免刑之特权，而且其家属亲戚也有此种特权。例如《明律》就规定：凡应议者之祖父母、父母、妻及子孙犯罪；皇亲国戚和功臣的外祖父母、伯叔父母、姑母、兄弟、姊妹、女婿及兄弟之子犯罪；四品、五品官之父母、妻及应合袭荫子孙犯罪，都有减免刑的特权。②清朝八旗成员，因与皇帝有宗法关系，因此享有更大的特权。如旗人犯法，不由州县审狱关押监禁，另住"宗人府空房"或"内务所监所"③。又规定："凡重同应刺字，旗人刺臂，平民刺面"；"凡私行买赎——旗人枷一月，鞭一百，民人杖一百，流三千里"。④

5. 婚姻上论门第高低，讲门当户对

在宗法制度下，豪族贵族为了保持特殊的政治地位和社会地位，事事讲等级，论门第，表现在婚姻关系上，即为了保持所谓血统的纯净和高贵，儿女的婚姻十分讲究门当户对。例如侯景带重兵投奔南梁时，请求和王、谢通婚，梁武帝回答说："王谢门高非偶，可于朱张以下访之。"⑤为什么呢？因为王、谢两家是东晋开国之勋王导、淝水之战的主将谢安的后代，在当时江南的右族中，是头等的名门望族，侯景的门第太低，当然高

---

① 《南齐书·本纪》。
② 参阅《明律》卷一。
③ 《清会典》。
④ 《清通典》。
⑤ 《南史·侯景传》。

攀不上，此风沿袭到唐朝，脍炙人口的《西厢记》，就是描述崔莺莺母亲之所以悔婚，是因为崔氏是北方的名门望族，当然不肯把女儿嫁给寒素的书生，使有情人不能成为眷属。至明清，此风仍盛，致使婚姻悲剧层出不穷。

6. 作风上搞家长制，一言堂

在宗法制度下，我国封建社会自汉代以后，累世同居、聚族而居的现象日益发展，越来越讲究"门阀""世系""同宗"。这样，氏族社会的父系家长制恶性蜕变发展，成为封建家长制，皇帝的话是圣旨当不必说，封建家长的话也同圣旨一样，正是"君要臣死臣不得不死，父要子亡子不得不亡"。

综上所述，可以看出，从氏族制度脱胎而出的宗法制度及其宗法思想，除掉它在汉族的共同心理素质的形成中所产生的客观作用外，几千年来对中国的政治、经济、社会、文化、思想意识各方面都起着非常恶劣的作用，可以说这是中国封建社会发展缓慢的重要原因之一。这种以血缘关系的远近决定政治、经济上权利的宗法制度，越发展到后来越是腐败、反动，越是成为社会发展的巨大障碍。

随着中国新民主主义革命的胜利和中华人民共和国的成立，宗法制度作为一种政治制度当然早已不复存在了，但是宗法思想及其残余关系，至今阴魂未散，仍然在中国的大地上散发着臭气和毒气，污染着我们的社会、侵蚀着我们的肌体。这种危害的严重性，在中国改革开放中已被越来越多的人所认识到、感受到，但是，大江毕竟东流去，氏族和氏族制度在中国早已被历史老人送进了博物馆，那么从其脱胎而出的宗法制度及其思想残余，难道还不应该到了寿终正寝的时候吗？俱往矣，彻底肃清封建宗法制度及其思想的遗毒，还看今朝！

第三章　胞族共同体

一　胞族共同体的定义

胞族的定义，是我们了解胞族和研究胞族问题的出发点。什么是胞族？恩格斯在《家庭、私有制和国家的起源》中有明确的论述，他说：胞族"是一种分裂成几个女儿氏族同时又把它们联合起来的母系氏族，这种母系氏族常常表示所有这些女儿氏族出自一个共同的祖先"。[1] 摩尔根在《古代社会》中更具体地说："胞族一词，从字面可以看出，是指兄弟同胞的关系；这种组织则是由氏族组织自然而然产生出来的。这是同一部落中的两个或两个以上有机共同体或联合组织。凡结成一个胞族的氏族通常都是原先由一个母系氏族分化出来的。"[2] 简言之，胞族就是以直接的血缘关系的基础的几个氏族结合起来的人们共同体。为此，人们又称胞族为"大氏族"。

二　胞族共同体的形成

胞族是怎样形成的？正如马克思所说：一般情况，"胞族是通过一个氏族分裂成几个次氏族的途径而自然形成的"。[3] 它是氏族和部落之间的中

---

① 《马克思恩格斯选集》第 4 卷，第 99 页。
② 《古代社会》第 86 页。
③ 《摩尔根〈古代社会〉一书摘要》，人民出版社 1965 年 4 月第 1 版，第 139 页。下引均同此版。

间环节。以典型的氏族制度的形式来说，几个氏族组成一个胞族，几个胞族组成一个部落。

这样，是不是说从氏族到部落的发展规律是先氏族，后胞族，再部落呢？不是的。大家知道，氏族内部的通婚是被禁止的，在实行族外婚的这种条件下，"氏族组织必须开始于两个氏族"①，这两个互相通婚的氏族就有可能组成最初的部落。因此，氏族"是部落的基础"②的含义也就在这里，所以，人们一般认为氏族和部落是原生的。胞族则不然，其是通过母系氏族的自然分裂而形成的，是氏族发展的结果，与氏族一样，其内部也是禁止通婚的，所以氏族"是胞族的基础"③的含义，与氏族"是部落的基础"的含义是不同的。因此，人们一般认为胞族是次生的。

对胞族的这种情况，恩格斯在论述易洛魁人塞讷卡部落的胞族的形成时说过："胞族大抵是当初由部落分裂成的最初的氏族；因为在氏族内部禁止通婚的情况下，每个部落必须至少包括两个氏族才能独立存在。随着部落的增殖，每个氏族又分裂成两个或两个以上的氏族，这些氏族如今也作为单个的氏族而存在；而包括一切女儿氏族的最初的氏族，则作为胞族继续存在。"④因此，胞族的形成往往晚于部落。当然，还有一些部落是在胞族之后形成的，但这已不是最初的部落，而是氏族、胞族和部落自然发展的结果。所以，马克思说过："胞族即是一种兄弟关系的意思，是氏族组织的自然产物；这是同一部落中两个或两个以上的氏族为了一定的共同目的结合的一种有机的联合或结合。此等氏族，通常是从一个最初氏族分裂而成的。"⑤

三　胞族共同体的有与无

胞族不是在所有的地方普遍存在的一种人们共同体。摩尔根就说过："在氏族社会里，如果没有部落作为基础，就不可能存在联盟；如果没有氏族，也就不可能有部落，但胞族则可有可无。"⑥恩格斯则更进一步明确

---

① 《摩尔根〈古代社会〉一书摘要》，第77页。
② 摩尔根《古代社会》上册，第82页。
③ 摩尔根《古代社会》上册，第82页。
④ 《马克思恩格斯选集》第4卷，第85页。
⑤ 《摩尔根〈古代社会〉一书摘要》，第87页。
⑥ 《古代社会》上册，第102页。

说："正如几个氏族组成一个胞族一样，几个胞族就古典形式来说则组成一个部落；而那些大大衰微的部落则往往没有胞族这种中间环节。"① 历史文献和民族学资料也都表明胞族可有可无，其不是在所有地方普遍存在的。

那么，为什么有的地方会形成胞族呢？摩尔根曾做过这样的解释，他说："胞族是一种偏重于社会而不偏重于政治性的组织，但氏族、部落和联盟却是政治观念发展中合乎逻辑的必然阶段。"② 由于胞族有偏重于社会性的这个特性，所以有些地方形成胞族的首要原因就是氏族人口的繁衍。对此，恩格斯曾举例说："塞讷卡部落有两个胞族；第一个胞族包括1—4四个氏族，第二胞族包括5—8四个氏族。更详细地研究起来便可发现，这种胞族大抵是当初由部落分裂成的最初的氏族；……随着部落的增殖，每个氏族又分裂成两个或两个以上的氏族，这些氏族如今也作为单个的氏族而存在；而包括一切女儿氏族的最初的氏族，则作为胞族继续存在。在塞讷卡人和大多数其他印第安人中间，一个胞族内的各氏族被认为是兄弟氏族，而别个胞族的各氏族则被认为是它们的从兄弟氏族。"③

这种情况是比较普遍的。例如易洛魁人的辛尼加部落，最初由两个氏族组成，后因人口的增殖，这两个氏族各自分裂成 4 个氏族，于是最初 2 个原始氏族就变成分别包括 4 个氏族的胞族。墨西哥的绰克托部落的 2 个胞族也是这样形成的。又如密集在一个比较不大的地区里的希腊人的胞族同样是在人口繁衍的条件下形成的，在亚蒂加，共有 4 个部落，每个部落有 3 个胞族，而每个胞族则有 30 个氏族。再如我国古代最早活动在黄河流域的一些氏族和部落，因自然条件好，定居下来后，农业、畜牧业、手工业都得到很大的发展，所以人口的繁衍也十分迅速，于是，氏族不断分裂，自然而然地形成了很多胞族。相传黄帝这个部落开始与蚩尤和炎帝作战时是由熊、罴、貔、貅、䝙、虎④6 个氏族组成的。南下到黄河流域后，有了很大的发展，据说"黄帝之子二十五宗，其得姓者十四人，为十二姓：姬、酉、祁、己、滕、箴、任、荀、僖、姞、儇、依是也"⑤。在这

---

① 《马克思恩格斯选集》第 4 卷，第 87 页。

② 《古代社会》上册，第 102 页。

③ 《马克思恩格斯选集》第 4 卷，第 85 页。

④ 参阅《史记·五帝本纪》。

⑤ 《国语·晋语四》。

里，如果把二十五宗看成二十五个氏族，十二姓为十二个胞族，每两个胞族为一个部落，那么，由于人口的繁衍增殖，传说中黄帝的这个部落已从6个氏族发展成拥有6个部落的部落联盟了。还如基诺族也有这种情况。据传说最早定居于"杰卓"山的是一个妇女，她生了7男7女，兄妹互相婚配，后来子孙繁衍，人口增殖，分成两对寨子。第一对是茨通和曼夺，其后又分出了曼雅、曼海、帕尼等10个儿女寨；第二对是曼漂和曼坡，其后也繁衍分裂出龙帕、石咀、曼卡等9个儿女寨。① 在此，这两对寨子就是两个胞族，他们分衍出来的儿女寨就是胞族之下的氏族，茨通、曼夺和曼漂、曼坡实际上也就是两个母氏族。

有的地方形成胞族的重要原因是部落组织充分发展的结果。部落是一个特别偏重于政治性的人们共同体，其不仅有自己的名称和方言，有自己的地域，有共同的宗教观念、节日和崇拜仪式，而且还有政治组织部落议事会，它是由氏族酋长和军事首领组成的部落最高权力机构。在氏族、部落的发展过程中，往往由于政治的、军事的原因，部落的政治性不断得到加强，部落组织也越来越巩固，发展也越来越充分，这样因人口繁衍，分裂来的氏族往往都留在部落内，而不另外组成新的部落。于是在氏族越来越多的情况下，就需要有一个中间环节来加强和调整氏族与部落之间的关系，为此目的，胞族应运而生。所以马克思说：胞族"当部落庞大时具有特殊的重要意义"。② 因此，人口的繁衍虽然是一些地方形成胞族的首要条件，但部落组织发展充分与否却是关键。从这个意义上来说，某些地方胞族的形成，部落组织的充分发展是比人口繁衍更为重要的原因。

另外，马克思在论述易洛魁人胞族的职能时，为什么说"部分地是社会性质的，部分地是宗教性质的"③ 呢？其根本原因就是其政治职能完全被部落组织包办去了。因此，在部落政治组织充分发展的情况下形成的胞族是没有政治职能的。所以恩格斯在论述美洲印第安人的部落议事会时就说："在这里我们看到了一种具有执行权力的官员的微弱萌芽。"④ 就是因为印第安人部落组织的这种政治性的发展，才使得其出现了如易洛魁人这

---

① 参阅王军《试论基诺族农村公社的特点》，《中国社会科学》1981 年第 3 期。
② 《摩尔根〈古代社会〉一书摘要》，第 89 页。
③ 《摩尔根〈古代社会〉一书摘要》，第 89 页。
④ 《马克思恩格斯选集》第 4 卷，第 89 页。

样氏族组织形式发展完整的典型。前举黄帝部落从 6 个氏族发展为包括 25 个氏族、12 个胞族、6 个部落的部落联盟，也可以说是部落组织发展充分、完整的典型。

那么，为什么有的地方又没有形成胞族呢？其原因主要是部落组织发展不充分所致。一般地说来，在正常的生活环境中，子孙的繁衍，人口的增殖是普遍的，但是部落组织发展的情况则不然。发展充分的，如前文所述，在人口繁衍的条件下，可能形成胞族；而发展不充分的则不能形成胞族。而新分裂出来的氏族，往往组成新的部落独立而去。例如北美洲苏必利尔湖畔的阿吉布洼、奥达洼以及坡塔窝托密等部落都是一个原始部落的分支。阿吉布洼部落是原始部落，是主干，被其他两个部落称为"大兄"，奥达洼被称为"二兄"，坡塔窝托密则被称为"小弟"。当最先占据苏必利尔湖口，并向休伦湖扩展的阿吉布洼部落，在极为有利于捕鱼和狩猎的自然地理环境中，人口虽然也大量增殖，但因为部落政治组织发展不充分，新分裂出来的氏族就组成新的部落、"一个接着一个分离出来成为独立的部落"。[1] 先是坡塔窝托密部落分离出去，后是奥达洼部落分离出去。这就不可能形成胞族。又如鄂温克族也是一个部落组织发展极不充分的典型。据鄂温克老人们的记忆，他们在勒拿河时总共有 12 个氏族，后来游动到额尔古纳河流域的只有 4 个，即布利拖天氏族、卡尔他昆氏族，索罗共氏族和给力克氏族。在离开勒拿河时，这 4 个氏族除了都有自己的氏族外，还有一个部落长统率，说明这 4 个氏族组成了一个部落。以后从勒拿河流域又迁来一个索罗拖斯氏族，从布利拖天氏族中分化出一个新的固德林氏族，从索罗共氏族中分化出玛成罗夫、特吉孟、恩快衣、索木孙 4 个分支。本来，如果部落组织巩固，发展充分，那在人口增多，氏族分化的情况下，很可能形成胞族。可是。鄂温克族的部落组织实在是太衰弱了，不仅没有充分发展，反而于 1761 年部落长死后，就不再有部落长了，部落组织完全绝迹，各氏族都独立了。[2] 在这里，当然也就更谈不上有胞族的形成了。由此可见，恩格斯所说："那些大大衰落的部落则往往没有胞族这种中间环节"[3] 是极有道理的。

---

[1]　《摩尔根〈古代社会〉一书摘要》，第 99 页。

[2]　参阅秋浦等《鄂温克人的原始社会形态》，第 53 页。

[3]　《马克思恩格斯选集》第 4 卷，第 87 页。

四　胞族共同体的特征

作为一个人们共同体，胞族具有以下的特征。

1. 胞族由氏族组成，是以血缘关系为纽带的人们共同体

从前面关于胞族形成的记述中，可以明确胞族是建立在氏族的血缘关系上的，它的"自然基础是它所由以组成的氏族的血缘亲族关系"。[①] 这个自然基础就决定了胞族必定由氏族组成，胞族内的各氏族虽然都是"兄弟关系"，但各氏族本身又是独立的，其仍具有氏族所具有的一切特征。所以马克思说："胞族内的每一氏族仍然是由女性及其子女以及女系的子孙所组成，他们形成胞族的核心。"[②] 这一点，我们从摩尔根对氏族、胞族、部落发育完整的易洛魁人的详细研究中可以得到证明，从我国古代的历史典籍中也可以得到证明。关于少昊氏，《左传》昭公十七年有这样一个记载：有一年秋天，当郯子来朝时，昭公问：少昊氏为什么要用鸟名为官名？郯子回答说："我高祖少昊挚之立也，凤鸟适至，故纪族鸟，为鸟师而鸟名。凤鸟氏，历正也；玄鸟氏，司分者也；伯赵氏，司至者也；青鸟氏，司启者也；丹鸟氏，司闭者也；祝鸠氏，司徒也；鴡鸠氏，司马也；鸤鸠氏，司空也；爽鸠氏，司寇也；鹘鸠氏，司事也，……五雉为五工正，……九扈为九农正"。这个记载表明，少昊氏是由凤鸟氏、玄鸟氏、伯赵氏、青鸟氏、丹鸟氏、祝鸠氏、鴡鸠氏、爽鸠氏、鹘鸠氏、五雉和九扈[③]等24个氏族组成的部落，此其一。其二，因鸟、鸠、雉、扈都是不同种类的鸟，所以凤鸟氏、玄鸟氏、伯赵氏、青鸟氏、丹鸟氏5个氏族组成为鸟胞族；祝鸠氏、鴡鸠氏、鸤鸠氏、爽鸠氏、鹘鸠氏5个氏族组成鸠胞族；"五雉"组成为雉胞族，"九扈"组成为扈胞族。这样，少昊氏就是一个包括4个胞族、24个氏族的部落。在这里，鸟、鸠、雉、扈很可能是最初组成少昊氏部落的4个原始氏族。其三，从少昊氏各氏族担任不同的官

---

① 《摩尔根〈古代社会〉一书摘要》，第89页。

② 《摩尔根〈古代社会〉一书摘要》，第91页。

③ 伯赵：是一种鸟，名鵙，又名"伯劳"。"扈"：《尔雅·释鸟》作"鳸"，《说文》引作"九雇"，本是农桑候鸟。

职来看，多少从一个侧面反映了氏族作为胞族的基础，仍然保持着各自的独立性。其四，以鸟名为官名，说明整个少昊氏以鸟为图腾，反映了少昊氏的血缘关系是从一个祖先传下来的，血缘关系是联系少昊氏各氏族、各胞族的纽带。

正因为胞族的基础是氏族，所以胞族与氏族一样，也是一个以血缘关系为纽带的人们共同体。

2. 胞族不是一个生产单位

在原始社会的氏族制度下，人们以氏族为单位组织生产活动，所以氏族还是原始社会基本的生产单位。胞族却根本没有这个特征，在原始社会的生产活动中，无论是狩猎，采集，还是原始农业、畜牧业和手工业都与胞族没有什么直接的关系。所以恩格斯说："易洛魁人的胞族的职能，部分地是社会性质的，部分地是宗教性质的。"[①] 由于胞族与人们的经济生活没有什么直接的联系，所以这恐怕也应该是胞族不是任何地方都普遍存在的一个原因。

3. 胞族没有政治职能

马克思说：胞族"与氏族、部落、部落联盟不同，没有政治上的职能"[②]。众所周知，氏族议事会、部落议事会、联盟议事会都是氏族、部落、部落联盟的最高权力机关，充分发挥了氏族、部落、部落联盟的政治职能作用。例如氏族议事会就有权选举并更换酋长与军事首领，就有权做出为被杀害的氏族成员接受赎金或实行血亲复仇的决定，有权收养外人为氏族成员，有权掌握共同的财产。又如部落议事会就有权宣布氏族所选出的酋长和军事首领正式就职，有权违反氏族的愿望撤换酋长和军事首领，有权接受和派遣使者，宣战或媾和，特别是部落的军事首长权力的不断扩大，成为世袭元首或君主的最初萌芽，故恩格斯说："在这里我们看到了一种具有执行权力的官员的微弱萌芽。"[③] 部落的这些政治职能，在已经组成部落联盟的地方，即全部转归联盟议事会了。而胞

---

① 《马克思恩格斯选集》第 4 卷，第 86 页。
② 《摩尔根〈古代社会〉一书摘要》，第 89 页。
③ 《马克思恩格斯选集》第 4 卷，第 89 页。

族则不同，胞族虽然也有议事会，但却不是最高权力机关，它对选举酋长的参与，仅仅限于有提出异议的权力，没有政治上的决定权。对血亲复仇的参与，也只是在部落内发生杀人事件，而行凶者与被害者不属于同一胞族时，胞族才以最初的氏族的资格出面干预，以增加获胜的希望。在战争问题上也无权参与宣战或媾和，充其量只是在战争时作为部落的一个军事单位而已。这些都是胞族职能的社会性质的反映和表现，所以胞族没有政治职能这个特征，恐怕也应该是胞族不是任何地方都普遍存在的一个原因。

4. 胞族是一个具有文化、宗教性质的人们共同体

胞族是一个以血缘关系为纽带的人们共同体，同时，它又是一个具有文化、宗教性质的人们共同体。恩格斯在研究易洛魁人的胞族时就列举了胞族这个特征：其一，胞族间互做球戏。每一胞族选出自己优等球手，其余按胞族旁立参观，并以其球手的获胜打赌。虽然这是胞族在文化娱乐方面的职能作用。其二，在重要人物死亡时，对方胞族办理安葬及吊礼，而死者胞族的人员以死者的近亲服丧人资格参与葬仪。在这一点上，胞族的文化职能表现得很显著。其三，从前，易洛魁人有一种特殊的宗教神秘仪式，即"巫术集会"，举行"巫术集会"就是举行宗教上的最高仪式和宗教上最高的神秘祭。这种神秘仪式在塞讷卡部落内，是由宗教团体所主持，新会员入会时还举行正式的入会仪式。塞讷卡部落内的两个胞族各有一个这样的宗教团体。显然，这是胞族在宗教方面职能的表现。[1] 正因为胞族是这样一个具有文化、宗教性质的人们共同体，所以胞族有共同的宗教仪式和节日。故恩格斯在研究希腊胞族时又说："从古代雅利安人的传统的对自然的崇拜而来的全部希腊神话，其发展本身，实质上也是由氏族及胞族所制约并在它们内部进行的。"[2]

综上所述，胞族的特征简而言之，其既不是一个生产单位，又没有政治职能，只是一个由氏族组成的，具有文化、宗教性质的，以血缘关系为纽带的人们共同体。

---

[1]　参阅《马克思恩格斯选集》第4卷，第86页。
[2]　《马克思恩格斯选集》第4卷，第100页。

五　胞族共同体的发展

从胞族的形成中我们已经知道，部落的形成早于胞族。但是胞族的发展却可以组成新的部落。马克思曾说过："当氏族成员数目增加时，就分割成两个氏族；这两个氏族又以同样的情形而引起分割，到一定的时间就再结合为两个或两个以上的胞族。这些胞族形成为一个部落，其成员说同一的方言。久而久之，这个部落由于分裂的过程而分为几个部落，它们再结合为部落联盟。这样，这个部落联盟就是发端于两个氏族，经过部落和胞族而发展起来的。"① 在这里，新部落的出现以及部落联盟的形成都是与胞族的发展分不开的。前面已提及的我国古代黄帝部落的发展就是这样，开始由 6 个氏族组成后发展为 25 个氏族，12 个胞族。其中每 2 个胞族又组成一个新的部落，这样由 6 个氏族组成的黄帝部落就发展成了由 6 个部落组成的部落联盟了。

胞族的发展情况只能是这样，以后它随氏族制度的瓦解和崩溃而消亡。

六　同胞观念源于胞族

胞族，这个人们共同体，在我国虽然随着原始社会的瓦解和崩溃，随着国家的产生和民族的形成，早在几千年前的夏商周时代就消亡了。但是，胞族所反映和表现出来的"建立在氏族的血统关系上的"② "兄弟关系"，却发展演化成为同胞观念。

所谓同胞，在我国有两种含义：其一是同父同母所生的兄弟为同胞。《汉书·东方朔传》："同胞之徒，无所容居"注引苏林说："胞音胞胎之胞也，言亲兄弟。"其二是同一国家的人也称为同胞。北宋的哲学家张载在《张横渠集》中所说："民吾同胞，物吾与也。"③ 即为此意。很明显，第一个含义是从胞族的"兄弟关系"演化而来，第二个含义只是第一个含

---

① 《摩尔根〈古代社会〉一书摘要》，第 94 页。
② 《摩尔根〈古代社会〉一书摘要》，第 95 页。
③ 《张横渠集·西铭》。

义的引申而已。以这种同胞概念为出发点，在人们意识中形成的看法、思想以及思维活动就是同胞观念。

同胞观念的形成，在我国是有其历史渊源的。胞族虽然不是任何地方都普遍存在的一个人们共同体，但在我国古代原始社会却是大量存在的。前已述及，黄帝部落联盟分为 12 个胞族，少昊部落分为 4 个胞族，还有帝喾（即高辛氏）也分为两个胞族：一个胞族包括伯奋、仲堪、叔献、季仲 4 个氏族；另一个胞族包括仲熊、叔豹、季狸、忠肃 4 个氏族。① 进入阶级社会后，特别是在氏族血缘关系基础上蜕变而形成的西周宗法制度，其所强调的"同姓则同德，同德则同心"② 的原则，就是胞族"兄弟关系"的一个变种。

西周宗法制度规定：天子世世相传，每代以嫡长子继承，为大宗，嫡长子的诸弟封为诸侯，为小宗。每代诸侯也是嫡长子继承，在封国内为大宗，并任命诸弟为卿大夫，为小宗。卿大夫与士的关系也是如此。这样，以氏族血缘关系为基础，以胞族的兄弟关系为纽带的宗法制度与礼乐制度结合在一起，就形成独具民族特色的同宗同祖以及父慈、子孝、兄爱、弟敬的同胞观念。

七　余论：同胞观念与中国社会

同胞观念在中华民族的心理素质中深深地扎下了根，对中国社会产生了极其广泛、深刻、久远的影响。

1. 促使统一成为中国历史发展的主流

众所周知，我们伟大的祖国自公元前 221 年，秦始皇统一六国，结束长达 400 多年的诸侯割据称雄的分裂局面，建立了中央集权制的封建国家后，在二千多年的历史中，虽然出现过三国的鼎立，五胡十六国的分裂，以及宋、辽、西夏、金、大理等政权先后并存的局面，但统一始终是历史发展的主流。这不仅表现在统一的时间比分裂的时间长得多，还表现在分裂的时间越来越短，规模越来越小，而统一的时间则越来越长，规模越来

---

① 参阅《左传》文公十八年。
② 《国语·晋语四》。

越大。更主要的是表现在元统一全国后，全国统一的局势基本稳定下来，成为不可逆转之势。其中之原因当然很多，诸如经济的、政治的、军事的、文化的、思想的等，但同胞观念的影响也是一个不可低估的原因。

为什么同胞观念对中国的统一可以产生影响呢？这是因为秦的统一是春秋战国时，同宗同祖的诸侯国在政治上要求统一的必然结果。西周在宗法制度的制约下进行的大分封，虽然削弱了西周王朝中央的权力，但各诸侯国仍奉周王为天子，敬为大宗。政治上虽不集中统一，但同宗同祖的同胞观念却为各诸侯国所承认。在这里，不仅周王所封的同姓、异姓诸侯也认为自己与周王同宗同祖，而且随着周族成为统治民族，原来的夏族、商族的诸侯国，后来也认为自己与周王是同宗同祖的。《礼记·祭法》即说："夏后氏亦禘黄帝而郊鲧，祖颛顼而宗禹；殷人禘喾而郊冥，祖契而宗汤；周人禘喾而郊稷，祖文王而宗武王。"你看：夏族崇拜的祖先是黄帝本身和黄帝的曾孙鲧和鲧的儿子禹；商族崇拜的祖先是黄帝的曾孙喾和喾的儿子后稷，以及稷的后代文王和武王。这样，夏族、商族和周族都变成以黄帝为共同祖先的同宗同祖的亲戚了。现在，中国人又被称为"黄帝子孙"，源盖出于此。

在同宗同祖的同胞观念的影响下，人们对政治上的不统一越来越不满。孔子即说："天下有道，则礼乐征伐自天子出，天下无道，则礼乐征伐自诸侯出。……天下有道，则政不在大夫。天下有道，则庶人不议。"①于是他就编著《春秋》，提出了中央集权的"大一统"的政治理想。荀子在赞颂周武王"天下为一"业绩的同时，也认为"天下不一，诸侯俗反"②。最后才由崇拜黄帝的孙子颛顼为祖先，③ 与夏、商、周三族同宗同祖的秦始皇统一了六国，使"古今上下皆安之"④。由此可见，秦始皇统一六国，完成统一之大业绝不是一个偶然的历史现象，而是同宗同祖的"黄帝子孙"们政治上要求统一"势之所趋"⑤ 的必然结果。

自此以后，尽管我们国家统一的道路历经千曲万折，分裂的局面以各种形式不断在历史上出现，但同宗同祖的"黄帝子孙"们总是渴望统一，

---

① 《论语·季氏》。
② 《荀子·王制》。俗同欲。
③ 《史记·秦本纪》："秦之先，帝颛顼之苗裔。"
④ 王夫之：《读通鉴论》卷一《秦始皇》。
⑤ 王夫之：《读通鉴论》卷一《秦始皇》。

支持统一的。东汉时虽形成三国鼎立的局面，可是三国之中，谁也不是只甘于割据一方。不但曹操想统一全国，他的《龟虽寿》诗："老骥伏枥，志在千里，烈士暮年，壮心不已"，正是他要实现统一大业抱负的写照；而且刘备也想统一全国，诸葛亮在"隆中对策"中为他拟订了统一全国的大政方针；甚至孙权也想统一全国，所以张昭、周瑜等谓其"可成大业"①。可见，统一确实是"黄帝子孙"们心中不可动摇的信念。

而那些本来与"黄帝子孙"并非同宗同祖的入主中原的少数民族，为了统一全国，有的就积极推行"汉化"政策，以便成为与汉族同宗同祖的"黄帝子孙"。北魏孝文帝的改革就是一个突出的例子。在其推行"汉化"政策的种种措施中，最中心的问题就是要使自己成为黄帝的子孙。公元496年其下诏说："北人谓土为拓，后为跋。魏之先出于黄帝，以土德王，故为拓跋氏。夫土者黄中之色，万物之元也，宜改姓元氏。"② 这样，鲜卑族的拓跋氏一下子成了与汉族同宗同祖的"黄帝子孙"了。后来辽的阿保机建孔子庙，命皇子信春秋祭奠；西夏的毅宗改蕃礼用汉礼，以及崇宗规定汉学为国学；金章宗规定对伏羲、神农、轩辕、少昊、颛顼、高辛、尧、舜、夏禹、商汤、周文王、周武王等前代帝王三年一祭；以及清朝康熙帝对儒学的利用；等等，都是希望自己成为与汉族同宗同祖的心理基础，使得其后出现的全国统一表现出崭新的局面。不仅以汉族为统治民族的隋、唐、明的统一是这样，而且以少数民族为统治民族的元、清也是这样，甚至由于同宗同祖队伍的扩大，后者比前者统一的范围更大，程度更高。对此，周恩来同志曾指出："清朝以前，不管是明、宋、唐、汉各朝代，都没有清朝那样统一。清朝起了统一的作用。"③

2. 增强了汉族的民族稳定性

自春秋战国，夏、商、周三族以及部分蛮、夷、戎、狄融合，形成为华夏民族，经秦的统一，到西汉时，华夏民族发展，转化为汉民族后，汉族虽经内忧外患，多灾多难，特别是经过了五胡十六国至南北朝，五代十国至宋、辽、西夏、金两个大动乱、大分裂的历史时期，汉族多次面临亡

① 《三国志·孙权传》。
② 《资治通鉴》卷140，《齐纪》六。
③ 《关于我国民族政策的几个问题》，《红旗》1980年第1期。

国灭族的严重危机，但却因为其有巨大的凝聚力和向心力，不仅保持了民族的稳定性，而且大量同化外族，不断发展自己，从而成为世界上人口最多的一个民族。究其原因，虽然也有经济的、政治的、文化的、思想的种种原因，但同胞观念也是其中不可忽视的一个原因。

前文已述及，夏、商、周三族都奉黄帝为始祖神，表明他们是同宗同祖的"黄帝子孙"。这既表现了胞族兄弟血缘关系的蜕变，又反映了胞族文化、宗教性质的演化。于是，在夏、商、周三代的关系上就出现了如孔子所说的"殷因于夏礼""周因于殷礼"①的承继性。这样在华夏民族形成的过程中，就出现了融合了夏文化、商文化的以周文化为代表的华夏文化。例如，西周的金文（又称钟鼎文）就是受商族甲骨文的影响，在承袭和发展商族青铜文化的基础上形成的。对此，1976年在陕西省的"周原"出土了15000多片西周早期的甲骨提供了最好的物证。其中刻有文字的甲骨目前已知的有170多片，据专家研究鉴定，这批甲骨文是属于周武王灭商前周文王时期的遗物，它的字形和卜辞内容与晚期的殷墟甲骨文基本相同。又如祖先崇拜制度，《论语·泰伯》就说过：夏禹"菲饮食而致孝乎鬼神，恶衣服而致美乎黻冕"。由于祖先崇拜是鬼神崇拜的产物，是鬼神崇拜的一种形式，所以这里所说的"致孝乎鬼神"，大约就是夏族对祖宗先人的崇拜。同时夏铸"九鼎"，在鼎这样的国家重器上刻绘象征图腾的"物"②，一个重要的目的就是表示不忘祖宗，是对祖宗的崇拜。对于这种表示祖宗崇拜的鼎，不仅夏族十分珍重并视为国宝，商、周二族也同样十分珍重并视为国宝。所以《墨子·耕注》说："九鼎既成，迁于三国。夏后氏失之，殷人受之；殷人失之，周人受之。"《左传》宣公三年也说："桀有昏德，鼎迁于商。""商纣暴虐，鼎迁于周。"吸收了夏、商两族祖先崇拜的种种礼仪，西周建立了完整的祭祖制度，即庙制。这就是《礼记·王制》中所说的："天子七庙，三昭三穆，与大祖之庙而七。诸侯五庙，二昭二穆，与大祖之庙而五。大夫三庙，一昭一穆，与大祖之庙而三。士一庙。庶人祭于寝。"从此以后，祖庙宗祠，作为供奉祖先神主的地方，作为同宗同祖的一个象征，在中国便到处都建立起来了。凡此等等，于是同宗同祖的同胞观念融合进了民族共同文化以及共同心理素质之中，大大

---

① 《论语·为政》。

② 《左传》宣公三年："铸鼎象物。"

增强了汉族的稳定性。

所谓民族的稳定性，就是民族的确定性、顽强性和长期存在。确定性就是它的成员是明确的，清楚的，毫不含混，外部标志鲜明；顽强性就是它在与其他人们共同体交往时，是坚强的，耐久的，经得起内忧外患，有巨大的凝聚力和向心力；长期存在就是说它是一个历史范畴，将在一个很长的历史时期内存在下去，直到将来的融合和消亡。[①] 历史的发展表明，华夏民族经秦的统一，到西汉时发展、转化成汉民族后，就以极其鲜明的民族特征，以极其强烈的民族自我意识，屹立于世界的东方。从此以后，无论五胡十六国至南北朝的狂风暴雨，还是五代十国至宋、辽、西夏、金的惊涛骇浪，汉族都坚如磐石，其没有分裂，没有被同化，更没有亡族。经过无数次阶级斗争和民族斗争的洗礼，汉族顽强地生存了下来，并以其先进的经济和文化，加上同宗同祖的同胞观念，不仅团结了本民族，保持了本民族的稳定性，而且同化了很多少数民族，发展、壮大了自己，成为世界上首屈一指的大民族。

正因为同胞观念增强了汉族的民族稳定性，所以，在几乎遍布全世界的一千几百万华侨中，很多人坚持讲汉语，写中文，吃中餐，穿中山装、旗袍，着布鞋，继续过春节、清明、端午、中秋等民族传统节日，表明他们是"黄帝子孙"。

3. 致使中国人的乡恋之情特别浓烈

大家还知道，过去离乡别井的人，都习惯在远行之前，取一撮家乡的泥土珍藏在身边，称为"乡井土"。直到现在，不少海外华侨还珍藏着这样的乡井土！[②]

这种浓似酒，令人醉的思乡、恋乡之情，在中国人中是有悠久历史传统的。战国的荀子在《荀子·礼论》中即说："越月逾时，则必反铅；过故乡，则必徘徊焉，鸣号焉。"诗仙也有"举头望明月，低头思故乡"[③] 的名句。还有中国俗话说：树高万丈，叶落归根。一个中国人，不管他长期客居何地，晚年终究要回到故乡定居或探亲。我们常常可以看到在外地工

---

① 参阅彭英明《试论民族的稳定性》，《中南民族学院学报》1981 年第 1 期。
② 参阅秦牧《长河浪花集》《土地》，人民文学出版社 1978 年 7 月，第 57 页。
③ 《李太白诗》六《静夜思》。

作的人携老扶幼地举家回乡探亲，又称为回老家探亲。笔者居过二十年的浙江省武义县就有一句地方俗语说：看不见壶山①要流泪。意思就是说武义人眷恋故乡，一般的都不愿到外地去工作；到外地的到了中、老年时也千方百计要调回故乡。毛泽东同志为了中国人民的解放事业虽然远离故乡，但对故乡同样充满了眷恋之情，1959年6月他回到韶山，写下了"别梦依稀咒逝川，故园三十二年前。红旗卷起农奴戟，黑手高悬霸主鞭。为有牺牲多壮志，敢教日月换新天。喜看稻菽千重浪，遍地英雄下夕烟"的著名诗篇。

由于对故乡的眷恋之情，就形成了"归葬"的习俗。就是死于他乡而葬之原籍。也就是说同宗同祖的同胞，生时是一家，死了也是一家人。《后汉书·陈塞传》有"（张）让父死，归葬颍川"之例，《后汉书·朱穆传》又有"赵忠丧父，归葬安平"之例。现在此俗仍流行。

为什么中国人对故乡的眷恋之情如此浓烈？其原因之一就是同胞观念的影响。由于同宗同祖的同胞观念几千年来已成为中华民族共同心理素质的一个灵魂，所以在这种同胞观念的支配下，在祖宗崇拜中，人们一开始就把崇拜祖先与祭扫祖先坟墓两件事紧密联系在一起，当成人生中的一件大事。而所谓故乡，既是祖先坟墓所在之地，也是亲人居住之所。所以故乡一词，中国人又称为"故土""故里""故园"等。可见中国人对祖先的崇拜是其对故乡产生眷恋之情的前提。所以，在中国人的思想上，同胞观念与乡恋观念是融为一体、不可分割的。这就是俗话所说：美不美，故乡的水；亲不亲，故乡的人。

4. 使家庭和睦

家庭，是以婚姻和血缘关系为基础的一种社会生活组织形式。自其产生以来，其内部关系至今仍是依靠血缘关系来维系的，"同胞兄弟"或"骨肉手足"，就是这种血缘关系的反映。前文已提及父慈、子孝、兄爱、弟敬是中国同胞观念的重要内容之一，几千年来它使中国人养成了尊老爱幼，敬上抚下，相敬如宾的优良传统，使得千千万万个家庭和睦相处，甚至同宗同祖世代聚居在一起，出现四代四堂、五世同堂的大家庭。

今天，我国建立在社会主义公有制基础上的亿万家庭，如果能批判地

---

① 武义县县城边的一座小山名。

继承父慈、子孝、兄爱、弟敬的优良传统，并注入社会主义思想的新内容，那么就可以创造出千千万万个讲社会主义文明的新家庭，就可以充分发挥家庭在培养共产主义新人中的职能作用。在这种社会主义的文明家庭中，夫妻之间，父母子女之间，兄弟姐妹之间以及婆媳之间，姑嫂之间，妯娌之间，都有着良好的关系，大家互敬互爱，互相帮助，就会极大地改变人们的精神面貌，就会在建设社会主义精神文明中发挥应有的作用。

同胞观念对中国社会虽然有以上种种好的、积极的影响，但其作为历史上发生的东西，也不免具有两重性。这就是由于中国长期处在封建社会，特别是从氏族制度蜕变出来的宗法制度深入中国古代政治、思想、经济以及文化生活的各个方面，就使得同胞观念也必然被打上封建社会宗法制度的烙印，这就形成了同胞观念坏的、消极的影响的一面。例如君权、神权、族权、夫权的反动作用，以及山头主义、宗族观念、门第观念、家长制，乃至现在的拉关系、走后门等，都是众所周知应该批判和克服的。

虽然同胞观念有着两重性，但是其促使统一成为中国历史发展的主流，增强了汉族的民族稳定性，致使中国人的乡恋之情特别浓烈，促使家庭和睦等影响，仍是其主流和本质。更重要的是中国人从远古时代以氏族血缘关系为基础的祖宗崇拜和以胞族的兄弟关系为纽带的同胞观念开始，随着社会的演进，历史的发展，逐渐形成了同宗同祖、怀念祖先、不忘祖宗之本的民族心理素质，由此又产生对生于斯、长于斯的父母之邦、祖宗之地的故乡的一种极其朴素、真挚而深厚的爱恋之情，并且自古以来就把国家、乡土、家庭、个人看成是一个统一的整体，自然而然地就把爱祖先、爱亲人、爱故乡和爱祖国紧密地联系在一起了。

就是这种以同胞观念为历史渊源的爱国主义的传统，在中国上下五千年的历史中，在中国纵横数万里的国土上，哺育了一辈又一辈，一代又一代的英雄豪杰、爱国志士、科学巨匠和民族精英。现在，新的社会主义的历史时期，将继续发挥其应有的巨大影响，培养、抚育和造就出一代又一代的社会主义和共产主义的新人。

第四章　部落共同体

一　部落共同体的定义

什么是部落共同体？为了正确地界定它，有必要回顾一下人们对部落共同体的定义的认识过程。

部落一词，英语为"tribe"，法语为"tribu"，据说来源于拉丁语的"tribus"或古希腊语的"phule"。据现在所掌握的材料，最早见于荷马史诗。史诗之一"伊利亚特"记载涅斯托尔劝告亚米加农按胞族和部落分编军队的话："亚米加农：你把军队按胞族和部落分编，那样就可以使胞族支援胞族；部落支援部落。假如你这样办了，希腊人听从你的命令，那么，你就能看清哪些指挥官和哪些士兵是怯懦的，哪些是勇敢的，因为他们将尽力作战。"[①] 稍后一点，在堪称"历史之父"的古希腊史学家希罗多德的《历史》（希腊波斯战争史）一书中，也有关于部落的记述："当时的美地亚人是分成各个部落散居各处了。""克洛伊索斯逐渐把哈律司河西边的几乎所有民族全部平定了。继续保有自由的只有奇里启亚人和吕奇亚人，因为全部其他的部落都给克洛伊索斯征服并成为他们的臣民了，这些部落是吕底亚人、普里吉亚人、美西亚人、玛利安杜尼亚人、卡律信斯人、帕普拉奇尼亚人，杜尼亚的和比提尼亚的色雷斯人、卡里亚人、伊奥尼亚人、多里哥尼亚人、爱奥里斯人和帕姆庇尼亚人。"[②] 与希罗多德同时代的著名希腊哲学家亚里士多德在《雅典政制》一书中，详细叙述了梭伦

---

① 《伊利亚特》二，商务印书馆，第362—363页。
② 希罗多德：《历史》上册，第13页。

改革时如何利用部落的情况，说"梭伦规定，国家的官职应先由各部落分别投票……以九执政官而言，每一部落先行预选十人，然后就这些人中抽签选举。因此，现在各部落还残存一种制度，每一部落抽签选举十人，然后在这些人中再行抽签选举。"①

在这里，要指出的是，这时所谓的"部落"一词还只是一些经验的概念，在远古印欧人作为制度的语言术语中，其随着印欧语系诸民族的发展，而且有不同的含义。而其中就其最早的词形而言，在古希腊是指一种特殊的社会政治组织，即在城邦国家产生以前存在着的一种最大的社会政治共同体②。

此后，随着古代印欧制度的消失，欧洲中世纪历史的到来，"部落"一词也就被淹没于历史的尘埃之中。到了 18、19 世纪，资本主义兴起、发展之时，"部落"一词又被传教士、行政官员、地理学者和探险旅行家不加区别地乱用开了。这时，有一定学术意义的是，到了 19 世纪 60年代至 70 年代，民族学在欧洲和美洲各国广泛兴起，在西方学者的许多著作中，广泛地使用了"部落"这一术语。但是，需要指出的是，这些用语都还限于叙述阶段，而且含义也极其混乱，有用来表示部落本身，也有用来表示部落联盟，甚至有的被用来表示氏族乃至部族，例如英国法学家兼历史学家约·弗·麦克伦南在其《古代史研究》中，就把氏族与部落混为一谈，故而得出了"外婚制部落"和"内婚制部落"并存的谬论。

真正对部落进行认真系统的科学研究并做出了特殊贡献的，则是 18 世纪美国的民族学家路易斯·亨利·摩尔根。摩尔根从他最早的著作《易洛魁联盟》（1851）开始，经他的《人类家庭的亲属制度》（1871），直到他最主要的著作《古代社会》（1877），科学地发现和恢复了易洛魁人的特殊的社会制度的本来面目，即氏族、胞族、部落、部落联盟等一系列社会组织。摩尔根认为：部落是"一种组织完备的社会"，它处在人类的"野蛮时代"，它的基础是氏族（克兰），"每一个部落都具有这样一些特点：各自的族名，独特的方言，最高管理机构，占有一定的领土，并将这一领土作为自己的所有物加以保卫"。还"具有共同的宗教信仰和共同的宗教祭

---

① ［古希腊］亚里士多德：《雅典政制》。转引自《世界通史参考资料》上古部分，第 259 页。
② 参阅 ［法］英·戈德利埃《部落的概念》，《民族译丛》1984 年第 4 期，第 31 页。

礼，并且是内部的通婚集团"①。这样，通过摩尔根的研究，科学的部落定义便初步确立了。

在我国，部落一词也是很早就有的，只是称呼不同而已。先秦时期，"部落"被笼统地包括在"人""方""族"等称呼中，与民族、胞族或古代民族相混淆，不能作出细致的划分。就是到了西汉司马迁写《史记》，在叙述周边少数民族的原始社会时，也还未用"部落"而笼统地用了一个"邑聚"一词代之。如《史记·西南夷列传》曰："西南夷君长以什数。……此皆魋结、耕田、有邑聚。"很显然，这里使用的是一个原始共同体的大概念，指的范围很广，包括氏族、胞族、部落和部落联盟在内，还不是严格意义上的部落概念，这种情况与西方古代的情况极为相似。

"部落"一词在我国历史上的最早出现，就目前所了解的材料来看，似乎始于东汉的班固作《汉书》。该书《鲍宣传》曰："部落鼓鸣，男女遮迣（音赤）。"说的是大家都不听从指挥了，纷纷逃跑，部落也就要亡了。这里虽不是指的原始部落，但却可能是我国部落一词使用的开始。

应该指出，"部落"一词自在我国古籍中使用，含义也是较广的，有指原始血缘部落而言，也有指非血缘部落的，甚至还有指一般居住地域而言，情况甚为复杂。例如《后汉书·南蛮传》曰："其山有六夷七羌九氐，各有部落。"《三国志·魏志》亦曰："年十四五，异部大人卜贲邑抄取其外家牛羊，擅石槐策骑追击，所向无前，悉还所得亡。由是部落畏服。"《晋书·四夷传》载："北狄以部落为类，其入居塞者有屠各种、鲜支种、寇头种、……凡十九种，皆有部落，不相杂错。"《新唐书·西域传》也称："党项……以姓别为部，一姓又分为小部落，大者万骑，小数千，不能相统。故有细封氏、费听氏、往利氏、颇超氏、野辞氏、房当氏、半禽氏、拓跋氏，而拓跋氏最强。"《北史·蛮獠》亦称："蛮之种类，盖盘瓠之后。在江淮之间，部落滋蔓，布于数州。……延兴中，大阳蛮首桓诞拥沔水北，泄叶以南，八万余部，遣使内属。"以上所载，均是指的处在原始末期的各种血缘部落，不管是父系还是母系。

但有的史书所谈"部落"，就不是指原始血缘部落。如上引《汉书》所谈部落，指的是西汉时的中原地区，显然不是原始社会末期，而是封建

---

① ［美］摩尔根：《人类家庭的亲属制度》，转引自［法］莫·戈德利埃《部落的概念》，《民族译丛》1984 年第 4 期，第 32 页。

时代的村落、地域。另如《三国志・魏书・胡昭传》亦载："孙狼作变乱，到陆浑南长乐亭自相约誓，言：胡居士，贤者也，不得犯其部落。"中国近代思想家龚自珍的《常州高材篇赠丁若诗》有"天下名士有部落"的句子，显然都是指地域乡里而言的。

此外，在我国中世纪的若干典籍中，用以表示部落的概念的，还有落、种落、聚落、邑落等。这些用语，虽不尽指部落，包括了从原始氏族到中世纪的村寨，但也有部落的含义，而且有的就是专指部落。这些情况，也必须引起注意。

真正给部落共同体下科学定义的是马克思和恩格斯。

在马克思和恩格斯的著作中，"部落"一词的使用，也是从 19 世纪 40 年代他们的理论创立初期就开始了的。例如，1845—1846 年，在马克思和恩格斯合写的《德意志意识形态》一书中，就曾广泛地使用了部落一词。在该书第一章中谈到生产资料所有制形式时，就将原始社会的所有制称之为"部落所有制"① 在第二章中谈到交往和分工时，又提出了"野蛮向文明的过渡、部落制度向国家的过渡、地方局限性向民族的过渡"的所谓"三个过渡"的理论，从而又一次提出了"部落制度"的问题②。他们并且认为："在古代民族中，由于一个城市里同时居住着几个部落，因此部落所有制具有国家所有制形式。"到了 19 世纪 70 年代，恩格斯在写《劳动在从猿到人转变过程中的作用》一文时，又一次提到了"从部落发展到了民族和国家"的著名论断③，表明他们对部落一词已有了比较确定的含义了。

但必须了解的是，直到 19 世纪 80 年代以前，马克思和恩格斯对部落共同体仍未来得及作专门研究。因此，他们早期的部落概念，仍是很不确定的。它们的含义很广，指的是具有共同祖先的人们集合体，包括氏族、胞族等原始人们共同体在内。所谓"部落所有制"和"部落制度"也就是指原始社会的生产所有制及其上层建筑。可以肯定地说，马克思恩格斯的科学的部落概念，是直到 19 世纪 80 年代，随着他们对原始民族研究的深入，才最后完成的。这就是马克思《摩尔根〈古代社会〉一书摘要》和恩格斯的《家庭、私有制和国家的起源》两书的问世。恩格斯写道："氏族

① 《马克思恩格斯选集》第 1 卷，第 26 页。
② 《马克思恩格斯选集》第 1 卷，第 56 页。
③ 《马克思恩格斯选集》第 3 卷，第 515 页。

一旦成为社会单位，那么差不多以不可克服的必然性（因为这是极其自然的）从这种单位中发展出氏族、胞族及部落的全部组织。这三种集团代表着不同程度的血缘亲属关系，并且它们之中每个都是闭关自守，各管各的事情，但是又互相补充。归它们管辖的事情，包括低级阶段上的野蛮人的全部公共事务。所以，我们遇见某一民族是把氏族作为社会单位时，我们就可以找出类似前面所讲的那种部落组织"[1]。到了这时，恩格斯对部落的定义作了如下的界定："正如几个氏族组成一个胞族一样，几个胞族就古典形式来说则组成一个部落。"[2] 通俗地说，所谓部落，就是由同一血缘的两个以上的氏族或胞族组成的人们共同体。这就是关于部落共同体的定义。

现在，在西方，对于恩格斯给部落下的定义，并不是为所有的学者接受。法国学者莫·戈德利埃所写《马克思主义人类学展望》（剑桥大学1977年英文版）一书，就较详细地介绍了这种情况。据称，联合国教科文组织1964年出版的《社会科学词典》有由霍尼格曼给部落下的一个定义："具有共同的领土，共同世系的传统，共同的语言，共同的文化，以及共同族称，所有这一切就构成了连接诸如村落、群居、区域或世系等较小集团的基础。"根据这一定义，霍尼格曼将部落划分为三种类型：非分割型无首领部落（nonsegmentary acephalous tribes）、分割型无首领部落（segmentary acephalous tribes）和集中型帮落（Central-ized tribes）。这样，部落就成了一个单纯的文化和风俗的团体了，有关社会发展阶段的内容，即部落的组织连接系统、管理职能，以及它在各个发展阶段的不同变化，就都不见了。这种功能主义的定义使得部落的定义又变得模糊不清了。

除此以外，还有一些人也试图给部落下过定义。萨林斯和塞维斯于1961年和1962年提出社会发展经历群居、部落、酋长制、最后是文明史的开端国家这四个发展阶段的体系。群居是核心家庭或多或少的居住联合，而部落"并不是某些群居集团的简单集聚，而是群居集团有秩序的大集聚"。1968年，萨林斯在《部落人》一书中，又做了对四个发展阶段的修改，而提出了群居—部落—国家三个阶段的观点。这显然是不符合实际的，至少将氏族从部落抽掉而代之以"群居"是与人们共同体的发展规律相违背的。而且，在萨林斯的部落定义中，已经没有了任何内容，既没有

[1] 《马克思恩格斯选集》第4卷，第92页。

[2] 《马克思恩格斯选集》第4卷，第86—87页。

共同的领土，也没有共同的文化生活。这种进化论的部落定义，也就成了毫无内容的空中楼阁。

所以，比较而言，莫·戈德利埃从部落的印欧语词源出发，所得出的部落定义——"印欧语的'部落'即是城邦国家产生以前存在着的一种最大的社会政治共同体，它包括一些较初级的社会单位，从最小的社会单位数起，有希腊语的氏族（genos）、胞族（thratra），拉丁语的氏族（gens）、库里亚（curia）除外。在这里确定所有这些词（curia）都属于亲属关系和政治关系方面的术语是很重要的，这意味着在亲属关系和政治组织之间确实存在着一种内在的关系和联系。的确，部落这个概念，正如在印欧人的语言和思想中所表明的那样，曾经是一个明显可见的经验实体。"① 这种解释，除了没有说出部落特征以外，应该承认，它对部落总的结构和维系手段做了概括，而且，将部落当成一种政治实体，这是值得肯定的。

总之，在西方，现在对于部落概念仍是不够确定的，各行其是，各种解释都有。但不论人们的认识有多么的不同，由恩格斯所建立起来的部落定义的基本内容，却是大家都否定不了的。这一点，恰恰说明了马克思主义民族学和原始社会史科学体系的生命力。

二　部落共同体的形成

部落究竟是怎样形成的呢？具体地说，就是部落最早产生于何时？为什么会产生部落？诸如此类关于部落共同体形成的问题，长期以来，我国学术界还未进行过认真的讨论。然而我们研究人们共同体发展的规律却是不可忽视的。

我们先来探讨一下部落产生的问题。有点特殊的是，部落共同体形成的诸多问题，虽然没有引起学术界的足够注意和重视，但部落产生的时间问题却是国内外学术界争论不休的一个热点。

在苏联学者中有两种不同的观点，从 20 世纪 50 年代讨论至今分歧犹存。

一种观点认为部落与氏族是同时产生的。20 世纪 50 年代，其代表人物民族学家 M. O. 柯斯文说："部落的产生和氏族是和代替游群社会与氏

---

① 见《民族译丛》1984 年第 4 期，第 31 页。

族社会的发展同时的。"① 其理由主要是：氏族形成的基础是"族外婚"，而这种婚制必须存在于两个氏族之间，这两个氏族构成的"两合组织"，便是部落，直到 70 年代，Д. O. 法因别尔格在《氏族制度的形成和发展》中，还批驳了认为部落比氏族产生得较晚的 A. A. 福尔莫佐夫的一些看法，他认为"没有部落，尽管这仅是雏形的部落，这种氏族制度是不可能存在的"②。

另一种观点认为部落的产生晚于氏族，其代表人物是民族学家 C. П. 托尔斯托夫，他认为由于部落晚于氏族产生，因而有个"先部落阶段"存在③。A. A. 福尔莫佐夫更具体地指出：在旧石器时代，狩猎者的大集体与外界隔绝，没有联合成部落。在旧石器时代晚期，由于狩猎公社经济发生的变化，特别是大动物的消失，结果大氏族公社分裂为较小的群体，到中石器时代产生了部落。④

这两种观点，在我国学术界虽然没有开展过同苏联学术界那样热烈的争论，但分歧却明显存在着。

对于第一种观点，周一良、吴于廑两位先生认为："氏族的形成，和族外婚的出现有直接的关系。……自从禁止一切兄弟姐妹间发生性关系的时候起，原始集团便转化为氏族。这便是早期的母系氏族，其成员知有母而不知有父。两个互通婚姻的氏族便组成早期的部落。"⑤ 直到最近，由刘象和同志主编的高等学校文科教材《世界上古史》也写道："在氏族制度下，它的成员已不可能在氏族内部找到通婚对象，他们必须和另一个氏族的成员通婚，这就是族外婚制，两个互通婚姻的氏族构成早期的部落。"⑥

对于第二种观点，郭沫若先生即认为："血缘亲族关系是维系氏族的纽带，是氏族社会的基础。……同一始祖母生下的若干后代，便形成为一个氏族公社。氏族公社大了之后便分离开来，另立新氏族，逐渐发展出部落公社来。"⑦ 杨堃先生也认为："氏族公社和部落公社是代表原始社会史

① M. O. 柯斯文：《论氏族和部落的关系》，《民族译丛》1957 年第 4 期。

② ［苏］A. N. 别尔代茨：《原始社会》，中央民族学院出版社 1987 年 10 月版，第 52 页。

③ 参阅梁钊韬等《中国民族学概论》，云南人民出版社 1985 年版，第 138 页。

④ 参阅［苏］A. N. 别尔代茨《原始社会》，第 51 页。

⑤ 《世界通史》，人民出版社 1962 年版，第 20 页。

⑥ 吉林人民出版社 1984 年版，第 17 页。

⑦ 《中国史稿》第 1 册，人民出版社 1962 年版，第 21 页。

上两个不同的发展阶段。两者既有继承性，又有阶段性；既有联系，又有区别，故不应混为一谈。"① 他并且公开表示同意托尔斯托夫"先有氏族后有部落"的意见。

除此以外，近两年来，我国民族学界的后起之秀程德祺同志提出了"先有部落，后来才产生氏族"的观点，颇为别出心裁。他认为"史前时代的人类社会组织，最早只有一个层次——部落。经过了漫长时间的发展，才从其内部分化出另一层次——氏族，由于氏族的发展，在氏族和部落之间后又可能产生出胞族这个层次。……部落的发展也能产生新的部落，亲属部落后来可能结合起来，形成更大的人们共同体——部落联盟。"②

我们认为，"氏族与部落同时产生"，以及"先有部落，后来才产生出氏族"的观点都是值得推敲的。根据马克思主义的部落理论和一些民族学资料来看，人类确实存在过一个有氏族而无部落的"前部落阶段"。

如上所述，主张"氏族与部落同时产生"的一个主要理由，就是氏族必须实行"族外婚"，而"族外婚"的两个氏族便自然地结成互相联姻的"两合组织"，这便是部落。同样，主张"先有部落后有氏族"的主要理由也是认为"杂交时代和血缘群婚时代就有部落，而氏族是由部落分化而产生的，是伴随族外婚而出现的集团。"③ 这样，他们异曲同工，都把部落仅仅看成是一个单纯的婚姻集团，显然，这与部落共同体的规定性是不符合的。我们认为，部落作为一个人们共同体，是有明确、固定的基本概念的，它既是一个血缘组织，又是一个带有政治、军事性质的集团。因此它是一个具有人们共同体和行政、军事管理机关的两重性组织。明确了这一点，可以肯定，在原始社会的早期，即在血缘群婚时期，或旧石器时代，部落是难以产生的。对这种把部落看成单纯婚姻集团的错误，程德祺同志在分析氏族的起源时，曾正确地指出，一些资产阶级的著名学者"总是把氏族看做家庭集团，因此就不能理解氏族的本性和起源"④。那么形态比氏族更高级的部落在程德祺同志的眼中，怎么又会产生于"杂交时代和血缘

---

① 《民族与民族学》，四川民族出版社 1983 年版，第 127 页。

② 程德祺：《原始社会初探》，中央民族学院出版社 1987 年版，第 102—103 页。

③ 程德祺：《原始社会初探》，中央民族学院出版社 1987 年版，第 102 页。

④ 程德祺：《原始社会初探》，中央民族学院出版社 1987 年版，第 94 页。

群婚时代"了呢？这实在使人纳闷儿！

这里特别要指出的是程德祺同志提出的"先有部落，后来才产生出氏族"的观点，引证了恩格斯在《家庭、私有制和国家的起源》中曾说过的原始社会有"内部盛行毫无限制的性交关系"的"部落"，有"依然把兄弟姐妹之间的结婚当作惯例和义务的部落"，有还未实行氏族制度的"落后的部落"①。毫无疑问，上述这些话是恩格斯说的。但是，值得推敲和斟酌的是，恩格斯在论述家庭发展规律时所说的这些话，特别是在论及"普那路亚家庭"时所说的"那些依然把兄弟姐妹之间的结婚当作惯例和义务的部落"，究竟应如何理解？只要我们不从主观意志出发，仔细阅读原著全文，了解恩格斯论述家庭发展规律的指导思想，就可以发现，恩格斯这里主要谈的是"普那路亚"群婚的起因问题，说的是"自然选择原则"在婚姻进化中的作用。大意是：由于"自然选择"生物规律的结果，有一些血缘家族公社的血亲婚配（兄妹群婚）受到了限制，其结果，人口及各方面的发展都要比那些依然保持"兄妹结婚"的血缘家族公社要进步得多。"这一进步的影响，有多么强大，可以由氏族的建立来作证明，氏族就是由这一进步直接引起的。"② 很明显，恩格斯在这里主要谈的是婚姻和家庭问题，而不是谈人们共同体。这里的"部落"一词，以及他所说的"内部盛行毫无限制的性交关系"的"部落""落后的部落"等，都是指"这些人""那些人"的意思，而不是专指部落这个人们共同体。这和他在肯定民族形成于原始社会末期的同时，又谈到了"一切蒙昧民族和处在野蛮时代低级阶段的民族"③，只相当于"蒙昧人""野蛮人"，是一个广义的"人"的用语是一样的。

顺便提一下，据此，欧潮泉同志认为在母系氏族产生以前，有一种"前氏族部落"④。这种观点与程德祺的"先有部落，后来才产生氏族"的观点大同小异，都强调了氏族之前有部落，只是表述方式不同而已。对这种"前氏族部落"的观点，彭英明同志在《从部落及其产生浅探——兼评"前氏族部落"》⑤ 一文中作了专门评述，在此不赘述了。

---

① 以上所引分别见《马克思恩格斯选集》第 4 卷，第 26、33、42 页。

② 《马克思恩格斯选集》第 4 卷，第 33 页。

③ 《马克思恩格斯选集》第 4 卷，第 37 页。

④ 参阅《论部落》，《中南民族学院学报》1984 年第 4 期。

⑤ 见《中南民族学院学报》1988 年第 5 期。

按照马克思主义关于原始人们共同体的基本观点，早期部落虽然也是一个以血缘为纽带的社会组织，但却不是一个单纯的婚姻集团。部落是一个具有共同的领土、共同的方言、共同的宗教习俗和统一的管理机构的原始人们共同体。一个部落的领土，尤其是它的共同语言和共同宗教习俗，不是一朝一夕就能统一的，而必须经历一个比较长的历史过程。所以，斯大林在谈到语言发展的规律时指出："至于语言的继续发展，从氏族语言到部落语言，从部落语言到部族语言，从部族语言到民族语言。"[①] 很明显地将氏族语言和部落语言分成了两个发展过程。摩尔根也明确告诉我们："在氏族社会里，如果没有部落作为基础，就不可能存在联盟；如果没有氏族，也就不可能有部落。"[②]

所以，杨望先生在读了《家庭、私有制和国家的起源》最后一章《野蛮时代和文明时代》引用了其中："氏族在蒙昧时代中级阶段发生，在高级阶段继续发展起来，就我们所有材料来判断，到了野蛮时代低级阶段，它便达到了全盛时代。""有些最先进的部落——雅利安人、闪米特人，也许还有图兰人——其主要的劳动部门起初就是驯养牲畜，只是到后来才繁殖和看管牲畜。游牧部落从其余的野蛮人群中分离出来——这是第一次社会大分工。"然后得出结论说"根据我的体会，所谓'最先进的部落'，可以理解为最早出现的部落。也就是说，在母系氏族社会时代，由于社会生产力发展和自然条件不同等原因，最早分化出来的部落，是游牧部落，然后才出现农业部落和其他部落。也就是说，部落的初次出现，是和第一次社会大分工联系在一起的。这里所说的第一次社会大分工，并非指游牧部落从其他部落分化出来，而仅指游牧部落从氏族社会的野蛮人群中分化出来"[③]。这一看法是很有见地的。

从我国和世界的民族学材料来看，氏族和部落并不是始终都是联系在一起的。在历史和现实中，有氏族而无部落，或有部落而无氏族的情况，都是存在的。例如：我国云南贡山县独龙江流域的独龙族，"在社会组织方面，可能由于独龙族所处的特殊的历史条件，尚未产生正式的部落组

---

① 《马克思主义和语言学问题》，人民出版社 1953 年版，第 9 页。
② 《古代社会》上册，商务印书馆 1983 年版，第 101—102 页。
③ 《民族与民族学》，第 125—126 页。

织，当然也就更无永久性的部落联盟"①。但他们的氏族组织却存在，称"尼柔"，意即由同一祖先所组成的具有血缘关系的共同体。整个独龙河有木金、当生、木仁、木江、陇吴、江勒、姜木雷、凯尔却等15个父系氏族，凯尔却氏族又分裂为冷木当、阿都罗、滴朗罗勒3个小兄弟氏族，姜木雷又分裂为东根、迪政当、白丽、鲁葱、滴朗5个兄弟小氏族。各氏族之间基本上是独立的，严格遵守氏族外婚制，除了承认共同的祖先，经济上一定的互相帮助，遇有外族侵袭时组成暂时的"氏族联盟"外，就没有什么部落一类的组织。东北的鄂伦春族原来可能有过部落组织，但几百年来似乎都早已被淡忘了。至解放前，使用的只是氏族。如呼玛尔河流域的人们每一地区共分为2个或3个古老氏族，分成两个"半边"，凡属同一"半边"的人不能通婚，而只能和另一"半边"的人成婚。保持婚姻关系的氏族之间，互称为"伴弟查"，除保持亲戚关系外，而无任何组织联系，所以不存在部落一类的组织。生活在我国内蒙古和黑龙江流域的鄂温克人，"到1761年部落长死，就不再有部落长了，部落组织的残余也就最后绝迹。"② 200多年间，也是只有氏族而无部落的。我国云南西盟佤族，其氏族制度早已消失了，但它的部落和部落联盟却存在下来，至解放初，仍有马散、永广、翁戛科3大部落和岳宋、班帅、芒吉等若干小部落，其下是村寨、家族和家庭，而没有氏族。可见，氏族和部落并非完全相连的。

所有这些情况都说明，氏族和部落产生的时间，并不是完全一致的。一般说来，是先有氏族后有部落，从氏族到部落，应该有一个比较长的历史过程。至于部落究竟是什么时候形成，学术界众说纷纭，按氏族与部落同时产生的观点，部落产生于旧石器时代晚期；按先有部落后有氏族的观点，部落则产生于旧石器时代的早期，这些我们当然不能苟同。而主张先有氏族后有部落的学者中，对此问题却有不同的看法，杨堃把部落产生的具体时间定为"母系氏族繁荣阶段，相当于新石器时代晚期和铜石并用时代（约四五千年前）"③，这显然把部落产生的时间推得太迟了，过于偏颇。其实从氏族到部落虽然有一个历史过程，但是，在母系氏族社会里也会产生部落，这一点我们将在下面评述，因此，部落产生的具体时间应该是旧

---

① 宋恩常：《云南少数民族调查研究》上册，第35页。

② 秋浦：《鄂温克人的原始社会形态》，中华书局1962年版，第53页。

③ 《民族与民族学》，第191页。

石器时代以后，大约在新石器时代初期。

在说明了部落共同体产生的时间以后，下面需要探讨的，就是部落产生的原因和过程。

关于这一问题，摩尔根在写作《古代社会》一书时，是经过一番研究的。他在叙述印第安人部落时，说："印第安人的部落由若干氏族组成，这些氏族是由两个或两个以上的氏族发展而来的，其所有的成员都因通婚而混合，都说同一种方言。""印第安人的部落自有其鲜明的特征，而且是美洲大部分土著所具有的基本组织。其最突出的特色就是有着大量独立的部落，这是由于自然的分裂过程造成的。""印第安人的部落是自然而然发展出来的，同一支氏族从他们所占有的地域内分离出去，接着语言发生了歧异，然后分裂，独立而形成了另一部落。"① 他在谈到希腊部落时也明确指出："无论如何，希腊人的部落总不可能没有氏族，血缘的联系和方言的联系成为它们结成部落的基础。"② 对于摩尔根的分析，看来马克思是赞成的。在《摩尔根〈古代社会〉一书摘要》中，马克思也写道："美洲的土著由于自然的分化过程而形成许多部落"，"方言的数目之多有如其部落，因为部落的分割直到语言上发生差别时始告完成。"他在分析部落产生的途径时也写道："由于自然的增殖，经常有新的部落和氏族形成起来，这一过程更因美洲大陆幅员辽阔而大大加速。从某一个在获取生活资料方面具有特殊优越条件的人口过剩的地理中心，（发生了）人口不断外流的现象。因为这种现象年复一年地继续着，于是，相当数量的人口就在距离该部原来居住地点稍远的地方发展起来；久而久之，这些移居者产生了特殊的利害关系以及对于自己部落的异乡异国的感情，最后，语言也呈现差异；在此以后，便发生了分立和独立，虽然他们的地域互相邻接。这种事实一代复一代地在新扩张的领域内以及旧领域内重演……当人口的增长引起生活资料的不足时，剩余的人口遂移居到新的土地上……从而完成了他们形成部落的进程。"③

根据上述摩尔根和马克思的论述，可以看出，部落是基于经济的原因，在血缘联系和方言相同的基础上，通过氏族分化和联合以及部落的再

---

① 《古代社会》上册，商务印书馆1983年版，第101、102页。

② 《古代社会》上册，第220页。

③ 《摩尔根〈古代社会〉一书摘要》，第97页。

分化，而产生和再生出来的。所谓经济的原因，主要是指随着氏族或部落人口的自然增长，因受地理条件的限制，生产的物品已经不能满足日益增长的人口的生活需要，于是，发生了人口的外流现象。这是新部落产生的主要原因。当然，新部落的产生，尤其在原始时期，必须以血缘联系和方言相同为基础，特别是最初的部落，应该主要建立在两个氏族的通婚关系基础之上，否则就无法形成部落。至于晚期部落，特别是到了阶级社会部落的再分化，那就更为复杂。除经济原因外，政治和军事的原因，就越来越明显了。其分化、联合、再分化、再联合的过程，又主要是受到了军事和政治原因所制约的，这是我们在分析后期部落产生过程所必须特别注意的。

应当说，摩尔根和马克思所分析的美洲印第安人部落产生的情况，是有普遍意义的，在我国，无论是古代历史还是近代民族学材料，也有不少例子可以说明。

在我国远古传说时代，存在着若干原始部落群。对于这些部落的分化演变，现在已经不能完全弄清了，但仍可从一些神话传说中，看出他们的相互关系。例如东夷部落群，即太皞（音浩）、少皞、伯益、皋陶、颛顼（音须）、帝喾六部，互相间就属一个大的系统，彼此都有亲缘关系，有人考证，少皞"无疑是太皞的近亲部落，也可能是从太皞部落派生出来的"，皋陶又显然同少皞有近亲关系"，则帝喾（高辛氏）则"可能是从颛顼部落中分化出来的，所以二者常被混淆起来。"① 其他诸如古羌人部落群、古代戎狄部落群、古蛮人部落群等，也都是如此，这些推测，虽然不能说完全正确，但以此说明中国原始时代存在着部落组织的激烈分化，则是没有问题的。

据张正明同志《契丹史略》的考证，我国历史上的契丹族，在原始社会末期，其部落组织也曾几次改变。"从古八部初期到遥辇末期，契丹的主体（所谓主体，是没有把流散他方的旁支别部计算在内的）始终是八个部落。这个事实，表明血缘组织在原始公社时期有活跃的生命力和顽强的保守性。但是，部落的组成在这段漫长的时间里发生了多次巨大的变动，部落的名号则随着部落组成的每次变动而更改，甚至更改得面目全非了。

---

① 田昌五：《古代社会形态研究》，第 119—128 页。

同时，部落内部以及部落与部落之间的血缘联系也终于逐步地削弱了。"①据《契丹国志·初兴本末》，一契丹族始祖奇首，"生八子，各居分地，号八部落。"即古八部：悉万丹部、何大何部、伏弗郁部、羽陵部、日连部、匹洁部、黎部、吐六于部。据《新唐书·契丹传》到大贺时期，就成了这样的八部：达稽部、纥便部、独活部、芬河部、突便部、芮奚部、坠斤部、伏部。而到了遥辇时期，据《新五代史·四夷附录》，其八部则又变成：但利皆部、乙室活部、实活部、纳尾部、频设部、内会鸡部、集解部、奚温部。据《辽史·营卫志》，为时不久，八部再度改为：迭刺部、乙室部、品部、楮特部、乌槐部、突吕不部、涅刺部、突举部。这些变化，不可谓不激烈。

在我国民族学材料中，台湾高山族的部落组织，其分化也是十分明显的。据李亦园先生所述，南势阿美族部落的发展大致可分为三个阶段：初期只有 5 个部落，后来竹窝社发展成归化和饱干，加上新建立的屘屘，于是成为 7 个部落。这是南势阿美各部落最兴盛的时候，其时当在清朝末期和日统时代初期。以后，走上了部落衰废的道路，七脚川、归化、饱干、屘屘等部落先后衰落而被消灭，最后只剩下荳兰、薄薄、黑漏三个部落了。②

我国北方的鄂伦春族，在 16—17 世纪时，正处于父权制社会阶段。当时，每个部落基本上都保持着有两个原始氏族，由此构成部落原始的两个"半边"，但后来便分化出了许多氏族，共同组成了一个部落。例如：库玛尔部落，原只有玛乃依尔氏族和葛互依尔氏族，后来就分化出了玛乃依尔、伍查尔坎和葛互依尔、魏拉依尔、古拉依尔氏族，托河部落原也只有柯尔特依尔和白依尔，后来也分化出了八个氏族，共同组成一个部落。③ 云南西盟佤族，在老部落中由于人口的增长，也不断分化出了新部落，类似女儿部落，如马散部落，就分化出了班哲、莫斯美、阿莫和来斯努音等四个女儿部落，在他们之间还明显保持着血缘隶属关系，并通常表现为某种程度的"贡赋"，如送牛之类。④ 这些，都是部落产生和再生的"活化石"。

---

① 《契丹史略》，中华书局 1979 年版，第 9 页。

② 李亦园：《台湾土著民族的社会与文化》，联经出版事业公司 1982 年版，第 149 页。按阿美人的部落称为"社"。

③ 参阅吕光天《北方民族原始社会形态研究》，宁夏人民出版社 1981 年版，第 151—152 页。

④ 参阅宋恩常《云南少数民族的调查研究》上册，第 117—118 页。

三　部落共同体的类型及其特征

部落这个人类社会曾普遍存在过的人们共同体，其类型呈现出多样化的态势。马克思曾经说过："古代各国都建立在两种方法上：有的按氏族，有的则按领土。按氏族特征组成的部落，比之按领土特征组成的部落，较为古老，而且前者几乎到处都被后者所排斥。"① 在这里，马克思对部落共同体做了初步的分类，即部落可以分为血缘部落和地缘部落两种类型；其中血缘部落又可以分母系血缘部落和父系血缘部落；地域部落也可以分为村落公社和"人工部落"两种。

为了认识部落共同体发展的规律，下面我们将具体探讨各种不同类型部落的特征。

Ⅰ. 血缘部落

血缘部落是以血缘纽带为基础建立起来的，以氏族或胞族为基本单位的部落组织。在这种原始血缘部落中，按其历史发展顺序，又分为两种类型：

1. 母系血缘部落

母系血缘部落最典型的实例是美国印第安人的一支——易洛魁人。它是由北美东部塞讷卡（sensc）、卡尤加（cyug）、摩霍克（Moh uk）、欧奈达（oneid）和奥嫩达加（onond g h）五个部落于 1570 年组成的一个部落联盟，1715 年后，又加入了一个称为土斯卡罗腊（Tusc tot）的部落，故称"六族联盟"。他们生活在纽约州北部的大湖区域和摩霍克山谷。当时，正处于母系氏族时期，其核心是一群成年的妇女，他们共同居住在一栋长屋里，而且从女性的血统上溯源于一个共同的女祖先，一群由共同血缘和图腾联系起来的家族或亲族组成一个母系氏族。在此基础上，则组成部落，数目不等，一般为八个。每一部落内部的氏族，又分为两个"半边"或胞族，按氏族外婚制的原则互通婚姻。可见，这是一些典型母系血缘部落集团。这种母系血缘部落，按摩尔根在《古代社会》和恩格斯在《家

---

① 《资本主义生产以前各形态》，人民出版社 1956 年版，第 13 页。

庭、私有制和国家的起源》中的概括，表现有七大特征即：

第一，各部落都有自己的领土和名称。每个部落除了自己实际居住的地方外，还占有广大的地区供打猎和捕鱼之用。在这地区之外，还有一块广阔的防御其他部落侵犯的"中立地带"，一直延伸到邻近部落地区的边缘上。各个部落都有自己的名称，这种名称多半是偶然发生的，不是有意选择的。

第二，有独特的、仅为这个部落所使用的方言。正如恩格斯所说："事实上，部落和方言在本质上是一致的。"① 因分裂而形成新的部落，必须有新的方言产生方告完成。在两个衰落的部落合二为一的地方，有时例外地在同一个部落内说着两种极为相近的方言，这也从另一个角度说明了方言是仅为这个部落所特有的。

第三，有宣布氏族所选出的酋长和军事首领正式就职的权利。部落议会由各氏族的酋长组成，是部落的最高管理机关，它代表和维护着整个部落的利益。因此，由部落议事会授予氏族酋长和军事首领的职位，可以保证部落对氏族的领导。

第四，有撤换氏族酋长和军事首领的权利。部落会议对氏族酋长和军事首领不仅具有授予他们职位的权利，而且也有权罢免他们。这样，部落会议就可以行使对氏族酋长和军事首领的领导和监督，这对于维护民主自治的原则，是至关重要的。

第五，有共同的宗教观念和崇拜仪式。由于还处在野蛮时代的低级阶段，印第安人的宗教观念，属于对自然物或自然力崇拜的粗俗迷信，还不知道塑造具体的偶像，不过，他们已经赋予各种自然崇拜的对象以人的形象。诸部落各有其正规的节日和一定的崇拜形式，即舞蹈和竞技。舞蹈是一切宗教祭典的主要组成部分。

第六，有讨论公共事务的部落议事会，它是由各个氏族的酋长与军事首领组成的。部落议事会是全部落的民主集会，表现在：它在群众的监督下公开开会，群众可以充分发表意见；议事会最后做什么决定必须一致通过。同时，部落议事会又是全部的最高权力机关，表现在：有任命撤换氏族酋长和军事首领之权；有调整同其他部落关系以及接受和派遣使者之权；有宣战或媾和之权；有缔结同盟之权。

---

① 《马克思恩格斯选集》第4卷，第87页。

第七，在有些部落中，设有一个权力不大的最高首领，他由部落议事会推选出来的一位氏族酋长兼任，负责在议事会休会期间，处理一些紧急问题，事后再经会议追议。后来，随着战争的增多，这一职位多半由最高军事首长担任。恩格斯指出："在这里我们看到了一种具有执行权力的官员的微弱萌芽。"①

易洛魁人的母系部落情况是否具有普遍意义呢？回答是肯定的。这在中外历史上的若干民族中，都不乏其例。

在世界民族学材料中，据杨堃先生的研究，塔斯马尼亚人和澳大利亚人都属于血缘氏族部落的初期形态。塔斯马尼亚人是生活在澳洲东南部塔斯马尼亚岛上的土著居民，初发现时，只有一些原始部落，共二十个，每一部落为一独立的单位，50—250人不等。每一部落都有自己的方言，每个部落均有一定的迁徙区和狩猎区，不能互相侵犯，否则就会引起争执和械斗。这些狩猎区并没有什么特设的标界，往往只是由于河流、池沼、丘陵、谷壑、树丛自然分界。由于每一部落的人员，都知道自己部落的边界，所以，侵犯其他部落领域的事件是很少发生的。在社会上，妇女是很有地位的，如果部落发生械斗，妇女具有决定械斗与否的权力。在解劝械斗时，她走在敌对双方的中间，向空中举手三次，双方即需停止械斗。在欲拯救一个战败者的生命时，妇女也使用这样的办法，从此看来，"塔斯马尼亚人的社会经济形态，是属于氏族——部落公社的初期形态"。②

至于澳大利亚人的部落，似乎也属于初期部落阶段，澳大利亚人在17至18世纪时，其社会组织分为许多部落。"每一个部落是一个社会单位，它具有一定的领域。部落内一切人员，全认为彼此有一连带的亲属关系，并具有共同的语言和名称。有的部落，一切'政权'是掌握在部落的酋长会议之下。全部落的一切公共事项，概由此酋长会议所决定。但也有些部落，根本没有酋长，也没有部落的'政府'。而且在'战争'时，部落也不是一个作战的单位。这就说明，他们的部落组织，还停留在初期的状态中，它是很少作为一个社会单位而出现的。"③ 在婚姻形态上，部落内被分为两个集团，被称为"半族"，这一集团的男子必须和另

---

① 《马克思恩格斯选集》第4卷，第89页。
② 杨堃：《原始社会发展史》，北京师范大学出版社1988年版，第129—130页。
③ 杨堃：《原始社会发展史》，北京师范大学出版社1988年版，第136页。

一集团的女子通婚，集团内部是禁止通婚的，也不允许与此两集团以外的男女发生婚姻关系。这种婚姻形态，也决定了它必然是母系血缘部落组织。

在我国民族学材料中，最能证明早期母系血缘部落的，是中国台湾高山人的阿美部落。花莲县丰滨乡港口村的阿美人，组成一个部落，部落有一定的范围，部落范围内的山林、河流、荒地、猎场等均为部落公有。母系家族是社会的生产和消费单位。由于女子处于家长的地位，又是土地和房屋的主人，因此，在家庭中自然地形成女子的权威，全家人都听命于女家长。港口阿美人一直保留着母系氏族部落组织的形式和特征。他们称部落为"尼阿洛赫"，意思是栅围内的人，港口部落共包括五个母系氏族，即木那里、自朗额三、帕自拉儿、自卡托帕、萨里普安，以地方名为氏族名。五个母系氏族中，最先居住在港口地区的是自朗额三氏族，它被认为是领导氏族，其他氏族是后来从别的地方迁来。部落首领必须从领导氏族中而不能从其他氏族中产生。部落内的最高决策会议是元老会议，由六十六岁以上的长老们和部落首领参加，决定祭祀、战争、媾和以及全部落的大事。部落设会所，18—29 岁的青年必须在会所住宿，接受各种训练和教育。港口部落和相邻部落之间有可供两个部落共同使用的缓冲地带，部落之间通常均能友好相处，但有时也会引起纠纷，发生械斗。

总之，母系血缘部落是部落共同体中的早期形态。它的产生约在母系氏族的发展时期，即在蒙昧时代的高级阶段，而盛行于野蛮时代的低级阶段。其最主要的特征，就在于母系的血缘联系而男子则处于从属地位，即所谓部落内的"妇女统治"。这就是它与后来部落的最大区别。

2. 父系血缘部落

父系血缘部落，是在原始社会后期，以男子为中心，在血缘纽带的基础上产生的一种原始人们共同体。它的基层单位是父系氏族社会。在《家庭、私有制和国家的起源》一书中，恩格斯以希腊人为例，谈到了这种部落的情况。

恩格斯指出："希腊人的父系血缘部落，是在胞族的基础上组成的，几个亲近的胞族构成一个部落。在阿蒂卡，共有四个部落，每个部落有三个胞族，每个胞族有三十个氏族。"这种集团组合，是相当细密的，在恩格斯看来，很可能"是以有意识的和有计划的干涉自发形成的秩序为前提的。"① 在这里，我们已经看到了人工组织的影子。

作为一个部落，希腊人聚居的地区虽然不大，但仍然是有部落领土的划分的。方言的差异虽不像广大的美洲森林部落那样显著，但仍存在，"甚至小小的阿提卡也有独特的方言"②，而且这些部落正是以相同的方言结合起来的，如摩尔根所说："血缘的联系和方言的联系成为它们结成部落的基础。"③ 在这些方面，应该说，他们的部落与易洛魁人的部落是基本一致的。

与上述易洛魁人部落不尽相同的，主要是表现在希腊人部落的组织及其职能方面。按摩尔根和恩格斯的概括，这些部落的组织主要由三种机构组成：

（1）常设的权力机关——议事会。这种议事会这时已由选出的氏族中一部分氏族长组成，对于一切重要问题做出最后的决定。后来，国家建立起来后，它就变成"元老院"了。

（2）人民大会。它是在母系部落时期，全体成员参加会议的基础上，自然形成的。希腊语称其为"阿哥腊"（agora），始见于荷马史诗。它是部落的最高权力机关，一定程度上体现着氏族民主的精神。其形式是：在人民大会上，每个男女都可以发言，对有关问题发表意见，以举手或喊声通过。可以说，此时，原始的民主主义还处在全盛时期。

（3）军事酋长。这是在新的时期，因战事的频繁而出现的一种新现象。摩尔根曾说："这个职位在英雄时代的希腊社会中开始成为一个显要的角色，而在传说时代也同样地突出。"④ 但其实质正如马克思所指出的，在同时存在议事会和人民大会的情况下，"其意不过是军事民主制而已。"⑤

总之，父系血缘时期的希腊社会，情况是相当复杂的，一方面，"古代的氏族组织还是很有活力的"；但另一方面，"它的瓦解已经开始：由子女继承财产的父权制，促使了财产积累于家庭中，并且使家庭变成一种与氏族对立的力量：财产的差别，通过世袭显贵和王权的最初萌芽的形成，

---

① 《马克思恩格斯选集》第 4 卷，第 100 页。
② 《马克思恩格斯选集》第 4 卷，第 100 页。
③ 《古代社会》上册，第 220 页。
④ 《古代社会》上册，第 246 页。
⑤ 《摩尔根〈古代社会〉一书摘要》，第 180 页。

对社会制度发生反作用；奴隶制起初虽然仅限于俘虏，但已经开辟了奴役同部落人甚至是同氏族人的前景。古代部落对部落的战争，已经开始蜕变为在海上和陆上攫取家畜、奴隶和财宝而不断进行的抢劫，变为一种正常的营生，一句话，财富被当作最高福利而受到赞美和崇敬，古代氏族制度被滥用来替暴力掠夺财富的行为辩护。"①

这就是恩格斯对父系血缘部落的大体描绘。

类似希腊人的父系血缘部落，在我国民族学材料和古代文献材料中，都是比较多的。

我国若干少数民族的父系血缘部落情况，主要反映在云南的独龙族、德昂族、怒族、傈僳族、拉祜族的苦聪人等的家庭公社和北方鄂伦春父权制氏族社会结构上。

16 世纪以前的鄂伦春父权制部落，是建立在狩猎与驯鹿饲养业的经济基础之上的。当时分为许多部落，每个部落有两个或更多的氏族，每个氏族又分化出许多父系家族公社——"乌力楞"。这些游猎部落，主要分布在黑龙江上游的石勒喀河，中游的牛满江及下游的恒滚河以及库页岛一带，共分四个部落，即：库玛尔、毕拉尔和托河、阿里多布库尔四部。每个部落都有较固定的猎区，一般各部落的人不到其他区狩猎，别人也不到自己地区狩猎，部落领土是清楚的。同时，部落之间也有方言的差别。一般讲，各部落最初保持着两个原始氏族，构成部落的两个"半边"，原始氏族后来又分化出了一些新氏族，各归自己的"半边"。"半边"氏族之内，最初是不能通婚的，这说明直到父权制确立和发展以后，族外婚仍然是父系氏族部落的基础。"②

云南的怒族在解放前也保存着以血缘关系为纽带，以个体家庭为细胞的父系氏族部落的某些特点。如碧江县的甲加、罗宜益怒族的家庭公社就比较显著。他们以"别阿起"（蜂）作为图腾，自认为出自一个始祖，最初部落称"提其"，然后根据血缘关系的亲疏，形成若干近亲"的康"，在"的康"之下又形成近亲兄弟关系的"的拉"。每个"的康"即家庭公社，均以自己的男祖先作为公社名字。"阿沙"是家庭公社的领袖，负责处理内外事务，明显反映出其所起的家长的作用。在这里，部落的职能已经微

① 《马克思恩格斯选集》第 4 卷，第 104 页。
② 参阅吕光天《北方民族原始社会形态研究》，宁夏人民出版社 1981 年版，第 149—154 页。

乎其微了。

不仅如此。在我国传说时代，从比较可靠的文献资料看，也生活着许多处于父系血缘阶段的部落群。如古夷人部落各部、古羌人部落各部、占戎狄部落各部、古蛮人部落各部，以及古代巴蜀和越人部落各部。这些部落，均属于父系血缘部落阶段。对于它们的社会生活特征，由于文献记载的简略，似都不能得到详细说明。但从一些零星资料所透露出的信息来看，也还是可以在一定程度上窥视父系血缘部落的社会情况的。例如我们在本书第三章"胞族共同体"中所引《左传》昭公十七年郯子回答昭公所问少昊氏为什么用鸟名为官名的材料即可看出少昊氏是一个包括 4 个胞族，24 个氏族，结构完整的部落。

Ⅱ. 地缘部落

除了上述血缘部落以外，历史上还存在着一种以地缘关系为基础结合的部落，马克思和恩格斯称之为"地区部落"①，这种部落，又因地区特点，分为两种形式，一是建立在农村公社（或村落公社）之上的农村地域部落，二是建立在城邦内的"人工部落"。

1. 农村地域部落

农村地域部落，其下属单位，主要是指农村公社、亦称村落公社、农业公社、乡村公社或游牧公社。按马克思的看法，又可分为东方的、日耳曼的和古典的三种，东方的以印度的村落公社为代表，日耳曼的以"玛尔克"为代表，古典的主要指希腊、罗马型。但是，不论哪种形式，有一点却是共同的，即：它们都是直接由父系血缘氏族部落下的家族公社发展而来的。这种部落下村落公社的最大特点，就是聚村落而居，改变了以前那种以血缘纽带为基础的结合，而实行以地域纽带为基础的新的结合。它破坏了氏族组织的血缘关系，但又承袭了氏族制度的许多惯例。因此，马克思指出："所有较早的原始公社都是建立在自己社员的血统亲属关系上；农村公社割断了这种牢固然而狭窄的联系，就更能够扩大范围并保持同其

---

① ［德］马克思：《资本主义生产以前各形态》，第 13 页；《马克思恩格斯选集》第 4 卷，第 113 页。

他公社接触。"①

那么，农村公社究竟是在什么时间产生的呢？它在阶级社会里是否存在呢？尽管目前学术界还存在着"原始社会末期"和"阶级社会初期"两种不同的看法，但马克思是讲得很清楚的，他说：

> "农业公社既然是原生的社会形态的最后阶段，所以它同时也是向次生形态过渡的阶段，即以公有制为基础的社会向以私有制为基础的社会的过渡。不言而喻，次生形态包括建立在奴隶制上和农奴制上的一系列社会。"②

很明显，马克思这里说得很明白，农村公社是一种由公有制向私有制的"过渡"，既然是"过渡"，当然还未进入阶级社会，其属于原始社会末期是无疑的。不过，作为"次生形态"，它存在的时间是很长的，从奴隶制一直到农奴制社会，均存在着农村公社的形式。

农村公社的基本特征，按照马克思的概括，主要表现为村社组织的地域性和生产资料所有制的二重性。

所谓村社组织的地域性，就是它是"最早没有血缘关系的自由人的联合"，而以往"所有其他公社都是建立在自己社员的血缘亲属关系上的。"③这种联合，既不同于以往的氏族公社，又不同于以后的国家行政组织，它还没有形成居于公众之上的权力机关，在以前，当血缘关系保持着生命力的时候，社会组织是以血缘关系来划分的，同一氏族或家族的成员相依为命地聚居在一起。但随着血缘关系的松弛，不同氏族的人们杂居起来，形成了地域性的村落。所以，农村公社的地域性就其实质而言，使它挣脱了血缘纽带的束缚，宣告了氏族制度的瓦解，开始以共同地域、共同经济、共同宗教、共同防御和村社民主制为基础。

所谓生产资料所有制的二重性，就是既有公有制，又有私有制。房屋、生产工具等已归社员私有，但土地仍归公社集体所有。这种情况还表现在农村公社公有土地并非由社员集体耕作，而是分给社员个体经营，其

---

① 《马克思恩格斯全集》第19卷，第434页。
② 《马克思恩格斯全集》第19卷，第450页。
③ 《马克思恩格斯全集》第19卷，第449页。

收获物归社员私有。这就是农村公社经济的基本特征。

当然，"并不是所有的原始公社都是按着同一形式建立起来的。相反，他们有好多种社会结构，这些结构的类型、存在时间的长短，彼此都不相同，标志着依次进化的各个阶段。"① 这种情况，无论在世界历史上，还是在我国的一些少数民族中，如布朗、佤、景颇、黎、傣等族的部分地区，都是存在的。

我国云南西双版纳山区的布朗族的"曼"组织，就是以村寨为单位建立起来的村落公社。一般每个村寨即是一个农村公社。村社之间以山岭、大树、河流等自然物为界。在这里，每个村社又由若干父系大家族——"戛滚"组成，大家族之下是小家族——"折甲"，再下便是个体家庭。这种村落公社与以前家族公社的最大区别就在于"它已经打破了血缘亲属的纽带，是由几个以上的家族组成，维系村社成员生存的不是亲族关系而是土地关系。这种村社内部，土地属村社公有，"戛滚"长期占有，每年定期在春耕前抽补、调整、分配给各个"折甲"（小家族）成员耕种。每个家族对于村社公有土地的取得必须以依存于村社为条件，一旦家族成员他迁，其土地便由头人收回，归村社所有。与此同时，各户对于家族公地使用权的获得，立即以依存于家族为条件，成员一旦外迁，即失去分配家族土地的权利。与村社土地公有制相适应，在政治上则形成了比较完整的管理制度，包括村社成员大会、头人会议和家族会议三级。因此，布朗族的村社部落组织实际上是一个政治和经济的统一体，是一个以地域为基础的独立政治经济单位。

景颇族景颇支的部落酋长制——"戛萨"和载瓦支的"洞"，也是区域性的部落组织。载瓦语称村社为"洞"，一个"洞"即一个自然村落。每一个村社是由几个或十几个父系家族的大家庭组成。这种父系家族称为"庭枯"，大家庭称为"庭嘎"，一个"庭嘎"之内又分为三至四个火塘，称为"达卜"，一个火塘是由一对夫妇及其子女组成，这种火塘也是尚未脱离大家庭纽带的小家庭。由于私有制的发展，小家庭已脱离大家庭而分居，这种分离出去的小家庭称为"丁枯"，基本上是由一对夫妇及其子女所组成。这样，载瓦的村社——"洞"，便是由"丁枯""庭嘎"和"庭枯"所组成的地域性农村公社部落组织了。

---

① 《马克思恩格斯全集》第19卷，第448页。

　　云南西盟佤族的部落，也是建立在村落公社基础上的，是属于比较发达的地域部落这一类型。以马散部落为例，它包括马散、班哲、莫斯美、阿莫、班箐和中课等十余个部落，四十余个小寨（自然村或居民点）、一万多人口。马散寨是马散部落中最早建立的村社，其余各寨都是由它分出另建的，西盟佤族村社的主要特征表现为：它是按地域结合起来的，每个村寨都包括几个家族和不同姓的个别家庭；家庭也并非出于同一个祖先，而是先后从各地迁来的；有一定的地界和公有土地，清楚地从地理上和其他村寨划分开来；以村社为经济单位，凡办理内外公共事务，如宗教活动、公共事业的修建等费用和劳动，均在成员中平均分担；有共同的政治组织和管理者，称窝郎、头人和魔巴。头人又称"扩"，是在群众中逐渐形成并选举出来的；有共同的宗教生活。此外，村寨观念也很强，彼此之间有相互帮助和平等的义务。

　　以上这些例子，都是指的处于原始社会末期的农村公社及其部落。除了这种类型的原生形态而外，正如马克思所说的，还有处于奴隶制和农奴制下的农村公社及其部落，除恩格斯在《家庭、私有制和国家的起源》中所谈的希腊奴隶制下的农村公社及其部落外，在我国先秦时代是大量存在的；农奴制下的农村公社及其部落在我国解放前若干少数民族中都可以找到。

　　据李亚农《中国古代的公社制度》一文称："关于中国的农村公社，《尚书》《诗经》中早有记载，先秦诸子百家的著作，也几乎没有一部不谈这个问题。"[1]

　　《史记·封禅书》曰："自禹兴而修社祀。"《尚书·甘誓》载：夏启与有扈战于甘之野，誓师曰："用命，赏于祖；弗用命，戮于社。"由此可以看出，中国古代农村公社及其部落，是从夏代开始的。因此，古人谈社，多从夏谈起，"哀公问社于宰我。宰我对曰：夏后氏以松，殷人以柏，周人以栗。"[2]

　　殷代的农村公社制度，虽因史料不多，尚不能恢复全貌，但仍可从一些记载中，窥见一斑。《殷墟卜辞前编》四、一七、三载："贞：勿秦年于▆▆。"王国维在其《殷礼徵文》中解释道："案▆即▆，即今隶土字，

① 《李亚农史论集》下册，第 876 页。
② 《论语·八佾》。

卜辞借为社字。"另如："己未卜，争雨于土。"① "贞秦年于土，九牛。"②
等等，均指祀社而言。故在殷灭后很久，他们的农村公社残迹都仍然存
在，《史记·秦本纪》即载："宁公二年，……遣兵伐荡社。三年，与亳
战，亳王奔戎，逐灭荡社。"

周族的农村公社及其部落是比较明显的。早在公刘时期，即已开始向
农村公社转化，到文王迁移岐下，则处于公社繁盛阶段。此时，他们建立
了岐社，亦称周社。《墨子·非攻》下篇说："赤鸟衔珪，降周之岐社。"
《吕氏春秋·应同篇》亦曰："及文王之时，先天见火，赤鸟衔丹书，集于
周社。"周族在进入黄土地带并建立奴隶国家以后，仍在一定程度上保留
着农村公社的形迹。史载，他们在洛邑也建立了社宫，"乃社于新邑，牛
一、羊一、豕一。"③ 不过，这一时期的农村公社，已经不承担组织生产和
军事政治职能，而仅仅成了一个信仰中心了。农村公社及其部落，便渐渐
地消逝在国家机构下属的新机构之中。

关于农奴制时期农村公社及其部落的民族学材料，在我国，要算云南
的傣族地区最为典型。

云南傣族地区社会发展极不平衡，在土地形态、剥削方式、阶级结构
及政权组织等各方面均有特点，但都大体处于农奴制社会形态。其农村公
社及其部落制度表现得比较完整的是西双版纳地区。至解放前，西双版纳
傣族土地制度为领主大土地所有制，"召片领"（意为"广大土地之主"）
系最高领主，其下为"勐"（意为"一片地方"或"一个坝子"），相当于
一个部落，约为两三千户，万余人，由"召勐"控制。其土地，除少部分
直接经营外，大部分通过农村公社分给农奴耕种。这部分土地，尚保留着
村社占有、家族占有和个体占有三种形式。村社实行定期分配土地的制
度，称"寨公田"，凡经村社头人批准加入者，就可分得一份土地，迁离
村社，土地交回。村寨土地在村社成员之间定期分配，分散经营。"在那
里，财产仅仅作为公社的财产而存在，单独的成员本身只是一块特殊土地
的占有者，或是继承的，或是不继承的，因为财产的每一小部分都不属于
任何一个单独的成员，而属于作为公社的直接成员的个人……因此，这种

① 《殷墟书契后编》上一九·七。
② 《卜辞通纂》三三六。
③ 《尚书·周书》。

单独的人只是占有者。只有集体的财产，也只有私人的占有存在。"①

　　在村社内部组织上，则表现为一套足以独立自存的组织和旨在自给自足的分工：被村社成员称为"寨父""寨母"，又被封建领主封为"以""鲜""先"的当权头人，他们有管理居民迁徙，代表村社接受新成员，管理村社土地，代领主征收各种贡赋，管理宗教事务，管理婚姻及调解争端等职权。在他们下面，有管理武装的"昆悍"；有向下传达、向上反映，类似"乡老"的"陶格"；有通信跑腿的"波报"；有职掌文书的"昆欠"；有管理水利的"报门"；有管理社神的"波摩"；有管佛事的"波占"。有的村社还设有银工、金工、铁工、木工、猎手、屠宰师、酒师、商人、医生、马医、理发师、阴阳家、诗人兼音乐家等。他们都不脱离农业生产。村社内部还留有"村社议事会"和村社民众会议的原始民主残余，② 这与马克思所论述的印度的农村公社组织何其相似。

　　总之，在原始社会末期，乃至阶级社会里，由农村公社所组成的部落组织，表现出各种各样的形式。但不论处于哪一阶段，则有一点是共同的，即它已经不是血缘组织而是地域性组织了，因此，在其内部所反映出的二重性特点则是必然的了。

　　我们在这里所说的地缘部落，无疑都是从父系血缘部落发展而来的。但是，引人注目的是阿美人中的一支——南势阿美人，却是一个母系地缘部落，据李亦园先生的考察，南势阿美人的部落，即所谓"社"，"是一个以地缘关系而成立的最基本的社会集团。……'社'的原义亦系指以土地为基础的聚落"。但"阿美族是典型的母系社会，女性在亲族社会中有绝对优势的地位，男子则属于从属地位"。同时，即使在母系部落中，"女性又显然不适于管理政治事务，尤其是负有作战任务的部落事务，更不适于女性插足其间"，因此，就形成了阿美族男子社会组织，以处理部落外部事务，"并与女性在亲族社会中作均衡的对抗"。③ 南势阿美人的这种情况，不仅反映了阿美部落发展的不平衡，更说明了母系血缘部落发展的不平衡，更说明了母系血缘部落的发展可能是父系血缘部落，也可能是父系地

---

① 马克思：《资本主义生产以前各形态》，第 11 页，重点是原有的。
② 参阅缪鸾和《西双版纳傣族自治州的过去和现在》，第 16—17 页。
③ 以上均参阅《台湾土著民族的社会与文化》，联经出版事业公司 1984 年版，第 150—151 页、第 178 页。

缘部落。阿美部落的这种情况，是很值得研究部落共同体的人们注意的。

2. 城邦"人工部落"

恩格斯在《家庭，私有制和国家的起源》一书中谈到"罗马的氏族和国家"时，提出了"人工造成的部落"① 的概念。这种"人工部落"，与他在谈到雅典时所写人工"地区部落"是一致的。

这里之所以用"人工部落"，不仅仅在于它是按地域而不是按血缘结成，而更重要的是它完全是人为造成的，是人工组织的结果。这也是它的突出特点。

很明显，这种"人工部落"，无论在雅典，还是罗马，按恩格斯的意见，都是存在过的，那么，它们的情况如何呢？

先看雅典。雅典的"人工部落"发生在公元前五百多年。当时，雅典正处于奴隶制国家形成之中，阶级矛盾十分尖锐。除了奴隶与奴隶主的尖锐对立外，新兴奴隶主和旧的氏族贵族的矛盾也十分突出。为缓和新旧矛盾，便进行了一系列改革，首先是提修斯的改革。传说提修斯的改革主要有两个内容，一是在雅典创立中央管理机关，统一以前各部落独立处理的事务的一部分；二是把"公民权"授予雅典所有居民，不分氏族、胞族和部落，一概划分为贵族、农民和手工业者三个阶级。这样一来，就表明，"由一定家庭的成员担任氏族公职的习惯。已经变为这些家庭担任公职的无可争辩的权利；这些因拥有财富而本来就有势力的家庭，已经开始在自己的氏族之外联合成一种独特的特权阶级。……其次，它表明，农民和手工业者之间的分工已经如此牢固，以致以前氏族和部落的划分在社会意义方面已不是最重要的。"②

后来就发生了梭伦改革。约公元前638—559年，梭伦任执政官，面对新兴奴隶主和旧氏族贵族矛盾的进一步加深，他决定：在经济上，废除债务，限制旧氏族贵族的剥削；在政治上，把原氏族酋长组成的部落联盟议事会，改为"四百人会议"，大大摆脱了贵族会议的直接控制，限制了贵族会议的一部分权力。恩格斯说："梭伦揭开了一系列所谓政治革命，而且是以侵犯所有制来揭开的"。"这样，在制度中便加入了一个全新的因素——私有

---

① 《马克思恩格斯选集》第4卷，第116页。
② 《马克思恩格斯选集》第4卷，第106—107页。

财产。……于是，随着有产阶级日益获得势力，旧的血缘亲属团体也就日益遭到排斥；氏族制度遭到了新的失败。"①

　　但是，矛盾并未完全解决，斗争仍在进行，旧贵族仍继续利用血缘关系进行复辟活动。因此，到了公元前509—508年，克利斯提尼再度推进改革。克利斯提尼改革的一个最大成果，就在于他废除了传统的四个血缘部落，代之以十个地缘部落。每个部落包括不相毗连的三部分，称"三一区"，其中一个在城市及其附近，一个在内地，一个在沿海，三个区域的一个三分区合在一起成为一个部落。因此，这种部落就不是集合在一起连成一片的部落，而是跨越三个区域的一种人为集合。"这种部落和过去的血族部落不同，现在它被叫做地区部落。地区部落不仅是一种自治的政治组织，而且也是一种军事组织"。② 这样，就彻底打破了原由贵族操纵的四个部落的界限，肃清了原氏族部落组织的残余。从此，地籍代替了族籍，人们完全摆脱了氏族关系的约束。因此，恩格斯说："克利斯提尼的新制度撇开了以氏族和胞族为基础的四个旧部落，代替它们的是一种完全新的组织，……有决定意义的已不是血族团体的族籍，而只是经常居住的地区了；现在要加以划分的，不是人民，而是地区了；居民在政治上已变为地区的简单的附属物了。"③ 这就是雅典"人工部落"产生的大致情况。

　　至于罗马的"人工部落"，其产生过程也和雅典大体相同。

　　公元前八世纪，有三百个氏族定居于罗马，10个氏族组成一个胞族（库里亚），共有30个胞族；10个胞族组成一个部落，共有3个部落，构成为"罗马人民"。当时的社会制度是以氏族、胞族和部落为基础而发展起来的军事民族制，设有元老院、人民大会（库里亚大会）和勒克斯，处于典型的在氏族制度基础上的军事民族制度。但是，到了公元前7—6世纪，随着经济的发展和对外扩张，外来移民和被征服地区居民不断增加，出现了站在罗马氏族部落以外的"平民阶层"。这些人是"外族"，不是"罗马人民"的组成部分。他们人身是自由的，但不能参加大会，成为被剥夺一切政治权力的平民，这就形成两者之间的尖锐对立，终于导致公元前六世纪的塞尔维乌斯・土利乌斯的改革。

---

① 分别是《马克思恩格斯选集》第4卷，第110、112页。
② 《马克思恩格斯选集》第4卷，第113页。
③ 《马克思恩格斯选集》第4卷，第113页。

据说塞尔维乌斯·土利乌斯的改革基本上是依照梭伦的改革进行的，其主要内容是：其一，按财产多少划分阶级，打破氏族血缘关系。其二，创设"百人团人民大会"（也称森都里亚会议），他按百人队伍召集人民开会，而不按库里亚开会。这样一来，原来的氏族、胞族就降为纯粹的私人宗教团体了。其三，更为重要的是，把原来的三个氏族部落，按地区划分为四个地区部落（罗马城市），乡村为二十六个部落（一说为三十一个部落），这些地区部落，享有一系列的政治权利。这就用地区性组织代替了氏族制下的血缘组织。正如恩格斯所指出的："这样，在罗马也是在所谓王政被废除之前，以个人血缘关系为基础的古代社会制度就已经被破坏了，代之而起的是一个新的、以地区划分和财产差别为基础的真正的国家制度。"①

雅典和罗马的这种城市"人工部落"，在其他国家和民族的历史上是否存在？就现在研究的情况看，似乎还未发现，因此也就证明，城市"人工部落"并无普遍意义。但既然其在古代希腊、罗马历史上的存在是确定无疑的，那么，将其称作"地域部落"的一种形态，也是必要的了。

四　从部落到部落联盟

部落共同体的最高组织形式是部落联盟。

什么是部落联盟？部落联盟是在原始社会后期，由于战争或防卫的需要，通常由两个以上近亲或邻近部落组成的部落共同体的最高组织。

有人认为部落联盟应是原始人们共同体中的一个独立序列，其实，由于部落联盟没有不同于部落的单独的语言和文化，在部落联盟内部，各部落均保存着完全的独立性，其所有的特征都表现出它只不过是部落的扩大组合而已，所以我们将其列入部落共同体序列，而不单独作为历史上形成的，在语言、地域、血缘上具有一定的同一性，在经济生活和文化生活上有一定联系性的社会群体。

从部落到部落联盟的过程及其分类，从摩尔根到马克思和恩格斯，都作过比较详细的论述。摩尔根说："凡属有亲属关系和领土毗邻的部落，极自然地会有一种结成联盟以便于互相保卫的倾向。这种组织起初只是一

①　《马克思恩格斯选集》第4卷，第126页。

种同盟，经过实际经验认识到联合起来的优越性以后，就会逐渐凝结为一个联合的整体。"① 马克思也说："为相互保卫而进行联合，最初不过是由某种需要（例如防备外来侵袭）所引起的，随后形成同盟，最后则成为永久性的联盟，"他还说："一般说，这种联盟是以一定地域的'共通语'（方言能互相了解）为其范围的"，因为"只有属于一个氏族和一个部落以及具有共同语言，才有可能成为联盟的平等成员"。② 摩尔根还通过对易洛魁联盟的解剖，对部落联盟产生的条件和原则进行了论证，说："产生联盟的条件和组成联盟的原则非常简单。联盟是既存的因素应时而自然产生出来的。一个部落一旦分化为几个部落之后，这几个部落各自独占一块领土而其领土互相邻接，于是它们便以同宗氏族为基础，以方言接近为基础，重新结合成更高一级的组织，这就是联盟。氏族所体现的亲属感情、各氏族的同宗关系，以及他们的方言仍能相互了解，这三者为联盟提供了重要的因素。"③

从这些论述中，我们完全可以看出，部落联盟完全是亲属部落或毗邻部落之间，为了某种共同的利益（主要是军事上的进攻或防御）而结成的部落组织的联盟。这种联盟的主要条件，必须有共同的方言基础，否则，便不能结成联盟。这种联盟，开始仅仅是为某种暂时的需要而结成暂时同盟，随着事情的完成随即解散。但后来，这样的事情越来越多，久而久之，经过多次联合，便发展成为一种"永久性"的部落联盟。所以，如果细致来分，部落联盟又可分为"暂时同盟"和"永久联盟"两种形式。

这就是部落联盟的产生及其分类的大致情况。

在《古代社会》一书中，摩尔根还以易洛魁联盟为例，论述了部落联盟的产生过程。据载，易洛魁人原来可能是从达科他族中分出的一支移民，原住蒙特利尔附近，后被迫迁移到纽约州。当时共 3 个部落：摩霍克、鄂农达加和塞内卡。纽约州在被易洛魁人占据以前，似乎曾经是阿尔贡金人诸部落领域的一部分，易洛魁人到来后，协同作战，从而体验到联合的原则对于攻守二者均有很大的好处，于是便开始结成同盟，即"暂时联盟"。后来，易洛魁人分成了 5 个独立部落，所占领土彼此毗连，所说方

---

① 《古代社会》上册，第120页。
② 《摩尔根〈古代社会〉一书摘要》，第108—109页。
③ 《古代社会》（新译本）上册，第121页。

言属同一种语言，可以相互了解。除此之外，这些部落之下的各氏族彼此同宗，这也为联盟提供了天然的、持久的基础。这样，在一次五个部落的巫师和酋长会议上，便达成了永久联盟。摩尔根总结道："大概他们原先为了互相保卫而缔结了同盟，他们认识了这种同盟关系的好处，并设法使它成为永久性的组织，于是便产生了联盟。"①

在我国，无论是古代历史文献，还是当代民族学资料，都有关于部落联盟建立的情况记载。

例如：在东汉桓帝时（公元 147 年—公元 167 年）成立的北方鲜卑族石槐部落军事大联盟，据考，其包括了弥加、阙机、索利、槐头、柯最、阙居、慕容、置鞬、落罗、日律、推演、宴荔游等十二个部落五十多个邑落公社。促进其结成军事联盟的因素，主要是政治、经济、军事的需要。正如马长寿先生所说："鲜卑部落的军事联盟是在匈奴国家灭亡之后为满足草原各部落牧民的需要建立起来的。草原各部落的牧民在匈奴灭亡以后需要一种政治组织或军事组织来收拾北匈奴去后的残局，需要组织生产力解决各族人民的生活问题，需要输出他们的牲畜马匹牛羊及其皮毛到汉地，再从汉地输入自己所需的粮食、缣帛；需要建立一种各族各部落之间的交通、贸易以及移民的秩序。所有这些需要，设使没有一个政治机构和军事组织而望实现，是不可能的。"②

又如：明代扈伦四部哈达、乌拉、叶赫、辉发也曾形成一个大的松散的部落联盟。其原因，如丛佩远同志所说："以同姓氏族，地域毗邻、军事联盟、贸易伙伴等关系为纽带，重新结合组合"而形成的③。据载，四个部落均姓纳剌，哈达、乌拉原本为一族，有着亲族血缘关系。叶赫原姓土默忒，入居忽剌温地区后，始改为在这里占重要地位的大族之姓——纳剌。辉发部改姓更是表示与塔鲁木卫同姓相亲，结成兄弟部落。可见，摩尔根所说的"同宗关系"在这里是表现得很清楚的。其次，扈伦四部都聚居于辽河上游至第二松花江上游之间，哈达与叶赫相近，它们又同与辉发相邻，辉发则北与乌拉相邻，四部落所居地域连成一片。这种地理上的近邻关系，一方面为各部落之间的经济、文化以及各种民间往来创造了方便

---

① 《古代社会》（新译本）上册，第 124 页。
② 《乌桓与鲜卑》，上海人民出版社 1962 年版，第 193 页。
③ 《扈伦四部形成概述》，见《民族研究》1984 年第 2 期。

条件，同时，在军事上又形成一种唇齿相依的关系。此外，这几个部落很早就结成了贸易伙伴关系，经济联系十分密切，共同的经济利益也是促进联合的重要因素之一。正是在上述各种因素基础之上，为进攻建州女真，他们以军事联盟为纽带，逐渐结成了部落联盟，进行了两次进击。但进击失败后，联盟也顿告瓦解，后逐步为努尔哈赤所吞并而统一。

再如，我国当代云南西盟佤族的部落联盟，也是一种松散的联盟。西盟佤族地区至解放前，还存在着马散、永广，翁戛科、岳宋、班帅、芒吉等若干部落。部落之下包括若干村寨，村寨之间临时性的联盟关系是经常发生的。结成临时联盟的主要原因不是基于血缘关系，而是基于共同利益。这种联盟关系几乎都是军事性的联合。当纠纷械斗涉及某些村寨利益时，这些村寨往往就暂时联合起来，以对付共同的敌对村寨。事后利益一致性消失了，联盟即告结束。可见，这种联盟，完全属于恩格斯所说的"暂时联盟"的性质。①

历史的发展是很复杂的。部落联合成部落联盟的原因及其形式，当然不是整体划一的一个模式，一种途径，而是呈现着多种多样的情况，但是，就基本规律而言，则是在原始社会后期，由于战争或防卫的需要，若干近亲或近邻的部落联合成了"暂时同盟"或"永久联盟"。

那么，部落联盟有什么特征呢？恩格斯在《家庭、私有制和国家的起源》一书中，依据摩尔根的易洛魁人材料，将其归纳为十点。

第一，在联盟内，部落之间在一切内部事务上完全平等，独立存在，结成永世联盟。血缘亲属关系是联盟的真实基础。

第二，联盟的机关为联盟议事会，议事会由五十个地区和权限平等的酋长组成，它对联盟的一切事务做最后的决定。这个议事会是联盟的最高权力机关。

第三，这五十个酋长，在联盟成立时，被分配在各部落和氏族中，担任专为联盟目的而设立的新的公职。他们由有关的氏族选举或撤换，委任权则在联盟议事会。

第四，联盟的酋长在他们各自的部落中也是酋长，享有参加部落议事会和表决的权利。

第五，联盟议事会的一切决议，须经全体一致通过。

---

① 参阅田继周等《西盟佤族社会形态》，第83—84页。

第六，联盟议事会以部落为单位进行表决。这样，每个部落以及每个部落议事会全体成员，都必须一致赞成，决议才算有效。各部无论大小，表决时只有一票，这条规定体现了部落一律平等的原则。

第七，每一个部落议事会都可以召集联盟议事会，但联盟议事会本身不得自行召集。

第八，联盟议事会在聚居起来的民众面前公开举行，每一个人都可以发言，但只有议事会才能做决定。

第九，联盟没有一长制首长，即没有主掌执行权的首脑。

第十，但联盟有两个具有平等职能和平等权力的军事首长，以便互相节制。

由上文可以看出，部落联盟的主要职能，都在于政治和军事的性质。它没有组织生产、管理生活方面的任务，也没有不同于部落的单独的联盟语言和文化，它的主要工作似乎在于组织军事防御或进攻。对于部落联盟的这些特征，摩尔根在《古代社会》中以易洛魁人的民族学材料为例做了具体说明。如前所述，易洛魁联盟共包括摩霍克、鄂奈达、鄂农达加、卡尤加和塞内卡 5 个部落，联盟成立后，即设立了 50 名常任首领，并分别授以名号，规定永久分属于各指定的氏族。这些首领在开会期间组成联盟会议，该会议有立法、行政和司法之权。这 50 位首领的级别、权威和特权统统是平等的，每一名首领都有一名副首领，称"协佐"，充当正首领的使者，服从正首领的指挥。

五个部落为维持原政治体制，都是各自独立的，各个部落的领土疆界划分明确。"部落就其作为一种组织而言，既未由于参加联盟而削减其力量，也没有因此而受到损害，每一个部落在其与自身相适应的范围内是富有生命力的。"[1] 各部落于联盟中在权利、特权和义务方面均处于平等地位，每一个部落的首领都有平等的发言权，他们在联盟会议上以部落为单位来投票表决，每一项公共法令必须全体一致通过才能生效。

联盟的部落之间是团结的，这不仅仅是由相互保卫结成同盟这样一种利益的原因，从易洛魁人来讲，还在于存在着血缘纽带关系。"联盟在表面上是建立在部落的基础上，而推源溯始，其基础实在于共同的氏族。……易洛魁人的历史证实了血缘纽带的真实性与持久性，以及他们是如何忠实地尊

---

[1] 《古代社会》上册，第 129 页。

重这种关系。在联盟维持的长久时间内，他们从未发生过混乱，也从未使组织陷于分裂。"①

在对外关系上，他们的行动也是一致的，五个部落均可代表，如果联盟外的部落要向联盟提出建议，可以向五个部落中的任何一个部落提出。至于该项事件是否需要召开一次联盟大会，那就完全由接受建议的部落召开本部落会议来决定。如果联盟外的部落派遣代表团出席联盟大会，可直接带着他们的建议向大会提出。经过协商，如达成协议，即相互交换贝珠带作为订交的凭证。

在我国历史上，契丹族的部落联盟及其特征，是较为典型的。据张正明同志研究，契丹在古八部时期还不曾建立部落联盟，只是在有时，为了采取一致的军事行动，组织过暂时的同盟，"有征伐则酋帅相与议之，兴兵动众，合如符契"。② 因此，这种关系是不经常和不巩固的，战事一停止，联合行动也就随着结束，暂时同盟即告解散。但到唐初，为联合抗击突厥的侵扰，契丹的大贺部落建盟便建立起来。自此以后，契丹各部才有了比较稳定的联盟关系。

契丹大贺联盟的特点，首先体现出来的是有了世选的首领，而且各部落的酋长也是由部落内部显贵家族世选的。当然，联盟的首领都有一定的任期，并由八部酋长轮流担任。《契丹国志》载："八部大人，……三年一会，于各部内选雄勇有谋略者立之为主，旧主退位，例以为常。"《旧五代史·契丹传》亦曰："八部，每部皆号大人，内推一人为主，建旗鼓以尊之，每三年第其名以代之，"《新五代史·四夷附录》则载：部之长号大人，而常推一大人建旗鼓以统八部，至其岁久，或其国有灾疾而畜牧衰，则八部聚议，以旗鼓立其次而代之，被代者以为约本如此，不敢争。"由此可知，原始民主传统仍有一定影响。其次，大贺联盟首领的权力还不大，八部酋长会议才是联盟的最高权力机关，"若有征发，诸部皆须议合，不得独举"③。至于各部落的内部事务，则仍由各部自理，联盟首领亦无权过问。联盟首领如果独断专行，就会受到部众和多数酋长反对，立遭罢免，或竟被杀。其三，除了联盟首领之外，契丹有时还另选一人或二人为

---

① 《古代社会》上册，第131页。
② 《北史·契丹传》。
③ 《旧唐书·契丹传》。

军事统帅，其威望常不在联盟首领之下。这是由当时军事斗争的频繁所决定的。

从易洛魁和契丹部落联盟的特征中，我们可以更具体地看出：正因为部落联盟仅仅是部落共同体的扩大组合而已，所以其种种特征一方面表现出了各部落之间在军事、政治等利益上的一致性，另一方面也表现出了各部落还保持有完全的独立性，即摩尔根所说："各部落仍保持自治之权。"①

五　部落联盟的发展

同一切事物都是发展变化的一样，部落联盟作为部落共同体的最高组织形式其发展方向分为两个层次，一个层次是其组织结构发生质变，即管理职能向前发展成国家机关；另一个层次是群体本身的发展，在不同的历史条件下，其可能是血缘关系的再扩大，由血缘部落联合成暂时的同盟，遂发展而形成部族；也可能是血缘关系的瓦解，地域关系确立，由地缘部落融合成永久的联盟，遂发展而形成民族。

部落联盟的管理职能发展成国家的情景，恩格斯在《家庭、私有制和国家的起源》中，曾以希腊、罗马和德意志人为例，进行过深刻的论述。

按照马克思和恩格斯的论断，国家不是从来就有的，它是社会发展到一定阶段的产物，它是从原始氏族制度中在部落联盟的基础上发展而来的，在从原始社会末期"从部落制度向国家的过渡"中，曾经经历了一个具有两重性的阶段，即部落联盟时期的军事民主制度阶段。这是部落联盟表现在管理职能上的一种主要制度。

什么是军事民主制度？摩尔根指之为"三权政府"。他说："在低级野蛮社会，是一权政府，即酋长会议；在中级野蛮社会，是两权政府，即酋长会议和军事指挥官；在高级野蛮社会，是三权政府，即酋长会议、人民大会和军事指挥官。"② 这里的所谓"三权政府"，也就是军事民主制度。具体说来，这里面包含了两层意思：其一，军事民主制和"三权政府"是从原始社会向阶级社会过渡的产物，因而存在着一定程度的统治性质。其二，由于这种制度毕竟根植于氏族制度上，是"以氏族、胞族和部落为基

---

① 《古代社会》上册，第144页。
② 《古代社会》上册，第257页。

础，并从它们当中发展起来的"①。所以，"在这种制度下，人民是自由的，政治的精神（这是最关要紧的问题）是民主的"②。这两者结合起来，就称为军事民主制度。

原始社会末期，由于生产力的不断提高，私有财产的进一步发展，各部落联盟之间，频繁地发生了旨在抢夺土地、财产、牲畜和人口的掠夺性战争，为了进行掠夺性战争或防止其他部落联盟所发展的这种掠夺性战争，军事首领在原始社会中的地位和作用也就逐步增长起来。在开始的时候，军事首领只是凭借自己在战争中的勇敢善战和指挥天才而被群众在民主的基础上选举产生的，职务也不是世袭的，对不称职的可以被罢免。同时，军事首领的权力仅局限于军事，没有行政方面的统治权，这是和后来阶段社会中的君主或国王所不同的地方。

但是，后来军事首领的产生方式逐渐发生了变化，当这个职务出缺必须递补时，其兄弟或姐妹之子享有优先权。随着战争剧烈程度进一步加强和战争范围的进一步扩大，"掠夺战争加强了最高军事首长以及下级军事首长的权力"，"战争以及进行战争的组织现在已成为民族生活的正常职能"。③ 在这种情况下，军事首领的产生方式便由选举逐渐改变为世袭。特别是在远离本土的战争进行过程中，军事首长往往由于本身具备种种便利条件，在征服该土地后，就变成新征服区的统治者。这就开始了向国家的过渡。所以，摩尔根认为，国家最高行政官是阶段社会出于军事上的需要而产生的，这个职位是随着人类社会的进步而不断发展的，"它的起源可以追溯到普通军事酋长，第一步发展成易洛魁联盟中的那种'大战士'，第二步发展成更进步的部落联盟中与此相同的军事统帅，兼领祭司之职，有如阿兹特克联盟中的吐克特利；第三步发展联合各部落所组成的民族中与之相同的军事统帅兼领祭司和法官之职，有如希腊人的巴赛勒斯；最后发展成最近政治社会的最高长官。雅典人用以接替巴赛勒斯的选任执政官，现代共和国朝政选的总统，都是氏族制度的天然产物。"④ 这里的氏族制度的三个典型，都是指的不同阶段的部落联盟。

---

① 《马克思恩格斯选集》第 4 卷，第 124 页。
② 《古代社会》上册，第 248—249 页。
③ 《马克思恩格斯选集》第 4 卷，第 160 页。
④ 《古代社会》上册，第 253—254 页。

　　中国历史上从传说中的黄帝时代，中经尧、舜、禹，直到夏代前期，持续了数百年，就是一个从原始社会向阶级社会过渡的时期。在这个时期中，氏族制度的发展已进入部落联盟阶段，例如黄帝后裔的氏族部落在进入黄河流域以后便逐渐同在东方的夷人部落和西方的羌人部落结成了新的部落联盟，这种部落联盟已超过原来的血缘关系的界限，按地缘关系互相结合，是氏族机构向国家过渡的形态，即军事民主制阶段。这时期，部落联盟通常由参加该联盟的各部落酋长组成联盟议事会，联盟的首领是通过议事会选举出来的，例如，当帝挚去位后，尧通知四岳各部落酋长开会，请求选出继承人选，大家就一致选出了舜为联盟首领。举出舜后，尧仍在位二三十年。到了尧退位后，又通过相似手段，由各部落酋长推出禹，舜与禹复共事几十年。这就是郭沫若所说的"两头政长"，也是我国部落联盟时期军事民主制的一个具体典型。

　　在我国一些少数民族历史上，也有通过军事民主制度从部落联盟向国家政权过渡的记载，拓跋鲜卑的部落联盟时间很长，但真正向国家过渡，始于登国初年即公元 386 年，以分散部落、分土定居、计口授田为起点，至北魏孝文帝拓跋元宏始告完成。

　　至于部落共同体在什么条件下可能联合发展成部族，在什么条件下可能融合发展成民族，我们将在下两章中论述。

第五章　部族共同体

一　历史上有没有部族

　　早在 20 世纪 50 年代初期，学术界在讨论汉民族的形成问题时，对于历史上究竟有没有部族的问题发生了原则性的分歧。首先，苏联学者格·叶菲莫夫于 1953 年下半年发表了《论中国民族的形成》，文中称封建社会时期的汉族为部族[①]。与此相反，范文澜于 1954 年上半年在《历史研究》上发表了《试论中国自秦汉时成为统一国家的原因》[②]，认为汉民族形成于秦汉，提出了与叶菲莫夫截然不同的论点。接着官显、曾文经、魏明经以及扬则俊、张正明等发表文章，在部族问题上，一致认为资本主义前阶级社会的人们共同体只能是部族，片面地否认古代民族的存在，这与叶菲莫夫的观点在理论上是一致的。当时，人们认为产生分歧的主要原因是人们对马克思主义经典著作中关于"民族"一词的译名有不同的理解和认识。所以到了 60 年代初期，有的同志又认为，"部族"一词，在马、恩、列、斯的德文和俄文原著中是没有的，主张取消"部族"这一译名，统一译作"民族"，从而又片面否定部族的存在。在这个观点的指导下，人民出版社1971 年出版的斯大林《马克思主义与语言学问题》一书，即把 1953 年版中关于"部族"的译名加修饰词"资本主义以前的"全部改译为"民族"。1972 年中共中央马、恩、列、斯著作编译局编译出版的《马克思恩

[①] 见《民族问题译丛》1954 年第 2 辑。

[②] 《历史研究》1954 年第 3 期。

格斯选集》第四卷，也把恩格斯《家庭、私有制和国家的起源》旧版本①
中所有关于"部族"的译名全部改译为"小民族"。受这种观点的影响，
直到 80 年代，有人在讨论非洲的部族问题时，仍认为应该把非洲当地人自
称的"tribe"译为"部落"而不能译为部族②。

　　译名虽改，我们在新版本的马、恩、列、斯的著作中已看不到"部
族"了，但是没有从本质上、在根本点上解决问题，所以分歧依然存在。
当然，通过研究和讨论，学术界对于在资本主义以前是否有民族的问题上
已基本上趋向一致，民族最早是"由部落发展成"的观点已占主导地位，
对此，下一章还将专门论述，问题是至今仍然有人坚持说："资本主义以
前不是民族而是部族，如果一定要说有民族，那只能是习惯上的说法，而
不是科学上的概念。"③ 对此看法，难道我们能够完全无视吗？更何况苏联
学者至今也认为"民族产生以前，作为人们社会历史性共同体的是部
族"④。这些情况使我们不得不考虑：汉民族形成问题的分歧，虽然是由于
人们对"民族"一词的译名有不同的理解和认识所致，但是具体到部族问
题，就不能简单地归结为翻译问题，更不能武断地取消"部族"的译名。

　　先姑且不谈关于部族的形成及其特点等方面的分歧，就历史上有没有
部族这一点来说，我们认为历史上是有部族这个人们共同体存在的。例如
我国历史上的匈奴、乌桓、鲜卑等族就是部族，林干在其所著的《匈奴
史》中就明确称匈奴为"游牧部族"⑤。马长寿所著《戎狄与匈奴》⑥ 和
《乌桓与鲜卑》⑦ 就把匈奴、乌桓和鲜卑作为部族，进行了详细的研究。又
如契丹族，李一氓也认为"契丹在中国东北方是一个古老的大部族"⑧。再
如，在欧洲的历史上，更是较普遍地存在有部族，在西班牙，就形成过卡
斯蒂利亚部族、阿拉贡部族、安达卢西亚部族；在德意志就形成过萨克森

　　① 见《家庭、私有制和国家的起源》，人民出版社 1954 年版，第 100 页。

　　② 参阅顾章义《评非洲"部族"说——兼谈斯大林的民族定义》，《中央民院学报》1983 年
第 4 期。

　　③ 参阅施正一《关于民族形成问题的争论》，《中央民院学报》1979 年第 3 期。

　　④ ［苏］И·П·查麦梁：《民族的起源与实质——兼论资本主义社会中的民族的社会性
质》，《民族译丛》1981 年第 2 期。

　　⑤ 林干：《匈奴史》内蒙古人民出版社 1979 年第 2 版。

　　⑥ 该书由生活·读书·新知三联书店 1962 年出版。

　　⑦ 该书由上海人民出版社 1962 年 11 月出版。

　　⑧ 李一氓：《读〈辽史〉——兼论〈四郎探母〉》，《文艺研究》1981 年第 4 期。

部族、施瓦本部族、巴伐利亚部族等。还如今日之非洲，更是一个部族的世界，据说现在非洲有上千个部族①。坦桑尼亚就是一个多部族的国家，全国大约有120个部族。这些部族，就血统而言，绝大部分属班图血统。苏库马族是坦桑尼亚人口最多的一个部族②。南非的黑人也因语言和文化不同，而分为恩古尼、苏陀——茨瓦纳、瓦达和纳松加四个部族③。多哥的塔姆贝尔马部落又被认为是保有远古遗风的一个部族④。在坦桑尼亚与肯尼亚边境两侧约十万平方公里的地区内居住的四十万马萨伊人被公认是东非拥有牲口最多的游牧部族⑤。在非洲的心脏扎伊尔，第二次世界大战后有550个部族，1979年仍有250个部族⑥。最近又有材料说苏丹有597个部族⑦，直到1989年年初《人民日报》（海外版）还报道了苏丹发生严重的部族冲突⑧。由此可见，部族不仅是历史上客观存在的人们共同体的一个实体，也是当今世界上还客观存在的人们共同体的一个实体。

因此，武断地、绝对地说资本主义以前只有部族、没有民族固然不妥，但简单地取消"部族"一词的做法也不是解决学术问题的办法。慎重的科学的学术态度应该是，从实际出发，在马克思主义的指导下，在详细占有和分析材料的基础上，认真研究和探讨部族的形成及其特点，从而确定部族在人们共同体发展进程中的地位。

二 部族共同体的形成

关于部族形成的问题，学术界传统的看法认为部族形成于阶级社会产生以后，是资本主义以前的人们共同体。1979年版的《辞海》"部族"条就写道："俄文 Наподность 一词，以及英文、德文、法文中与此相对应的词，汉语中一般译作部族，其含义是指氏族和部落之后，资本主义以前的

---

① 参阅［坦桑］A. J. 恩塞凯拉《坦桑尼亚的部族》，《民族译丛》1981年第2期。

② 参阅［英］柯林·勒古姆《部族因素在非洲政治发展中的作用》（摘译自美国《八十年代的非洲——一个危机四伏的大陆》1980年版），《民族译丛》1981年第2期。

③ ［法］P. 史密斯：《南非的居民》，《民族译丛》1981年第4期。

④ 季吉耶、鲍曼斯：《塔姆贝尔马部落》，《民族译丛》1980年第3期。

⑤ 丁邦英：《东非著名的游牧部族》，《百科知识》，1980年第11期。

⑥ 吴秉真：《部族问题在扎伊尔》，《世界史研究动态》1981年第4期。

⑦ 宁骚：《试论当代非洲的部族问题》，《世界历史》1983年第4期。

⑧ 《人民日报》（海外版）1989年1月14日第6版。

人们共同体。"① 1980 年出版的，由许涤新主编的《政治经济学辞典》对部族也做了同样的解释，并说以此"区别于资本主义时代的现代民族。"②1986 年欧潮泉在《贵州民族研究》第 1 期上还发表了《论部族》的专文仍称部族"在奴隶社会中形成，并存在于整个封建社会"。

这个观点源于斯大林在《马克思主义与语言学问题》中的一段论述。其说："随着资本主义的出现、封建分割的消灭、民族市场的形成，于是部族就变成为民族，而部族的语言就变成为民族的语言。"③ 同时，早在1929 年斯大林在《民族问题与列宁主义》中就说过："在资本主义以前的时期是没有而且也不能有民族的"④，所以在苏联学术界就形成了部族形成于阶级社会产生之后，资本主义以前的传统观点。叶菲莫夫就是用这个观点来套中国的历史，得出封建社会时期的汉族是部族的错误结论。至今仍有不少苏联学者持这个观点。如 И·П·查麦梁就说："部族在原始公社制瓦解而由奴隶制所代替（如古埃及、罗马）的过程中，以及在历史发展上未经过奴隶制的国家（如罗斯）由封建制代替原始公社制的过程中形成的。"⑤ 又如 Ю·В·勃罗姆列伊也认为："早期阶级社会，在几个部落（亲属部落或非亲属部落）的基础上，形成了部族，这是资本主义以前阶级社会的基本民族共同体。"⑥

苏联的这个观点对我国学术界的影响是深远的，尽管经过 20 世纪 50年代到 20 世纪 60 年代关于汉民族形成问题的讨论，关于"民族"译名问题的讨论，最早的民族是由部落发展而成的观点已为学术界大多数同志所接受，但具体到部族问题却仍然是老观点，新编的《辞海》也就照搬不误了。

部族形成于资本主义以前的阶级社会的观点究竟错在什么地方？我们认为，这种观点一不符合历史和现实，二不符合恩格斯关于部落形成的论

---

① 上海辞书出版社，1979 年版《辞海》上，第 1037 页。

② 许涤新主编：《政治经济学辞典》1980 年版，第 170 页。

③ 《马克思主义与语言学问题》人民出版社 1962 年版，第 10 页。

④ 《马克思主义与民族、殖民地问题》，人民出版社 1953 年版，第 345 页。

⑤ И·П·查麦梁：《民族的起源与实质——兼论资本主义社会中的民族的社会性质》，《民族译丛》1981 年第 2 期。

⑥ Ю·В·勃罗姆列伊：《论历史文化共同体的基本类型及其发展趋向》，《民族译丛》1981年，第 5 期。

述，所以在理论上势必混淆部族与古代民族的界限。

部族是怎样形成的？恩格斯在研究希腊人的氏族时就说过："在《荷马史诗》中，我们发见，希腊的各部落，在数场合之下，已联合而为不大的部族。"① 这就是说，部族形成的时间是在原始社会末期；部族形成的途径是由部落联合而成的。

众所周知，在原始社会末期，由于生产力的发展，生产力水平的提高，使生产关系不断发生新的变化，恩格斯对此做了深刻的分析，他说：这时"由子女继承财产的父权制，促进了财产积累于家庭中，并且使家庭变成一种与氏族对立的力量；财产的差别，通过世袭显贵和主权的最初萌芽的形成，对社会制度发生反作用；奴隶制起初虽然仅限于俘虏，但已经开辟了奴役同部落人甚至同氏族人的前景；古代部落对部落的战争，已经开始蜕变为在陆上和海上为攫夺家畜，奴隶和财宝而不断进行抢劫，变为一种正常的营生"。② 于是，为了积聚财富的战争的种种需要，有血缘关系的部落往往联合起来，结成联盟。

由于历史的发展不是按一个模式进行的，所以部落联盟形成后，往往会出现两种情况，产生两种前途。

一种情况是，在原始社会末期，一般地来说，由于私有财产的出现和增长，阶级的产生和对立，家庭的萌芽和发展，原始社会的社会基本细胞——氏族往往会被瓦解。在国家被发明出来后，以血缘关系为纽带的氏族、部落也就逐渐发展、转化为以地域关系为基础的民族了，最早的民族就是这样形成的。所以恩格斯在《自然辩证法》中说："从部落发展成了民族和国家"。③ 这就是部落可能出现的一种前途。

但是，历史发展的多样性，在另一种情况下，部落还可能出现另一种前途，那就是联合成部族。为什么会出现这种前途？这是因为虽然在原始社会末期，私有财产的出现和增长，阶级的产生和对立，家庭的萌芽和发展的历史背景一样，但是变化、发展的速度和程度不同，有快有慢，有深有浅。于是有些部落由于战争的紧急需要，在国家还没有被发明出来，以

---

① ［德］恩格斯：《家庭、私有制和国家的起源》，张仲实译，人民出版社1954年10月版，第100页。因译名问题本章以该书为据。

② 《马克思恩格斯选集》第4卷，第104页。

③ 《自然辩证法》，人民出版社1955年版，第143页。

血缘关系为纽带的氏族、部落还没有完成向地缘关系为基础的转化，氏族、部落还没有瓦解的条件下，结成了较永久的联盟，联合而成为部族。

所以，我们说民族是从部落发展成的，它的含义就是原始社会末期，在阶级出现，氏族、部落被彻底瓦解，国家产生的条件下，从以血缘关系为纽带转化为地域关系为基础的人们共同体就是民族。

部族是由部落联合而成的，它的含义就是原始社会末期，由于战争的需要，虽然阶级已经出现，但在氏族、部落还没有彻底瓦解，国家还没有最后产生的条件下，由部落联合而成的人们共同体就是部族。

在这里，部落是发展成民族，还是联合成部族，关键是看氏族、部落是否已经彻底瓦解，血缘关系是否已完成了向地域关系的转化，国家是否已产生。这个关键也就是部族与民族的一个根本区别。

在世界历史上，匈奴部族的形成是一个典型的实例。《史记·匈奴列传》载：从远古时代到公元前三世纪末，即"自淳维以至头曼千有余岁"，这时蒙古高原的各氏族、部落"各分散居溪谷，自有君长，往往而聚者百有余戎，然莫能相一。"匈奴氏族、部落则"时大时小，别散分离"[1]，表现出分合无常，很不稳定。

这种情况，直到公元前三世纪前后，由于匈奴人进入了铁器时代，才发生了巨大的变化。据考古发掘证明，在属于公元前三世纪前后或公元前三世纪至公元前一世纪的数百个匈奴墓葬中，有大量的铁制马嚼、镞、刀、剑以及铁镰、铁铧和炼铁炉出土。[2]《史记·匈奴列传》也记载说：匈奴人的兵器"长兵则弓矢，短兵则刀铤"。匈奴人本来就是"食畜肉，衣其皮革，被裘裳"[3] 的游牧部落，畜群的增殖一向是其生存至关重要的事情，铁器的大量使用，当然大大促进了畜牧业的繁盛，从而使生产品有了剩余，私有制不可阻挡地出现了，这个缺口一打开，匈奴氏族、部落的游牧经济便逐渐由氏族公社的集体游牧转变为个体家庭的分散游牧。他们"各有分地，逐水草移徙"，形成牧场的公有制与牲畜的私有制的结合。在占有更多牲畜的强烈欲望的驱使下，"战争变成正常的职业"，正如史书所载，匈奴"宽则随畜因射猎禽兽为生业，急则人习战功以侵伐"。所以匈

---

① 以上所引均见《史记·匈奴列传》。

② 参阅林干《匈奴史》，内蒙古人民出版社 1979 年第 2 版，第 1 页。

③ 《史记·匈奴列传》。

奴人从小即进行军事训练，"儿能骑羊，引弓射鸟鼠，少长则射狐兔，用为食，士力能弯弓，尽为甲骑。"① 头曼单于就是在这个时候被公推为首领，成为匈奴的第一个单于，单于最早即是"军事首长"之意，这表明匈奴氏族、部落至迟在头曼时，由于战争的紧急需要，而结成了部落联盟。头曼长子冒顿自立为单于后，在灭东胡，击月氏，征浑庚、屈射、丁令、鬲昆、薪犁，平楼兰、乌孙、乌揭，南侵秦、汉的战争过程中，匈奴各部落联合的部落联盟越来越巩固，而成为较永久的联盟，形成匈奴部族。

有人可能会问：冒顿是射杀头曼单于后，"尽诛其后母与弟，及大臣不听从者"② 而自立为单于的。这应该说是世袭制代替选举制，是原始社会最后崩溃，国家产生的标志，这时形成的人们共同体应该是匈奴民族，怎么是匈奴部族呢？这个问题问得好，正是弄清部族与民族区别的关键所在。

我们认为冒顿单于时形成的是匈奴部族，不是匈奴民族，主要原因是：其一，冒顿在杀父自立前早已得到部落大多数人的拥护，《史记·匈奴列传》记载的冒顿为"万骑"时，"作为鸣镝，习勒其骑射"的故事就是一证。其二，冒顿对周边所进行的征服战争，代表了为了掠夺，把战争作为正常职业的匈奴各氏族、部落的根本利益，所以他得到部落联盟大多数人的拥护，并认可了他自立为单于。这正如恩格斯所说："掠夺战争加强了最高军事首长以及下级首领的权力；适应习惯的由同一家庭中选出他们的后继者的办法，渐渐地，特别是自父权制确立的时候起，转为世袭的权力了"③。这说明世袭制并不是阶级社会的产物，它早在原始社会父权制时期就有了。所以恩格斯又说："因此，料想希腊人的军事首长，像罗马'皇帝'一样，如不是由人民选出的，也至少是由人民的公认的机关——议事会或人民大会——所认可的。"④ 所以冒顿虽是自立为单于的，但匈奴的大人会议仍然存在，自冒顿至各级贵族都要统军作战，以及壮丁都"尽为甲骑"，这些都表明冒顿单于的军事统帅的性质。其三，史载冒顿时，"岁正月，诸长小会单于庭祠。五月大会龙城，祭其先，天地、鬼神。秋，

---

① 以上所引均见《史记·匈奴列传》。
② 《史记·匈奴列传》。
③ 《家庭、私有制和国家的起源》，第158页。
④ 《家庭、私有制和国家的起源》，第102页。

马肥，大会蹛林，课校人、畜计"①，这又表明冒顿单于作为军事首长，"除军事的权限以外，还有祭祀及裁判的权限"②。最后，冒顿单于时，"其攻战：斩首虏赐一卮酒，而所得卤获因以予之，得人以为奴婢；故其战，人人自为利。"③ 这也正像恩格斯在研究希腊部族时所说的那样，"各个部族，为了占有最好的土地及掠夺战利品，进行不断的战争；以军事俘虏充作奴隶，已成为公认的制度了"④ 这一切都反映出匈奴社会虽然已发展了私有制，产生了奴隶，出现了世袭制，这些确实是原始社会末期，氏族制度在崩溃的过程中必然会产生和出现的现象，是巨大的量变，但因为匈奴氏族、部落还没有彻底瓦解，血缘关系还没有转变为地域关系，国家也还没有产生，所以匈奴的社会性质还没有产生质的飞跃，其依然是原始社会，在这种历史背景下，匈奴各部落当然只能联合成部族，而不是发展成民族。

我国古代乌桓部族的形成情况又是一例。在匈奴灭东胡之前，乌桓与鲜卑都是东胡部落联盟的主要成员。公元前 200 年，匈奴击溃东胡部落联盟后，在相当一个时期内，乌桓一方面受匈奴部族的压迫和剥削，《后汉书·乌桓鲜卑列传·乌桓》云："乌桓自为冒顿所破，众遂孤弱，常臣伏匈奴，岁输牛、马、羊皮，过时不具辄没其妻子。"另一方面又受汉王朝汉族封建地主阶级的奴役。公元前 81 年（汉昭帝始元六年）时，汉朝在匈奴二万骑攻打乌桓之时，趁人之危，派度辽将军范明友率两万骑兵，在乌桓新败匈奴的情况下，"击之，斩首六千余级，获其三王首而还"⑤。面对这种来自两个方面的威胁，为了生存，乌桓做了曲折的斗争，他们时而"降附"汉朝，共击匈奴；时而又"与匈奴连兵为寇"⑥，同掠汉边。在经常处于战争的这种状态下，乌桓部落的军事组织越来越发展。史载乌桓"邑落各有小帅"⑦，这"小帅"显然是氏族的军事首长。又载乌桓"有募勇健能理决斗讼者，推为大人"，可见乌桓部落的大人是从邑落小帅中选

---

① 《史记·匈奴列传》。
② 《马克思恩格斯选集》第 103 页。
③ 《史记·匈奴列传》。
④ 《家庭、私有制和国家的起源》，第 100 页。
⑤ 《汉书·匈奴传上》。
⑥ 《后汉书·乌桓鲜卑列传·乌桓》。
⑦ 《后汉书·乌桓鲜卑列传·乌桓》。

出来的。乌桓的军事组织由男子组成，史载"男子能作弓矢鞍勒，锻金铁为兵器"，又载男子"唯斗战之事乃自决之"，并称"俗贵兵死"，"贵少而贱老"，"怒则杀父兄"，还称"若相贼杀者，令部落自相报"①。可见"因为战争以及进行战争的组织现在成了人民生活底正常的职能了。"②

但是。这时乌桓的氏族、部落并没有彻底瓦解，国家也没有产生出来。部大人"无世业相继"③，邑落小帅也"不可继也"④ 可见选举制仍是乌桓社会政治生活的基本形式。所以乌桓"数百千落自为一部。大人有所召呼，刻木为信，邑落传行。"⑤，而且"氏姓无常，以大人健者名字为姓。大人以下，各自畜牧营产，不相徭役"⑥。"其约法：违大人言者，罪至死；若相贼杀者，令部落自相报，不止，诣大人告之，听出马、牛、羊以赎死，其自杀父兄，则无罪；若亡畔，为大人所捕者，邑落不得受之，皆徙逐于雍狂之地，沙漠之中。"⑦ 这些关于乌桓社会面貌的记载，反映出的是一幅原始社会的一般图景，在这里，关于氏族、部落瓦解和国家产生的各种迹象，都还是不见踪影的。

同时，以血缘关系为纽带的乌桓氏族、部落也没有完成向地域关系的转化。这一点在婚姻习俗上表现得最突出。史载"其嫁娶、则先略女通情，或半岁、百日，然后送牛、马、羊畜，以为聘币。婿随妻还家，妻家无尊卑，旦旦拜之，而不拜其父母。为妻家仆役，一二年间，妻家乃厚遣送女，居处财物一皆为办。其俗妻后母，报寡嫂，死则归其故夫。"而且"怒则杀父兄而终不害其母，以母有族类，父兄无相仇报故也。"⑧ 可见不仅血缘关系依然是乌桓氏族、部落的纽带，而且母系氏族的习俗还严重存在。

这样，一方面是战争的需要，乌桓各"邑落""部"结合成为较永久的部落联盟；另一方面血缘关系仍然是维系氏族、部落的纽带，在这种场

---

① 以上所引均见《后汉书·乌桓鲜卑列传·乌桓》。
② 《家庭、私有制和国家的起源》，第158页。
③ 《后汉书·乌桓鲜卑列传·乌桓》。
④ 王沈：《魏书》。
⑤ 王沈：《魏书》。
⑥ 《后汉书·乌桓鲜卑列传·乌桓》。
⑦ 《后汉书·乌桓鲜卑列传·乌桓》。
⑧ 《后汉书·乌桓鲜卑列传·乌桓》。

合下，乌桓各"邑落"和"部"就联合成部族了。

总之，从上述恩格斯的论述以及匈奴、乌桓部族形成的举例中，我们可以清楚地看到：部族绝对不是在阶级社会以后，资本主义以前的人们共同体，而是原始社会末期的一种人们共同体。部族的形成，是在原始社会末期。当时虽然由于生产力的发展，私有制的出现，家庭的形成，阶级的产生，以血缘关系为纽带的氏族、部落已经开始呈现出分化、解体的状态，但是因政治的、经济的、军事的、自然的、地理的种种因素的影响，一些氏族、部落在还没有最后彻底分化、瓦解；在国家机关还没有最后出现，在人们共同体的血缘关系还没有最后完成向地域关系的转化的历史条件下，"为了占有最好的土地，也为了掠夺战利品"①，联合起来，结成较永久的联盟，而形成部族。

三　部族共同体的特征

部族是由部落联合而成的。由于这种联合没有能够彻底分化、瓦解氏族、部落，也没有促成血缘关系向地域关系转化的完成，所以部族作为一个以血缘关系为纽带的人们共同体，有以下两个重要特征：

1. 以氏族为基础的部族，其内部氏族、部落还完全保存着独立性

部族一词，在中国的史书中本来就是氏族和部落的统称。《辽史·营卫志》部族篇中说："部落曰部，氏族曰族。""分地而居，合族而处。"从某种意义上来说，这既说明了部族是由部落联合而成的，又说明了在部族内部，氏族、部落都保存着独立性。所以恩格斯在分析希腊部族时就明确指出："在这种部族内部，氏族、胞族及部落，还完全保存着它们的独立性。"②

例如匈奴部族，自冒顿自立为单于后，征服了许多部落和部族。其先后东灭东胡，西击走月氏，南并楼烦、白羊河南王，北服浑庚、屈射、丁零、鬲昆、薪犁，后又攻灭月氏，平定楼兰、乌孙、呼揭及其旁二十六

---

① 《马克思恩格斯选集》4卷，第100页。
② 《家庭、私有制和国家起源》，第100页。

族①。在这里，东胡虽被匈奴所灭，但退居乌桓山的一支逐渐形成乌桓部族，退居鲜卑山的一支逐渐形成鲜卑部族，他们在一个相当的时期内虽然常常归附匈奴，但却保存了完全的独立性。楼兰虽在秦朝末年被匈奴征服，但也保存完全的独立性，被移住"河南地"（即今鄂尔多斯草原），直至汉武帝时才被卫青所攻破。丁零在汉初虽也被匈奴征服，但在汉宣帝和汉章帝时，先后于公元前72年，公元85年、公元88年三次配合汉军，协同乌孙、乌桓、鲜卑等击败匈奴，直到两晋南北朝时，南迁的定州丁零、中山丁零、北地丁零被汉族同化而消失，而居漠北的丁零则发展演变成了敕勒部族。而敕勒部族内包括很多独立的部落，最先有狄氏、袁纥氏、斛律氏、解批氏、护骨氏、异奇斤氏等部落，到南北朝时，又发展了十二个部落，即泣伏利氏、吐卢氏、乙旃氏、大连氏、窟贺氏、达薄干氏、阿仑氏、莫允氏、俟分氏、副伏罗氏、乞袁氏、右叔沛氏。各部落都有自己的"君长"②。

被匈奴征服过的部落情况如此，就是匈奴部族内部也是这样。《史记·匈奴列传》载：匈奴"诸左方王将居东方，直上谷以往者，东接秽貉、朝鲜；右方王将居西方，直上郡以西，接月氏、氐、羌；而单于之庭，直代、云中。各有分地，逐水草移徙。"这种"各有分地，逐水草移徙"的独立的经济生活，致使匈奴部族内的各氏族、部落保存了完全的独立性，故才能"各自置千长、百长、什长、裨小王、相、封都尉、当户、且渠之属。"③ 表现了政治上的独立性。由于氏族、部落组织保有完全的独立性，所以当伊雅斜单于败于汉军遁走后，又能"复得其众"④。更有甚者，公元前58年，姑夕王与乌禅幕及左地贵人共立稽侯狦为呼韩邪单于后，都隆奇山右贤王共立日逐王薄胥堂为屠耆单于，呼揭王自立为呼揭单于，右奥鞬王自立为车犁单于，乌藉都尉自立为乌藉单于，⑤ 出现五单于并存的局面。

在氏族、部落完全保存着独立性的基础上，匈奴部落贵族的大人联席会议一直是部族的重要权力机关之一。所以，当单于继承发生问题时，必

---

① 参阅《史记·匈奴列传》。

② 参阅《魏书·高车传》，敕勒亦称高车。

③ 《史记·匈奴列传》。

④ 《史记·匈奴列传》。

⑤ 参阅《汉书·匈奴传上》。

须召集部落贵族大人联席会议来解决。《汉书·匈奴传上》载，公元前85年，孤鹿姑单于"病且死，谓诸贵人：'我子少，不能治国，立弟右谷蠡王。'及单于死，卫律等与颛渠阏氏谋，匿单于死，诈矫单于令，与贵人饮盟，更立子左谷蠡王为壶衍鞮单于。"又《后汉书·南匈奴传》载，公元48年，当众王争立单于时，"八部大人共议立比为呼韩邪单于"。此其一。其二，当遇到战争与和平问题时，也要召集部落贵族大人会议，共定大计。如公元前53年，呼韩邪单于打算降议，但遭到各部大人的反对，"诸大人相难久之"，于是呼韩邪单于只得听从诸大人的意见，"引众南近塞，遣子右贤王铢娄渠堂入侍。"① 其三，当匈奴部族举行宗教祭祀时，也要召集各部大人会议，共议大事。《史记·匈奴列传》就载：匈奴"岁正月，诸长小会单于庭祠。五月大会龙城，祭其先、天地、鬼神。秋，大会蹛林，课校人、畜计。"直到南单于降汉后，匈奴仍"有三龙祠，常以正月、五月、九月戊日祭天神。南单于既内附，兼祠汉帝。因会诸部，议国事，走马及骆驼为乐。"② 所有这一切，与恩格斯所说希腊部族的管理组织基本上一致，即：常设的权力机关为议事会、人民大会、军事首长，以及"议事会对于一切重要问题作出最后决定"，"人民大会是最高级的权力"，军事首长"除军事的权限以外，还有祭祀的及审判的权限"。③

乌桓部族和鲜卑部族的情况大体也如此。史载乌桓"邑落各有小帅"④ 这就足以表明乌桓各氏族、部落在部族内部有完全的独立性。所以，直到汉末，乌桓部族内部还出现了纷纷自立为王的局面。史载"辽西乌丸大人丘力居，众五千余落，上谷乌丸大人难楼，众九千余落，各称王；而辽东属国乌丸大人苏仆延，众千余落，自称峭王；右北平乌丸大人乌延，众八百余落，自称汗鲁王，皆有计策勇健。"⑤ 以至公元190年（汉献帝初平元年）蹋顿统一三郡乌桓时，重大问题仍然要"大会群长"⑥。

又如鲜卑部族，公元2世纪中叶，即东汉后期，鲜卑著名首领檀石槐被推为大人，"东西部大人皆归"，各部落联合成部族后，又自分其地为三

---

① 《汉书·匈奴传下》。

② 《后汉书·南匈奴传》。

③ 以上所引均见《马克思恩格斯选集》第4卷，第101—103页。

④ 《后汉书·乌桓鲜卑列传·乌桓》。

⑤ 《三国志·魏书·乌丸》。

⑥ 《三国志·魏书·牵招传》。

部，东部二十余邑，从右北平东至辽东，与夫余，涉貊接壤，大人有四，即弥加、阙机、素利、槐头；中部十余邑，从右北平以西至上谷，大人有三，即柯最、阙居、慕容；西部二十余邑，从上谷以西至敦煌，与乌孙接壤，大人有五，即置鞬、落罗、曰津、推演、宴荔游。① '各置大人主领之'②，它们之间的关系直到三国魏时，仍然是割地统御，各有分界。"③

2. 部族是一个不稳定的人们共同体

在原始社会末期，一些部落因某种暂时的需要（主要是因战争的需要）联合起来而形成部族，又会随着这种需要的消失而消逝。翦伯赞曾经生动地比喻说：它像鹰一样地从历史舞台上掠过，来去无常、变化多端④。所以斯大林在论及部族的不稳定性时就指出：居鲁士和亚历山大时期的部族"虽然也是历史上形成的，虽然是由一些不同的部落和种族所组成，但无疑地不能称为民族。这不是什么民族，而是些偶然凑合起来，内部很少联系的集团的混合物，其分合是以某个侵略者的胜败为转移的。"⑤

部族的这种不稳定性表现在地域上是共同地域不固定。匈奴部族是单于及左、右王将，"各有分地，逐水草移徙"⑥，所以至今匈奴单于庭及左、右王庭究竟在何地建牙，都无法确定。乌桓部族本居蒙古高原乌桓山，后即被汉武帝迁徙到上谷、渔阳、右北平、辽东、辽西五郡的边塞外居住，其间仅隔87年⑦。168年后，即东汉光武帝建武二十五年（公元49年），又使八十多个乌桓大人所率之乌桓"居塞内，布列辽东属国、辽西、右北平、渔阳、广阳、上谷、代郡、雁门、太原、朔方诸郡界。"⑧ 公元207年，曹操征服辽东、辽西、右北平三郡乌桓后，又徙乌桓一万多落到内地。在近四百年的历史中，乌桓就三次易地，留在乌桓故地的少数乌桓人也被鲜卑所征服。

---

① 参阅《后汉书·乌桓鲜卑传·鲜卑》；十二大人事参阅《三国志·魏书·鲜卑》注引王沈《魏书》。

② 《后汉书·乌桓鲜卑传·鲜卑》。

③ 《三国志·魏书·田豫传》。

④ 参阅《内蒙访古》，《人民日报》1961年12月13日。

⑤ 斯大林：《马克思主义与民族殖民地问题》，人民出版社1953年版，第25页。

⑥ 《史记·匈奴列传》。

⑦ 从公元前206年匈奴灭东胡到公元前119年汉迁乌桓入塞。

⑧ 王沈：《魏书》；转引自马长寿《乌桓与鲜卑》，上海人民出版社1962年版，第151页。

部族的这种不稳定性表现在语言文字上是只有语言，没有文字。匈奴部族"毋文书，以言语为约束"①。乌桓部族也"无文字"，只知"刻木为信"②。鲜卑部族亦同样"不识文字"③。敕勒部族也只有"略与匈奴同，而时有小异"④ 的语言，没有文字。

部族的不稳定性表现在经济生活中是缺乏经济的联系性。匈奴部族主要以畜牧业为生，他们"食畜肉，衣皮革，被旃裘"，"各有分地，逐水草移徙"⑤，过着游牧生活。由于这种经济生活是建立在利用自然，而不是改造自然的基础上的，加上居住地的不固定，部族内部独立的各氏族、部落之间没有经济联系的必要性，所以"其见敌则逐利如鸟之集，其困败则瓦解云散矣"。⑥

部族的不稳定性表现在文化心理素质上是原始性。匈奴部族的原始信仰是每年三次集会都祭祖先、天地和鬼神。⑦ 巫不仅会弄神装鬼，而且也是匈奴的医生。婚姻习俗是"父死，妻其后母，兄弟死，皆娶其妻妻之。"⑧ 反映了原始群婚的遗风。其他如"贵壮健，贱老弱"；"利则进，不利则退，不羞遁走，苟利所在，不知礼义"；"斩首虏赐一卮酒"；"战而扶舆死者，尽得死者家财"⑨ 等无不表现了匈奴文化心理素质的原始性。乌桓和鲜卑部族也如此，他们的原始信仰是"敬鬼神、祠天、地、日、月、星、辰、山、川及先大人有健名者。祠用牛、羊，毕皆烧之。他们的婚姻习俗是"妻后母，报寡嫂，死则归其故夫。""嫁娶，则先略女通情，或半岁、百日，然后送牛、马、羊畜，以为聘币"也是原始群婚的残余。"婿随妻还家，……为妻家仆役，一二年间，妻家乃遣送女，居处财物一皆为办"⑩ 的不落夫家制则又是对偶婚向一夫一妻制过渡的一种表现。还

----

① 《史记·匈奴列传》。
② 《后汉书·乌桓鲜卑列传·乌桓》。
③ 《三国志·魏书·鲜卑》。
④ 《魏书·高车传》。
⑤ 《史记·匈奴列传》。
⑥ 均见《史记·匈奴列传》。
⑦ 参阅《史记·匈奴列传》、《后汉书·南匈奴传》。
⑧ 均见《史记·匈奴列传》。
⑨ 均见《史记·匈奴列传》。
⑩ 以上所引均见《后汉书·乌桓鲜卑列传·鲜卑》。其又载：鲜卑"其言语、习俗与乌桓同。唯婚姻先髡头，以季春月大会于饶乐水，饮宴毕，然后配"。

有"俗贵兵死",又是原始社会军事民主制时期的人们共同心理。

部族这些表现在地域、语言文字、经济生活、文化心理素质上的不稳定性,又集中表现为政治上的不统一。马长寿在研究我国历史上的部族问题时就指出说:"部族一经形成以后,在许多条件下又分裂为许多部族。这些部族,有的跟原来的部族名称相同,有的则跟原来的部族名称迥异,⋯⋯此外,在更多的情况下,是分裂以后的部族、部落跟祖源不同的其他部族、部落相互融合,形成许多新的部族或部落集团。"① 匈奴部族的变化情况最能说明这个问题。公元48年(建武二十四年),匈奴分裂为南北二部,北匈奴西迁,南匈奴降汉后,留居在草原上的匈奴余众"十余万落,皆自号鲜卑"②;原匈奴部族的贺赖氏、独孤氏、须卜氏、丘林氏、破六韩氏、宿六斤氏等与东北角南下的鲜卑人融合形成拓跋鲜卑和秃发鲜卑③。而南匈奴有的与鲜卑融合成为铁弗匈奴,有的与河西走廊的小月氏的一部分融合,成为卢水胡,有的则迁到东北的紫蒙川一带,被当地的鲜卑同化成为宇文鲜卑。同时,汉时移徙到河西、上郡的匈奴,与从西域早已迁到此的龟兹人融合,又与从并州北部迁到此的铁弗匈奴融合。成为稽胡。④ 所有这些匈奴的变种,后来在五胡十六国、南北朝时期都被汉族同化,而在历史上消失了。

正因为部族是一个氏族、部落还保存有完全的独立性的不稳定人们共同体,所以英国学者柯林·勒古姆在《八十年代的非洲——一个危机四伏的大陆》一书中分析部族因素在非洲政治发展中的作用时说:"有些较大的部族。如纳米比亚的奥万博族迄今还处在一种松散的状态,缺乏一个有效的集权。另外一些部族,如肯尼亚的吉库尤族虽然还停留在效忠于各自氏族的阶段,但在面临危机的时候(如矛矛族反对英国人的起义时),或者是为了发展部族的集体利益(如他们支持吉库尤人占统治地位的政府)的时候,他们能够团结在一位核心领袖的领导之下。"⑤ 不言而喻,部族的这两个特征对拥有上千个部族的非洲现代社会有着深远的影响。

---

① 马长寿:《北狄与匈奴》,生活·读书·新知三联书店1962年版,第4页。

② 《后汉书·乌桓鲜卑列传·鲜卑》。

③ 参阅马长寿《乌桓与鲜卑》,第249页。

④ 参阅马长寿《北狄与匈奴》,第4—5页。

⑤ 参阅《民族译丛》1981年第2期,第20页。

四　从部族共同体到民族共同体

在人们共同体的发展史中，部族有两个去向：一个如前文所述，因部族的不稳定性致使其可因战争等因素的消失而消逝。但是在一定的条件下，部族还有另一个去向，那就是发展成为民族。这个条件就是氏族、部落的彻底分化、瓦解，国家的产生以及血缘关系向地缘关系的转化。恩格斯在《家庭、私有制和国家的起源》中指出："国家和旧的氏族组织不同的地方，第一是按地区来划分国家管治下的人民。""第二个不同点，是公共权力的设立，这种权力已不再同自己组织为武装力量的居民直接符合了。"[1] 匈奴部族为什么没有发展成匈奴民族，而是在历史上消失了呢？最重要的原因，就是前面已讲过的在匈奴部族内部，氏族、部落一直保存着完全的独立性。"撑犁孤涂单于"虽然是"像天子那样广大的首领"[2]，但实质上仍然是"军事首长"，所以直至公元48年，比为呼韩邪单于还是由"八部大人共议"[3] 而立的。匈奴冒顿单于时虽已置左、右贤王等大臣官号，但仍"各自置千长、百长、什长、裨小王、相、封都尉、当户、且渠之属"，同时"各有分地，逐水草移徙"，而且"士力能弯弓，尽为甲骑"，"其俗，宽则随畜因射猎禽兽为生业，急则人习战攻以侵伐"[4]，所表现的完全是一幅原始社会末期"军事民主"的图景，左、右贤王等大臣官号实际上还不是"公共权力的创设"，更不是"按地区来划分国家管治下的人民"，充其量只不过反映了匈奴氏族、部落的管理机构已开始瓦解而已，但这离氏族、部落的彻底瓦解，离氏族制度的完全崩溃还有很长的一段历史过程。可惜的是匈奴部族始终没有能走完这个历史过程，而在十六国以后，在历史舞台上消失得无影无踪了。

鲜卑部族的发展情况却与匈奴部族不同。其经过长期的历史发展，其中从大泽西迁以后，与匈奴部族的一部分相融合而成的拓跋鲜卑部族，最后发展成了民族。这个历史过程大体上是这样的：

----

① 《马克思恩格斯选集》第4卷，第167页。
② 参阅《汉书·匈奴传上》。
③ 《后汉书·南匈奴传》。
④ 以上所引均见《史记·匈奴列传》。

首先，在长期的征服战争过程中，拓跋鲜卑第二推寅献帝邻时的八氏族①，即宗室八姓，到神元皇帝力微于公元 258 年迁徙制定襄郡的盛乐，举行祭天大会时，加入拓跋鲜卑部族的氏族、部落已有七十五个之多，据马长寿先生研究，其中匈奴人的姓氏有六；丁零人（包括高车人）的姓氏有六；柔然人的姓氏有三；乌桓及东部鲜卑人的姓氏有九；东方西方的各族姓氏有七，即"内入诸姓"②。这些不同血缘的"氏族和部落到处都杂居起来了"③，而且"一代比一代厉害了"④。在"杂居"的这种形势下，不仅"内入诸姓"与"宗室八姓"之间不断发生分化，关系日益加深，而且"四方诸姓"三十五部也逐渐大多变为"内入诸姓"了。这样，"有决定意义的已不是血族团体的族籍，而只是经常居住的地区了"⑤。于是公元 386 年（登国元年），拓跋珪时定居在云中，定襄、雁门、五原四郡的拓跋鲜卑部族实行了"散诸部落，始同内编户"⑥ 的措施，不反对务农的氏族、部落及被征服的各族实行"计口受田"（《魏书·太祖纪》），而且对北方游牧部落也实行"分土定居"，"其君长大人皆同编户"（《魏书·官氏志》《魏书·贺讷传》）。这样"现在要加以划分的，不是人民，而是地区了；居民在政治上已变为地区的简单的附属物了。"⑦ 而且，这种杂居愈持久，"亲属性质的联系就愈让位于地区性质的联系"⑧。这样，在氏族、部落彻底瓦解的过程中，拓跋鲜卑部族逐渐完成了从血缘关系向地域关系的转化。

与此同时，在这种历史的渐变中，不仅"氏族组织不知不觉地变成了地区组织"⑨，而且，氏族的管理机关也逐渐被国家机关所代替了。在拓跋鲜卑还没有发展为民族时，部落大人会议在其部族内仍发挥着重要作用。例如关于祭祀，《魏书·帝纪·序纪》载力微在公元 258 年（神元三十九

---

① 即拓跋氏，纥骨氏、普氏、拨拨氏、达奚氏，伊类氏、丘敦氏，俟亥氏。参阅马长寿：《乌桓与鲜卑》，第 245—246 页。

② 参阅马长寿《乌桓与鲜卑》，第 248—254 页。

③ 《马克思恩格斯选集》第 4 卷，第 164 页。

④ 《马克思恩格斯选集》第 4 卷，第 109 页。

⑤ 《马克思恩格斯选集》第 4 卷，第 113 页。

⑥ 《魏书·官氏志》。

⑦ 《马克思恩格斯选集》第 4 卷，第 113 页。

⑧ 《马克思恩格斯选集》第 4 卷，第 148 页。

⑨ 《马克思恩格斯选集》第 4 卷。

年）夏四月祭天时，"诸部君长皆来助祭"。《魏书·礼志》又载北魏祭天祭祖时，要"选帝元十族子弟七人执酒"与皇帝八人共同祭祀。又如关于推选盟主，《资治通鉴》所记把八部大人蒙以黑毡，用类似"捉迷藏"的方式捉认盟主的残余形式一直到公元 5 世纪北魏孝武帝即位时还在采用①。再如决定迁徙，《魏书·帝纪·序纪》载什翼犍欲迁都灅源川（今山西代县境）时，在公元 339 年（建国二年）夏五月"朝诸大人于参合陂，议欲定都灅源川，连日不决。"但是拓跋珪后，这种情况发生了重大的变化，那就是作为拓跋鲜卑部族内部氏族、部落还保存完全独立性，以及充分行使部族管理机关权力标志的八部大人制，在天兴年间演变成"八部帅"②和"八部大夫"③ 的"八国八座"制，此为第一次变化。第二次变化是北魏明元帝拓跋嗣神瑞元年（414 年），置八大人官，以"八公"④ 代替了"八国八座"制，完全置八部大人的血缘关系于不顾。第三次变化，即干脆把带有氏族制残余的"八"的数目也打破了。北魏明元帝泰常二年（417 年），置六部大人官，有天部，地部，东、西、南、北部，皆以诸公为之，大人置三属官。"⑤。这三次变化，使旧日氏族、部落的因素越来越少，直到太和十九年（495 年）北魏孝文帝拔跋元宏制定姓族，氏族，部落的残余一扫而光，代之而起的是一个崭新的国家机关。这时，也只有在这时，拓跋鲜卑部族在国家产生，血缘关系向地域关系转化完成的条件下，由于部族内部氏族、部落的彻底分化，瓦解，而发展成为一个新的人们共同体，即拓跋鲜卑民族。

契丹人也经历了由部落联合成部族，再由部族发展成民族的历史过程。《辽史·地理志》载："有神人乘白马自马盂山浮土河而东，有天女驾青牛车由平地松林泛潢河而下。至木叶山，二水合流，相遇为配偶，生八子。其后族属渐盛，分为八部。"可见契丹人最早只是由"白马"和"青

---

① 见《资治通鉴》卷一五五梁中大通四年（公元 532 年）记载北魏孝武帝即位的仪式说："戊子，孝武帝即位于（洛阳）东部之外。用代都旧制，以黑毡蒙七人，（高）观居其一。帝于毡上西向拜天毕，入御太极殿，群臣朝贺。"

② 《魏书·食货志》云："天兴初，制定京邑。……其外四方四维置八部帅以鉴之。"

③ 《魏书·官氏志》云："（天兴元年）12 月，置八部大夫，散骑常侍、待诏等官。其八部大夫于皇域四方四维，面置一人，以拟八座，谓之八国"。

④ 《魏书·官氏志》云："神瑞元年春，置八大人官，大人下置三属官，总理万机，故世号'八公'云。"

⑤ 《魏书·官氏志》。

牛"两个氏族组成的一个小部落,到北魏时发展成了八个部落,即悉万丹、阿大何、具伏弗、郁羽陵、日连、匹黎尔、吐六于、羽真候①。这些部落"分地而居,合族而处",基本上处于"随水草、就畋渔","靡有定所"②的原始射猎、游牧经济状态。而且各部落相距较远,"各以其名马文皮入献王府"③,独立性很大。到唐初(公元 7 世纪初)时,由于战争的需要,契丹八部落联合而形成部族,其军事首长是大贺氏④。契丹部族规定:对外战争,各部落必须统一行动,而狩猎则可以单独出动;部族首领由八部聚议,选举产生;各部落自有部落长,即唐朝所加封的"刺史"。这些都说明在契丹部族内部,各氏族、部落还保存完全的独立性。

由于部族的不稳定性,经过历年的战乱,契丹各部落有的溃散,有的被俘,有的被灭,有的分离出去,到公元 730 年(唐玄宗开元十八年),契丹部族的领导权从大贺氏手中转入遥辇氏手中。这时的契丹部族有了重大的变化:

(1)旧的八部落被新的八部落所代替,新建的八部落是:乙室、迭刺、突吕不、突举、楮特、乌隗、涅剌和品⑤。由于他们之间不象旧八部那样互为兄弟,血缘关系开始薄弱。(2)军事首长"夷离堇"虽仍是选举产生,但其已"掌刑辟"⑥,掌有了司法权。这说明在契丹部族内,血缘关系已开始向地域关系转化,国家机关也开始萌芽了。此后,在契丹不断的对外战争中,大量的掳掠,使之奚人、室韦人,女真人和汉人大批地涌入契丹境内,形成了"与汉人杂居","与渤海人杂处"⑦,"四姓杂居"⑧的局面,氏族、部落的血缘关系逐渐被彻底破坏。与此同时,在各部落长会议之外,设立了"决狱官"⑨,这表明社会阶级矛盾日益不可调和,也反映了部族管理机关已开始发生质的变化。后来耶律释鲁支持异母弟辖底得夷离堇的权位后,自立为"总知军国事"的"于越",并创设了保卫他个人

① 参阅《魏书·契丹传》《魏书·显祖纪》《魏书·勿吉传》《通典》卷二〇〇。

② 《辽史·营卫志》。

③ 《魏书·契丹传》。

④ 《新唐书·契丹传》。

⑤ 参阅《辽史·营卫志》。

⑥ 《辽史·刑法志》载:阻午可汗时,涅里?(雅里)为夷离堇,"以掌刑辟"。

⑦ 《辽史·地理志》。

⑧ 《武溪集·契丹官仪》。

⑨ 《辽史·萧敌鲁传》载:自敌鲁的五世祖胡母开始,世代都任决狱官。

权力的侍卫精兵"挞马"①。于是曾任过"挞马狨沙里"（即侍卫精兵的首领）、释鲁的侄儿阿保机，在夺得了契丹部族的最高权力后，立刻利用他手中的权力，设置了调节贵族集团内部事务的新官职——"惕隐"，建立了自己的侍卫亲军——"宿卫军"。在与旧贵族势力经过激烈的斗争后，阿保机于公元916年，"击灭七部，复并为一"②，自称"天皇帝"，妻称"地皇后"，建年号"神州"，立子信为皇太子，从而宣告了国家的诞生。

在这种新的历史条件下，阿保机以八部落以外的后族萧氏"世为北府宰相"，统治北府五部，以皇弟苏为南府宰相，统治乙室等三部③。各部落又规定了固定的"镇驻"地区，形成为后族和皇族直接控制的地区性的统治。各部落的夷离堇改称为"令稳"，成为北、南府宰相下的一级官员。另外，在征服战争中，从辽太祖至辽太宗，"吞并诸蕃，割据燕云，南北开疆五千里，东西四千里，共二百余州，""建立五京五处。"④ 在这种国大人散的环境中，契丹传统的八部组织形式也保持不住了，阿保机时就把被征服的奚、渤海、室韦等族的俘虏设置为部，共有十八部。以后，有的因为"户口蕃息"而置新部，有的因为"民籍数寡"而并部，有的则以少数族人户置，到圣宗时，辽境内已有五十二部。至此，这些作为国家基层单位的"部"，已经不是以血缘关系为纽带的氏族、部落，而是以地域关系为基础的国家行政组织了，这就反映了契丹部族从血缘关系向地域关系转化的最后完成。这时，也只有在这时，契丹部族才完成质变的飞跃，"复并为一"，发展成为契丹民族。

当今，在有上千个部族的非洲，不少的部族正经历着从部族发展到民族的历史过程。曾担任过坦桑尼亚国防、外交首席秘书、总统委员会首席秘书、国家贸易银行董事长和坦桑尼亚驻英国大使等职务的坦桑尼亚人A. J. 恩塞凯拉在论述坦桑尼亚的部族时说：各部族之间的"界限越来越难以区分。第一，不同部族的人互相通婚；第二，交通条件的改善逐渐摧毁着部族主义这堵墙；第三，由于部族主义的逐渐消失，移居也就显得自由了，因此不断出现从一个地方向另一个地方移居的现象；第四，部族概念

① 参阅《中国通史》第6册，第22—23页。
② 《契丹国志·太祖纪》。
③ 遥辇氏八部以迭剌部为核心的五部和以乙室部为核心的三部，原来分别组成两个部落集团，称"北府"和"南府"。
④ 《契丹国志·州县记》。

日益为整个民族概念所代替，部族主义日益为人们所厌恶。第五，寻找工作的人，一旦在哪里找到职业，就在哪里定居下来，而再不返回故居。"①这样发展下去的结果，必然是以血缘关系为纽带的部族的彻底瓦解，必然是部族概念被民族概念完全代替。

---

① 《坦桑尼亚的部族》，《民族译丛》1981 年第 1 期。

第六章　民族共同体

一　民族共同体的定义

在讨论民族共同体的定义之前，有必要先谈一下"民族"一词的译名问题。

"民族"一词，汉文中本来没有，只是到了近代，大约于 19 世纪 70 年代前后方才出现在由王韬主办的《循环日报》上①，可见"民族"一词是外来的。那么，"民族"一词在外文中的情况如何呢？在英文中具有"民族"含义的词有 people、ethnos（ethnic group）、nation、nationality；在法文中有 peuple、ethnie、nation、nationalite；在德文中有 Volk、Voker-schafen、Nation、Naticnalitat；俄文中有 народ、этнос、нацид、народность、национальность，等等。外文中的这些词，虽然都具有"民族"的含义，但其相互之间又有着种种或大或小的差异，有的指广义的民族，有的指狭义的民族，有的则指现代民族。这种情况，就给汉文的翻译带来了极大的困难，学术界长期争论不决的关于俄文 народность 是译成"部族"，还是译成"前资本主义民族"的问题，就是一个例证。因此，为了避免不必要的误会和混乱，本书在讨论民族共同体定义之前，必须重申笔者在绪论中所说：在"约定俗成的范围内"我们所要讨论的民族，有共同语言、共同地域、共同经济生活、共同文化心理素质的稳定的人们共同体"。简而言之，本章所要讨论的民族共同体是指一般所认为的前资本主义民族（即有

---

① 参阅彭英明《关于我国民族概念历史的初步考察》，《民族研究》1986 年第 2 期。

人所称的部族①）和资本主义以后的民族，而不是指包括氏族、部落等前民族共同体在内的所谓"广义的民族"。

为了更清楚、深刻地认识民族共同体定义的科学含义，我们有必要考察一下民族概念的历史发展。

从古到今，人们对民族的概念有一个认识不断深化的过程。

在古代，民族概念的出现，在东西方差不多都经历了一个从不太确定到初步确定的过程。"民族"一词，最早在古希腊的《荷马史诗》中使用，在《伊利亚特》第一节"内讧"中，就有"山居民族"和"整个民族"的说法，但这时民族概念还是不太确定的，它既可以指人，也可以指种族。使用得比较广泛和比较确定的是古希腊历史学家希罗多德，他在《历史》一书中大约有二百多处用了民族一词。尽管他对同一种人们共同体有时也称为"民族"，有时又称为"种族"，有时又称为"人"，但有一点是十分明确的，那就是民族都是具有不同语言和风俗习惯的人，此即《历史》所言："希腊族自从他们出现以来就一直使用着同一种语言"，"这样看来，冈比西斯下令所做的这件事是违反两个民族的风俗习惯的"。② 这就是西方对民族概念的最初确定。

在我国古代，虽然没有直接使用"民族"一词，但是，在先秦文献中却有与"民族"一词含义大致相同或相近的词，这就是"氏"和"族"两个字。《左传》隐公八年说："天子建德，因生以赐姓，胙之土而命之氏。"在这里，"因生以赐姓"，着重于血统，而"胙之土而命之氏"；则着重在土地，这恰恰是以地缘关系为基础的民族所特别强调和注重的一点，因此，中国古代的夏民族当时就称为"夏后氏"。由此可见，"氏"可以说包含了民族概念的萌芽。

更有意义的是"族"字。"族"，甲骨文作"𣃛""𣃛""𣃛""𣃛""𣃛""𣃛""𣃛""𣃛""𣃛"，金文作"𣃛""𣃛""𣃛""𣃛""𣃛""𣃛""𣃛"《说文解字》解释说："族，矢峰也。束之族也，众矢之所集。又聚也。"可见，其本意是聚结、集中，凡是聚集的人群以旗帜标之，甲骨文和金文的形象即表此意。故《汉书·司马相如传》上林赋曰："族居

---

① 我们所认为的部族亦为前民族共同体中的一类，是属于原始社会时代的人们共同体。详见本书第五章。

② 《历史》（希腊波斯战争史）第192、第360页。

递奏，金鼓迭起。"注曰："族，聚也，聚居而递奏也。"虽然"族"字既可以指有血缘联系的亲族，诸如家族、宗族、氏族等，在古籍中多称为"公族""官族""王族"等，但其表示民族概念的含义也是比较明确的。如《尚书·尧典》云："帝曰：'吁咈哉，方命圯族。"传释："族，类也。"《周礼》春官钟师："凡乐事，以钟鼓奏九厦。"郑玄注云："以文王鹿鸣言之，则九厦皆诗篇名，颂之族类也。"则明确表示以类分族，《左传》僖公十年曰："神不歆非类，民不祀异族"，僖公三十一年曰："鬼神非其族类，不歆其祀"。而在成公四年中所说："非我族类，其心必异，楚虽大，非我族也"中的"非我族类，其心必异"八个大字，使"民族"的含义跃然而出，表现出了民族概念的相对确定。

在东方中国，不仅古代民族概念相对确定，而且在其含义中已具体包含了共同语言、共同地域、共同经济生活和共同风俗习惯等民族的要素。《礼记·王制》中说：

> "中国戎夷，五方之民皆有性也，不可推移。东方曰夷，被发文身，有不火食者矣；南方曰蛮，雕题交趾，有不火食者矣；西方曰戎，被发衣皮，有不粒食者矣；北方曰狄，衣羽毛，穴居，有不粒食者矣。"

在这里，蛮、夷、戎、狄的划分就是根据地域、经济生活、风俗习惯之不同而划分的。又如《左传》襄公十四年说：

> "我诸戎饮食，衣服不与华同，贽币不通，语言不达。"

在这里又把经济生活、衣饰和语言之不同，作为华、戎相异的标志。所以《吕氏春秋·为欲》中已有了"蛮夷反舌、殊俗、异习之国，其衣服冠带、宫室居处，舟车器械，声色滋味皆异"的民族分类标准。

到了秦汉时期，民族的分类标准更加明确，司马迁就将先秦对"族"的划分标准做了总结，他在《史记》中为周边少数民族立传，其标准也是着眼于地域、经济生活、语言和风俗习惯的。如《史记·匈奴列传》中称北方少数民族"居于北蛮，随畜牧而转移……逐水草迁徙，毋城郭……咸食畜肉，衣其皮革，被旃裘。"《史记·西南夷列传》中则称南方少数民族"皆雠结，耕田，有邑聚"。秦汉以后，直至清代，都基本沿袭了这种划分的标准，在廿五史的各族传记中大都是这样来识别和描述历代的少数民族的。

这样看来，东西方民族概念的出现虽然都经历了一个从不太确定到比较确定的过程，但比较而言，西方"民族"一词使用得早，而东方对民族概念的认识则比西方深刻。①

近代以后，人们对民族概念的认识有了突破性的发展。这首先表现在这时近代西方不仅经常使用"民族"一词，而且一些学者还开始给民族概念下定义。据日本学者矢郭贞治说，西方给民族下定义的第一人是意大利政治思想家马志尼，他认为民族具有"土地、起源、习惯、语言的统一"②。紧接着，瑞士政治家布伦奇里于1851—1852年写的《普通国家法》中，对民族概念作了进一步的概括，他说：

　　民族者，民俗沿革所生之结果也。民族最要之特质有八："（一）其始也同属于地；（二）其始也同一血统；（三）同其肢体形状；（四）同其语言；（五）同其文字；（六）同其宗教；（七）同其风俗；（八）同其生计。由这八种因素相结合，并传之子孙，久而久之，则成为民族。"③

由此可见，西方学者对民族概念的认识有了新的飞跃，使之深刻化并更加确定起来。

而中国关于近代民族的概念却是从西方引进的。据目前考查，我国最早使用"民族"一词的王韬是一位资产阶级早期改良主义的思想家，1849年到上海，在英国传教士麦都斯创办的墨海书馆教书，1860年因给太平军写信遭清政府追捕而逃避香港，1867年去美国译书，并游历法、俄等欧洲国家，英语娴熟，1870年回港，从1874年起主办《循环日报》，其在《洋务在用其所长》一文中说：

---

① 参阅彭英明《关于我国民族概念历史的初步考察》，《民族研究》1985年第2期。
② 转引自熊锡元《民族特征论集》，广西人民出版社1987年版，第39页。
③ 转引自梁启超《饮冰室文集》卷五说二。

　　"夫我中国乃天下之大国也，幅员辽阔，民族殷繁，物产饶富，苟能一旦奋发自雄，其坐致富强，天下当莫能与颉颃。"①

　　从王韬的经历来看，我们可以认为他使用"民族"一词应来源于英语②。

　　后来，康有为、梁启超、章太炎等也开始使用"民族"一词。康有为在给光绪皇帝所上奏折《请君民合治满汉不分揭》中有"民族之治"之说③。章太炎在其研究社会历史及民族问题的重要著作《序种姓》中，亦较多地使用了"民族"一词，并提出了"历史民族"之说④。而梁启超则是我国对民族概念大加阐发的第一人，这就是他对瑞士政治家布伦奇里给民族概念所下定义的介绍和阐述，足见近代西方学者对民族概念的理解对中国学者所产生的直接影响是深远的。古代中国对民族概念的认识虽然比西方深刻，但在近代中国关于民族的概念的认识则是从西方引进的。

　　辛亥革命时资产阶级革命派也有人对民族概念做过解释，柳亚子在《复报》1907 年第 9 期上发表的《民权主义民族主义》一文中说："凡是血裔风俗言语同的，是同民族；血裔风俗言语不同的，就是不同民族。"⑤汪精卫在《民报》1905 年第 1、第 2 期合刊上发表《民族的国民》一文中称："民族者同气类之继续的人类团体也。"他还分析说，所谓"同气类"之人类团体其条件有六：一同血系，二同语言文字，三同住所（自然之地域），四同习惯，五同宗教，六同精神体质；所谓"继续的"人类团体，则是"民族之结合，必非偶然，其历史上有相沿之共通关系，因而不可破之共同团体，故能为永久的结合。偶然之聚散，非民族也。"⑥ 但是，对民族概念的解释，其中影响最大的是孙中山先生提出的"五要素说"，他说：

　　"我们研究许多不相同的人种，所以能结合成种种相同民族的道

---

　　① 王韬：《韬园文录外编》，中华书局 1959 年版，第 83 页。又见《洋务运动》（中国近代史资料）第 1 册，第 496 页。

　　② 参阅彭英明《关于我国民族概念历史的初步考察》，《民族研究》1985 年第 2 期。

　　③ 《戊戌变法》（中国近代史资料）第 2 册，第 237 页。

　　④ 见《訄书》第 41 页。

　　⑤ 见《辛亥革命前十年间时论选集》第 2 卷，第 814 页。

　　⑥ 《辛亥革命前十年间时论选集》第 2 卷，第 83 页。

理，自然不能不归功于血统、生活、语言、宗教和风俗习惯这五种力。这五种力，是天然进化而成的，不是用武力征服得来的。"①

此后，民国时期我国的辞书基本只用孙中山的五要素说来解释"民族"一词。

马克思主义诞生以后，对民族概念的认识同样有一个由浅入深的过程。

在马克思和恩格斯的著作中，虽然没有给民族概念下一个简单明了的定义，但他们都指出了民族的许多特征和特性。如马克思早在1842年写的《评普鲁士最近的书报检查令》中就提出了"民族感"的概念。后来，他在《摩尔根〈古代社会〉一书摘要》中从多种角度指出语言、地域、经济生活是民族的必备条件，他说：

"阿提喀的四个部落——机内温特、伊吉可尔、霍普内特、阿尔格德——同一方言并占有一共同领域，他们已融合为一个民族。"

"民族这一称号适应于许多印第安部落，因为他们的人数虽然不多，却独特地拥有一定的方言和地域。"

"雅典的四个部落由于混居在同一地区及彼此间地理界线之逐步消失，而在阿提喀融合为一个民族。"

"民族是由于有了农业而扩大起来的生活资料的生产，民族便开始发展起来。"②

同样，恩格斯在他的著作中也指出欧洲的一些民族是"由语言和共同感情来决定边境的"③"民族的自然分界线即语言的分界线"④ 他在《日耳曼人的古代历史》中论述汪达尔人、勃艮第人和哥特人三个民族时，也强调了语言和地域。在《法兰克时代》中则说，民族形成之中，人们对血统方面的记忆越来越淡薄了，"余下来的，仅仅是共同的历史和共同的语言"。⑤以后，他又在《劳动在从猿到人转变过程中的作用》《家庭、私有制和国家的起源》等著作中。对民族概念做了许多精辟的论述。

---

① 《孙中山选集》人民出版社1981年版，第620—621页。

② 以上所引分别见《摩尔根〈古代社会〉一书摘要》第165、96、115、60页。

③ 《军事论文选》第3册，第102页。

④ 《马克思恩格斯全集》第16卷，第176页。

⑤ 《马克思恩格斯全集》第19卷，第540页。

列宁对民族概念虽然也没有下过明确的定义，但他曾明确地提出过地域、语言、心理、生活条件四个民族特征。1903 年，他在《崩得在党内的地位》一文中，引用了当时还是马克思主义理论家的卡尔·考茨基的话"一个民族没有一定的地域是不可想象的"后说："民族这个概念要以一定的条件为前提……民族应当有它发展的地域……一个民族应当有它共同的语言。"①

毫无疑问，所有这些都为后来者综合概括马克思主义的民族概念提出了理论基础。

正是在马克思、恩格斯、列宁研究的基础上，斯大林受列宁的委托，并得到列宁的启发，于 1913 年写成了《马克思主义和民族问题》，对民族概念做了简明的科学定义，1929 年，他在《民族问题和列宁主义》中，对民族定义做了进一步的修改，什么是民族？斯大林说：

> "民族是人们在历史上形成的有共同语言、共同地域、共同经济生活以及表现于共同民族文化特点上的共同心理素质这四个基本特征的稳定的共同体。"②

这就是民族的定义。这一定义，包含了三层意思：

其一，民族是历史上形成的；

其二，民族有"四大要素"或"四大特征"；

其三，民族是一个稳定的人们共同体。

对斯大林给民族概念所下的这个定义，近二三十年来，在国内外学术界引起了很大的争论，早在 20 世纪 60 年代，苏联学术界就对斯大林的民族定义展开了专门的讨论，《历史问题》和《苏联民族学》杂志为此开辟了专栏。在讨论中不少学者对斯大林的定义提出了质疑，认为其"不适用"了，有的还提出了修正意见。从此以后，苏联学术界就不再拘泥于斯大林的定义了。发展到现在，据苏联当代民族学的权威学者克留科夫（刘克甫）说，几乎所有的民族学家都认为斯大林的民族定义有严重的

---

① 《列宁全集》第 7 卷，第 76—83 页。
② 《斯大林全集》第 11 卷，第 286 页。

缺陷。①

我国学术界早在 20 世纪 50 年代初期，在范文澜先生发起下，围绕汉民族的形成问题对斯大林的民族定义展开了初步的讨论，一些学者已明确指出斯大林的民族定义不仅适用于资本主义民族，也适用于前资本主义民族，打破了对斯大林民族定义的僵化理解。20 世纪 60 年代初，围绕民族译名问题我国学术界对斯大林的民族定义展开了更广泛的讨论，在这次讨论中，由于恩格斯"从部落发展成了民族"的观点为大多数学者所接受，更由于我国民族识别工作的实践，人们对斯大林的民族定义的认识更为深刻了，同时也有人对辩证地理解斯大林的民族理论开始了思考。进入 20 世纪 80 年代以来，我国学术界思想解放、学术民主，更多的学者在总结我国民族识别的理论经验之时，明确地提出了对斯大林民族定义的修改。这种情况，由《民族研究》杂志社主持于 1986 年 4 月 23 日至 25 日在北京召开的"民族理论专题学术讨论会"上出现了一个高潮。

在讨论对斯大林民族定义的质疑和争论之前，有必要先了解一下斯大林在撰写《马克思主义和民族问题》时的历史背景。熟悉世界近现代史的同志都知道，第一次世界大战前夕，俄国国内黑帮民族主义十分猖獗，正如斯大林所说："犹太人中锡安主义的加强，波兰的沙文主义的增长，鞑靼人中大伊斯兰主义的盛行，阿尔明尼亚人、格鲁吉亚人、乌克兰人中民族主义的加强……民族主义的浪潮日益汹涌地逼来，大有席卷工人群众之势。"② 这时，在国际共产主义运动中也出现了一股民族主义的浪潮和逆流汇合在一起，反映到俄国社会民主党内，就出现了高加索的社会民主党人，崩得取消派，就搬用奥地利社会民主党理论家鲍威尔和施普林格等人关于"民族就是那些在共同命运的基础上结合成共同性格的人们集合体"，民族是"由一群现代人组成的，和'地域'无关的文化共同体"的理论③，企图取消党纲中关于解决民族问题的原则。当时，列宁深感这种离开经济基础，社会物质生活条件，闭口不谈甚至否定民族的共同语言、共同地域、共同经济生活，高谈什么民族的定义和特征，危害性极大。于是他便委托斯大林写了《马克思主义和民族问题》一文。这就是托洛茨基在

---

①　参阅贺国安《刘克甫谈汉民族研究与民族理论问题》，《民族研究》1987 年第 4 期。

②　《斯大林选集》上卷，第 59—60 页。

③　以上所引均见《斯大林选集》上卷，第 66、65 页。

《斯大林》一书中所说：《马克思主义和民族问题》一文只是名义上是斯大林写的，文章的内容都是列宁授意①的说法基本一致。而且南斯拉夫人米洛凡·杰拉斯也说，1948 年年初，他作为南共的负责人访苏时，在宴会上他就问了"人民"和"民族"两个词的区别，并提到《马克思主义和民族问题》一文。斯大林在回答两个词的区别时，也讲："这是伊里奇的观点，这本书是他核定的。"② 这就是斯大林撰写《马克思主义和民族问题》一文并提出民族定义的历史背景。了解这个历史背景，我觉得对于我们历史地、客观地、辩证地看待和理解斯大林的民族定义是有作用的，不然的话，我们就像瞎子摸象一样，只见局部，不见整体，从而不能从宏观上理解和把握斯大林为什么要这样概括民族定义。

　　那么，我国学术界对斯大林民族定义的质疑和争论究竟有些什么问题？

　　第一，认为《斯大林全集》中文版中民族定义的译文在某些地方与原文有很大出入，即把"исторически сложнишаюся устойчивая обшность людей"译为"人们在历史上形成的'稳定的共同体'"是不对的。因为"обшность людей"是一个有固定含义的专业术语，只能译为"人们"和"共同体"。此外，"исторически"是一个副词，意为"历史地""历史性的"等，译成"历史上"不确切，易使人产生似乎民族只是在过去历史上形成，而现在和将来就不再形成民族的错觉。所以整个短语应译为"历史地形成的稳定的人们共同体"，此其一。其二，"обшность"一词译作"共同的"也不确切，有人主张译为"统一的"。其三，把"лсихический склад 译成"心理状态"或"心理素质"也是不准确和没有根据的，因为在俄文中"склад"根本不含"状态"或"素质"的意思，而只解释为"气质；性格；性质；方式"，故主张将"склад"译为"气质"。其四，漏掉了"воэникшая набаэе"，即"在……基础上产生的"这个短语。其五，连结词"и"译为"以及"不妥，应译为"和"。③

　　我认为斯大林民族定义翻译上的技术问题不影响其本身的科学性，无

---

　　① ［俄］托洛茨基：《斯大林》1968 年伦敦版，第 137 页；转引自金炳镐《有关民族定义的一些问题》，《民族研究》1985 年第 4 期。

　　② 参阅金炳镐《有关民族定义的一些问题》，《民族研究》1985 年第 4 期。

　　③ 参阅李振锡《论斯大林民族定义的重新认识和修改》，《民族研究》1986 年第 5 期。

论译文如何翻译为最佳，从实质上看，斯大林民族定义所包含的历史地形成的，有四大特征以及是一个稳定的人们共同体这三层意思却是最基本的。

第二，认为斯大林的民族定义没有普遍意义，仅适用于资本主义上升时期的民族。这种观点在学术界影响相当长久，记得20世纪50年代初期范文澜先生提出汉民族形成于秦汉时期，是一个"特殊民族"的突破性看法后，当时参加讨论的学术界人士几乎一致不赞成范老的看法，其根据就是斯大林的民族定义只适用于资本主义上升时期的民族，在此以前的人们共同体只能是部族，而不是民族。直到现在仍然有人认为斯大林的民族定义按斯大林的说法只有在下列条件下才适用：（1）"民族不是普通的历史范畴，而是一定时代即资本主义上升时代的历史范畴"；（2）"这些特征只要缺少一个，民族就不成其为民族"①。因此，一些同志认为无视斯大林提出民族定义的时代特点和历史内容，把民族看成是四个特征的简单相加是不科学的，不能把斯大林民族定义看成是"放之四海而皆准"的。②

这种看法表面上看来，是忠实于斯大林的原意，其实正好是坚持了斯大林的片面和绝对的错误。我们知道斯大林是一个复杂的历史人物，使他在理论上也往往是正确与错误相混，就是在民族定义问题上，他一方面钻研了马克思、恩格斯、列宁的论述，正如我们在前面所列举的，仔细比较一下，就可以很清楚地看出斯大林的民族定义可以从恩格斯、列宁的有关著作中找到渊源。例如列宁1894年在《什么是"人民之友"以及他们如何攻击社会民主主义者？》一文中对米海洛夫斯基的批判，1914年在《论民族自决权》中提出的批驳罗莎·卢森堡的论据；恩格斯在《家庭、私有制和国家的起源》中以及《论封建制度的瓦解和民族国家的产生》中，不是都可以找到斯大林民族定义所包含的三层意思的影子吗？所以，在这方面来说，斯大林的概括和总结无疑是以马克思主义为理论基础的，是科学的定义。但另一方面，由于其思想方法的片面性，或者说当时历史条件的限制，他过于强调了"只有一切特征都具有时才算是一个民族"，又过于武断地认为民族只是资本主义上升时代的历史范畴，使自己陷入形而上学之中；这本来是我们在肯定斯大林民族定义的科学性的同时，必须给予否

① 见《斯大林选集》上卷第69、64页。
② 参阅纪闻《民族和民族问题的争鸣与新的探索》，《民族研究》1986年第4期。

定的东西，却恰恰被我们的一些同志抱住不放，是否过于僵化了？

为什么这样说呢？列宁曾说过："过于简短的定义虽然很方便，因为它概括了主要的内容，但是要从定义中特别引申出应该规定的那个现象的极重要的特点，那毕竟是不够的。"[①] 因此，我们说斯大林的民族定义普遍适应，就在于它概括了民族概念的逻辑内涵，揭示了民族的本质属性，包容了民族概念的主要内容。这就是我们常说的个别中包含着一般，这一点看来是斯大林所没有预料到的。而事实上，在资本主义民族形成以前，民族早已存在，这一点已为学术界多数所认同。更重要的是，资本主义以前的民族尽管各有其特点，但就其主要方面来说，斯大林的民族定义是可以概括的，最典型的莫过于汉族，正如范文澜先生所说汉族是一个具有共同语言、共同地域、共同经济生活、共同心理素质的"特殊民族"。注意，范老是于斯大林在中国影响最大的 20 世纪 50 年代初期提出这个看法的，当时要突破斯大林的框框需要多么大的勇气啊！范老虽然没有明说斯大林将民族限定为资本主义上升时期才形成是片面，武断的，但却巧妙地运用一般和个别的原理，肯定了汉族是一个民族，这也就是说斯大林的民族定义是普遍适用的。从这个意义上来说，范文澜先生是主张斯大林民族定义普遍适用的第一人。

所有这些都说明坚持斯大林民族定义仅适用于资本主义上升时的民族，而否认它的普遍适用性是机械的、教条的。我们应该从民族共同体的实际出发，在坚持斯大林民族定义科学性的同时，摈弃其片面和错误的限定条件。

第三，认为斯大林民族定义的提出是出于政治斗争的需要，因而不具备科学性，没有学术意义。这种看法以苏联学者克留科夫（刘克甫）为主要代表。他在最近发表的《重谈列宁——一位民族学者关于当代民族问题的思考》[②] 中认为列宁对斯大林的《马克思主义与民族问题》的肯定评价，只是因为这篇文章指出了崩得派要求在社会民主运动中占有特殊地位是站不住脚的，并没有对民族定义表态。这种看法我们实在不敢苟同。如果事情确实如同克留科夫所说，那么，如何解释列宁在斯大林于 1913 年 1 月完成《马克思主义与民族问题》一稿后，2 月份在给高尔基的信中写道：

---

① 《列宁选集》第 2 卷，第 808 页。

② 见《民族译丛》1988 年第 5 期。

"我们这里有一个绝妙的格鲁吉亚人在埋头替《教育》杂志撰写一篇宏伟的论文,他为此而蒐集了奥国等等所有的一切材料。"如何解释列宁知道有人提议要斯大林的文章当作讨论性的论文时,他坚决反对地写道:"我们当然是绝对反对此种办法的。这篇文章好极了。"如何解释列宁在斯大林被捕后于 1913 年 3 月写信给《社会民主党人》编辑部时所说:"科巴(即斯大林)在被捕前写了一篇很长的论民族问题的文章。好极了!"① 如何解释直到 1913 年 12 月列宁在《论俄国社会民主工党的民族纲领》一文中谈到民族问题在这个时期被提到显著地位的原因时所说:"在马克思主义的理论文献中,对于这种情况和社会民主党民族纲领的原则,最近已经作了阐明(在这方面首屈一指的是斯大林的论文)。"② 我十分赞成熊锡元先生与笔者讨论这个问题的来信中所说的:"当初列宁肯定《马克思主义与民族问题》一书,当然不是出于政治上的需要,理论上的疏忽,更非出于对斯大林的厚爱。"

依笔者之见,列宁肯定斯大林的《马克思主义与民族问题》,当然有出于政治斗争的需要,所以他在赞扬斯大林文章的同时,又说:"本问题是个战斗性的问题,我们丝毫也不会放弃我们对那班崩得混蛋的原则立场。""应该为拥护真理而去无情打击崩得和取消派方面那些分离主义者和机会主义者。"③ 但更重要的是斯大林在提出了民族定义,在理论上有了新的突破。就是从逻辑上来说,我们没有理由认为列宁肯定和赞扬斯大林的文章"好极了",不包括在文章中占重要地位的关于民族的定义、而仅仅是赞扬其对崩得的原则立场。

正因为斯大林的民族定义虽然适应了政治斗争的需要,同时又批驳了鲍威尔"民族就是相对的性格共同体"的谬论,以及施普林格民族是"和'地域'无关的文化共同体"的胡说,在马克思主义经典作家研究的基础上,对民族概念下了科学的定义,全面而系统地揭示了民族的本质属性,从而在理论上有了新的突破和创建,这正是斯大林定义的学术性之所在。

由于对斯大林民族定义有着诸如此类的种种质疑和争论,故对其民族定义提出修改方案的大有人在。

---

① 以上均参阅《马克思主义与民族、殖民问题》,人民出版社 1953 年版,第 95 页。
② 《列宁全集》第 14 卷,第 542 页。
③ 见《马克思主义与民族、殖民地问题》第 95 页。

在苏联，早在 1923 年希罗科戈罗夫就提出："民族是那些讲一种语言、承认自己的统一起源、具有一整套习俗与生活方式、以传统来保持和被人尊崇，并以传统而同其他同类者区别开来的人们的集团。"[1]

其他有代表性的如勃罗姆列伊指出："民族是历史上在一定地域内形成的、具有共同的相对稳定的文化（包括语言）特点和心理特点、并意识到自己的统一性和区别于所有其他同类构成体的差异性（具有自我意识）而体现于自称（族名）上的稳定的人们总体。"[2]

罗加乔夫和斯维尔德林合写的《论民族概念》中提出："民族是历史上形成的一种具有稳定的共同经济生活（有工人阶级存在）、共同地域、共同语言（特别是标准语）、共同民族属性意识，以及在心理上，在习俗、文化和斗争的传统上具有某些共同特点的人们共同体。"[3]

克留科夫在与中国学者贺国安的谈话中指出："民族是以共同的地域、共同的经济生活、共同的婚姻范围等联系为形成条件，以共同的语言、共同的物质和精神文化特点为客观特征，而以自我意识和自我称谓为根本要素的一种具有相当稳定性的社会共同体。"[4]

除此以外，苏联《大百科全书》《哲学百科全书》《科学共产主义辞典》等工具书也都提出了自己的修改方案。[5]

我国学者近几年也不断有人提出修改方案，据《民族研究》1986 年第 4 期报道，在 1986 年 4 月 23 日至 25 日召开的"民族理论专题学术讨论会"上主张修改和另拟民族定义的同志提出了以下 4 个方案供研究、探讨：

1. 民族是人们于社会历史发展的各阶段，在语言、地域、文化诸方面共同因素的基础上形成的相对稳定的共同体。

2. 民族是在一定的地域和经济联系的基础上历史地形成的，具有统一的语言特点、文化特点、心理特点和自我意识的人群。

① 见勃罗姆列伊《民族与民族学》，内蒙古人民出版社 1985 年版，第 26 页。

② 见《当代民族学问题》1981 年版，第 27 页，转引自李毅夫《苏联民族研究理论建设述评》，《民族研究》1987 年第 3 期。

③ 《民族译丛》1979 年第 1 期。

④ 贺国安：《刘克甫谈汉民族研究与民族理论问题》，《民族研究》1987 年第 4 期。

⑤ 参阅李振锡《论斯大林民族定义的重新认识和修改》，《民族研究》1986 年第 5 期。

3. 民族是由若干基本要素或共同因素构成，其本质特征和运动规律寓于要素的构成以及诸要素的相互联系、相互制约和相互作用的基础上历史地形成的人们共同体。

4. 民族是人们在历史上由共同地域、共同语言、共同经济生活等要素所组成的具有共同文化传统和民族自我意识的比较稳定的共同体。①

接着，曾强在《民族研究》1987 年第 1 期发表《略论人们共同体的共性与个性》指出："民族是历史上形成的人们共同体，由若干个基本要素或共同因素构成，其本质特征和运动规律寓于要素的构成以及诸要素间的相互联系、相互制约和相互作用的方式之中。"贺国安在《民族研究》1988 年第 5 期发表《关于人们共同体与民族共同体的思考》指出："民族是一些具有自我意识的语言文化共同体。"

以上种种修改方案，依我们所见并没有对斯大林的民族定义有实质性的理论突破，无论补充一点或减去一点，稍加分析和推敲，就可见其与斯大林的定义大同小异，有的在表述上还没有斯大林的简练和明确。在这种种修改方案的对照之下，我们不是可以更清楚地看到斯大林民族定义的科学性和普遍性吗？

此外，我们还可以从西方学者对民族概念所下的定义作一个比较。关于民族的概念，在西方学者中"尽管存在着强调各种差异的地方变种"，但据英国学者史密斯在《民族主义的理论》中所说，大家比较一致的看法是"民族是一个在横向和纵向联系上一体化的、拥有固定领土的集团，它是以共同的公民权利和具有一种（或更多）共同特点的集体情感为特征的，这种特征使其成员有别于那些和他们保持结盟或冲突关系的类似集团的成员。"②

从史密斯所介绍的这个民族定义中，我们可以发现，所谓"民族是一个在横向和纵向联系上一体化的"的说法，与斯大林所说的"民族是历史上形成的"观点基本一致；所谓"拥有固定领土的集团"，与斯大林所说的"共同的地域"基本一致；所谓"它是以共同的公民权利和具有一种（或

---

① 见纪闻《民族和民族问题的争鸣与新探索》，《民族研究》1986 年第 4 期。

② 见 A. D. 史密斯《论民族与民族主义》，《民族译丛》1986 年第 1 期。

更多）共同特点的集体情感为特征的，这种特征使其成员有别于那些和他们
保持结盟或冲突关系的类似集团的成员"的说法，尤其是他在文章的后面所
列举的民族的七个特征，即（1）文化上的特性（即文化上的"异同类型"，
同族成员在文化的各个方面是相同的，但和非本族成员是相异的）；（2）领
土的连续性，同时领土的各个部分又是自由变动的；（3）相当大的发展规
模（包括人口）；（4）同类似集团保持着冲突或结盟的对外政治关系；
（5）显著的集团感和忠诚；（6）直接成员享有平等的公民权；（7）以公共
的劳动制度为中心形成的纵向经济一体化。剔除（3）（4）（6）这三点，其
余的与斯大林的民族是"具有共同语言、共同地域、共同经济生活以及表
现于共同民族文化特点上的共同心理素质这四个基本特征的稳定的共同
体"的观点基本一致。

相比之下，史密斯所介绍的西方学者比较公认的民族主义也不及斯大
林的民族主义简练和明确。这样，我们不是可以从另一个角度看到斯大林
民族定义的科学性和普遍性吗？

二 民族共同体的特征

民族，这个人类社会最发达、最稳定的人们共同体，是具有其特
征的。

论及民族共同体的特征势必联系到斯大林的民族定义，因为斯大林已
明确提出民族具有"四大特征"，即共同语言，共同地域，共同经济生活
和表现于共同文化的共同心理素质。但是，正如对斯大林民族定义有质疑
一样，一些学者对"四特征"也提出了质疑和修改意见。在苏联，对于
"共同语言"特征，虽然没有否定的意见，却也有人提出作为现代民族的
нация 应具有"共同的标准语"；对于"共同地域"特征，有人就认为其
并不是必备特征；对于"共同经济生活"特征，也有人认为不能作为民族
的特征；对于"表现于共同文化的共同心理素质"特征，有人完全否定，
但更多的人则主张对其措辞加以修改，有的就主张将"心理素质"改为
"心理特点"。①

在中国，对斯大林所说的民族四特征提出质疑和修改意见的学者也大

---

① 以上均参阅李毅夫《苏联民族研究理论建设述评》，《民族研究》1987 年第 3 期。

有人在。熊锡元先生就明确提出风俗习惯应作为民族的一大特征。① 阮西湖先生则提出民族的要素是共同的民族意识，共同的文化、共同的语言和共同的历史渊源。② 最近，贺国安在他讨论人们共同体与民族共同体关系的论文中从民族之间的区别入手，提出地域、经济生活不是民族的本质特征，只有民族的自我意识、语言和文化才是民族的本质特征。③

对此种质疑和修改意见，本书将在下面详述。为了正确地认识民族的特征，我觉得首先应明确民族的个性与共性的关系。众所周知，世界上的万事万物之所以千差万别，是因为它们各自包含有自己特殊的矛盾，具有区别于其他事物的特殊的本质，这就是事物所具有的个性。与此同时，世界上的万事万物又是互相联系的，同类事物中又包含有某种共同的本质，也就是事物所具有的共性。可见万事万物都是个性与共性，即个别与一般的统一。我们说汉族是一个民族，俄罗斯族是一个民族，法兰西族是一个民族，就是因为他们各自具有作为民族所具有的共性。这就是列宁所说的："个别一定与一般相联而存在。一般只能在个别中存在，只能通过个别而存在。任何个别（不论怎样）都是一般。"④ 从这个意义上来说，我们可以说世界上没有脱离个别的一般，也没有不同一般相联系的个别。以这个观点去认识民族的特征，也可以说没有一个民族是不具备民族的基本特征的，这是我们认识个性与共性关系的一个方面。另一方面，我们虽然要看到个性与共性有统一的一面，但是他们之间又还有差别的一面，对立的一面。这就是说个别与一般既统一又对立，而不是绝对的等同。我们之所以说斯大林在论述民族定义时，强调"这些特征只要缺少一个，民族就不成其为民族"是机械的，教条的，这是因为他的这种观点只注重了民族特征的共性，而忽视了它们的个性。其实，列宁也曾明确说过："任何一般只是大致地包括一切个别事物。任何个别都不能完全地包括在一般之中。"⑤ 世界上没有两个完全一样的人，也没有两片完全一样的树叶，我们能要求各个民族所具备的民族特征都完全一样吗？显然不能。所以，我们说的民族特征，只是指一般民族所具

---

① 见《民族研究》1983 年第 1 期，又见《民族特征论集》，广西人民出版社 1987 年版。
② 见《民族研究》，1986 年第 5 期，第 2 页。
③ 见《民族研究》，1988 年第 5 期，第 29—31 页。
④ 《列宁选集》第 2 卷，第 713 页。
⑤ 《列宁选集》第 2 卷，第 713 页。

备的共性，就是在这共性之中，各个民族在深浅、范围、大小等方面也还有差别。弄清楚了民族的个性与共性的关系，我们才不会看到某一个民族在民族特征上表现出一点特殊性就大惊小怪，从而怀疑一些民族特征的存在。难怪列宁要尖锐地指出："用抽象的概念来代替具体的东西，这是革命中的一个最主要最危险的错误。"[1] 一些同志在民族特征问题上之所以会产生一些怀疑，一个重要的原因，难道不是他"抛弃了辩证法"[2] 吗？

有鉴于此，我们认为必须对斯大林的民族定义要作全面的辩证的理解的看法，即一方面，肯定这一定义的正确性和科学价值，肯定其对于全世界各民族都是普遍适用的。另一方面也应看到民族众多，社会经济发展不平衡，且各民族长期以来交错杂居，互相影响，与斯大林所说的完全具备"四大特征"的民族不完全一样。[3] 因此，本书在讨论和探讨民族共同体特征时就将遵循这一原则。

除此以外，还应了解民族特征的特点。长期以来，人们在讨论民族特征问题时往往只是着眼于某个具体特征的有或无上，而忽视了对民族特征的深层分析，从而没有把握住民族特征的特点，使自己在理论上常常陷入困境。那么，民族特征有些什么特点呢？

第一，民族特点具有统一性。一般说来在原始社会末期，部落联盟建立后，各新旧部落之间的接触比过去更加频繁，促进了各氏族、部落经济文化的融合，也促进了形成民族所必需的"四大特征"的熔铸。首先是形成民族所必需的共同经济生活的熔铸，接着是共同地域、共同语言以及共同文化心理素质的熔铸。正是在这种熔铸过程中，各部落之间的差别越来越小，进而越来越统一。我们不能想像和理解，各部落之间如果在地域、语言、经济生活、文化心理素质上缺乏统一性何以能形成民族呢？从这种意义上来说，民族特征的统一性正是民族形成的前提。

第二，民族特征具有稳定性。民族共同体之所以普遍、长期地存在于人类社会，一个很重要的原因是民族特征具有稳定性。所谓稳定性，就是

---

[1] 《列宁选集》第 2 卷，第 113 页。

[2] 《毛泽东选集》（合订本）第 295 页。

[3] 参阅彭英明《关于我国民族概念的初步考察》，《民族研究》1985 年第 2 期，第 11 页。

它的确定性和长期存在，这是民族区别于其他人们共同体的主要特点。斯大林说民族"不是偶然的、昙花一现的混合物"，① 就是因为民族特征具有稳定性。如果民族的特征不具备稳定性，而是可以随意变化的东西，那么如何将民族与其他人们共同体区别开来呢？有人在强调民族是一个变动的体系之时，认为强调民族的稳定性是片面的，其实我们所讲的民族特征的稳定性并不是绝对的，而是相对的，哲学常识告诉我们：承认真理的客观性，是辩证唯物主义真理观的立足点。一切被称为真理的认识，都在一定范围、一定程度上正确反映了客观事物及其规律，从这个意义上来说，这是绝对的，我们说民族特征具有稳定性，就是因为其在一定范围、一定程度上正确反映了民族共同体特征的内在本质，否则的话民族何以能确立并长期存在呢？但是由于万事万物都是发展变化的，所以我们又承认民族特征的稳定性又是相对的，不是一成不变的。

第三，民族特征具有变异性。古希腊哲学家赫拉克利特有一句名言，他说："人不能两次踏入同一条河流"。这种"一切皆变，无物常住"的思想，恩格斯在《反杜林论》中高度评价说："这个原始的、朴素的但实质上正确的世界观是古希腊哲学的世界观，而且是由赫拉克利特第一次明白地表述出来的：一切都存在，同时又不存在，因为一切都在流动，都在不断地变化，不断地产生和消失。"② 同样的道理，民族的特征虽然具有稳定性，但这只能是相对的稳定，而变异性却是绝对的。例如，我们说共同地域是民族的特征之一，既是指一般民族而言，也指一个具体民族形成中缺此不可。但是有人以现在有些民族不具备或基本上不具备共同地域而否认其是民族的一大特征，这种认识显然是失之偏颇的，前文已论及，民族的本质是以地缘关系为纽带的人们共同体，一般来说，很难设想，没有共同地域为纽带而能形成民族，就是现在散布于世界各地的犹太人，其在公元前形成之初也是以巴勒斯坦地区为其共同地域的，只是屡经历史战乱从公元初开始才散居世界各地的，如今的犹太人没有共同地域正是历史变动的结果，这正说明了民族特征的变异性。我国瑶族情况也是这样，其"大分散，小聚居"于中国南方的山区，所谓"无山不有瑶"，但溯其历史，可知其形成之初是以"长沙武陵蛮"所居之地为其共同地域的。只是后来，

---

① 《斯大林选集》上卷，第61页。
② 《马克思恩格斯选集》第3卷，第60页。

尤其是宋代以后受到封建王朝的征剿，加上游耕生活之习，遂不断南迁，才形成今天这种分布格局，这也正说明了民族特征的变异性。因此，我们不能以民族特征的变异性来否认民族特征的相对稳定性。

明确了民族特征的个性与共性的关系，了解了民族特征的特点，我们探讨民族共同体的特征才有一个共识的基础。

相比之下，迄今为止虽然一些学者对斯大林在民族定义中所提出的四大民族特征提出了种种质疑、修改或补充，但由于斯大林所概括的民族特征并非纯属个人的发现和创造，而是对前人成果（其中既有马克思主义经典作家的，也有资产阶级学者的）沿袭继承，以及扬弃和发展。[①] 再加之"四大特征"本身既照顾了居住地域，也照顾了共同语言；既包含了经济的内容，也包含了文化的内容，还包含了心理的内容，比较全面，所以一些学者虽然对其质疑，而提出种种修改和补充意见，但仔细推敲一下，就可发现他们往往逃脱不了"四大特征"的范围，所反映出来的仅仅只是民族特征的程度和变动而已，只能给人一种大同小异之感。因此，我们探讨民族的特征，仍然以斯大林提出的"四大特征"为据。

一般来说，民族具有以下四大特征：

1. 共同的语言

共同的语言是民族的基本特征之一。从我们在探讨民族概念的历史发展中已看出，从古至今，对此基本公认，在国外一些学者中，有的甚至将其作为划分民族的唯一标准，笔者1985年6月曾问来访的泰国学者，他们划分民族的标准是什么？答曰：语言。这实际上是当代许多资本主义国家学者的一般看法。而斯大林将共同语言列为民族特征之一，既有马克思主义的理论依据，又有客观的科学基础。同时也有明显的针对性，即是对当时奥地利社会民主党右翼领导人和自称为"奥地利马克思主义"理论家的伦纳、鲍威尔提出的共同语言不是民族必要特点说法的否定。

大家知道，语言是人类最重要的交流思想的工具，也是社会发展的工具。所谓共同语言，是指同一个民族的人们在生产、生活中，彼此之间交流思想感情，交往联系所共同使用的语言。民族既然是历史上形成的一个稳定的人们共同体，其中，共同的语言在人们形成为一个民族的过程中起

---

① 参阅熊锡元《民族特征论集》，广西人民出版社1981年版，第1—7页。

着很重要的纽带作用。恩格斯就说："共同的世系，越来越不认为是实际的血缘关系，关于这一方面的记忆愈来愈淡薄了。余下来的，仅仅是共同的历史与共同的语言。"①

每个民族，都有它的全体成员统一使用的语言。没有这种共同的语言，人们就不能结成一个民族。所以斯大林认为："民族语言不是阶级的，而是全民的，对每个民族的成员是共同的，对整个民族是统一的。"②

但是，这并不意味着不同的民族在任何时候或任何情况下都必须用不同的语言；也不是说，凡用同一种语言的人都必定是同一个民族。英吉利人、美利坚人和爱尔兰人都说英语，却是不同的民族。汉族、回族、满族都说汉语，却也是不同的民族。这种情况都是特殊的历史条件造成的。此外，由于特定的历史原因，也有一个民族用两三种不同的语言的情况，如瑞士人中法语、德语、意大利语并存；景颇族中景颇语和载凡语并存；瑶族中瑶语、苗语、汉语并存。

2. 共同的地域

共同的地域也是民族的基本特征之一。对此争论颇多，一些学者认为共同的地域仅仅是民族形成的前提条件③，有的甚至认为共同的地域不是民族的特征④。这些说法明显地反映出对民族共同体特征的特点缺乏正确认识，如贺国安承认"没有一块共同的地域，就不会产生民族"，但却认为"民族形成后，地域逐渐失去了其重要性，以至于许多民族散居各地仍不失为同一民族。"⑤ 托卡列夫则具体举了亚美尼亚人居住在不同的地域上一例来说明。其实这都是用民族特征的变异性来否认民族特征本身，就以亚美尼亚人来说，其本来就以南高加索为共同地域而形成，只是在其后的历史动乱中才有一部分人远离本民族的主体，迁居各地，充其量不过是"逐渐失去了其重要性"而已，怎么能用民族特征的这种变异性否认共同地域是一般民族的基本特征之一呢？

---

① 《马克思恩格斯全集》第 19 卷，第 640 页。

② 《斯大林选集》下卷，第 507 页。

③ 参阅贺国安《关于人们共同体与民族共同体思考》，《民族研究》1988 年第 5 期。

④ 参阅［苏］托卡列夫《论民族共同体的类型问题》，转引自《民族研究》1984 年第 3 期，第 5 页。

⑤ 以上所引见《民族研究》1988 年第 5 期，第 29 页。

　　对于共同地域是民族的特征问题，马克思主义经典作家是一再强调的，在此，我们还可以再举二条，一条是马克思在《摩尔根〈古代社会〉一书摘要》中说："雅典的四个部落由于混居在同一地区及彼此间地理界线之逐步消失，而在阿提喀融合为一个民族。"① 另一条是恩格斯在《家庭、私有制和国家的起源》中说："各亲属部落的融合，从而各部落领土融合为一个民族的共同领土，也成为必要的了。"② 事实上，由于地缘关系是民族与氏族、部落等相区别的本质特点，在一般情况下，共同语言、共同经济生活和共同文化心理素质都是在共同地域上形成的。人们也只有在共同地域内，世代交往，才能形成为一个民族。因此，所谓共同地域，是指组成一个民族的人们所具有的共同居住、生活的一定地区。由此可见，斯大林提出共同地域这个观点，就是与伦纳、鲍威尔所说的民族是"和地域无关的"空中楼阁，是用登记的办法人为组成的"纸上的民族"针锋相对的。对他们反对民族自决权所提出的"民族文化自治"的民族纲领是一个有力的批判。

　　当然，辩证地看，共同地域虽然是民族的一个特征，但并不是说，凡住在一个共同地域之内的人都必定是一个民族。实际生活中，就是一个民族的人，也不是始终固定聚集在一个区域不动的，由于种种原因，人们会迁徙流动，从而形成民族杂居的情况，或大分散、小聚居的格局。但是在一般的条件下，在民族形成之初或以后一个相当长的时期里，共同地域的特征是比较突出的。马克思主义正是从民族的这个特征出发，反对帝国主义的兼并政策，主张和承认民族的自决权，承认被压迫民族有建立独立的民族国家的权利，主张在多民族的国家实行民族区域自治。由此可见，民族的共同地域这个特征，对于无产阶级政党制定民族政策，是至关重要的。如果不承认共同地域是民族的一个特征，那么我们的民族政策不就成了空中楼阁了吗？正因为共同地域是民族的特征之一，所以，正如我们在论述民族共同体定义时所引证了的那样，当1903年考茨基在他写的小册子《基里涅夫惨案和犹太人问题》中提出："一个民族没有一定的地域是不能想象的"之后，列宁多次引用了考茨基的这句话，并强调了语言和地域对民族的重要性。

---

① 马克思：《摩尔根〈古代社会〉一书摘要》，第115页。
② 《马克思恩格斯选集》第4卷，第160页。

3. 共同的经济生活

共同的经济生活也是民族的基本特征之一，是民族诸要素的基础。对于共同经济生活的含义，苏联学术界有着不同的看法，或为"稳定的共同经济生活（有工人阶级存在）"，或为"共同的经济联系"，或为"统一的工业经济"，或为"统一的经济基础"等①。其实，按照斯大林在《马克思主义和民族问题》中所述，共同经济生活基本含义应是民族"内部的经济联系"把本民族中各部分结合为一个整体。"② 如果我们进一步分析民族共同经济生活，可以发现，所谓共同经济生活，就是一个民族的物质资料的生产和消费过程中组织形成和行为方式的总和。具体地讲，一个民族经济生活的组织形式指的是生产资料的占有形式，生产过程中人们的组合方式，劳动成果的交换与分配形式等方面。经济生活的行为方式则主要指的是生产劳动、经营活动和消费方式，也即是生产劳动，以及衣食住行等方面人们具体的经济活动。简而言之，民族的共同经济生活不仅包括生产关系方面的内容，而且还包括生产力方面的内容，不仅要考察民族的生产方式，也要考察民族的生活方式。

学术界不仅对共同经济生活的含义有争论，而且对其是不是民族共同体的一个特征，也有人持否定的看法，苏联学者托卡列夫就认为由于各民族之间不存在"明显的差别"，因此，把共同的经济生活作为民族的特征不妥。③ 贺国安则认为经济生活虽然是民族形成的前提之一，但"随着社会联系的发展，经济生活也早已不再囿于一个民族的范围之内。"④ 这些观点的实质就是否认共同经济生活对民族共同体有作用。

共同经济生活对民族共同体究竟有没有作用？我们先从纵向方面，即从民族的形成和发展来看，回答是肯定的，因为共同经济生活首先对民族的结构有决定的作用，因为"一个民族本身的整个内部结构，都取决于它的生产以及内部和外部的交往和发展程度"。⑤ 我们不能想像一个民族内

---

① 参阅李毅夫《苏联民族研究理论建立述评》，《民族研究》1987 年第 3 期。

② 《斯大林选集》上卷，第 62 页。

③ 参阅王炳煜、陈凤荣《马克思主义民族定义的产生、发展和实践》，《民族研究》1984 年第 3 期。

④ 见《民族研究》1988 年第 5 期，第 29 页。

⑤ 《马克思恩格斯全集》第 3 卷，第 24 页。

部如果没有经济的联系性，何以能联结成一个社会实体？其二，共同经济生活对民族的发展有重要作用，迄今为止，还没有一个民族的发展能脱离其共同的经济生活，即脱离其生产关系和生产力的发展，脱离其生产方式和生活方式的进步。其三，共同经济生活对民族的其他特征起物质基础的作用，对此，恩格斯在《在马克思墓前的讲话》中说得很具体，他说："马克思发现了人类历史的发展规律，即历来为繁茂芜杂的意识形态掩盖着的一个简单事实：人们首先必须吃、喝、住、穿，然后才能从事政治、科学、艺术、宗教等；所以，直接的物质的生活资料的生产，因而一个民族或一个时代的一定经济发展阶段，便构成基础，人们的国家制度、法的观点、艺术以至宗教观点，就是从这个基础上发展起来的"。①

再从横向方面，即从共同经济生活本身所具有的趋同、共生和激变的特性来看，回答也是肯定的。趋同，就是指民族内部或民族之间对于"经济生活的发展有着一种互相攀比、力求同步的趋向。一般说来，任何一个民族由于自身利益的需要，在经济生活方面都是不甘落后的，都自觉不自觉地把现行经济生活水准较高的民族作为追赶目标。因为这种形于外的经济实力和形象，既关系到民族内部的发展动力、安定团结，也关系到自己在民族交往中的地位和作用。共生，就是指民族共同经济生活中不同的组织形式和经营方式，乃至生活方式都是可以共生共存，而不是绝对单一或完全互相排斥的。于是，不论从事工业、经商，还是从事农耕、畜牧，或是对生活消费需求的各异，并没有使某个民族内部的成员水火不容，反而使经济生活更加多彩多姿。共同经济生活的这种共性，现在又为我们对各民族地区进行经济改革中，采取多种经济形式和经营方式提供了依据。激变，就是指民族的共同经济生活在某种内力或外力的作用下，有可能发生趋乎寻常的迅速变化。在一般情况下，共同经济生活的变化是渐进的。但是，在一定的特殊条件下，它却有可能得到激变的机会，例如革命的胜利带来社会经济制度的更替之时，或者民族间的兼并与征服之时，或者民族内部先进分子发起的改革和改良之时，或者新的科技革命到来之时，民族的共同经济生活都会出现急剧的变化。② 正因为民族的共同经济生活具有

① 《马克思恩格斯全集》第 3 卷，第 574 页。

② 参阅谭明华《论民族共同体经济生活及其传承与改造》，《民族研究》1987 年第 1 期。

这些特性，所以它对民族繁荣，对民族关系都有至关重要的作用和影响，因此任何否定共同经济生活是民族的基本特征之一的观点都是不足取的。

为什么会出现否定共同经济生活为民族特征的看法呢？依笔者之见，其根本原因是没有弄清楚民族的个性与共性的关系，以及没有认识到民族特征所具有的统一性、稳定性和变异性。托卡列夫为什么认为共同经济生活列为民族的特征不妥？其根源就是只看到当今时代民族之间经济生活的差别越来越缩小，共性多于个性，从而忘记了民族形成之初，各自在共同经济生活或多或少总是具有自己所独有的一些特点的情况，从而不仅从民族特征所具有的变异性来否定其本身所具有的统一性和稳定性，而且还把民族的特征与民族发展中各民族的趋同性混淆了起来。贺国安矛盾地一边承认民族的"经济联系也是民族形成的前提之一"，也就是承认了共同的经济生活是民族的特征，一边又认为"随着社会联系的发展，经济生活也早已不再囿于一个民族的范围之内"了，又否认共同经济生活是民族的特征，其原因恐怕也在于此。

4. 共同文化心理素质

表现在共同文化上的共同心理素质，一般简称为"共同文化心理素质"。它是民族"诸特征中最活跃最有生命力的持久因素"，[1] 是维系一个民族的强有力的精神纽带。

所谓共同文化心理素质，就是一个民族的社会经济、历史传统、生活方式以及地理环境的特点，在该民族精神面貌上的表现和反映。民族文化心理素质虽然是一种抽象、复杂的精神现象，但它是可以捉摸，可以认识的。在一般的情况下，它通过民族的语言、文学艺术、社会风尚、风俗习惯、宗教信仰、体育游艺、道德情操，以及对祖国、对民族、对人民的热爱，对乡土的眷恋等形式，表现和反映出一个民族的爱好、兴趣、能力、气质、性格、情操、民族意识以及自豪感。[2] 一般来说，在民族的四个特征中，共同文化心理素质是最后才形成的，它是民族诸特征及诸形成条件的综合反映。因此，民族的共同文化心理素质是民族所普遍具有的特征。

民族的共同文化心理素质本身具有独立、全民、稳固的特性。

---

① 熊锡元：《民族特征论集》，广西人民出版社 1987 年版，第 54 页。
② 参阅熊锡元《民族特征论集》，第 45—46 页。

　　独立，就是说共同文化心理素质虽然依赖于其他特征，是在其他特征的基础上形成的，但一旦形成，就可以相对独立地存在，即使民族的其他特征都淡化、消失，它也能继续存在并保持该民族的存在。像满族就是单靠民族共同文化心理素质维持着民族存在的。

　　全民，就是说民族的共同文化心理素质，不是阶级的意识形态，而是表现于整个民族的精神面貌，是一种全民性的现象。一个民族内部可以存在着不同的阶级，不同的阶级可以有不同的思想意识，但并不排斥共同文化心理素质的全民性。[1]

　　稳固，就是指民族共同文化心理素质变化缓慢而不显著的特征。在一个民族的形成、生存发展和全部活动中，共同文化心理素质都起着重要的作用，这对四个特征完全具备的民族更是如此，对其他三个特征淡化，或不齐备，或完全丧失的民族来说更是如此。所以共同文化心理素质是民族诸特征中最有生命力的持久因素。[2]

　　同样，对于民族的共同文化心理素质学术界争论也很纷繁，或肯定，或否定，或对原有措辞提出修改，但主要的争论是对"心理素质"的理解问题，有人认为"心理素质"一词不通俗，含义比较抽象，不太好捉摸，故有人改为"共同心理状态""民族性格""民族性""民族属性意识"等。由于争论的存在，苏联学者托卡列夫认为共同文化心理素质只能给民族定义造成一团迷雾，不会带来别的，故主观将此特征从民族定义中一笔勾销。[3] 争论是好事，有争论学术才可得到发展，"一笔勾销"的做法则是失之轻率的，我们觉得要理解斯大林之所以把共同文化心理素质列为民族的一个特征，是有其背景的。当时鲍威尔认为"民族是一个相对的性格共同体"，他所指的民族性格是"一个民族所持有的。把民族同胞彼此联系起来而与其他民族相区别的身体特征和精神特征的总和。"[4] 值得注意的是，鲍威尔所说的精神特征是指脱离客观存在和现实条件的主观意志，并把民族性格跟人的体质特征上的差别联系在一起，却把民族性格产生的根源，即物质基础和历史条件割裂开来了，因此，斯大林在批判鲍威尔的这

---

①　参阅熊锡元《民族特征论集》，第 47 页。

②　熊锡元：《民族特征论集》，第 48—49 页。

③　参阅《民族研究》1984 年第 3 期，第 5 页。

④　鲍威尔：《民族问题和社会民主党》转引自《斯大林选集》上卷，第 65 页。

个谬论时说："鲍威尔在民族'特点'（民族性格）和民族生活'条件'之间划了一条不可逾越的界限，把它们彼此隔离开来。然而民族性格如果不是生活条件的反映，不是从周围环境中得来的印象的结晶，那又是什么呢？怎能仅限于民族性格而把它和它们所产生的根源割断分开呢？"① 就是在这种背景下，斯大林一面讽刺鲍威尔，另一面指出民族共同心理素质形成的物质基础和表现形式，他说：心理素质"既然表现在一个民族的共同文化的特点上，也就是可以捉摸而不应忽视的东西了。"②

为进一步理解民族共同文化心理素质特征，我们认为其基本内容应该包含如下四个方面：

1. 风俗习惯

风俗习惯是民族共同文化心理素质的外在表现形式之一。所谓风俗习惯，一般来说是指各民族在服饰、饮食、居住、生产、婚姻、丧葬、节庆、娱乐、礼仪等物质生活和文化生活方面广泛流行的喜好、风气、习尚和禁忌等。③ 其中很大一部分就是我们通常所说的民族形式、民族特点。它是各个民族的政治、经济和文化生活方面的一种反映，在不同程度上反映和表现了民族的生活方式、历史传统和心理感情，反映和表现了一个民族的风姿、风貌和风韵。正如费孝通先生所说："一个民族总是要强调一些有别于其他民族的风俗习惯、生活方式上的特点，赋予强烈的感情，把它升华为代表本民族的标志。"④ 这是为什么呢？因为风俗习惯是一面镜子，无论哪一个民族，只要展示出自己的风俗习惯，不是像镜子一样地照出了自己的风貌，风姿，乃至风韵吗？又因为风俗习惯是一个模特儿，无论谁要了解和认识一个民族，最佳的途径就是先了解其风俗习惯，看一看这个民族吃什么、穿什么、住什么、用什么；看一看这个民族如何种田、如何种树，如何饲养牲口，如何经商；看一看这个民族婚仪如何进行、葬仪如何进行；看一看这个民族过些什么节日，信仰什么神怪，便可知道这个民族的概貌。有人认为风俗习惯具有同一性，许多风俗习惯在各民族中

---

① 《斯大林选集》上卷，第66—67页。

② 《斯大林选集》上卷，第63页。

③ 参阅熊锡元《民族特征论集》，第35页。

④ 费孝通：《关于民族识别问题》，《中国社会科学》1980年第1期。

间普遍存在，对此，我们并不否认，但是，另一方面，只要仔细分析、比较和研究，一个民族，无论大小，大都有只属于它自己而为其他民族所没有的风俗习惯。对此俄国著名的文学批评家和哲学家别林斯基有一段十分精辟的议论，他在《文学的幻想》中说：

> "每一个民族的这独特性，表现在什么地方呢？就在于那特殊的、只属于它所有的思想方式和对事物的看法，就在于宗教、语言，尤其是习俗。……在每一个民族的这些差别性之间，习俗恐怕起着最重要的作用，构成着它们最显著的特征。我们不可能想象一个民族没有那采取顶礼膜拜形式的宗教理解；不可能想象一个民族没有为一切阶层的共通的语言；尤其不可能想象一个民族没有一种特殊的、仅属于它所有的习俗。这些习俗，包括着服装的样式，其原因应求之于这国土的气候，包括着家庭及社会生活的形式，其根源隐藏在这民族的信仰、迷信和理解之中；包括着不可分割的国家相互间的交换形式，其浓淡色度是由社会法制和阶层差别所造成的。一切这些习俗，被传统巩固着，在时间的流转中变成神圣，从一族传到一族，从一代传到一代，正像后代继承着祖先一样。它们构成着一个民族的面貌，没有了它们，这民族就好比是一个没有脸的人物，一种不可思议、不可实现的幻象。"[1]

这就是为什么一个民族常常以自己的风俗习惯是否受到尊重来衡量和处理同其他民族的关系？这就是为什么风俗习惯也是民族问题中的一个敏感因素？周恩来就指出：对民族风俗习惯"如果不尊重，就很容易刺激感情。"[2] 正因为风俗习惯是一个民族一目了然的外部标志，既从物质方面，又从精神方面反映了一个民族的概貌，从广义的文化含意上，其正好反映了一个民族表现于共同文化上的共同心理素质，所以我将其列为民族共同文化心理素质特征的基本内容之一。

　　顺便指出，风俗习惯在实际上是判别一个民族的一个标志问题，熊锡

---

① 《别林斯基选集》第1卷，上海译文出版社1979年版，第26—27页。
② 见《关于我国民族政策的几个问题》，《周恩来统一战线文选》，人民出版社1984年版，第387页。

元先生曾撰专文详加论述过，并给笔者以极大的启迪，但是与笔者的将风俗习惯列为民族共同文化心理素质特征的基本内容的结论不同的是，熊先生认为应该把风俗习惯列为民族的特征之一①。我们认为大可不必，学术界已有人撰写了论文，对此提出了质疑②，但大多没有抓住要害。依笔者之见，民族的特征应具有高度的概括性，既然风俗习惯仅是广义文化含义的一部分内容，那么就用不着在表现于共同文化上的共同心理素质之外，再画蛇添足地把风俗习惯单列为一个民族特征了。

2. 文学艺术

文学艺术是民族共同文化心理素质的又一个外在表现形式。文学艺术是文化的一个组成部分，是通过塑造形象具体地反映民族的社会生活，以此表现作者思想感情的一种文化现象。由于表现的手段和方式不同，一般分为表演艺术，如音乐、舞蹈；造型艺术，如绘画、雕塑；语言艺术，如小说、诗歌等文学作品；综合艺术，如戏剧、电影等。众所周知，文学艺术的一个重要特性就是具有民族性，俄国文学批评家别林斯基说过："文学中的民族性是什么？那是民族特性的烙印，民族精神和民族生活的标记"。③翻开中国汉族的文学艺术史，我们从汉族所独具的书法艺术、国画艺术、丝竹音乐、唐诗宋词、元曲明清小说、陶瓷雕塑石刻、京昆戏剧等文学艺术的展示中，无不可以直接感触到汉族共同文化心理素质的脉搏，无不可以透视汉族民族文化心理素质的凝结和沉淀。而英吉利民族的诗歌、法兰西民族的绘画、德国的交响乐、西班牙民族的舞蹈、希腊民族的雕塑等，又无不表现和反映了这些民族的共同文化心理素质。因此，文学艺术也就从另一个特殊的侧面表现和反映了一个民族的风貌、风姿和风韵。

文学艺术之所以是民族共同文化心理素质的一个基本内容，这是因为各个民族在特定的自然条件和历史条件下必然会形成较深地本民族文化心理素质的烙印。以绘画来说，汉族的国画与西方民族古典西洋画就有着截

---

① 见《风俗习惯应否为民族构成要素》，《民族研究》1983 年第 1 期；又见《民族特征论集》，广西人民出版社 1981 年版。

② 姜永兴：《风俗习惯不能列为民族构成要素》，《中央民族学院学报》1985 年第 2 期；符耀新：《论风俗习惯不能列为民族的构成要素》，《广西民族研究》1987 年第 1 期。

③ 《别林斯基选集》第 1 卷，上海译文出版社 1979 年版，第 107 页。

然不同的特点。西洋画讲究透视法，强调光色的变化，注重外表的肖似，着重于人物画，尤以裸体人物画著称，创作出了"泉""沉睡的维纳斯""爱神与仙女普赛克""受诱惑的夏娃"等名画，其特点是外向的、开放的、写实的。而汉族的国画却与此恰恰相反，其一不讲焦点透视，一切视线是流动的、转折的，有强烈的节奏性；二不强调光色的变化，甚至只用单一的墨色加水，就可以表现万千世界的生机；三不拘泥于外表的肖似，画山不一定要像这座山，画树也不一定要像这棵树，故其不多画人物，更无裸体人物画产生，但十分着重山水画，讲究诗的意境，出现了李思训、王维、郭熙、王希孟等山水画大师，其特点是内向的、含蓄的，写意的。这种截然不同的民族特色的形成，正是根源于两者之间社会历史条件和自然条件之不同。古典西洋画渊源于希腊，而古希腊人发明了几何学，又崇尚人体美，认为最矫健、最匀称的人体是最美的。资产阶级文艺复兴后，西洋画继承了这个传统，既讲科学，又崇尚人体美，人体艺术成为主要的艺术形式，表现出了外向的、写实的形式美的文学艺术特点，同时也反映和表现了西方民族文化心理素质的外向性和开放性。而汉族的国画则渊源于其几千年的民族文化传统之中，宗法制度的礼法及其道德观念，限制了人们对人体美的欣赏和追求，尤其是宋明理学的兴起和发展，人们的心理状况和审美趣味由具体的人事、仕女转到自然对象、山水花鸟。尤其是南宋时，人们面对南宋政权的软弱无能，由失望而消极，日益陶醉于自然风景的山水花鸟世界中，特别崇尚山水风景美，于是山水画往往成了人们心理的寄托物，从而使山水画成为世界艺术史上罕见的美的珍宝，同时也淋漓尽致地反映和表现了汉族民族性格的内向性和含蓄性。

也正因为文学艺术是民族共同文化心理素质的基本内容之一，所以各个民族的文学家和艺术家们都力求在自己的文学艺术作品中表现和反映本民族的性格和精神，而人们也刻意在文学艺术作品中寻找自己民族的"根"。

3. 民族性格

民族性格是民族共同文化心理素质的一个表现方式。其是表现在人的态度和行为方面的比较稳定的心理特征。讲到心理特征，不少人认为太抽象，克留科夫就认为"民族性格还是很难捉摸的东西"，[1] 其实，正如熊锡元先生所指出的："性格"这个词，各个民族，男女老少都经常使用。一个民族，如同一个人一样是具有自己独特的性格的。讲到民族性格，一般都可以说得比较具体，并不难捉摸。例如，英吉利民族和美利坚民族，虽然基本上同文、同种，但在民族性格上差异很大，英国人墨守成规的"绅士气"，在美国人身上是不多见的；而美国人旷达不羁的"牛仔精神"，在英国人身上是无明显痕迹的。同样，中国维吾尔族的爽朗明快、富有幽默感的性格，与傣族从容不迫、富有和睦感的性格则相映异趣。[2]

正因为民族性格是可以捉摸的民族共同文化心理素质的一种表现形式，所以，恩格斯在论述爱尔兰问题时，就使用过"民族性格"一词[3]，他在《英国工人阶级状况》中不仅引述了别人所说：爱尔兰人认为，"他们机警而又轻率、急躁，没有耐性而又缺乏远见；他们生来就勇敢，落落大方；受到侮辱就马上报复或立即宽恕，交朋友快，绝交也快；他们天才四溢，但是判断力却差得可怜。"而且还评论说："在爱尔兰人身上，感情和热情无疑地是占优势的，理性必须服从它们。爱尔兰人这种重感情的容易激动的性格使他们不能深思熟虑，妨害他们从事冷静的坚忍的活动。"在这里恩格斯对爱尔兰人的民族性格描述多么具体啊！真是淋漓尽致，入木三分。

民族性格不仅是民族共同文化心理素质的表现方式，而且还是民族共同文化心理素质积淀的显示器。例如回族的民族性格以开拓进取、和衷共济著称，究其根源——与其形成的历史有关，如前文所述回族是由东迁的中央亚细亚、波斯和阿拉伯人与汉族、蒙古族、维吾尔族融合而成的，这种外来的历史渊源，使之开拓进取的性格积淀于其文化心理素质之中；二与其全民族信仰伊斯兰教有关，众所周知伊斯兰教在特定的条件下成了维系回族共同文化心理素质的精神纽带，使得和衷共济的性格在其共同文化心理素质上显示出来。再如汉族的民族性格是坚韧、勤俭、刚健、诚实、内向、温顺、爱面子、平均主义、保守主义等民族性格，[4] 也是两千多年来，在封建制

---

① 熊锡元：《民族特征论集》第 96 页。

② 参阅熊锡元《民族特征论集》第 101 页。

③ 《马克思恩格斯全集》第 2 卷，第 561 页。

④ 参阅徐杰舜《汉民族性格面面观》，《学术论坛》1988 年第 2 期。

度下，儒、道、佛在民族共同文化心理素质上积淀的多色彩的显示。

4. 民族自我意识

民族自我意识是民族共同文化心理素质的又一个表现方式。民族自我意识，或称"民族自觉意识"，人们又常简称为"民族意识"。民族自我意识是学术界讨论的一个热点，尤其是克留科夫，贺国安等特别强调它，将其视为民族共同体最重要、最核心的特征。笔者虽然十分赞成突出民族自我意识，但不同意将其与民族共同文化心理素质等同起来，更不赞成用其来取代民族共同文化心理素质。为什么呢？这要从什么是民族自我意识谈起。

究竟什么是民族自我意识？笔者十分赞赏梁启超所言："何谓民族意识？谓对他而自觉为我。"[①] 通俗一点说，正如费孝通先生所说：这是"同一民族的人感觉到大家是属于一个人们共同体的自己人的这种心理"。[②] 这就是说民族自我意识作为民族共同文化心理素质的一种反映和表现，只能是其的一个组成部分，而不能取而代之。正如熊锡元先生所指出："二者内涵与外延不一样，'民族意识'是'共同心理素质'的组成部分，一个重要表现方面，含义比'共同心理素质'窄，即'共同心理素质'可包括'民族意识'，'民族意识'却不能替代'共同心理素质'。"[③] 正因为如此，我们仅将民族自我意识列为民族共同文化心理素质的基本内容之一。

民族自我意识的含义，包括三个方面的内容：一是族体自我，即"对他而自觉为我"，其表现就是族称的确定；二是性格自我，即对本民族性格的共识；三是社会自我，即对本民族在社会中的角色、地位、作用、责任等的共识。在这三者中，族体自我是浅层次的民族自我意识，这种归属感比较容易认同，性格自我是深层次，社会自我则是更深层次的民族自我意识，对他们的共识虽然比较困难，但民族自我意识在这方面的觉醒，却具有特别重大的意义，它是民族自我完善和自我超越的重要标志。欧洲资本主义国家的建立，得益于资产阶级民族意识的觉醒；亚非拉民族解放运动的风起云涌，得益于殖民地半殖民地民族意识的觉醒，都是很好的例证。

---

① 《梁任公近著》下卷，商务印书馆 1924 年版，第 44 页。

② 《关于民族识别问题》，《中国社会科学》1980 年第 1 期。

③ 《民族特征论集》，第 100 页。

民族自我意识的产生有一个历史过程，拿汉族来说，其族体自我的共识就经历了一个相当的历史时期，当华夏民族各支系在秦始皇的武功面前迅速统一起来之时，又俄顷土崩瓦解，为汉王朝所取代，华夏民族的发展，转化成为汉族。但是汉族的族称却先后出现"秦人""汉人""唐人"之称；同时，"秦人""汉人""唐人"三称又交叉使用。"汉人"之族称在曲折、交叉发展过程中，逐步取得主流地位，最后才确称为汉族。而汉族的性格自我和社会自我的共识，经过魏晋南北朝亡国灭族的危机，及至隋唐的统一，在两宋到明清时才得到了显著的增长和充分的表现，众所周知的岳飞的抗金斗争，是汉族民族意识增长的突出表现，岳飞的英名成了汉族民族自我意识增长的一个象征。而朱元璋"驱逐胡虏，恢复中华"口号的提出，反映了汉族民族自我意识的增长到了一个新的高度。明末清初的抗清斗争，则是汉族用热血谱写的强烈表现民族性格自我和社会自我的一曲悲歌。从这里我们还可以看出民族自我意识还是一个民族向心力和凝聚力的"能源"。

三　民族共同体的形成

人们共同体经过原始社会的漫长发展，历经原始群、氏族、胞族、部落或部族等不同类型后，到了原始社会末期和阶级社会初期遂开始形成一种新的人们共同体——民族共同体，这就是人们通常所称的民族。

民族究竟是怎样形成的呢？对这个问题要分两个不同层次来回答，即要分为原生民族和次生民族两个层次。

所谓原生民族的形成，就是学术界所说的最初的民族。最初的民族是怎样形成的呢？恩格斯在《自然辩证法》中有一个著名的论断，他说：

> "劳动本身一代一代地变得更加不同，更加完善和更加多方面。除打猎和畜牧外，又有了农业，农业以后又有了纺纱、织布、冶金、制陶器和航行。同商业和手工业一起，最后出现了艺术和科学；从部落发展成了民族和国家。"[①]

---

① 《马克思恩格斯选集》第3卷，第515页。

这就是恩格斯提出的"从部落发展到民族"的观点，它指出了最初民族形成的一般历史规律。

下面我们来探讨一下原生民族形成的历史过程。

社会物质条件是一切历史现象产生的基础。民族，作为一个历史范畴，也必须是在一定的经济基础之上才可能形成。在原始社会初期，社会生产力极端低下，人们使用的只能是粗糙的打击石器和后来出现的弓箭，这就决定了人们必须依靠自然的赐予，即靠天然的采集和狩猎才能生活。因此，当时人们还只能结成不大的群团，即原始群。这种原始群，随着生产资料取得的难易，而时分时合，因而极不巩固，极不稳定。到了旧石器时代晚期和新石器时期，社会生产力有了长足的发展。磨制的新石器和陶器广泛使用，原始农业和原始畜牧业开始出现，不同的经济文化类型也开始萌芽并初步形成。新的生产力要求人们比较稳定地定居下来，于是出现了氏族和部落。然而，当时的经济水平还是很低下的。人们还没有完全摆脱天然赐予，不稳定的经济文化类型决定了人们不得不以血缘关系为其维系的纽带。

但是，随着原始社会晚期金属工具的使用，随着农业、畜牧业、手工业以及交换的发展，人类历史上出现了社会大分工。第一次社会大分工是农业和畜牧业的分离。正如恩格斯所说："在野蛮时代中级阶段，我们看到游牧民族已有牲畜作为财产，……同时，我们也看到了游牧民族和没有畜群的落后部落之间的分工，从而看到了两个并列的不同的生产阶段。"①此其一。其二，第一次社会大分工后，生产力的高涨，交换的经常化，又对手工业的发展起了决定性的影响。原来包含在农业之内的手工业日益复杂的多样化，使之在农业中再也容纳不下了，于是，又发生了第二次社会大分工，手工业和农业分离了。

两次社会人分工对最初民族形成的决定性意义就在于共同经济文化类型的产生和发展。农业与畜牧业分离后，使得一部分部落，在有利的自然条件和地理环境下，在原始锄耕农业的基础上，使用了金属犁或锄，采用了人工灌溉，而逐渐形成犁耕或锄耕农业的经济文化类型。从而出现了在很长时期内不同的，并在很大程度上相歧的，经济的以及文化的发展途径，例如，农业经济文化类型的部落，逐步开始长期定居下来，过着"以

---

① 《马克思恩格斯选集》第4卷，第116页。

农为本"的生活;而畜牧经济文化类型的部落,则又是另外一番景象,人们过着"逐水草而居"的生活。于是产生了文化的两种历史类型——农业文化和畜牧文化,最后也就出现了两种不同的民族类型——农业民族和游牧民族,可见,经济文化类型的产生和发展,就是原生民族得以形成的经济基础。有的学者认为不同经济类型的产生,使人们以血缘关系维系的氏族受到了巨大的冲击,从而导致了所有制、婚姻、家庭等方面的一系列变化,因此成为民族产生时的关键力量是不无道理的。①

生产力的发展,不仅仅促使社会大分工的出现和不同经济文化类型的产生,而且还导致了原始社会内部深刻的变化。其表现是以血缘关系为纽带的氏族、部落的分化和解体,血缘关系逐步被废弛。

那么,血缘关系是怎样逐步被废弛的呢?

大家知道,在原始氏族公社里是没有私有制的,人们共同生活在一个氏族和部落里,要破坏氏族部落的团结,特别是要脱离氏族、部落是不可能的。但是到了原始社会末期,随着生产力的发展,剩余产品的出现,私有制已不可避免地产生了。起初,在氏族、部落之间的交换中,氏族首领开始利用自己的权力,逐渐地把公有财产据为己有。后来,交换渗入氏族内部,氏族成员把财产拿来交换,变为自己的私有物,于是在最简单的商品经济的刺激下,私有制发展起来了。

私有制一产生,立即对原始氏族公社产生了重大的影响,正如恩格斯所指出的:"正在产生的私有财富在氏族制度上打开了第一个缺口。"② 这种影响主要表现在如下几个方面:

1. 一些小家族的游离。私有制的影响,首先在父权制的大家族氏族公社中表现了出来。随着家族公社经济活动的扩大和复杂化,特别是家长作用的日益增长,使得在家长和其他成员之间,在老家和新家之间,在大家族和小家族之间的矛盾日益增长着。这些矛盾的发展,最后以一些小家族的游离而告解决。血缘关系在这里开始表现出了严重的危机,氏族公社开始解体。

2. 奴隶的使用和贫富的分化。私有制产生引起的另一个严重后果,就是奴隶的使用和贫富的分化。这些奴隶大部分来源于其他部落,他们的来

---

① 参阅胡朝映《民族产生时的关键力量》,《贵州民族研究》1986 年第 2 期。
② 《马克思恩格斯选集》第 4 卷,第 95 页。

到，也打破了氏族原来的血缘关系。同时，由于家族的分化，家族之间财产的差距越来越悬殊了，于是在氏族内部又出现了穷人与富人的新分裂，有的氏族成员甚至沦为债务奴隶，氏族公社进一步解体。

3. 部落内部矛盾的日益激烈。私有制产生的影响，不仅促使氏族公社的解体，也促使部落内部的矛盾日益激烈起来。在各氏族间社会经济分化的过程中，有的富了，有的穷了，而富有的氏族逐渐在部落中占据重要的地位，从而形成了部落贵族。部落贵族占据着部落的首脑地位，操纵着部落的一切事务，因而必然引起部落中其他氏族成员的不满，于是蕴藏在部落内部的矛盾也日益激烈起来，部落也面临着解体的危机。

4. 杂居一代比一代更厉害。在小家族的游离、奴隶的使用、贫富的分化、部落矛盾加剧的社会背景条件下，不同氏族、部落的人员，很快地杂居起来，而且"一代比一代厉害了"。① 各氏族、部落间的杂居，给氏族、部落的血缘关系向地缘关系的转化创造了条件。

所有这一切，导致了一个具有重大历史意义的后果，这就是氏族、部落这些人们共同体所借以构成，赖以维系的纽带——血缘关系失去约束作用，而逐渐被废弛了，时到此日，"氏族制度已经走到了尽头"。② 这就为原生民族的形成创造了重要的社会条件。可见血缘关系的废弛就是原生民族得以形成的社会基础。

顺便插入一个与血缘关系有关的问题，那就是血缘关系的废弛，我们所指的是血缘关系不再是维系人们共同体存在的基础和纽带，并不是说在民族内部连血缘关系也消失，因为血缘联系本身是一个自然现象，即是历史上两性结合，人口繁衍，在人与人之间由血缘遗传的生物关系。但它同时又是一种社会现象，即它又形成人与人之间同血统渊源的社会历史关系。所以血缘联系既具有自然属性，又具有社会属性，这就是血缘联系的二重性，因此，当血缘联系从人们共同体中退出主导地位时，也就意味着原来维系人们共同体的血缘关系的废弛，但是作为人与人之间的自然现象，血缘联系还是在民族共同体中保留了下来。对于这一点，姜永兴曾正确地指出来了，但可惜的是他没有认清民族的形成正是血缘关系自地缘关系转化的结果，似乎把血缘关系与血缘联系混淆起来了，故认为"血缘联

---

① 《马克思恩格斯选集》第 4 卷，第 109 页。
② 《马克思恩格斯选集》第 4 卷，第 110 页。

系在民族形成中"有"作用"①，这一点是笔者所不能苟同的。其理由将在下面论述民族共同体形成时再评述。

好，下面再书归正传。在氏族制度已经走到尽头的同时，为了某种物质关系的利益，为了掠夺或防御他部落的侵夺，战争成了正常的职业，各部落之间发生了频繁的战争。因此，那些分化出来的氏族和部落，便重新联合起来，结成了一种新的联盟，即部落联盟。这就是马克思所说的：

"为相互保卫而进行联合，最初不过是由某种需要（例如防备外来的袭击）所引起的，随后形成同盟，最后则成为永久性的联盟。"②

对于部落联盟在从部落发展成民族的过程中的历史作用，恩格斯明确指出：

"亲属部落间的联盟，常因暂时的紧急需要而结成，随着这一需要的消失即靠解散。但在个别地方，最初本是亲属部落的一些部落从分散状态中又重新团结为永久的联盟，这就是朝民族［Nation］的形成跨出了第一步。"③

那么，为什么说部落联盟的建立是"朝民族的形成跨出了第一步"呢？

这有两方面的原因。

恩格斯在论述由塞讷卡、卡尤加、奥嫩多加、欧奈达和摩霍克五个部落组成的易洛魁部落联盟时就指出："他们说着同一种语言的非常近似的方言，占有互相联结的、为五个部落所瓜分的地区。"④ 这就是为民族的形成提供了最初的基础。也促进了形成民族所必需的"四大特征"的熔铸。我们可以大致描述"四大特征"熔铸情况如下：

部落联盟建立后，首先加强了各氏族、部落间的经济联系，特别是由

---

① 参阅姜永兴《血缘联系在民族形成中的作用》，《贵州民族研究》1983年第2期。
② 《摩尔根〈古代社会〉一书摘要》，第107页。
③ 《马克思恩格斯选集》第4卷，第89页。
④ 《马克思恩格斯选集》第4卷，第90页。

于商业交换活动的频繁，人们在联盟的范围之内相互交往，进行经济交流，经济联系性大大加强。最初，交换只是在各部落之间的边缘地带进行，但在货币出现之后，交换在更多的部落之间开展起来，交换的地点也往往成为各个部落汇集的地方，于是把各部落，甚至各部落联盟的人汇集在一起了。于是，商品交换这一强有力的经济杠杆，把各个部落闭塞的经济状况彻底摧毁了，使得许多部落联结成一个整体，形成民族所必需的共同经济生活在这里得到熔铸。

由于经济联系的加强，在地域方面，由于商品交换的发展，以及对外军事斗争的需要，各部落间森严的壁垒开始被打破，地域成了生产和交换的场所。于是，以经济关系为基础的地域范围形成，形成民族所必需的共同地域在这里得到熔铸。

随着共同经济生活和共同地域的熔铸，在语言方面，为了适应生产、交换和军事的需要，就必然提出沟通各部落之间方言的要求。于是原来尚能基本了解的部落方言，便渐渐地相互沟通、融汇。形成民族所必需的共同语言在这里得到熔铸。

最后，以共同地域为前提，以共同经济生活为基础，以共同语言为工具，各部落间不同的文化特点和生活习俗也得到交流，在这种交流中，他们相互影响，相互吸收，相互渗透，从而逐渐产生了一种表现了共同文化特点上的共同心理素质，于是形成民族所必需的共同文化心理素质在这里熔铸。

马克思曾以古代雅典民族的形成为例，谈到了这种情况，他说："融合是这一过程的最高阶段。……雅典的四个部落由于混居于同一地区及彼此间地理界线之逐步消失，而在阿提喀融合为一个民族。"①

由此可见，四大特征的熔铸，正是民族形成的重要一步。恩格斯所说"从部落发展到民族"的论断，其关键的转变正是在部落联盟时期。由此可见部落联盟的建立，"朝民族的形成跨出了第一步"。

但是，仅有部落联盟的建立，"四大特征"的熔铸，对于最初民族的形成来说还是不够的，还需要有一个统一的政治局面，来促使孕育在母腹之中的民族诞生于世。

历史正朝着这个方向前进。在原始社会末期，氏族部落大分化、大融

---

① 《摩尔根〈古代社会〉一书摘要》，第115页。

合的时期，在频繁的战争中，由于经济、政治，以及地理环境、自然条件等发展的不平衡，逐渐出现了强大的核心部落，在其能力卓越的首领的领导下，顺应了这个历史的大趋势，用战争的手段统一了各部落，战胜了其他部落联盟，这样，国家就产生了。

那么，国家的产生为什么会使最初民族的形成得以完成呢？

恩格斯说过："建立国家的最初企图，就在于破坏氏族的联系，其办法就是把每一个氏族的成员分为特权者和非特权者，把非特权者又按他们的职业分为两个阶级，从而使之互相对立起来。"① 所以，国家的产生，对民族形成的最大作用，就是氏族制度的彻底瓦解，血缘关系的完全废弛，"氏族组织不知不觉地变成了地区组织，因而才能和国家相适应。"② 从而导致了血缘关系向地缘关系转化的完成。关于这一点，恩格斯说：

> "以血族团体为基础的旧社会，由于新形成的社会各阶级的冲突而被炸毁；组成国家的新社会取而代之，而国家的基层单位已经不是血族团体，而是地区团体了。"③

而由于民族与氏族、部落等人们共同体最本质的区别在于前者以地缘关系为基础，后者以血缘关系为纽带，所以，国家的产生，也就表现血缘关系向地缘关系转化的完成。对于民族形成更重要的是最初的国家无不运用战争来扩大自己的地域范围，以站稳脚跟并充实自己的力量。于是在原始社会末期本来就一代比一代更厉害的杂居，随着国家的产生和战争的更加频繁也愈加厉害了，很明显，无形之中国家成了形成民族共同地域的纽带。正如恩格斯在论述罗马民族形成时所说："新民族的要素到处都已具备；……但是，任何地方都不具备能够把这些要素结成新民族的力量，任何地方都还没有显示出发展能力或抵抗力的痕迹，更不用说创造力了。对于广大领土上的广大人群来说，只有一个把他们联结起来的纽带，这就是罗马国家。"④ 此其一。

---

① 《马克思恩格斯选集》第 4 卷，第 107 页。
② 《马克思恩格斯选集》第 4 卷，第 148 页。
③ 《马克思恩格斯选集》第 4 卷，第 2 页。
④ 《马克思恩格斯选集》第 4 卷，第 144 页。

其二，国家是孕育民族的母腹。一般情况下，最初的国家都要使用行政的手段统一语言、文字，加强人们的经济联系。有的学者曾正确地认为："国家是民族共同体形成的工具，只有借助于国家的推动，并在国家的强力作用下，把不同的人们共同体聚集在一起，利用国家的力量对它们加以融合，一个稳定的民族共同体才有可能形成。"① 马克思曾说过："只有当结合在一个政府下的诸部落融合为一个统一的整体时……，这时民族开始产生。"② 这个"统一的整体"就是国家。所以，一般来说，国家的产生，血缘关系向地缘关系的转化的完成，也就标志着原生民族形成的完成。

以上所述，就是"从部落发展到民族"的历史过程，这是原生民族形成的大致过程，也是原生民族形成的一般规律。

在探讨原生民族形成的一般规律中，民族形成的上限问题是一个争论的焦点，蒙昧时代说有之，野蛮时代说有之，野蛮时代高级阶段至文明时代初期说有之，笔者是赞成第三说的，1984 年在《云南社会科学》第一期上发表了《民族形成上限问题管见——与牙含章，杜玉亭两同志商榷》③一文，表示了既不同意牙先生的蒙昧时期高级阶段说，也不同意杜先生的氏族部落时代说。在此本无须赘言，但是后来杜松在《云南社会科学》1985 年第一期上发表了《民族发展的两类形态及其时代探讨》一文，提出"民族的原生形态是以氏族的产生开始的"观点，其理由无外乎是说在氏族公社时代已具有了民族的"四特征"，因此，"所以称其为原生民族，是因为此时民族的四个特征密切相连，真正是缺一不可。"这种看法与杜玉亭的氏族部落时代说如出一辙。笔者认为这种氏族为原生民族之说之所以不能苟同，基本原因是其对民族本质的看法是错误的。

众所周知，在原始社会，氏族是氏族公社时期的基本细胞。恩格斯在《家庭、私有制和国家的起源》中说："氏族的任何成员都不得在氏族内部通婚。这是氏族的根本规则，维系氏族的纽带；这是极其肯定的血缘亲属关系的否定表现，赖有这种血缘亲属关系，它所联合起来的个人才成为一

---

① 张敦安：《国家在民族形成中的作用探究》，《民族学研究》第 8 辑，民族出版社 1987 年版第 151 页。

② 《摩尔根〈古代社会〉一书摘要》，第 96 页。

③ 又见《民族新论》，广西人民出版社 1987 年版。

个氏族。"由此可见，血缘关系是维系氏族的纽带，也是氏族这种人们共同体的本质。这样，如本书前面各章所述，由氏族组成的胞族，由胞族组成的部落，由部落组成的部族，由于都是以氏族为其基本单位的，所以它们都是以血缘关系为基础的人们共同体。这就表明，凡在原始社会时期内形成的人们共同体，它们的本质特征都是以血缘关系为基础的。

而民族则完全不同。我们从部落发展成民族的历史过程中可以看出，民族形成的过程。实际上就是血缘关系向地域关系转化的过程。对此笔者在上面已作了比较详细的论述。这也是恩格斯所反复强调的，在氏族制度崩溃、国家产生的过程中，"氏族、胞族和部落的成员，很快就都杂居起来"，而且"一代比一代更厉害了"。由此可见，各氏族、部落的杂居，是血缘关系向地域关系转化的一个基本条件。就是在杂居的环境条件下，刚产生出来的国家，为了保护统治者的利益，"第一次不依亲属集团而依共同居住地区为了公共目的来划分人民"了。这样，"氏族制度已经达到了尽头"，在这时，"有决定意义的已不是血族团体的族籍，而只是经常居住的地区了，现在要加以划分的，不是人民，而是地区了；居民在政治上已变为地区的简单的附属物了。"所以恩格斯在分析古希腊提秀斯所起草的宪法时就明确地指出："由于这一点，雅典人比美洲任何土著民族都前进了一步：相邻的各部落的单纯的联盟，已经由这些部落融合为统一的民族［Volk］所代替了。"从恩格斯的这些科学论述中，我们可以清楚地看出，血缘关系向地域关系的转化，在民族形成历史过程中是起着关键作用的，转化的完成，在一般的情况下，就是民族形成的标志。而促成这个转化的根本原因又是国家的产生，因为"建立国家的最初企图，就在于破坏氏族的联系"，所以恩格斯在《家庭、私有制和国家的起源》的序言中就明确地指出："以血族团体为基础的旧社会，由于新形成的社会各阶级的冲突而被炸毁；组成为国家的新社会取而代之，而国家的基层单位已经不是血缘团体，而是地区团体了。"① 因此，与以血缘关系为基础的人们共同体根本不同，民族的本质是以地域关系为基础的。斯大林讲民族"也不是部落的人们共同体"的含义多半于此。这样，我们可以认为"从部落发展成了民族"的关键，就是血缘关系向地域关系的转化，这可以说是研究古代民族形成的一把钥匙。掌握了这把钥匙，几乎可以打开古代社会一切民族形

---

① 以上所引分别见《马克思恩格斯选集》第4卷，第2、82、110、113、106、107页。

成的大门，而不至于走错门。杜松的"氏族为原生民族说"就是这种走错了门的一个实例。

原生民族是不是都是从部落发展而来的呢？不！因为世界是千差万别的，千变万化的。因此人类历史的长河，犹如一幅五光十色、绚丽多彩的画卷，其内容异常丰富具体，极其复杂多样。在人类历史上发生的一切东西，诸如经济发展、社会性质、政治制度、意识形态，文化习俗等，都表现出无穷无尽的变异和程度上的差别。正如恩格斯所说："当我们深思熟虑地考察自然界或人类历史或我们的精神活动的时候，首先呈现在我们眼前的，是一幅由种种联系和相互作用无穷无尽地交织起来的画面，其中没有任何东西是不动和不变的，而是一切都在运动、变化、产生和消失。"① 这就构成了历史的多样性。原生民族的形成，作为历史上曾经发生过的一个历史现象，其形成的途径，由于历史多样性的制约，当然不是单元的。从人们共同体的整体研究出发，立体地看民族形成的问题，我们可以清楚地看到民族形成的途径是多元的。民族形成途径的这种多元性正是历史的多样性在民族形成问题上的具体表现。

一般说来，原生民族形成的途径有三条，第一条就是从部落发展成民族，这是一条基本的途径。在西方，古罗马民族的形成就是一个典型，传说整个罗马上本由三个至十个氏族组成一个被称为"库里亚"的胞族，再由十个"库里亚"组成的部落构成。约公元前578年到公元前534年，王政时期的第六王塞尔维·图里阿进行了重大的改革，促进了氏族制度的彻底瓦解。他把罗马人按财产标准分为五个等级，五级以下者称为"无产者"，不列级。这样私人所有制确立，所以血缘关系被排斥了。与此同时，每个等级按规定建立军事"百人团"，这不仅大大加强了国家的军事力量，也反映了血缘关系在罗马已没有什么意义了。接着他又设立百人团会议，库里业会议的一切政治权力都归百人团会议，于是，国家机关基本确立。最后，整个罗马按地缘原则划成四个区域，完成了血缘关系向地缘关系的转化。恩格斯在总结塞尔维·图里阿的改革时说："这样，在罗马也是在所谓王政被废除之前，以个人血缘关系为基础的古代社会制度就已经被破坏了，代之而起的是一个新的、以地区划分和财产差别为基础的真正的国

---

① 《马克思恩格斯选集》第3卷，第417页。

家制度。"① 就这样罗马成为典型的奴隶制国家，古罗马民族也随之形成。此外，古代德意志民族以及印第安民族的形成也都是走的这条途径。

在中国，古代夏民族、商民族和周民族的形成也是走的从部落发展为民族的这条途径。例如夏民族的形成，早在舜时就发生过"流四凶族、浑敦、穷奇、梼杌、饕餮，投诸四裔"② 的事，表明了氏族和部落的开始分化以及血缘关系的开始废弛。后来，舜在对周围氏族部落进行的战争中，还"流共工于幽陵，以变北狄；放驩兜于崇山，以变南蛮；迁三苗于三危，以变西戎；殛鲧于羽山，以变东夷"③，对不同血缘的共工、驩兜、三苗、鲧等部落也进行分化瓦解，变其风俗。于是各氏族，部落之间不断地相互融合，到禹时，即《左传》哀公七年中所说的"禹会诸侯于涂山，执玉帛者万国"时的夏部落联盟，已不是以血缘关系为纽带的人们共同体了，"万国"也就不是氏族、部落的籍别，而是地域的区分了。禹治理水患后，把全国划分为"九州"④，这不仅标志着血缘关系的废弛和地域关系的确立，也说明随着夏国家的建立，夏部落也就发展成了夏民族。又如商民族的形成，也是在"相土烈烈，海外有截"⑤，战争变为一种正常营生的历史条件下，一方面是氏族首领的选举制度变成了父子世袭式兄弟相继的世袭制，从上甲微到汤的七代中，商部落的首领逐渐具有了国王的权力，商部落的氏族公社组织逐步转变为国家机构。另一方面是商部落从血缘关系向地域关系的转化，从契到汤的八次迁徙中，随着社会的发展，商部落逐渐与其他不同血缘的氏族，部落杂居在一起，被商部落称之为"邑"的有围墙的城垣，就是不同血缘的氏族，部落按照地域关系杂居在一起的古代都市。汤时，支持汤灭夏的"万邦"⑥"万方"⑦ 就都是按地域划分的人了。所以，后来司马迁说：商"其后分封，以国为姓"⑧，就不再以氏族、部落的籍别为根据，而以地域关系为基础了。至此，商部落也就基本上完

---

① 《马克思恩格斯选集》第 4 卷，第 127 页。
② 《左传》文公六十八年。
③ 《史记·五帝本纪》。
④ 参阅《尚书·禹贡》。
⑤ 《诗经·商颂·长发》。
⑥ 《尚书·商书·仲虺之诰》。
⑦ 《墨子·兼爱下》。
⑧ 《史记·殷本纪》。

成了从部落发展到民族的过渡。而周民族的形成同样是在周围部落定居于豳后，与其他一些氏族部落杂居起来，到古公亶父之时，当周部落迁到岐山之南的周原定居时，"豳人举国扶老携弱复归古公于歧下。及其旁国闻古公仁，亦多归之。"① 古公亶父只好"营筑城郭室屋而邑别居之"②，从此以后他们以"周原"这个地名为据，称呼自己为"周人"了③，反映以周部落为核心的氏族部落已结为一个"永久的联盟"，血缘关系向地缘关系进一步转化。及至武王伐纣"克商"后，"封邦建国"④，授土授民，使"氏族组织不知不觉地变成了地区组织，因而才能够和国家相适应。"⑤ 于是周部落完成了向国家和民族的过渡。⑥

　　第二条就是本书第五章部族共同体的论述的从部落发展成民族。这条途径在世界上也是普遍存在的，前已列举了中国古代契丹部族发展成契丹民族，以及非洲坦桑尼亚部落发展成民族的实例，在此就不再多言了。

　　第三条是从氏族和部落飞跃成民族，这是一条特殊的途径。按照一般的情况，无论从部落发展为民族，还是从部族发展到民族，都经历了氏族、部落彻底瓦解、血缘关系向地域关系的转化以及国家诞生的历史过程。但是，在近现代，随着世界资本主义的产生和发展，在资本主义血腥的、野蛮的殖民过程中，亚洲、非洲、拉丁美洲以及大洋洲大部分地区的奴隶社会民族或封建社会民族都沦为了殖民地半殖民地民族。正如列宁所说："资本主义使民族分成了两类，一类是占少数的民族，是压迫别人的，实行大国主义（帝国主义的）、有全权的和有特权的民族，另一类是占绝大多数的民族，是被压迫的、附属或半附属的和没有平等权利的氏族。"⑦

　　就是在这种历史背景下，亚、非、拉美及大洋洲的一些地区不少还处在原始社会各个不同阶段的氏族、部落原来封闭、落后和独立的原始生活就被西方殖民者的文明扰乱了。于是在殖民主义的洪水席卷到来的时候，

---

① 《史记·周本纪》。
② 《史记·周本纪》。
③ 《史记·周本纪》。
④ 《左传》僖公二十四年。
⑤ 《马克思恩格斯选集》第 4 卷，第 148 页。
⑥ 以上所述详见徐杰舜《汉民族历史和文化新探》，广西人民出版社 1985 年版。
⑦ 《为战胜邓尼金告乌克兰工农书》，《列宁论民族问题和民族殖民地问题》，人民出版社 1960 年版，第 455 页。

在氏族、部落还来不及彻底瓦解，血缘关系还来不及向地域关系转化，国家还来不及诞生的条件下，也都无一例外地被卷入了资本主义发展的洪流之中，一下子发生了质的飞跃，从氏族、部落飞跃成了民族。这是在特殊的历史背景下，原生民族形成的一条特殊途径。

在中国，1840年鸦片战争前还部分或全部处在原始社会不同阶段的鄂温克人、鄂伦春人、独龙人、怒人、佤人、傈僳人、布朗人、阿昌人、拉祜人、景颇人、德昂人、纳西人、基诺人、珞巴人、黎人等，都随着鸦片战争后中国的半殖民地化，从氏族、部落飞跃成了民族。因而在这种民族内部原始公社所有制的残余保留得很多，直到1949年全国解放，1956年民主改革时这些民族内的氏族、部落都还没有彻底瓦解，血缘关系还是维系内部关系的纽带。大家熟悉的永宁纳西族的母系大家庭就是一个典型的实例。

在亚、非、拉美、大洋洲以及太平洲各群岛上，从氏族、部落飞跃为民族的情况也比较普遍。例如印度境内拥有350万人口，主要由安夏米、阿奥、凯尼亚基、勒霍塔、勒特哈、细马等部落组成的那加人，虽然氏族、部落并没有彻底瓦解，直到现在在原始公社制已开始解体的情况下，氏族集团依然存在，但是随着印度沦为英国的殖民地，那加人也从氏族和部落飞跃成民族了。此外，像大洋洲、澳大利亚的巴布亚、新几内亚和新赫布里底岛一带的吉来人、达尼人和阿斯玛特人、非洲埃塞俄比亚的莫西人和靠近赤道的努巴人，南美洲和鲁中部的坎姆巴人、巴西的克林—阿卡洛列人、克拉霍人和佛罗里达的考克里克人、印度的安达曼人、泰缅边境的鲁阿人、中缅边境的克伦人等，都在殖民者到来以后，先后沦为殖民地，在氏族、部落根本没有瓦解的情况下，从氏族、部落飞跃成了民族。

原生民族的形成是如此，那么，次生民族的形成又怎样呢？所谓次生民族，就是由几个民族溶合而成的新民族。

世界是物质的，万事万物就像川流不息的河流，永远处于不停的运动之中，民族形成后也不是一成不变的。由于各民族之间在不同形式的交往中，往往相互接近、影响和渗透，以至消失了民族间的界限，有的民族从小到大发展了，有的民族则消失了，而有的民族则相互溶合了，形成一个非甲非乙的新民族。次生民族的形成大致有三种情况，一种是由几个原生民族溶合而成的新民族，这种情况以中国古代华夏民族的形成最为典型。春秋时代是古代中国从奴隶社会向封建社会过渡的历史转折时期，不仅社会政治、经济以及文化思想发生了深刻的变革，而且民族关系也出现了溶合的新局面。就是在这种民族大溶合的历史条件下，夏、商、周三族及部分蛮、夷、戎、狄开始了从几个民族溶合成一个新的民族的历史过程。这个过程首先是在夏、商、周三族之间进行的。晋惠公"作州兵"① 是一例。周襄王七年（公元前645年）秦晋之战中，晋惠公做了俘虏。晋人为加强军事力量而"作州兵"。周制"王国百里为郊，二百里为州，三百里为野"。"居州"之人本是被周民族征服的"庶人"，其地位与居"都""邑"的"国人"（即自由民）不同，他们没有服兵役的政治权利。"作州兵"后，情况就变了，被征服民族的"庶人"与"国人"一同正式服兵役，不仅打破了西周以来军队组成的规定，还说明"州"与"国"对立的消除，晋国内各民族之间的鸿沟基本填平。孔子被周民族的统治者称为"尼父"又是一例。孔子先祖是宋国人，即商民族人。孔子死后，周民族的统治者鲁哀公写了一篇诔文追悼说："无不遗耆老，莫予位焉！呜呼哀哉，尼父！"② 商民族的孔子被周民族的人称为"尼父"，其死后使周民族的鲁哀公如此悲哀，可见这时商、周民族间的心理素质也一致了。

夏、商、周三个民族之间的这种溶合，还扩展到蛮、夷、戎、狄之间。《国语·周语》说：周襄王"结狄人，将以其女为后。"《左传》庄公二十八年亦云：晋献公"又娶二女于戎。大戎狐姬生重耳，小戎子生夷吾。"重耳逃难到狄时，"狄人伐廧咎如，获其二女叔隗、季隗，纳诸公子。公子取季隗，生伯鯈，叔刘"③ 廧咎是赤狄的别种，重耳又与狄族人通婚。还有，东夷须句国人成风是鲁僖公之妾；赤狄别种潞子婴儿的夫人是晋景公的姐姐。又如晋国开国君王唐叔是周民族人，秦则是戎族人，春秋时两国世为婚姻，结为"秦晋之好"。还如《左传》僖公二十一年记载，"服事诸夏"的东夷族须句国受到邻国攻击，求救于姻亲鲁国。身为鲁僖公之妾的须句人成风说："崇明祀，保小寡，周礼也；蛮夷猾夏，周祸也。"代表周民族共同心理素质的周礼，也成了夷族人维持社会政治秩序的根据。凡此种种，都表明这时包括部分蛮、夷、戎、狄在内的民族界限也被打破了。

---

① 《左传》僖公十五年。
② 《礼记·檀弓上》。
③ 《左传》僖公二十三年。

顺便说明：我们在这里所说的"民族溶合"与"民族融合"是不同的。"民族融合"是指民族这种人们共同体被另一种全新的人们共同体所代替而消亡的过程；而"民族溶合"则是几个民族溶化汇合，虽然形成了非甲非乙的新民族，但未发生质变，仍然是民族共同体。① 因此，上述所有这些民族溶合的洪流汇合在一起，一个非夏非商非周，又非蛮非夷非戎非狄的新民族——华夏民族形成了。

第二种情况就是由几个原生民族与次生民族溶合而成的新民族。这种情况在我国近代少数民族的形成中不乏其例。土族就是由原生的吐谷浑族在长期的历史发展中，先后溶合了部分原生的蒙、羌，以及次生的藏、汉等族才形成的。这个过程大致是这样的，在吐谷浑—阿柴时期，当吐蕃于663 年（唐龙朔三年）灭了吐谷浑国后，青海、甘肃一带的吐谷浑族人处于吐蕃统治之下，被称为"阿柴"，开始了与藏族先民吐蕃的溶合。到了11 世纪后，吐谷浑人与吐蕃人的溶合加深了，他们被称为"霍尔"人。13 世纪以后，蒙古族人南下，统治了今青海、甘肃等地，于是霍尔人又与蒙古族人，再加上当地杂居的汉族人和羌族人溶合，大致到元末明初，即13 至14 世纪，形成为一个非吐非藏非蒙非羌非汉的新民族——土族。裕固族的形成也是如此，当840 年（唐开成五年）原生的回鹘被黠戛斯击败后，迁到河西走廊一带，被称为"河西回鹘"。872 年（唐咸通十三年）他们攻占了甘州城，立了可汗，又被称为"甘州回鹘"。11 世纪中叶，甘州回鹘被西夏攻灭后，部分人投奔了吐蕃的厮罗，与甘州回鹘中的另一支"沙洲回鹘"发展成为"黄头回鹘"，开始了与吐蕃的溶合，成为裕固族的祖先。其后，当成吉思汗的军队进入河西走廊西部时，黄头回鹘被称为"撒里畏吾儿"，又开始了与蒙古族人的溶合。明朝中期撒里畏吾儿由于关西诸卫相继崩溃而纷纷东迁内徙，又溶合了部分藏族和汉族人，直到19 世纪初，才形成非撒非蒙非藏非汉的新民族——裕固族。

第三种情况则是由几个次生民族溶合而形成的新民族。这种情况在我国近代少数民族的形成中也是不少的，回族的形成就是一个典型。回族的主源是13 世纪初叶，由于成吉思汗西征而被迫东迁的中央亚细亚的各族人、波斯人和阿拉伯人，以及东西交通大开自愿东来的商人，他们都信仰伊斯兰教。他们到中国后，以驻军屯牧的形式，以工匠、商人、学者、官

---

① 参阅《民族新论》，广西人民出版社1987 年版，第49—53 页。

吏、掌教等不同的身份，散布各地，成为元代"色目人"中的主要部分。其后，他们与杂居在一起的汉族、蒙古族、维吾尔族等溶合，遂形成为一个非色非蒙非维非汉的新民族——回族。毛南族就是由魏晋时僚族的一支与外来的汉族溶合，于明朝万历年间形成的一个非僚非汉的新民族——毛南族。

在西方，近代美利坚民族也是由几个民族溶合而成的。早在美国独立以前，英国在北美殖民地的 260 多万居民就属于许多不同民族，虽然这里的大部分居民是从英伦三岛迁移来的英格兰民族、爱尔兰民族和苏格兰民族，但是欧洲许多其他民族，即德意志民族、荷兰民族、法兰西民族、西班牙民族、瑞典民族的人民也加入了移民的洪流。例如德意志民族的移民被称为"萨尔斯堡人"或"帕拉廷内特人"。又如宾夕法尼亚和纽约这两个殖民地在 1681 年潘恩的移民来到之前，就有以瑞典民族为主的五百个移民住在特拉毕河沿岸。再如 1664 年荷兰民族的新尼得兰被夺去时，约有七千名荷兰人居住在哈得逊河下游一带。还如 1732 年当英国移民来到乔治亚沿岸和海岛的时候，西班牙民族占领这个地方已有近一百年的历史了。随着殖民地的经济发展，北部四个殖民地不仅工商业和渔业很发达，造船业成为主要的工业部门，酿酒工均占有重要地位，而且波士顿已成为拥有二万二千多居民的工商业中心。中部殖民地不仅谷物生产和畜牧业特别发达，小麦大量出口，有"面包殖民地"之称，而且也出现了拥有二万三千居民的城市中心费拉德尔菲亚和拥有一万五千余人的纽约。南部殖民地虽以种植园奴隶制经济为主，主要农作物烟草、蓝靛和水稻却是输往英国的重要商品。从十七世纪末起，由于交通的改进，修筑了沟通十三个殖民地的公路，邮政制度也建立了起来。这种统一市场的出现，标志着共同经济生活内部联系性的加强。同时，由于英语成为殖民地的公用语言，民族的共同语言也形成了。因此，美国独立战争的胜利，不仅标志着美国从此摆脱了英国的殖民统治，获得了国家的独立，也标志着英格兰、爱尔兰、苏格兰、德意志、荷兰、法兰西、西班牙等民族的移民溶合形成一个非英非德非法非荷非西的新民族——美利坚民族。

综上所述，原生民族和次生民族的形成，虽然可以概括民族形成的一般规律，但是，历史的多样性决定了民族形成的多元化，除此以外，还有一些其他因素影响而形成的民族，一种是异种族通婚的后代所形成的混血民族。这种情况在美洲和非洲比较多。如早期移居加拿大的法兰西和爱尔兰的殖民者，与当地印第安人女性通婚的后裔，无论是法兰西人、爱尔兰人还是印第安人都不承认他们，于是他们只好另成一个民族，称为"梅第斯人"。另一种宗教作用下所形成的民族。如南非的开普马来人，他们是白人殖民者与从马来西亚来的妇女通婚所生后裔。由于马来西亚的女奴都信奉伊斯兰教，所以这些后裔形成为信奉伊斯兰教的单一民族。南斯拉夫历史上由土耳其人与南斯拉夫人通婚所生的后裔，也因信奉伊斯兰教而形成为一个新的民族，称为"穆斯林"民族。总之，我们在探讨民族形成问题时，既要看到其间发展的规律，又要忌用一个模式去套，坚持从实际出发，具体民族具体分析，才能正确了解和认识一个民族的形成。

四 民族共同体的发育

一个民族共同体形成以后，就其内部的凝聚来说，还有一个从初型到定型的发展过程。这就是说，无论是原生的民族，还是次生的民族，刚从母体脱胎而出的民族，大多只是初具民族特征的民族，我们称之为民族的初型。这如同一个婴儿的诞生一样，虽然是一个人，但都是一个还没有发育完全的人，从婴儿到成年人有一个发育过程，那么，从民族的初型到定型也有一个发育过程，即有一个从低级到高级的发展过程，这就是民族共同体的发育。古代华夏民族的发育就是一个典型。春秋之时，在民族大溶合的潮流中，夏民族、商民族、周民族、楚民族、越民族以及部分蛮、夷、戎、狄族，经过大动荡、大分化，在互相交往、互相渗透中逐步溶合形成为一个新的民族，先秦典籍中或称之为"夏""诸夏"；或称之为"华""诸华"；或合称之为"华夏"。华夏民族虽然在春秋时初步形成了。但是直到战国之时，它还不是一个统一的民族，按地域可分为五个大的支系，即齐、燕、赵、楚、秦。

当时齐在山东先后征服了阳、莱、牟、任、州等被称为"东夷"的小国以及"东夷"中最大的一支"东莱"，此所谓《韩非子·有度第六》所说："齐桓公并国三十，启地三千里"，从而成为华夏民族在东方的一个主要支系。

燕在东北与戎族杂居，后逐渐强大，打败了东胡，置上谷、渔阳、右北平，辽西、辽东等郡。开拓了辽河流域，成为华夏民族在东北方的一个主要支系。

赵在北方兼并了本来与其关系密切的戎族的代国后，确立了其在北方的地位，成为北方民族融合的中心，赵武灵王"胡服骑射""制俗"①的史实，表明赵已成为华夏民族在北方的一个主要支系。

楚在南方更是得天独厚。在春秋时期近三百年的时间内，其在与齐、宋、晋争霸中原时，向东、向南得到很大的发展，先后灭了四、五十国②，除西周的一部分封国外，还有卢戎的一部分，东方群舒以及准夷的大部分，商王朝遗留下来的徐国以及东夷的某些小国，群蛮和白濮的一部分，东南方的越族，统一了长江流域的大部分地区，北抵黄河，南达云南，成为"战国七雄"中人口最多，土地最多，与秦争天下的"大国"，从而形成为华夏民族在南方的一个主要支系。

秦则在西方，开始与西方诸戎族展开了激烈的搏斗。斗争的结果，是活动在陕、甘、宁、内蒙古及其以北地区的犬戎、縣诸、翟、獂、邦、冀、白翟、大荔、义渠、乌氏、朐衍以及白狄的一部分，大多先后被秦所征服，有的则转移到了漠北地区，于是秦"益国十二，开地千里，逐霸西戎"③，成为华夏民族在西方的一个主要支系。

战国之时，华夏民族支系多的情况，反映到政治、经济、语言、文化以及地域上，正是《说文解字》中所说：是"田畴异亩，车涂异轨，律令异法，衣冠异制，语言异声，文字异形"④但是正是经过了春秋战国的发育，华夏民族逐渐从初型走向定型，这首先反映到人们的思想上，出现了荀子所说"四海之内若一家"⑤，孟子所说使天下"定于一"⑥的"大一统"思想。接着就出现了秦始皇的统一中国，并推行郡县制，统一并稳定了华夏民族的共同地域；规定"书同文"，使华夏民族的语言有了一个共同的基础；统一货币，度量衡和"车同轨"，加强了华夏民族的经济联系性；颁布统一法律令和"行同伦"，把表现华夏民族共同文化心理素质的"人伦"用法律形式稳定了下来。这一切措施，都促使华夏民族的发育基

① 参阅《史记·赵世家》。
② 《史记·楚世家》。
③ 《史记·秦本纪》。
④ 《说文解字》，中华书局1963年版，第315页。
⑤ 《荀子·议兵》。
⑥ 《孟子·梁惠王上》。

本定型。

民族的发育情况一般有两种，一种是发育完全的民族。有的民族在其形成的过程中，由于溶合进行得比较充分，在四大特征方面表现出比较高度的统一性，从而很快地完成了从初型到定型的发育过程，如古罗马民族，日本大和民族，朝鲜民族以及欧美的许多民族，此其一。其二，是在国家强有力的统治下，在政治、经济、文化等方面采取了种种措施，来消除不同来源的人们共同体带到民族共同体中的各种特异性，以增强统一性。如中国历史上的秦始皇统一文字、币制、度量衡、法律、人伦的措施，就使得华夏民族完成了从初型到定型的发育过程。

民族的定型所具有的特征，我们在民族的特征中已论述。在这里所要探讨的是民族初型的特点。从对世界民族发展史的研究中，我们可以看到民族初型的主要特点是：

1. 支系繁多

从华夏民族的发育中，我们已知其曾经具有齐、燕、赵、楚、秦五大支系。直至今日，这个特点还留下了历史的印记，今天我们所见的汉民族南北方，以及东西方之间，在语言、服饰、食俗、住房乃至心理上之种种不同，就是最好的例证。

我国一些还处于民族初型状况的少数民族支系繁多的特点更加突出，如人口有 140 多万的瑶族，如果按信仰、居住、生产、服饰特点来分，据不完全统计就有盘瑶、过山瑶、土瑶、大板瑶、背篓瑶、布努瑶、茶山瑶、花蓝瑶、细板瑶、尖头瑶、兰靛瑶、白头瑶、花头瑶、白裤瑶、山子瑶、八姓瑶、红瑶、平地瑶、木柄瑶、拉岜瑶 20 个。又如人口有 500 多万的苗族，据王文萱《苗族的分布现状及其类别》一文所定，按其服色、职业、居住方向、居住环境、服饰特点，地名和姓氏可分 7 大类，[①] 在贵州，仅 1935 年《黔苗图说》的记载苗族支系就有 82 种之多，[②] 虽然其中一些在中华人民共和国成立后已被确认为民族，但至今贵州苗族支系之多仍然是令人惊异的。

---

① 见《边声》第 1 卷，第 3 期。

② 参阅 ［日］乌居龙藏《苗族调查报告》国立编译馆，商务印书馆 1935 年版，第 22—27 页。

中国如此，外国也不乏其例，如生活在西非内陆沃尔特流域的沃尔特民族，人口有 600 万以上，其大的支系就有 48 个之多。[1] 列表如下：

编号	名称	人口
1	古因人（Guin）	约 5.5 万
2	卡拉博罗人（karaboro）	约 3.5 万
3	科莫诺人（komono）	不及 1 万
4	米尼安卡人（Minianka）	约 20 万
5	纳法纳人（Nafana）	约 1.5 万
6	塞努福人（Senuto）	约 54 万
7	互腊人（Wara）	0.6 万
8	博博人（Bobo）	约 25 万
9	德福罗人（Deforo）	约 1 万
10	多贡人（Dogon）	约 22.5 万
11	迪安人（Dian）	约 1.1 万
12	多罗谢人（Dorosie）	约 1 万
13	库兰戈人（Kulango）	约 3 万
14	洛比人（Lobi）	约 11 万
15	图西安人（Tusyan）	约 2.5 万
16	布尔萨人（Builsa）	约 5.5 万
17	达加里人（Dagari）	约 14 万
18	德加人（Degha）	约 8 千
19	格龙希人（Grunshi）	约 11 万
20	利尔塞人（Lilse）	6 万
21	努努马人（Vunuma）	3.5 万
22	互加拉人（Vagala）	2 千
23	比里弗尔人（Birifo）	约 8.5 万
24	达贡巴人（Dagoba）	约 17.5 万
25	曼善鲁西人（Mamprusi）	约 5 万

---

[1]　O. P 穆达克：《非洲各族及其文化》1959 年纽约，多伦多，伦敦版。转引自葛公尚、曹枫编译《西非民族概况》。中国社会科学院民族研究所 1984 年 8 月（内部铅印本），第 52—57 页。

续表

编号	名称	人口
26	莫西人（Mossi）	175 万
27	诺德巴人（Nandoba）	约 5 万
28	古伦西人（Gurensi）	约 17 万
29	互拉人（Wala）	约 5.5 万
30	巴萨里人（Basari）	约 8 万
31	古尔马人（Gurma）	约 18 万
32	康孔巴人（Konknomba）	约 5 万
33	莫巴人（Moba）	约 5 万
34	卡布雷人（Kabre）	约 20.5 万
35	特姆人（Tem）	约 4.5 万
36	巴尔古人（Bargu）	约 15 万
37	基林加人（Kilinga）	约 5 万
38	松巴人（Somba）	约 15 万
39	布萨人（Busa）	约 3 万
40	布桑西人（Bcsansi）	约 13 万
41	查科西人（Chakossi）	约 1 万
42	达菲人（Dafi）	约 9 万
43	迪乌拉人（Diula）	约 16 万
44	利格比人（Tigbi）	约 1.4 万
45	萨莫人（Samo）	约 13.5 万
46	西阿人（Sia）	约 7.5 万
47	甘人（Gan）	约 0.5 万
48	提恩加人（Tienga）	约 7.5 万

又如东非身材高大的罗特民族就分为七大支系：贝伊尔支系分布在埃塞俄比亚西南部锡达莫各族以西的低洼地区，主要从事畜牧业，在自然条件许可的地方也有一点梯田农耕；丁卡支系主要从事畜牧业；卢奥支系分布在乌干达北部，比属刚果和肯尼亚，主要从事农耕；巴里支系分布在丁卡支系和南部卢奥支系之间，大多从畜牧业转而从事农业；卡拉莫乔支系分布在肯尼亚西部及乌干达边境地带，主要从事畜牧业；南迪支系分布在肯尼

亚西部山区，维多利亚湖东北部，埃尔贡山斜坡地带，从事梯田灌溉的精耕农业；马赛支系分布在卡拉莫乔和南迪支系以东。[①]

2. 方言林立

民族的初型由于共同语言特征的不成熟，因此又产生了方言林立的特点。汉族方言之多和复杂是众所周知的，据 1955 年现代汉语规范问题学术会议的报告，从语言特点看，汉语方言一般可分为北方话、吴语、湘语、赣语、客家话、闽北话、闽南话、粤语 8 个地域方言。在地域方言中还可分若干次方言以及许许多多的地点方言。笔者曾生活和工作过的浙江武义县，人口仅 30 余万，就有武义话、宣平话、永康话三种地方方言。而粤语与北方话之间的差别之大，如同外语一般。所以从方言林立这一点来说，尽管汉族已有两千多年的历史，已基本上发育完全和成熟，但由于其共同语言的发育不完全，严格地来说也还只是一个民族初型。

前举之瑶族的语言就分属于四个不同的语支，即被称为"勉语"的苗瑶语族瑶语支，被称为"布努语"的苗瑶语族苗语支，壮侗语族侗水语支和汉语。而勉语又分为勉方言、金门方言、标敏方言和邀式方言 4 种；布努语又分为"布—瑙""巴哼""唔奈""炯奈""优诺"五个方言。"布—瑙"方言中又可分为东努、努努、布诺、瑙格芬、努茂五个土语。苗族的语言可分湘西、黔东和川黔滇三大方言，差别之大彼此之间竟不能通话。最复杂的是川黔滇方言，其下可分七个次方言，即川黔滇次方言、滇东北次方言、贵阳次方言、惠水次方言、麻山次方言、罗泊河次方言、重安江次方言。有的次方言下还分三四个土语。

西非的沃尔特民族的语言分为塞努福、哈贝、洛、格鲁西、莫列、古尔马、特姆、巴尔古等 8 大语支。

3. 居住分散

民族初型在共同地域上则表现出居住分散的特点。以瑶族来说，其 140 多万人口分布在广西、湖南、云南、广东、贵州和江西等 7 个省区的 42 个地、州、市，159 个县（自治县）市，1050 多个乡、镇，4550 多个

---

① 参阅 O. P 称达克《非洲各族及其文化史》，转引自葛公尚、曹枫编译《非洲狩猎民族游牧民族》，中国社科院民族研究所 1982 年 12 月（铅印本），第 259—265 页。

村公所和村民委员会,① 以及越南、老挝、缅甸与我国交界的边地。而且除少部分居住平地外,大多居住在高寒山区、石山区以及丘陵地区,所谓"无山没有瑶"形成典型的"大分散,小聚居"的居住态势。

彝族居住分散的特点也十分突出,其 545 万余人,主要分布在地域不相连的四个区域:四川的大、小凉山有 110 多万;云南的金沙江、元江和哀牢山、无量山之间的地区,以及滇西被称为"云南小凉山"的华坪、宁蒗、永胜三县有 300 多万;贵州的安顺、毕节有 40 多万;广西的隆林、那坡有近万人。也呈"大分散、小聚居"的居住态势。

4. 风俗相异

民族初型在其共同文化心理素质方面也表现出发育不成熟的态势,风俗习惯相异就是一个显著的特点。

我国一些少数民族由于已处在从初型到定型的过渡之中,故风俗相异的实例俯拾即是。还是拿瑶族来说,其妇女服饰十分复杂,有的上穿无领短衣,以带系腰,下着长短不等的裙子;有的穿长可及膝的对襟上衣;有的穿后面长,前襟短的过膝的长衣,腰束长带;有的下身穿长裤,有的穿短裤,琳琅满目,观看起来令人眼花缭乱。如果让头顶三条弧形大银板,用三条不同色调的布带包头,使之挺挺上翘,身穿滚红花边大襟衣,着长裤的广西茶山瑶与南丹穿无领无袖无扣衣,背花背牌,着蜡染百褶花的白裤瑶站在一起,由于服饰差异太大,不知道的人一定会认为这是二个不同的民族。

在风俗习惯中,节日风俗的同一性本来是比较强的,但在民族初型中却表现出极大的差异。拿苗族来说,由于居住分散,节日的地方性特别突出,"四月八"仅是贵阳市附近苗族的传统节日,"姐妹节"仅是贵州东部清水江畔苗族的传统节日,龙船节仅是贵州黔东南、松桃以及湖南湘西苗族的传统节日,爬山节仅是贵州雷山县苗族的传统节日,"吃信"节仅是贵州合江县交包寨一带苗族的传统节日,花山节仅是贵州西部、中部、四川南部和云南东南部苗族的传统节日,赶歌节仅是湖南凤凰县苗族的传统节日,古龙坡会仅是广西融水苗族的传统节日。就是同一个节日,由于缺乏同一性,节期也不一致,如云、贵、川交界的苗族都过

① 参阅盘朝月《瑶族分布概况》,《广西民族研究参考资料》第 8 辑。

的花山节，其过节的日期有的在正月，有的在五月，有的在六月下旬，有的在八月下旬。

5. 族称不一

民族初型在共同文化心理素质上发育不成熟的另一个表现就是族称不一。

瑶族中的一个大支系盘瑶，就有四个自称，即"优勉""瓢敏""瓢满"和"金门"；另一个大支系布努瑶也有"布努""努努""东努"三个自称。此外，花瑶有"巴哼""唔奈"二个自称；平地瑶自称"爷尼""炳多优"；茶山瑶自称"拉伽"等，据语言普查其自称有28个之多，直到解放后，才统称瑶族。

彝族的族称更是复杂纷繁，四川及云南宁蒗、华坪、永胜自称"诺苏濮""诺苏"；云南武定、禄劝、弥勒、昭通地区、贵州毕节地区自称"纳苏濮""纳苏"；而分散在云南各地的彝族有"迷撒拔""纳罗拔""罗罗濮""泼哇""昨杋""颇罗""聂苏濮""黎拔""山苏"等，计约33个自称[1]。他们也是在解放后才统称为彝族的。

6. 经济生活呈多层次态势

民族初型在共同经济生活上表现出多层次的态势。解放前乃至民族改革前，瑶族虽然基本上封建化了，封建地主经济占了重要地位，但仍有部分瑶族处于土司的封建领主制经济之下，如南丹县的瑶族多处在莫氏壮族土司的控制之下；有的地区甚至还保留着原始社会的残余形态，如金秀大瑶山的部分瑶族，南丹县的白裤瑶农村公社所有的公有制还占相当的比重，这种经济生活的多层次结构，以其社会经济是一个不平衡的多面体反映了民族发育的不成熟。

彝族"一族二制"的社会经济结构也是一个极好的例证，云南的彝族大约在进入了封建社会，建立了封建领主制经济，明代后，发展为封建地主经济，一直延续到解放后，民主改革前。而四川凉山的彝族则长期保留奴隶制经济，直到民主改革前都没有什么大的改变。[2]

---

① 参阅方国瑜《彝族史稿》，四川民族出版社1984年版，第7页。
② 详见徐杰舜《彝族形成二元化特点初探》，载《民族新论》，广西人民出版社1987年版。

　　总之，一个民族的初型，由于发育不完全、不成熟，一般来说，大多具有支系繁多、方言林立、居住分散、风俗相异、族称不一、经济生活呈多层次态势等特点。

　　在这里，人们不禁会问：为什么有的民族发育快，有的民族发育慢呢？我们认为其中之原因固然有多种，诸如政治、经济、文化、军事乃至自然、地理等，但其主要原因恐怕是以下四个：

　　一个是经济联系的松散性所致。经济是基础，在民族发育过程中如果一个民族有发达的商品经济，有统一的民族市场，那么这个民族内部的经济联系性就会越来越紧密。这种经济联系性犹如一间"磨房"，把民族初型在四大特征方面所具有的差异碾得粉碎；如同一座"熔炉"，把民族初型种种不完全、不成熟的"杂质"剔除。这样，一个民族初型才会较迅速地发育成民族定型。欧洲各资本主义民族之所以能迅速发育成民族定型，就是因为资本主义的上升，在自由竞争中大大发展了商品经济，高度统一的民族市场迅速地把全民族凝结在一起。反之，我国的众多少数民族以及亚、非、拉和大洋洲的一些民族之所以发育得慢，与其内部经济联系不紧密，商品经济不发达，甚至基本上没有商品经济，缺乏一种经济的活力，因此往往表现出"先天不足"的状况，其发育缓慢当然在所难免了。

　　另一个是自然地理条件的封闭性所致。我们翻开世界民族发展史，不难看出不仅我国的大部分的少数民族，而且亚、非、拉以及大洋洲许多发展缓慢的民族，其自然地理环境大多处于一种封闭或半封闭的状态之中，我们在上文多次举例的瑶族、苗族大多居住在交通不便，信息不灵，教育落后的山区、石山区。在这种恶劣的自然地理环境中，由于缺少联系、交往和交流，他们的共同地域、共同语言、共同经济生活和共同文化心理素质也就犹如缺少一个碾碎差异的"磨房"，缺少一个熔铸共同性的"熔炉"，因此往往表现出"营养不良""后天失调"的状态，其发育缓慢就又在所难免了。

　　还有一个是政治关系的压迫性所致。在一个多民族的国家内，历史上一些少数民族往往处于被统治、被压迫的地位，他们或被征服、或被征剿、或为避难、或为逃税，而被迫迁徙到边远山区，从而造成该民族共同体的四分五裂、七零八落，使它们统一性难以得到充分的发展，而差异性却被保留了下来，从而造成了支系的繁多、方言的林立、居住的分散、风俗的相异、族称的不一、经济生活的多层次结构。这种情况在中国古代历史屡见不鲜，从而造成当代中国少数民族多分布在边疆地区、崇山峻岭之中的格局，也就成了一些少数民族发育缓慢的重要原因之一。

除此以外，最主要的原因则是受社会发展阶段的制约所致。我们从对发育不完全，不成熟的民族初型的诸多举例中可以发现，这一类民族基本上都是长期处于前资本主义社会发展阶段。前资本主义社会无论是奴隶社会，还是封建社会，由于其社会内部机制远没有资本主义社会成熟，没有如资本主义社会那样高度统一的民族市场和经济中心，所以，这种不成熟的社会内部机制反过来也就影响了民族自身的发育速度。如汉族虽然历史悠久，但在封建制度的长期统治下，其民族发育也显得十分缓慢，方言林立就是一个明例。

从理论上探讨民族的发育问题，正确认识民族初型在发育不完全，不成熟态势下的种种特点，弄清民族发育迅速或缓慢的原因，对于我们从民族自身发展的规律上去认识我国少数民族发展缓慢的原因，从而正确认识他们在社会主义初级阶段的发展趋势，进一步认识社会主义是各民族繁荣的历史时期，从而通过充分发挥社会主义国家的职能作用，制定正确的政策，包括发展教育、发展经济以及其他方面的种种措施，帮助那些发育不完全、不成熟的少数民族，完成发育过程，是有积极意义的。

五 民族共同体的类型

民族共同体作为人们共同体发展史上历史悠久，至今仍然遍布世界的一种人们共同体，如何进行分类？这是学术界讨论的又一个热点。

关于"民族类型"的概念，最早是斯大林于1929年在《民族问题和列宁主义》一文中指出的，他在论述资产阶级民族和社会主义民族的生产和发展后指出："这就是历史所知道的两种民族类型。"[1] 在这里，斯大林所说的"民族"是"нация"，即现代民族。那么对前资本主义社会的民族如何分类？先在苏联学术界展开了讨论，遗憾的是他们长期将资本主义民族视为部族，使民族类型的讨论走进了死胡同。现在他们已有学者认识到这种"部族理论"的荒谬性，克留科夫就撰文指出："50年代初，苏联的社会学家们在讨论用'部族'（народность）这一科学术语表示先于民族

---

[1] 《斯大林全集》第 II 卷，第 291 页。

（нация）的民族共同体类型的正确性时，认为这是马克思主义奠基者们的思想。这种强加给科学的陈词滥调的神奇力量，使哲学家和民族学家们对悬而未决的矛盾视而不见：一方面，'部族'被视为前资本主义时代的民族共同体（民族）的存在形式；另一方面，在今天的社会主义社会中存在着民族（нация）和部族（народность）又被认为是理所当然的。"[①] 对于民族的分类，克留科夫提出了新的看法，他在 1986 年《苏联民族学》第 3 期上发表了《再论民族共同体的历史类型》，把民族共同体的演进历史分为 5 个阶段：（1）原始民族相当于原始时代，其特点是民族特征尚不明显，民族自我意识薄弱，民族界限较模糊；（2）古代民族，相当于奴隶制时代，有了明显的民族自我认识；（3）中世纪民族，相当于封建制时代，民族联系被其他社会联系所取代，民族特点减弱；（4）现代民族，相当于资本主义产生以来的历史时代，民族联系加强，民族特点表现突出，形成了民族自我意识的全新因素；（5）民族共同体消亡阶段，其时，民族意识将为人类其他社会意识所代替。[②]

我国学术界对民族类型的讨论具有自己的特点，没有走进苏联"部族理论"的死胡同，从中国的实际出发，开展了对"广义的民族"和"狭义的民族"的讨论，其中最有代表性的是杨堃先生的民族分类法，[③] 如图表所示：

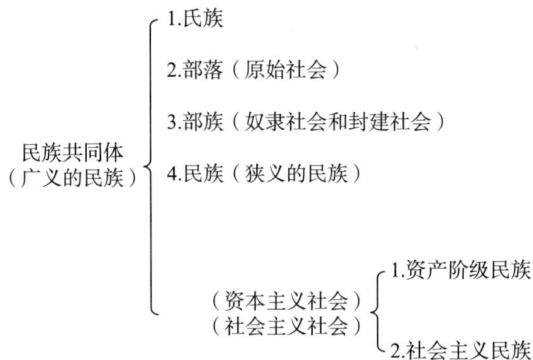

民族共同体（广义的民族）
1. 氏族
2. 部落（原始社会）
3. 部族（奴隶社会和封建社会）
4. 民族（狭义的民族）
（资本主义社会）1. 资产阶级民族
（社会主义社会）2. 社会主义民族

最近，何叔涛在 1988 年《民族研究》第 5 期上发表《民族概念的含义与民族研究》一文，提出了"次广义民族"的范畴，将民族类型的纵向

---

① 克留科夫：《苏联有 100 个民族和部族吗?》，《民族译丛》1988 年第 2 期。

② 《见民族译丛》1986 年第 5 期。

③ 杨堃：《民族与民族学》，四川民族出版社 1983 年版，第 121 页。

发展序列排列如下：

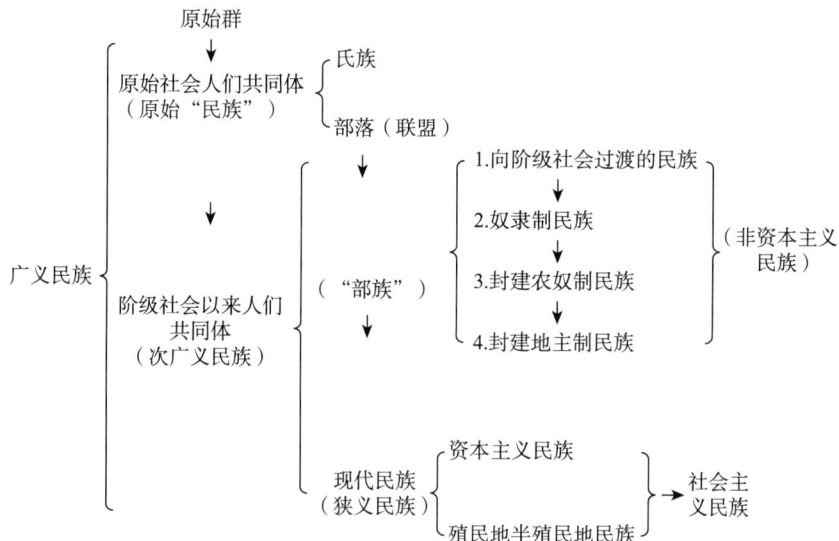

```
                   原始群
                    ↓
        原始社会人们共同体 ──── 氏族
          （原始"民族"）
                          └─ 部落（联盟）
                              ↓
                                    ┌─ 1.向阶级社会过渡的民族
                                    │        ↓
                                    │  2.奴隶制民族
                                    │        ↓              （非资本主义
  广义民族                           ┤  3.封建农奴制民族          民族）
              阶级社会以来人们    "部族"  │        ↓
                  共同体              │  4.封建地主制民族
              （次广义民族）          └─
                                    ↓
                                    ┌─ 资本主义民族
                           现代民族  ┤                    社会主
                          （狭义民族）│                    义民族
                                    └─ 殖民地半殖民地民族
```

说明：1.民族的萌芽和胚胎（部落、部落联盟）
　　　2.民族的形成阶段（原始社会向阶级社会过渡的民族）
　　　3.民族的发展阶段（奴隶制、封建农奴制、封建地主制民族）
　　　4.民族的成熟阶段（资本主义民族）
　　　5.民族的繁荣阶段（社会主义各民族）
　　　6.民族的融合与消亡（共产主义高级阶段）

与此同时，何叔涛还从民族间横向联系的层次提出了"超广义的民族"即"复合民族"的概念，指出这"是指在某些方面具有共同性和不可分割的相互联系的众多单一民族的集合体。如'中华民族''阿拉伯民族''斯拉夫民族'等。"

目前，在我国学术界杨堃的民族分类法影响较大，何叔涛的民族分类法则有创新，给人以启迪。但是正如笔者在本书的绪论以及本章的开头所说，本书所指的"民族共同体"，是指一般人们所说的前资本主义民族（即部族）和资本主义以来的民族，因此，我们要论及的民族共同体的类型，即是指这一范围而言，概不涉及本书前几章所论述的原始群、氏族、胞族、部落和部族。

讨论民族的分类，划分民族类型，究竟依据什么标准为科学呢？在讨论中人们常常以自己采用的分类法为科学，其实，依笔者之见，首先应允许多角度、多层次地进行分类，根据理论和实践的需要划分民族类型。如我们在探讨民族形成时，根据民族的形成之不同，将民族划分为原生民族和次生民族两大类；又在讨论民族发育问题时，将民族划分为民族初型和民族定型两大类。同样的道理，我们也赞成根据民族经济类型的不同，将民族划分为农业民族、游牧民族、商业民族、狩猎民族等类型；也赞成根据历史阶段的不同，将民族划分为原始民族、古代民族、中世纪民族、近代民族和现代民族；也赞成根据民族的结构情况，将民族划分为单一民族和复合民族；也赞成根据民族经济发展的水平，将民族划分为发达民族和不发达民族，或先进民族和落后民族，凡此等等，目的只有一个，即怎样对论述问题方便，就采用那一种分类法来划分民族类型。这种多角度、多层次的分类法正好生动地反映了民族这种人们共同体的多层次、多元化的态势，而不至于使人们陷入一种僵化的"一刀切"的模式之中。因此，对于民族类型的划分，我们认为还是不强求一律为好，可以采取"各取所需"的原则。从这个意义上来说，民族类型的划分标准并无什么科学与不科学之分，各种不同的标准都是在一种特定的条件和环境中使用的，也并不会使人们产生什么误解。

出于这样一种基本看法，我们认为采用社会性质来划分民族类型也是一种可取的民族分类法。这是因为：民族，作为一个历史范畴，它是发展变化的，是受到人类社会发展变化所制约的。不论何种民族，都存在于一定的社会之中；而社会的人在一定的社会阶段又都从属于一定的民族。就是说，民族的成员同时也就是社会的成员，所以社会的发展也就从一个侧面反映了民族的发展，从而可以将民族按照社会发展的序列划分为原始民族、奴隶制民族、封建制民族、资本主义民族、殖民地半殖民地民族、社会主义民族等不同的民族类型。下面我们想对这些不同的民族类型作一些论述。

1. 原始民族

对于原始民族一般学者多指氏族、部落，对此王勋铭在《"原始民族"说质疑》一文中已提出了商榷，[①] 笔者颇为赞成，但其认为"原始民族"说实属难以成立，则过于偏颇，我们不敢苟同。依笔者之见，原始民族是原始社会末期在部落或部落联盟的基础上形成的。这种民族的形成一般是

---

① 见《内蒙古社会科学》1986 年第 4 期。

在世界资本主义发展的过程中，许多还处在原始社会各个不同发展阶段上的人们共同体，被卷入世界资本主义发展潮流，纳入世界资本主义经济轨道的情况下形成的，如印第安人等。还有一种情况是在一个统一的社会主义国家内从民族平等、民族团结的原则出发，确定一些已具备或初步具备民族四大特征的人们共同体为民族，我国解放初期的鄂伦春人、独龙人、佤人等的全部或一部分，就是属于这种类型的民族。因此，在这种原始民族内部，充满了两种社会制度的争夺和交替，一方面，无论在经济上、政治上，还是在思想文化、婚姻习俗上，都还没有完全脱掉"自然发生的共同体的脐带"[1]，较浓厚地保存着原始公社的遗迹；另一方面，新的社会即阶级社会的特征又在迅速地发生发展着，猛烈地冲击着原始的东西。这种原始民族大多属于民族的初型。

2. 奴隶制民族

奴隶制民族，也称"古代"民族，是在阶级产生、国家出现的基础上出现的。一般来说，"从部落发展成民族"的这种最初的原生民族就是奴隶制民族。这种类型的民族特点是奴隶制的生产关系已占统治地位，作为占民族少数人的奴隶主，占有生产资料和直接占有生产工作者——占民族绝大多数人的奴隶。奴隶主和奴隶之间是赤裸裸的统治和服从的关系，奴隶不但没有丝毫的人身自由，而且不被当人看待，只被当作会说话的工具，奴隶主可以任意买卖和屠杀他们。奴隶劳动是公开的强迫劳动，奴隶劳动的全部生产物为奴隶主所占有，奴隶从主人那里只得到少得可怜的生产资料，过着极端贫困的生活。例如，我国四川大小凉山的彝族，民主改革前就是这种奴隶制民族类型的生动典型。这种奴隶制民族也多属民族的初型。

3. 封建制民族

封建制民族，或曰"中世纪"的民族，一般来说是由奴隶制民族经过长期交往，混杂、溶合而成的。它的出现，往往与统一的中央封建政权的建立联系在一起。这种类型的民族的内部特征是：封建主义生产关系已占统治地位，封建主（领主或地主）占有基本的生产资料——土地，农民

---

① 《马克思恩格斯选集》第4卷，第94页。

（或农奴）在人身上依附于封建主，农民（奴）为他们劳动。关于这种类型的民族的产生及其内部表现，在我国，无论是鸦片战争以前秦汉时期形成的汉民族，还是民主改革以前的傣族、藏族等，都可以明显地看到。这种封建制民族不少是属民族的初型，但有的也可发育成民族的定型。

4. 资本主义民族

资本主义民族又称资产阶级民族，即所谓"近代民族"，有的是在封建制民族的基础上，经过分化而形成的新民族，大多则是由旧有的民族转化而成的。正如斯大林所说：资产阶级民族"是一定时代即资本主义上升时代的历史范畴"。这个类型的民族不同于以前诸民族的最大特点，就是具有了民族的经济市场和经济中心，资产阶级成了民族的主角，对于他们来说，基本问题就是市场问题。为了推销商品，争夺市场，追逐超额利润，资产阶级制定了许多限制办法以至高压手段，实行对"异民族"的压迫。同时，在本民族内部，他们也加强了对工人阶级和劳动人民的剥削和榨取。这就是资产阶级民族的主要特征。

5. 殖民地半殖民地民族

殖民地半殖民地民族一般来说不是一个重新形成的民族，而是随着世界资本主义的产生和发展，殖民体系的建立而形成的。是由奴隶制民族，封建制民族，甚至一些还处于原始社会不同发展阶段的人们共同体（亦称为原始民族）转化而成的。

从都处于资本主义生产总轨道的意义上来说，殖民地半殖民地民族实质上是资本主义民族的一个变种，它与资本主义民族在资本主义生产的总轨道上具有同一性，但却有自身的独特特点，这些特点是：

在共同地域上的殖民性——丧失了独立和主权，或成为资本主义强国的附属国。

在共同语言上的同化性——殖民者强制推行殖民者的语言，实行"压制和同化语言的政策"。[①]

在共同经济生活上的附属性——一方面是与世界资本主义经济发生了联系，另一方面则成为世界资本主义经济的附庸。

---

① 《斯大林选集》下卷，第537页。

在共同文化心理素质上的两重性——一方面是在对殖民统治的反抗和斗争所表现出来的革命性，这是本质和主流的一面；另一方面由于资本主义文化的渗透和侵略所造成的文化和思想上的买办性，这是必须承认但又不得夸大的一面。[①] 这种民族的情况比较复杂，有的发育完全、成熟，属民族的定型，但多数发育不完全，属民族的初型。

6. 社会主义民族

社会主义民族不是一个重新形成的人们共同体，而是在旧有民族（包括各种类型）获得解放的基础上，经过社会主义改造，发展而成的一种新型民族，它是一切民族必经的，也是民族最后的发展阶段。

根据社会主义发展的客观规律，必须把社会主义区分为低级和高级两个阶段一样，社会主义民族，必然也要经历两个阶段，即：社会主义民族的低级阶段和高级阶段，由于两个阶段在各方面的差异性，这种社会主义民族在两个阶段的特征也不一样。

在社会主义民族的低级阶段，应当说，在许多方面都还是很不成熟的。在经济上生产资料的所有制方面的剥削制度已经消灭，社会主义的国家所有制和集体所有制已占统治地位和绝对优势；但是，私人所有制仍然存在，旧有剥削制度的残余也在一定范围存在着。生产力发展很不充分，多种形式生产工具并存。人们生活还不能得到很大改善。在政治上，无产阶级（通过共产党）的领导已经确立，人民民主专政即无产阶级专政性质的政权已经巩固，阶级已经消灭，各民族之间的关系已经基本上是劳动人民之间的关系，但阶级斗争在一定范围内仍然存在。在思想文化上，也仍然存在着新旧两种思想文化并存的情况：一方面是社会主义新思想和新文化日益深入；另一方面，封建的和资产阶级的思想文化也仍占据一定市场，这就是社会主义民族在初级阶段的两重性表现。

根据这个看法，正处在社会主义初级阶段的我国少数民族具有以下一些特点：

（1）政治基础的统一性

中国的少数民族进入社会主义后，有了共同的政治基础，它包含有二种含义，其一，中华人民共和国是各族人民共同缔造的。抛开古代历史不

---

① 详见徐杰舜《殖民地半殖民地民族之我见》，《民族研究》1986 年第 1 期。

说，在中国历史的近代时期，各族人民谱写了反对帝国主义的篇章。如中法战争后，法国侵略者闯入我江平一带京族地区，遭到了京壮两族人民的联合抵抗，并把法国侵略军赶出国境。1900 年后，英、法、美侵入云南、西藏等少数民族地区又遭到了藏、门巴、珞巴、景颇、傈僳、佤、布朗、傣等各族人民的坚决抗击。中国共产党成立后，领导全国各族人民进行了二十八年的新民主主义革命的英勇斗争，在这二十八年的峥嵘岁月中，全国各族人民经历了北伐战争、土地革命、抗日战争和解放战争四个阶段，如果没有少数民族参加战斗，没有各族人民的团结，中华人民共和国的建立是不可能的，所以，我们伟大的人民共和国，是各民族人民共同缔造的。其二，是建立了社会主义制度。我国各少数民族与汉族一起，在无产阶级及其先锋队中国共产党的领导下，经过长期的革命斗争，彻底打碎了旧的国家机器，实行了人民民主专政，建立了以生产资料社会主义公有制为基础的社会制度，国家的一切权力属于各族人民，人民代表大会成了我国各民族人民管理国家的政治形式。以上两个方面，就是社会主义初级阶段我国少数民族政治基础的统一性。

（2）生产水平的落后性

我国少数民族进入社会主义前的态势，决定了其生产力水平是落后的。在这里，我们说少数民族生产力水平落后，主要是指各少数民族的生产社会化、商品化程度、现代化水平还远远落后于发达的资本主义民族，落后于比较先进的汉族。在少数民族地区，生产社会化、商品化水平、农业劳动生产率相当低。商品率平均只有 10%，有的地区只有 1%；虽然这些年来商品率有所增长，但很有限，基本上还是自给、半自给经济。在部分少数民族地区，部分人民的温饱问题还没有解决，全国六千九百多万的少数民族中还有近三千万人口的温饱问题急需解决。少数民族生产力水平落后还表现为它的技术装备落后，人民文化水平低，其农业生产基本上是手工劳动，机械化程度很低，有些地区还是刀耕火种。他们的工业一般都是手工加工业，现代化工业很少，产业工人也很少。农业耕作技术有的还是"二牛抬杠、三人扶犁"，甚至有的还是"石锄翻地、木棍点种""靠天吃饭"，其经济主要以本身占有的自然资料和生理条件为基础，以自我封闭和纵向联系为特征的封闭型的自然经济。在文化上，少数民族教育事业发展缓慢，人口素质低下，在全国总人口四分之一的文盲半文盲中，有三分之二是分布在少数民族地区，小学入学率还达不到 60%；而且各民族文化教育发展很不平衡，据全国第三次人口普查中的 1% 抽样调查表明，我国 55 个少数民族中，文化程度高于或略低于全国平均水平的有 24 个民族，约占全国少数民族人口总数 53%，文盲率在 60% 以上的有 16 个民族，占全国少数民族人口总数的 18.52%，其余的 15 个民族文化程度普遍低于全国的平均水平。

我国少数民族生产力水平的这种落后性，又决定了适应其生产力发展程度的公有制本身也只能是不成熟的、不完善的，这就决定了人与人之间、民族与民族之间的平等关系实现程度不高，决定了在公有制内的多种经济成分的并存局面，从而制约着社会主义民主和法制的健全程度。也就决定了中国少数民族必须在社会主义条件下，要用整个一个历史阶段，去实现别的民族已实现了的工业化和生产的商品化、社会化、现代化的任务，去建立和发展其应有的生产力基础，这将经过一个相当长的艰难的历史过程。正如 1988 年 4 月全国民族团结进步表彰大会所指出的："我国正在进行社会主义现代化建设。民族区域自治地方占全国总面积的百分之六十以上，由于历史的原因，这些地区同我国沿海相比，生产力水平不高，商品经济不发达，因而实现四个现代化的任务更为艰巨。"这就是社会主义初级阶段我国少数民族生产力水平的落后性。

（3）意识形态的并存性

我国少数民族经过社会主义改造和三十多年的建设，人民民主专政进一步巩固，确立了中国共产党在各民族人民心中的地位，人民生活水平有了明显的改善，相当一部分民族逐步摆脱了社会贫困现象，使各族人民坚信"只有共产党才能救中国"的真理。对各族人民来说，社会主义的意识形态已经在不同程度上初步形成。但是，由于我国少数民族进入社会主义以前的态势所决定，资本主义、封建主义的意识形态，乃至奴隶社会的意识形态，甚至原始社会的意识形态都还在不同的少数民族身上，以不同的形式表现和反映出来，从而表现出意识形态的并存性，例如，在某些少数民族悠然自得过着"种田吃饭，织布穿衣"自给自足的田园式生活中，"轻商""贱役"自然经济思想还有相当的市场；"有肉大家吃，有酒大家喝"的"公吃公喝"现象还相当普遍。那种安于现状，不求进取；只求温饱，不求富裕；只求稳妥，不求开拓、创新的小农意识像一座高山，阻拦着少数民族经济文化的发展，这是一方面的情况。

另一方面我国少数民族在风俗习惯虽然已形成了一些具有社会主义风

貌的新风新俗，但许多旧俗陋习还普遍存在。如重男轻女、求神拜佛、杀牲驱鬼，念经祛邪、血缘宗族等，不胜枚举。这样，在社会主义初级阶段，我国少数民族在意识形态上就出现了社会主义的意识形态与各种非社会主义的意识形态并存的局面，这就是社会主义初级阶段我国少数民族意识形态的并存性。

（4）居住地域的杂居性

我国的少数民族，在长期的历史发展中，由于战争、割据、对峙、统一的分分合合，加上各民族之间的经济、文化、婚姻关系的交往，逐渐形成了大分散、小聚居，大聚居、小分散两种交错的地缘关系。55 个少数民族中有 30 个居住在辽阔的边疆地区，其余散居在内地各省市，它们的分布约占全国总面积 60％。大部分少数民族分布在西南、西北地区，少部分分布在东北、内蒙古、中南地区，形成大聚居、小分散的特点。就一个省区而言，各民族又是杂居与聚居犬牙交错，如在五个民族自治区，虽然是某个民族的聚居区，但同时又有其他许多少数民族散布其间，就一个民族居住状况来说，有个别民族则是小聚居、大分散，如回族就是我国少数民族中分布最广的民族，除了小聚居在宁夏、青海、甘肃等地区外，大部分分散在全国其他省、直辖市、自治区内。由于历史上的种种原因，55 个民族中有跨区聚居的民族，如达斡尔族，主要一部分居住在东北地区，另一部分居住在西北的塔城一带。而蒙古族除了东北的内蒙古外，在西北、西南、中南也有少数聚居和散居。以地区分布而言，55 个少数民族中基本上没有单一的民族聚居区，这就是社会主义初级阶段我国少数民族居住地域的杂居性。

（5）语言文字的兼通性

我国少数民族绝大部分有自己的语言，但只有 21 个民族有自己的文字。而汉族的汉文则历史悠久，是世界上最古老的文字之一，加上汉族占了全国人口的绝大多数，并与少数民族交错杂居在一起，于是一些少数民族与汉族的长期交往中逐渐接受和使用汉语、汉文，解放后，党和政府在民族语言文字上坚持贯彻执行民族平等的原则，尊重少数民族使用和发展本民族语言文字的自由，并帮助一部分少数民族改革了原来的文字，帮助一部分少数民族创制了文字，使得少数民族的语言文字得到了发展。与此同时，由于普通话的提倡和推广，加上各少数民族在社会主义革命和建设中更加扩大了与汉族的交往，所以汉语、汉文在少数民族中的使用也更加广泛了。于是出现了既尊重和发展少数民族语言、文字，又提倡学习汉语、汉文，这就是社会主义初级阶段我国少数民族语言文字的兼通性。

（6）民族意识的增强性

民族意识通俗地讲就是民族感情的内聚力。新中国成立后，党和政府组织开展了民族识别工作，到 1979 年最后确认一个民族即基诺族，至此，共确认了 55 个少数民族。各少数民族的族称基本上都得以统一，使各民族人民对本民族利益、民族形式、民族语言、民族地域、民族历史、民族文化艺术、民族风俗习惯形成统一的思想认识，民族感情内聚力得以集中统一。随着社会的发展，特别是当前改革的深入，极大地促进了少数民族地区商品经济、文化的发展，各种自然的、人为的民族堡垒被打破了，各民族对自身落后的面貌得以认识，要求发展，要求跻身于先进民族之列的愿望比任何时候都更加强烈，使自信、自强的民族意识大大增强。这就是社会主义初级阶段我国少数民族意识的增强性。

（7）心理素质的交融性

众所周知，代表我国各民族整体意识的中华民族的共同心理素质是在长期的历史发展和革命斗争中逐步形成的，这是因为中国现有各民族组成中华统一国家的历史非常悠久，中华民族的向心力和凝聚力极强，一贯地维护统一，热爱祖国，当国家受到外来侵略和威胁的时候，中国各民族总是一致对外的。远的不说，打开近代史和现代史看一看，从鸦片战争到抗日战争，直到现在，各民族都为维护中国的独立、统一、主权和领土完整做出了可歌可泣的贡献，涌现了不少爱国民族英雄。进入社会主义后，在中国共产党的领导下，在共同的政治基础上，我国各民族的共同心理素质不断交融，无论在政治上、经济上，还是在文化上、教育上，还是在语言文学上、风俗习惯上，趋同性越来越多，越来越明显，使得早已形成的中华民族的共同心理素质进一步得到集聚，这就是社会主义初级阶段我国少数民族心理素质的交融性。

（8）民族关系的平等性

进入社会主义后，由于剥削阶级被消灭了，产生民族压迫的社会根源随之被铲除，在我国少数民族之间以及少数民族与汉族之间建立了社会主义的平等关系，正如通常所说的"汉族离不开少数民族，少数民族离不开汉族"。更重要的是，我国的民族关系已逐步法律化。如《民族区域自治法》的颁布和实施，以法律的形式规定了国家和民族自治地方，汉族同少数民族以及少数民族之间的平等关系，其中，特别要求汉族要"以对待自己的不平等来抵偿生活上实际形成的不平等。"① 同时，又规定了国家对少数民族的帮助和照顾，这就是社会主义初级阶段我国少数民族在民族关系上的平等性。

民族共同体通过社会主义低级阶段的充分发展，只有到了社会主义的高级阶段，高度的物质文明和精神文明才得以实现，旧有的各种类型民族遗留下来的残余也才能彻底清除。到那时，社会主义民族才能得到高度繁荣，从而开始向民族消亡的阶段过渡。

六 民族共同体的发展

民族共同体的发展是有其自身规律的。这个规律是什么呢？从上述对民族共同体的定义、特征、形成、发育、发展、类型等问题的论述中，我们可以对民族自身发展的规律做如下概括：原生民族的胚胎孕育于原始社会的部落或部族时期，形成于原始社会向文明社会过渡的时期，奴隶社会和封建社会是民族的发育时期，资本主义社会则是民族的成熟时期，社会主义社会才是民族的繁荣时期和融合时期，共产主义社会是民族的消亡时期。

但时，历史是复杂多变的，在民族发展的一般规律之外，还会出现种种特异的历史现象，主要有如下三种：

1. 民族分化——"同源异流"

一个民族分化为若干民族，这种"同源异流"的民族分化现象，在中国古代的历史上和欧洲历史上是不乏其例的，如春秋时活跃在我国东北的东胡族，到西汉时就分化出了乌桓、鲜卑两族。又如古代日耳曼人，经中世纪到近代，又分化出德意志民族、奥地利民族、卢森堡民族、荷兰民族等。还如我国现在的瑶、畲两族，学术界一般也认为同出一源。

2. 民族溶合——"异源同流"

若干民族成分，由于相互交往，相互影响，重新组合成一个非甲非乙的新民族，即"异源同流"。这种民族就是我在民族共同体的形成中所说的次生民族。这种"异源同流"的历史现象，有的同志称为"历史上的民族融

---

① 《列宁全集》第 36 卷，第 631 页。

合"，但这在理论上容易与社会主义时期的民族融合混淆，故称为"民族溶合"，以示区别。本书所论述过的次生民族均是由若干民族溶合而成的。

3. 民族同化

什么叫民族同化？列宁曾下过明确的定义，他说："同化问题，即丧失民族特征，变成另一个民族的问题。"①

按同化原因的不同可分为两种类型，一是强迫同化，有的凭借政治暴力和民族特权进行同化，如清兵入关，强迫汉人剪头发，谓之"留头不留发，留发不留头"；有的凭借政治权力强制统治民族同化于经济文化先进的被统治民族，如中国历史上入主中原的少数民族统治者实行的"汉化"政策，尤其以北魏孝文帝的汉化政策为典型。

二是自然同化，不同的民族在长期的共处中，落后的民族在先进民族的潜移默化中丧失本民族的特性。如我国古代南北朝时期的俚、僚、傒等族的一部分就是在潜移默化中被汉族同化的。

对民族同化，应抱什么态度？列宁认为：无产阶级"欢迎民族的任何同化，只要它不是借助于暴力或特权进行的。"② 因为凭借暴力或特权进行的强迫同化，是民族压迫制度的产物，也是民族压迫的一种表现形式，它的结果只能是造成民族隔阂、对抗和冲突，阻碍历史的进步，所以"同化政策是马克思列宁主义的武库中绝对不容许有的。"③ 但是，需要特别指出的是，对于凭借政治权力强制统治民族同化于经济文化先进的被统治民族的民族同化，由于其目的是为了向先进的经济文化靠拢，有利于历史的发展、社会的进步，因此，我们应该将这一类型的民族强迫同化与凭借政治暴力和民族特权所推行的民族同化区别开来，肯定它的历史作用。

对于自然同化，正如列宁所说："无产阶级不能赞同任何巩固民族主义的做法，相反地，它赞同一切帮助消除民族差别、打破民族壁垒的东西，赞同一切促使各民族之间的联系日益紧密和促使各民族溶合的东西。"④ 是因为先进取代落后，落后向先进看齐的趋同性和攀比性，是社会

---

① 《列宁全集》第 20 卷，第 9 页。
② 《列宁全集》第 20 卷，第 18 页。
③ 《斯大林全集》第 11 卷，第 299 页。
④ 《列宁全集》第 20 卷，第 12 页。

发展的客观规律。自然同化是一个潜移默化的历史过程，要经过相当长的时期。它不是凭借暴力和特权，而主要是落后民族在发展中接受先进民族的经济、文化，是在不同民族之间自然发生的，它有利于民族接近，有利于未来的民族融合，是历史的进步。古今中外的历史上有很多征服者为什么消失了？就是因为他们被征服民族先进的文明同化了，如同马克思所说："野蛮的征服者总是被那些他们所征服的民族的较高文明所征服，这是一条永恒的历史规律。"① 正因为如此，所以列宁还指出："谁没有陷入民族主义偏见的泥坑，谁就不能不看到资本主义同化民族的这一过程包含着极大的历史进步作用"。②

关于民族自身发展规律的种种问题，本书在前面已分别在民族共同体的特征、形成、发育和类型中作了论述，现在所要探讨的是社会主义社会为什么既是民族的繁荣时期，又是民族融合时期，以及民族的消亡问题。

对于社会主义社会既是民族的繁荣时期，又是民族的融合时期，笔者有一个认识过程，过去，我们一向认为社会主义只是民族繁荣的时期，民族融合只是共产主义时期的事情。③ 但是，社会实践中却又大量存在民族与民族之间趋同性越来越强、越来越大的实例，例如，在广西，相当一部分的壮族无论在语言、服饰、经济生活方面，还是在文化心理素质方面越来越接近汉族，不少壮族干部、知识分子甚至认为"壮族和汉族差不多了"，因而在广西推行壮文所碰到的困难，不是来自外部，恰恰来自壮族内部，相当一部分的壮族干部认为推行壮文作用不大，有的地方甚至有壮族学生逃避学壮文的现象发生。对这种情况在理论上作何解释？再从更大的范围来看，中华民族的趋同性问题，也越来越为人们所关注。在社会主义的中国，虽然有56个单一民族，但各民族之间由于地域的统一性，居住的杂居性，语言文字的兼通性，经济生活的渗透性，文化的相似性，风俗的相通性，心理素质的交融性，以及政治基础的共同性，致使56个民族之间越来越趋同，对此在理论上又应作何解释？联想到"南斯拉夫人"（即一部分人自认为其族属为"南斯拉夫人"）的出现，以及苏联关于"新的

---

① 《马克思恩格斯选集》第2卷，第70页。

② 《列宁全集》第20卷，第12页。

③ 参阅拙著《民族新论》，广西人民出版社1987年版，第50页；《民族理论政策教程》，广西教育出版社，第63、221页。

历史性人们共同体"的讨论，我们逐渐感到仅把社会主义社会看作是民族
繁荣时期是不够的，因为仅此还很难解释清楚这类问题，应该对社会主义
社会民族自身发展规律作进一步的探索。

社会主义社会是民族繁荣时期的观点，是因为：

第一，这是因社会主义的性质所决定的。大家知道，社会主义是从资
本主义到共产主义，从有阶级到无阶级，从有国家到没有国家的过渡性社
会，所以在推翻了阶级剥削制度和民族压迫以后，在建设社会主义中，在
进入共产主义之前，必然要呈现出民族空前繁荣的景象。社会主义在整个
人类发展过程中的这种地位和作用，决定了社会主义是各民族充分地、全
面地、共同繁荣的历史阶段。

第二，这是我国推翻几千年的阶级剥削制度和民族压迫制度的必然
结果。大家要知道，解放以前，几千年来，在阶级对立的社会里，在罪
恶的阶级剥削制度和民族压迫制度下，我国各民族的地位是不平等的。
历代的反动统治者，特别是汉族中的反动统治者，不仅压迫剥削本民族
人民，而且更残暴地压迫其他少数民族，剥夺少数民族的政治、经济和
文化教育的权利，使得他们不仅得不到应有的发展，而且是挣扎在死亡
的边缘。新中国的成立，是我国少数民族从停滞倒退状态走向发展繁荣
的转折点，标志着民族压迫时代的结束，民族平等、团结、共同繁荣时代
的开始。因此，我国各少数民族在社会主义阶段的发展、繁荣，这是很自
然的事情，是推翻阶级剥削制度和民族压迫制度的必然结果。苏联、罗马
尼亚、南斯拉夫、蒙古等社会主义国家的情况也是这样。拿苏联欧洲地区
北部、西伯利亚和远东地区居住的 26 个民族来说，十月革命胜利后，由于
推翻了沙皇的反动统治和民族压迫制度，在列宁的民族政策指导下，经过
70 多年的努力，昔日苏联最落后最荒僻的边境地区，今日已是具有发达工
业、现代农业和高度文化的边区；许多居民点都变成了有自来水、暖气、
电视和社会文化设施的完善的村镇；民族内部阶级成分发生了根本性的变
化，据 1970 年的普查，在七个北方民族的土著居民中，工人占 71%，集
体农民占 4.9%，职员占 24.1%；教育水平也大大提高，23.6% 的共产党
员具有大学毕业或肄业的文化水平，51% 的共产党员受过中等教育。[①] 苏

---

① 参阅［苏］B. A. 吉巴列夫《苏联共产党的列宁民族政策与北方小民族》,《民族译丛》
1983 年第 4 期。

联这 26 个民族的发展和繁荣，也正是推翻了阶级剥削制度和民族压迫制度的必然结果。

第三，这是消灭历史上遗留下来的各民族间事实上不平等的实际需要。现在，摆在我们面前的问题是，各民族已取得了法律上的平等地位，但是，由于历史的原因，一些少数民族在经济、文化、教育诸方面均长期处于落后，甚至是十分落后的状态，因此，解放后，虽然进行了社会改革，把各少数民族从资本主义以前的不同发展阶段引导到社会主义的康庄大道，在少数民族地区建立了社会主义公有制为基础的生产关系，为少数民族的发展、繁荣开辟了广阔的前景，但是由于基础实在太差，加上我们工作中的种种失误，使得少数民族与汉族及其他先进民族之间的差距拉大了。因此，要从根本上彻底解决历史上遗留下来的各民族间事实上的不平等，必须下大力气，帮助少数民族发展经济、文化，使少数民族真正繁荣起来。

第四，这是各民族现在建设社会主义将来进入共产主义所必需的条件。列宁说过："社会主义的目的不只是要消灭人类分为许多小国家的现象和各民族间的任何隔离状态，不只是要使民族接近，而且要使民族融合。"① 社会主义不是从天上掉下来的，也不是由什么先进民族"恩赐"给少数民族的，而只能是由各民族充分发挥自己的主动性和全部潜力来共同创造。换句话说，就是先进民族的帮助不能代替各少数民族建设社会主义。而为了达到在进入共产主义时实现民族的融合的目的，也必须使各民族发展、繁荣。离开了各民族的发展和繁荣，建设社会主义就会变成一句空话，进入共产主义只能是一个梦想。

基于上述各点，所以我们认为社会主义首先是民族繁荣时期。

那么，社会主义社会为什么又是民族融合时期呢？要回答这个问题，必须先弄清楚究竟什么是民族融合？最近出版的《民族词典》称：民族融合，是"全世界各民族经过长期的发展，互相学习，取长补短，在共产主义的基础上实现民族差别消失而融为一体，是人类历史发展的必然趋势"。②《大百科全书·民族卷》也称：民族融合，是"全世界民族消亡的途径和方式。指全世界建立共产主义社会以后，民族特征和民族差别逐渐

---

① 《列宁全集》第 2 卷，第 719 页。
② 《民族词典》，上海辞书出版社 1987 年版，第 353 页。

消失，形成一个没有民族界限的人类整体的历史过程。"① 这两种看法最重要的含义，一是都认为民族融合就是民族差别或特征的消失而融为一体；二是在全世界建立共产主义社会以后才会产生民族融合。现在看来，这两种含义都是值得商榷的。为什么呢？

首先值得商榷的问题是民族融合与民族消亡是不是一回事？我们的回答是否定的。诚然，民族融合的必然结果是民族的消亡，但民族融合并不完全等于民族消亡。这是因为民族融合首先指的是民族差别、民族特征消失的历史过程。这就是说民族消亡是民族融合的结果，民族融合是民族消亡的过程，民族融合的最后完成就是民族的最终消亡，两者虽有密切的联系，但两者并不是一回事。由此可见，所谓民族融合，就是民族消亡的历史过程，而不是民族差别或特征的消失而融为一体。

另一个值得商榷的问题是民族融合只是在共产主义社会以后才会出现吗？对此问题，学术界过去一直以为马克思主义的经典作家们是这样认为的。近读唐鸣《马克思主义民族融合理论新探》② 一文颇有启发，再重读马克思主义经典作家的原著，深感过去那种认为民族融合只是在共产主义社会以后才会出现的观点，如果不是对马克思主义经典著作的无知，也是对其的误解。为什么呢？正如唐鸣在其论文中所指出的，马克思、恩格斯没有明确说过民族融合是属于共产主义高级阶段的事情。第一个对未来社会民族融合问题作出明确论述的恩格斯于 1847 年，在《共产主义信条草案》中回答"民族在共产主义制度下还将继续存在吗？"的问题时说："按照公有制原则结合起来的各个民族的民族特点，由于这种结合必然融合在一起，从而也就自行消亡，正如各种不同的等级差别和阶级差别由于废除了他们的基础——私有制——而消失一样。"③

当时，由于马克思主义正处在形成时期，所以恩格斯在这里所说的"共产主义"只是对未来社会的统称，并不是具体指马克思后来在《哥达纲领批判》中所指出的共产主义社会划分为共产主义社会的第一阶段和共产主义社会的高级阶段中的任何一个阶段，此其一。

其二，列宁认为民族融合是社会主义的目的。自列宁始将共产主义社

---

① 《大百科全书·民族卷》1986 年版，第 310—311 页。
② 见《中南民族学院学报》1988 年第 4 期。
③ 《马克思恩格斯全集》第 42 卷，第 379—380 页。

会的第一阶段称为社会主义社会，将共产主义的高级阶段称为共产主义社会。人们经常引用的一段列宁论述民族融合的话是这样的："正如人类只有经过被压迫阶级专政的过渡时期才能达到阶级的消灭一样，人类只有经过一切被压迫民族完全解放的过渡时期，……才能达到各民族的必然融合"。① 误解也就在这里产生，即人们认为既然列宁这样说了，那么"民族的必然融合"就是属于共产主义高级阶段的事情了。其实，就在列宁讲这句话之前，在同一段的开头，列宁就明确指出："社会主义的目的不只是要消灭人类分为许多小国家的现象和各民族间的任何隔离状态，不只是要使各民族接近，而且要使各民族融合。"② 这就是说社会主义的目的之一就是要使各民族融合。既然各民族的融合是社会主义的目的之一，那么怎么可以认为民族融合在社会主义社会根本不可能出现，而只有在共产主义社会的高级阶段才会出现呢？

其三，斯大林认为民族融合是社会主义的最终任务。关于这一点，斯大林是在批评犯民族融合急性病的问题时说：列宁"把各民族融为一体看作社会主义的最终任务，这个任务只有'在无产阶级专政在全世界范围内实现以后'过了'很久很久的'时期，由于社会主义在世界范围内获得胜利才能实现。"③ 还具体阐述说："列宁不是把民族差别消亡和民族融合的过程归入社会主义在一个国家内胜利的时期，而是仅仅归入无产阶级专政在全世界范围内实现以后的时期，就是说，归入社会主义在一切国家内胜利的时期，即世界社会主义经济基础已经奠定的时期。"④ 在这里斯大林并没有说民族融合是属于共产主义社会的事，而是明白无误地指出民族融合将"归入社会主义在一切国家内胜利的时期即世界社会主义经济基础已经奠定的时期"。他还在《民族问题和列宁主义》中将整个社会主义社会的进程划分为几个阶段，分别描述了民族发展、繁荣以及融合的进程。⑤

从上述马克思主义经典作家的论述来看，可以肯定地说：民族融合绝不只是在共产主义社会以后才会出现，而是在社会主义后期即可出现。这也就是说，社会主义社会不仅是民族繁荣时期，而且从宏观上看，从战略

---

① 《列宁全集》第 2 卷，第 720 页。

② 《列宁全集》第 2 卷，第 719 页。

③ 《斯大林全集》第 10 卷，第 131 页。

④ 《斯大林全集》第 11 卷，第 298 页。

⑤ 参阅《斯大林全集》第 11 卷，第 300 页。

上看，社会主义社会也是民族融合时期。

　　现在，值得进一步探讨的是，民族融合是否只有在社会主义社会的后期才会出现呢？这里仍然有两个问题值得推敲。

　　第一个值得推敲的问题是民族问题发展的两个历史趋向是不是应该截然分开？众所周知，列宁曾提出了著名的民族问题发展两个历史趋向的理论，他说："第一个趋向是民族生活和民族运动的觉醒，反对一切民族压迫的斗争，民族国家的建立。第二个趋向是民族之间各种联系的发展和日益频繁，民族壁垒的破坏，资本、一般经济生活、政治、科学等等的国际统一的形成。"①

　　这两个趋向的理论，实际上是民族发展这个问题的两个方面，一方面是民族的觉醒，民族自我意识的强化，民族差别存在的问题；一方面又是民族壁垒的破坏，各民族间越来越接近，实际上就是民族融合的问题。无论从实践中看，还是从理论上看，这两个历史趋向是一对矛盾的统一体。由于资本主义社会存在着民族压迫制度，它虽然可以导致各民族的接近，但却不可能导致各民族的和睦相处，所以这两个历史趋向是不可调和的。但到了社会主义社会，由于推翻了阶级剥削制度和民族压迫制度，各民族之间不仅可以接近，而且由于建立了平等、团结、互助的民族关系，各民族之间还可以亲近，这就为各民族相互之间的友好往来、相互吸收创造了条件。一个多民族的社会主义国家，各民族在社会主义制度下的互相吸收、互相渗透，在共同地域、共同语言、共同经济生活乃至共同文化心理素质上的逐渐相近，即人们所说的趋同性的存在，如果不认为这就是民族融合的现象，那能是什么呢？其实，仔细推敲一下，列宁所说的各民族之间联系的频繁、民族壁垒的破坏，正是民族差别逐渐缩小的过程，这种过程难道不是民族融合吗？所以，既然民族发展的两个趋向不是截然分开的，那么，在社会主义社会的无论那一个时期都可能出现民族融合。过去我们认为社会主义时期只存在有民族融合的因素，② 这种说法还是建立在民族融合是属于共产主义社会以后的事情的基础上的。现在既然可以肯定社会主义时期也是民族融合的时期，那么，就用不着将自然进行的民族融

---

　　① 《列宁全集》第20卷，第10页。

　　② 参阅《大百科全书·民族卷》第315页；彭英明、王子顺：《试论社会主义时期的民族融合因素》，《民族理论研究通讯》1984年第3期。

合现象仅视之为"民族融合因素"了。

另一个值得推敲的问题是对民族差别或特征消失的历史过程的"过程"如何理解？所谓过程，就是事情进行或事物发展所经过的程序。因此，我们说民族差别或特征消失的历史过程，即民族融合，其作为事物发展所经过的一种程序，就是一种量变的过程。而量变在哲学上来说是一种逐渐的，不显著的变化，是事物在数量上的增加或减少。民族融合作为民族差别或特征消失的量变过程，其量的增加或减少，在一定限度内，是不会引起质变，即民族的消亡的，所以民族差别在社会主义社会的相当长的时期内仍保持着它的相对稳定性。因此，在社会主义社会中，民族繁荣和民族融合这两股潮流是同时存在的，问题是在社会主义前期，其至中期，民族繁荣是主流，民族融合则可能只是一股细小的支流。但是，随着社会主义社会的发展，只要条件和环境具备，那么，在全世界各地都经常发生着的民族融合的一股一股的细小支流，就可能汇成一股巨大的潮流，而成为社会主义社会的主流。这就是说，我们真正把民族融合看作是民族差别或民族特征消失的量变过程，那么对这个过程的正确认识就是其在社会主义社会的整个历史时期都是在进行着，所不同的就是在社会主义社会的不同历史时期和阶段，其进行的范围有大小之分，程度有深浅之分，速度有快慢之分，其所处的地位也有主流非主流之分，如此而已，岂能以"一刀切"的方式，将民族融合的开始之日限定在共产主义社会以后呢？

弄清楚了民族问题发展的两个历史趋向不是截然分开的，民族的差别或特征的消失是一个量变的历史过程，我们就可以肯定地回答说：民族融合不仅在社会主义社会的后期会出现，就是在社会主义社会的前期也是会出现的。我们要注意区别的是民族融合在社会主义社会的前期只是一股支流，只有到了"社会主义在一切国家内胜利的时期即全世界社会主义经济基础已经奠定的时期"[1]，才可能成为主流。

有鉴于此，我们认为社会主义社会不仅是民族繁荣的时期，同时也是民族融合时期。

最后，我们要探讨一下民族的消亡问题。

民族，作为一个历史范畴，它的消亡是不可避免的，问题是它将在什么条件下才会消亡？我们能运用未来学对民族的消亡作预测吗？

---

[1] 《斯大林全集》第11卷，第298页。

正如前面所述，民族消亡是民族融合的结果，而民族差别或特征消失的量变过程，量变到一定的程度，即会发生质变，而民族消亡正是民族融合从量变到质变的表现形式。

那么，在什么条件下民族的融合才会出现质变导致民族消亡呢？一般的回答是共产主义社会。这是因为到了共产主义社会，由于生产力高度发达，使人类对自然的改造从对环境自然的改造进而达到对人的主体自然的改造，即提高人的活动功能，使人的社会交往活动科学化。于是，随着人类对自身自然的改造，将进一步从生命层次上根除人类自身的种种弊端，大大提高人的素质，提高人对环境自然的作用方式，进而从根本上消除社会中的不平等的追求和交往现象，从根本上消除人们的对立与冲突现象，使社会的协调达到一个新的高度，这就大大有利于民族差别或特征的消失，此其一。

其二，生产力的高度发达，使包括电脑在内的机器智能得到突飞猛进的发展，从而促使人的思维发生巨大的飞跃，把人脑思维活动的逻辑进一步丰富化。这样，从社会生产，家务劳动的高度自动化，到社会信息的高度沟通，空间和时间的大大浓缩，从而也就大大有利于民族差别或特征的消失。

其三，生产力的高度发达，将导致个体的群体化、群体的个体化，个体结构将趋于庞大，个体与群体将在转变中趋于接近。① 这是因为在共产主义社会，人与人之间的不平等将被消除，全球性社会将在交往手段的高度发达中成为全球村，人与人之间的冲突被进一步消除，形成社会内部的高度协调，使个体的进化有了更好的保障，这就促进了人的社会化。于是个体与群体在辩证的转变中实现了个体的群体化和群体的个体化，从而将人类逐渐推向了一个崭新的阶段，从而也就大大有利于民族差别或特征的消失。

这样，一旦共产主义社会发展到人与自然的一体化、个体与群体的一体化、意识与实践、物质的一体化之时，民族融合即会发生伟大的质变，即民族消亡也就来到了。

从上述民族消亡所需要的条件来看，共产主义社会才会出现民族消亡的说法过于笼统，具体地来说，民族消亡，即民族融合发生质的飞跃，应

---

① 以上均参阅韩民青《人类的结局》，中国广播电视出版社1988年版，第133—156页。

该是在共产主义社会经过一个相当长的历史发展后才会出现。到那时，正如毛泽东所说："首先是阶级的消亡，而后是国家的消亡，而后是民族的消亡，全世界都是如此"。[①] 这就再一次向人们揭示了否定之否定规律的周期性，本来在人们共同体的发展的总过程中，民族共同体否定了部落或部族共同体而得到肯定，到了这时，其本身又遭到了新的否定，用列宁的话来说"仿佛是向旧东西的回复"[②]，好像又回到了原来的出发点，即人类社会本来是按先阶级出现、再国家产生、再民族形成的一般规律使民族共同体得到了肯定，现在却又按先阶级消亡，后国家消亡，后民族消亡的顺序对民族共同体进行了否定。其实民族共同体的否定之否定，并不是人们共同体发展的倒退，而是从低级到高级，从简单到复杂的上升和前进。

俱往矣，民族的消亡之时，必定是人们共同体发展新纪元的开始之时。

1989 年 5 月 10 日定稿

---

① 《在成都会议上的讲话》（1958 年 3 月），转引自《民族理论和民族政策》，民族出版社1985 年版，第 47 页。

② 《列宁选集》第 2 卷，第 608 页。

附录　论民族自我意识[*]

民族自我意识，即民族意识，这个长期以来被人们忌讳的问题，现在，随着社会主义时期民族繁荣的发展，随着对马克思主义民族理论研究的深入，不仅越来越受到学术界的重视，成为学术争鸣的一个热点，而且也越来越受到少数民族干部和群众的关注，他们希望学术界对日益增强的民族自我意识作出理论的分析。本文就是在这个背景下，试对民族自我意识做粗浅的探讨。

一　民族自我意识的概念

什么是民族自我意识？这是探讨民族自我意识时首先必须解决的一个问题。

早在 20 年代初，梁启超在《中国历史上民族之研究》中就对民族自我意识做了界定，他说："何谓民族意识？谓对他而自觉为我。"[①] 这个界说简明精炼，受到不少学者的赞赏。但是，在近几年的讨论中，人们为了更具体地阐述民族自我意识的概念，从不同角度做了说明，对民族意识素有研究的熊锡元先生认为"民族意识"的含义，主要包括以下两点：第一，它是人们对自己归属于某个民族共同体的意识。第二，在与不同民族交往的关系中，人们对本民族生存、发展、权利、荣辱、得失、安危、利

---

　* 附记：由于民族自我意识在民族特征中的特殊地位和作用，已越来越受到学术界的重视，笔者在完成了本书的撰写后，随着学术界讨论的深入，对此问题又有了新的认识，而撰写了《论民族自我意识》一文，特附录于后。

　① 《梁任公近著》下卷，商务印书馆 1924 年版。

害等等的认识、关切和维护。① 而费孝通先生所说的：同一个民族的人感觉到大家是属于一个人们共同体的自己人的这种心理"② 也常被人们认为是对民族自我意识的界定。

此外，十分强调民族自我意识的苏联学者克留科夫（刘克甫）先生虽然没有对民族自我意识的概念做界定，但他认为"民族自我意识作为一种心理上存在，……最集中的外部表现是统一的民族自称"。③

这样看来，对于人们所关注和重视的民族自我意识的概念，实际上并没有形成一个科学的统一的界定。而为了给民族自我意识的概念下定义，必须弄清楚什么是自我意识？

自我意识既是个哲学概念，也是个心理学概念，绝非巧合的是，不仅民族自我意识没有统一的界定，就是自我意识，在哲学界和心理学界也还没有统一的定论，其说法虽然很多，但基本观点不外两种，一种认为自我意识是主体对于自己身心活动的意识；另一种认为自我意识不仅是主体意识到自己，还包括对自己与客观世界的关系意识。笔者倾向于第二种观点，辩证地、系统地看，所谓自我意识，应该是主体在对象性关系中对自身及其与对象世界的关系的意识。④

从自我意识的这个基本概念出发，那么，什么是民族自我意识呢？简要地说，民族自我意识，就是一个民族对于自己以及对自己和周围关系的意识。例如意识到本民族的外部特征，意识到本民族的性格特点，意识到本民族的社会地位和作用，等等。

二 民族自我意识的形成有一个历史过程

民族自我意识不是生来俱有的，一个民族自我意识的形成，即从"自在的民族"发展到"自为的民族"，有一个历史过程。

从民族形成的规律来看，最初民族的形成，一般是在原始社会末期，由于生产力水平的提高，随着社会大分工的不断发展，即农业与畜牧业的

---

① 熊锡元：《"民族意识"初析》，《中央民族学院学报》1989 年第 3 期。

② 费孝通：《关于民族识别问题》，《中国社会科学》1980 年第 1 期。

③ 贺国安：《刘克甫谈汉民族研究与民族理论问题》，《民族研究》1987 年第 4 期。

④ 参阅周文彰《论认识活动中的对象意识、自我意识和实践意识》，《天津社会科学》1989 年第 5 期。

逐渐分离，农业与手工业的逐渐分离，乃至农业与商业的逐渐分离，剩余产品的出现，私有制的产生，阶级对立的发展，战争成了正常的职业。各氏族、部落在部落战争中，杂居愈来愈厉害，他们经历了激烈的分化、瓦解和融合，使原来维系氏族、部落的纽带——血缘关系逐渐失去作用，进而向地缘关系转化。国家的产生，民族也就呱呱坠地而形成了。这就是恩格斯所说的："劳动本身一代一代地变得更加不同，更加完善和更加多方面。除了打猎和畜牧外，又有了农业，农业以后又有了纺纱、织布、冶金、制陶器和航行。同商业和手工业一起，最后出现了艺术和科学：从部落发展成了民族和国家。"[①] 除此以外，民族的形成还有多种途径，有的从部落发展成民族；有的由几个民族溶合形成一个新民族；有的可从氏族、部落飞跃发展为民族；有的可因种族或宗教的原因形成一个新民族，凡此等等，[②] 无论通过哪一条途径形成的民族，在其诞生之初，虽然已经具备以地缘关系为基础的基本特征，但是由于发育不完全，其还只是民族的初型。这种刚从母体中脱胎而出的民族，如同一个婴儿诞生一样，虽然是一个人，但却是一个还没有发育完全的人。从婴儿到成人有一个发育的过程，那么，从民族的初型到定型也有一个发育过程，即有一个从低级到高级的发展过程，这就是我们提出来的关于民族发育的概念。[③] 而一个发育不完全的民族初型，就存在着支系繁多、方言林立、居住分散，族称不一、风俗相异、经济结构呈多层次态势，以及缺乏民族自我意识或民族自我意识淡薄等特点，这种缺乏民族自我意识或民族自我意识淡薄的发育不完全的民族初型，借用哲学上"自在"和"自为"两个概念，我们可以称之为"自在的民族"。这种"自在的民族"就是还没有意识到或基本上没有意识到本民族与它民族区别所在的民族。

而"自为的民族"，即意识到本民族与他民族的区别，甚至进而意识到本民族的社会地位和作用的民族，是发展完全的民族定型。从"自在的民族"发育成"自为的民族"就有一个历史过程，一般说来，民族自我意识的形成，有赖于把本民族当作主体从各种客体中区分出来，其出发点是对本民族自身存在的意识。而这种对本民族自身存在的意识，需要从对本

---

① 《马克思恩格斯选集》第 3 卷，第 515 页。
② 参阅徐杰舜《民族理论政策简明教程》，广西教育出版社 1988 年 1 月版，第 50—52 页。
③ 徐杰舜：《民族理论政策简明教程》，广西教育出版社 1988 年 1 月版，第 59—60 页。

民族的生存、权利、荣辱、安危等利害关系中逐渐认识到自己的存在和力量，认识到自己同周围事物和它民族的关系，从而逐步形成明确的民族自我意识。

民族自我意识的形成有一个历史过程的情况，在世界民族发展史中是普遍存在的。以我国古代的华夏民族来说，西周时，对于其周边的诸部落、部族或民族，虽然有时称为"方"，但通常是直呼名号，如《尚书·牧誓》中提到的"庸、蜀、羌、髳、微、卢、彭、濮人"。蛮、夷、戎、狄的名称虽然已出现，但还没有与"诸华""诸夏"对举，蛮、夷、戎、狄本身也是没有贬斥之意。① 到了西周后期，戎狄崛起，时常寇掠、交侵西周、及至东周，面对戎狄的入侵，摧毁宗周，平王东迁，使得以周民族为核心的，由夏、商、周、楚、越诸民族为主溶合而成的华夏民族，面对着生死存亡的严酷事实，民族自我意识逐渐形成，华夏与蛮、夷、戎、狄之间出现了森严壁垒的界限，在《左传》中"夷"与"夏"对举，"戎"与"华"相别的记载不胜枚举，孔子即说："裔不谋夏，夷不乱华"②；管子也说："戎狄豺狼，不可厌也；诸夏亲昵，不可弃也。"③ 正是由于华夏民族的民族自我意识的形成，所以春秋的霸主们才打出了"尊王攘夷"的旗帜，而《左传》成公四年中所说的"非我族类，其心必异"，则明确地把华夏民族当作主体，从各种客体中区分了出来。从华夏与蛮、夷、戎、狄相对的演变和发展，不是清楚地反映了民族自我意识的形成有一个历史过程吗？

当代壮族的民族自我意识的形成也有一个历史过程。壮民族的形成经历了一个漫长的历史过程，从先秦的骆发展成瓯骆和骆越，及至两汉到魏晋南北朝时，又从瓯骆和骆越发展成俚，僚及乌浒蛮，到两宋时才形成为壮族．但是壮族的族称却一直不统一，南宋时，"撞"和"僮"的称呼虽然已出现，南宋之后，《元史·刘国杰传》有"庆远诸撞人"的记载，及至明代，嘉靖《广西通志》则说："庆远、南丹溪峒之人呼为僮人"④ 但壮族支系繁多，计有 20 多种，各支系均有自称，或称"布壮"，或称"布

---

① 参阅张正明《先秦的民族结构、民族关系和民族思想》，《民族研究》1983 年第 5 期。
② 《左传》定公四年。
③ 《左传》闵公元年。
④ 《广西通志》卷五三。

越"，或称"布雅伊"，或称"布依"，或称"布曼"，或称"布傣"等，直到全国解放后，大家才选择和接受了"壮"为共同的族称。表明了一个民族作为自识主体的统一，反映了民族自我意识形成的历史过程。

三　民族自我意识的发展也有一个历史过程

民族自我意识的形成有一个历史过程，民族自我意识的发展也有一个历史过程。

辩证法大师黑格尔曾认为，自我意识是活动的一个侧面或因素，个体性在活动中与共同性相融合。因此形成："我们"就是"我"，"我"就是"我们"。① 他将自我意识的发展分为三个主要阶段，即：（1）"单个自我意识"阶段，它只意识到自身存在，自己的同一性和同其他客体的区别，形成对自身作为一个独立单位的意识。（2）"承认自我意识"阶段，其前提是人际关系的产生，人意识到自己为他人存在，从他人身上认识自己的特点，从而从对自身单个性的意识发展转化为对自身特点的意识。（3）"全体自我意识"阶段，这时，相互作用的"自我性"掌握了家庭、乡里、国家以至一切美德——爱情、友谊、勇敢、诚实、荣誉的共同原则，从而不仅意识到自己的差异，而且意识到自己的深刻共同性以至同一性。② 由此可见，自我意识的发展是一个有规律性、有阶段性的过程，这些阶段各与主体的一定成熟程度和主体与世界相互作用的性质相适应。

一个人的自我意识发展的一般规律如此，那么，一个民族自我意识的发展规律又是什么呢？从自我意识发展的三个阶段出发，民族自我意识的发展大体上也分为三个阶段：

第一是族体自我意识阶段。民族自我意识形成之初，一般来说只意识到本民族的存在，认识到本民族与他民族的区别而产生自识性，这就是费孝通先生所说的"同一民族的人感觉到大家是属于一个人们共同体的自己人的这种心理"。表现了对本民族作为一个独立族体的确认，其标志是族称的确定，故称之为族体自我意识阶段，这是民族自我意识发展中的初级阶段，属于民族自我意识表层次，一般与民族的形成相适应。

---

① 参阅黑格尔《精神现象》上卷，商务印书馆 1981 年版，第 122 页。
② 参阅科恩《自我论》，生活·读书·新知三联书店 1987 年版，第 31—32 页。

　　第二是性格自我意识阶段。一个民族形成后，在与其他民族的交往中，不仅意识到本民族与他民族相区别而存在，而且在与他民族的区别中，认识到本民族自身的性格，即对本民族民族性格的确认。所谓民族性格，就是一个民族对现实的稳定度以及与之相适应的习惯化了的行为方式，诸如勤劳、勇敢、沉默、幽默、矜持、含蓄、放荡、圆滑、世故等，它包括了对本民族、对他民族、对事物三个方面的认识、情感、意志行为的心理特征在一个民族身上的有机结合。一个民族民族性格的形成、发展和演变，与该民族文化系统的形成、发展和演变是同步进行的。这就有一个过程，因此，一个民族对本民族性格的共识和确认，就不是一朝一夕可以做到的，这也有一个过程，所以，性格自我意识作为一种世世代代传递的心理惯性，就成了民族自我意识一个深层次，一般与民族的发展相适应。

　　第三是社会自我意识阶段。民族自我意识发展到这个阶段，在与其他民族的比较中，不仅意识到自己的差异，而且还意识到自己在民族之林中的地位和责任。马克思在《德意志意识形态》中论及人的本质时曾说过："历史的每一个阶段都遇到有一定的物质结果，一定数量的生产力总和，人和自然以及人与人之间的历史上的关系，都遇到有前一代传给后一代的大量的生产力、资金和环境，尽管一方面这些生产力、资金和环境为新一代所改变，但另一方面，它们也预先规定新的一代的生活条件，使它得到一定的发展和具有特殊的性质。由此可见，这种观点表明：人创造环境，同样环境也创造人。"① 同样民族本质的复杂性，集中表现在当一个民族意识到其本身存在的同时，又意识到本身存在的危机。这就是说一个民族不仅认识到自己与其他民族的区别，而且从比较中发现自己与其他先进民族的差距，从而激起民族的自尊心、上进心和奋发精神，这是一方面。另一方面，在一个多民族的国家内，占主体地位的民族，还从比较中发现自己与其他少数民族、后进民族的差距，从而意识到自己帮助他们的责任和义务，这也就是民族社会自我意识的社会性。由于社会自我意识的高境界，一个民族的自我意识要达到这种境界，更不是一日之功可以见效的，所以它是民族自我意识的最深层次，一般与民族的完全发育相适应。

　　从上面的分析中，我们可以清晰地看到民族自我意识发展的三个阶

---

　　① 《德意志意识形态》，人民出版社1962年版，第33页。

段，即族体自我意识，性格自我意识和社会自我意识，呈一种递进发展的关系，一个民族的发育愈完全，民族自我意识的发展就愈深，即反映了民族自我意识发展有一个历史过程，也表现了民族发育从低级到高级也有一个历史过程。

弄清了民族自我意识发展的这个规律，有助于我们认识和分析每一个具体民族民族自我意识的发展过程，以及其所处的阶段。

以世界上最大的民族——汉族为例，西汉之时，当华夏民族刚完成向汉族转化时，其民族自我意识仅仅只是萌芽，主要表现就是民族中坚韧、勤俭、刚健、诚实、内向、温顺、爱面子、平均主义、保守主义的方方面面，[①] 使民族自我意识发展到了性格自我意识阶段。在反对帝国主义、封建主义和官僚资本主义的民主革命中，汉族作为中国人口最多的一个民族，意识到了其在中国的主体地位，毫不犹豫地挑起了革命的重担，成为民主主义革命的主力军，在新民主主义革命时期，无论在土地革命时期，还是在抗日战争时期，或者在解放战争时期，都为中华民族的解放事业贡献了自己最大的力量，千千万万的英雄儿女为新中国的诞生贡献出了自己宝贵的生命，表明汉族的民族意识发展到了社会自我意识阶段。现在，在社会主义初级阶段，汉族与世界发达国家相比较，深刻认识到落后的危机，激发起了奋进心，同时，在与少数民族的相比较中，又认识到了自己要帮助少数民族发展经济文化的义务和责任，表现汉族自我意识最深层次的社会自我意识还在发展之中。与汉族民族自我意识的发展比较完整的情况相比，我国大部分少数民族由于解放前处于被压迫民族境地，加上在几千年的古代民族关系中，汉族长期处于统治地位，经济文化又先进，人口众多，对少数民族有一种压倒一切的心理优势，所以他们的民族自我意识一直得不到充分的发展，表现出弱化的态势，例如壮族中较普遍存在的汉祖意识，托名改姓的现象，[②] 就是民族自我意识弱化情况下的一种比附。解放后，由于汉尊土卑的民族关系被平等、团结、互助的社会主义的民族关系所取代，尤其是近十年来改革开放的大潮激励着少数民族的自尊心和上进心，使他们在比较中意识到自己的落后，迫切要求发展经济文化，要求充分行使民族自治权，以赶上先进，

① 详见徐杰舜《汉民族性格面面观》，《学术论坛》1988 年第 2 期。

② 参阅徐杰舜、覃乃昌《壮民族意识浅论》，《学术论坛》1988 年第 6 期。

实现民族的进步和繁荣，民族自我意识迅速发展到社会自我意识的阶段，这也就是为什么当前我国少数民族的民族自我意识不断增强的根本原因所在。

四　民族自我意识的特性

民族自我意识作为民族共同文化心理素质的核心因素，它具有哪些特性呢？众所周知，民族自我意识作为一种社会心理现象，是第二性的，从哲学的意义上来说，它受物质世界的制约，又反作用于物质世界，在这种质的规定下，它具有以下一些特性：

1. 认同性

认同性就是自识性，即"谓对他而自觉为我"的一种意识。民族自我意识的这一种特性是由其自身的基本概念决定的，任何一个民族的自我意识都具有这个基本特性。

2. 相对性

相对性就是分界性，即在与其他民族的相对比较中，把本民族与其他民族区分开来的特性。例如彝族，其虽然支系繁多，各支系均有自称，而且区分明确，但在与其他民族交往时，却一致自称为彝族，分界明确。民族自我意识的这种相对性，也是任何一个民族的自我意识所具有的特性。

3. 内聚性

内聚性就是向心性。民族自我意识的这一特性在一个民族受到生死存亡的危急关头表现得特别鲜明，如明末清初之时，汉族面临被征服的危机，不仅发出了"头可断，发决不可剃"的誓言，开展了悲壮的反剃发斗争，而且还出现了明末农民起义军与南明联合抗清的二次高潮，表现了强有力的内聚性。又如抗日战争时，面对着日本帝国主义的侵略，"中华民族到了最危险的时候"，在民族自我意识内聚性的作用下，国共两党建立抗日民族统一战线。民族自我意识的内聚性与民族发育的程度相适应，发育愈完全，内聚性愈强。

4. 自主性

自主性是民族自我意识的又一个显著特性。任何一个民族，一旦意识到了本民族的独立存在，以及与他民族的区别所在，在心理上必然会产生一种自主欲，从而成为民族自我意识的一种突出表现。正是从民族自我意识的这个特性出发，我们在解决民族问题时必须坚持马克思主义的民族自主原则，在实行民族区域自治制度中，也必须尊重和兑现民族自治权。

5. 稳定性

稳定性就是确定性，即本民族与他民族相比较而明确区分的一种心理定势，表现为一个民族对周围事物所持有的恒常的态度倾向，从而确定本民族的独立存在。正是基于民族自我意识的这种稳定性特性，民族共同体的稳定性才有了深层的稳定内核。

6. 二重性

二重性就是指民族自我意识对民族观的两种作用，一种是积极的作用，它激励着一个民族的自尊心，上进心和奋发精神，这是我们应该大力提倡，积极引导的。另一种是消极的作用。它往往把民族自我意识强调到极端，不是鼓吹民族优劣论、宣扬民族至上，就是表现为大民族主义或地方民族主义，这是我们必须坚决反对的，民族自我意识的这种二重性特性，只要有正确的民族观作指导，是可以弘扬其积极的方面，摈弃其消极方面的。

凡此等等，为了论述的方便，笔者将民族自我意识的特性逐一并列地加以叙述，但是我们在观察、认识和分析一个民族的自我意识时，不能将这些特性割裂开来，平面地、孤立地去看，而应该将这些特点视为一个整体的一部分，立体地、有联系地去看，以免造成对民族自我意识认识上的失误，分析上的偏差。

五　民族自我意识的自我调节是一个民族发育成熟的标志

一个民族的发育完全与否与民族自我意识的形成和发展有着密切的关系，那么，一个民族发育成熟的标志是什么呢？众所周知，民族自我意识是一种心理意识。作为一种心理意识，其基本内容由自我认识、自我评价、自我调节三方面构成。要弄清民族发育成熟的标志，有必要将这三方面略加分析。

自我认识，其内容十分广泛，组成民族自我意识的一切方面，它包括民族的地位、力量、价值、需求、权利、义务、责任等，只有认识到"自我"，一个民族才意识到对象之为对象，从而把自己同对象世界分开。从心理学的角度来说，自我认识是主体一切自觉意识的前提和基础，其可以是认识性的反映，也可以是情感性的体验。一个民族认识到自己的主体地位固然具有重要意义，但在民族自我意识的结构中，只是属于低层次的一部分。

与自我认识相伴随的是自我评估，即一个民族对自己的本质力量、民族性格、目的动机、行为效果等作出的检查和判断，形成倾向性的态度。一般来说，一个民族作为主体，总是力求深刻地，客观地把握客体的本质及其规律性，以便能在改造自然、改造社会中不断提高自己、从而自由自觉地行动，因此，一个民族自我意识发达的民族，总是不断地对自己进行评估。这种自我意识评估，是民族自我意识中的自我监督机能，使民族通过自我评估而不断保持对自身的认识。由于民族自我意识具有二重性的特性，因此民族的自我评估可能会出现两种倾向：既可能由于评估者了解本民族更恰当、更公正，也可能由于评估者囿于自身的局限性而带有更大的主观随意性。所以恰当的自我评估可以使一个民族因恰当地反映自身的长处而激发起新的力量和热情，因及时地发现了本民族的劣势和不足，而调整自己的行为；不恰当的自我评估则会使一个民族陷于更严重的盲目性。由此可见，自我评估对于一个民族的进步有着特殊的意义，在民族自我意识的结构中，它比自我认识高一个层次。

在民族自我意识的结构中，自我调节是比自我评估更高一个层次的部分。自我调节是一个民族在自我认识和自我评估的基础上，对自身的心理和行为的自觉掌握和控制。民族的自我调节过程是主体适应对象世界的变化而作出的自觉反映。在此，自我调节是否有效、合理、有作用，取决于作为主体的民族对客体世界的状态、属性、规律等反映的深刻程度，以及自我认识和自我评估的准确程度。合理的自我调节，可以使作为主体的民族的精神和行为能始终跟随客观世界的变化而不致凝固、僵化和保守。自我调节的作用和意义在于，通过自我调节，作为主体的民族获得了客观世界的既合目的性又合规律性的改造和自身的不断完善。

因此，从根本上来说，自我认识和自我评估都是为了实现自我调节，所以，民族自我意识的自我调节，不仅是民族自我意识的高层次的部分，而且，从民族发育和程度上看，又是一个民族发育成熟的标志。

1989 年 12 月 12 日定稿

后　记

　　日月如梭，乌飞兔走，我们关于人们共同体课题的研究，从提出到完成，不觉已过了九载。

　　我们从大学时代研究民族形成问题开始，渐而对人们共同体的问题产生了兴趣。这种兴趣，随着学术界对民族形成问题讨论的深入开展，使我们越来越感到要正确地解决民族形成问题的种种争论，不能就民族而论民族，必须把民族自身发展的规律放入人们共同体的这个大系统中去考察，恐怕才是解决争论的出路所在。

　　本课题的正式研究，最早是彭英明于 1981 年 1 月提出来的。当时，由于历史的原因，彭英明在中南民族学院政治系任教，徐杰舜则在浙江武义县的中学任教。几经书信往来，讨论切磋，后由彭英明于 1982 年 1 月起草了《人们共同体发展规律初探》的提纲，徐杰舜分工承担研究并撰写原始群、氏族、胞族和部族四个部分，彭英明承担部落、部落联盟和民族三个部分。

　　经过努力，徐杰舜于 1982 年完成了他所承担的 4 章初稿，而彭英明则由于种种原因，特别是自担任中南民族学院政治系副主任，继而主任，继而学院副院长以后，公务繁忙，研究工作受到一定的影响。好在我们两人从 1961 年合作研究民族形成问题开始，20 多年来共同发表了一些有关研究民族发展规律的论文，许多学术问题几经切磋、商讨，达成共识。当徐杰舜 1985 年 3 月调入广西民族学院民族研究所，彭英明在 1987 年 5 月完成了部落和部落联盟一章初稿的撰写后，由徐杰舜执笔完成了全书的撰写和统稿工作，并由中南民族学院政治系邀请，徐杰舜于 1987 年 10 月给该系硕士研究生和助教进修班的学员讲授了《人们共同体通论》的专题课，从而得到了一个宝贵的听取意见、进行修改的机会。

此外，本书在撰写过程中，得到中山大学黄淑娉教授的热情指教和支持。黄淑娉教授作为我国著名的民族学家，在听到我们谈本课题的研究时，明确指出这一课题是民族学的基础理论问题，很有价值。并仔细回答了我们提出的关于原始群以及血缘家庭等方面的问题。在本书完稿后，民族出版社（北京）张启祥同志审阅了全稿，不仅指出了本书的一些失误之处，还动手做了文字上的修改，使书稿的质量得到了进一步的提高。

而我们的老师，中山大学人类学系容观瓊教授用大手笔为我们这本书写了《序》，关怀之心跃然纸上。还有广西民族学院图书馆的徐桂兰同志细心收集、编辑了《人们共同体论文索引》，不仅为我们撰写此书提供了帮助，也为人们了解人们共同体问题研究的动态提供了方便，在此一并致以谢忱！

最后，本书得以出版，全得力于国家民委教育司谢启晃司长，中南民族学院科研处和广西民族学院科研处的大力支持；全得力于广西人民出版社的夏永翔总编，彭庆国编辑的热情扶助。在当今出版学术著作"难于上青天"之时，本书能得到他们的认可而出版，实为作者的荣幸。此外广西地质印刷厂的领导和工人给本书的出版以极大的支持和帮助，在此亦表示衷心的谢忱。

岁月悠悠，我们从 1961 年开始的合作至今已 30 年了，此书的出版实为我们合作研究民族学和民族理论学的一个总结。时逢母校成立 40 周年，奉上此书聊表两个学子的纪念之心！

彭英明　徐杰舜
1991 年 6 月 18 日

徐杰舜 主编

徐杰舜文集

第二卷

中国社会科学出版社

2012年在武汉汉街

（丁苏安　摄）

主编简介

徐杰舜，1943年生于永州零陵，祖籍浙江余姚。广西民族大学民族学与社会学学院二级教授、博士生导师，汉民族研究中心主任；人类学高级论坛创建人、学术委员会荣誉主席；广西文史馆研究馆员。

1995—2007年主编《广西民族大学学报（哲学社会科学版）》12年。

《汉族风俗史》（5卷本）《汉民族史记》（9卷本）获广西社会科学研究优秀成果一等奖。

1993年被广西壮族自治区人民政府授予"广西有突出贡献科技人员"。2021年上海人类学会"人类学终身成就奖"获得者。

第二卷说明

《徐杰舜文集》第二卷，收入徐杰舜、刘小春和罗树杰合著的《南乡春色：一个壮族乡社会文化的变迁》（以下简称《南乡春色》）。

《南乡春色》一书 1990 年 8 月由广西人民出版社出版。

20 世纪 90 年代初，当时民族志田野报告的园地还是一片荒芜之时，徐杰舜与刘小春、罗树杰于 1989 年冬到 1990 年年初，对贺县南乡（现为贺州市八步区南乡镇）进行了一百余天的田野考察，撰写了民族志报告，出版了《南乡春色》一书。

《南乡春色》一书追本溯源，从 400 年前 60 个壮族兄弟开山落籍南乡写起，比较系统、全面地叙述了南乡壮族社会的发展历程。这本书最大的特色，就是作者们考察研究南乡壮族时，紧紧抓住社会文化变化这个中心，系统而具体地论述了这个族群在经济、社会、文化多方面的变迁。作者们既了解了这个族群解放前从明代嘉靖年间落籍南乡以迄民国时期的变迁，更着重考察了这个群体解放以来，尤其是近十年来的变化，有厚有薄，纵横相宜，读后不仅使人对南乡壮族四百多年的变迁一目了然，更使人感到一个已经摆脱贫困、开始走上富裕道路的新南乡展现在眼前。

徐杰舜文集

（第二卷）

《南乡春色》

徐杰舜　刘小春　罗树杰　著

目　录

《南乡春色》

刘汉生序

　　贺县南乡，山清水秀，人杰地灵，是壮族同胞聚居的一个美丽乡镇。南乡的壮族人民爱国爱乡，勤劳善良。长期以来，他们与散居在这里的汉族兄弟一起，共同耕耘开发南乡的山山水水，披荆斩棘，繁衍发展。党的十一届三中全会以来，改革开放的春风吹遍南乡，壮族同胞更是意气风发，斗志昂扬，用他们的聪明与智慧，编织山乡秀美的画图，使南乡踏上了摆脱贫困、走向富裕的道路。南乡的发展史，是中国农村社会发展史的缩影；南乡壮胞的发展史，是壮族发展史的一朵奇葩，也是中华民族繁衍发展的历史长河中一朵晶莹剔透的浪花。

　　徐杰舜等同志深入南乡壮寨考察，遍访壮族父老，广泛收集资料，经过去粗取精，去伪存真的加工，撰写成《南乡春色》一书。该书溯本追源，从400年前60个壮族兄弟开山落籍南乡写起，比较系统、全面地叙述了南乡壮族社会的发展历程。作者以浓重的色彩、生动的语言，着力描写了解放以来特别是在改革开放的十年中南乡经济、文化、社会生活的巨大变化，从而把壮族人民在中国共产党和人民政府的关怀和领导下，热爱山区，建设家乡，走上脱贫致富、繁荣进步的创业历史，展示在人们的眼前，读后令人振奋，使人鼓舞。

　　《南乡春色》着手于微观，着眼于宏观。作者写的是少数民族山乡人民热爱家乡、建设家乡的一部创业史，而字里行间突出地反映了炎黄子孙热爱祖国、振兴中华的伟大精神，是一本爱国主义教育的好教材。愿广大读者从《南乡春色》中获得教益，愿南乡人民从《南乡春色》中得到激励！

1990 年 2 月 13 日
于广西贺县

（刘汉生为时任中共贺县县委书记）

陈彬全序

　　了解国情，要从了解乡情做起。作为一个地方的基层干部，既要了解国情，使之全局在胸；又要了解乡情，使之局部在握。多年来，我们做基层工作的同志常常有感于缺少有关国情、乡情的书籍，徐杰舜等同志，与南乡的干部和群众相结合，写作并出版了《南乡春色》，为我们提供了一本了解乡情的好书，阅后颇有感触：

　　第一，要充分认识解放 40 年来的巨大变化。

　　解放 40 年来，我们搞社会主义建设，帮助少数民族发展经济文化，究竟有没有成绩？成绩大还是小？《南乡春色》从一个乡镇的范围给人们作了明确的回答，以小见大，难道我们不可以从南乡的"春色"中，看到我们祖国 40 年来发生巨变的历史脚印吗？

　　第二，要充分认识改革开放以来所取得的重大成绩。

　　党的十一届三中全会以来，改革开放成为一股历史潮流，少数民族地区农村的改革开放究竟有没有成绩？成绩大还是小？《南乡春色》也给人们作了响亮的回答，正如在南乡工作了二三十年的壮族干部所说："这十年的变化是过去做梦也没有想到的！"

　　了解国情和乡情，可以总结历史的经验，更可以增强我们的自信心，从而激发人们奋发精神去创造更加美好的未来！为此，我要感谢《南乡春色》的作者为我们了解国情和乡情提供了一本好书，并郑重地推荐给读者！

1990 年 2 月 17 日

于贺县八步

（陈彬全为时任贺县县长）

孙孝通序

　　弹指一挥40年，南乡，这个过去富饶却贫穷的壮族山乡，终于开始走上富裕之路。

　　忆往昔，壮族同胞自明代落籍南乡之后，4个世纪以来，经历了披荆斩棘的艰苦开发，虽然开辟了南乡历史的新起点，但以压迫和剥削农民为特征的封建社会，以及半封建半殖民地的旧中国并没有给南乡壮族带来进步和繁荣，人们仍然过着衣不保暖、食不果腹的贫穷生活。看今朝，南乡社会、经济、文化都发生了巨大的变化，不仅摘掉了贫穷的帽子，解决了温饱问题，而且开始了社会主义的物质文明和精神文明建设；在经济生活方面，农业的变革、林业的兴起、乡村工矿业的崛起、畜牧渔业的进步、交通的通达、商业的兴盛、人民生活的改善，展现了南乡社会主义物质文明建设的一幅新图画；在社会文化方面，民族教育的发展、民族文化的繁荣、服饰的衍变、饮食的渐变、居住的巨变、婚姻家庭的嬗变、人生礼仪的时移俗易，又给人们奏出了南乡社会主义精神文明建设的一支交响乐曲。是啊，南乡40年的变迁，已是今非昔比了！

　　读了《南乡春色》，我们站在一个新的高度上看到了南乡壮族落籍以来，在解放后发生巨变的历史轨迹。总结南乡社会文化变迁的历史，我心中不由得要赞颂勤劳、勇敢，有强烈民族上进心的南乡壮族人民，40年来，是他们战天斗地，流血洒汗，创造了南乡的繁荣和进步。也不由得要赞颂40年来在南乡工作过的各任干部，是他们埋头苦干，任劳任怨，不断地为南乡的繁荣和进步添砖加瓦、铺路搭桥，才使南乡在一个坚实的基础上，开始走上了富裕的道路。

　　事物都是在比较中发展的。与南乡的过去比，我们是进步了，确实发生了历史性的变迁。但是，与先进地区、先进民族相比，我们应该看到，南乡的进步还是很小的；与实现社会主义现代化的目标相比，南乡的进步更是微不足道的。我殷切地希望南乡的干部和群众在读了这本书后，都能认识到这一点，那么，我们南乡今后的进步和繁荣将会更快、更大！

最后，我要代表南乡的干部和群众对徐杰舜和罗树杰同志表示衷心的感谢，他们千里迢迢，与贺县文化馆副馆长刘小春馆员多次到我们南乡进行考察，为我们南乡写出了一本"社会主义的新乡志"，不仅忠实地记录了南乡解放以来社会文化的变迁，更可贵的是还对南乡的变迁作了理论的分析，使我们南乡的干部群众既能够正确地认识自己的过去和现在，又能预测自己的未来。我相信，南乡壮族同胞们是会喜欢这一本书的。

1990 年元月 8 日
于贺县南乡

（孙孝通为时任中共南乡镇党委书记）

前　言

（一）

近年来，文化人类学的译著蜂起，或美国学者写的，或日本学者编的，或英国学者撰的，也有中国学者著的①，这表明中国学术界在审视当今中国的政治、经济、民族、社会等领域的同时，已开始把目光投向更为广阔的人类文化背景，进而希望从宏观上更好地把握政治的改革、经济的繁荣、民族的进步和社会的发展，以便更好地适应当代世界剧烈变迁的大趋势。毫无疑问，这对于丰富与发展马克思主义民族学的理论和实践是有益的。②

文化人类学之所以受到中国学者们的重视，一方面在于其跨学科的研究方法，代表着当代科学发展的新趋向；另一方面其与社会紧密结合，体现了理论与实际相结合的实践性，而这两方面正是发展年轻的中国民族学所必需的。众所周知，几十年来，我国民族学有了相当的发展，特别是1956年前后所开展的全国范围的民族识别和对我国少数民族社会历史调查，积累了大量的民族学资料，出版了360册，5900万字的《民族问题五种丛书》③。与此同时，对少数民族的文化也做了许多专题研究，如詹承绪

---

①　如张猛等《人的创世纪》，四川人民出版社1987年6月版；童恩正：《文化人类学》，上海人民出版社1989年8月版。

②　当前国内学者一般认为从文化的角度研究人类的科学即为文化人类学，其包括考古学、民族学和语言学三个分支。而民族学的概念有较大的分歧，笔者认为民族学是研究当代各民族发展规律的一门学科，是文化人类学的重要部分。

③　《民族问题五种丛书》：《中国少数民族》《中国少数民族简史丛书》《中国少数民族语言简志丛书》《中国少数民族自治地方概况丛书》《中国少数民族社会历史调查资料丛书》。

等著的《永宁纳西族的阿注婚姻和母系家庭》、严汝娴与宋兆麟合著的《永宁纳西族的母系制》、宋恩常主编的《中国少数民族宗教初编》、严汝娴主编的《萨满教研究》、马学良著的《云南彝族礼俗研究文集》、张公瑾著的《傣族文化》、刘尧汉著的《中国文明源头新探——道家与彝族虎宇宙观》、庆南与张纬雯合编的《中国少数民族风情录》、蒋廷瑜的《铜鼓艺术研究》等都是引人注目的著作，对崖壁画和生殖崇拜文化的研究正在成为民族学的热点。但是，无须讳言，多年来我国民族学界在理论上越来越陷于封闭和僵化的境地，究其原因，即马克思在《摩尔根〈古代社会〉一书摘要》，恩格斯在《家庭、私有制和国家起源》中，对美国民族学家摩尔根在《古代社会》中提出的关于古代社会学说的肯定，被我国民族学界奉为经典性的理论，从而使人们滑入诠释摩尔根学说的轨道，造成理论上的封闭和僵化。[①] 文化人类学的理论和方法的引进，正好可以打破中国民族学界的这种封闭和僵化，所以文化人类学理所当然地受到了中国学术界的重视。

拜读了一本又一本文化人类学的著作，我们发现外国的文化人类学学者们是十分重视田野考察的，例如美国的玛格丽特·米德的《萨摩亚人的成年》和《三个原始部落的性别与气质》就是这方面的代表作。而运用文化人类学的理论和方法对中国民族进行研究的书，唯有美国华盛顿大学人类学系的郝瑞教授，在中国台湾实地考察了两年所著的《黎舌村——台湾汉族社会文化的变迁》（华盛顿大学出版社英文版）。这就使得笔者心中萌发了一个念头，即何不运用文化人类学的理论和方法，结合中国的实际，对中国的少数民族做一典型考察呢？这个念头一直萦绕在我的心头。

（二）

中华人民共和国成立40年来，中国乾坤扭转，各少数民族社会发生了"天翻地覆慨而慷"的变迁，无论其解放前处于什么社会形态，甚至于保留有原始社会末期各个不同发展阶段的少数民族，都无一例外地跨越了一个或几个社会发展阶段，进入了社会主义社会。1956年前后所作的社会历史调查，虽然基本上记录了我国少数民族社会这一历史性的变迁，但是，社会的这一变迁，对于各少数民族文化的变迁有何影响？由于30多年来的

---

① 参阅孟宪范《中国民族学十年发展述评》，《中国社会学》1989年第2期。

风风雨雨，使我国学者未能在 1956 年的基础上深入考察下去。而现实社会生活中，40 多年来，尤其是党的十一届三中全会以后，我国全面实行改革开放政策的十多年来，少数民族地区与全国一样，发生了深刻的变化，如据国家统计，40 年来，少数民族地区基本建设投资总额达 1417 亿元，建立起 3.7 亿个工矿企业，工农业总产值从 1949 年的 36.6 亿元发展到 1988 年的 1092 亿元，增长近 30 倍。历来以农牧业为主的民族地区已建立了现代工业的基本体系，工业总产值达到 686 亿元，比解放前增长 123 倍。古老的粗放耕作方法开始被机械化农具更替，农业总产值 40 年间增长 6 倍，粮食产量增长 1.8 倍，棉花产量增长 8 倍。1988 年少数民族地区社会商品零售总额达 682 亿元，比 1902 年增长 17 倍。电视机、录音机、缝纫机、自行车、摩托车等现代化的中高档消费品在少数民族地区的市场上已成为畅销货，这是有目共睹的。[①] 同样，无须讳言，与全国先进地区相比，我国少数民族地区还处于落后状态，到 1988 年末，还有 141 个县的 1518 万人未解决温饱问题。[②] 因此，这几年不少学者为少数民族经济的发展出谋划策，提出了许多战略设想、方案和建议，在实施的过程中，人们往往会碰到传统文化与经济发展的矛盾和冲突，严重地束缚和阻碍了经济的发展和民族的进步。在这种矛盾和冲突面前，使得学者们不能不把视线从经济方面扩展到文化方面，试图探讨社会变迁与文化变迁的关系，希望从中找出促进文化发展、进而促进经济发展的规律。这就需要我们深入了解当前少数民族地区的实际情况，而这恰恰是我们近二三十年来没能做到的。自 1985 年 4 月到广西民族学院民族研究所工作以来，笔者心中早已存在一个念头，即要找一个少数民族的乡村作一次微型考察，看一看解放以来我国少数民族的社会和文化究竟发生了哪些变化！这个念头也一直萦绕在我的心中。

(三)

选一个什么样的点为考察对象呢？经再三斟酌，我们选择了广西壮族自治区贺县南乡作为考察点。

---

① 参阅《人民日报》1989 年 9 月 11 日第 1 版。

② 《少数民族贫困地区："七五"期间扶贫的主战场——陈俊生答本刊记者问》，《瞭望》1989 年第 42 期。

为什么选择南乡呢？其理由有二：

第一，南乡是一个壮族聚居的乡镇，南乡壮族是桂东壮族的代表。

壮族，不仅是广西壮族自治区的主体自治民族，而且又是全国最大的少数民族。因此，在我们的能力、精力和财力极为有限的条件下，考察点必须有代表性，否则就很难具有典型意义。有的同志好心告诫我们，要考察壮族，应到桂西去选点，桂东的壮族没有什么典型意义。从整体上来说，这个意见有合理的因素，因为桂西毕竟是壮族聚居的主要地区。但我们的指导思想是正因为桂西壮族历来受学者们的重视，调查材料较多，而桂东壮族则由于历来不受注视，极少有专门调查，为了更全面认识壮族的现状，就必须避实就虚，因此，我们把选点的视线放到了桂东。

桂东历史上曾是壮族先民之一苍梧人生息繁衍之地，由于桂东大部分地区河流纵横、交通比较便利，水路方面东北沿桂江可通荆湘、汉水以达中原；东南顺西江东下到珠江口，再沿海北上与闽、浙、苏、鲁各省相通。陆路方面富川麦岭、贺县桂岭等皆为古代岭南与岭北人民往来的重要通道。因而，桂东壮族先民与中原汉族接触较多，在汉族先进的经济文化的影响下，大部分壮族先民已逐渐被汉族同化。因此，加紧对桂东壮族的考察和研究，对于了解桂东壮族的历史发展和传统文化，及其社会文化变迁的轨迹，从而探索整个壮族发展变化的规律，就显得独具学术价值，这是考察和研究桂西壮族所不能替代的。

当前的现状是桂东壮族人口已较少，以梧州地区为例，1988 年全地区有少数民族 273590 人，占全地区人口总数的 9.03%，而其中壮族有 79046 人，只占全地区少数民族总数的 28.8%，占全地区人口的 2.7%。具体分布是，贺县 31934 人，富川 173 人，钟山 17982 人，昭平 16368 人，蒙山 12589 人，主要聚居于贺县的南乡、钟山县的清塘乡、昭平县的走马乡和蒙山县的新圩乡。此外，桂林地区的平乐县有壮族 17000 人。这样，相比之下，贺县的壮族人数最多，而南乡又是贺县壮族的聚居之地，有 15904 人，显然，南乡壮族在桂东具有代表性。

更有意思的是，如果我们把视野放大，将广东和湖南的壮族与广西桂东的壮族联系起来看，广东连山壮族瑶族自治县的壮族有 36091 人，主要聚居在靠近广西贺县加田、上帅、福堂、小三江、永丰等地；湖南的江华瑶族自治县与贺县毗邻，有壮族 9000 多人，是湖南唯一有壮族聚居的地方，其中有 1/3 居住在清塘壮族乡，他们大部分是从贺县、富川迁移过去的。这样，我们把桂东与广东、湖南的壮族作为一个整体，那么，贺县南乡的壮族正好处在这个整体的中心点上，因此，南乡壮族就具有代表性，考察和研究南乡壮族社会文化的变迁就具有典型意义，这是桂东其他地方的壮族所取代不了的。

正因为南乡壮族具有这种代表性的地位，尽管其是汉族居住区中的一个"孤岛"，但他们至今不仅还保留着本民族的语言——壮语，① 不仅保持着许多与桂西壮族相同的传统文化，如歌圩、服饰、住房、宗教信仰、民间文艺等，而且还有自己独特的风俗，如敬奉开乡创业和六十开山祖先，木屋，壮歌大唱、小唱，舞猫，装皇，女子命名法，妇女圆顶高筒帽等，表现出鲜明的民族特点。因此，考察和研究南乡壮族既可以填补桂东壮族研究的空白，丰富我们对壮族社会历史文化的认识，又可以增进壮族内部的了解和联系，以增强壮族的凝聚力和向心力，这样的学术价值应该是不言而喻的。

第二，南乡壮族社会文化的变迁，代表了中国少数民族繁荣进步的方向。

近年来，学术界在讨论少数民族地区经济问题时，谈落后，摆问题较多，这当然是由于大多数少数民族经济文化还比较落后，没有什么值得大惊小怪。但是，我们在看到少数民族落后、贫困的这部分的同时，是不是还应该把眼光投向一部分社会经济文化发展较快、变化较大的少数民族身上去呢？因为这部分少数民族自建国以来，尤其是党的十一届三中全会以来，社会经济文化有了较大的发展，不仅甩掉了贫穷落后的帽子，而且开始走上了富裕的道路。这部分少数民族虽然还是少数，但是，他们却代表了中国少数民族繁荣进步的主流。对于这部分少数民族繁荣进步的过程进行探讨，对其原因进行分析，对于我们认识社会主义时期如何促进少数民族繁荣不是有重大的现实意义吗？

在这部分已经开始走上富裕道路的少数民族中，南乡壮族也是一典型。请看：

南乡地处广西壮族自治区东北部贺县东部，距县城八步镇80公里，东南界广东省连山壮族瑶族自治县，西与贺县贺城、步头两镇接壤，北与贺

---

① 当今1300多万壮族中，约有400万人通汉语，而不会讲壮语，处在汉族包围中的南乡壮族还能保留壮语，确实难得。

县大宁镇毗邻。全乡总面积 250 平方公里。地属山区,地形、山脉走向自然分为东西二水、两峒,地势南高北低。全乡周围均是崇山峻岭,较高的有古板岭(海拔 971 米)、白鹤界顶(海拔 742 米)、田冲顶(海拔 819 米)、大岭顶(海拔 836 米)、张公岭(海拔 1103 米)、三叉顶(海拔 948 米)、横水顶(海拔 1377 米)、订情山(海拔 1007 米)、金鸡顶(海拔 1469 米)、长冲顶(海拔 1571 米)等,群山的环抱,使南乡成了一个封闭的山区乡。乡境内以低山为主,较高的有石鼓山(海拔 1112 米)、黑鹿山(海拔 1509 米)、白马山(海拔 1509 米)、鱼骨顶(海拔 1246 米)、坡团山(海拔 745 米)、将军山(海拔 669 米)。居民聚居于东、西二水两岸。到 1987 年底,全乡有 8 个村公所,辖 27 个村民委员会,143 个村民小组,人口共计 15799 人,其中:壮族 15074 人,占 95.41%,瑶族 21 人,占 0.13%,苗族 97 人,占 0.6%,汉族 607 人,占 3.8%,是一个壮族人口占绝大部分的少数民族边远山区乡。全乡有耕地面积 15124 亩,山地面积 432293 亩,有林面积 383464 亩,过去曾是一个交通不便、经济文化发展远远落后于全县水平的一个穷乡。解放 40 年来,尤其是党的十一届三中全会以后,南乡人民在乡党委和乡人民政府的领导下,认真贯彻党的路线、方针和政策,大胆进行农村经济体制改革,根据该乡的实际发展生产,使南乡经济文化有了很大的变化发展,1978 年全乡农民人均收入仅 66 元,比贺县 1952 年全县农村人均收入还低 5.35 元,只相当于 1975 年全县农村人均收入的 45.41%;1980 年时全乡农村人均收入只相当于全县平均水平的 34.48%。但是,到了 1985 年,南乡农村人均收入已超过全县平均水平 316 元的 56.33%,1988 年南乡农村人均收入达到了 543.90 元,年平均最高的江坪村达到 790 元,超过了全国农村人均收入的水平。1989 年南乡农村人均收入上了一个新的台阶,达到了 599 元,超过全县农村人均收入 465 元(预计数)的 28.60%。南乡从此摘掉了贫困的帽子,成为全县比较富裕的乡,1988 年南乡被评为"全国民族团结进步先进集体"。1989 年荣获贺县造林绿化先进单位、粮食增产先进单位、人均提供商品粮先进单位三个一等奖。凡此等等,从社会进步、民族繁荣的意义上来说,南乡壮族自建国 40 年来,尤其是党的十一届三中全会以后的 10 年来经济的发展,社会文化的变迁,不正是代表中国少数民族繁荣进步的方向吗?

　　基于这两个原因,我们选择了南乡作为我们考察和研究我国少数民族自建国 40 年来,尤其是党的十一届三中全会以来社会文化变迁的典型。

（四）

在南乡新建的漂亮的文化中心的墙壁上，南乡人吴超忠作诗《南乡吟》：

白马高山黑鹿骑

金鸡锡羊两相宜

会稽孟曹竹子茂

大山马草世人迷

冷水三郎百鹤聚

鸿图郁水物多稀

公动榜山敲石鼓

张公大岭矿山区

犁头生就好耕地

水正杉苗苗壮时

天堂美景无人识

怀宽胜迹有谁知

东西二水汇流势

狮子把关国乡池

山清水秀南乡峒

经济文化齐骋驰

写出摆脱了贫困面貌，走上了富裕道路的南乡的一派春色。正是，阅尽人间春色，南乡壮族春色无限好，遂将这篇考察和研究一个壮族乡社会文化变迁的报告定名为《南乡春色——一个壮族乡社会文化的变迁》，以探讨我国少数民族社会义化变迁的某些规律，展示我国少数民族的繁荣和进步。

徐杰舜

1989 年 12 月 27 日

于广西民族学院相思湖畔

第一章　寻根探源

一　苍梧人的故地

南乡所处的岭南地区，远古之时已有人类出现。一二十万年前，马坝人①已活跃在粤北一带。五六万年前，广西最早的土著柳江人②已生息在桂中地区。二万年前，麒麟山人③已繁衍在桂中大地。在距今一万年前后，岭南的土著进入新石器时代，在广西已发现了多处新石器文化遗址，如桂林甑皮岩洞穴遗址，南宁青山、豹子头贝丘遗址，横县西津、扶绥江西岸贝丘遗址等。

夏王朝的建立，揭开了中国文明的序幕，岭南土著也开始见于史籍，这就是人们所熟悉的"百越"。百越，又称"百粤""粤"，是中国东南方古代诸人共同体的一个泛称。其分布甚广，目前一般通行的看法是：北起今中国江苏，沿海南下，从浙江、福建、中国台湾、广东、广西，西迄云南、贵州，包括安徽，江西、湖南的一部分地区以及越南北部在内，形成一个弧形分布的态势。

百越的种类很多，从文献上的记载来看，尧、舜、禹时代其被划在苗蛮集团之中，至商代初期，百越从苗蛮集团中分离出来，被称为"沤深""瓯"和"越沤"等。据《逸周书·王会解》所记，百越在商汤时正东有

---

①　马坝人：1958 年 5 月在广东曲江县马坝乡狮子山的一个岩洞中发现的一种古人。

②　柳江人：1958 年在柳江县新兴农场通天岩发现的一种现代人，是东亚地区发现的最早的现代人的代表。

③　麒麟山人：1963 年在来宾县桥巩乡发现的一种现代人，属旧石器晚期的人类。

"符娄、仇州、伊虑、沤深、九夷、十蛮、越沤"，正南有"瓯、邓、桂园、损子、产里、百濮、九菌"。西周时，又出现"七闽"①"于越"② 及"杨越"③。春秋之时，百越进入最活跃的发展阶段，及至战国，闽越、东瓯、南越、西瓯、骆越纷纷登上了历史舞台。

就是在从夏、商、周三代到秦汉之际，南乡正是古代苍梧人的故地。

苍梧，一般称为"南越"，又作"南粤"，是百越集团土著在岭南地区的一支。

苍梧是岭南越人自称的音译。这个名称出现得很早，在有关夏、商、周三代的古史传说中已见其名，④ 周代的青铜器铭文中也有"仓梧"的记载。⑤《逸周书·王会解》在说到南方各支越人向商王朝进贡的事时，曾提到"仓吾翡翠"。汉代的《淮南子》说："晋苍梧娆娑而美，以让其兄"，反映了古苍梧人的原始婚俗。同时，《史记·南越列传》集解引《汉书音义》说："苍梧越中王，自命为秦王。"可见"苍梧"是为族称之义。

考苍梧的地望，《史记·五帝本纪》说："舜帝……南巡狩，崩于苍梧之野，归葬九嶷，是为零陵。"这表明苍梧的方位在零陵之南。《淮南子·人间训》也说："舜道死苍梧。"九嶷是零陵和苍梧的界山，所以，后来汉武帝置苍梧郡，也正是在零陵郡之南。可见苍梧的地望正在桂东北、粤中粤北地区，南乡正是古苍梧人故地的一部分。只是其后随着珠江三角洲农业的迅速发展，加上交通的便利，苍梧族的经济中心才逐步东移至番禺。而"南越"一称，迟至汉初才以赵佗所建的国号名称出现，是一个汉味十足的名称。所以，依笔者之见，岭南越人的族称定为"苍梧"为宜。

苍梧之形成民族，大体经历了这样一个历史过程：公元前387年，吴起平定南方百越，把楚国的疆域向南一直扩展到了江西南部，以及湖南和广西之间的苍梧。这时，依据出土遗物的特点，岭南地区可分为珠江三角洲、北江、西江、东江、韩江和琼雷六个区域。其中，除琼雷（即海南岛和雷州半岛）发展迟缓，在秦统一之后的相当一段历史时期还保留着明显的原始社会的特征外，其余均是发达的新石器时代晚期的经济文化区域，

① 汉郑玄注：《周礼·职方氏》。
② 王国维辑：《古本竹书〈纪年〉》。
③ 《史记·楚世家》。
④ 参阅《礼记》《山海经》《史记》等。
⑤ 郭沫若：《两周金文辞大系图录及考释》。

分布密集，堆积范围大，内涵文物丰富，表明大约于夏商时期，岭南的这些部落已结成了部落联盟，开始迈出了形成民族的第一步。

商代末期，岭南地区进入了青铜时代，下限为战国，到战国晚期已经使用铁器，在这个时期，岭南地区的社会结构发生了根本变化，产生了奴隶和奴隶主，进入阶级社会。例如，清远县马头岗发现的春秋末期至战国初期的两座墓葬，规模较大，随葬器物计有垒、编钟、钲、矛、斧、钺、匕首、镞、凿、人首柱形器、篾刀等64件青铜器，还有夔纹方格纹和方格纹篾纹陶罐及砺石等。① 铸造精美的铜垒、成套的铜编钟、较多的兵器及铜钲等器物，表明墓主绝非普通南越人，而是一个奴隶主贵族，更重要的是人首铜柱形器，其形制为人首的双耳穿孔可贯，额中黥刻↓形记号，显然是一个奴隶的形象，应用奴隶的形象作人首柱形器，只有掌握一定权威的奴隶主贵族才能享用，所以这个墓主还非一般的奴隶主，而可能是一个"君王"。由此可见岭南之地，在战国时已经建立了一些小的王国或君国。故贾谊在《过秦论》中谈到秦统一岭南时说："百越之君挽首系领。"因此，在清远、肇庆、罗定等地发现的大墓，"钟鸣鼎食"的墓主人，都可能是苍梧君、将之类贵族的坟墓。② 所有这些，都表明苍梧经过春秋战国的发展，到战国末期，也基本完成了从部落发展为民族的历史过程。

秦统一全国，征服苍梧后，于始皇三十三年（公元前214年）在岭南设置桂林、南海和象郡。秦末，原南海郡龙川令，后为南海郡尉的赵佗（河北真定人），趁乱以武力平定了桂林、象郡，自主为南越武王，建南越国，此即标志着苍梧族的统一，苍梧族亦正式形成。

苍梧族在南越国时期是一个奴隶制民族，曾在岭南盛极一时，越、骆越、瓯骆均役属于南越国。③ 南越国从赵佗于公元前214年称王，到汉元鼎元年（公元前114年），吕嘉败死，南越亡，历93年。此后，汉武帝分岭南地区为儋耳、珠崖、南海、苍梧、郁林、合浦、交趾、九真、日南九郡，从此苍梧族进入了一个新的发展时期，其一部分逐渐被汉族同化，另一部分则在魏晋南北朝时成为俚族的一部分。

俚族是由瓯骆和部分苍梧族融合发展形成的。早在东汉初年，据《后汉

---

① 广东省文管会：《广东清远发现周代青铜器》，《考古》1983年第2期。

② 参阅徐恒彬《南越国先秦史初探》，《百越民族史论集》中国社会科学出版社1982年版。

③ 参阅《汉书·南粤传》。

书·南蛮西南夷传》记载：建武十二年（36年），"九真徼外蛮里张游率种人募化内属，封为元里君"；十六年（40年），交趾女子征侧起事，"九真、日南、合浦蛮里皆应元"。李贤注："里，蛮之别号，今呼为俚人。"三国时，吴人万震作《南州异物志》也说："俚在广州之南，苍梧、郁林、合浦、乍浦（今广西横县）、高梁（今广东阳江等地）五郡皆有之，地方数千里。"这些地方正是秦及西汉时瓯骆活动的主要地域。东汉之后，瓯骆之名已极少见于史籍，可见俚族与瓯骆是有直接渊源的。

与此同时，俚人与部分苍梧族也有渊源。前面在论述苍梧族时已谈到汉平南越后，苍梧族作为南越国的主体民族，在汉的郡县编制之下，一部分迅速被汉族同化了，但仍有一部分社会发展较缓慢而未被同化者，即转化演变为俚族。《宋书·蛮夷传》云："广州诸山并俚僚，种类繁炽。"《南齐书·州郡志上·广州条》亦云：广州"滨际海隅，委输交部，虽民户不多，而俚僚猥杂"。而宋末割交、广二郡并合浦以北地立越州，"威服俚僚"。[1]

后来俚人中的一部分经魏晋南北朝民族大同化的席卷而汉化了，但是没有被汉化的一部分俚人，经有唐一代的发展，与部分僚人融合，开始了形成壮族的历史过程，及至宋代，侬智高的起义和壮族族称"撞"的出现，标志着壮族的形成。[2]

从古代苍梧人直到壮族的形成这条脉络的发展来看，南乡是古苍梧人的故地，古苍梧人又与壮族有着渊源，那么，南乡壮族中当然也包含了古苍梧人的血缘在内。追根溯源，现在的南乡壮族，从一定的意义上来说，完全可以认为与古代苍梧人有着一定的渊源。但是，原来居住在贺县一带的壮族，随着历史的变化发展，或迁徙，或被汉化，因此，贺县到明代时却成了从北迁来的瑶族的聚居区之一。

二　俍兵——南乡壮族之源

打开南乡地图，或亲临南乡境地，我们就会发现，在南乡120个自然村中，以壮语命名的竟占80%，而尤为突出的是以姓氏为村寨之名，竟有

---

① 《南齐书·州郡志上·越州条》。

② 参阅徐杰舜《中国民族史新编》，广西教育出版社1989年版，第563—568页。"撞"之族称源于乡里区划的名称"疃"，后演变为"獞"，1965年依周恩来提议，改称为"壮"。

28 个计 22 姓，这些村寨是：代吴、代韦、代罗、冒韦、代陈、代廖、小代廖、代岑、代李、代容、代谭、代梁、代黄、下代莫、代何、代熊、代周、代倪、代昌、代陆 22 个村寨。"代"，是壮语音译，意为"姓氏"，"代吴"即"姓吴人住的村寨"。此外，以"板"（或"班"，壮语"村子"之意）开头的村子有：班局、班岭、班义等；以"那"（壮语"田"之意）开头的村庄有：那远、那早等；以"落"（或"骆""六"，壮语"山冲"之意）开头的村子有：落放、落炭、落桂、落高、落菜、落堂、六瑶等；以动物命名的也有"良怀"（"怀"，壮语为"水牛"之意）。凡此等等，不仅是南乡人文风物的记载，也是壮族人民长期以来在南乡艰苦创业、图谋生存发展的历史印记。

那么，南乡壮族的来源在哪里呢？

关于南乡壮族的来源，南乡民间有这样一个传说：原来南乡是一片古树参天、非常荒凉的大山区。在明朝中期，因连年兵劫，百姓遭殃，民不聊生，南乡壮族祖先有吴、覃、廖、莫、李、容、黄、罗、陈、岑、吕、蒙、苏、何、梁、陆、程、钟、倪、谭、徐、骆、潘、贲、贤 26 姓共 60 人从各地逃难来到这一带的山区，开始在深山里打猎、种山落田。后来发现南乡峒有较宽阔的荒原，溪水纵横，水源充足，可以开拓良田，于是大家就从山上搬迁下来，依山傍水居住。他们开渠引水，开拓荒原，筑田造地，共同开垦南乡峒。当时条件非常恶劣，深山老林，交通闭塞，毒蛇猛兽猖獗，这时 60 个人同舟共济，结拜为兄弟，"不论是何姓氏，各人的名字一律取"父"字为班辈，如吴父晟、覃父案，李父定等。接着又推选出以吴父晟为首包括有覃父满、覃父辣、覃父有、潘父典、覃父案、李父定、覃父工、蒙父直、韦父念、覃父井、莫父道、廖父花、莫父理、覃父基、韦父谏、梁父昔、贤父性、廖父意、梁父架、莫父转、程父选、容父房、莫父爱 24 名代表为六十下山开乡落籍的头目，领导大家一起开发南乡。在六十祖先下山落籍不久，为了纪念兄弟们共患难、开乡落籍创业，他们在南乡东西二水汇合之处，建造了开乡大庙（又叫"大庙总祠"）。六十兄弟始祖神都立碑排列在大庙的中堂。

到了明嘉靖四十二年（1563 年）农历二月十八日，六十兄弟中的二十四个头目在大庙开会，根据南乡的山水和土地山场情况，共同商议决定，将六十兄弟分布到各处山峁定居，如和彩峒有覃父案、李父定、廖父意，回龙峒有吴父晟、容父钱等，并按地形划定各人管辖范围和分关界限，订立纪书为凭，各人收执保存，永世子孙知照。这就是南乡各姓至今还珍藏的分关书，现在已收集到的南乡吴、覃、李、廖、容等姓人的分关书10份，比较详细地记述了明朝成化至嘉靖百年间（1465—1566年）粤桂边境一带的社会动乱情况及壮族各姓迁来南乡落籍的经过。但这些分关书或对其祖先从何处来语焉不详，或隐讳"攀祖"，如吴姓分关书中说：

> "自始祖讳德传公于明成化王在北京珠玑巷来自广西平乐府贺县上六里，在卢岗、墙（象）脚居住。闻于成化二年有河池州贼黄公恶、梁公月等打劫南乡峒，欧家人等死绝，于成化八年有排年吴文斌、龙开骑拆（招）中里良僮田业。"

关于贺县壮族的来源，还有以下一些记载：

1. 贺县沙田乡桥头村壮族黄氏族谱记载：

> "……考黄氏先世，来自庆远，卜居桥头，实始于明正德年间。
> 朝杰公生于广西庆远府南丹州，武术千总出身，历任肇庆参戎之职，后调署广西平乐府协镇，征贺县沙田，鹅塘韦巨寇无功，遂屑（削）职焉。后设计诛寇，有功复职，不肯就任，遂落居贺县沙田里桥头村，即为桥头黄氏本族之始祖。……后回南丹州接长兄朝俊至社塘寨居住立业，再接弟朝忠至贺县河东街外入圣庙巷①落籍。曾任河南盐运使之职，时为明之中叶也。"

2. 鹅塘乡芦岗村韦氏之一宗族谱记载：

> "我先祖自明正统间由楚南珠玑巷迁居西粤境内，数代族繁分支，嘉靖年间各择仁里居处。故祖亘居又迁居平（乐）郡贺邑芦岗村。履历水源木本，支派分别查矣，族繁不及备载者也。然吾尝闻前代之祖宗云：吾族本韩信之后裔，因韩信辅汉有功，封淮阴侯，被奸所害。以其功高谋叛之计，高祖听吕后、萧何之谗，遂杀韩信者。凡同宗内之人虑连歼戮，皆去韩以韦为氏，今居西粤者甚众。"

---

① 圣庙巷，今贺街镇长利街北的黄家巷。

3. 鹅塘乡芦岗村韦氏另一宗"明故祖考耋寿韦讳官灵老太公之坟墓"碑文则曰：

> "始祖官灵公系湘省衡州府珠玑巷人，于明朝年间迁广西省平乐府贺县桥头村落籍定宅。后再由福发公迁到鹅塘芦岗村，迄今十余代，历史悠久，世远代遥，无从追溯。根据前辈传闻惟桥头村官营岭之阳有十冢祖墓存焉。"

4. 鹅塘乡芦岗村覃氏"明朝始祖显考覃公讳程学老大人之坟墓"碑文说：

> "我始祖公由衡州分支至临贺落籍后，之妻李氏尖脉生四子，由此分支三大房：藤县、横县、六寨，今未解某房居某县。我葛养公移居大宁，之妻张氏妹四脉生九子十螟蛉，由此分支七大房入南乡，有三大房过粤东落籍。"

另外，鹅塘乡象脚村所存覃氏族谱中记载：

> "祖身衡州分一脉　孙从贺邑以千枝
> 维我
> 老始祖覃庆分配妣远氏脉生五子，长子少连，次子少远，三子少思，四子少彦，五子少祖。惟少连、少远迁居肇庆府落籍。而少祖公妣配刘氏脉生程学公，配妣李氏在家育子，而程学公自珠玑巷带军至贺县落籍后生葛公，配妣张氏脉生九子接一子，谓之九子十螟蛉，分居东西两省四方，可谓千枝万叶而番昌者矣。"

5. 贺县南乡上新村公所金沙村韦姓族谱则记述：

> "所出之祖在广西贺南州，青（庆）远府来贺县沙田福龙、潭石、觉社居住，生下韦进三公娶太婆潘氏，脉生韦法寿。正德二年来至连山县福堂宜善乡盐洞冲下山落籍。……十三世韦成历自福堂至南乡上新金沙落籍。"

6. 里松乡《颖川堂陈氏族谱宗源》则有这样的记载：

"祖原籍住湖广庆远府善化县珠玑巷，缘因中国广西南丹洲思恩县河木村青州社，事因太明洪武二十一年钦差马大人、本府太爷洪丘辅与孟总兵直至思恩出他诏军点将，即日诏得猛勇强将陈世勋、廖养、韦万通等三人，俱升千总督带军兵五百余名。即在十一月廿二日丙起武直至贺邑，正堂谢太爷接奉卢祥供申，奏本章告里松峒文林乡为唐王，瑶贼作叛屡行劫房，百姓男女无路安身，霸抗粮税不纳，会结贼党六名聚义成群。太爷谢元祥、守府陈志梁申奏朝廷，圣旨诏钦差马尚标即点雄兵直至里松峒，于正月初四日未申时，俱捉擒六贼大王唐万五、唐万六、盘十七、盘拾玖、赵拾八、邓十六共六人。于三月浣即将此贼械赴桂林府问典，刑戮市，并出谕重赏补实千总游击街。陈世勋、廖养、韦万通三人永镇守里松峒文林乡，理办屯军事务，大砍伐山场竹木，开荒田土，报税完粮。恩蒙钦差马尚标等人日回京申奏朝廷，下谕旨注黄册立籍，开征子孙永作广西贺县里松峒文林乡总镇，调理屯军事务。尚有改朝换国执此黄照文凭至贺邑正堂签刀册，以作子孙永远为照。"

7. 清朝嘉庆十年（1805 年）修的《平乐府志》卷三十二则有如下说法：

"南乡东西二水，各村三四百家……壮，初亦溪峒野氓。元至元间奠国麒献图纳土，命为庆远等处军民安抚使，自是壮人方入省地。旋就编籍，谓之熟壮，性稍驯，远者谓之生壮，鸷悍不可制。或谓先出自庆远河池流移入贺，习俗与民稍同。"

8. 清代《广舆览胜》一书则认为：

"贺县壮人始来自楚，居县属南乡，有生熟二种。"

以上种种记载，归纳起来可以看出：贺县壮族都是后来迁入的，或来自庆远府，或由楚南珠玑巷来，或从北京珠玑巷来，实际即是：桂西、湘南、北京三地，而以桂西庆远说为多。以迁入时间论，凡说明时间的，除《平乐府志》说是元朝至元间（1279—1294 年）外，皆言从明代迁来，具体的有说是正德年间（1506—1521 年），有说是成化年间（1465—1487 年），有说是明洪武二十一年（1388 年）。概而言之，即说是元明两代迁入。就迁入原因论，都说是从军来平息当时贺县一带的"叛乱"后屯戍下来的。

壮族是广西土著乃学术界的共识，说壮族从楚南珠玑巷、湘省衡洲珠玑巷迁来当毫无根据，说是从北京珠玑巷迁来更是无稽之谈，这种牵强附会，实际上是封建社会里"汉尊土卑"思想的一种反映。在封建专制的统治下，少数民族地位低下，他们要提高自己的地位，在当时的历史条件下，只有托裔炎黄华胄，冒充汉人。① 这实际上不过是民族压迫在民族自我意识上的扭曲反映。因此，依照以上材料，我们可以得出初步的结论：贺县壮族是元明时期，朝廷从桂西调来平息桂东一带的"叛乱"的壮族土兵的后裔。

早在宋代桂西壮族首领侬智高起义就曾到过贺县②，这就说明壮族有可能在那时候就有人留居贺县。

有趣的是，到了宋代，以"撞"命名的人竟最早出现在贺县。《续资治通鉴》记载：宋高宗绍兴二年（1132 年）闰四月，岳飞奉命率军攻打退守贺州（今贺县）曹成的反宋部队时，参战的除岳家军的"前军统制"张宪外，还有"撞军统制王经"。③ 撞军是什么人组成的呢？据南宋淳祐年间（1241—1252 年）曾任广南西路经略安抚使的李曾伯给宋理宗的《帅广条陈五事奏》中说："淳祐五年（1245 年）亦有团结旧籍，在宜州则有土丁、民丁、保丁、义丁、义效、撞丁共九千余人，其猗撞一项可用。"④ 可见撞军就是宜州（今宜山）一带的壮族。⑤ 更重要的是当年岳飞剿曹成在

___

① 参阅粟冠昌《广西土官民族成分初探》、《广西土官民族成分再探》，分别载于《民族团结》1963 年第 2—3 期和《学术论坛》i981 年第 3 期；徐杰舜、覃乃昌《壮民族意识浅论》，《学术论坛》1989 年第 6 期。

② 宋皇祐四年（1052 年）6 月攻广州不下，7 月中旬，起义军经连州（今广东连县）转入贺州（今贺县）。

③ 《续资治通鉴》卷一百十《宋纪·高宗受命皇帝》。

④ 《可斋杂稿》卷一七。

⑤ 参阅范宏贵、唐兆民《壮族族称的缘起和演变》，《民族研究》1980 年第 5 期。

贺县历史上是一件大事，曹成当时号称拥众 10 万，[①] 流窜贺州，岳飞率领包括"撞军"在内的 10 多万军队，转战贺州数日，最后决战于北藏岭和桂岭，一举击溃曹成的反宋部队。当时战斗非常激烈，部队散失，一些人员流散的可能性是存在的。

但是，从各方面的资料来看，今桂东一带的壮族主要是明代从桂西迁来的，桂西壮族向桂东的迁移与明朝政府镇压少数民族起义有关。隋唐之时，本来主要分布于湖南的湘江、资江、沅江流域中下游及洞庭湖一带的瑶族，已迁徙分布在广西东北部和广东北部一带。及至宋代，湖南西南部和湖南南部、广东北部及广西东北部等地已成为瑶族的主要分布地。广西静江府（治今桂林）所属各县和融州（今融安、融水）一带也有瑶族居住。元明时期瑶族被迫继续南迁，不断深入广西腹地，特别是明代，两广已成为瑶族主要的分布地区，当时广西瑶族已占全省总人口的十分之三，有的地区高达十分之七。[②]

贺县地处桂东北，萌渚岭之南，东与粤北山区的连山、怀集、封开等县（自治县）交界，北与湖南江华瑶族自治县接壤，境内自东北至西南，山岭连绵，层峦叠嶂，是五岭之一萌渚岭向南延伸的余脉。全县境内山多林密，山地面积占全县总面积的 80.38%。现在县内还有土瑶、盘瑶等支系的瑶族 31300 多人居住，元明时期桂东北是瑶族人口占大多数的地区，贺县更是如此。因此，清朝《续文献通考》卷二四五《四裔考·西南夷》上说，元代平乐府"多为（猺）（瑶）人盘踞"。

由于封建统治者实行民族压迫政策，桂东北一带的瑶民为反抗封建统治，进行了不屈不挠的斗争，早在元初，在张世杰反元斗争的影响下，广西藤县、梧州和广东德庆、泷水（今罗定）等地区的瑶民，与汉族联合反抗元朝统治，元正统二年（1334 年），贺县一带的瑶民在唐七领导下，举起反元旗帜，"据其山险，连行数百里"[③]。曾先后攻下广西恭城、贵州（今贵港市）、阳朔及湖南江华、永明等州县，所到之处瑶民无不纷纷响应，声势浩大，沉重地打击了元朝的统治。元朝统治者除使用朝廷正规部队来镇压这些瑶族起义外，也注意招募壮族及其他一些少数民族的土兵来

---

①　《宋史·岳飞传》。

②　参阅《瑶族简史》，广西民族出版社 1983 年版。

③　《元史·惠宗纪》。

为巩固其统治服务，并且在镇压每一起人民起义后，就将这些土兵留下与民屯种。如元大德二年（1298 年），朝廷就"立广西两江道壮兵屯田"，后来又"募文、兰等处及融、庆溪洞瑶壮民丁"，于大德十年（1306 年）"绩置藤州屯田"，而仅从南丹一地所募的屯户就达五千。① 因此，民间或志书中有元朝壮人迁入的说法，并非毫无依据。

有明一代，广西各民族人民反抗封建统治的阶级压迫和民族压迫的起义，次数之多，规模之大，持续时间之长，都是前所未有的。明代最大的两次少数民族农民起义大藤峡起义、府江起义都直接影响着贺县一带，广东罗旁地区的瑶族人民起义也波及到贺县。

为了防范和镇压广西地区的农民起义，明初就派了 12 万官军驻守广西。每遇战事即又调内地的"客师"前往增援。从永乐年间开始，政府则命令内地卫所士兵轮番戍边，称为"边班"②。但是，明朝统治者也愈来愈感觉到，调兵岭南，千里迢迢，政府鞭长莫及，使得边班军"古役逃之数多"③，加上广西地处南疆，"其地多瘴疠，中原之人，惮入其地，未至固已怯畏，一入其地，气候不齐，蒸湿特甚，往往不战而死，既不可速战，又不可持久"④，且"戍兵离乡，并犯风露，水土不习，逃亡相踵，则戍不足恃也"⑤。到弘治年间，"广西钱粮日虚，兵力日寡"⑥。在这种情况下，明王朝就极力推行"以夷制夷"的政策，以"土兵"来镇压各民族人民的反抗斗争。

朱元璋开国不久，便注意征调土兵，用以镇压各地人民起义。⑦ 然而，明朝真正大规模地征调广西土兵是始于明成祖。永乐元年（1403 年），兵部主事牟论上奏说："蛮寇多系瑶壮，倚恃岩险，出没不时，兵至则散匿溪峒，兵退则出劫乡村，官军不能深知。惟土兵熟知道路，谙知贼情，若资其力可以收效。今后如遇贼发，则命土兵与官军合势攻击。"⑧ 明成祖采

---

① 参阅《续文献通考·田赋考四·屯田》和《元史·哈喇哈斯传》。
② 《明史·兵三》。
③ 《明史·兵三》。
④ 《岳文庄公集·两广傜僮》，收《明经世文编》卷七三。
⑤ 《天下郡国利病书》卷一〇五《广西部·兵防志》。
⑥ 《明孝宗弘治实录》卷六六。
⑦ 参阅《明史·土司传》。
⑧ 《续文献通考》卷一二八《兵考八》。

纳了这一建议，并开始草创土官广西都司。到弘治四年（1491 年），"左右两江知府土兵不下四五千万"①。朝廷若有征调，已经是"全倚土兵"②。才能实现对广西的军事统治。

在镇压大藤峡少数民族农民起义中，明王朝先后更换重将数人，前后用官军数十万，屠杀少数民族农民，但起义的焰火"终不能除"③。在这次起义初起时明王朝就利用了在藤县五屯屯戍的土官覃福等率土兵去镇压起义，但土兵在镇压起义的部队中所占的比例是十分微小的。后来田汝成、王守仁等明将大量调用桂西田州（今田东）、思恩（今环江）、南丹等地的土兵，才将大藤峡地区少数民族农民的起义镇压下去。隆庆年间（1567—1572 年），在镇压府江（今平乐以下之桂江）地区起义中，被征调的就有东兰、龙英（今属天等）、泗城（今凌云）、南丹、归顺（今靖西）、江州、忠州（今属扶绥）、土上林（今属田东县）、思恩、都康（今属天等）、镇安（今德保）、那地（今属南丹）、永顺（今属都安）、上映（今属天等）、湖润（今属靖西）、迁隆（今属上思）、安隆（今田林）等 20个土司的土兵。万历三年（1575 年），总督凌云翼率军镇压广东罗旁地区瑶族人民的反抗斗争，在 20 万士兵中，土兵占了 16 万，从征的有泗城、思明（今宁明）等 13 个土司的土兵。④

明廷恃重土兵，为更好地及时调动并发挥土兵的作用，还采取让土兵轮流驻防和屯田耕守的方法。明时，在桂林府、梧州府、平乐府轮流驻防的有东兰、那地、南丹、镇安、湖润、思明、田州、思恩、江州、上映、下雷、归顺、都康、向武、奉议、土上林、迁隆、龙英、忠州等土司驻防，或三年，或四年，或五年轮换一次。⑤ 这些驻兵，不能住城内，只能扎营于郊外简陋的草棚中，一旦调用，即焚庐舍，以示不再返回。明朝统治者更注重耕田屯守之法，即朝廷每平定一个地方的人民反抗后，就在该地划出一部分田地给土兵，让其且耕且守，以加强对该地区的控制和镇压。在镇压大藤峡起义过程中，明朝统治者就实行并推广了这种制度。正统二年（1437 年）总兵山去指出："浔州与大藤峡诸山相错，瑶寇出

---

① 《明孝宗弘治实录》卷四四。
② 《续文献通考》卷一二八《兵考八》。
③ 《续文献通考》卷二四五《四裔考九》。
④ 参阅《万历武功录》广西部，广东部。
⑤ 参阅《续文献通考》卷一二八、《万历武功录》。

没……左右两江所属，人多田少，其俍兵素勇，为贼所畏。若量拨田州士兵于附近山屯种，分界耕守，断贼出入，不过数年，贼必坐困。"① 因此，明王朝在峡内设立武靖土州，调上隆土州（今百色市境）知州岑铎管州事。在附近要隘之地设巡检司，又于藤县北部古甑地方开设五屯千户所，俱用土人为副，协同流官管事。隆庆年间，朝廷在镇压府江两岸人民起义后，"调柳州、庆远、田州三府壮勇土兵三四千人分耕沿江荒田"②。明代耕兵几乎是遍及广西的，到清朝乾隆年间广西各地的耕兵尚有 13841 名。仅梧州府的岑溪县就有俍总、俍目、俍兵 320 兵，划结峒田 35 顷 70 亩。③

贺县一带的壮族就是明王朝为了防范和镇压当地少数民族人民的反抗，而调入耕守的壮族土兵——俍兵的后裔。因此，开始我们所列举的贺县壮族族谱等材料大都说是从征来贺县平乱的。最明显的就是沙田桥头村黄氏族谱、鹅塘乡象脚村覃氏族谱及里松乡颍川堂陈氏族谱的记载。这些记载与历史事实是吻合的，其他族谱虽只说是明代来，没有说明是为何而来，但我们从当时的历史背景和今天贺县壮族的分布特点，就不难看出其确实是明代耕田屯守土兵的后裔。

在贺县壮族聚居之地，明朝统治者为了更好地进行统治，还设立了不少土巡检司"以夷治夷"。据《明史·地理志》《全边略记》《蛮司合志》等史籍记载，明代曾在桂东一带设立了大量的土巡检，在今贺县就有沙田寨、信都乡、大宁寨、白花洞等。沙田寨，即今沙田镇狮中村沙田寨，全是壮族居住，大宁寨，即今大宁街，是入南乡的必经之路。现在贺县沙田、鹅塘、里松、贺街、莲塘等乡镇的壮族（包括已汉化的壮族），其村落位置均在瑶族聚居的山冲口或通往山外的道路口一带。如鹅塘乡的壮族村庄芦岗村、盘谷村、峒坪村、象脚村就是位于明梅村公所和大明村公所两个土瑶聚居的村公所的山口外。又如沙田镇壮族聚居的大盘、三圳、逸石、桥头、桂山、松木，以及狮中的沙田寨、宝马的仙姑寨，其壮族村庄也是分布于通往山外的道路或山冲口一带。由此我们不难看出明时土兵屯田守隘之痕迹。

从南乡至今仍流传着其祖先"六十兄弟开乡落籍"的历史故事来看，

① 《明史·山云传》。
② 《明史·前事略》。
③ 参阅谢启昆《广西通志》卷 173、122。

这已经是明代嘉靖四十二年（1563 年）的事了。在此之前南乡应该已有壮族土兵耕田屯守。这些历史事实，我们从南乡壮族至今还保存着嘉靖四十二年立写的各姓《分关执照》中可以看得比较清楚。如吴氏的《开乡落籍序》中说：

> "自始祖讳德传公于明成化……来自广西平乐府贺县上六里，在芦岗、墙（象）脚居住。闻于成化二年有河池州贼黄公恶、梁公月等打劫南乡峒，欧家人等死绝。成化八年有排年吴文斌，龙开琦拆（招）中里良僮田业。"

覃、李、廖三姓的《和彩落籍分关》也记载：

> "落籍分关人李父案、廖父意……原籍在连阳……于成化年间被河池州贼目黄公恶、梁公月等杀占南乡峒，欧法护等绝户，田地无人耕种受管，并入文林里承种。此有老排毛家因粮多丁寡，于成化八年幸得排年吴文斌招来。"

成化二年（1466 年）前后，正是大藤峡少数民族农民起义军向桂东北方向发展时期，贺县一带瑶民纷纷起来响应。"河池州贼目黄公恶、梁公月"[1]，很可能是朝廷派来平息少数民族起义的壮族土兵头目。少数民族起义平息后，或被屠杀，或被赶跑，因而出现"欧法护等绝户，田地无人耕种受管"[2] 的情形。于是，地方官排年吴文斌、龙开琦等才招原已在芦岗、象墙、阳山等地耕守的"良壮"入南乡屯种。所以，成化八年（1472 年）很可能就是壮族入南乡最早的时间了。

说贺县壮族是明代俍兵的后裔，还可以从贺县毗邻的连山、怀集等地壮族的来源说法得到佐证。关于广东连山、怀集壮族来源有以下记载：

1. 《梧州府志》记载："怀集县瑶壮（踞）铜钟、古城、金鸡、松柏（贼之门户）、三江、石田（为诸山适中、各巢穴出没必经之所……）、七星、马鹿（以上各峒征剿后，田尽入官，拔兵耕守）。"

---

① 见南乡各姓《分关执照》。
② 见南乡各姓《分关执照》。

2. 民国《阳山县志》说："壮居白芒、背坑等山，本广西俍兵，明天顺奉调征剿，遂于此生聚，然皆散处峒谷……"

3. 连山永丰民国元年壬子三月初三陆裕青撰写的《陆氏世系族谱支序》说："基连始祖考讳贵忠公以前不能悉记。明朝万历年间，始祖自南京带兵一路恢复至广西省平乐府富川县古里坪新坡驻扎，后连山瑶贼作乱，该村有土官韦直浪，知祖带精兵三千，请祖扶阵，征服瑶贼，在此安身落籍，二前后脉生六子……父站、父院兄弟两人同祖到广东省韶州府连山县，于宜善本村十甲，居子陆屋老寨……后至三世祖考祖讳木联公，迁居乌石寨（即今木联寨）。"

4. 永丰区圆珠村《覃氏族谱序》说："我祖程学公，传自广西融州、柳州而信都，落籍贺县……辅用公，学公之第七代孙也……用公自正德十六年辛巳由贺县来连，开辟宜善乡。"

5. 小三江三才乡《韦氏族谱》："溯吾韦姓……分由广西，自洪武年间，辅贤公之曾祖……来住小获……正德年间，遇世离乱，贤公即失怙，谢世避乱，出居怀集苏奉、水口孀守抚公，至于成立，由怀集而归，始居大获。"

6. 吉田太阳村《韦氏家乘考·前序》说："始祖韦讳道清，系广西肇炎府南滩、庆远县民籍。自洪武来连，承得程山古县落籍。配姅莫氏……不过数十年，生齿益繁，遂令分居，至正德二年，徙小及上、下营左右山场一带地方开垦，耕管业。"

7. 吉田区沙田乡大岭村莫家粲存的《莫氏起源大略》："通德公（唐代大中辛未科状元莫宣卿之第八代孙）来连始祖，道号缉义。原住肇庆府封川县（即今封开县）古芬村，文德乡第一图……情因军工甚苦，于明朝永乐二十二年，公带家小来连山县，始居上台，继居安身峒，后居上坪。姅陈氏生二子，长顺宗，次顺毛，未来连山，在文德乡。（公）带三孙文远、四孙文亮来连山，文亮即定榕、富水、水井各里；文远即木冲、吉田，其他各村：独楼、下帅……"

以上记载说明，连山、怀集等地的壮族的先民是从广西的南滩（今南丹）、庆远（指今河池地区一带）、融州（今融安、融水）、柳州、信都、贺县等地辗转迁徙而来的，其时在明初洪武年间至万历年间，其迁徙的原因主要是作为朝廷兵将，奉调征战，而后成为耕兵，就地屯垦。这与贺县的壮族来源说法是大抵相同的。

由此可见，桂东一带，包括贺县在内，其壮族的迁入与明王朝镇压少数民族人民的起义有密切的直接关系。从明代所记之大量史料及后人的追述中，我们可以得出这样一个结论：明代的俍兵即为南乡壮族之源。因此，南乡壮族过去自称"客壮"（he：Gueq⁶）。

写到这里，为了使人们对俍兵（即壮族土兵）：有一个正确的历史唯物主义的认识。我们认为还有必要作如下两点说明：

第一，要正确认识俍兵的形成是一个历史现象

熟悉壮族历史的人都知道，壮族封建领主制的发生、发展和崩溃与壮族地区的土司制度的形成、发展和"改土归流"①是相一致的。壮族的封建领主制形成于宋代，发达于明、清。而作为封建领主的土官集政治、经济、军事、法律之特权于一身，为了维护其统治地位，各土司均组织有土兵，从数百人到数万人不等。因此，明代土兵，"以其出土司，故曰土兵；以其有头目管之，故曰目兵；又以其多俍人，亦曰俍兵"②。俍，实为壮也。明朝时征调的士兵多系右江流域一带的田州、东兰、那地、南丹、归顺等州的，故这一带的"俍兵"名擅一时。

俍兵作为壮族封建领主——土官的统治工具，他们既不输粮纳税，也不负担杂役。他们"皆骁勇善战，而内甲尤劲"，故史称"粤右俍兵鸷悍，天下称最"③。当时，俍兵除了为壮族土官的武装力量外，其还要受中央王朝的调遣。宋代即开招募和征调壮族土兵之先例，及至明代，由于朝廷"上无可任之将，下无可用之兵"，而阶级矛盾和民族矛盾又越来越尖锐，故"凡有征发，多藉土兵"④，征调俍兵更趋频繁。到了后来，由于各民族起义不断，明王朝怕贻误战机，除临时征调土兵外，为了收到事半功倍的效果，又进一步让土兵轮流驻守和屯田耕守，以便可随时随地征发调用。

对于俍兵作为封建统治阶级的统治工具的职能和作用，我们必须给予历史唯物主义的认识，即要明确其是封建王朝推行"以蛮攻蛮"反动政策的马前卒，这是历史上形成的一种特殊的历史现象，是当时壮族社会政治经济发展到封建领主制阶段的历史产物，是不以人们的主观意志为转移

---

① 明清两代为加强对边疆少数民族地区的统治，废除民族地区的土司制度，采取任命流官统治的一项政治措施，史称"改土归流"。

② 《天下郡国利病书·广西一》。

③ 《粤西丛载》卷一〇五。

④ 《镇安府志》，第118页。

的。历史是真实的，是不容随意篡改的，我们今天探讨南乡壮族之源，对于俍兵东迁的这一历史现象就不能回避，作为一个历史唯物主义者，不仅自己要正确认识这一历史现象，也有责任通过这个历史现象向普通群众宣传历史唯物主义。

第二，绝对不能在历史上的俍兵与当代南乡壮族之间画等号

我们在探讨南乡壮族之源时，一些同志产生了一种忧心，认为俍兵东迁参与了对桂东北少数民族起义的镇压是不光彩的，因此作为俍兵的后裔似乎也不光彩。这种忧心是大可不必的。前已论及，俍兵的形成是一个历史现象，是壮族封建领主制的一种历史产物。俍兵虽然是封建统治者手中的一种工具，但其本身也是受到封建统治者的压迫和剥削的，他们世世代代耕种兵田，祖祖辈辈为军户，被强制地束缚在土地上，对土官有严格的人身依附关系。如果说俍兵参与了镇压桂东北少数民族的起义不光彩，那么，也是在明朝嘉靖年间，当日本倭寇侵扰我国东南沿海地区之时，明王朝命田州、东兰、那地、南丹、归顺、思恩等地的俍兵6800余人，在瓦氏夫人的率领下，途经广东、江西、浙江、江苏等省，跋涉数千里，历时几个月，出征东南沿海抗击倭寇，为反抗外来侵略作出了重大的贡献，你又有何感想呢？所以，历史唯物主义的正确认识应该是，既要看到俍兵是封建统治阶级的一种统治工具，又要看到俍兵在一定历史条件下为祖国所做的贡献和历史作用。只有对俍兵这一特殊的历史现象有了正确的历史唯物主义的分析，那么，作为俍兵的后裔既不需要对在当时的历史背景下作为封建统治阶级的一种工具参与镇压少数民族的起义而感到不光彩，更不需要对此承担一丝一毫的责任。

有了这种历史唯物主义的正确认识，不仅不会在历史上的俍兵与当代南乡壮族之间画等号，更不会为此而回避历史的真实。历史总归是历史，我们只有述历史本来面貌的责任，而没有随意修改历史的权利。

与此同时，我们也应该相信，解放以后40多年来，在民族平等和民族团结政策的规范下，我国各民族之间平等、团结、互助的社会主义民族关系越来越巩固，凡有社会主义觉悟和良心的人都绝不会把几百年前或几千年前的历史旧账算在当代人身上，我们应该相信人们是有这个觉悟的。

三 从屯田到分关定居

由于明朝封建统治者为了维护其自身的统治，对在广西发生的一些少数民族起义组织俍兵去镇压，从而出现了桂西的俍兵到包括贺县在内的桂东部分地区屯田戍守的历史现象。

俍兵在屯田戍守的过程中，因不堪忍受封建统治者的压迫和剥削，也不断起兵反抗。据南乡壮族的《分关执照》记载，弘治年末，梁苟隆点燃了连山和南乡壮族起义的烈火。正德二年（1507 年）正月二十九日，韩同知率"大势军兵"征剿三个月后才撤离，官军退去排年就"招抚各壮下山，仍回本峒一百二十头目"。乡（向）化吴父昙又招来不少壮人居住南乡，共同开发南乡。但是，被屠杀的起义者尸骨未寒，正德六年（1511 年）朝廷又"调军门金参将、都督总兵陈爷，调军三万余名，复征南乡峒东西二水，上下二营、三江石田、高乡马鹿、上下白茫、上下二帅、程家八峒、牛栏双钵、峒（铜）钟古城、乡桥石月等司（洞）各处地方。黄峒立营，在西水立大营。三月初二兵进，七月十五日兵退"。可见，这次征剿规模是很大的。从所列地名看，包括了今贺县、连山、怀集等县。这次征剿使南乡壮族遭到了巨大的灾难，正德二年时"仍回本峒一百二十头目"，经过这次征剿，其惨状是"天留六十头目不山各耕农业"。这次征剿起义后，"排年招抚各壮乡（向）化成丁安居落业、各育田份山场"[1]。在贺县步头乡古源村也发现了民间收藏的明代关于这次征剿后，朝廷"招抚逃民充籍归农复业耕种各峒"的手抄本，[2] 印证了南乡《分关执照》所载的准确性。此外，有的资料还记载，嘉靖七年（1528 年），王守仁调屯守在藤县五屯千户所的俍兵五百名，由覃铎率领，去"征怀、贺南乡、把塘、飞水寨峒，斩级十五，俘获贼党十口解赏"[3]。

封建统治阶级实行"以蛮攻蛮"的反动政策，将桂西的俍兵调到贺县南乡等地耕田戍守，而落籍定居。但由于他们不堪忍受封建统治者的残酷压迫和野蛮统治，又不断起兵反抗，朝廷对之累累用兵，以致战事不断，

---

① 以上所引均见南乡各姓《分关执照》。
② 1989 年 7 月唐扶择、罗树杰、李道逸调查发现。
③ 同治七年修的藤县五屯《覃氏族谱》卷之四《武功记》。

难以安居乐业。同时，在嘉靖三十六年（1557 年）十一月五排年龙天象、吴璋、梁风、黎邦俊、尹廷朝 5 人又捏造事实向上控告覃程学等六十下山兄弟不愿纳粮，六十下山兄弟代表覃程学、吴父昙等二人到京奏明，当官理论。后排年龙天象等五人愿退南乡一峒山田权利，六十下山头目则凑集纹银 368 两正交给五排年龙天象等收讫。以后南乡壮族六十姓头人向化，归顺朝廷，由贺县地方官府具文确定南乡山场土地归南乡壮族，并划定各姓所占范围，他族及别姓不得争夺，且于嘉靖四十二年（1563 年）订立分关契约，各姓各执一份。而后，虽然隆庆年间，贺县壮族苏晓应、金敬、李用生等亦率众响应怀集壮族起义，南乡壮族亦卷入其中，但南乡壮族自明嘉靖以后，定居即基本稳定下来了。贺县人民政府 1985 年编印的《贺县地名志》中，关于南乡村庄建设的具体年代中，有许多古老的村庄都说是建于嘉靖年间，就证明了这一历史事实。说是明朝建村的有：

南乡圩	1532 年	代陈	1531 年
代坊	1532 年	代廖	1532 年
黄龙	1532 年	胡村	1532 年
其续	1532 年	良家	1532 年
代李	1532 年	代容	1532 年
下代莫	1532 年	代何	1532 年
大寨	1532 年	石板	1532 年
代倪	1532 年	代韦	1532 年
代吕	1532 年	代陆	1532 年
冲帮	1532 年	龙水	1532 年
坡头	1533 年	代熊	1582 年
上黎	1582 年	代梁	1632 年
香花	1640 年		

共 25 个自然村，占今南乡自然村总数的 22.3%。其中，嘉靖十一年（1532 年）建村的就有 19 个，而且大多数是以"代"作村寨之名，充分反映了以姓氏分关落籍的历史痕迹。

附录　廖父花分关书

立写落籍分关人廖父花，原籍在□州，于成化年间①，被黄公恶、梁公月等②杀死欧法护等③绝户，田地无人耕种收管，并入文林乡里承种，此有老排年毛崩因粮多丁寡，将田告诉，于成化八年，幸得排年吴文斌招来南乡峒西水龙欝落业成丁，田汾分田捌百二十四耕种、生男廖宗保数载太平。就于成化八年立一十九户粮税四十二石、七十八处土名，原籍毛家排年当差，每年钱粮茶税完纳，袚于弘治□□④为粮种作叛劫掠城市、钱粮茶税不纳，负累，排年申奏上司，被广东上营亲民梁公行前来广季田地生下节三男梁苟隆出州擒解军门，调大势军兵于正德□年正月二十九韩同知剿二营等同猺剿三个月兵退排招抚各獞下山，仍回本洞，一百二十头目乡化吴父昃复回南乡峒落业，见得龙树山田地远难便收管，招得亲民廖父花，正德六年招来龙屈居住，耕田八分二十四粮税应纳朝廷，以正德四年被排年梁胜龙、珠习风谋业，请招古田猺贼陈零洪公领带兵一千余徒，杀占南乡峒，东西二水众乡头目，到大庙与猺二家对杀，战死猺目，振洪公领猺兵未退，头目潘公典前去贺县朝廷招得头目覃公狼辙计讲兵攻破贺县水东街捉拿排年毛元赋回峒，当退古田猺贼，自愿心洞还乡，通乡头目谪议脱于举人毛元赋回县，古此仇捏，又去上司奏本，于正德六年，调军门金叅将都督总兵陈爷，调军兵三万余名，复征本峒东西二水，上下二营，三江、石田、高乡，马鹿、上下白茫，上下二帅，程家、大峒、牛拦、蓝洞、铜钟、古城、乡桥、石方等司各处地方，黄洞立营，在西水立大营，三月初二兵进，七月十五日兵退，天留六十头目下山，各耕农业，停刀落刃，排年招抚，各种向化成丁，安居落业，各有田分山场，所管税粮应纳，不许违逆、欺隐税亩。于正德十五年，乡化吴父昃，招得亲民廖父花同居龙屈居住，各补田分，每分补银四十两正，补于

---

① 成化二年。

② 杀死欧法护，欧材敬、何李清、李凤荣等三十九户。

③ 河池州贼头目梁公月、黄公恶。

④ □□被虫蚀未见字。

头人廖父花领讫，同居龙屈村寨，各有田分山场，后于正德十六年，毛家不愿管南乡峒，退回十排所管，当差本县仰十户欧爷同排到踏勘，见得南乡峒东西二水三十九户，粮税四十二石六斗二合，田地通共一百六十分，每分起银一两六钱正，补十排领讫，给南乡一峒一百六十分田，交与吴父昃吴王养三十九户，自耕自纳，纳粮不当差，报效朝廷，今到嘉靖年间，切见排年横行吓害百姓，科派粮税、户役难当，以嘉靖三十六年十一月内被排年龙天象、吴璋、梁凤、黎邦俊、尹廷朝等前去上司告奏覃程学欺隐不纳粮税，程学与吴父昃到京城告奏，激骗粮獞，皇悬准学牌拘龙天象等，今当普按二司经审当官愿退南乡峒一百六十分粮米四十二石六斗，尽退畴岭獞户吴王养乙十三户等。就以本年嘉靖四十二年十一月十八日立户造册十三户，用银六十三两正，衙门支用。仰本县坭爷主簿石显丞同排年到洞，勘见南乡峒拆山多田揸难行立里总一洞，田地乙百陆拾分，粮米四拾弍石六斗二合四勺九抄四奎四录。起米二十九石零七升一合一勺三撮四圭九抄六模，存米二十二石七斗一升，实纳四两九钱九分八厘，总共十三户，同纳三十一两八分一厘正，每年应纳朝廷，不许违逆欺隐粮亩，东西二水①二十二甲，田地六十分，五排尽行绝卖，当县堂写立大卖，一应过印，仗田价纹银三百六十八两正，当堂交纳与排年龙天象吴璋黎邦俊尹廷朝梁凤五排亲手领讫明白：其南乡一峒田地山场粮税屋宅田窝水圳鱼梁水碓一应交与吴王养②乙十三户等，孙孙自纳，代代自耕，纳粮不当差，日后不许五排年子孙返役返喻，如有返喻者，将出绝卖文约赴官理明，立分关一支、付与獞户丁廖父花远孙收照。

计开水场土名

廖父花于正德六年被军兵征剿本峒二次，天留性命，排年招抚，安民落业龙屈，占田大小乙十四、屋宅一应给付山场塘窝水圳水步，用银一十六两六钱正，交与排年支用，由排年给付龙屈田地屋宅山场一应给付招抚下山头目廖父花所管，不许外姓亲民强占田地屋宅山场，

---

① 东西二水：即是整个南乡峒之意，以龙等山脉直下三圣寺山顶为界。在东边的有一条河流叫东水，在西边的有一条河流叫西水。

② 吴王养：又名吴伟堂即乡化吴父昃之长子。

如有不法者将出招抚分关赴洞理喻，立分关是实。东至石鼓大亮六牛佛仔凹大江上夹。南至高库顶大梨树杉图凹下二冲义口分界。西至葛护白鹤项茶伦屈大江下石栏分断。北至和包常冲洪坭大老分断。龙屈田地山场冲大小系是乡化吴父晨给与下山头目廖父花所管，子孙于人耕锄、花地耕开垦，不许外人开挖，如有强占乱挖者，将出招抚文契付峒理喻为凭执照。

<h3 style="text-align:center">六十下山头目人①</h3>

覃父满　韦父辣　覃父有　潘父典　覃父狼　覃父案　蒙父直
韦父强　韦父念　莫父爱　覃父请　覃父台　韦父隶　梁父昔
贤父柱　莫父架　莫父传　程父巽　容父房　覃父漏　罗父赵
嘉靖四十二年立分关乡化吴父晨代笔画止
嘉靖四十二年二月十八齐临大唐写立分关
吴望蔚手抄于一九八八年三月二十六日

---

① 附记：

此分关书存在今龙屈寨覃洪广同志家，原是沙纸写的吴父晨亲笔字迹，有几个字已被虫咬坏，有些句子是壮话，如"一千余徒""通乡头目"……还有些字如㺌、猛、喻等都照原文抄下。

第二章　经济生活的变迁

一　农业的变革

南乡壮族自从落籍后，即由官府划给山场土地。正如顾炎武《天下郡国利病书》卷150中说："正德中……调俍人征剿，乡民流徙，庐田荒芜，遂使俍耕其地，一借其输纳，一借其戍守。"南乡壮族的"分关执照"中也说，正德十六年（1521）贺县乡十户欧爷同排列南乡踏勘时，"见得南乡本峒东西二水三十久（九）户粮税四十二石零六斗二合，田地通共一百六十份，每份起银一两六钱正……南乡一峒一百六十份田交与壮户吴父昙等三十九户，自耕自纳，山场各住地方，各管纳粮不当差，报效朝廷"。由此可见，南乡壮族已由土兵变成了封建一般农民。

但是刚开始之时土地所有权并没有稳定下来，还经常发生土地纠纷。潘父典代笔为覃父图、父代立写的"分关执照"中说："今有排年吴璋串通厢民龙天象，贿同本县该友捏作良壮抛硗（荒）失种，不堪田地，止报粮米四拾式石六斗，各项份躬家浸稳（隐）等项虚情，赴京瞒奏行提督府。得谈都爷转行本府彳仟，具告到本县二家刘同疒（知？）处牌行理审天象，提得覃程学，吴父堂赴审，各执不一。改行本县石显承就近构勘，复蒙本官拘获覃程学、吴父堂、龙天象到官带额（领）父诣原南乡田地。"经过实地勘察，调解，"拘龙天象、覃程学、五姓排年就日堂官愿退南乡峒田地、山场、屋宅、地坡、山税于僮户吴父堂、韦廷和、吴朝豪等，县主当堂过印，写立大卖文契。南乡峒东西二水、三十九户七十八处土名项绝卖优价银陆佰柒拾捌两正外，山场、大烟、屋宅、塘窝、水圳、地坡、山税其价银壹佰四十两正，当官交与排年龙天象、吴、梁、俸、黎、尹五姓排年领讫。当堂立壹拾叁户，每户价银陆拾捌两正。其银各约证东西二水，田地、山场、屋宅尽行绝卖，一应交尽吴父堂。壹拾叁户每户帮（封）回陆拾肆两，吴父堂照交各户，自耕自纳，代代自耕，不于（与）龙天象、梁、黎、尹等排年子孙争论"。通过出银"赎买"的方式，确立了壮族对南乡山林田地的占有。并于嘉靖四十二年（1563年）通过县府立写契约，确立每姓所占的具体地方。如廖父花分得的山场田地范围是：

"东至石鼓、大亮、六牛、佛子凹、大江上夹，南至高库顶、大犁树，杉徒凹下二冲叉口分界，西至葛护白鹤顶，茶伦礜江石栏分断，北至包和常冲洪泥大老分断。

龙礜田地山场冲大小像是乡化吴父晨给与下山头目廖父花地，耕种开垦，不许外人开挖，如有强占开挖者将出招抚文契付峒理论。"

又如容父钱分得的山场田地范围是：

"一落浩山场一所三冲，一落塘一所三冲，一公排土名一所三冲，一山场黄道土名至大建冲，□上面至洛水冲分断，南至岭脚。"

覃父图父代所分得的山场田地如下：

"其山场分断东至冲口，南至乌石界分断，西至白马竹一近硖硖分断，北至大公屋背山塘凹分断，又一处塘逢壹口山场一片，其田塘屋地宅坡山税田窝水圳肆处分明……

付与覃父图，父代永远子孙收照，披头村田七份，分与石村田四份，胡村田一份，上和平田一份，东水黄村田一份，中黎田一份，系是父堂收管出给茶伦礜磨刀冲山场屋宅粮税地坡山税一应交与吴父堂，出给西水山场一处，土名白马山场，粮税。白鸠山场土名冲尾，税粮。杉木山场土名冲尾，税粮。洛孟山场一处土名，税粮。知彩山场一处土名冲尾，税粮。怀宽山场一处土名，税粮，大汤山场一处土名，税粮。山场、地坡、山税、地亩、花税尽给吴父堂收管，每年应给税粮不许违逆欺隐。"①

　　以上分关书勾勒出了南乡壮族六十兄弟开乡落籍的大概轮廓，生动地反映出当年俍兵成边屯田的具体情景，六十兄弟开乡落籍成为南乡壮族深层的心理文化的物质基础，形成独有的"俍兵屯田文化"，使南乡壮族400多年来一直具有强烈的民族意识与民族凝聚力。从解放前的生产关系中也可看出六十兄弟开乡落籍的巨大影响。

　　由于分关落籍时，各户均有田地山场，加上南乡人口密度较小，所以至解放前南乡无地耕种者较少，1964年，南乡雇农户数仅占全乡户数的0.51%，而雇农人口只占全乡总人口的0.29%。虽然全乡阶级分化也已经较为明显，但土地集中程度还比较低。据当时划分阶级成分的材料，南乡的各种阶级成分的户数、比例如表一。

表一　　　　　　　　　　南乡阶级成分分化表

成　　分	户　　数	占总户数的百分比	人　　数	占总人数的百分比
雇　　农	12	0.51	28	0.29
贫　　农	1291	54.43	5278	54.67
中　　农	849	35.79	3523	36.49
富　　农	163	6.87	6410	5.63
地　　主	56	2.36	183	1.90
资本家	1	0.04	1	0.01

　　据1934年《贺县志》卷四《经济部》说，贺县自耕农、半自耕农、佃农、雇农分别占全县总人口的20%、30%、40%和10%。与此相比，南乡土地集中程度是较低的，地主、富农所占田地数量因无具体资料，难知详情。但据老人讲，过去南乡没有什么大地主，只有搞木材生意的罗明谱和韦有声资产较多，有几万元，但田并不多。一般地主的田有20—30亩，每年收成约百担谷子，完全脱离生产和长年请长工的地主几乎没有。地主的剥削主要是放高利贷，高利贷年息一般为200%。南乡地区地主出租的田，地租也是全县最低的。根据《广西民政月刊》1932年第5期刊登的

---

　　①　以上均见各姓分关书。

《贺县人民生活调查表》我们可以列出表二。

表二　　　　　　　　　　1932 年贺县租额表

地　区	租　　额
一　区	佃丁得七主得三
二　区	佃农田主多是各半，惟黄田团主得七佃得三
三区（南乡所属）	田主与佃农各半
四　区	佃农交纳老田主需三成，新田主各半

不仅地租较低，而且南乡的雇工工资也是全县最低的。根据《贺县人民生活调查表》我们也可以列出表三。

表三　　　　　　　　　　1932 年贺县雇工工资表

地　区	工　资
一　区	50 元/年，0.2 元/日，农忙 0.4 元/日
二　区	0.3 元/日
三区（南乡所属）	0.1 元/日，以工作人多，饭价廉之故
四　区	50 元/年，0.25 元/日
五　区	0.35 元/日
六　区	50 元/年，0.2 元/日
七　区	0.5 元/日，仍吃主人之饭

由此可见，南乡地区阶级分化及剥削程度均低于本县其他地区。

解放前南乡的阶级分化和剥削程度为什么会出现这种情况呢？这与南乡壮族是由俍兵迁入，壮族本来保留的农村公社制残余以种种变异形式，长期存在于社会的机制中，诸如寨老制、以及婚姻会、长生会、水利会、建房会、斗智会等有密切关系。从南乡壮族落籍屯田到解放前，其虽然已完成了封建化的过程，但他们的封建化充其量不过 400 多年，即使从壮族形成的宋代算起，也不过 800 年左右。由于农村公社所有制影响的长期遗存，致使南乡壮族阶级分化较小，剥削程度较轻，历史地看，这应该是好理解的。

南乡以丘陵山区为主，大部分在海拔 150 米到 400 米之间，也有少部分在海拔 800 米以上的。土壤母质主要是花岗岩风化物，近河有少量冲积物，在母质中有石英，长石和云母等矿物，一般土体较厚，含钾量比较丰富，酸性、土壤质地，又沙又黏。主要土种有杂沙田、潮沙田和卵石底田等。东西二水落差较大，稍筑矮坝即可形成良好的自流灌溉。大于 10℃ 的活动积温在 5000—16000℃，大于或等于 10℃ 生长期为 220—260 天。双季稻安全生长期为 180—200 天，年平均气温 18.0—19.5℃，降雨年均 1600—1700 毫米，有着比较良好的稻作条件。①

因此，南乡壮族人民历来是以稻作为主业，稻谷是南乡农产品的大宗。据《贺县物产调查表》② 说，1931 年左右南乡谷米有 1/5 运往怀集等地出售。

但从总体看，南乡处于桂东北山区，气温较低、山高水冷，日照较少，农作物生长季短，特别是大汤、沙洞一带，一年大于或等于 10℃ 的初终天数仅有 218 天，因而有相当面积只能种单季稻。1981 年全县有单季稻 7500 亩，南乡就占 3300 亩，占 44%。因此，至少在清光绪十年（1884 年）桂东北地区已开始种植双季稻的情况下③，南乡还始终种植单季稻，而且产量也极低。据 1934 年《贺县志》卷四《经济部》记载："县属水田腴者每糙产谷百斤。"由此，可以推测一般水田、高寒山冲田的产量是相当低的了。

明清时期南乡壮族人民是如何播种、管理、收获水稻的，因年代久远，又无文献资料，故其详情难以得知。现在我们仅能从民国时期文献资料中有关贺县农业的片言只语的记载，以及老一辈的描述中，去了解民国时期南乡壮族的农业生产情况。

在与大自然的长期斗争中，南乡壮族人民对当地气候特点有了较清晰的认识：

"雨水"无水，春水金贵。

"惊蛰"不动风，冷到五月中。

---

① 参阅廖荫深《贺县土壤》，广西贺县农业局 1985 年 1 月内部铅印本。

② 见《广西民政月刊》1932 年第 5 期。

③ 光绪十年《平乐县志》载：平乐"（早稻）立夏时插秧，至若晚莲……立秋后播种，立冬时收获"。

三月三，过河难。

四月八，遍水洼。

五月五，淫雨苦。

雷打秋，减半收。

两春夹一冬，十个牛栏九个空。

"分龙""夏至"，落雨有路去。

"立冬"无雨，雪飞千里。

八月大，芥菜癞。

月撑伞，天大旱。

日撑伞，雨洗汗。

由于对气候特点有较科学的认识，他们能根据节气的变化，合理地安排生产，其《二十四节歌》是：

二十四节农事经，农家最要记分明。

立春定计开耕早，雨水种竹最宜头。

惊蛰到来好种树，春分赶快种花生。

清明节气种芋豆，谷雨播种准时行。

立夏时令犁耙紧，小满棉籽入地青。

芒种大忙插田事，夏至耘田催长情。

小暑快把红薯种，大暑百种要完成。

立秋做好田禾晒，处暑百样护理清，

白露应是挖地豆，① 秋分又挖芋头婴。

寒露茶桐果又熟，霜降夺秒忙收成。

立冬红薯正当挖，小雪冬耕灭稻螟。

大雪要防耕畜冷，冬至又忙砍柴薪。

一年大计于春定，不误农时百业兴。

解放前南乡种植单季稻，品种主要有粘、粳、糯三大品种。粳、糯又分打（脱粒）、剪（剪茎）两种。其中最著名的是香禾，是南乡特产，

---

① 南乡壮族称花生为地豆。

《贺县志》说："香禾米饭煮熟时气味清香，但少结实，故不多种，惟南乡有之，藉为送客佳品。"① 南乡的壮族人民祖祖辈辈以耕种水稻为生，但却未知栽培的科学道理，完全是凭经验进行耕作，年复一年，代复一代。所以，直至解放前，南乡的耕作管理仍是十分粗放的。下种前种子不经过处理，一般仅以清水浸种催芽，有的甚至盲子下田。播种是播水秧田，耕后立即播，撒浊，不分沟畦，仅以脚印隔开品种或作行人道。播后等晴天即排水晒秧。插秧时，一般不施基肥，系用的是大株疏植，规格是 1 尺见方，或 1×1.2 尺^2，每兜插 20—30 苗，每亩基本苗 10 万—18 万。在施肥方面，一般是"用石灰、草灰、猪牛粪、草皮于插田、耘田时培壅"②。但施肥方法多系用"一路青"，肥多多施，肥少少施，甚至不施。在用水方面则长期漫灌。

由于没有科学的耕作管理技术，收成的好坏受自然条件，特别是气候的变化影响很大。哪一年风调雨顺，虫灾少些，收获可能就会好些，反之，就可能严重减产，甚至颗粒无收。因此，在他们旧时的耕作方式上，表现了对土地神及天神等自然神祇的极虔诚的信奉。从开耕至收获都有一套仪式。

开耕时，要行开耕之俗，俗谓"开春"。其做法是：除夕之夜守岁至凌晨入子时后，就携铁铲到自家的近田中去翻三块土，并点三支香、两支蜡烛插到田中，还在田中插一根"利市纸"，此"利市纸"是用大红纸选白纸钱后绕在一根约一米高的竹枝上做成。最后放一串鞭炮，开耕仪式方告结束。其意思是说："一年之计在于春，一日之计在于晨。"祈求今年开春大吉、播种时，一跨进秧田就得屏住气，稳站着不准移脚跟，连续撒三抓谷种后方开始插种，俗谓如此可以使谷种"稳扎稳撒，快长新芽"。一块秧田播满谷种后，即扎上一个或三个用芭芒草扎成的"耳结"，称之为"警令结"，即警告人畜禽兽：此田已下种，不得践踏。接着在秧田进水口插上枫树枝叶，据说这样是为了防止秧田长青苔。最后，播种者才能起脚离开秧田，但忌立即抖脚洗污泥，否则秧苗会浮起不牢。

旧时种单季稻一般是"芒种"时插秧。准备插秧前，新媳妇要从娘家带来若干猪肉、咸鱼等菜肴，名曰"助春礼"。家中亦各备有足够的米、

---

① 民国《贺县志》卷四《经济部·农产农业》。
② 1934 年《贺县志》卷四《经济部》。

菜和生姜，以供插秧时食用。插秧期间，每餐还必用碎姜与豆（豆豉）、葱苗等煮食，以防寒祛湿。下田拔秧时，先扯一束秧，行礼。谚云："洗洗水，甩三甩，擦擦手背和大腿，踩下田中人不累。"插完秧后，需将所剩余的秧洗净带回家，晒干后留作年中孵鸡仔时做巢垫。同时，带上秧盆、秧篮、犁耙，牵着耕牛，到河中洗擦干净。擦洗时，先拿一把秧苗替牛洗擦：在牛身上从头到尾擦三下，牛脚下从前腿到后腿各擦一下。最后，各人也用秧在身上象征性地前三下、后三下地擦，手腿也各擦一下，表示驱除疲劳。当晚，因为"做完工"，要买猪肉、宰鸡，有的还做糯米糍粑等，请帮工者一起来会餐，畅饮一番，以为酬谢及祈求丰收。每年"春社"还要祭社坛，并在五六月间择吉日抬潘公侯王神像巡游南乡二十四庙，以求神灵保佑庄稼获得好收成。

1938年，当时在大宁供职的覃恩世，最先引进了两季稻在他的家乡旺村种植，结束了南乡不种两季稻的历史。此后，南乡种植双季稻的逐渐增多。但是，由于品种不太适宜南乡气候，加上管理水平不高，所以产量不甚高。因此，两季稻在解放前并没有得到大面积种植，直到建国后的合作化时期，南乡才大面积推广种植双季稻。由单季稻到双季稻，这是南乡壮族人民在水稻生产上的一次大变迁。

解放后，人民当家做主，贫苦农民获得了梦寐以求的土地，生产积极性极大地提高。党和政府采取一系列措施，大力发展农业生产，大搞科学种田，南乡壮族人民如饥似渴地学习这些科学技术，使水稻种植由靠老天的粗放原始方式向科学种田过渡。

如今南乡壮族人民不仅十分注重水稻品种的选择，千方百计四处购买优良品种，而且非常重视科学种植，科学管理。

在播种前，要对种子进行复晒，然后采用风选、筛选、黄泥水等方式选种，进行种子消毒，才浸种催芽。催芽方法曾推广高温破胸，保温催芽，肥堆保催芽，温宝薄膜覆盖催芽，火土泥灰催芽，薄膜温室蒸汽催芽，5406菌种催芽等方法，但都要求掌握"干长根、湿长芽、温度先高后低，水分由少到多"的原则。播种时推广合式秧田，每畦约1.5米，以便治虫、施肥、灌水、拔草等。20世纪50年代时仍是深水育秧，这样早造易于烂秧。60年代学习广东潮汕老农经验，半水育秧（即湿润秧田）经验迅速得到了推广。在秧田改革过程中，还推广过大田尼龙薄膜育秧，旱地育秧，晒地墩子秧，板田墩子秧，稻底育秧，薄膜温室育秧，生物能地坑育秧，地膜育秧等，总的就是要强调培育壮秧，有"秧好半年禾"的说法。现在群众普遍采用的是半水疏播培育壮秧。

在插田方面，推广施基肥耙插，改大株疏植为小株密植，现在根据品种、土质等情况，一般采用的规格是 5×4 寸、6×4 寸，每蔸插 6—8 苗、每亩有 18 万—30 万株基本苗。在田间管理上，县、乡（公社）都十分注意组织科技人员下乡村指导农民进行科学管理，特别是 1974 年南乡成立农技站后，对南乡壮族人民科学种田更是起到了良好的指导作用。

20 世纪 70 年代杂交水稻的发明和推广，是中国对世界农业的巨大贡献，这项技术也很快地传到了南乡壮族人民中间。南乡自 70 年代末即开始种植杂交水稻，特别是 80 年代中期以后，杂优水稻面积得到了迅速推广。到 1988 年，南乡杂优水稻早晚造种植面积已分别占种植总面积的 86% 和 93%。杂优水稻的大面积种植是南乡稻作农业的又一次大变迁，极大地促进了农业生产的发展。

由于科学种田，南乡水稻生产有了很多的发展，水稻亩产和总产都有了成倍的增长。表四是从 1960 年南乡从大宁乡中分出后，粮食生产的情况统计表。

表四　　　　　　　　　南乡 1960—1989 年粮食生产情况表

年　份	种植面积（亩）	总产（担）	亩产（斤）	人均产量（斤）
1960	21398	52647	246	593
1961	24078	52468	218	615
1962	22438	51379	229	590
1963	23312	65026	279	743
1964	23210	71433	308	801
1965	23287	69644	299	758
1966	26134	68038	260	714
1967	24664	70450	285	723
1968	24529	77902	318	777
1969	24855	75670	304	682

年　份	种植面积（亩）	总产（担）	亩产（斤）	人均产量（斤）
1970	24973	83432	334	724
1971	2658	90336	390	768
1972	26743	88692	332	736
1973	27400	72008	263	575
1974	28543	96199	337	748
1975	29451	99689	338	764
1976	28529	89707	314	673
1977	30191	107823	357	788
1978	30052	102037	340	729
1979	27482	107782	392	765
1980	27016	117212	434	814
1981	28365	113721	401	776
1982	28261	145751	555	954
1983	26305	162775	619	1059
1984	26338	152410	579	985
1935	24869	154032	619	988
1986	25552	157581	619	1001
1987	25007	164307	640	1040
1988	23260	154610	665	972
1989	23260	170707	734	1067

　　但是，在以公社、生产队为生产和分配单位，吃"大锅饭"的时代，干多干少一个样，人们的劳动积极性并没有得到充分的调动，因而粮食产量增长的幅度仍较小。落实生产责任制后，大大地调动了群众的生产积极性，因此，粮食产量增长的幅度更大，这一点表中的数字可以明显反映出来。1988 年粮食种植面积虽比 1961 年减少 872 亩，但总产比 1961 年增长1.95 倍，亩产增长 2.05 倍。1987 年粮食总产曾达到历史最高水平，1989年在历史未有之大旱年，又改写了纪录，达 170797 担。

　　由于实行科学种田，壮乡人民获得巨大收获，过去那种在生产中对自然崇拜的各种仪式也就基本上消失了。

解放前，南乡壮族大部分农民每年缺几个月的米，要以红薯、芋头，大薯等杂粮充饥。解放后，随着科学种田的推广，水稻产量大幅度提高，南乡有了充足的稻米，产量低、营养价值低的杂粮种植越来越少（见表五），而将土地用于发展其他生产，实现产业结构的调整，发展多种经营。

表五　　　1960—1980 年南乡杂粮产量变化表（单位：担）

年　份	旱　稻	小　麦	玉　米	红薯（折谷）
1960	2	167	52	938
1961	4			1142
1962	33	29	34	694
1963	67		44	2183
1964			22	762
1965	29		38	1168
1968	12	2		314
1967			10	1338
1968			10	1160
1969	15		111	2827
1970			162	1910
1971	5		66	1286
1972			25	1086
1973	2		25	693
1974		15	65	1211
1975			119	525
1976			27	758
1977			288	1050
1978	41		205	713
1979	2		79	218
1980			18	6

我们从南乡农业耕作制度的变迁，以及农业生产力的巨大发展中，可以看出南乡壮族解放后当家作主时所焕发出来的巨大能量。

二　林业的兴起

南乡境内以山地丘陵为主，其土壤类型为沙壤和壤土.加上气候温和，雨量充沛，十分有利于树木生长，因而森林资源非常丰富。直至解放初期，整个南乡犹可称深山老林之地，现在乡政府周围的山，过去都是古木参天，野兽出没之地。经过解放以来长期的采伐，1984年林业部门进行森林资源普查时，南乡有林面积仍达到233000余亩，覆盖率达68.73%，活木蓄量180万立方米。广西原始森林保护区之一——滑水冲源林保护区，约16万亩（水平投影105平方公里左右），其中有3/4的面积在南乡境内，仅保护区内就有植物178科，517属，1046种。物种起源古老，不少是中国特有种和孑遗种，如福建柏、青钱柳、南华木、观光木、大果五加、三尖杉等，其中树蕨为国家一级保护植物。因此，南乡是贺县的主要木材产区之一。

但是，由于远离经济中心，交通不便等原因，这一天赐的莽莽林海，一直在沉睡着。其身上蕴藏着各种巨大的能量，始终没有释放出来，为南乡壮族人民脱贫致富而发挥应有的作用。世世代代除给南乡人民提供一些盖房子、当柴烧，以及制作一些生产、生活用具外，再也没有更大的价值。因此，早在20世纪30年代，"大宁、南乡、里松之杉每年出口不下30万根"①，然而一直到60年代，南乡人民一直捧着这一金碗而没有饭吃。60年代中期南乡到大宁的公路开通后，南乡的森林资源才逐步得到开发利用，大量的原木从南乡山中运到全国各地，支援国家建设。仅1985—1989年南乡就为国家提供木材39487立方米。

在木材的开发利用上，种类也有着较大的变化，原来多只是用杉木，以及少量的杂木、竹木。而占南乡森林总面积70%以上，木材蓄量占60%的马尾松林除砍作木柴外，基本上没有得到合理利用。由于杉木林主要靠人工栽种，只占南乡木材蓄量的15%左右，经过多年的采伐，其蓄量已大量下降，且现有林已多为中幼林。因而蓄量大，且多为成熟的松木树，开始得到大量的采伐。1989年县林业局下达给南乡的木材砍伐指标中，松木指标已占65.17%。

---

① 1934年《贺县志》卷四《经济部》。

在砍伐木材的同时，又改变了过去不采松脂的做法，从60年代南乡人民即开始零星地采割松脂。到80年代松脂得到大量采割，南乡每年产松脂均在1000吨左右，1987年达1700吨，价值达100多万元。1989年1—10月，南乡脂农采松脂1040吨，收入104万元，全乡人均收入64元。采割松脂成为南乡群众的一项重要经济来源。

此外，南乡群众还砍伐厘竹供出口创汇，垦荒造林砍伐杂木烧木炭，以及将木材尾枝当木柴出售，充分开发利用森林资源。

随着森林资源的开发，带来了较大的经济效益，林业成为南乡的一大经济支柱，见表六。

从表六中我们可以看出，林业兴起后在南乡经济中占着十分重要的地位。1975年林业总产值在农业总产值中的比重超过1/2，达到54%。

在林业生产中，也由无统一管理的粗放经营走向统一领导的科学生产。

解放前，南乡的山林权以私有占绝大部分。据1945年《广西年鉴》第三回载：1938年调查贺县公有林面积占总面积的4.53%，私有占95.47%。据南乡老人回忆，解放前南乡山林约有50%为宗族所有，20%为个人占有，其余的为公共山林，由于林权私有，生产是分散、粗放的。木材的经营是私人经营，自由买卖，由木商收购，运输和销售。解放前南乡最大的木材商是本地的罗明谱，此外还有一些外地商人。他们收购杉木，雇人由南乡从水路扎排外运销售。

表六　　　　　　　　　南乡林业生产情况表

年　份	林业产值（元）	在农业总产值中的比重（%）
1971	237702	29.0
1972	168298	21.5
1973	241210	33.8
1974	329581	36.1
1975	524499	54.0
1976	369215	43.5
1977	300235	29.0
1978	319051	32.2

年　份	林业产值（元）	在农业总产值中的比重（%）
1979	321495	29.9
1980	159836	16.7
1984	896460	26.7
1985	1110000	35.7
1986	580000	16.7
1987	639000	17.7
1988	777000	19.8

　　50 年代中期互助合作运动后林权统归集体所有，1958 年公社化时，林权归公社所有，1962 年调整人民公社管理体制，将山林归生产队集体经营管理。并从 1953 年始，将木材列入国家计划物资，实行派购。由政府下达计划，林业部门设立专门机构组织立约收购、销售和调拨。1969 年就在南乡设立森工组，隶贺街森工站，负责南乡的林业生产，1974 年又改森工组为森工站，但由于长期以来政策的不够稳定以及执行法规不够一贯，林业生产中一直存在着无计划过量砍伐和砍大留小，砍壮留弱的不科学择伐，以及重砍轻造等弊病，以致林业生产形势日益恶化。1958 年大炼钢铁时，大量伐木烧炭，南乡森林遭到一次严重破坏。70 年代末以来，随着改革开放，生产的发展，木材需求量大增，价格也不断上涨，使南乡森林资源受到了更大规模的过量砍伐。如 1980 年，南乡木材消耗 25048 立方米，超过计划的 49.5%，当年元月 15 日贺县革命委员会贺革发〔1980〕08 号文件《关于保护森林制止乱砍滥伐的通知》说："南乡公社沙洞大队，公社下达给这个大队 1979 年砍伐松杂木上交任务是 650 立方米，而砍伐上交 2264 立方米，多砍了 1614 立方米。现该大队尚存枕木、坑木、纸材 3000 多立方米，按公社下达的 650 立方米计，沙洞大队 1979 年已完成 1986 年的砍伐任务。"个别不法分子还违法至南乡乱砍滥伐，以牟取暴利。如广东连山壮族瑶族自治县福堂区个别不法分子私自窜到南乡上新村买青山砍光山头 11 座，共砍松木 610 立方米，后分别被判刑 11 年和 12 年。

　　虽然南乡群众有造林的传统，但解放后政府曾多次搞大规模的造林活动。如 1966 年春南乡积极发动组织群众植树造林，据总团批转专署林业局工作组 4 月 5 日《关于贺县造林、育苗情况的检查报告》中说："南乡分团利用各种机会开展造林工作，龙水、南中两个公社为了建造杉木基地，共出动了 3700 多人次，种下杉苗 2000 多亩、目前成活率达 70%。……南乡区的南中公社苗圃 6.1 亩杉苗和龙水公社苗圃育的 2 亩杉苗，情况也良好。"1968 年林业部门还在南乡的石鼓山等处用飞机播种造林 2531 亩，成效 2006 亩。1974 年又在大汤飞播造林 41042 亩，在良怀飞播造林 22025 亩，成效面积分别为 9206 亩和 5119 亩。

由于重砍轻造和无计划乱砍滥伐、所营造的树木远远低于砍伐的数量，所以南乡森林急剧减少。这虽无具体数字对照说明，但我们从几种现象即不难看出。一是光秃的山头比以前多了；二是在育林面积中，过熟林、成熟林比重很小，1984 年普查时，过熟林、成熟林只占成林总面积的 26.1%，木材总蓄量的 37.8%，绝大部分是中幼林；三是过去林区中每根杉木达一方的非常多，现在这么大的松木都极少了，只有滑水冲源保护区中还有极少数，所以，林业部门的木材收购标准越来越低，50 年代收购原木胸径在 20 公分以上，60 年代降为 17 公分，70 年代再降至 14 公分，因而，从表六也可以看出林业产值比重逐年下降。

森林资源的减少，使南乡河流水量大减，水源枯竭。60 年代以前，南乡河常年四季可放木排，现在只有等到发洪水后才能流送。

针对这种情况，林业部门和乡党委、乡人民政府采取有效措施，积极引导农民管好资源，用好资源，做到有计划、有步骤地开发利用。按指标砍伐，严禁乱砍滥伐。同时，做好扶持发展林业生产工作，乡政府每年都拿出 4000 元左右，奖励造林面积较多的农户，加上林业部门的扶持，使得南乡造林取得较好成绩，1984—1988 年全乡共造林 32223 亩，基本上做到砍伐一片，种上一片，随砍随种，砍而不光，青山常在，到 1988 年止，南乡有 1/5 的农户造林人均在 10 亩以上，不少农户办起了家庭林场，带头开发荒山。如石鼓寨的骆耀复，率先承包荒山 200 多亩，至 1988 年，他家有杉木一万多株，林木总价值 20 万元以上。1989 年春，南乡又掀起了更大规模的造林高潮，全乡种下林木 8000 多亩，超额完成县里下达的 6000 亩造林任务，仅江坪村就有 11 户每户造林 50 亩以上，多的达 110 多亩。除农户各自造林外，还创办集体林场 12 个，其中乡办 2 个、村办 10 个，共有固定场员 29 人，经营面积 27200 亩，至 1987 年有林 20100 亩，蓄积木材 107893 立方米，南乡林业生产又出现了生机勃勃的景象，我们衷心希望这种势头能保持并发展下去。

三　乡村工矿业的崛起

南乡壮族一向以农为业，从事手工业者人数甚少，且不脱离农业生产。直到 20 世纪 30 年代，贺县境内还是"冶工石工多湖南人，本境甚少，陶工木工水工随地皆有"①。在南乡当然也是这样。陶工不过是烧制些砖瓦，木工、水工也只是为建筑村民住房而作业而已。南乡的最主要手工业就是纺纱织布，直到 50 年代初几乎每户都尚纺纱织布，以此满足自给自足的消费方式的需要。此外，其他如编织、刺绣、金银首饰加工亦只是极少数人为之，且产量极低。总之，解放前南乡手工业只是为满足自身生产、生活最基本需要而进行的，规模小，没有专业人员，没有现代化的加工业。

解放初期，虽也创办一些乡村企业，但由于生产水平低，缺乏科学管理，获利甚微，甚至亏本。另一方面因为南乡人民还没有从根本上摆脱饥饿的困扰，所以到 70 年代，还有不少农户纺纱织布，因而乡村工业没有什么根本的发展，直到 1980 年，全乡的乡村工业年仅收入 18.05 万元，人均 10 多元钱，对南乡人民脱贫致富无异于杯水车薪。

随着农业生产的发展，政策的放宽，人民生活需求的不断增加，同时极大地调动了人们的劳动积极性，因而逐步促进了南乡乡村企业的发展。乡里及个人根据本地的特点，创办了竹木加工厂、供销经理部、农械厂以及农副产品的加工等企业，既方便了群众生活，又利用了本地资源，增加了收入。

要发展乡村企业，发展生产，改善人民生活，没有电，就成了继续前进的拦路虎，怎么办？

南乡东西二水，由于水源林面积大，因而流量稳定，加上山乡地属山区丘陵，故河水落差大，水能蕴藏量丰富，特别是鱼跳滩，水流湍急，两边山高谷深，是建筑水电站的好地方。然而，几十年来，南乡壮族人民却长期以"松光""竹篱"作为照明工具。多少年来，这河水就这样如猛虎，呼啸着白白地冲出南乡。1968 年南乡人民建设了一个发电量为 20 千瓦的

―――――――――

①　1934 年《贺县志》卷四《经济部》。

小水电站，第一次用上了电。1975 年南乡人民决定要建设一个发电量为 1500 千瓦的鱼跳水电站，他们请来了龙水金矿的水电技术人员，跨溪越涧，勘测地形，绘图设计。电站动工后，又纷纷到工地安营扎寨，日夜施工。上级资助、贷款和乡集体资金不够，全乡群众又捐款集资 18 万多元支援电站建设。经过三年的艰苦奋战。1980 年冬，世代在山谷间咆哮、奔腾的河水被制服了，乖乖地沿着引水渠，到达电站，冲击着 3 台 500 千瓦的水轮式发电机，每年给南乡人民发电 700 余万度，为南乡人民的生产、生活服务，并给南乡每年带来了 50 余万元的经济收入。前不久南乡籍的一位台胞回家探亲，他说，这几十年来我常常想这个地方应该建设一个水电站，没想到你们早在 1980 年已建成了！

有了电，为南乡乡村企业的发展提供了廉价动力，大大促进了乡村企业的发展，加上其他条件的改变，1988 年全乡乡办、村办、户办企业共有 463 家（见表七），使南乡乡村企业产值大大增加。1980 年全乡乡村企业产值仅 18.05 万元，1988 年达到 270.11 万元，增长了 13.96 倍，乡村企业收入在工农业总产值中的比重也由 1980 年的 15.90%，上升到 40.73%（见表八），乡村企业成了南乡的又一个经济支柱。

表七　　　　　　　　　**南乡乡村企业发展情况表**

年　份	合计（个）	其　中			
		乡　办	村　办	联　户	个　体
1980	14	6	8		
1981	15	6	9		
1982	14	6	8		
1983	14	6	8		
1984	42	7	35		
1985	27	7	6	2	12
1986	168	3		58	107
1987	280	4	3	226	47
1988	463	3		309	151

1989 年，南乡乡办工业有了新的突破。为了尽量利用山区资源、加快致富步伐，1989 年 3 月到 7 月乡政府投资 10 万元，建成了一个年生产能

力在 1000 吨以上的松香厂。从 7 月到 11 月已加工松香 674 吨，松节油 69
吨，预计 1989 年可产松香 800 多吨，松节油 84 吨，至 11 月中旬已销售松
香 579 吨，松节油 69 吨，产值 1278000 元，为当地增加产品税 11.78 万
元，企业管理费 1.2 万元。按年产 800 吨松香、84 吨松节油计，总产值可
达 185 万余元，直接增加地方产品税 18.5 万元，加上其他税收，管理费，
全乡可增加利税 22 万多元。

表八   南乡乡村企业生产情况表

年　份	乡村企业总收入（万元）	在工农业总产值中的比重（%）
1980	18.05	15.90
1981	31.82	
1982	43.5	
1983	31.07	
1984	67.2	16.33
1985	100.69	24.4
1986	118.88	25.52
1987	215.61	37.41
1988	270.11	40.73

南乡境内蕴藏着丰富的金、银、铅、锌、锡、硫等矿产。早在清康熙
年间（1662—1722 年）就有民间在龙水手工零星开采。但由于没有科学找
矿方法，只凭一把锄、一把镐地胡乱挖，加上南乡的金矿不是砂矿，而是
脉矿，必须经过比较复杂的加工才能炼出黄金，因此，几个世纪以来，总
是守着金山度穷日，于是在人们的观念中逐渐产生了一种迷信观念，即金
山是龙脉所在挖不得，只能死后葬在金山上图个荫福。因此，尽管早在几
百年前已有人在此开矿，但至 20 世纪 70 年代以前南乡的金山仍然沉睡着。

1971 年 2 月冶金工业部在南乡创建了龙水金矿，采用机械作业，惊醒
了多年沉睡的金山，每年生产大量的金精矿、铅精矿、硫精矿等产品，为
国家创造了大量的财富。

1979 年以后，在改革开放的浪潮中，《矿产资源法》规定矿产资源开
发可以国家、集体、个人一起上。于是，外乡的，甚至外县、外省的淘金
者纷纷涌进了南乡。有的一夜工夫竟然成了万元户，这下子，搅动了南乡

人的心，是呀！我们祖先守了几辈子的金山，儿孙未得荫福，现在，人家三下五下，却发了财！于是，南乡人也涌入金山挖矿淘金。然而，他们得到的却是"十日淘金九日空"。

南乡领导对这一现象十分关切，他们意识到，南乡群众之所以"十日淘金九日空"，主要是蛮干不懂科学找矿的结果。为了帮助群众找矿脉，乡里请来了探矿技术员。江坪村在探矿技术员的帮助下，很快找到了矿源，于是，1987年江坪村村民挖黄金得的收入30余万元，人均收入600多元。陈昌斌一家就收入2万多元。全乡群众采集黄金的收入达210多万元。南乡的矿业从零到有，并很快发展成为壮乡人民致富的道路之一。

现在，为了保护国家资源，打击黄金走私和其他犯罪行为，根据国务院1988年第75号文件规定，南乡对个体采金进行了整顿，由县黄金管理局和乡政府成立管理小组，统一管理，凡采矿者必须办采矿证，外地的还要办临时居住证，交押金，订立上交黄金合同，进行金矿爆破技术培训，否则给予取缔，使金矿秩序井然。1989年还有个体采矿点13个，采矿人员约千人。

四 畜牧渔业的进步

畜牧业、渔业在南乡壮族过去的经济生活中只不过是他们增加肉食、改善饮食结构以及消灭害兽的一种活动。

古代的南乡，由于森林覆盖率高，地广人稀，是野生动物出没、生息繁衍的好地方，据调查，南乡山区有鸟类128种和亚种，兽类48种和亚种。黄角雉、斑背燕尾、扫尾豪猪、毛冠鹿、河麂，为广西鸟类新纪录，其中黄角雉是国家一级保护动物，因此，南乡壮族人民自古以来就有狩猎的习俗，这既可以驱赶野兽、保护粮食作物的生长和人畜安全，同时也可改善生活，猎物主要有野猪，黄猄、山鸡等。狩猎工具和方法比较简单，常用套绳、石按、铁夹、陷阱等捕捉禽兽，后来逐渐发展到以猎犬和粉枪围猎。旧时，冬季农闲时男子们往往以村或联寨组成打猎队上山围猎。

南乡境内河流密布，野生鱼类也很多，因而南乡人民亦十分喜欢拦河捉鱼，他们在长期捕鱼活动中，积累了不少经验，如看河里是否有鱼，他们总结的经验是："滩清潭浑。"即河底干净有鱼走，潭里浑浊因鱼游。捕鱼方式通常是，一寨男女劳动力合伙，拦河截水，用茶麸或山苦楝根毒鱼，捉得鱼后均分。常是农忙前捉河鱼，为农忙时备好鱼菜。此外，若是逢到天大旱时，则发动全乡农户捐献茶麸，"大闹"江河之鱼，名曰"求雨"，意思是祈祷上帝施雨拯救生灵，实则也是人们捕鱼的一种方法。这种"大闹"，人人均可去捉，谁捉谁得。因此，"大闹"之时，河中集满男女老少，场面蔚然壮观。此外，还有装鱼筛，在春天转暖之夜以松明火去河边"点鱼"之俗。

因为解放前野生禽兽、鱼类丰富，人民生活贫困，禽兽养得少，亦买不起，故畜牧、渔业相当落后，民国《贺县调查概况》说："家畜类各区农家均有，惟出口甚少。"① 只不过是为过节、待客必备而已。过去养猪一年长不到100斤，且一旦杀猪必请亲友大吃一顿，故出售的甚少。解放前只有旺村和西溪等村有少量人工养鱼。但是，在南乡人民畜牧生产中占有很重要地位的养牛业，则是为满足农业生产的需要而已。

由于不懂科学饲养，只凭一些经验，因而在畜牧生产中仍有带有迷信色彩的仪式和习惯。如养牛中，每年四月八要供奉"牛王"，并忌以扁担打牛，因扁担在壮语中叫"闲"，即闲空之意，牛闲空即无役力，则主人穷苦矣。因而赶牛时只能以绳或小树枝轻轻抽打牛身。凡人更忌杀牛，杀牛仅屠户之事，凡人见到屠户宰牛时，必须自动把双手伸到背后交加作捆绑状，表示自己被绑了，无法营救耕牛。又如养猪，刚买回猪仔时，要将猪笼破开一边，拿到河边的大石头上面撑开放着，俗谓这样寄托猪开胃、快肥、快长膘。

解放后，特别是近十年来，随着生产的发展，化肥农药的广泛使用，渔猎工具方法的不断改进，如电、炸等，都不同程度地造成环境污染、生态环境的破坏，使得野生资源急剧减少。而随着生产的发展，经济条件的改变，人们对鱼、肉等动物高蛋白的食用需求量大大增加，因而促进了畜牧渔业的发展。

在畜牧渔业发展过程中，不仅养殖数量增长，而且在品种、饲养管理方法上都有了很大的进步，因而，畜牧业的产值和经济效益都大大提高。以养猪为例，1988年饲养头数只比1981年增长了66%，而同期出栏头数却增长了150%。现在，畜牧业已成为南乡经济中重要的部门。这一点我们可以从表九中看出。1971年畜牧生产值只占农业总产值的0.24%，直到1979年，畜牧产值也只占农业总产值的5.48%。近10年来畜牧业的迅速

---

① 《广西民政月刊》1932年第4期。

发展，使畜牧业产值在农业总产值中的比重急剧上升，1987年达到70.11%，1988年虽略有下降，仍达到68.70%。1988年畜牧业产值比1971年增长了1212倍。虽然南乡畜牧业生产仍以个体家庭小规模的兼营饲养，但是，有几个进步是明显的：

第一，商品化。现在南乡人民的畜牧业生产，改变了以自给为主的生产目的，群众搞畜牧生产绝大部分都是拿到市场上出售。特别是饲养的猪，不仅以出售为主，而且一般都是整头卖给屠宰商，不搞自宰自售。

表九 1971—1988年南乡畜牧业发展表

年 份	畜牧业产值（元）	在农业总产值中的比重（%）
1971	1980	0.24
1972	5709	0.73
1973	7877	1.10
1974	9197	1.01
1975	29142	3.00
1976	29760	3.51
1977	31132	3.01
1978	26977	2.72
1979	59000	5.48
1980	98530	10.31
1981	298000	
1982	312000	
1983	5840000	
1984	855044	
1985	1590000	
1986	2220000	
1987	1448300	16.4
1988	2399900	19.7

第二，科学技术在生产中的应用，为了增加产值，提高经济效益，不少农户自费到外地学习科学饲养技术，或购买科技书籍自学，使科学技术

的新成果很快被应用于生产上,如养猪中的发酵生喂法,在饲料中加入添加剂;在养鸭中推广北京良种鸭、樱桃谷鸭等。

第三,专业化。自给自足的小农经济,农民为了满足自己家庭的需要,往往是各种都兼养兼种。商品化生产要求生产必须走向专业化才能提高经济效益,而科学技术在生产上的广泛应用,则使专业化由可能向现实转变。这种转变趋势在南乡的畜牧生产中已表现出来,即出现了不少农户在畜牧生产上把资本、精力只集中于少数种类上,而进行大规模饲养。如江坪村公所龙屈屯就已经出现了覃恩照、覃恩来等三户养猪专业户。他们每户养猪每批均数十头,多时超百头,饲料加工采用机器作业,采用混合饲料发酵生喂,进行科学饲养,减轻了劳动强度,提高了经济效益。

这种进步将随着生产的进一步发展而越来越明显。

渔业在南乡,由于自然条件的限制,即鱼塘水库面积少,但其进步也是明显的。一是现在人们食用的鱼主要靠人工饲养的了;二是不断采用科学的养鱼技术,饲养尼罗罗非等优良品种。近几年来南乡养鱼业发展特别快,他们尽可能利用山塘、水库、河滩池养鱼,这一点在旺村、西溪二寨尤为明显。目前旺村几乎家家在村边河滩筑有鱼塘养鱼,全寨 700 人,人均约有 0.2 亩鱼塘,多的户人均近 1 亩。

在南乡,带头搞科学养猪养鱼最典型的是江坪村村长覃恩照一家。他家投资 8000 多元在村边筑塘 2 亩多,在塘边建猪圈、鸭栏,搞立体养殖,1988 年他家养猪 2 批,共 105 头,放鱼千尾,养鸭几百只,收入一万多元。1989 年 1—11 月,他家又出栏肉猪 2 批共 76 头,卖鱼上千斤,收入也逾万元。

五　交通变通达

南乡四周万山盘蠢,谷深壁悬,关隘险要。为了与外界联系,自古以来,南乡壮族人民开辟了几条山道。一条是南乡到都江口,至此可乘船通往旧县城贺街,进而可顺江而下抵达信都,出广西入广东;二是南乡到大宁,由此路可北上经桂岭,由古道进入楚地,与岭北交往;三是南乡到广东连山的福堂;四是由南乡到广东连山的上帅。这些山道,崎岖蜿蜒、翻山越岭、跨沟过壑,严重阻碍着南乡壮族人民与外界的接触与交往。这里丰富的木材、土特产品等因无法被大量运出而没有能给南乡壮族人民带来财富。南乡壮族人民生活和生产必需的食盐、铁农具等,只能依靠肩挑背扛,还要经常遭受土匪的抢劫,南乡壮族人民吃尽交通不便之苦。

解放后,1960年国家开始投资修筑南乡到大宁的公路,全长30公里,1963年开始通车,使闭塞的壮乡通上了汽车。南乡壮族人民高兴地唱道:"摩天岭上飘玉带,喜看汽车天上来。"1971年到1976年国家又投资13万元,采用民办公助的形式修建南乡至初洞的7.6公里的公路,1974—1976年国家再投资2.6万元,采用民办公助的方式,修建南乡到新黎的11.5公里的公路。1975—1976年投资2万元采用民办公助的形式修筑南乡经大汤到杉木10公里的公路,1988年,南乡在乡党委和政府的领导下,自筹资金30多万元,修通了南乡至广东连山壮族瑶族自治县福堂乡的公路,大大缩短了南乡壮族人民与广东各民族交往的路途。闭塞的南乡转向通达,使南乡的农林土特产品源源不断地大批外运,同时大量地生产,生活上的工业用品也通过汽车运进了南乡,丰富了壮乡人民的生活。自古以来与外界处于隔绝状态的南乡壮族群众,如今坐上汽车,一天就能到达八步、梧州、桂林、广州等地。

交通条件的改变,使交通工具也不断更新和增多。现在南乡全乡拥有客车、货车、小车14辆,拖拉机69台,摩托车近百辆,自行车3560多辆。其中仅江坪村就有汽车1辆、拖拉机9台、摩托车85辆。昔日靠肩挑、步行的南乡壮族人民,已经将这种状况根本改变。一些农民还骑上"大本田"到田间劳动,真有点现代化的气息了!

现在南乡的所有公路都还是四级以下的公路,路面窄,坡度大,转弯急,流通量还比较小,还不能满足经济进一步发展的需要。南乡党政部门正准备与龙水金矿合作,改造南乡到大宁公路,铺上沥青。不久的将来,南乡的交通将会更加通达。

六 商业的兴盛

桂东地区堪称广西的发达地区,解放前也是广西商品经济较发达的地区。但近代至民国时期,其自然经济尚未完全解体。如贺县,"清代咸同以前,人民俭朴,日用所需者大都以物易物"[①],到清末,贺县之民仍是

---

① 民国《贺县志》卷四《经济·金融》。

"四民皆恋乡间，负笈从游牵车服贾者无有，甚或朝夕不继。有语以百里外乐土可以暂托衣食者，宁家人坐困穷檐号一宣，率不肯他往"①。到了民国时期抗日战争前夕，贺俗尚"质朴以农为最"②，"衣料多自织土布"③。由此可见商品经济的发展还是相当落后的，而地处边远山区，交通闭塞的南乡，商品经济发展的程度就可想而知了。

南乡历史上的圩曾有几度变迁，据传，在明朝弘治年间（1488—1505年），壮族来到南乡开乡落籍初期，就在上沙洞廖家寨前的大沙溯坪设圩。当时境内初拓，人口稀少，此圩只是民间交易之集散场所，店铺简陋稀少，仅在圩日摆摊买卖。此圩约经历130年，在1630年前后将圩场迁至南乡比较居中的地方新建圩场。此后旧圩址大沙洲便逐步开垦成田地，故今无痕迹可查。

第二个圩场建于"廊坎"（壮语译音，即在南乡两大姓覃、吴宗祠之间的山坳坪的地方）。这个圩场比头一个建得好些，其街道略成"合"字形，店铺有二三十间，少数是土砖瓦面的，多数是木板，竹篱墙盖杉树皮。因多是木头建筑，加上建子山坳坪上距河较远，用水困难，因而在清乾隆年间（1736—1795年），发生一次大火灾，将全圩店铺化为灰烬，于是圩场再度迁移。

第三个圩场选择在西水河西峰坪，于清乾隆年间建，圩场街道似"曲"字形，街道间隙及周围大多是竹木结构的居民店铺。此次建圩吸取上一个圩距河远的教训，但又因近河边，每遇春夏季洪水时，圩场街道往往变成了河滩，再加上乡民绝大部分居住在东岸，故须在街口架一渡桥。而木桥容易被水冲垮，每三五年又要重架一次，耗费人力、物力和财力。1919年8月21日，当时乡民筹资为潘公祠"还炮"做大醮，并请来广粤剧班唱戏，恰逢圩日，市场拥挤，人山人海，摆卖油糍、米粉的摊点甚多，炉灶满街。忽然发生大火，火起风狂，一霎时，数十间店铺房屋为火神所吞噬，损失惨重。事后，一些老人将此次灾难归于演大剧，说是剧场背向潘公祠。潘公显灵发怒引火烧圩。这场火灾之后，为方便群众赶圩，圩场迁建于东岸，自此以后，南乡凡演剧，剧场再也不敢背向潘公祠，必

---

① 光绪《贺县志》卷七《风俗》。
② 民国《贺县志》卷二《社会志》。
③ 《贺县调查概况》，《广西民政月刊》1932年第4期。

须面朝之。

第四个圩场位于西木河东岸，与第三个圩对峙，圩尾街头仍架大桥，方便西岸乡民行走来往。1919年建成，圩场街道略成"耳"字形，店铺的西面是河流，东面店铺尾是大水圳，两条直街，中间是圩亭，初建时大约有60家商行店铺（不包括周围民房）。1972年农历六月初五，时值夏收夏种"两抢"季节，公社通知不能赶圩，加上此时是天贶节，乡民多在家包粽过节，故圩上人数寥寥。这天中午时分，公私合营商店一姓李的营业员去上班时，将一个五六岁的小孩关在房间，小儿在床上玩火柴，引起火灾，由于周围多是木板、杉木皮房屋，因而大火迅速蔓延开来，不到三四个钟头，除供销社、粮仓等距圩场较远，且防火设备较好和抢救及时不致损失外，其余的居民店铺圩亭等全部化为废墟。幸亏县人民政府对灾民进行慰问，发放5万元救济款，使其安定生活，恢复生产。

1972年冬至1973年春，南乡人民又在祖贯洞中重建新圩。即现在的南乡圩。初建时有圩亭4列，计36间，全是砖瓦结构。亭内有街道3条，由市场管理所投资兴建。圩周围有供销社、银行营业所、百货店、邮电所、公私合营商店及个体商店。①

南乡圩，古来就是十日三圩，圩期为农历一、四、七。民国时改行公历，政府曾推行以公历逢一、四、七为圩日。后群众又以农历之日为圩期。解放后，合作化时改行公历圩期，公社化时，由于视经商做买卖为资本主义的尾巴，故改十日三圩为一圩，逢十为圩期。党的十一届三中全会后，解放思想、放宽政策、鼓励发展商品经济，又改十日三圩，逢公历一、四、七为圩期。

此外，1972年2月，冶金工业部在南乡龙水投资开发金矿，创建了龙水金矿，上千号人马开进宝山，必定要有商业服务，因而在这崇山峻岭之中，南乡境内又多了一个商业贸易点，但由于时属"文化大革命"，这一商业贸易点并没有繁荣起来。随着金矿的不断发展，干部职工及家属的增加，加上国家鼓励发展商品经济，十一届三中全会后，龙水金矿所在地的商业贸易点发展很快。1984年南乡江坪村公所龙水村壮族村民陈昌斌，投资4000多元，在龙水金矿办起了农贸市场。1986年江坪村女青年傅国霞

① 关于南乡圩的变迁，参阅李家荣、李蒙贵《南乡圩的变迁》，《贺县修志通讯》1986年第3、4期合刊。

又投资 2 万元兴建圩市，当年 5 月 1 日启用。现在龙水圩已成为每日有上千人赶圩，以经营肉类、果菜及日常生活用品为主的矿区生活服务圩市。

在经营方式上，南乡的商业过去是个人每到圩期才肩挑自己的农副产品到集上摆临时摊点出售，坐地商人绝少。非圩日亦罕有人摆摊。清咸丰、同治年间（1851—1874 年），民国《贺县志》卷四上说："日用所需者大都以物易物。"由此可以推测当时商业发展处于全县落后水平的南乡的交易状况。

解放后，公私商店已有数家，开始出现天天营业的坐地商。1960 年南乡从大宁分出后成立了供销社，此后又在各大队设销售点。现在南乡供销社已有日杂门市部、生产资料门市部、糖业烟酒门市部、服装鞋帽商场等商业门市部。这些门市部天天营业，在南乡商业经济中占有举足轻重的地位。

另外，南乡自党的十一届三中全会以来，也和全国一样积极发展个体工商业，现在南乡已有个体工商业 104 家，他们不仅在南乡圩上坐地经营，更多的是分布在南乡各村寨，形成了遍布全乡的商业网络。集体、个体工商业改变了过去南乡商业以流动、逢圩日交易的经营方式。

南乡自古以稻米、木耳、香蕈、生烟、竹笋等农林土特产品为交易大宗，此外，猪肉在南乡圩上也是重要的商品，故南乡向来被称为"虎地"（直到现在，桂岭、大宁、永庆、莲塘等县内各乡镇的商贩还常运猪肉至南乡销售）。近代以后，也有一些商贩从距离南乡较近的怀集县冷坑圩以肩挑贩运一些日用品来南乡出售。这些商贩又从南乡购买特产贩运到外地出售。20 世纪 30 年代，南乡每年"谷米约有五分之一出口，及茶叶、生烟、竹笋运怀集，桐油运往贺街"[①]。但在当时交通不便、经济落后的情况下，所贩的商品种类、数量都是极为有限的。

解放后，随着农林等生产的发展，山区资源的开发利用，特别是 60 年代南乡到大宁公路修通后，才使南乡出售的农副产品大增，各种各样的商品也大量地被运进南乡，使南乡商品结构发生了很大变化。日用工业品在解放前仅有极少数人拥有，而今进入了千家万户，手表、单车、缝纫机、收录机、电风扇等贵重商品已经普及，摩托车、彩电等高档商品也进入了南乡壮族普通人之家，南乡商品经济的发展，以及商品结构的变化，我们

---

① 《贺县物产调查表》，《广西民政月刊》1932 年第 5 期。

从销售工业品为主的供销社的商品销售额即可以窥视到一斑。1960 年南乡供销社年商品销售额只有 20 多万元，1988 年达到了 370 万元，增加了17.5 倍。

由于过去南乡处于封闭状态，经济也比较落后，做生意的人很少，到外地做生意的更是凤毛麟角。解放前只是被生活所迫的贫苦农民出南乡为富裕人家或商贩作脚伕、打工，南乡富裕人家是很少出南乡的，解放前南乡壮族一般只是有些农副产品出售，或需要买些什么生活必需品时才上街市，长期摆摊或经常上街者是绝少的（长期摆摊的多是外地汉人），只有个别人做熬酒、加工豆腐这类小生意。圩日时每圩也只有千把人，除南乡范围内的人外，还有邻近的桂岭、大宁、莲塘、贺城等乡镇及广东连山、怀集二县的少量群众和小贩。

解放以来，尤其是十一届三中全会以来，南乡壮族人民逐步改变了少经商、不经商的习惯，大力发展商品经济，现在在南乡范围内开商店、摆摊设点的主要是南乡壮人，南乡圩日赶圩的人一般都有四、五千人，多时近万人，他们不仅在乡境内经商，而且往来于湘粤桂三省区，将南乡土特产品运出去，又从别地贩回本地缺少的商品，加强了内外联系，繁荣了南乡经济。

过去南乡壮人没有专门从事商业的人，都是务农兼商，农忙务农，农闲才做些小生意。现在绝大部分从商者仍然如此，这对于几乎没有什么非农人口的南乡壮族人民来说，选择这种方式无疑是正确的，但在一些劳动力充裕的家庭中，也出现了不少专门从商的人员，他们长年在外做生意，且这种人数量越来越多，特别是在一些人口多、资源相对贫乏的村庄尤其明显。

七　职业构成的多样化

南乡壮族自桂西一带到此落籍后，就世代以耕田种地为业。在数百年的历史演进中，当然不乏有人担任封建统治的地方小吏，或从事其他脱离农业生产的工作。但是几百年的历史表明，这种人的相对数和绝对数都是十分微小的。在从事农业的人口中，也有一些人农闲时做些编织、泥水工等活，此外还有一些从事巫、道等活动，然而都不脱离农业生产，其活动也不是以赢利为主要目的，因而也很少走出南乡到外地做事，故 1932 年

《广西民政月刊》第 5 期《贺县人民生活调查表》说，南乡所属的三区97% 是农，学商的只占 3%。

解放后，南乡壮族人民或因参加革命，或因参军转业，或因读书毕业分配，或因在农村招工招干，不少人当上了国家干部、工人或教师，如仅700 人的旺村，就有 40 余人在本乡和外地当干部，工人和教师，这使南乡壮族人民的职业发生了根本性的变化。

40 年来，随着农业、林业、乡村工业等行业的发展，在农业人口中其职业构成也发生了很大的变化，由单一的耕田种地向多样化发展。如 1988年旺黎村农业人口中专门从事非农职业的情况如表十。

表十　　　　　南乡旺黎村 1988 年从事非农职业人数统计表

职　业	人　数
乡办工业	8
运输业	4
商　业	16
行　医	3
文化教育	13
外出作临时工、合同工	0
其　他	0
合　计	56
占劳动力总数的百分比	7.4%

由旺黎村农业人口专门从事非农职业的情况来看，人数是比较多的。如果加上半脱产的乡村经济组织人员（每村约 12 人），以及农忙回家，农闲外出从事各种行业的人，那么从事非农的人员大约占农业劳动力的 10%。

这种农业劳动力从事非农职业情况，不管是人数，还是从事职业的类别都是随着改革开放的深化，经济的发展而进一步发展变化的。这一趋势我们可以从表十一的统计表中清楚地看到。若连季节性外出做非农生产的劳动力计算在内，据不完全统计，1987 年达到 1087 人，1988 年则达到1523 人。

由在农村中从事各种非农职业的壮族农民年龄结构来看，大部分是青壮年，尤其是 20—30 岁的年轻人，他们约占出去总人数的 80%，其中男青年居多，由此可看出，南乡壮族的青年一代，比他们的父辈，在职业上显得更多样化。

表十一　　　　　　　　南乡农业人口劳动力结构表

年　份	1981	1983	1985	1988
劳动力总数	5837	5925	6085	6521
文化教育	缺	156	123	131
卫　生	缺	缺	42	53
运　输	缺	缺	34	36
商　业	缺	43	100	159
工　业	80	50	95	67
其　他	1	6	116	162
非农职业劳力占劳力总数的百分比	1.39%	4.30%	8.38%	9.32%

八　生活的改善

南乡壮族自明代以来，勤勤恳恳地在这林密菁茂、云雾缭绕的山区披荆斩棘，开辟田园。但是，在历代封建统治者的残酷压迫和剥削下，直到解放前夕，他们的生产还十分落后，生活得不到保障。1932 年 4 月 30 日在贺县县长黄绍耿填报的《贺县人民生活调查表》中，也承认南乡"土劣擅权，苛细杂捐无微不至，人民在铁蹄之下，饮恨吞声"。[①]

解放前南乡每年产稻米约 150 万斤，全乡人均有稻谷不足 250 斤，因此绝大部分人一年到头吃不上几个月的大米饭，许多贫苦农民必须以红薯等杂粮充饥。

解放前南乡壮族大部分人住的是泥砖盖杉皮屋，相当部分还住在木板杉皮屋或茅草篱笆屋之中。室内家具甚少，被盖也相当缺乏。家庭成员每人只有一两套自织土布单衣，许多人没有棉衣。一件衣服往往是老大穿短

① 《广西民政月刊》1932 年第 5 期。

了给老二，老二穿短后又给老三，缝缝补补，穿到不能再缝补了才不要。穿的鞋多是草鞋，晚上或去做客时才穿上仅有的一双自织土布鞋。假若去做客时碰上雨天，还得将鞋包好，揣在胸怀内，至客人门口时才擦脚将鞋穿上进入客人家中。

解放后，由于基础差，交通不便等客观原因，加上工作中的失误，使得南乡壮族在相当一个时期内并没有能赶上本县汉族的经济发展水平，直到 1980 年南乡全乡农民年人均收入只 66.20 元，仅达到贺县全县农民年人均收入 193 元的 34.30%。南乡不少农民吃粮靠返销，用钱靠贷款，直到 1981 年南乡农村还吃返销粮 409600 斤，占全乡当年粮食总产的 3.61%，占国家在南乡征购总数的 23.19%。党的十一届三中全会以来，特别是 1982 年在南乡实行家庭联产承包责任制后，极大地调动了南乡壮族的生产积极性，他们根据南乡的实际，因地制宜，扬长避短，大力发展生产，不仅赶上而且超过了全县发展水平。1980 年全乡工农业总产值仅为 99.03 万元，1988 年达到 652.04 万元，增长了近 6 倍。1980 年农民人均收入仅 66.2 元，1988 年达 543.9 元，增加 37 倍多，超过全县农民人均收入 453.74 元的 19.9%，1989 年则达 599 元，超过全县人均收入 465 元的 28.60%。南乡由一个贫困落后的山乡变成较为富裕先进的山乡。特别是江坪村，1988 年农民人均收入已达到 790 元，超过广东省 1987 年农民人均收入 145 元。

由于经济的发展，农民收入的增加，使得南乡壮族人民的生活有了很大的改善。

在中国，农民最大的固定资产往往是房屋，他们一旦解决温饱后，所余的钱，最先考虑的就是建设新的住宅。因此，每到一处，只要看其村落房屋面貌，即可窥视到其经济状况之大概，以江坪村为例：在全村 216 户中，建起钢筋混凝土结构楼房的有 39 户，盖起砖瓦结构新房的有 165 户，建新房户数占总户数的 90.6%，其中建钢筋混凝土结构楼房的就达 18.1%，这种现象确实反映了近几年来南乡壮族经济是有很大发展的，要知道，建一座一厅二房的泥砖瓦顶房，造价两三千元，建一座 300 平方米左右的钢筋混凝土结构的房屋，1987 年造价约 4 万元，1988 年约需 6 万元，这还未包括义务帮工的劳动力和自备的木料等建筑材料在内。这是改革开放以前南乡壮族农民所不敢想象的，今天梦幻成真，一幢幢别墅般的小楼屹立在半山腰上，掩映在绿树丛中，与过去传统房屋形成鲜明对比。

改革开放前，在南乡壮族农村家庭中，除必备的生产生活用具外，单车、手表、挂钟等仅为极少数人所拥有，现在这些物品已普及，再也不成为人们的企望之物。到 1988 年，南乡农民已拥有汽车 4 辆，拖拉机 69 台，摩托车 90 多辆，电视机 490 台（其中彩电 30 台）。此外，还有柴油机、打米机、粉碎机、打浆机、高档收录机、洗衣机、电炊具、沙发等高档生产、生活用品纷纷进入了农民家庭。如南乡江坪村 216 家农户中，就有 22 座客车一辆，搞运输拖拉机 9 台，搞加工的柴油机 20 台，发电机 1 台；拥有电视机 180 台，摩托车 85 辆。（日产的大本田牌售价 1 万多元约占 20%，日产的小油箱嘉陵牌售价 6000 多元的约占 40%），洗衣机 60 多台（其中约有 50% 为两缸洗衣机），每户至少有 1 台收音机，一些农户开始用瓷砖铺地面，大部分农户使用电炊具做饭煮菜，形成"身居深山不烧柴"的现代生活景观。

在衣着方面，南乡农民已不仅以保暖蔽体为标准，而且更注重对质地、款式的追求，西装革履已不为他们所稀罕。在饮食方面，温饱当然已不成问题，饮食结构也发生了不少变化，这些我们还要在后面详加论述。总之，这种生活水平，与过去整天为温饱问题而忧心忡忡，只有逢年过节才得沾点荤腥的情况相比，已有了相当大的改善。

第三章　社会的变迁

一　俍兵组织与原始农村公社的残存

　　贺县一带的壮族最初是以军队——俍兵迁移屯守在此，其行政组织按军队组织编制。有明一代，由于广西阶级斗争激化，统治阶级一方面在桂西一些土司地区进行改土归流，另一方面又在非土官统治的桂东地区设置了许多土巡检司，使土官统治遍布广西各区。① 洪武二十九年（1396 年）就在贺县设立守御千户所，"有正千户、副千户，实授百户、试百户、镇抚等职"。② 明朝嘉靖、隆庆年间，贺县一带瑶、壮人民起义连绵不断，明朝统治者为了巩固其在这一地区统治，"增于桂岭适中要地，建立大营驻守备一员，听县镇管，设官兵一千二百名分防"③，在相思、赖村、大坪、龙背、村蚵、大沘、黄峒、莲花、革水、停歇、龙水、石板、企墩设立了十三个营，其中在今南乡境的就有龙水、石板两个。这些军事机构到明末才渐废。

　　明初"广西惟桂林与平乐、浔州、梧州未设土官"，但到后来，"广西全省惟苍梧一道无土司"，④ 这就是在桂东地区大设土司的结果，特别是那些经常起义造反的少数民族地区，就将原来各州府广阔的辖地，划分为若干小片，增设小土司以治之。据《明史·地理志》贺县条记载，贺县有大

---

① 粟冠昌：《明代广西土官制度的改土归流问题》，《广西民族研究》1989 年第 3 期。
② 光绪《贺县志》卷三《政治部·武秩志》。
③ 《明史·广西土司一》。
④ 《明史·广西土司一》。

宁寨、樊字寨①、白花洞、沙田等巡检司。这些土司在万历年间裁废，但兼管南乡的大宁巡检司，清代初期曾一度恢复。

我们知道，明代的俍兵与宋代的峒丁一样，只接受土司的直接领导，并不直接听命于朝廷兵部。据《赤雅·俍兵》载："俍兵鸷悍，天下称最，尔非真俍，土官亲行部署乃出。"所以俍兵具有自己的特点。其中最主要的特点是俍兵社会内部，存在着血缘和地缘相结合的纽带关系。在以封建领主制为基础的广西土司制度下，俍人、俍兵对土官还有一定的人身依附关系。他们往往以某个土官为中心，结成一个经济、政治实体。如当时田州的岑氏、南丹的莫氏，所以俍兵亦多以同一姓氏组成一个实体，成为某个土官的部民，俍兵寓兵于农，以土官为中心，在一定地域里，从事政治、经济活动，对外团结一致，这种血缘和地缘相结合的纽带关系，正是原始社会末期农村公社的一种残余形式。

原始社会末期的农村公社实行民主管理，由各家族的代表或民主推选的首领组成管理机构，在首领的组织下由社员共同耕种农村公社所有的土地。

众所周知，俍兵原来主要居住在桂西，宋人周去非在《岭外代答》卷十中载："獠在左右江溪洞之外，俗谓之山獠。依山而居，无酋长版籍，蛮之荒忽无常者也。以射生食动而活，虫豸蠕动者皆取食。无年甲姓名，一村中推有事力者曰郎火，余但称火。岁首，以土杯十二贮水，随辰位布列，郎火祷焉。经夕，集众往视，若寅有水而卯涸，则知正月雨而二月旱，自以为不差。"明人田汝诚《炎徼纪闻》卷四又载："（獠）今岭表左右江及海外诸国在在有之。……其俗以其党沿习不一，好依深山，枳木以居，名曰干栏。以射生为活，杂食虫豸……无版籍部勒，每村推其长有智者役属之，号曰郎火，父死子继，余称提陀。提陀者，犹华言百姓也。"从以上的史籍中我们可以看到，古时的"獠"人"无酋长版籍"，农村（氏族）为单位，"推有事力者"为"郎火"，掌管村中生产、祭祀和协调人际间关系及其他公关事务。由众人"推"出一村之首，说明了当时"獠"人的原始民主选举的性质。"獠"（僚）即为壮族的主源之一，明初就迁移入贺县南乡的壮族及毗邻南乡的广东连山壮族，他们当时也应把"郎火"这一组织形式带来桂东及粤

① 《明会典》卷139第26册第2875页贺县条、明人方孔烟《全边略记》卷八《两广略》，明嘉靖《广西通志》卷二十三《公署》等均记作"樊家寨"，故"樊字寨"当为"樊家寨"之误。

北。据考广东连山壮族当年就存在类似的组织形式，广东连山的吉田区太阳村的《韦氏家乘考》记载，明代嘉靖年间壮族内部尚保留"里排会议"的组织形式，督抚对土官的任命要通过"里排会议"的举荐。① 说明这一带壮族中农村公社社会组织的残余，在他们的政治生活中仍起着十分重要的作用，更重要的是广东连山的壮族，多数是明代以后从广西迁徙移入的，这一点我们在第一章中已有所说明。连山枫村的圆珠寨壮族《覃氏宗谱序》，明确地记载连山覃姓壮族是从贺县迁入的："（覃）辅用公自正德十六年（1521年）由贺来连，开辟宜（善）乡……至隆庆六年（1572年）壬申，（辅）用公与绥瑶官陆某将贼击退，收复宜乡。未几而万历九年（1581年）辛巳，贼又复再据，时（辅）用公年逾八十，与绥瑶官莫环字翠峰（袭岳父陆某之职）旁击该贼，请贺县古田瑶帮仗，旋复旋据，莫可如何。"当时连山壮族中已有土官，覃氏族籍中所说的绥瑶官陆某名叫陆父诞。在连山吉田太阳村的《韦氏家乘考》中记载："明，正德元年（1506年）蒙上饬军门排贵牌行，编造十甲。里排保甲，以分良歹，听候备文给付，复立文约交名甲长，永远输纳管上为据。嘉靖元年（1522年）里排会议，赴县具呈乞详，督抚准以陆父诞为土官，督率乡夫，遇贼堵剿，并免使出兵省符，遂获稍靖，三年（1524年）父诞身故。至五年（1526年），贼又四起，众举莫讳环，字翠峰，即今莫公将军也，为千长，遇贼堵剿有功，为众所服。至十年（1531年）甲里长联名呈请督抚，札给翠峰为土官。镇守连阳怀贺诸境二十余年，遇贼堵剿，连报三百三十大捷。厥功伟矣。嘉靖三十六年（1557年），地方官详情保奏，蒙上封为武略将军，自是盗弭民安。嘉靖四十五年（1566年）将军身故。九村塑像立祠之宣矣。"② 从广东连山覃氏与韦氏两份族谱描述的情况与南乡壮族和贺县沙田、鹅塘壮族的族谱、分关书相比较，基本上勾勒出明朝正德年间至嘉靖年间粤桂边境地区壮族的社会组织情况。

有明一代，广东连山与贺县南乡的社会情况应该是一致的，因此，南乡壮族中也就可能存在类似广东连山"里排会议"的农村公社组织的残余形式。对此，从南乡壮族敬奉潘公老爷的风俗中可以得到印证。潘公，据传说，姓潘名盏，南乡西洞寨人，生于明朝中叶，幼年尚武，武艺超群，

---

① 参阅陈摩人《粤北壮族土官产生的背景及其资料补阙》，《广东民族研究论丛》第一辑，广东人民出版社1986年版，第198页。

② 以上所引均见陈摩人《粤北壮族土官产生的背景及其史料补阙》。

尤精刀法，所以人称其为"潘法架"（"架"为壮语"刀"的音译）。万历年间（1573—1620年）曾在湖南江华等地任武官，屡立武功，为当朝嘉许。死后，朝廷加谥封侯，封祠享祀。至今南乡壮族还祭祀潘公。此外，贺县当时的土巡检极可能是由从桂西迁来的壮族担任的，这从我们收集到的一些族谱资料中也可得到佐证。如沙田桥头村壮族《黄氏族谱》记载："朝杰公生于广西庆远府南丹州，武术千总出身。历任肇庆府参戎之职，给调署广西平乐府协镇。"里松乡《陈氏族谱》记载：祖公陈世勋在明洪武二十一年（1388年）从南丹应招来贺县里松平瑶，后被"出谕重赏补实千总游击衔"，负责"理办屯军事务"。从南乡的分关书也可看出，当时县府判"南乡峒东西二水、三十九户七十捌处土名项绝卖优价银陆百柒拾捌两正，外山场、火烟、屋宅、塘窝、水圳、地坡、山税其价银壹佰四拾两正，当官交与排年龙天象，吴、梁、俸、黎、尹五姓排年领讫……东西二水，田地、山场、屋宅尽行绝卖，一应尽交吴父堂……吴父堂照交各户，自耕自纳，代代自耕，不于（与）龙天象、梁、黎、尹等排年子孙争论"。当时的六个"排年"只剩下壮族吴父堂全权负责南乡事务。覃氏分关书也提到"税粮、山场、地坡、山税、地亩、花税尽给吴父堂收管"。从以上的材料可看出，南乡当时有类似"郎火"的"排年"。又据民间传说的六十兄弟开乡落籍时推举了二十四位头目作为各姓的代表，聚集在开乡大届开会，订立分关文书，划分土地山场，而且还极可能由二十四头目推举了吴父堂作主要负责人。这表明南乡壮族也应存在类似广东连山壮族的"里排会议"。当年六十兄弟开乡落籍头目一律以"父"字排辈，各姓氏划分开垦地区，现在南乡还有约1/5的地名以姓氏命名。解放前，整个南乡的山林约50%归宗族所有，而且南乡的村寨建设都以宗祠为中心，村民的房屋高度不能超过宗祠，凡此等等，都表明在明清之时，南乡壮族社会组织还有着非常浓重的血缘和地缘关系相结合的俍兵组织形式的痕迹，原始农村公社社会组织的残余还存在于封建制度的机制内。

正因为当年的俍兵具有血缘和地缘关系相结合的特点，所以作为俍兵后裔的南乡壮族，族长、村长、寨老这些自然领袖在壮族社会生活中长期担任着颇为重要的角色。

在宗族、家族中，虽然没有什么形式上的组织结构，但是同祖同宗的观念牢牢地把他们连在一起。家族有族长，一般由族中年纪最长的男性充任，后逐步演变为由财产和权力决定。族长是自然产生的，不是经过选举产生。族长的权力范围及主要职责：负责监督本族成员的行为，防止本族人中出现烂崽、偷盗、忤逆等不法行为，维护本族面子，此其一；其二，对违反族规的人，有权进行罚款、用刑和驱除出寨等处罚；其三，管理蒸尝田、祠堂，组织清明会祭扫本族祖坟；其四，族长对本族人还有保护的职责，当族内有人被外族人伤害时族长发动本族人一致对外；此外，族长还负责调解族内纠纷。

解放前每个村寨选有村老、寨老，称"甫老"（即老人）。这些人一般是由办事公道、深孚众望的老人担任。甫老不是世袭，也不规定任期。其职责主要是解决处理村与村或村寨内部因钱财、借贷、土地、山林、圩铺、坟场等引起的利害关系，仲裁两者的冲突纠纷，同时督促执行乡规、民约和族约。甫老处理纠纷的标准是按传统的习惯法。一般来说，能做到秉公办事，不会因房姓的大小强弱和丁口的多寡而袒护某一方，所以一般都得到多数群众的信任和服从。甫老不是选举产生的，而是在处理纷纭的众事中，主持公道，办事合情合理被公认的，因而也有几个村共同推荐一人当"甫老"的。如果甫老办事不当，或营私舞弊，便自然而然地失去信任。所有这些无不带有原始农村公社残余的色彩。

随着统治阶级力量的渗透，民间这种自然领袖后来逐渐失去了原来特色，担任这种角色的人往往是那些有钱人，他们也越来越演变为统治阶级的代言人。清末和民国初年，族长已由政府任命。1927 年废除了族长，将民间的自然领袖授以村长、甲长之职，将他们纳入了地方基层组织的体制之中。

除自然领袖外，过去在南乡壮族民间还存在着几种专门组织，南乡壮族人民社会生活认为重要的每种大事，需要齐心协力、互相帮助时，往往有专门的民间组织：

1. 婚姻会。凡家有弱冠之年的小子，家长们自愿组织，会员多少不限，多多益善。入会者每人按商定的基数，交纳钱或粮，作为该会的"基金"，众会员推举二三名较有威望者出来管理，并负责放贷收利，以充实、扩大基金。每遇会员子弟结婚则按商定的数量，从基金中无偿抽出一份资助。若尚缺，可在该会借贷，按商定的时间和数量收回本利。

2. 长生会。这种会是由家中有年近花甲的老人自动组织起来的，入会者按商定的数量交一定的钱或粮作基金，其管理办法与婚姻会类似。逢会员做大寿或办丧事时，无偿拨一份资助。如资助的部分尚不足，可在该会借贷，按商定的时间、数量返还本息。若是会员办大寿，该会还出资置寿礼一份，会员一并参加贺诞。

3. 新建会。由需建房的人家组成，入会者无须交钱、交粮，但需推荐首事。在某一会员动手建新房子时，按这一会员的需要，其他会员根据自己的实际情况，分别捐赠木材、砖瓦，或出劳动力相助。会员所支付的物资或人力，由首事一一登记存底。当另一会员需建新住宅时，已建好新房子的会员，要按同等的质量和数量归还先前所支付的东西。其他会员则按建宅户需要捐物、出力。

4. 斗四会。由众人自愿组成的开垦荒地的组织。"斗四"，壮语意即"聚饮商议"之意。斗四会通常由会员交少量的钱或粮，先聚饮一餐，席间商定利用农闲，齐心协力去开垦荒地。开垦种植所得粮食，由所推荐首事保管、化利，用以扩大该会底子，扩大开垦。

5. 筑路会。在需要新开大路（行人众多的路）或修补旧路时，由村中或各村长老组织，通常一条路组织一个"筑路会"。会员负责到各家各户筹集修路经费和动员组织人力。道路修通或修复，会即解散。

6. 水利会。为群策群力修水渠、筑堤坝，每一农户出一人作会员，组成水利会，兴修水利时，按户或按田多少出劳动力，无劳动力或一时缺少劳动力的则出钱或出粮资助。

7. 禁火会。基本上是每户一人，推举首事一人。它的主要任务是禁绝山林火灾。平时，会员宣传安全用火；农闲组织各家各户修防火界；一旦发生山林火灾，会员义不容辞地投入扑火，并派出会员到各村发动群众帮助；商定对失火者造成损失的赔偿。

这些民间组织中，以长生会和水利会最为广泛，且活动也最为频繁。其他组织或只是个别村寨，或只是临时性的，但是无论哪一种民间组织都体现了原始农村公社的民主精神，无不带有原始农村公社的余晖。

解放后，成立了一些政府办事机构和群众组织，取代了甫老以及各种民间组织的作用和功能，但是，甫老的余威犹存，他们在号召发动群众响应政府号召，配合政府贯彻各种政策仍然起一定的积极作用，在约束本宗族、本村成员的行为、调解内部纠纷上仍然有某些效力。如江坪村的覃鸿广，在村中是个举足轻重的族长。在普法学习中，吸收他为骨干，让他作宣讲员，对村中染上恶习的人进行教育，收效十分显著。各种民间组织虽然早已解散，可是由于社会生活的实际需要，长生会这一民间组织已在一些村寨中恢复。

二　基层政权组织的演变

有明一代，随着贺县壮族逐渐转兵为农，明朝政府遂将他们编入里甲。据《贺县志》记载，明朝在贺县的基层政权组织是"百十户为里，丁粮多者为长。每里十甲，首户百即周人比长闾胥之职。图分十里，轮平应役，十年而周，公赋、公旬皆里正董之，一年在官，九年在家，故有里正、排年、里长、甲首之名"①。时"南乡壮户统于中里"②。清因明制，清光绪初年，又改设团，"以团统甲，以甲统户"③。清光绪三十四年（1908 年）行自治制，改里设区，以区统团，以团辖村。时贺县设六区，六十二团，一千一百七十三村，南乡为一团，隶第三区，辖村二十有三，即：南乡旧圩、上黎、中黎、旺村、石板、下沙平、上沙平、初洞、龙水、龙鬱、土公平、白鸠、杉木、和彩、良家、廻龙、西溪、四村、西洞、胡村、好头、大汤、新圩。

民国初期仍袭清末之制。后行政区划变动频繁，1927 年贺县分为七区，民国二十一年分为八区，民国二十二年改为四区，"以一万户设区，一千户设镇、乡，百户为村，十户为甲"。全县四区分四十一个乡，三百九十七个村，四千一百一十五个甲。镇与乡等级，其关系是："以区统乡，乡统村，村统甲，甲统户"。设立了这样的基层政权组织后，"昔之团务总局一并撤销，但今之区即昔之团务总局，今之乡即昔之团务分局"。④ 1932年又改革基层政权组织，撤销团，设乡（镇）以区统乡，以乡（镇）辖村（街），以村领甲，时贺县分四区、三镇、三十八乡、三十四街、三百六十三村、四千一百一十五甲。今南乡分为南东、南西二乡。南东乡辖八村：旺村、新田、上沙、初洞、龙平、上黎、中黎、下沙。南西乡辖七村一街：白鸠、丽水、良和、回龙、好头、乌石、西湖和南乡街。

解放后，1950 年贺县划为十一区，南乡、大宁、螺石三乡为第四区（后改为大宁区）。20 世纪 50 年代初，贺县进行基层政权组织改革，撤销

---

① 光绪庚寅年《贺县志》卷三《田赋部》。
② 光绪庚寅年《贺县志》卷三《田赋部》。
③ 1934 年《贺县志》卷二《社会部·区乡团村沿革》。
④ 以上所引均见 1934 年《贺县志》卷二《社会部·区乡团村沿革》。

大乡，以原来行政村和自然村为基础，划分小乡，贺县（包括1951年8月14日并入的信都县）被划分为十四区、二镇、一百九十二个乡（其中二十个民族自治乡）、一千一百八十村、六个街。今南乡分为四个民族自治乡：南中、三良、白龙、新黎。南中民族自治乡辖八村：新南、白石、西明、胡村、上沙、下沙、洪钟、初洞。三良民族自治乡辖六村：良和、西龙、龙山、大汤、杉木、白鸠。白龙民族自治乡辖三村：龙屈、龙水、江坪。新黎民族自治乡辖十村：旺村，石板、高寨、中黎、坡头、香花、大寨、白石、金周、平田。

合作化运动时期，贺县分为四十个乡、二个镇、四百七十九个初级社，南乡设十八个初级社，即：白鸠、忠黎、西明、胡村、洞心、新南、白龙、初洞、洪钟、和彩、大汤、杉木、旺村、上黎、平塘、金周、怀宽、回龙。

1958年年初撤区并乡，全县分为三个大区、二个镇及步头小区、南乡隶桂岭区。1958年底开始建立人民公社，南乡与今大宁合为大宁人民公社，共分为三十六个大队，一百九十六个生产队，其中今南乡分十五个大队，六十七个生产队。十五个大队是：南乡、新南、西明、胡村、白龙、洞心、洪钟、旺村、中黎、上黎、杉木、大汤、白鸠、西龙、良怀。1961年南乡从大宁公社中分出，成立南乡人民公社，下辖南中、旺黎、上新、江坪、峒新、太汤、良怀、沙洞八个大队。

1984年撤销公社，恢复乡镇建制，南乡公社改为南乡，下辖八个行政村：南中、旺黎、上新、沙峒、峒新、江坪、大汤、良怀。1989年12月南乡改为南乡镇。

三 婚姻家庭的嬗变

家庭是社会的细胞，婚姻作为组成家庭的前提以及两性结合、繁衍后代的重要手段，在各民族社会生活中都占有极为重要的位置。南乡壮族从桂西地区迁居新的环境，在历史的演进过程中，不断与周围汉族和瑶壮接触交往，以及伴随着自身社会的发展，其婚姻家庭这一能动的社会因素，也悄悄地发生了嬗变。

1. 南乡婚姻家庭原始残余寻迹

在人类历史发展中，婚姻家庭的形式，经过了原始社会初期的无婚姻无家庭的原始群时代，到母系氏族社会时产生了氏族外婚，进而产生对偶家庭，随着生产力的发展，到父系氏族社会，对偶婚又开始向一夫一妻制的家庭过渡。进入阶级社会后，有关婚姻家庭的礼俗仪式、道德和禁忌等，都逐渐形成，婚姻的范围越来越受限制，家庭的规模越来越小，关系也越来越稳定。

封建社会的婚姻家庭是一夫一妻制家庭。但这种一失一妻制家庭是以男尊女卑、父母包办为基础，以及少数封建统治者一妻多妾为补充的。

桂西壮族地区在唐宋以后逐步进入了封建社会的低级阶段——封建领主制，由于封建领主（土司）的残酷统治，社会发展十分缓慢，封建的文化、伦理道德等对这一地区的影响较小。到明代，桂西壮族的封建社会还保留着许多原始社会残余，婚姻家庭也尚存着浓厚的原始色彩，清人汪森在《粤西丛载》卷84即载："南丹溪峒苟人呼为僮。……婚不避姓，时上六中元春秋社日，男女答歌苟合，至有妊娠始归夫家。"

南乡壮族是被明朝统治者及壮族土司强迫迁居桂东落籍的，因此，桂西壮族婚姻家庭的风俗也随之带到了南乡。因为无文献记载，加上时代久远，我们已无法全面、详细地了解，但我们从解放前夕南乡壮族的婚姻家庭的有关风俗中，仍可以窥视到古代南乡壮族婚姻家庭的一些端倪。

（1）自由社交，以歌为媒。壮族青年男女往往利用赶圩、过节聚会，趁歌圩，耍年宵时机，进行社交。在此过程中，他们以对歌为娱乐，以歌为媒，从中物色自己的意中人。这种风俗已不复存在，但透过南乡流传下来的情歌，我们就不难看出南乡壮族古代青年男女自由社交，以歌为媒的一些情形。

如《试情歌》中男女对唱道：

男：沙洲起屋怕有实，
　　石面种花怕有开，
　　妹是空口对弟讲，
　　花在人园叫弟望，
　　悠姣连，
　　怕姣别处有人连。

女：未曾有，

妹是未曾耍风流，

爷爹生姣十八岁，

未曾耍过花园内，

悠元悠，

初末同弟耍风流。

从歌中我们可以看出南乡壮族青年男女是自由恋爱，自己决定婚姻大事的。在《歌堂歌》中也同样透出这样的信息：

女：妹唱只歌过屋头，

惊动老人心莫愁，

老人亦有老人位，

悠元悠，

莫怪后生耍年头①。

男：弟唱只歌过村边，

老人无事你安眠，

老竹先时脱过壳，

老人先时耍过乐，

悠金银，

如今轮到后生人。

这里唱出了年宵歌会时，年轻人高高兴兴赶赴歌圩的快乐。据老人说，在中华民国初，每年"耍年宵"的时候，南乡峒方圆数十里的男女青年身穿盛装，成群结队地从四面八方涌到南乡圩。他们或是伫立街头，或是聚集山坡林旁，二二两两，互相张望，仔细打量。有中意者则互相以歌逗情。往往是甲村的小伙子与乙村的姑娘互相对歌，集体谈情说爱。如互相中意后，则双双对对另觅地方进一步深谈，这时则以说情话为主了，如互相中意后，小伙子把一块布帕抛给姑娘，姑娘则回赠一件汗衫之类的物品给小伙子，即算定情。后来这种方式被官方禁止。特别是民国政府成立"风俗改良委员会"后，实行强制改革，以歌择偶的风俗才逐渐消失，但

---

① 耍年头，即耍年宵。

是直至今天，春节"耍年宵"期间，还是南乡壮族男女青年恋爱的好时候，还保存着当年这种风俗的一些痕迹。

（2）"不落夫家"，订婚同居。这是桂西壮族中比较普遍存在的婚姻旧俗，即新娘在举行结婚仪式后，当天或过二三天后即返回娘家，不在夫家居住，每逢农忙、节日或夫家办婚丧等事，由夫家派人携带礼物接妻子到夫家居住数日或半月，再由夫家送回娘家，一直到女方怀孕后，才到男家长住，在娘家居住期间，仍可以像其他少女一样自由参加各种社交活动。这种由母系社会从妻居向父系社会从夫居婚姻转变的残余，解放前在南乡壮族中虽然已不明显，但仍有一些踪迹可寻，在南乡，由于社会道德和舆论不准乱搞男女关系，对不落夫家要求很严，可是，在下列情况下则可不落夫家，或娘家缺乏劳动力，弟妹尚幼，故暂不落夫家，在娘家做几年劳动力后再落夫家；或兄、姐尚未结婚，小妹亦暂不落夫家；或当年家中已出嫁一女，不准再嫁，亦暂不落夫家；或父母与女儿对婚姻有不同意见，为缓和矛盾，亦暂不落夫家；或按封建迷信说法某年内不宜出嫁，亦暂不落夫家。与此同时，在娘家居住的时间大大缩短，而且定了婚的姑娘在娘家的社交活动受到严格限制，不能再自由与其他男青年交往。

（3）婚礼对歌。至今在许多壮族地区的婚礼中，女方要组织一批歌手跟在送亲队伍中到男家去与男方对歌，这是婚礼中必不可少的仪式，整个婚礼的每一个程序都有相应的山歌，这是男女双方歌手斗智的好场合，也给未婚青年们提供了社交的好机会，同时给婚礼增添了欢乐的气氛，这种习俗在民国初期还盛行，后被国民党政府禁止。1932 年 4 月当时贺县县长填报的《贺县风俗习惯调查表》中说南乡壮族婚娶习俗仍是"旧式锣鼓凉伞旗帜歌唱等"。现在南乡壮族婚礼中已经没有了对歌的风俗，但是我们在南乡收集到流传下来的《婚礼歌》中，可以看出南乡壮族婚礼中也曾经有对歌的仪式的。

送亲队伍一到男家大门，男家歌手即迎上去，开始了对歌仪式的《入门歌》。

　　　男：入门来，
　　　　　望见桃花朵朵开；
　　　　　众位送亲初来到，

　　　　主家叫我捧茶来。
女：一入大门二入厅，
　　入门恭喜主家人，
　　今日吃酒讨媳妇，
　　明年添喜又添丁。
　　……

唱完入门歌，送亲队伍入屋后即唱起《敬茶歌》：

男：一入门来二入厅，
　　望见送亲坐匀匀，
　　今日吃酒讨媳妇，
　　特地泡茶敬送亲。
女：有使敬，
　　上下邻村敬哪门，
　　相隔有到两里路，
　　抬头就见我×村。
　　……

敬茶歌后，接着又唱《敬酒歌》：

男：送亲齐坐外厅台，
　　敬了茶来把酒来，
　　筛得酒来高台放，
　　一杯酒敬媒婆娘。
女：天上落水多谢雷，
　　今日成双多谢媒，
　　媒婆架桥功劳大，
　　应敬媒婆头一杯。
　　……

敬过茶、酒，主家即安排送亲队伍用餐，边吃边又唱起了《敬菜歌》：

男：一张台盘四脚底，
　　青菜门门摆不齐，
　　村上厨官有熟舞，
　　哪比饭堂老厨师。
女：真熟弄，
　　门门肉菜摆齐齐，
　　又有鱿鱼配虾米，
　　又有凤凰配金鸡。
　　……

吃过饭，唱完《敬菜歌》，送亲队伍要替新娘将鞋送给家公家婆及新郎，送的鞋要由女方用米筛筛过，并唱《筛鞋歌》：

男：米筛筛，
　　米筛筛米立高台，
　　人家筛米就得米，
　　主人筛米得双鞋。
女：不用筛，
　　哪有米筛筛得鞋？
　　妹夫槟榔送得晚，
　　表姐姨娘做不来。
男：表姐姨娘真客气，
　　有帽有鞋故意装，
　　你送礼鞋我答礼，
　　二家情义一样长。
女：初学做，
　　初学做鞋不大乖，
　　实在要筛勉强送，
　　留与妹夫当草鞋。
　　……

送罢布鞋，送手巾，接着即唱《送手巾歌》：

> 男：多谢亲，
> 　　多谢送亲送手巾，
> 　　条条手巾细纱布，
> 　　细纱细布好人情。
> 女：一条手巾白悠悠，
> 　　中间绣上好花球，
> 　　送给姑爷做体面，
> 　　鸳鸯共枕到白头。
> 　　……

送过手巾，接下来就是要让送亲的将女家的柜子打开，开柜亦有《开柜歌》：

> 男：表姐姨婆同姨娘，
> 　　主人请你开柜箱，
> 　　有肉莫拿壅碗底，
> 　　开给大家看一看。
> 女：主人叫我开柜先，
> 　　可惜钥匙在房间，
> 　　今朝亲妈交代过，
> 　　莫开空柜给人传。
> 男：请一请二又请三，
> 　　送亲开柜很为难，
> 　　今日开箱讲好话，
> 　　主家后日好传扬。
> 女：叫我开柜就开柜，
> 　　叫我开箱好话长，
> 　　养猪大过金鸡岭，
> 　　养牛大过白马山。

开了柜子，整个婚礼就算结束，但男女双方对歌并没有因此而结束，他们往往还继续对歌，通宵达旦，兴尽方止。接着，男方带头唱起《送别歌》，送走送亲队伍：

> 男：送亲转归慢慢去，
> 　　不要急来不要忙，
> 　　我们今日礼信了，
> 　　话你归家莫传扬。
> 女：亲家亲，
> 　　好茶好酒待亲人，
> 　　姑爷好来家婆疼，
> 　　姐妹归家放落心。
> 男：敬送送亲到路边，
> 　　路边有个大莲塘，
> 　　有时鲤鱼游在水，
> 　　莲叶遮盖网难拦。
> 女：送过藕塘又过沟，
> 　　话你亲戚走回头，
> 　　塘里有鱼莫撒网，
> 　　守等成双慢慢游。

整个婚礼过程包含着一首首优美动人的仪式歌，歌中回荡着亲友之间真诚实意的情谊，寄托着人们对幸福甜蜜生活的憧憬，同时也是青年男女互相了解、物色意中人的良好时机。

总之，南乡壮族自由社交，以歌为媒，不落夫家，定婚同居，以及对歌婚礼等风俗，无不折射出原始婚姻的余光。

2. 婚姻的嬗变

随着偎兵在南乡的落籍定居，随着封建地主经济的逐步确立，带着原始婚姻家庭残余的南乡壮族的婚姻也逐渐发生了嬗变：

（1）"父母之命，媒妁之言"的封建包办婚姻逐步取代了自由社交、以歌为媒的婚姻形式。

在一般的家庭中，当子女七八岁后，父母就为他们相亲说媒，一旦说定，儿女只能听从，没有自主权，更不能反抗。有的在男女结婚前很少见过面，甚至根本就未见过面。这种包办的婚姻形式一般的程序是：说媒、合八字、定聘、送礼、报日、迎娶。

当父母为小儿子请媒人初探女方，如女方同意，使用红纸写女儿年庚（即出生年月日时"八字"）。男方择吉日托媒人带一大块猪肉到女方取八字，拿到男方，用一碗米盛着红帖"年庚"，放在祖宗神龛的香炉前，经七日烧香祈祷祖宗冥鉴，无孬兆头，便连同自己儿子的年庚一起拿去请算命佬相命，如推算男女双方无相冲克者，即可合婚，再请媒人到女方征求"彩礼"意见。如果双方商定好彩礼数量，就可举行订婚仪式。

解放前，彩礼一般是1000毫东银（或二三千斤稻谷）、猪肉200斤左右，再加银镯二只。言合后，择吉日订婚，订婚礼物一般是一只封有两块银元（俗称"东银"）、折成双乘龙式样的"红包"、一壶甜酒、一只公鸡、一块猪肉（约二斤）。订婚礼由媒人带男方的亲兄弟送至女方报喜"订婚"。女方设筵招待，但不请亲友参加。

当子女长至七八岁时，女方即向媒人提出要求"过礼"，即交彩礼钱。但这时，一般只要求交一半或大部分，举行"过礼"时，男女双方都设宴，请至亲兄弟姐妹和岳父母名为吃"过礼酒"。男方派亲兄弟为"押礼"，用箩筐挑着一担，箩底垫着白米，再放入红糖、饼干、一大块猪肉、报喜公鸡、一壶甜酒、一条银项链、一只银手镯及彩礼银。若以稻谷为礼银则装担挑送。凡送的礼均用红纸包扎，由媒人带送去女家。在女方用过午餐即返。女方也要给男方回礼，礼物一般是：女子送给郎君一双白布底新鞋及二株连根四季大葱，以示情如春发。

过礼后，男家便应注意在家中办其他喜事或春节期间的吉日，请未来的媳妇来"相亲"（或称"看门""初会"）。一般来住10天左右，才打发她回娘家。因为一般年纪较小，女方来时一般是与家婆同住，回去时，家婆一般要给她缝一套新衣服（或送一套衣服的布），重银"红包"，亲戚婆姆，姑姨娘等都要给"红包"。而且，还要做一担糯米白糍粑送她回娘家。这种糍粑比平时做的大得多，径长五六寸，厚达六七分。尔后，女方也要趁家中办喜事或过年节时，请未来的女婿到女家"相亲"，亦住10天左右送归。女方除送给小郎君一双白布底新鞋外，岳父母及舅伯叔均需给"红包"，也做一担糯米糍粑送归。男女双方相亲所送糍粑均要分给自己的亲戚，以宣扬亲家的厚礼。

　　除了经济特别困难的家庭外，一般都在 12—16 岁时完婚，这样的年纪的确是属早婚，因此旧时曾有小新郎在迎亲途中从轿上撒尿下来的笑话。完婚前，男方得请算命先生按"八字"择吉日良辰至女方行"报日礼"。

　　"报日"这一天，男方必须将订婚时议定的彩礼除过礼时已交的部分外，如数交足，并再给一只雕有龙凤的银手镯，其余的礼物与过礼时的一样，并用红纸写成红帖，写上迎亲的日子，派亲兄弟由媒人带去女家"报日"。这天男女双方都要办酒筵，请亲友赴宴，被女方请吃"报日酒"者，将来出嫁后新娘新郎第一次回拜年时，一定要请他们吃"年酒"。"报日"后，男方即准备迎亲，女方就要加紧准备嫁妆。

　　结婚是男女青年最幸福的日子，也是做家长最高兴的时候，所以，南乡民间素有"婚男嫁女，卖田借债都应当"之说，完婚之日，无论如何都要办喜酒。

　　婚嫁的喜酒，女家从迎亲前夕开始，至女儿出嫁日止，共设一正二副共三餐酒筵；男家则从迎娶前一天至婚后第二天晨宴后止，共设二正三副共五餐酒席。正餐是在迎娶、出嫁之日摆设，其余的为副餐，正、副餐的区别是，正餐上十二道菜，副餐则只上六道菜，迎亲的前一天，男方就要将杀好的有头有尾约 200 斤的全猪及豆腐等送给女方办酒席用。

　　迎娶之日，男女双方都请亲友赴宴。男女双方提前一个月左右将婚期通知他们。通知的办法是：用内写有婚期的红纸包两小片槟榔（或一点烟丝）送给亲友。前往女方贺婚的人一般带些布匹、被单、面盆等日常生活用品。至男方贺婚者除带日常生活用品外，还要送喜联、爆竹等。不论是去男方，还是去女方，都是将礼品装在箩筐里担去，并在每只箩底放一二十斤米或谷，主人家收礼后，又退几斤米给客人。若命与新婚夫妇相克者不能参加婚礼。

　　迎亲的方式，有贫富之别：富有门第者，则请八音乐团、"满堂轿"（凡迎亲、送亲的金乘轿）；贫穷之户只请两个吹唢呐的，一乘新娘的大彩轿；一般中等人家是，请"八音"，抬新郎新娘轿，其余的则步行。

　　迎亲队伍的组成人员及排列次序是：一般以两面红绸条旗为前导，接着是八音队、媒人、新郎的两三个姑妈、新郎（乘轿）、接新娘的空轿、担礼品的人员，礼品有一甑甜酒、猪肉、熟鸡、黄色糍粑等。

　　迎亲队伍到女家，新郎入堂奉茶后，先拜见岳父母，行鞠躬礼。岳父母赐以"红包"，由新郎姑妈代收，接着向新娘的亲戚依次拱手行拜见礼，受礼者以"红包"表示感谢与祝贺。然后，举行"释恩"仪式（又称"辞亲"，即祭谢祖宗），女方请来道公，将男方带来的甜酒开出放在女家神龛台前，并点香燃烛，宣诵做道，新郎站在中堂前由道公指挥行叩拜礼。"释恩"仪式毕，即进午餐。

宴毕，新郎向岳父母及亲戚行"拜辞礼"后，新郎即返。新娘由其两个送亲的姑妈陪着拜父母后，便由她们挽着上轿。迎亲队伍离开女方前，要给女方14个红封包，给新娘父母的封包称"代奶"，以表示对其养育儿女恩德的感谢，封包封12毫子；给新娘姐姐2个封包称"褓袍"，以谢姐姐带抚妹妹长大之恩，每个封包封2毫子；给替新娘梳理的封包称"梳妆"，1毫子；给为新娘画眉的封包称"开眉"，1毫子；给帮新娘开八字的算命先生的封包称"开命"，1毫子；给上甜酒、点香烛以及主持"辞亲"的道公各一个封包，分别称"开瓯""香烛""托神"，均为1元；新娘上轿前，其妹要倒一杯茶给她喝，男方也要给一个1毫子的封包称"开茶"；给挽新娘上轿的两人的封包称"代步"，1毫子；给替新娘撑伞行至轿前的封包称"开伞"。新娘出门后，要做"封典印"，即由男方来迎亲的把新娘出门的脚印——作象征性的扫除，新娘的脚步是富有情趣的舞步，这很可能是古代抢婚风俗的痕迹。因为抢掠来的新娘，为了使她不走回头路，亦不让她家人追赶，就必须把新娘走过的脚印抹去，以防留下蛛丝马迹。迎亲的队伍回程与去时的次序大体相同。送亲的新娘的两个姑妈、亲弟、舅母跟在新娘轿后，抬嫁妆的在最后。新娘的嫁妆有：6到8床被褥、两张蚊帐、枕头一对、大小柜各一个、木箱二只、水桶及铁钩各一对、扁担一条、木盆和搪瓷盆各一只、面盆架一具、高矮凳各一张、可办一台酒席用的碟碗筷匙等一套及陪嫁的银子100毫或稻谷一担。若两位出嫁新娘在路上相遇，则要互换裙带或白纸扇，表示共同幸福，日后好相见。

迎亲队伍回到家时，鸣铁炮（地雷炮）三声，新郎新娘下轿。新娘由送亲的姑妈陪扶进门。坐在堂屋里的新郎父母不能面对新娘，只能面向祖宗神龛。新娘进厅门时，由合婚的道公将事前烧化好的符咒水含入口中向新娘喷洒三次，俗谓这样可以避邪解秽净身。然后新娘拜堂，先半蹲拜祖宗神龛三次，再拜家婆一次，就由迎送亲的姑妈陪入洞房。这时，道公做"合婚道"，化符咒于三杯糯米酒和一碗瘦猪肉之中，由迎亲男女捧给新娘新郎。新郎先喝一杯半酒，再拿给新娘喝一杯半酒，然后各吃几块"合欢肉"，便算合婚礼成。俗称三杯酒为"合卺酒"，那碗肉为"合欢肉"或

"共福肉"，并有"三杯杯半酒，一枕枕双眠"之说。是晚，亲朋好友皆大欢喜，饭宴时猜拳划码，尽情欢乐，但不兴闹洞房。新郎待亲友散席后，方能入洞房。

第二天晨宴后，便打发送亲者及亲戚回家，各有数量不等的礼肉酬谢。

新婚翌晨，新娘必须做二件大事：一是"早起火"，也称"试新灶"。由家婆事先为其备好火柴、干柴及易燃的松光或竹篾，新娘务必一点即燃，取其好兆头；二是担水，新娘担上陪嫁带来的新水桶，手中拿着三枚铜钱，到河边将铜钱丢下水中，掏水回家，谓之"掏新水"，俗称"买掏（到）江河水，共饮到百岁。"新婚第三朝，新夫妇带着喜糖、喜酒和一对报喜鸡（公鸡、母鸡各一只）到女方家，叫"回面"或"回门"。女方设午宴，请至亲一起吃"回门宴"。当日，夫妇齐归男方家。

从上述过程看，南乡壮族的婚姻仪式在封建时代已经变得十分烦琐、复杂，整个婚姻过程持续时间长、耗资巨大，待完婚后，许多家庭已是倾其所有。所以结婚对他们来说是一个沉重的负担，有些贫苦人家的子弟往往因此娶不上媳妇。

（2）各种婚制无不带有买卖性质。

招赘婚　壮族中男到女家落户是比较普遍的现象，南乡壮族中素有"男不嫁，可上门"的规矩。但在封建的"男尊女卑"的思想统治下，这种婚姻形态亦免不了被打上时代的烙印。实行"招赘婚"的人家，一般是有女无子，或是豪门大户，入赘的男人在社会上的地位也有了很大的变化。因而去上门者一般是因家穷，无法娶妻者。因为这种婚姻不用男方交付彩礼聘金，也不用他们请客吃饭。还由于招赘的目的是延续香火，承继家业，故其手续比较简便，或是请族人吃酒作证；或是只凭女家愿意。入赘者改从妻姓，子女一般从妻姓（有的生一子顶两家姓，生两个儿子则各顶一姓），丈夫一般既无"夫权"，又无"财权"，纯粹是被当作传宗接代的工具。

童养媳婚　男方因家贫，做父母的却总是背负着承宗续后的责任，要为儿子讨个媳妇。因此，寻访穷苦人家有生女者为儿子求童养媳。女方也多因家穷、儿子多，只要有人接养，给几毫银或几升米，就让男方把女儿带走。实行童养媳婚的人用很低的价钱收买十岁上下的穷家女儿为媳。

最初的几年里让她做工干活,长大后便为儿子圆房。于是,收买童养媳的人家既省下了娶妻时必须花费的大笔彩礼,又白赚取了该女子几年的劳动所得,具有明显的买卖性质。

(3)在离婚和再婚上对妇女的歧视和压迫。

在离婚问题上,虽然男女双方都可以提出离婚,但如果是女方先提出,就必须赔偿男方全部或部分聘金及结婚费用,而且女方不得带走包括陪嫁物品在内的任何财物。这对于在经济上没有多少自主权的妇女来说,无异于剥夺了她们主动提出离婚的自由权利。而若是男方提出离婚,则只需请男方族上的"甫老"作公证,在河间大石上写"休书"或"离婚书",交给女方,任其自由,双方无关系,男方不承担任何经济责任,女方也不得带走任何财物。不论哪方提出离婚,女方均不得带走孩子(除非男方不想要的孩子),尤其是男孩。若孩子尚在襁褓之中,女方可以带走哺乳,长大后再归男家。这意味着对母亲对孩子亲属权的剥夺。在这里要顺便指出的是,一般来说,提出离婚的往往是女方而不是男方。其原因主要是:男方离婚后绝大多数人难以再筹钱作聘金及婚礼费用,而女的离婚后则较容易再婚。因此,假若妇女难以忍受家庭的虐待,就会提出离婚。这也说明南乡壮族婚姻虽然受汉族男尊女卑的影响,但仍有原始婚姻中以女性为中心的残余。

在再婚问题上,有钱的男子不仅可以纳妾,而且离异后,经媒人引线双方愿意后即可以结合。但必须请酒,否则就被视为不轨行为。因为不管是初婚还是再婚,宴请亲友其婚姻才得到承认。然而,离婚或守寡妇女再婚,则被视为不是"贤贞良妇"。寡妇再嫁要先交身价钱给原夫族。寡妇出嫁当日村子正门楼要挂红布以示避邪。娶寡妇者亦只能在半路设简单的酒席,请几个至亲吃饭,俗称"半路酒"。若一个妇女多次再婚,社会就要对其加以谴责,把她视为"克夫"的"扫帚星"。因此,有子女成人的寡妇一般是不愿再嫁的,尤其是再嫁作后娘的更是极少。

这样,在封建婚姻观念的冲击下,原来南乡与这种观念不协调的壮族古老传统习俗,或被禁绝,或被揉进封建婚姻制度中得到暂时保存。如,举行婚礼当天男方和女方歌手对歌等习俗,已经消失;在婚姻关系中,妇女可以提出离婚,而且女的提出离婚的往往多于男的,与汉族"从一而终"的观念是有冲突的,但已经受到要赔偿身价钱等限制;订婚时夫妻同居后,女子虽有参加各种社交自由的权利,但也越来越受到严格的限制,如发现男女私通，特别是已订婚或已婚者就会受到夫家的严厉制裁，甚至被"休"；未婚青年可以自由参加"耍年宵"等时节的对歌活动，自由恋爱，但客观上却不容许自己择偶。"父母之命，媒妁之言"才是正当的婚姻途径，以致一些青年男女为了摆脱封建婚姻观念的枷锁，不惜双双外逃，或是自杀殉情，演成一出出反抗封建婚姻的爱情悲剧，等等。然而，封建婚姻制度毕竟已经占了主导地位，那些与封建意识形态格格不入的原始婚姻的种种残余，已经发生了变异，而成为封建婚姻制度的附属物。

中华人民共和国成立后，南乡壮族人民获得了解放，并随着社会主义改造的完成，进入了社会主义初级阶段。40 年来，在婚姻方面发生了必然的变迁，主要表现在以下两个方面：

第一，封建的婚姻制度被废除。1950 年国家就制定了《中华人民共和国婚姻法》，1989 年修改后重新公布。此外，还实行了由民政部发布经国务院批准的《婚姻登记办法》等行政法规，从法律上废除了封建婚姻制度，确立了社会主义的新型婚姻关系，在法律上保障了恋爱自由、结婚自由和离婚自由。摧残妇女的纳妾、童养媳婚已彻底被废除。男到女方落户已被认为是进步的，据我们对江坪村第 4 队和第 5 队的调查，解放后有 3 位男子上女方家落户。

第二，婚姻仪式简化，男女青年在生产，或其他场合，或介绍人牵线搭桥认识后，自由恋爱，由自己决定终身大事。从 50 年代中期实行合作化到 70 年代末，青年男女只要到政府登记领取结婚证就算完婚了。过去那种订婚、过礼、报日等旧婚俗程序都不再执行，而且许多人结婚都不讲彩礼、嫁妆，不办酒筵。如江坪村的陈明有 4 个儿子，讨了 4 个媳妇，都没有请过酒，新事新办，受到众人的称赞。有的人家即使办，也只是请至亲好友简单聚会，不再大操大办，铺张浪费。但是，80 年代以来，婚礼大操大办、彩礼越要越多、酒席越办越奢的现象有所发展。

此外，还要提及的是，南乡壮族至今仍然绝对禁止同姓通婚。早些年石板寨有一对同姓结婚后被家人、族人干涉，不予承认，只得外出。同姓男女更不能有越轨行为，若有违者，过去按习惯法，轻则罚跪于族人前，或浸于屎坑之中，重则要活埋。传说南乡中廖姓过去即有一人因此而遭活埋。

3. 家庭的嬗变

南乡壮族历来以一夫一妻制家庭为主，在这些家庭中，一般由夫妻、未婚子女及丈夫的父母组成。由于受汉族封建宗法观念的影响，南乡壮族人的观念中，也把数代同堂、家庭人口众多作为家庭幸福的标准之一。一户人如果四五代同堂，就被认为是最美好的。在生育观念上也认为"多子多福"。虽然南乡壮族家庭中，儿子长大完婚后大都分家立户居住，但在上述观念的支配下，家庭规模还是比较大的。1934 年《贺县志》卷二《社会部·户口》记载，南乡 860 户，6090 人，户均人口 7.08 人。

在家庭中，父亲或丈夫是唯我独尊的。家长由年长的男子担任。他掌握着全家的经济来源和支出，并对家庭中一切大小事宜决策。即使儿子已经结婚，但只要其父尚健在，一般还是由父亲担任家长。家庭中的生产、生活大事皆由家长最后定夺，至今变化不大。据我们对江坪村第 4 组、第 9 组及大汤一组的调查，由两代以上已婚男子组成的主干家庭共有 16 户，只有 3 户是由非最长一辈男子担任家长，只占总数的 1/5。妇女在家庭中的地位是低微的，只有在丧夫子幼的情况下，妇女才可以暂时管理家庭事务，待其子成人后，这份权力就要移交给儿子。

在封建专制的体制和生产关系下，家庭构成了南乡壮族社会基本的生产单位和生活单位。一般是以家庭为单位进行各种生产生活活动，特别是在社会活动中，家庭发挥着至关重要的作用。首先，在消费上，由于家庭的全部权力由家长掌握，每个家庭成员的劳动所得又归家庭所有，故他们的生活必须由家庭支出，因而每个家庭成员的消费意愿和生活方式都要受家庭这一集体的限制。其次，作为一个基本生产单位，许多日常消费品，如粮食、蔬菜、衣物等均由家庭自身生产，不依赖市场，成了自然小农经济存在的基础之一。最后，由于文化不发达，绝大部分孩子只能在家中接受父母的自然教养。此外，尽管儿子们分门立户，但仍共同承担赡养老人的义务。老人过世后，要负责为他们发丧、送葬和守孝，若干年后还要拾骨重葬，并以此作为子女孝顺的标志。

由于家庭在社会活动中具有如此重要的职能，因此南乡壮族是十分重视血缘关系的，在人际交往中，这种血缘关系的浓厚色彩可以从许多方面表现出来，例如人们的社交范围十分狭窄，除耍年宵等活动外，一般只是走亲戚、回娘家。这种狭窄的社交范围无疑加强了家族或宗族之间的联系，从而导致南乡壮族基本上是同姓同族聚居，这一点我们在后面还要详细论述。在族内一般有一个自然形成的、能力较强的男性"族长"，并有约定俗成的"族规"。同族人在生产和生活中互相帮助，共同处理婚丧、祭祀以及事讼诸事。家族或宗族还设有宗祠和蒸尝田（收获作祭祖费用），以此维系宗族之间的感情。此外，若族内某家绝嗣，一般也只能从族内或近亲中挑选嗣子，只有家族或宗族无人，才可以从旁系中过继。妇女招赘有时须请族内头面人物及其侄子饮酒，分给男方家族田产，必须经过族人同意和承认，否则，不能分给其田产。前些年，南乡石鼓寨一位从外地来此上门落户的汉族就没有分给其责任田地，后经政府出面调解才解决，这说明了南乡壮族社会中宗族观念之强烈。

解放前，南乡壮族家庭中同样受"男尊女卑""男主女从"观念的影响，而且男女地位的差异与周围汉族相比真是有过之而无不及。在封建社会里，中国汉族农村大都是男耕女织的经济结构，男子主要从事田间劳动，妇女则成为家务劳动的奴仆和生儿育女的工具。南乡壮族妇女在日常生活中既要生儿育女操持繁重的家务，在生产劳动中还要担负拔秧、插田、耘田割禾等项工作。在大男子主义思想支配下，即使妻子累得要死，丈夫也往往认为这是妻子"分内"的事而不予帮忙。更重要的是，她们的辛劳，并没有使她们在家庭中取得更高的地位，对家事无发言权，丈夫责骂不能还嘴，更不能指责丈夫的过错。若有家公家婆，清规戒律则更多了，她们平时要精心服侍老人，在家不准大声说笑，不能上桌陪客人吃饭，不得亲近家公等。社会上也十分看不起妇女，甚至不准妇女参加公共集会和祭祖活动。在人们的观念中，一直认为妇女不如男子。至于生育和其他方面的重男轻女、剥夺女子的继承权的事情在人们看来更是天经地义的了。

在家庭财产的分配和继承上，女子除留在家中招赘者外，是没有继承权的。兄弟间则是平等的，有的长子分到的份额可能稍多一些，这与他最先协助父母挑起生活重担，对家庭的贡献最大有关。因而长子较其他兄弟多分到一些财产，也是情理之中，其他兄弟一般不会有异议。

从上述解放前南乡壮族的家庭来看，南乡壮族的家庭已经在封建思想和意识形态的冲击下，发生了一系列变化。包办婚姻、忠孝礼义和宗法观念、三纲五常和三从四德等封建婚姻家庭的精神支柱，已普遍为人们所推崇，妇女被压迫在社会的底层。

解放后，南乡壮族人民在生产中，体会到小家庭更有利于调动家庭成员的积极性，于是导致南乡家庭的规模越来越小，核心家庭越来越多。据民国《贺县志》统计的资料，南乡户均人口是 7.08；到 1982 年全国第三次人口普查时，户均人口已降至 5.32，1988 年降至 5.14。

表十二　　　　　　　　　　南乡总人口变化统计表

年份	人数	年份	人数
1933	6090	1975	13495
1961	8532	1976	13684
1962	8766	1977	14021
1963	9094	1978	14354
1964	9220	1979	14462
1965	9339	1980	14776
1966	9804	1981	15176
1967	10103	1982	15281
1968	10373	1983	15364
1969	11408	1984	15473
1970	11535	1985	15613
1971	12071	1986	15741
1972	12392	1987	15799
1973	12872	1988	15904
1974	13227		

　　家庭构成的类型，据我们对江坪村第 4 组、第 9 组、大汤 1 组等 3 个组，计 55 户的调查情况（见表十三），可以看到，最易构成大家庭的联合家庭，在南乡已没有；另外，一种可能构成大家庭的家庭类型①——主干家庭，占比也只有 58.18%，而且其中又有 1/2 是残缺型的，这种状况主要是儿子成家后双亲或一方跟他一起过的原因，而核心家庭已占到全部家庭总数的 41.82%，这一情况说明了家庭规模日益缩小的趋势。

———————

　　① 按照人类学的分类，家庭结构一般分为核心家庭、主干家庭和联合家庭，核心家庭又称夫妻型家庭，由一对夫妇及未婚子女组成；主干家庭，则是指由父母、一子之妻及子女组成；联合家庭，是指由父母和儿女、诸子之妻组成，或者还包括诸兄弟及其妻室，儿女所组成的家庭。

表十三　　　　　　　　南乡江坪、大汤家庭构成类型统计表

类型	核心家庭			主干家庭			联合家庭	合计
	完整型	残缺型	小计	完整型	残缺型	小计	小计	
数量	15	8	23	16	16	32	0	55
比例	27.27%	14.55%	41.82%	29.10%	29.10%	58.18%	0	100%

此外，家庭的职能也越来越多地向社会转移。生产职能中，从种子、化肥、农药到农具及产品销售都越来越多地依赖社会，生产的发展以及向商品化过渡，直接影响着家庭消费职能越来越向社会转移，小农经济占主要地位时，日常生活用品很少依靠社会，现在则不同了，穿用的基本靠买，高档商品则更不用说了。而家庭的教育职能转变亦十分明显。解放前相当一个时期南乡许多村没有学校，只有极个别家庭能延师至家教子稍识文墨外，广大劳动人民长年辛勤劳动尚难保证一家的温饱，当然就不能让子女携粮负笈外出求学，只能终生束缚在小块土地上，祖祖辈辈如此，家庭教育的目标不过是培养安分守法、持家立业的农民，教育水平虽低，但却是百科全书式的。生产劳动的各种知识和技能，孝亲爱子的伦理道德，祭神敬祖的思想观念等，都依靠家庭教育，正如古诗所云，"童孙未解供耕织，也傍桑阴学种瓜"。民国时期南乡虽办起一些小学，但许多孩子因家庭困难，不得不过早地辍学，所以，解放前，全南乡能在中学就读的不足 10 人，教育仍以家庭为主。解放后，由于党和政府十分重视教育事业，大办学校，家庭教育职能向社会转移比较明显了。近年来，随着南乡经济文化的发展，家庭教育的职能向社会转移的趋势则更为明显。随着国家实行计划生育政策，就连生儿育女职能也受到社会的制约。

4. 亲属称谓的嬗变

南乡壮族称谓中，也有的称父亲为"哥"（〔kice〕），或"伯"，称母亲为"嫂"（〔Liu〕）或"伯母"（〔pa〕）的。为什么这样称呼呢？他们认为，孩子的"命"比父母大的则应称父母为哥嫂，若父母"命"比孩子大的则应称父母为伯父伯母，这样就比较容易将孩子养大成人，这种说法与旧社会南乡地区医药卫生条件差、孩子多病、夭折者多、难以成人有关。其实，这里还有着更为深刻的历史根源，即是原始婚姻形态

的一种痕迹。

南乡壮族父亲、叔父称呼"ne"（叔父称 ne'i 很可能是后来加入的），母亲和婶婶都称"eaeu"，大舅与伯父都称"lung"，大舅母与伯母都称"bar"，母亲之姐与父亲之姐同称"bada"，母亲的姐夫与父亲的姐夫同称"lwgkwi"，以及丈夫称妻方的亲属与妻子一样，过去兄弟姐妹方面根本没有"堂"与"表"的称谓，这些都证明了南乡壮族古代经过了恩格斯在《家庭、私有制和国家的起源》中所说的"普那路亚家庭"婚姻形态。

但是，南乡壮族的亲属称谓最大的特点就是父亲、母亲、哥哥、嫂嫂、姐姐、姐夫、叔父、婶婶、姑妈、姑父、大舅子、舅母等血缘关系最为密切的称谓与一般壮族地区不同（见表十四）。这是为什么呢？是否受汉族或瑶族的影响而发生变迁？这是一个值得探讨的问题。

解放后，特别是近几年来，年轻一代的父母们许多已不再按照旧式的亲属称谓教其孩子，而改用汉族通用的称谓，即使讲壮话也从汉语中借用词来称呼。

表十四   **南乡壮族亲属称谓表**

汉 称	一般壮称	南乡壮称	备 注
哥 哥	go；bel	〔lu^{55}〕	
嫂 嫂	sau；beinang	〔1i：u^{132}〕	
姐 姐	ce；dace	〔ta：^{42}〕	
姐 夫	ccfou：beiye	〔kwi：^{132}〕	
弟 弟	nueng；dahnueng	〔nue：ŋ^{213}〕	
弟 媳	nueng baw	〔pa：^{45}nue：ŋ^{213}〕；〔nue：ŋ^{213}li：u^{132}〕	
妹 妹	dahnueng	〔nue：n^{213}〕	
妹 夫	nuenggwi	〔nue：ŋ^{213}kwi^{132}〕	
父 亲	boh	〔po^{24}〕	
母 亲	meh；demeh	〔me^{23}〕	
伯 父	mng；bohlung	〔lu：ŋ^{4}〕	
伯 母	ba：meba	〔pa：^{45}〕	
叔 父	au	〔ne^{42}〕	

续表

汉　称	一般壮称	南乡壮称	备　注
婶　婶	sim	〔kau^{24}〕	
姑妈（父之姐）	mehgu；mehgo；banieng	〔pa，^{42}ta：^{24}〕	
姑　父	bohgo	〔lu：ŋ^{42}kwj^{132}〕	
姑姑（父之妹）	go	〔kau^{24}i^{132}〕	
姑　父	bohnieng	〔a：u^{42}kwi^{132}〕	
大舅（母之兄）	bohna：bohgou	〔Lu：ŋ^{42}〕	同"伯父"叫
舅　母	mehnao；mehgim	〔pa：^{45}〕	同"伯母"叫
小舅（母之弟）	bohna；bohgou	〔ne^{42}i^{132}〕	
舅　母	mehna；mehgim	〔na：^{42}ne^{42}〕	
姨妈（母之姐）	na：dahei；mehhei	〔pa：^{42}ta：^{24}〕	同父之母叫
姨　丈	naghei；alung	〔lu：ŋ^{42}kwi^{132}〕	同父之姐夫叫
姨母（母之妹）	〔na；dahei；mehhei〕	〔na：^{42}i^{123}〕	
姨　丈	nahei	〔na：^{42}kwi^{132}〕	
祖　父	goeng；gung	〔ku：ŋ^{42}〕	
祖　母	bu；nai；yah	〔ya：^{213}〕	
曾祖父		〔ku：ŋ^{42}ma：ŋ^{24}〕	
曾祖母		〔ya：^{213}ma：ŋ^{24}〕	
外祖父	da	〔ta：^{42}〕	
外祖母	dai	〔ta：i^{45}〕	
丈　夫	gvan：boh	〔po^{132}〕	
妻　子	yah；mehyah	〔me^{24}〕	
儿　子	lwg	〔lw^{42}〕	
女　儿	lwg	〔lw^{42}〕	

四　人生礼仪的时移俗易

人生礼仪就是每个人在一生中都要经过的几个生活阶段，即诞生、成年、结婚、丧葬等，每个人的社会属性就是通过这些重要阶段不断确立起来的。人的社会属性既然与社会有着这种密不可分的关系，我们也就把南乡壮族人生礼仪中的诞生礼和丧葬礼的时移俗易，放在社会变迁中加以考察①。

1. 诞生礼的时移俗易

诞生礼的仪式在人的一生中形式较多，孕子、生子、满月、百日、周岁以及育子成年等均属此列。南乡壮族诞生礼的时移俗易十分显著。

生子：妇女有身孕后，即尽量少出门，更不让其干重活，还酿甜酒蒸煮猪鸡肉等滋补身体。婴儿降生后，用老姜、柚叶共煎温水给婴儿洗浴，这次洗浴要用几盆水，最后一盆水中，放置铜钱或银元一枚，有的甚至放入一只秤砣做为"宝器"。认为只有这样，小孩子长大后胆子才大，否则长大后就会逢事畏缩，毫无胆识。婴儿降生后，要及时向外婆报生。旧时，南乡壮族的观念是"生男贵、生女贱"，特别是头次生育即是女孩，不但受到家庭的冷遇，一般坐月期间只些甜酒和鸡、猪肉吃，报生时也很简单，外婆闻讯后，也只送些甜酒和一两只鸡及一条新背带、一套小孩的衣服来。若是生男孩，要以甜酒向外婆家和宗祠（族上）报喜，家庭老幼都欢喜，要杀鸡庆贺。外婆闻讯后，也高高兴兴带礼前来护理。产后五日，外家的外婆、舅姨姐妹和夫家的妯娌姑母姐妹都送鸡、甜酒和粳米贺生。外婆还要送新背带、衣裤、银牌等重礼给外孙。这一天主家要办"送鸡"酒筵款待并对客人每担礼打发一块约 1.5 斤的猪肉及豆腐酿、糖饼等作为谢礼。

产妇"坐月"期间，不是亲戚朋友一般都不来串门：如果无意中走进门来，不要马上回头就走，要待主人给甜酒吃了，并回送一枚硬币或一角几分钱置于盛甜酒的碗中，才离去。若有要紧事登门与产妇家人商量，必须包好红包，待主人给甜酒吃后，把红包放入碗里。产妇在月中一般不准出家门，洗衣服等一切家务由家婆代劳，尤其不准下床沾水劳作。产妇丈夫一般不进房，在别处另搭床休息。

解放后，由于实行男女平等，生男生女都逐步按生男的习俗办，这在生子礼仪中不啻是一个重大的变化。

育子：南乡壮族自古以来，称出生后的婴儿为"花童""花儿"。有"花"必有"花根"，即花娘，"花童"未满三周岁之前，孩子乖不乖，主要看尊重不尊重花娘，能不能得到花娘的爱抚。因此，孩子晚上睡觉前，

---

① 婚礼在"婚姻家庭的嬗变"中已作考察，在此不赘述，成年礼无资料可考，在此从略。

必须洗净脸面,如果脸面污脏,就说怕"花娘"不认得"花童",不顾"花童"了,孩子就会吵闹,哭啼。假若遇到"花童"夜间吵闹哭啼、不愿睡的,就要在夜深人静时,烧起灶香,装一碗饭,放在床头飨奉"花娘"。约过 20 分钟后,把烧的香连碗带饭及纸钱送出大门外菜园边,烧化纸钱,并将饭连碗一同弃于菜园边。在此期间,还要用红纸条写上:"天皇皇,地皇皇,我家有个夜哭郎,请君过路念一遍,保我花郎快成长",贴在大路口的大树根或墙边,让过路人诵读。男孩子满周岁时,要办"对岁酒",女孩子则不办。这一天要杀鸡宰鸭,凡是坐月时送过东西的亲戚都请来欢聚,以此表示感谢关怀。除外公外婆要给小外孙送红封包、衣服或银牌之类的礼物外,其他亲戚只带些水果糖饼之类即可。宴会开始之前,母亲抱婴儿到摆有笔、书籍、小刀、鸡腿等物的桌前(有的用红纸包一双筷子代替鸡、鸭腿,再用红纸包一支笔),大人们默声在旁围观,看孩子先抓桌上什么东西,这叫"抓周",或称"试童"。如果小孩先拿笔、书,则认为孩子将来是读书人之吉兆;若先抓鸡腿吃,就认为孩子将来是没有出息的。

小孩子在"谢花根"以前,每年秋收后,若出嫁女儿带小孩回娘家,外婆要用新糯米做不放碱的净白米的小粽子,用煮粽子的水为外孙洗澡,以祝小孩平安除病,并将粽子带回去,广发给邻居亲人。

当孩子(不管男女)长到 3 岁时,便宰鸡买肉,请来道公,于菜园旁边,摆上供品,燃起香烛,做道场,焚纸钱,谓之给"花童"做"谢花娘",酬谢花娘抚爱"花童"成长。

解放后,随着卫生医疗条件的改善、认识水平的提高,除极少人外,办对岁酒、谢花娘酒,人们只是出于对小孩的祝福,带有迷信色彩的祭花娘、谢花娘的仪式已经消匿。

婴儿长到数月后,一般就要由祖父辈主持安名,有文化的则自己安名,没文化的也有请有文化的先生安名的。女的多数安个"花""莲""英""兰""香"之类的名,但女孩子的名字中间一定有个"妹"字,不管姓什么,也不管是哪一代,这一习俗与贺县盘瑶的习俗是一致的,很可能南乡壮族的老祖母是瑶族缘故。男的有的先安个乳名,乳名越烂贱越好,如安"牛""牯""怀"(壮语,水牛之意),以示像牛、狗一样容易长大,有的也请算命先生根据其属行来安名,如安"木生""石养""水成""土连""金生"等,以祈求五行神灵保佑,消灾避难。到了上学,才按辈分安上"读书名"。不少人结婚生了小孩后，人们还习惯叫他的乳名，以示亲切。解放后，特别是近几年来，南乡壮族人给小孩命名时，已很少给小孩安乳名，带有迷信色彩的名字则几乎绝迹。

　　旧时南乡壮族还有这样一个习俗，就是小孩子生下后，若是体弱多病，则认为是"命大"难养，要给小孩子"认寄"，以示将小孩寄给别人或神灵寄养成人。

　　认寄的方式是，经算命先生算出小孩子的命属后，即去找一个命好的、与小孩子命属一样的中年人认作寄父。认寄时，小孩的母亲背着他携鸡肉等到新认寄者家中，请道公在新寄者的祖先神龛前摆供做道场，意为告诉祖先说有人要寄养在家中。然后在被寄认者家中吃一顿饭，并给小孩起一个名字，打发一个封包给小孩。此后，小孩就称他为"寄爷"，其家人则相应地称为"寄母""寄哥""寄姐"等，两家如至亲一样来往。逢年过节或逢有红白喜事两家都互请、互相帮忙。若是寄父、寄母去世，寄子要像亲儿女一样为之披麻戴孝。穷人一般采用拦路认寄爷的方法，即由算命先生选好日子，大清早母亲就背着孩子携肉饭菜，到大路边隐蔽处躲起来，当第一个人走过来时，若不想认他则要躲好不让他看见。当走过来的人是想认的人时，就迎上去将他拦住，讲明意思，就在路上摆上所带来的酒菜给他吃，吃完饭后，要他给小孩起个名，从此两人没有什么往来了。

　　如果小孩认一个寄父后，仍弱病如故，则要继续再认寄父，有的人至长大成人要认几个寄父的。现南乡壮族约有1/10的人有寄父。

　　除认人作寄父外，还有根据命所属之行的东西为保护神。如命属木的则去认大树，属土的则去认大石，属水的则去寄水井等。去认寄前，由道公画好符，写上小孩的姓名、生辰命属等，上页是一张属水寄符的式样。

寄水符式

认寄时，由母亲背着孩子，带上酒菜肉饭及符画到村边大树或大石等所寄之物前摆供，贴上符画，焚香烧烛化钱。解放后，认寄之俗在青年一代中已不时兴了。

生日：南乡壮族不分男女，不满"花甲"不称寿、不祝寿、不办寿筵。俗谓18岁死是"小颜回"；36岁死称"大颜回"，都被视为早夭，上60岁过世方能称寿。

称寿者可办寿筵，请亲朋好友来赴宴。做寿时往往做一种大如篮球的"寿糍"，这种糍是用糯米粉调水揉好像球形经油炸后内空而成的。祝寿时，要先拜奉祖宗，其次是在酒筵上，寿星要接受赴宴者敬一杯寿酒。做寿时，儿子一般要给老人置新衣服、新鞋子和做"寿衣"（即凑棺材）或长留"长寿木"（即留长大杉木，以备做棺材木料）。参加寿筵祝寿之亲友，则赠玉镯、画屏、寿联及鲜鸡、寿酒、金橘糖果等物。此俗至今依然。

2. 丧葬礼的时移俗易

死，是人生旅途的最后一站。人们为了寄托对死者的哀思，以及祈求死者对生者的保佑，既要举行殓殡葬的祭奠仪程，又要由亲属、邻里、好友等进行哀悼、纪念、评价的仪式。

由于丧葬礼往往积淀着一个民族深层的思想道德观念，因此，传统文化常常比较集中地反映在其中，南乡壮族丧葬礼的传统文化积淀是深厚的。

对祖先的崇拜，加上"灵魂不灭"观念的长期作用，南乡壮族传统的丧葬礼从家中老人断气开始，便开始举行歌颂老人功德、为老人顺利进入阴间世界，以及请老人入阴间后要继续照顾后辈等一系列带有宗教色彩的仪式，主要过程是：

（1）报丧　老人去世后，丧家立即托族人向外地亲戚报丧，但去外家报丧需由孝子或孝女戴雨帽去，若是女丧，报丧者见女家长辈要下跪报丧，直至其扶方能起身。外家人即带白布一条、蜡烛一对、寿帐一条，还得备鸡、鱼、肉三牲一并前往吊丧。

（2）装殓　在向亲戚家报丧的同时，死者的媳妇手持用稻草扎的火把和香火及一砂罐到水井或河边先哭三声后跪下取水。取回的水，加入柚子叶或柑子叶在大门左边用竹篱烧火加热。等外家人来看过尸体后，才能用所热的水给死者洗澡。洗时，由丧家最晚一辈的人持水，持水者要戴雨帽。由孝女用新毛巾温水替死者先擦面一次，手前手背各擦三次，并给死者理发，女人梳理，男的剃光头。尔后为死者"装束"，穿寿衣3—7件，但必是奇数，里面一套须是白色。

入殓时，男的用棺头刻有"寿"字的棺材，女的则用棺头刻有"福"字的棺材，装尸前先在棺内放七枚铜钱，曰"七星钱"。七枚钱按三阴四阳放，也可以放入墓穴底，还要用草纸叠成三角形纸钱，在棺底排成鳞甲状，表示死者骑麒麟到阴间去。再用白布垫底，才将尸体仰面平放于棺中，头朝大端，头枕以年代久远的旧瓦，尸体两侧塞些死者的旧衣，以固定尸体。死者要手抓一团用钱纸包的米饭，据说这样死者才能顺利渡过通往阴间的奈何桥。因为在奈何桥上有犬鬼把守，过桥时要以饭团喂之，否则就难以通过。若死者口开，还要放入一枚金属币。然后覆以白布，但未盖头，并置一把纸扇、一面照片镜于死者胸膛上。装殓完毕，将灵柩置于堂屋上一侧的凳子上，男左女右。死者头朝里，脚朝外。在棺外一头摆一桌，摆上熟整鸡、熟猪肉和两碗米饭。并在每碗饭上插一双筷子，筷子顶上夹纸钱供奉。在灵柩底点盏茶油灯，称"长明灯"，供死者归阴间照路用。如果死者是女性，还要盛一盆水和一只鸭子绑在盆边，放在死者灵柩下，俗谓这样可以为其除污秽。孝男孝女必须守在死者榻边，不能让"长明灯"熄灭。

（3）打斋 就是做道场。南乡的道场分为三个形式，以规模不同而区分为点眼、开路、送终三种。点眼，是最为简单的道场，一般贫苦人无钱者多采用这种形式，只请道公一人前来举行了"开光点眼"的仪式即下葬。开路，俗称"打小斋"，是一般人家采用的形式，多延请道公或师公三至五人，做一天一夜道场。送终，俗称"打大斋"，只是富有者或在地方上有名望，或当地的大师公、大道公去世时才做，届时要请道公、师公、僧公五至七人做三天三夜或七天七夜，并延请八音班前来吹打送终，耗资颇巨。

由于绝大多数人家是做打小斋的道场。所以在这里主要介绍"开路"的仪式程序。

开路，顾名思义是做法事为死者开好路，好让他早日升上天堂平安地生活，不再回家来给家人降祸。主要有二十道程序：

①开光点眼　②发文请圣　③渡桥（过十殿）　④诵经
⑤拜忏　⑥起仇解结　⑦结局　⑧迎皇　⑨诵经　⑩拜忏
⑪散花　⑫装寿　⑬结局　⑭封棺收殓　⑮送灵转位
⑯遗幡出门　⑰出殡　⑱侍葷　⑲送圣　⑳净屋

开光点眼，就是由道士念经"点"死者身体各部位，使之活过来进入阴间。这一点我们可以从其一段唱词中看出。其唱曰：

"点开神头摇动，点开神眼两目光明，点开神耳耳听闻声，点开神鼻鼻通香烟，点开神口口谈真经，点开神手手挪珍珠宝物，点了左肩右肩肩挂仙衣，点了左肚右肚肚肚精通，点了左脚右脚脚踏莲花宝座，点了三十六骨节皮皮相透。"

念完"开光点眼"后，道士以竹竿点死者的眼睛等部位，放鞭炮、铳，并烧死者入阴间的行程表，并将灰用红纸包好装入死者的右边衣袋，作为死者入阴间的"通行证"。然后盖棺，以竹篾捆棺两头。再在棺上置一茶油灯，谓之"天灯"。这时，众孝男孝女痛哭恸天，并跟道士绕棺鞠躬拜棺，每拜一次在堂桌上所放的一碗米上插上一根长约6—8寸的茅草。头夜法事即结束。

第二天天亮继续做法事的其他程序。

发文请圣，主要是请天界、地府、水府、阴间及本境一切庙社神祇，来为死者超渡亡魂，使之顺利进入另一个世界。

渡桥，即由法师引死者亡魂过十殿。其具体做法是：在一长凳上铺白布一条，再有间隔地在凳面横放 10 张约 2×5 寸^2 的黄纸，每张纸上压硬币一枚，然后孝女拿内装一大片纸的脸盆绕凳子一圈，后放在棺材尾底下。道公们即开始击鼓鸣金诵经，其中一道公手执小幡在棺尾供桌上唱。幡上书曰：

（正）宝幡南孔西方接引道师阿弥陀佛

（反）接召正奉请东南西北救苦难三尊大放祥光文或宝幡接召公元新故×寿×讳××

唱了一阵后，将供桌上的死者的灵位放入脸盆中，在凳下烧纸钱后，把灵位从脸盆放到凳子的外边一头，打唱着将灵位一步步地向内移，每向前移一步至前另一"桥"，即将作"桥"的纸烧于凳子下，并将压在桥上的硬币放入灵位的竹筒里，过完"桥"后即将凳上的白布收起放到众圣像前的桌子前沿，移走凳子。道公先是拿着木鱼击桌上白布，后又跪在地上捶打桌上白布，再将死者灵位置于众圣像前，这时众孝男孝女失声痛哭。

诵经，主要是道士念歌颂死者的经文。死者是男的，念"破沙"经；

死者是女的，则念"破腹"经；破沙经内容是"二十四孝"，大赞死者之忠孝；破腹经则是念死者十月怀胎，养育子女之艰辛。诵经时子女要跪在地上听。

拜忏，即道士替子女念忏悔经，自责不孝让老人过早地离开人世。道士每念一阵后，就叫孝男孝女们向灵柩鞠躬一次。

迎皇，表示所请众神这时来到，在堂厅内外各设酒菜肉饭一桌，道士从外往内念经，迎接众圣驾到。

起仇解结，就是道士念经，劝死者解除阳间一切怨仇，不要再想阳间的事，安心到另一个世界去了。

结局，第一次结局是用钱纸剪生产生活用具烧给死者，第二次是烧纸钱给他，使他到另一个世界里有钱用，也就让死者能在另一个世界里过上好日子。

散花，孝男孝女们面朝灵柩听道公诵经，一阵后，两位道公各持一朵大白花，白花以竹篾作花蒂及底盖，花直径约8寸，花内装碎纸并放一个个鞭炮。道公们在靠厅门的一头，一孝子持一朵大红花在靠里一头，三人面朝死者灵柩一头的供桌唱经，并前后上步退步若干次。之后，另一道公接过孝子手中的花，三道公手持花，孝子手持燃烧的纱纸，接过道公手上的花，他们手持燃烧的花边舞边唱。花中鞭炮随着花的不断燃烧，不时地爆炸、碎纸不断散落，场面倒也壮观。道公们舞至花燃尽后，孝子即手持香火将未燃尽的花蒂送至门外。散花的意思就是欢送死者顺利地到达阴间世界。

装寿，亦叫分食。道士先叫孝子女们痛哭一阵后，奏乐诵经。其中一道公手持铜钹，面对供台前站着打唱。过一阵一孝男跟此道公站着随鼓点鞠躬，后道公还持一幡在供台前摆唱，此幡有三条垂下的花串，二条红纸条，纸条二面都写上字：

（正）接　三魂如在此
（反）召　俊后似生时
（正）宝　逍遥金树下
（反）幡　快乐宝林中

唱诵了一阵后，道公拿纸钱比画写字后夹在供桌上托盘内的半碗的筷子中，后点燃纸钱，将供饭捧给两个孝子，两个孝子叩首至地，双手捧碗放于头前痛哭。一会儿道公将碗放回供桌上，再将灵位与幡旗给一孝子叩首至地痛哭。尔后道公又接过旗幡，并将一支点燃的蜡烛插入灵位的竹筒中，然后将灵位再移诸圣像前。道公又边舞边唱一阵，以"木令"① 绕三支燃着的香后，递给孝子一张纸，让他们用朱砂写上字，道公再补写。这时孝女、孝媳把她们跪着蒸熟的糯米饭盛于簸箕中递给道士，置于棺上。道士们再念经，让孝男孝女们面对祖宗神龛鞠躬数次后，才化符灰于糯饭中，然后用法剑划分给孝男孝女们及亡者，亡者一份特别多，并加入酒饼用埕子装盖上碗，捆以红绳，留作下葬时放在墓穴棺材尾左角。装寿的意思就是要众神保佑生者死者在不同的生活环境里都有好日子过。

封棺收殓，即准备送死者到天堂前做的法事。法事的做法要视死者是否犯"杀"。若不犯"杀"则免做；若犯二"杀"则做"重丧"；若犯三"杀"则做"三丧"，即要用纸扎棺及稻草人送至门外烧。"重丧"烧一次，"三丧"烧二次。否则，迷信认为犯二"杀"的人死后，其家人还要接着死一人。犯三"杀"的家中还要死两人。

送灵转位，又称"和先祖"，即让死者加入先前去世的祖宗神位的行列。

送幡出门，即将死者灵魂引出门外。用小木棍和黄纸做 2 个约 1.5×5 寸^2 的纸幡先置于厅门槛一端（男左女右），后又移至厅内棺一侧用瓦片盖住，这时道公拿一碗水，用剑蘸水喷灵柩，再用"木令"刮鞋底后敲灵柩，接着丧家拿一只约一斤重、冠高的公鸡给道公，道公作杀鸡姿势后，将盖住纸幡的瓦片揭开，以镰刀刮瓦片，诵经告诉死者说已为他造好房屋。接着丧家人由厅门外将点燃的鞭炮丢入厅内，孝子将两纸幡连点燃的香一并送出门外。

出殡，先将给死者供奉的东西移至神龛前供奉，并鸣金放炮，接着是孝子跪着念祭文。祭文格式从我们实录的一份中可以看出：

维

公元一九八九年历正月初八日之晨阳居不孝男××谨以香楮宝蜡生熟素筵酒礼不典之仪致祭于

公元新逝耋寿韦讳××父亲老大人之灵位前

---

① 木令，道公的道具。

依兮，一叹兮，泪悲之，父亲逝世永分离，在生望父年高寿，岁享退龄到期颐，谁知身染沉疴疾，一梦黄粱竟归西。二叹兮，哭惨凄，父亲今去儿无依，今儿追思难报德，堂中孤子永孤栖。三叹兮，泪涟涟，父亲诀别永难眠，谁知偶患严重病，医治无效命归天。四叹兮，泪汪汪，儿侄号啕痛父亡，堂中何在父何在？深痛父归黄土乡。五叹兮，哭号啕，严父教子誉声高，义方可训教儿曹，今日长辞儿失训，满堂儿侄哭嗷嗷。六叹兮，泪更伤，天道夺我父亲亡，远姑亲自来吊丧，哀痛灵前哭断肠，从今我父归黄土，阴阳两别各一方。七叹兮，泪恸天，日落西山暗云烟，有天无日增我痛，一声哭父一声天。八叹兮，父心忠，辞别人世去忽忽，闻经引上逍遥路，听忏迎归快乐乡。九叹兮，恩德深，我父诚为灵影人，父德流芳传乡里，和睦叔侄爱且仁。十叹兮，痛心中，撒手等辞归苍穹。纸短情长难表尽，泪醴三生也是空。呜呼！言有穷而思不修，父若显魂未鉴路，灵前哀痛表十哀。哀哉，尚享。

念完祭文，道士用令敕劈烂盛有符水的一个瓷碗，砍得越碎越好，表明以后家中人丁越兴旺。出殡前还要由道师杀一只鸡以血淋棺，破日死的杀两只，由大人抱一小孩跨过棺材头，一人在另一边接小孩。表示阳气压过阴气，鬼魅不能危害人间。然后由村上人用手抬棺出门，村上的人越多抬棺的人也越多，有的多达百余人轮流抬。棺材前面，幡旗和度布引魂。幡旗用顶端带叶子的竹枝制成，挂有写上死者姓名、生辰殁日、坟地山向的白纸条。度布即白布，长约 2 米，由三位妇女顶着跟在旗后面。

出殡日子不能是十五，或提前或延迟。

将灵柩送出屋后，道士继续在屋内做法事。

侍荤送圣。道士指挥丧家摆上酒肉饭食犒劳所请下来的众神后，送圣归其原处。

净屋。是道场最后一个程序。由道士用法剑蘸水洒丧家之屋舍，然后丧家打扫房屋。死者的铺盖，统统放在屋背瓦面，床板、床架须由儿孙每次一人一件地搬到水塘中泡浸。拿这些东西时不得碰撞任何物件，否则迷信认为不吉利。

如果是做大斋，还要增加许多法事，穿插于其间，主要有以下几个：

①请水　②立幡　③扯桥　④施食　⑤放生　⑥放水灯
⑦过蒙山（或坐蒙山）　⑧渡亡魂　⑨过火炼

请水，是道士带孝男孝女到井边或河边请水神。他们披麻戴孝，手持孝枚，在井边摆上供品，然后道士诵经须孝男孝女参拜。供品有白萝卜三截、白米一碗（上放一用纸包的封包）、酒一碗、茶一碗、素菜一碗（青菜、豆腐、红薯、粉丝）、活鸭一只及香、纸钱、蜡烛等。诵经参拜后，道公抓起鸭子用法剑作杀鸭状，后将剑放入砂罐中，倒提鸭子，一手抓鸭头，以鸭嘴作笔在水面写字。后又用法剑在罐上划符，收拾祭品回家将鸭及水罐置于神龛八仙桌下。

立幡，就是在村头立一根高一、二丈的竹子，并且竹尾还有叶，在竹竿顶端挂一长条形纸，纸上写满字。

扯桥，就是拿条凳上架板作"桥"让孝子从上走过。

施食，砍一些甘蔗和米饭、蔬菜等撒向野外，给过去所有死的孤魂野鬼施食，使之不来危害人间。

放生，抓一些小鸟来放。

放水灯，用纸扎成大小不等的小船，少则成百，多则几百，点蜡烛放入小溪漂去。

坐蒙山，在外面搭4个高台（二张八仙桌叠起来），道士们在上面唱经。

渡亡魂，用纸扎上众神，摆在室外，并在其前摆上鸡鸭猪肉，由道士诵经为亡者超度。

过火炼，就是在地上烧木柴，余下的火红的木炭，道士领孝子从木炭上跑过去，是为使亡魂超脱，干净进入另一个世界。

打大斋除增加新的程序外，还多次重复某些程序，而且同一程序也比打小斋做得规模更大，如打大斋前的开堂仪式就颇为悲壮，开堂由族内一长者"喊祭"，人们听其所指而行事，其词曰：

　　击鼓——鸣金——响号——放炮——奏乐——，执事者各司其事，主事者就位，参灵鞠躬，诣××（孝子名）灵位前跪献香，上香——初上香——雅上——三上，俯伏默念起，平身复位。
　　灵前献香，复位。跪叩首，一叩——二叩——三叩——四叩——五叩——六叩——七叩——八叩——九叩。起，诣××灵位前献酒（九献）。俯伏，起、平身复位。叩首，一叩——二叩——三叩，起诣××跪献五生（或三生）①，献生筵——献熟筵——献素筵——献食——献财宝，止乐。诣××谈哀章。再奏乐，起身复位，叩首叩首，九叩首，起诣灵位前，魂尸财宝礼式完毕，祠灵撒散，孝子出庐谢礼。

"开幕式"完毕，道士们才登场做法事。

整个道场直到出殡，孝男孝女们都得从头到尾披麻戴孝，持孝杖陪棺哀拜。

需要特别说明的是，如果是当地大师公，或大道公去世，举行"打大斋"的大道场时，不仅要请当地最大的师公或道公来主持其丧事道场，而且其道场还要增加三个程序，即倒床、拨兵和骑棺。倒床，即道公用斧头劈死者的床，意思是要赶他出去，不让他留在家里。拨兵，也就是比死者法事高的道公将死者原带的"鬼神"兵马拨调他处，否则家人就不得安宁。因为南乡壮族认为大师公或道士因法行较高，手下带有很多"鬼神"，兵马（南乡壮人称之为"阴兵"）。骑棺，即出殡时由主持道场的道公骑在死者的灵柩上直到墓地，以带死者的"阴兵"出来，其他曾受过死者戒度的道公则要从家里向门口打36个跟头（前滚翻）送葬。如果大师公或大道公死后无钱做大道场，则出殡时灵柩不能从大门抬出去，而要打烂死者卧室的后窗，从窗口抬出去，并且草草埋了，子孙后代永远不准前去祭扫坟墓。因为没有做道场，"阴兵"没有拨走跟去，如去祭扫则会跟回家来，所以大师公或大道公生前都要聚集钱财，以便让后人做道场，一般人也不愿意学师学道。

（4）外祭 在家中祭的由道士主持，称内祭，出殡至村头大路还要进行外祭，外祭由孝家族内人作司仪。外家拿"三牲"作祭物，并跪念祭文。祭文内容格式与孝子念的大体相仿。在外家念祭文时，孝家的孝男孝女跪在一侧做谢礼。最后，孝男孝女及亲友面向灵柩九叩，滴酒、洒泪作"辞奠"。

（5）送葬 在外祭的同时，抬棺者用稻草绳、木杠绑棺，准备用杠抬棺送灵上山。送葬时，由死者的长子执"渡亡幡"，并挑着"装寿"时盛在埕内的糯饭在前，接着是三位头顶白布的孝妇女组成的"练度桥"（又称

---

① 五生，指未煮过的鸡猪鱼青菜和粉。三生，指生的鸡、猪、鱼肉。

"开天桥"），她们三人每人腰间还挂着小篓，装着米饭和纸钱，边走边撒纸钱和米饭，放炮，认为这样是替亡灵给野鬼施饭，并祭沿途拦路凶鬼，让亡灵平安赴仙境。随之举抬棺椁的，他们将棺高举于头顶之上，孝子在棺材底下送葬，到草坪或河水边时，在一片"唷哟"声中，前拉后拥，或突然向前快跑。笔者初次看到时，大感困惑。原来这种仪式是表示让死者到另一个世界后，也要受众人的拥护像生前一样，这种动作往往要做数次，特别是年长德高望重者去世，做的次数更多。因此，孝子孝女们要下跪请求停止，以防棺内尸体位置移动。孝男孝女们低头扶棺边，随后是挽联及其他送葬人，死者的亲戚及堂属妇女送葬时，要披戴青色孝布，布约长五尺，有剪成条状的纸条贴在竹枝上插头顶，她们只送到半路就返回，插挂纸条的竹枝于路边。其他较疏远的送葬者亦同返，只有至亲才送到坟头。

（6）下葬 墓地一般是生前请地理先生选好的，有的是死后才请地理先生去选，但墓穴都是在前一天挖好的。墓穴长约 3.0 米，宽约 0.5 米，深约 1.5 米。灵柩抬至墓地放在墓穴的一边（男左女右），等到吉利时辰下葬，下葬前，先由孝子在墓穴底按四阴三阳、北斗七星式地摆 7 枚铜钱。坠棺入穴后，安置陪葬装米饭的埕于死者左边。随之孝男孝女们跪在墓穴旁，送葬的亲友都抓一把土撒向棺面，谓之落土（谐音"乐土"），意思是祝亡灵冥福。最后，由地理先生用罗盘测定坐向并割断封棺时捆棺的竹篾，以让死者灵魂出来，即可填土埋葬。填土必由挖穴的 4 个人干，填至平面后即返，三朝后由死者的子女来祭奠，垒土成坟。

前来吊丧的亲戚，带上挽幛、挽联去，若死者系女性，外家还要备三牲，写祭文。到丧事结束后，丧家要送红封包给外家，曰"丧礼"。外家带来祭祀的三牲、果品及奠仪封包等均拿回去，回给外家人散礼的红包和肉称"回复"。

（7）守孝 下葬后，死者亲人要继续为死者戴孝。

首先要给死者在厅堂上设亡灵神位，早晚烧香奉菜，礼拜哀思。古时子女要为父母守孝三年，后改为七七四十九天。因为南乡壮族群众认为："亡人一七见秦王，二七到初江，三七幽冥逢送帝，来遇超生路。五官四七更高强，罪重也难当。变成六七罪无轻，住在王庭，七七泰王罪勘，六案从头判。百日平政杖追修，罪重则人仇。周年书哀苦，难遇超生路，三年速达转轮王，从此往生方。"

守孝 49 天的做法是，当死者死后的"七七"四十九天内，某个第七天又适逢碰上日期为七（初七、十七、二十七）的日子，叫做"撞七"，这一天要备三牲至新坟祭拜。若中间没有"撞七"，那只能在最后第七个七天（死后49天，"末七"）备三牲至新坟祭奠，丧事才算完毕。但"末七"的仪式必须提前一天即死后第48天做。

在守孝49天内，头七天每天仍需要穿孝服，做"头七"道场后，可暂解下孝服，但仍戴孝帛。并且不能剃发刮须，不能穿红戴花，不能玩弹吹乐和大声嬉笑，不能坐高凳，不能入房睡，只能在堂屋的灵位前用稻草铺地睡，更不能赴喜酒筵。且每天吃饭时要叫死者一声一起吃饭并备碗筷摆于桌上。"末七"请道士做"释灵"道场后，才可脱孝。死者生前用过的东西由道士用火烤过，可继续使用。脱孝后，到次年"春社"前要去扫墓，称"拦社"，不能让新坟过社。此后，死者即与其他先祖一样供奉。

办丧事期间，只煮糙米饭，菜以素为主，每桌只上一碗肉菜，但参加吊丧的亲友往往偷偷地将死者生前刻有印记的碗拿回自己家中用，祈望如死者一样长寿，主人则佯装不知，不得表示非议。因此，家有年及古稀的老人往往要备许多碗，因为死者年越长，被拿走的碗就越多。

（8）滴血重葬　壮族盛竹拾骸重葬，南乡壮族亦如此，但南乡壮族因第一次埋葬较深，不同于桂中桂西一带第一次浅埋寄土。因而桂中桂西一带壮族葬后一般是三年捡骨重葬，而南乡壮族至少是8年才请先生择日捡骨重葬。

掘坟捡骨时，如发现棺材尚好，红漆油仍鲜艳者，就认为原坟葬得好风水，就不剖棺拾骸，而回土覆盖。开棺捡骨，一定要撑伞遮天，若骸骨齐全干净，便将骸骨拾起，用草纸茶油揩干净，按人体骨骼结构装入陶瓷（俗称"金坛"），由子孙一人歃血涂于脑颅骨上葬回原处。剖棺拾骨时，凡生人有用的随葬之物，如玉镯、戒指之类，传给后代作为祛邪之物，据说是返还死者生前"赤条条来去无牵挂"和"质本洁来还洁去"的本质。故拾骨二次葬又称滴血重葬。若剖棺时发现骸骨湿朽不全，就认为坟地风水不好，要请地理先生另择佳穴安葬，若死者亲属认为二次葬仍不理想（一般是家中出事不安宁），还要进行三次、四次再葬，直至家中安宁为止。再葬过数年后，再掘坟看骸骨，若骸骨干净起金色油亮者，则认为葬对好风水宝地，便请道公到坟地设道场，称为"下地契"，安石碑铭志，千古不移。

南乡壮族传统丧葬礼是在灵魂不灭思想支配和对祖先崇拜的影响下形成的，带有比较多的迷信色彩，而且各种仪式繁多复杂，耗资很大，许多人因为亲人办丧事而负债累累。解放后，随着文化教育的普及，南乡壮族人民特别是年轻一代的认识水平提高，南乡壮族的丧葬习俗也发生了一些变化，这种变化至少可以表现在以下几个方面：

第一，解放后，特别是50年代以后，党和政府逐步引导群众进行丧葬礼的改革，在南乡的改革最明显的就是以开追悼会代替做道场和取消大设筵席待客的习惯。率先实行这种改革的往往是在有人外出工作的家庭中，因为他们受到的教育往往更多，思想认识水平也相对要高些。在60、70年代，南乡做道场、大办白事的现象已基本绝迹。

第二，解放后，极少数人还是坚持为死去的亲友做道场，但做道场的程序、仪式也都逐步简化，如只是做"开光点眼"仪式或打小斋，没有人做大斋。且旧时做小斋也要做过夜，道公或孝男孝女们都不能休息。但解放后一般只是做到半夜即暂停，休息至第二天天亮时才接着做法事。

第三，守孝时间缩短，守孝期间各种禁忌减少。古时南乡壮族至亲死后，晚辈要守孝三年，后只做七七四十九天，即请道公来"释灵"脱孝，而现在一般只做五七三十五天，即请道公来"释灵"脱孝，同时，过去守孝期间的种种禁忌，如不能剃发刮须、不能坐高凳、不能入房睡觉而只能在堂屋灵位前用稻草铺地睡觉等，现在已罕有人遵守。

五　社会交际的微变

人作为社会的成员，彼此之间的交际来往是社会生活中不可缺少的，南乡壮族在社会交际中十分热情好客，一般风俗，来客敬烟奉茶，留客待以酒肉，南乡壮族的迎客礼别具一格。凡亲戚朋友的长者或村中长辈来临，家主必出门"扯驾玛"相迎。"扯驾玛"是一种迎客动作，即客人来到，家主躬腰，伸直双手，是男客则左手在上，右手在下；是女客则右手在上，左手在下，面向客人，退步引客人到请坐凳椅为止，略似藏族献哈达，表示对客人十分恭敬。对晚辈客人来临，虽不像迎接长者那样虔诚，但也要"扯驾玛"，只是把这一动作做一下并把双手转向客人坐的位置即可。客人要走了，家主不是跟在客人后面相送，而是走在前面向屋里做一次"扯驾玛"，但不需躬腰，表示对不起和挽留。客人来主人家贺喜，则以两拳合并，微笑面向主人，拳合于自己的鼻尖前面，以此表示恭祝和对主人的热情表示感谢。告别主人时，合拳齐胸，表示谢意，来日再会。

这种独特的"扯驾玛"社会交际风俗在南乡民间一直盛行不衰，但是解放后，在青年一代中逐渐盛行握手礼，这是南乡壮族社会交际的一种微变。

南乡壮族社会交际时移俗易的微变，还表现在传统的社会交际风俗结"同年"中。所谓结"同年"不一定是同一年出生的人可结为好友，只要志趣相投、年龄相仿者，在平日的生产、生活的接触、交往过程中，双方认为可以结为同年，经过结拜仪式后即确认这一关系。结拜仪式无一固定模式。一般是首先提出认"同年"者，携上阉鸡、猪肉到同意认可的一方家中去设宴，在宴席上把盏认定，从此之后便正式成为"同年"。

确认"同年"关系后，双方关系十分密切。民间有"同年亲，同年亲，杀只母鸡二三斤"之谚，意思是说，"同年"情谊胜似亲戚，款待"同年"连母鸡也舍得杀掉。遇到双方有生育、建房、丧葬，均有礼尚往来，逢年过节，互相宴请，一方有难，另一方必鼎力相助。认同年两人之间互称"老同"，他们之间的父母、兄弟姐妹（包括其妻室）也互称"老同爷""老同哥""老同妹"等。双方关系密切、感情融洽者，这种关系可以延续至下一代。

解放后，由于民族关系改善，喜欢交友结"同年"的南乡壮族群众，不但与本民族的人结"同年"，而且还与汉族、瑶族同胞结"同年"。这是南乡壮族社会交际的又一种微变。

由于南乡壮族社会交际只是发生了时移俗易的微变，因此，一些传统的社会交际风俗至今依然，如在同陌生人交际中，男的要称之为"大哥"（壮音为"鲁"），女的则称之为"姐姐"（壮音为"妲"），即使对方比自己小若干岁，也是这种称呼。对于年过花甲的老人，男的称"伯伯"（壮音为"龙"），女的称为"伯母"（壮音为"巴"），对年届古稀者则称"曾祖"（壮音为"莽"）。若对青年女子，如料定其已结婚则称为"大嫂"（壮音为"流"），但千万不能将未婚女子称为"大嫂"，否则会挨骂，甚至被赶出门。

更独特的是认"老黉"。在南乡壮族中，只要彼此的名字有一个字相同，哪怕是乳名，相见皆称"老黉"。"黉"即"同名者"之意。这种关系不拘于年龄大小，辈分高低，性别各异，是一种表示友善的称呼。同一姓氏中，同辈又同名的是极少的，因小孩取名时，填报"族谱"时，发现相同者要改名，但不同辈分、不同姓氏的同名者就不少了。为了避免以相同的名字互称，就互称为"老黉"。

第四章　文化的变迁

一　服饰的衍变

服饰，是一个民族的外部标志，其既具有易变性，往往随社会的变迁而更新变化；又具有保守性，常常成为一个民族深层文化的积淀。

南乡壮族是从桂西迁移而来的俍兵，因此只能是男性青壮年。屯田定居后，必定要与当地的土著妇女结亲成家，繁衍后代。那么他们与什么民族的土著妇女结合呢？据史籍记载，早在宋代时，贺县已经成为瑶族的主要聚居地之一，《古今图书集成·职方典》又云："狼（俍）民原系土兵队卒，调居山口，且耕且守，以御内徭，惟勇悍而乐耕桑。"第一章寻根探源中已述及。因此，与俍兵结合的土著妇女应是当地的瑶族，这从至今还保存着的南乡妇女的服饰上可以得到佐证。

壮族男女传统的习惯多以色巾（一般为黑色）缠头，不戴帽子。但南乡妇女有一种十分特殊的头饰，这种头饰是用竹壳等做成内托，以白布裹之，后包上蓝黑布，最后以半寸宽的红绳缠于外，颇为端庄。关于这种头饰的来历在南乡民间广泛流传着这样一个传说：相传明以前南乡是瑶民居住之地，后因瑶民反抗朝廷，朝廷派兵将他们打败，青壮年男子都被杀或被赶走，士兵后来被迫定居在这一山区，只得娶留下的瑶族妇女做妻子。瑶族妇女们为了表示对被杀害亲人的悼念和寄托哀思，她们要求戴白布于头以为亲人戴孝。但其壮族丈夫不许，瑶族妇女们则力争，如不许则不成亲。于是丈夫只得妥协让妇女们将黑布包在外面，里面带上白布，露出白边，象征性地给亲人戴孝，后来这种装饰就一直沿袭下来，成为南乡壮族妇女传统服饰独具特色的一部分，此外，南乡妇女旧时还喜佩戴银链银锁于胸前，据说是表示当年老祖婆说其心给人锁住了，望死去的亲人原谅。从南乡至今仍有不少习俗与瑶族相同的现象，再加上过去汉族一直称南乡人为"二瑶"的情况，都可证明南乡壮族的服饰文化中有瑶族文化的积淀，从而形成南乡壮族妇女别具一格的服饰。

南乡壮族的服饰自从屯田定居，形成了包含有瑶族文化积淀的特点后，几百年来，尤其是解放以后的40年来，随社会的变迁演变了。

南乡壮族服装自古以来以自织土布为之，而且颇有特色。清代《广舆览胜》说，贺县南乡壮人自清朝以来"安耕织，慕文物，男女花巾缠头，项饰银圈，青衣绣绿。女环髻，遍插银簪，衣锦边，短衫系纯锦，裙华丽。自喜能织壮锦及手巾帕。其男士所携必家织者"。

解放前，南乡壮族的衣服仍多用自织土布制作，这种土布是自织白布用蓝靛染成蓝色或黑色，只有个别富裕人家购一些机织洋布作衣服，故《贺县风俗习惯调查表》说：南乡人"衣之质料多用土布，由本地机织"，① 其服装与汉族仍有很大的差别。

成年人服装与其他民族服装最明显的区别是，男女衣衫均是无领反膊。男装右襟的衣领往右腋下开至腰部又转向正中，再开出三、四寸而止，衣襟镶滚色布边，边宽约一寸余，用铜纽扣，再束上长腰带。这种装束与《广舆览胜》上记载的装束一脉相承。女装衫也是右襟，只是衣袖比男装大些，宽阔盈尺。中老年的衫均长至膝盖，镶嵌绲边有宽有细，一般在二、三道以上。所以将这种衫称为"反膊衫"。已婚妇女还加上滚花边兜肚（小围裙）。裤子男女式相同，非常宽阔，俗称"牛头裤"。清代青年女子好着短衫花裙的习俗在民国时期已罕见。但在新娘装束中仍可见到其痕迹。新娘的盛装，要穿绣花衫裤和勾头绣花鞋，衫外罩有流苏的围肩，裤外加绣花腿筒，红绒布做成的散条裙。南乡壮族称这种裙为"裍"。

大约在清末时，汉族的对襟衫传入了南乡。民国时期成立"风俗改良委员会"强令南乡壮族改装后，南乡壮族人民逐渐改着汉族的服装。男的改为对襟唐装，改铜扣为布纽，女装仍为右襟，但也改为有领的了。镶绲边逐渐消失。

南乡壮族儿童服饰，以童帽和背带最具特色。童帽是一种带形遮额帽，一般用二、三寸宽的绣花布条缝制成无顶小圆圈。这也许是古代壮族

---

① 《广西民政月刊》1932年第5期。

"露顶跣足""常以布帛勒额（束额）"风俗的遗风吧。婴儿的背带，呈蝴蝶状，有壮锦图饰，带长一丈有余，一端有小袋，可装婴儿食品。背带能将婴儿手脚全部裹上，以防风、防寒、防蚊虫叮咬，更适应背着婴孩爬山越岭和下田劳动，有的还在背带心即"蝶身"用红绒线绣上吉祥图案或"成人长大""出入平安"等祝愿字句，有些人则绣上八卦乾坤图。至今南乡壮族背带式样变化还不大。

南乡壮族妇女能织善绣，她们在自己的服装和手巾帕上绣上许多秀美的图案。南乡壮族的刺绣与当地瑶族的刺绣有着十分明显的区别。瑶族刺绣图案结构均匀对称，呈几何纹形，以白、绿、黄、红四种颜色刺绣，而壮族刺绣图寨多为动植物，如花卉、蝴蝶、鸳鸯、凤凰等，变化多姿，色彩绚丽夺目。

解放前，南乡壮族群众平时多穿自做的布鞋。这种布鞋是用缝衣服后剩的布边、碎布来做。做这种鞋的底子特别费工夫，要用数层碎布相叠然后用线针衲，衲一只鞋底往往要花数日。除普通布鞋外，南乡壮族旧时还有一种制作精巧的"鞋猫"，这种鞋底同普通布鞋，但其鞋头、鞋帮两边，安上三只猫耳形的鞋耳，鞋耳上绣有小巧的花纹，鞋跟装有鞋跱，再用一条带子将鞋跟鞋帮鞋头串起来，穿着时可收拢绑扎。这种鞋适合于上山劳动、踩荆踏刺，脚不受伤。

此外，南乡壮族还有一钩头鞋，是在节日喜庆时与礼服配套穿着，这种鞋的底、面与普通鞋相类，只是在鞋头处用另一种色布绣成双线条或单线条的回钩形的饰物，鞋的"虎口"以线和色布镶边，十分华丽。

南乡妇女的头饰非常丰富多彩。上文介绍的高顶式头饰，是已婚妇女的头饰，与贺县地区瑶族头饰相类似，未婚姑娘则不用竹壳衬成高顶，头顶黑色头帕，并缠以红绳。最为华丽的则是新娘头饰，南乡壮族称之为"凤头火髻"，整个发型呈船状，似乎可以认为是古越人生活习俗。

旧时南乡壮族未婚女子喜蓄长发，有刘海，通常把左边头发梳到右边（约三七分），用发卡固定，或扎长辫一条。当要出嫁的那天，就由男家派人送来一面镜子、一把梳、髻簪一支、大小红绳各两条，女家则请"命好"的几个妇女来会餐，而后由姑嫂给新娘改梳新发型。给出嫁姑娘梳妆称"开眉"，表示姑娘将从此进入人生的新阶段。先是在新娘的前额、眉毛、颈背等部位擦上一些灶心灰，然后用细线绞掉脸上、颈上的汗毛，并将眉毛修整成弯月状。接着解开姑娘的长发，梳理清爽，打上油，再精心地把长发从中间向四周分开编成一股股的小发辫，并将一股股小辫由后向前拢成船形般的式样，用男方送的头绳扎好。这种典雅古朴的发型称"凤头大髻"。最后用一个自编的圆形纱线网裹"凤头"，插上银簪或玉簪。这些簪造型多，有小鸟造型，仙鹤造型以及各式各样的鱼虾造型，插在头上，熠熠生辉，千姿百态，美不胜收，使人想起铜鼓上的鹭人和船的形象，这正是《广舆览胜》所说的"女环髻，遍插银簪"的发型。

旧时南乡妇女还戴玉镯、银镯，富裕人家的妇女还戴耳环、银牌、戒指等饰物。一般的中老年妇女都习惯在腰身挂上一串穗形针筒，与钥匙连在一起，走动时发出"沙啦沙啦"的响声，十分悦耳。此俗至今依旧。

解放后，随着生产的发展，生活水平的提高，南乡壮族群众韵服饰发生了较大的变化。首先是购买工厂织的棉布逐渐代替了自织土布作为衣服的料子。到60年代末70年代初，南乡自织土布已经绝迹。其次，服装式样除个别老年妇女外，传统民族服装已无人再制再穿，衣着、发式皆与周围汉族相类。再次，一般都有足够的衣服鞋帽，四季衣较为分明。

近十年来，南乡壮族群众的服饰更绚丽多彩。就质地而言，化纤纺织品已成为衣服的主要料子，呢子、毛料等高档料子也开始进入一些人的家庭，就款式而言，在外面汉族地区流行的款式，几乎都可以在南乡找到。在发型上，不少青少年男女都梳运动头，或烫发，在南乡街上就有不少理发店是南乡壮族人开的。总之，南乡壮族的服饰已从传统型渐变为流行型。

二 饮食的渐变

饮食虽是人的天然本能，但也是一种文化的创造，每一个民族都有自己传统的饮食文化，每一个民族的饮食文化随着经济的变迁而逐渐发生变化。

南乡壮族传统的饮食文化及其某些变化主要有：

1. 风味独具的糯米系列食物。

糯米在南乡人民生活中占有十分重要的地位，在年节、喜庆日子里的食品大都以糯米为主要原料，白糍粑、甜汤圆、黄茅粽、红喜酒等都是壮族人民十分喜爱的传统食品。

白糍粑是南乡壮族节日和喜庆中不可缺少的一种食品。这种糯米糍粑与桂中、桂西壮族的白糍粑是相同的，与汉族的油炸糍粑相比具有迥然不同的风格。其制法是：先将糯米用冷水浸透，蒸饭，后放入石臼中，由年轻力壮的家庭成员用木杵趁饭热时捣烂，并把蜂蜡涂在桌上，糯米团揉后妇女们则在一旁用灵巧的手拍打揉成约一公分厚、饭碗大小的大圆饼，摊在大簸箕上晾至表面略有裂缝为适度，太硬会爆拆碎裂，太软不耐浸泡。晾好放入水缸中用冷水浸泡，经常换水可保存数月不变质，随时可取出食用。白糍粑还是壮族年节馈赠亲友以及订婚中不可缺少的东西，若女方接受男方的白糍粑则表示婚姻告成。节日祭祖、新娘归家更是少不了糍粑。白糍粑的食法可用火烘炙，也可煎，也可煮，或佐以糖做甜品，或佐以豆豉、葱姜等做咸点，随各人所好，因为白糍粑易于携带，故常作远途劳动的干粮。在野外烧起一堆火，一边休息一边炙烤，一直把白糍粑烤到软绵绵，膨胀到外面一层呈黄色时，没有佐料吃起来也觉得十分清香可口。白糍粑一般在除夕前制作。解放前，许多人因家境贫困，无法多做白糍粑，如今生活改善了，许多人家都做上百斤糯米的糍粑，直至插早稻时尚有带去作午餐。

甜汤圆是南乡壮族大年初一和春社两个节日的节日食品。这种汤圆的做法是：事先烧腊枝叶，取灰用来过滤成碱水浸泡糯米，待糯米晾干后，舂成米粉，然后调些水揉成一个小丸。一般都在丸内包些花生芝麻等作馅。春节做的汤圆个头很小，春社做的则大如拳头。其煮法是把清水烧开后下锅煮熟，在汤中加入黄糖。熟了的汤圆黄澄澄，亮晶晶，香甜可口，且可存放数日不馊。

黄茅粽是南乡壮族六月节和七月半的节日食品。但六月节做的黄茅粽是大粽，约一斤米一只，七月半做的是小粽，约一两米一只。这两种食品都是用腊树灰碱水浸米后包，馅一般有肉、豆、芝麻、糖等，或咸或甜，各取所好。这种黄茅粽是用黄茅芭芒大叶包成长条形、背略弯的大粽，小粽则是用粽叶包，有三角形、长条形等。

五色饭是南乡壮人每年农历四月初八用来祭牛神的糯米食品。黑饭是用枫树嫩时捣碎取汁浸泡糯米蒸成，黄饭则是用黄姜根块捶碎取汁浸泡糯米蒸煮而成。

红喜酒是用糯米酿成的甜米酒，是南乡壮族男女老少皆大欢喜的滋补食品和喜庆食品。制法是：先把糯米用温水泡一两个钟头洗涤淘净糠尘，然后装甑蒸熟透，再用清水洗涤，淘净饭膏垢，装入大簸箕内，每10斤糯米的饭约撒入三钱酒饼粉拌匀，再盛入瓦钵中摊平，在中间开一个酒窝，俗称酒胆或酒心，加盖，埋入老糠中或以烂布、棉胆、薄膜等密包，促其发酵。约50小时后，揭开盖子，若闻到香味，就证明已经发酵。若不发，可用少许酒饼浸溶于一杯温开水倒入酒窝，再盖紧封严，催促发酵。已发酵则不需再加盖，过一天即可煮吃。若要久藏，有两种方法：一种是妇女"活命"的甜酒，就不要在酿好的甜酒中加入半滴清水，或连酒糟或榨干去糟盛入酒坛中密封，若是冬至时节酿制的好甜酒，这种贮藏法可以使其保持三五年，甚至十载不变质。另一种是家庭常饮酒，即在酿好的甜酒中浸入70%左右的清水，让其继续发酵二三天后，压榨去糟后盛入酒坛中加盖备用。南乡糯米甜酒，色泽呈黄，清甜如糖，香味沉郁，美味醇厚，营养丰富，有健脾、益胃、舒筋活络之功效。老年人常年饮用，在寒冬时节，年老体弱者也常用甜酒蒸鸡，蒸瘦肉或蒸鱼虾吃，实为滋补妙方。壮族妇女更以甜酒为"活命"良剂。女子自幼即跟随母亲学酿甜酒，每逢月经期即用甜酒煮鸡蛋吃，结婚怀孕后也常饮甜酒。生育坐月子时，以甜酒作为滋补品，再穷的人也要酿几斤糯米甜酒来煮鸡肉吃。同时，凡办喜事，甜酒则不可少。如新合一卺酒、婚礼拜堂酒、迎亲贡礼酒，必用甜酒；送礼以甜酒为上一等；生男孩向族上（宗祠）和外婆家报喜，必以甜酒，故甜酒又有"喜酒""红酒"之雅称。

"巫帮"即猪血糯米灌肠，是南乡壮族待客的佳肴。其制法是：杀猪接血时不放入盐，以免让血凝结，将蒸熟的糯米饭，以及花生、油、盐、葱、香料等佐料拌血，再灌入猪小肠中，用微火煮熟，取出晾至微温，切成寸长一节上席，也是十分可口的美味，在结婚喜筵上非贵客还不定上这道菜哩！

2. 别具美味的酸菜系列食物

南乡壮族平时爱以酸菜佐膳，几乎家家户户有几个做酸菜的坛子。一年四季随着季节的变化放入豆角、辣椒、萝卜、葱头、白菜的叶柄等，数日后即可取出食用。此外，还有酸鱼、酸猪肉、酸鸭鸟肉等酸菜系列食物。酸菜制法是用糯米蒸饭经酒饼发酵后放入坛中，加入生盐，再将洗净晾干的菜放入，酸肉则是把肉以水煮熟晾干后，拌以炒米粉放入坛中。酸肉可存数载。吃时一般不再蒸煮，逢宴客则蒸热后用。

南乡壮族喜吃酸菜、酸肉，除酸菜有开胃、促消化等功效外，更重要的是与旧时南乡的生产有关。解放前，南乡壮族饲养的禽畜较少，而且周期长，出栏率低，青菜也种得很少。平时，食用蔬菜主要靠采摘竹笋、菌类和带叶的野菜如野芹菜、野苦麻菜、蕨类等，吃鱼肉则主要靠狩猎或捕捞野生鱼。由于靠自然采集和渔猎，时有时无，为了在节日或贵客临门时能有佳肴招待，在长期的生活实践中学会了以"酸"的方式保存。解放后，随着畜牧生产的发展，以及蔬菜的普遍种植，或到外地贩进，除个别人尚因习惯吃酸外，做酸鱼、酸肉等酸类食品已大大减少，以吃用新鲜的为主了，但用蔬菜腌泡酸菜还是普遍存在。

此外，南乡的白切鸭鲜嫩味美，是待客的佳肴。水竹笋干也独具风味。

3. 风情奇异的酒规酒俗

除了甜酒外、米酒也是南乡壮族日常生活中的重要食品，节日喜庆则更是不可缺酒。米酒均为自酿，酿法与甜酒差不多，只是下酒饼分量比做甜酒多，发酵时间也更长。然用蒸馏法取酒。南乡壮族的米酒度数一般只有15—25度，味淡而醇香。平时劳动回来，一碟花生、一把黄豆即可下酒。节日喜庆宴席上，不但饮酒，且常常划码助兴，一醉方休。在宴席上还有风情奇异的酒规酒俗：

开席时，主人宣布开席，先往地上洒一点，表示敬天地和祖先。上年纪的人则往往以手指蘸酒在台桌上划一圆圈、互致好话。然后主人举杯，请众人开饮。酒量大者可多饮，不胜酒力者则可少饮。但不得不饮，否则被视为不知礼。首饮式完毕，主人举箸夹些好菜给长者，其他客人则自由饮酒吃菜。酒过三巡后，主人开始向客人敬酒。酒要斟满杯，先敬长辈，主人右手持杯，左手扶住客人的肩头，一饮双杯，长辈以一杯回敬，但不必搭肩。接着是敬平辈客人，如果是一般朋友，则相邀碰杯后干杯，互饮双杯。若是至交，则饮"揽颈酒"，即两人平排站好，你揽我的颈，我揽你的颈，然后各人抽出一只手拿酒杯，你给我饮，我给你饮，同时饮下，但一般只饮一杯，表示手足情谊。敬完酒，即可自由饮食。若提议多饮，则需提出大家赞同的理由。饮酒时边筛边饮，但不能等客人饮干了才斟，饮了半杯就及时补上，有"饮酒莫给酒壶干"之说，于今，随着生活改善，不少人待客时已改用商品瓶装酒。

南乡壮族平时用膳时是男女老少同席，长者坐上方，妇女坐两旁或下方，但迎客宴席不能与男的同席，至今亦然。

4. 一干二稀的主食习惯

南乡壮族以稻米为主食，饮食习惯一般是一日三餐，早、中餐为粥，晚餐为干饭。这样的饮食习惯与壮族群众劳动强度大，加上地处较炎热的地带，人体水分挥发大有关，所以，过去粮食有余之富裕家庭也是一干二稀。解放后，南乡壮族群众粮食多了，虽不再愁吃，并有少数人白日也做饭，但绝大多数家庭的主食还是一干二稀。

南乡杂粮产量最多的是红薯,其次是木薯、玉米、芋头、高粱等,解放前许多贫寒的家庭一年吃不上几个月的大米,靠吃杂粮度日,解放后,特别是近几年来,杂粮主要是用来作饲料,人们吃杂粮只不过是换换口味,偶尔食用一些而已。

三　居住的巨变

居住是南乡壮族文化变迁中变化最大的方面之一。

首先让我们追述一下南乡壮族落籍后居住的变迁。

远古时代桂西壮族以巢居为主,兼以岩洞穴居。清《一统志》尚记载说,桂西壮"民居架木为巢,或结茨山顶,依旁岩穴"。由巢居进而到较简单的楼居,这就是宋朝周去非在《岭外代答》中说的:"深广之民,结栅以居,上设茅屋,下豢牛豕。栅上编竹为栈,不施椅桌床榻,唯一有一牛皮为裀席。"该书还说:"民编竹苫茅为两重,上以自处,下居鸡豚,谓之麻栏。"以后甚至到今日桂西壮族还是以这种"麻栏"为主要居所。这在古籍中有很多记载,但是,以"麻栏"一词言指壮族居所,完全是汉族文人墨客不解壮语之误。"麻栏"乃壮语"回家"之音译,故若用汉字记壮音指壮族居所,只需记作"栏"即可。

南乡壮族至今已无古代那种"上以自处,下居鸡豚"的"栏"了,但是解放前在个别较偏僻的村庄里还可以看到这种房子。现在在南乡的不少地方仍可以看到这种痕迹。

落籍南乡的壮族,开始还是以草木结构或全木结构的平房为主要居所。用茅草盖顶的叫"栏哈",用杉树皮盖顶的叫"栏能扎",用竹片编成篱笆再用泥巴糊封为墙的叫"栏仿桦",用劈开的杉木块围墙的叫"栏扎"。这几种结构简陋的房屋在解放后一段时间里还大量存在。

全木结构的木屋是南乡壮族最具特色的建筑,明显地看出是受桂东瑶族建筑的影响,全座房屋用木料建成,墙用木板,整座建筑都不用铁钉,全是木铆衔合,屋顶盖茅草或是杉树皮,房屋的结构与瑶族的木屋基本相似。由于南乡地处深山,木材资源丰富,木屋造价较低,壮族人民又有互相帮助建房的好习惯,一般贫穷人家都能负担得起,所以原来木屋在南乡分布很广,各村寨基本上都是这种建筑,旧时南乡圩上主要也是这种建筑。后来因易起火,一场火灾往往使全村都毁于一旦,以后就逐步被泥砖结构的房屋所代替。现在在南乡较偏僻的村寨还保持着这种建筑。从南乡壮族木屋建筑也可以看到壮族与桂东其他民族文化上的涵化。

草木结构的房屋是南乡壮族人民根据所处自然环境，就地取材建造的，但这种房子十分简陋，这也是旧时南乡壮族人民生计简陋的生动写照。后来有一部分群众采用夯土法筑墙、建房。这种方法是将碎土放入事先制好的板模中，并嵌入一些木条作"墙骨"充实成墙，并盖以茅草、杉树皮或瓦片。

随着壮乡生产、生活条件的不断改变，多数在山脚、河畔建立村寨，吸收了当地汉族较为合理的住房结构，从明末开始就逐步出现了砖瓦结构的房子。这种砖瓦结构的房子，多数为墙基底部用煅烧过的青砖砌筑，主体部分就多用未经煅烧的砖块砌筑。

在这样的历史背景下，南乡壮族形成了自己的居住传统。

1. 村落

南乡壮族的村落地址一般是近田、傍水、背山和面向开阔地。选择这样的地形作村址，与古代南乡壮族的生产特点及生产力发展水平有密切关系。由于农业生产是牛耕人作的状况，为便于精耕细作及照管庄稼，而在交通不便的情况下，迫切要求接近耕地，因此，一般耕作半径只是二三公里。近水则主要是便于生活，因为旧时主要依靠肩挑，背山这个原则则突出体现在有关"风水"说法中，这种学说认为，村庄需要有稳当有力的依靠，山环水抱。然而，这也是有实际好处的，背山则村寨安全可靠，冬避北面寒风。面对宽阔地则视野开阔，夏天可迎山谷凉风。前面种田，山后开荒种林，砍柴伐薪，将后山作为副业和原料燃料供给地。

每个村有一个门楼，是全村人共同出入村寨的场所，人口繁多之后，房份之间又可另立小门楼。门楼常挂有牌匾，多是为显示村中某代祖宗任过官职或得过功名之类。门楼的门头左右两侧，有两个用16块瓦叠拱成铜钱形的"门眼"。门楼的楼棚一般用于放置老人预先做好的棺材，楼铺楼板，供村人置放备用的棺材。

组成村庄整体的各家各户房屋一般是纵向排列，每列之间有小巷分隔，小巷路面用石头整齐镶嵌排列铺成。

从整个村落的结构来看，南乡壮族村寨内血缘联系还是十分紧密的。因此，南乡壮族村寨一般不仅都同姓，而且都同宗。至今南乡壮族村庄仍有20个是以其姓为村名的，占南乡壮族村庄总数的17%。

2. 祠堂

古代南乡壮族建村的祖先，在初建村时就为后代建房做好规划。在村中心建起祖宗屋，即祠堂。这是供奉"始、高、曾祖考妣"神龛牌位的地方，也是全村办红白喜事的场所。家中死了人，只要有后代，并且是正常死亡者，也可以陈尸和供灵位于祠堂。年节、嫁娶时都要在此举行仪式。祠堂有的是独座，有的是两座或三座。有三座的，二座居中，上通头座，中间有天井，两旁有厢房，可做办红白喜事的厨房或招待客人留宿铺设临时床位。头座中厅屋脊梁下有一条二梁，两头接墙外压有银元或铜钱，梁木两端，一边挂通书，一边挂香穗，表示庇护子孙后代知书识墨，丰衣足食，梁正中吊挂一长方形红布，镶有一块"照镜"，表示祖宗神明高照，一切妖魔鬼怪在此均现原形，不能逞凶。二座、三座平时是村中人文化娱乐、歇息的场所，节日喜庆可用来摆酒席，二座、三座只架设楼梁，两侧放置长凳，供人们乘凉闲坐及儿童玩耍。倘若村前有可以看得见的崩岗，则认为是不吉祥之兆，要在门楼前方竖一块刻有"泰山石敢当"字样的牌石，以避邪。

3. 住房

各家庭的房屋一般为三开间，俗称"一座三厅"或"一座三间"，中间为厅，两边为寝室。厨房、柴房、牛栏、猪圈等附属建筑建于房屋旁。房屋的厅后墙不开门窗，以防"上穿下漏"。整座房屋的深度与长度一般都是 1.9×2.9 丈，但其一丈只有9.3市尺。据传这是因为鲁班师傅的疏忽，将尺子截短至只有9.3市寸，而其徒弟为尊重这个建筑大师，就以他的"一尺"为一度，后来就一直沿用了下来。这种单户的房子结构，反映了南乡壮族虽然受汉族大家庭观念的影响并奉为正统观念，但还是习惯兄弟结婚生育后便另立门户，只和父母同居。这与汉族客家人的家庭房子形成明显的区别。

此外，在祠堂周围按房份辈次建造各自的住屋有一条规定，即除在村头寨尾建的房星外，其他各户房子的间数、宽度可以不受限制，但高度一般不超过祠堂，尤其是祠堂前的各家住房，则必不能超过祠堂高度。过去盖房子，择地要请地理先生定方向，看日子。打基、上梁、落成、进新屋、砌灶膛等都要请道公念《鲁班科》或《行墙科》等经，举行各种祈福安宅的仪式。

解放后，随着社会制度的根本变革，生活水平的提高，交通条件的改善以及社会秩序的安定，加上人口的极大增长，使得南乡壮族的村落结构和家庭住房发生了巨变。主要表现有：

第一，村寨同姓同宗居住，以祠堂为中心的结构已被打破，解放后，尤其是近十年来，许多人自选宅地建房，辈分关系已不大讲究，而且村寨祠堂已逐渐被废除，奉祖、婚丧等仪式改为在自家厅堂进行。村落结构由集中向分散发展。旧时村庄各户住房排列较为有序、整齐，全村有总门楼作为进出通道，其他地方不能入村。解放后社会安定，加上人口的大幅度增长，原村中可作宅地的地方所剩无几，很多村民都先后搬出村子，在周围建筑新房子。因而使原来集中的房子显得较为分散和无序。就全乡范围而言，由于人口的膨胀，除不断向村周围迁外，还有不少远离原来村庄另立村寨，使村寨发展有数量越多，规模日益缩小的趋势，见表十五。

表十五	南乡壮族村寨规模表		
村子规模（户）	村寨个数	占总数的%	
1—10	45	38.13%	
11—20	28	23.73%	
21—30	17	14.41%	
31—40	11	9.3%	
41—50	10	8.5%	
51—60	2	1.7%	
61—70	1	0.8%	
71—80	1	0.8%	
80 以上	3	2.4%	
合　计	118	100%	

据《贺县地名志》，贺县人民政府编 1985 年铅印本。

从上表我们可以看出，南乡壮族规模较大的村庄比较少，20 户以下的村庄已占全乡总村寨数的 61.86%，仅 1 户的村寨就达 6 个。许多小村寨都是解放后才建立的。而光绪庚寅年（1890 年）修的《贺县志》卷一《地理部》只说南乡有 35 个村，1934 年修的《贺县志》说南乡才有 44 个村。

第二，群众住房结构发生了显著的变化。

解放后。南乡壮族群众盖房建屋一般都自立一个小门楼，里面有"一座三"或"一座五"，前面围一堵墙，将附属建筑物都包围起来，中间留一空坪为天井，作为喂养禽畜的场地，形成了封闭型的庭院式建筑。即一厅两房连一井两廊式或一厅四房连一井四廊的建筑形式，后一种形式的平面如下所示：

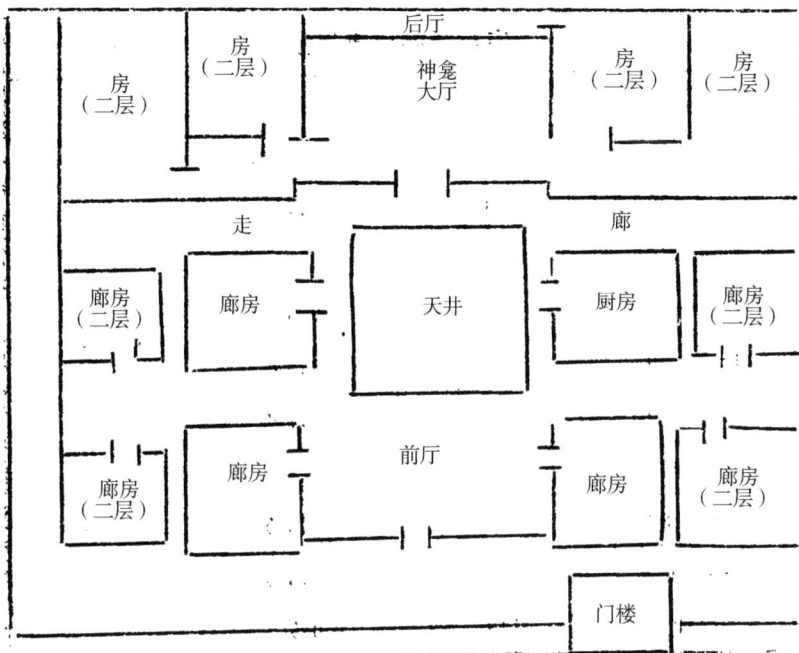

（旺村覃锡添家）

过去南乡壮族房屋的门多为双扇门，近几年来有些人采用单扇门，窗也开得较小，使得房屋内比较暗。现在不少人家一改传统窗子形式，多开窗，开大窗，装上玻璃，使房子明亮通风。

更突出的是，近十年来，随着经济的发展，南乡壮族中一部分先富起来的群众，摒弃了传统的砖瓦结构住房形式，按城镇的楼房式样建筑钢筋混凝土楼房。这种变化在江坪村尤为明显。在江坪村216户人家中，已盖成"小洋楼"的就有39户。一座座小洋楼点缀于半山绿树丛中，这是南乡壮族房屋结构的又一次历史性的巨变。

第三，室内用具和摆设逐渐趋于文明化。

过去壮族是没有固定的床架铺的，宋代朱辅所著《溪蛮丛笑》中载："瑶僚睡不以床，冬不覆被，用三叉木支阔板，燃火炙背，被焦则易，盖以板之易得也。以展转之意名骨浪。"不少壮族群众的床是在木凳上架上木板做成，冬天在床下放一盛有燃着木炭的火笼取暖，或铺以稻草作垫取暖。过去壮族贫困人家也没有蚊帐，而是以熏烟驱蚊。解放后，南乡人民不仅都有了被子、蚊帐、而且还备有专供客人使用的被子、蚊帐，有的甚至还使用了电热毯。

在房子内部摆设上，古代直至解放前，一般人家的摆设是十分简陋的。大厅内除用作摆供的八仙桌和一些凳子外，再没有更多的东西了，随着生活的不断改善，许多人家的大厅内以组合柜取代了八仙桌，摆上电视机、收录机、茶具，有的还备置了沙发。墙上挂上了新的年画，几乎家家都有大挂钟，充满了现代的文明气息。

第四，改善了饮水条件。

过去南乡壮族村庄群众的饮用水多是到河边挑取，或全村合用一口井。近 10 多年来，不少农户在自己的院内打井，采用封闭的手摇吸水器汲水，十分方便卫生。缺乏打井条件的村庄，则集资架设自来水管，引来山中泉水至各家各户，如江坪村公所的龙屈村先后两次投资共 4.8 万元，使家家户户用上了自来水，大大方便了生活，改善了饮水卫生条件。

四　岁时节日的传承

从春到夏，由秋到冬，南乡壮族有其充满壮族风情、风貌的岁时节日，这些岁时节日传承往往又随地域和时代的变迁而发生变异。

1. 春节

春节，是南乡壮族一年中最隆重的节日。南乡壮族的春节习俗中，有许多与汉族相同或相似的地方，但在传承中也有许多变异，形成独具风情的春节风俗文化。春节期间，南乡壮族民间开展各种各样文化娱乐体育活动，从初一到十五，村村寨寨的群众一起外出参加节日活动，俗称为"耍年宵"，现将各种活动记述如下：

迎春　农历正月初一至初五日为迎春日。

初一凌晨一到，即开始"迎春"：燃放鞭炮、给祖宗上供品、挂门头纸、到田中举行"开耕仪式"和到水井或河边汲回新水。

给祖宗上的供品的方法是，天亮时即先上香，接着上一次茶，后供一次酒，然后摆上两叠大糍粑，每叠九个，白糍粑叠成上小下大的尖塔形。以及粉丝等素菜。门头纸，把白纸剪成小条状作门头纸，祭祖后贴于大门外。这天早上，家庭主妇都争先恐后到河边汲水。以汲回的新水煮早饭和热水洗澡，俗谓这样可以图吉利，新水好运。此外，"迎春"中还有开耕仪式，这一点我已在第二章中详细论述，此不赘述。

初一这天，是佛教的斋戒日，故旧俗初一不能杀生，不食用荤肉血类，以豆腐、竹笋、青菜为主，习惯做糯米糖丸。这一天一般不出门，也不串门。若有事到别人家，不管你有无喝茶的习惯，主人献茶则一定要饮，饮不完的不能顺手泼地，要将茶水洒地一圈，否则就是不吉利的举动，主人当面不骂你，但过后会指责你不懂礼。此外，初一这天还不准讲不吉利的话，有的姓氏的人还不准喝酒，如黄姓，若确实忍不住要携带出门外饮。据说这是因为以前黄姓曾有人因初一喝醉酒而误过事，所以其后辈立了这一规矩，以吸取教训。

从初二起亲朋好友开始来往拜年。特别是刚出嫁的女儿。更是要及早偕丈夫一道回娘家拜年。一般人走亲拜年带的礼品有白糍粑、生猪肉、活鸡（或半边熟鸡）、糖饼。新婚夫妇回拜年则要带上大阉鸡、猪肉及120个大糍粑。女方家将新婚的糍粑猪肉分给女方族上兄弟各户。新婚受到女方隆重的接待，宴席丰盛，并请族中老辈陪同痛饮。一般都住上二三日。岳父母及族中长者亦趁此进一步观察审视女婿的为人、品行及言谈举止。所以新婚总是要比较拘谨，说话、举动都必须谦让，不得放肆，席上不得贪杯，否则便会被传为笑柄，此外，娘家亲戚也大多赴宴，一则与新郎认亲，二则表示亲热，三则告诉新郎不要欺侮新娘。走亲拜年一般到初五为止，在这段时间内亲友的小孩大都得到大人给的压岁钱。

从初一到初五日，都不准扫地，不能借别人的东西。家中神龛上的神灯，要不断加油，使其日夜长明。香案和檀香炉，日夜香烟缭绕，每天早晚还要上香、献茶、敬奉祖宗。初五日早晨杀鸡奉神，将门头纸撕下烧掉，迎春便告截止。

解放后，特别近十年来，传统的春节习俗发生了变化，尤其是青年人对传统的带有迷信色彩的禁忌已经不遵守了。如现在初一这天多数人已开荤，到田中举行"开耕"仪式已难寻其踪。人们供奉祖宗只是为了表示对先辈的怀念。而今人们因生活水平的提高，燃放鞭炮的数量大大超过从前，但多是表示庆祝新年和对美好生活的赞颂。

舞火猫　　"舞火猫"是至今发现的只有南乡及连山壮族保存的古老的春节娱乐活动。

舞猫分两种，一是舞长猫，二是舞猫人。舞猫主要是在欢度春节时表演的，一般从正月初一到十五择吉日而活动，各村寨不尽相同，但过了正月十五就不舞了。如果村中决定舞猫，一般在春节之前即组织起"舞猫会"，由村里有权威的长者领头，各家凑钱作为活动经费，并献香以备舞猫时用。

舞长猫与汉族、瑶族的舞香龙有些相似，故舞长猫又雅称"舞火龙"或"舞赤龙"。长猫用稻草结成手臂般粗绳，绳头扎成猫形，在村边的田垌里，每隔四五丈远的地方插一竹竿，全条"猫"的长短无定数，但一定要成双数，一般按村寨能出动的人数多少而定，有百十丈长的，也有数百丈长的。1988年春节南中村公所香花寨就出动了几十人，共计一百余丈。结扎好后，先按"之"字形排列于田中。入夜时，人们汇集聚拢来，烧起数堆火塘，点燃神香，约十支香为一束，在猫身每隔六寸至一尺处扎上一束香，并把香脚揣弯，使香束不易跌落。点香插香要快，插好香后即敲起锣鼓，开始"舞长猫"。持"猫头"的一般是身强力壮的年轻人，后面"猫身"的每一竹竿由一人持，随"猫头"起舞。舞的动作并不复杂，只是在不同的队形中左右晃摆做"滚猫"动作。舞时先是围绕村子舞一圈，接着是走村出寨到圩上表演，表演队伍旁边还有一群众提着香，随时添香。在夜幕里，"舞长猫"十分壮观；前面持香逗"猫头"装作老鼠逃窜，后面"火猫"左右扑腾，追逐"老鼠"，寓意于"猫捉老鼠"，预兆今岁年成丰收。

"舞猫人"即是用人装"猫"起舞。装猫者少则七至九人，多人不限，但须为单数。"猫人"头戴用稻草扎的"猫头帽"，双臂上，双腿上均扎上稻草绳，"猫头帽"后面垂一根稻草绳作为猫尾。入夜，大家汇集到村外，点燃神香，一支一支地插上帽和身上的稻草绳上，表演者都排成一字长形，边走边舞。前面也是几名像"舞长猫"时的"老鼠"在前面逃窜。有人提着香跟在旁边以便香熄时随时补上。开始时也是先围村走舞一轮，接着就上南乡圩上表演。表演时是人走正步，据说这是龙行虎步，向前走三步后即拱手弯腰下拜，接着单数向后转，与双数互相对拜，接着大家又各向后转，又互拜一次，再双数向后转，大家又一齐向前行走。在黑夜里，只见到一只只"火猫"在弯腰捕捉"老鼠"，蔚为壮观。到了圩上比较宽敞的地方，表演队伍还要表演"绞麻花"，即是排成一字形，互相穿插，每过一人即互相对拜一次。还有用稻草扎成牛、马、猪、羊、鸡、鸭等禽畜动物，脚下安上木轮车，扎着点燃的神香，跟着"猫人"队伍后面走动，预兆六畜兴旺。舞完后，将猫插于河面上烧掉，曰"放龙归海"。

"舞猫"的音乐伴奏主要是打击乐，有时也请八音来助兴。基本鼓点是：

冬冬/咣—/冬冬/咣—/<u>冬冬冬</u>/咣冬/冬冬/咣—/

"舞猫"原是在南乡壮族的宗教仪式——"做功德"中表演的，其可能源于南乡壮族因猫捉鼠保护庄稼而产生崇拜，且很可能受中国上古之时祈求农业丰收的大型祭祀活动蜡祭的影响。据《礼记·郊特牲》所记，上古蜡祭所祭之八神中，猫就被列为祭祀对象之一，其云："迎猫，为其食田鼠也。"由于社会历史和生产力的发展，舞猫从民间祭祀活动中脱胎而出，成了娱乐性的活动。但南乡、连山一带壮族在全国绝无仅有地保留了"舞猫"风俗确实具有重大的学术价值。解放前南乡几乎村村寨寨都舞猫，解放后相当一个时期基本停止舞猫，近几年发掘民族传统文化，有几个村寨又恢复了舞猫活动。

做皇 "做皇"也是南乡壮族人民极有兴趣的乐事，是春节期间规模最大的文娱体育集体项目之一。

"做皇"是壮语的直译，又称"装皇""装古事"。旧时遇到好年景，至新春佳节南乡村寨就要由村中长老牵头组织，各户乐捐钱物，组织艺人置办服装、鼓锣乐器及编扎巧制各种形式的古帽、花灯并物色人员进行排练，春节期间择吉日上街表演。表演不是在舞台上进行，而是游行过街，边走边舞。

游行表演有两种形式：一是圩日进行表演，叫"白日皇"。"白日皇"化装的服饰要更华丽，每一人物的前面，有一个人手擎牌名，牌名的形式又多种多样，以彩色纸美化，写上人物名字，排成长蛇队伍。在行列中，有单一人物行进的，也有两个人物平排行进的。二是夜间旅行表演的，叫"灯皇"。灯皇更为隆重精巧，因为必须精扎各色各样的精致花灯，以显示主办村寨技艺的高超，特别是走在前面作引路的"凸"字形的排方灯，扎得尤为精巧，因为这是用来标明村寨或姓氏名称的。后面的花灯不仅需要精美，品种也要尽量多样，有各类动物，如金鱼、彩凤、花鸟、孔雀、青蛙、蜻蜓、蝴蝶、雄鹰、白鹤、鸡、鸭、牛、羊、马、猪、兔、鳖、龟、蟹、龙等，还有扎五角星、三角星及各种工具机器等。民国以来，随着新事物的出现，扎的花样款式也跟着变化，如扎汽车、飞机等。在每个花灯里点燃蜡烛或油灯，一只花灯由一人或提或举，灯下贴一张剧中人物名牌，按次序排列行进。游演队每隔一个故事节目配一盏灯笼，整个队伍的前、中、后各配上一只或两只狮子，一套或两套锣鼓。在漆黑的夜晚，五颜六色的一盏盏灯火，构成二三里长的火龙，沿着乡间弯弯曲曲的小路行进，极为壮观。加上那惊天震地的锣鼓声，山鸣水应，显得热闹火红。

扮演故事有《刘关张桃园结义》《孙悟空三打白骨精》《七仙女下凡》《梁山伯与祝英台》《三英战吕布》《武松打虎》《杨家将》等。但并非全部表演，只是扮演其中的某一情节的动作而已。这些扮演的"演员"穿插于花灯之中，虽非正式表演，但由于演前有排练，动作尚逼真，颇为吸引观众。所以，队伍所到之处，人们有的放鞭炮，表示欢迎，并热情地敬甜酒、姜糖茶、香茗和送红包，表示谢意，气氛十分热烈。由于队伍经过一个村寨要在好几个档口表演并接受观众敬酒敬茶，所以大的村庄往往须用一个小时左右才能通过，一个晚上从夜幕降临到凌晨只能到几个村庄游演，有些预定到达的村庄要等到子夜。这些村庄的群众，点起松光或架好灯火，备好酒茶等候，有的则唱着歌来迎接。

"做皇"这项活动解放后不久也被取消了，近年才得以恢复。由于做皇耗费较大，解放前做皇规模都较小，近年来随着生活水平的提高，做皇规模颇为庞大。1989 年春节旺村做皇演出时，直接参与这项活动的就有205 人，全村 700 人，除每户留一人看家及老弱病者外，几乎全部人跟着队伍出演。队伍浩浩荡荡，颇为壮观。

南乡壮族这种游演活动，其实是受古代汉族对火崇拜的影响。《后汉书》记载："先腊一日火傩，谓之驱疫……因作方相与十二兽舞，欢呼周遍，前后省三过，持炬火送疫出端门。门外驺骑传炬出宫，司马阙门，门外五营骑士传火弃洛水中。"这说的是汉代宫廷举行的隆重典礼，其意是用火把驱疫赶鬼；也是古人对火崇拜的表现。何谓"傩"？郑玄说："傩，索宝驱疫逐强鬼也。"从古以来，在乡间除了"索宝驱疫逐强鬼"外，还有持香火在田地里驱虫赶兽活动。正如《诗》曰："去其螟螣，及其蟊贼，无害我田稚。田祖有神，秉畀炎火。"南乡民间旧时每逢受灾之年就有舞火龙活动。九九送火神。这些都是崇火之遗风。

装扮古人故事与举行灯笼游演，是盛唐灯节的遗俗。据《南史》《唐书》记载，南北朝兴起了点灯笼活动。到了唐朝兴盛时期，点灯笼的活动均在春节至元宵这段时间进行，后来发展为灯节，其内容极为丰富，形式多样，规模也非常宏丽壮观。段成式写的《观山灯献徐尚书》一诗的序中，对山灯有这样的描写："初烁空燉谷，漫若朝炬，忽惊狂烧卷风，扑缘一峰，如尘烘箭色，如波残鲵鼬，如霞驳，如珊瑚露，如丹蛇蚊离，如朱草丛丛，如芝之曲，如莲之挚。布字而疾抵电书，写塔而争同蜃构，亦天下一绝也。"但如此规模壮观的灯节，在盛唐时却"岁不常设"，一直到宋代方成制度固定下来。当时京都汴梁，三日不禁夜，许官民同乐，其盛况实为空前。南宋虽偏安一隅，而观灯之盛并不稍减。辛弃疾对当时灯节盛况的描摹是："东风夜放花千树，更吹落，星如雨。宝马雕车香满路，风箫声动，玉壶光转，一夜鱼龙舞。"这等繁华景象，真堪胜现代灯节。汉族的旧俗在南乡那里则都保存下来，形成新的习俗。

舞狮   舞狮是清末才传入南乡。在南乡大凡舞狮，就一定组成民间武术教馆，请来武打师傅，教练拳术武艺，名号"××醒狮馆（队）"。春节期间耍年宵时，舞狮是一项重要内容。春节舞狮，先将狮队开到南乡街上给各家及店铺拜年，并表演武艺。尔后就是到各个村寨拜年。狮子进村时，若村中有狮，必至村口伏着迎接客狮。"会狮"后，两狮队一起进村，先拜社庙，然后给各家送以红纸片写的拜帖，拜帖格式为：

是日醒狮踵
府庆祝
新年
×××醒狮队

入堂拜帖时，户主放炮迎接，并奉献红包作利市。拜完帖后，即在宽敞的空地上举行表演。表演开始仪式，由村寨有名望的人主持，题唱赞词，狮队负责人致答谢词，双方所致之词一般也是山歌形式，舞狮时，一般有两个"大面"、两个"精猴"陪舞。大小面均以丑角出现，动作妙趣横生，常常引起哄堂大笑，敲锣打鼓，按一定规律耍舞。舞完狮子后表演拳术，有徒手和刀、棍、枪、矛、叉、剑等器械功夫，有单人，也有多人表演。最后要送狮出村。再三叩拜祝福方依依离别。舞狮拳术都是近百年来传入南乡的，现已成为南乡壮族民间的重要娱乐活动。

南乡壮族舞狮，还有用鞭炮烧狮子以示吉利的习俗。春节期间，狮子队到南乡圩上逐家逐户登门表演贺年，各家各户必须备有鞭炮，越多越好，以备狮子登门表演时燃放，而且四周围观的群众几乎人人都有鞭炮，且大多是单封的，狮子队进入南乡街后，大家纷纷点燃炮仗向狮子掷去，以考验舞狮者的功夫与耐力。一刹那，鞭炮齐鸣，烟火交织，场面非常热烈火爆。鞭炮越多，狮子队则舞得越起劲。特别是丰收年景，群众生活好了，烧狮的爆竹就特别多，往往要延续十几个小时，很多狮子头都被鞭炮烧得面目全非。

2. 春社

南乡壮族一部分以二月初二日为春社日，一部分则以立春后第五个戊日为春社，所以南乡的"春社"，又通称"二月节"。传说这是落籍南乡的六十姓祖先为了互相宴请，就分成两部分过节的缘故。其实，这可能是受汉族影响的结果。

二月节的主要活动是全村寨合众集资杀猪，以猪头等祭品祭社坛，然后平分猪肉。各家各户则是做大汤糍，宴请亲戚。新出嫁的女儿和新女婿回来时，必携两"茶笋"的糯米粉及糖片。

南乡壮族有这样的习俗，即过了二月二春社后，就准备春耕生产了，有"过了二月二，犁头要下地"之俗谚。因此，旧时过春社之日，将汤糍煮熟后，一家人不能同时盛来吃，而是先由家长一人，穿上蓑衣、戴上竹笠、卷起裤腿、光着脚板，拿一碗汤糍到屋门外，面向田野，默念有趣的诵词，祈祷今年春耕顺利，牛不死，犁不折，苗不烂，稻菽不受虫鸟损耗，五谷丰登，念完诵词后，主人把一只汤糍十字夹开，预兆吉祥、心满意足。此后，家人才一起同席吃汤糍。此节不留客人。

现在南乡壮族的春社已发生变异，祭社习俗只是少数老人的习惯，而用汤糍向田野念诵之俗已绝迹。这一节日变异为人们做汤糍，请客来往的节日。

3. 清明

清明是南乡壮族祭祖扫墓节。南乡俗话说"做清，不过夏"。即清明祭扫应在清明之日至立夏前进行。祭扫的形式分单家独户祭家祖和联宗扫墓两种。扫墓时，先给祖坟割草、培土后，就摆上酒、饭、鸡、肉、菜并烧香请祖先吃饭，然后烧纸钱，放炮，插上纸幡于坟顶。祭扫家祖时，出嫁的女儿回扫父母坟墓除带香纸烛及鸡或猪肉外，还要用糯米做一种直径长一尺多的大扁圆油煎糍粑，其意是说给父母在阴间送伞笠。联宗扫墓或到祠堂祭祖则由族上有威望的老人主持，每户派一个代表参加，但女子不能参加，费用由祀田收获开支，没有祀田或祀田收入不够开支的，则每个男丁平均凑齐。联宗扫祭要买猪、鸡等到野外杀祭祖宗、拜祭后进行野餐。南乡壮族对清明扫墓非常重视，要请两位唢呐手到墓前吹奏，充分表现了南乡壮族宗族观念之重，体现了当年侬兵血缘关系紧密的特点，如今社会发展了，祭祀的方式也发生了变异，很多人家用录音机录上唢呐曲到墓前放送。

4. 牛王节

农历四月初八，是南乡壮族的"牛王节"，又称"牛王诞"。这一天若你到壮乡，就不会在田垌、山间找到牛的影子，家家户户都把牛关在栏中。他们这一天首先把牛栏打扫干净，给牛梳理，刷身，若牛栏破烂了，也尽早修理一番。接着去采摘枫树叶插于家门和牛栏门头上。然后准备做糯米饭祭拜牛神。养水牛者则做黑糯饭，养黄牛者则做黄糯饭。多的做三、五十斤糯米，少的也做三、五斤不等。蒸煮好糯米饭后，杀鸡煮猪肉，拿到牛栏门口供奉。供奉时，摆上猪肉、糯饭，献茶斟酒，烧化纸钱，燃放鞭炮。最后，用青菜包着糯饭塞给牛吃。旧时，家中若有孱弱小孩，则让他手抓包糯饭，头顶竹笠，身披蓑衣，到牛栏伴牛吃，以祈求小孩像牛那样快长健壮。

这个节日的由来，传说是壮族的祖先在打猎中活捉了一头野牛，经驯养后变成了家牛。有一年四月初八这头牛生下了一头公牛犊，公牛犊经驯养后能犁田，后来繁衍成群，逐步代替了人力拖犁的苦差。壮族人民为了铭记公牛犊的功德，称它为耕牛的"始祖"，并在四月八这一天，庆祝其生日。

解放后，南乡牛王节的传承也发生了变异，拜祭牛神的习俗没有了，但做黑饭或黄饭、插枫树枝的习俗尚存。而且近些年来，随着生活水平的提高，欢庆这一节日更为隆重，人们不仅让耕牛休息，喂给香茅、嫩竹叶、芒叶等青饲料和糯饭外，有的还喂给黄酒或煮熟的薯藤伴甜酒喂食。此外，人们还宴请亲友，把盏同庆。

5. 六月六

南乡壮族为什么过六月六这个节？据传说这样的：

明朝时六十兄弟落籍南乡，共同开荒拓野，为了团结一致，纪念创业之艰辛，各姓族头人在南乡大庙总祠结拜兄弟，各人均以"父"字为班辈，并定六月初六这天为纪念日。于是，在六月六日这天，大家都用黄茅叶包糯米大粽，还要杀鸡鸭、买猪肉、捞塘鱼，弄丰盛的菜肴欢宴。后来，各姓兄弟由于勤劳创业，生活越过越好，便想到六十开乡兄弟一年中各自过节，没能共聚一起欢度佳节，于是大家决定此节要互请共饮共欢，互赠粽粑。这样就把原在六月初六同一天过节，改为以乡化吴父昙为首的吴氏姓族在六月初二为节日；覃、韦、莫、廖等姓族以六月初五为节日；李、谭等姓族以六月初六为节。但李姓过此节时却不能做大粽，为什么呢？传说，李姓的开乡始祖李父定，因家境较为贫寒，除耕田种地外，还要外出找些活路，寻些钱来维持家庭生计。有一年过此节时，李父定在外做工，因路途遥远赶到家中过节已是黄昏时候，不但已失礼不能请各姓兄弟，且也无法做粽了。当晚，一家老少，只是杀个鸡，将原来用芭蕉叶包、在路上吃剩的糯米饭团，分成几片，仍将芭蕉叶包着供奉祖宗。从此，李氏子孙后代，每逢此节就照例以芭蕉叶包的糯米饭团祭供祖宗而不做茅叶粽，也不请亲友。这样代代相传，成为族例。李氏宗谱有述："这是为了纪念祖先创业艰难，必须永远厉行。"因为李姓有这个规矩，过去还因此闹过一桩笑话：某姓之女，经双方父母聘媒，从小已与李氏订婚，过了礼钱，且过门相过亲，但到及簪报订婚后，只等迎亲合卺了，女方才知道李氏此节是不做黄茅粽供祖的，便毁婚约，不愿做李家媳妇。自此以后，李氏子孙为吸取教训，凡男女聘媒说婚时，都必须老老实实地说李姓六月节不包黄茅粽，对方不愿意就算了，这样才避免笑话的再次发生。

此俗传承至今仍旧。

6. 七月七

汉族的传说是七月初七日，牛郎织女相会，南乡壮族也有相似的传说。传说织女是天帝的第七个女子，因嫁与银河之西的牵牛郎为妻，夫妻和睦恩爱，为从夫愿，自废弃原来专习女工之作，从夫君牛郎务农勤耕。天帝认为女子只能做纺织针线之工，这是古来家训，不可废，而大发其怒，强令织女仍回银河之东居住，一年中只有七月七日夜才让织女与牵牛郎夫妻相会。因此，织女在七月七日这天来到银河渡河，在河间沐浴梳洗，准备晚上与牛郎相会。当她在银河沐浴梳洗的时候，众仙女姐妹们，亦因一年中难得相会，便相邀到银河来晤会，相叙姐妹之情，聚享天伦之乐。

七月七传承到南乡壮族中也发生了新的变异。南乡壮族妇女，自古以来对仙女十分羡慕和同情，因此习惯在七月七日傍晚，夕阳时分，下河沐浴。特别是青少年女子，在七月七日这天来到之前，就互相约好，各人拿着梳子、衣物、手巾，成群结队到附近之僻静河间去沐浴、梳洗，互相戏游，谈笑，对唱山歌，直到黄昏后才回家。据传说，天下之江河是从银河流注下来的，仙女在银河中沐浴、梳洗，水流到天下江河，凡间女子沐浴梳洗，就同仙女一样健美，消除百病。同时，织女爱牛郎情深义重，我们民间女子，也要珍重夫妻情义。南乡壮族姐妹们银河浴，就是表示赞誉织女牛郎的相会。因此，七月七银河浴，至今仍为众多女青年最感兴趣的活动之一。而那些年纪大不便下河的妇女，也要从河里挑回水在家里洗，以求延年益寿，晚年幸福。

七月七日这天，有酿醋习惯的家庭，派人到河中间打水回来冲黄酒酿醋，或直接把水加入原有的醋罐内。据说用这一天中午的水酿醋特别酸，味道正，且经久不坏。

7. 七月半

农历七月十四日，汉族称中元节，南乡壮族称"七月半"。但因十五日是佛教斋戒日，古来就改为十四为节日。

南乡壮族过七月半要做小粽粑，一两米一个，办酒肉筵宴。虽不请亲戚，但小辈要看长辈，尤其是新嫁女儿要回家省亲，回时并偕丈夫子女，带鸭、猪肉、糯米小粽等礼物。俗规七月半不走外家等于断了亲。十四日过节时，要用土纸给祖公、祖太婆、祖父、祖婆的亡灵剪衣服，俗规衣服要单数，或3，或5，或7，上写某某公、某某婆受领。先在厅堂依次祭拜，祭品有肉、酒、茶、供饼等，并将一串粽粑用竹竿挂在门外，把打了钱印的土纸贴在门楣上作"挂纸"。祭拜后将纸衣焚烧，把灰拿到门外与挂在门外的粽粑一起祭拜，最后将纸衣灰、门口粽和门口挂纸一起焚烧。由于七月半十分隆重，故南乡有七月半花钱与过年一样的说法。有的还在夜深人静后到寨外路口处烧香点烛，化纸衣，供奉酒茶肉饭，意为给过往神祇及无门可归的野鬼施衣，故是夜禁忌外出。

解放后，此节在传承中已极少有人夜祭野鬼了。

8. 秋祭

南乡壮族祭祖有春、秋二祭。春祭在清明，秋祭在八月初后择吉日进行。秋祭祭法与春祭同，唯多是富裕之家为之，一般人家则不祭。或是族人中的老祖墓，因子孙繁衍分散，难以集中的，一般都选于秋天进行扫祭。如覃氏祖宗覃程学之墓，其湘桂粤三省区后裔就是在八月二十三日集中扫祭的。

9. 八月十五

历来不被重视，最多杀鸭、吃汤圆。

10. 九月九

九月初九日是汉族的重阳节，而南乡壮族却把这天变异为送火神的节日。

传说古时候，重九之日太阳光特别强烈，因热度高，万物枯萎而干燥而发生火灾，以致天下万物毁灭。另一种说法是：古时候这一天落火煐，焚毁万物。故每年九月初九日这一天，南乡壮族就以村寨为单位举行送火神活动。

这天傍晚，村里就有几个人把一扎扎干草堆积在路口，吃过晚饭天黑后，每家一人拿一把火出门集中于路口。接着众人七手八脚用竹竿、干草搭起一间约一人多高的草屋，在草屋里堆上干草，干草上面放上一些鲜竹筒。等到各家火把都到齐了，由道公做道场，点燃草屋，于是众人都将火把投向草屋。顿时，烈火熊熊，火中生竹筒因被火烧受热，竹节内空气膨胀，噼噼啪啪地响个不停。这时，众人又往火里添一把草，同时齐呼"呜吆"，表示欢送火神上天。草屋烧光后，人们又高呼"表谢吆""哟咻"祈求火神勿再作孽。待火熄灭后，人们才高高兴兴地回家。回家时，路上不准点火，摸黑行进，以免火神又回家中。这种习俗的产生，与古代壮族的房屋建筑有关。旧时南乡壮族的房屋多为草木结构，后虽以泥砖砌筑，内仍有大量木头作楼、橡、门窗等，且上亦多覆以杉皮、茅草，这种建筑在秋高气爽的干旱时节里，用火稍不留意就会引起火灾，全家乃至整村就会被火海吞没。因此送火神即是壮族人民对火神敬畏心理和祈望减少火灾的反映。如今南乡壮族人民的居住条件已有很大改善，加上加强防火工作，以及思想认识水平的提高，信火神的人极少，送火神活动亦绝迹了。

11. 冬至

冬至节，是一年生产五谷收成结束时候，南乡壮族称此节为"完工节"。这个节日除女儿回娘家外，一般不请亲友，只是各家做些"大肚糍"，寓意丰收有食之意。这种"大肚糍"有做糯米、薏米或高粱粉的。富有大家趁此节前后做腊鸭、腊肉、腊肠。民间还习惯在"冬至"前后做糯米甜酒，因为此时做甜酒不易变质，可以久贮。冬至最盛的还是买冬蜜糖。南乡民间俗信冬至收的蜜蜂糖可治百病，并且久贮不变质。于是冬至日满街都是卖蜜糖的货担。人们将冬蜜糖贮藏起来备用。平时小孩消化不良，咳嗽时将冬蜜糖冲开水做药，效果良好。冬蜜糖放得越久越好。

12. 小年夜

南乡壮族以腊月廿三为"小年"。传说是夜"灶王"要回天上向玉皇大帝禀报。于是，当晚各家各户都杀鸡奉灶王。户主要向灶王叩拜，请求灶王回天在玉帝前多多包涵。并在这个节日里教育家人，平时做炊事要谨慎小心，不得用锅铲大力敲锅头，得罪灶王，以免灶王回天告状，加罪于头上，招来祸害。小年夜送走灶王后，方可以修整炉灶或另建新灶。如今信灶神者已不多，但人们仍习惯于这一天修灶或建灶。

13. 除夕

除夕，俗称"年夜"。是日，凡外出工作、经商、打工、读书者都要回家团圆，家中亦不留客人。已出嫁的女儿也必须返回夫家。这天不借别人的东西，借别人的东西也必须在此日还清。同时，各家各户还要搞大扫除，洗涤各种家具，干干净净过年。这天青壮年还忙着冲白糍粑。

中午时分，家家户户都杀肥鸡，做豆腐酿，准备年夜饭。吃饭前，要供祖宗，点燃神龛上的油灯，在门、窗、牛栏、猪圈，鸡舍等地贴上"利市"的红纸，在大门贴门官、迎春联。这天晚上要比平时提前两三个小时用餐。吃饭时，包括已分居的同胞兄弟都全部团圆共餐。这一顿饭菜肴也是一年中最为丰盛的。因为民间有俗，说这一餐务必丰盛有余，饭菜都要煮吃不完，取丰足有余之兆。

是夜，小孩们把自家的锣鼓乐器等拿出来玩，陪着大人守夜闹宵。如今此节旧俗依然，而且随着生活水平的提高，人们的年夜饭更加丰盛。

五　歌圩的退化

壮族是个有名的善歌唱的民族，千里壮乡号称歌海，千百年来，壮族人民爱歌、善歌，从生到死，时时都生活在歌海之中。为了尽情唱歌，壮族人民聚而集之，形成独有的"歌圩"。

南乡壮族从桂西迁到桂东后，曾长期保存着歌圩文化，在传承的过程中变异为"隔河歌圩"的传统形式。

"隔河歌圩"在南乡壮族盛大的耍年宵期间举行，即是在春节期间正月初一至十五的晚上举行，俗称"歌堂夜"。届时青年男女人人盛装以待，纷纷前来赶歌圩。歌圩的地点一般是选在村旁的河边，隔河两岸摆下歌台（有些村寨则在村头有大树宽敞的空地为歌场）。每晚对歌以村寨为单位，组成了互相对擂的二支歌队，歌队以下又分为若干组，每组有四男四女，并且每组都有一个为他们出谋划策拟歌的师傅，称为"歌王"。有多少组就有多少个"歌王"，称为"第一歌王""第二歌王"……依此类推。

当夜幕降临，迫不及待的青年男女从四面八方涌向歌圩，他们自带干柴，以唱歌小组为单位燃起火堆，自带板凳围火堆而坐。一般距离在双方对歌用高声唱歌（南乡称为"大唱"）互相能听到为适当。大都由甲寨对乙寨，每晚歌王到来之前不能对歌。

南乡壮族歌圩对唱，有严格的程式和规矩，不能随意乱唱。体现出当年俍兵组织性强的特点。对唱的第一晚，先是互相唱"来路歌"，询问对方来历、来路和来意，并互通姓名。接着大家一齐唱"歌王到"，表示欢迎歌王到来为歌圩增添色彩。来路歌很短，一般举用二人唱道："歌王到哩，歌王到哩，歌王到去人皆知。"对方一闻到歌声即开腔应战："唱歌零零什么姓，唱歌声声什么人？说妹啊知报妹听，哪里歌王敢承认。"问方也不甘示弱："刚到歌场试比唱，试比唱歌哪个强，老虎爬羊羊爬角，试比功夫哪个恶。悠莺莺，试比功夫哪个强。"歌声刚落，对方即勇敢地紧逼道："唱就唱，平地起风吹就吹，县府当不怕衙门进，不怕琵琶奏铁棍，悠思情，哪里歌王敢应承。"

序幕拉开后，随即由歌王用歌唱开场白。

这种开场白称"贺年歌"，即问答对唱另一方"恭喜""新年好"等，再唱"尊敬歌"，互相表示敬意，请安。又唱"请教歌"，互相表示谦意，确定问答各方，然后就开始斗智的对唱活动了。先唱"测字歌"，接下去依次是"盘歌""大话歌""典故歌""情歌"，一连可唱几天几夜，直到兴尽方散。

在传统的歌圩上，除了擂台式的对歌外，一些男女青年互相认识后，也可以另寻地点进行情歌对唱，壮族称之为"歌圩幽会"歌，用的曲调称为"小唱"，旋律低回缠绵，似情人甜言细语式倾诉无限的情思。

歌圩上对歌的内容非常广泛，古今中外，天文地理，无所不包。举凡历史上的朝代更替、帝王序位、历代名人、民族历史皆在对唱之列。对唱中还有大量有关劳动生活的内容，从犁田耙田到看水下秧耘田收割一直到造屋、看牛、伐木、采茶以及人情世故，道德哲理，无所不唱，反映了南乡壮族的风土人情，表现出壮族人民的聪明才智，对下一代也是一种极好的社会知识教育形式。下面将南乡壮族传统的歌谣分述如下：

1. 农事歌

这是人们在生产和生活的长期斗争中，总结生产经验并通过歌的形式表现出来，以传授有关农业的知识和生产经验。如《十二月歌》：

举歌一只悠金银，
正月想来年更新，
二月想来锄地忙，
三月想来撒谷种，
四月想来要插田，
古怪真古怪，
五月龙船水又大，
六月想来要割禾，
是不是，
七月想来过十四，
八月想来要担柴，
心碌碌，
九月想来大禾熟，
十月想来要收成，
真巧妙，
十一月想来天冷了，
悠姣连，
十二月想来要过年。

2. 生活歌

生活歌又分两种，一种是劝诫人们要遵守道德规范，不要想入非非，误入歧途。如《垫高枕头你想下》中的几句：

劝你收心要晓得，
莫想天天能捞钱，
莫想天天得赶乐，
有日哭时眼泪出，
垫高枕头你想下，

今日与你讲个完，
银钱尽多使会了，
悠上思，
听我词话有天好。

又如《风流耍败几多人》：

千叮万嘱相思妹，
叮叮嘱嘱妹思情，
妹呀妹，
妹你本是凭夫贵，
交结奸淫难过世，
风流义气假浮云，
妹呀妹，
劝妹勤耕要勤俭，
莫讲闲言失了面，
和夫顺妇有名声，
世上麒麟对狮子，
对耍风流有几事，
弟是平声嘱咐娇，
嘱咐贤娇心要记，
闲是闲非娇莫理，
莫来惹祸出是非，
要和睦来要和顺，
莫要常常多理论，
家中事务慢商量，
和气商量当世界，
句轻句重姣莫怪，
莫听闲人说败娇，
莫听闲人多谣辱，
辱妹心生有顾屋，
逍遥快乐有顾家，

今日年青都是好，
甲子推来年纪老，
老落阴间世界难，
妹呀妹，
弟说一言从妹想，
日落西下难得上，
从娇慢慢细思量，
世上好花过日子，
弟是平声话句你，
妹你知心不知心，
妹是知心弟正讲，
作地耕田正有望，
春亦要种秋要收，
妹是有信看过几多人浪荡，
十月禾黄都有望，
悠金银，
风流耍败几多人。

　　生活中的另一种是诉苦歌，诉说在阶级压迫和民族压迫的封建时代，南乡壮族劳动人民对生活的悲叹和控诉。如《世人有人弟很苦》：

世上有人弟很苦，
天下有人弟很穷，
有得银钱宽阔使，
赊借有人相信弟，
有条钱路入弟身，
心想耕田练作地，
有得银钱难作主，
十月有条禾秆收，
田塘屋宅虽是有，
红契当在人家手，
加一利息方弟当，

利息不清着当断，
怎得弟今债务清，
百样千般都想尽，
快活风流少弟份，
快活风流少了兄，
十八有零二十到，
有日清闲宽活过，
口对人欢心不欢，
朋友问兄忧哪样，
自己忧愁有想讲，
三步大门有想行，
前世阴功修得有好正是好，
方弟今生很屈火，
耕山度活实艰难，
思上弟今实有福，
有晓哪家是弟屋，
想返有望泪涟涟，
想上弟今实苦了，
心里流泪有人晓，
悠夜归，
望兄江山实孤凄。

歌中情调低沉，唱出了歌者内心无限的辛酸与悲哀，使人听后不禁凄然。

解放后，南乡壮族人民又以歌谣歌唱新生活，歌唱社会主义。如南乡鱼跳电站建立后，他们以歌唱道：

村村安上广播器，
家家户户有电灯，
如今实现电气化，
建立电站是光明。

3. 时政歌

这是劳动人民表明自己政治观点和态度的歌谣。旧社会他们的歌抨击社会的黑暗和不平，盼望翻身解放。如《打下江山分半妹》：

顺治过江有几久，
雍正康熙离了偶，
乾隆嘉庆有万年，
同治咸丰光绪尾，
宣统登基有了几，
就被王兴逼反广州，
逼过广州心有愤，
有势有权亦有恨，
有权有势去投军，
投军编入飞机炸弹驳壳队，
打下江山分半妹，
悠金银，
打下江山共妹分。

在抗日战争时期，南乡人民以歌来表示对日本帝国主义侵略的痛恨。因此，在《打得日本跑不赢》中有这样的唱段：

当今世界未定当，
没有心神和你讲，
愁愁闷闷过年春，
因为哪条讲你听，
我去当兵为命令，
……
官长叫我去冲锋，
我去冲锋撑大炮，
打得日本跑跑跑，
四方八面都败齐。

4. 礼俗歌

壮族群众在红白喜事中唱的歌，一般称为礼俗歌。礼俗歌又可分为祝贺歌、哭嫁歌、哭丧歌。婚娶、生辰寿诞、新居落成等喜庆场合唱的祝贺歌，这种歌的内容大都是美好的祝愿词。哭嫁歌，是姑娘出嫁时倾吐离别亲人的忧伤和苦楚，充满了悲伤的情调。哭丧歌是诉说死者的离开留给活着的人的悲苦和对死者恩情的怀念和赞颂，这种歌更是凄楚动人。民国时期，南乡的歌唱被政府强令禁止后，礼俗歌亦被禁唱，即使继续举行，也只能偷偷地进行，不能公开举行，更不能唱歌了，所以这类歌此后已极少人唱，至今保存下来的和会唱的人极罕有。从收集到的婚礼仪式歌看，其程序与桂中一带的婚仪歌是大体相同的。婚礼歌中，又分入门、敬茶、敬酒、叹菜、筛鞋、送手巾、开柜、送别等歌，是随着婚礼的进行而不断改变内容的。但大都以男女双方互相赞美、祝愿为基本内容。如《敬茶歌》女方唱的两支歌：

> 唱就唱，
> 茶到面前饮就来，
> 祝福夫妻团圆好，
> 祝福主家财气多。

> 祝就祝来谈就谈，
> 我祝织女配牛郎，
> 男耕女织成双对，
> 夫妻偕老百年长。

又如《筛鞋歌》中男方的两支歌：

> 表姐双鞋靓又靓，
> 手工盖过全南乡，
> 鞋底钉来胡椒根，
> 鞋面弯成鲤鱼鳃。

> 多谢姨娘送双鞋，

> 并叹姨娘手脚乖，
> 赞叹姨娘手脚好，
> 当今盖过南乡街。

而《开柜歌》中女方唱的一支歌，祝愿之意尤为明显：

> 叫我开柜我就开，
> 叫我开箱好话长，
> 养猪大过金鸡岭，
> 养牛大过白马山。

5. 盘歌

这是男女双方对唱、互相盘问的歌，它通过答问对唱，既是斗智比赛，又是探问对方情况，也是一种逗趣娱乐活动。就盘歌内容而言，有生产、生活、地理天文、历史等，十分广泛。

如问南乡地理的歌：

> 女：唱歌师傅我问你，
> 　　哪乡闷井水多清？
> 　　哪处有个龙女妹？
> 　　哪样逗得凤凰鸣？
> 男：唱歌师傅我论你，
> 　　大汤闷井水多清，
> 　　水晶宫里龙女妹，
> 　　唱歌逗得凤凰鸣。

南乡壮族盘歌中，最有特色的是测字歌，就是谜面用歌谣的形式来互相盘问，考核对方识汉字和猜谜的能力，这是其他壮族地区民歌中所没有的，充分体现了南乡壮族受汉文化影响之深，以及仰慕汉文化的心态。

猜字谜歌，有按文字的结构、笔画、意义、读音等分拆，编成一首歌。如：

女：借问弟，

　　妹今借问杂字谜，

　　"一根大木六斤重"为乜字，

　　当堂破出众人知。

男：风吹书卷转纷飞，

　　着娇借问杂字谜，

　　"一根大木六斤重"为"新"字，

　　不着之时妹解开。

　　若对唱"乘"字，则编成"千人逃入幽燕内"问对方，这里隐藏着这样一则地理知识，即北京古属幽燕十六州之一，若不知这一点，当然无法回答，是比较深奥的谜。

　　若对歌"一"字，也要懂得历史典故："项羽之时志气雄，有工反作变无工，八千子弟皆离散，自去江南不复杂。"

　　要测"藏"字，也编得十分巧妙："将军失将实艰难，败兵一片返台湾；东边红军干戈起，中央无主臣孤单。"若要测"八"字，则编成："一对乌鸦共队飞，有头生瘦有头肥，一年来回见一次，一月不觉见三回。"很准确形象地运用字形与字意编成谜歌。

　　还有巧妙运用"干支"对唱的，如"老虎下水为何字"？答案是"演"字，因为"寅"属虎。这些都表明南乡壮人对汉族文化的熟悉，是其他地区的壮族所难以比拟的。

　　6. 儿歌

　　民间儿歌是流传在广大劳动人民的儿童们中间的口头短谣。南乡现流传的儿歌不太多，从《三苋树》我们仍可以看出其同样具有天真无邪的气息。其唱词为：

三苋树，

果子树，

六苋树平排，

尾筒好做碓，

头筒好做台。

做碓十二个，

做屋十二排，
上屋好掏马，
下屋好摇铃。
上边有新塘，
不放鱼花自己有，
大鱼吃木叶，
小鱼吃茅草。

7. 情歌

情歌是表现劳动人民爱情生活的歌，主要是青年男女由爱情而引起悲欢离合的种种思想感情的倾诉。但情歌并不仅仅是男女之间情爱私情方面生活的反映，除表现男女对幸福爱情的热烈向往，倾诉互相爱慕，彼此追求的真挚感情外，也还有作为正常社交娱乐消遣的情歌。情歌在南乡壮族歌谣中占有极为重要的地位，数量也最多。

情歌，除即兴创作外，也有世代相传的。在爱情的各个阶段都有不同的歌，如初识歌、初恋歌、探情歌、热恋歌，有为互相询问了解家庭身世的"查问歌"，互相赞美的"赞美歌"。有男女之间的"相思歌""责情歌""离情歌"。此外，还有男女青年在没有对象自己毫无目的地抒发渴望得到爱情的"信歌"。

许多情歌表现了青年男女互相爱慕，彼此追求的真挚感情。如《相思树上画眉叫》中唱道：

相思树上画眉叫，
等娇等到弟心焦，
妹呀妹，
眼中流出相思泪，
心习习，
手巾抹烂几多条。

举歌一只悠娇连，
想娇夜黑有成眠，
仔细想起心六六，

三更半夜剩啼哭，
悠思情，
四更流泪到天明。

又如《歌堂歌》中唱道：

有风有叶吹蝴蝶，
有风有叶蝶有来，
蝴蝶凑花鱼凑水，
妹是立心来相会，
悠元悠，
立心凑弟耍风流。

这些歌采用夸张、比喻的手法，表露了热烈追慕的情意。为了取悦对方，赢得对方的心，往往对对方大加赞美。这方面的歌以《十叹妹》为最有代表性：

叹妹好，
南乡一洞叹妹强，
牙齿象霜面像雪，
眼象天星眉像月，
悠鸶鸶，
贤娇面貌压同乡。

一叹妹，好英容，
足像长莲出水中，
桃子花开映过里，
难比您，悠得龙，
映过南山岭上红。

二叹妹，好头发，
头发波波像花朵，

头发波波像花朵，
人人看见人人爱，
心刁刁，
风吹刘海两边飘。

三叹妹，好鼻梁，
开花千里得闻香，
闻到花香花味气，
妹就去，悠娇连，
蜜蜂随后妹行先。
……

潇洒漂亮固然对获得爱情有重要的作用，但南乡壮族人民不仅仅赞美外表，而更注重道德品行，以此作为评价人物的首要标准，也是劳动人民选择对象的重要条件，如《歌圩幽会歌》中道：

情兄生得好聪明，
人想功名妹想兄，
人想功名想田地，
娇想你，悠无悠，
妹想同兄结伴到白头。

南乡壮族人民与天下劳动人民一样，都希望摆脱贫困，过上幸福生活，但金银财宝并没有在爱情上占据重要的位置，而往往是在情歌中格格不入的，人们更注重追求真心实意。如《歌圩幽会歌》中唱道：

举歌一只悠金银，
立心交弟有连人，
村上剩有几多腊腊靓（按，光光亮之意），
银钱应多姣有想，
悠车音，
单单念弟一条心。

在《歌堂歌》中也有这样的唱词：

> 举歌一只悠娇娥，
> 交情交义有交财，
> 人送千两黄金妹有要，
> 有义钱财使会了，
> 悠元香，
> 交情交义万年长。

这些歌反映了南乡壮族人民纯真高尚的爱情观，与封建剥削阶级在婚姻上追求权势和金钱，形成了十分鲜明的对比。

在情歌中，南乡壮族人民还赞美爱情的专诚、坚贞不移，不管遭到多少挫折都不会改变纯真的爱情，如《天上落水弟难塞》中唱道：

> 连妹难舍又难离，
> 要等青山木脱皮，
> 真落寞，
> 要等大猪生出角，
> 悠上思，
> 大猪生角慢分离。

没有"海枯石烂"等山盟海誓之词，但"大猪生角慢分离"同样表现了南乡壮族对爱情忠贞不渝的高尚品质。因此，正如《相思树上画眉叫》中唱道：

> 不服死，
> 塞入棺材不服埋，
> 扛出大门心剩记，
> 死落黄泉剩念你，
> 手拿钱纸红泥盖面，
> 死落阴间剩念娇。

诉说离愁别绪，同样表现了南乡劳动人民对爱情的忠诚可贵：

> 举歌一只悠车音，
> 弟是交娇很知心，
> 弟是交娇很知己，
> 有想闲人多念你，
> 头更想上二更来，
> 不觉三更得个梦，
> 眼泪亦流肚亦痛，
> 侧身不见妹英容，
> 摸到床头摸床尾，
> 摸到中央得张被，
> 四更流泪五更停，
> 绿豆生芽连过海，
> 侬俩交情自己爱，
> 侬俩交情要像山伯英台共条心。

南乡壮族民歌的主要形式有：

1. 四句体。每首歌四句，两句组成一联，两联组成一首。其基本是押脚韵，即一、二、四句最后一个字押韵。

> 兄讲兄高妹更高，
> 半边明月当飞刀，
> 天鹅飞把天边过，
> 一刀斩断九斤毛。

四句体以七言为主，至今我们没搜集到五言四句的，但有时第一句可以不是七言，而是三言，但其韵律一般依然。如：

> 大话歌，
> 雀儿生蛋大过箩，
> 鼠儿扛猫上屋顶，

小蛇拖象上山坡。

2. 嵌句体。这是由四句体发展而来的一种形式。它在原四句的基础上加入一句或二句，甚至三句短句而形成，如：

妹唱只歌过屋顶，
惊动老人心莫愁，
老人亦有老人位，
悠元悠，
莫怪后生耍年头。

引弟唱，
清潭起浪引鱼来，
是不是，
花开引来蝴蝶子，
悠娇娥，
唱歌引弟上歌台。

这种嵌句韵律不变。

3. 六句体。这是每首六句的一种形式。它与嵌入句不一样，很少一个韵到底，一般是第一、二句押脚韵，第五、六句押另一脚韵，如：

妹话有连弟从容，
　　　　○
洞上有人凑得同，
　　　　○
洞上有人凑得起，
懒着你，
差又差，
　　　△
懒看贤娇浪荡花。
　　　　△

唱首山歌解愁忧，
〇

吃杯冷水浇心头，
〇

心务务，
冷水浇得心头好。
悠元悠，
△
唱歌解得万般愁。
△

也有只是后面两句押脚韵，如：

大路平平不用伴，
白马好骑不用鞍，
对有对，
青石磨刀不用水，
悠得龙，
△
伴弟唱歌声调亦难同。
△

这种六句体是其他壮族民歌中所罕见，是南乡壮族中独有的一种歌谣形式。

4. 排句体。这种歌每首句数不定，押韵也不定。有一韵，有多韵变化，比较自由，如《唱古歌》：

韩信饮酒又吹箫，
〇

曹操兵多乱了朝，
〇

乱了朝中有人顾，
　　　　　△
关公着行千里路，
　　　　　△
张飞唱断大梁桥，
纣王因为苏妲己，
败了江山因为恩情事。
因为您，
占朝绝国魏从贞，
朱家天子杨家将，
　　　　　．

韩信点兵诸葛亮，
　　　　　．

尽凑龙船使水上，
带回朝上享荣华，
前时有个司马懿，
　　　　　×
受了孔明几多气，
　　　　　×
得胜回朝带万兵，
前时有个杨文广，
　　　　　※
做了朝官剩听谎，
　　　　　※
听人谎落协鬼坪，
孔子吹箫在鲁国，
颜回楼上听声音，
前时有个张小姐，
坐落云村实难舍，
悠思情，
　　　　　✓

坐落云村剩念凡间一点情。

✓

南乡壮族歌谣除有与一般壮族歌谣所具有的形式多样、大量准确而生动地运用比、兴、夸张等修辞手法，具有浓郁的乡土气息外，由于所处环境不同，南乡壮族歌谣也形成了独特的风格：

第一，南乡壮族民歌，有大唱小唱之分。大唱节奏较自由、奔放，一般在山上对歌或自我抒发感情时对唱。但是在歌堂对歌时，开头必先唱大唱，然后转为小唱。小唱节奏中，慢速，一般在屋内唱或对歌时用。唱词内容和句法、句数不太讲究，三、四、五、六、七句不等，但唱到将要结束的前一、二句时，一定有"悠相思"或"妹悠悠"或其他衬词出现，这是南乡民歌的一个显著特点。除大唱小唱以外，在唱到比较激动的感情时，可用中、快速的节奏，借助贺县汉族本地歌的节奏唱壮歌，别具一格。

例一：

不知哪里有歌堂

1=B 2/4 中速

天上（呀）天星十（呀）十（呀）七，
地下（呀）花街七十条（呀）
七十七条花柳（哩）卷，随你（咧）
玩，就不知（咧）哪里（就）有歌堂
（呀）。

例二：

不知哪日再相逢

第二，南乡壮族歌谣中，除上面分析的韵律外，还有一种在排体或六句体中独特的换韵方法，这是其他地区的壮族民歌中所没有的。如：

妹话去归弟凄凉，
亏兄肚里断肝肠，
同妹隔山又隔界，
有比同姣上下寨，
悠得龙——
不知哪日再相逢。

整首歌意境立意一气呵成，每两句一组，互押脚韵，每一组换一个韵，这与其他壮族地区的"排欢"是一致的，但南乡壮族歌谣中最后一句为了换韵往往加一个"悠××"的短句，这个衬句视唱歌的对象、换韵的具体需要而定，常用的有"悠得龙、悠娇连、悠鸳鸯、悠金银、悠龙颜、悠车音、悠相思、悠元悠"等，十分灵活、巧妙。

总之，南乡壮族的歌圩文化是壮族传统文化的一个重要组成部分，但是，解放前，历经国民党强迫改造风俗，歌圩被指责为"伤风败俗"而横遭禁止；解放后，又历经"文化大革命"的横扫，歌圩被批判为"靡靡之音"再遭摧残。近十年来，由于落实了民族政策，歌圩活动已逐步得到恢复。可是不尽如人意的是，由于长期遭到禁止，年青一代没有受到歌圩传统的熏陶，不仅许多传统民歌、曲调已经失传，甚至根本不会唱。所以如今在歌圩上唱歌的竟多是上了年纪的老人。南乡壮族的歌圩已明显退化了。①

壮族是个爱歌爱唱的民族，歌圩的退化，已是部分壮族地区不可忽视的倾向。如何从内容、形式、功能、传播手段等方面，使之跟上时代的步伐，是一个值得进一步探讨的问题。

六　宗教信仰的杂化

宗教信仰，作为客观世界在人的主观意识中一种虚幻和颠倒的文化反映，在南乡壮族中表现出一种杂化的图景。下面是南乡壮族传统宗教信仰所信奉的神团系统：

（一）壮族的祖先神团（19位）

1. 桂西壮族英雄神（7位）

①敕赐通天圣帝莫一人王

②御封京朝太子莫六官

③敕封朝天帝王梁元帅

④敕封中天匡国吴元帅

⑤东平除邪巡检甘八官

① 本小节歌谣资料来源于刘小春主编的《中国歌谣集成·广西分卷·贺县壮族歌谣分册》，贺县民间文学三套集成办公室1987年油印本。

⑥环州佐殿里德少娘

⑦苍皇少帝白马三姑

2. 南乡壮族祖先神（9位）

①本洞下山头目六十公爷

②开山头目出圣之神

③本峒总祠感应庙主大王

④本峒飞天得道侯王潘公盏公爷

⑤本洞上下出圣之神

⑥本垌都王出圣覃士隆公爷

⑦本村三季感应庙主大王

⑧本村官主潘元化公爷

⑨各家香火各姓先祖

3. 贺县的本地神（3位）

①本县城隍显政之神

②县立惠灵陈侯大王

③本坊土主黄李十五公大王

（二）农业之神（13位）

①各处田头土地

②田尾夫人

③开耕使者

④开挖地神

⑤农婆帝主

⑥九天立极神农大王

⑦上司天仓禾谷父母

⑧五方禾花童子

⑨谷白仙官

⑩灭虫使者

⑪灭耗仙官

⑫交牲使者

⑬续种童子

（三）雷神系统（13位）

①上司三天雷祖太帝

②上司雷公雷母大帝

③上司总管万雷大帝

④欣佩五雷盟威箓中官将

⑤雷庭十四护法吏兵

⑥上司云头走马雨十三郎

⑦上司苗雷十四郎

⑧上司振动雷十五郎

⑨上司劝农雷十六郎

⑩上司猛将雷十七郎

⑪上司高天雷十八郎

⑫上司旗头雷十九郎

⑬雷霆十帅

（四）龙神系统（3 位）

①水府一界龙庭圣众

②三十八将龙神

③董家先祖五海龙王

（五）社庙土地之神（9 位）

①本社所属源头社主大王

②当镜先天里社大王

③社坛云官黄佑夫人

④九州社岭

⑤十县社王

⑥社坛土地

⑦社坛兵马

⑧社坛岭热二灶君

⑨社稷社子社孙

（六）道教神团（7 位）

①三清大道（元始、灵宝、道德三天尊）

②天地水府三元三官大帝

（上元一品赐福天官，中元二品赦罪地官，下元三品解厄水官）

③中天星主北极紫微大帝

④昊天金阙至尊玉皇大帝

⑤北极玄天续武上帝

⑥四值功曹

⑦十殿阎罗

（七）梅山教神团（11位）

①三元唐葛周三将军

②梅山教主度法九郎

③佩带祖教阴阳师傅

④先传后教祖品宗师

⑤黑虎玄坛三清大道七宝高真

⑥五师传度师父吏兵

⑦六丁六甲

⑧三坛上圣

⑨行符咒水

⑩左坛南天

⑪右坛万法

（八）佛教神谱（18位）

①佛慈之清大道如来尊佛

②佛慈救苦救难观音菩萨

③中天释迦牟尼尊佛

④当来下生弥勒尊佛

⑤灵上会上诸佛菩萨

⑥迦蓝夺观有惑之神

⑦东极寻声太乙救苦天尊

⑧慈悲教主九幽皈罪天尊

⑨慈悲教主朱陵度命天尊

⑩大慈大悲大惠真人

⑪大慈大悲救苦真人

⑫慈悲法桥广度天尊

⑬慈悲超度往生天尊

⑭慈悲十方救苦天尊

⑮慈悲十方接引天尊

⑯慈悲天量逍遥快乐天尊

⑰神道教主目莲菩萨

⑱幽冥教主地藏仁慈

从以上所列诸神系可见，南乡壮族虽然与其他壮族一样，以信仰道教为主，并杂糅自然崇拜、祖先崇拜、佛教，以及巫术等，但是，其作为俍兵从桂西迁移到桂东落籍后，也形成了自己突出崇拜本族祖先英雄的特点，不但崇拜桂西方面的祖先神，而且还崇拜在南乡开乡落籍的六十兄弟，南乡壮族所崇拜的神祇中，壮族本身的祖先神有 19 位，占所信奉神的20.43%，此其一。其二，农业神、雷神以及土地神的崇拜占了很重要的地位，总共有 38 位，占所信奉神的 40.86%。这样，两下相加，占所信奉神的 61.29%，大大超过对道教和佛教诸神的崇拜。反映了南乡壮族重血缘、重农耕、重落籍南乡的思想意识，正是南乡壮族落籍后在宗教信仰上的一个突出变化。

下面我们将南乡壮族传统的宗教信仰情况分述如下：

1. 自然崇拜的遗风

自然崇拜是壮族先民最早出现的一种原始宗教信仰。其根源主要是当时人们生产力发展水平非常低下，无法科学地认识自然界，对于千变万化的自然界有非常强烈的神秘感，对于洪水泛滥、闪电雷鸣、山崩地裂等自然现象无法理解，认为一定是有一种威力无边的神秘力量在支配着，他们认为打雷有雷公，下雨有雨神，山有山神，河有龙王。旧时南乡壮族认为世间万物皆有神明主宰，大至天、地，小至家中床位、磨刀石皆有神而加以信奉，其中以雷神和农业神崇拜最有特色。

雷神崇拜 南乡壮族迁移到桂东后，主要以种植水稻为主，所以风调雨顺对于他们来说是生存的第一需要。他们认为雷王是住在天上，主宰着刮风下雨、丰年歉年及人们的生死祸福。为了祈求雷神的保佑，人们虔诚地崇拜雷神。广西是多雷地区，壮族民间对自然界雷电之威，畏惧之心非常强烈，所以光是雷神系统就有神祇 13 位之多，即雷祖、雷公、雷母、雷帅、雷郎等，它们主管着刮风下雨，具有劝农，护苗等功能，再结合敬奉的 38 位龙神和五海龙王等龙神系列，反映了南乡壮族的经济生活以农业为本的特点。

磨刀石神 南乡壮族认为磨刀石是世界万物的造物主。传说，远古时雷公作恶多端，连降暴雨，使天下一片汪洋，人民无法安居乐业。这时壮族有一叫布伯的英雄，与雷公进行了多次斗争，终于将其活捉，锁于桄木笼中。一天，布伯有事外出，叫其子布照、女芝尼看管雷公，特别是千万别让雷公喝水。布伯出去后，雷公果然哀求布照和芝尼给水喝，兄妹俩坚决不给。但狡猾多端的雷公装作十分饥渴的可怜状，再三哀求，说不能给整碗水，给湿润的擦锅把也行。年轻善良的兄妹经不起雷公的再三哀求，就将擦锅把给了雷公。雷公一沾水，顿时力量倍增，将桄木笼冲破。临走前，雷公将自己的一颗牙齿拔出给布照和芝尼，告诉他们鸟叫时将它种入地里，再听鸟叫时即将此牙成长后结出的葫芦掏空，并说一旦有难，就将一节刀砍下的竹子插入地中，若能生长，他俩就可以结婚，兄妹俩照办了，雷公所说的事一一出现。据说，今天竹子有节就是因为刀砍播种留下的刀痕。不久，雷公报复，连降暴雨，世界全部被水淹，万物生灵皆绝，只有兄妹二人钻入葫芦之中才得幸免。大水退后，世上一片凄凉，兄妹俩只好结婚。婚后生下一个无眼鼻口耳及四肢的磨刀石形肉团，兄妹两人伤心极了，就将肉团剁碎撒到山间、水中。可是，撒到地上的碎肉却变成了人畜禽兽，撒到水中的变成了鱼虾蟹鳖，等等，总之，世上从此又有了万物。于是，人们就视磨刀石是造物之主，因此，南乡壮人古来忌坐磨刀石。

农业神 南乡壮族所祭奉的农业神种类齐全，既有农婆、神农等主持农业的大神，又有开耕使者、开挖地神等劳动神，还有灭耗仙官等灭害神；田头有神，田尾也有神，禾仓里也有神，谷子扬花也有神，谷白（即舂谷为米）也成神。从另一个侧面反映了南乡壮族的经济生活以农为本的特点。

山神 上山伐木搭棚宿要先祭山神，上山照石蛤也要在所到的山溪咒词祭神，否则发生事故就被认为是山神的惩罚，入山劳动要将食物、用具以代名词称呼，如把镰刀说作"青口"，把斧头说作"木锤"，把锯说作"过江龙"，把吃饭说作"捅蜂窝"，把米说作"沙"等。总之，不能呼物名，否则会有鬼神来作弄。进山打猎，必先祭山神，得猎物后还要以猎物头祭山神。

土地神 南乡壮族每村必有土地庙和社王。人们认为社王可保佑一村一寨人畜兴旺、五谷丰登。土地庙神则有更大的威力，它是主管一方水旱虫灾、人畜瘟疫诸类大灾大难的神。过年每户要备酒肉香烛到土地庙和社王地摆供，祈求保佑。春社、秋社日也要祭社。

火神 至今南乡壮族每年九月初九日，要以村寨为单位，集体进行送火神，以消除火灾。

牛神 南乡壮族视牛为宝，敬之如神。赶牛时，不能用扁担打，只能以小绳轻拍。非屠夫者，不能宰牛。把农历四月初八日当作"牛王"生日，到牛栏举行祭拜牛神。

猫神 至今南乡壮族中，每年开耕还存在"舞火猫"习俗，也是全国目前发现的唯一一个有这种习俗的地方。舞火猫原是南乡壮族举行的一种超度孤魂野鬼的集体祭神仪式。这一仪式的目的就是祈求猫神派神兵下来消灭庄稼的天敌——老鼠，祈求农业生产取得丰收。

床神 俗称"床头妯"。人们在床上睡觉不得冒犯床神。如幼儿转床位睡觉，母亲要拍拍床板，默默祷告床神，幼儿才能安宁入睡，妇女妊娠期间，床上一切用物不能搬动，否则会受到床神的惩罚，引起流产或难产。

此外，从南乡壮族的宗教活动的主持者道公、师公的袍服中，有蟾蜍、龙蛇、飞人、仙鹤、玉兔等禽兽以及日月雷神刺绣图案，也让我们看到了南乡壮族自然崇拜的遗风。

更有意思的是在南乡过去遇日食、月食认为是天狗吃日吃月，是不祥之兆，要朝天放鸟铳，以示驱赶天狗，保护日月；发大洪水时，洪水入街巷，要沿街敲打锣鼓或竹簸箕等物，祈求水神快退，不要祸及房屋及村民生命；乡间有让儿女认大树、巨石为"寄父"的，安上木生、石养、水莲之类的名字，无不是自然崇拜的一种遗风。

平日还有诸多禁忌：不得在房屋内外打楔锤、打夯，如急需打楔锤时，要用扫帚扫过被钉处，让扫帚神转告屋神地神，否则会引起家人肚子痛；灶台在平时也不准撞击，不得随意拆除，要在腊月廿四"灶君"升天后才能拆修，灶口不得向东方对着太阳，否则家中会多灾多难；妇女生小孩坐月子时磨、臼、碓均不得乱使用，以免招致婴儿全身发黑、严重时会致死。无不是自然崇拜的一种遗风。

解放前还存在的以牛肩胛骨、鸡股骨、鸡蛋和茅结为工具的"占卜"，以及至今仍广泛盛行盖房、葬坟要认真选好风水的地址的习俗，也无不是自然崇拜的一种遗风。

再者，从南乡壮族旧时的一些梦释和兆释中，也可看出他们对自然崇拜的遗风。

梦释：梦日落——主星现

梦山崩——地太平

梦海干——龙出现

梦花谢——子登灵

　　　　　梦捉鱼——得伤寒

　　　　　梦遇虎——得热症

　　　　　梦大笑——必有愁

兆释：灯开花——吉庆临门

　　　　　见树倒——立见危瘫

　　　　　母鸡啼——家有愁事

　　　　　蛇入屋——家道不睦

　　　　　鱼惊跳——天地灾兆

　　　　　筷子落——快乐无忧

　　　　　灶火笑——贵客临门

　　　　　见蛇淫——丑事将来

　　　　　牛夜叫——退财之兆

2. 祖先崇拜的虔诚

祖先崇拜在南乡壮族的宗教信仰中占据非常重要的地位。

首先，桂西、桂中的壮族祖先神在南乡壮族的宗教仪式中占有相当大的比重。在南乡壮族举行的打大醮、打斋、还愿、安龙、联宗祭祖、祭大庙、游神等各种大小型宗教仪式中，一定要请有关桂西、桂中的壮族祖先神到来，主要有：莫一大王、莫六官、梁元帅、吴元帅、巡检甘八官（即甘王）、白马三姑、环州里德少娘等，而且还占据非常重要的地位。南乡壮族民间的师公经书《琼科一卷》所录的清醮《社坛许暖神目》中，在所请神目中，莫一大王排列在第五位，即排在三清大道、三元三官、紫薇大帝、玉皇大帝之后，可见莫一大王在南乡壮族心中的地位。

莫一大王在桂西壮族人民中奉为祖先，在每家的神龛上写有他的神位。传说他是南丹州人，是个孤儿，自幼给人家放牛，受尽欺凌。稍长，听说因残暴的皇帝要剥南丹壮人的皮，拿去盖宫殿，父亲带头反抗，被问罪斩首，丢下深潭，他便勇敢地跃入潭中去找父亲。他潜入潭底，发现亮光处有一头神牛，那便是他的父亲。神牛给了他一串明珠，他吞到肚里，力气大增，能用伞尖把敢于拦阻河池五圩河的大山捅出一个大洞，把河水导向九圩。他还搬山造海，以海水熬盐送给百姓，他的伞就是赶山鞭。他为百姓办了许多好事，消息传到皇帝的耳朵里，皇帝大惊，定要诛杀莫一。莫一知道皇帝不怀好意，便每天舞动 400 斤重的大刀，拉动 320 斤重

的弓弦，练就一身武艺，准备迎战皇兵。后来皇帝派兵来抓他，其与皇兵
大战，最后终因寡不敌众，不得不把头帕抛上天变成天桥，逃上了山顶。
皇帝用高官厚禄收买，他不动心，于是皇帝请天神躲在云中偷袭，砍下了
他的头。但莫一并没有倒下，提着头飞向云端，对着官军大笑三声，有的
官军吓得昏死过去，有的抱头逃跑了。桂西的壮族人民把他当成是民族精
神的象征，每年农历六月初二为纪念莫一大王的节日。很多地方还建立了
莫一大王庙。

史载，唐末宋初，壮族的莫氏崛起，势力强盛；宋太祖天宝七年
(974)，南丹一带土酋莫洪胭归附宋朝，被诏封为土官；宋、元、明三代，
其后裔皆世袭其职。人们对莫一大王的崇拜，实际是对莫氏土酋崇拜的神
化。而南乡壮族对这一神的来历，在南乡壮族宗教经书《师家歌唱》中是
这样唱的：

> 一郎唱：
> 凡间鼓岳闹笙簧，
> 敕赐通天莫一郎，
> 筵中受领香花酒，
> 当坛唱出圣原因。
> 只叹祖公葬得地，
> 至今后代出阴王，
> 不觉文夷贼马乱，
> 文夷贼马占朝堂。
> 我便部兵去助国，
> 部兵八万助朝堂，
> 杀得文夷贼马退，
> 一郎得胜便回朝，
> 皇帝连时便封敕，
> 封作通天莫一郎，
> 四处村坊人伏侍，
> 师童伏侍在身旁，
> 安定一郎筵中生，
> 一堂财马达阳神。

从这段唱词的内容中，我们可以看到南乡所崇拜的莫一大王与桂西一带是同样的，据此可以明确南乡壮族确实是从桂西一带迁来的。

还有像巡检甘八官（象州县人）、莫六官（南丹县人）、白马三姑、环江里德少娘、梁、吴元帅（环江县人）等在南乡壮族诸神中分别排在93位神祇的第26至31位，除了道教诸神和莫一大王，以及诸雷神外，即是部分桂西壮族英雄神祇，由此可见，其所处地位也是重要的。

这些壮族英雄神有一共同的特点，都传说他们是在国家危急、皇帝出榜招贤时，他们揭榜击退了北藩入侵，因此受封，都是武功过人的英雄，象巡检甘八官，传说是象州县人，一家人都应朝廷之召出战，计有甘六、甘侠应甘七、甘八、甘五娘等，后来因征战有功个个受封，但他们不愿在朝为官，又返回家乡事农，受到壮族人民的尊敬。从中我们可以看出南乡壮族祖先崇拜有浓厚的"俍兵"意识。

其次，南乡壮族特别重视当年到南乡开乡落籍的祖先功绩，把他们都视为神灵，形成了南乡本地祖先神图，在各种宗教仪式里都请他们到来，以保佑壮民，如本峒头目六十公爷、开山头目出圣之神、本峒总祠感应庙主大王（即六十兄弟的开乡大庙）、本峒飞天得道潘公盏公爷、本峒都王圣覃士隆公爷等。对于六十兄弟开乡落籍的先祖们，南乡壮族人民一直是念念不忘的，近四百年来，他们一代传一代，借此激励后代艰苦奋斗，不忘根本。为纪念开乡落籍，全南乡壮民集资建造了纪念六十兄弟的开乡大庙，每年定期祭祀。而且六十兄弟头目还成了神灵，参加各种宗教活动，这在其他壮族地区是少见的。

潘公老爷，是南乡壮族人民极为崇拜的祖先英雄神。据传说，潘公，姓潘名盏，是南乡西洞寨（今为南中村公所辖）人。生于明朝中叶，幼年尚武，武艺超群，刀法尤精，故绰号"潘法架"（"架"，壮语"刀"的音译）。万历年间（1573—1620）曾在湖南江华县等地任武官，屡立战功，为当朝嘉许。死后，朝廷加谥封侯，建祠享祀。解放前的潘公祠旧址在南乡圩北坡新寨头（今南乡中学宿舍楼址），据传建于清初康熙年间（1662—1722），清光绪年间（1875—1908）改称"乡贤祠"。祠宇有上殿下厅，左右两廊，青砖壁，琉璃玉雕梁刻栋，石柱琼楼，气势雄壮。在正厅内刻有潘公偶像，盔甲戎装，似真人高大，坐于殿上，设立神坛香案于前。自建祠以后，就将皇上赐授之良田为祀田。每年农历七月初二日及潘公诞辰之日，全南乡按二十四庙（村）和姓氏分定之户额，轮流主持祭仪。拜祭之后会餐，并将部分肉均分给每户带回家，使家人一起享受潘公的保佑与赐福。旧时，每三年在祠前打一次小醮，十年打一次大醮，打醮时还酿资请来剧团搭台昼夜演剧，十分热闹。

据传，潘公祠建立后，在明朝时天下大乱，民族纷争，兵燹多难，南乡壮族屡受异族侵凌。梁上栋①带领官兵勇抗击寇凶时，潘公屡显神威助战，夜间遍地篝火，人呼马嘶，使敌人胆战心惊，仓皇败逃，壮人大胜，梁上栋因此屡建军功，奏呈皇上，再受皇恩，加封潘公侯爵。从此，乡人对潘公更是敬畏无比，奉为至神至圣。每年春社前后，按全乡二十四庙轮流主持，请道公、摆道场，超度潘公英灵，用大轿抬着潘公偶像，撑持幢幡，好似大官出巡，威风浩荡，一庙接一庙，每到一庙举行迓祭，一宿两餐。第二天再由该村民护送去下一个庙，直至巡游完全乡二十四庙后，才抬返其衙，最后举行总祭。民国中期，毁庙宇兴新学。潘公偶像被青年教师和学生抬到南乡中心校大操场焚毁，将潘公祠改为学校食堂，后来有一年秋，正当稻子成熟时节，狂风大作，使秋禾受损歉收。次年夏又大旱无雨，于是，乡人又以为是冒犯潘公，忽视神灵保佑，招致天降灾难。倡议重建潘公神牌位。于是，每年依照旧例，抬着潘公神牌巡游全乡 24 庙（村）。直至近解放这种习俗才废止。解放后，将潘公祠拆毁建起了学校。

再次，对近祖崇拜的重视。随着小农经济在南乡壮族社会的确立，个体家庭成为社会的基本细胞，人们对祖先的崇拜，在对祖先英雄崇拜的基础上，又产生了祠堂祭和家祖祭。明时，南乡壮人为了纪念祖先在南乡创业，在南乡东、西二水汇合处，建造大庙总祠，祠内各姓族都刻有始祖神牌，排列在大庙的中堂，并规定一年一祭奠，十年一大醮祭。清代，又对这座大庙进行了扩建重修，青砖琉璃瓦，不仅雕梁画栋，而且壁画琳琅，堪称南乡第一建筑。清末时社会动荡，年久失修。民国时，国民党将大庙占作粮仓，解放后不久就拆除了。而对祖先的崇拜却越来越转移到对家祖的崇拜方面来。旧时南乡壮族的每个家庭，正厅必设有神龛，祀奉诸神与历代先祖。神龛一般为方形，往墙壁内稍凹，有遮檐，下方摆一香炉。有的神龛雕龙刻凤，精雕细刻，气势宏伟，耗资颇巨。如旺村覃恩世祖辈制神龛是请两个师傅花三年才做成的。神龛上旧时多数只贴红布或红纸，后来神龛往往写上"××堂"，两旁写贴歌颂祖德的对联等。祀奉的祖先与

---

① 梁上栋，南乡壮人，明时任总兵。

诸神，用红纸写贴于神龛中，行数一般3到11行，但必是奇数。中间一行必以大字写，其他用小字低一格写于两旁。如：

堂　后　裕

招财童子
许愿童子
住居土地

北方镇武玄天上帝
东厨五帝

三清大道七宝高真
合家本命
韦氏先祖

天地君亲师有感福神之灵位

南无吉祥观音菩萨
历代宗亲

文昌开花梓潼帝君
元辰星君

进宝郎君
司命灶君
旺相龙神
掌愿判官

（神龛书写格式之一）

芳　流　德　祖

花烛光辉酬祖德

招财童子
佳居土地
合家本命

×氏堂上历代考妣宗亲位

进宝郎君
元辰星君
兴旺龙神

笙箫和奏报宗功

（神龛书写格式之二）

　　在神龛下面摆一八仙桌，供逢年过节时祭祀祖先摆放供品用。除一般节日的祭祀外，一年中还要在家内和家外分别进行两次大祭。在家内的两次大祭是春节和农历七月十四。家外两次大祭祀活动则在清明节春祭和秋季祭。

年月招财童子
境庙社一切神祇
氏仙祖考妣宗祖

君亲师福之位

家本命元辰星君
诸土地福德正神
日时进宝郎君

（神龛书写格式之三）

由于对祖先的崇拜，不仅是为了表示对祖先的孝敬，还为了祈求祖先之神保佑一家人的生命财产安全。因此，生下孩子，安名后要到祠堂向祖先"报名"，用红纸写成帖式告知："堂下新添嗣孙××"，祈求祖先庇佑"长大成人"。小孩三朝，要请道公念咒，解秽，吹响牛角，表示以免玷污祖先，抱小孩过厅屋，也要用雨帽遮掩。娶进新媳妇、姑娘出嫁都要请道公"托神"告知先神。

凡此种种，无不反映了南乡壮族对祖先崇拜的虔诚，难怪现在南乡壮族建造的新住房的堂屋中，仍少不了敬奉祖先牌位的神龛。

3. 道教和佛教的影响

南乡壮族早在桂西时就已接受了道教的影响，移到桂东后，受桂东地区汉族和瑶族宗教信仰的影响，产生了有别于桂西壮族信仰的特点。

南乡宗教仪式的主持者有师公、道公和僧公、巫公。但往往是一人身兼数职，即既是师公，又是道公，还是僧公，有的甚至还是巫公，明显地看来是受瑶族师公的影响。桂东瑶族师公即是师、道不分，既保持了瑶族的原始宗教，还糅合了道教的礼仪信仰，因为长期迁徙不定，又分别吸取了早期道教天师道和后期道教正一派的内容。南乡壮族师公也是如此，他们既信奉早期的天师道三官（天地水），又信奉后期正一派的三清大道，而且还演化成信奉三元唐葛周为梅山教的祖师。他们的主要神像称为"道经师宝"，又称为三宝像，即是糅合了道、师、佛三教的形象。道公请的主要神祇为三清、玉皇、中天皇主、张天师；师公请的主要神祇为三元唐葛周、梅山教主度法九郎、祖教阴阳师傅等，道公做法事用汉语诵道经，而师公做法事则用壮语诵师书。道公的经书比师公的多，而且文理深奥，道公活动主要是超度亡灵、安祖、安墓、安龙、打斋等；师公则是立庙、安龙、安醮、赶鬼、除病等，道公称为变坛，师公称为武坛。但南乡师公所信奉的梅山教与桂西壮族所信奉的已有所不同，桂西壮族师公以跳神为主，有一整套的傩面具和表演程式，而南乡师公却没有受傩祭影响的痕迹，没有面具，没有蜂鼓伴奏，表演程式与道公趋向一致，所以往往能一人身兼数职，明显地表现出这是接受了不同时期道教影响的结果。

从壮族对道公与师公的称呼上也可以看出他们是不同时期道教影响的产物。南乡壮族称道公为"客做道"，直译为"做道场的汉人"，换句话说，道公做的这一法事，原来是汉人做的，壮族以后学来的，说明道公传入南乡壮族时间不会太长，这从壮族道公用汉语诵经做法事即可看出。而师公做法事则称之为"古筛"，直译为"做师"，即是师公做法事。这说明师教是接受早期道教后与壮族原始宗教长期融合而成，所以没有留下道公用汉语诵经这样明显的痕迹。

当然，道公所信奉的正一教派与师公所信奉的梅山教派是受道教影响的结果，所以说南乡壮族宗教信仰受到了道教的深刻影响，在他们的意识形态中占有十分重要的位置。

佛教在壮族人民中，不像道教那样普遍被信奉。史籍记载早在东晋时佛教已传入桂东地区的梧州①。佛教传入壮族地区后，大部分壮族人对佛教感情淡漠，佛教在壮族地区没有得到广泛的传播。但是，南乡壮族受佛教的影响还是比较大的，这与桂东地区在清代后逐渐成为汉族居住区域有关。尽管这样，相比起来，他们虽然奉释迦牟尼为佛祖，却与师教差不多，僧公没有严格的戒律，不出家，也没有出家的寺庙，照样结婚生育子女，照样喝酒吃肉，严格地说其不过是披着袈裟的师公罢了。这从所称神的名字也可以看出，如称如来佛为"佛慈三清大道如来尊佛"，称目连为"神通教主目莲菩萨"，不僧不道，不师不巫，挂的佛像则与道教的三清三元混杂在一起，称为"三宝像"。主要法器有法衣、朝珠、海螺、木鱼、铜板，有些僧公的袈裟还用红花布做成，不伦不类，与瑶族师公服装极为类似。僧公的主要活动也是超度亡灵、安祖、安墓、解关、解命等。

从上面三个方面的分析中，我们可以得出这样的一个结论，即宗教信仰在南乡壮族中一直占据重要的地位，且表现出各种宗教信仰杂化的态

---

① 《壮族通史》，第737页。

势。正因为如此，解放前的《贺县风俗习惯调查表》中说："三区（包括今大宁、南乡）迷信最笃，社坛及庙宇极多，每村门皆有寨王神位，问仙打醮犹盛行。①所以，解放前南乡有24个规模不一的宗教建筑，即南乡大庙祠、潘公祠、凤凰寺、北帝庙、杉木观、石鼓庙、秀水庵、朝天庵、福龙寺、洪钟庙、初洞庙、忠黎庙、上黎庙、三桂庙、石板庙、三圣庙、覃家祠、吴家祠、覃龙庙、回龙庙、良家庙、大汤庙、好头庙、和彩庙、西溪庙24座寺庙。逢年过节，香火极盛，至庙、庵、寺中求签问卜者络绎不绝。

但是，社会在不断发展之中，南乡壮族的宗教信仰也不断受到社会发展的冲击。1926年政府开始重视破除迷信，兴办学校，当年将覃家祠改为校舍，建起南乡历史上的第一间学校——贺县第18小学。1932年自广西省政府至各县政府都成立"风俗改良委员会"，颁布"改良条例"，采取行政手段强制改革风俗。对宗教神像，派人员组织捣毁，房屋改作学校或他用。贺县全县"各乡村神庙社坛，经此次下乡捣毁偶像者不下万数，每一村落社庙均有数处"②。南乡的宗教建筑基本被占领，偶像被毁。如南乡大庙总祠被占作粮仓，潘公神像被教师和学生抬到操场上烧毁。与此同时，办了一些学校，继1926年在南乡办第18小学后，1932年到1936年，南乡又新办15间小学（其中有高小2间），除南乡小学（时为南西中心校）是新建校舍外，其余均为利用宗教建筑作校舍，就是南乡小学的食堂也是用潘侯祠改作的，南乡壮族的宗教活动一度停止。

抗战以来，加上国民党政府的腐败无能，南乡壮族群众的生活不但没有改善，反而日益困苦，教育也日趋衰落。因而各种宗教活动又重新兴来，大多数寺庙香火又转旺盛。

解放后，党和政府在领导人民进行经济建设的同时，大力宣传科学，创办医院，发展文化教育事业，大力推广科学种养技术，破除迷信。1958年以后，南乡一切大型宗教活动，全部停止，寺庙逐渐凋敝、残破或拆除。新一代南乡壮族青少年学科学、用科学，信仰与他们的前辈发生了根本不同的变化，南乡壮族老一辈人的思想观念也通过对比，以及亲身感受，逐渐改变信神鬼的观念。

---

① 《广西民政月刊》1932年第5期。
② 《贺县调查概况》，《广西民政月刊》1932年第4期。

七　语言的演化

语言，是一种交际工具和思维工具，是一个民族区别于另一个民族的要素之一。民族语言还是维系民族感情的重要工具，所以民族语言有着较强的稳定性。

南乡壮族说的是壮语北部方言，自明初从桂西迁移到贺县后，几百年来都能完整地保存自己的民族语言，充分地体现出桂东壮族鲜明的民族特色。一个具有强烈民族意识和凝聚力的民族。都在以各种不同的方式捍卫自己的民族文化，尤其是作为特殊文化的语言，更不会轻易放弃，壮语在壮族文化系统中最具有稳定性，它经历千百年的竞争发展而保存下来，成为维系壮族的存在和表现壮族特征的重要象征之一，是壮族的传统历史文化的载体。南乡壮族虽然在桂东汉族的汪洋大海中生活了数百年，他们为了与周围的民族交往，一般的人都能说好几种汉语方言，如广西官话（桂柳话）、贺县汉族的本地话、粤语及客家话等。解放后由于教育的普及，现在中年以下的人一般都能说普通话，正如 1936 年《信都县志》卷二所说，贺县壮族"语言历世不改，人鲜能辨，然皆习官话，与汉大通"。至今南乡壮族还是像桂西壮族一样，还保持所有的壮民都说壮语的传统。不仅如此，从清至民国及解放后，凡迁入南乡或是南乡工作、生活的人都改说壮话，并且从外地到南乡定居的汉人其后裔今都报壮族。最近，南乡的干部群众还强烈要求在南乡创立壮文学校，以普及推广壮文，学习本民族文字。由此，反映了南乡壮族群众强烈的民族意识。在贺县其他散居的壮族地区也有类似情况。如鹅塘镇的芦岗、盘谷、垌坪三个村公所聚居的数千壮族人口，他们距贺县的政治、经济、文化中心八步镇只有七八公里，周围全部是汉族包围着，壮汉群众共同生活在一个地域，共同在一个大田垌中劳动，但三个村的壮族群众90%的人还说壮话。千百年来，壮语不仅是壮族人民的交际工具，还是壮族社会认同性和集团认同性的符号，是民族集团成员资格的一致性的标志，对民族的心理具有不可忽视的重要作用。历史上，壮族没有自己统一通行的文字，壮族的传统文化是通过壮族人民的世代相传融入壮语中而保存传承下来的，壮语既是壮族的外部特征，也是壮族的内部特征。壮语成了壮族心理最大聚合剂。南乡壮族所反映出的壮语文化现象，表现了当年俍兵具有严密的组织和团结内聚的特点。这说明了南乡壮族具有开放性，既善于学习外部东西，但又顽强保留本民族东西的特点。然而，语言作为一种社会现象，不可能不发生变化，而南乡壮族语言变化的特点反映出壮族的开放和顽强保持自己特色的特点。

南乡壮族的壮语有 8 个声调，第 1 至第 6 调是舒声调，第 7、第 8 调是促声调，第 7 调短元音音节读高平调，长元音音节读高升调，具体可表示如下：

调　类	调　值	例　词
1	╲ ^{42}	na^1　厚
2	╱ ^{132}	na^2　田
3	˥ ^{55}	na^3　脸
4	˧ ^{24}	na^4　舅舅
5	˥ ^{45}	na^5　弓
6	˅ ^{213}	nau^6　腐烂
7	˥ ^{55} ˥ ^{45}	tap^7　肝　ja：p^7　担
8	˧ ^{13}	1a：p^8　腊

如果拿它与广西民族出版社 1988 年 3 月出版的 SAWCUENGHGANBU GOBWNJ CEK DAIH'1T（壮文干部课本）第 1 册第 91 至 94 页上载的《壮族声调各地调值对照表》，就不难发现，贺县南乡壮族与柳江、桂北、红水河一带的壮语调值是十分相近的。因此，笔者作为桂中象州壮人，每次进入南乡时用象州壮语与南乡人交谈，都大体能通，从而倍感亲切，说明了南乡壮族与桂西、桂中壮族有着密切的关系。

南乡壮语中有 26 个声母：

发音部位 发音方法	双唇音		唇齿音		舌尖音		舌面音		舌根音		喉　音	
	清	浊	清	浊	滑	浊	清	浊	清	浊	清	浊
塞音	p ph				t th				k kh		?	
擦音			f	V	S		ç	j			h	
塞擦音					ts tsh							

续表

发音方法＼发音部位	双唇音		唇齿音		舌尖音		舌面音		舌根音		喉音	
	清	浊	清	浊	滑	浊	清	浊	清	浊	清	浊
鼻音		m				n	ɲ			ŋ		
边音						l						
颚化音	pj	mj							kj			
唇化音									kv khv	ŋv		

声母例词：

p	Pai¹	去			
pj	pja：i³	走	m	maj¹	线
mj	mja：i²	唾液	f	fi²	火
v	va¹	花	t	tai³	哭
th	thiŋ⁵	听	s	sai⁵	肠
ts	tsa²	茶	l	la³	下
n	na：n²	久	ɲ	ɲa：i³	嚼
ç	çim⁵	寻找	k	ka¹	腿
j	ja¹	找	kj	kjai⁵	蛋
kv	kva⁵	过	ŋv	ŋvi⁵	（果）核
ŋ	ŋa：i²	饭	h	ha³	五
?	? ai¹	咳			

　　壮语北部方言中，声母最大的特点就是几乎没有送气音。在很少量
的民族固有词中出现送气音，这也主要是由于受古台语影响的结果。①
但是，在南乡壮语中却有较多的送气声母：ph、th、kh、khv、tsh，这是
什么原因呢？只要我们的研究稍为深入一点就不难发现，南乡壮族人民
一般都能发汉语新借词中的送气音，而这些送气音也主要是用于发汉语
新借词，因而南乡壮语的送气声母不同于壮语南部方言有一套完整的送

① 参阅张均如《原始台语声母探索》，《民族语文》1980 年第 2 期。

气音，就是说南乡壮语中的声母送气音主要是汉语影响的结果①，此其一。其二，南乡壮语中颚化，唇化音出现的频率也大大高于其他壮语北部方言土语，这些情况也往往是在拼汉语新借词中才出现的，这是南乡壮族区别于其他壮语北部方言土语的又一重要特点。再次，南乡壮语舌面音里塞擦音和擦音有 ts、tsh、ç，比壮语北部方言的其他土语都多，如柳江土语只有 ts，武鸣壮语中只有 ç，这些也是由于南乡壮语受周围汉语方言影响而增加的。总之，因为受汉语的影响，南乡壮语已形成了区别于其他壮语方言的特征。

南乡壮语的韵母有 75 个：

单元音韵	i		e		a		œ		o		u		w	y
	长	短	长	短	长	短	长	短	长	短	长	短		
复元音韵	i: u iu e: u		a: i a: u	ai au	cei		oi				u: i	ui	wi	
鼻尾韵	i: m i: n	im in lŋ	e: m e: n e: ŋ	en	a: m a: n a: ŋ		œ: n	œ: n	o: m o: n o: ŋ	oŋ	u: m u: n	um un uŋ	wn	y: n y: ŋ
塞尾韵	i: p i: t	ip it ik	e: p e: t e: k	et	a: p a: t a: k	ap at ak	œ: t	œt	o: p o: k	ok	u: t	up ut uk	wk	y: t y: k

韵母例词：

i: u	li: u^2	嫂	iu	sit^2	（粥）稀
i: m	ki: m^2	拔	im	jim^1	满
i: n	hi: n^1	牵	in	jin^1	石头
i: p	hi: p^7	蚊帐	ip	çip^8	十
i: t	ki: t^7	铁	it	jit^7	一
ik	kik^7	懒	iŋ	niŋ^5	小
eu	hcu^3	牙	e: m	ne: m^1	跟

---

① 据我们调查晚一辈比老一辈能更准确、完整地发送气音。

韵母	例词	词义	韵母	例词	词义
e:n	ke:n^{1}pu^6	袖子	en	nen^2	睡
e:ŋ	je:ŋ^1	力气	e:p	te:p^7	被子
e:t	ke:t^7	痛	et	pet^7	鸭子
e:k	e:k^7	（牛）轭	a:i	va:i^2	水牛
ai	pai^1	去	a:u	ha:u^1	白色
au	lau^3	酒	a:m	ja:m^1	拾
am	lam^1	种（树）	a:n	la:n^1	孙子
an	lan^1	见	a:ŋ	ja:ŋ^2	竹笋
aŋ	paŋ^2	布	a:p	ja:p^7	挑担
ap	kap^7	蚂蚁	a:t	sa:t^7	撒（种）
at	hat^7	早晨	a:k	ta:k^7	山蚂蟥
ak	pjak^7	菜	œi	nœi^1	雪
œ:n	lœ:n^1	月亮	œn	jœn^1	路
œ:t	tœ:t^7	剁	œt	jœt^7	蕈
oi	oi^3	甘蔗	o:m	pjo:m^1	瘦
o:ŋ	jo:ŋ^8	亮	oŋ	so:ŋ^2	站立
o:p	mo:p^8	（刀）钝	o:k	jo:k^8	外（面）
ok	tok^7	落	u:i	su:i^5	洗
ui	pui^1		u:m	ȵu:m^4	染
um	jum^1	碓臼	u:n	lu:n^1	圆的
un	pun^1	毛	uŋ	fuŋ^2	手
up	thup^5	跌跤	u:t	tu:t^7	脱
ut	put^7	肺	uk	luk^7	腐朽
wI	lik^{8}kwi^2	女婿	wn	kwn^1	吃
wk	pja^{1}hwk^7	鱼鳃	y:n	tsy:n^5	寸
y:ŋ	hy:ŋ^1	尾巴	y:t	ȵcy:t^8	月份
y:k	py:k^7	芋头	i	mi^2	有
e	ke^5	老	a	ha^2	茅草
o	so^6	直	u	ku^6	做
œ	ȵœ^3	草	y	tsy^3	主（人）

由上文可以看出，南乡壮语韵母最大的特点就是，不仅具有一般方言的元音，而且圆唇元音出现一般壮语北部方言罕见的 y 和 œ，这些都是南

乡壮族自桂西迁居桂东后，在长期与汉族特别是与说粤语方言的汉族人民交往过程中受其语言影响的缘故。

在语法上，南乡壮语与壮语其他北部方言基本相同（对应于《壮语简志》）。然而，南乡壮语在语法上由于汉语的影响也发生了一些明显的变化，特别是名词性修饰词组的词序的变化尤为显著。壮语和汉语在语法上最大的差别是名词性修饰词组词序不同。壮语的修饰成分，除数词和量词外，一般都放在作中心成分的名词或量词后面，而汉语的修饰成分都放在中心词的前面。由于长期受汉语的影响，词序发生了一些变化，部分修饰成分逐渐移到中心词前面，如"鸡毛"等词一般都按汉语词序来说了。具体说这种变化至少有以下几方面：

1. 由形容词充当的修饰成分，词序变化较慢，一般仍置于中心词后。如：

ma^1 $he：n^3$（黄狗） pu^6 $hœ^5$（干的衣服）
狗   黄   衣   干

但也已有个别例子或用结构助词时，修饰成分放在中心词前。如：

li^1 vun^2（好人）
好   人

$va：i^6$ vun^2（坏人）
坏   人

$niŋ^5$ $ke^{1·}$ ma^1 $la：ŋ^5$（小花狗）
小   的   狗   花斑

2. 由名词充当的修饰成分，原来均在中心词后面，现有的放在中心词前面，有的在中心句前面和后面均可，似无定法，说明变化处于正在进行之中。

在后面的，如：

vun^2 hek^7（客人） $teŋ^2$ mu^1（猪圈）
人   客   小棚   猪

可前可后的，如：

ma^1 pun^1 或 pun^1 ma^1（狗毛）
狗   毛   毛   狗

$tsœ^2$ kau^1 或 kau^1 $tsœ^2$（黄牛角）
黄   牛角   角 黄 牛

ta：i^5 ja：n^2 或 ja：n^2 ta：i^5（外婆家）

外　婆　　家　　　家　　外婆

在前的，如：

ma^1 hy：ŋ^1 （狗尾巴）

狗　　　尾巴

ke：ŋ^8 kwn^2 so：ŋ^1 ka：i^5 na^2（上面的两块田）

　上面　　　　两　　块　　田

3. 由代词充当的修饰成分只能放在中心词的前面，有些要用结构助词 ke。如：

te^1 ja：n（他家）   ku^1 ke^1 sœ^1（我的书）

他　　屋　　　　　　我　　的　　　书

jau^2 jsa：i^6（咱们村）   maŋ^2 ke^1 tsa：i^6（你们的村）

我们　　寨　　　　　　你们　　的　　寨

这些都与壮语其他北部方言有着明显不同。

4. 由动词或动词性词组充当的修饰成分，结构较简单的，包括一些修饰合成词，修饰成分一般放在中心词的后面，结构稍复杂的修饰成分都放在中心词的前面。

在后的，如：

loŋ^3 vi^5（簸箕）   kja^4 kan^5 pjak^7（菜刀）

簸箕　　簸　　　　刀　　切　　菜

he：k^7 ku^6 tau^1（道公）

客　　做　　道

在前的，如：

pen^2 tu^2 an^3 jok^8（飞的那只鸟）

飞　　只　　那　　鸟

kwn^1 ŋ^3 tu^2 ni^3 tsœ^2（吃草的这只黄牛）

吃　　草　　只　　这　　黄牛

ka^1 tsau^4 au^1 tu^2 an^3 ma^4（从前买的那匹马）

从　前　买　只　那　马

用 ke 这一结构助词的，如：

kap^8 pja^1 ke^1 vuu^2（打鱼的人）

捕　　鱼　　的　　人

pui¹　　kja：i¹　　lam¹　　ke¹·　　lik⁸　　ma：k⁷（前年种的果树）

前　　　年　　　种　　　的　　　果　　　子

5. 由主谓词组充当的修饰成分放在中心词之后。如：

he：k⁷　　　phat⁸　　　me；ŋ²（瞎子）

客　　　　　眼　　　　　盲

he：k⁷　　　jœ²　　　nuk⁷（聋子）

客　　　　　耳　　　聋

6. 壮语北部方言中，主要受桂柳话（西南官话）的影响，因此吸收汉语的结构助词"的"，发作"tu"，而南乡壮语主要受粤语方言影响，所以吸收的结构词"的"，往往发作"ke"。

在词汇上，南乡壮语中的固有词与壮语北部方言中的红水河、柳江一带的方言土语大多数是相同的，笔者用象州壮话基本能与南乡人通话就证明了这一点。但由于南乡壮族受汉族的影响较深，语言中的固有词汇也发生了变化。如令笔者印象最为深刻的是三个词：pa：i⁵、thu：n¹、tsa：ŋ¹ soŋ¹，pa：i⁵ 在壮语中一般指送礼或祭祀的猪肉，如称吃女出嫁酒为 kwn¹ pa：i⁵（因女方设宴用的猪肉为男方所送），而一般的猪肉则称为 no⁵ mou¹，而在南乡，不讲 no⁵ mou¹，只讲 pa：i⁵；壮语称村寨为 pa：n¹，南乡的村寨中有以此词开头的，如班局等，说明过去有此词，但今南乡人称村已不称 pa：n¹，而称 thu：n¹ 或 tsa：i⁶，这很显然是受汉语影响而改变了原来的传统；壮族自称 pou³ ɕuen⁶ 等，均有 pou（或 pu 等）音开头，而南乡壮族自称 tsa：ŋ¹ soŋ¹（壮族），接受汉称更是明显。

总之，南乡壮语既保留了其原来所属壮语北部方言土语区的基本特征，由于在新的环境里长期受汉族各种方言的影响，尤其是粤语方言的影响，又吸收了当地汉语方言的不少东西，发生变化。

语言是人类文化的一个重要组成部分，是人类文化的载体。要探讨南乡壮族文化的变迁，从其壮语的演化，也可以溯迹探源，从而使我们对南乡壮族文化变迁的轨迹有更清晰的认识。①

---

① 本小节参阅张均如《广东连山壮语》、覃国生《柳江壮语调查》：分别载于《民族文化研究》第三辑、第一辑，广西民族出版社 1985 年版；韦庆稳、覃国生《壮语简志》，民族出版社 1980 年版。

八　民族教育的发展

　　处于汉族汪洋大海中的贺县壮族，为了与汉族交流，向他们学习其先进的文化和生产技术，十分注重对后代的培养。只要有可能，他们就将子弟送进学校或延师教授。因此《信都（今属贺县）志》卷二说，贺县壮族自明代起"孝廉入籍者，且相接踵。其余耕凿相安，皆知教子弟读书、识字，几不辨其为壮矣"。南乡壮族历代也有不少秀才。具体详情因无载不可得知。但我们在南乡发现了抄于清代嘉庆二十四年（1819）的牌匾，说明至少在这时南乡已有较熟练掌握汉文的人，在旺村覃恩庄家保存的牌匾即可看出家族从清同治年初以后代代有人读书当官。其牌匾是：

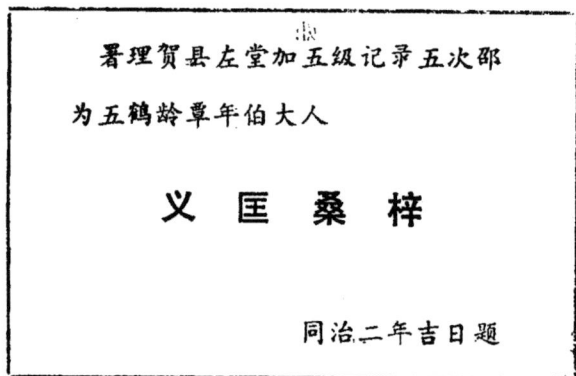

（其一）

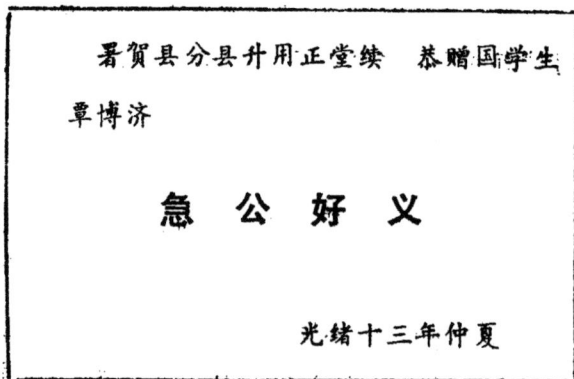

（其二）

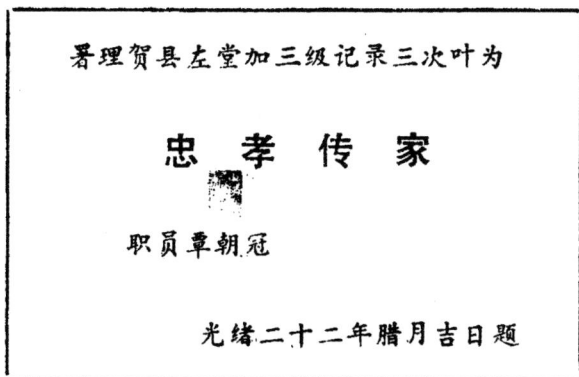

署理贺县左堂加三级记录三次叶为

忠 孝 传 家

职员覃朝冠

光绪二十二年腊月吉日题

（其三）

据覃恩庄介绍，还有一清代覃凤瑶所获的武秀才牌匾在"文化大革命"中被毁了。国民党统治时期他有一个叔当上了国民党军队的团长，其堂哥覃恩世（现74岁，离休在家）20世纪30年代就当上大宁乡乡长，解放后曾任过教师、校长。

但是，在封建统治时代，处于万山峻岭之中的南乡人民，受阶级压迫和民族压迫，许多人生活尚不能保障，哪里有钱送子弟读书？他们只有从小就过早地与长辈一起负起生活的担子，只是从长辈那里学到一些经验、技术，读书识字，则无从谈起，只有个别富豪之家才能延师教子，或将其子送出南乡到别处上学。因此，封建时代南乡教育十分落后，能读书识字者仍是凤毛麟角。

国民党统治时期，1926年就在南乡以覃氏祠堂为校舍，设立贺县第18小学，有6个班，120个学生，6位教师，结束了南乡壮族地区无正规学堂的历史。国民党新桂系统治广西期间，曾倡导大办国民基础教育，南乡壮族群众掀起了群众性的办学高潮，从1932—1936年，南乡（当时分为南东乡、南西乡）由贺县第18小学1间正规全日制学校发展到16间。其学校名称、设立时间及地点、学校规模如表十六、十七所示：

表十六　　　　　　　　解放前南东乡学校情况表

校　名	设立时间	校　址	班数（个）	学生数（人）	教师数（人）
平龙村小学	1936年	龙屈庙	3	80	3
上沙村小学	1936年	洪钟庙	3	90	3

校　名	设立时间	校　址	班数（个）	学生数（人）	教师数（人）
初洞村小学	1936 年	初洞庙	3	95	3
兴中村小学	1932 年	忠黎庙	4	110	3
上智村小学	1932 年	上黎庙	4	120	3
下沙村小学	1936 年	三桂庙	3	80	3
青山村小学	1933 年	旺村庙 1936 年改在石板庙	1	25	2
南东乡中心校	1936 年	三圣庙、1942 年南西中心校舍为南乡中心校	4	120	4
合　计			25	720	24

从上表可以看出，南乡壮族群众办学的积极性是高的，他们纷纷废神像，将庙、祠让出来，让自己的子弟有个学习的场所，表现了壮族人民十分渴望学习文化的极大热情，当时小学在校人数最多达 1400 人之多。

表十七　　　　　　　　南西乡解放前学校情况表

校　名	设立时间	校　址	班数（个）	学生数（人）	教师数（人）
南西中心校	1936 年	今南乡中学	6	180	7
贺县第 18 小学	1926 年	覃家祠	6	120	6
丽水村小学	1936 年	杉木庙			
白鸠村小学	1936 年	覃龙庙			
三合村小学	1947 年	大汤庙	3	110	3
良和村小学	1936 年	良家庙			
回龙村小学	1936 年	回龙庙			
良回小学	1947 年	良家庙	3	120	3
好头村小学	1936 年	好头庙	2	60	2
西湖村小学	1936 年	南乡大庙总祠	3	90	2
合　计			23	880	23

　　注：三合村小学为永村小学和白鸠小学合并而成，良回小学为良和村小学和回龙树小学合并而成，好头村小学 1940 年并入南西中心校。

但是，由于当时处于半殖民地半封建社会中，内忧外患，壮族广大人民处于被压迫被歧视的地位，教育不能得到很好的发展，事实也证明，许多壮族子弟读一年二年书后，家庭就无法维持其继续上学。读了小学要到贺街念初中，能去者更是屈指可数。

解放后，南乡壮族的教育才得到了真正的发展。现在全乡有初中1间，小学14间（其中完全小学8间），80%以上村庄办起了学前班，在校初中生524人，小学生2953人。解放以来到1988年止，南乡考上大学36人，中专103人，但更多的是读了小学、初中、高中后回到农村参加建设。总之，不仅出现新一代的壮族知识分子，更多的是大批的有知识的新型农民成长起来，他们在壮乡的资源开发、经济文化的建设中发挥了骨干作用。

由于重视教育，南乡这个偏僻的山区乡，在1982年人口普查时，每千人中拥有小学以上文化程度人数都超过邻近几个汉族乡，12周岁以上很少识字或不识字的人口百分比也低于毗邻的几个汉族乡，许多指标还超过全县水平，见表十八：

表十八 南乡与县及其他乡受教育率统计表

地 区	每千人中拥有					12周岁以上识字很少或不识字者占总人口的百分比
	大学毕业	大学肄业或在校	高 中	初 中	小 学	
贺 县	1.76	0.54	58	122	401	130250/662083 = 19.7%
步 头	1.6	0.04	45	87	363	5179/22404 = 23.8%
大 宁	0.44		35	88	390	7552/31666 = 23.8%
桂 岭	0.35	0.46	33	86	336	21240/72232 = 29.1%
南 乡	0.59	0.07	47	94	489	2195/15203 = 14.4%

随着经济的发展，改革的深入，南乡壮族人民更加重视发展教育事业，他们愈来愈意识到壮乡经济文化要进一步发展，就必须更加注重发展教育。因此，南乡壮族自1975年起越来越多的村庄自筹资金办起了学前班，南乡中小学生的入学率、巩固率一直很高。以1987年为例，南乡适龄儿童入学率达95.4%，巩固率达98.2%，初中的巩固率达86%。而同期贺县小学的入学率只有92.7%，与南乡毗邻的以汉族为主体的大宁、步头两个乡只分别是81%和89.2%，都低于南乡。1982—1987年小学按期学

完毕业的，全县是 50.4%，与南乡毗邻的大宁和步头两乡是 55.2% 和 22.6%，南乡则达到 56.8%。

在南乡，许多家庭由于缺乏劳动力，家庭收入也较少，生活比较困难，但他们并没有只图眼前利益让子女辍学回家劳动。宁可自己多吃苦，甚至借钱也供子女上学。如南乡江坪村的覃妹晚，现年 35 岁，1979 年丈夫不幸去世后，家庭生活十分艰苦，但她还是含辛茹苦，坚持供 5 个子女上学，现在大女儿读高中，第二、第三个男孩在念初中，第四、第五两个小孩在小学就读。

为了办好教育，改善办学条件，南乡党政领导、群众在经济刚刚起步的情况下，就十分重视对教育的投资，仅 1988 年和 1989 年，乡政府就拨款 61 万元，群众集资 44.71 万元，加上县拨款 7.23 万元，为全乡中小学新建了 9 幢钢筋混凝土结构的教学楼，共 4922 平方米，抢修危房 2683 平方米，修建教师宿舍 792 平方米，做到每间教室都有钢筋水泥的教学楼，全乡中小学消灭了危房。在捐款建校舍中，采用规定每人都要捐一定数额，再加上乐捐两种办法，如南乡旺村规定每人必捐 13 元，再加乐捐，加上乡里拨款，投资 73200 元，兴建一幢 6 间共 402 平方米的教学楼，在捐款集资中，村干部带头乐捐、多捐。如 1985 年江坪村小学兴建第一幢教学楼时，村长覃恩兆乐捐 200 元，村党支书陈昌斌乐捐 150 元。1988 年兴建第二幢教学楼时，村长乐捐 515 元，党支书乐捐 730 元，后因原材料涨价，所集资金不够，村党支书和村长又分别垫支了 4600 元、3900 元，至今他们垫支的钱还未能收回，村干部带头为表率，大大调动了群众办学的积极性。

南乡壮族群众在送子女读书上，男女也都一视同仁，没有重男轻女的思想，能读的都送，甚至自费送他们去大学学习，1988 年南乡就有好几个女青年自费到南宁、桂林、八步等地学习，1987 年、1988 年南乡适龄女儿童的入学率分别为 95.4% 和 95%，而 1988 年全县适龄女童入学率为 90.8%，与南乡毗邻的步头、大宁都只达到 87% 多。

为了鼓励青少年刻苦学习，乡政府对考上大中专的学生给予 60 元奖励，一些村公所也从公共积累中，抽出一部分资金对家庭困难的学生实行一些补助，并对优秀学生进行奖励。如江坪村公所就对覃妹晚家子女读书给予一定的扶助，对村公所内的学生考上大中专院校的给予 50 元奖励。

由于干部群众重视教育，使得教学质量明显提高。如 1987、1988 两年南乡小学的升学率比全县水平和邻近各汉族乡的要高得多，见表十九：

表十九　　　　　　　　南乡与县及乡小学毕业升学率统计表

年　份	南　乡	贺　县	大　宁	步　头	桂　岭
1987	72.9%	55.4%	63.6%	51.6%	21.8%
1988	82%	55%			

　　南乡领导还十分重视对成人的教育，曾举办多期扫盲班，帮助过去没能读书的成人脱盲。随着形势的发展，前几年，他们成立了"南乡成人技术中心学校"，不定期举办各种种植、养殖和其他实用技术学习班，帮助农民学科学，用科技发展生产。

附录　　　　　　　　解放40年来南乡考入大学人员名单

年代	姓名	学校名称	年代	姓名	学校名称
60	潘国钧	广西大学	80	潘登斌	广西师范大学
60	黄国信	中南民族学院	80	吴　坚	广西民族学院
60	廖　震	中南民族学院	80	倪福文	广西师范大学
60	梁凤技	中南民族学院	80	赵　莉	浙江水利专科学校
60	杨万兰	武汉测绘学院	80	吴望照	梧州地委党校
60	何秀英	广西民族学院	80	吴望耀	梧州地区教育学院
70	周承文	中央民族学院	80	容常福	广西农学院林学分院
70	覃爱民	广西民族学院	80	廖桂明	广西农学院林学分院
70	覃福现	广西民族学院	80	吴望光	梧州地区教育学院
70	陆荣礼	广西民族学院	80	杨常林	梧州地区教育学院
70	蒙锡星	广西民族学院	80	覃福海	中南民族学院
70	何金养	广西民族学院	80	覃福政	广东民族学院
80	覃　敏	玉林师专	80	潘国成	广东民族学院
80	覃锡余	梧州地区教育学院	80	黄升勇	广东民族学院
80	韦有庄	华南工学院	80	黄桂英	中央民族学院
80	蒙日生	广西农学院	80	廖建伟	广西民族学院
80	徐发农	广西农学院	80	梁文国	梧州地区教育学院
80	何世栋	华南农学院	80	程贤海	广西经济干部管理学院
80	覃福成	华东石油学院			

附录二　　　　　　解放 40 年南乡考入中专人员名单

年代	姓名	学校名称	年代	姓名	学校名称
50	吴健生	贵阳采矿学校	70	覃福强	八步师范学校
50	李立胜	八步师范学校	70	何日胜	八步师范学校
50	何国丰	八步师范学校	70	容妹菊	桂林民族师范学校
50	覃思深	桂林民族师范学校	70	廖纯重	贺县师范学校
60	韦振芬	桂林民族师范学校	70	覃福星	贺县师范学校
60	吴品金	桂林民族师范学校	70	谭兴科	贺县师范学校
60	容常世	桂林民族师范学校	70	吕秀石	贺县师范学校
80	莫衍怀	桂林民族师范学校	70	梁国忠	贺县师范学校
60	覃锡芬	桂林民族师范学校	70	韦昌好	贺县师范学校
60	梁孝帮	桂林民族师范学校	70	吴妹姐	贺县师范学校
60	梁赪志	南宁民族师范学校	70	李立仁	贺县师范学校
60	吴望荣	梧州耕读师范学校	80	莫宇凤	贺县师范学校
60	廖显继	贺县卫校	80	吴英前	贺县师范学校
60	何国喜	八步师范学校	80	吴毅	贺县师范学校
60	黎荣芳	贺县卫校	80	梁先怀	贺县师范学校
60	蔡健	贺县卫校	80	覃恩兴	贺县师范学校
60	唐昌发	贺县卫校	80	岑延政	贺县师范学校
60	吴望汉	柳州农校	80	覃锡华	贺县师范学校
60	覃家文	八步师范学校	80	覃锡牛	贺县师范学校
70	韦兴壮	八步师范学校	80	苏兰花	贺县师范学校
80	容常明	贺县师范学校	80	吴品常	桂林民族师范学校
80	梁孝福	贺县师范学校	80	钟世标	桂林民族师范学校
80	何丽娟	贺县师范学校	80	覃锡胜	桂林民族师范学校
80	覃丽养	贺县师范学校	80	覃忠武	桂林民族师范学校
80	覃锡壮	贺县师范学校	80	覃福禄	桂林民族师范学校
80	韦运光	贺县师范学校	80	廖月进	桂林民族师范学校
80	覃崇	贺县师范学校	80	何愈辉	桂林民族师范学校
80	莫荣科	贺县师范学校	80	吴宁	桂林民族师范学校

年代	姓名	学校名称	年代	姓名	学校名称
80	覃锡晟	贺县师范学校	80	唐爱民	桂林民族师范学校
80	吴丽娟	桂林民族师范学校	80	潘 艳	桂林民族师范学校
80	韦妹潜	桂林民族师范学校	80	廖英信	苍梧师范学校
80	苏维明	贺县师范学校	80	蒙仕先	苍梧师范学校
80	付建华	贺县师范学校	80	容新月	贺县师范学校
80	覃翠萍	桂林民族师范学校	80	梁志军	贺县师范学校
80	何世海	桂林民族师范学校	80	莫国贤	贺县师范学校
80	麦茂生	桂林民族师范学校	80	覃 震	贺县师范学校
80	蒙桂技	桂林民族师范学校	80	廖家志	贺县师范学校
80	李 松	桂林民族师范学校	80	何英连	贺县师范学校
80	覃爱平	桂林民族师范学校	80	何国富	贺县师范学校
80	吴敏志	桂林民族师范学校	80	潘国花	贺县师范学校
80	莫荣芬	桂林民族师范学校	80	潘国生	贺县师范学校
80	李家荣	贺县师范学校	80	潘国魁	广西供销学校
80	覃福善	贺县师范学校	80	韦建勋	梧州供销学校
80	何燕飞	贺县师范学校	80	唐振廷	梧州农校
80	韦丽朵	钟山师范学校	80	岑家健	梧州农校
80	蒙仕龙	柳州民族卫校	80	刘花成	梧州卫校
80	林 海	柳州民族卫校	80	廖月媚	梧州卫校
80	韦能接	柳州民族卫校	80	覃妹成	梧州卫校
80	韦立勇	柳州民族卫校	80	廖纯胜	梧州卫校
80	覃恩先	柳州民族卫校	80	覃锡定	广西银行学校
80	黄升年	柳州民族卫校	80	黄大恩	广西农技学校
80	覃常诚	广西供销学校	80	李远亮	梧州农机学校

九 民族文化的繁荣

解放前，南乡壮族文化事业充满了宗教迷信色彩，解放后，党和政府十分重视发视民族文化事业，帮助南乡壮族逐步摆脱文化生活贫乏落后的状况。

从 50 年代起，文艺工作者就帮助原来在南乡壮族民间流行的一些戏曲小调加以改编提炼，形成壮剧，拥有壮语民歌《悠恩情》《悠得录》《悠相思》和民间小调等，以壮语为舞台语言，习剧目 15 个，看家戏是《分明是个好媳妇》，这种戏曲以壮族民间独有的乐器木叶伴奏，具有十分浓郁的乡土气息和民族特色，但"文化大革命"期间壮戏被废除，近年来亦尚未恢复。

县电影队、县文工团也经常组织队伍深入壮乡演出或放电影，1973 年南乡电影队在县有关部门的帮助下建立起来，电影队在乡内流动放映，使许多偏僻乡村的群众也看上了电影，为了满足群众能看上更多的电影，1975 年又在南乡建立了 6 个 8.75 毫米机子的民办放映队，使壮乡群众看电影更为方便。

各种球类特别是篮球运动很快成为壮乡青少年普遍参加的体育活动。每逢国庆、元旦、春节等节日，乡里也常常组织比赛。

党的十一届三中全会以后，实行改革开放以来，随着南乡经济的发展，人民生活水平的提高，壮族人民对文化生活的要求更高，经济的发展也为发展文化事业提供了条件。

为了加强对广大人民群众的教育，普及科学文化知识，宣传党的路线方针政策，1979 年在县文化馆的指导下，建起了兼做指导群众开展文化活动的文化站，设有报纸、杂志阅览室，借阅图书，让群众读书看报，学文化，了解天下大事，并定期或不定期出版宣传栏，宣传党的路线方针政策。

随着改革开放的深入进行，南乡经济有了较大的发展。南乡政府在大力狠抓经济建设的同时，非常重视精神文明的建设，仅在 1985—1988 年四年间，南乡政府就拨出 35 万元专款，兴建起了南乡民族文化中心，整个文化中心设有影剧场、舞厅、灯光球场、录像室、图书室、阅览室、书画廊、老人娱乐室、成人技术培训中心学校等文化设施，建筑面积达 2000 多平方米，其中室内建筑面积就达 1300 多平方米。成为贺县最好的一座乡级文化中心。1987 年还拨专款 1.5 万元兴建了电视差转台。在建设的规模、设备的齐全上在贺县二十个乡镇中是独一无二的，超过了很多经济发达的平原汉族地区，充分显示了南乡壮族人民建设精神文明的气魄。

现在，南乡壮族人民过上了丰富多彩的夜生活。在夜幕降临后，他们或在电视机前，或读书阅报，或看电影，或摆棋对弈，年轻人有的则到舞厅跳起那轻松的现代舞……壮乡人民的农民生活再也不是"日出而作，日入而息"的简单重复了！

南乡政府还是建设精神文明的有心人，近几年来，他们还出资帮助各个村公所开展整理传统的舞猫、做皇、对唱等文娱活动，也经常组织球赛、游园等群众活动，还时常请外地的剧团到南乡演出，大大丰富了壮乡人民的文化生活。特别是1988年春节期间，南乡政府在县民委、文化部门的支持下举办了首届壮族民间艺术节，使被禁多年的南乡民间艺术重放光彩，1989年春节广西电视台也被南乡独具风格的民间艺术所吸引，专程派摄影组深入南乡拍摄电视片。1989年4月，在上级文化部门的帮助下，南乡壮族人民将自己独特的民间文艺——舞猫，经过加工改编参加了1989年在桂林市举行的"三月三"民族民间艺术节，使从未出过南乡的壮族民间舞蹈"舞火猫"登上了大雅之堂，以其古朴神秘和浓郁的民族色彩轰动了桂林，倾倒了中外游客，参加了桂林体育馆的综合晚会演出，并一举荣获了民族民间艺术节的创新奖和优秀节目奖。

在党和政府大力支持和帮助发展壮乡文化的同时，南乡壮族人民为发展自己的文化艺术也投入了极大的热情和人力物力。如每年当一个村举办舞猫、做皇等活动时，全村人每户都捐钱捐物，组织排练，出谋划策，牵动着全村人的每一颗心。又如民办电影队除原来流动放映外，还确定了白龙、江坪、垌新、胡村、西溪、中黎、旺村、良怀、回龙、大汤、白鸠、杉木、洪中、初洞14个放映点，定点和流动结合，使壮乡人民看电影更方便了。而生活水平提高后，收录机、电视机已进入壮乡农民家庭中，1988年全乡农民有490多台，其中彩电30台，使壮乡更好地观看欣赏文艺节日。江坪村公所花9000多元建起文化室和阅览室，内除有图书报刊阅览外，还有棋类等各种文娱用具。

加强社会主义民主，健全社会主义法制是精神文明建设的一个重要内容。南乡干部群众十分重视普法教育，特别是对青少年进行法制教育。从1988年冬以来在乡党委和政府的领导下，由普法办公室举办"普法骨干学习班"5期，参加学习的人达1100多人，普法办的干部还利用圩日上街宣传，到全乡38个电影放映点向群众讲解法律知识，听众达12000人次，那些参加普法骨干班学习的学员回去后，组成宣讲小组，到各村寨宣讲法律知识，还出版法制宣传栏 130 期。乡政府还拨出专款，为每个农户及初中以上学生购买农村普法辅导材料 4000 余册。江坪村公所为鼓励群众学法律，1988 年冬拿出 400 多元，搞一次普法学习竞赛，对学习优良者给予奖励。

通过普法学习，增强了干部群众的法制观念，自觉依法办事，改掉了不良行为。如江坪村龙屈寨的一个村民，过去经常偷鸡摸狗，曾因盗窃两次进班房，但恶习仍未改，群众恨之入骨。通过普法学习后，他安心生产，劳动致富，盖起 2 栋新房，购买了电视机、洗衣机、电炊具等。该村的另一个村民，过去经常参与赌博，生产无人管，2 个小孩无人理，夫妻为此经常吵架，多次闹离婚，通过普法教育他安心搞生产，家庭经济有了很大发展，夫妻重归于好。过去，南乡不少青年未到法定婚龄即结婚，而且结婚不登记，通过普法学习，全乡仅 1988 年冬以来就有 339 对夫妇补办法律手续。

普法教育使法律深入人心，解决了一批多年遗留下来的民事纠纷，于今民事纠纷案件大大减少。如良怀村与旺黎村之间的山林纠纷长期得不到解决，普法教育后，经过协商调解得到解决。又如垌新村韦姓群众与何姓群众坟山毗邻，1988 年韦姓子孙将祖坟墓碑加高 6 层砖，何姓群众以为韦姓群众有意破坏其风水龙脉，便纠集数十人将韦姓祖坟的加高砖拆了下来，双方因此发生了争斗，乡政府及时派人出面制止，才避免事态的扩大，但群众仍然怒气未消，通过普法学习，两姓群众重归于好。普法教育前的 1987 年全乡民事纠纷案达 155 起，1988 年开始普法，民事案件降至 115 起，1989 年 1—9 月，全乡只发生民事案件 24 起，大大促进了安定团结。

第五章 南乡社会文化变迁理论分析

一 变迁理论种种

变迁，就是发展。

早在公元前6世纪，希腊哲学家赫拉克利特就发现：一个人绝不能两次将脚伸进同一河水中，因为水是一刻不停地在流动着。由此，他得出一个结论：变迁，是人类生活中不可缺少的因素。①

从此经过几千年的发展，近代以后，文化人类学家们建立了种种关于社会文化变迁的理论。

从文化人类学的观点看，社会生活的发展是社会生活持续增长、变迁的过程。在文化人类学家们所构建的种种关于社会文化变迁的理论中，最著名，且影响较大的是文化进化论、文化传播论，以及新进化论。

与文化人类学几乎同时诞生的文化进化论，又称为古典进化论，其以达尔文的《物种起源》出版为标志。英国作为文化进化论的发源地，产生了其文化人类学的奠基人——泰勒，他认为一切类似的风俗习惯和社会制度都有其独立的起源和发展，其所以相类似是由于人类的心理作用是根本一致的。英国的另一个文化人类学家弗雷泽则提出了"社会人类学"的概念，致使当时英国各大学文化人类学课程均称之为"社会人类学"。文化进化论在美国的代表是摩尔根，他以《古代社会》（1877年出版）一书著称世界，恩格斯高度评价说："摩尔根在美国，以他自己的方式，重新发

---

① 参阅童恩正《文化人类学》，第275页。

现了四十年前马克思所发现的唯物主义历史观。"①

　　文化进化论的基本理论就是用进化论的观点去解释社会的差异。他们将人类社会看成是一个系列的进化过程，如泰勒的蒙昧、野蛮和文明的三个阶段进化序列。又如摩尔根提出的与人类每一技术发展水平相适应的，是一定的文化模式或文化制度的技术进化论。所有这些理论对人们认识社会文化的变迁都有着不可磨灭的影响，但是，由于时代的限制，文化进化论的学者并没有摆脱主观性和机械唯物主义的束缚，他们将人类社会发展看得过于简单，所有的人类社会都被假定为两极，即简单的"原始"到复杂的"现代"的理想模式中循着单一的路线发展，各民族都基本上经历了相同的发展道路。这种单一方向性的模式显然既脱离了人类社会的发展或变迁可能跳跃或重复交错的实际情况，也脱离了每一种生产方式的表现形式又是多种多样的实际情况，还脱离了一种生产方式向另一种生产方式过渡呈多途径的实际情况。如此等等，都难免陷入了唯心主义先验论的泥潭，对我们在运用文化人类学的理论认识社会文化变迁时都是必须加以注意的。

　　与文化进化论认为社会文明是单一方向性地在世界各地独立发展起来的观点相反，文化传播论则认为社会文明均起源于一个或几个地方，以后再通过迁徙或模仿而传播开来的。如英国埃利奥特·史密斯、佩里和里弗斯等人主张全世界的文明均起源于埃及。德国的格雷布纳和施密特提出了"文化圈"的概念，认为一群具有相同文化特征的社会集团形成为一个文化圈。他们反对所有的文化因素均起源于一个中心的观点，主张语言、工具制造以及其他文化的基础乃是四五个互相独立的原始社会发源的，即社会文化的发源是多元的。美国的威斯勒则根据人们的主要文化特点和地理分布进行分类，提出了"文化区"的概念，认为居住在中心区域的人，往往具有此文化区的全部特质，可视为这些文化特质的创造者；而距离中心区域愈远的人，保留此特质愈少。克罗伯根据威斯勒的研究，又提出了文化区与不同的环境之间的关系，使人们在研究社会文化变迁中开始注意到了人类文化与生态环境之间的适应关系。

　　由于观点新颖，与文化进化论相比颇为标新立异，文化传播论很快风行于学术界，并形成英国学派、德奥学派、美国学派，但终因其从一个极

---

　　① 《马克思恩格斯全集》第21卷，第29页。

端走到了另一个极端，即过分强调了传播的作用，而忽视甚至否定了每一个民族的文化创造性，也不可避免地陷入了机械唯物论和唯心主义先验论的泥潭。但是，我们在研究和认识社会文化变迁时，则不能忽视文化传播论在理论上某些积极的建树，即他们所指出的不同文化之间互相接触、互相作用、互相适应的情况。从这个意义上去认识文化的"传播"，对于我们认识社会文化的变迁是会有帮助的。

20 世纪 40 年代到 50 年代，由于民族学资料的积累越来越丰富，随着新的观念的产生，一些文化人类学家将被人们冷漠了几十年的文化进化论加以补充和发展，创立了新进化论，美国学者怀特和斯图尔德首先开创了新进化论的历史。怀特将文化分为技术体系、社会体系和观念体系三部分，其中技术体系决定社会体系，观念体系则以社会体系为媒介，并受技术体系所决定，这就是说，技术上的进步，推动了文化其他方面的发展。为此，他提出了"普遍进化论"的观点，认为应该将人类文化作为一个整体来看待，以发现社会发展的共同规律，而不必考虑实际上有多少人类集团经历了每一具体的阶段。斯图尔德则批评怀特的"普遍进化论"缺乏准确性，提出了"多线进化论"，他认为每一个文化都有其特殊性，立足于对多种文化特殊性的分析，可总结出人类社会文化发展的共同规律。他十分重视文化进化与对环境适应的关系，所以人们又称他的"多线进化论"为"文化生态学"。相比之下，斯图尔德的"多线进化论"比怀特的"普遍进化论"要具体得多、科学得多，尤其是他没有设想一个先入为主的理论框架，然后把世界上所有的文化都填塞进去，而是在广泛地比较世界各地的文化之后，概括出一些"文化类型"，再通过对具体文化类型的分析，探讨一般规律，因而反映和表现出较多的辩证的、唯物的倾向。

尽管新进化论把人类的意识、社会结构和行为模式都归结为是由技术发展的水平决定的，企图将复杂的社会文化变迁的原因都直接与生态环境挂钩，从物质技术上考察其存在的原因和功能，将复杂的社会文化现象仍然是看得太简单了，难以彻底摆脱机械唯物论的影响，但其对社会文化的变迁进行多方面的研究，其中包括技术、每一文化的特殊性、物质环境进行分析的方法，对于我们认识社会文化的变迁还是可取的。

总之，经过近四十年的发展，文化人类学关于社会文化变迁的理论大体上可归纳为以下两点：

1. 变迁的原因或途径主要是：发现和发明、传播、涵化①及革命。

2. 变迁的种类可分为无意识的变迁、有意识的变迁和强迫变迁三类。

大千世界，万事万物都是发展变化的，还是恩格斯说得好，他说：

> "当我们深思熟虑地考察自然界或人类历史或我们的精神活动的时候，首先呈现在我们眼前的，是一幅由种种联系和相互作用无穷无尽地交织起来的画面，其中没有任何东西是不动的和不变的，而是一切都在运动、变化、产生和消失。"②

而万事万物的变化中，又以人类社会文化的变迁最为丰富多彩，我们考察和研究南乡壮族社会文化的变迁，其目的不仅在于要反映我国少数民族解放以后社会文化的巨大变革，还在于要在这种变革中探讨和认识我国少数民族繁荣、进步的规律。

二　南乡社会文化变迁的原因

纵观南乡壮族400多年的变迁史，大致可以分为两个时期四个阶段。

从明代嘉靖年间到解放前夕为第一个变迁时期，其又可分为两个阶段，明清为第一阶段，民国为第二阶段。解放后40年为第二个变迁时期，其又可分为两个阶段，党的十一届三中全会前为第一阶段，其后为第二阶段。

下面我们分四个阶段来探讨南乡壮族社会文化变迁的原因。

前文已论及，社会文化的变迁原因是多方面的，途径是多元的，一个民族或一个社会文化的变迁不管在什么时候其原因或途径都不是单一的，而是综合作用的结果。然而，历史的多样性与事物发展的复杂性，使得社

---

① 当一个社会与另一个经济文化都比较强大的社会接触时，被强迫接受较强大的社会的很多文化要素，这种因强弱关系而产生的广泛的文化假借过程称之为涵化。

② 《马克思恩格斯选集》第3卷，第417页。

会文化变迁的原因在不同的时代、不同的社会环境中表现出不同的作用力，并往往出现在某一个时期是由一种原因起主导或决定作用的情况。我们考察南乡壮族社会文化变迁的两个时期四个阶段，由于历史条件的不同其变迁的基本原因分别为：适应、强迫、革命和传播。

1. 适应

众所周知，人类与动物的根本区别就在于，当自然环境发生变化时，动物是依靠改变自己的体质特征来达到适应的目的，而人类则是以改变文化机制的手段来适应变化了的自然环境的。生态环境除包括该地区的气候、土壤、地貌、水源、动植物群等自然环境以外，还包括从一个生态区域迁徙到另一个生态区域所处的不同的社会环境。因此，南乡壮族从桂西这样的生态环境迁徙到桂东另一种生态环境开乡落籍以后，面对着一个新的生态环境，如何适应？一个字：变！

以住房为例，为了适应南乡山区的自然环境，南乡壮族落籍后，基本上放弃了原来干栏式的住房，采用了全木结构和草木结构的平房为主要居所。全木结构的平房，全座房屋用木料以木榫衔合建成，墙用木板，屋顶盖茅草或杉树皮，房屋的结构与瑶族的木屋基本相同。而草木结构房屋则是南乡壮族就地取材建造的，有的还用竹片编成篱笆再用泥巴糊封为墙。后来，他们又向当地汉族学习，从明末开始建造砖瓦结构的房子，墙基用青砖砌筑，墙体用砖坯砌成。

又以婚姻为例，南乡壮族作为俍兵东迁到贺县，落籍以后如何解决婚姻问题呢？他们根据当地的社会环境，采取了与瑶族妇女通婚的方式。婚姻关系的这一变迁，不仅在南乡壮族妇女的服饰中留下了印痕，形成如本书第四章"服饰的衍变"中所记述的南乡妇女独具特色的头饰，而且在女孩的命名中，无论姓什么，也不管是哪一代，与贺县盘瑶一样在名字中间一定要有个"妹"字。与此同时，壮族古老传统婚姻习俗受到汉族封建婚姻观念的冲击，举行婚礼时男方与女方的歌手对歌的风俗消失了；不落夫家的婚俗受到越来越严格的限制。

再以宗教信仰为例，南乡壮族宗教仪式的主持者有师公、道公、僧公和巫公。但往往是一人身兼数职，既是师公，又是道公，还是僧公，有的甚至还是巫公，明显地受到桂东瑶族师、道不分的影响。最突出的是桂西壮族的师公以跳神为主，有一整套傩面具和表演程式，而南乡师公却没有傩面具，也没有蜂鼓伴奏，表演程式与道公趋向一致。而且南乡壮族称道公为"客做道"，意即"做道场的汉人"，可见南乡道公做的一套法事是后来从汉人那里学来的。此外，佛教在桂西壮族中几乎没有什么影响，但对南乡却产生影响并出现了自己的僧公。有趣的是，南乡壮族虽然奉释迦牟尼为佛祖，但是僧公没有寺庙，没有严格的戒律，不出家，可以结婚生子，可以喝酒吃肉，可见佛教对南乡壮族的影响还是很浅的，僧公只不过是披着袈裟的师公罢了，有些僧公的袈裟几乎与瑶族师公的法衣一样用大红花布做成，令人难以区分师、道、佛。

南乡壮族从桂西迁徙到桂东以后社会文化所发生的种种变迁，可以清楚地看出一个民族的社会文化与其所处的生态环境是有密切的适应性关系的，一个民族所处的生态环境发生变化，必然会导致该民族社会文化的适应性变迁。因此，为了适应社会内部的需求，适应环境是南乡壮族社会文化在解放前的第一阶段发生变迁的基本原因。

2. 强迫

一个民族的社会文化有时又会遭到外力的作用，被强迫发生变化。民国时代，统治广西的新桂系军阀，为了有牢固的地盘和雄厚的实力，在抓政治、经济建设的同时，也抓了文化建设，1933 年公布了《广西省特种教育实施方案》，要求各县举办少数民族教育。南乡虽于 1920 年建立了第一所小学——贺县第 18 小学，直到 1933 年以后，才在全乡普遍开办学校，到 1936 年为止，先后开办了 16 所小学。所有这些小学均由原来的寺庙改建而成。这种废寺庙、兴学校的变迁，就是在新桂系军阀的强迫下进行的。除此以外，又成立了"风俗改良委员会"，强迫南乡壮族改良风俗：

（1）强迫改传统服装为汉装，即男的改穿对襟唐装，改铜扣为布纽；女装改无领为有领，镶绲边也逐渐消失。

（2）强迫禁止对歌择偶，废止歌圩，是谓以防"伤风败俗"，致使南乡壮族传统的以歌为媒的自由恋爱方式变为"父母之命，媒妁之言"的封建婚姻，许多优秀的传统民歌和曲调失传，造成歌圩的退化。

从民国时代南乡壮族社会文化的变迁中，我们可以感受到政治强力，在一定的历史条件下，对于社会文化的变迁是有一定的影响力的。一个民族在政治强力的强制下，其社会文化也会发生强制性的变迁。因此，民国时代新桂系军阀的一些强迫改良的政策是南乡壮族社会文化在解放前的第二阶段发生变迁的基本原因。

3. 革命

许多文化人类学家都十分强调革命对于社会文化变迁的巨大影响。因为所有制的变化，是人类社会经济领域内最深刻的变化，它不仅改变了分配关系，还改变了人与人之间的社会关系，又改变了整个国家机器的性质，这就自然而然地对于一个民族的社会文化的各个方面将会产生不可抗拒的影响，从而导致其社会文化发生新的变迁。

南乡壮族解放后40年所发生的巨大的历史性的变迁，与整个中国新民主主义革命的胜利是密切相关的。在这个革命过程中，南乡壮族人民同样作出了自己应有的贡献，现将这一段历史追记如下：

从抗日战争时期开始，受进步思想影响的岑立诗任南乡中心校校长期间，就把一些进步教师如潘庆林等聘至该校任教，传播革命思想。1944—1946年，陈锡金同志任南乡中心校校长期间，把地下党员王仁韬同志和进步教师陈科、陈胜等隐蔽在学校里，以教师的公开身份开展地下革命工作。1948—1949年又有地下党员苏丹、何日先、何畏等同志到南乡开展地下活动。他们在南乡发展党员，建立党的组织，开展统战工作，发展农会组织，建立武装游击队，开辟游击根据地与国民党军队进行游击战争，使南乡也燃起了熊熊的革命烈火。

1943年暑假，当时南乡到外地读书的进步青年岑寂（岑立名）回到南乡，在南乡中心校开办了暑假补习班，以帮助中心校学生补习功课为掩护，传阅进步书报，作时事报告，讨论时事问题，出版墙报，宣传抗日救亡，揭露国民党反动派的阴谋，讲解革命道理、教唱革命歌曲等。

在白色恐怖的情况下，在南乡的地下革命活动遵照中央"隐蔽精干，长期埋伏，积蓄力量，等待时机"的方针，主要是发动群众，发展党的外围组织，团结教育和争取社会各阶层人民共同战斗。当时参加地下革命活动的罗日新、吴望鸿、吴品伯、覃南山、覃惠周、覃锡祐、吴望慰、廖志洲、覃锡琨、黄贤家、李兴壮、潘庆林、潘庆华等同志后来都在革命中起了重要的作用。与此同时，又积极做好统一战线工作，使南乡的一些开明人士对中国共产党和中国革命有了一定的认识。因此，南乡地下党的活动得到了潘家富、覃恩世、潘盈陔、岑立诗、潘家香等开明人士的积极支持，他们为革命筹粮备款，先后送来了粮、款、枪支、弹药、望远镜等给游击队使用。并为地下革命同志的生活和安全做了许多工作，为革命和解放事业作出了应有的积极贡献。

1949 年吴凤信担任南乡中心校校长后，这个军阀岑孟达的爪牙、国民党反动军官吴国忠的长子勾结乡长、恶霸、劣绅、特务分子等，监视南乡中心校进步教师的革命活动。当时教师生活没有保障，资金全靠乡公所收赌摊的摊租开支。而乡公所的职员贪污腐化，无所不为，教师的薪金常常不能如期如数发放，激起了教师的不满和愤慨。1949 年 3 至 4 月期间，容光裕、梁世佃、吴品伯等几位教师就组织了起来，刻写油印传单，到处散发和张贴，给国民党在南乡的反动统治以当头一棒。

1949 年 7 月，上级派何日先到南乡开办秘密地下工作人员训练班，地点设在中黎村罗日新家谷仓楼上。参加学习的有罗日新、吴望鸿、容光裕、梁世佃等人。训练班主要是学习党章、分析形势，明确当时的工作任务和方法，要求抓紧时机，发动和组织群众，扩大革命力量。训练班结束的当天由何日先介绍吴望鸿、罗日新两人入党，举行了入党宣誓。

训练班结束后，地下革命工作同志通过各自的社会关系，分别到农民中去串联、扎根，发动群众，建立农民协会。一时间，农民组织如雨后春笋，迅猛发展。先后成立了旺村寨、良家寨、代李寨、水楼寨、西溪寨、南乡街、代廖、龙屈寨、怀宽、傍山等农民协会。

在革命势力迅速发展的情况下，为了适应革命形势发展需要，中共贺东区工作委员会委员、贺信怀边游击大队队长何日先同志于 1949 年 8 月在南乡水楼寨吴望鸿家秘密召开了会议。会议分析了形势，传达上级党委指示，讲解"枪杆子里面出政权"的道理，会议决定成立武装力量，开展游击战争。会上决定，在南乡成立贺信怀边游击大队南乡中队，指派罗日新担任中队长，吴望鸿担任中队指导员，吴品伯担任小队长，廖志洲负责后勤工作，选定怀宽地区为南乡游击队的根据地。因为怀宽背靠大山，山后有山，道后有道，进可攻，退易守。由东下山渡东水可直至连山福堂；西坡下山涉西水，翻山再跃至双程；西北涉西水跃西溪，经黑鹿山至白马山，往西洞直至天桶大山；东南角，可翻山越岭到广东连山上帅，西南下山涉西水，跋山可达游击大队队部金鸡山。中队决定选拔年轻力壮、政治可靠的吴品伯、容光裕、廖志洲、廖纯康、韦家初、李立升、覃锡祐等同志，先到榜山廖志洲家集中，编成短小精干的武装工作队，在南乡继续发动群众，扩大农民协会组织，发展游击队员，巩固根据地。与此同时，又成立了"南乡解放委员会"，覃南山任主任委员，容光裕任副主任委员，这样，为革命的胜利作了组织上的准备。

1949 年 11 月，南乡地下党组织在旺村召开解放前的最后一次会议，会议总结了前段时间的工作，为解放南乡建立人民政权机构和接收工作，作了准备和安排。

1949 年 10 月上旬，国民党桂系的主力部队被人民解放军歼灭，结束衡宝战役，但白崇禧不甘失败，将残余部队退回广西老巢，负隅顽抗。这时岑孟达匪部由岑育斌率领，也在双程、南乡做最后挣扎。

南乡地下党和游击队，一方面向国民党南乡乡村公所、公教人员发出告诫书和"约法八章"，宣传我党政策，号召和动员职员坚守岗位，向人民靠拢，负责保护自己经管的财物和公文档案，听候接收，不得进行任何破坏活动，否则必将严惩不贷。另一方面，游击队准备向南乡街进攻，消灭岑育斌匪部。岑育斌匪部为人民的力量所威慑，连夜往其老巢逃窜，向我大宁方面的游击队缴械投诚。1949 年 11 月 2 日（农历十月初二日），贺信怀边游击大队南乡中队打回老家，逮捕了反动到底的吴家鸿等人，解放了家乡。

南乡解放后，为做好新旧政权交替，稳定社会，发展生产，立即成立贺县南乡人民治安委员会，任命容光裕为贺县南乡人民治安委员会主任委员，覃惠周为副主任委员，黄广宗、蒙日照、韦有升为委员，潘庆华为南乡妇联主任。吴望鸿为中共南乡支部委员会书记兼南乡农民协会筹备委员会主任。并组织由覃惠周、黄贤家任正副队长的武工队，接替贺信怀边游击大队南乡中队维持地方治安工作。贺信怀边游击大队南乡中队奉大队长何日先命令由罗日新任中队长，覃锡琨任政治指导员，吴品伯任小队长，廖志洲任事务长，率领战士转战信都县。

但是，国民党反动派的残余势力并不甘心他们的失败，他们有计划地布置一批人马，利用广西多山有利的地形潜伏下来，企图与我军长期对抗，伺机卷土重来。

1950 年初，国民党反动派残余势力，趁广西和全国解放不久，基层组织还未健全以及当时春荒时期，在帝国主义支持的国际大气候下，发动了暴乱。潜伏在南乡的反动势力也以为时机已到，配合整个广西土匪的暴动，于 1950 年 2 月 8 日（旧历十二月廿二日）旧历春节前几天，发动了暴乱，他们打着"抗粮""抢公粮""发横财""反共救国"等反动口号，以南乡的地方封建势力作基础，强迫和欺骗一些不明真相的群众，向新生的人民革命政权进行疯狂反扑。在南乡成立了所谓"贺县南乡光复委员会"，匪首莫惠仁充当主任。顿时，已经湛蓝的天空又乌云密布，反动分子大开杀戒，惨无人道。解放军白秀峰、徐光俭、李和青、李占和、曹荣、刑志有，工作队谢振林、高国屏、关绍信、谢再青等同志被活活打死，曾纪春同志失踪。反革命匪徒像日本鬼子一样，将打死的人用铁丝扣串，堆埋在泥坑里，惨不忍睹。他们还封锁南乡所有关口，剪断电线，追捕吴望鸿、容光裕、覃南山等革命骨干，并扬言谁包藏吴望鸿、容光裕及其家属，即将要全家抄斩，反革命气焰十分嚣张。

农历十二月廿四日晚，潘家富、覃恩世、吴望鸿、容光裕、覃南山、覃惠周、覃德沛等，在旺村山边召开紧急会议，商讨对付土匪暴动的对策。会议决定，吴望鸿、容光裕、覃南山、覃惠周等立即由覃恩强等护送至广东边界，绕道连山、怀集至信都向贺信怀边区游击大队报告南乡土匪暴动情况，并请求派原贺信怀边区游击大队南乡中队火速返南乡平定暴动。当时信都也将告急，不能调离部队，何日先大队长即派人武装护送吴望鸿、容光裕等人到贺县县城（贺街）向中国人民解放军433团政委兼中共贺县县委书记李割非报告南乡土匪暴乱情况。李政委即派部队由容光裕等同志带路，经步头、双程，日夜兼程，爬山过岭赶到南乡。部队首先包围、占领白鸠莫家寨，集中于南乡街的土匪闻讯气势汹汹地向白鸠扑来，与解放军进行交锋，经过一个上午的战斗，土匪败逃入山。

部队进驻南乡后，马上采取措施，围绕剿匪工作，搞好春耕，做了大量的工作。首先，发出"安民告示"，说明部队进驻南乡是为了肃清土匪，对群众秋毫无犯，号召与土匪划清界限，受骗外逃的迅速回家，揭露敌人阴谋，搞好春耕生产。其次，成立了"贺县南乡招抚委员会"，公布剿匪政策："首恶必办，胁从不问，缴枪不杀，立功受奖。"以招安匪众，孤立匪首。

经过艰苦的工作，广大群众认清了形势，众匪也在党的剿匪政策的感召下迅速瓦解，携械投诚。在历时三个月的剿匪清匪中，消灭了南乡土匪700多人，保卫和巩固了革命成果，为社会主义革命和建设扫清了障碍。

剿匪、清匪和善后安抚工作结束后，撤销了已完成历史使命的贺县南乡人民治安委员会，成立南乡人民政府。我们之所以要把南乡壮族这一段光荣革命历史详细记述在此，其目的就是要说明在促使南乡发生历史性的转折变迁之时，南乡壮族人民是亲身投入其中了的。

从此以后，南乡人民翻身作了主，开始了社会主义的新生活，从上述三章所述南乡经济、社会和文化的巨大变化，可见革命是南乡壮族社会文化在解放后的第一阶段发生变迁的根本原因。

4. 传播

传播，是文化人类学探讨社会文化变迁的传统概念。所谓传播，就是从其他社会借用文化因素，并且将它融合到自己固有文化之中的过程。解放后，南乡壮族的社会文化虽然发生了历史性的变迁，但与党的十一届三中全会以后的变迁相比，这种变迁无论在深度和广度上来说都是不够的，人们回味起来，总觉得"变化似乎不大"。究其原因虽有种种，但极"左"思想的影响和社会文化的封闭性不能不是一个重要原因。

党的十一届三中全会以后，即人们通常所说的改革开放的十年来，南乡壮族的社会文化发生了新的质的变迁，这突出地表现在经济生活的变迁上。解放后，从 50 年代到 70 年代，南乡壮族一直是处于贫困状况之中，直到 1980 年全乡农民年人均收入只有 66.2 元，仅达到全县农民人均收入 193 元的 34.30%，过的是"吃粮靠返销，用钱靠贷款"的穷日子。但是，改革开放以来，由于家庭承包生产责任制的落实，南乡的农业发生了新的变革，林业的综合利用得到发展，乡村工矿业的崛起，畜牧渔业的进步，交通由闭塞变为通达，商业的兴盛，使得南乡全乡的工农业总产值从 1980 年的 99.03 万元，增加到 1988 年的 652.04 万元，增长了近 6 倍。1980 年全乡农民年人均收入 66.20 元，到 1988 年达 543.90 元，1989 年达到 599 元，分别增加了 7 倍多、8 倍多，使一个贫穷的壮族山乡，变成一较为富裕的先进山乡。在这一新的变迁中，南乡壮族乘改革开放的东风，大量吸收和借用新的文化因素，使之融合于自己固有的传统文化之中。

讲到传播，我们当然要先提到 60 年代末贺县一部分知识青年到南乡插队落户，给南乡壮族带来的影响。过去南乡壮族的蔬菜不仅品种极少，而且数量也极少。知识青年来了后，给南乡带来了不少新的蔬菜品种，也传播了新的蔬菜种植技术。在考察中，我们吃到的空心竹叶菜，人们就告诉我们这是"插青"（即知识青年）带进南乡的。至今人们仍不忘知识青年对南乡社会经济生活的影响。但是，在这里，我们则要着重介绍一下冶金工业部龙水金矿这一现代企业在传播中对南乡壮族的巨大辐射作用。龙水金矿是一座有相当规模的现代化矿山，是他们派出测量、机电、土建技术员，无偿地帮助南乡建电站勘察，进行工程测量、设计、预算等工作，并代为培训电工 20 余人，使得南乡装机容量 1500 千瓦的鱼跳电站得以放出光芒，成为南乡经济的一大支柱；是他们帮助南乡壮族培训汽车驾驶员和修理工，使得南乡的车辆从无到有，从少到多，使得南乡的交通从闭塞变为通达；是他们在开发矿山的同时，给南乡带来了商业的进一步兴盛，由于龙水金矿所在地商业贸易的需要，南乡的江坪村的陈昌斌和傅国霞先后分别投资在矿山办起了农贸市场和圩市，促进了南乡经济的繁荣，凡此等等，无不反映和表现了现代工矿企业对南乡传统经济生活的辐射力和影响力。正是由于龙水金矿的辐射和影响，使得南乡壮族的社会文化能不断地融合进新的文化因素，于是，南乡单一的"男耕女织"的自然经济结构，逐步发展为农、林、牧、渔、工、商、运输等业并举的商品经济的新格局，这种具有突破意义的变迁，不能不是新的文化因素融入后才可能出现的结果。

历史的发展总是有机地联系在一起的，总是一环扣一环地向前推进着。历史唯物主义常识告诉我们：经济基础是历史发展的决定因素。恩格斯在 1894 年 1 月 25 日致亨·施塔尔肯堡的信中曾说过："政治、法律、哲学、宗教、文学、艺术等发展是以经济发展为基础的。"[1] 正是由于南乡壮族经济生活的质的变迁，为其社会文化的变迁打下了物质基础，从而必然引起南乡社会文化的一系列变迁。现在在南乡到处可见的自行车、摩托车、电视机、录音机、收音机，无时不在向南乡壮族传播着新文化因素。我们相信，改革开放十年来开放传播是南乡社会文化变迁的基本原因，那么，今后的开放传播，更多更新的文化因素融入南乡壮族固有的文化之中，定将是南乡壮族社会文化向新的境界和高度变迁的主要原因。

在历史的长河中，南乡壮族在发展着、变迁着。虽然都是在变迁，但我们从解放前后两个不同时期的变迁中，可以看出不同的历史时期的变迁是有质的区别的，解放前，南乡壮族为了适应变化了的生态环境发生了适应性的变迁，又在国民党新桂系军阀的强制下发生了强迫性的变迁。这些变迁，都是在人民受压迫、受剥削的历史背景下发生的。与之不同的是解放后南乡壮族的社会文化在党的十一届三中全会前因政治地位的变化而发生的变迁，以及党的十一届三中全会后因经济的发展而发生的变迁，都是在人民当了家、作了主的历史背景下发生的。所以，前一个时期虽长达 350 年以上，但变迁的速度慢、范围小，而后一个时期尽管只有 40 年，尤

---

[1] 《马克思恩格斯书信集》，人民出版社 1962 年 10 月版，第 517 页。

其是党的十一届三中全会以后仅十年，但无论变迁的速度和范围，都是过去几百年所无法比拟的。由此，我们可以得出这样一个结论，那就是社会制度在一定的意义上决定了社会文化变迁的速度和范围。在我们中国，仅南乡壮族社会文化的变迁即可证明，只有社会主义才能救中国，只有社会主义才能给少数民族带来繁荣和进步。

与此同时，我们从解放后南乡社会文化两个不同的变迁阶段中还可以得出另一个结论，那就是只有改革开放才能把我国少数民族引上繁荣、富裕的道路。

三　南乡社会文化变迁的动力

适应、强迫、革命、传播，这些南乡壮族社会文化变迁的原因，从本质上来说，都是致使南乡壮族社会文化发生变迁的外部原因，那么，南乡壮族社会文化变迁的内部原因是什么呢？所谓内部原因就是致使一个民族社会文化变迁的推动力量，即动力。我们认为民族自我意识是南乡社会文化变迁的动力。

什么是民族自我意识？这是我们在探讨南乡壮族社会文化变迁的动力问题时首先必须解决的一个问题。

早在 20 年代初，梁启超在《中国历史上民族研究》中就对民族自我意识作了界定，他说："何谓民族意识？谓对他而自觉为我。"[1] 这个界说简明精练，受到不少学者的赞赏。但是，在近几年的讨论中，人们为了更具体地阐述民族自我意识的概念，从不同的角度作了说明，对民族意识颇有研究的熊锡元先生认为"民族意识"的含义，主要包括以下两点：第一，它是人们对自己归属于某个民族共同体的意识。第二，在与不同民族交往的关系中，人们对民族生存、发展、权利、荣辱、得失、安危、利害等等的认识、关切和维护。[2] 而费孝通先生所说的"同一个民族的人感觉到大家是属于一个人们共同体的自己人的这种心理"[3]，也常被人们认为是对民族自我意识的界定。

---

① 《梁任公近著》下卷，商务印书馆 1924 年版，第 44 页。
② 熊锡元：《"民族意识"初析》，《中央民族学院学报》1989 年第 3 期。
③ 费孝通：《关于民族识别问题》，《中国社会科学》1980 年第 1 期。

　　这样看来，对于人们所关注和重视的民族自我意识的概念，实际上并没有形成一个科学的统一的界定。而为了给民族自我意识的概念下定义，必须弄清楚什么是自我意识？

　　自我意识既是个哲学概念，也是个心理学概念，绝非巧合的是，不仅民族自我意识没有统一的界定，就是自我意识，在哲学界和心理学界也还没有统一的定论，其说法虽然很多，但基本观点不外二种，一种认为自我意识是主体对于自己身心活动的意识；一种认为自我意识不仅是主体意识到自己，还包括对自己与客观世界的关系的意识。笔者倾向于第二种观点，辩证地、系统地看，所谓自我意识，应该是主体在对象性关系中对自身及其与对象世界的关系的意识。①

　　从自我意识这个基本概念出发，那么，什么是民族自我意识呢？简要地说，民族自我意识，就是一个民族对于自己以及对自己和周围关系的意识。例如，意识到本民族的外部特征，意识到本民族的性格特点，意识到本民族的社会地位和作用等。

　　明确了民族自我意识的概念后，下面我们结合民族自我意识形成和发展的两个历史过程，来探讨南乡壮族社会文化变迁的动力。

　　民族的自我意识的形成有一个历史过程，即民族自我意识不是生来具有的，一个民族自我意识的形成，即从"自在的民族"发展到"自为的民族"有一个历史过程。

　　从民族形成的规律来看，最初民族的形成，一般是在原始社会末期，由于生产力水平的提高，随着社会大分工的不断发展，即农业与畜牧业的逐渐分离，农业与手工业的逐渐分离，乃至农业与商业的逐渐分离，剩余产品的出现，私有制的产生，阶级对立的发展，战争成了正常的职业。各民族、部落在部落战争中杂居愈来愈厉害，他们经历了激烈的分化、互解和融合，使原来维系氏族、部落的纽带——血缘关系逐渐失去作用，进而向地缘关系转化。在这个基础条件下，随着阶级的对立、国家的产生，民族也就呱呱坠地而形成了。这就是恩格斯所说的："劳动本身一代一代地变得更加不同，更加完善和更加多方面。除打猎和畜牧外，又有了农业，以后又有了纺纱、织布、冶金、制陶器和航行。同商业和手工业一起，最

---

　　① 参阅周文彰《论认识活动中的对象意识、自我意识和实践意识》，《天津社会科学》1989年第5期。

后出现了艺术和科学；从部落发展成了民族和国家。"① 除此以外，民族的形成还有多种途径，有的从部族发展成民族；有的由几个民族融合形成为一个新民族；有的可从氏族、部落飞跃发展为民族；有的可因种族或宗教的原因形成为一个新的民族，凡此等等，无论通过哪一条途径形成的民族，在其诞生之初，虽然已经具备以地缘关系为基础的基本特征，但是由于发育不完全，它还只是民族的初型。这种刚从母体中脱胎而出的民族，如同一个婴儿诞生了一样，虽然是一个人，但却是一个还没有发育完全的人。从婴儿到成人有一个发育的过程，那么，从民族的初型到定型也有一个发育过程，即有一个从低级到高级的发展过程，这就是关于民族发育的概念。而一个发育不完全的民族初型，就存在着支系繁多、方言林立、居住分散、族称不一、风俗相异、经济结构呈多层次态势，以及缺乏民族自我意识或民族自我意识淡薄等特点，这种缺乏民族自我意识或民族自我意识淡薄的发育不完全的民族初型，借用哲学上"自在"和"自为"两个概念，我们可以称之为"自在的民族"。这种"自在的民族"就是还没有意识到或基本上没有意识到本民族与它民族区别所在的民族。

而"自为的民族"，即意识到本民族与他民族的区别，甚至进而意识到本民族的社会地位和作用的民族，是发育完全的民族定型。从"自在的民族"发育成"自为的民族"就有一个历史过程，一般说来，民族自我意识的形成，有赖于把本民族当作主体从各种客体中区分出来，其出发点是对本民族自身存在的意识。而这种对民族自身存在的意识，需要从对本民族的生存、权利、荣辱、安危等利害关系中逐渐认识到自己的存在和力量，认识到自己同周围事物和他族的关系，从而逐步形成明确的民族自我意识。

当代壮族的民族自我意识的形成就有一个历史过程。壮族的形成经历了一个漫长的历史过程，从先秦的骆发展成瓯骆和骆越，及至两汉到魏晋南北朝时，又从瓯骆和骆越发展成俚、僚及乌浒蛮，到两宋时才形成为壮族。但是壮族的族称却一直不统一，南宋时，"撞"和"僮"的称呼虽然已出现，南宋之后，《元史·刘国杰传》已有"庆远诸撞人"的记载，及至明代，嘉靖《广西通志》卷53则说："庆远、南丹溪峒之人呼为僮人"，但壮族支系繁多，计有20余种，各支系均有自称，或称"布壮"，或称"布越"，或称"布雅伊"，或称"布依"，或称"布曼"，或称"布傣"

---

① 《马克思恩格斯选集》第 3 卷，第 515 页。

等，直到全国解放后，大家才选择和接受了"壮"为共同的族称，表明了一个民族作为自识主体的统一，反映了民族自我意识形成的历史过程。这是我们对壮族民族自我意识的一个整体认识。具体到南乡壮族，情况则有些特殊，那就是明代嘉靖年间当他们的祖先从桂西迁徙到南乡落籍时，由于生态环境的巨大变化，他们从壮族相对集中聚居的地方来到汉族和瑶族比较集中的地方，面临一个全新的生态环境，无论语言，还是风俗习惯，以及文化心理素质与汉族和瑶族都存在着明显的差异和区别，这就使得南乡壮族在对象性关系中对自身以及对自己和周围关系的意识，即民族自我意识迅速自识并增强。

南乡壮族在强烈的民族自我意识的支配下，为了适应变化了的生态环境，他们一方面尽力保持壮族的传统文化，这突出地反映在对桂西、桂中壮族祖先神莫一大王、莫六官、梁元帅、吴元帅、巡检甘八官、白马三姑、环州显德少娘等的虔诚崇拜上，不仅在举行打大醮、打斋、还愿、安龙、联宗祭祖、祭大庙、游神等大小宗教仪式时一定要请他们到来，就是在南乡壮族师公经书《琼科一卷》中，也将莫一大王排在三清大道、三元三官、紫微大帝、玉皇大帝之后，其目的不外乎是数典不忘祖。在汉尊土卑盛行的封建统治时代，南乡壮族不仅不将自己比附为汉族，反而顽强地保持了自己的族籍，这样强烈的民族自我意识在壮族中是十分突出的。

南乡壮族正是出于这种强烈的民族自我意识，认识到了自己的存在以及与桂东汉族和瑶族的区别，为了适应变化了的生态环境，他们主动地实行有意识的适应性变迁，除了在衣、食、住等生活风俗方面作了适应性的变迁外，最重要的变迁表现，一是与瑶族妇女通婚，既解决了婚姻问题，又创造了别具一格的南乡妇女服饰，丰富了壮族传统文化；二是吸收了瑶族民间宗教信仰中师道不分的特点，以适应新的生态环境。由此可见，民族自我意识在南乡壮族社会文化变迁的初期确实是推动变迁的一种动力。

民族自我意识的形成有一个历史过程，民族自我意识的发展也有一个历史过程。

辩证法大师黑格尔曾认为，自我意识是活动的一个侧面或因素，个体性在活动中与共同性相融合，因此形成："我们"就是"我""我"就是"我们"。[①] 他将自我意识的发展分为三个主要阶段，即：（1）"单个自我意识"

---

① 参阅黑格尔《精神现象学》上卷，商务印书馆1981年版，第122页。

阶段，它只意识到自身存在，自己的同一性和同其他客观的区别，形成对自身作为一个独立单位的意识。（2）"承认自我意识"阶段，其前提是人际关系的产生，人意识到自己是为他人存在，从他人身上认知自己的特点，从而对自身单个性的意识发展转化为对自身特点的意识。（3）"全体自我意识"阶段，这时，相互作用的"自我性"掌握了家庭、乡里、国家以至一切美德——爱情、友谊、勇敢、诚实、荣誉的共同原则，从而不仅意识到自己的差异，而且意识到自己的深刻共同性以至同一性。① 由此可见，自我意识的发展是一个有规律性、有阶段性的过程，这些阶段各与主体的一定成熟程度和主体与世界相互作用的性质相适应。

自我意识发展的一般规律如此，那么，民族自我意识的发展规律是什么呢？从自我意识发展的三个阶段出发，民族自我意识的发展大体上也分为三个阶段：

第一是族体自我意识阶段，民族自我意识形成之初，一般来说只意识到本民族的存在，认识到本民族与他民族的区别而产生自识性，这就是费孝通先生所说的"同一民族的人感觉到大家是属于一个人们共同体的自己人的这种心理"。表现了对本民族作为一个独立族体的确认，其标志是族称的确定，故称之为族体自我意识阶段，这是民族自我意识发展中的初级阶段，属于民族自我意识表层次，一般与民族的形成相适应。

第二是性格自我意识阶段。一个民族形成后，在与其他民族的交往中，不仅意识到本民族与他民族相区别而存在，而且在与他民族的区别中，认识到本民族自身的性格，即对本民族民族性格的确认。所谓民族性格，就是一个民族对现实的稳定度以及与之相适应的习惯化了的行为方式，诸如勤劳、勇敢、沉默、幽默、矜持、含蓄、放荡、圆滑、世故等，它包括了对本民族、对他民族、对事物三个方面的认知、情感、意志行为的心理特征在一个民族身上的有机结合。一个民族民族性格的形成、发展和演变，与该民族文化系统的形成、发展和演变是同步进行的，这就有一个过程，因此，一个民族对本民族性格的共识和确认，就不是一朝一夕可以做到的，这也有一个过程，所以，性格自我意识作为一种世世代代传递的心理惯性，就成了民族自我意识一个深层次，一般与民族的发育相适应。

---

① 参阅科恩《自我论》，生活·读书·新知三联书店1987年版，第31—32页。

　　第三是社会自我意识阶段。民族自我意识发展到这个阶段，在与其他民族的比较中不仅意识到自己的差异，而且还意识到自己在民族林中的地位和责任。马克思和恩格斯在《德意志意识形态》中论及人的本质时曾说过："历史的每一个阶段都遇到有一定的物质结果、一定数量的生产力总和，人和自然以及人与人之间的历史上的关系，都遇到有前一代传给后一代的大量的生产力、资金和环境，尽管一方面这些生产力、资金和环境为新一代所改变，但另一方面，它们也预先规定新的一代的生活条件，使它得到一定的发展和具有特殊的性质。由此可见，这种观点表明：人创造环境，同样环境也创造人。"① 同样民族本质的复杂性，集中表现在当一个民族意识到其本身存在的同时，又意识到本身存在的危机。这就是说一个民族不仅认识到自己与其他民族的区别，而且从比较中发现自己与其他先进民族的差距，从而激起民族的自尊心、上进心和奋发精神，这是一方面。另一方面，在一个多民族的国家内，占主体地位的民族，还从比较中发现自己与其他少数、后进民族的差距，从而意识到自己帮助他们的责任和义务，这也就是民族社会自我意识的社会性。由于社会自我意识的高境界，一个民族的自我意识要达到这种境界，更不是一日之可以见效的，所以它是民族自我意识的最深层次，一般与民族的完全发育相适应。

　　从上面的分析中，我们可以清晰地看到民族自我意识发展的三个阶段，即族体自我意识、性格自我意识和社会自我意识，呈一种递进发展的关系，一个民族的发育愈完全，民族自我意识的发展就愈深，既反映了民族自我意识发展有一个历史过程，也表现了民族发育从低级向高级也有一个历史过程。

　　弄清了民族自我意识发展的这个规律，有助于我们认识和分析每一个具体民族的民族自我意识的发展过程，以及其所处的阶段。我国大部分少数民族由于解放前处于被压迫民族的境地，加上在几千年的古代民族关系中，汉族长期处于统治地位，经济文化又较先进，人口众多，对少数民族确有一种压倒一切的心理态势，所以他们的民族自我意识一直得不到充分的发展，表现出弱化的态势。例如壮族中较普遍存在的汉族意识，托名改姓的现象，② 就是民族自我意识弱化情况下的一种比附。解放后，由于汉

① 《德意志意识形态》，人民出版社 1952 年版，第 33 页。
② 参阅徐杰舜、覃乃昌《壮民族意识浅论》，《学术论坛》1989 年第 4 期。

尊土卑的民族关系被平等、团结、互助的社会主义的民族关系所否定，尤其是近十年来改革开放的大潮激励着少数民族的自尊心和上进心，使他们在比较中意识到自己的落后，迫切要求发展经济文化，要求充分行使民族自治权，以赶上先进民族，实现民族的进步和繁荣，民族自我意识迅速发展到社会自我意识的阶段。

联系到南乡壮族的情况，其民族自我意识形成之初，族体自我意识就十分强烈，大家知道，迁徙到桂东的壮族一部分被汉化了，没有汉化的部分也大都不会讲壮语了，而南乡壮族不仅顽强地保留了壮语，还使进入南乡定居的汉人也不得不讲壮语而被"壮化"。正是在这种族体自我意识的驱动下，如上所述南乡壮族主动地进行了适应性变迁。

南乡壮族落籍后经过几百年的发育和发展，形成了自己具有鲜明民族特点的民族性格，那就是处于汉族和部分瑶族包围之中而坚韧不拔，顽强生存，在逆境中求发展的民族性格。这种性格自我意识，在国民党新桂系军阀强迫改良风俗，废庙宇，兴学校时表现得最为突出。在当时的历史背景下，废歌圩、禁穿戴民族服饰等从外在形式上抹杀了南乡壮族的民族标志；废庙宇等于触动南乡的根。面对这种强迫变迁，他们虽然暂时接受了，但却在逆境中顺势发展了民族教育，举办了 16 所小学，为南乡壮族社会文化的新变迁做好了初步的人才准备。民族性格意识所表现出来的这种对现实的稳定度，以及与之相适应的习惯化了的行为方式，从一个新的层次反映和表现了民族自我意识是南乡壮族社会文化变迁的动力。

解放后，经过 40 多年的发展，尤其是改革开放的 10 年中，南乡壮族的社会自我意识有了显著的增强。他们在党的富民政策指引下，越来越清楚地认识到自己与周围先进民族和先进乡之间的差距，如 1980 年南乡农民人均收入只有 66.20 元，仅为贺县全县农民年人均收入 193 元的 34.30%，解放 30 年了，过的还是穷日子，这种对自身与周围先进民族和地区相比存在巨大差距的认识，深入到民族自我意识中，形成一种紧迫的危机意识，这就大大激发了他们的民族自尊心、上进心和奋发向上精神，"穷则思变"这句话实在是至理名言，古今中外，莫不如此。南乡壮族正是基于这种认识，在民族社会意识驱动下，全乡人民才万众一心，要钱出钱，要人出人，要物出物，为了摆脱贫困，终于在南乡建成了拥有装机容量为 1500 千瓦的鱼跳电站，为南乡壮族向现代化方向变迁打下了第一块基石。1989年，在南乡壮族的变迁史上是值得大书特书的一年。这一年，面临着历史上从未遇过的大旱灾，他们硬是战天斗地，夺得了丰收，粮食总产达到17070720斤，人均粮食1068斤，人均收入599元，既是贺县粮食增产的先进单位，又是贺县人均提供商品粮的先进单位，还是贺县造林绿化先进单位，同时还是贺县上缴财政的乡镇，这些成绩充分显示了南乡壮族在贺县的地位和作用。南乡壮族社会自我意识的这种具体表现，进一步驱动着他们向前，向前，永远向前！这就从一个更新、更高的层次反映和表现了民族自我意识是南乡社会文化变迁的动力。

民族自我意识之所以会成为社会文化变迁的动力，其基本原因在于民族自我意识作为一种社会心理现象，是第二性的。从哲学的意义上来说，它受物质世界的制约，又反作用于物质世界。大家都很熟悉的哲学原理是，在一定的条件下，作为第二性的意识能够反过来对物质的发展进程起巨大的作用。

事实正是这样，人不同于动物的根本点，就在于人能够通过自己的行动引起客观世界的变化，使之适合自己的需要，与此同时，人的行动又总是受意识支配的。正如人们所知道的，意识的特点，就在于它不像镜子一样简单地消极地反映外部世界，而是能以不同的方式和不同的程度所反映的事实材料和规律性作基础，提出一定的观点、理论、思想体系，提出一定的目的、战略、计划、方向来指导人们改造生态环境，这就是人们所熟悉的人的主观能动性或主观能动作用。列宁说得好："人的意识不仅反映客观世界，并且创造客观世界。"[①] 这样，作为意识一部分的民族自我意识，对于一个民族自我意识，对于一个民族社会文化的变迁也就必然会产生主观能动作用。这种主观能动作用，随着民族自我意识的发展，即随着民族自我意识从族体自我意识发展到性格自我意识，再发展到社会自我意识，其作用就会越来越大，尤其是在社会自我意识阶段，一个民族在与他民族相比之中明确了本民族的社会地位和作用，它就会根据实际情况，明确差距所在，制定出振兴的战略和腾飞的计划，使得其社会文化朝着预定的目标和方向变迁，实现社会主义的现代化。

总之，九九归一，民族自我意识之所以是南乡壮族社会文化变迁的动力，其根本原因就在于一个民族中存在着人的主观能动作用。

我们在分析了南乡壮族社会文化变迁，得出其动力是民族自我意识这

---

① 《列宁全集》第38卷，第228页。

一结论后，不禁给我们提出了这样的问题：为什么南乡壮族的民族自我意识会如此强烈，以致成为南乡社会文化变迁的动力，使南乡壮族的社会文化的发展大大高于桂西壮族地区，甚至许多汉族地区？我们认为，这与南乡壮族所处特殊的历史环境和生态环境有着密切的关系。前面我们已经引用马克思和恩格斯的话说：人创造环境，同样环境也创造人。即是说民族自我意识的强弱和增长是受一个民族（或一个民族的部分成员）所处的环境制约和影响的。民族意识即"谓对他而自觉为我"，明代南乡壮族先辈在东迁以前处于桂西壮族腹心地区，很少与别的民族交往，这种"对他而自觉为我"的民族自我意识当是不甚强烈的。自东迁后，处于汉族和瑶族的包围之中，民族自我意识就大大增强。特别是南乡周围汉族人口占绝大多数，经济文化比壮族发达，南乡壮族也就较桂西壮族更多地亲身体会到自己民族的落后性，同时因为与汉族交往的增多，也更加深刻地感受到壮族受汉族歧视的存在，从而使南乡壮族逐渐自觉或不自觉地意识到自己生存和发展的危机感，激发他们在努力保持自己传统文化的同时，努力学习、吸收汉族文化，并加入与汉族竞争的行列，在竞争中得以发展，不致被淘汰。即民族自我意识逐步由第一阶段向第二、第三阶段发展。正如1936 年《信都县志》卷二所说的：

> "（壮人）敦诗说礼，所在皆有。其余耕凿相安，皆知教子弟读书、识字……至于妇女从未有负载入城市者，即各乡圩集亦罕见。其与广众杂迹，此更他处所不及者。"

但是，在封建社会和半殖民地半封建社会里，南乡壮族虽然付出了艰苦的努力，也没有能改变自己的处境，仍然处于落后状态和被压迫、被歧视的地位。

1949 年后，党和政府实行民族平等、民族团结和帮助少数民族发展经济文化的政策，党的十一届三中全会后更加强调这一点，从而使民族意识极大地增强，他们看到桂东乃至广东汉族地区迅速发展后，更清楚地看到自己的不足，民族自我意识发展到一个新的阶段，他们强烈要求改变落后面貌，通过艰苦努力，终于使南乡由一个贫穷落后的山乡变成一个较先进的乡镇。过去，我们在探讨少数民族地区经济文化发展比较缓慢的原因时，往往只注意到历史背景、地理环境、资源条件、文化素质等因素，而忽视民族意识这一内在的重要因素，一些少数民族地区至今发展仍远未尽人意，其从整体上还没有形成像南乡壮族那种紧迫的危机意识是一个基本的原因。

四 南乡社会文化变迁中的冲突

南乡变了，变得朝气勃勃，一派春色，这不仅是南乡壮族人民的共识，他们中不少人面对南乡的进步总不免发出"做梦也没有想到会变富起来"的感慨，而且就是初到南乡的外地人，对展现在眼前的一幢幢新楼房也会惊叹：一个少数民族聚居的边远山乡会如此欣欣向荣，确实是我国少数民族自改革开放以来走向进步繁荣的一个缩影。但是，一个民族社会文化的变迁，既有适应的一面，又有冲突的一面。本书以大量的篇幅考察和讨论了南乡壮族社会文化的变迁与生态环境相适应，以及与革命形势相适应的一面，使我们已经能比较全面、系统地把握南乡壮族社会文化变迁的轨迹。在这一小节里，我们想看一看南乡壮族社会文化变迁中的另一面，这对准确地认识南乡壮族社会文化变迁的规律是必不可少的。

社会文化变迁中的冲突，就是在变迁过程中新机制与旧机制互相碰撞所产生的矛盾。南乡壮族在不同时期、不同阶段的社会文化变迁的过程中，都碰到了新机制与旧机制碰撞所产生的矛盾。在解放前社会文化变迁的第一阶段（即明清时期）中，冲突主要来自两个方面：一为是否落籍的问题。对崇祖极为虔诚的南乡壮族的先祖们来说，完成征调任务后当然是不愿留在这异族他乡之地的，但封建朝廷却强迫他们屯守下来，这对南乡壮族的先祖们来说不能不是一个痛苦的选择。现在我们虽然没有具体的材料来详细叙述这一冲突的存在，但从在南乡广为流传的六十兄弟开乡落籍的故事，以及保存至今的分关书中可以看到这种冲突的折射；二是落籍后如何解决婚姻问题？俍兵作为军队当然多为男性，若要落籍异乡，配偶从何而来？这对南乡壮族的先祖们来说不能不是一个尖锐的冲突。当时唯一可以选择的就是当地的瑶族妇女，而要以瑶族妇女为配偶，又面临瑶族妇女提出要给战死的瑶族男子戴孝的冲突，若不同意就不愿意嫁给他们。怎么办？南乡壮族的先祖们作了一定的让步，同意她们用白布裹头戴孝，但又附加了外包蓝黑布的条件，冲突以双方的妥协解决。在第二阶段（即民国时期）冲突集中表现在强迫改良风俗上，对此，南乡壮族在政治的高压下被迫做了变迁，废禁了歌圩，改穿了汉装，毁庙宇兴办了学校。从这个时期解决社会文化变迁中的冲突来看，南乡壮族基本上是在迫不得已的历史条件下，为了解决冲突，而被迫进行了变迁，这种变迁属于被动式的变迁。

解放后，南乡壮族面临的最大问题是如何脱贫致富、实现社会主义现代化。这个问题随着社会主义革命和建设的发展，越来越尖锐地摆在他们面前。如果说过去大家对此问题的认识还比较模糊的话，那么，党的十一届三中全会以后，随着改革开放大趋势的发展，已成为南乡壮族的共识。要达到实现社会主义现代化的目的，南乡壮族的社会文化必须进行一系列的变迁，才能与社会主义现代化相适应。在这种变迁中，冲突的焦点是现代化与传统社会文化碰撞的矛盾，这是我们在探讨南乡壮族社会文化变迁中的冲突问题时须要着重讨论的。

尽管要实现社会主义现代化是南乡壮族人民与全国人民一样的共识，但由于认识上存在差异，我们还必须从理论上对什么是社会主义现代化问题作一点分析。

先谈现代化问题。"现代化"这是当今世界上一个十分时髦的名词。那么，究竟什么是现代化？文化人类学家们，以及社会学家、经济学家、政治学家们从不同的角度给它下过不同的定义。诸如：

马格纳雷拉说："现代化是发展中的社会为了获得工业发达社会所共有的某些特点，而经历的文化和社会经济变迁的、包容一切的全球性过程。"①

南达说："现代化，指的是传统社会向工业化国家的科学技术体系和社会文化体系的方向发展的过程，具体内容包括高度机械化、生产过程工业化、都市化、市场经济、政治管理一体化、非亲属的社会分层化以及鼓励变化和创新的基本态度。"②

满宁·纳希说："现代化是有利于把经受过考验的知识运用于生产的各个领域和各个部门的社会、文化和心理体系。现代化则是向着建立现代性并使之体制化的方向转化的过程。"③

---

① 转引自［美］威廉·哈维兰《当代人类学》，上海人民出版社 1987 年版，第 575—576 页。
② 南达：《文化人类学》，刘燕鸣等编译，陕西人民教育出版社 1987 年版，第 318 页。
③ 姚蜀平：《现代化与文化的变迁》，陕西科学技术出版社 1988 年版，第 3—4 页。

韦政通说："现代化是人类以混乱及痛苦为代价，来换取新机会及新希望的过程，此过程同时具有创造性和毁灭性。"①

金耀基说："现代化是指传统性社会利用科学知识以主宰自然，解决社会各方面问题的过程。"②

曹锡仁等说："现代化就是一种以工业化为基础的新型的文明。"③

凡此种种关于现代化的定义归结起来，无外乎说明现代化是利用科学和技术改造包括自然和社会两方面在内的生态环境的一个革命的、长期的、系统的历史过程。它的主要特点有三：一是建立在科学和技术的基础上；二是改造包括自然和社会两方面在内的生态环境；三是一个系统的历史过程。

由于现代化对不同的国家、民族具有不同的具体含义，因此现代化具体到中国，就意味着传统的农业文明向现代工业文明的过渡，在改造自然生态环境的同时，也要改造政治、法律、文化、教育、社会等社会生态环境，创造一个现代工业化为基础的现代工业文明水平上的新社会。由于我们坚持社会主义道路，坚持人民民主专政，坚持共产党的领导，坚持马列主义、毛泽东思想，所以称之为"社会主义现代化"。

那么，现代化的标准是什么呢？根据姚蜀平在《现代化与文化的变迁》中介绍，1960 年在日本箱根举行过有欧、美、日等国学者（包括一些通晓马克思主义的学者）参加的关于现代化定义的讨论会。与会学者经过反复讨论，统一了八条标准：

1. 城市人口相当高度的集中以及整个社会的城镇渐趋集中化；

2. 机械力相当高度的使用，货物广泛的流通，以及公共服务机关的普遍成长；

3. 社会成员在空间上广泛的交流往来及对政治、经济事务的多方参与；

4. 地方性及世袭的社会团体崩溃，结果导致个人在社会中流动

---

① 姚蜀平：《现代化与文化的变迁》，陕西科学技术出版社 1988 年版，第 3—4 页。

② 金耀基：《从传统到现代》，商务印书馆 1964 年版，转引自姚蜀平《现代化与文化的变迁》第 4 页。

③ 曹锡仁等：《社会现代化与观念的演进》，贵州人民出版社 1988 年版，第 14 页。

性增大，活动范围加宽；

5. 世俗观点的传播，科学知识的渐增，以及对环境独立的倾向随着教育程度而扩展；

6. 广泛密布和深入的交通通讯网；

7. 大规模的社会制度（如行政、工商业）及政府组织和功能的增进；

8. 国家的统一及国际关系的增进。①

南乡壮族变了，尤其是改革开放 10 年来所发生的变迁，是人们所始料未及的，而又是有目共睹，并已写入了我们这本书中了的。这种有目标的变迁，属于主动式的变迁。但是，南乡壮族的这种变迁与现代化的标准相比，那就相差十万八千里了。如果说现代化是一个长期的历史过程，那么，南乡目前的这种变迁，充其量不过是为其开始实现现代化的过程所作的物质和精神的准备而已。

在这个准备性的变迁中，现代化与传统社会文化的冲突已初露端倪，这主要表现在：

——南乡基本上还是一个传统的农业社会，乡村企业在工农业总产值中的比重虽然于 1988 年已达 40.73%，但其中大部分是非工业企业，称得上是现代工业的只有鱼跳电站和 1989 年办的松香厂等为数极少的企业。

——南乡的农业基本上还是手工农业，尽管全乡已有拖拉机 69 台，但大多以运输为主，农业机械化的程度还相当低。

——南乡的交通虽然已从闭塞转向通达，拥有大小汽车 14 辆，但公路级别低，车辆少，仅就目前经济发展的水平，人们对交通的现状已极不满意，迫切希望和要求提高从南乡到大宁通往县城的公路级别，修建从南乡经过黄洞到县城的新道路，以缩短到县城的距离，可是由于经济能力的限制，至今仍不能付诸实现。

——南乡的教育虽有较大的发展，人们重视教育的观念越来越加强，但教育水平仍然低下。据 1982 年人口普查时统计，当时全乡 15203 人中，大学毕业者 9 人，大学肄业者 1 人，高中文化程度者 715 人，初中文化程度者 1424 人，小学文化程度者 7432 人，12 周岁以上识字很少或不识字者

---

① 见该书第 12—15 页。

2195人，6周岁以上12周岁以下识字很少者990人。这就是说文盲总数有3185人，占全南乡人口总数的20.8%。目前全南乡8个村党支部23名支部委员以上的干部，高中文化程度者3人，高小文化程度者14人，初小文化程度者6人；南乡镇党委、镇府干部20人，大专文化程度者2人，中师（包括中专）文化程度者7人，高中文化程度者6人，高小文化程度者5人，两者相加镇、村两级43名干部中，高小和初小文化程度者竟占58.13%！

——南乡的家族长辈，即被称为"甫老"的族长，至今或明或暗地仍然有相当的权威，家庭仍然是基本社会组织，个人对家庭的责任超过一切。在家族长辈控制全家，乃至全族，晚辈听命于长辈之风仍然盛行的环境下，在许多人的观念中，还希望复建纪念六十兄弟开乡落籍的大庙。

——南乡的民间宗教信仰气氛浓郁，打醮请神时有进行，有些村近几年又修复了庙宇，各家各户敬奉祖宗神灵的神龛不仅在旧居中占据显赫地位，就是在钢筋水泥的新居中也是赫然立于厅堂之上。

——南乡的婚丧礼仪传统文化的积淀太深太厚，解放以后虽然去繁就简，发生了一些变迁，但是近几年，随着经济一定程度的发展，人们开始富裕起来了，在新的风俗还没有形成之前，一些旧的带有浓厚封建迷信色彩的礼仪逐渐恢复。

——南乡的城镇化虽然已经开始，1989年乡改为镇就是一个标志，这是实现现代化加强政府组织和功能的需要，但是，与一个城镇相适应的城镇人口的增加还处于极严格的控制之中，镇人民政府所在地南中村基本上还是一个典型的乡村，此其一。其二，非农业劳动力的流动，每年也还只占劳动力总数的10%左右。其三，作为一个城镇所必须具有的比较发达的工商业和服务业目前在南乡也还十分薄弱。

凡此种种情况，集中到一点，就是南乡的社会文化在实现现代化的过程中虽然已经发生了变迁，但是人们不能不承认，现在普遍存在的价值观念不是现代工业文明范畴的观念，而是传统农业文明范畴的观念。这就是说，尽管南乡壮族解放以后，尤其改革开放以来经济发生了变迁，开始走上了富裕的道路，但是社会文化的变迁还落后于经济的变迁，即个人生活行为跟不上物质方面的变迁，跟不上现代社会的需要，在理论上人们称这种现象为"文化滞后"。通俗形象地说，就是社会经济发展了，人们的一只脚向前迈进了一步，但由于社会文化的落后，人们的另一只脚则向后倒退了一步。这种一只脚朝前，另一只脚向后的状况怎么能不发生冲突呢？我们可以断言，在南乡壮族实现社会主义现代化的进程中，这种现代化与传统社会文化的冲突将会越来越明显地反映出来，将会越来越激烈地表现出来。

那么，在实现社会主义现代化的社会文化的变迁中，为什么现代化与传统社会文化会发生冲突呢？这是由事物新陈代谢的规律所决定的。

马克思主义辩证法告诉我们：任何事物在完成它的历史使命之后，最终必然死亡而为新生事物所取代，因此，新生事物是不可战胜的，此所谓古诗所云："沉舟侧畔千帆过，病树前头万木春。"但是，一则由于新生事物本身有一个发展过程，其开始时总是不完善、不成熟；二则由于旧事物的压制和抵抗，所以新生事物的成长以及战胜旧事物的过程绝不是一帆风顺的，正如列宁所说："当新事物刚刚诞生时，旧事物在某些时候总是比新事物强些，这在自然界或社会生活中都是常见的现象。"① 从这个基本观点出发，我们可以很清楚地看到，在实现社会主义社会文化的变迁中，作为新生事物的现代化，与作为旧事物的传统社会文化相碰撞，前者必然有一个从小到大、从弱到强的发展过程，这就需要各方面的扶持和爱护，才能得使其到正常的发展；后者则凭借着几千年（在南乡若从开乡落籍算起也有400多年）的沉积优势，一时表现出颇为强大的样子，而人们要从这种几百年，乃至几千年的习惯定势中摆脱出来，超越过去，则不是一蹴而就的。在这种态势下，现代化与传统社会文化怎么能不发生冲突呢？

五 南乡社会文化变迁的未来

上面我们探讨了南乡社会文化变迁的原因、动力和冲突，下面我们想探讨一下南乡社会文化变迁的未来，作为对南乡社会文化变迁进行理论分析的小结。

前面已列举了国际文化人类学界关于实现现代化的8条标准，这是从总的原则和宏观视角作的规定。而历史是呈多样性的，每一个国家、每一个民族，乃至每一个地区，其实现现代化的具体道路，则会因生态环境之不同而表现出多样化的倾向，那么，南乡社会文化变迁的未来会怎样呢？

① 《列宁选集》第4卷，第14页。

这里有一个科学预见的问题。

所谓科学预见，就是人们在实践中掌握了客观规律，对将来可能或必然发生的现象、事件和过程所作的判断性预言。[①] 在日常生活中，人们能正确地预见事物的发展，正确地确定行动目标，制定行动计划，正确判断行为后果，就是有科学预见，而领导机关和领导干部的科学预见，则表现在具有正确领导意图，能正确地分析和判断各种复杂情况并作出正确决策，表现在善于领导和引导下级实现目标和完成任务。后者的科学预见比前者具有更重大的意义和作用。现在，我们对南乡壮族解放前后社会文化的变迁有了一个大概的了解和认识，也就有可能推知今后南乡壮族社会文化变迁的方向，预见它的趋势，从而用这种认识去引导南乡壮族社会文化的变迁，正如古诗所云："不为浮云遮望眼，只缘身在最高层。"只要有科学的预见，才可以加速达到实现社会主义现代化的目的。

对南乡壮族社会文化的变迁如何作科学的预见呢？我们认为南乡壮族在改革开放的 10 年间所取得进步的基础上，今后的 10 年即整个 90 年代，南乡的社会文化将会发生如下十大变化：

1. 南乡的工业将有一个大的发展，形成以电力、化工、松香、采矿、木材、土特产加工为骨干的乡镇工业体系，工业产值在工农总产值中的比重将保持在 60%—70%。

2. 南乡的农业将向科学种田，以及机械化、水利化迈进一大步，在充分利用农业科学技术的基础上，基本上实现水田耕作机械化，建立旱涝保收水利网，使粮食总产量保持在 2500 万斤到 3000 万斤，人均粮食保持在 1500 斤左右，进一步从生存农业向商品农业转变。

3. 南乡的林业将向综合开发利用方面发展到一个新的台阶，木材的综合利用全面铺开，森林覆盖率要保持在 80%—85%，经济林和果树林要占到相当的比重，使得林业产值能在农业总产值中占到 40% 左右的比率。

4. 南乡的商业将更加兴旺，南中和龙水作为商业贸易中心的地位进一步加强，作用进一步发挥。全南乡的商业网将更加健全，货物更加流通，消费总额有较大幅度的提高。

5. 南乡的交通将更加通达，交通状况进一步改善，县城八步经大宁到南乡的公路和南乡到广东连山壮族瑶族自治县福堂镇的公路提高了路级，

---

① 参阅张学礼《大思路——预见未来的方法论》，陕西人民出版社 1987 年版，第 26 页。

县城八步经黄洞到南乡的公路可能已通车，乡与村之间的交通也会得到改善。与此同时，通讯也更加发达。

6. 南乡的教育有了一个大的发展，小学普及教育巩固，并向初中普及教育过渡；办起了农业职业高中，自己培养各方面的实用人才；文盲基本扫除；村、乡两级干部文化程度基本上是高中毕业以上。

7. 南乡的文化进一步繁荣，以南乡文化中心为核心的群众文化活动网形成，传统的民族文化活动，如舞猫、装皇等得到发扬；以电视、广播、书籍及报刊为媒介的信息传播网形成。

8. 南乡的婚丧礼仪、岁时节日等传统的风俗习惯在尊重民族优良传统的基础上得到了改革，既保持民族特色，又富有现代气息。

9. 南乡的职业构成进一步发生变化，从事非农业性生产和工作的劳动力将占总劳动力的40%—50%，人们在社会中的流动性增大，活动范围加宽。

10. 南乡的城镇化有了显著的发展，南乡镇作为全镇政治、经济、文化、教育、商业的中心将名实相符。

在90年代这十大变化的基础上，进入21世纪后，南乡的社会文化在今后20年、50年内将会发生更大的变化，一个崭新的富裕繁荣的新南乡必将出现在桂东大地上，这是我们可以拭目以待的。

毛泽东同志说过："没有全局在胸，是不会真的投下一着好棋子的。"①现在我们有了对南乡今后10年社会文化变迁的科学预见这个全局在胸，应该如何"投下一着好棋子"呢？在此，我们想为南乡的干部和群众贡献一点办法：

第一，向政策要资本。

南乡是一个壮族聚居的乡镇，这一点是上下各级领导所公认的，因此，南乡壮族理所当然地应该享受党和国家给予的、宪法和民族区域自治法以法律形式赋予的民族自治权。但是，由于贺县是一个汉族占绝大多数的县，加上整个广西是以壮族为主体自治民族建立了自治区，县、乡两级壮族聚居的地方就不再建立壮族自治县和壮族乡，这样就使人们极易忽视壮族的民族自治权。在贺县，瑶族由于建立了大平和黄洞两个瑶族乡，其在各方面享受对少数民族的优惠政策就容易得到落实，而南乡尽管是贺县

---

① 《毛泽东选集》第1卷，第210页。

唯一的壮族聚居的乡镇，在政策上却比较难享受到对少数民族的优惠政策。不仅如此，这几年由于南乡经济有所发展，有关领导机关还将南乡列入财政上交的乡镇，这样就使其缺乏发展经济文化最最需要的自主权。我们认为，为了发展少数民族经济，促进南乡经济更加繁荣，有关领导机关应该让南乡享受少数民族聚居乡镇所应该享受的政策待遇。如果从上缴财政这一点上落实民族政策，那么，南乡社会经济文化的发展就增添了活力，就可加快变迁速度。民族地区的干部现在对上级领导机关都有一个共同的呼声，即不要你给钱，只要你给政策。因为大家都认识到，从一定的意义上说政策就是资本啊！

第二，确立以技夺优的战略。

由于科学技术的迅猛发展，当今的时代已进入了优化设计、优化生产、优化管理、优化服务，乃至优化培养人才的新阶段。了解和懂得形势的人都越来越明白一个道理，即没有优化的战略，也就不可能有优化的经济、优化的社会和优化的文化。而现代的优化战略，关键取决于能否掌握先进技术。谁都知道，没有先进的技术，优化就是一句空话。因此，确立以技夺优的战略对于主攻目标是实现社会主义现代化的南乡壮族来说，要把握好以下4个环节：

（1）树立技术创业兴邦的思想。要大力宣传科学技术是生产力的思想，使从明确社会主义的现代化就是建立在科学技术基础上的，从而在南乡要从上到下、从下到上地、扎扎实实地掀起一个人人学技术、人人钻技术的社会风气。努力推广"星火计划"，加强对科学种田、科学育林的政治领导和技术指导。

（2）把落后的粗放型观点尽快转移到依靠先进技术为主的集约型观点上来。经过多年来的实践，如双季稻取代单季稻，杂交稻取代普通稻，都使南乡人民尝到了新的先进技术的甜头，可见一项新技术的采用，不仅使产量成倍增长，更会促进社会文化的质的飞跃。

（3）要对在南乡推广先进科学技术的人给予奖励和荣誉，对在科学技术上有发明创造者要给予重奖和荣誉。并采取有效措施，加速把科研成果和先进技术转化为生产力，尽量扩大其覆盖面和辐射力。

（4）加速人才与知识的新陈代谢。在科学技术飞速进步的时代，为了不至于因知识老化而被淘汰，要有计划地走出去，请进来，参加技术函授学习，广泛开展技术交流，使我们的干部成为又红又专的干部，使我们的农民成为有技术的新型农民。

第三，切实把发展教育放在战略地位。

教育的重要性对于实现社会主义现代化来说是不言而喻的，这几年南乡对建校舍舍得出资出力，使学校旧貌换了新颜，今后应紧紧抓住教育在整个南乡实现社会主义现代化中的战略地位不放，并把抓校舍建设逐步转移到抓教育质量和普及率的巩固上。只有教育质量真正提高了，才能培养出既有社会主义、共产主义道德品质，又掌握了先进科学技术的人才，从而提高南乡壮族的素质。一个民族素质的根本问题是人才问题，一是对优秀人才的拥有量，二是对优秀人才的起用量，三是对优秀人才的培养量。三个因素之中具有决定意义的是起用量。[①] 若拥有量大于起用量，而起用量又大于培养量，即属于低效结构，反之则为优效结构。要实现社会主义现代化，就应该争取培育量大于起用量，起用量又大于拥有量的优效结构，当南乡各行各业的优秀人才都各尽其能，各得其所之时，南乡的社会经济文化必将产生飞跃，南乡壮族也必将会以崭新的现代化风貌展现在人们面前。

第四，讲究经济效益。

在发展经济中，效益的观念是重要的价值观念之一，它是指在相同的时间内，用同等数量的投入，去获得最高的综合经济效益。因此，讲求经济效益是一个国家、一个民族、一个乡镇、一个企业得以兴旺发达的基本前提。对南乡宏观经济，必须重视综合效益，那种凭主观想象，不考虑时间、地点、条件和效益高低，盲目上项目、做决策的做法必须坚决杜绝，而应该善于掌握各项有效的信息，并以此为基础，对南乡建设项目进行可行性研究，进行科学决策，此其一。其二，把钱用在经济效益最高的地方，要在生财、聚财、用财之道上做文章，绝不能采用"饿鸡生小蛋"的压抑生财的消极做法。其三，要在较少的投入，达到最高的产出和力争在最短的建设或生产周期上下功夫，使得南乡的一切经济活动都服从于增加经济效益这个出发点。其四，要把创造的经济效益与效益创造者的利益直接挂钩，建立符合南乡实际的经济效益奖励与惩处办法，形成人人讲经济效益，个个争经济效益的社会新风。

第五，打好社会主义精神文明建设的持久战。

---

① 参阅王纪宽《新思维和新战略》，中国青年出版社 1987 年版，第 80 页。

实现社会主义现代化一要抓物质文明建设，二要抓精神文明建设，两者缺一则不可能实现社会主义现代化。由于精神文明建设所面临的是沉积深厚、良莠并存的传统社会文化，因此，要按照党和国家的民族政策，在尊重的前提下，要大力提倡改革，要坚持不懈地对风俗习惯和宗教信仰进行改革，只要长期坚持下去，社会主义的精神文明一定会建立起来。

如果我们把南乡实现社会主义现代化比喻成龙头的话，那么上述 5 点就是舞龙者手中的"龙棍"了，只要这 5 点舞动起来，整条龙就舞活了，南乡社会文化的变迁一定能向着社会主义现代化的方向速跑。

"天若有情天亦老，人间正道是沧桑。"让我们举起双手，去迎接今后南乡更加美好的春天吧！

容观琼跋

最近，徐杰舜同志将其与刘小春、罗树杰同志合作撰写的《南乡春色》的书稿寄来，要我为这本专著提意见。拜读之余，感奋良多。

在党的十一届三中全会精神的指引下，中断多年的我国人类学研究，开始走上恢复、发展、繁荣的阶段。近几年来，有关文化人类学文化变迁的译著不少，需要结合国情、通过筛选进行或吸收或扬弃的工作；在国内，从事具体民族群体或社区的研究者，像《南乡春色》作者们那样，深入生活，从社会文化变迁的角度，努力开展历史和比较的分析，集中地阐明一个乡镇的发展面貌却是鲜见的。它对我国文化人类学的应用研究方面无疑是一项贡献。

《南乡春色》最大的特色，就是作者们考察研究南乡壮族群体时，紧紧抓住社会文化变化这个中心，系统而具体地论述了这个群体在经济、社会、文化多方面的变迁。作者们既解了这个群体解放前从明代嘉靖年间落籍南乡以迄民国时期的变迁，更着重考察了这个群体解放以来，尤其是近十年来的变化，有厚有薄，纵横相宜，读后不仅使人对南乡壮族四百多年的变迁一目了然，更使人感到一个已经摆脱贫困、开始走上富裕道路的新南乡展现在眼前。这对于我们正确认识我国当代少数民族的现状有着典型的现实意义。

尤为可贵的是，作者们在分析社会文化变迁时，并不拘泥于文化人类学一般原理，而是发挥其擅长马克思主义民族理论的优势，将文化变迁与民族理论有机地结合起来，对南乡社会文化变迁的原因、动力、冲突和未来作出理论分析。其中对于民族自我意识是民族群体社会文化变迁动力的观点；新生事物是不可被战胜的、旧事物对新事物的反抗是社会文化变迁中产生冲突的观点；以及作者们对社会文化变迁进行科学预测的观点等，都是文化人类学关于文化变迁理论的一种补充和发展。当然，在这些方面，作者们的论证难免有粗糙之处，但是，这种勇于探索、力求创新的精神是十分可喜的。

近十年来，我一直从事人类学概论的教学工作，总觉得我国应用人类学以及阐发文化变化理论的成果太少了。今天接读了有关这方面的专著——《南乡春色》，从中看到中青年学者取得的成果，我由衷地感到高兴。但愿这一类的著作多一些，再多一些。

是为跋。

1990 年 2 月 28 日
于广州中山大学人类学系

（容观瓊为中山大学人类学系教授）

后　记

　　江南春早，春节刚过，南乡已是一片翠绿了。在这充满勃勃生机的春色之中，我们再次来到南乡，接受了南乡镇党委和镇人民政府组织编辑委员会对《南乡春色》书稿的审阅。

　　这次审稿已是第二次了。元月上旬，第一次审稿时，参加者有覃锡祐、覃锡辉、吴品喜、吴望鸿、吴望慰 5 位同志，他们对初稿提出了许多宝贵的意见。这次审稿，参加者是孙孝通、覃锡辉、覃恩世、吴望慰 4 位同志，经过几天紧张、严肃的工作，书稿终于通过了审查。74 岁高龄的覃恩世同志感慨地对我说："我开始以为你们写的是小说，没想到是这样一本书，这是一本南乡的社会发展史啊！"

　　书稿通过了审查，听到审稿人以及镇领导热情洋溢的赞语和贺词，思绪一下子拉回到去年春节开始的，在南乡几次考察的日日夜夜：

　　我们忘不了南乡壮族父老，镇党委和镇人民政府对我们的热情接待、大力支持和诚挚的帮助，我们对南乡的考察一开始，镇党委书记孙孝通和镇长何愈松就全力以赴，从各个方面给我们的考察提供方便，并组织了编辑委员会，让熟悉南乡情况的老干部、老村民两次审阅书稿，保证了书稿的质量，并承担了此书出版经费的筹集。正如古话所云：得道多助。南乡镇人民政府、冶金部龙水金矿、南乡供销社，以及在南乡投资开矿的广东省封开县的侯以明先生均为本书的出版提供了赞助，我们完全可以说，如果没有南乡镇党委和镇人民政府的支持，没有孙孝通和何愈松同志以及其他干部的具体帮助，没有各有关单位的赞助，此书的出版是断不可能的。

　　我们还忘不了贺县县委和县人民政府的支持和帮助。无巧不成书，当我们第二次进南乡考察时，正好碰上梧州地区行署李兆生副专员与贺县县委书记刘汉生同志到南乡检查工作，我们在拜访两位领导之时，汇报了在南乡进行社会变化变迁考察的工作，当即得到李副专员和刘书记的肯定和支持。1990年1月6日，当我带着书稿向正在主持县三级干部会议的刘汉生书记和陈彬全县长汇报时，再一次得到热情的支持和赞助。

我们还忘不了梧州地区民委，以及民委主任覃锡祐同志的支持和帮助。覃锡祐同志身为南乡人，解放前夕参加地下党的革命活动，在南乡投身于革命，对我们撰写《南乡春色》一书更是不遗余力地支持。1990年1月还风尘仆仆地从梧州赶到南乡参加审稿。

我们也忘不了贺县民委争县志办的支持和帮助，尤其是民委主任邓元东、副主任莫纪灵和县志办主任唐择扶同志，他们无私地将过去在南乡调查材料提供给我们参考使用，莫纪灵同志还对南乡歌圩的退化问题提出了宝贵意见。

我们还无法忘记当我们在南乡考察的日子里，给我们工作提供方便，对我们的生活给予周全照顾的南乡壮族干部、群众，特别是镇人民政府的周承文、覃福强、潘国铭，供销社的吴品喜、容常业，镇教委的吴望荣，司法办公室的覃锡辉，司机张育平，旺村的覃恩世和覃福严，麦家寨的麦秀美，良怀村的吴望蔚和吴法晃，龙屈村的覃恩照等，可以说，没有他们的热情、具体帮助，我们的考察是无法顺利完成的。

想到这一切，当我被邀请向镇人民代表大会的代表汇报撰写《南乡春色》一书的情况时，我说："《南乡春色》这本书虽然是我们写的，但真正的作者却是南乡千千万万的壮族父老兄弟，因为他们是南乡历史的创造者！"这是我的由衷之言。

在这思绪隽永之时翻阅书稿，看着稿中各人不同的笔迹，深感这是一次令人愉快的成功的合作。

说实在的，南乡这个考察点的选定完全得助于贺县文化馆副馆长刘小春同志。1988年12月初小春初到寒舍来访，畅谈之中介绍了贺县南乡的情况，颇有吸引力，当场我们三人就决定：1989年寒假即去南乡考察，合作研究这个壮族乡社会文化的变迁。一年来，我们先后于1989年2月、7月、10月，1990年1月四入南乡进行为期百余天的考察。在考察中，我的同事壮族同志罗树杰做了大量的具体工作，他长时间地蹲在南乡进行考察，并对考察的原始材料作了最初的整理；刘小春同志自学成才，对桂东的少数民族有着深刻的认识和了解，将他生活、工作在贺县十几年，并长期在南乡开展工作的实际感受，以及收集到的大量资料在统稿时融进了书稿,尤其对南乡壮族的历史及民间宗教信仰的杂化问题用力最大;而我除提出本书的主题,拟就提纲,通改全稿外,另外撰写了前言、苍梧人的故地、对南乡社会文化变迁的理论分析等章节。我们三人虽有所分工,但各章各节之中各人都留下自己的智慧的印痕,各自发挥了自己的优势,完全可以说这本书的完成三人之中缺一则不成,所以对于我们三人来说,这确实是一次愉快的合作。

最后,我们要感谢贺县县委书记刘汉生同志、县长陈彬全同志、南乡镇党委书记孙孝通同志在繁忙之中,为本书写了热情洋溢的序言,为本书增添了光彩;要感谢我的老师中山大学人类学系容观瓊教授审阅了书稿,并写了一个学者对本书的评价为跋;要感谢广西民族学院教务处玉瑛副处长和王雅莲科长对我们进行南乡考察项目的支持;要感谢全国七届人大常委、人大民委委员、广西民族学院民族研究所所长张有隽副教授对我们进行南乡考察项目科研的肯定;要感谢广西民族学院民语系副主任覃国生副教授审阅了语言一节;要感谢南乡人广西区科委的徐发农同志以炽热的乡情审阅了书稿,并提出了许多宝贵意见;要感谢书法家、广西人民出版社社长吕梁同志为本书题了书名,书法爱好者、南乡供销社吴品喜同志为本书题签;要感谢广西人民出版社壮族老编辑陆里副编审为本书出版所做的努力。

通过这一次南乡考察的实践,我们再一次体会到社会科学工作者到实践中去进行研究,是一条越走越宽广的治学之道。

徐杰舜
1990 年 3 月 7 日于相思湖畔寓中

徐杰舜　主编

徐杰舜文集

第五卷

中国社会科学出版社

2013年考察岳麓书院

（曹大明　摄）

主编简介

徐杰舜，1943年生于永州零陵，祖籍浙江余姚。广西民族大学民族学与社会学学院二级教授、博士生导师，汉民族研究中心主任；人类学高级论坛创建人、学术委员会荣誉主席；广西文史馆研究馆员。

1995—2007年主编《广西民族大学学报（哲学社会科学版）》12年。

《汉族风俗史》（5卷本）《汉民族史记》（9卷本）获广西社会科学研究优秀成果一等奖。

1993年被广西壮族自治区人民政府授予"广西有突出贡献科技人员"。2021年上海人类学会"人类学终身成就奖"获得者。

第五卷说明

《徐杰舜文集》第五卷，收入徐杰舜等著的《新乡土中国：新农村建设武义模式研究》（以下简称《新乡土中国》）。

《新乡土中国》一书于 2007 年 4 月由中国经济出版社出版。

《新乡土中国》一书，从人类学的理论切入，经过 20 年的深度田野考察，综合运用了社会学、政治学、文化学、统计学，以及"三农"研究的理论和方法，对新农村建设的武义经验进行了理论的提炼和升华，以具体、丰富和生动的田野材料，阐述了新农村建设武义经验由生态家园、特色农业、工业园区、温泉旅游、城乡统筹等形成的人与自然的协调平衡；政府服务、教育优先、下山脱贫、村务监督、文化活力形成的人与人的沟通和谐两大基本元素，构成了新农村建设的武义模式。

《新乡土中国》一书的学术价值集中体现在两个方面：

一方面是对县域的考察和研究，抱住了中国新农村建设的"西瓜"。《新乡土中国》一书认为县域是城乡的衔接点和交汇点，县域政治是安邦定国的根本之策，抓县一级的新农村建设可使"天下安"；县域经济则是安邦定国的经济支柱，抓县一级的新农村建设可使"天下足"。《新乡土中国》正是在这个意义上为人们提供了一个新农村建设的县域样本。

第二方面在对中国农村建设思想进行梳理之后，认为中国新农村建设的理论基石就是城乡融合。恩格斯早于 1847 年在《共产主义原理》中提出并论述了"城乡融合"问题。这是马克思主义者所追求的共产主义理想之一。而由于城乡关系是一个世界性的问题，外国学者和中国学者都有过相关的论述。所以从根本上说来，城乡融合就是新农村建设的理论基石。《新乡土中国》还界定了城乡融合就是城乡从分离、对立，在互动中逐步走向融合的过程，并逐步实现城乡一体的结果。从这个理念出发，新农村建设的根本目的就是要逐步缩小城乡差别，使乡村与城市逐步融为一体。这对提高人们对新农村建设意义的认识是一个重大的突破。

新农村建设武义模式不仅对后发县如何进行新农村建设有普遍意义，对经济发展与生态保护的平衡协调发展也具有典型意义。因而武义县新农村建设的模式，体现了县域整合的特点，有助于我们在新农村建设中从大处着眼，从小处着手，不断地推动新农村建设逐步走向城乡融合，构建新乡土中国。

徐杰舜文集
（第五卷）

《新乡土中国》

徐杰舜　等著

目 录

《新乡土中国》

序

　　城乡关系是当今中国构建和谐社会的一个关键。建设社会主义新农村是新一届中央领导集体对解决"三农"问题的规律性认识的不断深化，也是对建构和谐社会采取的一个重大战略举措。

　　由徐杰舜教授担任课题组组长的"新农村建设武义模式研究"最终成果《新乡土中国：新农村建设武义模式研究》（以下简称《新乡土中国》），从人类学的理论切入，经过田野考察，综合运用了社会学、政治学、文化学、统计学，以及"三农"研究的理论和方法，以武义县为案例，系统、全面、翔实地总结和概括了武义新农村建设的十条经验：生态家园、特色农业、工业园区、温泉旅游、城乡统筹、政府服务、教育优先、下山脱贫、村务监督、文化活力。徐教授和其他作者在深入武义进行新农村建设田野调查的基础上，归纳、提炼、升华出具有创新意义的观点，十分难能可贵。其创新点主要有如下几点。

　　1. 探讨了新农村建设的理论基石

　　《新乡土中国》在对中国农村建设思想进行梳理之后，认为中国新农村建设的理论基石就是城乡融合。恩格斯于 1847 年在《共产主义原理》中已提出并论述了"城乡融合"问题。这是马克思主义者所追求的共产主义理想之一。而由于城乡关系是一个世界性的问题，外国学者和中国学者都有过相关的论述。所以从根本上来说，城乡融合就是新农村建设的理论基石。徐教授还界定了城乡融合就是城乡从分离、对立，到逐步走向融合，并实现城乡一体的结果。从这个理念出发，新农村建设的根本目的就是要逐步缩小城乡差别，使乡村与城市融为一体。这对提高人们对新农村建设意义的认识是一个重大的突破。

　　2. 提出了县域推进新农村建设的问题

　　在新农村建设中，普通的做法是抓村庄的建设，日本如此，韩国也如此。徐教授在调研中发现，在中国进行新农村建设，有一个抱"西瓜"与捡"芝麻"的问题，抱"西瓜"就是抓县一级的新农村建设，捡"芝麻"就是抓村一级的新农村建设。从中央来说，抓村一级的新农村建设就是捡"芝麻"，而抓县一级的新农村建设就是抱"西瓜"。并认为县域是城乡的衔接点和交会点，县域政治是安邦定国的根本之策，抓县一级的新农村建设可使"天下安"；县域经济则是安邦定国的经济支柱，抓县一级的新农村建设可使"天下足"。《新乡土中国》正是在这个意义上为人们提供了一个新农村建设的县域样本。

3. 对武义新农村建设的经验进行了理论的提升，分析了"武义模式"的结构和内涵

《新乡土中国》对新农村建设的武义经验进行了理论的提炼和升华，认为新农村建设武义经验由人与自然的协调平衡、人与人的沟通和谐两个基本元素构成了新农村建设的武义模式，其内涵十分丰富，人与自然方面包含了生态家园、特色农业、工业园区、温泉旅游、城乡统筹五个"最小元素"；人与人和谐的基本元素包含了政府服务、教育优先、下山脱贫、村务监督、文化活力五个"最小元素"。新农村建设武义模式不仅对后发县如何进行新农村建设有着普遍意义，对经济发展与生态保护的平衡协调发展也具有全国性的典型意义。

总之《新乡土中国》不仅对武义改革开放以来，特别是新农村建设的经验进行了历史性总结，而且立意高远，资料翔实，结构严谨，逻辑性强，理论提升准确，且图文并茂，具有相当的可读性，既可作为武义县构建和谐社会的一份历史总结，更可为全国乃至世界提供一个"新乡土中国"的图像。

我有幸作为评审组的组长参加了该课题的评审，也参观考察了书中涉及的一些地方，有一点切身的感受，这里所说的并非我一个人的看法，还有参审评委们比较一致的看法，写出来，权且作为序言。

郑杭生

2006 年 12 月 11 日于中国人民大学
社会学理论和方法研究中心

第一篇　缘起：新乡土中国的梦想

　　梦想是人类理想的一种寄托，也是人类希望的一种表达。

　　以农立国的中国，经过几千年的沧桑积淀，建构了费孝通先生所说的"差序格局""男女有别""礼治秩序""长老统治"，具有"乡土本色"的"乡土中国"。

　　在这个"乡土中国"，"乡土社会在地方性的限制下成了生于斯、死于斯的社会。常态的生活是终老是乡"①。但是，历史的变迁是不可抗拒的，1949年中国新民主主义革命的胜利和1978年以来中国的改革开放，自然而然地解构了旧时代的乡土中国，开始了新乡土中国的建构。

　　新乡土中国是什么样的呢？中国的学者在探索着，中国的农民在实践着，从而有了新乡土中国的梦想。

图 1　费孝通先生（徐杰舜摄）

---

① 费孝通：《乡土中国》，上海人民出版社2006年版，第7页。

第一章　绪论

新乡土中国的梦是美好的，但要梦想成真却是艰难的、曲折的、坎坷的。中国农民新乡土中国的梦经历了漫长的历史过程，付出了历史的代价。

中国新农村建设的缘起，应该从 20 世纪初中国农村建设思想的萌芽谈起。回顾中国百年来农村建设思想史，经历了从毛泽东的新村主义，到晏阳初、梁漱溟、卢作孚、陶行知等的民国乡村建设运动，以及费孝通的"乡土中国"，再到中华人民共和国成立初期的"建设社会主义新农村"，直至今天的新农村建设这一发展历程。

一　中国农村建设思想的萌芽：毛泽东的新村主义

新农村建设这一概念最早可以追溯到 20 世纪初的日本，当时叫"新村主义"。1918 年，日本学者武者小路创办了一本名字叫《新村》的杂志。20 世纪初作家周作人留日归国后对武者小路的新村主义进行了系统介绍，新村生活引起了当时中国广大先进青年的关注。

1918 年 6 月，毛泽东从湖南一师毕业后，曾偕同蔡和森、张昆弟、陈书农、熊子容等人寄居于岳麓书院半学斋湖南人学筹备处，他们在这里进行自学，讨论社会问题，自己动手挑水拾柴做饭，并设想在岳麓山附近建立起一个半工半读、平等互爱的新村。1918 年下半年，毛泽东第一次来到北京大学，结识了李大钊等人，他认真读了周作人发表在《新青年》上的《日本的新村》一文，并接触了北京大学一些类似新村的"工读互助团"，毛泽东对这种试图用和平的方式来创建新生活和新社会的构想很感兴趣。正如毛泽东于 1936 年在与斯诺的谈话中所说："在这个时候，我的思想是自由主义、民主改良主义和空想社会主义等思想的大杂烩。'我憧憬十九世纪的民主'，'乌托邦主义'和'自由主义'。"① 他制订了一个颇为详细的"新村"建设计划，把其中的一章即《学生之工作》公开发表在 1919年 12 月 1 日的《湖南教育月刊》上。毛泽东开篇就谈到建设"新村"是自己多年的梦想："我数年来梦想新社会生活，而没有办法。七年春季，想邀数位朋友在省城对岸岳麓山设工读同志会，从事半耕半读……事无成议。今春回湘，再发生这种想象，乃有在岳麓山建设新村的计议。"②

从《学生之工作》中反映出毛泽东新村主义的主要内容如下：

1. 主张教育与生产实践相结合，读书与劳动相结合，知识分子要积极参与农村劳动。

毛泽东在文中指出，在新村里，可从事种园、种田、种林、畜牧、种桑、养鸡等项工作，认为"在吾国现时，又有一弊，即学生毕业之后，多骛都市而不乐田园"③。而欲除去这个弊病，"第一，须有一种经济的工作，可使之直接生产，其能力之使用，不论大小多寡，皆有成效可观。第二，此种工作之成品，必为现今社会普通之要需。第三，此种工作之场所，必在农村之中；此种之工作，必为农村之工作"④。

毛泽东认为一边读书，一边工作是一种创造性的新生活，"旧日读书人不预农圃事，今一边读书，一边工作，以神圣视工作焉，则为新生活矣"⑤，这种工读生活是新社会的细胞。并具体设计了一天的作息时间，即："睡眠八小时，游息四小时，自习四小时，教授四小时，工作四小时"，他认为"工作四小时，乃实行工读主义所必具的一个要素。"⑥

2. 注重发展教育，主张家庭、社会、学校三位一体，和谐发展，以实现对人的改造。

毛泽东写道："言世界改良进步者，皆知须自教育普及使人民咸有知识始。欲教育普及，又自兴办学校始……教育之全体，不仅学校而止，其

① ［美］埃德加·斯诺：《西行漫记》，董乐山译，生活·读书·新知三联书店 1979 年版，第 125 页。

② 毛泽东：《毛泽东早期文稿》，湖南出版社 1990 年版，第 449—450 页。

③ 毛泽东：《毛泽东早期文稿》，湖南出版社 1990 年版，第 449—450 页。

④ 毛泽东：《毛泽东早期文稿》，湖南出版社 1990 年版，第 449—450 页。

⑤ 毛泽东：《毛泽东早期文稿》，湖南出版社 1990 年版，第 449—450 页。

⑥ 毛泽东：《毛泽东早期文稿》，湖南出版社 1990 年版，第 449—450 页。

一端则有家庭，一端则有社会"①，"故但言改良学校教育，而不同时改良家庭和社会，所谓举中而遗其上下，得其一而失其二也"。②可见，毛泽东主张通过普及教育来改良社会，并使个人、家庭、社会三位一体，和谐发展，以实现对人的改造。

《学生之工作》所设想的新村，是"以新家庭新学校及旁的新社会连成一块为根本理想"③的。毛泽东认为，现有的学校、家庭和社会之间存在着不可调和的矛盾，必须进行彻底的革命，在新村中建立一种新的家庭类型。"合若干之新家庭，即可创造一种新社会"④。新村中的每个人都必须改掉读书人不乐田园的弊病，一边读书，一边工作。毛泽东认为这样的新村计划可以改变旧有的教育制度和家庭制度，实现对人的改造，进而达到改造社会的最终目的。

3. 提倡财产公有，服务共享，人人平等的社会关系。

毛泽东《学生之工作》一文中还描绘了新村主义的理想蓝图，"新社会之种类不可尽举，举其著者：公共育儿院，公共蒙养院，公共学校，公共图书馆，公共银行，公共农场，公共工作厂，公共消费社，公共剧院，公共病院，公园，博物馆，自治会。""合此等之新学校，新社会，而为一'新村'。"⑤在毛泽东看来，新村的一切都是公有的，人与人之间的社会关系是平等的，即财产公有、服务共享、人人平等、互助友爱。毛泽东的这些设想与武者小路提倡的新村主义是一致的。新村主义反对私有制和剥削制度，提倡人人参加劳动，平均分配，财产公有，是一种理想化了的自然经济和绝对平均主义。

可以说，毛泽东的新村主义理想是一种空想社会主义的实验和农村建设思想的初步尝试，在当时的历史条件下是不可能实现的。这种亦工亦农亦读的互助主义，是对未来社会的一种改良主义，其主旨是不触动现存的社会秩序，走改良和独善其身的道路，而这在当时封建地主和军阀官僚占统治地位的旧社会是根本行不通的。这种新村主义理想只能是超越社会历史发展阶段的乌托邦式的空想。因此，没过多久，新村主义的农村建设实

① 毛泽东：《毛泽东早期文稿》，湖南出版社1990年版，第449—450页。
② 毛泽东：《毛泽东早期文稿》，湖南出版社1990年版，第449—450页。
③ 毛泽东：《毛泽东早期文稿》，湖南出版社1990年版，第449—450页。
④ 毛泽东：《毛泽东早期文稿》，湖南出版社1990年版，第449—450页。
⑤ 毛泽东：《毛泽东早期文稿》，湖南出版社1990年版，第449—450页。

验便宣告失败了。在严峻的现实面前，毛泽东接受了马克思主义思想学说，由一名早期改良主义青年知识分子发展为无产阶级革命家。然而，青年时代新村主义的梦想和尝试对毛泽东的影响是巨大的。新中国成立以后出现的人民公社运动，在某种程度上而言，也是毛泽东新村主义理想的发展和延续。

二 中国农村建设思想的初步形成：民国时期的乡村建设运动

20 世纪二三十年代，中国经济社会处于崩溃的边缘，其农村经济社会矛盾特别突出。以知识分子精英为主体的一些学者、专家纷纷为拯救破败的农村积极奔走，轰轰烈烈地掀起了大规模的"乡村建设运动"。在这次运动中，据南京国民政府实业部的统计，先后有团体和机构 600 多个，在各地设立的实验区有 1000 余处。[①] 这次运动注重中国社会最底层的农村，历时十余年之久，波及中国中东部广大地区，对中国农村社会发展和乡村建设产生了深远的影响。后来，由于日本帝国主义的入侵，全面抗战爆发，乡村建设运动才被迫中止。在民国时期的众多乡村建设运动的机构和团体中，由于政治、文化背景不同，他们的乡村建设主张、观点各异，但主要目标都是"改造乡村，改造中国"，并以此达到"民族自救"或"民族再造"的目的。

1. 民国乡村建设运动的四大类型

民国的乡村建设运动派别众多，影响甚广，笔者以晏阳初、梁漱溟、卢作孚、陶行知等人的乡村建设实验为代表，把民国乡村建设运动分为以下四大类型：

（1）平民教育——晏阳初的"定县实验"

1926 年，晏阳初率领中华平民教育促进会的一批有志之士，在河北定县进行了一系列旨在顺"民心"、发"民力"的乡村建设试验。晏阳初认为乡村建设的核心在于"教育"，教育是乡村建设的根本，必须以教育推进乡村建设。他强调："一项改革计划，如果强加于人民，而没有他们的

---

① 《乡村建设经验》，中华书局 1935 年版，第 19 页。转引自刘重来《民国时期乡村建设运动述略》，载《重庆社会科学》2006 年第 5 期。

参与，注定是短命的。只有人民创造了新的思想意识，乡村建设计划才能实现。而新习惯新技能，又只有通过四个方面的教育计划渗入他们的生活之中，才能获得。"① "教育即为引起建设事业中种种活动之动力。"② 晏阳初认为中国农村问题的病因在于农民的"愚、贫、弱、私"。为破除这四大弊病，晏阳初的"定县实验"乡村建设开展了以"三大方式""四大教育"为特色的"六大建设"。即在科学的社会调查的基础上采用社会式、学校式、家庭式三位一体的三大教育方式；推行文艺、生计、卫生、公民四大教育：即以文艺教育治愚，以生计教育治穷，以卫生教育治弱，以公民教育治私；通过以上种种手段，达到政治、经济、文化、自卫、卫生、礼俗"六大建设"。晏阳初"定县实验"的目的是开启民智，培植民力，从而实现对农村的根本改造。

晏阳初以"民为邦本，本固邦宁"为第一信条，一生致力于平民教育和乡村建设事业，他的"定县实验"在国内外都产生了重要影响，也使他获得了世界性声誉。1943 年，晏阳初在纽约纪念哥白尼地动说 400 周年大会上，与爱因斯坦、杜威等人被评为"当代世界最具革命性贡献的十大伟人"。

（2）文化复兴——梁漱溟的"邹平实验"

1931 年，梁漱溟来到山东省邹平县，创办了山东乡村建设研究院和《乡村建设》半月刊，开展乡村建设实验。梁漱溟"邹平实验"的主要内容：第一，以文化复兴为乡村建设的根本思想。梁漱溟认为，"中国问题并不是什么旁的问题，就是文化失调问题——极严重的文化失调"。其表现出来的就是社会构造的崩溃，政治上的无办法。③ 中国农村的衰败在于"中西文化的冲突"，西方文化的入侵使国人丧失"伦理本位、职业分途"的社会固有礼俗秩序与组织构造。④ 他主张以复兴中国封建传统文化思想来进行乡村建设，在中国文化的"老根"上培育"新芽"，"创造新文

---

① 宋恩荣主编：《晏阳初全集》（第一卷），湖南教育出版社 1989 年版，第 259 页。

② 宋恩荣主编：《晏阳初全集》（第一卷），湖南教育出版社 1989 年版，第 219 页。

③ 梁漱溟：《乡村建设理论》，乡村书店 1937 年版，第 17 页。

④ 中国文化书院学术委员会编：《梁漱溟全集》（第 1 卷），山东人民出版社 1989 年版，第 607 页。

化","建设一个新的社会组织构造"①,以此为解决乡村问题的唯一途径。第二,创办"乡农学校"这一乡村基层组织,集"政、教、富、卫"于一体。其实施办法是,"行政机关教育化"和"社会学校化",用"村学"代替"乡公所",用"乡学"代替"区公所",在政治思想上对农民进行伦理道德教育,使"村学"、"乡学"、县政府、乡村建设研究院等一连串组织成为"小家庭对大家庭之伦理的关系";在经济上组织各类合作社,并从事农作物优良品种的推广;在防卫上训练联庄会,组织地方自卫团体,训练民众,维护治安。

"邹平实验"自1931年到1936年实施的短短5年,培训学生达2400余人,在发展农村教育,培养农业人才,传授和推广农业技术,进行农村行政组织改革等方面,进行了有益的探索,产生了积极的影响。

(3)经济建设——卢作孚的"北碚实验"

1927年,卢作孚开始了以四川巴县北碚乡为中心的乡村建设实验。卢作孚认为,乡村最缺少的是事业的建设,农民最需要的乡建计划是谋"民生"、保"民享"。卢作孚"北碚实验"的主要内容:第一,以经济建设为中心来推进乡村现代化。卢作孚认为:"第一,任何建设,政治的或文化的,皆应以经济建设为基础";"第二,必须增进人民的富力";"第三,经济生活为国家最大多数人所必须参加的活动,……政治应为最大多数人谋最大福利,自应先致全力于经济建设的运动"②。卢作孚在北碚试验区建立了铁路、煤矿、纺织、水电等一大批交通工矿企业,在经济建设的基础上,他大力发展文化和教育事业。第二,强调"实业救国",自力更生,反对依赖军阀政府。卢作孚从与军阀合作进行乡建实验的失败中认识到,依靠军阀支持并不能实现教育救国的理想。于是他走上了实业救国的道路,独立创办了民生公司,为乡村建设事业提供必要的物质支持,从而使他在整个乡村建设实验中拥有高度的自主权。第三,积极学习西方的先进技术和管理知识。卢作孚在强调自力更生的同时,重视借鉴外来经验,他说,要"根据世界的最高记录作为目标,根据国内目前的状况作为出发

---

① 中国文化书院学术委员会编:《梁漱溟全集》(第2卷),山东人民出版社1990年版,第496页。

② 卢作孚:《论中国战后建设》,《卢作孚文集》,北京大学出版社1999年版,第603—604页。

点"，把西方国家"所有的产业运动……其方法、其历程、其所达到的最高记录，通通搜集起来"，以便为全国人民所认识。①

卢作孚的"北碚实验"从1927年一直延续到1949年前。经过20多年的努力，北碚试验区取得了杰出的成就，从"一个原是盗匪猖獗，人民生命财产无保障，工农业落后的地区，改造成后来的生产发展，文教事业发达，环境优美的重庆市郊的重要城镇和文化区"②，在国内外产生了重要影响。

（4）生活教育——陶行知的"晓庄实验"

陶行知认为要改造落后的中国，应先改革中国的教育，而"中国乡村教育之根本改造"，"就是建设适合乡村实际生活的活教育"③。1927年，陶行知辞去东南大学教授一职，放弃了优越的生活条件，在南京城外创办了试验乡村师范学校（后更名为晓庄学校）。陶行知在"晓庄实验"中提出了"生活即教育"的基本主张，其主要内容是：第一，提倡"教学做合一"，注重培养学生的实践能力。陶行知认为"活的乡村教育要有活的方法，活的方法就是教学做合一。"④"教学做合一"就是"教的方法根据学的方法、学的方法根据做的方法"。"事怎样做便怎样学，怎样学便怎样教，教与学都以做为中心"。⑤第二，兴办乡村教育学校，在农村中培养合格的乡村教师。陶行知认为，乡村教师只有在农村里培养，才能适应乡村生活，具备培养乡村建设者的能力。为此，他提倡"师范教育下乡运动"，兴办乡村师范学校，培养合格师资。第三，师生农民化。教育必须与社会实践相结合以成为"活教育"，学生入学第一天起就要在田里干农活。陶行知提出的口号是："不会种菜，不算学生"，"不会烧饭，不得毕业"⑥。

陶行知的"生活教育"使学校成为改造乡村社会的中心，通过培养具有实践能力的教师从而培养出具有实践能力的现代农民，由此完成教育改造社会的功能。正因如此，"晓庄实验"当时在全国产生了很大影响，成

① 卢作孚：《从四个运动做到中国统一》，《卢作孚文集》，北京大学出版社1999年版，第268页。

② 梁漱溟：《怀念卢作孚先生》，载《名人传记》1987年第5期。

③ 陶行知：《陶行知文集》，江苏人民出版社1981年版，第170页。

④ 陶行知：《陶行知文集》，江苏人民出版社1981年版，第155页。

⑤ 陶行知：《陶行知全集》第二卷，湖南教育出版社1985年版，第289页。

⑥ 陶行知：《陶行知文集》，江苏人民出版社，第152页。

为民国乡村建设运动的一大典范。

除以上四大乡村建设实验类型外,高践四领导的江苏省立教育学院在无锡黄巷,黄炎培领导的中华职业教育会在江苏昆山徐公桥等地进行的乡村建设实验也很著名。此外,还有江苏农矿厅在镇江黄墟,国民政府内政部在上海俞塘,苏州青年会在苏州唯亭,学者顾君义在秦县顾高庄,福建教育厅在福建闽侯五里亭,章元善领导的华洋义赈会在河北,彭禹廷在河南镇平等地的乡村建设实验①也有较大影响。

2. 费孝通的农村建设思想

民国的乡村建设运动除了这四大类型之外,费孝通等学者的农村建设思想也颇引人关注。费孝通虽然没有亲身参与乡村建设运动,但他对于农村建设问题有着诸多的研究和思考,他在 1936 年进行了"江村调查",开始了他对中国农村建设问题的探索。费孝通 1937 年写成的《江村经济:中国农民的生活》描写的是江苏省吴江县开弦弓村农民的经济生活,该书记叙了以费孝通姐姐费达生为代表的知识分子将科学技术知识送下乡,帮助农民养蚕制丝、促进生产发展的乡村建设经验,这一经验"使农民增加一些金钱上的利益"②,从而达到一种"新的公平的社会组织"的努力。《江村经济:中国农民的生活》在最后结论中对 20 世纪初期的中国农村是这样总结的:"中国农村的基本问题,简单地说,就是农民的收入降低到不足以维持最低生活水平所需要的程度。中国农村真正的问题是人民的饥饿问题。"③ 针对这一"基本问题",费孝通提出了农村建设的思路:"最终解决中国土地问题的办法不在于紧缩农民的开支而应该增加农民收入。"④ 因此,要"实行土地改革,减收地租,平均地权"和"恢复农村企业"。由此,费孝通提出了解决中国农村和农民问题的根本出路是"增加农民收入"即"富民"。"志在富民"也成为费孝通一生追求的理想。为了实现"富民",使农民增加收入,提高生活水平,在以后的研究中,费孝通从发展农村副业、劳动力转移以及城乡一体化等方面寻求解决之道。20 世纪 40 年代的抗战时期,费孝通在云南创办了魁阁研究室,与张

---

① 《各地乡村改进试验区之消息》,《嘉陵江日报》1931 年 9 月 2 日。转引自刘重来《民国时期乡村建设运动述略》,载《重庆社会科学》2006 年第 5 期。

② 费达生:《复兴蚕丝业的先声》(由费孝通代其姐写),《大公报》1934 年 5 月 10 日。

③ 费孝通:《江村经济:中国农民的生活》,商务印书馆 2005 年版,第 236 页。

④ 费孝通:《江村经济:中国农民的生活》,商务印书馆 2005 年版,第 238 页。

子毅等人对云南三个村庄的社区进行研究，写出了《云南三村》一书，从土地制度、手工业和农业等问题入手，对不同的农村社区生活进行"类型比较"，研究如何提高农民的收入问题。在这个时期里，费孝通对中国的农村问题进行了较深入的理论研究，他把中国作为一个大的社区进行农村社区研究，先后写出了《乡土中国》《生育制度》《乡土重建》等以农村社会学为主题的理论著作。《乡土中国》一书汇集了《乡土本色》《文字下乡》《再论文字下乡》《差序格局》《系维着私人的道德》《家族》《男女有别》《礼治秩序》《无讼》《无为政治》《长老统治》《血缘和地缘》《名实的分离》《从欲望到需要》十四篇论文，分别从乡村社区、文化传递、家族制度、道德观念、权力结构、社会规范、社会变迁等方面分析、解剖了乡土社会的结构及其本色。在《乡土中国》中，费孝通深入解读了中国传统乡村社会，认为中国是一个具有"乡土底色"的传统社会，乡土社会的核心是"土"，人和土地的关系构成中国农村社会的特殊性。费孝通农村建设的总的思想是：以工业重建乡土，进而解放农民，把农民从土地上解放出来，并最终解决中国问题。①

曾经在中国热闹了一阵的乡村建设运动，虽然由于日本帝国主义的入侵而中断，但它在中国农村建设思想史上却留下了极有价值的一页。

第一，这是一次由知识分子发起并着力推动的社会改良运动。

乡村建设运动"尽管参加的很复杂，模式也具有多样性，但就其基本性质而言，它是一场社会改良运动，即在维护现存社会制度和秩序的前提下，采用和平的方法，通过兴办教育、改良农业、流通金融、提倡合作、办理地方自治与自卫、建立公共卫生保健制度以及移风易俗等措施（当然各实验区的侧重点不完全相同），复兴日趋衰弱的农村经济，实现所谓的'民族再造'（晏阳初语）或'民族自救'（梁漱溟语）"②。由此可见，乡村建设运动是一种社会改良主义运动。"它希望用和平的、非暴力的手段建设乡村，刷新中国政治，复兴中国文化。这是与中国共产党领导的以农村包围城市、武装夺取政权的运动相对立的，但它也不同于国民党政府所推行的社会改良政策。在政治倾向上，乡建派是处于共产党与国民党之间

---

① 丁元竹：《中国农村现代化，还有多长的路要走——重读费孝通教授〈江村经济〉有感》，载《群言》2006 年第 5 期。

② 郑大华：《民国乡村建设运动》，社会科学文献出版社 2000 年版，第 473 页。

的'中间派',代表着一部分爱国的知识分子对中国现代化建设道路的选择与探索"①。

第二,这是中国农村现代化建设的起点。

民国乡村建设运动是一场在中国近代农村社会产生深刻危机的背景下开展的社会改良运动。在这场运动中,不少乡村运动建设机构和团体都提出各自乡村现代化的主张,并开展了深入的实践。如卢作孚就认为,"中国的根本办法是建国不是救亡,是需要建设成功一个现代的国家,使自己有不亡的保障",乡村运动的目的就"不只是乡村教育方面","也不只是乡村救济方面","我们的要求是赶快将这一个乡村现代化起来"②。从现代农村建设思想史的角度来看,民国的乡村建设运动应该是中国乡村现代化的起点。

第三,是中国知识分子精英深入民间的一次重要尝试。

民国时期的乡村建设运动是自鸦片战争以来,作为受到西方列强侵略的中国的知识界,为了自强图存而对中国农村发展路向所展开的深入实践探索,它使中国知识分子对中国农村建设的研究由理论进入实证,从农村本身与大的经济体制和社会变迁连在一起进行深入的分析和探讨,应该说是一个历史性的进步。

第四,没有能够真正发动广大的农民群众。

民国乡村建设运动成就十分有限。毛泽东在 1938 年接见梁漱溟时,对梁漱溟的乡村建设提出了自己的看法。毛泽东认为,梁漱溟对中国社会的认识有不少是对的,但乡村建设是改良主义运动,一方面它依靠的是现政权,另一方面不能发动起广大的农民群众,不了解农村的阶级关系,更不能改变农村的生产关系,尤其是土地制度,因而不能代表广大农民的利益,不能发动农民。这种改良运动根本不能解决中国的问题,中国社会需要彻底的革命。③

20 世纪二三十年代的乡村建设运动是一部分爱国知识分子立足于民族的苦难与危机,对中国社会发展道路所做的一种选择与探索。虽然乡村建

---

① 郭蒸晨:《梁漱溟在山东》,人民日报出版社 2002 年版,第 67 页。
② 卢作孚:《四川嘉陵江三峡的乡村运动》,《卢作孚文集》,北京大学出版社 1999 年版,第 353 页。
③ 杨雅彬:《中国社会学史》,山东人民出版社 1987 年版。

设运动存在诸多缺陷，不可能解决中国的根本问题，且终因为当时整个中国社会仍处在"号称乡村运动而乡村不动"[1] 的状态，再加上日本帝国主义发动了侵华战争而终结，却仍不失为中国学者和中国农民新乡土中国之梦的一次萌动。

三 中国农村建设思想的探索：1949 年后的
社会主义农村改革运动

时空穿行，20 世纪二三十年代之后，中国经历了八年全面抗日战争，四年解放战争，于 1949 年中华人民共和国成立。中华人民共和国成立 50 多年来，中国农民走向富裕的道路充满了艰辛、曲折和坎坷，并将伴随着巨变的失落和超越的艰难。

纵观建国后中国农村建设 50 年（1949—1999）来的发展历程，主要分为两个阶段。

1. 20 世纪 50—70 年代末以政治为中心的农村社会改革

在这一阶段，特别是受到 50 年代末的"反右"运动、"大跃进"，以及 60 年代的"文化大革命"的影响，中国农村建设的特点主要以阶级斗争为纲，政治挂帅，建设社会主义新农村的主要内涵是在农村建立新型的社会主义生产关系。

中华人民共和国成立初期，为了早日实现国家富强，国家开始实施工业化优先发展战略，所需资金只能来自农业剩余，农民要为国家的工业化作出贡献。[2] 1953 年 2 月通过的《中国共产党中央委员会关于农业生产互助合作的决议》强调："我们在农村中的最后目的——引导全体农民走向社会主义和共产主义。"由农业互助组到初级合作社再到高级合作社逐步把农民组织起来，进而建立起社会主义农业组织，成为当时建设社会主义新农村工作重心。为了加速农业发展，1956 年一届人大第三次会议通过《高级农业生产合作社示范章程》，新中国首次提出了"建设社会主义新农

---

[1] 梁漱溟：《乡村建设理论》，《梁漱溟全集》（二），山东人民出版社 1989 年版，第 573 页。
[2] 古土：《建设社会主义新农村之一——中国共产党建设社会主义新农村的探索历程》，《中国党政干部论坛》2006 年第 4 期。

村"的奋斗目标，而这一章程也成为"建设社会主义新农村的法规"①。
1955年年底，毛泽东组织起草了《一九五六年到一九六七年全国农业发展纲要（草案）》，该草案于1960年二届全国人大二次会议通过，会议决议指出，纲要"是高速度发展我国社会主义农业和建设社会主义新农村的伟大纲领"。这一时期内，人民公社化运动加速发展，合作化之后"一步登天"建立的以工农商学兵相结合、政社合一为特征的农村人民公社被誉为社会主义新农村的最高形式。

20世纪60年代初期，在三年自然灾害危机的影响下，中央为了解决粮食危机，实施了城镇人口向农村转移的战略，1963年12月，中共中央下发《中共中央、国务院关于动员和组织城市知识青年参加农村社会主义建设的决定（草案）》，提出要动员和组织大批城市知识青年下乡参加农业生产，到农村和山区去"建设社会主义的新农村"。1962年至1964年，全国动员"上山下乡"人员共达98万余人。

1964年，毛泽东又发起"农业学大寨"的运动，农业学大寨运动几乎成为建设社会主义新农村的代名词。"大寨经验"在全国迅速普遍推广，这种战天斗地，开展大规模农田基本建设，改变农村落后面貌的精神是可贵的，但却没有遵循客观的经济发展规律，强调阶级斗争，以政治为中心、割商品经济的"资本主义尾巴"，其结果是造成农民生活困苦，国民经济徘徊不前，生态环境遭受破坏。

2. 20世纪70年代末—90年代以经济为中心的农村社会改革

1978年在党的十一届三中全会上通过了《中共中央关于加快农村发展若干问题的决定》，揭开了中国农村改革的序幕，开创了农村工作的新局面。

1981年11月，国务院在《当前的经济形势和今后经济建设的方针》的政府报告中，号召全党带领和团结亿万农民，为建设社会主义新农村而奋斗。强调社会主义新农村建设中要首先抓好农业生产，发展农村经济。要发展农村经济，必须打破人民公社体制，解放农村的生产力，于是，家庭联产承包责任制应运而生。农村联产承包责任制的实施不仅引起了农村经济上的革命，而且也改变了农村的生产关系。从内容上看，在实现了由人民公社到双层经营的体制转变以后，广大农民积极开展农村产业结构调整，大力发展乡镇企业。在这个时期，党首次提出"以工补农"的口号，

---

① 《人民日报》1956年6月24日第5版。

即在农村内部，通过乡镇企业利润支持农业发展。

改革开放 20 年来，以经济发展为中心的农村社会改革，基本上解决了 10 亿多中国人的吃饭、穿衣问题，开创了一条有中国特色的农村现代化道路；农民生活水平显著提高，全国农村总体上进入由温饱向小康迈进的阶段；农民的思想观念顺应时代要求发生着深刻变化，农村精神文明和民主法制建设取得了明显进步。从 1978 年到 2004 年，全国农村贫困人口比例下降了 89.5%；农民人均纯收入增长近 22 倍；农村居民的恩格尔系数下降了 20.5 个百分点，且将继续呈下降趋势。在这一时期里，农村工业化、农工商综合发展成为社会主义新农村的重要标志，涌现出一批诸如苏南模式、温州模式以及河南南街村、江苏华西村、北京韩村河村等新农村的典型。

党的十一届三中全会以来，尽管党和政府为解决"三农"问题陆续出台过一系列政策措施，不同程度地促进了农村经济社会的发展，但基本上属松绑和减负范畴，没能从根本上解决"三农"问题。在城乡二元结构的体制下，中国农村与城市的差距却越拉越大，经过 50 多年的发展，经历了以政治为中心的农村社会改革和以经济为中心的农村社会改革后，到了 20 世纪 90 年代中期，随着国内外经济政治形势的变化，农村经济发展出现了新的情况，农业、农民和农村问题日益突出，以至成为困扰中国经济快速健康稳定发展的障碍。

四 中国农村建设思想的创新：
21 世纪初的新农村建设

进入 21 世纪以来，"三农"问题在中国凸显，"三农"问题被提高到"全党工作的重中之重"，"三农"工作被强调为"经济工作的重中之重"，中国农民终于遇到了千载难逢的致富时机，党中央从中国社会主义建设的战略高度，不失时机地把关注的战略重点转移到了农民身上。

2005 年 10 月 11 日，中国共产党第十六届中央委员会第五次全体会议通过《中共中央关于制定国民经济和社会发展第十一个五年规划的建议》指出：要从社会主义现代化建设全局出发，统筹城乡区域发展，坚持把解决好"三农"问题作为全党工作的重中之重，实行工业反哺农业、城市支持农村，推进社会主义新农村建设。建设社会主义新农村是我国现代化进程中的重大历史任务。要坚持从各地实际出发，尊重农民意愿，扎实稳步推进新农村建设。

2006年2月14—20日，中共中央又专门举办省级干部建设社会主义新农村专题研讨班，并在研讨班结束的当天公布了2006年的"一号文件"：《中共中央国务院关于推进社会主义新农村建设的若干意见》（以下简称《意见》）。这份纲领性文件破解了社会主义新农村建设诸多深层次的问题。

《意见》全文共分八部分：

（1）统筹城乡经济社会发展，扎实推进社会主义新农村建设。

（2）推进现代农业建设，强化社会主义新农村建设的产业支撑。

（3）促进农民持续增收，夯实社会主义新农村建设的经济基础。

（4）加强农村基础设施建设，改善社会主义新农村建设的物质条件。

（5）加快发展农村社会事业，培养推进社会主义新农村建设的新型农民。

（6）全面深化农村改革，健全社会主义新农村建设的体制保障。

（7）加强农村民主政治建设，完善建设社会主义新农村的乡村治理机制。

（8）切实加强领导，动员全党全社会关心、支持和参与社会主义新农村建设。

同时，《意见》还指出，要按照"生产发展、生活宽裕、乡风文明、村容整洁、管理民主"的要求，协调推进农村经济建设、政治建设、文化建设、社会建设和党的建设。

从中国农村建设思想史的视野来看，21世纪的社会主义新农村建设是中国农村建设思想史上的伟大创新。

1. 可以促进农村和谐社会的构建

从历史上看，无论是民国时期的乡村建设运动，还是中华人民共和国成立初期的社会主义农村合作化运动，以及改革开放之初的家庭联产承包责任制，这些农村建设思想只涉及农村社会发展的某一方面或某些方面，如有的侧重于发展文化，有的侧重于发展教育，有的侧重于发展经济，有的以政治意识形态为中心，有的忽略了环境和生态的保护。而中央本次提出的社会主义新农村建设二十字方针"生产发展、生活宽裕、乡风文明、村容整洁、管理民主"，则涉及了农村社会发展的方方面面，包括政治、经济、文化、教育、社会等方面的发展，有利于社会主义物质文明、精神文明和政治文明三位一体地协调发展，符合"科学发展观"以及"以人为本"的理念。建设社会主义新农村就是要在进一步发展物质文明的基础上，大力发展精神文明和政治文明，推动社会主义农村和谐社会的建设。因此，本次新农村建设在思想内涵上大大超越了以往的历次农村建设运动。

2. 可以推动城乡社会的统筹发展

2002 年 10 月中共中央十六大报告明确提出："今后五年内，或者是全面建设小康社会整个 20 年的过程当中，任务是统筹城乡经济社会发展，建设现代农业，繁荣农村经济，增加农民收入。"第一次提出以城乡统筹的思路解决"三农"问题。2003 年 10 月，中央召开十六届三中全会，会议提出了"五个统筹"，并将统筹城乡放在了"五个统筹"之首。2004 年，中共中央召开了十六届四中全会，指出，当前处理好工农城乡关系是一个重大问题，它关系到我们党的执政基础，关系到我们党的执政能力。2005 年 3 月，胡锦涛在政府工作报告中明确提出：我们要适应经济社会发展新阶段的要求，实施"工业反哺农业、城市支持农村"的方针。2005 年 10 月，中共中央召开十六届五中全会，正式提出要"推进社会主义新农村建设"。因此，中央提出社会主义新农村建设，在思想上、理论上已经酝酿很久，从十六大以来提出的统筹城乡发展，到正确处理好工农城乡关系，再到"工业反哺农业，城市支持农村"，社会主义新农村建设的思想和理念由此产生。这是中国共产党长期以来在理论和实践中探索和解决"三农"问题的必然结果，也是党长期以来对工农问题城乡问题统筹发展认识的不断深化的结晶。

3. 可以实现农村建设的历史跨越

建设社会主义新农村一直是亿万中国农民为之奋斗的伟大目标，建设社会主义新农村的提出是建立在党中央和国家政府长时期以来对农村建设进行不懈探索的基础之上的。[①] 特别值得注意的是，此次中央提出的新农村建设是在改革开放 20 多年，我国城乡社会经济面貌发生翻天覆地的变化后提出来的。全国经济总量达到世界排名的第 6 位，财政收入达 3 万亿元，

[①] 梁华林：《解读 2006 年中央一号文件促进社会主义新农村建设》，载《中共山西省委党校学报》2006 年第 6 期。

我国在工业化的道路上已经迈出了一大步，达到工业化发展的中后期阶段，即 2004 年党的十六届四中全会明确提出的"工业反哺农业，城市支持农村"阶段。这说明新农村建设已经具备一定的物质条件，在这样的历史条件下，提出建设社会主义新农村不是一种幻想或理想，而是可望而且可即的现实。新的形势给农民、农村、农业问题的解决带来了千载难逢的历史机遇。社会主义新农村建设的提出，在从促进统筹城乡发展，建立工业反哺农业、城市支持农村的机制出发，提出了农村工作的新思路；在以建设社会主义现代化全局的眼光，从适应我国经济社会发展新阶段的必然要求出发，把农村工作提到了新高度，[①] 从而实现了农村建设的历史跨越。

正是由于社会主义新农村建设是从根本上解决中国农民问题的战略决策，是中国农民走向富裕道路的战略举措，所以，当前全国上下关注的焦点是如何建设社会主义新农村，许多人正为此而探索。

---

① 陈锡文：《深化对统筹城乡经济社会发展的认识，扎实推进社会主义新农村建设》，载《小城镇建设》2005 年第 11 期。

第二章　选择武义：偶然与必然

我们关注乡土中国，关注新农村建设，放眼中国寻找我们心中新乡土中国的图像之时，为什么会选择武义？其中既有事物的偶然性，也有历史的必然性。

一　偶然性：从《重读武义》谈起

历史的机缘往往发生在偶然之中。"新农村建设"作为一个流行的关键词席卷中国之时，笔者为什么会把对新农村建设关注的眼光落到了武义？

到武义来作新农村建设的课题是笔者做梦也没有想到的。笔者在武义工作过 20 年，离开武义也已经 20 多年了。在这 20 多年中，偶尔也回来过一两次，但都没有什么触动。武义的山还是那样的山，水还是那样的水，城还是那样的城。到今年初，笔者夫人退休后几次回到武义探亲，每次回来都对笔者说："你一定要回武义看看，那里的变化很大，你简直无法想象！"笔者就想这可能吗？武义真的变化这么大吗？很多亲戚和朋友也在电话里对笔者说："你不回来真是可惜了，现在的武义非常、非常好！"面对大家的鼓动，笔者开始动心了，怀着对第二故乡——武义难以割舍的情怀，在 2006 年 5 月 1 日回到了武义。

到武义的当天，笔者就发现武义县真的不一样了：熟溪变得更美了，溪边的公园绿树成荫，繁花似锦；壶山变得更绿了，葱葱郁郁，满目青翠；武义的马路更宽了，车水马龙；武义的商铺更多了，兴旺发达。笔者真不敢相信这是过去生活和工作过的武义县城！

在朋友们的陪同下，笔者还走出县城，对武义的一些乡镇来了一个扫描。先到了清水湾温泉度假村，去之前，笔者就想，清水湾不就是过去的溪里矿区嘛！温泉是很好，只是能有什么变化呢？到了那里，着实惊讶了。没有想到清水湾是如此的有规模、豪华、气派，仿佛是到了某个大城市的休闲度假村。许多来自杭州、上海的游客来这里度假。听说到了黄金周，不提前预订根本住不进来。这对笔者而言不啻是一种人类学文化上的震撼。笔者还到了少妃村。在笔者离开武义之前，岭下汤一带是经常去的，那里几乎全是荒山秃岭，哪里有景色可言！现在真的不同了，这一路过去，不是毛竹林，就是茶树山，再就是松树林，满目葱茏，绿得让人陶醉。接着笔者还到了宣平，参观了柳城畲族镇的小黄山。小黄山具有黄山之秀，其旁的小河在悬崖峭壁之间蜿蜒穿行，又具有三峡之雄。黄山、三峡的壮秀在这里得到完美的结合！一路走来，真是处处风景旖旎。听说还有清风寨风景区，号称"北有威虎山，南有清风寨"呢！

图2　徐村公路（徐杰舜摄）

在武义的两天颠覆了笔者对武义20年来的记忆，于是萌动了一种想法，把这种文化震撼与深刻感悟写下来。人类学有一个习惯就是不浪费每一种感受，有什么想法就赶快写下来。用了两个晚上的时间，《重读武义》这篇短文就诞生了。可以说，该文在武义发表纯粹是一个偶然。笔者是5日回武义去的，7日《重读武义》就上了武义新闻网，10日就见了《今日武义》报。正是以《重读武义》在武义的发表为契机，6月初我应县委、

图3　县委、县政府大门（徐杰舜摄）

县政府领导的邀请再次到武义，与傅利常县长、陈增加副书记具体讨论了课题的相关问题。这就是我们偶然地选择了武义进行新农村建设研究的背景。

附录：重读武义

　　编者按：今年"五一"期间，中央民族大学博士生导师、中南民族大学人类学研究所所长、广西民族大学汉民族研究中心主任徐杰舜教授，回到阔别20年的武义。徐教授在武义工作、生活20年，武义留在他记忆中的是贫穷、落后。20年后，当他再次回武义，武义山山水水的巨变，使他深感震撼。徐教授抑制不住激动的心情写下此文，意在鼓励我县人民继续开拓进取，朝着新农村建设和小康目标努力奋进。本报刊登全文，请读者关注。

　　一千三百多年前，唐代诗人孟浩然（689—740年）到武义，目睹武义的人物、情景，曾作诗《宿武阳川》曰："鸡鸣问何处，风物是秦余。"这就是说在孟浩然的眼中，历史虽已进入公元七到八世纪的唐代，但当时的武阳川，即今武义，仍然保留着秦代的风俗人情，可见当时武义与全国相比，大约落后了六七百年。

时光穿梭，到了20世纪80年代，当我在武义工作、生活了20年后离开武义时，留在我记忆中的武义是贫穷和落后。举一例来说，当时武义除了有一个县招待所以外，几乎没有一家像样的宾馆。壶山镇上下一条古旧的老街，溪南滩刚开发，从北岭洞到白洋渡再到百花山林场有的只是农田和山丘，其间少有的几家工厂，如造纸厂、钢铁厂等也都处在不景气之中。当时有不少到过深圳的武义人回来后都说，武义与深圳相比，起码落后了30年！

弹指一挥间，又是一个20年过去了。今年"五一"期间受朋友的邀请回到武义，武义山山水水的巨变，使我受到了一次文化震撼！

首先使我感到震撼的是武义的山绿了、水清了。曾记得，武义从二十世纪五十年代起，山林不断受到破坏，到六七十年代，公路两旁所见几乎都是荒山秃岭，难得还有凡岭脚的风水树、郭洞的水口树。而今天，无论哪条路，汽车驶过的地方两边都是青山连青山，茶树的翠绿，毛竹的嫩绿，松树的墨绿，把武义打扮得分外青翠。这几年我考察过不少地方的生态，我们总是惊呼经济发展了，生态破坏了，环境恶劣了。但是武义给人的印象却是经济发展了，自然环境更美了。看到武义的美山美水，我不得不由衷地赞美武义的生态环保搞得好！谁说发展与生态很难平衡?！武义的生态建设给人们做出了示范。

第二使我感到震撼的是武义的工业经济发达了。曾记得武义在二十世纪七十年代曾经有过一次工业的发展，兴建了棉纺厂、有机化工厂、钢铁厂、造纸厂、犁耙厂、化肥厂等企业，但是到了八十年代大多处于不景气的状态。而今武义民营经济有了飞跃的发展，工业园区经济已经初显规模。据县委办公室高副主任的介绍，武义每年产值超亿元的企业就有23家，利税最多的是三美公司，每年利税已达5000万元。当汽车奔驰在百花山一带，看着一座又一座标准厂房，而在其中做工的人大多是本土农民，这一切，使我心中油然产生了一个想法：有人说，中国还要有几个亿的农民进城，才能解决中国农民的问题。而武义的农民并没有大规模地进杭州、上海等大城市，而是就地发展工业，因地制宜地发展了萤石化工、电动工具、五金机械、旅游休闲用品等工业，围绕着县城壶山，建立了桐琴五金、泉溪金岩山、白洋深塘、壶山黄龙、熟溪东南、茭道杨家、履坦岗头等工业功能区，从而改县域经济以农业为主的单一结构为工农业均衡发展的复合结构，为社会主义新农村的建设开辟了一条道路。

第三使我感到震撼的是武义的人民富了。历史上武义人一向以忠厚老实的"武义芋"为形象标识，人们的生活水平一向低于周边各县，更不要说与江浙一带富裕的县相比。但这一次回到武义，惊奇地发现武义人真的富了。到一位朋友家中去作客，在县城工作的他早已搬进花园式的新居，100多平方米的房子装修得简约大方，无论客厅、餐厅，还是主卧、书房，都体现了健康高质量的生活。到农村去震撼更大，去柳城、新宅、履坦等乡镇，发现许多过去熟悉的破旧、落后的农村，已旧貌换新颜了。如凡岭脚村，过去几棵粗大的水口树后面就是一间又一间土墙黑瓦的传统民居，而今水泥砖房已连成片，除了水口树和村后的风景林如旧以外，整个村子已然变脸。而履坦、寺后一带农民的房子更是凸显了武义农民的生活水平和生活质量。眼见为实，早听人说浙江的人民普遍富起来了，今天我们见到富裕的武义人，不是为此作了最形象的注释吗？

第四使我感到震撼的是武义的文化底蕴被释放出来了。20世纪在武义工作、生活了20年，只知有一座熟溪桥和延福寺具有文化价值。今天到武义，除早已为人们所熟悉的国家级历史文化名村俞源和郭洞以外，还有南极仙翁故里寿仙谷、天鹅逗留的山水胜境石鹅湖、畲族风情浓郁的小黄山、可与威虎山相媲美的清风寨，以及清水湾、唐风等温泉度假村，都显现了武义历史文化的深厚内涵，所有这些风景已把武义点缀得更加秀丽、典雅。在此我特别想多写几笔的是小黄山。小黄山不仅有黄山之秀，还有三峡之雄，把黄山风光与三峡风景巧妙地融合在一起，更是衬出了武义山水文化之丰富多彩。与此同时，与风景文化相匹配的是武义风物文化的彰显，如武阳春雨，已成为浙江十大名茶之一；宣莲作为中国三大名莲之一，更是武义风物文化的一绝。说实在的，今天称"武阳春雨"和"贡品宣莲"为武义"双宝"实不为过。还有不得不提的是金穗民族中学。在县继续教育中心丁副主任的陪同下，我们专程考察了这所学校，参观了畲族文化陈列室，作为一个民族研究者，我为武义民族文化能在民族中学得到传承和弘扬感到无比的欣慰！

今天重读武义：武义变了，变美了，变富了，变文明了。借用孟浩然的问话，如果现在"鸡鸣问何处"，那么新农村是武义！

二　必然性：乡村人类学情结

选择武义又是必然的，为什么呢？这么多年来笔者一直在做乡村研究，不敢说走遍了全国，但起码也走了不少农村。笔者和夫人徐桂兰几乎走遍了整个新疆，在那里做了三年的调查。还有云南、贵州、内蒙古、甘肃、青海等地，笔者都做过大量的调查，广西乡村研究就更不用说了。这些调查都是我们的乡村人类学研究。乡土中国研究是人类学研究的核心圈，对于乡土中国研究，笔者自己在十多年里一直在思考这样一个问题，就是中国的"三农"问题，中国的农民、农村、农业发展的问题，到底该怎么发展？学历史的都知道，中国的历史实际上就是中国的农业发展史，或者是中国的农村发展史，或者是中国的农民发展史。笔者担任中国人类学高级论坛的秘书长时，会议的主题是"人类学与乡土中国"，在会上有一个焦点的问题，是关于我们的农民是离开农村还是留守农村的问题。我向论坛提交了一篇论文，题目是"中国农民守土与离土的博弈"，并在大会上作了主题演讲。为了说明选择武义作为新农村建设典型个案研究的必然性，特引述最后一段如下：

中国农民守土与离土的博弈实在是太难了，守土艰难，离土不易，叫他们怎么活？关注中国"三农"问题的人们焦虑着、思考着。据《中国时报》报道，国家劳动和社会保障部劳动工资研究所所长苏海南发表的研究报告说，尽管中国采取了一系列提高贫困人群收入的措施，但自从 2003 年以来，收入差距急剧加大，城乡收入差距评分从 1980 年的 80 分左右下降到 72.7，接近"黄灯"警戒线。1980 年城镇人均可支配收入是农村人均纯收入的 2.5 倍，到 2003 年该比例扩大到 3.32 倍；而农村居民收入差距的扩大，贫富悬殊的评价指数为 64 分，已接近 60 分的"红灯"警戒线。1992 年贫困农民的收入上限与一般农民之比为 1∶2.45，2004 年扩大到 1∶4.39。该研究报告还提出，当前中国农民收入分配差距中最核心的问题是农民收入过低问题。① 因此中国农民向何处去？在守土艰难，离土又不易的态势下，新的出路在哪里？

最近，笔者拜读了著名法国社会学家孟德拉斯（Henri Mendras）的名著《农民的终结》。这本出版于 1967 年的著作，对作为欧洲传统农业大国法国农民面临着农业文明的终结作了分析，并尖锐地指出："20 亿农民站在工业文明的入口处，这就是在 20 世纪下半叶当今世界向社会科学提出的主要问题。"② 李培林在译者前言中也焦虑地指出：现在在中国的行政版图上，几乎每天都有 70 个村落消失，原有的传统村落社会网络被打碎，使很多农民进入城市但又难以融入城市，产生生活和心理的各种困难。他同时又提出："根据我国目前每亩耕地投入的劳动力计算，农村只需 1.5 亿劳动力，目前的 3.6 亿农业劳动力，还需转移 2 亿多人，即使按 2020 年非农业就业人员达到 70% 的目标，也还需要转移 1.5 亿农村劳动力。"③

问题就是这样尖锐地摆在人们面前，在中国农民经历了守土的艰难和离土的不易博弈后，要考虑中国农民的新出路，必须作新的战略选择。

孟德拉斯在《农民的终结》的导论中曾经敏锐地指出：经验证明，技术在工业国家农业耕作中的普及要比其他地方快得多。法国或美国的农业增长 1 倍要比印度农业生产增长 10% 更为容易，苏联在半个世纪中取得了工业生产的巨大成就，但难以满足自己的需求。令人困惑不解的是，农业国家更缺少解决自己吃饭问题的能力，他们反而要向工业国家乞食。那么，如何解决农业国家的吃饭问题？孟德拉斯给人们树立了一个样板，他说："要想知道怎样使全世界的农民进入工业文明，以便使他们能够自己解决吃饭问题和走向繁荣，难道思索的最好例子不是西方国家已经完成飞跃的农民吗？"④

---

① 《贫富差距到危险的边缘——2010 后可能引发社会不稳定》，载《贵阳晚报》2005 年 8 月 25 日，第 24 版。

② ［法］孟德拉斯：《农民的终结》，李培林译，社会科学文献出版社 2005 年版，第 1 页。

③ ［法］孟德拉斯：《农民的终结》中文再版译者前言，李培林译，社会科学文献出版社 2005 年版，第 6—8 页。

④ ［法］孟德拉斯：《农民的终结》中文再版译者前言，李培林译，社会科学文献出版社 2005 年版，第 1—2 页。

对于法国农民，孟德拉斯提出了"农民的终结"的结论。但是仔细阅读了《农民的终结》后，人们会很清楚地认识到：孟德拉斯所说的"农民的终结"，并不是"农业的终结"或"乡村生活的终结"，而是"小农的终结"。在孟德拉斯看来，从"小农"到"农业生产者"或者"农场主"的变迁，是一次巨大的社会革命。在一个传统的农业社会转变为工业社会和后工业社会的过程中，农民的绝对数量和人口比例都会大幅度减少，但农业的绝对产值并不会因此大幅度减少，这是一些发达的工业大国同时也是农业大国的原因。而且无论社会怎样发展，无论乡村怎样变化，农民不会无限地减少，作为基本生活必需的原料的生产供应者——农业的从业者——也不会消失。

这就是说法国"农民的终结"，指的是传统的"小农"的终结。这个论述和分析，对我们认识今天的中国农民有重要的启示：

1. 中国农民目前仍然是传统的"小农"，乡村社会的本质特征仍未改变。

2. 中国农民正受着改革开放，即工业现代化的巨大冲击，农村人口大量外流。

3. 农民的外流，导致农村的衰落和乡村社会结构的重新建构。

如果把中国农民放在现代化的整体过程中去评估，那么目前中国农民正处在传统农业向工业化农业转型的开始。而中国农民目前的种种状态，都是这种转型开始时必然会出现的。但是，可以预言，经过这种痛苦的转型期，中国农民必然会从传统的"小农"转变成工业化的"农业生产者"。

正是因为有了这个乡村人类学研究的学术背景，特别是在第三届人类学高级论坛上，学者们就"守土与离土"问题进行了异常激烈的讨论，使我们对中国农村发展的未来走向有了一个清楚的认识，而党中央新农村建设的提出更是给我们指明了方向，就是要把中国的农村搞好，要让中国传统的小农终结，让它"死去"，让中国现代的农民、现代的农业、现代的农村在中国崛起。

必然寓于偶然之中，正因为有了对旧乡土中国的批判，对新乡土中国的梦想，所以，一到武义，就必然会被武义的巨变所震撼！我不仅深深地感受到武义的干部和群众正在进行一项伟大的事业——新农村建设，也深深地感受到武义的新农村建设不同于一般的以村为单位的模式，而是一个以县为单位全面推行新农村建设的个案，这是武义新农村建设最大的特点。于是，偶然的机缘变成了必然的结果，我从对中国农民守土与离土的博弈的研究，走进了武义县新农村建设的个案，展开了对新乡土中国的研究。这正是乡村人类学情结的释然。

三　意义与价值：新农村建设武义模式研究

中国历史所经历的从先进到落后的转变集中反映在农民的变化上——首次对中国农民的变迁史作出历史分析的孙达人如是说。[①] 这是由中国至今还是一个农民人口占绝对比例的国情所决定的，因此，无论来自何方的理论或思想，都必须受到"三农"问题的检验。人们曾经对"中国问题的实质是什么"给出过种种答案，如有人说中国问题的实质是经济问题，于是引发了人们对"经济至上"理论的信奉；又有人说中国问题的实质是人口问题，于是又引发了人人抓"天下第一大问题"的历史奇观，凡此等等，都或是误导了中国前进的方向，或是延误了中国前进的步伐。

历史不会重演，但失去的历史机遇却可以重新发现。今天，人们终于清楚地认识到中国问题的实质是农民问题。正是在这个理念下，"三农"问题才被提高到"全党工作的重中之重"，"三农"工作才被强调为"经济工作的重中之重"。对此问题，被人们称为"温三农"的温铁军，在2003 年 4 月 9 日回答安徽《决策咨询》编辑部采访时曾就中国"三农"问题的提出和观点形成作了回顾，并特别介绍了 2000 年年初，湖北李昌平给朱镕基的信，把"三农"问题形象概括为"农民真苦，农村真穷，农业真危险"，及至曹锦清《黄河边上的中国》和李昌平《我向总理说实话》两本书的出版，使"三农"问题由决策层的重视到全社会的关注的过程。[②]正因为有了对"三农"问题研究和关注的大平台，社会主义新农村建设顺理成章地成了"三农"问题研究的延伸和发展。在这个大背景下，"新农

---

① 孙达人：《中国农民变迁论——试探我国历史发展周期》，中央编译出版社 1996 年版，第195 页。

② 温铁军：《"三农"问题与世纪反思》，生活·读书·新知三联书店 2005 年版，第 10—12 页。

村建设武义模式研究"课题现实的意义和学术价值何在？

从上述我们对中国新农村建设的文献回顾来看，当前中国新农村建设比较成功的模式，大都是以村为单位的典型，而县一级的典型仍在探求中。而新农村建设武义模式的研究与其他模式根本的不同在于：这是一个在县域范围里整体推进新农村建设的典型个案。由于县是中国最古老、最重要的基层行政单位，决定着国家经济发展的基础和社会秩序的稳固，所以在县域范围整体推进新农村建设的模式，其影响力、示范力、作用力都大大超过了以村为单位的新农村建设模式，为什么呢？这是因为：

第一，县域的范围大，可以有效地整合各种资源和力量开展新农村建设，充分显示县域社会的整合性，这是一个村所不可比拟的。

第二，县域的实力强，可以有效地组织工业反哺农业，先进帮助落后，发达的支援欠发达的，充分显示县域经济社会的整体性，做到全县一盘棋，这是一个村不可能做到的。

第三，县域干部精英，可以有效地给农民做宣传、组织农民、服务农民，充分发挥县域人力资源的作用，这是村里的干部所不可及的。

第四，县域的影响大，抓好一个县的新农村建设，等于抱了一个"西瓜"，而抓了一个村的新农村建设等于捡了一颗"芝麻"。所以从中央和省、自治区、直辖市一级来说，抓好一个县的新农村建设比抓好一个村的新农村建设作用更大，影响更大。

中国有近70万个行政村，但只有2074个县，抓好一个县的新农村建设，等于抓好了一个面，而抓好一个村的新农村建设，仅仅只是抓好了一个点。片与点的示范力、影响力、作用力孰大孰小是不言而喻的。所以，本课题的现实意义和学术价值在于，以武义县为个案，对县域新农村建设的经验进行全面的考察和研究，把武义的经验上升为理论，即上升到中国新农村建设的理论高度，以期充实和丰富中国农村现代化的理论，并同时对中国贫困地区和后发地区的新农村建设起到典型示范作用。具体来说，"新农村建设武义模式研究"课题的意义还有以下几点：

1. 武义是一个后发县，与周边各县相比一直处于较落后的状态，因此，研究这样一个后发县如何建设社会主义新农村更具普遍意义。

2. 武义是一个在发展经济的同时，又治理了环境的县，这种经济发展与生态保护得到平衡的个案，符合科学发展观，是新农村建设的一个典型。

3. 武义在新农村的建设中"以人为本"，使广大农民群众真正富了起来，这对贫困县或刚开始脱贫的后发县具有借鉴意义。

4. 武义在发展经济的同时，又重视了文化建设，使武义的文化底蕴不断地释放了出来，这对精神文明建设也具有现实意义。

总之，武义在社会主义新农村建设的实践中，已经创造了一些对贫困县、对后发展地区有重要借鉴意义的经验，形成了"协调平衡、沟通和谐"的发展模式，具有重要的理论价值，同时对武义今后的发展也将产生积极的指导作用。中华民族正在伟大的复兴之中，新农村建设正是中华民族复兴的主旋律之一，武义模式的脱颖而出则是中国社会主义新农村建设交响乐中的一个华彩乐章。

第二篇 记忆：历史的武义与开放的武义

从旧乡土中国到新乡土中国是一个过程，从梦想到现实也是一个过程。在这个过程中，我们选择了武义，那么，我们就要走进武义的历史，寻找历史的记忆，从而透视武义，了解历史的武义，认识开放的武义，以把握新农村建设的武义。

第三章 "风物是秦余"：历史记忆中的武义

唐朝时与王维齐名的大诗人孟浩然，在游历东南时曾到过武义，写下了描写武义山水的诗——《宿武阳川》。诗曰：

> 川暗夕阳尽，孤舟泊岸初。
> 岭猿相叫啸，潭影自空虚。
> 就枕灭明烛，叩舷闻夜渔。
> 鸡鸣问何处，风物是秦余。

"风物是秦余"，正是唐代武义风俗古朴，保留秦代遗风的生动写照，也是从古到今武义社会风物特征的一种文化表达。

一 解读武义：地理与建置

武义县位于浙江省中部，地处金、衢盆地东南边缘地带，东邻永康，南界丽水、缙云，西连遂昌，北接金华、义乌。其地势南高北低，中部隆起，丘陵起伏，山地连绵。海拔千米以上的山峰有雄鸡岩、龙头眼睛、龙潭背、乌龙尖、六千岗等79座，最高峰为西联的牛头山，海拔1560米，均系仙霞岭延伸的一些分支，其中以樊岭最完整。南有柳城平原，北有武义平原。全县面积1577.2平方公里，丘陵占61%，山地占33%，平原占6%。县境内水源丰富，较大的河流有武义江和午溪（宣平溪），以樊岭为分水岭，分属钱塘江水系和瓯江水系。武义江流向西北，上接永康江，流经桐琴、履坦等地，进入金华与东阳江合流，主要支流有清溪、白溪、熟溪、白鹭溪等。午溪流经县东南，注入丽水县的大溪，支流仅有东、西两溪。全县属亚热带季风气候，四季分明，气温适宜，雨量充沛加上土壤肥沃，物产丰富，真是自然条件优越的一块宝地。

早在新石器时代，武义就有人居住。草马湖、千丈岩、祝村、新宅、荷丰等地出土的石斧、石锛、石镞等都提供了物证。上古之时，禹划九州，武义为扬州地。公元前 2000 多年时，夏少康封其子无余于会稽（今绍兴），号于越，武义便属越地。自此至战国中期，武义均属越。今壶山镇金鞍山和章岸村凤凰山，还发现有商、周文化遗址。约公元前 306 年，楚怀王灭越国，武义遂属楚。秦统一六国后，置会稽郡，武义属乌伤县地至两汉。三国吴赤乌八年（245 年），析乌伤的上浦为永康县，自此经南北朝到隋，武义俱属永康。唐天授二年（691 年）武则天时，析永康西境置武义县，以其县东有百义山而得名，隶婺州，后改名武成县。天祐元年（904 年），复名武义。自此到宋末属婺州东阳郡，元朝属婺州路，明初属宁越府。明洪武二十年（1387 年）至民国初均属金华府。1914 年废府设道，属金华道。1927 年废道制，直属浙江省至 1949 年。而原宣平县部分，秦朝属闽中郡，西汉时属东瓯国，西汉昭帝始元二年（前 85 年）属会稽郡回浦县，东汉章帝章和元年（87 年）属会稽郡章安县，顺帝永和三年（138 年）属会稽郡永宁县，献帝兴平二年（195 年）属松阳县，三国吴少帝太平二年（257 年）属临海郡松阳县，东晋明帝太宁元年（323 年）属永嘉郡松阳县，隋文帝开皇九年（589 年）属处州括苍县，唐、宋、元及明初，均属处州郡丽水县。明代宗景泰三年（1452 年）分丽水县宣慈、应和两乡及懿德之北乡，以剿宣平寇为名，始置宣平县，属处州府至清。1914 年属瓯海道，1927 年直属浙江省。1949 年年初属丽水专区，1952 年改属衢州专区。1955 年衢州专区撤销，改属金华地区。1958 年 10 月，武义与永康合并为永康县。1961 年 10 月与永康分县，恢复武义建制，宣平仍划属武义县。全县人口三十余万，其中有畲族 1 万余人，主要分布在柳城镇。

二　乡土情结：壶山与熟溪

武义人自古风俗纯朴，乡土感情浓烈，这种乡土情结聚集于壶山和熟溪。

1. 壶山，是武义人的祖山

壶山，是武义人人文特征的象征，其海拔高 280 米，坐落在武义县城西北角。这座矗立在武义平原之中的小山包显得格外挺拔和雄伟。早时，人们一说起武义或武义人最常说的一句话就是"不见壶山泪汪汪"。虽说这是对古时武义人性格的描述，却也饱含着武义人对壶山的深情与依恋。壶山在武义人心中是祖山，她有神气、有灵气、有豪气。

据清嘉庆《武义县志》记载，壶山因山上有潭水，其状如壶而得名，壶山在《府志》《通志》上皆称湖山，是武义县城的主山，祭土神谷神的社稷坛就设在壶山上。武义人有观壶山预知天气的习惯。笔者记得小时，第二天准备出远门想预知天气，老人定会告诉我：抬头望望壶山顶不就知道了！说是如果见着壶山顶有云，称之"壶山戴帽"，即可断定天要下雨。壶山上建有壶山寺、慈云庵和亭阁数座，是游人墨客喜欢的小憩之地。壶山还是历代官宦、学士的必游之地，游客在赞叹之余，吟诗留念，武义现存颂扬壶山的古诗尚有十多首。明万历年间，武义知县张国裳曾给壶山头亭即凌云亭撰联曰："锦绣万花谷，乾坤一草亭。"据说雨后的壶山景色尤其壮丽迷人，清人倪成萱有诗《壶山春霁》赞曰：

孤亭临喷薄，驿树出城来。
落影阴犹合，连山望忽开。
禅枝宿众鸟，石柱仄青苔。
兜率知名寺，气酣歌吹台。

今日壶山，每逢雨前雨后，"戴帽"风格依旧未变，望壶山之巅，烟云缥缈一如仙境。春季壶山之翠绿如宝石临城中，秋时金晕绕壶山之顶如神佛视城内，夏季壶山送爽形成一清凉谷，冬季壶山生高雅，更见其风情万种。壶山就是风姿绰约武义人的象征。武义人爱壶山，壶山是武义人生活的福地。

2. 熟溪，是武义人的母亲河

熟溪是大自然赐给武义人的礼物，它是武义人的母亲河。熟溪不仅养育了武义人，同时美化了武义县城。熟溪，古名武阳川，元代至正年间，取"溪有水则岁熟"之意而改名熟溪。

图 4　壶山全景（徐杰舜摄）

图 5　熟溪桥日出（章军摄）

　　熟溪发源于桃溪镇碧水坛，全长 27.6 公里，先东北行并沿途合入番背、深井源、大坑口诸小溪，至源口村，有梅岗溪（小同水）自右岸汇入源口水库，再东流出白姆，受管坑水出李兰桥。李兰桥以上河段称麻阳港，李兰桥以下河段称熟溪。她依次有乌溪、古竹溪、双坑溪、南缸窑溪自右岸汇入。熟溪径直穿越县城，于胡处、丁前处汇入武义江，然后下婺江，过兰江，进富春江，最后由钱塘江注入东海。

　　前述盛唐山水田园诗人孟浩然曾在武义建县不久到武义，留下了《宿武阳川》一诗，清人倪成萱赞绘"武阳十景"之二的《熟水秋澄》云：

天高云去尽，溪水绕尽余。
接缕垂芳饵，潜波想巨鱼。

狎鸥轻白浪，别浦落红蕖。

出郭已清目，溶溶满太虚。

古诗人笔下的桃花源——熟溪，风物古朴幽雅，诱人神往，千百年来静静地流淌在武义的大地上，滋润着武义人，养育着武义人。如今熟溪在湖畔公园的陪伴下，更是风情万种，分外妖娆。古老的母亲河焕发出了青春光彩。

三　畲族聚居：柳城畲族镇鸟瞰

畲族——武义唯一的世居少数民族，聚居在柳城这个小镇上。这不禁让人发问：畲族是怎么来到四周皆为汉族的这片土地之上？它又是如何在柳城绽放自己独特的风采？在武义日益繁荣的今天，畲族向人们讲述了什么样的故事？

1. 源流：柳城畲族的历史记忆

打开尘封的记忆，历史上的畲族经过几度辗转迁徙来到柳城定居，并在后来的革命战争中英勇不屈，为国家的建立贡献自己的力量；还在和平年代延续自己独特的生产、生活习俗。尤为令人留恋的是它那出淤泥而不染的"宣莲"和优美动听的山歌。

（1）武义畲族来历

畲族是一个古老的民族，自称"山哈"或者"山达"，意为居住在山里的客人。由于历代统治阶级的残酷压迫和民族歧视以及战祸和自然灾害等原因，他们背井离乡，辗转迁徙。据《武义柳城镇志》记载：畲族最早迁往浙江（景宁）是唐永泰二年（766年）。宋、元时期，畲族迁徙更加频繁，活动的范围也愈来愈大；到了明、清时期，畲族自南而北，大量往浙江、安徽等省迁徙，武义畲族迁入时间从明朝末年到中华人民共和国成立前夕，大多祖居云和、景宁两县，途经丽水、松阳、遂昌等地迁居而来。目前定居在柳城地区的畲民有钟、雷、蓝三姓。

武义的畲族现有人口万余人，聚居在柳城畲族镇的有3500余人，是浙江畲族人口聚居最大的一个民族镇，属浙江省18个民族乡镇之一。畲族使用本民族语言，没有文字，对外通用的是汉语。

（2）畲族的生产方式

历史悠久的畲族人民，辗转迁徙，物质生活尤为简朴，在漫长的生产劳动实践中形成了一些特有的生产、生活习俗。

——社会生产习俗

畲族人民一直依山而居，畲民主要从事农业生产，以种植水稻、番薯为主，狩猎经济为辅。

早在公元7世纪，畲族先民的农业生产主要是"刀耕火种"，所耕之地多属于缺乏水源的旱地。受土质、水利等自然因素的限制，农作物产量不高，所以终年劳作依然过着食不果腹的艰苦生活。由于长期居住在深山老林、野兽出没之地，因此畲族的狩猎经济一直比较发达。

柳城畲族人民近代农业生产还包括山地生产和手工业生产。山地生产以种植番薯为主，同时兼种黄豆、玉米、蚕豆、花生、毛芋、洋芋等，部分畲民亦种植生姜、宣莲等。下湖源、白马下、堰下等地畲民种植"宣莲"相传已有两百多年的历史。如今，许多柳城畲民都种植"宣莲"。

勤劳淳朴的畲族妇女，不但是生产能手，也是编织刺绣的能工巧匠。他们的手工艺品种类丰富、色彩斑斓、风格独特。畲族居住的地区普遍出产毛竹、杉木，因此部分畲民在农闲的时候，都会编制一些斗笠、筐等竹器农具；除了编制外，家庭纺织也是畲族家庭手工业中重要的部分。妇女纺的麻布，织的腰带，在满足自家需要后，还会拿到市场上出售。

——生活习俗

畲族人民"结庐山谷，诛茅为瓦，编竹为篱，伐荻为户牖"，聚族而居。一般住茅草房和木结构瓦房。现在随着畲族人民生活水平的改变，建小楼房的人越来越多。畲族山区，水田少，旱地多，水稻种植较少，杂粮较多。畲族平时的饮食和当地汉族相同，主食有大米和番薯，杂粮有小麦、高粱、小米、玉米以及南瓜、马铃薯、芋头等。副食有竹笋、蔬菜、野菇、野菜、鱼、肉、蛋等。节日食品较有特色，主要有乌米饭、菅叶粽和糍粑等。

畲族服饰文化多姿多彩，畲族服饰以"凤凰装"最具特色，衣料多为自织的麻布。在服饰和围裙上刺绣着各种彩色花边，有大红、桃红夹着黄色的花纹，镶金丝银线，象征着凤凰的颈、腰和美丽的羽毛；红头绳扎的头髻，高高盘在头上，象征着凤髻；全身悬挂着叮当作响的银器，象征着凤凰的鸣叫。相传畲族始祖盘瓠王因平番有功，高辛帝招他为驸马，在与

图6　畲族下山走亲（唐桓臻提供）

三公主成亲时，帝后娘娘给三公主一顶非常珍贵的凤冠和一件有珠宝的凤衣，祝福女儿三公主像凤凰一样给生活带来吉祥如意。其婚后生下三男一女，当盘瓠王的女儿长大出嫁时，美丽的凤凰从广东凤凰山衔来了五彩斑斓的凤凰装。从此，畲族妇女穿凤凰装，以示万事如意。

　　——民间文化

　　在长期的历史进程中，畲族人民创造了富有本民族特色的文化，畲族有自己的语言而无文字，他们都是以歌来叙事、抒怀、言志的，在以歌耕作、会友、传知、施教、自娱，在婚嫁、丧事、祭祖等习俗活动中，更是少不了歌，可谓无所不及，所以畲乡素有"歌的海洋"之称。

　　唱山歌是畲族文化的传统。每年农历三月初三，是畲族"三月三"对歌节。"三月三"这天，主要活动就是去野外"踏青"，吃乌米饭，以缅怀祖先，故亦称"乌饭节"。乌米饭是用一种植物的汁液把糯米饭染成黑色而来。相传在唐代，畲族首领雷万兴和蓝奉高领导畲族人民反抗当时的统治阶级，被朝廷军队围困在山上，将士们靠吃一种叫"乌饭"的野果充饥渡过难关，于第二年三月三日冲出包围，取得胜利。后来，人们把三月三日定为节日，在那天吃"乌米饭"以表示纪念。节日期间，附近几十里同宗祠的畲族云集歌场，自晨至暮，对歌盘歌，内容为歌颂盘瓠，怀念始祖。整个畲山，沉浸在一片歌的海洋之中。晚上，各家吃"乌米饭"，深夜，进行祭祖活动。从 1994 年开始，柳城畲族镇与丽水市的老竹畲族镇、丽新畲族乡、松阳县的板桥畲族乡联合轮流举办三月三畲族歌会，目前歌会已举办六届。以歌会友，以歌传情，歌会已成为浙南地区独特的民俗文化活动。

畲族的春节也独具民族特色，节日里家家贴红，人人着新衣，到处鞭炮声，相互道喜，备办三牲厚礼祭祖。畲民十分重视过春节，畲乡流传着这样的一首顺口溜"糯米做糍圆又圆，香麻拌糍甜黏黏"。说的就是做糍粑，表达了畲民盼望在新年里有好时运，生活年年（黏黏）甜的美好心愿。初一早上，全家叩拜"盘古祖先"，老人讲祖先创业的艰难，过后举家团聚，唱山歌，送贺礼。青年男女则走乡串寨，以歌传情，互叙友情。

畲族在大年初五的时候要"赶年"，也叫"开年驾"（送年），即把供品摆在天井或门口祭祀。祭祀后，再由长者率儿孙到各房间、通道、鸡舍、牛猪栏、狗窝等处，边扫边吆喝，然后将垃圾倒出村口的路边，打扫完后，全家喝糖茶，预祝年年有余，意为驱邪，送神归位。

2. 沿革：柳城镇的风物图画

丰富的自然资源、丰饶的物产、独特的小吃为我们描绘出一幅迷人的柳城风物画。同时，为武义经济的可持续发展提供了资源保障。

（1）建置沿革

柳城原名鲍村，在新石器时代就有先民在此生息，明景泰三年（1452年）建宣平县，清康熙年间（1662—1722 年），知县张祜召集民众在城四周植柳，数年后柳树成围，遂名"柳城"。柳城原为宣平县治所在地，明景泰三年（1452 年）建宣平县，1958 年宣平撤县并入武义，1961 年武义县恢复建制，改称柳城公社。1983 年改制称柳城乡，1985 年恢复柳城镇建制。1992 年原大源畲族乡并入，改称"柳城畲族镇"，是武义南部地区重镇和经济文化中心。2001 年，全县乡镇区划调整后，新塘乡、竹客乡、云华乡并入柳城畲族镇。

柳城畲族镇位于瓯江流域的宣平溪上游，总面积 170.2 平方公里，辖 53 个行政村、1 个居委会，总人口 2.9 万，其中畲族人口 0.35 万。柳城畲族镇是武义县南部地区经济文化中心，2001 年被省政府列为"浙江省小城镇综合改革试点镇"。

（2）宣莲

柳城一带流传着这么一句谚语："天赐宣平黄金土，地育宫廷白玉莲"，说的就是宣莲——中国三大名莲之一，[①] 是武义县传统的名贵特产，因产于原宣平县而得名，有近 200 年历史，是清代皇家宫廷选用的贡品。如今主要产于柳城、西联等乡镇。

每年六七月份，荷叶田田，莲子飘香，莲子就到了成熟的季节。近几年来，柳城畲族镇为了扩大影响，提高宣莲的知名度，已经成功地举办了三届"宣莲节"。此时宣莲已经成为武义南部地区农民脱贫致富的特色产业。

（3）大男麻糍

相传农历正月十四为陈十四夫人诞辰。这一天，上坦村凡头年生儿得子者，家家洗石臼，捣麻糍（年糕），前往村口夫人殿祭献，俗称"大男麻糍"。这是为答谢夫人送子、保媳顺利生产之大恩而特制的一种礼物。大男麻糍重数斤，正面染成五色，由家中大人专程送往夫人殿供奉，同时焚化五色纸制罗伞、锡纸等物，以谢夫人送子之恩。又如云和县民间，凡子女体弱多病，就要给孩子拜认个"亲娘"，以借助他人的福气或神佛的力量来保全。拜认亲娘的对象有好几种，其中就有拜陈十四夫人为亲娘的。其拜认的仪式是：用米筛一面，古铜镜一面，孩子衣衫一件，拉在长竹竿上，树立在屋檐口，备三牲祭品，由道士来祭请陈十四夫人，行认亲娘礼。孩子病好后，每年七月十五日要备办三牲祭品，仍请道士来主祭，祭后用五色彩线一束系在孩子的头颈上和手臂上，俗称"还俊"。孩子长满十岁，就要杀猪宰羊，作最后一次隆重的祭祀，俗称"满俊"，以报夫人保佑的"俊德"。凡拜认陈十四夫人为亲娘的，就号为"夫人儿"。[②]

（4）酿冬瓜酒

冬瓜作为一种蔬菜，它不仅味道鲜美，而且能使眼睛明亮。它的食法很多，但是最让人感兴趣的是在畲族流行已久的用冬瓜来酿酒。先选一只上十公斤重的大冬瓜，瓜蒂不摘，用一个支架把冬瓜的底部固定，用竹刀在冬瓜的上部开一个小口，取出待用。待蒸熟了的糯米饭变凉后，加入些红酒曲，小心地填入冬瓜里装满为止，然后把瓜封好。这样，让糯米饭红曲在冬瓜里发酵，待闻到酒香时，即可开怀畅饮。此酒有健骨强身、清凉

---

① 中国三大名莲为：宣莲、湘莲、建莲。

② 雷国强：《畲风越韵》，炎黄文化出版社 2002 年版，第 31 页。

解毒的功效。①

3. 开放：柳城畲族镇风景画

"开放的交通、优美的城镇、特色的旅游"的发展思路为我们描绘了柳城畲族镇繁花似锦的一幅风景画。

（1）开放的交通

一个地方要发展，就要有开放的交通。过去柳城受到区域条件的影响，发展缓慢。但是现在所见到的柳城，路宽了，车多了。俨然已经形成了一个四通八达的交通枢纽。在柳城考察时，时任柳城畲族镇党委书记李杨勇介绍说：

> "开放的交通"就是健全交通网络，实现柳城对外交通的全面辐射，提高柳城的人流、物流、资金流。今年，要集中力量抓好上松线四期工程建设，确保10月份建成通车；加快7.1公里吴郑线和新塘至马遂公路连接线的改造和建设，争取早日完工；全面完成三赤线改造的前期准备工作，待上松线全线通车后，尽快实施三赤线改造；同时继续加大康庄工程建设力度，全面完成未完工的80个康庄工程项目。现在环城南路硬化改造工程，正组织投标；城中路改造完成了80%路基建设；吴郑线公路已建成通车。

开放的交通一定会给柳城畲族的发展带来新的机遇。

（2）优美的城镇

把柳城建设成最佳人居环境，一直是柳城镇上到政府下到农民的愿望。一个地方要发展首先要把镇区建设好，镇区怎么建？规划是龙头。通过调查分析，确立了抓城镇建设，带动全镇经济发展的思路和建设优美城镇的目标。李书记又向我们讲述了他们的工作思路：

> 通过积极地向省、市、县争取，上面也很支持我们的基础设施项目。我们这有两条溪，西溪去年建好了，今年我们在做东溪。东溪我们也是建防洪工程，我们两个都叫防洪工程，但是其实做的都是城市景观工程，把它们作为城市景观来建的。东溪我们是用城市景观的理

念去建的，都是用鹅卵石铺就，群众的反映不错。沿溪岸边我们还要建一个跟我们柳城相适应的荷花主题公园，这些在大城市可能不算什么，但是在我们这些乡镇，老百姓是非常满意的了。城中路还要改造，环城南路是一条30米宽的路，这条路也要硬化改造。这样使整个镇区形成环形。然后就是污水的处理，我们要把这里所有的污水管道都集中起来，搞一个小型的污水处理厂，再搞一个垃圾填埋厂。到年底基本整治告一个段落后，我们就下力气去管镇区的卫生、秩序、环境，把这里建设成适宜人居的环境。

循着这样的思路，今天的柳城畲族镇一定会成为洁净卫生、城区优美、适宜人居的美丽山城。

（3）特色旅游

改革开放以来，柳城畲族镇坚持从实际出发，发挥优势，发展特色旅游。李书记还向我们介绍说：

特色旅游是我们在去年搞的一个南部旅游规划。在这个规划里面，我们就提了四句口号"十里荷花，百里森林，千年古刹，万亩茶园"——十百千万。"十里荷花"就是指我们这里特有的宣莲。宣莲是全国三大名莲之一，以前我们只知道卖莲子，今年还有一个新的卖点就是莲蓬和莲花，这就是增收的一个新的渠道。通过这两个途径打开宣莲的市场，我们还考虑把荷花做成水生花卉盆景并搞深加工，加工荷叶茶，荷花茶。一方面带动农民增收，二个又是农业观光旅游的好项目。"百里森林"是指牛头山，牛头山是国家级的森林公园，我们也要利用这个国家级的森林公园来带动我们这个地区的发展。"千年古刹"主要就是延福寺，是国家级的文保单位，还有台山寺，它有1400多年了，是柳城最古老的寺庙。"万亩茶园"也是农业项目，因为武义是中国有机茶之乡。它的产业核心区在柳城，现在武义所有这些名茶的基地都在柳城，这里就是它们的发源地。国外来拍茶基地都是在台山的茶园拍的。所以下一步我们在发展茶园、改造茶园的同时，还要开展农家乐旅游观光这种形式。我们在小黄山搞了个畲族文化村，在周处村搞了畲族歌会，就是想把畲族文化做大一点。那么现在除了畲族文化，还要跟柳城原来本地的一些文化一起来挖掘，比如下个月，就是 8 月 18 日搞第三届宣莲节。我们的想法就是用文化搭台，旅游唱戏带动经济的发展。

对李书记讲的我们确实深有感触，小黄山的壮美、小三峡的秀丽，十里荷花的风雅给我们的柳城之行抹上了绚烂的色彩。

四　革命老区：建党与开辟革命根据地

当下说到武义，人们都知道其以温泉旅游而闻名于江浙一带，又以更香有机茶叶风靡京城上下，却鲜有人知武义还是中国革命的老根据地，这是武义人值得骄傲的历史记忆。

1. 中共武义地方组织的创建

早在 1926 年 8 月，中共武义县第一个党支部宣告成立。当时在金华七中师范部读书的武义籍中共党员千家驹、徐云从同金华钱兆鹏来武义建党，先后发展李守初、何觉人、邵李清、王子如、王惠质、蒋卓南等人为中共党员，并在县城头巷李守初家举行入党宣誓仪式，成立了中共武义县第一个党支部，推选李守初为书记，邵李清等 6 人为委员，隶属杭州地委领导。

武义县党支部成立后，支委分工深入城乡，发展党员，建立党组织。1926 年 11 月，北伐军胡公冕团挺进武义，武义党支部组织群众夹道欢迎，并组织党员为北伐军当向导，参加战时服务团支持北伐。至 1927 年 4 月，全县建立党支部 9 个，发展党员近百名。蒋介石发动"4·12"反革命政变后，国民党先后三次"清党"，中共武义地方组织领导人被迫隐蔽他乡，留下的党员成立武义临时县委，由王子如担任书记。1927 年 10 月，中共武义县委机关遭破坏，同年 11 月，省委指派徐英回武义担任县委书记，恢复党的活动。徐英回家乡后，在下王宅重新组建武义县委，推选邵李清为县委书记。至 1928 年年底，全县共有党支部 67 个，党员 750 多人，并建立了东、南、西、北四个区委。

中共武义地方组织创建后，积极筹建工会、农民协会和妇女协会，邵李清在邵宅成立第一个农民协会，全县共建立了 150 个乡村农民协会，会员有 2 万多人。

原宣平县中共地方组织始建于"4·12"反革命政变后的 1927 年 8

月。宣平籍中共党员潘漠华在杭州参加中共浙江省委领导的秘密工作时，推荐同乡潘振武负责宣平党的通信和组织工作，又指派同乡党员曾志达携带省委指示回宣平建党。曾志达回家乡后，与潘振武发展陈俊入党，在柳城东街协盛酱园后屋召开会议，成立了宣平最早的党组织"三人小组"。随后，发展俞契琴、吴谦、潘思源为中共党员，成立中共宣平独立支部，由曾志达任支部书记。同年10月，省委批准成立中共宣平县委，曾志达任县委书记，陈俊等4人任委员。不久，省委机关遭破坏，潘漠华在杭州被捕，出狱后回宣平上坦，避居冷泉岩进行党的活动，曾志达等前往共商建党和开展农民运动大计。县委召开活动分子会议，发动工农开展革命斗争。至1928年年底，宣平县先后建立5个区委、35个党支部，有党员500多人。各级党组织积极发动工人农民开展"二五"减租、"小土改"等革命斗争。

武义地方组织的创建与卓有成效的工作，为第一次国内革命战争至第二次国内革命战争期间武义县工农革命运动的蓬勃兴起和红军暴动、武装斗争持久的开展，奠定了最早的革命基础。

2. 组建红军反围剿

在第二次国内革命战争时期，武义农民在党的领导下组建了红军打土豪反围剿。1929年6月，中共六届二中全会精神传到浙江，隐蔽在义乌的县委书记邵李清回到武义组建红军。1930年1月27日，邵李清等8人在今邵宅王村附近的龙潭坑秘密召开会议，面对白色恐怖，决定组建红军队伍，根据省委下达的"举行总暴动"的决定，指派红军骨干到县境内东、南、西、北四乡组建红军武装。3月，在金华、武义交界的大公山正式成立"中国共产党浙武红军游击队"，建立了总指挥部，由徐金财任总指挥，邵李清任党代表兼副总指挥，下设东、南、西、北四路红军游击队指挥部。东路红军指挥部设在上茭道沙溪、三角坑一带；南路红军指挥部设在郭洞宝泉岩、清溪坑一带；西路红军指挥部设在上四保的仰天垄；北路红军指挥部设在清塘附近的野猪塘。红军游击队组建后发展迅速，4月，在白姆的上桥又成立了西路红军游击队茶山营，6月，根据斗争形势发展的需要，又成立了第五路红军游击队，红军人数迅速扩大到3000多人，革命势力遍及全县山区，并影响金华、缙云等邻县边境。

与此同时，1930年5月，宣平红军在今俞源乡阳铺坪首先建立北营，邱金隆任指挥。6月上旬，宣平西营红军在今桃溪镇大河源成立，郑汝良任指挥。6月中旬，宣平南营红军在今大溪口乡山下鲍成立，潘成波任指挥。6月下旬，宣平县委在坦洪乡上周村鸡紫坪召开各营负责人会议，成立"宣平红十三军浙西第三纵队军事委员会"，由曾志达等7人组成，并由曾志达出任宣平红军总指挥，其时，宣平红军发展到2000多人。

这样，武义县境内红军人数达5000余人。他们在党的领导下，轰轰烈烈地开展了革命斗争，发动群众开展抗租、抗粮、抗税、惩办民愤极大的恶霸豪绅，如1930年3月20日，邵李清亲率红军，在上邵村处死疯狂反攻倒算的恶霸豪绅邵三青。不久又击毙后陈村恶霸地主陈予贤。与此同时，又用土铳、大刀、梭镖、土炮等武器与汤恩伯的正规军和国民党省政府的保安队的围剿进行了殊死战斗，取得了反围剿的胜利。1930年4月16日，国民党反动军队300余人分三路围攻设在大公山的红军总指挥部，红军总部队约200名战士在邵李清的亲自指挥下，充分利用险要地形，与敌人展开激烈战斗，连续击退保安队数次进攻，战斗一直从黎明持续到傍晚，最后，终于在北路红军的有力配合下安全转移。此外，影响较大的战斗还有金公岩反围剿、血战三岩寺、奇袭后树保安团等。

武义、宣平红军从1930年初组建到年底，历经大小战斗数十次，活动范围遍及全县90%的乡村，影响遍及周边县市，沉重打击了国民党反动派的统治和地主豪绅的封建势力。1930年8月26日的中共中央机关报《红旗日报》，以显著位置报道了这场声势浩大的农民武装斗争："武义农民游击队自本年2月创建以来，跟着目前全国革命浪潮之日益扩大，同时其游击斗争，亦日益发展……现在该县正在武装农民包围之中。"[①]

面对日益壮大的红军，反动政府调兵遣将进行血腥镇压，红军领导人邵李清、吴谦、潘土法等先后被捕牺牲。1930年10月后树战斗之后至1931年，武义全县遭受国民党反动军警逮捕和杀害的共产党员、红军战士有一千余人。武义的红军斗争虽然遭到了反动武装镇压，但英勇战斗的光辉业绩却永垂青史，他们永远是武义人民宝贵的精神财富。

3. 粟裕在武义建立革命根据地

第二次国内革命战争后期，粟裕在武义建立了革命根据地。1935年3月，中国工农红军挺进师一、二、三纵队数百人，在师长粟裕率领下，进入浙西南地区开展游击战争，建立革命根据地。他们的足迹遍及武义、宣

---

① 转引自徐增其主编《可爱的武义》，中共武义县委宣传部编，2001年，第34页。

平的 16 个乡镇、50 多个村庄。红军挺进师在武义的活动主要有：

（1）全歼省士官教育团

1935 年农历六月，国民党浙江省长黄绍竑亲率省保安队士官教育团两个连，巡视清剿浙赣铁路沿线红军。一个连驻扎在宣平小溪口，另一个连驻扎在宣平吴宅村（今属俞源乡）。粟裕师长当机立断，带领部队来到士官团必经之地凡岭脚，埋伏在附近山冈，趁驻扎吴宅村的士官立足未稳，发起突然攻击，全歼敌人，缴获机枪、冲锋枪等大批枪支弹药。挺进师获胜以后，又于第二天从遂昌门阵出发，奔袭驻扎在宣平小溪口的士官团另一个连，并将其歼灭。

（2）攻打宣平县城

为巩固闽浙边境革命根据地，牵制敌人围剿红军的兵力，粟裕师长率领挺进师于 1936 年 9 月 28 日（农历八月十三）夜，攻打了宣平县城。挺进师分两路夜袭：一路登上城北后龙山占领制高点，封锁敌人两个碉堡的出入口；另一路从城西架梯进入县城，隐蔽在尚义门待命出击。挺进师迅速占领宣平县城，毙敌多名，俘敌 100 余人，缴获大批枪支粮饷，敌县长从县府后门仓皇溜走。挺进师打开监狱，释放了 80 多名参加红色暴动的农民。

（3）打击地方恶霸土豪

挺进师进入武义、宣平地区后，在对敌作战的同时，所到之处开仓济贫、分配田地给农民，并严厉镇压群众痛恨的恶霸土豪，狠狠打击了地方反动势力。1935 年春夏之交，粟裕率领挺进师 480 余名官兵，到达宣平东坑，根据群众的举报和意愿，处决了群众痛恨的刘增福等三个恶霸，并没收他们的财物和粮食分给贫苦农民。挺进师政治部主任黄富武率领挺进师一部 200 余人，活动在武义溪里甘塔、大溪口乡车昌、宣武乡少妃、大田乡岭卜汤一带，分散发动群众，集中打击敌人，镇压当地的反动乡镇长和恶霸地主。1935 年 8 月，挺进师宿营上甘塔村，写下"工农团结起来打土豪分田地"等内容的标语 72 条，至今尚存。甘塔村已被定为浙江省重点文物保护单位。

（4）开辟宣（平）遂（昌）汤（溪）游击根据地

1936 年底到 1937 年初，挺进师在宣、遂、汤边境地区，开辟游击根据地。春节前后在今桃溪镇子坑村成立中共宣、遂、汤工委，统一领导根据地的建设。挺进师采取武装斗争与群众工作相结合的方针，积极恢复和发展地方党组织。在宣平境内先后建立党支部6个，发展党员83人。挺进师几次给清剿的敌人以沉重的打击，不断加强根据地建设，迫使周围的保、甲长为红军办事，区、乡长保持中立。

1937年9月全面抗战爆发，粟裕率领部队离开宣、遂、汤游击根据地，开赴抗日前线，他们的英雄业绩是武义革命史上最光辉的一页。

正因为武义在第一次国内革命战争的时期到第二次国内革命战争时期，在风雨变幻之时，面对白色恐怖，不仅组建了中国共产党的支部，还组建了红军打土豪反围剿，建立了革命根据地，有力地支持了粟裕率领的中央红军的革命斗争，为中国革命贡献了自己的力量。所以，1988年5月13日，浙江省人民政府浙政发（1988）72号文件通知，经省老区工作领导小组审核研究，省人民政府批准，武义县为革命老根据地。这是武义人民永远的骄傲，也是武义历史光辉的一页。

五　以农为本的人文特征

武义土壤肥沃，水源丰富，气温适宜，物产繁多，但位居僻处，山多人稀，风俗古朴，自古以来社会的发展比中原地区落后。夏、商时期，中原已进入奴隶制时代，武义还处在原始氏族社会阶段，在桐琴、壶山、柳城的低丘盆地平原上出现了一些原始村落，原始时代的武义使用磨制的石器，烧制成一种质地坚硬的陶器，过着渔猎和原始农业的生活。唐时孟浩然游武义时，所见"风物是秦余"，可见当时的武义人还保留着秦朝的遗风古俗。故武义风俗古朴，重农桑，尚节俭，民敦厚诚实，不好工艺，不善商贾，乡土感情浓烈。南宋爱国学者吕祖谦对武义人评价说："负山之民，气俗敦悫，乐田亩，而畏官府，遨嬉侈丽之习，独不入其乡。"[1]对此，《万历旧志》也说："男务生业，女勤纺织，家家尚俭朴而安质素，无狗马踏鞠之戏，亦鲜绮绣斗胜之观。无论村落僻坞，即城市之民，莫不笠纠饷黍稼穑是事。"又说：其"俗不服贾，所业唯耕，地宜种秫。……武俗淳朴、俭啬、狃常习故，绝不喜新斗异。……民务农田，不为商贾、技艺，轻去其乡。男不为厮役，女不作婢妾。"[2]

---

① 《武义县志》卷三。悫：诚笃、忠厚之意。
② 以上所引均见《武义县志》卷三。狃：习以为常之意。

图7　农民在收割稻谷（徐杰舜摄）

因此之故，近、现代以来武义人外出做工、从商的极少，绝大多数人世代务农。正如武义民谚所说："泥饭碗敲不破，种田地万万年"，"东赚钱，西赚钱，勿如灌水好犁田"。世代务农的经济生活，造就了武义人敦厚纯朴的人文特征，对此金华地区民间就评价说："武义芋头，宣平呆头。"意即武义人敦厚、随和，像芋头一样朴实；宣平人更加老实、憨厚。

武义人的这种特点与其自然条件有很大关系。武义土地肥沃，田多人少，当地俗语就说："挖一锄头可吃三天"，"一年收成可吃三年"。故《武义县志》卷三引许白云的话说：武义"地狭而土肥，其民殷庶"。这可以认为是武义人重农桑、尚节俭、敦厚诚实的物质基础。又正如俗话所说："东阳靠把斧，永康胡公祖，武义靠块土。"这样富庶美好的地方生活，丰衣足食，当然"不为商贾、技艺，轻去其乡"。至今仍流传着"武义人靠块土，三天不见壶山就要哭"的俗语，表现了武义人浓似酒的乡恋之情。总之，武义人的人文特征是：尚农、敦厚、节俭、恋乡。

认识和了解武义人的这种人文特征，对于今天武义人在改革开放和新农村建设中所发生的巨大变迁不能不感到一种文化的震撼。

第四章　春天的故事：改革开放中的武义

改革给神州大地注入了新的活力，给武义的发展带来了新的契机，20多年来，武义人民谱写了一曲曲动听的乐章，上演了一幕幕动人的故事。

一　星光灿烂的故事

凌晨四点，这儿开始变得热闹起来，喇叭声、吆喝声、搬货声，声声入耳，买者与卖者经过一番讨价还价之后，最终喜笑颜开，多笔生意在这个时刻、这个场合顺利成交。这儿就是武义县有名的星光蔬菜市场，位于武阳路南侧，与武义汽车站相邻，交通方便，处于城区发展的中心地段。如此繁华的星光蔬菜市场，你会把它跟一个村联系到一起吗？一般不会。然而这正是笔者想说的，星光蔬菜市场是星光村村民筹建起来的，它是星光村人的菜市，也是武义人民的菜市。

星光蔬菜市场的建立是星光村史上的一个里程碑，使星光村走上了一条"以工补农，以商补农"的致富之路，发展成为武义县闻名的亿元村和首富村。如今的星光村与武义城区融为一体，没有人分得清哪里是城，哪里是村，村民的小洋楼一栋胜过一栋，老年人不再担心养老问题，小轿车一年年在增多，村民遇到难题或纠纷有村里的协会帮助解决，等等。星光村人的福气让很多人有不愿当市民愿当星光村村民的感慨。

改革开放以来，特别是20世纪90年代以来，星光村进入一个飞速发展的时期。这个时期，星光村人以自己优越的区位优势和良好的发展机遇，在一个团结、务实的领导班子带领下，积极发展集体和民营经济，筹集资金投入基础设施建设，优化了星光村的投资环境，改善了村民的生活条件，为县里创建文明城镇打下了良好的基础。

星光村属武义县城所在地壶山街道管辖，位于县城的繁华地段，历来为全县和全镇的政治、经济、文化和交通中心，具有优越的区位优势。星光村虽分为新村区和老村区，但仅隔解放街北端不足半里的距离，而新村区东起朝阳路西侧，西至解放街东侧，且解放街和武阳路又是新兴的全县商业中心，星光村则居于商铺林立的商业中心区域。从农田位置来看，星光村的水田大部分位于县后畈的上畈和下畈，这里地势平坦，是县城的交通中心，接近商业区；村里处于县后畈的土地已被国家征用，用于发展交通、商业和服务业，逐渐被开辟成为省级武义经济技术开发区。从文化教育方面来看，县城办学最早的近思堂、壶峰书院、壶山小学堂直至现代的壶山小学，抗日时期的县师范讲习所、绍兴香山中学武义分部（后改办成明招中学）、城西小学，还有民众教育馆、解放后办的县文化馆等单位曾设在本村区。繁华的小商品市场、全县规模最大的蔬菜、水果市场，以及县城交通枢纽武义汽车站等均设在本村区。星光村还是老革命根据地村，具有光荣的革命传统。① 这些先天性的区位优势为星光村的飞速发展奠定了坚实的基础。

改革开放的不断深入为星光村的腾飞提供了良好的机遇。1993 年以前，星光村经济发展还相对缓慢，贫穷落后的面貌未能从根本上得到改变，1992 年全村工农业总产值仅 104 万元，人均收入才 924 元；到了 1993 年，新的村领导班子成立，全村干部群众在新领导的带领下，解放思想，开拓进取，根据本村的区位优势，集中资金投入基础设施建设，大力兴办乡镇企业和发展个体民营企业，星光村开始进入快速发展时期。1993 年以来，村里投资 300 多万元建起了 14000 平方米的星光停车场，又建起了 4300 平方米的北岭大厦和武北大厦，还盖起了 10 幢设施配套齐全的厂房，创造优良的投资环境，并贯彻实施各项优惠政策，积极吸引外地人才、资金来村经商办厂。至 1996 年年底，全村已办起联办、村办、户办企业 70 多家，同年又投资 400 多万元在武阳路口繁华地段兴建了 14000 平方米的蔬菜、水果市场，共有摊位 600 个。星光村由企业和市场牵头，带动了全村经济的飞速发展，一年跃上一个新台阶，一年一个大变化。2005 年，村级收入达到 1040 万元，全村人均年收入达 5800 元，为 1992 年的 6.3 倍，

---

① 《星光村志》，武义县武阳镇星光村编委会编，1998 年 11 月，第 1—4 页。

位居全县 555 个行政村之首。①

　　星光村在大力发展经济的同时，还十分重视精神文明建设，积极开展创建文明村镇活动。自 1993 年以来，村里投资 50 多万元为村民办公益事业，安装自来水，修建水泥路，改装广播电视线路，搞好环境卫生，使村容村貌发生了巨大变化。1996 年村里又拿出 5.1 万元，补贴 213 户村民安装上程控电话，占全村总户数的 80%，成为全县第一个电话村。从 1997 年开始，村里向 60 岁以上老人按月发放养老金，当年老人的养老金和慰问金年均可获 3000 元，② 到 2005 年，村里的老人年均养老金和慰问金已达 10000 元以上。近些年，星光村年总收入已突破 1000 万元，这些钱主要用于全村基础设施建设，改善村民生活，每个村民每年可分到 7000 元的生活补助。此外，村里的计划生育和综合治理等各项工作也搞得比较好，曾几次被评为县计划生育先进单位和县社会综合治理先进集体。

二　"先行官"的故事

　　武义曾经广为流传着一句顺口溜："一年五谷丰，就是路不通，有货卖不出，致富一场空"，没有路成了武义人贫穷和落后的根源。交通滞后给社会进步和经济发展带来极大的制约，给人民的生活带来诸多不便，是人民致富的绊脚石。当改革春风吹进武川大地时，武义人就已经意识到"若要富，先修路"的道理，把交通道路建设作为先行行业来抓，让交通发展带动经济发展，经济发展带动人民致富。

　　今日武义人，可在"家门口"直接乘火车到达北京、南京、上海、广州、汉口等全国大中城市；金丽温高速公路穿城而过，驱车到杭州不用两个小时，到上海不过 4 个小时，快捷便利的交通大大缩减了武义与周边发达地区的时空距离；康庄工程的建设，让高山蔬菜走出高山，科技知识走进高山。公路建设架起了经济社会协调发展的桥梁，使武义人真正尝到了甜头。南部山区丰富的山货运出了山门，走进了市场；"车轮经济"让山区农民鼓起了钱袋子，2004 年新宅镇大莱等 10 个村种植的 2 万多亩高山四季豆，平均每亩收入达 3000 元，"公路效应"使四季豆每亩增收 850

---

① 《星光村志》，武义县武阳镇星光村编委会编，1998 年 11 月，第 2—3 页。
② 《星光村志》，武义县武阳镇星光村编委会编，1998 年 11 月，第 3 页。

元。干线公路修建的强劲势头，更带动了武义山区第三产业的发展，来武义观光旅游者从往年的数万人次增至 2005 年的近 60 万人次，2006 年上半年已达 54 万人次。路修畅了，更多的武义人走出去学经验，学技术；更多的外乡人走进来办工厂，办企业，经济开发区和工业功能区已引进外来企业 600 多家。

图 8　金温铁路通车（县外宣办提供）

近十年来，武义交通建设突飞猛进，日新月异。武义经济社会跨越式发展的时期，也是武义交通建设大会战的历程——铁路从无到有，公路从"三桥一路""四自工程"到"三年三线"工程，从低等级公路建设和养护到参与高等级公路建设，从干线畅通工程建设到县乡村道路建设，从康庄工程的全面铺开到县道路面硬化的全面完成，武义县交通掀起了一波又一波建设高潮。

1995—2005 年，全县建成铁路项目 1 个，计 24.96 公里；投入公路交通建设资金 22.33 亿元，建成高速公路 25.925 公里、干线公路 12 项，计 121.205 公里，以及一大批县乡公路与乡村康庄工程项目。到 2005 年年底，全县公路通车里程可达 1135 公里，等级公路网密度达到每百平方公里 72 公里，交通"两纵六横"公路网基本形成，武义"大交通"从规划成为现实。

兴建铁路是武义人梦寐以求的夙愿。1992年12月28日，随着清塘隧道一声炮响，拉开了金温铁路武义段建设的序幕。金温铁路武义境内全长24.96公里，设武义、履坦二站，贯穿白洋街道和履坦、泉溪、桐琴3个乡镇34个行政村。经过铁路建设者两年的艰苦奋斗，1994年12月27日顺利完成武义境内路轨铺设任务。1998年6月11日，金温铁路全线开通运行，结束了武义没有铁路的历史，圆了武义几代人的铁路梦。

金丽温高速公路武义段开工建设是武义公路建设史上的一个里程碑。武义段主线全长25.925公里，连接线9.8公里，途经白洋街道和履坦、泉溪、桐琴3个乡镇28个行政村，工程总投资7.9亿元。其中，一期工程全长13.1公里，总投资4.05亿元，于2001年12月18日竣工通车，实现了武义高等级公路零的突破；二期改建工程全长12.8公里，总投资3.85亿元，于2002年12月18日建成通车，标志着武义公路建设由普通型向高等级发展的一次飞跃。金丽温高速公路的建成，对武义打开山门，改善区位优势，缩短武义与经济发达地区的时间、空间距离，优化投资环境，实现武义经济腾飞具有巨大的作用和深远的影响。

图9 县级公路一景（徐杰舜摄）

乡村康庄工程建设进一步改善了农民的生产生活条件，加快了城乡一体化建设步伐，为社会主义新农村建设奠定了扎实的基础。2003年，浙江省交通厅提出了实施康庄工程，武义县抓住机遇，乘势而上，在全县范围掀起乡村康庄工程建设高潮。2003年和2004年共完成县乡公路、乡村康庄工程建设 505.95 公里，其中路基提升 202.47 公里，路面硬化 303.48 公里。2005 年，康庄工程建设 131 个项目，共计 411.6 公里，总投资 11864 万元；县道砂石路面硬化工程 21 个项目，共计 220.84 公里，总投资 9507 万元；改造危桥 10 座；实现全县县道硬化率 100%。乡村康庄工程是一项为农民服务的工程，它打开了农民致富的大门，促进了特色农业的发展，增强了农民的生态意识，解放了农民的思想，结束了"修一条路，毁一片林"的历史。

干线工程的实施，极大地缩短了县内外联系的时空距离。2001—2005 年，武义县大力修建干线公路，一大批交通重点工程相继建成，并且有一部分正在实施建设当中。如 330 国道武义段改建工程，43 省道（永武线）武义段改建工程，44 省道（上松线）武义段二期、三期改建工程，武丽线改建工程，两个金丽温高速公路连接工程，44 省道西门岭入城口、43 省道双路亭入城口改造工程等已经建成；金华十八里至武义公路改建工程武义段，44 省道上松线向北延伸武义至义乌公路武义段新建工程等正在建设当中；绿色通道工程已完成绿化里程 228.1 公里；建成客运西站和新宅准四级客运站，全县建成 106 个停靠站点并投入使用。以上这些干线工程的建设，加快了人流、物流和资金流，拉动了招商引资的力度，工业经济和社会各项事业呈现出跨越式发展的态势。在上松线、永武线、高速公路武义连接线两旁相继建成了浙江省武义县经济开发区及桐琴、茭道等 10 个工业功能区。

武义交通建设紧扣"完善功能配套，推进基础设施建设，以县城为中心，形成东北地区 15 分钟交通圈，全县 1 小时交通圈"的思路，实现了超常规发展，带动了武义经济跨越式发展。

三 众人拾柴的故事

武川大地，山清水秀；明招文化，源远流长。在壶山之麓，熟溪之畔屹立着一所环境幽雅、空气清新、绿树成荫、鸟语花香的花园式学校——武义一中。创建于 1938 年的武义一中已走过 68 年的征程，经历了中华人民共和国成立前后两期历史风云和教育事业曲折发展的风风雨雨，八迁校址，十三次易名，已发展成为省级重点高级中学，为祖国培养了一批批优秀人才。

在武义一中十三易名的过程中，1946 年创办的"武义县私立明招初级中学"承载着深厚的明招文化。宋朝名儒吕祖谦和朱熹曾讲学于武义明招寺，而吕祖谦及其先人的墓葬也都在明招山，为纪念、继承和发扬先哲的治学精神，特定校名为"武义县私立明招初级中学"。而在武义一中八迁校址的历史过程中，1997 年是具有历史性意义的一年。这一年里，武义县委、县政府郑重地作出了迁建武义一中的决策，从而给武义一中带来了新的生机。

迁建前的武义一中，作为县里唯一的省重点学校，在办学条件上先天不足，已满足不了现代教育发展的要求。全校 24 个班级，1300 多名师生员工，校园总面积仅有 26 亩，且分两个校区，远隔两处，给教师的教学管理工作和学生的学习生活带来极大的不便。校园已无余地进行扩建，许多图书因无图书馆而束之高阁，学生的集会因无礼堂而于室外举行，就餐则因没有餐厅而把寝室当饭厅。此外，狭窄的校园还被 40 多家农户所包围，鸡犬之音不绝于耳，车辆轰鸣声震教坛，严重影响了学校的教学秩序。在这种严峻的形势下，在"教育优先"的当代，政府作出了迁建一中的决定。然而迁建工作可是一项十分重大的工程，当时县里经济基础差，财政相当拮据，资金问题很现实地摆在了大家面前。

正当政府领导在为迁建资金问题苦恼之时，迁建一中的消息悄然传开，立刻牵动了全县 33 万人民的心，大家都清醒地认识到，"再穷不能穷教育""人民教育人民办"，武义经济要高质量的发展，必须有高素质的人才，培养高素质的人才就必须有高水平的学校，而高中教育对于培养高素质人才更是有着重要的意义。这样，迁建决定化作了社会各界和广大人民群众的自觉行动，单位竞相赞助，群众踊跃捐款。

武义一中迁建对武义人民来讲是一件大喜事，对本校的全体师生员工来说更是历史性的机遇，为此，在 1997 年 2 月 26 日的捐资大会上，老师们捐出了微薄的工资，同学们捐出了压岁钱，王甲胄老师捐款 1000 元，成为全校师生中捐款数额最多的人。

1997 年 2 月 27 日，桐琴镇楼于村农民王文亮将自己参加金华市早稻育秧高产竞赛中获得的 500 元奖金捐献给一中迁建，以表他对教育事业的支持；同一天，有位农民赶了 50 多公里路来到一中迁建办，将自己省吃俭用余下的 1000 元钱捐献出来，还不留名；熟溪街道农民王天安，自己生活并不富裕，平时节衣缩食，但却慷慨捐出 500 元；武义城东园艺场场主程

图 10　武义一中外景（县外宣办提供）

华忠捐了价值 1 万元的花木苗；年过古稀的一中退休职工陈贤兴，捐出了多年积蓄 1100 元；1997 年 3 月，台胞李守藩先生前后捐资 21 万元。

一中迁建动员大会的前一天，城市信用社召开中层干部会议，大家认为一中迁建是造福子孙的大事，要尽心捐助，结果单位捐款 10 万元，34 名职工平均捐款 400 元以上，城市信用社成为全县人均捐资额最多的单位。

恒友机电有限公司经理吕志辉，听到一中要迁建的消息，慷慨捐资 3 万元，为全县民营企业主捐助一中迁建开了个好头。

动员大会上，县五套班子成员均捐款 500 元以上，县政协副主席胡绍培，因讲课未能参加动员大会，课后他兴冲冲地给分管文教的副县长傅美桃打电话，说他捐 800 元。刚从外地调到武义人武部任部长的邹忠玺，在动员大会上捐资 1000 元，一回家就电告原部队 4 名战友，赞扬武义人重视教育，克服困难准备迁建一中，结果他的 4 位战友马上电汇 5000 元要他转捐一中迁建办。

在建设图书楼过程中，我国北京农业研究所所长、中国农业大学校长、武义籍的著名农业科学家方悴农先生嘱其儿孙慷慨捐款人民币 48 万元资助一中图书楼工程建设。武义县人民政府为了表达对方先生一家捐资助教、无私奉献的感激之情，决定将武义一中图书楼命名为"悴农图书楼"。①

---

① 余显仁：《武义一中悴农图书楼竣工》，载《武义报》1999 年 5 月 27 日。

众人拾柴火焰高，在短短的一年多时间里，武义一中迁建办收到来自社会各界集资、捐款 1327.75 万元，为一中迁建的一期工程顺利完工奠定了坚实的经济基础，为 1998 年 12 月 19 日武义一中新校园落成暨建校 60 周年大会带去浓浓的情意。

而今的武义一中，校园面积 180 亩，资产 4600 多万元，校园占地 120188 平方米，生均占地 63.86 平方米，现有建筑面积 35446.51 平方米，包括教学楼、图书馆、办公楼、科技楼、食堂、男女生宿舍等建筑群体，生均建筑面积 18.83 平方米。学校教育教学设施投资达 800 多万元，基本达到现代化的标准，配有电脑房、语音室、多功能教室、视听阅览室、理化生实验室、多媒体教室、校园"四网"、400 米跑道标准运动场、室外篮球场、排球场、网球场等教学设施。有班级 42 个，学生 2300 多人。[1]

四 珍珠王国的故事

"古话讲'水上的东西是不保险的'，珍珠养殖风险很大，就像'水底摸葫芦'，摸到葫芦，那就赚了，如果摸不到葫芦，那一分钱也赚不了。"笔者在采访武义县隆兴珍珠养殖专业合作协会会长陈祖良时，他这样说道。珍珠，美丽的外表背后隐藏着风险，还有人愿意养殖它吗？当然会有，为了它的美丽，为了它天生赋有的挑战性，有这样一群人喜欢并经营着珍珠的美丽，他们从独自闯荡珍珠养殖业到集体成立珍珠养殖王国，一路经历着珍珠养殖行业的大起大落。

武义县隆兴珍珠养殖专业合作协会会长陈祖良，从事淡水珍珠养殖已经 24 年，见证了珍珠养殖业的低谷期和高峰期，更是武义珍珠王国的创建者之一。1982 年，武义县外贸局从外省引进淡水珍珠苗，介绍给他试养。他开始养殖时是以养苗为主，买回珠苗养两三个月就转手卖掉，一次挣一两千块也是件很高兴的事。到了 1985 年，他投入一笔较大的资金 2000 元进行养殖，那段时间里，他日夜挂念着珠苗，不管白天黑夜，都在小池塘边上守着，生怕被别人偷去。后来经过他半年的培育，珠苗大些了，这时有诸暨人想跟他买这些苗，他就将买来时五分钱一个的珠苗以两毛钱一个

---

① 资料来源：武义一中省一级重点中学复查材料，2004 年 10 月。

卖出去，挣了一万多块钱，成为村里让人羡慕的万元户。成功的喜悦使他坚定了走珍珠养殖这条路的决心，在1982—1990年的8年时间里，他逐渐扩大养殖规模，规模最大的时候达到13亩水塘，他有了一定的积蓄，开始意识到自己应该走出去看看外面的世界，把眼光放得远一些，不然总是"只看到小溪，看不到大海"。于是1990年他开始走出武义，到金华和诸暨开辟自己的珍珠事业，然而在诸暨养殖时亏了50万元，这让他记忆深刻。到了1993年，他的养殖事业开始跨出浙江省，到福建进行合股养殖，三年后珍珠成熟，获得较高的利润。之后逐渐向江西、湖南、湖北等省发展，在那里建立淡水珍珠养殖基地。而1999—2000年对陈祖良来说是大丰收期，那两年珍珠价格高，刚好他养殖的上千亩珍珠又喜获丰收。近几年来，陈祖良更是看准淡水珍珠市场，有的放矢地进行投资，他的淡水珍珠养殖基地遍布全国7个省区，给当地农民提供了一条致富之路，也给他创造了巨额的财富。他凭着自己多年的珍珠养殖经验，给中国的珍珠界提出一点自己的看法：中国珍珠界应当向日本珍珠界学习，立足于国际市场。其实中国的淡水珍珠产量在全世界占90%以上，而在国际市场上，中国的珍珠却远不如日本的珍珠有名气，国际上认可的是高品质的珍珠，日本人从中国把珍珠买去，经过他们的加工，再挂上日本的牌子。所以中国人要改变观念，放眼国际市场，打造中国自己的珍珠品牌。

集淡水珍珠养殖技术和巨额财富于一身的陈祖良，不愧为隆兴珍珠养殖专业合作协会会长！他的成功带动了武义几千农民进军淡水珍珠养殖业，并分布于全国各地，还成立了全国规模最大的淡水珍珠养殖协会。

珍珠养殖投资大，风险大，利润也高。为了减少个人养殖珍珠的风险，许多养殖户进行合股养殖，同时还把养殖基地分散到不同的地区，这样就可避免一人一地养殖的高风险性。尽管人家都是几个人合股养殖，但从整个行业来看，还是处于一种分散状态，没有规范性。武义县领导看到这种情况后，多次建议养殖户们成立珍珠养殖合作协会，认为这是农民致富的一个很好的组织形式。经过多年的合股养殖的养殖户们经县领导多次建议后，也逐渐意识到珍珠养殖要成气候，必须成立养殖协会，由多人联合起来，以大户带小户的形式进行养殖，从而增强经济实力，促进产品销售，增加信息交流。2004年3月23日，在陈祖良等几个养殖大户的筹备下，武义隆兴珍珠养殖合作协会成立，把淡水珍珠养殖业推向了一个更高

的位置。协会成立后，会员之间的矛盾以及会员在外面养殖珍珠时遇到的
纠纷都可由协会进行协调解决，并且协会还为会员提供行业信息和交流养
殖经验的平台。协会就相当于一个单位，当会员遇到难题时，协会可以以
单位的名义为会员解决。会员每年需交 100—300 元的会费，具体数额由协
会内部因情况而定，协会收到的赞助、捐款、会费等费用都不投入生产，
而是作为协会内部的活动经费，用于举办会议，外出学习养殖技术，购买
内部学习资料，会员遇到资金困难时安渡难关，发放工作人员的工资，与
商界进行商务交流等。珍珠养殖合作协会的成立，规范了淡水珍珠养殖
业，为养殖户提供快速而准确的养殖新技术和国内外珍珠行业信息，使他
们能够更加明智地进行投资，从而降低了投资风险，提高了成功率。

图 11　珍珠养殖（徐杰舜摄）

　　目前，武义的珍珠王国——隆兴淡水珍珠养殖合作协会已有 5000 多人
分布在湖北、湖南、江西、广东、安徽、江苏、福建等省从事珍珠养殖，
养殖面积已达 2 万余亩，投入的资金大概在 5000 万元。在外省从事珍珠养
殖的人员包括技术人员、管理人员和销售人员，他们控制着淡水珍珠市场
的源头市场，所养的珍珠，一部分销往内地，另一部分则经香港销往世界
各地。他们在互通信息当中发现，有核畸形珍珠的养殖开发在国内还没有
成功，于是他们便联合起来从事有核畸形珍珠的研究和开发，最后成功地
建立起全国最大的有核畸形珍珠养殖基地。现在珍珠养殖户在省外建立的
基地有 50% 以上水面是养殖有核畸形珍珠的，他们开发的有核畸形珍珠已

有"五角星"等10多个品种，改变了珍珠只有圆形珠单一品种的状况。①
大量有核畸形珍珠投放内地和香港市场后，引起了众多珠宝界人士的关
注，为香港珍珠商会会长吴广强等人称奇。

中国的淡水珍珠在武义隆兴珍珠合作协会的用心培育下，逐渐形成高
品质、高档次、高特质的中国珍珠品牌，中国的晶莹珍珠将走遍世界。

---

① 舒清海：《五千武义人在外建起珍珠王国》，载《今日武义》2006 年 8 月 9 日。

第三篇 协调：人与自然平衡的武义

人类社会的发展，从一种意义上来说就是人与自然的关系史。千万年以来，人类社会在处理人与自然的关系时，总是在平衡与不平衡之间博弈。什么时候人与自然的关系处于平衡状态，人就会有好日子过；什么时候人与自然的关系处于不平衡状态，人就永无宁日，不是天灾横行，就是瘟疫流行。

人类为了生存，为了生存得更好，总是要追求发展，这种追求在人类的历史上从来没有停止过。而新农村建设，正是在中国改革开放取得伟大成就之后，中国农民为了追求幸福生活的一种文化表达。因此，从本质上来说，新农村建设要做到人与自然的平衡，就必须协调人与自然的关系。

那么，人与自然的关系如何才能得到协调发展，武义新农村建设从生态家园、特色农业、工业园区、温泉旅游和城乡统筹五个方面为人们提供了经验，构成了武义模式人与自然协调建设的基本元素。

第五章　生态家园：武义模式
元素之一

在人与自然的关系中，生态平衡是关键。但人与自然的平衡是一场艰难的博弈，当代生态的恶化不断威胁着中国社会的现代化，有时人们不得不提出发展还是不发展的问题。武义新农村建设生态家园的经验，却给人们展示了在经济发展的同时，生态同样可以得到良性的发展，生态家园成了武义模式的一个重要元素。

一　记忆与掠影：从"高山放野火"到
"碧水绕青山"

武义 1300 多年的建制史，可以说是一部人口与环境互动的历史，也是一部武义生态变迁的历史。这部历史呈现的画面深刻而耐人寻味，也启迪了今日武义人在寻求自身发展中处理好人与自然关系上的智慧。

据《武义县志》记载，宋以前武义的人口已经无可考察，武义和宣平的旧志里面只记载了武义从宋以来、宣平从清以来的人口变动情况。宋时武义人丁①为两三万左右，历经了元、明，一直到清朝初期，武义（清朝开始，武义人口和宣平丁口②加在一起）的丁口都未有突破过七万。及至清康熙、雍正年间，由于采取了"轻徭赋与民休息""招集流民奖励垦殖""滋生人丁永不加赋"等政策，大大促进了人口的增长。此后，武义、宣平两县人口激增，从雍正九年（1731 年）到宣统二年（1910 年），武义的

---

① 宋时，政府为了征收身丁税，人口只计男不计女，男子二十为丁。
② 元至清康熙、雍正年间这个人口数值为"丁口"，丁为男，口为女。

人口数从 15308 丁口迅速达到 155329 人。① 短短 179 年间，人口数量增加了数倍之多。

　　人口的急骤膨胀，导致平原人满为患，大量人口涌进山区，刀耕火种，吃山用山，时日一久，原始森林植被破坏殆尽，武义的历史上第一次遭遇了生态失衡。关于武义此段时期生态的情况，包括《宣平县志》在内的相关史志以及民间的口述都有所涉及。康乾时期，伴随人口积聚增长而进入浙江的粮食作物是玉米和番薯，因其"不烦灌溉，不忧旱涝，不计土之肥饶"② 而"山民多种以济粮食"③。然而，"陡绝高崖，皆可栽种"④的结果却是严重的。《宣平县志》记载了大面积栽种玉米之后武义生态破坏的情况："山中种此，即土松石出，每逢大雨，山石随势下坍，溪涧填寒，宣（平）自嘉庆五年大水，溪潭患沙石堆积，水不能蓄，即是之故，然山种苞芦⑤十年必败，并不可栽竹木，利尽而害随至矣。"⑥

　　民间口述对于武义这段历史的生态失衡状况也有描述：

　　　　南宋北方人迁武多在平原丘陵，涌进深山区的正是康末乾初，且多数是"福建祖"，来武的目的就是"种山"，先是判山卖柴烧炭，尔后买山，种玉米、番薯、靛青，山种"败"了，种杉树、毛竹，卖树造土纸。再不行的种松树，茶籽，还不行抛荒长狼衣（蕨）茅草，深山冷坞无所不至……现在到山区走一走，一眼就可以看出它们的经历，连牛头山都烧炭、垦殖的踪迹随处可见，真正原生态的植被就可能剩石门西侧那一小片……

　　随后，从民国开始到中华人民共和国成立前这段时间里面，武义的农业生产机具、技术都没有得到明显的提高，还是属于传统的刀耕火种；中华人民共和国成立后一直到 20 世纪 80 年代，虽然在引进推广改良农具和现代农业机械上有所努力，但是粮食的生产并没有得到质的飞跃。与此同

---

①　武义县志编撰委员会：《武义县志》，杭州：浙江人民出版社 1990 年版，第 91 页。

②　《淳安荒政纪略》。

③　《武川备考》卷四，物产篇。

④　《寅平县志》卷五，实业志，物产篇。

⑤　苞芦即为玉米。

⑥　《宣平县志》卷五，实业志，物产篇。

时，武义的人口却依然在急骤增加。1957 年武义和宣平两县人口合计为 212586 人，到 1986 年为 31.05 万人。① 人地的矛盾并没有得到根本性的解决，"高山放野火，丘陵不毛地"的景象依旧存在。

人口增长带来粮食的压力，导致民国以来一直到 20 世纪 80 年代初期，都存在着和清代以来相似的情况：

> 从民国时期开始就是这样的，山区农民就是种玉米、番薯。一直延续到一座山的树全都砍掉，然后柴火都堆在那里晒干，晒干后拿来烧，烧了以后，那土地都烧松了。我们那边都这样的，一块块山的砍。我们一片地方三五年里面一直种玉米、大豆之类的，那种了四五年以后给荒芜掉了，然后自生自灭，然后草长起来，树、毛竹长起来，那这个地方没得种了，又到一个地方另开一块，交替的，我们那个山区里几乎每一座山都是开过的，我们山区基本都是这样。
>
> 在 1960 年、1961 年最困难的时候，当时中央为了解决全国农民吃粮困难的问题提出了"瓜菜代"的口号，就是用瓜、菜来代替粮食。那么，我们山区很多人就把那个原来长毛竹的地方，长树的地方，有柴火的地方都砍掉，种萝卜啊，种菜啊，种玉米、豆之类的。这个对于山区的生态的破坏是比较严重的，平原地带也有一点。
>
> 这种情况一直延续到 20 世纪 70 年代后期。80 年代初以后，慢慢地，粮食有了剩余，就不需要去种玉米了。我觉得那个时候山区农民开荒种玉米的情况也慢慢减少了。②

问题还不仅仅在于单纯的人口对于环境压力的问题。新中国成立后很长一段时间里面，各类带有时代特色的"运动"也对武义生态失衡起着推波助澜的作用。

1958 年的大炼钢铁的时候，武义的林业生态再次遭遇了一次大的毁坏：

> 1958 年"大跃进"年代，全国人民大炼钢铁，我们武义人民一是

---

① 武义县志编撰委员会：《武义县志》，浙江人民出版社 1990 年版，第 93—94 页。
② 根据张良光口述整理。

洗铁沙，二是伐木烧炭。要炼钢，我们武义没有煤，就到山上砍木烧炭，用木炭来炼钢，不光是武义这样，全省都一样，山区只要有森林的地方都被砍掉烧炭，成片成片的砍伐，不到半年的时间，把整个武义能够烧的、成林的树木几乎都砍掉。那时我正上小学一二年级，亲身经历了以上的情况。①

接着"文化大革命"的十年中，全国农业学大寨，开山造田，又大面积毁坏林木：

> "文化大革命"期间，那个时候比较乱，没有人管理。然后又学大寨，上山开梯田，山上都有梯田。那个时候就是叫"开山造田"。"开山造田"加重了山区和半山区的林木毁坏情况，许多地方的山区和半山区都光秃秃的，没有什么树。②

然而，在武义人的心中，"丘陵不毛地"景象的最近的记忆还可以追溯到 20 世纪 80 年代，人们为了柴火，上山扒松针，砍树枝，一座山的树木可以在一个人的经验中由近及远地被慢慢消耗光。③

而今，时空转换，当笔者今天踏上武义这块土地上时，呈现在人们面前的却已经不再是"高山放野火，丘陵不毛地"的旧景，而是"碧水绕青山，茶果香四飘"的令人惊喜的新象。

从北到南，一路上群山延绵秀美，绿水清澈悠悠，一切都明媚而旖旎，有田园风光，有精品山水，令人觉得仿佛是置身画屏当中。在视野中上升和铺展开来的丘陵都被绿色的林木所覆盖，几乎没有一丝停顿和衰败的迹象。延绵的绿色浓郁而厚重，有好几个瞬间，笔者都感觉整个武义仿佛就是一个绿色构筑的世界。

我们不禁奇怪这一切是怎么发生的？这一切是如何变化的？武义的生态是怎么从一个失衡状态重新回到了平衡？为什么在进入工业化的情况下，却保持和建设了如此美丽的生态家园？

---

① 根据张良光口述整理。
② 根据张良光口述整理。
③ 本课题组的徐桂兰副研究员就曾经亲身经历这种情景。

图12　柳城十里荷田一隅（徐桂兰摄）

二　生态家园：武义生态系统图

生态的转向常常是有规律可循的。武义生态从原来相对的原生态，逐步转向恶化，一方面是因为人口的无序增长，另一方面则是因为没有相应的技术进步，也没有办法进行制度上的安排。换一句话说，在没有相应的技术、制度跟进的情况下，人口的增长只能带来对原生态破坏性的利用和开发。但是，进一步从历史的发展上来看，单纯工业化带来技术的跟进和提高，而缺乏有关人与自然关系上合理的制度安排，人类对生态的破坏会比历史上任何时候都来得严重。

因此，对于武义而言，一方面要面对如何修复在传统的生产生活方式下造成的生态破坏情况；另一方面却要避免在现代新的工业化条件下，走其他地方所经历过的"先发展、后治理"的道路。

但是，这个过程的开始，并非有一个清晰的线条，而是像许多小溪，渐渐汇聚，慢慢变成河流，尔后才出现统一的、系统的安排。但是，为了行文上方便，笔者在这里只能分块来写，对于从小溪汇聚成河流的过程，便不能给予重墨了。

1. 生态林业：造林立根基

20世纪80年代之后，由于煤、电、液化气等的使用以及水稻产量的提高，柴木开始退出被作为生活燃料的历史，而玉米和番薯也不再被作为主粮种植。修复和建设被破坏的林业生态的时机已经到来。

武义从1985年开始进行改善生态发展的工作，20多年来，在县委、县政府的领导下，武义把致力建设生态县、打造绿色武义作为全县国土绿化工作的重点和目标，不断提升武义整体绿化水平。根据县林业局目前正在编撰中的新县志林业志部分的统计数据，从1986年开始，武义全县全面建设杉木速丰林基地，进行乡村林场大规模造林；1992年开始荒山消灭战；1993年提出的"树立大林业观念，调整林种结构，发展名、特、优经济林"；1995—1998年实施的"森林资源发展与保护项目"世界银行贷款造林，"四个一百万亩"工程建设；2002年开始围绕"生态立县"这一主线，突出林业生态与林业产业两大体系建设、林业分类经营，实施"武义县防护林工程国债项目""阔叶林发展工程""生物防火带建设工程""退耕还林工程""绿色通道建设工程""笋竹两用林、花卉苗木产业带建设""兴林富民工程""村庄绿化工程"等，到2005年底全县共造林161.65万亩，义务植树1940.09万株，使武义的绿化不但从量上得到了重大发展，而且在质上发生了重大飞跃，取得了重大突破。县林业用地面积175.7万亩，林木总蓄积202万立方米，林木覆盖率由1985年59.8%上升到2005年的70.8%，城区公共绿地面积45公顷，人均公共绿地8.7平方米，城区绿化覆盖率达35.7%，绿地率增加到25.8%。2006年4月，武义县人民政府被全国绿化委员会、人事部、国家林业局授予"全国绿化先进集体"称号，这是武义县有史以来第一次获此殊荣。①

在上述的统计数据中，值得一提的是与下山脱贫相联系的退耕还林工程。这个工程是全县国土绿化工作的重点和林地的增长点，也是具有武义特色的绿化生态建设的经验。

《寻求跨越》一书，对于武义下山脱贫所能带来的生态效益有透彻的分析：

　　下山脱贫的一个"副产品"就是对山区生态环境的保护有利。由

———————————

① 资料来源：武义县林业局，2006年8月。

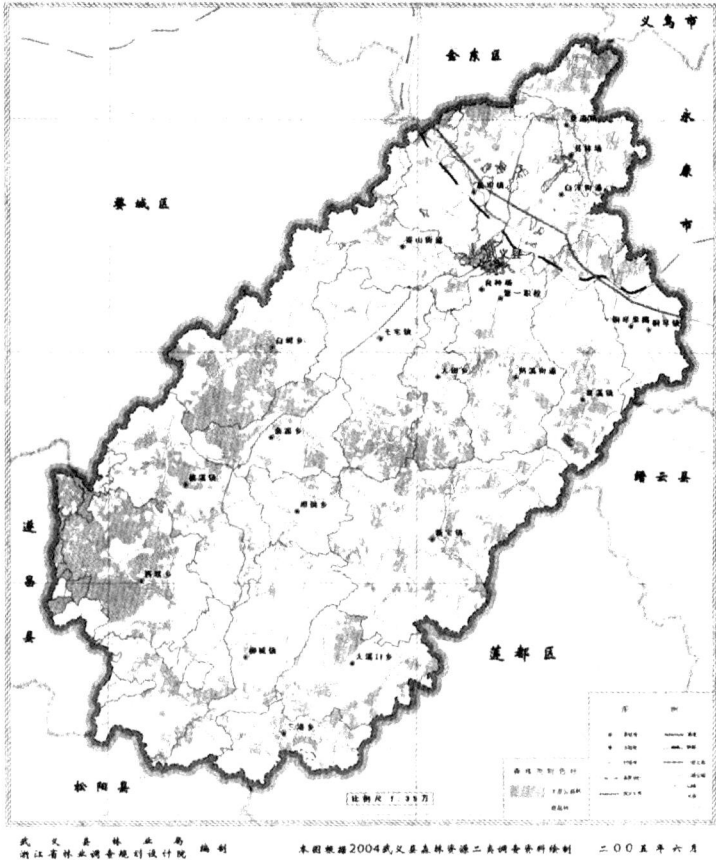

图13   武义生态公益林分布图

于自然环境的制约，贫困山区农民的生存方式大多靠山吃山，砍伐林木是其主要经济来源。而大多数山区山高坡陡土薄，育林十分困难，自然恢复更为缓慢，这样就形成了一种越穷越砍，越砍越穷的恶性循环。同时，贫困山区村集体为了筹集改善交通条件，寻找致富门路，也往往把砍伐林木作为筹集资金的唯一途径，其结果"修了一条路，荒了一片山，穷了一个村"。高山、深山农民搬迁下山后，就从源头杜绝了乱砍滥伐等破坏生态环境资源行为的发生，对保护山区的生态环境起到了积极作用。武义县通过近十年的下山脱贫，高山深山人口大幅度减少，有效地缓解了山区贫困人口对资源环境造成的巨大压力，保护了山区植被；高山群众下山迁移后，积极通过退耕还林，引

导群众回原址发展经济林，兴建起"绿色银行"……①

总之，县委、县政府结合武义退耕还林的实际，一方面抓好下山迁移村原址退耕还林，另一方面着力实施本县范围内 44 省道两侧的退耕还林，现累计完成下山迁移村原址退耕还林 8000 亩，完成本县范围内 44 省道两侧的退耕还林 4500 余亩。这在武义乃至全国都是富有创新意义的举措。

尽管生态是一个系统的概念，但是林木对于整个生态系统来讲是最为基础的子系统，没有一定量的林木覆盖率，生态家园的建设就无从谈起。因为林业不仅为人们提供了木材、食品、工业原料、饮料等天然绿色产品，还承担了维护国土安全的重要使命，是保障农业高产稳产的生态屏障，同时为人们提供休闲、度假、游憩等场所，使人们回归自然、与绿色为伴，提高生命质量。而今，武义到处郁郁葱葱的面貌，武义林业是起了最基础的作用。

由此可见，生态林业是武义生态家园浓绿的一抹，只有如此高的林木覆盖率以及如此丰富多样的林木品种，才能为武义整体生态家园的建设奠定坚实的基础。

2. 生态农业：绿色倡健康

诚如笔者上面所提到的，生态建设不是一蹴而就的，对于生态内涵的理解也不是固定不变的。20 世纪 80 年代以来，武义的水稻生产从常规水稻转向杂交水稻，稻谷的产量大幅度提高，满足了本县人口的粮食需要，大大地减少人们对于山林生态的破坏，有利于武义通过植树造林来恢复林业生态。但是，随着时代的发展，仅仅如此已经不能满足"生态"内涵的要求了。在农业发展中，讲绿色，讲有机，讲健康，发展"生态农业"，成为武义农业发展的新的追求，也是如今武义生态家园建设重要组成部分。

所谓生态农业，是指按照生态学原理，在一定区域内建立和管理一个生态上自我维持和低输入、经济上可行的农业生产系统，此系统能在长时间内不对其周围环境造成明显改变的情况下具有最大的生长力。过去，为了保证农作物的生长，往往过分依赖农药，结果常导致一些中毒、污染等不良的后果。因此，传统的这种生产方式往往很难适应目前国内外市场对农产品质量和安全性的要求，也不利于整体的生态保护。在各国政府都加

---

① 羊宝君主编：《寻求跨越》，杭州出版社 2002 年版，第 168 页。

大对农药残留检测监管力度的情况下，寻求一种健康环保的生态方式，生态农业是武义农业可持续发展的必然道路，也是建设武义生态家园的一个重要的组成部分。

从 20 世纪 90 年代的农业股份制改革开始，特别是 1997 年农业产业化发展战略的提出，到 2000 年区域特色农业的规划，武义在农业发展上逐步向生态农业转变。

首先，武义在发展优势农产品的基础上，以发展无公害农产品、"绿色"和"有机"农产品基地为重点，提高农产品的品质和安全性。从 1995 年开发有机茶以来，武义县已经发展了有机牛肉、有机菊米、有机竹笋、有机苦丁茶、有机砖茶等 6 个有机食品，11 个省级以上绿色农产品或国家绿色食品，7 个全国无公害农产品，5 个省级无公害农产品。这当中，武义的有机茶和高山蔬菜已经成为武义发展绿色、有机农产品最成功的实践。

在武义新闻网上曾经有一篇名为《出身讲究的有机茶》的记者报道，生动形象地对武义有机农业的代表产品"有机茶"的"健康"品质进行了描述。比如，有机茶园的选址是要"头上有顶帽子，腰上有根带子，脚下有双靴子"，即周边都要有树木包围，这样的植被分布，旁边不能有生活区、工厂。绝对禁止使用人工合成的农药或者杀虫剂，转而依靠生物和物理手段防治病虫害。也禁止使用人工合成的化肥，代之以老茶树枯枝回放，或者使用菜饼肥以及经过认证的商品有机肥来增加茶园土壤有机质含量。茶叶加工的每一道程序都严格控制，以保证有机茶的清洁化生产。另外，在出厂前还要将每一批茶叶送到金华市农产品检测中心武义检查站检测。随后检查员单独在成品茶中随机取了一份样品，送到了农业部设在杭州的茶叶质量监督检验测试中心进行了检测。最后，每箱茶叶出厂的时候都有自己的批号，可以追查到每一箱茶叶生产的时间以及出产的茶园，对产品能够实施有效的追溯。①

由此可见，武义的有机茶从种植到加工到最后的上市，都严格按照"有机"的要求做到无污染、高品质，迎合了人们重视环保、崇尚自然、追求健康的绿色消费需求，因而也成为世界茶叶市场的"宠儿"，得到了

---

① 央视《每周质量报告》：《出生讲究的有机茶》，载武义新闻网，2005 年 2 月 8 日，http://wynews. zjol. com. cn/gb/node2/node9/node60/userobjectlai7155. html。

武义县委、县政府的高度重视。与有机茶有相似之处的高山蔬菜严格按照生态要求，使产品满足绿色、无污染、无公害的需求，也为武义打开了农产品的广阔市场。

其次，以农业产业化为突破口，逐渐延长农业产业链，农业开发和生态工程、科技工程相结合，实行标准化生产、规模化经营、集约化资源配置，从而合理调整农业产业结构和区域布局。现在，武义在充分利用本地丰富资源发展绿色、有机、无公害农产品的基础上，大力加强农产品基地建设，优化农业生产布局，在武义44省道沿线初步形成了百里生态农业长廊。从十里岗到王宅两边低丘上建成了万亩无公害茶叶示范基地，在王宅、白姆一带形成了万亩无公害茭白基地，俞源一带5000亩有机茶示范基地正在抓紧建设，坦洪、桃溪两边的高山上建立了万亩无公害高山蔬菜基地，桃溪至柳城两边旱地上建立了万亩蚕桑基地。这条农业产业布局，形成一片蔚为壮观的绿色海洋，不仅成为推动武义发展的经济增长点，也成为优化武义生态环境的重要因素。

此番景象，容易令人联想到西欧等发达地区的成片规模农业。总的来说，武义的生态农业发展已经有了一个良好的开端。从传统的农业走向生态的农业，对于武义这个农业大县而言，是质的改变和飞跃，也是武义生态家园建设的重要因子。

3. 生态工业：无污创环保

当今，"生态"所要涵盖的还要包括工业，工业的发展更加需要注重生态的保护和建设，否则，工业就会成为生态的最大破坏者。

武义工业的起步比较晚，1998年以前都是以国有企业为主，包括棉纺、化工、水泥、农业机械，民营企业规模都很小，数量也不多。总体上来说，工业对于武义的环境的影响并不严重。从1999年开始引进第一批永康企业，到2001年正式开始工业大开放，实施"工业强县"战略，武义在发展工业的过程中，变后发为优势，从一开始就避免以牺牲环境来换发展的道路。

笔者对原武义经济开发主任进行了访谈，就武义在今天发展工业过程中如何做到生态的保护和建设进行了交流。此间，笔者常常为当中一些做法的智慧所感动：

　　我们的工业开发，基本上是在保护原有地貌基础上进行的，山、河流我们都不去破坏它们，要尽量保护好原状。因为生态这个方面是基础，如果破坏了，以后永远都弥补不了。所以我们工业这个大的生态环境，我们的建设就是能够保持原状的，就尽量保持。这就是我们第一个要做到的。

第二个就是在我们工业区内，禁止进入污染企业。我们建立工业园区后，就强调不能只求效益不讲环境，不然的话，最后就会影响到我们整体的投资环境。最典型的就是2000年我们拒绝了温州的一批企业。这批企业大概有五十多家，是制皮革的。当时温州为了提高它自己的空气质量，减少污染，想把这批企业向外转移，想整体搬迁到武义来，建立一个温州工业城。当时提出的五十家企业规划用地是四千亩，年产值是20个亿，税收是8000万。但是最终考虑到我们武义这个环境，考虑到我们的提出的是生态立县，我们就拒绝了。这批企业后来迁到了丽水去，去年我们到丽水去看了这批企业，一看就四五十个烟囱在冒黑烟，整个天空都灰的，看不见蓝色。丽水的老百姓都闹了几次了，所以丽水现在就知道这个苦了。那我们当时的选择就是正确的。类似这样的情况还有不少。

第三个就是我们提出要建设花园式的工厂。这是2001年提出的，那时我们就要求每个工厂先规划，要企业的效果图，我们限定绿化面积不低于用地面积的35%，因为我们也考虑到企业是一个小社会，它有个好的环境，对企业各方面都好。后来国家对于企业绿化用地面积进行了控制，降到了20%。有说土地绿化要控制在20%以下，现在是国家有关规定变了，武义也下降到20%的面积。这里的企业不达到这个指标的话是通不过去的。一审他绿化率就有记录。建筑面积要45%上，绿化率35%以上。我们的企业基本上都达到这个标准。去看一下"正点""美特"，都是很漂亮的花园企业。2002年至今，已有30多家企业荣获了县"花园式企业"称号。

其他方面的，像我们现在在做清洁生产试点工程，对于4家企业的生产过程进行24小时全方位监控，像"三美化工"就已经试点成功了。40家生产门业的企业，现在有15家开始这样子的污染监控生产。①

---

① 根据章明政口述整理，2006年8月。

这些举措而今带来了什么样的效果呢？对于武义的工业而言，走生态工业的道路，使得武义的工业发展前途非常看好。一句话，越环保，企业发展就越健康。因为发展环保生态的工业非但不会受到国家的限制，而且还受到鼓励。一旦生态的工业形成一定的规模，就有利于清洁工业的进一步聚集，形成更大的规模。如此，形成了一种良性循环，使得武义的工业和生态环境能真正取得协调发展，也为武义生态家园的建设解决了后顾之忧。

上述林业、农业、工业上的各种努力对于武义生态家园的建设都是非常重要的。当然，生态作为一个系统，几乎是要包罗万象的。除了上述三个方面，生态旅游、基础设施、城镇建设、农村环境综合整治、生态安全、生态文化等方面都是需要一起配合规划建立的。比如，就武义目前兴起的旅游业而言，该产业就是集经济效益和生态效益于一体的最佳产业。"生态旅游"是具有保护自然环境和维护当地人民生活双重责任的旅游活动。生态旅游作为绿色旅游，在为武义经济增收的同时，减少农业生产和工业生产对环境的压力，保护了武义的人文和自然资源，并使当地人们进一步参与环境保护，是一种非常典型的生态效益型经济，实现了经济、社会和生态三大效益的有机统一。

图 14　桐琴工业区的绿化（林沐衍摄）

此外，生态家园的建设最后还要落脚到生态人居上。武义自古便有像俞源和郭洞这样的生态人居的典范，现在，为了建设一个真正全面的生态人居的武义，武义以城和乡为目标，开展城乡绿化一体化活动。县城已经初步形成了"三山立城中，江水穿城过"①的精品生态城的面貌；农村在省级生态县的建设过程中，整个人居的生态环境也得到了很大的改善。到2005年，武义县被评为市级生态建设先进单位，12个乡镇通过市级生态乡镇创建，大溪口乡通过了省级生态乡验收，58个村被命名为县级生态村。农村的传统面貌因此而起到很大的改变。在发达国家所见到的美丽的乡村田园风光，在中国的大地武义县逐渐开始呈现。

凡此种种都表明，武义的生态已经发生了质的变化，从原来的失衡到现在重新回到平衡，一个生态家园的图像开始展现出来。这个过程是一个从小溪逐渐汇集成河流的过程，尔后再形成了一个统一的系统的安排。这个安排，可以用"生态立县"战略来概括：一方面，它的提出是武义生态发展的需要；另一方面，它一经提出，便又使武义的整个生态建设成系统科学的发展和安排。

三 生态立县：生态家园的发展战略

如上所说，武义生态的转向，不能离开"生态立县"这一发展战略。武义在上述生态林业、生态农业、生态工业、生态旅游和生态人居等方面的努力成果，构建了武义生态家园的基本格局。这个基本格局的确立蕴含着理性的思考所做出的历史性的选择，是武义县走"生态立县"之路的基础，同时也是其结果。

1. "生态立县"战略的确立

从1949年以来，一直到改革开放的中期，武义都是一个相对欠发达的县。且不说在浙江这个相对富裕发达的省份中她居于后位，就是单单和周边的义乌和永康这样的县市相比较，也差距颇大。后发的县往往为了寻求发展、迎头赶上，而在战略上偏重发展工业，把经济增长作为唯一的目标，片面重视经济GDP的增长，环境污染的后果则往往会忽略。然而，武义在近些年来借助"洼地效应"迅速崛起的过程中，却不急不躁，把"生态立县""工业强县""开放兴县"并列为三大发展战略来考虑，在工业化起步阶段，就力图突破过去老旧的"先发展，后治理"的发展模式，努

---

① "三山"指壶山、白洋山、梅郎山；"三水"指熟溪、武义江、永康江。

力达到在经济发展进步的同时，保持或者建设更好的环境，走环境和经济协调发展的道路。这一发展战略正是当今新农村建设的立基之举，是时代赋予当今新农村建设的一项基本任务，是区别于以往的乡村建设的一个最大的要素之一。

除了上述"他山之石"的经验所得以及新时代所赋予的新乡村建设的要求之外，武义提出"生态立县"战略还有其自身的基础。首先一点就是武义县的后发优势。凡事有利有弊，"后发县"所意味的贫穷落后，反过来也保证了相对健康的生态环境。武义处于工业化发展的初期，经济发展对于环境的影响不是很大。武义境内大部分地区保持比较好的生态面貌。在这种良好的生态基础上走"生态立县"的发展战略，显然要比那些环境已经被污染、生态已经被破坏的地区要来得轻松。至少不用另外花费大量财力物力和人力去治理环境。站在后发县的位置上，武义已经看到了环境资源这个无形的资产。其次，就本身的生态资源的质量而言，武义走"生态立县"的道路亦是明智之举。尽管历史上武义生态遭到过破坏，但是，相比较周边的市县而言，还是一个生态资源比较丰富的地方。

2. "生态立县"的指导思想、基本原则以及总体目标

在国内外开始纷纷倡导"绿色 GDP"，把资源成本和环境成本纳入国民经济核算体系之时，武义县委、县政府根据本县的环境资源等情况，不失时机，于"十五"计划之初提出了"生态立县"发展战略。

"生态立县"战略是一个系统的工程，需要详细的规划，要有科学的指导思想、实施原则以及总体目标。武义县于 2001 年开始设计《武义生态示范区建设规划》，并于次年送审；2004 年，武义县人民政府在《武义生态示范区建设规划》基础上，正式出台了《武义生态县建设规划 (2003—2020)》，对于武义的生态建设进行了总体的布局。该规划可以说是近些年来武义摸索和寻求生态立县的经验总结，也是今后指导武义进一步进行生态家园建设的总的指导纲要。

《规划》指出，武义的生态立县要从国家、浙江省和金华市未来发展的总目标和战略部署出发，按照"五个统筹"的要求，立足于武义县的区域特点、资源优势、生态环境以及经济发展的特点，以生态经济学的"整体、协调、循环、再生"理论为指导，以增加生态经济效益和改善生态环境为中心，以科技进步为动力，充分发挥武义县比较

优势，加强对外开放，积极推动跨越式发展，培育以绿色工业、高效生态农业和第三产业为核心的生态产业体系；优化区域经济结构基础布局，促进城乡经济一体化；加强自然保护，改善生态环境，提高生态系统的活力，保障武义县的生态安全，增强生态环境系统和资源系统对经济和社会发展的支撑能力；实现国民经济的可持续增长，把武义建设成为人与自然和谐、环境优美、经济繁荣、社会进步的高效生态经济发展县。

其总体目标是：通过生态县建设的启动、提高、深化三个阶段，2010年前，全面完成并巩固生态县创建任务。发挥市场在资源配置中的引导性作用，建立促进经济社会可持续发展的机制。将武义县纳入全面、协调、可持续的发展轨道。培育市场化的融资体制，开拓金融资源，依靠体制与科技创新，充分发挥区域资源优势，全面增强区域竞争力。按循环经济理念完成对一、二、三产业结构的调整，建立先进制造业基地，完成农业的产业化进程。结合城镇化进程改善人居环境，实现城乡基础设施的完善配套。通过多方融资、增加投入，完成一批生态建设和自然保护工程。全面推进社会文明和社会进步，强化可持续发展支持系统，打造"生态经济强县、生态旅游名县、生态文化特色县"。

在此过程中，遵循可持续发展的原则，统筹规划、因地制宜、突出重点、分步实施的原则，科教支撑、体制创新的原则，政府引导、市场运作的原则，公众参与、开放合作的原则。[①]

诚如武义林业局局长包宏斌所言："生态是资源，生态是优势，生态是形象，生态是商品，生态是品牌，生态是市场，生态是文化。建设生态县，打造绿色武义，必须立足当前，着眼长远，采取新举措，开创新局面。""生态立县"战略的确立，是武义生态家园建设的重要举措，也是武义处理人类社会与环境资源的关系时制度上的合理安排。

四　生态家园的文化解读

人类文明史从一开始就是一部人与环境相互作用的历史。从采猎文明（公元前200万年—公元前1万年）、农业文明（公元前1万年—公元1700

---

① 资料来源：《武义生态县建设规划》，2004年5月。

年）、工业文明（公元 1700 年至今），① 其兴衰的历史过程都表明了环境问
题产生的文化根源。武义 1300 多年的历史，亦反映了武义的生态环境从农
业文明到工业文明过的兴衰变化，这个过程在当今大环境下值得用来做一
番文化的解读。

20 世纪 50 年代以来，人类生态环境问题日益突出。在人类学界，人
们开始将生态学的观点应用于人类学，探讨人类（文化）和环境的关系，
形成生态人类学这一分支学科。斯图尔德所创建的文化生态学意在"探讨
环境、技术以及人类行为等因素的系统互动关系，以社会科学的方法分析
特定社会在特定环境条件下的适应和变迁过程"②。文化生态学在分析环境
与人的关系时，特别注重解释环境资源、利用环境资源的工具与知识（技
术）、使技术与资源结合的工作组织等三者之间的互动关系。③ 笔者认为，
可以从环境、技术和组织（或者制度安排）的关系角度，对武义的生态兴
衰历史做一点探讨，为新农村建设提供一点借鉴和启发。

1. 生态衰退：人口的压力与技术的不足

如前所述，武义从清康熙、雍正年间以来，其人口就开始大规模增
长，并且在当时的技术条件下，平原的农业产出不足以维持人口的粮食需
求。在平原地区相对贫穷的人口就被迫转移到山上去寻求生存。同样，当
时的生产技术使得山区只能种植番薯和玉米来充当粮食。但是，在山地大
面积种植玉米和番薯的结果就是"山遭垦松，遇潦即沙土随水入河，屡为
农田水利之患"④。因此，嘉庆初年，浙江巡抚阮元曾下令禁止在山区进行
这种开垦。但是，清时科技不发达，平原已经不堪重负，下令禁止并不能
解决问题，除了扩大种植面积之外，并没有更好的解决办法。

及至中华人民共和国成立后的很长一段时间里，生态的逐步衰退根本
原因都在于人口的压力和技术的不足。因为在当时的条件下，制度的安排

---

① 刘仕清等编：《人类永恒的主题——可持续发展：人与自然和谐发展的正确抉择》，湖南
人民出版社 1999 年版。

② Netting, Robert Mac, Cultural Ecology, in *Encyclopedia of Cultural Anthropology*, Vol. 1, 1996,
p. 267, 转引载自庄孔韶主编《人类学通论》，山西教育出版社 2002 年版，第 135 页。

③ Julian H. Steward, *Theory of Culture Change*: *The Methodology of Multilinear Evolution*, Chicago
University of Illinois Press, 1955, p. 36, 转引载自庄孔韶主编《人类学通论》，山西教育出版社
2002 年版，第 136 页。

④ 引自《余杭县志》。

并不能起到作用，如通过政府下令停止在山区种植番薯和玉米。

正如在调查访谈中，有识之士所言：

> 以前方志记载的"玉米""番薯"的确耐人寻味，上可探太平盛世人口无序发展之因，下可见森林植被被破坏、生存环境恶化之果，揭示了人类社会与自然环境矛盾运动的客观历史过程。当然"功""过"不在"玉米""番薯"——它不过是展示历史过程的现实载体；"功""过"也不在平民百姓——他们是适于生计不得已而为之；"功""过"也很难说就是朝廷官府，他们也是无可奈何，能下令新增人口不吃饭呢，还是能下令平原土地多打粮？①

因此，自清康熙雍正到20世纪80年代，在生产技术没有突破的情况下，"人地之争"就造成了生态的逐步衰退。

2. 生态复兴：技术的发展与制度的安排

历史发展到今天，武义的生态又开始复兴，而且发展的态势非常好，其原因当数生产技术的提高和进步，它是人们减少对山地森林生态资源破坏最自然的动力。武义五六十岁的人所经历的几件大事都能反映出这种变化：

> ……从省柴灶的推广到煤、电、液化气的普遍使用，柴木逐步退出生活燃料；双季稻尤其是杂交稻的大面积推广，水田所产稻谷足以养活数倍于康乾的人口，玉米、番薯退出主粮；全民计划生育，实现了人口与资源的协调增长；钢、铝、水泥的广泛应用，使得木材失去了在民用建筑中的重要地位；二、三产业的发展，农民致富的目光从青山转移到工厂、城镇；殡葬改革使每个逝者保护了半个立方米树木的生存权利；陆陆续续的下乡脱贫终于使山山沟沟安静下来——大山、小丘先后进入了休养生息……②

于是，封山育林、退耕还林、植树造林才开始成为可能。这一切都是

---

① 田民：《感悟资料遴选》（草稿）。

② 根据田民《感悟资料遴选》（草稿）以及口述整理。

技术进步带来的，是技术的进步解决了长时间以来武义的人口与资源之间的紧张，为生态的恢复奠定了基础。但是，诚如笔者上文已经指出的，如果单纯是工业化带来技术的跟进和提高，而缺乏有关人与自然关系上合理的制度安排，人类对生态的破坏会比历史上任何时候都来得严重。武义在工业化发展的同时，非但没有像历史上众多的城市一样，在生态上有过多的牺牲和破坏，反而通过制度上的合理安排，使得生态和经济得到和谐的发展。本文所着重强调的"生态立县"战略就是这一制度安排的最主要的体现，它力图把技术对资源的利用控制在生态系统平衡范围之内。

3. 生态家园：新乡村建设与绿色希望

从一定程度上来说，武义生态家园建设的经验颠覆了长期以来"先发展，后治理"发展模式。它提供给研究者关于新农村建设中如何处理好人与自然关系的一个正面的案例：即主动去涵养之、建设之，而后合理索取之；人与自然相互依存给予的过程中，两者共生共荣，达到和谐与平衡的生存状态。我们看到，在武义，生态的因素被放置到了非常高的地位。无论发展哪一类的经济，武义总是把生态成本计算在内。不仅直接发展林业以总体提高生态水平，同时在发展农业、工业的时候能从宏观的规划到微观的技术、程序等方面尽可能提高生态效益，尽量做到在经济发展的同时不破坏生态；不仅在产业上选择诸如旅游业发展经济，同时还利用发展旅游业来促进生态环境的优化；不仅将生态的人居作为追求的目标，还承上启下，传承和发扬生态文化，在所有林业、农业、工业、旅游、人居的发展建设过程中都注重生态的保护和建设。

在人类学的领域中，人类学者考察过人类历史以来的各种文化与环境的关系模式后，既看到了"文化特化"所带来对生态的破坏而最终导致该文化族群自身的消亡，也看到了通过文化的合理安排使得人与环境协调发展的一种局面。无论是正面的例子还是负面的例子，人类学家总是试图通过它们来建构一种文化与自然、社会与环境永续发展的理想状态。

因此，从某种意义上而言，人类学视野中的生态家园就是一种永续发展的人与自然的关系模式，武义以其可持续发展的"生态立县"发展战略，为人类学家眼中永续发展的生态理想作了一个注释，也为我们展示了当今新农村建设的绿色希望。

第六章 特色农业：武义模式
元素之二

民以食为天，农业发展是人与自然协调的基础。人要解决温饱，就要向自然索取；要索取，就要与自然互动。这种互动是否平衡，关系到自然生态能否良性发展的问题。武义在新农村建设中，从人与自然的协调出发，大力发展区域特色农业，铸造了以杂交稻和有机茶为代表的，包括优质水果、花卉苗木、食用菌、蔬菜和畜牧业在内的规模化、区域化特色农业产业带，推动了农村经济的快速发展和农民收入的大幅度增长，充分展示了武义农民的生存智慧，特色农业也就成了武义模式的一个重要元素。

一 杂交稻：与袁隆平合作发展的特色农业

武义是个产粮大县，是全国杂交早稻示范县。优越的自然环境与境内明显的大陆气候，使武义具备生产保健、安全、优质大米的自然条件。武义的杂交稻品种在水稻种植中占绝大部分。同时，武义县积极推进农田治理工作，目前已基本形成标准化农田，在水稻种植的作业上大量采用机械化作业，因此，武义杂交稻已成为优质、高产、高效的现代农业产业。

1. 品种革新：发展杂交水稻的三部曲

品种对水稻产量起着至关重要的作用。新中国成立前，水稻品种以农家品种为主。新中国成立后，政府非常重视推广水稻良种。与常规稻相比，杂交稻最明显的特点是它的产量潜力大，抗病虫害的能力增强，植株比较高大，根系发达，容易达到优质高产的目的。因此，武义县领导从20

世纪80年代起，就积极争取袁隆平院士和国家杂交水稻研究中心的大力支持，紧跟现代科技水平，大力引进推广杂交水稻，对县内粮食生产的发展起了重要的推动作用。武义的水稻品种从常规品种发展到以杂交水稻品种为主，而杂交水稻又从最初的三系杂交稻，发展到引进推广两系杂交稻，再到目前大规模推广种植的超级杂交稻，使武义的水稻的产量稳步增高，既优化了农业产业结构，又确保了粮食增产、农民增收。

图15　武义农田田园风光（县外宣办提供）

　　武义杂交稻发展的第一步是1976年开始引进了三系杂交稻。通过试验，结果比常规水稻品种亩产增加67.5—166公斤，增产幅度达18.5%—40.7%，三系杂交稻晚稻比常规水稻品种亩产增加91.5公斤，增产幅度达29.47%，从而为全县大面积推广杂交晚稻打响第一炮。杂交稻的推广种植，促进了武义粮食生产的发展。1979年武义粮食总产第一年超过了15万吨。1984年达到了19.65万吨。1978年粮食年亩产超过500公斤，1985年达到了746公斤。20世纪80年代以前，武义早稻生产"稳而不高"，亩产一直徘徊在200—300公斤，1983年后杂交早稻逐步推广，经过了试种示范、推广普及、稳定提高三个阶段的发展。1989年武义被列入长江流域五省一市杂交早稻示范基地县。据统计，从1983年到1999年，武义全县累计推广杂交早稻134.66万亩，平均亩产比常规早稻增59.95公斤，增产幅度达19.91%，共增产粮食8.07万吨。

武义杂交稻发展的第二步是 1997 年开始引进了两系杂交稻。虽然已推广应用的三系法杂交早稻组合具有常规早稻无可比拟的增产优势，但同时也存在着米质欠佳、市场销售难度大，总体效益不高及熟期偏长，影响晚杂适期栽插和全年平衡高产的缺点。两系杂交早稻则具有熟期短的特点，不影响全年平衡高产。于是，县委、县政府决定，全面推广两系优质杂交早稻示范面积，进一步优化早稻品种结构。1997 年，从中国杂交水稻研究中心引进香两优 68 等组合进行试种，同年，全国在武义召开两系法优质杂交早稻示范现场会。由于两系杂交稻推广成功，产量剧增，仅引进、推广香两优 68 和八两优 100 两个杂交水稻品种三年就增收粮食 306.74 公斤，增效 237.31 万元。

武义杂交稻发展的第三步是引进了超级杂交稻。随着第二、第三产业的发展，农业的种植结构也在调整中，过去的一年两季（早稻、晚稻）稻就有可能由于占用人们的大量时间和精力而越来越不适应社会的发展。人们希望只种一季水稻以便有时间从事其他行业。同时，种一季水稻就要求产量高、米质比较好、生育期长一点的品种。这也是老百姓比较喜欢的。所以，能满足这种需要的超级稻就应运而生了。

1997 年袁隆平培育超高产水稻试验成功，武义县领导积极引进超级稻。2001 年武义大面积示范推广部颁二级优质米的晚稻超级稻组合面积达 3.5 万亩，占晚稻面积的 21.2%。2004 年，武义县被列为国家杂交水稻工程技术研究中心的超级稻示范基地，引进了两系超级稻 P88S/0293 等新组合进行试种、示范，该组合是国家杂交水稻工程技术研究中心和袁隆平院士为实现农业部二期目标产量（800 公斤/亩）而选育的苗头组合。该县在王宅镇种了 106 亩的一个示范方平均亩产达到 650 公斤，最高亩产达到 712.4 公斤。2005 年，武义县示范面积达 5000 亩左右，在 18 个乡镇、街道建立了连片示范方 24 个，经验收，平均亩产达 650 公斤以上，比其他的品种单季稻亩增产 150 公斤，亩增效 240 元，全县共增产粮食 75 万公斤，农民增收 120 万元。这些成绩见证了超级稻的优势，对于今年的情况如何，时任农业局粮油站站长汤志飞说：

> 今年的力度更加大了。今年我们县示范了 10000 亩。因为这两年的工作得到了省政府的肯定。省里的领导到武义考察，要求我们加大推广力度。金华市要求在全市范围开展示范，金华市委、市政府提出

这么一句口号，"县县种超级稻，人人学袁隆平"。今年通过示范，这个品种已经通过审定了。肯定要进一步地推广开来。如果现实许可的话，我们要推广到 3 万—4 万亩。将近占单季稻面积的一半左右。因为所有田地面积都种一个品种是不可能的。而且这个风险也大。如果全部种一个品种的话，风险很大，万一遇到什么自然灾害的话，就损失很大了。一个品种的面积占 3 万—4 万亩已经不得了了。

因此，杂交稻的引入推广给武义水稻生产注入了新鲜的血液，2005年，武义县粮食生产实现了粮食播种面积、粮食总产、粮食单产"三增"。

2. 农田整治：农田基本设施的现代化

为了增强抗御自然灾害能力，改善生产环境，实现现代化农业，确保农业生产持续稳定发展，20 世纪 90 年代，武义着力于农田整治，进行中低产田改造。

1996 年 10 月武义制定了现代农业示范园区建设规划，现代农业示范园区建设确立了这样的目标：以机械化、水利化、园田化、科技化为重点，加速农业生产的物质装备，从根本上改变农业生产条件和生产方式，以科技进步为支柱，加快农业科技成果的转化，提高农民的科学种田水平和土地产出率。以提高组织化程度为基础，推进农业社会服务和规模化、集约化经营水平，提高劳动生产率。以综合开发为载体，促进农、牧、副、渔的协调发展，提高农业生产的整体效益，实现农田设施标准化、生产操作机械化、农业技术科学化、生产经营集约化、生产服务社会化的目标，把园区建成"田成方，渠成网，林成行，路相通，机配套，环境美"的园田化格局，成为现代农业生产的样板和农村小康的典范。

1996 年 10 月，武义县确定王宅镇郭浦朱为现代农业示范园区实施区。郭浦朱村地处王宅镇横鹭畈，农业自然资源丰富，土地较平坦，全村有耕地 1360 亩，茶叶、果树等经济作物 960 亩，总人口 983 人，男女劳力 470人，交通便利。园区建设前，畈内田块零乱，土堆坟墓依存，农业基础设施差和农业科学技术普及率低，严重制约着农业的发展，全年粮食亩产在650 公斤以下，农民人均收入不到 2000 元。

王宅镇郭浦朱现代农业示范园区总投资 299.56 万元，通过 1997 年、1998 年的建设，建成的水利工程项目有：浇筑"U"形灌溉渠道 10.3 公里，块石干砌排水渠 19.2 公里，建设桥、涵、闸、渡槽等渠系建筑物 126

座（处）。农业工程项目有建设机耕路 15 公里，平整土地 1100 亩，搬迁土墩（堆）12 处，建成长 65 米，宽 20.5 米，每块面积为 2 亩的标准农田。农业机械项目有：购入联合收割机、农田耕作机、运输机械、植保机、抛秧机、烘干机等机械 41 台（套）。农田防护项目：主要机耕道路旁栽植防护林 6000 株。农业科技工程项目有：引进两系杂交早稻香两优 68 等品种 4 个，开展以旱地育秧、抛秧为主要内容的轻型栽培技术研究 4 项，完成农业科技新技术培训 1200 人次。基本达到了强化基础设施建设，实现了农田标准化；合理调整种植结构，实现了布局区域化；全面推广新技术，实现了农艺规范化；农民文化知识化，农业综合生产能力明显提高，农民收入显著增加。1999 年粮食年亩产达 1013 公斤，比改造前亩增加 360 公斤。农民人均收入达到 2970 元，取得了较好的经济效益、社会效益、生态效益。1998 年 2 月被列为省级现代农业示范园区。

除了现代农业示范园区建设，武义还先后开展了农业综合开发、粮食自给工程、商品粮基地建设、土地整理等农田整治项目建设。目前武义除了高山上的农田外，平原上的农田基本上已进行整治。全县经过整理的土地面积达 24 万亩，建成了 17 万亩"田成方、渠成网、路相连、灌得进、排得出"的有利于现代化作业的标准农田。

通过标准农田建设，农田水利条件、交通条件都得到了改善，农业作业也方便了很多，促进了农业机械化的进程。特别是这两年，机械收割发展很快，节省了劳力。以前都是人工收割的，现在机收面积占到所有面积的 30%—40%；耕作方面，以前也是以传统的牛耕为主，现在除了山区，牛耕的已经退居次要地位，80% 以上农田面积实现了机耕。

在购买大型农具上，省政府和县政府都给予补助。从 2004 年开始，农民购买大中型农机具，政府补贴其购机款的三分之一。这两年，全县一共有 100 多台联合收割机。一台收割机的作业能力，大概是 200—300 亩（早稻和晚稻两季），100 台就是 2 万—3 万亩。在减轻人们的劳动强度上，效果非常明显，加快了农业机械化作业的进程。

农田整治对农业的现代化发展起着极大的作用，由于建设了"田成方、渠成网、路相连、灌得进、排得出"的现代农田，武义的粮食综合生产能力有了很大提高，水稻的生产和管理走上了现代化作业道路，促使武义的杂交稻更快步入了优质、高产、高效的现代农业产业行列。

图 16 现代化作业的农田（县外宣办提供）

二 茶叶：有机茶铸就的特色农业产业

在田野调查中，7 月 24 日，笔者前往武义大圆塘有机茶园考察。半途中，不远处满山郁郁葱葱的茶园进入了我们的视野，笔者赶快拿起相机把这片绿色定格下来。谁知，有人说，好景还在后头呢！果然，再走一段路，站在最佳拍照的位置上，只见眼前一个盆地似的茶园，盆地的中央是个种满茶树的小岛，围绕在小岛四周的是清澈的湖水，湖水外围又是一个环形的茶叶带。层次分明，美轮美奂。整个茶园仿佛人的眼睛，正满怀期待地注视着我们这些来访者，似乎要对我们诉说什么。置身于碧波荡漾的绿海之中，不仅令人浮想联翩，流连忘返。

武义茶叶带给人们的不只是美的享受，还有高品质的生活。随着经济的发展和生活水平的提高，人们对食品、饮品的消费需求日益注重优质、卫生和安全。而有机茶在生产、加工过程中不使用任何化学农药、化肥、除草剂、合成色素、添加剂、防腐剂、生长素等人工合成物质，属纯天然、无污染、高品质的有机饮料。有机茶正是顺应了时代潮流，紧跟消费者需求的步伐，率先吸引众多消费者的目光。武义从 1995 年开发有机茶以来，成绩斐然，2001 年获得了"中国有机茶之乡"的荣誉称号，形成了享誉国内外的农业特色产业。

1. 有机茶业成绩斐然

武义产茶历史悠久，早在民国时期，武义的茶叶就已经小有名气，1932 年省农产品展览会上，武义鸿源协的茶叶获乙等奖。[①] 相对来说，有机茶的开发历史只有短短十多年而已。然而，在这并不太长的发展历史中，武义有机茶已经取得非凡的业绩。

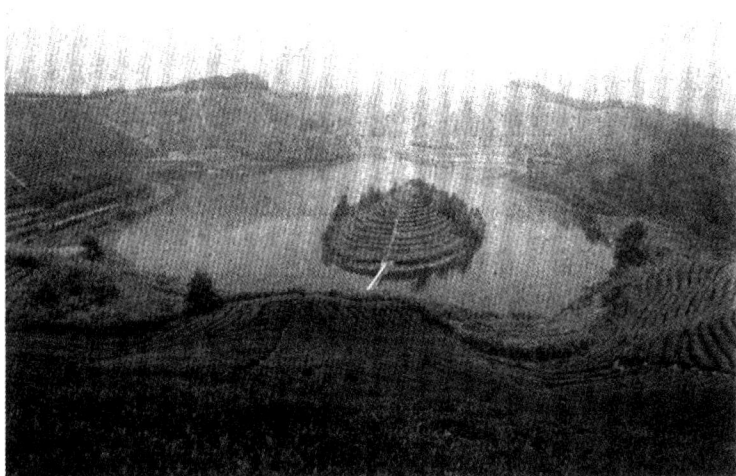

图 17　大莱大圆塘茶园（罗彩娟摄）

20 世纪 90 年代初，县政府提出了发展绿色农业的建议，对全县农村经济和农民收入重要来源的茶叶生产，制定了"抓好名优茶，开发有机茶，带动无公害茶"的茶叶生产工作思路，作为实施生态立县战略的重要措施。同时提出了建设"茶叶生产大县""名优茶生产先进县""有机茶生产强县"的目标。经过政府支持、企业和农民的努力，武义有机茶日益发展壮大，享誉海内外。"规模化基地生产，企业化经营，品牌化发展"是武义县茶叶生产的一大特色。目前全县有茶园 11.2 万亩，茶叶生产规模企业 25 家，县级以上农业龙头企业 11 家，其中有 2 家省级农业龙头企业。全县有 7 万余亩茶园以龙头企业与茶农形成"公司＋基地＋农户"的模式经营。2005 年茶叶产量 7100 吨，产值 2.28 亿元，其中名优茶产量 2300

---

① 武义县农业志编撰委员会：《武义县农业志》，2001 年，第 129 页。

吨，产值 1.84 亿元。面积、产量、产值均居金华市首位。有机茶颁证面积
2.1 万亩，产量 850 吨，产值 6000 万元，有机茶颁证面积占浙江省 20%，
为全国十分之一。茶叶产业已成为武义县农业和农村经济的支柱产业。武
义有机茶不仅是在产量、产值上有大的进步，还获得了许多荣誉（见表1）：

表1　武义有机茶获奖一览表

时间（年）	大事、成就、荣誉
1995	成功开发了"金山翠剑"有机茶（全国第2家），产品畅销北京、上海等地
1996	武义有机茶打入了欧盟、日本、美国等国际市场
2000	武义县被浙江省列为"有机茶工作建设"试点县
2001	最早开展了国际互联网"中国有机茶"域名注册和网上有机茶贸易
2001	全县 10 多家企业已获得有机茶生产、加工、销售的有机认证。获得认证的有机茶园面积达到 7716 亩，颁证茶园面积居全省、全国首位
2001/4	联合国粮农组织项目官员在考察后对武义的有机茶开发工作给予了充分肯定
2001/5	武义县被授予"中国有机茶之乡"称号
2003	武义县被评为浙江省茶树良种化先进县
2004	武义县被评为浙江省茶叶加工厂改造先进县
2005	武义县被评为全国三绿工程茶业示范县、浙江省十大旅游名茶和茶文化休闲观光基地

资料来源：《武义有机茶发展大事记》。

　　武义茶叶产业能够取得辉煌的成就，一个主要原因是武义创新性地选
择了以开发有机茶为突破口，推动名优茶发展、无公害茶普及的茶叶产业
发展思路，广泛吸引外来资本、工商资本、民间资本投入发展有机茶产
业，积极培育、扶持龙头企业，使之成为有机茶发展的主体。通过发展有
机茶，创建"中国有机茶之乡"，提高了茶叶生产的质量安全水平和武义
茶叶的知名度、美誉度，吸引了外地企业纷纷来武义投资开发茶产业。
2000 年以来先后引进了浙江骆驼公司、浙江新洲制茶有限公司、杭州合众
集团、北京更香公司、浙江茶叶进出口公司、金华雅绿公司、金华萌露公
司等外地企业来投资茶叶产业，建立了茶叶生产基地 10500 亩，新增投资

《新乡土中国》 91

5000 万元。同时本地企业也迅速发展壮大，以自身的资金和技术优势实现生产基地向外延伸。武义县嘉盛有机茶业有限公司在贵州省开发茶叶生产基地 5000 余亩；浙江武义金山茶业公司在金华婺城区承包茶园 3000 余亩。2004 年还成立了浙江省有机茶创新服务中心——武义县中茗科技有限公司，提高了有机茶产业的科技水平。目前武义县已有 16 家茶叶加工企业获得有机茶生产加工销售的认证，有机茶年加工能力达 1800 余吨，形成了"品牌＋公司＋基地＋农户"的经营模式，探索出"规模化基地、标准化生产、品牌化经营、产业化运作"的茶业产业化建设新模式。

在市场开拓方面，武义县在生产过程中就多次邀请国内外客商、记者、认证机构、科研机构来实地参观、考察，宣传产品，拓展销路。积极组织农业企业参加各种政府部门、专业学会等举办的农交会、展销会、博览会，在北京、上海，以及山东、河北、大连等地的大中城市建立专卖店、销售点，并积极进行网上交易。功夫不负有心人，高品质的产品，再加上对产品的积极推广宣传，武义的有机茶迈上了新的台阶。

为了解武义有机茶"品牌＋公司＋基地＋农户"的经营模式，我们可以从武义更香茶叶有限公司的发展中一窥究竟。

武义更香茶业有限公司利用当地高海拔、无污染、纯自然的地理优势，建起有机茶园 50 多个，总面积达 8000 多亩。为使有机茶源源不断地销往外地，该公司先后在北京、山西、浙江等大中城市设立营销"窗口"，开办连锁店 46 家及茶艺馆 3 家，结果每年仅茶叶一项就创产值 9000 多万元。该公司在武义建造的基地被评为"中国特产之乡优秀建设基地"，而在北京等销售的有机茶则荣获"全国三绿工程放心品牌"的殊荣。①

武义茶叶经销商采取连锁经营、网点经营等方法，将一批批武义有机茶源源不断地输往北京。1998 年在北京宣武区开设的"北京更香茶叶有限公司"是武义第一个吃有机茶"螃蟹"的商家。通过近几年的努力，更香有机茶开发有限公司的茶叶基地面积迅速发展到 4000 多亩，年加工能力达到 200 多吨，在北京马连道等设立了武义有机茶专卖连锁店 30 多家，产品供不应求，已跻身北京茶叶企业的前三强之列。同时，武义人还努力开拓国外市场，产品远销日本、俄罗斯、美国、欧盟等国家和地区，今年已出口有机茶 235 吨，占全国有机茶出口总量的一半以上。

---

① 《武义农产品货畅其流》，载《金华日报》2006 年 7 月 25 日，第 3 版。

2001 年 5 月，全国首届"觉农杯"农产品竞拍会上，"更香有机茶"竞拍出了 2.7 万元/100 克的天价。2005 年 7 月 4 日，中央电视台"每周质量报告"以"出身讲究的有机茶"为题报道了北京更香茶叶公司的有机茶。

在"每周质量报告"节目中，主持人向观众介绍了对更香有机茶的调查情况：

> 更香茶叶公司有机茶园位于海拔 800 米以上的高山上，生态环境良好，基于如此良好的生态环境，有机茶园的茶叶在种植过程中不使用任何人工合成的肥料和农药，同时引用茶园铺草、养鸡、养羊等生物方法防治害虫，从而确保茶树鲜叶富含营养且无污染。

> 在更香公司茶叶加工厂里，看上去似乎传统原始的工作方式却有非常现代、科学的内涵，每一批茶叶都有专门的来源记录单和加工跟踪卡，实施"身份证"式的管理方法，如若消费者购买的茶叶存在质量问题，可以追溯到具体的哪一块茶园，哪一天采摘，哪一批加工。这些措施都有效地保证了有机茶的高品质。

> 据悉，质检部门曾经对北京市场上的有机茶进行过抽查，抽查的合格率在 50% 左右。检测出来的不合格产品都是没有经过认证的企业生产的假冒产品。国家标准和行业标准都明文规定，产品如果要打上"有机"两个字，必须获得第三方认证机构的认证。

节目播出后，极大地提高了更香有机茶的知名度，给更香有机茶带来无限商机。如今，更香茶叶有限公司年销售额超过了 1 亿元。更香有机茶正是本着以质量取胜的原则，在市场竞争中独领风骚。发展有机茶，大大促进了武义茶叶产业化的进程：

（1）提升了传统茶叶产业，形成了新的优势特色产业。原来武义县以大宗茶生产为主，经济效益十分低下，茶叶生产经常大起大落。通过实施有机茶工程，茶叶经济效益明显得到提高。带动了全县茶叶产值从 1999 年的 8500 万元提高到 2005 年的 2.28 亿元。

（2）提高了茶叶的生产效益，增加了农民收入。由于交通条件、技术、资金等方面的原因，武义县山区的部分茶园处于荒芜、半荒芜状态，经济效益十分低下。通过有机茶开发项目的实施，上万亩荒芜、半荒芜的茶园得到恢复发展，经济效益明显提高，2003年仅有机茶生产一项就带动1万多户农户增收，人均增收300多元。金山茶业有限公司承包的台山300余亩茶园，在开发有机茶前总产值仅8万元，亩产值不到300元，开发有机茶之后，现亩产值达到2600多元，总产值达80多万元，效益增加10倍。公司每年付给当地农民的劳务费就达30余万元。

（3）提高了茶叶的质量和市场竞争力。一般的茶叶由于一家一户生产经营，管理水平参差不齐，质量无保证。而有机茶生产均采取标准化生产，对农产品生产基地的水、土、气经过严格检测，对投入品实行严格控制，对生产、加工、包装、运销实行全程质量卫生监控。而且农户通过一定方式与开发龙头企业建立合作关系，根据生产标准从事农产品生产，产品卖给企业后，再由企业按有机茶生产标准进行加工、包装、储运，严格把关，产品质量比一家一户更易于管理，从而促进了产品质量的提高，增强了茶叶的市场竞争力，有利于打通国际贸易中的绿色壁垒，越过国内大中城市农产品市场的绿色门槛，有效化解以往茶叶的卖难问题，增加农民收入。

（4）发展有机茶使武义的茶叶生产走上了可持续发展之路。由于有机茶生产需要有良好的生态环境作为生产的基础，所以生产过程中不使用任何化学肥料和农药，对病虫害控制采取无公害综合治理，生产过程较少污染环境，不破坏山区原有生态自然条件，而且对产量也有一定的限制，避免了破坏性开发和过度开发，做到了开发与保护并举，有利于自然资源的合理开发和永续利用，使武义的茶叶生产与生态保护走上了良性循环的道路。

武义县探索出的以开发有机茶带动茶业产业化的新模式，受到了国内外人士的高度关注，包括联合国粮农组织官员、韩国前副总理在内的众多外国领导人和外商纷纷前来武义县考察。

2. 品牌整合香了武义茶

"一场春雨后，云雾遍山香；多少品茶客，开怀话武阳。"武义籍篆刻家叶一苇的诗歌形象地描绘了武川大地养育的名茶——"武阳春雨"茶，读来令人心醉。1994年，武义茶人传承传统精华，博采众长，创新工艺，研制成了"武阳春雨"茶。"一夕春雷落万丝"，"武阳春雨"茶形似松针丝雨，色泽嫩绿稍黄，香气清高幽远，滋味甘醇鲜爽，自问世那天起便如春风拂面，以其卓越的品质享誉茶界。

在"武阳春雨"带动下,武义县一下子出现了"金山翠剑""郁清香"等17个茶叶品牌。然而,17个茶叶品牌单打独斗,各自为战。因这些企业生产规模相对偏小,市场开拓能力有限,部分企业主只得盯牢本地消费者。在有限的市场空间进行无序的压价竞争,不仅不利于各家企业做大,也阻碍了武义茶叶整个产业的进一步发展和茶农收入的提高。

武义茶叶产业发展遇到了品牌发展的瓶颈。怎样实现茶叶品牌突破?经过反复调研,县政府做出了整合茶叶品牌的决定,全县名茶统一打"武阳春雨"牌,让更多企业共享这一优势资源,让茶农得更多实惠。

2004年,浙江省评选全省十大名茶。武义县领导敏锐地意识到,这是省里对各地茶叶生产水平的一次大检阅,也是一次着力提升地方茶叶品牌的难得机遇。经过层层筛选,在与全省38个县市近40个名茶品牌的激烈角逐中,"武阳春雨"茶脱颖而出,荣登"浙江省十大名茶"之列。借获"浙江十大名茶"之机,武义迅速作出了加大品牌整合力度的决策,以此为契机,进一步提升茶叶品牌竞争力,让武义茶叶彻底走出"小市场",全力开拓"大市场"。

武义县内7个主要茶叶企业纷纷加盟。"武阳春雨"品牌联盟实行了"四个统一"的管理模式,即统一品牌、统一包装、统一标准、统一监管。他们对原县级"武阳春雨"地方标准进行重新修订,升格为市级标准。新标准增加了春雨龙芽、春雨龙毫等技术标准内容,使"武阳春雨"茶标准实现了系列化,也为强化"武阳春雨"茶的质量监管奠定了基础。同时,制定了《武阳春雨茶管理规则和质量管理办法》,规范各成员企业的生产销售行为,形成企业自律、协会管理、行政监管的质量监督管理体系。

"武阳春雨"系列茶由品牌整合前的产量43吨、产值500万元增加到了2005年产量950吨、产值1.4亿元。

"武阳春雨"品牌整合后,武义茶农种茶积极性更高了。武义县嘉木村农产品有限公司,是一家"武阳春雨"茶加盟企业,公司在大溪口乡等地建有茶叶基地600余亩。多年来,该公司吃够了没有自己品牌的苦头,只能把优质茶叶加工后,低价出售给其他茶商。如今加盟"武阳春雨"企业后,公司总经理郑旭东兴奋不已。他说,搭上"武阳春雨"这条大船后,公司在茶叶生产、管理等方面,有了"娘家"做依靠,产品的广告宣传也不用太操心,这种走品牌之路的做法,正是他梦寐以求的。2006年春茶上市后,嘉木村公司在武义和永康县城各开了一家专卖店,生意均十分红火。如今，郑旭东踌躇满志，准备再开几家专卖店。他说，自己的茶叶原先每公斤最高卖 300 元，如今售价超过 1000 元，效益翻了 3 番。

武义更香有机茶叶开发有限公司、武义郁清香茶叶有限公司、武义茶业有限公司、汤记高山茶业有限公司、县名茶公司等企业，加盟"武阳春雨"后，也都尝到了甜头。

品牌整合给武义茶业带来无限商机和效益，具体表现在拓展了武义茶叶的销路，提高了身价和增加了茶农的收入。如今，"武阳春雨"茶已迅速在北京、上海、山东、河北、江苏等大中城市站稳脚跟。一叶叶"武阳春雨"茶，正在这些城市幽幽飘香；"武阳春雨"茶品牌整合后，在严格的监管下，茶叶品质稳步提升，茶叶的身价也高了不少。每公斤名茶提价 100—200 元，增长幅度达 10% 以上；品牌整合带动了茶鲜叶价格的上涨，每公斤鲜叶从以前的 60 元涨到 120 元，从而增加了茶农的收入。泉溪镇车苏村张国荣仅种了 2 亩茶叶，以前嫌茶叶价低无赚头，经常任茶叶在山上疯长也不愿采摘。今年见行情好，张国荣连忙雇人上山采茶鲜叶。仅春茶一季，他的茶园收入就超过 6000 元。①

三 多样化的特色农业产业带

文化是多样的，武义特色农业也是多样的。在武义县，不只是杂交稻、有机茶已经形成产业化经营模式，其他一些农作物也已经发展成为各具规模的产业带。

1. 蜜梨产业带

武义从 20 世纪 50 年代就开始栽培蜜梨，武义蜜梨以其肉脆、汁多、味甜而闻名省内，20 世纪七八十年代，菊水梨以"杭州蜜梨"的品牌由省粮油进出口公司统一出口中国香港，年出口量占当时全省出口梨总量的 70%，被国家外贸部确定为全国三大出口梨基地县之一。2003 年，在省农业博览会上，桐琴牌翠冠梨在省优质早熟梨评比会上获金奖；桐琴牌翠冠、黄花蜜梨在省农业厅举办的"皇花杯"十大名梨评比中入选全省十大名梨。获得了国家级绿色食品标志使用权。现已形成以桐琴、王宅为重点

① 《品牌整合香了武义茶叶》，http://www.qyny.gov.cn/Article/Print.aspArticleID=4565，2005年 7 月 13 日。

的万亩蜜梨产业带。2005 年武义蜜梨总面积达到 1.4 万亩，年产量 1.1 万吨，年产值 2300 万元。

图 18　桐琴蜜梨（县外宣办提供）

2. 高山蔬菜产业带

高山蔬菜是指以市场为导向，以适度规模为基础，种植在海拔 650 米以上山区的商品蔬菜。南部山区海拔 650 米以上耕地达 8 万多亩，植被 173 万亩，是理想的生产高山无公害蔬菜地区。现全县高山蔬菜面积达 3 万亩，创产值 4500 万元，已形成以新宅为重点的万亩高山蔬菜基地，有 3 万山区农民从事高山蔬菜产、供、销等业务。

武义高山蔬菜之所以能在激烈的市场竞争中脱颖而出，主要得益于品质优、无污染、时间差这三大特点：一是品质优。高山耕地的土壤具有适宜豆类种植的优越条件。因此武义的高山四季豆色泽鲜绿、清香浓郁、口感好、营养丰富，具有市场竞争力。二是无公害，据浙江大学检测，武义高山蔬菜农药残留低于国际标准，是名副其实的无公害蔬菜。三是时间差。高山蔬菜一般在 8—10 月上市，此时正是平原、城市的蔬菜淡季，刚好钻了市场的空当。

新宅镇是个农业大镇，具有发展高山蔬菜的土地、气候、土质等自然优势，近年来，新宅镇积极发展高山蔬菜，并取得显著的经济效益和社会效益。2005 年全镇高山蔬菜面积达到 1.8 万亩，为全县高山蔬菜总面积的三分之二，实现收入 4240 万元。该镇的陈弄村是高山蔬菜的主要产地之一，近年来，该村逐渐尝到了种植高山蔬菜甜头。2005 年，陈弄村年总收入为 141.71 万元，其中高山蔬菜的产值为 111.6 万元，占总收入的 78.2%。可见，高山蔬菜是陈弄村村民的经济支柱。

3. 畜禽产业带

武义是传统的畜禽饲养产区县，也是著名特产"金华火腿"的主产区之一。近年来，武义大规模发展畜牧业生产，已形成一条专业化的特色产业带，在饲养猪、家禽、牛上都取得了较大的效益。如今已经形成以城郊乡镇为重点的畜禽养殖产业带。

该县浙江省著名商标"田歌牌"蛋鸭系列产品，远销杭州、上海、南京、天津等大中城市，新近开发的鸭蛋黄卵磷脂填补了国际空白。黄牛饲养先后引进澳大利亚抗旱王、西门答尔牛等进行杂交改良。肉质鲜美、风味独特、无污染、无药残。"万香牌"牛肉获中国国际农业博览会金奖，为国内较早注册绿色食品的肉牛产品之一。此外，已注册的"少妃牌"土鸡供不应求。美国王鸽饲养业发展较快，菊欣养鸽场、郭洞生态养鸽场等饲养的肉鸽占据萧山、永康、东阳等地市场。武义还建成了阳光牧场千头奶牛养殖基地。而当地灰鹅体形大、耐粗饲、繁殖性能好，是与"金华两头乌"齐名的地方良种，在浙中地区素负盛名。2005 年全县畜牧业产值达 2.71 亿元，占农业总产值的 29.62%。全县家禽年饲养达 471.83 万羽，列金华市第三位。全年生猪饲养量 34.33 万头，列金华市第二位。奶牛存栏 551 头，列金华市第四位。

4. 食用菌产业带

食用菌生产是武义的一大特色产业，其中，巴西蘑菇是武义县新发展的一种珍稀食用菌，具有较高的食用和药用价值。武义食用菌品种中还有草菇、杏鲍菇、椴木灵芝、长梗菇、茶新菇、大球盖菇、鸡腿菇等珍稀菇类。武义现已形成以南部山区乡镇为重点的食用菌产业带。2005 年，全县食用菌产量达 1400 吨，产值达 5100 万元。

武义县真菌研究所、武义新力生物工程有限公司、浙江省武义金星食用菌有限公司是集科研、开发、生产、加工、贸易于一体的农业龙头企业，多项科技成果和"武香"牌系列产品荣获省、市科技进步奖、国际金奖、全国推荐产品、浙江省优质农产品金奖、浙江市场畅销品牌。特别值得一提的是，武义县真菌研究所所长李明焱通过自己多年来的艰苦奋斗，在研究开发食用菌的技术上做出巨大贡献，给当地食用菌生产者带来致富的福音。

5. 花卉苗木产业带

从 2001 年开始，武义县建立了以武阳、邵宅、桃溪滩等区域为重点的万亩种苗花卉产业带。2001 年上半年，1000 亩武义温泉生态植物园动工兴建，一期完成 400 亩，已投资 150 万元。白阳山 550 亩茶花物种园已完成嫁接任务，投资 300 万元。左溪村鲜切花基地 50 亩已开始筹建，位于郭洞景区附近的武义宝禾生物园兰花组培基地 1500 亩结合郭洞景区的旅游开发，总投资 2000 万元的生物园正在建设中。到 2002 年 8 月底，全县有从事花卉苗木花农 600 多户，1000 多人，种苗花卉基地 3721 亩，产值 2400万元。花卉苗木产业带造福一方人。到 2005 年，全县花卉苗木已经发展到1.13 万亩，产值达 1105 万元。

6. 蚕桑产业带

蚕桑业是武义传统农业，原主要分布在县城中北部平原、丘陵地区，历史最高年份投产桑园面积 1.4 万余亩，养蚕 2.9 万余张，产茧 2.3 万担，是浙江省 29 个产茧万担县之一。

从 2000 年开始武义实施了"北桑南移"工程，成为浙江省蚕桑西进工程八个重点县之一。蚕桑业被作为南部山区乡镇农业结构调整的重点产业，从而使全县蚕桑业较快地恢复发展。2001 年全县新发展桑园 4218 亩，全县桑园面积达到 10046 亩，产茧 1 万担，产值 900 万元，重新跃居万担县行列。

2003 年，武义县桑园面积 13318 亩，全年饲养蚕种 10493.75 张，生产蚕茧 430 吨，产值 580 万元。蚕桑基地方格蔟使用率达 90%，每户蚕农为此增加收入 200 多元。现已形成以桃溪为重点的万亩蚕桑产业带。2005 年全县现有桑园面积 1.4 万亩，有 18 个乡镇，265 个行政村有蚕桑生产，5120 户种桑养蚕。全年饲养蚕种 12371 张，总产量 518.9 吨，产值1178 万元。

7. 宣莲产业带

武义县的宣莲是中国三大名莲之一，曾被选为清朝宫廷贡品。武义县积极采取措施进行培育，引进了新品种"太空莲 3 号"和"十里荷 1 号"进行种植推广，并大力进行宣莲品牌开发，现已注册了"乡雨""莲童""汤记"等宣莲品牌。目前，武义共有宣莲种植面积 3000 余亩，年产量

200 多吨，产值近 1000 万元。

8. 茭白产业带

武义从 2001 年开始大面积发展茭白生产，已形成以白姆、王宅为重点的万亩特色农业产业带。王宅茭白种养中心是武义县茭白产业的龙头企业，拥有基地 528 亩，采用茭白无公害栽培技术和茭田养鱼技术。在 2001 年浙江中国国际农业博览会上，该种养中心生产的"武阳夏雪"牌茭白获得金奖。产品销往上海、杭州、温州等大中城市，并出口日本。

9. 笋竹两用林产业带

武义县以召开笋竹两用林基地建设现场会的方式建立乡镇示范基地。组织村干部基地专业户观看笋竹两用林的技术要点及发展的经济效益。大力推广先进适用笋竹两用林技术。使笋竹两用林的产量、产值都有很大的进步。2001 年，武义县笋竹两用林产业带开发建设市级示范基地 200 亩，县级示范基地 2340 亩，乡镇政府、街道办事处出资扶持改建的基地 375 亩，完成年初规划实施的笋竹两用林基地 7348 亩的 105%。现已形成以熟溪、大田为重点的万亩笋竹两用林产业带。2005 年，全县笋竹两用林示范基地面积达 2.592 万亩。

10. 瓜果蔬菜产业带

近几年，武义县以壶山、白洋、熟溪、履坦、泉溪等为重点的城郊乡镇、街道办事处，利用区域优势，规模种植瓜果、蔬菜，积极发展城郊型农业。

2001 年，武义县引进了西瓜、早熟春大豆、毛芋、豇豆等品种试种，建立了早熟西瓜、大棚蔬菜、早熟毛豆、毛芋等示范基地，取得了较好的经济效益。泉溪镇引进新品种槟榔芋，建立 300 余亩示范基地，平均亩收入达 4000 余元；白洋街道胡长畈村 50 余亩美国矮生毛豆示范方，亩纯收入达 1000 元以上；桩塘蔬菜专业村，蔬菜种植面积达 7000 余亩，占水田面积 85%，并建立 140 个蔬菜大棚，全村平均每亩蔬菜收入达 700 元左右。如今，这些城郊型的瓜果、蔬菜已崭露头角，成为极具发展潜力的瓜果蔬菜产业带。2005 年全县蔬菜种植面积达 9.2 万亩，产量达 13.52 万吨，产值达 1.49 亿元。

这些产业带在发展过程中虽各具特色，但它们有一个共同特点，那就是因地制宜地在某个地方大规模种植某种作物，形成一个个产业带。这些特色农业产业带构建了武义特色农业的多样化特点。

四 特色农业：新农村建设"生产发展"的武义战略

"生产发展"是新农村建设的基础，农业又是农村发展生产的一个基本产业，农业的发展必将推动新农村建设其他方面的发展。武义县充分认识到农业发展的重要性。历届县政府都很注重对农业经济发展的扶持，早在 2000 年县委、县政府出台了《关于大力发展效益农业的补充意见》，决定在今后三年内，县财政每年安排 300 万元资金，用于上述十二条产业带项目建设。2003 年又出台了 113 号文件，对特色农业产业化发展政策作了进一步深化，同时将扶持特色农业产业发展的资金由每年的 300 万元提高到了每年 600 万元，2005 年提高到 1170 万元，2006 年提高到 1500 万元。此外，围绕区域特色农业发展，武义制定并实施了五大具有操作性的发展战略。

1. 比较优势战略，加快农业结构合理化调整

过去武义县的农业结构存在单一化特点，以种植水稻等粮食作物为主，农业生产水平不高。2000 年 9 月，县委、县政府根据各个地方的自然、地理环境优势，为进一步培育农业主导产业，加快农业结构调整，加快区域特色农业发展，武义县提出了用 2—3 年建设优质米、名优茶、有机茶、高山蔬菜、茭白等十二条规模化、区域化特色农业产业带，着力形成一村一品、一乡一品、几乡一品的区域特色农业发展新格局，努力提高农业产业化水平的发展目标。近几年，农业区域特色和主导产业已经形成。在十二条特色产业带建设的基础上，充分发挥比较优势，实施扶优扶强的非均衡发展战略，重点培育优势农产品和优势产区，提高武义县农业的国际国内竞争力和生产力水平，促进新阶段农业发展。现在，农业生产空间大大拓宽，生产作物多样化，从较单一的粮食生产扩大到了茶叶、高山蔬菜、食用菌、水果、食用笋、蚕桑等经济特产生产和土鸡、猪、奶牛、鱼等养殖。粮经比例从 1995 年的 73：27 调整到了 2003 年的 59：41，茶叶、蔬菜、畜牧业的产值分别接近或超过了粮食作物的产值。

通过培育十二条特色农业产业带，武义农业的结构得到了优化调整。同时，有利于提高农产品市场竞争力，增加农民收入，加快现代农业的建设进程。

2. 科技兴农战略，加快名特优产品的开发

当今社会，知识就是财富，不论是农业、工业，还是其他产业的发展都离不开科学技术的指导。农业的生产发展再也不能仅仅依靠一把锄头、一头牛等简单的生产工具来提高农业产量，也不能依靠几千年来农民面朝黄土背朝天的劳作方式来获得足够的农业作物。唯有掌握了先进的科学技术，才能在农业生产上摆脱过去完全"靠天吃饭"的境地。

科学技术是第一生产力，武义县十分重视科技进步和技术推广，走科技兴农之路，积极促进传统农业向现代高效农业转变。为解决农业发展的技术瓶颈，先后聘请了中科院、中茶所、省农科院、浙江大学等单位的院士、教授、专家进行专门指导，还引进了一大批科技含量较高的项目和新品种，开发了一批名特优新农产品，大大增强了农产品的市场竞争力。在茶叶生产方面，大力引进和推广了迎霜等优质茶叶，加强了老茶园改造，2002 年被评为浙江省茶树良种化先进县。为解决本地三系杂交早稻存在的当家组合生育期偏长、米质偏差、抗性退化等问题，在袁隆平院士的大力支持下，武义从湖南杂优中心和安江农校引入了香两优 68、八两优 100 新组合。该项目荣获浙江省农业丰收奖。可以说，紧紧依靠科学技术来推动农业发展是武义农业生产取得成功的一大经验。

3. 名牌优势战略，加快争创农产品品牌

在农业生产方面，一是追求农产品的产量，二是追求农产品的质量。在发展区域特色农业中，武义县改变了过去农产品生产重视产量忽视质量的做法，十分重视产品质量，努力开创名牌。如发展有机茶，采取了在保证质量的基础上，依靠名牌优势战略来取胜。具体做法是：严格保护基地的生态环境，大力引进推广茶树良种，采用国外先进加工设备，聘请中国农科院茶叶研究所专家的指导，积极寻求国家和国际有机食品认证中心专家的认证。同时，制定了《武义县有机茶地方标准》《武义县有机茶、无公害茶管理办法》，各有机茶生产企业签订了《有机茶生产企业自律公约》，对全县有机茶加工厂进行了优化改造，整个过程都贯穿了以质量取胜的思想。通过引进良种，提高加工工艺水平，实施标准化生产，加强市场营销，开发了"武阳春雨""金山翠剑""田歌"等一大批名牌农产品，大大拓展了农产品的市场空间。

4. 组织创新战略，加快提高农民组织化程度

发展区域特色农业的另一个战略就是组织创新战略。一是积极发挥龙头带动作用，突破产业发展瓶颈。通过积极培育扶持龙头企业、经济合作组织、中介协会的发展，大力促进农业产业化经营，极大增强了农业产业的拓展能力和活力，促进了优势特色产业做大做强。新洲制茶公司、更香茶业公司等以"公司＋农户＋基地"的形式，实行产加销一体化发展，带动了周边地区茶农的增收。金星食用菌研究所开发了"武香一号"高温香菇等新品种，并与众多农户签订了出口香菇和巴西菇的收购合同，全县60%的出口菇经其对外销售。全县至今已有27家农业龙头企业、16个农业专业协会。通过农业龙头企业的带动，促进了武义县农业从传统的单一农业生产拓展到农业产前、产后相关领域，拉长了产业链，实现了贸工农一体化、产供销一条龙发展，拓展了农业产业的发展空间，增加了农业的盈利空间。

二是开创农业股份合作社组织，调动农民的积极性。把股份制引入农业，还没有先例，武义县从1991年开始进行试点，探索农业股份合作制的道路。决定引入股份制，是因为农村推行承包责任制之后，开发农业碰到了一些矛盾，如承包到户与集体开发的矛盾；小块承包与规模经营的矛盾等，为解决这些矛盾，武义县确定了"统一规划，联营入股，规模经营，比例分成"的政策，采取了"集体所有、分户承包"和"集体经营、专业队承包"的经营方式，引进股份制开发农业。其主要做法有以下几种：土地入股、劳力入股、资金入股、技术参股等。事实证明，把股份制引入开发农业是实行农村联产承包责任制后，进一步调动广大农民的生产积极性，发展社会生产力的又一种好形式。把股份制引入开发农业，使农民加快了致富步伐。[1]

5．"三五"战略，加快推进农业现代化步伐

发展区域特色农业的最终目的是使农业发展从传统农业进入现代农业。因此，现代农业是武义今后农业发展的一个最重要的目标，武义县有关部门经过考察，已经制定并开始实施现代农业的"三五"战略，即以提高农业的市场竞争力和综合生产能力为核心，以发展名品、名企、名社为三大抓手，强化新型农业生产经营主体培育、主导产业培育和市场品牌培育，着力实施农用地治理、种子种苗、农业现代化装备提升、农业面源污染治理、农业保障等五大工程，大力推进农作制度创新、技术推广方式创

---

① 武义县农业局：《我县农业发展十年回顾与发展前景展望》。

新、管理模式创新。①

这五大发展战略，不仅对武义特色农业的发展起到指导性的作用，推进农业现代化的发展，同时也促进了新农村建设中的"生产发展"这一要求的实现。县委书记李一飞在 2006 年召开的"三农"工作座谈会上强调，要大力发展农村经济，积极推进新农村建设。他指出："推进新农村建设，首先要大力发展农村经济，切实增加农民收入。"他还要求财政支农资金要重点用于扶持农村经济发展，用于农民生产生活条件的改善。同时，他特别指出，发展农村经济首先要大力培育农业特色产业。② 因此，特色农业是武义新农村建设"生产发展"的一大战略。

五 武义经验的人类生存策略意义

19 世纪中叶以来，特别是第二次世界大战之后，许多国家走上了工业化的道路，随着社会生产力的极大提高和经济规模的不断扩大，工业文明取得了巨大的成就，人类社会的发展也因而被推进到一个前所未有的高度。但是，人类为之付出的代价却是沉重的。人类赖以生存的地球家园遭受到了前所未有的损害和摧毁，这种损害和摧毁的严重后果日趋凸显出来。自 20 世纪 60 年代以来，以全球气候变暖、生物多样性丧失、臭氧层耗竭等为特点的全球性生态环境问题不断加剧，自然资源日益萎缩。面对这些日益严重的环境问题，人类生存正受到越来越严重的威胁，我们是继续向自然伸手摄取资源，吃子孙后代的"饭"，还是寻找出一条既有利于人类发展又保护环境的永续发展的道路？诚然，后者是我们需要努力追求的目标。武义特色农业发展的经验体现了武义人的生存智慧，具有广泛而深远的意义。

1. 特色农业多样性：人类生存的生态平衡基础

在漫长的人类发展历史中，人与自然环境的互动在发生着天翻地覆的变化。人类学家李亦园把人类与环境的这种互动历史分为三个阶段，即采集狩猎阶段、产食革命阶段和工业革命阶段。他指出在"产食革命"（Food Production Revolution）阶段，开始生产，开始种植作物或饲养动物。

① 武义县农业局：《武义县农业发展"三五"战略规划》，2006 年 6 月 6 日。
② 《大力发展农村经济，积极推进新农村建设》，《今日武义》2006 年 7 月 31 日。

农业的生产，实际上相当程度地改变那个地区的生态。在这个阶段，人们会选择专种一种植物，而排除其他植物生长，例如把杂草排除了，所以那个地区的生态也改变了。因此第二阶段人与环境之间重要的现象就是改变了生态系统。①

正如李亦园先生所说，专种一种植物，就会造成生态系统失衡甚至是破坏环境的严重后果。翁玲玲在第二届人类学高级论坛上向我们介绍的中国台湾"槟榔西施"现象就是一个典型例子。槟榔在传统的中国台湾社会文化里具有特别的作用。一方面，它具有实际用途（可以除口臭，防蛀牙，也可以去除瘴疠之气）；另一方面，它具有礼物的意义（招待贵宾，男女定亲的礼物）。槟榔是稀有之物，种植面积很少。但是在1970年左右，为了追求资本主义最大利润，扩大槟榔的种植面积，在不适合种槟榔的地方大量种植，导致了严重的后果。首先是对自然环境的破坏，因为槟榔的树根是浅性的辐射性的须根，没有明显的主根，对保持水土没有多大作用，结果就造成了泥石流；其次是对人类生理的破坏（口腔病变和不孕现象）。②

这个惨痛的教训告诫我们，在同一个地区种植多种作物，保护生物的多样性，才能避免环境遭受破坏的悲剧。在农业生产方面，我们就要致力于解决生态平衡与农业发展的关系问题，武义特色农业的发展真正做到了这一点，他们从不同区域的自然条件优势出发，因地制宜地发展最适合当地的农业产业，从而避免了改变生态系统的不良后果。在发展农业的同时，保持了县域的生态平衡发展格局。

具体到某一种产品的种植上，武义县也注意到了维持生态平衡的问题。如在有机茶茶叶的生产管理方面，做到了既考虑茶叶质量，又顾及生态平衡的维持。例如，当有机茶园草多的时候养一些羊，用羊吃草的习性达到除草的目的，另外，提倡在茶园里养鸡，利用鸡吃虫子时爪子的扒地松土，同时，利用它的粪便，用作有机肥的来源之一。在此，一个茶园就是一幅生物多样性的图画。

---

① 李亦园：《生态环境、文化理念与人类永续发展》，孙振玉主编：《人类生存与生态环境》，黑龙江人民出版社2005年版，第15—17页。

② 林敏霞、徐杰舜整理：《聚焦发展与不发展——第二届人类学高级论坛海峡两岸圆桌论坛实录》，载《广西民族学院学报》2004年第4期。

人类学的理论强调生物多样性和文化多样性是人类社会得以和谐发展的关键。人类生活在这个地球上，并非与其他生物相互敌对，通过消灭其他物种来取得生存的资源，恰恰相反，每一种生物的灭绝都会影响到这个地球的生态系统的平衡，从而危及人类的生存。因此，生物多样性，是我们人类生存的生态平衡基础。因此，武义特色农业的多样性反映了武义人生存策略的智慧。

2. 有机农业：人类生存的安全保证

1961 年，美国生物学家卡逊发表《寂静的春天》，这本通俗科学读物向人们生动地描述了一个场景——由于大量使用 DDT 等化学农药，造成的对其他生物的严重杀伤，从此人们将再也听不到蛙鸣鸟唱的春之交响曲，春天将变得死一般寂静。这本著作在当时引起很大轰动，使人们感到生态危机的恐慌。

9 年之后的 1970 年，罗马俱乐部第一篇报告《增长的极限》发表。作者认为，对经济增长最有影响的五个因素是：人口增长、粮食短缺、投资状况、环境污染和资源枯竭。而这五个因素是互相影响的：人口增长需要更多的粮食供应，从而需要更多的农业投资，而农业增产则需要使用更多的化肥和农药，这又会使环境污染日益严重，并且还要消耗更多的石油、煤等非再生资源，而环境污染和生态资源枯竭反过来又影响人类自身。[①]这两本书给我们敲响了人类与自然和谐相处的警钟。

农药、化肥等对环境、人类的健康，以及人类的永续发展的影响日益突出。解决增长极限问题，需要人们在实践中不断摸索和探讨，从而寻找一条有效的解决途径。武义在这方面进行了积极探索，发展出了以有机茶为代表的有机农业产业。有机茶在生产、加工过程中不使用任何化学农药、化肥、除草剂、合成色素、添加剂、防腐剂、生长素等人工合成物质，既保证了茶叶的质量问题，保证了消费者的安全，又起到保护环境的作用。更难能可贵的是，有机茶以其自身优势打入市场，带来巨大的经济效益。事实证明，以有机茶为代表的有机农业产业是解决农业发展与环境保护之间的矛盾的有效途径。从而使农业生产增长打破极限，进入更广阔的前景。发展有机农业是一个值得探索的人类生存的途径。

---

① 徐春：《人类生存危机的沉思》，北京大学出版社 1994 年版，第 48 页。

3. 靠山 "吃山"：人类生存的明智策略

不同的族群因自然环境不同而积累出不同的生存策略，"靠山吃山、靠水吃水"是许多依山傍水的族群赖以生存的模式。如游耕民族——瑶族迫于自然环境和社会环境，为了生存，形成了刀耕火种，吃了一山过一山的生计策略。[1]

由于高山的自然资源比较贫乏，许多山民以靠山吃山的生存方式，大量采伐山上林木，追捕猎杀山上的野生动物，从而破坏了山区的自然生态环境，致使发生泥石流等自然灾害，给人们带来巨大的损失。

武义县是个八山半水分半田的地区，尽管政府采用下山脱贫的方式，转移了大量山区人民到平原生存发展，但是还有不少农民仍然居住在高山上。在政府的指导下，山区人民走出了一条与别的地方不同的靠山 "吃山" 的生存方式，即住在山上的人们依靠高山，利用高山的自然环境优势，发展高山蔬菜产业带、笋竹两用林产业带、有机茶茶园等农业和经济作物。如此一来，他们既发展了经济又保护了环境，是另一种意义上的靠山 "吃山"。武义的山区经济种植结构给我们提供另一种人与自然和谐相处的生存策略。

以十二条产业带来保护生物多样性、发展有机农业和靠山 "吃山" 是武义特色农业的亮点，是武义人们在处理人与自然协调发展上的有益经验，是人类生存策略的良性表达。

---

① 张有隽：《吃了一山过一山：过山瑶的游耕策略》，《广西民族学院学报》2003 年第 2 期。

第七章　工业园区：武义模式
元素之三

武义是传统农业县，农业一直是国民经济发展的主导产业。改革开放后，武义逐渐从农业社会进入工业化初期阶段，及时调整了工作思路，创办了工业园区，引发了洼地效应、鲶鱼效应和蛟龙效应，经济结构发生了根本性的变化，实现了跨越式发展。在新农村建设中，工业园区也就成了武义模式的一个重要元素。

一　工业园区：打造工业化的载体

中国以改革推动的社会转型有一个特殊点，就是与计划经济向市场经济的转型相伴随，进行着由传统农业社会向现代工业社会的转型①。千百年形成的浓厚的"躬耕而织"意识，使社会转型成为一场艰难的嬗变。

1."农"还是"工"：寻找腾飞的翅膀

1985年之前，武义第一产业占国内生产总值的比重在50%以上。在相当长的一段时间，武义把经济工作的重点放在抓农业上。1996年县委全委会报告中有这样一段话："坚持把农业放在经济工作的首位，加快发展农村经济，致力总量扩张，注重增长质量，'做大''活小'并举，发展支柱产业。"虽然，此前武义曾经提出"大力兴办乡镇企业""个私经济至高无上"等发展口号，重农轻工的思想在武义大多数人心中却依然根深蒂固。

"去年一片谷，今年一片屋，明年坐起来哭。"这是1993年武义经济开发区着手开发时，武义广为流行的一段民谣。传统的土地观念使人们认

① 吴敬琏：《中国政府在市场经济转型中的作用》。

为，土地除了生产粮食之外就不能再移做他用。

思路和策略的落后决定了武义离富裕的距离越拉越大。1996 年，武义县实现国民生产总值 21.26 亿元，财政收入 9195 万元。而这时，同是金华市下属的永康、义乌、东阳等县市早已随着改革开放的春风，跨入了工业化中期，县域经济迅猛发展。义乌更是跻身中国经济百强县市。巨大的反差迫使武义开始了反思：武义经济该向何种模式转变？

1996 年和 1997 年两年，武义连续派出大批干部赴黄岩、玉环等地挂职锻炼，希望能够学习借鉴先发达地区的成功经验。

武义县政府副县长扬霄雁时任桃溪滩乡书记，也被组织部选派外出挂职锻炼。组织部征求他意见时，这位年轻的书记"违抗"了组织决定："黄岩、玉环与武义相隔太远，而且两地在整个基础上不存在可比性。我要到永康。把永康的做法学会了，把永康的企业引过来了，武义就有希望了。"在其他干部纷纷奔赴沿海地区挂职的时候，扬霄雁独自来到了永康芝英镇——永康工业的发源地。

包括扬霄雁在内的外派干部陆续回到了武义。他们回到武义的同时，也带回来了新观念：搞工业才会富，才会有出路。然而，这一全新的观念却令人一时难以接受。在武义这样一个小农思想浓厚的农业县，人们早已习惯于"以农为本"。武义到底该往何处走？这次干部外派挂职锻炼引发了武义历史上少有的关于今后经济社会发展方向的"大争论"，争论从政府逐步蔓延到民间。

"农"还是"工"？两条道路的选择是那么的艰难。

2. 凤凰山：荒坡变新城

走在凤凰山，鳞次栉比的工厂令人无法相信这里在八年前还只是一片荒山野岭。"凤凰山传奇"，是回顾武义工业园区发展历程时一个无法绕开的关键词。

桐琴镇是武义的东大门，紧邻永康。而镇所在地桐琴历史上隶属永康。1961 年 10 月，武义县在并入永康 3 年后恢复建制时，桐琴被划归武义县。地缘、人缘注定了桐琴镇成为武义工业发展的先行者。

1997 年，武义撤区并镇。原来的桐琴区被划分为桐琴、泉溪两镇。东皋村，这一原桐琴区公所所在地转眼失去了区行政中心的地位。"区公所没有了，东皋以后说不定就不会兴旺了。"强烈的失落感笼罩着村民。村两委也在积极探求发展的突破口，在百般思考后，他们把目光聚焦在了凤凰山。这时的凤凰山其实只是武义县桐琴镇东皋村边一片无名的黄土丘陵。稀稀拉拉生长着的马尾松、偶尔散落在其间的几家小果园和几处茶园就是它全部的家当。东皋村看中凤凰山的原因就在于它只是一片效益并不高的荒山野岭，而不是良田，利用它来引进企业不用冒太大的风险。

"违抗"组织决定的扬霄雁，此时已经是桐琴镇委书记。在永康挂职锻炼期间，他早已有意识地与芝英的企业主进行接触，希望有朝一日能把他们引到武义，去实现武义人们经济大发展的理想。然而，当他到桐琴走马上任，试图利用该地的地缘、人缘优势，在桐琴镇所在地的几个村实践那埋藏已久的理想时，却因为种种原因，自己是"热脸贴到了冷屁股上"。当发现东皋村的想法与自己不谋而合后，他再也无法按捺心中的喜悦。一系列"离经叛道"的行为开始实施。

1998年5月，永康老板杨征宇率先与东皋村签订了征用山地1.4万平方米的协议，建立了中美合资武义工力电器有限公司。6月份，凤凰山迎来了第二家企业：浙江奇立电动工具有限公司。

一石激起千层浪。虽然厂房建起来了，企业开始生产了，但"兴工"还是"兴农"的争论非但没有平息，反而因此急剧地白热化。凤凰山，这片刚刚开发不久的处女地，因为围绕它的激烈争论而引起了浙江省委、省政府的注意。1998年的一天，浙江省副省长章猛进来到凤凰山，在进行充分的考察调研后给予了高度评价。此时，"吃螃蟹"的勇者才松了一口气，暂时放下了心中的石头。恰好当时武义县举办"武阳杯"理论征文大赛，扬霄雁又不失时机地递交了一篇题为《武义发展需要团队精神》的文章，提出找准方向后就要团结一致，协力建设好新武义，并获得了征文大赛唯一的一等奖。

凤凰山以它无可辩驳的变化渐渐平息了争论。其后，经论证，凤凰山工业区被列为县内第二个经济开发区，享受省级开发区——浙江武义经济开发区的有关优惠政策。

一家家企业陆续落户凤凰山，昔日的荒山野岭很快成了一个充满朝气的新兴工业区。附近的村民纷纷"洗脚上田"当起了工人。凤凰山工业区成为武义国企发展困难、改革逐步深入、全县经济形势十分严峻下工业经济的一大亮点，成为武义工业园区发展的突破口。1998年，武义县确定县域东北部地区为个私经济发展重点区域，以乡镇工业小区为依托，大力兴建工业园区，大力招商引资。

凤凰山的巨变在震撼着人们的同时，也激起了武义经济开发区的焦虑。作为武义唯一的省级经济开发区，建立 5 年多来，因为思想观念与经济体制的束缚一直步履艰难，开发区内除了一些商住用房，只有很少的几家企业入驻。面对凤凰山工业区迅速崛起带来的挑战，武义经济开发区终于爆发出积蓄已久的能量。1998 年一年，武义经济开发区新开发面积 7.6 万平方米，引进企业 18 家。其后，王山头工业园、桐琴五金工业园区、武阳文教旅游综合工业园区相继创立。武义进入了工业园区快速发展时期，以县城和经济技术开发区为中心，以毗邻永康的桐琴、泉溪和靠近高速公路互通口的履坦、茭道为两翼的"一中心两翼"工业经济重点区域的格局初步形成。

二　改制：助推工业园区发展

改革开放以来，武义经济发展长期滞后的主要原因是市场经济发育程度低。世纪之交，武义县委、县政府面对"底子薄、基础差；体制的滞后和制约"这两大发展工业经济的障碍，一方面以"背水一战"的信心和勇气，对国有、集体企业进行了治根治本的改革，建立了符合市场经济要求的新体制；另一方面，着力发展民营经济，培育新生力量，夯实工业经济发展基础。

《武义县国民经济和社会发展第十个五年计划纲要》中概括"九五"期间的成就时，使用了"三个突破"："思想观念的突破，转变了传统的重农轻工、重粮轻副、重公轻私、重内轻外等小农经济意识；体制障碍的突破，国有、城镇集体企业的产权制度得到较为彻底的变革，职工身份得到彻底转换；经济结构调整有新突破，通过项目引进、扶持技改、淘汰落后生产能力，初步形成四大工业支柱产业。"

企业改制，以摧枯拉朽之势改变了人们的思想观念。"国退民进"，通过彻底改制，生产要素配置得以优化，民营经济在全新的广阔舞台上大展雄风，爆炸式发展，推动了工业园区驶入发展的快车道。

1. 艰难的起飞

从 1994 年开始，武义县大力推行以组建股份合作制为重点的企业改制。1996 年下半年开始，又以买断公有资产为重点，先后分两批确定 39 家企业，进行股份合作制深化改革。两次改制都由于企业法人治理结构和转换经营机制难以到位，导致大部分企业生产经营状况仍在恶化，企业改革一时陷入困境。

1998 年，县委、县政府提出了"因企制宜、一企一策、破卖并行、股权集中、筹资安置、社保配套"的思路，对国有、集体企业进行了较为彻底的改制。一大批企业被破产、出售。同时，将原国有、集体企业正式职工身份，转换为市场经济体制下的劳动者。从"人人入股"到"转换身份"，企业产权根据市场规则重新进行了分配，职工由"企业人"脱胎换骨成为"社会人"，实现了武义县企业改制的第一次飞跃。

然而，在改制过程中，由于企业资产变现自求平衡，企业资产变现难，安置补偿费缺口大，企业改革步履维艰。一些企业虽然进行了改制，但职工身份没有转换，企业仍然以原有模式运作，造成亏损严重。工业经济效益指标明显低于周边发达县市水平。针对这一局面，县委、县政府在 2000 年 11 月初召开企业改制工作会议，确定了"整体联动、逆向操作、资产托管、市场运作"的企业改革新思路，并提出要在 2001 年上半年基本完成企业改制。这一思路的提出彻底突破了"单个操作"的瓶颈制约，解决了企业资产变现、安置补偿费和改制职工社会保障政策筹集问题，企业改制工作在短短的几个月时间取得了突破性进展。

到 2001 年，武义县原国有、城镇集体企业职工身份转换工作全面完成，初步形成适应市场经济的新型劳动关系，创新了企业体制和经营机制。据原计划经济委员会、第二轻工业局等六大系统 106 家及其他系统 13 家企业统计，全县通过企业改制共安置职工 12978 人，其中在职职工转换身份 7694 人，退休定补人员托管 3897 人，农民合同工等安置 1387 人。

2. 改制后的活力

在计划经济体制下，国有、集体企业权责不明、机制不活，冗员过多现象大量存在等问题十分突出，企业经营者和职工的积极性无法有效发挥；企业承担着职工甚至家属的生老病死，俨然成为一个"小社会"，沉重的包袱使企业难以适应市场竞争。同时，职工因为与企业存在固有的劳动关系，产生严重的依赖心理。

改制的一个突出成效是改变了职工身份，彻底打破了"大锅饭"，割断了职工和企业的"脐带"，使经营者和职工的思想观念得到脱胎换骨的转变，大大激发了职工群众的积极性、主动性和创造性。一些国有、集体企业职工转换身份后，纷纷发挥自身在经营、技术方面的特长优势，或艰苦创业办起了新企业，或进入民营企业成为生产、经营骨干，为民营经济的发展注入了新鲜血液。武义服装一厂是全县第一家彻底改制的国有企业，1998年该厂歇业拍卖之后，职工们办起了6家服装加工企业，生产规模相当于原企业的4倍，不仅原企业的职工实现了再就业，还吸纳了大批其他企业的下岗工人，可谓"死了一个，活了一片"。在恒友机电、三美化工、工力电器等民营企业，到处可见原国有、集体企业职工的身影，他们凭借自己的技术专长和良好的素质成为民营企业争相抢夺的人才，成为推动武义民营经济发展的新生力量。

张晓新，一位木匠出身的下岗工人。1996年，从武义茶厂下岗。经历了失落和彷徨后，他靠30万元借款办起了武义中盛工艺品制造厂，靠搞外贸的亲戚提供的一条信息，开始生产出口欧美的沙滩遮阳伞。随着订单的增加，"中盛"周围出现了24家配套小企业，分别为其加工钢管塑料配件、印刷、包装等。随着企业的发展壮大，中盛工艺制造有限公司已成为武义一家专业生产各种旅游休闲用品的外贸出口龙头企业，企业园区占地50000平方米，拥有300多名员工和近千万元的固定资产，年加工能力达亿元，被评为浙江省行业50家最佳经济效益工业企业。在中盛公司的带动下，目前武义已出现了一大批旅游休闲用品生产企业，休闲椅、遮阳伞等产品全部出口欧美市场，全县外贸增幅连续几年都接近100%。这些企业之间产业链环环相扣，上下配套，形成了产业集聚优势。

改制还为民营经济的跨越式发展提供了平台。企业改制中，武义县坚持民营经济发展与企业改制相结合，鼓励民营企业参与企业改制，一方面加快了资产变现，为职工转换身份创造了条件，另一方面民营企业在改制过程中获得了低成本扩张的机会。原武义造纸厂破产后，近6万平方米的土地经统一规划后由9家民营企业购买并利用，生产规模达到原来的5倍；原三保公司厂房拍卖后，成为民营企业恒友机电公司的重要生产基地，为恒友机电实现跨越式发展创造了条件。同时经营机制的转变使原有的国有企业焕发出从未有过的生机。

武义棉纺织厂是全县最大的国有企业，也是省扭亏脱困重点企业。针对该企业职工多、社会影响大、市场转旺的特点，县计经委等部门大胆探索改制新模式，确定了"职工转换身份、企业破产重组、生产平稳过渡"的改革思路，坚持边生产边改制。改制工作从 2000 年 5 月开始，7 月 7 日职代会通过企业破产拍卖重组的决议；8 月底，1000 多名职工转换身份；9 月 3 日，生产厂区整体资产以 3820 万元拍卖成功，成交价比拍卖底价高出 2020 万元；9 月 18 日，新组建的武义棉纺织有限公司挂牌投产。整个改制只停产 8 天。短短 5 年时间，生产有了很大的发展，2005 年产值达 2.4 亿元，取得了良好的社会效益和经济效益。

三　洼地效应：栽好梧桐引凤凰

"水往低处流"是一个物理现象。在经济活动中，由于发达地区的资本密集，土地、人力价格以及经营成本较高，而欠发达地区的土地、人力资源价格便宜，经营成本也较低，资本为实现产出既定时的成本最小化和成本既定时产出的效益最大化，会流向欠发达地区。人们形象地把这种发达区域的一部分产业转移到欠发达区域的经济运动称之为洼地效应。改革开放以来，武义周边的义乌、永康的迅速崛起，既对武义的发展产生挤压，也为武义接受经济辐射和产业转移、加速工业化提供了契机，客观上为"洼地效应"的出现创造了条件。

为打破资金、人才这两个工业发展最大的"瓶颈"制约，武义根据具体县情，制定了"借势发展"的战略方针，利用周边先发达地区产业结构调整和转移造成资本、产业、人才溢出所带来的机遇，精心构筑"一中心两翼"区域工业布局框架，承载周边产业转移，主动接受发达地区经济辐射。

在构筑"一中心两翼"格局的基础上，武义县一方面充分利用土地使用费低和劳动力价格便宜（与周边发达地区相比，武义的土地使用权出让费仅为发达县市的 1/3 至 1/4，劳动力价格仅为发达县市的 2/3 至 1/2）的优势，吸引周边企业来武义投资落户；另一方面，通过大力营造优惠的政策空间和优质的服务环境，使投资洼地的吸引力不断增强。洼地效应成为了没有丰厚民间资本、缺乏工业基础的武义撬动工业经济的第一根杠杆。

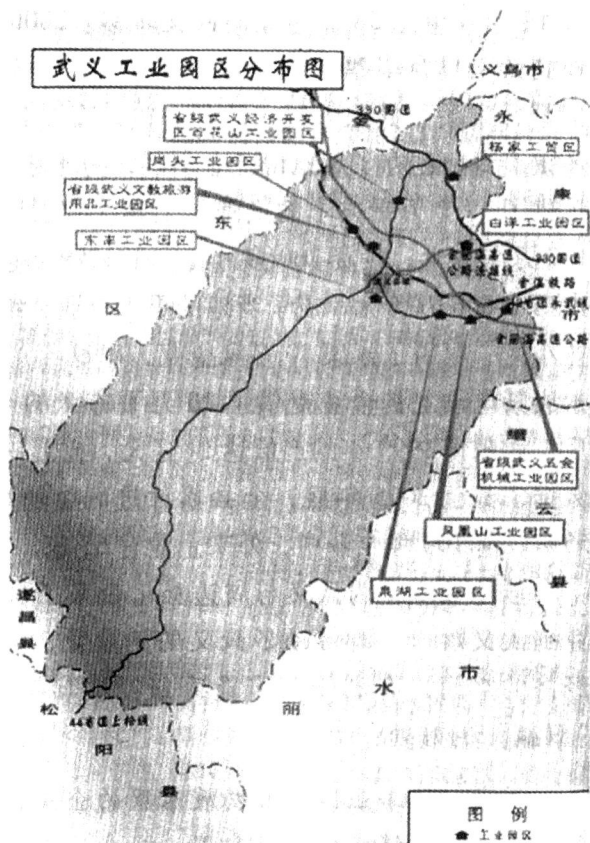

图19　武义工业园区分布图（武义县委办提供）

　　原县委书记金中梁在一次谈话中，强调武义应利用"洼地效应"的优势进行招商引资："'水往低处流'。欠发达地区能不能借好势，能不能吸引大批的外来投资者，关键看自身的'池塘'挖得深不深，有没有形成创业洼地，营造起低成本的投资环境。作为欠发达地区，在招商引资的初始阶段，要有'舍不得孩子套不住狼'的勇气，敢于大胆让利给投资者。1998年，我县凤凰山工业园区引进第一、第二家外地企业时，以'生地'出让，每平方米只要40元左右。现在工业园区都是'熟地'出让了，我们也基本上是收取成本价。对于重大项目，我们还可以根据企业定地价，予以更大的优惠。可以这样算一笔账，在我们周边的义乌、永康等地仅可买地皮的资金，投资到武义，不仅可以买地皮、建厂房，甚至还可以有流动资金。在保持企业低成本投资的同时，我们努力营造企业低成本运作环境。凡入园企业，能免的收费一律免除，实行一个口子收费，未纳入收费管理体系的行政事业性收费，园区企业可以拒付。对年上缴税金100万元以上工业企业，采取一厂一策，在工业发展扶持资金、技改贴息等方面予以一定倾斜。"

在洼地效应的推动下，大批资本从四面八方流入武义，使武义的后发优势得到充分显现。位于桐琴镇的五金机械工业园区，1000多亩土地仅3天时间就被18家外地企业争购一空，每家企业投资额都在千万元以上。近几年来，全县共引进、新办工业企业1000余家。在全县年产值500万元以上工业企业中，外来企业已占了5成，并成为外贸出口和经济增长的主力军。目前武义县五大支柱产业中，40%的重点企业从外地引进，其中五金机械行业大部分被外来企业所占据。

据相关资料，由于武义良好的资源优势和优惠的政策条件，1999年永康就有14个乡镇的58家企业向武义转移。2000年一季度，永康全市又有10多家企业到武义投资兴建加工基地。在前期，外来企业主要集中在武义靠近永康市的桐琴、泉溪、武阳等镇。这些乡镇，有着和永康山水相连的区位优势。武义的桐琴镇，专门创办了凤凰山工业小区，为永康5家电动工具企业和一家铜加工企业提供了17.2万平方米的土地，土建工程投资达2000多万元。其中某电器厂占地1.7万平方米，投资260多万元，仅1999年前10个月出口额就达3810万元，自营出口166.6万美元，成了当地的重点企业、纳税大户。再如泉溪镇创办的王山头工业小区，吸引了永康10多家企业，1999年产值即达3.6亿元。还有武阳镇，在为永康某电动工具企业提供了10万平方米的土地兴建厂房，吸引永康企业来武义后，武阳镇1999年的产值达14亿元，比上一年增长11.1%。据武义县提供的最新数据，截至2005年年底，全县累计进区企业977家，其中外来企业有537家，占55%。前100强企业中，外来企业有65家，占65%；其中永康的有60家。

洼地效应还为武义与周边县市带来了"双赢"的结果：周边发达地区的企业到武义落户，既带动了武义的工业化，又为发达地区腾出了发展新产业、新经济的空间，有利于其产业升级。桐琴镇一位领导在接受访谈时说到了这种"双赢"的好处：

　　　用我们的工业园区来发展永康的企业，可以达到双赢。把我们武义和永康融在一起，能够优化资源配置，对武义有利，对永康也有利。永康老板在我们这里投资办企业成本低，服务好，赚钱也容易，他们赚了钱可以拿到永康去花，促进永康的消费和发展，而我们武义也获得很大的社会效益：大量的武义人在企业里工作，周边农民的房屋出租，整个第三产业都带动起来了。特别重要的是对武义人观念转变有很大的促进作用。并为武义人提供了一个办企业的"实习"机会，在老师的带动下，从一般的打工者到懂得技术、懂得销路，到最后自己当起了老板。可以说，就是永康企业的进入为我们武义培育了一批老板。武义在引进永康的企业之后，确实在很多方面得到了很大的好处。

四 鲶鱼效应：本土企业的再生

挪威有位精明的船长，为防止捕获的沙丁鱼在运输途中死亡，总在鱼槽里放上几条凶猛的鲶鱼。娇贵的沙丁鱼由于惧怕和躲避鲶鱼的攻击，一改以往懒洋洋的习性，一直在紧张而快速地游动，结果激发了自身活力，反而长久存活。这就是著名的"鲶鱼效应"。

1998 年，武义通过大力开展招商引资，使得一批批外来企业纷纷落户武义，短短一两年时间，其中一些企业的年销售收入便大大超过了本地企业，而且呈现出迅猛的发展势头。在全县工业企业销售收入排行榜前 20 位里，外来企业占了一半，外向型经济"龙头老大"的地位基本被外来企业所垄断。外来企业就像凶猛、好斗的"鲶鱼"放进了原本平静的池塘，极大地增加了武义本地企业的危机感和紧迫感，逼迫本地企业再一次萌发了创业冲动，并促使他们纷纷加快二次创业的步伐，由此产生了"鲶鱼效应"。武义恒友机电有限公司的发展就是"鲶鱼效应"最典型的一个例子。

该公司创立于 1994 年，是一家产品以电锤为主，其他电动工具与汽车齿轮、高档织机齿轮为辅的机电制造企业。20 世纪 90 年代中期，每年销售额都徘徊在 2000 万元左右。1998 年以后，随着海阔公司、工力公司等一大批上规模、上档次的外来电动工具企业纷纷落户武义，其中有的企业销售额迅速逼近 1 亿元，恒友公司感觉到了越来越大的竞争压力。企业发展犹如逆水行舟，不进则退。总经理吕志辉坦言："以前一直没有什么压力，直到'重量级'的外地同行来到家门口，我才急了。"于是，在"鲶鱼效应"的激发下，恒友公司开始了"第二次创业"的新时期。一方面，恒友公司开始频频参加国际博览会，大力开拓国内外市场；另一方面，公司也不断进行技术更新，扩大生产规模。2001年，恒友公司买下7万平方米土地，投资1850万元兴建厂房扩大生产规模。当年实现销售收入1.8亿元，比上年增长240%。此后，企业的发展一年迈上一个新的台阶，2001—2003年连续三年被县委、县府授予"首强私营企业"称号，2003年成为金华市民营企业50强和全国机械工业核心竞争力排名优秀企业。据统计，"九五"期间，恒友的销售产值平均增长达46.5%。2004年比2000年增长3.37倍。恒友公司还不断进行技术创新，2001年和2002—2003年斥资4000多万元在现址进行二次电锤扩产技改，形成年产300万台电锤生产和出口能力。目前，该公司总占地面积8.3万平方米，建筑面积6.2万平方米，总资产近2亿元，其中固定资产值5400万元。2005年工业总产值2.35亿元，销售收入2.2亿元，自营出口创汇432万美元，上缴税金1100万元，实现税利1300万元。自2001年起，公司电锤产量销售额和出口额均居国内同行首位，国内市场占有率达50%以上，成为全国最大的电锤生产和出口基地，被称为国内"电锤大王"。

图20 武义恒友公司办公楼（徐桂兰摄）

初期进入武义的外来企业多是机电生产企业。因此，武义张氏包装有限公司、武义正点实业有限公司、武义隆达金属制品有限公司等一大批本地企业并没有恒友公司那种直面近在身边的竞争对手日益强大的焦虑，但外来企业的急速扩张还是给他们造成了从未有过的压力，纷纷加大技改投入，扩大生产规模，提升企业档次，快步进入"二次创业"时期。

浙江武义张氏包装实业有限公司创办于1991年，是国家一类纸箱生产企业，主营纸箱、纸盒、印刷及纸板、浪纸销售。1998年，经省商检局、省外贸厅等部门严格考核，公司被认定为省出口包装定点企业。当时的"张氏包装"即已声名鹊起，永康、金华、义乌等地客户纷纷慕名前来洽谈业务，企业呈现出一片红火的景象，在一般人眼里，已经是一家很不错的企业了。然而，面对外来企业迅速扩张带来的压力，张氏包装的创业激情被再次激发出来。1999年，公司作出重大决策：投资引进五层瓦楞纸板生产线。巨大的投资使这一决策在当时完全是一种冒险行为，弄不好整个企业将前功尽弃、全军覆没。被激发出来的再次创业的激情却已经使企业无法停息前进的步伐。新的设备投产后，公司如虎添翼，产品质量和产量有了大幅度提高，产值连年稳步增长。2001年，公司又进行了三次创业，征用了10万平方土地，建造了5万多平方的花园式新厂房，进行了七层瓦楞纸箱及彩印纸盒生产线技改，使企业的生产能力和产品档次又上了一个新台阶，大大增强了公司在包装行业的竞争力，产值一下子由原来的1000万元左右上升到2001年的5000多万元，并在2004年实现了销售收入超亿元的目标。

"恒友机电""张氏包装"的发展轨迹，只是武义工业园区"鲶鱼效应"的一个缩影。在武义工业园区，像这样被"鲶鱼"逼成的"蛟龙"或正在被赶着跳龙门的"鲤鱼"还有许多。"鲶鱼效应"的出现，促进了本地企业的再生，使得原来外来企业占绝对优势地位的武义工业园区内，越来越多地出现了本地企业的面孔，带动了武义工业经济的良性竞争和快速发展。

五 蛟龙效应：龙头企业的脱颖而出

产业的提升与发展，离不开优势龙头企业的带动。在洼地效应和鲶鱼效应的推动下，武义一大批"小巨人企业"脱颖而出，成为产业发展的龙头企业。在此基础上，武义进一步采取措施，加大对优势企业的扶持力度。这些企业的发展壮大，又孵化出了一大批相关的中小企业，促进了本地中小企业扩大规模、提升档次和相应产业的迅速集聚，带动了整个工业经济和园区建设的快速发展，形成了"蛟龙效应"。

浙江三美化工有限公司和浙江宏马铜业有限公司作为武义化工和冶金方面的龙头企业，近年来凭借工业园区迅速发展的东风，不断扩大生产规模，提高产品质量，不少产品产销量已经在国内产业界居于领先地位，取得了良好的经济效益和社会效益。

武义县本地企业家胡荣达，原来从事萤石采选加工。1999 年，依托本地得天独厚的萤石资源优势，胡荣达创办了浙江三美化工有限公司，采用国内先进的工艺技术装备，凭借成熟的现代企业管理制度和企业经营理念进军氟化工生产领域。由于以人为本，注重科技，严格管理，诚信经营，企业发展实现良性循环，"十五"期间以年均增长100% 的速度发展，被同行誉为氟化行业的"黑马"。目前，公司 HCFC－14lb（二氯一氟乙烷）和 AHF（无水氟化氢）的生产能力及销量分别列全国同行业的第一位和第二位。产品销往国内三十个省市和日、韩国等二十多个国家和地区，2005 年，公司产值达 6.2 亿元，销售收入达 6.1 亿元，自营出口创汇 2700 多万美元，上缴国家税 5116 万元，员工年平均收入 2 万多元，在武义县民营企业的"龙虎榜"中独占鳌头。

在武义"洼地效应"的吸引下，永康老板应宏标于 1998 年投资 4000 多万元，在武义桐琴凤凰山工业园区，创办了浙江宏马铜业有限公司。伴随着武义经济的不断发展，宏马铜业有限公司不断实现着自身的扩展完善，从早期单一从事铜材加工到进入金融担保、汽车销售和房地产等领域，成为武义的一大龙头企业。2003 年 5 月成立武义宏马中信担保有限公司；2003 年 6 月成立武义宏马置业有限公司；2004

年4月成立武义宏马汽车销售有限公司。截至2004年年底，应宏标的宏马集团已位居国内铜材产业界的前列，总资产达到5亿元。2004年，浙江武义宏马置业有限公司斥资2.5亿元兴建宏马·时代广场。该工程占地总面积1.4万平方米，总建筑面积7万平方米，集时尚购物、商务办公、上流会所、高档住宅为一体，成为武义标志性的商业中心。其优越的地理位置、良好的经营配套、科学合理的规划设计得到投资者的广泛认同，并创下开盘两天，一期住宅销售即告售罄的武义楼市记录。"宏马"实业在武义发展蒸蒸日上，2005年，"宏马铜业""宏马置业"双双荣登武义县纳税大户行列。

图21　圣奇运动器械制造有限公司生产车间（徐杰舜摄）

"蛟龙效应"的出现，使武义的龙头企业脱颖而出，以保康公司、中润公司为龙头的金属制品业，以恒友、工力等企业为龙头的通用设备制造业，以张氏包装为龙头的印刷业，以钓鱼扑克为龙头的文教用品业等优势产业迅速崛起，成为武义工业发展的强劲动力。

洼地效应、鲶鱼效应、蛟龙效应，使武义工业经济快速实现了量的扩张和质的提高。2005年，武义规模工业总产值达到95.48亿元，同比增长30.4%，增速名列金华市前茅。规模以上工业经济在全部工业总产值中的比重达到72.0%，比上年提高2.4个百分点。到2005年年底，全县累计进区企业 977 家。规模型工业的出现，使武义工业经济增长的极点向龙头企业转移。2005 年武义规模以上工业经济中，特色产业占了 75.8% 的份额，5000 万元以上的企业占了 55.9% 的份额。一批"小巨人"企业迅速涌现，全县销售产值超亿元的工业企业 2005 年达 23 家，其中位居第一位的三美化工公司实现产值 6.2 亿元。另有产值在 5000 万元以上的企业 43 家，3000 万元以上的企业 80 家，规模以上企业①已达 341 家。2005 年纳税额超百万元的企业达到 76 家，一大批新进区企业发展势头强劲，令人刮目相看。

图 22   三美化工一角（海路摄）

六   三大战略：向思路要出路

　　发展战略是否符合实际，是否符合经济发展的客观规律，将直接影响一个地方经济社会能否持续、快速、健康的发展。因此，发展战略是对一个地方经济发展具有全局性和历史性发展的客观规律。

---

　　①   规模以上的企业指年销售额 500 万元以上的企业。

1. "三大战略、三个接轨、三大布局"：进一步厘清发展思路

武义工业园区的发展并不是没有走过弯路。长期落后于他人带来的压抑与急于致富的迫切交织在一起，一度在 20 世纪 90 年代出现村村点火、乡乡冒烟的景象。先发达地区发展工业造成环境破坏的警示迫使刚刚实现第一步跨越的武义重新定位发展道路。

2001 年，县委、县政府经过深入细致的调研，认识到当时武义的发展存在三大较明显的特征：一是后发型特征。从发展阶段来看，工业化进程刚刚起步，尚处于初级阶段，经济基础相对薄弱。但作为后发展地区的武义，也存在着区位优势、土地优势、生态优势、人力优势、旅游资源优势五大后发优势。二是外力支撑型特征。与永康地缘相接、人缘相亲，而永康的企业正进入二次创业阶段，寻求新的发展空间的欲望十分强烈，一些企业和产品向欠发达地区转移，这为主动承接永康的产业转移，通过外力支撑实现快速发展提供了良好的契机。三是环境差异型特征。县内北部、中部、南部地形、气候、经济基础等都存在明显的差异，北部交通相对便捷，距离经济辐射源较近，拥有一定的工业基础和大量的荒山坡地，比较适宜发展规模工业；中部和南部交通相对闭塞，山多地少，但生态环境好，旅游资源相对丰富，开发生态农业和生态旅游具有良好的条件。

在准确把握了县情和周边发展环境的基础上，武义逐步廓清发展思路，明确提出了经济社会发展的三大战略——"工业强县、开放兴县、生态立县"，将工业作为经济社会发展的主攻点，主动接收周边发达县市的经济辐射和产业转移，以大开放促进大发展，以强化生态保护作为可持续发展的依托，并把它作为"十五"计划的指导思想。在这基础上，根据周边发展环境和不同区域特色，武义又进一步提出了"三个接轨、三大布局"的工作思路。三个接轨：产业接轨永康，积极融入永康小五金产业链中去，与永康联手打造国内最大的小五金制造业基地；市场接轨义乌，大力发展来料加工业，力争建成中国小商品城一个重要的生产基地；城市接轨金华，从金华中心城市卫星城的角度，把武义建设成生态型的现代化工业城市。三大布局：东北部地区机声隆隆，重点发展工业；中部地区车水马龙，重点发展旅游业和效益农业；西南部地区满目葱茏，重点发展生态农业。

"三大战略、三个接轨、三大布局"的全面实施使武义各项社会事业实现了新跨越。自此，武义走上了一条"向思路要出路"的"自我跨越"

之路。

2. 从"招商引资"到"选商引资"：推动产业升级

从"招商引资"到"选商引资"，一字之差，足以彰显发展理念的变化。

工业园区兴建之初，武义一反当时的招商引资就是"招外国商、引外国资"的主流观念，提出了"县域以外就是外，落户武义就是功"的思路，开展全民招商，"牛皮糖的黏劲、咬定青山不放松的韧劲"使周边发达地区的大量企业在短时间内汇聚到武义，促使工业经济开始了第一次飞跃。

进入 2003 年，国家宏观政策逐步显现，而武义经过前期的发展已经具备了一定的产业基础，优良的创业环境也已在投资者中享有了较高的口碑。于是，武义又开始了一次招商引资理念的更新：招商更需选商，建立工业项目建设用地预报审批制度，对拟进入该县的外来企业以及县内原有企业新建扩建项目进行筛选。根据武义产业特色和发展现状，以及企业的能力大小、效益高低进行选商。把有利于延伸、完善产业链，科技含量高、成长性好的企业选进来，把有污染、能耗大的企业淘汰出局。此举有效促进了产业集聚和经济增长方式的转变。目前武义初步形成了五金机械、汽摩配、文体休闲用品三大特色行业。在该县规模以上工业企业中，三大行业企业数占了62%，工业产值占了近70%。产业集聚与特色有效增强了武义工业的区域竞争力。

七　工业园区：以工促农的必由之路

社会主义新农村建设的核心在于减少农民和富裕农民。因此，在新农村建设过程中，武义必须"跳出农业抓农业"，大力发展工业，促进县域经济的跨越式发展，使武义具备工业反哺农业的能力，从财政上大力支持新农村建设，以工促农、以工兴农。而在以工促农这一系统工程中，工业园区是其中最重要的载体。

1. 工业征地：促进农村收入多元化

近年来，武义县工业经济发展速度加快，尤其是东北部地区工业园区产业集聚的效应日益明显，已累计引进企业 979 家，企业累计征用土地 17.6 平方公里。据统计，武义县土地征用费收入 100 万元以上的村有 125

个。针对这一情况，武义县又不失时机地推行征地留用地安置制度，根据征地面积给村集体一定比例的村留地，建设厂房、发展商业。工业园区征地的大量补偿费用，刚好可以作为启动资金。村留地成为农民收益的"长流水"，有效地使农村收入多元化。

位于白洋街道开发区的后陈村，近年来村集体土地被征 1000 多亩，因此获得了土地征用资金 1900 余万元，现有村集体总资产 1000 多万元。2004 年，村里决定把土地征用费的一部分用于建标准工业厂房，通过厂房出租，村民每年可获利 200 多万元。

2. 打工就业：农村劳动力转移的主要渠道

近年来，武义县工业园区的建设与开发，为农村劳动力提供了大量就业岗位。农村劳动力就近到企业打工，这种劳动力转移方式不仅成本低，而且方式简便，农民最易接受，因为其"进"可在企业打工，"退"可在家务农。为使缺乏技能训练的农民能尽快找到就业门路，武义从 2004 年开始实施了农村劳动力素质培训工程，根据企业生产工艺设置了三四十种培训工种，"学啥自己点，学费政府掏"。受训后的农民成了就业市场上的"香饽饽"。目前武义工业企业吸纳农村劳动力共 5.41 万人（含外来农村劳动力），本县一些农村劳动力 60% 以上是在工业园区企业打工。桐琴、泉溪等中心集镇每天都要进出大量"上班族"，形成一道奇特的景观：每天早晚，数以千计的电动车、摩托车、自行车从附近各村进出工业园区。

武精机器制造有限公司董事长朱申明，在访谈中谈到了园区企业发展对农民转移就业的贡献：

我们的企业是从 1993 年开始创办的，到现在有 13 年的历史了。在这 13 年中，企业从零开始，从小到大，由弱变强，现在企业资产达到 1 个多亿。在我们企业带动农村发展方面，可以从下面几个方面看得出来。第一，武精的发展招收了不少本地的农民，使他们迅速富裕起来。我们这个大田乡有一个虎头垅村，共有二十几户人家，在我们厂工作的有十几个人，现在你去村里看看，在我们厂工作的好些人都盖上了三层、四层楼的房子，算是村里的"先富之家"了。我们企业现在有 800 多个职工，每个人年收入按一万五算，那就是一年 1200 万啊！我们企业的这些情况能够说明因为工业发展带动了农民就业和农村的发展。第二，工厂就在农民家门口，农民可以就近打工，回去还可以帮助家里干农活，农忙的时候，公司还特地放几天假，不影响农活。打工的钱赚了，农田也没误，很受农民兄弟的欢迎。第三，农民有活干了，有钱挣了，不再偷树伐木了，山也清了，水也绿了，环境好了。而且农民有事干，有奔头，不再像以前那样打牌赌博无所事事了，社会治安也明显好转。

以往，武义农民去县外、省外打工的比例很高，随着武义县工业园区的建设与开发，就业岗位增多，到县外、省外打工的农村劳动力陆续回流。据《今日武义》报报道：武义县"去年转移劳动力近 8000 人，80%是外出打工的。如今，武义经济开发区和工业功能区总面积 17.59 平方公里，工业区内有企业近 1000 家，以前在外打工的农民纷纷回到家门口上班"[①]。

3. 来料加工：拓展劳动力转移渠道

来料加工是指把工业生产环节中只需简单手工操作的工艺分散到农村各家各户进行的一种生产方式。

武义的工业园区主要集中在东北部，一定程度上造成县域内南北发展不均衡。能够进入企业打工的又多是年轻劳动力。为有效拓展南部欠发达乡镇农村富余劳动力转移途径，尤其是实现一些年龄较大农民的转移，武义自 2003 年起大力发展来料加工业，并在积极对接义乌小商品市场同时，不断挖掘县内潜力，将县域内企业的一些小配件加工逐渐纳入来料加工网络体系。2005 年，武义县内企业扩散加工业务达 6806 万元。形成全县拥有来料加工点 800 多个，从业人员达近 2 万人，年加工收入达到上亿元。不少城里人也加入了来料加工的大军中。一些来料经纪人、加工户还从中学会了如何在商海中畅游，转而创立企业。工业园区发展带来的经济效益跨越地域限制，惠及远离工业园区的南部偏远乡镇。

顾青柏，大田乡代石村的一位普通农民。从购买一台小机器代为加工耳环初胚开始创业。

---

① 朱喜传：《五股回乡热助推我县经济》，载《今日武义》2006 年 8 月 7 日。

规模扩大后，他又把耳环装配的业务外发给其他农户，逐步发展到吸收从业人员 3000 多人，年发放加工费 200 多万元的规模，还把外发加工的网络从武义扩散省内的丽水、衢州等地区乃至江西、湖南等省。在他的带领下，代石村现在已经有 40 余家耳环加工点，加工的耳环已经垄断义乌市场，国外客商甚至直接到代石村联系业务。

4. 第三产业：工业园区的边际效应

工业园区的建设创造了大量的就业岗位，吸引大量人员聚集在其周边，人口急剧增长又促进了第三产业的发展。目前，武义不少工业园区附近的村庄外来人口多于当地村民，村民通过出租房屋、从事商贸活动获得大量收入，有效拓展了增收渠道。工业园区的边际效应逐步显现。

在武义县第一个引进外来企业的泉溪镇王山头工业园区，目前有入园企业 36 家，2002 年实现工业产值 1.4 亿元，不仅全村的 200 多名劳动力成了这些企业的工人，还有 3000 多名外来打工仔涌入工业园区，王山头村闲置的农房成了紧俏品。去年，王山头村的村民人均纯收入达到 3500 多元，全村 60 岁以上的村民每月都可以从村里领上一笔养老金。

桐琴镇东皋村，通过兴建凤凰山工业园区，吸纳了 5000 多农村剩余劳动力，该村人口从 1998 年的 1800 多剧增至 6000 多，农民人均纯收入从 2000 元增长到 4400 元，目前村民 80% 的收入来自二、三产业。靠近百花山工业区的白洋街道金畈村全村四分之一村民在工业区打工，三分之二农户出租房屋，村里开了 5 家饭店，2001 年村民人均收入比上年增加了 1000 余元。

5. 财政转移支付：推动农村各项事业全面发展

工业的发展极大地增加了地方政府的财政收入，使哺育"三农"成为可能。2005 年武义县财政共筹集安排支农资金 3118 万元，比年初支农财政预算超出 144%，有力地支持了农业生产，改善了农村生活条件，促进了城乡协调发展。目前，武义县已经全面推行新型农村合作医疗，农民也享受到了药费报销这一以前可望而不可即的"城里人的待遇"；全面实施了最低生活保障制度，农村"五保"人员集中供养率达 100%；村庄整治、生态村建设使村容村貌发生翻天覆地的变化，农民公园、文体设施在农村到处可见……

2006年武义还将进一步加大"三农"投入，确保全年县财政用于村庄整治和生态村建设的扶持资金不少于3000万元，用于农业产业化的扶持资金不少于1500万元。农民真正从工业园区建设中得到了实惠。对此，桐琴镇又是一个好例子，镇党委书记何俊友说：

> 桐琴镇政府通过实施工业区开发、旧村拆迁的土地出让收益中积累了一些资金后，做到取之于民，用之于民。自2002年以来，镇政府支付贴农资金达630万元，从2002年起，政府每年拨款10万元作为农业发展奖励基金扶持农民种、养业，所有水利灌溉费由政府承担，三年内共补助各村道路建设资金达278.7万元，投入教育经费187万元。从去年下半年开始，为了实现村村通有线电视，21个困难村的有线电视安装镇政府补助33.5万元资金，全镇投资3000多万元的康庄工程，除上级的补助资金外，其余都由镇政府承担，目前已支付170万元，在2006年、2007年两年内将陆续支付。真正实现了农民零负担。
>
> 该镇的旧村改造，桐琴一期、东干一期的拆迁工程共有拆迁户375户，拆除建筑面积67781.3平方米，镇政府支付的拆迁补偿费达3106万元。同时，对安置房实行低于成本售给拆迁户，以中套幢房（占地95.1平方米）户型为例，实际成本为16万元，售价仅12万元，仅此一项每幢让利给拆迁户4万元，共有安置房228幢，60套套房每户让利1.5万元，政府让利总额达1002万元，在不到一年的时间内，安置房幢屋的转让售价已从原来的12万元炒至目前的32万元，增值速度之快，利润空间之大是连拆迁户也始料不及的。

6. 工业园区企业工人调查问卷分析

针对武义工业园区企业工人就业收入等情况，笔者在三美化工有限公司、张氏包装集团股公司、武精机器制造有限公司等企业发放1000份问卷，收回问卷为865份，有效回收率为86.5%，问卷有效。根据问卷调查结果统计，我们可以直观地感觉到工业园区给农民带来的实惠。

首先我们可以了解企业工人原来的具体职业情况：

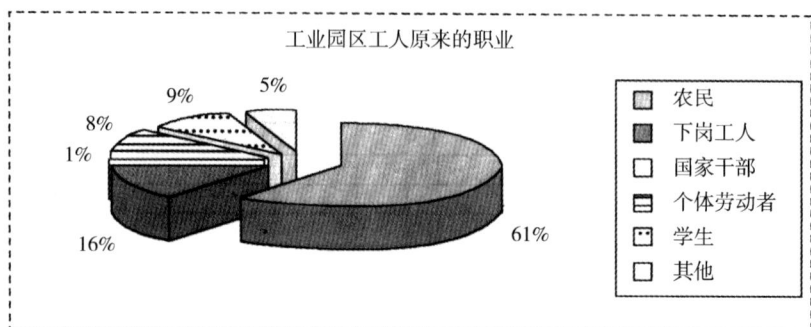

工业园区工人原来的职业

农民　61%
下岗工人　16%
国家干部　1%
个体劳动者　8%
学生　9%
其他　5%

问卷调查结果显示，865名园区企业工人中，有527人原来的职业是农民，占61%，其他为下岗工人、个体劳动者、学生、国家干部等，这说明，工业园区企业的工人主体是农民，工业园区为转移农村劳动力做出了巨大贡献。

通过下图，我们可以了解与原来的职业相比，进厂之后企业工人对现在工作岗位的收入的满意程度。

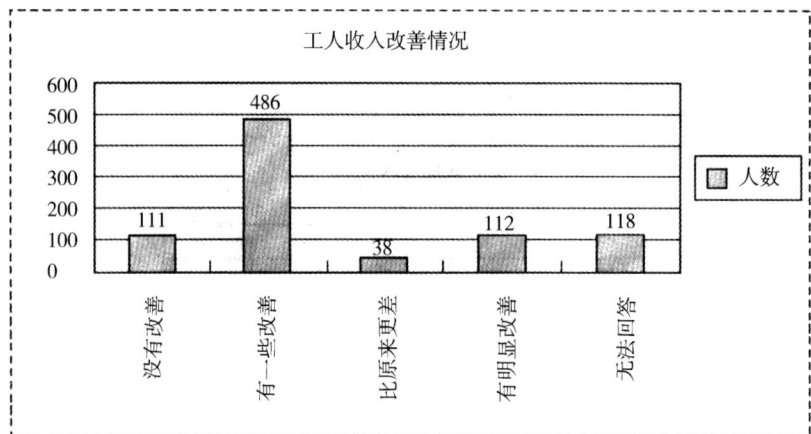

工人收入改善情况

没有改善　111
有一些改善　486
比原来更差　38
有明显改善　112
无法回答　118

其中，69%的工人认为他们进了企业之后的收入比原来有了改善，仅有4%的人认为比原来更差。这说明，大部分工人对进入企业之后的收入状况感到满意，收入的增长，也使他们的生活水平与原来相比也有了一定提高。

企业工人工资收入情况又是怎样呢？下面是所调查企业工人2005年收入图：

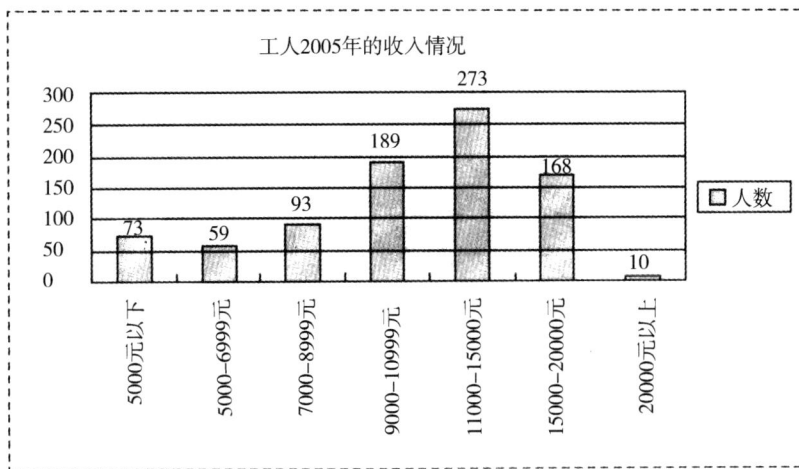

工人2005年的收入情况

问卷调查显示，所调查工人在 2005 年收入在 5000 元以上的有 792 人，占 92%，其中，年均人收入 1 万元以上的有 451 人，占 52%。据县委办有关统计数据显示，2005 年武义县农民人均纯收入为 4340 元，其中来自农业的仅为 1472 元。这说明，相对普通农民一年的农业收入而言，园区企业工人的工资收入较高，是一般农民所无法比拟的。这说明，在工业园区打工是增加农民收入、使农民脱贫致富的重要途径。

除了在企业打工的工资性收入之外，企业工人的家庭其他收入来源也是我们关注的问题。调查结果显示，除了打工的工资性收入外，企业工人的收入来源呈现多元化的态势，如下图所示：

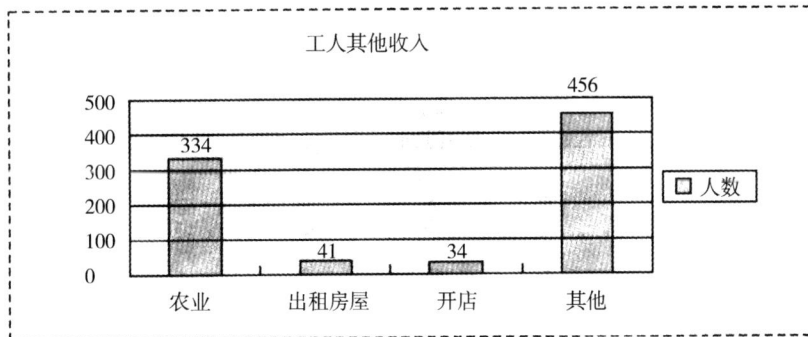

工人其他收入

除企业打工外，39% 的其他家庭收入主要来自农业，5% 的其他家庭收入主要来自出租房屋，4% 的家庭依靠开店，52% 的家庭选择其他。我们可以了解到以农民为主体的现代武义企业工人的家庭收入渠道较多，农业已经不是其中最主要的收入，随着工业园区的发展，也带动了周边农村服务业的发展，不少家庭开始依赖于出租房屋和开店的收入便是明证。

　　随着武义"工业强县"这一战略的确立，武义工业园区得到了迅速发展，企业不断做大做强，发展势头良好。对于所在企业的发展状况，工人是如何评价的呢？他们的信心指数如何呢？另外，工人对现在的工作状况满意吗？如下图所示，我们可以了解企业工人对本企业的发展的看法和工人对目前工作的满意程度：

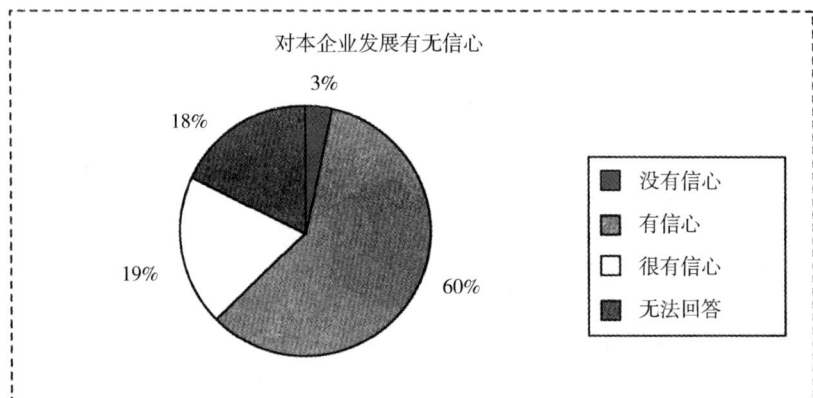

对本企业发展有无信心

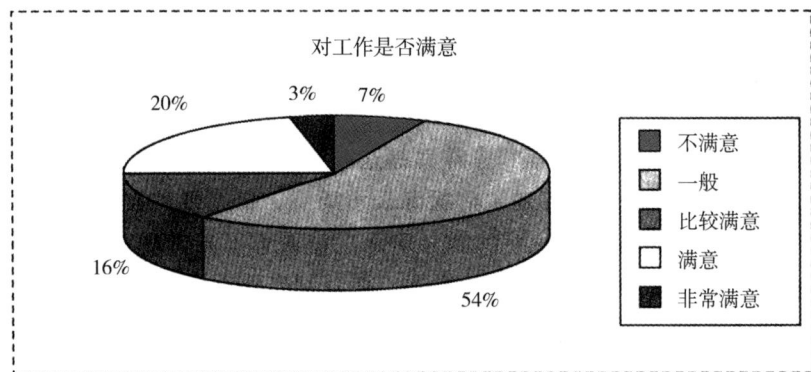

对工作是否满意

　　从表中我们可以看出，79%的工人对本企业的发展表示"有信心"和"很有信心"，18%的工人表示"无法回答"，仅有3%的人表示"没有信心"。这说明工业园区企业发展不断呈现上升势头，由于政府充分提供了企业发展所需要的良好的外部环境，企业发展前景大好，绝大部分工人对此抱以乐观的态度。另外，在"对工作是否满意"这一问题的回答中，54%的工人回答是"一般"，39%的表示"满意""比较满意"或"非常

满意"，仅有7%的人表示"不满意"。这说明随着经济社会的发展，虽然
大部分工人的收入比原来的岗位所得有了改善，但仍有超过一半的工人并
不满足于现状，他们希望能够有更好的工作待遇和工作条件，这也反映了
企业工人们不断进取、努力拼搏的精神风貌。39%的工人对现有的工作持
"满意"或更高的评价，表明了他们对本企业及所在工作岗位和待遇的积
极认同。上述两类人群占了93%，说明绝大部分企业工人还是对所担任工
作持正面的态度，他们的努力和拼搏将是园区企业前进的不竭动力。仅有
7%的人表示对工作"不满意"，是工作待遇低或是工作环境或其他因素所
致，还需要进行进一步的调查。

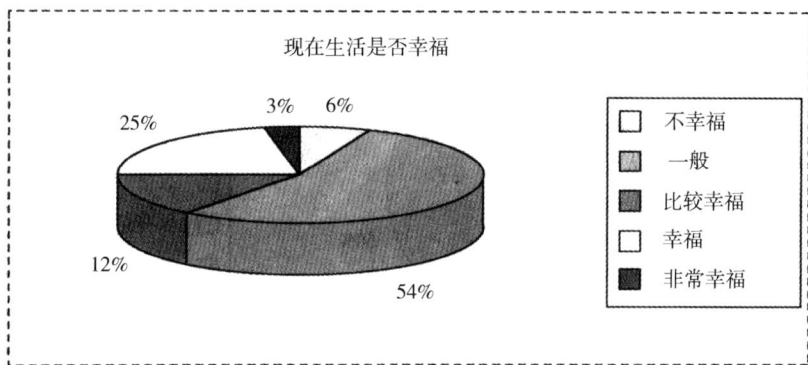

现在生活是否幸福

- 不幸福
- 一般
- 比较幸福
- 幸福
- 非常幸福

如图所示，在"你对现在的生活感到幸福吗?"这一问题上，3%的被
调查工人感到"非常幸福"，25%的被调查工人感到"幸福"，12%的被调
查工人感到"比较幸福"，54%的被调查工人感到"一般"，仅有6%的被
调查工人感到"不幸福"。从幸福、比较幸福和非常幸福这三个层面上看，
合计有40%的工人对生活感到"幸福"，对现在的生活状况表示满意，仅
有极少数（6%）的被调查工人感到"不幸福"，有一半以上（54%）被
调查工人对现在生活感到"一般"。事实上幸福是一个比较主观的概念，
涉及生活压力、精神状态、家庭和谐等方面的情况，并不单以物质财富的
多寡为唯一标准。从本次问卷调查的结果来看，绝大部分工人（94%）对
目前的生活水平还是可以接受的。

从这次对武义工业园区企业工人的问卷调查情况来看，工业园区是转
移农村劳动力的重要途径，农民通过就近打工、转移就业，收入大大增加
了，远远超过了仅依靠农业生产的单一收入来源；工业园区的发展也为农
民提供了多种收入来源，如在工业园区附近出租房屋，开办商店等，拓宽

了农民的收入渠道；工业园区还让工人接触了更多的现代生产生活方式，使农民工的思想意识发生了转变，增强了他们的现代化意识和不断进取、勤劳致富的信心。从这次对企业工人的 1000 份问卷分析可以看出，武义工业园区的发展，实实在在地为转移农村劳动力就业、带动农村经济发展、增加农民收入、转变农民思想观念做出了巨大贡献，大大推动了武义的新农村建设向前推进。

总之，工业园区的发展，早已把武义抓"农"还是抓"工"的争论送进了记忆的博物馆，工业园区不仅已是武义强县的载体，也是武义新农村建设的经济支柱。

第八章　温泉旅游：武义模式
元素之四

在人与自然的关系中，享受大自然赋予人类的宝贵的自然美景，从而获得身体的放松和心灵的自由，是节奏紧张的现代社会中人们回归自我、调节身心的最佳选择。因而，在新农村建设中，能借助自然赋予的独特的资源来提供旅游服务，是日益为实践所证实的一种行之有效的发展模式。在武义，以温泉为龙头的旅游业的兴起，正显示了此种发展方式的无限潜力，它也成为新农村建设武义模式的一个重要元素。

一　从躬耕陇亩到休闲旅游

武义田园优美，雨量充沛，气候适宜，物产丰富，地多人少，人们安于田园，自耕自种。唐时诗人孟浩然留下的《宿武阳川》一诗就透露出唐代的武义还保留着秦朝时候的古风。随后漫长的时间里面，武义一直以农业经济为主，过着自给自足的生活，因此武义人"民风古朴，习性敦厚，重农桑，尚节俭，不好工艺，不善商贾，乡土情感浓烈"。大多数人，一直到近现代，都安居本地，世代务农。当周边的县市永康成为小五金工业城市、义乌成为国际有名的商贸城市的时候，武义依然还是一个农业县。历史上"风物秦余"的武义，人们过的生活是一种躬耕陇亩的农业生活。

改革开放以来，伴随着武义由传统的农业社会向工业社会的转变，伴随着武义区位交通地位的提升，伴随着旅游业在全球和全国范围的燎原之势，武义逐渐苏醒，把自己藏在深闺中的古老神奇的文化、奇丽秀美的风光、一流卓绝的温泉向人们一一展示开来，迎接一个休闲旅游武义的到来。

20世纪90年代初，武义成立了县风景旅游开发领导小组以及县人民政府风景旅游办公室，开始在武义这块大地上开发建设旅游事业。这番崭新的事业，契合了时代发展和自身发展的需要。从大的时代环境来讲，全球化的发展，使得地方进一步融入全球一体中，同时又使得"地方性"的价值前所未有地凸显出来，各个地方都尽量以突出其"地方性"来吸引"全球"，来参与"全球"，于是，旅游业在全球范围内迅速兴起。在中国，旅游大规模的发展契机也正在到来。人们对旅游的需求日益提高，国内外的旅游也日渐升温，同时，旅游作为一份产业在很多地方初步形成。

在这样的时代大背景之下，挖掘武义的旅游资源，发展旅游产业，成为武义发展自身的一个很好的时机。武义境内群山连绵，碧水粼粼，植被葱郁，资源丰富，地势南高北低，北部是金衢盆地的一部分，中部有"浙江第一、华东一流"的温泉以及壮丽的丹霞地貌，南部是生态良好的山区，另外还有保存完好的古生态、古建筑，它们是武义独有的丰富的旅游资源。

然而，要认识到这些资源的价值，并不是一件容易的事情。早在1970年，武义就在开采萤石的过程中，无意识地发掘出了日出水量在4000吨以上的优质温泉。然而，对于一个尚未脱贫的农业县来讲，对很长时间以来过着躬耕陇亩的生活的人来讲，人们往往是见山是山，见水是水，见村是村，见寺是寺，一切都是那么熟悉，一切都是那么稀松平常。即便有了这么一处宝贵的温泉，多年来一直只是被作为矿工们以及慕名而来的人们洗澡之用，其所深藏的旅游价值根本没有被认识到。所谓旅游、旅游资源、旅游市场、旅游休闲，对于当初武义的人来讲根本就是风马牛不相及的事情。同时，邻县、邻市通过工业和商贸业所创造的经济神话又深深地烙在他们的心里，有意识、无意识地学习它们、效仿它们、追赶它们，也在所难免，这也一度使得武义人没有时间和精力认识到自己在旅游方面存在的无限发展潜力。因此，在这么一个没有认识基础，也没有任何发展旅游的经验和人才的市县，把其所蕴藏的丰富而独特的旅游资源挖掘出来，做成产业，是一件困难重重、举步维艰的事情。

从1991年决定发展温泉旅游到1998年，武义的领导一直在努力，带队勘探，引资招商，一批批地来，一批批地又走了，始终因为开采难度大，本身又没有旅游基础，而没有人愿意投资开发武义这一上天赐予的神奇的温泉水；而面对资金短缺，武义的领导甚至通过预售门票的方式来筹措资金，可终究因自身没有发展旅游的经验而又告失败。

所幸的是，失败的经历非但没有难倒那一批对武义旅游业倾注热情的领导干部，反而进一步地激起了他们的斗志。他们发挥自己的智慧，锲而不舍，勇于探索，克服了一次又一次困难，终于把局面打开，旅游在武义初步形成为产业。

武义的旅游业从开始发展到现在，可以分为三个阶段：第一阶段是从1990年到1997年，为探索阶段。这个阶段开启了温泉开发利用的序幕，并把温泉旅游业作为发展武义经济的新兴产业，加以扶持和培育。虽然在龙潭和石井里进行的风景区试开发未能成功，但为以后的景区开发作了有益的探索，积累了经验。第二阶段是从1998年到2000年，为启动阶段。在这个阶段正式确立了旅游产业在第三产业中的龙头产业地位，实施政府主导的开发模式。明确提出以温泉为龙头，大力发展武义旅游业的发展战略。但鉴于温泉在更大意义上是个潜在资源，武义的旅游市场未充分发育，所以，在具体操作上围绕温泉先实施景点开发，以景点聚人气，以人气促温泉开发。凭借景点造势策略，先后成功开发了郭洞、俞源两个景区，并在短短两年内相继开放了寿仙谷、清风寨、刘秀垄、石鹅岩、大湾湖、台山、小黄山等风景旅游景点，初步形成了一、二日游线路，并打开了武义旅游的知名度。第三阶段是2001年之后，为提高阶段。这个阶段主要是解决在全面启动阶段中产生的诸如景区建设规模小、品位低、科学性和规划性不强，以及生态遭到破坏等矛盾和问题，整合旅游资源，规划核心景区，提出"以生态旅游为理念，以温泉度假为特色，把武义建设成全国知名旅游区"的目标。同时，清水湾度假村和温泉浴场正式建成开放。吃、住、行、购等构成旅游的要素业获得了新的发展。[①]

如今，武义温泉生态休闲旅游的特色品牌已经初步形成，其知名度从武义县以及周边扩展到上海、杭州以及浙江其他市区，而且还向苏南城市扩展。游客数量持续上升，旅游经营的能力、效益也不断提高。旅游总收入在全县生产总值从开始的1.28%上升到2006年上半年的7%，旅游产业已经成为武义经济发展的一个重要产业。武义正从躬耕陇亩的乡村向休闲旅游的城市迈进。

---

① 金中梁、朱连法：《新沸点——武义旅游业发展研究》，上海人民出版社2004年版，第21—24页。

二　温泉·古文化·山水风景

武义是一处古老而神奇的地方，有着"温泉之乡"的美誉；浓厚的文化古韵和农耕风情，常给人一种时光倒流的感觉；如画如诗的自然生态和丹霞胜景，又令人惊奇万分。

经过专家对武义大大小小 192 个旅游资源单体进行定量评价，其中五级有 3 个，四级有 5 个，三级有 35 个，二级有 56 个，一级有 91 个。评为五级的是武义温泉；四级的有郭洞古生态村、俞源太极生态村、武义丹霞景区（包含大红岩、刘秀垄、清风寨、寿仙谷）、横山拇指峰、皮子源景区等。由此可见，温泉、古文化和山水风景便构成了武义基本的旅游资源，其中温泉是武义最具特色和优势的旅游资源，而古文化和山水风景则是武义温泉旅游业的整体发展不可或缺的组成部分。

1. 浙江第一、华东一流的温泉及温泉旅游产品

武义的温泉以量大、水优、温度适宜而著称，出水量 4000—6000 吨①，温度 42℃—45℃，含有多种对人体有益的微量元素，堪称浙江第一、华东一流。根据专家的鉴定分析，武义温泉对皮肤病、心血管病、风湿性关节炎、神经衰弱、慢性肠胃炎有特殊的效果，对维护神经系统的正常机能以及养颜美容都有良好的保健作用。作为华东地区的一种稀缺资源，温泉是武义旅游资源中最具特色和优势所在，是度假区旅游开发的巨大资本和基础。1997 年，浙江省政府批准建立浙江武义省级温泉度假区。2004 年 5 月 25 日，武义温泉旅游度假区被公布为浙江省最佳休闲度假胜地。现今温泉山庄（唐风温泉度假村）、清水湾温泉度假村、明招温泉大酒店、清溪湖温泉度假村等相继建好开放，温泉度假酒店也即将开业。

温泉沐浴，一直以来就被视为一项有益健康的活动，在中国有着悠久的传统。在大众休闲旅游日益发展的今天，能够寻求到一个品质一流的温泉去处，是大家都欣然向往的事情。一流的温泉为武义的温泉旅游奠定基

---

① 武义是一个盆地，温泉水属于地热井，出水量和降雨量成正比，日出水量会在 4000—6000 吨变动。

图 23　清水湾温泉（章军提供）

础，而相应的温泉旅游产品的建设，则为武义温泉旅游业的发展插上了翅膀。

2. 神秘奇异的古文化

武义历史悠久，人文景观众多，屈指数来就有中国历史文化名村俞源太极星象村（国家级文保单位）、中国历史文化名村郭洞古生态村、元代建筑延福寺（国家级文保单位）、南宋廊桥熟溪桥、婺学源地明招寺、浙中名刹台山寺，另外还有鸣阳楼、发宝象龙塔、洞主庙、石梁架屋、汤恩伯故居、叶法善道观、万石院、明代石刻群等，形成了以古村落、寺院、桥梁、古窑址为特色的古人文景观。

俞源是中国唯一的太极星象村，全村弥漫着一种奇异文化的气息。据说，该村一开始常常旱涝交替，瘟疫时发。后来精通天文地理、与俞源先祖交好的刘伯温，帮助俞氏家族重新设计了村落的布局。他按天体星象排列设置村落，在村口设了直径 320 米、面积 120 亩的巨型太极图，按"天罡引二十八宿，黄道十二宫环绕"星座排列了村庄内主要的二十八幢古建筑，构连成片的明清古建筑群。还合理选址建造七星塘、七星井，用于防火抗旱，使得俞源村的水流走向、植被分布与建筑的分布科学合理，建筑与环境适逢协调。从此，整个俞源村风调雨顺、人丁兴旺。即使不谈古代的风水理论，单单按照我们现代生态人居的理论考察，俞源村落的布局也是十分符合生态原理，人居其中，怡然自得。

时至今日，俞源还有三个未解之谜："声远堂"沿口桁条上九条木雕鲤鱼会随季节、气候变化而变换为红、黄、黑三种颜色；每年农历六月二十六是圆梦节，这天必降喜雨，即使大旱年头也不例外；七星塘中的第三口塘"玉衡塘"，人们填而造房如是三次，必遭火灾。这些谜一直伴随着俞源从过去走到现在，依然骄傲地向人们微笑着。

郭洞容易叫人联想起"双泉古里"的幽深、宁静，其古村、古祠、古桥、古巷、古民居、古树林等，也流露出一个典范的古生态村落的气韵。郭洞人先祖可上溯至宋朝宰相何执中。元代至元三年（1337 年），其后裔何寿之迁居郭洞，仿《内经图》"相阴阳，观清泉，正方位"营造村庄。郭洞村，堪称村庄规划的经典。出入村庄要经过一道石门，石门连着的自然是石垒的围墙，村庄就躲在围墙的里头，村庄以保守的姿态面对外界的熙熙攘攘。隐藏村庄的还有围墙内外繁茂的大树，其中不乏千年樟槐榆松，它们对村庄亲昵地遮蔽，使整个村庄优美地沉溺于中国传统的风水氛围之中。山环如郭，幽邃如洞，村名因此而得。

图 24　郭洞全景（徐杰舜摄）

整个郭洞，三面环山，远处又有左、右青山相拥，恰好应了"狮象把门"之说。村东三角形的龙山，被现代人誉为绿色金字塔。龙山十分陡峭，村中把此山奉为神山，严禁砍伐，如有违者，轻则断指，重则逐出家族。因此，整个龙山，满山都是六七百年树龄的参天大树，更有南方红豆杉等国家一级珍稀树种，蕴藏古老、原始和神奇的奥秘。茂密原始的森林封固了山体，并使龙山成为村落的一道奇丽的屏障。村内又有双溪，汇合后沿西山环村而流。村民砌城墙形成水口，溪上建回龙桥，把这块宝地的风水包裹得严严实实。水口设计的这种聚气藏风的风水解释，实则符合生态原则。聚集后的水流形成一个小型水坝，使得湍急的水流在水口中打转之后再缓慢流出，舒缓了水流的冲击，并可以控制水流量，有利于农田灌溉。同时，还可以在池中养鱼种莲，丰富物产。另外，郭洞村内部以及周围植被葱郁，民居规划合理，也巧设七星井，形成山环如郭，幽邃如洞的绝佳人居环境，被誉为江南第一风水村。

延福寺之珍贵在于它是中国历史上并不崇尚佛教的元代的佛教建筑，并且是江南已发现的元代建筑中年代最早者（始建于后晋天福二年，937年）。她气势磅礴宏伟、设计巧妙，是古代寺庙建筑之精品。现存的延福寺建筑群，呈中轴线对称，前为山门，次为天王殿，中为大雄宝殿，最后为观音堂，两侧拥立厢楼，自成一种对称和谐之美。大雄宝殿是整个建筑群的精华所在，为重檐歇山顶斗拱建筑，平面成正方形，立面成宝塔形，清一色的木结构建筑，梁柱间不用钉不用榫，而坚固牢靠，历经千年而不损分毫。其更为神奇之处是整个大殿蛛网不生，雀窝不筑，令人叹服。相传，此寺是经由被誉为再世鲁班的巧匠所建。而中国佛教协会原会长、著名书法家赵朴初所题词的"延福寺"三字，也为该寺增添了许多人文色彩。

明招寺坐落于风光明媚的明招山，为著名的浙中文化圣地，始建于东晋咸和初年，又名惠安寺、智觉寺。县志记载，东晋竹林七贤之一阮籍的曾孙阮孚，赴任广州刺史时，弃官于明招山隐居，晚年又舍宅建惠安寺。吕祖谦仰慕阮孚所建的明招寺，看中明招山的风光，把自家的祖坟以及整个吕氏家族的祖坟，合计30多座都迁建到明招山，形成了著名的宋代吕氏古墓群。吕祖谦在此守墓期间，四方学子争相趋之，遂开武义一代文风，来此讲学的还有朱熹、陈亮、叶适等名重一时的人物。该寺至清乾隆年间奉敕改为智觉寺，为浙江省境内最早的佛教寺院之一，至今已有1600多年历史，比杭州灵隐寺还早500多年。到五代后唐时期，著名佛教建筑大师德谦禅师前来明招山开山聚徒，由此，明招寺成为当时影响全国的佛教圣地。南宋时，大量学者南迁，在明招寺形成了以吕祖谦为代表的浙东文化圣地。明招寺后就成为明招文化的发源地。

图 25　国宝：延福寺（徐桂兰 摄）

台山寺素有"浙中胜地"誉称，是武义县文化古迹重点保护单位和台山风景旅游区中心。据记载，早在北宋乾德年间（963—968 年），号称伏虎禅师的高僧到台山说法，结茅安禅，骑虎募创台山寺。后经历代扩建，台山寺粗具规模。明崇祯己卯年（1639 年），改名真静庵，清乾隆五十九年（1794 年），复名台山寺。近年又修复并新建了来翠亭、前殿厢房、观音堂、妙云亭、功德亭、山门牌坊、环山长廊、竹亭、焚经石塔和身高 15 米的南无阿弥陀佛露天立像等景点，香客日盛，饮誉四方。

以台山寺为中心的台山风景区，境内悬崖千仞，气势雄伟，峰峦竞秀，云雾环绕，有如世外仙境。世人概之为四绝：一是孤山绝顶有一井，水清甘美，常年满盈，久旱不涸。二是景点奇胜，台山三面凌空，山势陡峭。山内有"妙云清风""来翠望月""步云远眺"等十景，山外有"华山石剑""三石碧潭""清修古樟"等八景。三是环境幽静灵秀，空气清新，是疗养练功的理想境地。四是佛显灵异，尤为签书，扣切心思。

熟溪桥陪伴着武义，一起历经了时事的变迁，如今无论是晨曦还是暮色，无论在春夏还是秋冬，都安详地横跨在武阳川上，似是向人们述说着武义的过去、现在和将来。她始建于南宋开禧三年（1207 年），毁于战乱，修于盛世，经历变迁，迄今已有近八百年的历史。木结构的质地透露出朴实之美，桥墩石砌似舟形，桥身如长廊，长达140米，宽4.8米，桥屋高7.29米，中段楼阁高耸，造型简洁，浮雕精美，朴实雅致。两侧间有桥凳，可供行人歇息。桥身两旁设有独具江南特色的木栏杆，外有壁板相护，安全美观，且可凭栏远眺，合山景色尽收眼底，可谓"丹凤夹岸明千叶，绿水如云落一洲。"而今新修的熟溪古大桥，横跨熟溪，分外古朴雅致，宏伟壮观，是集历史人文和休闲游览于一体的好去处。①

　　几处浅浅的描述实不能道尽武义古老神秘的古文化。沉浸于武义的古文化中，感受岁月的悠长，当是别有一番风味的体验和享受。

　　3. 千奇百态的山水风景

　　武义境内奇峰林立、重岩叠嶂、深谷幽潭、湖光山色，天然成趣，风光迷人，景观独特。如今已经开发成熟的自然风光的景点有刘秀垄、清风寨、寿仙谷、大红岩、石鹅湖、小黄山、台山、白水瀑布等。它们大多数在省级名胜风景区龙潭——郭洞景区内。

图26　刘秀垄空中走廊（章军提供）

　　刘秀垄是"龙潭—郭洞"的一个重要景区。垄中奇石林立，险峰拔

---

① 涂志刚、邓文德：《熟溪桥史话》，武义文史资料（第一辑），1986年12月。

萃，绿野平畴，茂林修竹，有着"十里画廊"之称。因光武帝刘秀避难垄中的传说而得名。龙口两峰奇立，左如巨鲸伏卧，右如雄狮箕踞，被称为狮鲸迎宾。入垄不远，西矗一障，雄伟轩昂，形如金交椅。往垄深处，步移景换，奇峰怪石扑面而来，令人目不暇接。有状如皇冠，有形似玉玺，有巨鲸冲浪，有金龟探海，有金童牧牛，有老僧入定。垄中景色，千奇百变，神奇精妙。天碧关过后，便是奇险无比"一夫当关，万夫莫开"的飞云亭、百步梯。垄的尽头则是有全国丹霞赤壁之称的巨岩——红砠岩。武义籍青岛化工学院教授俞旭的诗句"莫道封禅唯泰岳，应喜吾乡矗奇峰"可谓是对刘秀垄最好的注脚。

　　清风寨，其名甚美。俗话说"北有威虎山，南有清风寨"，透露出了清风寨一直为兵家必争之地的险要。清风寨在各朝各代所留下的战争遗迹众多，山寨住民为清朝反清复明组织"天地会"的后裔，留传的医术、武功享誉八方。它也是省级风景区"龙潭—郭洞"的中心景区之一，以壮观的丹霞地貌、古朴原始的山村土寨和保持良好的自然生态而迷人。景区内有金公岩、情人谷、望仙岩、浴仙湖四大景点。整个景区具奇、险、幽、古四大特点："飞桥六洞"为我国丹霞地貌串洞群中之最，丹霞赤壁高百

图 27　清风寨（章军提供）

余米，龙潭深不见底，此谓奇；寨墙高筑，兵家要地，金公岩上扼守其喉，此谓险；峭壁相拥、翠竹连绵，碧波荡漾，此谓幽；惠力寺、胡公庙、平水祠，古刹幽然，此谓古。古朴、原始、自然是清风寨真实动人的写照。

寿仙谷不仅景色迷人，而且传说美丽。相传青龙和金龙在此长相守，有一子，精心修炼，成为寿仙，此峡谷因此便称为寿仙谷。谷中既有断崖绝壁、怪峰异石的凶险和奇秀，又有岩泉潺潺，碧竹茵茵的幽美宁静，还有落差120米的九天瀑布如练蜿蜒。有"天下第一酒坛"的醉仙岩，"天下第一天然寿"的绝壁天书，还有"华东第一悬梯"的天梯。"天高云霄久，地美大莱口。山清水又秀，石井称魁首。"这是古人对寿仙谷风光的写照。

图28　大红岩（旅游局提供）

大红岩整个景区有着丹霞地貌独有的多姿多彩的地貌景观。在景区内号称世界丹霞最大赤壁的大红岩，岩壁赤红，宛如刀削；有最深的丹霞洞双玉洞，洞深而广；有广成子修炼得道、人文始祖皇帝寻仙悟道的崆峒山，沟、谷、洞、柱、壁以及象形的狮、象、鲸、猴、龟等各色各类的丹霞地貌的岩石，千姿百态，惟妙惟肖。从景区门口沿路向里走，一路经过八卦池、梅坞村、神仙石、雄鸡坛、不周山、东天门、观音洞、南天门、双玉岩寺、牛鼻洞、轻松岭、西天门、丹霞画廊、鸳鸯林、摘星台、北天门、读书洞、大红岩、仙水潭，形神各异，赏心悦目。

石鹅景区的美丽，常被喻为"天鹅也歇脚的地方"。有诗云："吾乡吾

图 29　石鹅湖 （旅游局提供）

水自多情，秀水青山泛舟行；五百年来文物阜，快乐神仙石鹅湖。"景区内有始建于唐天祐年间、面积 3200 平方米的禅林古刹慈杭洞府，有长达二里的悬崖夹道，循壁而游，如临仙境。鹅岩峰、巨石阵、海鲸岩、相思岩影婀娜，令人浮想联翩；红军洞可以使人瞻仰当年红军浴血奋战的革命事迹。石鹅湖湖面 266 亩，风光旖旎秀美，岛屿散布，曲湾多姿，清雅宜人。湖四周象形山石惟妙惟肖，入湖沟谷有冷泉、跌瀑。湖西有一天然石梁，高 30 多米，长 40 多米，宽 10 多米，被誉为吴越第一梁。结伴泛舟于石鹅湖上，犹如行走于诗画当中，真有一种神仙眷侣之感。

　　龙潭以其潭深、谷幽、峰奇、岩险而著称。经云梯、绕盘山长渠至龙潭，可领略惊险之趣，其间有清凉洞天、金银双屏、银珠飞瀑等景点。至龙潭峡谷上端，便可见气势雄伟、水流万千的龙潭湖，此为首潭；过了蟠龙岭，就至凛洌清凉的二潭，碧玉潭；紧接着是三潭。整个龙潭因高山苍郁而显峡谷之深邃，溪涧清洌更见潭水之幽静，加上林木葱郁，鸟鸣蝉噪，飞瀑沥沥，给人以与世隔绝的桃源之感，是不可多得的休闲旅游的好去处。

　　牛头山自然保护区位于武义县西南，最高海拔 1560 米，是金华市第一高峰。保护区内群峰高耸，风云际会，气势磅礴，有"通斗牛之辉，接罗浮之脉"。山峰巍峨耸立，怪石遍布，山脊和深谷中，一年四季，浓荫密林，翠竹苍松。有国家珍稀动物数十种，植物 123 科 674 种，作为国家森林公园，是武义县一座天然动植物园和绿色的宝库。如今，牛头山国家森林公园已经着手开发，作为生态探险旅游重点的旅游景点包括：以登高览胜、生态探险为内容的牛头山景区；以峡谷涉趣、探险猎奇为特色的石门峡景区；定位于观览瀑布、吸氧保健的九瀑沟景区；还有上田服务管理区。

此外，武义县城的壶山，畲族小黄山的奇松、飞瀑和小三峡的胜境，台山的碧湖金峡，柳城的白水瀑布，王宅的仰天垄，大湖湾的宝泉岩、地裂沟、石笋等景观美不胜收，构成遍布武义山乡的秀美景观。

三 定位与战略：江南华清池，浙中桃花源

温泉、古文化和山水风景构成了武义的旅游资源，是武义开发旅游产品和发展旅游事业的基础。不过，如何整合这些旅游资源和旅游产品，对武义旅游业的发展给出一个科学合理的定位并制定合理的发展战略，是武义旅游业发展需要面对的问题。因此，在武义旅游业发展的过程中，武义县政府都积极投入财力、物力、人力，制定旅游业的发展规划，在2002—2003 年先后编制完成了《武义县"十五"时期至 2020 年旅游发展规划纲要》《武义县旅游产业发展规划体系编制计划》《武义县旅游产业发展总体规划》《浙江省武义温泉旅游度假区总体规划（2002—2020）》，2003 年 7 月编制完成了《武义旅游产业发展规划（2003—2020）》。此外，县里还有的领导先后出专著对武义发展旅游业进行专门的研究论述，如《寻找新沸点》《新沸点》等书。在这些规划和研究中，通过对武义旅游资源、旅游市场的分析，对武义旅游产品的定位和发展的战略给出了明确的方向。

1. 武义旅游产品的定位

2003 年制定出来的《武义旅游产业发展规划（2003—2020）》中对武义旅游形象作了如下定位：

> 着力开发温泉度假疗养旅游，逐步建成重要的温泉度假旅游城市，填补浙江省大型温泉旅游的空白，在保健、康复和度假休闲旅游上发挥其特色和优势，力争到 2010 年成为我省和长江三角洲地区著名

的温泉养生度假胜地，到 2020 年成为我国著名的温泉养生度假
胜地。①

"规划"中"温泉养生度假胜地"的定位，其内涵是围绕客源市场需
求和武义旅游资源特色，本着"以生态资源为基础，以温泉为品牌，以华
东市场为重点，以三个效益为核心"的原则，实现产品从单一的观光旅
游，发展成为观光与度假并举，大众旅游与转向旅游全面发展的我国著名
的温泉旅游城市。②

《新沸点》的作者也有类似的提法。通过对武义旅游目的地和客源市
场分离的情况的分析后，把武义的旅游市场分为一级市场、二级市场和三
级市场。③ 在此基础上，对武义旅游产品以及形象作如下的市场定位：

（1）武义旅游产品近期市场定位：上海、杭州和金华地区的"后花园"。

（2）武义旅游产品中长期总体市场定位：长江三角洲地区重点温泉养
生度假旅游胜地。

（3）旅游产品的总体形象定位"江南华清池，浙中桃花源"④。

一般而言，市场定位之后，需要有一句形象精练，能反映旅游地和旅
游产品特色的广告词。尽管武义目前还在向社会征求"武义旅游口号标
识"，尚未形成统一的旅游口号，笔者个人觉得，《新沸点》的作者所建议
的"江南华清池，浙中桃花源"不失为一句形象到位的旅游口号。《新沸
点》的作者分析道："武义旅游产品的最大特色在于稀有的温泉、秀美的
生态环境和神奇的山水景观，由此，武义旅游产品总体形象，可定位于
'江南华清池，浙中桃花源'。借助华清池悠久的历史、丰厚的温泉文化和
极高的知名度，同时凭借世外桃源般的风光环境，就是对武义旅游产品总

---

① 资料来源：《武义县旅游产业发展规划》（2003—2020），第 6 页。

② 资料来源：《武义县旅游产业发展规划》（2003—2020），第 19 页。

③ 一级市场为武义周边的金华、永康、义乌等主要县市的周末观光、度假市场以及上海、
杭州等大城市周末双旅游观光、度假市场；二级市场为浙南温州、丽水，浙东宁波、绍兴、台州，
浙北嘉兴、湖州等省内观光、度假、会议、养生健身和疗养等市场以及苏南地区度假和疗休养等
市场；三级市场为除一、二级市场之外其他国内省市的康复健身、疗休养、考察及乡村旅游市场
以及港澳台及东南亚为主的国际市场。一级市场和二级市场为核心市场。

④ 金中梁、朱连法：《新沸点——武义旅游业发展研究》，上海人民出版社 2004 年版，第
81—82 页。

体形象进行上述定位的缘由。"① 笔者认为，把武义产品的总体形象定位为"江南华清池，浙中桃花源"，既带有历史的意象，又契合武义温泉的特点，同时把山水的武义也一同推出，是品味比较高的一种定位表述。换一句话说，这种表述把政府在《武义县旅游产业规划》（2003—2020）中设定的武义旅游的总体形象——温泉养生度假胜地，用诗意的、优美的语言表达出来，赋予武义的温泉养生度假胜地十分形象精练的广告语，将对推动当地温泉旅游产品占领市场产生巨大的作用。

2. 武义旅游业发展战略

对于自身旅游产品有定位之后，便要有一个科学宏观的区域发展战略布局，"一心二翼三组团"即为武义旅游产业区域布局的概括。所谓"一心二翼三组团"，就是以县城为中心，以温泉旅游度假区和核心景区为二翼，形成"温泉文化与古村落文化互补""丹霞秀色与太极星象神秘文化辉映""民族文化宗教文化与生态文化联动"三组团并举的发展格局，打造刺激性、参与性、新奇性为特色的温泉度假系列，以洞泉、古村、丹霞为特色的山水景观系列和神秘文化及文物古迹为特色的宗教文化景观系列产品。② 这一规划组合是雄心勃勃、踌躇满志的，因为，它把县城以及分布在整个武义县各个方位的古村落、山水景观、温泉都在县域范围内联合起来，使整个武义县在这个意义上成为一个旅游城市。

此外，在这个远景的、全局的，整体的规划下，武义县旅游局还不断根据实际情况制定小的、局部的旅游发展规划。比如，2005 年一年完成了《浙江省武义温泉旅游度假区详规方案》《武义牛头山省级森林公园总体规划》和《武义丹霞旅游区规划》的编制工作，基本完成了《俞源景区的保护与发展规划》，启动了《武义南部扶贫旅游区规划》的编制工作，2006 年又完成了《武义南部旅游区总体规划》。诚如武义旅游局的有关领导所说的："我们有总的大的远景的规划，但是随着形势的发展，又会有新的发现和想法，在做小的规划的时候，会把这些新的内容和想法增加进去。2003 年那个规划，当时是 2002 年就做好了，到了 2005 年、2006 年已经过

---

① 金中梁、朱连法：《新沸点——武义旅游业发展研究》，上海人民出版社 2004 年版，第 92 页。

② 资料来源：《武义县旅游产业发展规划》（2003—2020），第 19 页。

了三四年，那么肯定是有新的变化和新的东西。比如，牛头山国家森林公园，当时2003年做的时候，那个还没有成为国家级的森林公园，是去年才申请下来的。所以，现在的南部旅游规划中，牛头山就成为新增加的重点。但是大的框架不变，因为我们'一心二翼三组团'包含了南部旅游区在内的。"

所有这些小的规划，都围绕着武义"一心两翼三组团"的总体目标，都在增进总体布局的实现，都为武义在县域范围内成为集温泉、古文化、山水景观、风土人情于一体的温泉养生度假胜地而努力。

四　旅游富县与新农村建设

武义旅游业近十年的发展，已经为武义带来了很大的经济和社会效益，武义已经凸显出旅游富民的态势。尽管旅游富县目前尚未成为武义县社会经济发展的战略来实施，但这已经是一个可以提到议事日程上来思考和探讨的问题。总结武义旅游业发展的经验，政府主导和推动是武义旅游业得以迅速发展的主要原因，因此，亦说明了在新农村的建设过程中，政府引导、推动乃至主导对于这一社会主义事业的重要意义和作用。

1. 兴一方旅游，富一方经济：武义旅游富民态势的凸显

武义旅游业开发发展的几年来，对武义的经济发展带来了很大的效益。旅游业作为一项富民产业，它每收入1元，会给相关产业增加7元至8元的收入；每增加一个直接就业岗位，就会带动社会就业4人至5人。旅游业的发展和外来游客量的大幅增长，迅速带动了武义吃、住、行、购、娱等行业发展。全县吃"旅游饭"的人越来越多。明招国际大酒店、弗朗德假日酒店、壶山假日大酒店等一批星级旅游饭店应运而生，入住率很高，在"五一""十一"等黄金周通常爆满。老黄牛庄、水口饭店、回龙饭店、青山居、寿仙谷山庄、石鹅山庄、农家休闲饭庄等一大批农家乐饭店生意兴隆火热。宣莲、有机茶、萤石工艺品等富有地方特色的旅游商品也获得发展良机，品种日渐丰富，拉长了旅游产业链。根据旅游局的统计数据，近些年来武义的旅游业发展多带来的经济效应一直呈现上升的趋势（见表2）。

表 2　武义历年旅游业发展一览表①

年度 项目	景区接待		景区门票		全县接待		旅游总收入	
	游客量（万人）	同比（%）	金额（万元）	同比（%）	游客量（万人）	同比（%）	金额（万元）	同比（%）
2000	13	44.4	75	60	23.3	45.6	5948.5	32.9
2001	19.9	53.8	145.4	93.9	30.7	31.8	8467.1	42.3
2002	24.5	23.1	175	20	34	10.7	23341	175.7
2003	21.4	−12.2	237.5	92.9	32.2	−5.3	22601.2	−3.2
2004	31.4	46	544.5	61.3	50.7	57.5	35540.7	78.9
2005	41.06	30.77	750	37.87	57.54	13.4	40335.54	13.4
2006（1−4）	25.26	140.95	822.36	277.24	36.92	118.81	25880.92	118.81

资料来源：武义县旅游局

另外笔者所走访的某景区，2004 年的旅游人次达到 44000 多人，门票收入达到 54 万；2005 年的旅游人次达到 60000 多人，门票收入达到 70 多万元。而在景区附近的 7 家农家乐每家一年的收入可以达到 300 多万元。不久前，村里刚刚投资开发出来的景点的停车场的收入就有 3 万多元。

以村的情况来看，郭下村开发旅游之前的 1997 年，村民人均收入仅 1986 元，吃了 8 年"旅游饭"，到 2005 年，村民人均收入提高到 5614 元，村集体收入也从 3.5 万元增加到 70 万元。另外，全县紧邻景区形成的农家乐已发展到 150 余家，有些经营者年收入达到数十万元。②

为了对旅游业发展带动农村经济发展的实际情况有进一步的了解，笔者专门对位于清水湾至郭洞景区熟溪街道抱弄口村的旅游富民情况做了一次调查：

抱弄口村有 151 户，500 人。由于该村位于清水湾度假村至郭洞景区的公路通道上，有着办农家乐的区位优势。因此该村积极开发农

---

① 由于受到"非典"的影响，2003 年武义游客的总量以及旅游业直接收入有所下降，而 2003 年开始的景区门票收入中包括了新开张的温泉浴的门票收入。

② 资料来源：《我县呈现"旅游富民"态势》，载《今日武义》2006 年 8 月 2 日，第 1 版。

家乐，做好旅游富民文章。村两委通过努力，在县政协、县城投公司、县旅游局、街道办事处等单位的帮助支持下，目前已开发农家乐10家，从事第三产业搞农家乐的村民已有60多人，年可为村民增加净收入60多万元。目前，来自上海、永康到抱弄口农家吃住的旅客络绎不绝，开发旅游富民，发展农家乐的势头与日俱增。

抱弄口村的青山居农家乐的女老板这样描述她开办农家乐的经历："在开农家乐之前，我在外面的厂里干活，我老公开拖拉机，收入不是很高，就是自己吃口饭，现在开农家乐，生意很好。昨天晚上就开了11桌，平时一般都可以做七八桌，一天的毛收入1800元，一个月的纯收入有三四万。今年过了'五一'生意一直都很好。"

由此可见，武义近些年来旅游业的发展已经凸显出了旅游富民态势。到了今年的上半年，武义的旅游业更有厚积薄发的井喷之势：门票收入同比增长221.8%，旅游人数达54.41万人，同比增长84.5%，旅游总收入达3.81亿元，占全县生产总值7%左右。旅游业已经成为武义经济社会发展一个不可或缺的产业。

2. 旅游富县作为武义发展战略的探讨

随着武义县旅游富民态势的出现，武义县旅游局局长胡旭东以及相关人员开始了关于旅游富县战略的思考，并于今年6月份形成题为《关于"旅游富县"发展战略的思考》的书面汇报材料。笔者认为该报告既是对武义过去十几年来旅游业发展的一种总结，又是对武义旅游业作为县的一个发展战略的科学展望。

众所周知，在武义，从1998年以来便开始实施了"工业强县、开放兴县、生态立县"三大战略，对于武义县社会经济的实现跨越式发展起了巨大的推动作用。然而，横向比较之下，武义县在2010达到全省中等发达县（市）水平的目标，还需要结合当今的休闲经济时代、县域区位交通的优化，进一步挖掘和凸显武义的旅游资源优势。为此，应当把旅游富县作为武义县发展战略的新选择，用抓工业经济的力度抓旅游经济，以旅游业带动第三产业快速发展，把旅游业打造成武义县继工业园区建设、下山脱贫工作后第三张闪亮的名片，把武义建设提升为生态优美、新型时尚的旅游休闲城市。

接着，该文从实施旅游富县战略的必要性、可行性及策略建议三大方面对问题进行了论述。从必要性上来讲，该战略是武义县经济发展融入未来经济发展大趋势的需要，是武义城市发展科学定位的必然选择，是武义旅游产业发展大势的内在要求，也是繁荣武义县经济、富裕地方百姓的迫切需要。从可行性上讲，该战略能与原来的三大战略有机结合是先行三大战略的必要补充和衍生，能构成更为科学、完整、合理的发展战略，旅游资源丰富、旅游产业发展空间大、特色旅游品牌初步形成、旅游客源市场不断扩大等都是武义发展旅游富县战略的良好基础，而全县经济持续快速发展，产业结构转化速度加快也使得该战略切实可行。从策略建议上讲，发展旅游富县战略需要做好以下几点：明确战略地位，确立发展目标；加强政府主导，加大扶持力度；充分发挥温泉优势，做大做精休闲养生旅游品牌；推动景区精品化；开发地方特色旅游产品，打造优势旅游产业链；积极融入社会主义新农村建设；挖掘旅游文化，赋予旅游产业更深厚的内涵和生命力；强化旅游人才队伍建设等。最后，该文得出结论：旅游富县如果说在十年前还只能是一种愿望，而现在则已经成为武义县经济社会发展的新趋势，若确定旅游富县为新的战略内容，即从三大战略扩展为四大战略，将更能促进我县经济社会更快更好地发展。①

这篇书面的汇报材料很快得到上级的重视，并于 2006 年 8 月 11 日在《今日武义》上以《把"旅游富县"纳入我县发展战略——对我县旅游发展的一点思考》为题全文刊出。恰巧，当日笔者对胡局长以及旅游局的相关领导进行了访谈。除了已经形成文本的思想见解外，访谈中，还有不少作为战略层面来思考的想法值得笔者在此记录：

> 所以我写这篇文章，就是想唤起全县各界来认识旅游的重要性和作为战略发展的必要性。武义今后的发展，要真的走向富民、富县，我觉得还是要依靠第三产业。第三产业中龙头就是旅游。因为武义现实的条件摆在这里：工业比不上永康，商贸比不上义乌，如果从这些方面来和他们比，是永远跟着他们跑。但是，旅游他们要跟着我们跑。他们的旅游资源条件，他们的区位优势比不上我们。如果我们把它作为一个战略好好抓几年，等到我们好好发展几年，我们就真正变

---

① 胡旭东：《关于"旅游富县"发展战略的思考》，载中共武义县委办公室编《武义工作》，2006 年第 16 期。

成了金华、义乌、永康、杭州、上海、长三角的"后花园"。他们工作太辛苦了，赚钱赚得累了，到武义来休息，把钱花到武义来。武义就做赚他们钱的事情。这种情况国际上也很通行，像瑞士这些地方，它没有工业，却照样很发达、很富裕，它就是发展旅游啊。那么武义可不可以把武义城市发展定位在旅游上呢？比如说，你管加工业，他管商贸，那我就管招待，可不可以这样子分工呢？不要每个城市都五脏俱全，搞得一模一样，我们以后的发展都是讲究区域发展，区域发展都讲究一个协调性，如果这个区域大家都发展工业，那么商贸业发展到哪里去呢？服务业到哪里去呢？我是这么一个思考。所以我觉得我们武义要把自己定位定好，在这个区域里面我自己是担当什么角色。①

在访谈中，一方面是上述这样富有激情的理想，另一方面对于武义把旅游富县在目前作为第四个发展战略的可能性他们也有理性的反思：

前面的三个战略都是很宏观的，包容性很强的。比如生态立县，这个生态就是方方面面的；工业强县这个工业也是涵盖面很广的；开放兴县更是一种很宏观上的层面。那么旅游业只是第三产业中的一个行业，从全县来讲，和原来的三个战略来比较，它是不是平衡的呢？我们一直在努力，但是，我们也要有所考虑。不过，回过头来讲，对于"战略"这个词本身，我也有自己的看法，它更应该是基于本地的实际情况和未来发展前景而设的。刚才说的，工业强县，所以这样提出来，是因为武义工业很薄弱，开放兴县是因为武义原来一直比较保守闭塞。所以，从这个意义上来讲，把旅游业作为武义未来的一个发展战略来提出，是合情合理的。因为，在武义它有很大的发展空间。②

上述关于武义旅游富县的探讨，或许就是武义把旅游富县作为新的发展战略的一种前奏。而无论旅游富县能不能确定为武义县新的战略内容，或者说什么时候能够成为武义县的新的发展战略的内容，从武义自身发展

① 根据胡旭东口述整理，2006 年 8 月。
② 张利庠：《可资借鉴的八种新农村发展模式》，载《今日浙江》2006 年第 9 期。

的过程来看，从武义发展的模式来讲，旅游都是一个不能被忽略的元素，旅游富民是一个不能被否定的事实。

3. 旅游富县与新农村建设

武义旅游富县的态势已经凸显，力图把它作为一个县的发展战略的思考也已经提出来了，撇开旅游成为武义发展新的战略内容不谈，就旅游本身而言，它和当今的新农村建设有着十分密切的关系，武义在这个方面也提供了自己的经验。

张利庠在《可资借鉴的八种新农村发展模式》一文中对新农村建设的几种模式进行了分析和探讨，其中包括了休闲产业带动型和旅游产业带动型的新农村发展模式。所谓的休闲产业带动型是指以农业和农村为载体，利用农业生产经营活动、农村自然环境和农村特有的乡土文化吸引游客，通过集观赏、娱乐、体验、知识教育于一体的新兴休闲产业带动新农村建设的一种模式。采用这种模式应具有三个条件：交通便利，距离城市较近，靠近消费市场；有怡人的自然环境，有一定的农业发展基础；能满足城市游客食、住、行基本要求的基础设施。农家乐是该模式的典型。而旅游产业带动型则是指以农村地区为特色，以农民为经营主体，以旅游资源为依托，以旅游活动为内容，通过农村旅游促进新农村建设的一种模式。发展旅游业首先需要有可以挖掘的旅游资源，包括自然资源和人文资源。其次是要有便利的交通条件，另外也要有与旅游相配套的娱乐、住宿、餐饮等基础设施。如江南名镇周庄。

实际上，单纯意义上的休闲产业带动型和旅游产业带动型的新农村在中国台湾早已经成为一种农村经济的发展模式。如中国台湾目前比较流行的休闲农业，就是提供一些条件，利用农业来带动休闲旅游的一种方式，让城市里面的人周末跑到农村来，自己种水果粮食或者采摘水果，度过一个愉快的周末。①

上述经济发达地区的经验以及理论上的总结提升都告诉我们，当今的新农村建设通过发展旅游休闲业来实现，不失为一个高效益的途径。由此可见，发展旅游休闲产业是如今进行新农村建设的一种切实可行的方式。武义旅游业的发展，可说是通过发展旅游实现新农村建设的一个新的示

---

① 徐杰舜、林敏霞、杨清媚：《聚焦：守土与离土——第三届人类学高级论坛海峡两岸圆桌论坛纪实》，载《广西民族学院学报（哲学社会科学版）》2006年第1期。

范；是充分发挥武义自身优势，发展旅游产业，实现以旅促农，以旅助农，以旅富农，以旅兴农。

一方面，它是在县域范围内把旅游业作为一个产业来推动农村经济社会发展的，因此大大促进了武义社会主义新农村的建设。武义通过旅游所开发的地区其实都在农村，要么山区，要么古村，像郭洞、俞源等，大红岩边上也是村。那些村子一旦旅游开发之后，就带动了经济社会的发展。前述郭下村、抱弄口村的调查数据都已经说明了这个问题。

另一方面，它在发展的过程中，政府主导的作用成为关键，这也进一步说明在新农村建设过程中，党和政府的重要性。景点造势、强行开发、BOT 特许权融资方式的引入、委托经营、多元发展、扶大控小、扶优控劣的精品化战略、江南仙境游等，无一不是在政府主导下实施和实现的。在访谈过程中，有一个很有意思的个案可以说明政府主导的重要性。

> 像郭洞的开发，就是政府主导下的结果。因为武义当时什么叫旅游都不知道，就是政府在启发、启蒙，然后，给它做一个点来示范。当时，郭洞这个景区的开发就是县政府派工作组进去发动群众开出来的。然后，开出来之后，村民觉得有人来玩了，有收入了，就说我们自己来经营了。但是，这个旅游经营是要有专业知识的，要有这方面的能力的。一个农民，如果他的文化和素质不符合这个条件，就没法经营。他经营了一段时间之后，就发现"啊呀，我做不下去了，市场开拓不出来，没有客人了，成本又这么大，要亏了。"于是又找到政府，政府又帮助他们，就把它接过来，来委托经营。目前就是这种经营模式，就是郭洞委托我们旅游局下属景区管理处帮助他们经营，然后，我们每年给他们一定的钱。从开始一年 3 万，到现在一年80 万。①

总之，旅游业发展的武义经验一方面进一步证明了休闲旅游对社会主义新农村建设的推动作用；另一方面也说明了在中国目前的农村条件（包括农民自身素质等）下，新农村建设是在政府主导下的一项伟大事业，只有在党和政府的领导和引导下，才能真正实现这一伟大的目标。

① 根据胡旭乐口述整理，2006 年 8 月。

第九章　城乡统筹：武义模式
元素之五

　　人的生存离不开居住，人类生存策略的不同机缘，使城乡分离了几千年。新农村建设要使城乡走向融合，就要使农村走向城市化。县域的城市化往往从县城开始，进而带动乡镇，再波及村庄，所以必须实行城乡统筹。武义在新农村建设中以县城的改造为契机，带动了全县的城市化，使城乡统筹成了武义模式的又一个重要元素。

一　记忆：旧照片中的老武义

　　汽车进入武义地界，笔者就认不出武义了。进入武义百花山，更不见昔日百花山林场的真面目，一眼望去满目标准厂房。过去武义本来一望无边的农田，现在变成了漂亮的花园小区、气派的工厂、休闲的温泉，只有塔山、北岭风韵不仅不减当年，反而更加郁郁葱葱，发宝象龙塔依旧耸立在塔山之上，显得更加挺拔。再抬眼远望，高耸的火车站，明招温泉大酒店，以及密密麻麻的建筑群，这一切都告诉笔者，武义县城到了。

　　笔者离开武义20余年，今非昔比，不敢相信这就是20多年前的武义。在这次对武义新农村建设的调查中，笔者不断地搜索记忆，寻找老武义的踪迹，后来在县外宣办章军主任的帮助下，在红羽照相馆郎一刚手中找到了他1973年和1983年拍摄的武义县城全景照片。

　　这张放大到1.5米长的1973年武义县城全景图勾起了笔者对武义的历史记忆：

　　1. 20世纪60年代的武义壶山镇

　　1965年8月，笔者刚分配到武义，从浙江省人事厅拿了报到证，坐了

图30　1973年武义全景（郎一刚摄）

五六个小时的火车到了金华，又坐了近两个小时的汽车到了武义。当时，在乡村沙石公路上奔走的汽车，颠颠簸簸，摇摇晃晃地把笔者拉到了当时被称为壶山镇的武义县城。

20世纪60年代中期的武义，虽然地处僻远，交通不便，但小小的不足万人的县城，一条青石板与鹅卵石铺成的不到2里的壶山上、下街，以及若干完用鹅卵石铺成的小巷构成了武义县城的街道格局，显得乡土味极浓。如果保留到今天，一定会让一些古城发烧友惊讶起来：啊！还有这么美的县城！那时，笔者在壶山街上行走，街路上虽有自行车驶过，但更多的是农民的手推车不停地吱吱而过，时不时还有耕牛慢吞吞地在街上行走，街上当然也就留下了一堆堆的牛粪。武义县城虽土，但每天早上只见溪埠头上洗衣的洗衣，洗菜的洗菜，人们起早点挑两担水倒入水缸，就可以用来烧饭、烧水、烧菜了，水质之好是现在人所不敢想的。盛夏之季，人们只要走几步路，就可以到西寺溪水里去洗澡，那真是一件十分惬意的事。想想这一切，确是一派乡间恬静的生活图景。

2. 20世纪70年代的武义壶山

随着20世纪60年代末武义第一轮工业化的兴起，特别是在壶山西边牛尾巴上山建起了有机化工厂，美丽的熟溪水不断受到污染，西寺溪的水也逐渐少了，枯竭了，而曾经穿过西门城脚流往县后畈的溪水终于在20世纪70年代初断流了。随后武义的青石板鹅卵石路也就被水泥路替代了。现在看到郎一刚1973年拍的武义全景就是这个时代前后的真实记录。

1973年郎一刚拍的这张武义全景，是站在熟溪南边的郎梅山，对着壶山拍的，照片右边一片民居就是当时的溪南滩大队；中间是熟溪水穿越而过，右边熟溪水上的桥就是闻名江南的熟溪桥；熟溪北岸高耸的烟囱就是1944抗日战争时期侵入武义的日本鬼子开设的电厂留下的标记①；向左沿

———————

① 在武义城市化的过程中，这个烟囱已被拆除，仅留下两米高的残垣作为纪念，被确定为武义县文物保护单位。

溪而上的水塔是酒厂所在地，从此一直向上游走去，沿溪一带都是金星大队居住的南门和小南门，接下去就是南丰大队所居的永丰门；左边比较新的三层楼房（围墙遮了一层）的一大片地方是武义一中；最左边围墙围起来的房子大概是南丰大队的加工厂，这一群房子对面就是食品公司的生猪仓库，以及壶山镇尾——西门头。

县城远方的山峰，右为塔山和北岭，隐约可见发宝象龙塔，塔的后面就是当时武义最大的工厂——武义棉纺厂；向左边看去，一直到最高峰，这就是武义人的祖山——壶山，上山的蜿蜒小路依稀可见；再往左看，远远的牛尾巴山上的水塔就是有机化工厂了。

从照片上看，老武义就是这样。那么，武义街上如何呢？虽说武义上下壶山一条街，历史上武义曾有城墙，西门早已不见，但西门头岭一直是城西的地标，东边一直到东门。旧俗武义端午推龙舟，从西门的城隍庙，一直推到东门下熟溪，走的就是这一条街。

图 31　老街景（徐杰舜摄）

从西门头向下走，沿途有一中操场，生猪仓库；过西寺巷就是县食品厂，武义一中，快到横街时又有壶山小学和壶山幼儿园，横街口有一安徽人开的水果店，又有一武义副食品公司开设的横街口小酒店，酒店对面是上街唯一的一家餐馆，从早到晚都卖麦饼、鲜肉包子、豆腐丸子、馄饨、糯米粽、豆浆，以及光面和肉丝面，笔者记忆最深的是 1 角钱一碗的光面和 5 分钱 1 个的豆沙粽，前者可充饥，后者香又甜，偶尔奢侈一下就吃一碗 2 角的肉丝面。再往下走就是中医院、人民银行、食品公司和副食品公司，过了狭窄的朱何巷就是百货公司，对面是新华书店，这个地方就是武义县城的中心——五圣堂弄，向北就是邮局、五金公司、百货公司的批发部、消防队、搬运公司、汽车站；再往北就是县后畈的大片农田，上了北岭过了北岭洞就是北缸窑了。向东沿壶山下街走去，就是酒厂、县委、县政府，接下去就是县财政局、壶山派出所、戏院、豆腐厂、粮食局、农资公司等单位；从壶山上街一直到壶山下街，除上述企业单位以外，其间夹杂着许多大大小小的小作坊，有卖瓷器的，有卖铁器农具的，有打铜壶的，有卖酥饼的，有卖衣服、鞋子的，五花八门，不一而足。到了公路边（今温泉路）向南走就是医院、农机厂、布厂、电厂，土产等公司的仓库，以及熟溪桥；再向南就是通经永康和新宅的公路了。向东走是熟溪小学，下王宅大队，这一带几乎全是农民的民居，一直到鸣阳楼，再下去就是东门，出了东门就是田畈了；再走 5 里路就到了程王处大队，即现在的武义火车站。

对于武义城区的风貌，有两句民谣十分有意思，一句说："西门头的壶山顶，东门脚的鸣阳楼，北门朝着北岭洞，溪南滩大奶奶。"为什么讲"溪南滩大奶奶"，原来当时溪南什么标志都没有，只有早上在溪边洗衣服妇女的两个乳房随着搓洗衣服的节奏而晃动，成了一道风景。还有一句说："壶山口的风，鸣阳楼的钟"，意思是壶山吹来的西风可以拂动县城，鸣阳楼的钟声能响彻县城的每一个角落。这就是 20 世纪 70 年代的武义壶山镇的一幅风俗画。

二 规划：武义城乡统筹的设计与实施

在新农村建设中，要实现城市和农村的统筹发展、共同进步，必须借助农村城市化这把钥匙，大力推动城乡建设，努力实现城乡互动、互补、互惠。改革开放以来，武义县城乡建设发展速度明显加快，城乡面貌发生显著变化，城乡差距逐步缩小。武义县农村城市化的一个重要特征是以县城的改造为契机，以点带面，进而推动乡镇和村庄的城市化。20 世纪 80 年代开始，武义以现有县城和有条件的建制镇为开端，科学规划，合理布局，开始了城市化的进程。随着武义城乡统筹规划的具体实现，武义发生了天翻地覆的变化。下面，我们就具体介绍武义城乡发展规划的内容及实施情况，和读者一起倾听武义进行城乡统筹、发展城乡建设的历史脚步声。

1. 武义县城规划

武义的城市化历程是从县城改造开始的，20 世纪 80 年代以来，武义先后进行了三次县城总体规划。

（1）第一次县城总体规划

1982 年，武义县城进行第一次建设规划，1983 年 10 月编制完成。规划期限近期至 1985 年；中期至 1990 年；远期至 2000 年。规划把武义县城的性质确定为全县政治、经济、文化中心，是继续加强轻纺工业、建材和砩石开采工业，积极开发食品工业的社会主义城镇。城市规模预计为 1982 年现状人口为 2.29 万人，用地 2.07 平方公里；规划近期人口 2.5 万人，用地 2.57 平方公里；中期人口 2.72 万人，用地 2.94 平方公里；远期人口 4 万人，用地 4.02 平方公里。

从 1983 年到 1992 年，在实施第一次发展规划过程中，武义县取得了以下成果。

第一，改造了城区道路。拓宽和延伸了解放街，改造了熟溪北路，建设环城南路、溪南街、城脚路等城区主干道路。回建或新建沿街公共设施和商业网点，如武阳楼、第一百货商场、物资大楼等。第二，调整了城区的工业布局，改善了工业布点分散、零碎、占地过大的状况，工业布点安置于熟溪南侧山坡和城区外围南北两侧。对棉纺织厂等经济效益好的企业实施扩建和技改，提高经济实力；把严重污染环境的工厂（如酒厂等）外迁，改善城区环境。第三，建设了江山新村等新居民点，改善了居民和农民的居住状况。城区人均居住面积从 1982 年的 5.78 平方米/人提高到 1991 年的 11.89 平方米/人。至 20 世纪 90 年代中期，城区面积由 1982 年的 2.07 平方公里，发展到 7.09 平方公里。第四，公共设施、商业网点有了增加和改善。新开辟小商品市场（城东路北口）、农贸市场（振兴路北口）等专业市场，扩建了自来水厂，新建了工人文化宫、医院门诊大楼、中学、小学和幼儿园。第五，新建了汽车站，改善了城区对外交通道路，开设了小型公共交通。第六，重修了熟溪桥、发宝象龙塔和鸣阳楼等文物古迹，完成了北岭公园一期建设。

（2）第二次县城总体规划

1992年5月，杭州大学区域与城市科学系会同武义县规划部门，编制武义县城总体规划。1993年批准实施。规划期限为近期1992—2000年、远期2000—2010年、远景2010—2050年。武义县城定位为全县政治、经济、文化、交通和信息中心，是以萤石和温泉为特色的综合性城镇。县城规划区范围包括武阳镇部分行政范围和邵宅乡的部分地区，面积约34平方公里。近期人口6.5万人，用地规模5.85平方公里，人均90平方米；远期人口10万人，用地规模9.5平方公里，人均95平方米。发展方向以老城区为依托，主要向东规划新建的火车站方向沿江发展，适当扩大发展溪南的居住区和工业区。

从1993年到1998年，在实施第二次发展规划过程中，武义县取得了以下成果。

第一，开发区建设全面实施。城东北新区（商贸住宅区）框架建设基本完成。武阳路、东升路、温泉路及沿街建设完成。第二，县前片、壶山下街拆迁及回建工程完成，旧城东部改造后形成全新商业区。第三，城市基础设施建设加强。1992年8月开始供应液化石油气；由源口水库供水的引供水工程开工建设；城区排水排污全面整治；供电、电信、广播电视设施新建或大幅增量。第四，北岭商住区、东苑新村、康园小区、温泉别墅区等现代化商住区建成，熟溪北路室内菜场、武阳北路商贸中心等现代化商业区建成，提高了城市品位。第五，城区道路桥梁建设扩大规模。新区道路和老城区道路及城区三座桥梁建成后形成了武义城区五横四纵的道路体系。第六，武义火车站及站前广场建成并投入使用，金温铁路全线通车，构成武义对外交通新的体系。第七，白洋渡等工业园区建设，聚集社会资金，发展工业企业，增强了武义城区的经济实力。

（3）第三次县城总体规划

1998年由浙江省城乡规划设计研究院会同武义县建设与环境保护局修编完成武义县城城市总体规划，2000年6月批准实施。规划期限为近期1998—2005年、中期2006—2010年、远期2011—2020年。武义城市性质是以温泉、生态旅游为特色的浙中重要城市。城市人口与用地规模为近期6.8万人，城建用地6.53平方公里，人均96.3平方米；中期8.3万人，城建用地8.14平方公里，人均98.07平方米；远期12万人，城建用地11.98平方公里，人均99.83平方米。城市用地发展方向近期主要向城市东部

（武义江以西）和西南部发展，中、远期逐步向东北部、东南部和北部方向拓展。

从 1999 年到 2005 年，在实施第二次发展规划过程中，武义县取得了以下成果。

第一，温泉南路拓宽改造、双路亭入城口建设以及温泉北路（北岭新区）建设工程，南门街拆迁改造，城西入城口建设等，形成武义县城新的更完善的道路框架。第二，解放街第二次拆建，俞源街沿线地块旧城改造，紫金五圣、宏马时代广场、五金一条街、锦绣华都等一大批商业中心的崛起，方便了市民休闲、娱乐和出行购物。象龙小区、塔山小区、南湖花苑、栖霞花苑等居民区建成，进一步提高县城居民的居住质量。第三，滨江广场、梅郎山公园、湖畔公园、壶山公园相继建成投入使用，为城区市民提供了一个休闲、游憩的空间。第四，熟溪桥至白洋渡沿岸的堤防工程建设，提高了县城抗洪防洪能力。第五，污水处理工程（一期）、壶山自来水厂工程的建设为居民生活条件的改善及生态县建设打下坚实的基础。第六，温泉山庄、清水湾温泉度假村等建成投产，为武义游旅开发奠定基础，打响温泉旅游品牌。第七，百花山工业园区、文教旅游工业功能区、东南工业园区建设进一步发展，激活了武义的经济活力。第八，县城周边出境公路的扩建改造，使县城的对外交通进一步畅通。第九，北岭新区开发，使武义城市发展有了新的空间，目前框架道路和给排水工程已经基本建成，新区城市设施建设已经起步。

2. 武义镇村规划

随着武义县城区建设的开启，武义的镇村规划也在全县铺开并得以实施，一波由县城——乡镇——村庄的农村城市化热潮掀开了武义城乡统筹，共同发展的历史新篇章。

1984 年，全县 34 个乡镇、827 个村编制了村庄建设规划。1987 年新编柳城、桃溪、王宅、桐琴 4 个建制镇的总体规划。1990 年 4 月 1 日起，对村镇建设实行建设许可证制度即实行"一书两证"（规划选址意见书、建设用地规划许可证、建设工程规划许可证），把各建制镇的建设纳入依法规划、依法管理的轨道。1991 年 6 月建立武义县乡镇建设基层管理服务站，进行县域范围内、县城规划区外的村镇规划建设管理工作，逐步开展建制镇和集镇、村庄各类建设项目的"一书两证"和集镇、村庄的"一书一证"（选址意见书、建设许可证）审批、发放工作。1994 年 4 月 19 日

《浙江省村庄和集镇规划建设管理实施办法》出台，1997 年 11 月 18 日《浙江省村镇规划建设管理条例》出台，村镇规划进一步规范。1992 年至 2002 年的 10 年间，由于乡镇行政区划的两次较大规模的调整，村镇规划也相应进行调整和修改。至 1998 年，完成全县 7 镇 16 乡总体规划的编制工作；至 1999 年，完成全县 237 个村庄、集镇的规划编制工作。其中因实施县委、县政府"下山脱贫"工作，全面完成泉溪镇麻田村、俞源乡石菇塘、履坦镇金桥村等 6 个下山脱贫新村的建设规划工作。2000 年，《武义县城镇体系规划》编制完成，这是武义县第一个结构完整、内容具体丰富的城镇体系规划。同年，累计完成全县 364 个村庄的建设规划和 10 个乡村集镇的建设规划。2002 年，乡镇行政区划调整后，对新设的新宅、菱道两个建制镇的总体规划进行了修编和论证。至此，全县 8 个建制镇的 20 年总体规划完成了最新一轮编制。村镇规划管理工作为新农村建设、各工业功能区建设提供了规范化、法制化的操作平台，为确保村镇建设的有序进行、可持续性发展起到了积极的引导和促进作用。

武义镇村规划和建设为合理有序地推进城乡一体化进程、促进县域经济、社会、环境的协调发展打下了基础，使城镇乡村面貌得到了很大的改观，提高了农村居民的物质生活水平，缩小了城乡差距，促进了农村的现代化建设。

（1）全国千强镇：桐琴镇规划个案

桐琴镇位于武义县东部武永边界，与永康市接壤。金温铁路、金丽温高速公路穿境而过。1992 年编制《桐琴镇总体规划》。2004 年年末，全镇面积 46.9 平方公里，辖 44 个行政村、1 个居民委员会；总人口 3.86 万人，其中外来人口 1.7 万人；镇区建成面积 3.8 平方公里。2004 年，被国家统计局列入全国千强镇。

1998 年武义工业园区开发建设一起步，桐琴镇抓住机遇，发挥贴近永康"现代科技五金城"和交通便捷的优势，在全县率先创办了"凤凰山工业园区"，首期规划面积 24.47 万平方米。2001 年，接着创办五金机械工业园区，2004 年被确定为浙江省重点建设项目和省级特色工业园区。2000—2004 年，投资 3400 余万元，新建、拓宽道路 30000 米、面积 45 万平方米；新建公园 1 个、广场 2 个、停车场 2 个、总面积 4.65 万平方米；新建扩建市场 3 个，占地面积 7.5 万平方米，其中废旧金属市场 4 万平方米；实施旧镇改造拆迁 500 余户，面积 10 万平方米；新建住宅小区 5 个，其中拆迁安置区 2 个，占地面积 14.3 万平方米，下山脱贫安置区 2 个，占地 7 万平方米，旧村改造安置区（别墅区）1 个，占地 2.5 万平方米；铺设自来水管道 2.6 万米，供水区域 6.9 平方公里，受益人口 2.3 万人，水源取自县供水管网。埋设排污管道 24.43 公里。镇域内有法庭、派出所、工商所、土管所、林业站、信用社、中小学校、医院等。

2002 年桐琴镇编制了新一轮总体规划，规划期限为 2001—2020 年，镇区规划范围为 22 个行政村，规划用地范围为 11 个行政村约 8.6 平方公里；建设用地面积控制在 12 平方公里，力争在 20 年内建成一个有 8 万城区人口的现代化工贸型园林"小城市"。

（2）省级中心镇：柳城畲族镇规划个案

柳城畲族镇位于武义县南部，距县城 46 公里，至 2005 年，全镇总面积 171.6 平方公里，镇区面积 3.06 平方公里，辖 53 个行政村，1 个居委会，总人口 31872 人，畲族人口占总人口的 14%，为浙江省畲族主要聚居地区之一。2000 年 8 月，被确定为省级中心镇。

1985 年 11 月，柳城镇复建。至 1986 年，全镇总面积 41.97 平方公里，镇区面积 0.46 平方公里，辖行政村 19 个，居委会 1 个，辖区人口 11959 人。与之相邻的大源畲族乡总面积 17.99 平方公里，辖行政村 10 个，辖区人口 4099 人。1992 年 5 月，撤区扩镇并乡，大源畲族乡并入柳城镇，经省政府同意，建民族镇——柳城畲族镇。2001 年 9 月，行政区划调整，并小镇为大镇，撤销新塘、竹客、云华乡建制后并入柳城畲族镇。

1995 年 12 月，柳城镇政府编制了《城镇总体规划》。2000 年，对原规划进行了修编。2003 年 5 月完成了《2000—2020 年柳城城市总体规划》，性质定为武义县南部商贸服务中心，体现民族特色的山水型生态旅游城市。1993—2004 年先后建成后龙山、塔山、北门 3 个公园，合计占地面积 0.37 平方公里；广场 2 个，占地面积 3.51 万平方米；艺术馆 1 个（潘洁兹纪念馆）；学校 3 所，占地面积 9.75 万平方米，建筑面积 4.17 万平方米，其中 1998 年建成全省最大的扶贫建校项目——武义金穗民族中学；医院、诊所各 1 所，合计占地面积 1.09 万平方米，建筑面积 1.01 万平方米；建成停车场 1 个，占地面积 800 平方米。

1985—2004 年建成镇区道路 9 条，总长 6.84 公里，总面积 5.48 万平方米，形成了"五横二纵一环"的城区道路框架；建成桥梁 5 座：四方桥长 45 米、宽 9 米，东升桥长 56.4 米、宽 12 米，东溪桥长 54 米、宽 6 米，车门桥长 55 米、宽 5 米，通济桥长 60 米、宽 6 米；建成自来水厂 1 座，占地面积 2260 平方米，建筑面积 1400 平方米，供水管道长 1.1 万米，设计日供水 3600 吨，供水区域 5 平方公里，实际日供水 1200 吨，受益人口 1.5 万人；投资 650 万元，按"50 年一遇"的要求，筑起了 1243 米长的防洪堤。建有拆迁安置区和生态住宅区 3 个，建筑面积 21.74 万平方米；私人建房 354 户，建筑面积 3.68 万平方米。人均住房面积 60.5 平方米。环境卫生、绿化植被都有新的建树，被省建设厅授予全省"绿色小城镇"称号。

3. 乡村庄建设规划

武义县根据 1985 年、1999 年、2002 年 3 次村庄建设规划的要求，农村建设逐步实施。农村的道路、公共建筑、市场商店、文化体育场所、医疗卫生站、学校、自来水、闭路电视和住宅的建设分期分批建成，旧村改造和示范村建设也逐步展开。至 2004 年，武义乡村有道路 810 条，总长 1469 公里；办公楼 335 个，大会堂 92 个，建筑面积 59.8 万平方米；市场 25 个，商店 3966 个，建筑面积 41.2 万平方米；文化体育场室 116 个，建筑面积 14.1 万平方米；医疗卫生站（室）183 个，医护人员 204 人；农村小学 33 所；农村自来水 5 个；闭路电视开通 5.1 万户；住宅建筑面积 826.8 万平方米，人均居住面积 37.5 平方米。

2004 年，为加快武义城乡一体化建设，武义县委托浙江工业大学完成了《武义县城乡一体化规划》和《武义县县域村庄布局规划》的编制。

2005 年，县里从村庄整治专项经费中划出巨资，在编制完成县域城乡一体化规划和村庄布局规划的基础上，强化村庄规划编制工作，已完成了 31 个重点整治村的村庄建设规划，完成了农村污水处理规划的编制，对 19 个村进行了农村生活污水处理设施的规划设计。

自 2003 年开始实施的"十村示范、百村整治"工作，至 2005 年年底累计有 124 个村开展了村庄整治，其中重点整治的有 71 个村，一般整治的有 53 个村。有 76 个村通过了县级村庄整治合格村考核验收，其中杨岸、桐一、界首 3 个村被命名为省级"全面小康建设示范村"，杨岸还被评为金华市首批十大"魅力村庄"之一，官田等 12 个村被命名为市级"全面小康建设示范村"。武义在村庄整治中注意与生态村建设有机结合。在整治建设中贯穿生态理念，两项工程同步规划、同步实施、统一验收，加强统筹协调。至 2005 年，武义县已有 58 个村开展了生态村建设，建设了一批生活污水人工湿地处理池、排污管道和生态公厕，村庄生态环境进一步改善。在武义城乡一体化规划中，杨岸村就是村庄治理的一个典型个案，据县志办同志介绍：

图 32　西门头脚民居前的老人（徐杰舜摄）

杨岸村，属于履坦镇。地处县城北部白塔山脚，距武义县城 8 千米，是新安江水库的移民村。全村总面积 1.1 万平方公里，现有总户数 59 户，总人口 420 人（含外来人口）。1986 年起，杨岸村按照"村美、户富、班子强"的基本要求，走"以工强村、兴工富民"的路子，办起了武义制笔厂、拉管厂等企业，制笔厂由村集体所有，村委会管理，全村农户只要愿意，都可在厂里做工。2005 年，该村工农业总产值达到 600 万元，村民人均收入达到 4500 元。自 1996 年起，村民满 60 周岁（农业户口），每月发退休金 50 元，老年节、春节等节日老人每人发礼金 40 元，全体村民每年每人可享受村集体分红 200 元以上。

2000 年起进行旧村改造。累计拆除旧房面积 1200 平方米，新建别墅式新居60幢，建筑面积2.4万平方米，人均住房面积达到140平方米。新建道路4000米，护砌水池堤坎2000米。投资150万元建造自来水设施，日供水50吨，向全村村民免费供水。村内建有幼儿园、医务室、老年活动室，园林绿化、环境卫生、保洁净化设施齐全，广场、公园、篮球场等休闲活动场所齐备。全体村民都已办理了社会养老保险。杨岸村的建设体现了"以工促农、生态和谐"的特色。2004年，杨岸村被命名为武义县首个"省级全面小康建设示范村"。2005年，又获市级"绿化示范村"称号。

三　变迁：新武义图像扫描

变迁是历史的必然。在改革开放中，武义紧紧牵住了城市化这个统筹城乡发展的牛鼻子，推动了县域社会经济的迅猛发展。这场城市化变迁给武义带来的影响是全面而深刻的。

1. 从"水从城脚过"到"水在城中流"

武义城市化变迁的历程开始于旧城区的改造。武义旧城区地小路狭，面积大约只有2.07平方公里①，局处于熟溪北岸。历史上的武义城墙沿溪而建，有南门、小南门和永丰门从城里的朱何巷、横街和永平巷通到溪边，勾画出来的是一幅"水从城脚过"的风景画。

1980年，武义开始了旧城改造的第一次战役。在这个战役中，由于解放桥和劳动桥的兴建，以及解放路的打通带动了整个溪南的巨大变迁，当时建成的武义电影院成了溪南的地标，紧接着开发了江山新村，东苑新村，沿溪一线许多新建筑物拔地而起，1986年武义城区面积发展为8.66平方公里，使熟溪南岸旧貌变新颜，并从根本上改变了武义城区的格局，"水从城脚过"变成了"水从城中流"，使约800年前建成的熟溪桥横跨市区中间，显得分外妖娆。

2. 从"水在城中流"到"三山立城中"

"水在城中流"极大地改善了武义城区人民的生存环境，也激发了武义人进一步改造旧城的热情。1992年开始，武义县开始了旧城改造的第二

---

① 《新武义五十年》编委会：《新武义五十年》，1999年，第19页。

图 33　新街景（武义县外宣科提供）

次战役。

这次战役的重点，一是向北开发县后畈，兴建了武阳路、东升路；二是改造了壶山下街和解放南路；三是改造了下王宅，兴建了温泉路。使武义城区向北扩大与壶山、北岭相连，向东与火车站相连，向南开发了双路亭，城区面积扩大为 10.84 平方公里。

与此同时，溪南一带继续向南扩大，于是地处溪南边上的梅郎山逐渐被新城区包围而被纳入城中，兴建成了梅郎公园，成了溪南一带居民休闲锻炼的场所。而熟溪湖畔公园，以及壶山公园的建成，更是使武义城得山水之灵气。

更有气魄的是从 2000 年开始旧城改造的第三次战役，打通了北岭隧道，把北缸窑一带作为武义县城的新城区，于是以金湖、银湖为中心"塔山片"的开发，使本来立在城北外的壶山、北岭和塔山立于城中。武义县城在"水在城中流"之后，又发展成"三山立城中"，构成了新武义的大格局。按规划，这一次旧城改造完成后，城区面积将发展到 35 平方公里。

改革开放 20 多年，武义县城的旧城改造彻底改变了城区的格局，从"水从城脚过"到"水在城中流"，再到"三山立城中"，武义县城从小变大，从丑变美，初步建成为一个秀美可人的山水城。

图 34　水在城中流（徐杰舜摄）

四　城市化：武义城乡统筹发展的主线

1. 统筹城乡发展，建设社会主义新农村

党的十六届三中全会明确提出，在全面建设小康社会的进程中，为了完善社会主义市场经济体制，更大程度地发挥市场在资源配置中的基础性作用，要贯彻"五个统筹"："统筹城乡发展、统筹区域发展、统筹经济社会发展、统筹人与自然和谐发展、统筹国内发展和对外开放"，"五个统筹"的提出，体现了一种以人为本的，全面、协调、可持续的科学发展观，为我国在新世纪新阶段深化改革、完善社会主义市场经济体制提供了重要依据，也为社会主义新农村建设指明了方向。

在党中央提出的这"五个统筹"中，"统筹城乡发展"被排在首要的位置，既说明了农村问题的极端重要性，也反映出当前城乡发展还存在着许多矛盾和问题。由于传统体制的障碍，中国社会城乡二元对立的矛盾比较突出。因此，要建设社会主义新农村，必须大力推进城市化进程，减少城乡矛盾，促进城乡优势互补统筹发展，把城市化作为统筹城乡经济社会协调发展的根本途径。在新农村建设中统筹城乡发展，是相对于城乡分割的"二元经济社会结构"而言的，它要求把农村经济社会发展纳入整个国民经济与社会发展全局进行通盘筹划，综合考虑，以城市化为主要手段，统筹城乡物质文明、政治文明、精神文明和生态环境建设，统筹解决城市和农村经济社会发展中出现的各种问题，打破城乡界限，优化资源配置，实现共同繁荣。在现阶段社会主义新农村建设中，统筹城乡发展主要体现在五个方面：一是统筹城乡发展规划；二是统筹城乡资源配置；三是统筹城乡产业发展；四是统筹城乡基础设施；五是统筹城乡社会事业。

2. 城市化：城乡统筹发展的主要手段

城市化是一个国家或地区社会经济发展水平和文明程度的重要标志，是随着工业化而发生的经济和人口分布重心向城市的转移，城市数量和人口迅速增加，城市在国家经济生活和社会生活中的作用逐渐加强的历史过程。[①]

城市化是城乡统筹发展的主要手段，城市化以城乡协调发展为目标，以体制和政策的城乡统筹为基础，把新农村建设与农村城市化结合起来，充分发挥城市对农村的带动作用和农村对城市的促进作用，推动城乡互动、城乡交融、城乡一体的城市化道路。城乡统筹的城市化重在创造平等统一的新型城乡关系，营造城乡经济社会协调发展的环境，其主要目的是要在推进城市化过程中，使农村、农民分享城市化利益和经济发展的成果。统筹城乡经济社会发展是推进城乡统筹的城市化的基本原则，消除城乡分割的二元体制是推进城乡统筹的城市化的基本前提。城乡统筹发展要求建立一个高度融合的城乡空间布局，形成一个连续统一、网络状、多结点的区域综合体，功能互补，协调发展，以城带乡，以乡促城，资源共享，统筹安排，协调供电、供水、交通、通信、排污、垃圾清运等重要基础设施的区域关系。

3. 武义县城市化发展的背景和目标

2001年，武义县对乡镇行政区划进行了较大规模的调整，大大拓展了城镇发展的空间，有利于资源、产业的集聚和重组。在武义县城市化建设过程中，武义县域经济划为4个经济区：以城区为中心的东北部经济区（含桐琴、泉溪、茭道、履坦4个建制镇），以柳城为中心的西南部经济区（含桃溪镇及西南各乡），以王宅为中心的中部经济区（含俞源、白姆等乡），以新宅为中心的南部经济区，并形成"一中心两翼"的城镇体系结构模式。"一中心两翼"区域已建有县经济开发区、文教旅游用品工业功

---

① 邹小蓉、蓝光喜：《城市化：统筹城乡经济协调发展的根本出路》，载《江西行政学院学报》，2005年第3期。

能区、五金机械工业功能区等乡镇特色工业功能区，已形成开发面积 15.7 平方公里。在农业产业方面已形成了名茶、果品、笋竹两用林、高山蔬菜、蚕桑、苗木花卉、食用菌等 12 条特色农业产业带，涌现了 30 多家有一定规模的农业企业。随着农业产业结构的调整和农业产业化的推进，农村人口非农化步伐明显加快，2003 年全县从事二、三产业的农村劳动力达 10 万人。到 2005 年年底，全县已有 334 个自然村、13887 户、4.125 万人口实现了下山脱贫，下山搬迁人口占全县总人口的八分之一。其中大部分搬迁到县城与建制镇附近，使资金、人口等生产要素迅速向城镇集聚，促进了城镇的发展。1998 年以来旅游业逐渐开发，已相继建成了清水湾温泉度假村、俞源太极星象村、郭洞古生态村等旅游景点，直接拉动了餐饮、住宿、商贸等第三产业的发展，促进了人口就业和各类要素的空间集聚。乡村道路拓宽改造、硬化和各项基础设施的建设，促进了农村建设，优化了城镇的发展环境和集聚功能。

武义城市化的发展方向是因势利导，积极纳入长三角经济圈、实现城市接轨金华、市场接轨义乌、产业接轨永康，武义实施工业强县、开放兴县、生态立县三大战略，打造梯度转移的制造业基地、绿色农副产品生产加工基地、生态旅游会务度假基地、劳务培训基地四大基础，围绕工业规模化、农业产业化、农民非农化、农村城镇化四个目标，重点推进东北部区域，积极发展上松线，合理发展西南乡村。

城市化发展的目标：到 2010 年，武义县常住人口达到 40 万人（含外来人口，下同），城镇建成区人口达到 20 万人，城市化水平达到 50%；到 2020 年常住人口达到 45 万人，城镇建成区人口达到 30 万人，城市化水平达到 66%；通过产业、人居、旅游等功能区有序空间分布，以区域间快速交通网络为支撑，实现现代化气息的县城与城镇、乡村融合共生，推进城乡一体化进程。

4. 武义城市化发展的特点

走城市化道路是统筹城乡发展的科学选择。武义城市化发展的特点主要是进一步优化城乡区域空间布局，推进城乡基础设施建设，强化基础设施对经济社会发展的支撑作用。

一是优化区域布局，着力构建"两区一群一带"的空间形态。"两区"即以中心城区为核心的东北工业经济区和以柳城、桃溪、新宅为重点的中南旅游农业经济区；"一群"即东北部城镇群；"一带"即沿 44 省道发展的城镇带。

二是完善城市功能，提升集聚辐射能力。按照打造"浙中最佳人居环境"的目标和"三山立城中，江水穿城过"的城市空间理念，加快县城建设，拓宽和完善城市发展框架，城市中心城区逐步向北岭新区拓展，积极稳妥地对旧城区进行适度改造。加大城市道路、污水处理、文体休闲设施和城市景观等建设力度，完善城市功能，提高城市品位。

三是完善基础设施体系，提高资源要素保障能力。围绕以县城为中心，形成"东北部地区15分钟交通圈，全县1小时交通圈"的时空新格局。县域引供水工程已延伸至桐琴、泉溪等乡镇，把乡镇和村庄已纳入城市供水的网络。今后五年，重点抓好"六线一网三站"工程建设，新建、改建县乡公路100公里以上，规划武义至义乌、履坦镇至金华江东镇的快速通道，构筑好县内、县外交通新网络。加快电力网建设，重点抓好"六大"电网建设改造工程，形成适应城乡生产、生活用电需要的高低压新电网。完成政府"三网一库"信息化工程，在县乡两级及县机关各部门全面推行智能化办公，为构筑"数字武义"打好基础。

四是推进农村综合配套改革，加快新农村建设。加大对"三农"的投入力度，扩大公共财政覆盖农村的范围。以"十百工程"为抓手，分批开展村庄整治，改善农民生产生活环境。积极推进农村教育、医疗、商业等配套公共设施建设，加强农村成人教育和农民职业技术培训，全面提升农民素质，加快农村劳动力转移。探索农民增收新渠道，千方百计增加农民收入。

五是加快体制创新，实现人口快速集聚的新突破。要以体制创新为突破口，加强政策的导向作用，推进农村人口非农化、外来人口本地化，实现人口向城镇快速集聚。加快户籍制度改革，降低人口向城镇集聚的门槛。全面实施按居住地登记户口的管理制度。

六是加强生态环境建设，营造山川秀美、文明有序的新武义。强化生态体系建设，重点抓好生态公益林建设和牛头山自然保护区申报建设工作，积极创建省级生态示范县，力争成为国家级生态示范县。

近年来，武义县在实施城市化战略中，根据县情因地制宜地进行了大胆的尝试，找到了三个重要的支点。支点一：积极实施下山搬迁。随着土地资源的日益减少，近年来下山搬迁的成本有所提高。对此，武义县将积极采取应对措施，通过完善下山搬迁政策，以零星搬迁下山为主，引导山区农民向中心镇村集聚，2006 年力争实现下山搬迁 2250 人以上。支点二：鼓励农民进城就业。一是带着技术进城；二是带着资金进城；三是带着劳力进城。支点三：大力实施中心镇村建设，一是要强化小城镇的产业支撑，二是要打破行政区域的限制，三是要善于整合资源。整合资源的目的是通过集聚效应实现资源共享，降低城乡一体化的成本。武义在村庄布局规划中，有 4 类村，即重点发展型、促进发展型、萎缩管理型和下山搬迁型。针对当前下山脱贫和村镇建设中存在重复建设和资源闲置浪费的问题，武义县已在城乡一体化规划的大框架下，根据"撤并小型村、撤除空心村、缩减自然村、建设中心村"的基本要求，着手编制和实施全县村庄布局规划，力求将有限的资源用在"十村示范、百村整治"等重点工程上。此外，还将通过布局调整和资源配置，使教育、卫生和其他社会保障体系更趋合理，发挥更大的效益。

因此，在人与自然协调建设中，武义正借助城市化这一主要手段，逐步实现城乡统筹发展、共同进步，在建设社会主义新农村的康庄大道上迈步前进。可以预计，在不远的将来，武义将把县城周边的桐琴、泉溪、履坦、茭道、大田和三个街道办事处的外沿地区都纳入县城范围，形成以目前城区为核心，系列特色城镇群组合而成的"山水在城中，城依山水建"的大县城格局，一个实现了城乡统筹发展的现代化的大武义将以崭新的面貌傲然屹立于浙中城市群之中。

第四篇　沟通：人与人和谐的武义

人类社会的发展，从另一种意义上来说又是人与人的关系史，而人与人的关系史从一定的层面去解读就是人与人沟通的历史。由此，千百年来，人类社会演出了无数威武雄壮、气吞山河的历史大剧。但是无论是悲剧，还是喜剧，或是悲喜剧，本质上都是人与人的沟通在起作用，沟通得好，就可能是喜剧；沟通得不好，就可能是悲剧；沟通得时好时不好，就可能是悲喜交加。简言之，人与人的沟通往往决定了是和平还是战争。

人是热爱和平的，尤其是人类社会发展到物质文化高度发达的今天，人类更是向往和平，追求和谐。而新农村建设，也正是改革开放取得伟大成就之后，中国农民追求和谐生活的另一种文化表达。因此，从本质来说，新农村建设要实现人与人的和谐发展就必须沟通交流。

那么，人与人的关系如何才能得到沟通和谐发展，武义新农村建设从政府服务、教育优先、下山脱贫、村务监督和文化活力五个方面为人们提供了经验，构成了武义模式人与人沟通和谐发展的基本元素。

第十章 政府服务：武义模式
元素之六

在人与人之间的沟通与交流中，如何协调人际关系、构建和谐社会，政府的角色和作用至关重要。武义县委、县政府近年来解放思想，转变政府职能，强化服务意识，积极营造创新、高效、开放的服务环境，以服务群众、服务经济发展为己任，为武义经济和社会的全面发展创造了一个良好的空间，实现了武义社会经济的跨越式发展。这使得武义县委、县政府在广大群众和企业家中拥有良好的口碑，政府服务也成为新农村建设武义模式的一个重要元素。

一 转变职能：从管理走向服务

武义作为欠发达地区，要想在激烈的市场竞争中缩小与发达地区的差距，甚至赶超发达地区，必须要在改善和提升政府服务水平上下功夫，解放思想，转变观念，切实转变政府职能，提高办事效率，以创新、高效、开放的服务来发展生产、提高人民生活水平，进一步推进新农村建设。

1. 观念转变是前提

要转变政府职能，强化服务意识，首先要转变的是思想观念。武义是个传统的农业县，重农轻商的意识比较浓厚，思想观念的滞后是制约武义经济社会发展的最大主观因素。武义人大多安于农耕，缺乏经商和外出谋生的传统。古县志中也称武义人是"不为商贾、技艺，轻去其乡"。因此，武义在发展意识上与周边的义乌、永康等县市存在着明显的差距。在改革开放后很长一段时间内，武义机关一部分干部中还存在着一提发展就谈困难，一干工作就找框框，一拿措施就照抄照搬，一讲改革就等待观望，不论大事急事，总是慢慢腾腾，四平八稳，不讲效率等现象。要实现政府职能的有效转变，观念转变是前提。武义县委、县政府逐步认识到，如果不从根本上破除传统上自我封闭的小农思想的制约，形成与市场经济相适应的新思想、新观念，武义就不可能在市场经济的大潮中搏击前进。1995年以来，武义先后组织干部群众开展了"解放思想树雄心、振兴武义创大业"大讨论、"实现跨越式发展"大家谈、培育"武义新精神"大讨论等一系列思想解放活动，在讨论中解放思想、转变观念，强化发展意识、机遇意识、创新意识、开放意识这四大意识，为县域经济社会发展提供精神动力和智力支持。经过这一系列思想解放活动，武义县干部群众逐步形成了与市场经济和时代发展相适应的"开放、创新、实干、自强"的武义新精神，从而为转变政府职能，营造"人人思发展"的舆论氛围创造了有利条件。

2. 从管理走向服务

为转变政府职能，从"管理型政府"走向"服务型政府"，近年，武义县大力塑造以服务为品牌的政府形象，把提升政府服务作为党政"一把手"工程来抓。

武义县提出政府主要做好三件事：第一件是修"高速公路"，就是要创造有利于经济社会快速发展的环境；第二件是当"交通警察"，就是维护市场竞争的公平秩序；第三件是建"加油站"和"修理站"，及时解决和排除发展过程出现的各种困难和问题。这三件事的核心就是"服务"，为基层、为企业、为群众排忧解难，竭诚服务。作为地方政府，政府的主要职责不在于控制和管制，而在于掌舵和服务。服务树形象，服务出效益，服务既是投资软环境的重要组成部分，又是一种竞争力很强的无形资本。

武义县政府服务的内容十分丰富，除了制定公共政策，进行有效管理，保证社会和经济的健康发展之外，主要是为经济发展提供良好的软环境，包括为企业做好既符合本地实际又体现上级精神的政策服务，做好城市规划和基础设施建设服务，做好信息咨询、产业引导、人才培育等各方面的服务。经过几年的努力，武义社会经济的各项事业实现了跨越式发展，政府服务在其中的作用功不可没，表现出创新服务、高效服务、开放服务和重点服务这四大特点。

二　创新服务：下山脱贫大跨越

时任中共中央政治局委员、广东省委书记、原浙江省委书记张德江在考察了武义下山脱贫情况后说："武义县委、县政府在工作实践中，坚持全心全意为人民服务的宗旨，从本地实际出发，创造了下山异地脱贫这条经验，实践证明效果非常好，怎么评价都不过分。凡是生产、生活条件比较恶劣的地方，都应该积极创造条件，积极引导农民群众下山异地脱贫，这项工作是一项德政工程，任重道远。"

1. 下山脱贫的引路人

在武义，县扶贫办原主任董春法的名字在当地广为流传，作为武义政府服务的"形象代言人"，10 多年来，董春法走村访户，跑遍了全县 400 多个移民下山村。只要群众一有下山意向，不管山有多高，路有多远，他都要亲自到村，与群众座谈，做群众的思想工作，给他们打气、鼓劲、解决困难。为一个村、几个农户就要跑上几十次的事举不胜举。董春法不计个人得失，为群众办实事、办好事，获得了武义广大群众的衷心爱戴和拥护。在董春法身上，集中体现了武义县政府转变职能，创新服务的特点。

1993 年，董春法调任武义县扶贫办主任。当时，武义县脱贫致富的任务很重，全县 23 个乡镇 33 万人，有 13 个乡镇 11 万人戴着"贫困"的帽子。这其中有 8 万人居住在高山、深山和石山区，8 万人中又有 4 万人的生存条件格外恶劣，发展环境特别困难。

此时，董春法带着办公室借调来的另一位同志小钟，一头扎进武义南部贫困山区访贫问苦搞调研。整整 3 个多月，他们马不停蹄地跑，到过 13 个贫困乡镇、212 个行政村、700 多个自然村的大部分地方，并重点深入 30 多个特困村走访，靠自己的两条腿翻山、越岭、过涧。这些山村都坐落在海拔 500 米以上的高山冷坞中，走的大多是细细的羊肠小道。走访的穷村越多，董春法的眉头蹙得越紧，心情也越沉重。

3 个多月的访贫问苦后，董春法不仅目睹了贫困山区农民的穷困与艰辛，而且倾听到了广大山民要求下山脱贫致富的强烈呼声。董春法用获得的第一手资料，花了几十个日日夜夜，进行数字统计和情况分析，然后伏案疾书，写下一篇洋洋洒洒的调研报告，上交县委、县政府主要领导。在调研报告中，董春法总结出贫困山区农民蜗居高山深山面临行路、上学、就医、婚姻、邮电通信、用水用电和发展经济"七大难";又分析了搬迁下山的种种好处。

武义县委、县政府对此十分重视,马上召集县计委、土管、城建、供电、财税、民政、广电等部门和 13 个贫困乡镇主要领导开会,论证下山脱贫的可行性,商讨下山脱贫的有关政策和措施。1994 年 5 月,武义县人民政府 6 号令——《武义县高山、深山农民居住迁移试行办法》出台。董春法的构想成了县政府的决策。一场轰轰烈烈的扶贫工程开始了。

然而,实施县政府 6 号令,让贫困山区农民搬迁下山,真正拔掉千年穷根,既要山民们能够筹措到建设新居的一大笔钱,心甘情愿地离开世代居住的老村;又要接受移民的平原乡镇干部村民愿意以最优惠的价格,提供口粮田、宅基地、菜地和建公墓的山丘,真是要多难有多难,要多麻烦有多麻烦。但董春法不怕难,不怕烦。他满怀信心,日夜忙碌起来。翻山越岭去宣传、去引导,一个村一个村地跑,一家一户地去做工作……

现在离武义县城不过几公里路的金桥村,原本在 40 多公里外的坦洪乡海拔 800 多米的高山上。那是个光长石头不长树的荒山。年成好时,人均收入 400 元;年成不好,村里的粮食连自给都不够。1996 年,董春法一次次地上山,和村民们商量搬迁的事。1997 年,这个村终于陆续下山来。来到平原,看到这么多粮田,村民们乐得合不拢嘴,拼命地种粮食。对比荒山,他们已经很满足了。可老董并不满意,光种粮食能挣多少钱啊?他又开始琢磨起来。金桥村挨着县城,种大棚蔬菜效益肯定好。年轻的村支书张余胜告诉笔者:他跟我说是不是搞大棚蔬菜,我说这个事情好。收入真的比较高,有一户人家一亩田有一万多元,平均六千多元。也是在那一年,老董还帮助村里 40 多户人家向金华市商业银行贷款 9.4 万元,发展养猪业。现在大家都忙着种菜、养猪、打工、做生意,日子越过越滋润,家家都是三四层的小楼房。老百姓赞扬说:"看到电视,年纪大的都说老董好,没有老董,看不到电视。现在有线电视都有了,手机我们村今年有 50 来部,总共只有 200 多个人口,摩托车也有 30 来辆。村里那条路,我们取名叫金法路,金桥的金,董春法的法,表示感谢,金桥村人感谢董春法,叫金法路。"

扶贫攻坚是一项全方位的系统工程。董春法要做的事情太多了:为了下山脱贫奔走联系,为劳务输出长途跋涉,为科技扶贫翻山越岭,为迁移下山的新村取名,为造新房的山民出主意,为种植高山蔬菜选地块、选良种，还请专家进行技术辅导。无论刮风下雨，还是酷暑严寒，他都在忙，只有工作日，没有节假日。他妻子说："我家老董，问他今天是星期几，他肯定答不上来。"忙完了白天忙晚上，戴上老花眼镜，学习药材、高山蔬菜栽培技术；翻开笔记本，整理全县扶贫工作的有关资料达 10 多万字。

创新服务出成果，1996 年，武义县在全省率先摘掉贫困县帽子。

2. 武义县政府创新服务的特色

武义县委、县政府所制定和实施的下山脱贫政策，是中国地方政府制定的第一个下山异地脱贫政策，可以说是一项"前无古人"的伟大创举，充分体现了武义县委、县政府的创新服务的特色。武义县政府一改过去"输血式""救济式"扶贫方法，走出了一条下山脱贫、异地致富的扶贫新路。从 1994 年起，武义县根据中央《国家八七扶贫攻坚计划》的战略目标，创造性地开始摸索"下山脱贫"的崭新道路。相继出台了《武义县高山、深山农民居住迁移试行办法》《武义县高山深山农民下山脱贫办法》《武义县下山脱贫若干问题的处理意见》《补充处理意见》等多项政策文件，并坚持不懈地努力实施。经过 10 多年的不懈努力，4 万多贫困山民摆脱了贫穷，走上了发展致富的新道路。

以下山脱贫为案例，武义政府的创新服务具有以下几个特色。

第一，勇于开拓，制度创新。以董春法为代表的武义政府干部善于针对具体情况，实事求是，开拓思维，不拘泥于旧有的扶贫模式，而是在工作中大胆地动脑筋、想办法，从个别山村群众下山脱贫致富的成功实践中总结、发展出下山异地脱贫的好路子来。武义县政府服务中这种不拘泥于条条框框，大胆改革，进行制度创新，"第一个吃螃蟹"的首创精神使得武义的下山脱贫工作引起了国内外广泛关注，"武义经验"不仅在金华市、浙江省得到大力推广，而且还作为中国政府反贫困的一项典型实例，在联合国反贫困大会上受到与会各国代表的高度重视。肯尼亚政府高级官员还不远万里，专程来到武义取经。

第二，自上而下，政府主导。下山脱贫的成功实践证明，武义创新服务的最大特点是政府主导，自上而下在县域范围内大力推动，政府在其中发挥了决定性的作用。首先，武义县制定了一系列具体政策来帮助山民解决在实际中遇到的诸多问题，依靠政策引导下山。在政府政策的正确引导和支持下，山区农民搬迁所需要的成本被降低到最低限度。其次，在营造全县的下山脱贫动员声势中，政府不断利用广播、电视、报纸等新闻媒体，广泛宣传下山脱贫典型，经常性组织下山脱贫典型户再上山进行"现身说法"，使山区贫困农民自觉下山的愿望不断增强。最后，以董春法为代表的武义干部认真落实扶贫政策，勤勤恳恳，走家访户，引导、鼓励、解答难题。最后，政府不仅多方统筹安排，努力解决下山后农民脱贫致富的问题，还通过社会筹资、部门单位筹资、结对单位援助等方式，获得大量资金，保障了下山脱贫工作的顺利进行。

三　高效服务：便民服务真便民

为规范和完善行政审批制度，提高办事效率，优化投资环境，方便企业和群众办事，中共武义县委、县人民政府于2001年5月建立武义县便民办事中心，2006年8月更名为武义县行政服务中心（以下简称"中心"）。

"中心"是武义县人民政府派出机构，县政府授予"中心"对服务窗口的管理、协调、服务、考核、监督等方面的职能。根据"中心"的职能，"中心"内设两个科，即综合科和督查科，目前"中心"的成员单位由23个部门组成，工作人员65名，集中办理各类审批服务事项100多项，中心实行"窗口受理、抄告相关、同步审批、限时办结"的运行模式，努力实现"进一家门办成、按规定收费、按承诺日办结"。

进"中心"的各类服务项目实行"五公开、五制办理、五件管理"运行机制。"五公开"即服务内容、申报材料、办事程序、承诺时限、收费标准公开；"五制办理"即一般事项的直接办理制、特殊事项的承诺办理制、上报事项的负责办理制、重大事项的并联办理制、控制事项的明确答复制；"五件"管理即按即办件、承诺件、联办件、补办件和退回件五种形式管理。

"中心"宗旨：创良好发展环境，让人民群众满意。"中心"承诺：把方便留给群众，把麻烦留给自己；不断提高服务水平，当好政府"形象大使"。

去年以来，武义县便民服务中心在总结完善文明窗口评选制度的基础上，制定出台《武义县便民服务中心星级服务窗口考评办法》，促进效能建设，提升服务质量，取得了一定成效。星级服务窗口考评以服务对象的评议结果为主要依据，通过对服务窗口的综合服务质量进行考评，确定各窗口星级等次。该办法规定，月办件量在50件以下、51—200件、200件

图 35　行政服务中心办事大厅公安局窗口（海路摄）

以上的，评议表不得少于 50 份评议表回收率必须分别达到 30% 以上、20% 以上。评议满意率为 60%、70%、80%、85%、92% 以上的，分别评为一星、二星、三星、四星、五星。该办法同时规定窗口单位存在违反"四条禁令"，未严格执行"一门受理"、超期限办结、办理事项极少等 12 种情况的，酌情降低星级。评选结果通过新闻媒体进行公布，并与窗口工作人员年终考核挂钩。该项制度的实行，有力推动了各服务窗口服务水平的提高，按时办结率达到99%以上。

近年来，武义县积极推进行政服务体系建设，初步形成了包括县行政服务中心、各部门办事大厅和乡镇（街道）365 便民服务中心在内的行政服务体系框架。特别是自成立行政服务中心以来，在规范行政行为，降低行政成本，提高行政效率方面取得明显成效，方便了群众办事，优化了发展环境。2005 年，中心共办理各类事项 12 万件，占了全县各部门行政服务事项的30%。行政服务中心主任洪成福在与笔者访谈中说：

　　我们服务中心也叫行政审批中心，县里把有行政审批权的部门搬到这里来进行审批。刚开始时只有 4 家单位，15 个工作人员。现在我们已经发展到 18 个行政审批部门，还有几家服务部门，一共有 23 个行政审批和服务的窗口。我们采取"五公开"的服务制度。中心从 2001 年开始组建的时候，当年是办了 1 万多件事项，而去年一年我们总共办了 12 万件审批事项。我们确实在默默无闻地为优化服务环境做了很多事情。我这个主任可以这么说，我们一年办了 12 万件审批事项，我们真正做到了没有吃一餐请，没有收一份礼，从我这个中心主任到下边的办事人员。因为老百姓不需要送啊，这个事情本来就是应该政府办的，你要想推出来他马上就会投诉。如果你说这个事情 3 天能够办好，那我 3 天以后过来拿东西，你一定要给我，不然我就可以投诉你，因为你超出承诺时间了。那么推、拖问题解决了，他还要送什么？没必要送了。所以到这里来以后老百姓就感到心情比较舒畅，因为他觉得有一种被尊重的主人的地位了。本来是人家要来找你办事，现在是我们等着老百姓办事，甚至是上门为老百姓和企业办事。这个情况就大不一样了。这并不是说我们这些人思想境界有多高，说到底还是我们的这个体制好。这个体制使得老百姓不需要跑，也不需要送，就可以把事情办好。事实上有些事情如果你政府部门拖拉推卸的话那肯定是办不好的，所以为了办好事情请客送礼的现象以往就很多。现在建立这样一个机构之后，所有的办事时间大大缩短了，效率也在无形中大大提高了，政府的形象也得以改变。因此纪委监察局也特别重视，经常光顾我们这里，把中心树立为政府廉洁高效的典范单位。

个案 1：工商部门窗口是行政服务中心的文明示范窗口。工作人员在工作中想企业所想，急企业所急。如中外合资浙江周一实业有限公司筹建之初，在筹建过程中因中方投资者投资额度的限制，使报批工作一度陷入困境，企业和乡镇领导也非常着急。工商窗口服务人员主动介入，多次主动与发计、经贸及市局等单位联系，帮企业出谋划策，从联系审计验资、办理中方企业增资变更、陪同到省局批名称、跑相关部门办理立项审批、合同章程审批等各个环节跟踪服务，放弃了很多休息时间，使投资总额 3000 万欧元的企业在最短的时间内办好了登记手续。企业代表非常感激，一再说"武义的投资环境好，武义工商局的办事效率高，服务态度好"。

个案 2：公安办证中心积极为查原始档案的群众提供便利。因为中心受场地的限制，从前常住人口的原始档案都收藏在熟溪派出所。为了确保群众能及时查找档案，中心特将原来承诺 7 天的时限改为确定专人及时地为群众查找。如今年 5 月份一位原籍武义现在龙泉工作的徐荣坤老人，为了工作待遇问题想查找原始档案，那天他来到中心说明来意后，中心民警刘健同志在他提供的资料不是很准确的情况下，迅速给他找到了所需的 1958 年的户籍资料。事后徐荣坤老人特给中心写了感谢信，并送去了锦旗。

经过多年的努力，武义已创造出了一个优良的投资环境，得到了外来企业的好评。他们认为，创建一个优良的投资环境不容易，破坏一个良好环境却只要一二件事就足够了。在武义，县直有关部门，特别是执法部门坚持做到原则性与灵活性相统一，尤其偏重灵活性，尽量把方便让给基层、让给企业。同时，各部门努力提高工作效率，尽量用最少、最合理的时间，为群众提供最好的服务。一是不断深化行政审批制度改革，压缩审批事项和审批时限，特别是压缩那些审批频率高、关系经济和社会发展环境的审批项目。二是大力弘扬"四通"精神，即职责范围内的要速办"快通"，工作运转不畅时要及时"沟通"，基层和企业面临困难和矛盾时要积极"疏通"，对有碍于经济和社会发展的要大胆"变通"。三是积极推进政府行为转变，从以审批为主的工作方式转变为以监督为主的工作方式。四是进一步加强行政服务中心建设。

四　开放服务：武义超市遍苏南

1. 离开"山头"闯"码头"

20 世纪 90 年代后期以来，武义县三港乡、大溪口乡、柳城畲族镇等 6 个南部山区乡镇的农民勇敢地离开"田头""山头"，外出闯"码头"，在苏州、常州、昆山等苏南开办小超市，迅速致富，并且亲带亲、朋带朋，形成了一股到发达地区开办超市的热潮，共开办超市 3000 余家，1 万余人外出经营超市，2004 年纯收入达 2 亿—3 亿元，被称为农民"超市现象"。

武义的农民为什么能够在苏南的发达地区办超市，而且越做越大？这还得从武义的自然经济发展环境说起。武义县南部 6 个山区乡镇均是浙江省欠发达乡镇，长期以来，受自然条件差、资源贫乏、地处交通末梢等因素的影响，经济发展非常滞后，农民一直以传统农业为主要收入来源。最早走出去开超市的是三港乡双村的青年农民张仁平。张仁平所在的双村与丽水交界，几个相邻的丽水村庄都有村民学温州人外出做生意，到苏南等发达地区经商。当时 20 多岁的张仁平有一个丽水的表姐夫在江苏昆山开店。1995 年上半年他狠狠心向家人和朋友借了 2.2 万元来到昆山，在表姐夫帮助下，到当时台商纷纷涌入的昆山经济开发区花几千元租了 20 来平方米的小铺面，跟着表姐夫到批发市场进了一批食品和日杂用品，开起了一家自选小杂货店。由于当时昆山的城市和开发区都在迅速扩张，人口急剧膨胀，类似的小超市又很少，店里生意很好，甚至经常出现排队买东西的现象。2.2 万元的投资几个月就收回了成本，当年就净赚了 7 万多元。一年赚 7 万多元对一个贫困山区的青年农民来说是不可思议的事。第二年，尝到甜头的他还了债之后，立即又投入所有钱，开了一家更大的超市。就这样，滚雪球似的，一年赚 7 万、10 多万、30 多万，生意越做越大，几年下来，就积累了百万资产。张仁平的另三个兄弟看到他赚了钱，到他店里考察之后，也纷纷于 1995 年和 1996 年到昆山开起了小超市，并都非常成功。四兄弟"开超市发财"的佳话在亲戚朋友和邻里中迅速传开，大家纷纷效仿。在四兄弟帮助下，亲朋和同村人一下子又在昆山开出几十个小超市，并都迅速致富。就这样，在相互带动下，四邻八村的农民都想方设法筹钱到苏南开超市。特别是 1998 年以后，从三港乡蔓延到大溪口乡、柳城畲族镇、西联乡、桃溪乡、坦洪乡等武义南部其他 5 个乡镇，许多村庄的大部分年轻人已外出开超市，或在同村、同乡人开的超市里打工。武义超市起源地双村只有 64 户，到目前已开办了近 70 家超市。如今小超市经济正以更为迅猛的速度在发展，当地 70% 以上的武义超市里都住着正在找店铺准备开办超市的武义亲友。当年张仁平兄弟的超市"星星之火"正以燎原之势在蔓延。

目前，武义的超市已遍布昆山、常州、苏州、南京、张家港、江阴、无锡、吴江等地苏南大部分市县，并逐步向长江三角洲其他发达地区以及安徽、山东等省内经济发达的城市发展。据初步统计，目前在昆山市就有 1500 至 2000 多武义人，经营着有一定规模的超市 300 多家，加上一些刚开张的小超市，共有 400 多家。常州有 2000 多人 500 多家超市，其他苏南城市也大都有 50 多家或者 100 多家不等的武义超市，几乎垄断了苏南地区的小型超市市场，苏南所有的日杂用品批发市场上攒动的人头中，密布着进货的武义超市老板。

由于经营有方，武义超市的规模在不断壮大，许多人已从创业开始的几十平方米的"夫妻店"，完成了原始积累，发展到中型甚至连锁的现代化的超市，挂靠上海华联、联华等品牌，或者自己打造品牌，经营店铺面积达 500 平方米以上，甚至 1000 平方米以上，并且从郊区向市中心闹市区发展。许多超市老板一人就开着几家投资 50 万元甚至 100 万元以上的中型超市。有了资金积累之后，许多人转向其他行业发展。三港乡三港村的范忠林 1996 年 18 岁时考上大学未去读，凑了 2.4 万元，到上海浦东新区开小超市，迅速发展壮大，先后开过 36 家大小超市，最多时一人同时开着 7 家中型超市。积累了几百万元资金后，从 1999 年开始，看到批发市场的前景，逐步从超市业退出，在上海成立了一家商贸公司，做起了一级供应批发生意，公司 2003 年的年销售已达 7000 万元。他目前年仅 26 岁，从 2.4 万元起家，短短几年资产已达几千万元，并逐步向酒店、娱乐行业发展。

目前武义县南部 6 个乡镇的人口总数为 67844 人，据初步统计，长期在外打工的有 15500 人左右，从事超市行业的人数有 1 万余人，原本穿着草鞋、解放鞋，在山头田头砍柴、伐木、干农活的山区农民，脱下"草鞋"，直接就成为一个西装革履的"超市老板"。他们已在苏南等地共开办超市 3000 多家，2004 年总计纯收入有 2 亿多元，已超过了武义全县几万农民长期经营的 10 万余亩茶园的茶叶年产值。

图 36　武义农民在昆山开的超市（县外宣办提供）

2. 武义政府开放服务的特色

目前，在武义的对外经济活动（即"外向型经济"）中，出现了三大主力军，被人们形象地称为"北茶南珠中超市"。"南珠"，数千武义人南下到福建、广东等地从事珍珠养殖，养殖水面 3 万余亩，从业人员 5000 多人，产值达 1 亿元以上。"北茶"，主要是把武义的农产品、茶叶推销到北方市场，在北京、天津、河北、山东等地以开茶庄为主。北京的更香茶叶就是其中的佼佼者，在北京、河北、山西有 40 个连锁店，销售员工已有300 余人，2005 年销售收入达 1 亿元以上。"中超市"，即上文提到的武义农民群众万余人在江苏昆山、苏州、上海等地开办超市近 3000 家，全年总计纯收入超过 2 亿元。这一类主要由武义人自发在外地创办的"外向型产业"，就像是嫁出去的"女儿"，作为"娘家"的武义县政府，并没有任其自生自灭、不闻不问，而是抱着开放、包容的态度，多方关心、鼓励，不仅在县域范围内为企业主提供了优惠信贷、咨询培训等相应服务，还积极引导、完善管理，成立相关的合作组织，"把政府服务做到省外"，如协助创办武义珍珠养殖协会，在昆山组织成立第一个异地武义商会和党支部；不断发展和壮大外向产业队伍。武义县委、县政府这种开放、包容的服务态度获得了企业主的一致好评，使他们萌生了"人在外地，心系武义"的情怀，他们中的不少人纷纷回乡投资开店办厂，进行二次创业，为武义经济社会发展添砖加瓦。

武义县开放服务特色主要表现在以下几个方面。

第一，积极引导，营造环境。2002 年，武义县三港乡主要领导赴昆山等地考察了三港人在长三角开超市的情况，考察回来后，该乡领导研究认为三港应当实施走出去创业的战略，把山民们的思路引到乡党委、政府的决策上来。为此，乡党委、政府因势利导，组织解放思想大讨论，要求全乡干部群众树立开放意识，放远眼光，敢于走出去，主动融入经济发达地区。通过讨论，在全乡干部群众中树立了"不求立足当地，只求谋得发展"，"不怕远走他乡，只怕足不出户"的思想观念，确立了"走出山区创新业，离开家乡建家园"的新思想，从而引发了新一轮"走出去创业"的热潮。武义县委、县政府有关部门也及时对"超市现象"进行调研，积极给予正面引导和支持，把它作为山区群众转移劳动力、快速致富的一条捷径来推广，为"超市经济"的发展营造出十分宽松的外部环境。

第二，成立机构，协调关系。2004 年 3 月，在武义县委、县政府的大力协助下，武义超市经营者在昆山市成立了昆山市工商联武义商会和商会党支部，这是武义县首家异地成立商会和商会党组织。武义商会成立后，为当地武义经商人士提供了一个交流与合作的平台，充分发挥了桥梁纽带的作用。它把有关分散的经营者组织联合起来，促进了业内的团结协作，维护了经营者的利益，有助于扩大这一行业的良性竞争和健康发展。同时，武义商会注重加强与当地武义社会各界的沟通，为超市业主和准备外出开超市的农民牵线搭桥，提供信息，组织引导更多的武义农民"走出去"创业。

第三，搭建平台，扩大影响。武义县委、县政府通过职业培训等方式，积极为"超市经济"搭建创业平台，并加强宣传，不断扩大"超市经济"的影响。近年来，昆山武义商会、武义昆山党支部会同武义县有关部门，对超市工作人员进行业务培训，他们与县教育局、县人劳社保局合作，由政府出钱，聘请县职校教师，对超市工作人员就学说普通话、经商中的礼仪、如何解决经商中的矛盾等问题进行培训，并为1000多人颁发了上岗证。武义县委、县政府还加强宣传引导，新闻单位也加大宣传力度，树立典型，积极推广"超市经济"的先进经验，营造良好的发展氛围，创立武义超市品牌，把"超市经济"的影响推广，使之成为武义经济社会发展和农民增收的一大亮点，扩大武义超市在全国的知名度。目前，武义县有关部门正在研究制定扶持超市业发展的政策，并组织农民举办超市业务培训，开展农民"超市经济"宣传，为超市业发展营造良好的氛围。

五　重点服务：扎实推进新农村建设

武义县的政府服务还有一个重要的特点，那就是"重点服务"。重点服务就是为某一个时期的中心工作服务、前述下山脱贫，实际上也可以说是中国20世纪90年代的中心工作。当下，新农村建设成了中心工作。对此，武义县不仅在组织形式上成立了以县委书记为组长的领导小组，更重要的是确定了八大工程，扎实推进新农村建设。

1. 大力实施农业产业优化工程，推进现代农业建设

（1）深化农业结构调整，加快推进高效生态农业产业化。坚持用工业的理念抓农业，扩大特色农产品专业化生产规模，强化绿色品牌经营。加快农业科技进步，促进农业科技体制创新，提高农业科技成果的转化率。加强农业标准化生产，强化农产品质量安全管理。积极发展高产、高效、优质、生态农业，在稳定粮食生产、发展优质米的同时，着力在茶叶、畜牧业、蔬菜、优质干鲜果等产业确立竞争优势，积极培育花木、笋竹两用林、节木型食用菌、宣莲、蚕桑等产业优势，逐步形成农业块状特色经济。不断加强农业功能建设，积极开发和培育农业新领域，强化农业的生

态功能、旅游功能建设。

（2）提高农业物质装备水平，不断增强农业综合生产能力。以提高农业基地技术承载能力、抗灾避灾能力、投入产出能力为目标，通过增加投入，完善设施，改善条件，提高农业综合生产能力。加强农业基础设施建设。继续抓好土地整理和建设用地复垦工作。积极引导有效的土地流转机制，提高农业生产集约化水平。抓好农田水利基本建设，继续做好水库山塘除险加固工程的实施，全面实施源口水库和清溪口水库灌区节水改造工程。大力推进林业生态建设，加快生态景观林和生物防护林建设步伐，加大绿化造林和森林资源保护工作力度。大力推进农业机械化，加强先进适用农机具的示范和推广工作。健全完善动植物疫病防治、防汛和森林防火应急机制建设，进一步提高监测、预警、应急能力。

（3）实施"强龙兴农"工程，着力培育农业产业化经营主体。加大政策扶持力度，着力培育一批竞争力、带动力强的龙头企业和企业示范基地，推广龙头企业、合作组织与农户有机结合的组织形式，让农民从产业化经营中得到更多的实惠。发挥政府组织和政策激励作用，引导农民组建农业专业合作社，精心培育农产品知名品牌，推进农业集群专业化生产。实现品牌共建、技术共享、生产分工、运输销售集约，降低生产成本，提高生产效率，增强武义农产品的市场竞争力。

2. 大力实施农村富民工程，千方百计增加农民收入

（1）发展壮大县域经济。树立"跳出三农抓三农"的理念，坚持增量提质并举，坚定不移走新型工业化道路，加快特色制造业基地建设，努力形成块状经济优势，为推进新农村建设提供强有力的产业支撑。发挥武义中南部劳动力资源优势，大力发展文旅休闲用品和食品加工、服装加工等劳动密集且环保型产业，吸纳农民进厂务工，获取稳定的工资性收入，以减少农民来富裕农民。

（2）拓展农民增收渠道。充分挖掘农业内部增收潜力，按照市场需求积极发展品质优良、特色明显、附加值高的优势农产品，推进"一村一品"，实施"兴林富民"工程，实现增值增效。切实保障务工农民的合法权益。继续鼓励发展"超市经济"。进一步加强引导，建立信息交流平台，为超市业发展营造良好氛围，鼓励更多农民"走出去"。加强外地商会工作网络建设。

（3）培育农产品精深加工体系。制定切实有效激励政策，吸引外资和

社会工商资本进入农产品加工领域，扶持和壮大农产品加工龙头企业，发展"公司＋合作组织＋农户"的农业生产经营模式，加大农产品精深加工产业的培育力度，提高农产品精加工和深度开发能力。完善农产品销售市场网络。继续推进生态农贸市场、集镇市场等各类市场和商业网点的发展，加强与义乌、杭州、温州、上海、北京、广州等城市农贸市场的联系，促进农产品销售和出口。

（4）加快以"农家乐"为重点的农村第三产业发展。充分发挥温泉休闲养生、古建筑、古生态和畲族风情等特色旅游优势，依托"一泉一山一镇两村"的旅游发展格局，通过政府引导和扶持，鼓励村集体和农民个人积极发展以"农家乐"休闲旅游业。鼓励企业和个人开展"农家乐"旅游推介、客源集散、经营指导、技术培训等有偿服务，培育一批"农家乐"龙头企业和经纪人。切实改善"农家乐"旅游点的硬件设施，规范行业行为，提高服务水平，有效增加农民收入。

（5）发展壮大来料加工业。加强经纪人队伍建设，鼓励各类人才积极参与来料加工或创办加工型生产企业。加大经纪人培训力度，强化安全生产和诚信经营意识，不断提高经纪人素质，规范经纪人行为。进一步扶持壮大来料加工龙头企业，促进集约化、规模化加工基地的发展，逐步培育特色产品加工基地。加大政策扶持力度，优化服务环境，对加工企业在供电、用地、运输等方面给予优惠和补助。

（6）加强农村信息化建设。运用现代信息技术成果改造传统农业，提升农业现代化水平。加快农村宽带、电信、电视、广播等信息基础设施建设，落实好"农民信箱工程"。强化面向农村的信息服务，提高信息入户率。用信息化带动农业现代化，推动农业生产、加工、流通和农业管理领域的信息技术应用。

3. 大力实施村庄整治工程和生态县建设，建设农村新社区

以改善农村人居环境为目标，以村庄整治和生态创建工作为龙头，加强公共基础设施建设，努力建设农村新社区。全面加强村庄规划建设工作。着眼于统筹城乡规划和建设及人口布局，突出地方特色，因地制宜完成行政村村庄规划编制工作。进一步提升整治建设水平。坚持村庄整治和农村危房空房整治、生态村建设相结合，推进"改路、改水、改厕、改房"，加快中心村和乡镇所在地村的示范整治建设。推进农村垃圾集中收集运输处理，大力推广应用垃圾无害化处理、生活生产污水净化治理的新

技术和新方法，全面落实环境卫生长效管理机制。加快农村电气化事业发展。以争创全国新农村电气化示范县为目标，"十一五"期间投入1.8亿元，大力实施"新农村、新电力、新服务"农电发展战略，全面提高农村电气化水平。进一步加强乡村康庄工程、农民饮水工程、清水河道工程、绿色生态家园等系列工程建设。

4. 大力实施"农民素质提升"工程，培养造就有文化、懂技术、会经营、高素质的新型农民

要按照促进乡风文明，培育现代农民的目标，针对农村农民的实际，加大培训教育和示范引导力度，着力提高农民的综合素质。要提高农民思想道德素质。高度重视农村思想政治教育阵地建设。广泛开展社会主义荣辱观教育。坚持不懈地开展社会公德、职业道德和家庭美德教育，倡导关心公益、惩恶扬善的社会风尚，营造诚信友爱、谅解宽容的人际关系，建设团结互助、和衷共济的社会氛围。要提高农民科学文化素质。充分利用乡镇、社区等教育网点及现代远程教育网络，积极构建集科普教育、文化娱乐、信息服务于一体的农民学习平台。广泛开展适合农民、寓教于乐的群众文化活动，丰富农民群众精神文化生活，不断提高农民审美情趣和文化素养。要提高农民创业就业素质。加快建立上下联运、条块结合的农民培训体系，采取订单培训、定向培训、委托培训等多种方式，继续抓好农业实用技术培训和被征地农民、下山移民、农村后备劳动力等转移就业技能培训。要提高农民现代文明素质，以创建文明村镇为载体，"百家文明单位结百村活动"为抓手，广泛开展现代文明养成教育，自觉养成现代文明生活习惯。

5. 大力实施农村社会事业发展，提高农村公共事业综合水平

进一步加大农村社会公共事业的投入，建立有利于统筹城乡发展，有利于满足人民群众日益增长的物质文化需求的长效机制，以建设"文化先进县""科技强县""教育强县""卫生强县""体育强县"为重点，大力发展农村社会事业。加强农村文化建设。推进"东海明珠"工程和农村宣传文化阵地"四个一"工程建设，加快构建县、乡、村三级公共文化服务体系。广泛开展全民健身运动和群众性文艺活动。全面提高农村义务教育水平。巩固教育强县创建成果，加大农村教育投入，进一步改善农村办学条件，促进教育均衡、协调、优质发展。深入实施农村义务教育"四项工程"。建立有效的教育资助体系，加大城镇教师支援农村教育的力度。认

真落实义务教育阶段全部免除学杂费的政策。积极发展农村卫生事业。健全农村公共卫生三级服务网络。全面实施"农民健康工程"，完善合作医疗卫生保障制度，稳步实施门诊医疗费报销制度，推进农民健康体检。加强农村消费安全建设。积极实施"千镇连锁超市"工程、"万村放心店"工程。以消费者普遍关注的食品安全为重点，健全农村商品流通体系，加快推进农村流通领域商品准入制建设，进一步健全农村消费维权监督网络，切实维护农村消费者的安全。

6. 大力实施农村社会保障工程，做到弱有所助、贫有所济

以推进"新五保"工程为重点，进一步提高农村社会保障水平。探索建立新型农村社会养老保险制度，逐步完善被征地农民基本生活保障制度和以大病统筹为主的农村新型合作医疗制度。加强农村困难群众的医疗救助，继续实施农村"五保"对象集中供养，积极发展慈善事业和社会福利事业。进一步完善城乡最低生活保障制度，建立最低生活保障标准自然增长的体制，扩大县域社会保障的覆盖面，做到应保尽保。建立健全教育救助制度，切实保障农村贫困家庭子女入学。实施农村部分计划生育家庭奖励扶助制度。建立健全农村法律援助工作体系，做到应援尽援。

7. 大力实施欠发达乡镇奔小康工程，加快南部地区发展步伐

以欠发达乡镇奔小康工程和结对帮扶工程为载体，开展发达乡镇（街道）与欠发达乡镇结对帮扶，使发达乡镇的工业发展优势、劳动力优势紧密结合，把南部地区建设成绿色农产品生产基地、来料加工基地、农村劳动力输出基地、旅游观光胜地和绿色生态屏障。充分发挥南部山区的生态资源优势，做大有机茶、宣莲、高山蔬菜等绿色农产品的基地规模。依托牛头山国家森林公园和畲族文化，加快南部地区休闲观光特色旅游业的发展。继续抓好下山脱贫。加大工作力度，完善政策措施，实施下山脱贫攻坚，引导山区农民向中心镇村集聚。结合农民技能培训，大力发展来料加工业。建立完善来料加工优惠政策，努力建立来料加工集散基地。落实"一户一策一干部"的贫困户帮持措施，加快贫困户脱贫致富奔小康步伐。积极倡导"一企一村"结对帮扶活动，广泛动员民营企业等社会各界力量参与扶贫开发。

8. 大力实施农村基层民主政治建设工程，促进农村社会和谐平安

（1）不断增强农村基层党组织的战斗力、凝聚力和创造力。充分发挥农村基层党组织的领导核心作用，为建设社会主义新农村提供坚强的政治

和组织保障。结合农村实际，以"三级联创"和"先锋工程"建设为抓手，紧紧围绕建设社会主义新农村建设这个主题，深入开展保持农村党员先进性教育活动。进一步加大财政投入，规范村级组织活动场所建设，加大农村党员干部教育培训力度，健全关爱基层、落实"三真"长效制度，规范干部实绩评价和奖惩工作机制，切实提高农村基层组织建设水平。

（2）积极稳妥有序地推进基层民主政治建设。按照民主选举、民主决策、民主管理和民主监督的要求，健全党组织领导的充满活力的村民自治机制。进一步推进和完善村务公开民主管理工作的制度化、规范化和程序化。进一步完善村务监督制度、村务管理制度和村民"一事一议"制度，让农民群众真正享有知情权、参与权、管理权和监督权。进一步明确村党组织、村民委员会、村监委会、村民代表会议之间的关系，切实推进以村党组织为核心的村级组织配套建设。

（3）加强农村普法教育。各种开展创建"平安武义"，以建设"法治武义"和争创"优良村（居）"为载体，全面开展平安村（居）创建活动。做好"五五"普法工作，引导农民牢固树立法制观念，增强农民依法维护权益的能力和履行义务的自觉性。加强农村治保、调解等综治组织建设妥善处理农村各种矛盾，创造农村安定祥和、农民安居乐业的社会环境。①

正如县委主管农业的陈增加副书记在接受笔者的采访时所说：

> 我在主管农业工作中，特别是在"三农"工作方面，主要是抓好了发展高效生态农业、村庄整治、农村劳动力转移培训、农业基础设施建设、下山脱贫、新型农村保障体系建设、计划生育等工作。用科学的发展观指导"三农"工作，按照"提高农民、转移农民、富裕农民、保障农民"的工作思路，牵头制定出台了一系列有关新农村建设和扶持"三农"的政策文件，为"三农"工作的发展创造了更好的政策环境，进一步完善了"三农"工作机制，使"三农"工作地位更突出、重点更明确、计划更有序、扶持更有力。

---

① 中共武义县委文件，2006年1号文件。

六 "有限"政府：新农村建设中社会控制机制的重构

社会控制（social control）是"通过社会力量使人们遵从社会规范，维持社会秩序的过程"，它"既指整个社会，或社会中的群体、组织对其成员行为的指导、约束或制裁，也指社会成员间的相互影响、相互监督、相互批评"①。作为社会控制概念最早的提出者，美国学者爱德华·A. 罗斯从社会心理学角度指出，社会控制是一种有意识、有目的的社会统治，在内容上包括对于意志、情感和判断的控制，在具体方式上则包括了经济、政治、法律、道德、舆论、习俗、宗教、信仰、教育、礼仪等近 20 种控制方式②。他认为社会控制就是由这多种控制方式而形成的控制体系，从而促进社会整体协调发展。

从社会控制的来源上，社会控制可分为内部控制和外部控制。政府职能、政府角色等来自人自身内部世界以外的外部力量的指导、约束和影响，是一种外部控制。社会控制既是社会良性运行和协调发展的根本保证，从一般意义上讲，社会控制对社会有序运行和良性发展具有多方面的功能。在新农村建设的过程中，社会控制有效实施，是新农村建设顺利推进的根本保证。新农村建设"生产发展、生活宽裕、乡风文明、村容整洁、管理民主"20 字方针的每一项指标的最终实现都依赖于有效的社会控制。

社会控制主要有以下几项功能：③ 第一，整合功能。社会控制通过重建社会公平，平衡社会心理整合社会与群体内部各种社会关系，促进新农村建设过程中社会与群体的"有机团结"。第二，平衡功能。社会控制也可以通过协调社会成员之间的各种社会关系，以实现新农村建设过程中社会与群体的新平衡，促进经济、社会的平衡发展。第三，评价功能。社会控制又可以通过道德、法律与舆论等控制方式，强化社会控制机制，为新农村建设的稳步推进提供稳定的社会秩序和社会环境保障。第四，调节功能。在新农村建设中，社会控制通过颁布政策法令、社会舆论、教育、示

---

① 费孝通主编：《社会学概论》，天津人民出版社 1984 年版，第 181 页。

② ［美］爱德华·A. 罗斯：《社会控制》，华夏出版社 1987 年版，第 267 页。

③ ［美］戴维·波普诺：《社会学》，中国人民大学出版社 1998 年版，第 204—232 页。

范等方式，促使社会成员遵从既定的社会规范，从而实现社会控制对社会行动的指导和调节功能。第五，稳定功能。社会控制还可以通过对社会成员的社会行为和价值观念的指导和约束，对新农村建设过程中产生和存在的各类、各层次的社会关系进行调节和制约，缓解社会冲突，保持社会系统的积极稳定。

从我国传统的社会控制机制看，政府对几乎所有的领域和全部的社会生活都实行着严格而全面的控制。"政府办社会""政企不分"的现象依然存在，在各项经济活动中，特别是在商品流通、供求关系紧张的领域以及在经济生活的热点部位，还到处可以看到政府的影子。从经济行为到政治行为，从文化教育行为到日常生活行为，都被置于政府行政权力的政治控制之下，控制的力度是相当强的。而市场经济是有秩序的经济，这种秩序不是像传统社会那样通过指令性计划达到整齐划一，最终形成一个自组织及内在控制程度都较高的社会，其控制力度将不断减弱。新农村建设的四项目标一方面给社会控制提出了高标准严要求，社会控制在新农村建设中具有极为重要的地位和作用；另一方面，我国社会处于急剧转型时期，社会控制弱化产生的一系列社会问题可能直接导致社会系统的分裂，这在客观上制约着新农村建设的实现，原有的社会控制机制已显得越来越不适应。因此，针对当前社会控制面临的问题，围绕新农村建设，改变政府职能，重塑政府角色，以重新重构社会控制新机制已刻不容缓。

社会控制的重构，体现在政府职能的改变和政府角色的转变上，由"无限"政府向"有限"政府转变。在计划经济条件下，各级政府长期扮演着指挥一切、照顾一切的"家长"角色，政府职能无所不在，无所不包，管得过多、过细，环节烦琐、效率低下，结果导致了政府的"越位""缺位""错位"，抓了管了许多不该抓不该管的事，而对一些该抓该管的事又没有抓没有管，或者没抓好没管好。改革开放以来，政府职能虽然有了不少变化，但由于旧体制的运行惯性，职能转换远远没有到位，严重影响了市场机制的发育和完善。市场经济是利用市场这只"无形之手"对生产要素进行合理配置的，政府要坚持有所为有所不为的原则，遵循经济规律，充分利用经济和法律手段，促进市场机制作用的有效发挥。凡能由市场调节、企业自主决定、中介组织能提供服务的事项，政府坚决退出，做到既不"越位"，也不"缺位"，更不能"错位"，切实减少对经济事务的行政性干预。只有实现好政府服务的角色转换，使政府由管理者变为服务者，才能实施有效的社会控制，为新农村建设服务。要在新农村建设中进行有效的社会控制，就是要重新认识和确立政府与社会的关系以及政府与市场的关系，是公民本位、社会本位、市场本位，还是政府包揽包干的政府本位？武义县委、县政府在以新农村建设为契机的自身转型中，以建设有限政府、责任政府、法治政府为目标，由管制型政府向服务型政府转变，体现了服务型政府的合理定位。武义县委、县政府自觉下放权力，在新农村建设中，不是通过行政命令和"一刀切"的强制手段，而是在充分尊重广大农民群众的自主权的基础上实行"政府主导，以人为本"的方式开展新农村建设。建设责任政府，就是要求政府必须回应社会和公民的基本要求，同时对自己的行为承担政治、法律、行政和道德上的责任。从解决人民群众最普通、最平常以及最迫切的生产和生活问题着手，积极回应民众的要求。修路、架桥、改善卫生状况、发展产业、建设新班子以及引导发展各种社会组织和经济组织，无不体现政府是以广大农民的要求和喜好为公共职能和公共服务输出的依据。

第十一章　教育优先：武义模式
元素之七

人与人沟通是构建和谐社会的重要前提。在新农村建设中要创建和谐社会，培养高素质的文化农民是关键。对此，武义人有着清醒的认识，他们为了培养新农民，坚定地把教育放在优先发展的战略地位上，从而形成了新农村建设武义模式的一个重要元素。

一　朱吕讲堂：武义教育的历史辉煌

一方水土养一方人，今天的武义之所以能把教育置于优先发展的地位，与这里重教的历史传统是分不开的。

提起武义的教育传统，巩庭芝当仁不让地位居首位。他原是山东东平郡须城人，后迁居武义曲湖，于斯传道、授业、解惑，培养了大批武义学子，从而在武义历史上留下"武义人士知义理之学自庭芝始"① 的佳话。然而把武义教育事业发扬光大，形成高潮的却是吕祖谦。

吕祖谦在明招山为其母服丧守墓期间，武义学子纷纷前来问学，一时间明招寺成为武义乃至金华的文化传播重地。之后十几年间，吕祖谦断断续续在明招寺讲学，并吸引了当时理学名家朱熹、陆子寿、陈傅良、黄干、陈亮、叶适、陆九渊等来武义交流学术或讲学，明招山一度成为南宋理学的研究中心，山中的花草树木皆沾染文化气息，吞吐文化芳香。根据《武义县教育志》记载，吕祖谦、朱熹、陈亮、叶适等学者曾经讲学的朱吕讲堂设在明招寺旁，在南宋朱吕讲学盛极一时之后，至元明，因无人主

---

① 转引自叶一苇《明招文化对武义的深远影响》，载《武川潮》2005 年 1 月 26 日，第 1 版。

图 37　吕祖谦像（孙亚楠摄）

持，讲堂旧址湮没无存。我们所见的讲堂是经过清代两次重建过的。^① 现存的朱吕讲堂被奉为武义教育的圣地。正是朱吕讲学的遗风润泽着武义大地，武义文风才从此兴盛起来。

作为教育家的吕祖谦，留给武义的宝贵遗产，不仅在于他的教育实践和成果，使这个封闭的半山区小城处处洋溢文化的芬芳，还在于他的教育主张对当代教育的影响。他的教育思想核心是一个"实"字，追求"讲实理、育实材而求实用"；^② 在他的教学过程中始终紧扣伦理道德教育不放；重视因材施教，强调教育学生时，必须根据学生的"气质""功夫"以及"根性""时节"的不同，有针对性地进行教育；注重教学中的"循循善诱"，擅长"切磨质疑"的问答式教学方式，倡导善疑。他的这些思想对当代教育的影响依然深刻。今天武义的各类学校还基本秉承他的教育思想，明招小学更是以其"讲实理、育实才、求实用"的教育理念为办学宗旨，提出"重德，博学，善思，创造"校训。

吕祖谦的教育实践和思想给封闭的武义第一次教育的冲击，给这个半

① 《武义县教育志》，1993 年 12 月，第 23 页。
② 《太学策问》卷二。

图 38　朱吕讲堂（章军提供）

山区送来了先进的文化。乾隆年间，壶山小学堂的创建，是武义教育史上划时代的大事。

　　壶山小学堂于清乾隆三年（1738 年）建成，至乾隆十四年（1749 年）更名为武城书院，后又改为壶山书院，从而结束了武义"旧无书院"（《嘉庆志》）的历史。到了光绪二十八年（1902 年），王式桢在书院的基础上创办"壶山小学堂"。在教育思想上，他秉承明招文化的教育精神，又受到维新思想的影响，深刻意识到要挽救清末颓败的中国，必须学习国外先进的教育思想，振兴国民教育，培养人才。在当时，王式桢顶住来自保守势力的种种压力，在武义知县杜作航的支持下，终于创办了壶山小学堂。壶山小学堂学制九年，大致相当于现在的初中，为武义当时的最高学府，开设国文、算学、经学（四书五经）、格致（理化）、英文、生理卫生、历史、地理、体操、音乐、图画等课程。壶山小学堂的建立标志着武义现代教育事业的开端，同时也开创了金华地区现代教育的先河。这也足以让武义人为之骄傲，在教育上武义走在前端是有史可依的。①

　　从朱吕讲堂到壶山小学堂，从巩庭芝到吕祖谦再到王式桢，小小武义县有如此灿烂的教育传统，又有如此好学乐知的人民，教育优先在武义深

---

　　① 叶一苇：《明招文化对武义的深远影响》，载《武川潮》2005 年 1 月 26 日，第 1 版。

有基础。

二 武义教育优先结硕果

重教之风在新历史条件下的武义得到弘扬，改革开放以来，随着武义经济的跨越式发展，重教的传统转化为教育优先的理念在武阳大地上传播着、实践着。特别是 1996 年时，县委、县府领导大力提倡发展经济，而经济要发展，教育必先行。武义的领导清楚地看到了这一点，重点发展教育事业，保障教育投入，改善教育环境，提高教师待遇，经过 10 年的发展，教育优先结出累累硕果。

1. 校园建设：教育优先的一流设施

校园是学校教育的基本场所，教育优先发展，首先就应该是校园的建设。武义教育发展最直观的表现就在于大力投资校园改建、扩建和搬迁，配备现代化教学仪器和设备。今天武义最漂亮、最气派的房子在学校，全新建筑的中学就有一中、三中、职校、教育中心、武阳中学、民族中学、下杨中学和东皋中学，等等，如实验小学等新小学就更多了。最先进的现代化装备也在学校。笔者带着验证的想法开始考察武义的中小学校。第一个考察目标是武义县第三中学。

武义三中创建于 1976 年，设在武义江北上邵村地界，原名"武义县城关中学"，1982 年 3 月迁至武义城郊的白洋渡，2003 年 8 月从城郊白洋渡迁移到县城东升路 276 号，从而结束了长期在农村办学的历史。

转到东升路上远远地便看到一处鲜艳夺目的红色建筑群，中间绿树成荫，十一对罗马式立柱构建的弧形大门宽阔而气派，站在大门外看进去，阳光下耀眼的科技楼正吞吐着三中勤奋苦读的学生。大门与科技楼之间空间很大，培育着各式花草树木，修剪得错落有致。向学校里走夫发现科技楼的前面还建有喷泉花池，在绿树红花碧水映衬之下，三中雄伟的科技楼和教学楼平添了秀美。科技楼的右侧是教学楼，左侧后方是生活区，耸立着学生公寓和食堂。绕过科技楼，便是操场了，这里有目前为止武义唯一的 8 跑道 400 米标准塑胶跑道。这样的校园足以让每个三中人自豪。

迁建之后的三中不仅校舍漂亮先进，教学硬件设施也更为完备，建有配套齐全的理、化、生实验室，计算机教室，多媒体教室和语言实验室等。另外还单设劳动技能、音乐、美术专用教室。校藏图书丰富，还建有

图39　武义三中全景（三中提供）

电子阅览室，基本可以满足广大师生的阅读需要。

武义三中果然是校园优美，配套齐全，武义教育优先在这里可以得到直观上的充分印证。到其他学校，不论是刚完成迁建的学校，还是仍在旧址的学校，不论中、小学还是幼儿园，都校园整洁，布局合理，现代化教学设施齐全。

政府大力支持校园建设，社会各级也纷纷捐资参与教育投入。从1986年至2005年20年间，武义修建校舍共投入资金39220.9万元，其中财政性拨款14734.8万元，扶贫、社会捐资及自筹24486.1万元。有了这笔资金，校园建设就可以顺利进行。到2006年，武义全县新增校舍建筑面积29.75万平方米，占全县现有校舍总面积40.79万平方米的73%，完成了37所中小学的迁建、扩建工程，实现了校园的规范化。完善了县教育网站，有42所中小学实现了"校校通"，农村学校全部实施了"现代远程教育工程"，乡镇所在地以上学校全部建有智能广播、闭路电视、校园网"三个系统"，多媒体配备率达92%，各校开设了信息技术课，全县中小学计算机配备生机比达到11.4:1。[①]

武义的校园建设在县委、县政府和武义人民的支持和投入之下有了今天的面貌。目前，各校正在加紧实施以三改（改水、改厕、改食堂）、四园（学园、乐园、花园、家园）、五化（校园文化、绿化、美化、亮化、净化）为内容的校园建设工程，使得武义中小学的饮用水、食堂餐厅、无害化厕所及校园环境建设得到较大的改善。

看过这样的校园和硬件设施，武义教育优先的印象已然留在笔者的脑海中。有了一流的、先进的硬件设施之后，接着就要考察"软件设施"——师

---

① 数据来自《武义县创建省级教育强县自查自评材料》，2005年12月。

资队伍的素质如何？是否能保证教育优先发展结出硕果。

2. 师资打造：教育优先的质量保证

要发展教育，优美规范的校园是物质保证，而提高教学质量的最根本条件是高素质的师资队伍。在笔者访谈和考察的过程中，接触了不少教师和学校领导。从他们身上笔者深切感受到浓厚的学者气息和永无止境的学习精神。金穗民族中学的前任校长雷国强老师就是一例。雷老师本是中学英语教师，后又担任民族中学校长的职位，在工作之余还著书立说，2000年出版了《畲风越韵》一书。这让笔者对武义的教师整体素质有了感性认识。在武义教坛像雷国强老师这样，认真而高质量完成本职工作之余，能利用业余时间开展科研工作的教师还有很多。武阳幼儿园的园长周苏伊也是一例。周园长在教学和管理的同时，勤于思考，对于幼教的问题和发展提出很多建设性的意见，她的论文常常见诸报端，还多次获得省、市、县级论文奖。就是在这样的校领导和其他优秀教师的带领下，武义中小学教师科研能力大大提高。自2002年以来共有16项研究课题在省教育规划办立项，86项研究课题在市教育规划办立项，县教育规划办立项的课题达1163项。有2项成果荣获第一、二届省政府基础教育教学成果一等奖，3项获二等奖。获省重大科研成果二等奖3项、三等奖1项，获省年度基础教育优秀科研成果奖一等奖2项、二等奖3项、三等奖5项。全县出版教育教学专著13本。

科研只是考察教师能力的一个方面，最主要的还是教师的教育教学能力的提高。在提高教师教学水平方面，武义始终把提高教师学历合格率和学历层次作为优化教师队伍整体素质的重点工作来抓，以适应素质教育的需要。县继续教育中心正是为教师继续教育和培训服务的部门。为了整合教育资源，更好地为师资培训服务，2006年1月由武义县教师进修学校、电大工作站、教学仪器站合并组建了武义县继续教育中心。县里对中心的发展高度重视，财政拨款200多万元帮助中心在履坦镇王古村的茶叶山（麦磨山）建造新校园。新的中心大楼依山就势，随坡而建，整个建筑群既有古典气息，又有现代风格，同时充分利用周围青山绿树的天然优势，形成一个园林式的单位。作为四项工程之一的教师素质提升工程就主要通过继续教育中心来完成。2003年，中心争取浙师大在武义设立了本科函授站，为本县教师进修本科课程提供了方便。

目前，全县小学专任教师 1018 人，学历合格的 1008 人，合格率为 99.02%。初中专任教师 725 人，学历合格 708 人，合格率为 97.66%，普高专任教师 406 人，学历合格 342 人，合格率为 84.24%，职高专任教师 132 人，学历合格率为 76.52%。教师素质整体提高，涌现出一批名师和有较高水平的学科带头人，曾有特级教师 4 人，现有国家级优秀教师 3 人，正高职称教师 1 人，省教坛新秀 4 人，省优秀教师 9 人，省名师培养对象 3 人；市名师 2 人，县学科带头人和教坛新秀 100 人。①

教师的科研和教学能力都上去了之后，管理在更好发挥教育水平上的作用就凸显出来。没有规矩不成方圆，尤其是经过布局调整，学校的规模变大，人数增多，在教学管理上，各个学校都坚持依法治校，依法治教。另外实施名校长工程以加强校长队伍建设，强化教学管理，还突出师德建设和学生行为规范的教育，打造平安校园。

美丽舒适的工作环境、团结进取的工作伙伴、透明安全的管理制度，对广大教师来说，在学校工作是让他们满意的。但要更好地留住和引进教育人才，解决广大教师的后顾之忧，提高教师的待遇同样不可忽视。在教育优先的政策下，即使县财政不太宽裕，也要保证教师工资待遇落实到位。首先保证教师工资按时发放，不得拖欠；其次逐渐稳步提高教师收入。武义对教师工资实行"同城待遇"，即教师平均工资不得低于公务员工资的标准。根据武义县财务年报统计，全县教职工待遇情况（包括住房公积金）从 1997 年的月人均 725 元，提高到 2005 年的 2560 元，2005 年的工资待遇是 1997 年的 3.5 倍，地方政府出台政策发放在职教师待遇 10 年来合计发放约 2.66 亿元。按全县十年年平均 2860 名教职工计算，人均发放 9.3 万元。笔者访谈的几位小学教师均表示对目前收入满意。一般情况，一个小学高级教师的月工资可以达到 2000 元左右，中学里有中学一级职称的教师可以拿到 2500 元左右。大体上所有已婚教师至少有一套自己的住房，有的是自己买地建的小楼，有的是公寓套房，而且基本上没有借款。

笔者采访的教师收入及住房情况（见表 3）：

---

① 数据来自《武义县创建省级教育强县自查自评材料》，2005 年 12 月。

表3   白洋街道教师收入情况表

	职称	月薪（元）	房产（幢）	落地面积（平方米）	房产投资（万元）
徐老师	中学高级教师	2800	四层半楼房	86	约30
谢老师	中学一级老师	2500	四层半楼房	64	近20
叶老师	小学高级老师	2000	四层半楼房	80多	约15
朱老师	/	/	三层半楼房	130	40多

3. 教育水平：教育优先的直接成果

有了优美的教育环境，高素质的教师队伍，教育水平就成为体现教育优先政策最直接的成果。20年前，武义县几乎村村有小学，乡乡有中学。这些学校往往人数不多，有时甚至一个教师，几个学生加上一间闲置不用的房子就是一个学校了。教学质量成为一个重要的问题。县教育主管部门在1991年开始进行布局调整，经过15年努力，使办学资源得到整合，全县小学从1988年的483所调整到现在的38所，平均每所学校的学生数从58人提高到537人；初中从41所调整到现在的8所，校均学生数1531人；普高由7所调整到3所，校均学生数2261人。通过布局调整，有效整合和极大优化了教育资源，一个以县城为中心，以中心镇为支点，适应城乡一体化发展要求的学校格局已经形成。

学校还重视素质教育，坚持以人为本的教育方针。笔者考察的中、小学都突出教育实现学生全面发展的特点。在明招小学，从设施齐全的舞蹈室、书画室和手工成果展示室可以看出，这里的教育不仅重视知识的传递，更重视健康人格和全面发展人的培养。这一点在幼儿教育上体现最为明显。笔者到武阳幼儿园考察时，正好看到这里暑期班的小朋友在上故事课，有个小朋友正绘声绘色地讲小红帽的故事。她一边讲一边配合故事情节做各种动作和表情。小朋友的表述能力和表演能力都很强，而且故事讲得很有感染力。园长说如果我们能在开学之后来考察，会对这里小朋友的表现更为赞叹。园长介绍说她们通过对合适的教材的创造性使用加上适量的生成课程，形成园本化的课程。在教学中突出小朋友的主体地位，为幼儿营造良好的学习氛围，并为幼儿未来的发展、创造性的培养和良好性格、沟通能力的塑造打下基础，让儿童在将来进入社会时能具有与人交往合作的能力和自我调节的能力。

重视全面发展的教育让武义的教育教学水平提高很快，一中早早被评为浙江省一级重点中学，二中、三中也在教学上取得长足进步，分别被评为省三级和二级重点中学。全县唯一的职业技术学校，也被确定为省三级重点职高。全县有现代教育技术实验学校 4 所，其中国家级 1 所，省级 3 所。实验中学是多年的"省示范性初中"，实验小学被教育部授予"有突出成果学校"称号，武义一中、壶山小学被省教育厅授予"成果突出学校"称号。3 所公办幼儿园，均为省、市示范性幼儿园，122 所民办幼儿园中也有 2 所被评为市示范性幼儿园。

上述的内容都只是教育水平提高的外在表现，要衡量一个地区教育水平究竟是否有所提高，高考成绩是最有效的标尺。1997—2005 年九年间高中毕业生升入大专院校高校人数为 9357 人，占 9 年应届毕业生 18276 人的50.65%。2006 年，武义普通高校上线人数共计 1623 人，其中本科上线人数达到 1347 人，比去年增加 511 人，武义一中上重点线 195 人，二中、三中则保持增长势头。近几年的高考情况见表4：

表4　2001—2006 年武义高考上线人数、占报考人数比例表

年份	高考报考人数	普通高校上线人数	上重点线人数	上线人数占总学生数比例%
2001	1090	869	115	79.72
2002	1125	967	118	85.96
2003	1652	1466	165	88.74
2004	1962	1711	157	87.21
2005	2185	1782	238	81.56
2006	2128	1623	213	76.27

资料来源：武义县教育局 2006 年 8 月提供。

虽然上面列举的资料只是教育优先表现在教育水平提高的一个部分，但以小见大，足见教育优先使武义的教育水平不断迈上新的台阶。

4. 特色办学：教育优先的多样发展

教育优先不等于搞一刀切，整齐划一。武义立足县域实际和发展的角度，在办学上体现多样性特点。能针对不同情况，不同需要，突出特色办学是教育优先的又一文化表达。

　　武义的绝大多数学校在努力追求自身的办学特色。武义一中全面培养高校合格新生的能力与水平稳步提高，还连续多年培养有合格的飞行员新生人才；武义二中这个老牌学校一直是武义南部人才的摇篮；武义三中的美术教学早已声名鹊起；武阳中学的"少体班"卓见成效；下杨中学的主题班集体教育活动扎实鲜明；实验小学的书法教学成绩显著；柳城小学课外文体活动连年常抓不懈；等等，每每引人入胜。

　　更突出的是，武义立足境内有少数民族——畲族聚居地的现状，在南部山区的柳城畲族镇推行民族特色的教育。1995年之前，地处武义南部地区的柳城五乡一镇有七所初中，大都分布在各乡镇政府所在地，办学资金匮乏，硬件设施落后，教育质量低下，升学率全县倒数第一。柳城区的畲汉人民盼望一所能改变山区落后教育状况的现代化初中。金穗民族中学就是在这样的背景下应运而生。民族中学位于柳城西溪旁边，从大门进去是一条林荫道通到学校深处。统一白色墙体的教学楼和行政楼在阳光照耀下发出夺目的光泽。教学楼前是一个小型的花园，花种繁多，在宣莲时节，这里也可以赏荷。园中还有淙淙流水、小桥和亭子。畲汉学生在课间或漫步其中，或居高远望，消融学习的疲劳。行政楼的后面有篮球场、排球场，在学习之余，同学可以活动一下筋骨，增进体格健康。

　　建校以来金穗民族中学立足民族地区的现实，办学中体现畲族特色。为了抢救畲族文化，体现民族学校的特色，学校建有畲族风俗展厅，向畲汉学生灌输畲族的民族知识，并向来访者展示畲乡风土人情，成为了解畲族概况的最好教育基地。展厅并不大，但却是了解畲族概况的最好教材。这里展有畲族服饰、发型、用品、器具等，还有一些珍贵的手抄本及彩绘的畲族起源故事图解。就算完全不了解畲族情况的笔者，在浏览一遍之后，对畲族的基本面貌已有了粗浅了解。为了更好地保护和抢救畲族文化，学校还将在畲族学生中开展学畲语、唱畲歌、跳畲舞的培训，使畲族儿童从小就树立热爱民族思想，掌握好本民族的优秀传统风俗。并将征集、挖掘、整理出的畲族优秀文化编成地方乡土教材，列入教育教学计划，并提倡学校第二课堂教学融入讲畲语、学畲歌等传承畲族文化内容。

　　考察中，金穗民族中学校长叶卫平向笔者介绍了民族中学的创建情况：武义金穗民族中学从1993年12月提出兴建申报到1996年9月招生办学，仅两年半时间就得到了省、市、县各级领导的关心和大力支持，得到社会各界人士的关注和捐资，共受捐助600余万元，还有其他方式的支持。

图 40　金穗民族中学校园一隅（时卫平摄影）

因其大部分启动资金来自中国农业银行的捐赠，故名"金穗民族中学"。现在，坐落在畲乡的金穗民族中学已成为金华地区教育百花园中的一朵奇葩。

弘扬武义最灿烂文化——明招文化，打出明招旗号办学，并在办学过程和教学实践中突出明招特色。在明招文化的影响之下，原白溪小学于2003年更名为明招小学，把传播明招文化作为学校的责任，在办学上也体现鲜明的明招特色。首先邀请明招文化的专家学者来校就明招文化进行探讨，编写校本教材《明招传薪》。其次，近几年每逢清明时节，全校师生会徒步到明招寺敬仰明招文化，寻访朱吕讲学的足迹，走进明招文化，走进明招历史。还有就是学校建设处处体现明招特色，正如笔者看到的，明招小学把吕祖谦塑像请到学校里来，并把他的基本教育思想"讲实理，育实才，求实用"作为办学宗旨。教学楼的走廊里还张贴着吕祖谦的教学思想，让明招文化的馨香在潜移默化中进入学生的心灵。笔者实地考察了明招小学，感受了其明招遗风。学校位于武义城东郊，在这里，武义江、永康江、小白溪三川交汇赋予它水的灵性，武义文化圣地明招山更是给予它山的壮美和丰厚的文化底蕴。进入小学并不气派的大门，首先看到的是吕祖谦的塑像，以他一贯的宽阔胸襟迎接着每一个明招的学生。塑像底座上刻有吕祖谦教育理念"讲实理、育实才、求实用"，这也正是明招小学的办学宗旨。两幢教学楼整齐排列，中间种有花坛。教学楼的走廊墙壁上张贴着名人警句，最多的是吕祖谦的教育名句。明招小学留给笔者的印象是学校虽然不大，却设施齐全，智育和德、音、体、美的教育并重，而且办学特色鲜明，把武义最灿烂的明招文化请进校园。

同样以"明招"命名的还有明招幼儿园，是明招小学的校办幼儿园，小学的领导能审时度势，坚决走特色办学的道路，把明招文化传统融入现代教育，同时为小学和幼儿园赢得名气，为今后的发展创造条件。

特色办学还体现在立足为县域经济服务，培养技术工人、文化农民的需要，大力发展职业教育。近年来，政府对职业教育的投入大大增加。据职业技术学校 2003—2005 年度的财务收入情况统计：三年总收入为 35242734.47 元，其中财政拨款 13976010.4 元，事业收入 17969588.78 元，其他收入 3297135.29 元。在财政拨款中：2003 年拨款为 3582455.8 元，2004 年拨款为 4154023.1 元，2005 年拨款为 6239.531.5 元，2004 年比 2003 年财政增加拨款 571567.3 元，增长 15.95%，2005 年比 2004 年财政增加拨款 2085508.4 元，增长 50.20%。[①]

政府大力支持下，职业技术学校越办越好。现在学校正在加紧双路亭黄柏泉（原一职校）校区的扩建，县城庆同路 18 号（原二职校）校区很快就要全部搬迁过来。黄柏泉校区地处县郊，发展空间大，而且环境宁谧，没有闹市的嘈杂，适合发展教育事业。

目前职业技术学校开设综合教育、美术、机械、电子电器、计算机及应用、旅游服务与管理、烹饪、财会、文秘、戏曲表演、舞蹈表演、综合艺术、器乐、商贸营销等 14 个专业，各专业优势明显，精彩纷呈。例如综合班今年高考平均升学率达 80% 以上；机电一体化专业为市级示范专业，与全国近 20 家知名企业签订合作协议书，毕业生供不应求；烹调专业创办于 1989 年，毕业生遍布武义、温州、杭州、广州、西班牙等地星级宾馆饭店，不少由厨师到老板资产已达数百万元，尤其是"兰香艺校"名声在外，大力培养婺剧新苗子。

对于新农村建设而言，职业教育育才是直接产生效应的教育形式。

文化的多样性使武义的民族教育、传统文化教育和职业教育在新农村建设中开出了特色办学之花。

---

① 资料由武义职业技术学校提供。

三　教育强县：武义教育优先的目标

武义教育二十几年的发展之所以取得累累硕果，实现了后发县创办教育强县的梦想，和武义县委、县政府对教育优先发展的重视，武义人民的重教传统和风气是分不开的。

1. 教育优先始终是政府的工作重点

20 世纪 80 年代的武义是一个贫困县，又是革命老根据地，也是畲族聚居的民族地区，属于"老、少、边、穷"地区。在这样的地区发展教育困难重重，但是对武义的发展方略，县委县府领导班子有高度的共识：治贫必先治愚，脱贫致富，一定要从改革和发展教育入手。这在武义形成一种执政传统，一直以来，武义县不管财政有多困难，资金有多紧张，宁可放弃其他投资，教育的投入总是逐年增加，教师工资从未拖欠，在遇到教师与机关干部利益矛盾时，"教师优先"已成为一条不成文的规定。

当时发展教育首先要解决的就是学校校舍的问题。20 世纪 80 年代初的中小学校舍，大体是由旧祠堂、"跃进"房和"文革"房三类构成，这些房子大都年久失修，成为危房。为了让武义学子能有一个读书的地方，并确保安全，改造危房和新建一部分校舍的任务被摆上了各级党委、政府的议事日程。为了掌握危房和破旧校舍的第一手材料，当时的主管县长亲率教育局领导，深入第一线，推进危房和破旧校舍的改造工作。①

而更为严峻的问题是教育经费不足，武义是一个农业县，经济发展不快，政府财政投入远远无法填上每年教育所需经费的缺口，这是武义教育至今仍然面临的严峻现实。

自 1985 年起，为了更好地利用有限的资金，教育主管部门对贫困山区的学校分布状况进行调研，根据实际情况进行布局调整。通过布局调整减少了学校的数量，对保留合并的学校集中投资，把钱用在关键处，使群众的辛苦钱能够取得最佳的投资效益。

面对经费的不足，县政府还尽量节省其他开支，保证教育优先。1988 年，县政府计划挤出部分资金，新建一幢办公大楼，以缓解机关办公紧张的矛盾。在县人代会上，一名教师代表提出意见，要求缓建办公楼，把有

---

① 赖耀卿：《教育史上的巍巍丰碑》，载傅美桃主编《回眸》1997 年 10 月，第 147—156 页。

限的资金用在教育上。县政府采纳了这条意见，把计划建办公楼的经费划拨给教育部门，当年修建破旧校舍 10000 多平方米，达到了首批基本消灭危房标准。[①]

县乡政府还像海绵挤水一样，努力从已经非常吃紧的财政支出中挤出资金，改善教师的住房条件。在 1995 年，打破常规地批准教育部门在县城规划建造万余平米的"园丁新村"，由在乡下任教的、有 30 年以上教龄的有贡献的教师和外地籍教师集资建房。从 1993 年开始，还为 250 多名山区教师浮动一级工资。1994 年，县财政在赤字 1700 多万元的情况下，挤出 78 万元资金，为代课教师、工友增加工资，为教师补发岗位补贴。教师节前夕，县财政尽量盘出 600 多万资金，使教师补发工资一次性到位。[②]由于经济发展缓慢，县财政收入增长速度缓慢，而财政刚性支出逐年增加，每年财政分盘子时，总是捉襟见肘。就是在这样的情况下，政府财政拨款也始终是教育投入的主渠道，政府确保每年财政收入三分之一以上用于教育。

到今天，武义的经济尚欠发达，财政可用资金依然有限，但是县委县府始终把教育放在优先发展的战略地位来考虑，坚持教育经费以县财政拨款为主，力争做到财政宽余时优先教育，紧张时确保教育，削减时不减教育。教育拨款每年都在财政收入的三分之一以上，最高的年份达 40%，努力做到"三个增长，两个提高"。近 10 年来县财政用于教育的经费情况见表 5。

表 5 1996—2005 年县财政对教育的拨款、增长率表

年份	教育拨款金额（万元）	增长率%	县财政总支出金额（万元）	教育拨款占县财政总支出百分比%
1996	2381.4	13.43	10280	23.17
1997	2679.9	12.53	11713	22.88
1998	3052.8	13.91	12336	24.75

---

① 傅美桃：《知实情 出实招 求实效》，载傅美桃主编《回眸》1997 年 10 月，第 269—275 页。

② 傅美桃：《知实情 出实招 求实效》，载傅美桃主编《回眸》1997 年 10 月，第 269—275 页。

年份	教育拨款金额（万元）	增长率%	县财政总支出金额（万元）	教育拨款占县财政总支出百分比%
1999	3558.5	16.57	13788	25.81
2000	4140.2	16.35	16806	24.64
2001	5250.2	26.82	25207	20.83
2002	7880.4	50.10	31869	24.73
2003	9494.2	20.48	37856	25.08
2004	11986.9	26.25	45144	26.55
2005	13811.1	15.22	57533	24.01
合计	64237.4	/	262532	24.47

资料来源：武义县教育局 2006 年 8 月提供。

中小学基建经费均由县政府统筹落实。从 2002 年 1 月份开始实施教师国拨工资及地方出台的各项政策性补贴均由县财政统一发放，从未发生过拖欠教师工资的现象。县政府还出台了对山区教师实行教龄月补贴制度和连续考核两年优秀浮动一级工资的奖励办法。2005 年，县财政还安排"创强"专用经费 1900 万元，并决定今后三年在此基础上将逐年增长学校基础设施建设投入资金。①

2. 教育优先理念深得人心

武义尊师重教的传统源远流长，吕祖谦讲学时如是，时序进入当代社会时也如是。

最让人感动的是 1986 年《中华人民共和国义务教育法》颁布后，群众办学的热情高涨，勒紧自己的裤带，纷纷捐款，集资办学。三港乡合浦村有位 86 岁高龄的老奶奶，卖栗子卖了 5 元钱，不胜欢喜，本想买件衣服，但听说村里收教育附加费，就急忙赶到会计室，把 5 元钱也交了。她的媳妇闻讯赶来，不让婆婆交，要自己交，婆婆说："这是育子育孙钱，我交了，我高兴。"② 还记得 1996 年 4 月的一天，一位署名"武一人"的群众把自己积蓄的 6188 元寄到武义县促进教育发展基金会，至今这个人的

---

① 资料来自《武义县创建省级教育强县自查自评材料》，2005 年 12 月。

② 赖耀卿：《教育史上的巍巍丰碑》，载傅美桃主编《回眸》1997 年 10 月，第 147—156 页。

姓名和地址都没有查访出来。①

还有广大侨胞、港澳同胞在侨务部门的牵头下，以拳拳赤子之心为武义教育慷慨解囊。在他们的捐助下，县第二职校建起了"庆同楼"，后汤小学"惠民楼"迎来了明山乡的小朋友，瑶村小学"介夫"教育楼的落成给项店瑶村带来了教育的希望，诸如此类，不胜枚举。

武义一中的搬迁更能体现武义人民心系教育，教育优先的风尚，前已有述，在此不赘。武义的农民更是以象征性的地价向学校转让土地，使学校建设的征地费用降到最低。下杨中学和东皋中学就是在当地农民的支持下，以低价征得学校用地80亩。

武义的有识之士不仅把眼光放在县内，还加大力度从外部引进教育资金。金穗民族中学、桃溪中学、新宅初中、泉溪初中等学校就是依托省政府倡导的"扶贫建校工程"，旧貌换新颜。

到今天，教育优先发展的理念已经深入人心，武义的政府和人民把办好教育当作自己的责任，而武义的教育也以"办好武义人民满意的教育"为目标，不断进取。2006年6月，武义被省政府授予"浙江省教育强县"的称号。这是对武义在新农村建设中多年来实行教育优先的充分肯定，也为武义进一步发展教育提出了更新更高的要求。

四　教育优先：培养文化农民的必由之路

早在20世纪初，著名教育学家、社会学家晏阳初就将乡村运动和平民教育结合起来提出"民为邦本，本固邦宁"，认为乡村改造必须和平民教育连环扣合，整体推进，才能取得最大效果。平民教育的对象是全体民众，通过教育，使他们改造乡村实际，创造新的生活，成为具有"知识力、强健力、生产力和团结力"的"新民"。"没有一个国家能超越民众而强盛起来，只有这些大众经过教育而发展，并参加社会实践工作，才有持久的世界和平和富强。""只有农民自己有能力了，才能把握自己的命运，才能与外界各种环境抗争、协调，才能运用周围环境和自己所有的条件来改善自己的生活，才有力量进行自我教育和本土建设。"②

---

① 宏扬：《架起一座爱的桥梁》，载傅美桃主编《回眸》1997年10月，第188—192页。

② 闫伟：《晏阳初：平民教育的开拓者》，载《教育与职业》2006年第6期，第112—114页。

　　在今天的新农村建设中，教育的作用更不能忽视，教育优先更是具有深远的理论和现实意义。韩国新村运动的成功之处就在于对教育的重视，通过发展教育培养农民的主体意识，从而调动他们参与新村运动的积极性。①

图41　县继续教育中心（孙亚楠摄）

　　这对我国新农村建设的启示是：农民是农村发展的主体，新农村建设的成功与否关键在于新农民的培养。中国农村正在经历一场翻天覆地的大变革，农村社会的财富、权力、人力等资源的配置由政府向市场转型，农民由被动等待改造的对象转变为改造农村、发展农村的主体。让农民成为新农村建设的主力军，能充分发挥农民建设社会主义新农村的积极性、主动性和创造力。但是被赋予各项权利之后，农民是否有能力表达自己的意见和建议，真正谋求个体发展？要想真正使农民参与新农村的建设，就要培养文化农民。② 而文化农民的培养是一个文化的濡化和涵化的过程。人类学用"文化濡化"来描述文化传递方式。所谓文化濡化，就是指文化中

---

　　① 张雯等：《韩国"新村运动"农民教育培训经验及其借鉴》，载《中国农业教育》2006 年第 2 期，第 16—17 页。

　　② 秦红增：《农民再造与乡村发展——文化农民系列研究之一》，载《广西民族研究》2005 年第 2 期，第 66—70 页。

的成员继承文化传统的过程以及与此同步进行的文化从一代传到下一代的过程。① 而文化涵化是主体在社会文化环境的影响下潜移默化，将外在文化影响吸取、逐步转化为个人价值观念、文化心理素质的过程。农民可以通过对异己的外界新鲜事物的涵化接收新的生活方式或者新思想；但培育文化农民的重任最终要落在教育上，因为无论涵化与濡化都是教育要完成的使命。

新农村建设需要技术型、知识型、智慧型的文化农民，而培育文化农民的重要一点就在于发展教育。武义新农村建设顺利推进的重要原因之一就在于武义教育优先的发展思路。

笔者在武义接触到一些农民企业家，他们的共同特点都是学历不高，但遇上了好的时机，可以白手起家，在商场上成就一番事业。而面对今天的发展，他们都看到知识的重要性，这些企业家都把培养子女读书作为头等大事。他们并不要求自己的子女非秉承父业不可，而是希望他们能掌握知识，走自己的路。普通农民更是希望孩子能好好读书，意图找到摆脱贫困的路子。教育的重要性已经深入人心。武义有优先发展教育的群众基础和社会心理基础。这是非常珍贵的。

今天的教育就是明天的生产力，我们的社会主义新农村建设虽然以"生产的发展"为先导，生活富裕为标志，但其最最深刻的内涵正在于乡风文明。文明的乡风哪里来？要从教育中来。新农村需要文化农民，文化农民的培育离不开文化教育。教育是新农村建设中不能逾越的题中之意。今天的教育就是明天的生产力，对于还是经济欠发达地区的武义，要想实现明天经济强县的梦想，就要坚持教育优先，以巩固和壮大今日的教育强县，为新世纪的发展培养能打造核心竞争力的文化农民。

---

① 王铭铭：《文化格局与人的表述——当代西方人类学思潮评介》，天津人民出版社 1997 年版，第 65—66 页。

第十二章　下山脱贫：武义模式
元素之八

　　武义在反贫困中，创造了下山脱贫的扶贫方法。这是一种非"输血"，又非"造血"，而是彻底改变生存环境的"换血"式反贫困战略。这种战略，既协调了人与自然的关系，又沟通了人与人的关系，使4万多贫困人民真正走向了致富之路，对全球反贫困事业具有借鉴意义。在新农村建设中，下山脱贫也就成了武义模式的一个重要元素。

一　山上五百年

　　武义县位于浙江中部，南部地区群山连绵，高山农民饱尝大山的苦头。据统计，武义县海拔700米以上的高山有101座。人均收入最低的贫困人口基本集中在南部高山、深山区。南部山区原13个贫困乡镇12.4万贫困人口中，有8万人居住在高山、深山和石山区。居住在高山、深山的群众，由于恶劣的自然条件的限制，交通不便，信息不灵，生活十分贫困。对此，早在1993年就有人总结出"七大难"加以概括：一、出门走路难；二、儿童上学难；三、青年婚姻难；四、有病求医难；五、建设六通难；六、改变环境难；七、发展经济难。

　　"幸福的村庄都是相似的，不幸的村庄各有各的不幸"。一同回首那些曾经经历过苦难煎熬的村庄历史，一同进入那些曾经和现在仍然刺痛着我们心灵的贫困山区生活，"关注贫困，改变贫困"的呼声才会更加富有意义。

　　1. 九龙山：砍砍木头烧烧炭

　　九龙山村坐落在海拔1041米的高山中，这"高山"名叫"龙头眼睛"。"九龙山"因九个山头绕村又绵延如龙而得名。

7月25日，原扶贫办主任董春法和九龙山村的老书记邓寿明以及新书记田华平一大早就到陈弄村与我们会合（笔者和师妹吴桂清已于前一天来到陈弄村考察），随后我们一同前往九龙山。早上的天气清爽舒适，天空飘起毛毛细雨，真是个适宜爬山的好日子。由于人们已经搬迁下山十年，昔日承载着山里人命运的山路被两边的杂草掩埋了大半，只容一个人穿行。路两边的茅草如刀般锋利，不时磕碰到我们的头、脸、手臂和小腿。特别是穿着七分裤的我更加遭殃，稍不小心小腿就被割出一道道伤痕来。才走不到一半路程，我和师妹就开始气喘吁吁了。然而爬了几十年山路的邓书记一直走在我们前面，丝毫不觉得累。诚然，对于住在高山上几十年的他，这次上山不过是千百次赶回家中的一次而已。一路上，邓书记和董主任向我们描绘九龙山村那个并不遥远的艰苦岁月，一幅幅贫困的画面栩栩如生地呈现在笔者面前，邓书记说：

> 那时候小孩是到俞源去上学，都是要走十里路，七八岁的小孩就是从这个山路下山去读书，晚上才回来，1988年的时候就没有小学了。我们1982年人口最多的时候是230多个人。以前高山和平原的生活相差不大的，1982年以后生活水平就拉大了。尤其是男青年都讨不到老婆，本村女的都外嫁了，都往外走了。年轻的在外面打工找了女朋友，带回来给家里人看看，走到半路，问，还有多远；答，刚刚过半，女方马上就说我不去了。原来在山上的时候人均收入380元，下山了以后提高到4000多元。以前都是泥土建的房，有些甚至是茅草盖的，现在都是"洋房"。我们这里水源很差，土质也很差，下面都是沙土，都是石块，下雨都是暴雨，我们村只要雨后几天去耕田就没有水了。没水怎么办？下午五点左右下雨的时候，我们就要晚上耕田，我们都趁下大雨的时候就马上去耕，没灯怎么办，我们就把灯笼挂到牛角前，那个就叫做灯笼田。用泥土加固它，才不会漏水。

花了近两个小时，我们终于来到了九龙山村。然而九龙山村早已人去楼空，只有三幢房子（其中一幢是庙宇）零星散落在这个寂静的山谷。邓书记向我们介绍说，现在只有两户人家住在山上，并不是因为他们没钱搬下去，而是山下盖有房子后，再到山上来发展经济，如种高山四季豆、养

图42　九龙山村旧址（董春法摄）

图43　砍砍树木烧烧炭（董春法摄）

牛、养羊、养蜂等。

据统计，1995年，俞源乡原九龙山村有68户189人。山上除了很少的一点靠天吃饭的山陇田，全是岩石和茅柴，开发十分困难。几十年来，政府不仅济粮济款，而且还扶持他们通上了电，但由于地理环境恶劣，村民仍然摆脱不了贫困的局面。几百年来，村民过着"砍砍柴火烧烧饭，砍砍木头烧烧炭"的艰苦生活。苞萝（即玉米）、番薯是主食。山民种苞萝、番薯时唱着《种山山歌》苦中作乐：

> 种田不如种山场哟——嗬！
> 种起苞萝当口粮哟——嗬！
> 种起番薯养猪娘哟——嗬！
> 种起棉花做衣裳哟——嗬！
> 种起靛青落富阳哟——嗬！
> 种起杉树造屋做栋梁哟——嗬！
> 住在高山上哟——嗬！
> 风吹荫荫凉哟——嗬！①

该村有一组 1995 年的统计数字：村民人均收入 380 元，全村 42 个光棍汉。8 年连一间泥木结构的房屋都没有建；7 年没有一户娶过亲，6 年没有出生过一个小孩，全村人口 10 年间下降 9%；5 年没有一个高中生。对此，村民忧心忡忡，就此长期下去，九龙山村会逐步消失，灭亡。他们自己有自己的顺口溜，"九龙山，九龙山，十年九年旱，有女不嫁九龙山"。外地人讲："九龙山山高，路弯弯，全村都是光棍汉，没有钱又没有粮，要想发展难上难"。村里的人讲："风调雨顺种点粮，干旱年份吃饭难，村里姑娘往外嫁，大龄小伙娶亲难。"九龙山的艰苦生活可见一斑。

2. 羊虎坪：老虎出没的地方

羊虎坪村坐落在海拔 1098 米的大山深处。1930 年 5 月，番号为"红十三军浙西第三纵队"的宣平北营红军在这里揭竿而起，建立革命根据地。羊虎坪村有六位村民参加了红军，其中红军战士祝樟海在村里炼火药时牺牲，成了革命烈士。1937 年，粟裕带领红军挺进师在这一带开展武装斗争。红十三军北营进行了英勇的"金公岩战斗"和"下杨战斗"。20 世纪 30 年代，羊虎坪村为中国革命作出了杰出的贡献，但是恶劣的生存环境让人们看不到任何希望。从 1991 年开始，经过八年"抗战"，每人投工投资 3100 元，修了一条 6.3 公里的机耕路。然而由于山高路曲，路修了又塌，塌了又修，靠修路并没能最终解决"七难"问题。1998 年，全村 11

① 邹唯成、刘斌靖：《走出深山——武义下山脱贫工作纪实》，载《社会科学论坛》2002 年增刊，第 68 页。

年没有娶亲，8 年没有小孩出生，人均纯收入 484 元，只有全县农民人均纯收入的三分之一。①

(1) 打虎还平安

1958 年 11 月的一天，五只老虎进村闯户拖走两只狗、一头羊。村里很快组织有八个人的打虎队。把其中两只老虎打死，另外三只落荒而逃。

从此，打虎的故事一直在羊虎坪的后代中流传开来，它反映了人们战胜困难的勇气和意志，更重要的是显示了羊虎坪村危险的生存环境。

(2) 嫁女不嫁羊虎坪

羊虎坪有个祝金田，1943 年生，当了十八年的村书记，老婆是俞源人，名叫俞生花，当时俞生花的兄弟姐妹都不同意，而他爸妈为了保持老亲的关系，硬把女儿嫁到了羊虎坪。结婚后，生下了两个孩子，俞生花无论如何不肯把孩子留在羊虎坪，从小就把孩子寄养在俞源外婆家。婚后几年，俞生花很不习惯羊虎坪的生活，总是责怪父母，而邻居也说："会生女儿，不会嫁女儿，嫁到羊虎坪听老虎；会生女儿，又会嫁女儿，嫁到平原听锣鼓。"因此，羊虎坪村许多大龄男青年娶不到老婆，只能当光棍。

(3) 名字的寓意

羊虎坪这个村名，后来改成阳铺平（搬迁下山后又改名为阳光村）。每次改名都反映了村民对幸福生活的向往。1949 年后，羊虎坪人每人分得了一部分山地和水田，有了生命的基根。但是在高兴之余，羊虎坪人觉得羊虎坪这个村名不好听，是羊、虎的坪。于是酝酿着给村子改名。当时，全村除了一户人家是小青瓦房外，其余都是茅草铺。有人起了个谐音名，叫"阳铺平"，其寓意大概是太阳普照着茅草铺。

羊虎坪村子里没有水田，土改时分的每人两分水田远离村子 6 公里以外。1992 年前，国家给村里每年 1.25 万公斤返销粮。加上自己种的，每年人均约有一百公斤大米，不足部分靠山地里种的玉米和番薯。青黄不接时分，村干部常组织成借粮组，分头借到 15 公里以外。国家对粮食放开后，只得到市场购买。到 1998 年年底，全村人均收入仅县农民人均纯收入的三分之一。上山的路沿着山坑水，弯来弯去要过 18 趟水。挑担不能用箩筐，如用箩筐，不少地段你得横着走。

没有水田的村民朝思暮想有一天拥有水田。村民把这种梦想寄托在孩

---

① 中共武义县委办公室编：《奋进中的武义》，第 63 页。

子的名字上。祝勇平父亲兄弟六人的名字分别叫"开田、记田、管田、俊田、五田、六田"。生第五个孩子的时候爷爷死掉了，祝勇平的太公去世了，爷爷就不会取名字了，就把第五个孩子叫五田。

同样，由于地无三尺平，出门要么上坡要么就下坡，他们非常向往平原。祝勇平的父亲希望他的六个孩子往平原跑，就给孩子取名：建平、勇平、岳平、关平、国平、献平。祝建平说："阳铺平没有一分水田。1949年后，虽然每人分有了二分田，但在山下 6 公里以外，别的不说，单是把收获的粮食挑上山晒干，又挑下山碾米再挑上山，真是累死人了。"这段话充分反映了羊虎坪的"无田"和"不平"的真实情景。[①]

董主任告诉笔者，有一个老书记跟他说，"我们羊虎坪人啊，下山到王宅看到平原人在吃白米饭，我们口水都往下滴啊，又不敢说。山上没有田，只有吃玉米、地瓜、黄豆。"在这种残酷的自然条件下，羊虎坪村人连能吃上一顿白米饭都是奢侈的梦想。

3. 紫溪：敢问路在何方

紫溪村原来坐落在海拔 900 多米的山上，全村 46 户农家没有一幢砖瓦结构的住房，祖祖辈辈住的是泥土墙、茅草房，山民开门见山，外出爬岭，吃的用的一切生产生活资料都要靠肩挑背驮运送。穷山恶水使姑娘一个个往外嫁，小伙子一个个成了光棍。[②] 当时村里流传着这样一段顺口溜："风调雨顺收点儿粮，干旱年份就遭殃，高山姑娘往外嫁，留着光棍守山乡。"董主任向我们介绍了紫溪村的艰难困苦的生活：

> 这个村是 46 户人家，176 个人口，是王宅镇紫溪村，住在大法尖，海拔 917 米，这是当时搬迁的时候的数，现在户数有所变化，农民住在山上，耕田是在山下，就在陶宅那里，当时下来他们就想得简单，人住山上，田在山下，就比较辛苦，小孩上学、看病也很辛苦、困难，书记就有两个儿子，一个儿子是跟媳妇吵架，上吊自杀了，还有一个儿子到农田去施农药中毒，因为在山上医疗条件有限，就用毛竹椅子，人躺上去，用毛竹捆起来，请人抬下来，才抬到半路人就死

---

① 金奕丰：《搬迁下山的故事——俞源乡阳铺平村搬迁下山纪实》，载《攻坚纪实》，国际炎黄文化出版社 2000 年版，第 93 页。

② 张建成：《告别穷山恶水奔富路》，载《农村信息报》1996 年 10 月 1 日。

掉了。像书记儿子如果在平原，离医院比较近，有拖拉机，那么这个人就有救，可能就不会死了。他从山上要抬几个小时才到平路上，农民又不懂急救。

紫溪村就是在这种穷山恶水的地方年复一年、日复一日地艰难度日，许多村民几乎一辈子都在山里生活，连县城都没去过，对山外的世界全然不知，敢问出头之路在何方？

4. 张大山：爬不完的山路

天师尖，海拔近千米，是座处于浙中武义、丽水、松阳三县（市）交界的巍峨峰峦。天师尖东侧山丛有个朝日杲杲的山坞，坞里高高矮矮、依山沿坑而又呈圆形地踞立着100多幢农舍，330多人生活于此，这个村庄就叫张大山。张大山建村至今有530多年，由于张姓人开始居住这里，周围又多大山，故名张大山。这是个典型的革命老区村。

穷在山上，苦在路上。1998年冬，当地政府和林业站的几个干部来到张大山，感叹于村口四棵两三抱粗的柳杉树的挺拔刚劲，可是村里人说："做机耕路那年，这四棵树有人出价10万元，想买走，可没办法搬运，最后想买的人只好绕着树走几圈，拍拍树干离开了。"

全村230多亩梯田，多半落于村庄的山下陇里，村民们说："那是早上吃饱了，走下山路去耕种；中午肚饥了，却要挑着收成的粮食，爬上岭回家的地方！"每年，他们要用双肩从村里挑下山去投售农产品，一担担土特产、粮油、蔬菜，扛去一头头肉猪，还有树木、毛竹等，同时又从外地购回化肥、农药和其他林林总总的生活必需品。买一台电视机，虽然心里高兴，但也必须背着它一步步爬上山岭搬回家。[①] 张大山村的人们有着永远也爬不完的山路等着他们。

还有许多村庄的不幸故事限于篇幅无法呈现于此。贫困是它们共同的命运，怎样摆脱贫困，怎样走出贫困？残酷的自然生存条件提醒我们过去的"输血"式扶贫、"造血"式扶贫等战略都无法发挥自己的作用，只有"换血"式扶贫策略，即让山民搬迁下山，异地开发才是山区农民走向光明的唯一出路。

---

① 万中一：《走出张大山》，载《攻坚纪实》，国际炎黄文化出版社2000年版，第108—110页。

二　下山三五年

修一条路不如搬一个村。1993年下半年，武义县委、县政府在总结经验教训、深入开展调查研究的基础上，形成了"下山脱贫"的扶贫工作新思路，并于1994年下发了指导性文件——《武义县高山深山农民居住迁移试行办法》，随后又陆续出台了《武义县高山、深山农民下山脱贫办法》《武义县下山脱贫若干问题处理意见》《武义县下山脱贫有关问题补充处理意见》等政策，并从建房用地、口粮田安排、户口落实、新村"三通"等方面给予优惠和扶持，鼓励居住在深山高山的农民迁移到公路沿线、乡镇所在地和土地较多的平原村。从此，武义县走上了"下山脱贫"这个彻底拔除穷根的康庄大道。并且在这十三年中，取得了下山脱贫的辉煌成果，使4万多人摆脱贫穷。从1993年到2005年，武义县一共有328个村（47个行政村），14315户，43729人搬迁下山。搬迁下山的人口占全县人口的八分之一；占贫困人口的三分之一；占山区人口的二分之一，占全县总自然村的五分之一。具体情况见表6。

表6　武义县下山脱贫统计表（2005年12月31日）

年份 （年）	下山自然村数 （个）	其中建制村数 （个）	下山脱贫户数 （户）	下山脱贫人数 （人）	下山前人均年收入 （元）	下山后人均年收入 （元）	比下山前增长 （倍）
1993	19	2	379	1401	200—370	4180	20.9—11.3
1994	25	4	682	2145	200—418		20.9—10.0
1995	35	3	2366	6838	460		9.1
1996	36	6	2460	7109	500		8.4
1997	36	10	2604	7539	550		7.6
1998	38	6	896	2866	600		7.0
1999	22	1	463	1528	660		6.3
2000	21	0	381	1249	720		5.8
2001	34	3	994	3114	790		5.3
2002	25	3	787	2501	870		4.8

续表

年份 （年）	下山自 然村数 （个）	其中建 制村数 （个）	下山脱 贫户数 （户）	下山脱 贫人数 （人）	下山前人 均年收入 （元）	下山后人 均年收入 （元）	比下山 前增长 （倍）
2003	19	3	849	2954	950		4.4
2004	11	5	705	2262	1100		3.8
2005	7	1	747	2223	1200		3.48
合计	328	47	14315	43729			

资料来源：武义县原扶贫办主任董春法提供。

搬迁下山后，农民的生产、生活观念有了根本改变，人的素质有了显著提高，许多农民从山头、田头、栏头转向码头、街头，有的还开了商店，办起了工厂。下山农民成了武义工业经济发展的一支生力军。全县约有60%的搬迁下山农民就近进厂或外出务工，下山农民致富的门路越来越宽。据统计，截至2004年1月，武义县3.3万农民下山后，35%的劳动力进了企业，均一年增收4000多元。① 一系列的数字表明下山脱贫使昔日的山区农民过上了幸福的生活。

1. 山上山下两重天

来到新九龙山村口，我们不敢相信眼前的这一幕。新九龙山村傍山依路，坐落在44省道上松线公路边。离省道一百米远的就是新九龙山村了，远远看到村前道路两边各立有一块石碑，一块上刻"新九龙山"四个苍劲有力的大字，另一块刻着"下山脱贫好"五个大字。两块碑都意在让子孙后代牢记共产党和政府的恩情。进得村来，只见新村前后五排共60多幢新楼房整整齐齐地排列着，这就是九龙山村村民的住宅。

其中，右边第一排楼房是村委会办公大楼。办公楼至今仍挂着两条横幅："爹亲娘亲，党和政府最亲；千好万好，下山脱贫最好。"展现了人们对共产党的无限感激之情。支书带着我们办公楼上走，当时一楼的机器声还是吸引了我，一问，才知道是个加工运动服的来料加工厂。工人都是妇女，其中20多位是本村人，一位妇女说，"在这里工作，很方便，既能赚钱，工资一个月有700多块，同时离家很近，平时可以照顾家庭，家里有

<hr>

① 《浙江10万贫困户务工增收》，载《浙江日报》2004年1月15日。

事可以随时跑回家。"对于村庄的变化，邓书记娓娓道来：

> 在山上的时候电风扇、摩托车什么都没有的，在下山以后那个摩托车也很多了，基本上是60%都有了，电冰箱也有了，每家也都有电话。汽车也有三辆，都是个人的。反正下来以后，交通便利，都很好。那个七大难不再难了。以前是68户，现在也是68户，原来189人，现在有230人，增长了41个，41人里面讨回老婆的有28个，其他都是新生的小孩。九龙山的老百姓常会说的一句话就是"做梦也没有想到过！"主要是观念改变了，在山上就是砍砍柴火烧烧饭，砍砍木头烧烧炭，今年能够过得去就好了，不想那个发展。下来后观念改变了，人家造了一层我们也要造啊，人家造了三层我们也要赶上去啊。经济增长了，原来不到380元，现在都4000元以上的了。粮食总产量从原来的6万，提高到了20万，下扬一村、下杨二村，没人种的田，我们都接过来种。到处用的都是自来水，电灯想用多久用多久，这个自来水是一个风景区里引出来的，坐车也很方便。第一年把房子造好了，吃喜酒时，走亲戚时，都是骑自行车去的，就是有个十里二十里的也都会骑车去，表示农民很开心。跟以前比，我们自己跟自己比那是很满意的了，跟人家比我们还是相差很远，与自己比，那我们就是共产主义了。生活水平也提高了，现在也可以有菜买，以前在山上只有一点马铃薯吃的，下山了早上都是有肉送来的，菜送来的。每家都是煤气了，鸡鸭前几年还养，现在都不养了。如果家里人多的就还养一头猪，给剩菜给它吃。早上有卖肉的卖早餐的卖豆腐的，都送到家门口了，小孩子读书也有车来接送的，早上接去，晚上送回来的。条件完全变了。

说完之后，邓书记给笔者一份资料，里面记载有：全村村民的生活水平得到改善，从当年的人均收入380元，到2000年人均年收入1478元。2005年人均收入更是达到了4000多元。全年的粮食总产量从1996年6万增加到18万余斤，全村在外面打工的有66人，分别在杭州、永康、义乌、武义、本乡砖瓦厂等地，1999年2月9日，新村里举办了6对中青年的集体婚礼。到目前为止已有20多个光棍找到了对象，14对已经结了婚，人口在计划生育规范内从189人增加到230人。下山后产生了4个大增加十

图44　九龙山村集体婚礼（董春法摄）

大变化，四个大增加：人均收入大增，粮食总产量大增，外出打工人数大增，人口大增。十大变化：一是环境发生大变化，二是观念发生了大变化，三是发展经济的条件发生了大变化，四是村级领导班子的精神面貌发生了大变化，五是通水通电通路通广播通电视发生大变化，六是儿童上学难发生了大变化，七是村民有病就医难发生了大变化，八是村容村貌住房条件发生了大变化，九是青年婚姻难发生了大变化，十是农民的生活水平发生了大变化，① 了解到这些变化，我们不禁感叹，"果然是山上山下两重天"。

2. 下山脱贫命运变

前文提及的张大山村搬下山后改名为要巨二村，说到下山的变化，有的人说学到了要巨人起早摸黑，把蚊香挂在笠帽上驱蚊采茶叶的精神；有的说入乡随俗连小孩都会讲武义话了；有的说现在真的大路通天，一天从早到晚看到滚圆的日头了；有的说现在的人流动更快了，信息更灵了，读书看病都更方便了；有的说现在学技术、打工、种田种地、做买卖等门路更宽了！其实这一切正是脱贫致富的目的所在。② 归根结底，要巨二村的村民收入高了，生活好过了，从下表（见表7）中部分要巨二村村民所从事的职业和收入看，我们也不无感叹地认为"下山脱贫好"！

---

① 邓寿明：《俞源乡九龙山村下山脱贫汇报资料》，2001年2月25日。
② 万中一：《走出张大山》，载《攻坚纪实》，国际炎黄文化出版社2000年版，第117页。

表7　要巨二村（张大山）下山脱贫前后人均收入对比表（2004年6月15日）

姓名	年龄	家庭人口	主要内容	年收入（万元）	人均年收入（万元）	增长倍数	小汽车
李显成	30	5	在温州做粉碎机、刀片	40	8.00	133.33	1
王贤伟	32	6	在北京做服装，雇人40—50人	20	3.33	55.00	1
章锯庆	35	3	在宁波做电焊，雇员工10—20人，在宁波有两套房	60	20.00	333.33	1
邹石贵	42	3	承包山里村茶叶山160亩，今后将年年增收	10	3.33	55.56	1
王朝挺	31	3	在杭州做装潢	20	6.67	111.11	
王忠芬	32	3	在温州做电焊	3	1.00	16.67	
章宝林	44	2	在温州打工做皮鞋	3	1.50	25.00	
王国华	32	3	在杭州做装修	5	1.67	27.83	
王伟平	39	3	种香菇3万元，妻子在茶厂打工1万元，8亩梨、11亩茶叶1万元	5	1.67	27.83	

　　资料来源：原武义县扶贫办主任董春法提供。（注：张大山村1997年搬下山前人均年纯收入600元。）

　　同样，1998年，羊虎坪村与王宅镇桥亭村、王宅村顺利签订《下山脱贫安置用地协议书》。搬迁下山后，董春法主任给羊虎坪村改名为"阳光村"，坐落在离武义县城15公里的工宅镇所在地。一幢幢占地110平方米的钢筋混凝土红砖瓦房整齐地排列着。下山后，村民贴出的春节对联，如"蜗居高山五百年，不如下山三五年"。充满了对下山脱贫的感慨之情。而且，下山后该村1999年9月18日出生第一个孩子，起名为邹祝阳，后来取名祝向阳、祝初阳，也都具有特别的意义，一是感激下山脱贫，二是对美好前景的向往。

　　下山后村里的祝建平靠跑运输攒下钱来建了一栋三层楼的新居，建筑面积有400多平方米，从建房到装修，花了十多万元。"山上三百年贫穷，下山三五年致富。"阳光村村民在短短几年时间里，实现了祖祖辈辈未曾有过的大跨越，开始融入了现代生活。①

3. 从光棍到新郎

住在高山上，由于交通不便、生存环境恶劣，许多山民只好一辈子打光棍。前文提到的九龙山村7年没有一户娶过亲正是其中的典型代表。对此，董春法主任有深入的了解，他说：

> 有一个村叫梁家山，"梁家山，梁家山，七个横路八个弯，石臼石磨放中央，有女不嫁梁家山"。还有一个叫上周村，"上周，上周，前世不修嫁上周"。像张坑茶山，"张坑茶山，人不吃饭，乌鸦没谷吃的地方"，实际上是人没有饭吃，乌鸦没有谷吃的地方。教育小孩子是这样教育的，你要听大人的话，你如果不听大人的话，长大以后就把你嫁到张坑茶山，张坑茶山在海拔964米的山上，这个山的名字就叫八县尖，站在那个山顶上，可以看到金华地区八个县。我们跟那个地方是交界处，我们村里教育小孩都是这样教育的，你如果不好好念书，不好好学习，大起来就给你送到张坑茶山去。
>
> 现在我核算下山脱贫农户娶亲的情况，下山脱贫工作开展12年来，2000个媳妇娶进来是有的，而且她们专门叫我去喝喜酒，还把我推到上座，他们说："你比我的父亲还亲。如果没有你，就没有我的老婆"。再有一些呢，我们有一次跟浙江电视台去采访杨梅岗，杨梅岗我们正好汽车一下来就碰到一个小青年，那个记者马上过去问那个小青年，"小伙子，你今年多大了？""32岁。""讨老婆没有？""讨了。""在哪里？""现在在家里。""现在干什么呢？""生小孩。"他说你现在这个孩子生出来没有，刚刚生出来。"你为什么要等到32岁才娶媳妇呢？""他说我以前娶过几个，都嫌我家里穷不来了，现在我下山以后，这个是她自己上门来的。"他就可以说得这样理直气壮的了。

确实，下山后，许多大龄青年纷纷找到了对象，结婚成了家，过上美满幸福的生活。其中，"下山脱贫第一村"的紫溪村在下山还不到三年，15个没有找到对象的大龄青年中1996年就有5个结了婚，还有3个已登

---

① 《阳光村：三易其名求发展》，载《今日武义》2004年5月26日。

记，国庆前后就要举行婚礼。村民谢增银家两个儿子都已 30 多岁，去年 34 岁的小儿子谢齐富结了婚，出去当上门女婿的大儿子谢齐宝，也携妻带儿回到了家里。①

在此值得一提的还有木匠廖春飞。他不只是摆脱了光棍的身份，更重要的是娶回了女大学生，引起社会的轰动。据报道，31 岁的金桥村村民廖春飞说起下山后的变化感慨万千。"原来我家住在山上，祖祖辈辈靠种些山地和砍柴生活，想吃饱都难，更不敢想娶妻生子的美事，从来没有想过改变自己。下山后天天看到城里人的生活，就有一种和城里人比高低的冲动。"第二年廖春飞开始学木匠手艺，赚了 2 万多块。廖春飞说："看到自己的收入一天天多起来，超过一些城里人，谈恋爱追女朋友也有勇气了。"他靠自己的朴实和勤劳，娶上了浙江师范大学计算机专业毕业的女大学生。现在，廖春飞已经是一个拥有 100 多人的建筑木工队伍的民营企业家，还安排十几个一同下山的农民就业。②

不只是在物质生活和生产方式上产生了巨大的变化，下山农民精神面貌也发生了令人欣喜的变化。董春法把下山脱贫后的变化总结为"十大变化"：生存环境大变化、思想观念大变化、发展条件大变化、精神面貌大变化、交通设施大变化、儿童上学大变化、医疗条件大变化、村容村貌大变化、青年婚姻大变化、生活质量大变化。下山脱贫"十个有利"：有利于拔除穷根、造福子孙；有利于发展经济、加快脱贫；有利于保护环境、生态平衡；有利于城镇建设、跨越发展；有利于设施共享、节省投资；有利于观念转变、寻求富路；有利于全面建设、小康社会；有利于教学环境、教育质量；有利于激活经济、移民效应；有利于消除贫困、共同富裕。

"山上五百年，下山三五年"，这副对联道出了全县下山农民的共同心声。

三 反贫困战略与新农村建设

在下山脱贫政策出台之前，为了山区人民早日脱贫，各级党委、政府

---

① 张建成：《告别穷山恶水奔富路》，载《农村信息报》，1996 年 10 月 1 日。
② 张建成：《告别穷山恶水奔富路》，载《农村信息报》，1996 年 10 月 1 日。

想了不少办法，也积极进行了多种努力。给钱给物、无偿捐助、挂钩扶贫、开发扶贫……投入了大量人力、财力、物力，开山凿路，架线通电。贫困山村的人民也付出了极大热情和努力，在改善交通方面修了桥铺了路。这一时期的扶贫走过了两个阶段：一是输血阶段，直接向贫困地区输送扶贫资金和物质，实际上是救济扶贫，其结果是能救一时"火"、难解长远困，有的地方甚至出现了严重的"等、靠、要"思想。二是造血阶段，即帮助贫困地区发展新兴产业，搞活经济。然而，对于那些"地无三尺平""打个电话都要跑几里路"，自然资源非常贫乏的深山僻坞，"血"却很难造出来。前些年县里在山区"造血"扶贫，基于"无工不富"的想法，号召山区农民发展工业，但是由于受各种条件的严重制约，结果只能搞一些木材加工，到头来，农民没有富起来，反而把昔日长满树林的山坡开发成荒山秃岭，对自然环境造成更加严重的破坏。

事实表明，不管是"输血"还是"造血"，都无法让身居贫瘠高山的农民摆脱贫困。政府部门在充分认识到这一点后，认为要从根源上改变贫困村民的生产、生活环境，应该引导和鼓励他们搬迁下山，异地脱贫。这就是"下山脱贫"这一具有历史性意义的反贫困战略。笔者认为，在此可以把它称为"换血"战略。也就是通过迁移下山，到平原安家定居，永远告别不适合人类生存的贫穷的高山，把过去的"血"通通换成今天的新鲜血液，改变了农民最基础的生存环境，这样才能实现真正意义上的"脱贫"。那么，怎样成功地实现"换血"呢？武义县致力于下山脱贫的"三个着眼"和"五个结合"。

"三个着眼"：一是着眼"下得来"，注重"两个优化"：首先是优化政策，加大对下山脱贫群众的扶持。其次是优化服务，为下山脱贫群众提供更多方便。二是着眼"稳得住"，注重"三大转变"，第一个转变，搬迁方式由整村搬迁为主向整村搬迁和零星搬迁并重转变；第二个转变，安置地点由分散安置向集中安置转变，引导支持下山群众向中心村、中心镇迁移，在这些地域规划、建设功能完善的下山脱贫小区；第三个转变，政府资金投向由分散扶持为主向统分结合转变。三是着眼"富得快"。

突出"五个结合"，一是下山脱贫与推进工业化、城市化相结合，跳出"三农"抓"三农"，通过推进工业化、城市化，转移山民、减少山民、提高山民、富裕山民；二是下山脱贫与农村劳动力培训就业工程相结合，加强对农民的职业技能培训，不断拓宽农民的就业门路；三是下山脱贫与劳务输出相结合；四是下山脱贫与发展来料加工业相结合，来料加工业是"两只手"的工业，是没有围墙的工厂，不需要大的资本投入，可以不离乡离土而有效解决山区农民的隐性失业问题，特别是可以让那些年纪较大的或没有一技之长的人也能实现就业；五是下山脱贫与发展特色产业相结合，农民搬迁下山后，充分开发利用旧村巨大的生态资源，也是下山群众致富的一大有效途径。①

通过这三个着眼，武义县的"换血"式扶贫方法取得重大成果。山民不仅仅是改变了生存环境，而且找到了新的致富之路，从"山民"变为"市民"，这种"换血"就是武义的反贫困战略，由于这种办法从根本上改变了农民的生存环境，所以，十多年来，武义下山脱贫的村庄，没有一村，也没有一户重新搬回山上生活，也几乎不存在在山下找不到经济来源的家庭。

有学者指出，反贫困战略有以下几种，帕累托（Ⅰ）式战略，帕累托（Ⅱ）式战略，卡尔多（Ⅰ）式战略，卡尔多（Ⅱ）式战略，庇古（Ⅰ）式战略，庇古（Ⅱ）式战略等。其中，帕累托（Ⅰ）式战略是指如果反贫困战略实施的结果是贫困人口和非贫困人口的福利都增加了②，这也可说是最佳的反贫困战略。武义县下山脱贫战略可以说就是这种最佳的反贫困战略。

四　下山脱贫的反贫困意义

武义下山脱贫的成功范例，被纳入《可持续发展之路——中国10年》画册，作为2002年在南非召开的世界可持续发展首脑会议——"地球峰会"的交流材料。2003年4月，肯尼亚省长代表团考察了武义县的下山脱贫工作，对武义县的扶贫攻坚战略表示了极大的兴趣。中央省省长拉布鲁说："今天我们亲眼看到了武义下山脱贫农民下山后所发生的翻天覆地的变化。肯尼亚与武义南部山区十分相似，武义经验值得借鉴。"2004年5月21日，在省农办与武义县委、县政府联合举办的"下山脱贫工作十周

---

① 中共武义县委、武义县人民政府：《下山脱贫十年探索四万山民共奔小康——武义县实施下山脱贫十周年回顾与展望》，2004年5月。

② 康晓光：《中国贫困与反贫困理论》，广西人民出版社1995年版，第27—29页。

年"座谈会上，与会的领导、专家、学者纷纷称赞武义的下山脱贫工作是一项德政工程、民心工程，是一个创举。2004 年 5 月，在上海召开的全球扶贫大会上，武义下山脱贫工作作为典型在大会上作了书面介绍，下山脱贫经验向全世界作了推广介绍。

1. 变征服自然为顺应自然：下山脱贫是人与自然关系的和谐策略

武义下山脱贫的另一个直接结果就是对山区生态环境的保护有利。由于自然环境的制约，贫困山区农民的生产方式大多靠山吃山，砍伐林木是他们的主要经济来源。过着"砍砍柴火烧烧饭，砍砍木头烧烧炭"的生活，而且大多数山区土壤贫瘠，自然恢复非常缓慢。同时，为了改善山村的交通条件，开通致富之路而大兴交通工程。但是事与愿违，往往是"修了一条路，毁掉一片林，穷了一个村"。因此，山区的生态环境日益受到破坏，穷者愈穷的"马太效应"自然产生。

如今，通过十多年的"下山脱贫"的成功实践，高山深山的群众搬迁下山，到平原安家落户，有效地缓解了山区贫困人口对资源环境造成的巨大压力，保护了山区植被；同时实施退耕还林、退宅还林等政策，又优化了生态环境，如今的高山到处呈现出一片苍翠欲滴的景象。对此，董主任也进行了充分的肯定，他说：

> 下山脱贫有利于生态保护，生态保护是直接的，因为过去我们这些山区老百姓啊，在山上一年到头你问他干什么，砍砍柴火烧烧饭，砍砍木头烧烧炭，柴火砍掉了，木头砍掉了，那山上就等于光头了，光头以后就要发生泥石流，山洪暴发，河流都堵塞，环境被破坏了嘛！那下山脱贫跟这个保护环境是非常密切的。所以我们原来林业局局长，他跟我开开玩笑，最近我们那么多山上的农民下山了，脱贫了，我听说他们要给你铸铜像，不管以后他们要多少铜给你铸铜像我都给你负责，生态环境好得多了，光秃秃的山都没有了。因为我们 328 个山区的村搬掉了，14315 户农户，43729 个人口搬迁下山，这 4 万多人过去就是在山上，砍砍柴火烧烧饭，砍砍木头烧烧炭，就是这个道理，有些村他要修那个机耕路，修这个机耕路我们也给编了两句顺口溜。过去不是有一句话嘛，"要致富，先修路"，这个话在一定的范围内有道理，但不是绝对的，有些贫困的山区是没用的，那结果就会是修通一条路，毁掉一片林，穷了一个村，也是很实际的。路修上

去了，木头也砍光了，山上那些草也压光了，因为那个山上修路都要石头打下来，那么大的石头从上面滚下来，那树林也压光了，草也压光了，要花好多年时间才能恢复回去。

下山农民人均收入成倍增长，甚至数十倍增长。武义县下山脱贫与退宅还耕、退耕还林相结合。截至目前，已有 42 个行政村、171 个自然村完成了退宅还耕，共增加耕地面积 2277.65 亩，全县森林覆盖率也从过去的68% 提高到如今的 70.8%。下山脱贫为武义县的生态立县立下了汗马功劳。①

在处理人与自然的关系上，我们长期以来强调人定胜天、征服自然的思想，在发展经济的同时牺牲了生态环境。实践证明，这种做法只能得到一时的好处，从长远来看，是十分不明智的。因为只有人与自然协调平衡，才能获得人类的长期发展。武义县下山脱贫走出了一条既有利于人类发展又有利于环境保护的双赢的脱贫之路。

2. 变强迫命令为宣传疏导：下山脱贫中人与人关系的成功协调

"谁来帮助贫困人口摆脱贫困状态，也就是说，除了贫困人口是必然的参加者之外，谁是反贫困的行动主体？我认为政府是反贫困行动的最大的，也是最重要的主体。"② "政府通过干预和选择经济发展模式可以有力地影响反贫困的进程。"③ 不可否认，政府在扶贫工作中起着至关重要的作用。而武义县成功地实现了下山脱贫，得益于他们有一支急人民所急、想人民所想的政府领导班子。

其实，在执行下山脱贫政策的过程中，会遇到很多人与人之间的矛盾，其中之一是干部与群众的关系，如果干部没有深入调查，就不一定作出令群众满意的决策。二是下山农民和接纳地群众的关系，如果接纳地群众因为接纳下山移民而减少自己的经济来源，又没有得到其他的补偿，就会拒绝接纳下山移民。三是山区农民自身的心理矛盾。我们中华民族历来是个安土重迁的民族，即使是在外地生活了大半辈子的人也常有"叶落归根"的传统思想。因此，虽然住在山上自然条件极度恶劣，不适宜人类的

① 中国武义网，http://www.zjwuyi.gov.cn/zjwy/index.jsptypeID=41164721&cataloglD=a803420。
② 康晓光：《中国贫困与反贫困理论》，广西人民出版社 1995 年版，第 16 页。
③ 康晓光：《中国贫困与反贫困理论》，广西人民出版社 1995 年版，第 155 页。

生存发展，但是传统的观念再加上对在搬迁地生活条件的担忧，制约着一些人远离故土，到另一个地方安家落户的决心。这些关系错综复杂，稍微解决不好，就会影响整个搬迁下山的计划。九龙山村邓寿明老书记的经历充分说明了这一点。吴桂清在田野日记中记载了邓书记动员群众下山脱贫所经历的重重阻力：

> 邓书记说九龙山有五百多年的历史了，当初刚说要动员下山的时候，真的非常的苦，说着说着他都快掉眼泪了，说到村民不理解他的时候，刚开始动员他们下山的时候，他被别人骂说是个忘本的人，想抛弃老祖宗留下的这个地方，世世代代都是这样过的，怎么到我们这一代就要下山，怎么对得起老祖宗，当初选书记时怎么都瞎了眼了……村民说什么难听的话都有，邓书记忍住了，他说他也曾经想过退到二线，但是经过董老和乡里做了他的思想工作，他当时才得以坚持下来的，每说一段话他总会加一句"多亏有了老董"。

在下定决心带领全村搬下山后，邓书记不畏艰难困苦，把全身心都投入下山脱贫工作中。董春法说，"邓书记为了给村里省钱，每一块钱都精打细算，县里组织去玩，他从来不去，把钱留下给村里用，在办下山手续的时候，邓书记为了省钱，他从来不在县里过夜，每天都是早上早早地起来坐最早的车子去县里，坐最晚的车回到村里，每天接触了什么人，工作有什么进展了当晚都会回到村委开会通报一声，就这样走了快一年，终于办完了手续，下山脱贫成了现实。"

正是因为有许多像董主任、邓书记等这样的各级领导干部的努力，全县4万多山民才能顺利搬下山来。这十多年来，武义县下山脱贫战略有条不紊地实施，而且没有发生任何群众因之上访的事情。这些都归功于当地各级政府在处理人与人之间关系上的稳熟。董春法多次对笔者说：

> 下山脱贫工作是一项非常复杂的社会系统工程，要完成这样一项崭新的工作，就必须依靠党和政府的坚强领导，依靠各有关部门、乡镇、街道的大力支持和媒体的大力支持，特别需要接纳村的大力支持，要有社会各界的关心、帮扶才能完成，否则将一事无成。武义下山脱贫工作开展十多年来，历任扶贫办主任王恒荣、钟发品等，以及

　　其他工作人员都为做好下山脱贫工作作出了大量的卓有成效的贡献。

　　在推进下山脱贫的过程中，武义县各级政府认真做好以下几个方面的工作：一是搞好调研决策和总体规划，成立了下山脱贫工作领导小组，搞好试点，并制定下山脱贫总体规划，使山民"有序搬"；二是做好宣传发动和政策引导，在广播、电视等新闻媒体上广泛宣传下山脱贫典型，同时组织贫困……区农民参观下山脱贫试点村，用现实引导说服农民，在思想上使山民"主动搬"；三是加强思想工作和组织协调，使接纳村"欢迎搬"；四是坚持自力更生和适当补助，使山民"搬得起"，为了确保"搬得起"，武义采取了一系列减轻高山、深山群众负担的政策，给予土地优惠、政策倾斜，并多方筹措资金，积极争取扶贫结对单位的援助；五是从搬迁布局和异地开发上做文章，使山民"搬得好"。对此，武义县有意识地引导下山脱贫人口向桐琴、泉溪等工业园区集中的地区迁移，既缓解工业园区对劳动力的需求，又解决了下山人口今后的生活出路问题。①

　　正如时任浙江省委书记习近平所说的："武义下山脱贫工程是一项德政工程、民心工程。武义下山脱贫成效显著，经验十分宝贵，值得总结和推广，要善始善终继续抓好。"这种德政工程、民心工程正体现在上述两点，即解决了人与自然的关系以及人与人的关系两大问题，实现了人与自然、人与人的和谐共处，创造了世界扶贫史上的奇迹，具有反贫困的国际性借鉴作用。

---

① 羊宝君：《寻求跨越》，杭州出版社 2002 年版，第 169—174 页。

第十三章　村务监督：武义模式
元素之九

　　在人与人的沟通交流中，村级政权管理民主的问题一直是影响农村稳定的重要因素。如何有效地监督"村官"，在村民委员会成立以后，就成了一个引人注目的问题。武义县后陈村在全国第一个创造性地成立了与村党支部、村民委员会并列的"第三驾马车"——村务监督委员会，使农村的基层民主管理有了制度保障，实现了农村政治生态环境的良性发展。武义村务监督的制度创新，也就成了武义模式的一个重要元素。

一　村务监督：后陈村的制度创新

　　1."后陈经验"的缘起："村官"的腐化与上访事件的增多

　　近年来，随着工业化和城市化的快速推进，"村官"（村干部）手中掌握的权力资源越来越多，而约束村干部权力的制度和监督却十分薄弱。因村务监督缺失、民主管理不完善，侵犯村民权益的事件时有发生，村民集体上访事件增多，严重影响了农村社会的稳定和经济的发展，成为农村当前党群、干群关系紧张的主要诱因。

　　2001年至2003年，武义县纪委共立案查处农村党员干部147人，占查处总数的46.9%，仅2003年就查处40人，占查处总数的48%。像后陈村所在的白洋街道，该街道有59个村庄社区，仅2003年就查处了5个村支部书记、村主任，其中还有一人被判刑。尽管严厉查处，村干部仍"前腐后继"，不断因经济问题翻身落马。白洋街道原党委副书记、纪委书记徐向阳在与笔者的访谈中，谈到了当时的情况：

　　白洋街道在武义县所有乡镇中区位最好、交通最便利，是省级开发区，近年来因为工业发展征用土地，不少村庄获得了大量的资金，土地资源变成了货币资本。村民认为，这些财产是全村共有的集体财产，不是村干部个人的财富。对于村干部违法乱纪、滥用手中职权进行贪污腐败的行为，老百姓意见很大。他们说："这钱是我委托你管的，你怎么能乱用呢？"于是就造成很多上访现象。我们乡镇基层干部面对老百姓提出的问题感到非常非常棘手。村民的利益我们肯定要保护，他们的诉求我们要支持。但我们在没有查到确凿证据以前，还是要保护村干部，村里大量的村务工作还要依靠村干部去做。下面一来信，我们就去村里查，村干部就会说，"你们不相信我们？我们干脆不干了。"一方面，村干部意见很大。另一方面，群众说你们官官相护，我们来上访，你们不解决。你不解决我们就到县里，再不解决我们就到省里，甚至到北京。其实，群众的上访，表明了一种民间的、自发的村务监督制度已经形成。他们抓住村干部的问题，找几个挑头的，去诉求民主的权利。这是明摆着的现实，我们不可能去压制它。因为没有必要的监督制约，造成村干部纷纷落马，包括一些原来廉洁守纪的党员干部。我们在一线的乡镇干部就像救火队，焦头烂额，哪里上访，哪里出了问题就往哪里去查。我们乡镇干部就是在干群关系紧张的夹缝里求生存，两边都不是人。后陈村的问题特别严重，前后两任村领导都是因为经济问题而下台或是被查处，群众上访接连不断，矛盾十分尖锐。现在，随着新农村建设的推广，很多村子也出现了后陈的情况，如果没有监督的机构，肯定会出现很多问题。当时因为缺乏民主管理，我们街道很不稳定，经济社会的发展受到了严重的影响。有的村整个都是你争我斗的，都是不断上访的，村干部哪还有心思去做工作啊？后陈不断上访，对邻村也有影响，邻村也开始动起来。不要说正常的工作，连一些突击性的工作，如征用土地，街道都不敢去做。村干部也回避，驻村干部也不敢动员。我们白洋街道2003年一年就被查处了五个村的主要领导干部，占到我们辖区总数的五分之一啊！街道党委年终开会时，觉得问题很严重，形势十分严峻。于是，我向县纪委主动请缨，希望上级给予支持和帮助。我们街道只是县里的一个缩影，县里其他乡镇也和我们街道一样，问题很多，上访不断。于是，我们在加强村干部的监督管理和廉政建设方面的愿望和县纪委不谋而合了。

针对村官腐败和群众上访不断的问题，武义县委决定把村务公开民主管理工作的机制和制度建设作为 2004 年重点工作，并选择问题较多、矛盾复杂、干群关系紧张、当时上访量居全县第一的白洋街道后陈村开展试点。

后陈村毗邻县城，347 户 888 人，村集体经济主要来源为沙场、茶叶园、鱼塘发包和集体房租。从 2000 年以来，因为省级高速路和武义县开发区征用后陈村的土地，该村有土征用资金的收入 1000 余万元。

由于财务不公开，管理不民主，导致了前些年后陈村各种矛盾重重，村民和村干部的矛盾升级，村民上访不断，甚至发生把派出所来执行公务的警车掀翻的冲突，成为远近闻名的"问题村"。前后两任村支书都是因为经济问题而下台或被法办。武义推行村务监督制度的实践，就是从这里开始的。

2003 年 11 月，武义县白洋街道的工办副主任胡文法临危受命，到后陈村兼任村支书。为医治后陈村财务问题混乱的顽疾，受群众自发组织开展村务监督的启发，胡文法到后陈村办的第一件事就是建立了一个村民财务监督小组，对村两委的每月财务支出进行审核签字。这成为后来村务监督委员会的雏形。

2004 年 2 月，由武义县纪委宣教室牵头，白洋街道协助，成立专题调研组，在白洋街道后陈、西田畈、西村、下埠口等村就村务民主管理方面存在的问题开展调研。通过召开村两委成员座谈会，查阅村有关管理制度，了解村民对村务民主管理方面的意见建议，分析街道近年来部分经济发展较快村的村干部在廉政方面出问题、干群关系紧张的深层次原因，找准试点工作的切入点。在调查中，县纪委白洋街道宣教室主任钟国江打算在后陈进行试点，推动"村官廉政工程"，并在全县开展一次农村党员干部的"廉政教育活动"，梳理有关的村务公开管理制度，加强对农村党员干部的教育。但是，仅仅依靠加强对村干部的教育和学习，还是不能从根本上解决监督缺失的现实问题，必须建立起村务监督的长效机制，才能有效地解决这一问题。这时，面对群众上访不断和"村官"纷纷"落马"的现象，武义县县委副书记、纪委书记骆瑞生思考的是如何将群众上访这一类民间自发形成的监督组织，结合村务监督，引入法治轨道上来。"与其放任自流，不如加以引导，把村民诉求民主权利的热情引导到村民自治的法律框架中来，成为党领导下的群众性监督机构"，这样，建立一个村务监督组织——村务监督委员会的想法提到了议事日程。

2. "后陈经验"的主要特色："两项制度，一个机构"

由于成立村务监督委员会涉及法律依据、村委会办事效率、党的权威和执政地位等敏感问题，这一主张引起了很多争议，改革的阻力很大，但骆瑞生的想法得到了原县委书记金中梁等主要领导盼理解和大力支持，在县委常委扩大会议上获得了通过，村务监督这一制度创新正式进入政府主导和推动的新阶段。针对村务公开民主管理工作涉及部门多、面广的特点，2004年4月，武义县委专门从县纪委、县委办、组织部、民政局、农业局等部门抽调人员，组成武义县完善村务公开民主管理试点工作指导组，由县委办副主任刘斌靖任组长进驻后陈，用两个月的时间深入农户听取村民意见，召开各个层面的座谈会，对后陈村各项管理制度进行梳理，针对新形势下村务管理中出现的新情况、新问题及村民关心的有关村务方面的热点、难点问题，制定相关配套制度，拟出《村务管理制度》《村务监督制度》两个制度讨论稿。这两项制度从听取广大村民意见形成初稿，到梳理完善征求社会有关方面意见，以致又重新分发到全村每家农户手中，让村民再次提出修改意见，力求制度中的每项条款既体现村民意愿又能切实可行，这样反反复复到最后表决通过，历时两个多月。

2004年6月18日，是后陈村一个永远值得纪念的日子。这一天，中国农村基层第一个村民监督委员在广大村民的拥护中诞生，该村村民代表、原老上访户、43岁的张舍南在选举中脱颖而出，成为引人注目的第一任监委会主任。有意思的是，后陈村监委会的牌匾与党支部和村委会牌匾并列但又与二者保持一定的距离，似乎暗示着它们三者在现实权力结构中的地位和关系。

同日，武义县后陈村村民代表会议通过了约束村干部权力的《后陈村务监督制度》和规范村干部行为的《后陈村务管理制度》，前者规定了监督的程序，也就是解决怎么监督的问题；后者明确民主监督的依据，也就是说，解决了凭什么监督的问题。

归纳起来，后陈村务监督的主要特色可概括为"两项制度，一个机构"，即为《村务监督制度》《村务管理制度》，以及村务监督委员会。

图45　后陈村监委会挂牌成立（完善村务公开民主管理试点指导组提供）

（1）一个机构：村务监督委员会

《后陈村村务监督制度》规定："监委会由村民代表会议表决产生，经村民代表会议授权实施监督，并对村民代表会议负责。监委会任期与村委会同届。"监委会"由3人组成，设主任1人，组成人员在村民代表会议中推选或选举产生"。监委会人员采取回避制度，由"不是村两委班子成员及其直系亲属的村民代表"担任。

监委会被赋予七项职能四项义务。七项职能：1. 对执行党的路线、方针、政策及村管理制度情况实行监督。2. 列席涉及群众利益的重要村务会议。3. 对村财务公开清单和报账前的凭证进行审核。4. 建议村委会就有关问题召开村民代表会议。5. 对不按村务管理制度规定做出的决定或决策提出废止建议，村委会须就具体事项提交村民代表会议表决。6. 协助街道党委对村干部的年终述职进行考评。7. 根据多数村民和村民代表的意见，对不称职的村委会成员提出罢免建议，提请村党支部，报上级党委、政府后，依法启动罢免程序。四项义务：1. 支持村两委正常工作，及时消除村民对村两委工作的误解。2. 定期不定期向村党支部和村民代表会议报告村务监督工作情况。3. 及时向村党支部、村委会等组织反映村民对村务管理的意见和建议。4. 联系村民，广泛听取意见，履行监督职责。

（2）两项制度：《村务管理制度》和《村务监督制度》

两项制度集中了民意和民智，提请村民代表会议通过后生效，是规范村务管理行为，开展有效监督的依据。《村务管理制度》对集体资产（含土地征用、征用费的分配使用等）、农民建房、村干部报酬、财务收支等村民关注的热点、焦点事项都作了明确、具体的规定，是规范村务管理行为的实体性制度。《村务监督制度》根据权力制衡、公开透明的原则，对监委会和村民代表会议的性质、地位、职责、权利、义务、纠错、罢免的途径和程序都作了详细的规定；同时还对村务公示、村民代表联系村民、村民听证和村干部述职考评等也作出了具体的规定，是约束村干部权力的程序性制度。

另外，武义县村务公开民主管理试点指导组还设计了救济制度。当村务监督委员会制度自身运行发生障碍时，监委会、村民可以向县、乡两级救济机构申请救济，救济机构接到申请后15天内必须处理完毕。

后陈村务监督委员会的成立，使村务的管理权和监督权分离，加大了对村务工作的监督力度，建立了分权制衡的制度创新机制，对推进农村基层民主建设具有重大的现实意义。

真是无巧不成书，四天以后（即6月22日），中共中央办公厅、国务院办公厅联合发布了《关于健全和完善村务公开和民主管理制度的意见》，即17号文件。文件特别提出，要"强化村务管理的监督制约机制，设立村务公开监督小组"。

3. "后陈经验"的成果：村民维护民主权利的"尚方宝剑"

首届后陈村村务监督委员会成立后，在张舍南主任的带领下，按照《后陈村村务监督制度》的规定，有板有眼地开展了工作。在工作的实践中，监委会成为后陈村村民维护自身民主权力的"尚方宝剑"。

个案1：监委会走马上任不足一月，村里的大事就来了，几年来村里因为土地被征用，获得的1000多万元的征地款，村两委准备用这笔钱盖3万平方米的标准厂房出租，年终给村民分红利。村两委干部在村务会议上议事完毕，有村干部问监委会："这事你们几个人同意就做了。"张舍南表态："我们这个担子也不好挑，也挑不动，你们主要领导也挑不动。按照监督制度，是不是最好搞个听证会？"当场就有干部不高兴了："你这个人一上来就挑刺，你没来我们不是也做得好好的?"张舍南也急了,两人当场吵起来。最后还是村支书胡文法出来打圆场,拍板确定召开听证会。第一场交锋,以监委会获胜告终,村民的民主权益得到了尊重和维护。

个案2:2004年8月,厂房开始建设时,麻烦又来了,村委会主任哥哥的亲戚出铲车铲砂,刚开始的时候,费用以小时来结算,120元一小时。干了一个多月,细心的胡文法发现铲车越开越慢,砂越铲越少,钱却照付。胡文法于是派村支部委员何容伟和张舍南一起下去摸摸情况。两人一调查:如果换成以生产量结算,成本将大为减少,随后两人向村支书作了汇报,并提出对铲车公开招标。此举马上惹恼了村主任,他找到何容伟大吵一架,原本受命去做"思想工作"的张舍南,也打起了退堂鼓,这一点让村支书胡文法颇为不满。拖了一周,以监委会名义举行的招标会开始了,结果来投标的铲车寥寥无几,原来,村主任的哥哥十分光火,跑来把参加投标的人都赶出了村。后来,在村支部出面担保的情况下,车主们才敢重返会场。这场冲突,最后使每方砂的价格降到3.48元,每天节约成本约160元。

个案3:在村干部眼里,张舍南最大的权力并不是开会,而是每月审核村财务账单,经他签字方能报账。这也是有些村干部最抵制的一点。中央电视台2005年3月7日的《新闻调查》中播出的《后陈村的变革》中有这样一段对话说明了这个问题:

解说:干部乱吃喝,村民的意见也很大,村务监督委员会的一项任务就是堵住餐费的漏洞。

记者:他们要招待吃喝,按照程序你怎么监督?

张舍南:村务监督制度里面规定的,有村务会议我们也都是参与的,我们可以说是,事前要做什么事情,我们监委会不是全部知道,但基本上是清楚的。

记者:那村干部如果真的是为了办事儿,要招待某一个客人吃一顿饭,你们都知道?

张舍南:我们都知道的,我们其实这样做起来呢,我们都是事前监督、事中监督,事后都是跟上去的。可以说是。

解说:请客吃饭必须经村务监督委员会审核,这个制度实行后,餐费在后陈村的账目上大大减少。《村委会组织法》里规定涉及村民利益的事项必须公开,在后陈村的村务公示栏里我们看到了在其他村同样贴出来的财务公示表，但不一样的是后陈村的公示表上多了张舍南的签名。这个小小的签名，在当初建立制度的时候，曾经是让工作组的人最头痛的一个问题。

刘斌靖：争论很大，当时意见不一致，甚至我们是有的时候吵得喉咙都干掉了，那几天好像喉咙都哑掉了。你签字的话，那就涉及你这个发票报不报得了，到时候会不会影响我们的稳定，影响我们这个村里开展工作？这个字如果不签，监委会没有权力的话，这个监督也就不可能到位，还有就是监督不了，也就是说事前的监督，事中的监督就会落空，所以我们最后还是决定要签字，要审核，报账审核一定要签字。

记者：如果在一个月的账中，在招待费中发现有你不清楚的或者是你有怀疑的，这个时候你怎么办呢？

张舍南：那我就拿出来，放到那个村两委会上决定可不可以报销的。

记者：经过了一个公开讨论？

张舍南：对，公开讨论。

记者：监督委员会以后，在你的职责上发生了什么变化？

村会计：就是我可以通过监督委员会，不需要我个人出面，发票合不合这个制度，我最后一关上报到农经站，要经过监督委员会审核，审核以后，对他们领导还有村民都有一种交代。村民也相信监督委员会。

记者：这种前后变化给你最大的感触是什么？

村会计：比以前轻松多了。

陈岳荣：现在每一张发票都要监督委员会审核才能报销，村干部也不会犯这个错误。有这个监督，干部他就不敢做这些事情了。

自从监委会掌握报销的"签字权"后，村里的招待费开始锐减，按照新规定，村里接待县和街道干部，每人伙食标准20元，买烟喝酒自费，当年，全村招待费共8000多元，不到以前一个月的支出。而在过去，这个数字是10多万元。据统计，自监委会正式运作一年以来，直接为该村增收节支90多万元。

后陈村监委会的成立和村务监督工作的开展，使监委会依据《村务管理制度》和《村务监督制度》，对村务决策、民主管理、村务公开等实施全过程监督，必要时启动纠错程序，以达到"规范村务行为，约束村务权力，保障村民权利"的目标。在村务监督委员会这一民主管理的机制下，后陈村的村务管理工作真正体现了公开、公平、公正的原则，村民们能够真正了解和监督村里的大小事务，再也不必担心自己的合法权益受到损害了。首届监委会主任张舍南说，村务监督委员会成立以来，村民们觉得有了问题，或是对村干部不信任，上访还不如找监委会。有了监委会这把维护自身民主权利的"尚方宝剑"，有效地维护了后陈村民主政治的权力平衡，也从根本上医治了"群众上访不断"这一困扰农村基层工作的顽症。

二　从后陈到武义：村务监督经验的全县推广

村务监督委员会的成立及其有效运作，不仅是后陈村的独特政治景观。在整个武义县，通过政府力量在县域范围内推动基层民主建设是普遍存在的现象，后陈村村务监督工作的开展也得益于这一大的政治背景。在"后陈经验"取得明显成效之后，武义县委、县政府并没有停留在一般号召上，而是趁热打铁，深入具体的操作层面，领导和组织全县乡镇和基层干部，在全县范围内推广和实施村务监督制度。

1. 扩大试点，稳步推进

由于武义县党政领导把村务监督放到维护农村社会和谐稳定，发展社会生产的战略高度上，因此，县委将村务监督作为关系全县社会稳定、经济发展的一项大事来抓，及时在全县范围内总结和推广"后陈经验"，使村务监督制度逐步在武义全县范围内推广。

2004年8月6日，武义县委、县政府召开规模空前的全县村务公开民主管理动员大会，决定在全县分类分步推行村务公开民主管理工作。

2004年8月12日，武义县委、县政府联合下发了县委〔2004〕30号文件，明确提出《关于健全和完善村务公开和民主管理制度的意见》，成立村务公开民主管理工作领导小组，由县委书记任组长，县委副书记、纪委书记骆瑞生任常务副组长，具体负责这项工作，下设办公室，负责组织协调指导全县的村务公开民主管理工作。乡镇、街道建立相应的机构，并选派工作组，协助各村开展工作。村级作为实施单位，按照上级的要求和标准开展工作。

2004 年 11 月 11 日,第一批 76 个村完成试点工作后,中共武义县委召开全县村务监督工作培训会议,全县 76 个村的村支书、村主任、监委会成员参加培训。

2004 年 12 月 3 日,中共武义县委办公室、武义县人民政府办公室发出通知,对第一批建立村务监督委员会制度的 76 个村检查考核。

武义县在全县范围内推广村务监督制度,没有立即盲目地全面铺开,而是采取"试点先行,稳步推行"的措施,并及时对试点进行考核监督。这样,既保证了试点村务监督工作的有效实施,也为下一步的全面推广积累了丰富的经验。

2. 分类指导,全面铺开

2005 年 4 月,全县村两委换届基本完成。在总结 2004 年村务监督试点工作的基础上,武义县委、县政府决定全面推广村务监督制度。2005 年 5 月 8 日至 30 日,中共武义县委、县政府举办培训班,分九期对全县 1700 多名村党支部书记、村委会主任、村监委会主任进行培训,中共武义县委副书记骆瑞生为每期学员授课。

到 2005 年 5 月底前,武义县所有行政村(社区)都建立了村务监督委员会或监督小组。武义县在全县范围内推广村务监督制度,其主要做法:

第一,构建网络,齐抓共管。武义县委、县政府成立县村务公开民主管理工作领导小组,下设办公室,负责组织协调指导全县的村务公开民主管理工作。乡镇、街道建立相应的机构,并选派工作组,协助村开展工作。村级作为实施单位,按照上级的要求和标准开展工作。通过构筑县、乡镇(街道)、村三级领导网络,着力形成上下协调、左右联动、共同参与的工作运行机制。

第二,因地制宜,分类实施。武义县根据 2003 年村集体收入和土地征用费的情况,将全县 558 个村(社区)分为三类。第一类,2003 年村集体年收入 10 万元以上或土地征用费在 50 万元以上的;第二类,2003 年村集体年收入 5 万元至 10 万元或土地征用费在 10 万元至 50 万元的;其他的村为第三类。在推行村务公开民主管理工作中,一类村要完善村务管理和监督的各项制度,并按规定程序推选产生监委会。三类村主要是完善村务管理和监督制度,建立村务监督小组。二类村规条件成熟程度,条件成熟的,按照一类村要求推开,条件未成熟的,按三类村的要求推开。

第三，重在落实，确保实效。为确保村务公开民主管理工作扎实推进，武义县采取了四项措施。一是建立县领导联系乡镇、街道制度。按照分工，县领导负责所联系乡镇、街道的检查指导工作。二是建立督查制度。县委抽调有关部门的同志组成 7 个指导组，一个指导组联系 2—3 个乡镇（街道）指导各乡镇、街道的村务公开民主管理工作，指导组通过交叉检查、暗访等形式对工作进展情况进行督查。三是建立工作列会制度。从 2004 年 8 月开始，村务公开民主管理工作成员单位领导指导组成员坚持每月召开一次工作列会，会议由县委副书记、县纪委书记召集，交流分析工作情况，研究部署下步工作。四是建立考核制度。将村务公开民主管理工作作为县委、县政府的重点工作，列入乡镇（街道）、机关部门和领导干部年度工作考核。

3. 成效显著，各界关注

正是由于中共武义县委、县政府的高度重视、亲自领导，在县纪委的具体操作下，武义县的村务监督制度在整体上推广较快，社会和经济效益十分显著。

2005 年，武义县投入 1.4 亿元，实施村庄整治、村庄道路、村级办公场所等 316 个农村基础建设项目，没有村干部在工程建设中犯错误、受查处。少数即使有问题也因监委会及时启动纠错程序或通过救济途径被化解在萌芽状态。在武义农村，出现了上访不如找监委会的好现象。据统计，反映村务的信访件从 2003 年 305 件降到 2004 年的 125 件和 2005 年的 89 件。村务监督制度的经济和社会效应也十分显著，后陈村建立监委会以来，共投入公共建设资金 1400 万元，招投标 59 次，招待费从 2003 年十多万元下降到 2004 年、2005 年的 8000 多元和 9000 多元，建立村监委会以来已为村里增收节支 90 多万元，且全村没有一起上访。全县 2005 年因工程公开招投标，全县节约资金 1300 多万元，村级招待费下降 18.5%。

武义县的村务监督委员会制度引起了上级领导和有关专家的高度重视。时任浙江省委书记习近平于 2005 年 6 月 17 日亲自到后陈村调研，对"后陈经验"给予了充分的肯定，将其列为"法治浙江"的重要内容。民政部基层政权和社区建设司司长、全国村务公开民主管理办公室主任詹成付于 2005 年 9 月 1 日到后陈村调研，认为"后陈经验"是基层民主建设领域的一次重要发明创造。2005 年 12 月举行的中国——欧盟村务管理培训项目培训会上，武义县的"村务监督委员会"入编该项目《村级民主监督》教材。2006 年 1 月，"后陈经验"荣获"中国地方政府创新奖"入围奖。2006 年 3 月，"后陈经验"在全国村务公开民主管理工作座谈会上被当作典型。

一石激起千层浪，"后陈经验"也引起国内 40 多家新闻媒体的广泛关注。2004 年 8 月，《南方周末》最早以"中国基层民主迈入'后选举'门槛"为题，强调了武义成立村务监督委员会这一实践与中央政策的"不谋而合"，报道特别指出："在中国的最高层和最基层，对村级民主和权力架构作出了非常相似的回应"，在中国的村庄权力架构中，作为与党支部和村委会并列的"第三架马车"，后陈村村务监督委员会的横空出世，"几乎被视为 17 号文件的一个现实之作。"

《中国青年报》的一篇专题报道也指出："武义县农村这一创造性实践，与中央文件精神不谋而合"，后陈村村务监督委员会"在村级权力架构中，它与党支部，村委会并列"，"走完农村基层民主另一半"。

《人民日报》以"浙江武义：'第三委'让村务监督更到位"为题，认为"'监委会'是在村党支部、村委会'两委'之外创设的'第三委'，是与村委并列的组织机构，参与村级事务的决策与监督"，武义"这种村务监督新机制取得了实实在在的成效"。

新华社记者谢云挺在《新华每日电讯》《新华国内动态清样》中报道指出，村务监督委员会是与村党支部、村民委员会并列的"第三架马车""第三权力"机构，武义县设立了与村"两委"并列的权力监督机构，正在尝试"分权制衡管村务"。

《农民日报》记者蒋文龙认为，"武义的这一探索和实践，意味着中国的基层民主从选举建设进入到分权制衡建设的新阶段"，"武义县后陈村用权力制衡架构基层民主的做法，在全国堪称创举"。

2005 年 3 月全国"两会"期间，央视一套和新闻频道《新闻调查》栏目连续热播新闻专题片《后陈村的变革》，先后重播 7 次，"后陈经验"一时间成了专家学者热评焦点。在片中接受采访的武义县完善村务公开民主管理工作指导组组长、武义县委办公室副主任刘斌靖认为，监委会"把领导者、执行者和监督者分离开来，形成一个权力制衡的机制，为我们基层民主政治的建设创造一个良好的政治生态环境，便于他们的监督"。"这个制度设立，也是对我们县一级的机关部门和干部权力的制约，防止我们权力滥用、犯错误，对我们是有好处的，没有制衡的权力容易滥用。"

4. 政府主导，制度创新

在当前的农村基层民主建设中，笔者所查阅到的村务监督和民主管理制度创新的个案，基本上是以一个村庄为单位进行试验和改革的，在中国县域范围内，以一个县为单位进行村务公开、民主管理制度创新的情况十分少见。因而，武义县委、县政府的创新精神显得难能可贵。武义村务监督委员会作为一项制度创新的产物，是在政府力量的主导和推动下成立。可以说，武义县委、县政府为制度创新提供了主要动力。

"在中国这样一个缺乏深厚民主传统的国度里，如果没有地方党委的重视和具体领导，作为农村基层民主政治建设重要内容的村民自治是难成气候的。"[①] 正是由于以县委、县政府为代表的政府力量的高度重视和亲自领导，才使得包括后陈村在内的武义县广大农村普遍具备了制度创新、推行村务监督制度的宏观环境。虽然后陈村务监督委员会产生的直接导火线是农民自发的监督组织——集体上访，但如同其他地区出现的情况一样，如果离开了政府力量的主导和积极参与，仅仅依靠民间力量的推动，村务监督仍然难以成功。一方面，作为乡镇政府的代表，白洋街道纪委书记的徐向阳和从白洋街道开发区回到后陈村兼任书记的胡文法，面对后陈村的矛盾和民主困境，希望建立一个合法的监督机制的愿望，反映了乡镇政府力量对村务民主管理的介入和影响。另一方面，村务监督委员会的成立和推广，主要是依靠作为政府力量的武义县委、县政府高层领导自上而下进行强力推动。时任武义县委书记金中梁力排众议，"一锤定音"，确定了设立村监会的这一重大决策，他还多次到后陈村调研，强调要"切实抓出成效，真正实现村务大事监督由虚到实转变"。作为此次制度创新"灵魂人物"的武义县委副书记兼纪委书记的骆瑞生，被称为"后陈改革最主要的设计者和推动者"，他对武义村务监督工作的全程参与和直接推动，保证了监委会在武义农村基层权力结构中的合法性和权威性。

从 2004 年 6 月后陈村村务监督委员会的成立到 2005 年 4 月该制度向武义全县农村推广，用了不到一年时间，其中政府命令式的制度推行过程发挥了较高的效率和作用。"政府在村务监督委员会的成立和推广当中扮

---

① 吴毅：《村民自治的成长：国家进入与社区内生——对全国村民自治示范第一村及所在县的个案分析》，载《政治学研究》1998 年第 3 期。

演了重要角色，既是直接推动者，也是该制度的解释者和指导者。"① 武义村务监督委员会成立及发展的制度创新过程，揭示了地方政府在制度设计、实施和推行中的主导地位。

三 武义村务监督制度的人类学解读

1. 以人为本——尊重农民的话语权

《中共中央国务院关于推进社会主义新农村建设的若干意见》强调，"必须坚持以人为本，着力解决农民生产生活中最迫切的实际问题，切实让农民得到实惠"。在省部级主要领导干部建设社会主义新农村专题研讨班上，胡锦涛总书记要求新农村建设"要坚持以解决好农民群众最关心、最直接、最现实的利益问题为着力点"。

村务监督制度是为了"对付"农民的集体上访产生的，它来自基层最普通的民众对民主的呼唤和期望，具有先天的草根性和平民性。武义县委、县政府对后陈农民群众民主愿望的积极回应，体现了政府力量以人为本，尊重农民的主体地位和民主权力。《村务监督制度》和《村务管理制度》的起草和制定，后陈的农民广泛参与，武义县委、白洋街道党委、村党支部多次召开村民代表会议，广泛征求各方面群众的意见，后陈农民群众的智慧得到了充分的尊重。在村务监督的执行过程中，农民的合法权益得到了维护，如召开听证会、听取群众意见。在整个过程之中，如果没有农民群众的真正参与，后陈的村务监督工作也不可能获得广泛的理解和支持，取得成功。因此，在村务监督委员会的产生、建立过程中，真正体现了武义县委、县政府以人为本的基本理念，老百姓的话语权得到了尊重。

另一方面，武义县的村务监督制度的运行，也充分体现了以人为本的价值取向。通过村务监督制度，使村务监督由虚变实，提高了村务活动的透明度，实现了真正意义上的民主监督，保障了农民群众的知情权、决策权、参与权和监督权。农民可以通过规范村务管理行为，充分参与到村务活动之中。农民的合法权益得到了最大维护。事前，村民的意见和建议可以通过村民代表联系户制度、听证会、村务意见箱等途径反映；事中，重

大事项由村民代表会议决策；事后，有结果公示，有监委会参与全过程的监督，村务的透明度提高，用村民的话说就是"对村务活动有底了"。扎实推进农村基层民主的制度化、规范化、程序化建设，有利于更好地维护、实现、发展广大农民群众的民主权利和物质利益；有利于集中群众的智慧，参与村务管理和决策，增强村级自治组织自我管理、自我教育、自我服务的能力。因此，推行村务公开民主管理工作，充分尊重了农民的政治主人翁地位，体现了以人为本的基本价值取向。

2. 制度保障——干群关系的和谐共生

武义县村务监督的实践和探索，从根本上说，为基层农村的民主管理提供了一项制度保障，它通过财务管理的透明、公开性作为取得了农民群众的信任，其内部决策机制中的民主管理、集体决策等也为广大农民群众参与村务管理工作提供了一个合法的渠道，促进了农村干部和群众关系的和谐共生，在农村这个"熟人社会"人与人之间的沟通和交流中发挥了极其重要的作用。

武义县在没有设立村务监督委员会这一组织以前，没有完善的制度对村干部进行监督，村干部有不廉洁或其他有损群众利益的行为，村民只好走上访之路。推行村务公开民主管理工作后，村务管理有章可循，把权力置于群众的监督之下，让权力在阳光下运作，从源头上预防和遏制了腐败，"给群众一个明白、还干部一个清白"，减少了不必要的矛盾和纠纷，维护了农村社会的和谐稳定，成为沟通村干部与村民之间和谐共生的重要桥梁。

如武义县白姆乡下宅村的自来水管老化锈蚀，去年村"两委"曾经考虑更新水管，一些村民提出一大堆疑问：干部会不会吃回扣？村干部解释不清，又怕惹出麻烦，动议就此搁浅。今年换届后，再次讨论水管更新的动议，就把监委会推到前台"唱戏"，亮出了硬碰硬的办法：工程预算要听证，施工队伍要招标，隐蔽工程有监理。村民听后心服了，心结解开了，工程动议就在村民代表会议上被高票通过。村干部说，以前我们不做事，村民有意见，我们想干点事，村民认为有"花头"，也有意见。总觉得当村干部很难。实施村务公开民主管理工作后，减少村干部腐败机会，还干部清白，村干部的腰杆硬了，办事的信心足了。村干部和村民的关系发生了变化，改变了过去村干部与村民"乡亲不亲"的尴尬局面。后陈村村委会主任陈忠武说："有了监委会的公正评说，身正不怕影子歪，不必应付那纠缠不清的矛盾了。说真的，以前很忙，却干不了事；现在不很忙，为村民干事却多了。"

通过村监督委员会成员对村级事务的参与，村民与村干部之间形成了一种良好的沟通机制，在一定程度上重构了村干部和村民之间的信任关系，有利于村干部和村民之间关系的和谐共生与良性发展。

3. 政治文明——让民主成为一种文化

政治文明作为与物质文明、精神文明并列的社会文明之一，在社会主义新农村建设中，也被提上了议事日程。要建设社会主义新农村政治文明，我们必须从民主选举、民主决策、民主管理、民主监督等环节入手，创造有利于农民群众政治参与的制度，推进农村基层民主建设的实现，武义县村务监督制度的建立和实施，就是进行社会主义新农村政治文明建设的一个成功实践。

村务监督委员会制度的运作意味着基层政府治理理念的重大转变，如治理主体应回归民众，权力设置需遵循制衡原则，政府职能在于制度的供给，等等。随着村监督委员会制度的创建及其在武义县的推广，这些理念已经逐渐成为当地基层政府官员的共识，从而为村级管理走向民主化营造了有利的政治环境。

在武义村务监督制度的建立和推广过程中，农民的民主意识得到了增强，民主理念逐步深入人心，村干部也学会了自我约束和按制度办事。但是这种制度和传统的官本位文化是有冲突的。假如换了领导，假如有些村干部不按照制度办事，就会破坏"游戏规则"，再次出现以往的腐败现象。因此，最好的办法不是要用制度去约束人，而是要让制度培育出一种习惯，让习惯成为积淀在老百姓心中的一种思想意识和行为方式，最终上升为根植于人们心中的一种政治文化。这种政治文化一旦萌生，就会以其自身的逻辑向前发展，作为一种隐形结构为村级管理的民主提供文化及心理支持。武义县委纪委骆瑞生书记在这方面显然具有高度的战略眼光，他不是希望简单地用制度去约束人，而是希望监督者和被监督者在这项制度的培育下，最终形成一种"自我约束"和"自我监督"的习惯，通过村务监督这一载体，经过若干年的实践和努力，让民主成为老百姓习以为常的习惯，最终形成一种政治文化。

第十四章　文化活力：武义模式
元素之十

　　人与人的沟通交流，文化的认同是重要的前提。武义悠久的历史，深厚的文化底蕴，在社会主义新农村建设中正释放出无限的文化活力，从而形成了新农村建设武义模式的又一个重要元素。

一　底蕴：武义文化源远流长

　　早就听说武义——明招文化的发祥地是一个美丽的文化古城。走进武义，在对武义文化的品味中，慢慢深切感受到武义文化底蕴的源远流长和深厚积淀。

1. 沉淀：考古与文物交相辉映

　　武义县历史悠久，早在新石器时代，人类祖先就在这一带劳动生息。若是从唐天授二年（691年）析永康西部置武义县算起，到现在（2006年）也已有1315年的历史了。在漫长的历史长河中，劳动人民不仅创造了丰硕的物质财富，同时也创造了灿烂夺目的文化宝库。这些丰富的文物是历代劳动人民智慧的结晶，无不闪烁武义文化的光彩。

　　笔者在收集文化底蕴的相关材料时，有人建议要去博物馆看看。小县城竟然有一个相当规模的博物馆，这对笔者是一个震撼。

　　来到武义县博物馆，笔者看到了这里展出的大量出土文物，其中有新石器时代的石斧、石矛，商代的双系席纹罐，商周的原始青瓷碗，战国的青铜剑，汉代的铜铣、铁釜，三国的龙凤镜，唐代的神兽葡萄镜，北宋的云龙镜，南宋的带柄八弧镜、铜鼎，明代的云雷纹铜谯斗、三足铜香炉，更多的是宋代的瓷器，这大概是因为到了宋代，全国的瓷器制造水平长足进步，而且南方也日渐成为国家的政治经济生活的重心。笔者不禁感叹武义博物馆文物保护意识之强，展品之丰，更感叹武义历史文物资源的丰沛和这个小城厚重的历史积淀。

博物馆董三军馆长给我们介绍：

> 目前武义县博物馆藏有新石器时代至民国各个时期的文物4000余件，其中有国家一级文物13件，二级文物34件，三级文物102件。

图46　伎乐五管瓶（县博物馆提供）

> 我馆的馆藏文物主要以出土文物为主，少数为传世文物和革命文物，藏品以陶瓷为主兼有金、银、铜器、玉器、古钱币、古字画等等，代表古代婺州发展历史的婺州古瓷器和青铜器独具特色。其中国家一级珍贵文物"青瓷蟠龙瓶"制作精细，造型别致，制造于南北朝，距今已有1500多年历史，是一件稀世珍品，现在被借到北京故宫博物院陈列展出。还有几件珍贵文物分别在上海博物馆和浙江省博物馆借展。我为我们小小武义能有这么多的珍贵文物感到骄傲，同时我

也为能在这样的博物馆工作感到高兴。

董馆长还告诉我们，近年来，武义对文博事业的发展十分重视，已经给博物馆批了一块地，以解决博物馆目前面积狭小、难以将更好的藏品展出的困难。到新博物馆落成之时，武义就可以通过向世人展示其丰富的物质文化而将武义这个古城的历史风貌描绘得更加清晰。

另外，武义历史文物的丰富还体现在武义现存大量的古建筑上。像有着800多年历史的熟溪桥、始建于东晋重修于元代的"国保"延福寺、郭洞和俞源两个首批中国历史文化名村（而俞源村也是"国保"）等无不反映这个小城的历史积淀。

离开博物馆，笔者对武义的沉积数千年的物质文化有了深刻的感悟，也体会到为什么这个小县城今天有如此与众不同的发展：经济发展的同时，文化的气质丝毫未变；经济愈发展，文化底蕴的积淀愈能转化为现实的文化活力。在武义，文化之根已经深深扎下，它在武义人的生活中无处不在，让这里的人、这里的山、这里的水浸润其中，不自觉地受到历史文化的熏陶。

考古与文物交相辉映，展示着武义人民的智慧和勤劳，也构成了武义文化底蕴最深层的根基。

2. 致用：明招文化的传承

明招文化是武义历史上最灿烂的文化，也是构成武义丰厚文化底蕴的最重要基石。明招文化指的是发祥于明招山并以明招寺为主基地、始于南宋时期巩庭芝，以吕祖谦为核心，由吕祖俭及其他学者继承、广大学者或学子普遍参与的文化、学术、教育活动。这种学术教育活动促进了武义及其周边区域的教化进程，改善了一些区域的文化传统观念，形成了古代武义乃至婺州的一种教化定势，一种文化发展模式，一种人文品格，被时人和后人普遍认同并影响了后人的文化学术教育乃至整个社会生活。①

说起明招文化，首先让我们认识一下明招文化的发祥地和主基地——明招山和明招寺。

---

① 王文政：《如何评价和宣扬"吕祖谦与明招文化精神"初议》，《武川潮》2005年4月1日，第2版。

自武义县城驱车向东约 10 公里，有林荫小道蜿蜒入山。道路两旁层峦叠嶂，密密实实地环绕着青山绿树，宛如进入一个世外桃源。武义本就多山，邃壑玲珑，清溪环绕，自然风光迷人，但是像这样在青山秀水间显现一份宁谧与安详之处并不多见。渐渐看到明招山的全貌了，果真是峰峦连绵，山明水秀。立于明招山高处俯瞰周围，可见万山罗列，状如膜拜，可能群山也如我们一般景仰这座武义的文化圣山。蜿蜒于明招山间的小白溪，溪水终年不断、清澈见底，显得灵秀而生动。周围青山状如两条巨龙环绕，龙头前面是一口水潭，形成"二龙戏珠"之势，若是雨天，则云笼雾罩，双龙时隐时现，让人疑为仙境。

而明招寺就建在这青山绿水的环抱之中。明招寺初名"惠安寺"，清乾隆二十年（1757 年）敕赐名"智觉寺"，然而民间因其坐落在明招山，仍习惯称它明招寺。据清嘉庆《武义县志》载，明招寺始建于东晋，原为东晋镇南将军阮孚隐居的宅院。阮孚才华超群，性情旷达，在赴任广州刺史途中，路经武义明招山，被明招山仙境般的美景和超脱世外的生活方式所吸引，于斯弃官归隐，从此过着隐逸快乐的生活。阮孚嗜酒如命，常常纵酒风流，曾留下金貂换酒的轶事。据说阮孚晚年双目失明，多方求医无效，一日，有一僧人愿挖己眼救治以求换其宅舍，阮孚应允，眼疾得解，于是舍宅建刹，风水绝代的明招寺由此而来。吕祖谦敬仰阮孚的为人，慕名到明招山寻访阮孚遗迹。羡此山水风光宜人，遂随父将祖坟迁葬此处，并在明招寺暂设讲堂，与朱熹、陈亮、叶适等人一起讲学，一时天下名士云集。一批批武义籍人纷纷投师门下，又吸引一批批外地学子前来，相继成为领一时风骚的明招学者。从此明招文化代代相传，对武义教育文化发展的影响绵延至今。

对明招的山水美景，吕祖谦是饱含深情的，曾有诗赞曰：

前山雨褪花，余芳栖老木，
卷藏万古春，归此一窗竹。
浮光泛轩楹，秀色若可掬，
丰腴当夕餐，大胜五鼎肉。

明招文化就在这个山清水秀的地方诞生、孳乳、传播、发扬，在武义的文化宝库中，以其独特的身姿涵盖和吐纳着武义的文明，大大促进了武

图 47　武义圣山：明招山（章军提供）

义文化的突破与转型，给一直以来崇尚佛、道文化的武义送来了儒家文化，较快地唤醒并提升了武义人的心智和文化素质，使小小武义因明招文化及其明招学者而蜚声省内外四百余年。那么究其要义，明招文化的精髓何在？笔者认为就在于其致用、兼容、开创和孝亲精神。

首先，致用观是明招文化的精华所在。这与永嘉学派和永康学派经世致用思想相互影响。吕祖谦虽然继承二程，尤其是程颐的心性之学而谈过心性，其理学思想同样以"天理"作为最高范畴，但他和那些空谈心性的理学家明显不同。这种不同主要表现在他格外重视治经史以致用，以为学者当为有用之学。他对当时的科举制度持相当严厉的批评态度，主张参加科考者应加强对历史和现实典制的研究，力求了解历史事件的发展源流和前因后果，总结经验，以史为鉴。也正基于此，吕学竭力在各方面为科举服务，因而也获得了广泛的欢迎。他的教育观同样是求实致用的。其教育方针："讲实理、育实材而求实用"。[①] 他还主张"学者须当为有用之学"，反对"读书全不作有用看"[②] 的错误观点，他说："学而无所用，学将何为也？"又说："切要工夫，莫如就实，身体力行，乃知此二字

---

① 《太学策问》卷二。

② 《东莱先生遗集》卷二十《杂说》。

甚难而有味。"①

他的一切思想观点都紧扣求实致用发出心声。他编教材、撰讲义、立学规、约讲会，都是有"实用"之处，都是有针对性的，决不作无谓的"性""理"之争。

他的求实致用观体现在他在明招山两度守墓（先为母丧后为父丧）近六年时间里，一边守墓，一边讲学，孝义结合，孝不废义。尽管在当时朱熹和陆九龄等理学家看来，吕祖谦这种作为有不孝之嫌，但他顶着很大的压力，还是在守墓尽孝道的同时，兼顾了众多学子的求学之义。先后有300多学子受过他的讲习。这也正好反映了其求实致用精神。

其次，明招文化的精要还在于其兼容精神。兼容精神首先表现在其学术包容性，明招文化融合了佛、道、儒三家思想。儒学、佛学和道学交织构成了中国文化的根基，武义也不例外。东晋的阮孚归隐在明招山，唐时的叶法善在武义南部原括苍县白马山（今武义县柳城畲族镇）行道积善，阮孚的隐逸和叶法善弄道均是道家的文化表达。后来阮孚舍宅建刹，将其隐居的住所改为后来的明招寺，从此佛教在武义传播开来。而南宋时，吕祖谦就在明招寺开堂讲学，让儒学在武义扎下了根基，把佛教的宝地变成了儒家的学堂。小小的明招山就以其博大的胸襟兼容着儒、道、佛三家文化，一切都那么自然地变化着、交融着、升华着，互不排斥，各得其所。明招文化也同样没有因为传播儒家文化就打击压制道：佛文化。

此外，吕祖谦是一个学术包容性很强的学者，他自己问学"未尝倚一偏、主一说"，② 其哲学思想和学术观点既融合了当时名儒朱熹、陆九渊两派之论，又吸收了当时永嘉学派、永康学派的事功思想，还包容自己的师学、家学的精华以及其他人的思想精华。其学术的包容性南宋无人可匹。

兼容精神还表现在吕祖谦在儒家学者间调停磨合的努力上。他在明招山的讲学活动名扬江南，吸引了大批求知若渴的学子，也吸引了当时各派理学名家，有福建的朱熹，江西的陆九渊、陆九龄，湖湘学派的张栻，永康学派的陈亮，永嘉学派的薛季宣、陈傅良、叶适等人，他们来此造访，相互切磋交流学术，而且还被吕祖谦请上讲堂讲学。这些理学大师的学术观点不同，文化倾向也不同，他们给武义学子们送来各种学术之风，开拓

---

① 《东莱先生遗集》卷二十《与乔德瞻书》。
② 转引自叶一苇《重新认识明招文化》。

了他们的视野，更重要的是造就了一种学术交流、学术争鸣之风，进而体现了一种学术包容精神。吕祖谦还把这种风气进一步引导成讲会之风，即"鹅湖之会"，让朱熹和陆九渊兄弟面对面进行学术交锋，以求学术和谐。

吕祖谦的文化学术精神是开放式的，他常常是边游历、边教学，广泛接纳各学术派别的学术精华于一身。明招文化兼容精神也有这样的风格。

再次，开创性是明招文化的又一要义。其开创性首先是吕祖谦在这里开创了"浙东史学"。在南宋朱熹为首的理学欲行其道之时，吕祖谦举起史学的大旗，强调要从历史的实际中去了解历史，对朱熹"以经为本"而后读史的主张是一个反拨。吕祖谦的历史观是前进的，他认为历史的发展要"有因有革"；发展就是变化，要"日新"，提出"天下之事向前则有功"。他还指出决定国家大事必须"合群策、定成策、次第行之"，"广揽豪杰，共集事功"的意见。[①] 他对学习、研究历史提出许多正确方法，如"当如身在其中"，"见事之利害，时之祸患，必掩卷自思，使我遇此等事，当作如何处之？如此观史，学问亦可以进，知识亦可以高，方为有益。"[②] 明招文化开创性的另一个表现在于吕祖谦在"以经为本"的科考之风盛行之时，撰写《东莱博议》等书作为学生应试的教材。《东莱博议》以《左传》的历史事件为题材，对古代的社会政治、军事的成败，治乱的因果，伦理道德的得失等作了深入的分析示范，把史学作为教材不能不说是吕祖谦的一个创举。

最后，明招文化还体现孝亲精神。吕祖谦一生中对父母长辈都是很孝顺的，他虔诚地事亲、奉亲，送父母赴任所、接父母回家等等，都是与当时的风俗合拍的。母亲旅行途中去世，他以自己侍奉不周自责；父亲临终他未及赶到送终，他又自责自己不孝。父母去世后，他在明招山为父母各守墓三年，在思想和行动上，他的孝亲德行是非常到位的。我们甚至可以这样臆测，如果没有孝亲精神，吕祖谦就可能不来明招山守墓，那么让武义为之骄傲的明招文化也就不复存在了。

明招文化在武义因其历史悠久、涉及名人多、学术延伸长而成为武义，乃至金华、浙江的一个重要文化遗产。它是武义历史上最灿烂的文化，其致用、兼容、开创、孝亲的精神更是深深积淀在武义文化的深层，

---

① 转引自叶一苇《重新认识明招文化》。

② 转引自叶一苇《重新认识明招文化》。

图 48　郭洞祠堂内挂的匾（徐杰舜摄）

成为武义文化底蕴最深厚的部分。

　　3. 草根：民间文化的流传

　　历史悠久的武义，长久以来一直是靠农耕过活。而和农民生活现实最贴近的文化形式就是民间文化，于是民间文化也成为构成武义文化底蕴的重要一环。武义民间不乏文化精英，也不乏文艺精英。比如现当代著名的湖畔诗人潘漠华，中国重彩工笔画会会长潘洁兹，著名的篆刻艺术家、篆刻理论家、诗人叶一苇，延安时期就知名的作家谢挺宇等，他们从武义民间脱颖而出，又深深地影响着武义现当代的民间文化。

　　武义的民间文化分为民间文学、民间艺术和民俗三大类，而这三类文化形式又相互关联。民间文学涵盖神话、故事、传说、民谚、笑话、戏剧、灯艺等等，这些小类，比如神话，又往往和民俗相关，民间艺术也常常是民间文学的载体。武义民间文化门类全、品种多，蕴藏量丰富。1985年曾开展了"五大集成"和"三大集成"的收集、整理、编辑、出版工作。"五大集成"包括《武义县戏曲志》《武义县曲艺音乐集成》《武义县民族民间器乐曲集成》《武义县戏曲音乐集成》《武义县民间舞蹈集成》。

"三大集成"则是指包括民间故事、民间歌谣、民间谚语在内的三个民间文学集成。在这次活动中，全县共收集民间故事 2100 个，民间歌谣 1473 首，民间谚语 20008 条。武义民间文化数量之丰，由此可见一斑。

在武义，民间文化的丰富多彩还体现在武义传统戏剧形式——婺剧的发展。婺剧土生土长，演奏员亦农亦艺，曾以独特的唱腔、地方化的语言、动人的故事情节、亦文亦武的风格为武义的文化生活送来一份大餐。它以群众喜闻乐见乐唱的形式，丰富了武义人民的业余和节日文化精神生活，更成为广大农村"安居乐业，人和事顺"的象征。武义民间文化主要显示出淳朴、尚农、和衷共济的文化特质。尚农是因为武义处于半山区，土地资源丰富，农业生产给武义人提供了富足的生活。像武义风俗里的求雨正是关心农事的体现。在武义的民间传说、谚语和歌谣中同样可以展现出其尚农精神。如故事《谷龙》①：

> 很早以前，九峰山脚住着一个姓张的老太婆。有一日，她上山顶去采茶，不小心一脚踏空，从山坡上滚落来，她想：人老七十怕跌，这回总要跌死了。双眼一闭，什么也勿晓得了。
>
> 过了一会，张老太婆睁开眼睛，望望山林，听听水响，还以为到了阴曹地府了。站起来动动身子，勿疼勿麻。奇了，这一跌还没跌死呀。她注意望望衣裙，见上面有一条绿虫，她想是勿是这条虫救了自己？就把小虫带回家。家里没有地方放，就把它放在谷柜里。
>
> 第二天早上，张老太婆把仅有的一只鸡蛋拿去喂小虫，掀开柜盖一望，原来只有一个柜底的谷变成满满的一柜谷了。那条绿虫仍然躺在上头。张老太婆晓得这是一条谷龙，有了它就会有取之勿尽的稻谷了。于是，每日上午她就叫人到家里挑点谷去吃，这年刚好闹春荒，村里人全靠张老太婆救济，才没逃荒外乡。
>
> 后来，张老太婆老了，这条谷龙也就勿见了，传说又回到天上去了。

这则故事反映了群众对善良的赞美，对土地或者谷神（谷龙）的崇

---

① 武义县民间文学集成办公室编：《中国民间文学集成浙江省武义县卷——故事卷》，第 341 页。

拜，也是农耕社会的一种文化表达。

再如下面的谚语和歌谣：

> 七十二行，种田为王。
> 万物土中生，百事农为本。
> 衙门钱，一蓬烟；生意钱，在眼前；种田钱，万万年。
> 勤勤俭俭样样有，贪吃懒做件件无。
> 锄头板上锈，吃得上顿没下顿。
> 吃山拿山要养山。
> 光栽不保，越种越少。①

这些故事、谚语和歌谣正反映了武义人民安土重迁、崇尚农业劳作的根本精神基石。这也从另一个方面造就了武义人守土的观念。

淳朴也是农耕文化的一个表现方式。武义民风朴实，连吕祖谦也说："负山之民，气俗敦悫，乐田亩而畏官府。傲嬉侈丽之习，独不入其乡。"②前述的会道是一种互助精神的表现，也是武义民风淳朴的再现。反映这一文化特质的故事、谚语和歌谣同样很多，《怕字歌》就是一例：

> 不怕步子慢，就怕半途站。
> 不怕山难移，就怕心不齐。
> 不怕有失利，就怕心不坚。
> 不怕担子重，就怕肩头痛。
> 不怕理不明，就怕心不诚。
> 不怕事难做，就怕人懒惰。
> 不怕学不成，就怕志不恒。
> 不怕理难平，就怕心不正。
> 不怕犯错误，就怕不改错。
> 不怕人批评，就怕人吹捧。

---

① 武义县民间文学集成办公室编：《中国民间文学集成浙江省武义县卷——谚语卷》，第85页。

② 《武义县志》卷三。

不怕不识货，就怕货比货。

不怕人不敬，就怕己不正。

不怕爱不深，就怕两条心。

不怕言语差，就怕说假话。①

要说和衷共济，在武义这种精神的表现就更多了。熟溪桥建桥 800 多年来，历次遭毁重修，武义人民都积极参与，出钱出力。当然会道是最能表现武义人民和衷共济精神的一种文化形式。

武义的民间文化以反映草根生活为特点，一直以来深受群众喜爱，并广泛流传开来。武义民间文化和当地的农耕生活息息相关，在文化上表现出武义人淳朴、尚农、和衷共济的深厚底蕴。

总体上看，武义的丰厚文化底蕴基本是由历史物质文化、明招文化、革命文化和民间文化构成的，它们各自给武义的文化注入了不同的文化因子，充实着武义文化底蕴的内涵。

二　活力：武义新精神透视

时至今日，武义丰厚的文化底蕴在新的历史条件下怎样释放出活力，在社会主义新农村建设中发挥作用？那就是把武义的文化底蕴转化为武义新精神，让文化底蕴释放出现实的活力。所谓武义新精神是对武义过去历史、文化底蕴的一种现代意义上的提升。它不能凭空产生，也无法由人的意志来左右，要具有深刻的历史背景和渊源，有历史的延续性，而且它还要与当代社会经济发展有历史的沟通与一贯性，体现对提升当代武义人文精神的引导性。

致用、兼容、开创、孝亲的明招文化特质，创新、进取、不畏牺牲的革命文化特质，以及淳朴、尚农、和衷共济的民间文化特质共同铸就了当代武义的人文精神。这种新精神概括说来就是开放、创新、实干、自强。只有开放，才有创新，开创了新的局面，就有了实干的基础，只有实干，才有硕果，有了硕果，才能自强起来。

---

① 武义县民间文学集成办公室编：《中国民间文学集成浙江省武义县卷——歌谣卷》，第198 页。

1. 开放：更香茶叶进京城

武义新精神之一是开放。要想武义发展，没有开放是完全不可能的。尚农安土的武义人向来是以俭朴淳厚著称。在相当长的一段历史时期内，武义人只爱种田养家，不喜欢嬉闹玩乐。其中一个重要的原因，是武义人少地广，田地多，一年丰收，三年不愁。不像义乌、永康人多地少，只好以收破烂、修铜补锅来补田亩收入之欠。而且武义人一个时期来十分恋乡，舍不得离家创业，民间流传的"武义人看不见壶山就要流眼泪"，就是这种现象的生动写照。武义人由于田亩的丰收，常常会陷于一种自我满足的精神状态，如民间的口头语："正月嬉不穷，十二月做不有"，"夏天冷粥喝喝，弄堂角榻榻"，"冬天日头孵孵，苞萝糊糊糊"都是一种满足于农耕文化心态。在相当一段时期内，武义人编了这样一段顺口溜："武义呆，永康鬼，东阳棒槌，金华牛。"十足的一副各地人精神的写照。但是改革开放以来，武义人逐渐转变观念，意识到只有走出去才能求发展。这中间涌现出大批外出创业的典型，最有名的当数远上北京销茶叶的俞学文、走到昆山开超市的张建平和南下湖南湖北养珍珠的陈祖良。这里我们主要看俞学文走出武义的艰辛和成功的喜悦。

俞学文出生于武义南部山区，那里被喻为武义的"西藏"。穷人的孩子早当家，1987年，年仅18岁的俞学文就开始了人生的创业。他从报上搜寻致富信息，并贷款1万元办起猪场。冬天，十几只小猪生病了，怕小猪冻着，他跳进猪圈里搂着小猪睡觉。他的这番苦心不久后便有了回报，他养4个月的猪比别人养一年的还大。这事成了当地奇闻，县、市媒体纷纷报道，俞学文一下子成了十里八乡的名人。那是俞学文特别风光的几年，养着猪、鱼、鸭，种着水果、茶叶，倒腾着小买卖。21岁便盖起三层小楼，骑上了全镇第一辆摩托车。但是好景不长，饲料价格一个劲上涨，养猪成了赔钱的买卖，加之鱼又被洪水冲走，眨眼之间他亏损了好几万元。痛定思痛之后，他悟出：农村信息闭塞，很难大有作为。同时他在承包经营茶园的过程发现：十个茶农九个亏，成片成片的好茶藏在深山无人采。俞学文蹲在茶园中，嚼着片片茶叶，苦苦地思考：家乡的茶呀，为什么寻不到好婆家？家乡的父老乡亲呀，面朝黄土背朝天起早摸黑的耕耘，勤劳为什么不致富？他开始思索如何走出闭塞的大山，寻求更大的发展空间，把武义的茶带出大山。他的想法得到妻子朱丽俐的支持，为了能和俞学文一起去北京创业，朱丽俐毅然辞掉了当时在武义锅炉厂令人羡慕的工作。怀揣着创业的 2000 元钱，他们夫妻踏上了北上的火车。窗外秀美的景色并没有吸引俞学文，此时在他的脑中正闪现着一个个问号：到了北京，如何振兴家族产业、如何开拓市场……

起初，他在北京马连道开了家不足 20 平方米的小茶叶店——更香茶庄，走街串穿巷地吆喝，但始终是经营惨淡。那时，茶叶一条街的老大是福建的茶商，占领了北京各大商场。"老板特牛，瞧不起我，茶叶卖给他，上门七八次都要不回钱来。"俞学文憋了口气，"总有一天我要超过他！"平时一有空，俞学文就去商场、超市学习经验，启发灵感。功夫不负有心人，俞学文很快发现，北京茶叶市场非常大，但茶叶包装很落后，不利于储存，也不够美观，完全不能满足现代人的生活、消费观。于是，他倾其所有从杭州订购了茶叶筒。重新包装的茶叶在京城卖得特火，常常货还没入库，就让等在店里的客户"抢"了去。茶叶筒救活了茶叶店，这一年俞学文净赚 32 万元。他用这笔钱，在北京注册了更香茶叶有限公司，从此打起茶叶品牌的主意。家乡武义有座海拔 800 多米云雾缭绕的小和尚山，虽是茶树的天堂，但山高路远无人问津，他在那儿建立了茶叶生产基地，与中国农科院茶叶研究所合作，研制出纯天然、无污染的有机茶，并通过国际 IMO 有机食品认证。如今的更香茶成为北京茶市的"有机茶第一品牌"，更香茶香飘满京城。

俞学文就是凭着敢为天下先的开放精神，果断地走出武义的大山，走出一番事业的新天地。如今的武义有更多的俞学文们走了出去，武义人不再持有"看不见壶山就要流泪"的闭塞的心态。他们不仅大胆走出去，形成"北茶、中超、南珠"①的开放局面；而且还勇敢地把外边先进的资源引进来，形成"洼地效应"，为武义经济的崛起打下基础。正是开放精神的激发，使武义迎来了今天的大发展。

2. 创新：下山脱贫奔富路

武义新精神之二是创新，它展示了武义人拓宽思路，与时俱进，跳出传统的窠臼看问题的风貌。下山脱贫是武义最具创新性的一项伟大德政工程。这项山区贫苦农民祖祖辈辈做梦都不敢做的伟大工程就是在武义人民创新精神指引下实施开来，并取得极大成效。前文已多有叙述，在此要引

---

① "北茶"指武义的更香茶在北京发展壮大；"中超"指武义南部三港人到江苏昆山开超市，"南珠"指武义人到湖南、湖北、江西等地养殖珍珠。

证的案例是"党员家庭"挂牌的创新。

在制度保障方面，为了保持共产党员先进性教育取得实效并建立专效机制，县委副书记卢跃东、组织部部长王建四等领导多次深入农村，走村入户，有针对性地开展调研。在调研中发现，一些农村党员在理想信念、宗旨观念等方面存在着突出问题。有的党员意识淡化，平时不把党员身份放在心上，淡忘了党员的责任和义务。"平常时候掩着看不出来，关键时刻躲着站不出来，危难时刻藏着豁不出来。"有的夫妻不敬，子女不教，不孝顺父母，邻里不和，严重损坏了党员形象。但是他们在调查中又发现柳城畲族镇县前村实行"党员家庭"挂牌的活动，不仅有效地加强了农村党员教育管理，推动了农村党建工作，而且更好地发挥了农村党员的先锋作用。于是，县委及时总结了柳城畲族镇县前村的经验，2006年4月在柳城畲族镇召开了"全县农村党员家庭挂牌现场会"，决定对全县9901名农村党员进行"党员家庭"挂牌。

"党员家庭"牌子的底色为红色，中间是"党员家庭"字样，左上角是由黄色的锤子、镰刀交叉组成的党徽图案。牌上根据各乡镇、街道的实际，分别写着"牢记党的宗旨，践行'三个代表'"等口号。武义县委建立了长效制度，加强对"党员家庭"牌的管理。对新发展的农村党员，从各乡镇、街道党委批准其为正式党员之日起，由党员所在村党支部授牌；因生产、生活的需要而迁移组织关系的党员，从组织关系迁移日起，由乡镇、街道党委通知原组织关系所在村党支部，将"党员家庭"牌及时收回；对已故党员，由村党支部收回"党员家庭"牌，时间掌握在一个月内；党员受到刑事处分、除名、开除党籍和自动退党的，不保留"党员家庭"称号，由村党支部根据上级通知，及时收回；武义县还要求每位农村党员和群众爱护、珍惜"党员家庭"牌，不得以任何理由污损"党员家庭"牌。许多乡镇还结合开展"党员家庭"挂牌工作，开展了清理村庄绩务、解决历史遗留问题等工作，推动了新农村建设。

"党员家庭"挂牌形成制度后，迅速产生了积极的效应，如在一些村级集体经济特别困难的村级活动场所建设村，党员干部们把建设村级活动场所当作自己家里的事情来办。为了节省开支，泉溪镇加丰村村两委党员干部投工投劳，义务挖掘村活动场所的地基。王宅镇两端头村5个青年党员自发承担起挖墙脚、抬石头等基础性工作。西联乡殿下畈村党员朱文浩等10名党员几乎每天来到建设工地上参加劳动。王宅镇周岗村老党员们经常到建设工地查看，检查、监督村级活动场所的建设质量和进度。履坦镇后桑园村、茭道镇沙溪村等村的党员干部经常主动和县有关部门联系，共同商议解决建设中的难题，有力地推动了村级活动场所的建设。到2006年8月武义县177村级活动场所建设村基本上完成了村级活动场所新建或修缮任务。柳城畲族镇祝村姜乾丰、祝水富等老党员积极支持村庄整治工作，主动参加旧房拆迁，帮运建筑垃圾。柳城畲族镇车门村党员们利用自己的技术特长，对70多位本村及附近村村民进行板栗种植、管理技术培训，并帮助他们分析今年的板栗市场行情，指导他们种植。柳城畲族镇县前村潘水梅患有尿毒症，该村党员带头捐款，两次为她捐款2000多元。王宅镇陶宅村党支部书记夏福卿说，在他们村，党员们都乐于奉献。党员陶振起近段时间来，每天早上六点就到山上巡查，宣传森林防火知识。

对于"党员家庭"挂牌制度的推行，壶山街道三板桥村党支部副书记何林芳颇有感受，"给党员挂牌后，增强了我们党员的光荣感和责任感，强化了农村党员的角色意识，时刻提醒要注重自己的党员身份，要自我约束、自我加压，接受群众监督。"王宅镇陶宅村党员陶云贵说，"可不能小看这块牌子，挂了这块牌子后，村民都知道我是一名共产党员，我感到自豪，也觉得有了压力，不知不觉中我就变得注意起自己的言行了，增强了责任意识和自律意识。"王宅镇陶宅村党员陶银法的家属说，"我既然是党员家庭里的成员，总不能给党员家庭抹黑吧，连平时讲话、做事都要注意分寸了。"

所有这些反映，都说明"党员家庭"挂牌制度的实施，从制度层面上保障了农村党员自觉履行党员义务，遵守党内规章制度，从而更有效地协调了人与人、党员与群众的关系。

如果说下山脱贫正是武义创新精神的一个集中体现，那么，"党员家庭挂牌"则是武义秉承创新精神继续开拓新事业，攀登新高峰的又一个创造。

3. 实干：愚公移山显雄心

武义新精神之三是实干。只有实干才能使开放、创新的成果转化成现实，没有实干就谈不上武义的真正发展。

浙江省武精机器制造有限公司董事长朱申明的新愚公移山故事让笔者对实干精神有了更深刻的感悟。

朱申明原是国家干部，1993年在国家政策的指引下毅然下海，联系了另外三个过去的战友，办起了一家精密仪器厂。起步的艰辛没有让他们打退堂鼓，几番商海浮沉之后，他们的厂子终于站稳了脚跟，发展了起来，之后又以浙江省武精机器制造有限公司的名义注册下来。工厂一天天发展起来，工人也日渐增多，朱申明和他的同伴们开始考虑如何让工厂发展壮大，在经济高速发展的现代社会，对企业来说，不发展就预示着死亡。于是他们开始征地扩建工厂。武义是一个"八山半水分半田"的半山区县城，历来重视农田，好的土地是不可能交给工厂使用的。公司所在街道办事处为他们征得的土地全在丘陵地带，其中有五座山。朱申明是这样叙述的：

> 我们厂总面积将近14万平方米，其中就有五座山，我大体算了一下总的土石方有70多万方，第一期搬了大概有半年多。接着第二期就是从2004年开始到现在，两年多的时间，现在还有20多万方要搬，大概要到今年的十二月份能全部搬掉。而且你自己搬下来的岩石也好，泥土也好，你都要自己消化，你把岩石、泥土丢到河里，河流就堵死了，也不能丢到田地里。只能内部消化，把搬下来的泥土、岩石填到洼地里。

这五座山虽是荒山，但是这片土地上有附近居民自己开辟的小块菜地，搭建的临时简易房，而且这些山上有很多当地人预留的"寿坟"。这样在开山扩建工厂时，朱申明遇到了重重困难。而且由于工厂地跨两个街道，在征地的问题上协调不畅，看着工厂的扩建要无限期推迟下去，朱申明坐不住了，他决定靠自己来解决问题。他挨家挨户到附近居民家做他们的思想工作，给出比当时政府补偿高很多的价格对坟墓的搬迁做出补偿，而且保证如果能在当年冬至之前搬迁可以再多给一倍。他每天利用晚上休息时间到该搬迁的人家里去谈，好话说了几箩筐，终于这些人看到他的真诚和毅力，同意了搬迁。这样朱申明这个当代愚公就开始了移山。三年多的时间内，他搬掉了五座大山。

朱申明骄傲地对我们说，古代的愚公只移太行、王屋两座山，要花上一辈子，还要靠子子孙孙无穷尽的劳作，而他和他带领的武精人为了企业的发展壮大移掉了五座山。回首企业最初创业的艰辛，再看看今天拥有一个多亿资产的风光，朱申明说，他和他的伙伴们走到今天真的不容易，全靠自己一点点打拼出来。而这种实干创业的精神也是现在全体武精人的工作动力。真是"古有愚公移山精神，今有武精人创业雄心"。新时代武义人的创业实干精神，在武精厂企业家和工人的身上，充分地体现了出来，这无疑是非常值得称颂的。

图49　朱申明与正在夷平的荒山（徐杰舜摄）

实干更是体现在全体武义人的身上，武义从一个传统农业县发展成一个初步工业县，靠的就是实干的精神。武义县委、县政府等各套班子也是实干的班子，这里的干部各个深入第一线工作，及时掌握第一手信息，对县域经济的发展提供及时高效的服务。

4. 自强：身残志坚创佳绩

武义新精神之四是自强。开放、创新、实干可以使武义走向经济的快速腾飞，唯有自强才能使经济持续发展，而且对个人、对企业、对整个县域的发展都是如此。

说到自强，浙江宏福房产公司总经理徐子福以其感人的事迹进入我们的视野。徐子福年轻时因一场交通意外失去左腿，身体的残疾没有使这个好强的七尺男儿消沉下去，他以坚强的意志，超出常人的努力，最终换来了事业的成功。在他身上时时闪现自强不息的精神面貌。

笔者采访徐子福时，正是他快要下班的时间。他给人的最深印象是高挑清瘦，双目炯炯有神。谈到年轻时的不幸，他并没有流露太多的悲伤，更多的是豁达，这是一个生活的强者才有的对往日不幸的态度。他的童年是清苦的，基本上是一边放牛一边读书，上到初中就进入建筑工地做学徒。凭着一股吃苦耐劳的干劲和头脑的灵活，徐子福掌握了建筑的技巧，到 18 岁时就能独当一面，成为施工队的"小包头"。正当他的事业渐渐有了起色，他在建筑业开始崭露头角的时候，不幸降临在他的头上。事故之后，为了负起家庭的重担，他开始思考今后的路。首先要学会用单腿骑自行车，这对于他来说是第一个挑战。少了一条腿后身体平衡难以掌握，数次的人仰车翻之后，他尚未痊愈的伤口又流出血来。但是徐子福就是不放弃，正是凭着这一股子不服输的劲头，他学会了单腿骑车。学会骑车之后，他做起了水果生意，从金华批发水果到武义来卖。这样靠做小生意他的生活慢慢好了起来，可是，建筑业依然是他心底深处最难割舍的一份牵挂。在访谈中，他说了这样一句话，"小生意不是事业，建筑才是我要追求的事业"。于是他申办了一个建筑工程队，当时正值改革开放，很快批了下来。可是残疾的他，在建筑行业又没有名气，开始建筑队是没有生意的。到 1986 年，他以"质量不过关，一分钱不要"的承诺，承接了武义县文教用品厂 400 平方米的简易工房。这是他的建筑队的第一项工程，为了保证按时高质完成，他吃住都在工地上，和施工人员一起爬脚手架。结果本来需要两个月时间的工程 40 天就完成了。从此，他在武义建筑业立下了脚跟。在访谈中最让笔者敬佩的是，徐子福在企业一天天做大做强之后，不是选择停下前进的脚步，而是选择了给自己充电。他于 20 世纪 90 年代在浙江省建设厅办的育才大学上了两年的大专。为了让自己跟上课程，他请了老师每周三次到家里来为他补习，从初中到大学的数学课，他花了两个月的时间就全部掌握了。到了大学里，他这个只有初中文化程度的学生竟成了高才生。大专读下来之后，徐子福又开始寻求新的发展，他先后被评为高级工程师，考下了职业经理人资格，还读完了 MBA 课程，并以优秀学员的称号结业。

徐子福的企业一天天兴盛起来，他自己也自强不息地探索学习着先进的知识和管理方式。同时他还关注弱势群体，回报社会，多年来，他向教育和慈善事业捐款达 100 多万元。

从徐子福身上，我们看到的是一个努力开拓，不断进取的形象。他的事例无疑代表了各种类型自强不息的武义人的面貌，充分展现了武义自强的新精神。

这种自强的精神在武义还表现在"下山脱贫村人""北上开超市人""移民村人"身上，以及许许多多"下岗再就业人""下海办企业人""外出打工经商人"身上。比如，杨岸人为了国家建设新安江，从深山里走出来，移民到现在武义县履坦镇定居。他们白手起家，从零开始，在武义建设新的杨岸村。杨岸村的书记方松高给笔者介绍了他们如何艰难起步，靠自己力量建设村里的东塘水库：

　　笔者（以下简称笔）：你们移民来武义时都带了什么过来？是不是有点基础？

　　方松高（以下简称方）：没有。当我们要在武义安家时，全村只剩下几个人，一点干菜，米都几乎没有的。

　　笔：定居下来，怎样开始生活的呢？

　　方：既然安定下来，就要好好生活了。我们都是很勤快的，种田种得很好，以前农业时代我们村里都是年年先进的。为了能解决灌溉问题，我们在1969年开始造水库，因为村子小，自然条件差，建水库需要的红泥全要从外村运来，当时又没有现代的交通工具，就靠肩挑手提往村里运，后来进步一点用独轮车推。再加上当时县里造源口水库，壮劳力都出去造大水库了，村里只有老人、妇女和小孩造我们自己的水库。就这样，一造就是近30年。到1995年，村里条件好了，我们加高加固了水库，算是把水库完全建好了。

　　笔：建水库的过程中，完全没有外力帮助？

　　方：是的，没有外界支援。起初，国家情况也不好，我们只能靠自己。这几年县里财政慢慢好起来了，会给一些项目拨款支持，县里那么多村，不可能全部都管，还是要靠自己。

　　就这样，经过40多年的努力，本着自强不息的精神，如今的杨岸村，已经成为能让村民安居乐业的和谐富裕新农村省示范村。

　　在武义，像徐子福和杨岸村这样靠自强走出一条成功路的个人和集体还有很多，蔬菜营销大王吕福兵是这样，下山脱贫的九龙山村和城东新村等是这样，整个武义县从全省八个贫困县到摘掉"贫困帽"也同样是靠着自强的精神。故而自强成为武义新精神中的一个不可或缺的组成部分。

　　武义精神是新时代武义文化底蕴的外在表现，文化底蕴是武义明招文化为内核的历史文化、革命文化和民间文化的一个综合体，再现在武义精神上也是一个综合表达——开放、创新、实干、自强。今日的武义正在这种新精神的召唤下，继往开来，加紧打造一个物质文明、精神文明、政治文明、生态文明和社会文明全面发展的新农村和谐图景。

三 文化：打造武义核心竞争力

前面我们谈了武义的深厚的文化底蕴和现实的文化活力，接下来，我们要考虑的就是在社会主义新农村建设中，武义如何打造文化竞争力？

习惯上，一提到发展、建设，人民就联想到经济的发展，经济竞争力的增强。中国在过去二十几年的发展中创造了国内生产总值年均超过8%的奇迹，但经济高速发展的同时，也付出了昂贵的生态成本和文化成本。面对这样的现实教训，在社会主义新农村的建设中就要竭力避免这种现象的发生，但是如何避免？笔者认为就是要注重新农村文化的建设。

现在，国际社会已经达成广泛共识，即把文化看成是一种竞争力。而文化作为一种战略，也已经被普遍的运用。根据曹世潮的见解，"文化是特定人群普遍自觉的观念和规则系统。文化不仅是一种自觉的观念和规则，而且是普遍自觉的"。它既是内在的，同时又外显为一种生存、生活和生产的方式。文化还是一种能力，是人们应对自然、社会和人等环境挑战的产物，每种文化又都有各自的个性和气质，就是文化特质，它使一个文化群体在某些能力方面具有特别专长和倾向。只要加以适当引导，特有的文化就能成为一种无可替代、难以模仿的核心竞争力。[1]

在竞争中的一条法则就是：要生存和发展，就必须拥有一流的综合竞争力。目前来看要想拥有一流竞争力，仅靠政治、经济竞争力的发展还是不够的，还要靠文化竞争力。文化是生产的重要方式，其文化特质决定了它的特别能力，文化的自觉更是为其提供了持续不断的发展动力，这是任何依靠利益、权利调动的力量所无法匹敌的。而且这种竞争力是根植于该社会的根基之中，一旦形成就是独特和持久的。

现在来反观武义，在新农村建设中它继承和发扬了传统的优秀文化，其丰厚的文化底蕴在现实社会中喷射出无尽的文化活力，这种文化活力进而凝结为"开放、创新、实干、自强"的武义新精神，武义近十年来之所以发展迅猛与此有极大关系。也正因为武义在发展经济的同时注重文化竞争力的凝聚和打造，给它今后的发展留下更加广阔的空间。

---

[1] 曹世潮：《文化也是一种竞争力》，载《企业与文化》2006年第6期，第31—32页。

可见，在建设社会主义新农村过程中，文化的作用重大，它不仅可以提高人的素质，促进社会和谐，还能确保经济快速持续的发展。目前，在武义要更好发挥文化的作用，使之最大限度地为新农村建设服务，进一步增强文化的核心竞争力，就要发展文化产业。

首先，进行文化投资，把武义的文化、民俗、历史等资源转变成为文化资本，形成投资少、周期短、见效快的文化产业。武义在这一方面已经起步，像明招文化的发展基地明招寺、生态古村落郭洞、太极星象村俞源、延福寺、熟溪桥等古建筑、古村落旅游资源的开发，畲族风情村——小黄山的对外开放等，以及近 30 个多级文保单位，近 200 个文保点，以及所有的人文与自然景观、景点资源，潘洁兹艺术馆和叶一苇艺术馆，14 家市县爱国主义教育基地，8 个省、市级"东海明珠工程"，以及多家媒体等的提升与整合，都是着力打造文化产业努力的外现。

其次，引进吸收先进外来文化的同时加强对武义文化的保护和开发的文化自觉，越是本土的，越是世界的。近年来，武义对明招文化的保护和其文化资源的开发也表现出这一思路。现在，"明招"一词已经在武义县家喻户晓。走出火车站，便可看到站前一条武义县最长的道路——"明招大道"；明招大道旁一座武义县第一高楼就是"明招国际大酒店"；原来的白溪小学也已经更名为"明招小学"。

最后，在广大农村发展文化产业，不仅可以带动相关产业的跟进，提供新的就业岗位，提高农民收入，而且可以拓展农民传统的职业身份的内涵，使一部分农民成为农民艺术家、农民工艺大师、文化产业工人、文化产业管理者和文化服务者。目前武义县辖内的履坦镇组建了马灯队，桐琴镇有花轿队，西联乡有木偶戏班等，这些文化队的组建不仅丰富了农民的业余生活，而且把优秀的传统民间文化继承发扬了下去，焕发了民间文化艺术的青春，活跃了民间文化艺术的血脉。[1]

文化在经济、社会的发展中作用重大，武义人正是清醒地看到这一点，在发展经济的同时，较早地注意到保护古代文化精品，甚至还刻意留存了 200 多年的古代县城上街和约 300 米的横街，也没有偏废现当代文化的建设。作为公共文化服务的三大中心，文化馆、图书馆和博物馆在基建

---

① 刘彦武：《新农村建设须有文化 GDP 的考量》，《思想政治工作研究》2006 年第 5 期。

规模上早已达到县一级令人羡慕的先进水平，使这个历史小城在经济腾飞的时候，吐露出文化的馨香。反过来，文化的发展，又能提高人的素质，从而促进人与人的和谐，有利于社会的持续健康发展，又能为经济发展提供人才和社会保障。由是，只有打造文化的核心竞争力，才能实现武义新农村建设更美好的前景。

第五篇 藏富：富民与强县

武义新农村建设的实效究竟如何？农民真的富起来了吗？县域经济实力真的增强了吗？这不仅是对武义经验的检验，也是对新农村建设成果的展示，更是对中国社会现代化的一种回应和认同。

第十五章　富民：让农民真正富起来

费孝通先生一生的学术、政治生涯都出于"志在富民"的理想。同样，新农村建设的最终目的之一就是富民，让农民真正富起来。武义县新农村建设基本达到了富民的目的：东皋村民依靠工业园区的开发从农民变为"市民"；陈弄村民从过去以种粮食维持温饱变为现在以种高山蔬菜来致富；上夫岭下村民通过桐琴镇政府以工辅农的决策，走向富裕。此外，三个农民家庭生活的巨大变化和 1000 份问卷调查的结果更加让我们真实地感受到：武义人民真的富起来了。

一　从农民到"市民"：以东皋村为例

东皋村位于武义县东南部，距县城 12 公里，现属桐琴镇。东皋自三国吴赤乌三年（240 年）建村以来，已有 1760 年历史。全村总面积 5.3 平方公里。历史上的东皋村是个农业大村，但是从 1998 年开始，这个村发生了翻天覆地的变化，昔日的农民已经摆脱了过去"日出而作、日落而息"的生活，过上与城里人一样的日子，他们已经从农民变成了"市民"。这得益于村干部 1998 年做出的一个决策，那就是开发凤凰山工业园区以及随之带动起来的城乡一体化建设。

1. 凤凰起飞

世代以农业为生的东皋人并不满足于解决温饱的现状。与一般农民不同的是，他们具有一股拼搏和奋发向上的精神，敢于追求、敢于创新，他们凭着一股闯劲，终于闯出一条不平凡的路。

1998 年，县委、县政府"营造经济洼地，主动接受永康、义乌等发达地区经济辐射"的发展战略为东皋村带来了千载难逢的机遇。

　　许多企业陆陆续续地慕名而来，在凤凰山工业园区"安家落户"。1998 年下半年，开办仅几个月时间，开发区就引进外地企业 5 家。至 1999 年年底，已有 20 家企业落户，并建成投产。进入 2000 年后，凤凰山工业区又有新的发展，并开始启动第二期开发项目。在开发区的带动下，至 2000 年 12 月底，全村工业总产值已达 3.16 亿元，比 1999 年又翻了一番。2003 年，全村共有企业 46 家，初步形成了电动工具、防盗门业、金属压延和文教用品四大产业。2003 年工业总产值达 5.2 亿元，比 1997 年增加了 5 倍。2005 年工业总产值提高到 5.6 亿元。

　　凤凰山工业园区的成功开发，给村民带来了实惠，使东皋村的面貌发生了戏剧性的变化。村里通过建厂房出租兴办菜市场等渠道，收入显著增加，固定收入从原来的几万元增加到 2003 年的 90 多万元。村集体经济逐渐壮大，更重要的是解决了剩余劳动力。工业园区的开发，有力地推动了第三产业的发展，全村各种商店、饭店、美容院从 1997 年的 90 余家增加到现在的 218 家，全村从事第二、三产业的人数已达 840 多人，占全村劳动力的 70%。村民不仅务工、经商有收入，家里的老房子出租给外来打工者，年租金收入也十分可观，村民经济收入明显增加。①

　　关于工业园区的开发带领全村人致富一事，村书记说：

　　　　园区的发展从 1998 年的十五六万元到去年的 100 多万元，老百姓的收入从 1998 年的 2000 多元到去年的 6000 元左右，老百姓经商、务工的收入也比较高，特别是老百姓生活条件提高了以后，他们要求改善居住环境，2003 年我们的思路是先建新村再改造老村。我们良田都是按人分的。2003 年统计了一下，务工、经商、建筑、搞运输的大概是占劳动力的 80%，其余 20% 务农，我们是从 18 岁的开始统计的。近几年来人口增加也快，增加了近 100 多人。像我们嫁出去 6 个月，户口不迁走，那你就不得享受这里的待遇，有些是离婚的，我们是允许她迁回来的。1998 年以前我们村收入来源其实就是茶叶山承包、柑园承包、农作物的承包，总共加起来是十五六万块钱。那时候人均收入 2000 元。

---

① 桐琴镇东皋村党支部、委员会：《以工业为中心，不失时机抓中心村建设》，2003 年。

依托工业园区的发展，如今的东皋村正如一只美丽的凤凰展翅而飞，飞向更加美好的未来。

2. 迈向城市化

东皋村农民不仅从农业的束缚中解脱出来，转而从事二、三产业，收入大大提高。同时，他们还致力于城乡一体化建设。村庄的人居环境得到了改善，往日宁静的村庄，如今变成了热闹的集市。从学校、医院、商场、邮电局到各种行政单位都集中在东皋村这片热土上，各种设备非常齐全。走在东皋村的街道上，我们甚至以为是走在繁华的城市里。东皋村正向城市化的目标迈进。

首先，村庄卫生环境的改善上，1996 年至 1998 年，村里投资 20 多万元，浇筑了全村街道巷弄的水泥路面，改善了环境卫生条件。1998 年又投资 6 万多元，对全村的水塘水沟进行了全面清理，同时成立 4 人组成的清洁卫生队，轮流打扫村区街巷公共场所卫生，清理垃圾，使整个村容村貌保持整洁卫生、文明有序的状态。[1]

其次，村里的基础设施建设得到了加强，近几年，东皋村先后筹集资金近 400 万元进行各项基础设施建设。1992 年投资 20 万元（其中主管部门支持 12 万元）兴建东皋集贸市场；1999 年又把街路菜市场改为棚架菜市场；1993 年投资 4.5 万元修建道路、路灯；1994 年至 1995 年投资 55 万元兴建村综合楼，并投资 13 万元进行电路改线；1996 年投资 18 万元安装有线电视，全村有线电视入户率达 82%；1998 年投资 15.5 万元新建横跨清溪的两座桥，投资 12.3 万元对东皋小学校容进行改造，投资 9.8 万元建成公益性公墓并免费提供服务；2000 年，进一步加大村镇建设力度，除继续完成菜市场扩建及新大楼建设工程外，还将进行村 3400 平方米的厂房建设、村中心幼儿园建设、村老年活动中心建设，总投资在 100 万元以上。[2]

2003 年东皋村确定了"四个一"工程，一是建好一个拥有 67 幢别墅的东皋新村；二是造好一条 21 米宽 800 米长的商业街；三是协助建好一个 4 万平方米的废旧材料综合市场；四是建好一个能接纳 500 多人，占地 4 万多平方米的下山脱贫新村。[3] 该工程现已经基本完成。

---

① 东皋村志编撰委员会：《东皋村志》，2000 年，第 134—136 页。

② 东皋村志编撰委员会：《东皋村志》，2000 年，第 17 页。

③ 桐琴镇东皋村党支部、委员会：《以工业为中心，不失时机抓中心村建设》，2003 年。

图50　桐琴新农村（县外宣办提供）

最后，村里各种学校、医院和行政单位等设施齐全。以东皋为中心的教育事业，形成具有幼儿园、小学、初中、高中配套组成的规模。1962年开始在东皋村设立桐琴区卫生所，1968年改称桐琴区人民防治院，1973年改为桐琴区卫生院，1992年撤区扩镇后改称为东皋中心卫生院，简称东皋医院。院内设有内科、外科、中医科、口腔科、妇产科，以及放射、手术、心电图、超声波、针灸推拿等科室，医疗设备比较齐全，医疗水平不断提高。① 此外，桐琴公安派出所、东皋人民法庭、桐琴财税所、农业银行东皋分理处、桐琴粮管所、桐琴供电所、桐琴变电所、东皋供社、东皋邮电所、桐琴信用社东皋分社等行政事业单位都已驻扎在东皋村，为东皋人和外来打工者提供各种服务。

各种荣誉接踵而来。1999年以来，村党委连续四次被评为县"五好"党支部；1999年被命名为县"小康村"；2000年被命名为"浙江省农业和农村现代化示范村"；2004年6月被评为省五好村党组织；2005年1月被金华市委、市政府评为"全面建设小康建设示范村"。② 曾七次被评为优秀共产党员的村党支部书记程东良，于2000年被中共武义县委评为富民书记。这些荣誉都在告诉我们东皋村的辉煌。如今，漫步在东皋村的每个角落，不论是在现代化的工业园区，或是在热闹的农贸市场，甚至是在一个个商店、超市，我们随时都会遇到许多东皋人，可是我们已经不敢轻易

---

① 东皋村志编撰委员会：《东皋村志》，2000年，第134—136页。
② 载《今日武义》2006年7月25日。

图51　东皋村幼儿园（罗彩娟摄）

地一眼断定他或她是否仍然是个纯粹的农民，实际上，大多数的东皋人所从事的职业和遵循的生活方式与城里的"市民"已经相差无几了。

二　从种粮到种菜：以陈弄村为例

当我们的车子来到陈弄——一个坐落在距镇政府所在地10公里的新宅镇版图的西北角边陲、海拔650米的小山村时，只见眼前是村委会办公大楼，而楼下的广场上，一辆大卡车停在那里，几个人正在把一袋袋四季豆搬到车上，不远处，许多村民正在与收购四季豆的商贩讨价还价，仿佛一个小农贸市场，好不热闹。原来，这就是高山蔬菜专业村，我们来的正是高山四季豆收获的季节。当地人说，这段时间村民一天里有四大忙："早上收获忙，上午卖菜忙，下午管理忙，晚上算钱忙"。然而，因为有了收获的喜悦，即使再忙再累，人们的心里也是甜滋滋的。

据统计，全村现共有210户村民，570人，拥有耕地512亩，其中水田452亩，旱地60亩，山林总面积2355亩，土地总面积3838亩，合2.56平方公里。2005年人均纯收入2596元。相对于前几年的情况，收入水平提高不少。这归功于村里对高山蔬菜的开发。

全村于1999年开始发展高山蔬菜，由于担心销路不好，一户人家就种一亩左右的高山蔬菜。1999年7月、8月初开始试种，扶贫办的领导带浙江农科院郑元林老师到该村讲课，指导村民种植高山蔬菜。2000年全村开始大面积发展高山蔬菜。2000年以四季豆为主，2001年陈弄村开始种番茄、长瓜、生姜等农作物，还发展了170亩的集体茶园。2004年，又发展了高山西瓜。根据郑元林老师的考察，这里的海拔高，土壤多是沙子土，种出来的西瓜比其他地方种的西瓜味道更甜美，因此这里的西瓜基本上销往上海。从此以后，高山蔬菜的品种和面积都有很大发展。全村水田面积530多亩，除100多亩种植水稻外，其他都种西瓜、四季豆、番茄等高山蔬菜，农民的收入每年仅四季豆都有6000元以上，多的有12000元以上。对于村民的主要经济来源，村党支书说：

> 我们这里在家里的基本上是40岁以上的人，年轻人都去外面打工了。刚开始外乡人来我们这里种高山蔬菜也有的，年轻人觉得在家里种田身份低，其实在外面打工要开销，你钱多钱少也都要花的，跟家里是不好比的。我们家里如果做起来是10000元，我自己就两个人，去年种四季豆有12000元，加西瓜2000元多一点，再加番茄，我去年的毛收入就有16000多元。我们种高山蔬菜前都养猪，其他收入就是到外面去打工当苦力。那时候的收入可想而知，很低的。在家的都是有年纪的人，一年种上高山蔬菜有个5000元以上的收入也就差不多了。平均每个人有8分水田，山地面积就很大。山是世代都种的。

> 我们农户基本上围绕种高山蔬菜，冬天我们要做准备工作，我们这个高山蔬菜，正月我们就要种马铃薯，大概是五月就可以收。收了马铃薯以后，到了五月份，一部分就是种水稻，一部分就是种高山蔬菜。高山蔬菜都是五月下旬种下去，然后七月上旬就可以上市了，我们新宅镇的高山蔬菜上市的时间就是七月上旬到九月下旬、十月上旬都有的。

种植高山蔬菜需要一定的技术指导，如今的陈弄村已经成为高山蔬菜示范村，在大规模地种植的同时，他们请有专门的技术专家和科技员对村民进行技术指导。如他们聘请浙江大学老师为高山蔬菜合作社的名誉社长，省农科院的郑元林老师等为技术顾问。有了技术指导员，村民就可以避免过去那种盲目种植高山蔬菜的弊端了；依靠科学技术，高山蔬菜的产量和质量都比以往有很大的进步。

在种植高山蔬菜方面，2006 年 3 月 17 日村里组织成立了高山蔬菜合作社，这是全县唯一的高山蔬菜合作社。它的作用一是帮助农民引进新品种；二是收购高山蔬菜，并销售到市场，让农民种菜吃下定心丸，解除了他们的后顾之忧；三是帮助联系科技人员，宣传病虫害防治等知识。目前有 37 人入社，入社需要有一定的条件，那就是合作社的曹子旺理事长所说的："合作社的社员有两亩以上的田地才能参与我们合作社的。如果是搞营销的就是要经常在市场里跑的，知道外面行情的，才可以入社。"曹理事长是收购高山蔬菜的负责人，他拿出近几天的收购账单给我们看，我们从中可以清晰地了解该村村民种植高山蔬菜的数量和面积等情况。现摘选 2006 年 7 月 21 日一天的收购情况列举如下（见表 8）。

表 8 合作社 7 月 21 日四季豆收购情况表

单价	卖家	毛重	筐重	净重	总计	单价	卖家	毛重	筐重	净重	总计
1.10	生女	54	6	48	52.8	1.10	敏时	36.8	4.5	32.5	35.8
1.10	祝才	17.3	2.5	14.8	16.2	1.10	昌伦	63.5	5	58.5	64.4
1.00	华松	2.5		2.5	2.5	1.10	连苏	63.5	5.5	58	63.8
1.00	留去	1.6		1.6	1.6	1.10	丽勤	44.6	3	41.6	45.8
1.00	子清	18	3	15	15	1.10	银仙	12	2.5	9.5	10.4
1.10	华庭	29	2.5	26.5	29.2	1.10	子和	30	2.8	27.2	29.9
1.10	官寿	25.5	0.2	25.3	27.8	1.00	子和	30.2	2.8	27.4	27.4
1.00	花菊	24	3	21	21	1.05	法明	1.5	1.5		1.6
1.10	余旺	169.5	0.3	69.2	76.1	1.05	舍仪	4	4		4.2
1.10	爱女	17.6	2	15.6	17.2	1.00	清和	8.8	2.5	6.3	6.3
1.10	文呈	29.5	3.2	26.3	28.9	1.10	德法	22	2.5	19.5	21.5
1.10	桂木	22.2	2.2	20	22	1.05	春法	20.5	3	17.5	18.4
1.10	金康	35.5	4.5	31	34	1.10	子清	29.5	3.2	26.3	28.9
											合计：702.7 元

资料来源：曹子旺提供。

表中的卖家基本是陈弄村人，最多的一天收入76.1元，最少的一天收入1元多。这说明不管他们每天从地里收回多少四季豆，都能在当天全部卖给收购站。曹理事长介绍说他们每天都要收购3万多斤四季豆。

大力发展高山蔬菜后，陈弄村的基础设施和整体面貌都有了很大的改观，如《陈弄村志》里的大事记所记载的那样：

——1999年9月，陈弄村被武义县人民政府定为高山蔬菜专业村，并授予匾牌一块。

——2001年陈弄至大莱的公路建成，正式通车，同年停车场地面硬化（即浇咸水泥地）。

——经依法审批，陈弄村上半畈于2001年8月开发，公路边建起幢幢洋房，从此村容村貌大为改观。

——1958年广播与电话同线传输，1968年广播专线，1972年建村广播室，2004年为有线调频广播。1999年9月建起小有线电视，可通过卫星接收到7套电视节目，2003年与县有线联网，可收看32套电视节目。

——2005年陈弄村建成生态公厕两座。村庄整治顺利通过验收，成为全县首批村庄整治村。村内主要路道实行硬化，并安排2人常年打扫，使村庄保持干净、整洁。

——2005年8—9月间，作为"康庄工程"由国家出资，梁上线县道公路全线浇咸水泥路，从此一条宽5米的路面硬化的公路贯穿陈弄村东西。①

由于修了路，每天有五趟公共汽车在村口与县城之间往返。从村里到县城七块钱路费，一个多小时就可以到达，交通非常方便。此外，种植高山蔬菜后，村民就有钱来建房子。比如公路旁边那排整齐的砖瓦房，村里人说都是通过发展高山蔬菜才能建起来的，所以别人称之为高山蔬菜房。同时，种高山蔬菜具有季节性，所以很多村民在一年中既种高山蔬菜又外出打工赚钱。一般是高山蔬菜收获后，村民就外出打工，打工与种植高山蔬菜两不误。因此，农民的收入就多了一条渠道。高山蔬菜的发展带给陈

---

① 童华松主编：《陈弄村志》，2006年。

弄人的变化是无法估量的。

三 工业反哺农业：以上夫岭下村为例

上夫岭下村属于桐琴镇管辖范围，这几年，桐琴镇靠工业迅速发展起来，桐琴镇所辖的各个村都因为工业的发展获益匪浅。尤其是紧挨桐琴镇政府所在地的村庄，具有地理优势，交通便捷，农民纷纷从事二、三产业。许多村的村民正像东皋村那样，从农民变为"市民"。然而，还有一部分比较偏僻的村庄由于自然地理环境的限制，发展相对落后。对此，桐琴镇充分实施工业反哺农业的政策，发挥工业的余热，支援山区人民进行村庄交通、集体设施等方面的建设，让远离镇区的农民同样享受到工业镇带来的实惠。其中，上夫岭下村就是靠工业反哺农业发展起来的村庄代表。对于这一点，上夫岭下村的金主任感慨颇深，他说道：

> 在政府的领导下，我们村的经济跟外面一样发展了。我们的发展主要是靠桐琴镇有这么好的党委、政府，那么好的领导班子，在他们的带领之下，我们那么穷的穷山沟也能通上那么宽畅的道路，投资100多万块。政府有好的计划，好的领导，他们懂得招商引资，以工补农，壮大镇里的经济，使外面的工业带动我们村。
>
> 这几年我们村在上级领导的关怀下，有很大的变化。去年基本上由镇政府投资了100万元搞道路，现在又通上了公交车，都是直达的，方便广大农户出外去经商、打工。
>
> 像我们村，村集体经济连1000块都没有。从镇政府、党委这届班子上任后，他们看到我们这个落后的山村，他们就把外面得来的钱，投入到我们这个边远的山区，不光是我们这个村，跟我们一样也很落后的隔壁村，在政府帮助下也铺上了水泥路。以前我们村连办公场所也没有的，这也是政府搞的，这个房子（村委会办公场所）有100来年了，以前是很乱的，原来都快废弃了的，后来把办公场所搞好，还搞了老人活动中心。整修这个办公场所镇政府投资了1万块。
>
> 政府给贫困户有补贴的，像低保户对象有七八户，20多人口，低保户每月每人得钱。贫困户一年不定期的有补助60、80、100元不等。
>
> 我们以前交通很不方便的，我们的田离这里有7里路，1990年做

了机耕路，1998 年又加宽了。去年镇政府帮建了 6 米宽的硬化道路。全村 70% 是彩电，是有线电视的。有线电视（要交费的）12 块也是镇政府投资，是前年投资的。

陪同我们前来采访的桐琴镇金副镇长也对此做了补充：

> 刚才金主任讲以工补农主要是镇里的，现在这几年工业经济发展了以后，城建也发展了，土地转用有一笔钱从镇里拿出来，像这笔钱投入我们这个村里整个交通建设、办公场所投资。像刚才金主任讲的，像这条路，就是投资了 108 万元。这个 108 万元基本上都是我们镇里投资的。这些钱拿出来补贴都是通过工业园区的发展，跟那个城建发展来补贴的。

正是由于政府以工补农的思想和行动，过去这个贫困的小山村开始蒸蒸日上，村民的日子一天过得比一天好。政府投资兴建公共设施，改善了村庄的硬件环境，为村民节约了开支，更重要的是公路开通后，便利的交通条件，给上夫岭下村带来了致富的契机。正所谓"要致富，先修路"，这条通往外面世界的水泥路，应该说是上夫岭下村走向富裕的"康庄大道"。

首先，处于山区的上夫岭下村具有丰富的自然资源，村里种植 1000 多亩的毛竹林，平均每人有 3 亩左右。毛竹长笋的时候就收毛竹笋，其余的就是砍了毛竹卖出去，这样的话，一个村毛竹的收入有六七十万元。交通条件改善后，人们开始进行毛竹加工，提高了毛竹的产值。手工业加工最早从 1996 年开始。如今，村里有十多家毛竹加工厂，一般加工扫把、椅子、竹篮子和竹床等等，然后把加工成品拿到市场上去卖，收入可观。每家小手工业工厂一年产值有十多万元，此外，还有加工电动工具配件的。

除了做竹制加工外，还有些村民出去到桐琴镇工业园区打工，或者做生意来增加收入，这也是便利的交通带来的好处。路修好后，村里人到镇里打工，可以当天来回上下班，他们说骑摩托车才十几分钟的路程。如今，村里有五十个左右的年轻人在外面打工。此外，村里还有极少部分人从事农业生产，他们的耕地不多，人均耕地只有三分左右，种水稻也只是自给自足。从 2004 年开始，村民的生活就有了很大的变化，全村的人均年收入为 3200 多元。正如该村的金主任所说，这些发展变化都离不开桐琴镇党委、政府对他们执行的一系列以工补农的政策。

四　幸福走进千万家：以三个农民家庭为例

1. 卖菜大王

桐琴镇东皋村的程江，今年 43 岁，一家三口人，儿子在外面读大学。程江是靠卖菜起家的，村主任安排我们在村委会办公室座谈，原来程江就在村委大楼下的菜市场卖菜，这时是下午七点多钟，想必程师傅一天的工作也快要结束了，问起我们的谈话是否影响他的工作，他说不会。这样笔者就较心安理得地跟他聊起家常来：

罗彩娟（以下简称罗）：您好！请您谈一下你们家的发家史。

程江（以下简称程）：我家里以前都是种田，世代都种田的，改革开放以后就弄点小菜卖卖，做点小生意。做了 14 年的生意，1982 年 9 月分田到户的时候就开始做小买卖，刚开始是开小吃店，做了两三年就改行卖菜。1991 年办的那个市场。

以前种田的时候一年种的都不够吃，那个时候我们是 6 口之家，兄弟姐妹 4 个，都不够吃，年年都向国家借储备粮。我们这里什么都不种，就种粮食。那个时候是集体的，所以蔬菜、水果也很少有人种，基本上没人种。那时集体的就以水稻为主，小麦和油菜也种得很少。这样其他经济作物都没有。

罗：那么现在的情况怎么样？

程：分田到户以后就逐年地比以前好多了。每年增加。可以说是三年翻一番，就靠卖菜。年收入有四五万。刚开始的时候是没那么好的了，就是搞了开发以后，外来人口多了，既然一个人他在这里了，那他的吃喝拉撒就一定在这里了，他样样都在这里的，消费都会在这里，我们生意就会好。生意也是一年比一年好，一开始弱的时候也没那么好，一天能卖一两百的毛利，但现在一天都是两三千块的营业额。

罗：具体一天的工作是怎么安排的？

程：我起床很早的，凌晨一点半起床，两点钟就开车去进货，到武义或永康去批发。五点钟回来就开始卖菜，卖到晚上 7 点钟，我中午是回去休息的。下午是妻子在那里卖菜。反正我都是中午 12 点回去睡觉，然后下午 4 点起来，晚上到 8 点多就收摊。一年到头都是这样，有钱赚就不怕辛苦的。

罗：一直种田怎么会想到开饭店，资金怎么解决的？

程：资金一开始是很少的。就是一点点的，可以贷款的。那个时候太穷了，人就想改变一下了，所以就想做点生意了。以前饭都不够吃，根本就是年年欠债。那个时候是肯定没钱喽。

罗：后来怎么从开饭店转到卖菜了呢？

程：我知道做饭店要债难，很多白吃的，吃了说没钱，像有些债是要不回来的。在市场卖菜一般是不会有人欠钱的，而且开饭店还要跟人家吵架，这个账很难要的，也不是很多，但是一年到头你碰到几个这样的就很头疼了。开饭店也是很辛苦的，还是卖菜好一点，接下来就改行卖菜了。一天卖菜的数量是 1000 斤是最起码的，反正蔬菜随季节变化来卖。因为我们这里的人都是在厂里打工的多，种蔬菜的很少，都是买菜吃了。

现在我们家住新村，新房五层，地皮是自己买的，110 平方米，是统一规划的。2003 年买的地皮，花了 30 万。现在花了大概 58 万，贷款贷了 9 万。

家里还有田，免费给别人种的。我是啥都买，只有蔬菜我是不买的。旧村还有房子，我老爸老妈住着，还有 154 平方米是空在那里的，再有 50 来个平方是老爹老妈住的。旧村的房子就是出租的。每个月一间房有 80 元。新房就跟妻子住，因为儿子在外读书。收入就是卖菜、租房，租房得的钱都是给父母的。

罗：你们家都有什么家电？

程：家电基本上都有了。彩电、空调、冰箱、微波炉、小家电都有的，就是没有轿车。摩托车有，拖拉机也有的，都是一年一年添置的。

罗：你们三口之家怎么想买那么大的房子？

程：钱留下来也没什么，趁年纪轻的时候盖点房子，以后新区要开发的时候，到时以后还可以做一点小买卖。因为那个可以算是店面房，以后年纪大了可以自己留一点，到时可以出租，那就可以做养老金。收点房租，老了可以花花。反正现在辛苦一点还吃得消。

平时靠两个大型拖拉机去进货。大的开支主要是供应儿子读书，一年要2万多元，学杂费、书费就要16500元，他读浙工大自动化专业。他一个月还要1000元零花钱。一年要20000多元，这是最大的开支。现在都不去旅游，以前还去，现在这两年没去，盖房子嘛。从来没去杭州看过孩子，这工作停不了的，所以都没空去的。

不说远的，以前吃都不够吃，现在吃什么都够了，也没什么好吃的了。基本上都说普通话，跟外乡人也是讲普通话的。

亲戚都是做买卖的。我的姐姐是做粮食的。我老婆那边的亲戚，有卖家用电器的，有卖装潢材料的。亲戚也都在方圆十里之内。真正种田的很少，都是做小买卖，或者到厂里上班的。家里的米都是买的。

自己做生意就比较自由，打工就没那么自由，工资只有几千块一个月。

有十来年不种田了。菜这东西，好的就卖贵一点，菜不新鲜了，第二天就卖便宜一点的。打工的收入不多的，只要便宜一点，他也就会要的。我们的价格比县城的高，起码高20%。那也没办法，他们不可能买点蔬菜要到外边去买啊，我们这里的蔬菜越是农村越贵，县城便宜，省城更便宜。有时我们去杭州、金华去进货的。现在是大城市供应小城市，以前是小城市供应大城市。国家有补助，另外人家是搞大批量的，它们种出来的又便宜，又好。高山蔬菜也有的，它们也拉到武义县城，我们也去要的。肉类我们不卖，只卖蔬菜。卖蔬菜不准经营肉类。我们主要供应开发区的食堂，他们每天要普通的菜，一个食堂一天要一两百元，不同种类的，大一点的食堂一天两三百元。每天批进来的菜，基本上都要卖掉。食堂供应他们的收入固定有三四百元。有七八个食堂是固定的。学校不放假时还得算上两个学校。

一个月都没有休息的，一年到头就是休息两天，休大年初一，大年初二。其实讲累是以前累，现在这种累就是时间长，不是去抬、去背、去挑，也没那么累的。那时的累和现在的累不一样，晚饭的时候看看电视就睡觉了。

基本上没有淡旺季分。就是什么季节卖什么季节的菜。因为我们这里种菜的人少，所以没有淡旺季之分。竞争是肯定有的。做生意都有竞争，有竞争就有动力了。主要是靠信誉，不能短斤少两，不能以次充好。好的就是好的，差的就是差的。要是你一天赶跑一个顾客，那一百天后你就不用做生意了的。

困难好像也没什么困难，卖蔬菜好像就是很容易的东西。现在都是用电子秤，七八年前就开始用电子秤。以前用杆秤，后来用担秤，再后来就用电子秤。

罗：你对现在的生活感到幸福吗？

程：反正我想想是可以的，生活上没有什么烦恼，反正房子有了，儿子以后出去了，就是考虑买个车就好。可能做几年年纪大了也要改行的，改就改个早上不要那么早的，就是其他的小买卖的。等儿子的工作安排好了，自己就要改行做个轻松点的。

从谈话中，笔者不禁为程师傅的乐观、上进的精神所感动。从字里行间我们体会出程师傅的生活是紧张而充实的。谈话完毕，"卖菜大王"程江师傅露出欣慰的笑容，幸福之感洋溢在他的笑容之中。像村里其他村民一样，程师傅正展望着美好的明天。

2. 种植大户

来到陈弄村邱官寿家，笔者一眼就看到他家的墙壁上张贴的一张奖状，是宣武乡授予他"2000年发展高山蔬菜种植大户"的奖励。对此，笔者愈加感到好奇，对于他怎么发展高山蔬菜的过程想要一探究竟。

邱官寿说，他家1998年就开始种高山蔬菜了，那时村里只有两三个人种，他是村里最早开始种植高山蔬菜的那批人家。那年只种四季豆，因为当时大菜村有人收购四季豆。1999年，村里有30多户人家也纷纷种植四季豆了。到2000年，邱官寿拓展了种植规模，种了三四亩的高山蔬菜，是村里种植最多的一户。他说：

我们以前种四季豆都是自己吃吃，也没有管理，肥料也没有这样用，也没有这样花精力的，四季豆就是自己吃的，一个星期不理，它就黄了。那时我们讲这个东西是不好种的。以后有了金老师和乡镇领导的帮助，派人来指导我们。现在四季豆种下去，管理好的话六七十天就可以成果，管理不好的话也是没有的了。到 2000 年的时候就是上级党委重视，有这个技术指导我们的产量就增加了很多。1998 年开始种到现在都没有停下来过。那个时候种的就只是四季豆，现在我们还种番茄、茄子，好几种蔬菜种起来。

（家里）有五个人，儿子、媳妇在外面，儿子媳妇是做饮食的，一年也十几万。好几年回来一次，就是我和老伴两个人在这里。劳力是有的，就是有点紧张，我们现在基本上是早上四点钟就起床，烧饭吃了，五点钟就走了，因为这个采四季豆都是上午的，下午就不收购的。下午就是管理四季豆，要打药，除草，摘叶子。这个种高山蔬菜的时候比较长，五、六、七、八、九这几个月都比较忙。到十一月以后，就开始割稻子。收完稻子，稻草割回家以后才会空闲一点，那时候就种一点萝卜。现在就种四季豆。

通过这几年种植高山蔬菜，邱官寿家的收入比以前高出百分之七十，从开始种到现在每年都有增加。虽然他在村里年纪算是比较大的了，但收入水平还属于较高的层次。每年有一万多元的收入。为了给笔者更直观的认识，邱官寿拿出自己家出售高山蔬菜的账本来，笔者翻看了他家去年七八月份的四季豆和茄子收入情况（见表 9、表 10）。

表 9　四季豆收入情况表

时间	数量（斤）	单价（元）	总计（元）
8.1	96.5	1.10	106.1
8.2	78.2	1.20	93.8
8.3	72		
8.4	29	0.5	14.5
8.5	55.6	0.6	33.4
8.6	39.3	0.6	23.6
8.7	19.4	0.7	13.6
8.8	79.8	0.75	59.9
8.9	75.8	0.90	68.1

时间	数量（斤）	单价（元）	总计（元）
8.10	43.5	0.95	41.3
8.11	64.2	1.00	64.2
8.12	44	1.15	50
8.13	45.7	1.38	62.5
8.14	45	1.35	60.8
8.15	70	1.40	98
8.16	99.5	1.50	149.2
8.17	109	1.6	174
8.18	152	1.5	228
8.19	48	1.4	67.3
8.20	51	1.4	71.4
8.21	39.6	1.4	55.4
8.22	58	1.5	87
8.23	53.8	1.6	86.1
8.24	82.7	1.65	128
合计：	1551.6		1818.8

资料来源：邱官寿提供。

表 10　茄子收入情况表

时间	数量（斤）	单价（元）	总计（元）
7.20	10	0.40	4
7.24	132	0.60	79.2
7.29	29.9	0.60	18
7.30	19.5	0.80	15.6
8.2	26.6	0.80	21.3
8.4	27	0.50	13.5
8.7	26.3	0.80	21
8.9	16.5	0.80	13.2

续表

时间	数量（斤）	单价（元）	总计（元）
8.10	14.5	0.70	10
8.13	45	0.85	38
8.15	17	0.60	10.2
8.18	52	0.70	36.4
8.21	33	0.60	20
合计：	449.3		300.4

从表中，我们可以看出，邱官寿家去年仅八月份的四季豆收入就达1818.8元。而7月20日到8月21日的茄子收入达300多元。高山蔬菜的收入非常可观。说到愿望，邱官寿现在唯一的愿望就是在武义县城建房子。照此发展趋势，笔者相信，他的愿望一定能够实现。

3. 家庭作坊

家在桐琴镇上夫岭下村的金卫东是村民委员会主任。他家的经济来源主要是自家创办的毛竹加工厂。金主任告诉笔者，他过去是搞运输业的，在外面跑运输的时候看到竹床这个产品，就带回一张竹床当样品，照着这个样品开始制作竹床，并慢慢发展成立一个加工竹床的家庭作坊。最初他从小规模做起，只雇用一个工人。谈到创业之初，金主任说：

> 买了一台机器，只要会木工的都会做，开始我们做好以后拉到市场里去销，去赶集的时候人家买回去睡睡感觉还可以，因为这是竹床，夏天很凉快，家庭买去可以加铺，早上不睡的时候又可以折叠起来。后来一年一年发展起来后，买的人也多了，从过年到现在都没有停工过。这几年基本上是这样，比较好的，销路好。

现在金主任的家庭作坊已有7年历史，并已发展到雇用7个工人来加工的规模，平时一天要付给每个工人五六十块钱工资。另外，还雇人来砍竹子。去年大概卖了5000多张，年总销售额大概有二三十万元。全家人均收入一个月五六千元。

金主任有一辆运输车，所以自己负责把竹床拉出去销售。加工了好几年，现在，金主任有固定的老客户。只要老客户打电话进来订货，他就送货上门，批发给客户。这几年由于加工竹床的人多了，市场竞争力也加大了；再加上原材料（木头和毛竹）都涨价了（其中，木头都是从金华拉进来，毛竹都是村里人的），所以利润有所下降。

发展家庭手工业作坊后，金主任家几乎不从事农业生产了。2006 年雇人种 0.8 亩田的水稻，以维持基本生活需要，其余 0.4 亩田无偿给村里人种，不够的话再买粮食。另外，连蔬菜也是到市场购买的。

金主任说："家里大的开支都没有了，主要是小孩的读书，一个女孩读卫校，我是每个星期给 50 块钱零用，小女儿刚刚小学毕业，在七里路以外的地方读书，每天都要走一个小时的路，来回两个小时，我们村里没有小学。中学准备让她去东皋读。"因此，依靠发展竹床加工业，如今的金卫东主任一家过上了衣食无忧、美满的生活，并且住进了三层高的楼房，家里的电器都很齐全。

从以上三个典型的家庭案例，我们可以看到，他们都靠非农业得到了发展，生活水平都有了很大的提高，几乎拥有了所有现代化家庭生活所需的家用电器，并有不少的存款来支付生病等突发事件的出现。他们是武义县大多数农民家庭的生活状况的缩影。

五 富民调查问卷分析

针对新农村建设的富民问题，笔者发放了 1000 份问卷（问卷附后），收回 981 份，回收率为 98.1%，问卷有效。根据问卷调查结果统计，我们可以直观地感觉到武义县农民的富裕程度和对生活现状的满意度。

问卷调查结果显示，全县 981 户人家中有 71.25% 在 2005 年的家庭人均收入在 5000 元以上。家有电器如下图所示：

1998 年，武义县农村主要耐用物品每百户拥有量为：电视机 98 台，电冰箱 11 台，电风扇 204 台。[①] 然而，从下图中我们了解到当前农村家庭主要耐用品的拥有量情况。981 户家庭拥有电视 1002 台，其中彩电 888

---

① 《新武义五十年》编委会：《新武义五十年》1999 年 7 月，第 38 页。

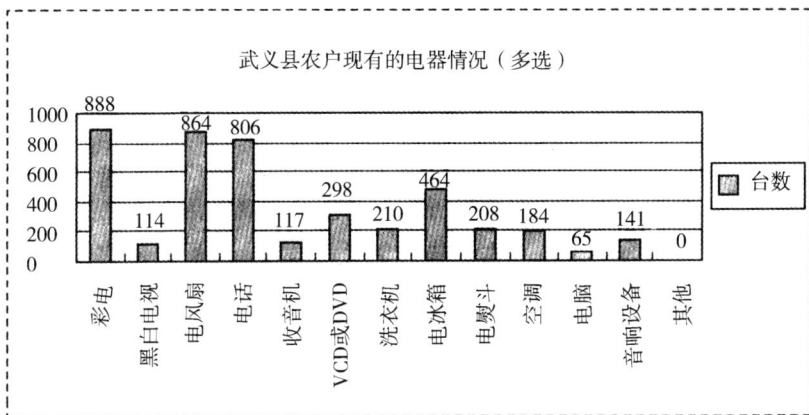

武义县农户现有的电器情况（多选）

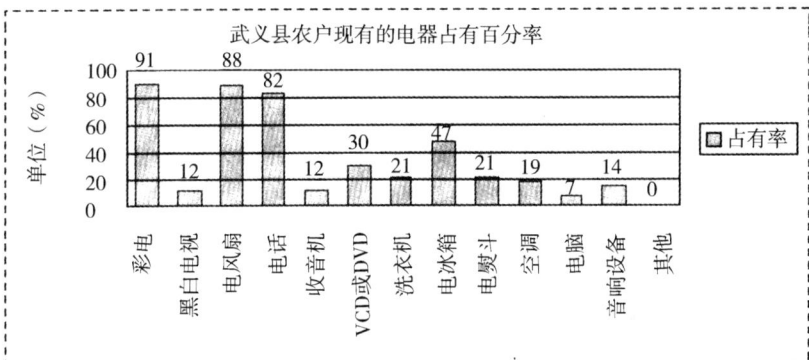

武义县农户现有的电器占有百分率

台，说明彩电的拥有量高达 91%。981 户家庭拥有电冰箱 464 台，占 47%；电风扇 864 台，占 88%。806 户拥有电话，占所有调查对象的 82%。农村耐用品拥有量均比 1998 年有较大增加，说明人们的生活水准达到了一定的高度，基本过上现代化的生活。此外，洗衣机、电脑、音响设备等的占有率偏低，只有 65 户的家庭拥有电脑，占所有调查对象的 7%。说明电脑等这些高科技产品在农村家庭还不够普及，只有少数人家拥有电脑。

再来看看各个家庭拥有的交通工具情况：

可见，在所有调查对象中，55.25% 的家庭拥有自行车，55.66% 的家庭拥有摩托车，自行车和摩托车的拥有量基本持平。而 10.5% 的家庭已拥有汽车，同时，由于是多选题，所以不排除一家拥有几种交通工具的情况存在。交通工具的拥有情况也反映出一个家庭的经济收入情况，还反映出这些家庭所在地的交通情况——如果住在无法通车的高山上，这些交通工

农户所拥有的交通工具（多选）

占有率（%）

自行车 55.25　摩托车 55.56　汽车 10.56　其他 4.49

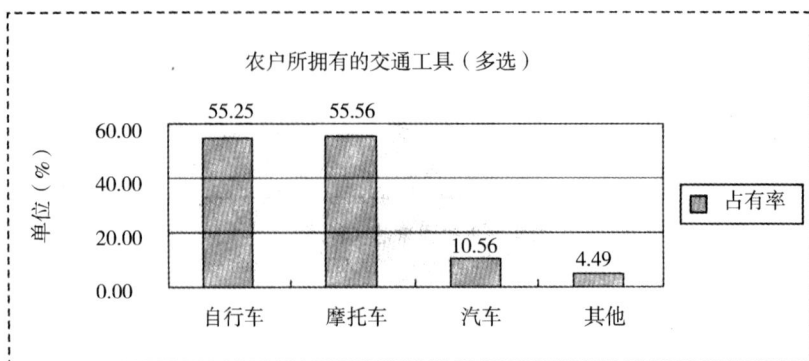

具都是多余的。所以，从调查结果看，桐琴镇、九龙山村、陈弄村等几个调查地点都是交通方便之地，而这些村民家庭也有足够的经济实力购买摩托车等交通工具。据推测，随着人们经济收入的提高，小汽车的拥有量将会上升。

过去，以务农为生的农民家庭基本是以烧柴等作为主要的生活燃料，那么，现在的武义人民是否依然如此呢？让我们来看看调查结果。

如下图所示，90.72%的家庭使用了煤气，还有51.27%的家庭继续烧柴。由于是多选题，所以可以推测，将近一半的家庭在使用煤气的同时还在烧柴，不到10%的家庭完全依靠烧柴作为燃料。结果还是相当令人满意。

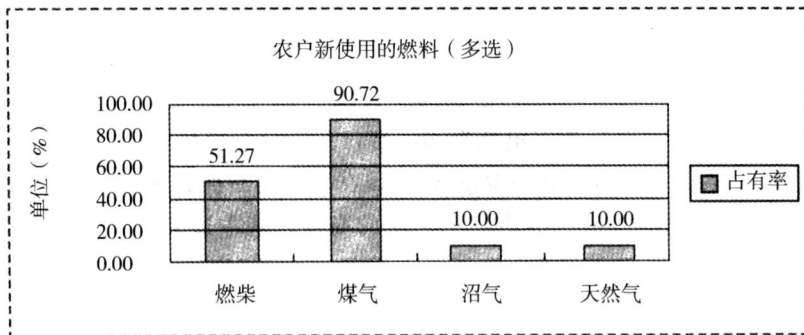

农户新使用的燃料（多选）

占有率（%）

燃柴 51.27　煤气 90.72　沼气 10.00　天然气 10.00

以上几个方面的调查结果显示，武义人民的生活水平已经有了很大的提高，大多数家庭具有现代化生活设施的购买力，那么，他们是依靠什么职业来增强收入，改善生活条件的呢？是否依然主要依靠从事传统的农业为主呢？下图将会告诉我们答案：

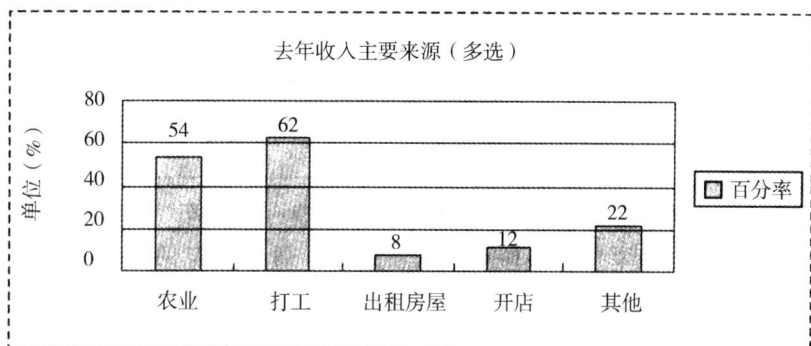
去年收入主要来源（多选）

可见，62%的家庭收入主要来自打工，54%的家庭主要来自农业收入，还有8%的家庭来自出租房屋，12%的家庭依靠开店，22%的家庭选择其他。该题是多选题，所以不排除许多家庭收入有几个方面的来源。但我们还是能够从中发现打工的收入占有很大比例，超过了农业收入。这说明武义农民已经不单纯地从事农业，许多农民已转入第二、三产业，这是个好的预兆，说明武义县已经转移了许多农村富余劳动力，同时也反映了农业开始向现代化作业方式转变。

此外，在"你家里在银行有无存款"一题中，70.95%的家庭有存款，29.05%的家庭没有存款，当问及存款的用途时，他们的选择各不一样：

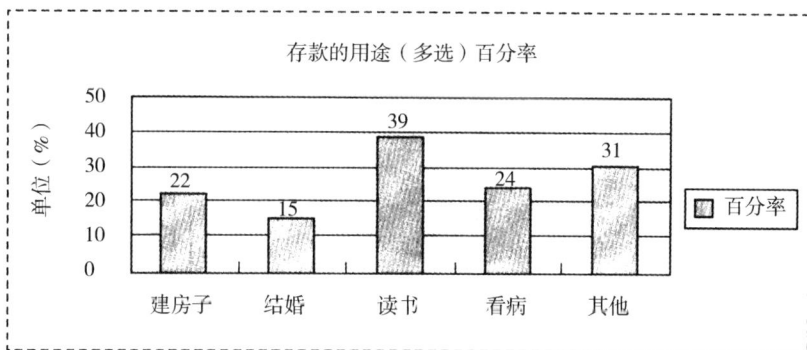
存款的用途（多选）百分率

其中，39%的家庭把存款用在孩子读书方面，其次是31%用在其他方面，24%的家庭把存款用于看病，22%的家庭把存款用于建房子方面，最后15%的家庭用在结婚方面。说明孩子读书、看病、建房子等是农村家庭最大的开支项目，也反映了许多家庭重视小孩的教育问题。

对生活现状的满意度也能说明很多问题，通过调查，如下图所示：

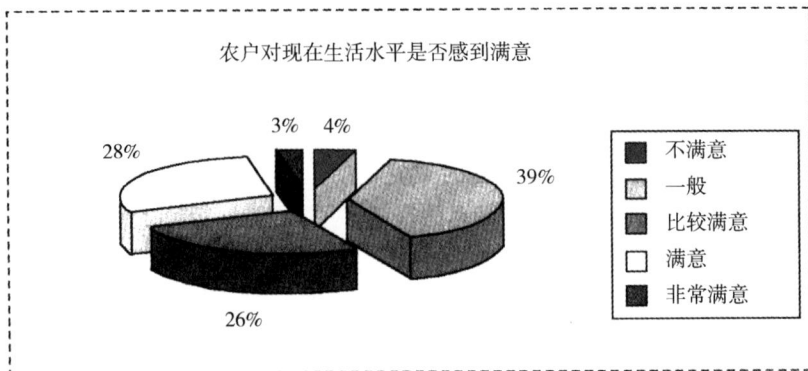

农户对现在生活水平是否感到满意

39%的被调查者对现在的生活水平非常满意，28%表示满意，26%比较满意，只有3%的被调查者表示一般，4%的被调查者表示不满意。如果从满意、一般和不满意三个维度来分析，那么可以获知93%的被调查者对现在的生活水平表示满意。如此高的满意度说明人民过上了衣食无忧的生活。今天的武义可说是个太平盛世的时代。

最后，笔者还调查了人们的幸福感状况。

如图所示，3%的被调查者感到非常幸福，32%的被调查者感到幸福，25%的被调查者感到比较幸福，37%的被调查者感到一般，3%的被调查者感到不幸福。如果从幸福、一般和不幸福三个维度分析，可知，60%的被调查者感到幸福，只有3%的被调查者感到不幸福。由于幸福是个主观的概念，牵涉到人的心态是否乐观，是否容易知足等方面的情况，所以并不是有钱的人就一定感到幸福。但是，从这个调查结果中，我们还是了解到超过一半的被调查者对现在的生活状况是感到幸福的。

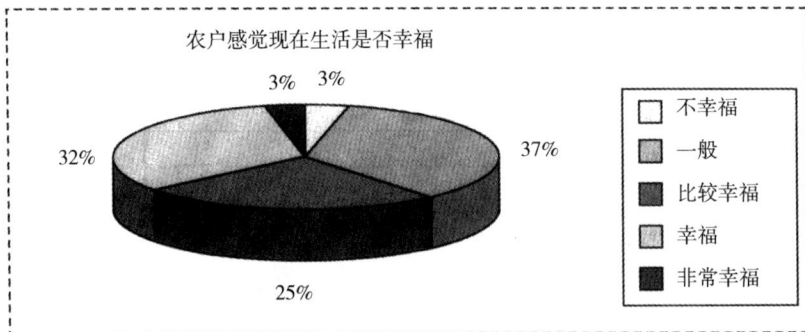

农户感觉现在生活是否幸福

　　总之，从笔者所分析的这些问卷调查结果来看，武义县农民的生活水平已经迈上了一个新的台阶。

　　富民，包含三层意思：第一，广大农民收入水平要不断提高；第二，城镇职工的收入水平要持续增长；第三，农村人口要较快地向城镇转移，生活的平均质量要提高。① 从笔者上述的对几个村庄、三户农家的调查情况以及发放的 1000 份问卷的分析结果看，武义县的"富民"状况并非子虚乌有，我们可以肯定地说，新农村建设让武义的农民真的富起来了。

---

① 张占仓：《县域经济发展战略的"四点论"》，载《经济经纬》2004 年第 5 期。

第十六章　强县：增强县域经济的实力

武义新农村建设具有县域的特点，即并非只在某些村庄推进新农村建设，而是县域所有的村庄都从新农村建设中获益。通过县委、县政府和全县人民的努力，今日的武义县已经进入跨越式发展的阶段，各个方面都取得了可喜的成绩，县域的经济实力日益增强。

一　桐琴：全国千强镇

桐琴镇是武义的东大门，全镇管辖44个行政村，总面积46.9平方公里。常住人口是2.16万，外来人口3万。近年来，桐琴镇紧紧围绕"提升工业化，农业特色化，促进商贸化，推进城镇化"的工作思路，突出重点，不断创新工作机制，完善服务体系，优化投资环境，工业经济持续快速发展，中心镇的积聚功能、辐射功能加强。

2005年实现工农业总产值28.3亿元，其中，工业总产值27.7亿元，比上年增长26.5%；农业总产值5249万元，超额完成县下达的任务，财政税收7627万元，比上年增长13.8%，农民人均收入4590元。因此，全镇经济社会综合实力已跃入"全国千强镇，金华市十强镇"。桐琴镇的"强镇"荣誉得益于它以工业为产业支撑的发展和推进中心镇建设的做法。目前，桐琴镇在以下两个方面体现了它作为"强镇"的优越性。

1. 以工富农

桐琴镇充分利用周边县市个私经济进入二次创业，寻求新的发展空间，发挥区位、产业、土地三大优势，主动接受经济发达县市的辐射，以工业功能区开发为载体，以招商引资为重点，加快发展工业经济。目前，全镇拥有企业480余家。2005年，全镇有市级、县级高新技术企业6家，企业"六率"得到进一步提升，列入全县工业企业总产值前 100 名的有 20 家。规模以上企业 77 家，产值超亿元企业 6 家，全镇实现工业总产值 27.7 亿元。工业经济保持强劲的发展势头。

首先，工业的发展带动了城镇建设。近年来，桐琴镇紧紧围绕统筹城乡发展，扩大城镇规模，改善生态环境，提升城镇品位的目标，实施了"两街一公园"改造，两年共拆迁 10 万平方米，对两个共占地 15 万平方米的拆迁安置新区实行统一规划、统一建设、统一设置、统一管理，区内道路、广场、绿化、排污等配套设施一次性投入，目前安置区已全面建成，500 多户农民搬入新房。桐琴镇党委书记何俊有介绍说：

2002 年我们把桐琴镇定为工贸型园林城镇，我们从整个原来是 3 平方公里，拓展为 15 平方公里，这几年来整个武义的变化都是非常大的。那么这个规划完成以后呢，我们第一步走是 2003 年，启动了旧城改造与新区建设相结合，使工业园区与城镇建设相配套，所以我们规划的工业园区要么在中心村旁边，要么在镇旁边，使工业区作为一个新城区来拓展。同时也采取公司化经营，业主化开发的这样一种模式，这么搞城镇建设。2003 年一次拆迁占地 0.51 万亩老区最脏乱差的地区，这是桐琴这十几年，人代会上提案最集中的问题，但是桐琴一直没有启动。为的是时机成熟了我们再因势利导。然后 2002 年、2003 年的拆迁，我们拆了 5.5 万平方米，建立了一个小广场小公园，这个让那些老人很高兴。我拆迁的时候一些老人还当面骂我的，说这就是我们这里的书记，他比日本人还凶啊。三个月不到我们做好后，还是那批老人，还多了几个，碰到我了，说："何书记啊，我们桐琴这个城镇建设早个三年五年搞那就好了。"我说："不用三年，三个月前我要搞的时候你们不是说我比日本人还凶啊！"他说："这样搞好啊好啊，当时我们只是讲讲笑咧。"这老百姓他也是很实在的，一开始可能不适应，三个月后老百姓就感觉出来了。我们整个桐琴镇拆迁都是比较顺的。这是一期、二期拆迁的情况，同时我们建了两个安置区，一个是 10 万平方米的连体别墅，东皋还有一个安置区。我们给农民的成本价是 11 万元多一点，但是我们招投标建筑的成本就是 11 万元。有大、中、小之分，小的是公寓式的，中的是占地 95 个平方米，大的是 125 个平方米。我们是统一规划、统一设计、统一建造、统一安置的。

城镇的配套功能也得到了强化，在县委县政府的支持下，桐琴镇的饮用水是城乡一体的。也就是从县里供水过来的，并且新建了变电所。这里还抓市场建设，各种基础设施建设，包括他们目前在搞的商业街改造。2006年该镇还建立两个垃圾中转站，这样就使全镇的卫生状况得到根本性的改善。从市场、基础设施到卫生环境都有了改善，桐琴的城镇面貌焕然一新。

其次，工业的发展，转移了农村剩余劳动力，减少了农民数量。近几年，桐琴镇依靠农业的发展，已经带动了全镇许多农村劳动力进入工厂打工，或者是从事商业等其他行业。农民的减少，促进了桐琴镇的城乡一体化进程。何俊有书记在和我们的访谈中也充分肯定了这一点：

> 我想农村要实现现代化，就是要转移农民，减少农民。农民太多了，人如果不转移过来，就这点良田产生的效益要那么多农民分，可想而知，所以必须减少农民、转移农民。武义现在已经有了一个很好的条件，工业经济得到了快速的发展，它需要大量的农民工，所以像我们桐琴，2004年年底2005年年初的时候，我们做了一个统计，当时我们就已经有6000的本地的农民在本地企业打工，我们常住人口只有21600人，除了老的，45岁以上的和18岁以下的，这些除外，我们大多数的劳动力资源都在企业，这个农民转移非常重要。这一部分转移了的农民都是最有优势的农民，也相对来说是头脑最活络、文化程度最高的，这批人在企业，不仅是到企业赚了工资，为企业做出了贡献，更重要的是他们的观念转变，他们的信息、技术得到了提高。有一部分可能已经从打工仔变成老板了，我们还在逐步转移。

对于无法转移到其他行业的农民，镇政府也采取了相应的技术培训措施：

> 那么怎么培育农民？有技术的已经都到企业去了，另外一些我们政府要加强培训、引导，尤其是专业知识的培训。我们镇里已经分批、分期地对农民进行培训了。这里培训又分两个方面的培训，一个是政治的培训，另一个是技术的培训，也包括我们现在继续留在土地

上的农民，这些也需要培训。现在种早稻、晚稻跟过去的技术不一样，品种也不一样了，特别是我们现在推广袁隆平的超级杂交稻，这种杂交稻，如果没有一点技术水平，也是种不好的。所以也需要培训。包括我们这一块的蜜梨也一样，我们把原来的五百多亩变成三千多亩了，已经规模化经营了。我们桐琴的蜜梨做大了，每年可以为农民增收接近一千万元。

桐琴镇依靠工业的发展，城镇规划、建设和转移农村劳动力等都取得了不小的进步，使该镇的城乡一体化建设日益走向成熟。

2. 给农民以实惠

首先，工业功能开发给农民带来实惠。全镇在企业的本地职工约 6500 人，按一年 10 个月每人每月平均工资 700 元计算，每年本地农民在企业中的工资收入就达到 4550 万元。全镇有近 1 万外来人口需租住当地民房，按 10 个月每人每月 25 元租金计算，本地村民房租一项收入就达 250 万元。工业兴起，商业兴旺，从桐琴到全国各地的货物托运专线就达 10 多条，收入十分可观。全镇有注册登记的个体工商户近 1000 户，从事经商者有 2000 多人，个体工商户的年总收入达 3000 万元。

其次，城镇建设给农民带来的实惠。桐琴镇进行城镇建设，需要拆迁部分房屋，统一规划。拆迁实行市场价补偿、成本价安置，从商住用地出让金中拿出一部分用于安置区建设，实际成本 16 万元的安置房，镇政府以每幢让利 4 万元给拆迁户，共有安置房 500 幢，政府让利总额达 2000 万元。随着人流、物流的加快，房地产市场也应运而生，镇区沿街店面售价、租金比县城还高，农民受益匪浅。

最后，工业反哺农业、城镇支持农村，农民得实惠。近年来，桐琴镇从土地出让收益中积累了一些资金，做到取之于民，用之于民。自 2000 年以来，全镇所有水利灌溉费由镇政府承担，镇政府共用于有线电视安装、康庄工程、村庄整治、生态村建设的资金达 3000 万元，新建道路 16 条、36 公里，实现了村村通水泥路，17 个村实施村庄整治和生态村建设，通过了市级生态镇验收。用于水利设施和农业生产扶持资金达 1500 万元，农业特色化进程加快，全镇形成了蜜梨、花卉、笋竹两用林三个产业带，农民收入明显增加，2005 年人均收入达 4900 元。农民尝到了中心镇建设的甜头。① 对此，桐琴镇党委何俊有书记指出该镇这几年在工业反哺农业方面做了五件事情：

> 这几年我们（在工业反哺农业方面）做了五件大事。第一件事，从 2002 年开始我们每年拿出几十万，到去年年底统计了一下已经 350 多万元贴农资金，对蜜梨基地、花卉基地、杂交水稻的推广等我们都出台了一系列的扶持政策。第二是从 2002 年我们全镇的水利灌溉由政府支付，不向农民收一分钱。第三是 2004 年、2005 年、2006 年三年的时间内投入了 3000 万元完成了全镇的康庄工程。所以现在我们 44 个行政村，53 个自然村，全部都通上水泥路，除了上面的补助，我们镇也拿出了差不多 3000 万元的资金来扶持。这个是老百姓最得利的，特别是贫困的地区对政府评价的最大就是这个修桥铺路。第四点就是我们从 2004 年下半年开始进行村庄整治和生态村建设，我们镇财政拿出了将近 1000 万元补助一部分村搞村庄整治，使村庄的面貌发生了大的变化，包括村庄的外墙粉刷、路灯的亮化，还有绿化，有的地方建起了公园。村庄整治我们已经支付出去 1000 万元了，2006 年的还不算。像刺立桥就得了 120 万元的补助。第五点就是我们有 44 个行政村，其中有 21 个村的还是比较薄弱的，那么我们对这 21 个行政村开通了有线电视，现在已经几十个频道了。有线电视的开通，我们没有向这些村收取费用，每户出了 300 元的初装费，剩下全是由镇里出资的。所以这几年我们光是镇里就出了几千万元的资金。那么这些资金如果没有工业经济的发展、没有城镇建设两个公司的资金积累，哪有那么多资金。就今年我们这个商业街的改造，整个投入就将近 800 万元。
>
> 这个就是经济发展带来的好处，是我们发展到一定阶段以后，政府采取转移致富，反哺农业，支持农业的结果。同时又为我们带来一个更大的好处，通过发达地区的发展，带动了贫困地方的老百姓，使他们也得到了发展。

---

① 武义县桐琴镇党委、政府：《突出重点、创新机制、破解难题、扎实推进中心镇建设》，2006 年 6 月 19 日。

桐琴镇在工业发达的同时反哺农业，使全镇的各项事业稳步发展。如今，地处浙江中部的桐琴正以昂然的姿态从农业大镇向工业强镇迈进，在新一轮的致富大潮中，奏响了一曲和谐的新乐章。桐琴镇是武义强县的最佳示范乡镇。

二　武义：县域经济实力提升

这年来，武义通过工业的壮大带动其他产业的发展，经济实力日益增强，在全国县域经济实力的排名中名列前茅。同时，经济实力的提升带来财政税收的增加，如今的武义财政收入步入了公共财政阶段，从而有能力扶持全县各项社会事业。

1. 新农村建设八大成果

在武义模式元素的相互作用下，武义的新农村建设取得了整体性的成功，正如 2006 年 8 月"领导班子述职报告"中所总结的那样，取得了 8 个方面的成果。

（1）提升工业化

切实转变经济增长方式，积极培育产业集群，打造先进制造业基地。2003 年以来，全县园区工业企业固定资产投资 50.04 亿元。工业区建成面积从 2002 年的 10.19 平方公里扩大到目前的 17.87 平方公里，初步形成了五金机械、文教旅游、休闲用品、印刷包装、汽摩配件等特色产业集聚区。2005 年，全县年销售产值在 3000 万元以上的企业有 80 家，5000 万元以上的 43 家，1 亿元以上的 23 家。今年，规模以上企业达到 344 家。"十五"期初到"十五"期末，工业区建设逐步从"铺摊子"为主转到抓两个"三率"上来。在加强对新进区企业的开工率、竣工率、投产率督查的同时，对已投产企业狠抓新"三率"，即企业投资率、产出率和税收贡献率。注重单位用地经济密度的提高，建立入园企业用地指标评估体系，根据企业的实际生产能力和用地需求合理供地，在不影响园区规划的前提下，尽可能提高园区土地空间利用率和园区投入的产出率。同时，扎实做好经济发展环境优化工作，建立经济环境建设工作领导责任制和考核测评机制，规范涉企检查和收费行为。进一步完善一站式服务、全程服务等制度。实施审批制度改革，推行并联审批、承诺审批等审批方式，精简审批事项，简化审批程序，切实提高办事效率和服务水平。

（2）扩大对外开放

实施开放带动战略，尽可能地融入周边城市群和产业群中求发展。充分发挥土地、政策、服务等方面比较优势，形成了"低成本投入、高效益产出"的创业洼地，主动接受周边发达县市的产业转移。2003年以来，全县共引进、新办工业企业427家，全县累计进区企业已达1044家。随着产业基础的夯实和区位条件改善，招商引资工作从注重企业数量的引进转变到注重产业链的引进和培育，重点抓"巩固内圈、拓展外圈、突破外资"三大环节，即在继续主动接受周边发达县市产业转移的同时，努力接受杭州、温州、宁波、台州等地的辐射，积极创造条件，抓住国际产业转移的机遇，努力在引进台资、港资和韩资上有新的突破。海关出口值从2002年3933万美元增长到2005年的2.62亿美元，增长566.2%。今年上半年，海关出口达1.9亿美元，同比增长66.9%。

（3）推进城市化步伐

加快了县城和中心镇建设步伐，不断实现城乡交通、供水、供电、通信等基础设施和文教卫体等资源要素共享。固定资产投资从2002年的14.47亿元增长到2005年的28.19亿元。1949年以来交通总投资为19.5亿元，近5年投入15.52亿元。我县原来的交通区位十分闭塞，仅有330国道擦肩而过。近年来随着金温铁路、金丽温高速公路的建成通车，上松线、330国道、永武线的拓宽改造，正在形成以铁路、高速公路和国省道为骨架，干支相连、交通便捷的现代化运输网。近五年共实施旧城改造70万平方米，完成城镇引供水、城市防洪、农村电网改造、滨江广场、湖畔公园、壶山公园等工程建设，县城城区面积从2002年的12平方公里拓展到18平方公里，城区人口从2002年的9.6万元增加到12万元。

（4）开展社会主义新农村建设

坚持城乡统筹发展，大力实施"八大工程"，取得了初步成效。突出抓好村庄整治。2003年以来，全县已累计开展164个村的村庄整治工作，其中已验收合格的77个村，全县先后有3个村被命名为省级"全面小康建设示范村"，有12个村被命名为市级"全面小康建设示范村"。生态村建设扎实开展，已累计完成了 69 个生态村建设。农村交通条件得到历史性改善。2003 年以来，全县累计完成县级道路改造 283.8 公里，完成康庄工程建设 748.3 公里。积极实施农民素质培训工程，鼓励劳务输出，积极发展来料加工业，引导和推动农村劳动力向二、三产业转移，通过提高农民、转移农民来富裕农民。2003—2005 年，全县实施就业培训 2.9 万人，有 7372 人取得国家职业资格证书，通过培训实现劳动力转移 1.65 万人。武义县南部山区乡镇的农民，目前有 1 万余人在外地开办和从事超市业，已在昆山、苏州、常州等地共开办超市 3000 余家，年纯收入达 2 亿—3 亿元。全县已有来料加工点 785 家，从业人数 1.4 万人，2005 年实现加工收入 1.2 亿元。新型农村社会保障体系初步构筑，新型农村合作医疗参保农民已达 26.8 万人，参保率 93.42%；目前全县共有低保户 2647 户，4285 人。

（5）大力实施扶贫攻坚

武义南北差异很大，南部山区地域占全县的 60%，人口占全县的 40%，其中有 8 万人居住在山区，生产生活条件相对较差，有 4 万人生存条件特别恶劣。为逐步消除贫困，实现共同富裕，我们认真探索欠发达地区实现跨越式发展的路子，在实施科技扶贫、教育扶贫、开发扶贫的基础上，从 1994 年开始率先在全省实施高山深山农民移民搬迁工程，使大批山区农民走出了深山、大山，彻底摆脱了世代捆住他们手脚的恶劣环境，逐步走上了富裕道路。本届县委继续狠抓下山脱贫工作，积极探索下山脱贫模式。目前，全县累计有 328 个自然村、14315 万户、43729 万人实施了下山脱贫，其中 2003—2005 年搬迁下山 6497 人。下山脱贫群众占全县总人口的八分之一，占全县山区群众的三分之一，实施搬迁的自然村占全县自然村总数的五分之一。下山脱贫彻底拔掉了千年"穷根"，让山区群众获得了看得见、摸得着的实惠，贫困山区群众的生活发生了可喜的变化。下山脱贫工作得到各级领导的充分肯定，在国内外产生较大影响。

（6）加快农业产业化

以高效生态农业为主攻方向，大力加强农业规模化、标准化、品牌化、产业化建设，大力发展特色农业、生态农业、设施农业。通过努力，农业产业化经营水平有长足发展，农产品基地不断壮大。名优茶、有机茶、蔬菜、蜜梨、蚕桑、花卉苗木等特色产业带初具规模。

到 2005 年，全县茶园总面积达到 11 万亩，全年茶叶总产量 6088 吨、产值 1.22 亿元，获得"中国有机茶之乡"称号，有机茶开发面积一直保持全国领先，全县有机茶面积累计已达 2.03 万亩。"武阳春雨"系列茶经过整合后竞争力进一步增强，2005 年"武阳春雨"系列茶产量达到 950 吨，成为浙江省十大名茶。全县果园总面积已达 3.58 万亩，水果总产量 32726 吨，总产值 3788 万元。花卉苗木发展到 1.13 万亩、产值 1105 万元。全县桑蚕饲养量达 12371 张，产量 518.9 吨。特色优势畜牧业养殖规模进一步扩大。2005 年末生猪存栏 14.54 万头，全年生猪出栏 19.79 万头；家禽全年饲养量 471.84 万羽；奶牛存栏 551 头。2005 年，我县被国家商务部等有关部委评为全国"三绿工程"示范县。目前，全县共有 27 家县级农业龙头企业，共有 26 个农民专业合作社，社员 2127 人，带动农户 1.9 万户，连接基地 5.8 万亩。

（7）寻找和培育新的经济增长点

武义山清水秀，自然环境很好，并留下了一批文化积淀深厚的古村落，特别是有华东地区一流的温泉资源，旅游资源非常丰富。本届县委把发展以温泉为主导的旅游业作为县域经济发展的重要增长点来培育，旅游开发从无到有，取得了显著成效。全县游客总量从 2002 年的 33.98 万人次增长到 2005 年的 57.54 万人次，增长 69.3%；旅游业直接收入从 2002 年的 4000 万元增长到 2005 年的 5500 万元，增长 37.5%。2004 年我县被浙江省旅游局等部门联合授予"浙江省最佳休闲胜地"荣誉称号，成为浙江旅游发展的一个新亮点。2003 年郭洞、俞源被命名为全国首批历史文化名村，温泉品牌进一步打响。与此同时，金融、保险、交通运输、通信等现代服务业得到了快速发展。

（8）加强民主法治和精神文明建设

按照统揽全局、协调各方的原则，加强对人大、政协工作的领导，县人大及其常委会的工作得到进一步加强，县政协的政治协商、民主监督、参政议政职能得到进一步发挥。大力推进"平安武义"建设，构筑社会治安防控体系，对治安突出问题进行了重点整治，群众安全感普遍增强。狠抓安全生产工作，有效控制了重特大事故的发生。健全信访工作网络和矛盾纠纷排查机制，定期开展领导下访活动，群体性上访得到有效遏制。深入总结培育和弘扬"开放、创新、实干、自强"的武义新精神，激励全县人民干在实处，奋发图强。抓好文明县城创建工作，2005年顺利通过省级"文明城市"工作先进县考核和省级卫生县城复查验收。抓好农村文化"四个一"阵地建设，抓好社区、企业和党校等宣传文化阵地建设，不断开展城乡丰富多彩的文化活动。推进学校布局调整，优化教育资源配置，完成了实验小学迁建工程、继续教育中心工程等一批教育基础设施建设，财政对教育投资年均增长20%以上，2003—2005年累计达到3.5亿元，2005年通过省级教育强县验收。加快推进科技、卫生、体育等各项事业的发展，实现经济与社会发展的均衡和谐。

总之，从2003年1月以来，武义县生产总值从2002年的35.53亿元增长到2005年的58.36亿元，增长64.3%；全县财政总收入从2002年的3.25亿元增长到2005年的7.21亿元，增长121.8%；全县工业总产值从2002年的66.9亿元增长到2005年的132.53亿元，增长98.1%；农民人均纯收入从2002年的3202元增长到2005年的4340元，增长35.5%。2006年1—6月，全县实现生产总值31.68亿元，同比增长15.2%；实现财政总收入4.94亿元，同比增长19.8%。

从上述一系列的数字中，可见武义县综合实力明显增强，县域经济综合实力全国排名从2000年的407位上升至2004年的189位。

2. 公共财政回馈社会

武义县经济实力增强后，财政收入年年上升。武义财政实现了从讨饭财政到吃饭财政，再到公共财政的转变。正如武义县财政局李国旗局长所说的那样：

> 从财政收入来看，几乎每年上一个亿的台阶。统计口径有个变化。前年武义因为地方承担了出口退税，有3401万，如果加上这3401万的话呢，等于说跟大前年的统计口径一样的话，实际上是6亿多。资金这一块，原来武义属于讨饭财政，就是养人都养不过去的。过去只有几千万元的收入，地方收入更少，这些钱就是养干部、养教师，当时还养不过来。后来是吃饭财政，就是说基本上能维持这些人工资、开支和机构的运转。最近五年已经从吃饭财政慢慢地走向公共财政，人头经费转变为2亿多元，今年是2.4亿多元。

　　所谓公共财政，就是县里的财政收入除了能满足正常开支外，还能用于社会公共事业的改善。武义财政从讨饭财政到公共财政的变化给全县人民群众带来了莫大的实惠。当县里的财政收入大幅度地回馈于社会的时候，这个县就进入了"强县"的行列了。武义县正是如此，这几年以来，县财政开始反馈于社会的公益事业方面，特别是在支农投入方面大幅增长。如下表所示：

表 11　2001—2005 年武义县财政收入与支农支出情况对照表

（单位：万元）

年份	财政收入金额	增长速度	支农支出金额	增长速度
2000	15487		150	
2001	24418	57.67%	240	60.00%
2002	32403	32.70%	495	106.25%
2003	45481	40.36%	642	29.70%
2004	54704	20.28%	942	46.70%
2005	72135	31.86%	1280	35.90%
平均增长		36.56%		55.71%

资料来源：武义县财政局农财科提供。

　　总的来说，"十五"期间县财政累计筹措预算内外支农专项资金达46186 万元。其中，预算内支农专项资金 18168 万元，预算外支农专项资金 28018 万元。武义公共财政真正做到了"取之于民，用之于民"。武义财政收入不只是支援农业，还支援了工业、教育、欠发达乡镇的机构运转等方面。武义公共财政是名副其实的"公共财政"，它的重大投入项目体现在以下几个方面。

　　（1）农业生产方面

　　首先，大力支持农业综合开发和土地整理项目建设。"十五"期间累计拨付土地整理和建设用地整理项目（含标准田建设）资金 23568 万元，共完成土地整理面积 18.76 万亩，建成标准田面积 152718 亩，新增有效耕地面积 25098 亩，取得土地整理折抵指标 18077 亩。筹集农业综合开发土地治理、小流域治理及多种经营项目资金 4250 万元。

　　其次，兑现粮食生产各项扶持政策，保护农民种粮积极性，促进粮食生产的稳定。从 2004 年起，两年共拨付粮食生产财政直补资金 81.83 万元，拨付大型农机具购置补助资金 162.52 万元。2005 年武义县还试种了超级稻基地 5000 亩，通过政策扶持，全县粮食种植面积、产量和单产连续两年获得增长。2005 年全年粮食种植面积达到 26.48 万亩，总产量达到 9.02 万吨。另外，两年来县财政共拨付禽流感扑杀补助资金及工作经费 126.81 万元，家禽业贷款贴息补助资金 29306.53 元，保护了农民利益。

最后，2004 年武义县就开始免征农业税，2005 年根据省委、省政府的部署，该县以县委一号文件的形式进一步明确在全县范围内全面免征农业税。随着改革的不断深化，农村各项税费的全面取消，以及防止农民负担反弹的各项监督机制的建立，目前，武义县农民税费人均负担仅为 4.12 元，大多数农民基本上实现了零负担。

（2）村庄整治与农村基础设施

从 2003 年开始，县财政每年从年初预算内支农专项资金中安排近 200 万元用于支持农村机耕路和农村饮水等基础设施建设，2005 年又专项追加 200 万元专项资金，完成了 71 个村的饮水工程建设，解决和改善了 36463 农村人口的饮水条件。

首先，全面实施"五大百亿工程"。从 2003 年开始，共争取省财政支持的"千库保安""千万农民饮水""万里清水河道"等专项资金 1182 万元，其中："千库保安"工程专项资金 764 万元，三年内完成了 15 座病险水库的除险加固；"千万农民饮水"工程专项资金 195 万元，完成了王宅、履坦两大区域农村自来水管网工程的建设任务，桃溪镇区域的千万农民饮水工程建设于 2005 年全面启动；"万里清水河道"整治专项资金 223 万元，完成了 62.4 公里的河道疏浚、护岸等整治任务。另外争取省财政支持的源口水库灌区"千万亩十亿方节水灌溉"工程专项资金 161 万元，同时，2005 年源口水库灌区节水配套改造项目被列入国家农业综合开发项目，争取中央财政农发资金 790 万元和省财政配套资金 640 万元。

其次，全面启动"十村示范，百村整治"和生态村建设工程。从 2003 年开始，三年内县财政累计投入 4100 万元资金用于村庄整治和生态村建设，投入资金从 2003 年的 300 万元增加到 2005 年的 2000 万元。到 2005 年年底止，全县累计有 123 个村开展了村庄整治工作，其中重点整治的有 71 个，一般整治的有 52 个，有 49 个村通过了县级村庄整治合格村的考核验收，其中杨岸村还被命名为省级"全面小康建设示范村"和金华市首批十大"魅力村庄",还有桐一、东干、界首、郭下等村被命名为市级"全面小康建设示范村"。全县已有58个村开展了生态村建设,建设了一批生活污水人工湿地处理池、排污管道和生态公厕。上述工程的启动和实施,村庄面貌和生态环境进一步得到改善,有力促进了城乡一体化进程。

对此,县政府还出台了生态村建设工程的奖励机制,对生态村建设进行奖励:按期完成生态村建设,通过县级验收合格,被命名为县级生态村,并建立卫生管理长效机制的,每村按户数以奖代补,每户补助30元,其中经济欠发达乡镇每户补助50元;通过市级生态村验收命名的,每村奖励3万元;通过省级生态村验收命名的,每村奖励5万元。①

最后,对村办公场所的支援。根据省委组织部等七部门《关于抓紧做好解决集体经济薄弱村办公场所问题有关工作的通知》(浙组〔2005〕25号)精神,对74个村级组织办公场所问题,经费采取省里补一点、县里出一点、结对部门帮一点、乡村两级筹一点的办法解决,省财政专项资金补助标准为2.5万元/村,县财政共安排补助资金111万元,平均补助1.5万元/村,各乡镇(街道)则根据财力状况确定对每村不少于1万元、0.8万元、0.5万元三个档次的补助标准。另外,县财政还安排51.5万元资金,对全县103个亟待改进的办公场所进行补助,平均每村补助0.5万元。2005年还拨付了35万元补助资金用于解决贫困村的村级组织运转经费困难。在这些财政的支持下,村级组织得以正常运转。

(3)教育方面

近十年来,武义县投入教育资金6.4亿元,占财政支出的24.47%;近年完成扩建、改建、新建学校37所,新增校舍面积285.77万平方米,不仅42000多名中小学生有了好学堂,而且还吸纳了3700多名外来务工人员的子女入学。与此同时,2005年,为进一步解决教师基本待遇保障问题,想方设法安排资金增加投入。一是将义务教育阶段的中小学教师同城待遇100%列入财政预算,这一项就比上年增加支出619万元;另外山区教师一个月有50元额外的补贴,鼓励优秀教师到山区工作,提高山区教师素质。二是将义务教育阶段中小学教师的住房公积金按工资总额的8%列入预算,年支出总额为252.26万元。三是增加对增收节支奖补助比例,该项支出将比上年增加154万元。四是将合同制工人养老保险金列入县财政

---

① 武义县人民政府办公室关于印发:《武义县生态村建设资金使用管理办法的通知》。

预算，计增加支出 7.93 万元。以上共计年增加支出 1033.19 万元。在教育布局调整方面，努力构建"高中向县城集中，初中向中心镇集中，小学向乡镇所在地集中"的办学格局。目前小学已从 1989 年的 481 所调整为 38 所，校均学生数达到 537 人；初中从 1989 的 41 所调整为 8 所，校均学生数达到 1750 人。教育布局的调整，优化了教育资源的配置，大大提高了教育投资的效益。

(4) 医疗与社会保障方面

一是建立农村公共卫生服务专项资金和农民健康体检专项资金，促进农村公共卫生工作开展。2005 年县财政按农民人均 5 元/年的标准安排 140 万元农村公共卫生服务专项资金，同时建立了农民健康体检专项资金。二是县财政安排 270 万元资金用于农村合作医疗，安排 214 万元资金用于 4186 人的低保，安排 336 万元资金用于五保老人的集中供养。另外还从土地出让金收入中优先安排资金确保失地农民的生活保障。具体扶持项目包括以下几个方面。

第一，武义县从 2004 年 5 月 1 日起建立新型农村合作医疗制度，以当年 5 月至次年 4 月为一个参保年度。筹资标准为每人每年 40 元，省、县财政补助 20 元，个人自筹 20 元。对参保农民按不同标准报销药费，最高支付限额 2 万元。2004 年度参保 25.33 万人、2005 年度参保 25.74 万人。县财政资金 2004 年度安排 400 万元，2005 年度安排 270 万元对此扶持。

第二，从 2005 年开始，按农村常住人口每人每年 15 元的标准设立公共卫生服务专项资金，用于直接面向农民的公共卫生服务项目。县财政 2005 年已对此安排资金 140 万元。

第三，从 2005 年起建立医疗救助政策，农村救助对象参加农村合作医疗的个人自筹部分由医疗救助资金列支，救助对象个人负担医疗费仍较大的，给予一定标准的补助。救助最高额不超过 1.5 万元。县财政 2005 年已安排资金 100 万元。

第四，武义投入 1800 多万建立了 5 所敬老院。从 2004 年起，全县有 564 名集中供养对象在敬老院安度晚年，集中供养率达 100%。同时每年有 25000 多人次得到各种救助，县财政每年拨付民政救济、救助、低保资金 1200 多万元。

第五，从 2004 年起设立农村劳动力素质培训资金，开展农业专业技能培训、农民转移就业技能培训、务工农民岗位技能培训、农村后备劳动培训等培训工作。为了提高农民素质，促进劳动力转移和农民增收，武义县财政加大农民培训的资金投入，安排的农民培训资金从 2004 年的 150 万元提高到 2005 年的 300 万元。2005 年全县完成农村劳动力培训 14833 名，其中农业专业技术培训 2300 名，农民转移就业技能培训 6012 名，务工农民岗位技能培训 6178 名，农村后备劳动力培训 393 名；转移农村劳动力 7957 名。

第六，从 2003 年起建立促进再就业专项资金，实施再就业扶持政策，对再就业对象特别是就业困难人员在税务优惠、再就业培训、小额贷款、社保补贴等方面给予扶持。县 2003 年安排财政资金 250 万元，2005 年增加到 500 万元。

（5）对欠发达乡镇的扶持

全县共有 18 个乡镇（街道），其中 10 个乡镇的财政是零负担，即所有政府开支全部是县财政负担的。有 10 个乡镇是欠发达的乡镇，其中 8 个是浙江省确定的 261 个欠发达乡镇中的一部分。它们是柳城、桃溪、新宅三个镇和三港、大溪口、西联、坦洪、大田五个乡。另外还有两个比较贫穷的乡，一个是白姆，另一个是俞源。县财政针对这些欠发达乡镇在几个方面给予资金补助。

在教育方面，这 10 个乡镇从今年开始全部是县财政负担。比如教师的工资和公用经费。但是也包括了他们学校的收费。学校有杂费、有择校费、借读费等收入。现在执行的是综合预算。就是说所有的资金全部综合在一起来安排的。投资预算内是 1.39 亿元，另外还有 6000 万元资金。

在乡镇财政体制方面，这 8 个省定的欠发达乡（镇）的人员经费和公用经费全部由县财政负担。人员经费包括乡镇干部的工资、津贴，公用经费包括车辆、办公用品、差旅费等这些开支。人员经费是按县里规定的，统一包下来，每个人是不一样的。公用经费人均一年 6000 元。比县里的机关干部高 1500 元。

还对每个欠发达乡镇实行困难补助，每个乡镇基数是 10 万元一年。如果哪个乡镇在 1991 年合并乡镇时是与别的乡镇合并而成的，每并入一个乡补助 5 万元。比如柳城镇，是把新塘、竹客和大原三个乡合并进来所形成的一个镇。如此一来，柳城的基数是 10 万元，再加三个乡是 15 万元，一共是 25 万元，而且柳城是少数民族镇，再加 5 万元，一共就是 30 万元的困难补助。另外还有超收分成。核算某个乡镇的收入基数，如果该乡超过这个基数后，超过 20% 分成给它。比如说它的税收任务是 100 万元，如果它完成了 120 万元，那么多出来的 20 万元按 20%，就给它 4 万元的超收分成。因为通过农村税费改革以后，不能向老百姓收钱，县财政就支付给这些乡镇运转经费，保证每个乡镇的正常运转不成问题，不需要向农民收钱。

同时，对所有乡镇干部实施奖励机制，即三保一挂制。三保指保证财政收支平衡，保证当年不新增债务，保证完成收入任务。这三保完成了，就与奖励挂钩，即人均奖励 3000 元，不完成的话要扣这些奖金，只要有一项不完成就没有奖励。这样起到调动领导干部工作积极性的作用。

总的来说，武义县将省农村税费改革财政转移支付资金 1173 万元全部安排用于当年乡镇各项事业支出的同时，积极筹措安排配套资金。2005 年县级财政安排落实配套资金 2262 万元，其中：农村义务教育支出 1052 万元，农村计划生育支出 140 万元，农村民政优抚支出 780 万元，农村民兵训练支出 50 万元，农村道路支出 240 万元。[①]

武义"强县"的最大标志就是给农民减轻负担，让农民富裕起来。从上述几个财政支援项目来看，如今的武义农民确实享受到了"强县"带来的实实在在的益处。如财政局李国旗局长概括的那样，"从农民的角度看，现在农民看病可以报销了，从今年秋季开始读书不用交钱了，种田不用交税了。"这三句话反映了农民的心声。长期以来，农民的三大负担就是医疗、教育和农业税。解决了这三大问题，武义这个"强县"就不是徒有虚名的了。

富民与富县都是衡量地方经济实力的重要标志，它们之间可以有先后次序的不同，但绝不能厚此薄彼，重视一方面而忽视另一方面。不富民就无法实现小康目标，群众手中没有钱，就无法发挥农民在农业生产中的主体作用；而不富县就无法做到一要吃饭，二要建设，也就谈不上积蓄发展后劲，政府的手中没有资金，政府职能的发挥也就无从谈起。[②] 富县是强县的基础，一个县只有富裕起来了，才能称其为"强县"。因此，富民与强县的关系也与此相似，在处理富民与强县的关系时，也要坚持"两者都要抓"的原则，不能厚此薄彼。武义县的新农村建设给我们树立了一个样板，它真正达到了富民与强县两者平衡的目的。

---

① 以上资料均由武义县财政局提供。
② 沈地：《正确处理富民与富县的关系》，《发展》1995 年第 6 期。

第六篇 提升：武义模式的理论分析

新农村建设武义模式的脱颖而出，在一定意义上圆了我们新乡土中国的梦，也为素有研究乡村传统的人类学家们提供了一个研究样本。在探讨了新农村建设武义模式的元素之后，我们需要对武义模式的结构进行分析，并对武义新农村建设经验作理论提升。

第十七章　武义模式的结构分析

武义新农村建设的经验被我们作为一种模式进行研究，其本身就是一种理论提升，即把武义经验上升为理论的一种文化表达。所谓模式，就"是指某种事物的标准形式或使人可以照着做的标准样式"。① 人类学理论认为，从一般意义上讲，文化模式是指文化特质的相对稳定的组合，或者说一个社会中的文化表现所赖以为基础的一致性。② 既然是模式，我们就有必要对其进行结构分析。

一　理论观照：结构与结构主义

要讨论和分析新农村建设武义模式的结构，首先必须了解什么是结构和结构主义？法国当代著名的"年鉴学派"学者弗朗索瓦·多斯（Fran-cois Dosse）在他的名著《从结构到解构——法国 20 世纪思想主潮》的"序言"中说：

> 结构主义一词，既令人热血沸腾，又令人芒刺在背。结构在拉丁一语中是 struere，直接来自 structura，最初只具有建筑学的意义。结构指的是"一种建筑样式"。在 17 世纪和 18 世纪，"结构"一词的意义被更改和拓宽了，有人以之类比活的生灵。丰特内勒把人体视为建筑，沃拉热和贝尔诺把语言视为建构。渐渐地，这个术语开始用来描述具体物体的各个部分构成一个整体所采取的方式，因而也能够用来

---

① 《现代汉语词典》（修订本），商务印书馆 1997 年版。
② 萧俊明：《文化转向的由来》，社会科学文献出版社 2004 年版，第 62 页。

描述形形色色的结构了，包括解剖学、心理学、地质学、数学的结构。在此之后，结构方法才被应用于社会科学。对于斯宾塞、摩尔根和马克思而言，这个术语描述的是把整体之部分连接成整体的持久现象（phenomene – durable）。"结构"一词在黑格尔那里全无踪迹，在马克思那里也是偶尔用之，唯一例外的是《政治经济学批判》（1895）序言。"结构"一词是在 1895 年由涂尔干在《社会学方法之规则》（Les Regeles de la methode soeiologique）一书中确立的。在 1900—1926 年期间，结构派生了结构主义，安德烈·拉朗德在《辞海》（Vocabulaire）中还称之为新词。对于心理学家来说，结构主义是在 20 世纪初应运而生的，它是专门用来反抗功能心理学的。但是就其现代意义而言，就其应用于全部人文科学的规模而言，此一实践的真正起源得益于语言学领域的发展。索绪尔在其《普通语言学教程》（Cours de linguistique generale）中，只有二次用到"结构"一词。后来，布拉格小组（特鲁别茨科伊和雅各布森）概括了"结构"与"结构主义"的用法。丹麦语言学家叶姆斯列夫声称，可以把"结构主义"一词当成一个基本范式来用，而他的所作所为进一步明确了这个倾向。1939 年，他找到了一卷《语言学学报》（Acts linguistica），其首篇论文就以"结构语言学"为题。从这一角度看，此一术语在所有社会科学领域都带来了真正的革命，并成为 20 世纪的核心。各门社会科学都相继承认，它们受到了科学的洗礼。

多斯的这一段话讲得十分精练，既指出了"结构"一词的起源，又概括了"结构主义"一词形成的过程。

但是，对于结构的概念，20 世纪 80 年代以来，学者们对客体主义和主体的二元论，以及功能主义对结构的无解释性陈述都有批判，安东尼·吉登斯（Athony Giddens）批评他们"含糊不清",[1] 他认为"结构化理论的'结构'，指的是社会再生产过程里反复涉及的规则与资源；我们说社会系统的制度化特性具有结构性特征，就是指各种关系已经在时空向度上稳定下来。"[2]

---

[1] 安东尼·吉登斯：《社会的构成》，生活·读书·新知三联书店 1998 年版，第 79 页。

[2] 安东尼·吉登斯：《社会的构成》，生活·读书·新知三联书店 1998 年版，第 52 页。

吉登斯的结构概念遭到了中国学者的批判，王水雄认为吉登斯的"定义太过抽象，太过模糊"，[①] 他提出的结构概念是：

> 所谓结构，这里并非指作为分析对象的总体性的社会结构，而是指人们先赋具有的或在互动活动和其他社会行为中沉积和积累的，具有一定规范性或至少获得了一定数量的行为者认同的，具体的人与人之间的关联模式。结构可以在时空向度上借助一定的物质条件稳定下来，另外又可以深化为人们可以操作的一套符号系统。它包括进入到人们意识中的人与人之间在身体、物质资源和社会资源上的相同性和不同性，光是资源不足以构成结构。

王水雄提出的这个概念无疑是一个更具操作性，更便于解释的、外延更狭小的定义。这个概念，对我们观察和研究新农村建设武义模式的结构具有直接的意义。从这个定义出发，我们不难发现武义模式的结构是人类在互动活动中沉积和积累的、具有一定规范性的、具体的人与人之间的关联模式。而具体到新农村建设的问题上，武义县的人与自然、人与人之间的关联模式就是武义模式结构，这正是我们研究武义模式的出发点。

二 二维结构：协调平衡与沟通和谐

结构主义大师列维-斯特劳斯在《结构人类学》中强调结构主义的特点主要有：第一，结构是一个完整的整体，组成各元素之间是严密地相互制约的，以至其中任何一个都无法独自发生变化，即结构的整体性；第二，如果一个结构中的某些元素发生了特别的变化，该结构就不复存在，即结构的可变性；第三，结构的意义在于可以直接地认识被观察到的一切事实，即结构的可识性。[②]

结构的含义以及结构主义的这些特点，对于我们观察和研究新农村建设武义模式有重要的意义，其价值取向主要有如下几点。

---

① 王水雄：《结构博弈——互联网导致社会扁平化的剖析》，华夏出版社 2003 年版，第 7 页。
② 安东尼·吉登斯：《社会的构成》，生活·读书·新知三联书店 1998 年版。

1. 可以从结构的角度解剖武义模式

武义模式作为新农村建设的一种文化表达，是由或多或少的文化元素构成的。了解结构主义的学者都知道，结构主义的"结构"一词包括两个方面的含义，即一方面是指各个事物的构造形式或外表；另一个方面是指各个事物的组成成分或构成的原料。由此，我们可以很清楚地观察到武义模式是由或多或少的"最小的元素"构成的。

从结构的角度切入，我们可以对武义模式进行学术解剖，分析模式的构成，进而对武义模式进行深层次的研究。依笔者之见，从本质上看，新农村建设是人类在互动活动中沉淀和积累的，具有一定规范性的，具体的人与自然之间、人与人之间的关联模式。而这种关联的模式，大而分之可分为人与自然关联的协调平衡、人与人关联的沟通和谐两大元素，在此，我们称之为武义模式的二维结构。

协调平衡、沟通和谐——武义模式的这种二维结构，清楚地反映了中国社会主义新农村建设所要达到的"生产发展、生活宽裕、乡风文明、村容整洁、管理民主"的总要求。这些总要求实际上就是要解决人与自然之间的关系，人与人之间的关系。从宏观上看，人与自然、人与人之间的关系，正是新农村建设武义模式的基本元素。

但是，武义经验之所以能成为新农村建设的一个模式，还在于她具有独特的个性。也就是说，人与自然关联模式的协调平衡中，又可小而分之为生态家园、特色农业、工业园区、温泉旅游和城乡一体五个"最小元素"。这是因为在新农村建设的武义经验中，这五个元素是从不同角度，不同层面反映和表达了人与自然关联的协调平衡，此其一。其二，在人与人关联模式的沟通和谐中，又可分为下山脱贫、教育优先、政府服务、村务监督和文化活力五个"最小元素"。这是因为在新农村建设的武义经验中，这五个元素是从不同角度，不同层面反映和表达了人与人关联的沟通和谐。

这就是说，新农村建设武义模式的结构分为两个层次，第一个层次是基本元素层次，分为协调平衡和沟通和谐两个元素，形成武义模式的二维结构。第二个层次是"最小元素"层次，分为生态家园、特色农业、工业园区、温泉旅游、城乡一体、下山脱贫、教育优先、政府服务、村务监督和文化活动十个"最小元素"，形成新农村建设武义模式的二级结构。

2. 可以从结构的深层次认识武义模式的整体性

结构主义的一个重要特点是结构的整体性。在结构主义者眼中，结构是一个完整的整体，组成它的各元素之间是严密地相互制约的。

从结构主义的整体性出发，我们不难发现，武义模式也是一个"多元一体"的整体，即生态家园、特色农业等十个"最小元素"是"多元"，新农村建设是"一体"。这是因为在一个县域范围内进行新农村建设，县域这个范围是不可分的，从战略上来说必须在全县范围内全面推进新农村建设。

在新农村建设的武义经验中，为了实现让农民真正富起来的战略目标，不仅实施了特色农业计划，通过杂交水稻、有机茶两条农业产业链的打造，以及高山蔬菜、宣莲、蜜梨、食用菌等特色农业的培育，协调了人与自然的互动关联，同时又实行了下山脱贫的移民政策，彻底改变了4万多山区农民长期贫困的生存状态，正所谓"山上五百年，下山三五年"，实现了人与人互动关联的和谐发展。而这两个元素之所以会在武义新农村建设中起作用，又得益于工业园区和政府服务两个元素的影响和作用，正是由于武义工业园区的跨越式发展，武义的财政收入才有了突破性的增长，据权威材料统计，武义县1995年的财政收入仅为8044万元，[1] 到2005年则达到72135万元，[2] 增长了8.97倍。正是有了工业强县的协调平衡，武义县才拿得出钱来支持农民下山脱贫。而武义县之所以能在十几年时间动员和组织了4万多农民下山脱贫，又与政府服务到位紧密相关，在此，县政府职能部门扶贫办公室，以及扶贫办主任董春法出色的服务工作做出了重大贡献。他们服务得好，农民高高兴兴地下了山，安安稳稳地在山下过日子，才能更好地发展特色农业，实行教育优先，释放文化活力。

同样的道理，政府财政没有钱，教育优先也就无从谈起；政府有了财力，实施了教育优先的战略，武义县的中小学才得以"鸟枪换炮"，才有了先进的校舍、先进的硬件、优秀的师资、优秀的学生。反过来，武义的教育质量提高了，教育发展了，武义人的素质也逐渐提高，这对生态农

---

[1] 武义县人民代表大会常务委员会办公室编：《武义县第十一届人民代表大会第四次会议文件汇编》，1996年。

[2] 武义县人大常委会办公室编：《武义县第十三届人民代表大会第四次会议文件汇编》，2006年，第50页。

园、特色农业、工业园区、温泉旅游、城乡统筹等等的建设无形中起到了促进的作用。这次我们课题组的博士生、硕士生普遍感到武义的干部、工人、农民、市民比西部地区的干部、工人、农民、市民素质更高，能力更强，这与教育的发达有着直接的关系。谁都明白，教育能得到优先发展，教育质量的提高就有了基本的保证；教育质量提高了，包括农民在内的武义人的整体素质也必然会不断提高；人的素质提高了，工作能力、工作效率、工作成绩的提高就会成正比地提高。

对于武义模式的整体性，我们还可以用武义生态家园的建设来求证。过去武义的生态状况并不好，1958 年的"大跃进"、大炼钢铁，以及长期的"砍砍柴火烧烧饭，砍砍树木烧烧炭"，把武义搞成了荒山秃岭。笔者在武义 20 年的教书匠生涯，相当长一个时期烧饭只有用柴火，结婚成了家，备足烧柴是一项十分重大的家庭任务，只要有机会乘县汽车站的货车到山里去，总是要跟车进去买几担柴火回家备用，所以像笔者这样的教书匠也有一间柴房专门放柴火。笔者的夫人则从小学开始就承担了保证家中烧柴的砍柴任务，常常天不亮就起床去砍柴，天亮了挑一担柴回来，才能吃早饭去上学，手上的刀疤自不必说了。用她自己的话说，就是砍柴的路越来越远，开始还在壶山镇周围，后来一直砍到 15 里以外的溪里去了，把武义县砍成了荒山秃岭。那时虽也封山育林，但老百姓要解决烧饭问题，如何封得住山？但是，改革开放后，开始推行省柴灶，用柴少了；后又推行用煤，使柴火逐渐退出了人们生活必用品的范围；再后来广泛使用液化气，使用柴烧饭几乎绝迹，几十万人吃饭不用柴了，没有人砍柴了，人不封山山也自封了，此其一。其二，改革开放后，经济不断发展，尤其是武义推广杂交水稻取得了很大的成功，粮食增加了，大米饭有得吃了，谁还会上山去开荒种玉米、种番薯呢？再加上这十几年是武义县组织了 4 万山区农民下山脱贫，山上的人口减少了三分之一。这一次笔者到了下山脱贫的九龙山村原址去考察，多年无人走动，山路也长满了草，有的草比人还高。可见这十来年上山烧荒的人逐渐减少而甚至绝迹，人不封山山也自封了。其三，建筑技术的改进，使得武义农民从传统的土木结构发展为砖混结构，用材大大减少，武义人再也不用动各种脑筋去合法或非法买木头盖房子了。正是这种整体性的作用，所以经过改革开放，尤其是特色农业、工业园区、温泉旅游、城乡一体、下山脱贫、村务监督等的建设和发展，形成了武义县生态林业、生态工业、生态农业、生态旅游、生态人居的生态体系，才有了山清水秀的武义。事实上，缺少任何一个方面的生态建设，就建构不了武义的生态家园，那么，生态立县也就无从谈起。

对于武义模式的整体性，我们还可以用武义温泉旅游的建设来求证。笔者于 20 世纪 60 年代中期到 80 年代中期在武义工作过 20 年，从来没有听说过有什么自然风景可逛，值得去旅游；也没有听说过有什么人文景观可看，值得去参观。就连现在闻名沪杭的温泉，也只不过是溪里矿区的一个矿洞温泉，被矿工发现后作为天然洗澡房而已。而后晋（937 年）始建的延福寺、宋代（1207 年）建造的熟溪桥则默默无闻地坐落在桃溪山中、熟溪水上。但是，曾几何时，先是国宝俞源太极星象村和郭洞古生态村的"一鸣惊人"，接着又有避暑胜地龙潭、丹霞画廊刘秀垅、天高云霄九的寿仙谷、悬崖叠嶂的清风寨、云雾缭绕的台山仙景、巍峻在悬崖上的石鹅岩、一溪悬捣的白水瀑布等风景区的脱颖争艳，后又有被专家评定为浙江第一、华东一流的武义温泉异军突起，最近又有牛头山国家森林公园的被确认，短短几年工夫迅速形成了集峰、洞、湖、林、泉、潭之全，山水观光价值极高，又汇古村落、寺院、桥梁、古窑址、古文化遗址、革命历史遗址之全，以温泉为特色，闻名于华东的武义风景区。而武义旅游资源被开发的这一切，难道不是得益于生态家园等武义模式其他元素的互动作用吗？事实上，武义温泉旅游的兴起和发展，与生态家园的建设关系紧密，仅林业生态的发展，森林覆盖面积达到 70% 以上，就为武义的山水风光旅游奠定了最重要的资源基础。与政府服务的到位也是不无关系，武义县政府为温泉的开发所提供的一系列优惠政策，就为浙江第一、华东一流的温泉旅游开辟了道路。一句话，没有武义模式各元素的互动和配合，武义的美山美水美景恐怕仍像 20 多年前一样默默无闻地沉睡不醒。

对于武义模式的整体性，我们还可以用武义文化活力的释放来求证。曾在武义历史上辉煌一时的明招文化，因南宋"浙东学术"金华学派首领的吕祖谦在武义明招山招徒讲学，著书立说而著称于史册。一时间，武义明招山一度成为南宋理学研究中心，理学大师朱熹、永嘉学派的代表叶适、永康学派的代表陈亮，以及陆九路、陆九渊等理学名派的创始人皆慕名来访。朱熹与吕祖谦开设"朱吕讲堂"，云集天下学者，收徒数百人，形成盛极一时的明招文化。但令人遗憾的是，历史上这样辉煌的明招文化，在改革开放前几乎被毁。20 世纪 70 年代，笔者曾慕名去探访明招朱吕讲堂，昔日圣贤讲学之地当时已成为养猪场。从明招文化的遭遇足见武义文化底蕴虽然深厚，但却处于奄奄一息的境地。而其他诸如熟溪桥、延福寺、江南第一风水村郭洞、太极星象村俞源等反映和代表武义文化底蕴的物质文化遗产，以及非物质文化遗产的遭遇也都几乎别无二致。但是，乾坤扭转后，武义在新农村建设中，各种元素互动推进，使武义的文化底蕴不断释放出青春的活力。且不论熟溪桥、延福寺的整治，也不论郭洞、俞源扬名江南，就 2005 年明招文化学术研讨会的召开，明招寺、朱吕讲堂的修复，明招小学的命名，四星级明招国际大酒店的开业，都是武义文化活力的表现。而这一切既包含有生态家园等人与自然协调建设诸元素的互动推进，又包含有教育优先等人与人沟通和谐发展诸元素的互动推进。

这一些求证，足见武义模式各元素之间的相互制约性。武义模式作为新农村建设的一个整体，各元素之间是你中有我，我中有你；你推动我，我推动你；你作用我，我作用你，使得武义全县的新农村建设成为一个互动、互补、互助的整体出现在中华大地上。

3. 可以从结构的稳定性解读武义模式的符号系统

结构之所以能称为结构，关键在于其稳定性。一般情况下，结构可在时空向度上借助一定的物质条件稳定下来。因此，武义模式结构借助新农村建设的背景铸造了自己的稳定性，形成了人与自然之间生态家园、特色农业、工业园区、温泉旅游、城乡一体的关联模式元素，与人与人之间关联的下山脱贫、教育优先、政府服务、村务监督、文化活力的关联模式元素相结合的稳定结构。

武义模式这种结构的稳定性给人们提供了一个解读武义模式可操作的符号系统，即通过对武义二维结构以及"最小元素"的分析，不断深化对新农村建设武义经验的再探索和实践，不断总结和提升，只有这样武义模式才能不断完善，不断健全，不断充实，武义的新农村建设才会不断向前发展，使社会主义新农村的雏形发育成熟，使新乡土中国之梦成为现实。

第十八章　武义模式的理论提升

在对中国农村社区、宗族、市场、民间宗教等范式的研究中，人们对旧乡土中国作了深刻的解读。那么，对新乡土中国应如何进行解读呢？历史的经验和现实的要求都把新乡土中国的理论聚集在城乡融合上。

一　人类学家对乡土中国的解读

费孝通先生在《乡土中国》中曾精辟地说过："中国社会是乡土性的"，"以农为生的人，世代定居是常态，迁移是变态"，因此，"大多的农民是聚村而居。这一点对于我们乡土社会的性质很有影响"；"无论出于什么的原因，中国乡土社区的单位是村落，从三家村起可以到几千户的大村"，并且"乡土社会的生活是高于地方性的。地方性是指他们活动范围有地域上的限制，在区域间接触少，生活隔离，各自保持着孤立的社会圈子"①。这就是乡土中国的大致图像。

就是这样一个"差序格局"结构的乡土中国，从 20 世纪 20 年代开始，就一直是中外人类学家们关注的热点，他们走进田野，深入调查，对乡土中国进行了不同角度的解读。

1. 社区：费孝通对乡土中国的解读

如何解读乡土中国，费孝通从社区角度切入，进行了探索分析。为什么要从社区切入，费孝通解释说："以全盘社会结构的格式作为研究对象，这对象并不能是概然性的，必须是具体的社区，因为联系着各个社会制度的是人们的生活，人们的生活有时空的坐落，这就是社区。每一个社区都

① 费孝通：《乡土中国》，上海人民出版社 2006 年版，第 5—7 页。

有它的一套社会结构，各制度配合的方式。因之，现代社会学的一个趋势就是社区的研究，也称作社区分析。"①

在中国，最早的社区研究可以追溯到葛学溥（Daniel Kulp）在广东凤凰村的家族调查，其研究成果《凤凰村》发表于1925年。不过，由于作者只是一个"业余人类学家"，在学术界引起的反响并不大。20世纪30年代之后，留学欧美的费孝通、林耀华、杨懋春等先后发表以单个的中国村庄资料为基础的社区研究作品。一时间，社区研究蔚然成风，影响之大，波及海内外，被马林诺斯基称誉为"社会学中国学派"，②在对乡土中国的社区研究中，费孝通的《江村经济》是一个典范。

江村，是费孝通为太湖东岸一个普通江南村庄，即开弦弓村所取的学名。费孝通的这部成名作《江村经济》，展示了一个典型的南方农村的内部结构。《江村经济》一书以小见大，写了中国江南一个村庄农民的"消费、生产、分配和交换"等实际生产和生活过程来探讨中国基层社区的社会结构和社会变迁过程，并试图以此为基础进一步把握中国社会在当代条件下的宏观社会变迁过程以及可能的应付之道。

《江村经济》获得了学术界高度的评价说：他的博士导师马林诺夫斯基评价说："我敢预言费孝通博士的《中国农民的生活》③一书将被认为是人类学实地调查和理论工作发展中的一个里程碑。此书有一些杰出的优点，每一点都标志着一个新的发展。本书让我们注意的并不是一个小小的微不足道的部落，而是世界上一个最伟大的国家。作者并不是一个外来人，在异国的土地上猎奇而写作的；本书的内容包含着一个公民对自己的人民进行观察的结果。这是一个土生土长的人在本乡人民中间进行工作的成果。如果说人贵有自知之明的话，那么一个民族研究自己民族的人类学当然是最艰巨的，同样，这也是一个实地调查工作者的最珍贵的成就。"

而从乡土中国的角度看，农村问题是长期困扰中国发展的一个症结。长期以来，这个症结在不同的历史时期虽有不同的表现，但基本内核似乎变化不大，增加农民收入和改变农民现状一直是核心问题。费孝通在《江村经济》中对20世纪初期中国农村总结道："中国农村的基本问题，简单

① 费孝通：《乡土中国》，上海人民出版社2006年版，第74—75页。
② 费孝通：《江村经济》，江苏人民出版社1986年版，第5页。
③ 《江村经济》，英文书名译为《中国农民的生活》。

地说，就是农民的收入降低到不足以维持最低生活水平所需要的程度。中国农村真正的问题是人民的饥饿问题。"针对这个判断，他也提出了自己的解决思路："最终解决中国土地问题的办法不在于紧缩农民的开支而应该增加农民收入。"① 在后来的探索中，他更加从发展农村副业、劳动力转移以及城乡一体化寻求解决之道，这正是我们今天研究新农村建设关注的核心问题。

2. 宗族：弗里德曼对乡土中国的解读

乡土中国的魅力实在太大了，费孝通的《江村经济》出版后，吸引了不少西方人类学家走进乡土中国，英国人类学家莫里斯·弗里德曼（Maurice Freedman，1920—1975）是从宗族角度切入，研究乡土中国的代表，其代表作是 1958 年出版的《中国东南的宗族组织》。

《中国东南的宗族组织》一书所关注的是中国东南福建、广东一带所存在的大量的宗族组织形式，作者试图展现中国这个文明社会存在与非洲一样发达的宗族组织的现实及探讨其结构和功能，以此为基础考察了宗族之间以及宗族与国家的关系。从对乡土中国的宗族研究中，弗里德曼对乡土中国作出了自己的解读，他认为正是因为中国东南这个"边陲地区"，远离中央集权中心的社会，宗族组织才得以壮大流行。在他看来，中国东南地处边陲，所以更需要自治，需要宗族的社会组织来管理。而且边陲地区的人们需要有效地利用资源和自卫，只有互利合作，形成一个集团，才能获得最大化的资源。②

"宗族"作为联结"国家—社区"二分结构的中间组织，是如何处理自己与国家的关系呢？弗里德曼指出，宗族在建立其与国家的关系上，把那些官府的官员归为宗族的成员，以求他们为宗族带来利益和荣誉。从这个角度来说，宗族是个自治的单位。它尽量在自身内部解决宗族的各种矛盾和冲突问题。宗族与国家都尽量互不干涉，各自为政，从而维持一种稳定的秩序。另外，宗族与国家的冲突在东南地区表现得非常明显，弗里德曼以天地会与三合会等秘密会社的反清复明活动为例来阐述这种对立关系。于是，东南地区的中国在有些背景下，宗族与宗族之间发生冲突；在另一些背景下，宗族或宗族的阶层部分联合起来共同对抗国家，绅士在这

① 费孝通：《江村经济》，江苏人民出版社 1986 年版。
② 王铭铭：《社会人类学与中国研究》，广西师范大学出版社 2005 年版，第 69 页。

种对立中对国家的态度是矛盾的，他们既是宗族的一员，同时又是与国家
上层建筑打交道的阶层，所以处在一种两难的境地。

弗里德曼《中国东南的宗族组织》一书的问世，开了从宗族角度研究
乡土中国之风气，美国汉人社会研究的一种"范式"。[①] 事实也是如此，此
后相当一段时间里，不少中国学者解读乡土中国的注意力往往都集中到了
宗族上。

3. 市场：施坚雅对乡土中国的解读

与费孝通的社区解读和弗里德曼的宗族解读不同的是，美国人类学家
施坚雅（G. William Skinner）的研究跳出了家族和村庄的狭小范围，把关
注的眼光转移到基层市场，他在《中国农村的市场和社会结构》中提出了
解读乡土中国的"市场理论"。他否定了村落作为农村基本单位的意义，
认为市场结构具有农民社会或传统农耕社会的全部特征，因而将市场看作
一种社会体系。在他提出的模式中，地方市场体系共有三个等级，基层市
场（Standard Market）是其中最低的一级。在基层市场服务的区域，不仅
存在密集的经济互动，同时也有密集的社会文化互动。结果，这一区域不
仅是商业交换的基本单位，也成为"小传统"的基本载体，是复合宗族、
秘密社会、宗教组织、方言、庇护—被庇护关系、媒婆活动的基层空间。

按照施坚雅的市场体系理论，属于集镇（town）范畴的彼此相连的经
济中心地包括：标准市场（standard market）、中间市场（intermediate mar-
ket）、中心市场（central market）。集市贸易体系由基层市场、中间市场、
中心市场三个向上递进的等级构成。他认为单纯的村落无论从结构上还是
功能上都是不完全的，构成中国乡村社会基本结构单元的应该是以基层集
镇为中心，包括大约 18 个村庄在内的，具有正六边形结构的基层市场共
同体。

在市场理论研究的基础上，施坚雅又于 1977 年和 1984 年在《中国的
历史结构》中提出了"宏观区域说"[②] 和"区域发展周期说"[③] 这两个具

---

① James Watson, 1986, Anthropological Overview: The Development of Chinese Descent Groups, in Patricia Ebrey and James Watson, eds., *Kinship Organization in Late Imperial China*, University of California Press.

② ［美］施坚雅主编：《中华帝国晚期的城市》，叶光庭等译，陈桥驿校，中华书局2000年版。

③ ［美］施坚雅：《中国历史的结构》，见［美］施坚雅《中国封建社会晚期城市研究施坚雅模式》，王旭等译，吉林教育出版社1991年版，第1—24页。

有重要创新意义的理论，前者运用中心地理论结合市场学说，对中国城市史以及以城市为中心的区域经济史进行了卓有成效的研究，突破了地方史研究囿于行政区域的局限，创立了以市场为基础的宏观区域体系理论；后者通过对华北区域的分析，从纵向剖析了中国各区域发展过程的差异现象，证实了区域发展周期的存在，施坚雅认为：区域发展周期不仅是经济繁荣与萧条的周期，也是人口增长与下降、社会的发展与退化、组织的扩张与收缩、社会的和平与动乱的各种周期。由此引申的推论是：各区域的发展周期可能完全不同步进行。[①]

施坚雅的市场共同体理论是在批判和反思费孝通的社区研究理论和弗里德曼的宗族研究模式的基础上建立和发展起来的，同时，其宏观区域说也突破了美国中国学将行政省区作为研究中国社会基本单位的传统框架。因此，施坚雅所创立的研究范式能够长盛不衰，成为乡土中国和美国中国学研究的理论典范。

4. 民间宗教：武雅士对乡土中国的解读

美国人类学家武雅士（Arthur Wolf）对乡土中国的解读却另辟蹊径，从精神层面切入，在 1974 年主编出版了《中国社会中的宗教与仪式》一书，提出了解释乡土中国民间宗教的"神、祖先、鬼"的象征体系。

《中国社会中的宗教与仪式》是一部论文集。尽管这些论文的资料来源和结论各不相同，但整部论文集共同围绕中国民间信仰体系、中国民间宗教的社会文化意义、中国民间宗教是否一个一体化体系三个问题展开。在书中，武雅士和王斯福（Stephan David Raphael Feuchtwan）等通过不同的调查研究，发现中国民间宗教存在一个共同的象征体系：神、祖先和鬼。武雅士在书中说：

> 无论我们探讨的是庙宇和住宅的建筑形态，还是人们用来指代祭拜行为的词汇、对超自然力量的献祭形式的分类和人们谈论行为的方式，我们都可以得出同样一个结论：神与祖先、鬼之间形成反差；鬼与神、祖先之间形成反差；祖先和神鬼之间形成反差……这三个等级的超自然力量与人的三个等级相对称。神身穿的是命官的官袍；他们

---

① ［美］施坚雅：《中国历史的结构》，见［美］施坚雅《中国封建社会晚期城市研究施坚雅模式》，王旭等译，吉林教育出版社 1991 年版，第 5 页。

住在庙宇之中，受神将的保卫；他们处罚社会中犯了罪的人，很容易被激怒，并喜欢受贿；他们向上级写报告，保守人事档案，并与帝国的行政区划相联系。显然，神是帝国官僚的化身。鬼的祭拜在庙外或后门之外举行；他们被视为危险甚至是有害的东西；献祭给他们的是作为施舍的大量食品和服装。人们公然把他们比作土匪、乞丐和强盗。很显然，鬼是人们不喜欢的危险的陌生人的超自然代表。当然，祖先是人们自己的继承线上的高级成员；人们认为祖先给自己财产、社会地位和生命。①

据此，武雅士认为，中国民间对神、祖先、鬼的崇拜的社会根源在于中国农民的社会经历。在农民的生活世界中，存在三种人：一种是常来向他们收税、规范他们行为的官员；另一种是他们自己家庭或宗族的成员；还有一种是村落外部的"外人"和危险的陌生人。神、祖先、鬼表达的是农民对他们的社会世界的阶级划分。

《中国社会中的宗教与仪式》不是武雅士的个人专著，但在他主编的这部中国民间宗教的社区文化分析的重要著作中，首创的中国民间宗教的"神、祖先和鬼"象征体系理论是贯穿其中的。或许从某种意义可以说，武雅士的这个理论是集体的成果。许多人类学学者接受或认可了他的这个理论框架，并以自己的研究充实、完善、深化之。

社区、宗族、市场、民间宗教，都是中外人类学家解读乡土中国的关键词。正是他们的研究，使我们可以从不同的视角，不同的层面，不同的内涵上对旧乡土中国有了一个比较清晰的洞察。

二　城乡融合：新乡土中国的理论基石

历史的运行往往在人们不知不觉中上了一个新的平台。世纪之交前后，当中国人类学家们还在社区、宗族、市场和民间宗教的乡土中国的解读中摸、爬、滚、打之时，以新农村建设为主题的新乡土中国研究悄然摆在了学者们的面前。

---

① [美] 武雅士主编：《中国社会的宗教与仪式》，上海人民出版社 1991 年版，第 1—18 页。

1. 什么是新乡土中国研究的理论基石？

新乡土中国的研究应该在什么样的理论基石上展开？这正是我们进行新农村建设研究首先必须解决的问题。据中国期刊网检索，虽然大家对新农村建设的背景、意义、内涵、目的、思路、对策和模式作了多方面的论述，但基本上没有明确地涉及理论基石问题。

那么，什么是新乡土中国研究的理论基石呢？

众所周知，现代化的关键性标志是让农民富起来。我们中国自古以来就是一个以农立国的农业国，什么时候农民富了，这个朝代就强盛，就繁荣。我们稍微回顾一下汉代、唐代、明代、清代的历史，都是农民比较富裕的时候，这个朝代也就强盛、繁荣。特别是大家很熟悉的唐代，真的是国家富，农民富，成就了李世民这样比较有名的帝王，贞观之治也就出现了。清代的康乾盛世也是一个非常重要的时期。而近代以来，中国在近代化的道路上使得我们的农民越来越穷，这是由于种种原因造成帝国主义对中国的侵略，才形成这样的一个状态。1949 年以后，中国农民又被边缘化了，基本上处于穷困状态。因此，中国的现代化必须让农民富起来，通俗地说就是要让农民不再是穷人。

是什么原因造成当代中国农民的穷困呢？学术界在讨论这个问题时，有过许多论述。依笔者之见，最根本的原因是"以农补工""以乡养城"[①]政策的长期执行，造成了中国农民的"先天不良"的体制性穷困。1949 年后，国家不仅对粮食、棉花、油料等重要农产品实行了统购统销制度，而且陆续扩大到烤烟、蚕茧、茶叶、生猪、羊毛、牛皮、土糖、土纸、桐油、楠竹、生漆、核桃仁、杏仁、瓜子、粟子、木材，以及 38 种中药材、供应出口的苹果和柑橘、若干产渔区供出口和供应大城市的水产品。据统计，到 20 世纪 80 年代，国家通过对农产品的统购统销和合同定购，使农民累计做出的资金贡献高达 7000 多亿元。[②] 改革开放后，由于实行计划经济体制，户籍制度、粮食供给制度、住宅制度、教育制度、副食品及燃料供给制度、就业制度、兵役制度、婚姻制度等在城市和乡村之间构筑了一

---

① 陆学艺：在 2003 年年底"中央领导听取经济学家、社会学家对《2004 年政府工作报告》的建议座谈会"上的发言稿。转引自王景新《明日中国，走向城乡一体化》，中国经济出版社 2005 年版，第 52 页。

② 王景新等：《明日中国：走向城乡一体化》，中国经济出版社 2005 年版，第 53 页。

道牢不可破的壁垒，所以，农民即使流入城市也不可能落脚和生存。一直到世纪之交，虽然大宗农产品价格已经放开，但粮食、棉花等大宗农产品购销市场化的改革还没有完全到位，致使工农业产品剪刀差还很大，农民每年向国家贡献1000多亿元。[1]

正是在城乡二元结构这种体制下，中国城乡发展出现了严重的城市偏向，主要表现是：城乡居民收入分配不公平日益严重，农村居民与城市居民之间的收入差距不断扩大；农民承担税费偏重，在农户的绝对收入水平差距很大的情况下，农民负担税费的绝对值普遍是增加的；农民就业的机会偏少，一般来说，进城打工的农民做最苦、最脏、最重的活，却拿最低的工资，甚至连工资都领不到；农民享受教育的机会也偏少，农村教育的经费严重不足，有的地方考上大学的农村学生一年的学费几乎等于当地农民30年的收入；农村公共产品的提供也偏少，不少地方的农民行路难、通信难、就医难、上学难、用电难、饮水难。严重的城市偏向造成了中国城乡巨大的差距。在这种体制下，中国农民怎么富得起来？

就在人们对中国的城乡分离、城乡对立、城乡发展上产生差别进行批评，"三农"问题深入讨论之时，党中央适应中国改革开放形势的发展，在国力不断增强的背景下，高瞻远瞩，提出了社会主义新农村建设的战略任务，这就把消除城乡分离、城乡对立的任务摆在了全国人民面前。

前已述及，现代化的关键标志是让农民富起来。而让农民富起来的根本途径就是要打破中国城乡二元结构的格局，使城乡从分离走向融合，在新农村建设中从根本上改变中国农村穷困的面貌，改变中国农民贫困的状态。简言之，城乡融合是让中国农民富起来的根本途径，也是新乡土中国的理论基石。

2. 马克思主义经典作家论城乡融合

对于"城乡融合"（Urban – rural composition）的问题，有的学者曾提出马克思、恩格斯基于人类社会发展的立场，指出要"消灭城乡差别"，达到"城乡融合"。[2]他们所设想的共产主义就是要把消灭城乡差别作为奋斗目标之一。但是，为了正确理解经典作家的论述，我们有必要作进一步

---

[1]　王景新等：《明日中国：走向城乡一体化》，中国经济出版社2005年版，第54页。

[2]　刘晨阳等：《重庆都市区城乡一体化发展模式分析》，载《长江流域资源与环境》2005年第6期。

地解读。具体的情况是，恩格斯早于 1847 年 10 月在《共产主义原理》中回答"彻底废除私有制以后将会产生什么结果"问题时说：

> 由社会全体成员组成的共同联合体来共同而有计划地尽量利用生产力；把生产发展到能够满足全体成员需要的规模；消灭牺牲一些人的利益来满足另一些人的需要的情况；彻底消灭阶级和阶级对立；通过消除旧的分工，进行生产教育、变换工种、共同享受大家创造出来的福利，以及城乡的融合，使社会全体成员的才能得到全面的发展——这一切都将是废除私有制的最主要的结果。①

这是恩格斯对"城乡融合"最早的论述。1876 年 9 月，恩格斯在《反杜林论》中对"城乡融合"作了比较具体的论述，他说：

> 城市和乡村的对立的消灭不仅是可能的。它已经成为工业生产本身的直接需要，正如它已经成为农业生产和公共卫生事业的需要一样。只有通过城市和乡村的融合，现在的空气、水和土地的污毒才能排除，只有通过这种融合，才能使现在城市中日益病弱的群众的粪便不致引起疾病，而是用来作为植物的肥料。②

对于"城乡融合"问题，马克思虽然没有进行过正面论述，但他曾论述过城市与乡村的相互关系问题。在《政治经济学批判（1857—1858 年草稿)》中他说：

> 古典古代的历史是城市的历史，不过这是以土地财产和农业为基础的城市，亚细亚的历史是城市和乡村无差别的统一（真正的大城市在这里只能干脆看作王公的营垒，看作真正的经济结构上的赘疣)，中世纪（日耳曼时代）是从乡村这个历史舞台出发的，然后，它进一步发展是在城市和乡村的对立中进行的；现代的历史是乡村城市化，

---

① 《马克思恩格斯选集》第 1 卷，人民出版社 1972 年版，第 224 页。
② 《马克思恩格斯选集》第 3 卷，人民出版社 1972 年版，第 335 页。

而不是像古代那样是城市乡村化。①

有意义的是，马克思曾指出：

> 消灭城市与乡村之间的对立，是社会统一的首要条件之一，这个条件又取决于许多物质前提，而且一看就知道，这个条件单靠意志是不能实现的。②

这实际上是告诉人们，城乡融合的条件就是如此。

对于城乡融合，列宁虽然也没有正面论述过，但在论述了"城乡分离、城乡对立、城市剥削乡村（这些是发展着的资本主义都会有的旋律）是'商业财富'（用西斯蒙第的术语来说）优于'土地财富'（农业财富）的必然产物"后曾以未来学家的预见性指出："如果城市的优势是必然的，那么，只有把居民吸引到城市去，才能削弱（正如历史所证明的，也确实在削弱）这种优势的片面性。如果城市必然使自己跃居特权地位，使乡村变成从属的、落后的、无助的、闭塞的，那么，只有农村居民流入城市，只有农业人口和非农业人口混合和融合起来，才能提高乡村居民，使其摆脱孤立无援的地位。……农业人口和非农业人口的生活条件接近才能创造了消灭城乡对立的条件。"③

斯大林在城乡关系问题上是有创见的，他从不同意恩格斯的观点出发，认为城乡关系不是城市乡村之间对立的消灭，他在《苏联社会主义经济问题》一文中明确指出："城市乡村之间对立的消灭，应当引导到'大城市的毁灭'。不仅大城市不会毁灭，并且还要出现新的大城市，它们是文化最发达的中心，它们不仅是大工业的中心，而且是农产品加工和一切食品工业部门强大发展的中心。这种情况将促进全国文化的繁荣，将使城市和乡村有同等的生活条件。"④ 在此，笔者对斯大林所说的"城市和乡村有同等的生活条件"特别欣赏、赞同。因为笔者在前引《中国农民守土与

---

① 《马克思恩格斯全集》第46卷，上册，人民出版社1979年版，第480页。
② 《马克思恩格斯全集》第3卷，人民出版社1965年版，第57页。
③ 《列宁全集》第2卷，人民出版社1963年版，第192页。
④ 《斯大林选集》下卷，人民出版社1979年版，第558页。

离土的博弈》中曾就"乡村生活城市化"问题表明了观点，认为"讨论21世纪中国农村发展的未来走向，其目的就是要从改革开放20多年来中国农民守土之艰难，离土之不易的博弈中探讨中国农民新的出路。这个出路就是把实现中国农民乡村生活城市化，就地改造农民，改造农村，改造农业。"① 但是，今天通过对新农村建设武义模式的研究，笔者感到"乡村生活城市化"的观点还是一个片面的，不成熟的观点。正确的回答应该是"城乡融合"。

3. 外国学者论城乡融合

谁都知道，城乡关系是一个世界性的问题，当然会引起西方学者的关注。

早在1898年，英国学者埃比尼泽·霍华德（Ebenezer Howard）在《明日的田园城市》中虽然没有明确使用"城乡融合"的概念，但却十分有趣地提出了城乡必须"成婚"的论题，他说："城市和乡村都各有其优点和相应缺点，而城市—乡村则避免了二者的缺点……城市和乡村必须成婚，这种愉快的结合将迸发出新的希望，新的生活，新的文明。"② 霍华德的城乡成婚论实质上是用城乡融合的新社会结构取代城乡分离的旧社会结构形态。为此，引发了一度流行欧美的田园城市运动。1946年美国学者刘易斯·芒福德（Lewis Mnuford）在为《明日的田园城市》一书的再版写序时高度评价霍华德的城乡成婚论："霍华德把乡村和城市的改进作为一个统一的问题来处理，大大走在了时代的前列。"③

到了20世纪60年代，芒福德从城市发展的立场出发，曾深刻地指出："城与乡，不能截然分开；城与乡，同等重要；城与乡，应当有机结合在一起，如果问城市与乡村哪一个更重要的话，应当说自然环境比人工环境更重要"。④ 这个论述十分有启发性，明确、生动地论述了城乡关系的紧密性、平等性，而"应当有机结合在一起"的观点正是"城乡成婚论"的翻版，其实质仍然是"城乡融合"。正是从这个城乡"应当有机结合在一起"的观点出发，芒福德非常赞成另外一个美国学者亨利·赖特（Herry

① 徐杰舜：《中国农民守土与离土的博弈》，载《中南民族大学学报》2005年第6期。
② 埃比尼泽·霍华德：《明日的田园城市》，金经元译，商务印书馆2000年版，第8—9页。
③ 转引自王景新等《明日中国：走向城乡一体化》，中国经济出版社2005年版，第4页。
④ ［美］刘易斯·芒福德：《城市发展史：起源、演变与前景》，人民出版社1996年版，第66页。

Wright）"区域统一体"的观点，即通过分散权利来建造许多"新的城市中心"，形成一个更大的区域统一体，以现有城市为主体，就能把这种"区域统一体"的发展引向许多平衡的社区，不仅可能重建城乡间的平衡，还有可能使全部居民在任一地方都享受到真正的城市生活之益处，同时，可以避免特大城市的困扰，以至最终达到霍华德的"社会城市"（Social Cities）的思想，将城市与乡村两者的要素统一到一个多孔的可渗透的区域综合体，并作为一个整体运作。① 对此，法国学者布代尔讲得好，他说："城市与乡村从来就不会像水和油一样截然分开：同时兼有'分离和靠拢、分割和集合''农村和城市'互为前提：我创造你，你创造我；你统治我，我统治你；依次类推，彼此都服从共处的永久规则。"②

　　上述从英国学者霍华德到美国学者芒福德，从城乡成婚论到"城乡应当有机结合在一起"，虽然都没有明确提出"城乡融合"的概念，但从他们的论述及其学术追求中可以看出，城乡融合是他们理论内涵的核心。而苏联学者鲁缅采夫在《城市化社会》中曾提出："社会主义城市化是解决城乡脱离的历史性对立的合乎规律的过程，它将导致这两种人口分布形式的接近和融合。"③ 这个提法已向城乡融合靠近了一步。

　　4. 中国学者论城乡融合

　　中国学者在研究城市化问题时提出了"城乡融合"的概念。从1996年开始，北京市农村经济研究中心城郊经济研究所受市政府的委托，与有关单位联合成立了"北京郊区城市化与城乡一体化课题组"。2001年其最终成果——赵树枫、陈光庭、张强合著的《北京郊区城市化探索》由首都师范大学出版社出版。在这个研究成果中，陈光庭认为，人类的发展历史可以概括为乡育城市—城乡分离—城乡对立—城乡融合等几个阶段。并指出这个公式把人类的历史分为四阶段，其中最高阶段是城乡融合。④ 在此，陈光庭虽然提出了城乡融合的概念，但并没有对此进行界定和解析。

　　杨荣南在《城乡一体化及其评价指标系初探》中，建立了包括城乡经济融合度、城乡人口融合度、城乡空间融合度、城乡生活融合度、城乡生

---

① 转引自王景新等《明日中国：走向城乡一体化》，中国经济出版社2005年版，第4页。
② ［法］布罗代尔：《15至18世纪的物质文明、经济和资本主义》第一卷，生活·读书·新知三联书店1992年版，第577页。
③ 转引自王景新等《明日中国：走向城乡一体化》，中国经济出版社2005年版，第12页。
④ 转引自王景新等《明日中国：走向城乡一体化》，中国经济出版社2005年版，第6页。

态融合度五个方面的城乡一体化评价指标体系。他虽然是针对城乡一体化而制定的评价指标体系，但所谓"城乡一体化"本质上指的就是城乡融合问题。①

2000 年，上海市也成立了由上海市委党史研究室二处发起、与有关单位组成的"上海市城乡一体化研究"课题组，他们在对城乡一体化的界定中指出：城乡一体化是通过农村工业化、城市化、现代化，实现经济、社会、生态等方面的融合，从而达到城乡共同繁荣、富裕、文明的过程。②这个提法得到了浙江有关人士的赞同，浙江咨询委员会朱家良副主任 2004 年 6 月，在浙江省"统筹城乡发展研讨会"上发言中说："城乡一体化是在工业化、城市化的条件下，城乡经济社会融合、协调的现代社会结构。"③

此外，1998 年魏清泉认为城市化与工业化密切相关，并以东莞为例，从经济结构和城乡关系的改变考察了城乡融合发展的动态过程。他认为类似东莞这样的区域可以称之为"城乡融合区"，它是一种新型的地域空间结构。这种城乡融合区有三个最明显的特点：（1）城镇和乡村功能互补，并融为一体，城乡两种景色兼容，说它是农村吧，村民已没有多少"泥土"味，说它是城镇吧，又没有城市的喧闹和城市那样高密度的人流、车流和建筑群；（2）城市与乡村之间的经济、社会差别在缩小，生活方式大体相同，思想观念渐趋一致；（3）城乡融合区兼有城市与乡村两种职能，它既不是传统的城市也不是传统的乡村，但其中既有城镇又有较浓郁的田园特色。④

2005 年，陈大鹏发表《城乡融合区域发展战略与大西安都市区的构建》，该文从考察城乡关系的历史演变切入，认为"城乡由对立分割走向融合是社会进步的标志，也是社会发展的大趋势。我国目前正处于城乡从对立走向融合的历史关头，建立新型的城乡关系是促进社会经济发展的必

---

① 杨荣南的《城乡一体化及其评价指标体系初探》一文为王景新等在《明日中国：走向城乡一体化》一书中所引，但不见注明出处，同时在王景新等的《明日中国：走向城乡一体化》却有一节专门详细解释了城乡一体化评价指标体系，详见该书第 43—50 页。

② 转引自王景新等《明日中国：走向城乡一体化》，中国经济出版社 2005 年版，第 28 页。

③ 朱家良：《对统筹城乡发展含义和内容的几点认识》，载浙江省经济建设规划院《决策咨询》2004 年第 10 期。

④ 魏清泉：《城乡融合发展的动态过程——经济结构与城乡关系的改变》，《城市研究》1998 年第 2 期。

要手段"①。

2006 年，赵庆海、任德会发表《谈城乡的空间分离与空间融合》，该文认为城市是人类文明进步的产物，建设田园城市，追求城市与自然、人与自然的和谐统一，实现城乡融合是人们心目中的理想境界，是历史发展的必然趋势。②

最值得介绍的是罗新阳的《城乡融合：和谐社会的根基》。该文第一部分"生态价值：城乡融合，以人为本"中论述了城乡融合是社会发展的必然归宿；城乡融合实际上是城市与自然的有机融合，人与自然的和谐共生；城乡融合，有利于城乡统一的生态系统的形成和良性运转。③

三　城乡融合论解析

城乡融合作为新乡土中国的理论基石，实际上就是新农村建设的终极目标。那么，究竟如何界定城乡融合？

城乡的分离是社会生产力发展到一定阶段的产物。马克思在《德意志意识形态》中指出："物质劳动和精神劳动的最大一次分工，就是城市和乡村的分离。城乡之间的对立是随着野蛮向文明的过渡、部落制度向国家的过渡、地方局限性向民族的过渡而开始的，它贯串全部文明的历史并一直延续到现在。"④ 这就是说人类社会从城乡分离到城乡对立是历史的必然。但是，当历史发展到一定的阶段，即人类社会进入后工业时代，城市产业结构从工业为主向以第三产业为主转变，工业生产地向农村地区转移，乡村城市化启动，城乡差距逐步缩小，城乡开始走向融合。

这样，从城乡关系发展的这种轨迹来看，所谓城乡融合就是城乡从分离、对立，在互动中逐步走向融合的过程，并逐步实现城乡一体的结果。

从这个界定中，我们可以看到，城乡融合的内涵有在互动中逐步走向融合的过程、逐步实现城乡一体的结果两个层次，简称城乡互动论和城乡一体论。

---

① 陈大鹏：《城乡融合的区域发展战略与大西安都市区的构建》，《咸阳师范学院学报》2005年第 2 期。

② 赵庆海、任德会：《谈城乡的空间分离与空间融合》，《岱宗学刊》2006 年第 1 期。

③ 罗新阳：《城乡融合：和谐社会的根基》，《中国杭州市委党校学报》2005 年第 4 期。

④ 《马克思恩格斯全集》第 3 卷，人民出版社 1960 年版，第 56—57 页。

1. 城乡互动论解析

城乡互动，是社会互动的一种文化表达。互动的本义是这边动，那边也动。在社会互动过程里，互动的行为和动作对互动双方都是有意义的，都把对方当作互动的对象。

对于城乡互动的含义有人认为"是指城市与乡村在区域发展中，相互影响、相互制约、相互促进的动态过程。"[①] 这个说法比较抽象，仅把城乡互动看作是一种相互作用的问题。

又有人认为"城乡互动是指实现城乡一体化目标的过程中，在不同发展阶段，城市和农村之间的人口、资金、技术等资源的不同程度的直接或间接的相互转移和渗透，以及它们之间在地域上的相互趋近，前期主要表现为农村城镇化的运动态势，后期主要表现为特大城市的扩散运动态势"[②]。这种说法虽然克服了抽象性，但并没有把乡村与城市摆在平等的地位上去思考。

还有人认为"城乡互动是农村与城市之间的一个多维互动过程，它既包括农村的劳动力，资金与土地等经济资源向城市的流动，也包括城市先进的生产力如技术、科技等要素向农村的扩散、渗透和辐射。既包括城市对农村发展的拉动作用，也包括农村对城市发展的促进作用。"[③] 这个界定比较符合实际，因为其把城市和乡村作为一个统一的社会系统加以考察。

但是，上述所有对城乡互动的说法，都不如英国学者库尔德（Gould）的界定简明而又具体，他认为城乡互动关系可以看作是城乡之间人、财、物、技术、信息和观念的双向互动。[④] 对此界定我们应加以充分的肯定。

城乡互动作为城乡融合过程的一种文化表达，是在承认城乡文化异质性、互补性和差异性的基础上，用公认、理性、进步的文化价值观将城乡文化整合统一起来，把乡土观念和现代城市文明有机地结合起来。因此，

---

① 李培祥、李诚固：《论城乡互动解决"三农"问题的机制与对策》，载《地理科学》2003年第4期。

② 王二红：《论集聚经济规律对我国城乡互动的影响》，载《农业现代化研究》2005年第4期。

③ 范海燕、李洪山：《城乡互动发展模式的探讨》，载《中国软科学》2005年第3期。

④ Could W. T. S. Rural – Urban Interaction In the Third World, Building from R. U. I. N. Department of Geography, University of Livepool, Mimeo, 1985. 转引自段娟等《我国区域城乡互动与关联发展综合评价》，载《中国人口、资源与环境》2005年第1期。

一般的规律虽然是城市的发展离不开农村的促进和支持，农村的发展也离不开城市的辐射的带动，城市与乡村是平等的。但是客观地来说，城市带动农村是世界经济发展、社会进步的普遍规律，这种带动能得到"双赢"的结果。所以，无论从城市一方，还是从农村一方，城乡互动的行为和动作对于双方来说都是有意义的，具体地来说城市的发展，可以使更多的农村劳动力、农村居民进入城市、集聚城市，同时城市有更多资金、技术、人才向农村辐射，并流向农村，从量变开始，逐渐达到质变，实现城乡之间均衡发展，促使城乡之间的差距逐步缩小乃至最终消失，这也就是城乡从分离到城乡融合的过程。

2. 城乡一体论解析

城乡一体，就是城乡融合的结果。具体地说，城乡一体是城市和农村之间打破相互分割的壁垒，从城乡分离、城乡对立，逐步缩小直至消灭城乡之间的基本差别，实现城乡经济和社会生活紧密结合与协调发展，从而使城乡融为一体。

对于城乡一体的图像，英国学者霍华德在他的《明日的田园城市》中曾提倡"用城乡一体的新社会结构形态来取代城乡对立的旧社会形态"，并在序言中说："城市和乡村都各有其优点和相应的缺点，而城市—乡村则避免了二者的缺点……城市和乡村必须成婚，这种愉快的结合将迸发出新的希望，新的生活，新的文明。本书的目的就在于构成一个城市—乡村磁铁，以表明在这方面是如何迈出第一步的。"① 此后，前已述及美国学者亨利·赖特（Herry Wright）主张通过分散权利来建造许多"新的城市中心"，形成更大的区域统一体，通过现有城市为主体，就能把这种"区域统一体"的发展引向到许多平衡的社区里，不仅可能重建城乡之间的平衡，还有可能使全部居民在任一地方都享受到真的城市生活之益处，同时，可以避免特大城市的困扰，以至最终达到霍华德的"社会城市"（Soial Cities）的思想，将把城市与乡村两者的要素统一到一个多孔的可渗透的区域综合体，并将作为一个整体运行。

实际上，城乡一体涉及社会经济、生态环境、文化生活和园林景观等方面。在规划学家眼中，城乡一体是从空间的角度对城乡发展做出统一规

---

① ［美］埃比尼泽·霍华德：《明日的田园城市》，金经元译，商务印书馆 2000 年版，第8—9 页。

划，对具有一定内在关联的城乡交融地域上的物质与精神要素进行系统安排；在生态学家眼中，城乡一体是对城乡生态环境的有机结合，保证自然生态过程畅通有序，促进城乡协调、持续发展；在经济学家眼中，城乡一体是现代经济中农业与工业联系日益增强的客观要求，是指统一布局城乡经济，加强城乡之间经济交流与协作，逐步实现生产要素的合理流动和优化组合，促使生产力在城市和乡村之间合理分布，实现协调发展，以取得最佳的经济效益；在社会学家眼中，城乡一体是在工业化、城市化的条件下，城乡经济社会融合、协调的现代社会结构，众说纷纭，各有千秋。

而在人类学的视野里，城乡一体是一个体现人与自然协调、人与人和谐理念的载体，是城乡融合的结果。而城乡一体作为城乡融合互动过程的结果，既要体现人与自然、人与人之间关系的整体性，又要显示人与自然、人与人之间关系的整合性。因此，城乡一体不仅是人口转化、经济结构和地理结构的变化过程，更是人类社会的整合过程，是城乡文化相互渗透及广大农村居民物质和精神生活逐步提高、城乡差别逐步缩小的过程。通过农村人口、景观向城市转化以及城市文明向乡村的渗透，实现城乡一体的结果。从这个意义出发城乡一体的内容应为以下 10 个方面。

（1）城乡空间布局一体

城乡空间一体，就是以建立完善、快捷、通达的交通网络，建立方便、快速、信息量大的通信网络为条件，建构城市与农村对比在更大限度上呈均质状态的空间景观，它既不是传统的农村，也不是传统的城市，但同时具有两者的特征，是城乡两大地理系统相互作用、相互影响而形成的一种新的空间形态，充分体现了城乡优化布局、集聚与分散的良好结合。

（2）城乡生态环境一体

城乡生态环境一体，就是把城市与农村生态环境统一纳入一个大系统全面治理，努力打造城乡生态环境资源互补，社会与生态协调发展的城乡一体的生态格局。

（3）城乡社会发展一体

城乡社会发展一体，就是要达到城乡社会事业协调发展，确保城乡居民在居住、就业、教育、医疗和文化卫生等方面享受同等待遇，使高度发达的物质文明与精神文明达到城乡共享，即斯大林所说的"城市和乡村有同等的生活条件"。①

（4）城乡产业布局一体

城乡产业布局一体，就是一、二、三产业一起抓，城乡两篇"文章"一起做，推进经济结构的战略性调整，优化生产力布局和区域资源配置。特别重要的是在发展工业产业化的同时，大力推进农业产业化的发展。通过农业产业化的发展过程，把农业生产诸要素的配置与使用整合为一个有机体，使农业生产、加工、销售连接成一个产业链，使农业生产各环节的企业、行业和部门通过利益链条形成为企业群，从而与工业产业链相匹配，建构城乡一体的产业布局。

（5）城乡市场一体

城乡市场一体，就是建立城乡一体的经济运行机制，统筹城乡资源配置，建立公平竞争的制度环境，以及城乡统一、开放、有序的市场体系，促进产品和要素在城乡间自由流动、公平竞争。

（6）城乡劳动就业一体

城乡劳动就业一体，就是彻底打破城乡分割的劳动就业体制，将城市和农村的劳动力视为一个整体，纳入城乡协调发展的公共政策框架中，建立城乡统一的劳动力市场，促进劳动力资源的合理流动，社会资源的优化配置。实行一体化的平等就业机制和管理体制。

（7）城乡社会保障一体

城乡社会保障一体，就是建构城乡统一的社会保障机制，特别是让农民享受现代物质文明和精神文明高度进步的成果。

（8）城乡政治制度一体

城乡政治一体，就是让城乡居民共同享有参与管理国家的权利。

（9）城乡人口管理一体

城乡人口管理一体，就是拆除城乡分割的户籍藩篱，建立城乡统一的新的户籍制度，即取消非农业户口和农业户口的登记制度和统计方法，代之以身份证管理和居民因定居地登记户口分类统计制度；允许居民有迁徙居住的自由。

（10）城乡公共财政一体

城乡公共财政一体，就是按照城乡统筹经济社会发展的要求，实行工

---

① 《斯大林选集》下卷，人民出版社1979年版，第558页。

业反哺农业，坚持"多予、少取、放活"的方针，支持农村、农业的发展，加大财政转移支付的力度，大力支持农村公共教育，文化、医疗卫生事业的发展；新增加的财政收入要向农村倾斜，以支持农田水利设施建设，江河湖海的治理，以及交通、供电、供水、通信等公共设施的建设。

近年来，从城乡一体延伸发展而成的"城乡一体化"正在中国流行。有学者追根溯源，认为"城乡一体化"一词的发明权可能归中国学者。这种发明可能是中国学者在阅读马克思主义经典作家有关城乡关系论述时得到启发而创造出来的。① 在此，笔者要说明的是：在研究武义新农村建设的经验，进行理论提升时，为什么要以"城乡融合"为新乡土中国的理论基石，而不以"城乡一体化"为之？

笔者认为，理论提升是对实践经验的归纳、概括、提炼和升华，需要的是对经验进行质的分析和确定。"城乡融合"与"城乡一体化"虽然意思相近，都表达了城乡互动的过程和结果，但前者更具理论的抽象性特点，后者则显得比较具体。更重要的是，对于城乡关系这样一个世界性的课题，理论的归纳、概括、提炼和升华，要讲究理论渊源，对此，从概念的提出来看，"城乡融合"是恩格斯论述城乡关系的一个重要观点，他在《共产主义原理》中提出"城乡的融合"，在《反杜林论》中论述了"城乡融合"的意义，这都说明恩格斯是"城乡融合"理论的首创者，而"城乡一体化"无论是马克思主义经典作家，还是其他外国学者都没有具体、明确地提出。因此，笔者在对武义新农村建设的经验进行理论提升时，确定"城乡融合"为新乡土中国的理论基石，仅把"城乡一体"作为城乡融合的结果。这样处理，既符合理论提升的规范，又肯定了"城乡一体化"的理论意义。

四 武义模式：城乡融合的县域样本

从新农村建设武义模式的理论提升中，我们认同了"城乡融合"是新乡土中国的理论基础，反过来，又如何运用城乡融合论来解读武义模式呢？

---

① 赵树枫、陈光庭、张强：《北京郊区城市化探索》，首都师范大学出版社2001年版，第16页。

1. 县域，城乡衔接点和交汇点

县域，是国家行政管理的基本单元，是国家政权的基础，同时又是城市与农村的衔接点，工业经济与农业经济的交汇点。在地理空间上，作为中国国土的主体，县域以县城为中心，乡镇为纽带，农村为腹地，凸显出城镇与农村共存的特点。在人口资源上，我国 74.46% 以上的人口生活在县域，其中绝大多数是农民。因此以城乡融合为理论基础的新乡土中国，凸显了城市与农村两者关系的不可分割性，也就是说城市发展离不开农村的发展，反过来，农村的发展也离不开城市的发展。因此，新农村建设绝对不单纯是农村的事，更不单纯是村庄的事，还必须是城市，尤其是与农村紧密联系在一起的城镇的事。为了更清楚地认识和了解县域在新农村建设中的地位和作用，我们可以对县域问题作进一步的分析。

（1）县域政治是安邦定国的根本之策

中国的县制萌芽于西周，产生于春秋，发展于战国，定制于秦朝。经过几千年的发展，中国的县在经济、社会、文化方面已形成相对独立的地域实体。自秦始皇实行郡县制以来，与其他层次的行政区划不断变更相比，县是相对固定的行政区域，也是行政、司法、财政等职能最完善的一级基层政权。至今，在中国行政组织及管理层次中，县级政权仍然是政权组织中体系和职能完备的基层政府，管辖范围包括政治、经济、文化各个方面，起着承上启下，联结城乡，沟通条块的重要枢纽作用。

与此同时，县域又是社会经济矛盾的集中地。县域的发展不单纯是经济发展的问题，更关系整个社会的稳定。与城市发展相比，县域发展不论是在外部发展环境上，还是在生产要素积聚功能方面，都处于相对弱势地位。在工业化、城市化和市场化进程中，农业、农村和农民所受的波动和震动最大，积累的社会矛盾最多，就目前而言，县域是我国弱势群体最大的聚居地，是二元结构矛盾的突出区域，也是各种社会危机的高发区。作为职能最完善的一级基层政权，很多社会矛盾都要求在县一级妥善解决。所以古人云"郡县治，天下安"。从这个高度上看，县域政治是安邦定国的根本之策，我们之所以跳出村庄从县域看新农村建设，实在是看到了县域新农村建设可使"天下安"的意义和价值。

（2）县域经济是安邦定国的经济支柱

与县域政治是安邦定国的根本之策相适应，县域经济是安邦定国的经济支柱。从经济上看，县域一般是以农业经济为基础，以由经济地理特点决定的工业部门经济为支柱，同时兼有金融业、商业、服务业、信息业等非农业部门经济，以及文化、教育、科技、卫生等实体；非农业企业和与县域经济密切相关的实体主要集中在县域的城镇型建制镇、非城镇型建制镇和集镇；县域内的县级政府和乡镇政府对经济运行及其发展有直接的影响力。可见，县域经济是县级行政区域范围内多种经济活动交织而成的经济有机体。从产业结构上看，县域经济是包括一、二、三产业比较齐全的区域经济；从空间结构上看，县域经济是以城镇经济为中心，以集镇经济为纽带，以乡村经济为基础的区域经济；从组织层次上看，县域经济包括城镇型建制镇经济、集镇经济或非城镇型建制镇经济、乡村经济、企业经济或家庭经济等；从所有制形式上看，县域经济包括国有经济、个体经济、私营经济、外商投资经济、港澳台经济等多种类型；从经济部门看，县域经济几乎包括一般区域经济中所有门类。因此，从地域总体和经济整体来说，县域经济既兼有城市（镇）经济和农村经济两类区域经济的特点，又有区别于城市（镇）经济和农村经济两类区域经济不同的特点。县域的城镇型建制镇经济以非农业为主，具有十分明显的城市经济特征。但因其与农村经济的密切关系而不能完全归属于城市经济范畴，一般称县域城镇建制镇经济为城镇经济。因此，县域经济包括城镇经济和农村经济，是城镇经济和农村经济在县域的有机结合①。

县域经济的这些内涵清楚地表明了县域经济在国民经济中有举足轻重的地位。2004年中国县域经济在全国经济总量中占到55.15%，人口占全国总人口的70.92%，足见县域经济是城乡融合的基础和关键所在。古人云："湖广熟，天下足"；俗话说："手中有粮，心中不慌"，从本质上反映了县域经济的重要，从现代社会城市化的视野出发，没有县域经济的发展，也就不可能有国家城市化水平的整体提高，所以，党的十六大在党的正式文件中第一次使用了"县域"这个概念，而且发出了"壮大县域经济"的号召，十六届三中全会又进一步强调"要大力发展县域经济"，从这个高度上看，县域经济是安邦定国的经济支柱。我们之所以跳出村落从县域看新农村建设，实在是看到了县域新农村建设可使"天下足"的意义和价值。

正因为县域政治是安邦定国的根本之策，县域经济是安邦定国的经济

① 朱孔来：《对县域经济发展的理性思考》，《金融经济》2006年第2期。

支柱，所以新农村建设要成为中国城乡融合新的启动点，要成为乡土中国的新图像，就必须跳出村落来抓新农村建设，必须以县域为整体，全面推进新农村建设。武义经验之所以吸引我们，关键在县域新农村建设的整体性效应对我们的文化震撼；我们之所以关注武义新农村建设，则是出于对新乡土中国的追求和探索。

2. 城乡融合武义模式的样本分析

新农村建设武义模式之所以能成为城乡融合的样本进行分析，就是因为新农村建设实质上就是城乡融合过程的一种文化表达。众所周知，中国的农民、农村、农业一直处于弱势，特别是过去中国城乡二元结构所造成的城乡对立太久，城乡差距太大，对农民、农村、农业的欠账太多。当今中国的经济发展已全面融入世界经济体系，市场经济体制不断完善，国家制定了东部发展、西部开发、中部崛起、东北振兴政策，政府职能和行政方式转变，社会结构的转型加快，也就是说，改革开放20多年来，中国工业化发展进入了中后期阶段，全国经济总量在世界排名第6位，财政收入达到3万亿元，城乡社会经济发生了翻天覆地的变化，国家已具有"工业反哺农业，城市支持农村"的实力，在此背景下，新农村建设作为国家发展战略摆在了全国人民面前，其本质上是为了使中国的农村与在工业化道路上已经迈出了一大步的城市化相适应、相匹配，从理论上来说就是城乡融合过程在新的历史条件下的新一轮启动。

站在城乡融合的理论高度上，再来看新农村建设武义模式的理论价值，就在于它为城乡融合提供了一个可供分析的县域样本，下面我们从9个方面对武义模式进行具体分析。

（1）生态家园的县域平衡

生态是一个系统，一个村有一个村的生态系统，一个乡有一个乡的生态系统，一个县有一个县的生态系统，一个省有一个省的生态系统，一个国家有一个国家的生态系统。各个国家的生态系统组成了地球的生态系统。在这样的全球生态系统结构中，一个村的生态系统是最基础的。武义县有郭洞村这样的古生态村当然地成了当今的示范，成了人们旅游的胜地。可是一个村的影响力太微小了，其实早在40年前，郭洞就以保护风水林而著名，笔者当时在武义一中任教，学生中就有郭洞来的，但在武义20年，虽然多次路经郭洞，也没有进过一次村。改革开放后，在翻天覆地的变迁中，武义人从传统的躬耕陇亩发展到休闲旅游，郭洞声名鹊起，闻名于华东，成了古村落文化村，但郭洞并不能改变武义的生态，更不要说一个省、一个国了。

相比之下，一个县的影响力就大了。前已述及，由于县是国家行政管理的基本单元，是国家政权的基础；又是国民经济体系的基础环节，是国家的经济基础，所以，一个县生态的好坏，将直接影响一个县的社会经济和社会生活，它对一个省生态的影响也就大大扩大了。改革开放以来，尤其是在近几年的新农村建设中，武义县通过县域平衡，首先抓了生态林业。从1986年开始，武义开始全面建设杉木速丰林基地，进行乡村林场大规模造林；1992年开始荒山消灭战；1993年提出的"树立大林业观念，调整林种结构，发展名、特、优经济林"；1995—1998年实施的"森林资源发展与保护项目"世界银行贷款造林，"四个一百万亩"工程建设；2002年开始围绕"生态立县"这一主线，突出林业生态与林业产业两大体系建设、林业分类经营，实施"武义县防护林工程国债项目""阔叶林发展工程""生物防火带建设工程""退耕还林工程""绿色通道建设工程"以及"笋竹两用林、花卉苗木产业带建设""兴林富民工程""村庄绿化工程"等，到2005年底全县共造林161.65万亩，义务植树1940.09万株，使武义的绿化不但从量上得到了重大发展，而且在质上发生了重大飞跃，取得了重大突破。县林业用地面积175.7万亩，林木总蓄积202万立方米，林木覆盖率达由1985年59.8%上升到2005年的70.8%，城区公共绿地面积45公顷，人均公共绿地8.7平方米，城区绿化覆盖率达35.7%，绿地率增加到25.8%。2006年4月，武义县人民政府被授予"全国绿化先进集体"称号，为武义人与自然的平衡打下了基础。

在抓生态林业的同时，武义县实施"生态立县"的战略，打造了生态农业，构建了生态工业，发展了生态旅游，整治了生态人居，从而在全县范围里推进了人与自然的平衡，这也就是初到武义的人立刻就会被山清水秀、鸟语花香的武义生态家园所震撼、所陶醉的原因吧！

（2）特色农业与工业园区的县域协调

在县域中，农业与工业的协调是发展县域经济，推动城乡融合的一件大事。武义在新农村建设中一手抓特色农业，一手抓工业园区，有效地协调了农业产业化与县域工业化的关系。

武义从人与自然的协调出发，铸造了杂交水稻和有机茶两条产业"绿化"带。从1976年开始，武义开始引进三系杂交稻，为全县大面积推广

图 52 柳城畲族乡小黄山边的小三峡（徐杰舜摄）

杂交晚稻打响第一炮。1989 年武义县被列入长江流域五省一市杂交早稻示范基地县。1997 年武义又引进了袁隆平的超级稻。2004 年，武义被列为国家杂交水稻工程技术研究中心的超级稻示范基地，并引进了两系超级稻P88S/0293 等新组合进行试种、示范，在王宅镇种了 106 亩的一个示范方，平均亩产达到 650 公斤。2005 年，示范面积达 5000 亩左右，在 18 个乡镇、街道建立了连片示范方 24 个，平均亩产达 650 公斤以上。这样，杂交水稻成了武义农业产业化的一条"绿化"带。20 世纪 90 年代初，武义就提出了"抓好名优茶，开发有机茶，带动无公害茶"的工作思路。经过十几年的努力，武义有机茶有了长足的发展，开始享誉海内外。据统计，2005 年全县茶园总面积 11 万亩，茶叶产量 7100 吨，产值 2.28 亿元，不仅面积、产量、产值居金华市首位，而且获得了认证的有机茶园面积达 7716亩，居全国首位，从而被授予"中国有机茶之乡"的称号。这样，有机茶成了武义农业产业化的又一条"绿化"带。此外，通过县域平衡，武义在农业产业化的进程中，还逐渐形成了高山蔬菜、蜜梨、畜禽、食用菌、花卉苗木、蚕桑、茭白、笋竹两用林等产业带，基本上完成了以特色农业为特征的农业产业化布局。

在兴建工业园区中，武义以国营企业改制为拐点，激活了县域工业化的新进程。在这个新进程中，武义借周边发达县市经济发展之势，利用这些县、市产业结构调整和转移所带来的契机，主动接受发达地区的经济辐射，"挖渠引水"，营造"创业洼地"吸引发达地区"过剩"资金、"溢出"的产业以及技术、人才和管理经验，促成了生产要素从周边发达县市高成本环境不断地向本县低成本环境流动，着力打好"永康牌""义乌牌"，将"中国五金城"和"中国小商品城"两大市场作为武义工业发展的"桥头堡"，借船出海，借船生财，从而引进了大量资本流入"创业洼地"。短短几年，全县共引进、新办工业企业600余家，在全县年产值500万元以上的工业企业中，外来企业已占五成，与此同时，桐琴工业园区、凤凰山工业园区拔地而起。这就是武义的"洼地效应"，构成了武义县域工业化一道亮丽的风景线。武义在创造"洼地效应"的同时，又创造了"鲶鱼效应"和"蛟龙效应"，使三美化工、恒友机电、武精机器、张氏包装、正点实业、钓鱼扑克等龙头企业纷纷崛起，构成了武义县域工业化又一道亮丽的风景线。

综上所述，我们不能不被武义在一抓手农业产业化，一手抓县域工业化的协调农业和工业的大手笔所折服。武义在新农村建设中，正是因为有了县域协调的大手笔，才使得武义实现了"生产发展"、推进了城乡融合的过程。

（3）温泉旅游的县域整合

是金子总是要发光的。具有温泉之韵、古文化之蕴、山水之秀的武义旅游资源，在埋藏了千百年之后，终于在改革开放和新农村建设中放出了烁烁金光。

武义本有熟溪桥和延福寺早已为世所熟知，但久不为武义人所重视。笔者于1976年后曾在熟溪桥头居住了近10年，每天往来于桥上，感受到的只是交通之便，古文化的气息甚少。但改革开放和新农村建设之风，一扫熟溪桥和延福寺身上的历史尘埃，县政府以景点造势聚人气，1998年组织了旅游开放工作组，启动了旅游资源开发工程，使郭洞古生态村和俞源太极星象村亮出了"庐山真面目"，以古文化的底蕴激活了武义旅游业的兴起。武义在县域整合中初步尝到了"旅游致富"的甜头。

在县域整合中，不久武义又推出了浙江第一、华东一流的温泉旅游和山水风景旅游。

温泉本来就默默地埋藏在武义大地深处。1991年温泉的开发被提上政府议事日程，2001年又调整了旅游资源开发重点，加大了温泉开发力度，由政府直接投资，全面启动了温泉旅游度假区的开发建设工作。2002 年 10 月温泉浴场和清水湾温泉度假村先后建成开放。正是在县域整合中武义在华东地区舞起了温泉旅游的龙头。

山水本来也静静地躺在武义大地上，养在深山人未识。但郭洞"洞门"的开启，激活了武义的山水，在县域的整合下，寿仙谷、刘秀垄、清风寨、大红岩、石鹅湖、小黄山、台山等山水风景纷纷秀出，从武义县域到柳城畲族镇 40 多公里的路上，山水风景区像葡萄一样串联在一起。也正是在县域的整合下，武义在华东地区亮出了"江南仙境"的名片。

武义的旅游业县域的整合下，短短几年就形成了以温泉旅游为龙头的旅游产业，不仅为武义新农村建设打造了一张亮丽的名片，也为城乡融合做出了贡献，这一切，没有县域的整合，在几年前是人们所想象不到的。

（4）城乡统筹的县域规划

城乡建设是新农村建设的重要内容，也是城乡融合的重要过程。改革开放前的武义除县城有一条青石板铺设的，宽不到十米、长不过三里的上下街以外，其余是鹅卵石铺成了一线天式的小巷，此外就是柳城镇以宣平县的底子还像个小城镇，而其他乡镇均没有城镇的样子。县城与乡镇泾渭分明，出了县城就是三级石子公路，汽车开过尘土飞扬。

改革开放后，1982 年武义进行了第一次建设规划，1984 年开始城区改造，1984 年城区面积为 8.66 平方千米。1992 年起，根据县城第二轮规划，老城区东北边缘的县后畈作为开发区开始新区开发建设，建武阳路、东升路、温泉路，至 2000 年，新老城区连成一片，建城区面积 10.84 平方千米。1998 年开始编制新一轮县城建设规划，2000 年编制成《武义县域城镇体系规划》。这是一个迈向城乡融合很有创意的规划，根据这个规划，武义县城整个城市用地基本呈"一城五片（城南片、城中片、塔山片、白洋渡片、邵宅片）一组团（溪里）"格局，城市主要公共设施用地呈"一区二轴"布置，居住用地形成三大居住区，工业用地安排沿江三片，绿地依山傍水，组成两条绿化轴。其中"一区二轴"主要公共设施即为塔山北侧的旅游服务中心和温泉路、武阳路两条城市商贸主轴；三大居住区即为以熟溪、塔山为界的三个居住区；三片工业区用地即为以武义江、熟溪为界的白洋渡、邵宅、胡处三片工业用地；两条绿化轴即为沿熟溪两岸设置的居民生活游憩绿化轴和壶山、北岭、塔山的 LLI 体绿化延伸楔入城区并沿原上松线两侧设置的城市绿化景观轴。为了配合全县城市化进程，满足城市框架发展的需要，明确在北岭区块统一建设一个县级大型公共设施中心，按照这个规划，至2005年年底，武义城区已发展到东至百花山，南至南湖，西至五一塘，北至北缸窑约35平方公里的地域，其中建成城区面积17.6平方公里，城区人口10.25万人。除此以外，武义县又对城市道路交通、基础设施、城市绿地、景观作了规划。

图53 武义县城中心的商业广场（徐杰舜摄）

现在，武义县城已不是过去破兮兮、小兮兮的县城了；武义的农村也不再是过去脏兮兮、土兮兮的村庄了。现在武义县城变化大了，就像大姑娘十八变，变得亮丽可人，原来从县城边城南脚流过的熟溪水，随城南新区的建成变为熟水从城中流过，溪水两岸湖畔花园隔水相映，中间以闻名江南的古桥"熟溪桥"相连，古朴清新；坐落在城北的壶山和北岭山如今也成了森林公园；而梅郎山公园就是镶嵌在南城居民住宅区中的一块质地良好气质高雅的绿宝石。真可谓"三山立城中，溪水城中过"。如今武义县城的格局已经脱胎换骨成为名副其实的山水城了。与此同时，武义县城的公交车把县城周围几个乡镇紧密联系在一起，从县城到桐琴30里路途间已是新村连着新村，工厂接着工厂；从县城到柳城八九十里路途中碧绿的经济林带护着丰收的田畈，层层茶山、翠绿竹林拥抱着蔬菜园、瓜地果林、苗木花卉园、水稻荷田、食用菌大棚，沿途新村掩在青山中，工厂屹立在绿水间。记得20多年前说起现在被称之为"清风寨"的岩坑，都认为那里太"山里"了，可现在乘车一溜烟工夫已到岩坑村前了。当年笔者有一次冬天到寺后茶山参加朋友的婚礼，没有汽车，天上飘着雪花，20里地竟然走了两三个小时，而今当年的茶山新娘用汽车送我们去看他们家的老宅子，还没觉得离开县城就已到茶山老屋前了。6条公交线路把过去的县城、溪里、邵宅、白溪等乡镇连成了一体，所以今天这种城乡融合的亲身感受，使人不禁为武义城乡统筹的县域规划及实施而赞叹！

（5）政府服务的县域调控

作为县里的行政管理机关，政府的调控作用是面对全县的。政府的职能从管理转向服务后，县域调控就是县域服务。武义在新农村建设中，县域调控最成功的经验就是历时十几年，组织了4万多山区农民下山脱贫，使"山上五百年"的农民，"下山三五年"就脱贫致富了，这是何等高质量的政府服务！可见武义在新农村建设中，政府服务在县域调控方面做得十分到位，十分得民心！正因为这件为农民服务的工作做得好，受惠面大，影响大，所以武义县下山脱贫的经验上了世界扶贫大会。武义虽小，且尚属欠发达地区，但只要工作做得好，做得到家，政府服务县域调控完全可以创造出具有国际意义的经验！

正因为武义政府服务县域调控的力度大，水平高，所以对武义"北茶、南珠、中超市"的外向型经济除了积极引导、营造环境，还在异地成立相应的党组织和商会来协调各方关系，并通过职业培训，为"超市"等外向型经济搭建创业平台，不断地完善了政府服务。

武义县政府在新农村建设中，充分发挥了县域调控，服务社会、服务人民，可谓是劳苦功高。但政府至今仍然克勤克俭，县委、县政府、县人大、县政协四大班子的办公室小而狭，县委办公楼破而旧；县里所有干部上班十分准时，下班却往往没有定准，工作是兢兢业业。

（6）教育优先的县域推进

教育的发展在许多地方是说在嘴上，写在纸上，就是不落实在行动上；许多地方最好的房子是县、乡、村办公楼，有的乡甚至盖成了"白宫"，但最旧最破最危险的房子往往是学校。人们对此已是见怪不怪了。但是在武义笔者见到的却完全相反，在县里最好的房子是学校，一中、三中、实验小学、熟溪小学、明招小学都是设施齐全、建筑新颖的一流的学校。武义教育之所以会出现这样好的态势，完全得益于新农村建设中教育优先县域推进的结果。

武义县教育在发挥政府主导作用、全面推进教育发展方面是做得很出色的，从 1997 年到 2006 年上半年，全县投入教育、修建校舍的资金达 4.08 亿多元。正因为有了教育优先的县域推进，所以，武义教师的待遇得到了保证，教师的水平也上去了；教学质量提高了，学校的升学率也上去了。今天，笔者在学校考察中，几乎没有一所学校在抱怨经费不足，教师待遇太低，校舍基建缺口太大。所到之处，不是正在兴建新项目，如一中的操场改造，明招小学的新教学楼，就是积极开展教学科研，教育优先的县域推进给笔者留下了深刻的印象。

(7) 下山脱贫的县域反贫困战略

反贫困是世界性的问题。武义县过去作为浙江省 8 个贫困县之一，全县有十几万贫困人口，约占全县总人口的三分之一。如何帮助这些贫困人口脱贫致富，一直是一个世界性的难题。在反贫困战略的研究中，学者们公推帕累托式战略，即如果反贫困战略实施的结果是贫困人口和非贫困人口的福利增加了，就是最佳的反贫困战略。[①]

武义在新农村建设中，从本县的实际出发，实施了下山脱贫战略，从 1993 年到 2005 年 13 年中，使 328 个村、47 个行政村、14315 户、43729 人搬迁下山脱贫，这是个什么概念呢？解读起来，这是全县人口的八分之一，是全县山区人口的二分之一，是全县贫困人口的三分之一。这个工作量之大，工作难度之大，真是难以想象。

但是，正是这个令常人难以想象的工作，武义在新农村建设中做到了，并出人意料地创造了县域反贫困战略，实践了国际公认的最佳反贫困战略，武义因此上了全球扶贫大会作了典型介绍，武义人完全可以自豪地说：下山脱贫是武义新农村建设具有国际反贫困意义的经验！

(8) 村务监督的县域制度创新

武义在新农村建设中，不仅创造了具有国际意义的下山脱贫反贫困战略，还创造了具有国家意义的村务监督经验。

管理是否民主不仅关系到着权力行使与运用的形式、程度是否适宜，而且还要观察权力享有者范围的大小，同时考察权力享有者在做出重大决策前，参考或吸收权势覆盖面下的本集体内部成员意见的多寡。如属前

---

① 康晓光：《中国的贫困与反贫困战略》，广西人民出版社 1995 年版，第 27—29 页。

者，是民主；属后者，就是不民主。具体来说，在新农村建设中，虽然
1998年修订后的《村民委员会组织法》第1条规定了村委会的基本职能是
"为了保障农村村民实行自治，由村民群众依法办理自己的事情，发展农
村基层民主，促进农村社会主义物质文明和精神文明建设"。第2条规定：
"村民委员会是村民自我管理、自我教育、自我服务的基层群众自治组织，
实行民主选举、民主决策、民主管理、民主监督。"但是，具体运行中，
谁来监督村委会？这成了农民十分关注的问题。其原因在于"村官"的权
力如何制约？不然的话，随着武义县城市化和工业化的推进，"村官"手
中掌握的资源越来越多之时，侵犯村民权益的事就会不断发生，农村的稳
定就难以保证，干群关系就会紧张，怎么办？

就在大家都在探讨如何有效地对村务实行监督之时，武义县后陈村创
造"村务监督委员会"，从制度层面解决了对"村官"的监督问题。武义
县领导及时抓住了这个解决村务监督的新苗子，及时加以总结，在全县范
围内设立了村务监督委员会，制定了《村务管理制度》和《村务监督制
度》，完成了基层村务的制度创新。正因为这种分权制衡管理村务的制度
创新走完了中国基层民主的另一半，所以，武义人完全可以自豪地说：村
务监督是武义新农村建设具有国家意义的经验！

（9）文化活力的县域底蕴

文化是由各种外显和内隐的行为模式构成的。一个地方有一个地方的
文化特质，所谓俗话所说"一方水土养一方人"。在新农村建设中，武义
文化的活力来自武义文化的底蕴，而这种积淀深厚的文化底蕴也是以县域
范围来考量的。

放眼武义，既有新石器时代的石斧、石矛，商代的双系席纹罐，商周
的原始青瓷碗，又有近800年历史的古建筑熟溪桥和建于东晋、重修于元
代的延福寺，以及俞源、郭洞古文化村，考古与文物交相辉映；既有武义
历史上最灿烂的以吕祖谦为首的明招文化，其致用、兼容、开创、孝亲精
神深深地积淀在武义文化的深层，又有中国共产党建党和创建红军，建立
革命根据地的革命文化进入武义文化的底蕴，历史文化与革命文化根根相
连；既有以农为本的风俗文化的传承延续，又有包括神话、故事、传说、
民谚等在内的草根文学流传在民间，风俗文化与民间文学交融相织，于
是，考古文化、文物文化、明招文化、革命文化、风俗文化和民间文化构
成了武义文化底蕴的深厚内涵。

　　在新农村建设中，武义文化从县域底蕴释放出新的文化活力，形成了开放、创新、实干、自强的武义新精神，成为武义新农村建设的一种精神力量。

　　总之，武义模式的样本分析使人清晰地感受到，县域在新农村建设中所起的作用，所造成的影响，所产生的辐射力是整体的、整合的。

第七篇　对策：武义模式的
完善与走向

　　新农村建设武义模式的理论分析，使我们能够站在城乡融合的理论基石上，把握新乡土中国的理论方向，进而对武义模式的完善提出对策建议，对武义模式的未来走向做出预测。

第十九章 完善武义模式的对策建议

新农村建设作为城乡融合的过程，绝不是朝夕之功，不可能一蹴而就。一生从事乡土中国研究的费孝通1994年在南京《小城镇大问题》座谈会上曾说：

> 我自己认为我这个六十年的思路，多少是沿着我国社会发展的大道前进的。这条大道的起点，远的难说，从我入世算起，正是我根据《江村经济》《云南三村》和我个人的早期经历所综合写成的《乡土中国》里所表述的乡土社会。这种社会，在我一生中发出了巨大激变。这个过程用"现代化"来定性我认为还是不妥的，现代稍纵即逝难成阶段。还有认为"现代化"即"西化"以及"全盘西化"等等看法，也失之片面。东风西风也不见得一定是谁压倒谁那样绝，或是"三十年河东，三十年河西"的那样你来我去。我倒有一个看法，或者可以说这是个走向"全球一体化"的过程，也就是无数各有把式的"乡土社会"逐步发展成"全球社会"的漫长过程。①

从费先生的这番话中，我们可知新农村建设在城乡融合的视野里，不正是"无数各有把式的'乡土社会'逐步'全球社会'的漫长过程"吗？

这样看，这样想，我们才能保持十分清醒的头脑，才能练就十分敏锐的洞察力，从而实实在在地认识到社会主义新农村建设的长期性、艰巨性和复杂性，不断完善它，推进它，直到费先生所说的"走向全球一体化"，使"'乡土社会'逐步发展成'全球社会'"，直到恩格斯所说的达到"城

---

① 张冠生选编：《费孝通散文》，浙江文艺出版社1999年版，第504页。

乡融合"。

一 大战略观：武义模式完善的宏观思路

凡事站得高则看得远，所谓"会当凌绝顶，一览众山小"。新农村建设武义模式的完善应从大处着眼，首先确立宏观思路，即树立"大战略观"。

所谓"大战略观"就是要站在城乡融合，建构新乡土中国，"走向全球一体化"的高度，去思考新农村建设，去探索新农村建设，去实践新农村建设，把武义建设成人与自然平衡，人与人和谐的新武义。

1. 县域推进新农村建设的特征

从"大战略观"出发，有助于我们认清县域推进新农村建设的特征。

（1）区域性

县域推进新农村建设的区域性包括三层含义：一是行政网络的区域性，说明县域是国家行政管理网络中的小网络，即局域网；二是经济运行的区域性，说明县域经济的运行，即社会再生产，包括生产、分配、交换和消费等经济活动，大体上是在县区域范围内进行的；三是社会优势的区域性，即由于历史、地理和自然条件等方面的不同，县域一般都形成了自己的社会优势，包括历史优势、文化优势、教育优势、旅游优势、产业部门优势和产品优势等。因此，对县域的区域性应有一个全面的理解，即从行政网络、经济运行、社会优势三个方面来理解。

（2）综合性

县域推进新农村建设的综合性，是由县域是国家行政管理的基本单元，是国家政权的基础，又是城市与农村的衔接点，工业经济与农业经济的交汇点，因而具有国家行政管理大系统的综合性特点，它既包括农业、工业、商业、交通运输业、建筑业、建材业和服务业等产业部门，又包括计划、财政、银行、税务、物价、工商管理等职能部门，还包括教育、文化、体育、传媒等文教部门，"麻雀虽小，五脏俱全"，是一个社会功能齐全的"小社会"。

（3）层次性

县域推进新农村建设的区域性，决定了县域的多层次性。县、乡镇和村是县行政体系的三个层次。其中村是基础层，是县域的基本单元或基础环节；乡镇是中间层，介于县村之间；县是中心层，是县域的政治、经济、文化和教育的中心。所以，县域实质上是以县为中心层、乡镇为中间层、村为基础层的多层次区域性局域网。

（4）开放性

县域推进新农村建设的开放性，是因为县域作为一个区域系统，亦是一个开放的系统。它通过人力流、资金流、物质流、信息流与外界广泛交流。县域之间存在着差异与梯度，不同地区有不同的发展条件和不同的发展优势，不同县域间的优势互补和经济交流，是县域发展的基础。

在大战略观的视野中，县域推进新农村建设具有区域性、综合性、层次性和开放性的特征，把握这些特征，有助于我们在新农村建设中从大处着眼，从小处着手，不断地推动新农村建设逐步走向城乡融合，构建新乡土中国。

2. 县域新农村建设的构成要素

从"大战略观"出发，还有助于我们洞察县域新农村建设的构成要素。

（1）自生性要素

县域自生性要素包括自然资源和历史基础两个方面。自然资源是大自然所赋予的，历史基础是县域经济文化发展的历史凝聚。这就是说，包括县域的地理特征、气候特征、水文特征和土地、生物及矿藏资源等在内的自然资源条件，是县域经济发展的重要因素。这些要素相互关联及其运动规律，对县域发展具有重要的影响。其一，它影响着县域产业结构，由于气候、水文和地形地貌的多种差异，县域间农业内部的结构就大为不同；其二，它影响着县域内的生产力发展；其三，它影响着县域社会文化进步。自然资源条件对县域社会的其他要素，比如人口、劳动力、资金的流动和技术的地域推移，对市场的兴衰等，也都起着重要的作用。县域的经济、文化、技术和社会发展所形成的历史基础，作为一种不可改变的自生性要素，对县域社会的发展也有着深刻的影响，历史形成的社会生产力是县域发展的物质技术基础，生产力发展的阶段性和不可超越性特征，要求县域的生产力发展必须是在原有基础上的滚动发展，生产力的历史基础越雄厚，县域社会的发展也就越顺利。

（2）再生性要素

县域的再生性要素包括县域人口、资金和技术。三者是县域发展的基础要素。这些要素的形态和作用尽管不同，但它们都具有流动和衍生的特征，因而统称为再生性因素。其一，人作为消费者和劳动者，对县域社会产生多方面的影响，为保证县域的健康发展，必须正确处理人口和就业问题。在一定的消费水平条件下，必须严格控制县域人口增长，在一定的劳动生产率条件下，必须充分就业。其二，资金因素对县域社会的影响是十分明显的，就资金因素来讲，县域经济增长是以固定资产的数量及其产出系数和新增投资的数量及其产出系数为基础的增量，而在资金量确定的情况下，为取得投入少产出大的效果，资金投向就十分重要。其三，技术作为县域社会发展的一个基本要素，主要表现为科学技术成果在生产实践中的应用而发挥出巨大的物质力量。发挥技术要素在县域发展中的作用，既要提高平均推广率，又要提高推广的平均成效率。

（3）规范性要素

县域的规范性要素包括组织和管理两个方面。组织和管理作为一种类型的要素，体现着社会和经济运行机制的作用。主要表现为对县域的发展起着控制、调节和制约的作用，既体现出人对县域社会发展的适应，又体现出县域社会在人的意愿下的发展。其一，县域社会的组织和管理，首先在于把县域生产要素引向最合理、最有效益的综合层次。其次是发展规划和计划，使县域生产要素得以充分利用，不仅可以用相同的投入得到更多的产出，而且能保证县域社会的稳定、持续和健康的发展。

在大战略视野中，明了县域新农村建设的构成要素，有助于我们在新农村建设中从宏观上把握县域政治、经济、文化、教育的整体结构，从而在把握好人与自然协调建设的同时，又把握好人与人和谐发展，从而不断地推动新农村建设逐步走向城乡融合，构建新乡土中国。

总之，大战略观实际上是给我们提供了一个进行新农村建设和构建新乡土中国的世界观和方法论。

二 对策建议：武义模式完善的微观策略

在新农村的建设中，我们将武义经验归纳、概括、提炼出了人与自然平衡和人与人和谐两大基本元素，以及生态家园、特色农业、工业园区、温泉旅游、城乡统筹、下山脱贫、教育优先、政府服务、村务监督、文化活力10个"最小元素"，作为武义模式的符号系统，必须坚持下去，不断充实它，完善它，发展它，并在新农村建设的实践中创造出更多更好的经验。

在大战略观的视野中，新农村建设既然是一个城乡融合的过程，那么武义的新农村建设应该说仅仅是万里长征的第一步，任重而道远；新农村建设如果说是新乡土中国的一个"胎儿"，那仅仅只是一个刚开始发育的胎儿，离成熟和呱呱坠地还早着呢！从这种认识出发，我们在对新农村建设武义经验的考察中，深感在微观策略方面，在当下的背景和条件下，还有一些值得完善的地方，特提出以下 19 条具体建议。

1. 建立休闲产业城

武义工业的发展已取得了很大的成绩，这是有目共睹的。但是，从战略上来说，武义工业缺乏自己的个性。这种现象的存在，在自身力量不足的背景下是完全正常的，因此，借助别人的力量，借鸡生蛋，草船借箭都是必要的，洼地效应也取得了成功。但是，在目前的背景下，产业结构调整的问题已经摆在武义人面前。这就是说，在我们有了一定的力量条件下，在了解了国内外市场发展动态后，武义的工业产业结构如何调整？如何寻找新的定位？

依笔者之见，武义应该把休闲产业作为新的经济增长点，作为结构调整的重点进行扶持、进行培育。理由是如下。

第一，杭州正在打造休闲之都，这对武义扶持和培育休闲产业是一个极好的机遇。试想，武义作为浙江省的一个县，与省会杭州紧密合作共建休闲之都，其发展前景是可想而知的。

第二，休闲已经成为世界潮流，是全球性的朝阳产业，这是不可阻挡的。而休闲正在中国兴起，如果武义把休闲产业作为拳头产业进行扶持和培育，其发展空间也是可想而知的。

第三，武义的休闲产业已有一定的基础，如钓鱼扑克、圣奇的沙滩摩托车等休闲产业产品。还有休闲产业的范围是很广的，品种也是很多的，吃、穿、住、用、行样样包括，在许多方面武义具备相当深厚的基础条件。只要思想明确、思路清晰，休闲产业就会站在你面前；只要政府实施扶持、培育，休闲产业链也就会很快链接起来。相信经过三五年的扶植、培育，休闲产业就有可能在武义崛起。

第四，武义休闲产业城的市场可以利用网络建立虚拟市场，这应该是建构休闲产业城的最快捷、成本最低、占地最小的一条道路。

俗话说：只要功夫深，铁杵磨成针。如果武义能看准休闲产业的发展前景，能充分发挥现有产业的重构作用，加上在政府主导下政策、资金上的倾斜，那么，五年、十年后，武义的工业将以休闲产业为特色、为拳头，将能更好地融入永康五金城，更好地融入义乌市场群。那时，武义休闲产业城也将崛起在中国东海岸。

2. 尽快打通武义到义乌的通道

在武义县的发展规划中，曾提出武义发展要成为义乌和永康的桥头堡。但经过几年的努力，武义成功地创造了永康"洼地效应"，工业有了突飞猛进的发展，其重要原因之一是武义到永康有直通公路，而且永康到桐琴工业区仅8分钟多，到武义也只用20多分钟，这为永康的物资流、资金流、技术流、人力流流向武义"洼地"提供了最主要的交通条件，也使武义迅速地融入了永康五金城产业圈子之中。

但是，由于武义与义乌没有直通公路，从武义到义乌必须经过金华，因此义乌小商品对武义的辐射极为不便，使义乌小商品市场对武义的影响大打折扣，而没有像永康"洼地效应"那样，形成义乌"洼地效应"。

在全球化的大背景下，永康五金产业向武义的辐射和转移固然重要，对武义的工业化起了很大的促进作用，但义乌小商品在国际市场上的影响力度远远超过了永康小五金。如果说与永康的联系使武义走进了中国市场，那么与义乌的联系将会使武义以最便捷的方式走进国际市场。这就是为什么永康在中央电视台打广告时亮出来的是"浙江永康"，而义乌亮出来的则是"中国义乌"。在现代市场竞争中孰大孰小，孰重孰轻，一目了然。实际上，由于近几年一直没有打通与义乌的直接公路，在义乌的对外扩张中，武义已失去了不少机遇，这是不少武义的有心人所着急的一件大事。

为了使武义真正成为义乌的桥头堡，为了使义乌的资金流、物资流、技术流、人力流更顺畅地流入武义"洼地"，使武义尽快融入义乌的产业群和市场群，建议尽快兴建武义经方坑到义乌茅店的公路。在茭道和董村一带开辟"义乌工业功能区"。

3. 成立科技创新领导小组，促进武义企业的研发工作

从武义工业园区的发展，以及工业经济的运行来看，到2006年上半年为止，武义工业经济运行态势良好，各项指标均在高位运行，无论是产业集聚程度，还是园区开发效益都不断提高；无论是企业规模，还是经济外

向度也都不断扩大，为此，工业性投资持续增长，经济总量不断增大，据经贸局提供的数据说：2006年上半年，全县规模以上工业企业实现总产值60亿元，同比增长34.4%；销售产值57.7亿元，同比增长36.8%；利税总额6.95亿元，同比增长21.4%；工业增加值13.4亿元，同比增长56.3%。全县工业用电量3.04亿千瓦时，同比增长26.9%。工业用电量、规模以上工业总产值、产品销售产值、产品销售收入、外贸出口等多项经济指标增速每月均居金华市前两名。

但是武义企业研发很差，我们在王山头凤凰山工业园区考察，有一家科技含量比较高的企业，虽有30多名科研人员，但仅限于仿制水平。从企业的发展后劲来说，谁先搞研发谁就具备了核心竞争力。从政府主导作用方面来说，在工业经济运行连续多年处于高位之后，就应该引导企业重视并投入研发工作。因此，为了促进武义企业自主创新，提高企业的市场竞争力，营造自主创新的良好氛围，建议县委和县政府成立科技创新领导小组，组织和领导全县企业的科技创新工作，制定相关政策，组织与有关高校和科研单位的联系，提供专家数据库，以促进企业的研发工作。适当的时候对研发有重大贡献的企业和科技人员予以重奖。

4. 搭建向全国引进人才的平台

武义作为浙江省欠发达地区对人才的吸引力十分有限。因此，我们在调查中不少企业都说引进不了人才，有的企业老总甚至问我们课题组的博士生有没有什么可以开发的项目，他们可以购买。而另一方面，我们在考察中发现县图书馆和广播站从武汉、吉林、洛阳等地引进了一批人才，目前在单位挑起了大梁。这说明并不是人才不愿意来武义，而是我们的政策到不到位，我们的思路到不到位，我们的工作到不到位。

因此，为了沟通企业与人才的关系，建议县人事、劳动、科委、教育等部门联合建立企业和学校、科研机构自主创新和研发工作的人才需求系统，经分析汇总后，每个月向省内、省外，乃至国外发布武义县的人才需求信息，根据实际情况组织人才需求企业到相关地区或高校集中招聘，以更好地解决武义企业自主创新研发工作的人才问题。

在此，一是进一步完善人才政策，重赏之下必有勇夫；二是进一步改善武义的社会环境和工作环境，使人才来了后留得住，用得上，不要使人才来了后有"与世隔绝"之感；三是要灵活机动实行软聘任，尤其寒暑假是高校教师拥有充分自由的时间，一年有三个月，根据需要聘任假日教授、工程师进行技术咨询、科技攻关，只要有合理的平台和特殊的待遇，应该会达到"双赢"的效果。

5. 加强对壶山、熟溪和白洋三个街道的整合

在新农村建设中，县城作为全县政治、经济、教育、文化的中心，在行政管理上，只能集中，不宜分散。这样不仅有利于县城城市化的统一规划、统一建设、统一发展，也有利于工业园区的布局合理，资源配置合理，物流合理。而目前武义县城分为壶山、熟溪、白洋三个街道，均是平级的乡级单位，使资源难以整合，规划难以统一。如武义县城本来可集中规划1—2个工业区，以便统一使用用地指标，集中财力办大事。现在分成三个街道后，壶山有2个工业园区，白洋也有2个工业园区，熟溪虽然说只有一个工业园区，但实际上分为三个点，最近花了200多万元建了一座桥，才将端村和冷水坑两个点连了起来。这种状态使武义县城的工业园区成了力量分散的巴掌，而不能成为力量集中的拳头。在这种分散的态势下，不仅容易造成不和谐的市场竞争，也使各种社会及工作矛盾难以协调。因此，为了更好地统一规划，整合资源，集中力量办大事，把武义县城建设更好更美，建议加强对壶山、熟溪和白洋三个街道的整合。

6. 加强民族工作，开创畲族非物质文化遗产保护研究和开发

武义是浙江的畲乡，有10000多畲族聚居，其中聚居在柳城镇有3500人。畲族是一个历史悠久、文化丰富多彩的民族，以散居的形式分布在东南五省。畲族作为世居浙江的少数民族，武义作为其聚居地之一，应该成为武义的重要资源。

从政治资源来说，武义是畲族聚居地之一，是民族地区的组成部分，当然应该享受国家宪法和自治法的规定的一切权利。目前武义县在这方面的文章没有做足。笔者认为，今后在武义发展中应该加强民族工作，打好民族这块牌，从民族的方面争取国家对武义更多的支持，扩大武义资源的来源。

从经济资源来说，畲乡柳城盛产茶叶、莲子、香菇、猕猴桃等，其中闻名全国的武义有机茶企业的几个创业者都是从柳城走出去的，武义有机茶最重要的基地就在柳城。而被称为"宣莲"① 的柳城莲子，也是武义的名贵特产，很好地规划，并用心包装，完全可以创造更大的经济效益。

---

① 以原宣平县县名命名。

图54　荷花盛开的柳城畲族镇（徐桂兰摄）

从文化资源来说，畲族文化一向丰富多彩，畲族山歌、"三月三"等传统文化是中国民族民间宝贵的非物质文化遗产的一部分。可惜的是近十年来，由于种种原因，全国研究畲族历史文化的工作处于停滞状态。但是，目前我国非物质文化遗产保护的工作刚刚启动，这就为武义县加强对畲族文化的研究和开发提供了一个极好的机遇。为此，建议武义在柳城镇建立畲族文化研究中心，以统一规划和领导畲族非物质文化遗产的保护和传承工作。具体来说还可开展系列的保护和发展畲族文化的工作。

（1）建立畲族博物馆

中国许多民族都有自己的博物馆，这是保存民族非物质文化遗产有效的形式，也是对青少年进行爱国主义和民族传统文化教育的重要场所，同时也可开发成为民族旅游的项目。目前在金穗民族中学设有畲族文化陈列室，但极为简陋；虽可充实，但面积太小，且在校内办公楼5楼，外人参观极为不便。在此建议在还没有能力单独建馆的情况下，可将潘洁兹艺术馆的一楼改建为畲族博物馆，而将目前在一楼展出的祝贺潘洁兹艺术馆开馆的作品，移上二楼，与潘洁兹的作品一并陈列。这既可改变目前潘洁兹艺术馆的陈列太空之弊，又可暂时解决畲族博物馆的陈列问题。这样一馆分为两馆，不仅可以节省资金，也提高了馆舍的利用率，更重要的是还可吸引更多的人去参观。

（2）在柳城小学开展畲族文化活动

我们在考察中，发现在柳城小学操场的墙上写有"乒乓球是我们的校球"的大字水泥标语，表明柳小开展乒乓球活动已成传统。在与柳小校长雷旭雄交谈中，他也十分赞成，平常在学生中开展畲族山歌教学，成立柳小畲族歌舞队，每年的三月三，在柳小学生中开展畲族山歌大赛。笔者认为这是一个很好的设想，并建议柳小在墙上也写上"畲族山歌是我们的校歌"大字水泥标语，在学生中灌输非物质文化遗产的保护意识，积极传承畲族文化。

（3）设立中国畲族文化论坛

由于种种原因，近十年来，中国畲族研究式微，大有断层之势，这与畲族在中国民族大家庭中的地位和作用是不相称的。因此，为了弘扬畲族文化，拟建立畲族文化研究中心，武义可以牵头，联合国内外有关学术机构和单位，创立"畲族文化论坛"，每年或隔年"三月三"时举行，在推动中国畲族研究的同时，又提高了武义的知名度和美誉度。

上述这些建议，其目的不仅是为了开创畲族非物质文化遗产保护和开发工作的新局面，更是希望武义充分运用民族资源，如果做得好，这可是一个"投入少，产出高"的事业。

7. 打造中国荷花之乡

我们在考察中，柳城畲族镇已启动了"十里荷花"景区工程的开发。据李杨勇书记介绍：目前在"十里荷花"景区内，宣莲种植面积达到2400亩，荷花物种园面积50余亩，引进优质荷花品种308个，优质莲子品种6个，还有一批珍贵的睡莲品种。通过宣传，"十里荷花"景区吸引了八方游客纷至沓来，今年已有10000多名游客前来观光。镇政府还与省摄影家协会举办了"十里荷花"摄影大赛。这是一个很有创意，又很有前途的项目。为此，笔者在与柳城畲族镇的领导座谈时提出：

李书记讲的"十里荷花"工程我都赞成，但是我觉得是不是还要站得高一点，看得远一点，把你们柳城畲族镇的荷花产业首先做强，然后做大，不要单看一个宣莲。当然宣莲节那是没有问题的，但我们不能把目标只定在宣莲上，既然前面讲到你看了国际荷花展都觉得没有比这里好，那我觉得我们就要用三五年的时间，把我们柳城镇打造成为中国荷花之乡。你要在这个范围里大做荷花的文章。这个荷花的文章应该是立体的。荷花本身也要，荷叶也要，莲子也要。这些东西你做出来以后，这莲子就是贡莲，是武义双宝之一。你现在的价格太便宜了，将来可以做商业操作，像武汉市的洪山菜薹，炒到最后是三万块钱一斤。这个莲子将来炒到一万块钱也不是很难的。那天我跟县府办主任就讲了，物以稀为贵，因为你们没有把你们的莲子说成是很了不得的东西，别人还把它们当成是一般的莲子，那当然只能卖20块一斤了，如果你的宣莲宣传到位以后你的宣莲就不止20块一斤了。老实讲，你每年在这里举行宣莲节就是在柳城，你甚至可以搞期货，宣莲的期货，宣莲的拍卖会，那就比你在这里搞什么拔河比赛，搞什么唱戏更有商业价值，你要用商业的头脑来打造你的荷花之乡，打造你的宣莲。你们现在的宣莲搞得太不值钱了。物以稀为贵，你怎么让别人掏腰包来买你这些觉得最好的，这点我们还要动脑筋。

还有，我觉得你们一定要办一个荷花加工厂。荷花茶、荷叶茶是你这里出的，你把所有的这些东西打造成一个品牌，注册成商标，什么东西都用商业包装起来，让你的全部产品都是一个系列的。为了把这个东西做好，建立好，我建议你，成立一个荷花研究中心，集中一部分人才在这里专门研究荷花的种植，研究荷花产品的深加工。我想你在这里要有开发桐琴、泉溪的精神来这里搞个荷花工业开发加工区，凡是跟荷花有关的产品都在这里加工出去。这绝对不难做，要有思路做进去。你把柳城镇的力量集中，花三五年的精力把荷花做成一个产业链，就好像武义的茶叶产业链，你可以吸收它的经验，做好柳城的荷花工业，包括柳城农家乐的"荷花大餐"。我今天来考察的最大收获就是你的荷花要形成一个荷花产业，要形成你的全镇干部和全镇老百姓上上下下的共识。

现在，我们把这次座谈的部分内容写在这里，还有进一步的想法，那就是不仅希望柳城出现一个"荷花产业链"，还希望，通过"十里荷花"景区的深度开发，使柳城成为中国的荷花之乡。

8. 命名武阳春雨茶和宣莲为"武义双宝"

品牌本身就是一种资源，名牌本身就具有价值。当前，在武义土特产上众多的品牌中，当数有机茶和宣莲最为名贵，其成为中国名牌的潜在价值极大。

"武阳春雨"茶以其形似松针丝雨，色泽绿嫩稍黄、香气清高幽远、口感甜、绵、软的独特风味，已在有机茶中脱颖而出，1994 年获首届"中华杯"全国名茶评比一等奖，1995 年获第二届中国农业博览会金奖，1998 年获"浙江省首批优质农产品"称号，并连续三届被评为浙江省一类优质名茶，1999 年又荣获中国茶博会国际名茶金奖、中国国际农业博览会最高奖"中国名牌产品"称号，平均销售价达每千克 1000 元，在消费者中享有很高的声誉，实为武义物产之一宝。

宣莲在武义的种植已有 1500 多年了，它始种于唐朝显庆年间，至清朝嘉庆六年（1800 年）列为贡品。宣莲不仅色白味香、颗大粒圆、肉厚饱满、酥而不糊、食而无渣、味道甘美，而且有延年益寿、健脾益胃、养心补肾、延缓衰老的药用价值。因此，宣莲全身都是宝，莲心，性寒味苦，有清热、止血、降压等作用；荷叶是防治慢性肠炎的良药，并具减肥功效；荷花，具有水肿之解毒作用；莲子，可治失眠等疾病，清凉止渴、补血，真是人类不可多得的绿色食品。奇特的是，宣莲只适宜在武义柳城及西联一带种植，移植别地宣莲变种质劣。① 民间还传说着金华一店家偷种宣莲，因莲子变味，差一点被判欺君之罪，到临死前还念念不忘"宣平莲子种到金华来怎会变味了！"② 故而在柳城一带流传着"天赐宣平黄金土，地育宫廷白玉莲"的农谚，可见宣莲也为武义物产之一宝。

为此建议由县政府将武阳春雨茶和宣莲命名为"武义双宝"，并做好策划工作和任务工作，在适当的时候召开"武义双宝"命名大会。

9. 2007 年隆重庆祝熟溪桥建桥 800 周年

武义文化底蕴深厚，建于南宋开禧三年（1207 年）的熟溪桥是其重要的积淀。这座重檐歇山顶的木结构桥梁，建筑奇巧，古朴秀美，可与世界闻名的广西的程阳风雨桥相媲美，被誉为中国现存古代桥梁的"江南一绝"。熟溪桥的建造还有一个典故：1207 年武义县主簿石宗玉为免除百姓涉水过河之苦，献出供俸，筹资金而建成十墩九孔的露天桥，乡民感其恩德，遂称为"石公桥"。桥因年久失修而倾坍，直到明万历四年（1576 年）第二次重修时才在桥上"造屋"成今日省级文物保护单位之熟溪桥。

① 《武义柳城镇志》，浙江人民出版社 1989 年版，第 114 页。
② 武义县民间文学集成办公室编：《中国民间文学集成浙江省武义县卷》，浙江省民间文学集成办公室 1989 年版，第 285 页。

2000 年 6 月 23 日，一场特大洪水将熟溪桥冲塌，全县人民募捐抢修，仅用了 8 个月的时间就使熟溪桥焕发英姿，并于 2001 年 5 月 28 日举行了盛况空前的游桥仪式和庆典大会。今天的熟溪从城中心蜿蜒流过，把山水灵气的武义县城一分为二，而连接两岸的正是"江南一绝"熟溪桥。

这样一座集历史、实用和艺术于一体的江南古桥，是武义县的标志性文化，是武义不可多得的文化瑰宝之一，我们有充分的理由对其保护有加。2007 年正逢熟溪桥建桥 800 周年，为弘扬武义传统文化，进一步释放武义文化底蕴的活力，建议 2007 年 5 月 28 日，即 2001 年修复古桥庆典之日，举行庆典大会和游桥活动，隆重庆祝熟溪桥建桥 800 周年。

10. 恢复明招中学称号

明招文化作为武义文化底蕴深层次的积淀，可以说是武义文化的灵魂。近年由于武义县委和县政府重视弘扬传统文化，不仅恢复了明招寺，兴建了明招温泉大酒店等，还将白溪小学命名为明招小学，使得明招文化重放光芒。但是原来历史上就有的明招中学还没有恢复。据《武义县志》：1945 年，武义在绍兴稽山中学分部的基础上创办明招初中，次年改为明招初中。1949 年 8 月武义简师改为武义县立中学，次年改为初中。1958 年，武义县立初中与明招初中合并，名为武义中学，后数易其名，1972 年定名为武义第一中学至今①。建议将武义一中改名为明招中学，或一个学校两个牌子。

11. 在县城内设立明招文化博物馆

鉴于明招文化在中国文化史上的辉煌地位，除继续保护开发好明招寺等以外，建议在县城设立明招文化博物馆，既可成为武义文化底蕴深厚的象征，又可方便人们参观学习。馆址在目前的条件下有两个选择，一是由明招温泉大酒店设立，这样做可以大大提高酒店的文化品位；二是在图书馆内设立，既可丰富图书馆的内涵，又可充分利用图书馆的资源。

12. 开发红色革命文化资源

武义作为革命根据地，不仅有 1926 年建党的光荣历史，又有创建5000 红军的历史记忆，还有建立革命根据地的辉煌。而所有这些红色记忆，在武义一般群众心中十分淡薄，甚至是忘却了的纪念。而在新农村建设中，这是对农民群众及青年学生进行革命文化教育十分重要的资源。因

---

① 《武义县志》，浙江人民出版社 1990 年版，第 578—579 页。

此，建议全面开发红色武义革命文化资源。

（1）组织编写《武义革命史》，作为进行革命文化教育的教材。

（2）组织创作力量，将武义建党创建红军、建立革命根据地的英雄事迹编成电视剧，以人民喜闻乐见的形式教育人民。

（3）保护革命文物，对以前尚有的革命文物进行调查、登记、实施保护。如将潘漠华在坦洪的故居等列为县级文物保护单位。

（4）在条件成熟的时候，兴建武义革命博物馆，全面展出武义革命史。

（5）创造条件、制定规划，兴办红色旅游，为武义旅游业再添一道风景线。

13. 举办中国独一无二的端午推龙舟活动

文化遗产，不仅有一个保护的问题，还有一个开发问题。近年来文化产业已悄然兴起。据考察，武义风俗古朴敦厚、农耕特色突出，有不少风俗文化是武义独有的，很有开发价值，其中尤以端午推龙舟活动为最。

端午作为中国的传统节日，千百年来早已形成划龙船、吃粽子、点雄黄、对诗歌等风俗，成为中国传统文化的重要组成部分。但是由于传统文化的缺失，当韩国申请端午祭作为非物质文化遗产保护得到世界遗产委员会批准之时，源于中国的端午除了吃粽子，以及部分地方的划龙船活动以外，其他风俗已被风蚀殆尽。

但是，"病树前头万木春"，在中国刚开始启动非物质文化遗产保护工作之时，我们建议举办武义传统的端午推龙舟活动。

推龙舟是中国端午文化中独有的特色龙舟文化，是武义人民对中国文化的一大创造，全国到处可知有划龙舟却绝无推龙舟。唯有武义推龙舟。武义推龙舟的起源已不可考，光绪本《武川备考》记载：

> 端午日城隍庙送船逐疫，数日前双坑人送竹至庙，直年以竹为龙舟形，外糊纸绘饰，内束草装纸为五兵。至期设酒席，巫觋通神劝驾，遂推挽引城隍像，东平王神像押驱。西边居人居符掷米等舟，直出东门外，付之水，然后徐舁城隍，东平像还庙，谓之端午船。是日插菖蒲、艾于门，饮雄黄酒，独生女佩茧虎符艾或以五色线串蒜：艾、菖蒲于颈背及床前，谓之端午串；合枳壳、陈皮、厚朴、山楂、麦芽之类，谓之午时茶；人家以箬裹糯米为角黍相馈遗，谓之端午

粽；塾师放学，谓之端午假；自五月一日城隍庙演戏至十一日止，谓之端午戏。①

　　由此可见，武义端午文化源远流长，积淀沉厚，丰富多彩。为了使这个在全国独一无二的推龙舟活动得以重振雄姿，建议积极挖掘，认真筹备，精心组织，在2007年端午节庆祝熟溪桥建桥800周年时隆重推出，以后形成传统，每年的端午举行，并使其发展成系统的端午文化，既激活了武义文化的底蕴，又可为武义旅游开发一个在全国绝无仅有的推龙舟民俗活动。待发展到一定时候，向国家申请为非物质文化遗产保护项目。

　　14. 开发新宅茶园休闲避暑游

　　不容置疑，中国人已开始进入休闲时代。武义得天独厚的温泉、山水和古文化等旅游资源，迅速地建构了武义旅游平台，而以温泉为主打的休闲游成了武义旅游的一大特色、一大支柱。那么，如何扩大武义休闲旅游的内涵。在新宅考察中，我们发现新宅不仅有有机茶基地，如大莱的九龙潭（又名大圆塘）茶基地，拥有300亩土地的龙潭周围层峦叠嶂的茶园，令人心旷神怡；更妙的是潭中的小岛像一块翡翠镶嵌在水面上，如仙境一般，令人陶醉；还有十分宜人的气候，尤其是夏天，山上的温度往往比山外低四五度，晚上睡觉都要盖被子。守着这样好的宝地，难道只能像新宅镇领导介绍的那样，除了种茶，种高山蔬菜以外，就没有其他的出路了吗？在他们羡慕山外的乡镇又可以办工业、办旅游之时，我们问他们："难道你们不可以利用高山独特的气候，以及已成产业的茶园、菜园，办高山茶庄休闲避暑游吗？"

　　在座谈中，笔者向新宅镇的领导介绍了当地农业休闲游的情况，建议新宅利用本地有机茶基地和高山蔬菜基地，以及已成网络的交通，兴办茶庄休闲避暑游，其一，资金可建议由茶园老板投入，让他们在种茶的同时又办旅游，一箭双雕，何乐而不为？其二，对当地农民进行培训，开办农家乐，让城里人"住农家屋，吃农家茶，干农家活，随农家俗，交农家友"，具体地讲在茶园采茶、品茶、摘茶，既可让城里人感受山区农民的生活，又可增加农民的收入，又何乐而不为呢？

---

　　①　光绪本《武川备考》，卷四。

15. 举办农家乐大赛

武义的农家乐已有一定的基础，无论在郭洞、俞源，还是在清风寨、寿仙谷，农家乐已成旅游餐馆的主体，笔者在抱弄口村青山居农家乐调查，老板告诉我们生意好时一个月有好几万元的收入。

但是，实事求是地讲武义农家乐规模较小、水平较低、服务单一、卫生较差、特色不明显。从餐馆方面来说，基本菜谱就是土鸡汤、咸菜豆腐、咸菜笋、萝卜芋、土豆等。为了提高农家乐的水平，旅游局的领导在这方面有很好的设想，他们提出的具体措施是：

> 一是要有组织保证。要完善领导协调机制，设立统一工作机构，明确职权，统筹规划，推动全县"农家乐"产业的发展；有条件的乡镇要设立"农家乐"服务中心，实行统一促销、统一标准、统一接团、统一价格的"四统一"管理。还要建立"农家乐"协会，发挥行业自律、自我教育、自我管理的职能作用。二是确定开办条件，明确申办程序。要制定《"农家乐"服务质量标准》，把"农家乐"同一般乡村公路边的小吃、小餐馆区分开来。符合开办条件的授予"农家乐"标识牌，由乡镇"农家乐"服务中心提供代理服务。三是制定《"农家乐"规范经营管理办法》。要加强培训，提高经营水平，实行服务质量监督和奖惩。四是给予政策扶持。要给予"农家乐"比其他行业、产业更加优惠的政策：相关部门要采取集中办证、减免相差规费等措施，以各种方式扶持、引导"农家乐"健康发展。

这些措施如果真正实施，肯定可以提高武义农家乐的水平。在此，为了使这些措施实施起来更生动活泼，笔者建议每年举办农家乐大赛，先可比农家菜的创新，要求利用本地资源，做出有特色的菜式，如柳城的农家乐能否利用荷花、荷叶、莲子、藕等创制"农家乐荷花大餐"？新宅的农家乐能否利用茶叶和高山蔬菜创制出"有机茶大餐"？有条件后可对农家乐客栈进行评比。

16. 兴建武义休闲步行街

为了休闲旅游和休闲经济的发展，必须在县城搭建一个平台，让到武义旅游的游客有地方逛街休闲、购物。从桂林阳朔西街、云南丽江、湖南凤凰城等地的经验来看，有一条休闲步行街是十分重要的，从某种意义上来说这是能否留得住旅客的关键的核心。另外武义的温泉旅游点都在县城边缘，晚上太冷清，更需要给旅客提供一个晚上休闲的地方。因此，建议在县城兴建休闲步行街。

休闲步行街可在壶山上街、下街兴建，上街保持传统民居风貌，下街发扬现代生活特点。沿街的店铺要合理配置，突出武义特色。

（1）武义特色小吃

建议把武义麦饼、麻糍片、酥饼、壶山豆腐圆、柳城馄饨、陶村炒粉丝、少妃土鸡汤等武义味特别浓的小吃集中错落有致地分布在步行街，使游客一边看制作，一边品尝，肯定是游客其乐融融，店家生意兴隆。

（2）武阳春雨茶庄

建议把武义有名的几个有机茶品牌合理分布在步行街，兴办茶庄，茶餐馆，一则可以竞争，二则可以让游客品尝到不同口味的武义有机茶，既宣传了武义有机茶，又乐了游客。有了兴趣的游客临走时再买上几包茶叶那肯定是个"双赢"的结果。

图55 街边武义麦饼摊（徐杰舜摄）

（3）武义特产超市

逛街的游客，只要发现了真正有特色，且价廉物美的土特产，大都会有购买欲。在此特别要提出的是武义的"切糖"，主要品种有冬米糖、炒米糖、黄豆糖、粉丝糖、年糕糖、芝麻花生糖、糯米粉糖、油炸番薯丝糖等。糯米"花"：即用糯米粉或加番薯或加豆腐，或加芋，或加豆浆，再加糖或盐，拌适量水后蒸熟，然后揉透，扦成片，划成一寸半见方的小片，再用剪刀剪成"花"状，晒干，吃时用油炸，"花"会发起来，又松又脆；"芋芙"：即把芋洗净、煮熟、剥皮、弄碎，加入适量番薯粉、芝麻以及糖或盐，揉透，搓成棍条状，再蒸熟，凉后切成薄片，晒干，吃法与龙虾片一样；糕干：即用五分之四的糯米粉和五分之一的黏米粉，加糖和少量的水拌匀，放入特制的方格内，撒上少许芝麻及红、绿丝，蒸熟、烘干即成，均是武义民间在春节期间自制自食的传统食品。改革开放以来，有不少专业户专门生产。

如果将武义这些民间传统食品开发出来，甚至同湖南凤凰县生产生姜糖、扭扭糖那样边做边卖，那效果一定很好。而加以包装，像张家界那样在步行休闲街上开办武义特产超市，把包括武义小竹椅、小竹篮等竹编制品在内的各种土特产集中起来，按超市的经营规范运作，肯定是一个好的创意。

（4）立等可取成衣店

武义商贸中心买布与成衣制作一体的经营模式十分受顾客的欢迎，主要原因是价廉物美，花20元钱，稍许工夫就可量体裁衣得一件新衣，这对女性游客无疑是有很大吸引力的。笔者做导游带人去武义商贸中心去买布做衣，常常使女士们乐得惊叫起来。这些无疑可以打造成为步行街的一个特色，而且绝对是武义独有的特色，如果这个事情办成功，说不定还会成为武义旅游的一个亮点，那时成衣店可能要在店后建立一条小型成衣流水线了！

（5）手工皮鞋作坊

武义素有手工制作皮鞋的传统工艺，目前规模在10人到100人的工场有5家，10人以下的作坊有十几家。如果将手工皮鞋作坊设在步行休闲街，游客可根据自己的需要定做皮鞋，特别是简单易做的皮拖鞋、凉鞋。形成前店后坊的格局，这对游客是会有吸引力的，在泰国曼谷的唐人街，这种手工皮鞋作坊是十分受游客青睐的。如果列入武义步行休闲街，成为亮点也不是不可能的。

凡此等等，传统小吃店、茶馆、特产超市、成衣店、手工皮鞋坊等独具特色的商店错落有致地排列在武义步行休闲街两旁，难道不是一道又一道散发着魅力的风景线吗？那时到武义休闲步行街去逛逛，恐怕也会成为武义旅游的品牌了。

17. 申报国家级风景名胜区

武义山水风景点多，而且相对集中，据旅游局提供的数据，武义有高级别的山水风景旅游资源 39 处，初步开发的已有 14 处，所以从武义县城向柳城方向，一路上到处都是风景点，使人大有应接不暇之感。为此，整合武义山水风景资源已是武义旅游业必须面对的问题。

此时，武义旅游局提出了"以申报国家级风景名胜区为抓手，推进景区精品化"的策略，其总的设想：

> 一是要以现有的"龙潭—郭洞"省级风景名胜区为依托，整合一个投资主体，统一开发建设，以"十里画廊刘秀垄、丹霞名胜大红岩"为核心，以俞源、清风寨、寿仙谷为配套，建成国家级的浙中丹霞风光旅游区。该景区有区域规划面积 91.71 平方公里，区内有丹霞绝壁、秀水幽潭、古林古村等大量高品级的景观资源，已基本具备申报国家级风景名胜区的条件。二是要抓紧编制郭洞景区的规划，推动郭洞游览区"南进"，丰富景区内容，扩大客容量；要建立能统领、协调郭洞整体开发的管理机制和投入机制，以实现景区的统一管理和服务。三是要抓紧高起点、大手笔地启动牛头山国家森林公园和"十里荷花"项目的开发，积极打造我县南部精品旅游区。①

笔者认为这个策略很好，抓住了整合武义山水风景资源的关键。顺便要提醒的是，对于牛头山国家森林公园的开发，要吸取其他地区的经验和教训，一定要以保护为主，开发为辅，即交通不要太方便，汽车不能进山；所有的为游客方便的设施，如餐馆、宾馆等均不能进山。要将牛头山的旅游定位为休闲探险游。只有保护好了牛头山的自然资源，才是保住了武义旅游的金饭碗。牛头山是武义旅游的圣地，让我们为武义的子孙后代留一份大自然的宝贵遗产吧！

---

① 胡旭东：《把"旅游富县"纳入我县发展战略》，载《今日武义》2006 年 8 月 11 日，第 4 版。

18. 加强城镇环境保护工作

武义县城已初显山水园林城市的美丽景色，但令人不得不指出的是环卫工作确实存在较大的问题，垃圾遍地暂且不论，最叫人难忍的是江北滨江路熟溪岸边事实上成了一些人的小便池，臭气熏天，大煞风景。

为此，一方面应加强环卫监督工作，另一方面应在全县持久开展文明新风教育。保护好武义的母亲河、祖山和圣山。还应在饮食服务区即餐馆、酒店、茶社间配设卫生间，杜绝用餐人把溪边或无人处当公厕。

19. 建立农村继续教育网络

新农村建设是一项极其复杂的系统工程，既包括硬件建设，也包括软件建设。而不断提高农民的综合素质，转换他们的观念和意识，是顺利推进新农村建设和巩固建设成果的关键。我国农民素质低是由城乡二元结构等一系列不合理制度造成的。与此同时，我国地域广阔，且城乡差别大，先进文化、信息从城郊、沿海发达地区向中部、西部农村地区辐射慢，再加上受农村地区特有的自然环境、民俗文化影响，农民接受新的技术、新的观念、新的生活方式的能力差，因此，应积极发展农村远程教育，在农村建立继续教育网络中心，使农民在当地就可接受到与城市一样的教育，这不仅是解决农村本地人才本地用、本地转化的有效途径，而且为农业人口的转移打下了基础。

以上19条对新农村建设武义模式完善的微观策略建议，大多是在考察中的感性认识，其中相当一部分是从武义的干部、工人、农民中征求来的。这些策略建议，很可能是瞎子摸象，只见局部不见全局，只见树木不见森林，但都是我们的肺腑之见，是我们热爱武义、建设武义的一种文化表达。

第二十章 武义模式的未来走向

新农村建设是中国农民的历史期待。有人调查说，超过80%的被调查（农民）认为："我们相信农村的未来会越来越好。"[1] 在我们对新农村建设武义经验的调查中，综合981份有效问卷，对现在生活水平比较满意（25.69%）、满意（28.24%）和非常满意（2.85%）占总人数的56.78%；对现在生活感到比较幸福（25.48%）、幸福（32.21%）和非常幸福（3.36%）占总人数的71.05%，对农村的未来也是充满了信心。在这种态势下，在未来10年中武义模式的走向如何呢？

一 人与自然协调建设的未来走向

在新农村建设武义模式人与自然的协调建设中，生态家园、特色农业、工业园区、温泉旅游和城乡一体诸元素会在下面几个主要方面得到进一步的整合和发展。

1. 生态走向园林化

武义的生态家园在新农村建设中已取得了巨大的成就，到2005年为止，全县林业用地面积175.7万亩，森林总面积202万立方米，森林覆盖率达70%，与1994年相比分别增长了4.3万亩、40万立方米和1.7%。全县林木绿化率70.8%，城区公共绿地面积45公顷，人均公共绿地8.7平方米，城区绿化覆盖率达35.7%，绿地率增加到25.8%。更重要的是武义县在生态家园的建设中，实施城乡联动，近年来，每年实施山地人工造林

<hr>

① 南京大学"新农村调查"联合项目组：《农民对"新农村"有何期待》，载《南方周末》2006年7月6日，第A6版。

5000 亩以上，城镇公共绿地 2 万平方米。2004 年又重点建设了壶山森林公园、湖畔公园和牛头山森林公园等，为市民提供了良好的休闲场所，进一步拓展了森林旅游业，把绿化纳入城市建设重点项目，建设一片、绿化一片，城市绿化水平得以全面提高。以"十村示范、百村整治"工程建设为载体，全面实施整治村庄配套绿化，到目前，已整治了 123 个村，其中重点整治村有 71 个，从而进一步改善了农村生活环境。在工业园区，开展了"花园式企业"创建活动，从 2002 年至今，已有 30 多家企业荣获了县"花园式企业"称号。与此同时，还开展了通道绿化、河道绿化工作，每年组织实施完成省、县、乡三级道路绿化 130 千米以上，河道绿化 25 千米；加大对新建基本农田保护区内农田林网的建设，使全县基本农田保护区基本达到田成方、林成网。

在这个基础上，武义生态家园在未来 10 年中将走向园林化。这个走向是农村向城市化和现代化迈进的要求，是农村经济持续、稳定、健康发展的要求，是社会主义物质文明和精神文明同步建设的要求。武义生态家园走向园林化要达到以下标准。

（1）有一个全县范围的生态园林化建设总体规划；

（2）宜林荒山的村庄，境内 90% 以上宜林地达到基本绿化水平；

（3）丘陵地带的村庄，境内 50% 坡地田坎实现经济树绿化；

（4）平原地带的村庄，农田宜网面积 85% 以上实现林网化；

（5）境内道路全部绿化，保存率不低于 85%；

（6）县内主要街道和公共场所全部高标准绿化、美化；

（7）70% 以上的家庭实现家庭生态经济化；

（8）全县基础设施较好，并完成基本环境治理；

（9）乡村和工业园区环境整洁、卫生。

对于经济发达的乡镇和村庄，应借鉴城市园林绿化指标，在实现生态经济型的基础上，把人均绿地面积和绿化质量达到一定水平作为目标。在高质量实现宜林荒山荒地、农田防护林体系以及道路绿化的同时，以建成小游园、公共场所的高标准绿化和生态环境的全面改善为标志，实现具有农村地方特色的生态园林化，达到居住地和周围自然环境的协调。

总之，在新农村建设中，武义的生态家园走向园林化，就是实行山水田路村、农林牧副渔全面规划，协调发展，有机结合，通过新建、改建和完善，全面绿化，重点美化，逐步建成一个以县城为中心，以乡镇和工业园区为纽带，以村和企业为基点的生态体系，形成一个与农村经济、工业经济和社会发展相协调的生态体系，从而构建武义园林化的生态家园。

2. 农业走向现代化

农业现代化是一个动态概念，其内涵随着知识和技术的不断创新、经济社会的发展和时代变迁而不断丰富与深化。改革开放以来，整个国民经济在持续快速的发展，农产品总量大幅度增加，居民的消费也在由数量需求向质量需求转变，而且随着人民生活由温饱型向小康型的转变，人们对资源、环境问题也越来越关注。20世纪90年代后，人们意识到生存环境恶化的威胁，更注重生物技术的应用，增加了可持续发展的内容。按照可持续发展的思想，农业现代化的内涵是：用现代科学技术和生产手段装备农业，提高农业生产者的文化、技术素质，把落后的传统农业逐步改造成为具有高度生产力水平，同时保持和提高环境质量的持续发展的现代化农业的过程。

我们可以从两个方面把握农业现代化内涵。其一，农业现代化是一种过程。即是以直观经验和手工工具为基础的传统农业转变为以现代科学技术、生产手段和经营管理方法为基础的现代农业的过程，又是从自给自足农业向商品农业转变和发展的过程。其二，农业现代化又是一种手段，即一国为适应工业化迅速发展的需要，使其落后的农业生产部门尽快实现现代化的各种手段的总称。

武义农业在特色农业的持续发展中，无论是杂交稻、有机茶，还是其他产业带，都将从农业基础设施、农业科学技术、农业经营管理、农业经济结构、农民生活消费和农业资源环境6个方面走向农业现代化。

3. 县域走向工业化

县域工业化，又称农村工业化。所谓县域工业化，其内涵应当是：建立以工业为绝对主导地位，第三产业十分发达，第一产业具有相当集约水平的国民经济运行体系。工业化并不是低水平的量上扩张，它应具有四个明显特征：一是结构优，即产业内部结构符合市场具有较强的竞争能力；二是规模大，即拥有一批能够影响市场局势的企业或企业集团；三是起点高，即产品的科技含量高，达到同期国内外先进水平；四是效益好，产品的增值水平明显提高，企业积累大幅度增加，自身发展的能力大力增强。具体来说，工业应占工农业总产值的70%以上，工业在整个创造的国民生产总值中占50%以上；工业实现的财政收入占70%以上，来自工业的收入占农村人均收入50%以上；从事工业的人数明显上升，在三次产业结构中的比例约为1：1：1。① 县域工业化的具体指标见表12。

表12 县域工业化的指标表

监测评价项目	单位	标准值	权数
1. 农村非农人口比重	%	60	15
2. 农村非农产值比重	%	70	10
3. 农村人均社会总产值	元	10000	10
4. 农村乡镇工业产值比重	%	60	15
5. 农村每万人乡镇企业数	个	150	7
6. 农民人均从乡镇企业取得纯收入	元	800	8
7. 农村劳动力向二、三产业转移积蓄比重	%	60	1.5
8. 农村城市化程度	%	65	8
9. 农村贫困人口比重	%	5	7
10. 农村劳动力平均受教育年限	年	9	5
农村工业化实现程度	%	—	100

资料来源：焦钢：《加快农村工业化：农村跨世纪的思索》，载《经济问题探索》1997年第1期。

未来10年，武义县域以工业园区为主体，在走向工业化的道路上，有以下几个发展方向。

（1）产业要向集群化方向发展

产业集群是指以市场为导向、以中小企业为主体、相关产品集中生产、专业化协作配套的企业大量集聚现象。这是经济发展的必然趋势，是促进县域工业化发展，增强县域经济竞争力的有效途径。促进县域工业化的发展，一定要掌握县域经济的特点和资源优势，运用市场这只看不见的手和政府引导经济发展这只看得见的手，促进产业集群发展，因势利导制定一系列政策、法规，培育产业集群，促进区域经济发展。具体而言，在武义就是要引导产业向比较成熟的五金机械、汽摩配件、文化用品、旅游休闲用品等产业集聚，扩大和发展产业集群的优势。

---

① 王家东：《加速推进县域经济工业化进程》，《决策探索》1995年第7期。

（2）企业要向集团化方向发展

县域工业化发展必须要有相应市场化的组织载体，通过这个组织载体，形成发展平台，形成推动县域经济发展的引擎。通俗地说，就是"龙头效应"。一个龙头企业能够带动一个产业链，形成一条产业带，开拓一片大市场，致富一方百姓。武义的龙头企业，如恒友机电、武精机器、钓鱼扑克等在武义新农村建设中的显著作用对此作了最好的注解。为此，未来10年武义将立足产业特色和竞争优势，以支柱产业为基础，以名牌产品为纽带，以骨干企业为核心，形成集群化程度更高的企业集团。

（3）增长方式要向集约化方向发展

增长方式是反映县域工业化水平的一把尺子。今后10年，武义将彻底改变旧的增长方式，走一条科技含量高、经济效益好、资源消耗低、环境污染少、人力资源优势得到充分发挥的新路。具体而言，一是提高经济增长的科技含量和知识含量，使经济的快速增长建立在科技不断进步的基础上。二是以工业园区的发展带动工业结构优化，带动城市布局优化，拓展发展空间；带动产业结构优化，促进产业升级转型；带动社会资本结构优化，促进民营经济和外资经济相互渗透，均衡发展；带动发展环境优化，形成适应国际竞争需要的体制环境、科技环境、人才环境和居住环境。

在此，我们还可以具体预测，未来10年，武义的工业不仅已与永康融合，成为中国五金城的组成部分，还由于武义与义乌交通的直通，武义的工业还可能与义乌的小商品市场融合，成为中国小商品城的组成部分。更重要的是，如果武义能确定休闲产业的发展方向，那么10年后，武义作为中国休闲产业城应该粗具规模，初成气候。

4. 旅游走向产业化

旅游产业化就是以旅游业为龙头，相关产业协同发展的旅游产业集群化过程，体现为现代化、国际化、规模化和市场化的现代旅游业的业态，也体现为相对落后的旅游业向现代旅游业发展并最终步入其中的态势。

当下，武义以温泉为特色的旅游正在进一步寻求把握新的发展机遇。但是，旅游产业是一个关联互动性很强的产业，"吃、住、行、游、购、娱"六要素，拉动着很多部门，能有效地开辟就业渠道，扩大就业，繁荣经济，促进人民生活水平的提高；能推进区域经济和社会经济的协调发展。旅游产业的发展能增进人们的身心健康，提升人力资本的质量，有效促进社会、经济、文化的发展。

因此，旅游业已经发展成为一项国际性新产业。如果沿着产业化发展方向，以前所未有的速度加快发展，开辟众多的资金来源，增加就业机会，刺激消费增长，带动一系列相关产业的发展，既可活跃武义旅游区的经济，增加当地居民的收入，又可成为平衡地区间收入悬殊的重要杠杆。尽管旅游业是一种资源依赖性较强的产业，但真正决定旅游业发展速度和规模的不是资源优势，而是产业化。从旅游业的这种发展趋势出发，武义要树立"大旅游、大产业、大发展"的战略思想，全力推动旅游走向产业化。

武义旅游在走向产业化的道路上，除在经营战略上应以可持续发展为基本出发点，坚持把"特色旅游"作为支点，继续在"新"上下功夫，以"特"取胜，特别要注意走集约化经营的道路，组建跨行业、跨地区、跨所有制的大型旅游企业集团，发展以相互参股、产权置换、资本运营、设置分支机构等为形式，以资本的品牌纽带的联网经营和市场营销的网络化，推行多景区联网旅游，从而降低行业平均成本，提高利润水平。

5. 农村走向城市化

农村城市化是指在农村地区生产力结构、生产经营方式和农业人口的收入水平及结构、生活方式、思想观念、人口素质等方面与城市文明逐渐接近、趋向同一的自然历史过程，是城乡差别缩小的自然历史过程，是城乡融合并最终趋向城乡一体化的自然历史过程。因此，在人与自然协调建设中，武义农村走向城市化既是新农村建设的目的，又是城乡融合结果的最终表达。未来10年，武义在走向城市化的道路上可能仅是万里长征的第二步、第三步。

但是，在这农村城市化万里长征的第二步、第三步中，武义县城作为一座"江水城中过，三山立城中"的山水城市将更加秀美、清洁、文明；武义到泉溪、桐琴一线基本上连成一片，成为武义城的右翼，武义到俞源一线也基本上连成一片，成为武义城的左翼，从而构建成初步城市化的山水大武义。再扩大一点预测，未来10年，武义将与周边的金华、永康、义乌实现城乡一体化，从而成为浙中以金华为中心的城市群的组成部分。

二　人与人和谐发展的未来走向

在新农村建设武义模式人与人和谐发展中，政府服务、教育优先、村务监督、下山脱贫和文化活力元素，在新历史条件下，会发生变迁而重新组合，有的元素会停止发生作用，如下山脱贫会因为武义农民普遍富起来了会变异为农村合作经济的新崛起，而其他一些元素则得到了新的发展。

1. 政府服务走向以农为本

当我在写这节的提纲时，有人问我为什么不是提"以人为本"，而要讲"以农为本"？这正是笔者所想强调的，武义模式政府服务的走向问题。

确实，以人为本，是科学发展观的本质和核心。以人为本，就是指以人为价值的核心和社会的本位，一切为了人，一切服务于人。以人为本思想要求在发展中体现对人的关怀，从人的需求角度出发，满足人的基本权利和人的物质和精神生活需求，使多数人能够不断分享改革的成果。以人为本，就是要把人民的利益作为一切工作的出发点和落脚点，不断促进人的全面发展。更重要的是，以人为本的执政理念是党在新时期对执政规律的新认识。从解决中国人口最多、问题最多的农民的根本利益出发，以人为本，首先必须坚持"以农为本"。

其次，新农村建设的根本目的是要解决中国城乡差别，真正实现中国社会现代化。而民以食为天，这样的箴言，不仅是对维系生命核心问题的直白概括，是一种生活结晶与社会认知的自然传承，更是中华文化中蕴藏的政治智慧的宝贵结晶。所谓无农不稳，不仅是在说农村、农业、农民，更是在说天下安危所系。农村稳，天下安。这是对中国国情的准确概括。①所以，"以人为本"必须"以农为本"。

在新农村建设中，县乡两级政府的角色取向、价值取向、政策取向②对政府服务在新农村建设中产生推力还是阻力起着决定性的作用。在"以农为本"理念的引导下，政府服务在新农村建设中走向以农为本就成了一种必然。

未来10年，武义新农村建设中政府服务在走向以农为本中，政府作为主体在发挥主导作用时会逐步为农民、为农村、为农业解决以下几个方面的问题。

（1）解决农村基础设施建设问题

农村基础设施包括道路、电力、饮水、电信、电视网路等。这些方面的公益性特征比较明显。在中国城乡之间存在着突出的差距，主要原因就

---

① 《中国记者》评论员：《从强化以农为本的价值观开始》，《中国记者》2006年第1期。

② 刘以安、宁宣熙：《县域经济增长：非经济因素分析》，《经济学研究》2005年第5期。

是国民经济二次分配在城乡之间的严重不平衡。要解决这种不平衡，只有靠增加国家财政对农村的投入。发达国家的城乡一体化程度比较高，也正是由于国家财政对农村区域建设投入较多。正是在这个意义上，我们才预测武义模式政府服务将走向以农为本。

（2）社会事业发展问题

农村社会事业包括基础教育、社会保障、卫生设施等。这方面的公益性特征也比较明显。例如，农村的义务教育和卫生设施，不仅事关农民本身的发展和能力的提高，更重要的是与整个国民素质的提高密切相关。不搞好农村教育和农村卫生，我国的现代农业建设、现代工业建设和城市建设，都会由于劳动力素质低而受到严重的障碍。也正是在这个意义上，我们才预测武义模式政府服务也将走向以农为本。

（3）农业基础设施问题

农业基础设施包括田间道路、水利工程、梯田建设、中低产田改造等等。农业基础设施的改善，对于确保十几亿人口的粮食安全和工业原料的需求，具有重大的经济社会发展全局性意义。因此，农业基础设施建设，也具有很强的公益性。也正是在这个意义上，我们预测武义模式政府服务也将走向以农为本。

（4）政府农业服务问题

政府农业服务包括农业科研和推广、动植物重大疫病防治、农产品质量安全体系、农产品市场信息等。这些政府服务活动，在发达的市场经济国家中，都属于政府公益性服务，政府必须担负起主要责任。也正是在这个意义上，我们预测武义模式政府服务也将走向以农为本。

总之，政府服务走向以农为本，简言之，就是政府在追求经济总量增长的同时，要关注农民的生存和发展状况，要把农村、农业和农民发展中的充分就业、良好教育、消除贫困、社会公平等问题作为政府行为的选择依据，就是要让农民有参与发展的愿望、能力和空间。要求政府必须抛弃传统的单一以 GDP 衡量政府工作的唯一标准和尺度，建立兼顾经济社会与人的全面发展的新的评价指针和体系。要坚持"五个统筹"，给予农业、农村和农民更多关注，实行以城带乡、以工促农、城乡互动、协调发展，从而最终实现城乡融合的战略目标。

2. 教育优先走向教育成为重中之重

武义素有重视教育的传统，在新农村建设中创造了教育优先的经验。

但是，从我们的调查可以看出，目前武义农民的文化程度还是很低的，在有关文化程度的 981 份问卷中，大学占 0.61%，中专占 1.12%，高中占 12.13%，初中占 45.57%，高小占 18.55%，初小占 16.82%，文盲占 5.20%。也就是说，高中以上文化程度 13.95%；初中占了 45.57%，接近一半，小学占了 35.37%，两者相加占了 80.94%，即占了绝大多数。这与全国其他省区的情况基本相同，如江苏省的调查表明，农村劳动力中具有小学及以下文化程度的占 35.60%，初中文化程度的占 50.90%，高中及以上文化程度的占 13.40%。① 这样的文化程度相对于新农村建设的任务和要求，是远远不能胜任的。据大多数学者就农村教育对经济增长的贡献分析得出的结论：如果提高农民的教育水平，使得农业劳动力中初中以上文化程度所占比重提高 1%，那么农民的人均纯收可提高 2%；如果文盲比重降低 1%，农民人均纯收入可增加 1.2%。关于教育对经济的作用，世界银行也曾得出过结论：劳动力受教育的平均时间增加一年，GDP 就会增加 9%。这里指头三年的教育，即受三年教育与不受三年教育相比，能使 GDP 提高 27%。② 由此可见，教育不仅事关新农村建设的根本目的、实施及其实现，更关系到国民素质的整体提高，关系到国民经济的发展速度。世界银行《2004 年世界发展报告：让服务惠及穷人》说得很深刻："服务不能满足穷人需要的情况屡见不鲜。这种失败或许没有金融危机显得那么突出，但其影响却是持久和深层次的。当服务面向全体人民……当我们采取全面的发展观念，承认母亲的教育水平将有助于婴儿的健康……服务就能产生效果。"③

在这种态势下，作为具有全面育人功能、传播先进文化功能、推广科学技术功能、提高农民现代生存发展功能的教育，在新农村建设中的"重中之重"的地位也就是题中应有之义了。温家宝同志曾经说过："忽视教育的领导者，是缺乏远见的、不成熟的领导者，就领导不了现代化建设。"④

---

① 胡凤英：《论构建农村教育重中之重的保障机制》，载《镇江高专学报》2004 年第 3 期。

② 王力东：《加强和改善农村教育是建设社会主义新农村的关键》，载《西藏发展论坛》2006 年第 3 期。

③ 胡凤英：《理解"重中之重"中的农村成人教育》，载《中国农村教育》2005 年第 1—2 期。

④ 转引自胡凤英《论构建农村教育重中之重的保障机制》，载《镇江高专学报》2004 年第 3 期。

正是从这个基本认识出发，我们预测武义新农村建设，在人与人和谐发展中，教育优先将走向教育成为重中之重的地位，其主要表现有如下几点。

（1）"以县为主"的农村义务教育体制得到进一步的落实，农村教育的办学水平和管理水平有了较大的提高。

（2）教育为新农村建设服务的能力得到了较大的增强，广大农村学校成为帮助农民脱贫致富和就业创业的重要基地，成为农村政治文明、物质文明、精神文明建设的重要力量，成为政府实施公共管理和提供公共服务的重要环节，为农村产业结构调整、农村劳动力转移、农村城镇化发展和农村社会全面进步服务。

（3）农村教师队伍建设得到了加强，教师的工作与生活条件有了较大的提高，教师职业道德的建设也有了新的发展。

（4）农村学校的信息化建设已初成规模，农村中小学，以及成人教育、职业教育的现代远程教育工程已基本完成。

总之，再经过10年的努力，在教育成为"重中之重"后，武义农民的文化程度有了较大的提高，高中以上文化程度的农民应占到40%左右，这是一个经过努力可以实现的指标。这个指标可以作为衡量新农村建设发展与否的一个重要尺度。

3. 下山脱贫走向农民合作经济组织

历史有时是在画圆圈。中国农民的组织程度从土地改革后，首先在互助组织的形式下组织了起来之后，迅速地在初级社、高级社和人民公社的制度下被高度地组织了起来，但中国农民经历了组织起来的酸甜苦辣麻后，终于回到了包产到户、分田到户，画了一个圆圈。经过20多年的改革开放，中国农民在饱享了"单干"的"自由"和"幸福"之后，在市场经济面前又感到了"单干"之弱、之难、之苦，于是又开始了组织起来。而这次历史的画圆圈并不是对历史的简单重复，而是一种螺旋式的上升，是在高一级平台上的历史运行。为此，早在2002年中国共产党第十六次全国代表大会的报告中就已经提出："积极推进农业产业化经营，提高农民进入市场的组织化程度和农业综合效益。"2006年党中央的一号文件《中共中央国务院关于推进社会主义新农村建设的若干意见》再次明确提出："积极引导和支持农民发展各类专业合作经济组织，加快立法进程，加大扶持力度，建立有利于农民合作经济组织发展的信贷、财税和登记等制度。"

现在，正在中国崛起的农民合作经济组织是在社会主义市场经济条件下，广大农民为获取更大的效益和保护自身利益，在家庭承包经营基础上，坚持自愿、自治和民主管理的原则，按照合作制的方式联合起来从事农产品加工、销售的新型互助经济组织。这种合作经济组织是以农民为主体组建的，农民自愿联合、自发组织的，自助的经济组织，是合作制性质的。在新型的农村合作经济组织中，起决定作用的因素是交易，主要功能是为农民提供交易上的必要服务。所以，脱了贫的农民（包括下山脱贫的农民）致富后，在走向市场时必然会走向农民合作经济组织。

为什么武义农民在未来 10 年的发展走向是参加农民合作经济组织？目前全国已有各类专业合作社 95330 个，入社农民为 659 万人，农民合作经济组织是现代化农业发展的重要制度供给，在当前乃至今后的农业现代化过程中都将是举足轻重的，主要原因有以下几点。

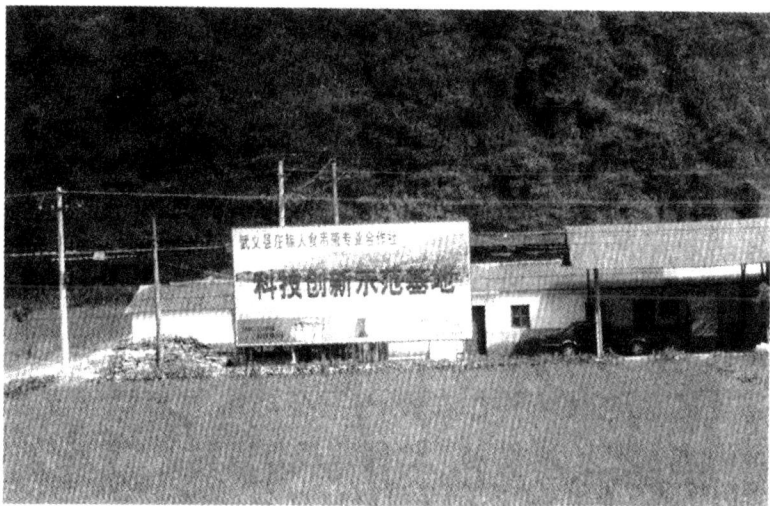

图56　武义食用菌专业合作社（徐杰舜摄）

第一，农村合作经济组织是农业产业化的重要载体，它将分散的农民联合起来，作为整体与龙头企业发展合作关系，降低了龙头企业与大量分散的农户合作时的签约成本、履约成本、监督成本、管理成本和经营风险，增加了合作的效率，增强了其带动作用。

第二，农民合作经济组织提高了农民进入市场的组织化程度，解决了"小农户"和"大市场"之间的矛盾，在保持了农户独立经营的同时，又克服了单家独户的经营中的局限性，使加入合作组织的农户形成经济利益上的共同体。

第三，农民合作经济组织将农民和市场连接起来，成为农民、企业和市场的纽带，将分散的农户组织起来生产经营，以达到规模经济，并对瞬息万变的市场做出灵敏的反应，积极应对市场的千变万化。

第四，农民合作经济组织本身也是农业产业化的一种重要组织形式，它以现代企业的形式出现，带领农民参与组织生产、开拓市场、销售经营，成为农民自己的龙头企业，并以自身的发展壮大加快和推动了农业产业化的发展。农村合作经济组织不仅统一应对市场的变化，维护合作经济组织的整体效益，而且对于组织成员内部也发挥着协调各方利益、维护各成员之间经济利益和其他权益的作用。

第五，政府可以通过农民合作经济组织向下贯彻落实党的路线、方针和政策；农民可以通过农村合作经济组织向上表达自己的要求、愿望和呼声，提高谈判地位和谈判能力，维护自己的利益。农民是社会的最大弱势群体，同时又是最大的弱势市场主体，这使得农民在社会和市场中均处于弱势地位，这种双重的弱势地位使得农民的市场谈判能力和社会谈判能力都很弱。农民合作经济组织的发展壮大可以增强和保障农民的谈判地位，增强和提高农民的谈判能力，使农民的利益会得到保护。[1]

正因为如此，农村合作经济组织受到各界的高度关注，不少学者提出了尽快制定《农村合作经济组织法》的建议，希望政府加大扶持力度，在登记注册、税收、资金、金融、人才等方面出台相关扶持政策，并建议按照单品种建立合作组织，建立农民合作经济组织联合会，允许其开展经济活动，并顺应国际市场形势发展的要求，建立与国际同类组织机构接轨的机制，[2] 可见农民合作经济组织在中国农村的未来发展中有着巨大的空间。目前武义已有各种农民合作经济组织 26 个。笔者相信，在市场这只看不见的手的作用下，在政府这只看得见的手的引导下，农民合作经济组织将把武义农民，包括下山脱贫农民在内的所有农民组织起来，共同建设新农村。

---

① 翟义波：《发展农村合作经济组织建设社会主义新农村》，《新疆财经》2006 年第 3 期。

② 孙宝强：《壮大农民合作经济组织，推进新农村建设》，《重庆社会科学》2006 年第 5 期。

4. 村务监督走向制度文化

社会主义新农村建设的"民主管理"就是普通老百姓参与管理。农村民主管理就是广大村民参与农村的管理。中国的农村民主管理，就是在社会主义条件下，村民以国家、社会和农村主人的身份，自主地、能动地、有组织地参与农村管理，贡献智慧，实施监督，维护合法权益，为实现社会主义新农村建设而开展的群众性活动和工作的总和。

村务监督，作为新农村建设武义经验，作为"推进农村基层民主的成功尝试"，"村级民主监督的制度创新"，不仅具有国家意义，也具有文化意义。本研究报告在解读"村务监督"时已初步论述了"政治文明——让民主成为一种文化"，从而也预示了在未来 10 年内，村务监督将走向以"民主"为内涵的制度文化。

民主本来就是一种文化表达，可分为制度层面和文化层面。民主的制度层面是显性的、实体的，按照统治阶级的意志，作为政治上层建筑，可以在较短的时期里加以建立。新农村建设武义经验中的村务监督就作为一种制度被确立。而民主的文化层面作为一种"隐性结构"则要复杂得多，从历史的纵向看与传统文化有着深刻的内在关联，从现实的层面上看无迹（实体）可循却又具有无处不在的渗透性。作为文化的民主和作为制度的民主之间，存在着复杂的对立统一关系，文化对于制度不是附属关系，我们不仅要看到制度可寻、文化无迹，而且要看到制度指日可建、文化绵延渗透，制度固然影响文化的生成及作用发挥，但是文化作为制度的基础，深刻而久远地制约着制度运作的真实性和有效性。

正是由于制度的民主与文化的民主有着这样一种对立统一的互动关系，所以，新农村建设武义模式的村务监督，在成为一种民主制度之后，就必然会从传统文化中吸收养料，从外国优秀文化中补充养料。

中国的传统文化中本来就蕴含有丰富的民本思想，其中"重民爱民"这样的一种人道主义思想，与西方的"民享"相通，只不过没有权利概念支撑。因此，如果在"重民爱民"思想中加入权利概念，人民就拥有了权利。政府也只能通过选举产生，政府的权力来自人民，就体现了人民主权的原则。于是中国传统文化中的"民本思想"加上西方的权利概念，就转化成了民主思想，中国传统文化实现了重构。以此来解读村务监督，正说明武义的农民冲破了中国传统文化的束缚，在不自觉中把西方文化的权利概念吸收了进来，这正是中国传统文化重构的一个成功案例。

而从中国传统民本文化和西方民主文化嫁接中脱颖而出的村务监督，在未来 10 年的发展中，必将把制度民主与文化民主进一步融合起来，从而使民主发育成一种制度文化。所以，笔者认为村务监督的国家意义也正在于此，随着时间的推移，这种意义将越来越明显地凸现出来。

5. 文化活力走向文化产业化

文化，这个符号进入新世纪后正在中国散发出无限的活力。最突出的表达就是文化产业化的汹涌澎湃，2005 年的"超女"现象就是一例。

由于人们一般只注意和重视经济，不少地方官员是一门心思抓经济，所以，笔者在此要为文化产业多说几句话。

据考，文化产业这个词最初可能来自日本。早在 20 世纪 80 年代初，就有《文化时代与文化产业》这样的文章发表，接着又有《新文化产业论》这样的专著出现。这部专著所说的"文化产业"，主要是生产和销售以相对独立的物态形式呈现的文化产品的行业，如生产销售书刊、雕塑、影视、音像制品的行业；以劳务形式出现的文化服务行业，如戏剧、舞蹈、娱乐、策划及文化经纪人等行业；向其他行业提供文化附加值的行业，如服装设计、装饰、装潢、文化旅游业等。在发达国家中，不仅以上三大类产业极为兴旺，而且从理论上充分注意到了文化的经济意义。约翰·耐斯比特和帕特里夏·阿伯丁所著的《2000 年大趋势》中就曾预言，文化的经济意义将远远超过人们的意料。他们说："艺术既是文化财产，同时又是经济源泉。投资艺术将对一个地方的整体经济产生影响，它有着乘数效益，艺术将使旅游业大受裨益，从而推动工业的发展，提高不动产的价值。"该书还指出，美国从 1960 年到 1980 年的 20 年间，劳动人口增长了 43%，而作家、艺术家和艺人却激增了 144%。美国 50 个州的艺术投资 1989 年比 1988 年增长了 11%，其原因，就是"为了找到经济发展的契机"。又说，美国在中小城市或乡村大量建设美术馆、艺术中心、演出戏剧歌剧和交响乐的新的文化设施，也为"各地的经济发展奠定了基础"。①

改革开放以来，中国的文化产业也逐渐兴起，传统而深厚的中国文化底蕴转化为文化活力，再转化为文化产业。早期的有深圳的"锦绣中华"和"中国民俗文化村"，开业一年就收回了 2.1 亿元的全部投资，不仅成为深圳文化的品牌，也成了深圳的纳税大户。所以，今天文化产业的蓬勃

---

① 高长印：《文化产业：北京新的经济增长点》，载《城市问题》1997 年第 3 期。

兴起，使人们对文化在社会生活中的作用和价值，有了全新的认识，看到了当今世界经济活动最突出的特点就是文化的广泛渗透。越接近"第三浪潮"经济，文化就显得越重要。文化产业已成为全球发展最为迅猛、利润也最大的产业之一。这些都告诉我们，不能仅把文化看成是在思想观念、风俗习惯、增强民族凝聚力等方面起作用的软力量，它也是像科学技术一样能产生巨大经济效益的硬力量。文化是社会生产力的一部分，是综合国力的一部分。发展文化产业，应该是武义今后走向更文明、更富裕的一条必由之路。依笔者之预见，如果武义能认真制定发展文化产业的规划，把武义独具特色的温泉文化、山水文化、古村落文化、明招文化、熟溪桥文化、推龙舟文化、"切糖"文化、畲族文化、荷花文化、有机茶文化、宣莲文化、竹编文化、莹石雕文化等都千方百计地打造成文化产业，那么所有的武义文化事项都有可能成为武义新的经济增长点。

第八篇 结语：新乡土中国的图像

有了梦想，中国人的希望就是圆梦。我们发现，武义新农村建设正是我们追寻的新乡土中国的梦想，尽管她只是一个雏形，但却为人们画出了一幅新乡土中国的速写图像。

一 圆梦：武义新农村建设的田野

在武义调研中，我们一行人于 7 月 20 日下午到国家级文物保护单位——俞源太极星象村考察。只见村内一片繁忙，搭台的搭台，摆摊的摆摊……笔者在俞源祠堂门口的小杂货店里休息喝茶时，问老板娘今天为什么人这么多，这么热闹？她说："今天是圆梦节啊！"真巧！我们带着新乡土中国的梦想来到武义，进行新农村建设的调查，初到俞源，竟碰上了圆梦节，按中国人的风俗习惯，这是一个好兆头，我们这次对武义新农村建设经验的考察一定会获得成功。

可能也是"天意"吧！7 月 26 日，《今日武义》发表了何惠写的《到洞主庙圆上一"梦"》，借一个法国姑娘到俞源洞主庙圆梦的故事，把俞源圆梦节的来龙去脉作了交代，转引如下：

> 身材修长、蓝眼睛、金色秀发的法国姑娘伊美莉站在人群中格外引人注目。听说俞源村这几天有个圆梦节，7 月 20 日，伊美莉在武义籍留法同学的陪同下兴致勃勃地赶到洞主庙，希望圆上她的"少女梦"。
>
> 每年农历六月二十六日是洞主庙圆梦节，也是俞源村非常重要的民俗节日。7 月 20 日即农历六月二十五日，一直期盼着这一天的百姓从四乡八邻赶来。他们扶老携幼，个个争先恐后，目的是晚上能抢个好位置，或就地盘坐或席地而卧，希望能尽早圆个好梦。这天晚上，除武义当地百姓外，还有来自周边县、市的群众，俞源大街小巷上车水马龙，古戏台上古乐喧天，台下欢声笑语。据统计，仅这一天就聚集了四五千人。
>
> 撂下工作，放下农活，与不通言语者席地而坐，跟陌生人并肩而卧，亲朋好友、同学情人来此相聚。仅仅一个村级节日，竟然如此吸引人，洞主庙的文化魅力来自哪里？
>
> 俞源村洞主庙始建于南宋，距今 750 余年。坐落于翠竹茂密、果木飘香的九龙山下，两条小溪汇合于庙前，潺潺而过。庙宇分正殿、清幽阁、两厢及附屋，共 40 间，造型精巧，古朴端庄。殿旁有高大的古樟树，傍着古树有梦仙桥。洞主庙素有"洞天清幽，避暑仙府"之

美称，更以圆梦胜地闻名遐迩。洞主庙又是如何而建？一是传说当年俞源经常受洪水侵袭，民不聊生，为减少洪灾，借治水功臣李冰之神威治水而建。据《俞氏宗谱》记载，原为两个庙，后来合二为一。如今，洞主庙里既立有沉香神位，又保存着李冰治水的石碑，而农历六月二十六日恰是李冰的生日。

为纪念李冰，每年这一天，当地百姓杀猪宰羊，来到庙里祭拜，以求风调雨顺，百业兴旺。同时，村里还要请剧团连续三天四夜演古装戏，称为"六月戏"。神奇的是，每年这三天里，总要下一场雨即使久旱年份也不例外。至今仍是不解之谜。7月20日这天下午，果然又是一场喜雨。

久旱逢甘霖，百姓梦想成真。洞主庙从此吸引了成千上万百姓前来顶礼膜拜。据《宣平县志》记载："清嘉庆初，武义书生项秉谦圆梦，斋戒诚心，梦见瓶插萱花六枚，友悼樵解曰：萱，宣也；瓶，平也；六年秩满君其司铎宣平乎！后为项秉谦果然以拔贡为宣平教谕，意如先兆。"传说归传说，数百年以来，洞主庙圆梦灵验的例子还真不少哩。

如今的圆梦者，已很少单单为求甘霖而来，更多的人都是怀着各自美好的愿望，祈祷平安、健康、财富……法国姑娘伊美莉高兴地说："来到这里，我要祈求上帝护佑我中国之行快乐、顺利，祝愿我的中国籍同学越长越漂亮。"[1]

笔者不惜篇幅转引《到洞主庙圆上一"梦"》，其实是有用意的，一是武义情结使然，圆梦节是武义本土民间文化，能展示则尽量展示，让人们多层面地感受武义文化的魅力；二是"草船借箭"的写作策略，想借此"圆"我们"新乡土中国的梦想"。

有梦就想圆，无巧不成书。到俞源正好碰上圆梦节，我们一行8人，用《金华日报》报道《武义新农村建设吸引人类学专家》一文中的话来说，是2个教授、4个博士生、2个硕士生上山下乡搞调研，[2] 在武义干部的有力配合下，经过近一个月的田野工作，走访了县直机关各部门；农村

---

①　何惠：《到洞主庙圆上一"梦"》，载《今日武义》2006年7月27日，第2版。

②　蒋中意：《武义新农村建设吸引人类学专家》，载《金华日报》2006年8月1日。

方面考察了新宅陈弄村、俞源九龙山村、桐琴东皋村、上夫岭下村、履坦杨岸村、熟溪街道项山干村、泉溪官田村、柳城祉村等村庄，以及桐琴镇；工业方面考察了三美化工、恒友机电、张氏包装、武精机器、圣奇运动器械、杨岸铅笔等企业；教育方面考察了武义一中、三中、金穗民族中学、继续教育中心、熟溪小学、明招小学、柳城小学、壶山小学、实验小学、职业技术学校、武阳幼儿园、壶山幼儿园等学校；旅游方面考察了郭洞、俞源、小黄山、白水瀑、清风寨、延福寺、明招寺、清水湾温泉、溪里温泉等景点；并在农民和工人中分别做了 1000 份问卷调查。通过与武义方方面面的亲密接触，深入访谈，问卷调查，我们惊奇地发现武义新农村建设的图像，正是我们梦中追寻的新乡土中国的雏形。

真是无心插柳柳成荫，武义新农村建设的田野圆了我们追求新乡土中国的梦。

二　追述：新乡土中国梦的轨迹

费孝通先生在《乡土中国》中，给我们勾勒了旧时代乡土中国的图像：

——"乡土本色"描绘了中国社会的"乡土性"，"直接靠农业来谋生的人是黏在土地上的"。"土"是"乡下人"的"命根"，"这是乡土社会的特性之一"。

——"文字下乡"和"再论文字下乡"描绘了"不论在空间和时间的格局上，这种乡土社会，在面对面的亲密接触中，在反复地在同一生活定型中生活的人们，并不是愚到字都不认得，而是没有用字来帮助他们在社会中生活的需要。我同时也等于说，如果中国社会乡土性的基层发生了变化，也只有在发生了变化之后，文字才能下乡"。

——"差序格局"描绘了中国社会结构是"以'己'为中心，像石子一般投入水中，和别人联系成的社会关系，不像团体中的分子一般大家立在一个平面上的，而是像水波纹一般，一圈圈推出去，愈推愈远，也愈推愈薄"。

——"维系着私人的道德"描绘了"中国的道德和法律，都因之得看所施的对象和'自己'的关系而加以程度上的伸缩"。

——"家庭"描绘了在乡土社会中，"我们的家既是个绵续性的事业社群，它的主轴是在父子之间，在婆媳之间，是纵的，不是横的。夫妇成了配轴"。

——"男女有别"描绘了"乡土社会是个男女有别的社会，也是个安稳的社会"。

——"礼治秩序"描绘了"礼治社会是并不能在变迁很快的时代中出现的，这是乡土社会的特色"。

——"无讼"描绘了在乡土社会里，作"刀笔吏"是"没有地位的"。

——"无为政治"描绘了"乡土社会里的权力结构"是松弛和微弱的，是挂名的，是无为的。

——"长老统治"描绘了在我们的乡土社会的权力结构中，"虽则有着不民主的横暴权力，也有着民主的同意权力，但是在两者之外还有教化权力"，"所以用民主和不民主的尺度来微量中国社会，都是也都不是，都有此像，但都不确当"。这就叫"长老统治"。

——"血缘和地缘"描绘了"从血缘结合转变到地缘结合是社会性质的转变"。

——"名实的分离"描绘了"名实之间的距离跟着社会变化迁建率而增加"。

——"从欲望到需要"描绘了"乡土社会是个传统社会，传统就是经验的累积，能累积就是说经得起自然选择的，各种'错位'——不合于生存条件的行为——被淘汰之后留下的那一套生活方式"，"乡土社会是靠经验的"，"各人依着欲望去活动就得了"。①

从费先生所勾勒的乡土中国的图像中，我们可以清楚地感悟到，这幅图像实际上是传统中国的素描，正如费先生在"重刊序言"中所言：

> "这里讲的乡土中国，并不是具体的中国社会的素描，而是包含在具体的中国基层传统社会里的一种特具的体系，支配着社会生存的各个方面，它并不排斥其他体系同样影响着中国社会，那些影响同样可以在中国的基层社会里发生作用。搞清楚我所谓乡土社会这个概念，就可以帮助我们去理解具体的中国社会。"②

---

① 费孝通：《乡土中国》，上海人民出版社 2006 年版，第 5—70 页。
② 费孝通：《乡土中国》，上海人民出版社 2006 年版，第 4 页。

确实，费先生的《乡土中国》并不像他的成名作《江村经济》那样，是对一个以村为范围的乡土中国的具体考察和研究，但却是对传统中国"乡土社会"入木三分的剖析。这种剖析是建立在对中国"乡土社会"的洞悉之上的，它实际上是认识和了解旧时代乡土中国的经典。

正是因为有了费先生这本经典《乡土中国》，从这本书正式出版的1947年以后，特别是1949年中华人民共和国成立以后，在中国共产党的领导下，人们一直在追寻着新的乡土中国。

笔者1961年进入中南民族大学，师从著名人类学家岑家梧先生学习历史。1965年到广西三江侗族自治县程阳乡平寨从事社会主义教育运动，初次从城市到乡村，第一次与侗族农民亲密接触，不仅感受到了一次异文化的震撼，也产生了对新乡土中国的追寻。当时在平寨与侗族农民同吃同住同劳动，开荒种油茶，筑坝修电站，甚至要改变他们没有使用厕所的习惯，而策划兴建了平寨的第一个厕所，当时还颇有激情地写了一篇题目为《平寨新风》的文章寄给《广西日报》，表达了笔者对新乡土中国的一种追求。

1965年大学毕业，"打起背包就出发"，笔者成了武义一中的一名教师。刚到武义，见到的是武义贫穷、落后的样子。住在巷子深处的县招待所，满巷的狗叫使我心感恐惧，晚上连大门也不敢出去。后来读到孟浩然的《夜宿武阳川》"风物是秦余"的句子，笔者觉得那时的心情与孟浩然是相近的，因为笔者觉得当时的武义真是还不如广西的三江。虽然1965年8月笔者在杭州等分配时，省人事厅的人说，武义是浙江少数民族地区。但我到武义后，一点少数民族的气息都没有感受到，倒被武义的贫穷和落后震撼了——汉族农村还有这么落后，这么贫穷的乡土社会！

这种感受在笔者1985年3月离开武义时一直都没有改变。别的姑且不说，就是县城壶山镇，人们使用的公厕是大粪坑上用木头做的连体坐便器。当时武义一中的木制连体坐便器长达十几米，十几二十个人一溜烟地坐在一起大便，现在想来可能也是一道绝妙的风景线。而我居住过的一中三层楼教工宿舍、房管会上水巷宿舍、一直到笔者离开武义时住了近10年的大桥头宿舍都没有卫生间，除了上公厕以外，就是使用马桶，于是，每天清晨或傍晚在熟溪边洗马桶也成了武义的一道风景线。

在武义工作20年，确实跑了不少乡村，桐琴、东皋、泉溪、项店、菱道、邵宅、白溪、寺后、履坦、桃溪滩、王宅、桃溪、云华、柳城、大源、新塘、新宅等都留下了笔者的脚印。想起有一年步行从柳城云华再到俞源，哪里有古文化村的感觉，有的只是落后与贫穷；还有一年冬天到以科学种田著称的新安江移民村去调查，当晚住在农民家中，盖着又硬又油腻的被子，整晚都没暖和过，根本没有睡着。后来风闻项店千丈岩青年敢闯队在高山战天斗地，大受感动，自己带菜带着学生上了千丈岩去学习。但是，20年的岁月，笔者所见到的只是武义的山越来越荒，武义的水越来越少，无论去新宅，还是进宣平，汽车一路开去见到的大多是荒山秃岭，唯一印象深刻的就是凡岭脚的风水林，那时，这一片风水林真是显得特别可爱。笔者特别为凡岭脚的农民所感动，他们保护环境真有能耐啊！

说实在的，1985年离开武义时，确实是带着新乡土中国的美梦破灭了的感觉而怆然南下的。那时仅凭笔者曾经在广西三江侗族自治县参加了一年的社会主义教育运动的感受，就带着妻子和孩子毅然地去了广西。

在广西又是一个20年，在这20年中，由于在广西民族大学民族研究所从事人类学民族学研究，心中对新乡土中国的追寻也就从来没有停止过。20世纪80年代末，笔者被贺县南乡镇壮族社会经济的发展所吸引，经过一年左右断断续续的田野考察，与同事合著了《南乡春色——一个壮族乡社会文化的变迁》，对南乡壮族400年前落户贺州的发展，尤其是改革开放十几年的发展，从政治、经济、教育、文化、变迁几个方面作了论述，对南乡壮族为构建新乡土中国所作的努力表示了由衷的赞赏。

此后，由于科研工作的使然，笔者先后考察过广西和新疆大部分农村，以及青海、甘肃、宁夏、云南、贵州、湖南、安徽、江西、福建的许多农村，所到之处要么是贫穷、落后，与旧传统的乡土中国别无二致；要么是经济虽然有所发展，但环境的破坏更严重了。在这种状况下，笔者对新乡土中国的追求，导致了第三届人类学高级论坛以"人类学与乡土中国"为主题的确定，在论坛讨论中学者们对新乡土中国的构建、离土与守土的问题展开了讨论。

正当笔者对新乡土中国孜孜不倦地追求，新乡土中国之梦越做越浓之时，2006年5月1日，武义新农村建设一下子闯入了笔者的眼帘，刻入了笔者的脑中。笔者为武义的惊人变化感到震撼，认定这就是自己心中的新乡土中国！

三 图像：新乡土中国的雏形

武义新农村建设为人们描绘了一幅什么样的新乡土中国的图像呢？

所谓图像，指的是文化图像，这是李亦园先生人类学研究的一个创造，他的名著《文化图像》，给读者大手笔地勾勒了文化的方方面面。武义的新农村建设则从人与自然、人与人的关系方面给我们勾勒了新乡土中国的图像。

在人与自然的关系中，武义新农村建设在生态方面，给人们描绘了一幅包括生态林业、生态农业、生态工业、生态旅游、生态人居的生态家园系统图；在农业方面，给人们描绘了一幅由杂交稻和有机茶为农业产业带，以及蜜梨、高山蔬菜、畜禽、食用菌、花卉苗木、蚕桑、茭白、笋竹两用林、瓜果等产业链多样化的特色农业；在工业方面，给人们描绘了一幅与永康五金城已初步融为一体的桐琴五金机械工业园区，以及武义开发区、凤凰山、白洋、深塘、王宅等工业区，滨江、古马山、黄龙、金岩山、熟溪东南、履坦岗头、柳城等工业小区构成的工业园区分布图；在旅游方面，给人们描绘了一幅温泉、山水、古文化建构成的风景画；在城乡一体方面，给人们描绘了一幅县城开始走向城市化的图境，"江水穿城过，三山立城中"更是一幅美轮美奂的山水城市风俗画。这就是人与自然协调建设的武义新农村建设展示在人们面前，冲击着人们视觉的系列画卷。

在人与人的关系中，武义新农村建设在政府服务方面，给人们描绘了转变职能，从管理走向高效服务，从"无限"政府向"有限"政府转变的历史图画；在教育方面，向人们描绘了一幅"众人拾柴"办教育，优先发展教育的壮观画面；在扶贫方面，向人们描绘了一幅"山上五百年，山下三五年"，下山脱贫的感人画像；在民主管理方面，向人们描绘了一幅在中国村级权力架构中，与党支部、村委会并列的村务监督委员会勃然兴起的动人画面；在文化方面，给人们描绘了一幅从文化底蕴深厚积淀中激发出来的武义新精神的形象图。这就是人与人和谐发展的武义新农村建设展示在人们面前，冲击着人们视觉的又一系列画卷。

武义人与自然协调平衡，人与人沟通和谐的新农村建设系列画卷，谁看了都会感到振奋！都会感到这才像是中国农民应该过的幸福生活！所以，笔者从看到这幅武义新农村建设的第一眼，就被她所吸引，由衷地感到这就是笔者心中的新乡土中国的图像。

正如前已述及，新农村建设如果从城乡融合的理论高度上去解读，是消灭城乡差别、实现城乡一体的长期的、艰巨的、复杂的过程。武义的新农村建设到目前为止，仅仅是开了个好头，在城乡融合的道路上迈出了坚实的一步。任重而道远，这在武义的干部和人民心中都是十分清楚的。因此，如果说新农村建设武义模式是新乡土中国的图像，那么，它还仅仅是新乡土中国的一幅速写草稿，要将其画成新乡土中国的历史画卷，还需要人们付出更多更大更艰巨的努力。但方向已经摆正，目标已经明确，道路已经打通，只要坚持下去，武义版的新乡土中国画卷一定能画成、一定能画好。武义人民一定会在自己的土地上画出的最新最美的新乡土中国的图画，贡献给中国新农村建设，贡献给城乡融合，贡献给全球社会！

2006 年 8 月 17 日草成于武义
2006 年 8 月 23 日第一次修改于武义
2006 年 9 月 21 日第二次修改于北京
2006 年 10 月 6 日中秋节定稿于武汉

参考文献

一　著作

《马克思恩格斯选集》第 1 卷，人民出版社 1972 年版。

《马克思恩格斯选集》第 3 卷，人民出版社 1972 年版。

《马克思恩格斯全集》第 46 卷，上册，人民出版社 1979 年版。

《列宁全集》第 2 卷，人民出版社 1963 年版。

《斯大林选集》下卷，人民出版社 1979 年版。

埃比尼泽·霍华德著，金经元译：《明日的田园城市》，商务印书馆 2000 年版。

［美］爱德华·A. 罗斯：《社会控制》，华夏出版社 1987 年版。

［英］安东尼·吉登斯：《社会的构成》，生活·读书·新知三联书店 1998 年版。

［法］布罗代尔：《15 至 18 世纪的物质文明、经济和资本主义》第一卷，生活·读书·新知三联书店 1992 年版。

陈华文：《文化学概论》，上海文艺出版社 2001 年版。

［美］戴维·波普诺：《社会学》，中国人民大学出版社 1998 年版。

费孝通：《江村经济》，江苏人民出版社 1986 年版。

费孝通：《乡土中国》，上海人民出版社 2006 年版。

费孝通主编：《社会学概论》，天津人民出版社 1984 年版。

华中科技大学中国乡村治理研究中心编：《三农中国》，湖北人民出版社，2006 年第 2 期。

康晓光：《中国贫困与反贫困理论》，广西人民出版社 1995 年版。

雷国强：《畲乡越韵》，炎黄出版社 2002 年版。

李培林：《农民的终结》，社会科学文献出版社 2005 年版。

李强：《农民工与中国社会分层》，社会科学文献出版社 2004 年版。

刘易斯・芒福德：《城市发展史：起源、演变与前景》，人民出版社 1996
　　年版。

孟德拉斯著，李培林译：《农民的终结》，社会科学文献出版社 2005 年版。

朴振焕：《韩国新村运动——20 世纪 70 年代韩国农村现代化之路》，潘伟
　　光、郑靖吉、魏蔚等译，中国农业出版社 2005 年版。

［美］施坚雅主编，叶光庭等译，陈桥驿校：《中华帝国晚期的城市》，中
　　华书局 2000 年版。

［美］施坚雅著，王旭等译：《中国封建社会晚期城市研究施坚雅模式》，
　　吉林教育出版社 1991 年版。

施嵩、陈振声主编：《足迹——浙江省武义县基层民主政治建设的实践与
　　探索》，中国文史出版社 2006 年版。

石山主编：《中国生态农业建设》（上卷、下卷），人民日报出版社 2002
　　年版。

孙达人：《中国农民变迁论——试探我国历史发展周期》，中央编译出
　　版社。

孙振玉主编：《人类生存与生态环境》，黑龙江人民出版社 2005 年版。

王景新、李长江、曹荣庆等：《明日中国：走向城乡一体化》，中国经济出
　　版社 2005 年版。

王铭铭：《社会人类学与中国研究》，广西师范大学出版社 2005 年版。

王水雄：《结构博弈——互联网导致社会扁平化的剖析》，华夏出版社 2003
　　年版。

武雅士主编：《中国社会的宗教与仪式》，上海人民出版社 1991 年版。

《现代汉语词典》（修订本），商务印书馆 1997 年版。

萧俊明：《文化转向的由来》，社会科学文献出版社 2004 年版。

徐春：《人类生存危机的沉思》，北京大学出版社 1994 年版。

徐杰舜：《汉民族历史和文化新探》，广西人民出版社 1985 年版。

张冠生选编：《费孝通散文》，浙江文艺出版社 1999 年版。

赵树枫、陈光庭、张强：《北京郊区城市化探索》，首都师范大学出版社
　　2001 年版。

郑大华：《民国乡村建设运动》，社会科学文献出版社 2000 年版。

二 地方文献

北京视野咨询中心：《浙江武义经济社会发展战略研究报告》，2003 年。

邓寿明：《俞源乡九龙山村下山脱贫汇报资料》，2001 年 2 月 25 日。

东皋村志编撰委员会：《东皋村志》，2000 年。

《凤凰山下谱新曲——记"十佳基层党组织"东皋村党委》，载《今日武义》，2006 年 7 月 25 日。

傅美桃主编《回眸》，1997 年。

光绪本《武川备考》，卷四。

郭敏：《求实奋进、增量提质、平安和谐，努力开创我县经济社会发展新局面——在县委十一届十一次全体（扩大）会议暨县政府十三届六次全体（扩大）会议上的讲话》，2005 年 12 月 29 日。

郭敏：《提升发展水平，加快文化建设，构建和谐社会，谋求我县经济社会发展再跨越——在县委十一届九次全体（扩大）会议暨县政府十三届五次全体（扩大）会议上的讲话》，2005 年 8 月 11 日。

郭振、陈柳钦：《中国农村城镇化与产业结构调整》，黑龙江人民出版社2004 年版。

国家林业局华东林业调查规划设计院、浙江省武义县文化旅游局：《丹霞旅游区总体规划（2005—2010 年）》，2005 年。

国家林业局华东设计院：《浙东学派历史文化保护区——武义县明招寺总体规划》，2004 年。

何惠：《到洞主庙圆上一"梦"》，载《今日武义》，2006 年 7 月 27 日，第2 版。

何俊有：《武义区域产业发展战略研究》，中共浙江省委党校研究生毕业论文，2005 年 11 月 18 日。

胡旭东：《把"旅游富县"纳入我县发展战略》，载《今日武义》，2006 年8 月 11 日，第 4 版。

蒋中意：《武义新农村建设吸引人类学专家》，载《金华日报》，2006 年 8月 1 日，第 7 版。

金华市文联、金华市交通局编《交通采风行》。

金中梁：《把握"两个趋向"，落实"五个务必"，努力再创我县"三农"工作新局面——在 2005 年全县农村工作会议上的讲话》，2005 年 3 月

25 日，中共武义县委办公室编《武义工作》，第 5 期，2005 年 3 月 29 日。

金中梁：《夯实大框架，做强大产业，优化大环境，推进大发展，为全面提升经济社会发展水平而努力奋斗——在县委第十一届七次全体（扩大）会议暨县政府十三届四次全体（扩大）会议上的讲话》，2005 年 1 月 14 日。

金中梁：《寻找新沸点——武义温泉旅游业发展展望》，新华出版社 1998 年版。

金中梁：《以科学发展观为指导，把欠发达地区培育成新的经济增长点》，中共浙江省委办公厅：《工作情况交流》，第 17 期，2004 年 5 月 8 日。

金中梁、朱连法：《新沸点：武义旅游业发展研究》，上海人民出版社 2004 年版。

雷阵鸣、雷招华主编《畲族叙事歌集粹》，中国人事出版社 2002 年版。

刘斌靖主编《后陈变革》，武义县村务公开民主管理领导小组办公室、中共武义县白洋街道委员会编印（2005 年）。

桐琴镇东皋村党支部、委员会：《以工业为中心，不失时机抓中心村建设》，2003 年。

童华松主编《陈弄村志》，2006 年。

《武义柳城镇志》，浙江人民出版社 1989 年版。

武义明招小学编《明招传新》，2005 年 4 月。

《武义县城乡一体化规划》，武义县人民政府编印（2005 年 3 月）。

《武义县村务公开民主管理工作文件资料汇编》，武义县村务公开民主管理领导小组办公室编印（2005 年 10 月）。

《武义县村庄布局规划》，武义县人民政府编印（2005 年 3 月）。

武义县发展计划局，武义县统计局：《武义统计年鉴（2003）》，2003 年。

武义县发展计划局，武义县统计局：《武义统计年鉴（2004）》，2004 年。

武义县革命老区工作办公室编《革命老根据地县——武义》，1996 年 5 月。

武义县革命文化史料汇编《武义县革命文化史料汇编》，1992 年 5 月。

武义县建设与环境保护局、武义县环境保护监测站编制：《武义县生态示范区建设规划》，2001 年。

武义县教文委教研室编《武义小学乡土教材（四年级用）》。

武义县经济贸易局、武义县工业园区办公室编《工业企业政策·文件选编》，2002 年 12 月。

武义县民间文学集成办公室编《中国民间文学集成浙江省武义县卷——歌
　　谣卷》。

武义县民间文学集成办公室编《中国民间文学集成浙江省武义县卷》，
　　1989 年 9 月。

武义县农业局：《我县农业发展十年回顾与发展前景展望》。

武义县农业局：《武义县农业发展"三五"战略规划》，2006 年。

武义县农业志编撰委员会：《武义县农业志》，2001 年。

武义县人大志编撰委员会：《武义县人大志》，方志出版社 2005 年版。

武义县人民政府：《武义生态县建设规划》，2004 年。

武义县人民政府办公室：《关于印发武义县生态村建设资金使用管理办法
　　的通知》。

武义县生态示范区创建办公室编制《武义县生态示范区建设规划（送审
　　稿）》，2002 年 7 月。

武义县桐琴镇党委、政府：《突出重点，创新机制、破解难题、扎实推进
　　中心镇建设》，2006 年 6 月 19 日。

武义县统计局编《武义县建国四十年统计资料》，1989 年 8 月。

武义县土地志编撰委员会编《武义县土地志》，1997 年。

武义县文化志编委会：《武义县文化志》，1993 年。

武义县文物管理委员会：《熟溪桥》，2001 年 5 月。

武义县政协文史资料委员会、武义县老区办公室：《武义文史资料》（革命
　　斗争史料专辑，第四辑）。

《武义县志》，浙江人民出版社 1990 年版。

《武义县志》卷三。

武义县志办编《武义县志》（2006 年 8 月内部修订稿）。

萧俊明：《文化转向的由来》，社会科学文献出版社 2004 年版。

《新武义五十年》编委会：《新武义五十年》，1999 年，第 19 页。

徐令义主编《浙江文明百镇通览》，2002 年。

徐令义主编《走向文明的脚步——全省"双建设、双整治"工作实例》，
　　2004 年 12 月。

徐增其主编《可爱的武义》，2001 年 6 月。

阎寿根：《寻求突破——农村改革前沿问题探索》，中国农业出版社 2003

年版。

羊宝君：《寻求跨越》，杭州出版社 2002 年版。

《阳光村：三易其名求发展》，载《今日武义》，2004 年 5 月 26 日。

俞松发：《松楼笛韵——中国历史文化名村俞源史料选编》，2004 年 9 月。

张建成：《告别穷山恶水奔富路》，载《农村信息报》，1996 年 10 月 1 日。

章竹林主编《金华曲艺志》，天马图书有限公司出版社 2003 年版。

章竹林主编《金华市曲艺作品选》，国际炎黄文化出版社 2003 年版。

《浙江 10 万贫困户务工增收》，载《浙江日报》，2004 年 1 月 15 日。

浙江大学旅游研究所：《武义县旅游产业发展规划（2003—2020 年）》
　　2003 年。

浙江旅游科学研究院、武义县旅游局：《武义南部旅游区总体规划》，
　　2006 年。

浙江省欠发达地区发展论坛组委会办公室编《浙江省欠发达地区发展论坛
　　资料汇编》，2005 年 9 月，杭州千岛湖。

政协浙江省武义县委员会、文史与学习委员会编《武义之骄——县外人物
　　篇》，1998 年 3 月。

政协浙江省武义县委员会、文史资料委员会编《武义文史资料》（抗日战
　　争史料专辑，第三辑）。

政协浙江省武义县委员会、文史资料研究委员会编《武义文史资料》，第
　　二辑，1989 年。

政协浙江省武义县委员会、文史资料研究委员会编《武义文史资料》，第
　　一辑，1986 年。

中共武义县委，武义县人民政府：《张德江书记来武义考察座谈会上的汇
　　报资料》，2001 年 2 月 25 日。

中共武义县委、武义县人民政府：《武义下山脱贫》，2003 年。

中共武义县委、武义县人民政府：《下山脱贫十年探索四万山民共奔小
　　康——武义县实施下山脱贫十周年回顾与展望》，2004 年 5 月。

中共武义县委办公室：《浙江省欠发达地区跨越式发展论坛会议资料汇
　　编》，2002 年 10 月。

中共武义县委办公室编《奋进中的武义》。

中共武义县委办公室编《为了武义的明天》，2001 年。

中共武义县委办公室编《县领导重点调研文章汇编（2003 年度）》，2004

年 3 月。

中共武义县委党史研究室编《徐英烈士纪念文集》，2002 年 6 月。

中共武义县委文件，2006 年 1 号文件。

中共武义县委宣传部：《永远的晨光——纪念潘漠华诞辰一百周年》，2002
年 11 月。

中共武义县委宣传部编《武义新精神》，2005 年。

中共浙江省委宣传部：《建设社会主义新农村宣讲资料》，2006 年。

中共浙江省委宣传部、中共武义县委党史办公室、武义县文学艺术界联合
会编《潘漠华纪念文集》，1985 年 6 月。

中共浙江省委政策研究室，浙江省人民政府发展研究中心：《温州模式发
展演化及近期主要观点》，《决策参考》，2006 年 7 月 17 日第 22 期。

钟发品主编《攻坚纪实》，国际炎黄文化出版社 2000 年版。

邹伟平、俞松发编著：《走进俞源》，2002 年 6 月。

后　记

　　缘分，是中国人在论及某种内在关系时常常喜欢使用的一个关键词。应该也是缘分吧，使我在偶然向必然的转化中，在离开武义20多年后又回到武义，完成了"新乡土中国——新农村建设武义模式研究"的课题研究。这是我做梦都没有想到的，却实实在在地完成了。所以，当最终成果摆在课题领导小组诸位成员面前时，我心里想：这不是缘分又是什么呢？

图57　徐杰舜教授（章军摄）

　　说是缘分，其实细究起来，都是有内在联系的。这次我与徐桂兰，我的博士生罗彩娟、海路、孙亚楠、林敏霞，硕士生黄兰红、吴桂清，以及武义县的高济敖（县委办副主任）、陈宗瑞（县府办副主任）、王文政（县委宣传部副部长）、金福喜（县农办副主任）、陈先林（县农业局副局长）、钟朝辉（县委办室务会议成员）、张良光（县人大原办公室副主任）等同志组成的课题组，在县委、县政府，以及各有关单位的鼎力支持和帮助下，经过一个多月的紧张而有秩序的田野考察，撰写了近 40 万字的书稿，拍摄了 2000 多张照片。8 月 28 日，以中国社会学学会会长、中国人民大学郑杭生教授为评审委员会主席，由华东理工大学社会学系主任曹锦清教授，浙江省农办副主任、浙江大学顾益康教授，《三农中国》主编、华中科技大学社会学系贺雪峰教授，浙江大学中国农村发展研究院院长黄祖辉教授，浙江师范大学社科处副处长陈华文教授等 6 人组成的评审委员会，对书稿进行了评审，给予了充分的肯定，专家们认为书稿"既可作为武义县的一份历史的总结，更可为全国乃至世界提供一个'新乡土中国'的图像"。

当然，在此，还要说明的是，我们之所以能在一个月内完成考察，顺利地写出研究报告，更得益于团队精神的发扬。在课题组中，徐桂兰、黄兰红、吴桂清不仅积极投入田野考察，还担负了有关章节的撰稿任务，罗彩娟、海路、孙亚楠、林敏霞 4 名博士生分别承担了武义模式十个元素的考察和撰稿任务，他们白天考察，晚上整理材料，撰写田野日记，常常到凌晨两三点钟才休息。真的是一天当作三天用！在撰稿最紧张的几天里大部分人工作到凌晨，有一晚大家一直工作到天亮。同学们为什么会有这种奋战的精神？他们都说："我们被武义的新农村建设成就深深地感动了！"

县委、县政府参加课题组的几位同志同样如此，他们不仅积极主动地提供了大量文献资料，认真审阅提纲，研究报告草稿，更是勤思考、善分析，为大纲的完善做出了重大的贡献，"下山脱贫""村务监督"等都是他们提出的好建议。特别要提出的是高济敖撰写了"革命老区：建党与开辟革命根据地"一节；陈先林对"特色农业"一节进行了仔细的审读修改，此节第二稿就出自他之手；王文政对"教育优先""文化活力"两节作了仔细的审校，为本书把了关；张良光一边提供了许多相关的资料，另一边亲自带领研究生进行考察；钟朝辉不仅随时为我们联系相关的单位，还认真审读了部分书稿；高济敖、金福喜两位对全稿作了认真的审读，大大降低了研究报告的差错，保证了书稿的质量。

有一句大家很熟悉的话说：政治路线确定以后，领导是决定因素。本课题之所以能非常顺利地完成，县委、县政府的重视是关键。县委书记李一飞刚到武义上任不久，十分重视新农村建设，大力支持考察工作，并在评审会上作了重要讲话。县长傅利常还接受了我的采访，十分有见地地畅谈和分析了武义新农村建设的体会、思路和经验。县委副书记陈增加亲自担任课题领导小组组长，对课题的考察工作做了周密的布置和安排，为课题的完成铺平了道路。与此同时，对书稿做出贡献的同志还有：

应慧英副县长，在审读了研究报告后，为"教育优先"一章提供了最新的资料。

冯兴良副县长对"温泉旅游"和"城乡统筹"两章亲自动笔作了修改，并提供了新村设计规划图的光盘。

扬霄雁副县长，专门抽出时间与考察组作了探讨研究，听取了我对武义县打造休闲产业城的意见。

县委外宣办主任章军主动担任起本课题研究的图片策划工作，曾凌晨四点钟起床去拍有关照片。更令人感动的是，他不遗余力地把县里几位摄影爱好者的照片收集起来，刻成光盘提供给我们使用。朱连法、唐桓臻、郎一刚都无偿地把他们拍摄的好照片提供给了我们。

原县科委主任田民主动把自己获得浙江省科研三等奖的研究武义生态的科研成果提供给我们参考。

县继续教育中心的副主任丁耀明，从课题一开始就与他的夫人徐真英一起成了课题组的编外成员，他们为我们当向导、跑图书馆查找资料、解决我们后勤工作的一些困难，丁耀明还与课题组一起参加了对教育系统的考察。

县经贸局的朱晓伟积极配合课题组的调查，协助我们很快地掌握了武义工业园区兴起和发展的基本情况。

县府办工交科科长徐伟虽然不是课题组成员，却愉快地承担了"工业园区"一节的审阅和修改任务，此节的第二稿就出自他的手笔。

县档案馆馆员巩慧芝、县博物馆馆长董三军等积极地为课题组提供了许多相关资料。

县统计局统计科的同志和明招小学孙广斌老师完成了两千份课题问卷的统计。

孙桂球、朱菊兰，以及畲族教师兰云建为课题组考察工作提供了许多方便。

要列举的同志和朋友还有很多很多，在此只能向所有支持、关心、帮助过课题研究的武义父老乡亲们道一声谢谢了！

凡此等等，正是由于武义全县上下、课题组内外相关人员的积极努力和无私的奉献，形成了一个紧密协作的团队，加上课题组所到之处，所遇之武义人无不为本课题提供方便，这也正是武义新精神的外延和展现，才有了本课题顺利地进行，结出了本书的硕果。

本书的提纲由徐杰舜提出并确定。各篇章撰稿人为：

第一章，徐杰舜、海路；

第二章，徐杰舜；

第三章，徐桂兰（解读武义：地理与建制；乡土情结：壶山与熟溪；以农为本的人文特征）、吴桂清（畲族聚居：柳城畲族镇鸟瞰）、高济敖（革命老区：建党与开辟革命根据地）；

第四章，黄兰红；

第五章、第八章，林敏霞；

第六章，罗彩娟、陈先林；

第七章，徐伟、海路；

第九章，徐杰舜、徐桂兰、海路；

第十章、第十三章，海路；

第十一章、第十四章，孙亚楠；

第十二章、第十六章，罗彩娟；

第十五章，罗彩娟、吴桂清；

全书由徐杰舜统稿、定稿。

徐杰舜

2006 年 9 月 25 日于北京